DICTIONNAIRE HISTORIQUE

DE LA

LANGUE FRANÇAISE

PARIS. — TYPOGRAPHIE DE FIRMIN-DIDOT ET Cie, RUE JACOB, 56.

DICTIONNAIRE HISTORIQUE

DE LA

LANGUE FRANÇAISE

COMPRENANT

L'ORIGINE, LES FORMES DIVERSES, LES ACCEPTIONS SUCCESSIVES DES MOTS,
AVEC UN CHOIX D'EXEMPLES TIRÉS DES ÉCRIVAINS LES PLUS AUTORISÉS,

PUBLIÉ PAR L'ACADÉMIE FRANÇAISE.

TOME DEUXIÈME.

PARIS,
LIBRAIRIE DE FIRMIN-DIDOT ET Cie,
IMPRIMEURS DE L'INSTITUT DE FRANCE,
RUE JACOB, 56.
1884.

DICTIONNAIRE HISTORIQUE

DE

LA LANGUE FRANÇAISE.

A

ADAGE, s. m. (des mots latins *Adagio*, *adagium*, formés de *ad* et *agere*, et voulant dire *aptum ad agendum*).

Cette étymologie détermine le sens propre et spécial d'ADAGE : ADAGE est une maxime de bon sens pratique.

Lacombe et Roquefort donnent, dans leurs lexiques du vieux langage, *Adagaire*, diseur d'*adages*, ce qui paraît établir qu'ADAGE lui-même remonte à une époque ancienne. D'autre part, Robert Estienne, tantôt omet ADAGE dans son *Dictionnaire latin-françois* de 1539, lorsqu'il y traduit *adagium*, tantôt le recueille dans son *Dictionnaire françois-latin*, mais seulement en 1549.

ADAGE est expliqué par *Proverbe* dans ce dernier Dictionnaire, et il en est de même dans la plupart de ceux qui ont suivi, notamment dans le *Dictionnaire de l'Académie*, de 1694 à 1835. Vers le temps de Robert Estienne, Érasme, dans ses *Adagiorum chiliades*, employait les deux mots, sous leur forme latine, indifféremment. Cependant Ausone les avait distingués dans cette phrase : « pour finir par un *proverbe* ce que nous avons commencé par un ADAGE, » *Ut quod per adagionem cœpimus proverbio finiamus* (Idyll. XII.)

S'il y a aujourd'hui quelque différence réellement appréciable entre ADAGE et *Proverbe*, c'est peut-être que *Proverbe* s'applique davantage à des pensées qui sont regardées comme l'expression de la raison universelle, tandis qu'on entend plutôt par ADAGE une Maxime de bon sens pratique à laquelle l'usage général n'a pas encore donné une autorité proverbiale, qui peut, avec le temps, devenir proverbe, mais ne le devient pas toujours.

ADAGE, assez employé au XVIe siècle, était déjà noté dans les Lexiques du XVIIe comme ayant vieilli et n'étant plus guère d'usage que dans cette phrase : *On dit en commun adage.* Il paraît avoir repris faveur au XVIIIe siècle, comme on peut le conclure des derniers exemples qui vont être cités ; on remarquera seulement qu'il y est assez ordinairement pris en mauvaise part.

Qui m'eust faict veoir Erasme, autresfois, il eust esté mal aysé que je n'eusse prins pour *adages* et apophtegmes, tout ce qu'il eust dict à son valet et à son hostesse.

MONTAIGNE, *Essais*, III, 2.

Comme dit l'*adage*, c'est percer un grain de millet d'une tairiere.

G. BOUCHET, *Serées*, liv. III, 29e serée.

De là est venu ce bel *adage* de morale, si rebattu par la troupe philosophique, que tous les hommes sont partout les mêmes, ayant partout les mêmes passions, les mêmes vices.

J.-J. Rousseau, *Discours sur l'origine de l'inégalité parmi les hommes.*

Écoutez les *adages* de la médecine. Les plantes sont utiles à la vie; elle en conclut qu'en se nourrissant de végétaux on doit vivre des siècles.

Bernardin de Saint-Pierre, *Études de la nature*, IX.

..... Et tous les *adages* de cette espèce : passons-les donc à Figaro, bavard comme un barbier bel esprit.

La Harpe, *Cours de littérat.*, part. III, liv. I, Poésie, c. 11, sect. 9.

Au peu d'esprit que le bonhomme avait
L'esprit d'autrui par supplément servait;
Il entassait *adage* sur *adage*.

Voltaire, *Contes en vers*, le Pauvre Diable.

On trouve dans Cotgrave et dans Sainte-Palaye, l'adjectif adagial, que le premier traduit par Plein d'adages, et le second par Proverbial.

ADAGIO, locution adverbiale.

Terme de musique, emprunté de l'italien, assez récemment peut-être, car le *Dictionnaire de l'Académie* ne l'a recueilli qu'en 1762. Il veut dire À l'aise, sans se presser, lentement. On le met en tête d'un air pour marquer que cet air doit être joué d'un mouvement lent, mais moins lent que le mouvement indiqué par *largo*.

Cette lenteur, commandée par le mot *adagio*, ne satisfait qu'au sens grammatical, matériel, mécanique de ce mot. Pour en comprendre toute la portée..., il faut donner à l'exécution du morceau de musique dont le mouvement est ainsi désigné, un certain coloris et une expression pathétique, noble, simple et tendre à la fois...

Dictionnaire de l'Académie des beaux-arts, art. adagio.

Adagio est devenu un substantif qui se dit de l'air même, et c'est sous cette forme qu'on peut le considérer comme appartenant à notre langue.

Rien n'est si traînant, si lâche, si languissant que ces beaux monologues que tout le monde admire en bâillant. Ils voudroient être tristes et ne sont qu'ennuyeux.... les Italiens sont plus adroits dans leurs *adagio*.

J.-J. Rousseau, *Lettre sur la musique françoise.*

ADAPTER, v. a. (du latin *Adaptare*, et par ce mot de *ad* et *aptare*, venu lui-même d'*aptus*, apte. Voyez ce mot.)

Il ne paraît pas dans nos lexiques avant le xviie siècle, et D. Carpentier, dans ses suppléments au *Glossaire* de Du Cange, ne s'en sert pas pour traduire *adaptare*, mais bien d'Appliquer, ajuster; il semble conséquemment, bien qu'employé déjà au xvie siècle et même au xve, avoir été longtemps de peu d'usage.

Adapter, c'est, proprement et figurément, Appliquer, ajuster une chose à une autre.

On le dit au sens physique :

Et *y seront adaptées* promptement des compresses.

Ambr. Paré, *Introd. à la vraye cognoissance de la chir.*, XIII, 10.

Le corps du Czarowitz *fut* exposé en public et la tête tellement *adaptée au* corps, que l'on ne pouvait pas discerner qu'elle en avait été séparée.

Voltaire, *Histoire de Pierre-le-Grand*, part. II, c. 10.

On le dit au sens moral :

Particulièrement lorsqu'il est question de quelque application littéraire :

On *adapte* spécialement le mot de seigneur *aux* terres nobles que nous appellons féodales et seigneuriales.

Est. Pasquier, *Recherches de la France*, VIII, 5.

Si les langues mortes sont des sources où ils peuvent puiser, il faut qu'ils soient déjà grands poëtes pour *adapter à* leur langue des beautés étrangères.

Condillac, *Art d'écrire.*

Le père le Bossu emploie une partie d'un fort long traité sur le poëme épique à prouver qu'il est essentiellement allégorique, qu'il faut d'abord que le poëte établisse une vérité morale et imagine une action qui en soit la preuve et le développement, et qu'ensuite il *y adapte* un fait historique et des personnages connus.

La Harpe, *Cours de littérat.*, part. I, liv. I, c. 4, sect. 1, de l'Épopée grecque.

Au lieu de *adapter à,* qui est la construction la plus ordinaire, on trouve *adapter sur.*

Il partit le lendemain (le peintre Rigault) avec la précieuse tête (de l'abbé de la Trappe) qu'il avoit si bien attrapée et si parfaitement rendue, pour l'*adapter* à Paris *sur* une toile en grand, et y joindre le corps, le bureau et tout le reste.

Saint-Simon, *Mémoires*, 1696, t. I, c. 37.

Adapter a pu être quelquefois employé sans régime indirect.

... Par une admirable sagesse, il a (Dieu) laissé une partie des choses basses et terrestres aucunement imparfaites, comme pour servir à l'homme de matière et de sujet à plusieurs beaux ouvrages, et luy a quant et quant donné l'art de les pouvoir *adapter* et accommoder.

Du Vair, *De la Constance et consolation ès calamitez publiques.*

Adapter, soit au propre, soit au figuré, s'emploie avec le pronom personnel.

Quand il n'y auroit point eu de morale chrétienne, je crois qu'elle (Mme de Warens) l'auroit suivie, tant elle *s'adaptoit* bien *à* son caractère.

J.-J. Rousseau, *les Confessions*, part. I, liv. vii.

Les livres.... *s'adaptent à* tous les âges, *à* toutes les intelligences, *à* tous les caractères.

J. de Maistre, *Du Pape*, liv. I, c. 20.

S'adapter à est dit des personnes, au sens de S'attacher à, dans le passage suivant :

Il y en a beaucoup en toutes langues, qui sans penetrer aux plus cachées et intérieures parties de l'aucteur qu'ilz se sont proposé, *s'adaptent* seulement *au* premier regard et s'amusant à la beauté des motz, perdent la force des choses.

Joach. Du Bellay, *Deffence et illustration de la langue françoyse*, liv. I, c. 8.

Adapté, ée, participe.

Tiré régulièrement d'*adapter*, il correspond à *adaptatus*, dont l'ancienne latinité offre quelques exemples.

On l'emploie adjectivement dans les mêmes sens que le verbe et avec la même construction, c'est-à-dire en le faisant suivre de la préposition *à*.

Elle (Mme de Montespan) en fut toujours de la meilleure (compagnie) avec des grâces qui faisoient passer ses hauteurs et qui *leur* étoient *adaptées.*

Saint-Simon, *Mémoires*, 1707, t. V, c. 27.

Les Indiens ont leurs arts, qui sont *adaptés à* leur manière de vivre. Notre luxe ne sauroit être le leur, ni nos besoins être leurs besoins.

Montesquieu, *Esprit des Lois*, XXI, 1.

On peut trouver beaucoup de défauts dans les pièces de Shakspeare *adaptées* par Ducis *à* notre théâtre. Mais il serait bien injuste de n'y pas reconnaître des beautés du premier ordre.

Mme de Staël, *De l'Allemagne*, part. II, c. 27, § 26.

ADAPTATION, s. f.

Action d'adapter.

Ce mot, déjà recueilli par Cotgrave et par Richelet, s'est maintenu dans les lexiques plus que dans l'usage. Dès 1718 le *Dictionnaire de l'Académie* le notait comme vieilli.

ADDITION, s. f. (du latin *Additio* et par ce mot de *addere*).

C'est, dans un sens général, que marquent les dictionnaires de Rob. Estienne, en 1539 et 1549, *adscriptio*, *adjectio*, *accessio*, etc., l'Adjonction d'une chose à une autre. Il reçoit alors un complément formé de la préposition *de* et d'un substantif exprimant la chose ajoutée.

Si nous réfléchissons sur la manière dont les arbres croissent, et si nous examinons comment d'une quantité qui est si petite, ils arrivent à un volume considérable, nous trouverons que c'est par la simple *addition de* petits êtres organisés, semblables entre eux et au tout.

C'est une simple *addition de* matière surabondante, qui enfle le volume du corps et le charge d'un poids inutile.

Buffon, *Histoire naturelle*, Histoire des animaux, c. 2; De la vieillesse et de la mort.

J'ai dit que la poésie avait une langue particulière.... Elle a réuni à son domaine quantité de mots interdits à la prose, d'autres qu'elle allonge ou raccourcit, soit par l'*addition*, soit par le retranchement *d*'une lettre ou *d*'une syllabe.

BARTHÉLEMY, *Voyage d'Anacharsis*, c. 80.

Plus souvent, ADDITION se dit, soit au sens physique, soit au sens moral, de la Chose ajoutée.

Ceste *addition* fut fete en l'an de grace mil deux cent quatre vins et quatorze au mois de Juignet.

Ordonnances sur le commerce et les métiers, rendues par les prévots de Paris depuis 1270 jusqu'à l'an 1300, VII, à la suite du *Livre des métiers*, d'Estienne Boileau.

Additions, sont les matieres adjoustées ès pierres et metaux, congelées et attachées, à diverses fois, à la premiere masse.

Bernard PALISSY, *Explication des mots les plus difficiles*.

Plusieurs nouvelles de toutes les parts de la France, les unes inventées, les autres faites meilleures par *additions*, les autres racontées à la vérité, changerent la peur des peuples en insolences.

Agr. D'AUBIGNÉ, *Histoire universelle*, t. III, liv. II, c. 20.

Un nombre ne peut être infini, lorsqu'il peut recevoir quelque *addition*.

FÉNELON, *de l'Existence de Dieu*, part. I.

ADDITION désigne fréquemment Ce qui est ajouté à un acte, à un écrit.

Se je voulois suivre pas à pas les raisonnements de notre auteur, qui reviennent souvent à ce que nous avons déjà examiné, mais qui y reviennent ordinairement avec quelque *addition* élégante et bien tournée, je serois obligé d'aller trop loin.

LEIBNITZ, *Théodicée*. Remarques sur le livre de l'Origine du mal, 26.

Si je vois quelqu'un, avant d'envoyer cette lettre, qui soit revenu de la cour, je vous ferai une *addition*.

Mme DE SÉVIGNÉ, *Lettres*, 17 janvier 1680.

L'abbé revit son ouvrage de retour dans ses mains avec grand plaisir; mais quand il y trouva les *additions* de la main de M. de Noyon et ses ratures, il fut comblé à son tour du succès du piége qu'il lui avoit tendu.

SAINT-SIMON, *Mémoires*, 1694, t. I, c. 23.

En attendant je suis obligé de travailler à des *additions* que je prépare pour une édition de Hollande de Charles XII.

VOLTAIRE, *Lettres*, sept. 1732, à M. de Formont.

ADDITION est quelquefois construit avec la préposition *à*.

Qui sont donc les vandales qui se sont imaginé que l'impression du sixième volume des *Additions à* l'histoire de ce bon citoyen, le président de Thou, était un crime d'État?

VOLTAIRE, *Lettres*, 8 août 1743.

Par cette légère *addition au* culte religieux, les dieux parurent se rapprocher de la Grèce, et partager entre eux ses provinces.

BARTHÉLEMY, *Voyage d'Anacharsis*. Introduction, part. I.

En termes de Palais, on disait, *additions premières, secondes, troisièmes*, etc., des Nouvelles écritures produites après les défenses et les répliques.

Certains suppléments de procédure s'appelaient *enquête, information par addition*.

On trouve chez Fléchier, peut-être par allusion à la langue de la jurisprudence, *addition de peines*.

Il (M. d'Espinchal) avoit déjà été condamné au présidial de Riom, et il ne s'agissoit que de confirmer la sentence, ce qui fut fait avec quelques *additions de peines*, parce qu'il avoit depuis ce tems augmenté ses crimes.

FLÉCHIER, *Mémoires sur les grands jours de 1665*.

On avait dit, primitivement, au lieu de ADDITION, ADDIT, et on en avait fait le verbe *additer*, comme le remarque Sainte-Palaye, dans son *Glossaire*, alléguant les *Ordonnances des ducs de Bretagne*, fol. 373, 225, 231.

ADDITION se dit, dans un sens spécial, de la première règle d'arithmétique qui enseigne, qui sert à trouver la somme totale de plusieurs nombres ajoutés l'un à l'autre.

De là ces expressions : *faire une addition*, pratiquer ce que la règle d'addition enseigne; *faire la preuve d'une addition*, vérifier si elle est régulière.

Un enfant instruit en l'arithmétique ayant *fait une addition* suivant ses règles.

DESCARTES, *Discours de la méthode*, II.

On y trouve (Panégyrique de Constantin, par Eusèbe), à propos de l'empereur Constantin, que,... c'est une chose merveilleuse qu'en *fesant l'addition d'*un, *de* deux, *de* trois et *de* quatre, on trouve le nombre de dix, qui est la fin, le terme et la perfection de l'unité.

VOLTAIRE, *Essai sur les mœurs*, c. 10.

On trouve chez Rabelais, au sens d'*addition*, mais formé sur un autre mot latin, *additamentum*, le substantif ADDITAMENT.

Les *additamens* mammillaires comme ung bobelin.

RABELAIS, *Pantagruel*, IV, 30.

ADDITIONNEL, ELLE, adj.

Qui doit être ajouté, qui est ajouté.

On le dit absolument.

Les arbres augmentent en grosseur par des couches *additionnelles* de nouveau bois qui se forment à toutes les séves entre l'écorce et le bois ancien.

BUFFON, *Histoire naturelle*. Exposition sur les végétaux, 2e mémoire.

Il est bien clair... que si l'on pouvoit éclairer les objets éloignés avec une lumière *additionnelle*, on les verroit infiniment mieux.

LE MÊME, *Histoire naturelle*. De l'Homme; Du sens de la vue.

Clause additionnelle, article additionnel, sont des expressions de grand usage dans la langue des affaires et de la politique.

L'amendement adopté par la Chambre des députés n'est point un véritable amendement, c'est un *article additionnel*, et en effet il forme maintenant le second article de la loi.

CHATEAUBRIAND, *Discours et opinions*. Loi relative aux journaux, 24 juillet 1821.

On dit aussi *additionnel à*, comme on dit *addition à*.

J'ai rédigé le projet d'une loi *additionnelle à* la loi martiale.

MIRABEAU, *Discours*, 22 février 1790.

Acte additionnel aux constitutions de l'Empire est le titre d'une constitution promulguée en 1815, dans les Cent-Jours.

En matière d'imposition, *centime additionnel* désigne la Partie aliquote d'un impôt qui s'y ajoute, et qu'on fait payer en sus par les contribuables. *Principal et centimes additionnels*.

ADDITIONNEL semble de récente formation. Du moins n'a-t-il été recueilli que dans la cinquième édition du *Dictionnaire de l'Académie*.

ADDITIONNER, v. a.

Ajouter plusieurs nombres l'un à l'autre pour en trouver le total.

Si je rapproche les doigts ouverts d'une main des doigts ouverts de l'autre, j'*additionnerai* et je verrai dans ce rapprochement la somme donnée par l'addition.

Avec la multiplication, on a le même résultat que si l'on *avoit additionné* l'un des deux facteurs autant de fois que l'autre a d'unités.

CONDILLAC, *Langue des calculs*.

ADDITIONNÉ, ÉE, participe.

ADDUCTEUR, s. m. (du latin *Adductor*, et par ce mot d'*adducere*, formé de *ad* et *ducere*.)

Terme d'anatomie recueilli dans le *Dictionnaire de l'Académie*, à dater de 1762.

Il se dit de différents muscles dont la fonction est de rapprocher de l'axe du corps les parties auxquelles ils sont attachés : *Muscles adducteurs*.

Il s'emploie aussi substantivement. *Les adducteurs de la cuisse; l'adducteur du pouce, du petit doigt*.

ADDUCTION, s. f.

Terme d'anatomie, Action des muscles adducteurs.

Aucuns ont voulu dire que ce muscle aide aussi à l'*adduction* des doigs vers le pouce.

Ambr. PARÉ, *Introd. à la vraye cognoissance de la chir.*, IV, 29.

ADDUCTEUR et ADDUCTION sont opposés à ABDUCTEUR et ABDUCTION. Voyez ces mots.

ADEMPTION, s. f. (du latin *Ademptio*).

Terme de jurisprudence, aujourd'hui peu usité.

On le disait de la Révocation d'un legs, d'une donation.

ADEPTE, s. m. (du latin *Adeptus*, participe d'*adipiscor*).

Il paraît s'être dit d'abord de Ceux qui croyaient être parvenus au grand œuvre.

Il (Leibnitz) alla à Nuremberg pour y voir des savants. Il apprit qu'il y avoit dans cette ville une société fort cachée de gens qui travailloient en chimie et cherchoient la pierre philosophale. Aussitôt le voilà possédé du désir de profiter de cette occasion pour devenir chimiste; mais la difficulté étoit d'être initié dans les mystères. Il prit des livres de chimie, en rassembla les expressions les plus obscures et qu'il entendoit le moins, en composa une lettre inintelligible pour lui-même et l'adressa au directeur de la société secrète, demandant à y être admis sur les preuves qu'il donnoit de son grand savoir. On ne douta pas que l'auteur de la lettre ne fût un *adepte*, ou à peu près; il fut admis avec honneur dans le laboratoire et prié d'y faire les fonctions de secrétaire.

FONTENELLE, *Éloge de Leibnitz*.

Dans la recherche du grand œuvre, on a un langage tout particulier pour les *adeptes* et un autre pour les profanes.

BAYLE (cité dans le Dict. de Trévoux).

Ce secret que Nicolas Flamel trouva, mais que Raymond Lulle et un million d'autres cherchèrent toujours, est venu jusqu'à moi, et je me trouve aujourd'hui un heureux *adepte*.

MONTESQUIEU, *Lettres persanes*, XLV.

ADEPTE signifie, par extension, Celui qui est initié dans les mystères d'une secte ou dans les secrets d'une science, d'un art.

Il y a peu de mesures, à mon gré, aussi harmonieuses; mais aussi il y a peu d'oreilles qui sentent ces délicatesses.... Nous sommes dans le monde un petit nombre d'*adeptes* qui nous y connaissons... Il faudrait que tous les *adeptes* fussent à votre cour.

VOLTAIRE, *Lettres*, 26 janvier 1749, à Frédéric.

On compte, parmi ses ouvrages, quelques poésies qui n'étoient pas sans mérite dans un temps où l'art de la versification étoit le secret d'un petit nombre d'*adeptes*.

D'ALEMBERT, *Éloge de Callières*.

Je crois toujours plus aux qualités qui produisent de l'effet sur tout le monde qu'à des supériorités mystérieuses, qui ne sont reconnues que par les *adeptes*.

Mme DE STAËL, *Delphine*, part. I, lettre 16.

À nos auteurs, ce n'est point, entre nous,
L'esprit qui manque : ils en ont presque tous;
Mais je voudrois, dans ces nouveaux *adeptes*,
Voir une humeur moins rétive aux préceptes
Qui du théâtre ont établi la loi.

J.-B. ROUSSEAU, *Épîtres*, VIII, à Thalie.

ADÉQUAT, ATE, adj. (*u* se prononce *ou*.)

Cet adjectif, tiré du verbe latin *Adæquare*, signifie, en termes de philosophie, Égal à son objet, d'une étendue, d'une compréhension égale à.....

Pour comprendre quelque chose, il ne suffit pas qu'on en ait quelques idées; il faut les avoir toutes de tout ce qui y entre, et il faut que toutes ces idées soient claires, distinctes, *adéquates*.

LEIBNITZ, *Théodicée*, De la conformité de la foi, § 73.

Nous n'avons aucune notion *adéquate* de la divinité.

VOLTAIRE, *Dict. philosophique*, art. DIEU.

ADHÉRER, v. n. (du latin *Adhærere*, et par ce mot de *ad* et *hærere*).

Autrefois ADHERDRE, ADHERIR; AHERDRE, AHERDER, AHERTER, AHERER, AHARDRE, AHIERDRE; AERDRE, AERDER; AARDRE, etc. (Voyez le *Glossaire* de Du Cange, au mot *adhærere*, et le *Glossaire* de Sainte-Palaye.)

Ce verbe a été employé autrefois comme verbe actif avec le sens de Prendre, saisir, etc., soit au propre, soit au figuré.

Elle (la Glu) ne peut prendre ne *aherdre* aucune chose.

Modus et Racio, ms. fol. 191, v° (cité par Sainte-Palaye. Dans l'édit. de Blaze (1839), fol. 139, v°, on lit : « elle ne *se* puet prendre ne *adherdre à* aucune chose. »

Si *aherdi* Henry à la luite et l'enversa tellement que tous deux tresbuchierent.

Ménard, *Histoire de Bertrand du Guesclin*, c. 41.

Naimes passa avant, si l'*ahert* par le dost.

Chanson des Saxons, t. II, p. 86.

Si l'*ahiert* par la tresse blonde.

Roman du comte de Poitiers, p. 25.

Le diable par le col m'*aharde*.

Les Marguerites de la Marguerite, t. I, fol. 116, v°.

Amors qui tot prant et embrace,
Et tot *aert* et tot enlace.

Alex. et Arist., ms. de St-Germain, fol. 72, v°, c. 2. (Cité par Sainte-Palaye.)

Sainte-Palaye, qui cite plusieurs de ces exemples, y ajoute le suivant, où *aherdre une lutte* est dit pour Engager une lutte.

Et n'y va jamais nul, tant soit-il grand et fort,
Qu'il ne luy soit besoin exercer maint effort,
Maint combat difficile et mainte luitte *aherdre*.

J. le Maire de Belges, à la suite de l'*Illustrations de Gaule*; le Chemin du temple de Minerve.

Adhérer, verbe neutre, se dit au propre d'une chose qui est attachée, qui tient à une autre chose, *adhérer à*.

On frotte d'alun calciné les formes qui servent à imprimer les toiles et les papiers pour *y* faire *adhérer* les couleurs.

Buffon, *Histoire naturelle*. Minéraux; l'Alun.

Les racines du blé ne sont ni longues, ni nombreuses, mais elles *adhèrent* si fortement *à* la terre qu'on ne peut les enlever sans emporter une portion du sol.

Bernardin de Saint-Pierre, *Harmonies de la nature*, I.

Adhérer, en ce sens, est terme de médecine.

C'est une maladie du poumon d'*adhérer aux* parois du thorax.

Dictionnaire de Trévoux.

On trouva que la pierre *adhéroit à* la vessie.

Dictionnaire de l'Académie.

C'est dans une acception figurée, très-voisine du sens propre, que l'on a dit :

Le vice *adhere* toujours *aux* entrailles de celui qui s'en est une fois emparé.

Amyot, trad. de Plutarque, *OEuvres morales*, du Vice et de la Vertu, III.

Figurément, adhérer signifie S'attacher, être attaché à des choses de l'ordre moral et particulièrement à un sentiment, à des paroles, à une doctrine, à une vérité, à une erreur, à une décision, à un acte; s'y joindre, y consentir, etc.

Dans les exemples suivants, le passage du sens propre d'adhérer à son sens figuré est fortement marqué.

Je consens que l'on *adhere* et l'on se tienne *à* ce qui semble plus vraysemblable.

Charron, *De la Sagesse*, II, 11.

Nos besoins nous invitent à *adhérer à* ce qui est bon.

N'*adhérons au* monde par aucun endroit; sa cause est mauvaise en tout.

Bossuet, *Sermons*, IIe dim. du Carême; *Méditations sur l'Évangile*. La Cène, part. II, xxe jour.

Dans ces autres exemples, adhérer paraît plutôt un simple synonyme de Consentir, admettre, etc.

N'est-il pas possible que les médecins se puissent tromper, en la composition du mitridat, comme ils se sont trompez, *adherant à* l'opinion des Arabes, touchant le restaurant d'or?

Bernard Palissy, *Des Pierres*.

Je ne comprends pas bien leur discipline et ne suis d'advis que *y adherez*.

Rabelais, *Pantagruel*, III, 24.

Nous addressons le jugement des jeunes à *adherer à* la meilleure (sentence).

Amyot, trad. de Plutarque, *OEuvres morales*. Comment il faut lire les poëtes, XV.

Comme il ne faut pas mespriser les jugemens des philosophes touchant les changemens des Estats, encore doit-on plus *adherer à* ceux des Escritures, qui vont en chercher l'origine dans les pechez des hommes.

La Noue, *Discours politiques et militaires*, disc. 1.

Tant s'en fault que je veuille *adherer à* toute première nouveauté que, au contraire, je suis resolu d'employer mes moyens et ma vie propre pour la conservation de l'Estat.

HENRI IV, *Lettres*, 29 juillet 1579. (Voir *Lettres missives de Henri IV*, t. I, p. 237.)

M. de Witt ensuite prit la parole, pour ne paroître pas devant ses amis trop *adhérer à* mes sentiments; il finit cette conférence en disant, etc.

LE Cte D'ESTRADE à Louis XIV, 13 septembre 1663. (Voir *Négociations relatives à la succession d'Espagne*, t. I, p. 223.)

C'est une loi de la charité, qui nous oblige de ne point *adhérer à* la médisance; c'est-à-dire, ou de la condamner par notre silence, ou de la réfuter par nos paroles, ou de la réprimer par notre autorité.

BOURDALOUE, *Sermons* pour les dim.; Sur la Médisance.

Nous louons dans nos amis, comme des vertus, des défauts que la loi de Dieu condamne; nous *adhérons à* des erreurs.

MASSILLON, *Sermon* pour le jour de Saint-Étienne, 2e partie.

Par ce tour, nos évêques furent censés examiner le livre et la censure, et n'*adhérer au* jugement du pape que comme juges eux-mêmes de la doctrine et jugeant avec lui.

L'archevêque répondit modestement qu'il *adhéroit* de tout son cœur *à* la condamnation de son livre des Maximes des saints.

SAINT-SIMON, *Mémoires*, 1699, t. II, c. 19.

La forme veut que je n'*adhère* point *à* vos paroles.

MARIVAUX, *le Paysan parvenu*, part. VI.

Cette politique l'engagea, malgré les supplications de sa sœur, la reine de Navarre, déjà calviniste, à faire brûler ceux qui seraient convaincus d'*adhérer à* la prétendue réforme.

VOLTAIRE, *Histoire du Parlement de Paris*, c. 19.

On dit de même *adhérer à* une église, *à* une secte, *à* un parti, etc.

Pour cette cause, prennent le nom de Religieux sous la société de Jésus, comme si tous ceux qui n'*adherassent à* leur secte fussent separez de cette compagnie et société.

Est. PASQUIER, *Recherches de la France*, III, 48.

Les Églises protestantes, en se séparant de l'Église romaine, n'ont trouvé sur la terre aucune Église *à* qui elles pussent *adhérer*.

BOSSUET, *Histoire des Variations*, XV.

... Ce prince étant mort, Thomas, son neveu, voulut prendre possession de ses États; mais, comme il n'*adhéroit* pas *au* schisme, les Arméniens témoignèrent beaucoup d'éloignement pour sa domination.

Plusieurs gentilshommes, sans avoir de si hautes prétentions que ces grands, ne laissoient pas d'*adhérer à* leur parti, par la crainte qu'on leur avoit inspirée du gouvernement du jeune Amaulry.

VERTOT, *Histoire des chevaliers de Malte*, II.

Enfin, on dit *adhérer à une personne*.

... Lesquels se sont à diverses fois soubstraictz de son obéissance, pour *adhérer à* ses adversaires.

Instructions de François Ier à M. de la Forest, 11 février 1534. (Voir *Négociations de la France dans le Levant*, t. I, p. 257.)

Partie d'iceulx *adheroyt à* ung et le soustenoyt, partie *à* l'autre.

RABELAIS, *Pantagruel*, V, 13.

Il est impossible d'appercevoir clairement quel est Dieu, sans le cognoistre source et origine de tous biens : dont les hommes seroyent incitez d'*adherer à* lui et y mettre leur fiance, sinon que leur propre malice les destournast de s'enquerir de ce qui est bon et droict.

CALVIN, *Institution chrestienne*, liv. I, c. II, § 2.

Au moyen de quoy elle ne douta d'*adherer à* ce nouveau prince.

Est. PASQUIER, *Recherches de la France*, X, 24.

Il (le Sénat) revoqua tous les arrests qu'il avoit donnez contre eux (Antoine et Lépide), et contre les soldats qui *leur adheroient*.

COEFFETEAU, *Histoire romaine*, I.

Elle (l'âme) implore de sa miséricorde (de Dieu) les moyens d'arriver à lui, de s'attacher à lui, d'*y adhérer* éternellement.

PASCAL, *Pensées*. Fragments sur la conversion du pécheur.

Le roi s'interposa et obligea Mgr de Cambrai à souffrir que le sien (son livre) fût examiné par les archevêques de Reims et de Paris, et par les évêques de Meaux, Chartres, Toul, Soissons et Amiens, c'est-à-dire par ses adversaires ou par des prélats qui *leur adhéroient*.

SAINT-SIMON, *Mémoires*, 1697, t. I, c. 41.

Victor II fut le pape de Frédéric Barberousse. L'Allemagne, la Bohême, la moitié de l'Italie *lui adhérèrent*.

VOLTAIRE, *Essai sur les mœurs*, c. 48.

Adhérer à, suivi d'un nom de personne, s'est dit quelquefois en parlant de l'union conjugale.

Craignant de l'offenser et perdre sa grâce par default de foy en sa divine loy, en laquelle est si rigoureusement deffendu adultere et commandé *adherer* uniquement *à* son mary, le cherir, le servir, uniquement l'aymer après Dieu.
RABELAIS, *Pantagruel*, III, 39.

En ce mesme concil, le legat excommunia Eugiltrude, femme de Bosson, lequel elle avoit quitté pour *adherer à* Wanger, l'un de ses vassaux.
Est. PASQUIER, *Recherches de la France*, III, 12.

Dans les passages suivants, au lieu de *adhérer à*, on lit *adhérer avec*.

Pour obvier... à ces choses, nous ... *aherdons avecques* eux.
FROISSART, *Chroniques*, liv. I, c. 247; éd. de 1559.

Voilà donc à quoy regarde la doctrine de la Loy: c'est de cojoindre l'homme par saincteté de vie à son Dieu, et, comme Moyse dit en un autre lieu, le faire *adherer avec* lui.
CALVIN, *Institution chrestienne*, liv. II, c. VIII, § 51.

..... concluant pour la puissance du Roy et *adherant avec* l'université de Paris.
Est. PASQUIER, *Recherches de la France*, IV, 27.

Dans le langage de l'ancienne jurisprudence, ADHÉRER signifiait Confirmer ou approuver un premier acte par un acte subséquent.

Nous ...... *adherdons* et *adherissons aux* appellations faites.....
Lettres de 1368. (Voir *Ordonnances des rois de France*, t. V, p. 395, 396.)

ADHÉRER s'est construit autrefois avec le pronom personnel et s'est dit pour S'attacher, soit au propre, soit au figuré;
Au propre:

S'estoit adheré au poille (parement) de l'autel.
Chroniques de saint Denys, t. I, fol. 58, v°.

Au figuré:

... Si ju (je) *m'ahert à* la veriteit...
SAINT BERNARD, *Sermons françois*, à la suite des *Quatre Livres des Rois*, p. 525.

S'aerder au dit de son adversaire.
Assises de Jérusalem, II, 22.

Ceux qui *à* Loys *s'estoient aherez* et accordez.
Chroniques fr. ms. de Nangis, an. 1216 (cité par Sainte-Palaye).

Il *s'aherdirent à* li et se mirent en rebellion contre nostre dit Seigneur et père.
Lettre de Louis X, 1315; cité par D. Carpentier, additions au *Glossaire* de Du Cange, au mot ADHÆRERE.

Espoir se reconforta et *se ahardit à* moi.
Perceforest, t. V, c. 7.

Je *m'adhere* plus *à* mon acteur (auteur) Dictys, lequel mesmes estoit de la nation grecque.
J. LE MAIRE DE BELGES, *Illustrations de Gaule*, II.

Qui *s'i aart* (à la luxure), qui s'i apuie,
Le porcel resemble et la truie.
BENOÎT, *Chronique des ducs de Normandie*, Appendice III, v. 629.

Si *nous à* vous *nous aerdons*.
Roman de la Manekine, v. 5666.

Dans l'exemple suivant *s'adhérer à* signifie bien S'attacher à, mais dans le sens de S'attaquer à.

Car *à* lui nul ne *s'*ose *aherdre*.
GACÉ DE LA BIGNE, *Des deduits*, ms. fol. 119, v° (cité par Sainte-Palaye).

On a dit aussi *s'adhérer avec*, *s'adhérer dans*, *s'adhérer contre*;
S'adhérer avec:

Ceux qui *s'estoient adherés* et conjoincts *avecques* moy.... sont maintenant tous rebelles.
FROISSART, *Chroniques*, liv. II, c. 63; éd. de 1559.

S'adhérer dans, en:

Amors *s'aert en* cuer verai,
Et se reprent et enracine.
Fabl. ms. du R. n° 7218, fol. 202, v° col. 1 (cité par Sainte-Palaye).

S'adhérer contre.

La matiere terrestre du sang, *s'adherant contre* la tunique de l'artère, s'endurcit et devient osseuse.
Ambr. PARÉ, *Introd. à la vraye cognoissance de la chir.*, V, 30.

On a dit autrefois S'ENTRAHERDRE, SE DESAHERDRE.

Bras à bras ensi *s'entrahardent.*
Roman de la Violette, v. 1938.

De l'anemi *s'est desaërs.*
WACE, *Roman de Brut,* v. 11924.

Du participe d'ADHÉRER écrit autrefois, comme tous les temps du verbe, fort diversement, ADHERDANT, ADHERIZ, ADHERS, AHÉRENT; AERDANT; AHERS, AHIERS, AERS, AIERS; ENHERS, etc. (Voyez les *Glossaires* de Du Cange et de Sainte-Palaye), s'est fait

ADHÉRENT, ENTE, adj.

Au propre, Qui est attaché, joint à quelque chose, qui y tient.

En ce sens, il s'emploie quelquefois absolument.

Ceux dont les langues sont si *adhérentes*, qu'ils ne peuvent parler.
DANET, *Dict. fr.-lat.*, trad. de Cicéron.

Une chose est *adhérente* par l'union que produit la nature, ou par celle qui vient du tissu et de la continuité de la matière.
GIRARD, *Synonymes françois.*

La grande attraction des globes célestes est démontrée et calculée. Celle des corps *adhérens* est incalculable.
VOLTAIRE, *Dict. philosophique,* art. COHÉRENCE.

Quelquefois ADHÉRENT, ainsi employé, est suivi du mot *ensemble.*

Ces parties *adhérentes ensemble*, qui composent un tout comme notre globe, ont ensemble la faculté d'attraction, de gravitation.
VOLTAIRE, *Lettres,* 1735, au P. Tournemine.

Plus ordinairement, il se construit, comme *adhérer*, avec la préposition *à.*

La matière est physiquement divisible, c'est-à-dire que ses parties solides *adhérentes* les unes *aux* autres sont séparables.
VOLTAIRE, *Lettres,* 1735, au P. Tournemine.

Fi! quel mauvais génie te pousse à désirer un aliment si détestable? C'est une chair visqueuse et *adhérente à* l'estomach.
LE SAGE, *la Tontine,* sc. 6.

Si la loi de projection avait lieu, tous les corps qui ne sont pas *adhérents à* la terre s'en éloigneraient comme les pierres s'échappent des frondes.
BERNARDIN DE SAINT-PIERRE, *Études de la nature,* X.

ADHÉRENT est, comme *adhérer*, terme de médecine.

Poumon *adhérent aux* côtes; pierre *adhérente à* la vessie.
RICHELET, *Dictionnaire.*

ADHÉRENT a pu s'employer de même au figuré et exprimer un attachement, un lien moral;

Soit entre des choses :

Selon l'amour et l'affection que tu auras aux choses de ce monde, selon ce seront-elles plus ou moins *adherens* et tenens *à* toy.
Le Livre de l'internelle Consolacion, II, 27.

Ou si c'est une induction et inclination naturelle *aux* frocs et cagoulles *adherente*, laquelle de soy meine et poulse les bons religieux en cuisines, encore qu'ils n'eussent election ne deliberation d'y aller.
RABELAIS, *Pantagruel,* IV, 11.

Et pourtant merite d'estre mocqué celuy qui estime qu'il y ayt quelque note d'infamie conjoincte et *adherente au* bannissement.
AMYOT, trad. de Plutarque, *OEuvres morales,* Du bannissement ou de l'exil.

Soit entre des personnes:

Les vingt quatre mille hommes qui estoient *adherens avec* icellui duc nommé Sambry, si volrent combatre, pour sa mort.
MONSTRELET, *Chroniques,* vol. I, c. 39.

Aultres y en avoit *adherens aus*dictz Bourguignons, et se meslans de leurs affaires.
COMMYNES, *Mémoires,* I, 6.

Quant au senat, Lycurgus l'establit premierement de ceulx qui furent *adherens à* son entreprise.
AMYOT, trad. de Plutarque, *Vie de Lycurgue,* c. 53.

La haine qu'ils avoient contre les Phocéens, les voyant *adherens* et alliés *avec* les Grecs.

LE MÊME, trad. de Plutarque, *OEuvres mélées*. De la malignité d'Hérodote, XLVII.

C'est le même mot, au même sens, et suivi de même de la préposition *avec*, que nous offre le passage suivant, mais sous l'ancienne forme *adhers*.

Et laissa le duc de Bourgogne ès garnisons de Flandre et par toutes les villes chevaliers et escuyers, quoique les treves fussent jurées, accordées et scellées entre France et Angleterre, et de tous les pays conjoins et *adhers avecques* eux.

FROISSART, *Chroniques*, liv. II, c. 217.

Les passages suivants nous offrent le même mot, sous les formes anciennes AHERENT, AERS, construit au moyen de la préposition *à* avec un infinitif.

Et que l'en soit *à* bien faire *aherent*.

Eustache DESCHAMPS, *Poésies mss.* fol. 351, col. 2 (cité par Sainte-Palaye).

Trop *s'est à* moi mal fere *aerse*.

Fabl. ms. du R., n° 7218, fol. 138, col. 1 (cité par Sainte-Palaye).

ADHÉRENT s'emploie aussi comme substantif. On dit *les adhérents de quelqu'un*, *ses adhérents*, en parlant de Ceux qui partagent ses sentiments, qui suivent son parti.

Ceaux de la ville de Gand et *leur adherdans*.....

Texte de 1331; cité par D. Carpentier, additions au *Glossaire* de Du Cange, au mot ADHÆRERE.

Il (le cardinal de Boulogne) procura une treve entre ces deux rois, leurs pays et *leurs adherents*, à durer deux ans.

FROISSART, *Chroniques*, liv. I, part. I, c. 323.

Maitre Janot avecques *ses adherents*.

RABELAIS, *Gargantua*, I, 20.

Appelant les uns *patroni*, qui est autant à dire comme defenseurs et protecteurs, et les autres *clientes*, qui signifie *adherens* ou receuz en sauvegarde.

AMYOT, trad. de Plutarque, *Vie de Romulus*, c. 19.

Lesquelz on baptisoit du nom de politiques ou *adherents* et fauteurs d'heretiques.

Satyre Ménippée, Épître du s[r] d'Engoulvent à un sien ami.

Les Seize et *leurs adherents*, proditeurs de leur patrie.

Même ouvrage, Familière description des états de la Ligue.

Ceulx de la Ligue qui voyent cela s'en accouragent, prennent de là argument de conforter *leurs adherens*.

HENRI IV, *Lettres*, mars 1585 (Voir *Lettres missives de Henri IV*, t. II, p. 25).

..... Ils pouvoient comprendre toute la cour sous le nom de mazarins et d'*adhérens*.

Mme DE MOTTEVILLE, *Mémoires*, ann. 1652.

Le premier président et *ses adherens* prirent une telle audace de ce qu'il n'arrivoit point de mal, qu'ils en prirent même avantage contre nous.

LE CARDINAL DE RETZ, *Mémoires*, part. II, 165.

La prétention de Cranmer et de *ses adhérens* étoit que Jésus-Christ instituoit les pasteurs pour exercer leur puissance, comme dépendante du prince dans toutes leurs fonctions.

BOSSUET, *Histoire des Variations*, VII.

Georges demandoit formellement à toutes les puissances de l'Europe de refuser tout secours et toute retraite à son ennemi (le prétendant) et à *ses adhérents*.

SAINT-SIMON, *Mémoires*, 1716, t. XIV, c. 6.

Enfin pour le coup nous y sommes, la messe est dite et nous voilà mariés en dépit de notre sœur aînée et du directeur *son adhérent*, qui n'aura plus ni café ni pains de sucre de madame de la Vallée.

MARIVAUX, *le Paysan parvenu*, part. III.

Ceux du parti de Savonarole ne manquèrent pas de lui attribuer des miracles; dernière ressource des *adhérens d'*un chef malheureux.

VOLTAIRE, *Essai sur les mœurs*, c. 108.

Charles le Simple a conquesté
Les Anglois et *leurs adherens*.

COQUILLART, *le Blason des armes et des dames*.

En dépit de ma femme et de *ses adhérents*.

DESTOUCHES, *le Glorieux*, III, 8.

ADHÉRENCE, s. f.

Au sens propre, Union, jonction, état d'une chose qui tient à une autre.

Pour montrer tout ce que contient ledit muscle, et ses *adherences* et mixtions *avec* le cuer.

Ambr. PARÉ, *Introd. à la vraye cognoissance de la chirurgie*, IV, 3.

Si l'on verse du soufre en fusion dans de l'eau, elle se mêle avec lui...., il reprend sa solidité dès que l'eau dont il s'est humecté par force, et avec laquelle il n'a que peu ou point d'*adhérence*, est enlevée par l'évaporation.

BUFFON, *Histoire naturelle*. Minéraux. Du soufre.

L'œsophage.... est doublé d'une membrane cartilagineuse sans *adhérence*.

LE MÊME, *Hist. naturelle*. Oiseaux; variétés du Tarin, I.

C'est un vice inhérent à la pierre; l'effet de quelque matière saline ou argileuse qui est entrée dans sa composition, et qui a empêché le contact intime, nécessaire pour l'*adhérence* mutuelle des parties.

SAUSSURE, *Voyages dans les Alpes*, t. I, c. 3, p. 106, § 143.

Tandis que le corps dur ou que le froid condense
Garde de ses tissus la secrète *adhérence*.

DELILLE, *les Trois Règnes*, III.

De là, en termes de médecine, le même emploi de ce mot que d'*adhérer* et d'*adhérent*.

Son poumon est adhérent aux côtes et cette *adhérence* lui causera la mort.

RICHELET, *Dictionnaire*.

Figurément, dans un sens moral qui a vieilli, Attachement à un mauvais parti, à une mauvaise opinion.

Le père a gasté son fils par l'*adhérence* qu'il a eue *à* toutes ses volontez.

L'*adhérence à* l'hérésie est condamnée comme l'hérésie mesme.

On l'accusoit d'*adhérence au* parti des rebelles, *aux* opinions des hérétiques.

Dictionnaire de l'Académie, édit. de 1694 et de 1718.

ADHÉRENCE, dans cette acception figurée, a été quelquefois pris en bonne part.

Je considère qu'après la paix faite, nous devons, moi et l'Empereur, dans tous les traités que nous aurions à faire avec d'autres princes, nous proposer pour unique objet de nous pouvoir servir de leur *adhérence* et de leurs forces, pour nous mettre en possession de nos partages, le cas de la succession d'Espagne arrivant...

LOUIS XIV au chevalier de Gremonville, 17e juin 1668. (Voir *Négociations relatives à la succession d'Espagne*, t. III, p. 380.)

La foi est une *adhérence* de cœur *à* la vérité éternelle.

BOSSUET, *Sermons*; Sur la charité envers les nouvelles catholiques.

Quiconque aime l'unité doit avoir une *adhérence* immuable *à* l'ordre épiscopal.

LE MÊME, *Oraison funèbre du R. P. Bourgoing*.

L'*adhérence* du cœur *à* des biens invisibles et éternels.

MASSILLON, *Sermons*; l'Assomption.

ADHÉSION, s. f. (du substantif latin *Adhæsio*). Il a, comme *adhérer*, *adhérent*, *adhérence*, son sens propre et son sens figuré.

On le dit au propre de l'Union, de la jonction des corps entre eux.

Cohérence, cohésion, *adhésion*, force par laquelle les parties des corps tiennent ensemble.

VOLTAIRE, *Dict. philosophique*, art. COHÉRENCE.

On le dit au figuré, mais beaucoup plus rarement, d'un Lien moral entre les choses ou les personnes.

Si les seigneurs de main morte disaient: La liberté serait pernicieuse à des hommes qui ne peuvent prospérer que par leur réunion, et par l'*adhésion* perpétuelle *à* leur sol, on leur répondrait: Vos souverains, il y a deux siècles, ont pensé différemment.

VOLTAIRE, *Coutume de Franche-Comté*, Sur l'esclavage imposé à des citoyens par une vieille coutume.

Dans l'usage le plus ordinaire, il se dit de l'Action d'adhérer à une décision, à un jugement, etc., et particulièrement d'un Acte par lequel une puissance adhère à un traité qui lui est proposé.

Le parlement enregistra la condamnation de Mgr de Cambrai, en conséquence de l'*adhésion* des évêques de France.

SAINT-SIMON, *Mémoires*, 1699, t. II, c. 19.

L'archevêque de Cambrai avait pour lui les jésuites...; Mgr de Meaux avait son grand nom et l'*adhésion* des principaux prélats de France.

VOLTAIRE, *Siècle de Louis XIV*, c. 38.

ADHÉSION et ADHÉRENCE sont restés seuls d'un

assez grand nombre de substantifs auxquels les formes diverses du verbe avaient donné lieu, ADHERMENT, ADHERITION, AHERCION, AHERSE.

AD HOC, locution adverbiale, empruntée du latin, et signifiant Pour l'objet même, expressément.

AD HOMINEM, locution adverbiale, empruntée du latin et signifiant, en parlant d'un *argument*, Qui s'adresse à la personne même avec laquelle on conteste.

Que si les *arguments ad hominem* qu'on m'objecteroit vous paroissent peu embarrassants, ils me le paroissent beaucoup à moi.

J.-J. ROUSSEAU, *Lettres*, 15 juillet, 1764.

AD HONORES, locution adverbiale, empruntée du latin, dont on se sert depuis longtemps en français, en parlant d'une place, d'un titre Sans fonctions et sans émoluments. *C'est une place, un titre ad honores.*

Il est besoin de ...... declarer tout le monde taillable, sinon qu'il soit comprins au nombre des vrays officiers du Roy et de Monsieur et des Roynes, et quant à tous ceux qui sont *ad honores*, et qui par faveur, menées ou argent, obtiennent des places esdictes maisons, qu'ils soient tous declarés taillables, le peuple en sera bien fort soulagé et le fisc du Roy augmenté.

Propositions aux États de Blois de 1576. (Voir Camusat, *Meslanges historiques*, p. 51.)

De là, par plaisanterie, l'emploi de cette expression lorsqu'il s'agit de certaines démonstrations, de certaines situations sans réalité.

Étant dans le carosse de M. le cardinal de Retz et passant sur le Pont-Neuf, je mis la tête hors de la portière, comme pour regarder quelle heure il étoit. M. le cardinal me dit : C'est *ad honores* : il avoit raison, car je ne vois que de près.

Menagiana.

Tendresse alors est en bref terminée;
S'il en paroit, ce n'est qu'*ad honores*.

Mme DESHOULIÈRES, *Ballade*; Dans un hameau, etc.

Oui... dis à Léonor, en termes clairs et nets,
Que je ne veux pas être époux *ad honores*.

REGNARD, *le Bal*, sc. II.

ADIEU, adv.

Terme de civilité et d'amitié dont on se sert, au propre, en quittant une personne, où en terminant une lettre qu'on lui écrit.

Il s'est formé de la préposition *à* et du substantif *Dieu*, primitivement séparés dans des locutions très-usitées de notre ancienne langue.

Commander (recommander) *à Dieu* était alors d'un continuel usage au sens de Prendre congé.

Ces dames baisent lor amis;
Trop s'en vont tost, ce lor est vis (avis);
Cascune *à Dieu* le sien *conmande*.

Partonopeus, v. 10545.

En la voie la met, *à Dieu l'a commandée.*

Au partir l'a li rois moult doucement baisie;
À Dieu la commanda, le fils sainte Marie.

À li (elle) prennent congié, *à Dieu l'ont commandée.*

ADENÈS, *Roman de Berte*, p. 67, 98, 187.

À icest mot si se depart
Bertoult de mesire Renart;
Si *le conmande* moult *à Dé.*

Roman du Renart, v. 5361.

On disait encore, pour Prendre congé, *commander* (recommander) *à* Dieu, *à* Jésus-Christ, *à* un Saint, etc.

Dusk'à (jusqu'à) Coisnun les convéia;
À Dame Deus les comanda.

WACE, *Roman de Rou*, v. 6180.

Quant-il (Pépin) et Blanchefleurs se furent desevre,
Et en plourant *se furent à Jhesu commandé*,
En Paris s'en revint, l'amirable cité.

ADENÈS *Roman de Berte*, p. 138.

À Dieu et à saint Julien
L'a conmandé, si s'en retorne;

Droïn *au Déable conmande.*
Roman du Renart, v. 1906; 25494.

On disait même, comme le fait voir ce dernier vers, pour une toute autre façon de se quitter, *commander* (envoyer) *au diable, au mauvais ange.*

E Richart li cria : *au maufez te comant.*
WACE, *Roman de Rou*, v. 3999.

Qant il vit qu'il nel' consiévra (l'atteindra)
Au deable le conmanda.
Roman du Renart, v. 7923.

Bien voit que jà ne la vaincra;
À deiables la commanda.
Nouv. rec. de fabliaux, Méon, I, 292.

Ainsi se formèrent, s'établirent dans l'usage ordinaire, les locutions suivantes :
À Dieu vous command, commant, comment, commans, etc. :

Au partir dist à l'ostesse : *À Dieu vous comment.*
Lettres de rémission de 1539; Arch. nat., sect. hist. J., regist. 90, fol. 100.

À Dieu te command par cest escript, qui te doint sa grâce.
Alain CHARTIER, *le Curial.*

Depuis qu'une femme parlemente et vous escoute, *à Dieu vous comment* (n'importe la manière que vous preniez), vous avez desja le pied en l'estrieu; aussi, quand une place commence à ouvrir l'oreille à la composition, tenez la hardiment pour perdue.
MONTLUC, *Commentaires*, II.

Fille, *à Dieu vous commant* par qui li soleus raie (le [soleil rayonne).
ADENÈS, *Roman de Berte*, p. 13.

À Dieu conmant vieles amours, nouvieles ai.
Renart le nouvel, v. 6844.

Quar nule riens tant ne me grieve
Com fet dire : *À Diu vous commant.*
Jehan BODEL D'ARRAS, *li Congiés.* (Voir *Fabl. et cont. anc.*, Méon, I, 135.)

À Dieu soyez commandé.

Sire, fet-ele, cuer ne puet mentir. *À Dieu soiez-vos commandé.*
Roman des sept Sages, p. 37.

Bel douz frère, por ce vos di
Que je ne remaign pas ici :
À Dieu seiez-vous comandé,
Vis (avis) m'est que trop i ai esté.
Le Chastoiement, p. 155.

À Dieu soiez-vos commandez,
Je m'en vois, ne revendrai plus.
Nouv. rec. de fabliaux, Méon, II, 375.

On ne se servait pas moins fréquemment de ces autres locutions :
À Dieu soyez :

Et je m'en vois, *à Dieu soiez.*
Roman du Renart, v. 16216.

SAINT SANCTIN.
À Dieu soyez.
L'OSTELLIER.
À Diou syas!
Le martyre de saint Denis. (Voir Jubinal, Mystères, t. I, p. 159.)

Malherbe désignait plaisamment par cette locution, sous sa forme provençale, les habitants du Midi :

Il y eut grande contestation entre ceux qu'il appeloit du pays d'*Adiousias* (ce sont ceux de delà la rivière de Loire) et ceux de deçà qu'il appeloit du pays de *Dieu vous conduise*, pour savoir s'il falloit dire une *cuiller* ou une *cuillère.*
TALLEMANT DES RÉAUX, *Historiettes*, Malherbe.

À Dieu allez :

Entre ces *à-Deu-alés*, atant es vous (alors voici) venu à l'empereour un message.
HENRI DE VALENCIENNES, *Conqueste de Constantinoble*, XXIV.

À Dieu demeurez, etc. :

Je m'en vois, *à Dieu demoures.*
Théâtre fr. au moyen âge, p. 175.

Biaus ostes, *à Dieu remaingniez!*
Fabl. et cont. anc., Méon, I, 372.

De là, par abréviation, À DIEU, comme on a écrit généralement jusqu'à la fin du XVIe siècle et même dans les commencements du XVIIe. Les Dictionnaires de Rob. Estienne, de Nicot, de Monet, de Cotgrave, le donnent sous cette forme, à titre, non pas de mot distinct, mais de locution, dans l'article *Dieu*.

Or *à Dieu*, jusques à demain. *À Dieu*, dist Pantagruel.
RABELAIS, *Pantagruel*, II, 18.

Prenant entre nous congé de nos amis, nous usons de ce mot *à Dieu*.
Est. PASQUIER, *Lettres*, I, 18.

À Dieu, Monsieur de la Force, lequel je prie vous avoir eu sa sainte garde.
HENRI IV, *Lettres*, 15 mars 1602. (Voir *Lettres missives de Henri IV*, t. V, p. 599).

La justice se vint saisir de luy, et l'emmena avec tant de violence qu'on ne me voulut permettre de luy dire *à Dieu*.
D'URFÉ, *l'Astrée*, part. I, liv. VIII.

À Dieu, à Dieu,
Rendez vous tantost audit lieu.
Farce de Pathelin.

À Dieu donc, j'aime mieux aller seul au tournoy.
TH. CORNEILLE, *le Geôlier de soy-même*, I, 5.

Malgré la longue durée de cette forme primitive, *à Dieu*, on trouve déjà dans de fort vieux textes, en un seul mot, *adeu, adieu*.

Girbers parole au riche roi Pépin :
Sire, fait-il, j'en irai le matin.
Et dit li rois : *Adeu* sire cosin.
La mort de Garin, v. 461.

Sire, dit-ele, *adieu*, saluez (pour) moi mon frère.
ADENÈS, *Roman de Berte*, p. 9.

La transition d'*à Dieu*, à la forme définitive ADIEU, est comme marquée dans les deux premières éditions de la satire Ménippée en 1593. On y lit, à la fin du Prologue, dans la première *à Dieu*, dans la seconde *adieu*.

ADIEU, au propre, n'est le plus souvent qu'une simple formule, par laquelle, comme il a été dit plus haut, on prend congé des personnes, soit en les quittant, soit en terminant une lettre qu'on leur écrit. Mais quelquefois il reçoit du sens général de la phrase une expression particulière ;

Celle de l'affection, du regret :

Adieu, je vais traîner une mourante vie,
Tant que par ta poursuite elle me soit ravie.
P. CORNEILLE, *le Cid*, III, 4.

Adieu, je vais le cœur trop plein de votre image,
Attendre, en vous aimant, la mort pour mon partage.
J. RACINE, *Bérénice*, I, 4.

Celle de la colère, de la menace, de la moquerie, etc. :

.... *Adieu*, ma bru, je ne veux plus rien dire.

Adieu Cléanthis, ma chère âme,
Il me faut suivre Amphitryon.
MOLIÈRE, *le Tartuffe*, I, 1 ; *Amphitryon*, I, 4.

Adieu tison d'enfer, fesse-mathieu femelle.
REGNARD, *le Joueur*, V, 7.

ADIEU, *en voilà assez*, est une locution familière dont on se sert quand on veut congédier un importun, finir un entretien qui ennuie.

ADIEU, tout seul, a le même sens dans ce passage :

Savez-vous.....? mais vraiment je suis bien bon de vous parler. *Adieu*, je n'aime pas à perdre mon temps.
VOLTAIRE, *Fragments sur l'histoire*, art. XXVI.

Ces nuances sont sensibles dans l'emploi figuré d'ADIEU, en parlant des choses auxquelles on renonce ;

Soit avec tristesse, malgré soi, en s'y arrachant :

Je t'obéis, je pars après avoir salué ces lieux. *Adieu*, cher antre ; *adieu*, nymphes de ces prés humides. Je n'entendrai plus le bruit sourd des vagues de cette mer. *Adieu*, rivage où tant de fois j'ai souffert les injures de l'air. *Adieu*, promontoire où Écho répéta tant de fois mes gémissements. *Adieu*, douces fontaines qui me fûtes si amères. *Adieu*, ô terre de Lemnos ; laisse-moi partir heureusement, puisque je vais où m'appelle la volonté des dieux et de mes amis.
FÉNELON, *Télémaque*, XII.

Adieu, amours, très-douche vie;
Li plus joieuse et li plus lie
Qui puist estre fors paradis.

Adam D'ARRAS, *li Congiés.* (Voir *Fabl. et contes*, Méon, I, 107.)

Adieu, mon cuer, *adieu*, ma joye;
Adieu, tout le bien que j'avoye;
Adieu, ma très-parfaicte amour;
Adieu, celle qui nuit et jour
Avez mon cœur où que je soye.

Eust. DESCHAMPS, *Rondeau*, Adieu mon cuer.

Adieu, plaisirs, liesses souveraines!

Martial D'AUVERGNE, *Complainte sur la mort de Charles VII.*

Je dirois *adieu* ma maistresse,
Mais le cas viendroit mieulx à poinct
Si je disois *adieu* jeunesse,
Car la barbe grise me poinct.

Cl. MAROT, *Épîtres*, I, 28.

Adieu, amours, *adieu*, gentil corsage;
Adieu, ce tainct, *adieu*, ces frians yeulx;
Je n'ay pas eu de vous grand advantage;
Un moins aymant aura peult-estre mieulx.

LE MÊME, *Chansons*, VIII.

Adieu, fortune, honneurs, *adieu*, vous et les vôtres;
Je viens ici vous oublier.
Adieu, toi-même, amour, bien plus que tous les autres,
Difficile à congédier.

BENSÉRADE, voyez D'OLIVET, *Histoire de l'Académie françoise.*

Adieu, mes vers, *adieu*, pour la dernière fois.

BOILEAU, *Épîtres*, X.

Soit par un détachement volontaire, venant de dégoût, de mépris, de haine, etc:

Je me retire donc : *adieu*, Paris, *adieu*.

BOILEAU, *Satires*, I.

Quelquefois l'adverbe ADIEU, suivi d'un nom de personne ou d'un nom de chose, exprime que c'en est fait de cette personne, ou de cette chose, qu'elle est exposée, perdue, altérée, détruite, etc., qu'on n'y peut plus compter, qu'il y faut renoncer, etc.

Vite, qu'on les dépouille sur-le-champ.— *Adieu* notre braverie.

MOLIÈRE, *les Précieuses ridicules*, sc. 16.

Puisqu'il n'y a autour de la lune ni vapeurs assez grossières, ni nuages pluvieux, *adieu* l'arc-en-ciel avec l'aurore, et à quoi ressembleront les belles de ce pays-là? Quelle source de comparaisons perdue!

Les taches de notre soleil peuvent s'épaissir.... s'accrocher les unes aux autres : ensuite elles iront jusqu'à former autour du soleil une croûte qui augmentera toujours; et *adieu* le soleil.

FONTENELLE, *les Mondes*, 3e et 5e soirs.

Nous sommes plus savants sur certains chefs intéressants que dans le siècle passé; mais *adieu* les talens, le goût, le génie et les grâces.

VOLTAIRE, *Lettres*, 7 décembre 1767.

Ce n'est plus le tour de Sophie de trembler, c'est celui d'Émile. *Adieu* la liberté, la naïveté, la franchise.

J.-J. ROUSSEAU, *Émile*, V.

Otez Pan et sa flûte, *adieu* les pâturages;
Otez Pomone et Flore, *adieu* les jardinages.

P. CORNEILLE, *Défense des Fables dans la poésie.*

Quand on a passé l'onde noire,
Adieu le bon vin, nos amours.

MOLIÈRE, *le Bourgeois gentilhomme*, IV, 1.

.....Si l'on avoit cette délicatesse,
Adieu plus des trois quarts de ce qu'on croit noblesse.

BOURSAULT, *Ésope à la ville*, III, 4.

Amour, amour, quand tu nous tiens,
On peut bien dire : *adieu* prudence.

Adieu mes nourrissons, si vous les rencontrez.

Perrette, là-dessus, saute aussi transportée;
Le lait tombe; *adieu* veau, vache, cochon, couvée.

Mais au moindre danger, *adieu* tout leur courage.

LA FONTAINE, *Fables*, IV, 1; V, 18; VII, 10; IX, 19.

Adieu paniers, vendanges sont faites, se dit proverbialement, lorsque les vendanges sont passées, ou qu'il est arrivé malheur aux vignes. Il se dit figurément de toutes les affaires manquées sans ressource, et quelquefois de celles qui sont entièrement terminées.

Le maréchal de Gramont, voyant sa fille en l'état où elle est, lui dit: « Il faut plier bagage. » Cela, en cette occasion, m'a paru valoir : « *Adieu paniers, vendanges sont faites.* »

Mme DE SCUDÉRY, *Lettres*, 27 mai 1678, à Bussy-Rabutin.

Il y a aussi peu de jugement à dire à une personne qui se meurt « il faut plier bagages, » qu'à dire *adieu paniers, vendanges sont faites*, à un amant dont on se sépare. Cela est fort bien remarqué à vous, Madame.
BUSSY-RABUTIN, *Lettres*, 30 mai 1678, à Mme de Scudéry.

Profitez bien, jeunes fillettes,
Des moments faits pour les amours;
Quand on a passé ses beaux jours,
Adieu paniers, vendanges sont faites.
DANCOURT, *les Vendanges de Suresnes*, divertissement.

Par un emploi analogue, **ADIEU**, seul, sert quelquefois à annoncer elliptiquement le départ prochain d'une personne.

Notre cardinal m'a dit ce soir mille tendresses pour vous : il s'en va à Saint-Denis faire la cérémonie de Pâques; il reviendra encore un moment, et puis *adieu*.
Mme DE SÉVIGNÉ, *Lettres*, 15 avril 1672.

Dire adieu est fort usité, tant au propre qu'au figuré;
Au propre, pour Prendre congé :

Il vous plaira, Monseigneur, recevoir les larmes qui de loing *vous disent adieu*, et la lettre pour la parole.
LA REINE DE NAVARRE, *Lettres à François Ier*, 1537; lettre 87.

Je me doutois bien que tôt ou tard vous *me diriez adieu*, et que, si ce n'étoit chez moi, ce seroit du camp devant Landrecy.
Mme DE SÉVIGNÉ, *Lettres*, 1655, à Bussy-Rabutin.

Souffrez que je *dise adieu à* cette triste demeure.
FÉNELON, *Télémaque*, XV.

Adieu dire m'est coup mortel,
Car je m'en vois sans vous veoir.
Ch. D'ORLÉANS, *Ballade*, J'ai tant en moi de déplaisir.

Soyez certain qu'en partant dudit lieu
Rien n'oublia, fors de *me dire adieu*.
Cl. MAROT, *Épîtres*, I, 14.

L'un et l'autre *se dit adieu* de la pensée.
LA FONTAINE, *Philémon et Baucis*.

Au figuré;
Soit avec le sens de Prendre congé:

Et puis quand le chasseur croit que son chien la pille,
Elle *lui dit adieu*, prend sa volée et rit
De l'homme qui, confus, des yeux en vain la suit.
LA FONTAINE, *Fables*, X, 1.

Soit avec le sens de Renoncer :

Je suis en peine de ce que vous vous estes trouvée mal. Conservés-vous mieux que vous ne faites; *dites* du tout *adieu aux* carrosses.
HENRI IV, *Lettres* à la Reine, 22 octobre 1605.

Vos filles d'Aix vous la gâteront (Pauline de Grignan) entièrement; du jour qu'elle y sera, il faut *dire adieu à* tous ses charmes.
Mme DE SÉVIGNÉ, *Lettres*, 7 octobre 1677.

On a proposé de rendre la couronne héréditaire : assurez-vous qu'au moment où cette loi sera portée, la Pologne peut *dire adieu* pour jamais *à* sa liberté.
J.-J. ROUSSEAU, *Considérations sur le gouvernement de Pologne*, c. 8.

Sans dire adieu, s'emploie quelquefois absolument, pour Sans prendre congé.

Ils diront qu'emporter le chat signifie simplement partir *sans dire adieu*.
VOLTAIRE, *Lettres*, 15 décembre 1778.

Puis chascun d'eux si print la voye
Pour s'en aller *sans dire adieu*.
VILLON, *la Repeue franche des Gallants sans soulcy*.

... Il faut partir, Monsieur, *sans dire adieu*.
MOLIÈRE, *le Misanthrope*, IV, 4.

Je ne vous dis pas adieu, *sans adieu*, sont de l'usage ordinaire et familier, en parlant à une personne qu'on ne quitte que pour peu d'instants, qu'on se propose de revoir bientôt.

Sans adieu; je ne tarderai pas à vous rendre réponse.
DANCOURT, *la Fête du village*, I, 2.

Sans adieu, me dit aussitôt le Biscayen, nous nous reverrons.
LE SAGE, *le Bachelier de Salamanque*, part. I.

Ne dire que bonjour et adieu, c'est Ne faire qu'une courte visite; n'avoir qu'un court entretien.

Je ne lui veux dire qu'un mot, *bonjour et adieu.*

DANET, *Dictionnaire fr.-lat.*

Dans les vers suivants, *bonjour* est remplacé par *Dieu gard* (vous garde), ancien corrélatif d'ADIEU :

Bien vous puis, ce me semble,
Dire *Dieu gard* et *adieu* tout ensemble.

Cl. MAROT, *Épîtres*, I, 29.

À Dieu vous dis était une locution, synonyme d'ADIEU. Il a vieilli.

Mais si dorénavant votre imprudence éclate,
Adieu vous dis mes soins pour l'espoir qui vous flatte.

MOLIÈRE, *l'Étourdi*, II, 1.

ADIEU s'emploie encore comme substantif, *l'adieu, un adieu, un tendre, un triste, un dernier, un éternel adieu*, etc.

Le matin voulant partir, don Juan m'accompagne jusques dans le batteau, et, après *un* honneste et courtois *à Dieu*, il me baille pour m'accompaigner jusques à Huy, où j'allois coucher, première ville de la terre de l'Evesque de Liege, monsieur et madame d'Havrech.

MARGUERITE DE VALOIS, *Mémoires*, année 1577.

Quel moment que celui où nous nous séparâmes! *Quel adieu,* et quelle tristesse d'aller chacune de son côté, quand on se trouve si bien ensemble!

C'étoit une sotte belle femme.... *son adieu* me fut agréable.

Mme DE SÉVIGNÉ, *Lettres*, 27 mai 1675; 17 juillet 1680.

Ils se dirent *un adieu* bien triste, quoiqu'ils ne sussent pas que c'étoit le dernier.

BOSSUET, *Oraison funèbre de la reine d'Angleterre.*

On assure l'avoir entendue cloqueter en passant devant les portes, comme pour avertir de son retour, et faire en partant un semblable signe d'*adieu.*

BUFFON, *Histoire naturelle.* Oiseaux; la Cicogne.

Pour Virginie, d'un port noble et assuré, elle nous faisait signe de la main, comme nous disant *un éternel adieu.*

BERNARDIN DE SAINT-PIERRE, *Paul et Virginie.*

Dire le grand adieu, l'adieu éternel, a été quelquefois employé, par euphémisme, pour Mourir.

Nous voyons que Cornelius Celsus conseille de boire un verre d'eau en la fin du repas; ce que les autres medecins estiment estre une heresie; et de faict, je sçay qu'un de mes plus grands amis, pour avoir esté celsiste en cela l'espace seulement de huict ou dix jours, fut en danger de *me dire le grand adieu.*

H. ESTIENNE, *la Précellence du langage françois.*

Le vin de l'adieu, est celui que l'on boit en se séparant.

Il est fait à cette expression familière et proverbiale une allusion badine dans les vers suivants :

Quand le galant, un assez bon espace,
Avec la dame eut été dans ce lieu,
Force lui fut d'abandonner la place;
Ce ne fut pas sans *le vin de l'adieu.*

LA FONTAINE, *Contes*, I, 3.

Le substantif ADIEU est fort d'usage au pluriel.

On passe sa vie à dire des *adieux;* tout le monde s'en va, tout le monde est ému.

Mme DE SÉVIGNÉ, *Lettres*, 20 avril 1672.

Hégésippe ne voulut pas lui laisser le temps de faire ses derniers *adieux* à sa famille.

FÉNELON, *Télémaque*, XI.

Ses bras dans nos *adieux* ne pouvoient me quitter.

Daignez de la sultane éviter la présence.
Vos pleurs vous trahiroient, cachez-les à ses yeux,
Et ne prolongez point de dangereux *adieux.*

J. RACINE, *Britannicus*, V, 8; *Bajazet*, II, 5.

C'est ainsi qu'en partant je vous fais mes *adieux.*

QUINAULT, *Thésée*, V, 6.

Cent humides baisers achèvent ses *adieux.*

LA FONTAINE, *Adonis.*

Abrégeons les *adieux.*
Quand il faut se quitter, le plus tôt c'est le mieux.

DUFRESNY, *le Dédit*, sc. 2.

Ah! puissent voir longtemps votre beauté sacrée
Tant d'amis sourds à mes *adieux!*
Qu'ils meurent pleins de jours, que leur mort soit [pleurée!
Qu'un ami leur ferme les yeux!

GILBERT, *Adieux d'un jeune poëte à la vie.*

On a dit *aux adieux, sur l'adieu*, pour Au moment de se séparer.

Aux adieux nous eschauffons, oultre l'ordinaire, l'affection envers les choses que nous abandonnons; je prends l'extrême congé des jeux du monde; voicy nos dernières accolades.

MONTAIGNE, *Essais*, III, 5.

Là l'hyver sépara les armées, et *sur l'adieu* se fit la journée de quatre François contre autant d'Espagnols.

Agr. D'AUBIGNÉ, *Histoire universelle*, t. I, liv. I, c. 9.

Figurément, *dire les derniers adieux, un éternel, un solennel adieu à* une chose, c'est Y renoncer pour toujours, solennellement.

Ceux qui sont échappés du naufrage *disent un éternel adieu à* la mer et *aux* vaisseaux.

BOSSUET, *Oraison funèbre de la reine d'Angleterre*.

Je vais commencer dès ce moment à *dire au* monde *un adieu éternel*.

MASSILLON, *Paraphrases*, Ps. VI.

Dire les derniers adieux aux attachements de ma jeunesse..... voilà tout le fruit que j'en voulois recueillir.

J.-J. ROUSSEAU, *la Nouvelle Héloïse*, VI, 3.

(*J'ai*) *dit à* vos autels *un éternel adieu*.

ROTROU, *Saint-Genest*, III, 6.

Quelquefois, par figure, on assimile à un ADIEU, à des ADIEUX, certains actes.

Si ce poëme est le dernier présent que vous voulez faire au théâtre, comme vous nous en faites peur, vous ne pouviez pas prendre congé du peuple par *un adieu* plus remarquable que celuy-là, ni qui vous en fist plus regretter.

BALZAC, *Lettres*, XIII, 36, à Scudéry.

Elle se retira en Italie au bout d'un an, après avoir fait ses *adieux* en princesse, avec des libéralités qu'elle répandit sur ses anciens courtisans.

FONTENELLE, *Éloge de M. Hartsoeker*.

Ils gagnent leurs vaisseaux, ils en coupent les cables,
Nous laissent pour *adieux* des cris épouvantables.

P. CORNEILLE, *le Cid*, IV, 3.

Qu'il n'ait, en expirant, que ses cris pour *adieux*.

J. RACINE, *Bajazet*, IV, 5.

ADIPEUX, EUSE, adj. (comme le mot latin *Adipatus*, de *adeps, adipis*, graisse).

Terme d'anatomie.

Il se dit de certaines parties du corps de l'homme ou de l'animal, qui sont de nature graisseuse, ou qui admettent la graisse dans leur composition. *Membrane adipeuse; tissu adipeux; nageoire adipeuse; vaisseaux adipeux*, vaisseaux qui se distribuent dans la graisse.

Ce mot, recueilli seulement en 1762 dans le *Dictionnaire de l'Académie*, était déjà d'un usage assez ancien, comme le montrent les exemples suivants :

Aux autres endroits du corps elle n'est que membrane simple, meslée par cy par là avec la gresse assez subjacente; et pour ce peut estre dite, Pannicule *adipeux*.

Ambr. PARÉ, *Introd. à la vraye cognoissance de la chir.*, III, 5.

Les membranes *adipeuses* sont le troisième des tégumens qui couvrent et environnent le corps.

DIONIS, *Anatomie de l'homme*.

Il n'a pas été fait jusqu'ici, du mot ADIPEUX, d'emploi métaphorique analogue à celui que faisait Cicéron du mot correspondant *adipatus*, l'appliquant à la diction des Orateurs asiatiques : « Opimum quoddam et tanquam *adipatæ* dictionis genus (*Orat.* VIII). »

ADIRER, v. a.

Quelquefois ADHIRER. On trouve encore dans de vieux textes ENDIRER et ESDIRER.

On n'est pas d'accord sur l'origine de ce mot, qui, dans son acception la plus générale, signifie Égarer, perdre.

Les étymologies qui le tirent, soit, comme *adirare*, d'un autre mot de la basse latinité *adærare* (Voyez Du Cange, *Glossaire*), soit du latin *aderrare*, ne sont guère admissibles.

D'autres (voyez *les Origines* de Ménage) l'ont rapporté, avec plus de vraisemblance, à l'ancienne locution *être à dire, se trouver à dire*, qui signifiait (voyez tom. I, page 18, col. 2, à l'art. À) Être égaré, perdu, manquer. *Adirer une chose*, selon Monet, *c'est faire qu'elle soit à dire*.

Quoi qu'on doive penser de ces étymologies, dont

aucune n'est complétement satisfaisante, le mot est fort ancien dans notre langue. On le voit par les exemples suivants, où il a, indifféremment, pour régimes, à l'actif, pour sujets, au passif, des noms de choses, des noms abstraits, même des noms de personnes.

Avint que à Cis le pere de Saül *furent* adnes (ânesses) *adirez.*

Les quatre Livres des Rois, I, IX, 8.

Ayant adiré mes bagues et joyaux, le sire Artile, nostre compère, ... retrouva le tout.

J. Louveau, trad. de Straparole, *VIe nuit, fable I.*

Le saint Graal estoit une fiole pleine d'un baume si mirifique, après lequel les chevaliers errants couroient, comme petits gars qui *auroient adiré* leurs vaches.

Du Fail de la Hérissaye, *les Contes d'Eutrapel*, X, les bons larrecins.

Extrait des Mémoires de Suetone qui sont *adirez.*

Vigenère (cité par Borel, *dict.*)

Par Mahomet! j'*ai* tant perdu et *adiré.*

Roman de Gaufrey, v. 1551.

Moult ai le cuer du ventre irié (irrité),
Dont (de ce que) *j'ai* Bel-Acueil *adirié.*

Roman de la Rose, v. 3777.

Qui (celui qui) nostre frere nos ramaine,
Qui perduz iert et *adirez.*

Rutebœuf, *le Miracle de Théophile* (voir Œuvres, t. II, p. 314).

Voici venir Bellin qui seul avoit erré
Tout un jour à chercher son belier *adiré.*

Ronsard, *Églogues*, IV.

On voit par certains passages d'anciennes ordonnances, d'anciennes coutumes, qu'adirer était d'un assez grand usage comme terme de jurisprudence, particulièrement au participe.

Et a et doibt avoir toutes espaves, trouveures ou choses *adirées.*

Lettres de 1358, Charles régent. (Voir *Ordonnances des rois de France*, t. III, p. 312.)

Egaré ou *adiré.*

Coutumes de Bourges, tit. IX, art. 28.

C'est seulement de cette manière que, depuis longtemps, adirer est employé. *Titres adirés; pièces adirées.*

Cette *pièce* étoit le fondement de mon procès; le malheur a voulu qu'elle *ait été adhirée.*

Furetière, *Dictionnaire.*

Nicot disait en 1606 : « mot fréquent à Paris; vaut autant comme Esgarer; » mais il ajoutait « pourtant usez des formules de Esgarer. » Depuis tous les lexicographes l'ont noté comme appartenant spécialement à la langue du Palais et de la Cour des comptes.

Adirer paraît avoir été employé au sens de Rayer, effacer.

Son nom est *adiré* de l'estat des officiers par ordonnance du prince.

Monet et Borel, *Dictionnaires; Dictionnaire de Trévoux.*

Dans un texte cité par Roquefort, il a le sens de Déchirer, détruire.

L'*ayant* (un testament)..... retiré hors des mains de ..... et par après le cassé et *adhiré.*

Testament du 26 juin 1580 (cité par Roquefort, Supplément).

Adiré, ée, participe.

Quelquefois adhiré, et à une époque ancienne adirié et même adis.

Sainte-Palaye cite deux passages des poésies de Froissart, où adis, qui semble le participe d'adirer, est employé au sens de Égaré, surpris, confus.

Il aurait dans notre langue actuelle, pour correspondant assez exact, par une origine et une signification analogues, le mot Éperdu.

..... C'est raisons qu'il me souviegne
De la belle douce et rians,
A qui je suis merci crians
Et comment pour s'amour jadis
J'ai esté souvent si *adis*,
Qu'à painnes me pooie aidier:
Ains vivoie de Souhaidier.

Un peu en fui premiers *adis*,
Et esbahis pour l'aventure.

Froissart, *Poés. ms.*, fol. 349, col. 1; fol. 367, col. 2 (cité par Sainte-Palaye).

ADITION, s. f. (du latin *Aditio* et par ce mot de *adire*, formé de *ad* et *ire*).

Il n'est d'usage que comme terme de droit, au sens particulier que donnaient à *aditio* les lois romaines, et dans une locution traduite de cette locution latine *aditio hæreditatis*, *adition d'hérédité*, c'est-à-dire Action d'entrer dans un héritage, *hæreditatem adeundi*, comme on disait encore en latin, Acceptation d'une succession.

Propositions qu'il faut entendre de la part du majeur de 25 ans, non du mineur, lequel, en cas de lésion, peust estre relevé de l'*adition* par lui faite *de l'hérédité*.
Est. Pasquier, *l'Interpretation des Institutes de Justinian*, II, 105.

ADJACENT, ENTE, adj. (du latin *Adjacens*, participe d'*adjacere*, et par ces mots de *ad* et *jacere*).

Adjacent sert à désigner Ce qui est situé auprès, *quod jacet ad*.

Il ne s'emploie guère qu'au propre, en parlant de pays, de terres, d'îles, de maisons, de rues, etc.

Le mont qui est *adjacent* se nomme Cronie ou Saturnien, pour la raison qui s'ensuyt. . . .
Amyot, trad. de Plutarque, *OEuvres mêlées;* le fleuve d'Alphée.

La Provence est pays d'État et se divise en pays de Provence et en terres *adjacentes*.
Mémoire de l'intendant Lebret sur la Provence, en 1698. (Voir *Correspondance administrative* sous Louis XIV, t. I, p. 831.)

Du temps de Trajan, la ville d'Antioche et une grande partie du pays *adjacent* furent abîmées par un tremblement de terre.
Buffon, *Hist. naturelle*, Théorie de la Terre, art. XVI.

Adjacent, en ce sens, se trouve construit avec la préposition *de :*

Pantagruel..... luy demanda si les mers *adjacentes d'*ycelle isle estoient ainsi ordinairement subjectes à tempeste.
Rabelais, *Pantagruel*, IV, 25.

Avec la préposition *à :*

C'est le Tybre qui reçoit dans son canal toutes les grandes tables et colonnes de marbre, et tous les sommiers droits et puissans, et autres matériaux servans à bastir qui procedent des regions *adjacentes à* la mer Tyrhene.
Bergier, *Hist. des grands chemins de l'Empire romain*, liv. V, c. xliv, § 5.

Souvent la surface de l'eau du fleuve est plus élevée que les terres qui sont *adjacentes à* celles des bords du fleuve.
Buffon, *Hist. naturelle*, Théorie de la Terre, art. X.

On appelle, en Géométrie, *angles adjacens* des angles immédiatement contigus l'un à l'autre, de manière à avoir un côté commun.

Adjacent a pu se dire au figuré des choses, pour marquer certains rapports d'affinité.

De laquelle sentence Æschylus a bien évidemment exprimé une partie, et l'autre *luy* est si *adjacente* qu'elle est aisée à entendre.
Amyot, trad. de Plutarque, *OEuvres morales*, Comment il faut lire les poëtes, LV.

La cognoissance de soy..... ne s'acquiert pas...... par toutes les choses externes et *adjacentes au* dehors, offices, dignités, richesses, noblesse, grace et applaudissement des grands ou du peuple.
Charron, *De la Sagesse*, I, 1.

Cet adjectif semble avoir manqué à notre vieille langue. Il y était remplacé par le substantif adjacence, ajacence.

Puis le Roy vint à Sainct Denis,
Qui lui rendit obeissance,
Laigny, avec le plat pays,
Deppendances et l'*ajacence*.
Martial d'Auvergne, *Vigiles de Charles VII*.

Adjacence de bonne heure suranné, et que les lexiques de notre langue moderne n'ont pas recueilli, a cependant reparu dans ce passage d'un historien du dernier siècle :

Philippe ayant retrouvé son rival reprit sa première

politique : il devint moins indifférent sur les affaires de la Normandie et de ses *adjacences.*

GAILLARD, *Histoire de la rivalité de la France et de l'Angleterre.*

Notre vieille langue avait encore le verbe ADJACIER, qu'on trouve dans le passage suivant au sens de S'attacher à, suivre le parti de, se ranger au parti de.

Nos li aiderons de tot nostre pooir à sa vie contre tote jent qui tort li feront, qui *adjacier* ne li voudront.

D. PLANCHER, *Histoire de Bourgogne*, preuves, 1251, t. II, p. 80, col. 1.

ADJECTIF, IVE, adj. (du latin *Adjectivus* et, par ce mot, d'*adjicere*, formé de *ad* et de *jacere*).

C'est, comme *adjectivus*, un terme de grammaire. Il s'emploie surtout au masculin et se dit des noms que l'on *joint* aux substantifs pour les qualifier ou les modifier, ou plutôt qui *ajoutent* aux substantifs une qualité, une modification.

Les mots... qui signifient les substances ont été appelés noms substantifs; ceux qui signifient les accidens, en marquant le sujet auquel ces accidens conviennent, *noms adjectifs.*

Grammaire générale de Port-Royal, c. 2, § 20.

Le *nom adjectif* est celuy qui ne signifie point une chose mais qui marque seulement quelle elle est, comme grand, petit, beau, laid, aimable, blanc, rouge, et il ne peut jamais estre employé dans le discours sans estre joint à un nom qui marque substance.

REGNIER DESMARAIS, *Grammaire françoise.* Traité des noms.

Le mot *adjectif* vient du latin *adjectus*, ajouté, parce qu'en effet le *nom adjectif* est toujours ajouté à un nom substantif, qui est ou exprimé ou sous-entendu.

DUMARSAIS, *Principes de grammaire.* Des noms adjectifs.

De même que, par opposition à *nom substantif* on a dit *nom adjectif*, on a dit aussi *verbe adjectif* par opposition à *verbe substantif*. Mais cette dénomination est peu employée, tous les verbes, à l'exception du verbe être, indiquant une modification active ou passive et pouvant conséquemment être appelés *adjectifs*.

Nous avons déjà dit que les hommes ayant joint en une infinité de rencontres quelque attribut particulier avec l'affirmation, en avoient fait ce grand nombre de *verbes* différents du substantif qui se trouvent dans toutes les langues, et que l'on pourroit appeler *adjectifs* pour montrer que la signification qui est propre à chacun est ajoutée à la signification commune à tous les verbes, qui est celle de l'affirmation.

Grammaire générale de Port-Royal, c. 18.

On trouve, chez quelques grammairiens, ces expressions, *sens adjectif, signification adjective.*

ADJECTIF s'emploie aussi substantivement.

Dans notre langue, on voit toujours venir d'abord un nominatif substantif qui mène son *adjectif* comme par la main...

FÉNELON, *Lettre à l'Académie.*

Il n'y a point eu au palais, depuis tout ce temps, de causes célèbres, ou de procédures longues et embrouillées où il (Antagoras) n'ait du moins intervenu : aussi a-t-il un nom fait pour remplir la bouche de l'avocat, et qui s'accorde avec le demandeur ou le défendeur comme le substantif avec l'*adjectif.*

LA BRUYÈRE, *Caractères*, c. 11.

Ils n'ont jamais su combien la déclamation est l'opposé de l'éloquence, et combien les *adjectifs* affaiblissent les substantifs, quoiqu'ils s'accordent en genre, en nombre et en cas.

VOLTAIRE, *Lettres*, 25 mars 1765, à d'Alembert.

À l'égard des *adjectifs*, la notion ne s'en dut développer que fort difficilement, parce que tout *adjectif* est un mot abstrait, et que les abstractions sont des opérations pénibles et peu naturelles.

J.-J. ROUSSEAU, *Discours sur l'origine de l'inégalité parmi les hommes.*

On fit donc des *adjectifs*, c'est-à-dire des noms qui signifiaient les qualités des choses, comme on avait fait des substantifs, c'est-à-dire des noms qui indiquaient les choses mêmes.

CONDILLAC, *Grammaire.*

L'*adjectif* est un mot qui donne une qualification au substantif : il en désigne la qualité ou manière d'être. Or, comme toute qualité suppose la substance dont elle est qualité, il est évident que tout *adjectif* suppose un substantif; car il faut être pour être tel...

Il y a autant de sortes d'*adjectifs* qu'il y a de sortes de qualités, de manières et de relations que notre esprit peut considérer dans les objets.

Il n'est point indifférent, en françois, selon la syntaxe élégante et d'usage, d'énoncer le substantif avant l'*adjectif* ou l'*adjectif* avant le substantif.

DUMARSAIS, *Principes de Grammaire.* Des noms adjectifs.

ADJECTIF a pu, en certaines occasions, trouver place dans des vers de comédie.

La grammaire du verbe et du nominatif,
Comme de l'*adjectif* avec le substantif,
Nous enseigne les loix......
— Ce sont les noms des mots, et l'on doit regarder
En quoi c'est qu'il les faut faire ensemble accorder.
— Qu'ils s'accordent entr'eux ou se gourment, [qu'importe?

MOLIÈRE, *les Femmes savantes*, II, 9.

Or je vous disois donc tantôt que l'*adjectif*
Devoit être d'accord avec le substantif.

REGNARD, *le Distrait*, III, 3.

Adjectif verbal se dit de certains participes.

M. de Vaugelas et tous ceux qui ont escrit depuis luy sur les participes du présent, sont assez d'accord de la distinction qu'il faut faire entre participe et *adjectif verbal*..... Cette différence de la part des *adjectifs verbaux* consiste principalement en ce qu'ils sont susceptibles de tout genre et de tout nombre, et qu'ils n'ont jamais de régime.

REGNIER DESMARAIS, *Grammaire françoise.* Traité des participes.

Je ne regarde pas les participes comme un mœuf (mode) du verbe, mais comme des *adjectifs verbaux.*

DANGEAU, *Essais de Grammaire*, disc. VIII, § 13.

Nous avons beaucoup de verbes où le participe peut devenir *adjectif verbal*, et alors seulement il est susceptible des deux genres comme adjectif. Mais il faut observer..... qu'alors le participe devenu *adjectif verbal*, ne peut jamais prendre de régime direct et ne reçoit jamais que le régime indirect, c'est-à-dire celui qui est précédé d'une particule.

LA HARPE, *Commentaire sur Racine*, Athalie, I, 1.

ADJECTIVEMENT, adv.

Il n'est aussi que terme de Grammaire et signifie En manière d'adjectif.

Un nom substantif se prend quelquefois *adjectivement*, c'est-à-dire dans le sens d'un attribut.

DUMARSAIS, *Des Tropes.*

Au même radical latin que ADJECTIF, ADJECTIVEMENT, c'est-à-dire, *adjicere*, se rattache un mot, qu'avait recueilli, en 1539, Rob. Estienne, qu'ont donné, après lui, au XVIIe siècle, Monet, Cotgrave, et même, plus tard, Richelet, mais qui a disparu depuis de la plupart des dictionnaires :

ADJECTION, s. f. (du latin *Adjectio* et, par ce mot, d'*adjicere*).

Il semble qu'il n'ait pas eu le sens général et les applications diverses du mot latin sur lequel on l'a formé. Les lexiques ne le donnent que comme un terme spécial, d'usage dans le style didactique, pour exprimer la Jonction, l'union d'un corps à un autre.

L'accroissement des corps naturels se fait par l'*adjection* des parties.

RICHELET, *Dictionnaire.*

Les corps se grossissent par *adjection* des parties qui leur sont propres.

Grand Vocabulaire.

On cite, dans quelques dictionnaires, comme d'anciens dérivés français d'*adjicere*, les substantifs : ADJECEMENT, ADJECIEMENT.

ADJOINDRE, v. a. (soit du latin *Adjungere*, formé lui-même de *ad* et *jungere*, soit directement du français *Joindre*. Voyez ce mot.)

ADJOINDRE se rapporte davantage à l'étymologie latine du mot, et AJOINDRE, car on l'a aussi, autrefois, jusque dans le XVIIe siècle (voyez le dictionnaire de Furetière), écrit ainsi, à sa dérivation française.

Par une bizarrerie de l'usage, le *d*, conservé dans ADJOINDRE, a disparu d'ADJOUTER, qui, depuis fort longtemps, s'écrit *ajouter*. (Voyez ce mot.)

Outre ADJOINDRE et AJOINDRE, Sainte-Palaye donne encore, dans son *Glossaire*, les anciennes formes orthographiques AJOINTIER, AJUNRE.

À la différence du verbe *ajouter*, qui n'est guère d'usage qu'en parlant des choses, ADJOINDRE ne se dit assez généralement que des personnes.

ADJOINDRE signifie Joindre une ou plusieurs personnes à une autre personne, ou à plusieurs, pour l'exercice d'une fonction, pour un travail, pour le soin d'une affaire.

Il ne pouvait suffire seul à un emploi si fatigant, on fut obligé de *lui adjoindre* quelqu'un.
Dictionnaire de l'Académie.

ADJOINDRE, s'emploie fréquemment avec le pronom personnel, de deux manières.

S'adjoindre, c'est quelquefois *adjoindre soi à*, Se donner pour compagnon, pour associé, pour collègue.

Je voy son couraige tant changé, que voluntiers *se feust adjoinct à* nos ennemis, pour contre nous batailler.
RABELAIS, *Gargantua*, I, 47.

Au lieu de *s'adjoindre à*, on a dit au même sens, *s'adjoindre avec*.

Après ces besongnes accomplies, ladicte commune de rechef s'assembla, jusques au nombre de six mille ou environ, soubz l'estandart dudit Jaqueville. *Avecques* lesquelz *se adjoingnirent* messire Robert de Mailli, messire Charles de Lens et plusieurs autres hommes d'armes de l'hostel dudit duc de Bourgogne.
MONSTRELET, *Chroniques*, vol. I, c. 102.

S'adjoindre, c'est encore *adjoindre à soi*, Se donner un compagnon, un associé, un collègue.

Si Edouard disposoit des alliances deça la mer, Philippe n'en faisoit pas de moindres, *s'adjoignant* les roys de Bohême, de Navarre et d'Écosse, avec les ducs de Lorraine et d'Austriche.
MÉZERAY, *Histoire de France*, Philippe-de-Valois; 1328.

M. de Beauvilliers..... *se voulut adjoindre* M. de Chevreuse dans la consultation que nous lui en fîmes.
SAINT-SIMON, *Mémoires*, 1707, t. VII, c. 23.

Les exemples suivants, où *s'adjoindre* a pour régimes directs ou indirects les mots *ville*, *parti*, *procès*, ne sont pas précisément contraires à l'usage depuis longtemps établi, de ne se servir d'ADJOINDRE qu'en parlant des personnes, l'idée de personnes étant implicitement renfermée dans ces mots.

Adjoindre à soy une ville par demener marchandises et hanter ensemble (*adsciscere sibi oppidum*).

S'adjoindre au procez (*accedere ad causam*).
Rob. ESTIENNE, *Dictionnaire fr.-lat.*

Je me suis résolu, après mûre délibération, d'embrasser la religion romaine: par ce moyen, je *me suis* entièrement *adjoint* le tiers-parti. (Paroles de Henri IV.)
VOLTAIRE, *Essai sur les mœurs*, c. 174.

Il n'en est pas de même de ces autres passages, desquels on peut conclure que, primitivement, ADJOINDRE et *s'adjoindre* s'employaient aussi bien au sujet des choses qu'au sujet des personnes, et étaient, en certains cas, synonymes d'Ajouter, de S'ajouter.

Tout est fol. Salomon dict que infiny est des fols le nombre; *à* infinité rien ne peult decheoir, rien ne peult *estre adjoinct*, comme prouve Aristoteles.

Depuis certaines années, ilz *ont avecques* leurs estudes *adjoinct* les saintes Bibles.
RABELAIS, *Pantagruel*, III, 44; IV, 46.

Mais le Seigneur non content d'avoir montré en quelle reverence nous devons avoir sa justice, afin aussi d'adonner nos cœurs à l'amour d'icelle et à une haine d'iniquité, il *adjoint* des promesses et menaces.
CALVIN, *Institution chrestienne*, liv. II, c. VIII, § 3.

Y en a qui pensent qu'un prince ne se peut appeller grand ni puissant, sinon quand il va *adjoignant à* son Estat de nouvelles provinces.
LA NOUE, *Discours politiques et militaires*, discours 20e.

Au desplaisir que mon affection envers luy me donne de son esloignement, *s'est adjoint* un rheume qui m'est survenu depuis deux jours.
LE CARDINAL D'OSSAT, *Lettres*, liv. VI, lettre 51.

ADJOINDRE a le sens d'Unir dans ces vers d'une date très-ancienne :

Certes dui vrais amant doivent un cuer porter
Et leurs deus cuers en un *adjoindre* et bien fermer.
Fabl. ms. du R., n° 7218, fol. 253, r° col. 2 (cité par Sainte-Palaye).

ADJOINT, OINTE, participe.

Autrefois ADJOINCT (voyez le *Dictionnaire fr.-lat.* de Rob. Estienne); AJOINT (voyez le *Glossaire* de Sainte-Palaye, les Dictionnaires de Richelet et de Furetière).

Le *d* étymologique s'est maintenu, comme dans *adjoindre*, mais on n'a pas toujours été d'avis, alors même qu'on l'écrivait, de le faire entendre dans la prononciation; « l'on prononce AJOINT sans faire entendre le *d*, » disait Danet. C'était aussi le sentiment de Ménage, en opposition à celui de Vaugelas, qui a prévalu.

On a écrit, plus anciennement, AJUNS, AJUNT, AJUNZ.

Tu *à* Deu es *ajuns*....

SAINT BERNARD, *Sermons françois*, à la suite des *Quatre Livres des Rois*, p. 80.

Il te convient servir, aymer et craindre Dieu, et en luy mettre toutes tes pensées et tout ton espoir; et, par foy formée de charité, estre *à* luy *adjoinct*, en sorte que jamais n'en sois desemparé par peché.

RABELAIS, *Pantagruel*, II, 8.

Coterie estoit une société de ces vilains, *adjoints* ensemble pour tenir en commun quelque heritage d'un Seigneur.

MÉZERAY, *Histoire de France*, Louis VII dit le Jeune; 1160.

Dans ces passages ADJOINT a le sens général de Joint, uni. Il en est de même dans cet autre, où ADJOINT est dit, non des personnes, comme il est plus ordinaire, mais des choses.

Aucunes luxations sont simples, les autres composées. Nous disons estre simples, *avec* lesquelles il n'y a aucune disposition *adjointe*.

Ambr. PARÉ, *Introd. à la vraye cognoissance de la chir.*, XVI, 11.

Ce n'est pas peu d'estre estimé soldat, mais c'est beaucoup plus, quand la prud'hommie *y* est *adjointe*.

LA NOUE, *Discours politiques et militaires*, disc. 10e.

On a dit, dans un sens analogue, par une forme de langage qui correspond à l'ablatif absolu de la langue latine, *adjoint, adjoint que*, pour *étant adjoint, joint, ajouté que*.

Le son des tabourins, *adjoinct* le doux murmur du gravier et le celeusme de la chorme (chant de la chiourme, de l'équipage, accompagnant la manœuvre, κέλευσμα), nous rendoient harmonie peu moindre que celle des astres rotans (tournants), laquelle dit Platon avoir par quelques nuycts ouïe dormant.

RABELAIS, *Pantagruel*, V, 18.

Prenez varlès de bon lieu, touz apris,
Humbles de cuer et doctrine souffrens...
Adjoint encore *qu*'aient été nourris
En paine avoir et non pas en delis.

Eust. DESCHAMPS, *Poésies mss.*, fol. 449, col. 4 (cité par Sainte-Palaye).

Joint que est d'un usage fréquent au XVIIe siècle, particulièrement chez Bossuet.

Joint encore *qu*'il falloit avoir fini bientôt (les expéditions de guerre chez les Perses), et passer rapidement dans un pays.

Joint qu'il falloit se résoudre à n'être jamais en paix sous l'empire d'une ville (Lacédémone)... formée pour la guerre.

Joint qu'étant une fois enfoncée (la phalange macédonienne) elle ne sait plus se rallier.

BOSSUET, *Discours sur l'histoire universelle*, III, 5, 6.

Adjoint à est d'un grand usage, en parlant d'une personne associée à une autre dans une fonction, un travail, le soin d'une affaire.

ADJOINT forme aussi, avec quelques substantifs, des locutions telles que *chef-adjoint*, *commissaire-adjoint*, *professeur-adjoint*, etc.

ADJOINT s'emploie substantivement : *Un adjoint, des adjoints, mon, ton, son, leur adjoint; prendre, donner pour adjoint; avoir pour adjoint*, etc.

Ces premières offenses, amorces des secondes, esmeurent le triumvirat et *leurs* nouveaux *adjoins* à rompre ouvertement l'édit de janvier.

En la place du duc de Parme fut establi le comte Charles de Mansfeld avec *deux adjoins*, sans lesquels il n'ordonnoit rien.

Agr. D'AUBIGNÉ, *Histoire universelle*, t. I, liv. III, c. 1; t. III, liv. III, c. 28.

Ce syndic ne sçauroit rien conclure seul; il faut négocier avec *son ajoint*.

FURETIÈRE, *Dictionnaire*.

Mais cachons bien tous deux notre intelligence, de peur qu'on ne mette à la porte *votre* fidèle *adjoint*.

LE SAGE, *Gil Blas*, X, 11.

Je crois que Mr Meuron s'acquittera avec plaisir de la commission que vous lui donnez : je n'en dirois pas autant de l'*adjoint* que vous lui associez pour cet effet, malgré l'empressement qu'il affecte.

J.-J. ROUSSEAU, *Lettres*, 11 février 1765.

Un adjoint, c'est, ma chère, un mari subalterne;
C'est un vice-gérant, un blondin favori,
Qui prend, en tapinois, la place du mari.

DESTOUCHES, *l'Irrésolu*, V, 11.

ADJOINT, participe, et ADJOINT, substantif, ont été autrefois d'un usage spécial dans la langue du Palais, comme l'attestent ces expressions recueillies dans nos vieux lexiques :

Adjoinct à la cause du côté du poursuivant (*ascriptor*).

Ung adjoinct en information ou enqueste (*custos, subinquisitor, subscriptor*).

ROB. ESTIENNE, *Dictionnaire fr.-lat.*

ADJOINT, substantif, a désigné, d'après un règlement de 1716, certains membres de l'Académie des sciences de Paris, formant la troisième classe de cette Académie, et auparavant appelés Élèves.

ADJOINT, substantif, est, particulièrement, le titre d'une Personne établie pour aider un principal officier ou fonctionnaire dans les travaux de sa charge, et pour la remplir en son absence. *Le maire et ses adjoints; l'adjoint du maire.*

ADJOINT s'est dit, en grammaire, de certains mots introduits, incidemment, dans la proposition.

Les *adjoints* sont ordinairement des interjections et des vocatifs.

DUMARSAIS, *Mélanges de grammaire tirés de l'Encyclopédie.*

Il s'est dit, en Rhétorique, comme le latin *adjuncta*, pour Circonstances accessoires.

ADJONCTION, s. f. (du latin *Adjunctio*).

Furetière recommandant de faire entendre le *d*, on peut en conclure que, comme aux mots *adjoindre* et *adjoint*, cette lettre était quelquefois supprimée dans la prononciation, et peut-être dans l'orthographe, qu'on a dit et même écrit *ajonction*.

ADJONCTION, c'est la Jonction d'une personne à une autre, *adjonction de*.

Demander l'*adjonction du* procureur du roy, *des* gens du roy.

ROB. ESTIENNE, *Dictionnaire fr.-lat.*

On conclut toutes les requêtes de plainte en matière criminelle, en demandant l'intervention, et en requérant l'*adjonction de* M^r le procureur général, *du* procureur du roi, ou *du* procureur fiscal.

FURETIÈRE, *Dictionnaire.*

ADJONCTION est employé au même sens, mais absolument dans la locution *en adjonction* que donne le passage suivant :

On ne jugea pas à propos d'en faire signer davantage (de pairs) pour en réserver *en adjonction*.

SAINT-SIMON, *Mémoires*, 1711, t. IX, c. 9.

ADJONCTION a pu encore se dire de la Jonction d'une chose à une autre chose, et même de la chose jointe.

Les Éphores le condamnèrent (Agésilas) à une amende, avec *adjonction de* la cause que c'estoit pour ce que, par de telles caresses et menées, il alloit prattiquant et gaignant à luy seul ceux qui devoient estre communs à tous.

AMYOT, trad. de Plutarque, *Œuvres morales*. De l'Amitié fraternelle.

Jean II, roi de Castille, mit dans cette maison la ville d'Alva par don, que nous appelons Albe et qui est auprès de Salamanque, avec d'autres *adjonctions* en titre de comté en 1430.

SAINT-SIMON, *Mémoires*, 1711, t. IX, c. 23.

Quoique ce mot n'ait guère été, et ne soit le plus souvent que terme de jurisprudence et d'administration, il pourrait en bien des cas s'employer dans un sens plus général.

ADJUDANT, s. m. (des mots latins *Adjuvans, adjutans*, participes présents de *adjuvare* et *adjutare*, aider).

Il s'est longtemps prononcé *Ajudant*, puisque, en 1767, le *Grand vocabulaire* proposait encore de se conformer dans l'orthographe du mot à cette prononciation, par la suppression de la « lettre oisive » *d*. Depuis (voyez Féraud, *Dictionnaire critique de la langue française*, 1787), l'usage s'est rétabli de faire entendre le *d* dans ce mot, comme dans tous les mots, de même formation, où on a continué de l'écrire.

ADJUDANT n'a été recueilli par nos lexicographes qu'en 1752, dans les suppléments du dictionnaire de Trévoux, en 1762, dans la quatrième édition du *Dictionnaire de l'Académie française*. On l'y définit, d'après son étymologie, Qui est sous un autre pour l'aider dans ses fonctions, et l'on remarque qu'il n'est d'usage qu'en parlant d'offices étrangers, particulièrement militaires.

M. de Camas, *adjudant-général* du roi de Prusse et homme plus instruit qu'un *adjudant* ne l'est d'ordinaire, vient à Paris voir le roi et vous. Je m'imagine qu'il vous enlevera, s'il peut.

VOLTAIRE, *Lettres*, 1er juillet 1740; à Maupertuis.

ADJUDANT est pris au propre, et aussi d'une manière figurée, dans ces vers :

Aimable *adjudant* d'un grand roi
Et *du* Dieu de la poésie,
Sur mon héros instruisez-moi.

VOLTAIRE, *Lettres*, 28 janvier 1741; à Frédéric II.

ADJUDANT est devenu tout à fait français, quand il a pris place dans la nomenclature de nos grades militaires.

On a dit *adjudant général*, *adjudant commandant*.

On dit aujourd'hui *adjudant de place*, *adjudant major*, *adjudant sous-officier*.

Du mot ADJUDANT se rapproche beaucoup, par la forme, un mot de même origine, qui désigne, dans le langage spécial de la médecine, Une substance qu'on introduit dans un composé médicinal, pour seconder l'action de celle qu'on regarde comme le médicament principal :

ADJUVANT, adj. et s. m.

Aux radicaux latins d'ADJUDANT, *adjuvare*, *adjutare*, et à leurs dérivés *adjutor*, *adjutorium*, se rattachaient des substantifs usités dans notre ancienne langue au sens de Aide, secours :

ADJUVANCE, s. f.

. . . . Le duc lui requeroit
Confort, secours et *adjuvance*.

Martial D'AUVERGNE, *Vigiles de Charles VII*, part. II.

ADJUTOIRE, s. m.

Quant nostre Seigneur ot créé Adam le premier homme, il dist : Il n'est pas bon estre l'homme tout seul. Faisons lui aide semblable à lui. Se elles (les femmes) doncques n'estoient bonnes et leur conseil bon, nostre Seigneur ne les eust pas appellées *adjutoires de* hommes, car elles ne fussent pas *adjutoires de* l'homme, mais en dommage et en nuisance.

Le Ménagier de Paris, Ire distinction, 9e art., t. I, p. 196.

Le capitaine des gens de guerre et navires de Pâris, donna grand fultiment et *adjutoire*.

J. LE MAIRE DE BELGES, *Illustrations de Gaule*, II.

Par els è par *ler adjutoire*
Out des Engleis Kenut victoire.

WACE, *Roman de Rou*, v. 6875.

Dents qu'à la langue êtes mur et renfort,
Et *de* vieillesse *adjutoire* et confort.

Cl. MAROT (cité dans le Dictionnaire de Trévoux).

Le même substantif, sous une forme presque latine, se disait encore au sens de Ornement accessoire, supplément de toilette.

Gusman d'Alfarache avec tous ses haillons leur eust été moins dommageable que le D. Juan de Gusman avec des broderies et tous *ses adjutorions*.

CHAPELAIN, trad. de *Gusman d'Alfarache*, liv. II, part. II.

D'*adjutorium* s'étaient aussi formés les adjectifs ADJUTOIRE, ADJUTATOIRE.

L'os *adjutoire*, qu'Hippocrates appelle l'avant-bras, se peut luxer en quatre manières.

Ambr. PARÉ, *Introd. à la vraye cognoissance de la chir.*, XVI, 20.

Ceulx qui pour droit et equité
Ont requis mon bras *adjutoire*,
Auront haulte prosperité.

MOLINET, *Poésies;* le Testament de la guerre.

ADJUTEUR, s. m.
Celui qui vient en aide, qui secourt.

Mon Dieu m'a ouy et a eu pitié de moy, et s'est fait mon *adjuteur.*

Le Livre de l'internelle Consolacion, I, 9.

Tous les deux sont vrais, que tu es mené, et que tu te meines.... L'esprit de Dieu qui besongne en toy est celui qui aide ceux qui besongnent. Ce nom d'*adjuteur* monstre que toy aussi fais quelque chose.

CALVIN, *Institution chrest.*, liv. II, c. II, § 14.

Vrayement mon hoste, respondit-il, s'il est ainsi que vous dictes, vous trouverez en moy ung bon *adjuteur.*

HERBERAY DES ESSARTS, *Amadis de Gaule*, I, 44.

Des mots dérivés directement ou indirectement d'*adjuvare*, il n'est resté, outre ADJUDANT, qu'AIDER et AIDE, qui semblent aussi en être provenus par une longue suite de transformations.

ADJUGER, v. a. (du latin *Adjudicare*).

Autrefois ADJUGIER, AJUIGIER, AJUGER (voyez le *Glossaire* de Sainte-Palaye, les Dictionnaires de Richelet et de Furetière, et les exemples ci-après).

L'orthographe AJUIGIER, AJUGER, attesterait seule, quand les grammairiens et les lexicographes ne nous l'apprendraient pas (voyez Vaugelas, *Remarque* 414, Danet, Richelet, Furetière, *Dictionnaires*, le *Dictionnaire de l'Académie*, édit. de 1694, 1718, 1740), que dans ADJUGER, comme dans des mots de même composition, *adjoindre, adjoint, adjonction, adjudant*, etc., on a, à certaines époques, négligé de faire entendre le *d*. Le *d* se prononce aujourd'hui dans tous les mots où on a continué de l'écrire.

ADJUGER, ancien dans notre langue, y a eu autrefois des sens depuis longtemps sortis de l'usage.

C'est ainsi qu'on a dit :

Adjuger que, pour Juger que, prononcer que.

À ceste occasion le pape delegua juges qui firent et parfirent le procès et enfin *adjugerent qu*'elle n'estoit point sa femme.

Le loyal Serviteur, c. 12.

Adjuger une peine, pour La décerner; *être adjugé à une peine*, pour Y être condamné.

Ceste povre fille fut plus surprise et esbaye que se (si) *à* la mort *fust adjugée.*

Les cent Nouvelles nouvelles, II.

Les mauvaises destinées m'ont fait demourer jusques à present... là où madame nostre mere m'envoya des que je fus né pour eviter la mort *à* laquelle *j'estoye adjugé.*

J. LE MAIRE DE BELGES, *Illustrations de Gaule*, I.

Por ce *t'est* la paine *adjugée*
Que tu recevras sans tarder.

Fabl. ms. du R., n° 7218, fol. 139, r°, col. 2 (cité par Sainte-Palaye).

ADJUGER, dans l'usage qui a prévalu, est au propre, terme judiciaire. Il signifie Déclarer par jugement qu'une chose, contestée entre deux parties, appartient de droit à l'une d'elles.

Se (si) aucune (quelque) chose *est ajuigie* moie (jugée, déclarée mienne), tel chose ne porte pas recreance.

Li Livres de jostice et de plet, XIX, 7.

Si autrement il (le mari) la repudioit, la moitié de ses biens *estoit adjugée à* sa femme.

AMYOT, trad. de Plutarque, *Vie de Romulus*, c. 35.

Adjuger l'hoirie du père *au* fils.

MONET, *Dictionnaire.*

Cette succession *lui a été adjugée* comme *au* plus prochain héritier.

FURETIÈRE, *Dictionnaire.*

À sa disgrace (de Fouquet) Bellisle *fut adjugée à* sa femme pour ses reprises.

SAINT-SIMON, *Mémoires*, 1718, t. XVII, c. 15.

Dans une discussion de cette nature, le lecteur doit, ce me semble, agir comme un juge équitable, qui n'*adjugera* jamais *à* personne un bien contesté que sur des preuves évidentes.

VOLTAIRE, *Nouveaux doutes sur l'authenticité du testament politique du cardinal de Richelieu.*

Dans un sens analogue, on a dit *adjuger la cause*, et on dit encore *adjuger gain de cause.*

Vous pensez bien faire d'*adjuger la cause à* celui que vous estimez plus homme de bien et meilleur chrétien.

L'HOSPITAL, *Discours au parlement de Rouen.*

Adjuger gain de cause au demandeur.

MONET, *Dictionnaire.*

Adjuger au demandeur ses conclusions, est une expression équivalente, par laquelle on entend Rendre un jugement conforme aux prétentions du demandeur.

Je *t'adjuge* tes *conclusions.*

Les fins et *conclusions* du demandeur *luy ont esté adjugées.*

Rob. ESTIENNE, *Dictionnaire fr.-lat.*

Cette expression pourrait se dire, par figure, d'un assentiment donné à quelque opinion.

ADJUGER a pu recevoir, dans la langue spéciale du Palais, beaucoup d'autres régimes analogues.

Si les preuves en sont bien et deüement faictes, alors le juge, nonobstant la recreance, *adjuge* la maintenue à celuy qui a prouvé les faicts.

Quelquefois il advient qu'il se trouve telle obscurité aux titres, qu'avant qu'*adjuger* ny la creance, ny la maintenue, le juge ordonne...

Est. PASQUIER, *l'Interprétation des Institutes de Justinian*, IV, 9.

Au sens propre d'ADJUGER appartiennent ces expressions, *adjuger des dépens, des dommages, des intérêts.*

ADJUGER, s'est dit, par une extension naturelle du sens propre, de décisions de la puissance publique, qui pouvaient être assimilées à des arrêts rendus par la justice.

Si l'*adjugerent* (le duché de Bretagne) *à* messire Charles de Blois et en osterent le comte de Montfort.

FROISSART, *Chroniques*, liv. I, part. I, c. 154.

Par ce concil (de Constantinople), le premier lieu de l'Église *fut adjugé à* l'evesque de Constantinople, et le second *à* celui de Rome.

Est. PASQUIER, *Recherches de la France*, III, 1.

Le sénat vouloit que le prix des terres *fût adjugé au* trésor public.

BOSSUET, *Discours sur l'Histoire universelle*, III, 7.

Une comtesse de Flandre et du Hainaut a une guerre avec Jean Davennes, son fils d'un premier lit, pour le droit de succession de ce fils même sur les États de sa mère. On prend saint Louis pour arbitre, il *adjuge* le Hainaut *à* Davennes, et la Flandre *au* fils du second lit.

Toutes les chroniques de ce temps-là nous disent que Philippe s'adressa aux pairs de France et aux principaux barons qui *lui adjugèrent* la régence.

VOLTAIRE, *Annales de l'Empire, Conrad IV*, 1252; *Histoire du parlement de Paris*, c. 5.

ADJUGER, toujours au sens propre, signifie, plus ordinairement, Déclarer par autorité de justice, qu'une personne devient propriétaire d'un bien meuble ou immeuble, mis à l'enchère.

Adjuger au plus offrant et dernier encherisseur.

Rob. ESTIENNE, *Dictionnaire fr.-lat.*

De Fresnes l'ayant prié de lui acheter l'hôtel d'O, et d'en donner jusqu'à vingt-cinq mille écus, Puget en donna vingt-sept, et *se* le fit *adjuger.*

TALLEMANT DES RÉAUX, *Historiettes*, les Pugets.

ADJUGER a pu, en certains cas, quand la chose en litige, ou mise à l'enchère, était une personne, avoir un nom de personne pour régime.

Adjuger aucun *à* ung autre comme son serf.

Rob. ESTIENNE, *Dictionnaire fr.-lat.*

Le menu peuple estoit si fort endebté aux riches que... ilz empruntoyent d'eulx argent à usure, sur le gage de leurs propres personnes, et ne pouvans payer, *estoient adjugez à* leurs créanciers, qui les tenoyent comme serfs et esclaves.

AMYOT, trad. de Plutarque, *Vie de Solon*, c. 20.

Heleine *fut adjugée à* Ménélaüs à cause des longs travaux qu'il avoit soufferts pour elle.

PERROT D'ABLANCOURT, trad. de Lucien, *l'Histoire véritable*, II.

ADJUGER se dit, dans un sens analogue, en parlant des fournitures, des travaux qui sont proposés au rabais.

C'estoit encores de la charge des dits commissaires, de publier et *adjuger* au rabais les ouvrages des grands chemins.

BERGIER, *Hist. des grands chemins de l'Empire romain*, liv. I, c. III, § 3.

Adjuger se dit par extension, en parlant de certaines choses qui sont accordées à un de ceux qui pouvaient y prétendre.

L'exemple suivant fait remonter à une époque fort ancienne cet emploi d'Adjuger.

Celuy,.... *auquel* le patronage de l'Église *seroit adjugié.*

Lettres de Philippe-Auguste, année 1208. (Voir *Ordonnances des rois de France*, t. I, p. 28 et 29, note (d), col. 2.)

De là des expressions, dans lesquelles Adjuger est assez ordinairement remplacé par Donner, décerner.

Adjuger la victoire, adjuger la première place, la seconde place, le prix, la couronne, etc.

C'estoit *à* vous *à* qui Paris debvoit *adjuger* la pomme d'or, non *à* Venus, non, ni *à* Juno, ni *à* Minerve.

Rabelais, *Pantagruel*, II, 21.

Les capitaines desiroyent *adjuger* le prix d'honneur *à* Alcibiades.... et Socrates fut le premier qui tesmoigna qu'il l'avoit mérité, et qui pria les capitaines de *lui adjuger* la couronne.

Amyot, trad. de Plutarque, *Vie d'Alcibiade*, c. 3.

Peu s'en faut que nous ne sachions autant de gré à qui médit, voire d'un ami, qu'à qui *nous adjuge* la préséance sur un concurrent.

Balzac, *Relation à Ménandre*, 8e partie.

Quand tu m'auras bien regardée, Pâris, il reste encore quelque chose à considérer, c'est le prix de la victoire; car si tu *me* l'*ajuges* je te feray roi de toute l'Asie.

Les ignorans, dit-il, ont accoustumé de s'en fier aux autres, comme dans les spectacles chacun applaudit aux acteurs, mais peu *ajugent* la victoire.

Perrot d'Ablancourt, trad. de Lucien, *le Jugement de Pâris; Harmonide.*

Il (Néron) reçeut favorablement les couronnes qui *luy furent adjugées* pour prix de son éloquence, et en prose et en vers.

Coeffeteau, *Histoire romaine*, V.

On sait qu'Eschyle mourut du regrêt d'avoir vu la palme *adjugée à* Sophocle qui étoit beaucoup plus jeune que lui.

Rollin, *Histoire ancienne*, X, 3.

Et déesse avisée (la fortune) aux biens qu'elle départ,
Les *adjuge au* mérite et non point *au* hasard.

Regnier, *Satires*, II.

Par une extension naturelle, on a pu dire *adjuger une chose*, pour La permettre, *adjuger une personne*, pour La livrer, l'abandonner.

Tuez, massacrez et bruslez hardiment tout; Monsieur le legat pardonnera tout : monsieur le lieutenant avouera tout : monsieur d'Aumale *vous adjugera* tout : Monsieur de Lyon scellera tout, et monsieur Marteau signera tout.

Satyre Ménippée, Harangue de Mr le cardinal de Pelvé.

Enfin la pucelle *fut adjugée à* Pierre Cauchon, qu'on appelait l'indigne évêque, l'indigne Français et l'indigne homme.

Voltaire, *Un Chrétien contre six Juifs*, XVIII.

Adjuger s'emploie avec le pronom personnel;

Soit dans un sens passif, pour *Être adjugé* :

Elle (la vertu) est comme au marché dans les impressions
Et *s'adjugeant* aux taux de nos affections,
Fait que par le caprice et non par le mérite
Le blasme et la louange au hasard se débite.

Regnier, *Satires*, V.

Soit au sens de S'approprier, s'attribuer, s'arroger, etc. :

Le peuple romain ayant connu dans la discussion que ces terres prétendues par d'autres lui appartenoient de droit, *se* les *adjugea*.

Bossuet, *Discours sur l'Histoire universelle*, III, 6.

En armoiries, on n'aime pas les minuties, on passe droit aux couronnes; cela est plus simple; on s'en croit digne, on *se* l'*adjuge*.

La Bruyère, *Caractères*, c. 14.

Que leur reste-t-il à concerter du moment où ils *s'adjugent* eux-mêmes leurs prétentions ?

Mirabeau, *Discours*, 14-18 mai 1789.

Adjugé, ée, participe.

On dit par ellipse, dans les encans, *adjugé*, pour, La chose est adjugée.

A deux cent dix mille livres, une fois, deux fois : à deux cent dix mille livres! écrivez, M. de Bonnefoi, *adjugé à* la plus offrante.

DANCOURT, *la Folle enchère*, sc. 22.

Ce qui précède suffit pour expliquer comment il se faisoit qu'un Épictète.... se rencontrât parmi la foule des captifs, et qu'on entendît autour du temple de Janus ou de la statue de Marsyas : « Messieurs, celui-ci est un philosophe. Qui veut un philosophe? À deux talents le philosophe. Une fois, deux fois; *adjugé*.

DIDEROT, *de Térence*.

ADJUDICATION, s. f. (du latin *Adjudicatio*).

Quelquefois, selon Sainte-Palaye, dans son *Glossaire*, ADJUDICATURE.

Bien qu'on ait dit et écrit *ajuger*, il ne paraît pas qu'on ait jamais cessé de maintenir le *d* étymologique dans la prononciation et l'orthographe d'ADJUDICATION. « Le *d* se prononce au verbal, quoiqu'il ne se prononce pas au verbe, » a dit Vaugelas, *remarque* 414.

ADJUDICATION est le nom de l'Acte par lequel on adjuge une chose.

ADJUDICATION s'emploie surtout en matière de vente ou lorsqu'il est question de fournitures, de travaux proposés au rabais. On dit *une adjudication*, *l'adjudication d'une chose*, *l'adjudication d'une personne*, celle à laquelle procède cette personne; *par adjudication*, etc.

Adjudication par décret.

Rob. ESTIENNE, *Dictionnaire fr.-lat.*

Or puisque par *vostre adjudication* et decret ces mesdisans et calumniateurs sont saisis et emparez des vieux quartiers de lune, je leur pardonne.

RABELAIS, *Pantagruel*, IV, anc. prologue.

ADJUDICATION est employé par figure dans le passage suivant :

Je fus estonné que la cour me regardât comme un homme qui prétendoit ou partager le ministère, ou *en* faire achepter bien chèrement l'*adjudication*.

LE CARDINAL DE RETZ, *Mémoires*, part. III, 1652.

De ce mot, ou d'*adjudicatum*, supin d'*adjudicare*, se sont formés :

ADJUDICATIF, IVE, adj.

C'est un terme de jurisprudence peu usité :

Il se dit d'un jugement, d'une sentence. *Jugement adjudicatif; sentence adjudicative. Adjudicatif, adjudicative de.*

Il a eu un arrêt *adjudicatif de* sa demande.

La sentence du premier juge étoit *adjudicative des* dépens.

FURETIÈRE, *Dictionnaire*.

ADJUDICATEUR, TRICE, s. m. et f.

C'est aussi un terme de jurisprudence; mais encore plus inusité. On le donne dans quelques dictionnaires avec cette définition, Celui, celle qui adjuge, et cet exemple : *Notaire adjudicateur.*

ADJUDICATAIRE, s. des deux genres.

On a prononcé *ajudicataire* (voyez le Dictionnaire de Furetière et le *Grand vocabulaire*).

Aussi usité que *adjuger* et *adjudication*, il a pu passer, comme eux, de la langue spéciale du Palais, dans la langue commune de la conversation et des livres.

Il sert à désigner Celui ou celle à qui on adjuge quelque chose en vente publique, ou faite sous la sanction de l'autorité. *Adjudicataire de; se rendre, se déclarer, être reçu adjudicataire; trouver un adjudicataire*, etc.

Les *adjudicataires desdits* peages estoient au nombre de ceux que l'on appelloit Mancipes, d'autant qu'en eslevant la main, ils donnoient à entendre qu'ils consentoient à l'adjudication qui leur estoit faite des peages par le magistrat, et promettoient d'en payer le prix au peuple.

BERGIER, *Hist. des grands chemins de l'Empire romain*, liv. IV, c. 1, § 2.

Elle *s'est rendue adjudicataire* d'une ferme.

DANET, *Dict. franç.-lat.* (trad. de Tite-Live).

Les juges ne peuvent pas *se rendre adjudicataires des*

biens qui se vendent dans leur siége, ni même leurs enfans.

PATRU, *OEuvres*, VIe plaidoyer.

Un philosophe trouvoit sous Séjan moins d'*adjudicataires* qu'un cuisinier : on ne s'en soucioit pas.

DIDEROT, *de Térence*.

ADJUDICATAIRE répond encore, par un sens particulier, à une des acceptions d'*adjuger* et d'*adjudication*, c'est lorsqu'il est dit de Ceux à qui on adjuge des fournitures, des travaux au rabais.

ADJURER, v. a. (du latin *Adjurare*).

Autrefois AJURER. Voyez le *Vocabulaire lat.-fr.* de G. Briton, XIVe siècle. (Douai, 1851.)

Selon Cotgrave et Sainte-Palaye, qui s'appuie de son autorité, ADJURER a eu autrefois, comme *adjurare* synonyme en certains cas de *jurare*, le sens de Jurer, faire serment.

Selon Rob. Estienne et Nicot, que répète Sainte-Palaye, on a aussi donné autrefois à ADJURER, un sens que n'avait pas eu *adjurare*, et que n'a pas conservé son dérivé français :

Obliger à un serment, assermenter.

Tout noble homme devant qu'il prengne l'ordre de chevalerie, doit *estre adjuré* par serment *de* tenir foy et loyauté, premierement à Dieu qui est le commencement et le chief de toute chevalerie.

Le Jouvencel, fol. 93, v°. (Cité par Sainte-Palaye.)

Adjurer un homme et l'assermenter (*adigere sacramento, jurejurando*).

Ung presbtre *adjuré* ou assermenté par ses saincts ordres.

ROB. ESTIENNE, *Dictionnaire fr.-lat.*

ADJURER ne s'est maintenu que dans cette signification renouvelée d'une de celles de son radical latin : Commander ou supplier, au nom de Dieu, ou même, par extension, d'une personne aimée et respectée, de faire ou de dire quelque chose. Cette signification n'est pas d'ailleurs sans rapport avec la précédente, puisqu'elle marque également l'action de Placer une personne sous une sorte d'obligation religieuse.

Par tous les Dieux, je t'*adjure que* ne vueilles tuer mon cygne.

J. LE MAIRE DE BELGES, *Illustrations de Gaule*, III.

Chevalier, je vous *adjure* par celle que vous aimez le plus *de* me donner ce chevalier.

D'URFÉ, *l'Astrée*, part. I, liv. IX.

ADJURER, en ce sens, s'employait particulièrement dans les exorcismes, répondant par là à une acception qu'avait reçue *adjurare* dans les premiers siècles du christianisme. (Voyez Lactant., II, 15.)

Par la puissante vertu qui m'a esté ordonnée sur vous, ô princes infernaux! je vous *adjure que* presentement ayez à comparoistre devant moy pour recevoir mes commandemens.

J. LOUVEAU, trad. de Straparole, *VIIe Nuit, fable I.*

Les esprits malins et diables vaincus et *adjurez* par la parole de l'Évangile, ont dit, par l'organe et bouche des hommes et femmes qu'ils possédoient, choses estranges.

DU FAIL DE LA HÉRISSAYE, *Contes d'Eutrapel*, XXXIV, Épistre de Polygame.

On eut beau *adjurer* le démon *de* sortir du corps des religieuses de Loudun, la mort de Grandier fit plus que tous les exorcismes.

RICHELET, *Dictionnaire*.

De là, dans le langage oratoire, l'emploi d'ADJURER au sens de Demander avec instance, presser de, sommer de, emploi ancien dans notre langue, comme on va le voir, et qu'on a eu tort de rapporter à la fin du dernier siècle et aux exemples de J.-J. Rousseau. (Voyez Féraud, *Dictionnaire critique de la langue française*, 1787.)

Ceulx qui par moy seront rencontrez congratulants de ces joyeux escripts, tous je *adjureray* vous en sçavoir gré total, uniquement vous en remercier et prier.... pour conservation et accroissement de ceste vostre grandeur.

RABELAIS, *Pantagruel*, IV, Épître au cardinal de Chastillon.

Ainsy doncques tous, d'un consentement inconsideré, plustost que d'un commun et meur advis, commencent par supplier et *adjurer* Cæsar *de* vouloir continuer d'estre chef et conservateur de l'empire, duquel il avoit posé de si beaulx et heureux fondements.

AMYOT, trad. de Plutarque, *Vie de César Auguste*, c. 6.

Eude va de vie à trépas, et, avant que de mourir, il

adjure son frère Robert, comte et gouverneur de Paris, et tous les autres grands seigneurs de France, *de* recognoistre Charles le Simple pour leur roy.

Est. PASQUIER, *Recherches de la France*, II, 10.

Après m'avoir juré qu'elle me diroit véritablement tout, et m'avoir *adjuré que* je n'en fisse jamais semblant, elle me raconta ce que je vous ay dit de Ligdamon.

D'URFÉ, *l'Astrée*, part. I, liv. III.

J'*adjure* tout homme sincère *de* dire s'il ne sent pas au fond de son âme, qu'il y a dans ce trafic de soi-même quelque chose de servile et de bas.

J.-J. ROUSSEAU, *Lettre sur les spectacles.*

ADJURER a été quelquefois détourné de sa signification ordinaire, et est devenu, en certains cas, l'équivalent d'Attester, invoquer. On le trouve dans un lexique du XIVe siècle, le *Vocabulaire latin-fr.* de G. Briton (Douai, 1851), traduit par *contestari*, Prendre à témoin.

Saint Chrysostome doute que la postérité veuille croire à son récit; il *adjure de* la vérité de ses paroles les vieillards qui l'écoutaient et qui pouvaient avoir été témoins de ces indignités.

CHATEAUBRIAND, *Études historiques*, 2e discours, 2e part.

Adjure cieux et mers, Dieu, temple, autel, déesse.

A. CHÉNIER, *Idylles*, le Malade.

ADJURATION, s. f. (du latin *Adjuratio.*)

L'histoire de ce mot répond exactement à celle d'*adjurer*.

On s'en est servi autrefois pour exprimer le Serment et l'Action d'exiger le serment.

Ainsi que Hannibal eut de son père Amilcar, soubs solennelle et religieuse *adjuration*, commandement de persecuter les Romains tant qu'il vivroyt.

RABELAIS, *Pantagruel*, V, 11.

Il a surtout désigné, comme *adjuratio*, dès le temps des Pères (Voyez Lactant. II, 17), la formule dont l'Église catholique se sert dans les exorcismes.

Enfin, il a pris le sens général d'Interpellation vive, de prière pressante.

Près le Couldray trouvarent les cinq pelerins, lesquels liez et baffouez emmenarent, comme s'ils feussent espies, nonobstant les exclamations, *adjurations* et requestes qu'ils feissent.

Répondez si bon vous semble : D'autre *adjuration* ne useray-je envers vos reverences, craignant alterer vos paternités.

RABELAIS, *Gargantua*, I, 43; *Pantagruel*, Prologue du Ve livre.

Ces *adjurations*, dit-il, sont trop fortes pour y contrevenir, et la déclaration que vous me faictes, trop avantageuse pour ne m'en contenter.

D'URFÉ, *l'Astrée*, part. II, liv. I.

Au lieu d'ADJURATION, on a dit quelquefois

ADJUREMENT, s. m.

Ce mot est dit de l'Art d'évoquer, d'interroger les Démons, dans ce passage d'une date ancienne :

Estoit l'ung des hommes qui habitast dedans ces forestz, qui plus sçavoit de l'art de Nigromance et de *adjuremens* et d'enchantemens.

Perceforest, Vol. I, c. 35.

D'ADJURATION on avait fait :

ADJURATOIRE, adj. des deux genres.

ADJURATEUR, s. m.

Selon Nicot, Oudin, Cotgrave, ce mot, dans notre ancienne langue, pouvait désigner également, par analogie avec certains sens d'*adjurer* et d'*adjuration*, Celui qui prête un serment et Celui qui l'exige.

AD LIBITUM, expression composée de mots latins plutôt que latine, qui signifie À volonté, et dont on se sert quelquefois dans notre langue pour indiquer qu'il est indifférent de faire une chose de telle façon ou de telle autre.

ADMETTRE, v. a. (du latin *Admittere*, et, par ce mot, de *ad* et *mittere*, ou directement du français *mettre*. Voyez METTRE).

Autrefois Ademettre, selon une conjecture de Sainte-Palaye (*Glossaire*) qui cite, du participe *ademis*, cet exemple :

> De saluer bien *ademises*
> Se sont de lez le Roi assises.
>
> *Athis*, ms. fol. 123, v°.

Admitter, dont le même lexicographe cite quelques exemples empruntés aux *Tenures de Littleton*, fol. 17, r°; 45, v°.

Admettre, fort ancien, on le voit, et que donnent, mais sans en rapporter d'exemples, nos plus anciens dictionnaires, ceux de Rob. Estienne, de J. Thierry, de Nicot, ne paraît pas avoir été fort usité avant le XVIIe siècle.

Il exprime, en raison de son étymologie, l'idée générale de Donner accès, entrée, recevoir, et se dit, avec beaucoup d'acceptions particulières, soit au propre et au figuré des personnes, soit au figuré des choses.

Admettre, régissant un nom de personne, reçoit le plus souvent un complément formé de prépositions telles que *dans*, *chez*, *parmi*, *devant*, *pour*, *à*, etc., et d'un régime qui fait connaître la nature de l'admission ; par exemple :

Dans quel lieu la personne dont il s'agit est admise :

L'empereur (Charles-le-Gros) n'osant refuser à Godefroy sa demande de peur de l'attirer sur ses bras, ny la lui octroyer de peur de l'*admettre dans* le cœur de ses terres, songea de payer sa trahison par une plus horrible perfidie.

Mézeray, *Hist. de France*, Charles II, dit le Gros, an 884.

Chrétiens, redoublez vos vœux et vos prières, afin que Dieu, pour récompense de ses travaux, l'*admette dans* le séjour du repos éternel.

Fléchier, *Oraison funèbre de Turenne*.

Le dieu (Caron) ..... les menace, les repousse, et *admet* d'abord *dans* la barque le jeune Grec.

Fénelon, *Télémaque*, XVIII.

Il n'est pas difficile d'inspirer aux petits princes la crainte de cesser d'être maîtres chez eux en *admettant dans* leurs places les troupes de quelque grande puissance.

Saint-Simon, *Mémoires*, 1715, t. XII, c. 14.

Le parlement *admit dans* la grande chambre un envoyé de l'archiduc Léopold.

Voltaire, *Siècle de Louis XIV*, introduct., c. 4.

> Mais ici par moi seul *au* pied du trône *admis*,
> Que venez-vous chercher près de Sémiramis ?
>
> Voltaire, *Sémiramis*, I, 4.

> On croyait *être admis dans* le conseil des dieux.
>
> Le même, *Contes en vers*; les Trois manières.

Dans quelle classe de personnes, *au nombre de* quelles personnes, *parmi*, *chez*, *devant* quelles personnes, etc. :

Elle (l'Église) ne souhaite pas que ceux qu'elle a nourris dans son sein depuis l'enfance soient aujourd'hui moins instruits et moins zélés que ceux qu'elle *admettoit* autrefois *au nombre* des siens.

Pascal, *Comparaison des anciens chrétiens avec ceux d'aujourd'hui*.

Fœdor, et surtout Pierre, *admirent* indifféremment *dans* leurs armées et *dans* leurs conseils ceux du rite grec, latin, luthérien, calviniste.

Voltaire, *Histoire de Russie sous Pierre-le-Grand*, part. I, c. 11.

> Voici l'homme qui meurt du désir de vous voir,
> En vous le produisant, je ne crains point le blâme
> D'*avoir admis chez* vous un profane, madame.
>
> Molière, *les Femmes savantes*, III, 5.

> Qui n'*admettroit* Anacréon *chez* soi ?
> Qui banniroit Waller et La Fontaine ?
>
> La Fontaine, *Lettres*, 1687, à la duchesse de Bouillon.

> ... *devant* moi je veux qu'il soit *admis*.

> Digne un jour d'être *admis parmi* vos citoyens.
>
> Voltaire, *Mérope*, IV, 1; *l'Orphelin de la Chine*, I, 1.

Dans quelle compagnie, *dans* quel corps :

Notre université est composée de séculiers et de religieux : il faut estre tout un ou tout autre : nous n'*y admettons* point de metiz.

Est. Pasquier, *Recherches de la France*, III, 43.

Les Suédois, nation plus libre encore par sa constitution qui *admet* les paysans mêmes *dans* les états généraux.

Voltaire, *Siècle de Louis XIV*, c. 2.

Un troisième demanda l'extinction de l'Académie,

parce qu'il n'avait jamais pu parvenir à *y* être *admis*.

LE MÊME, *Contes;* Vision de Babouc.

À quelle fonction, quelle charge, quelle dignité, *en* quelle qualité, etc.:

Nous avons juste sujet de demander et insister fermement pour *être admis à* toutes les charges et dignités de ce royaume.

LE DUC DE ROHAN, *Discours à l'assemblée de Saumur.*

La religion chrétienne... n'*admet* pas *pour* ses enfants, ceux qui croient sans inspiration.

PASCAL, *Pensées*, part. II, art. XVII, § 52.

Les dissentions se réchauffent par les nouvelles prétentions du peuple qui aspire aux honneurs et au consulat, réservé jusqu'alors au premier ordre. La loi pour les *y admettre* est proposée. Plutôt que de rabaisser le consulat, les Pères consentent à la création de trois nouveaux magistrats, qui auroient l'autorité de consuls sous le nom de tribuns militaires, et le peuple est *admis à* cet honneur.

BOSSUET, *Discours sur l'histoire universelle*, III, 7.

Le grand objet du pape étoit d'obtenir l'ouverture de la nonciature à Madrid, depuis si longtemps fermée, et de faire *admettre* Aldovrandi *en qualité* de nonce.

SAINT-SIMON, *Mémoires*, 1717, t. XIV, c. 23.

À la participation de quelles cérémonies, de quels honneurs, de quelles prérogatives, de quels avantages, etc.:

Les saints canons ordonnoient autrefois aux pénitents d'être plusieurs années dans un état d'expiation avant que d'*être admis à* la participation des sacrés mystères.

FLÉCHIER, *Oraison funèbre de Mme de Montausier.*

Mr de Montmollin vint me déclarer..... qu'il m'*admettoit à* la communion.

J.-J. ROUSSEAU, *les Confessions*, part. II, liv. XII.

Dès l'âge le plus tendre les Athéniens *sont admis aux* cérémonies de l'initiation.

BARTHÉLEMY, *Voyage d'Anacharsis*, c. 68.

Lorsqu'il ne manquait plus rien aux qualités du poursuivant d'armes, il *était admis aux* honneurs de la chevalerie.

CHATEAUBRIAND, *Génie du christianisme*, part. IV, liv. V, c. 4.

À quelles relations de politesse, de déférence, d'affection, de commerce familier, etc.; *à* quelles marques de confiance, de faveur, etc.:

Quatre maistres de sa chambre s'informoient de ceux qui luy vouloient parler, et les *admettoient à* l'audience.

SARASIN, *Conspiration de Walstein.*

On le leur amène, cet homme propre à parer les avenues d'une foire, et à être montré en chambre pour de l'argent; ils l'*admettent dans* leur familiarité.

Les conversations légères, les cercles, la fine plaisanterie, les lettres enjouées et familières, les petites parties *où* l'on *étoit admis* seulement avec de l'esprit, tout a disparu.

LA BRUYÈRE, *Caractères*, c. 13.

Elle (Mme la Dauphine) m'*admet* quelquefois *à* ses exercices de piété.

Mme DE MAINTENON, *Lettres*, 1680, Ire, à Mme de Frontenac.

Vraiment, j'ai été d'un beau dîner chez Mr le cardinal de Bouillon *où* je fus prié en cérémonie, et *admis* avec une distinction qui flatte bien mon amour-propre.

COULANGES, *Lettres*, 6 janvier 1696, à Mme de Simiane.

Mme de Maintenon interrogea d'autres écolières, elle vit dans leurs réponses que plus ou moins instruites et plus ou moins *admises dans* la confiance de leur nouvelle maîtresse, tout alloit au même but.

L'abbé (Dubois) le fit connoître (Stanhope) à Mr le duc d'Orléans, qui le vit familièrement depuis et l'*admit en* quelques-unes de ses parties.

Ce prince (le duc d'Orléans) s'étoit toujours plu avec lui (le duc de Brancas) et, devenu le maître, avoit continué à l'*admettre* et à le désirer *dans* ses soupers et *dans* sa familiarité.

SAINT-SIMON, *Mémoires*, 1696, t. I, c. 31; 1716, t. XIV, c. 4, 13.

Surtout laissez-moi goûter le plaisir que vous ayez seul, avec madame du Chatelet, les prémices de cet ouvrage. Je ne peux pas assurément exclure monsieur votre frère de la confidence; mais, hors lui, je vous demande en grâce que personne n'*y soit admis.*

VOLTAIRE, *Lettres*, décembre 1734, au comte d'Argental.

Une grande princesse à ce point s'oublier
Que d'*admettre en* son cœur un simple cavalier.

P. CORNEILLE, *le Cid*, I, 2.

Permettez, avant tout, qu'Esther puisse à sa table
Recevoir aujourd'hui son souverain seigneur,

Et qu'Aman *soit admis à* cet excès d'honneur.
J. RACINE, *Esther*, II, 7.

Oh! nuit, si tant de fois, dans les bras de l'amour,
Je t'*admis aux* plaisirs que je cachois au jour,
Du moins ne permets pas......
BOILEAU, *le Lutrin*, II.

Dans cette locution, *admettre* une personne *à*, *à* reçoit souvent pour régime un verbe à l'infinitif, exprimant un certain acte que l'on permet à la personne dont il est question.

Les auteurs de ces projets furent *admis* plus d'une fois *à* discuter leurs propositions avec les ministres, en présence du roi.
VOLTAIRE, *Siècle de Louis XIV*, c. 27.

Admettre quelqu'un à se justifier, c'est Permettre qu'il expose ce qui peut le justifier, consentir qu'il se justifie dans les formes. On a dit de même : *admettre quelqu'un à faire preuve, à prouver ; admettre quelqu'un à ses preuves justificatives*, *à ses faits justificatifs*, etc.

La cour l'*a admis à faire preuve de* ses faits.
LE MAÎTRE, *Plaidoyers*, XXX (cité par Richelet).

Admettre quelqu'un à faire ses preuves s'est dit aussi pour Autoriser une personne à prouver qu'elle a droit par sa naissance, par l'ancienneté de sa noblesse, à être reçue dans un ordre, à jouir de certaines prérogatives de cour.

ADMETTRE a des sens analogues, lorsqu'il régit un nom de personne, sans être accompagné d'un régime indirect.

Si vous *admettiez* les médecins, les jurisconsultes, ce seroit pour la conservation de la santé et de la justice.

Si vous *admettez* des orateurs ambitieux et mercenaires, s'opposeront-ils à toutes les passions des hommes?
FÉNELON, *Dialogues sur l'éloquence*, I.

Il s'agissoit de pouvoir disposer du cardinal de Furstemberg, qui avoit deux neveux dans le chapitre de Strasbourg, et de lui faire vouloir avec chaleur un coadjuteur que les prélats n'*admettent* que bien difficilement.
SAINT-SIMON, *Mémoires*, 1700, t. II, c. 28.

Respectant ce vieillard qui daigne ici t'*admettre*.
VOLTAIRE, *Tancrède*, III, 5.

ADMETTRE se dit figurément en parlant des choses.

Il peut recevoir alors, comme lorsqu'il s'agit des personnes, un complément formé, le plus souvent, des prépositions *dans* et *à*, et d'un régime qui fait connaître où l'on donne place, où l'on reçoit, où l'on souffre, où l'on consent à reconnaître la chose dont il est question.

Phlogidas le premier opina en ce conseil qu'il ne faloit point *admettre* ny recevoir *en* la ville de Sparte monnoye d'or ny d'argent, ains se servir seulement de celle de leur pays.
AMYOT, trad. de Plutarque, *Vie de Lysandre*, c. 17.

Idoménée régla sa table, *où* il n'*admit* que du pain excellent, du vin du pays, qui est fort agréable, mais en fort petite quantité, avec des viandes simples.

Ainsi les trois choses que nous *admettons dans* l'éloquence plaisent, mais elles ne se bornent point à plaire.
FÉNELON, *Télémaque*, XII; *Dialogues sur l'Éloquence*, II.

Où ils croyent découvrir les grâces du corps, l'agilité, la souplesse, la dextérité, ils ne veulent plus *y admettre* les dons de l'âme, la profondeur, la réflexion, la sagesse.

Les Grands croient être seuls parfaits; ils n'*admettent* qu'à peine *dans* les autres hommes la droiture d'esprit, l'habileté, la délicatesse.
LA BRUYÈRE, *Caractères*, c. 2 ; 9.

La quantité, qui contribue tant au nombre et à la cadence du discours, n'a pu se faire *admettre dans* la langue françoise.
ROLLIN, *Traité des études*, liv. II, c. 1, art. 2.

Il me paraît un peu étrange d'*admettre dans* la pratique ce que nous rejetterions dans la spéculation.

A cet étrange aveu de ses plus secrètes pensées...... on joignit des preuves qui, en plus d'un pays, ne sont pas *admises au* tribunal de la justice humaine.
VOLTAIRE, *Lettres*, 11 septembre 1739; *Histoire de Russie sous Pierre-le-Grand*, part. II, c. 10.

Quelquefois le complément d'ADMETTRE, régissant un nom de chose, se forme au moyen de la préposition *pour*, et exprime qu'on reconnaît dans cette chose une certaine qualité.

Je n'ai pas tout dit .... sur les merveilles du hasard que vous *admettez* seul *pour* la cause première de toutes choses.

LA BRUYÈRE, *Caractères*, c. 16.

Il n'est pas permis aujourd'hui d'imiter Plutarque encore moins Procope. Nous n'*admettons pour* vérités historiques que celles qui sont garanties.

VOLTAIRE, *Siècle de Louis XIV*, c. 25.

Plus souvent on dit absolument, *admettre une chose*.

Admettre une chose, c'est quelquefois l'Accueillir, l'accepter.

Je ne pouvois répondre autre chose pour la proposition d'un traité contre le Portugal et contre l'Angleterre, si ce n'étoit que je ne l'*admettois* ni ne l'excluois, et que je donnerois avis à votre majesté de cette déclaration de la part du roi catholique pour recevoir ses ordres particuliers.

L'ARCHEVÊQUE D'EMBRUN à Louis XIV, 29 août 1662. (Voir *Négociations relatives à la succession d'Espagne*, t. I, p. 154.)

De là ces expressions fort usitées, *admettre une prière, des raisons, des excuses*.

De là aussi, en termes judiciaires, *admettre une requête;* en termes de finances, *admettre un compte*, les articles, les chapitres d'un compte.

Admettre une chose, c'est encore l'Approuver, la permettre, la souffrir, l'autoriser.

Ce sont deux excès également dangereux d'exclure la raison et de n'*admettre* que la raison.

PASCAL, *Pensées*, part. II, art. VI, § 3.

Cela dit d'un ton à n'*admettre* point de réplique, le roi se lève, sort du conseil et laisse le cardinal et tous les autres dans le dernier étonnement.

Le pape prononça la condamnation qui fut dressée en forme de constitution et où la cour de Rome, sûre de l'impatience du roi de la recevoir, inséra des termes de son style que la France n'*admet* point.

SAINT-SIMON, *Mémoires*, 1693, t. I, c. 7; 1699, t. II, c. 19.

C'est un genre qu'il est difficile de perfectionner; il est plus court de ne pas l'*admettre*.

Mme DU DEFFAND, *Lettres*, 30 septembre 1763, à Voltaire.

La nuit des temps est très-favorable à ceux qui ne veulent pas *admettre* la discussion des vérités en elles-mêmes.

Mme DE STAËL, *Considérations sur la révolution franç.*, part. I, c. 13.

On s'est servi de cette manière de parler pour certaines approbations officielles.

Il n'y a que le pape qui puisse *admettre* les résignations *in favorem*. Néanmoins le roi *admet* ces sortes de résignations pour les bénéfices sujets à la régale, le siège vacant.

LE PELLETIER, *Traité des expéditions*.

Admettre une chose, c'est enfin la Reconnaître pour constante, pour légitime.

Nos prudens ne viennent point jusque là. Outre la mort, ils *admettent* tant d'autres sortes d'extrémités, qu'il s'en rencontre toujours quelqu'une qui les arrête, dès le premier pas qu'ils font vers le bien.

BALZAC, *Aristippe*, disc. V.

Ils sont d'accord avec les Jésuites d'*admettre* une grâce suffisante donnée à tous les hommes.

PASCAL, *Provinciales*, II.

Accoutumez les filles, naturellement trop crédules, à n'*admettre* pas légèrement certaines histoires sans autorité.

FÉNELON, *De l'Éducation des filles*.

Que penser de la magie et du sortilège? ... Il y a des faits embarrassants, affirmés par des hommes graves qui les ont vus, ou qui les ont appris de personnes qui leur ressemblent; les *admettre* tous, ou les nier tous, paroît un égal inconvénient.

LA BRUYÈRE, *Caractères*, c. 14.

Dans ces deux ouvrages il *admettoit* du vide, et regardoit la nature comme une simple étendue absolument indifférente au mouvement et au repos.

FONTENELLE, *Éloge de Leibnitz*.

Je suis bien aise que vous *admettiez* une divinité; c'est ce que je tâchais de persuader à un roi qui n'y croit pas et qui se conduit en conséquence.

C'est un grand bonheur pour le genre humain que les tribunaux, dans les pays éclairés, n'*admettent* plus enfin les obsessions et la magie.

VOLTAIRE, *Lettres*, 14 sept. 1753; *Essai sur les mœurs*, avant-propos, c. 128.

Alors n'*admettant* plus d'autorité visible,
Chacun fut de sa foi censé juge infaillible.

BOILEAU, *Satires*, XI.

On dit en ce sens, *admettre que.*

Calvin *admet que* nous participons réellement au vrai sang de Jésus-Christ.

BOSSUET, *Histoire des Variations*, IX.

Le roi n'avoit jamais *admis que* ces États possédassent le droit de consentir l'impôt.

Mme DE STAËL, *Considérations sur la révolution franç.*, part. I, c. 6.

Dans tous les exemples qui précèdent, le sujet d'ADMETTRE, quelque régime qu'on lui donne, est un nom de personne. Quelquefois ce sujet est aussi un nom abstrait qui désigne la personne, ou quelque abstraction personnifiée.

L'esprit docile *admet* la vraie religion; l'esprit foible ou n'en *admet* aucune, ou en *admet* une fausse.

LA BRUYÈRE, *Caractères*, c. 16.

Votre piété n'*admet* point de préférence, comme cela est juste.

MARIVAUX, *le Paysan parvenu*, part. II.

Il y avoit partout des traditions historiques dont les provinces vouloient faire des droits, et que l'autorité royale n'*admettoit* que comme un usage.

Mme DE STAËL, *Considérations sur la révolution franç.*, part. I, c. 6.

Mon esprit n'*admet* point un pompeux barbarisme.

BOILEAU, *Art poétique*, I.

Très-souvent, le sujet d'ADMETTRE est un nom de chose.

On dit qu'une chose *admet* ou n'*admet pas* une autre chose, quand elles sont ou ne sont pas compatibles entre elles, qu'elles se concilient ou s'excluent, se souffrent ou se repoussent.

La pratique n'*admet* pas toujours les sages lenteurs de la spéculation, et quelquefois la raison elle-même ordonne qu'on agisse sans l'attendre.

FONTENELLE, *Éloge de Dodart.*

Le synode de Wittemberg ne regardait pas le mariage comme un sacrement, mais comme un contrat civil : il disait que la discipline de l'Église *admet* le divorce, quoique l'Évangile le défende.

VOLTAIRE, *Essai sur les mœurs* c. 130.

J'ai cru que les droits du sang n'*admettoient* point de ces ménagements.

SÉDAINE, *le Philosophe sans le savoir*, IV, 4.

Le comique, ennemi des soupirs et des pleurs,
N'*admet* point en ses vers de tragiques douleurs.

BOILEAU, *Art poétique*, III.

À cette manière de parler appartiennent les exemples qui suivent, bien que le régime d'ADMETTRE y soit un nom de personne.

Comte sois de mon prince à présent gouverneur;
Ce haut rang n'*admet* point un homme sans honneur.

P. CORNEILLE, *le Cid*, I, 8.

L'hymen chez les Romains n'*admet* qu'une Romaine.

J. RACINE, *Bérénice*, I, 5.

Dans cette forme de langage, ADMETTRE peut se construire encore avec certaines prépositions, telles que *dans*, *en*, *avec*, etc.

.....Il suit nécessairement qu'un être particulier qui pense ne peut pas *admettre en* soi la moindre matière.

LA BRUYÈRE, *Caractères*, c. 16.

La solide vertu dont je fais vanité
N'*admet* point de foiblesse *avec* sa fermeté.

P. CORNEILLE, *Horace*, II, 3.

ADMIS, SE, participe.

Il s'emploie adjectivement, en parlant des choses, au sens de Démontré, reconnu.

Il est inutile de s'attacher à démontrer des vérités *admises*, il suffit d'en recommander la pratique.

DUCLOS, *Considérations sur les mœurs*, c. 2.

ADMISSIBLE, adj. des deux genres.

De nature à être admis, recevable, acceptable, valable.

Il se dit de toutes les choses que l'on peut admettre, une preuve, une raison, une excuse, etc.

Voyez si ces petits changemens que je vous envoie sont *admissibles*.

VOLTAIRE, *Lettres*, 11 avril 1761.

ADMISSIBLE est, en ce sens, terme de Palais.

Les moyens de faux donnés contre la pièce sont déclarés *admissibles.*

La cour a déclaré que toutes les preuves étoient *admissibles.*

RICHELET, *Dictionnaire.*

ADMISSIBLE s'est dit, assez récemment, à ce qu'il semble, des personnes Qui ont les qualités requises, qui remplissent les conditions exigées, pour être admises dans quelque corps, à quelque fonction.

Ce n'est pas sans étonnement que j'ai entendu cet orateur estimable vous dire que les juifs ne voudraient peut-être pas des emplois civils et militaires *auxquels* vous les déclareriez *admissibles*, et conclure de là très-spécieusement que ce serait de votre part une générosité gratuite et malentendue que de prononcer leur aptitude à ces emplois.

MIRABEAU, *Discours*, 24 décembre 1789.

Nous avons acquis une nouvelle passion en France, où il n'y en avait déjà que trop, celle de la jalousie. Elle a été décrétée dans l'art. III de la Charte. « Les Français sont tous également *admissibles à* tous les emplois civils et militaires. » Car, comme la nature a décrété, dans une loi plus ancienne et non écrite, « que tous les hommes ne sont pas également *admissibles à* tous les emplois, parce que tous n'en sont pas capables, » il y a conflit entre la politique et la nature, entre le fait et le droit. Les hommes s'en tiennent à la loi écrite; et comme tous se croient *admissibles* par nature, tous veulent être admis par la politique.

DE BONALD, *Pensées*, t. I, p. 320.

On dit quelquefois, absolument, les *admissibles,* la liste des *admissibles.*

C'est également à une époque assez récente que l'on a commencé d'exprimer la situation d'une personne ADMISSIBLE par

ADMISSIBILITÉ, s. f.

Comme on dit *admis, admissible à,* on dit aussi *admissibilité à :*

Dans notre monarchie devenue constitutionnelle l'égale *admissibilité aux* emplois civils et militaires, d'une maxime qu'elle était, est devenue un droit.

ROYER COLLARD, *Discours*, Sur la loi de recrutement, 5 février 1818.

On dit aussi, fréquemment, des *conditions d'admissibilité.*

D'ADMISSIBLE et d'ADMISSIBILITÉ se sont formés leurs contraires INADMISSIBLE, INADMISSIBILITÉ. Voyez ces mots.

ADMISSION, s. f. (du latin *Admissio).*

ADMISSION, qui exprime l'Action d'être admis, se dit souvent des personnes et se construit avec les mêmes prépositions qu'*admettre.*

On dit particulièrement :

Admission dans, en parlant d'une personne admise dans une compagnie, dans un corps.

Je crois vous avoir mandé, Monsieur, que j'attendais la nouvelle de l'*admission de* Mr Mallet, votre ami, *dans* l'académie de Lyon.

VOLTAIRE, *Lettres*, 12 sept. 1752.

Admission à, en parlant d'une personne admise *à* un emploi, *à* un grade, *à* une dignité.

Le premier point est l'union parmi nous; le second l'*admission à* toutes charges.

LE DUC DE ROHAN, *Discours à l'assemblée de Saumur.*

Les Égyptiens célébraient l'*admission* d'Hercule *au* rang des douze grands dieux.

VOLTAIRE, *Des mensonges imprimés*, art. XXV.

Le clergé (catholique) pourroit-il consentir à la tolérance des cultes, à l'*admission des* protestants *à* tous les emplois.

Mme DE STAËL, *Considérations sur la révolution franç.*, part. I, c. 14.

ADMISSION s'emploie aussi absolument.

Vous ne pouvez lui en défendre l'accès, et sa pétulance lui fera regarder *son admission* comme un aveu tacite que vous donnez à la recherche qu'il prétend faire de votre fille.

MARIVAUX, *le Paysan parvenu*, part. VIII.

ADMISSION a signifié, particulièrement, dans la langue du Palais, le Droit d'être admis à occuper en qualité de procureur.

Les Procureurs sont tenus en toutes les causes .... de

tenir bonne et pertinente note de tous les deuiers : ..... à peine de l'amende, et pardessus cela d'estre privez de *leur admission*, pour tel temps que la loy trouvera à propos.

Coutume de Furne, tit. LVII. (Voir *Nouv. Coutumier général*, t. I, p. 677, col. 1.)

Admission s'est dit quelquefois des choses, particulièrement au Palais. *L'admission d'une preuve, d'un moyen.*

On n'a pu se refuser à l'*admission de* ses moyens de faux.

Grand Vocabulaire.

ADMINICULE, s. m. (du substantif latin *Adminiculum*, lequel désignait, au propre, les Appuis dont on soutient la vigne, et, par extension et par figure, toute espèce de Soutien, d'aide, de secours).

Ce mot, de peu d'usage aujourd'hui, a signifié, surtout en termes de jurisprudence, Ce qui ne forme pas une preuve complète, mais qui contribue à faire preuve dans une affaire civile ou criminelle. Il appartenait particulièrement à un système de procédure qui admettait des demi-preuves, des quarts de preuves, des commencements de preuves.

Il n'y a point de preuves formelles; il n'y a que des *adminicules*.

Richelet, *Dictionnaire*.

Il y a tant de présomptions et d'*adminicules* contre cet accusé, qu'on lui pourroit donner la question.

Furetière, *Dictionnaire*.

Que reste-t-il donc au soutien de cette corruption dont on a fait tant de bruit? plus rien qu'un *adminicule* de présomption.

Beaumarchais, *Mémoires*, IV.

Il s'est dit aussi, en termes de médecine, de Tout ce qui peut servir à faciliter le bon effet d'un remède.

Adminicule a reçu, en outre, dans certaines sciences, des applications particulières qu'il appartient aux dictionnaires spéciaux d'expliquer.

Adminicule ne pouvait manquer d'être employé, comme *adminiculum*, d'une manière générale, au sens de Aide, secours. Les exemples en sont beaucoup plus anciens que ne le pense Féraud, lequel, en 1787, dans son *Dictionnaire critique*, remarque cet emploi du mot comme une nouveauté qui commençait à s'introduire.

Quiconque la tient en haut degré (la discipline de l'homme et de la vie) .... peut oublier ou négliger toutes les autres quand il lui plaira; qui s'appellent purs amusemens scholastiques en ceux qui ignorent celle-ci, et simples ornemens et *adminicules* en ceux qui la sçavent.

Mlle de Gournay, *Préface des Essais de Montaigne*.

La nature dénuée de ces *adminicules* de notre art, ne laisse pas de produire du fer assez semblable à celui de nos forges.

Pour peu que nous voulions estimer, juger, comparer, etc., nous sommes obligés d'avoir recours à des secours étrangers, à des règles, à des principes, à des usages, à des instruments, etc. : tous ces *adminicules* sont des ouvrages de l'esprit humain et tiennent plus ou moins à la réduction ou à l'abstraction de nos idées.

Buffon, *Histoire naturelle*. Minéraux; le Fer; Histoire des Animaux, c. 2.

Il confond les causes occasionnelles des actes d'une faculté avec la faculté même; il est bien vrai que ce sont ces circonstances qui sont ordinairement les *adminicules* de la mémoire et qui la mettent le plus souvent en action; mais elle existe sans elles et avant elles.

La Harpe, *Cours de littérat.*, part. III, liv. III, philosophie, sect. 5.

ADMINISTRER, v. a. (du latin *Administrare*, et par ce mot de *ad* et *ministrare*.)

Autrefois admenistrer, amenistrer et aministrer (voy. le *Glossaire* de Sainte-Palaye).

Administrer, comme les verbes latins dont il dérive, exprime l'idée générale de S'acquitter d'un service, de Remplir un office. De là, dans notre plus ancienne langue, où il a paru de fort bonne heure, l'emploi de ce mot

Au sens de Servir une personne, *administrer à* une personne, comme on dirait en latin *administrare alicui* :

Elle *leur administre*, elle les couche et lieve.

G. Machaut, ms. p. 89 (cité par Sainte-Palaye).

Au sens de Fournir, procurer, donner, livrer, offrir, etc :

Et lui mandèrent (les chefs des compagnies au roi don Pèdre) qu'il voulsist ouvrir les pas et les detroits de son royaume, et *administrer* vivres et pourveances *aux* pelerins de Dieu.

Et se repentit (le roi de Navarre) par trop de foys de ce qu'il avoit *au* prince et *à* ses gens ouvert et *administré* le passage ; car plus y avoit de dommage que de prouffit.

FROISSART, *Chroniques*, liv. I, part. II, c. 203, 221.

Vivres *leur seront administrez* pour leur argent sans ce qu'on leur vende plus cher qu'on a accoustumé pour cause de ce.

MONSTRELET, *Chroniques*, vol. I, c. 47.

Les deux champions estoient confinez en la prison du Duc, jusques au jour du combat, et estoit le haut justicier tenu de *leur administrer* armes sortables.

EST. PASQUIER, *Recherches de la France*, IV, 1.

Ce n'est pas chose aux vierges bien propice
D'*administrer à* Venus sacrifice.

CL. MAROT, *Hist. de Léandre et Héro.*

C'est à cette acception générale que se rapportent :

Dans l'usage familier et populaire, la locution *administrer des férules, des coups de bâton*, etc., c'est-à-dire Donner des férules, des coups de bâton, etc. :

En termes de médecine, *administrer un remède*, c'est-à-dire Ordonner ou faire prendre un médicament :

Il est entretenu de tout dans chaque gîte pendant trois jours aux dépens de l'État ; et s'il tombe malade on le garde et on *lui administre* tous les secours jusqu'à ce qu'il soit guéri, sans qu'on reçoive de lui la moindre récompense.

VOLTAIRE, *Lettres chinoises*, X.

En termes de pratique, *administrer des témoins, des preuves, des titres*, c'est-à-dire Les produire devant la justice :

Il *administre* des témoins suffisans au procureur général pour vérifier sa dénonciation.

FURETIÈRE, *Dictionnaire.*

L'évidence et les ténèbres sont incompatibles : les preuves *administrées* par de malhonnêtes gens sont toujours suspectes.

J.-J. ROUSSEAU, *Lettres*, 15 janvier 1772.

ADMINISTRER s'est prêté, comme en latin *administrare* et *ministrare*, par l'étendue de sa signification générale, à un assez grand nombre d'applications particulières. On s'en sert communément pour exprimer :

L'action de conférer les sacrements :

Il me semble, dist Parlamente, qu'une femme estant dedans le lict, (si ce n'est pour *administrer* les sacrements de l'église) ne doit jamais faire entrer beaupère ny prestre en sa chambre.

LA REINE DE NAVARRE, *Heptameron*, 23e nouv.

Il n'est permis au curé d'*administrer* le sainct sacrement de l'autel hors sa paroisse, et à l'évesque hors son diocese.

EST. PASQUIER, *Recherches de la France*, III, 43.

Je comprends encore que de telles gens, étant appliqués à tout le détail du ministère, c'est-à-dire à *administrer* les sacrements, à conduire les âmes, à consoler les mourants et les affligés, ils ne pourroient point avoir le temps d'apprendre par cœur des sermons fort étudiés.

FÉNELON, *Dialogues sur l'éloquence*, III.

De tous les sacrements on n'*administroit* que le baptême *aux* enfants nouveau-nés.

VERTOT, *Histoire des chevaliers de Malte*, I.

Il (M. de Bernex) reçut publiquement l'abjuration de Mme de Warens et *lui administra* le sacrement de Confirmation.

J.-J. ROUSSEAU, *Mémoire à M. Boudet.*

On a dit dans un sens analogue, *administrer la parole de Dieu* :

Que les ministres ecclesiastiques *administrent* fidelement *la parole de Dieu*, ne corrompans point la doctrine de salut, mais conservans la pureté d'icelle.

CALVIN, *Institution chrestienne*, liv. II, c. VIII, § 46.

Prestres, c'estoient ceux qui, par la permission de l'évesque, avoient puissance d'*administrer la parole de Dieu* et les saincts sacremens de l'Eglise.

EST. PASQUIER, *Recherches de la France*, III, 1.

L'action de rendre, de distribuer la justice :

Bien garde le Roy, que je voy cy, qui s'en va en France, qu'il face *administrer* bonne justice et droicture diligemment *à* son peuple.

JOINVILLE, *Histoire de saint Louis.*

La justice qui estoit celle seule qui pouvoit encore aucunement retenir les autres parties en office..... a eu toute la face changée : sa principale authorité a esté retirée par devers le souverain, pour *estre* non pas *administrée*, mais pervertie par courtisans au gré de ceux qui avoient la faveur.

DU VAIR, *De la constance et consolation es calamitez publiques.*

Je le suppliay de commander qu'un procez que l'Eglise de Sainct-Louis a avec quelques particuliers fust expedié, et qu'il *fust administré à* la dite Eglise bonne et briefve justice.

LE CARDINAL D'OSSAT, *Lettres*, liv. V, lettre 1.

Ce sont ces ordonnances, sire, dont votre majesté a juré l'exécution le jour de son sacre ; ordonnances fondées sur l'esprit général de la monarchie, sur la forme générale d'*administrer* la justice en France.

PELLISSON, Ier *Discours au roi.*

S'assembla (le 12 mai 1732) le Parlement étonné ; il déclara qu'il n'*administrerait* plus la justice, si on en détruisait ainsi les premiers fondemens.

VOLTAIRE, *Histoire du Parlement de Paris*, c. 64.

L'action de diriger ses propres affaires ou les affaires d'autrui :

Il est mestier que cil qui sont en longes langueurs aient qui *administrent* lor besongnes.

BEAUMANOIR, *Coutumes du Beauvoisis*, III, 28.

Or peust-il advenir que le masle qui aura vingt ans, et la femelle dix huit, obtiennent lettres du prince de benefice d'aage, par lesquelles il leur sera permis d'*administrer* leurs biens sans autorité du tuteur et curateur.

EST. PASQUIER, *l'Interpretation des Institutes de Justinian*, I, 66.

Les soins du père de famille sont toujours plus tendres ...... c'est son héritage qu'il *administre*.

MASSILLON, *Mandements.* Pour la résolution que le roi a prise de gouverner.

Sa bonne tante avoit un bon ami qui demeuroit aussi auprès d'un vieux chanoine dont il *administroit* le temporel.

LE SAGE, *Gil Blas*, II, 1.

L'action de diriger les affaires publiques :

Je t'ay descript (Plutarque à Trajan) les moyens qu'il fault tenir pour bien *administrer* une chose publique.

AMYOT, traduction des Vies de Plutarque. *Préface.*

Ainsy qu'il estoit à le poursuivre, Lucius Lucullus luy alla faire commandement de ceder à Sylla qui venoit, et luy laisser conduire et *administrer* cette guerre contre Mithridates.

LE MÊME, même ouvrage, *Vie de Sylla*, c. 7.

Il *administra* sagement les revenus de la République.

PERROT D'ABLANCOURT, trad. de Tacite, *Annales*, IV, 14.

Il est vrai que le désordre et l'épuisement des finances étoit extrême, que l'évêque de Cadix qui les *administroit* avoit ordre de fournir tout l'argent qu'Albéroni lui demandoit.

On a vu en plusieurs endroits de ces mémoires que j'y ai toujours parlé sur les affaires étrangères d'après Torcy. Il les avoit *administrées* avec son père.

SAINT-SIMON, *Mémoires*, 1716, t. XIV, c. 9 ; 1718, t. XVI, c. 20.

Ceux qui *administraient* l'argent de l'Etat sous ses ordres, n'eurent d'autres vues que de procurer de prompts secours par des moyens toujours petits, mal imaginés et souvent injustes.

VOLTAIRE, *Histoire du Parlement de Paris*, c. 54.

L'action de conduire un royaume, une province, une ville, etc. :

Cil qui contendent qui miaus *aministra* (*amenistra*, var.) la cité, font autresi comme se li marinier estrivolent entr'aus liquels gouverne miaus la nef ; et ce est mortel peril.

BRUNETTO LATINI, *li Tresors*, liv. II, c. 71 ; De magnificence au tens de la pais.

Le temps n'est plus d'ainsi conquester les royaulmes avec dommaige de son prochain frere christian : cette imitation des anciens Hercules, Hannibals, Scipions, Cesars et autres telz, est contraire à la profession de l'evangile par lequel nous est commandé guarder, saulver, regir et *administrer* chacun ses pays et terres, non hostilement envahir les aultres.

RABELAIS, *Gargantua*, I, 46.

Sitost que Lycurgus se feust apperçu que la femme de son frère estoit enceinte, il déclara que le royaulme appartenoit à l'enfant qui naistroit, si c'estoit un fils ; et depuis *administra* le royaulme comme tuteur du roy seulement.

AMYOT, trad. de Plutarque, *Vie de Lycurgue*, c. 1.

Que la France *soit administrée* comme l'a été la province de Limoges, et alors cette France, sortant de ses ruines, sera le modèle du plus heureux gouvernement.

VOLTAIRE, *Lettres*, 1775, à M. l'abbé Beaudeau.

ADMINISTRER, dans cette dernière acception, a été pris quelquefois d'une manière figurée pour Diriger, conduire, gouverner.

Un oiseau accoutumé à la liberté et par conséquent à pourvoir lui-même à tous ses besoins, trouvera toujours mieux ce qui lui convient en pleine campagne que dans la volière la mieux *administrée*.

BUFFON, *Histoire naturelle*. Oiseaux; le Jaseur.

On diroit qu'il (Goethe) *administre* l'esprit de ses contemporains comme son empire, et que ses ouvrages sont des décrets qui tour à tour autorisent ou bannissent les abus qui s'introduisent dans l'art.

Mme DE STAËL, *De l'Allemagne*, part. II, c. 21.

ADMINISTRER a eu, en certains cas, pour régime un nom de personne.

De là, à une époque fort ancienne, des sens analogues à ceux qui ont été rappelés plus haut, et depuis longtemps sortis de l'usage;

Le sens de Servir un roi, être l'exécuteur de ses volontés:

Le Roy..... accordoit toutes requestes à luy faictes par ceux de qui il *estoit administré*.

MONSTRELET, *Chroniques*, vol. I, c. 191.

Le sens de Prendre soin de quelqu'un, pourvoir à ses besoins:

Le duc de Bourgongne, qui avoit la garde du duc de Bar..... et d'autres plusieurs prisonniers, qui estoient au Louvre, et lesquels il faisoit *administrer* par ses gens... les restitua et les rendit à ceux de Paris.

MONSTRELET, *Chroniques*, vol. I, c. 103.

Administrer une personne, être administré, ne se dit plus que pour Administrer à une personne les sacrements, recevoir les sacrements, particulièrement à l'article de la mort.

Le prêtre, qui avoit apporté tout ce qu'il falloit pour le reste de ses fonctions, nous dit que le malade avoit exigé de lui qu'il allât prier madame Dorsan de vouloir bien venir avant qu'on achevât de *l'administrer*.

MARIVAUX, *la Vie de Marianne*, part. X.

..... Il n'étoit nullement probable qu'après le vacarme fait à Genève par le Conseil, et à Neufchatel par la classe, il voulût *m'administrer* tranquillement.

J.-J. ROUSSEAU, *les Confessions*, part. II, liv. XII.

Qui de nous voudrait, durant les rigueurs de l'hiver, être réveillé, au milieu de la nuit, pour aller *administrer* au loin le moribond expirant sur la paille?

CHATEAUBRIAND, *Génie du Christianisme*, IV, III, 2.

ADMINISTRER, avec le pronom personnel, a le sens passif de *être administré*.

La justice *s'administrait* toujours à Rome au nom de l'empereur grec.

VOLTAIRE, *Essai sur les mœurs*, c. 15.

S'ADMINISTRER, administrer à soi, se dit encore, dans le langage familier, pour Se donner, se servir à soi-même, prendre; *s'administrer* un bon repas.

ADMINISTRER s'emploie absolument, par ellipse de son régime, particulièrement au sens de S'occuper de la direction d'affaires particulières, ou des affaires publiques.

Administrer jusqu'à la fin.

Rob. ESTIENNE, *Dictionnaire fr.-lat.*

Il (M. Lucullus) *avoit administré* en l'office du questeur du temps et par le commandement de Sylla.

AMYOT, trad. de Plutarque, *Vie de Lucullus*, c. 7.

Administrer, c'est gouverner; gouverner, c'est régner: tout se réduit là.

MIRABEAU, *Note pour la cour*. Voyez la correspondance entre le comte de Mirabeau et le comte de la Marck, t. II, p. 75.

ADMINISTRÉ, ÉE, participe.

Par une application très-récente, mais nécessaire, il s'emploie aujourd'hui substantivement, surtout au pluriel, et se dit des Citoyens par rapport aux administrateurs.

ADMINISTRATEUR, s. m. (du latin *Administrator* et *ministrator*).

Autrefois, ADMENESTRIÈRES, ADMINISTRIÈRES, ADMINISTRE; AMENISTREUR, AMINISTREOR, AMINISTRERES, AMINISTRES, AMINISTREUR, etc. (Voyez le *Glossaire* de Sainte-Palaye et les exemples ci-après).

Conformément à l'acception primitive et générale d'*administrer*, ADMINISTRATEUR a signifié Celui qui sert, qui aide, qui prend soin, etc.

Il a le sens de Serviteurs, ministres de Dieu, dans des phrases qui contiennent une traduction de cette expression de saint Jérôme (in Isai., 13, 46, 11), *administratorii spiritus*, traduction d'une date très-ancienne, comme on le voit par le premier des exemples suivants :

Cherubin, ce di li profete, estevent (sont debout) et ne soyent (s'asseyent) mies..... tuit sunt *aministreor espirit* por ceos ki doient receoivre l'eritaige de salveteit.

SAINT BERNARD, *Sermons françois mss.*, p. 324 (cité par Sainte-Palaye.)

... Par le commerce des anges, qui, suivant le témoignage de l'Écriture, savent ce qui se passe parmi nous, étant établis par ordre de Dieu *esprits administrateurs*, pour concourir à l'œuvre de notre salut.

BOSSUET, *Exposition de la doctrine de l'Église catholique*, IV

Ces *esprits* bien heureux qui sont, dans le ciel, immortels adorateurs de sa gloire, invisibles *administrateurs de* ses ordres et *de* ses desseins sur la terre.

FLÉCHIER, *Oraison funèbre de Michel Le Tellier.*

ADMINISTRATEUR désigne, dans les passages suivants, des Agents chargés de l'établissement, de l'entretien des chemins.

Si estoyent abbateurs de bois, fossoyeurs et *administrateurs de* chemins moult songneux, en celle forest d'Ardenne, à abbatre bois dedans les lieux où on n'avoit oncques passé ne conversé.

FROISSART, *Chroniques*, liv. III, c. 118.

De là sont procedez ceux qu'en France on nomme Voyers : Et les gouverneurs et *administrateurs du* pavé des villes, que vulgairement on appelle Eschevins.

BERGIER, *Hist. des grands chemins de l'empire romain*, liv. I, c. III, § 7.

ADMINISTRATEUR, dans la seule acception de ce mot qui ait subsisté, signifie :

Celui qui régit les biens, les affaires d'une personne, d'une maison, d'un établissement quelconque, d'une province, d'un État.

On l'emploie donc, tantôt lorsqu'il est question d'affaires privées, en parlant d'un Chef de famille, d'un tuteur, d'un curateur, etc. :

Adonques voit-on que li sires veut que li deerrains procureres soit *aministreres des* cozes aussi du tans passé comme du tans avenir.

Li juge ni li segneur des orfelins ne des sous aagiés ne doivent sofrir en nule maniere que nule personne souspechonneuse soient *aministreur* ne procureur de lor besongnes ne garde de lor personnes.

BEAUMANOIR, *Coutumes du Beauvoisis*, IV, 27; XVI, 17.

Après, chière sœur, sachiez que sur elles, après votre mary, vous devez estre maistresse de l'ostel, commandeur, visiteur, gouverneur et souverain *administrateur.*

Le Ménagier de Paris, IIe Distinction, 3e art., t. II, p. 59.

À l'imitation d'un bon père de famille et sage *administrateur.*

Martin DU BELLAY, *Mémoires*, liv. IX, année 1541.

À mesure que ce jeune homme avance en âge, on lui fournit plus d'argent pour ses menus plaisirs, et comme je suis l'*administrateur de* ses espèces, mon poste deviendra meilleur de jour en jour.

LE SAGE, *le Bachelier de Salamanque*, part. VI, c. 9.

Tantôt lorsqu'il s'agit des affaires publiques, en parlant d'un Ministre, d'un gouverneur, d'un intendant, etc. :

Qu'il vous plaise commander à tous vos baillifz, prevotz, et autres *administrateurs de* justice, que....

JOINVILLE, *Histoire de saint Louis.*

Les comtes alors, et mesmement ceux de Tholose, n'estoient que simples juges et *administrateurs de* justice en chaque ville.

Est. PASQUIER, *Recherches de la France*, II, 9.

C'estoit du pouvoir et du devoir des Lieutenans generaux des Empereurs, lesquels ils appelloient *Præfectos Prætoris*, d'establir les Mancipes, ou commis et *administrateurs des* Postes.

BERGIER, *Hist. des grands chemins de l'empire romain*, liv. IV, c. XIII, § 2.

... Entrerai-je dans le huitième denier, ou dans les aides? Serai-je avare partisan ou *administrateur?*

LA BRUYÈRE, *Caractères*, c. 14.

Ils firent si bien auprès de madame de Maintenon que M[r] d'O fut mis auprès de M[r] le comte de Toulouse avec le titre de gouverneur et d'*administrateur de* sa maison.

SAINT-SIMON, *Mémoires*, 1666, t. I, c. 35.

Je vins à Valladolid, où, par le plus grand bonheur du monde, j'entrai dans la maison d'un *administrateur de* l'hôpital.

Je demandai mon congé à l'*administrateur*, qui ne me le donna qu'à regret..... Fabrice, me dit-il, pourquoi veux-tu me quitter?...... tu as déjà pris racine à l'hôpital; tu es du bois dont on fait les économes, et quelquefois les *administrateurs*.

LE SAGE, *Gil Blas*, I, 17; VII, 13.

Le roi n'avait pu changer la mode établie de partager les revenus du roi en deux moitiés inégales, dont la petite revenait toujours à sa majesté, et la plus grosse aux *administrateurs*.

VOLTAIRE, *Contes*, Zadig, c. 14.

Il ne restait plus que la classe des intendants, c'est-à-dire des *administrateurs de* province.

Mme DE STAËL, *Considérations sur la révolution franç.*, part. I, c. 9.

On applique même, en certains cas, cette dénomination à Celui qui est chargé de l'ensemble du gouvernement, au souverain.

Il y en a de fort anciens exemples :

Cil de Macedoine ne te tenront pas por roi, mais por *aministreor* et por doneor.

BRUNETTO LATINI, *li Tresors*, liv. II, part. II, c. 80, § 2. Encore de libéralité (lettre de Philippe à Alexandre au sujet de ses largesses).

Vous (princes) luy devez (à Dieu) foy et hommage, et service comme ses creatures, et avec ce comme ses ministres, et à son peuple justice, garde et droicture comme *administrateurs* et commis.

AL. CHARTIER, *l'Espérance*.

Ils adviserent qu'il falloit commencer par une requeste, qu'il feroit presenter par personnes simples et sans armes, sur le refus de laquelle ils esperoient se saisir de ceux de Guise dedans Blois, se prosterner aux pieds du Roy et là declarer le Prince pour leur chef et *administrateur du* Royaume.

AGR. D'AUBIGNÉ, *Histoire universelle*, t. I, liv. II, c. 15.

Le Roi possédant très-peu de domaines particuliers et n'étant que l'*administrateur des* biens de ses sujets, ne peut être véritablement riche que par des impôts aisés à percevoir et également répartis.

VOLTAIRE, *Siècle de Louis XIV*, c. 30.

Reste à parler du Roi qui préside à la diète et qui doit être par sa place le suprême *administrateur des* lois.

J.-J. ROUSSEAU, *Sur le gouvernement de Pologne*, c. 7.

Les prêtres sont de droit les avocats des pauvres, mais c'est le Roi qui est *leur administrateur* naturel.

BERNARDIN DE SAINT-PIERRE, *Études de la nature*, III.

ADMINISTRATEUR est dit de Dieu lui-même dans le passage suivant :

O mon Dieu, lequel j'adore et ne vis oncques; ouvrenous en l'article de la mort pour le moins ce tres-sacré thresor de nostre mere saincte Eglise du quel tu es protecteur, *administrateur*, dispensateur.

RABELAIS, *Pantagruel*, IV, 53.

ADMINISTRATEUR, pris absolument, s'emploie quelquefois pour Qui a le talent d'administrer. On dit d'un fonctionnaire qu'il est, ou qu'il n'est pas *administrateur*.

D'ADMINISTRATEUR s'est formé

ADMINISTRATRICE, s. f.

Vous avez consacré vos richesses au soulagement des pauvres ... vous *en* avez esté rendue *administratrice* comme d'un bien dont vous n'êtes plus maistresse et propriétaire.

LE MAISTRE, *Plaidoyers*, XVII.

La sœur Anne est *administratrice* de la maison.

On ne pouvoit choisir une *administratrice* plus sage ni vigilante que la sœur Thérèse.

RICHELET, *Dictionnaire*.

On a dit autrefois, et l'on a continué de dire dans certaines provinces :

ADMINISTRATERESSE, ADMINISTRARRESSE, ADMINISTRERESSE.

Katherine estoit legitime tuteresse et *abministrarresse* de Marion sa fille.

Lettres de 1373 ; cité par Sainte-Palaye d'après le Trésor des chartes, reg. 105.

La femme qui est ....., *administrarresse* ou tutrice de ses enfans, quand elle se marie ne perd point laditte ..... administration ou tutelle de ses enfans.

Coutume de Bourges (Voir *Coutumier général*, t. I, p. 841).

Dans le Parlement de Bourdeaux les avocats disent *administreresse* au lieu d'administratrice, pour désigner une mère qui a l'administration de ses enfans pupiles ou mineurs.

Dictionnaire de Trévoux, 1752.

ADMINISTRATION, s. f. (du latin *Administratio*).

Autrefois AMINISTRATION.

ADMINISTRATION, se prend comme *administrateur*, dans des sens analogues aux sens d'*administrer;*

À son sens le plus général :

L'*administration* et charge *de* quelque chose.

Rob. ESTIENNE, *Dictionnaire fr.-lat.*

Je crois que le mot d'*administration* signifie manutention, gestion.

VOLTAIRE, *Lettres*, 1764, à M. Gilli.

On peut rapporter à cette acception générale du mot ADMINISTRATION, des passages tels que les suivants :

Ces vingt espèces (d'animaux et d'oiseaux) opèrent de concert avec l'homme tout le bien qu'on peut attendre d'une sage *administration de* forces et *de* puissance pour la culture de la terre.

BUFFON, *Hist. naturelle.* Époques de la nature, VII.

La nature a partagé avec l'homme l'*administration de* l'agriculture.

BERNARDIN DE SAINT-PIERRE, *Études de la nature*, XII.

De là aussi quelques-unes de ses acceptions particulières, comme :

Administration des sacrements, *de* la parole de Dieu :

C'est grande pitié, dist Oisille, que ceux qui ont l'*administration des* sacrements en jouent ainsi à la pelotte : on les devroit brusler tous vifs.

LA REINE DE NAVARRE, *Heptameron*, 13e nouv.

Ils (les religieux) semblent par l'usage commun avoir partagé avec les curez le devoir commun de l'Eglise, estant demeurée aux curez l'*administration des* sacremens, et aux religieux *celle de* la parole de Dieu.

Est. PASQUIER, *Recherches de la France*, III, 29.

Neanmoins nous persistons comme devant, sans avoir pitié de tant d'âmes desolées, egarées et abandonnées de leurs pasteurs, qui languissent sans religion, sans pasture et sans *administration d'*aucun sacrement.

Satyre Ménippée, Épître du sieur d'Engoulevent à un sien ami.

ADMINISTRATION *des* témoins, *des* preuves, *des* titres, etc.

Un dénonciateur doit faire l'*administration des* témoins au Procureur général.

FURETIÈRE, *Dictionnaire.*

Communément, on le dit de la Conduite des affaires particulières par le chef d'une famille, un père, un tuteur, par l'intendant, par le directeur de quelque établissement, etc.

Et s'il tient enfans en garde, il a l'*aministration des* biens as enfants.

BEAUMANOIR, *Coutumes du Beauvoisis*, XV, 4.

Celui qui a l'*administration de* l'hospital des ladres requiert qu'il plaise au roy les faire joyr du don à eulz fait par ses prédecesseurs de la dixme.

Requêtes adressées à Louis XI par les habitants d'Amiens. Voir *Histoire du tiers état*, par M. Aug. Thierry, t. II, p. 341.

Je vous laisse la disposicion, *administration* et gouvernement *de* tous les biens que je possède.

Les Cent Nouvelles nouvelles, C.

C'est raison de laisser l'*administration des* affaires aux mères pendant que les enfans ne sont pas en l'aage selon les loix pour en manier la charge.

MONTAIGNE, *Essais*, II, 8.

Administration des biens de l'impubère ou du mineur, par le tuteur ou curateur.

Faut notter que cela (les lettres de bénéfice d'âge) s'entend pour l'*administration du* revenu et non de l'alienation de l'immeuble (par les mineurs).

Est. Pasquier, *l'Interpretation des Institutes de Justinian*, I, 51; 66.

Dans les bornes étroites d'une *administration* domestique.

Fléchier, *Oraison funèbre de Michel Le Tellier.*

Don Raphaël exerce actuellement cet emploi (Procureur); et l'on peut dire qu'il s'en acquitte au grand contentement de tous nos pères qui louent fort sa conduite dans l'*administration de* notre temporel.

Le Sage, *Gil Blas*, X, 6.

Cette inutile résistance au plus honorable mariage indique assez sa frayeur sur la mauvaise *administration des* biens de sa pupille, dont il faudra qu'il rende compte.

Beaumarchais, *le Barbier de Séville*, IV, 8.

On peut rapprocher du premier de ces exemples le passage suivant du même auteur, où administration, pris dans le même sens, est construit avec un nom de personne.

Aucunes gens quident que li frere qui tienent avec aus lor freres et lor sereurs sous aage, aient tant solement le garde et l'*aministration d'*eus.

Beaumanoir, *Coutumes du Beauvoisis*, XVI, 14.

Administration s'applique aussi à la direction des affaires publiques :

... Et eut tousjours les mains nettes, faisant, disant et conseillant toutes choses purement et nettement en l'*administration des* affaires publiques, sans jamais prendre l'argent de personne quelconque.

Cato eust tres grande aucthorité en l'*administration de* la chose publique, tant pour sa grande preud'hommie que pour son eloquence.

Amyot, trad. de Plutarque, *Vie de Marcus Cato*, c. 6; 11.

Nous prions Dieu, tres Sainct Pere, que Vostre Saincteté il veuille maintenir, garder et preserver longuement et heureusement, au bon régime, gouvernement et *administration de* nostre mere saincte Eglise.

Henri IV, *Lettres*, 20 juin 1606, au pape. (Voir *Lettres missives de Henri IV*, t. VI, p. 626.)

Je fus ravi de trouver cette droiture et cette équité dans le cœur de Protésilas à qui j'avois confié l'*administration de* mes plus grandes affaires.

Fénelon, *Télémaque*, XIII.

On s'est toujours plaint du petit nombre de personnes capables de conseiller les rois et de les aider dans l'*administration de* leurs affaires.

La Bruyère, *Caractères*, c. 9.

Vous saurez que le duc de Lerme, premier ministre de la couronne d'Espagne, pour se donner entièrement à l'*administration des* affaires de l'État, se repose sur deux personnes de l'embarras des siennes.

Le Sage, *Gil Blas*, VIII, 1.

Il est impossible qu'à la longue cela n'opère pas quelque changement utile dans l'*administration* publique.

Voltaire, *Lettres*, 30 septembre 1767.

À la conduite d'un des services que comprend le gouvernement, la justice, la guerre, les finances, la police, etc. :

Qui aura occis malfaicteur sans publique *administration de* justice, il sera jugié comme le homicide.

Monstrelet, *Chroniques*, vol. I, c. 44.

Ceulx à qui le sort touchoit, s'ils s'estoyent bien portez en l'*administration de* leurs magistrats, montoyent, et venoyent à estre du corps de la cour d'Areopage.

Amyot, trad. de Plutarque, *Vie de Périclès*, c. 4.

François Olivier... ayant esté rappelé à l'*administration de* son Estat de chancelier, sur l'advenement du Roy François II à la couronne, la premiere chose qu'il eut en recommandation fut d'exterminer du conseil privé toutes telles manieres de procez.

Est. Pasquier, *Recherches de la France*, II, 6.

Dans toute l'*administration de* la justice il nous paroissoit un homme que la nature avoit fait bienfaisant et que la raison rendoit inflexible.

Bossuet, *Oraison funèbre de Michel Le Tellier.*

Quelqu'étendue que fut l'*administration de* la police, le feu roi ne permit pas que M[r] d'Argenson s'y renfermât entièrement.

Fontenelle, *Éloge de d'Argenson.*

Une réforme dans toutes les parties de l'*administration* militaire......... tels étoient les objets de ses spéculations et de ses travaux.

La Harpe, *Éloge de Catinat.*

Les Éléens ont l'*administration des* jeux olympiques depuis quatre siècles.

Thucydide ne découvre dans les revers que les fautes des chefs de l'*administration* ou de l'armée.

BARTHÉLEMY, *Voyage d'Anacharsis*, c. 38 ; 65.

Au gouvernement d'un État, d'un royaume, d'une province, d'une ville, de l'église, d'un évêché, etc.

Vous aurez le gouvernement et l'*administration de* la ville de Gand.

FROISSART, *Chroniques*, liv. II, c. 101.

L'evesque de Liege . . . et ses successeurs evesques de Liege ou aiant l'*administration dudit* eveschié . . .

MONSTRELET, *Chroniques*, vol. I, c. 47.

Nostre ville d'Amiens, par les grans soing, cure et dilligence, bon zèle et affection de ceulx qui *en* ont eu l'*administration*, a toujours esté sy bien policée, conduicte et gouvernée en toutes choses que nous en sommes demourez très-content et satisfaict.

Ordonnance de François Ier, du mois d'octobre 1545. Voir *Hist. du tiers état*, par M. Aug. Thierry, t. II, p. 624.

Alexandre donna à Porus l'*administration d'*un État considérable.

PERROT D'ABLANCOURT, trad. d'*Arrien*, liv. III.

Et son fils Joatham prit l'*administration du* royaume, et le gouverna sous l'autorité du roi son père.

BOSSUET, *Politique tirée de l'Écriture*, liv. VII, art. 4.

Alberoni faisoit beaucoup valoir la sagesse et l'utilité de tout ce qu'il faisoit dans l'*administration du* gouvernement.

SAINT-SIMON, *Mémoires*, 1717, t. IV, c. 23.

Quand la Catalogne se donna à la France, il fut mis à la tête de cette nouvelle province, *dont* l'*administration* demandoit un mélange singulier et presque unique, de hauteur et de douceur, de hardiesse et de circonspection.

FONTENELLE, *Éloge de d'Argenson.*

A cet emploi du mot ADMINISTRATION se rapporte celui qui en est fait par figure dans des passages tels que celui-ci :

Nous peuplons la terre et les cieux de génies auxquels l'Être suprême a confié l'*administration de* l'univers.

BARTHÉLEMY, *Voyage d'Anacharsis*, c. 64.

ADMINISTRATION, dans ces divers sens, est souvent lié par la préposition *de* à un nom de personne. On dit l'*administration de* quelqu'un, *son administration*.

Le peuple le rudoyoit à merveilles, et vouloit qu'il rendist promptement compte de *son administration* et de sa charge.

AMYOT, trad. de Plutarque, *Vie de Phocion*, c. 2.

Nous n'eussions pas vu les furieuses *administrations de* Marteau, Nully, Compan et Roland, qui ont mis le peuple au desespoir.

Satyre Ménippée, Harangue de M. d'Aubray.

Alcibiade trouvant un jour Periclès empesché à dresser les comptes de *son administration* pour les rendre au peuple, jugea qu'il se devoit plustost occuper à chercher le moyen de n'en rendre point.

Mlle DE GOURNAY, *Préface des Essais de Montaigne.*

Ils ont gâté autant de choses qu'ils en ont maniées. Les chutes des princes et les pertes des États ont été le succès de *leur administration.*

BALZAC, *Aristippe*, disc. II.

Ce peuple (les Athéniens), que son humeur conduisoit insensiblement à l'état populaire, diminua le pouvoir de ses magistrats et réduisit à dix ans l'*administration des* archontes.

BOSSUET, *Discours sur l'histoire universelle*, I, 6.

La régente ne survécut pas longtemps à la joie d'une cérémonie qui fut le fruit de sa sagesse, l'objet fixe de ses désirs, et qui couronna *sa* glorieuse *administration.*

MASSILLON, *Oraison funèbre de Louis le Grand.*

Aucun tour de passe-passe dans *mon administration ;* j'étois un intendant comme on n'en voit point.

LE SAGE, *Gil Blas*, VII, 1.

Les Grecs vivent sous l'*administration d'*un Bacha.

VOLTAIRE, *Essai sur les mœurs*, c. 93.

ADMINISTRATION est employé de même dans les passages suivants, où il s'applique particulièrement au soin des âmes, au gouvernement d'un diocèse.

Il (le pape) montra tant de prudence et equanimité que l'on peut juger par telle espreuve, ce que l'on doit attendre de *son administration* en ceste supresme dignité.

HENRI IV, *Lettre* à M. de Beaumont, du 6 mai 1605.

Il y eut des avis à décréter, contre le cardinal, ajournement personnel; il y en eut à le mander sur l'heure même pour venir rendre compte de *son administration.*
LE CARDINAL DE RETZ, *Mémoires,* part. III, 1651.

Heureux si, averti par ces cheveux blancs du compte que je dois rendre de *mon administration,* je réserve au troupeau que je dois nourrir de la parole de vie les restes d'une voix qui tombe et d'une ardeur qui s'éteint.
BOSSUET, *Oraison funèbre du prince de Condé.*

ADMINISTRATION, pris absolument, a des sens très-divers; il désigne :

Soit la Conduite générale des affaires publiques, et quelquefois l'habileté de cette conduite :

Le commandement est si trouble et inconstant, qu'il excuse aucunement et la desobeyssance, et le vice de l'interpretation, de l'*administration* et de l'observation.
MONTAIGNE, *Essais,* III, 13.

Le sublime de l'*administration* est de bien connoître la partie du pouvoir grande et petite, que l'on doit employer dans les diverses circonstances.
MONTESQUIEU, *Esprit des lois,* XII, 25.

Il fit voir qu'un roi absolu qui veut le bien, vient à bout de tout sans peine. Il n'avait qu'à commander, et les succès dans l'*administration* étaient aussi rapides que l'avaient été ses conquêtes.
VOLTAIRE, *Siècle de Louis XIV,* c. 10.

Soit L'ensemble des divers services dont se compose le gouvernement d'un État :

On se tromperait si on croyait que le gouvernement turc est une *administration* uniforme, et que du fond du sérail de Constantinople il part tous les jours des courriers qui portent les mêmes ordres à toutes les provinces.
VOLTAIRE, *Essai sur les mœurs,* c. 93.

Le roi est un soleil que les grands et les corps environnent comme des nuages; il est presque impossible qu'un de ses rayons tombe sur vous : autrefois, dans une *administration* moins compliquée, on a vu ces phénomènes.
BERNARDIN DE SAINT-PIERRE, *Paul et Virginie.*

Des lois sages réglèrent les différentes parties de l'*administration* : elles entretinrent parmi les Perses l'harmonie et la paix qui soutiennent un État.
BARTHÉLEMY, *Voyage d'Anacharsis,* Introd., sect. 2.

Soit Le gouvernement considéré d'une manière collective, indépendamment des personnes qui le dirigent :

Les lois qui concernent la justice distributive ont été souvent aussi mal conçues que les ressources d'une *administration* obérée.
VOLTAIRE, *Des Singularités de la nature,* c. 38.

Dans le même temps éclata ce célèbre pacte de famille! Quel augure n'en tirai-je point pour une *administration* qui commençoit ainsi.
J.-J. ROUSSEAU, *Lettres,* 27 mars 1768.

Soit une Partie spéciale, un département particulier des services publics :

Seront prinses personnes habiles, profitables et ydoines pour le bon, juste et transquile regime dudit royaume et des *administrations* qui leur seront à commectre.
MONSTRELET, *Chroniques,* vol. III, c. 225.

Si fust esleu du commancement luy-mesme en personne tresorier, mais depuis il y mettoit le nom de quelqu'un de ses amys, et luy cependant faisoit tout le maniement, et avoit toute l'*administration.*
AMYOT, trad. de Plutarque, *OEuvres mêlées.* Vies des dix orateurs. Lycurgue.

Il ne cessoit de se regarder comme devant bientôt rendre compte à Dieu d'une si grande *administration.*
BOSSUET, *Oraison funèbre de Michel Le Tellier.*

Soit la Fonction, l'office d'administrateur. On dit aujourd'hui *entrer, être dans l'administration, se destiner à l'administration,* etc. On disait autrefois *avoir administration et charge.*

Le lieu et territoire dedans lequel on *ha administration et charge.* Estre sans *administration et charge.*
Rob. ESTIENNE, *Dictionnaire fr.-lat.* 1539.

Soit enfin un Corps d'administrateurs chargés collectivement de quelque partie de l'administration publique. Ces expressions sont aujourd'hui fort usitées : *une administration, les administrations pu-*

bliques, l'administration municipale, le conseil d'administration, etc.

Dans les passages suivants ADMINISTRATION est opposé à gouvernement, d'après une distinction de date assez récente:

On confondit le gouvernement avec l'*administration* et l'on appliqua indiscrétement à celle-ci le principe d'unité qui ne convient qu'à l'autre.

LEMONTEY, *Essai sur l'établissement monarchique de Louis XIV.*

En Angleterre... la haute *administration* et une grande partie du gouvernement résident dans la chambre des communes.

ROYER COLLARD, *Discours.* Sur la loi des élections, 12 fév. 1816.

Au lieu d'ADMINISTRATION on a dit autrefois dans le même sens, ou dans des sens analogues :

ADMINISTREMENT, AMINISTREMENT.

ADMINISTRATIF, IVE, adj.

Qui appartient, qui a rapport à l'administration.

Ce mot peu ancien est fort usité dans ces locutions : *Le pouvoir administratif, l'autorité administrative, les corps administratifs, les fonctions administratives, le droit administratif, règles administratives, arrêtés administratifs, circonscription administrative*, etc.

La constitution ne donne pas le pouvoir *administratif* à l'assemblée nationale.

Correspondance entre le comte de Mirabeau et le comte de la Marck, t. II, p. 75.

On trouve dans le Dictionnaire de Cotgrave comme équivalent ancien d'*administratif* :

ADMINISTRATOIRE, adj. des deux genres.

D'ADMINISTRATIF s'est formé récemment

ADMINISTRATIVEMENT, adv.

Juger administrativement est une locution aujourd'hui fort usitée.

ADMIRER, v. a. (du latin *Admirari*, et, par ce mot, de *ad* et *mirari*).

Considérer avec un étonnement mêlé de plaisir.

On le dit également des choses et des personnes ;

Des choses :

... De rien ne s'estonner, ne rien *admirer*...

CHARRON, *De la Sagesse*, II, 2.

Lorsque la première rencontre de quelque objet nous surprend, et que nous le jugeons être nouveau, ou fort différent de ce que nous connoissions auparavant ou bien de ce que nous supposions qu'il devoit être, cela fait que nous l'*admirons* et en sommes étonnés.

DESCARTES, *les Passions de l'âme*, part. II, art. 53.

Ils ont composé des ouvrages que les maîtres de l'art *ont admirés* comme merveilleux, bien qu'ils ne les aient pas approuvés comme réguliers.

BALZAC, *Socrate chrétien*, Avant-propos.

Mon sentiment est qu'on peut bien *admirer* la république, sans *admirer* la manière dont elle fut établie.

SAINT-ÉVREMONT, *Réflexions sur les divers génies du peuple romain.*

Le peuple se laissoit conduire à ses magistrats séditieux, et conservoit néanmoins assez d'équité pour *admirer* la vertu des grands hommes qui lui résistoient.

BOSSUET, *Discours sur l'histoire universelle*, III, 70.

..... Il la toucha, et, en ouvrant les yeux, elle *admira* la grâce de Dieu avec la lumière du jour.

FÉNELON, *Sermons.* Pour la fête de saint Bernard.

La véritable grandeur..... ne perd rien pour être vue de près : plus on la connoît, plus on l'*admire*.

LA BRUYÈRE, *Caractères*, c. 2.

Quelle idée vous me donnez de ces deux vers! Je meurs d'envie de les savoir : les voici, reprit le démon ; préparez-vous à les *admirer*.

LE SAGE, *le Diable boiteux*, c. 18.

J'*admire* ton courage et je plains ta jeunesse.

Mais cette âpre vertu ne m'étoit point connue,
Comme notre malheur elle est au plus haut point.
Souffrez que je l'*admire* et ne l'imite point.

P. CORNEILLE, *le Cid*, II, 2; *Horace*, II, 3.

L'Académie en corps a beau le censurer (le Cid),
Le public révolté s'obstine à l'*admirer*.

BOILEAU, *Satires*, IX.

En voyant l'Angleterre, en secret il *admire*
Le changement heureux de ce puissant empire.

VOLTAIRE, *la Henriade*, II.

Des personnes :

Nous aimons ceux qui nous *admirent*, et nous n'aimons pas toujours ceux que nous *admirons*.

LA ROCHEFOUCAULD, *Maximes*, CCCII.

J'*admire* Hilarion, qui fuit de pays en pays, jusqu'au-delà des mers, le bruit de ses vertus et de ses miracles qui le poursuit.

FÉNELON, *Sermons*. Entretien sur la vie religieuse.

Cette princesse étoit d'une parfaite beauté, et avoit paru telle aux yeux de M. de Nemours, avant qu'il allât en Flandre; mais, de tout le soir, il ne pût *admirer* que madame de Clèves.

Mme DE LA FAYETTE, *la Princesse de Clèves*, part. I.

Madame de Vins m'a priée de vous bien assurer de son amitié, et de l'estime très-particulière et très-unique qu'elle a pour vous, car elle ne se charge pas d'*admirer* beaucoup de gens.

Mme DE SÉVIGNÉ, *Lettres*, 19 août 1675.

Mademoiselle de la Vallière n'étoit pas de ces beautés toutes parfaites, qu'on *admire* souvent sans les aimer.

L'abbé de CHOISY, *Mémoires*, III.

Nous sommes las d'*admirer* toujours les mêmes personnes.

LA BRUYÈRE, *Caractères*, c. 12.

Qui ne se plaît pas à Regnard n'est pas digne d'*admirer* Molière.

VOLTAIRE, *Mélanges littéraires*; Conseils à un journaliste.

Enfin, il en est fou ; c'est son tout, son héros,
Il l'*admire* à tous coups, le cite à tous propos.

MOLIÈRE, *le Tartuffe*, I, 2.

Titus vous chérissoit, vous *admiriez* Titus.

J. RACINE, *Bérénice*. I, 4.

Un sot trouve toujours un plus sot qui l'*admire*.

BOILEAU, *Art poétique*, I.

ADMIRER, en ce sens, reçoit quelquefois, au moyen des prépositions *chez*, *dans*, *pour*, *de*, etc., des compléments qui font connaître :

1° Quelle est la chose, la personne où l'on trouve à admirer;

2° Ce que l'on admire plus particulièrement dans une chose ou dans une personne.

Au premier cas se rapportent les exemples suivants :

Il y a tant de choses vrayes à *admirer chez* les Romains, que c'est leur faire tort que de les vouloir favoriser par des fables.

SAINT-ÉVREMONT, *Réflexions sur les divers génies du peuple romain*.

Il la contemple, il l'*admire* (une tulipe) : Dieu et la nature sont, *en* tout cela, ce qu'il n'*admire* point.

LA BRUYÈRE, *Caractères*, c. 13.

Ce que nous *admirerions* ici *dans* un officier subalterne, étoit pratiqué par l'empereur.

FONTENELLE, *Éloge du czar Pierre*.

Au second cas se rapportent ces autres exemples :

Les anciens doivent *être admirés dans* les conséquences qu'ils ont bien tirées du peu de principes qu'ils avoient.

PASCAL, *Pensées*, part. I, art. 1.

Le mareschal de la Meilleraye m'a chargé de vous dire qu'il ne peut assez *admirer* le cardinal et la reine *du* mépris qu'ils ont toujours eu pour le tumulte.

LE CARDINAL DE RETZ, *Mémoires*, part. II, 1648.

Ceux qui blamèrent Louis XIV de s'être fait tant d'ennemis, l'*admirèrent d'*avoir pris tant de mesures pour s'en défendre.

On *admira* Balzac, dans son temps, *pour* avoir trouvé le style périodique.

VOLTAIRE, *Siècle de Louis XIV*, c. 15; 25.

Quelquefois la chose ADMIRÉE est exprimée par une proposition que lie au verbe la conjonction *que*, ou l'adjectif *quel*.

Vous *admirerez que* la dévotion, qui étonnoit tout le monde, ait pu être traitée par nos pères avec une telle prudence.

PASCAL, *Provinciales*, IX.

Admire de quel fils le ciel t'a fait le père;
Admire quel effort sa vertu vient de faire.

P. CORNEILLE, *Héraclius*, IV, 4.

J'*admire que* toujours votre première idée
Soit la meilleure.

DUFRESNY, *le Mariage fait et rompu*, III, 4.

Faire admirer une chose, *se faire admirer* sont des locutions d'un grand usage.

Elle *se fit admirer* de ceux qui étoient eux-mêmes l'ornement et l'admiration de leur siècle.

FLÉCHIER, *Oraison funèbre de Mme de Montausier.*

Tous les anciens panégyristes songeoient moins à *faire admirer* leurs héros qu'à *se faire admirer* eux-mêmes.

FÉNELON, *Dialogues sur l'éloquence*, I.

Je me flattai qu'en faisant de la dépense pour un père qui ne laissoit aucun héritage, je *ferois admirer* mes manières généreuses.

LE SAGE, *Gil Blas*, X, 11.

Va *faire* chez les Grecs *admirer* ta fureur.

J. RACINE, *Andromaque*, V, 3.

ADMIRER, au passif, se construit indifféremment avec les prépositions *par* et *de*.

Il (Moïse) *a été admiré* non-seulement *de* son peuple, mais *de* tous les peuples du monde.

La manière dont on élevoit les enfans (des rois perses) *est admirée par* Platon.

BOSSUET, *Discours sur l'histoire universelle*, II, 3 ; III, 5.

Cette isle (la Crète), *admirée de* tous les étrangers et fameuse par ses cent villes.

FÉNELON, *Télémaque*, V.

Quelquefois, lorsqu'il est question de choses, ou de personnes admirées mal à propos, ADMIRER, sans changer de signification, est marqué d'une nuance de blâme et de moquerie.

Ceulx qui sont ainsi mesprisans et presomptueux, reçoivent moins de profit d'ouir ceulx qui haranguent, mais ceulx qui sont simples et subjets à tout *admirer* en reçoivent dommage.

AMYOT, trad. de Plutarque, *OEuvres morales*. Comment il fault ouïr, X.

On l'*admire*, il fait envie : à quatre lieues de là il fait pitié.

Du même fonds dont on néglige un homme de mérite l'on sait encore *admirer* un sot.

LA BRUYÈRE, *Caractères*, c. 3 ; 12.

Ce sont là les raisonnemens qu'on *a admirés* pendant tant de siècles; et des idées plus extravagantes encore ont été employées depuis à l'éducation des hommes.

VOLTAIRE, *Siècle de Louis XIV*, c. 34.

Distingua le naïf du plat et du bouffon,
Et laissa la province *admirer* le Typhon.

BOILEAU, *Art poétique*, I.

ADMIRER, n'est, en certain cas, qu'un synonyme hyperbolique d'Estimer, Faire cas, qu'une forme, volontairement exagérée, donnée à l'éloge.

J'*admire* la gaieté de votre style au milieu de tant d'affaires épineuses, accablantes, étranglantes.

Mme DE SÉVIGNÉ, *Lettres*, 14 déc. 1689.

Admirer peu ou *point*, c'est N'avoir pour une personne qu'une estime médiocre ou nulle. Le premier des exemples suivants fait remonter à une époque ancienne cette manière de parler.

Et serez combattus, il n'est mie doute ; car vos ennemis en sont en grand volonté qui *petit admirent* votre puissance.

FROISSART, *Chroniques*, liv. II, c. 154.

Parlez-moi donc de votre musique; votre femme fait la délicate et la connoisseuse; il me semble qu'elle auroit quelque légère disposition à *ne* la *pas admirer*.

Mme DE SÉVIGNÉ, *Lettres*, 18 août 1677.

ADMIRER exprime fréquemment, à l'égard de certaines choses, de certaines personnes, un simple sentiment d'étonnement, le plus souvent mêlé de reproche, de critique, de moquerie.

Admirez les machines du molinisme, qui font dans l'Église de si prodigieux renversemens, que ce qui est catholique dans les Pères devient hérétique dans M. Arnauld.

PASCAL, *Provinciales*, III.

Admirez, chrétiens, la foiblesse de l'esprit de l'homme.

BOURDALOUE, *Sermons*; Sur la Prédestination.

J'*admire* ma simplicité et la foiblesse de mon cœur.

MOLIÈRE, *le Festin de Pierre*, I, 3.

J'*admire* quelquefois les riens que ma plume veut dire; je ne la contrains point.

Il passe les jours à *admirer* les injustices que l'on fait dans le monde.

Mme DE SÉVIGNÉ, *Lettres*, 4 mars 1672; 11 sept. 1676.

Lorsque les deux déposantes furent sorties de chez le commissaire, la femme dit à la fille : *admirez*, je vous prie, ce nigaud, qui nous croit assez sottes pour lui aller dire notre âge au juste.

LE SAGE, *le Diable boiteux*, c. 10.

On se disoit cordialement, de part et d'autre, des injures si grossières, on faisoit des plaisanteries si amères, que je n'*admirois* pas moins la manière de disputer que le sujet de la dispute.

MONTESQUIEU, *Lettres persanes*, XXXVI.

Tandis qu'Achillas même, épouvanté d'horreur,
De ces quatre enragés *admire* la fureur.

P. CORNEILLE, *Pompée*, II, 2.

Je porte l'as de trèfle, *admire* mon malheur.

Voilà certainement des douceurs que j'*admire*.

Et votre aveuglement fait que je vous *admire*.

MOLIÈRE, *les Fâcheux*, II, 2; *le Misanthrope*, IV, 3; *le Tartuffe*, IV, 3.

Mais *admire* avec moi le sort dont la poursuite
Me fait courir alors au piége que j'évite.

On *admire* en secret sa naissance et son sort.

J. RACINE, *Andromaque*, I, 2; *Iphigénie*, V, 6.

On dit, en ce sens, *admirer* une personne *de* faire une chose, pour marquer ce qui, dans sa façon de penser ou d'agir, est un sujet particulier d'étonnement.

Vraiment je vous *admire de* penser que nous soyons opposés à l'Écriture, aux papes ou aux conciles.

PASCAL, *Provinciales*, V.

Il fait (M. de Sévigné) enrager M. d'Harouïs, qui l'attend à Nantes pour s'en revenir avec lui à Paris : je les *admire* tous deux, l'un *d'*être si bon et si obligeant, et l'autre *d'*en abuser inhumainement.

Je vous *admire*, en vérité, *d'*être deux heures avec un jésuite sans disputer.

Mme DE SÉVIGNÉ, *Lettres*, 13 déc. 1679; 6 oct. 1680.

À cet emploi d'ADMIRER, signifiant S'étonner, appartiennent d'autres locutions, en assez grand nombre :

Admirer de voir, *de reconnaître*, etc., avec le sens de En voyant, en reconnaissant, etc. :

On *admirera de voir* que, malgré tout ce que je viens de dire, vous n'ayez pas cessé de publier qu'ils étoient toujours hérétiques.

PASCAL, *Provinciales*, XVII.

Nous *admirerons de* nous y *reconnoître* nous-mêmes (dans la peinture du peuple athénien), nos amis, nos ennemis, ceux avec qui nous vivons, et que cette ressemblance avec des hommes séparés par tant de siècles soit si entière.

LA BRUYÈRE, *Discours sur Théophraste*.

J'*admire de* le *voir* au point où le voilà.

MOLIÈRE, *l'École des femmes*, I, 6.

Admirer que :

Pourquoi *admirez*-vous *que* nous nous soyons trompés, nous qui sommes des hommes ?

Qui n'*admirera que* notre corps, qui tantôt n'étoit pas perceptible dans l'Univers, imperceptible à lui-même dans le sein du tout, soit à présent un colosse, un monde, ou plutôt un tout à l'égard du néant où l'on ne peut arriver ?

PASCAL, *Provinciales*, XVIII; *Pensées*. Voy. *Des Pensées de Pascal*, p. 282.

J'*admire que* votre santé se puisse conserver au milieu de vos inquiétudes.

Mme DE SÉVIGNÉ, *Lettres*, 18 oct. 1688.

N'*admirons*-nous pas plutôt *que* d'une hauteur si prodigieuse ces étoiles puissent conserver une certaine apparence.

LA BRUYÈRE, *Caractères*, c. 16.

Les sots *admirent qu'*un homme à talents ne soit pas une bête pour ses intérêts.

VAUVENARGUES, *Réflexions et maximes*, CCCCVIII.

Admirer quel, *avec quel*, *dans quel*, etc :

J'*admire avec quelle* hardiesse ces personnes entreprennent de parler de Dieu en adressant leurs discours aux impies.

PASCAL, *Pensées*. Voy. *Des Pensées de Pascal*, p. 173.

Admirez cependant *quel* malheur est le mien.

P. Corneille, *Héraclius*, V, 6.

Admirer comme, comment :

J'*admire comment* on n'entre pas en désespoir d'un si misérable état.

Pascal, *Pensées*, part. II, art. VII, § 1.

J'*admire*, madame, *comme* le ciel a pu former deux âmes aussi semblables en tout que les nôtres.

Molière, *la Princesse d'Élide*, IV, 1.

J'*admire comme* il passe, ce temps, quoiqu'avec bien des inquiétudes, bien de l'ennui.

Mme de Sévigné, *Lettres*, 5 avril 1680.

Nous *admirâmes comment* tu avois pu nous tromper; nous ne t'aurions jamais cru capable de nous jouer un si bon tour.

Le Sage, *Gil Blas*, III, 2.

Ce changement fut indiqué pour l'année 1700, à l'ouverture du siècle, qu'il fit célébrer par un jubilé et par de grandes solennités. La populace *admirait comment* le Czar avoit pu changer le cours du soleil.

Voltaire, *Histoire de Pierre-le-Grand*, part. I, c. 10.

Admirez en effet *comme* elle lui ressemble !

Piron, *la Métromanie*, IV, 3.

Admirer combien :

Je ne puis assez *admirer combien* ce dessein d'inquisition a été mal concerté, pour avoir été conduit par de si habiles gens.

Pascal, *Provinciales*, XIX.

Admirer si :

J'*admirois si* Mathan, dépouillant l'artifice,
Avoit pu de son cœur surmonter l'injustice.

J. Racine, *Athalie*, III, 4.

Admirer, dans les deux acceptions principales qui viennent d'être expliquées, se construit avec le pronom personnel. Il est alors

Tantôt verbe réciproque :

Certaines gens se sont promis de *s'admirer* réciproquement.

La Bruyère, *Caractères*, c. 1.

Tantôt verbe réfléchi :

La princesse palatine avoit les vertus que le monde admire, et qui font qu'une âme séduite *s'admire* elle-même.

Bossuet, *Oraison funèbre d'Anne de Gonzague.*

En jouant avec ses compagnes sur le bord d'une claire fontaine, elle se vit, elle remarqua combien elle étoit différente des autres, elle *s'admira*.

Fénelon, *Fables*, IV.

Ravi d'étonnement, en soi-même il *s'admire*.

L'ignorance toujours est prête à *s'admirer*.

À l'aspect du tumulte elle-même *s'admire*.

Boileau, *Satires*, II; *Art poétique*, I; *le Lutrin*, I.

Se croyant, en tout genre, un mérite suprême,
Dédaignant tout le monde, et *s'admirant* lui-même.

Destouches, *le Glorieux*, I, 4.

Auprès d'elle est l'Orgueil qui se plaît et *s'admire*.

Voltaire, *la Henriade*, VII.

Admirer s'emploie aussi absolument.

Or est l'esmerveiller et *admirer* contraire au mespriser, signe d'une plus doulce et equitable nature.

Amyot, trad. de Plutarque, *Œuvres morales*. Comment il fault ouïr, X.

Il arrive bien plus souvent qu'on *admire* trop, et qu'on s'étonne en apercevant des choses qui ne méritent que peu ou point d'être considérées, que non pas qu'on *admire* trop peu.

Descartes, *les Passions de l'âme*, part. II, art. 76.

Louer toujours, *admirer* toujours et employer à cela des périodes d'une lieue de long et des exclamations qui vont jusqu'au ciel, cela fait dépit à ceux mêmes que l'on loue et que l'on admire.

Balzac, *Socrate chrétien*, Avant-propos.

Je suis douze heures de suite dans ce carrosse... j'en emploie quelques-unes à manger, à boire, à lire, beaucoup à regarder, à *admirer;* et encore plus à rêver, à penser à vous.

Mme de Sévigné, *Lettres*, 11 mai 1680.

Le peuple écoute avidement, les yeux élevés et la bouche ouverte, croit que cela lui plaît, et, à mesure qu'il y comprend moins, *admire* davantage.

La Bruyère, *Caractères*, c. 1.

Il lut ensuite Cinna : il ne pleura point, mais il *admira.*

VOLTAIRE, *Contes*, l'Ingénu, c. 12.

Ne sait-on pas que tout rapport, tout désordre même, pourvu qu'il soit constant, nous paroît une harmonie, dès que nous en ignorons les causes, et que de la supposition de cette apparence d'ordre à celle de l'intelligence, il n'y a qu'un pas, les hommes aimant mieux *admirer* qu'approfondir.

BUFFON, *Histoire naturelle.* Discours sur les animaux.

Quand on a beaucoup de lumières on *admire* peu; lorsqu'on en manque, de même.

VAUVENARGUES, *Réflexions et maximes*, CCIII.

Donnez-nous, s'il vous plaît le loisir d'*admirer.*

MOLIÈRE, *les Femmes savantes*, III, 2.

Je m'arrête à l'instant, j'*admire* et je me tais.

BOILEAU, *Épîtres*, VIII.

ADMIRÉ, ÉE, participe.

Il s'emploie adjectivement en parlant des choses et des personnes.

La voilà, malgré ce grand cœur, cette princesse si *admirée* et si chérie !

BOSSUET, *Oraison funèbre de la duchesse d'Orléans.*

ADMIRANT, participe présent d'*admirer*, a été, en certains cas, employé comme adjectif.

Je ne sentois pas que ma narration fût vive : elle l'étoit toujours beaucoup moins assurément que les yeux de M. Gaillard : je vois sa mine *admirante* et spirituelle, qui ne laisse point croire que son admiration soit fille de l'ignorance, comme aux autres.

Mme DE SÉVIGNÉ, *Lettres*, 30 mars 1689.

La souplesse, la bassesse, l'air *admirant*, dépendant, rampant.

SAINT-SIMON, *Mémoires*, 1715, t. XIII, c. 1.

Dans le passage suivant, d'une date récente, ADMIRANT employé de même, exprime une trop grande disposition, une trop grande facilité à admirer.

Sachons quelque gré à ces esprits obscurs, aux travaux desquels il nous suffit de coudre les lambeaux de notre génie pour ébahir l'*admirant* univers.

CHATEAUBRIAND, *Études historiques.* Préface.

ADMIRATEUR, TRICE, s. m. et f. (du latin *Admirator*).

Celui, celle qui admire.

Il se lie, le plus souvent par la préposition *de*, au nom de la chose ou de la personne admirée.

Pourquoi sommes-nous si grands *admirateurs d'*autruy ? Pourquoi sommes-nous tant iniques à nous-mêmes ?

Cette arrogance grecque, *admiratrice* seulement *de* ses inventions...

Joach. DU BELLAY, *Deffence et illustration de la langue françoise.*

C'étoit (le président Lamoignon) un homme d'un savoir étonnant et passionné *admirateur de* tous les bons livres de l'antiquité.

BOILEAU, *le Lutrin*, Avis au lecteur.

..... Mais d'ailleurs si plat, si grand *admirateur de* riens (Dangeau), pourvu que ces riens tinssent au roi, ou aux gens en place.

SAINT-SIMON, *Mémoires*, 1720, t. XVIII, c. 18.

Dans le récit que fait l'Écriture de la création du monde, il est dit souvent que Dieu fut l'approbateur, et, si l'on ose le dire, l'*admirateur de* ses ouvrages, pour nous apprendre quelle admiration ils devroient nous causer.

ROLLIN, *Traité des Études*, liv. V, art. 4.

Il me dit en fausset et faisant un souris :
Je suis l'*admirateur de* vos divins écrits.

SCARRON, *Épître chagrine.*

... Toujours *des* Romains *admirateur* secret.

J. RACINE, *Mithridate*, II, 3.

J'aurois beau me complaire en ma propre beauté
Et *de* mes tristes vers *admirateur* unique,
Plaindre, en les relisant, l'ignorance publique.

BOILEAU, *Épîtres*, I.

Souvent aussi ADMIRATEUR est rapporté par l'adjectif possessif, à la chose ou à la personne admirée.

La vanité est si ancrée dans le cœur de l'homme, qu'un goujat, un marmiton, un crocheteur se vante et veut avoir *ses admirateurs.*

PASCAL, *Pensées*, part. I, art. V, § 3.

Ses ennemis (du chancelier Bacon) étaient à la cour de Londres, *ses admirateurs* étaient dans toute l'Europe.

VOLTAIRE, *Lettres philosophiques*, XII.

Si j'avois à renaître, je tâcherois d'être votre disciple pour mériter l'honneur d'être un jour votre émule et votre ami; mais, ne pouvant, dans mon ignorance, être que *votre* stupide *admirateur*, je vous remercie au moins du moment de véritable douceur que votre obligeante attention jette sur ma triste existence.

J.-J. Rousseau, *Lettres*, 1770, à Condorcet.

Admirateur se dit absolument dans des locutions telles que celles-ci : *avoir*, *trouver des admirateurs*, *se passer d'admirateurs*, etc.

Il auroit manqué quelque chose à sa gloire, si, *trouvant* partout tant d'*admirateurs*, il n'eût fait quelques envieux.

Fléchier, *Oraison funèbre de Turenne.*

La vertu a cela d'heureux qu'elle se suffit à elle-même, et qu'elle peut *se passer d'admirateurs*, de partisans, de protecteurs.

La Bruyère, *Caractères*, c. 13.

Je ne sais pas si vous avez des ennemis, des envieux; mais je sais bien qu'à la nouvelle de votre mort vous n'*aviez* plus que *des admirateurs;* chacun parla dans ce moment suivant sa conscience.

Mme Du Deffant, *Lettres*, 16 avril 1760, à Voltaire.

Comme *admirer* et *admirant*, admirateur peut être pris dans un sens défavorable, et marquer l'habitude d'admirer sans discrétion, sans raison.

Vous me prenez pour un autre si vous me prenez pour un *admirateur* : je ne le suis pas de Virgile, comment le serois-je de Malherbe? En effet, je ne l'estime beaucoup que par la comparaison des autres que j'estime peu.

Balzac, *Lettres*, XXV, 30.

Les grands *admirateurs* sont la pluspart de sottes gens.

Saint-Évremont, *Mélanges*, c. 3. De l'étude et de la conversation.

Avec cela (le cardinal Dubois), doux, bas, souple, louangeur, *admirateur*, prenant toutes sortes de formes avec la plus grande facilité.

Saint-Simon, *Mémoires*, 1723, t. XX, c. 21.

Ne vous enivrez point des éloges flatteurs
Qu'un amas quelquefois de vains *admirateurs*
Vous donne en ces réduits, prêts à crier : merveille!
Ainsi qu'en sots auteurs
Notre siècle est fécond en sots *admirateurs*.

Boileau, *Art poétique*, I.

ADMIRATION, s. f. (du latin *Admiratio*).

On l'a écrit admiracion, amiracion, etc. (Voyez le *Glossaire* de Sainte-Palaye.)

Sentiment de celui qui admire une chose, une personne.

Quelquefois admiration se dit absolument, dans un sens abstrait.

À l'*admiration* est jointe l'estime ou le mépris, selon que c'est la grandeur d'un objet ou sa petitesse que nous admirons.

L'*admiration* est une subite surprise de l'âme, qui fait qu'elle se porte à considérer avec attention les objets qui lui semblent rares et extraordinaires.

Descartes, *les Passions de l'âme*, part. II, art. 54; 70.

L'*admiration* et l'étonnement comprennent en eux ou la joie d'avoir vu quelque chose d'extraordinaire et le désir d'en savoir les causes aussi bien que les suites, ou la crainte que sous cet objet nouveau il n'y ait quelque péril caché, et l'inquiétude causée par la difficulté de le connoître; ce qui nous rend comme immobiles et sans action; et c'est ce que nous appelons être étonné.

Quelques-uns ont parlé de l'*admiration* comme de la première des passions, parce qu'elle naît en nous à la première surprise que nous cause un objet nouveau avant que de l'aimer et de le haïr.

Bossuet, *De la Connoissance de Dieu et de soi-même*, c. 1, art. 6.

Une nouvelle idée, ou une nouvelle liaison de vieilles idées cause en nous une passion imparfaite qui est la première de toutes et que l'on nomme *admiration*.

Malebranche, *Recherche de la vérité*, liv. V, c. 7.

Le Cid n'a eu qu'une voix pour lui à sa naissance, qui a été celle de l'*admiration*.

La Bruyère, *Caractères*, c. 1.

On ne peut guère forcer les hommes à l'*admiration* sans exciter l'envie.

Voltaire, *Lettres*, 2 septembre 1769, à Catherine II.

L'*admiration* ne se donne qu'à la surprise et vient rarement par degrés.

L'étonnement est une surprise longue et accablante ; l'*admiration* une surprise pleine de respect.

VAUVENARGUES, *Introduction à la connoissance de l'esprit humain*, liv. I, 11 ; 40.

L'*admiration* me tue, et surtout de votre part. Ah ! madame, un peu d'amitié, et, parmi tant d'affronts, je serai le plus glorieux des êtres.

J.-J. ROUSSEAU, *Lettres*, 25 février 1765.

Veut-on donner l'idée d'un homme vertueux, on lui attribue la beauté et la bonté, c'est-à-dire les deux qualités qui attirent le plus l'*admiration* et la confiance.

BARTHÉLEMY, *Voyage d'Anacharsis*, c. 80.

ADMIRATION, pris absolument, trouve place dans un assez grand nombre de locutions diverses.

Donner, causer de l'admiration, ravir en admiration, transporter d'admiration, être ravi en admiration, être transporté d'admiration, se récrier, pleurer d'admiration, etc. :

Ces propos entendus, le bonhomme Grandgousier feut *ravy en admiration*, considerant le hault sens et merveilleux entendement de son filz Gargantua.

Si on l'interrogeoit (un esprit malin qui faisoit parler une femme ventriloque) des cas presens ou passez, il en respondoit pertinemment jusques à *tirer* les auditeurs *en admiration*.

RABELAIS, *Gargantua*, I, 14; *Pantagruel*, IV, 58.

Vous le voudriez voir (le sénat) en corps et en âme, avec cette gravité qui mettoit le respect dans le cœur des rois et *transissoit* les peuples *d'admiration*.

BALZAC, *Dissertations politiques*, disc. I.

Il s'adressa aux quatre députez, et enfin à chacun d'eux à part ; mais si à propos, avec tant de grâce, de civilité, de majesté et de douceur, qu'il *ravit en admiration* tous ceux qui s'y rencontrèrent.

PELLISSON, *Histoire de l'Académie*.

Souvenez-vous donc, messieurs, de l'*admiration* que la princesse d'Angleterre *donnoit à* toute la cour.

BOSSUET, *Oraison funèbre de la duchesse d'Orléans*.

Tout ce que le roi faisoit, en quelque genre que ce fût, et quelquefois de plus étrange, *transportoit* Dangeau *d'admiration*.

SAINT-SIMON, *Mémoires*, 1720, t. XVIII, c. 18.

Le grand Corneille faisant *pleurer* le grand Condé *d'admiration*, est une époque bien célèbre dans l'histoire de l'esprit humain.

À ces mots « Je ne vous connois plus.... Je vous connois encore, » on *se récria d'admiration*, on n'avoit jamais rien vu de si sublime.

VOLTAIRE, *Siècle de Louis XIV*, c. 32 ; *Commentaires sur Corneille* ; Horace, II, 3.

Faire paraître, témoigner, montrer de l'admiration :

Mr de Termes m'a paru très-digne d'être de ce petit voyage par l'*admiration* vive et naturelle qu'il *a fait paroître* en découvrant cette belle vue, qui est en effet une des plus surprenantes choses du monde.

Mme DE SÉVIGNÉ, *Lettres*, 24 septembre 1677.

Marques, signes, gestes d'admiration : etc.

Il en fit la lecture à Domingo, qui, l'ayant écouté (un billet doux) avec des *gestes d'admiration*, se chargea de le porter sur-le-champ à sa cousine.

Un paysan, qui étoit du nombre des spectateurs, fut choqué de ces *témoignages d'admiration*.

LE SAGE, *le Diable boiteux*, c. 7 ; *Gil Blas*, III, 6.

Sujet, objet d'admiration :

Et me semble qu'en cela il n'y a pas grand *subjet d'admiration*.

D'URFÉ, *l'Astrée*, part. II, liv. IV.

Je voyois des actrices et des acteurs que les applaudissements avoient gâtés, et qui se considérant comme des *objets d'admiration*, s'imaginoient faire grâce au public lorsqu'ils jouoient.

LE SAGE, *Gil Blas*, III, 12.

Qu'à l'univers surpris cette grande action,
Soit un *objet* d'horreur ou *d'admiration*.....

VOLTAIRE, *la Mort de César*, III, 2.

Digne, indigne d'admiration :

Son empressement (d'un déclamateur) pour faire admirer son esprit me paroîtroit le rendre *indigne de toute admiration*.

FÉNELON, *Lettre à l'Académie*.

Beaucoup, peu, plus d'admiration, etc. :

Les actions d'éclat inspirent *plus* d'envie que *d'admiration:* les hommes se révoltent contre ce qui les abaisse.
Mme de Lambert, *Discours sur la différence qu'il y a de la réputation à la considération.*

Avec admiration :

Enfin, étonnés d'avoir un tel roi, et honteux d'espérer moins que lui, ils reçurent *avec admiration* ses ordres pour la guerre.
Voltaire, *Histoire de Charles XII*, liv. II.

À ces manières de parler il faut ajouter la suivante, de date ancienne, et depuis longtemps hors d'usage.

Et qui vouldroit escripre les cas particuliers que tous j'ay veus et presque tous les personnages tant hommes que femmes, on en feroit ung grant livre et *de grant admiration.*
Commynes, *Mémoires*, VIII, 24.

D'autres fois admiration se lie, au moyen de la préposition *de*, avec le nom de la chose admirée. Cette manière de parler est blâmée à tort par Bouhours (*Doutes sur la langue françoise*) dans le premier des exemples suivants :

Je trouve en luy (M. des Ardilliers) une *admiration* si intelligente *de* vostre vertu.
Balzac, *Lettres*, XXIII, 27.

L'*admiration des* effets a donné lieu à la recherche des causes.
Bossuet, *Tradition des nouveaux mystiques.*

Montrez aux enfants que c'est par amitié et par le besoin où ils sont d'être redressés, que vous êtes attentif à leur conduite, et non par l'*admiration de* leur esprit.
Fénelon, *De l'éducation des filles*, c. 3.

Souvent, pour mépriser la science naturelle, on se jette dans l'*admiration de* la nature, que l'on soutient absolument incompréhensible.
Fontenelle, *Préface sur l'utilité des mathématiques.*

La préposition *de*, ou, à sa place, l'adjectif possessif, sert encore à lier admiration avec le nom de la personne ou des personnes qui admirent.

Princesse le digne objet de l'*admiration de* deux grands royaumes.

L'un (Turenne), par de vifs et continuels efforts, emporte l'*admiration du* genre humain et fait taire l'envie, l'autre.....
Bossuet, *Oraison funèbre de la duchesse d'Orléans; du prince de Condé.*

En certains cas, à ce dernier complément s'en joint un autre formé de la préposition *pour* et de son régime.

Cette indifférence que nous avons pour les grandes choses devenues trop familières, et cette *admiration des* anciens Grecs *pour* les petites, est encore une preuve de la prodigieuse supériorité de notre siècle sur les anciens.
Voltaire, *Siècle de Louis XIV*, c. 34.

Admiration, soit pris absolument, soit construit avec la préposition *de*, entre dans un assez grand nombre de locutions fort en usage :
Avoir en admiration, avoir de l'admiration de..., être dans l'admiration de..., en admiration de..., être plein d'admiration de...

Pantagruel *feut en grande admiration de* la structure de la demeure et habitation des gens du pays.
Rabelais, *Pantagruel*, V, 18.

N'ayant point de honte de la pauvreté de son mary, mais *ayant en admiration* sa vertu pour laquelle il estoit pauvre.
Amyot, trad. de Plutarque, *Vie de Paul-Émile*, c. 8.

Et cogneuz bien à leurs contenances qu'ils *avoient en admiration* une telle execution.
Montluc, *Commentaires*, IV.

J'*ai de l'admiration de* votre courage et *de* votre bon naturel.
Voiture, *Lettres*, XIII.

L'*admiration* qu'on *eut de* ce prince.
Du Ryer, trad. des supplém. de Freinshemius sur *Quinte-Curce*, liv. I, c. 1.

Il n'est pas imaginable combien les Macédoniens, outre la vénération qu'ils ont naturellement pour leurs roys, *avoient en admiration* celuy-cy par dessus tous les autres.
Vaugelas, traduction de *Quinte-Curce*, III, 6.

Plus vous vous accoutumerez à suivre les grandes

choses et à les rappeler à leurs principes, plus vous *serez en admiration de* ces conseils de la Providence.

BOSSUET, *Discours sur l'histoire universelle*, III, 1.

Ils paroissoient *pleins d'admiration pour* Protésilas.

FÉNELON, *Télémaque*, XIV.

Ceux... que la fortune aveugle, sans choix et sans discernement, a comme accablés de ses bienfaits, en jouissent avec orgueil et sans modération : leurs yeux, leur démarche, leur ton de voix..., marquent longtemps en eux l'*admiration où ils sont d*'eux-mêmes et *de* se voir si éminents.

LA BRUYÈRE, *Caractères*, c. 11.

Toute la cour *fut dans l'admiration de* la magnificence de ce présent.

HAMILTON, *Mémoires de Gramont*, c. 7.

Être en admiration est donné par Rob. Estienne, mais, ce qui est remarquable, en deux sens, un sens passif, un sens actif, *obtinere admirationem*, *affici admiratione*, Être admiré, Admirer.

Au premier cas se rapportent les exemples suivants :

Ainsi, par le tesmoignage des bestes brutes,.... *estoit* (Quaresmeprenant) *en admiration à* toutes gens escervelés et desguarniz de bon jugement et sens commun.

RABELAIS, *Pantagruel*, IV, 32.

Ils voulurent premierement estudier la doctrine de Moyse, le nom duquel *estoit* en ce temps *en* grande *admiration* par toute l'Égypte.

Ant. DU VERDIER, *Les diverses leçons*, liv. II, c. 11.

Quelquefois ADMIRATION se dit de l'objet admiré, de la personne admirée, particulièrement dans ces locutions :

Être, devenir, faire l'admiration de.

L'on a joué, de notre temps, des pièces saintes de Mr Corneille qui *ont été l'admiration de* toute la France.

MOLIÈRE, *Préface du Tartuffe*.

Les richesses étoient méprisées ; la modération et l'innocence des généraux romains *faisoit l'admiration des* peuples vaincus.

Aussi les concussions et les violences ne furent connues parmi les Romains que dans les derniers temps ; la retenue de leurs magistrats *étoit l'admiration de* toute la terre.

BOSSUET, *Discours sur l'histoire universelle*, III, 5.

Elle (Mlle de Latour d'Auvergne) *fut l'admiration de* tout le monde, et plusieurs jeunes hommes furent touchés des charmes de cette beauté naissante.

FLÉCHIER, *Mémoires sur les grands jours de* 1665.

Les Psaumes *seront l'admiration* et la consolation *de* tous les siècles et *de* tous les peuples où le vrai Dieu sera connu et senti.

FÉNELON, *Lettre à l'Académie*.

Rome devenue la maîtresse du monde par ses victoires, *en devint l'admiration* et le modèle par la beauté des ouvrages d'esprit qu'elle produisit presque en tout genre.

Ces deux illustres amis, Lélius et Scipion, *l'admiration de* leur siècle....

ROLLIN, *Traité des études*. Discours préliminaire, 1re partie ; liv. VI, 3e part., 3e morceau de l'hist. romaine, c. 2, art. 2.

De même qu'*admirer* ne signifie quelquefois que S'étonner, ADMIRATION peut être pris au sens d'Étonnement, et, en certains cas, d'étonnement pénible, douloureux. Il y en a des exemples fort anciens.

Lesquels seigneurs, oyans ceste confession, eurent si grande *admiration* et tristesse en cueur, qu'à peine luy peurent ils donner responce.

MONSTRELET, *Chroniques*, vol. I, c. 36.

Je vous avoue que ces diseurs de nouvelles me donnent de l'*admiration*, et que je ne conçois pas quelle est la fin qu'ils se proposent.

LA BRUYÈRE, *Caractères de Théophraste*, c. 8.

ADMIRATION a été quelquefois employé au pluriel, particulièrement par des écrivains du XVIIe siècle ;

Absolument :

Je hais les *admirations* fondées sur des contes.

SAINT-ÉVREMONT, *Réflexions sur les divers génies du peuple romain*.

Suivi de la préposition *de*, ou construit avec l'adjectif possessif :

Votre vie de Marseille me ravit ; j'aime cette ville qui ne ressemble à nulle autre. Ah ! que je comprends bien les sincères *admirations de* Pauline ! que cela est naïf ! que cela est vrai ! que toutes ses surprises sont neuves !

Mme DE SÉVIGNÉ, *Lettres*, 23 février 1689.

Au sens de Objet d'admiration :

Nous avons relu des pièces de Corneille et repassé avec plaisir sur toutes nos vieilles *admirations.*

LA MÊME, *Lettres*, 23 mai 1671.

Madame de Sévigné, comme beaucoup d'autres, se faisoit une vertu de rester fidèle à ce qu'elle appeloit ses vieilles *admirations.*

L. RACINE, *Mémoires sur J. Racine*, 1re part.

Dans les passages suivants ADMIRATIONS semble pris pour Marques d'admiration, acclamations, applaudissements.

Des quelles louables résolutions le sieur de Bouillon faisant des *admirations* et tesmoignant une grande joie, il assura Sa Majesté....

SULLY, *OEconomies royales*, t. II, c. 10.

Il faut que ce soit quelque chose de céleste et d'inspiré, qui intervienne dans l'éloquence, pour exciter les transports et les *admirations* qu'elle cherche.

BALZAC, *Dissertations critiques*, disc. XI.

Ce ne fut pas sans faire de grandes *admirations de* ce que j'étois arrivée dans un pays si éloigné du mien, et sur le triomphe que j'avois remporté sur ma paresse.

Mlle DE MOTTEVILLE, *Mémoires*, année 1660.

Je ne crois pas, de la façon que vous dépeignez vos prédicateurs, que, si vous les interrompez, ce soit par des *admirations.*

Le Roi eut quelque plaisir de voir mes sincères *admirations* sans bruit et sans éclat.

Mme DE SÉVIGNÉ, *Lettres*, 13 avril 1672; 21 février 1689.

Dans le langage didactique, ADMIRATION pris absolument, désigne un sentiment joint quelquefois à la terreur et à la pitié comme ressort de la tragédie.

On doit rechercher à la tragédie, devant toutes choses, une grandeur d'âme bien exprimée, qui excite en nous une tendre *admiration.* Il y a dans cette *admiration* quelque ravissement pour l'esprit ; le courage y est élevé, l'âme y est touchée.

SAINT-ÉVREMONT, *De la tragédie ancienne et moderne.*

Que cette générosité de Cornélie élève l'âme ! ce n'est point de la terreur et de la pitié, mais c'est de l'*admiration.* Corneille est le premier des tragiques du monde qui ait excité ce sentiment et qui en ait fait la base de la tragédie. Quand l'*admiration* se joint à la pitié et à la terreur, l'art est poussé alors au plus haut point où l'esprit puisse atteindre.

VOLTAIRE, *Commentaires sur Corneille ;* Pompée, IV, 4.

Dans quel sens est-il donc vrai que l'*admiration* n'est point un ressort théâtral ?

LA HARPE, *Cours de littérature*, part. II, liv. I, Poésie, c. 4.

Point d'admiration est le nom d'un signe de ponctuation, qui fait connaître qu'il y a admiration ou exclamation dans la phrase et qui se marque ainsi (!).

Ils sont prodigues dans leurs remarques de *points d'admiration.*

LA MOTTE, *Discours sur Homère.*

ADMIRABLE, adj. des deux genres (du latin *Admirabilis*).

On l'a écrit autrefois, sans doute d'après la prononciation, AMIRABLE, comme on le voit par ces exemples qui font remonter très-haut l'usage du mot :

Antioche ont assise (assiégée) l'*amirable* cité.

Chanson d'Antioche, ch. V, v. 519.

En Paris s'en revint, l'*amirable* cité.

ADENÈS, *Roman de Berte*, p. 138.

ADMIRABLE, Qui mérite l'admiration.

On le dit, absolument, soit des choses, soit des personnes ;

Des choses :

Comment Pantagruel equitablement jugea d'une controverse merveilleusement obscure et difficile, si justement que son jugement feut dict plus *admirable* que celuy de Salomon.

RABELAIS, *Pantagruel*, II, 10.

Cette transmutation de cendres en verre me semblant être aussi *admirable* qu'aucune autre qui se fasse en la nature, je pris particulièrement plaisir à la décrire.

DESCARTES, *Discours de la méthode*, V.

La milice d'un tel peuple (des Romains) ne pouvoit manquer d'être *admirable,* puisqu'on y trouvoit, avec des courages fermes et des corps vigoureux, une si prompte et si exacte obéissance.

Bossuet, *Discours sur l'histoire universelle,* III, 6.

Disant (le maréchal de Gramont)..... que jamais il n'avoit eu de sensible joie ou de violente douleur que par ce fils (le Cte de Guiche) qui avoit des choses *admirables.*

Mme de Sévigné, *Lettres,* 8 décembre 1673.

Chose *admirable !* La religion chrétienne qui ne semble avoir d'objet que la félicité de l'autre vie, fait encore notre bonheur dans cette vie.

Montesquieu, *Esprit des lois,* XXIV, 3.

L'éléphant, le chien, le castor et le singe sont, de tous les êtres animés, ceux dont l'instinct est le plus *admirable.*

Buffon, *Histoire naturelle.* Quadrupèdes; l'Éléphant.

Toi qu'annonce l'aurore, *admirable* flambeau,
Astre toujours le même, astre toujours nouveau.

L. Racine, *la Religion,* I.

Des personnes :

O mère, ô femme, ô reine *admirable* et digne d'une meilleure fortune, si les fortunes de la terre étoient quelque chose!

Bossuet, *Oraison funèbre de la reine d'Angleterre.*

Heureux sans orgueil, malheureux avec dignité, et presque aussi *admirable,* lorsqu'avec jugement et avec fierté il sauvoit les restes des troupes battues à Mariendal, que lorsqu'il battoit lui-même les Impériaux et les Bavarois.

Fléchier, *Oraison funèbre de Turenne.*

Xénophon, dans toute la Cyropédie, ne dit pas une fois que Cyrus étoit *admirable,* mais il le fait partout admirer.

Fénelon, *Dialogues sur l'éloquence,* II.

Combien d'hommes *admirables* et qui avoient de très-beaux génies, sont morts sans qu'on en ait parlé !

La Bruyère, *Caractères,* c. 2.

On ne peut nier qu'il n'y ait eu dans le cloître de très-grandes vertus ; il n'est guère encore de monastère qui ne renferme des âmes *admirables,* qui font honneur à la nature humaine.

Voltaire, *Essai sur les mœurs,* c. 139.

Admirable reçoit des compléments formés de la préposition *à* et de son régime, qui font connoître ;

Soit à qui une chose ou une personne paraît digne d'être admirée :

Ainsi je n'ai rien fait pour Madame, quand je vous ai représenté tant de belles qualités qui la rendoient *admirable au* monde.

Bossuet, *Oraison funèbre de la duchesse d'Orléans.*

Et de ma part feray un beau cantique
Qui chantera le miracle autentique
Que faict auras, *admirable à* chascun.

Cl. Marot, *Chants divers,* IV.

O spectacle ! O triomphe *admirable à* mes yeux !...
Le fier Assuérus couronne sa captive,
Et le Persan superbe est aux pieds d'une Juive !

J. Racine, *Esther,* I, 1.

Soit ce qui, dans une chose ou une personne mérite d'être admiré :

Admirable à lever ou *à* faire subsister les armées.

Sarasin, *Conspiration de Walstein.*

Aux ballades surtout vous êtes *admirable.*

Molière, *les Femmes savantes,* III, 5.

Admirable est souvent modifié, dans ce second sens, au moyen d'autres prépositions ;

De la préposition *par :*

Le sage Nosophage étoit moins *admirable par* ses remèdes que *par* le régime qu'il conseilloit pour prévenir les maux et pour rendre les remèdes inutiles.

Fénelon, *Télémaque,* XVII.

Admirable surtout (P. Corneille) *par* l'extrême variété et le peu de rapport qui se trouve entre un si grand nombre de poëmes qu'il a composés.

La Bruyère, *Caractères,* c. 1.

De la préposition *pour :*

Cicéron, avec des parties *admirables pour* un second rôle, était incapable du premier.

Le peuple est *admirable pour* choisir ceux à qui il doit confier quelque partie de son autorité.

Montesquieu, *Grandeur des Romains,* c. 12 ; *Esprit des lois,* II, 2.

Simonide était poëte et philosophe... son style, plein de douceur, est simple, harmonieux, *admirable pour* le choix et l'arrangement des mots.

BARTHÉLEMY, *Voyage d'Anacharsis*, c. 76.

Pour bien peindre les gens vous êtes *admirable*.

MOLIÈRE, *le Misanthrope*, II, 5.

Des prépositions *dans* et *en* :

Pétrone est *admirable dans* la pureté de son style et la délicatesse de ses sentiments.

SAINT-ÉVREMONT, *Jugement sur Pétrone*.

Admirable en sa vie et plus grand dans sa mort.

VOLTAIRE, *la Henriade*, VII.

ADMIRABLE, dans un sens analogue, peut se dire de ce qui a le caractère du merveilleux, de la fable.

Plus mes regards sur eux s'attachent fortement,
Plus je trouve qu'en tout l'un à l'autre est semblable.
— Certes ce rapport *admirable*
Suspend ici mon jugement.

MOLIÈRE, *Amphitryon*, III, 5.

O l'heureux temps que celui de ces fables,
Des bons démons, des esprits familiers,
Des farfadets, aux mortels secourables!
On écoutait tous ces faits *admirables*,
Dans son château, près d'un large foyer.

VOLTAIRE, *Contes en vers*. Ce qui plaît aux dames.

ADMIRABLE, par une hyperbole quelquefois mêlée d'une intention de plaisanterie, n'est souvent que le synonyme de Bon, très-bon, excellent.

Oui, je trouve ce oh, oh! *admirable*.

Il faut avouer que j'ai une mule *admirable pour* cela, et qu'on a peine à croire le chemin que je lui fais faire tous les jours.

MOLIÈRE, *les Précieuses ridicules*, sc. 10; *l'Amour médecin*, II, 3.

Les apothicaires le faisoient passer pour fou, parce qu'il s'avisa que le jeûne étoit *admirable aux* malades, et que bien souvent il ne leur ordonnoit que de l'eau claire et une pomme cuite.

TALLEMANT DES RÉAUX, *Historiettes*. Duret le médecin.

Un médecin que j'ai vu chez madame de la Fayette, m'a priée de ne me point faire purger sitôt : il me donnera des pilules *admirables*.

La princesse de Bade vient par Angers, dont elle est ravie : elle a un cuisinier *admirable*, mais elle est bien aise de ne pas le mettre en œuvre dans de grandes occasions.

Mme DE SÉVIGNÉ, *Lettres*, 3 juillet 1675; 29 novembre 1684.

Après cela, je n'aurois pas été excusable de douter de mon mérite..... Il me fallut convenir que j'étois un sujet tout *admirable*.

LE SAGE, *Gil Blas*, VII, 7.

La chute en est jolie, amoureuse, *admirable*.

MOLIÈRE, *le Misanthrope*, I, 2.

ADMIRABLE, comme *Admirer* et *Admiration*, a pu se prendre dans un sens défavorable.

Croyez, Messieurs, que ceste *admirable* et fatale stupidité est un des plus grands présages que Dieu nous ait donné du desclin de ce royaume.

HENRI IV, *Lettres*, 4 mars 1589 (Voir *Lettres missives de Henri IV*, t. XI, p. 450).

On dit familièrement, par ironie, par raillerie, qu'une chose est *admirable*, quand on la trouve déraisonnable, ridicule :

Tous ces conseils sont *admirables* assurément; mais je les trouve un peu intéressés... vous êtes orfévre, monsieur Josse.

MOLIÈRE, *l'Amour médecin*, I, 1.

Ce qu'il y a d'*admirable* dans la science des lois, c'est qu'elle fournit des armes pour et contre.

LE SAGE, *le Diable boiteux*, c. 20.

Ah! le détour est bon et l'excuse *admirable*.

MOLIÈRE, *le Misanthrope*, IV, 3.

On dit de même, qu'une personne *est admirable*, qu'on la *trouve admirable de dire, de faire une chose*, pour marquer qu'on est surpris ou choqué de ce qu'elle dit, de ce qu'elle fait.

Hermolaüs n'*est*-il pas *admirable de* vouloir que je m'oppose à Jupiter!

VAUGELAS, traduction de *Quinte-Curce*, VIII, 8.

Ils *sont admirables de* vouloir prendre le Parlement pour dupe.

PASCAL, *Provinciales*, XIX.

Vous *êtes admirable de* croire que je ne vous aime pas parce que je vous ai grondé.

Mme DE MAINTENON, *Lettres*, 17 septembre 1672, au comte d'Aubigné.

Comment donc? eh! qui êtes-vous, s'il vous plaît?... *je vous trouve admirable*, madame la greffière.

DANCOURT, *les Bourgeoises de qualité*, I, 3.

Elle ne prétend pas! Ah! vous pouvez lui dire
Que nous sommes instruits comme il faut se conduire,
Et nous savons la règle établie en tel cas.
Je la trouve admirable, elle ne prétend pas!

REGNARD, *le Distrait*, I, 7.

ADMIRABLEMENT, adv. (du latin *Admirabiliter*).

D'une manière admirable, dans les sens divers où l'on a vu qu'*admirable* peut être pris.

Il se construit diversement;

Avec un verbe :

Voilà la politique des mauvais princes qui réussit *admirablement*, pourvu qu'elle ne trouve point d'opposition.

BALZAC, *Socrate chrétien*, disc. VIII.

Si on fait de beaux discours à Balzac, on fait aussi de bons disnez, et je ne doute pas que vous n'ayez sçeu gouster *admirablement* l'un et l'autre.

VOITURE, *Lettres*, CXXV, à Costar.

Les gens du roi entrèrent pour rendre compte de ce qu'ils avoient fait à Saint-Germain, où ils avoient esté receus *admirablement*.

LE CARDINAL DE RETZ, *Mémoires*, part. II, 1649.

C'est à quoi sert *admirablement* notre doctrine des équivoques.

PASCAL, *Provinciales*, IX.

C'est merveilleusement assaisonner la bonne chère, que d'y mêler la musique, et je me vois ici *admirablement* régalée.

MOLIÈRE, *le Bourgeois gentilhomme*, IV, 1.

Je vous rends grâce de votre Malherbe, j'en ferai mon profit *admirablement*, et veux parer mon esprit de toutes sortes de belles choses, afin qu'il ne vous ennuie pas d'y demeurer.

Notre cher et malheureux ami (Fouquet) a parlé deux heures ce matin, mais si *admirablement* que plusieurs n'ont pu s'empêcher de l'admirer.

Mme DE SÉVIGNÉ, *Lettres*, 1655, à Ménage; 1664, à M. de Pomponne.

La duchesse d'Angoulême l'accompagna (la princesse de Toscane) jusqu'à Florence, où elle arriva dans l'intention de faire enrager mari et belle-mère, en quoi on peut dire qu'elle réussit *admirablement*.

L'abbé de CHOISY, *Mémoires*, III.

J'aime superbement et magnifiquement,
Ces deux adverbes joints font *admirablement*.

MOLIÈRE, *les Femmes savantes*, III, 2.

Avec un adjectif :

On s'entretenoit de quelques réflexions qu'on avoit faites d'après de saintes lectures, ou bien du sermon du jour ou de la veille, dont elles trouvoient le sujet *admirablement* convenable pour monsieur ou pour madame une telle.

MARIVAUX, *le Paysan parvenu*, part. I.

Quelquefois même avec certains adverbes :

Mademoiselle de Rambouillet, depuis madame de Montausier, étoit *admirablement* bien avec elle.

TALLEMANT DES RÉAUX; *Historiettes*. Madame d'Aiguillon.

Tu fais de méchants vers *admirablement* bien.

BOURSAULT, *la Satire des satires*, sc. 3.

ADMIRATIF, IVE, adj. (du latin *Admirativus*).

On l'a écrit autrefois AMIRATIF.

Qui ressent, qui exprime l'admiration.

Ceux qui sont aveuglément curieux, c'est-à-dire qui recherchent les raretés seulement pour les admirer et non pour les connoître ... deviennent peu à peu si *admiratifs*, que des choses de nulle importance ne sont pas moins capables de les arrêter que celles dont la recherche est plus utile.

DESCARTES, *les Passions de l'âme*, part. II, art. 78.

Puis il (l'écolier) étoit couronné de lauriers et on le

faisoit asseoir sur un des deux bancs pour l'exposer aux regards de l'assistance *admirative*.

LE SAGE, *Gil Blas*, II, 9.

On le dit, non-seulement des personnes, mais du ton, des gestes; *ton admiratif*, *gestes admiratifs*.

Ici se doit faire une pause et tous les diables, excepté Sathan, viennent tous à l'entrée de l'enfer; et lors, comme espoventez, feront signes *amiratifz*.

Mystère de la Résurrection, 1er jour (Voyez l'*Histoire du théâtre françois*, t. II, p. 515).

... Pourveu qu'on parle peu, avec un haussement d'espaules et yeux sourcillieux et *admiratifs*.

DU FAIL DE LA HÉRISSAYE, *les Contes d'Eutrapel*, II.

Tous les Turcs qui étoient dans le vaisseau témoignèrent par des *gestes admiratifs* le plaisir qu'ils avoient à m'entendre.

Comment diable! dit alors mon secrétaire d'un *ton* de voix *admiratif*, c'est un bijou que cette maison.

LE SAGE, *Gil Blas*, V, 1; X, 3.

En grammaire, les *particules admiratives* sont celles qu'on emploie pour marquer l'admiration : ah! quoi! etc.

Point admiratif, comme *Point d'admiration* (on l'a vu plus haut), désigne une ponctuation ainsi figurée (!), qui sert à faire connaître qu'il y a admiration ou exclamation dans la phrase.

Par une extension peu conforme à la valeur active du mot ADMIRATIF, *genre admiratif* se dit quelquefois en parlant des ouvrages de poésie et d'éloquence qui ont plus particulièrement pour objet d'exciter l'admiration.

Il n'y a point de *genre admiratif*; cela signifierait en français le genre qui admire, comme on dit un accent *admiratif*, un ton *admiratif*, un style *admiratif*, ce qui ne veut dire autre chose que le ton, l'accent, le style de l'admiration.

LA HARPE, *Cours de littérature*, part. II, liv. I. Poésie, c. 4.

ADMONÉTER, v. a. (du latin *Admonere*).

Très-anciennement ADMONESTER, qui n'est pas encore tout à fait hors d'usage. Très-anciennement aussi AMONESTER, AMMONESTER, et depuis AMONÉTER, AMONNETER, etc.

La suppression de l'*s* dans la prononciation d'ADMONESTER, adoptée en 1718 par l'Académie, a, peu à peu, amené l'orthographe qui a prévalu, ADMONÉTER.

Quant à l'ancienne forme, AMONESTER, devenue plus tard AMONÉTER, comme la donne en 1740 l'Académie, elle atteste qu'à certaines époques la lettre étymologique *d* a elle-même disparu d'ADMONESTER dans la prononciation et par suite dans l'orthographe.

À dater de 1762 on lit dans le Dictionnaire de l'Académie ADMONÉTER, écrit auparavant par Richelet de cette manière, ADMONÊTER.

Ce mot a été longtemps usité dans le sens général d'Avertir, exhorter, faire ressouvenir, et aussi de Reprendre avec quelque sévérité.

On en déterminait le plus ordinairement le sens au moyen de la préposition *de* suivie soit d'un verbe à l'infinitif, soit, quelquefois, d'un substantif.

Pur ço li di qu'il haite (encourage) ses cumpaignuns et *amonested de* prendre et destruire la cited.

Les quatre Livres des Rois, II, XI, 24.

Ainsi que *admonestoie* mes mariniers *de* nous en aller peu à peu, j'aperceu les Sarrazins à la clarté du feu, qui entrerent en nostre ost, et tuoient les malades sur la rive.

JOINVILLE, *Histoire de saint Louis*.

Et là estoit messire Guy de Flandres..... qui *admonestoit* et prioit tous les compaignons *de* bien faire.

FROISSART, *Chroniques*, liv. I, part. I, c. 69.

... Et dit au dict herault plusieurs aultres belles raisons pour *admonester* ledict roy Edouard d'Angleterre *de* prendre appoinctement avec luy.

COMMYNES, *Mémoires*, IV, 5.

La reconfortoit au mieulx qu'il savoit, l'*amonnestant de* penser au sauvement de son ame.

Les Cent Nouvelles nouvelles, XC.

Tout ce qui nous *admoneste de* quelque chose passée, comme sepulchres, images, histoires, livres et autres choses semblables.

ROB. ESTIENNE, *Dict. fr.-lat.*

Tu debvois premier enquerir de la verité, puis nous *en admonester.*

RABELAIS, *Gargantua*, I, 31.

Les seigneurs..... les *admonesterent* (les plébéiens) *de* l'honorer et reverer (Romulus) comme celui qui avoit esté ravy au ciel.

Il me semble que Platon *admoneste* prudemment les nourrisses *de* ne conter pas indifferemment toutes sortes de fables aux petits enfans.

AMYOT, trad. de Plutarque, *Vie de Romulus*, c. 44; *Œuvres morales*. Comment il faut nourrir les enfans, VIII.

J'ai tousjours *admonesté* ceux qui m'ont ouy parler *de* ne racheter leur vie par une action deshonnête.

MONTAIGNE, *Essais*, III, 12.

Ce grand Concil de Paris prie le Roy... que les abbez et abbesses, ensemble les chanoines tant reguliers que seculiers, *fussent* par luy *admonestez* serieusement *de* servir de bon exemple au peuple.

Est. PASQUIER, *Recherches de la France*, III, 30.

Chers et bien amez, s'en allant à Aucerre nostre amé et feal conseiller en nostre conseil privé et grand aumosnier, l'evêque dudit Aucerre, present porteur, nous lui avons donné charge de vous *admonester de* faire tousjours vostre debvoir. ...

HENRI III, *Lettres aux habitans d'Auxerre*, en 1579.

Les prescheurs romains... *amonestent* tous bons catholiques *de* prendre exemple à une si chrestienne entreprise.

HENRI IV, *Lettres*, 17 mars 1583. (Voir *Lettres missives de Henri IV*, t. II, p. 349.)

La loy d'oubliance que nous avons tousjours mise la premiere en nos païs, et qui a esté pratiquée par les Atheniens et Romains, apres leurs guerres civiles, nous *admoneste d'*oublier aussi, en ce temps muable, beaucoup de choses.

LA NOUE, *Discours politiques et militaires*, Discours 4e.

On *a admonesté* les philosophes *de* ne plus parler de ce qu'ils n'entendent pas.

PERROT D'ABLANCOURT, trad. de Lucien, *l'Assemblée des Dieux*; Décret.

Ce bonhomme de mari, quand elle avoit fait bien des fredaines, se vouloit mêler quelquefois de l'*admonester de* son devoir.

TALLEMANT DES RÉAUX, *Historiettes*, Mme de Courcelles-Marguenat.

De Deu (Dieu) servir l'*amonesta.*

MARIE DE FRANCE, *Lai d'Eliduc*, v. 1159.

Par quoy voyant de ce lieu le dehors
Estre si beau, espoir m'*admonesta*
De poursuyvir.

Cl. MAROT, *Temple de Cupidon*, v. 138.

On disait assez ordinairement aussi, au lieu de *admonester de, admonester à :*

L'aise qu'ils prennent les *amoneste à* pechier, plus que s'ils menoient austerité de vie.

JOINVILLE, *Histoire de saint Louis.*

Le Pape d'un visage courtois, *admonesta* M. d'Estissac *à* l'estude et *à* la vertu, et M. de Montaigne *de* continuer à la dévotion qu'il avoit tousjours portée à l'église et service du Roi très-chrestien.

MONTAIGNE, *Voyages*, p. 127.

Ou bien encore, *admonester que:*

Je vous *admoneste*, comme procureur du roy d'Angleterre, vicaire de l'empereur de Rome, *que* vous veuillez ouvrir la cité de Cambray.

FROISSART, *Chroniques*, liv. I, part. I, c. 81.

Parquoi, mon fils, je t'*admoneste qu'*employes ta jeunesse à bien profiter en estude.

RABELAIS, *Pantagruel*, II, 8.

Je vous prie, Monsieur de Mandelot, que faisant entendre ès lieux de vostre gouvernement où verrez qu'il y sera de besoing, comme le faict (l'assassinat de Coligny) est advenu, vous *admonestiez* et assuriez ung chacun *que* mon intention est de garder inviolablement mon edict de pacification.

CHARLES IX, *Lettre* du 22 aoust 1572. (Voir *Correspondance du Roi Charles IX et du sieur Mandelot, gouverneur de Lyon, pendant l'année* 1572. Paris, 1830, p. 37.)

C'est une œuvre profitable de monstrer le feu estre en la maison à ceux qui ne l'aperçoyvent, et aux autres qui le voyent et le craignent de les picquer pour l'aller esteindre, et à quelques-uns qui l'entretiennent paraventure sans beaucoup y penser, de les *admonester qu'*ils ne font pas bien.

LA NOUE, *Discours politiques et militaires*. Discours 1.

Amour déteste
La pesant' teste
Du nonchalant;
Et *admoneste*

> *Qu'*on soit honneste,
> Gentil, galant.
>
> Guill. Alexis, *le Blason des faulces amours.*

Dans des passages tels que les suivants, ADMONESTER est construit, sans l'intermédiaire d'une préposition, avec un infinitif.

Et comme le prudent medecin, voyant par les signes pronosticz son malade entrer en decours de mort, ... ilz l'*admonestent* donner ordre à sa maison.

À tant conclut Panurge, et Pantagruel l'*admonestoit* conclure le propous.

Rabelais, *Pantagruel,* IV, 27 ; V, 7.

ADMONESTER s'employait aussi absolument.

Tant *fut* Olivier de Pennefort pressé et *admonnesté* de Messire Henry son frere qu'il se accorda à luy.

Froissart, *Chroniques,* liv. I, part. I, c. 151.

Les curez, vicaires, prescheurs, medicins, chirurgiens et apothecaires qui alloient visiter, penser, guerir, prescher et *admonester* les malades, estoient tous morts de l'infection, et ces diables pilleurs et meurtriers oncques n'y prindrent mal.

Rabelais, *Gargantua,* I, 27.

J'estime bien qu'il n'y a nul de l'assistance qui presume de moy que j'en parle aultrement que raison et la bonne amour que je vous porte me *admonneste.*

Herberay des Essarts, *Amadis de Gaule,* I, 33.

...Si quelquefois il envoye (Dieu) des adversités, il le faict pour nous *admonnester,* nous resveiller.

P. Larivey, *les Escholiers,* IV, 2.

Après *avoir esté* Monsieur de Biron longtemps *admonesté* par les sieurs Garnier et Maignan, docteurs en theologie, s'estre mis à genoux et reçeu l'absolution d'eux.....

Sully, *Œconomies royales,* t. II, c. 10.

> Le débauché se rit des sermons de son père,
> Et dans vingt et cinq ans, venant à se changer,
> Retenu, vigilant, soigneux et ménager,
> De ces mêmes discours ses fils il *admoneste*
> Qui ne font que s'en rire et qu'en hocher la teste.
>
> Regnier, *Satires,* V.

Dans le premier et le dernier de ces exemples, *admonester* est bien construit avec *de,* mais *de* pris au sens de *par,* et le verbe n'en est pas moins employé absolument.

En 1694, l'Académie ne donnait déjà ADMONESTER que comme terme de pratique en usage : « Lorsqu'un particulier ayant manqué en quelque chose qui ne mérite pas grande punition, le juge le mande pour luy faire quelque remontrance à huis clos et l'avertir de ne retomber plus dans la même faute. »

Madame de Dreux sortit hier de la prison ; elle *fut admonestée,* ce qui est une très légère peine, avec cinq cents livres d'aumône.

Mme de Sévigné, *Lettres,* 1er mai 1680.

Le premier président...... fit avancer Tencin, et l'*admonesta* cruellement sans épargner les termes les plus fâcheux

Saint-Simon, *Mémoires,* 1719, t. XVIII, c. 1.

Le Parlement condamna un porte-dieu à l'amende, à demander pardon et à *être admonété.*

Le Parlement décréta le séditieux curé, l'*admonéta,* le condamna à l'aumône...

Voltaire, *Précis du Siècle de Louis XV,* c. 36; *Histoire du Parlement de Paris,* c. 65.

Il est fait allusion à cet emploi judiciaire du mot dans les exemples suivants :

Le souverain pontife Spurius Minucius, en lui prononçant la sentence d'absolution (à la vestale Posthumia), l'*admonesta de* n'user plus desormais de paroles moins honnestes que sa vie.

Amyot, traduction de Plutarque, *Œuvres morales.* De l'utilité à tirer de ses ennemis, XI.

> Donc on aurait grande obligation
> À qui pourrait, par exhortation,
> Par vers heureux et par douce éloquence,
> Porter nos gens à moins d'extravagance,
> *Admonéter* par nom et par surnom
> Les ennemis jurés de la raison.
>
> Voltaire, *Satires,* les Chevaux et les ânes.

ADMONESTER a été aussi d'un usage spécial comme terme de juridiction ecclésiastique.

Et doit lis meffés *estre amonestés* par sainte Eglise.

Beaumanoir, *Coutumes du Beauvoisis,* X, 18.

Admonester, ordonner, commander ou défendre sur peine de sentence d'excommuniment.

Censuræ spiritalis vel pontificiæ imperium inhibere.

Rob. ESTIENNE, *Dict. franç.-lat.*

ADMONÉTÉ, ÉE, participe.

Autrefois ADMONESTÉ, AMONESTÉ, AMONÊTÉ, AMONÉTÉ.

Il a été quelquefois substantif et a signifié Action d'admonester, avertissement, remontrance, correction faits en justice.

L'*admonesté* n'emporte point d'interdiction.

Estre d'avis de l'*admonesté.*

Dict. de l'Académie françoise, 1718.

D'ADMONESTER et AMONESTER on avait fait :

ADMONESTEMENT et AMONESTEMENT quelquefois écrits avec double *n*. (Voyez les Dictionnaires de Rob. Estienne, de Monet, de Cotgrave, etc.)

Ce mot s'est pris autrefois au sens général d'Avertissement, de Remontrance, soit qu'on le construisît, comme le verbe *admonester*, avec la préposition *de*, soit qu'on l'employât absolument.

E Samuel leur fist *amonestement de* bien.

Les quatre Livres des rois, I, VIII, 3.

Jamais ne s'y fut accordé bonnement, si n'eust esté par l'*admonnestement* et sermon dudit monseigneur Hervey de Leon, son neveu.

Par le regard d'une telle dame et de son doulx *admonnestement*, ung homme doit bien valoir deux au besoing.

FROISSART, *Chroniques*, liv. I, part. I, c. 151 ; 163.

Après qu'il eut aucun petit de temps devisé avec elle et finé ses *admonestemens* et exortacions, luy cria mercy, en lui requerant que s'aucune chose luy avoit meffait qu'il luy fut par elle pardonné.

Les Cent Nouvelles nouvelles, XC.

La pluspart des aucteurs..... estiment que c'est (le cri Talassius) un *admonestement* pour advertir les nouvelles mariées à penser de faire leur besongne qui est de filer, ce que les Grecs appellent Talassia.

Si luy dit, par manière d'*admonestement :* O Solon ! ou il ne se faut point du tout approcher des princes, ou il leur faut complaire et agreer.

AMYOT, trad. de Plutarque, *Vie de Romulus*, c. 21 ; *Vie de Solon*, c. 59.

Mais de quoy sert tant d'*admonnestement.*

Cl. MAROT, *Épigrammes*, I, 44.

On trouve encore un autre substantif, de même sens, dérivé d'*admonester :*

ADMONESTATION, s. f.

Encore écrit ADMONETATION, AMONETATION, etc.

Uns clers empétra letres dou roi à l'abé de Saint-Benoît-sus-Loire que il le porveist; et en celes letres n'avoit nule *amonestacion.*

Li livres de Jostice et de Plet, I, 4, d'empetremanz, p. 24.

Du même verbe on avait formé, pour désigner Celui qui avertit, qui reprend, un autre substantif masculin :

ADMONESTEUR, ADMONNESTEUR (Voyez les Dictionnaires de Nicot et de Cotgrave), ADMONÉTEUR.

Primitivement ADMONESTER, AMONESTEOR, AMONESTERE.

On l'a employé, soit d'une manière générale :

Mais l'*amonestere* infernal
Par qui sunt engendré li mal.

BENOÎT, *Chroniques des ducs de Normandie*, v. 1160.

Des le tens nostre pere Adam
Ne furent *amonesteor*,
Ne si fax, ne si traïtor.

Bible Guyot, v. 2325. (Voir *fabl. et cont.* Méon, t. II, p. 307.)

Soit dans un sens particulier analogue à celui qu'avait *admonester* dans la langue du Palais.

Il est fait allusion à ce sens dans le passage suivant :

Vous saurez que le bruit avait couru à Toulouse que l'arrêt des maîtres des requêtes ne regardait que la forme, et que moi, votre frère, je serais admonêté pour m'être mêlé de cette affaire. Il se trouve, au contraire, que c'est moi qui ai l'honneur d'admonêter tout doucement ces messieurs; mais les meilleurs *admonéteurs* ont été M. d'Argental et vous.

VOLTAIRE, *Lettres*, 16 avril 1765, à Damilaville.

Les deux substantifs suivants, dont le premier est le plus usité et le seul que donnent aujourd'hui la plupart des dictionnaires, ont de bonne heure remplacé ADMONESTEMENT et ADMONESTEUR :

ADMONITION, s. f. (du latin *Admonitio*).

Dans un sens général, Avertissement, réprimande :

Soit, comme il est plus ordinaire, sous une forme absolue :

Sœur Marie, il me déplaît que les bonnes *admonitions* que je vous ai données ont esté inutiles en vostre endroit.

LA REINE DE NAVARRE, *Heptameron*, 22e nouvelle.

Pantagruel bien records des lettres et *admonitions* de son pere, voulut un jour essayer son savoir.

D'elles tousjours nous viennent *admonitions* salutaires et profitables.

RABELAIS, *Pantagruel*, II, 10; III, 16.

Ils arguent aussi que toutes exhortations sont frustratoires, qu'il n'y a nulle utilité en *admonitions*, que les reprehensions sont ridicules, s'il n'est en la puissance du pecheur d'y obtemperer.

CALVIN, *Institution chrest.*, liv. II, c. v, § 4.

L'*admonition* libre et cordialle est une très salutaire et excellente medecine ; c'est le meilleur office d'amitié.

CHARRON, *De la Sagesse*, III, 9.

Soit déterminé, comme le verbe *admonéter*, par un complément :

Retourné à Chastellerault il escrivit au commencement de mars lettres bien amples aux trois Estats de France pleines d'*admonitions* serieuses *qu*'ils eussent à quitter la ligue.

MATTHIEU, *Histoire des derniers troubles de France*, V.

Nous voyons que l'ame est ordinairement contraire au corps, tantost le pressant à des exercices qui luy donnent de la peine contre son gré... tantost par des censures contre les vices et des *admonitions contre* les douleurs, crainte et autres passions.

THÉOPHILE, *de l'Immortalité de l'âme* (trad. du *Phédon*).

Elle (la douleur) a coutume de servir de châtiment de ce qu'on s'est engagé effectivement dans le mal, et d'*admonition de* n'y pas retomber une autre fois.

LEIBNITZ, *Théodicée*, IIIe partie, de la bonté de Dieu.

En 1694, le Dictionnaire de l'Académie restreignait ainsi le sens de ce mot : « Il n'est guère d'usage qu'en parlant des remontrances secrètes qu'un père peut faire à son fils, ou un directeur à son pénitent. »

Dans des acceptions particulières, les seules à peu près qui aient subsisté, ADMONITION se rapporte, comme *admonéter*, à certaines censures judiciaires :

Il y a un arrêt d'*admonition* et d'interdiction contre cet officier.

FURETIÈRE, *Dictionnaire*.

Ou bien encore à certains avertissements, certaines réprimandes de l'autorité ecclésiastique. (Voyez MONITOIRE, MONITION, MONITORIAL, LE.)

S'il n'obeist à l'*amonnission*, il doit estre escommenié publiquement.

BEAUMANOIR, *Coutumes du Beauvoisis*, XI, 13.

On a fait plusieurs *admonitions* au prône.

Un bénéficier scandaleux doit être privé par le juge de ses bénéfices après trois *admonitions*.

FURETIÈRE, *Dictionnaire*.

On ne peut pas procéder contre un clerc en matière de censures, sans *admonitions* ou monitions précédentes. Le 30 avril 1646, le parlement d'Aix déclara abusive la procédure et la sentence de suspension que l'ordinaire avait prononcée contre un curé, sans monitions précédentes.

Grand Vocabulaire.

Après avoir inutilement tenté près de moi les *admonitions* charitables, Marcellin employa les mesures sévères.

CHATEAUBRIAND, *les Martyrs*.

ADMONITEUR, TRICE, s. m. et fém.

Celui ou celle qui donne un avertissement.

Il peut être pris, comme les mots qui précèdent, dans un sens général.

La conscience est un *admoniteur* sévère.

Dictionnaire de l'Académie, 1694.

On s'en est servi plus souvent dans des sens particuliers en parlant de Personnes spécialement chargées du soin d'avertir, de reprendre, dans des communautés religieuses.

La superieure (des religieuses de la congregation de Notre-Dame) a quatre conseilleres ou assistantes, ... et une *admonitrice* qui se nomme autrement mere discrette, laquelle represente à la superieure ce que les conseilleres ou autres personnes sages lui ont suggéré.

P. Hélyot, *Histoire des ordres monastiques*, part. IV, c. 45.

ADOLESCENCE, s. f. (du latin *Adolescentia*, et, par ce mot, d'*Adolescere*, qui se rapporte, ainsi que d'autres verbes composés, *exolescere*, *inolescere*, *obsolescere*, et des substantifs tels que *proles*, *soboles*, *olus*, dans la signification desquels entre l'idée d'accroissement, au simple *olescere*, *olere*, croître).

Richelet l'écrit, d'après la prononciation de son temps, Adolécence.

De la rareté des exemples du mot adolescence antérieurs au xvie siècle, il est peut-être permis de conclure que l'usage général de ce mot est d'une date assez récente.

Adolescence est proprement l'Age intermédiaire entre l'enfance et la jeunesse.

Souvent il s'emploie sous une forme absolue et dans un sens général. De là des expressions telles que : *dès l'adolescence*, *dans l'adolescence*, *dans l'âge de l'adolescence*, *sortir de l'adolescence*, et autres semblables.

Et n'est que bien et onnesteté de ainsi passer l'aage de votre *adolescence* feminine.

Le Ménagier de Paris, Prologue.

Sortir hors d'adolescence.

Rob. Estienne, *Dict. franç.-lat.*.

Nous sommes *en l'adolescence* avant que nous sachions compter jusques à cent.

Si *l'adolescence* peut donner presage, cette âme sera quelque jour capable des plus belles choses.

Montaigne, *Essais*, II, 12 ; II, 17.

S'il est un temps pour jouir de la vie, c'est assurément la fin de *l'adolescence*, où les facultés du corps et de l'âme ont acquis leur plus grande vigueur, et où l'homme, au milieu de sa course, voit de plus loin les deux termes qui lui en font sentir la brièveté.

J.-J. Rousseau, *Émile*, V.

La puberté accompagne *l'adolescence* et précède la jeunesse.

Buffon, *Histoire nat.* De l'homme ; de la puberté.

On voyait déjà se développer en lui le caractère d'un homme au milieu des grâces de *l'adolescence*.

Bernardin de Saint-Pierre, *Paul et Virginie*.

Adolescence, ainsi employé, sert quelquefois à désigner, par une expression collective et abstraite les personnes qui appartiennent à cet âge. On dit *l'adolescence* pour Les adolescents, comme on dit l'enfance, la jeunesse, la vieillesse, pour Les enfants, les jeunes gens, les vieillards.

C'est dans des temps fixes que les arbres se couvrent et se dépouillent de fleurs : c'est dans des temps fixes que l'âge ébranle les dents de la vieillesse et couvre d'un léger duvet les membres et les joues de *l'adolescence*.

La Grange, trad. de Lucrèce, *De la nature des choses*, V.

Car jeunesse et *adolescence*.....
Ne sont qu'abbus et ignorance.

Villon, *Grand Testament*, Ballade, XXVII.

Adolescence est très-souvent aussi rapporté à une personne déterminée au moyen de la préposition *de*, de l'adjectif possessif, ou de toute autre manière, et donne lieu à des expressions semblables.

Sa grande jeunesse relevoit et faisoit davantage paroistre la prudence de ses paroles, plus convenable à une barbe grise et à un vieux capitaine qu'à une *adolescence de* seize ans.

Marguerite de Valois, *Mémoires*, 1569.

Quant à sa beaulté, à l'advanture n'est-il ici besoing d'en rien dire : toutesfois si en diray-je cela seulement en passant, qu'elle se maintint tousjours florissante en son enfance, en *son adolescence*.

Amyot, trad. de Plutarque, *Vie d'Alcibiade*, c. 1.

..... Fichant ses yeux sur la fraischeur de mon visage et sa pensée sur cette allegresse et vigueur qui regorgeait de *mon adolescence*.

Montaigne, *Essais*, I, 20.

Après *mon adolescence* et ma premiere jeunesse, que je

commençay à suivre les armes, ainsi qu'est la coustume et ordinaire vaccation de la noblesse de France.

G. DU BELLAY, *Prologue des Ogdoades.*

Il a commencé de bonne heure et dès *son adolescence* à se mettre dans les voies de la fortune.

LA BRUYÈRE, *Caractères*, c. 6.

L'âge où nous sommes vieux est *leur adolescence.*

LA FONTAINE, *Poëme du Quinquina*, I.

ADOLESCENCE a pu se dire, par figure, d'un certain degré de développement, par exemple dans un état, dans le monde lui-même.

Ce fut un âge fertile en hommes qui ne respiroient que la guerre et les combats; c'est pourquoi on le peut nommer *l'adolescence de* l'empire.

COEFFETEAU, *Histoire romaine de L.-A. Florus*, Préface.

L'innocence et la vertu regnoient parmi les hommes lorsque le monde étoit encore dans *son adolescence.*

RICHELET, FURETIÈRE, *Dictionnaires; Dict. de Trévoux.*

C'est par une figure analogue que les premières poésies de Clément Marot ont été publiées en 1530, et, depuis, assez longtemps réimprimées sous le titre de *Adolescence Clémentine*. Le poëte expliquait ce titre dans les passages suivants de sa préface, où l'on trouve une espèce de définition fleurie de l'adolescence:

Je ne scay, mes tres chers freres, qui m'a plus incité à mettre ces miennes petites jeunesses en lumiere..... Ce sont œuvres de jeunesse, ce sont coups d'essay : ce n'est en effet autre chose qu'un petit jardin, que je vous ay cultivé de ce que j'ai peu recouvrer d'arbres, d'herbes et fleurs de mon printemps..... esperant de brief vous faire offre de mieux : et pour arres de ce mieux, desja je vous mets en veue, à la fin de *l'Adolescence*, ouvrage de meilleure trempe et de plus polie estoffe; mais *l'Adolescence* ira devant et la commencerons par la premiere eclogue des buccoliques virgiliannes, translatée certes en grande jeunesse.....

Cl. MAROT, *A un grand nombre de freres qu'il a, tous enfans d'Apollo* (de Paris, ce douziesme d'aoust 1530).

ADOLESCENT, ENTE, s. m. et fém. (du latin *Adolescens*).

S'il faut en croire encore Richelet, qui écrit ADOLÉCENT, ce mot se prononçait ainsi de son temps.

Celui, celle qui est dans l'âge de l'adolescence.

L'essai et l'apprentissage d'un jeune *adolescent* qui passe de la férule à la pourpre et dont la consignation a fait un juge, est de décider souverainement des vies et des fortunes des hommes.

LA BRUYÈRE, *Caractères*, c. 14.

Pour un *adolescent* qui se prépare à voir sa maîtresse, s'ajuster, ce n'est qu'un plaisir; mais pour un homme qui commence à vieillir, c'est une occupation.

LE SAGE, *Gil Blas*, XII, 14.

Adolescens, qui la peine avez prise
De m'enrichir de los non merité,
Pour en louant dire bien verité,
Laissez-moy là et louez-moy Loyse.

Cl. MAROT, *Épigrammes*, I, 60.

Et quel est, s'il vous plaît, ce jeune *adolescent*
Qui vous fait ressentir ce mouvement naissant ?

REGNARD, *le Distrait*, I, 4.

ADOLESCENT s'emploie quelquefois adjectivement: *Un jeune homme adolescent.*

Par une extension naturelle, il peut se dire de l'âge lui-même.

Vertu qui rien de jeunesse ne sent
Vertu chenue en aage *adolescent.*

Cl. MAROT, *Opuscules*, à Mr de Bourbon.

Il peut aussi, comme *adolescence*, se dire figurément de choses considérées dans un certain degré de leur développement.

Est-ce donc pour s'aimer qu'on s'épouse à présent?
Cela fut bon du temps du monde *adolescent.*

REGNARD, *les Ménechmes*, V, 1.

Du sage agriculteur voyez les doux emplois,
De l'orme *adolescent* il soigne la jeunesse.

DELILLE, *Malheur et pitié*, II.

ADONIS, s. m.

C'est, dans la mythologie, le nom d'un jeune homme célèbre par sa beauté, et qui fut aimé de Vénus. On l'applique, par figure, à un amant ridicule, trop vain des grâces et des succès de la jeunesse, ou qui les recherche avec prétention dans un âge plus avancé.

Je devins l'*Adonis* de cette nouvelle Vénus.
LE SAGE, *Gil Blas*, III, 7.

Bientôt on voit paroître au jour
Le nom, le fameux nom du perruquier l'Amour.
Ce nouvel *Adonis*, à la blonde crinière...
BOILEAU, *le Lutrin*, I.

C'est donc ce sénateur, cet *Adonis* de robe,
Ce docteur en soupers, qui se tait au Palais,
Et sait sur des ragoûts prononcer des arrêts.
REGNARD, *le Joueur*, IV, 8.

On a dit, d'après les anciens, et employé de même figurément, au lieu d'ADONIS, ADON, blâmé par Ménage (*Observations sur la langue françoise*, part. I, c. 158) chez Voiture, et que La Fontaine n'a pas fait difficulté d'admettre.

Ce bel *Adon* étoit le nain du roi,
Et son amante étoit la reine.
LA FONTAINE, *Contes*, I, 1.

D'ADONIS, pris figurément, s'est formé, dans le langage familier :

ADONISER, v. a.

Parer avec un extrême soin, avec une grande recherche.

Il s'emploie plus ordinairement avec le pronom personnel et, alors, on le dit surtout, du trop grand soin que prend un jeune homme de S'ajuster pour paraître plus jeune ou plus beau.

L'envie que j'avois de paroître agréable à cette dame, me fit employer trois bonnes heures pour le moins à m'ajuster, à *m'adoniser;* encore ne pus-je parvenir à me rendre content de ma personne.
LE SAGE, *Gil Blas*, XII, 14.

Et qui malgré sa barbe grise,
Pour cacher ses ans *s'adonise.*
AUTREAU, *Démocrite prétendu fou*, II, 9.

Il s'écoute, il se plaît, il *s'adonise*, il s'aime.
J.-B. ROUSSEAU (cité dans le dict. de Trévoux).

Voir un vieillard, amoureux d'un tendron,
S'adoniser, faire le Céladon,
C'est une comédie.
PANARD, *Chansons.*

S'ADONISER est construit avec un régime indirect et pris en bonne part dans les passages suivants, qui font remonter l'usage du mot au XVIe siècle:

Il n'est bien séant qu'une femme se garçonne... si ce n'est pour *se* gentiment *adoniser d'*un beau bonnet... comme depuis peu nos dames d'aujourd'hui se sont mises en vogue.
BRANTÔME, *Dames galantes.*

Quand *d'*un bonnet sa teste elle *adonise.*
RONSARD, *Amours*, I, 98.

ADONISÉ, ÉE, participe.

Au verbe ADONISER se rapporte le substantif néologique ADONISEUR, que donne le Dictionnaire de Trévoux et que recueille à son tour le *Grand Vocabulaire*, d'après une phrase rapportée dans le *Mercure* de 1723, où l'on appelait ainsi un barbier. Ce mot n'est point entré dans l'usage.

D'ADON, forme abrégée d'*Adonis*, les anciens avaient tiré le nom d'une de leurs formes métriques, de l'*Adonium metrum*, employé surtout, à ce que l'on a cru, dans les hymnes funèbres en l'honneur d'Adonis, et par lequel Sapho, qui l'inventa, terminait les strophes de ses odes. De là, dans notre langue :

ADONIEN ou **ADONIQUE**, adj. et s. m.

Un vers adonien, un vers adonique; un adonien, un adonique.

Le troisième (des trois petits vers qui font la fin de l'hexamètre), n'a que les deux derniers pieds de l'hexamètre et s'appelle *Adonien*, du nom d'Adon, fils d'un roi de Chypre.

Après trois sapphiques on met d'ordinaire *un adonien.*

MM. de Port-Royal, *Traité de la poésie latine*, c. IV, 8; VI, 2.

Le dernier vers des strophes en vers saphiques est un vers *adonien.*

Dictionnaire de l'Académie, 1762.

ADONNER (S'), v. pron. (de notre préposition *à* et du verbe simple *donner*, ou, par ces mots, des mots latins *ad* et *donare*).

Autrefois Adoner (Voyez le *Glossaire* de Sainte-Palaye); addonner (Voyez les Dictionnaires de Rob. Estienne, Nicot, Cotgrave, Monet, etc., et le *Dictionnaire de l'Académie*, éditions de 1694 et de 1718.)

Adonner a été, dans l'origine, employé comme verbe actif au sens de Donner, procurer, accorder. Sainte-Palaye en cite les exemples suivants :

Il li fist au grant fait mener
D'armes, por lui los *adonner.*

Dits de Baudoin de Condé, ms. de Gaignat, fol. 320, v°, col. 1.

Aventure (hasard) li *adona*
Que la dame seule trouva.

Fabl. ms. de Saint-Germain, p. 242.

Ou bien encore au sens de Appliquer, consacrer, diriger, destiner, etc.

Je prins et *addonnay* mon chemin *vers* Brundise.

(*Iter Brundusium versus contuli.*)

Rob. Estienne, *Dict. fr.-lat.*

... Encores que mon feu pere de bonne memoire, Grandgousier *eust adonné* tout son estude *à* ce que je prouffitasse en toute perfection et savoir politique.

Rabelais, *Pantagruel*, II, 8.

Le Prophete dit derechef : J'ay encliné ou *adonné* mon cœur *à* garder tes comandemens.

Si nous portons vraye crainte et amour de Dieu, mettons peine... de ne point *adonner*, ne les oreilles, ne la langue *à* blasme, detraction ou brocardise.

Calvin, *Institution chrestienne*, liv. II, c. v, § 11; viii, § 48.

Comme nous detournons nos yeux de dessus les choses qui nous offensent, et les jetons sur les couleurs verdoyantes et gaies, ainsi devons nous divertir les pensées des choses tristes et les *adonner à* celles qui sont plaisantes et agreables.

Charron, *De la Sagesse*, II, 7.

... Toutefois je serois d'avis qu'oubliassiez cette fantasie et *adonnassiez* votre esprit *à* chose plus honneste et profitable...

P. Larivey, *le Laquais*, sc. 8.

Non sans labeur j'entrepris si grand' chose ;
Mais le destin, qui tout en tout dispose,
M'*y avoit* tant, ains de naistre, *adonné*
Qu'en peu de jours je m'y vis façonné.

Ronsard, *poëmes ;* à Jean de la Péruse.

Adonner, dans le plus grand nombre de ces exemples, est suivi de la préposition *à*. S'adonner, qui a prévalu, se construit lui-même avec la préposition *à*, comme *se donner*, locution à peu près équivalente et qui n'en diffère que parce qu'elle exprime un abandon plus complet, et se dit plutôt par rapport aux personnes.

S'adonner à une chose, c'est S'y plaire particulièrement, s'y appliquer avec chaleur, s'y livrer habituellement.

Quelquefois cette expression est prise dans un sens défavorable et marque une passion désordonnée pour des choses mauvaises, ou même quelquefois un attachement mal réglé, une application excessive à des choses bonnes en elles-mêmes.

Pour retourner à vos gens, dites-moy, s'il vous plaist, comment ils *se sont addonnez à* ceste imitation des dames.

H. Estienne, Ier *dialogue du nouveau langage françois italianisé.*

Nicias estoit trop *adonné aux* ceremonies envers les dieux.

Amyot, trad. de Plutarque, *Œuvres mêlées.* De la malignité d'Hérodote, III.

Jusques à la santé que j'estime tant, il me seroit besoing de ne la pas desirer et *m'y addonner* si furieusement, que j'en trouve les maladies insupportables.

Montaigne; *Essais*, III, 10.

Je n'ai point tant d'esprit pour tant de menterie;
Je ne puis *m'adonner à* la cageollerie.

Regnier, *Satires*, III.

Très-souvent aussi s'adonner est pris en bonne

part et se dit d'une persévérance louable dans certaines pratiques religieuses, certaines vertus, certains genres de vie, certaines occupations; d'une application soutenue à un art, à un métier; de l'attachement à un principe, de l'observation d'une règle, etc.

Quant à la cognoissance des faicts de nature, je veulx que tu *t'y adonnes* curieusement.
RABELAIS, *Pantagruel*, II, 8.

La jeune dame vefve *s'adonna* du tout *au* service divin, fuyant entierement toutes compagnies de mondanité.
LA REINE DE NAVARRE, *Heptameron*, 30e nouv.

Ils (Romulus et Remus)... *s'addonnoient à* tous exercices et toutes occupations honnestes.
AMYOT, trad. de Plutarque, *Vie de Romulus*, c. 2.

On *se* doit *addonner aux* meilleures regles, mais non pas s'y asservir.
MONTAIGNE, *Essais*, III, 13.

Philippe Auguste, entre nos Roys, *s'est* grandement *addonné* à l'establissement et illustration de nostre ville.
Est. PASQUIER, *Recherches de la France*, III, 29.

Je receus ces deux biens de la tristesse et de la solitude, à ma première captivité, de me plaire à l'estude, et de *m'addonner à* la devotion.
MARGUERITE DE VALOIS, *Mémoires*, 1575.

À quoy voulez-vous qu'un bon noble et genereux *s'adonne* sinon aux armes?
MONTLUC, *Commentaires*, VI.

Philotée, notre esprit *s'addonnant à* la hantise, privauté et familiarité de son Dieu, se parfumera tout de ses perfections.
S. FRANÇOIS DE SALES, *Introduction à la vie dévote*, II, 13.

Si celui qui *s'adonne au* culte de Dieu a encore ses foiblesses et ses passions, il les a parce qu'il est homme et non parce qu'il est pieux.
BOURDALOUE, *Sermons*, Sur la sainteté.

Vous le verriez tantôt *s'adonnant aux* plaisirs innocents de l'agriculture, élevant son esprit aux choses invisibles de Dieu par les merveilles visibles de la nature.
FLÉCHIER, *Oraison funèbre de M. de Lamoignon*.

Triptolème, envoyé par Cérès, vint, la charrue en main, offrir les dons de la déesse à tous les peuples qui auroient assez de courage pour vaincre leur paresse naturelle et pour *s'adonner à* un travail assidu.
FÉNELON, *Télémaque*, XIX.

Il (Paul Mancini) revint à Rome, *s'adonna à* l'étude, et l'académie des humoristes prit naissance dans sa maison.
SAINT-SIMON, *Mémoires*. 1714, t. XI, c. 13.

Est-ce que les gens qui servent Dieu comme vous, qui *s'adonnent à* l'humilité comme vous, comptent les étages?
MARIVAUX, *le Paysan parvenu*, part. III.

Il ne s'agit ici que de quelques propositions sur lesquelles je vous conjure de m'éclairer, et de me faire savoir le sentiment de ceux de vos pères qui *s'adonnent à* la philosophie.

La première langue qu'il apprit fut le hollandais; il *s'adonna* depuis *à* l'allemand, qui lui parut une langue douce, et qu'il voulut qu'on parlât à la cour.
VOLTAIRE, *Lettres*, 1735, au P. Tournemine; *Anecdotes sur Pierre-le-Grand*.

S'ADONNER a le même sens, mais semble employé avec une nuance légère d'ironie dans les passages suivants :

Il faut me priver des plaisirs et *m'adonner aux* affaires, puisque les affaires m'appellent et que les plaisirs m'abandonnent.
Mme DE MAINTENON, *Lettres*, à Mme de Brinon, XXIV.

Je crois que j'étais né plaisant et que c'est dommage que *je me sois adonné* parfois *au* sérieux.
VOLTAIRE, *Lettres*, 13 octobre 1760.

Vous avez dit quelque part que tous les genres pouvaient être bons excepté l'ennuyeux, et c'est celui *auquel* je *m'adonne*.
Mme DU DEFFAND, *Lettres*, 17 juin 1764, à Voltaire.

S'ADONNER, dans des acceptions analogues, se construit encore, au moyen de la préposition *à*, avec un verbe à l'infinitif.

Souventesfois *s'adonnoit à* reverer, adorer, prier et supplier le bon Dieu.

Après Graces rendues *s'adonnoient à* chanter musicalement et jouer d'instruments harmonieux.

Demain doncques sus l'heure que la joyeuse Aurore

aux doigts rozatz dechassera les tenebres nocturnes, *adonnez vous à* songer profundement.

RABELAIS, *Gargantua*, I, 23; *Pantagruel*, III, 13.

... (Paulus Æmylius) ne *se* voulut onc *addonner à* saluer, embrasser et caresser les hommes pour mendier leur faveur.

AMYOT, trad. de Plutarque, *Vie de Paul-Émile*, c. 2.

... Je ne sais si cet exemple doit plus rebuter qu'encourager ceux qui *s'adonnent à* traduire.

PELLISSON, *Histoire de l'Académie*.

Une autre *s'adonne à* ne dire que des choses fines, mais d'un ton qui est encore plus fin que tout ce qu'elle dit.

MARIVAUX, *la Vie de Marianne*, part. IV.

Puisque luy seul nous a mis en franchise,
C'est bien raison qu'*à* lui plaire on *s'adonne*.

Cl. MAROT, *Chants divers :* le Riche en povreté.

Quand *à* faire des vers un jeune esprit *s'adonne*,
Même en l'applaudissant je vois qu'on l'abandonne.

PIRON, *la Métromanie*, V, 4.

On a dit *s'adonner à* un lieu, *à* une société, *à* une personne, pour les Hanter, les fréquenter, s'y attacher.

Par dieu, Jehanne, je ame tant celui que savez de piecza, que mon cuer ne *se* pourroit *adonner à* ung aultre.

Les Quinze joyes de mariage, V.

Les plaisirs interdits luy estans plus doux que ceux d'un si chaste mariage, il valoit mieux qu'il *s'addonnast à* une fille simple et sans artifice, que de voir qu'il se laissast gouverner à quelque autre qui fût plus impérieuse.

COEFFETEAU, *Histoire romaine*, V.

Le baron de Sigognac avoit fait une assemblée de ses voisins et de ses paysans pour délivrer ses bois d'une grande quantité de loups qui *s'y étoient adonnés*, et dont le pays étoit fort incommodé.

SCARRON, *Roman comique*, part. I, c. 3.

Il *s'étoit adonné à* une petite madame de Bois-Dauphin : il joua madame de Rhodes.

LE CARDINAL DE RETZ, *Mémoires*, part. II, 1650.

M. de Nevers mourut à soixante-six ans. Il *s'étoit* fort *adonné à* Sceaux et sa femme encore davantage.

SAINT-SIMON, *Mémoires*, 1707, t. V, c. 20.

Eloigne-toi de la personne
À qui le plus ton cœur *s'adonne*.

CHRISTINE DE PISAN, *Préceptes à son fils*.

On a dit, au même sens, *s'adonner chez* une personne.

Il est vrai qu'il y avoit un valet de pied de la reine, qui, depuis quelque temps, venoit très-souvent chez moi : mais il est vrai aussi qu'il ne *s'y estoit adonné*, que parce qu'il estoit parent d'un de mes gents.

LE CARDINAL DE RETZ, *Mémoires*, part. II, 1652.

Comme il étoit gascon, il *s'adonna chez* le maréchal de Grammont.

BUSSY-RABUTIN, cité dans le Dict. de Trévoux.

Elle (madame la duchesse) vouloit... détourner monseigneur... qui s'ennuyoit chez madame la princesse de Conti, de *s'adonner chez* madame la duchesse de Bourgogne.

SAINT-SIMON, *Mémoires*, 1710, t. VIII, c. 17.

On a même dit, très-anciennement, *s'adonner sur*.

Adoncques avoit le comte Guillaume quatre filles, Marguerite, Philippe, Jehanne et Ysabel, desquelles le jeune roy Édouard, qui fut depuis roy d'Angleterre, *se adonnoit* le plus d'amour et de regard *sur* Philippe que sur les autres.

FROISSART, *Chroniques*, liv. I, c. 15.

S'ADONNER, soit avec un régime indirect, soit pris absolument, a été autrefois d'un assez grand usage en parlant de la disposition des lieux, et plus particulièrement de la direction d'un chemin, de la facilité qu'il offre de se diriger, ou de se détourner vers quelque endroit, du penchant qu'on a à le suivre.

Ils les costoyoient une heure à dextre et une heure à senestre, ainsi que les rivières *se adonnoient*.

FROISSART, *Chroniques*, liv. I, part. II, c. 373.

Le lieu *s'adonne* ainsi (*sic loci natura se commodat*).

Rob. ESTIENNE, *Dict. fr.-lat.*

Vrayement, respondit la derniere, encores que mon chemin *s'adonne* ailleurs, je suis contente de me destourner, et vous suyvre, pour veoir chose si peu croyable.

HERBERAY DES ESSARTS, *Amadis de Gaule*, I, 13.

... Le sieur de Duras, au retour de Rome,... visit

les princes et potentats d'Italie de ma part, *où* son chemin *s'adonnoit* de passer.

HENRI IV, *Lettres*, 3 octobre 1572 (Voir *Lettres missives de Henri IV*, t. I, p. 41.)

Cette troupe mal menée par un temps orageux, fut conduite à un meschant petit pont de bois auprès de Anne à deux lieues de Cambrai, *où* leur chemin ne *s'adonnoit* point, comme n'aiant aucun ruisseau à passer.

Agr. D'AUBIGNÉ, *Histoire universelle*, t. III, liv. IV, c. 9.

Son chemin *s'estoit addonné par* le pays où estoit ladite fille.

LE CARDINAL D'OSSAT, *Lettres*, liv. VI, lettre 52.

Mais Dieu ce bien ne m'a donné,
Que vostre chemin *adonné*
Se soit icy.

Cl. MAROT, *Épîtres*, II, 6.

Est-ce jamais *par* là que son chemin *s'adonne*.

LA CHAUSSÉE, *le Préjugé à la mode*, I, 6.

Ce dernier exemple fait suivre jusque dans le XVIIIe siècle la trace d'une locution depuis longtemps vieillie, bien que les dictionnaires la recueillent encore. Il en est de même de l'exemple suivant, où S'ADONNER a été employé dans un sens analogue, en parlant de la voie suivie accidentellement par des chasseurs.

Mais cette terre relevoit de celle de Thouars avec une telle dépendance, que toutes les fois qu'il plaisoit au seigneur de Thouars, il mandoit à celui d'Oiron qu'il chasseroit un tel jour dans son voisinage, et qu'il eût à abattre une certaine quantité de toises des murs de son parc pour ne point trouver d'obstacle au cas que la chasse *s'adonnât à* y entrer.

SAINT-SIMON, *Mémoires*, 1700, t. II, c. 27.

La même expression a été prise quelquefois dans un sens moral, en parlant du cours des événements, du tour pris dans une conversation, etc.

Selon que les choses *s'addonnent* ou viennent à point.

Rob. ESTIENNE, *Dict. fr.-lat.*

Je vous écrivis dernièrement comme monsieur le cardinal Aldobrandin m'avoit parlé de monsieur le cardinal de Givry, sans que le propos *s'y addonnast*.

Quelque résolution qu'on aye faite, on y persiste, ou s'en départ avec le temps, selon que les choses *s'addonnent* et que le bonheur dit, ou que la nécessité presse.

LE CARDINAL D'OSSAT, *Lettres*, liv. III, lettre 93, 117.

Peut-être doit-on rapporter à la même manière de parler l'emploi fait très-anciennement dans le passage suivant de S'ADONNER, au sens de Se laisser aller à penser, s'imaginer, se douter.

Elle lui demanda tout en riant que il lui voulsist faire grace. Le roi demanda de quoi, qui jamais ne *se fut adonné que* la dame fut là venue pour telle cause.

FROISSART, *Chroniques*, liv. I, part. II, c. 18.

ADONNÉ, ÉE, participe.

Il s'emploie adjectivement, avec les mêmes formes de construction et dans les mêmes sens que le verbe.

Tantôt en mauvaise part:

Bien vray que les hommes estans *adonnez à* la terre plus qu'il ne conviendroit, deviennent hebetez.

CALVIN, *Institution chrestienne*, liv. I, c. XV, § 2.

J'ai veu, de mon temps, plusieurs jeunes hommes de bonne maison, si *addonnez au* larcin, que nulle correction ne les en pouvoit destourner.

MONTAIGNE, *Essais*, II, 8.

L'autre, assavoir Sélim, atheiste, stupide, *adonné à* tous vices.

Agr. D'AUBIGNÉ, *Histoire universelle*, t. I, liv. II, c. 25.

En lisant l'histoire de France, il avoit observé que nos rois n'avoient point esté *adonnez à* ravir et prendre le bien d'autruy.

LE CARDINAL D'OSSAT, *Lettres*, liv. III, lettre 93.

Il est extrêmement vicieux; il est du tout *adonné au* vin et *aux* femmes.

SOREL, *Francion*, VII.

C'étoient des nations abominables, et dès le commencement *adonnées à* toutes sortes d'idolâtrie, d'injustices, d'impiétés.

BOSSUET, *Politique tirée de l'Écriture*, liv. IX, art. 1.

Je ne crains donc point l'avenir, parce que je ne suis *adonné*, graces au ciel, *à* aucune des trois choses qui ruinent ordinairement les hommes.

LE SAGE, *Gil Blas*, III, 1.

Ils avoient été de tout temps *adonnés au* brigandage.

MONTESQUIEU, *Grandeur des Romains*, c. 23.

Mettez la main sur la conscience, et avouez que vous avez été quelquefois un peu gourmande. C'est un vilain vice *auquel* je vous ai vue très-*adonnée*.

VOLTAIRE, *Lettres*, 8 octobre 1725.

D'un long voile de cendre enveloppant ma flamme,
Je cache mon dessein *aux* plaisirs *adonné;*
Le péché que l'on cache est demi pardonné.

REGNIER, *Satires*, XIII.

De ces ames de sang *aux* meurtres *adonnées*
On verra dans le sang retrancher les années.

RACAN, *Psaumes*, LIV.

Tantôt en bonne part:

Il est peu d'hommes *addonnez à* la poësie, qui ne se gratifiassent plus d'estre peres de l'Enéide, que du plus beau garçon de Rome.

MONTAIGNE, *Essais*, II, 8.

Louys douziesme estoit du tout *adonné au* soulagement de son pauvre peuple.

Est. PASQUIER, *Recherches de la France*, IV, 17.

Il n'y a science *où* les Gaulois ayent esté tant *addonnez*, et dont ils ayent rapporté tant de los que de l'eloquence.

DU VAIR, *De l'éloquence françoise*.

Celui qui est *adonné au* jeûne se tiendra pour bien dévot, pourvu qu'il jeûne, bien que son cœur soit plein de rancune.

S. FRANÇOIS DE SALES, *Introduction à la vie dévote*, I, 1.

Je chante dans ces vers les filles de Minée,
Troupe *aux* arts de Pallas dès l'enfance *adonnée*.

LA FONTAINE, *les Filles de Minée*.

ADONNÉ est suivi d'un infinitif, avec ellipse de la préposition *à*, dans l'exemple suivant, où il peut se traduire par Disposé à, porté à.

Des maintenant je suis tout *adonné*,
En faicts, en dits, desormais vous complaire.

Guill. CRETIN, *le Loyer des folles amours*.

ADOPTER, v. a. (du latin *Adoptare*, et, par ce verbe composé, de son simple *optare*).

L'idée générale de choix qui forme le sens propre d'*adoptare*, n'est exprimée que d'une manière figurée par ADOPTER, primitivement terme de droit dans notre langue, et qui signifie:

Choisir quelqu'un pour fils ou pour fille et lui en donner les droits civils en remplissant certaines conditions prescrites par la loi.

ADOPTER, et les mots de la même famille dont il sera plus loin question, *adopté*, *ée*, *adoptant*, *adoptif*, *adoption*, fort usités dans notre langue, n'y ont eu cependant qu'une valeur en quelque sorte historique, jusqu'à ce que l'*adoption*, par suite des décrets de l'Assemblée législative et de la Convention en date des 18 janvier 1792, 25 janvier 1793, ait pris place dans nos lois et ait été, en 1804, définitivement instituée et réglée au titre VIII, livre 1er, du Code civil. Dès lors ces mots, étrangers à notre droit coutumier, dont la tradition romaine avait pu seulement perpétuer l'emploi dans quelques pays de droit écrit, que l'on n'employait guère, du moins comme termes juridiques, qu'en parlant de ce qui s'était pratiqué chez les anciens, particulièrement à Rome, ou de certains usages, simplement analogues, du moyen âge et des temps modernes, ont pris le caractère de mots tout nouveaux, complétement français, par le sens comme par la forme, se rapportant désormais, avec précision, à des dispositions de notre législation civile.

Æmylius ayant repudié sa premiere femme Papyria, en espousa une autre qui lui porta deux enfants masles, qu'il reteint pour luy en sa maison, et donna ses deux premiers à *adopter* en deux tres-nobles, tres-riches et tres-puissantes maisons.

AMYOT, trad. de Plutarque, *Vie de Paul-Émile*, c. 8.

Gontran, roy d'Orléans, au prejudice de ses autres nepveux, *adopta* son nepveu Childebert, roy de Mets, et moyennant cette adoption, le fit heritier universel de tous ses pays et contrées.

Est. PASQUIER, *Recherches de la France*, II, 18.

Auguste fit *adopter* Germanicus par Tibère; mais Auguste *avoit* auparavant *adopté* Tibère et l'avoit associé à l'empire.

PERROT D'ABLANCOURT, trad. de Tacite, *Annales*, I, 1.

Le stupide empereur déshérita son fils Britannicus, et *adopta* Néron, fils d'Agrippine.

Adrien... sembla réparer ses fautes et rétablir sa gloire

effacée en *adoptant* Antonin le Pieux, qui *adopta* Marc-Aurèle, le sage et le philosophe.

BOSSUET, *Discours sur l'histoire universelle*, I, 10.

Rien n'est capable de faire oublier le premier Antonin, que Marc-Aurèle qu'il *adopta*.

MONTESQUIEU, *Grandeur des Romains*, c. 16.

A l'égard des lois civiles (du temps de Charlemagne), voici ce qui me paraît de plus remarquable : un homme qui n'avait point d'enfans pouvait en *adopter*.

VOLTAIRE, *Essai sur les mœurs*, c. 22.

... Tout homme qui... *adopte* un enfant est admis à l'exercice des droits de citoyen français.

Constitution de 1793.

Nul ne peut *être adopté* par plusieurs, si ce n'est par deux époux.

Code civil, art. 344.

Toutes les fois, tyran, qu'on se laisse *adopter*,
On veut une maison illustre autant qu'amie.

P. CORNEILLE, *Héraclius*, V, 3.

Jamais, sans ses avis,
Claude, qu'il gouvernoit, n'eût *adopté* mon fils.

J. RACINE, *Britannicus*, III, 3.

On peut ajouter à ces passages d'autres tels que le suivant, où la signification propre d'ADOPTER est étendue aux animaux :

Lorsqu'on met les petits de la draine dans le nid de la litorne, celle-ci les *adopte*, les nourrit, et les élève comme siens.

BUFFON, *Histoire naturelle*. Oiseaux; la Litorne.

Assez souvent le sens d'ADOPTER est déterminé par les mots *pour fils*, *pour fille*, *pour son fils*, *pour sa fille*.

Neocles mourut d'une morsure de cheval; et quant à Diocles, son ayeul Lysander l'*adopta pour son fils*.

AMYOT, trad. de Plutarque, *Vie de Thémistocle*, c. 14.

La fille de Pharaon... l'*adopta pour son fils*, et le nomma Moïse.

LE MAISTRE DE SACI, trad. de la Bible, *Exode*, II, 9, 10.

Je t'*adopte pour fils*, accepte-moi pour père.

P. CORNEILLE, *Héraclius*, V, 3.

Hélas!... ce juif jadis m'*adopta pour sa fille*.

J. RACINE, *Esther*, III, 4.

On a dit de même *adopter à fils* :

Clément VII conseille la Royne (Jeanne de Naples), pour sa protection et deffence, d'*adopter à fils* un autre Louys, duc d'Anjou, régent de France et oncle du roy Charles VI, lors mineur.

Est. PASQUIER, *Recherches de la France*, VI, 26.

Adopter en fils, traduction de *Adoptare in filium*, forme empruntée à la Vulgate et usitée dans la basse latinité. On en trouvera des exemples dans ce qui sera cité tout à l'heure des *Dissertations* XXI et XXII de Du Cange *sur l'histoire de saint Louys*.

La pucelle Hester, fille Abyahil, frère Mardocheum, qui l'*avoit adoptée en fille*.

Anc. trad. de la Bible, Hester, II. Ms. supp. fr. n° 2337.

ADOPTER s'est quelquefois appliqué, par extension, à d'autres rapports de famille qu'à ceux de la paternité; de là des expressions telles que *adopter pour père*, *pour mère*, *pour frère*, etc.

Eh bien! sur ce pied-là, je l'*adopte pour père*.

MONTFLEURY, *Crispin gentilhomme*, I, 6.

Eh bien! dès ce moment, je l'*adopte pour mère*,
Oui, je deviens son fils, et tu deviens mon frère.

Et Doto, Galatée, en *adoptant* ces sœurs,
Les verront se mêler à leurs humides chœurs.

DELILLE, trad. de l'*Énéide*, IX.

ADOPTER a été appliqué par extension à certains pactes d'alliance en usage entre les princes barbares au moyen âge.

Les princes barbares et septentrionaux... affectèrent d'*adopter en* fils ou *en* frères les princes voisins de leurs États, ou leurs enfans, d'une manière extraordinaire, et qui ne donnoit aucun droit de succession aux enfans ou aux frères *adoptez*, ces adoptions étant faites seulement par honneur.

Je remarque dans l'histoire des guerres saintes qu'il se pratiquoit anciennement une autre cérémonie pour les adoptions d'honneur, que celle par les armes : qui estoit, que celui qui *adoptoit* faisoit passer l'*adopté* sous sa chemise ou son manteau; faisant connoître par là qu'il le tenoit comme son fils et comme sorti de lui. Le prince d'Edesse *adopta* de cette manière Baudouin, frère de Godefroy de Bouillon, qui fut depuis roi de Jérusalem.

Du Cange, *Dissertations XXI*e *et XXII*e *sur l'histoire de saint Louis.* Des adoptions d'honneur en frère, en fils.

Comme chez les Germains, on devenoit majeur en recevant les armes, on *étoit adopté par* le même signe... Théodoric, roi des Ostrogoths, voulant *adopter* le roi des Hérules, lui écrivit : C'est une belle chose parmi nous que d'*être adopté par* les armes... Ainsi, par la coutume des nations, et parce que vous êtes un homme, *nous vous adoptons par* ces boucliers, ces épées, ces chevaux que nous vous envoyons.

Montesquieu, *Esprit des lois*, XVIII, 28.

Adopter, par une extension d'une nature plus générale, se dit de toute personne qui, sans formes légales, prend soin d'un enfant comme si c'était son fils ou sa fille.

Or sus, mesdames, la compassion et la charité vous ont fait *adopter* ces petites créatures *pour vos enfants*. Vous avez été leurs mères selon la grâce, depuis que leurs mères selon la nature les ont abandonnées.

Saint Vincent de Paul, à une assemblée de charité tenue en 1648 dans l'église de Saint-Lazare, pour la fondation de l'hôpital des enfants trouvés. Voir sa *Vie*, par Abelli, et l'*Essai sur l'éloquence de la chaire*, par Maury, c. XXXI.

Regardez ce pauvre comme un enfant de surcroît dans votre maison. Excellente pratique d'*adopter* les pauvres qui représentent Jésus-Christ, et de les mettre au nombre de vos enfants.

Bourdaloue, *Carême*. Sermon sur l'aumône.

Le sens propre d'Adopter se prête heureusement à exprimer, d'une manière figurée, certains rapports de protection spéciale, de particulière affection.

Ainsi, dans le langage ecclésiastique, d'après une expression de l'Écriture (Saint Paul, *Rom.*, VIII, 15, 23, IX, 4; *Galat.*, IV, 5; *Ephes.*, I, 5), on le dit de l'élection faite par Dieu, des gentils, des pécheurs.

Dieu... a un fils unique qui lui est égal, en qui il a mis sa complaisance : il *adopte* les pécheurs. Les hommes n'adoptent des enfants que lorsqu'ils n'en ont point ; Dieu qui avoit un tel fils nous *adopte* encore.

Bossuet, *Méditations sur l'Evangile*, XXIIe jour. Oraison dominicale.

Il veut que Marie, dans la personne de Jean, *adopte* généralement tous les hommes *pour* ses enfants.

Bourdaloue, *Sermons*. Sur le crucifiement et la mort de Jésus-Christ.

Ainsi, au moyen âge, Adopter se disait de la paternité spirituelle du parrain à l'égard de l'enfant tenu par lui sur les fonts de baptême.

Le mot *adopter* un enfant s'emploie souvent parmi nous dans le moyen âge, pour indiquer qu'on tient un enfant sur les fonts de baptême, qu'on devient son parrain, son père spirituel.

Denisart, *Collection de décisions*, au mot Adoption.

Ainsi, enfin, dans des passages tels que les suivants, Adopter sert à exprimer le choix d'un compagnon d'armes, la faveur accordée à un disciple préféré, l'admission au rang des bons poëtes, l'amour pour ses concitoyens, etc.

Il (Galba) déclara là, en peu de mots, à la façon des princes, qu'il *adoptoit* Pison, suivant l'exemple d'Auguste et la coustume militaire, par laquelle un soldat en *adopte* un autre en la présence de tous.

Perrot d'Ablancourt, trad. de Tacite, *Histoires*, I, 5.

M. Viviani à peine avoit un an de géométrie, qu'il fut digne que Galilée le prît chez lui, et en quelque manière l'*adoptât*.

Fontenelle, *Éloge de Viviani*.

L'Académie française, qui n'a jamais éloigné volontairement aucun talent supérieur, *a* du moins *adopté* Molière dès qu'elle l'a pu, par l'hommage le plus éclatant.

La Harpe, *Cours de littér.*, part. II, liv. I, Poésie, c. 6, sect. 5.

René, *adopté dans* la tribu de l'Aigle, devait être de l'expédition commandée par le vieux chef.

Chateaubriand, *René*.

... S'il advient, comme un jour je l'espère,
Que Parnasse m'*adopte* et se dise mon père.

Regnier, *Satires*, I.

Oui, Brutus est son fils, mais vous qui m'écoutez,
Vous étiez ses enfans, dans son cœur *adoptés*.

Voltaire, *la Mort de César*, III, 8.

La métaphore, assez ordinaire en latin, qui appliquait *adoptare* au procédé de la greffe, a dû se reproduire chez nous pour Adopter.

Là, d'un arbre fertile on insère un bouton
De l'arbre qui l'*adopte* utile nourrisson.

DELILLE, trad. des *Géorgiques*, II.

Ou, greffé par vos mains, l'arbre de vos vergers
Adopte des rameaux et des fruits étrangers.

SAINT-ANGE, trad. d'Ovide, *Remed. amor.*, v. 195.

Par une figure analogue, et dans un sens ironique, ADOPTER a pu se dire d'un auteur qui s'approprie l'ouvrage d'autrui.

Prendre les pensées et les ouvrages d'autruy, et les *adopter* comme siens.

DANET, *Dict. fr.-lat.*

Ménage, ce pauvre poëte,
Dit qu'il a fait mon Epictète :
Ce n'est pas chose étrange en lui
D'*adopter* les œuvres d'autrui.

Gilles BOILEAU, *Avis à M. Ménage.*

L'acception figurée la plus fréquente d'ADOPTER, c'est Considérer, regarder comme sienne, faire sienne, s'approprier quelque chose que ce soit, une parole, un sentiment, un avis, un projet, une coutume, etc.

Je veux bien avertir celuy qui entreprendra un grand œuvre qu'il ne craigne point d'inventer, *adopter* et composer à l'imitation des Grecz quelques motz françoys.

Joach. DU BELLAY, *Deffence et illustration de la langue franc.*, liv. II, c. 6.

À propos de sérénade, il me souvient qu'à mes noces on m'en donna une quinze jours de suite... Elle courut par tout le Marais; les plus galantes dames de la place Royale l'*adoptèrent.*

SCARRON, *Roman comique*, I, 16.

À vous la gloire, à vous la louange, à vous l'action de grâces de tous ceux qui souffrent, c'est-à-dire de tous les hommes, pour la bonté que vous avez eue de vous approprier et d'*adopter* leurs souffrances.

BOSSUET, *Méditations sur l'Évangile*, XCV[e] jour, dernière semaine.

Plusieurs suppriment leurs noms, qu'ils pourroient conserver sans honte, pour en *adopter* de plus beaux, où ils n'ont qu'à perdre, par la comparaison que l'on fait toujours d'eux qui les portent avec les grands hommes qui les ont portés.

LA BRUYÈRE, *Caractères*, c. 14.

On croit qu'en *adoptant* leur langage, on *adopte* leurs talents et leur réputation.

MASSILLON, *Carême*, mardi de la IVe semaine. Doutes sur la religion.

Il proposa à la cour et au maréchal des partis téméraires, bien sûr qu'ils ne les *adopteroient* pas, et que l'honneur de les avoir imaginés lui en resteroit.

SAINT-SIMON, *Mémoires*, 1696, t. I, c. 36.

Sa philosophie *a été adoptée* par toute l'Angleterre.

FONTENELLE, *Éloge de Newton.*

La vérité *adopte* éternellement ce que la justice a une fois décidé.

D'AGUESSEAU, *Mercuriales*, II.

Pompée ne rougit point de prendre César pour son beau-père, *adoptant* par cette alliance toutes ses vues et tous ses desseins criminels.

ROLLIN, *Traité des études*, liv. VI, 3e partie, 4e morceau de l'hist. romaine, c. 2, n° 3.

Ils (les Français) *ont adopté* toutes les constitutions des papes, et en ont fait une nouvelle partie de leur droit.

MONTESQUIEU, *Lettres persanes*, CI.

J'*ai adopté* toutes vos critiques ; j'ai refait tous les vers que vous avez bien voulu reprendre.

Ses contemporains, qui *adoptaient* les fables les plus grossières, ne crurent point les vérités que Marc Paul annonçait.

VOLTAIRE, *Lettres*, 5 déc. 1733; *Essai sur les mœurs*, c. 142.

Les chimistes *ont adopté* les affinités sans les comprendre.

BUFFON, *Hist. nat.* Des minéraux. Introd., part. I.

Il n'est pas rare de voir ces oiseaux, lorsqu'ils trouvent un pays qui leur convient, s'y fixer et l'*adopter* pour leur patrie.

LE MÊME, *Histoire naturelle.* Oiseaux : l'Ortolan.

L'Amérique à genoux *adoptera* nos mœurs.

VOLTAIRE, *Alzire*, I, 1.

Enfin, toujours au figuré, ADOPTER exprime la préférence que l'on accorde à un genre de travail, à une manière, à un plan, à une expression, etc., le choix que l'on en fait.

Nous *adoptons*, pour désigner cette espèce d'hirondelle de mer, le nom de Guifette.

BUFFON, *Histoire naturelle.* Oiseaux : la Guifette.

Adopter est d'un usage spécial dans les assemblées délibérantes, *adopter une loi*, *un article de loi*, *un paragraphe*, *un amendement*, etc.

Adopter, dans quelques-unes de ses acceptions, mais plus particulièrement au sens propre, s'emploie quelquefois absolument.

En défaut d'enfans procreez de leurs corps, ils pouvoient (les rois de France de la première race) mesmement *adopter* et faire de feintes affiliations sans s'arrêter au droit d'intestat et proximité de lignage.

Est. Pasquier, *Recherches de la France*, II, 18.

Eh! comment, sans faire injure au peuple français, pourrait-on penser que son caractère répugne à une institution qui doit être tout à la fois un acte de consolation pour celui qui *adopte* et un acte de bienfaisance envers celui qui *est adopté*.

Berlier, *Exposé des motifs du titre VIII, livre Ier du Code civil*, de l'adoption (séance du 21 ventôse an XI).

La faculté d'*adopter* ne pourra être exercée qu'envers l'individu à qui l'on aura, dans sa minorité, et pendant six mois au moins, fourni des secours et donné des soins non interrompus.

Code civil, art. 345.

Adopter a pu en certains cas devenir verbe réciproque.

Je désirerais que les élèves pussent *s'adopter* mutuellement *comme* amis.

Bernardin de Saint-Pierre, *Harmonies de la nat.*, VII, de l'amitié.

Adopté, ée, participe.

Il a tous les sens du verbe, soit au propre, soit au figuré.

Au propre :

Saint Ambroise, au livre Ier de ses offices, chapitre 7, compare les clercs et enfans de l'église aux enfans *adoptés*.

Est. Pasquier, *l'Interpretation des Institutes de Justinian*, I, 31.

Que vois-je ! l'étranger dépouille l'héritier,
Et le fils *adopté* succède le premier.

L. Racine, *la Religion*, IV.

Au figuré :

Le peuple chrétien... est le peuple *adopté*, qui ne fait qu'un même corps et une succession non interrompue depuis les patriarches jusqu'à nous.

Fénelon, *Lettres sur la religion*, I, 5.

Cette abondance de lois *adoptées*, et, pour ainsi dire, naturalisées, est si grande qu'elle accable également la justice et les juges.

Montesquieu, *Lettres persanes*, CI.

L'olivier, par la terre une fois *adopté*,
De ces pénibles soins n'attend pas sa beauté.

Delille, trad. des *Géorgiques*, II.

On dit substantivement, dans le langage judiciaire, *l'adopté*, et aussi *l'adoptant*.

L'adoption (chez les Romains) acquéroit à *l'adoptant* tous les droits de la puissance paternelle.

Richelet, *Dictionnaire*.

L'adoption conférera le nom de *l'adoptant* à *l'adopté*, en l'ajoutant au nom propre de ce dernier.

Code civil, art. 347.

Adopté est, dans le langage des assemblées, une formule qui indique qu'une proposition est acceptée.

ADOPTIF, IVE, adj. (du latin *Adoptivus*).

Autrefois adoptis, adopt, adoptatif. (Voyez le *Glossaire* de Sainte-Palaye.)

Adoptif se dit, passivement, de Celui qui est, qui a été adopté, *enfant adoptif*, *fils adoptif*, *fille adoptive*.

Par une conséquence naturelle de l'adoption, il s'est quelquefois étendu aux descendants de l'adopté.

Cil qui est nez del *fill adoptif* tient l'en *adoptif*.

Ancienne traduction du Digeste, fol. 10, v°, col. 2.

... Quand aucun n'a nuls enfans, il peut attribuer et prendre à luy aucun enfant et en faire son hoir par adoption et tels sont appellez *fils adoptifs*.

Sachez que si aucun seigneur faisoit son *filz adoptif* de son serf, il l'affranchiroit.

Bouteiller, *Somme rurale*, tiltre XCIV.

Ægeus n'estoit que *fils adoptif* de Pandion, et ne tenoit rien au sang royal des Erechtheides.

Amyot, trad. de Plutarque, *Vie de Thésée*, c. 4.

L'adoption est un effet de l'amour, car l'on choisit celui qu'on adopte; la nature fait les autres enfants, l'amour seul fait les *adoptifs*.

Bossuet, *Méditations sur l'Évangile*, XXIIe jour, Oraison dominic.

Adoptif se dit, activement, de Celui qui adopte, qui a adopté, *père adoptif*, *mère adoptive*.

Et avoit mesme puissance sur luy qu'auparavant le pere legitime et naturel, et tomboient, en faveur de ce *pere adoptif*, toutes les loix de la puissance naturelle.

Est. Pasquier, *l'Interpretation des Institutes de Justinian*, I, 31.

Octavius étoit père d'Auguste, mais outre que sa condition n'étoit pas des plus illustres, la splendeur du *père adoptif* aida bien à supprimer aucunement le naturel.

Malherbe, trad. du *Traité des bienfaits* de Sénèque, III, 32.

Comme l'adoption imite la nature, selon les jurisconsultes, ces mêmes législateurs ont voulu que les enfans adoptez fussent semblables en tout, quant aux effets civils, aux enfans naturels : que les *peres adoptifs* eussent la puissance de la vie et de la mort sur eux, comme sur leurs enfans naturels : que ces enfans prissent le nom du *pere adoptif* comme estant entrez et entez dans sa famille.

Du Cange, *Dissertation XXIIe sur l'histoire de saint Louys* : Des adoptions d'honneur en fils.

De cet avantage même résulte un inconvénient... C'est de sentir que la tendresse que l'enfant conserve pour sa propre mère est une grâce, et que celle qu'il a pour sa *mère adoptive* est un devoir.

J.-J. Rousseau, *Émile*, I.

L'application particulière d'*adopter* à certains pactes d'alliance en usage entre les princes barbares au moyen âge, s'est étendue à adoptif, et, on le verra plus loin, à *adoption*.

Cette communication des armes estoit réciproque entre les frères *adoptifs*, se les donnant réciproquement, tant pour attaquer leurs ennemis, que pour se défendre contre eux.

Du Cange, *Dissertation XXIe sur l'histoire de saint Louys* : Des adoptions d'honneur.

Adoptif a pu, comme *adopter*, s'employer, dans certains cas, au figuré.

De là, dans le langage ecclésiastique, un emploi de ces expressions, *enfant adoptif, fils adoptif*, analogue à celui qui y est fait, on l'a vu plus haut, d'*adopter*.

Nous ayant prédestinés, par un effet de sa bonne volonté, pour nous rendre ses *enfants adoptifs* par Jésus-Christ.

Le Maistre de Sacy, trad. de la Bible, *Épîtres de saint Paul aux Éphésiens*, I, 5.

Qui seroit capable de bien pénétrer cette charité immense de Dieu envers nous? donner l'héritier pour les étrangers! donner le naturel pour les *adoptifs* !

Bossuet, *Sermons*, IIe disc. sur la Passion de N.-S. Jésus-Christ.

De là, dans l'usage ordinaire, d'autres applications de ces expressions, soit à des personnes, soit même à des choses.

Eulx arrivés à la garnison, le bon chevalier *filz adoptif* de dame Courtoisie, qui desja, par le chemin, avoit entendu de quelle maison estoit le seigneur domp Alonce, le fit loger en une des belles chambres du chasteau.

Le loyal Serviteur, c. 19.

La rythme de notre poëte sera voluntaire, non forcée : receüe, non appellée : propre, non aliene : naturelle, non *adoptive*.

Joach. Du Bellay, *Deffence et illustration de la langue françoyse*, liv. II, c. 7.

M. Ménage a adopté plusieurs petits poëmes de ses amis, et en a composé un livre qu'il appelle *Livre adoptif*.

Richelet, *Dictionnaire* (allusion à ce titre d'un recueil publié par Ménage : *Ægidii Menagii Liber adoptivus*.)

Objet de la vénération publique, il (Louis XVIII) est mort en paix, plein de gloire et de jours, pour avoir recueilli cette liberté, à laquelle il ne devait rien, mais qu'il vous a laissée généreusement, comme la *fille adoptive* de sa sagesse, et la réparatrice de vos malheurs.

Chateaubriand, *Opinion sur le projet de loi relatif à la police de la presse*, décembre 1827.

Regardez-moi, seigneur, comme dame romaine...
Sous ce titre *adoptif*, étant ce que vous êtes,
Je pense bien valoir une de mes sujettes.

P. Corneille, *Sertorius*, II, 2.

ADOPTION, s. f. (du latin *Adoptio*).

Au propre, l'Action d'adopter, c'est-à-dire de choisir quelqu'un pour fils ou pour fille, et de lui en donner les droits civils, en remplissant certaines conditions prescrites par la loi.

Quelquefois il se prend absolument, *une adoption*, *l'adoption*.

Adoption est uns nons generals qui est devisez en ij espèces, de quoi l'une est apelée *adoption*, et l'autre *arrogation*.

Ancienne traduction du Digeste, fol. 9, v°, col. 1, XIII° siècle.

Il y avoit deux especes d'*adoption* generale dans Rome: l'une, que l'on appeloit en particulier *adoption*, l'autre adrogation. L'*adoption* se fesoit de l'enfant qui estoit en la puissance de son perc naturel et legitime...

Est. PASQUIER, *l'Interpretation des Institutes de Justinian*, I, 31.

Sous Tiberius, sous Caius et Claudius, l'empire et nous estions comme l'héritage d'une seule famille : cette action de choisir un prince commencera de ramener quelque image de liberté. La tige des Césars et des Claudes péries, l'*adoption* triera désormais le meilleur entre tous. Certe, c'est une légère gloire d'estre issu des empereurs, puisqu'elle est fortuite, au lieu que l'*adoption* reluit de l'honneur d'un choix et d'un jugement libre, qui mesmes se peut encore guider et authoriser par la voix publique.

Mlle DE GOURNAY, traduction de Tacite, *Histoires*, I, 16. Discours de Galba à Pison.

Au pays coustumier de France les *adoptions* ne sont reçues, et les enfans adoptez ne succedent point.

BACQUET, *du Droit d'aubaine*, part. III, c. 24, n°s 7 et 8.

Il n est pas nécessaire de rapporter ici les diverses dispositions du droit romain sur la succession des enfants au nombre desquels on comprenoit ceux à qui on donnoit ce nom par l'*adoption*.

DOMAT, *les Lois civiles*, II, 1.

Il ne faut point de substitutions, de retraits lignagers, de majorats, d'*adoptions*. Tous les moyens inventés pour perpétuer la grandeur des familles dans les États monarchiques, ne sauroient être d'usage dans l'aristocratie.

MONTESQUIEU, *Esprit des lois*, V, 8.

Le second événement, si funeste à l'Italie et à la France, fut causé par des *adoptions*. On a déjà vu Jeanne Ire adopter Louis Ier... Ces *adoptions* étaient un reste des anciennes lois romaines; elles donnaient le droit de succéder et le prince adopté tenait lieu de fils; mais le consentement des Barons y était nécessaire.

VOLTAIRE, *Essai sur les mœurs*, c. 74.

La parenté purement civile est celle qui étoit formée par l'*adoption* entre la personne adoptée et son père adoptif et tous les parents du nom et de la famille de son père adoptif. Cette parenté formoit le même empêchement que la parenté naturelle... L'*adoption* n'étant plus depuis longtemps en usage parmi nous, il n'y a plus lieu à l'empêchement qui en résultoit.

POTHIER, *Traité du contrat de mariage*, III° part., c. III, quest. 6.

L'*adoption*, proprement dite, n'a peut-être jamais eu lieu chez le François... Nos jurisconsultes ont regardé l'*adoption* comme un droit particulier aux Romains..... L'*adoption* n'est pas plus en usage dans nos provinces de droit écrit que dans nos provinces de droit coutumier.

DENISART, *Collection de décisions*, au mot ADOPTION.

L'*adoption* n'est permise qu'aux personnes de l'un ou de l'autre sexe, âgées de plus de cinquante ans, qui n'auront à l'époque de l'*adoption* ni enfans, ni descendans légitimes et qui auront au moins quinze ans de plus que les individus qu'elles se proposent d'adopter.

Code civil, art. 343.

L'*adoption* le mit (le sceptre) entre les mains d'Égée.

J. RACINE, *Phèdre*, II, 2.

ADOPTION s'emploie en outre d'une manière plus déterminée dans des locutions où il est rapporté par la préposition *de* ou l'adjectif possessif, soit à la personne adoptée, soit à celle qui adopte, l'*adoption de*, *son adoption*.

L'empereur Galba fit l'*adoption de* Pison au camp, pour gagner l'affection des soldats.

Le reproche qu'on me fait de ma vieillesse cessera par *ton adoption*.

PERROT D'ABLANCOURT, trad. de Tacite, *Histoires*, I, 15, 16.

ADOPTION a été, comme *adopter* et *adoptif*, appliqué par extension à certains pactes d'alliance en usage entre les princes barbares au moyen âge.

Depuis que les nations du nord se sont répandues dans leur empire (des Romains), on y en a vu paroître une autre espèce (d'adoption), laquelle n'estoit pas tant une *adoption* qu'une alliance entre les princes, qui se communiquoient par là réciproquement les titres de père et de fils, et par ce moyen contractoient entr'eux une liaison de bienveillance beaucoup plus étroite. Ces *adoptions* n'étoient que par honneur et ne donnoient aucune part au fils adoptif en la succession de celui qui adoptoit... Ce fut ainsi que le roi des Hérules fut adopté par..... Théodoric.....

Les anciens Romains n'ont reconnu en quelque façon que ce soit les *adoptions en frère*, parce qu'elles ne pouvoient estre fondées sur aucune des raisons qui ont introduit l'usage des *adoptions*... Les *adoptions* honoraires *en frères* n'ont esté fondées que sur cette amitié réciproque de deux amis, qui s'entraimoient d'une bienveillance fraternelle.

Il ne faut pas douter que la chevalerie n'ait tiré son origine de cette espèce d'*adoption*, qui se faisoit par les armes, et de la cérémonie qui s'y observoit, où l'on revetoit d'armes pour la guerre celui qui étoit adopté.

Du Cange, *Dissertations XXI et XXII sur l'hist. de saint Louys.*

La chevalerie la plus commune et qui dure encore aujourd'huy est celle de la fraternité d'armes, qui estoit comme une espèce d'*adoption*, de société et de liaison d'amitié, lorsque les princes se liant les uns aux autres en des occasions d'entrevues, de mariages, de traitez, d'alliances et de ligues, se donnoient des marques mutuelles d'amitié et s'engageoient à en porter quelques signes extérieurs comme frères de chevalerie. Ces *adoptions* ou fraternitez d'armes estoient si communes, qu'il n'y avoit presque aucun prince qui n'eust alors sa devise particulière, qu'il donnoit aux autres princes et seigneurs en signe d'amitié.

Le P. Ménétrier, *de l'Ancienne Chevalerie*, c. 1.

Adoption, comme *adopter* et *adoptif*, s'est naturellement appliqué, par figure, à certains rapports de protection spéciale, de particulière affection.

De là ces expressions, empruntées à l'Écriture, par lesquelles l'élection que Dieu a faite des gentils et des pécheurs est appelée *adoption*, et l'homme lui-même, comme on le verra plus loin, *enfant d'adoption de Dieu.*

Nous soupirons et nous gémissons en nous-mêmes, attendant l'effet de l'*adoption* divine, la rédemption et la délivrance de nos corps.

Le Maistre de Sacy, trad. de la Bible, *Épître de saint Paul aux Romains*, VIII, 23.

« Notre père » : dès ce premier mot de l'oraison dominicale, le cœur se fond en amour, Dieu veut être notre père par une *adoption* particulière...

Le même saint Paul dit ailleurs (Rom. VIII, 14, 15) : Ceux qui sont mus, qui sont conduits par l'esprit de Dieu, sont les enfants de Dieu... et Dieu nous envoie l'esprit d'*adoption* par lequel nous crions : Père, Père.

Bossuet, *Méditations sur l'Évangile*, XXIIe jour. Oraison dominicale.

Les pauvres ne sont-ils pas les enfants de Dieu comme vous, appelés à la même *adoption* que vous ?

Bourdaloue, *Carême*. Sur l'aumône.

La même figure se montre fréquemment dans des expressions où certains actes de protection, d'affection, la collation de certains titres, sont assimilés à la paternité de choix marquée par le mot adoption :

Je suis glorieux de l'illustre *adoption* dont vous m'avez voulu honorer.

Balzac, *Lettres*, X, 26.

C'est une espèce d'*adoption* que la réception d'un religieux.

Furetière, *Dictionnaire*.

M. de la Cardière, premier médecin de Monseigneur le duc de Berry, et très-célèbre dans son art, l'avoit choisi pour lui donner sa fille unique, et c'est encore une partie de la gloire de M. Berger, que toutes les circonstances de cette espèce d'*adoption*.

Fontenelle, *Éloge de M. Berger*.

Songez qu'il faut du moins pour toucher votre cœur
La fille d'un tribun, ou celle d'un préteur ;
Que Rome vous permet cette haute alliance
Dont vous auroit exclus le défaut de naissance,
Si l'honneur souverain de son *adoption*
Ne vous autorisoit à tant d'ambition.

P. Corneille, *Nicomède*, I, 2.

Adoption se dit encore, figurément, comme *adopter* et *adoptif*, en parlant des choses que l'on s'approprie, que l'on fait siennes.

L'*adoption* dans une langue des mots étrangers ne saurait se faire avec trop de précaution.

Voltaire...

De là, dans la langue parlementaire, ces expressions d'un usage spécial, *adoption d'une loi*, *d'un article de loi*, *d'un amendement*, etc.

D'ADOPTION, tant au propre qu'au figuré, se sont formées les locutions suivantes, qui sont restées, sauf la première, fort usitées :

En adoption ; prendre, avoir en adoption ; donner, se donner en adoption :

Cil qui est *donez en adoption* est cosins à cels qui nessent de son pere adoptif.

Ancienne traduction du Digeste, fol. 10, v°, c. 1 et 2.

Si dois sçavoir que celuy qui autre veut *avoir en adoption*, doit avoir au moins quatorze ans plus que celuy qu'il *prent en adoption.*

BOUTEILLER, *Somme rurale*, tilt. XCIV.

Se donner en adoption aux vieillards.
(*Se in adoptionem senibus dare* ou *mancipare*).

DANET, *Dictionnaire françois-latin.*

Par adoption : venir, arriver à.... par adoption ; enfant, fils par adoption, etc. :

Non pas tant seulement li effant naturel sont en nostre posté, mez cil que nous feson nos filz *par adoption.*

Il ne nous plest que le plus jane puist avouer (adopter) le plus viel, car adoption ensuit nature et ce seroit merveille à oïr que li filz fust plus viex que le pere. Cil qui fet d'aucun son fil *par adoption* ou par avouement, doit estre XVIII ans plus viel de lui.

Ancienne traduction des Institutes, ms. 7057, fol. 4, v°, c. 2; fol. 5, v°, c. 2, Bibl. nat. (XIIIe siècle.)

Mais pour estre Clodius de maison patricienne, son eslection au tribunat ne venoit pòint à estre faicte contre les loix, car il estoit passé *par adoption* en une famille populaire.

AMYOT, trad. de Plutarque, *Vie de Caton d'Utique*, c. 12.

Aussi sçavons nous bien que beaucoup d'empereurs arriens venants à l'empire par succession ou *par adoption*, n'ont pas esté rejettez ni repoussez de leurs peuples et subjects orthodoxes.

Satyre Ménippée, Epistre du sieur d'Engoulevent à un sien ami.

Un peu après, Tibère meurt. Caligula, son petit-neveu, son *fils par adoption* et son successeur, étonne l'univers par sa folie cruelle et brutale.

BOSSUET, *Discours sur l'histoire universelle*, I, 10.

Les peuples nés aux bords que la Vistule arrose
Sont *par adoption* devenus tes *enfants.*

J.-B. ROUSSEAU, *Odes*, IV, 4.

D'adoption :

Les Espagnols *d'adoption* et de serment ne nous ont ils pas fait beaucoup plus de mal que les naturels?

Ant. ARNAULD, *Plaidoyer pour l'Université contre les jésuites* (1594.)

Ces déités *d'adoption.*

J.-B. ROUSSEAU, *Odes*, IV, 5, sur les divinités poétiques.

Enfant, fils d'adoption :

Rome retomba entre les mains de Marc-Antoine, de Lépide et du jeune César Octavien, petit-neveu de Jules César, et son *fils d'adoption.*

BOSSUET, *Discours sur l'histoire universelle*, I, 9.

Autrefois enfants de colère, et maintenant *enfants d'adoption* et de dilection éternelle.

LE MÊME, *IVe sermon* pour le jour de Pâques.

Par cette foy vous estes tous faicts dieux,
Et filz de Dieu, et heritiers des cieulx ;
Par ceste foy *enfans d'adoption*,
Jadis enfans de malédiction.

Cl. MAROT, *Sermon du bon pasteur et du mauvais.*

ADORER, v. a. (du latin *Adorare* et, par ce mot, selon les uns de *ad* et *orare*, selon les autres de *ad* et *os*, parce qu'en se prosternant devant les dieux, les anciens portaient la main à la bouche.)

Autrefois : ADOURER et, plus anciennement, AOERER, AOURER, AUORER, AUOURER, AURER, etc. (Voyez le *Glossaire* de Sainte-Palaye et les exemples ci-après.)

ADORER c'est, proprement, Rendre à la Divinité le culte qui lui est dû.

Le matin, Deu *aürat*, puis à sa maisun returnad.

Les quatre Livres des Rois, I, 1, 19.

Li troi roi... *aorèrent* le nouvel enfant de la Virgine.

SAINT BERNARD, *Sermons françois*, à la suite des *Quatre Livres des Rois*, p. 550.

Si prioient Dieu le createur en l'*adorant.*

RABELAIS, *Gargantua*, I, 23.

Il faut *adorer* les dieux, honorer ses parents, reverer les vieilles gentz, obeir aux loyx, ceder aux superieurs, aymer ses amys, estre moderé avec les femmes...

Amyot, trad. de Plutarque, *OEuvres morales*. Comment il faut nourrir les enfants, X.

Sans rhétorique, sans dialectique, ces trois syllabes (ego sum) me suffisent pour me persuader la divinité de cet homme que j'*adore*.

Balzac, *Socrate chrétien*, disc. XI.

Moïse et d'autres croyoient celui qu'ils ne voyoient pas et l'*adoroient* en regardant aux dons éternels qu'il leur préparoit.

Cette église qui *adore* celui qui *a* toujours *été adoré*, a subsisté sans interruption.

Pascal, *Pensées*, part. II, art. IV, § 5.

Il faut l'*adorer* en silence et par de simples pensées.

Bossuet, *Discours sur l'histoire universelle*, II, 12.

On vous méprise en méprisant devant vous le Dieu que vous *adorez*.

Massillon, *Petit Carême*, IIe dimanche.

La reine Élisabeth..., en protégeant la religion dominante, laissa chacun *adorer* Dieu selon ses principes.

Voltaire, *Essai sur les mœurs*, c. 138.

E dist al rei : salvet eiiez de Deu
Le glorius que deus *aürez*.

Chanson de Roland, st. IX, v. 2 (éd. de 1837.)

Diex, dist li rois, tu *soies aorés !*

Ogier de Danemarche, v. 4865.

De son creator *aorier*,
Ne de lui preier e amer...
N'est pas oblios...

Benoît, *Chronique des ducs de Normandie*, v. 13785.

Je n'*adore* qu'un Dieu maître de l'univers.

P. Corneille, *Polyeucte*, V, 3.

Et que tout tremble au nom du Dieu qu'Esther *adore*.

J. Racine, *Esther*, III, 7.

D'un bout du monde à l'autre elle parle, elle crie :
Adore un Dieu, sois juste et chéris ta patrie.

Voltaire, *la Loi naturelle*, part. I.

Adorer Dieu en esprit et en vérité se dit, d'après une parole de l'Écriture, du culte offert à la Divinité par l'intelligence.

Mais le temps vient, et il est déjà venu, que les vrais adorateurs *adoreront* le Père *en esprit et en vérité*... Dieu est esprit, et il faut que ceux qui l'adorent, l'*adorent en esprit et en vérité*.

Le Maistre de Sacy, trad. de l'*Évangile selon saint Jean*, IV, 23, 24.

Adorons-nous Dieu, ou prétendons-nous l'adorer, si nous ne l'*adorons en esprit et en vérité*.

Bourdaloue, *Carême*. Sur la parfaite observation de la loi.

Dieu veut *être adoré en esprit et en vérité* ; ce devoir est de toutes les religions, de tous les pays, de tous les hommes.

J.-J. Rousseau, *Émile*, IV.

Par une analogie naturelle, le verbe latin *adorare* avait quelquefois le sens de Prier, demander. Il en est de même d'Adorer dans cet ancien passage que cite Sainte-Palaye :

Que Diex tres longue vie te doint, je l'*en aour*.

Gérard de Roussillon, v. 2748.

Dans ces autres passages, eux-mêmes de date très-ancienne, c'est l'idée de remerciement pour un bienfait reçu qui est exprimée par Adorer :

Lors je plorai et rendis grâces à Dieu, et li dis ainsi : Sire, *aouré soies*-tu *de* ceste soufraite que tu me fais.

Joinville, *Histoire de saint Louis*.

Car de cent amis aparens,
Soient compaignons ou parens,
S'uns leur en pooit demorer,
Dieu *en* devroient *aorer*.

Roman de la Rose, v. 4904.

Adorer, se dit au sens propre, non-seulement en parlant de Dieu, mais des trois personnes que comprend la Trinité, de ses attributs, de ses actes, des mystères de la religion, des espèces de l'Eucharistie, etc.

Les trois personnes ke nous... *aorons* en la soveraine Triniteit.

Saint Bernard, *Sermons françois*, à la suite des *Quatre Livres des Rois*, p. 522.

J'*adore* la lumière de cette Écriture, mais j'en *adore* aussi les ténèbres.

BALZAC, *Socrate chrétien*, disc. XI.

Adorons en cette princesse le mystère de la prédestination et de la grâce.

L'oracle de Jérémie et le retour tant promis après soixante-dix ans de captivité les étonne et les console; ils *adorent* les jugements de Dieu.

Allons de ce pas, ne tardons pas davantage; allons adorer Jésus qui repose sur l'autel... pain des voyageurs, qui serez un jour le pain... de ceux qui vivront dans la céleste patrie, je vous *adore*.

BOSSUET, *Oraison funèbre de la duchesse d'Orléans; Discours sur l'histoire universelle*, II, 4; *Méditations sur l'Év.*, LVIe jour.

C'est ici que j'*adore* les conseils de Dieu.

BOURDALOUE, *Sermons*. Sur la nativité de J.-C.

Celui dont le cœur est uni étroitement à Dieu, goûte un plaisir sensible de pouvoir parler à Dieu, penser à ses vérités éternelles, *adorer* sa grandeur, admirer sa puissance.

FÉNELON, *Sermons*. Sur les caractères de la piété.

En faisant *adorer* sa mort à toute la terre.

MASSILLON, *Petit Carême*. Divinité de Jésus-Christ.

Son cœur (de Corbinelli) est toujours dans la perfection de toutes les vertus morales; elles seront chrétiennes quand il plaira à cette chère Providence que nous *adorons* toujours.

Mme DE SÉVIGNÉ, *Lettres*, 8 janvier 1681.

J'*adore* la puissance suprême, et je m'attendris sur ses bienfaits.

J.-J. ROUSSEAU, *Émile*, IV.

Et vous tous qui savez sa vie et son trépas
Adorez en baisant la terre sous ses pas
Les traces de la croix qu'il a pour nous portée.

RACAN, *Psaumes*, XCVIII.

Adorez ses grandeurs, recevez ses oracles.

GODEAU, *Psaumes*, CIV.

ADORER, dans un sens particulier de relation à Dieu que distinguent les théologiens, sert aussi à exprimer la pieuse vénération qui, dans le culte catholique, s'adresse à la Vierge, aux anges, aux saints.

Adorer la croix se dit de même par relation à Jésus-Christ, en parlant d'une des cérémonies du culte catholique qui a lieu dans la semaine sainte.

On se sert quelquefois, par une extension analogue, du mot ADORER en parlant des signes visibles de la religion, par exemple du Saint-Sacrement, des reliques, des images des saints, etc.

Là est *adoré* le corps de sainct Andrieu.

Olivier DE LA MARCHE, *Mémoires*, I, 24.

Si l'idolâtrie n'est sinon transferer l'honneur de Dieu ailleurs, nierons-nous que cela ne soit idolatrie?... on a colloqué les os des morts et toutes les autres reliques sur le grand autel, au lieu le plus haut et le plus eminent pour les faire *adorer* plus authentiquement... par sacrilege execrable, on *a adoré* les creatures mortes et insensibles, au lieu du Dieu vivant.

CALVIN (dans un écrit sur le culte des reliques).

Tout le monde voit bien que devant la croix... (l'Eglise) *adore* celui « qui a porté nos crimes sur le bois » et que si ses enfants inclinent la tête devant le livre de l'évangile, s'ils se lèvent par honneur quand on le porte devant eux, et s'ils le baisent avec respect, tout cet honneur se termine à la vérité éternelle qui nous y est proposée...

Si nos adversaires consideroient les explications précédentes, qui comprennent la doctrine expresse du concile de Trente, ils cesseroient de nous objecter que... nous *adorons* les images d'une manière qui n'est propre qu'à Dieu.

BOSSUET, *Exposition de la doctrine de l'Église catholique*, V.

C'est une trop basse chicane de disputer des mots. En particulier celui d'*adorer* a une si grande étendue, qu'il est ridicule de le condamner sans en avoir déterminé tous les sens. On *adore* Dieu et, en un certain sens, on n'*adore* que lui seul. On *adore* le Roi (I Reg., 24, 9); on *adore* l'escabeau des pieds du Seigneur (Ps. 98, 5), c'est-à-dire l'arche; on *adore* la poussière que les pieds des saints ont foulée, et les vestiges de leurs pas (Is. 49, 23; 60, 14): on se prosterne devant; on les lèche, pour ainsi dire; et Jacob *adora* le sommet du bâton de commandement de Joseph, comme saint Paul l'explique (Hebr. XI, 21). Voilà pour les expressions de l'Ecriture. En les suivant, les Pères ont dit qu'on *adore* la crèche, le sépulcre, la croix du Sauveur, les clous qui l'ont percé, les reliques des martyrs et les gouttes de leur sang, leurs images et les autres choses animées et inanimées... Avant que de condamner ces expressions, il faut distribuer le terme d'adoration à chaque chose selon le sens qui lui convient, et c'est ce que fait l'Église en distinguant l'adoration souveraine d'avec l'inférieure, et la relative d'avec l'absolue...

Ce grand docteur (saint Ambroise), parlant de sainte Hélène, mère de Constantin, dit qu'ayant trouvé la vraie croix où Jésus-Christ avoit été attaché, elle *adora* le Roi et non pas le bois : il a raison : personne n'*adore* le bois : sa figure est ce qui le rend digne de respect, non à cause de ce qu'il est, mais à cause de ce qu'il rappelle à la mémoire... On *adore* donc la croix et on ne l'*adore* pas à divers égards : on l'*adore*, car c'est devant elle qu'on fait un acte extérieur d'adoration quand on se prosterne. On ne l'*adore* pas, car l'intention et les mouvements intérieurs qui sont le vrai culte, vont plus loin et se terminent à Jésus-Christ.

LE MÊME, *Lettre* du 17 mars 1691, à frère N..... sur l'adoration de la croix.

Monseigneur allant, comme je l'ai dit, à Meudon, le lendemain des fêtes de Pâques, rencontra à Chaville un prêtre qui portoit notre Seigneur à un malade et mit pied à terre pour l'*adorer* à genoux.

Le Jeudi saint il servoit les pauvres à diner, et après la collation, il ne faisoit qu'entrer dans son cabinet, passoit à la tribune *adorer* le saint sacrement...

SAINT-SIMON, *Mémoires*, 1711, t. IX, c. 13; 1715, t. XIII, c. 12.

El camp fist une crois lever,
Et sa gent la fist *aorer*.

WACE, *Roman de Brut*, v. 14891.

Par toz les sainz que l'en (on) *aeure*.

Roman du Renard, v. 9799.

Li jors vint de l'Acenssion
La gent à grant porcession
Aloit *aorer* la croiz sainte
Qui du sanc Jhésu-Crist fu tainte.

RUTEBEUF, *la Vie de Ste Marie l'Égyptienne*. OEuvres, t. II, p. 112.

Le jour de la croix aourée était, dans la langue du moyen âge, Le vendredi saint.

I fist destruire bien signors
Ki sa mort avoient jurée
Le jour de la crois aourée.

PH. MOUSKES, *Chronique*, v. 17491.

Sainte-Palaye, qui cite ce passage, renvoie à d'autres, desquels il résulte que l'on appelait encore, à cette époque, ce même jour, *vendredi aouré*. (Voyez *Chroniques de Saint-Denys*, t. II, fol. 168.)

Il fut deux roynes par deçà la mer qui leurs faulx delis de luxure faisoient aux tenèbres le jeudy absolu et le saint *vendredy aouré*.

Le Livre du chevalier de la Tour-Landry, c. 124.

La valeur de cette expression *adorer le saint sacrement* est rendue sensible dans ce passage :

Cruels et lâches persécuteurs, faut-il donc que les cloîtres les plus retirés ne soient pas des asiles contre vos calomnies ? Pendant que ces saintes vierges *adorent* nuit et jour *Jésus-Christ au Saint-Sacrement*, selon leur institution, vous ne cessez nuit et jour de publier qu'elles ne croient pas qu'il soit... dans l'Eucharistie.

PASCAL, *Provinciales*, XVI.

ADORER est encore un terme consacré pour les cérémonies qui se pratiquent à l'égard d'un nouveau pape, soit qu'on le reconnaisse pour tel par cet hommage même, sans avoir fait de scrutin auparavant, soit qu'on le lui décerne, après son élection régulière, lorsqu'il est mis sur l'autel.

Le cardinal Polus eût été élu pape, s'il eût voulu souffrir que les cardinaux de son parti l'*eussent adoré*.

Il étoit cinq heures de nuit, lorsqu'on descendit dans la chapelle pour *adorer* le nouveau pontife.

MAUCROIX, *Vie du cardinal Polus*, p. 42, 45.

Deux papes se font *aourer*
Dont il ne deust c'un seul regner.

Eust. DESCHAMPS, *Poésies mss.*, fol. 266, col. 4 (cité par Sainte-Palaye).

On se sert fréquemment du mot ADORER en parlant du culte rendu au démon, aux faux dieux, aux idoles, etc.

E fist faire altels à Baal e à Déable e Ydles, e les signes del ciel, les esteiles *aurad*.

Les quatre Livres des Rois, IV, XXI, 3.

Aorèrent (adoraient) par... sacrilège les arbres et les pierres.

SAINT BERNARD, *Sermons françois*, ms., p. 98 (cité par Sainte-Palaye).

Le menu populaire... s'en alla *adorant* Romulus en son cueur avec bonne esperance.

Chacun se meit à invoquer, prier et *adorer* Quirinus.
AMYOT, trad. de Plutarque, *Vie de Romulus*, c. 44, 45.

Plutarque dit que n'estoit le chat, ou le bœuf... que les Egyptiens *adoroient*, mais qu'ils *adoroient*, en ces bestes-là, quelqu'images des facultez divines.
MONTAIGNE, *Essais*, II, 11.

Nos prescheurs et docteurs ont ils pas presché que le feu roy estoit sorcier et *adoroit* le diable, au nom duquel il faisoit toutes ses devotions, et mesme aucuns ont esté si impudents de montrer en chaire publiquement à leurs auditeurs, des effigies faictes à plaisir, qu'ils juroyent estre l'idole du diable, que le tyran *adoroit*, ainsy parloyent ils de leur maistre et de leur roy.
Satyre Ménippée, Épistre du sieur d'Engoulevent à un sien ami.

Les hommes *adorent* tous des dieux diférens : les Scythes un cimeterre, les Thraces un fugitif de Samos, les Phrygiens la lune, les Ethiopiens le jour, les Cylleniens Phalès, les Assyriens une colombe, les Perses le feu, les Egyptiens l'eau ; car ils *adorent* tous en commun cet élément, quoyqu'en particulier chacun ait son Dieu séparé, les uns un taureau ou un singe, les autres une cigogne ou un crocodile; ceux-cy des oignons, ceux-là un chat ou un monstre à teste de chien. Il y en a qui *adorent* l'épaule droite, les autres la gauche ou la moitié de la teste ; quelques-uns un plat ou un gobelet de terre.
PERROT D'ABLANCOURT, trad. de Lucien, *Jupiter le Tragique*.

On *adoroit* jusqu'aux bêtes et jusqu'aux reptiles. Tout étoit dieu excepté Dieu même.
BOSSUET, *Discours sur l'histoire universelle*, II, 3.

Les hommes, oubliant l'auteur de leur être et de l'univers, *adorèrent* d'abord l'air qui les faisoit vivre, la terre qui les nourrissoit, le soleil qui les éclairoit, la lune qui présidoit à la nuit; ils *adorèrent* les conquérans qui les avoient délivrés de leurs ennemis, les princes bienfaisans et équitables.
MASSILLON, *Petit Carême*: Grandeur de Jésus-Christ.

Je voudrois bien savoir pourquoi messieurs de la lune auroient l'esprit plus fort que nous. De quel droit nous feront-ils peur sans que nous leur en fassions ? Je croirois même, ajoutai-je en riant, que comme un nombre prodigieux d'hommes ont été assez fous pour *adorer* la lune ; il y a des gens dans la lune qui *adorent* aussi la terre, et que nous sommes à genoux les uns devant les autres.
FONTENELLE, *les Mondes*, 2ᵉ soir.

N'*adorez* plus, dit-il, ces dieux d'or et de cuivre.
Cela n'empêche pas à ces opiniastres
D'*adorer* Belphegor et se rendre idolâtres
D'un dieu de qui les yeux n'ont jamais vu le jour.
RACAN, *Psaumes*, LXXX ; CV.

Et le Druide craint en abordant ces lieux
De voir ce qu'il *adore* et d'y trouver ses dieux.
BRÉBEUF, trad. de *la Pharsale*, III.

Quoi ! lui dit Polyeucte en élevant la voix,
Adorez-vous des dieux ou de pierre ou de bois?
P. CORNEILLE, *Polyeucte*, III, 2.

Témoin les Turcs que vous appelez hérétiques,
Et que vous assurez par serments authentiques
Adorer pour leurs dieux la lune et le soleil.

Psyché, Psyché la belle, aujourd'hui tient ma place ;
Déjà tout l'univers s'empresse à l'*adorer*.
MOLIÈRE, *l'Étourdi*, IV, 5; *Psyché*, prologue.

Moi je pourrois trahir le Dieu que j'aime?
J'*adorerois* un dieu sans force et sans vertu,
Reste d'un tronc par les vents abattu,
Qui ne peut se sauver lui-même.
J. RACINE, *Esther*, II, 9.

À cet emploi d'ADORER se rapporte l'expression *se faire adorer*.

Caligula étonne l'univers par sa folie cruelle et brutale : il *se fait adorer*, et ordonne que sa statue soit placée dans le temple de Jérusalem.
BOSSUET, *Discours sur l'histoire universelle*, I, 10.

On vit tomber les idoles des faux dieux où l'esprit de mensonge *se faisoit adorer*.
BOURDALOUE, *Sermons pour l'Avent*.

Je *me faisois adorer* par les Babyloniens, dans un temple de marbre où j'étois représenté par une statue d'or.
FÉNELON, *Télémaque*, XVIII.

ADORER se dit, à peu près au même sens, en parlant d'une sorte de culte rendu à ce que l'on aime et divinise en sa propre personne.

Il fait profession (Capanée) de n'*adorer* que son bras et son épée.
BALZAC, *Socrate chrétien*, disc. X.

Sous le nom de fausses divinités, c'étoit en effet leurs propres pensées, leurs plaisirs et leurs fantaisies que les gentils *adoroient*.
BOSSUET, *Discours sur l'histoire universelle*, II, 25.

De là des expressions métaphoriques telles que les suivantes :

Mais ces idoles que le monde *adore*, à combien de tentations délicates ne sont-elles pas exposées !

BOSSUET, *Oraison funèbre de la duchesse d'Orléans.*

La multitude *adore* des divinités de chair et de sang, dont elle espère ce qu'on nomme fortune.

FÉNELON, *Sermons*. Pour la fête de saint Bernard.

Elle (madame la duchesse d'Orléans) devenoit non plus la divinité qu'on alloit *adorer*, mais la prêtresse d'une divinité supérieure dont sa maison deviendroit le temple.

SAINT-SIMON, *Mémoires*, 1710, t. VIII, c. 19.

Il est l'astre naissant qu'*adorent* mes états.

P. CORNEILLE, *Nicomède*, II, 1.

Adorer le veau d'or se dit proverbialement, par allusion à l'idolâtrie des Israélites, de ceux qui font la cour à un homme de peu de mérite, à cause de ses richesses, de son crédit.

Dans le passage suivant, il a été fait de cette expression une application plus particulière.

La premiere piece de tapisserie proche du daiz estoit l'histoire du veau d'or, comme elle est descrite en Exode, 23e chapitre, où Moyse et Aaron y estoient representez par le roi defunct Henri III, et feu Monsieur le cardinal de Bourbon : mais *le veau d'or* estoit la figure du feu duc de Guise haut élevé et *adoré* par le peuple.

Satyre Menippée. Les pieces de tapisseries dont la sale des Estats fust tendue.

Adorer le soleil levant est une autre expression proverbiale qui s'applique aux courtisans d'une puissance nouvelle.

Il se retira tout à l'heure, et fut suivi de tant de gens que le Roi demeura presque seul et éprouva la vérité de cette maxime, que plus de gens *adorent le soleil levant* que le couchant.

MALHERBE, *Lettres*, 1611, à Peiresc.

ADORER signifie encore quelquefois, particulièrement dans des récits où il est question des peuples orientaux, ou de certaines époques de l'empire romain, Rendre des respects extraordinaires en se prosternant.

E Bethsabée s'abaissad, e le rei David *aurad*.

Nathan li prophètes. . . si vint devant le rei, si *aurad* à terre le rei, puis si li dist.

E vindrent encuntre lui, e chaïrent à terre, si l'*aurèrent*.

Les quatre Livres des Rois, III, I, 16, 23 ; IV, II, 15.

La coustume de ce païs est telle que jamais le roy ne donne audience à personne qui ne l'*ait* premierement *adoré*.

AMYOT, trad. de Plutarque, *Vie de Thémistocle*, c. 49.

Les frères de Joseph n'ont pas voulu l'*adorer*, quand ils l'avoient dans leur famille : ils le vont chercher en Égypte pour se prosterner à ses pieds.

ROLLIN, *Traité des études*, liv. VI, 2e partie, c. 2.

Un philosophe, nommé Callisthène avoit suivi le roi dans son expédition. Un jour qu'il le salua à la manière des Grecs : d'où vient, lui dit Alexandre, que tu ne m'*adores* pas?

MONTESQUIEU, *Lysimaque.*

Elle fu (Esther) bien venue du bon roy Assuère,
Devant lui fut encline, doucement l'*adoura :*
Cil li tendit son sceptre et très bien l'honora.

Gérard de Roussillon, v. 1296.

Ici se reproduit, dans une nouvelle acception, qui ne sera pas la dernière, la locution *se faire adorer*.

Dioclétien fuit Rome, qu'il trouvoit trop libre, et s'établit à Nicomédie où il *se fit adorer* à la mode des Orientaux.

BOSSUET, *Discours sur l'histoire universelle*, I, 10.

(Quinte-Curce et Plutarque) prétendent qu'Alexandre, en marchant vers l'Inde, voulut *se faire adorer*, non-seulement par les Perses, mais aussi par les Grecs. Il ne s'agit que de savoir ce qu'Alexandre, les Perses, les Grecs, Quinte-Curce, Plutarque, entendaient par *adorer*... Si vous entendez par *adorer* invoquer un homme comme une divinité, lui offrir de l'encens et des sacrifices, lui élever des autels et des temples, il est clair qu'Alexandre ne demanda rien de tout cela. S'il voulait qu'étant le vainqueur et le maître des Perses, on le saluât à la Persane, qu'on se prosternât devant lui dans certaines occasions, qu'on le traitât enfin comme un roi de Perse tel qu'il l'était, il n'y a rien là que de très-raisonnable et de très-commun.

VOLTAIRE, *Dictionnaire philosophique*, art. ALEXANDRE.

ADORER se dit, par hyperbole, pour Aimer avec une passion excessive.

Et l'*adoroient* (Arteveld) toutes gens comme leur Dieu, pourtant qu'il avoit donné le conseil dont leur ville estoit recouvrée en estat et en puissance.

FROISSART, *Chroniques*, liv. II, c. 160.

Le chevalier est digne d'*estre adoré*, comme Dieu de proesse.

Perceforest, vol. II, c. 88.

Les peuples ne s'enfuyoient point devant le comte de Charolois comme devant un ennemy; ils l'*adoroient* comme leur libérateur.

MÉZERAY, *Histoire de France*, Louis XI; 1465.

La reine *étoit adorée* beaucoup plus par ses disgrâces que par son mérite.

Ce peuple *a adoré* le parlement jusqu'à la guerre.

LE CARDINAL DE RETZ, *Mémoires*, part. II, 1643; part. II, 1649.

On ne voit pas ce qu'il (Sésostris) pouvoit craindre de ses peuples qui l'*adoroient*.

BOSSUET, *Discours sur l'histoire universelle*, III, 3.

J'ai été nourri dans une de ces provinces dont le prince de Condé étoit, ne disons pas le gouverneur, mais le tuteur, mais le conservateur, mais si j'ose ainsi dire, le sauveur; et je sais, puisque l'usage pardonne maintenant ce terme, jusqu'à quel point il y *étoit adoré*.

BOURDALOUE, *Oraison funèbre du prince de Condé*.

M. de Chaulnes avoit depuis très-longtemps le gouvernement de Bretagne et il y *étoit adoré*.

... Mais elle (Mme de Maintenon) aimoit ou plutôt elle *adoroit* la princesse (la duchesse de Bourgogne) dont les manières et les charmes lui avoient gagné le cœur.

SAINT-SIMON, *Mémoires*, 1695, t. I, c. 26; 1712, t. X, c. 16.

Ses domestiques l'*adoroient*; ce qu'elle auroit perdu de son bien, ils auroient cru le perdre autant qu'elle.

MARIVAUX, *la Vie de Marianne*, part. V.

Celui doit-on *aüourer*
Ki les prisonniers deslie...

Anc. poët. franç. mss. avant 1300, t. III, p. 1037 (cité par Sainte-Palaye).

Rome sait vos hauts faits et déjà vous *adore*.

P. CORNEILLE, *Nicomède*, IV, 4.

C'est mon père, seigneur, je vous le dis encore,
Mais un père que j'aime, un père que j'*adore*.

J. RACINE, *Iphigénie*, III, 6.

Il s'emploie dans un sens analogue pour exprimer une prédilection littéraire.

Ils *adoroient* les ouvrages des anciens, ne refusoient point à ceux des modernes les louanges qui leur sont dues.

LA FONTAINE, *Psyché*, I.

Madame Dacier était incapable d'apercevoir des défauts dans l'auteur qu'elle *adorait*.

VOLTAIRE, *Essai sur la poésie épique*, Homère, c. 2.

De là encore cette expression, *se faire adorer* et cette autre *faire adorer*.

Il s'humilioit envers ceulx dont il avoit affaire, et se *faisoit adorer* par ceulx qui avoient affaire de luy.

AMYOT, traduction de Plutarque, *Vie de Sylla*, c. 13.

Louis second de Condé *se seroit fait adorer* de tout le monde, s'il se fût un peu plus ménagé.

LA ROCHEFOUCAULT, *Mémoires*.

Notre abbé a pour vous une tendresse qui me le *fait adorer*.

Mme DE SÉVIGNÉ, *Lettres*, 19 juillet 1671.

... Les soins infinis qu'il (le maréchal de Boufflers) fit prendre et qu'il prit lui-même des hôpitaux, le *firent adorer* des troupes et des bourgeois (à Lille).

SAINT-SIMON, *Mémoires*, 1708, t. VI, c. 28.

Clisthène *se fit adorer* par ses vertus et redouter par son courage.

BARTHÉLEMY, *Voyage d'Anacharsis*, c. 37.

ADORER, en ce même sens, sert quelquefois à marquer, avec amertume ou ironie, l'excès de la servilité.

Il (Dangeau) *adoroit* le roi et madame de Maintenon; il *adoroit* les ministres et le gouvernement; son culte, à force de le montrer, s'étoit glissé jusque dans ses moëlles.

SAINT-SIMON, *Mémoires*, 1720, t. XVIII, c. 18.

Et le peuple inégal à l'endroit des tyrans,
S'il les déteste morts, les *adore* vivants.

P. CORNEILLE, *Cinna*, I, 3.

Qu'il aille avec sa sœur *adorer* Alexandre.

J. Racine, *Alexandre*, I, 3.

D'autres fois, par une exagération admise dans l'usage, Adorer est un simple synonyme d'Aimer, être reconnaissant, attaché.

J'ai vu nos filles de Sainte-Marie qui vous *adorent* encore et se souviennent de toutes les paroles que vous prononçâtes chez elles.

Je pense trop souvent à vos affaires; j'*adore* M. l'archevêque d'en être occupé.

En cent mille paroles, je ne pourrois vous dire qu'une vérité qui se réduit à vous assurer, Mademoiselle, que je vous aimerai et vous *adorerai* toute ma vie.

Mme de Sévigné, *Lettres*, 20 sept. 1675; 16 sept. 1676; 11 sept. 1684, à Mlle de Scudéri.

Dès qu'il fait beau, nous (M. de Coulanges et Mme de Louvois) sommes à Anci-le-Franc; dès qu'il fait vilain, nous revenons à Tonnerre. Nous tenons partout cour plénière, et partout, Dieu merci, nous *sommes adorés*.

Coulanges, *Lettres*, 3 octobre 1694, à Mme de Sévigné.

Adorer, toujours dans la même acception, est d'un grand usage pour exprimer le plus haut degré de la passion amoureuse.

Cette loy qui leur commande (aux femmes) de nous abominer parce que nous les *adorons*, et nous hayr de ce que nous les aymons, elle est certes cruelle, ne fust que de sa difficulté.

Montaigne, *Essais*, III, 5.

Votre esclave vous *adore* violamment.

Henri IV, *Lettres*, 17 juin 1586. (Voir *Lettres missives de Henri IV*, t. II, p. 225.)

C'estoit grand pitié de voir un jeune prince *adorer* un visage décoloré, plein de rides, une teste qui grisonnoit, des yeux à demy esteints.

Mézeray, *Histoire de France*, Henri II; ann. 1547.

Voyez cette femme dans sa superbe beauté, dans son ostentation, dans sa parure. Elle veut vaincre, elle veut *être adorée* comme une déesse du genre humain.

Bossuet, *Traité de la concupiscence*, c. 16.

Appelez-vous femmes irréprochables, celles qui voudroient n'être au monde que pour y *être adorées* et idolâtrées?

Bourdaloue, *Carême*. Les Cendres.

M. de Climal, pour premier objet, aperçut Marianne en face, à demi couchée sur un lit de repos, les yeux mouillés de larmes, et tête à tête avec un jeune homme, dont la posture tendre et soumise menoit à croire que son entretien rouloit sur l'amour et qu'il me disoit, je vous *adore*.

Marivaux, *la Vie de Marianne*, part. II.

Ma déesse estes, que j'*aour*
Et veil amer...

N'autre n'*aour* com déesse mondaine.

Eust. Deschamps, *Poésies*, ms., fol. 198, col. 4; fol. 142, col. 2 (cité par Sainte-Palaye).

C'est peu de dire, aimer; Elvire, je l'*adore*.

On dira seulement : il *adoroit* Chimène,
Il n'a pas voulu vivre et mériter sa haine.

Il *adore* Émilie, il *est adoré* d'elle.

P. Corneille, *le Cid*, III, 3; V, 1; *Cinna*, III, 1.

Il *adore* ma femme, et ma femme l'*adore*.

Molière, *Sganarelle*, sc. 16.

Votre père à l'autel vous destine un époux :
Venez y recevoir un cœur qui vous *adore*.

J. Racine, *Iphigénie*, III, 4.

Et ce sexe maudit que je hais, que j'*adore*.

Barthe, *les Fausses infidélités*, sc. 1.

Adorer, en ce même sens, n'est quelquefois qu'une expression hyperbolique du vocabulaire de la galanterie.

Madame de Brissac a une très-bonne provision pour son hiver, c'est-à-dire M. de Longueville et le comte de Guiche, mais en tout bien et tout honneur; ce n'est seulement que pour le plaisir d'*être adorée*.

Mme de Sévigné, *Lettres*, 13 janvier 1672.

Tout à l'heure, d'accord, j'ai dit, je vous *adore*.

Dufresny, *le Faux sincère*, III, 3.

Adorer ne se dit pas seulement en parlant des personnes, mais en parlant des choses en quelque sorte personnifiées, et peut ainsi recevoir pour régimes même des noms abstraits.

Après qu'ilz furent tous passez à sauveté sans aucun danger, et qu'ilz eurent gaigné l'autre rive en la province d'Armenie, alors saluerent et *adorerent*-ilz cette terre, comme si c'eust esté la premiere qu'ilz eussent veuë apres un long et perilleux voyage de mer estans arrivez à port de salut.

AMYOT, trad. de Plutarque, *Vie d'Antoine*, c. 64.

La vanité a esté donnée à l'homme en partage : il court... il chasse, il prend une ombre, il *adore* le vent...

CHARRON, *De la Sagesse*, I, 36.

L'or est tellement chéri et *adoré*, qu'avec lui toutes choses s'obtiennent, et sans lui rien ne se fait.

LA NOUE, *Discours politiques et militaires*, disc. 23ᵉ.

C'est à qui renoncera le plustôt et le plus effrontément ce que vingt-quatre heures auparavant on *adoroit*.

LE DUC DE ROHAN, *Mémoires*, I.

Ils (certains philosophes) vouloient que leur barbe, que leur misère, que leurs ordures *fussent adorées*.

BALZAC, *Socrate chrétien*, disc. X.

Aujourd'hui quelques-uns *adorent* cette règle, beaucoup la méprisent.

P. CORNEILLE, *Clitandre*; préface.

Ce monarque, si flatté, si redouté, dont les moindres désirs *étoient adorés*.

SAINT-SIMON, *Mémoires*, 1709, t. VII, c. 13.

Sous le nom de l'Écriture chacun a suivi sa pensée; et l'Écriture prise en cette sorte, loin d'unir les esprits, les a divisés, et a fait *adorer* à chacun les illusions de son cœur sous le nom de vérité éternelle.

Si l'on n'a rien de plus précis pour expliquer les prophéties, il vaudroit mieux en *adorer* l'obscurité sainte.

BOSSUET, *Histoire des Variations*, XI; XIII.

Conservez-moi tous des bontés qui me feront *adorer* votre société.

VOLTAIRE, *Lettres*, 24 juillet 1750.

Je hais les biens que l'on *adore*.

Joach. DUBELLAY, *Ode sur l'immortalité*.

Donc *adore* leurs pas, et, content de les suivre,
Fais que ce vin d'orgueil jamais plus ne t'enivre.

BERTAUT, *Élégie*.

Ma faveur fait ta gloire et ton pouvoir en vient,
Elle seule t'élève et seule te soutient,
C'est elle qu'on *adore* et non pas ta personne.

Rangez-vous du parti des destins et des dieux,
Et sans les accuser d'injustice ou d'outrage,
Puisqu'ils font les heureux, *adorez* leur ouvrage.

P. CORNEILLE, *Cinna*, V, 1; *Pompée*, I, 1.

Ils *adorent* la main qui les tient enchaînés.

Déjà de ma faveur on *adore* le bruit.

Je sais rendre aux sultans de fidèles services,
Mais je laisse au vulgaire *adorer* leurs caprices.

J. RACINE, *Britannicus*, IV, 4; V, 3; *Bajazet*, I, 1.

Je ne vais point au Louvre *adorer* la fortune.

Leurs transports les plus doux ne sont que phrases vaines,
Ils ne savent jamais que se charger de chaînes,
Que bénir leur martyre, *adorer* leur prison...

BOILEAU, *Satires*, II; *Art poétique*, II.

D'adulateurs une cour importune
Venait en foule *adorer* sa fortune.

VOLTAIRE, *Épître* à l'abbé Servien.

Je sais que, dans Harlem, plus d'un triste amateur...
Pour voir sa renoncule avant l'aube s'éveille,
D'une anémone unique *adore* la merveille...

DELILLE, *les Jardins*, III.

Ce fil libérateur, il le baise, il l'*adore*,
Il s'en assure, il craint qu'il ne s'échappe encore.

LE MÊME, *l'Imagination*, IV.

ADORER, particulièrement au sens propre, a pu se dire absolument;

Tantôt construit avec un régime indirect au moyen des prépositions *à*, *devant*, *dans*, *en*, *sur*, etc.;

De la préposition *à* :

E li reis David *aurad à* sun lit (in lectulo suo).

Les quatre Livres des Rois, III, 1, 47.

Nous enterrons en son tabernacle, et *aourerons ou* (au) lieu où ses piés esturent (posèrent).

Je *aoureray à* ton saint temple.

Ancienne traduction de la Bible, Psaumes, CXXX; CXXXVII.

De la préposition *devant* :

Venez et *aourons* et cheons et pleurons *devant* Dieu qui nous fist...

Se tu *aores devant* moy, tout sera tien.

Ancienne traduction de la Bible, Psaumes, XCV; S. Luc, IV, 7.

Des prépositions *dans*, *en*, *sur* :

Essauciez (exaltez) nostre seigneur, nostre Dieu et *aourez en* son saint mont.

Ancienne traduction de la Bible, Psaumes XCVIII.

Les Juifs *adoroient en* Jérusalem et les Samaritains *en* Samarie. Le peuple d'Israël alloit *adorer sur* les montagnes.

Dictionnaire de l'Académie, 1694.

De tous les endroits de la terre les Israélites étoient obligés d'*y* venir *adorer* (dans le temple).

MASSILLON, *Carême*. Sur le respect des temples.

En ce temps il (Esculape) rendit un oracle à un aveugle nommé Caïus : il lui dit qu'il allât au saint autel, qu'il s'y mit à genoux, et *y adorât ;* qu'ensuite....

FONTENELLE, *Histoire des oracles*, IIe dissert., c. 5.

Tantôt sans aucun régime même indirect :

Lors se leverent-ilz l'endemain au matin, si offrirent au veel sacrifices, et burent et mengierent, et se leverent et *aourerent*.

Lors se leva Job, et descira ses vesteures et traist ses cheveux, et chay a terre et *aoura*.

Ancienne traduction de la Bible, Exode, XXXII, 6 ; Job, I, 20.

Les trois jouvenceaulx se mirent à genoux... et *aorerent* un grant espace, tant... que la foiblesse de nature faisoit faillir devotion.

Perceforest, vol. II, c. 142.

Le faux prophète des Arabes, dont le paradis est tout sensuel, et dont toute la religion n'est que politique, n'a pas laissé de prescrire à ses malheureux sectateurs d'*adorer* cinq fois le jour.

BOSSUET, *Sermons*. Sur la nécessité de travailler à son salut.

Tous les peuples ont déjà pris le parti d'*adorer* ; on ne voit de tous côtés que temples que sacrifices.

FONTENELLE, *Histoire des oracles*, Ire dissertation, c. 4.

Soumettons-nous, prions, *adorons*, et ne disputons pas.

VOLTAIRE, *Défense de mon oncle*, c. XXI.

ADORER est quelquefois verbe réfléchi, et marque le trop grand attachement, l'excessive préoccupation d'une personne pour elle-même.

Ne *s'adorent*-elles pas secrètement (les idoles du monde) ? ne veulent-elles pas être adorées ?

BOSSUET, *Oraison funèbre de la duchesse d'Orléans*.

ADORER devient aussi verbe réciproque et exprime le mutuel attachement de deux ou de plusieurs personnes.

Vous pensez que l'on *s'adore* dans cet endroit-là ; tenez, voyez ; on s'y hait jusqu'à la fureur.

Mme DE SÉVIGNÉ, *Lettres*, 24 juillet 1675.

Ils *s'adorent* l'un l'autre...

BOILEAU, *le Lutrin*, I.

S'ADORER a quelquefois la signification passive de *être adoré*.

Ne voulant point contrevenir au commandement de la Divinité qui *s'adore* en ce bocage, je fais paroistre que je luy porte un grand respect, et que je la revère comme je dois.

D'URFÉ, *l'Astrée*, part. II, liv. V.

ADORÉ, ÉE, participe.

Autrefois AORÉ, AOREY, AOURÉ, etc. (Voyez le *Glossaire* de Sainte-Palaye.)

Il a les divers sens du verbe et se construit avec la préposition *par*, et plus souvent avec la préposition *de*.

Mademoiselle d'Armagnac vivoit à la cour depuis son enfance, *adorée de* sa mère...

SAINT-SIMON, *Mémoires*, 1706, t. V, c. 5.

Tu es *des* vieux et jeunes *adorée*.

Cl. MAROT, *Chants divers*, XI.

Les monarques d'Asie, *adorés par* la crainte,
Habitaient d'un palais l'inabordable enceinte.

DELILLE.....

On dit aussi *adoré dans*, *sur*, etc.

Je lui dis (au comte de Rochepot) et il étoit vrai, qu'il *y* étoit (à Paris) aimé, honoré, *adoré ;* et que son ennemi y étoit redouté, abhorré.

LE CARDINAL DE RETZ, *Mémoires*, part. II.

Diane..... *adorée dans* toute l'Asie et même *dans* tout l'univers.

BOSSUET, *Discours sur l'histoire universelle*, II, 26.

J'ai vu l'impie *adoré sur* la terre.

J. RACINE, *Esther*, III, 9.

Adoré, dit absolument, devient, plus encore que lorsqu'il reçoit, comme dans les exemples précédents, un régime indirect, une sorte d'adjectif qui s'applique aux personnes et aussi aux choses;

Aux personnes :

C'étoit une jeune personne aussi bien que vous ; elle étoit l'idole du monde comme vous, aussi spirituelle que vous, aussi recherchée et aussi *adorée* que vous.
Bourdaloue, *Sermons*. Sur la pensée de la mort.

Madame de Montespan est plus brillante et plus *adorée* que jamais.
Mme de Maintenon, *Lettres*, à la comtesse de Saint-Géran, XII.

Cet amant *adoré* que je croyois si tendre.
Gresset, *le Méchant*, IV, 1.

Vénus tremble en secret pour ce fils *adoré*.
Delille, trad. de l'*Énéide*, X.

Aux choses :

Mais avant saillir du list où j'ay reçue vostre *adorée* lectre, a fallu faire cete cy, transportée de telle joye...
La Reine de Navarre, *Lettres à François Ier*, fin de janvier 1543, lettre 131.

Soit que sur un écrit arrivé de Caprée
Il brise de Séjan la statue *adorée*.
Boileau, *Art poétique*, II.

Il se construit même quelquefois avec des noms abstraits.

Elle lui demanda (Catherine à Henri III), s'il avoit donné ordre à s'assurer des villes où le nom du duc de Guise étoit *adoré*.
Mézeray, *Histoire de France*. Henri III ; ann. 1588.

Il y a partout des défauts et des vices *adorés*.
Balzac, *Aristippe*, disc. II.

Le crime étoit *adoré* et reconnu nécessaire au culte des dieux.
Bossuet, *Discours sur l'histoire universelle*, II, 5.

ADORABLE, adj. des deux genres.

Ce mot ne s'applique proprement qu'à Dieu, à ses attributs, aux mystères, aux sacrements, aux écritures, et en général aux choses consacrées par la religion.

L'Eucharistie est un mystère *adorable*.
Arnauld, *Fréquente communion*, 1re part., c. 5.

Les paroles de l'Écriture sont saintes et *adorables*.
MM. de Port-Royal, *Nouveau Testament*, préface.

Ne sont-ce pas eux qui abattent les autels, qui demolissent les temples et qui profanent indignement la terre sainte, où les *adorables* pas du Sauveur sont marquez?
Mézeray, *Histoire de France*. Philippe Ier ; ann. 1095.

Le sacrement *adorable* approche.

L'on doit dire que Dieu seul est *adorable*, parce qu'il l'est avec une excellence qui ne peut convenir qu'à lui.
Bossuet, *Oraison funèbre de Marie-Thérèse; Lettre* du 17 mars 1691 à frère N..., Sur l'adoration de la croix.

C'est ainsi que par le tempérament de son *adorable* sagesse, Dieu entretient et gouverne ses élus.
Fléchier, *Panégyrique de saint François de Paule*.

... Plaise à Dieu qui touche les cœurs quand il lui plaît, toucher celui de V. M., lui faire connoître, lui faire sentir ses *adorables* vérités.
L'abbé de Choisy, *Mémoires* (harangue au roi de Siam), VI.

Vous êtes pourtant, croix *adorable*, le seul asile qui nous reste.
Massillon, *Carême*. Vendredi saint.

Jeune peuple courez à ce maître *adorable*.
J. Racine, *Esther*, III, 9.

Seigneur, dans ta gloire *adorable*
Quel mortel est digne d'entrer?
J.-B. Rousseau, *Odes*, I, 1.

Adorable, par extension, s'applique, dans un autre ordre d'idées, aux personnes et aussi aux choses, exprimant, par une hyperbole consacrée, l'estime, l'attachement dont elles sont l'objet;

Aux personnes :

Ah ! mon *adorable* ami, est-ce que je pourrais espérer de vous voir à la campagne avec madame d'Argental?

C'était un homme (Henri IV) *adorable* avec ses ennemis et avec ses maîtresses.
Voltaire, *Lettres*, 24 nov. 1753 ; 26 juin 1762.

... Madame d'Arty... femme *adorable* autant par la

douceur, par la bonté de son charmant caractère, que par l'agrément de son esprit.

J.-J. Rousseau, *les Confessions*, part. II, liv. vii.

Toutes les pompeuses maisons
Des princes les plus *adorables*
Ne sont que de belles prisons
Pleines d'illustres misérables.

Maynard, *Ode.*

Et dans les bouts-rimés je vous trouve *adorable*.

Molière, *les Femmes savantes*, III, 5.

Aux choses :

Il faut laisser toutes ces acclamations pour les sciences de qui la fin n'est que de donner du plaisir. Quant à la philosophie, elle est *adorable*.

Malherbe, trad. des *Épîtres de Sénèque*, LII, 4.

La vertu est *adorable* même dans les ennemis.

Perrot d'Ablancourt, trad. de Lucien, *Toxaris*.

Ne parlons pas de cette passion (la jalousie), je la déteste, quoiqu'elle vienne d'un fonds *adorable*. Les effets en sont trop cruels et trop haïssables.

Mme de Sévigné, *Lettres*, 6 mai 1671.

Adorable, en ce sens, appartient, comme *adorer*, à la langue de la passion amoureuse, ou simplement au vocabulaire de la galanterie.

... Il cherche des raisons pour excuser son changement, autant qu'il peut, et ne l'appelle jamais que son *adorable* trompeuse.

Fléchier, *Mémoires sur les Grands Jours de* 1665.

Si d'abord à mes yeux elle parut aimable,
Je viens de la trouver tout à fait *adorable*.

La pâle est aux jasmins en blancheur comparable,
La noire à faire peur, une brune *adorable*.

Molière, *l'Étourdi*, III, 2 ; *le Misanthrope*, II, 5.

... Car le sort, *adorable* Axiane,
À ne vous plus revoir peut-être me condamne.

J. Racine, *Alexandre*, II, 5.

Quelquefois une intention d'ironie, de moquerie détermine l'emploi de ce terme galant, particulièrement dans ces expressions : *faire l'adorable, mon adorable* et autres, fréquentes dans les comédies et les romans.

... Sa femme, bien qu'horriblement laide, *faisoit l'adorable*.

Mais quel fut mon étonnement, lorsque dans une de ces suivantes, je reconnus ma veuve, mon *adorable* veuve, que je croyois comtesse ou marquise.

Quel air ! quelle grâce ! quelle noble fierté ! ventrebleu ! Madame, vous êtes tout *adorable*.

Pardonnez, *mon adorable*, si je ne vous en dis pas davantage.

Le Sage, *Gil Blas*, III, 3, 5 ; *Crispin rival de son maître*, sc. 8 ; *Turcaret*, I, 2.

Oui, vous aimez mon bien et non pas ma personne.
— J'adore l'un et l'autre, *adorable* poupoune.

Destouches, *l'Irrésolu*, IV, 8.

D'adorable s'est formé un mot, donné par Oudin, mais peu usité :

Adorablement, adv.

ADORATEUR, s. m. (du latin *Adorator*).

À une des anciennes formes du verbe, *aourer*, se rapporte *aourours*, qu'on lit dans un des exemples ci-après.

Celui qui adore.

Comme *adorer*, *adoré*, *adorable*, il se prend au propre, dans un sens religieux ;

Soit absolument :

L'*adorateur* se tourne vers l'orient, et puis se retourne devers le dieu.

Amyot, trad. de Plutarque, *Vie de Numa*, c. 125.

On doit croire que ce fut à Bethléem même, afin que ces pieux *adorateurs* (les mages) vissent l'accomplissement de la prophétie qu'on leur avoit enseignée.

Bossuet, *Élévations sur les mystères*, XVIIe semaine, 9e élév.

D'*adorateurs* zélés à peine un petit nombre
Ose des premiers temps nous retracer quelque ombre.

J. Racine, *Athalie*, I, 1.

Soit construit avec la préposition *de* ou l'adjectif possessif :

Il trouva un chastel qui est apelés *Cala Ataperistan*,

qui est à dire en françois : « Chasteaux qui est des *aourours de* feu. »

Le livre de Marc Pol, c. xxx, éd. Pauthier, t. I, p. 62 et 63.

Au reste il (Néron) mesprisoit toutes sortes de religions, et estoit particulièrement ennemy de la chrestienne, *dont* il persécutoit cruellement les *adorateurs.*

Coeffeteau, *Histoire romaine,* V.

Les Perses, *adorateurs du* soleil, ne souffroient point les idoles ni les rois qu'on avoit faits dieux.

Bossuet, *Discours sur l'histoire universelle*, II, 4.

Il a conféré de sa main le baptême à plus d'un million d'idolâtres, et les a présentés à Dieu comme de fidèles *adorateurs de* son nom.

Bourdaloue, *Sermons.* Pour la fête de saint François Xavier.

Il ne dédaigne pas de se servir quelquefois, dans la conduite de l'univers de ces esprits bienheureux qui sont dans le ciel immortels *adorateurs de* sa gloire.

Fléchier, *Oraison funèbre de Michel le Tellier.*

Dieu ne paroît plus si grand, si j'ose parler ainsi, dès qu'on ne compte que le peuple parmi *ses adorateurs.*

Massillon, *Petit Carême,* IIe dimanche.

David reproche aux païens des dieux qui ont une bouche et n'ont point de parole, et souhaite à *leurs adorateurs* pour toute punition, de devenir semblables à ce qu'ils adorent.

Fontenelle, *Histoire des oracles,* Ire dissertation, c. 5.

Newton et Locke tous deux *adorateurs de* la divinité, en connaissance de cause.

Voltaire, *Dictionnaire philosophique,* art. Athéisme.

Soyez à jamais confondus,
Adorateurs impurs *de* profanes idoles.

J.-B. Rousseau, *Odes,* I, 11.

Adorateur, sous cette double forme, se dit, par extension et par figure, comme *adorer, adoré, ée, adorable*, en parlant de l'estime extraordinaire, de la vive affection que l'on ressent pour une personne ou pour une chose.

Il est *adorateur de* l'antiquité.

Danet, *Dictionnaire françois-latin.*

Les *adorateurs des* grandeurs humaines seront-ils satisfaits de leur fortune, quand ils verront que dans un moment leur gloire passera à leur nom...

Bossuet, *Oraison funèbre de la duchesse d'Orléans.*

On sait par toute la terre, que l'éclat de votre mérite n'est point renfermé dans les bornes de cette valeur indomptable, qui se fait des *adorateurs* chez ceux même qu'elle surmonte.

Molière, *Amphitryon,* dédicace au prince de Condé.

Dans ce nombre (des amis de Turenne) on distingua fort le chevalier comme un de ceux que ce grand homme aimoit et estimoit le plus, et aussi comme un de *ses adorateurs.*

Mon fils est toujours *votre adorateur*, ma fille vous admire et vous estime au dernier point.

Mme de Sévigné, *Lettres,* 28 août 1665 ; 8 janvier 1681.

Le monde lui-même, tout monde qu'il est, si plein de mépris, de censures et de malignité pour *ses adorateurs,* est forcé de respecter la vertu de ceux qui le méprisent et le haïssent.

Massillon, *Sermons.* Sur le bonheur des justes.

Conservez vos anciennes bontés pour *votre* ancien *adorateur.*

Voltaire, *Lettres,* 27 août 1756, au duc de Richelieu.

Mais de les égaler à ces fameux auteurs
Dont les derniers des temps seront *adorateurs ;*
Ce seroit vous mentir et trahir ma pensée.

Rotrou, *St Genest,* I, 5.

Du Mercure galant *adorateur* fidèle.

Boursault, *le Mercure galant,* V, 4.

Quelquefois, comme il a été remarqué plus haut des mots de la même famille, adorateur reçoit par opposition un sens défavorable et se dit ironiquement de ceux qui font parade d'un attachement excessif, peu sincère, intéressé.

Ceux qui occupent des places comme la vostre sont d'ordinaire traittez comme des dieux : plusieurs les craignent, tous leur sacrifient ; mais il y a peu qui les aiment, et ils trouvent plus aisément des *adorateurs* que des amis.

Voiture, *Lettres,* XXXIV, à M. de Puy-Laurens, du 8 juin 1638.

Ce roi veut des esclaves et des *adorateurs.*

Fénelon, *Télémaque,* XI.

Le maréchal de Villeroy, *adorateur du* feu roi jusque dans les bagatelles.

Saint-Simon, *Mémoires,* 1718, t. XV, c. 17.

Craint, respecté du peuple, admiré, mais haï,
J'ai des *adorateurs* et n'ai pas un ami.

VOLTAIRE, *Mariamne*, III, 4.

De là ces expressions, *adorateur de soi-même, de sa prudence, de sa fortune*, etc.; *adorateur de la fortune, de la faveur*, etc.

La Trimouille avoit fait esloigner de la cour le connestable (le comte de Richemond) pour ce qu'il ne se rendoit pas assez humble *adorateur de sa fortune*.

MÉZERAY, *Histoire de France*, Charles VII, ann. 1427.

Plus de matière?... n'a-t-il pas ces lâches courtisans de la faveur, ces perfides *adorateurs de la fortune*, qui vous encensent dans la prospérité et vous accablent dans la disgrâce?

MOLIÈRE, *l'Impromptu de Versailles*, sc. 4.

Vous savez le danger qu'il y a de s'oublier alors soi-même, jusqu'à devenir l'*adorateur de soi-même*.

BOURDALOUE, *Oraison funèbre de Louis de Bourbon*.

Mais un miracle sans contredit encore plus grand, c'est que des hommes versés dans les sciences humaines et *adorateurs de leur* fausse *prudence*, y viennent pour ne plus suivre que les vues obscures de la foi.

LE MÊME, *Sermons*. Sur la nativité de Jésus-Christ.

Est-ce que vous êtes aussi *adorateur de la faveur?* ou est-ce que vous m'en croyez enivrée?

Mme DE MAINTENON, *Lettres*, CI, 28 juillet 1698.

Et *de leur chaîne* antique *adorateurs* heureux.

VOLTAIRE, *Brutus*, I, 2.

ADORATEUR est employé au même sens, mais adjectivement, dans ce passage :

Mais, pour me faire voir, je n'ai percé qu'à peine
Les flots toujours nouveaux d'un peuple *adorateur*
Qu'attire sur ses pas sa prochaine grandeur.

J. RACINE, *Bérénice*, I, 6.

ADORATEUR est lui-même, comme les mots qui précèdent, une expression consacrée dans le langage de la passion amoureuse ou le commerce de la galanterie.

Et avec cela elles (les femmes) trouvent encore des *adorateurs*.

PERROT D'ABLANCOURT, trad. de Lucien, *les Amours*, dial. de Lycinus et de Théomneste.

Comme elle fut aimable (Mlle Ribeyre), dès qu'elle fut dans un âge raisonnable, elle fut aimée, et, pour n'être pas ingrate, elle aima. Ce fut le jeune marquis de Canillac qui voulut être *son* premier *adorateur*.

FLÉCHIER, *Mémoires sur les Grands Jours de 1665*.

Monsieur de Guilleragues, par la constance de son amour, son esprit et ses chansons, doit aussi trouver place dans le catalogue des *adorateurs de* madame de Maintenon.

Mme DE CAYLUS, *Souvenirs*.

Je te reçois au nombre de *mes adorateurs*.

Ce sont sans doute, lui répondis-je, des *adorateurs d'*Arsénie et *de* Florimonde.

LE SAGE, *Gil Blas*, III, 5; 10.

L'admiration qu'elle causoit lui attiroit nombre d'*adorateurs* que sa froideur rebutoit bientôt.

MARIVAUX, *le Paysan parvenu*, part. VIII.

Et je triompherai, voyant périr mes fils,
De *ses adorateurs* et de mes ennemis.

P. CORNEILLE, *Rodogune*, IV, 3.

Oui, prince, je languis, je brûle pour Thésée,
Je l'aime, non point tel que l'ont vu les enfers,
Volage *adorateur de* mille objets divers.

J. RACINE, *Phèdre*, II, 5.

Cet empire que tient la raison sur les sens
Ne fait pas renoncer aux douceurs des encens,
Et l'on peut, pour époux, refuser un mérite
Que, pour *adorateur*, on veut bien à sa suite.

MOLIÈRE, *les Femmes savantes*, I, 1.

J'ai mille *adorateurs*, qui briguent ma conquête.

REGNARD, *le Joueur*, IV, 5.

On rencontre quelquefois :

ADORATRICE, s. f.

Dieu la rendit non-seulement la mère, mais l'unique *adoratrice de* son fils formé dans ses entrailles.

NICOLE, *Essais de morale*, Sur l'évangile des Quatre-Temps de l'Avent, II.

Pourvu que vous reconnoissiez de sincères *adoratrices* qui le servent en esprit et en vérité.

BOURDALOUE, *Sermons*. Sur le choix mutuel de Dieu et de l'âme religieuse.

Quand un homme est tourné d'une certaine manière, il ne manque point d'*adoratrices*.

RÉGNARD, *Suite de la foire Saint-Germain*, sc. I.

Poussé par Galérius qu'excitait sa mère, *adoratrice des* dieux des montagnes.

CHATEAUBRIAND, *Études historiques*, IIe partie. Dioclétien et Maximin.

ADORATION, s. f. (du latin *Adoratio*).

Au propre, l'Action d'adorer Dieu, ses attributs, les mystères, les signes visibles de la religion, etc.

Il se dit aussi, au propre, de l'Hommage rendu aux fausses divinités.

Quelquefois on l'emploie absolument.

Combien que les choses que nous devons à Dieu soyent innumerables, toutes fois elles se peuvent bien rapporter à quatre poincts, assavoir *adoration*... J'appelle *adoration*, la reverence que lui fait la creature, se submettant à sa grandeur...

CALVIN, *Institution chrestienne*, liv. II, c. VIII, § 16.

Il y a souvent des corps prosternés et en posture d'*adoration*, qui ne sont pas des signes d'une ame abattue.

NICOLE, *Essais de Morale*. Sur l'évangile du 3e dimanche d'après l'Épiphanie, II.

Vous vouliez, Seigneur, que le lever du soleil fût le signal de l'*adoration* et de l'action de grâces; que le premier jour de chaque mois, marqué par le renouvellement de la lune, fût aussi un renouvellement de reconnoissance et d'amour.

DUGUET, *Explication de l'ouvrage des six jours*.

C'est à Dieu que nous devons de l'*adoration*.

ARNAULD, *Fréquente communion*, part. I.

Ainsi le soleil et les astres qui se faisoient sentir de si loin, le feu et les éléments dont les effets étoient si universels, furent les premiers objets de l'*adoration* publique.

Le respect qu'on inspiroit aux Perses, dès leur enfance, pour l'autorité royale, alloit jusqu'à l'excès, puisqu'ils y méloient de l'*adoration*.

BOSSUET, *Discours sur l'histoire universelle*, II, 2; III, 5.

Ils ont pour la croix un éloignement et un mépris caché qui détruit ce culte d'*adoration* et qui l'anéantit.

BOURDALOUE, *Sermons*. Sur le scandale de la croix.

Il n'y a point de nation civilisée qui ne rende un culte public d'*adoration* à Dieu.

VOLTAIRE, *Dictionnaire philosophique*, art. ADORER.

Quelquefois ADORATION est déterminé par les adjectifs *intérieure*, *extérieure*, et autres, ou bien encore rapporté, de diverses manières, au moyen de la préposition *de*, de l'adjectif possessif, ou même de quelque proposition accessoire, soit à la personne qui adore, soit à ce qui est adoré.

Ne soyons pas honteux de l'objet de *notre adoration* : nous adorons un enfant; mais cet enfant est plus ancien que le temps.

BALZAC, *Socrate chrétien*, disc. I.

Ils s'imaginent que la religion chrétienne consiste simplement, en l'*adoration d'*un dieu considéré comme grand, puissant et éternel.

PASCAL, *Pensées*, part. II, art. IV, § 10.

L'*adoration intérieure que* nous rendons à Dieu en esprit et en vérité, a ses marques extérieures dont la principale est le sacrifice.

C'est donc avec raison qu'on joint dans l'Eucharistie, l'*adoration intérieure* et l'*extérieure*, c'est-à-dire le sentiment et le signe, la foi et le témoignage.

BOSSUET, *Exposition de la doctrine de l'Église catholique*, V; *Méditations sur l'Évangile*, LVIe jour.

Y eut-il jamais d'*adoration* plus spirituelle et plus véritable que celle *qu*'il rendoit à Dieu.

FLÉCHIER, *Oraison funèbre de M. de Montausier*.

Adoration en esprit et en vérité, dont Marie est le modèle, quand est-ce que les hommes vous connoîtront?

FÉNELON, *Sermons*. Pour le jour de l'Assomption, XVIII.

Tout ce qu'on a dit de la prétendue *adoration qu*'exigeait Alexandre, n'est fondé que sur une équivoque. C'est Octave, surnommé Auguste, qui se fit réellement adorer dans le sens le plus étroit. On lui éleva des temples et des autels; il y eut des prêtres d'Auguste... voilà un véritable sacrilége d'*adoration*.

VOLTAIRE, *Dictionnaire philosophique*, art. ALEXANDRE.

De là certaines expressions consacrées, telles que les suivantes :

L'adoration des Mages, Hommage rendu par les Mages dans l'étable de Bethléem à l'enfant Jésus;

désignation usitée pour les tableaux où ce fait est représenté.

L'adoration de la croix, nom d'une des cérémonies de l'Église catholique dans la semaine sainte.

Les Lorrains ni aucun de ceux qui ont rang de prince étranger ne se trouvoient jamais à l'*adoration de la croix*, ni à la cène, à cause de la dispute de préséance avec les ducs.

SAINT-SIMON, *Mémoires*, 1695, t. I, c. 26.

Adoration perpétuelle, expression qui désigne la coutume pieuse établie dans certaines communautés d'adorer jour et nuit le saint sacrement de l'autel.

Elles se dévouèrent donc avec une joie incroyable à l'*adoration perpétuelle du* mystère auguste de l'Eucharistie.

Le monastère, les religieuses, tout étoit consacré à l'*adoration perpétuelle du* sacré mystère de l'Eucharistie.

J. RACINE, *Histoire de Port-Royal*, part. I.

Filles, religieuses de l'Adoration perpétuelle, c'est-à-dire des communautés où cette adoration est en usage.

Aller à l'adoration, c'est-à-dire à une visite qui a lieu dans des paroisses lorsque le saint sacrement y est exposé.

... Non-seulement le peuple de Paris, mais les plus grands seigneurs,.. *venoient à l'adoration* chez elle (madame de Longueville).

Mme DE MOTTEVILLE, *Mémoires*, année 1651.

Je sçavois que Monsieur avoit esté aux Carmes à l'office du vendredi saint, et je n'ignorois pas que tous ceux du clergé *vont à l'adoration* tout les premiers.

LE CARDINAL DE RETZ, *Mémoires*, part. II, 1646.

À l'emploi du verbe *adorer*, lorsqu'il est question des reliques et des images des saints, emploi dont la portée véritable est expliquée par des exemples, correspond celui qui est fait quelquefois du substantif ADORATION.

Le terme d'*adoration* étoit commun aux respects qu'on rendoit aux hommes et à Dieu par le prosternement du corps.

NICOLE, *Essais de morale*. Sur l'évangile du troisième dimanche d'après l'Épiphanie, VIII.

On décida que les images seroient honorées en mémoire et pour l'amour des originaux; ce qui s'appelle, dans le concile, culte relatif, *adoration* et salutation honoraire.

BOSSUET, *Discours sur l'histoire universelle*, I, 11.

Les Anglois savent que le terme d'*adoration* est équivoque, aussi bien parmi les saints Pères que dans l'Écriture, et qu'il ne signifie pas toujours rendre à quelqu'un les honneurs divins.

LE MÊME, *Histoire des Variations*, XIV.

À l'emploi d'*adorer* exprimant, lorsqu'il est question de l'élection d'un pape, ou une forme particulière de cette élection, ou l'hommage religieux qui la suit, correspond un emploi semblable du mot ADORATION. *Le pape a été fait par voie d'adoration ; aller à l'adoration du pape.*

Il (le pape) reçut l'*adoration* du sacré collége avec beaucoup plus de modestie que de grandeur, avec beaucoup plus d'abattement que de joie.

LE CARDINAL DE RETZ, *Mémoires*, part. II, 1655.

Il était huit heures du matin, tout Rome courait à la cérémonie de l'*adoration*.

CHATEAUBRIAND, *Mémoires d'outre-tombe*, t. IX, p. 29.

ADORATION se dit, comme *adorer*, de certains témoignages de respect, en usage chez les anciens, que l'on rendait aux souverains en se prosternant.

Il entra en la province Parthiene, là où il commença à se vestir à la mode des Barbares,... pour sonder les Macedoniens, afin de sçavoir comment ilz prendroient l'usance qu'il vouloit introduire de l'*adoration*, c'est-à-dire, de faire la reverence et s'incliner devant le roy.

AMYOT, trad. de Plutarque, *Vie d'Alexandre*, c. 13.

ADORATION, par la même sorte d'exagération remarquée au sujet d'*adorer*, *adoré*, *ée*, *adorable*, *adorateur*, signifie encore, figurément, un Attachement extrême, ou même s'applique, ironiquement, au témoignage servile d'un attachement excessif.

Clotilde fut reçue avec une joye publique, mais presque avec *adoration* des Gaulois.

MÉZERAY, *Histoire de France*. Clotilde, reine de France, ann. 493.

Vous connoissez bien Pertuis, et son *adoration*, et son attachement pour M. de Turenne.

Mme DE SÉVIGNÉ, *Lettres*, 28 août 1675.

La louange, puis l'admiration, enfin l'*adoration* furent le canal unique par lequel on put approcher ce demi-dieu (M. de Vendôme).

SAINT-SIMON, *Mémoires*, 1706, t. V, c. 3.

L'âge des fictions est passé en politique; on ne peut plus avoir un gouvernement d'*adoration*, de culte et de mystère.

CHATEAUBRIAND, *Mémoires d'outre-tombe*, t. VIII, p. 23.

ADORATION, en ce sens, a quelquefois été l'expression d'une Prédilection littéraire.

Il continua de vivre en amitié avec ceux qui refusoient l'*adoration* aux anciens.

FONTENELLE, *Éloge de Valincourt.*

... Renonçant à cette *adoration* que nos esprits justement préoccupés rendent au grand nom d'Homère...

VOLTAIRE, *Essai sur la poésie épique*, c. 8.

ADORATION, en ce sens, est comme les mots de la même famille, d'un grand usage en parlant de la Passion amoureuse ou simplement du commerce de la galanterie.

Voyez cette femme dans sa superbe beauté, dans son ostentation, dans sa parure; elle veut vaincre, elle veut être adorée comme une déesse du genre humain, mais elle se rend premièrement à elle-même cette *adoration*, elle est elle-même son idole; et c'est après s'être adorée et admirée elle-même, qu'elle veut tout soumettre à son empire.

BOSSUET, *Traité de la concupiscence*, c. 16.

Vous voulez des fadeurs, de l'*adoration*?

GRESSET, *le Méchant*, III, 9.

Comme *adorer* se dit quelquefois des choses et peut alors recevoir pour régimes des noms abstraits, ADORATION peut être lié par la préposition *de* à des mots de cette sorte.

Aller à l'*adoration de* la faveur.

DANET, *Dictionnaire françois-latin.*

ADORATION entre dans certaines locutions usitées, telles que les suivantes : *avoir de l'adoration pour une personne*; *être en adoration devant une personne*; *aimer à l'adoration, jusqu'à l'adoration*, etc.

Il est mort au milieu des siens dont il *étoit aimé jusqu'à l'adoration.*

MASCARON, *Oraison funèbre du chancelier Séguier.*

Le foible de Crésus... étoit de se nourrir des respects excessifs de ceux qui *étoient* comme *en adoration devant lui.*

ROLLIN, *Histoire ancienne*, III, 4.

Il *a* un respect, une *adoration*, une humilité *pour* vous, qui n'est pas concevable.

MARIVAUX, *les Fausses confidences*, I, 14.

ADORATION est assez d'usage au pluriel.

On le dit de cette manière des Hommages rendus à la Divinité, ou à ce qui la représente.

Cette subtile invention de leur faire (aux Chinois) cacher sous leurs habits l'image de Jésus-Christ, à laquelle ils leur enseignent de rapporter mentalement les *adorations* publiques qu'ils rendent à l'idole de Cachincoan.

PASCAL, *Provinciales*, V.

(Joseph et Marie) recevoient son obéissance (de J.-C.) au dehors, et lui rendoient leurs *adorations* au dedans.

Conservez toutes vos *adorations* pour l'arche.

FLÉCHIER, *Panégyrique de saint Philippe de Néri.*

Ce roi digne de toutes nos *adorations* et de tout notre amour.

BOURDALOUE, *Sermons.* Sur le couronnement de Jésus-Christ.

Belle princesse, dit-il (le vieux pêcheur),... réservez vos *adorations* pour les dieux. Je suis un pauvre mortel qui ne possède que ces filets.

LA FONTAINE, *Psyché*, II.

On le dit encore des Marques plus ou moins sincères de respect profond, d'attachement passionné qui s'adressent à quelque personne.

Pierre le Cruel, instruit dans l'humeur du prince de Galles, se jeta à ses pieds, embrassa ses genoux, luy baisa respectueusement les mains, luy fit des révérences et *des adorations* comme à son Dieu.

MÉZERAY, *Histoire de France.* Charles V, ann. 1366.

Ce seigneur anglois (lord Montaigu) avoit été dans sa jeunesse le confident des folles *adorations* que les hommes avoient eues pour la beauté de cette princesse (Anne d'Autriche).

Mme DE MOTTEVILLE, *Mémoires*, année 1666.

Comme vous êtes accoutumée à ne recevoir que des hommages et des *adorations* de tout le monde, un compliment pareil au sien doit vous surprendre à la vérité.

Molière, *la Princesse d'Élide*, II, 5.

... Il lui promettoit, au-delà des monts, une brillante fortune et des *adorations* éternelles.

Prévost, *Manon Lescaut*, 2e part.

Ce fut dans ces états généraux de l'Asie qu'il (Gengis-Kan) reçut les *adorations* de plus de cinq cents ambassadeurs des pays conquis.

Voltaire, *Essai sur les mœurs*, c. 60.

Le roi se hâta de venir jouir des acclamations des peuples, des *adorations* de ses courtisans et de ses maîtresses et des fêtes qu'il donna à sa cour.

Le même, *Siècle de Louis XIV*, c. 8.

Je n'ai pas empêché qu'à vos perfections
Il n'ait continué ses *adorations*.

Molière, *les Femmes savantes*, I, 1.

Au lieu d'ADORATION on a dit autrefois ADOREMENT, AOREMENT, etc. (Voyez le *Glossaire* de Sainte-Palaye, qui renvoie aux *Sermons fr. mss.* de saint Bernard, p. 205. Voyez aussi la *Chronique des ducs de Normandie*, t. I, v. 11163.)

... Les deniers provenus de l'*adorement* (ou *adoration*, pour mieux parler).

H. Estienne, *Apologie pour Hérodote*, I, 38.

ADOSSER, v. a. (de notre substantif *Dos*, venu lui-même du latin *Dorsum*).

Autrefois, conformément à l'ancienne orthographe du mot *Dos*, écrit *dours* dans Rabelais, et, d'après son étymologie latine *Dorsum*, ADDORSER, ADORSER; quelquefois aussi ADDOSSER. (Voyez le *Glossaire* de Sainte-Palaye et les Dictionnaires de Monet, Oudin, Cotgrave, Furetière, etc.)

Adosser, très-ancien dans la langue, s'est employé primitivement dans des sens depuis longtemps sortis de l'usage :

Adosser une personne, c'était quelquefois la Jeter le dos contre terre, la renverser :

Petreium ont trespassé
Et Bos o (avec) lui *ont adossé*;
Et Breton ont Bos relevé;
Sur son cheval l'ont remonté.

Wace, *Roman de Brut*, v. 12456.

On entendait encore par *adosser* une personne, lui Tourner le dos, l'abandonner, l'oublier.

Lors m'en pris a retorner;
Si l'*ai adossée*.

Anc. poët. fr. mss. avant 1300, t. I, p. 752 (cité par Sainte-Palaye.)

Les granz dames et li borgois,
Et li vilain, et li cortois
Sont si à cel delit torné,
Que tout en *ont* Dieu *adossé*.

Fabl. mss. du R., n° 7218, fol. 80, r°, col. 2 (cité par Sainte-Palaye).

Adosser, en ce sens, pouvait avoir pour régimes d'autres noms que des noms de personnes :

Pour vous sera ma loi guerpie et *adossée*,
Et crerrai Jhesu Crist qui fist chiel et rousée.

Gaufrey, v. 7151.

Adosser, suivi d'un nom de chose, signifiait, en d'autres occasions, Mettre cette chose derrière son dos, s'y appuyer :

Si estoit arresté aux champs et *avoit adossé* ung noyer, et là se combattoit très-vaillamment à deux Anglois qui le costioient de moult près.

Froissart, *Chroniques*, liv. II, c. 66.

N'osoye partir de la montagne que j'*avoye adossée*, afin qu'ilz ne m'assaillissent par derrière.

Perceforest, vol. IV, c. 1.

Les Gandois... reculèrent pour *adosser* la rivière.

Olivier de la Marche, *Mémoires*, liv. I, c. 28.

Enfin, *être adossé de* s'employait pour Être couvert, orné de :

Là fut dressée une moult grande table toute couverte et *adossée d'*un velours noir brodé... des armes du duc de Bourgongne.

Le même, *Mémoires*, liv. I, c. 15.

Dans le passage suivant, d'une date beaucoup plus

récente, ADOSSER se trouve encore employé figurément en un sens depuis fort inusité, mais analogue à un de ceux de l'italien *addossare*, pour Mettre sur le dos de quelqu'un :

Pour tâcher de *m'adosser* ce tort et s'en décharger.
LE CHEVALIER DE GREMONVILLE à Louis XIV, 27 août 1671 (Voir *Négociations relatives à la succession d'Espagne*, t. III, p. 531).

ADOSSER, dans l'acception qui a seule subsisté, se dit au propre en parlant des personnes et signifie leur Appuyer le dos contre quelque chose. *Adosser un enfant contre la muraille pour l'empêcher de tomber.*

On comprend qu'en ce sens il doit s'employer surtout avec le pronom personnel. De là *s'adosser contre* et aussi *s'adosser à ; adossé contre, adossé à*, etc.

S'adosser contre un arbre.
ROB. ESTIENNE, *Dictionnaire fr.-lat.*

Coupez seulement cette fontaine avec les deux figures qui *y* sont *adossées*, et vous emporterez sous votre bras un morceau de prix.
DIDEROT, *Salon de* 1767. Vernet.

Plusieurs statues sont *adossées à* des colonnes ou placées sur des piédestaux ; toutes sont accompagnées d'inscriptions contenant les motifs de leur consécration.
BARTHÉLEMY, *Voyage d'Anacharsis*, c. 38.

Dejoste une grant roche *s'est* li bers *adossés*,
Son escu devant soi.
Chanson d'Antioche, ch. VIII, v. 1387.

On l'a construit encore avec la préposition *sur* :

Plus l'amoureux pasteur, *sur* un tronc *adossé*,
Enflant son flageolet à quatre trous percé,
Son mastin à ses pieds, à son flanc sa houlette,
Ne dira plus l'ardeur de sa belle Jeannette.
RONSARD, *Élégies*, XXX.

Avec la préposition *de* :

Ferme je me roidis, *adossé d'*une souche.
ROB. GARNIER, *Hippolyte*, I, v. 205.

S'ADOSSER, en certains cas, lorsqu'il s'agit de personnes qui ont le dos appuyé les unes contre les autres, devient verbe réciproque :

Les soldats *s'étant* ainsi *adossés* ne craignirent plus d'être enveloppés par l'ennemi.
PERROT D'ABLANCOURT (cité dans le *Dictionnaire de Trévoux*).

... Celle-ci (Mme d'Armagnac) tournée en cercle et en dedans, et Mme de Saint-Simon en dehors tournée le visage à la muraille, de manière qu'elles étoient toutes deux comme *adossées*.
SAINT-SIMON, *Mémoires*, 1699, t. II, c. 17.

Par extension et par figure, ADOSSER, S'ADOSSER, ADOSSÉ, ÉE, se sont dits en parlant de certaines collections de personnes, d'un corps de troupe, d'une armée, d'un peuple, etc.

Il avertit les officiers de *s'adosser* peu à peu *contre* la légion.
PERROT D'ABLANCOURT, trad. des *Commentaires de César*, II, 3.

Si aujourd'hui un prince faisoit en Europe les mêmes ravages (que les Romains et que Charlemagne), les nations repoussées dans le nord, *adossées aux* limites de l'univers, y tiendroient ferme jusqu'au moment qu'elles inonderoient et conquerroient l'Europe une troisième fois.
MONTESQUIEU, *Grandeur des Romains*, c. 16.

ADOSSER, S'ADOSSER, ADOSSÉ, ÉE, se disent figurément en parlant d'une chose placée contre une autre qui lui sert d'appui ou d'abri.

L'ambassadeur (de Perse) arriva par le grand escalier des ambassadeurs, traversa le grand appartement, et entra dans la galerie par le salon opposé à celui *contre* lequel le trône étoit *adossé*.
SAINT-SIMON, *Mémoires*, 1715, t. XII, c. 8.

Les prêtres (du temple des Juifs) logeaient dans des appentis de bois *adossés à* la muraille.
VOLTAIRE, *Essai sur les mœurs*, c. 34. Introd. ; des Temples.

À une bonne demi-lieue de ce château on observe, comme au pied du Mont-Saleve, une masse de rochers, dont les couches minces, presque perpendiculaires à l'horizon, sont *adossées aux* escarpemens de couches épaisses et bien suivies qui paroissent horizontales.
SAUSSURE, *Voyages dans les Alpes*, t. I. Voyage autour du Mont-Blanc, p. 365, § 440.

Le théâtre (à Sparte) était *adossé à* la citadelle.
CHATEAUBRIAND, *Itinéraire de Paris à Jérusalem*. Part. I, la Grèce.

El haut estage vienent qu'est *el* mur *adossés.*
Chanson d'Antioche, ch. VI, v. 486.

Adonc *ont* ilz l'eschiele *au* hault mur *adossé.*
Doon de Maïence, v. 5622.

ADOSSÉ, ÉE, participe.

Il se dit, en termes de blason, de deux pièces d'armoiries, comme deux lions, deux poissons Mis dos à dos.

Montbeliard porte d'azur à deux bars *adossés* d'or.
FURETIÈRE, *Dictionnaire.*

Achey, en Bourgogne, de gueules à deux haches d'or *adossées* en pal.
Grand Vocabulaire.

En termes de dessin et d'antiquités, on dit *têtes adossées*, de deux Têtes mises sur une même ligne en sens opposé.

On trouve dans les anciens Dictionnaires, dans ceux de Nicot, de Monet, de Cotgrave, etc. :

ADOSSEMENT, s. m.

Ce mot, que Nicot traduit par *applicatio dorsi*, a pu s'employer dans des sens analogues au sens propre et au sens figuré du verbe.

Monet semble en faire plus spécialement un terme de blason, dans cette locution :

Adossement d'aigles, de bars en écusson d'armes.

ADOS, s. m.

Employé autrefois avec le sens général d'Appui, soutien, abri.

François ont esté en repos
Et ont de socors bon *ados.*
Partonopeus, v. 2431.

Et puet plus qu'uns povres valoir
Qui n'a ne per ne compaignon
Ne nul *ados*, se de soi non
(ni nul appui, sinon de soi).
Même ouvrage, v. 9822.

Recet n'i auroit ne *ados.*
BENOIT, *Chron. des ducs de Normandie*, v. 26963.

ADOS n'est guère demeuré que comme terme de labourage et de jardinage, pour signifier :

Une Terre élevée en talus, ordinairement le long d'un mur bien exposé, pour y semer quelque chose qu'on veut faire venir plus tôt qu'on ne le pourrait sur un sol horizontal.

Il ne paraît pas qu'Olivier de Serres se soit servi de ce mot, mais il en donne l'équivalent et comme l'origine dans cette phrase :

A l'aspect du midi, ayans une muraille *en doz* leur parant la bize, les oignons seront logés.
Olivier DE SERRES, *Théâtre d'agriculture*, X, 4.

On rencontre quelquefois aussi chez La Quintinie une autre locution très-voisine elle-même du mot ADOS.

On fait ensuite la couche haute d'environ deux pieds, rangeant et pressant le fumier autant qu'on peut, en sorte toutefois que la partie d'en haut soit disposée *en dos d'âne* pour faire écouler à droite et à gauche les eaux qui pourriroient les fumiers si elles y pénétroient.
LA QUINTINIE, *Instructions pour les jardins fruitiers et potagers*; part. VI. Ouvrages de novembre.

On fait aussi des élévations *en dos de bahu* dans les terres qui sont froides et humides.
LE MÊME, *même ouvrage*, Explication des termes de jardinage, au mot ADOS.

ADOS n'est du reste pas rare chez cet auteur, ni chez d'autres du XVIIe et du XVIIIe siècle, mais il se rencontre plus particulièrement chez ceux qui ont traité des jardins.

... Aussi sème-t-on des pois et des fèves sur un *ados;* ainsi y plante-t-on des artichaux, du raisin, des framboises, etc.

On peut encore, dès le commencement du mois (de décembre), semer les premiers pois sur quelques *ados*, ou à quelque bon abri, particulièrement du midi, pour en avoir au mois de may.
LA QUINTINIE, *Instructions pour les jardins fruitiers et potagers*, part. I, Explication des termes du jardinage; part. VI. Ouvrages de décembre.

Les raves et les pois hâtifs croissent fort bien sur un *ados.*
LIGER (cité dans le *Dictionnaire de Trévoux*).

Ados... est aussi tout endroit qui, par sa nature, est à couvert des mauvais vents et des gelées, lequel est *adossé d'*un mur ou *d'*un bâtiment qui a le soleil en face.

Nous avons introduit dans le jardinage une forme d'*ados* qui va de pair, à peu de chose près, avec les châssis vitrés pour les pois de primeur et pour les fraisiers.

L'abbé ROZIER, *Cours complet d'agriculture*, au mot ADOS.

Ils sont étonnés de lui voir diriger des *ados* avec plus d'intelligence.

J.-J. ROUSSEAU, *Émile*, V.

Les montagnes hydrauliques en plateaux offrent de vastes amphithéâtres à la végétation en lui présentant des *ados*, des abris et des arrosages.

BERNARDIN DE SAINT-PIERRE, *Harmonies de la nature*, IV.

Dans l'exemple suivant ADOS s'applique aux deux versants opposés d'une montagne :

La chaîne du Taurus présente à la mer du Nord et à la mer de l'Inde un double *ados*, d'où coulent la plupart des fleuves de l'ancien continent, les uns au nord, les autres au midi.

LE MÊME, *Études de la nature*, IV.

ADOUBER, v. a.

Autrefois ADDOUBER, ADOBER, ADOUBLER (Voyez le *Glossaire* de Sainte-Palaye) ; ADOUBBER (Voyez le Dictionnaire de Nicot).

L'étymologie de ce mot, qui répond au bas latin *adobare*, au provençal *adobar*, à l'italien *addobbare*, est très-obscure. Parmi les opinions émises à ce sujet, nous ne rapporterons que les suivantes :

Le Père Ménétrier et Du Cange, considérant l'emploi qui était fait d'*adouber* au sens de Armer chevalier, le tirent de *adoptare*.

Furetière, d'après une acception moins particulière, celle d'Arranger, préparer, aime mieux le dériver d'*adaptare*, avec lequel il n'a point, quant à la forme verbale, de rapport plus marqué.

Ménage le croit venu de l'italien *addoppiare*, Doubler, et, par une opinion analogue, Sainte-Palaye, qui pense qu'*adoubler* a été l'orthographe primitive du mot, le fait venir par ce mot de *doubler*, *double*, *duplex*, et lui donne en conséquence la signification générale de Revêtir, habiller, armer.

Une opinion plus moderne, adoptée en dernier lieu par M. Littré, le rapporte, comme celle que nous avons d'abord rappelée, aux usages de la chevalerie, mais par une autre voie ; elle le fait venir du mot germanique *dubban*, Frapper ; il se serait dit primitivement du coup dont on frappait le nouveau chevalier, puis de la cérémonie de l'armement, et de là, par extension, seraient provenues d'autres acceptions plus générales, Armer, vêtir, disposer, arranger, etc.

On a dit : *adouber à chevalier*, *à loi de chevalier* :

Quant il fut venus en aé,
À chevalier l'*unt adoubé*.

MARIE DE FRANCE, *Lai d'Ywenec*, v. 469.

L'adoube à loi de chevalier.

Partonopeus. (Voir Not. des mss., t. IX, part. 2, p. 83.)

Adouber chevalier :

Mes d'une chose me dites verité,
Se onques *fûtes chevalier adobé*.

Le Roman de Girard de Vienne, ms. (cité dans le *Glossaire* de Du Cange, au mot ADOBARE).

Si ne *fussiés chevaliers adoubés*.

Le Roman de Gaydon (cité *ibid.*).

Enfin, absolument, *adouber*.

Ung damoysel... va querant ung chevalier qui ayt povoir de l'*adouber* ; car il ne trouvera chevalier qui l'accolle luy puisse donner, au moins s'il ne luy est cousin germain ou plus près.

Gallafar... liève la main et donne à Utran son frère l'accolée, et puis dist à Durseau qu'il *adoubast* Sanguin son autre frère.

Perceforest, vol. IV, c. 46.

Adouber vueil l'enfant Girert mon fil ;
Si m'aidera ma guerre à maintenir.

Garin le Loherain, I.

Sire, dit-elle, pour Deu de Paradis,
Soit adoubez mes frères Auberis.
. . . .
Raoul l'*adoube* qui estoit ses amis ;

Premiers li chausse ses esperons massis,
Et puis li a le branc au costel mis,
En col le fiert.........

Le Roman d'Auberi (cité dans le *Glossaire* de Du Cange).

..... À Pentecouste chevaliers les fera;
Droit au Mans la cité, là les *adoubera.*

ADENÈS, *Roman de Berte*, p. 144.

Je suis un hon Karle le droiturier,
Qui m'*adouba* et me fist chevalier.

Le Roman d'Aspremont (Voir *Hist. litt. de la France*, t. XXII, p. 317).

Maynt chevalier *adouba* Charlemaygne.

PALSGRAVE, *Eclaircissement de la langue françoise*, p. 417.

La locution *Adouber chevalier* a conduit à dire, par extension, *adouber évêque*, *adouber moine*, etc.

Turpins estoit *evesque* de novel *adobez.*

Gui de Bourgogne, v. 510.

Jà ne seiez *moigne* renduz ne *adoubez.*

WACE, *Roman de Rou*, v. 2475.

ADOUBER a signifié, d'une manière générale, Armer, revêtir, habiller.

Li reis l'*adouba* ricement,
Armes li dune à sun talent.

MARIE DE FRANCE, *Lai de Gugemer*, v. 49.

On a dit, au même sens, *adouber de*, *s'adouber de*, et, employés absolument, *s'adouber*, *adoubé ;*

Adouber de :

..... À son mary vint, qu'il *adouba de* son habit.

Les Cent Nouvelles nouvelles, LXXVIII.

Li quens Raoul qui molt fist à loer,
À l'endemain fist Bernier *adouber*
Des millors armes que il pot recouvrer.

Raoul de Cambrai, p. 23.

S'adouber de :

Ceux qui n'avoient nulles armures *s'adouberent* tout à leur volonté *de* celles qu'ils trouverent illec.

Le Triomphe des neuf preux, p. 462, col. 2 (cité par Sainte-Palaye).

S'adouber :

Li emperères tuz premereins *s'adubet.*

Adubez vus ; sempres averez bataille.

Chanson de Roland, st. CCXIII; CCXXVI.

Adoubé :

Les deux Bretons qui n'entendoient que à malice, pourveurent cette tour de trente compaignons bien armez et *adoubés.*

FROISSART, *Chroniques*, liv. IV, c. 11.

Le duc de Bourgogne estoit en grand bruit, moult richement paré et *adoubé* pour veoir les joustes.

MONSTRELET, *Chroniques*, vol. III, fol. 95, r° (édit. de 1595).

ADOUBÉ s'est dit substantivement pour Chevalier, homme d'armes :

Li *adubez* en sunt li plus pesant.

Chanson de Roland, st. CLXXVI.

Honneur doit querre li nouviaus *adoubés.*

Enfances d'Ogier le Danois, ms. de Gaignat, fol. 63, v°, col. 2 (cité par Sainte-Palaye).

On s'est servi d'ADOUBER même en parlant des choses, dans des sens très-divers ;

Dans le sens d'Ajuster, rajuster :

Elle prit incontinent sa course, au long d'une belle prairie, sans autrement *adouber* ses belles tresses, qui flottoient autour de ses épaules.

J. LE MAIRE DE BELGES, *Illustrations de Gaule*, II.

Dans le sens de Raccommoder, réparer :

Nous avons octroié et octroyons aus diz marchans que les quais de la dite ville (de Harfleur) et les ysues soient *adoubées* et mises en tel estat.

Texte de 1351 (Voir *Ordonnances des rois de France*, t. III, p. 576, art. 11, et le *Glossaire* de Du Cange, additions de D. Carpentier, au mot ADOBARE.)

Ce chemin est tel que la nature l'a fait, et n'y *a* riens *adoubé.*

COMMYNES, *Mémoires*, VIII, 5.

Dans le sens d'Enduire :

Tous les Perses polissent et *adoubent de* cire les corps des trepassés.

SALIAT, trad. d'*Hérodote*, I, 140.

Dans le sens de Couvrir :

Le sang luy print à saillir par le nez, tellement qu'il en eut à coup la face toute *adoubée.*

Perceforest, vol. V, c. 6.

Dans le sens de Panser une plaie :

Luy *fut adoubée* sa playe qu'il avoit au col.

COMMYNES, *Mémoires*, I, 4.

ADOUBÉ a même reçu le sens métaphorique que présentait dans la langue latine l'expression *male ornatus*, et qu'exprime aussi dans notre langue Mal habillé, mal arrangé, c'est-à-dire Maltraité.

Si avoit le poing dextre au champ et le bras senestre estoit tel *adoubé* qu'en trois lieux il ne tenoit fors que à ung nerf.

Perceforest, vol. IV, c. 36.

À cet emploi d'ADOUBER se rattachent certaines acceptions de ce mot que donnent encore plusieurs de nos anciens Dictionnaires, le traduisant par *Reficere, concinnare*, Accoutrer, bailler façon, accommoder, rhabiller, etc :

L'on *adoube* (tanne) moult grant quantité de cuiran en ce pays.

Le livre de MARC POL, c. CLXXVIII, Ed. Pauthier, t. II, p. 661.

Addouber cuirs (les façonner avec le tan).

Addouber la vaisselle rompue.

MONET, *Dictionnaire.*

Tous les tuyaux de cette machine sont bien *adoubés*; elle doit jouer maintenant.

RICHELET, *Dictionnaire.*

Adouber un vaisseau.

DANET, FURETIERE, *Dictionnaires.*

En donnant cette dernière locution, Danet et Furetière remarquent qu'on dit plus ordinairement *radouber un vaisseau.* Voyez RADOUBER.

On a quelquefois donné à ADOUBER pour régimes même des noms abstraits; dans les phrases suivantes, il a le sens d'Arranger, réparer :

Aduber une afere.

Vie de S. Thomas (cité dans le *Glossaire franç.* de Du Cange, édit. Didot).

Et si ne sçavoit le duc de Bourgongne *adouber* (arranger) avec eux le fait du connestable.

Le roy seroit content que tous les differens par ce moyen *fussent* appaisez et *adoubez.*

COMMYNES, *Mémoires*, IV, 6 ; V, 16.

Lors lui, qui veult entendre à *adouber* la faulte, lesse les parolles, et s'en va bien doulant.

Les Quinze joyes de mariage, VI.

Au commencement du XVIe siècle, ADOUBER a été un terme de poétique. On appelait alors *rimes adoubées* des vers dont la dernière syllabe rimait avec la pénultième, comme cela s'est vu depuis dans plus d'une chanson de Panard ; *on voit des commis-Mis comme des princes, Et qui sont venus-Nus de leurs provinces.* Cette façon de parler, *rimes adoubées*, n'est pas sans analogie avec l'expression italienne *rime adoppiate*, et l'une comme l'autre confirme l'opinion exposée plus haut qui fait venir ADOUBER, par *adoubler*, de *double.*

L'abbé Goujet cite d'un poëte anonyme des premières années du XVIe siècle les vers suivants, où se trouve, mais prise en mauvaise part, comme désignant plutôt un défaut qu'un genre, l'expression *rimes adoubées* :

Je croy que pas n'y trouverez
Si bien l'examinez au net,
Nuls mots contraints, diminués...
Nulles syllabes racoursées,
De nulle lettre adjoustement,
N'aulcunes *rymes adoubées*
Et de pourpos nul changement.

(Voir *la Bibliothèque françoise* de l'abbé GOUJET.)

ADOUBER, depuis longtemps, ne conserve plus qu'une seule signification toute spéciale. Il n'est usité qu'au Tric-trac et aux Échecs, dans cette locution *J'adoube*, par laquelle on indique qu'on touche une pièce pour l'arranger, non pour la jouer.

Adoubé, ée, participe.

On disait autrefois dans des sens analogues à ceux du verbe *adouber*, ADOUBEMENT, ADOUBEUR.

Adoubement, s. m.

Quelquefois ADDOUBEMENT. (Voyez le Dictionnaire de Monet.)

Réception d'un chevalier.

Ainz qu'il vousist lessier la vile...
Fist-il, le jour de Ponthecouste...
Chevalier son frère Loïs...
Tost après cet *adoubement*......
S'est l'ost vers Flandres esméu.
G. Guiart, *Royaux lignages*, v. 4754.

Il a aussi signifié Armure, vêtement, habillement.

Prit maladie à Othon, si fu mort; mès ainçois qu'il morust, se demist il de l'Empire, et rendit au Roi Federic la corone de Rome et les *adoubemens* qu'il portoit quand il estoit Empereor.
Le Continuateur de Guillaume de Tyr (Voir D. Martene, *Thes. anecd.*, t. V, col. 679.

Molt fu ses *adoubemens* beax.
Fabl. et Cont. anc., Méon, IV, 91.

Monet, qui donne encore ce mot, l'interprète par *Instauratio, refectio, sartura*, Rhabillage.

On a dit, dans le moyen âge, au sens d'Armes, d'armure, d'équipement, ADOUBS, écrit très-diversement, ADOUL, ADOLS, ADOUS, ADOS, etc.

Esclargiz est li vespres e li jurz,
Cuntre le soleil reluisent cil *adub*,
Osbercs e helmes i getent grant flambur.
Chanson de Roland, st. CXXXV.

Molt les vi ja taisant et muz
Quant li Morhot fu avenuz,
Où n'en i out un d'eus tot soul
Qui osast prendre ses *adoul*.
Tristan, t. I, p. 9, v. 111 (cité dans le *Glossaire franç.* de Du Cange).

Quant il issi de Küne as *adols* qu'ot vestiz.
Guitteclin de Sassoigne, ms. de Gaignat, fol. 248, r°, col. 2 (cité dans le *Glossaire* de Sainte-Palaye et dans le *Glossaire françois* de Du Cange).

Illuec se desarma des *adous* qu'ot porté.
Roman de la Prise de Jérusalem, dans une note du *Roman de Garin le Loherain*, t. I, p. 65.

Au mort tos les *ados* osta.
Roman de la Violette, v. 4465 (cité *ibid.*).

Il est remplacé par ADOUBERIE dans le passage suivant :

Puis li cainsent (ceignent) l'espée dont mort fu Agolans,
Bone iert l'*adouberie*, mais mieux valoit li brans.
Histoire littéraire de la France, t. XXII, p. 398. Chansons de geste. *Enfances de Godefroi*, ms. 540[8], f° 49.

Adoubeur, s. m.

Quelquefois ADDOUBEUR. (Voyez les Dictionnaires de Robert Estienne, Nicot, Monet, Cotgrave.)

Monet le traduit par *Instaurator, interpolator*, R'habilleur.

Rob. Estienne en donne, au sens figuré, cet exemple que reproduisent Nicot et Cotgrave :

Addoubeur de mauvaises causes.

La phrase suivante le rattache au sens de Panser, qu'a eu quelquefois par figure, on l'a vu plus haut, le verbe *adouber* :

Les Suysses l'alloient tous les jours veoir, menans avec eux leurs chirurgiens et *adoubeurs*.
G. Bouchet, *Serées*, liv. III, 35e serée.

ADOUCIR, v. a. (de *Doux*, écrit primitivement *doulx*, et, par ce mot, du latin *Dulcis*).

Autrefois ADDOULCIR, ADOULCIR, ADOUCHIR, ADDOUCIR, etc.; on a dit aussi ADULCER, ADDOULCER, ADOULCER, ADOUCIER, ADOUCHIER. (Voyez le *Glossaire* de Sainte-Palaye, les Dictionnaires de Robert Estienne, Jean Thierry, Nicot, Monet, Cotgrave, et quelques-uns des exemples ci-après remontant au douzième siècle.)

Adoucir, qui signifie Rendre doux, se prend, au propre, dans un sens physique, pour Tempérer l'âcreté de quelque chose d'aigre, d'amer, d'âpre, de salé.

Le sucre *adoucit* les fruits encore verts, et corrige la crudité souvent nuisible de ceux qui sont mûrs.

S. François de Sales, *Introduction à la vie dévote*, I, 2.

L'illustre M. Boyle a fait voir la manière dont il falloit *adoucir* l'eau de la mer.

Richelet, *Dictionnaire*.

On dit, dans un sens analogue, en médecine, *adoucir l'âcreté des humeurs*, *l'âcreté du sang*, *le sang*.

Allons, procédons à la curation; et, par la douceur exhilarante de l'harmonie, *adoucissons*, lénifions et accoisons l'aigreur de ses esprits que je vois prets à s'enflammer!

Plus... une prise de petit lait clarifié et dulcoré, pour *adoucir*, lénifier, tempérer et rafraîchir le sang de monsieur.

Molière, *M. de Pourceaugnac*, I, 11 ; *le Malade imaginaire*, I, 1.

Adoucir signifie encore, au propre, Rendre doux au toucher, en ôtant les aspérités.

On ne polit les glaces qu'après les *avoir adoucies*. Les lunetiers *adoucissent* leurs verres et leurs glaces avec du grès cassé et sassé et de l'eau.

Richelet, *Dictionnaire*.

Adoucir, toujours au propre, veut encore dire Amollir.

Addoulcir l'airain pour le rendre traitable. *Æs temperare*.

Rob. Estienne, *Dictionnaire fr.-lat.*

On *adoucit* les métaux par un alliage convenable.

Furetière, *Dictionnaire*.

Adoucir une pente, c'est la Rendre moins roide, moins rapide.

La grande affluence des étrangers a engagé la province à faire élargir les chemins et à *adoucir* un peu les pentes les plus rapides.

Saussure, *Voyages dans les Alpes*, t. I, c. iv, p. 406, § 482.

Adoucir une couleur, c'est en Tempérer l'éclat.

La nature revêt des fruits d'un duvet léger pour *adoucir* leur vermillon, comme la pêche.

Bernardin de Saint-Pierre, *Études de la nature*, XI.

Adoucir est d'un grand usage au figuré, en parlant de tout ce qui peut être dit figurément aigre, amer, âpre, rude, dur, etc.

De là, des acceptions très-nombreuses, qu'on peut ranger en trois classes, selon qu'elles se rapportent : 1° à des choses de l'ordre physique ; 2° à des choses de l'ordre moral; 3° à des personnes;

1° À des choses de l'ordre physique:

Adoucir la température, *le temps*, le Rendre ou moins froid, ou moins chaud; *adoucir le froid*, *la chaleur*, *l'hyver*, *l'été*, *le climat*, etc.

La pluie *adoucit* le temps.

Furetière, *Dictionnaire*.

Ils prièrent celui qui les conduisoit de les laisser dans la grotte jusqu'à ce que la chaleur *fût adoucie*.

La Fontaine, *Psyché*, I.

Les nations qui habitent sur les monts Nébrodes et sur le sommet d'Acragas, où règne un hiver que les zéphirs n'*ont* jamais *adouci*.

Fénelon, *Télémaque*, I.

Dans les passages suivants, adoucir, employé de même, n'a plus un sens physique, mais un sens moral.

Les longues nuits de l'hiver y *sont adoucies* par des aurores et des crépuscules qui durent à proportion que le soleil s'éloigne moins de la Suède.

Encourageant tous les arts qui venaient *adoucir* ce climat sauvage.

Voltaire, *Histoire de Charles XII*, liv. I.

Adoucir les animaux, les Rendre moins sauvages; *adoucir les fruits*, les Rendre plus propres à servir de nourriture, à flatter le goût.

Avec les animaux, l'homme sut encore *adoucir* les fruits et les plantes.

Bossuet, *Discours sur l'histoire universelle*, I, 2.

Adoucir une maladie, la Rendre moins violente; *adoucir une plaie*, la Rendre moins douloureuse.

Adoucir la fièvre par la diète et par le repos.

Danet, *Dictionnaire franç.-lat.*

Combien de fois, s'unissant en esprit à J.-C. crucifié,

lui offrit-elle son cœur et son mal, afin qu'il fortifiât l'un et qu'il augmentât ou *adoucit* l'autre.

Fléchier, *Oraison funèbre de madame la Dauphine.*

Il est fait très-souvent, de cette dernière expression, un emploi métaphorique.

Ledit sieur de Buhy vous vint voir à Rosny, où vous passiez le temps et *adoucissiez* vos playes et vos despits, à jardiner, arboriser, mesnager, faire des extraits des meilleurs livres, et vous faire lire ce que nous avions fait de ces presens mémoires.

Sully, *Œconomies royales*, t. I, c. 36.

Vous croyez donc... qu'un royaume est un remède universel à tous les maux, un baume qui les *adoucit*, un charme qui les enchante.

Bossuet, *Oraison funèbre de Marie-Thérèse.*

Quel soin ne prenoit-elle pas d'*adoucir* et de guérir la plaie qu'elle avoit faite.

Fléchier, *Oraison funèbre de madame la Dauphine.*

Ainsi je courois en vain pour m'oublier moi-même, et rien n'*adoucissoit* la plaie de mon cœur.

Fénelon, *Télémaque*, IV.

Adoucir les traits du visage, les yeux, leur Donner une expression moins sévère; *adoucir la voix*, en Diminuer la force, l'aigreur, la rudesse, etc.

Je ne sais pas pourquoi je me suis engagée à faire mon portrait; je devois laisser ce soin à quelqu'un qui auroit pris celui d'*adoucir* les traits de mon visage et d'en cacher les défauts.

Mlle de Montpensier, *Portraits*, XXVIII. Portrait de madame la comtesse d'Esche fait par elle-même.

La joie et l'espérance *adoucissent* les traits du visage, ce qui répand sur le front une image de sérénité.

Bossuet, *De la connoissance de Dieu et de soi même*, c. II, art. 12.

Où allez-vous ainsi, ma mignonne? lui dit-il en *adoucissant* sa voix qu'il avoit naturellement très-rude.

Le Sage, *Gil Blas*, X, 10.

Un œil *adouci* et qui me parut satisfait, sembloit m'en dire mille fois davantage que la bouche n'en exprimoit.

Marivaux, *le Paysan parvenu*, part. VII.

Il faudra que Le Kain se donne la peine d'*adoucir* la voix de Mlle Duranci.

Voltaire, *Lettres*, 4 mars 1767.

D'une simple innocence elle *adoucit* sa face.

Regnier, *Satires*, VII.

Avocat,
De votre ton, vous-même, *adoucissez* l'éclat.

J. Racine, *les Plaideurs*, III, 3.

Adoucir le visage est employé de cette manière, mais par figure, dans le passage suivant :

De quel œil, à votre avis, pensez-vous que je puisse voir cet amas d'actions indignes, dont on a peine, aux yeux du monde, d'*adoucir* le mauvais visage.

Molière, *le Festin de Pierre*, IV, 4.

En peinture et en sculpture, *adoucir les formes, les contours*, c'est Diminuer ce qu'ils ont de trop prononcé, de trop ressenti. On dit de même *adoucir les traits d'une figure*, les Rendre plus délicats; *adoucir les teintes d'un tableau*, Graduer avec plus de délicatesse le passage de l'une à l'autre.

De là l'emploi figuré du mot *adouci* dans le passage suivant :

Sa supériorité ne se montroit que voilée et comme *adoucie* par un charme naturel qui la lui faisoit pardonner.

D'Alembert, *Éloge du comte de Bussy.*

Adoucir s'est employé d'une manière analogue à propos d'autres arts encore, du dessin, de la gravure, de l'architecture.

Voylà la vraye façon pour bien faire et *adoucir* vostre volute, sans prendre celle de Vitruve, ny des autres qui l'ont descrite.

Philibert de l'Orme, *Architecture*, V, 27.

La gravure noire consiste à couvrir toute une surface de petits points noirs qu'on *adoucit*, affaiblit, amattit, efface. De là les ombres, les reflets, les teintes, les demi-teintes, le jour et la nuit.

Diderot, *Salon de 1765*. Les Graveurs.

L'opposition trop tranchante des crayons rouges ou noirs sur un fond blanc demande à *être adoucie* et sauvée par un travail quelquefois fort long.

Watelet, *Dictionnaire des Beaux-Arts*, art. Académie.

2°. À des choses de l'ordre moral :

Adoucir une loi, une mesure de gouvernement, d'administration, des poursuites, etc., les Rendre moins sévères, moins rigoureuses, moins actives; en Adoucir la rigueur, l'abus, etc.

Les conseillers... conclurent qu'il falloit *addoucir* les poursuites contre les reformez.

Les premiers actes de Pie furent d'anuller les édits de son prédécesseur, *addoucir* l'inquisition.

AGR. D'AUBIGNÉ, *Histoire universelle*, t. I, liv. II, c. 10, 26.

On proposa des tempéramens qui *adoucissaient* encore l'édit de juillet.

Je me flattais que cet ouvrage *adoucirait* ce qui reste de barbare dans la jurisprudence de tant de nations.

VOLTAIRE, *Histoire du Parlement de Paris*, c. 23; *Commentaire sur le livre des délits*, n° 1.

Mais alors les lettres de cachet, comme tant d'autres illégalités, étoient passées en habitude, et le caractère personnel du roi *adoucissoit* l'abus autant qu'il étoit possible.

Mme DE STAËL, *Considér. sur la Révolution franç.*, part. I, c. 9.

Des subsides affreux la rigueur *adoucie*.

BOILEAU, *Épîtres*, I.

Adoucir certaines *obligations*, certains *devoirs*, les Rendre moins stricts, moins gênants.

Je veux vous faire voir maintenant comment on *a adouci* l'usage des sacrements, et surtout celui de la pénitence.

Tous ces artifices de dévotion ne seroient rien, si l'on n'*avoit adouci* la pénitence.

Pour excuser bien des péchés il a été nécessaire d'*adoucir* les difficultés de la confession.

Adoucir l'obligation de quitter les occasions prochaines.

PASCAL, *Provinciales*, IX, X.

Mais si sa miséricorde *a adouci* la rigueur de sa pénitence, sa justice en a augmenté la durée.

FLÉCHIER, *Oraison funèbre de madame de Montausier*.

Faites entendre que le service étant établi contre l'égalité naturelle des hommes, il faut l'*adoucir* autant qu'on le peut.

FÉNELON, *De l'Éducation des filles*, c. 12.

C'est donc une erreur, mes frères, de regarder la naissance et le rang comme un privilége qui diminue et *adoucit* à votre égard vos devoirs envers Dieu et les règles sévères de l'Évangile.

MASSILLON, *Petit Carême*, IIe dimanche.

C'est un tempérament, et, comme je le voi,
L'usage *adoucit* bien la rigueur de la loi.

REGNARD, *les Ménechmes*, prologue, sc. II.

Adoucir l'humeur, le caractère, les mœurs, les Rendre plus traitables, plus sociables; *adoucir les cœurs, les esprits, la rudesse*, etc.

Doncques les philosophes se magnifient de ce qu'ils *addoulcissent* et reforment des mœurs rudes et non polies d'aucune doctrine.

AMYOT, trad. de Plutarque, *Œuvres morales*. De la fortune ou vertu d'Alexandre, VI.

On pourroit accorder cela en ceste maniere, en disant que de sa nature il estoit homme vindicatif..... mais qu'il *addoulcissoit* quelquefois cette amertume de sa nature par la raison.

LE MÊME, trad. de Plutarque, *Vie de Sylla*, c. 13.

Estant yssu de Corinthe, il *avoit adoucy* son naturel, et poly l'humeur grecque par les gentillesses d'Italie ausquelles il s'estoit curieusement façonné.

COEFFETEAU, *Histoire romaine de L. Florus*, I, 5.

Ce prince pour *adoucir* l'esprit des soldats, choisit Claudius Julianus qui les avoit commandez depuis peu avec grande douceur.

PERROT D'ABLANCOURT, trad. de Tacite, *Histoires*, III, 9.

Ce bon et sage roy considéroit qu'il n'avoit qu'à corriger et *adoucir* les mauvaises humeurs qui avoient mis l'Estat à l'extrémité.

HARDOUIN DE PÉRÉFIXE, *Hist. de Henri le Grand*, 2e part., année 1590.

Il forma la religion, et *adoucit* les mœurs farouches du peuple romain.

BOSSUET, *Discours sur l'histoire universelle*, I, 7.

Cécrops, apportant les lois utiles de l'Égypte, qui a été pour la Grèce la source des lettres et des bonnes mœurs, *adoucit* les naturels farouches des bourgs de l'Attique.

FÉNELON, *Télémaque*, XIX.

Le Père de la Chaise est un honnête homme; mais l'air de la cour gâte la vertu la plus pure, et *adoucit* la plus sévère.

Mme DE MAINTENON, *Lettres*, 1676, à la comtesse de Saint-Géran, V.

Tous les courtisans cherchent, étudient ce qui pourroit *adoucir* son humeur sombre et bizarre : soins inutiles ! lui-même ne le sait pas (Saül).

MASSILLON, *Petit Carême*, IIIe dimanche.

Un peuple fier, entreprenant, hardi et renfermé dans des murailles, doit nécessairement secouer le joug ou *adoucir* ses mœurs.

MONTESQUIEU, *Grandeur des Romains*, c. I.

Les arts, qui *adoucissent* les esprits en les éclairant, commencèrent un peu à renaître dès le douzième siècle.

VOLTAIRE, *Essai sur les mœurs*, c. 197.

... Toutes circonstances qui *adoucissent* à la longue les mœurs des animaux... abâtardissent leur naturel.

BUFFON, *Histoire naturelle*. Oiseaux ; le Casoar.

Dur cuer a, ki de tel recort (souvenir)
N'est *adoucis* en pieté.

Renart le nouvel, v. 1682.

Enfin ce grand courage a vaincu sa colère...
Vos pleurs coulent encore et ce cœur *adouci*...

P. CORNEILLE, *Rodogune*, IV, 4.

Chantons, on nous l'ordonne, et que puissent nos chants]
Du cœur d'Assuérus *adoucir* la rudesse !

J. RACINE, *Esther*, III, 3.

Mais du discours enfin l'harmonieuse adresse
De ces sauvages mœurs *adoucit* la rudesse.

BOILEAU, *Art poétique*, IV.

Adoucir certains sentiments, *la haine, la colère, la douleur, le chagrin, l'ennui, de fâcheux souvenirs*, etc., les Rendre moins violents, moins pénibles, les apaiser, les calmer, etc.

Ces parolles et autres ramollirent et *adoulcirent* grandement le courage et le maltalent du roy d'Angleterre.

FROISSART, *Chroniques*, liv. I, part. I, c. 249.

Addoulcir le courroux d'aucun.

Rob. ESTIENNE, *Dictionnaire fr.-lat.*

Si Sylvie, et quelques autres nymphes ne nous eussent alors interrompues, *j'eusse*, avant que laisser ce discours, *adoucy* beaucoup l'animosité de la nymphe.

D'URFÉ, *l'Astrée*, part. I, liv. IX.

Nous taschions donc d'*adoucir* par divers contes l'ennuy de notre voyage.

Le prince... pour *adoucir* le souvenir de leurs travaux visitoit lui mesme les blessez.

PERROT D'ABLANCOURT, trad. de Lucien, *les Amours ;* trad. de Tacite, *Annales*, I, 10.

Le roi (Louis XIII)... pour *adoucir* en quelque façon l'aigreur que ses peuples pouvoient avoir contre lui par la prison de la reine sa mère, traita un peu mieux la reine sa femme...

Mme DE MOTTEVILLE, *Mémoires*.

Vous... qui, par la douceur de vos chants, avez l'art d'*adoucir* les plus fâcheuses inquiétudes.

Après quelques paroles, dont je tâchai d'*adoucir* la douleur de cette charmante affligée.

MOLIÈRE, *la Princesse d'Élide*, IV, 6 ; *les Fourberies de Scapin*, I, 2.

L'exemple d'un homme encore plus malheureux que lui *adoucissoit* la peine de Télémaque.

FÉNELON, *Télémaque*, XXIV.

Il ne faut quelquefois qu'une jolie maison dont on hérite, qu'un beau cheval, ou un joli chien dont on se trouve le maître, qu'une tapisserie, pour *adoucir* une grande douleur.

LA BRUYÈRE, *Caractères*, c. 11.

(Virgile) fesait les délices de ses amis par cette simplicité, qui s'accorde si bien avec le génie, et qui semble être donnée aux véritables grands hommes pour *adoucir* l'envie.

Ainsi au milieu même de la guerre, la religion réunissait les hommes et *adoucissait* quelquefois leurs fureurs.

Tous mes chagrins sont plus *adoucis* par votre amitié, qu'ils n'ont été aigris par vos reproches.

VOLTAIRE, *Essai sur la poésie épique*, c. 3 ; *Traité sur la tolérance*, c. 7 ; *Lettres*, 16 octobre 1767.

C'en est fait, son courroux ne peut *être adouci*.

MOLIÈRE, *le Dépit amoureux*, III, 9.

Un espoir *adoucit* ma tristesse mortelle.

J. RACINE, *Phèdre*, II, 2.

Adoucir une plainte, la Rendre moins vive.

S'il m'en restoit un seul, j'*adoucirois* ma plainte.

LA FONTAINE, *Fables*, III, 6.

Adoucir des malheurs, des maux, des disgrâces, des contrariétés, etc., les Rendre plus supportables.

Vous *adoucissez* les souffrances de vos fidèles par la grâce de votre fils unique.

PASCAL, *Pensées*, part. II, art. XIX, § 11.

D'autres causes suspendoient ou *adoucissoient* quelquefois la persécution pour un peu de temps.

BOSSUET, *Discours sur l'histoire universelle*, I, 10.

Votre Majesté *adoucit* mon malheur par la manière obligeante dont elle s'est expliquée.

MOLIÈRE, *le Tartuffe*, 1er *Placet*.

Sa prison sera rude, mais elle croit qu'on l'*adoucira*.

Je plains le chevalier, la goutte le chicane... Je voudrois bien pouvoir *adoucir* ses maux; mais il est accoutumé à vos soins, qui sont si consolans et si précieux.

Mme DE SÉVIGNÉ, *Lettres*, 3 juillet 1765; le jour de la Toussaint, 1688.

Il ne cherchait point, comme tant de faux sages, à s'exagérer le bonheur du repos; il en jouissait seulement comme d'une ressource que la nature laisse à nos derniers jours pour *adoucir* la solitude de notre ame.

D'ALEMBERT, *Éloge de Marivaux*.

Le mien (mon vice) est d'être libre et ne rien admirer,]
Tirer le bien du mal, lorsqu'il s'en peut tirer,
Sinon *adoucir* tout par une indifférence,
Et vaincre le malheur avec la patience.

REGNIER, *Satires*, XV.

Sois béni, juste ciel, de mon sort *adouci*!

MOLIÈRE, *l'Étourdi*, IV, 3.

Vous seule *adouciriez* le destin des vaincus.

VOLTAIRE, *l'Orphelin de la Chine*, IV, 3.

Adoucir des différends, les Rendre plus faciles à accommoder, les pacifier.

Il est bon de pacifier et d'*adoucir* toujours les choses.

MOLIÈRE, *le Sicilien*, sc. 17.

Elle (la Cour d'Espagne) s'irriteroit au point de perdre le respect et l'obéissance due au saint siége, si Sa Sainteté n'y prenoit garde et n'*adoucissoit* par sa prudence les différens survenus au sujet des bulles de Séville.

SAINT-SIMON, *Mémoires*, 1718, t. XVI, c. 18.

Comme par sa prudence il *a* tout *adouci*,
Il vous connoît peut-être et me connoît aussi.

P. CORNEILLE, *Rodogune*, V, 4.

Adoucir des torts, les Rendre plus excusables, les atténuer.

Il estoit certain que vous n'*aviez* rien outrepassé, mais diminué et *adouci* les choses autant qu'il vous avoit esté possible.

SULLY, *OEconomies royales*, t. I, c. 70.

Falloit-il faire valoir un service rendu, *adoucir* une faute pardonnable?

FLÉCHIER, *Oraison funèbre de M. de Montausier*.

Eux seuls (les gens de bien) vous épargnent, cachent vos vices, *adoucissent* vos défauts, excusent vos fautes.

MASSILLON, *Carême*. Sur l'injustice du monde.

Adoucir une prétention, une demande, les Rendre moins choquantes, en tempérer l'expression.

Le mareschal d'Anville, ne pouvant faire mieux, fit assembler tous les refformez de ces pays à Millaut de Rouargue, pour *adoucir* leurs demandes; mais l'assemblée les lui renvoya sur la fin de l'année grandement amplifiées, et beaucoup plus rudes que les premieres.

Agr. D'AUBIGNÉ, *Histoire universelle*, t. II, liv. II, c. 11.

L'Empereur souffroit avec impatience le séjour des troupes russiennes dans le Mecklembourg. L'envoyé de Prusse en informa le czar, en *adoucissant* les termes forts des impériaux.

SAINT-SIMON, *Mémoires*, 1717, t. XV, c. 5.

Adoucir une opinion, une proposition, etc., la Rendre moins difficile à admettre, réduire ce qu'elle peut présenter d'excessif.

Les scolastiques ont en la bouche ceste distinction vulgaire de la grâce operante et cooperante : mais ils en abusent pour tout pervertir. Sainct Augustin en a bien usé, mais ç'a esté avec une bonne déclaration, pour *adoucir* ce qui pouvoit estre rude.

CALVIN, *Institution chrestienne*, liv. II, c. III, § 11.

Nos frères sentant l'impossibilité de l'opinion de Calvin prise à la lettre, l'*adoucissent* autant qu'ils peuvent.

PELLISSON (Cité dans le *Dictionnaire de Trévoux*).

Adoucir une idée pénible, la Rendre moins fâcheuse par quelque diversion, en détournant l'esprit vers d'autres considérations, d'autres pensées.

Ce qu'il y a de certain dans la mort est un peu *adouci* par ce qui est incertain.

La Bruyère, *Caractères*, c. 11.

Je m'occupois de ces douloureuses réflexions que j'*adoucissois* quelquefois de pensées plus consolantes.

Marivaux, *la Vie de Marianne*, part. VI.

Les anciens mettaient tant de soin à *adoucir* l'idée de la destruction qu'ils savaient en écarter ce qu'elle peut avoir de lugubre et d'effrayant.

Mme de Staël, *Corinne*, IV, 3.

Adoucir certaines sévérités, certaines rigueurs, un reproche, une remontrance, un refus, etc.

Adoucir une sévérité incommode par beaucoup d'honnêteté.

Danet, *Dictionnaire fr.-lat.*

...*Adoucissant les refus* par des marques de bienveillance.

Fléchier, *Histoire de Théodose*, II, 3.

Nenny desplait et cause grand soucy
Quand il est dict à l'amy rudement;
Mais quand il est de deux yeulx *adoucy*
Pareilz à ceulx qui causent mon tourment...

Cl. Marot, *Épigrammes*, III, 57.

En vain quelque rieur, prenant votre défense,
Veut faire au moins de grâce *adoucir* la sentence.

Boileau, *Satires*, IX.

On dit, dans un sens analogue, en parlant de certains tempéraments de langage, de certaines corrections de style, *adoucir sa langue*, *son style*, *adoucir une expression*, etc., Corriger ce qu'il peut s'y trouver de rude, de blessant, de libre, etc.

Il faut que tu *adoucisses* et affiles ta langue le plus que tu pourras.

P. Larivey, *le Laquais*, III, 2.

J'*ay*... *adoucy*, en quelques endroits, ce qui estoit trop libre.

Perrot d'Ablancourt, trad. de Lucien, *Préface*.

Comme les seigneurs protestans *eurent adoucy* leur style, les esprits de la cour s'adoucirent un peu à leur endroit.

Mézeray, *Histoire de France*, Charles IX.

Ils *adoucissent* leurs langues par des paroles flatteuses.

Bossuet, *Politique tirée de l'Écriture*, liv. IV, art. 6.

Ce pauvre homme (car l'instant approche où il méritera que j'*adoucisse* mes expressions sur son chapitre), ce pauvre homme perdit toute contenance en me voyant.

Marivaux, *la Vie de Marianne*, part. IV.

Je traite Corneille tantôt comme un dieu, tantôt comme un cheval de carrosse; mais j'*adoucirai* ma dureté en revoyant mon ouvrage.

Voltaire, *Lettres*, 31 août 1761, à M. le comte d'Argental.

Enfin toute la grâce et l'accommodement
Où s'est avec effort plié son sentiment,
C'est de dire, croyant *adoucir* mieux son style:
Monsieur, je suis fâché d'être si difficile,
Et, pour l'amour de vous, je voudrois, de bon cœur,
Avoir trouvé tantôt votre sonnet meilleur.

Molière, *le Misanthrope*, IV, 1.

3° À des personnes:

Adoucir une personne, c'est la Rendre de mœurs moins sauvages, d'humeur plus traitable, moins animée, moins irritée, la calmer, l'apprivoiser, l'amollir, etc.

À chascune heure le Roy envoyoit devers-luy pour l'entretenir et pour l'*adoulcir* et pour le garder de mal faire.

Commynes, *Mémoires*, IV, 8.

Les femmes de bon entendement, quand elles voyent que leurs marys estant en cholere crient, elles se taisent, et au contraire, s'ils ne disent mot, en parlant à eulx et les reconfortant, elles les appaisent et les *addoulcissent*.

À Rome, le peuple se trouva amolli et *addoulci* par l'exemple de la justice, clémence et bonté du roy.

Amyot, trad. de Plutarque, *Œuvres morales*. Les Préceptes du mariage; *Vie de Numa*, c. 32.

Germanicus et Tibère donnèrent un combat de gladiateurs qui *adoucit* grandement le peuple, chacun estant bien ayse de voir refleurir la mémoire de Drusus.

Coeffeteau, *Histoire romaine*, I.

Sans que mes malheurs vous puissent *adoucir*, vous venez me persécuter au bout du monde.

Voiture, *Lettres*.

Pour le bonheur de l'empire, il (Ataulphe) prit Placidie, sœur de l'empereur : cette princesse captive, qu'il épousa, l'*adoucit.*

BOSSUET, *Discours sur l'histoire universelle*, I, 11.

La poésie a donné au monde les premières lois ; c'est elle qui *a adouci* les hommes farouches et sauvages.

FÉNELON, *Lettre à l'Académie.*

Il (le comte de Guiche) avoit écrit à Madame tout ce qui la pouvoit *adoucir* sur sa faute.

Mme DE LA FAYETTE, *Histoire d'Henriette d'Angleterre.*

Et que voudrois-tu que je craignisse? — Que sais-je? une femme diablesse est quelquefois pire qu'un vrai diable. — Nous l'*adoucirons.*

DANCOURT, *le Chevalier à la mode*, IV, 1.

Calmez votre esprit agité, Madame, que M. Turcaret vous retrouve *adoucie.*

LE SAGE, *Turcaret*, V, 13.

Votre colère est juste, et vos pleurs légitimes ;
Et je n'entreprends pas, à force de parler,
Ni de vous *adoucir*, ni de vous consoler.

P. CORNEILLE, *le Cid*, III, 2.

Au bout de quelque temps qu'on la crut *adoucie,*
Le mari la reprend.

LA FONTAINE, *Fables*, VII, 2.

À cet emploi d'ADOUCIR, se rapporte l'application de ce terme, dans les passages suivants, à la terre et à la mer personnifiées :

Tout ainsi comme la douce rousée d'avril et de may plaist à la terre et l'*adoulcist*, et la fait germer et fructifier, tout ainsi plaisent les heures et les oroisons à Dieu.

Le Livre du chevalier de la Tour Landry, c. 5.

La mer mesme *est* en quelque sorte *adoucie* par la navigation.

PERROT D'ABLANCOURT, trad. de Lucien, *Prométhée.*

Elle (Cérès) montroit à ces hommes grossiers l'art d'*adoucir* la terre.

FÉNELON, *Télémaque*, XVII.

ADOUCIR peut, en certains cas, être employé absolument :

Nous ne aigrismes riens, mais *adoulcismes* à nostre pouvoir.

COMMYNES, *Mémoires*, II, 7.

Honneur et gloire aux auteurs de la *Gazette littéraire*; qu'ils retranchent, qu'ils ajoutent, qu'ils *adoucissent*, qu'ils observent les convenances que je ne peux connaître de si loin.

VOLTAIRE, *Lettres*, 25 avril 1764.

ADOUCIR, outre son régime direct, reçoit quelquefois, au moyen de la préposition *à*, un régime indirect désignant la personne en faveur de laquelle, chez laquelle, a lieu l'adoucissement.

Les choses néanmoins *furent adoucies à* l'Empereur, et Paulin conservé dans l'emploi.

PERROT D'ABLANCOURT, trad. de Tacite, *Annales*, XIV, 7.

Je vous conjure, madame, de me garder toujours cette généreuse amitié, si capable de *m'adoucir* les cruautés de la fortune.

MOLIÈRE, *l'Avare*, IV, 1.

..... Je ne puis concevoir qu'il y ait un degré d'amitié au delà de la mienne. Vous *m'adoucissez* et m'augmentez mes ennuis, par les aimables et douces assurances de la vôtre.

Il me semble qu'en *vous adoucissant* ainsi l'esprit, je vous disposerai à me pardonner d'avoir été si longtemps sans vous écrire.

Mme DE SÉVIGNÉ, *Lettres*, 20 janvier 1672 ; 2 janvier 1681.

Dans l'espérance d'aller à Grignan, je fais mon devoir à merveilles ; cela *m'adoucit* l'esprit.

Mme DE COULANGES, *Lettres*, 1er août 1672, à Mme de Sévigné.

Leur maître doux et humain, qui se faisoit aimer d'eux, et *leur adoucissoit* les peines de l'esclavage.

FÉNELON, *les Aventures d'Aristonoüs.*

Je puis me vanter... que je *vous adoucis* bien tout ce système.

FONTENELLE, *les Mondes*, 1er soir.

M. le duc d'Orléans, par sa facilité ordinaire ou pour *adoucir au* monde la nouvelle élévation de Law à la place de contrôleur général, fit quantité de grâces pécuniaires.

SAINT-SIMON, *Mémoires*, 1720, t. XVIII, c. 8.

Je vous écris, au milieu des horreurs d'un déménagement, que la lecture de vos vers *m'adoucit.*

Le comte Désaleurs *adoucit au* roi la dureté de ce refus.

VOLTAIRE, *Lettres*, 6 mai 1733 ; *Histoire de Charles XII*, liv. VII.

Se carrer sur un pied, faire arser (briller) son épée
Et *s'adoucir* les yeux ainsi qu'une poupée.

REGNIER, *Satires*, VIII.

Adoucir, construit avec le pronom personnel, devient verbe réfléchi et signifie, soit au propre, soit au figuré, Devenir plus doux;

Dans un sens physique :

L'hyver *s'adoucit.*

Nicot, *Thresor de la langue françoise.*

Le raisin *s'adoucit* en mûrissant.

Certains mots *s'adoucissent* par l'usage.
(*Quædam verba usu molliuntur.* Cic.)

Danet, *Dictionnaire fr.-latin.*

L'eau salée *s'adoucit* par le mélange des autres eaux.

Vaugelas, trad. de *Quinte-Curce*, VI, 4.

Le fer même *s'adoucit* dans le feu et sous le marteau, et corrige son aigreur naturelle.

Bossuet, *de la Connoissance de Dieu et de soi-même*, c. v, art. 4.

Dans un sens moral :

Ils s'en allerent d'un commun advis sans armes tout nuds en chemises devant sa tente se rendre à luy, criants et plorants... mais luy, encores que son courroux s'ammollist et *s'addoulcist* desja, ne les receupt pas.

Amyot, trad. de Plutarque, *Vie d'Alexandre*, c. 19.

Cette rigoureuse poursuite *s'est adoucie.* Nous verrons où la chose aboutira.

Malherbe, *Lettres*, LXXXVI, 1er août 1611.

Le dépit de ne la pas posséder (la faveur) se console et *s'adoucit* par le mépris que l'on témoigne de ceux qui la possèdent.

La Rochefoucauld, *Maximes*, LV.

Comptez, Monseigneur, que cette affaire ne *s'adoucit* pas, soit à Rome, soit en France, soit dans le cœur du roi.

Mme de Maintenon, *Lettre* LXXII, 3 avril 1697, à M. le cardinal de Noailles.

Ils se persuadent que les devoirs rigoureux que l'Évangile prescrivoit d'abord aux premiers âges de l'Église *se sont adoucis* avec le relâchement des mœurs.

Massillon, *Carême*, IIe sermon pour le dimanche de la Passion.

Cependant à force de prières, de combats et de gémissements, ses peines *s'adoucirent*, elle acquit de la tranquillité.

Marivaux, *la Vie de Marianne*, part. IX.

Enfin les mœurs *s'adoucirent.*

Voltaire, *Commentaire sur le livre des délits*, n° 11.

Mon état empire au lieu de *s'adoucir.*

J.-J. Rousseau, *Lettres*, 22 avril 1765.

Oui, puisque je retrouve un ami si fidèle,
Ma fortune va prendre une face nouvelle;
Et déjà son courroux semble *s'être adouci*
Depuis qu'elle a pris soin de nous rejoindre ici.

Quand même ma fierté pourroit *s'être adoucie.*

J. Racine, *Andromaque*, I, 1; *Phèdre*, I, 1.

Votre cœur malgré vous s'émeut et *s'adoucit.*

Voltaire, *Alzire*, I, 1.

En parlant des personnes :

Clearchus nous a laissé par escrit, que Socratés n'a point esté si severe en ses actions qu'il ne *se soit adoucy* auprès de sa favorite Aspasie.

G. Bouchet, *Serées*, liv. II, 19e serée.

M. de Bayard... les alloit charger nommément et mettre tous en pièces s'ils ne *se fussent adoucis.*

Brantome, *Vies des capitaines franç.*, M. de L'Autreq, disc. XXVII.

Quand quelquefois il veut *s'adoucir* et apporter du tempérament à la violence de son esprit, il dit que je suis un sot et un ignorant.

Balzac, *Œuvres div.*, disc. IX.

Ces souhaits, vous les faites, après... *vous être* de beaucoup *adoucie.*

Voiture, *Lettres*, L.

Tibère ne *s'adoucissoit* point par le temps.

Perrot d'Ablancourt, trad. de Tacite, *Annales*, III, 17.

Les avances que ceux qui *s'adoucissent* font aux puissances, tournent tousjours infailliblement au désavantage de celui qui les désavoue en ne les suivant pas.

Le Cardinal de Retz, *Mémoires*, part. III, ann. 1652.

La querelle des images duroit toujours. Léon IV, fils de Copronyme, sembloit d'abord *s'être adouci.*

Bossuet, *Discours sur l'histoire universelle*, I, 11.

Un autre homme vint m'avertir que si je promettois de ne pas retourner à Chanteloup, on pourroit *s'adoucir* en ma faveur.

Barthélemy, *Mémoires sur sa vie.*

Le peuple par leur mort pourroit *s'être adouci.*

P. Corneille, *Nicomède*, V, 4.

..... tu feras
Comme les autres font, et tu *t'adouciras.*

Cet adorable objet enfin *s'est adouci.*
MOLIÈRE, *le Dépit amoureux*, V, 9; *les Fâcheux*, III, 1.

Hé bien, je *m'adoucis*. Votre race est connue.
BOILEAU, *Satires*, V.

ADOUCI, IE, participe.

Autrefois ADOULCY, ADOUGI, etc. On a dit aussi ADOULCÉ, ADOUCIÉ, ADOCIÉ. (Voyez le *Glossaire* de Sainte-Palaye.)

ADOUCI est quelquefois employé comme une sorte d'adjectif, soit au propre, soit au figuré;

Au propre, dans un sens physique :

On voit au haut d'une montagne, dont la montée est fort *adoucie*, deux ou trois rochers d'une grandeur prodigieuse.
FLÉCHIER, *Mémoires sur les grands jours de* 1665.

En Grèce..., tout est suave, tout est *adouci*, tout est plein de calme, dans la nature comme dans les écrits des anciens.
CHATEAUBRIAND, *Itinéraire de Paris à Jérusalem*, Part. I, la Grèce.

Chloris n'a point pour moi de regards *adoucis*.
MOLIÈRE, *le Sicilien*, fragm. de comédie, sc. I.

Des objets éloignés considérez la teinte,
L'ombre en est *adoucie* et la lumière éteinte.
WATELET, *l'Art de peindre*, ch. II.

Au figuré, dans un sens moral :

Tout ce qui peut faire sentir l'amour, plus il est *adouci* et enveloppé, plus il me paroît dangereux.
FÉNELON, *de l'Éducation des filles*, c. 12.

Nous devons toujours nous souvenir de ne pas prendre pour règle de nos jugements, des mœurs aussi délicates, pour ainsi dire, et aussi *adoucies* que les nôtres; elles condamneroient trop vite des mœurs plus fortes et plus vigoureuses.
FONTENELLE, *Éloge du czar Pierre Ier*.

Oui, madame, voyons d'un esprit *adouci*,
Comment vous vous prendrez à soutenir ceci.
MOLIÈRE, *le Misanthrope*, V, 4.

D'ADOUCIR on a fait RADOUCIR (voyez ce mot); ADOUCISSEUR ou DOUCISSEUR, ADOUCISSAGE, termes techniques, d'usage dans certains métiers; enfin, ADOUCISSANT et ADOUCISSEMENT.

ADOUCISSANT, ANTE, adj.

Terme de médecine. Il se dit de toutes les substances médicamenteuses ou alimentaires capables de diminuer la douleur ou l'irritation. *Élixir adoucissant. Tisane adoucissante. Le lait d'ânesse est adoucissant.*

Il s'emploie très-souvent, comme substantif, au masculin.

Plusieurs pestiférés ont été guéris par le seul secours des humectans, des *adoucissans.*
Journal des Savants, 1721, p. 420.

ADOUCISSEMENT, s. m.

Quelquefois écrit ADDOUCISSEMENT. On a dit aussi ADOULCEMENT, ADOUCEMENT, etc. (Voyez le *Glossaire* de Sainte-Palaye.)

Action par laquelle une chose est adoucie; État d'une chose adoucie.

ADOUCISSEMENT, qui se dit absolument, qui se construit aussi avec les prépositions *de*, *à*, et, en certains cas, *dans*, répond, par ses acceptions, à celles du verbe *adoucir*, d'où il est tiré, mais s'emploie surtout au figuré.

Quelquefois en parlant de choses de l'ordre physique; par exemple,

De la température, du temps, etc. :

Il y a quelque *adoucissement dans* le temps.
Dictionnaire de l'Académie.

D'une maladie :

Ce remède donne beaucoup d'*adoucissement à* la goutte.
DANET, *Dictionnaire fr.-lat.*

Des traits du visage, des yeux, de la voix, du son de certains mots, etc. :

... Comment vice? puisque cette prononciation est plus douce? — Ces messieurs que vous suyvez en ceci, n'ont pas esgard à l'*addoucissement* que vous dites...
H. ESTIENNE, IIe *Dialogue du nouveau langage françois italianizé.*

Il a un mouvement de tête et je ne sais quel *adoucissement dans* les yeux, dont il n'oublie pas de s'embellir.

LA BRUYÈRE, *Caractères*, c. 13.

Des couleurs :

L'*adoucissement des* couleurs rend la peinture plus tendre et plus fine.

FURETIÈRE, *Dictionnaire*.

ADOUCISSEMENT, en architecture, se dit du Procédé par lequel on rattache un ornement saillant et anguleux au nu du mur. On le dit également de la moulure même employée à cet effet.

Plus souvent ADOUCISSEMENT se dit, au figuré, en parlant de choses de l'ordre moral.

Par exemple, d'une loi, d'un jugement, d'une peine, d'une mesure de gouvernement, d'administration, etc. :

Vous savez l'*adoucissement de* la prison de MM. de Lauzun et Foucquet? Cette permission qu'ils ont de voir tous ceux de la citadelle, et de se voir eux-mêmes, manger et causer ensemble, est peut-être une des plus sensibles joies qu'ils auront jamais.

Mme DE SÉVIGNÉ, *Lettres*, 27 février 1679, à Bussy-Rabutin.

Un juge qui, attaché à la règle, ne porte pas dans le tribunal ses propres pensées, ni des *adoucissements* ou des rigueurs arbitraires.

BOSSUET, *Oraison funèbre de Michel Le Tellier*.

Un homme doux et secourable qui a su tempérer l'austérité des lois et de la justice par tous les *adoucissements* qu'inspirent la miséricorde et la charité.

FLÉCHIER, *Oraison funèbre de M. de Lamoignon*.

La justice humaine n'empêche pas qu'on ne procure aux criminels qu'elle poursuit, quelque *adoucissement*.

BOURDALOUE, *Sermons*. Sur la charité envers les prisonniers.

Henri II, mécontent de plusieurs membres de ce corps, entre un jour inopinément dans la grand'chambre, tandis qu'on délibérait sur l'*adoucissement de* la persécution contre les huguenots.

VOLTAIRE, *Essai sur les mœurs*, c. 138.

De certaines obligations, de certains devoirs :

Écoutez l'*adoucissement* qu'*y* apportent nos pères (à l'obéissance qu'un religieux doit à son supérieur).

Vous y verrez les *adoucissements de* la confession, qui sont assurément le meilleur moyen que ces pères aient trouvé pour attirer tout le monde et ne rebuter personne.

PASCAL, *Provinciales*, X.

On cherche tant de prétextes pour s'en dispenser (des obligations du carême) et tant d'*adoucissements* pour le rendre plus supportable.

Nous l'avons vue, sur un simple avertissement, pratiquer à la rigueur toute l'austérité des jeûnes et des abstinences, et se priver de certains *adoucissements* que les privilèges et les coutumes de son pays lui avoient fait regarder comme permis, et que la flatterie lui avoit même conseillés comme nécessaires.

FLÉCHIER, *Panégyrique de saint François de Paule; Oraison funèbre de Marie-Thérèse*.

Ils trouvent le moyen, par mille *adoucissements*, de jeûner sans se mortifier.

BOURDALOUE, *Instruction pour le temps du Carême*.

Vous nous reprocherez peut-être un jour d'avoir accommodé la sainte sévérité de notre Évangile aux indulgences et aux *adoucissements* de nos siècles.

MASSILLON, *Carême*, Parole de Dieu.

De certains sentiments, de la haine, de la colère, de la douleur, du chagrin, de l'ennui, etc. :

Il avoit espérance, moyennant l'ayde de son créateur, qu'il auroit *adoulcement de* ses navreures.

Perceforest, vol. IV, fol. 137, r°, col. 2. (Cité par Sainte-Palaye.)

Si ce n'est un remède à mes maux, c'est au moins l'*adoucissement de* mon chagrin.

BALZAC, *Entretiens*. (Cité par Richelet.)

Si la piété n'avoit comme consacré ses autres vertus..., ces princes ne trouveroient aucun *adoucissement à* leur douleur...

BOSSUET, *Oraison funèbre du prince de Condé*.

L'espérance, seul *adoucissement des* peines des hommes, n'est plus un bien qui me regarde.

FÉNELON, *Télémaque*, XX.

Je suis libre en prison et ma garde est ma foi;
C'est l'*adoucissement* qui se trouve en ma peine.

DU RYER, *Scévole*, II, 3.

Des malheurs, des maux, des disgrâces, des fatigues, des travaux, etc. :

C'est dans ces changements que je veux trouver un *adoucissement à* notre séparation.

Mme DE SÉVIGNÉ, *Lettres*, 23 juillet 1677.

Il lui demande, pour unique *adoucissement de* ses maux, le corps du grand Hector.

FÉNELON, *Lettre à l'Académie.*

Le cardinal de Bouillon languissoit d'ennui et de rage dans son exil dont il ne voyoit pas la fin, quoique l'*adoucissement* qu'il *en* avoit obtenu lui eût donné des espérances.

SAINT-SIMON, *Mémoires*, 1710, t. VIII, c. 28.

... Mon père parut après cela dans les affaires, tel qu'on l'avoit toujours connu, renfermant dans son sein sa profonde douleur et se livrant à son devoir avec la même présence, la même liberté d'esprit que s'il n'eût pas perdu la consolation ordinaire, et l'*adoucissement* continuel *de* tous ses travaux.

D'AGUESSEAU, *Vie de son père.*

D'un différend, d'une querelle :

Leur querelle s'est fort aigrie; on y cherche quelque *adoucissement.*

Dictionnaire de l'Académie.

D'un tort :

Si vous voulez vous juger vous-mêmes... vous verrez que tous vos discours et toutes vos démarches ne sont que des *adoucissements de* la vérité.

MASSILLON, *Sermon* pour l'Épiphanie.

D'une prétention, d'une demande, d'une clause, d'un article, etc. :

Il (Arlington) m'a paru ne pas désapprouver cette raison, mais il m'a remis à la première conférence que nous aurions avec le roi son maître, pour chercher les *adoucissements* nécessaires *à* cet article, en sorte qu'il ne pût pas déplaire à Votre Majesté.

COLBERT à Louis XIV, 30 décembre 1669. (Voir *Négociations relatives à la succession d'Espagne*, t. III, p. 126.)

D'une opinion, d'une idée, d'une doctrine, d'une vérité difficiles à faire admettre, à faire accepter :

Il (le cardinal de Lorraine) relâcha en apparence beaucoup de son animosité contre les huguenots, conféra avec leurs ministres, et ne se montra pas si éloigné de leur doctrine qu'elle ne pût bien être reçue avec quelque *adoucissement.*

MÉZERAY, *Histoire de France*, François II.

Dieu sans *adoucissement*, sans déguisement nous fera voir la vérité.

BOURDALOUE, *Carême.* Sur le jugement de Dieu.

Aussi ceux qui l'ont pris de lui (ce système) n'en ont-ils pas pris cet *adoucissement*, qui gâteroit tout... mais peut-être l'*adoucissement* n'étoit-il qu'une condescendance pour ceux dont l'imagination se seroit révoltée. S'il faut tempérer la vérité en géométrie, que sera-ce en d'autres matières?

FONTENELLE, *Éloge de Leibnitz.*

Tous les *adoucissements* que j'ai mis *à* ces vérités les feront passer pour ceux même qui s'en choqueraient si on ne leur dorait pas la pilule.

VOLTAIRE, *Lettres*, 1732, à Cideville.

Cette vérité veut quelque *adoucissement.*

MOLIÈRE, *les Femmes savantes*, IV, 3.

De certains passages, de certaines expressions, de certains mots, qui risquent de déplaire, de choquer :

Il faut apporter quelque *adoucissement aux* mots qui ne sont pas bien établis.

BALZAC, *OEuvres diverses.* (Cité par Richelet.)

Il me semble que les auteurs qui proposent un mot au public, se doivent bien donner de garde d'user de ce mot comme si l'usage l'avoit reçu. Il faut qu'ils le proposent d'un air modeste et qu'ils y mettent les *adoucissements* que M. de Vaugelas demande, par exemple, si j'ose parler de la sorte.

BOUHOURS, *Doutes sur la langue françoise*, p. 57.

J'ai de l'esprit, et ne fais point difficulté de le dire : car à quoi bon façonner là-dessus? Tant biaiser et tant apporter d'*adoucissement* pour dire les avantages que l'on a, c'est ce me semble cacher un peu de vanité sous une apparente modestie.

Mlle DE MONTPENSIER, *Portraits*, XCVIII, portrait de M. le duc de La Rochefoucauld.

J'ai eu beau... mettre en plusieurs endroits... des *adoucissements.*

MOLIÈRE, *le Tartuffe*, 2e placet.

Il (Diderot) publia quelque temps après *le Fils naturel*, dans lequel il inséra cette sentence : « Il n'y a que le méchant qui soit seul. » Je lui écrivis avec tendresse pour me plaindre qu'il n'eût mis à ce passage aucun *adoucissement.*

J.-J. Rousseau, *Lettres*, 1770, à M. de Saint-Germain.

D'Adoucissement on a fait Radoucissement. voyez ce mot.

ADOUER (S'), vieux verbe pronominal (de *a* et *doux* [deux]), S'accoupler, s'apparier.

Perdrix *s'adouent* vers la my fevrier et adonc s'envolent deux et deux.

Le Menagier de Paris, 11e distinction, 5e art., t. II, p. 183.

Il n'est resté d'usage, comme terme de chasse, signifiant, Accouplé, apparié, qu'au participe passé, devenu adjectif :

Adoué, ée.

AD PATRES, locution latine, signifiant Vers ses pères, qui s'emploie dans quelques phrases familières. *Aller ad patres*, Mourir ; *envoyer ad patres*, Faire mourir, etc.

J'ai, comme vous savez, un habile cousin,
Homme de conscience et savant médecin
Qui l'*enverroit* bientôt *ad patres*...

Boursault, *Ésope à la ville*, V, 1.

Nous partons aussitôt faisant partout florès,
Sûrs de trouver déjà le bonhomme *ad patres*.

Regnard, *le Distrait*, II, 1.

AD REM, locution latine qui signifie À la chose, et qu'on emploie dans certaines phrases familières comme *Répondre ad rem*, Répondre catégoriquement, convenablement.

L'argument n'est pas *ad rem*.

Dictionnaire de Trévoux.

Voilà ce qui s'appelle *répondre ad rem*.

Grand Vocabulaire.

Ce raisonnement parut si fort, si lumineux, si *ad rem*... que veux-tu? j'entraînai l'assemblée.

P.-L. Courier, *Lettres*, mai 1804.

ADRESSER, v. a. (Comme le simple *dresser*, du latin *Directus*, d'où le mot de la basse latinité *directum*, *drictum*, traduit par *dreit* (droit) dans les serments de 842).

Autrefois adracier ; adrecer, adrecher, adrecier, adrechier, adreçoier; adrescer, adrescher; adressier; adercer, adercier, aderchier ; adrisier, etc. (Voyez les *Glossaires* de Du Cange et de Sainte-Palaye.) Très-souvent, antérieurement au xviie siècle, addresser. (Voyez les exemples ci-après.)

Adresser, c'est au propre, en raison de son étymologie, Rendre droit. De là, le plus souvent par extension et par figure, un très-grand nombre d'acceptions, les unes, par lesquelles il convient de commencer, depuis longtemps sorties de l'usage, les autres toujours subsistantes.

Parmi les premières, la plus voisine du sens propre, c'est, à ce qu'il semble, Relever, remettre sur pied, en parlant de ce qui a été abattu, de ce qui est tombé, de bâtiments en ruine, par exemple :

Li reis Joas out volented de faire *adrecier* les ruines del temple nostre Seignur.

Les quatre Livres des Rois, IV, xii, 5.

Adresser, transporté avec cette signification dans l'ordre moral, a reçu des sens analogues à ceux du verbe de même famille *redresser ;* il a voulu dire, Rectifier, réparer, faire droit, etc., en parlant de dommages, de torts, d'injustices, etc.

Et se li dux par aventure encontre ses lettres lor forfaisoit riens, et il ne l'*avoit adrecié* dedens les xl jors qu'il en seroit semonus.....

Lettre du Comte de Champagne, en 1231. (Voir *Ordonnances des rois de France*, t. V, p. 550.)

Et se il y a aucune chose à amender, si l'amende et *adresce*.

Joinville, *Histoire de saint Louis.*

Adrisiant leur deuement les griefs, que vous leur avez fait, et en remenant au premier estat.....

Lettre de Philippe le Bel, en 1334. (Voir *Histoire de Lyon*, du P. Menestrier, Preuves, p. 94, col. 1.)

Enjoignons à tous nos seneschaux... que cil... sommairement et de plein facent tout rendre, *adrecier* et amender.

Lettres de Jean I, en 1350. (Voir *Ordonnances des rois de France*, t. II, p. 341.)

On ne puet pas tot *adrecier*,
Ne mettre toute chose à point.

Fabl. ms. du R., n° 7615, t. II, fol. 135, r°, col. 2.

.....Ce c'on ne puet *adrecier*,
Convient souventes fois laissier.

Cléomadès, ms. de Gaignat, fol. 57, v°, col. 3.

Qui a mal fait, si l'*adresse*.

Eust. Deschamps, *Poés. mss.*, fol. 201, col. 2.
(Cités par Sainte-Palaye).

Cet emploi d'Adresser avait conduit à dire:

1° *Adresser une personne*, pour La tenir en droit, comme l'explique Froissart dans le passage suivant:

En qui doit-on et peut-on avoir fiance, fors en son Seigneur? Et le Seigneur doit *adrecer* ses gens et les tenir en droit et en justice.

Froissart, *Chroniques*, liv. III, c. 65.

2° *Adresser une personne de, être adressé de*, pour Pourvoir de, Aider de, être pourvu de, aidé de, comme traduit encore Froissart, Donner ou recevoir telle ou telle sorte de secours, de bienfaits, etc.

Et au cas que il les *en* voudroit *adresser*, conforter et conseiller, ils luy rapporteroient et mettroient en ses mains cités, villes et châteaux que ils tenoient en Normandie.

Tant fut parlementé et traicté par les quatre barons dessus nommés, que le duc de Bretagne vint à accord et pouvoit sans forfait *adresser* et aider les Anglois *de* navires pour aller en Angleterre.

Froissart, *Chroniques*, liv. I, part. II, c. 21; liv. II, c. 82.

Le bon seigneur dont je vous parle, en son temps estoit ung des beaux princes de ce royaulme, garny et *adressié de* tout ce qu'on sçauroit louer et priser en ung noble homme.

Les Cent Nouvelles nouvelles, XXVIII.

3° *Être adressé de*, pour Être relevé de, obtenir, recevoir réparation de.

(Le conseil du Roi) ne se vouloit point passer que le connestable de France.....ne *fust adrecé des* durtés que le duc de Bretaigne luy avoit faites.

Froissart, *Chroniques*, liv. III, c. 70.

4° *Adresser une personne*, pour L'amener devant la justice, la forcer de satisfaire à la justice, mettre la main sur elle, la saisir.

Par quoy ils le puissent (le coupable) *adrechier* ou faire *adrechier*.

Texte de 1321, *Cartulaire de Corbie*; cité dans le *Glossaire* de Du Cange.

Adresser de, pour Fournir, munir de, se disait en parlant des sacrements de l'Église.

Se fist ledit Bertran *adrecier* bien et bel..... *de* tous les sacrements qui lui appartenoient.

Ménard, *Histoire de Bertrand Duguesclin*, c. 51.

Adresser, employé absolument, avait quelquefois le même sens.

Jehan Ligier ne voult onques que autre le confessast, ne *adreçast*, fors ledit prestre.

Lequel blessé envoia querre un chappelain pour soy *adrecier*.....

Lettres de rémission de 1378 et de 1404, citées dans le *Glossaire* de Du Cange, au mot Adresciare.

Adresser a été souvent employé au sens général de Diriger, gouverner, ordonner, etc.

Et tous leur engiens et leur deffenses drecierent entour les murs, et *adrecierent* contre les notres.

Relation anonyme de la prise d'Acre. (Voir *Histoire littéraire de la France*, t. XX, p. 94.)

Quant aux choses qui n'ont point d'ame.....elles ne peuvent mettre leur effect en avant, sinon d'autant qu'elles sont *adressées* par la main de Dieu.

Quand on parle de la providence de Dieu, ce mot ne signifie pas qu'estant oisif au ciel il specule ce qui se fait en terre: mais plustost qu'il est comme un patron de navire, qui tient le gouvernail pour *adresser* tous evenemens.

L'erreur de ceux qui attribuent à Dieu un gouvernement general et confus, est moins lourd, d'autant qu'ils confessent que Dieu maintient le monde et toutes ses parties en leur estre, mais seulement par un mouvement naturel, sans *addresser* en particulier ce qui se fait.

CALVIN, *Institution chrestienne*, liv. I, c. XVI, § 2, 4.

En ce sens général ADRESSER s'appliquait;
Soit à la conduite de la guerre :

Le roy Philippe retourna en son logis tout courroucé, pourtant que la bataille n'*estoit* pas *adressée*.

Messire Jacques d'Audelée tenoit en vœu... que si il se trouvoit jamais en besogne, là où le roy d'Angleterre ou l'ung de ses enfans fust et bataille *adressast*, que ce seroit le premier assaillant et le mieux combattant de son costé.

FROISSART, *Chroniques*, liv. I, part. I, c. 94; part. II, c. 36.

Soit à la conclusion des traités :

Et eussent volontiers vu que une bonne paix ou unes longues treves fussent *adressées* entre le roy de France, son naturel et droiturier seigneur, et le roy d'Angleterre.

FROISSART, *Chroniques*, liv. II, c. 216.

ADRESSER, par une acception très-naturelle, et analogue aux précédentes, signifiait encore Mettre dans le droit chemin, guider, conduire; *adresser vers* ou absolument *adresser;*
Soit au propre :

Adressoient ladicte dame messire Eustache d'Aubericourt et messire Jean d'Evreux.

FROISSART, *Chroniques*, liv. I, part. II, c. 305.

La accompagnoient et *adressoient* deux de ses freres.

Perceforest, vol. III, c. 3.

...Ne se trouvant aucun guide pour les *adresser* dans les chemins et leur montrer les villages, la plupart s'arrêtoient dans les bois ou aux maisons qu'ils rencontroient, sans pain, sans fourrage...

MÉZERAY, *Histoire de France*, Henri III.

Soit au figuré :

Sa doctrine nos estruit et *adrecet* en la voie de paix.

SAINT BERNARD, *Sermons fr. mss.*, p. 320 et 321. (Cité par Sainte-Palaye.)

Encores vueil et vous commande que les sept œuvres de misericorde espirituelles soient toujours en vous; c'est assavoir les ygnorants enseigner, les defaillans corriger, les errans et desvoyez *adresser*...

Antoine DE LA SALE, *Jehan de Saintré*, c. 9.

Afin que la verité de ceste question nous soit plus facilement esclaircie, il nous faut premierement mettre un but, auquel nous *adressions* toute notre dispute.

CALVIN, *Institution chrestienne*, liv. II, c. II, § 1.

Dieu (vous) a logée en un port asseuré, pour *adresser* ceux que la tempeste agite en pleine mer.

HENRI IV, *Lettre* du 12 mars 1585. (Voir *Lettres missives de Henri IV*, t. II, p. 18.)

On disait dans un sens et par une manière de parler analogues *adresser la voie de quelqu'un*, *adresser sa voie*, pour Diriger vers, se diriger vers.

En tout temps beneis Dieu et lui prie qu'il t'*adrece tes voies*, et tous tes conseils soient en lui en tout temps.

Le Menagier de Paris, Ire Distinction, 9e art., t. I, p. 197.

Vers Saint-Quentin fait son erre (sa course) *adrecier*.

Garin le Loherain, t. I, p. 137.

Adresser la voie voulait dire encore, Indiquer la voie, montrer le chemin.

Le droict chemin assez bien je trouvoye :
Car çà, et là, pour *addresser la voye*
Du lieu devot, les passans pelerins
Alloient semant roses et romarins.

Cl. MAROT, *Temple de Cupido*, v. 99.

Par suite, ADRESSER s'était dit en parlant de directions morales, pour Informer de, conseiller, instruire, etc. On disait *adresser d'une chose*, *à faire une chose*, ou absolument, *adresser*.

Vous requiers que vous me *adressiez de ce* que j'ay à faire.

Perceforest, vol. V, fol. 15, v°, col. 1. (Cité par Sainte-Palaye.)

Il faut que ayez homme qui se congnoisse bien en chevaulx, et qui vous *adresse à* avoir bons serviteurs.

Saintré, qui bien avoit retenu les doctrines de madame, quant elle, en son enfance, l'*adressoit à* estre vertueux et bien moriginé.

Antoine DE LA SALE, *Jehan de Saintré*, c. 15.

Nous *adressons* le jugement des jeunes gens *à* adherer à la meilleure (sentence).

L'homme d'aage *addresse* et enseigne le jeune.

AMYOT, trad. de Plutarque, *OEuvres morales*, Comment il faut lire les poëtes, XV.

Quant est de l'edifice du monde tant beau, excellent, et si bien compassé, qui est celui de nous qui en eslevant les yeux au ciel, ou les pourmenant par toutes les regions de la terre, *adresse* son cœur *pour* se souvenir du Createur, et non plustost s'amuse à ce qu'il voit, laissant l'autheur derrière?

Nostre imbecillité est telle, que si l'Escriture ne nous *adresse à* chercher Dieu, nous y sommes tantost esvanouis.

CALVIN, *Institution chrestienne*, liv. I, c. 14.

ADRESSER, c'était quelquefois Amener, produire, causer :

Paix engendre prosperité :
De prospérité vient richesse :
De richesse, orgueil, volupté :
D'orgueil, contention sans cesse :
Contention la guerre *adresse* :
La guerre engendre povreté :
La povreté, humilité :
D'humilité revient la paix :
Ainsi retournent humains faictz.

Jacques MINFANT, *Comédie de Fatalle destinée.* (Cité par Marot, *Épistre à la Duchesse d'Alençon.*)

ADRESSER, c'était encore Viser, atteindre ;
Soit au sens physique :

. . . . . . En l'escu l'*aderchierent.*

Cléomadès, ms. de Gaignat, fol. 44, r°, col. 3. (Cité par Sainte-Palaye.)

Soit au sens moral :

Femme desire
Et toujours tire
D'être maitresse;
Tout veult conduire,
Tout faire et dire,
Jamais ne cesse
Et Dieu scet qu'est-ce,
Quand elle *adresse*
A bien praticquer et eslire
Homme qui gouverner se laisse.

Guillaume ALEXIS, *Blason des fausses amours.*

ADRESSER s'employait aussi, absolument, au sens de Venir bien, réussir, abonder :

Comme les mesnaigiers dudit païs (de Laonnois) ont accoustumé de faire chacun an, si les fruis *adrecent.*

Lettres de rémission de 1457. (Cité dans le *Glossaire* de Du Cange, au mot ADRESCIARE.)

Au sens de Se diriger vers un lieu :

D'ailleurs, comme il n'y peut avoir qu'un droit chemin, il ne faut pas peu d'esprit ou de bonheur, pour bien *adresser.*

PERROT D'ABLANCOURT, trad. de Lucien, *Hermotime.*

Droit vers l'ille vous *adreciez.*

G. GUIART, *Royaux lignages*, t. I, v. 3427.

Enfin, dans des manières de parler, dont l'usage s'est longtemps maintenu, comme on le verra par des exemples des XVIIe et XVIIIe siècles, au sens de Ajuster, viser, toucher droit où l'on vise, atteindre, etc.; non-seulement au sens physique, mais au sens moral :

Adresser des fleches avec un arc.

Il n'y a personne. . . qui, tirant tout un jour, n'*adresse* quelquefois *au* but.

DANET, *Dictionnaire.* (Trad. de Cicéron.)

Ah Silvandre, dit la Bergere, ce bandeau ne l'empesche guere de bien voir ce qui luy plaist : et ces coups sont si justes, et faillent si peu souvent le but *où* il les *adresse* qu'il n'y a pas apparence qu'un aveugle les ait tirez.

D'URFÉ, *l'Astrée*, IIe part., liv. V.

C'estoit un habile tour et bien *adressé envers* le roy des fourbes.

MÉZERAY, *Histoire de France*, Charles V.

Ce qui fait qu'en beaucoup de choses les animaux agissent plus sûrement et *adressent* plus juste que nous, c'est qu'ils ne raisonnent pas.

BOSSUET, *de la Connoissance de Dieu et de soi-même*, c. V, art. 3.

Il étoit impossible qu'étant animé par ce Dieu qui les sait si bien lancer (les flèches), il n'*adressât* pas d'abord *où* ses yeux, ses pensées et son cœur visoient continuellement.

REGNARD, *la Provençale*.

........Toutes vouloient lui plaire:
En quoi notre amoureux ne se pressoit pas tant;
Bien *adresser* n'est pas petite affaire.

LA FONTAINE, *Fables*, I, 17.

C'est à toi d'*adresser*
Au but que sur son front cette main va placer.

LEMIERRE, *Guillaume Tell*, IV, 3.

ADRESSER, avec le pronom personnel, *s'adresser à*, *s'adresser vers*, a reçu également, en assez grand nombre, des sens depuis longtemps hors d'usage.

On l'a dit pour Se diriger, prendre son chemin vers:

Lors *s'adresça à* une fenêtre.

Gaston PHÉBUS, à la suite de *la Vénerie* de J. du Fouilloux.

Les deux escuyers..... prindrent les champs et *s'adrécèrent en* un bois qui estoit à demie lieue françoise de là.

Le roy...chevaucha encore un petit plus avant; et luy sembla qu'il *se* vouloit *adresser devers* son frère le comte d'Alençon, dont il véoit les bannières sur une petite montagne.

FROISSART, *Chroniques*, liv. I, c. 207, 289.

Devers Clermont *s'adresse* et par mons et par vaus.

O (avec) sa lance en son poing *vers* les païens *s'adresse*.

Chanson d'Antioche, ch. I, v. 761; ch. II, v. 523.

Par un sentier s'est *adreciez*
Tout droit *au* chemin de la foire.

Tant erra Renars en matin
Qu'il *s'adreça vers* un jardin.

Roman du Renart, v. 3930, 19255.

Toutes voies tant s'efforça
Qu'*à* l'ermitage *s'adreça*.

Fabl. ms. du R., n° 7218, fol. 4, v°, col. 1. (Cité par Sainte-Palaye.)

Vers une rivière *m'adresce*
Que j'oi pres d'ilecques bruire.

Roman de la Rose, v. 103.

Nous sommes aperçus, quelqu'un *vers* nous *s'adresse*.

ROTROU, *Antigone*, III, 7.

On l'a dit pour Se redresser, se dresser:

Quant li destriers est *adreciez*,
De legier puet estre bleciez
Cil qui arrière ne se trait.

ALARS DE CAMBRAY, *Moralités*, ms. de Gaignat, fol. 150, r°, col. 2. (Cité par Sainte-Palaye.)

On l'a dit pour Atteindre à, arriver à:

Bien doit estre escusé jone cuer en jonesce
Quant Diex li donne grace d'estre viel en viellesce;
Mais moult est grant vertu et très haute noblesce
Quant cuer en jone aage à méurté (maturité) *s'adresce*.

Jehan DE MEUNG, *le Testament*, v. 11.

On l'a dit pour Tâcher de, s'efforcer de:

Elle *s'adressoit* de tout son pouvoir *de* le prendre par dessous.

Lettres de rémission de 1389. (Cité dans le *Glossaire* de Du Cange.)

On l'a dit pour Se mettre sur la même ligne que, s'égaler à:

Et por ce que nul richesce
À valor d'ami ne *s'adresce*.

Roman de la Rose, v. 4959.

On l'a dit pour S'aviser de, prendre soin de, s'adonner à, etc.:

Tousjours il *s'addressoit de* faire la croix à quelque maison de l'ordre des noves et des gentilshommes, pour ce que les deux autres ordres les tenoient pour suspects.

MONTLUC, *Mémoires*, III.

Garde-moi, Diex, par ta poissance,
De richece et de mendiance.
Car riches hons, quant il *s'adrece*
À trop penser à sa richece,

Tant met son cuer en sa folie,
Que son créator en oblie....
Roman de la Rose, v. 11475.

De ces acceptions si nombreuses d'ADRESSER, les seules qui se soient maintenues sont celles qui se rapportent au sens général de Diriger.

Envoyer directement à quelqu'un ou en quelque lieu, *adresser à*, *adresser en* ;

En parlant d'une personne :

Adresser quelqu'ung *au* chemin.
Rob. ESTIENNE, *Dictionnaire fr.-lat.*

A la fin il cogneut que c'estoit le roy et fut si joyeux de ce que la fortune l'*avoit adressé en* sa maison...qu'il ne sceut contenir sa joye...
AMYOT, trad. de Plutarque, *Œuvres morales*, Du trop parler, XIX.

Il y avoit assez près de là une fontaine, *où* Polistrate macédonien, pressé de la soif, *fut adressé* par ceux du pays.
VAUGELAS, trad. de *Quinte-Curce*, V, 13.

Je me suis contenté de m'appliquer avec le plus de soin qu'il m'a été possible à l'instruction des jeunes gens que la divine Providence *m'adressoit*.
ROLLIN, *Traité des Études*, liv. VI, avant-propos, art. 2.

Que pleures tu? puisque l'aage me presse,
Cesse ton pleur, et va *où* je *t'addresse*.
Cl. MAROT, *Épîtres*, I, 4.

Sous quel astre, bon Dieu! faut-il que je sois né,
Pour être de fâcheux toujours assassiné?
Il semble que partout le sort *me* les *adresse*.
MOLIÈRE, *les Fâcheux*, I, 1.

.... mon bonheur *me* l'*adresse*.
J. RACINE, *Britannicus*, III, 2.

En parlant d'une chose :

On dit que par ta main une flèche lancée
Vole aisément au but *où* tu l'*as adressée*.
LEMIERRE, *Guillaume Tell*, III, 2.

ADRESSER est d'un fréquent usage, lorsqu'il est question ;

Soit d'un ordre, d'une commission dont on charge quelqu'un :

S. M. . . . a fait expédier des ordres... lesquels *sont adressez à* M. le comte de Grignan.
COLBERT à l'évêque de Marseille, 31 décembre 1671. (Voir *Correspond. administrative sous Louis XIV*, t. I, p. 399.)

Montrons l'ordre cruel qui *vous* fut *adressé*.
J. RACINE, *Bajazet*, I, 2.

Soit d'une lettre écrite à quelqu'un :

Le dernier trait au portrait de Calvin peut se tirer d'une lettre de sa main...*adressée au* marquis de Poët.
VOLTAIRE, *Essai sur les mœurs*, c. 134.

Soit enfin du simple envoi fait à quelqu'un d'une lettre, d'un paquet, etc. :

Je fais mon paquet, et l'*adresse à* M. l'intendant à Lyon.
Mme DE SÉVIGNÉ, *Lettres*, 9 février 1671.

Je pars à l'instant pour Versailles où l'on *m'adresse* les préfaces de Zaïre.
VOLTAIRE, *Lettres*, 1732, à M. de Formont.

ADRESSER, lorsqu'il s'agit d'une production littéraire, se dit particulièrement d'un hommage ou d'une dédicace faite par l'auteur.

Dans la lettre où il (le docte Caramuel) *adresse* à Diana sa théologie, il dit que ce grand homme a rendu plusieurs opinions probables qui ne l'étoient point auparavant.
PASCAL, *Provinciales*, VI.

Mr Viviani n'avoit pas cru que par ce traité *adressé au* roi, il pût satisfaire à ce qu'il lui devoit.
FONTENELLE, *Éloge de Viviani*.

Donnez-vous la peine de lire les mémoires de Marie de Médicis: le cardinal de Richelieu est le plus ingrat des hommes, le plus fourbe et le plus lâche des tyrans. Lisez, si vous pouvez, les épîtres dédicatoires *adressées à* ce ministre: c'est le premier des mortels, c'est un héros, c'est même un saint.
VOLTAIRE, *Pyrrhonisme de l'histoire*, c. XVII.

Quelque fin repreneur voudra dire pourquoi
Je ne donne ce livre à quelqu'autre qu'à toi,
Quand il lira dedans les odes que j'*adresse*
À maint prélat et prince et *à* mainte princesse.
Olivier DE MAGNY, Dédicace à M. D'Avançon.

Adresser se dit de la direction de nos sentiments, de nos mouvements, de nos démarches vers quelque but.

Ainsi l'on dit *Adresser ses désirs, ses vœux, ses prières*, etc. :

C'estoit le refrain et le mot favory de Socrates : mot de grande substance : il faut *adresser* et arrêter *nos désirs aux* choses les plus aisées et voisines.

MONTAIGNE, *Essais*, III, 3.

Le prince de Rohan avoit un fils unique et trois filles, toutes trois belles. Ce fut *où* Tallard *adressa ses vœux*.

SAINT-SIMON, *Mémoires*, 1713, t. X, c. 37.

Après avoir *aux* Dieux *adressé* les prières.

MOLIÈRE, *Amphitryon*, I, 1.

Adresser ses soupirs, ses plaintes, ses adieux, etc. :

Ce n'est pas *à* Saturne seul que les pauvres *adressent leurs plaintes*.

PERROT D'ABLANCOURT, trad. de Lucien, *Épîtres saturnales*.

S'ils ne peuvent lever les mains ni les yeux au ciel, ils *y adressent leurs soupirs*.

FLÉCHIER, *Oraison funèbre de Madame de Montausier*.

Tantôt quand je fuyois une injuste contrainte,
À qui contre Pharnace ai-je *adressé ma plainte?*

J. RACINE, *Mithridate*, II, 6.

Adresser la parole, des paroles, un discours, etc., et plus anciennement *adresser sa voix, sa parole* :

S'escria Panurge, *adressant sa parolle à* nostre luysante lanterne.

RABELAIS, *Pantagruel*, V, 35.

Camille tourna doucement ses yeux sur elle (la reine), lui prit la main, qu'elle lui baisa plusieurs fois, sans pouvoir parler. Puis tout d'un coup *lui adressant sa voix*, elle lui dit...

VOITURE, *Histoire d'Alcidalis et de Zélide*.

Voici à peu près comme elle parla, *adressant sa voix* tantôt *à* Pluton et *à* Proserpine conjointement....

LA FONTAINE, *Psyché*, liv. II.

Elle (Mme de Montespan) parloit à chacun comme une reine qui tient sa cour et qui honore en *adressant la parole*.

SAINT-SIMON, *Mémoires*, 1707, t. V, c. 27.

Climène *à* ses deux sœurs *adressa* ce *discours*.

VOLTAIRE, *Contes en vers*, les Filles de Minée.

Adresser ses yeux, ses regards, etc. :

Le jeune prince...ne failloit de faire mettre son siege à l'église où elle alloit à la messe : et durant le service *adressoit* tousjours *ses yeux à* cest image.

LA REINE DE NAVARRE, *Heptameron*, 42e nouv.

Luy mesme (Prosp. Colonna) ayant affusté et bracqué une longue coulevrine, et longtemps miré et *adressé sa visée*, fit donner le feu.

BRANTÔME, *Vies des Capitaines illustres*, disc. VII.

Pleurs de couler, soupirs d'être poussés,
Regards d'*être* au ciel *adressés*.

LA FONTAINE, *Contes*, II, 14.

Adresser des hommages, des honneurs, un salut, etc. :

Il (le prince Lobkowitz) s'avança vers nous, ayant fait une très-profonde *révérence* particulièrement *adressée à* moi......

LE CHEVALIER DE GRÉMONVILLE à Louis XIV, 24 août 1671. (Voir *Négociations relatives à la succession d'Espagne*, t. III, p. 528.)

Ce m'est, je le confesse, une audace bien grande,
Que d'oser de ce cœur *vous adresser* l'*offrande*.

MOLIÈRE, *le Tartuffe*, III, 3.

Adresser des coups :

.....À propos de Malchus auquel saint Pierre, *adressant* mal *son coup*, coupa l'oreille pensant lui couper la tête.

H. ESTIENNE, *Apologie pour Hérodote*, part. II, c. 35.

Je saurai lui faire un rempart de cette même vie qu'il a sauvée; et, pour *adresser vos coups*, il faudra que vous me perciez.

MOLIÈRE, *le Festin de Pierre*, III, 5.

Adresser ses pas ; quelquefois *adresser les pas* de quelqu'un :

Elle (la princesse de Clèves) aperçut au bout d'une allée, dans l'endroit le plus reculé du jardin, une manière de cabinet ouvert de tous côtés, *où* elle *adressa ses pas*.

Mme DE LA FAYETTE, *la Princesse de Clèves*, part. IV.

En quel lieu, si saisi, si froid et si sanglant,
Adressez-vous *ce pas* incertain et tremblant?

ROTROU, *Venceslas*, IV, 3.

Je vous déclare donc que César ne veut pas
Que *vers* l'Araxe enfin vous *adressiez vos pas.*

CRÉBILLON, *Rhadamiste*, II, 2.

Où suis-je? C'est *ici* qu'on *adresse mes pas.*

VOLTAIRE, *Oreste*, IV, 3.

ADRESSER se dit quelquefois en parlant de ce qui est fait particulièrement à l'intention d'une personne, de ce dont on lui fait en quelque sorte hommage.

Ne vous suffit-il pas que ma gloire offensée
Demande une victime *à* moi seule *adressée*?

J. RACINE, *Andromaque*, IV, 3.

Quand je demande un sang *à* lui seul *adressé*.

VOLTAIRE, *Mahomet*, III, 6.

Aux sens d'ADRESSER, construit avec le pronom personnel, il faut ajouter les suivants qui seuls se sont maintenus jusqu'à nous.

S'adresser signifie le plus souvent, Aller trouver directement quelqu'un, avoir recours à quelqu'un.

Cela n'est pas en mon pouvoir, mon ami; il *te* faut *adresser à* Jupiter, lorsque ce sera son tour de régner.

PERROT D'ABLANCOURT, trad. de Lucien, *les Saturnales*.

Il faut que dans tous nos besoins *nous nous adressions à* Dieu.

ARNAULD D'ANDILLY, trad des *Confessions de S. Augustin*.

Vous ne pouviez jamais *vous* mieux *adresser* pour rencontrer ce que vous cherchez; et nous avons un homme, le plus merveilleux homme du monde pour les maladies désespérées.

MOLIÈRE, *le Médecin malgré lui*, I, 4.

Pour avoir des audiences de M. Colbert, il faut *s'adresser à* sa femme.

Mme DE MAINTENON, *Lettres*, 22 août 1677.

Le roi, qui trouvoit fort mauvais que les courtisans malades ne *s'adressassent* pas *à* Fagon et ne se soumissent pas en tout à lui, avoit la même foiblesse pour Mansart.

SAINT-SIMON, *Mémoires*, 1708, t. VI, c. 15.

Ils (les ministres) lui demandèrent tous : *À* qui *nous adresserons-nous?* Louis XIV leur répondit : *À* moi.

VOLTAIRE, *Siècle de Louis XIV*, c. 7.

Les Juifs *à* d'autres dieux osèrent *s'adresser.*

J. RACINE, *Esther*, III, 4.

On dit de même *s'adresser à* un tribunal, *à* une assemblée, etc.

J'ai mes lois et ma cour, pour juger de moy, et *m'y adresse* plus qu'ailleurs.

MONTAIGNE, *Essais*, III, 2.

Le duc d'Orléans vint *s'adresser aux* chambres assemblées, pour avoir un arrêt qui changeât le gouvernement.

VOLTAIRE, *Essai sur les mœurs*, c. 101.

Eh bien! c'est *au* sénat qu'il faut que je *m'adresse.*

VOLTAIRE, *Brutus*, IV, 2.

S'adresser à peut même être suivi de noms abstraits exprimant certaines choses personnifiées.

Qui *s'adresse aux* loix pour avoir raison d'une offence faicte à son honneur, il se déshonnore : et qui ne *s'y adresse*, il en est puny et chastié par les loix.

MONTAIGNE, *Essais*, I, 22.

Désespéré de ne pouvoir entrer dans le cabinet du Roi, il *s'adresse aux* grâces à qui toutes les portes des cabinets sont ouvertes.

BALZAC, *Entretiens*, XXVII.

Parce qu'on a tiré de grands tributs, on en a voulu tirer d'excessifs; et, méconnoissant la main de la liberté qui faisoit ce présent, on *s'est adressé à* la servitude qui refuse tout.

MONTESQUIEU, *Esprit des lois*, XIII, 15.

S'adresser mal c'est Se méprendre, soit que la personne à laquelle on s'est adressé ne puisse accorder la chose demandée, soit qu'elle ne le veuille pas.

Toinette se fâcha de ma réponse et alla s'en plaindre à madame en pleurant; mais c'étoit *mal s'adresser* pour avoir justice.

MARIVAUX, *le Paysan parvenu*, part. I.

Ils envoyèrent leur libelle au pape; ils *s'adressaient mal.* Le pape n'a pas accueilli. . . bien gracieusement leurs libelles.

VOLTAIRE, *Fragment sur l'histoire générale*, art. VIII.

Le même sens est encore plus marqué dans ces phrases : *à qui vous adressez-vous? à qui pensez-vous vous adresser?* et autres semblables.

Je me suis *adressée à* lui-même sans y penser, pour lui conter son histoire.

MOLIÈRE, *les Fourberies de Scapin*, III, 4.

Voilà quel étoit l'homme *à* qui vous êtes venu confier mademoiselle, *vous ne vous adressiez* qu'*à* un misérable.

MARIVAUX, *la Vie de Marianne*, part. V.

Il faut rapporter à la même manière de parler les passages suivants, où du reste on a quelquefois repris mal à propos, comme peu correcte, l'omission du pronom personnel :

Vient-il lui demander ce que je lui dois. — Il *seroit mal adressé*.

REGNARD, *la Sérénade*, sc. 3.

N'allez point là-dessus me consulter ici,
Peut-être y pourriez-vous *être mal adressée*.

MOLIÈRE, *le Misanthrope*, V, 3.

S'adresser à n'offre pas toujours l'idée d'un recours cherché, mais quelquefois aussi d'une préférence accordée.

Quoiqu'il (Jésus-Christ) soit envoyé pour tout le monde, il ne *s'adresse* d'abord qu'*aux* brebis perdues de la maison d'Israël.

BOSSUET, *Discours sur l'histoire universelle*, II, 19.

Muncer et ses disciples *s'adressèrent aux* habitans des campagnes en Souabe, en Misnie, dans la Thuringe, dans la Franconie.

Le Parlement avait aliéné de lui ..... les pairs, parce qu'il ne voulait pas souffrir que dans les lits de justice le chancelier, allant aux opinions, *s'adressât aux* pairs du royaume avant de *s'adresser au* Parlement.

VOLTAIRE, *Essai sur les mœurs*, c. 131 ; *Histoire du Parlement de Paris*, c. 54.

D'autres fois *s'adresser à* c'est S'attaquer à, en vouloir à, avoir particulièrement en vue dans ses paroles ou dans ses actes une certaine personne.

Lougarou doncques *s'adressa à* Pantagruel avec une masse toute d'assier.

RABELAIS, *Pantagruel*, II, 29.

Prudemment on ne doit point *s'adresser aux* personnes puissantes de peur de succomber sous leur crédit.

SAINT-ÉVREMONT. (Cité dans le *Dictionnaire de Trévoux*.)

C'est *à* moi qu'on *s'adresse*, et dans Servilius
On croit humilier l'orgueil de Manlius.

LAFOSSE, *Manlius*, II, 1.

S'adresser à a le même sens dans des passages tels que le suivant, où il n'est point question d'une personne, mais d'un pays :

Les ennemis (les Espagnols avant la bataille de S. Quentin) quittant cette frontière, soit qu'ils en fussent rebutez, soit qu'ils ne *s'y fussent adressez* que pour amuser les François, tirèrent à Guise où toutes leurs troupes se joignirent.

MÉZERAY, *Histoire de France*, Henri II.

S'adresser à est d'un grand usage pour Adresser la parole à, parler à, écrire à :

Il ne me dit rien, mais en *s'adressant au* Père, il lui demanda en quoi les Jacobins étoient conformes aux Jésuites.

PASCAL, *Provinciales*, II.

C'est *à* vous que je *m'adresse*, mon cher comte, pour vous écrire une des plus fâcheuses pertes qui pût arriver en France : c'est la mort de M. de Turenne.

Mme DE SÉVIGNÉ, *Lettres*, 31 juillet 1675, à M. de Grignan.

Et cette lanterne est Alcmène,
À qui je *me* dois *adresser*.

Je vous le dis, ma sœur, tout ce train-là me blesse ;
Car c'est, comme j'ai dit, *à* vous que je *m'adresse*.

MOLIÈRE, *Amphitryon*, I, 1 ; *les Femmes savantes*, II, 7.

Souvent S'ADRESSER a pour sujet un nom de chose et marque le mouvement, la direction de cette chose vers un certain terme, soit une autre chose, soit une personne.

Cette forme a vieilli dans quelques phrases, d'ailleurs très-françaises, telles que les suivantes :

Mon chemin *s'adresse en* Lemnos.

Les pas *s'adressent là*.

Rob. ESTIENNE, *Dictionnaire fr.-lat.*, 1539.

Monsieur Mellon, j'ai quelques advis des practiques et assemblées qui se font en vos quartiers, sous couleur de la querelle du sieur de Duras avec mon cousin le vicomte de Turenne, mais j'entends qu'elles *s'adressent* principalement *contre* moi.

HENRI IV, *Lettres*, novembre 1578. (Voir *Lettres missives de Henri IV*, t. I, p. 205.)

Tout le monde courant çà et là pour ses affaires, on ne sçait *où s'adresse* le chemin de chacun.

PERROT D'ABLANCOURT, trad. de Tacite, *Annales*, IV, 34.

J'aurois beaucoup de consolation si jamais votre chemin *s adressoit par* notre désert.

L'abbé DE RANCÉ, *Lettres*, 25 mars 1680.

Mais son chemin, je crois, *s'adresse par* ici.

DU RYER, *Scévole*, II, 2.

Il est d'un fréquent usage dans beaucoup d'autres expressions où se reproduisent la plupart des acceptions d'ADRESSER.

... Tout au Luxembourg *s'adressoit à* M. de Rion (favori de la duchesse de Berry), qui de sa part avoit grand soin de bien vivre avec tout le monde.

Il (Alberoni) étoit tellement maître que tout *s'adressoit à* lui, et qu'il remplissoit à découvert le personnage de premier ministre.

SAINT-SIMON, *Mémoires*, 1716, t. XIV, c. 2; 9.

Où s'adressent tes pas? — Que t'importe? où je veux.

À qui *s'adresseront* mes premières caresses?

ROTROU, *les Sosies*, I, 3; *Antigone*, II, 4.

Pourquoi s'en prendre à nous? si ce qu'on dit vous blesse,
Il faut que le reproche *à* madame *s'adresse*.

Où s'adressent tes pas? — *Où* j'ai dessein d'aller.

MOLIÈRE, *le Misanthrope*, II, 5; *Amphitryon*, I, 2.

Mais de grâce est-ce *à* moi que ce discours *s'adresse?*

Le seul *où* mes regards prétendoient *s'adresser*.

Aux ordres du sultan qui *s'adressent à* vous.

Je vois qu'en m'écoutant vos yeux *au* ciel *s'adressent*.

C'est *à* toi que dans cette guerre
Les flèches des méchants prétendent *s'adresser*.

J. RACINE, *Andromaque*, II, 2; III, 4; *Bajazet*, III, 8; *Esther*, II, 7; *Athalie*, IV, 6.

Lorsqu'il est question d'une lettre, *s'adresser à* fait entendre qu'elle est bien écrite pour telle personne, envoyée à telle personne, qu'elle doit lui être rendue.

Les lettres *s'adressoient à* lui.

NICOT, *Thresor de la langue françoise*.

Je crois que cette lettre sera assez heureuse pour ne se point perdre, puisque c'est *à* vous qu'elle *s'adresse*.

VOITURE, *Lettres*, XXII.

S'adresser à, avec la même sorte de sujet, suivi d'un nom de lieu, exprime de même la destination d'une lettre, d'un paquet, d'un envoi.

Si on trouvoit bon que les courriers pour aller à Lyon arrivassent jusques en Lorraine, on pourroit establir vers Langres, en tel lieu qu'on adviseroit, un certain officier, qui auroit charge de prendre et envoyer les pacquets qui *s'addresseroient à* Paris, et le courrier passeroit outre vers Lyon avec ceux qui *s'addresseroient au* dit Lyon.

LE CARDINAL D'OSSAT, *Lettres*, liv. II, lettre 78.

Cela s'adresse à vous, se dit d'une chose qui concerne quelqu'un, qui le désigne dans un discours, dans un compliment indirect, dans une critique où même il n'est pas nommé.

Cela s'adresse à vous, esprits du dernier ordre.

LA FONTAINE, *Fables*, V, 16.

Le Dictionnaire de Nicot, édition de 1584, donne cette locution : *Lettres s'adressantes à la cour*. Par une manière de parler, aujourd'hui hors d'usage, et qui avait cours surtout comme terme de palais et de chancellerie, on disait plutôt, sans le pronom, ADRESSANTES, le participe présent d'ADRESSER étant devenu dès longtemps, dans cette acception, une sorte d'adjectif.

Le duc..... escripsit lettres ouvertes et lettres closes qui furent scellées de son scel moult doulces et moult amiables *à* ceulx de Gand *adressantes*.

FROISSART, *Chroniques*, liv. II, c. 239.

Je veiz ung homme housé (botté) et prest à partir qui ja avoit plusieurs lettres *adressantes à* monseigneur de Normandie.

COMMYNES, *Mémoires*, II, 9.

Nos jeusnes parachevez, l'hermite nous bailla une lettre *adressante à* un qu'il nommoit Albian Camat.

RABELAIS, *Pantagruel*, V, 2.

Thémistocle.... engrava en grosses lettres sur des pierres...... des paroles *adressantes aux* Ioniens.

AMYOT, trad. de Plutarque, *Vie de Thémistocle*, c. 16.

Sa nation est si ignorante des affaires de deça, qu'il apporta à Venise des lettres de son maistre *adressantes au* grand gouverneur de la seigneurie de Venise.

MONTAIGNE, *Voyages*, p. 146.

... On lui contrefit (à Jacques Clément) une lettre de croyance du premier président de Harlay *adressante au* Roi, afin qu'il eût sujet de l'approcher.

MÉZERAY, *Histoire de France*, Henri III.

....Vu par la cour, toutes les chambres assemblées, après avoir vu pendant deux matinées les lettres patentes du roi.... *adressantes à* son procureur général....ladite cour a ordonné et ordonne lesdites lettres, traité de paix, etc., être enregistrés au greffe de ladite cour.... 27 juillet 1660.

(Extrait des registres du Parlement de Paris. — Voir *Négociations relatives à la succession d'Espagne*, t. I, p. 67 et 69.)

S. A. (le prince de Conti).... fit avertir Mrs du Clergé et de la Noblesse de se rendre chez M. l'archevesque de Thoulouze, où estant, il leur rendit la lettre du roy qui *leur* estoit *adressante*.

LE PRINCE DE CONTI et l'Intendant DE BEZONS à Colbert, 24 nov. 1662. (Voir *Correspondance administrative sous Louis XIV*, t. I, p. 86.)

ADRESSÉ, ÉE, participe.

Il a eu naturellement les acceptions si variées du verbe, et, dans quelques-unes, comme le remarque Sainte-Palaye, qui en donne des exemples, il a été employé à peu près adjectivement.

Le passage suivant nous offre ADRESSÉ encore employé au commencement du XVIIIe siècle dans une acception ancienne du verbe, pour Dirigé, conduit.

Une conversation aisée, mais instructive et *adressée* avec choix et justesse.

SAINT-SIMON, *Mémoires*, 1711, t. IX, c. 22.

Du verbe ADRESSER se sont formés divers substantifs, répondant à quelques-unes de ses acceptions : ADRESSEUR et ADRESSERESSE, ADRESSIÈRE, ADRESSÉE, ADRESSEMENT, enfin ADRESSE, le seul qui soit resté dans l'usage.

ADRESSEUR, s. m.

Autrefois ADRECIÈRE, qui était la forme du sujet comme ADRESSEUR celle du régime.

Celui qui dirige, qui gouverne.

O Mars, Dieu des batailles et des occisions, conseiller veritable, *adresseur* et vray disant de toutes mesadventures.

Perceforest, vol. IV, c. 4.

...Sire, pourqoi noï-on (nie-t-on),
Que del Roïaume et de l'Empire
Ne soiiés *adrécière* et sire?

Ph. MOUSKES, *Chronique*, v. 26652.

ADRESSERESSE, s. f.

Celle qui conseille, qui dirige.

Vénus..... est *adresseresse* et souveraine conseillère de tous les vrais amans.

Perceforest, vol. IV, c. 4.

ADRESSÉE, s. f.

Voie directe, chemin abrégé.

Il... ramena son seigneur par une *adressée* à Compiegne.

Chroniques de Saint-Denys, t. II, fol. 2, r°. (Cité par Sainte-Palaye.)

ADRESSIÈRE, s. f.

Adresse, au sens d'Indication d'un certain lieu.

Ayant donné, pour enseigne asseurée du passage sans péril et danger, l'*adressière* où les seigneurs Diego Lopez de Haro et Garcia Romeu... trouveroient la carcasse et la tête d'une vache.

FAVYN, *Théâtre d'honneur*, liv. VI, p. 1155.

ADRESSEMENT, s. m.

Autrefois ADRESCEMENT, ADRECEMENT, ADERCEMENT, ADRÉEMENT, etc. (Voyez *Lexique latin-franç. ms. du XIIIe siècle;* le *Glossaire* de Sainte-Palaye.)

Ce substantif, plus usité que les précédents, présente aussi plus de rapports avec les anciennes acceptions d'*adresser*.

Il a exprimé :

1° L'Action de redresser, soit au propre, soit au figuré :

Le Prince leur fist respondre qu'il estoit courroucé des domaiges et excez..... faitz au Royaulme de France, et que luy, quant il seroit retourné d'Espaigne, en feroit bon et loyal *adrecement.*

Chroniques de Saint-Denys, t. III, fol. 19, v°. (Cité par Sainte-Palaye.)

2° L'Action de conduire par la voie la plus directe, le chemin le plus court, et, par suite, Voie abrégée, chemin direct :

Achimas s'enturnad e curut par sentes e *adrecemenz.*

Les quatre Livres des Rois, II, XVIII, 23.

S'en va par ung *adressement* de la forest, qu'il sçavoit moult bien.

Lancelot du Lac, t. I, fol. 158, v°, col. 1. (Cité par Sainte-Palaye.)

3° L'Action de diriger, de conduire par des avis, et, par suite, un avis, un renseignement, une nouvelle, etc. :

La Royne Lydore alloit..... par la forest, escoutant s'elle orroit quelque *adressement* comment le tournoy... s'estoit porté.

Perceforest, vol. III, c. 13.

4° Enfin l'Ensemble des qualités morales, qui rendent capable de se bien diriger, ou de bien diriger autrui, la sagesse, l'équité, etc. :

..... Hom de tel *adrecement*
Qu'il ert....
..... Roi de tel *aderement*
Com vous estes.

Cléomadès, ms. de Gaignat, fol. 24, r°, col. 3; fol. 44, r°, col. 3. (Cité par Sainte-Palaye.)

Sainte-Palaye dans son *Glossaire* consacre un article à part au mot ADRÈS, quelquefois écrit ADDRÈS, ADRAS; mais, d'après les exemples qu'il cite, il n'y faut voir que d'anciennes formes orthographiques du mot.

ADRESSE, s. f.

Autrefois ADDRECE, ADDRESSE, ADRECE, ADRECHE, ADRESCE, etc. (Voyez le *Voc. lat.-franç.* de Briton, XIVe siècle, le *Glossaire* de Sainte-Palaye.)

Ce mot a eu, anciennement, des acceptions qui correspondaient aux sens primitifs d'*adresser.*

Ainsi d'*adresser,* au sens de Redresser, venait ADRESSE, au sens de Redressement : *faire adresce de,* etc.

Si *de* la navreure ou bleceure de vos bourgeois il ne vous eust *fait adresse,* vous vous dussiez estre traicts devers monseigneur de Bourgogne qui les traictiez de paix mena et luy remonstrer vostre affaire.

FROISSART, *Chroniques,* liv. II, c. 61.

D'*adresser,* au sens de Aider, venait ADRESSE, au sens d'Aide.

Et crois bien que en eux vous trouverez toute *adresse* de bon conseil.

Ils esperoient avoir aucun confort et aucune *adresse* pour eux et leurs chevaux aiser.

FROISSART, *Chroniques,* liv. I, part. I, c. 12, 38.

D'*adresser,* au sens de Mettre dans le droit chemin, venait ADRESSE, au sens très-usité de Chemin direct, abrégé, ou simplement chemin.

C'est par *adresse* que les anciens lexiques traduisent *Compendium.* Voyez le *Lexique lat.-fr. ms. du* XIIIe *siècle;* le *Vocabulaire lat.-fr.* de Briton, XIVe siècle; le *Dict. fr.-lat.* de Rob. Estienne, 1539 : une *adresse* et coursière, dit ce dernier.

Alloient par une *adresse* et avoient laissé le grant chemin.

(Trad. du latin : *ibant per quasdam compendiosas vias.*)

Chroniques de Saint-Denys, t. I, p. 261. (Cité par Sainte-Palaye.)

.....Disons, que comme pour abregier tout chemin, comme il est necessité aux denrées, pour estre plustost et plus freschement apportées à vente, ils quierent leur chemin et vont tant par voyes publiques comme par *adreces*.....

Lettres de Charles V, 8 septembre 1367. (Voir *Ordonnances des rois de France,* t. V, p. 71.)

Et se faisoit fort d'iceulx mener sans peril, car il sçavoit les *adresses* et les torses voyes.

Il sçavoit les *adresses* et les refuites du pays, pour ce qu'il en estoit.

Congnois bien les torces et les *adreces* et les chemins frayans.

FROISSART, *Chroniques*, liv. I, part. I, c. 108, 161 ; liv. III, c. 116.

Or sçavoit il les *adresses* de la forest, au moyen de quoy tost après il l'attaignit.

HERBERAY DES ESSARTS, *Amadis de Gaule*, I, 37.

L'infanterie des Perses, qui étoit merveilleusement grande, ne savoit les chemins, ne les passages lui étoient ouverts; au contraire, la cavalerie des Scythes connoissoit les plus courtes *adresses*.

SALIAT, trad. d'*Hérodote*, liv. IV, 136.

Poncenac eut ordre d'aller devant comme sachant mieux les *adresses* des chemins, et de se saisir du pont de Vichy sur la rivière d'Allier.

MÉZERAY, *Histoire de France*, Charles IX.

D'ADRESSE voulant dire Chemin, s'étaient formées plusieurs locutions usuelles :

Mettre, se mettre en adresse, se remettre en son adresse, à l'adresse de, à l'adresse après quelqu'un, etc.

..... Tantost *me mectoys à l'adresse apres* vous.

Perceforest, vol. II, c. 38.

Se trouvant de gens et de chiens habandonné, se recommandant à Dieu, commença au petit pas à *se remettre en son adresse*.

HERBERAY DES ESSARTS, *Amadis de Gaule*, I, 1.

... Li bon qui aime proesce,
Qui lor bon cuer *mette en l'adresce*
De proesce et ou droit sentier.

Fabl. ms. du R., n° 7615, t. II, fol. 164, r°, col. 1. (Cité par Sainte-Palaye.)

Prendre une adresse, prendre son adresse par, en, vers, etc., *prendre l'adresse de, perdre son adresse*, etc.

Et de grand'haste, pour plutost estre et venir à l'escarmouche, le dict Philippe *prit une adresse parmi* les champs, et brocha coursier des éperons.

Et *prindrent leur adresse en* Limousin pour venir en ce bon et gras pays de Berry et trouver cette rivière de Loire.

FROISSART, *Chroniques*, liv. I, part. I, c. 298; part. II, c. 22.

Il n'eut longuement cheminé, qu'il se trouva entre une espesseur d'arbres où il *perdit son adresse*.

HERBERAY DES ESSARTS, *Amadis de Gaule*, I, 27.

Le quadrant des mariniers, appellé par les Italiens boussole, est une invention admirable qui court sur mer pour se recognoistre lorsque l'on a *perdu* tout jugement de *son adresse*.

Louys, confus et despit, voyant son armée estre plus minée et défaite par l'injure du temps que par l'effort de son ennemy, délibéra de *reprendre l'adresse de* France.

Louys licentia tous les gens de guerre par luy pris, qui *reprindrent leur adresse* vers le Roy.

EST. PASQUIER, *Recherches de la France*, IV, 27 ; VI, 7, 27.

Priez pour paix, doulce Vierge Marie,
Royne des Cieulx, et du monde maistresse,
Faictes prier, par vostre courtoisie,
Saincts et sainctes, et *prenez votre adresse*
Vers vostre fils, requerrant sa haultesse
Qu'il lui plaise son peuple regarder.

CHARLES D'ORLÉANS, *Balade*, En regardant vers le pays de France.

.......Ilz *prindrent leur adresse*
Droict *vers* le temple à la sacrée déesse.

Adieu la Saone, et son mignon
Le Rosne qui court de vistesse,
Tu t'en vas droict en Avignon,
Vers Paris *je prends mon addresse.*

Cl. MAROT, liv. I, *de la Métamorphose*, v. 730; *Épîtres*, I, 28.

À l'adresse, Par le plus court.

Chevauchèrent hastivement.... et *à l'adrece* devers Saint Quentin.

Si s'armerent, et sellerent leurs chevaulx, et se departirent tout de nuit de Houdebray, et chevaucherent devers Mauros *à l'adresse;* car bien congnoissoient le pays.

FROISSART, *Chroniques*, liv. I, c. 195; liv. II, c. 17.

On a dit, dans un sens analogue, *les adresses d'une maison*, pour Les êtres d'une maison.

Et sçachant bien *les adresses de la maison* ne faillit point à s'aller mettre tout droict au lict.

BON. DES PERIERS, *Nouvelles*, LIV.

Je sçay *les adresses de la maison*.

COTGRAVE, *Dictionnaire*.

Par une extension hardie, ADRESSE est dit de la

Personne qui indique le chemin, qui sert de guide, dans le passage suivant :

Toy, qui ton pere aveugle et courbé de vieillesse
Conduis si constamment, mon soustien, mon *addresse*,
Antigone, ma fille, helas! retire toy.

Rob. Garnier, *Antigone*, I, 1.

Adresse, pour Chemin, voie, était fort usité au figuré.

Mais si peut on y arriver (à la vertu), qui en sçait l'*addresse*, par des routtes ombrageuses, gazonnées, et doux fleurantes, et d'une pante facile et polie.

Montaigne, *Essais*, I, 25.

Me contenteray d'en donner les *addresses* à ceux qui en voudront estre plus amplement informez; lesquels pourront, si bon leur semble, trouver ce que je dis véritable, lisant la vie d'Alexandre dans Lampride et celle de Maximian dans Jules le Capitolin.

Est. Pasquier, *Recherches de la France*, II, 13.

Le Prince et l'Admiral donnerent à Geoffroy de Barry-Renaudie, gentilhomme Perigordin (La Renaudie, dit Laforest), des instructions et des *addresses* avec quelques adjoints pour parcourir leurs Églises, et solliciter les principaux à se trouver à une assemblée qui fut assignée en la ville de Nantes.

Mézeray, *Histoire de France*, François II.

Sortez de ces retraites où la misère et la honte vous cachent, familles infortunées, et dites-nous par quelles *adresses* il fit coulerjusqu'à vous ses assistances imprévues.

Fléchier, *Oraison funèbre de M. de Montausier*.

Et le remettez (mon cœur) en l'*adresse*
D'espoir dont il party pieça....

Charles d'Orléans, *Balade*, Mon cœur.

Le chemin que tu nous dresses
Fais moy congnoistre, Seigneur;
De tes sentes et *addresses*
Veuilles moy estre enseigneur.

Cl. Marot, *Psaumes*, XXI, v. 9.

Mais je vais luy donner *addresse*,
Pour expedier promptement
Le souhait qu'il desire tant.

R. Belleau, *la Reconnue*, III, 5.

À ces exemples on peut ajouter le suivant où se trouve, avec le même sens, à peu près le même mot :

Ne faut s'aventurer qui ne sait la *radresse*.

Vauquelin de la Fresnaye, *Art poétique franç.*, II.

Adresse, pris dans un sens moral, voulait dire encore Recherche, poursuite.

Celles que vous avez aimées ne vous sont gueres tenuës, ou vostre *adresse* a esté en si mechant lieu que vous estimez les femmes toutes pareilles.

La Reine de Navarre, *Heptameron*, 9e nouvelle.

Faire adresse à voulait quelquefois dire S'adresser à.

Le seigneur de Crouy et les siens *faisoyent* plus grande *adrèce à* Monsieur le dauphin qu'il ne sembloit bon audit comte (de Charolois) pour son profit.

Olivier de la Marche, *Mémoires*, liv. I.

Les hommes coustumiers d'escripre hystoires et cronicques *font* voulentiers leur *adresse à* aucun notable personnage.

Le loyal Serviteur, prologue.

Adresse équivalait encore à Accès : *avoir adresse à, en*, Avoir accès près de, etc.

...... Le pouvre Berquin .... s'en va devers vous n'ayant plus personne *à* qui il puisse *avoir adresse*, pour vous donner à connoistre son innocence.

La Reine de Navarre, à François Ier, *Lettres*, avant le 24 avril 1529, lettre 51.

Celle là (la jalousie) et l'envie sa sœur me semblent des plus ineptes de la troupe. De cette-cy, je n'en puis guère parler : cette passion qu'on peint si forte et si puissante, *n'a* de sa grace aucune *adresse en moy*. Quant à l'autre, je la cognois au moins de vue.

Montaigne, *Essais*, III, 5.

De là l'emploi fréquent d'Adresse, même à une époque relativement assez récente, pour désigner Ce qui sert de guide, ce qui conduit, un itinéraire, une direction, une méthode, des instructions, etc. ;
Soit au sens physique :

Je ne sçay le pays et je te suivray; car mestier avoye de *adresse*.

Perceforest, vol. II, c. 37.

On n'en trouveroit aucun vestige (de Persepolis) si l'Araxe n'en donnoit l'*adresse*.

VAUGELAS, trad. de *Quinte Curce*, V, 7.

Ils arrivèrent à Séville, où par les *adresses* qu'il en avoit, il sut incontinent la rue et le logis de Darache.

CHAPELAIN, traduction de *Guzman d'Alfarache*, liv. I, c. 8.

Il n'a garde de manquer de trouver cet homme là, on lui a donné de trop bonnes *adresses*.

Il a toutes les *adresses* du chemin qu'il doit tenir dans son voyage, et des lieux où il se doit arrêter.

FURETIÈRE, *Dictionnaire*.

Soit dans un sens moral :

Est arrivée la saison de publier ces miennes observations sur l'agriculture : à ce que servans d'*addresse* à vostre peuple, pour cultiver sa terre....... il se puisse remettre de ses pertes.

Voylà les générales *adresses* pour la cognoissance des terres.

Puisque la principale matière des vergers sont les greffes, nous les choisirons, cuillerons et employerons ainsi qu'il appartient, par ces *addresses*.

Olivier DE SERRES, *Théâtre d'agriculture*, dédicace au Roi; I, 1; VI, 22.

J'ay commandé qu'on vous envoye de l'argent. Regardez les moyens et *adresses* de vous en faire tenir d'avantage.

HENRI IV, *Lettre* du ... janvier 1588. (Voir *Lettres missives de Henri IV*, t. II, p. 337.)

Ce sont des flambeaux allumés sur les écueils : ils font faire naufrage aux nouveaux pilotes ; ce sont des *adresses* qui mènent à la mort ceux qui les suivent.

Avec la méthode et les *adresses* qu'il lui donnera (Aristote à l'orateur), les endroits par où l'ame est prenable lui seront connus.

BALZAC, *Aristippe*, disc. II ; *Dissertations critiques*, II.

Vous serez plus sûr en apprenant cela d'eux-mêmes et je vous en donnerai les *adresses*.

Toutes ces divisions et ces mots n'ont guère d'autre utilité que d'aider la mémoire, et de servir d'*adresse* pour trouver ce qu'ils renferment.

PASCAL, *Provinciales*, I; *Pensées*, part. I, art. IX, § 28.

Les règles ne sont que des *adresses* pour faciliter au poëte les moyens de plaire, et non pas des raisons qui puissent persuader aux spectateurs qu'une chose soit agréable quand elle leur déplaît.

P. CORNEILLE, *Épître dédicatoire de Médée*.

Il (Turenne) a tenu un chemin si peu battu dans la carrière de la véritable gloire, que je n'y trouve ni trace ni *adresse* pour me guider.

MASCARON, *Oraison funèbre de Turenne*.

Il était naturel qu'ADRESSE s'appliquât aussi, comme *adresser*, à l'éducation, à l'enseignement.

Adresse et enseignement qu'on baille aux enfans.

Rob. ESTIENNE, *Dict. fr.-lat.*

ADRESSE tenait d'*adresser* le sens de Transmission, envoi.

..... Doresnavant, suivant vostre advis, ne fauldrai de tenir au lieu qui est entre deux (entre l'ambassadeur de Venise et celui de Constantinople) ung personnaige diligent et fidelle pour l'*adresse* des pacquets d'une part et d'aultre......

HENRI II à M. de Morvilliers, 1547. (Voir *Négociations de la France dans le Levant*, t. II, p. 26.)

De là l'emploi très-usuel de ce mot en parlant des désignations qui servent à trouver une personne, à faire parvenir quelque envoi : *une bonne adresse, une fausse adresse, une adresse sûre*, etc.

Il y a tantôt deux mois que vous êtes partie; vous aviez une *addresse* seure pour m'écrire : il y avoit des messagers par tous les lieux où vous avez passé, et je n'ay pas eu encore une lettre de vous.

VOITURE, *Lettres amoureuses*, XXII.

... Il écrit une seconde lettre, et après les avoir cachetées toutes deux, il se trompe à l'*adresse*.

LA BRUYÈRE, *Caractères*, c. 11.

Tout ce petit magasin d'esprit est apparemment demeuré en chemin. Par quelle route me l'avez-vous envoyé ? à quelle *adresse* ?

VOLTAIRE, *Lettres*, 1736, à M. Berger.

Vous me parlez si peu de vous, que vos lettres pourroient presque aller à toutes les femmes que vous connoissez ; il n'en est pas de même des miennes : elles ne peuvent avoir qu'une *adresse*.

Mlle DE L'ESPINASSE, *Lettres*, XVI.

L'*adresse* d'une personne, c'est l'Indication précise de son domicile.

Mon ancien ami, quand on écrit d'un bout de l'univers à l'autre, il faut mander son *adresse*.

VOLTAIRE, *Lettres*, 29 fév. 1754.

J'étois tenté de lui envoyer mes vers; ils m'y encouragèrent. J'en fis un paquet à son *adresse*; et comme il n'y avoit point alors à Paris de petite poste, je le mis dans ma poche et le lui envoyai d'Auxerre en passant.

J.-J. ROUSSEAU, *les Confessions*, part. I, liv. IV.

L'*Adresse* d'une lettre, c'est l'Indication de la personne à laquelle on veut la faire tenir, du lieu où on l'envoie.

Comme elle n'avoit point de laquais, elle se contenta de mettre sa lettre dans de certaines boîtes, qui étoient lors nouvellement attachées à tous les coins des rues pour faire tenir des lettres de Paris à Paris; sur lesquelles le ciel versa de si malheureuses influences que jamais aucune lettre ne fut rendue à son *adresse*.

FURETIÈRE, *Roman bourgeois*, liv. II.

Je vous rends mille grâces, mon cher, de la peine que vous avez prise de rendre mes lettres à leurs *adresses*.

BUSSY-RABUTIN, *Lettres*, 28 déc. 1680.

J'ai plusieurs lettres que je me suis chargé de remettre à *leurs adresses*.

LE SAGE, *Crispin rival de son maître*, sc. 7.

Mais enfin De la Souche est le nom que je porte,
J'y vois de la raison, j'y trouve des appas,
Et m'appeler de l'autre est ne m'obliger pas.
— Cependant la plupart ont peine à s'y soumettre,
Et je vois même encor des *adresses de* lettre....

MOLIÈRE, *l'École des femmes*, I, I.

J'ai longtemps comme vous été dans le soupçon,
Mais de votre cachet la figure et l'empreinte,
Et l'*adresse* bien mise, ont dissipé ma crainte.

REGNARD, *les Ménechmes*, I, II.

De peur de la signer n'écrit pas une lettre,
N'ose dire tout haut l'*adresse d'*un billet.

DELILLE, *la Conversation*, II.

On dit *envoyer une lettre à son adresse; faire tenir des lettres à leur adresse, à leurs adresses*, pour Les faire parvenir au lieu de leur destination, à ceux pour qui elles sont écrites. On dit de même qu'une *lettre va, arrive, est reçue à son adresse*.

Rousseau ayant montré à son antagoniste une ode à la postérité, celui-ci lui dit : Mon ami, voilà une lettre qui ne *sera* jamais *reçue à son adresse*. Cette raillerie ne fut jamais pardonnée.

VOLTAIRE, *Mélanges littéraires*.

Figurément et familièrement, *cela va à l'adresse, est à l'adresse d'un tel*, se dit d'un trait malin lancé contre quelqu'un qu'on ne nomme pas, mais qu'on désigne. *Le trait, le paquet arrivera à son adresse*, Le trait sera compris, sera senti par celui qu'il concerne.

Bureau d'adresse avait, aux XVIIe et XVIIIe siècles, un double sens.

Cette expression désignait un Lieu où l'on recevait des nouvelles pour la gazette de Renaudot, et où on la débitait.

Par suite, on disait figurément et familièrement d'une maison où se disaient, où s'apprenaient des nouvelles, que c'était *un bureau d'adresse, un vrai bureau d'adresse*.

Madame de Villars mande mille choses agréables à madame de Coulanges : c'est chez elle qu'on vient apprendre les nouvelles. ... Nous comprenons les raisons qui font que tout est réduit au *bureau d'adresse*.

Mme DE SÉVIGNÉ, *Lettres*, 28 févr. 1680.

C'est un vrai bureau d'adresse, se disait encore en parlant d'Une personne qui aime à savoir et à répandre les nouvelles.

Bureau d'adresse, en second lieu, désignait et désigne encore un Lieu, un établissement où l'on peut s'adresser pour obtenir certains renseignements, par exemple au sujet du placement des domestiques.

Elles allèrent en cet endroit, comme en un rendez-vous général de galans, et elles y allèrent chercher un parti comme on iroit au *bureau d'adresse* chercher un laquais ou un valet de chambre.

FURETIÈRE, *Roman bourgeois*, liv. I.

En nous entretenant d'un *bureau d'adresse* si singulier, le fils du barbier Nunez me mena dans un cul-de-sac.

Le Sage, *Gil Blas*, I, 17.

Il me prend, il m'a pris pour son bureau d'adresse, se dit d'un homme qui demande des renseignements avec importunité ou donne indiscrètement des commissions.

Adresse se dit depuis longtemps d'un Écrit ayant pour objet une demande, une adhésion, une félicitation, etc., présenté par un corps constitué, par une réunion de citoyens, soit au chef de l'État, soit à quelque autre autorité.

Tous les corps de l'État présentèrent des *adresses* au roi pour le prier de convoquer un Parlement.

Voltaire.

Les *adresses* pour demander les États-Généraux se multipliaient tellement qu'enfin le ministre se vit obligé de les promettre au nom du roi.

Mme de Staël, *Considér. sur la Révolution franç.*, part. I, c. 10.

Richard Cromwell n'emporta que deux grandes malles remplies des *adresses* qu'on lui avait présentées pendant son petit règne.

Chateaubriand, *les Quatre Stuarts*.

Adresse, dans un autre ordre de signification qui a souvent donné lieu dans les dictionnaires à un article à part, veut dire Habileté;

Soit pour ce que les mains exécutent, pour les exercices du corps :

La course à pied, la course à cheval, la course dans les chariots, se pratiquoit en Égypte avec une *adresse* admirable.

Bossuet, *Discours sur l'histoire universelle*, III, 3.

Vous plaît-il que vos danseurs, qui expriment si bien toutes les passions, vous donnent maintenant quelque épreuve de leur *adresse?*

Molière, *les Amants magnifiques*, IV, 8.

Don Pèdre mit aussi l'épée à la main, et ils commencèrent à se battre. Quoique le Maître de la sérénade s'en acquittât avec assez d'*adresse*, il ne put parer un coup mortel qui lui fut porté.

Le Sage, *le Diable boiteux*, c. 5.

Soit pour les actes de l'intelligence :

De perdre si nicement son beau chatel de Derval que tant aimoit et tant luy avoit couté, ce luy seroit trop dur; et toutefois il n'y pouvoit voir tour ni *adresse* que il ne le perdit, si il n'y mettoit autre remède.

Froissart, *Chroniques*, liv. I, part. II, c. 367.

Gouverner avec *adresse* les peuples subjugués, et leur faire ainsi trouver sa victoire douce pour la mieux assurer.

Bossuet, *de l'Instruction du Dauphin*.

... Joignant l'*adresse* et la persuasion à la justice ou à la conjoncture des affaires.

Fléchier, *Oraison funèbre de Marie-Thérèse*.

Il passe sur l'affaire présente avec une *adresse* et un esprit admirable.

Mme de Sévigné, *Lettres*, 6 août 1675.

Ils doivent à eux-mêmes leur fortune et ils la soutiennent avec la même *adresse* qu'ils l'ont élevée.

La Bruyère, *Caractères*, c. 8.

Il est vrai qu'il avoit un art de dire la vérité; mais enfin il osoit la dire, et l'*adresse* ne servoit qu'à rendre le courage utile.

Fontenelle, *Éloge de M. de Valincour*.

Que tout l'effort, tout l'art, toute l'*adresse* humaine
S'unisse pour ma perte et conspire à ma peine.

Rotrou, *S. Genest*, IV, 2.

Certes, ma sœur, le conte est fait avec *adresse*.

P. Corneille, *Pompée*, I, 3.

Il travailloit sans bruit, avec beaucoup d'*adresse*.

Valeur, *adresse*, et ruses, et surprises,
Tout s'employa.

La Fontaine, *Fables*, VII, 5, 7.

On dit *l'adresse d'*une personne, *son adresse*, etc.

Tout le mal qui peut arriver, n'arrive pas; soit que Dieu le détourne par sa grâce; soit que nous l'esquivions par *notre adresse*.

Balzac, *Aristippe*, disc. V.

L'*adresse d'*un maître est d'appliquer ceux qu'il instruit aux choses où ils ont le plus de disposition naturelle.

Nicole, *de l'Éducation d'un prince*, 2e part., III.

Il n'y a rien qu'on ne doive présumer de l'*adresse de* la nature; mais elle a une sorte d'*adresse* toute particulière pour se dérober à nous.

Fontenelle, *les Mondes*, vie soir.

Autrefois en ce jeu
Il n'étoit point d'*adresse* à mon *adresse* égale.

Quelque peu de fortune à *notre adresse* jointe.
MOLIÈRE, *l'Étourdi*, IV, 3; *le Dépit amoureux*, V, 5.

Le ciel punit ma feinte et confond *votre adresse*.

Assez et trop longtemps mon oisive jeunesse
Sur de vils ennemis a montré *son adresse*.
J. RACINE, *Bajazet*, II, 5; *Phèdre*, III, 5.

Il faut ajouter à ces exemples, des passages où ADRESSE, employé de même, est particulièrement appliqué à l'habileté, au talent d'un artiste ou d'un écrivain.

L'original est peu de chose; mais l'*adresse du* peintre en saura couvrir les défauts.
MOLIÈRE, *le Sicilien*, sc. 12.

Les puissantes faveurs dont Parnasse m'honore,
Non loin de mon berceau commencèrent leur cours;
Je les possédai jeune, et les possède encore
A la fin de mes jours.
Ce que j'en ai reçu, je veux te le produire;
Tu verras *mon adresse;* et ton front cette fois
Sera ceint de rayons qu'on ne vit jamais luire
Sur la tête des rois.
MALHERBE, *Ode à Louis XIII* (1627).

Oh! que j'aime bien mieux cet auteur plein d'*adresse*,
Qui sans faire d'abord de si haute promesse
Me dit.....
BOILEAU, *Art poétique*, III.

Adresse de est, quelquefois, suivi d'autres noms que de noms de personnes, et la dextérité transportée aux choses elles-mêmes.

Mais *du* langage enfin l'harmonieuse *adresse*
De ces sauvages mœurs adoucit la rudesse.
BOILEAU, *Art poétique*, IV.

Le plus vieil, dit Tite-Live, par l'*adresse des* armes et par ruse, surmonta facilement les forces estourdies du plus jeune.
MONTAIGNE, *Essais*, II, 27.

Tantôt occupée à l'ouvrage, mêlant industrieusement l'or à la soie, elle employoit l'*adresse*, et pour parler avec le Sage, le conseil et la prudence *de* ses mains royales, à la décoration des autels et à la gloire du tabernacle.
FLÉCHIER, *Oraison funèbre de Madame la Dauphine.*

Le sens d'ADRESSE est souvent déterminé par des compléments, au moyen des prépositions *de*, *à* *pour*.

De la préposition *de*, ayant pour régime quelquefois un substantif :

Euh! n'admirez-vous point cette *adresse d*'esprit?
MOLIÈRE, *l'École des femmes*, III, 5.

Plus ordinairement un verbe à l'infinitif :

Métophis avoit eu l'*adresse de* sortir de prison.
FÉNELON, *Télémaque*, II.

Il avoit... l'*adresse de* faire, quand il étoit possible, la délicate anatomie de ces petits corps.
FONTENELLE, *Éloge de M. Poupart.*

Ils (les Hollandais) eurent la gloire de disputer l'empire de la mer et l'*adresse de* transporter sur terre le théâtre de la guerre.
VOLTAIRE, *Siècle de Louis XIV*, c. 10.

De la préposition *à* recevant indifféremment les deux sortes de régimes;
Un substantif :

Il (Louis XIV) étoit sensible aussi à entendre admirer, le long des camps, son grand air et sa grande mine, son *adresse à* cheval, et tous ses travaux.
SAINT-SIMON, *Mémoires*, 1715, t. XIII, c. 1.

Les courses de bague...faisaient paraître avec éclat *son adresse à* tous les exercices.
VOLTAIRE, *Siècle de Louis XIV*, c. 25.

Je louerai, si l'on veut, son train et sa dépense,
Son *adresse à* cheval, *aux* armes, *à* la danse.
MOLIÈRE, *le Misanthrope*, IV, 1.

Un verbe à l'infinitif :

Il voulut faire voir son *adresse à* tirer de l'arc.
VAUGELAS, trad. de *Quinte-Curce*, V, 7.

Votre *adresse à* obliger est admirable.
BALZAC, *Lettres*, IV, 1.

Tant vous avez eu d'*adresse à* mettre les choses en état de vous être toujours avantageuses.

PASCAL, *Provinciales*, XVII.

Quelle *adresse à* s'attirer la confiance des partis.

FLÉCHIER, *Oraison funèbre de Michel Le Tellier*.

Et, malgré tous vos soins, et votre *adresse à* feindre,
Mon astre me disoit ce que j'avois à craindre.

MOLIÈRE, *le Misanthrope*, IV, 3.

De la préposition *pour*, recevant aussi les deux sortes de régimes :

Tarquinius n'avoit pas moins d'*adresse pour* la guerre, que de suffisance pour la paix.

COEFFETEAU, *Histoire romaine de L. Florus*, I, 5.

J'admire ... la subtile *adresse* de ma carogne de femme *pour* se donner toujours raison.

MOLIÈRE, *Georges Dandin*, II, 13.

ADRESSE entre dans un certain nombre de locutions usuelles.

Tour d'adresse.

Soit qu'il s'agisse de la subtilité de la main :

C'est un homme qui sait, qui fait des *tours d'adresse*.

Dictionnaire de l'Académie, 1694.

Soit qu'on entende la finesse de l'esprit :

Je n'étois pas plus grand que cela, que je me signalois déjà par cent *tours d'adresse* jolis.

MOLIÈRE, *les Fourberies de Scapin*, I, 2.

Ce n'est pas ainsi que Beaumarchais construit un imbroglio. Ses *tours d'adresse* sont de nature à ce qu'on puisse être dupe sans être un imbécille, et à ce que les spectateurs puissent applaudir sans être des sots.

LA HARPE, *Cours de littérature*, part. III, liv. 1, c. 5.

Ah! monsieur, m'auriez-vous joué ce *tour d'adresse* ?

P. CORNEILLE, *le Menteur*, IV, 1.

User d'adresse.

Il faut *user d'adresse* et me contraindre un peu
Dans ce juste courroux.

MOLIÈRE, *le Dépit amoureux*, III, 6.

Jouer d'adresse.

Je dis que l'on doit faire ainsi qu'au jeu de dez,
Où, s'il ne vous vient pas ce que vous demandez,
Il faut *jouer d'adresse*, et, d'une âme réduite,
Corriger le hasard par la bonne conduite.

MOLIÈRE, *l'École des femmes*, IV, 8.

Voilà *jouer d'adresse* et médire avec art.

BOILEAU, *Satires*, IX.

Vivre d'adresse, Se soutenir par industrie, aux dépens d'autrui.

Tu sais que, dans ce monde, il faut *vivre d'adresse*, et qu'aux personnes comme moi le ciel n'a donné d'autres rentes que l'intrigue et que l'industrie.

MOLIÈRE, *l'Avare*, II, 5.

Par adresse, souvent opposé à Par force.

À la fin, moitié *par adresse* et moitié par force, il (Philippe, roi de Macédoine) se rendit le plus puissant de la Grèce.

BOSSUET, *Discours sur l'histoire universelle*, III, 5.

Le maréchal de Balagny s'étoit fait par les armes et *par adresse* souverain de Cambrai.

SAINT-SIMON, *Mémoires*, 1714, t. XI, c. 26.

Achève si tu peux par force ou *par adresse*.

P. CORNEILLE, *Héraclius*, IV, 5.

On a dit autrefois *d'adresse* pour Avec adresse.

... Retire un peu le bras, puis, le poussant *d'adresse*,
Lui met le fer au sein que mourant il y laisse.

ROTROU, *Antigone*, III, 2; *voy.* même pièce, I, 2.

Quelquefois on dit *une adresse*, *cette adresse*, etc., pour Un acte d'adresse, cet acte d'adresse.

L'avis de Laonice est sans doute *une adresse*.

P. CORNEILLE, *Rodogune*, III, 2.

Par la même raison, on dit *des adresses* pour Des actes d'adresse, et l'on en trouve de très-nombreux exemples aux époques où ces sortes de pluriels étaient recherchés comme une élégance, particulièrement au XVIIe siècle.

Couvrir la vérité par des *adresses* artificieuses.

Logique de Port-Royal, part. III, c. 20.

C'est encore ici une des plus subtiles *adresses* de votre politique de séparer dans vos écrits les maximes que vous assemblez dans vos avis.

PASCAL, *Provinciales*, XIII.

Vous avez souvent remarqué vous-même, dans les Commentaires de César, que les Romains commandés par ce grand homme ont subjugué les Gaulois plus encore par les *adresses* de l'art militaire que par leur valeur.

Ile pacifique ..... où l'on vit se développer toutes les *adresses* et tous les secrets d'une politique si différente...

BOSSUET, *Discours sur l'histoire universelle*, III, 6; *Oraison funèbre de Marie-Thérèse*.

Je dis qu'il faut avoir de saintes *adresses* pour faire embrasser cette sévérité.

BOURDALOUE, *Sermons pour le carême*, sur la grâce.

On voit dans ses opérations toutes les attentions délicates, toutes les ingénieuses *adresses*, toute la patience opiniâtre dont on a besoin pour découvrir la nature et se rendre maître de ce Protée qui cherche à se dérober en prenant mille formes différentes.

FONTENELLE, *Éloge de M. du Fay*.

Les hommes sont fort pénétrants sur les petites *adresses* qu'on emploie pour se louer.

VAUVENARGUES, *Réflexions sur divers sujets*.

Celles de ma naissance ont horreur des bassesses,
Leur sang tout généreux hait ces molles *adresses*.

P. CORNEILLE, *Rodogune*, III, 3.

Il faudra que mon homme ait de grandes *adresses*,
Si message ou poulet de sa part peut entrer.

MOLIÈRE, *l'École des femmes*, IV, 5.

Vous savez sa coutume et sous quelles tendresses
Sa haine sait cacher ses trompeuses *adresses*.

Et puisse ton supplice à jamais effrayer
Tous ceux, qui, comme toi, par de lâches *adresses*
Des princes malheureux nourrissent les foiblesses.

J. RACINE, *Mithridate*, I, 5; *Phèdre*, IV, 6.

Une fille a cent *adresses*
Pour rebuter un amant.

LA FONTAINE, *Daphné*, opéra, IV, 1.

On dit de certaines tournures fines de style, *des adresses de style;* de certains coups de pinceau qui aident à l'effet, *des adresses de pinceau.*

ADROIT, OITE, adj. (Par l'adjectif français *droit*, du latin *directus;* certains étymologistes le tirent, à tort, du latin *dexter.*)

Nous disons, Un homme *adroict* (ayans esgard à l'habileté de la main droicte au pris de la gauche) ne plus ne moins que les Grecs δεξιός.

H. ESTIENNE, *Conformité du langage françois avec le grec*, II.

Autrefois ADROICT (voyez les Dictionnaires de Nicot, 1584, et de Cotgrave), orthographe conforme à la première des deux étymologies qui viennent d'être rapportées.

Dans des temps plus anciens on a cependant écrit déjà ADROIT, ADROITE.

Bauduins Cauderons li preus et li cortois,
Et Bauduins de Gant, uns chevaliers *adrois*.

Chanson d'Antioche, ch. II, v. 642.

En la forest fu Berthe; qui ert gente et *adroite*.

La Royne de France fu moult sage et *adroite*.

ADENÈS, *Li Romans de Berte*, XXIX; CXXXVI.

Ces exemples établissent qu'ADROIT, omis en 1539 et 1549 dans le Dictionnaire français-latin de Rob. Estienne, était fort ancien dans la langue, non-seulement sous la forme orthographique qui a prévalu, mais avec un sens peu différent de celui qu'on lui donne aujourd'hui.

ADROIT, ADROITE se sont prononcés *adrèt*, *adrète*, comme on le voit par les rimes des vers suivants :

Ma sœur, vous êtes plus *adroite*.
Souffrez que je ménage un moment de retraite.

P. CORNEILLE, *Agésilas*, II, 1.

D'abord j'appréhendai que cette ardeur secrète
Ne fût du noir esprit une surprise *adroite*.

MOLIÈRE, *le Tartuffe*, III, 3.

Le moyen de trouver une défaite *adroite*,
Après avoir paru charmé de la cadette.

DUFRESNY, *le Faux sincère*, II, 8.

Pour qui me prenez-vous? — Pour une fille *adroite*
À mener prudemment une affaire secrète.

DESTOUCHES, *le Médisant*, II, 7.

Un écrivain de date assez récente, se reportant sans doute à l'étymologie qui tire ADROIT de DROIT, lui a donné le sens de ces adjectifs pris dans un sens physique.

Figurez-vous la plus jolie petite mignonne ..... taille *adroite*, élancée....

BEAUMARCHAIS, *le Barbier de Séville*, II, 2.

ADROIT signifie Qui a de l'adresse;

Soit pour ce qui regarde le corps, comme dans l'exemple cité plus haut, *un chevalier adroit :*

Il n'y a point de serviteurs et de servantes qui n'ayent leurs défauts. On est contraint parfois de souffrir leurs mauvaises qualités, à cause des bonnes. Celle ci est *adroite*, soigneuse, diligente, et surtout fidèle.

MOLIÈRE, *le Malade imaginaire*, I, 6.

Cette disposition, bien ou mal cultivée, est ce qui rend les enfants *adroits* ou lourds, pesants ou dispos, étourdis ou prudents.

J.-J. ROUSSEAU, *Émile*, II.

Mon fils est brave, il tient de moi, et *adroit, adroit*, à vingt pas il couperoit une balle en deux sur une lame de couteau.

SEDAINE, *le Philosophe sans le savoir*, V, 4.

Je suis assez *adroit;* j'ai bon air, bonne mine.

MOLIÈRE, *le Misanthrope*, III, 1.

Soit pour ce qui regarde l'esprit, comme dans les autres exemples également cités, où il est question d'une princesse prudente et sage :

Comme elle (la comtesse de Barcelone) étoit jeune, belle et *adroite*, en moins de rien elle gouverna absolument le Roi.

VOITURE, *Histoire d'Alcidalis et de Zélide.*

Marmande (fils de M. de Villette) est joli et *adroit*.

Mme DE MAINTENON, *Lettres*, 23 mai 1683, à M. de Villette.

Ce bonhomme (Rose) étoit fin, rusé, *adroit* et dangereux.

Les scélérats du premier ordre se sentent de loin homogènes jusqu'à un certain point, se connoissent, se lient, jusqu'à ce qu'à la fin le plus *adroit* étrangle l'autre.

SAINT-SIMON, *Mémoires*, 1701, t. III, c. 6; 1715, t. XII, c. 18.

Les plus *adroits* s'empressèrent d'être les archers de l'inquisition sous le nom de ses familiers, aimant mieux être satellites que suppliciés.

VOLTAIRE, *Essai sur les mœurs*, c. 140.

Prince, le compliment est d'un amant *adroit*.

MOLIÈRE, *les Amants magnifiques*, I, 2.

La friponne est *adroite*, et sait bien son métier.

DESTOUCHES, *le Dissipateur*, I, 4.

Plus *adroit* meurtrier que Gustave et qu'Eugène.

VOLTAIRE, *Satires*, la Tactique.

Dans tous les exemples qui précèdent, ADROIT est construit avec des noms de personne; il se joint aussi quelquefois à des mots qui désignent collectivement les personnes, *une cour adroite, une ligue adroite*, etc.

On vit la cour de Rome terrible au roi de France Henri III .... *adroite* avec Louis XIII.

VOLTAIRE, *Siècle de Louis XIV*, c. 2.

La ligue qui s'est formée contre moi est trop puissante, trop *adroite*, trop ardente, trop accréditée.

J.-J. ROUSSEAU, *Lettres*, 2 août 1766.

ADROIT, ne se dit pas seulement des personnes, mais de leur corps, de leur esprit, de leurs qualités morales, de leurs actes. De là des expressions telles que les suivantes :

Un corps adroit, des mains adroites:

Des corps ... que la lutte et les autres exercices ... rendoient *adroits*.

BOSSUET, *Discours sur l'histoire universelle*, III, 5.

On veut un roi dont le *corps* soit fort et *adroit*.

FÉNELON, *Télémaque*, V.

L'homme a beau vanter sa puissance et sa force; si ses mains robustes manient le fer, celles de la femme, plus *adroites* et plus utiles, savent filer le lin et les toisons des brebis.

BERNARDIN DE SAINT-PIERRE, *Études de la nature*, X.

L'autre, pour se parer de superbes atours,
Des plus *adroites* mains empruntoit le secours.

J. RACINE, *Esther*, I, 1.

Un esprit adroit:

Ceux qui la connoissent particulièrement trouvent en elle quelque chose de plus charmant que cet extérieur, et disent que c'est l'esprit le plus doux, le plus enjoué, le plus insinuant et le plus *adroit* du monde.

FLÉCHIER, *Mémoires sur les grands jours de* 1665.

Des passions adroites, une vertu adroite:

La fermeté constante, réfléchie et *adroite* avec laquelle un de nos chefs sauva une garnison entière d'une ruine certaine.

VOLTAIRE, *Lettres*, 21 janvier 1761.

Burrhus ne pense pas, seigneur, tout ce qu'il dit,
Son *adroite* vertu ménage son crédit.

J. RACINE, *Britannicus*, IV, 4.

Une marche adroite, un piége adroit, des biais adroits, une réponse adroite, etc.:

Pour toutes les conclusions, il (le baron de Sénégas, accusé) trouvoit des biais fort *adroits* pour s'en décharger.

FLÉCHIER, *Mémoires sur les grands jours de* 1665.

Quand on voudra interroger la nature par les expériences et les observations, il la faudra interroger comme M. Newton, d'une manière aussi *adroite* et aussi pressante.

FONTENELLE, *Éloge de Newton.*

La vertu n'est point un simple nom, ni les devoirs de la religion et de la vie civile de simples établissements humains sagement inventés par une politique *adroite* pour contenir la multitude.

ROLLIN, *Traité des études*, liv. V, art. 1.

Il n'y a point de jolie femme qui n'ait un peu trop envie de plaire; de là naissent ces petites minauderies plus ou moins *adroites* par lesquelles elle vous dit: Regardez-moi.

MARIVAUX, *la Vie de Marianne*, part. IV.

J'ose assurer que c'est la première chose *adroite* que j'aie faite de ma vie.

VOLTAIRE, *Lettres*, 4 mars 1736.

Par sa réponse *adroite* elle sut si bien faire,
Que sans m'inquiéter elle plut à son père.

P. CORNEILLE, *le Menteur*, II, 5.

Je vois où doucement veut aller la demande...
La figure est *adroite*.

MOLIÈRE, *les Femmes savantes*, I, 4.

Feignons, et de son cœur, d'un vain espoir flatté,
Par un mensonge *adroit* tirons la vérité.

J. RACINE, *Mithridate*, III, 4.

La louange agréable est l'âme des beaux vers;
Mais je tiens, comme toi, qu'il faut qu'elle soit vraie,
Et que son tour *adroit* n'ait rien qui nous effraie.

... Tout ce beau discours dont il vient vous flatter,
N'est rien qu'un piége *adroit* pour vous les réciter (ses vers).

Mais le prélat vers lui fait une marche *adroite*.

BOILEAU, *Épîtres*, IX; *Art poétique*, I; *le Lutrin*, V.

Dans l'exemple suivant d'un écrivain du XVIe siècle, ADROIT est dit d'un cheval bien dressé.

Il me semble aussi qu'il a ung petit courserot bay qui est fort *adroit*.

Le loyal Serviteur, c. 8.

ADROIT est, comme *adresse*, déterminé par divers compléments, au moyen des prépositions *de*, *à*, *en*, *dans*, *pour*.

De la préposition *de:*

Et celle qui se voyoit entière, *adroicte de* ses membres et agréable, trouvoit incontinent mari.

ANT. DU VERDIER, *les Diverses leçons*, liv. II, c. 7. Des Mariages antiques.

De la préposition *à*, ayant pour régime,

Soit un substantif :

Des combattants bien aguerriz et *adroicts aux* armes.

AMYOT, trad. de Plutarque, *Parallèle de Timoléon et de P. Émile.*

C'étoit un beau prince, fort *adroit aux* armes.

COEFFETEAU, *Histoire romaine*, IV.

Il étoit bien fait de sa personne, *adroit à* toutes sortes d'exercices.

Mme DE LA FAYETTE, *la Princesse de Clèves*, I.

Soit un verbe à l'infinitif :

Sur tous estoit fort *adroict à* manier les chevaulx, et *à* s'aider de toutes sortes d'armes.

LA REINE DE NAVARRE, *Heptameron*, 10e nouv.

Tibère étoit *adroit à* cacher ses vices et *à* faire paroître ses vertus.

PERROT D'ABLANCOURT, trad. de Tacite, *Annales*, V, 8.

Quand il appréhende (Montaigne) que quelque chose le rabaisse un peu, il est aussi *adroit* que personne *à* le cacher.

Logique de Port-Royal, part. IIIe, c. 20.

Les Jésuites si *adroits à* reconnoître les foibles des monarques......

SAINT-SIMON, *Mémoires*, 1713, t. XI, c. 2.

Ce merveilleux Protée *adroit à* nous surprendre.

L. RACINE, *Épîtres*, à J.-B. Rousseau.

Des prépositions *en*, *dans* :

Il est *adroit en* tout ce qu'il fait.

PERROT D'ABLANCOURT, trad. de Lucien. (Cité par Richelet.)

De la préposition *pour* :

Ni les chevaux ne sont vites, ni les hommes ne sont *adroits* que *pour* fuir devant le vainqueur.

BOSSUET, *Oraison funèbre d'Anne de Gonzague.*

On a dit substantivement *un adroit*.

Défiez-vous de cet homme, c'est *un adroit*.

RICHELET et FURETIÈRE, *Dictionnaires. Dictionnaire de Trévoux.*

Vous êtes *une adroite*...

P. CORNEILLE, *Andromède*, II, 1.

Le Dictionnaire de l'Académie reproduisant en 1718 et 1740 cette locution, comme n'étant d'usage que dans la conversation familière, cesse de la recueillir en 1762.

ADROIT, quelquefois écrit en deux mots *à droit*, a été pris adverbialement comme souvent les adjectifs dans notre ancienne langue.

Carneades souloit dire que les enfants des roys et des riches n'apprenoient rien *à droit*, qu'à picquer et manier les chevaulx.

AMYOT, trad. de Plutarque, *Œuvres morales*, Comment discerner le flatteur d'avec l'ami, XXX.

ADROITEMENT, adv.

D'une manière adroite, avec adresse, au sens physique :

Le metteur en œuvre travaille *adroitement* ce que l'homme de goût a dessiné habilement.

VOLTAIRE, *Dictionnaire philosophique.*

Au sens moral :

Rudiger donne à Jean Hus la louange d'avoir *adroitement* expliqué et courageusement défendu les sentiments de Wiclef.

BOSSUET, *Histoire des variations*, XI.

Il lui fit plusieurs fois des déclarations assez embarrassées; mais elle tournoit *adroitement* le discours, et lui répondoit comme si elle n'eût rien entendu.

FLÉCHIER, *Mémoires sur les grands jours d'Auvergne en* 1665.

On est souvent obligé (dans l'éloge des princes) de se jeter *adroitement* sur leur naissance et sur la gloire de leurs ancêtres.

LE MÊME.

Combien crois-tu que j'en connoisse, qui, par ce stratagème, ont rhabillé *adroitement* les désordres de leur jeunesse ?

MOLIÈRE, *le Festin de Pierre*, V, 2.

Je savois bien que vous aviez une manière particulière de raisonner et d'envelopper *adroitement* ceux à qui vous aviez affaire.

FONTENELLE, *Dialogues des morts*, III, Socrate et Montaigne.

... Mais ce qui toucha le plus la reine et Albéroni, pour ne pas dire le roi d'Espagne, ce fut la corde de ses grands droits en France *adroitement* pincée par Stanhope, qui produisit le plus doux son à leurs oreilles.

SAINT-SIMON, *Mémoires*, 1716, t. XIV, c. 6.

Il fuit pour mieux combattre, et cette prompte ruse
Divise *adroitement* trois frères qu'elle abuse.

P. CORNEILLE, *Horace*, IV, 2

Il suffit que l'on est contente du détour
Dont s'est *adroitement* avisé votre amour.

MOLIÈRE, *les Femmes savantes*, I, 4.

Mais, en fille d'esprit, il faut *adroitement*
Lui dorer la pilule.

REGNARD, *les Folies amoureuses*, I, 3.

Je veux *adroitement* gagner sa confiance.

DESTOUCHES, *le Médisant*, V, 2.

Nous avons remarqué que certains étymologistes ont fait venir ADROIT de *dexter*. De *dexter* s'est formé un mot, de même sens il est vrai, mais d'une origine distincte, usité au XVIe siècle, et qui ne paraît être sorti de l'usage que vers le commencement du XVIIe.

ADEXTRE, adj. des deux genres. (Venu, par le simple *destre*, de *dextre*.)

Quelquefois écrit primitivement ADDEXTRE, ADESTRE. (Voyez les Dictionnaires de Nicot, de Monet, de Cotgrave et le *Glossaire* de Sainte-Palaye.)

ADEXTRE signifiait, comme *adroit*, avec les mêmes formes de construction, Qui a de la dextérité, de l'adresse, soit dans un sens physique, soit dans un sens moral.

Je n'ai point souvenance d'avoir veu ung plus saige gentil homme ne mieulx *adextre*.

COMMYNES, *Mémoires*, V, 15.

Jeune, guallant, frisque ... bien *adextre*, hardi....

RABELAIS, *Gargantua*, I, 27.

Ils sont *adextres* d'entendement et merveilleusement prompts et vigilans.

Ambr. PARÉ, *Introd. à la vraye cognoissance de la Chir.*, I, 9.

Les statuaires et sculpteurs d'Égypte estoient si *adextres* à mesurer un corps humain, que, etc.

G. BOUCHET, *Serées*, liv. III, 28e serée.

C'est une Dame en faits et dits *adextre*.

Cl. MAROT, *Rondeau*, LVI.

On avait fait d'ADEXTRE

ADEXTRER, v. a., et primitivement quelquefois ADDEXTRER, ADESTRER, etc. (Voyez le *Glossaire* de Sainte-Palaye.)

Ce verbe avait naturellement le sens de Rendre *adextre*, adroit, préparer, disposer, instruire.

... Seray prest de ma part accomplir vostre vouloir, et pour le mettre à exécution.... prendray les piedtons suisses et allemands et quelque partie de ceux de mon royaume qui ont suivi et sont *adextrez aux* guerres.

FRANÇOIS Ier, lettre à Léon X, 16 décembre. (Voir *Négociations de la France dans le Levant*, t. I, p. 44.)

En ce temps madame l'Archeduchesse accoucha à Bruges d'un beau fils, qui est à présent nostre Prince, le plus bel, le mieulx *adextré* et adrecé que l'on pourroit nulle part trouver.

Olivier DE LA MARCHE, *Mémoires*, liv. II.

On *adextre* les jeunes esprits, par les choses plus difficiles, *à* recevoir aisément les plus faciles.

Et. TABOUROT, *les Bigarrures*, liv. IV.

Dieu, qui est juste distributeur de ses faveurs à qui il luy plaist, a faict que la nature ait *adextré* et habilité *au* bien dire certaines nations sur les autres.

MATTHIEU, *Histoire des derniers troubles de France*, IV.

On disait aussi S'ADEXTRER, S'ADEXTRIR, pour Se rendre adextre, adroit, s'exercer.

Il (M. d'Estrozze) ne faillit à sa visée, dont tous s'en estonnarent et mesmes luy estant si grand seigneur, disoient-ilz.... manier si dextrement les armes du soldat et *s'y adextrer* si gentiment.

BRANTÔME, *Couronnels françois*.

....Qui veut savoir le mestier de la guerre,
Marcher, loger, camper, se retrancher dans terre,
Se deffendre, attaquer, *s'adextrir* aux combats,
S'approcher pied à pied, policer des soldats,
Fatiguer l'ennemy par veilles, par allarmes,
Par la faim, par la soif, par finesse et par armes,
Qu'il soit ainsi que fut le premier des Césars.

SULLY, *OEconomies royales*. Parallèle de César et de Henry le Grand.

Par ces divers sens ADEXTRER se rapprochait à certains égards d'*adresser*.

Il ne s'en rapprochait pas moins par celui qui est le plus voisin de son acception étymologique, Mener en donnant la main droite, et, par suite, Accompagner sans distinction de droite et de gauche, et même Précéder ou suivre.

Li dis rois d'Engleterre monta sus un petit palefroi blanch, un blanc baston en sa main, *adestrés* de ses mareschaulx.

La royne de France *adextrée* et menée parmi l'église et le chœur jusques au grand autel.

FROISSART, *Chroniques*, liv. I, c. 284; liv. IV, c. 1.

La belle Nerones estoit *adextrée d'*ung sien cousin nommé Gadifferus...et Caradoce estoit *menée à dextre* d'un preux chevalier.

Suyvoit une moult ancienne dame ... elle avoit deux chevaliers qui *l'adextroient*, et deux damoiselles qui la suyvoient pour la servir.

Perceforest, vol. V, c. 41.

Pour ce estoit-il au meillieu des deux autres qui le *adextroient* pour l'honorer.

Histoire de la Toison d'or, vol. II, fol. 183, v°. (Cité par Sainte-Palaye.)

Hues adestre son frere Gerardin;
De l'autre part li frans abes le tint.

Huon de Bordeaux, v. 1004.

.... Cil qui *adestroient*
La pucele, par derriere erent
Et li autre devant alerent.

Fabl. ms. du R. n° 7218, fol. 353, v°, col. 1.(Cité par Sainte-Palaye.)

ADULATEUR, TRICE, s. (du latin *Adulator, adulatrix*).

Ce mot est ancien dans la langue puisqu'on en peut citer des exemples du XIVe siècle. Il manque toutefois, en 1538, au dictionnaire latin-français de Robert Estienne, où *adulator, adulatrix, adulatio, adulari*, sont rendus par *flatteur, flatteresse, flatterie, flatter*. Il manque également, en 1539 et 1549, ainsi que les mots de la même famille, à son dictionnaire français-latin. Il est noté par les lexicographes du XVIIe siècle comme nouveau, assertion inexacte, et aussi comme de peu d'usage, ce qui était vrai alors, mais ce qui dès la fin du XVIIe siècle a cessé de l'être.

ADULATEUR, ADULATRICE, synonymes de Flatteur, flatteuse, marquent avec plus de force la même idée. On les dit de Celui, de celle, qui par bassesse et par intérêt donne de grandes louanges à une personne qui n'en mérite pas.

Quelquefois ADULATEUR est employé absolument.

Comment *adulateurs* ou flateurs seulent (ont coutume de) decepvoir les princes et les peuples.

Le démagogue et le *adulateur*... se conforment ensemble et ont très-grande puissance vers l'ung et vers l'autre, c'est assavoir les *adulateurs* vers les tyrans et les démagogues vers telz peuples.

Les démagogues sont flatteurs du peuple...... et les *adulateurs* sont flatteurs des princes.

Nic. ORESME, trad. de *la Politique d'Aristote*, table en tête du vol.; liv. IV, c. 7, et glose.

Il estoit fort mauvais flatteur et *adulateur*.

Le loyal Serviteur, c. 66 et dernier.

Crois-tu pas que ton Molière est épuisé maintenant, et qu'il ne trouvera plus de matière pour ... — Plus de matière? ... n'a-t-il pas ces *adulateurs* à outrance, ces flatteurs insipides, qui n'assaisonnent d'aucun sel les louanges qu'ils donnent, et dont toutes les flatteries ont une douceur fade qui fait mal au cœur à ceux qui les écoutent?

MOLIÈRE, *l'Impromptu de Versailles*, sc. 3.

S'il est vrai que ce sont d'ordinaire les *adulateurs* qui font les mauvais rois, il est encore plus vrai que ce sont les mauvais rois qui multiplient les *adulateurs*.

MASSILLON, *Sermons*, Pour le dimanche des Rameaux.

Ne soyez à la cour, si vous y voulez plaire,
Ni fade *adulateur* ni parleur trop sincère.

LA FONTAINE, *Fables*, VII, 7.

D'*adulateurs* une cour importune
Venait en foule adorer sa fortune.

VOLTAIRE, *Épîtres*, à l'abbé Servien.

Sans doute il ne voit pas, au retour du soleil...
Des flots d'*adulateurs* inonder ses portiques.

DELILLE, trad. des *Géorgiques*, II.

Quelquefois aussi ADULATEUR reçoit un complément formé de la préposition *de* et de son régime.

Lassay père a vécu très-vieux, fade et abandonné *adulateur du* cardinal de Fleury.

SAINT-SIMON, *Mémoires*, 1711, t. IX, c. 12.

Soit qu'il fasse au conseil courir les sénateurs,
D'un tyran soupçonneux pâles *adulateurs*.

BOILEAU, *Art poétique*, II.

ADULATEUR s'emploie adjectivement, surtout dans le style soutenu et le langage poétique.

M. d'Alais, courtisan *adulateur*, qui joue, qui soupe chez les dames, qui va à l'Opéra, qui est hors de son diocèse, tout cela nous frappoit d'abord.

Mme DE SÉVIGNÉ, *Lettres*, 4 août 1680.

Le trône est entouré d'un peuple *adulateur*.

GRESSET, *Édouard III*, III, 8.

Et tandis qu'il voyait des flots d'adorateurs
Lui vendre avec l'État leurs vers *adulateurs*.

M.-J. CHÉNIER, *la Promenade*, élégie.

Là plus de courtisans, de voix *adulatrice;*
Où cessait le pouvoir commençait la justice.

Il sait qu'un mot *adulateur,*
Démenti par la conscience,
D'une juste pudeur fait rougir notre front.

DELILLE, *l'Imagination*, VII; *la Conversation*, III.

ADULATION, s. f. (du latin *Adulatio*). Écrit quelquefois ADULACION (voyez les exemples ci-après).

Ce mot, encore de peu d'usage dans la première moitié du XVIIe siècle, et noté par les lexicographes de cette époque non-seulement comme rare, mais comme nouveau, ne remontait pas moins haut dans la langue qu'*adulateur*.

Il est avec le mot *flatterie*, longtemps plus usité, et auquel depuis il s'est en certains cas substitué, dans le même rapport qu'*adulateur* avec *flatteur*. Il se dit de l'excès de l'approbation et de la louange, d'une complaisance servile et basse.

On l'emploie quelquefois, comme *adulateur*, absolument.

Je prenois un singulier plaisir aux louanges qu'il vous donnoit..... disant que vous estiez le plus grand militaire de tous nos siècles, et qu'il ne penseroit point user d'*adulation* quand il vous diroit estre aussi bon capitaine que furent jamais Alexandre, Pyrrhus, Hannibal, Scipion ny César.

SULLY, *Œconomies royales*, t. II, c. 21.

Cela nous fait espérer, messieurs, de pouvoir rétablir en nos jours le langage ancien de nos ancêtres; ce langage qu'une mauvaise et infâme *adulation* a mis hors d'usage.

Omer TALON, *Discours*, 24 octobre 1648.

Le foible des grands est d'aimer à être trompés, et d'écouter avec plaisir l'*adulation* et le mensonge, dont on nourrit sans cesse leur amour-propre.

BOURDALOUE. *Oraison funèbre du prince de Condé.*

L'*adulation* publique couvre l'infamie du crime public.

MASSILLON, *Petit Carême*, Tentations des Grands.

Ils ont reconnu dans Louis XIV, non pas un des plus grands hommes, mais un des plus grands rois; dans son gouvernement, une conduite ferme, noble et suivie, quoique mêlée de fautes; dans sa cour, le modèle de la politesse, du bon goût et de la grandeur, avec trop d'*adulation*.

VOLTAIRE, *Supplément au Siècle de Louis XIV*, partie I.

L'*adulation* même dont l'excès se fait sentir produit encore son effet. Je sais que tu me flattes, disait quelqu'un, mais tu ne m'en plais pas moins.

DUCLOS, *Considérations sur les mœurs*, c. 3.

D'autres fois ADULATION, pris encore dans un sens général, reçoit cependant, au moyen de la préposition *de* et de son régime, un complément qui le rapporte à une certaine personne, à un certain acte.

Il vault mieulx estre corrigé par ung saige que estre deceu par l'*adulation* d'ung foul.

Nic. ORESME, trad. de *la Politique d'Aristote*, glose, liv. IV, c. 7.

La fadeur et l'*adulation de* ses mémoires (de Dangeau) sont encore plus dégoûtantes que leur sécheresse.

SAINT-SIMON, *Mémoires*, 1717, t. XIV, c. 31.

On dit dans un sens plus particulier, *une adulation, des adulations*, pour Un acte, des actes d'*adulation*.

Et par telles *adulacions* les demagogues mettent le peuple en ceste erreur.

Les tyrans s'esjoissent et se delectent en recevant *adulacions*.

Nic. ORESME, trad. de *la Politique d'Aristote*, glose, liv. IV, c. 7; liv. V, c. 27.

Il me souvient luy avoir ouy dire maintes fois (lorsqu'il détestoit les mensonges et *adulations* d'aucuns historiographes de son temps), que ceux qui escrivoyent faux en histoire devoyent estre punis au double des faux tesmoins, et avoit raison d'ainsi le dire.

René DU BELLAY, *Épître dédicatoire au Roi*, en tête des Mémoires de du Bellay.

La plupart des femmes doivent plus à nos *adulations* qu'à leur mérite.

SAINT-ÉVREMONT, *OEuvres mêlées*, Idée de la femme qui ne se trouve point.

Il n'est point de prince ni de grand, malgré la bassesse et le déréglement de ses mœurs et de ses penchants, à qui de vaines *adulations* ne promettent la gloire et l'immortalité.

MASSILLON, *Sermons*, Pour le dimanche de la Passion.

Les inscriptions latines de la place Vendôme sont des flatteries grossières. On y lit que Louis XIV ne prit jamais les armes que malgré lui : il démentit bien solennellement cette *adulation* au lit de la mort par des paroles dont on se souviendra plus longtemps que de ces inscriptions ignorées de lui.

VOLTAIRE, *Siècle de Louis XIV*, c. 28.

La vérité ne permet ni les jugements de mauvaise foi, ni les fausses *adulations*.

BUFFON, *Réponse à M. de Chastellux*.

On a dit, mais très-rarement, ADULATIF.

Nous avons ici un bénéficier natif d'Angers, nommé Ménage... Il a fait des vers fort *adulatifs* au cardinal Mazarin.

GUI PATIN, *Lettres*, 20 août 1660.

On a dit aussi, à une époque plus voisine de nous, ADULATOIRE.

Comment celui qui n'a voulu que diffamer Sénèque par un écrit *adulatoire* s'y est-il pris si maladroitement qu'on ne pût y voir qu'une satire ?

Le *quidlibet audendi*, accordé aux poëtes, peut excuser cette fiction un peu *adulatoire*.

LA HARPE, *Cours de littérature*, part. I, liv. III, histoire, c. 2, sect. 4 ; part. III, liv. I, poésie, c. 8, sect. 4.

ADULER, v. a. (du latin *Adulari*). Flatter bassement.

La haulte généalogie des nobles roys de France nous peut aydier en ceste partie comme preambule de gloire non *adulant*.

CHRISTINE DE PISAN, *Charles V*, I, 5.

Cet exemple atteste l'ancienneté du mot, lequel est toutefois d'un usage très-moderne : les autres exemples qu'on en peut citer ne remontent guère au delà de la seconde moitié du XVIIIe siècle, et c'est seulement en 1835 que l'Académie l'a recueilli dans son dictionnaire.

L'un et l'autre (le flatteur et l'adulateur) cherchent à plaire aux dépens de la vérité ; mais on flatte la personne du côté du cœur, on l'*adule* du côté de l'esprit.

GIRARD, *Synonymes françois*.

Quoi ! philosophe, vous *adulez* bassement le souverain pendant sa vie et vous l'insultez cruellement après sa mort !

DIDEROT, *Essai sur les règnes de Claude et de Néron*, liv. II, l'Apocoloquintose.

Ce grand prince (le prince de Conti), plein d'esprit et de lumières, et si digne de n'*être* pas *adulé*, sentit en effet, du moins je le pense, qu'il n'y avoit que moi qui le traitasse en homme.

J.-J. ROUSSEAU, *les Confessions*, part. II, liv. X.

Le dégoût de ne plus se voir entourée que de bas flatteurs qui l'*adulaient* en la méprisant, la plongea dans une sombre mélancolie.

Mme COTTIN, *Malvina*.

ADULÉ, ÉE, participe.

ADULTE, adj. des deux genres (du latin *Adultus*, participe d'*adolescere*).

ADULTE ne traduit pas encore *adultus* en 1538 dans le Dictionnaire latin-français de Rob. Estienne. Il ne paraît guère dans nos lexiques qu'à partir du commencement du XVIIe siècle, et est noté par Richelet, par Furetière, comme d'usage seulement en quelques matières de théologie, de droit et de médecine.

Dans le langage médical ADULTE se dit proprement de toute cette période de la vie qui est comprise entre l'adolescence et la vieillesse. *Une personne adulte*.

Il signifie dans l'usage ordinaire Qui est parvenu à l'adolescence, à l'âge de raison.

Ils voulaient qu'on rebaptisât les enfants parce que le Christ avait été baptisé étant *adulte* : c'est ce qui leur procura le nom d'Anabaptistes.

VOLTAIRE, *Essai sur les mœurs*, c. 26.

ADULTE s'est appliqué à d'autres êtres que l'homme et même à des végétaux.

Si l'on veut savoir ce que c'est que ce gros canal charnu,

ce n'est plus dans les jeunes oiseaux qu'il le faut examiner, c'est dans les *adultes*.

FONTENELLE, *Histoire de l'Académie des Sciences*, 1699, p. 44.

Jeunes ou *adultes*, les canards ne sont jamais rassasiés.

BUFFON, *Histoire naturelle*, Oiseaux, le Canard.

Les fleurs mâles et femelles ne paraissent sur l'arbre qu'après un certain nombre d'années, lorsqu'il est en quelque sorte *adulte*.

BERNARDIN DE SAINT-PIERRE, *Préambule de la Chaumière indienne*.

On dit l'*âge adulte*.

Retracez ces vérités si lumineuses et si simples, retracez-les à la raison naissante des enfants, ou à la raison cultivée de l'*âge adulte*.

LA HARPE, *Cours de littérature*.

ADULTE est souvent employé comme substantif.

Les *adultes* sont plus aisés à guérir de ce mal que les enfants.

SPON, *Traité des fièvres*. (Cité par Richelet.)

Les replis de ce cartilage (de l'oreille) sont plus marqués dans les *adultes*.

DUVERNEY, *Traité de l'ouïe*, 1re partie.

Le baptême des enfants était absolument rejeté chez eux, ils en conféraient un nouveau aux *adultes*.

VOLTAIRE, *Essai sur les mœurs*, c. 136.

De là, depuis quelques années, ces expressions fort usitées : *école pour les adultes*, *école d'adultes*.

Il ne paraît pas qu'*adulte* ait encore donné lieu, bien qu'il pût s'y prêter, à des expressions métaphoriques du genre de celles que les auteurs latins ont tirées d'*adultus*. *Athenis jam adultis* (CICER., *Brut.* 7); *nondum adulta seditio; adulta vitia* (TACIT., *Hist.* I, 31; *Ann.* III, 53), etc.

ADULTÈRE, adj. des deux genres (du latin *Adulter, adultera*).

Sous cette forme il est relativement d'origine moderne et de composition savante. La suppression du *d* étymologique, l'introduction, à sa place, du *v*, ont antérieurement donné lieu à d'autres formes très-nombreuses : AVOLTRE, AVOUTRE, AVOULTRE, AVOUTEIRE, AVOITRE, AVOITIRE, etc. Les mêmes variétés d'orthographe se sont naturellement étendues aux mots de la même famille.

ADULTÈRE au propre signifie Qui viole la foi conjugale, et se dit, non pas seulement des femmes, comme on l'a prétendu, mais des hommes; non pas seulement de ceux ou de celles qui ont contracté mariage, mais de personnes libres entretenant avec une personne mariée un commerce illicite.

Quand l'on demandoit à Ovide, quelle cause feut parquoy Ægistus devint *adultere?* rien plus ne respondoit, si non, par ce qu'il estoit ocieux.

RABELAIS, *Pantagruel*, III, 31.

Solon croyoit que la plus grande peine qu'on pût ordonner contre les femmes *adultères* étoit la honte publique.

LE MAITRE, *Plaidoyers*, V.

La loi de Recessuinde permettoit aux enfants de la femme *adultère*, ou à ceux de son mari, de l'accuser....

MONTESQUIEU, *Esprit des lois*, XXVI, 4.

ADULTÈRE, dans le même sens, se construit encore très-souvent avec d'autres noms que des noms de personnes. De là des expressions telles que celles-ci: *des yeux*, *une main*, *un amour*, *une flamme*, *une union*, etc., *adultères*.

Son regard imprime de la modestie, il retient jusqu'à ses yeux, parce qu'il a appris de votre évangile et de votre apôtre, qu'il y a des yeux *adultères*.

BOSSUET, *Panégyrique de saint Bernard*.

Je verrai le témoin de ma flamme *adultère*
Observer de quel front j'ose aborder son père.

J. RACINE, *Phèdre*, III, 3.

Qui nourrit en secret un désir téméraire,
Même dans un corps pur porte une âme *adultère*.

L. RACINE, *la Religion*, VI.

ADULTÈRE, par une extension plus forte encore et d'une manière figurée, a pu se dire même de Choses étrangères à la personne, mais liées par quelque rapport à son acte coupable.

Quand du berger troyen le navire *adultère*
Enlevait la beauté qui trahit Ménélas.

LEBRUN, *Odes*.

Adultère s'emploie métaphoriquement en parlant de certaines infidélités qu'on assimile à la violation de la foi conjugale.

Ceux qui sont en sujettion doyvent estre advertis de ne prostituer pas leur obéissance à des commandemens manifestement iniques. Car c'est la rendre *adultère*, lui faisant produire des actions bastardes au lieu de légitimes.

La Noue, *Discours politiques et militaires*, disc. 10e.

C'est par la même extension qu'on a dit que les Juifs avoient rendu aux faux dieux un hommage *adultère*.

Voltaire, *Dictionnaire philosophique*, art. Fornication.

L'Écriture sainte appelle le peuple juif qui se révolte contre le pouvoir, un peuple *adultère*.

De Bonald, *Pensées*, t. I, p. 96.

Hélas! ce peuple ingrat a méprisé ta loi;
La nation chérie a violé sa foi;
Elle a répudié son époux et son père,
Pour rendre à d'autres dieux un honneur *adultère*.

J. Racine, *Esther*, II, 2.

Adultère se dit quelquefois, par une autre métaphore, dans le style oratoire et poétique, des Choses qui offrent un mélange vicieux.

Pourquoi de tant d'honneur et de tant de misère
Réunit-il (Dieu) en moi l'assemblage *adultère?*

L. Racine, *la Religion*, II.

Adultère s'emploie comme substantif, et alors il se dit de Celui ou de celle qui viole la foi conjugale.

De ce mesme papier où il vient d'escrire l'arrest de condamnation contre un *adultere*, le juge en desrobe un lopin, pour en faire un poulet à la femme de son compagnon.

Montaigne, *Essais*, III, 9.

Comme l'amoureuse *adultere*, qui par ses petites mignardises, faict semblant de porter plus d'affection et se soucier plus du mary, que la vraie espouse laquelle elle veut rendre odieuse.

Charron, *de la Sagesse*, II, 5.

L'on ne manque pas d'autheurs, qui assurent...que ce ne fut pas sans sujet qu'on parla de la mère d'Alexandre, ainsi que d'une *adultère*.

Du Ryer, trad. des suppléments de Freinshemius à *Quinte-Curce*, liv. I, c. 1.

Le vieux *adultère* n'a point d'autres délices que de corrompre les âmes pudiques.

Bossuet, *Carême*, Ire semaine, Sur les démons.

Un Claude effrontément parle des *adultères;*
Milon sanglant encor reprend un assassin,
Gracche un séditieux, et Verrès le larcin.

Regnier, *Satires*, V.

Faut-il que sur le front d'un profane *adultère*
Brille de la vertu le sacré caractère!

J. Racine, *Phèdre*, IV, 2.

Ce Jupiter, mes sœurs, était grand *adultère;*
Vénus l'imita bien; chacun tient de son père.

Voltaire, *Contes en vers*, les Filles de Minée.

Par une construction imitée de la langue latine où *adulter* se construisait quelquefois avec un génitif, on a donné à **adultère** un complément formé de la préposition *de* et de son régime, l'*adultère de*. Cela a conduit à dire *son adultère*.

Comme le reproche, en Euripide, à *son adultère*, celle qui se repent.

Amyot, trad. de Plutarque, *Œuvres morales*.

Par le moyen de Mutilia Prisca...*dont* il (Séjan) étoit l'*adultère*.

Perrot d'Ablancourt, trad. de *Tacite*.

Cherebert, malgré les fulminations de Germain, évêque de Paris, épousa encore Marcovèse, sœur de Meroflede, mari de deux sœurs et *adultère de* deux femmes.

Jeanne fut absoute : Marguerite et Blanche furent confinées entre quatre murailles. Leurs *adultères*, Philippe et Gautier d'Aulnoy, eurent les parties dont ils avoient commis le crime arrachées.

Mézeray, *Histoire de France*, Cherebert; Philippe le Bel.

Dans Agamemnon, il est assassiné par sa femme et par *son adultère* qui s'empare de son trône.

P. Corneille, *la Suite du Menteur*, épître dédic.

Cette manière de parler a elle-même été transportée dans le langage métaphorique.

Ce sont des corrupteurs, ou, s'il m'est permis d'user de la figure du Saint-Esprit, ce sont des *adultères de* la parole de Dieu.

Bourdaloue, *Carême*, Ve semaine, Sur la parole de Dieu.

ADULTÈRE, s. m. (du latin *Adulterium*).

Sur les anciennes formes orthographiques de ce mot voyez ce qui a été dit au sujet de l'adjectif *adultère*, et quelques-uns des exemples ci-après.

ADULTÈRE, substantif, signifie Violement de la foi conjugale.

La quarte branche de luxure si est quant une personne a femme espousée, ou femme a homme espousé, et ils brisent leurs fois que ils doivent et ont promis à garder l'un à l'autre et l'un et l'autre pechent, et qui pis est, pevent faire faulx héritiers qui succéderoient; et tel péchié est appellé *avoultire*.

Coyement seufre ce que nous voulons faire de toy, et se tu ne le fais, nous porterons tesmoingnage encontre toy et dirons que nous t'avons trouvée en *advoultaire*.

Et certes il est tout certain que les Juifs et les Juifves qui sont à présent en ce royaume ont si abhominable ce péchié, et est telle leur loy, que se une femme estoit trouvée en *adultère*, elle seroit lapidée et tourmentée de pierres jusques à la mort selon leur loy.

Le Ménagier de Paris, Ire distinction, 3e art., t. I, p. 52; 4e art., t. I, p. 65 et 67.

L'*adultère* est aujourd'hui la plus honnête et la plus approuvée façon qu'on ait de se marier.

MALHERBE, *Traité des Bienfaits* de Sénèque, liv. I, IX.

Si quelqu'un commet un *adultère* avec la femme de son prochain, que l'homme adultère et la femme adultère meurent tous deux.

LE MAISTRE DE SACY, trad. du *Lévitique*, XX, 10.

Mars et Vénus ont été surpris en *adultère*, et tous les dieux en ont ri.

PERROT D'ABLANCOURT, trad. de Lucien, *Dialogues des Dieux*, XVII.

Ce n'est pas le seul mot que nous ayons de cette espèce. *Adultère* et sacrilége sont aussi adjectifs et substantifs. On dit qu'un homme est *adultère*, et qu'il a commis un *adultère*.

BOUHOURS, *Remarques nouvelles sur la langue françoise*.

Saint Pierre dit que les yeux des personnes impudiques sont pleins d'*adultères*.

BOSSUET, *Traité de la concupiscence*, c. 5.

Un poëte du temps décrivit l'histoire du châtelain de Couci, qui partit pour la croisade passionnément amoureux de la femme d'un gentilhomme voisin, c'est-à-dire emportant l'*adultère* dans le cœur.

FLEURY, *Discours sur l'histoire ecclésiastique*, VI.

J'ai cru que notre mariage n'étoit qu'un *adultère* déguisé.

MOLIÈRE, *le Festin de Pierre*, I, 3.

La loi Julia ordonna qu'on ne pourroit accuser une femme d'*adultère*, qu'après avoir accusé le mari de favoriser ses déréglements.

MONTESQUIEU, *Esprit des lois*, VII, II.

Les *adultères* des femmes du monde ne sont que des galanteries.

J.-J. ROUSSEAU, *Émile*, IV.

Quand Septime Sévère monta sur le trône il trouva trois mille accusations d'*adultère*, inscrites sur les rôles; il fut obligé de renoncer à son projet de réforme.

THOMAS, *Essai sur les femmes*.

Jà n'oïstes vous onques dire
Que j'aie fait nul *avoutire*.

Roman de la Rose, v. 16707.

Ici dispensez-moi du récit des blasphêmes
Qu'ils ont vomis tous deux contre Jupiter mêmes:
L'*adultère* et l'inceste en étoient les plus doux.

P. CORNEILLE, *Polyeucte*, III, 2.

Vous me parlez toujours d'inceste et d'*adultère*.

J. RACINE, *Phèdre*, IV, 2.

Nœuds sanglans qu'ont formés le sang et l'*adultère*.

VOLTAIRE, *Oreste*, I, 4.

On appelle *double adultère*, l'*adultère* qu'un homme marié et une femme mariée commettent ensemble.

Pour les Lorrains ils triomphoient....le double *adultère* les avoit bien servis.

SAINT-SIMON, *Mémoires*, 1692, t. I, c. 3.

ADULTÉRIN, INE, adj. (du latin *Adulterinus*).

R. Estienne en 1538 traduit, dans son dictionnaire latin-français, *adulterinus* par « Bastard, engendré par adultère ». Ce mot, d'autre part, manque au dictionnaire français-latin du même Rob. Estienne en 1539 et 1549, au Dictionnaire de Nicot en 1584, 1606, à d'autres encore un peu plus récents. On en pourrait conclure qu'il n'était pas alors en usage, si on ne le trouvait, ainsi qu'on le verra plus loin, dans Alain Chartier.

Dans les passages suivants d'une date ancienne, on lit : *avoltre*, *avoutre*, au sens d'ADULTÉRIN.

Si les bati et chevala
Et *avoltres* les apela.

Le Roman du Renart, v. 8562.

Et hérite à grand tort maint bastard, maint *avoutre*.

J. de Meung, *Testament*, v. 1810.

Adultérin signifie Qui est né d'adultère.

Quoique cet enfant fût *adultérin*, il le fit légitimer.

Tallemant des Réaux, *Historiettes*, Luillier.

Outre que les enfants *adultérins* de la femme sont nécessairement au mari et à la charge du mari; au lieu que les enfants *adultérins* du mari ne sont pas à la femme, ni à la charge de la femme.

Montesquieu, *Esprit des lois*, XXVI, 8.

Adultérin s'emploie aussi en ce sens comme substantif.

Les *adultérins* ne peuvent jamais être reconnus.

Dictionnaire de l'Académie.

Adultérin, par une extension naturelle, se dit aussi, comme l'adjectif *adultère*, d'un commerce contraire à la foi conjugale.

Les enfants...nés d'un commerce incestueux ou *adultérin*.

Code civil, art. 331, 335.

Adultérin a été quelquefois employé métaphoriquement.

Esperances fainctes et *adultérines*.

Al. Chartier, *l'Esperance*.

Ilz n'ont point d'hyssope en toute l'isle, non plus sauvage que domestique : mais en son lieu les apoticaires usent d'une meschante petite herbe *adulterine*.

Pierre Belon, *Singularitez et choses memorables de divers pays estranges*, I, c. 18.

J'avois beau décrier mes vers et les appeler des vers *adultérins* des vérités chrétiennes, on les croyoit légitimes dans le Pays latin.

Santeuil, *Lettre* à Arnauld, 30 juin 1694.

ADULTÉRER, v. a. (du latin *Adulterare*).

On s'en est servi, mais rarement et par allusion à une expression de l'Écriture (Matth. V, 32; XIX, 18, etc.), au sens de Commettre adultère.

Qui voit la femme de son prochain pour la convoiter, il *a* desjà *adultéré* en son cœur.

Saint-François de Sales, *Traité de l'amour de Dieu*, l. XII, c. 10.

Adultérer a, de tout temps, été plus d'usage en parlant de certaines manipulations, au sens de Changer, altérer, falsifier par un mélange, par une combinaison avec quelque matière étrangère.

Au lieu de arboriser, visitoient les bouticques des drogueurs, herbiers et apothecaires, et soigneusement consideroient les fruicts, racines, fueilles, gommes, semences, axunges peregrines, ensemble aussi comment on les *adulteroit*.

Rabelais, *Gargantua*, I, 24.

Les sels servent beaucoup à ceux qui se meslent d'*adulterer*, augmenter et sophistiquer les metaux.

Ils (les alchimistes) ne font qu'*adultérer*, calciner et pulvériser (l'or), et puis mettent autres liqueurs pour le faire boire.

Bernard Palissy, *des Sels divers; de l'Or potable.*

Il est de l'intérêt des malades qu'on n'*adultère* pas les médicamens.

Cet apothicaire est sujet à fournir des remèdes *adultérés*.

Grand Vocabulaire.

On a dit, de même, figurément, *adultérer* des marchandises, *adultérer* les monnaies, etc., pour les Altérer.

Le mot s'est même quelquefois employé par figure avec le même sens, en parlant des choses de l'ordre moral.

Du moins le démon *adultère* tous les ouvrages de Dieu, dit le grave Tertullien; il apprend aux hommes à en corrompre l'usage: et les astres, et les éléments, et les plantes, et les animaux, il tourne tout en idolâtrie.

Bossuet, *Sermons*, Sur les démons.

La vérité, perpétuellement *adultérée* par le mensonge, devient méconnoissable.

Dumarsais, *Essais sur les préjugés*, c. 3.

Un poëte du XVIe siècle a dit figurément ADULTÉRISER.

Voilà comme à présent chacun l'*adultérise* (la vertu),
Et forme une vertu comme il plaist à sa guise.

REGNIER, *Satires*, V.

On a fait d'ADULTÉRER ou des mots latins *adulterator*, *adulteratio* :

ADULTÉRATEUR, s. m.
Depuis longtemps hors d'usage.

Monsieur Lucifer..... souppe tresbien de marchans usuriers, apothecaires, faulsaires, billonneurs, *adulterateurs* de marchandises.

RABELAIS, *Pantagruel*, IV, 46.

ADULTÉRATION, s. f.
Resté dans l'usage, Soit en termes de jurisprudence, où il s'est dit quelquefois de l'Action de gâter et de dépraver ce qui est pur :

L'*adultération* des monnoies est parmi nous un cas pendable

Grand Vocabulaire.

Soit en termes de pharmacie, où il signifie l'Action d'altérer les médicaments, où le résultat de cette action :

Les remèdes chers sont sujets à *adultération.*

Grand Vocabulaire.

ADUSTE, adj. des deux genres (du latin *Adustus*, et par ce mot de *adurere*, *urere*).
Qui est comme brûlé.
C'était, assez anciennement, un terme de médecine, dont on faisait usage en parlant de certaines altérations supposées des humeurs du corps humain. *Humeur aduste*, *sang aduste*, *bile aduste*, *tempérament aduste*.

Parquoy, l'opinion de Thevet luy semblant plus sincere et véritable, soustenoit avec luy, que ce n'estoit ne la semence ne la chaleur qui faisoit les enfans noirs en Éthiopie, mais que c'estoit le *sang* chault et *aduste* qui causoit la noircisseure.

G. BOUCHET, *Serées*, liv. III, 29e serée.

Sa décoction (de la fumeterre)... nettoie les *humeurs adustes*.

Olivier DE SERRES, *Théâtre d'agriculture*, VI, 15.

Les hommes alimentés de carnage et abreuvés de liqueurs fortes ont tous un *sang* aigri et *aduste* qui les rend fous en manières différentes.

VOLTAIRE, *Contes*, la Princesse de Babylone.

On comprend qu'en raison des relations du physique et du moral, ADUSTE ait pu être pris en partie dans un sens moral.

C'est chagrin, c'est bile qui domine dans le tempérament de ces conseillers, et qui noircit de sa fumée leurs premiers mouvements et leurs premieres paroles. Cette *humeur aduste* imprime sur leur front une négative perpetuelle avec laquelle ils vont estouffer les prieres jusque dans le cœur des supplians.

BALZAC, *Aristippe*, disc. VI.

On trouve même dans le Dictionnaire de Monet cette expression : *homme aduste*, qu'il traduit par *homo austerus, tetricus, durus.*
D'ADUSTE, ou du latin *adustio*, s'est formé :

ADUSTION, s. f.
C'est aussi un terme de médecine peu usité. Il a exprimé naturellement l'Action de ce qui brûle, l'État de ce qui est brûlé.

Aussi toutes les espèces de mélancholie contre nature sont fort chaudes à raison qu'elles sont faites par *adustion.*

Ambr. PARÉ, *Introd. à la vraye cognoissance de la Chir.*, I, 7.

Cette maladie est causée par une *adustion* d'humeurs

RICHELET, *Dictionnaire.*

C'est l'*adustion* du sang qui entretient la fièvre.

Grand Vocabulaire.

On entend encore, en termes de médecine, par ADUSTION, la Cautérisation d'une partie du corps à l'aide du feu.

Les Japonois emploient fréquemment l'*adustion* pour guérir un grand nombre de maladies.

Bernardin de Saint-Pierre, *Harmonies de la nature*, II, animaux.

ADVENIR, v. n. (du latin *Advenire*, et, par ce mot, de *ad* et *venire*).

Dès les premiers temps de la langue, par suite, sans doute, de la disposition qu'avaient alors les mots à se contracter, à s'abréger dans la prononciation et dans l'écriture, on a prononcé et écrit avenir. C'est ainsi, on l'a fait observer précédemment, qu'on a prononcé et écrit *Ajoindre*, *ajoint*, *ajuger*, *ajurer*, au lieu de *adjoindre*, *adjoint*, *adjuger*, *adjurer*, et même, on le verra plus loin, *averbe*, au lieu d'adverbe, *aversaire* au lieu d'adversaire. (Voyez ces mots.) À diverses époques, surtout vers le temps de la renaissance, où l'on s'appliquait à rapprocher les mots de leur forme originelle, le *D* étymologique a repris sa place dans avenir. En général, advenir est plus fréquent dans les lexiques du xvie siècle et de la première moitié du siècle suivant (voyez ceux de Robert Estienne, 1539, 1549, de Jean Thierry, 1572, de Nicot, 1584, 1606, de Cotgrave, 1611, de Monet, 1636, etc.); avenir, au contraire, dans les lexiques de la seconde moitié du xviie et dans ceux du xviiie (voyez le dictionnaire de Richelet, toutes les éditions du *Dictionnaire de l'Académie*, le *Grand Vocabulaire*, etc.). En 1685, Danet, tout en donnant advenir, prescrivait de prononcer avenir, et, d'autre part, en 1787, Féraud interdisait formellement d'écrire et surtout de prononcer advenir. C'est advenir qui semble aujourd'hui prévaloir, et le mot a reparu sous cette dernière forme dans quelques-uns des dictionnaires les plus récents. Il n'en est pas de même de ses nombreux dérivés qui, à l'exception d'un seul, adventice, adventif (voyez plus bas), ne sont revenus ni à leur ancienne prononciation, ni à leur ancienne orthographe. Depuis le xvie siècle, et quelques années encore après, on n'entend plus prononcer, on ne lit plus *advenant*, *advent*, *advenement*, *adventure*, *adventurer*, *adventurier*, *adventureusement*, mais avenant, avent, avénement, aventure, aventurer, aventurier, aventureusement. (Voyez ces mots.)

Advenir a reçu primitivement de son étymologie quelques acceptions qui ne se sont pas maintenues dans l'usage.

Il signifiait, construit avec la préposition *à*, *venir à*, c'est-à-dire Approcher, aborder, joindre, atteindre, etc.;

Au propre.

Et pour mieulx *advenir* les ungs aux autres ilz avoient grands crogz et havetz de fer tenans à chaynes.

Il y avoit une rivière grande et grosse, quand la mer retournoit entre les deux ostz; parquoi ilz ne pouvoient *advenir* l'ung *à* l'autre.

Froissart, *Chroniques*, liv. I, part. I, c. 121; liv. II, c. 36.

Ainsi dit le renard des meures (mûres), quand il n'y peut *advenir*.

H. Estienne, *la Précellence du langage françois*.

Au figuré :

Ne poient *avenir à* cète divine haltesce.

Saint Bernard, *Sermons fr. mss.*, p. 10. (Cité par Sainte-Palaye.)

Quand on dit « un homme tempestatif » il n'y a aucun langage, ne de ceux qui sont, ne qui ont esté, qui puisse *avenir à* ceste metaphore.

H. Estienne, *la Précellence du langage françois*.

Personne n'aprouve le moyen qu'il tint pour *avenir à* ces fins.

Amyot, trad. de Plutarque, *Vie d'Alcibiade*, c. 24.

Quand j'entreprendrois de suivre cet aultre style equable, uny et ordonné, je n'y sçaurois *advenir*.

Montaigne, *Essais*, II, 17.

Or cort chascuns à son domage :
Qui n'i puet *avenir*, si i rue.

Fabl. ms. du R., n° 7615, tom. I, fol. 102, r°, col. 2. (Cité par Sainte-Palaye.)

Il signifiait encore, toujours construit avec la préposition *à*, Aller bien, convenir.

Il estoit... si joli chevalier, et si bien luy *advenoit* quant qu'il faisoit, qu'il estoit partout le bien venu d'Angleterre.

Froissart, *Chroniques*, liv. I, part. I, c. 323.

Cela ne *lui avenoit* pas mal.

Bonaventure DES PÉRIERS, *Nouvelles*, L.

Il y a des couleurs qui *adviennent* mieux *à* une personne que les autres..... Ce qui a faict dire à Ovide, parlant des femmes, que le blanc *advient* mieux *aux* femmes noires, qu'autre couleur.

G. BOUCHET, *Serées*, liv. II, 19e serée.

Uns poons fu furment iriez (fâché)
Vers sei-méisme cureciez,
Pur ce que tele voiz n'aveit
Cum *à* sa biautei *avencit*.

MARIE DE FRANCE, *Fables*, XLIII, 1.

Perrines d'Aipe (sorte d'instrument) violoit
Et trop bel (très-bien) *li avenoit*.

Jacques BRETEX, *les Tournois de Chauvenci donnés vers la fin du* XIIIe *siècle, etc.*, Valenciennes, 1835. (Voy. *J. des Savants*, oct. 1835, p. 622, sqq.)

Chascun doit faire en toutes places
Ce qu'il set qui miex *li avient*,
Car los et pris et grace en vient.

Si *avient* bien *à* bacheler
Que il sache de viéler,
De fléuter et de dancier;
Par ce se puet moult avancier.

Roman de la Rose, v. 2201, 2217.

Voy près de ce rivage
Quatre nymphes qui viennent,
À qui tant bien *aviennent*
Leurs corsets simplement.

RONSARD, *Odes*, à Maclou de la Haye, 1550.

Un sens également ancien d'ADVENIR, et le seul que, depuis près de trois siècles, il ait conservé, c'est Arriver et, plus ordinairement, arriver par accident.

ADVENIR, avec cette dernière signification comme avec les précédentes, ne s'emploie, dans les modes autres que l'infinitif et le participe, qu'aux troisièmes personnes.

Por ceu ke tu ne pensases ke ceu *fust avenuit* par aventure.

SAINT BERNARD, *Sermons françois*, à la suite des *Quatre Livres des Rois*, p. 552.

Ensi com Diex veult les aventures *avienent*.

VILLEHARDOUIN, *Conquête de Constantinoble*, CXXXIV.

Ci vous pri... que vous amissiez miex que tout meschief *avenist* au cors... que celi peschié mortel venist à l'âme de vous.

JOINVILLE, *Histoire de saint Louis*.

Depuis le temps du bon roy Charlemaigne qui fut empereur d'Allemagne et roy de France, ne *advindrent* tant de grans adventures de guerre au royaulme de France.

FROISSART, *Chroniques*, liv. I, part. I, c. 4.

En ces mesmes jours *advint* en la ville de Paris la plus doloreuse et piteuse adventure que en long temps par avant *fut advenue* ou (au) très-chrestien royaume de France.

MONSTRELET, *Chroniques*, vol. I, c. 36.

La voulenté sera réputée pour fait *advenu*, soit bien ou mal.

Le Ménagier de Paris, Ire distinction, 3e art., t. I, p. 51.

Chascun se tienne prest, sans soy esbayr de fortune qui *advienne*.

COMMYNES, *Mémoires*, I, 14.

L'invention des arts, la manière de les enseigner, l'ordre de doctrine, la cognoissance singulière et excellente d'icelles, pource que ce sont choses qui *adviennent* à peu de gens, ne nous sont point pour argumens certains quelle ingeniosité ont les hommes de nature.

CALVIN, *Institution chrestienne*, liv. II, c. II, § 14.

Les choses autrefois *advenues* sont tous jours en possibilité d'*advenir* encores, tant que les raisons et conditions seront pareilles.

Guillaume DU BELLAY, *Mémoires*, VI, 1536.

Nous avons un langage qui n'est point subject à tels changemens qu'on voit *avenir* au leur (à celui des Italiens).

H. ESTIENNE, *la Précellence du langage françois*, préface.

De cent accidents qu'ils prédisent, à peine y en a-t-il un qui *advienne*.

D'URFÉ, *l'Astrée*, part. I, liv. II.

Aristippus ayant un jour pris plaisir à sentir quelque parfum : « Mal *avienne*, dit-il, à ces efféminés qui ont diffamé une chose si belle. »

MALHERBE, trad. du *Traité des Bienfaits* de Sénèque, liv. VII, c. 24.

Les dieux mesme n'ont pas le pouvoir de changer les choses passées. Le devoir donc de l'historien est de les conter comme elles *sont avenues*.

PERROT D'ABLANCOURT, trad. de Lucien, *Comment il faut écrire l'histoire*.

L'espérance est un mouvement de l'âme à se persuader que ce qu'elle desire *adviendra.*

DESCARTES, *les Passions de l'âme*, part. II, art. 165.

Prenant les choses au pis, et présupposant pour certains tous les accidents qui sont douteux, ils règlent leurs délibérations, comme s'ils devoient tous *avenir.*

BALZAC, *Aristippe*, disc. V.

Songeons en quelle cité nos noms sont écrits, songeons qui est celui à qui nous demandons tous les jours que son règne *advienne.*

BOSSUET, *Sermons*, Contre l'ambition.

De cest message nos *avendrat* grant perte.

Chanson de Roland, st. XXV, v. 5.

Une aventure *avint* dont Diex soit aourés.

Fierabras, v. 3296.

Ce dit li rois : « J'ai mervoilles oï !
C'est une chose qui ne puet *avenir.* »

La mort de Garin, v. 865.

Une mesaventure li *avint* a 1 jour.

Roman d'Alexandre, éd. de Michelant, p. 452, v. 34.

... Jeo ferei vostre pleisir
Quoi ke me deive *avenir.*

MARIE DE FRANCE, *Lai d'Eliduc*, v. 677.

Toudis *advient* ce qui doit *advenir.*

Eust. DESCHAMPS, *Poés. mss.*, fol. 306, col. 4. (Cité par Sainte-Palaye.)

Priant à Dieu qu'avant qu'aye vieillesse,
Le temps de paix partout puist *advenir.*

Ch. D'ORLÉANS, *complainte de France.*

.... Nostre dame !
Ce bon roy pris sans avoir secours d'ame !
Si grand malheur *n'est* jamais *advenu.*

Guill. CRETIN, *sur la prise de François Ier.*

Ma fille, Dieu vous garde et vous veuille bénir,
Si je vous veux du mal, qu'il me puisse *advenir !*

Prévoir tout accident avant qu'*être advenu*,
Détourner par prudence une mauvaise affaire,
Ce n'est pas chose aisée ou trop facile à faire.

REGNIER, *Satires*, XIII, XIV.

Qu'est le feu de ton zèle au besoin devenu ?
.... Suis-je pas véritable ?
Et que t'ai-je promis qui ne *soit avenu ?*

MALHERBE, *Stances*, II, 2.

Même dispute *avint* entre deux voyageurs.

Je dirai : J'étois là, telle chose m'*avint.*

LA FONTAINE, *Fables*, IX, 1, 2.

De là cette expression, depuis longtemps inusitée, *À advenir, chose à advenir.*

Qui dit les *choses à advenir*, Prophetes, Sibylla.

Rob. ESTIENNE, *Dictionnaire fr.-lat.*

Le Président luy donna cinq ou six payemens des années *à advenir.*

LA REINE DE NAVARRE, *Heptameron*, 36e nouvelle.

Le vol des oiseaux qui donnent heureux présage des *choses à advenir.*

AMYOT, trad. de Plutarque, *Vie de Romulus*, c. 14.

Dont hontes et domages vos est *à avenir.*

Gui de Bourgogne, v. 460.

De là aussi cette sentence fort ancienne et dont la forme n'a point vieilli :

Fay ce que tu dois, *advienne* que pourra.

H. ESTIENNE, *la Précellence du langage françois.*

Fai que dois, *aviegne* que puet.

L'Ordene de Chevalerie. (Voir MÉON, *Fabl. et contes anc.*, t. I, p. 77.)

Fay ce que doiz et *aviengne* que puet.

Eust. DESCHAMPS, *Ballades*, Fais ce que dois.

L'honneur t'appelle, il te répétera :
Fais ce que dois : *advienne* que pourra.

MILLEVOYE, *Adieu de la Jouvencelle.*

ADVENIR n'est pas toujours employé absolument. Il reçoit quelquefois un complément au moyen de la préposition *à.*

Et la pluspart (de plaisirs et douleurs) estoient fondez en souspeçons et rapportz, qui est une malladie cachée qui regne aux maisons des grans princes, dont mainct mal *advient*, tant *à* leurs personnes que *à* leurs serviteurs et subjectz.

COMMYNES, *Mémoires*, VIII, 20.

Beuvez tousjours devant la soif et jamais ne *vous adviendra.*

RABELAIS, *Gargantua*, I, 5.

Le malheur qui *advint aux* Romains, *advint* pour avoir transgressé cette saincte coustume.

AMYOT, trad. de Plutarque, *Vie de Numa*, c. 22.

On peut joindre à cet exemple, et à d'autres semblables, le suivant où ADVENIR est construit de même, mais, ce qui est rare, employé en parlant d'une personne.

Ainsi comme le Messias, tant et si longtemps des Juifz attendu, en fin *leur estoit advenu*....

RABELAIS, *Pantagruel*, IV, 48.

Dès l'origine, ADVENIR s'est pris impersonnellement dans des locutions telles que *il advint que*, *s'il advenait que*, *quoi qu'il advienne*, etc. Cette forme, très-ancienne, s'est reproduite quelquefois, par une sorte d'archaïsme familier, dans des ouvrages de date assez récente.

Et *à* un jur *avint* que Helchana fist sacrefise.

Les quatre Livres des Rois I, I, 4; cf. III, 2; XX, 3.

Or *advint que* il estoit demouré à Paris grant foison de souldoyers Anglois et Navarroys.

FROISSART, *Chroniques*, liv. I, part. II, c. 71.

Advint qu'il perdit sa coignée.

RABELAIS, *Pantagruel*, IV, nouveau Prologue.

Il avint qu'un personnage qui m'avoit veu en la maison de cest ambassadeur, dit qu'il me recongnoissoit.

H. ESTIENNE, *la Précellence du langage françois*.

Souvent *avient qu*'une querelle en engendre quatre, et, pour l'offense d'un, plus de vingt meurent.

LA NOUE, *Discours politiques et militaires*, Disc. XII.

Il avint que son neveu n'eut jamais de l'amour pour moy, ny moy pour luy.

D'URFÉ, *l'Astrée*, part. II, liv. VI.

En l'état où je suis quoiqu'*il* puisse *avenir*
Je vous dois tout promettre et ne puis rien tenir.

P. CORNEILLE, *Théodore*, III, 5.

Qui souhaite la mort, craint peu, quoi qu'*il avienne*.

ROTROU, *Venceslas*, IV, 3.

S'*il advient* que dehors quelque affaire m'appelle.

MOLIÈRE, *le Dépit amoureux*, II, 6.

Cependant *il avint* qu'au sortir des forêts,
Ce lion fut pris dans des rets.

LA FONTAINE, *Fables*, II, 11.

Dont *il avient* que tous les jours on voit
Du nom d'esprit fatuité dotée,
Et de vertu sottise étiquetée.

J.-B. ROUSSEAU, *Épîtres*, II, 2.

ADVENIR, sous cette forme impersonnelle, s'est construit fréquemment soit avec la préposition *à*, soit avec la préposition *de*, ou la particule relative *en*, soit enfin avec toutes les deux ensemble.

E cumandad que un bel present de pain e de miel li portast, e que *del* enfant *avendreit* demandast.

Les quatre Livres des Rois, III, XIV, 3.

Nostre Roy conduisit tout saigement, et sera bel exemple pour ces seigneurs jeunes qui follement entreprennent sans congnoistre ce qui *leur en* peult *advenir*.

COMMYNES, *Mémoires*, V, 2.

Dieu vous face cest heur, mon amy, que le roy de France vous preigne en grace, car *il vous en* peult *advenir* beaucoup de biens.

Le loyal Serviteur, c. 5.

Qu'*en advint il?* quelle fut la fin? qu'*il en advint*, bonnes gens? cas merveilleux.

RABELAIS, *Pantagruel*, IV, anc. prologue.

... Il me semble qu'*il advient à* l'aage du monde ce qui *advient à* l'aage des hommes.

H. ESTIENNE, *Apologie pour Hérodote*, liv. I, c. 2.

Cela est vray, respondit Tyrcis, quand on suit les règles de l'art; mais quand on fait autrement, *il avient* comme *à* ceux qui s'estant fourvoiez, plus ils marchent, et plus ils s'éloignent de leur chemin.

D'URFÉ, *l'Astrée*, part. I, liv. I.

À dous Franceis belement *en avint*.

Chanson de Roland, st. CCLV, v. 19.

Seigneur qui ci estes venu,
Petit et grant, jone et chenu,
Il vos est trop bien *avenu*.

RUTEBEUF, *li Diz de l'Erberie* (OEuvres, t. I, p. 250).

En la forest d'ennuyeuse Tristesse
Un jour *m'avint* qu'à par moy cheminoye.

Tiengne soy d'amer qui pourra,
Plus ne m'en pourroye tenir;
Amoureux me fault devenir;
Je ne sçay qu'il m'*en avendra*.

Ch. D'ORLÉANS, *Ballades*, LXV; *Chansons*, II.

Mais quant fortune au rebours veult venir,
De tous desseins on voit mal *advenir.*

FRANÇOIS Ier, *Épître.*

Pour estre loyal à sa dame,
Savez-vous ce qu'*il en advient?*
De joyeux dolent on devient;
Car point n'est de loyale femme.

Octavien DE S.-GELAIS, *Rondeau*, la Chasse et le Départ d'amours.

Quoi qu'*il en avienne*,
Si ce peuple une fois enfonce le palais,
C'est fait de votre vie.

P. CORNEILLE, *Nicomède*, V, 7.

Dans les passages suivants d'une date fort ancienne, ces expressions *si malle chose avenoit de sa personne*, *si de lui aveigne*, signifient, par euphémisme, S'il venait à mourir. C'est ainsi que nous disons aujourd'hui, dans le même sens, « s'il lui arrivait malheur. »

Il leur fist jurer que loyaulté ilz porteroient à ses enfans, *si aucune malle chose avenoit de sa personne*, ou (au) saint veage d'oultre mer.

JOINVILLE, *Histoire de saint Louis.*

Si de lui *aveigne*, ky Deu nun, nus voloms, etc.

Titre de 1270, Voir RYMER, *Fœdera, conventiones*, t. I, p. 863.

Quelques lexicographes du XVIIe siècle et même du XVIIIe ont regardé ADVENIR comme vieilli et n'appartenant plus au bon usage. Furetière et les auteurs du dictionnaire de Trévoux lui préfèrent Arriver, Féraud le renvoie au style familier et plaisant. Ainsi pensait la Harpe qui, dans son Commentaire sur Racine, censure à ce sujet les vers suivants :

... Quelque malheur qu'*il en* puisse *avenir*,
Ce n'est que par ma mort qu'on le peut obtenir.

J. RACINE, *Mithridate*, I, 1.

ADVENANT, ANTE, OU AVENANT, ANTE, participe actif du verbe *advenir*, *avenir*.

Comme *advenante la lumière du* clair soleil disparent (disparaissent) tous lutins, lamies, lemures, garroux, farfadetz.

Advenant le prince, cesse le magistrat; *advenant le soleil*, esvanouissent les tenebres.

J'entends, dist le diable que du profit *advenant* nous ferons deux lots.

Afin donc que soyez participans de ceste sagesse *advenante*, et emancipés de l'anctique folie.

RABELAIS, *Pantagruel*, III, 24, 47 ; IV, 45 ; V, prologue.

Il sert quelquefois à former certaines propositions absolues ou adverbiales dans lesquelles il signifie S'il arrive que.

Advenant que, *le cas advenant*, etc.

... Il s'oblige ... de donner quelque nombre de ceux qu'ils appellent ostages, au bout du terme, au cas qu'il faille au payement. *Avenant* donc *qu*'il y faille...

H. ESTIENNE, *Apologie pour Hérodote*, c. 16.

Il (Vespasien) pensoit encore qu'*advenant* quelque changement de la fortune, ce grand et puissant royaume (l'Égypte) pouvoit luy servir d'une retraitte asseurée.

COEFFETEAU, *Histoire romaine*, VII.

Je lui dis... que ces mêmes places, *le cas advenant*, pourroient causer de la mésintelligence, si jamais toutefois il en pouvoit arriver.

LE CHEVALIER DE GREMONVILLE à Louis XIV, 23 février 1668. (Voir *Négociat. relativ. à la success. d'Espagne*, t. II, p. 469.)

..... Enfin un traité produit en bonne forme, par lequel, *le cas avenant* de la mort de madame de Nemours, l'Angleterre et la Hollande s'engageoient à se déclarer pour lui (l'électeur de Brandebourg).

Je répondis à madame la duchesse d'Orléans..... que j'avois résolu avant que le roi parlât comme il venoit de faire, de tâcher par tous moyens de conserver la neutralité ..... mais qu'*advenant* impossibilité de demeurer neutre, je ne balancerois pas à suivre ouvertement le parti de M. du Maine.

Je vivois fort en liaison avec l'évêque de Fréjus, et puisque *avenant* faute de M. le duc d'Orléans, il falloit avoir un maître autre que le roi, en attendant qu'il pût ou voulût l'être, j'aimois mieux que ce fût ce prélat qu'aucun autre.

SAINT-SIMON, *Mémoires*, 1707, t. V, c. 28; 1710, t. VIII, c. 7; 1723, t. XX, c. 22.

Quelque bien de mon père, et le fruit de mes peines,
Dont, *avenant que* Dieu de ce monde m'ôtât,
J'entendois tout de bon que lui seul héritât.

MOLIÈRE, *l'Étourdi*, IV, 1.

Cette manière de parler est surtout d'usage dans les actes publics, traités, contrats, etc.

En style de coutume ADVENANT, AVENANT, pris adjectivement ou substantivement, a eu des acceptions qu'il appartient aux dictionnaires spéciaux d'expliquer. Par exemple il a servi à exprimer la Légitime des enfants.

Gentishons si puet bien donner à sa fille plus grand mariage que *avenant;* e se il la marioit o moins que *avenant,* si puet elle recouvrer à la franchise.

Établissements de saint Louis, c. IX. (Voir *Ordonnances des rois de France,* t. I, p. 115.)

Du participe ADVENANT, AVENANT, sont venus 1° un adjectif qui n'existe plus que sous cette seconde forme, 2° la locution adverbiale *à l'avenant.* Voyez AVENANT.

ADVENU, UE, ou AVENU, UE, participe.

Puisque les humains tant et tant sont es cueurs endurcis que le mal parmi eux *advenu,* advenant et à venir ne recordent.

RABELAIS, *Pantagruel,* V, 11.

Non avenu est d'un grand usage dans des phrases telles que celles-ci : *Il faut regarder cela comme chose non avenue. C'est un acte nul et non avenu.*

.....Ils (les états) chargèrent Mr de Viviers..... de nous dire...que si l'on vouloit se relascher à 1,000,000 # on les donneroit ; mais qu'ils ne les offriroient point qu'ils ne fussent assurez que nous les accepterions, et que si on ne les acceptoit pas, la proposition estoit *comme non avenue.*

Les commissaires du roi auprès des États à Colbert, 15 février 1666 (Voir *Corresp. adm. sous Louis XIV,* t. I, p. 213).

Je comptois, sur votre parole, tout cela *comme non avenu.*

BUSSY-RABUTIN, *Lettres,* 9 juin 1668, à Mme de Sévigné.

Du participe d'*Advenir, avenir,* s'était formé

ADVENUE, AVENUE, s. f.

Autrefois employé au sens d'Événement.

Or nous tairons nous à parler du comte de Hainaut, et parlerons des besongnes de son pays, et des *avenues* qui y avinrent tandis qu'il fut hors.

Nous mettrons un petit en repos cette armée de Castille..... et parlerons des *avenues* qui avinrent en celle saison en France et en Angleterre.

FROISSART, *Chroniques,* liv. I, part. I, c. 104; liv. III, c. 61.

ADVENUE, AVENUE, et même VENUE ont été employés, dans les plus anciens temps de la langue, au sens d'Héritage.

Les *avenues* qui viennent de premier mariage ou de segont...

Li livres de Jostice et de Plet, p. 231, cf. 241, etc.

ADVENUE a été pris encore dans un sens très-voisin de ceux qu'a conservés AVENUE (Voyez ce mot). On l'a dit en parlant d'une Troupe ennemie, de son irruption.

Les chefs, tant d'un que d'autre party, affectionnoient la ville de Laon, comme un fort boulevart pour se maintenir contre toutes les *advenues.*

Les gens d'armes abandonnèrent la campagne, se tenant clos et couverts dans leurs villes contre les *advenues* de leurs ennemis.

EST. PASQUIER, *Recherches de la France,* III, 10, 13.

Il faut aussi qu'ils jugent bien les *advenuës* de l'ennemy, où se mettra l'artillerie, où se campera la bataille, où le chef de l'armée prendra place.

MONTLUC, *Commentaires,* VII.

ADVENTICE, adj. des deux genres, ou ADVENTIF, IVE (du latin *adventicius, adventitius,* qui vient du dehors, étranger, et par ce mot de *adventare, advenire, venire ad*).

On trouve dans de fort anciens monuments de la langue AVENTIZ, AVENTIF, appliqué à une personne et signifiant comme *adventitius, adventor,* au moyen âge (voyez le *Glossaire* de Du Cange), un étranger.

Sire roiz, dist Thiebaut, mult somes tuit hontous
De Richart, cel Normant, cel *aventis*...

WACE, *Roman de Rou,* v. 4414.

Aventif et fuitif.....

Parthenopeus de Blois, ms. de St G., fol. 170, v°, col. 1. (Cité par Sainte-Palaye.)

Avenu, pour *advenu*, mot de même origine, ou peut-être tiré d'*advena* (voyez le *Glossaire* de Du Cange), se rencontre dans nos anciennes coutumes avec un sens analogue.

Aubains, que les anciennes coutumes appellent *avenus*... sont ceux qui s'establissent de nouveau dans la chastellenie.

LA THAUMASSIÈRE, *Coutume de Berry*, p. 474.

Les formes orthographiques AVENTICE, AVENTIF, ont reparu à des époques assez rapprochées de nous où la signification du mot s'était restreinte à certains emplois particuliers. Voyez le *Dictionnaire de Trévoux*; voyez aussi le commentaire de Chabrol sur les *Coutumes d'Auvergne*, c. XI, art. 2, passage cité plus bas.

ADVENTICE et ADVENTIF, mots qui manquent au dictionnaire français-latin de Robert Estienne en 1539 et 1549, ne traduisent pas non plus *adventitius* dans son *Dictionnaire latin-françois* en 1538.

Les *Ideæ adventitiæ* de Descartes (*Médit.* III, 7), sont rendues en 1647 dans la traduction française du duc de Luynes des *Méditations* par « étrangères et venant du dehors ».

Le *Dictionnaire de l'Académie* n'a recueilli ADVENTIF que dans l'édition de 1762, et ADVENTICE que dans celle de 1835.

ADVENTICE et ADVENTIF ont été également d'usage en termes de jurisprudence; ADVENTICE a prévalu en métaphysique et en physique.

L'expression du droit romain, *peculium adventitium*, désignant une sorte de pécule concédé aux fils de famille en nue propriété, a donné lieu à l'expression française correspondante *pécule adventif*.

On a dit en droit français, *biens adventices*, *biens adventifs* (voyez le dictionnaire de Cotgrave), de Biens venus par toute autre voie que la succession directe.

Le père est administrateur légitime des biens *adventifs* de ses enfants....

Coutumes d'Auvergne, c. XI, art. 2.

La femme mariée ou fiancée, est en la puissance de son mari ou fiancé excepté quant aux *biens adventifs*.

Coutumes d'Auvergne, c. XIV, art. 1. Cf. *Coutumes du Bourbonnois*, art. 174.

Cette expression n'est pas sans rapport avec les mots *avenue* et *venue* employés comme il a été dit précédemment dans les plus anciens temps de la langue au sens de Succession, héritage. Voyez *li Livres de jostice et de plet*, p. 231, 241, etc.

ADVENTICE s'est dit en philosophie, de certaines idées, par opposition à *idées factices* et *idées innées*. Cette expression répondait à ce qu'on a depuis appelé Sensation.

Les philosophes distinguent plusieurs sortes d'idées. Les idées qu'ils appellent *adventices*; ce sont celles qui viennent immédiatement des objets, comme l'idée du soleil et toutes les autres idées immédiates. Il y a d'autres idées qu'on appelle *factices* du mot latin *facere*, faire; ce sont celles que nous faisons par ampliation, diminution, etc., comme lorsque nous imaginons une montagne d'or.

DUMARSAIS, *Logique*, art. VI.

ADVENTICE signifiant en général, comme le mot latin sur lequel il s'est formé, Qui n'est pas naturellement dans une chose, qui y survient du dehors:

Après avoir pesé ces considérations, on ne pourra pas s'empêcher de reconnoître que ces fragmens n'ont point été formés dans notre vallée, ni sur les montagnes qui la bordent; mais que ce sont des corps étrangers, *adventifs*, arrachés des Alpes, leur lieu natal, par un agent puissant qui les a transportés, arrondis et entassés confusément.

SAUSSURE, *Voyages dans les Alpes, Essai sur l'histoire naturelle*, c. VI, § 206.

il s'est prêté, dans les sciences naturelles, à diverses applications. Il s'est dit:

En physique, de la matière jointe accidentellement à un corps;

En agronomie, en botanique, des plantes qui croissent sans avoir été semées, *plantes adventices*; des racines qui reviennent à la place de celles qui ont été coupées, *racines adventices*; d'une partie développée dans un organe qui n'a pas coutume de la porter, *bourgeons adventices*;

En médecine, des maladies qui ne tiennent pas à la constitution, qui ne sont pas héréditaires.

ADVERBE, s. m. (du latin *Adverbium* et par ce mot de *ad* et *verbum*, verbe : *verbis adjungitur eorumque vim implet et explanat*, disent les grammairiens anciens). (Voyez Priscien, V; Diomède, I.)

On a, fort anciennement, par une suppression du *d* étymologique, précédemment remarquée dans plusieurs mots de même formation, écrit et sans doute prononcé AVERBE. Voyez les exemples ci-après.

Sainte-Palaye cite un passage duquel on peut conclure qu'ADVERBE, formé directement de *ad* et *verbum*, a été très-anciennement employé au sens de Traduction littérale, mot à mot, *ad verbum*.

Prouver le puis par le proverbe
De quoy je te dirai l'*adverbe*.

GACÉ DE LA BIGNE, *Des deduits*, ms., fol. 10, r°. (Cité par Sainte-Palaye.)

ADVERBE, terme de grammaire, désigne une Partie invariable du discours qui se joint, plus particulièrement, avec les verbes et avec les adjectifs, qui les modifie de diverses manières, et qui, dans certains cas, peut avoir un régime.

Adverbes ce sont mots qui ne se déclinent point, et pourtant n'ont aucuns articles; les quels communément se joignent aux verbes pour montrer quelle est leur action ou passion.

Rob. ESTIENNE, *Grammaire françoise*, des Adverbes.

Usez doncques hardiment..... des noms pour les *adverbes*, comme : Ils combatent obstinez, pour obstinécment; il vole léger, pour légèrement.

Joach. DU BELLAY, *Deffence et illustration de la langue franç.*, c. II.

L'*adverbe* et le verbe vont toujours d'une même sorte, et ont toujours même visée, comme inséparables dans le sens, aussi bien que dans la construction, ainsi que le mot *adverbe*, c'est-à-dire attaché au verbe, le témoigne.

VAUGELAS, *Remarques sur la langue françoise*, CLVI.

Le désir que les hommes ont d'abréger le discours est ce qui a donné lieu aux *adverbes*, car la plupart de ces particules ne sont que pour signifier en un seul mot ce qu'on ne pourroit marquer que par une préposition et un nom.....Dans les langues vulgaires, la plupart de ces *adverbes* s'expriment d'ordinaire plus élégamment par le nom avec la préposition : Ainsi, on dira plutôt « avec sagesse, avec prudence, avec orgueil, avec modération », que « sagement, prudemment, orgueilleusement, modérément », quoique en latin au contraire il soit d'ordinaire plus élégant de se servir des *adverbes*.

Grammaire générale de Port-Royal, c. 12, des Adverbes.

On peut considérer les *adverbes*, ou par rapport à leur forme, ou par rapport à leur signification. Par rapport à leur forme, on peut, comme tous les mots de la langue, les distinguer en primitifs et en dérivez, en simples et composez.....

Les *adverbes*, par rapport à leur signification, pourroient presque se diviser en autant de différentes classes qu'il y a de différentes énonciations dans la langue..... On se contentera de les distinguer en *Adverbes de temps, de lieu* ou *de situation, d'ordre* ou *de rang, de quantité* ou *de nombre, de qualité, de manière, d'affirmation, de négation, de doute* et *de comparaison*.

Cette terminaison en *ment* est celle de presque tous les *adverbes*, qui signifient quantité et manière, au moins de tous ceux qui ne consistent qu'en un seul mot formé d'un nom adjectif.....Cette terminaison.....qui est la même dans plusieurs *adverbes* de la langue italienne et de la langue espagnole, à la réserve que l'une et l'autre y adjoustent un *e* à la fin.....n'est, selon quelques grammairiens, qu'une pure désinence, qui ne signifie rien..... selon d'autres, elle tire son origine de l'ablatif latin *mente*..... M. Ménage, qui est de ce sentiment, rapporte dans ses Observations, divers passages de divers auteurs latins, où *forti mente, honesta mente, sincera mente, clara mente, plena mente, detestabili mente, devota mente*, sont employez.....

REGNIER DESMARAIS, *Grammaire françoise*. Traité des Adverbes.

On a ..... gêné notre langue; elle n'ose jamais procéder que suivant la méthode la plus scrupuleuse et la plus uniforme de la grammaire. On voit toujours venir d'abord un nominatif substantif qui mène son adjectif comme par la main; son verbe ne manque pas de marcher derrière, suivi d'un *adverbe* qui ne souffre rien entre deux.

FÉNELON, *Lettre à l'Académie françoise*, V.

Pour les mains ..... que ne disent-elles point? ..... Faut-il indiquer les personnes et les lieux? Je ne sais s'il y a *adverbe* ou pronom qui le fasse mieux.

GÉDOYN, trad. de Quintilien, *de l'Institution de l'Orat.*, XI, 3, 87.

Les dénominations se tirent de l'usage le plus fréquent : or, le service le plus ordinaire des *adverbes* est de modifier l'action que le verbe signifie, et par conséquent de n'en pas être éloigné : et voilà pourquoi on les a appelés *adverbes*, c'est-à-dire joints au verbe. Ce qui n'empêche pas qu'il n'y ait des *adverbes* qui se rapportent aussi au nom adjectif, au participe et à des noms qualificatifs.

DUMARSAIS, *Mélanges de grammaire tirés de l'Encyclopédie.*

Tout *adverbe* équivaut à une préposition suivie de son complément : mais toute préposition suivie de son complément ne peut pas, dans toutes les langues, être remplacée par un *adverbe* : car il y a dans chaque langue des *adverbes* qui n'ont point de mot équivalent dans les autres langues.

SILVESTRE DE SACY, *Grammaire générale*, Ire partie, c. 10.

Averbes et pars d'oroisons
(*Adverbes* et parties de discours).

Bataille des sept arts. (Voir Rutebeuf, OEuvres, t. II, p. 115.)

J'aime superbement et magnifiquement;
Ces deux *adverbes* joints font admirablement.

MOLIÈRE, *les Femmes savantes*, III, 2.

ADVERBIAL, ALE, adj. (du latin *Adverbialis*), Qui tient de l'adverbe.

Il se dit, en termes de grammaire, de deux ou plusieurs mots qui, étant joints ensemble, ont force et signification d'adverbe : *façons de parler adverbiales; phrases, propositions, locutions adverbiales.*

En cette phrase, Les prendre tous à témoin, témoin est *adverbial* et indéclinable.

VAUGELAS, *Remarques sur la langue françoise*, 542.

On appelle *expression adverbiale* celle qui est équivalente à un adverbe. Si l'usage avait établi un seul mot pour exprimer le même sens, ce mot serait un adverbe : mais, comme ce sens est énoncé en deux mots, on dit que c'est une *expression adverbiale.*

DUMARSAIS, *Mélanges de grammaire tirés de l'Encyclopédie.*

En latin. . . . . dans les *propositions* que l'on nomme ordinairement absolues, et que j'aime mieux nommer *adverbiales*, le verbe, s'il y en a un, est toujours au participe, et le sujet toujours à l'ablatif, ainsi que l'attribut qu'il soit verbe ou non. . . . . En grec, dans les *propositions adverbiales*, le sujet et l'attribut sont au génitif.

SILVESTRE DE SACY, *Principes de grammaire génér.*, IIe part., c. 3.

ADVERBIALEMENT, adv. (du latin *Adverbialiter*).

C'est encore un Terme de grammaire qui signifie D'une manière adverbiale : *Prendre adverbialement, être pris adverbialement.*

On repartit qu'À témoin *se prenoit* là *adverbialement.*

VAUGELAS, *Remarques sur la langue françoise*, 542.

Il y a plusieurs adjectifs qui *sont pris adverbialement* : Il sent bon, il sent mauvais, il voit clair, il chante juste, parlez bas, parlez haut, frappez fort, tenir bon, tenir ferme.

DUMARSAIS, *Mélanges de grammaire tirés de l'Encyclopédie.*

ADVERBIALITÉ, s. f.

Ce terme de grammaire, formé des précédents, et qui n'a pas de correspondant en latin, est peu usité. On s'en est servi pour exprimer la Qualité d'un mot qui est considéré comme adverbe.

On allégua pour une preuve convaincante de cette *adverbialité*, s'il faut user de ce mot, que nous disons, etc.

VAUGELAS, *Remarques sur la langue françoise*, 542.

ADVERSAIRE, s. m. (de l'adjectif latin *Adversarius*, et, par ce mot, de *ad* et *vertere*).

Autrefois ADVERSARIE, ADVERSIERES, et par la suppression du *d* étymologique déjà remarquée précédemment dans des mots de même formation, AVERSAIRE, AVERSER, AVERSIER, AVRESIER, etc. (Voyez le *Glossaire* de Sainte-Palaye et les exemples ci-après.)

AVERSAIRE se rapporte à une prononciation qui s'est maintenue même en des temps où l'on écrivait ADVERSAIRE. C'était une question au XVIIe siècle de savoir si, dans ce mot, on devait faire entendre le *d*. Ménage et Th. Corneille tenaient pour la négative; mais le sentiment contraire prévalut à l'Académie et dans les principaux lexiques, comme dans l'usage général.

ADVERSAIRE se dit, en raison de son étymologie, d'une personne Qui fait face, qui s'oppose à une autre, pour combattre ou disputer contre elle, de quelque façon que ce soit.

Par imitation de la construction latine *adversarius alicui*, on a dit *adversaire à*.

Être *adversaire à* aucung et l'empescher.

Rob. ESTIENNE, *Dictionnaire franç.-lat.*

Cette forme analogue à d'autres de notre langue, rendues autrefois très-fréquentes par l'universel emploi de la préposition *à* (voyez A), se retrouve dans la locution ancienne elle-même, mais toujours subsistante, *ennemi à.*

Aristides.....s'en alla au logis de Thémistocles, encores qu'il *luy* fust *ennemi.*

AMYOT, trad. de Plutarque, *Vie de Thémistocle*, c. 24.

Les qualités extrêmes ne nous sont pas sensibles, elles *nous* sont *ennemies;* nous ne les sentons pas, nous les souffrons.

PASCAL, *Pensées*, part. I, art. IV, § 1.

Depuis longtemps, lorsqu'ADVERSAIRE n'est pas pris absolument, on ne l'emploie ou qu'avec le pronom personnel *mon, ton, son*, etc., ou qu'avec la préposition *de* suivie de son régime.

ADVERSAIRE est fort d'usage, au propre, en parlant de guerres, de combats soit réels, soit simulés.

E quel part qu'il se turnout, *ses adversaires* surmuntout.

Les quatre Livres des Rois, I, XIV, 47.

Il seut de vérité que le roi Philippe, *son adversaire,* étoit à deux petites lieues de lui.

FROISSART, *Chroniques*, liv. I, part. I, c. 90.

Ils avoient, entre grans et petits vaissiaus, dix set, et *lor aversaire* en avoient bien soixante.

VILLEHARDOUIN, *Conqueste de Constantinoble*, LXX.

Il n'encontroit chevalier ne escuier qui demourast en selle devant luy; il fendoit escus et heaulmes et desmontoit *ses adversaires* et remontoit ceulx de sa bande.

Le livre du tres chevaleureux comte d'Artois, p. 13.

Le duc de Savoye chassoit et dansoit tandis qu'on le dépouilloit des ses provinces. Il ne sembloit pas qu'il fust l'*adversaire* mais le spectateur.

HARDOUIN DE PÉRÉFIXE, *Hist. de Henri le Grand*, 3e partie, ann. 1600.

Si Menzikoff fit cette manœuvre de lui-même, la Russie lui dut son salut : si le Czar l'ordonna, il était un digne *adversaire de* Charles XII.

VOLTAIRE, *Histoire de Charles XII*, liv. IV.

Trovai le païs tot gasté;
Ne vi ne blé, ne champ aré;
N'ome qui m'osast ensaignier
Où je trovasse l'*aversier.*

Parthonopeus, ms. de Saint-Germain, f° 166, v° c. 1. (Cité par Sainte-Palaye.)

Dedenz saillent li *adverser.*

MARIE DE FRANCE, *Purgatoire*, v. 1225.

Qui se hasarderoit contre un tel *adversaire?*

Mais, comme il s'est vu seul contre trois *adversaires*,
Près d'être enfermé d'eux, sa fuite l'a sauvé.

P. CORNEILLE, *le Cid*, IV, 5; *Horace*, III, 6.

Maître de tous ses sens, animé sans colère,
Il fatigue à loisir *son* terrible *adversaire,*

VOLTAIRE, *la Henriade*, X.

Ceux qui l'ont séparé d'avec *son adversaire,*
Disent qu'il s'y prenoit en brave cavalier.

PIRON, *la Métromanie*, IV, 1.

ADVERSAIRE n'est pas moins usité au figuré :

Soit lorsqu'il s'agit de contestations judiciaires, de procès, de plaidoiries :

Quant tu veuls respondre à *ton aversaire,* tu dois commencer ton conte à sa derraine raison, en quoi il se fie plus par aventure.

BRUNETTO LATINI, *li Livres dou Tresor*, liv. III, part. I, c. 11.

On récite de Severus Cassius..... qu'il luy venoit à profit d'estre troublé en parlant, et que *ses adversaires* craignoient de le picquer, de peur que la colère ne luy fist redoubler son éloquence.

MONTAIGNE, *Essais*, I, 10.

Les mémoires de Beaumarchais sont ce que j'ai jamais vu de plus singulier, de plus fort, de plus hardi, de plus comique, de plus intéressant, de plus humiliant pour *ses adversaires.*

VOLTAIRE, *Lettres*, 3 janvier, 1774.

Soit au sujet de discussions de toute sorte, théologiques, philosophiques, scientifiques, littéraires, etc. :

C'est aussi celle (la doctrine) de *vos adversaires,* quoique vous ne l'ayez pas pensé.

PASCAL, *Provinciales*, XVIII.

Le cardinal de Bouillon haïssoit personnellement les

adversaires de M. de Cambrai et auroit peut-être plus que lui triomphé de leur condamnation.

SAINT-SIMON, *Mémoires*, 1697, t. I, c. 40.

L'illustre père de Tournemine, jésuite, attaqua son sentiment, et en soutint un autre avec toute l'érudition qu'il falloit pour combattre un *adversaire* aussi savant, et avec toute cette hardiesse qu'un grand *adversaire* approuve.

Mais cet empressement même ne fait-il pas honneur à M. Newton? Ils se sont saisis le plus promptement qu'ils ont pu de la gloire d'avoir un pareil *adversaire*.

FONTENELLE, *Éloge de Leibnitz; Éloge de Newton.*

On ne peut, sans rire de pitié, lire la manière dont Luther traite tous *ses adversaires*, et surtout le pape.

VOLTAIRE, *Essai sur les mœurs*, c. 128.

ADVERSAIRE s'est pris, de tout temps, fort naturellement au sens général d'Ennemi, d'émule, de compétiteur.

Cela aussi nous doit aiguiser à combattre incessamment contre le diable, qu'il est nommé partout *aversaire de* Dieu et le *nostre*.

CALVIN, *Institution chrest.*, liv. I, c. XIV, § 15.

Ce que Xénophon escrit que les sages reçoivent proufit de *leurs adversaires*, il n'est pas raisonnable que nous le mescroyons.....

AMYOT, traduction de Plutarque, *OEuvres morales*. De l'utilité à tirer de ses ennemis.

Depuis les Lacédémoniens luy voulurent fort grant mal et pousserent en avant Cimon le plus qu'ils peurent à fin que ce fust un *adversaire* qui lui feist teste au maniement des affaires d'Athenes.

AMYOT, trad. de Plutarque, *Vie de Thémistocle*, c. 40.

Il la faut dresser et eslever (notre âme) contre l'effort de cet *adversaire* (la mort).

MONTAIGNE, *Essais*, I, 19.

Faut candidement et de bonne foi recognoistre le bien qui est aux *adversaires* et le mal qui est en ceux que l'on suit.

CHARRON, *De la Sagesse*, II, 2.

Accordons-nous avec notre raison; écoutons-la, et laissons-nous-y conduire, afin que cet *adversaire* domestique, avec qui nous sommes encore dans le chemin, ne nous livre pas aux ministres de cette justice rigoureuse, dont il n'y aura plus de grâce à espérer.

BOURDALOUE, Ier Avent, *Sermon sur le Jugement dernier.*

Diex li donna grace et éur
De venir en touz ses affaires
Au desus de *ses adversaires*.

G. GUIART, *Royaux lignages*, t. I, v. 196.

Tu vas avoir en tête un puissant *adversaire*.

Le voilà devenu *mon* plus grand *adversaire*.

Mais il m'attaque à part comme un noble *adversaire*
Sur qui tout son effort lui semble nécessaire.

MOLIÈRE, *le Dépit amoureux*, V, 7; *le Misanthrope*, V, 1; *les Femmes savantes*, II, 5.

Or maintenant veillez, graves auteurs.....
Pour mériter de pareils protecteurs
Ou pour trouver de pareils *adversaires*.

J.-B. ROUSSEAU, *Épigrammes*, I, 23.

ADVERSAIRE, pris au sens d'Ennemi, s'emploie souvent adjectivement. Voyez à la fin de cet article, page suivante.

ADVERSAIRE ne se dit pas toujours par rapport à une personne, mais quelquefois aussi par rapport à une chose.

.......Nous et nos prédécesseurs roys de France, que Dieu absolve, avons continuellement faict par le passé..... tout ce qu'il a esté possible sans y rien espargner, tant pour résister aux efforts et entreprinses des Turcqs et autres infidelles ennemys et *adversaires de* nostre saincte foy et religion chrestienne, que pour la deffence et conservation de toute l'Eglise et dudict sainct-siége apostolique.

FRANÇOIS Ier au sacré Collége, 2 février 1531. (Voir *Négociations de la France dans le Levant*, t. I, p. 192.)

Faites-vous des amis prompts à vous censurer,
Qu'ils soient de vos écrits les confidents sincères
Et *de* tous vos défauts les zélés *adversaires*.

BOILEAU, *Art poétique*, I.

ADVERSAIRE a pris autrefois, lorsqu'il était question d'une femme, le genre féminin, *une adversaire*.

L'abbé Cotin a eu *une* célèbre *adversaire*, c'est l'illustre demoiselle de Scudéri.

RICHELET, *Dictionnaire*.

Vous aurez de la peine à vaincre *une* si dangereuse *adversaire*.

FURETIÈRE, *Dictionnaire*.

Une femme est toujours *une* dangereuse *adversaire.*

Grand Vocabulaire.

L'usage a prévalu de conserver au mot ADVERSAIRE, en parlant d'une femme, le genre masculin, de dire, par conséquent, « une femme est toujours un dangereux *adversaire.* » Dès 1694, le Dictionnaire de l'Académie, par cet exemple où le genre d'*adversaire* reste douteux, « C'est elle qui est vostre *adversaire,* » semblait s'écarter discrètement de la règle donnée par Richelet et Furetière.

Dans les passages suivants on trouve ADVERSAIRE, employé comme adjectif, au sens d'Ennemi :

Celui qui a la fortune *adversaire.*

AMYOT, trad. de Plutarque, *Œuvres morales,* Comment il faut lire les poëtes, XXXVII.

Puissances *adversaires* et ennemies *de* la France, vous vivez et l'esprit de la charité du christianisme..... m'interdit de faire aucuns souhaits pour votre mort.

LINGENDES, *Oraison funèbre de Victor-Amédée.*

Fais un amy, dont l'heureuse prudence
Te servira de secours necessaire
Contre l'heure *adversaire.*

RONSARD, *Odes,* à Gaspard d'Auvergne, 1550.

A ces mots il tomba sur le corps de son frere,
Meslant son tiede sang de son sang *adversaire.*

.....Tousjours Fortune aux hommes n'est contraire,
Elle change souvent son visage *adversaire*
En un front de faveur.....

GARNIER, *Antigone,* III, v. 210; *Porcie,* III, v. 520.

ADVERSATIF, IVE, *adj.* (du latin *Adversativus; adversativæ conjunctiones,* Priscian.).

Cet adjectif est, dans notre langue comme dans la langue latine, un terme de grammaire. Il ne s'emploie guère que dans cette locution : *Conjonction, particule adversative,* particule qui marque quelque opposition, quelque différence entre ce qui la précède et ce qui la suit. Mais est une *conjonction adversative,* une *particule adversative.*

ADVERSE, *adj.* des deux genres (du latin *Adversus*).

Autrefois *advers*, et par la même suppression du *d* étymologique que dans *adversaire* : AVER, AVERSE AVRESSE (voy. le *Glossaire* de Sainte-Palaye, les *Dictionnaires* de Richelet et de Furetière, le *Dictionnaire de Trévoux*).

AVERSE a été fort usité, dans la prononciation, au temps de Richelet, de Furetière, des auteurs du Dictionnaire de Trévoux, qui le remarquent, sans l'approuver, comme une bizarrerie de l'usage. On lit même, à la fois, *adverse fortune*, *partie averse,* chez Furetière, qui fait observer que dans le premier cas il faut prononcer le *d.*

ADVERSE, qui veut dire, comme le mot latin dont on l'a tiré, Opposé, contraire, s'est employé primitivement, d'une manière générale, depuis longtemps hors d'usage, au sens d'Ennemi. De là, dans de vieux textes, ces expressions : *gent averse; cueur* (*cœur*) *aver*, etc.

La bande adverse, laquelle elle assailloit.

RABELAIS, *Pantagruel,* V, 25.

Granz sunt les oz (troupes) de cele *gent averse.*

Chanson de Roland, st. CLXXXVI, v. 1.

Par qui seroit-il garanti,
Ne défendu de *gent averse?*

BENOIT, *Chronique des ducs de Normandie*, t. I, v. 11299.

Ne sai se merci troyer
Porroie en son *cuer aver.*

Anc. poés. franc. mss., av. 1300, t. I, p. 421.(Cité par Sainte-Palaye.)

De là aussi, substantivement, les *advers.*

Passe les montz pour *advers* assaillir.

J. MAROT, *le Voyage de Venise.*

De bonne heure on a dit, comme on dit encore aujourd'hui en style de Palais, *partie adverse* de la Personne contre laquelle on plaide.

En toutes demandes, queles eles soient, on doit offrir à prouver le reson c'on met avant, s'ele est niée de l'*averse partie.*

BEAUMANOIR, *Coutumes du Beauvoisis,* VI, 5.

Les responses impreveues de sa *partie adverse* le rejettent (l'avocat) de son branle, où il luy faut sur le champ prendre nouveau party.

MONTAIGNE, *Essais*, I, 10.

.....Malgré tous les détours et toutes les intrigues de l'*adverse partie* l'arrêt fut enfin expédié.

FLÉCHIER, *Mémoires sur les grands jours de 1665.*

Je ne parle pas des factums des avocats qui ont le noble droit de décrier tant qu'ils peuvent la *partie adverse* et de diffamer loyalement les familles.

VOLTAIRE, *des Mensonges imprimés et du testament du cardinal de Richelieu*, art. XVII.

Vous voyez devant vous mon *adverse partie.*

J. RACINE, *les Plaideurs*, II, 9.

On trouve, au même sens, *son advers*, qui rappelle, par un emploi analogue, les *advers*, cité précédemment.

Ne pourra aucune partie estre contrainte d'ester en jugement, soit pour cause desjà auparavant les.....vacances intentée, ou bien que *son advers* de nouveau voudroit intenter.

Coutume de Bouillon, C. I, art. 1, § 8. (Voir *Nouv. Cout. gén.*, t. II, p. 846, col. 1.)

ADVERSE s'est dit non-seulement des parties engagées dans un procès, mais encore de leurs avocats : l'*avocat adverse*.

L'expression judiciaire *partie adverse* a été de tout temps, par extension et par figure, appliquée à d'autres luttes qu'à celles du palais.

Ouquel lieu fist faire par les rues de grans fortificacions de palis et de barrières, afin que de sa *partie adverse* ne peust estre grevé.

MONSTRELET, *Chronique*, vol. I, c. 25.

Et est de croire que ung saige prince met toujours peine d'avoir quelque amy avec *partie adverse* et s'en garde comme il peult.

COMMYNES, *Mémoires*, III, 8.

Qui est sault (au jeu d'échecs) grandement dommageable à *partie adverse.*

RABELAIS, *Pantagruel*, V, 24.

Si un homme ayant appellé un autre au combat, jettoit son gage en justice, il estoit permis à autre que sa *partie adverse* de le relever.

Est. PASQUIER, *Recherches de la France*, IV, 1.

Quand on n'a ouï qu'une *partie*, on est toujours de ce côté-là ; mais l'*adverse* fait changer.

PASCAL, *Pensées.*

Espargnier et sauver la vie
Aux vivens d'*adverse partie.*

Eustache DESCHAMPS, *Poés. mss.*, fol. 504, col. 2. (Cité par Sainte-Palaye.)

Une autre locution formée d'ADVERSE, qui s'est conservée, c'est *Fortune adverse*, Fortune contraire, défavorable.

Nous tendons nostre penser à choses douloureuses, et la contraignons de s'arrester et demourer en la cogitation des *fortunes adverses* et tristes.

AMYOT, trad. de Plutarque, *Œuvres morales*, de la Tranquillité de l'ame, VIII.

Boëce dit bien en son tiers livre
Que *fortune adverse* est plus seure
Pour congnoistre Dieu et bien vivre,
Et preuve qu'elle est la meilleure.

MARTIAL D'AUVERGNE, *Vigiles de Charles VII.*

Jamais l'*adverse fortune*,
Ma surveillante importune,
Ne parut plus loin de moi.

J.-B. ROUSSEAU, *Odes*, IV, 8.

On trouve dans un ancien texte, au sens de *Être adverse*, Contraire, traiter en ennemi, un verbe qui semble dérivé d'ADVERSE :

ADVERSER.

Le roy de Chypre assailli..... soubdainement les Sarrasins..... mais ainsi que fortune le volt *adverser*, le coursier du roy chey des quatre piés à terre.

MONSTRELET, *Chronique*, vol. II, c. 39

ADVERSITÉ, s. f. (du latin *Adversitas*).

Autrefois, par la suppression du *d* étymologique déjà remarquée dans des mots de même origine et d'autres de semblable formation, AVERSITÉ, AVERSITEIT. (Voyez le *Glossaire* de Sainte-Palaye.)

Adversitas, dans sa véritable acception, signifiait Antipathie, inimitié. De là, chez un ancien auteur que cite Sainte-Palaye, l'emploi au même sens d'ADVERSITÉ.

..... En son temps sera l'Eglise
En pais et en concorde assise;
Et tourneront en unité
Ceus qui sont en *aversite*.

GEOFROY DE PARIS, à la suite du *Roman de Fauvel*, ms. du R., nº 6812, fol. 54. (Cité par Sainte-Palaye.)

On peut rapprocher de cet exemple cet autre, d'une date peu ancienne, où ADVERSITÉ est pris dans un sens analogue :

Mais que les astres irritez,
De toutes leurs *adversitez*,
Persécutent mon entreprise....

THÉOPHILE, *Odes*, à M. de Montmorency.

ADVERSITÉ, conformément à une acception moins ancienne et plus rare du mot latin *adversitas*, se dit de l'État, de la situation de celui à qui le sort est contraire.

Le plus souvent on l'emploie sous une forme absolue.

..... Se il creoient u ke la prosperiteiz lur fust nurrissemenz, u que li *aversiteiz* lur fust chastiemenz de lur malz.

Le livre de Job, à la suite des *Quatre livres des Rois*, p. 509,510.

Ne cuydes pas aussi que ce soyt de ton bien se tu n'as point d'*aversité* ou d'aversaire.

Le Livre de l'internelle consolacion, II, 25.

Force est une vertus qui fait les homes fors contre les assaus d'*aversité* et done cuer et hardement de faire les grans choses.

BRUNETTO LATINI, *li Livres dou Trésor*, liv. II, part. II, c. 68.

Et ce bien (qui n'est pas petit) lui apprint *adversité*.

Si les gens estoient tousjours bien saiges, ilz seroient si moderez en leurs parolles, en temps de prosperité, qu'ilz ne debvroient point avoir cause de changer leur langaige en temps d'*adversité*.

COMMYNES, *Mémoires*, V, 5; 12.

C'est fait en homme sage et bien appris se maintenir et comporter toujours d'une mesme sorte en prosperité et aussi en *adversité*.

AMYOT, traduction de Plutarque, *Œuvres morales*, Consolation à Apollonius, IV.

Grand dans l'*adversité* par son courage, dans la prospérité par sa modestie.

FLÉCHIER, *Oraison funèbre de Turenne*.

Aujourd'hui la mauvaise fortune me donne une tranquillité admirable. Vous ne sauriez comprendre, madame, combien une dose d'*adversité* est quelquefois salutaire.

BUSSY-RABUTIN, *Lettres*, 14 janvier 1668.

Les grands princes ont plus besoin que tout le reste des hommes des leçons de l'*adversité*.

Il manque beaucoup à tout homme, quelque grand qu'il soit d'ailleurs, qui n'a jamais senti l'*adversité*.

FÉNELON, *Lettre au duc de Bourgogne*.

Ainsi périt, à l'âge de trente-six ans et demi, Charles XII, roi de Suède, après avoir éprouvé ce que la prospérité a de plus grand, et ce que l'*adversité* a de plus cruel, sans avoir été amolli par l'une, ni ébranlé un moment par l'autre.

VOLTAIRE, *Histoire de Charles XII*, liv. VIII.

Il (ce souvenir) me fait bien sentir ce que je crois avoir dit dans quelque ouvrage, que le remords s'endort durant un destin prospère et s'aigrit dans l'*adversité*.

J.-J. ROUSSEAU, *les Confessions*, part. I, liv. II.

Baron, fait-il, qui estes ci,
Mi compaignon et mi ami,
Compaignon de prospérité
Et compaignon d'*aversité*.

WACE, *Roman de Brut*, v. 11058.

Dans l'*adversité*
Elle sait conserver une noble fierté.

MOLIÈRE, *l'Étourdi*, I, 4.

Et les dieux l'ont conduit à l'immortalité
Pour avoir, comme moi, vaincu l'*adversité*.

VOLTAIRE, *Mérope*, IV, 2.

ADVERSITÉ, dans ce sens général, a été quelquefois déterminé soit par un complément formé de la préposition *de* et de son régime, soit par l'addition du pronom personnel *mon*, *ton*, *son*, etc.

Scipion Nasica ne craignoit pas l'*adversité des* Romains ains leur prosperité, qui ameine avecques soy l'orgueil et l'insolence.

La Noue, *Discours politiques et militaires*, discours 9e.

Constant en *son adversité*,
Modeste en sa félicité,
Et toujours aux siens secourable.

Olivier de Magny, *Ode à son père mourant*.

Pour ne vous charger point de *notre adversité*.

Molière, *les Femmes savantes*, V, 5.

Adversité, dans une acception plus particulière, se dit d'un Malheur, d'une infortune, d'un accident fâcheux.

Pour nul bien terrien ne pour quelconque mal et *adversité* qu'on vous peust faire au corps, vous ne voudriez jamais reigner Dieu.

Joinville, *Histoire de saint Louis*.

Ceulx de ladicte ville d'Arras, qui de longtemps n'avoient eu nulle *adversité*, et estoient plains de grant orgueil, contraignirent les gens de guerre qui estoient en leur ville de saillir.

Commynes, *Mémoires*, IV, 3.

Jamais *adversité* qui luy peust advenir (à François Ier) ne lui abaissa le cœur.

Martin du Bellay, *Mémoires*, liv. X, ann. 1547.

Une *adversité* soutenue de si bonne grâce et avec tant de force vaut mieux que beaucoup de prospérités et de victoires.

Voiture, *Lettres*, LXXIV, 24 déc. 1636.

Il se plaint sans cesse, et quelquefois de bagatelles, car il a une grande santé. Il m'a conté vingt fois, comme une *adversité* terrible, que la pluie l'avoit pris en revenant de chez M. Conrart.

Tallemant des Réaux, *Historiettes*, Gombauld.

Je ne veux point dans cette *adversité*
Parer mon cœur d'insensibilité.

Molière, *Psyché*, II, 1.

Adversité, en ce sens, s'est longtemps, on vient de le voir, employé au singulier. « Il lui est arrivé une étrange *adversité*, » lit-on dans le Dictionnaire de l'Académie jusqu'en 1762, où commence cette remarque, depuis généralement reproduite, que le pluriel est, en ce sens, plus d'usage. On avait dit, du reste, dès les premiers temps de la langue, des *adversités*.

Sire Deus, aparilliez est mes cuers... as *aversitez*, aparilliez as prosperitez... aparilliez est à tot ceu ke tu me comanderas.

Saint Bernard, *Sermons franç. ms.*, p. 296. (Cité par Sainte-Palaye.)

.... Si quelque fois il (Dieu) envoye des *adversités*, il le faict pour nous admonester.

P. Larivey, *les Escholiers*, IV, 2.

Et si autrefois il a esté bouillant et trop outrageux, l'aage maintenant, le long exil et *ses adversitez* l'ont refroidy et modéré.

Martin du Bellay, *Mémoires*, liv. IV, ann. 1533.

Vous n'avez jamais eu d'*adversités*, et cela fait que vous ne savez pas toutes les vertus dont vous êtes capable.

Bussy-Rabutin, *Lettres*, 28 octobre 1683, à Mme de Sévigné.

..... Le roi travaille plus que jamais : son courage se ranime dans les *adversités*.

Mme de Maintenon, *Lettres*, 18 mars 1712, au duc de Noailles.

Il est des sortes d'*adversités* qui élèvent et renforcent l'âme; mais il en est qui l'abattent et la tuent.

J.-J. Rousseau, *Rêveries d'un promeneur solitaire*, 6e promenade.

Perdonez-moi toz mes pechiez
Et me gardez d'*aversitez*.

Anonyme, auteur d'une Passion de J.-C. en vers. (Voir *Hist. litt. de la Fr.*, tom. XIII, page 41.)

Confortez-moy, muses savoysiennes;
Le souvenir des *adversitez* miennes
Faites cesser.........

Cl. Marot, *Sur la naissance du fils du Dauphin*.

À coup sûr ces gens-ci
Sur *nos adversités* n'ont rien su jusqu'ici.

Destouches, *le Glorieux*, III, 1.

AÉRER, v. a. (du latin *Aer*).

On a dit aussi autrefois aérier, et, d'une manière plus rapprochée du radical français, *aire*, *ayre*, *air*, ayrer (Voy. Palsgrave, cité plus loin), airier (Voy. Richelet, qui en fait à tort un verbe à part, distinct, par le sens, d'aérer. Voyez aussi Furetière et les auteurs du Dictionnaire de Trévoux).

La forme AÉRER a seule subsisté ; c'est elle seule que donne, dès 1694, le Dictionnaire de l'Académie.

En raison de son étymologie, AÉRER a signifié Mettre en bel air. Mais les lexicographes du XVIIe siècle qui l'expliquent ainsi, préfèrent cette périphrase au verbe lui-même, selon eux, de peu d'usage. Il n'a guère été employé avec cette signification qu'au participe, comme il sera dit plus loin.

Le sens le plus ordinaire d'AÉRER : c'est soit Renouveler l'air dans un espace clos, *aérer une chambre, une salle de spectacle, l'intérieur d'un vaisseau*, etc.; soit Exposer un objet à l'air.

Ayres ces draps de paour de vers.

Il vault mieux *ayrer* vostre chemise contre le feu avant que la mettre.

PALSGRAVE, *Esclarcissement de la langue françoyse*, p. 419.

On trouve dans le passage suivant AÉRER employé sous sa forme pronominale en parlant d'une personne :

Madame, je croy ne pouvoir commencer de trop bonne heure mon traitté avec vous, car je suis assurée qu'entre la première proposition que l'on me fera de vous voir et la conclusion, vous aurez tant de réflexions à faire, tant de médecins à consulter et tant de craintes à surmonter, que j'aurai eu tout le loisir de *m'aérier*.

Mlle DE RAMBOUILLET, *Lettre à Mme de Sablé*, 1642, ms. de Conrart, in-4°, t. XIV, p. 57-62. (Voir *Revue des Deux-Mondes*, janvier 1854, p. 13.)

AÉRÉ, ÉE, participe.

Il s'emploie adjectivement au premier sens du verbe, et se dit de ce qui est en bel air, au grand air, le plus souvent de bâtiments ainsi exposés.

Toutes ces chambres seront à ce utiles, parce qu'elles seront en un lieu chaud modérément, et bien *aéré*.

Le tronc de l'arbre prenoit son plaisir à pousser les branches vers le chemin, par ce que c'estoit la partie la plus *aérée*.

B. PALISSY, *Recepte véritable; de la Marne.*

La maison est très-belle, bien bastie, bien *ayrée*, bien saine, et fort spacieuse.

C. BOUCHET, *Serées*, liv. III, 36e serée.

Les estables seront appropriées au bestail, comme j'ay dit, grandes, aux grandes bestes : petites, aux petites, et pour toutes en général, sèches et *aïrées*.

OLIVIER DE SERRES, *Théâtre d'agriculture*, IV, 9.

Comme il n'est point de corps si bien composés qu'une demeure mal *aérée* n'apporte quelque altération à leur santé, tout de même, quand un esprit vertueux n'a pas encore atteint sa perfection, mais est encore en chemin d'y arriver, il est des choses qu'il fait beaucoup pour lui de n'approcher point.

MALHERBE, Trad. des *Épîtres de Sénèque*, XXVIII.

On y accommoda (à Villahalmanzo) la maison du curé, petite, *aérée*, jolie, pour moi seul.

SAINT-SIMON, *Mémoires*, 1721, t. XIX, c. 9.

AÉRÉ a été aussi employé adjectivement dans des cas où l'usage a prévalu de se servir d'*aérien*. (Voyez ce mot.)

La rose tient plus de la vertu *aërée* que nulle autre herbe ny plante.

Regarde un arbre ..... qui n'ait point esté enté, et un de mesme fruict qui ait esté enté, et taste des deux fruicts, et tu verras lequel est le meilleur et lequel a plus attiré de la vertu *aërée*.

B. PALISSY, *des Abus des médecins*.

Quand tu voyds le hourt de deux armées ..... le grand effroy et vacarme principal provient du dueil et ulement des diables, qui là guestans pelle melle les paouvres ames des blessez, recoivent coups d'espée à l'improviste, et patissent solution en la continuité de leurs substances *aërées* et invisibles.

RABELAIS, *Pantagruel*, III, 23.

Esprit est une substance subtile *aërée*, transparente et luisante faicte de la partie du sang la plus légère et ténue....

A. PARÉ, *Introd. à la vraie cognoissance de la Chir.* I, 13.

C'est la chaleur qui sépare la portion *aërée* et huileuse du sang.

G. BOUCHET, *Serées*, liv. III, 26e serée.

Je peins principalement mes cogitations, sujet informe, qui ne peut tomber en production ouvragère. À toute force le puis-je coucher en ce corps *aëré* de la voix.

Quant aux (animaux) marins ... en couleur, netteté,

polissure, disposition, nous leur cédons assez : non moins en toutes qualités aux *aërez.*

MONTAIGNE, *Essais*, II, 6; 12.

Il y a en ceste ville un nommé Gasparin, qui se vante par tout de sçavoir chasser du corps des hommes les esprits, de quelque qualité qu'ils soyent, ou terrestres ou *aërez.*

J. LOUVEAU, *trad. de Straparole, IIe nuit*, fable IV.

Le fameux archevêque Navarrète dit que, selon les interprètes des livres sacrés de la Chine, l'âme est une partie *aérée*, ignée, qui en se séparant du corps se réunit à la substance du ciel.

VOLTAIRE, *Essai sur les mœurs*, c. II.

AÉRIEN, IENNE, adj. (du latin *aerius* et, par ce mot d'*aer*).

On a dit aussi AÉRIN, INE (voyez le dictionnaire de J. Thierry, 1564, et les exemples ci-après) ; AÉREUX, EUSE (voyez le Dictionnaire de Cotgrave).

AÉRIEN se prête par son étymologie à des acceptions assez variées. Il peut signifier :

Qui est d'air, qui tient de l'air.

La manne appelée par Galien miel *aérien.*

A. PARÉ, *Introd. à la cognoissance de la vraie Chir.* XXV, 2.

Les Esséniens, la secte la plus parfaite des Juifs, tenoient que les âmes étoient d'une matière *aérienne.*

ARNAULD (cité par Furetière, *Dict.*).

Remarquons, en passant, que dans l'âge moyen de la Grèce, du temps d'Homère, l'âme n'était autre chose qu'une image *aérienne* du corps.

VOLTAIRE, *Essai sur les mœurs*, c. 4, De la connaissance de l'âme.

L'on ne peut douter que le soleil ne soit environné d'une sphère de matières aqueuses, *aériennes* et volatiles, que sa violente chaleur tient suspendues.

BUFFON, *Époques de la nature*, I.

Esprits *aériens* de la terre et des eaux.

CAS. DELAVIGNE, *le Paria*, II, 6.

Qui appartient à l'air, qui est un effet de l'air ; qui se passe, qui s'élève, qui habite dans l'air, etc.

Mercure s'en coula parmi la région *aërine* ..... pour parfournir son message.

J. LE MAIRE DE BELGES, *Illustrations de Gaule*, I.

..... Dans sa vie tout *aérienne* on le voit à peine toucher le gazon par instants : il est toujours en l'air.

BUFFON, *Histoire naturelle*, Oiseaux, l'oiseau-mouche.

Il y a des palmiers de montagnes, et en quelque sorte *aériens* par la longueur de leurs flèches, qui s'élèvent bien au-dessus des forêts.

Nous indiquerons ailleurs les rapports de la lumière et des eaux *aériennes.*

BERNARDIN DE SAINT-PIERRE, *Harmonies de la nature*, I, Tableau des harmonies générales de la nature ; II, Harmonies aériennes de l'eau.

... Le charmant colibri...
Phénomène léger, chef-d'œuvre *aérien.* ...

DELILLE, *les Trois Règnes*, VII.

Enfin, par figure, Qui se rapproche de l'air, léger, délicat, comme l'air ; *une taille, une démarche aérienne*, etc.

AÉRIEN est entré dans plusieurs locutions techniques de grand usage, telles sont :

En termes de peinture, *Perspective aérienne*, illusion dans les perceptions de la vue, provenant de l'interposition de l'air, avec ses divers accidents, entre l'objet et l'œil du spectateur. On la distingue de la perspective linéaire, où l'illusion résulte de la variété de l'angle que forment dans notre œil les rayons de la lumière réfléchie par l'objet visible, suivant l'éloignement et la position dans lesquels nous nous plaçons relativement à cet objet. Celle-ci s'établit positivement au moyen de lignes géométriques, à la différence de la *perspective aérienne*, effet vague et indéterminé des phénomènes de l'atmosphère.

La *perspective* linéaire consiste dans le juste raccourcissement des lignes ; l'*aérienne*, dans une juste dégradation des couleurs.

SALLIER, *Sur la perspective de l'ancienne peinture ou sculpture.* (Voir Mémoires de l'Acad. des inscriptions et belles-lettres, t. VIII, p. 97.)

En termes d'anatomie, *voies aériennes, conduits aériens*, l'Ensemble des conduits destinés à porter l'air dans les poumons, c'est-à-dire le larynx, la trachée-artère et les bronches avec leurs ramifications.

Dans le passage suivant, d'une date assez récente, se rencontre une expression analogue : *organes aériens.*

... Nos *organes,* que nous pourrions appeler *aériens,* tels que ceux de l'ouïe, de l'odorat, de la respiration.

Il n'y a pas de doute que les poissons ne tirent l'air de l'eau par leurs ouïes, puisque c'est par ce moyen qu'ils renouvellent l'air de leur *vessie aérienne.*

BERNARDIN DE SAINT-PIERRE, *Harmonies de la nature*, II ; Harmonies aériennes du soleil et de la lune ; Harmonies aériennes des animaux.

Du latin *aer* ou du grec ἀήρ, combinés avec d'autres mots latins ou grecs, se sont formés un très-grand nombre de mots composés, dont on rapportera ici seulement les plus connus et les plus usuels.

AÉRIFÈRE, adj. des deux genres (des mots latins *aer* et *fero*.)
Terme d'anatomie : Qui introduit l'air.

AÉRIFORME, adj. des deux genres (des mots latins *aer* et *forma*).
Terme de physique. Il se dit des fluides qui, différant de l'air atmosphérique par leur nature propre, lui ressemblent par leur constitution physique, étant transparents, élastiques, compressibles, etc. *Le gaz hydrogène est une substance aériforme.*

On dit encore, particulièrement en ichthyologie, *vessie, vésicule aérienne* (voyez VÉSICULE).

AÉROGRAPHIE, s. f. (des mots grecs ἀήρ et γράφω).
Description, théorie de l'air.

AÉROLITHE, s. m. (des mots grecs ἀήρ et λίθος).
Nom donné assez récemment à ce qu'on désigne communément par le nom de Pierres tombées du ciel. On les désignait autrefois sous les noms de *Pierres de l'atmosphère, Météorites, Pierres météorites.*

J. Izarn, dans sa *Lithologie atmosphérique*, publiée en 1803, ne se sert encore que de l'expression *Pierre de l'atmosphère.*

Le mot AÉROLITHE ne se trouve pas dans le *Dictionnaire des sciences naturelles*, dont les quatre premiers volumes ont paru à Paris de 1804 à 1806, il ne paraît que dans le supplément publié en 1817 ; encore y est-il dit : « Comme rien ne prouve que ces pierres se forment dans l'atmosphère, nous leur donnons, avec plusieurs minéralogistes, le nom de *météorites*, qui ne fait rien préjuger sur leur origine. »

Dans la relation d'un voyage fait dans le département de l'Orne, etc., par J.-B. Biot, relation imprimée par ordre de l'Institut en thermidor an XI (1803), on se sert de l'expression *pierres météoriques.*

Maintenant on ne se sert que du terme *aérolithe.*

La plus ancienne des opinions de ceux qui ont donné aux *aérolithes* une origine céleste est celle émise par Chladni pour expliquer la formation des bolides.

... Il me semble difficile d'admettre avec M. de Lagrange que les *aérolithes* peuvent tirer leur première origine des volcans de la terre....

BIGOT DE MOROGUES, *Mémoire historique et physique sur les chutes des pierres tombées sur la surface de la terre*, Orléans, 1812, p. 316, 320.

On serait tenté de croire que la plus récente des hypothèses par lesquelles on a cherché à expliquer la chute des *aérolithes* se serait présentée la première aux astronomes chinois.

ABEL RÉMUSAT, *Catalogue des bolides et des aérolithes observés à la Chine et dans les pays voisins*, tiré des livres chinois. (Voy. *Journal de physique*, etc., t. LXXXVIII, 1819, p. 348.)

AÉROLOGIE, s. f. (des mots grecs ἀήρ et λόγος).
Traité sur l'air et ses différentes propriétés.

On ne peut réussir dans la pratique de la médecine sans la connoissance de l'*aérologie ;* c'est par elle qu'on s'instruit des impressions de l'air et de ses différents effets sur le corps humain.

Encyclopédie, art. AÉROLOGIE.

AÉROMANCIE, s. f. (des mots grecs ἀήρ et μαντεία).

Autrefois, par une orthographe plus rapprochée de l'étymologie, AÉROMANTIE (voyez les dictionnaires de Cotgrave, de Richelet, le dictionnaire de Trévoux).

Art prétendu de deviner par le moyen de l'air et des phénomènes aériens.

Voulez-vous . . . . . en sçavoir plus amplement la verité par Pyromantie, par *Aëromantie,* célébrée par Aristophanes en ses Nuées, par Hydromantie.
RABELAIS, *Pantagruel*, III, 25.

Les païens croyoient à l'*aéromantie :* mais les vrais chrétiens la regardent comme une illusion.
RICHELET, *Dictionnaire.*

D'AÉROMANCIE s'était formé AÉROMANCIEN.

Autres sont nommés *aéromanciens* ou prognostiqueurs de la disposition future, parce qu'ils devinent par l'air, sçavoir et par le vol des oiseaux, ou par tourmentes, orages, tempêtes et vents.
A. PARÉ, *Introd. à la cognoissance de la vraye Chir.*, XIX, 31.

Idromanciens, l'eaue faut visiter ;
Aeromanciens, regardez-vous bien l'air ?
Pyromanciens, advisez bien le feu.
Chasse et départie d'amour, p. 248, col. 1. (Cité par Sainte-Palaye.)

AÉROMÈTRE, s. m. (des mots grecs ἀήρ et μέτρον).

Instrument propre à mesurer la densité ou la rareté de l'air.

AÉROMÉTRIE, s. f. (des mots grecs ἀήρ et μέτρον).

Science qui a pour objet la constitution physique de l'air et qui en mesure et en calcule les effets mécaniques.

AÉRONAUTE, s. des deux genres (des mots grecs ἀήρ et ναύτης).

Celui, celle qui parcourt les airs au moyen d'un aérostat ; proprement, qui navigue dans les airs, figure fort naturelle à laquelle auraient pu conduire certains passages anciens, ce vers entre autres :

Insuetum per iter gelidas *enavit* ad Arctos.
VIRG. *Æn.* VI, 16.

Une médaille frappée en 1783, en l'honneur de MM. Mongolfier, portait pour exergue : « Pour avoir rendu l'air navigable. » (Voyez Faujas de Saint-Fond, ouvrage cité plus bas.)

AÉROSTAT, s. m. (des mots grecs ἀήρ et ἵστημι).

Espèce de Ballon rempli d'un fluide plus léger que l'air, au moyen duquel on peut s'élever dans l'atmosphère.

Depuis que l'usage des *aérostats* est devenu facile et simple, les physiciens désiroient qu'on les employât pour faire des observations qui demandent qu'on s'élève à de grandes hauteurs, loin des objets terrestres.
Relation d'un voyage aérostatique fait par MM. Gay-Lussac et Biot, lue à la classe des sciences mathématiques et physiques de l'Institut national, le 9 fructidor, an XII.

Montrez-leur l'araignée aquatique se promenant au fond de l'eau, au milieu d'un globule d'air qu'elle a eu l'art d'enfermer dans des fils. Notre *aérostat* s'élève dans l'atmosphère ; le sien, plus merveilleux, descend au fond de l'eau.
BERNARDIN DE SAINT-PIERRE, *Harmonies de la nature*, liv. II, Harmonies aériennes des animaux.

Il est employé adjectivement dans le passage suivant du même écrivain :

L'homme exerce sur l'air une puissance qui suffit à tous ses besoins. Il le force . . . . . . de le voiturer sur l'océan avec les voiles d'un bateau, et même au haut de l'atmosphère avec le globe *aérostat.*
Harmonies aériennes de l'homme.

AÉROSTATION, s. f.

Art de faire des aérostats et de les employer.

AÉROSTATIQUE, adj. des deux genres.

Qui a rapport à l'aérostation. *Globe, ballon aérostatique. Machine aérostatique*, etc.

« Description des expériences *de la machine aérostatique* de MM. de Mongolfier. » Tel est le titre d'un ouvrage publié en 1783 par Faujas de Saint-Fond.

À la nouvelle des premières expériences, il (Euler) les

jugea dignes d'occuper ce même génie qui, armé de toutes les forces du calcul, avait pénétré tant de secrets; et la mort vint le surprendre dans le moment où il venait d'écrire sur son ardoise le calcul du mouvement ascensionnel d'un globe *aérostatique.*

Histoire de l'Académie des sciences, 1781, p. 40 (publiée en 1784).

On pourrait tracer un jour, dans l'Élysée, le globe *aérostatique* sur le tombeau de Mongolfier.

BERNARDIN DE SAINT-PIERRE, *Études de la nature*, XIII.

AÉROSTATIQUE est quelquefois employé comme substantif au sens de Théorie des aérostats.

Il est pris substantivement, mais, à ce qu'il semble, avec une acception plus étendue dans ce passage :

Après avoir rampé longtemps comme le ver, il (le papillon) est tout à coup pourvu de quatre ailes brillantes; plus habile que Icare, il traverse les airs, en se jouant avec les vents, sans apprentissage et sans aucune connoissance de l'*aérostatique.*

BERNARDIN DE SAINT-PIERRE, *Harmonies de la nature*, V, Harmonies animales.

AFFABILITÉ, s. f. (du latin *Affabilitas*).
Qualité de celui qui se montre *affable.*

Une vertu qui peut estre appelée *affabilité* ou amiableté.

Nicole ORESME, *Éthique*, 130.

L'autre au contraire soustenoit que tant plus la personne est en degré plus grand, d'autant plus la vertu d'humanité et d'*affabilité* le fait reluire.

G. BOUCHET, *Serees*, liv. I, 9ᵉ serée.

Son *affabilité* et sa bonté sont des qualités qui ne se trouvent nulle part.

VOITURE, *Lettres*, XXXIX.

Cette bonté toute obligeante, cette *affabilité* généreuse que vous faites paroître pour tout le monde.

Vous avez une *affabilité* qui ne rejette rien.

MOLIÈRE, *l'École des femmes*, épît. dédic. à Madame; *les Amants magnifiques*, I, 6.

De ce fonds de modération naissoit cette douceur et cette *affabilité* si nécessaire et si rare dans les grands emplois.

FLÉCHIER, *Oraison funèbre de Michel Le Tellier.*

Une douce *affabilité* nous rassuroit contre son rang.

L'*affabilité* est comme le caractère inséparable et la plus sûre marque de la grandeur.

MASSILLON, *Oraison funèbre de Madame, duchesse d'Orléans; Petit Carême*, IVᵉ dimanche.

Enfin cette *affabilité* des premiers empereurs, qui seule pouvoit leur donner le moyen de bien connoître leurs affaires, fut entièrement bannie.

MONTESQUIEU, *Grandeur des Romains*, c. 17.

Il regagna presque tous les esprits par des largesses, par des promesses, et par cette *affabilité* nécessaire aux rois absolus pour se faire aimer, et aux rois électifs pour se maintenir.

VOLTAIRE, *Histoire de Charles XII*, liv. II.

AFFABLE, adj. des deux genres (du latin *Affabilis* et par ce mot de *ad* et de *fari*).

AFFABLE ne doit pas être confondu avec un autre mot de même forme qu'on fait venir par *affeable, feable*, de *fides* et auquel on donne le sens de Digne de foi. Voyez Le Duchat, additions aux *Origines* de Ménage, Sainte-Palaye, *Glossaire de l'ancienne langue française.* L'un et l'autre en citent cet exemple emprunté au texte du *Roman de la Rose*, publié par Clément Marot, en 1526 :

Si en puis trouver pour garant
Macrobe, ung acteur très-*affable*
Qui ne tient pas songes à fable.

AFFABLE signifie proprement, comme *affabilis* si bien défini par ce vers :

Nec visu facilis, nec dictu *affabilis* ulli.

VIRGILE, *Énéide*, III, 621.

À qui l'on peut parler sans crainte, sans embarras, qui écoute avec bonté, avec douceur, et, par suite, D'un abord facile, engageant, agréable, poli, civil, etc.

Celui qui le fait selon qu'il convient et appartient, il peut estre appelé amiable ou *affable* ou agréable.

Nicole Oresme, *Éthique*, 50.

Il estoit fort beau, comme j'ay dict, de bonne grâce, gentil en toutes ses actions, et courtois, *affable*, d'un grand esprit.

Brantôme, *Grands capitaines estrangers*, D. Juan d'Autriche.

Il estoit courtois et *affable*, voire à l'endroit de la commune.

Coeffeteau, *Histoire romaine*, I.

Il étoit de l'intérêt de sa grandeur même, qu'il eût ce fonds d'humanité qui le rendoit si *affable* et si accessible.

Bourdaloue, *Oraison funèbre du prince de Condé.*

Ce n'étoit plus ce grand roi, la terreur de l'Europe et dont nos yeux pouvoient à peine soutenir la majesté; c'étoit un maître humain, facile, bienfaisant, *affable*.

Madame n'étoit plus une maîtresse; c'étoit une mère *affable* et bienfaisante, dépouillée de sa grandeur, sans l'être jamais de sa dignité.

Massillon, *Oraison funèbre de Louis le Grand; Oraison funèbre de Madame la duchesse d'Orléans.*

Quelque politesse naturelle qu'on ait, dès que nous voyons des gens dont la figure prévient, notre accueil a toujours quelque chose de plus obligeant pour eux que pour les autres: avec ces autres nous ne sommes qu'honnêtes; avec ceux-ci, nous le sommes jusqu'à être *affables*.

Marivaux, *la Vie de Mariane*, part. VIII.

Il étoit (François de Guise) l'idole des catholiques, et le maître de la cour, *affable*, généreux et, en tous sens, le premier homme de l'État.

Voltaire, *Essai sur les mœurs*, c. 171.

Ces *affables* donneurs d'embrassades frivoles.

Molière, *le Misanthrope*, I, 1.

Lui, parmi ces transports, *affable* et sans orgueil,
À l'un tendoit la main, flattoit l'autre de l'œil.

J. Racine, *Athalie*, V, 1.

Affable n'est pas toujours pris absolument, comme dans les exemples qui précèdent. Il reçoit quelquefois un complément formé d'une préposition et de son régime, particulièrement des prépositions *à*, *envers*, *avec*.

De la préposition *à*:

Il faut suivre les enfants et accoustumer à estre gracieux, *affables à* parler à tout le monde, et salüer volontiers un chascun.

Amyot, trad. de Plutarque, *Œuvres morales*, Comment il faut nourrir les enfants.

Il se montroit du reste doux et *affable à* tout le monde...

Mézeray, *Histoire de France.*

Affable à tous, avec dignité, elle savoit estimer les uns sans fâcher les autres.

Bossuet, *Oraison funèbre de la duchesse d'Orléans.*

Applaudie de tous, mais à son tour *affable* et civile *à* tous, elle prévenoit ceux-ci, répondoit honnêtement à ceux-là...

Fléchier, *Oraison funèbre de Mme la Dauphine.*

.....Fort désintéressé, *affable aux* plus petits (le cardinal Janson).

Saint-Simon, *Mémoires*, 1713, t. X, c. 39.

De la préposition *envers*:

Pour ce qu'ils (les généreux) n'estiment rien de plus grand que de faire du bien aux autres hommes, et de mépriser son propre intérêt, pour ce sujet ils sont toujours parfaitement courtois, *affables* et officieux, *envers* un chacun.

Descartes, *les Passions de l'âme*, part. III, art. 156.

Cependant une élection approche, et c'est alors qu'il faut redoubler ses attentions et se montrer plus *affable* et plus officieuse que jamais *envers* tout le monde et surtout *envers* les amies.

Bourdaloue, *de l'État religieux.*

De la préposition *avec*:

Elle est douce, *affable* et familière *avec* tous ceux qui l'approchent et qui ont l'honneur de la servir.

Portraits de Mlle de Montpensier, CXXXIX, Portrait de la reine mère.

Affable avec les étrangers, ce n'est que pour ses parents et dans son intérieur qu'il est dur, hautain et capricieux.

La Harpe, *Cours de littér.*, part. III, liv. 1., Poésie, c. 5, sect. 4.

Affable ne se dit pas seulement des personnes, mais de leur extérieur, de leurs manières, de leurs discours, etc.

Une courtoisie si remarquable que celle de ce gentilhomme ne fut pas mal reconnue par Francion, qui se servit des termes les plus *affables* qu'il put inventer pour le remercier ainsi qu'il le méritoit.

Sorel, *Francion*, I.

Une supérieure ..... leur doit (à ses filles) ..... une charité *affable* et prévenante pour leur ouvrir le cœur et leur donner la confiance de lui exposer leurs sentiments.

Bourdaloue, *de l'État religieux*.

La majesté qui l'environnoit étoit *affable* et accessible.

Massillon, *Oraison funèbre de Madame, duchesse d'Orléans.*

À voir ces bonnes filles, au reste, vous leur trouvez un extérieur *affable*, et pourtant un intérieur indifférent. Ce n'est que leur mine, et non pas leur âme, qui s'attendrit pour vous.

Marivaux, *la Vie de Marianne*, part. III.

Les regards *affables* ornent le visage des rois.

Vauvenargues, *Réflexions et maximes*, CCCLXXXVII.

Oh! la méchante femme, avec son *air affable!*

Destouches, *le Glorieux*, III, 9.

Affable est employé à peu près de la même manière, mais pris substantivement, dans ce passage:

Ne sais-je pas qu'un roi qui veut qu'on le révère
Doit mêler à propos l'*affable* et le sévère?

Rotrou, *Venceslas*, I, 1.

Affable et Affabilité, assez anciens dans la langue, puisqu'ils se rencontrent, on l'a vu, chez Nicole Oresme, et employés, on l'a vu aussi, dans les deux derniers siècles, par les meilleurs écrivains, n'ont pas toujours été reçus sans opposition. Nous savons par Bouhours, *Nouvelles remarques sur la langue françoise*, qu'ils déplaisaient à Patru, lequel s'en exprimait ainsi: «Ils sont françois, mais laissons-les dire aux autres.» Nous lisons en outre chez un écrivain du même temps:

Lorsque le voisin de Madame dit qu'il la trouve *affable* et courtoise en son endroit, il ne s'exprime pas poliment, parce que les mots de courtois et d'*affable* ne sont plus guères dans le commerce des gens du monde, et les mots de civil et d'honnête ont pris leur place, de même que ceux de civilité et d'honnêteté ont pris la place de courtoisie et d'*affabilité*.

De Callières, *Du bon et du mauvais usage dans les manières de s'exprimer*, suite *des mots à la mode*, 1694.

Quelques lexicographes du XVIIe siècle, Richelet, Furetière, les auteurs du Dictionnaire de Trévoux, ont partagé, sans la justifier davantage, cette singulière répugnance pour des mots si bien faits et d'un si bon usage.

C'est avec plus de raison que les mêmes lexicographes ont noté comme vieilli et peu employé:

Affablement, adv. (formé du français *affable*, mais répondant à *affabiliter*), lequel s'est produit tardivement dans la langue latine (voyez Spart., *in Carac.*; A. Gell., *Noct. att.*, XVI, 3; Macrob., *Saturn.*, VII, 2), et n'y a jamais été fort usité.

Avec affabilité, civilement, honnêtement.

Celuy ne nous a injurié comme Lisset, ains remonstré *affablement.*

Bernard Palissy, *Abus des médecins.*

AFFABULATION, s. f. (du latin *Affabulatio*, mot par lequel Priscien a traduit le premier, à ce qu'il semble, l'Ἐπιμύθιον des Grecs).

Terme didactique. Partie d'une fable, d'un apologue, qui en explique le sens moral. On se sert plus volontiers, pour le même usage, du mot Moralité. Nos fabulistes, dans leurs préfaces, et, à plus forte raison, dans leurs fables, et nos critiques, dans leurs chapitres sur l'apologue, n'en emploient guère d'autre.

Plusieurs de ses *affabulations* sont défectueuses, et Phèdre et la Fontaine en ont corrigé plusieurs.

La Harpe, *Cours de littér.*, part. I, liv. 1, Poésie, c. 8, sect. 2.

AFFADIR, v. a. (du français *Fade*, et, par ce mot, du latin *Fatuus*. (Voyez Fade.)

Quelquefois on a écrit Afadir.

Affadir signifie au propre Rendre fade, faire perdre à une chose sa saveur. *Affadir une sauce, un ragoût, en y mêlant quelque chose de trop doux.*

Il signifie encore, par extension, causer une sensation désagréable au palais, à l'estomac, par quelque chose de fade.

Comme il y a de bonnes viandes qui *affadissent* le cœur,

il y a un mérite fade et des personnes qui dégoûtent avec des qualités bonnes et estimables.

La Rochefoucauld, *Maximes*, XLVIII.

À chacune de ces deux acceptions d'affadir correspond un sens figuré.

Affadir se dit figurément pour Rendre insipide, par exemple, une langue, un discours, quelque ouvrage d'esprit, etc.

Je gâtai ma pièce (OEdipe) pour leur plaire (aux acteurs) en *affadissant* par des sentiments de tendresse un sujet qui le comporte si peu.

Voltaire, *Lettres*, 7 janvier 1730.

Voilà donc le langage que prête à César un homme qui se pique de ne point *affadir* la tragédie.

La Harpe, *Cours de littér.*, part. II, liv. I, Poésie, c. 2, sect. 2.

On se sert encore figurément d'affadir en parlant du dégoût causé par certaines pensées, certaines expressions.

Les exemples suivants sont propres à faire comprendre comment, en passant du sens propre au sens figuré, le mot est arrivé à cette acception :

Je ne veux pas qu'on s'employe à me rendre attentif..... il ne me faut pas d'alechement ny de saulce ; je mange bien la viande toute crue ; et au lieu de m'esguiser l'appetit par ces preparatoires et avant-jeux on me le lasse et *affadit.*

Montaigne, *Essais*, II, 10.

La « tarte à la crême » m'*a affadi* le cœur ; et j'ai pensé vomir au « potage ».

Molière, *Critique de l'École des femmes*, sc. 3.

On ne dit pas seulement, en ce sens figuré, *Affadir l'appétit*, *le cœur* d'une personne, mais la personne elle-même.

Cettui-ci, receu avec honneur et caresses, fut r'envoyé si plein de douceurs qu'il en *affadit* ses compagnons au retour.

Agr. d'Aubigné, *Histoire universelle*, t. I, liv. iv, c. 21.

Ces gens l'embarrassoient,
L'attiédissoient, l'*affadissoient*,
L'endormoient en contant leur flamme;
Ils déplaisoient tous à la dame.

La Fontaine, *Contes*, III, 13.

De son ton doucereux le miel vous *affadit.*

Delille, *la Conversation*, II.

Affadir, surtout dans la seconde de ses acceptions, soit au propre, soit au figuré, peut s'employer absolument.

Une lasche, facile, toute libre et ouverte permission et commodité *affadit*, oste le goust et la pointe.

Charron, *de la Sagesse*, I, 22.

Affadir peut aussi se construire avec le pronom personnel.

C'est le goust d'une molle fortune, qui *s'affadit* aux choses ordinaires et accoutumées.

Montaigne, *Essais*, III, 13.

L'éloquence toujours flatteuse dans les monarchies, *s'est affadie* par des adulations dangereuses aux meilleurs princes.

Massillon, *Oraison funèbre de Louis le Grand.*

De Molière oublié le sel *s'est affadi.*

Voltaire, *Épîtres*, CI, au roi de la Chine.

Affadi, ie, participe.

Il se prend adjectivement dans les divers sens du verbe, au propre et au figuré.

En parlant d'une chose qui a perdu sa saveur :

Si le sel est *affadi*, avec quoi l'assaisonnera-t-on ?

Trad. de l'Évangile de *Saint Matthieu*, V, 13 (cité dans le Dictionnaire de Furetière).

Dans de très-nombreuses allusions faites par les œuvres ecclésiastiques à ce passage de l'Écriture : « Vos estis sal terræ ! Quod si sal *evanuerit*, in quo salictur ?» on trouve également employé, soit au participe, soit construit avec le pronom personnel, le verbe *affadir*.

Il faut que nous ne perdions pas notre vigueur intérieure par le commerce du monde ; que cette vigueur et cette force nous empêchent de devenir un sel *affadi.*

Nicole, *Essais de morale*, Sur l'Évangile du 6me dimanche après l'Épiphanie, XII.

Ne souffrez pas, Seigneur, que la lumière se change en ténèbres, ni que le sel de la terre *s'affadisse* et soit foulé aux pieds.

Bossuet, *Sermons*, Sur les obligations de l'état religieux.

Souvenez-vous que le sel de la terre *est* bientôt *affadi* et foulé aux pieds.

FÉNELON, *Sermons*, Pour la fête de S. Bernard.

... Chacun cherche ses propres intérêts; le sel même de la terre s'est *affadi*, et la piété est devenue un gain.

MASSILLON, *Carême*, jeudi de la 1re semaine, Sur la prière.

AFFADI s'emploie encore adjectivement en parlant d'une défaillance physique.

Dodillon étourdi
A longtemps le teint pâle et le cœur *affadi*.

BOILEAU, *le Lutrin*, V.

On l'a dit des personnes elles-mêmes. Il y en a de fort anciens exemples dans le sens de Dégoûté :

Ceuls qui des biens de Paradis
Estoient povres et *affadis*.

Eust. DESCHAMPS, *Poés. mss.*, fol. 544, col. 4. (Cité par Sainte-Palaye.)

Languissant, affaibli, énervé, efféminé :

Et où j'ay veu pluseurs boire et manger
Qui estoient lasches et *afadis*.

.....Rois, chevaliers et clercs,
Dont je t'ay recité les dis,
Sont par femme ainsis *affadis*.

Eust. DESCHAMPS, *Poés. mss*, fol. 13, col. 4; fol. 529, col. 2. (Cités par Sainte-Palaye.)

On peut rapprocher de ce dernier passage d'Eustache Deschamps ces vers de date peu ancienne :

Et n'estimant dignes d'être applaudis
Que les héros par l'amour *affadis*.

J.-B. ROUSSEAU, *Épîtres*, II, 1.

C'est dans un sens analogue, exprimant cette espèce d'affaiblissement de la raison que produit un goût très-vif, une idée fixe, qu'un écrivain du XVIe siècle a dit :

Je suis si *affadi* après la liberté, que qui me defendroit l'accès de quelque coin des Indes, j'en vivrois aucunement plus mal à mon aise.

MONTAIGNE, *Essais*, III, 13.

AFFADISSEMENT, s. m.

Il répond au double sens d'*affadir*, tant au propre qu'au figuré et se dit de l'Effet produit par la fadeur, soit sur les choses de l'ordre physique et de l'ordre moral, soit sur nos sens et notre esprit.

Le passage suivant, qu'expliquent les allusions à un célèbre passage de l'Écriture qui ont été citées précédemment (p. 173, 174), est un exemple d'AFFADISSEMENT, pris figurément dans le premier sens :

Tellier se promit toutes choses de l'*affadissement* du sel de la terre (la faiblesse du clergé) qu'il reconnut en plein dans les assemblées des évêques sur cette affaire.

SAINT-SIMON, *Mémoires*, 1713, t. XI, c. 1.

Il est pris, figurément aussi, au second sens dans des passages tels que celui-ci :

Toute scène doit être un combat; une scène où deux personnages craignent, désirent, aiment la même chose, serait le dernier période de l'*affadissement*.

VOLTAIRE, *Lettres*, 15 janvier 1739.

AFFAIBLIR, v. a. (de *foible;* dérivé par les anciennes formes *feble*, *fleble*, soit de *flexibilis*, soit de *flebilis*, entendu dans un sens qu'on lui a quelquefois donné au moyen âge). (Voyez FAIBLE.)

Ce mot, très-ancien dans la langue, a suivi, quant à la prononciation et à l'orthographe, les variations de l'adjectif dont on l'a tiré, *fleble*, *feble*, *foible*. On l'a écrit autrefois AFFLEBOYER, AFLOBOIER, AFFLAVILIER, AFLEBIR, AFIEBLIR, AFFEBLOYER, AFFEBLOIER, AFEBLOIER, AFFEBLIER, AFFEIBLIR; AFEIBLIR, AFFOIBLOIER, AFFOIBLIER, etc. (Voyez le GLOSSAIRE de Sainte-Palaye et les exemples ci-après.) Ces diverses formes orthographiques ont conduit à AFFOIBLIR que donnent, après Rob. Estienne, J. Thierry, Nicot, etc., tous nos lexicographes jusqu'à ces derniers temps; et, enfin, par la substitution de la diphthongue *ai* à la diphthongue *oi*, à notre forme actuelle AFFAIBLIR.

AFFAIBLIR, par sa signification générale, Rendre faible, se prête à des applications multipliées, dont on indiquera seulement les principales.

On le dit, par exemple, au sens physique, en parlant d'un être animé, ou bien de son corps, de ses membres, de ses organes, lorsque l'âge, la maladie, quelque accident les rend moins forts.

Estre ensoiniet (occupé) entor la cuzanzon (la souffrance) de son *afflaviliet* cors (de son corps affaibli).

S. Bernard, *Sermons franç., mss.*, p. 190.(Cité par Sainte-Palaye.)

Le petit innocent mourut martyr de pure faim, et mon père et ma mère furent si *affoiblis*, et ensuite si affamés, qu'ils mangèrent trop et eurent chacun une longue maladie.

Scarron, *Roman comique*, I, 13.

Comme les aliments dans un corps malade, bien loin de le fortifier et de le nourrir, l'*affoiblissent* et se tournent en corruption jusqu'à détruire le principe de la vie...

Bourdaloue, *Carême.*

Les disciples d'Aristote, voyant leur maître avancé en âge et d'une santé fort *affoiblie*, le prièrent de leur nommer son successeur.

N... est moins *affoibli* par l'âge que par la maladie; car il ne passe point soixante-huit ans.

La Bruyère, *Discours sur Théophraste; Caractères*, c. 11.

La vieillesse languissante, ennemie des plaisirs, viendra rider ton visage, courber ton corps, *affoiblir* tes membres.

Fénelon, *Télémaque*, XIX.

Quant à moi, *affoiblie* par l'effort que je venois de faire, je m'étois laissée aller sur les genoux de madame de Miran et je pleurois.

Marivaux, *la Vie de Marianne*, part. VIII.

La mollesse du climat n'*affaiblit* point cette race guerrière.

L'empereur Maximilien, *affaibli* par l'âge et incapable d'agir.

Voltaire, *Essai sur les mœurs.*

Le cardinal (Fleury) n'étoit plus le même homme, l'âge l'*avoit affoibli.*

Hénault, *Mémoires*, c. 22.

Tant jut (fut couché) e tant juna ke mult *fu aflebiz.*

Viez huem ert (étoit) ja si *afiebli.*

Wace, *Roman de Rou*, v. 3134; v. 5890.

Mais li rois ert (étoit) malement *affeblis*
Del sanc de lui qui à la terre gist.

Garin le Loherain, t. I, p. 41.

Li maus qui prist le conte moult forment l'*afeblie.*

Chanson d'Antioche, ch. VII, v. 325.

Mes maux m'*ont affaibli*, plus encor que mes ans.

Mes yeux, mes tristes yeux, *affaiblis* par les ans.

Je t'écris d'une main par la fièvre *affaiblie.*

Voltaire, *Zaïre*, II, 3; *Alzire*, II, 2; *Lettres*, 1er juin 1731.

On le dit encore au sens physique, en parlant de tout objet matériel dont la solidité, la force sont diminuées.

À force de raboter une planche on l'*affoiblit.*

Furetière, *Dictionnaire.*

En ces étuves de Scipion les fenêtres sont de petits trous, qui montrent que pour n'*affoiblir* la muraille on n'en a voulu percer que ce qu'il en falloit pour avoir du jour.

Malherbe, trad. des *Épîtres de Sénèque*, LXXXVI.

On *a* trop *affoibli* cette poutre.

Dictionnaire de Trévoux.

On *a* trop *affoibli* cette pièce de charpente.

Grand vocabulaire.

D'une autre part, on le dit au sens moral en parlant d'une personne dont la puissance, l'autorité, l'influence, etc., souffrent quelque diminution.

Mustapha, se trouvant trop *affoibli*, emprunta de Pialis, à son grand regret, cent hommes de chasque gallere.

Agr. d'Aubigné, *Histoire universelle*, t. I, liv. v, c. 27.

Louis XIV fit face partout. Quoique partout *affaibli*, il résistait, ou protégeait, ou attaquait encore partout.

Il continua dans la politique d'*affaiblir* son ennemi par de petits combats.

Voltaire, *Siècle de Louis XIV*, c. 20; *Histoire de Charles XII*, liv. IV.

Mult sunt li bon e li hardi
Amenuisé et *afebli.*

Wace, *Roman de Rou*, v. 6749.

Sa perte m'*affoiblit* et son trépas m'afflige.
P. CORNEILLE, *le Cid*, II, 8.

Quelquefois *affaiblir une personne*, c'est Rendre sa résistance moins opiniâtre, faire fléchir sa conviction, sa volonté :

Le roi résolu de ne rien oublier pour donner la paix à son royaume, qui en avoit un grand besoin, jugea bien qu'il n'y parviendroit qu'en détachant quelqu'un des alliés contre lui, dont l'exemple *affoibliroit* les autres.

Ébranlé, mais non dépris encore de sa résolution, il (le Régent) essaya de m'*affoiblir* en redoublant la tentation de la place de gouverneur du roi.
SAINT-SIMON, *Mémoires*, 1696, t. I, c. 34; 1719, t. XVIII, c. 6.

AFFAIBLIR se dit encore au moral, dans des sens analogues, lorsqu'il est question d'une société, d'un gouvernement, d'un pouvoir, d'un peuple, d'un parti, d'une armée, d'une assemblée, etc. :

Quant la conjuration fu descoverte et li pooirs Cateline fu *afebloiez*, il s'enfoï en Toscaine.
BRUNETTO LATINI, *li Livres dou tresor*, liv. I, part. I, c. 37, p. 45.

Ilz congnoissoient que par sa mort noblesse estoit grandement *affoiblie*.
Le Loyal Serviteur, c. 65.

Pour *affoiblir* leurs adversaires ils (les Jésuites) désarmont l'Église.
PASCAL, *Pensées*.

Les rois furent bannis et l'empire consulaire fut établi suivant les projets de Servius Tullius : mais il *fut* bientôt *affoibli* par la jalousie du peuple.

Il fallut rappeler Annibal, à qui il ne restoit plus que des troupes *affoiblies* plus par leurs propres victoires que par celles des Romains, et qui achevèrent de se ruiner par la longueur du voyage.
BOSSUET, *Discours sur l'histoire universelle*, I, 8; III, 6.

Il (le capitaine) considéra seulement, que si Spinosa continuoit à cabaler sans qu'ils s'entendissent ensemble, il *affoibliroit* leur parti en le divisant.
SAINT-RÉAL, *Conjuration contre Venise*.

Le comte duc d'Olivarès, premier ministre de Philippe IV, roi d'Espagne, croyoit qu'on ne pouvoit trop *affoiblir* de nouvelles conquêtes.
VERTOT, *Histoire des révolutions de Portugal*.

C'étoit une manière lente de conquérir. On vainquoit un peuple et on se contentoit de l'*affoiblir*.
MONTESQUIEU, *Grandeur des Romains*, c. 6.

Les Russes conquirent aisément, au milieu du seizième siècle, les royaumes de Casan et d'Astracan sur les Tartares *affaiblis*.
VOLTAIRE, *Essai sur les mœurs*, c. 190.

La cité vit mult apovrie
Et empirie et *afoiblie*.
WACE, *Roman de Brut*.

Et dit li rois : Dame, mal avez dit;
Trop par *seroit affoibli* mon païz.
La Mort de Garin, v. 1470.

Et ainsi leur ennemi prinrent
Qui moult les ot *affoibliez*.
EUST. DESCHAMPS, *Poés. mss.*, fol. 506, col. 4. (Cité par Sainte-Palaye.)

Pourquoi nous déchirer par des guerres civiles,
Où la mort des vaincus *affoiblit* les vainqueurs?

Je vous ai montré l'art d'*affoiblir* son empire.
P. CORNEILLE, *Horace*, I, 4; *Sertorius*, III, 2.

Un traître en nous quittant, pour complaire à sa sœur,
Nous *affoiblit* bien moins qu'un lâche défenseur.

Sur tant de fondements sa puissance établie
Par vous-même aujourd'hui ne peut *être affoiblie*.
J. RACINE, *Alexandre*, II, 5; *Britannicus*, III, 3.

Ou bien encore lorsqu'il est question de l'âme et de ses facultés, des passions, des sentiments, des vertus, des qualités morales, etc. :

Il pensoit que, à la première ville qu'il assaudroit, sans en venir au dessus et à son intention, amattiroit et *affoibliroit* le cueur de ses gens.
G. DU BELLAY.

La playe qu'il receut ne fut pas si mortelle qu'il ne vescut encor quelque temps, mais elle luy *affoiblit* le corps et l'esprit, et enfin le fit mourir comme il repassoit en Italie.
COEFFETEAU, *Histoire romaine*, I.

De toutes les passions, la peur est celle qui *affoiblit* davantage le jugement.
LE CARDINAL DE RETZ, *Mémoires*, part. II, année 1651.

Simon de Montfort fit démanteler la plupart des places des rebelles pour *affoiblir* leur opiniâtreté.
MÉZERAY, *Histoire de France*, Philippe-Auguste.

C'étoit mal pourvoir à la sûreté de ses conquêtes (de Sésostris), que de laisser *affoiblir* le courage de ses sujets.
BOSSUET, *Discours sur l'histoire universelle*, III, 3.

Et rien n'a jamais pu *affoiblir* sa sincérité, que sa modestie.
FLÉCHIER, *Oraison funèbre de M. de Montausier.*

Le temps qui fortifie les amitiés *affoiblit* l'amour.

Il faut, s'il se peut, ne point songer à sa passion pour l'*affoiblir.*
LA BRUYÈRE, *Caractères*, c. 4.

Elle (la reine d'Espagne) sentoit ses talents et ses forces, mais sans cette fatuité d'étalage et d'orgueil qui les *affoiblit* et les rend ridicules.
SAINT-SIMON, *Mémoires*, 1721, t. XIX, c. 22.

Les années s'étoient accumulées sur sa tête sans *affoiblir* son esprit, et sans en chasser les grâces.
MAIRAN, *Éloge de Fleury.*

Le règne de Henri II ne fut guère plus heureux que celui de son père. Les défaites de Saint-Quentin et de Gravelines *affaiblissaient* le respect public pour le trône.
VOLTAIRE, *Histoire du Parlement de Paris*, c. 20. Des parlements sous Henri II.

Un corps débile *affoiblit* l'âme.
J.-J. ROUSSEAU, *Émile*, I.

Faites voir des défauts qui puissent à leur tour
Affoiblir ma douleur avecque mon amour.
P. CORNEILLE, *Polyeucte*, II, 2.

Quoi! pour Britannicus votre haine *affoiblie*
Me défend... — Oui, Narcisse, on nous réconcilie.
J. RACINE, *Britannicus*, IV, 4.

Enfin, lorsqu'il est question d'idées abstraites de toutes sortes, telles que la vérité, la justice, la loi, la morale, etc. :

Tous les efforts de la violence ne peuvent *affoiblir* la vérité.
PASCAL, *Provinciales*, XII.

Le plus grand outrage qu'on puisse faire à la vérité est de la connoître, et en même temps de l'abandonner ou de l'*affoiblir*.

On revoit dans sa première vigueur l'autorité *affoiblie*.
BOSSUET, *Histoire des variations*, XV ; *Oraison funèbre de Michel Le Tellier.*

Quelques jeunes personnes ne connoissent point assez les avantages d'une heureuse nature; elles *affoiblissent* les dons du ciel, si rares et si fragiles, par des manières affectées et par une mauvaise imitation.
LA BRUYÈRE, *Caractères*, c. 3.

Je ne vois pas pourquoi on blâmeroit cette émulation, même dans des orateurs chrétiens, pourvu qu'ils...... n'*affoiblissent* en rien la morale évangélique.
FÉNELON, *Dialogue sur l'éloquence*, I.

Tout ce qui outre l'autorité l'*affoiblit* et la dégrade.
MASSILLON, *Petit Carême*, IIe dimanche.

Comme les lois inutiles *affoiblissent* les lois nécessaires, celles qu'on peut éluder *affoiblissent* la législation.
MONTESQUIEU, *Esprit des lois*, liv. XXIX, ch. 16.

En déguisant une vérité publique, on *affaiblit* toutes les autres, et la plus mauvaise politique est de mentir.
VOLTAIRE, *Lettres*, 29 mai 1759.

Que je destruire puisse cel Sarrasin,
Qui nostre loi abaisse et *affeblist.*
Garin le Loherain.

Tant de précaution *affoiblit* votre règne.
J. RACINE, *Britannicus*, IV, 4.

Au nombre des noms abstraits qu'AFFAIBLIR peut recevoir pour régimes, se trouve même le mot Force avec lequel on le construit par une sorte de pléonasme.

Pour aucun descord, le commun et les bourgeois de la ville ne furent point bien d'accord avecques les gens dudit Enguerrant, dont la force d'icelles parties *fut moult affeblie.*
MONSTRELET, *Chronique*, c. 121.

Par le sacrifice de tant de braves gens il *affaiblit* les *forces* de l'empire, mais il affermit son trône, du moins pour quelques années.
VOLTAIRE, *Histoire de Charles XII*, liv. V.

Les quatre fils de Clovis, en partageant entre eux ses conquêtes, formèrent quatre royaumes ; et ce funeste partage, outre qu'il *affaiblissait* les forces générales de la nation, en les divisant, ne manqua pas de devenir, entre ces princes et leurs successeurs, une source intarissable de prétentions respectives.

SAINT-FOIX, *Essais historiques sur Paris*, Mœurs, usages et coutumes de la seconde race.

On dit encore, dans des sens particuliers :

AFFAIBLIR une raison, une preuve, une opinion, une pensée, un fait, etc., pour Les atténuer :

Ces paroles et raisons proposées du dit baron de Parthenay estoient bien spécifiées et examinées en ce conseil, mais tantôt on y remettoit autres raisons qui toutes les *affoiblissoient*.

FROISSART, *Chroniques*, liv. I, part. II, c. 353.

Il n'y a rien qui *affoiblisse* cette preuve.

BOSSUET, *Exposition de la doctrine catholique*, c. 15.

Toutes ses plaintes réitérées (de Marie de Médicis) contre le cardinal *furent affaiblies* par cela même qu'elles étaient trop fortes.

La loi de l'histoire ne nous a permis ni de rien déguiser, ni de rien *affaiblir* dans le récit de cette tragique aventure.

Vous croyez bien que l'opinion que j'étais l'auteur de la préface n'*a* pas *été affaiblie* ni dans l'esprit des Jésuites ni dans celui des magistrats.

VOLTAIRE, *Essai sur les mœurs*, c. 176; *Histoire de Pierre le Grand*, part. II, c. 10; *Lettres*, 10 décembre 1731.

AFFAIBLIR une pensée, la langue, le style, un discours, un ouvrage, pour Diminuer la vivacité, l'énergie, la beauté :

Le bel esprit a le malheur d'*affoiblir* les grandes passions.

Tout ce que l'esprit ajouteroit à ces simples et touchantes paroles ne feroit que les *affoiblir*.

Un ouvrage...n'a un véritable ordre que quand on ne peut en déplacer aucune partie, sans *affoiblir*, sans obscurcir, sans déranger le tout.

FÉNELON, *Lettre à l'Académie*.

L'antithèse saisit presque toutes les pensées de M. Fléchier et souvent les *affoiblit* en voulant les orner.

ROLLIN, *Traité des études*, liv. IV, c. 2, art. 2.

Tâchez, si vous pouvez, d'*affaiblir* votre style nerveux et concis.

VOLTAIRE, *Lettres*, 8 mai 1764, à d'Alembert.

En termes d'art, AFFAIBLIR sert quelquefois à exprimer l'adoucissement de certains traits, de certaines teintes.

Affoiblir les couleurs, en diminuer la force.

DANET, *Dictionnaire*.

Ces eaux, imitant la limpidité des eaux naturelles, doivent me montrer, comme dans une glace, l'image *affoiblie* de la scène environnante.

DIDEROT, *Salon de 1767*, Julliart.

Sache *affoiblir* les jours, sache éclairer les ombres.

LEMIERRE, *la Peinture*, II.

C'est de cette expression que s'est servi, dans un morceau célèbre, le même écrivain pour rendre l'effet produit sur l'apparence des objets par la lumière de la lune.

Ce demi-jour si doux, levé sur la nature,
. . . .
Des différents objets la couleur *affoiblie* ;
Tout repose la vue et l'âme recueillie.

LEMIERRE, *les Fastes*, VIII.

Dans un langage spécial, *affaiblir les monnoies, les espèces d'or et d'argent*, c'est en diminuer le titre et le poids. Il y a de cette manière de parler de fort anciens exemples.

Elles (les monnoyes) sont tellement *affleboyées* que le... peuple les a en indignation et moult contre cueur.

Ordonnances des rois de France, t. III, p. 344, Mandement du 25 mai 1359. (Voir encore une ordonnance de Philippe le Bel, mai 1295; du roi Jean, 28 décembre 1395.)

S'il (le prince) *affoiblissoit* l'argent sans *affoiblir* l'or, il verroit tout à coup disparoître l'or, et il seroit réduit à son mauvais argent.

MONTESQUIEU, *Esprit des lois*, XXII, 13.

AFFAIBLIR a reçu quelquefois, au moyen de la proposition *de*, un régime indirect, faisant connaître :

Soit la cause de l'action exprimée par le verbe :

Si furent li Turc moult grevé et *afeblié de* gent et *de* viande.

Recueil des historiens des Croisades, Hist. occidentaux, t. II, p. 171.

...Estant *affoibli d'*un long aage.

Est. Pasquier, *Recherches de la France*, VII, 7.

Au lieu donc de passer les Apennins avec toutes ses forces, et d'attaquer l'ennemy, *affoibly de* froid et *de* faim, il exposa à la mort ou à la captivité de braves gens, qui s'opiniastroient à sa défense.

Perrot d'Ablancourt, trad. de Tacite, *Histoires*, III, 9.

Affoibli du passé, accablé du présent, on est encore effrayé de l'avenir.

Fléchier, *Oraison funèbre de madame la Dauphine*.

Afleboié se sent *u* sanc que perdu a.

Doon de Maience, v. 5207.

Vous qui du poids des ans n'*êtes* point *affaiblis*.

Voltaire, *Tancrède*, V, 2.

Soit ce qui, dans la personne dont il s'agit, est l'objet de cette action :

Si il avenoit que... ilz fussent *affoiblis* de corps...

Froissart, *Chroniques*, liv. I, part. II, c. 12.

Soit, enfin, ce dont la personne, ou la chose affaiblie souffre la diminution, le retranchement :

Bien furent mort en cele voie quarante chevalier *dont* li os (l'armée) fu durement *affebloiés* e apovris.

Villehardouin, *Conquête de Constantinoble*, CXXII.

Trop y demeurèrent sur les champs de nobles et vaillans hommes, ducs, comtes, barons et chevaliers, par lesquels le royaulme de France *fut* depuis moult *affoibli d'*honneur, *de* puissance et *de* conseil.

Froissart, *Chroniques*, liv. I, part. I, c. 293.

En ces jours (1417), le roy Loys, beau-père du Daulphin, mouru... Pour la mort duquel icellui Daulphin *fut* moult *affebli de* conseil et *d'*aide.

Monstrelet, *Chronique*, c. 170.

Semblablement que nous sommes *affoiblis de* toute foy et loyaulté les unz envers les aultres.

Commines, *Mémoires*, II, 6.

Il n'y a delay de payement qui tant *affoiblisse d'*espérance, ne rende si failly de cœur celuy qui est offensé, ne si insolent et si audacieux celui qui est prompt à oultrager, que le delay de la justice.

Amyot, trad. de Plutarque, *OEuvres morales*, Pourquoi la justice divine diffère.

Brissac *affebly de* près de deux mille hommes qui l'avoient quitté pour suivre le duc de Guise prit néanmoins Valfrenieres dans le comté d'Ast.

Mézeray, *Histoire de France*, Henri II.

Mult est quenz Reinouz regretez;
Cil saveit les conseilz doner,
Les osz conduire e asembler;
Trop sunt *de* lui *afebleié*.

Benoit, *Chronique des ducs de Normandie*, t. I, v. 3983.

Cette vieille coutume,
Sous couleur de punir un injuste attentat,
Des meilleurs combattants *affoiblit* un État.

P. Corneille, *le Cid*, IV, 5.

...Aujourd'hui même encor *de* deux sens *affoibli*.

Boileau, *Épîtres*, X.

Ce dernier tour se rencontre, à une date récente, dans le passage suivant :

La coalition *était affaiblie d'*une puissance qui lui fournissait 60 à 70,000 hommes.

Napoléon, *Mémoires*.

Affaiblir devient quelquefois verbe réciproque.

Il (le roi d'Espagne) s'est jeté à la traverse pour...fomenter nos divisions... et tandis que *nous nous affoiblirons*, croistre et s'augmenter de nostre perte et diminution.

Satyre Ménippée, harangue de M. d'Aubray pour le tiers état.

Elles *s'affoiblissent* (les passions de l'amour et de l'ambition) l'une l'autre réciproquement, pour ne pas dire qu'elles se ruinent.

Pascal, *Discours sur l'amour*. (Voyez *Des Pensées de Pascal*, par Victor Cousin, 2e édit., p. 395.)

Affaiblir est aussi très-souvent employé comme verbe réfléchi.

S'affaiblir se dit dans un sens physique, d'une personne dont les forces déclinent par quelque cause que ce soit, ou bien de son corps lui-même, de sa constitution, de sa santé, de ses forces, etc.

Lors s'adonna à une vie solitaire en lieu désert, allant

tous les jours se cacher en une caverne... où il demeuroit jusques à la nuict, et y faisoit si grande abstinence, qu'il se sentoit *affoiblir.*

Pierre Belon, *Singularitez et choses memorables de divers pays estranges,* liv. III, c. 1.

Cependant la santé du prince *s'affoiblissoit* tous les jours, mais il ne quittoit point pour cela ses débauches.

Perrot d'Ablancourt, trad. de Tacite, *Annales,* VI, 28.

Vous jugez bien qu'une constitution délicate comme la mienne ne se fortifie pas avec l'âge, mais au contraire qu'elle *s'affoiblit* par les années.

L'abbé de Rancé, *Lettres,* 22 avril 1685.

Il *s'affoiblissoit,* ce grand prince, mais la mort cachoit ses approches.

Bossuet, *Oraison funèbre du prince de Condé.*

Ma vue *s'affoiblit,* dit Irène. Prenez des lunettes, dit Esculape. Je *m'affoiblis* moi-même, continue-t-elle, je ne suis ni si saine ni si forte que j'ai été. C'est, dit le dieu, que vous vieillissez.

La Bruyère, *Caractères,* c. 11.

Malheureuse condition des hommes! à peine l'esprit est-il parvenu à sa maturité, que le corps commence à *s'affoiblir.*

Montesquieu, *Pensées diverses.*

Ils (les Suédois) vivent longtemps, quand ils ne *s'affoiblissent* pas par l'usage immodéré des liqueurs fortes.

Voltaire, *Histoire de Charles XII,* liv. I.

S'affaiblir se dit aussi dans un sens moral, soit d'une personne dont les facultés s'altèrent, dont la puissance diminue, etc., soit de ses facultés, de sa puissance, etc.

Vous vous affoiblissez, à fin de le faire plus fort et roide à vous tenir plus courte la bride.

La Boetie, *Discours de la servitude volontaire.*

Je vous ayme tous, je *me* sens périr et *affoiblir* en vostre sang.

Henri IV, *Lettres,* 1er janvier 1586.

Il éprouva la caducité avant le temps, et, son esprit *s'affaiblissant* avec son corps, il ne resta rien du grand Condé les deux dernières années de sa vie.

Voltaire, *Siècle de Louis XIV,* c. 12.

S'affaiblir, dans son sens physique, s'emploie assez ordinairement, au sujet de certains objets matériels qui éprouvent de la diminution.

Il regarde sa vie...comme la fumée qui s'élève, qui *s'affoiblit* en s'élevant, qui s'exhale et s'évanouit dans les airs.

Fléchier, *Oraison funèbre de madame la Dauphine.*

S'affaiblir n'est pas d'un usage moins ordinaire en parlant de choses de l'ordre moral, telles, par exemple, qu'une société, un état, des forces militaires, etc.

On voit les empires les plus florissants, non seulement *s'affoiblir* par la suite des années, mais encore se défaire mutuellement et tomber les uns sur les autres.

Bossuet, *de l'Instruction du Dauphin.*

Condé valoit seul à la France des armées entières... devant lui les forces ennemies les plus redoutables *s'affoiblissoient* visiblement par la terreur de son nom.

Bourdaloue, *Oraison funèbre du prince de Condé.*

À vaincre tant de fois mes forces *s'affoiblissent.*

P. Corneille, *la Toison d'or,* prologue, I.

En général, s'affaiblir peut avoir pour sujets tous les noms de nature abstraite qu'affaiblir, on l'a vu plus haut, reçoit pour les régimes.

Par ainsi se desrompent petit à petit et *affoiblissent* vos franchises.

Froissart, *Chroniques,* liv. II, c. 52.

Telle cause étant accidentelle et du dehors peut venir à faillir ou *s'affoiblir* et changer.

Charron, *de la Sagesse,* II, 3.

Parmy toutes ces violences du prince, les maux de l'Estat alloient toujours croissans et se multiplians au lieu que les remèdes *s'affoiblissoient* et diminuoient à veuë d'œil.

Coeffeteau, *Histoire romaine,* V.

Après la mort des vieillards qui avoient vu les miracles de la main de Dieu, la mémoire de ces grands ouvrages *s'affoiblit,* et la pente universelle du genre humain entraîne le peuple à l'idolâtrie.

Bossuet, *Discours sur l'histoire universelle,* IIe part., chap. 3.

Qu'il est difficile qu'au milieu de tant de passions, si l'innocence ne se perd, du moins elle ne *s'affoiblisse!*

FLÉCHIER, *Oraison funèbre de madame la Dauphine.*

Notre union avec Dieu diminue et *s'affoiblit*, à mesure que celle que nous avons avec les choses sensibles augmente et se fortifie.

MALEBRANCHE, *Recherche de la vérité*, préface.

La distance qu'il y a de l'honnête homme à l'habile homme *s'affoiblit* de jour à autre et est sur le point de disparoître.

LA BRUYÈRE, *Caractères*, c. 12.

Par vous le vice est en honneur, la vertu est avilie, les vérités *s'affoiblissent.*

MASSILLON, *Carême*, mercredi de la IVe semaine, Injustice du monde.

Quoi! déjà votre foi *s'affoiblit* et s'étonne!

J. RACINE, *Athalie*, I, 2.

AFFAIBLIR, comme tous les verbes actifs, peut être employé absolument par ellipse de son régime.

Toutes les grandes choses coûtent beaucoup, les grands efforts abattent, et les puissants remèdes *affoiblissent.*

VOITURE, *Lettres*, LXXIV, du 24 décembre 1636.

Je suis ravie quand je vous vois reprendre le fil de votre repos, et vous bien restaurer; car le bain *affoiblit* un peu.

Mme DE SÉVIGNÉ, *Lettres*, 8 septembre 1680.

Par une manière de parler analogue à certaines formes de la langue latine (voyez Tome I, page 94) et très-ordinaire dans notre ancienne langue (voyez les mots ABAISSER, ABATARDIR, ABATTRE, etc.), on s'est servi d'AFFAIBLIR comme d'un verbe neutre, au sens passif de *être affaibli*, ou avec la signification réfléchie de *s'affaiblir*.

La baraigne plusurs enfantad, e cele ki mulz out enfanz *afebliad* (Sterilis peperit plurimos et quæ multos habebat filios infirmata est).

Les Quatre livres des Rois, I, II, 5.

Charles, le noble empereur, *affoibloia* moult pour les grans batailles qu'il eut faictes.

Triomphe des neuf preux, p. 453, col. 1. (Cité par Sainte-Palaye.)

...Commencièrent li crestiens à *affebloier* et à bouter l'un en l'autre.

Contin. de Guillaume de Tyr. (Voir D. Martene, *Ampl. coll.*, liv. V, col. 721.)

...Leur force en *affoiblit* grandement.

Quant ilz virent que leurs pourveances commencèrent à *affoiblir.*

Et *affoiblit* le duc d'Anjou grandement *de* gens et *de* finance, et renvoya à ces deux choses au secours en France.

FROISSART, *Chroniques*, liv. I, part. II, c. 263; 375; liv. II, c. 222.

Les grans besongnes ne se font pas par force ni par legiereté de corps, mais par bon conseil et par auctorité de personne et par science: les quelles trois choses ne *affoiblissent* pas en vieillesse, mais enforcent et croissent tous les jours.

Le Menagier de Paris, Ire distinction, 9e art., t. I, p. 200.

Ce nonobstant il se defendoit bravement, mais à la fin il commença à *affoiblir.*

HERBERAY DES ESSARTS, *Amadis de Gaule*, I, 42.

Je croy fermement que les bonnes prieres de ces honnestes femmes me tirarent de l'extrémité et langueur, où j'estois, j'entends du corps: car quant à l'esprit et entendement je ne le sentis jamais *affoiblir.*

MONTLUC, *Commentaires*, III.

Nous sommes pour vieillir, pour *affoiblir*, pour estre malades, en despit de toute medecine.

MONTAIGNE, *Essais*, III, 13.

De grant enfermeté langist
Longement jut (fut couché), si *afeblist.*

WACE, *Roman de Brut*, v. 9063.

Je te voi moult *afebloier.*

Fabl., ms. du R. n° 7218, fol. 141, r, col. 1. (Cité par Sainte-Palaye.)

Mais j'*affoiblis* et deviens vieux.

Moralité des enfants de maintenant. (Ancien Théatre françois, *Bibl. elzév.*, t. III, p. 6.)

Il chancela du coup, la face luy blemit,
Et dessus une couche *affoiblissant* se mit.

Rob. GARNIER, *Antoine*, IV, v. 267.

Sa parole *affoiblit*, à peine elle profère
Les noms demi-formés de sa sœur et sa mère.

Agr. d'AUBIGNÉ, *les Tragiques*, IV.

Je me sens *affoiblir*, quand je vous encourage.

J'*affoiblis*, ou du moins ils se le persuadent.

P. CORNEILLE, *Rodogune*, III, 5; *Remerciement au roi*, en 1667.

...Je sens *affoiblir* ma force et mes esprits.

J. RACINE, *Mithridate*, V, sc. dern.

Cette ancienne forme de langage, encore recueillie dans les lexiques du XVIIe et du XVIIIe siècle, y compris le Dictionnaire de l'Académie, n'est pas reproduite dans celui-ci, en 1762. Elle est cependant admise plus tard, en 1767, dans le *Grand Vocabulaire;* elle l'est même, en 1787, dans le *Dictionnaire critique* de Féraud, mais à titre de néologisme repris par l'auteur dans cette phrase des commencements du XVIIIe siècle, si conforme aux usages des époques antérieures de notre langue, et qui est à peu près transcrite d'un passage des *Essais* de Montaigne, cité plus haut :

Il faut se soumettre doucement aux lois de notre condition; nous sommes tous faits pour *affoiblir*, vieillir et mourir.

Mme DE LAMBERT, *Traité de la vieillesse*.

AFFAIBLI, IE, participe.

On a pu voir, par quelques-uns des exemples qui précèdent, qu'il se prend quelquefois adjectivement.

AFFAIBLISSANT, TE, adj., Qui affaiblit.

La saignée trop réitérée est un remède *affoiblissant*.

FURETIÈRE, *Dictionnaire*, cf. *Dict. de l'Acad.*, 1694.

AFFAIBLISSEMENT, s. m.

Ce mot formé d'*affaiblir* a dû passer par les mêmes variétés d'orthographe depuis AFFLEBOIEMENT, AFÉBLOIANCE, AFFOIBLIMENT que note Sainte-Palaye, jusqu'à AFFOIBLISSEMENT.

Il signifie Diminution de force, débilitation, et s'applique, soit à l'action que produit la faiblesse, soit à l'état qui résulte de cette action.

Comme AFFAIBLIR, il peut être pris au propre ou au figuré, dans un sens physique ou dans un sens moral.

On le dit en parlant du corps et de ce qui s'y rapporte :

Il faut que notre conscience s'amende d'elle-mesme, par renforcement de notre raison, non par l'*affoiblissement* de nos appetits.

Entre les (morts) naturelles, celle qui vient d'*affoiblissement* et appesantissement, me semble molle et douce.

MONTAIGNE, *Essais*, III, 2; 9.

Une sentence qui se prononce et qui s'exécute incessamment par l'*affoiblissement* et la diminution continuelle de notre vie.

FLÉCHIER, *Oraison funèbre de madame la Dauphine*.

En parlant de l'esprit et de ce qui s'y rapporte :

Il sentit sur ceste défiance un *affoiblissement* de cœur.

MATTHIEU, *Histoire des derniers troubles de France*, IV.

Ni mon âge, ni l'éloignement des grandes bibliothèques, ni l'*affaiblissement* des talens qui est la suite des longues maladies, ne m'ont pas permis de recommencer ce travail pénible.

VOLTAIRE, *Fragmens sur l'histoire*, art. 28, à l'occasion du Siècle de Louis XIV.

En parlant d'un état, d'un parti, d'une armée, etc.

Sur toutes choses ay toujours desiré... paix, amour et union universelle en la chrestienté, afin que l'effusion du sang qui longuement y a eu cours au grand detriment et *affoiblissement* d'icelle, cesse et soit retorqué et converty contre les ennemis de notre foy. . . .

FRANÇOIS Ier à Léon X. (Voir *Négociations de la France dans le Levant*, t. I, p. 42.)

Toutes les choses dans le monde ont leur *affoiblissement* et leur fin, les Républiques les plus sages et les mieux policées, comme tout le reste.

ROLLIN, *Traité des études*, liv. II, 3e part., c. 2, art. 3, 4e morceau de l'histoire romaine, c. 1.

AFFAIBLISSEMENT se construit comme *affaiblir*, avec beaucoup de noms abstraits.

Réduire en art le relâchement des mœurs et l'*affoiblissement* de la discipline.

FLÉCHIER, *Sermons*. Sur l'obligation de l'aumône.

La Savoie s'était réunie à la France et contribuait en Italie à l'*affaiblissement* de la puissance autrichienne.

VOLTAIRE, *Siècle de Louis XIV*, c. 2.

Comme on dit, en termes d'art, *affaiblir la lumière, les couleurs*, on a pu dire aussi l'*affaiblissement de la lumière, des couleurs*.

A l'expression spéciale *affaiblir les monnaies* correspond naturellement cette autre expression, elle-même très-ancienne, *affaiblissement des monnoies*.

...La mutation et *affleboiement des monnoies*.

Lettre de Louis X, du 15 janvier 1315. (Voir *Ordonnances des rois de France*, t. I, p. 614 *bis*.)

Ce qui troublait encore en Europe l'ordre public, la tranquillité, la fortune des familles, c'était *l'affaiblissement des monnaies*.

VOLTAIRE, *Essai sur les mœurs*, c. 85.

AFFAIBLISSEMENT a été employé, particulièrement par les écrivains du XVIIe siècle, au pluriel.

Ces ames ont ressenti de grands *affoiblissements* dans le bien que Dieu commençoit à mettre en elles.

L'abbé de RANCÉ (cité dans le *Dictionnaire de Trévoux*).

Rien n'est si commun que les langueurs et les *affoiblissements* de la foi dans les œuvres laborieuses de la piété.

MASSILLON, *Discours*. Instruction pour le Jubilé.

AFFAIRE, s. f. (de notre préposition *à* et de notre verbe *faire*).

Primitivement, on le verra plus loin par quelques exemples, il s'est écrit À FAIRE, comme *adieu* (voyez ce mot) s'est écrit *À Dieu*. L'auteur du passage suivant voyait même une faute dans la réunion, bien ancienne cependant, des deux radicaux.

Lecteur ... passe légèrement les moindres fautes, comme parfois .... quelque manque d'orthographe, un *affaire* pour un *à faire*, conte pour comte, cœur pour chœur, et les manquements de pareil air ou de la façon d'orthographier du temps que le livre fut premièrement imprimé.

Mlle DE GOURNAY, Préface des *Essais* de Montaigne.

Entre l'orthographe regrettée par Mlle de Gournay et l'orthographe actuelle se placent AFAIRE et AFERE, et, par suite d'un redoublement euphonique fort en usage au moyen âge, AFFAIR et AFFERRE. (Voyez le *Glossaire* de Sainte-Palaye.)

AFFAIRE a été très-longtemps masculin. Le Dictionnaire français-latin de R. Estienne semble marquer le moment où l'usage de le faire féminin commençait à s'introduire. On y lit, en 1539, par une exception singulière, *Affaires urgentes*, remplacé, il est vrai, dans l'édition de 1549 par *affaires urgens*, sans doute plus usité.

Il se rencontre chez les auteurs de ce siècle quelques exemples d'AFFAIRE féminin.

... Une royne si grande et tant occupée de si *grandes affaires*...

LA RAMÉE (RAMUS), *Grammaire*. Dédicace *à la Royne mere du Roy*.

... Je trace *une affaire* bien *haute*.

RONSARD, *Franciade*.

En fait, le mot est resté masculin jusque dans les premières années du XVIIe siècle.

Au temps de Henri IV et sous Louis XIII, on écrivait encore :

L'Évesque, par sa bouche et par celles de plusieurs émissaires, par lettres et apologies imprimées, rendit l'*affaire douteux* aux uns, aux autres excusable.

AGR. D'AUBIGNÉ, *Histoire universelle*, t. XI, liv. I, ch. XII.

L'*affaire* de soy est difficile et *scabreux*.

C^al D'OSSAT, *Lettres*, liv. I, lettre IV.

Quelque *affaire imprévu* t'empêche de venir.

ROTROU, *les Ménechmes*, III, 2 (en 1632).

En 1647 Vaugelas, tout en disant : « Le mot est toujours féminin à la cour », convient « que sur les dépêches du Roi on a accoutumé de mettre pour les *exprès affaires* du Roi » et « qu'au Palais on l'a toujours fait masculin ». (*Remarques*.)

Du Cange pense que d'*affarium*, qui, dans la basse latinité, d'après des textes remontant jusqu'au XIIIe siècle, signifiait Domaine, a pu venir AFFAIRE, parce que la propriété oblige à beaucoup de soins. D'autres, renversant ce raisonnement, ont mieux aimé voir dans AFFAIRE, lui-même si ancien, le mot primitf.

Quoi qu'il en soit, ce mot a eu, aux plus anciennes époques de notre langue, le sens de Seigneurie, de Possession territoriale. Sainte-Palaye en cite cet exemple :

> ... Toulouse est de son *afaire*
> Et de lui le doit-on tenir.
>
> PH. MOUSK, ms. p., 630.

De là l'expression, alors si usitée, *homme de grand affaire*, et l'expression contraire *homme de faible affaire*, pour dire Riche ou pauvre, puissant ou faible, important ou sans importance. La dernière de ces expressions est comme traduite dans *L'uomo di basso, di picciolo affare, di poco affare* des Italiens. Voyez les exemples de Jean Villani et de Boccace rapportés par Du Cange.

> Povres *huem* suite *de fieble afaire.*
>
> *Huem* fud *de grant afaire,* e out treis milie berbiz et mil chièvres.
>
> *Les Quatre livres des Rois,* I, XVIII, 23 ; XXV, 2.

> Tous estoient *de* si *grant affaire* et si saiges, que l'en disoit que France estoit demourée orpheline de sens, et de noblesse et de force, puisque ceux s'en estoient partis.
>
> *Chroniques de Saint-Denys,* t. I, fol. 175, r°. (Cité par Sainte-Palaye.)

> N'est nul en Angleterre, taut soit noble ni *de grand affaire*, qui l'ose courroucer ni dedire de tout ce qu'il veut faire.
>
> FROISSART, *Chroniques*, l. I, 1re part., ch. 7.

> Richart fu mult *de grant afaire,*
> De bone gent out grant repaire.
>
> VACE, *Roman de Rou*, v. 6556,

> Il fu .... uns chevalier
> Jouenes, biaus, cointes, fors et fiers
> *De grant affaire* et de grant nom.

> La dame est *de tel affaire*
> De tel biauté et de tel pris....
>
> *Fabl. et cont. anc.* Méon. I, 347 ; 348.

> Près de Biauté se tint Richece,
> Une dame de grant hautece,
> De grant pris et de *grant affaire.*
>
> *Roman de la Rose*, 1021.

Ces expressions ou d'autres semblables se sont étendues à d'autres sortes de distinction ;

Celle du caractère, du mérite :

> ... Cuer de *gentil afaire.*
>
> *Anc. poés. fr. mss. avant* 1300, t. IV, p. 1467. (Cité par Sainte-Palaye.)

> ... Le roi Thiebault doulz et *de boën afère.*
>
> RUTEBEUF, *Le diz de la voie de Funes.* Voy. *Œuvres*, t. I, p. 139.

Celle même de la grâce, des manières, de la beauté.

> Il veit yssir une ancienne dame, *de moult bel affaire;* et devant elle, avoit ung jouvencel de prime barbe.
>
> *Perceforest*, vol. IV, fol. 120, r°, col. 2. (Cité par Sainte-Palaye.)

Par suite on a pu dire :

> Cascuns prise son bel *afaire*,
> Son maintien, son estre et son sens.
>
> FROISSART, *poés. mss.*, p. 104, col. 1 et 2. (Cité par Sainte-Palaye.)

On a dit une chose *de grande affaire* pour en marquer l'importance, la noblesse.

> Magnificence vaut autant à dire comme grandor et ce est une vertus qui nos fait acomplir les grans choses et nobles, *de grant afaire.*
>
> BRUNETTO LATINI, *Li Tresors*, liv. II, part. II, c. 72, De magnificence au tens de la pais.

On a dit aussi une chose *de povre affaire* pour en marquer le peu de valeur.

> Où mantiau n'ot pas penne vaire,
> Mès moult vies et de *povre afaire.*
>
> *Roman de la Rose*, 215.

À ces manières de parler près, AFFAIRE, de très-grand usage dans notre ancienne langue, ne s'y éloignait pas essentiellement des acceptions très-variées qu'il a pu recevoir depuis et qui ont dû résulter dans tous les temps de ce qu'un tel mot présente de vague et de général.

AFFAIRE, c'est en effet, dans la plus grande généralité, au sens le plus voisin de l'étymologie, ce qui est le sujet de quelque occupation, et non-seulement de quelque occupation à venir, mais, par une extension naturelle, d'une occupation présente ou passée.

Absalon parlad à Architofeld, si li dist : Pernez cunseil que m'est *afaire* (Dixit autem Absalon ad Architophel : Inite consilium quid agere debeamus.)

Les Quatre Livres des Rois, II, XVI, 20.

Toujours a esté et sera de costume de gens traverser pays et voyager en divers lieux selon leurs propres volentés et *affaires*.

Le Livre du chevaleureux comte d'Artois, p. 60.

Cette passion est la plus agréable *affaire* de la vie.

Je ne veux point aujourd'hui d'autres *affaires* que de plaisir.

MOLIÈRE, *la Princesse d'Élide*, II, 1 ; *le Sicilien*, sc. 19.

Avez-vous un secret important? Versez-le hardiment dans ce noble cœur ; votre *affaire* devient la sienne par la confiance.

BOSSUET, *Oraison funèbre du prince de Condé*.

Les mondains intéressés regardent le soin d'amasser et de grossir leurs revenus comme une *affaire capitale*.

La piété est encore moins exposée dans une vie de travail et d'*affaires* que dans une vie oisive.

Vous me répondrez que c'est ajouter *affaires* sur *affaires*, et par conséquent que c'est se livrer à de nouvelles distractions.

BOURDALOUE, *Sermons*. Sur la foi victorieuse du monde ; sur la charité envers les pauvres.

Personne presque n'a .... assez de fonds pour remplir le vide du temps, sans ce que le vulgaire appelle des *affaires*.

Diphile commence par un oiseau et finit par mille... Ce n'est plus pour Diphile un agréable amusement ; c'est une *affaire* laborieuse à laquelle à peine il peut suffire.

LA BRUYÈRE, *Caractères*, c. 2 ; 13.

« Otiosum esse » ne signifie pas ordinairement « ne rien faire », mais « être de loisir, sans *affaires*, sans occupations nécessaires et pressantes ».

ROLLIN, *Traité des études*, II, 1, 3, de la Traduction.

J'aurai promptement terminé cela ; et puis je reviendrai des *affaires* aux plaisirs. — Et nous vous renverrons des plaisirs aux *affaires*, sur ma parole.

LE SAGE, *Turcaret*, IV, 8.

... Un indigent superbe et fastueux
Qui, se laissant manquer du nécessaire,
Du superflu fait son unique *affaire*.

J.-B. ROUSSEAU, *Épîtres*, liv. II, 3.

D'AFFAIRE, pris dans ce sens général d'Occupation, se forment de très-nombreuses locutions, telles que les suivantes :

Être en affaire :

Madame m'a envoyée savoir, monsieur, si vous étiez encore ici *en affaire*.

LE SAGE, *Turcaret*, III, 2.

Il n'avoit pu ni écrire ni venir lui-même, parce qu'il *étoit en affaire* quand il avoit reçu le billet.

MARIVAUX, *la Vie de Marianne*, 1re partie.

Madame m'a dit : Va demander à ton père si monsieur est revenu, s'il *n'est* pas *en affaire*, si on peut lui parler.

SEDAINE, *le Philosophe sans le savoir*, I, 3.

Avoir une affaire, des affaires, avoir ses affaires ; n'avoir d'autre affaire que de, etc.

Et quoy que je vous demande, ne quelque *affere* que *j'aye*, la fin de mon oraison ne sera sinon que vostre voulenté soit faite.

LA REINE DE NAVARRE, *Lettres*, à François Ier, 1546.

Nous *avons* tous *assez d'affaires* chez et au dedans de nous, sans aller perdre au dehors, et se donner à tous : il se faut tenir à soy mesme.

CHARRON, *de la Sagesse*, XI, 11, 8.

J'ay tant d'affaires, que je n'ay pas le loisir de me moucher.

HENRI IV, *Lettres*, 8 juillet 1585.

N'ayant plus d'affaires à s'occuper, elle (l'éloquence grecque) cherchoit de quoy divertir son oisiveté.

BALZAC, *Dissertations critiques*.

Enfin, sans qu'elle bougeât de son palais, toutes les *affaires* qu'Amour *a* dans les quatre parties du monde lui passèrent devant les yeux.

LA FONTAINE, *Psyché*, liv. I.

Un homme de ce caractère (l'impudent) .... appelle par leur nom ceux qui passent... en arrête d'autres qui courent par la place et ont *leurs affaires*.

Cliton *n'a* jamais *eu* en toute sa vie que deux *affaires*, qui sont de dîner le matin et de souper le soir.

LA BRUYÈRE, *Caractères de Théophraste*, c. 11 ; *Caractères*, c. 11.

Les gens qui *ont peu d'affaires* sont de très-grands parleurs; moins on pense, plus on parle.

MONTESQUIEU, *Pensées diverses*, Variétés.

Ce qui fait le bonheur des dieux,
C'est de *n'avoir aucune affaire*,
Ne point souffrir,
Ne point mourir,
Et ne rien faire.

LA FONTAINE, *Daphné*, prologue.

Proverbialement, *Dieu nous garde d'un homme qui n'a qu'une affaire* se dit pour Donner à entendre qu'ordinairement un homme qui n'a qu'une seule chose à faire en est si occupé qu'il en fatigue tout le monde, qu'il en devient fâcheux.

Libre d'affaires :

Rempli de goût, *libre d'affaire*,
Formont, vous savez sagement
Suivre en paix le sentier charmant
De Chapelle et de Sablière.

VOLTAIRE, *Lettres*, juin 1733. A M. de Formont.

Accablé d'affaires :

Apprenez du moindre avocat qu'il faut paroître *accablé d'affaires*, froncer le sourcil et rêver à rien très-profondément.

LA BRUYÈRE, *Caractères*, c. 7.

Il ne s'informe point de ce qu'on délibère
Dans ces graves conseils *d'affaires accablés*.

RACAN, *Stances*.

Toute affaire cesssante.

Prendre sur soi une affaire :

Li dux de Metz *sor lui l'afaire prinst*.

Garin le Loherain, t. I, p. 114.

Faire son affaire d'une chose, S'en charger, répondre du succès. *Se faire une grande affaire*, *une affaire d'une chose*, Y attacher de l'importance, s'en occuper très-sérieusement.

Je fais mon affaire de vous empescher de perdre vostre bien.

DANET, *Dict.*

C'est une sorte de vie étrange que celle des provinces, on *fait des affaires de tout*.

Mme DE SÉVIGNÉ, *Lettres*, 11 mars 1671.

Je suppose que les hommes soient éternels sur la terre, et je médite ensuite sur ce qui pourroit me faire connoître qu'ils se *feroient alors une plus grande affaire de* leur établissement qu'ils ne s'en font dans l'état où sont les choses.

LA BRUYÈRE, *Caractères*, c. 11.

Non, Madame, vous ne vendrez rien. Je me charge de cette dette-là; *j'en fais mon affaire*.

LE SAGE, *Turcaret*, IV, 8.

Je sais bien que cela est fort misérable, et qu'il est au-dessous d'un être pensant de *se faire une affaire* sérieuse *de* ces bagatelles.

VOLTAIRE, *Lettres*, 15 déc. 1745, à J.-J. Rousseau.

C'est mon affaire a le même sens, mais quelquefois il s'y joint une intention particulière. On s'en sert à l'égard d'une personne qui veut nous détourner de quelque dessein, en nous faisant voir le danger, les inconvénients qui sont à craindre, comme pour lui dire : Cela ne regarde que moi, ne peut compromettre, léser ou exposer que moi.

On dit dans un sens analogue : *c'est* ou *ce n'est pas son affaire*, *leur affaire*, etc.

Morbleu, Monsieur le nouveau venu qui faites l'homme d'importance, *ce n'est pas votre affaire*.

MOLIÈRE, *l'Avare*, III, 2.

Nous devons travailler à nous rendre très-dignes de quelque emploi; le reste ne nous regarde point, *c'est l'affaire des autres*.

Un coupable puni est un exemple pour la canaille; un innocent condamné *est l'affaire de* tous les honnêtes gens.

LA BRUYÈRE, *Caractères*, c. 2; 14.

Eh! que m'importe, après tout, que votre bien s'en aille comme il vient? *Ce sont vos affaires*, Madame, *ce sont vos affaires*.

LE SAGE, *Turcaret*, I, 3.

Mandez un peu ce que vous pensez du Temple du Goût; car, après tout, Messieurs, *c'est votre affaire;* et il s'agit de votre dieu et de votre église.

Je suis fort aise que.... M. de Fontenelle se soit expliqué sur la propagation du feu..... *C'était l'affaire d'un philosophe.*

VOLTAIRE, *Lettres,* déc. 1732, à M. de Formont; déc. 1737, à l'abbé Moussinot.

Parlez vous-même à luy, *c'est votre* propre *affaire.*

ROB. GARNIER, *la Troade* III, 4.

C'est affaire à lui de, etc., c'est à lui qu'il convient de, etc.

C'est affaire aux Turcs et Sarrazins *de* refuser à son ennemy quelque courtoisie.

MONTLUC, *Commentaires*, liv. III.

C'est l'affaire d'un jour, d'une heure, etc., cela ne demande qu'un jour, une heure d'occupation.

La petite besogne qu'on lui propose *est l'affaire de* trois minutes.

VOLTAIRE, *Lettres*, juin 1738, à l'abbé Moussinot.

La grande affaire est, ou *c'est*, etc.

Ne songeons qu'à nous réjouir;
La grande affaire est le plaisir.

MOLIÈRE, *Pourceaugnac*, III, 8.

AFFAIRE signifie encore, par une extension naturelle de sa signification primitive, Peine, embarras, difficulté, querelle, danger, etc.

Pendant les grands *affaires* et ennuys de nostre ville.
(In gravissimis temporibus civitatis.)

ROBERT ESTIENNE, *Dictionnaire françois-latin*, 1539.

Je laisse faire nature .... et je crains, au lieu de l'aller secourir, ainsi comme elle est aux prises .... avec la maladie, qu'on secoure son adversaire au lieu d'elle et qu'on la recharge de nouveaux *affaires.*

MONTAIGNE, *Essais.*

Voilà un garçon raisonnable; vous lui direz, Monsieur Rafle, que je le protégerai dans toutes ses *affaires.*

LE SAGE, *Turcaret*, III, 7.

À cette acception D'AFFAIRE se rapportent encore un grand nombre de Locutions plus ou moins usitées.

On a dit autrefois *avoir affaire à*, ou *avoir à faire à*, *avoir des affaires à...*, c'est-à-dire de la peine, à faire une chose.

Son mary, qui estoit un puisné, et elle, *avoient* assez *à faire à* vivre.

LA REINE DE NAVARRE, *Heptameron*, 21e nouvelle.

Nostre chaleur naturelle *a beaucoup d'affaire à* la cuyre (la chair).

AMYOT, trad. de Plutarque, *Œuvres morales.* S'il est loysible de manger chair. Traitté 1er.

Que si Dieu eust voulu que ces deux monarques (Charles-Quint et François Ier) se fussent entendus, la terre eust tremblé sous eux, et Solyman, qui a vescu en même temps, *eust eu assez affaire à* sauver son Estat, au lieu que cependant il l'a estendu de tous costez.

Les Anges *auroient eu asses affaire à* monter. Car, outre que la montagne estoit droicte, il y auoit grand quantité de rochiers.

MONTLUC, *Commentaires*, liv. I; liv. II.

Je n'*auray* point, peut être, *grand affaire à* establir cette proposition que.....

CHARRON, *de la Sagesse*, II, II, 1.

Lepidus et Silanus vinrent bientôt à bout de leurs ennemis; mais Tibère et Germanicus *eurent davantage d'affaires à* vaincre Batton qui avoit remis ses forces aux champs.

COEFFETEAU, *Histoire romaine*, liv. I.

Il n'*eut pas peu d'affaires à* recevoir tous les témoignages d'amitié qu'on lui donna.

LE SAGE, *Gil-Blas*, liv. II, ch. 9.

On dit fréquemment :
Avoir une affaire, des affaires sur le corps, sur le dos, sur les bras; se faire, s'attirer une affaire, des affaires, de méchantes affaires, de belles affaires, etc.

Ne *vous faites* point *d'affaire* avec cet homme-là, il a la mine de vous mal mener.

SCARRON, *Roman comique*, 2e partie.

Pourquoi, de gaîté de cœur, veux-tu chercher à *t'attirer de méchantes affaires?*

MOLIÈRE, *les Fourberies de Scapin*, III, 1.

Ta maîtresse est-elle revenue?... lui as-tu parlé de moi? — Ah! vraiment, Monsieur, *je me suis fait de belles affaires.*

DANCOURT, *les Bourgeoises à la mode*, III, 9.

Je suis bien fou de *me faire des affaires* pour un livre.
VOLTAIRE, *Lettres*, 25 avril 1733.

Voulez-vous *qu'avec* lui je *me fasse une affaire?*

Vous vous attirerez quelque *méchante affaire.*
MOLIÈRE, *le Misanthrope*, II, 2; *le Tartuffe*, I, 5.

Vous ferez-vous toujours des *affaires* nouvelles,
Et faudra-t-il sans cesse essuyer des querelles?
BOILEAU, *Satires*, IX.

Faire, donner, susciter, tailler des affaires à quelqu'un.

Cela fait, on *luy tailla beaucoup d'affaires;* car si durement fut assailly que, sans trop grande chevalerie n'eust sceu résister.
Le Loyal Serviteur, ch. 25.

Il y a deux bêtes de voiture qui tirent le charriot de l'ame, dont la pire (la concupiscence) combat contre la meilleure (la raison) et *donne beaucoup d'affaire* et de peine *au* cocher qui les conduit.
AMYOT, trad. de Plutarque, *de la Vertu morale*, c. 12.

Les assiegez *ne donnoient pas peu d'affaires à* l'ennemy.
DU RYER, trad. des *Suppléments de Freinshemius sur Quinte-Curce*, liv. II, c. x.

Pourquoi... chercher à *lui faire des affaires* en disant hautement: Il a joué un tel, lorsque ce sont des choses qui peuvent convenir à cent personnes?
MOLIÈRE, *l'Impromptu de Versailles*, sc. 4.

Mon cher abbé, mandez-moi ce que c'était que l'*affaire* qu'on voulait *vous faire*, au sujet des rêveries de ce fou de P. Hardouin.
VOLTAIRE, *Lettres*, 25 avril 1734, à d'Olivet.

... Il (le renard) vient, est présenté,
Et sachant que le loup *lui faisoit cette affaire*,
Je crains, Sire, dit-il, etc.
LA FONTAINE, *Fables*, VIII, 3.

C'est une affaire, ce n'est pas une petite affaire, C'est une chose pénible ou mal aisée; *ce n'est pas une affaire*, C'est une chose facile.

Pensez-vous que *ce soit une petite affaire* que d'exposer quelque chose de comique devant une assemblée comme celle-ci?
MOLIÈRE, *Impromptu de Versailles*, sc. 1.

Pour ma vie, vous la connoissez aussi. On la passe avec cinq ou six amis dont la société plaît, et à mille devoirs à quoy l'on est obligée, *et ce n'est pas une petite affaire.*

Qu'il est douloureux d'être si loin l'une de l'autre! Il n'y a plus moyen de s'embrasser; *ce n'étoit point une affaire* à Paris.
Mme DE SÉVIGNÉ, *Lettres*, 6 août 1675; 24 avril 1689.

Il étoit impossible de faire l'ouvrage que vous m'avez envoyé, sans vous jetter dans des longueurs infinies: *c'est une affaire* pour toujours.
Mme DE MAINTENON, *Lettre* XLIX, 15 août 1711, à Mme du Péron.

Se démêler d'une affaire; sortir d'affaire:

Résolu de profiter de cet avis et de *sortir d'affaire*, je le quittai.
PASCAL, *Provinciales*, I.

Dans un couvent, Frontin? — Dans un couvent. Quand une jolie femme est embarrassée et qu'elle ne sait comment *sortir d'affaire*, elle a toujours recours au couvent.
DANCOURT, *les Bourgeoises à la mode*, IV, 9.

... Pour *sortir d'affaire*, il faut que je l'assomme.
MOLIÈRE, *le Tartuffe*, V, 2.

Sortir d'affaire est pris plaisamment, dans le passage suivant, en un sens tout opposé à son sens habituel :

Il n'est pas de ces médecins qui marchandent les maladies; c'est un homme expéditif, expéditif, qui aime à dépêcher ses malades; et quand on a à mourir, cela se fait avec lui le plus vite du monde. — En effet, il n'est rien tel que de *sortir* promptement *d'affaire.*
MOLIÈRE, *M. de Pourceaugnac*, I, 8.

Se tirer d'une affaire, se tirer d'affaire.

Je ne sais pas comment *je me tirerai de cette affaire.*
REGNARD, *le Retour imprévu*, I, 17.

L'action avoit été vive, et... pour un jeune homme qui n'avoit jamais vu le feu, je ne m'étois point mal *tiré d'affaire.*

Bon! bon! il a de l'argent de reste pour *se tirer d'affaire.*
LE SAGE, *Gil-Blas*, I, 10; *Turcaret*, V, 16.

La mouche, en ce commun besoin,
Se plaint qu'elle agit seule, et qu'elle a tout le soin;
Qu'aucun n'aide aux chevaux à *se tirer d'affaire.*

LA FONTAINE, *Fables*, VII, 9.

Se tirer d'affaire signifie aussi quelquefois Faire son chemin, Se procurer par son intelligence, par sa bonne conduite, une fortune honnête, une position honorable.

Il est né sage, il a de l'esprit, de la bonne volonté, de la jeunesse; avec tout cela on *se tire bientôt d'affaire* à Paris.

L'espèce humaine étant faite ainsi, il n'y a pas d'autre parti à prendre que celui de *se tirer d'affaire* le plus prudemment et le plus honnêtement qu'il se pourra.

VOLTAIRE, *Lettres*, 29 mai 1732; 14 nov. 1750.

Être hors d'affaire, hors de danger :

Belle comparaison, ma fille, de vos maux avec les miens! Je vous ai parlé de ceux de mon fils; ils peuvent devenir étranges; il croit cependant qu'il *est hors d'affaire.*

Mme DE SÉVIGNÉ, *Lettres*, 1er sept. 1680.

AFFAIRE se dit particulièrement des procès et de tout ce qui se traite en quelque juridiction que ce soit, tant en matière civile qu'en matière criminelle. *Affaires civiles, affaires criminelles; l'affaire d'une personne; avoir une affaire; poursuivre une affaire, plaider pour une affaire, instruire, rapporter, récapituler, juger, gagner*, etc., *une affaire; pousser, expédier, tirer en longueur, accommoder une affaire; entendre bien* ou *mal une affaire. Le point, le fin, le fond, le secret, d'une affaire*, etc.

Se cil qui *a afere* contre le segneur, requiert que droit li soit fes......

BEAUMANOIR, *Coutumes du Beauvoisis*, ch. I, 15.

Il y a deux jours que tout le monde croyoit que l'on vouloit *tirer l'affaire* de M. Foucquet *en longueur.*

Ce matin M. d'Ormesson a commencé à *récapituler* toute *l'affaire;* il a fort bien parlé et fort nettement.

Il ne parle que.... de cent mille francs pour *pousser l'affaire*, s'il faut plaider.

Ayant su.... comme *l'affaire avoit été gagnée* tout d'une voix....

Mme DE SÉVIGNÉ, *Lettres*, 1er et 9 décembre 1664; 8 sept. 1680; 30 juillet 1689.

Orante *plaide* depuis dix ans entiers en règlement de juge *pour une affaire* juste, capitale, et où il y va de toute sa fortune.

LA BRUYÈRE, *Caractères*, 14.

Les parties dès longtemps averties pour *instruire l'affaire*, Valincourt agit pour l'amirauté.

SAINT-SIMON, *Mémoires*, 1700, t. III, c. 1.

L'affaire est sérieuse et pressante. — On l'*accommodera.*

LE SAGE, *Turcaret*, III, 9.

Cela abrégera le procès de plus de deux ans; et toutes les apparences sont qu'elle (Mme du Châtelet) *gagnera le fond de l'affaire*, comme elle a gagné ce préliminaire.

On décidait souvent d'une *affaire civile* par cette procédure sanguinaire; un héritage était-il contesté, celui qui se battait le mieux avait raison.

VOLTAIRE, *Lettres*, 13 mars 1741; *Essai sur les mœurs*, ch. 100.

C'est de très-bon muscat. — *Redites votre affaire.*

Ta, ta, ta, ta, voilà bien *instruire une affaire.*

RACINE, *les Plaideurs*, II, 11; III, 3.

On disait autrefois, par allusion aux sacs dans lesquels on portait au Palais les pièces de procédure, *Votre affaire est dans le sac*, pour, Votre affaire va venir, ou est en bon train.

Sa chicaneuse.... lui en désigna un autre de la faveur duquel elle avoit besoin. Pour celui-là, lui dit-il, c'est un homme fort dévot; si vous connoissez quelqu'un aux carmes deschaussez, *votre affaire est dans le sac.* Car on m'a dit qu'il y a un des pères de ce couvent qui en fait tout ce qu'il veut.

FURETIÈRE, *le Roman bourgeois.*

Proverbialement, *Il n'y a point de petites affaires* signifie qu'Aucune n'est à négliger, que toutes demandent de l'attention.

Affaire se dit aussi, dans un sens analogue, mais plus général, de Toutes les choses qu'on a à discuter, à démêler avec quelqu'un dans le commerce de la vie.

Qui veut entretenir son ami n'*ait nuls affaires avec* luy.

COTGRAVE, *Dict.*

Hors le nœud du desbat et le fonds, il faut garder equanimité et indifference et n'allonger point sa cholere au delà des *affaires.*

CHARRON, *de la Sagesse*, II, II, II.

On se propose fermement dans une *affaire* qu'on négocie, de taire une certaine chose; ensuite..... c'est la première qui échappe.

LA BRUYÈRE, *Caractères*, c. II.

Des *affaires* de libraire à libraire, je ne m'en mêlerois de mes jours.

J.-J. ROUSSEAU, *Lettres*, août 1766.

À cette acception se rapportent des expressions comme les suivantes :

Affaire d'intérêt.

Mettons à quartier, mon cher ami, toute *affaire d'intérêt*.... L'honneur va avant tout.

VOLTAIRE, *Lettres*, janv. 1739, à l'abbé Moussinot.

Affaire d'honneur, d'usage surtout au sens de Combat singulier, duel.

Il eut une *affaire d'honneur* qu'il s'attira par son humeur violente.

LE SAGE, *Gil Blas*, liv. VII, ch. 6.

J'eus contre un capitaine une sanglante *affaire*, une *affaire d'honneur.*

DUFRESNY, *Faux sincère*, V, 9.

Dans ce sens, on dit de même, simplement, *une affaire.*

Il y a, je l'avoue, une autre sorte d'*affaire* où la gentillesse se mêle à la cruauté, et où l'on ne tue les gens que par hasard; c'est celle où l'on se bat au premier sang.

J.-J. ROUSSEAU, *la Nouvelle Héloïse.*

Est-ce sur le champ de bataille que de pareilles *affaires* s'accommodent?

SEDAINE, *le Philosophe sans le savoir*, IV, 9.

Je me défais de toi, j'y cours, je le rejoins,
Nous vidons sur le pré l'*affaire* sans témoins.

P. CORNEILLE, *le Menteur*, IV, 1.

Pour le cœur dont surtout nous devons faire cas,
On sait, sans vanité, que je n'en manque pas,
Et l'on m'a vu pousser dans le monde une *affaire*
D'une assez vigoureuse et gaillarde manière.

MOLIÈRE, *le Misanthrope*, III, 1.

Affaire de cœur, liaison d'affection, de galanterie.

Pour rendre la partie encore plus parfaite, elles en avertirent Cléomède qui étoit depuis peu en *affaire de cœur* avec Mélinde.

REGNARD, *la Provençale*,

Il y a vingt-quatre heures que je te cherche, pour te consulter sur une *affaire de cœur*. — Eh! depuis quand te mêles-tu de ces sortes d'*affaires*, toi?

LE SAGE, *Turcaret*, IV, 2.

Et avec cet esprit-là elle n'a jamais eu la moindre petite *affaire de cœur.*

SEDAINE, *la Gageure imprévue*, sc. 18.

Quoiqu'un engagement m'ait toujours fait horreur,
On auroit avec vous quelqu'*affaire de cœur.*

REGNARD, *le Joueur*, IV, 6.

Affaire, seul, dans le même sens.

On s'en sert... fort heureusement (du mot *affaire*) pour l'amour; et, quand un homme galant dit : *J'ai une affaire*, cela veut dire parmi les courtisans : J'ai une galanterie. Ils font encore une différence entre une *affaire*, un *goût* et une *passion*. Ils entendent par une *affaire* un commerce réglé et un attachement d'une longue suite.

DE CALLIÈRES, *des Mots à la mode*, 2e édit., p. 15, 1692.

Conclure une affaire, conclure affaire, faire affaire, en parlant d'un engagement de galanterie ou de la conclusion d'un mariage.

.... Clarice est belle et sage....
Son père de tout temps est mon plus grand ami,
Et l'*affaire est conclue.*

P. CORNEILLE, *le Menteur*, II, 5.

Monsieur, je ne fais plus d'obstacle à votre flamme
Et vous pouvez *conclure affaire* avec madame.

MOLIÈRE, *le Misanthrope*, V, 4.

Sa main est à frapper, non à donner légère,
Et mon maître a bien fait de *faire* ailleurs *affaire.*

REGNARD, *le Joueur*, III, 4.

Faire affaire avec quelqu'un d'une chose signifie, dans un sens plus général, En traiter pour l'acquérir.

J'ai *fait affaire* avec un tel *de* sa charge.

RICHELET, *Dict.*

Votre affaire est faite, qui signifie au propre, Votre affaire doit réussir, s'emploie par ironie, dans un sens opposé, pour dire, Elle est manquée, vous ne devez plus rien espérer, vous n'avez plus rien à prétendre.

Son affaire est faite, *ses affaires sont faites*, se disent aussi ironiquement d'un homme dangereusement malade et qui n'en peut relever.

Il est bien heureux de ce qu'il n'y a point de chats médecins, car *ses affaires étoient faites.*

MOLIÈRE, *l'Amour médecin*, II, 1.

Son affaire est bonne peut se dire aussi de double manière, au propre, en parlant d'un succès probable, à peu près certain; par ironie, au sujet d'un châtiment mérité et inévitable.

AFFAIRE signifie encore particulièrement, Convention, marché, traité, transaction commerciale, entreprise d'industrie, spéculation financière, etc.

J'ai déjà ouï dire dans une maison qu'il y avoit du dérangement dans ses *affaires.*

LE SAGE, *Turcaret*, IV, 12.

Je ne veux point, Monsieur, partager les profits d'une *affaire* dans laquelle je ne mets point de fonds.

VOLTAIRE, *Lettres*, 2 déc. 1734.

Un ministre est taxé de dureté parce qu'il est juste, qu'il rejette des sollicitations payées, et refuse de se prêter à ce que les courtisans appellent des *affaires.*

DUCLOS, *Considérations sur les mœurs*, ch. 4.

A cette acception D'AFFAIRE se rapporte l'expression ironique : *Il a fait une belle affaire,* laquelle se dit d'un homme qui a fait quelque chose mal à propos ou maladroitement.

AFFAIRE, en ce sens, se disait particulièrement, et souvent avec un sens défavorable, des opérations des traitants, de ce qui concernait la levée des deniers publics.

Être intéressé dans les affaires, dans les affaires du roi, se mettre, être dans les affaires, etc.

Dans le fond, il est trop bon. — Trop bon! trop bon! Eh! pourquoi diable *s'est-il mis dans les affaires?*

Je devrois rouler carrosse, ma chère dame, ayant un frère comme j'en ai un *dans les affaires.* — Vous avez un frère *dans les affaires?* — Et *dans les grandes affaires* encore! Je suis sœur de M. Turcaret.

LE SAGE, *Turcaret*, III, 9; IV, 12.

AFFAIRE se dit quelquefois au pluriel de la profession de commerçant : *se mettre*, *être dans les affaires*, *quitter les affaires*, *se retirer des affaires*, *faire bien ses affaires*, etc.

Il ne se fait aucun profit qu'au dommage d'autruy.... Le marchand ne *fait bien ses affaires* qu'à la débauche de la jeunesse.

MONTAIGNE, *Essais*, I, 21.

On avoit mis le scellé chez lui; cet homme *avait été dans les affaires*, et on prétendait qu'il devait plus qu'il n'avait vaillant.

MARIVAUX, *la Vie de Marianne*, 1re part.

AFFAIRE *de guerre*, ou simplement *affaire*, se dit dans un sens particulier, en parlant d'opérations militaires ou de combats.

César avoit écrit des *affaires* de guerre en homme qui l'entendoit fort bien.

M. DU BELLAY, *Mémoires.*

Il te fauldra yssir de ceste tranquillité et repos d'estude, et apprendre la chevalerie et les armes pour defendre ma maison, et nos amys secourir en tous leurs *affaires* contre les assaulx des malfaisans.

RABELAIS, *Pantagruel*, II, ch. 8.

Antigonus ayant pris en affection un de ses soldats

pour sa vertu et vaillance, commanda à ses medecins de le penser d'une maladie...... et s'appercevant après sa guerison qu'il alloit beaucoup plus froidement aux *affaires*, luy demanda qui l'avoit ainsi changé et encouardy.

MONTAIGNE, *Essais*, II, 1.

Son véritable talent (de Turenne), qui est à mon avis le plus estimable à la guerre, étoit de rétablir une *affaire* en méchant état.

BUSSY, *Mémoires*.

C'est un vray plaisir, après un jour d'*affaire*, surtout après une *grosse affaire* comme celle de Fleurus ou de Stafarde, de s'entendre louer de cette sorte.

« Qu'est-ce qu'*un jour d'affaire* et une *grosse affaire?* dit la duchesse ; je n'entends pas ce que cela veut dire.

— Ce ne sont pas des procès, répondit la dame... ce sont des jours de combat qu'on appelle, dans le langage poli des jeunes courtisans, *jours d'affaire*; et une *grosse affaire* est ce qu'on appeloit autrefois un grand combat.»

DE CALLIÈRES, *des Mots à la mode*, p. 12, 1692.

Soit qu'il fallût préparer les *affaires* ou les décider, chercher la victoire avec ardeur ou l'attendre avec patience...

FLÉCHIER, *Oraison funèbre de Turenne*.

Le maréchal de Saxe, qui voyait de sang-froid combien l'*affaire* était périlleuse.

VOLTAIRE, *Précis du siècle de Louis XV*.

Vers le minuit, au logis Sainte-Mesmes,
Me commandas de ta bouche toy-mesmes
Que m'en allasse en grande diligence
Où nostre roy (François Ier) faisoit sa demeurance,
Pour l'advertir d'aulcune grousse *affaire*
Qu'en ton esprit tu concevoys à faire.

MICHEL D'AMBOISE, *Requête à Anne de Montmorency*.

Les *affaires* guerriers,
Et, sur tout, les combas succedent iournaliers,
Tantost bien, tantost mal.

ROB. GARNIER, *Antoine*, act. III.

Dans les exemples suivants, AFFAIRE a le sens plus général d'entreprise, expédition, et est appliqué aux Croisades.

Si s'esmerveilla moult por quele *afaire* il estoient venu en la terre.

Onques si grans *afaires* ne fu empris de nulle gent, puis que li mons fu estorés (le monde fut créé).

Vos avés empris le plus grant *afaire* et le plus perilleus que onques mais gent entrepreissent.

VILLEHARDOUIN, *Conquête de Constantinople*, c. 10; 61.

Pieres li dist l'*afaires* qu'il avoit entrepris.

Chanson d'Antioche, ch. I, v. 228.

AFFAIRE, au pluriel, se dit généralement de toutes les choses qui concernent la fortune et les intérêts du public et des particuliers. Ainsi entendu, il donne lieu à un grand nombre de locutions très-usitées : *Affaires spirituelles, affaires temporelles, affaires humaines, affaires du monde*, etc.

Premièrement, chrétiens, quelque étrange confusion, quelque désordre même, ou quelque injustice qui paroisse dans les *affaires humaines*, quoique tout y semble emporté par l'aveugle rapidité de la fortune, mettons bien avant dans notre esprit que tout s'y conduit par ordre.

BOSSUET, *Sermons*. Sur la Providence.

Les enfans du siècle sont plus sages à l'égard de leurs *affaires temporelles*, que ne le sont les enfans de lumière à l'égard de leur salut éternel.

Les mondains, plongés et comme abîmés dans les *affaires du monde*, s'y emploient d'une manière toute naturelle.

BOURDALOUE, *Instruction sur la prudence du salut*, § 1 ; 15.

Affaires temporelles, affaires spirituelles, ce sont là les deux grands sujets du long bavardage que je vais vous faire.

VOLTAIRE, *Lettres*, nov. 1737, à l'abbé Moussinot.

Affaires générales, affaires publiques :

Son voyage .... est d'importance pour le bien des *affaires généraulx*.

HENRI IV, *Lettres*, 25 août 1586.

C'étoit la maxime la plus commune des philosophes (grecs) qu'il falloit ou se retirer des *affaires publiques*, ou n'y regarder que le bien public.

BOSSUET, *Discours sur l'histoire universelle*, III, 5.

Il verroit avec moins de regret les *affaires publiques*

périr entre ses mains, que sauvées par les soins et les lumières d'un autre.

MASSILLON, *Petit Carême,* Tentations des grands.

AFFAIRES D'ÉTAT :

Que feroit leur langue (des Italiens) parmi les *affaires d'Estat,* tels que ceux de ce royaume?

H. ESTIENNE, *de la Précellence du langage françois.*

Il sembloit qu'il n'eust jamais autre mestier que la guerre et *affaires d'Estat.*

MONTAIGNE, *Essais,* I, 24.

Un mélange d'affaires judiciaires et d'*affaires d'État,* traité solidement avec un art qui paraît peu, et orné d'une éloquence touchante (les Mémoires de Pellisson pour Fouquet).

VOLTAIRE, *Siècle de Louis XIV,* ch. 32.

Un ami qui m'est joint d'une amitié fort tendre
A violé pour moi, par un pas délicat,
Le secret que l'on doit aux *affaires d'État.*

MOLIÈRE, *le Tartufe,* V, 6.

Cette expression est aussi d'usage au singulier, et l'on s'en sert quelquefois, par plaisanterie, d'une manière figurée, pour dire une chose importante, difficile, dangereuse, etc.

Ne savez-vous pas bien que l'astrologie est *une affaire d'État* et qu'il ne faut point toucher à cette corde-là?

MOLIÈRE, *les Amants magnifiques,* I, 11.

Ici c'est l'*affaire* capitale, c'est l'*affaire d'Etat* qui se traite entre Dieu et l'Église.

BOURDALOUE, *Sermon sur le sacrifice de la messe.*

Les affaires d'un royaume, d'un peuple, d'une ville, d'un parti, etc.

Et escrit-on que les Perses, après le vin, consultoient de *leurs* principaux *affaires.*

MONTAIGNE, *Essais,* II, 11.

Ainsi furent mis au jour, après environ cinq mois de travail, les sentimens de l'Académie françoise sur le Cid, sans que durant ce temps-là le ministre qui avoit toutes les *affaires du* royaume sur les bras, et toutes *celles de* l'Europe dans la tête, se lassât de ce dessein, et relâchât rien de ses soins pour cet ouvrage.

PELLISSON, *Histoire de l'Académie.*

.... L'empereur Constance, occupé des *affaires de* l'arianisme, faisoit négligemment *celles de* l'empire.

BOSSUET, *Discours sur l'histoire universelle,* I, 11.

L'Espagne sentit à Rocroy qu'une révolution n'étoit pas capable de renverser l'heureuse administration de *nos affaires.*

FLÉCHIER, *Oraison funèbre de M. Le Tellier.*

Les *affaires,* les procès, les intérêts de notre petite province sont venus augmenter le trouble où était ma pauvre petite cervelle de 83 ans.

VOLTAIRE, *Lettres,* 28 nov. 1776.

Les affaires d'un roi, d'un général, etc.

Il (Plutarque) m'a esté comme ma conscience, et m'a dicté à l'aureille beaucoup de bonnes honnestetés et maximes excellentes pour ma conduicte et le gouvernement de *mes affaires.*

HENRI IV, *Lettres,* à la reine Marie de Médicis.

Il mourut (Alexandre) sans avoir eu le loisir d'établir solidement *ses affaires.*

BOSSUET, *Discours sur l'histoire universelle,* III, 5.

Enfin Mithridate demanda la paix, les conditions étoient raisonnables, et, si Rome avoit été tranquille, ou si ma fortune n'avoit pas été chancelante, je les aurois acceptées. Mais le mauvais état de *mes affaires* m'obligea de les rendre plus dures.

MONTESQUIEU, *Dialogue de Sylla et d'Eucrate.*

Les affaires ecclésiastiques, les affaires étrangères, etc.

Il (l'abbé Dubois) songea aussi à se fourrer dans le conseil des *affaires étrangères,* comme ces plantes qui s'introduisent dans les murailles et qui enfin les renversent.

SAINT-SIMON, *Mémoires,* 1717, t. XIV, c. 21.

Ne croiroit-on pas de Cimon et de Clitandre qu'ils sont seuls chargés des détails de tout l'État, et que seuls aussi ils en doivent repondre? L'un a du moins les *affaires de terre,* et l'autre *les maritimes.*

LA BRUYÈRE, *Caractères,* c. 8.

On dit au même sens, sous une forme plus générale, *des affaires contentieuses, épineuses, embrouillées, urgentes,* etc.

Les lettres dictées et signées, Grandgousier ordonna qu'Ulrich Gallet, maistre de ses requestes, homme saige et discret, duquel en divers et *contentieux affaires*, il avoit esprouvé la vertus et bons advis; allast devers Picrochole.

Jupiter tenoit conseil sus certains *urgens affaires*.

RABELAIS, *Gargantua*, I, 30; *Pantagruel*, nouv. prol. du IVe liv.

Je l'ay veu .... maintenant une grande nonchalance et liberté d'actions et de visage, au travers de bien *grands affaires* et bien *espineux*.

MONTAIGNE, *Essais*, III, 10.

Les grandes affaires :

En... Philippe de Comines .... vous y trouverez ... partout, de l'auctorité et gravité, représentant son homme de bon lieu, et eslevé aux *grands affaires*.

MONTAIGNE, *Essais*, II, 10.

Tous ne peuvent s'employer ny ne sont appelez au maniement des *grands affaires*.

CHARRON, *de la Sagesse*, I, LX, 3.

Dans les *grandes affaires*, on doit moins s'appliquer à faire naître des occasions, qu'à profiter de celles qui se présentent.

LA ROCHEFOUCAULD, *Maximes*, 453.

Je pourrois encore ajouter que les plus sages et les plus expérimentés admiroient cet esprit vif et perçant qui embrassoit sans peine les plus *grandes affaires*, et pénétroit avec tant de facilité dans les plus secrets intérêts.

BOSSUET, *Oraison funèbre de la duchesse d'Orléans*.

Les affaires, Le gouvernement, l'administration :

L'estat d'Athenes .... se maintenoit par le discord qui regnoit entre ceulx qui manioient *les affaires*.

AMYOT, trad. de Plutarque, *Comment il faut lire les poëtes*, c. 14.

En ce silence général durant lequel il semble que toutes *les affaires* se reposent .... toute la France attend que vous soyez à la cour.

BALZAC, *Lettres*, II, 17.

J'ai voulu faire autrefois un jugement fort exact de Salluste et de Tacite.... Il me semble que le dernier tourne toute chose en politique : chez lui la nature et la fortune ont peu de part aux *affaires*.

SAINT-EVREMOND, *Observations sur Salluste et sur Tacite*.

S'il sut soutenir le poids des *affaires*, il sut aussi les quitter.

Polybe, que son étroite familiarité avec les Romains faisoit entrer si avant dans le secret des *affaires*.

BOSSUET, *Oraison funèbre de Le Tellier; Discours sur l'histoire universelle*, III, 6.

Le plaisir et la considération que donnent *les affaires* se joignant en elle aux agréments que donnent la jeunesse et la beauté, il y avoit une grâce et une douceur répandues dans sa personne qui lui attiroient une sorte d'hommage.

Il y avoit tant d'intérêts et tant de cabales différentes, et les dames y avoient tant de part, que l'amour étoit toujours mêlé *aux affaires* et *les affaires* à l'amour.

Mme DE LA FAYETTE, *Histoire d'Henriette d'Angleterre; la Princesse de Clèves*, 1re partie.

Il y avoit alors trois hommes sur le théâtre *des affaires* : Fouquet, Le Tellier et Lionne.

CHOISY, *Mémoires*, liv. II.

Quelque accoutumé qu'on fût à la Cour à la faveur de madame de Maintenon, on ne l'étoit pas à la voir *entrer* publiquement *dans les affaires*.

SAINT-SIMON, *Mémoires*, 1700, t. III, c. 3.

Louis XIV, cependant, partageait son temps entre les plaisirs qui étaient de son âge et les *affaires* qui étaient de son devoir.

VOLTAIRE, *Siècle de Louis XIV*, c. 25.

Ces expressions : *L'état, la situation, la disposition, la nécessité des affaires* et d'autres semblables, ou simplement *les affaires*, servent souvent à exprimer dans quelles conjonctures se trouvent un peuple, un prince, une armée, un général, etc.

La pauvre princesse (Marie-Louise d'Orléans, reine d'Espagne) est morte, et c'est une perte dans *l'état* présent *des affaires*.

Mme DE SÉVIGNÉ, *Lettres*, 23 février 1689.

Dans la *nécessité des affaires*, on établit plus que jamais, comme une loi inviolable, qu'un soldat romain devoit ou vaincre ou mourir.

Polybe, qui a vécu dans le temps le plus florissant de la république, Polybe a prévu par la seule *disposition des affaires* que l'état de Rome à la longue reviendroit à la monarchie.

BOSSUET, *Discours sur l'histoire universelle*, III, 6, 7.

Il n'en falloit pas tant ... aux Anglois pour les animer contre nous dans *la conjoncture des affaires* présentes.

SAINT-SIMON, *Mémoires*, 1701, t. III, c. 7.

Bientôt *les affaires* chancelantes forcèrent la cour de rappeler Condé en Flandre.

VOLTAIRE, *Siècle de Louis XIV*, c. 3.

AFFAIRE, au pluriel, sert encore à désigner Les événements qui se sont passés ou qui se passent chez un peuple, la matière des récits de l'histoire, *l'ordre, la suite des affaires*.

Vous devez éviter les anachronismes qui brouillent *l'ordre des affaires*.

BOSSUET, *Discours sur l'histoire universelle*, I, 12.

On dit souvent *les affaires du temps, d'un temps*, etc.; les événements publics dont les esprits ont été ou sont occupés à telle ou telle époque.

Aucuns me convient d'escrire les *affaires de mon temps*.

MONTAIGNE, *Essais*, I, 20.

Dans un sens analogue, mais plus étendu, on dit *les affaires humaines, les affaires du monde*, etc.

A ce terme .... commencent les temps historiques, où *les affaires du monde* sont racontées par des relations plus fidèles et plus précises.

BOSSUET, *Discours sur l'histoire universelle*, I, 6.

La Judée est le seul pays de la terre qui retrace au voyageur le souvenir *des affaires humaines* et des choses du ciel.

CHATEAUBRIAND, *Itinéraire de Paris à Jérusalem*, IIIe partie.

AFFAIRE se dit aussi, le plus souvent au pluriel, de Ce qui concerne la fortune et les intérêts des particuliers : *affaires particulières et privées, affaires domestiques, affaires d'une personne, d'une maison, d'une succession*, etc.

Depuis dix-huit ans, que je gouverne des biens, je n'ay sceu gaigner sur moy, de voir ny tiltres, ny *mes* principaux *afaires*, qui ont nécessairement à passer par ma science et par mon soin.

MONTAIGNE, *Essais*, III, 11.

C'est la seule place (la charge de premier maître d'hôtel du roi) où l'on peut *rétablir ses affaires* en mangeant aussi bien que le roi.

Je pense que tout ce qui doit donner du chagrin, ce sont les *affaires domestiques*.

Mme DE SÉVIGNÉ, *Lettres*, 8 septembre 1680; 15 juin 1689.

Il pourvoit aux *affaires* de sa maison avec autant de liberté que de sagesse.

BOURDALOUE, *Oraison funèbre de Louis de Bourbon*.

... Je vous ai toujours souhaité pour époux,
Lorsqu'en satisfaisant à mes vœux les plus doux,
J'ai vu que mon hymen ajustoit vos *affaires*.

MOLIÈRE, *les Femmes savantes*, V, sc. dernière.

Familièrement et ironiquement, *mes petites affaires*.

Je n'en parle pas pour mon intérêt, car, Dieu merci, j'ai déjà établi *mes petites affaires*.

MOLIÈRE, *l'Amour médecin*, III, 1.

Il faut songer à ce qui me reste, plus qu'à ce que j'ai perdu, et tâcher d'arranger *mes petites affaires* de façon que je puisse passer ma vie à être un peu utile à moi-même et à ceux que j'aime.

VOLTAIRE, *Lettres*, déc. 1736, à l'abbé Moussinot.

Affaires en bon, en mauvais état; qui vont bien, qui vont mal; nettes, claires, délabrées, embarrassées, embrouillées, en désordre, etc.; *au-dessus, au-dessous de ses affaires*, etc.

Faire de bonnes affaires, faire bien ses affaires, faire ses affaires, etc.

Ce ne sont pas... ceux qui ont la bourse mieux garnie, et qui ont le plus desrobé et *faict leurs affaires*, pour user des termes qui sont en pratique, qui ont eu le moins de pouvoir auprès des grands.

VILLEROY, *Mémoires*, t. I, p. 28.

Jamais une personne, sans sortir de sa place, n'a tant *fait de bonnes affaires* (Mme de la Fayette.)

Mme DE SÉVIGNÉ, *Lettres*, 15 nov. 1604.

Celui-ci *fait fort bien ses affaires;* il est à son aise et il a une fille à marier qui passe chez les mendiants pour une riche héritière.

LE SAGE, *le Diable boiteux*, ch. 8.

Ces mêmes expressions et d'autres analogues se disent, par figure, en parlant d'un bon succès, et quelquefois ironiquement, d'un mauvais.

Un jeune homme me vit, et conçut pour moi de

l'amour. Dès ce moment il s'attache à mes pas et le voilà d'abord comme tous les jeunes gens, qui croyent qu'il n'y a qu'à parler, et qu'au moindre mot qu'ils nous disent, *leurs affaires sont faites.*

Vous *avez fait de belles affaires* avec vos beaux sentiments.

MOLIÈRE, *les Fourberies de Scapin*, III, 3; *le Bourgeois gentilhomme*, III, 13.

Vous seriez ravi d'avoir occasion de faire le galant, et d'étaler votre humeur libérale; mais gardez-vous-en bien, je vous en avertis, vous *perdriez toutes vos affaires.*

DANCOURT, *les Bourgeoises à la mode*, III, 9.

... Corsaires à corsaires,
L'un l'autre s'attaquant, *ne font pas leurs affaires.*

REGNIER, *Satires*, 12.

... Les noirs chagrins des maris et des pères
Ont toujours du galant *avancé les affaires.*

Je ne me trouve point les vertus nécessaires
Pour y bien réussir et *faire mes affaires.*

MOLIÈRE, *l'École des maris*, I, 4; *le Misanthrope*, III, 5.

Être bien, être mal dans ses affaires;
Au propre :

Je me souviens même que *j'étois fort mal dans mes affaires.* — Je m'en souviens bien aussi, lui répliquai-je, à telles enseignes que vous portiez un pourpoint doublé d'affiches de comédie.

LE SAGE, *Gil Blas*, liv. VII, ch. 8.

Le roi leur donna quelque pension, car ils *étoient fort mal dans leurs affaires.*

SAINT-SIMON, *Mémoires*, 1701, t. III, c. 21.

Au figuré :

... *Nous sommes mal*, monsieur, *dans nos affaires.*

MOLIÈRE, *le Misanthrope*, IV, 4.

Donner ordre à ses affaires, régler ses affaires, etc.

M. le chevalier *donnera ordre à ses affaires* les plus pressantes, avant que de partir.

Mme DE SÉVIGNÉ, *Lettres*, 25 mai 1689.

Il faut que madame du Châtelet *règle ses affaires* avec ses fermiers.

VOLTAIRE, *Lettres*, 21 janvier 1749.

Mettre ordre à ses affaires, Faire son testament.

On lui dit, pour faire court,
De *mettre ordre à ses affaires.*

LA FONTAINE, *Contes*, le Glouton.

Je veux, mon cher neveu, *mettre ordre à mes affaires.*
As-tu dit qu'on allât me chercher deux notaires?

REGNARD, *le Légataire universel*, I, 3.

Entendre les affaires, habile en affaires, propre aux affaires; génie, esprit des affaires, etc.

Dumoulin est une tête picarde.... C'est un honnête homme, mais je ne sais s'il *entend les affaires* mieux que le théâtre.

VOLTAIRE, *Lettres*, 26 février 1736.

Ce ne sont pas là mes affaires, vos affaires; mêlez-vous de vos affaires, etc.

Si vous me demandez de quoi je me mêle de vous gronder ainsi, je vous répondrai que je *me mêle de mes affaires.*

Mme DE SÉVIGNÉ, *Lettres*, 8 nov. 1680.

De quoi se mêle-t-elle? *sont-ce là ses affaires?*

DANCOURT, *le Mari retrouvé*, sc. 2.

Ah! morbleu! *mêlez-vous*, monsieur, *de vos affaires.*

MOLIÈRE, *le Misanthrope*, IV, 2.

Lettre d'affaires :

Me voici plantée au coin de mon feu, une petite table devant moi, labourant depuis deux heures mes *lettres d'affaires* de Bretagne.

Mme DE SÉVIGNÉ, *Lettres*, 15 déc. 1688.

Homme d'affaires.

Cette expression se prend en divers sens, selon la nature des affaires dont il est question. On désigne ainsi :

Soit Un homme entendu, habile dans les affaires.

Le cardinal (del Giudice) étoit un homme d'esprit, de cour, *d'affaires* et d'intrigue.

SAINT-SIMON, *Mémoires*, 1714, t. XI, c. 10.

Soit Un homme qui traite de matières contentieuses, qui suit des procès, un praticien.

Notre ami (Corbinelli) est tout occupé ici de ses affaires; il y fait des merveilles. Il est devenu le meilleur avocat de Paris, et cette qualité lui est survenue pêle-mêle avec la perruque et le brandebourg; de sorte qu'on auroit plus deviné de le prendre pour un capitaine de cavalerie que pour un *homme d'affaires*.

Mme DE SÉVIGNÉ, *Lettres*, 8 janvier 1683.

Comment voulez-vous que ce juge, que cet *homme d'affaires* ... ne soient pas emportés par la passion?

Je suis dans les affaires, et je n'ai de *l'homme d'affaires* que l'opulence et le faste.

BOURDALOUE, *Sermon sur la religion et la probité; sermon sur l'ambition.*

Soit Un homme qui s'occupe de spéculations financières.

Il a pris aussi la résolution de marier son fils à la fille d'un *homme d'affaires*, et il ne laisse pas de dire de temps en temps, en parlant de sa maison et de ses ancêtres, que les Ménalque ne se sont jamais mésalliés.

LA BRUYÈRE, *Caractères*, c. 11.

Je vous dirai de plus qu'elle perd un petit *homme d'affaires* qu'elle auroit indubitablement ruiné.

LE SAGE, *Gil Blas*, liv. III, ch. 11.

Dans une aristocratie où les nobles lèveroient des tributs, tous les particuliers seroient à la discrétion des *gens d'affaires*; il n'y auroit point de tribunal supérieur qui les corrigeât.

MONTESQUIEU, *Esprit des lois*, V, 8.

De là, par plaisanterie, dans le passage suivant, cette expression, *femme d'affaires* :

Cette comtesse-là n'est pas mal faite — A peu près comme M. Turcaret; mais, si la comtesse étoit *femme d'affaires*, on ne vous la sacrifieroit pas, sur ma parole.

LE SAGE, *Turcaret*, I, 3.

Homme d'affaires désigne enfin Celui qui a l'administration des affaires particulières d'une personne, un intendant, un régisseur, etc.

Il y a longtemps que j'entends dire à ma maîtresse qu'elle veut avoir chez elle une espèce d'*homme d'affaires*, un garçon qui entende bien l'économie, et qui tienne un registre exact des sommes qu'on lui donnera pour faire la dépense de la maison.

LE SAGE, *Gil Blas*, liv. III, ch. 9.

On dit, par allusion aux diverses sortes d'affaires qui occupent les hommes, l'*affaire du salut*, pour exprimer l'application que doivent donner les chrétiens aux choses qui regardent les espérances de l'autre vie.

Dans ce mouvement éternel, la grande *affaire du salut*, qui est toujours celle qu'on remet, ne manque jamais de tomber toute entière au temps de la mort, avec tout ce qu'elle a de plus épineux.

Quant au salut, les aumônes après la vie sont des œuvres stériles; pourquoi? parce que l'*affaire du salut* est déjà décidée, et que l'arrêt est sans appel.

BOSSUET, *Sermons*, sur l'impénitence finale; sur l'aumône.

Toutes les *affaires* de Dieu et *du salut* ne sont pas les affaires du monde; mais toutes les affaires du monde sont les *affaires du salut* et les affaires de Dieu.

BOURDALOUE, *Instruction sur la prudence du salut*, XI.

Et dans quelle autre *affaire* que celle *du salut* l'incertitude devient-elle une raison de sécurité et de négligence?

MASSILLON, *Sermon sur la mort.*

Le passage suivant peut faire comprendre comment s'est formée cette locution.

Tout concourt et tout coopère, dit le saint apôtre, à l'accomplissement de son salut et *son salut est sa grande affaire*.

BOSSUET, *Sermons*, sur la Providence.

On dit même *les affaires* de la *conscience*.

Un sage religieux, qu'il appelle exprès, règle les *affaires de sa conscience*.

BOSSUET, *Oraison funèbre du prince de Condé.*

Rien ne rebuta le roi, et jusqu'à la fin il se fit apporter le cadavre (le P. de la Chaise) et dépêcha avec lui les *affaires* accoutumées.

SAINT-SIMON, *Mémoires*, 1709, t. VII, c. 3.

AFFAIRE a pu se dire, par une manière de parler analogue, de certains actes importants et difficiles.

Il est, par exemple, appliqué à la mort dans le passage suivant :

Quelle asseurance estoit-ce et quelle fierté de courage, de vouloir que sa mort luy servist de leçon, et avoir loisir de penser ailleurs en un si grand *affaire!*

MONTAIGNE, *Essais*, II, 6.

AFFAIRE s'emploie quelquefois, soit au singulier, soit au pluriel, d'une manière très-générale, sans distinction des diverses sortes d'affaires publiques ou privées, politiques, administratives, commerciales, judiciaires et autres, auxquelles on a montré précédemment qu'il se peut appliquer.

Nous guidons les *affaires* en leurs commencemens, et les tenons à nostre mercy : mais, par après, quand ils sont esbranlez, ce sont eux qui nous guident et emportent, et avons à les suivre.

MONTAIGNE, *Essais*, III, 10.

Le contraire des bruits qui courent des *affaires* ou des personnes est souvent la vérité.

LA BRUYÈRE, *Caractères*, c. 12.

Ne pensez pas que je veuille que, dans la rapidité des *affaires*, des devoirs et des plaisirs, vous perdiez du temps à m'écrire.

VOLTAIRE, *Lettres*, 12 janvier 1739.

Et pour estre employé en quelque bon *affaire*,
Me feindre plus ruzé cent fois que je ne suis.

J. DU BELLAY. *Les Regrets*, sonnet 136.

Par une manière de parler beaucoup plus générale encore, AFFAIRE est substitué à des termes propres et particuliers, dans des cas très-nombreux et très-divers où l'on pourrait aussi, bien souvent, se servir du mot, de sens très-général lui-même, *Chose*. AFFAIRE pourrait se traduire par *chose* dans les exemples suivants qui font remonter cette signification vague à la plus ancienne époque de notre langue :

E distrent à Jonatham : Ore en vien à nus, e un *afaire* te musterons. (Dixeruntque : Ascendite ad nos, et ostendemus vobis rem.)

De un poi de *afaire* te vienc requerre e préer, si l'me otrei.

(Petitionem unam parvulam ego deprecor a te...)

Les Quatre Livres des Rois, I, XIV, 12; III, II, 20.

A la vérité, il siet bien à chacun de traitter de l'*affaire* auquel il est versé.

M[in] DU BELLAY, *Mémoires*.

Je viens d'apprendre de belles *affaires* vraiment de ces messieurs et de ces dames qui sortent.

Quoi! ma servante est complice de l'*affaire?*

MOLIÈRE, *les Précieuses ridicules*, sc. 16; *l'Avare*, V, 3.

Quant il le voit, ne se vost tere,
Ainz li reconté tot l'*afere*,
Si con Renars li avoit dit.

Roman du Renart, v. 26879.

Au reste, vous saurez
Que je n'ai demeuré qu'un quart d'heure à le faire.
— Voyons, Monsieur, le temps ne fait rien à l'*affaire*.

Je pense qu'on pourroit faire comme les autres,
Ne se point ménager, et vous faire bien voir
Que l'on a des amants quand on en veut avoir.
— Ayez-en donc, Madame, et voyons cette *affaire*.

Je ne sais donc comment se fit l'*affaire*.

MOLIÈRE, *le Misanthrope*, I, 2; III, 4; *les Femmes savantes*, III, 5.

On peut rapporter au même emploi du mot *affaire* le passage suivant, où il pourrait être traduit par Conjoncture, circonstance :

I'ay voulu discourir cecy, et l'escrire, pour esueiller les esprits aux capitaines à bien considérer que, lorsqu'ils se trouvent en vn tel *affaire*, ils compassent le temps, que l'ennemy peut estre aduerty, le temps aussi qu'il faut qu'il aye pour sa retraicte.

MONTLUC, *Commentaires*, liv. I.

D'AFFAIRE, en ce sens, se sont formées certaines manières de parler familières dont quelques-unes très-anciennes. Telles sont :

Mon affaire, votre affaire, etc.; Ce qui me concerne, ce qui vous concerne.

La dame ... s'étoit jà voulu agenouiller par trois ou quatre fois au pied du roi son frère; mais le roi ne lui souffroit et la tenoit toujours par la main droite, et lui demandoit moult doucement de son état et de *son affaire*.

FROISSART, *Chroniques*, l. I, 1re partie, ch. 7.

Ledit sieur de Lanssac fut là mal conseillé : car il auoit assez de moyen de passer s'il eust sceu bien conduire son *affaire.*

MONTLUC, *Commentaires*, liv. III.

Puisque nous voilà tous habillés et que le roi ne doit venir de deux heures, employons ce temps à répéter *notre affaire.*

MOLIÈRE, *l'Impromptu de Versailles*, sc. I.

Dites chascun baron qu'i aille an son repaire
Por *aprester* ses homes, son cors et *son afaire.*

Chanson des Saxons, t. I, p. 54.

Signor, oï avés assés....
Les aventures et le conte
Que Pierres de Saint-Cloot conte
De Renart et de *ses affaires.*

Roman de Renart, Supplément, v. 5.

Amours, Amours, que voulés de moi faire?
En vous ne puis veoir rien de seur;
Je ne cognois ne vous, ne *vostre afaire.*

FROISSART, *Rondeaux.*

Tout *mon affaire*
Te dirai, du commencement
Jusques à la fin....

BONAVENTURE DES PERIERS, *Andrie*, I, I.

Donne response à *mon* présent *affaire,*
Docte docteur. Qui t'a induit à faire
Emprisonner depuis six jours en ça
Un tien amy qui onc ne t'offensa?

CLÉMENT MAROT, *Épîtres*, X.

Conter, dire son affaire, Ce que l'on avait à dire.

Lors lui *dist* Guillaume comment il estoit chassié et tout *son affaire.*

Chronique de Normandie, hist. de France, XI, 332.

Quant Berangers ot dite tote sa volanté,
Et il ot à la dame *son afaire conté.*

Parise la Duchesse, p. 210.

Faire son affaire, Ce qu'on s'était proposé.

Quant vers North ot *fait son afaire*
A Londre se mit el repaire (retour).

WACE, *Roman de Brut*, v. 8778.

Votre affaire va bien :

Or *va*, dist-il, bien *vostre affaire.*

Roman de la Rose, v. 3219.

Une étrange affaire, Une chose étrange.

Ah! qu'une femme demoiselle est une *étrange affaire!*

MOLIÈRE, *George Dandin*, I, sc. I.

Il y a de grandes affaires; il y a bien des affaires; Il se passe de grandes choses, bien des choses.

L'orgueil humain se fait trop d'honneur de croire qu'il *y ait de grandes affaires* dans les astres quand on doit mourir.

Mme DE SÉVIGNÉ, *Lettres*, 2 janvier 1681.

Madame, je vous apprête un agréable divertissement. Luziana lui demanda ce que c'étoit. Oh! vraiment, reprit la soubrette en riant comme une folle, *il y a bien des affaires.*

LE SAGE, *le Diable boiteux*, ch. 7.

Le bon de l'affaire est que....

Le *bon de l'affaire* c'est qu'il (Rameau) n'a pas seulement les paroles telles que je les ai faites.

VOLTAIRE, *Lettres*, 1er déc. 1731.

La grande affaire est que....

Je mets Briaré (Newton) en miniature. *La grande affaire est que* les traits soient ressemblants.

VOLTAIRE, *Lettres*, 4 février 1737.

C'est l'affaire, ce n'est pas l'affaire.

On voit bien qu'il (Ronsard) a lu; mais *ce n'est pas l'affaire :*

Qu'il cache son savoir, et montre son esprit.

LA FONTAINE, Lettres à Racine, 6 juin 1686.

C'est une affaire faite.

Quoique ce ne soit pas la coutume de payer auparavant, toutefois, de peur que je ne l'oublie et afin que *ce soit une affaire faite,* voici....

La donation!... oui, *c'est une affaire faite.*

MOLIÈRE, *l'Amour médecin*, II, 2; *le Tartuffe*, IV, 7.

L'affaire en est faite.

Eh bien! ce procès a-t-il enfin été jugé? — Oui, Dieu merci, *l'affaire en est faite.*

LE SAGE, *Crispin rival de son maître*, sc. 9.

On dit : *Affaire d'honneur, d'esprit, de goût, de style, de calcul,* etc., en parlant de Choses qui concernent l'honneur, l'esprit, le goût, le style, le calcul, etc.

Faites-vous de cet ouvrage une *affaire d'honneur* et même de *conscience.*

Mme DE SÉVIGNÉ, *Lettres*, 28 février 1689.

Il veut qu'on le consulte sur toutes les *affaires d'esprit.*

MOLIÈRE, *la Critique de l'École des femmes*, sc. 5.

On dit une *affaire de finance,* une *affaire d'honneur* ou *d'intérêt, affaire de barreau, affaire au conseil, affaires du roi, homme d'affaires;* mais qui avoit jamais entendu parler d'*affaires de proscription?*

Je ne dispute point quand il s'agit de poésie et d'éloquence, c'est une *affaire de goût;* chacun a le sien.

De bonne foi, est-ce une simple *affaire de style,* d'ordonner la ruine et la honte d'une famille?

VOLTAIRE, *Mélanges historiques*, fragment sur la Saint-Barthélemy; *Lettres*, juin 1753, à M. Kœnig; 26 septembre 1765.

En ne faisant d'une telle question qu'une *affaire de calcul,* le parti de la probité est toujours le meilleur qu'il y ait à prendre.

DUCLOS, *Considérations sur les mœurs*, ch. 3.

AFFAIRE, soit au singulier, soit au pluriel, est encore entré dans un certain nombre de locutions familières telles que les suivantes :

Faire ses affaires, aller à ses affaires, pour satisfaire ses besoins naturels.

Les Turcs... ont un petit pot large par le hault qui respond droit au pertuis du berceau, à fin que quand l'enfant *faict ses affaires* ne les repende si non dedens le dict pot.

PIERRE BELON, *Observations de plusieurs singularitez et choses memorables de divers pays estranges*, liv. III, ch. 11.

Le patient sent une extrême douleur et pesanteur au ventre, et, tension aux boyaux, et lorsqu'on presse sur le ventre, on sent une grande dureté, et aussi que le malade n'*a* de longtemps *esté à ses affaires.*

A. PARÉ, liv. XVIII, ch. 65.

C'est en conséquence de cette acception particulière d'une locution usitée encore en d'autres sens, cela a été dit plus haut, qu'on appelait chez le roi *chaise d'affaires*, la chaise percée, et que *brevet d'affaires* désignait le privilége d'entrer dans le lieu où le roi est sur sa chaise d'affaires.

Avoir affaire de, Avoir besoin de.

Dans cette expression très-ancienne qu'on pourrait traduire par *avoir à faire de* et qu'on a même quelquefois écrite ainsi, s'aperçoit l'origine du mot AFFAIRE.

Fil d'Adam, lignie avère et convoitouse, k'*aveiz affaire de* richesces terriennes, ne de temporel glore?

SAINT BERNARD, *Sermons français*, ms., p. 33. (Cité par Sainte-Palaye.)

Il cuidoit que il le voulsist retenir pour ce que il eust *à faire de* lui et de sa gent pour aucune guerre.

Chroniques de Saint-Denys, voyez *Recueil des historiens de France*, t. V, p. 273.

Enfans, *avez-vous* encores *affaire de* mon ayde?

RABELAIS, *Pantagruel*, liv. IV, ch. 24.

I'adioustay foy à ceux qui m'advertissoient : et me servit bien : pource que de trois, qu'ils estoient, les deux *auoient affaire de* moy pour des biens qu'ils plaidoient.

Ie luy despechay vn homme, le priant venir le lendemain à Projean, maison du baron de Campagne, et qu'il menast le capitaine Arne, le baron de l'Arbous, lieutenant de M. de Gramont, *ayant grand affaire de* parler à luy.

Ie n'*ay affaire de desduire* toutes ces choses.

MONTLUC, *Commentaires*, liv. VI; liv. VII.

Volontiers les grands haïssent tousjours celuy de qui ils ont tiré service, s'ils ne lui ont faict du bien, et se faschent quand ils le voyent (principalement quand ils *n'en ont plus affaire*) comme si c'estoit un créditeur qui importune pour luy estre satisfait.

PHILIBERT DE L'ORME, *Archit.*, liv. I, ch. 4, p. 12, r°.

Si cela me fut fascheux à supporter, je n'*ay* point *affaire de* le redire.

D'URFÉ, *l'Astrée*, 2e partie, liv. VIII.

Les uns disoient que Pompée mesme avoit été repris par les vieillards de son temps, pour avoir fondé un théâtre perpétuel. Car auparavant on n'en dressoit qu'à mesure qu'on *en avoit affaire.*

PERROT D'ABLANCOURT, trad. de Tacite, *Annales*, liv. XIV, 111.

Ayant à faire de la faveur du Pape pour affermir son autorité, elle ne pouvoit maintenir dans la direction de l'État un réformé.

Le duc DE ROHAN, *Mémoires*, liv. I.

Elle vous dira qu'elle n'a que faire de monsieur Diafoirus, ni de son fils Thomas Diafoirus, ni de tous les Diafoirus du monde. — *J'en ai affaire*, moi.

MOLIÈRE, *le Malade imaginaire*, I, 5.

Qu'ai-je *affaire* de celui-ci, et que me reviendra-t-il d'avoir des égards pour celui-là?

En vain on leur fait voir la folie d'un homme qui, n'ayant *affaire* que d'un verre d'eau, voudroit le puiser dans un grand fleuve, et non pas dans une fontaine.

BOURDALOUE, *Sermon sur les richesses.*

J'ai furieusement *affaire* d'argent comptant.

DANCOURT, *les Bourgeoises à la mode*, III, 6.

On allume du feu *dont j'avois bien affaire.*

REGNIER, *Satires*, XI.

Quelqu'un auroit-il jamais cru
Qu'un lion *d'*un rat *eût affaire?*

LA FONTAINE, *Fables*, II, 11.

Dans ce sens, on dit, par ironie : *J'ai bien affaire, qu'ai-je affaire de cet homme-là, de cette chose-là?* Ils ne peuvent m'être bons à rien, je ne m'en soucie guère.

*Qu'avons-nous à faire d'*un nouvel auteur qui se pare des imaginations des Grecs et donne au monde leurs lumières pour les siennes?

SAINT-ÉVREMONT.

Qu'ai-je affaire de me fatiguer des pensées de la mort pour la recevoir constamment? je mourrai peut-être sans y penser.

NICOLE. (Cité par Furetière.)

Ce pauvre comte *avoit bien affaire* de courir à Toulon, à Marseille, prendre bien de la peine et dépenser son argent.

Mme DE SÉVIGNÉ, *Lettres*, 9 oct. 1680.

Que *as*-tu *de* cele qeue *afere?*

Roman du Renart, I, 107.

Prenderay-je ung autre clystere?
— Et que sçay-je? qu'en *ay-je affaire?*

Farce de Pathelin, II, 3.

Qu'*avons-nous affaire* de vie,
Si nous ne pouvons être à vous?

P. CORNEILLE, *Psyché*, V, 2.

Qu'*ai-je affaire du* trône et *de* la main d'un roi?

TH. CORNEILLE, *Ariane*, III, 4.

Leur savoir à la France est beaucoup nécessaire,
Et des livres qu'ils font la cour *a bien affaire.*

MOLIÈRE, *les Femmes savantes*, IV, 3.

La république *a* bien *affaire*
De gens qui ne dépensent rien!

LA FONTAINE, *Fables*, VIII, 19.

De là, dans le passage suivant, AFFAIRE au sens de Besoin :

Car il m'a toujours subvenu
A mon grand besoing et *affaire.*

VILLON, *Grand Testament*, huitain 85.

On dit, par réciprocité, *être, faire l'affaire de quelqu'un*, Lui convenir; *avoir l'affaire de quelqu'un*, Être en mesure de lui procurer ce qui lui convient. On dit aussi l'*Affaire de quelqu'un*, ce qui est à sa convenance.

C'est moi qui *ferai votre affaire* mieux que personne.

Je vais quérir *votre affaire.*

MOLIÈRE, *les Précieuses ridicules*, sc. 9; *le Bourgeois gentilhomme*, III, 4.

Je ne veux pas sitôt me marier; je ne suis point encore dégoûtée du monde. — Oh bien! je le suis, moi, Madame Jacob. Mettez-moi sur vos tablettes. — *J'ai votre affaire.*

LE SAGE, *Turcaret*, IV, 12.

Quand je voulois avoir un air fripon, j'avois un maintien et une parure qui *faisoient mon affaire.*

MARIVAUX, *Vie de Marianne*, 1re partie.

Votre fille n'*est* point *l'affaire* d'un bigot.

Les doctes entretiens ne *sont* point *mon affaire.*

MOLIÈRE, *le Tartuffe*, II, 1; *les Femmes savantes*, III, 4.

Si feu mon pauvre père
Étoit encor vivant, c'*étoit bien votre affaire.*

RACINE, *les Plaideurs*, I, 5.

Je crois, dit-il, qu'il est bon;
Mais le moindre ducaton
Feroit bien mieux *mon affaire.*

LA FONTAINE, *Fables*, I, 20.

On lui dit : Ce n'est pas ici
Que vous trouverez *votre affaire.*

VOLTAIRE, *les Trois Manières.*

Avoir affaire à quelqu'un, Avoir à lui parler, à traiter avec lui de quelque chose.

Tous ceulx qui *avoient affaire à* lui venoient à lui parler.
JOINVILLE, *Histoire de saint Louis.*

C'est pitié d'*avoir affaire aux* hommes !
BONAVENT. DES PERIERS, *Cymbalum mundi.*

Mes sujets (d'Henri IV) en seront par ce moyen beaucoup plus soulagez, n'*ayant à faire* pour le payement de leurs rentes qu'à une seule personne.
SULLY, *Œconomies royales*, C, c. 32.

Oh ! l'étrange chose que d'*avoir affaire à* des bêtes !
MOLIÈRE, *le Bourgeois gentilhomme*, III, 2.

Souvenez-vous, Seigneur, que vous *avez affaire à* des rebelles qui se prévalent contre vous de vos plus divins attributs.
BOURDALOUE, *Sermons.* Sur le jugement dernier.

Un médecin *a* presque aussi souvent *affaire à* l'imagination de ses malades qu'*à* leur poitrine et *à* leur foie.
FONTENELLE, *Éloge de Sauveur*,

Je connais par expérience ce que c'est que d'*avoir affaire au* public.

J'*ai affaire à* l'amour-propre et *au* pouvoir despotique, deux êtres bien dangereux.
VOLTAIRE, *Lettres*, 13 janvier 1726 ; 15 oct. 1752.

... Sans faille tu ne savoies
À quel seignor *afaire avoies* :
Car se tu bien le cognéusses,
Oncques ses homs esté n'éusses.
Roman de la Rose, 4257.

Monsieur, je ne dois point *avoir affaire à vous.*
MOLIÈRE, *le Tartuffe*, V, 4.

Parbleu ! les officiers
Sont malheureux d'*avoir affaire aux* usuriers.
REGNARD, *les Folies amoureuses*, III, 8.

Avoir affaire à quelqu'un signifie encore Avoir quelque contestation, quelque démêlé avec lui.

Il en advint autant à Lucullus, au siége de Tigranocerta contre le roi Tigranes ; mais d'une condition dispareille, vu la mollesse des ennemis *à* qui Lucullus *avoit affaire.*
MONTAIGNE, *Essais*, II, 34.

Ce procès-là lui a donné bien de la peine. — Oh ! cela n'est pas concevable. Il *avoit affaire au* plus grand chicaneur, *au* moins raisonnable de tous les hommes.

Je ne crains pas le scandale, moi. Ah ! *vous n'avez pas affaire à* un abbé, je vous en avertis. — Non, j'*ai affaire à* un extravagant, un possédé.
LE SAGE, *Crispin rival de son maître*, sc. 9 ; *Turcaret*, II, 3.

Ma colonie à moi est environnée de loups, de renards et d'ours : on *a* presque partout *affaire à* des animaux nuisibles.
VOLTAIRE, *Lettres*, 20 déc. 1766.

Dans ce sens, on dit : *avoir affaire à la veuve et aux héritiers ; avoir affaire à forte partie.*

On dit proverbialement qu'*Un homme aura affaire à la veuve et aux héritiers*, pour dire qu'Il aura *affaire* à plus de gens qu'il ne croyoit, et qu'il trouvera de grandes difficultés dans son entreprise.
Dictionnaire de l'Académie, édit. de 1694.

Avoir affaire à entre dans certaines formules d'avertissement, de réprimande, de menace, etc., telles que les suivantes :

Songe à bien prendre tes sûretés avec lui. — Laissez-moi faire, il n'*a* pas *affaire à* un sot.

Quiconque rira de lui *aura affaire à moi.*

Tu nous prends pour un autre, et tu n'*as* pas *affaire*
À ma sotte maîtresse.
MOLIÈRE, *les Fourberies de Scapin*, II, 6 ; *Pourceaugnac*, I, 3 ; *le Dépit amoureux*, IV, 4.

Avoir affaire à un homme, à une femme, s'emploie en parlant d'un commerce de galanterie.

Jacobus Ruepff, adjousta il, tesmoigne que de son temps une femme sorcière *eut affaire à* un esprit malin.
BOUCHET, *Serées*, liv. I, 8e serée.

Qu'il est fâcheux d'*avoir affaire à* de petites personnes trop scrupuleuses !
DANCOURT, *les Bourgeoises à la mode*, III, 9.

Ceux qui de galante humeur
N'*ont affaire* qu'*à* madame
N'accommodent pas monsieur.
MOLIÈRE, *École des femmes*, III, 2.

Avoir affaire à quelqu'un se dit quelquefois en parlant d'un duel.

Oui, c'est lui qui prétend *avoir affaire à* toi
Et qui veut, dans les champs où l'honneur vous appelle,
Qu'un combat seul à seul vide votre querelle.
MOLIÈRE, *le Dépit amoureux*, V, 6.

Avoir affaire avec s'emploie dans les mêmes acceptions qu'*avoir affaire à*.

Si quelcun obiecte, Qu'est-ce qu'*a affaire* l'esprit de Dieu *avec* les iniques qui sont du tout estranges de Dieu? Je respon que cest argument n'est pas du tout suffisant.
CALVIN, *Institution chrestienne*, liv. II, c. 2, § 16.

Ce que monsieur le mareschal de Brissac dict, facillement vous le pouvez rabiller en escrivant à Montluc... que, pour l'amour de vous, il laisse tant qu'il pourra sa colère, *ayant affaire avec* cerveaux bizarres, tels qu'estoient les Siennois.
MONTLUC, *Mémoires*, liv. II, année 1554.

Demandez à notre ami Corbinelli ce que c'est que d'*avoir affaire avec* des bas-Bretons.
Mme DE SÉVIGNÉ, *Lettres*, 1er mars 1634.

Lui ne vouloit point *avoir affaire avec* une fine mouche qui ne prétendoit que badiner.
TALLEMANT DES RÉAUX, *Historiettes*, *la Présidente Perrot*.

Dans un langage populaire et trivial, *faire à quelqu'un son affaire*, c'est le maltraiter, le tuer.

Point d'affaire. Locution adverbiale; Nullement, en aucune manière.

Non, en aucune façon, *point d'affaire*, vous perdez le temps, je n'en ferai rien, cela est résolu.

De la louange, de l'estime, de la bienveillance en paroles et de l'amitié tant qu'il vous plaira; mais de l'argent, *point d'affaires*.

Écoutez. — *Point d'affaire*. — Laissez-moi dire. — Je suis sourd.

J'ai beau lui faire signe et montrer que c'est ruse,
Point d'affaire, il poursuit sa pointe jusqu'au bout.
MOLIÈRE, *le Médecin malgré lui*, III, 6; *l'Avare*, II, 4; *le Bourgeois gentilhomme*, III, 10; *l'Étourdi*, III, 4.

Du mot AFFAIRE on avait dérivé à une époque fort ancienne le substantif AFFAIREMENT.

Guillaume s'entremist de son *affairement*.
WACE, *Roman de Rou*, ms., p. 61. (Cité par Sainte-Palaye.)

On en avait aussi tiré l'adjectif AFFAIREUX, EUSE, Ayant beaucoup d'affaires.

La modération est vertu bien plus *affaireuse* que n'est la souffrance.

Me semble plus misérable un riche mal aisé, nécessiteux, *affaireux*, que celui qui est simplement pauvre.
MONTAIGNE, *Essais*, II, 33.

L'abondance est plus *affaireuse* que la disette.
CHARRON, *de la Sagesse*, I, 50

D'AFFAIREUX on avait tiré AFFAIREUSEMENT.

Ma principale profession en cette vie estoit de la vivre mollement, et plustost laschement qu'*affaireusement*.
MONTAIGNE, *Essais*, III, 9.

Au lieu d'AFFAIREUX, on ne dit plus, depuis longtemps que

AFFAIRÉ, ÉE, adj.
Qui a bien des affaires.

Il est diablement *affairé*.
DANCOURT, *les Bourgeoises à la mode*, III, 5.

C'est, de la tête aux pieds, un homme tout mystère,
Qui vous jette en passant un coup d'œil égaré,
Et sans aucune affaire est toujours *affairé*.
MOLIÈRE, *le Misanthrope*, II, 5.

On comprend comment, par une extension assez naturelle et que semble avoir reçue, dans un des précédents exemples, le vieux mot *affaireux*, AFFAIRÉ a pu signifier Dont les affaires sont dérangées.

Il y avoit un gentilhomme... grandement *affairé*, lequel, pour se mettre plus au large, parla à l'un des domestiques du cardinal (Georges d'Amboise), à ce qu'il voulust moyenner envers son maistre qu'il acheptast une sienne terre.
EST. PASQUIER, *Recherches de la France*, liv. VI, ch. 6.

AFFAISSER, v. a. (De *fais*, *faix*, et, par ce mot, du latin *fascis*, voyez FAIX.)

On a écrit AFAISSER, AFFAISER. (Voyez le *Dictionnaire* de Richelet et les exemples ci-après.)

De la signification propre de *Faix*, qui veut

dire Charge, fardeau, s'est tirée celle d'Affaisser, qui peut s'appliquer de double manière :

Affaisser, c'est d'abord, au propre, Faire que des choses qui sont l'une sur l'autre, se resserrent, se foulent, se dépriment, occupent moins d'espace en hauteur.

Les pluies *affaissent* les terres. On *affaisse* les marchandises quand on les emballe.
Dictionnaire de l'Académie, 1694.

Ce qui prouve que la mer Méditerranée n'est point un golfe ancien de l'Océan, mais qu'elle a été formée par une irruption des eaux produite par quelques causes accidentelles, comme seroit un tremblement de terre, lequel auroit *affaissé* les terres à l'entrée du détroit.
Buffon, *Hist. nat.*, Théorie de la terre, Disc. II.

Si j'en crois nos savants, des secousses fatales,
Par un choc violent, du midi redressé
Jetèrent l'océan sur le nord *affaissé*.
Delille, *les Trois Règnes*, IV.

Affaisser, c'est encore, toujours au sens propre, Faire ployer, faire courber sous le faix, abaisser.

Les racines estans couvertes, l'on les *affaisera* doucement avec les mains.
Olivier de Serres, *Théâtre d'agriculture*, VIe lieu, c. 19.

Une trop grande charge de bled *a affaissé* le plancher d'un grenier.
Dictionnaire de l'Académie, 1718.

Affaisser s'emploie figurément en parlant d'un accablement, d'Un affaiblissement physique ou moral.

Ce n'est pas merveille si un contraire estat (la maladie) *affaisse* mon esprit.
Montaigne, *Essais*, III, 5.

Les anciennes républiques de la Grèce... avaient interdit à leurs citoyens tous ces métiers tranquilles et sédentaires qui, en *affaissant* et corrompant le corps, énervent sitôt la vigueur de l'âme.
J.-J. Rousseau. *Discours qui a remporté le prix à l'académie de Dijon*, 2e partie.

Affaisser est surtout d'usage sous sa forme pronominale;

1° Au propre, avec les deux acceptions remarquées plus haut.

Dans le premier des exemples qui suivent, il est comme interprété étymologiquement par cette expression « prendre son faix ».

Le bastiment *s'est affaissé* et a prins son fais.
Moles sedimentum fecit. (Plin.)
Rob. Estienne, *Dictionnaire françois-latin*, 1549.

Et ne faut point craindre que telle charpenterie *se puisse* jamais *affaisser*, quelque charge qu'elle puisse avoir.
Philibert de l'Orme, *Archit.*, liv. X; *Inventions pour bien bastir*, liv. I.

Les montagnes *s'affaissèrent*, les vallons prirent leur place, et l'on vit briller des feux parmi les ruines.
(Sedisse immensos montes... memorant.)
Perrot d'Ablancourt, trad. de Tacite, *Annales*, II, 47.

Tout à coup le terrain *s'affaisse* et ouvre un abîme.
Fénelon, *Télémaque*, XV.

Alors le bûcher commença *à s'affaisser* et les flammes à s'éteindre.
Mme Dacier, trad. de *l'Iliade*, XXIII.

Si nous nous prêtons un instant à supposer que l'ancien et le nouveau monde ne faisaient autrefois qu'un seul continent, et que, par un violent tremblement de terre, le terrain de l'ancienne Atlantide de Platon *se soit affaissé*, la mer... aura laissé à découvert de vastes continents, qui sont peut-être ceux que nous habitons.
Buffon, *Hist. nat.*, Théorie de la terre, Discours II.

Il faudrait.... que des couches entières se fussent *affaissées* ou soulevées sans se rompre.
Ramond, *Voyages au mont Perdu*, part., IV.

Alors la cime du volcan change sa forme mobile, la lave *s'affaisse*, la pierre roule.
Chateaubriand, *les Martyrs*, liv. VIII.

2° Au figuré.

Mon âme offusquée, obstruée par mes organes, *s'affaisse* de jour en jour.
J.-J. Rousseau, *les Rêveries du promeneur solitaire*, 8e promenade.

L'âme elle-même *s'affaisserait* dans l'existence physique, si quelque chose de fier et d'animé ne l'arrachait pas au vulgaire ascendant de l'égoïsme.
Mme de Stael, *de l'Allemagne*, IVe part., c. 10.

La gloire de M. Périer est pure et inattaquable. Sortie comme un météore de ces jours nébuleux où il semble qu'autour de vous tout s'obscurcisse et *s'affaisse*, elle sera durable.
Royer-Collard, *Discours prononcé en 1832, aux funérailles de Casimir Périer.*

S'affaisser, soit au propre, soit au figuré, se construit fréquemment avec la préposition *sous* suivie d'un régime qui fait connaître la cause de l'affaissement. *S'affaisser sous le poids de*..... est une locution très-usitée.

Au propre :

Lorsque dans la saison noire du froid et des frimas l'on voit.... les arbres dépouillés se courber, *s'affaisser sous le poids de* la neige et du givre.

BUFFON, *Histoire naturelle.*

... Le corps qui baisse,
Qui *des* ans alors *sous le poids s'affaisse*,
Sent avecque lui, dans le même temps,
L'esprit *s'affaisser sous le poids des ans.*

REGNIER DESMARETS, *Poésies*, lettre à Timandre.

Au figuré :

Il faut voir les choses en grand, par cela même que l'esprit humain est petit, et qu'il *s'affaisse* sous le poids des minuties.

VOLTAIRE, *Fragments sur l'histoire*, art. XXVIII.

S'affaisser se dit d'une personne dont le corps fléchit, d'un vieillard qui se courbe.

Notre chère tante a fini sa malheureuse vie... La veille... elle étoit si foible qu'elle ne pouvoit se tenir dans sa chaise, et *s'affaissoit* et couloit jusqu'à terre.

Mme DE SÉVIGNÉ, *Lettres*, 1er juillet 1672.

Comme une moissonneuse qui a fini son ouvrage, et qui s'endort fatiguée au bout du sillon, Velléda *s'affaisse* sur le char.

CHATEAUBRIAND, *les Martyrs*, liv. X.

AFFAISSÉ, ÉE, participe.

Il se prend, à peu près adjectivement, surtout au sens figuré du verbe.

Les jambes ouvertes, la mémoire éteinte, le jugement *affaissé*, les connaissances brouillées (le Père de la Chaise), inconvénients étranges pour un confesseur, rien ne rebuta le roi, et jusqu'à la fin il se fit apporter le cadavre et dépêcha avec lui les affaires accoutumées.

SAINT-SIMON, *Mémoires*, 1709, t. VII, c. 3.

L'homme même succombe et son âme *affaissée*
Sent défaillir sa force et mourir sa pensée.

DELILLE.

Affaissé sous, sous le poids de :

Ainsi, pendant que l'empire *étoit affaissé sous* un mauvais gouvernement, des causes particulières le soutenoient.

MONTESQUIEU, *Grandeur et Décadence des Romains*, c. 23.

Presque *affaissé sous le poids de* ses péchés, ose-t-il lever la tête, ose-t-il ouvrir la bouche?

BOURDALOUE, *Caractères de l'humilité.*

AFFAISSEMENT, s. m.

Action d'*affaisser*, et plus souvent, état de ce qui est *affaissé*, soit au propre, soit au figuré, construit avec la préposition *de* ou employé absolument.

On le dit fréquemment, au propre, De certains mouvements de la terre.

La première et la plus simple des causes des mouvements convulsifs de la terre est l'*affaissement des* cavernes.

Les eaux produisent aussi bien que les feux souterrains des *affaissements de terre* considérables.

Il est certain qu'il ne se fait aucun *affaissement* dans le fond de la mer, que sa surface ne baisse.

BUFFON, *Théorie de la terre.*

Rien n'y est demeuré à sa place (au mont Perdu), ou bien les masses ont été soulevées au nord, ou bien elles *se sont affaissées* au midi, peut-être même les deux mouvements ont eu lieu à la fois, et l'*affaissement* d'une partie a déterminé le redressement de l'autre.

Qu'on admette les *affaissements* de Deluc ou les soulèvements de de Saussure, on ne fait qu'exprimer par deux formules différentes ce même changement de niveau dont la croûte de la terre offre partout les vestiges.

RAMOND, *Voyage au mont Perdu*, part. II

On le dit assez souvent aussi, au propre et au figuré, de l'État d'affaiblissement, d'accablement d'un malade.

J'ai trouvé ce malade dans un grand *affaissement*.

Dictionnaire de l'Académie, 1762.

AFFAITER, v. a. (Venu probablement de *factitare*, comme notre ancien adjectif *Faitis* de *factitius*, et, par ce mot, de *facere*, ou plus directement d'*affectare*.)

La trace de cette étymologie est apparente dans quelques-unes des orthographes très-nombreuses du mot. On l'a écrit, en effet, avec ou sans redoublement de l'*F*, non-seulement AFFAITIER, AFFEITIER, AFFETER, AFFETTER, AFFETIER, mais AFFAICTER, AFFAICTIER, AFFECTER, AFFECTIER. (Voyez le *Glossaire* de Sainte-Palaye.)

Ce mot, d'un grand usage dans la langue du moyen âge, y avait des acceptions très-variées, desquelles une seule est restée, celle qui en faisait un terme de fauconnerie.

Il signifiait d'abord, au propre, en raison de son étymologie, Faire, façonner, disposer, arranger, préparer, réparer, parer, etc., susceptible par une valeur si générale, de quantité d'applications particulières.

On disait, comme Borel (*Thrésor des recherches*), D. Carpentier (additions au *Glossaire* de Du Cange au mot *affaitare*), Sainte-Palaye (*Glossaire*) et autres l'établissent par des exemples, *affaiter* des armes, des étoffes, des vêtements, des chaussures; *affaiter* un bâtiment; *affaiter* des vers; *affaiter* une plaie, et même un blessé; *affaiter* son visage; par suite, *S'affaiter*, correspondant en certains cas à l'espagnol *afeitar se*, ce qui est peut-être l'origine d'AFFÉTERIE, voyez ce mot.

N'estoit fardée ne pignée;
Car elle n'avoit mestier
De *soy* farder et *affaictier*.
GUILLAUME DE LORRIS. (Cité par Sainte-Palaye.)

Au sens propre d'AFFAITER se rapportait l'emploi spécial qui en était fait en parlant de la préparation des cuirs, emploi assez longtemps rappelé par les dictionnaires. Voyez, par exemple, ceux de Monet et de Furetière.

De plusieurs autres matières servant à la taincture, à préparer draps, à la laine, et à soie, à tanner et *affaiter* cuirs, et semblables services, s'accommodera le diligent mesnager.
OLIVIER DE SERRES, *Théâtre d'agriculture*, c. 29.

D'AFFAITER, en ce sens spécial, était venu le substantif AFFAIT, pour désigner Un lieu où l'on apprête les cuirs, une tannerie. AFFAITEUR, autre substantif venu d'AFFAITER, avait, entre autres significations, celle de Corroyeur, tanneur. Voyez le *Glossaire* de Du Cange avec les additions de D. Carpentier aux mots *affactator*, *affaitia pelleteri*, *affaitamentum*, *affaitum*, *affaitare*, *affeitator*.

Les *affaiteurs* de cuir se servent fort de ce fruit.
DU PINET, trad. de Pline l'Ancien, *Histoire naturelle*, liv. XXIII, c. 1.

AFFAITER, par une extension naturelle, s'employait encore au sens de Élever, former, instruire.

Afaited ad mes mains à bataille et mes bras ad esforcied cume arc de araim (d'airain).
Les Quatre Livres des Rois, II, XXII, 35.

... Par la grant chevalerie
Qu'il ot *afaitie* et nourrie,
Dist Artus que mer passeroit.
WACE, *Roman du Brut*, ms., fol. 75, r°, col. 1. (Cité par Sainte-Palaye.)

Alexandre l'entend sans autre latinier (truchement),
Car de plusieurs langages s'estoit fait *affaitier*.
Roman d'Alexandre, cité par H. Estienne, *de la Précellence du langage françois*.

... ele l'*avoit* alaitié
Et tout nouri, et *afaitié*.
PH. MOUSKES, *Chronique rimée*, v. 234.

... Il m'*a* nuri et *afaitié*.
MARIE DE FRANCE, *Fables*, 28.

Mès je proi au diu d'amors
Qui amans *afaite*,
Qu'il nos tiengue en bone amor
Vraie et parfette.
Chansons françoises du XIII° *siècle*, ms. de Bouhier, fol. 75, v°. (Cité par Sainte-Palaye.)

Il se disait encore, dans un sens analogue, mais plus particulier, pour Faire à une personne sa leçon, la façonner à ce qu'elle doit faire, lui dicter ce qu'elle doit dire.

Vendras devant le rei, si parleras al rei en cette baillie
Si l'*afaitad* à sa volented.

(Et ingredieris ad regem et loqueris ad eum sermones hujusce modi. Posuit autem Joab verba in ore ejus.)

Les Quatre Livres des Rois, II, XIV, 3.

Fist corre noveles que Corradin.... estoit mort; et fist venir messaiges *affaités*, qui distrent vraiement qu'il avoit esté à la mort Corradin.

Continuateurs de Guillaume de Tyr, p. 453.

Le participe AFFAITÉ s'employait adjectivement pour Bien façonné, bien élevé, bien appris, et s'appliquait, naturellement dans des acceptions très-variées, aux diverses qualités qui peuvent résulter de l'éducation.

Le roi et la reine d'honneur et de largesses étoient si pleins et si *affaités* que tout ils donnoient.

FROISSART, *Chroniques,* liv. I, Ire part., c. 312.

Plusieurs (qui est une grande dérision des lettres), ne mettent leurs enfans à l'estude pour estudier, mais seulement pour leur esveiller l'esprit.... et pour les rendre plus fins et *affettez* par le moyen de la compagnie (pour ce que les jeunes gens semblent comme s'entraguiser l'esprit).

H. ESTIENNE, *Apologie pour Hérodote,* liv. I, c. 11.

Jehan li Nivelons fut moult bien *afetiez.*

La Vengeance de la mort d'Alexandre par Jehans li Nivelons.

(Cité par Borel, *Thrésor des recherches.*

L'emperere à sa fille vient,
Le senescal par la main tient :
Fille, dist-il, soiés haitié (gaie),
Et courtoise, et bien *affaitié.*

Roman de Robert le Diable, ms. (Cité par D. Carpentier, addit. au *Gloss.* de Du Cange.)

Mut la vit bele e enseignée,
Sage, curteise et *afeitée.*

MARIE DE FRANCE, *Lai du Frêne,* v. 253.

Le plus sage,
Le plus preux et le plus *affecté*
Y a été prins et guetté.

Roman de la Rose, v. 1589.

De là, l'application très-naturelle d'AFFAITER à l'éducation des animaux.

Cheval bien *affaicté* et preux aux armes.

Chroniques de Saint-Denis, t. I, p. 236. (Cité par Sainte-Palaye.)

Il n'y a aucun amour si secrette qui ne soit sceuë, ny petit chien si *affetté* ny faict à la main, duquel on n'entende le japper.

LA REINE DE NAVARRE, *Heptameron,* 70e nouvelle.

Mignonne est trop plus *affetée,*
Plus fretillant, moins arrestée,
Que le Passeron de Maupas.

CLÉMENT MAROT, *Epigrammes,* 216.

De là, enfin, en termes de Vénerie, de fauconnerie, AFFAITER prit l'acception spéciale de « Rendre faitis », dit Monet, Apprivoiser, dresser.

Bien est vray que dame Nature,
Qui en ce fait a mys grand cure,
Donna aux chiens entendement
De beste chasser saigement.
Et neantmoins les fault *affaictier*
Qui bien les veult faire chasser.

GASTON PHEBUS, *Chasse,* ms., fol. 39, r°.

Ung faulcon
Qui estoit nouvel *affaictié.*

L'esparvier
Se laissse en six jours *affaicter.*

Ung levrier
Bien *affaicté* pour le mestier.

Quant oiseaulx sont mal *affaictez.*

GACE DE LA BIGNE, *des Déd.*, ms., fol. 6, v°; 81, r°; 126 v°; 143, r°. (Cités par Sainte-Palaye.)

AFFAITÉ est pris en ce sens, mais, à la fois au propre et au figuré, dans le passage suivant :

... Si comme li loirres (le leurre) *afaite*
Por venir au soir et au main (matin),
Le gentil espervier à main
Ainsinc *sunt afaitié* par dons
A donner graces et pardons
Li portiers as fins amoreus :
Tuit se rendent vaincus par eux.

Roman de la Rose, v. 7557.

AFFAITIÉ, en terme de marine ou plutôt de construction navale, Façonné, aminci.

Item, la devant ditte nave doit avoir II timons qui seront gros et *affaities* IX paumes et demi, et seront lons XXIII goues.

Contrat d'affrétement entre les envoyés de S. Louis et les

Génois (1246); rôle ms. Bibl. nat. (Voir Jal, *Glossaire nautique*.)

D'affaiter s'étaient formés des substantifs, depuis longtemps sortis de l'usage et oubliés, qui participaient à ses sens généraux, et aussi comme termes de vénerie, de fauconnerie, à l'acception spéciale, par laquelle seule il s'est perpétué.

Affaiteur, déjà rappelé à l'occasion d'une autre acception spéciale d'affaiter et qui, dans le passage suivant, semble dit d'un homme qui prend soin des chevaux, qui les élève.

Qui veult acheter un cheval, il le doit premièrement veoir en l'estable, car là voit l'en s'il est en main d'*affaiteur* ou non, et s'il est bien ou mal gardé.

Le Menagier de Paris, 2e distinction, 3e art.

Dans les vers suivants, affaiteur est pris dans un sens moral pour Trompeur.

Car trop estoit fort *affaiteur*
Le faulx traictre, larron, menteur :
Mais sans celluy ne peusse vivre.

Roman de la Rose, v. 15290. (Cité par Sainte-Palaye.)

Affaitement qu'on a écrit, d'après les variétés d'orthographe du verbe, affaictement, affectement (Voyez le *Glossaire* de Sainte-Palaye).

Ce mot, le plus usité autrefois des dérivés d'affaiter, signifiait proprement Action de faire, par conséquent Acte, ou bien encore Forme, façon, manière, disposition, etc.

De là des emplois de ce mot très-divers dans le détail desquels il serait trop long d'entrer. Aux exemples cités par Sainte-Palaye on ajoutera seulement les suivants :

Affaitement est dit Du bon ordre d'une maison dans ce passage d'une date fort ancienne :

Cume la reine vit la grant sapience Salomun et sun merveillus paleis . . . . . et les riches sales à ses humes et le ordenement, et l'*afaitement* de ses menestrels . . . . ne se pout assez esmerveiller.

(Ordines ministrantium.)

Les Quatre Livres des Rois, III, X, 4, 5.

Dans un autre passage, d'un écrivain du xive siècle, il signifie Apprêt, assaisonnement :

Ne n'y met sel, ne lart, ne *affaitement* quelsconques, jusques à ce qu'ils soient tous cuis.

Le Ménagier de Paris, IIe distinction, 5e art.

Comme le verbe affaiter et son participe, et en raison des mêmes analogies, affaitement s'appliquait à certaines qualités physiques ou morales, naturelles ou acquises, beauté, vertu, douceur, politesse, grâce, esprit, etc.

Rose, ne flor de lis
A li ne se prant (ne se compare);
Et de son *afaitement*
Porroient bien X (dix)
Estre à honor, ce m'est vis (avis).

Anc. Poés. franç. ms. av. 1300, t. III, p. 1009. (Cité par Sainte-Palaye.)

Honte, honors; sens et folie;
Afaitemenz et vilannie.

Parten. de Blois, ms. de S. G., fol. 158, ro. (Cité par Sainte-Palaye.)

. . . Tint Richart toute sa vie
A joie et à pais Normendie.
Mout fu de grant *afaitement,*
Et de riche contenement.

Wace, *Roman de Rou,* ms., p. 146. (Cité par Sainte-Palaye.)

Quant ele ot Gauvain esgardé
S'esbaï de sa grant biauté
Et de son grant *afaitement.*

Le Chevalier à l'Épée. — Hist. litt. de la France, tome XIX, p. 707.

En Bretaine à Nantes maneit
Une dame qui mut valeit
De beauté e d'enseignement,
E de tut bon *affeitement.*

Marie de France, *Lai du Chaitivel*

Affaitement exprimait enfin spécialement l'Action de dresser, d'apprivoiser.

Si vous diront comment.... on peult donner bon *affectement* et bonnes chasses à ses chiens jeunes, qui oncques ne chassèrent.

Modus et Racio, fol. 22, vo. (Cité par Sainte-Palaye.)

Affaitement avait des synonymes de moindre usage qu'il suffira de rappeler brièvement :

Affaitison, qu'on a écrit aussi afaitoison, afetoison, affetayson (voyez le *Glossaire* de Sainte-Palaye);

Affaitage (voyez le *dictionnaire* de Furetière et le *dictionnaire* de Trévoux).

Il faut joindre à ces substantifs l'adjectif

Affaictable, affectable, Qui peut être apprivoisé, dressé.

> Les oiseaux qui sont *affaictables*
> Que on appelle ravissables (oiseaux de proie).
> Gace de la Bigne, *des Déd.,* ms, fol. 22, v°. (Cité par Sainte-Palaye.)

Il faut y joindre aussi l'adverbe

Afaitiement, que Sainte-Palaye traduit par Avec grâce et dont il donne cet exemple :

> ... Au cheval de pris
> Richement siet et *afaitiement.*
> *Anc. Poés. fr. mss. av.* 1300, t. II, p. 915.

Les exemples de Brantôme et d'Est. Pasquier que Sainte-Palaye donne de ce mot, sous cette forme affectément, et au sens de Avec affectation, doivent peut-être se rapporter à un autre adverbe venu d'affecter. Voyez ce mot.

AFFALER, v. a. T. de marine.

Quelques étymologistes le font venir d'un ancien verbe français qui voulait dire Descendre, du verbe *Avaler*, venu par *advallare*, mot de la basse latinité de *ad vallum*, *aval*, le contraire de *ad montem*, *amont.*

L'auteur du *Glossaire nautique*, M. Jal, remarque qu'*affaler* ne se trouve dans aucun monument du moyen âge ; sa ressemblance à certains mots des langues du nord, tous d'une forme et d'une expression pareilles, lui a fait croire que son origine plus moderne doit se trouver dans l'allemand *abfallen* composé de *ab,* qui marque Éloignement, séparation, et de *fallen,* qui veut dire Tomber.

Affaler, abaisser, descendre, ou plus exactement Manier un cordage pour l'aider à courir dans sa poulie ou dans son conduit et à descendre plus facilement. *Affaler une manœuvre.*

Il se dit aussi Du vent qui pousse un bâtiment vers la côte et le met en danger d'échouer. *Le vent nous avait affalés sur la côte, nous avait affalés.*

Il s'emploie dans ce dernier sens avec le pronom personnel. *Le navire va s'affaler,* s'il ne change pas de manœuvre.

Il signifie aussi, avec le pronom personnel, Se laisser glisser le long d'un cordage, etc., pour descendre plus vite. *Ce matelot s'est affalé le long de tel cordage.*

Affalé, ée, participe.

Le navire est affalé, Il est arrêté sur la côte par le défaut de vent ou par les courants.

> Le parti judicieux que le comte d'Estrées avoit pris... avoit donné moyen aux Anglois de s'élever de la coste, où ils étoient *affalés....*
> Le marquis de Villette, *Mémoires,* 1672. (Cité par M. Jal, *Glossaire nautique,* au mot *Affaler.*)

AFFAMER, v. a. (du latin *fames*).

On a écrit autrefois afamer. Voyez les exemples ci-après.

Affamer, c'est, en parlant d'une personne, Exciter, irriter la faim.

> La philosophie.... dit.... d'esviter toute jouissance qui nous met en disette ; et toute viande et breuvage qui nous altere et *affame.*
> Montaigne, *Essais,* III, 5.

Affamer, c'est aussi, en parlant d'une collection de personnes, d'une ville, d'un peuple, d'un pays, etc., Produire la famine par le retranchement, la diminution des vivres.

> Li Turc, pour nous *affamer....* prirent plusours de lour galies.... et les feirent treinner par terre et mettre ou flum qui venoit de Damiette.
> Joinville, *Histoire de saint Louis,* 292.

Si epargnoit (Édouard III) ses gens et son artillerie, et disoit qu'il les *affameroit* quelque long terme qu'il y dust mettre.

FROISSART, *Chroniques*, liv. I, part. I, c. 297.

Il eust mieux vallu cent fois, que tous fussent esté auprès de M. le Prince, non à leurs maisons : car estant auprès dudit sieur Prince, ils n'eussent peu faire grand chose qu'eust esté aduantageuse pour eux : car c'estoient gens de peu de faciende, gens de ville : au contraire eussent *affamé* bien tost son camp.

MONTLUC, *Commentaires*, liv. VI.

Il se préparoit à attaquer par mer et par terre la coste d'Afrique, pour *affamer* son ennemy après l'avoir désarmé.

PERROT D'ABLANCOURT, trad. de Tacite, *Histoires*, liv. III, 7.

Les Romains n'ont jamais désespéré de leurs affaires, ni quand Porsenna, roi d'Étrurie, les *affamoit* dans leurs murailles, ni quand les Gaulois, après avoir brûlé leur ville, inondoient tout leur pays.

BOSSUET, *Discours sur l'histoire universelle*, III, 6.

La dépense ruinoit les officiers qui..... s'efforçoient à l'envi de paroître magnifiques; et les choses nécessaires à porter et à faire quadruploient leurs domestiques et les équipages de l'armée, et l'*affamoient* souvent.

SAINT-SIMON, *Mémoires*, 1707, t. V, c. 21.

Les Visconti trouvent le secret de lui faire repasser les Alpes (à Philippe de Valois), tantôt en *affamant* sa petite armée, et tantôt en négociant.

Il y avoit dans la ville soixante mille habitants indiens et noirs, et cinq à six cents familles d'Europe avec très-peu de vivres. Lally proposa d'abord de faire sortir les premiers qui *affamaient* Pondichéri.

VOLTAIRE, *Annales de l'Empire*, Louis V de Bavière, 1320-1321; *Précis du siècle de Louis XV*, c. 34.

Les nations non policées, grandes ou petites, ne font que peser sur le globe sans soulager la terre, l'*affamer* sans la féconder.

BUFFON, *Époques de la nature*, 7e époque.

Ce n'est point un des moindres fléaux de l'exécrable guerre civile que d'*affamer* également amis et ennemis.

NAPOLÉON, *Mémoires*.

La viande tollir, e cels dedenz *afamer*.

Tant les asailli et garda,
Tos les destruit et *afama*.

WACE, *Roman de Rou*, v. 4123; *Roman de Brut*, v. 9686.

Figurément et familièrement, *Il affame toute une table*, se dit d'un grand mangeur.

On trouve dans nos anciens lexiques, y compris le *dictionnaire de l'Académie*, éditions de 1694, 1718, 1740, 1762, ces expressions figurées, depuis longtemps hors d'usage et dont on ne peut citer d'exemples. *Affamer son écriture*, La rendre trop déliée; *affamer un habit, un ameublement, une muraille, etc.*, Y épargner trop l'étoffe, la matière; c'était surtout au participe qu'AFFAMER était employé de cette manière, *Lettre affamée*, *caractère affamé*, *habit*, *juste-au-corps*, *veste*, *jupe*, *etc.*, *affamés*; voyez AFFAMÉ, ÉE.

AFFAMER a pu être encore employé figurément, d'une manière analogue à un des sens figurés du participe AFFAMÉ, pour Exciter un vif désir de quelque chose.

S'il (Charles-Quint) ne fust esté par trop tourmenté de ses.... gouttes, il en eust faict mieux dire. Et mesmes à la bataille et rencontre de Ranty, où il se fist porter en litière, n'estant pas encore assez saoul de l'ambition qui l'*affamoit*.

BRANTÔME, *Grands Capitaines estrangers*.

On a construit AFFAMER avec le pronom personnel.

On nous avait assuré qu'il se nourrissait de riz, et on ne lui offrit d'abord que cette nourriture : il n'y toucha pas, *s'affama*.

BUFFON, *le Touraco*.

Je meurs de soif auprès de la fontaine;
Tant plus mangue, et tant plus je me *affame*.

CHARLES D'ORLÉANS, *Ballades*.

Dans les passages suivants il est verbe neutre, mais a le sens passif de Être affamé;

Soit au propre :

Vées tos ces chaitis, nus n'en escapera :
Bien a deus jours passés que nus d'eus ne manja;
Or mangon devant eus, Amis nous gardera :
Quant nous verront mangier lor gent *affamera*.

Chanson d'Antioche, c. 1, v. 502.

Soit au figuré, pour Souhaiter avec ardeur.

Miex aim amer
Touz jours, et de joie *affamer*,
Sanz moi veoir ami clamer.

Chans. fr. à la suite du *Roman de Fauvel*, ms. du R., no 6812, fol. 61, vo, col. 3. (Cité par Sainte-Palaye.)

Affamer est employé substantivement dans les passages suivants :

Il les pensoit plutost avoir par *affamer* que par assaut.

Ni rien ne les grevoit, ni pouvoit tant grever que l'*affamer*.

Froissart, *Chroniques*, liv. I, part. I, c. 139; 309.

Affamé, ée, participe.

On a écrit afamé. Voyez le *Glossaire* de Sainte-Palaye et les exemples ci-après.

On le dit, à peu près adjectivement, au sens du verbe, pour Qui souffre de la faim.

Ils trouverent assez à fourrager pour leurs chevaux, qui leur vint bien à point, car ils étoient si foibles et si fondus et si *affamés*, qu'à peine pouvoient-ils aller avant.

Froissart, *Chroniques*, liv. I, part. I, c. 44.

Un homme *affamé* seroit bien simple de chercher à se pourvoir plustost d'un beau vestement, que d'un bon repas : il faut courir au plus pressé.

Montaigne, *Essais*, II, 6.

Pour faire leur profit de tout, comme font gens *affamés*, ils nous objectent les éclipses et comètes.

Calvin, *Traité ou Avertissement contre l'astrologie judiciaire.*

Vne si fascheuse nouvelle ayant esté portée à Auguste et à Antoine acrust le desplaisir qu'ils avoient de se voir à demy *affamez*.

Coeffeteau, *Histoire romaine*, liv. I.

Cet homme raisonnable, qui a une âme, qui a un culte et une religion, revient chez soi, fatigué, *affamé*, mais fort content de sa journée : il a vu des tulipes.

La Bruyère, *Caractères*, c. 13.

Son armée (de Steinbock) étoit réduite à huit ou dix mille hommes, enfermée et *affamée* de toutes parts.

Saint-Simon, *Mémoires*, 1713, t. X, c. 39.

Il y voyait son armée bloquée et *affamée* par le maréchal de Noailles.

Voltaire, *Siècle de Louis XV*, c. 10.

De ma vie je ne fus si *affamé* ni mieux nourri.

J.-J. Rousseau, *les Confessions*, part. I, liv. IV.

Li Franc sont desconfit; de fain sont *afamé*.

Chanson d'Antioche, ch. I, v. 610.

Cil qui dedens erent assis
Jurent que jà ne sera pris,
Se primes ne sont *afamé*.

Wace, *Roman de Brut*, v. 347.

Lors a son formace (fromage) entamé,
Que il estoit moult *afamé*
Si en manja tant con il pot.

Roman du Renart, v. 21475.

Je ne menjai pieça, toute sui *afamée*.

Roman de Berte, p. 88.

Je fus enfin contraint de ronger ma litière,
Comme un asne *affamé* qui n'a chardons ny foin.

Regnier, *Satires*, X.

On dit proverbialement, *affamé comme un loup*.

Vous m'obligerez beaucoup plus de me donner ce que je mangeray bien, car je suis *affamé comme un loup*.

Le comte de Cramail, *Comédie des Proverbes*, 1616, II, 3.

De cette expression proverbiale on peut rapprocher l'espèce de synonymie établie dans deux exemples de Rabelais et d'Agrippa d'Aubigné, qui seront cités plus loin, entre affamé et *allouvy*, adjectif autrefois forgé du mot *loup*.

Affamé, en ce sens, a pu s'appliquer, par extension et par figure, dans des locutions telles que les suivantes, à ce Qui ressent la faim ou paraît la ressentir. *Ventre affamé*, *dents affamées*, *etc.*

Est verité que j'ay aymé
Et que aymeroye voulentiers;
Mais triste cueur, *ventre affamé*,
Qui n'est rassasié au tiers,
Me oste des amoureux sentiers.

Villon. Grand Testament, XXV.

Aux villes assiégées
L'œil cruel *affamé* des femmes enragées
Regardera la chair de leurs maris aymez;
Les maris forcenés lanceront *affamez*
Les regards *allouviz* sur les femmes aymées,
Et se deschireront de leurs *dents affamées*.

Agr. d'Aubigné, *Tragiques*, Jugement, liv. VII.

À la première de ces expressions se rapporte le proverbe *Ventre affamé n'a point d'oreilles*, par lequel on fait entendre qu'Un homme qui a faim n'écoute guère ce qu'on lui dit, les représentations qu'on lui fait.

Le ventre affamé n'a poinct d'aureilles.

L'estomach affamé n'ha poinct d'aureilles.
RABELAIS, *Pantagruel*, liv. III, c. 15; IV, c. 63.

Ventre affamé n'a point d'oreilles.
LA FONTAINE, *Fables*, IX, 17.

Par une extension naturelle, AFFAMÉ se dit encore pour Qui est dans le besoin.

Le premier président, qui vouloit jouer le grand seigneur par ses manières et par sa dépense, étoit un panier percé, toujours *affamé*.
SAINT-SIMON, *Mémoires*, 1717, t. XIV, c. 21.

Un misérable réfugié *affamé* ose, dans sa démence, imprimer qu'à la bataille de Malplaquet ce général (Villars) passa pour s'être blessé légèrement lui-même, afin d'avoir un prétexte de quitter le champ de bataille.
VOLTAIRE, *Fragments sur l'histoire*, art. XIX.

Et puis comment percer cette foule effroyable
De rimeurs *affamés*, dont le nombre l'accable?

Mais quoi! dans la disette une muse *affamée*
Ne peut pas, dira-t-on, subsister de fumée.
BOILEAU, *Satires*, I; *Art poétique*, IV.

AFFAMÉ, dans une acception très-voisine de la précédente, est synonyme d'Avide.

On commença lors à pratiquer quelques ministres avaricieux et *affamez*.
AGR. D'AUBIGNÉ, *Histoire universelle*, liv. III, c. 22.

Je vieillis, et ne puis regarder sans effroi
Ces neveux *affamés* dont l'importun visage
De mon bien à mes yeux fait déjà le partage.
BOILEAU, *Satires*, X.

Et le champ qu'il aura semé
Ne deviendra plus le partage
De l'usurpateur *affamé*.
J.-B. ROUSSEAU, *Odes*, liv. I, 5.

Là n'éclatèrent point ces cris affreux de joie
De brigands *affamés* qui fondent sur leur proie.
DELILLE, *l'Imagination*, I.

Il s'est dit quelquefois, par une métaphore très-hardie, D'un objet inanimé.

On void l'enfant en l'air par deux soldats suspendre,
L'*affamé* coutelas qui brille pour le fendre,
Des deux meres le front, l'un pasle et sans pitié,
L'autre la larme à l'œil, tout en feu d'amitié.
AGR. D'AUBIGNÉ, *Tragiques*, III. Chambre dorée.

On dit, substantivement, dans le langage familier, *un affamé*.

Sur les pauvres tousjours il répand ses richesses
Et tousjours sa bonté nourrit les *affamez*.
GODEAU, *Psaumes*, 145.

Dis-moi, n'est-il pas vrai, quand tu tiens ton potage,
Que si quelque *affamé* venoit pour en manger,
Tu serois en colère et voudrois le charger?
MOLIÈRE, *l'École des femmes*, II, 3.

AFFAMÉ s'est dit, par extension et par figure, D'une table, d'un repas, etc., peu propres à satisfaire la faim, mal servis.

On blasme, avec Plutarque, la table d'Achilles, qui estoit tousjours vuide et *affamée*, ce dit Homère.

Quand je seray de retour de ces *affamés* banquets, dont on revient creux comme une lanterne, je souperai chez moi.
BOUCHET, *Serées*, liv. III, 31e serée.

AFFAMÉ, par une figure plus marquée, a pu se dire de diverses choses, au même sens figuré que les mots Maigre, pauvre, indigent, etc., et en latin *jejunus*.

Certes les faits, combien qu'ils soient d'eux-mesmes si haults et magnifiques qu'ilz peuvent assez nourrir et eslever une basse et *affamée* oraison, si se monstreroient-ils au jugement des hommes assez plus dignes et recommandables qu'ils ne se monstrent.
DU BELLAY LANGEY, *Mémoires*, Prologue.

Ici se placent les locutions *lettre affamée*, *caractère affamé*, *habit affamé*, et autres, depuis longtemps inusitées, dont il a été question plus haut.

AFFAMÉ, pris figurément, et employé comme une sorte d'adjectif, signifie : Qui a de l'avidité pour quelque chose, qui souhaite quelque chose avec ardeur.

Il se construit alors, le plus souvent, avec la préposition *de* suivie soit d'un substantif, soit d'un verbe à l'infinitif.

1° D'un substantif:

Ce substantif peut se rapporter au sens propre du mot AFFAMÉ et désigner Un objet bon à manger :

Comme on savoit que j'étois *affamé de* poisson, on y en servit en quantité et d'admirables.

SAINT-SIMON, *Mémoires*, 1722, t. XX, c. 11.

Et mon esprit enfin n'est pas plus offensé
De voir un homme fourbe, injuste, intéressé,
Que de voir des vautours *affamés de* carnage.

MOLIÈRE, *le Misanthrope*, I, 1.

Mais, le plus ordinairement, construit avec AFFAMÉ seulement par figure, il désigne L'objet quel qu'il soit d'un vif désir et peut être souvent un nom abstrait.

Et combien qu'elle eust tousjours desir de conserver son honneur, si prenoit elle grand plaisir de parler à luy, et de se veoir aimée : chose *dont* elle estoit quasi *affamée*.

LA REINE DE NAVARRE, *Heptameron*, 15e nouvelle.

Ceux qui sont chiches és louanges d'autruy, semblent estre pauvres et *affamez de* leurs propres.

AMYOT, trad. de Plutarque, *Œuvres morales*. Comment il faut ouïr.

Justice *affamée du* sang de l'innocence.

Combien il eust été aisé de faire son profit d'ames si neuves, si *affamées d'*apprentissage !

MONTAIGNE, *Essais*, II, 12 ; III, 6.

Bienheureux ceux qui sont *affamés* et altérés *de* la justice, parce qu'ils seront rassasiés.

LE MAISTRE DE SACI, trad. du *Nouveau Testament*, Saint Matthieu, V, 6.

Ce qui rend la solitude insupportable à la plupart des gens, c'est que leur cœur demeure vide et *affamé de* louange.

Logique de Port-Royal. (Cité par Furetière.)

Des gens *affamés de* richesses, des gens *affamés d'*honneurs, des gens *affamés de* plaisirs.

BOURDALOUE, *Pensées*, Désir du salut.

Est-il un esprit si *affamé de* plaisanterie, qu'il puisse tâter des fadaises dont cette comédie est assaisonnée?

Vous imaginez-vous, monsieur Oronte, qu'un homme comme moi soit si *affamé de* femme? — Vous imaginez-vous, monsieur de Pourceaugnac, qu'une fille comme la mienne soit si *affamée de* mari?

MOLIÈRE, *la Critique de l'École des femmes*, sc. 3 ; *M. de Pourceaugnac*, II, 5.

Il arriva ici l'autre jour le fils d'un gentilhomme d'Anjou, que je connoissois fort autrefois. Je vis d'abord un beau garçon, jeune, blond,... un bel air *dont* je suis *affamée*; je fus ravie de cette figure.

Je souhaite avec une grande passion d'être hors d'ici, où l'on m'honore trop. Je suis extrêmement *affamée de* jeûne et *de* silence.

Mme DE SÉVIGNÉ, *Lettres*, 31 juillet 1680 ; 7 août 1680.

Le pauvre peuple de Paris est si *affamé de* spectacles, que c'en fut un pour lui que cette entrée (de l'ambassadeur de Portugal).

DE COULANGES, *Lettre* à Mme de Simiane, 27 février 1696.

Il y a de certaines gens dont l'esprit n'est en mouvement que par pure disette d'idées, c'est ce qui les rend si *affamés d'*objets étrangers.

MARIVAUX, *la Vie de Marianne*, Ve part.

Rois, sujets, grands et petits, tous sont *affamés de* la considération publique.

BEAUMARCHAIS, *Mémoires*.

La justice est le pain du peuple ; il *en* est *affamé*, surtout en France.

CHATEAUBRIAND, *De la Censure*.

A ce coup iront en fumée
Les vœux que faisoient nos mutins,
En leur âme encore *affamée*
De massacres et *de* butins.

MALHERBE, *Poésies*, XII. A la reine, mère du roi.

De louange et *d'*honneur vainement *affamée*,
Vous ne pouvez aimer et voulez être aimée.

VOITURE, *Poésies*, élégie.

Si *de* sang et *de* morts le ciel est *affamé*,
Jamais de plus de sang ses autels n'ont fumé.

RACINE, *Iphigénie*, V, 2.

Mais je ne puis souffrir ces auteurs renommés,
Qui, dégoûtés *de* gloire, et *d'*argent *affamés*,
Mettent leur Apollon aux gages d'un libraire
Et font d'un art divin un métier mercenaire.

BOILEAU, *Art poétique*, IV.

2° D'un verbe à l'infinitif :

Je suis *allouvy* et *affamé de* bien faire et travailler.

RABELAIS, *Pantagruel*, liv. IV, c. 24.

Je suis *affamé de* me faire cognoistre, et ne me chaut à combien, pourveu que ce soit véritablement.

MONTAIGNE, *Essais*, III, 5.

Vous devriés estre plus *affamé de* me voir, sachant comme je vous ayme.

HENRI IV. *Lettres*, sept. 1584.

Convient-il à des religieuses d'être honteuses quand leurs parents sont mal vêtus, de tirer de la gloire quand ils viennent les voir dans des parures, d'être *affamées d'*entendre parler des modes, d'être extasiées si l'on leur raconte quelque chose des princes?

Mme de Maintenon, *Lettres*, 23 novembre 1706, à Mme de la Vieuxville.

Les François, comme du temps de la ligue, étoient *affamés de* voir un roi.

Chateaubriand, *Mémoire sur le duc de Berry*, part. II, liv. II, c. 11.

Leur main sera *d'*emprunter *affamée*,
Sans pouvoir rendre.

Cl. Marot, *Psaumes*, XXVI, v. 61.

Il peut, en ce sens, être pris absolument.

Lui (le duc d'Orléans) ensuite me parla en gros des choses principales d'Italie, parce que, réciproquement *affamés*, nous ne pouvions encore tomber aux détails que nous discutâmes depuis.

Saint-Simon, *Mémoires*, 1706, t. V, c. 11.

Mes yeulx trop sont bien reclamez
Quand ma dame si les appelle;
Leur monstrant sa grant beaulté belle,
Ilz reviennent comme *afamez*.

Charles d'Orléans, *Rondel*, 9.

Affamé peut, en ce sens aussi, être pris substantivement.

Autrefois j'étois de ces *affamés d'*honneur que le désir de vaincre inquiète jour et nuit.

Balzac, *Lettres*, XVII, 111, à Chapelain.

Pour moi, faisant l'homme modéré, je dis que je me contenterois d'une fortune médiocre, comme de vingt mille ducats de rente; sur quoi ces *affamés d'*honneurs et *de* richesses s'écrièrent que j'aurois tort, et qu'étant aimé autant que je l'étois du premier ministre, je ne devois pas m'en tenir à si peu de chose.

Le Sage, *Gil Blas*, liv. IX, c. 1.

Dans des vers que cite Sainte-Palaye, Eustache Deschamps, employant aussi substantivement le participe affamé, mais sous une forme absolue, appelle sa maîtresse,

..... dame *des affamés*.

Eustache Deschamps, *Poés. mss.*, fol. 179, col. 2.

On trouve chez Cotgrave,

Affamement, s. m.
Action d'*affamer*.

AFFECTER, v. a. (Ce verbe peut se décomposer en deux, dérivés, l'un par *affectare*, l'autre par *afficere*, au moyen du supin *affectum*, de *facere*.)

Affecter qui a, avec le vieux mot *affaiter*, certains rapports d'origine, d'orthographe et de sens, et dont le participe affecté, on le verra plus loin, s'est même, en certains cas, confondu avec affetté et a dû en être distingué par les grammairiens, paraît appartenir à une date relativement assez récente et ne pas remonter plus haut que beaucoup d'emprunts littéraires faits au latin par la langue de la renaissance.

C'est d'*affectare*, tel qu'il est employé chez les auteurs latins, qu'affecter a reçu celles de ses significations qui suivent :

On l'a dit, primitivement, dans un sens analogue à celui des expressions latines *affectare iter, viam, opus, etc.*, pour Entreprendre une chose, s'y porter, la poursuivre, l'accomplir avec ardeur, par suite La rechercher, la désirer.

Ainsi employé, on l'a construit diversement :

Tantôt avec un substantif :

Affecter le sang d'aucun et désirer de le tuer. (Affectare cruorem alicujus.)

Rob. Estienne, *Dict. fr.-lat.*, 1549.

Telle estoit l'usance des nobles Gargantua et Pantagruel, quand sçavoir promptement vouloient nouvelles de quelque chose fort *affectée* et vehementement desirée, comme l'issue de quelque bataille.

Rabelais, *Pantagruel*, liv. IV, ch. 3.

Du long et violent travail des troisiesmes guerres tous les particuliers d'un parti aussi bien que leurs grands n'*affectoient* qu'un repos de mesme nature.

Les Vénitiens desesperez de leur ruine, *affectée* par les Espagnols, font leurs plaintes en Espagne, en France, vers l'Empereur.

Agr. d'Aubigné, *Histoire universelle*, liv. I, c. 1; 15.

J'espère que les rieurs, dont il *affecte* les suffrages, ne sont pas de son côté.

Ménage. (Cité par Furetière.)

L'Empereur, pour se signaler encore par des exercices honnestes, *affecta* la gloire de la poësie.

Perrot d'Ablancourt, trad. de Tacite, *Annales*, liv. XIV, 2.

C'est sur cette souveraine indépendance que nous osons attenter, c'est ce droit sacré et inviolable que nous *affectons* par une audace insensée.

BOSSUET, *Sermons,* sur la nativité de J.-C.

Diane même, dont vous *affectez* tant l'exemple, n'a pas rougi de pousser des soupirs d'amour.

C'est vous, madame, qui m'avez enlevé cette qualité d'insensible que j'avois toujours *affectée.*

Je serai fort ravi qu'on ne vous trouve point si belle, et vous m'obligerez de n'*affecter* point tant de le paroître à d'autres yeux.

... Les grands conquérants dont on vante les soins,
Loin d'aimer le secret *affectent* les témoins.

Et la chose sans doute est assez d'importance,
Pour *affecter* la circonstance
De l'éclaircir aux yeux de tous.

MOLIÈRE, *la Princesse d'Élide,* II, 1; V, 2; *le Sicilien,* sc. 7; *D. Garcie de Navarre,* III, 3; *Amphitryon,* III, 5.

Tantôt avec un verbe à l'infinitif précédé de la préposition *de :*

Affecter et désirer *d'*être roy.
(Affectare regnum.)

ROB. ESTIENNE, *Dict. fr.-lat.,* 1549.

*Affecter d'*être roy.

DANET, *Dict. fr.-lat.*

Tantôt avec un verbe à l'infinitif, sans l'intermédiaire d'aucune préposition :

Les fiers Geantz (comme on dit) *affecterent*
Regner aux cieulx, et contre mont dresserent,
Pour y monter, mainte montaigne mise
L'une sur l'autre.

CL. MAROT, liv. Ier *de la Métamorphose,* v. 299.

Quelquefois même, au moyen de la conjonction *que,* avec une proposition qui en dépend :

Quelques anciennes familles en France *affectèrent que* le mot de sire tombast particulièrement sur elles, comme le Sire de Pont, et le Sire de Montmorency.

EST. PASQUIER, *Recherches de la France,* VIII, 5.

AFFECTER a conservé un sens très-voisin du premier et d'origine également toute latine, par lequel il s'applique, plus particulièrement, à des prétentions ambitieuses, et signifie Réclamer, rechercher, avec une sorte d'excès, un rang, une place, une dignité, un titre, un avantage politique, etc., se construisant alors, exclusivement, avec un régime direct.

Il *affecta* la royauté au prejudice des lois de son païs.

MONTAIGNE, *Essais,* III, 10.

Les premiers qui se rendirent furent les Macédoniens, peuple qui autresfois *avoit affecté* l'empire de l'univers.

COEFFETEAU, *Histoire rom. de L. Florus,* liv. II, ch. 7.

Valerius... fut soupçonné par le peuple d'*affecter* la tyrannie, à cause d'une maison qu'il faisoit bâtir sur une éminence.

BOSSUET, *Discours sur l'histoire universelle,* III, 7.

Le terme de Majesté commençait à être *affecté* par les rois.

Les ministres suédois, au congrès de Westphalie, *affectaient* l'égalité avec ceux de Florence.

VOLTAIRE, *Essai sur les mœurs,* c. 121; *Annales de l'Empire.*

On affranchit le peuple, on augmenta le devoir des vassaux à l'égard de leurs suzerains, on permit à ceux-ci d'*affecter* de nouvelles prérogatives.

CONDILLAC, *Étude de l'histoire.*

Quel droit as-tu reçu, d'enseigner, de prédire,
De porter l'encensoir et d'*affecter* l'empire?

VOLTAIRE, *Mahomet,* II, 5.

Dans le passage suivant d'un écrivain du XVIe siècle, AFFECTER employé au même sens, mais, sans doute par ellipse, a pour régime un nom de lieu.

Martel... se trouva avoir plusieurs grandes affaires contre Eude, duc d'Aquitaine... vers lequel mesmement Gaifer et Hunault, enfants d'Eude (desheritez du temps de Charlemagne du pays qu'ils *affectoient*), se retirèrent.

EST. PASQUIER, *Recherches de la France,* I, 13.

Par une analogie naturelle, AFFECTER sert à marquer une espèce de prédilection et d'attachement pour de certaines choses, ou même de certaines personnes, se rapprochant beaucoup, en quelques cas, d'un verbe de même origine, le verbe *affectionner*.

Pource que son messager avoit appris en Espagne qu'entre les autres accusations on lui reprochoit qu'il n'estoit pieux, qu'il n'*afectoit* point les tableaux de dévotion, ni chapelets, ni grains bénits, par le conseil du mesme, il alla visiter les reliques du lieu.

AGR. D'AUBIGNÉ, *Histoire universelle*, liv. II, c. 29.

La principale raison qui me faisoit *affecter* ce lieu, c'étoit l'avantage que j'espérois avoir par là d'instruire à toute heure les ministres dont je me servirois.

Mémoires de Louis XIV, Ire partie, année 1666.

Comme c'est une marque de déréglement que d'*affecter* la compagnie et la conversation des impies, c'est aussi le caractère d'un cœur corrompu, que de se plaire dans la lecture des méchants livres.

MALEBRANCHE, *Recherche de la vérité*, IV, 8.

Il y a autant de foiblesse à fuir la mode qu'à l'*affecter*.

LA BRUYÈRE, *Caractères*, c. 13.

Vous n'aviez point de soif qu'alors qu'elle buvoit
Et dans ses propres mains vous saisissant du verre,
Sans le vouloir rincer, sans rien jeter à terre,
Vous buviez sur son reste, et montriez d'*affecter*
Le côté qu'à sa bouche elle avoit dû porter.

MOLIÈRE, *l'Étourdi*, IV, 5.

On a dit plus rarement *affecter une personne*, et on paraît même avoir cessé de le dire, bien que ces expressions *affecter un juge, un rapporteur, etc.*, pour Tenir à être jugé, rapporté par eux, se soient perpétuées dans les dictionnaires.

Toutesfois dans son âme ne l'*affecta*-t-il point tant, ni le caressa comme d'autres capitaines de ses compagnons.

BRANTÔME, *Vies des capitaines illustres*, Disc. XII.

Affecter un rapporteur, je n'en *affecte* pas un, qu'on me donne celui qu'on voudra.

Dictionnaire de l'Académie, 1694.

Vous *affectez* ce juge, et il ne vous sera pas plus favorable qu'un autre.

Grand Vocabulaire,

Buffon se sert fréquemment de l'expression *affecter un lieu*, en parlant de La préférence des animaux pour les lieux dont ils font leur séjour.

Les climats dans chaque continent que les animaux quadrupèdes *affectent* de préférence ou de nécessité et les lieux où ils paraissent constamment attachés.

Il se trouve partout si anciennement répandu, qu'il ne parait *affecter* aucun climat particulier.

Le pacos et le lama ..... *affectent*, comme le chamois, une situation particulière.

BUFFON, *Histoire naturelle*, t. I; *le Lion; les Animaux du Nouveau Monde*.

On dit, par figure, dans le langage scientifique, *affecter* une certaine disposition de parties, une certaine forme.

Le sel marin *affecte* dans sa cristallisation la figure cubique.

Dict. de l'Acad., 1762.

Qu'une rivière forme sur sa gauche un angle saillant, le côté opposé *affecte* un angle rentrant.

Grand Vocabulaire.

Des arbres dans le climat de l'Inde *affectent* le port des herbes, et des herbes dans nos jardins celui des arbres.

BERNARDIN DE SAINT-PIERRE, *Études de la nature*, I.

AFFECTER, c'est, le plus souvent, dans des sens auxquels l'analogie avait amené plus rarement en latin le mot *affectare*, Prendre quelque chose à tâche, faire quelque chose de dessein formé, avec une intention marquée, avec ostentation, à plaisir.

Ici se retrouvent les constructions déjà distinguées plus haut.

En effet, pris en ce sens, AFFECTER a très-ordinairement pour régime un substantif.

Pourquoi la pluspart des philosophes ont-ils *affecté* la difficulté, si ce n'est pour faire valoir la vanité du subject, et amuser la curiosité de nostre esprit, luy donnant où se paistre à ronger cet os creux et descharné?

MONTAIGNE, *Essais*, II, 12.

Selon la neutralité qu'il estoit nécessaire qu'ils *affectassent* en certaine conjoncture délicate, ils ne permettoient rien aux Espagnols, dont nous n'eussions la mesme licence.

SARAZIN, *Siége de Dunkerque*.

La modération que le monde *affecte* n'étouffe pas les mouvements de la vanité.

BOSSUET, *Oraison funèbre de la duchesse d'Orléans*.

Loin d'*affecter* une austérité rebutante et dont bien des

gens de sa profession se font un mérite, il prévenoit par un air honnête et affable.

LE PRÉSIDENT DE LAMOIGNON, *Lettre sur Bourdaloue.*

Le Cardinal en sortant du cabinet du Roi *affecta* un visage sérieux pour tromper M. Le Tellier qui l'examinoit.

CHOISY, *Mémoires,* liv. IX.

Tacite montre beaucoup de génie avec une profonde connoissance des cours les plus corrompues, mais il *affecte* trop une brièveté mystérieuse.

FÉNELON, *Lettre à l'Académie.*

Le crime ..... se cachoit du moins autrefois; il fait gloire aujourd'hui de se donner en spectacle : c'étoit autrefois une œuvre de confusion et de ténèbres; il *affecte* aujourd'hui la lumière.

MASSILLON, *Panégyrique de sainte Agnès.*

Les gens de robe, toujours attachés à l'ancien usage, quel qu'il soit, continuaient de se faire raser, tandis que les jeunes guerriers *affectaient* la marque de la gravité et de la vieillesse.

VOLTAIRE, *Essai sur les mœurs,* c. 121.

Moi, ma tante! de quoi voulez-vous que je pleure? m'écriai-je avec cet air dégagé que j'*affectais.*

Imaginez-vous de ces laides femmes qui ..... pour empêcher qu'on ne voie la vraie cause de l'abandon où elles resteront, disent en elles-mêmes, sans songer à Dieu ni à ses saints : Distinguons-nous par des mœurs austères; prenons une figure inaccessible; *affectons* une fière régularité de conduite.

MARIVAUX, *la Vie de Marianne,* X[e] partie; *le Paysan parvenu,* V[e] partie.

Ah! quittez d'un censeur la triste diligence,
D'une mère facile *affectez* l'indulgence.

RACINE, *Britannicus,* I, 2.

Très-souvent AFFECTER est lié par la préposition *de* à un verbe à l'infinitif.

Les sceptiques, qui ne doutent que pour douter, et *affectent* d'être toujours irrésolus.

DESCARTES, *Discours de la méthode,* III.

Au lieu d'accepter mes raisons, qui étoient fondées sur la pure et simple vérité, il *affecta de* croire que je la lui déguisois.

LE CARDINAL DE RETZ, *Mémoires,* liv. IV.

Les Romains, pour répandre partout la terreur, *affectoient de* laisser dans les villes prises des spectacles terribles de cruauté.

BOSSUET, *Discours sur l'histoire universelle,* III, 6.

Il *affecte* quelquefois *de* paroître ignorant.

MOLIÈRE, *le Médecin malgré lui,* I, 5.

Elle (Mme de Coligny) ne se presse jamais de faire voir qu'elle a plus d'esprit que les autres; elle sait bien des choses dont elle n'*affecte* point de se parer.

Mme DE SÉVIGNÉ, *Lettres,* 19 mai 1677.

La duchesse d'York instruite de tout ce qui s'étoit dit dans le cabinet sur son chapitre, loin d'en témoigner du ressentiment, *affecta de* distinguer par toutes sortes de gracieusetés et de bons offices ceux qui l'avoient attaquée par des endroits si sensibles.

HAMILTON, *Mémoires de Grammont.*

Je ne sais pourquoi la plupart des princes *affectent* d'ordinaire *de* tromper par de fausses bontés ceux de leurs sujets qu'ils veulent perdre.

Les deux rois dînèrent deux fois ensemble. Charles XII *affecta* toujours *de* donner la droite au roi Auguste; mais, bien loin de rien relâcher de ses demandes, il en fit encore de plus dures.

VOLTAIRE, *Siècle de Louis XIV,* c. 25; *Histoire de Charles XII,* liv. III.

C'est toujours un mauvais moyen de lire dans le cœur des autres que d'*affecter de* cacher le sien.

J.-J. ROUSSEAU, *Confessions,* Ire partie, IIme livre.

Défendez-vous au moins d'un crime qui m'accable,
Et cessez d'*affecter d'*être envers moi coupable.

MOLIÈRE, *le Misanthrope,* IV, 3.

... Lassé d'un respect qui vous gênoit peut-être
Vous *avez affecté de* ne me plus connoître.

RACINE, *Britannicus,* IV, 2.

AFFECTER signifie encore, dans des acceptions très-voisines de celles dont il a été précédemment question,

Faire un usage fréquent et même vicieux de certaines choses.

Il ne fault point si fort *affecter* la magnificence de langage.
(Verborum magnificentia non validius est affectanda.)

ROB. ESTIENNE, *Dict. fr.-lat.,* 1539.

Elle *affecte* une nonchalance dans son parler et dans ses actions .....

MOLIÈRE, *le Bourgeois gentilhomme,* III, 8.

Ils auroient ce que demande saint Ambroise, une diction pure, simple, claire, pleine de poids et de gravité, sans y *affecter* l'élégance, ni mépriser la douceur et l'agrément.

L'esprit lasse beaucoup, dès qu'on l'*affecte* et qu'on le prodigue.

Fénelon, *Dialogues sur l'éloquence*, III; *Lettre à l'Académie.*

On remarqua qu'il (le duc d'Aumont) *affecta* toutes les manières angloises.

Saint-Simon, *Mémoires*, 1715, t. XI, c. 7.

Jamais l'Académie ne prétendit rien innover, rien *affecter*.

D'Olivet, *Histoire de l'Académie.*

... Tout homme bien sage
Doit faire des habits ainsi que du langage,
N'y rien trop *affecter* et sans empressement
Suivre ce que l'usage y fait de changement.

Molière, *École des maris*, I, 1.

Chercher à montrer des qualités, des sentiments qu'on n'a pas.

Il faut se desmettre au train de ceux avec qui vous estes, et parfois *affecter* l'ignorance.

Montaigne, *Essais*, III, 3.

Il (le duc d'Orléans) étoit timide à l'excès, il le sentoit et il en avoit tant de honte qu'il *affectoit* tout le contraire.

Hautefort, écuyer du comte de Toulouse, étoit un rustre qui, sans aucune vertu ni philosophie, s'étoit persuadé d'*affecter* l'une et l'autre pour se faire admirer aux sots.

Enfin, à force de revêtemens l'un sur l'autre, voilà un seigneur (Dangeau) et qui en *affectoit* toutes les manières à faire mourir de rire.

Saint-Simon, *Mémoires*, 1715, t. XII, c. 15; 1718, t. XVII, c. 10; 1720, t. XVIII, c. 18.

Il (le cardinal Fleury) persécuta sourdement tant que le duc de Bourbon fut ministre; mais, dès qu'il fut venu à bout de le renvoyer, il persécuta hautement, quoiqu'il *affectât* de la douceur dans sa conduite.

Voltaire, *Histoire du Parlement de Paris*, c. 62.

Mon frère *affectoit* encore un air ferme, et je m'efforçois de l'imiter; mais j'étois démenti par le trouble de mon cœur.

Prévost, *le Doyen de Killerine*, liv. Ier.

Il y aura des excès proscrits, des vices déshonorés; mais d'autres seront décorés du nom de vertus; il faudra ou les avoir ou les *affecter*.

Il *affecte* un air tranquille et content qui en imposerait à d'autres.

J.-J. Rousseau, *Discours à l'Académie de Dijon*; *Émile.*

Narcisse veut en vain *affecter* quelque ennui,
Et sa perfide joie éclate malgré lui.

Pour bannir l'ennemi dont j'étois idolâtre,
J'*affectai* les chagrins d'une injuste marâtre.

Il *affecte* pour vous une fausse douceur.

Racine, *Britannicus*, V, 5; *Phèdre*, I, 3; *Athalie*, I, 1.

En ce sens encore, *affecter de*, suivi d'un verbe à l'infinitif, est d'un usage très-fréquent.

On n'est jamais si ridicule par les qualités que l'on a, que par celles que l'on *affecte d'*avoir.

La Rochefoucauld, *Maximes*, 134.

Le comte d'Évreux, qui n'avoit de commun avec son grand-oncle M. de Turenne, que d'être l'homme du monde le moins simple en *affectant de* le paroître le plus.....

Saint-Simon, *Mémoires*, 1718, t. XV, c. 21.

Nous avons vu des hommes mourir de douleur, pour avoir perdu de très-petites places, après avoir *affecté de* dire qu'ils ne les regrettaient pas.

Voltaire, *Préface de Rome sauvée.*

Des hommes inquiets et tremblants pour les plus petits intérêts *affectent de* braver la mort.

Vauvenargues, *Réflexions et Maximes*, 592.

Affecter a le même sens, mais est pris absolument dans ces passages :

Il faut voir les historiens décrire la désolation publique, si grande, si longue, si peu modérée : et cela n'étoit point joué; car le corps entier n'*affecte*, ne flatte, ni ne dissimule.

Montesquieu, *Grandeur des Romains*, c. 14.

On n'*affecte* pas de ce ton-là, et si Mme de Sévigné ne sentait rien, qui donc l'obligeait à cette effusion de tendresse?

La Harpe, *Cours de littérature.*

Il n'est pas très-facile de rattacher soit à *affectare*, soit à *afficere*, l'acception particulière par laquelle Affecter sert à exprimer la destination, l'attribution, l'application d'une chose; *affecter à*, *affecter pour*.

Ce titre de Dauphin n'est aucunement *affecté* (comme on parle encore aujourd'huy) *à* pas un des enfans du roy, sinon *au* premier ou aisné, vivant le père.

H. Estienne, *Premier dialogue du nouveau langage françois italianizé.*

Il *affecta* particulièrement l'Asie et l'Afrique *aux* sénateurs et voulut que ceux ausquels ces provinces escherroient les gouvernassent en tiltre de proconsuls.

Coeffeteau, *Histoire romaine*, liv. I.

Le nom de Taxile étoit *affecté à* ceux qui succédoient au royaume.

Vaugelas, trad. de *Quinte-Curce*, VIII, 12.

Les villes même qui *lui* sont le plus *affectées*, ont des droits si approchans de la liberté, que, si les empereurs n'avoient point de seigneuries héréditaires, ils ne seroient souverains qu'en imagination.

Mémoires de Louis XIV, Ire partie.

Il (le président de Lamoignon) me loua même plusieurs fois d'avoir purgé, pour ainsi dire, ce genre de poésie (la satire) de la saleté, qui *lui* avoit *été* jusqu'alors comme *affectée*.

Boileau, *le Lutrin, Avis aux lecteurs.*

Ce nom de Mademoiselle tout court passa ainsi dans l'esprit du monde pour être *affecté à* la première petite-fille de France.

Un carrosse du roi la menoit (Mme de Maintenon) toujours *affecté pour* elle, même pour aller de Versailles à Saint-Cyr....

Saint-Simon, *Mémoires*, 1709, t. VII, c. 13; 1715, t. XIII, c. 9.

Ceux-ci (les dominicains), fondés un peu après les franciscains, n'étaient pas si nombreux; mais ils étaient plus puissants par la charge de maître du sacré palais de Rome, qui, depuis saint Dominique, est *affectée à* cet ordre.

Voltaire, *Essai sur les mœurs*, c. 139.

La poésie et la peinture.... se touchent de si près et par tant de côtés, qu'il doit être permis de transporter à l'un des deux arts les termes particulièrement *affectés à* l'autre.

L'abbé Arnaud, *de Catulle.*

Cette expression est d'un usage spécial et technique en parlant de la disposition qui est faite de certains biens, fonds de terre, rentes, revenus, etc.

Affecter partie de ses rentes *aux* pauvres.

Monet, *Dictionnaire.*

Affecter un fonds *pour* le payement des soldats.

Les revenus de cet hospital sont *affectés pour* la nourriture des pauvres.

Tous ses biens sont *affectés à* ses créanciers.

Danet, *Dictionnaire franç.-lat.*

S'ils (les ecclésiastiques d'Autun) avoient autant de soin de s'acquitter de leur devoir que, sous prétexte de leur caractère, se faire décharger du payement de droits *affectez* à l'acquittement des debtes que leurs parens ont contractées pour cette ville.... on ne verroit point tant de mauvais exemples que ceux qu'ils donnent par leur conduite déréglée.

L'Intendant Bouchet à Colbert, 21 mars 1666. (Voy. Depping, *Correspond. administrative sous Louis XIV*, t. I, pp. 680-681.

Je lui ai presté tant, il m'a *affecté* sa maison pour la sûreté de mon payement.

Dict. de l'Acad., 1694.

Le roi avait *affecté* déjà les revenus de l'abbaye de Saint-Denis à cette communauté naissante (Saint-Cyr).

Les grands biens *affectés* au patriarcat furent réunis aux finances publiques, qui en avaient besoin.

Voltaire, *Siècle de Louis XIV*, c. 27; *Histoire de Pierre le Grand*, Ire partie, c. 10.

Par un emploi analogue d'Affecter, on le dit, en termes d'affaires, pour Hypothéquer, obliger, engager.

Cela n'empêche pas que la dette ne demeure, qu'elle ne subsiste et n'*affecte* tout le bien.

Patru, *Troisième plaidoyer.*

Ainsi employé, Affecter semble moins relever d'*affectare* que d'*afficere*.

Affecter a encore des acceptions d'un grand usage qui le rattachent plus particulièrement au verbe *afficere*.

Faire une impression soit physique, soit morale.

Si nous rêvions toutes les nuits la même chose, elle nous *affecteroit* peut-être autant que les objets que nous voyons tous les jours.

Pascal, *Pensées*, Ire partie, art. VI

L'objet me revient à l'esprit tel que les sens le lui avoient présenté d'abord, et marqué des mêmes caractères, dont chaque sens l'avoit pour ainsi dire *affecté*.

Bossuet, *de la Connoissance de Dieu et de soi-même*, c. 1, n° 4.

Tel est le caractère de la plupart des hommes que, comme les exemples les *affectent* davantage et font plus d'impression sur eux que les préceptes, ils connoissent aussi plus facilement les causes par les effets que les effets par les causes.

D'Aguesseau, *Instructions à son fils.*

Que pensez-vous de cette tragédie? N'en êtes-vous pas *affectés* comme moi? N'est-ce pas là ce qui s'appelle un ouvrage *achevé?*

Le Sage, *Gil Blas*, liv. IX, c. 5.

C'est du sentiment que dépend tout le mouvement extérieur et l'exercice de toutes les forces de l'animal; il n'agit qu'autant qu'il est *affecté*.

Buffon, *Sur la sensation et le sentiment.*

J'existe et j'ai des sens par lesquels je suis *affecté*.

J'ai ouï dire que les sauvages avoient l'odorat tout autrement *affecté* que le nôtre, et jugeoient tout différemment des bonnes et des mauvaises odeurs.

J.-J. Rousseau, *Émile*, liv. II.

Il ne suffit pas d'amener une situation; il faut qu'elle *affecte* les personnages de quelque manière que ce soit, si vous voulez qu'elle m'*affecte* moi-même; et s'ils n'éprouvent pas d'émotions, comment puis-je en ressentir?

La Harpe, *Cours de littérature.*

Il en lisait à sa mère et à madame de la Tour les endroits qui l'*affectaient* davantage.

Bernardin de Saint-Pierre, *Paul et Virginie.*

Dans le premier cas, il est souvent terme de médecine.

La goutte *affecte* les articulations.

Grand Vocabulaire.

Il est fait, dans le passage suivant, une allusion à cet usage particulier d'Affecter.

Chacun, suivant ce qu'il étoit *affecté de* bâtardise ou de parlement, sembloit attendre avec frayeur ce qui alloit éclore.

Saint-Simon, *Mémoires* (le Régent, le duc du Maine).

Affecter, lorsqu'il est question d'impressions ou physiques ou morales, se prend soit en bonne, soit en mauvaise part, selon la nature des mots qu'on y ajoute pour en déterminer la signification.

Il me dit : Le comte sort enchanté de votre esprit et de vos manières; il vient de me le dire, et je gagerois bien que, de votre côté, vous n'êtes pas *mal affectée de* lui. — J'en suis très-satisfaite, lui répondis-je.

Le Sage, *le Bachelier de Salamanque.*

Une lumière trop vive, un feu trop ardent, un trop grand bruit, une odeur trop forte, un mets insipide ou grossier, un frottement dur, nous blessent ou nous *affectent* désagréablement.

Buffon, *Histoire naturelle*, Discours sur la nature des animaux.

On le dit aussi, absolument, pour Attendrir, affliger.

Vous me jugez l'un et l'autre fort *affecté* des satires publiques et du radotage de ce pauvre Voltaire.

Le son des cloches m'a toujours singulièrement *affecté*.

Ne pensant plus à mes maux, j'en étais beaucoup moins *affecté*.

J.-J. Rousseau, *Lettres*, 19 juillet 1766; *Confessions*, III; VI.

De là, dans des sens analogues, le verbe pronominal s'affecter.

Ces hommes sentent vivement, *s'affectent* de même, le marquent fortement au dehors, et, par une impression purement mécanique, ils transmettent aux autres leur enthousiasme et leurs affections.

Buffon, *Discours de réception.*

Je ne vois point comme les autres hommes; il y a longtemps qu'on me l'a reproché. Mais dépend-il de moi de me donner d'autres yeux, et de *m'affecter* d'autres idées?

J.-J. Rousseau, *Émile*, préface.

En général, l'être vertueux et moral *s'affectera* bien plus que celui qui est sans principes; le malheureux plus que celui qui jouit de tout; le solitaire plus que l'homme du grand monde.

Thomas, *Essai sur les éloges.*

Si vous continuez à *vous affecter* de mes maux, vous m'en rendrez la durée insupportable.

Mlle de l'Espinasse, *Lettres*, 170.

S'affecter peut se prendre encore dans un sens passif pour Être affecté, en parlant d'une chose dont on fait parade sans qu'elle soit réelle.

La véritable douleur ne peut *s'affecter;* un mot, un geste trahit l'hypocrisie.

Saint-Réal.

Affecté, ée, participe.

Il se prend, on l'a pu voir, dans les divers sens du verbe et, dans quelques-uns, peut devenir une sorte d'adjectif.

Il exprime, par exemple, à la manière d'un adjectif, l'idée de destination, d'appropriation, dans les passages suivants;

Soit que l'on dise, *affecté à :*

Le chant a été de tout temps *affecté aux* bergers.

Molière, *le Bourgeois gentilhomme,* I, 2.

Et c'est là une manière de parler d'un grand usage dans la langue des affaires :

Un fonds de terre *affecté à* l'entretien de....

Une maison *affectée au* payement d'une dette.

Dict. de l'Académie.

Nous avons déjà démontré... que le produit des terres se partageoit en deux portions; que l'une étoit *affectée aux* salaires du cultivateur... et que l'autre étoit la part du propriétaire.

Turgot, *Réflexions sur la formation et la distribution des richesses,* § 98.

Soit que l'on dise, absolument, affecté.

Il semble y avoir en la généalogie des princes certains noms fatalement *affectez.*

Montaigne, *Essais,* liv. I, c. 46.

Chaque science et chaque art ont de certains mots *affectez* et propres.

Danet, *Dictionnaire françois-latin.*

Ces épouses du Fils de Dieu, en qualité de religieuses, ont à la vie éternelle un droit *affecté* et privilégié.

Bourdaloue, *Panégyriques.*

Il falloit qu'elle eût (la Discorde) un séjour *affecté,*
Un séjour d'où l'on pût en toutes les familles
L'envoyer à jour arrêté.

La Fontaine, *Fables,* VI, 20.

Affecté est encore très-voisin d'un adjectif dans des phrases où il exprime une impression reçue, le plus souvent fâcheuse.

Il a été vivement *affecté* de cette nouvelle. Je suis *très-affecté* de son mauvais procédé.

Dictionnaire de l'Académie.

L'imagination est plus *affectée* d'un langage qui est tout en action.

Condillac, *Essai sur l'origine des connaissances humaines,* IIme partie, sect. I, chap. 10, paragr. 38.

Ou bien, encore, en un sens plus particulier, l'état de maladie d'une personne ou d'une partie du corps; soit avec un complément précédé de la préposition *de :*

Je dis donc, monsieur, avec votre permission, que notre malade ici présent est malheureusement attaqué, *affecté,* possédé, travaillé *de* cette sorte de folie que nous nommons fort bien mélancolie hypocondriaque.

Molière, *Monsieur de Pourceaugnac,* I, 11.

Soit absolument :

Ma poitrine est *affectée.*

J.-J. Rousseau.

Affecté est un adjectif très-usité pour marquer, en parlant des choses, le soin trop curieux soit de les montrer, soit de les feindre. Au premier cas appartiennent les exemples suivants :

Chose qui n'est point trop *affectée,* ne faicte de trop grande affection, ne trop cerchée.
(Inaffectata res.)

R. Estienne, *Dictionnaire françois-latin,* 1539.

Le trafic et commerce que nous eusmes sous les règnes du roy François I et Henry II avec l'italien, nous apporta aussi plusieurs mots *affectés* de ce pays-là.

Est. Pasquier, *Recherches de la France,* VIII, 1.

Ces paroles lui semblèrent par après trop artificieuses et *affectées,* si que il (saint Augustin) les revoque au livre de ses retractations et les appelle une ineptie.

Saint François de Sales, *Introduction à la vie dévote,* part. III, ch. 30.

L'un tâche à l'émouvoir par des images *affectées* de sa misère.

Fléchier, *Oraison funèbre de M. de Lamoignon.*

On se tait : ce silence *affecté* le choque.

Un missionnaire apostolique ne doit point faire de la parole de Dieu une parole vaine et pleine d'ornements *affectés*.

FÉNELON, *le Fantasque; Lettre à l'Académie.*

Jamais homme (M. le prince de Conti) n'eut tant d'art caché sous une simplicité si naïve, sans quoi que ce soit d'*affecté* en rien.

Parmi tant d'art et d'ardeur de plaire (Fénelon), et si générale, rien de bas, de commun, d'*affecté*.

SAINT-SIMON, *Mémoires,* 1709, liv. VII, c. 6; 1715, liv. XII, c. 5.

L'air insolent n'appartient qu'aux esclaves, l'indépendance n'a rien d'*affecté*.

J.-J. ROUSSEAU, *Émile.*

On veut toujours dire mieux qu'on ne doit dire : c'est là le défaut de presque tous nos écrivains. Mon Dieu, que je hais le style *affecté* et recherché! et que je sais bon gré à M. de la Harpe de connaître le prix du style naturel!

D'ALEMBERT, *Lettres à Voltaire,* 26 janvier 1767.

Si pourtant quelque endroit chez eux plein d'excellence
Peut entrer dans mes vers sans nulle violence,
Je l'y transporte et veux qu'il n'ait rien d'*affecté*,
Tâchant de rendre mien cet air d'antiquité.

LA FONTAINE, *Epître à Huet.*

L'ignorance vaut mieux qu'un savoir *affecté*.

BOILEAU, *Epîtres,* IX.

Les exemples qui peuvent se rapporter au second cas ne sont pas moins ordinaires :

Vous fault choisir ung mut sourd de nature, affin que ses gestes et signes vous soient naïvement prophéticques, non feincts, fardez, ne *affectez*.

RABELAIS, *Pantagruel,* III, 29.

Mais ces excessives flatteries leur estoient suspectes, et pas un d'eux ne s'y fioit, chacun les croyant trop *affectées* pour les estimer venir d'un franc courage.

COEFFETEAU, *Histoire romaine,* liv. XII.

Lors qu'il (Domitien) vit que les plus sages méprisoient son âge, il quitta tout à fait le soin des affaires, cachant ses vastes desseins sous une simplicité *affectée*.

PERROT D'ABLANCOURT, trad. de Tacite, *Histoire,* liv. IV, 11.

La simplicité *affectée* est une imposture délicate.

LA ROCHEFOUCAULD, *Maximes,* 289.

L'orgueil fastueux d'une *piété affectée*....

BOSSUET, *Sermons,* sur les Jugements humains.

Tout le monde croit que l'étoile de Quanto pâlit. Il y a des larmes, des chagrins, des gaietés *affectées*, des bouderies; enfin, ma fille, tout finit.

Mme DE SÉVIGNÉ, *Lettres,* 11 sept. 1676.

Pour elle, malgré quelques démonstrations *affectées* et toujours plus rares, elle cacha moins de jour en jour son changement à mon égard.

J.-J. ROUSSEAU, *les Confessions,* part. II, liv. XII.

Ces gens, qui, par une âme à l'intérêt soumise,
Font de dévotion métier et marchandise,
Et veulent acheter crédit et dignités
A prix de faux clins d'yeux et d'élans *affectés*.

MOLIÈRE, *le Tartuffe,* I, 6.

La louange *affectée* est une raillerie.

BOURSAULT, *le Mercure galant,* IV, 3.

Croit duper jusqu'à Dieu par son zèle *affecté*.

BOILEAU, *Satires,* IV.

L'adjectif AFFECTÉ, pris en ce sens, s'applique aussi aux personnes.

Elle était précieuse, *affectée*, galante, eut beaucoup d'aventures.

Mme DU DEFFAND, *Lettres,* 23 mars 1777, à H. Walpole.

On pourrait dire que Marivaux est naturellement *affecté*, comme il est naturellement ingénieux.

LA HARPE, *Cours de littérature.*

AFFECTÉ, toujours au même sens, est souvent modifié par un complément composé de la préposition *dans* et de son régime.

Quelquefois des hommes très-vrais sont *affectés dans* leurs expressions.

Mme DE STAEL.

Dans le passage suivant, AFFECTÉ, employé dans une acception analogue, est pris substantivement :

C'étoit (Mme de Moussy) une dévote de profession, dont le guindé, l'*affecté*, le ton et les manières étoient fort semblables à celles de son frère.

SAINT-SIMON, *Mémoires,* 1707, t. V, c. 20.

AFFECTÉ semble avoir été employé autrefois, en parlant des femmes, au sens de Coquette, précieuse.

C'est ung très-beau roy; il ayme fort les femmes : il pourroit trouver quelque *affectée* à Paris, qui lui sauroit bien dire tant de belles parolles, qu'elle luy feroit envie de revenir.

PHILIPPE DE COMMINES, *Mémoires*, c. 10.

Lorsqu'elle parut (Mlle de Beauvesé) dans la ville avec une bonne vieille femme qu'elle appelle sa mère, et qui l'est effectivement, la fille étant fort galante et fort *affectée* et la mère paroissant de mauvais augure, quelques zélés faillirent à lui faire affront.

FLÉCHIER, *Mémoires sur les grands jours de* 1663.

Suivant Henri Estienne, dans ses *Dialogues du nouveau langage françois italianizé*, et Vaugelas dans ses *Nouvelles remarques*, publiées en 1690, d'AFFECTÉ est venu *affété*, qu'ils en distinguent par l'acception, un peu arbitrairement, ce semble; Vaugelas avançant, ce qui n'est pas exact, ou a depuis bien longtemps cessé de l'être, qu'on dit Une femme *affétée* et non AFFECTÉE, un style *afeté* et non *affecté*. Peut-être cependant *Afféte* et *Afféterie* viennent-ils d'*Affaiter*. La confusion entre *Afféte* et AFFECTÉ était naturelle, non-seulement à cause de l'identité du sens, en bien des cas, mais encore à cause de la conformité à laquelle les variations de l'orthographe avaient amené l'un et l'autre mot. En effet *Affaiter*, on l'a vu précédemment (p. 206-209), s'était écrit *Affaicter*, *Affecter*, et ce peut être de là que par les formes *affaicterie*, *affecterie*, soit venu *Afféterie*. D'autre part, une recherche de prononciation avait singulièrement rapproché AFFECTER et *afféter*, comme on le voit dans ce passage de Henri Estienne :

À propos d'*affettion* pour *affection*, comment font ces messieurs les courtisans, quand il leur faut prononcer *affecté?* car, maugré qu'ils en ayent, il faut, quand ils viennent à ce mot, qu'ils le prononcent ainsy, *affecté*, non pas *affetté*. D'autant que nostre langue... met différence entre *affecté* et *affetté* : encore que ce mot soit pris de cestuy-là.

H. ESTIENNE, *Dialogue II du nouveau langage françois italianizé*.

Voyez plus loin, AFFETÉ, AFFETERIE.

À deux dérivés latins d'*affectare*, *affectator*, *affectatio*, se rattachent deux mots qui ont pu aussi être tirés directement d'AFFECTER : AFFECTATEUR que donnent quelques anciens dictionnaires, ceux de J. Thierry 1564, 1572, de Nicot 1584, de Cotgrave, mais qui n'a jamais été de grand usage, et AFFECTATION.

AFFECTATION, s. f. (de notre verbe *affecter* ou du substantif latin *affectatio*).

AFFECTATION, qui ne paraît pas très-ancien, car Robert Estienne ne le donne point en 1539 dans son dictionnaire français-latin, a eu des acceptions analogues à celles d'*affecter* et dont plusieurs ont depuis longtemps cessé d'être en usage.

C'est ainsi qu'on l'a dit au sens de Recherche, de poursuite, de prétention, de désir, soit absolument, soit avec un complément formé des prépositions *de* et *pour* et de leur régime.

Il souhaitoit (saint Silvain) rien plus voir nostre benoît servateur autour de Hierusalem. C'estoit chose mediocre et exposée à un chacun.... Le très bon Dieu connut sa sincère et mediocre *affectation*. Se presenta à sa vue....

RABELAIS, *Pantagruel*, IV, nouveau prologue.

L'*affectation* des honneurs et du commandement est choquante. L'*affectation* qu'a une partie *pour* choisir un rapporteur le rend suspect aux autres.

FURETIÈRE, *Dictionnaire*.

Pour faire une définition un peu exacte de cette *affectation* que quelques-uns ont de plaire à tout le monde, il faut dire que c'est une manière de vivre, où l'on cherche beaucoup moins ce qui est vertueux et honnête, que ce qui est agréable.

LA BRUYÈRE, *Caractères de Théophraste*, 5.

C'est ainsi, encore, qu'il a signifié, avec les mêmes formes de construction, Prédilection, préférence pour une chose ou pour une personne.

Il alléguoit.... qu'étant accusé d'*affectation*, il falloit en ôter le soupçon, faisant les voies de droit libres.

FLÉCHIER, *Mémoires sur les grands jours de* 1665.

Examinez, s'il vous plaist, si le sieur Bernier, qui me sert de bailly à Seignelay, auroit les qualitez nécessaires pour estre maire à Auxerre. Je n'ay aucune *affectation pour luy*, la seule que j'ay estant que le plus honneste homme remplisse cette place.

COLBERT à l'évêque d'Auxerre, son fils, 10 février 1672. (Voyez *Correspondance admin. sous Louis XIV*, t. I, p. 852.)

Le mot se trouve avec cette signification dans le *Dictionnaire de l'Académie* de 1694 :

Pourquoy tant d'*affectation pour* ce rapporteur, *pour* ce juge? Il a une *affectation pour* ce logement-là.

En 1718, le *Dictionnaire de l'Académie* ne donne plus que le second exemple; en 1762, il ne donne plus ni l'un ni l'autre. AFFECTATION avait peu à peu cessé de se dire de la Passion qu'on a pour une personne, pour une chose, de préférence à toutes les autres.

AFFECTATION ne s'emploie plus guère, depuis longtemps, dans le langage usuel, que pour désigner Une certaine manière de parler ou d'agir, qui s'éloigne du naturel, et qui a pour but de se faire attribuer des qualités qu'on n'a pas.

On le dit souvent en ce sens d'une manière générale et absolument.

Il me semble que toutes ces façons escartées et particulières partent plustost de folie et d'*affectation* ambitieuse que de vraye raison.

Je sens bien.... qu'à force de vouloir esviter l'art et l'*affectation*, j'y retombe d'une autre part.

MONTAIGNE, *Essais*, I, 22; II, 27.

C'estoit un esprit fort clair, un jugement sain, une parole fort nette, sans fard, sans *affectation*.

DU VAIR, *de l'Éloquence françoise*.

Il n'y a jamais eu de langue.... plus judicieuse (que la nôtre) en ses figures, qui aime plus l'élégance et l'ornement, mais qui craigne plus l'*affectation*.

VAUGELAS, *Remarques*, préface.

Les grands hommes qui ont méprisé la mort ont eu le plus souvent de l'*affectation*.

FLÉCHIER, *Mémoires sur les grands jours de* 1665.

Seigneur, l'*affectation* n'a guère de part à tout ce que je fais.

MOLIÈRE, *les Amants magnifiques*, I, 2.

Faut-il que les hommes chargés de parler en apôtres recueillent, avec tant d'*affectation*, les fleurs que Démosthène, Manlius et Brutus ont foulées aux pieds?

FÉNELON, *Lettre à l'Académie*.

La mignardise et l'*affectation* l'accompagnent (une femme coquette) dans la douleur et dans la fièvre : elle meurt parée et en rubans de couleur.

LA BRUYÈRE, *Caractères*, c. 3.

M. de Turenne, singulièrement modeste sur ses grandes qualités, jusqu'à l'*affectation*... n'oublia rien... pour confirmer de plus en plus cette nouvelle principauté (Bouillon).

SAINT-SIMON, *Mémoires*, 1706, t. V, c. 14.

Toutes les fautes de la Fontaine, disoit Mairan, sont en négligence; toutes celles de la Mothe en *affectation*.

D'ALEMBERT, *Éloge de la Mothe*.

Toute *affectation* finit par se déceler et l'on retombe alors au-dessous de la valeur réelle.

DUCLOS, *Considérations sur les mœurs*, c. 8.

Ce style figuré dont on fait vanité
Sort du bon caractère et de la vérité;
Ce n'est que jeu de mots, qu'*affectation* pure,
Et ce n'est pas ainsi que parle la nature.

Que d'*affectation* et de forfanterie!

MOLIÈRE, *le Misanthrope; Tartuffe*, III, 2.

C'est l'*affectation* qui grasseye en parlant,
Écoute sans entendre et lorgne en regardant,
Qui rougit sans pudeur et rit de tout sans joie,
De cent maux différents prétend qu'elle est la proie,
Et pleine de santé, sous le rouge ou le fard,
Se plaint avec mollesse et se pâme avec art.

VOLTAIRE, *Lettres philosophiques*, 29, imité de Pope, *la Boucle de cheveux enlevée*.

AFFECTATION, pris dans un sens plus particulier, reçoit un complément formé de la préposition *de* et de son régime. De là ces manières de parler :

Affectation de suivi d'un nom de personne.

Molière.... contribua à défaire le public.... de l'*affectation des* précieuses....

VOLTAIRE, *Siècle de Louis XIV*, c. 32.

Affectation de suivi d'un nom de chose, le plus souvent abstrait.

Je voy que les bons et anciens poëmes ont évité l'*affectation* et la recherche, non-seulement *des* fantastiques élévations espagnoles et pétrarchistes, mais *des* poinctes mesme plus douces et plus retenues qui sont l'ornement de tous les ouvrages poëtiques des siècles suivans.

MONTAIGNE, *Essais*, II, 10.

Ceux qui pèchent par une trop grande *affectation*, soit *de* paroles, soit *de* signes, soit *de* périodes.

VAUGELAS, *Remarques*, préface.

Ce prince barbare, et accoutumé aux servitudes étrangères (Tiridate), ne sçavoit pas que les Romains se contentent de l'Empire et négligent tout le reste comme une vaine *affectation de* grandeur.

PERROT D'ABLANCOURT, trad. de Tacite, *Annales*, liv. XV, 4.

Un sermon.... où l'on voit régner partout une vaine *affectation de* bel esprit, est-il bon?

FÉNELON, *Dialogues sur l'éloquence*, I.

Il (Thélèphe) a du bon et du louable qu'il offusque par l'*affectation du* grand ou *du* merveilleux.

LA BRUYÈRE, *Caractères*, c. 11.

Il y a de la grâce, sans nuire à la noblesse, de la variété, sans aucune *affectation de* contraste.

DIDEROT, *Salon de l'année* 1765, Carle Vanloo.

Cette *affectation d'*un grave extérieur.

MOLIÈRE, *le Misanthrope*, III, 5.

Affectation de peut être aussi suivi d'un verbe.

La Reine... pense que cette *affectation de* ne point rendre la justice est une désobéissance étudiée.

OM. TALON, 11e discours, 7 avril 1645.

Il se trouve.... des juges qu'une trop grande *affectation de* passer pour incorruptibles expose à être injustes.

LA BRUYÈRE, *Caractères*, c. 14.

On ne peut souffrir les déguisements avec lesquels il (le P. Daniel) raconte des batailles importantes, ni surtout son *affectation de* n'étaler que des combats qui, après tout, ne sont que des choses fort communes dans les fastes d'un siècle mémorable par tant d'autres endroits singuliers.

VOLTAIRE, *Supplément au Siècle de Louis XIV*, Ire partie.

... Pour la morale, ils (les Neufchâtelois) ne savent ce que c'est; car, quoiqu'ils parlent beaucoup de charité, celle qu'ils ont n'est assurément pas l'amour du prochain, c'est seulement l'*affectation de* donner l'aumône.

J.-J. ROUSSEAU, *Lettres*, 20 janvier 1763.

Le verbe avec lequel est construit AFFECTATION peut être encore régi par la préposition *à*.

Son *affectation à* paraître populaire.

FÉRAUD, *Dictionnaire critique*.

On exprime fréquemment la même idée par cette locution *affectation dans* ou *en*.

L'honnêteté d'une femme n'est pas dans les grimaces. Il sied mal de vouloir être plus sages que celles qui sont sages. L'*affectation en* cette matière est pire qu'en toute autre.

MOLIÈRE, *la Critique de l'École des femmes*, sc. 3.

L'*affectation dans* le geste, *dans* le parler, *dans* les manières, est souvent une suite de l'oisiveté ou de l'indifférence.

LA BRUYÈRE, *Caractères*, c. 11.

Balzac doit être lu avec précaution; on y trouve une *affectation* vicieuse *dans* les pensées.

D'AGUESSEAU.

AFFECTATION s'emploie très-bien, dans le même sens et avec les mêmes formes de construction, au pluriel.

Le curé proposa d'abord qu'il falloit élire une supérieure des dames de la Charité, qui par humilité s'appelleroit la servante des pauvres; mais madame (Talon) répondit en l'interrompant, qu'on ne connoissoit pas à Paris toutes ces *affectations d'*humilité.

FLÉCHIER, *Mémoires sur les grands jours de* 1665.

Toutes ses grimaces et *affectations* faisoient voir qu'il n'imitoit les gens de la cour qu'en ce qu'ils avoient de défectueux et de ridicule.

FURETIÈRE, *le Roman bourgeois*, liv. I.

Elle a des *affectations* insupportables. Elle ne parle qu'à certaines gens....

TALLEMANT DES RÉAUX, *Historiettes*, la Comtesse de la Suze.

D'abord les gens de mauvais goût en sont éblouis; mais dans la suite ces *affectations* fatiguent l'auditeur.

FÉNELON, *Dialogues sur l'éloquence*, II.

Croit-il (l'abbé de Villars) réjouir les honnêtes gens par ces « hélas de poche, » ces « mesdemoiselles mes règles, » et quantité d'autres basses *affectations* qu'il trouvera condamnées par tous les bons auteurs?

RACINE, préface de *Bérénice*.

Avec cela, dans ses rapports avec le roi, ce n'étoit que verbiages, *affectations* et une flatterie qui surnageoit à tout.

SAINT-SIMON, *Mémoires* (ch. sur le Régent).

En voyant ma maison, me dit-elle, vous pouvez prendre une idée de toutes les autres; elles ressemblent entièrement à la mienne. Notre but dans cette uniformité a été d'éviter les jalousies et les *affectations de* supériorité.

PRÉVOST, *Cléveland*, liv. III.

AFFECTATION correspond, dans une de ses acceptions spéciales, à celle par laquelle *affecter* sert à exprimer la destination d'une chose. Il se dit alors, particulièrement, de L'emploi obligé d'une somme d'argent, d'une rente, d'une hypothèque dont un bien est frappé.

Nulles rentes, eschanges, donations et autres aliénations, engagemens, transports et autres *affectations* telles qu'elles soient, ne seront d'aucune valeur, force, ni effet, au préjudice d'autres que de ceux qui les ont faits et reconnus.

Coutumes de Bruges. (Voy. le *Nouv. Cout. gén.*, t. I, p. 585, col. 1.)

Il m'a constitué une rente avec une *affectation* spéciale sur cette terre.

Ce revenu a une *affectation* particulière, il doit être employé à telles et telles aumônes par sa fondation et sa destination.

FURETIÈRE, *Dictionnaire*.

AFFECTIF, IVE, adj. (formé sans doute d'*affectivus*, nom donné par Priscien aux verbes qui expriment un désir, *affectiva verba*).

AFFECTIF signifie proprement Qui inspire, qui est propre à inspirer de l'affection; qui marque, qui exprime de l'affection.

On a appelé *Théologie affective*, celle qui, par la manière dont elle parle des vérités de la foi, tend principalement à les faire aimer. Cette expression a même servi de titre à des ouvrages théologiques, tels que les *Entretiens affectifs* de Fénelon.

On admiroit ce choix si juste des passages les plus beaux et les plus *affectifs* de la sainte Écriture.

MASCARON, *Oraison funèbre de Pierre Séguier*.

Il s'applique à un orateur chrétien qui émeut, au caractère de ses discours, à une certaine espèce d'oraisons, de dévotion, de vertus religieuses, *Oraison affective, dévotion affective, vertus affectives.*

Nous avons deux principaux exercices de nostre amour envers Dieu, l'un *affectif* et l'autre effectif, ou, comme dit saint Bernard, actif. Par celui-là, nous affectionnons Dieu et ce qu'il affectionne.

SAINT FRANÇOIS DE SALES, *Traité de l'amour de Dieu*, liv. VI, c. 1.

Il y a, disent les théologiens, deux sortes de vertus : les unes, selon le langage de l'Écriture, vertus *affectives*, et les autres, vertus effectives. C'est-à-dire qu'il y a des vertus qui sont toutes renfermées dans le cœur et qui ne consistent qu'en de simples complaisances, dans le désir, l'affection, le sentiment, et qu'il y a des vertus qui se produisent au dehors par des effets, et dont le mérite est d'exécuter, d'accomplir, de pratiquer.

BOURDALOUE, *Exhortation*, I, 404.

Dans les exemples suivants, AFFECTIF, employé philosophiquement, est dit de l'âme elle-même, de ses mouvements, de ses sensations :

La méditation respand des bons mouvemens en la volonté, ou partie *affective* de nostre ame, comme sont l'amour de Dieu et du prochain.

SAINT FRANÇOIS DE SALES, *Introd. à la vie dévote*, part. II, c. 6.

Les premières sensations des enfants sont purement *affectives*, ils n'aperçoivent que le plaisir et la douleur.

J.-J. ROUSSEAU, *Émile*, Ire partie.

AFFECTIF a quelquefois le sens d'Aimant :

Si elles sont d'une humeur *affective*, elles doivent changer l'amour qu'elles ont pour elles-mêmes et pour les créatures, à aimer Dieu de tout leur cœur.

JACQ. PASCAL. (Voy. Cousin, p. 291.)

AFFECTION, s. f. (du latin *affectio*, et, par ce mot, d'*afficere*).

En raison de l'étymologie qui le rattache à *afficere*, AFFECTION, dans son sens le plus général, exprime, soit au physique, soit au moral, Une impression reçue, par suite une manière d'être, une disposition, une qualité, une propriété, etc.

De là certains usages philosophiques et scientifiques de ce mot, lorsqu'il est question, par exemple, de nos sensations, ou même des modifications éprouvées par des objets inanimés.

... A quoi on peut joindre la douleur, la chaleur et les

autres *affections* que nous sentons comme dans nos membres, et non pas comme dans les objets qui sont hors de nous.

DESCARTES, *les Passions de l'âme,* part. I, art. 24.

On a trouvé l'art d'observer, par le thermomètre, toutes les différentes *affections* de l'air.

ROHAULT. (Cité dans le Dictionnaire de Trévoux.)

De là, encore, en termes de Médecine, l'emploi de ce mot comme synonyme de Maladie, *affection nerveuse, affection aiguë, chronique.*

Affection de corps.
(*Affectio* corporis. CIC.)

DANET, *Dictionnaire.*

De là, enfin, l'application qui en a été faite, de fort bonne heure, à divers mouvements de l'âme, aux sentiments, aux passions.

Ju eswarz (je considère), chier frere, vostre travail, et ne mies senz *affection* (non sans être affecté) de grant pitiet.

SAINT BERNARD, *Serm. fr. mss.*, p. 346. (Cité par Sainte-Palaye.)

Rien n'est ny sainct ny sacré à ceux qui sont émancipez de Dieu et raison, pour suivre leurs *affections* perverses.

Charles, roy de France, sixieme de ce nom, entendant que les Parisiens..... estoient hors la ville yssus en bataille.... ne y voulust entrer quoy qu'ils remonstrassent que ainsy s'estoyent mis en armes pour plus honorablement le recueillir sans aultre fiction ne maulvaise *affection,* que premierement ne se fussent en leurs maisons retirez.

Non toutesfois advieigne selon nos *affections:* mais ta saincte volunté soit faicte.

RABELAIS, *Gargantua,* I, 31; *Pantagruel,* II, 36; IV, 21.

Or, combien que toutes bonnes *affections* procedent du pur mouuement du Sainct-Esprit, toutesfois pource que le vouloir est naturellement planté en l'homme, ce n'est pas sans cause qu'il est dit que nous faisons les choses desquelles Dieu à bon droict se réserve la louange.

CALVIN, *Institution chrest.*, liv. II, c. 5, § 15.

C'est pourquoy ès citez qui sont gouvernées par un Senat, les magistrats, qui seient en jugement, ne permettent pas aux orateurs et advocats d'émouvoir les *affections.*

AMYOT, trad. de Plutarque, *Œuvres morales,* De la Vertu morale, 17.

Nos *affections* s'emportent au delà de nous... la crainte, le desir, l'esperance nous eslancent vers l'advenir...

MONTAIGNE, *Essais,* I, 3.

Nous étendons nos désirs et nos *affections* au delà de nous et de notre être.

La théologie.... nous enseigne que, pour bien préparer nostre âme à Dieu et à l'impression du Saint-Esprit, il la faut vuider, nettoyer, despouiller et mettre à nud de toute opinion, créance, *affection.*

CHARRON, *de la Sagesse,* I, 3; II, 2.

Toutesfois la communication dévote des choses spirituelles aide beaucoup au profit de l'âme, spécialement lorsque les personnes conformes d'*affection* et d'esprit s'associent les unes avec les autres en Dieu.

MICH. DE MARILLAC, *Imitation de J.-C.* (éd. de M. S. de Sacy, Paris, 1854, p. 28).

Elle (Messaline) ne perdit pas tout jugement, mais se résolut de se présenter devant Claudius qu'elle avoit tant de fois trompé, se promit de changer son *affection* aussitost qu'il l'auroit veuë, et prit ses enfants Britannicus et Octavia pour s'en servir à amollir le courage de leur père.

COEFFETEAU, *Histoire romaine,* liv. IV.

Je n'ay jamais recherché l'applaudissement de ceux qui ne peuvent avoir que de mauvaises *affections.*

Il (Heinsius) ne changea pas un style si sage.... qui est un effet de la raison nette et desmêlée des *affections....*

BALZAC, *Lettres,* VII, 7; *Dissertations critiques,* disc. III.

Je sais qu'il (Louis XIII) eut des pensées pour elle (La Fayette) fort au-dessus des communes *affections* des hommes.

MOTTEVILLE, *Mémoires.*

Et c'est ici, chrétiens, que je ne puis assez m'étonner des déreglements de nos *affections* et de la corruption de nos jugements.

BOSSUET, *Sermons,* Contre l'ambition.

Il (saint Augustin) corrige le jeu d'esprit, autant que possible, par la naïveté de ses mouvements et de ses *affections.*

FÉNELON, *Dialogues sur l'éloquence,* III.

Comment voulez-vous qu'un cœur prévenu de tant d'*affections* terrestres trouve encore en lui quelque sensibilité pour les choses du ciel?

MASSILLON, *Carême,* Sermon sur la prière.

Non-seulement le corbeau a un grand nombre d'inflexions de voix répondant à ses différentes *affections* intérieures, il a encore le talent d'imiter le cri des autres animaux.

BUFFON, *Histoire naturelle.* Le corbeau.

Les *affections* de nos âmes, ainsi que les modifications de nos corps, sont dans un flux continuel.

J.-J. ROUSSEAU.

L'homme voit par les yeux de son *affection.*

Donnant de sainctes loix à son *affection,*
Elle a mis son amour à la dévotion.
RÉGNIER, *Satires,* V; XIII.

AFFECTION, dans ce sens général, a été autrefois distingué de *passion.*

Il n'y a pas moins de mouvemens en l'appétit intellectuel ou raisonnable, qu'on appelle volonté, qu'il y en a en l'appétit sensible ou sensuel : mais ceux-là sont ordinairement appelez *affections,* et ceux-cy passions.... Combien de fois avons-nous des passions en l'appétit sensuel ou convoitise, contraires aux *affections* que nous sentons en même temps dans l'appétit raisonnable, ou dans la volonté !

SAINT FRANÇOIS DE SALES, *Traité de l'amour de Dieu,* liv. I, c. 5; des *Affections* de la volonté.

Nous mirons nos *affections*
Au miroir de nos passions.
JODELLE, *l'Eugène,* I, 1.

Ha qu'il est outrageux, ce petit dieu qui vole!
Ha que cruellement nos esprits il affole!
Je n'eusse pas cuidé que ceste passion
Peust commander, si forte, à nostre *affection.*
GARNIER, *Hippolyte,* acte III, 93.

Dans des acceptions plus particulières, AFFECTION se dit spécialement de certains sentiments.

Par analogie avec un des sens du verbe *affecter,* celui par lequel il signifiait Affliger, AFFECTION a pu quelquefois se dire pour Affliction.

Quelle *affection* peut estre plus aspre et plus juste que celle des amis de Pompeius, qui estoient en son navire spectateurs de cet horrible massacre?
MONTAIGNE, *Essais,* I, 17.

Philippe Desportes, dans sa traduction en vers des *Psaumes,* avait dit (Psaume LXVII; il s'agit des Israélites) :

Bien que vous ressembliez, de douleurs consumez,
A ceux qui sont gisans pres des pots enfumez,
Et que l'*affliction* vous tanne le visage.

Mais, dans certaines éditions, et notamment dans celle qui a été publiée en 1604 chez la veuve Mamert Patisson, on lit l'*affection* au lieu de « l'affliction.»

AFFECTION, c'est souvent Le sentiment qui fait qu'on se porte avec ardeur vers une chose, qu'on la souhaite, qu'on l'aime, qu'on s'y plaît.

Il semble signifier Désir dans les passages suivants :

Luy print une telle et si grande *affection* de se gratter, qu'il ne sçavoit quelle contenance tenir.
Nuits de Straparole, t. II, p. 40. (Cité par Sainte-Palaye.)

D'estre amoureux n'ay plus intention,
C'est maintenant ma moindre *affection.*
CL. MAROT, *Rondeaux,* liv. II, 11.

Il équivaut à Zèle, ardeur, dans ces autres passages :

Ceux qui jouent à la paume se tourmentent bien encore davantage pour courir après une petite pelote de cuir et de bourre, et y vont de telle *affection,* que quelquefois il semble qu'ils se doivent tuer.
BONAV. DES PÉRIERS, *les Contes ou Nouvelles,* XL. Du docteur qui blasmoit les danses, etc.

Mais veistes vous onques chien rencontrant quelque os medullaire?... Si veu l'avez, vous avez peu noter de quelle devotion il le guette, de quel soing il le guarde, de quelle ferveur il le tient, de quelle prudence il l'entomme, de quelle *affection* il le brise.
RABELAIS, *Gargantua,* Prologue.

Cette aspre intention et passionnée *affection* trouble tout et empesche la conduitte de l'affaire, auquel on s'addonne si fort.
CHARRON, *de la Sagesse,* II, II, 10.

On l'a laissé en esperance d'un traitté entre vostre Majesté et le Roy d'Angleterre, pour entrer en guerre ensemble contre l'Espagnol, et prié sur ce qu'il allentisse autant qu'il pourra l'*affection* précipitée de ceux qui courent à la paix.

C'est honte à nous de n'en avoir eu plus de soin pendant qu'il a vécu (de Scaliger)... mais ceux qui ont pu mettre cette *affection* en l'esprit du roi de le rappèler et honorer.... ont négligé de s'y employer.
JEANNIN, *Négociations.* Au Roy, 29 may 1607; *Lettre à de Thou.*

Il (le roi d'Angleterre) me repartit que ce traité seroit secret, et il m'a prié avec *affection* de l'envoyer à Votre Majesté.
DE RUVIGNY, Dépêche du 23 décembre 1667. (Voyez Mignet, *Négociations relatives à la succession d'Espagne,* t. II, p. 538.)

C'étoit deux charges semblables, dont l'une prenoit soin de garder le pays et l'autre de le cultiver (l'empire des Perses). Le prince les protégeoit avec une *affection* presque égale, et les faisoit concourir au bien public.

Bossuet, *Discours sur l'histoire universelle,* III, 5.

Quelquefois il signifie Contentement, plaisir, attachement, goût, etc.

Toute son *affection* est aux livres.

Monet, *Dictionnaire.*

Pour la santé, avec des fleurs de chicorée, de buglose, de roses des buissons sauvages, se composent des vinaigres séparez que tout d'une main l'on odore avec des matières à ce choisies, selon les *affections.*

Olivier de Serres, *Théâtre d'agriculture,* IIIe lieu, c. 12.

Nous ne perdons pas d'abord la vertu de la foi, mais nous en perdons premièrement l'usage et l'exercice. A force d'en perdre l'exercice, nous en perdons peu à peu l'*affection* et le goût.

Bourdaloue, *Sermons,* Pour le IIIe dim. après la Pentecôte.

Du mot Affection, ainsi employé, se sont formées plusieurs locutions :

Avoir affection, grande affection à une chose, ou simplement sans le verbe, *affection à une chose :*

Ils *avoient* grand' *affection à* ce mariage.

Froissart, *Chroniques,* liv. II, ch. 59.

La Roine fait response à l'Empereur, bien marrie de ce que sa force ne peult porter aussy longue lectre comme l'*affecsion* qu'elle *a à* cete tant louable paix le voudroit.

La Reine de Navarre, *Letire* 139e à François Ier, 1544.

Messieurs, la seule *affection* que j'*ay au* bien de vostre service et à vostre salut et conservation, me faict tenir ce langage.

Montluc, *Commentaires,* liv. III.

C'est pourquoy il vault beaucoup mieux passer bientost les portes de la mort, devant que l'âme ait pris et imbeu trop d'*affection aux* choses d'icy bas et qu'elle se soit attendrie d'amour envers ce corps et comme par quelques charmes collée et attachée à lui.

Amyot, trad. de Plut., *Œuvres morales.* Consolation à sa femme sur la mort d'une sienne fille.

J'ay entendu.... le bon tesmoignage que vous avés rendu de ma bonne *affection à* l'establissement de la paix.

Henri IV, *Lettres,* août 1581.

Je ne leur accorderay jamais qu'ils *ayent* plus d'*affection* que moy *à* la gloire de leur patrie.

Du Vair, *de l'Éloquence françoise.*

Si est ce que d'*avoir* de l'*affection à* cela (les jeux, les bals, les festins, les pompes, les comédies), c'est chose contraire à la dévotion et extrêmement nuisible et périlleuse.

Saint François de Sales, *Introduction à la vie dévote,* part. I, c. 22.

Il est bon de réserver quelque ouvrage *auquel* elles (les petites filles) *eussent affection.*

Jacqueline Pascal. (Voyez Cousin, p. 365.)

Heureux les pauvres, mais les pauvres de cœur, les pauvres dégagés de toute *affection aux* richesses de la terre.

Bourdaloue, *Carême,* Sermon sur les richesses.

Avoir affection pour une chose; affection pour une chose :

Vous direz, s'il vous plaît, aux deux belles princesses, auprès de qui vous êtes, que j'ai une *affection* sans pareille *pour* leur très-humble service.

Voiture, *Lettres,* 110.

S'occupant (les anciens philosophes) sans cesse à considérer les bornes qui leur étoient prescrites par la nature, ils se persuadoient si parfaitement que rien n'étoit en leur pouvoir que leurs pensées, que cela seul étoit suffisant pour les empêcher d'avoir aucune *affection pour* d'autres choses.

Descartes, *Discours de la méthode,* III.

Je me servis de la clef pour ouvrir le coffre-fort, qui, se trouvant rempli de grands et petits sacs, me jeta dans un embarras charmant. Je ne savois lequel choisir, tant je me sentois d'*affection pour* les uns et pour les autres.

Le Sage, *Gil Blas,* liv. X, c. 11.

Il m'enseigne à n'*avoir affection pour* rien.

Molière, *Tartuffe,* I, 6.

Avoir en affection de :

Le roi Jean *avoit en* propos et *affection d'*aller en Angleterre voir le roi d'Angleterre Édouard son frère et la reine sa sœur.

Froissart, *Chroniques,* liv. I, IIe part., ch. 159.

Avoir affection d'une chose, de faire une chose; l'affection d'une chose, de faire une chose :

Il n'*avoit* point d'*affection de* passer oultre.
(Non habebat in animo.)

Mon fils Cicéron *ha* grande *affection* et envie *d'*ouyr, que c'est...
(Studet audire meus Cicero quænam sit, etc.).

ROB. ESTIENNE, *Dict. fr.-lat.*, 1539.

Oncques ne veistes homme qui *eust* plus grande *affection d'*estre roy et riche, que moy.

En ce moyen entra en *affection d'*icelle science numerale.

Pour te donner *affection de* plus hault tendre.

RABELAIS, *Gargantua,* I, 1; 23; *Pantagruel,* II, 8.

L'esprit... a besoing d'estre echauffé par quelque matière qui luy engendre une emotion inventive et une *affection de* trouver la vérité.

AMYOT, trad. de Plutarque, *Œuvres mor.* Comment il faut ouïr.

Ceste ardante *affection d'*honorer ma patrie m'est tellement héréditaire, que je ne pourrois me la desraciner, sans forligner totalement.

H. ESTIENNE, *Précellence du langage françois,* Epistre au Roi.

De communier tous les jours de dimanche, je le suade, et en exhorte un chascun, pourveu que l'esprit soit sans aucune *affection de* pécher... Puisque, comme je le présuppose, vous n'avez nulle sorte d'*affection au* péché mortel, ny aucune *affection du* péché véniel, vous estes en la vraye disposition que saint Augustin requiert, et encore plus excellente.

SAINT FRANÇOIS DE SALES, *Intr. à la vie dévote,* part. II, c. 20.

Vostre visitation *accroist* l'obligation, mais non l'*affection de* vous faire service.

HENRI IV, *Lettres,* décembre 1584.

Trouvez bon que je vous assure qu'il y a beaucoup de passion dans l'*affection* que j'ai *de* vous servir.

VOITURE, *Lettres.*

Je demande aussi qu'on ait désir et *affection de* savoir et de connoître.

JACQUELINE PASCAL. (Voy. Cousin, p. 224.)

Ces diverses expressions ont, pour la plupart, vieilli. D'autres, analogues, sont restées plus en usage.

Apporter, porter affection à une chose :

Les subjects qui sont persuadez que leur roy *porte* une vrayement royale *affection* à leur bien.

Il faut *porter* au bien public la mesme *affection* que nous portons *à* nos affaires.

H. ESTIENNE, *la Précellence du langage françois.*

Je n'ay aujourd'huy aultre but que de vous faire paroistre la sincère *affection* que j'*apporte à* l'effect de vos intentions.

HENRI IV, *Lettres,* 21 décembre 1582.

Mettre son affection dans une chose :

Quel fruit retirent-ils de leur grandeur? Ils jouissent du monde en *y mettant leur affection,* au lieu d'en profiter pour leur salut en le méprisant.

FLÉCHIER, *Oraison funèbre de Mme d'Aiguillon.*

Le plus souvent AFFECTION exprime Un sentiment de préférence, d'attachement, d'amitié, de tendresse pour une personne.

Il est besoing que les mères nourrissent de laict leurs enfans, et qu'elles-mesmes leur donnent la mammelle : car elles les nourriront avec plus d'*affection.*

AMYOT, trad. de Plutarque, *Œuvres morales,* Comment il fault nourrir les enfans, 7.

Dieu ..... permit que nous partissions de ce petit Geneve de Pau, où de bonne fortune pour moy Rebours y demeura malade; laquelle le Roy mon mary perdant des yeux, perdist aussi d'*affection.*

MARGUERITE DE VALOIS, *Mémoires.*

Je n'en parle pas pour *affection,* car nous sommes fort proches parents, mais pour la vérité.

BRANTÔME, *Vies des capitaines illustres,* disc. 81.

Nous devons la subjection et obéissance également à tous rois : car elle regarde leur office : mais l'estimation, non plus que l'*affection,* nous ne la devons qu'à leur vertu.

MONTAIGNE, *Essais,* I, 3.

Je désire aussy.... que vous me renvoyiez vostre fils.... Je lui feray paroistre en toutes occasions combien je prise vostre héréditaire *affection.*

HENRI IV, *Lettres,* 10 décembre 1583.

Son humeur avoit tousjours esté si contraire à l'Amour, qu'outre le surnom d'Inconnu, on le nommoit bien souvent le Berger sans *affection.*

D'URFÉ, *l'Astrée,* IIe partie, liv. III.

Ce n'étoit pas votre fortune qui m'attachoit à vous, et par conséquent je cherche encore votre personne : en quelque lieu qu'elle se soit retirée, elle y a porté l'objet de mon *affection* et de mon estime.

BALZAC, *Socrate chrétien*, avant-propos.

J'ai déjà souvent éprouvé les jugements tant de ceux que j'ai tenus pour mes amis que de quelques autres à qui je pensois être indifférent, et même aussi de quelques-uns dont je savois que la malignité et l'envie tâcheroient assez à découvrir ce que l'*affection* cacheroit à mes amis.

DESCARTES, *Disc. de la méthode*, VI.

Il remporta autant d'estime et d'*affection* publique dans ces pays étrangers, qu'il y avoit laissé d'exemples d'une sage et vertueuse conduite.

FLÉCHIER, *Oraison funèbre de M. Le Tellier.*

Ce sont petites choses qui sont de temps en temps nécessaires dans l'amitié, et cinq ou six coups de bâton entre gens qui s'aiment ne font que ragaillardir l'*affection.*

MOLIÈRE, *le Médecin malgré lui*, I, 3.

Les biens de mes parents sont un vil héritage;
J'eus la crainte des dieux et l'honneur en partage;
Ma pudeur, mon respect, ma chaste *affection*,
Plus que tout autre bien sont ma possession.

ROTROU, *les Sosies*, acte II.

AFFECTION, en ce sens, est très-souvent lié par la préposition *de* à un substantif qui fait connaître la personne de qui vient l'affection. On dit l'*affection d'une personne, son affection.*

La clémence des princes n'est souvent qu'une politique pour gagner l'*affection des* peuples.

LA ROCHEFOUCAULD, *Maximes*, 15.

N'est-ce pas déclarer tout haut qu'on ne mérite pas l'*affection* des peuples, quand on en rebute les plus tendres témoignages?

MASSILLON, *Petit Carême*, 4e dim.

Il n'y a pas de moyen plus sûr de gagner l'*affection* des autres que de leur donner la sienne.

J.-J. ROUSSEAU.

N'attends pas de mon *affection*
Un lâche repentir d'une bonne action.

Je donnai par devoir à son *affection*
Tout ce que l'autre avoit par inclination.

P. CORNEILLE, *le Cid*, III, 4; *Polyeucte*, I, 3.

Et l'autre, pour le prix de son *affection*,
A toute ma colère et mon aversion.

MOLIÈRE, *l'École des maris*, II, 14.

Il est plus rare et plus étranger à l'usage que le régime de la préposition *de* désigne la personne qui est l'objet de l'AFFECTION.

Il avoit conçeu une si grande *affection de* moy, que la différence de nos conditions ne le peut pas empescher de me regarder d'autre sorte qu'il ne devoit.

D'URFÉ, *l'Astrée*, IIe partie, liv. VI.

Quant est à moi, j'ay résolution
Nourrir ma vie en *ton affection.*

FRANÇOIS Ier, *Épître.*

On trouve ces anciennes locutions (Voyez *le Dictionnaire françois-latin* de Rob. Estienne) : *Avoir son affection enclinée envers aucun, ficher son affection en ...., mettre son affection à ....*

Une reconnoissance et une *affection à* Dieu....

JACQUELINE PASCAL. (Voy. Cousin, p. 291.)

Mettre son affection en est resté plus usité.

Et on entendit cette voix du ciel : « Vous êtes mon Fils bien-aimé; c'est *en* vous que j'ai *mis* toute *mon affection.*»

LE MAISTRE DE SACI, trad. du *Nouveau Testament*, Saint Luc, III, 22.

On a dit aussi, anciennement, comme l'on dit encore, *porter affection à .....*

Mais pour l'*affection* qu'il veit que les peuples de ces chastellenies *lui portoient*, il la feit reparer et y laissa gens.

PHILIPPE DE COMMINES, *Mémoires*, ch. 10.

Elle (Ariadne)... mérita aussi d'estre depuis aimée par un dieu, comme celle qui de sa nature aimoit le bien et la vertu, et *portoit affection aux* hommes de singuliere valeur.

AMYOT, trad. de Plutarque, *Comparaison de Theseus avec Romulus*, c. 2.

Être porté d'affection pour :

La cavalerie de Syllanus avoit déjà ouvert l'Italie et transporté la guerre deçà les Alpes, sans *estre portée d'affection pour* l'un ny pour l'autre party.

PERROT D'ABLANCOURT, trad. de Tacite, *Histoires*, II, 7.

On dit très-fréquemment, *Avoir de l'affection pour...., affection pour .....*

Lorsqu'on estime l'objet de son amour moins que soi, on n'*a pour* lui qu'une simple *affection;* lorsqu'on l'estime à l'égal de soi, cela se nomme amitié.... Ainsi on peut *avoir de l'affection pour* une fleur, pour un oiseau, pour un cheval; mais.... on ne peut avoir de l'amitié que pour des hommes.

DESCARTES, *les Passions de l'âme*, part. II, art. 83.

Elle m'a dit de lui dire.... qu'elle lui est tout à fait obligée de l'*affection* qu'il *a pour* elle.

MOLIÈRE, *Georges Dandin*, I, 2.

Le rare est que le grand ressort de la tendre *affection* du roi *pour* lui (Chamillart) étoit cette incapacité-même.

SAINT-SIMON, *Mémoires*, 1701, t. III, c. 6, p. 65.

Elles (les factions des bleus et des verts) tiroient leur origine de l'*affection* que l'on prend dans les théâtres *pour* de certains acteurs plutôt que *pour* d'autres.

MONTESQUIEU, *Grandeur des Romains*, ch. 20.

On a dit autrefois *affection envers*....

Ie fais tout ce qu'il m'est possible pour le gentilhomme auquel le Roy a destiné la compagnie du feu capitaine de Suelles, ayant mesme ouvert la lettre du Roy qui s'adressoit à monsieur de Russy.... afin qu'ils reconnoisssent l'*affection* de Sa Majesté *envers* luy.

JEANNIN, *Négociations*, Lettre à M. de Villeroy, 9 juin 1607.

Mais je dy bien que mon *affection*
Envers mon roy est tellement soumise,
Qu'il n'y a bien, ne chose si exquise,
Que d'un grand cueur pour lui je n'abandonne.

CLÉMENT MAROT, *le Riche en povreté*, v. 185.

Il a été quelquefois dit (voyez le *Dictionnaire* de Richelet) que le mot AFFECTION n'exprimait Un sentiment d'attachement qu'à l'égard d'inférieurs ou entre égaux, et que, lorsqu'il s'agissait de supérieurs, ce mot avait plutôt le sens de Zèle passionné. Peut-être, en effet, cette nuance a-t-elle été consacrée par l'usage à certaines époques. On pourrait le conclure de la synonymie assez curieusement marquée dans le passage suivant :

Il a eu du moins l'estime de la nation, l'amour des troupes et l'*affection du* roi.

MASSILLON.

Dans ce sens, comme dans les précédents, AFFECTION est d'un grand usage au pluriel.

De ces assemblées et de ce qui en réussira despend le repos ou la ruine de ce royaume, (ce) qui nous doibt exciter à depposer toutes *affections* particulières et n'embrasser que le service du Roy...

HENRI IV, *Lettres*, 31 octobre 1576.

Après avoir parlé quelque temps des *affections* des chères et belles dames de la ville, en faisant le jugement tel que nous pouvoit permettre la cognoissance que nous en avions, il me demanda si je n'aymois rien.

D'URFÉ, *l'Astrée*, IIe part., liv. IV.

Titus..... s'acquit incontinent les *affections* et les bonnes volontez, non-seulement de tous les Romains, mais aussi de tous les peuples estrangers.

COEFFETEAU, *Histoire romaine*, liv. VII.

Quoique la philosophie promette, elle ne sçauroit...... appaiser mes inquiétudes, qu'en me despouillant de mes plus chères *affections*.

Il vaut beaucoup mieux élever des gens nouveaux, qui n'ont point de dépendance et qui ne tiendront qu'à Sa Majesté, que de se servir de personnes de bonne naissance et de probité connue, qui ont déjà leurs *affections* et leur parti.

BALZAC, *Lettres*, X, 25; *Aristippe*, disc. 7.

Le duc de Guise.... répond des yeux, de la main, de la tête, à ces *affections* populaires.

MÉZERAY, *Histoire*.

Comme il (le duc de Beaufort) a tenu une place considérable dans ces guerres par les *affections* du peuple de Paris, il n'est pas hors de propos de la remarquer.

LA ROCHEFOUCAULD, *Mémoires*.

Donnez à Dieu vos *affections*.

BOSSUET, *Oraison funèbre de la duchesse d'Orléans*.

Les uns, sous les dehors de la vertu cachant les désirs et les *affections* du siècle, donnent les œuvres à la religion, et gardent le cœur pour le monde.

FLÉCHIER, *Oraison funèbre de Marie-Thérèse*.

Et le bon Caméran mangeoit comme un homme dont les *affections* étoient partagées entre la bonne chère et l'amour du jeu.

HAMILTON, *Mémoires de Grammont*, c. 3.

Tel est le peuple de France, sensible jusqu'à l'enthousiasme, et capable de tous les excès, dans ses *affections* comme dans ses murmures.

VOLTAIRE, *Siècle de Louis XV*, c. 12.

Son cœur, qui n'étoit qu'à nous, se doit maintenant à d'autres *affections* auxquelles il faut que l'amitié cède le premier rang.

J.-J. ROUSSEAU, *la Nouvelle Héloïse*, IIe partie, lettre 18e.

Dans les exemples qui précèdent, le pluriel AFFECTIONS s'applique, soit à un sentiment partagé par plusieurs personnes, soit à divers sentiments d'une même personne. Dans les exemples qui suivent il se dit en parlant d'une seule personne et d'un seul sentiment.

C'est le cadet qui est l'objet des *affections* de la mère.
Dictionnaire de l'Académie.

Cette princesse (Marie, fille du marquis d'Elbeuf) avoit engagé ses *affections* au prince Paul, frère puîné de Jean, comte de Salm.
MÉZERAY, *Histoire de France,* Henri III, 1575.

N'est-il pas vrai, ma fille? Ne sentez-vous pas le tort que vous avez eu avec monsieur, à qui vous devez tant, et qui, bien loin de vous regarder autrement que selon Dieu, n'a voulu, par les saintes *affections* qu'il vous a témoignées, par ses douces et pieuses invitations, que vous engager vous-même à fuir ce qui pouvoit vous égarer?
MARIVAUX, *la Vie de Marianne,* IIIe partie.

Belle et sainte planète, astre de ma naissance,
Mon bonheur plus parfait, mon heureuse influence,
Dont la douceur préside aux douces passions,
Vénus, prenez pitié de mes *affections.*
REGNIER, *Œuvres posthumes,* Élégie.

Des exemples précédents, on peut conclure que le pluriel AFFECTIONS n'appartient pas exclusivement au langage ascétique, comme on l'a prétendu à tort. (Voyez FÉRAUD, *Dict. critique.*) Seulement, dans ce langage, il désigne particulièrement certains mouvements tendres, certains épanchements de l'âme.

Il sembloit que le même esprit qui a dicté ces passages aux prophètes, les lui inspirât pour en tirer les plus tendres *affections.*
MASCARON, *Oraison funèbre du chancelier Séguier.*

D'AFFECTION était autrefois une locution presque adverbiale, d'assez grand usage, répondant aux diverses acceptions du substantif et signifiant :

Avec zèle, avec ardeur, avec passion.

Messire Guichart, qui ouït son frère ainsi parler et deviser, eut si grand ennui que à peine se pouvoit-il soutenir, et lui accorda tout de *grand affection.*
FROISSART, *Chroniques,* liv. I, IIe part., c. 8.

Faire quelque chose *d'affection.*
(Ambitiose agere — propense.)
De grande affection.
(Magna alacritate ac studio.)
S'exercer *de grande affection* en quelque chose.
Prier et requérir *de grande affection.*
ROB. ESTIENNE, *Dict. fr.-lat.,* 1539.

J'attens, non *de* moindre *affection* que de grant crainte, la conclusion que vous aurez prise avec les envoyés de l'Empereur, connoissant leur façon.
LA REINE DE NAVARRE, *Lettres,* à François Ier, décembre 1525.

Le pape (Boniface VIII) avoit excommunié les cardinaux Colonnes, qui étoient *d'affection* François.
OM. TALON, 13e *discours,* 20 avril 1646.

Il est impossible de se la représenter (Mme du Fresnoy) parlant communément et *d'affection* sur quelque chose.
Mme DE SÉVIGNÉ, *Lettres,* 29 janvier 1672.

Je ne vivrois point, si je vous perdois, je n'aime que vous *d'affection.*
MARIVAUX, *la Vie de Marianne,* VIIe partie.

On voit que ce prédicateur parle *d'affection.*
Grand Vocabulaire.

A cette manière de parler peut se rapporter la locution analogue contenue dans l'exemple suivant :

Servons-le (le Sauveur) d'une *affection* libérale, puisqu'il ne demande que notre amour pour prix de ses travaux et de ses conquêtes.
BOSSUET, 2e *sermon pour la Circoncision.*

D'AFFECTION s'était formé l'adverbe, depuis longtemps hors d'usage :

AFFECTIONNEEMENT, AFFECTIONNÉMENT.

Je n'ay pas voulu faillir de vous en escrire et prier, aultant *affectionneement* qu'il m'est possible.
HENRI IV, *Lettres,* 22 octobre 1572.

Je me veux souvenir de mes amys, principalement de Désiré, qui m'a *affectionnément* prié vous supplier faire en sorte que il puisse espouser ma sœur Laurence.
LARIVEY, *les Esprits,* IV, 15.

Toute sa délicatesse (de la chèvre) consiste à la chaleur, laquelle elle recerche *affectionnément* pour le giste.
OL. DE SERRES, *Théâtre d'agriculture,* IV, 14.

C'étoit le père de ma très chère fille, qui m'est, je vous assure, infiniment chère, et aux plaisirs et déplaisirs de laquelle mon cœur participe très-*affectionnément*.

Bref, la dévotion n'est autre chose qu'une agilité et vivacité spirituelle, par le moyen de laquelle la charité fait ses actions en nous, ou nous par elle promptement et *affectionnément*.

SAINT FRANÇOIS DE SALES, *Lettre à une religieuse de la Visitation*, 29 mai 1671 ; *Introduction à la vie dévote*, partie I, c. 1.

AFFECTIONNER, v. a.

Formé d'AFFECTION, il s'est pris naturellement dans des sens analogues à ceux de ce substantif.

Et d'abord on l'a dit pour Émouvoir les *affections*, les passions de l'âme et les porter vers quelque objet. Par *affectionner à* on a entendu Exciter à, attacher à.

Si est-ce chose merveilleuse comment on *luy* les ait peu ainsi *affectionner* (à Épicure ses frères).

AMYOT, trad. de Plutarque, *Œuvres morales*. De l'amitié fraternelle.

Affectionner aucun *à* faire quelque chose.
(Animare, accendere.)

NICOT, *Dict. fr.-lat.*, 1584.

Ces remontrances firent l'effet qu'on désiroit, à savoir de faire rabrouer le Parlement et l'*affectionner* d'autant plus *au* parti du Prince.

LE DUC DE ROHAN, *Mémoires*, I, 1.

Les faiseurs de comédies et nouvelles historiques doivent *affectionner* les spectateurs et les lecteurs *à* leurs principaux personnages.

Je n'ai jamais vu une nouvelle historique plus languissante et plus froide; en la lisant on ne prend parti pour personne, l'auteur n'*affectionne à* rien.

BOUHOURS, *Remarques nouvelles sur la langue françoise*.

Le dépit si juste contre le duc de Savoie, le succès de Calcinato, tout récent et tout grossi, les espérances qu'on concevoit de ses suites, l'extrême désir de dépouiller M. de Savoie et de le réduire en l'état du feu duc Charles IV de Lorraine, *affectionnoient* le roi *à* ce projet.

SAINT-SIMON, *Mémoires*, 1706, t. V, c. 5.

Leurs chefs-d'œuvre dramatiques (des Français) *affectionnent* la jeunesse à leurs théâtres.

Cette bonne intention de M. de Choiseul, m'*affectionnant à* lui, accrut l'estime que, sur quelques opérations de son ministère, j'avais conçue pour ses talents.

J.-J. ROUSSEAU, *les Confessions*, part. I, liv. V ; part. II, liv. XI.

Dans un sens analogue, AFFECTIONNER, selon les auteurs du *Grand Vocabulaire*, a pu se dire absolument pour Émouvoir.

Les ouvrages de cet auteur *affectionnent* tous ceux qui les lisent.

Grand Vocabulaire.

Son sens le plus ordinaire et qui se rapporte à l'acception la plus usitée d'*affection*, c'est Avoir de l'affection pour quelqu'un, pour quelque chose, l'aimer.

La souvenance de mon frère (le duc d'Alençon) ne me partant jamais de l'esprit, pour n'*affectionner* rien tant que luy, je me ressouvins lors des instructions qu'il m'avoit données.

MARGUERITE DE VALOIS, *Mémoires*.

Il ne faut jamais espérer que les estrangers nous *affectionnent* plus que nous ne nous aymons nous mesmes.

D'URFÉ, *l'Astrée*, II° part., liv. VIII.

Je ne sais si le surintendant Bullion parla fort juste, quand, ayant fait bâtir une chapelle aux Cordeliers, il répondit aux Pères qui vinrent lui demander à quel saint il vouloit qu'elle fût dédiée : « Hélas! mes Pères, ils me sont tous indifférents; je n'en *affectionne* aucun en particulier. »

BOUHOURS, *Remarques nouvelles sur la langue françoise*.

Elle (Mme la duchesse de Berry) choisit Harling (pour capitaine des gardes), gentilhomme allemand, qui avoit été nourri son page, dont elle *affectionnoit* la personne et la famille.

SAINT-SIMON, *Mémoires*, 1715, t. XIII, c. 23.

Ne trouvez-vous pas encore que mademoiselle Hubert la cadette m'*affectionne* déjà trop à cause du service que je lui ai rendu?

MARIVAUX, *le Paysan parvenu*, II° partie.

Affectionner une chose, c'est quelquefois S'intéresser à cette chose, la rechercher, s'y porter avec vivacité, avec chaleur.

Le Roi, aiant tasté avec quelles duretez il pouvoit guer-

roier le parti contraire, *affectionna* le traitté de la paix.
AGR. D'AUBIGNÉ, *Hist.*, V, c. 18.

Il (le comte de Saux) la rendit (la ville de Lyon) la terreur des Huguenots, cependant que ceux qui commandoient *affectionnoient* la deffence et la protection des Catholiques.
MATTHIEU, *Hist. des dern. troubles de France*, liv. II.

Elle vous fit bonne chère, vous pria instamment d'oublier toutes les brouilleries qui s'estoient passées entre vous, comme elle vous protestoit d'avoir fait de son costé, de la vouloir aymer et d'*affectionner* ses intérêts.
SULLY, *Œconomies royales*, c. 90.

Empressé pour engager dans une affaire une personne qui, ne l'*affectionnant* point, n'ose pourtant refuser d'y entrer.
LA BRUYÈRE, *Car. de Théophraste*, 12.

AFFECTIONNER a eu quelquefois pour régime indirect un infinitif régi par la préposition *de*.

Sa Majesté *affectionne* tousiours *de* faire dresser en son Royaume une compagnie pour trafiquer aux Indes, de façon que vous luy ferez plaisir de luy en ouvrir et faciliter les moyens à vostre retour.
VILLEROY, lettre à Jeannin, 18e may 1609. (Voyez *Negociations de M. Jeannin.*)

Est-il possible qu'une âme bien née veuille non seulement déplaire à Dieu, mais *affectionner de* lui déplaire?
FRANÇOIS DE SALES, *Intr. à la vie dévote*, I, 22.

AFFECTIONNER peut, comme la plupart des verbes actifs, être pris absolument.

Je ne sais point si le chien choisit, s'il se ressouvient, s'il *affectionne*, s'il craint, s'il imagine, s'il pense.
LA BRUYÈRE, *Caractères*, 16.

AFFECTIONNER est aussi verbe pronominal. *S'affectionner à une personne*, *à une chose*, c'est Prendre de l'*affection* pour elle, s'y attacher, s'y appliquer.

Paul Jove, en plusieurs endroits de son histoire, s'est monstré plus partial qu'il ne me semble que devroit faire un bon historien, qui doit escrire la vérité sans *s'affectionner à* l'une ou *à* l'autre part.
MARTIN DU BELLAY, Préface en tête des Mémoires de son frère.

Il ne *se* faut moins *affectionner à* ce qui est pour le bien public que pour le nostre.
H. ESTIENNE, *la Précellence du langage françois*.

Plutarque dit à propos de ceux qui *s'affectionnent aux* guenons et aux petits chiens, que la partie amoureuse qui est en nous, à faute de prise légitime, plus tost que de demeurer en vain, s'en forge ainsin une faulce et frivole.
MONTAIGNE, *Essais*, I, 4.

L'homme sage, pour se maintenir en repos et liberté, doit mesnager sa volonté et ses affections, en ne *se* donnant et *affectionnant* qu'*à* bien peu de choses, et icelles justes.
CHARRON, *de la Sagesse*, II, II, 7.

Il goustoit l'esprit et valeur estant prince si généreux qu'il ne *s'affectionnoit* qu'*à* ceux en qui il reconnoissoit telles qualitez.
MARG. DE VALOIS, *Mémoires*, 1572.

Comme je *m'affectionnois* extrêmement *à* mon bâtiment, je montai à un échafaut du cinquième étage, pour voir travailler mes ouvriers.
AGR. D'AUBIGNÉ, *Mémoires*.

Lorsque, dans deux cents ans, ceux qui viendront après nous liront... que le cardinal de Richelieu a démoli la Rochelle et abbatu l'hérésie... s'ils ont quelque goutte de sang françois dans les veines et quelque amour pour la gloire de leur pays, pourront-ils lire ces choses, sans *s'affectionner à* lui?
VOITURE, *Lettre* 74e, du 24 décembre 1636, sur le siége de Corbie.

Les citoyens (chez les Grecs) *s'affectionnoient* d'autant plus *à* leur pays, qu'ils le conduisoient en commun et que chaque particulier pouvoit parvenir aux premiers honneurs.
BOSSUET, *Discours sur l'histoire universelle*, III, 5.

Ce domestique est lent et paresseux, sans attention et sans soin, il ne *s'affectionne à* rien.
BOURDALOUE, *Serm. pour les dim.* Sur le soin des domestiques.

Il (M. de Nevers) eut le régiment d'infanterie du roi, *auquel* ce prince *s'affectionna* toute sa vie.
SAINT-SIMON, *Mémoires*, 1707, t. V, c. 20.

Le peuple devient de sang-froid et *s'affectionne à* l'argent, mais il ne *s'affectionne* plus *aux* affaires.
MONTESQUIEU.

Lorsqu'ils *s'affectionnent* (les nègres) *à* un maître, il n'y a rien qu'ils ne fussent capables de faire pour lui marquer leur zèle et leur dévouement.
BUFFON, *Histoire naturelle*. De l'homme.

Nous sommes bien près de nous consoler, quand *nous nous affectionnons aux* gens qui nous consolent.

Je *m'affectionnois* moi-même *aux* éloges que je m'entendois donner.

MARIVAUX, *la Vie de Marianne*, VIIIe partie; IXe partie.

On a dit *s'affectionner après une chose*. Voyez APRÈS.

On a dit aussi *s'affectionner à faire une chose*.

Pourveu que *vous vous affectionniez* tousjours de plus en plus à aimer et pourchasser cette saincte Sapience, discipline des rois.

Depuis que le père est décédé, il *se* faut encore plus *affectionner à* aimer ses frères que non pas auparavant.

AMYOT, trad. de Plutarque, *Œuvres morales*, Épître au Roi; *ibid.*, f. 212.

Reformer l'air pour l'approprier à la vigne, n'est ouvrage d'homme : parquoy où les froidures regnent trop longuement et trop violemment, ne faut *s'affectionner à* planter la vigne, laquelle n'y pourroit venir.

OLIVIER DE SERRES, *Théâtre d'agriculture*, lieu IIIe, c. 2.

Mais je dis encore une fois, quelle apparence y a-t-il qu'une âme généreuse se plaise à desplaire à son Dieu, *s'affectionne à* lui estre désagréable?

SAINT FRANÇOIS DE SALES, *Introduction à la vie dévote*, partie I, c. 22.

Il engageoit ledit duc de *s'affectionner à* moyenner cette réconciliation.

LE DUC DE ROHAN, *Mémoires*, I, 1.

S'AFFECTIONNER peut, comme *affectionner*, se dire absolument.

Il luy sembloit que tous les bergers qui la regardoient en estoient amoureux; qui est une règle infaillible, pour toutes celles qui *s'affectionnent* aisément.

D'URFÉ, *l'Astrée*, Ire part., liv. IV.

AFFECTIONNÉ, ÉE, participe.

Vaugelas le cite parmi les noms à terminaison passive qui néanmoins signifient une action.

On le dit presque adjectivement des personnes touchées d'*affection* à l'égard d'une autre, *affectionné à, envers*.

Il n'a alors, quelquefois, que le sens général de Disposé, et est modifié par des adverbes, tels que *bien, mal*, etc.

Mal affectionné envers le prince, *envers* la république.

ROB. ESTIENNE, *Dict. fr.-lat.*, 1539.

Qui seroit celuy qui feroit jamais tort ny oultrage à un homme quand il seroit si doulcement et si humainement *affectionné envers* les bestes, qui n'ont aucune communication d'espece ny de raison avec nous?

AMYOT, trad. de Plutarque, *Œuvres morales*, S'il est loisible de manger chair. Traité I.

D'ailleurs, il (le roi d'Espagne) veoit ses Estats separez, et quasy tous usurpez par violence, contre le gré des habitants qui *luy* sont *mal affectionnez*.

Satyre Ménippée, harangue de M. d'Aubray pour le tiers-estat.

Durant que ces choses se passoient à Rome, il se leva quelque tumulte en Angleterre, où Claudius se resolut d'envoyer une armée sous la conduitte d'un illustre capitaine nommé Plautius, senateur romain, qui s'estant acheminé dans les Gaules y trouva les soldats *mal affectionnez à* ces voyages.

COEFFETEAU, *Histoire romaine*, liv. IV.

Ces choses lui firent une toute autre impression de la bouche d'un jésuite bien endoctriné et *bien affectionné à* moi que de la mienne.

Les troupes du duc de Savoie en Sicile se réduisoient à huit mille hommes composés en partie de gens du pays *mal affectionnés à* leur prince.

SAINT-SIMON, *Mémoires*, 1710, t. VIII, c. 16; 1718, t. XVI, c. 10.

Par lui-même, sans modification, il veut dire Attaché à une personne ou à une chose, se livrant à une chose avec zèle.

Il n'est point *affectionné à* ses possessions.

ROB. ESTIENNE, *Dict. fr.-lat.*, 1539.

La honte et le reproche, cela sans point de doute devra rendre le jeune homme grandement *affectionné à* la vertu.

AMYOT, trad. de Plut., *Œuvres morales*, Comment il faut lire les poëtes.

Un homme sçavant du païs (Schaffouse), entretint M. de Montaigne; et entre autres choses, de ce que les habitans de cette ville ne soint, à la vérité, guierre *affectionnés à* notre Cour.

MONTAIGNE, *Voyages*.

Le comte et la comtesse estoient fort *affectionnés au* service du roy.

MONTLUC, *Mémoires*, liv. II.

Ledit sieur Prince Maurice commence depuis quelques

jours d'entrer en soupçon, que vostre Majesté ne soit si *affectionnée à* la guerre qu'on luy a voulu faire croire.

A quoi ils se montrent tous *très-affectionnés.*

JEANNIN, *Négociations,* Lettre au Roy, 9 juin 1607; Lettre à M. de Villeroy, 27 juin 1607,

Vous devriez être *affectionnée* également *à* la pratique de la fidélité envers Dieu et *à* celle de l'humilité.

SAINT FRANÇOIS DE SALES, *Lettres,* 25 juin 1614.

Vonones, ainsi chassé, a son refuge en Arménie, y est ainsi receu comme roy par une nation peu *affectionnée aux* Romains, quoy que sousmise à leur joug.

COEFFETEAU, *Histoire romaine,* liv. II.

À sa ruine se trouvèrent force gens *affectionnés,* et pour diverses considérations.

LE DUC DE ROHAN, *Mémoires,* liv. I.

J'ay de la peine à estre assez *affectionné à* mon party.

VOITURE, *Lettre* 28e, à Mlle Paulet.

Affectionnée à la prière.

JACQUELINE PASCAL. (Voyez Cousin, p. 418.)

Il y avoit lors deux favoris... auprès du Roi, Dugua...: et Souvré... Dugua..... *très-affectionné aux* bonnes lettres.

MÉZERAY, *Histoire de France,* Henri III, 1575.

Il (Albéroni) étoit persuadé que le roi d'Espagne avoit en France un parti très-puissant, très-*affectionné aux* intérêts de Sa Majesté catholique.

SAINT-SIMON, *Mémoires,* 1718, t. XVI, c. 14.

Cette princesse bavaroise, belle-sœur de l'empereur Léopold, était aussi attachée à la maison d'Autriche que la reine-mère autrichienne avait été *affectionnée au* sang de Bavière.

VOLTAIRE, *Siècle de Louis XIV,* c. 17.

On a dit *affectionné à l'endroit* ou *en l'endroit d'une personne.*

... Selon la coutume d'icelle d'estre bien *affectionnée en l'endroit* des hommes vertueux .....

RENÉ DU BELLAY, baron de LA LANDE, *Épître dédicatoire au Roi,* en tête des Mémoires de Du Bellay.

Et ce qui m'entretenoit en ses bonnes volontés estoit que je ne la trouvois moins *affectionnée en mon endroit* que moy au sien.

LARRIVEY, *les Esprits,* II, 1

Affectionné à a été quelquefois suivi d'un verbe à l'infinitif.

Monsieur, qui vous faict si *affectionné à* asseurer chose dont vous avez si peu d'asseurance?

JACQUES YVER, *le Printemps d'Yver.*

Si nous sommes *affectionnez à* parler, nous ne sçaurions avoir attention à autre chose.

SAINT FRANÇOIS DE SALES, *Traité de l'amour de Dieu,* liv. I, c. 10.

Quoy qu'il eust beaucoup plus d'inclination à la paix qu'à la guerre, si est-ce qu'il se montra passionnément *affectionné à* remettre la milice romaine en sa première splendeur.

COEFFETEAU, *Histoire romaine,* liv. X.

On a dit aussi *affectionné de.*

Tous estoient *affectionnez de* venir les premiers au combat.

MONTLUC, *Commentaires,* liv. I.

AFFECTIONNÉ se dit souvent absolument en parlant de L'attachement, du zèle d'une personne pour une autre.

Je ne veux estre tenu serviteur, ny si *affectionné,* ny si loyal, qu'on me treuve bon à trahir personne.

MONTAIGNE, *Essais,* III, 1.

D'autant qu'il estoit mal aisé ....., que le ieune cœur de la nymphe, ... n'eust quelque confidente ..... entre toutes elle m'esleut, et comme plus asseurée, ce luy sembloit, et comme plus *affectionnée.*

D'URFÉ, *l'Astrée,* Ire partie, liv. IX.

Ils (les peuples vaincus par les Romains) oublioient leur défaite et devenoient des sujets *affectionnés.*

BOSSUET, *Discours sur l'histoire universelle,* Ire partie, 7e époque.

Les mines sont bien trompeuses : je l'aurois cru le plus *affectionné* de vos amis.

MOLIÈRE, *M. de Pourceaugnac,* II, 4.

Il (le maréchal de Noailles) a pris le parti d'un homme zélé et *affectionné.*

Mme DE MAINTENON, *Lettres,* VIII, 18 mai 1695, à Mgr le card. de Noailles.

J'ai besoin d'un domestique *affectionné* qui épouse mes intérêts et mette toute son attention à conserver mon bien.

LE SAGE, *Gil Blas,* liv. VII, c. 14.

On a quelquefois fait l'observation qu'AFFECTIONNÉ n'est convenable qu'au sujet de relations d'égal à égal ou de supérieur à inférieur.

Ces distinctions un peu subtiles et au sujet desquelles l'usage a varié, se sont surtout appliquées à l'emploi d'Affectionné comme terme de civilité dans la souscription des lettres : *Votre très-humble et très-affectionné serviteur*. *Votre affectionné serviteur*.

Très-humble et très-affectionné serviteur était encore admis chez un inférieur écrivant à son supérieur, quand, en 1620, d'Urfé signait ainsi la dédicace de son *Astrée* au roi; quand Voiture, en 1633, se servait de la même formule à l'égard d'une personne qu'il considérait beaucoup. En quelques années, l'usage changea tellement que l'*affectionné serviteur* parut n'appartenir qu'à un supérieur s'adressant à son inférieur, et, dans d'autres relations, put être taxé d'incivilité.

Dans les lettres, *affectionné serviteur* ne se dit qu'à l'égard des gens qui sont au-dessous de la personne qui écrit, et nous savons qu'un grand ministre d'Espagne ayant reçu une lettre d'un prince de France, qui lui donnoit du *très-affectionné*, ne put s'empêcher avec tout son phlegme de déchirer la lettre devant tout le monde, et de se plaindre hautement de l'incivilité du prince. Le favori espagnol fit voir par là qu'il entendoit le terme françois.

Bouhours, *Remarques nouvelles sur la langue françoise*.

Touchant la lettre de M. de Boisrobert à l'Académie, il me semble que je ne dois pas oublier cette petite circonstance : il avoit signé Votre très-humble et très-obéissant serviteur : l'Académie qui vouloit répondre en corps afin que la lettre eût plus d'effet en faveur de la veuve (de Camusat), se trouva en peine comment elle mettroit au bas. D'un côté, tout le corps écrivant à un de ses membres ne devoit pas en apparence le traiter d'égal, et de l'autre, le mot simple de *très-affectionnés* serviteurs, par l'usage, sembloit être trop peu civil, et ne se pouvoit même écrire qu'à des personnes fort inférieures : enfin on prit ce milieu de signer Vos très-passionnés serviteurs..... comme étant un peu plus civil que *très-affectionnés* et moins que très-humbles.

Pellisson, *Histoire de l'Académie*, IV.

Le soin de marquer, à divers degrés, sa supériorité, introduisit ces formules : *Votre affectionné*, *Votre affectionné à vous servir*. *Votre affectionné à vous rendre service,* dont les deux dernières ont vieilli.

Affectionné, dans les mêmes sens, ou dans des sens analogues, s'est quelquefois construit avec d'autres noms que des noms de personne.

La sapience n'habitera point au corps sujet à péché, ny en l'âme *mal affectionnée*.

Bernard Palissy, *Jardin délectable*.

Les lettres changeant aussi de stile devindrent plus *affectionnées* que de coustume.

D'Urfé, *l'Astrée*, IIe partie, liv. IV.

La prière *affectionnée* que je vous en fay ne luy aura esté inutile.

Henri IV, *Lettres*, 20 février 1584.

D'autant que l'authorité est plus grande, l'imitation est plus *affectionnée*.

Mathieu, *Histoire des derniers troubles de France*, liv. II.

AFFECTUEUX, EUSE, adj. (d'*affectuosus*, mot d'une mauvaise latinité, employé par Macrobe, Cassiodore, Tertullien).

Affectueux, que n'a point recueilli le *Dictionnaire* de Rob. Estienne, paraît en 1564 dans celui de J. Thierry, qui le traduit par Fait avec zèle, avec instance, *affectueuse recommandation*.

En 1606 Nicot le traduit, par Affectionné, et en donne cet exemple fort éloigné de l'usage tel qu'il s'est réglé depuis :

Affectueux à l'histoire.
(Deditus historiæ, incumbens historiarum lectioni toto animo).

Nicot, *Thrésor*.

Depuis longtemps, Affectueux signifie uniquement Qui montre, qui marque beaucoup d'affection. On le dit des personnes, de leurs actes, de leurs paroles.

Ces mouvements de dévotion tendres et *affectueux* que vous avez quelquefois, viennent d'une grâce particulière.

Traduction de l'Imitation de J.-C., citée par Bouhours, *Remarques nouvelles sur la langue françoise*.

C'est un homme (saint Augustin) qui ..... s'exprime enfin

presque toujours d'une manière tendre, *affectueuse* et insinuante.

FÉNELON, *Dialogues sur l'éloquence*, III.

Le roi m'a fait l'honneur de m'écrire deux billets fort *affectueux* :

Mme DE MAINTENON, *Lettres*, à la comtesse de Saint-Géran, 14 juin 1684.

Je lui tenois une main, que je baignois de mes larmes; elle répondit à cette action par les caresses les plus *affectueuses.*

MARIVAUX, *la Vie de Marianne*, VIe partie.

Il me semblait qu'uni de cœur avec ce petit troupeau dans un culte *affectueux* et raisonnable (le culte protestant), j'oublierais plus aisément tous mes ennemis.

J.-J. ROUSSEAU, *Lettres*, 8 août 1765.

Vos frères les religieux
Anflammez de vouloir divin,
Par ung desir *affectueux*
Vous ont esleu de cueur joyeulx.

ROGER DE COLLERYE.

Les premiers auteurs du *Dictionnaire* de l'Académie ne pensaient pas qu'AFFECTUEUX pût se dire des personnes. Leur opinion ne fut pas adoptée dans les éditions suivantes, qui, dès 1718, consacrèrent ces exemples : *Un orateur pathétique et affectueux, un homme très-affectueux.*

Sans être tendre et *affectueux*, il était bon mari, bon père, bon maître, et même ami autant que peut l'être un roi.

VOLTAIRE, *Éloge funèbre de Louis XV.*

AFFECTUEUSEMENT, adv.

Comme *Affectueux*, AFFECTUEUSEMENT a dû varier dans ses acceptions. Avant d'être restreint à signifier D'une manière qui marque de l'affection, il a voulu dire Avec passion, avec zèle. *Acheter affectueusement, cupidè; faire quelque chose plus affectueusement qu'il ne faut, ambitiosius*, dit Rob. Estienne, dans son *Dictionnaire françois-latin*, en 1539. Les exemples qui suivent, se rapportent à ce sens :

Si leur pria moult *affectueusement* et leur chargea, sur leur féauté, qu'ils gardassent féalement son royaume en aide de David son fils.

FROISSART, *Chroniques*, liv. I, part. Ire, c. 47.

Et si *affectueusement* parloyent d'achever le demeurant, qu'ils ne regardoient point où ils alloient.

PHILIPPE DE COMMINES, *Mémoires*, c. 13.

Je prie très-*affectueusement* ceux qui n'auront estudié aux susdictes disciplines, y vouloir employer quelque temps.

PHILIBERT DE L'ORME, *Archit.*, liv. II, c. 1.

Ainsi qu'il vous dira plus amplement de nostre part, dont nous vous pryons très-*affectueusement* le vouloir croire, tout ainsi que vous feriez nous-mesmes.

MARIE STUART, *Lettres* à Élisabeth, 25 mai 1559.

Louer froidement n'est pas moins maling que blasmer *affectueusement*.

Vray est qu'il ne mena pas grand nombre de gens de guerre de l'Italie, mais il fut *affectueusement* servy et secouru par les alliez et confédérez du peuple romain sur les lieux.

À Rome il y a des personnes qui ..... s'addonnent à acheter *affectueusement* des monstres en nature.

AMYOT, trad. de Plut., *De la malignité d'Hérodote*, 5; *Vie de Sylla; Œuvres morales*, De la Curiosité.

AFFECTUEUSEMENT ainsi employé au sens de *passionnément* n'était pas approuvé par Balzac, comme on peut le voir par le passage suivant :

Mais je vous demande ..... du nombre des quels (des mots absolument bons ou absolument mauvais) vous croyez que soient ceux-ci ..... *affectueusement* pour passionnément? Toute la compagnie trouva qu'ils n'étoient pas absolument bons.

BALZAC, *Socrate chrétien*, disc. 10.

Dans les exemples qui suivent, *affectueusement* signifie conformément au sens encore en usage, *d'une manière affectueuse*. Le passage de Montluc ne contient *affectueusement* que dans les imprimés; les manuscrits portent *affectionnément*.

Comme ils (trois gentilshommes Siennois prisonniers) furent devant le magistrat, un d'eux parla pour tous trois... suppliant *affectueusement* les vouloir tenir pour bons citoyens et amys.

MONTLUC, *Commentaires*, liv. III.

Je vous remercie très-*affectueusement* et humblement de

l'ordre que vous aviez fait donner par le roy touchant ledit cardinal.

D'Ossat, liv. V, *Lettre* 31.

Madame de Montespan en parut touchée et m'en demanda le détail dans un mémoire qu'elle se chargea de présenter au roi. Je la remerciai très-*affectueusement*.

Mme de Maintenon, *Lettres*, à Mme de Chanteloup. (Voyez M. de Noailles, t. I, p. 304.)

Eh! ma belle enfant, que vous me touchez! me répondit la prieure en me tendant les bras de l'endroit où elle étoit, pendant que la dame me relevoit *affectueusement*.

Marivaux, *la Vie de Marianne*, IIIe part.

AFFÉRENT, ENTE, adj. (d'*afférant*, participe de notre ancien verbe *afferer* ou *afferir*, et, par ce mot, du latin *afferre*).

Autrefois Afferant (voyez les *Dictionnaires* de Rob. Estienne, J. Thierry, Nicot, Oudin, Cotgrave), Aférant, Afferissant, Aferissant; Affreant (voyez le *Glossaire* de Sainte-Palaye).

Le verbe Afferer ou Afferir, usité dans notre ancienne langue en divers sens, exprimant tous un rapport de convenance, de conformité, d'égalité, s'employait surtout, et le plus souvent sous une forme impersonnelle, pour Se rapporter, convenir, être utile.

... n'en *affiert* à luy niant de tels choses.

Saint Bernard, *Serm. fr.* mss., p. 308. (Cité par Sainte-Palaye.)

Lors furent li ostel departi à chascun endroit soi, tel con il *afferi*.

Là, guaagnèrent assez chevaus et roncins et palefroiz, et muls et mules, et tentes et paveillons, et tel gaing con à tel besoigne *aferoit*.

Ville-Hardouin, *Conquête de Constantinople*, 88; 140.

Sires, pour ce qu'il est escript : « Fai premier ce qui *afiert* à Dieu... ai-je tout premier fait escrire ce qui *afiert* au profit des ames et des cors, et ce qui *afiert* au gouvernement du peuple.

Joinville, *Histoire de Saint Louis*, 1.

Li mandoient que se lui plaisoit, il la fit prendre et enterrer, si comme il *aferoit* à roine.

Martene, *Contin. de G. de Tyr*, t. V, col. 715. (Cité par Sainte-Palaye.)

(Le combat judiciaire n'est pas reçu). En eslection n'*afiert* pas bataille.

Le Livres de jostice et de plet, I, 6, § 52.

La comtesse de Montfort par avance l'avoit garnie (la ville de Nantes), et rafraichie de gens d'armes et de tout ce qu'il *afferoit*.

Froissart, c. 170, année 1342.

Je ne parle point sur les dames, ne sur les damoiselles atournées ..... car à moy ne *affiert* ne appartient fors les servir et honorer .....

Le Livre du chevalier de La Tour Landry pour l'enseignement de ses filles, ch. 21.

N'*affiert* à homme de royale vocation muser si parfond en literature.

J. Le Maire, *Illustration des Gaules*, liv. I, p. 101. (Cité par Sainte-Palaye.)

Tel est vestu de cappe hespagnole, qui en son couraige nullement n'*affiert* à Hespaigne.

Rabelais, *Gargantua*, Prologue.

Afiert bien que soit chevaliers doux et humbles .....

Fabl. mss. du R., no 7615, t. II, fol. 163, ro, col. 2. (Cité par Sainte-Palaye.)

Doulce amie,
Si grans plours ne vous *affiert* mie.

Eust. Deschamps, *Miroir de mariage*.

De là l'emploi d'Afférant, plus particulièrement au sens de Se rapportant à, convenant à, appartenant à.

En ce dernier sens, et sous la forme Afferent, il est resté un terme de jurisprudence d'usage en cette locution *portion*, *part afférente*, La part qui revient à chacun des intéressés, dans un objet indivis ou dans un partage.

Il faut partager cette succession en trois lots, afin que chacun en ait sa *part afférente*.

Richelet, *Dictionnaire*.

D'Afférer s'étaient formés d'autres mots qui ne sont point restés dans la langue, tels que

Afférage, Sorte de droit seigneurial;

Afférance, Rapport, produit d'un bien, d'une exploitation.

AFFERMER, v. a. (de *Ferme*, venu probablement du mot de la basse latinité *Firma*. Voyez FERME).

Il se dit au propre en parlant De la location des terres moyennant une redevance convenue entre le propriétaire et son fermier; et, par extension, au sujet de tout ce qui peut être l'objet d'un contrat de ce genre, notamment, à certaines époques, la perception des revenus publics.

On le prend en deux sens :

Donner à ferme, et prendre à ferme.

Affermer ses terres.

ROB. ESTIENNE, *Dict. fr.-latin*, 1549.

Tout le bien que je possède aujourd'huy ne pourroit estre *affermé* à plus de quatorze à quinze mil francs.

MONTLUC, *Commentaires*, liv. IV.

L'augmentation que vous avez trouvée dans le droit de commutation de la ville de Toulouse... n'a pas de rapport à l'augmentation qui s'est trouvée sur les octrois de toutes les villes du royaume qui *ont esté affermez* par les intendants.

COLBERT, *Lettre* à Fieubet, 27 février 1671. (Voyez *Corresp. admin. sous Louis XV*, t. I, p. 817.)

La jolie petite terre! elle n'est pourtant pas plus *affermée* que vingt mille écus depuis la misère du temps : elle alloit autrefois plus haut.

Mme DE SÉVIGNÉ, *Lettres*, 18 août 1677.

Nous sommes dans ces vieux châteaux des Coligny pour en *affermer* les terres.

BUSSY, *Lettre* à Mme Sévigné, 5 juillet 1688.

Le clergé et la noblesse ont un privilége pour les maisons et terres qu'ils occupent... mais les héritages qu'ils *afferment* sont sujets à tous les centiesmes.

Mémoire sur l'Artois, 1698. (Voy. *Correspond. administrative sous Louis XIV*, t. I, p. 563, 564.)

À quel prix vos moulins sont *affermés* par an.

DELILLE, *la Conversation*, II.

Prendre à ferme.

Il a *affermé* les greniers à sel.

NICOT, *Dict. fr.-lat.*, 1584.

AFFERMER est quelquefois verbe pronominal. Il a, alors, la signification passive de Être affermé.

Les greffes *s'afferment* parce qu'ils sont domaniaux.

FURETIÈRE, *Dictionnaire*.

On trouve, chez un écrivain du XVIe siècle, *s'affermer* employé au figuré pour S'adonner, fréquenter :

Ce qui nous servira, ce disoit le voisin au buveur d'eau, pour nous empescher de *nous affermer* à vos belles tavernes d'eau.

Mais parce que le vin n'estoit pas cher ceste année-là, comme la précédente, on ne *s'afferma* guère aux puits et aux fontaines.

BOUCHET, *Serées*, 2e serée, *de l'Eau*.

AFFERMÉ, ÉE, participe.

D'AFFERMER s'était formé un mot depuis longtemps hors d'usage :

AFFERME, s. m.

L'action de donner ou de prendre à ferme, le fermage et ses conditions.

Qui aura cent livres tournois d'yssues en terres ou en rente par an, baillera vingt livres tournois pour les cent et de plus selonc la *afferme*.

Ordonnances des rois de France, t. I, p. 871, notes, col. 1.

Le comtable de Bordeaus s'estoit mis à la traverse, disant que cela devoit estre comprins en son *afferme*.

MONTLUC, *Commentaires*, liv. 6.

Nous voyons quel bien nous pouvons affermer ou arrenter : et quel tenir à nostre main. En cas d'*afferme*, que le seigneur accorde avec son fermier du prix du revenu de son bien.

OLIVIER DE SERRES, *Théâtre d'agriculture*, Ier lieu, c. 8.

Au lieu d'AFFERME, on a dit aussi AFFERMEMENT recueilli par Cotgrave.

AFFERMIR, v. a. (du verbe latin *firmare*).

On a écrit autrefois AFFERMER, AFERMER, comme le remarque Sainte-Palaye dans son *Glossaire*, et comme on le verra par les plus anciens des exemples suivants.

On a écrit aussi *affremer, afremer*, voyez le *Vo-*

cabulaire latin-français de G. Briton, XIVe siècle (Douai, 1851), et le *Glossaire* de Sainte-Palaye :

AFFERMIR signifie au propre Rendre ferme et stable.

E ferir le volt par mi le cors, de la lance, e à la parei *afermer*.
(Nisusque est Saül configere David lancea in pariete.)

Furent les tables juintes et *afermées*.
Les Quatre Livres des Rois, I, 19, 10; III, 6, 10.

Il le déheauma tellement que la boucle à laquelle le heaume estoit *affermé* par derrière, rompit.
FROISSART, vol. IV, p. 45. (Cité par Sainte-Palaye.)

L'isle de Delos estant auparavant vagante fut *affermie* pour le service de l'enfantement de Latone.

Dieu a voulu que toute la mer fust arrestée, *affermie*, applanie, sans vagues, sans vents et sans pluye, cependant que l'halcyon fait ses petits, qui est justement environ le solstice.
MONTAIGNE, *Essais*, liv. II, c. 12.

Le quint médecin asseure, après Pline, que la poudre de coloquinte, meslée avec sel et alvine, guerissoit le mal des dents, et que son jus attiedy avec vinaigre *affermoit* les dents qui branslent.
BOUCHET, *Serées*, liv. III, 27e serée.

C'est ce qui *affermit* tout l'ouvrage.
DANET, *Dict. fr.-lat.*, traduction de Vitruve.

Le prince entreprit de faire creuser un fossé, et, afin d'*affermir* l'ouvrage et d'empêcher le sable de s'ébouler, il voulut que les lignes, qui devoient être à l'épreuve du canon, fussent revêtues de gazon.
SARAZIN, *Siege de Dunkerque*.

D'un marécage immense il fait des champs fertiles,
Sur le limon flottant il *affermit* des villes.
THOMAS, *Pétréide*, chant sur la Hollande.

AFFERMIR signifie aussi Rendre ferme et consistant ce qui était mou, et, comme on dit plus souvent, RAFFERMIR. Voyez ce mot.

Le laict est mis reposer : et, après en avoir séparé le beurre, le reste, *affermi* et caillé, est converti en fourmage.

D'autre pain l'on ne mangera au grossier mesnage qu'*affermi* par la garde de quelque sepmaine.
OLIVIER DE SERRES, *Théâtre d'agriculture*, IVe lieu, c. 8; VIIIe lieu, c. 1.

AFFERMIR est dit au propre dans beaucoup de passages, tels que les suivants, mais il y reçoit du sens de la phrase une acception figurée.

Et qui voudra garentir que ceulx à qui vous baillés vos armes, quand il les auront *affermies* en leur main, n'en abusent contre vous?
HENRI IV, *Lettres*, 1er décembre 1585.

Pendant que la régente travaillait avec tant de succès à *affermir* la couronne sur la tête du roi son fils, ce prince s'en rendait indigne par l'irrégularité de sa conduite.
VERTOT, *Révolutions de Portugal*.

Il y en a d'autres (des temps) où une bataille entre sept ou huit mille hommes peut renverser un trône ou l'*affermir*.
VOLTAIRE, *Siècle de Louis XIV*, c. 5.

Mon sceptre dans ma main par la tienne *affermi*.
P. CORNEILLE, *le Cid*, IV, 3.

AFFERMIR est d'un très-ancien et très-fréquent usage au figuré pour Rendre plus assuré.

E Salomon sis fiz régnad après lui, e sist en sun sied; e sun règne *fud* mult *afermed* e esforcied.
Les Quatre Livres des Rois, III, II, 12.

Ce mariage fut tantôt octroyé et *affermé* d'une part et d'autre.

Et fut là endroit renouvelé et *affermé* un jugement et estatut qui avoit été fait en la cour de l'empereur, au temps passé.

Ainsi fut cette besogne *affermée* et créantée.
FROISSART, *Chroniques*, liv. I, part. I, c. 45; 76; part. II, c. 7.

Parce que nous désirions de la conserver telle (notre amitié) afin de l'*affermer* davantage, nous allasmes au sepulchre des deux amants.
D'URFÉ, *l'Astrée*, IIe part., liv. IV.

C'est pourquoy je désire avec plus d'affection de voir la paix bien establie, et n'espargneray rien qui soit en mon pouvoir de l'*affermir* et l'asseurer.
HENRI IV, *Lettres*, 1er février 1581.

Ce qui avoit donné cours à cette nouvelle, c'étoient les bruits avantageux que les Espagnols semoient, afin d'*affermir* l'esprit des peuples.
SARAZIN, *Siége de Dunkerque*.

Il s'en trouve à qui l'habitude des moindres périls *affermit* le courage e les prépare à s'exposer à de plus grands.
LA ROCHEFOUCAULD, *Maximes*, CCXV.

La nouvelle de cette victoire *affermit* l'Asie qui branloit.
VAUGELAS, trad. de *Quinte-Curce*, c. 9.

L'enfer fit alors ses plus grands efforts pour détruire par elle-même cette Église que les attaques de ses ennemis déclarés *avoient affermie*.

Les légions distribuées pour la garde des frontières, en défendant le dehors, *affermissoient* le dedans.
BOSSUET, *Discours sur l'histoire universelle*, II, 7 ; III, 6.

Ne prétendez-vous pas qu'ils (les orateurs) parleront toujours pour instruire, pour corriger les hommes et pour *affermir* les lois?
FÉNELON, *Dialogues sur l'éloquence*, I.

Il est bon que, dans l'établissement d'une découverte, les contradictions servent à l'*affermir*.
VOLTAIRE, *Lettres*, 1738, à Maupertuis.

Une compagnie, dont l'unique but est d'*affermir* le bel usage de la langue et de travailler sans cesse à la perfection du goût, n'a-t-elle pas de grands secours à espérer d'un seigneur qui vit dans le centre du goût et de la délicatesse?
D'OLIVET, *Histoire de l'Académie*, t. II, p. 141.

La pais fu *afermée*, ki gaires ne dura.
WACE, *Roman du Rou*, v, 901.

Je sais que ton État encore en sa naissance
Ne sauroit sans la guerre *affermir* sa puissance.

J'irai par mon suffrage *affermir* cette erreur,
L'avouer pour mon frère et pour mon empereur.
P. CORNEILLE, *Horace*, I, 1 ; *Héraclius*, I, 2.

AFFERMIR se dit aussi au figuré en parlant Des personnes ou de ce qu'on personnifie.

L'autorité du cardinal (Mazarin) augmenta toujours jusqu'au traité des Pyrénées. La paix qu'il donna l'*affermit* encore.
L'abbé DE CHOISY, *Mémoires*, liv. II.

Warwick fut pleinement victorieux, le jeune Édouard IV *affermi*, et Marguerite d'Anjou abandonnée.
VOLTAIRE, *Essai sur les mœurs*. De l'Angleterre et de Marguerite d'Anjou.

AFFERMIR, surtout lorsqu'il est construit avec un nom de personne, est souvent, comme l'ont déjà montré quelques exemples, déterminé par un complément formé de la préposition *dans* ou *en* et de son régime.

Saul *fud* enracinez e *afermez el* regne de Israel.
Livres des Rois, I, XIV, 47.

Tesmoignages évidens de la singulière faveur de Dieu envers vous, qui vous ayant constitué en ce throsne royal de vos ancestres, vous *y affermira* et les vostres pour longues années.
OL. DE SERRES, *Théâtre d'agriculture*, Dédicace au Roi.

Entre les diverses manières, par lesquelles l'amour-propre jette les hommes dans l'erreur ou plutôt les *y affermit*... et les empêche d'en sortir, il n'en faut pas oublier une, qui est sans doute une des principales et des plus communes.
Logique de Port-Royal, IIIe partie, c. 20.

En cet état, messieurs, qu'avions-nous à demander à Dieu pour cette princesse, sinon qu'il l'*affermît dans* le bien?

Ce prince (Phul), attiré par les brouilleries du royaume d'Israël, venoit l'envahir; mais, apaisé par Manahem, il l'*affermit dans* le trône qu'il venoit d'usurper par violence.

Combien *fut affermi dans* l'amour de la liberté un peuple qui voyoit ce consul sévère immoler à la liberté sa propre famille!
BOSSUET, *Oraison funèbre de la duchesse d'Orléans; Discours sur l'histoire universelle*, I, 6; III, 6.

J'ai supposé qu'on devoit avoir lu quelques ouvrages de saint Augustin ou de M. Descartes, qui auront ..... assez *affermi* l'esprit *dans* la distinction de l'étendue et de la pensée, de l'âme et du corps.
MALEBRANCHE, *Recherche de la Vérité*, liv. I, c. 12, § 3.

Il sembla que le ciel voulût l'exposer à de plus fortes épreuves, qui ne servirent néanmoins qu'à la rendre plus vaine, et qu'à l'*affermir dans* la réputation d'une fille que l'amour ne pouvoit toucher.
LA BRUYÈRE, *Caractères*, c. 3.

En effet, le roi de Portugal ne négligeoit rien de ce qui pouvoit l'*affermir dans* sa nouvelle grandeur.
VERTOT, *Révolutions de Portugal*.

Dans les exemples suivants, *dans* est remplacé par *à* :

Il l'*affermit au* service de son prince, lorsqu'il chanceloit. (Nutantem in obsequio principis confirmavit. *Tacite*).
DANET, *Dictionnaire fr.-lat.*

La reine *étoit* entièrement *affermie à* suivre les conseils de ce ministre.
Mme DE MOTTEVILLE, *Mémoires*.

Le complément qui détermine le sens d'AFFERMIR peut être encore formé au moyen d'autres prépositions;

De la préposition *sur :*

Ce même Bajazet *sur* le trône *affermi.*

RACINE, *Bajazet*, I, 1.

De la préposition *contre :*

Cette pensée servit beaucoup *à m'affermir contre* les accidents de la vie.

DANET, *Dict. fr.-lat.*, trad. de Cicéron.

AFFERMIR peut, dans certains cas, comme la plupart des verbes actifs, être pris absolument.

Il avoit trop de ce qui élève et qui remue, et trop peu de ce qui fonde et qui *affermit.*

BALZAC, *Aristippe,* disc. 4.

AFFERMIR s'emploie aussi avec le pronom personnel au propre et au figuré;

Au propre :

Les eaux *s'affermissent* sous ses pas. (Les pas de Jésus-Christ.)

MASSILLON.

Au figuré, en parlant des choses :

L'ordre féodal *s'affermissait* en Allemagne.

La bonne chère, le luxe et les plaisirs s'introduisirent alors dans les armées, dans le temps même que la discipline *s'affermissait.*

Cette aversion générale ne servait qu'à confirmer l'amitié du roi, dont les sentiments *s'affermissaient* toujours par les contradictions.

VOLTAIRE, *Essai sur les mœurs,* c. 94; *Siècle de Louis XIV,* c. 8; *Histoire de Charles XII,* liv. VIII.

La voix s'étend, *s'affermit;* les bras se développent, la démarche s'assure.

J.-J. ROUSSEAU, *Émile.*

Bien *s'est* amours *afermée* en mon cœur
À long séjour .....

Le Châtelain de Coucy, v. 396.

Au figuré, en parlant des personnes :

Là voyons les deux bandes fremir et *soy affermer* pour bien combattre, venant l'heure du hourt.

RABELAIS, *Pantagruel,* V, 25.

Par là l'on apprend à se cognoistre; n'admirer rien, ne trouver rien nouveau, ni estrange, *s'affermir.*

CHARRON, *de la Sagesse,* II, II, 3.

Mais Alexandre voulut *s'affermir* avant que d'entreprendre son rival.

Polybe.... voyoit les Romains...... s'avancer régulièrement et, de proche en proche, *s'affermir* avant que de s'étendre......

BOSSUET, *Discours sur l'histoire universelle,* I, 8; III, 6.

Il est plaisant qu'on ait attribué à Henri IV le projet de déranger tant de trônes, quand il venait à peine de *s'affermir* sur le sien.

VOLTAIRE, *Lettres,* 1742, à Frédéric II.

Les grands, pour *s'affermir* achetant les suffrages,
Tiennent pompeusement leurs maîtres à leurs gages.

P. CORNEILLE, *Cinna,* II, 1.

On dit souvent *s'affermir en, s'affermir dans :*

L'homme *se* devroit *affermir* entièrement *en* Dieu, afin qu'il n'eût point besoin de chercher tant de consolations humaines.

MICH. DE MARILLAC, *Imitation de J.-C.,* p, 34 (édit. de M. S. de Sacy; Techner, 1854).

Il (le grand chancelier de Suède) me répondit là-dessus qu'il espéroit qu'on *s'affermiroit dans* les anciennes maximes.

LE MARQUIS DE POMPONNE à Louis XIV, 20 août 1667. (Voyez *Négociations relatives à la succession d'Espagne,* t. II, p. 315.)

Dans cette crainte, dans cette épouvante, dans ce silence universel de toute la nature, avec quelle dérision sera entendu le raisonnement des impies, qui *s'affermissoient dans* le crime en voyant d'autres crimes impunis!

BOSSUET, *Sermons.* Sur la Providence.

Par là ..... on *s'affermit dans* ses sentiments.

LA BRUYÈRE, *Caractères,* c. 5.

Béranger *s'affermit dans* la Lombardie.

VOLTAIRE, *Annales de l'Empire.* Arnould, 901-907.

On dit aussi *s'affermir sur :*

Il crut avoir besoin de ses troupes pour *se* mieux *affermir sur* le trône.

VOLTAIRE, *Histoire de Charles XII,* liv. 1.

On trouve quelquefois *s'affermir à :*

Le pauvre comte de Soissons...... *s'est affermy à* me complaire.

SULLY, *Œconomies royales*, c. 64.

S'affermir contre, à l'encontre de est encore une locution usitée.

Et par tout fournirons advis et moyens de *s'affermir contre* iceux (maux).

CHARRON, *de la Sagesse*, III, I, 20, 1.

Il *se* faut *affermir à l'encontre de* l'un et de l'autre (la louange et le blâme), sans se laisser plier ny esbranler ny à ceux qui font peur ny à ceux qui flattent.

AMYOT, trad. de Plutarque, *Œuvres morales*, De la mauvaise honte.

Plusieurs, dans la crainte d'être trop faciles, se rendent inflexibles à la raison, et *s'affermissent contre* elle.

BOSSUET, *Oraison funèbre de la duchesse d'Orléans.*

En vain faisons-nous des efforts pour secouer le joug de la conscience, pour nous endurcir contre ses remords et *nous affermir contre* ses reproches.

BOURDALOUE, *Carême*. Sermon sur le jugement de Dieu.

AFFERMI, IE, participe.

Pris aux mêmes sens et avec les mêmes formes de construction que le verbe, il s'emploie, en bien des cas, à peu près adjectivement.

Au propre, en parlant des choses.

Le tremblement de terre de Lisbonne empêche-t-il que vous n'ayez fait le voyage de Madrid à Rome sur la terre *affermie?*

VOLTAIRE, *Dialogues.*

Au figuré, en parlant des choses et des personnes.

Des choses :

Artabanus se vanta... d'avoir remporté la victoire... Macrin, n'avouant pas qu'il eust eu aucun avantage sur lui, ne laissa pas de le rechercher de paix... la nécessité de ses affaires, qu'il ne voyoit pas encore bien *affermies*, le contraignit de prendre ce parti.

COEFFETEAU, *Histoire romaine*, liv. XIV.

Je regarde que vostre santé (d'Alexandre) n'est point *affermie*, et je sais combien de vies tiennent à la vôtre.

VAUGELAS, trad. de Quinte-Curce, liv. VII.

Vous êtes assez fort maintenant pour n'avoir plus besoin de conducteur, et vostre Empire assez *affermy* pour se soutenir de luy-mesme.

PERROT D'ABLANCOURT, trad. de Tacite, *Annales*, liv. XIX, 10.

Au commencement de l'année mil cinq cens quarante sept, la république de Gênes se trouvoit dans un état que l'on pouvoit appeler heureux, s'il eût été plus *affermi.*

CARDINAL DE RETZ, *Conjuration de Fiesque.*

L'ame demeure bien *affermie*, sans être sujette à ces incertitudes qui rendent sa foi chancelante.

BOURDALOUE, *Exhortations.*

Ils (les réformateurs) répondaient... que l'Église naissante avait besoin de miracles, dont l'Église *affermie* n'a plus besoin.

VOLTAIRE, *Essai sur les mœurs*, c. 128.

Enfin notre bonheur est-il bien *affermi?*

P. CORNEILLE, *Horace*, I, 4.

Des personnes :

Ne croyez que vos faintes ny vos belles parolles me puissent faire changer de résolution : je suis trop *affermy en* ceste opiniastreté.

D'URFÉ, *l'Astrée*, Ire part., liv. V.

Rien ne remuoit en Judée contre Athalie : elle se croyoit *affermie* par un règne de six ans.

BOSSUET, *Discours sur l'histoire universelle*, I, 6.

Le prince d'Orange y parut (en Angleterre) plus accrédité, plus autorisé et plus *affermi* que jamais.

SAINT-SIMON, *Mémoires*, 1695, t. I, c. 26.

Possesseur mal *affermi* de cet empire immense, il méditait (Tamerlan) dans Samarcande la conquête de la Chine dans un âge où sa mort était proche.

Ils sortaient des prisons *affermis* dans leur croyance et suivis de leurs geôliers qu'ils avaient convertis.

VOLTAIRE, *Essai sur les mœurs*, c. 88 ; *Lettres philosophiques*, IIIe lettre sur les quakers.

Dans le passage suivant, AFFERMI, sous son ancienne forme AFFERMÉ, semble employé, adjectivement, au sens où l'on emploie ordinairement Assuré pour dire Garanti contre quelque mauvaise chance.

S'aucun cheval est qui ait passé aage, et soit trouvé sans suros, malandre, courbe, entretaille, molettes *et similia,* c'est adonc à entendre qu'il est *affermé,* et que puisqu'il a passé sa jeunesse sans tache, jamais n'en aura aucune.

Le Ménagier de Paris, 2e distinction, 3e art

AFFERMISSEMENT, s. m.

On a dit, dans les plus anciens temps de la langue, Afermement. Voyez les exemples ci-après.

Action d'être affermi, de s'affermir; état produit par cette action.

On ne le trouve guère au propre.

Il est vrai qu'au temps des extremes froidures il faudra aider à l'*affermissement* du laict par le feu.

Olivier de Serres, *Théâtre d'agriculture,* IVe lieu, c. 8.

On a mis des arcs-boutans pour l'*affermissement* de ce gros mur. Il a fallu mettre des estayes sous la poutre pour l'*affermissement* du plancher.

Dictionnaire de l'Académie, 1694.

Il est plus usité au figuré et se dit, en parlant de la situation des choses et des personnes, de l'Amélioration d'un état qui commence à être, qui est déjà satisfaisant.

Leur estant tombé ès mains un sujet si haut et éminent, il ne faut douter qu'ils n'en veuillent tirer tout ce qui se pourra, pour l'*affermissement* et accroissement de leur authorité.

D'Ossat, liv. I, *Lettre IV.*

Il (Condé) gagna une bataille devant Rocroy, qui fut l'*affermissement* du bonheur de la reine.

Motteville, *Mémoires.*

Il (le commandeur de Grémonville) assurera de même Votre Majesté (impériale) de notre affection pour l'*affermissement* de nos liaisons, qui s'étendent non-seulement à nos intérêts communs, mais à ceux de tout l'empire.

Louis XIV à l'empereur Léopold, 25 juin 1672. (Voyez *Négociations relatives à la succession d'Espagne,* t. IV, p. 86.)

Vous aurez soin de faire connoître... (au prince d'Orange).... qu'aux États que je serois bien aise de faire tomber entre ses mains j'ajouterois encore avec plaisir l'*affermissement* de toutes les dignités qu'il possède en Hollande.

Louis XIV au comte d'Estrades, 30 janvier 1677. (Voyez *Négociations relatives à la succession d'Espagne,* t. IV, p. 417.)

La grâce est admirable d'avoir fait de la crainte, dont le propre est d'ébranler, l'*affermissement* de toutes les vertus.

Bourdaloue, *Exhortations.*

La règle des mœurs est le premier principe de la félicité et de l'*affermissement* des empires.

Massillon, *Petit Carême,* Grandeur de J.-C.

Il paroît très-convenable à l'ordre du gouvernement divin, que le grand privilége de l'*affermissement* dans le bien soit donné plus facilement à ceux qui ont une bonne volonté.

Leibnitz, *Théodicée,* De la bonté de Dieu, IIe partie, § 120.

S'il (le cardinal de Richelieu) conçut quelques peines secrètes de... lui devoir (au duc de Montmorency) l'*affermissement* de sa place et de sa puissance... il eut la force de le cacher.

L'événement de la négociation étoit regardé comme une décision certaine ou de l'*affermissement* de la paix, ou d'une rupture ouverte entre l'Espagne et l'Angleterre.

Saint-Simon, *Mémoires,* 1693, t. I, c. 7; 1718, t. XVI, c. 19.

Peu de mois après mourut Cromwell, à l'âge de cinquante-cinq ans, au milieu des projets qu'il fesait pour l'*affermissement* de sa puissance et pour la gloire de sa nation.

Voltaire, *Siècle de Louis XIV,* c. 6.

Dans les exemples suivants Affermissement, traduisant une expression de l'Écriture et du langage ecclésiastique, est dit de l'Auteur même de l'affermissement.

E nostre Sire fud mun *afermement.*

(*Et factus est Dominus firmamentum meum.*)

Les Quatre Livres des Rois, II, xxii, 19.

Mon Dieu, vous êtes le seul soutien et le seul *affermissement* des âmes.

Arnauld de Pomponne, *Confessions de saint Augustin,* liv. II, c. 10.

AFFÉTÉ, ÉE, adj.

Ce mot n'est qu'une forme, selon les uns, du participe de notre vieux verbe *Affaiter;* selon les autres, d'*Affecter*. (Voyez plus haut p. 214.) Mais ces deux étymologies se confondent dans une plus générale qui fait remonter l'origine de ces divers mots au latin *facere*.

Affété, par un sens analogue à certaines acceptions d'*affaité* et d'*affecté* (Voyez plus haut p. 207, 221 et suiv.), exprime l'Idée d'une recherche prétentieuse et coquette de l'agrément et de la grâce.

On le dit des personnes :

Les plus *affetez* et delicats se parfument tout le corps bien trois ou quatre fois par jour.
Montaigne, *Essais,* I, 49.

Ceste jeune bergère n'estoit pas si belle qu'elle estoit *affétée.*

À quoy le berger respondit : « Plus *affétée* que fidelle bergère, je suis plus satisfait de la confèssion que vous faites que je n'ay esté offensé par vostre infidélité. »
D'Urfé, *l'Astrée,* Ire part., liv. IV ; V.

Si quelque autre, *affetée* en sa douce malice,
Gouverne son œillade avec de l'artifice,
J'aime sa gentillesse ; et mon nouveau désir
Se la promet d'avance en l'amoureux plaisir.
Regnier, *Satires,* VII.

On a dit, substantivement, *Une affétée, une petite affétée;* mais ces expressions ont disparu des deux dernières éditions du *Dictionnaire de l'Académie*.

Voire, disoit une *affetée,* mon mary fait ce que je veux, j'ai la bource à commandement.
Satyre Menippée, Nouvelles des régions de la lune, c. 11.

Affété se dit aussi des choses, et, particulièrement, de l'Air, des manières, du langage.

De vray, prononcer *affettion* semble sentir son parler un peu mignard et *affetté.*
H. Estienne; *la Précellence du langage françois.*

Aussi fault-il que le sage auditeur.... laisse là le langage *affetté* et fardé....

Ne plus ne moins qu'une peinture *affettée,* qui, avec couleurs renforcées, avec plis rompus, et avec rides et angles, chercheroit de se montrer bien vivement apparente.
Amyot, trad. de Plutarque, *Œuvres morales,* Comment il faut ouïr.

Quand c'est d'un visage *affetté,* où les yeux démentent leurs paroles.
Montaigne, *Essais,* III, 5.

Les uns cerchent un langage *affetté,* qu'ils appellent fleuri ; les autres le concis, tout hérissé de poinctes.
Agr. d'Aubigné, *Histoire universelle,* préface.

Voudriez-vous chasser la nature...... laquelle, se doutant bien que nous nous pourrions laisser suborner à des paroles emmiélées et discours *affetez* pour nous soustraire de son obéissance, tient ses affections en garnison chez nous?
G. Duvair, *de la Constance et consolation ez calamitez publiques,* liv. I.

À tout prendre, elle avoit un certain air joli et *affeté,* certains agréments et mignardises qui la rendoient la personne du monde la plus engageante.
Furetière, *le Roman bourgeois.*

... la douce faveur
De ses yeux *affetez* chascun pipe et regarde.
Agr. d'Aubigné, *Tragiques,* Chambre dorée, liv. III.

Ce marbre avec sa nudité
Me paroissoit trop *affeté.*
Saint-Amant, *Rome ridicule.*

... babil *affété.*

Épargnez avec moi ces propos *affetés.*

Quoi! je pourrois descendre à ce lâche artifice
D'aller de mes amants mendier le service,
Et sous l'indigne appât d'un coup d'œil *affété*
J'irois jusqu'en leur cœur chercher ma sûreté?
P. Corneille, *Mélite,* I, 4 ; *La Galerie du Palais,* III, 6 ; *Rodogune,* III, 3.

Dans les éditions postérieures à 1692, on lit *Propos affectés,* au lieu de *Propos affétés* dans le passage de *La Galerie du Palais.*

Je laisse aux doucereux ce langage *affété*
Où s'endort un esprit de mollesse hébété.
Boileau, *Satires,* IX.

Ses accents amoureux et ses sons *affétés,*
Écho des fades vers que Lambert a notés.
Voltaire, *Épîtres,* LXXXIV, à Mlle Clairon.

AFFÉTERIE, s. f.

Par ses anciennes formes Affaiterie, affaicterie, affecterie, etc. (Voyez les Dictionnaires de R. Estienne, 1549, de Cotgrave, etc.), ce mot se rattache, comme *Affété*, soit à *affaiter*, soit à *affecter*. (Voyez plus haut p. 206, 214.)

Afféterie signifie une Manière affétée d'agir ou de parler.

On dit l'*Afféterie*, les *afféteries* d'une personne.

J'eus honte que mes capriolles et *affecteries* de cour me fissent entrer sans barbe où ces vieillards estoient refuzés.

Agr. d'Aubigné, *Histoire*, liv. III, c. 9.

Quoy que sa beauté, ainsi que vous avez veu, ne soit pas de celles qui peuvent contraindre à se faire aimer, si est-ce que *ses affeteries* ne déplaisoient point à la plupart de ceux qui la voyoient.

D'Urfé, *l'Astrée*, Ire partie, liv. V.

Cléopatre ..... fit tant par ses *afféteries*, qu'Antoine, charmé de sa beauté, en devint .... amoureux.

Coeffeteau, *Histoire romaine*, liv. I.

En entrant, je n'ai trouvé au lieu d'elle (la Philosophie) qu'une courtisane plâtrée et fardée, qui cachoit son *afféterie* sous une feinte négligence.

Perrot d'Ablancourt, traduction de Lucien, *le Pêcheur ou la Vengeance*.

J'aime mieux Virgile que Fontenelle, et je préférerois volontiers Théocrite à tous les deux; s'il n'a pas l'élégance de l'un, il est plus vrai et bien loin de l'*afféterie* de l'autre.

Diderot, *Salon de* 1767, Pensées détachées sur la peinture.

On dit aussi l'*Afféterie*, les *afféteries* d'une chose.

Ce ne sont que mignardises et *affetteries* d'une faveur maternelle.

Montaigne, *Essais*, III, 13.

..... les traits et *affeteries* de la rhétorique.

Est. Pasquier, *Recherches de la France*, VII, 1.

Voyez-vous, chère Philotée, combien cette saincte et belle ame est doüillete au sentiment de l'*affeterie* des paroles?

Saint François de Sales, *Introduction à la vie dévote*, part. III, c. 30.

Mais je vous prie, quelle délicatesse de piété ou quelle *affeterie* de langage, dans les sermons du prédicateur!

Balzac, *Socrate chrétien*, disc. 10.

Afféterie, afféteries s'emploient aussi absolument.

C'estoit une *affeterie* consente de (convenable à) sa beauté, qui faisoit un peu pancher la teste d'Alexandre sur un costé, et qui rendoit le parler d'Alcibiades mol et gras.

Montaigne, *Essais*, II, 17.

L'humilité, l'artifice, l'*affeterie* et feintise est contraire à la rondeur et simplicité.

Saint François de Sales, *Introduction à la vie dévote*, part. III, c. 5.

Pour le visage, il n'estoit point trop beau, car elle estoit un peu brune; mais elle avoit tant d'*affeteries* et estoit d'une humeur si gaillarde, qu'il faut advouer que ceste rencontre me fit perdre la volonté que j'avois pour Aymée.

D'Urfé, *l'Astrée*, Ire partie, liv. VIII.

Il faut que le discours soit ferme, que le sens y soit naturel et facile, le langage expres et signifiant : les *affeteries* ne sont que mollesse et artifice, qui ne se trouvent jamais sans effort et sans confusion.

Théophile, *Fragment d'une histoire comique*, c. 1.

Il (l'orateur de la fausse éloquence) ne laissoit pas un seul enjolivement ni une seule *affeterie* au logis.

Balzac, *Dissertations critiques*, II

C'est donc un crime d'être agréable : hélas! je ne le suis plus, et ne l'ai jamais été par ma faute. Il ne se trouvera point que j'aie employé ni *afféterie* ni paroles ensorcelantes.

La Fontaine, *Psyché*, liv. II.

J'avois les oreilles percées, des diamants, des mouches, et toutes les autres petites *afféteries*, ausquelles on s'accoutume fort aisément.

L'abbé de Choisy, *Mémoires*, liv. IX.

Ne confondez point les minauderies, la grimace, les petits coins de bouche relevés, les petits becs pincés, et mille autres puériles *afféteries*, avec la grâce, moins encore avec l'expression.

Diderot, *Salon de* 1765, Essai sur la peinture, c. 4.

Dont l'œil rit molement avecque *affeterie*.

Regnier, *Satires*, IX.

Qu'on est importuné de ses *afféteries!*

Tu ne suis que le cours de cette *afféterie*
Qu'inspire la nature à qui croit ses conseils.
CORNEILLE, *la Galerie du palais,* IV, 8; *Imitation,* III, 54.

Réservé sans froideur, doux sans *afféterie.*
DELILLE, *la Conversation.*

AFFICHER, v. a. (soit de notre verbe simple *ficher,* et, par ce mot, du latin *figere;* soit par les mots de la basse latinité *affixare, affixire,* d'*affigere.*)

Les dernières de ces étymologies se montrent avec évidence dans l'ancienne forme *affiger*, et certaines manières, autrefois en usage, d'écrire AFFICHE (Voyez ce mot), où se conservait l'*x* tant d'*affixare, affixire,* que d'*affixus,* participe d'*affigere.*

On a encore écrit AFFICER, AFFICHIER, AFICIER, etc. (Voyez le *Glossaire* de Sainte-Palaye.)

AFFICHER avait reçu d'*affigere* et de ses analogues dans la basse latinité, des sens qu'on lui donnait très-ordinairement au moyen âge, et sur lesquels il y aura lieu d'insister davantage à l'occasion des mots AFFIQUET et *ficher* (Voyez ces mots); les sens, entre autres, de Enfoncer par la pointe, fixer, attacher. De là celui qui, depuis longtemps, est resté seul usité :

Attacher, appliquer aux murs un placard pour avertir le public de quelque chose.

Le sergent peut et doit faire quatre criées desdits héritages.... mettre et *affiger* au portail de l'église parochiale..... un brevet de papier contenant ladite criée....
Coutumier général, t. I, p. 402.

Dans la salle où estoyent tenus les Estats se voyoyent plusieurs placards scandaleux, *affichez* au destroit d'icelle, en faveur de l'Infante.
Satyre Menippée, familière description des Estats de la Ligue.

Ils (les triumvirs) firent *afficher* deux tableaux des proscriptions qu'ils vouloient faire.
COEFFETEAU, *Histoire romaine,* liv. I.

Quoi! mes Pères, *afficher* vous-mêmes dans Paris un livre si scandaleux!
PASCAL, *Provinciales.*

Tel est le plaisir de Sa Majesté, laquelle veut et entend que la présente soit publiée et *affichée* en toutes ses villes tant maritimes qu'autres.
Ordonnance de Louis XIV, portant déclaration de guerre aux états généraux des Provinces-Unies, 6 avril 1672. (Voy. *Négociations relatives à la succession d'Espagne,* t. III, p. 710.)

On a fait une pièce contre Molière, que les grands comédiens vont jouer.... elle est *affichée* sous le nom de Boursaut....
MOLIÈRE, *l'Impromptu de Versailles,* sc. 3.

Je fournirai assez de madrigaux et de chansons pour faire imprimer mon nom et le faire *afficher*, s'il est besoin.

La nouveauté de cet écriteau les surprit tous; car on n'en avoit point encore vu de tels *affichés* dans Paris.
FURETIÈRE, *Roman bourgeois.*

Le crieur des dieux est Mercure.... Il se chargea de crier Psyché par tous les carrefours de l'univers, et d'y faire planter des poteaux où ce placard seroit *affiché.*
LA FONTAINE, *Psyché,* liv. II.

Le même jour qu'elle (la bulle *Unigenitus*) fut *affichée* dans Rome, elle fut envoyée au père Tellier.
SAINT-SIMON, *Mémoires,* 1713, t. XI, c. 6.

Les poëtes de la Mecque *affichaient* leurs poésies à la porte du temple de la Mecque.

Je sais bien que j'ai joué *Tancrède,* et par là je l'ai *affiché,* mais je ne pouvais faire autrement.

Le parlement a défendu, sous des peines corporelles, d'*afficher* l'arrêt qui justifie la famille Calas.
VOLTAIRE, *Fragments sur l'histoire,* art. 25; *Lettre* au comte d'Argental, 12 avril 1760; *Lettres,* 2 avril 1765.

On *afficha* son début dans le rôle d'Alzire.
GRIMM, *Correspondance.*

J'ai lu quelquefois avec attendrissement, dans nos églises, des billets *affichés* par des malheureux au coin de quelque pilier.
BERNARDIN DE SAINT-PIERRE.

L'embarras où je suis mérite un peu d'égards;
Une pièce *affichée;* une autre dans la tête;
Une où je joue; une autre à lire toute prête,
Voilà de quoi, sans doute, avoir l'esprit tendu.
PIRON, *la Métromanie,* I, 6.

AFFICHER, en ce sens, se construit quelquefois avec la conjonction *que : Afficher que.*

À mon égard, j'ai *affiché* dans ma première préface *que* je n'avois pas d'éloges à vendre.

DUFRESNY, *Réponse apologét. au Mercure de Trévoux.*

J'aurois alors volontiers fait *afficher que* tous ceux qui souhaitoient obtenir des grâces de la cour n'avoient qu'à s'adresser à moi.

LE SAGE, *Gil Blas,* liv. VIII, c. 9.

Un des plus fameux cartels est celui de Jean de Verchin..... il fit *afficher* dans toutes les grandes villes de l'Europe *qu*'il se battrait à outrance, seul ou lui sixième, avec l'épée, la lance et la hache.

Charles XII fit *afficher qu*'il n'était venu que pour donner la paix.

VOLTAIRE, *Essai sur les mœurs,* c. 100; *Histoire de Charles XII.*

Le monde n'a jamais manqué de charlatans.
Cette science, de tout temps,
Fut en professeurs très-fertile.
Tantôt l'un en théâtre affronte l'Achéron,
Et l'autre *affiche* par la ville
Qu'il est un passe-Cicéron.

LA FONTAINE, *Fables,* VI, 19.

AFFICHER s'est de bonne heure pris au figuré, comme l'attestent les passages suivants :

L'Évangile meisme *afiche*
Plus griés cose est d'un homme riche
En la gloire Dieu faire entrer,
Que de faire un camel passer
Parmi la cace d'une aguille.

Bestiarius ms., cité dans le Glossaire de Du Cange, au mot *Afficere.*

Si ne di-ge pas ne n'*afiche*
Que rois doient estre dit riche
Plus que les personnes menuës
Qui vont nuz piez parmi les ruës :
Car soffisance fait richece,
Et convoitise fait povrece.

Roman de la Rose, 18761.

AFFICHER, depuis longtemps, ne se prend plus au figuré que pour Rendre une chose publique, affecter de la montrer, en faire parade.

Je ne prétends pas *afficher* ces amitiés-là dans les loges de la comédie.

DANCOURT, *les Trois Cousines,* prologue, sc. 1.

M. et Mme la duchesse d'Orléans..... m'en écrivirent souvent, et me firent aller plusieurs fois à Saint-Cloud faire des repas rompus pour avoir lieu de m'entretenir sans *afficher* le rendez-vous.

Le régent, sans avoir eu l'horrible vice ni les mignons de Henri III, *avoit* encore plus que lui *affiché* la débauche journalière, l'indécence et l'impiété.

SAINT-SIMON, *Mémoires,* 1718, t. VIII, c. 20 ; 1718, t. XVI, c. 22.

Vous n'ignorez pas les ménagements que j'ai à garder. Je ne veux rien ébruiter, rien *afficher*, et je ne dois me fermer aucune porte.

VOLTAIRE, *Lettres,* 13 août 1754.

Il portait le courage jusqu'à oser *afficher* son respect et son attachement pour Arnauld.

Véritable philosophe, qui pratiqua sans l'*afficher* cette sagesse que tant d'autres *affichent* sans la pratiquer.

D'ALEMBERT, *Éloge de Despréaux; éloge de Milord Maréchal.*

Malheureusement les hommes veulent *afficher* leur bonheur.

DUCLOS, *Considérations sur les mœurs,* c. 9.

Jamais on ne vit tant de Dandins. Le théâtre en fourmille, les cafés retentissent de leurs sentences ; ils les *affichent* dans les journaux ; les quais sont couverts de leurs écrits.

J.-J. ROUSSEAU, *Lettres,* 10 septembre 1755.

Je n'*affiche* point la retraite ; je hais le grand monde, parce que j'y suis déplacée, mais je crains encore plus la solitude.

Mme DU DEFFAND, *Lettre* 271, du 13 avril 1777, à H. Walpole.

On dit en ce sens, non-seulement *Afficher une chose,* mais *afficher une personne.*

Tout cela avoit été bien expliqué au duc de Mortemart, et le secret fort recommandé ; et moi qui plus que tout nul autre craignois d'y paroître, je m'y vis *affiché* dans le salon, et tout auprès du lansquenet.

SAINT-SIMON, *Mémoires,* 1711, t. IX, c. 9.

Ces chaînes cependant ne me parurent pas très-pesantes, tant qu'ignoré du public je vécus dans l'obscurité ; mais quand une fois ma personne *fut affichée* par mes écrits, faute grave sans doute, mais plus qu'expiée par mes malheurs, dès lors je devins le bureau d'adresse de tous les souffreteux ou soi-disant tels, de tous les aventuriers, etc.

J.-J. ROUSSEAU, *les Rêveries du promeneur solitaire,* 6e promenade.

AFFICHER *une femme*, c'est Rendre publique la liaison qu'on a ou qu'on veut passer pour avoir avec elle.

On a varié sans cesse dans les accusations contre cet infortuné... Peu de jours avant le départ de son amie... sa famille hurlait... qu'il ne prétendait que l'*afficher* pour avoir le plaisir de passer pour son amant.

MIRABEAU, *lettres écrites du donjon de Vincennes*, 6 nov. 1778

AFFICHER, comme la plupart des verbes actifs, peut s'employer absolument, par ellipse de son régime.

Soit au propre :

Ce droit de faire publier et *afficher* n'appartient qu'au premier et principal magistrat de la ville.

DELAMARE, *Traité de la police*, liv. I, t. XV, c. 2.

Le singe avec le léopard
Gagnoient de l'argent à la foire.
Ils *affichoient* chacun à part.

LA FONTAINE, *Fables*, IX, 3.

Soit au figuré :

Est-il besoin d'un éclat pour commencer une vie nouvelle? Qu'est-il nécessaire d'*afficher*, comme pour avertir le monde, qu'on va prendre le parti de la dévotion?

MASSILLON, *Carême*, Sermon sur le respect humain.

AFFICHER s'emploie aussi avec le pronom personnel ;

Tantôt construit avec la préposition *pour*, *S'afficher pour* bel esprit, *pour* savant ;

Tantôt pris absolument, S'AFFICHER.

L'honneur ne se traite pas ainsi : il se prouve et il *s'affiche*; il est d'autant plus hardi qu'il est attaqué.

VOLTAIRE, *Lettres*, 1er mars 1736.

Le grand malheur d'une femme qui *s'affiche* est de n'attirer, ne voir que des gens qui font comme elle, et d'écarter le mérite solide et modeste qui ne *s'affiche* point.

J.-J. ROUSSEAU, *Correspondance*, 7 mai 1764.

Il ne faut pas s'en faire accroire,
J'eus l'air de vouloir *m'afficher*
Aux murs du Temple de mémoire.
Aux sots vous sûtes vous cacher.
Je parus trop chercher la Gloire,
Et la Gloire vint vous chercher.

VOLTAIRE, *Épître au président Hénaut.*

On la trouve partout *s'affichant* de plus belle,
Et se moquant du ton, pourvu qu'on parle d'elle.

GRESSET, *le Méchant*, III, 9.

AFFICHÉ, ÉE, participe.

Il approche fort d'un adjectif dans des phrases telles que les suivantes :

Tout empesée (Mme de Vaudemont), toute composée, tout embarrassée, un esprit peu naturel, une dévotion *affichée*.

SAINT-SIMON, *Mémoires*, 1707, t. V, c. 25.

La franchise la plus *affichée* ne résiste pas constamment à l'air de la cour.

D'ALEMBERT, *Éloge de Fléchier*, note 8.

AFFICHE. s. f.

On l'a écrit, en souvenir du *g* d'*affigere*, de l'*x* d'*affixus*, AFFIGE, AFFIXE, AFFICE, AFICE, et encore AFFICQUE, AFICHE, etc. (Voyez le *Glossaire* de Sainte-Palaye.)

A ces anciennes orthographes correspondaient d'anciens sens analogues à ceux du verbe, et dont il sera également plus convenable de s'occuper en parlant d'AFFIQUET et de FICHE. (Voyez ces mots.)

Depuis longtemps AFFICHE signifie exclusivement : Placard, feuille écrite ou imprimée, que l'on applique contre les murs dans les rues, dans les carrefours, pour avertir le public de quelque chose. « Tous les peuples, dit Delamare, *Traité de la police* (liv. I, tit. XV, c. 2), qui ont acquis le plus de réputation par la sagesse de leur gouvernement, ont suivi cette méthode des *affiches* pour rendre leurs lois publiques. »

Le cardinal dist la messe avec des *affiches* et instructions à la louange du pape Grégoire XIII et du consistoire de Rome.

AGR. D'AUBIGNÉ, *Histoire universelle*, liv. I, c. 13.

César fit publier par *affiches* qu'il vouloit que le sénat s'assemblât le premier du mois.
(.... Proscribi jussit....)

DANET, *Dict. fr.-lat.*, trad. de Cicéron.

J'ay fait voir au roy l'*affiche* que vous m'avez envoyée d'une lotterie qui se fait à l'hôtel de Rohan.

Le marquis DE SEIGNELAY à la Reynie, 13 janvier 1684. (Voy. *Correspondance administrative sous Louis XIV*, t. II, p. 572.)

On me dira peut-être que l'Académie n'a pas le pouvoir de faire un édit avec une *affiche* en faveur d'un terme nouveau.

FÉNELON, *Lettre à l'Académie*, III.

Le nom de ce panégyriste semble gémir sous le poids des titres dont il est accablé; leur grand nombre remplit de vastes *affiches*, qui sont distribuées dans les maisons, ou qu'on lit par les rues en caractères monstrueux.

LA BRUYÈRE, *Caractères*, c. 15.

Le comte de Fiesque... impatienté de cette fée, lui fit une chanson et mettre sur sa porte, en grosses lettres, comme les *affiches* d'indulgences aux églises : Impertinence plénière.

SAINT-SIMON, *Mémoires*, 1698, t. II, c. 7.

Tenez, poursuivit-il, en nous faisant remarquer que son pourpoint était doublé d'*affiches* de comédie, voilà l'étoffe ordinaire qui me sert de doublure.

Nous nous arrêtâmes auprès de l'Université pour regarder quelques *affiches* de livres qu'on venoit d'attacher à la porte.

LE SAGE, *Gil Blas*, liv. II, c. 8; liv. IV, c. 6.

Ne souffrez pas qu'un nom que vous avez toujours daigné aimer (celui de Voltaire) soit prostitué dans une *affiche* de la comédie italienne.

VOLTAIRE, *Lettres*, 26 janvier 1761, à M. le comte d'Argental.

Fontenelle disait que, pour juger des maladies auxquelles une nation est sujette, il suffisait de lire les *affiches*.

D'ALEMBERT, *Éloge de Houtteville*.

De là vient que Paris voit chez lui de tout temps
Les auteurs à grands flots déborder tous les ans;
Et n'a point de portail, où, jusques aux corniches,
Tous les piliers ne soient enveloppés d'*affiches*.

BOILEAU, *Satires*, IX.

AFFICHE, dans le langage administratif et judiciaire, est susceptible d'applications particulières qu'il appartient aux dictionnaires spéciaux d'expliquer.

Affiche s'est dit autrefois de placards au moyen desquels, dans quelques colléges, on rendait publics les essais des écoliers pour les soumettre à la critique et au jugement de leurs camarades. Par extension la publication elle-même s'appelait *les Affiches*.

On fait *les affiches* un peu avant les vacances; pendant *les affiches; les affiches* durent quelques jours; il y a tous les ans *des affiches* aux colléges des Jésuites; l'Université ne fait pas de ces sortes *d'affiches*.

Grand Vocabulaire.

AFFICHE, particulièrement en termes de jurisprudence, exprime quelquefois ce que l'on exprimait par le vieux mot AFFIXION (dans la basse latinité *affixio*) l'Action d'afficher.

Et sera tel sergent creu de l'*affixion* desdits brevets par sa simple relation.

Coutumier général, t. I, p. 402.

Les tribunaux... pourront... ordonner l'impression et l'*affiche* de leurs jugements.

Code de procédure civile, part. II, liv. III, art. 1036

Cet emploi du mot AFFICHE correspond au mot de date récente *affichage*.

Quelques feuilles d'annonces ont emprunté leur titre au mot *affiches : les Affiches de Paris; les Affiches de province; les petites Affiches*, etc.

Croiriez-vous qu'une satire atroce contre nous, qui se trouve dans une feuille périodique qu'on appelle les *Affiches de province*, a été envoyée à Versailles à l'auteur (du journal) avec ordre de l'imprimer?

D'ALEMBERT, *Lettre* du 28 janvier 1757, à Voltaire.

AFFICHE peut, comme *afficher*, être pris figurément, en parlant de l'Annonce que l'on fait d'une chose ou d'une personne, de l'Affectation que l'on met à en faire connaître, à en proclamer les mérites.

On pourrait souvent le traduire par le mot Enseigne, dont on a fait le même usage figuré.

Quand je ne ferois que promettre au monde votre *Pucelle* et que mon livre ne seroit que l'*affiche* de votre poëme, je pense qu'il sera bien-venu.

BALZAC, *Lettres*, XVIII, 9, à Chapelain.

Le titre charlatan que d'imbéciles libraires ont mis à l'ouvrage (*Éléments de Newton*) est ce qui m'inquiète le moins. Cependant je vous prie de détromper sur ce point ceux qui me soupçonneraient de cette *affiche* ridicule.

L'annonce de ce libraire de Hollande est l'*affiche* d'un charlatan.

VOLTAIRE, *Lettres*, 5 mai 1738 ; 3 avril 1752.

Sa vertu étoit simple et vraie, sans dureté comme sans *affiche*.

D'ALEMBERT, *Éloge de Despréaux*, note 9.

Nous voyons des hommes dont l'oisiveté forme pour ainsi dire l'état; ils se font amateurs de bel esprit, ils s'annoncent pour le goût, c'est leur *affiche*.

DUCLOS, *Considérations sur les mœurs*, c. 11.

Ce qui est de certain, c'est que je n'ai point d'*affiches*, et que, si j'en avais, elles seraient toujours réelles et n'en imposeraient à personne.

Mme DU DEFFAND; *Lettre* LXXXIX, à H. Walpole. 15 juillet 1770.

AFFICHEUR, s. m.
Celui qui affiche des placards dans les rues.

À Paris, les *afficheurs* font corps avec les colporteurs.

Il est défendu aux *afficheurs* de rien afficher sans la permission du lieutenant général de police.

Grand Vocabulaire.

Cette disposition sera réduite à des peines de simple police : 1° à l'égard des crieurs, *afficheurs*, vendeurs ou distributeurs qui auront fait connaître la personne de laquelle ils tiennent l'écrit imprimé.

Code pénal, liv. III, tit. I, c. 14, sect. VI, art. 284.

Il y a une pièce de le Sage intitulée *Arlequin afficheur*.

Quelques philologues (Voyez CH. ESTIENNE, *Seminarium*, p. 33; MÉNAGE, *Origines;* SAINTE-PALAYE, *Glossaire*, p. 361), se reportant à l'étymologie d'AFFICHER, lequel vient, a-t-il été dit plus haut, d'*affigere*, et, d'autre part, se rappelant l'expression de Virgile (*Géorg.* IV, 115) : *Ipse feraces* FIGAT *humo plantas*, ont regardé comme une contraction d'AFFICHER notre vieux verbe AFFIER au sens de Piquer des plantes, planter, et aussi de Greffer, enter.

Nous sommes simples gens, puys qu'il plaist à Dieu, et appelons les figues, figues ; les prunes, prunes ; et les poires, poires. — Vrayement, dit Pantagruel, quand je seray en mon mesnaige.... j'en *affieray* et enteray en mon jardin de Touraine, sus la rive de Loire; et seront dictes poires de bon christian.

RABELAIS, *Pantagruel*, IV, 54.

Il me semble estre fort à propos de parler de l'artifice et industrie des hommes *à affyer* les arbres.

DU PINET, trad. de Pline l'Ancien, liv. XVII, c. 10.

AFFIER se rattachait aussi, soit par la langue italienne, soit par le mot de basse latinité *affidare*, au latin *fides*. Il avait alors d'autres sens, très-ordinaires au moyen âge ; ceux de Engager sa foi, s'engager; prêter foi et hommage; promettre mariage, fiancer; promettre, jurer, assurer; ou encore, sous sa forme pronominale, S'AFFIER, de Mettre sa confiance, se confier.

AFFIER, S'AFFIER se trouvent encore, avec quelques-unes de ces significations, dans les dictionnaires de Rob. Estienne (1549), de Monet, de Cotgrave, et même de Richelet et de Furetière.

D'AFFIER s'étaient formés plusieurs mots également sortis de l'usage depuis fort longtemps : AFFIEMENT, AFFIANCE, AFFIEUR, AFFIAILLES (fiançailles), etc.

Son participe AFFIÉ, sous une forme plus rigoureusement étymologique, AFFIDÉ, a survécu seul de toute cette famille de mots.

AFFIDÉ, ÉE, adj.
Qui a donné sa foi, à qui on se fie.
On a dit *affidé à*.

Ce Parménion..... favori de Philippe, et si *affidé à* Alexandre qu'il n'employa que lui pour se défaire d'Attalus.

VAUGELAS, trad. de Quinte-Curce, liv. VII.

Laisse-moi faire; la machine est trouvée. Je cherche seulement un homme qui *nous* soit *affidé* pour jouer un personnage dont j'ai besoin.

MOLIÈRE, *les Fourberies de Scapin*, I, 5.

Il (le prince de Masseran) fut un des six seigneurs *affidés à* la princesse des Ursins, qu'elle laissa seuls approcher du roi d'Espagne après la mort de la reine.

SAINT-SIMON, *Mémoires*, 1721, t. XIX, c. 18.

AFFIDÉ a été employé beaucoup plus souvent

d'une manière absolue, *un homme affidé, une personne affidée.*

La nuit qui suivit le jour de la blessure du roi de France (Henri III), mon maître fut voir ce monarque mourant dans son lit, accompagné de huit de ses plus *affidez* serviteurs armés sous le pourpoint.

AGR. D'AUBIGNÉ, *Mémoires.*

Le duc de Bouillon confia toute cette affaire aux plus *affidés* amis que le duc de Rohan eût dans Paris.

LE DUC DE ROHAN, *Mémoires*, liv. I.

Le cardinal tint à grand honneur de faire son capitaine des gardes premier capitaine des gardes-du-corps, et il ne manqua pas cette occasion d'y placer un domestique aussi *affidé* que lui étoit M. de Noailles.

SAINT-SIMON, *Mémoires*, 1696, t. I, c. 35.

Le ministre ..... renferma sans autre forme de procès son épouse dans un appartement secret où il la fit étroitement garder par des personnes *affidées.*

LE SAGE, *Gil Blas*, liv. V, c. 1.

Elle (Mlle de Macdonald) conseilla au prince (Charles Stuart) de se cacher dans une caverne qu'elle lui indiqua au pied d'une montagne près de la cabane d'un montagnard connu d'elle et *affidé.*

VOLTAIRE, *Précis du Siècle de Louis XV*, c. 25.

Dans le passage suivant, on peut remarquer AFFIDÉ construit avec le mot de même racine *Confident :*

J'y trouvai un fort grand nombre d'officiers des gardes, et entre autres Rubantot, *affidé confident* de l'abbé Fouquet.

LE CARDINAL DE RETZ, *Mémoires*, liv. II, année 1652.

On dit, substantivement, *les Affidés d'une personne, ses affidés.*

Mme de Maintenon fut étrangement surprise de tout ce qu'il lui apprit de sa nouvelle école (Saint-Cyr), et plus encore de ce qu'il lui en prouva par la bouche de *ses* deux *affidées*, et par ce qu'elles en avoient mis par écrit.

SAINT-SIMON, *Mémoires*, 1696, t. I, c. 31.

En Angleterre, la responsabilité des ministres met obstacle à ce double gouvernement des *affidés du* roi et de ses agents officiels.

Mme DE STAEL, *Considérations sur la révolution française*, Ire partie, c. 20, § 2.

On trouve dans le passage qui va suivre, au lieu de *ses affidées*, une expression analogue par l'étymologie comme par le sens, puisqu'elle se tire du latin *fidere, ses affidentes.*

Elle (la fille d'un président au présidial) avoit l'art de dissimuler si naturellement, qu'il étoit impossible de pénétrer ses pensées, et que *ses* plus secrètes *affidentes* ne surent rien de ses inclinations naissantes.

FLÉCHIER, *Mémoires sur les grands jours de* 1665.

Selon Furetière, on a dit en style de notaire, *son affidé, son affidée,* pour son accordé, son accordée. Cette acception se rattachait au sens de Fiancer qu'avait, comme il a été dit plus haut, notre vieux verbe AFFIER.

On a traduit par *Les affidés* le nom italien des académiciens de Pavie, *affidati.*

AFFIÉ et AFFIDÉ, dans la langue du droit féodal, se disaient D'un homme reçu sous la sauvegarde d'un seigneur à qui il avait engagé sa foi.

Pour exprimer cet engagement on se servait d'un substantif formé d'AFFIDÉ, AFFIDATION.

AFFILER, v. a. (du français *Fil,* et, par ce mot, du latin *Filum*, de même que les verbes *filer, effiler, enfiler, faufiler*).

On l'a écrit quelquefois *Afiler.*

Des emplois figurés qui peuvent être faits du mot *Fil*, AFFILER a reçu plusieurs acceptions.

Il se dit, par exemple, en termes de métallurgie pour Mettre dans la filière, faire passer par la filière; *affiler un lingot.*

AFFILER a signifié de bonne heure, et signifie encore aujourd'hui, Donner *le fil* à un instrument, à un outil, à une arme, etc., c'est-à-dire en Aiguiser le tranchant.

Les autres.... *affiloient* cimeterres, brancs d'assier.... espées.... cousteaulx.

Deffiants davantage Fortune la diverse, portoient (les Freres Fredons) non en main comme elle, mais à la ceincture, en guise de patenostres, chascun un rasouer trenchant, lequel ils esmouloient deux fois le jour, et *affiloient* trois fois de nuict.

RABELAIS, *Pantagruel*, prol. du IIIe livre ; liv. V, c. 27.

Il signa son testament, prit un poignard qu'il gardoit de longtemps, et qui étoit tout mangé de rouille, se mit à le fourbir et puis à l'*afiler* contre une pierre.

COEFFETEAU, *Histoire romaine*, liv. V.

AFFILER a le même sens dans des phrases métaphoriques, telles que les suivantes :

C'est cette passion (l'ambition) qui a autrefois mêlé tant de poisons et *affilé* tant de poignards.

CARDINAL DE RETZ, *Conjuration de Fiesque.*

Le glaive qui a tranché les jours de la reine est encore levé sur nos têtes; nos péchés en ont *affilé* le tranchant fatal.

BOSSUET, *Oraison funèbre de Marie-Thérèse.*

Est-ce notre faute si elles nous plaisent quand elles sont belles, si leurs minauderies nous séduisent, si l'art qu'elles apprennent de vous nous attire et nous flatte, si nous aimons à les voir mises avec goût, si nous leur laissons *affiler* à loisir les armes dont elles nous subjuguent?

C'est là qu'on *affile* avec soin le poignard, sous prétexte de faire moins de mal, mais, en effet, pour l'enfoncer plus avant.

J.-J. ROUSSEAU, *Émile; Nouvelle Héloïse.*

Pourquoi ta langue envenimée,
Pour déchirer ma renommée,
A-t-elle son glaive *affilé?*

RACAN, *Psaumes*, 51.

AFFILER peut, aussi bien qu'Aiguiser, se dire au figuré, en parlant des facultés intellectuelles, des qualités morales, des passions, des vertus, etc.

C'est dans la solitude que les fols machinent de mauvais desseins, ourdissent des malencontres, aiguisent et *affilent* leurs passions et méchancetés.

CHARRON, *de la Sagesse.*

L'homme vertueux ayant entrepris de se perfectionner en la vertu de laquelle il a plus de besoin pour sa défense, il la doit limer et *affiler* par l'exercice des autres vertus.

SAINT FRANÇOIS DE SALES, *Introduction à la vie dévote*, III, 1.

On dit de même, par une figure familière, *Affiler la langue, le caquet, le bec*, etc.; rendre loquace, babillard.

Vraiment! c'est fort bien fait :
Qui vous a donc si bien *affilé* le caquet?

REGNARD, *le Légataire universel*, I, 5.

AFFILER se trouve dans de vieux textes construit avec le pronom personnel.

Tantôt, au sens de Couler, en parlant du sang qui s'échappe d'une blessure :

Sur l'erbe verte li cler sancs s'en *afilet.*

Chanson de Roland, st. 124, v. 5.

Ce passage s'accorde assez avec celui que cite Sainte-Palaye où on dit d'une rivière :

. . . qui tost court et *afile.*

Guiteclin, de Sassoigne, ms. de Gaignat, fol. 245, v°, col. 1.

Tantôt, dans cette locution S'afiler à la guerre, au sens de Se préparer.

Dont chascun à guerre *s'afile.*

G. GUIART, *Royaux lignages*, v. 116.

AFFILER, en termes de Jardinage, Planter à la file, *Affiler des arbres*. En ce sens, il est tiré directement du mot *file*, qui signifie proprement Rangée, disposée suivant un fil.

AFFILÉ, ÉE, participe.

Il s'emploie fréquemment pour Tranchant, aigu.

Là fut Eliot de Calay, qui moult appert écuyer et bon hommes d'armes étoit, consuivi d'un coup de glaive au haterel d'un large fer de Bordeaux aussi tranchant et *affilé* que nul rasoir pourroit être.

FROISSART, *Chroniques*, liv. II, c. 5.

En son saye avoit... ung petit cousteau *affilé* comme l'aiguille d'un peletier, dont il coupoit les bourses.

RABELAIS, *Pantagruel*, liv. II, c. 16.

Comme les sangliers, pour aiguiser leurs defenses, les frottent et fourbissent avec leurs autres dents, lesquelles reciproquement en demeurent toutes fort *affilées* et tranchantes.

FRANÇOIS DE SALES, *Introduction à la vie dévote*, III, 1.

La force et vigueur de leurs bras et l'*affilé* tranchant de leurs espées sont appuis qui maintiennent et illustrent ma personne et ma couronne (la personne et la couronne de Henri IV).

SULLY, *Œconomies royales,* c. 30.

Deux cents chariots suivoient, armés de faux, ce qui devoit donner, comme croyoit Darius, plus de terreur aux ennemis, et en quoi consistoit toute l'espérance de ces peuples. Du bout du timon sortoient comme deux javelines qui présentoient leurs pointes, et aux deux bouts des limoniers il y avoit trois lames tranchantes et *affilées* comme des rasoirs, fichées dans le joug.

VAUGELAS, traduction de Quinte-Curce, liv. IV.

Scevinus... tirant le poignard... dit qu'il estoit tout rouillé de vieillesse, et commanda qu'on l'aiguisât sur une pierre pour rendre la pointe plus *afilée.*

PERROT D'ABLANCOURT, trad. de Tacite, *Annales,* liv. XV, 12.

A lor cotiaus qu'il ont trenchans et *afilés*
Escorchoient les Turs aval parmi les prés.

Lors estraint le rasoir qu'il tenoit *affilé,*
L'un costé de sa barbe a maintenant copé.

Chanson d'Antioche, V, v. 30; v. 526.

(Il) a dedenz un rasoir trové
Qui moult estoit bien *affilé.*

Roman de Renart, v. 3263.

Pour le poignard, il est des bons,
Bien *affilé,* de bonne trempe.

LA FONTAINE, *Psyché,* I.

AFFILÉ a le même sens dans des phrases métaphoriques telles que la suivante :

Il est une autre sorte de médisances qui portent le trait jusqu'au cœur; mais, parce qu'il est plus brillant, plus *affilé,* ils ne voyent pas la plaie qu'il a faite.

MASSILLON, *Carême,* Sermon sur la médisance.

Figurément et familièrement, on dit *Une langue bien affilée, un bec bien affilé,* de quelqu'un qui parle facilement et beaucoup, qui a du babil.

Il a tel denier prest pour paiier cel bons avocat, qui la langue a lée (large) et plate et plus *affilée* que rasoirs de Gingant.

Mireoir du monde, ms. 7363, fol. 204, r°, col. 2.

Vous trouvastes la jeune Sainct-Mesmin qui vous vint embrasser : et comme c'estoit un petit bec *bien affilé,* elle vous dit...

SULLY, *Œconomies royales,* c. 18.

Ouais! notre servante Nicole, vous avez le caquet *bien affilé* pour une paysanne!

MOLIÈRE, *le Bourgeois gentilhomme,* III, 3.

Pour retraire ces villotières
Qui ont le bec *si affilé.*

VILLON, *Grand testament,* 134.

Langue je n'ay diserte et *affilée*
Pour harenguer devant une assemblée.

AMYOT, trad. de Plutarque, *Œuvres morales,* Comment il faut nourrir les enfans.

Il s'est quelquefois dit, par figure, De choses longues et minces, effilées, par exemple de la tête d'un cheval, et du cheval lui-même, dans les passages suivants, cités par Sainte-Palaye :

..... teste *afilée.*

Athis, ms. fol. 104, v°, col. 2.

El cheval sist, c'on apièle *afilé;*
N'avoit millor en la crestienté.

Anseis, ms. fol. 28, v°, col. 2.

On le retrouve avec le même sens dans cette phrase d'un écrivain du dernier siècle :

Je n'ai jamais vu homme si maigre ni de visage *si affilé* (don François Camargo).

SAINT-SIMON, *Mémoires,* 1721, t. XIX, c. 20.

Un visage *affilé* est ici un équivalent de cette expression familière : *Un visage en lame de couteau.*

D'Affiler s'étaient formés plusieurs substantifs rapportés dans quelques lexiques, notamment dans le *Dictionnaire* de Cotgrave et le *Glossaire* de Sainte-Palaye, AFFILEURE, AFFILEMENT, AFFILEUR, et enfin AFFILOIR, qui se dit encore D'une pierre à aiguiser, d'un mécanisme pour affiler l'or et l'argent, d'un cuir à rasoirs, etc.

AFFILIER, v. a. (de *adfiliare, affiliare,* en usage au moyen âge, mais qui remonte à la latinité des bons temps par *adfiliatus* qu'on lit dans les *Institutes* de Caïus, livre I, et par son radical *filius*).

Autrefois Adfilier, afilier. (Voyez le *Glossaire* de Sainte-Palaye.)

Adfiliare voulait dire Prendre pour fils, adopter. Affilier a eu primitivement, mais dans la mesure du mot Adopter (Voyez ce mot, p. 76), la même signification. On peut le conclure d'un article de la *Coutume de Saintonge* qui sera cité plus loin, et du passage suivant allégué par quelques lexicographes :

Vueil venir sur ung aultre debat que font bien souvent aucuns de nos provensaulx, disans que la royne Jehanne de Naples ne eust oncques pouvoir ne auctorité de *affilier* comme son filz le roy Louis.

Honoré Bonnor, *Arbre des batailles*, c. 106. Si la royne Jehanne de Naples a pu *affilier* le roy Loys.

Affilier s'est dit dans la suite, figurément, en parlant de L'espèce d'adoption faite d'une personne que s'associe, que s'attache une communauté religieuse (ç'a été longtemps l'emploi le plus ordinaire du mot), ou bien une corporation, une société laïque.

On le dit aussi en parlant de L'adoption d'une société par une autre, du lien qui réunit plusieurs sociétés.

Les Cordeliers ont *affilié* la maison de M. N*** à leur ordre.

Richelet, *Dictionnaire.*

L'Académie françoise s'est *affilié* quelques académies de province.

Dictionnaire de l'Académie, 1762.

Affilier s'emploie aussi comme verbe réfléchi, *S'affilier, s'affilier à.*

Affilié, ée, participe.

Autrefois Adfilié, afilié.

Dans son sens primitif, qui en faisait un synonyme d'Adopté, affilié s'est quelquefois pris substantivement et on lui a opposé, comme un autre substantif, le participe actif affiliant.

Celuy qui est associé et affilié succede à l'associant et affiliant avecques ses enfants naturels et légitimes par testes, ès biens-meubles et acquests immeubles faits par l'*affiliant* seulement et non ès heritages : car quant à iceux, adoption ne peut profiter par la coustume, si ce n'est que les adoptez, *affiliez*, ou associez, portent et conferent les heritages, ou qu'à iceux ayent renoncé, ou qu'en traicté de mariage autrement eust été accordé. Car ès dits cas l'*affilié*, associé ou adopté succede par teste avecques les autres enfants ès heritages comme ès autres biens.

Coutumier général, Coutume de Saintonge, art. 1.

On l'emploie aussi, dans son sens actuel, comme une sorte de substantif. *Les Affiliés d'une corporation, d'une société.*

AFFILIATION, s. f. (soit d'*adfiliatio, affiliatio,* mots usités au moyen âge, soit par dérivation directe, du verbe affilier.)

Autrefois Adfiliation, *afiliation.* (Voyez le *Glossaire* de Sainte-Palaye.)

Il a signifié, primitivement, Adoption.

Aucuns ont estimé que, par contract, on pouvoit faire adoption, qu'autrement on appelle advoourie ou *affiliation;* comme de stipuler par contract, que le futur espoux succedera au stipulant, portera son nom et ses armes, comme s'il estoit son propre fils, né de luy et de sa femme legitime.

Bouteiller, *Somme rurale*, c. 94, p. 537, note.

Aux *affiliations* (les Latins les nomment adoptions) qui se faisoient entre les roys, princes et autres grands seigneurs, ils s'entrepresentoient une hache, donnant par cela le père à connoistre à celuy qu'il prenoit à fils, qu'il vouloit que, luy succedant en ses biens, il les conservast par le glaive.

Est. Pasquier, *Recherches de la France*, liv. IV.

L'extension figurée, remarquée plus haut au sujet d'affilier, a conduit à exprimer par affiliation, L'association à une communauté religieuse, à une corporation, à une compagnie.

Affiliation se dit au pluriel Des sociétés elles-mêmes, unies par l'affiliation. *Les sociétés, les affiliations secrètes.*

AFFINER, v. a. (soit d'*affinare*, mot de la basse latinité, dont les exemples remontent au treizième siècle, soit plutôt, directement, de notre adjectif *fin*. (Voyez ce mot.)

Affiner a eu encore, dans les anciens temps de la langue, des sens qui le rattachaient à une autre étymologie, au substantif *fin;* il y a donc ici, en réalité, deux verbes qui, malgré l'identité de leur forme, doivent, à cause de leur différente origine, être considérés comme des mots différents.

On a écrit, autrefois, Afiner. Voyez les exemples ci-après.

Affiner, c'est-à-dire Rendre fin, a dû emprunter aux acceptions diverses de l'adjectif duquel on l'avait dérivé, des acceptions correspondantes, dont une seule est restée en usage, Purifier.

On s'en sert surtout en parlant des métaux.

Avons ordené et voullons que nul ne *affine*, ne fasse *affiner* nul argent, ne monnoye blanche, ne noire.
Lettres de Jean, fils aîné de Philippe de Valois, en 1346. (Voy. *Ordonnances des rois de France*, t. II, p. 242.)

Ceux qui *affinent* les mines des métaux séparent le souphre d'avec le métal, comme chose inutile, tout ainsi comme le laboureur sépare le bled d'avec la paille.
B. Palissy, *Traité des métaux et alchimie.*

Ils se sont faicts tributaires perpetuels et obligez nous bailler par chascun an deux millions d'or *affiné* à vingt-quatre karats.
Rabelais, *Gargantua*, liv. I, c. 50.

Les miseres de ce monde estans comme le feu, qui, lors qu'il est plus ardent, *affine* d'avantage l'or qui brusle.
Bouchet, *Serées*, liv. III, 30e serée.

Cadmus, Phenicien, trouva premierement les mines d'or, et la maniere de l'*affiner* et fondre.
Du Pinet, trad. de Pline, liv. VII, c. 56.

Les parolles du Seigneur sont parolles pures comme l'argent *affiné* au fourneau de terre et qui est espuré par sept fois.
Ant. du Verdier, *les Diverses Leçons*, liv. I, c. 2.

Comme le feu *affine* l'or, ainsi l'adversité éprouve la sincérité d'un ami.
Saint-Evremont. (Cité par Furetière.)

Bienheureux ceux qui ont le cœur pur. Qui pourroit dire la beauté d'un cœur pur? Une glace parfaitement nette, un or parfaitement *affiné*, un diamant sans aucune tache, une fontaine parfaitement claire, n'égalent pas la beauté et la netteté d'un cœur pur.
Bossuet, *Méditations sur l'Évangile*, Sermon sur la montagne, 7me jour.

Un marc d'or *affiné*.
Roman de Fierabras, liv. II, part. II, c. 7.

Et tout ainsy que le feu l'or *affine*,
Le temps a faict notre langue plus fine.
Cl. Marot, *Rondeaux*, 22.

A cette signification d'Affiner se rapporte l'emploi métaphorique qui en est fait dans des phrases telles que les suivantes :

La vie consiste en sang. Sang est le siege de l'ame; pour tant, un seul labeur poine ce monde : C'est forger sang continuellement.... Adoncques chascun membre se præpare et s'esvertue de nouveau à purifier et *affiner* cestuy thesaur.
Rabelais, *Pantagruel*, III, 4.

Je sçay bien refondre les hommes
Et *affiner* selon le temps.

Pour Dieu! qu'ilz soyent refondus
Pour les *affiner* ung petit.
Farce des femmes qui font refondre leurs maris. (Ancien Théâtre françois, t. I, p. 72; 80.)

Car tu nous as mis à l'espreuve,
Tu nous as, dy-je, examinez,
Et, comme l'argent qu'on espreuve
Par feu, tu nous *as affinez*.
Ant. du Verdier, *les Diverses Leçons*, liv. I, c. 8.

Affiner est également d'usage en parlant De substances diverses qu'on amène par certains procédés à plus de pureté.

Yceulx bouchers faisoient fondre, ardoient et *affinoient* leur suif et leurs gresses en leurs maisons.
Règlement pour les bouchers de la montagne Sainte-Geneviève à Paris, en 1363. (Voyez *Ordonnances des rois de France*, t. III, p. 640.)

Les gonfaloniers commanderoient de faire *affiner* les poudres de leurs gens.
Montluc, *Mémoires*, liv. III.

De là, dans la langue de plusieurs industries, des acceptions particulières, qu'il appartient aux dictionnaires spéciaux de définir.

Par une application maintenant inusitée, on a

dit *Affiner le fromage,* lui donner un goût plus fin, plus relevé.

Affiner, Réduire en poudre fine.

Janne! son moulin est trop sec
Pour y mouldre ceste farine.
— C'est pour sa bouche qu'on l'*affine*,
Et pour le metre en appetit.

R. Belleau, *la Reconnue*, II, 4.

Affiner s'emploie de même avec le pronom personnel, *S'affiner,* mais dans le sens passif de Être affiné.

Après nous monstra les molins et charbon, soulphre et salpêtre, et une autre maison où tout *s'affine*.

Jean de Chambas, beau-père de Philippe de Commines. (Voyez les *Mémoires* de Commines.)

Entre autres sens oubliés d'Affiner, on doit rappeler celui qui en faisait un synonyme d'Aiguiser.

Les sangliers *affinent* leurs défenses.

Montaigne, *Essais,* II, 12.

Sur mon Dieu, je ne viens jamais
Tost ou tard de nostre Palais,
Que je n'apporte la famine!
Je croy que c'est là qu'elle *affine*
A tous les ongles et les dens.

R. Belleau, *la Reconnue*, I, 5.

De ce dernier sens, comme du précédent, était venu l'emploi fréquent d'Affiner, au figuré, en parlant des sens, de l'esprit, de la pensée, du goût, du langage, etc., pour Les rendre plus subtils, plus délicats, plus pénétrants.

Les autres vertus.... en *affinant* celle-là, en deviennent toutes excellentes et mieux polies.

Saint François de Sales, *Introduction à la vie dévote*, III, 1.

En quelque lieu que vous soyez,
Vous metterez toujours peine
D'*affiner* vostre langue.

Farce nouvelle à trois personnages. (Ancien Théâtre françois, t. I, p. 271.)

Sçais-tu, pour sçavoir bien, ce qu'il nous faut sçavoir?
C'est s'*affiner* le goust, de cognoistre et de voir,
Apprendre dans le monde et lire dans la vie
D'autres secrets plus fins que de philosophie.

Regnier, *Satires*, III.

Ils sont plustost dressez et faconnez
A ceste chasse, et s'*affinent* le nez.

Passerat, *Le chien courant.*

On disait, en ce sens, *Affiner une personne.*

Affiner, rendre caut et fin.

Monet, *Dictionnaire.*

Affiner quelqu'un et mieux raffiner.

Danet, *Dictionnaire françois-latin.*

On disait de même, au figuré, *S'affiner,* se perfectionner.

L'amitié, au revers, est jouye à mesure qu'elle est desirée, ne s'esleve, se nourrit, ny prend accroissance qu'en la jouissance, comme estant spirituelle et l'ame *s'affinant* par l'usage.

Lascher la bride aux parts (partis) d'entretenir leur opinion, c'est les amollir par la facilité et par l'aisance.... c'est esmousser l'aiguillon qui *s'affine* par la rareté, la nouvelleté et la difficulté.

Montaigne, *Essais,* I, 27; II, 19.

Il est vray que, comme les esprits des hommes *s'affinent* tous les jours, et que, pour le present, nous pouvons sçavoir ce que noz pères ont sceu le temps passé, avec jugement y pourrons nous adjouster quelque cas de nos inventions experimentées.

Olivier de Serres, *Théâtre d'agriculture*, II° lieu, c. 2.

Elle commence de bonne heure.
— Tant mieulx, elle en sera plus seure,
Car avec le temps on *s'affine.*

Cl. Marot, *Dial. de deux amoureux*, v. 207.

Enfin Affiner signifiait Tromper une personne par quelque artifice, user envers elle de finesse. Car il est bien subtil de rattacher, comme le font quelques lexicographes, cette acception aux précédentes par cette raison que la tromperie rend plus fin celui qui en est l'objet.

Affiner ung trompeur (circumventorem circumvenire).

Rob. Estienne, *Dict. fr.-lat.*, 1549.

Le diable ne m'*affineroit* pas, car je suis de la lignée de Zopyre.

Ainsi ne font les Genevoys, quand au matin, avoir.... pensé et resolu de qui et de quelz celluy jour ilz pourront tirer denares et qui par leur astuce *sera* beliné, corbiné, trompé et *affiné*, ils sortent en place, et s'entresaluant, disent : Sanita et guadain, Messer.

Rabelais *Pantagruel*; liv. II, c. 25; IV, prologue.

Tu as toujours, malheureux que tu es, plustôt par belles paroles, ruses et tromperies, *affiné* les hommes, qui ne sçavoient faire la guerre que rondement et genereusement.

AMYOT, trad. de Plutarque, *Œuvres morales,* Que les brutes usent de raison (Gryllus à Ulysse).

Et tel père est si sot, de prendre... à gentillesse, quand il le void (son fils) *affiner* son compagnon par quelque malicieuse desloyauté et tromperie.

MONTAIGNE, *Essais,* I, 22.

Il (la Calprenède) ne fit pas ce roman (Cléopâtre) tout d'une haleine, comme l'autre. Il *affina* plaisamment les libraires; il traitoit avec eux pour deux ou pour quatre volumes; après, quand ces volumes étoient faits, il leur disoit : « J'en veux faire trente, moi. »

TALLEMANT DES RÉAUX, *Historiettes,* la Calprenède.

Tel cuide bien estre plus fin
Qui est le premier *affiné.*

P. GRINGORE, *les Faintises du monde,* str. 72.

Ha que tu scez bien *affiner*
Et abuser les bonnes gens!

Farce nouvelle.... d'un pardonneur, d'un triacleur et d'une tavernière. (Ancien Théâtre françois, t. II, p. 56.)

Ne cuydez pas que vous vueille *affiner*
Ou cautement vostre argent rappiner.

Fuyez du tout, fuyez la garse fine
Qui soubz beaulx dictz un vray amant *affine.*

CL. MAROT, *Rondeaux,* liv. I, 26; *Élégies,* liv. I, 2.

.... Une folle jeunesse
Qui se laisse *affiner* à ces traits de souplesse.

Vous voulez m'*affiner,* mais c'est peine perdue.

P. CORNEILLE, *Mélite,* III, 2; IV, 2.

Pour fin que vous soyez, Monsieur, on vous *affine.*

TH. CORNEILLE, *l'Amour à la mode,* III, 2.

Notre maître Mitis
Pour la seconde fois les trompe et les *affine.*

LA FONTAINE, *Fables,* III, 18.

AFFINER, en ce sens, est quelquefois pris absolument.

Il ne faut jamais tromper ni *affiner;* mais bien se faut-il garder de l'estre.

CHARRON, *de la Sagesse.*

AFFINÉ, ÉE participe.

Autrefois aussi AFINÉ. Voyez les exemples ci-après.

On l'a employé, adjectivement, au sens de Épuré;

Soit au propre, soit au figuré :

Les connoisseurs crurent y trouver, sous ce langage barbare, un pur quiétisme, délié, *affiné,* épuré de toute ordure, séparé du grossier.

SAINT-SIMON, *Mémoires,* 1697, t. I, c. 40.

Onques amour si *affinée* ne fu.....

Cleomadès, ms. de Gaignat, fol. 25, r°, col. 1. (Cité par Sainte-Palaye.)

Si sui *affinez* con (comme) li ors.

THIBAUT, *Anc. Poët. fr. mss. avant* 1300, t. I, p. 306. (Cité par Sainte-Palaye.)

On l'a aussi employé, adjectivement, au sens de Aiguisé, soit au propre, soit au figuré.

Plus libres et plus efficacieuses furent les plumes des Refformez, parmi lesquels se trouva des esprits aiguisez et *afinez* entre leurs dures affaires.

AGR. D'AUBIGNÉ, *Histoire universelle,* liv. III, c. 21.

.... Amour, au dard bien *affiné.*

CL. MAROT, *Épîtres,* liv. I, 81.

Au sens de Rusé :

Çà, finette *affinée,*
Çà, trompons le destin,
Qui clôt notre journée
Souvent dès le matin.

GILLES DURANT, *Ode.*

Au sens de Trompé :

Quelque fin que tu sois, tiens-toi pour *affiné.*

CORNEILLE, *Place royale,* III, 2.

D'AFFINER s'étaient formés plusieurs substantifs dont quelques-uns sont restés en usage seulement comme termes techniques; tels sont AFFINAGE, AFFINEUR, AFFINERIE, AFFINOIR, exprimant, avec les mêmes diversités d'application que le verbe lui-même, L'action d'affiner, Celui qui affine, L'instrument qui sert à affiner. Il appartient aux dictionnaires spéciaux de les définir d'une manière plus particulière.

Ils ont pu, en certains cas, être employés dans un sens figuré :

Parleray... des gens soubmis... à Mercure, comme pipeurs, trompeurs, *affineurs*.....

RABELAIS, *Pantagrueline prognostication*, c. 5.

Seure demeure et vray sejour de ce petit affronteur Amour, la forge et l'*affinoir* où il forge, trempe et assere ses sagettes.

REMY BELLEAU, *Bergerie*, 1re journée.

L'*affinage* du style n'en est pas la correction, encore moins la perfection.

MERCIER, *Néologie*.

L'idée exprimée par AFFINAGE dans le passage qui précède s'est rendue autrefois par un substantif pris plus particulièrement au moral. AFFINEMENT.

L'*affinement* des esprits, ce n'en est pas l'assagissement, en une police.

MONTAIGNE, *Essais*, III, 9.

AFFINEMENT paraît avoir signifié encore Action de tromper, de duper, ruse, finesse.

Ainsi trompa il l'abbé finement
Qui se mesloit vers lui d'*affinement*.

FAIFEU, p. 91 (Cité par Sainte-Palaye.)

Le verbe AFFINER et les mots de la même famille ont été, en bien des cas, soit au propre, soit au figuré, remplacés dans l'usage par RAFFINER et ses dérivés. (Voyez ces mots.)

AFFINER venant, non plus de l'adjectif, mais du substantif *fin*, et, par ce mot, du latin *finis*, a signifié Mener à sa fin, à son terme, finir, terminer.

Auquel parlement eut plusieurs traités et langages mis avant, et parlementèrent plus de quinze jours; mais rien n'y fut accordé ni *affiné*.

— S'il pouvoit prendre la ville, le châtel, la comtesse et son fils, il auroit tôt sa guerre *affinée*.

FROISSART, *Chroniques*, liv. I, 1re part., c. 146, 173.

Seinz hume mort ne poet *estre afinet*.

Chanson de Roland, st. 286, v. 16.

La *affinera* sa travaille
Seuz mescreantise et seuz faille.

Chronique des ducs de Normandie, t. I, p. 186, v. 2993.

Tant l'avez (la guerre) par vos armes richement maintenue
Qu'*afinée* l'avez, et la paix conseue.

Romancero, p. 12.

.... Pour *afiner* ceste guerre.

.... Il n'est rien que mort n'*afine*.

EUSTACHE DESCHAMPS, *Poés. ms.*, fol. 409. col. 4; 457, col. 4. (Cités par Sainte-Palaye.)

A cette première signification se rapportaient divers emplois du pronominal S'AFFINER.

S'AFFINER A, S'AFFINER DE, c'était quelquefois Se proposer de, se disposer à.

Que Challes et ceus de sa suite;
Qui *à* guerre mener *s'afinent*,
Vers Maldenguien se racheminent.

G. GUIART, *Royaux lignages*, t. II, p. 216, v. 4593.

S'affiner à, c'était encore Se proposer une chose pour but, pour fin unique.

. . . Vueil comencier chançon
D'une amorette très fine,
A qui toz mes cuers *s'afine;*
Ne jamès ne m'en partirai.

Anc. Poés. fr. mss. avant 1300, t. IV, p. 1528. (Cité par Sainte-Palaye).

On disait *Affiner un compte*, pour Le clore, l'arrêter, et, en parlant du comptable, qui rendait ses comptes, *S'affiner*.

D'aucuns de noz receveurs... delayent à... rendre compte et *eulx affiner* devers vous, les gens de noz comptes, afin que leur estat et la vérité ne soient sceuz.

Il fut ordenné pieçà, que tous ceulz qui auroient à compter, compteroient et *s'afineroient*.

Voyez *Ordonnances des Rois de France*, t. II, p. 281; t. V, 540.

AFFINER voulait encore dire Pousser à bout, détruire, anéantir, et, par extension, tuer.

Vous avez nos anemis
Moult *affinez* et à mort mis.

Histoire des trois Maries, en vers. ms., p. 472. (Cité par Sainte-Palaye.)

Tant est douce, oudourans et fine,

Que la douçour de li *afine*
Toutes les autres, et effasce.

FROISSART, *Poés. mss.*, p. 49, col. 1. (Cité par Sainte-Palaye.)

Achilles le preux combatables
Avoit été si destinez
Qu'il ne pooit *estre affinez*,
Fors par la plante seulement.

OVIDE, ms. cité par Borel.

Que le roi Richart d'Angleterre
Faisoit enfans endoctriner,
Pour lui ocire et *afiner*.

G. GUIART, *Royaux lignages*.

Mult desire estre crestien;
E se ci muert et ci *afine*
Eisi cume chacuns devine,
Misericorde aiez de lui.

Chronique des ducs de Normandie, t. I, p. 55, v. 1486.

AFFINÉ, ÉE, participe,

Avait, on l'a vu par quelques exemples, les sens du verbe.

De ce verbe AFFINER, ainsi que de l'autre, on avait fait:

AFFINEMENT, s. m.

Action de finir, de terminer.

Comme on disait *Affiner un compte, s'affiner*, on disait aussi *L'affinissement d'un compte, l'affinement d'un comptable*.

Après *leur* compte et *affinement*, s'ils sont trouvez souffisans et quictes.... ils seront remis en leurs offices.

Ordonnances des Rois de France, t. III, p. 389.

On avait fait aussi d'AFFINER:

AFFINÉE, s. f.

Fin, terme.

... s'en allerent (Deucalion et Pyrrha) à confesse
Au temple Themys la déesse,
Qui jugeoit sur les *affinées*
De toutes choses destinées.

Roman de la Rose, v. 18484. (Cité par Sainte-Palaye.)

Au mot *finis*, mais pris dans le sens de Confins, limite, frontière, et à ses dérivés *Affinis*, *affinitas*, se rattachent deux mots, dont le dernier est resté d'un grand usage AFFIN et AFFINITÉ.

AFFIN, INE, adj. (du latin *affinis*).

Il a dû signifier, primitivement, Voisin, soit au propre, soit au figuré.

Le grand palais où Phebus habitoit
Hault eslevé sur columnes estoit,
Tout luisant d'or et d'escarboucles fines,
Qui du clair feu en splendeur sont *affines*.

CL. MAROT, liv. II, *de la Métamorphose*.

C'est aussi par figure qu'il a voulu dire Allié, en parlant des relations de parenté que le mariage établit, à divers degrés, entre le mari et les parents de sa femme, la femme et les parents de son mari.

Eue consideration aux bons et agreables services que nous ont fait en plusieurs manieres aucuns des amis et *affins* du dit escuier....

Lettres de rémission de 1389, cité par Du Cange, au mot *Affinare*.

Appelle tous tes loyaulx amis, tes *affins* et tes parents.

Le Ménagier de Paris, Ire distinct., 9e art.

Affins et alliés par mariage, *affines*.

ROB. ESTIENNE, *Dict. fr.-lat.*, 1539, 1549; J. Thierry, Nicot, 1584-1606.

Quand leurs pères, mères et *affins* (des Massagètes) avoient passé l'aage de septante ans, ils leur couppoyent la gorge.

ANT. DU VERDIER, *les Diverses Leçons*, liv. II, c. 8, des Obsèques antiques.

L'usage de ce mot, avec cette signification, s'est perpétué assez longtemps dans le langage judiciaire, auquel l'a emprunté, assez récemment l'auteur du passage suivant:

L'Église n'a pas borné là ses précautions. Après avoir suivi quelque temps le Lévitique, touchant les *affins*, elle a fini par déclarer empêchements dirimants de mariage tous les degrés d'affinité correspondant aux degrés de parenté où le mariage est défendu.

CHATEAUBRIAND, *Génie du Chritianisme*, liv. I, ch. 10.

AFFINITÉ, s. f. (du latin *affinitas*).

Affinitas ayant signifié, au propre, Voisinage,

contiguité, il est naturel qu'AFFINITÉ ait été employé d'abord d'une manière analogue.

On le trouve, en effet, dans un texte très-ancien, au sens de Pays voisin.

> . . . totes les *affinitez*
> Qui à son regne erent justez.
>
> *Chronique de Normandie*, t. I, v. 9992.

C'est par figure qu'AFFINITÉ, aussi bien qu'*affinitas*, a signifié le degré de proximité que le mariage fait acquérir à un homme avec les parents de sa femme, à une femme avec les parents de son mari, Alliance, et, par extension, Parenté.

Elle délaissa à la prière et pour l'amour de son mary le nom de moullier ou femme qui est le plus prochain en *affinité*, en amour et dilection, et, à la demande de son mary, prist le nom de seur.

Le Ménagier de Paris, 1re distinction, 5e art.

Oncques ne peu scavoir quelle parenté, alliance, *affinité*, ou consanguinité feust entre eulx

RABELAIS, *Pantagruel*, liv. IV, c. 9.

Outre plus, puisque sous le nom de prochain, Jésus-Christ en la parabole du Samaritain a monstré que le plus estrange du monde y est contenu; il ne nous faut restreindre le précepte de dilection à ceux qui ont quelque alliance ou *affinité* avec nous.

CALVIN, *Institution chrestienne*, liv. II, c. 8, § 55.

La guerre s'alluma contre les Sabins, qui mettant en oubli l'*affinité* contractée du temps de Titus Tatius, par une certaine contagion d'armes s'étoient embarqués dans le parti des Latins.

On attribue à cette même profession de la Religion Chrétienne la mort de Domitianus Flavius Clement, cousin germain de Domitian, que ce cruel prince, nonobstant l'*affinité* du sang et l'amitié qu'il lui avoit portée, fit massacrer.

COEFFETEAU, *Histoire romaine* de L. Florus, liv. I, c. 15; *Histoire romaine*, liv. VIII.

L'orgueil souffroit toutefois de se voir (l'archevêque de Mailly) avec son siége, son zèle, son *affinité* avec Mme de Maintenon, si loin derrière les cardinaux de Rohan et de Bissy.

SAINT-SIMON, *Mémoires*, 1719, t. XVIII, c. 3.

> O roys uniz, plus que d'*affinité*,
> Bien heureuse est la gent qui n'est point morte,
> Sans veoir premier vostre ferme unité,
> Qui le repos de tant de monde porte.
>
> CL. MAROT, *Chants divers*, XIV.

AFFINITÉ a pu servir à désigner, par extension, Certains rapports analogues à ceux qu'établit l'alliance par mariage, par exemple la communauté d'origine de deux peuples.

Ils se ressouvenoient de l'*affinité* qu'ils avoient avec les Tyriens.

VAUGELAS, trad. de Quinte-Curce.

Cet emploi figuré du mot AFFINITÉ a donné lieu à l'expression *Affinité spirituelle.*

Dans ces adoptions par la coupe des cheveux et de la barbe, il se contractoit une *affinité spirituelle* qui faisoit donner le nom de père à celui qui étoit pris pour parrain, et celui de fils à l'enfant de qui on coupoit les cheveux et le poil de la barbe.

DU CANGE, *Dissert.* 22e, sur Joinville.

L'Affinité spirituelle, c'est, particulièrement, Celle qui se contracte dans la cérémonie du baptême entre les parrains et les marraines et les personnes dont ils ont tenu les enfants, et encore entre les parrains et les marraines et leurs filleuls ou filleules.

AFFINITÉ se dit encore De la conformité, de la convenance, du rapport qui est entre diverses choses. On dit qu'une chose *a de l'affinité avec une* autre; qu'*il y a de l'affinité entre* deux choses, qu'elles *ont de l'affinité*, etc.

Notre âme a comme une espèce de liaison et d'*affinité* avec ces choses.

BOILEAU, trad. de Longin, *Traité du sublime*, c. 32.

Attendez que l'*affinité* naturelle de la religion et de la science les réunisse dans la tête d'un seul homme de génie.

J. DE MAISTRE, *Soirées de Saint-Pétersbourg*, 11e entretien.

AFFINITÉ a le même sens dans des passages tels que les suivants, où sont marqués de Certains rapports de conformité, de ressemblance, de parenté, entre des personnes:

Si ma félicité est indépendante de tout ce qui relève de la fortune,... me voilà dans l'*affinité* des dieux....

LAMOTHE LE VAYER, *Dialogues d'Horatius Tubero*, 14.

Outre le rapport que nous avons du côté du corps avec

la nature changeante et mortelle, nous avons, d'un autre côté, un rapport intime et une secrète *affinité* avec Dieu.

BOSSUET, *Oraison funèbre de la duchesse d'Orléans.*

Par l'*affinité* qu'il y a entre lui (Dieu) et vous (pauvres), tous les outrages qui vous sont faits lui deviennent personnels.

BOURDALOUE, *Sermons pour les dimanches.* Sur l'aumône.

AFFINITÉ est d'ailleurs d'usage, en parlant des personnes, pour exprimer La liaison qu'elles ont ensemble, en raison de quelques rapports entre leurs caractères, leurs goûts, leurs opinions.

Neporquant, por aucunnes resnables causes se pot escuser li avocas qu'il ne doit pas aler au conseil, n'estre avocas à celi dont il a commandement: Si comme s'il est convenenciés à l'autre partie, ou s'il est de ses amis de char, ou s'il y a grant *afinité* d'amor, à le veue et à le seue du commun,...

BEAUMANOIR, *Coutume du Beauvoisis,* c. 5, 19.

Prince, Seigneur, et toute poesté
De royaume, de pays, de cité,
Qui gouvernez pour mieulx garder défense,
A vos subgiez n'aiez *affinité.*

EUST. DESCHAMPS, éd. Crapelet, 3e ballade.

AFFINITÉ est d'usage dans le langage scientifique.

En histoire naturelle ce mot désigne Une conformité d'organisation, de structure, une sorte de parenté, de famille.

Le lieu de parler du cinamome venoit après, pour l'*affinité*, resemblance et convenance qu'il ha avec l'amome et cardamome. (Cinamomo proxima gentilitas erat, in... etc.)

ROB. ESTIENNE, *Dict. fr.-lat.*, 1539.

Après avoir examiné les méthodes les plus usitées, j'ai cru apercevoir dans les plantes une *affinité* suivant les degrés de laquelle on pourroit les ranger en diverses familles.

PIERRE MAGNAL, *Prodrome d'une histoire générale des Plantes,* 1689.

L'inégalité des caractères n'avait point échappé à l'auteur excellent des Ordres de Trianon (Bernard de Jussieu), ni le rôle subordonné des plus variables, ni l'importance des plus constantes.... ni l'*affinité* des genres et des ordres que rassemblent ces grands principes.

LAURENT DE JUSSIEU, *les Genres des plantes distribués par familles naturelles,* 1789.

En chimie *Affinité* désigne La tendance que les particules de chaque substance ont à se combiner par choix, par préférence, avec certaines autres de nature différente.

Comme j'ay desja dit, les sels ont quelque *affinité* ensemble.

Nous sçavons que la farine et l'eau ont telle *affinité*, que soudain qu'elles sont entremeslées, elles se convertissent en un corps pasteux.

B. PALISSY, *des Pierres; de la Marne.*

De là, au figuré, le titre que Goëthe a donné à un de ses romans.

Goëthe vient de faire paraître un roman intitulé *les Affinités de choix.*

Mme DE STAEL, *de l'Allemagne,* IIe part., c. 28.

Ce roman a été traduit dès 1810, sous ce titre: *les Affinités électives.*

AFFINITÉ signifie, particulièrement, en termes de chimie, La tendance que les parties constituantes d'une substance, ou de substances de nature différente, ont à s'unir ensemble.

AFFIQUET, s. m. (du latin *Affigere*).

C'est par le mot AFFICHE, dont il est comme le diminutif, qu'AFFIQUET vient d'AFFIGERE.

AFFICHE, qu'on a écrit, comme il a été remarqué plus haut, p. 251, en souvenir du *g* d'*affigere* et de l'*x* d'*affixus*, AFFIGE, AFFIXE, AFFICE, AFICE, et encore AFFICQUE, AFICHE, AFICHAIL, s'est dit, au propre, D'une chose que l'on attache, ou bien d'une chose qui sert à attacher, par exemple d'une boucle, d'un crochet, d'une épingle, d'une agrafe, etc.

Sachiez qui primes controuva
Afiche, que por ce le fist
Que nus hom sa main n'i méist
En sain de fame où il n'a droit
Qui espousée ne li soit.

Le Chastiement des dames, par Robers de Blois. (Voyez *Histoire littéraire de la France,* t. XIX, p. 834.)

Il a pris, par extension, la signification générale d'Ornement, de parure, de joyau, de bijou.

Destrier couvert et enharnaché de velouz azuré, à grans *affices* d'argent doré.

MONSTRELET, vol. III, fol. 22, r°. (Cité par Sainte-Palaye.)

L'on a accoustumé de vendre par les festes de Pascques, *afiches* et autres joueles (joyaux) de plonc.

Lettres de Charles VI, mai 1392. Voy. *Trésor des chartes*, reg. 142, pièce 252. (Cité par Sainte-Palaye.)

Ne dore son corps par diverses *affiches*, dont la superfluité ne sied pas moult à hommes solennels, quoyque ils en usent assez en France.

Histoire de Boucicaut, IV° part., c. 7.

Si avoit çaintures, coppes, hanaps, couronnes et chappeaux, et *afiches* à perles.

MÉNARD, *Histoire de Bertrand Du Guesclin*, c. 47.

Nosces dor, aniaus et *affices* ;
Et juiaus autres, biaus et riches.

PH. MOUSK, ms. p. 353. (Cité par Sainte-Palaye.)

Cil acate liement
Afiques d'or et aniaus,
Ki se connoist es joiaus.

Anc. Poés. fr., ms. du Vatican, n° 1490, fol. 170, v°. (Cité par Sainte-Palaye.)

Joyaulx porte de mainte affaire,
Qui seulent bien aux femmes plaire,
Courroye, mantel, or, *afiche*.

EUSTACHE DESCHAMPS, *Poés. mss.*, fol. 459, col. 1. (Cité par Sainte-Palaye.)

Il faut ceintures,
Il faut brodures,
Et mirelificques.
Il faut fourrures,
Il faut serrures
Joyaulx, *afficques*
Telz cornificques.

GUILLAUME ALEXIS. *Blason des faulses amours*.

Je vis là tant de mirelificques,
Tant d'ameçons et tant d'*afficques*,
Pour attraper les plus huppez.

VILLON, *les Repeues franches*, Ballade des escoutans.

Sur quoi l'en met un *affichail*,
Qui autrement est dit fermail.

(Cité dans le *Glossaire* de Du Cange, au mot *Firmaculum*.)

Quant à AFFIQUET, diminutif d'AFFIQUE, qui s'est perpétué dans la langue, il s'est écrit autrefois AFFICQUET, AFICHET, AFICHETE, etc. (Voyez le *Glossaire* de Sainte-Palaye.)

L'étymologie de ce mot et sa signification primitive sont marquées dans cette définition d'un ancien dictionnaire :

Affiquets se affichent (s'attachent) aux bonnets, aux chapeaux et choses semblables.

J. THIERRY, *Dict. fr.-lat.*, 1564, 1572; *id.* NICOT, 1584, 1606.

Il semble, en effet, comme on le voit chez d'autres lexicographes encore, tels que Monet et Furetière, qu'AFFIQUET s'appliquait dans l'origine, plus particulièrement, à Certaines parures de tête.

(Charles VIII, à son entrée dans Naples avoit) sur la teste la belle tocque d'écarlaste et le riche *affiquet*.

ANDRÉ DE LA VIGNE, *Voyage de Charles VIII à Naples*, p. 135. (Cité par Sainte-Palaye.)

C'est (la vertu) un *affiquet*, à pendre en un cabinet, ou au bout de la langue, comme au bout de l'oreille, pour parement.

MONTAIGNE, *Essais*, I, 36.

Et ai d'ailleurs veu des anguilles qui venoyent prendre à la main, en la fontaine du temple de Jupiter Labradius, qui aussi avoyent des *affiquets* d'or pendus aux ouyes.

DU PINET, Trad. de Pline, liv. XXXII, c. 2.

Il semble que soient petitz Roys,
Et mettent la main au bonnet,
Affin qu'on voye les anneaulx;
Pour dire : J'ai ung *affiquet* ;
Et n'ont pas vaillant deux naveaulx.

COQUILLART, p. 155. (Cité par Sainte-Palaye.)

AFFIQUET conserve cette signification restreinte dans la phrase suivante, d'une date bien plus moderne :

Elle (la duchesse de Shrewsbury) trouva bientôt les coiffures des femmes ridicules, et elles l'étoient en effet. C'étoit un bâtiment de fil d'archal, de rubans, de cheveux et de toutes sortes d'*affiquets* de plus de deux pieds de haut.

SAINT-SIMON, *Mémoires*, 1713, t. X, c. 35.

De bonne heure AFFIQUET a servi à désigner

D'autres parures que des parures de tête, par exemple Des colliers, des bracelets, et est devenu une expression du langage familier, employée presque exclusivement au pluriel, et désignant Des objets de peu de prix, des bagatelles, de menus ajustements de femmes.

Print... du pendant de son collier un très-bel, gentil et riche *affiquet*.
Jean de Saintré, t. I, p. 283. (Cité par Sainte-Palaye.)

Qui vend petitz *affiquets* de nulle valeur (nugivendus).
ROB. ESTIENNE, *Dict. fr.-lat.*, 1539.

En faveur des autres Dames, il bastit un second sénat où elles s'assembloient pour délibérer des affaires des femmes, et pour ordonner les formes des habits, des ornements, des *affiquets*, des chaisnes et des pierreries qu'elles devoient porter.
COEFFETEAU, *Histoire romaine*, liv. XIV.

Les femmes n'apportent rien en mariage aux Allemands ; au contraire, elles reçoivent d'eux, non pas des parures, ni des *affiquets ;* mais une couple de bœufs, un cheval enharnaché, le bouclier avec la lance et l'épée.
PERROT D'ABLANCOURT, traduction de Tacite, *Mœurs des Germains*.

Elles (les sœurs de Psyché) doivent avoir des enfants,... qu'elles seroient aises de leur reporter mille menus *affiquets* et joyaux de prix dont je ne tiens compte.
LA FONTAINE, *Psyché*, liv. Ier.

Elle (Catherine de Médicis, à Chatenoy) y avoit mené les plus rares beautés de la cour, qui étoient étalées au bout de la table, avec tous les *affiquets*, les agréments et les appats qui peuvent captiver les cœurs.
MÉZERAY, *Histoire de France*, Henri III, 1576.

Après une longue énumération de tous les *affiquets* d'une toilette...
VOLTAIRE, *Essai sur la poésie épique*, c. 5.

Eh ! mon Dieu, mademoiselle Geneviève, pardi! donnez-moi du temps; ce n'est pas que vous ne soyez une honnête fille ; il n'y a que ce petit coffre plein d'or et vos autres brimborions d'*affiquets* qui me chicanent, et je crois que sans eux vous seriez encore plus honnête.
MARIVAUX, *le Paysan parvenu*, Ire part.

Adieu présens, baguetes, *affiquetz*
Que l'en donnoit aux dames pour estraines.
MARTIAL D'AUVERGNE, *Vigiles de Charles VII*, part. II, p. 32. (Cité par Sainte-Palaye.)

... Quand elle fut plus aagée,
Je luy donnois de beaulx bouquetz,
Un tas de petis *affiquetz*,
Qui n'estoient pas de grand'valeur.
CL. MAROT, *Dialogue de deux amoureux*, v. 225.

Aussi je les compare à ces femmes jolies
Qui par les *affiquets* se rendent embellies,
Qui gentes en habits et sades (gracieuses) en façons
Parmi leur point coupé tendent leurs hameçons.
REGNIER, *Satires*, IX.

Les *affiquets*, les habits à changer,
Joyaux, bijoux, ne manquoient à la dame.
LA FONTAINE, *Contes*, II, 8.

Quel attirail de points, de rubans, d'*affiquets*.
TH. CORNEILLE, *la Comtesse d'Orgueil*, I, 1.

AFFIQUET, dans une signification spéciale, se dit d'Un petit bâton creux, d'un tuyau qui sert aux femmes qui tricotent pour soutenir l'aiguille sur laquelle elles prennent la maille faite, lorsqu'elles veulent en faire une nouvelle.

AFFIRMER, v. a. (des verbes latins *affirmare, firmare*).

Comme AFFERMIR, dont l'étymologie est la même (voyez plus haut, p. 241), on l'a écrit longtemps AFFERMER.

Au seizième siècle, pour éviter la confusion avec le verbe qui signifie Prendre ou Donner à ferme, l'habitude s'est peu à peu introduite d'écrire, exclusivement, *Affermir* et *affirmer*.

Rob. Estienne qui ne donne qu'AFFERMER en 1539, y ajoute, en 1549, AFFIRMER. On lit dans l'édition du dictionnaire de Nicot publiée en 1606 :

« AFFERMER, tantost vient du latin *affirmare*,... tantost est naïf françois composé de *a* et *ferme*... aucuns distinguent l'ortographe de ces deux significations, escrivans *Affirmer* par *i*, quand il signifie *Affirmare*, *asseverare*, et *affermer* par *e* quand il signifie prendre ou bailler à ferme. »

A dater de Danet, *Affermer* est remplacé dans les dictionnaires par AFFIRMER.

AFFIRMER semble pris à peu près au sens d'*Af-*

fermir dans le passage suivant, où il est dit D'une résolution ferme, arrêtée, inébranlable.

A cette parole n'osa nul parler du contraire, puisqu'il l'*avoit* ainsi arrêté et *affirmé* en lui.

FROISSART, *Chroniques*, liv. I, 2e part., c. 159.

AFFIRMER, c'est Assurer, soutenir qu'une chose est vraie.

Il se lie très-souvent, au moyen de la conjonction *que*, à une autre proposition.

Tu n'enterras en la cited, si tu ne remues les clops et les cieus (les boiteux et les aveugles) ki dient e *aferment que* tu n'i metras le pié.

Les Quatre Livres des Rois, II, v, 6.

Le conte d'Artois..... demanda se la querelle du chevalier seigneur de Moncalde estoit bonne ; mais on luy dist communément et *afferma que* non.

Si ly deist la belle et *aferma*, par la redempcion de son ame, *qu'*elle n'avoit oncques pensé ad ce dont elle estoit occupée (inculpée).

Le Livre du chevalereux conte d'Artois, p. 67, 69.

Henris de Valenciennes dist bien et *aferme que* oncques mais, à nul jor de sa vie, n'avoit veu plus biel jour de celui.

HENRI DE VALENCIENNES, *Conqueste de Constantinoble*, VII.

Par ceste invention, dist Pantagruel, les doctes ont *affermé que* Achilles, estant à genoulx, feut par la fleiche de Paris blessé on talon dextre.

RABELAIS, *Pantagruel*, liv. IV, c. 37.

Les poëtes comiques..... *affermoient que* Périclès avoit allumé la guerre des Peloponnesiens pour l'amour de la courtisanne Aspasie.

AMYOT, Trad. de Plutarque, *de la Malignité d'Hérodote*, VII.

Il s'en trouve aucuns qui, avec aigres et fascheuses paroles, s'estudient vouloir rendre la comédie abominable à tout le monde, *affermans que* c'est une œuvre diabolique.

LARIVEY, *les Jalous*, prologue.

Il nous révélera... que c'est une erreur de s'imaginer, qu'un Artaxerce ait été appelé Longuemain, parce que les bras lui tomboient jusqu'aux genoux, et non à cause qu'il avoit une main plus longue que l'autre; et il ajoute qu'il y a des auteurs graves qui *affirment que* c'étoit la droite.

LA BRUYÈRE, *Caractères*, c. 5.

Il fallait bien qu'Aristote entrât dans la querelle, car il était alors le maître des écoles. Luther ayant *affirmé que* la doctrine d'Aristote était fort inutile pour l'intelligence de l'Écriture, la sacrée Faculté de Paris traita cette assertion d'erronée et d'insensée.

VOLTAIRE, *Essai sur les mœurs*, c. 128.

Tres bien péussiés dire et por voir (vrai) *afermer*
*Qu'*onc ne véistes gent si vaillament errer.

Chanson d'Antioche, ch. V, v. 401.

Par serement unt *afermei*
Ke ce fu voirs que li chiens dist.

MARIE DE FRANCE, *Fables*, IV, 13.

Bien porroit dire et *affremer*
Que de biauté
Ne porroit-on son per trouver.

Chansons françaises du XIIIe siècle, ms. de Bouhier, fol. 298, v°, col. 1. (Cité par Sainte-Palaye.)

...... C'est celluy, qui *afferme*
*Qu'*il ouvre enfer, quand il veult, et le ferme.

CL. MAROT, *l'Enfer*.

AFFIRMER, dans certains cas, peut être aussi suivi d'un verbe à l'infinitif.

Ceste chose...... *afferma estre* vraye.

Vie d'Isabelle, à la suite de Joinville, p. 120. (Cité par Sainte-Palaye.)

L'évêque de Cracovie montra l'acte d'abjuration de l'électeur de Saxe, signé de l'évêque de Javarin, dont le nonce Davin *affirma être* la véritable signature.

SAINT-SIMON, *Mémoires*, 1697, t. II, c. 2, p. 21.

On peut rapporter à la même forme de langage les passages suivants, où le verbe à l'infinitif semble sous-entendu :

Guillaume de Hainaut, qui comte d'Ostrevant *s'affermoit*.

FROISSART, *Chroniques*, vol. IV, p. 94. (Cité par Sainte-Palaye.)

Et *affermez* de France heureux le regne,
On quel provient Pantagruelion.

RABELAIS, *Pantagruel*, III, 52.

AFFIRMER a très-souvent pour régime le nom de la chose affirmée.

O (dist Grangousier) pauvres gens, estimez-vous que la peste vienne de sainct Sebastian? Ouy vrayement (respondit Lasd'aller), nos prescheurs nous l'*afferment*.

RABELAIS, *Gargantua*, I, 45.

Tous tels propos *sont* par eux (les poëtes) *affermez*, selon la creance et l'opinion qu'ils ont.

AMYOT, trad. de Plut., *Œuvres morales*, Comment il faut lire les poëtes.

On passe tout en compte, on croit qu'il est permis
De briller sur le fond d'une somme empruntée,
D'*affirmer* franche et quitte une terre endettée.

DUFRESNY, *le Faux sincère*, acte IV, sc. 2.

Toutes les fois qu'une proposition est inconcevable, il faut en suspendre le jugement et ne pas la nier à cette marque, mais en examiner le contraire, et, si on le trouve manifestement faux, on peut hardiment *affirmer* la première, toute incompréhensible qu'elle est.

PASCAL, *Pensées*, De l'esprit géométrique.

Les objets se présentent à notre âme pour être *affirmés* ou niés, aimés ou haïs.

LEIBNITZ, *Théod.*, de la bonté de Dieu, 3e partie, § 298.

Quelle philosophie plus religieuse que celle qui, n'*affirmant* que ce qu'elle conçoit clairement, en sachant avouer sa faiblesse, vous dit qu'il faut recourir à Dieu dès qu'on examine les premiers principes ?

VOLTAIRE, *Lettres philosophiques*, XIIIe lettre.

En ignorant beaucoup, on *affirme* tout plus facilement.

Mme DE STAEL, *Considérations sur la Révolution française*, VIe part., c. 10, § 6.

Ço ke li Roiz out dit, sor li sainz *aferma*,
Et li baronz jurerent ço ke li Roiz jura.

WACE, *Roman de Rou*, v. 3797.

Je le vous promets et *afferme*.

Farce de Pathelin, v. 1180.

Oui, j'ose hardiment l'*affirmer* contre toi.

BOILEAU, *Satires*, XI.

AFFIRMER est quelquefois employé absolument.

E bien *li* promist e *afermad*, e par serement l'estrussad.

Les Quatre Livres des Rois, I, xx, 3.

Pourquoy ne sera-il loysible douter et considérer comme ambiguës les choses, sans rien déterminer, comme à eux d'*affermer ?*

CHARRON, *de la Sagesse*, II, II, 4.

Ce pape......, dont on disait qu'il ressemblait à saint Pierre, parce qu'il *affirmait*, niait, se repentait et pleurait, avait toujours reconnu Philippe V, à l'exemple de son prédécesseur ; et il était attaché à la maison de Bourbon.

Si le don de penser rend heureux, je vous tiens, monsieur, pour le plus fortuné des hommes. Vous savez *affirmer* quand il le faut.

VOLTAIRE, *Siècle de Louis XIV*, c. 21 ; *Lettres*, 26 novembre 1738, au comte des Alleurs.

AFFIRMER se dit, en logique, D'une proposition, et signifie simplement Exprimer qu'une chose est.

Après avoir conçu les choses par nos idées, nous comparons ces idées ensemble, et, trouvant que les unes conviennent entre elles, et que les autres ne conviennent pas, nous les lions ou délions, ce qui s'appelle *affirmer* ou nier, et généralement juger.

Logique de Port-Royal, IIe partie, c. 3.

Les idées peuvent être unies et désunies, c'est-à-dire qu'elles peuvent être *affirmées*, ou niées l'une de l'autre.

Toute proposition a deux termes.... le terme dont on *affirme* ou nie s'appelle sujet... ; celui qui est *affirmé* ou nié s'appelle attribut.

BOSSUET, *Logique*, II, 1.

AFFIRMER signifie, en termes de palais, Jurer, assurer avec serment.

Il faut qu'un compte qu'on présente soit *affirmé* véritable pardevant le juge.

FURETIÈRE, *Dictionnaire*.

Le participe présent a été quelquefois, en logique, employé adjectivement.

Il y a des propositions universelles *affirmantes*, qui sont d'ordinaire la première dans les syllogismes.

FURETIÈRE, *Dictionnaire*.

AFFIRMÉ, ÉE, participe.

Jaugeurs et *affirmés*.

(*Lettres patentes qui commettent les jaugeurs*, 14 décembre 1734.)

AFFIRMATIF, IVE, adj.

Qui Affirme, qui déclare qu'une chose est vraie.

La mençonge est bien apparant, et est en un cas *affirmative* et en l'autre négative.

Modus et Racio, ms., fol. 237. (Cité par Sainte-Palaye.)

Si par un axiome *affirmatif* vous asseurez que vous en doutez.

MONTAIGNE, *Essais*, II, 12.

Il...... ne parle pas toujours tout de bon, et presque jamais en termes *affirmatifs*.

BALZAC, *Socrate chrétien*, avant-propos.

Ceux qui reprochent à M. Algarotti le ton *affirmatif* ne l'ont pas lu.

VOLTAIRE, *Lettres*, 7 août 1738.

AFFIRMATIF se dit aussi des personnes.

Ces gens sont de l'escole et du ressort d'Aristote, *affirmatifs*, positifs, dogmatistes....

Gens glorieux, resolus, *affirmatifs*, qui veulent regenter le monde et le mener à baguette.

CHARRON, *de la Sagesse*, I, XLIII; II, XI, 1.

C'est une opinion singulière de certains philosophes *affirmatifs*, que le sage n'a besoin de personne.

BALZAC, *Aristippe*, disc., I.

Je consultai les philosophes.... Je les trouvai tous fiers, *affirmatifs*, dogmatiques, même dans leur scepticisme prétendu.

J.-J. ROUSSEAU, *Émile*, liv. IV.

On a dit, en ce sens, substantivement, *Les affirmatifs*.

Aristote le plus résolu de tous, le prince des dogmatistes et *affirmatifs !*

CHARRON, *de la Sagesse*, II, 11, 4.

Les discours d'humilité sont matière d'orgueil aux gens glorieux, et d'humilité aux humbles. Ainsi ceux de pyrrhonisme et de doute sont matière d'affirmation aux *affirmatifs*.

PASCAL, *Pensées*, Ire part., art. IX, éd. Didot, 1817.

AFFIRMATIF est fort usité, en logique, dans cette expression : *Proposition affirmative*.

On peut... observer que telle proposition qui paroît *affirmative* enferme une négation : par exemple quand je dis : La seule vertu rend l'homme heureux ; ce mot de seule est une exclusion qui nie de toute autre chose que de la vertu le pouvoir de nous rendre heureux.

BOSSUET, *Logique*, II, 7.

Quelquefois le mot Proposition a été sous-entendu et l'on a dit par ellipse Une *affirmative*.

Cette *affirmative :* Tout corps est mobile, enferme celle-ci : Quelque corps est mobile.

BOSSUET, *Logique*, II, 8.

De là, par une ellipse fort usitée, l'emploi d'AFFIRMATIVE, pris substantivement et absolument pour désigner Toute proposition par laquelle on affirme une chose.

On dit l'AFFIRMATIVE d'une proposition; ou, simplement, l'AFFIRMATIVE, par opposition à la *négative*. (Voyez ce mot.)

Souvienne-vous en quelles bouches ceste année passée l'*affirmative* d'icelle (proposition) estoit l'arc-boutant d'un party ; la negative de quel autre party c'estoit l'arc-boutant.

MONTAIGNE, *Essais*, II, 12.

L'*affirmative* et la négative de la plupart des opinions ont chacune leur probabilité.

PASCAL, *Provinciales*, VI.

M. d'Elbeuf... insista beaucoup pour l'*affirmative*.

CARDINAL DE RETZ, *Mémoires*, liv. II.

Il (saint Paul) traite avec une force merveilleuse ces importantes questions : « Si le Christ devoit souffrir, et s'il étoit le premier qui devoit annoncer la vérité au peuple et aux gentils, après être ressuscité des morts. » Il prouve l'*affirmative* par Moïse et par les prophètes.

BOSSUET, *Discours sur l'histoire universelle*, II, 7.

Il semble qu'il n'y ait pas de difficulté pour l'*affirmative* de cette proposition.

FONTENELLE, *Éloge de Bernouilli*.

Prendre l'Affirmative a été une locution de grand usage.

Pour avoir esté nostre Royne, cela ne lui a gueres servy. Il me semble que, pour avoir esté telle, on devoit craindre de la faire mourir, de peur de la vengeance, et y eust on songé cent fois avant d'en venir là, si nostre Roy eu eust bien voulu *prendre* l'*affirmative*.

Monsieur de Sypierre... eut raison de parler ainsy, et d'en *prendre* bien l'*affirmative*.

BRANTOME, *Dames illustres*, Marie Stuart; *Grands capitaines estrangers*, Dom Antoine de Leve.

M. d'Enghien *prit l'affirmative* si hautement pour Chabot, qu'il disoit aux juges : « Êtes-vous pour nous? Si vous n'êtes pas pour nous, vous n'êtes pas de nos amis. »

TALLEMANT DES RÉAUX, *Historiettes*, Mmes de Rohan.

Ce ministre de Brandebourg étoit de concert avec les cantons protestans, qui, sur sa déclaration, *prirent* aussitôt l'*affirmative*.

SAINT-SIMON, *Mémoires*, 1707, t. V, c. 28.

On dit encore aujourd'hui *Être, tenir pour l'affirmative; tenir, soutenir l'affirmative*.

Il tient pour *l'affirmative* et en apporte de fort bonnes raisons.

VOLTAIRE, *Lettres*, novembre 1742, au roi de Prusse.

AFFIRMATIVEMENT, adv.
D'une manière affirmative.

Depuis la publication de cette doctrine nous disons hautement et *affirmativement* que le monde ne s'est pas bâti de soi-même, mais qu'il y a je ne sçais quoi de plus vieux et de plus ancien qui a travaillé à une si admirable architecture.

BALZAC, *Socrate chrétien*, disc. I.

Je lui déclarai *affirmativement* qu'il avoit assez de force pour faire son voyage.

PASCAL, *Provinciales*, 2.

Il leur persuada si bien ce qu'il disoit, et leur parla si *affirmativement*, qu'elles eurent la bonté de lui chercher ce qu'il demandoit.

FLÉCHIER, *Mémoires sur les grands jours de* 1665.

Je conviens que j'ai trop peu ménagé Descartes et Malebranche et que j'ai parlé trop *affirmativement* là où il ne fallait que mettre modestement le lecteur sur la voie.

Locke a développé à l'homme la raison humaine, comme un excellent anatomiste explique les ressorts du corps humain. Il s'aide partout du flambeau de la physique; il ose quelquefois parler *affirmativement*, mais il ose aussi douter.

VOLTAIRE, *Lettres*, 11 sept. 1738; *Lettres philosophiques*, XIIIe lettre.

On a dit autrefois, en se reportant à l'ancienne forme *Affermer* :
AFFERMÉEMENT.

Et ce ly affia très *afferméement*.

GERARD DE ROUSSILLON, ms., p. 85. (Cité par Sainte-Palaye.)

AFFIRMATION, s. f.
En termes de logique, L'expression par laquelle une proposition est affirmative.

Comme *affirmacion* et negacion sont en la pensée ou entendement, semblablement et proporcionnellement sont en l'appetit prosecution et fuite.

ORESME, *Eth.* 171.

Les hommes, voulant abréger leurs discours, ont fait une infinité de mots qui signifient tous ensemble l'*affirmation*, c'est-à-dire ce qui est signifié par le verbe substantif, et de plus un certain attribut qui est affirmé. Tels sont les verbes.....

Il y a... d'autres rencontres où le sujet et l'*affirmation* sont renfermés dans un même mot, comme dans les premières et secondes personnes des verbes, surtout en latin; comme quand je dis : Sum Christianus.

Logique de Port-Royal, IIe partie, c. 3.

Ce qui fait dire à Aristote, que la négation est d'une nature malfaisante, et qu'elle ôte toujours plus que ne pose l'*affirmation*.

BOSSUET, *Logique*, II, 8.

Dans l'usage général, Proposition par laquelle on assure qu'une chose est vraie.

Il devait distinguer entre l'opinion d'une partie du nord, que j'ai rapportée comme un bruit vague, et l'*affirmation* qu'il m'impute.

VOLTAIRE, *Aux auteurs de la* Bibliothèque raisonnée *sur l'incendie de la ville d'Altena.*

Ceste ira par negacion,
Ceste par *affirmation*.

Roman de la Rose, v. 17533.

AFFIRMATION, pris absolument, s'est dit quelquefois de la Disposition, du caractère ou de l'autorité qui portent à affirmer.

L'*affirmation* et l'opiniastreté sont signes exprez de bestise.

MONTAIGNE, *Essais*, III, 13. (Cf. CHARRON, *de la Sagesse*, I, XL, 6.)

En termes de procédure, Assurance avec serment et dans les formes juridiques.

Par l'ordonnance de 1667 il y a un office de greffier établi au parlement pour recevoir et donner les actes des *affirmations* des voyages, et du séjour de ceux qui viennent pour faire juger leurs procès. Ces actes des *affirmations* servent au plaideur qui gagne son procès pour faire taxer les voyages.

Il est allé au greffe des *affirmations*, assurer qu'il a fait son voyage exprès, et le greffier lui en a délivré un acte d'*affirmation*.

RICHELET, *Dictionnaire*.

Les greffiers des *affirmations*.

L'archevêque *de Toulouse* à *Colbert*, 8 avril 1669. (Voy. *Correspond. admin. sous Louis XIV*, t. I, p. 242.)

De l'ancienne forme *Affermer* on avait tiré AFFERMEMENT, s. m.

Un chevalier anglois.... prétendoit droit à la foi du Roy, et pour ce que le Roy François en son *affermement* ne déposa pas au gré du chevalier demandeur, il se troubla.

OLIVIER DE LA MARCHE, *Mémoires*, p. 32. (Cité par Sainte-Palaye.)

On trouve dans qelques dictionnaires (voyez celui de J. Thierry, 1564, 1572 ; de Cotgrave et le *Glossaire* de Sainte-Palaye), avec le sens de Celui qui affirme,

AFFIRMATEUR, s. m.

AFFLEURER, v. a. (de notre substantif *fleur*.)

On trouve dans Cotgrave AFFLEURIR au sens d'Effleurer.

AFFLEURER a, dans la langue de divers métiers, des significations qu'il appartient aux dictionnaires spéciaux de définir.

En termes d'architecture, il signifie Réduire deux corps contigus, soit verticaux, soit horizontaux, à une même surface, sans saillie de l'un sur l'autre. *Affleurer les battants d'une armoire, affleurer une trappe au niveau du plancher.*

Il se dit aussi neutralement de Ce qui est affleuré. *Ces pièces de bois affleurent bien.*

AFFLEURÉ, ÉE, participe.

AFFLIGER, v. a. (du verbe latin *affligere*, et, par ce mot, du simple *fligere*).

On a dit AFFLIER, AFFLIRE (voyez le *Vocabulaire français-latin* de G. Briton, XIVe siècle, Douai, 1851 ; le *Glossaire* de Sainte-Palaye, et les exemples ci-après).

Fligere, mot qui semble formé par onomatopée (voy. Bourgoing, *de Orig, et us. voc. vulg.*, p. 33, v. Affliger), signifiant Heurter, frapper, *affligere*, Heurter contre, frapper avec violence, briser, renverser, et, au figuré, Abattre, détruire, tourmenter ; AFFLIGER a tiré de ces acceptions des acceptions correspondantes.

Ainsi, à des époques très-anciennes de la langue, il a à peu près reproduit le sens propre du mot latin.

Cum longement *serai-je* tormenteiz en travail et en dolor, et *affliiez* de mort tote jor !

SAINT BERNARD, *Serm. fr.*, ms., p. 189. (Cité par Sainte-Palaye.)

Les fiz destruirai cruelment,
Tut les amerrai à neient ;
Pur lui les voldrai si *afflire*
Que del regne serrunt li pire.

BENOIT, *Chronique de Normandie*, liv. II, v. 349.

... Iherusalem *fut afflitte*
Et destruitte par XII fois.

EUST. DES CHAMPS, *Poés. mss.*, fol. 572, col. 2. (Cité par Sainte-Palaye.)

On trouverait, à des époques plus voisines de nous, des passages analogues, où nos auteurs ont de même rapproché AFFLIGER du sens propre d'*affligere*.

Voilà d'où est procédé l'horreur et estonnement, duquel l'Escriture recite que les sainctz ont esté *affligez* et abatus, toutes fois et quantes qu'ils ont senti la presence de Dieu.

CALVIN, *Institution chrestienne*, liv. I, c. 1, § 3.

Quand elle (la mort) *affligeoit* un corps innocent..... il étoit juste de l'abhorrer.

PASCAL, *Lettre sur la mort de son père*. (Voyez *des Pensées de Pascal*, par Victor Cousin, p. 324.)

Nous sommes chrétiens et malheureux : et nous rougirions d'avouer notre confiance en Dieu et les coups dont il nous *afflige* !

Mme DE MAINTENON, *Lettre CCVI*, 9 sept. (1708), à M. le card. de Noailles.

Je crains pour l'une et l'autre en ce dernier effort
Et serai du parti qu'*affligera* le sort.

CORNEILLE, *Horace*, I, 1.

Écartez ces terreurs dont le poids vous *afflige*.
VOLTAIRE, *Mérope*, II, 1.

Afflige veut dire ici Accable. C'est un latinisme dont la Harpe n'a pas tenu assez de compte dans cette observation : « Un poids accable plus qu'il n'*afflige*. »

D'autres passages, où *affliger* offre un mélange de sens physique et de sens moral, le rattachent encore, mais moins directement, à son étymologie.

Leur conscience les *afflige*, le poids de leurs péchés les abaisse......
FLÉCHIER, *Panég. de S. François de Paule*.

Esther, au milieu des plaisirs d'une cour superbe, savoit *affliger* son âme par le jeûne.
MASSILLON.

Dans l'usage ordinaire, AFFLIGER, soit pris absolument, soit construit avec les prépositions *de* ou *par*, exprime souvent L'atteinte violente de quelque mal.

On le dit ainsi en parlant des maux du corps, des mortifications auxquelles on le soumet, des maladies qui lui surviennent.

Je cognois beaucoup de médecins qui sont frappez et *affligez de* certaines maladies, desquelles ils ne se peuvent guérir.
BERNARD PALISSY, *Abus des médecins*, épistre au lecteur.

Toute la France jouist quelque temps de la paix et du repos; moy seul, *affligé de* maladies et de ma grande blesseure, estois le plus souvent dans le lict.
MONTLUC, *Commentaires*, liv. VII.

La goutte, qui l'*affligea* (le chevalier de Grignan) à l'excès et de fort bonne heure, le fit retirer en Provence,
SAINT-SIMON, *Mémoires*, 1713, t. XI, c. 7.

Il apprit que la maladie se faisait sentir de nouveau et *affligeait* plus que jamais cette terre ingrate.
MONTESQUIEU, *Lettres persanes*.

C'est ainsi qu'on en use dans Lyon et dans Amsterdam. Tous ceux que la nature *afflige* y sont secourus, tous ceux à qui elle laisse la liberté des membres y sont forcés à un travail utile.
VOLTAIRE, *Fragments des instructions pour le prince*, art. VII.

Et que feront dont cil hermite
Qui par Dieu ont leur char *asflite*
. . . .
S'après la mort est quitte quitte.
Fabl. ms. du R., n° 7615, t. I. fol. 104, r°, col. 1.
(Cité par Sainte-Palaye.)

Sans préjudice encor d'un accident bien pire
Qui m'*afflige* un endroit que je ne veux pas dire.
MOLIÈRE, *Sganarelle*, sc. 7.

Dans le passage suivant, AFFLIGER est pris au même sens, mais figurément :

Je ne cognoy pas de repentance superficielle, moyenne et de ceremonie. Il faut qu'elle me touche de toutes parts avant que je la nomme ainsi, et qu'elle pince mes entrailles et les *afflige* autant profondément que Dieu me void, et autant universellement.
MONTAIGNE, *Essais*, III, 2,

On le dit encore, en parlant Des calamités de diverses sortes dont souffrent une personne, une famille, un peuple, un pays, etc.

Ceste mesme année *affligea* encores les Portugais par les Turcs, qui leur prindrent deux grands navires en la mer Rouge.

Ces deux années *furent affligées* de guerre, peste, et d'une estrange famine.
AGR. D'AUBIGNÉ, *Histoire*, liv. I, c. 22; c. 24.

Je ne pense pas que le Ciel, en sa plus grande colère, nous puisse *affliger* d'une calamité pareille à la perte de ce prince.
VAUGELAS, trad. de Quinte-Curce, liv. X.

L'Église, paisible sous Constantin, *fut* cruellement *affligée* en Perse.
BOSSUET, *Discours sur l'histoire universelle*, I, 11.

Lorsque Dieu,..... voulut *affliger* et punir la France par elle-même.....
FLÉCHIER, *Oraison funèbre de M. de Turenne*.

Job, dont Moyse a écrit la vie, et qui fut le plus homme de bien et le plus riche seigneur de son temps, *a été affligé* de toutes les manières qui peuvent mettre une grande vertu à l'épreuve.
BUSSY, *Discours à ses enfants*.

La guerre est le plus grand des maux dont les dieux *affligent* les hommes
FÉNELON, *Télémaque*, IX.

L'Église, aussi *affligée par* le faux zèle qui la défend que par l'erreur même qui l'attaque.

MASSILLON.

Madame Dorsin, à cet excellent cœur... joignait une âme forte, courageuse et résolue; de ces âmes supérieures à tout événement, dont la hauteur et la dignité ne plient sous aucun accident humain; qui peuvent être *affligées*, jamais abattues ni troublées.

MARIVAUX, *la Vie de Marianne*, 5e partie.

Il est vrai, mais enfin cette affreuse disgrace
Rarement parmi nous *afflige* le Parnasse.

BOILEAU, *Art poétique*, IV.

Dans un sens très-voisin du précédent et qui est actuellement le plus ordinaire, AFFLIGER signifie Frapper quelqu'un d'une impression pénible, Causer à quelqu'un du chagrin, de la tristesse.
On dit en ce sens, *Affliger une personne.*

Les ennemys publieront des bruits les plus à la desfaveur de mes affaires qu'ils pourront, pour essayer de desbaucher, ou, pour le moins, destourner et *affliger* mes bons serviteurs.

HENRI IV, *Lettres*, 23 avril 1592.

Qu'il étoit éloigné de ceux qui, joignant à la sévérité de leur profession la rudesse de leur humeur, *affligent* les pauvres de J.-C. et désespèrent par leur dureté des misérables!

FLÉCHIER, *Oraison funèbre de M. Le Tellier.*

Benserade a dit plaisamment, à mon gré, que le retour du chevalier de Lorraine réjouissoit ses amis, et *affligeoit* ses créatures; car il n'y en a point qui lui ait gardé fidélité.

Mme DE SÉVIGNÉ, *Lettres*, 1er mars 1672.

Vous vous êtes donc mis vous-même dans cet état de médiocrité qui *afflige* presque tous les humains.

MONTESQUIEU, *Dial. de Sylla et d'Eucrate.*

Une guerre très-mal conduite contre l'Angleterre et contre le nord de l'Allemagne, l'argent du royaume dissipé dans cette guerre avec une profusion énorme, des fautes continuelles des généraux et des ministres, *affligeaient* et irritaient les Français.

VOLTAIRE, *Histoire du Parlement de Paris*, c. 67.

.... avec regret je viens vous *affliger*.

MOLIÈRE, *Tartuffe*, V, 6.

AFFLIGER *l'âme*, *le cœur*, *l'esprit*, *la sensibilité*, etc.

Lorsqu'on parle des rigueurs des dames, l'on ne s'imagine que quelques dédains qui *affligent* le cœur, et qui ne le font mourir que par métaphore.

FLÉCHIER, *Mémoires sur les grands jours de 1665.*

Il (M. de Coulanges) vous réjouira le cœur, quoique souvent le sien soit *affligé*.

Mme DE SÉVIGNÉ, *Lettres*, 1er sept. 1680.

Vous dirai-je que, tandis que le désastre étonnant des Calas et des Sirven *affligeait* ma sensibilité, un homme, dont vous devinerez l'état à ses discours, me reprocha l'intérêt que je prenais à deux familles qui m'étaient étrangères?

VOLTAIRE, *Lettres*, à Damilaville.

Je trouvai un expédient dont ma misérable vanité fut contente, parce qu'il ne prenait rien sur elle, et qu'il n'*affligeait* que mon cœur.

MARIVAUX, *la Vie de Marianne*, 2e partie.

L'état où je vous vois *afflige* trop mon âme.

MOLIÈRE, *le Misanthrope*, III, 7.

J'ai tantôt, sans respect, *affligé* sa misère.

RACINE, *Iphigénie*, III, 4.

Affliger de, affliger par :

C'est la seule appréhension que nous en avons, qui nous rend mal ce qui ne l'est pas, et tire de nostre bien mesme, du mal pour nous *en affliger*.

CHARRON, *De la Sagesse*, I, XXXIII, 2.

Pourvu que, de ma mort respectant les approches,
Tu ne m'*affliges* plus *par* d'injustes reproches.

RACINE, *Phèdre*, II, 3.

AFFLIGER peut se dire aussi en ce sens, comme celui qui a été défini précédemment, sans régime direct ni indirect.

Vous n'êtes pas moins Dieu quand vous *affligez*, quand vous punissez, que quand vous consolez.

PASCAL, *Prière pour demander à Dieu le bon usage des maladies.*

L'augmentation du sel dont on parle *afflige* et étonne.

LE CARD. DE BONSY à Colbert, 8 déc. 1676. (Voy. *Correspondance administrative sous Louis XIV*, t. I, p. 309.)

AFFLIGER s'emploie avec le pronom personnel, et signifie alors, Sentir du déplaisir, de la peine, se faire du chagrin de quelque chose.

On dit, absolument, *s'affliger*.

Sur un vain rapport d'une parole dite contre nous par imprudence et par légèreté, *nous nous affligeons*, nous nous alarmons, nous nous irritons.
BOURDALOUE, *Sermon sur la nativité de Jésus-Christ.*

J'ai été un peu surpris du chagrin bizarre de certains lecteurs, qui... ont mieux aimé prendre parti et *s'affliger* avec les ridicules, que de se réjouir avec les honnêtes gens.
BOILEAU, *Discours sur la satire.*

Dieu nous l'a ôtée : soumettons-nous, nous la suivrons bientôt : il n'est pas permis aux chrétiens de *s'affliger*.
Mme DE MAINTENON, *Lettres*, 18 juin 1684.

(Je) ne suis point de moi si mortel ennemi
Que je *m'*aille *affliger* sans sujet ni demi.
MOLIÈRE, *le Dépit amoureux*, I, 1.

Toujours avant le temps faut-il *vous affliger*?
RACINE, *Bajazet*, I, 4.

Sans raison il est gai, sans raison il *s'afflige*.
BOILEAU, *Satires*, VIII.

S'affliger pour, c'est-à-dire À l'occasion de, à cause de, dans l'intérêt de :

Je veux vous apprendre à chercher Dieu dont la durée est éternelle, et non pas à *vous affliger pour* des créatures qui finissent.
FLÉCHIER, *Oraison funèbre de M. de Lamoignon.*

Ne s'affliger que pour :

Si vous y pouvez venir cet hiver, j'en aurai une joie et une consolation entière; en ce cas je ne *m'affligerai que pour* trois mois, ainsi que vous m'en priez.
Mme DE SÉVIGNÉ, *Lettres*, 10 oct. 1673.

S'affliger de, *s'affliger l'esprit de* :

J'essaie autant que je puis de ne *m'affliger de* rien.
PASCAL, *Extraits des lettres à Mlle de Roannez.*

La civilité exige qu'on aille se réjouir ou *s'affliger* avec les gens *de* mille choses qui ne donnent ni joie ni douleur.
Mlle DE SCUDÉRY. (Cité par Furetière.)

Ils *s'affligent de* n'être plus que des ombres impuissantes et vaines.
FÉNELON, *Télémaque*, XIX.

S'affliger l'esprit de, Se tourmenter d'une chose.

Peste soit qui premier trouva l'invention
De *s'affliger l'esprit de* cette vision.
MOLIÈRE, *Sganarelle*, sc. 17.

S'affliger de ce que, etc. :

J'ai écrit au chevalier (de Grignan) pour *m'affliger* avec lui *de ce qu*'il ne m'a pas trouvée à Paris.
Mme DE SÉVIGNÉ, *Lettres*, 11 déc. 1675.

Le père Bourdaloue les reprit de ce qu'ils *s'affligeoient de ce qu*'un homme payoit le tribut à la nature.
SAINT-SIMON, *Mémoires*, 1694, t. I, c. 25.

S'affliger que :

Je *m'affligeai*, en lui répondant, *que* la nécessité de mes affaires ne me permît pas d'attendre à me marier jusqu'à sa dernière fille.
SAINT-SIMON, *Mémoires*, 1694, t. I, c. 15.

S'AFFLIGER peut être encore verbe réciproque.

Ne *nous affligeons* point vainement l'un et l'autre.
RACINE, *Bajazet*, III, 5.

AFFLIGÉ, ÉE, participe.

Dans les anciens temps de la langue, on avait fait d'*afflictus* le participe AFFLICT, écrit de diverses manières : AFFLIT, AFLIT ; AFFLIX, AFFLISC ; AFFLIS, AFLIS, ASFLIT, etc. (Voyez le *Glossaire* de Sainte-Palaye et quelques-uns des exemples déjà cités, ou qui vont l'être.)

Il s'emploie à peu près adjectivement dans des sens qui correspondent à ceux du verbe.

Ainsi, on le dit D'une partie du corps affectée de quelque mal.

Soit absolument, comme dans cette expression usuelle, *la partie affligée* :

Ung (guarissoit) du mal des dents, seulement lavant par trois fois la racine de la dent *affligée* avecques vinaigre suzat, et au soleil par demye heure la laissant dessécher.
RABELAIS, *Pantagruel*, liv. V, c. 21.

Soit suivi de la préposition *de* et de son régime :

Combien vois-je de personnes *affligées de* fréquentes maladies!

BOURDALOUE, *Sermon sur les œuvres sans la foi.*

On dit en plaisantant et par antiphrase : Il est *affligé de cent mille francs de rente. Elle est affligée de seize ans.*

AFFLIGÉ, employé absolument, a souvent le sens de Malheureux.

L'insulte que vous avez faite à une fille *affligée*, vertueuse et peut-être votre égale.

MARIVAUX, *la Vie de Marianne*, 3e partie.

Vous avez violé le devoir d'hostelage,
À un homme *affligé* vous avez faict outrage.

GARNIER, *Cornélie*, act. III, v. 246.

AFFLIGÉ est d'un très-grand usage au sens d'Abattu, triste, chagrin;

Soit pris absolument :

Pour la grande et extreme chaleur qu'il auoit de façon qu'il n'en povoit plus, avoit osté son armet, et estoit tellement *affligé* et travaillé qu'il ne se daignoit amuser aux prisonniers.

Le Loyal Serviteur, c. 57.

Me trouvant par le présent, le plus *affligé*, destruict et ruiné pauvre presbtre, qui soit, comme je croy, en la France.

AMYOT, *Lettre au duc de Nivernoys*, août 1589.

Presque tous les siècles se sont plaints d'avoir vu l'iniquité triomphante et l'innocence *affligée*.

Louis, qui entend de si loin les gémissements des chrétiens *affligés*.

BOSSUET, *Sermon sur la Providence; Oraison funèbre de la reine d'Angleterre.*

Mais, mon Dieu, que de sang répandu à Namur! que de pleurs! que de veuves et de mères *affligées!*

Mme DE SÉVIGNÉ, *Lettres*, 6 août 1695.

Je le renvoie (le roi) toujours *affligé*, et jamais désespéré.

Mme DE MAINTENON, *Lettre* 10e à Mme de Frontenac.

Ils trouvèrent la gouvernante si *affligée*, qu'ils crurent d'abord que le chanoine n'avoit point fait de testament.

LE SAGE, *Gil Blas*, liv. II, c. 11.

Il faut vous dire que je suis découragé, *affligé*, malade, vieux comme un chemin.

VOLTAIRE, *Lettres*, 26 sept. 1773.

Ma future qui soupait très sobrement, ... m'aurait peut-être accusé d'être peu touché, si j'avais eu le courage de manger beaucoup. On ne doit pas avoir faim quand on est *affligé*.

MARIVAUX, *le Paysan parvenu*, 3e partie.

Veuve, estrangère, *afflicte* et desolée,
A qui puis-je ore escripre les complaintz
Du mien regret, que tant lamente et plaingz?

CRETIN, p. 191. (Cité par Sainte-Palaye.)

Ses gardes *affligés*
Imitoient son silence, autour de lui rangés.

RACINE, *Phèdre*, V, 6.

Il rendit le courage à mon cœur *affligé.*

VOLTAIRE, *Dialogue de Pégase et du vieillard.*

Vos regards *affligés* redemandent en vain
Le verger, le bosquet que planta votre main.

DELILLE, *les Jardins.*

Soit construit avec les prépositions *de, par, pour;*

Avec la préposition *de :*

Mon fils me donne souvent de ses nouvelles : j'ai le cœur *affligé de* la guerre.

Mme DE SÉVIGNÉ, *Lettres*, 16 mai 1762.

Pierre était *affligé* dans ce succès *de* ne voir ses vaisseaux et ses galères de la mer d'Azof bâtis que par des mains étrangères.

Louis XIV eut assez de grandeur d'âme pour être *affligé de* la mort de Ruyter.

VOLTAIRE, *Histoire de Pierre le Grand*, 1re partie, c. 8; *Siècle de Louis XIV.*

Avec la préposition *par :*

J'ai été nourri aux pieds de votre Majesté; et j'y ai appris de bonne heure à ne pas délaisser les personnes *affligées* et accablées *par* une puissance supérieure.

AGR. D'AUBIGNÉ, *Mémoires.*

Avec la préposition *pour :*

Et *pour* la mort de ses enfans
Fut moult *afflix*, et fut souffrans.

EUST. DES CHAMPS, *Poés. mss.*, fol. 582, col. 3. (Cité par Sainte-Palaye.)

On le prend substantivement, dans quelques-uns des sens qui viennent d'être rappelés ;

En parlant de personnes atteintes de quelque maladie, de quelque infirmité :

Seullement avois esguard et intention par escript donner ce peu de soulaigement que povois ès *affligez* et malades absens.

RABELAIS, *Pantagruel,* épître en tête du liv. IV.

En parlant de personnes malheureuses, dans le chagrin :

Il deffend les opprimez, il conforte les *affligez,* il subvient aux souffreteux.

RABELAIS, *Gargantua,* I, 40.

Si est la pitié passion vicieuse aux stoïques : ils veulent qu'on secoure les *affligez,* mais non pas qu'on fléchisse et compatisse avec eux.

MONTAIGNE, *Essais,* I, 1.

Nous souspirons avec les *affligés.*

CHARRON, *de la Sagesse,* I, XXXII.

C'est assez d'être du nombre des *affligés* pour être de vos amis.

VOITURE. (Cité par Furetière.)

Trente Cupidons faisoient beaucoup plus les *affligés* que leurs compagnons.

SARRASIN, *Pompe funèbre de Voiture.*

Presque tous ceux qui vont s'affliger avec les *affligés* ne sentent rien de ce qu'ils disent sentir.

Mlle DE SCUDÉRY. (Cité par Furetière.)

Le temple de la justice est l'inviolable refuge des *affligés.*

PATRU, *Plaidoyers,* III.

Il est généreux de se ranger du côté des *affligés.*

MOLIÈRE, *Critique de l'École des femmes,* sc. 7.

Il ne sauroit plus vivre qu'il n'aille consoler son aimable *affligée.*

MOLIÈRE, *les Fourberies de Scapin,* I, 2.

Mademoiselle du Plessis est à son couvent; vous ai-je dit comme elle a joué l'*affligée,* et comme elle voloit la cassette, pendant que sa mère expiroit?

Mme DE SÉVIGNÉ, *Lettres,* 21 juin 1680.

Nos consolations sont une flatterie envers les *affligés.*

VAUVENARGUES, *Réflexions et Maximes,* DLXXIX.

Quoi que j'aie pu dire ailleurs, peut-être que les *affligés* ont tort.

LA BRUYÈRE, *Caractères,* c. 11.

Arbitres absolus des fortunes du monde,
Vous dont les *affligés* implorent le secours.

RACAN, *les Bergeries,* V, 2.

Le participe présent d'AFFLIGER est devenu l'adjectif

AFFLIGEANT, ANTE.

Qui afflige;

Soit au sens de Qui accable :

A-t-elle cru que sa croix était trop dure ou trop *affligeante?*

Je parle avec confiance d'une mort chrétienne, préparée par des infirmités sensibles et humiliantes, par un retranchement des plaisirs et des consolations humaines, par une langueur *affligeante.*

FLÉCHIER, *Oraison funèbre de Mme de Montausier.*

Mener une vie pleine de soins, et de soins *affligeants.*

BOURDALOUE, *Sermon sur l'ambition.*

Soit au sens de Qui attriste :

Qu'y a-t-il de si *affligeant* à tout cela?

MOLIÈRE, *Fourberies de Scapin,* II, 11.

Il est bien *affligeant* pour moi de ne trouver que des injures où je venais chercher de la consolation et du secours.

MARIVAUX, *la Vie de Marianne,* 3e partie.

Je tâche de fermer de tous côtés la porte aux nouvelles *affligeantes.*

J.-J. ROUSSEAU, *Lettres,* 16 août 1766.

N'êtes-vous pas méchante,
De vous plaire à me dire une chose *affligeante?*

MOLIÈRE, *les Fâcheux,* II, 4.

AFFLICTIF, IVE, adj.

Il n'est guère usité qu'au féminin et dans ces locutions : *Peine afflictive, peine afflictive et infamante,* qui appartiennent à la jurisprudence criminelle. *Les peines afflictives* sont les peines corporelles et physiques qui frappent directement la personne du condamné; les peines infamantes sont celles qui ont un effet moral, qui déshonorent et flétrissent le condamné dans l'opinion publique.

Jusques à présent, les édits qui portent qu'ils seront

enfermés dans les hôpitaux, n'ont point prononcé de peine *afflictive* contre ceux qui refuseroient de s'y rendre.
SEIGNELAY à M. de Harlay, 12 février 1689. (Voy. *Correspond. administr. sous Louis XIV*, t. II, p. 229.)

J'avois compté que le gentilhomme subiroit une peine *afflictive*.
LE SAGE, *Gil Blas*, liv. V, c. 1.

Les évêques s'étaient arrogé le droit du glaive, celui de condamner à des peines *afflictives* et à la mort.
VOLTAIRE, *Histoire de Pierre le Grand*, Ire partie, c. 10.

Les peines en matière criminelle sont ou *afflictives* et infamantes, ou seulement infamantes.
Code pénal, I, 6.

AFFLICTION, s. f.

On a écrit *Aflition* (voyez le *Vocab. lat.-fr.* de G. Briton, XIVe siècle, Douai, 1851); AFFLICION, AFFLIXION, etc. (voyez le *Glossaire* de Sainte-Palaye).

AFFLICTION s'est pris autrefois dans un sens physique, pour Prosternement, génuflexion, etc.

Le rei (de Jérusalem, à son couronnement) est vestu com diaque, la teste descoverte. Et l'on a un faudestueill devant l'autier, et là s'apuie le rei en *afflictions* trusque à tant que le Te Deum soit chanté.
Assises de Jérusalem, publiées par le comte Beugnot, livre de Jean d'Ibelin, t. I, c. 7, p. 30.

Au moustier nostre dame fist primes l'oroison;
Devant le mestre autel fist maint *aflicion*.

Toute nuit firent oroisons,
Et furent en *afflictions*.
WACE, *Roman de Rou*, ms., p. 98; p. 305 *bis*. (Cité par Sainte-Palaye.)

Seinz-Patriz li bons-eurez
Fud bien de Deu, è mult privez;
Nuit e jur fud en oreisuns,
En veilles, è en *afflicciuns*.
MARIE DE FRANCE, *Purgatoire*, v. 274.

Cordelier, Jacobin font grant *afflicions*.
RUTEBEUF, *De la Vie dou monde*. (Voyez *Œuvres*, édit Jubinal, t. I, p. 241.)

AFFLICTION s'emploie de deux manières qui correspondent aux deux principales acceptions d'*Affliger*, sans qu'il soit toujours facile de décider à laquelle de ces deux acceptions, fort voisines l'une de l'autre, il doit être rapporté.

C'est ainsi qu'il exprime l'État d'abattement, de tristesse, le chagrin où nous jette un événement malheureux.

Il n'y a point d'apparence pourtant.... que je fasse mon *affliction* de votre commun contentement.
BALZAC, *Lettres*, IV, 15.

Je trouverai la paix dans mon *affliction* la plus amère.
LE MAÎTRE DE SACY, trad. de la *Bible*, Is., c. 38.

Les discours étudiés de ces consolateurs sans douleur, irritent plus l'*affliction*, qu'ils ne l'adoucissent.
Mlle DE SCUDÉRY. (Cité par Furetière.)

Elles (les femmes ambitieuses) s'efforcent de se rendre célèbres par la montre d'une inconsolable *affliction*.
LA ROCHEFOUCAULD, *Maximes*, 233.

Ne vous reconnoissez-vous pas dans l'*affliction* que j'ai décrite?
FLÉCHIER, *Oraison funèbre de M. de Turenne*.

Ceux qui se ruinent me font pitié : c'est la seule *affliction* dans la vie qui se fasse toujours sentir également.

J'ai dit à Brancas que vous lui faisiez des complimens sur son deuil, et non pas sur son *affliction*.
Mme DE SÉVIGNÉ, *Lettres*, 20 juin 1671; 8 nov. 1679.

L'*affliction* suspendoit en elle les autres douleurs.
LA FONTAINE, *Psyché*, liv. II.

Les enfants rient et pleurent facilement; ils ont des joies immodérées et des *afflictions* amères sur de très-petits sujets.

Son *affliction* augmente, les larmes lui coulent des yeux.
LA BRUYÈRE, *Caractères*, c. 11; c. 14.

Qui peut me consoler en mon *affliction*?
RACAN, *Psaumes*, XCIII.

Il pleuroit en perfection
Et même sans *affliction*.
SCARRON, *Virgile travesti*. (Cité par Furetière.)

Dieu qui voyez mon trouble et mon *affliction*.
RACINE, *Athalie*, V, 7.

On dit en ce sens, par une expression empruntée au langage de l'Écriture : *Affliction de l'esprit, d'esprit, Affliction de cœur.*

Les dons de Dieu se tournent pour lui en châtimens; dès-là l'*affliction de l'esprit* et l'amertume du cœur.
BOURDALOUE, *Sermon sur la paix chrétienne*.

Salomon vous a dit, il y a long-temps, qu'après avoir cherché, trouvé et goûté de tous les plaisirs, il confessoit que tout n'est que vanité et *affliction d'esprit*, hormis aimer Dieu et le servir.

Mme DE MAINTENON, *Lettre* à Mme de la Maisonfort. (Voyez son histoire par M. le duc de Noailles, p. 165.)

Je voudrais ne pas cesser de parler de Georges Keith : c'est de lui que me viennnent mes derniers souvenirs heureux; tout le reste de ma vie n'a plus été qu'*afflictions* et serrements *de cœur*.

J.-J. ROUSSEAU, *Confessions*, IIe partie, 12e livre.

AFFLICTION se dit aussi, assez fréquemment, Des accidents, des malheurs même, qui sont une cause d'affliction.

Recordant les grands maux, dommages et *afflictions* que notre royaume et nos sujets ont soutenus par longtemps.

FROISSART, *Chroniques*, liv. I, 2e partie, c. 132.

Toutes foys ce ne avoyt esté sans grande *affliction* et dangier evident de naufraige.

RABELAIS, *Pantagruel*, liv. IV, c. 25.

Si son corps estoit captif, son brave cœur ne l'estoit point et luy assista très-bien pour ne se laisser point aller en son *affliction*.

BRANTOME, *Vie de Marguerite de Navarre*.

C'est une étrange fantaisie de vouloir payer la bonté divine de notre *affliction;* comme les Lacédémoniens, qui mignardoient leur Diane par bourrellement de jeunes garçons, qu'ils faisoient fouetter en sa faveur souvent jusques à la mort.

On ne me fait rien faire par les offenses et *afflictions*, que les maudire.

MONTAIGNE, *Essais*, II, c. 12; III, 2.

Ceux qui participoyent à vos secrets et qui lors prirent le nom de catholiques zelez, faisoyent déjà un Dieu de votre frère, l'invoquoyent en leurs *afflictions*.

Satyre Ménippée, harangue de M. d'Aubray.

Vous en serez allégée et fortifiée en vos *afflictions*.

S. FRANÇOIS DE SALES, *Introduction à la vie dévote*, Ire partie, c. 4.

La stérilité, qui est l'*affliction* des mariages aussi bien que la fin des familles.

Traité des droits de la reine, 1667. (Voy. *Négociations relatives à la succession d'Espagne*, t. II, p. 65.)

On me mande que plusieurs duchesses et grandes dames ont été enragées, étant à Versailles, de n'être pas du souper du jour des rois : voilà ce qui s'appelle des *afflictions*.

Mme DE SÉVIGNÉ, *Lettres*, 15 janv. 1690.

Comme le mondain n'a lui-même jamais eu pitié de personne, aussi tout est sourd à l'entour de lui, au jour de son *affliction*.

La véritable vertu chrétienne non-seulement se conserve, mais encore se raffine et se purifie dans le feu des *afflictions*.

Enfin je l'ai trouvée, cette *affliction* fructueuse, cette douceur salutaire de la pénitence.

BOSSUET, *Sermons*, sur l'impénitence finale; sur la nécessité des souffrances; sur les vaines excuses des pécheurs.

Si de tous les hommes les uns mouroient, les autres non, ce seroit une désolante *affliction* que de mourir.

LA BRUYÈRE, *Caractères*, c. 11.

J'éprouvai à Fontainebleau une des plus grandes *afflictions* que je pusse recevoir par la perte que je fis de M. de la Trappe.

SAINT-SIMON, *Mémoires*, 1700, t. III, p. 6.

Mais c'est peu que l'honneur dans mon *affliction*.

Cédons au sort dans notre *affliction*.

MOLIÈRE, *Sganarelle*, sc. 16; *Amphitryon*, III, 7.

AFFLUER, v. n. (du latin *affluere* et, par ce mot, de *fluere*).

On l'a écrit quelquefois AFLUER.

Recueilli, dès 1539, par nos lexicographes, par Rob. Estienne, J. Thierry, Nicot, etc., il était, au XVIIe siècle, noté par Danet comme vieux et hors d'usage et omis par Richelet. Bientôt cependant, par une nouvelle et dernière vicissitude, il reprit faveur.

AFFLUER, d'après son étymologie, c'est Couler vers.

Il s'emploie au propre en parlant Des eaux qui coulent vers un même lieu.

On a dit *affluer sur*.

Seulette à part, et estraignant à grant paine les lermes qui ma veue troublent et comme fontaine *affluent sur* mon visage.

CHRISTINE DE PISAN, *Lamentations sur les maux de la guerre civile*.

Affluer dans, affluer vers, affluer à.

Il y a plusieurs ruisseaux et plusieurs rivières qui *affluent dans* la Seine.

Dictionnaire de l'Académie, 1694.

Il est facile de compter les fleuves qui *affluent dans* la Méditerrannée.

Grand Vocabulaire, 1787.

Des ruisseaux et des rivières *affluent*, assez souvent, à angles droits, *aux* côtes et *aux* rivages.

Encyclopédie, art. *Affluence*.

Affluer s'emploie encore au propre en parlant des mouvements du sang et des humeurs.

Affluer se dit au figuré, avec les mêmes formes de construction, en parlant des choses et des personnes ;

En parlant des choses, pour Abonder, arriver en abondance.

Toutes sortes de biens *affluent* dans cette maison. Les vivres *affluoient* dans le camp.

Dictionnaire de l'Académie, 1694.

Hélas ! ma sœur, trez clere Retoricque,
Bouche dorée et langue melliflue,
Vociferez à cry hault et publique
La granct douleur qui en nature *afflue*.

Jean le Maire, *Sur la mort de Louis de Luxembourg*, le 21 déc. 1503. (C'est la Peinture qui parle.)

En parlant des personnes, pour Survenir en grand nombre.

En ceux (les États) où le vulgaire, où les ignorans, où tous ont tout pu comme celuy d'Athènes, de Rhodes et de Rome, et où les choses ont esté en perpetuelle tempeste, là ont *afflué* les orateurs.

Montaigne, *Essais*, I, 51.

Les peuples *affluoient* de tous côtés en ce lieu, pour voir cette relique.

Mézeray, *Histoire de France*, vie de Robert.

Les pélerins *affluent* à Rome de tous les endroits de la chrétienté pendant la semaine sainte.

Dictionnaire de l'Académie, 1694.

On trouve au même sens *Affluer à* construit avec un nom de personne.

Ce tas d'inconnus qui *lui affluoient* journellement de toutes parts... me faisait un vrai tourment de mon habitation.

J.-J. Rousseau, *les Confessions*, part. I, liv. V.

Affluer a eu autrefois une signification active, et a voulu dire Répandre, fournir en abondance.

Dès lors en avant n'y ferons venir en aucunes de nos dites monoies dehors nostre dit Royaume, aucuns ouvriers, tant comme ceux dudit serement (ceux qui sont assermentés en France) puissent fournir et *afluer* suffisamment toute l'œuvre de nos monnoies.

Ordonnance de Philippe VI, *touchant les monoiers*, 22 mars 1339. (Voy. *Ordonnances des rois de France*, t. II, p. 140.)

C'est paradis le souverain
Duquel l'esperit saint influe
Sur plusieurs sa grace et *afflue*.

Eust. des Champs, *Poes. mss.*, fol. 354, col. 2. (Cité par Sainte-Palaye.)

On trouve chez Monet l'expression *affluer en richesses*, correspondant à l'expression latine *affluere divitiis*.

AFFLUENT, ENTE, adj.

Il se dit des rivières qui se jettent dans une autre.

On a expédié des patentes pour rendre la Seine navigable jusqu'à sa source, et toutes les rivières *y affluentes*.

Dictionnaire de Furetière, 1690.

Il s'emploie aussi substantivement au masculin.

Nous nous trouvâmes à l'*affluent* de la Valogue dans la Moselle.

Grand Vocabulaire.

Le Tacazzé ou l'Atbarah, que les anciens regardaient comme la troisième.... branche du Nil, n'est qu'un *affluent de* ce fleuve.

Maltebrun, *Précis de la géographie universelle*, liv. CLII, *Afrique*, Égypte.

Voyez l'article suivant.

AFFLUENCE, s. f. (du latin *affluentia*).

Concours abondant d'eau et de toute espèce de liquides vers un même point.

Le chemin... n'étoit pas seulement estroit, mais

rompu en plusieurs endroits par l'*affluence* des ruisseaux qui descendent du pied des montagnes.

VAUGELAS, trad. de Quinte-Curce, liv. III, 4.

L'*affluence* des humeurs cause diverses maladies.

FURETIÈRE, *Dictionnaire.*

AFFLUENCE s'emploie au propre, comme aussi AFFLUENT, dans un sens particulier qu'explique le passage suivant.

Affluence se dit d'une rivière qui se jette dans une autre; et confluence, de deux rivières qui se réunissent. Il en est de même des mots *affluent* et confluent; ainsi on dit à l'*affluent* de la Marne dans la Seine et au confluent de la Seine et de la Marne.

Encyclopédie, art. *Affluence.*

AFFLUENCE répond par ses acceptions figurées à celles d'*affluer*.

On le dit, figurément, d'une Grande abondance de choses. Dans le premier des passages qui suivent ce sens figuré est très-voisin du sens propre.

Ilz vivent de l'*affluence* du let de leurs bestes. (Les Beduns, les Bedouins.)

JOINVILLE, p. 49. (Cité par Sainte-Palaye.)

Nous sommes induits à cognoistre qu'il n'y a nulle part ailleurs qu'en Dieu vraye clarté de sagesse, ferme vertu, droite *affluence* de tous biens.

Dieu...., a voulu par cela monstrer l'*affluence* infinie de sa bonté.

CALVIN, *Institution chrestienne,* liv. I, c. 1, § 1; liv. II, c. 10, § 9.

En quel siècle vous estes nez! Quelle *affluence* de toutes sortes de biens vous jouissez!

AMYOT, trad. de Plutarque, œuvres morales, *S'il est loisible de manger chair,* II.

Jouir de la vertu en *affluence* de biens.

PASQUIER, *Recherches de la France,* liv. II, c. 9.

De l'*affluence* des choses nait l'arrogance.
(Ex hac rerum *affluentia* nata est arrogantia.)

DANET, *Dict. fr.-lat.*

De là cette grande diversité de conditions, les uns vivant dans l'*affluence* de toutes choses, les autres languissant dans une extrême indigence.

Que peut-on voir de plus illustre que sa descendance immédiate, où, durant l'espace de quatre cents ans, on ne trouve que des rois et des empereurs, et une si grande *affluence* de maisons royales?

BOSSUET, *Panégyrique de S. François d'Assise,* 1er point; *Oraison funèbre de Marie-Thérèse.*

.... toute sa physionomie est esprit (le duc de Noailles), *affluence* de pensées.

Daguesseau l'ayant reçue de la sorte (la cassette des sceaux) fut modeste à l'*affluence* des compliments.

SAINT-SIMON, *Mémoires,* 1715, t. XII, c. 18; 1717, t. XIV, c. 20.

Otez-nous de ces biens l'*affluence* importune.

LA FONTAINE, *Fables,* VII, 6.

Il se dit aussi d'Un grand concours de monde.

L'*affluence* d'estrangiers qui se voit en France, en Allemagne ou ailleurs.

MONTAIGNE, *Voyages,* Rome.

On célèbre les jeux avec un concours et une *affluence* incroyable de peuple.

VAUGELAS, trad. de Quinte-Curce, IV, 5.

AFFLUENCE, est quelquefois employé absolument;

Au sens d'Abondance :

L'abondance, la prospérité a coutume d'adoucir le cœur de l'homme : l'aise, la joie, l'*affluence* remplissent l'âme, de sorte qu'elles en éloignent tout sentiment de la misère des autres.

BOSSUET, *Sermons,* Sur la charité envers les nouvelles catholiques.

Qu'ainsi, par un doux changement,
Ce désert arrosé devienne en un moment
Un champ délicieux où règne l'*affluence*.

P. CORNEILLE, *Imitation,* III, 23.

Au sens de Grand concours de monde :

Le maréchal de Villeroy se baignoit dans cette *affluence*, qui importunoit le roi qui se cachoit dans des coins à tout moment.

SAINT-SIMON, *Mémoires,* 1721, t. XVIII, c. 25.

Nos camps devant tant de places assiégées ont été semblables à des villes policées où règnent l'ordre, l'*affluence* et la richesse.

VOLTAIRE, *Panégyrique de Louis XV.*

Chacun s'empressait d'approcher, et chacun voulait me voir. Quelques domestiques, irrités de la familiarité qu'on avait l'audace, disaient-ils, d'avoir avec leur maître, voulurent repousser cette *affluence*.

MARIVAUX, *le Paysan parvenu*.

En affluence :

Polyager a bon heur qui luy rit,
C'est pour autant que chez luy il nourrit
Du ciel la chévre, et par son influence
Il reçoit biens mondains *en affluence*.

AMYOT, trad. de Plutarque, *Œuvres morales*, Comment il faut lire les poëtes.

AFFLUX, s. m.

Terme de médecine. Action d'affluer, concours de liquides vers une partie. *L'afflux du sang vers la tête.*

AFFOLER v. a. (Du vieux verbe simple *foler*, et, par ce mot, de l'adjectif *fol.*)

On l'a écrit AFOLLER; AFOLER. (Voyez le *Glossaire* de Sainte-Palaye et les exemples ci-après.)

Il ne faut pas le confondre avec un autre AFFOLER, sur l'étymologie duquel on ne s'accorde pas. Ce dernier semble être une forme d'*Affouler*, dérivé de *fouler;* jusqu'au XVIe siècle (voyez les Dictionnaires de R. Estienne, de J. Thierry, de Nicot, de Danet, de Richelet, etc.), il était fort usité tant au sens de Blesser, qu'il a encore dans le patois picard, qu'au sens de Maltraiter, détruire, etc.;

Soit au propre, dans une acception physique :

Qui navre autrui ou *afole*, il li doit rendre ses domaces, c'est à entendre le coust des mieres et les despens du blecié.

BEAUMANOIR, *Coutumes du Beauvoisis*, ch. XXX, 18.

Les ours estreignent aucunefois un homme ou chien, si fort qu'ils l'*afollent* ou tuent.

GASTON DE FOIX, *Miroir de la Chasse*, p. 12. (Cité par Ménage, *Origines.*)

Le cheval... commencea a faire trois ou quatre saulx, de quoy la compaignie eut paour qu'il *affolast* le garson.

Le Loyal Serviteur, ch. 2.

Qui veut guaingner vingt escus d'or pour estre battu en diable? Io, io, io, respondirent tous. Vous nous *affolerez* de coups; cela est sceur; mais il y a beau guain.

RABELAIS, *Pantagruel*, IV, 16.

Ils (des couteaux) tomboient de poincte.... et eussent *affolé* la personne.

RABELAIS, *Pantagruel*, V, 9.

Monsieur le mareschal entra un' heure après que je fuz *affolé*.

MONTLUC, *Commentaires*, liv. II.

Forme d'aigle par l'air voloit;
La face Hercules *affoloit*
Au bec, aux ongles et as eles.

Ovide ms. (Cité par Borel.)

Hérodes qui fit décoler
Les Innocens et *afoler*,
Et demembrer par chacun membre.

Cil que Deu veut amer
Doit garder sa parole.
Qui ne la veut garder,
L'ame ocist et *afole*.

Fabl. ms. du R. n° 7615, t. I, fol. 75, r°, col. 2; t. II, fol. 180, v., col. 2. (Cité par Sainte-Palaye.)

Meurdrissent les gens et *afolent*.

Si fis ma sajete voler
Generaument por *afoler*.

Roman de la Rose, v. 3488 et 15461.

Va-t-en que tu n'ayes des coups,
S'il te tient, il t'*affolera*.

Farce de Guillerme qui mangea les figues du curé. (*Ancien théâtre françois*, t. I, p. 349.)

Prenons qu'il en ait *affollé*
Six ou sept, ou une douzaine,
Et mengez....

La Farce de Patelin.

... tous les capitaines,
Y deschausserent leurs mitaines
De fer, de paour de m'*affoler*,
Et si me viendrent acoler.

VILLON, *le Franc archier de Baignollet.*

Flambe et fumée aussi mes yeulx *affollent*,
Et sur mon chef les estincelles volent.

CL. MAROT, liv. II, *De la Métamorphose*, v. 535.

Soit au figuré, dans une acception morale :

Pour le praticquer de venir en Italie à conquérir le dict

royaulme de Naples, pour destruire et *affoller* ceulx qui le possedoient.

PHILIPPE DE COMMINES, *Mémoires*, c. 3.

C'estoit *affoler* les mystères de Vénus, que de les oster du retiré sacraire de son temple, pour les exposer à la vue du peuple.

MONTAIGNE, *Essais*, II, 12.

Vous prie d'y adviser de bonne heure, de peur que ce Biarnois ne nous joue quelque tour de son mestier : car s'il alloyt se convertir et ouyr une meschante messe seulement, nous *serions affolez.*

Satyre Ménippée, Harangue de M. le Cardinal de Pelvé.

Ma debonnaireté m'*afole.*
Roman de la Rose, v. 16472.

.... Console toi comme je me console.
Au moins c'est un confort à l'homme malheureux
D'avoir un compagnon au malheur qui l'*affole.*
DESPORTES, *Diane*, liv. I.

Or, avec tout ceci, le point qui me console,
C'est que la pauvreté comme moi les *affole.*
REGNIER, *Satires*, II.

AFFOLER, en ce sens, a été verbe pronominal. On a dit S'AFFOLER au propre pour Se blesser, au figuré pour Se nuire, se perdre, etc.;

Au propre :

Se aucun loue un cheval ou autre beste à chevaucher et en chevauchant la beste *s'affolle*, le conducteur, etc.

Coutumier général, t. II, p. 707.

Au figuré :

L'âme..... s'*affolle* d'être trop continuellement bandée.

MONTAIGNE, *Essais*, III, 5.

Nostre voller, qui hault ne bas ne tend,
De l'entredeux seroit tousjours content;
Car cestuy-là, qui hault ne bas ne volle,
Va seurement, et jamais ne *s'affolle.*
CL. MAROT, *Épîtres*, liv. I, 31.

AFFOLER, S'AFFOLER se sont dits particulièrement en parlant de blessures pouvant amener un avortement.

S'il chet une espingle à la dame, il l'amassera, car elle *se* pourroit bien *affoller* à soy baisser.

Les Quinze joyes de mariage, 3.

A son ordinaire remettra-on la jument pour d'icelui estre nourrie jusqu'à son poulinement : attendant lequel l'on se prendra garde de ne la presser, ne heurter, faire courir ne sauter, de peur de la faire *affoler.*

OLIVIER DE SERRES, *Théâtre d'agriculture*, 4e lieu, c. 10.

Encore aujourd'hui, dans certains idiomes provinciaux (voyez le *Glossaire du centre de la France*), AFFOULER, S'AFFOULER, sont employés de même, pour Avorter, faire avorter.

L'autre verbe AFFOLER, venant, par *foler*, de *fol*, signifie Rendre, en quelque sorte, fou par l'excès de la passion, passionné à la folie.

Les autres Bouillon ne les renioient pas avec moins d'indignation (leurs cousins de la Tour Murat) que le cardinal, tant la princerie *affole* les cervelles.

SAINT-SIMON, *Mémoires*, 1713.

C'est un riens qui moult m'*afole.*
Parthenopeus de Blois, v. 1865.

Or nous deffent-on la carole (danse),
Que c'est ce qui la terre *afole.*
RUTEBEUF, *Complainte de Constantinople*. (Voyez *Œuvres*, t. I, p. 195.)

Tant les va Amors *afolant.*

Sachiès que dons les gens *afolent.*

Lors le doit estroit acoler
Et baisier por miex *afoler.*
Roman de la Rose, v. 4363, 8266 et 13906.

Voulx-tu croire Raison la fole
Qui ceux qui la croient *affole?*
JEAN BRUYANT, *Chemin de povreté et de richesse*, dans le *Ménagier de Paris*, t. II, p. 24.

Vous chantés et le cuer vous volle,
Et bien monstrés qu'amour *afolle*
Ceulx qu'elle tient en son lien.
GUILLAUME ALEXIS, *Le Blason des faulses amours.*

Si je suis fol, amour m'*affolle,*
Et vouldrois, tant j'ay d'amytié,
Qu'autant que moy elle fust folle,
Pour estre plus fol la moytié.
CL. MAROT, *Épigrammes*, liv. III, 44.

Elle s'advance à coup, elle tombe à genoux,
Et le juste despit qui sa belle ame *affole*
Lui fit dire beaucoup en ce peu de parolle.
AGR. D'AUBIGNÉ, *Tragiques*. Chambre dorée, liv. III.

Cloris, que l'amour *affole*,
Aime les Galants de la cour.
GOMBAUT, *Épigrammes*.

On a dit aussi *s'affoler*.

Li homs s'*afole*
De mentir, par acoustumance.
EUST. DESCHAMPS, 6e ballade. (Édit. Crapelet, p. 9.)

Comment peut-il porter le fès
De tant parler? Ho! il *s'affole*.
La Farce de Pathelin.

..... Les lettres sont l'âme du langage,
La source des conseils, le repos des labeurs,
Le charme des ennuis et l'oubli des douleurs.
Pourtant je ne veux pas que ton cœur s'en *affole*.
Instruis-toi pour le monde et non pas pour l'école.
DES YVETEAUX, *l'Institution du Prince*.

Voyez-vous pas de tous côtés
De très-décrépites beautés,
Pleurant de n'être plus aimables,
Dans leur besoin de passion,
Ne pouvant rester raisonnables,
S'affoler de dévotion,
Et rechercher l'ambition
D'être bégueules respectables?
VOLTAIRE, *Épîtres*, XXXI.

On a dit même AFFOLER, dans un sens neutre, pour Devenir fou.

Ainsi elle est perdue à son honneur, et par adventure *affollera* du tout.
Les Quinze joyes de mariage, 13.

Si tu sçavois, Hylas, quelle félicité c'est *d'affoler* pour ce sujet, tu dirois que toute la sagesse du monde n'est point estimable au prix de cette heureuse folie.
D'URFÉ, *l'Astrée*, IIe part., liv. IX.

Com plus regardent li amant,
Plus s'afolent en regardant,
Com plus *afolent*, plus regardent.
Fabl. ms. du R., no 7218, fol. 134, ro, col. 1. (Cité par Sainte-Palaye.)

Dites hardiment que j'*affole*
Si je dis huy autre parole.

Or je resgny sainct Pierre de Rome
S'il n'est fin fol ou il *affolle*.
La Farce de Pathelin.

Si ce n'est qu'à dessein ils veuillent tout mêler
Et soient d'intelligence à me faire *affoler*.
P. CORNEILLE, *la Suivante*, V, 4. Éditions de 1637-1648, vers changés depuis.

Dans l'exemple suivant, que cite Sainte-Palaye, il est pris au sens de Devenir enragé ou furieux.

Longtemps a qu'aprins en avoye
Comme on doit le chien garder
Par especial d'*affoler*.
GACE DE LA BIGNE, *des Déd.*, ms., fol. 86, ro.

De là, dit Sainte-Palaye, la locution *chien fou*, en parlant d'un chien enragé.

AFFOLÉ, ÉE, participe.

Il a reçu naturellement de l'ancienne signification d'*affoler* le sens soit au propre de Blessé, estropié, soit au figuré de Maltraité, d'endommagé, de perdu;

Au propre :

Li *afolez* aura lo tiers de l'avoir à celui qui l'*afolera*.
Texte de 1247. (Cité dans le *Glossaire* de Du Cange, au mot *Affolare*.)

Lambert, son nepveu, navra-il si fort en la cuisse, qu'il en fut moult longtemps *affollé*.
Chroniques de saint Denys, t. I, fol. 169, ro.

Comme ele s'esveilla, ele se trouva *afolée* (percluse) ès cuisses, ès genoux, ès jambes et ès piez, si que ele ne se povoit aidier de ses membres.
Miracles de Saint Louis, 10e miracle, à la suite de JOINVILLE.

Car j'en ay veu des gens plagés et *affollés* par le sanglier.
GASTON DE FOIX, *Miroir de la Chasse*, p. 52. (Cité par Ménage, *Origines*.)

Et leur creverent les yeux (Olivier d'Auterme et les siens, à certains bourgeois de Gand), et les renvoyerent à Gand ainsi *affolés* et meshaignés.
FROISSART, *Chroniques*, liv. II, c. 61.

(Dans les gages de bataille on) doit avoir regard que le deffendant soit sain de ses membres, sans estre borgne, ni boiteux, ou *affolé* de l'un de ses bras.... et s'il a un bras *affolé*, on doit occuper un bras à l'appellant tellement qu'il ne s'en puisse aider.
OLIVIER DE LA MARCHE, *Gages de bataille*, fol. 26, ro. (Cité par Sainte-Palaye.)

Je ne suis plus jeune, je deviens vieulx; le temps est dangereux; je pourrai prendre quelque fievre; me voilà *affolé*.

Rabelais, *Pantagruel*, II, 3.

Affolé d'une jambe.

R. Estienne, *Dict. fr.-lat.*, 1549.

De Sarazins y ot molt *affolés*.

Roman d'Aubery.

Et quant à descouvert m'a veue (l'Amour), m'a lasché
Mainctz traitz à la volée ;
Mais onc ne m'en sentis autrement *affolée*.

Pernette du Guillet, *Rymes*.

Au figuré :

Cappitaine, si nous ne gaignons le grant chemin, nous sommes *affolez*.

Le Loyal serviteur, c. 39.

Par ma foy, dist-il, nous sommes *affollez*.

Rabelais, *Gargantua*, I, 33.

...... Que de fiebvre quartaine
Puisse-tu avoir le cueur *affolé*.

Farce de Guillerme qui mangea les figues du curé. (*Ancien Théâtre françois*, t. I, p. 345.)

Lors sont de destresse *affolez*.

Charles d'Orléans, *Rondel* Fyez-vous y, se vous voulez.

Affolé est resté en usage dans un sens analogue à celui que le verbe a conservé : fou, rendu fou par quelque passion, follement épris.

On l'a employé en ces deux sens, absolument.

Dès cel jour ladite Ponce fut si *afolée* et hors de son sens que ele ne parloit pas à droit, ainz disoit paroles vaines et sans proufit, qui n'avoient point d'entendement.

Miracles de saint Louis, 31ᵉ miracle, à la suite de Joinville.

Vistes-vous jamais créature
Plus *affolée* que ceste-cy.

La Farce du nouveau marié. (*Ancien Théâtre françois*, t. I, p. 19.)

La fleur des champs n'est sechée et foulée
Qu'en temps d'yver; mais moy, povre *affolée*,
Perz en tout temps la fleur de ma beaulté.

Cl. Marot, *Rondeaux*, 49.

Il fit par boutte feux Romme reduire en cendre :
Cet appetit brutal print plaisir à entendre
Les hurlemens divers des peuples *affolez*.

Agr. d'Aubigné. *Tragiques*. Les Fers, liv. V.

On a dit *affolé par* :

Par leur orgueil sont maint homme *affolé*.

Eust. Deschamps, 3ᵉ *fable*. (Édit. Crapelet, p. 190.)

Affolé à :

Il est *affolé à* sa maison.

Dictionnaire de l'Académie, 1694.

Affolé après :

Il est tant *affolé après* ses amours, qu'il ne se souvient plus de luy mesmes.

Larivey, *le Laquais*, III, 4.

Affolé de :

Vous ne sauriez croire comme elle est *affolée de* ce Léandre.

Molière, *le Médecin malgré lui*, III, 7.

Le roi et la reine, qui étoient *affolés de* leur belle-fille, lui faisoient mille caresses.

Ch. Perrault, *Contes*, Peau d'Ane.

J'en reviens (de Ruel) toujours plus *affolée de* nos petites filles.

Mme de Maintenon, *Lettres*, 1er septembre 1683.

Chamillart, toujours également *affolé de* son gendre (la Feuillade), lui renvoya son courrier et sa démission, qu'il s'étoit bien gardé de montrer.

Rien ne convenoit moins à madame la duchesse de Berry.... qu'une précieuse du premier ordre, *affolée* de la cour.

Saint-Simon, *Mémoires*, 1706 et 1712.

D'ailleurs je ne fus jamais *affolé de* l'Angleterre; j'en laissois l'enthousiasme au cardinal Dubois....

Saint-Simon, *Mémoires*, 1721.

Tel est *affolé* de clergie
Qui cuide sage devenir.

P. Gringore, *les Fantaisies du monde*, str. 81.

C'est un magistrat de province
Affolé de sa propre amour,
Pour se troquer avec un prince
Il demanderoit du retour.

Maynard, *Ode*.

Esprit *affolé* de la rime.
MAUCROIX, *Épîtres*, I.

En terme de marine, *Aiguille affolée* se dit de l'aiguille d'une boussole lorsqu'elle est dérangée de sa direction naturelle vers le nord, soit par le voisinage du fer, soit par un orage violent, etc.

Affolir, que donne encore en 1694 le *Dictionnaire de l'Académie*, s'est dit autrefois pour AFFOLER.

Au sens actif de Rendre fou :

Il y a non-seulement du plaisir, mais de la gloire encore, d'*affolir* et desbaucher cette molle douceur et cette pudeur enfantine, et de ranger à la mercy de nostre ardeur une gravité froide et magistrale.
MONTAIGNE, *Essais*, II, 15.

Au même sens, sous la forme pronominale S'AFFOLIR :

Tout ainsy que la beste sauvaige et farouche ne se veult laisser.... manier à l'homme, mais.... s'irrite et s'esleive contre luy, s'il en veult approcher... ainsi en faict la folie revesche à la raison, et sauvaige à la sagesse contre laquelle elle s'irrite et s'*affolit* davantage, dont il la faut... mener comme une beste farouche.
CHARRON, *De la Sagesse*, liv. II, c. 8, 1.

Au sens neutre de Devenir fou :

Cet homme *affolit* tous les jours.
Dictionnaire de l'Académie, 1694.

On a dit, plus anciennement, selon Sainte-Palaye, AFOLATIR, AFOLETIR, au même sens de Rendre fou :

Me volez-vous *afolatir* ?
Anc. poés. fr., ms. du Vatican, n° 1522, fol. 151, r°, col. 2.

Amors se gabe et escharnist
Quant le plus saige *afoletist*.
OVIDE, *de Arte*, ms. de Saint-Germain, fol. 93, r°, col. 2.

On a dit, selon le même lexicographe, AFFOLOIER pour Faire des folies.

Mauvais fait donc *affoloier*.
EUST. DESCHAMPS, Poés. mss., fol. 242, col. 1.

AFFOLOIER s'était formé du simple *foloier* qui se lit dans ce vieux texte :

Car plus qu'aultre homme se desroie
Ung sages homs quant il *folloie*.
Roman d'Athis, ms. (Cité dans le *Glossaire* de Du Cange, au mot *Follis*.)

D'AFFOLER s'étaient formés plusieurs substantifs :

AFFOLURE, AFFOLLURE, AFFOLEURE, s. f., donné par les anciens dictionnaires, ceux de R. Estienne, de J. Thierry, de Nicot, avec le sens de Blessure.

Sauf à icelui seigneur le cas d'*affoleure*.
Charte de 1328, d'Odoard seigneur de Ham. (Cité dans le *Dictionnaire* de Trévoux.)

Affolure de femme enceinte, avortement.
MONET, *Dictionnaire*.

AFFOLENCE, s. f.

Dont on cite, au même sens de Blessure, cet exemple :

Trop se doutoit de l'*affolence* du Roy ; car la faulse vieille qui remué l'avoit, avoit mis sur sa playe, etc.
Roman de Perceforest, vol. II, fol. 25, r°, col. 2. (Cité par Sainte-Palaye.)

AFFOLEMENT, AFFOLLEMENT, s. m.

Correspondant par ses diverses significations à celles du verbe *Affoler* ;

Tantôt voulant dire Blessure :

Excepté ès cas de mort, d'efforcement de femmes, d'*affolement* d'ommes.
Ordonnances des rois de France, t. IX, p. 126 (ann. 1406).

La damoiselle qui a prins garde au Roy, ne desiroit gueres sa santé ; ains desire son *affollement* du moins, ou sa mort.
Roman de Perceforest, vol. II, fol. 25, v°, col. 2. (Cité par Sainte-Palaye.)

Tantôt passion folle :

L'*affolement* de la paix étoit à un point, qu'on crut qu'il (le maréchal de Boufflers) étoit allé moins pour la négocier que pour la conclure.

SAINT-SIMON, *Mémoires*, 1709.

Mais las! faut-il que pour estre trop sage
Maintenant j'aye une si forte rage,
Perdant le bien d'un jeune *affolement!*

J. TAHUREAU, *Poésies*, p. 177. (Cité par Sainte-Palaye.)

AFFOLAGE, s. m.

Mais las, mon cœur je n'en puis oter
Et grand *affolage*
M'est d'espérer.

Chanson attribuée à Thibault et citée par la Harpe, *Cours de Littérature*, part. II, liv. I, c. 1.

AFFOUAGE, s. m. (De notre vieux verbe *affouer, affoer,* venu par *affoare, affocare,* mots de la basse latinité, du latin *focus.*)

On l'a écrit *Affouaige*. Voyez les exemples ci-après.

Primitivement employé, en raison de son étymologie, au sens général de bois de chauffage. (Voyez *le Nouveau Coutumier général,* t. II, p. 1074, 1096, col. 2.) On l'a de bonne heure, par une acception spéciale, consacré à exprimer le Droit de prendre dans une forêt du bois pour se chauffer.

De là diverses expressions : *Droit d'affouage, bois d'affouage, l'affouage d'*une personne, *d'*une maison, *d'*une commune, etc.; ou, absolument, *l'affouage.*

Fors tant que por *lur affoage*, ne devent il trancher ne fol, ne chesne.

Texte de 1256. (Cité dans le *Glossaire* de Du Cange, au mot *Confoagium.*)

Donnons encores ausdiz religieux l'*affouage* pour le four et pour leur *affouage de* la dite maison à prendre dou mort boys.

Texte de 1312. (Cité dans le *Glossaire* de Du Cange au mot *Affoagium.*)

Esquelz boys par nous baillez ne pourront user nulz usaigiers exceptez les fermiers de nos fours bannaux du dit Commercy pour l'*affouaige d'*iceulx fours... Aussi aura la maison de Hurtebize, appartenant à notre dit comparconnier, *son affouaige* en iceulx bois.

Lettres de Robert de Sarrebruche, comte de Brayne et de Roucy, en 1500. (Cité dans le *Glossaire* de Du Cange, au mot *Affuiagium.*)

AFFOUAGE en ce sens spécial, si ancien, n'a pas cessé d'être en usage dans la langue administrative et judiciaire.

Les *droits* d'usage et *d'affouage* sont incessibles et incommunicables.

Arrêt de la Cour de cassation, du 13 octobre 1809.

Les conservateurs doivent fournir aux préfets les renseignements nécessaires à la formation de l'état du produit des *bois d'affouage*, soit que la distribution se fasse en nature, soit que le prix des ventes soit versé dans la caisse communale.

Circulaire du 18 juin 1811, n° 440.

Les conseils municipaux des communes n'ont pas le droit de fixer eux-mêmes la quantité d'arbres nécessaire à *leur affouage*.

Décision du ministre des finances, 1er juillet 1813.

La décision du 13 janvier 1814 n'est applicable qu'aux coupes délivrées pour l'*affouage,* c'est-à-dire pour le chauffage *des* habitants.

Décision du ministre des finances, du 12 octobre 1831.

D'AFFOUAGE s'est formé l'adjectif

AFFOUAGER, ÈRE.

On rencontre assez fréquemment, dans des documents administratifs et judiciaires, ces expressions : *Commune affouagère, Portion affouagère, Coupe affouagère,* etc.

Le chablis et bois de délit ne peuvent accroître l'affouage qu'autant qu'ils se trouvent dans la *coupe affouagère.*

Décision du ministre des finances, 21 juin 1820.

Un mot de même origine, le substantif masculin AFFOUAGEMENT, se disait, comme aussi *fouage,* et d'autres mots venant tous de *focus, feuage, feugage, fouée, foée,* etc. (voyez le *Glossaire* de Du Cange, aux mots *foagium, focagium, fuagium*), de la répartition de certains droits, de certaines contributions par feux.

Le dernier *affouagement* de Provence a été enregitré le 20 may 1666. La viguerie d'Aix est comptée pour 74 feux dans cet *affouagement*.

Dictionnaire de Furetière.

AFFOURCHER, v. a. (Du français *fourche* et, par ce mot, du latin *furca.*)

Il a, comme le substantif féminin AFFOURCHE, en termes de marine, des acceptions qu'il appartient aux dictionnaires spéciaux d'expliquer.

La langue commune n'en fait guère usage qu'au participe :

AFFOURCHÉ, ÉE,

En parlant d'une personne à califourchon sur quelque chose, sur quelque bête de monture.

Un jour un villageois, sur son âne *affourché*,
Trouva par un ruisseau son passage bouché.

J.-B. ROUSSEAU, *Fable*, dans la préface du *Capricieux*.

AFFRANCHIR, v. a. (De *franc*, par l'intermédiaire du verbe simple *franchir*, au sens de Rendre franc, libre, délivrer, exempter.)

Mainte bele chartre dona à l'église; si fu la première que il la *franchi* de maintes mauveses exactions... de ce les *franchi* que nus Rois n'i puet ne n'i doit jamais cort tenir.

Chroniques de Saint Denis. (Voy. *Rec. des Historiens de France*, t. X, p. 311.)

Nus.... gentishons ne püet *franchir* son hons de cors en nulle manière, sans l'assentement du baron ou du chief seigneur.

Les Establissemens de Saint Louis, 1270, liv. II, c. 34. *De franchir hons.* (Voy. *Ordonnances des rois de France*, t. I, p. 283.)

Le rapport d'*affranchir* avec *franchir* n'est pas moins apparent dans ce passage, où *affranchir* est pris, contre l'usage ordinaire, dans le sens de Sauter, Passer en sautant, qu'a conservé *franchir*.

Quelqu'un de ceux qui arrivoient ne me cognoissant point.... me poussa de l'autre costé. Lequel me fit plus vaillant que je ne voulois estre; car ce que j'en faisois estoit pour donner courage à tout le monde de se jetter de l'autre costé : mais celuy-là me fist oublier la ruse et *affranchir* un saut que je ne voulois pas.

MONTLUC, *Commentaires*, liv. II.

AFFRANCHIR, c'est au propre Rendre franc, rendre libre, déclarer libre un esclave, un serf.

Si nous y allons de fait et tous ensemble, toute manière de gens qui sont nommés serfs et tenus en servitude, pour *être affranchis*, nous suivront.

FROISSART, *Chroniques*, liv. II, c. 106.

Son frère et luy estans estimez serfz.... devant que d'*estre* eulx mêmes *affranchiz*, *affranchirent*, par manière de dire, presque tous les Latins.

AMYOT, trad. de Plutarque, *Comparaison de Theseus avec Romulus*, c. 4.

Comme le nombre des esclaves a diminué, le nombre des povres mendiants et vagabonds a creu; car tant d'esclaves *affranchis*, sortis de la maison et subjection des seigneurs, n'ayant de quoi vivre et faisant force enfans, le monde a été rempli de povres.

CHARRON, *De la Sagesse*, I, 48, 4.

La reine Blanche, mère de Louis neuvième, *affranchit* plusieurs personnes et abolit le droit de servage en plusieurs endroits de France.

LE MAITRE, *Plaidoyers*, 20.

Alcine, qui m'aimoit de plus en plus, et qui étoit ravi de voir le succès de ses soins pour moi, *m'affranchit*.

FÉNELON, *les Aventures d'Aristonoüs*.

Vous reconnoissez peu ce que vous me devez; et il me semble qu'une esclave que l'on *a affranchie* et dont on veut faire sa femme.... — Quelle obligation vous ai-je, si vous changez mon esclavage en un autre beaucoup plus rude ?...

MOLIÈRE, *le Sicilien*, sc. 7.

Dans le commencement de la troisième race, presque tout le bas peuple étoit serf; plusieurs raisons obligèrent les rois et les seigneurs de les *affranchir*.

MONTESQUIEU, *Esprit des Lois*, XXVIII, 45.

Alors le mot Franc signifia un possesseur libre, tandis que les autres étaient esclaves. De là vinrent les mots de franchise et *affranchir*.

VOLTAIRE, *Dictionnaire philosophique*, Art. *Franc*.

AFFRANCHIR, c'est encore, par extension et par

figure, Rendre à un peuple, à un pays, etc., sa liberté, son indépendance.

Brutus et Cassius crurent *affranchir* leurs citoyens en le tuant (César) comme un tyran, malgré sa clémence.

Je n'ai pas besoin de parler ici encore une fois du règne des Machabées, où ils (les Juifs) furent non-seulement *affranchis*, mais puissants et redoutables à leurs ennemis.
BOSSUET, *Discours sur l'histoire universelle*, I, 9, et II, 10.

Peut-être qu'il prétend, après la mort d'Octave,
Au lieu d'*affranchir* Rome, en faire son esclave.
P. CORNEILLE, *Cinna*, III, 1.

AFFRANCHIR signifie généralement, par figure, Tirer d'une sujétion, d'une dépendance quelconque, soit matérielle, soit morale.

Il peut, en ce sens, être pris absolument :

Cruel garrotage à qui ayme *d'affranchir* les coudées de sa liberté en tout sens.
MONTAIGNE, *Essais*, III, 9.

Plus souvent, le sens en est déterminé par un complément formé de la préposition *de* et de son régime :

Li dous rois du ciel me racata de son propre sanc et lava en saint baptesme et vesti de reube d'innocense et *affranchi du* vil et ort servage de péchié.
Mireoir dou monde, fol. 198, r°, c. 2.

Dernierement, en cette tragédie que le duc d'Albe nous fit voir à Bruxelles ez comtes de Horne et d'Aiguemond... le comte d'Aiguemond, sous la foy et assurance du quel le comte de Horne s'estoit venu rendre au duc d'Albe, requit avec grande instance qu'on le feist mourir le premier, à fin que sa mort l'*affranchist de* l'obligation qu'il avoit audict comte de Horne.

Le sçavoir mourir nous *affranchit de* toute subjection et contrainte.
MONTAIGNE, *Essais*, I, 7 et 19.

Le serment de son sacre l'*affranchissant de* toutes les promesses qu'il avoit pu faire aux huguenots.
MARGUERITE DE VALOIS, *Mémoires*, 1577.

Nous arrivons au règne de la vérité, où nous sommes *affranchis de* la loi des changements.
BOSSUET, *Oraison funèbre de la duchesse d'Orléans*.

Les Gentils convertis y sont *affranchis des* cérémonies de la loi.

Le prince leur assignoit (aux Juges, en Égypte) certains revenus, afin qu'*affranchis des* embarras domestiques, ils pussent donner tout leur temps à faire observer les lois.
BOSSUET, *Discours sur l'histoire universelle*, I, 10, et III, 3.

Le roi, content d'une conduite qui l'*affranchissoit d'*importunités, redoubla pour lui (M. de Vaudemont) d'égards et d'attentions.

Ses manières (du maréchal de Villeroy) étoient par elles même insultantes quand il se croyoit *affranchi de* la politesse par le caractère des gens.
SAINT-SIMON, *Mémoires*, 1707 et 1715.

Il s'attachoit principalement.... à ceux dont l'exemple pouvoit être d'un plus grand poids pour encourager les foibles, pour vaincre l'obstacle du faux honneur, et pour les *affranchir de* la servitude du respect humain qui les retenoit encore dans les liens de l'erreur.
D'AGUESSEAU, *Vie de son père*, t. XV, p. 310, édit. Pardessus.

Aussitôt le marquis de Cœuvres entre dans la Valteline avec une armée. On ne respecte point les drapeaux du pape et on *affranchit* ce pays *de* l'invasion autrichienne.
VOLTAIRE, *Essai sur les mœurs*, c. 176.

Quand Marc-Aurèle eut disparu, les Romains se replongèrent d'une telle ardeur dans l'abjection, qu'on les eût pris pour des hommes rendus nouvellement à la liberté ; ils n'étaient *affranchis* que *des* vertus de leurs derniers maîtres.
CHATEAUBRIAND, *Études historiques*, 1er discours, 1re partie.

Mais ce trépas enfin me sera bien plus doux
Si je puis *de* sa honte *affranchir* mon époux.
P. CORNEILLE, *Horace*, v, 3.

D'une si longue erreur pleinement *affranchie*,
Elle (Rome) n'a plus de vœux que pour la monarchie.
LE MÊME, *Cinna*, V, 3.

Promettez ; *affranchi du* péril qui vous presse,
Vous verrez de quel poids sera votre promesse.
RACINE, *Bajazet*, II, 3.

Prenez garde, seigneur, vos invincibles mains
Ont de monstres sans nombre *affranchi* les humains.
LE MÊME, *Phèdre*, v, 3.

Il choisit les Othons, et voulut par leurs mains
Du joug des Albérics et des fers de Crescence
Affranchir les Romains.
J.-B. ROUSSEAU, *Odes*, IV, 5.

AFFRANCHIR, dans cette acception, a souvent pour régime direct, à l'actif, pour sujet, au passif, d'autres noms que des noms désignant des personnes ou des collections de personnes.

Le style de ces cantiques, hardi, extraordinaire, naturel toutefois, en ce qu'il est propre à représenter la nature dans ses transports, qui marche pour cette raison par de vives et impétueuses saillies, *affranchi des* liaisons ordinaires que recherche le discours, uni, renfermé d'ailleurs dans des cadences nombreuses qui en augmentent la force, surprend l'oreille, saisit l'imagination, émeut le cœur.

Bossuet, *Discours sur l'histoire universelle,* II, 3.

Il naquit avec ces inclinations libres et généreuses, qui *affranchissent* l'âme *de* toute autre loi que de celle de ses devoirs.

Fléchier, *Oraison funèbre de M. de Montausier.*

Qu'il est beau de convaincre la fortune d'impuissance, de lui faire avouer que le cœur du magistrat est *affranchi de* sa domination !

D'Aguesseau, *Mercuriales,* t. I, p. 73. Éd. Pardessus.

J'entends par ce beau désordre une suite de pensées liées entre elles par un rapport commun à la matière, mais *affranchies des* liaisons grammaticales et de ces transitions scrupuleuses qui énervent la poésie lyrique.

De la Motte, *Discours sur la poésie.*

En effet, il n'y a point de pays où la soumission soit plus entière qu'en Espagne, ni où la volonté et l'autorité du roi soient plus *affranchies de* toutes formes.

Saint-Simon, *Mémoires,* 1716.

.... Leurs yeux *affranchis du* sommeil
Jouiront dans la gloire
De ce jour sans couchant dont il est le soleil.

Racan, *Psaumes,* 131.

Et qu'un heureux hymen *affranchisse* mon sort
*D'*un supplice pour moi plus affreux que la mort.

Molière, *l'École des Maris,* II, 14.

Allez, Madame, allez. Avant votre retour
J'aurai *d'*une rivale *affranchi* votre amour.

Racine, *Bajazet,* V, 6.

Je voulois te guérir de tes erreurs funestes,
Te mener par la main aux régions célestes;
Affranchir ton esprit *de* l'empire des sens.

Regnard, *Démocrite,* I, 4.

Affranchir, dans une acception plus particulière, en matière de charges, d'impôts, signifie simplement, Décharger, exempter.

Affranchir une terre de tous tributs. Des terres *affranchies.*

Danet, *Dictionnaire fr.-lat.*

Les jésuites, ainsi pincés sur leur morale d'Europe et d'Asie, s'en revanchèrent en attendant d'autres conjonctures sur le temporel, et firent si bien par le roi, auprès de l'assemblée, qu'ils furent pour toujours *affranchis des* taxes et *des* impositions du clergé.

Saint-Simon, *Mémoires,* 1700.

A cet emploi d'Affranchir se rapportait, au temps du régime féodal, l'expression *affranchir un héritage,* Le libérer de quelque servitude, de quelque charge.

On y peut rapporter aussi l'expression fort usitée *Affranchir un paquet, une lettre,* pour en acquitter d'avance le port.

Vous n'avez jamais voulu me dire si Messieurs de la poste faisaient à votre grand'maman la galanterie d'*affranchir* ses ports de lettres.

Voltaire, *Lettres,* 20 janvier 1769.

On dit, en ce sens, absolument, *affranchir.*

La médiation de M. Sabatier, plus embarrassante, ne fait qu'augmenter la peine et la dépense, puisqu'il faut multiplier les enveloppes, lui écrire à lui-même, *affranchir* pour Turin comme pour Parme, payer des ports plus forts encore.

J.-J. Rousseau, *Lettres,* 3 juin 1764.

On a dit, en certains cas, *affranchir la marchandise,* pour La rendre libre de tous droits, la préserver, de saisie, de prise.

Se clers est marceans, il ne pot pas *afrancir* se marceandise par le priviliege de se clergie, ançois convient que se marceandise s'aquite de tonlix, de travers, et d'autres coustumes qui sont deues, selonc les coustumes des lix.

Beaumanoir, *Coutumes du Beauvoisis,* c. XI, 36.

(L'article 8 du projet de traité sur l'admission duquel les Anglais insistaient le plus portait) : que les vaisseaux libres *affranchiroient* la marchandise ennemie qui ne seroit pas de contrebande de guerre.

Courtin à Louis XIV, 28 octobre et 30 décembre 1676.
(Voy. Mignet, *Négociations relatives à la succession d'Espagne,* t. IV, p. 433.)

Affranchir s'emploie avec le pronom personnel, dans la plupart des sens qui viennent d'être expliqués;

Soit absolument :

Au milieu de tant de désordres, plusieurs peuples de l'Asie Mineure et du voisinage *s'affranchirent.*

Bossuet, *Discours sur l'histoire universelle,* I, 8.

Soit avec un régime indirect :

Il *se* faut *affranchir de* cette brutalité.

Charron, *De la Sagesse,* II, 2, 4.

Si vos affaires, ma sœur, sont semblables aux miennes, et qu'il faille que notre père s'oppose à nos désirs, nous le quitterons là tous deux, et *nous nous affranchirons de* cette tyrannie où nous tient depuis si longtemps son avarice insupportable.

Molière, *l'Avare,* I, 2.

Il (Charles XI, roi de Suède) *s'affranchit de* tout ce qui bridoit l'autorité royale, parvint au pouvoir arbitraire, et incontinent après qu'il l'eût affermi le tourna en tyrannie.

Saint-Simon, *Mémoires,* 1697.

C'est vouloir *s'affranchir de* la loi commune, que de prétendre un bonheur constant.

Mme de Lambert, *Avis d'une mère à son fils.*

On *s'affranchit des* lois par la puissance, on s'y soustrait par le crédit.

Duclos, *Considérations sur les mœurs,* c. 8.

Napoléon... résolut alors de *s'affranchir,* tout puissant qu'il était à la tête de son armée, *de* la basse politique du Directoire.

Napoléon, *Mémoires,* t. VI, p. 14.

Et ne pouvant souffrir leurs coupables maximes,
Je *me suis* par la fuite *affranchi de* leurs crimes.

Rotrou, *Saint-Genest,* I, 3.

Cette férocité que tu croyois fléchir
De tes foibles liens est prête *à s'affranchir.*

Tu voudras *t'affranchir du* joug de mes bienfaits.

Racine, *Britannicus,* III, 2, et V, 6.

Je *me* veux *affranchir du* pouvoir d'un jaloux.

Regnard, *les Folies amoureuses,* I, 1.

Ah! si *d'*une pauvreté dure
Nous cherchons à *nous affranchir,*
Rapprochons-nous de la nature,
Qui seule peut nous enrichir.

J.-B. Rousseau, *Odes,* II, 9.

Affranchi, ie, participe.

Les Athéniens *affranchis* dressent des statues à leurs libérateurs, et rétablissent l'état populaire.

Bossuet, *Discours sur l'histoire universelle,* I, 8.

Il est aussi substantif, et signifie un Esclave à qui on a donné la liberté :

Les *affranchis* révéroient comme des dieux les personnes qui les avoient délivrés de la servitude.

Le Maitre, *Plaidoyers,* 27.

Le peuple fut presque composé d'*affranchis,* de façon que ces maîtres du monde, non-seulement dans les commencements, mais dans tous les temps, furent la plupart d'origine servile.

Montesquieu, *Grandeur des Romains,* c. 13.

Rome à trois *affranchis* si longtemps asservie,
A peine respirant du joug qu'elle a porté,
Du règne de Néron date sa liberté.

Racine, *Britannicus,* II, 2.

Affranchi reçoit quelquefois un sens plus particulier au moyen d'un complément formé de la préposition *de* et de son régime :

Attale, ce grand roi, dans la pourpre blanchi,
Qui *du* peuple romain se nommoit l'*affranchi,*
Quand de toute l'Asie il se fût vu l'arbitre,
Eût encor moins prisé son trône que ce titre.

P. Corneille, *Cinna,* III, 4.

Ce substantif s'emploie aussi au féminin :

Ce Cupiennius n'aimoit que les femmes de qualité qui portoient la robe blanche appelée Stola ; car les *affranchies* étoient habillées de noir et les courtisanes avoient des habits de couleur.

Dacier, *Remarques sur Horace,* Sat., liv. I, II, 37.

L'habile Sénèque présentait le secours d'une autre femme contre les empressements d'une femme... et substituait sur-le-champ la jeune *affranchie* Acté à l'impératrice mère Agrippine.

Voltaire, *Pyrrhonisme de l'histoire,* c. 13.

AFFRANCHISSEMENT, s. m

Il répond, par ses diverses acceptions, à celles du verbe, signifiant :

L'Action par laquelle on *affranchit* un esclave, un serf, ainsi que l'état de la personne *affranchie :*

En nostre dit royaume sont et demourent plusieurs personnes... affranchis de leurs seigneurs, envers lesquieulx ils estoient de main-morte et serve condition ; lesquelles personnes sont et doivent estre dans telle et semblable condition envers nous, comme ils estoient envers leurs dits seigneurs, par avant les *affranchissements* dessus touchiés.

Ordonnance de Charles VI, du 20 octobre 1409. (Voyez *Ordonnances des rois de France,* t. IX, p. 473.)

Les diverses lois et les sénatus-consultes qu'on fit à Rome pour et contre les esclaves, tantôt pour gêner, tantôt pour faciliter les *affranchissements,* font bien voir l'embarras où l'on se trouvoit à cet égard.

MONTESQUIEU, *Esprit des lois,* XV, 18.

Un des plus anciens *affranchissements* dont la formule nous ait été conservée est de 1185 : « J'affranchis de la « main et de la bouche, et je délivre des coutumes de la « loi salique Jean Pithou de Vic (ou de ce village), mon « homme et ses fils légitimes. »

VOLTAIRE, *Histoire du Parlement de Paris,* c. 2.

Il semble que l'on doit laisser aux communautés la liberté d'accepter ou non l'*affranchissement,* en offrant en même temps à chaque particulier le moyen de s'affranchir lorsqu'il le voudra.

LE MÊME, *Écrits pour les habitants du mont Jura,* Avertissement.

L'Action de rendre à un peuple, à un pays, sa liberté, son indépendance ; la délivrance de la tyrannie, la cessation d'un pouvoir oppressif :

Du temps de Louis IX, roi de France, on fit en 1248 un *affranchissement* en faveur de certains villages qui dépendoient de l'abbaye de Saint-Germain-des-Prez.

LE MAITRE, *Plaidoyers,* 20.

Saint Louis continua les *affranchissements* des communes, commencés par Louis le Gros.

Mme DE STAEL, *Considérations sur la Révolution française,* Ire part., c. 11.

C'est ainsi que les communes ont dû leur *affranchissement* à Louis le Gros, la confirmation et l'extension de leurs droits à saint Louis et à Philippe le Bel.

Préambule de la charte constitutionnelle de 1814.

La Délivrance d'une sujétion, d'une dépendance quelconque, soit matérielle, soit morale :

La première (considération) est des préparatifs à la sagesse, qui sont deux : l'un est exemption et *affranchissement de* tout ce qui peut empescher de parvenir à elle...

La mort est l'*affranchissement de* tous maux et le port de la vie.

CHARRON, *De la Sagesse,* II, préface, et c. 11.

L'Exemption, la décharge soit d'un impôt, soit de quelque droit onéreux. *L'affranchissement d'une terre. L'affranchissement d'une ville. Lettres d'affranchissement.*

Dans une acception qui appartient maintenant au mot *franchise,* La condition d'un port déclaré *franc :*

L'on m'a desjà porté diverses plaintes que les eschevins de la ville de Marseille ne tenoient pas la main à l'exécution des édits pour l'*affranchissement* (du port).

COLBERT, *Lettre au président d'Oppède,* 6 mars 1671. (Voy. DEPPING, *Corresp. administ. sous Louis XIV,* t. I, p. 384.)

Le Payement, par avance, du port d'un paquet, d'une lettre. *Affranchissement libre ; affranchissement forcé.*

Il faut absolument que, pour ma correspondance avec vous, j'aie un commissionnaire à Londres, à cause de l'*affranchissement* jusqu'à cette capitale, qu'il ne m'est pas possible de faire ici.

J.-J. ROUSSEAU, *Lettres,* 16 août 1766.

Autrefois, dans cette locution, *affranchissement de,* le régime de la préposition *de* n'exprimait pas toujours la personne ou la chose *affranchie,* mais ce dont on les disait *affranchies.*

Les sages conçoivent la mort comme un heureux élargissement après une triste captivité, comme le retour d'un fâcheux exil, comme l'*affranchissement d'*une milice laborieuse.

BOURDALOUE, *Sermons,* 15me dimanche après la Pentecôte.

AFFRANCHIR, AFFRANCHI, AFFRANCHISSEMENT, se rencontrent fréquemment chez Olivier de Serres, appliqués à la greffe, pour exprimer l'amélioration produite dans les arbres par la greffe, le passage, qui en résulte, de l'état sauvage à une sorte de civilisation.

Après avoir planté les arbres, convient les enter pour les *affranchir*.

Telle précipitation est très-opportune pour l'*affranchissement* des vergers.

L'arbre qu'on desire *affranchir* par enter.

C'est pour les rendre parfaitement capables à porter fruicts précieux, d'autant que dès le fondement, *affranchis*, ne tiennent chose aucune du sauvage.

OLIVIER DE SERRES, *Théâtre d'agriculture*, VIe lieu, c. 21, 22, 23 et 25.

Ailleurs le même écrivain fait usage, dans un sens analogue, du pronominal S'AFFRANCHIR.

Sans artifice, ès champs non labourés, croist la Pimprenelle : d'où l'on se fournist de plant pour mettre ès jardins, ausquels elle *s'affranchist* par culture.

OLIVIER DE SERRES, *Théâtre d'agriculture*, VIe lieu, c. 8.

Olivier de Serres emploie, enfin, ces mots AFFRANCHIR, AFFRANCHISSEMENT, en parlant de la préparation des tonneaux neufs ou vieux qui doivent recevoir le vin.

Ceux des quartiers de Bourdeaux, La Rochelle et d'ailleurs, où l'on vend le bois avec le vin, pour le transporter loin... ne se peinent que d'*affranchir* leurs tonneaux neufs, pour une seule fois, afin que le vin qu'ils y mettent n'acquière mauvaise odeur ; par divers moyens l'on parvient à tel *affranchissement*, tels que ceux qui ensuivent... Aussi, à l'*affranchissement* des tonneaux neufs et à la conservation des vieux, est de grande efficace la décoction des raisins faite avec l'eau nette.

OLIVIER DE SERRES, *Théâtre d'agriculture*, IIIe lieu, c. 6.

On trouve dans les anciens dictionnaires, ceux de J. Thierry, de Nicot, de Cotgrave, de Monet, etc. :

AFFRANCHISSEUR, s. m. Celui qui affranchit.

Tout le monde qui avoit ja pris place et s'étoit assis pour veoir l'esbat des combatans, se leva en pieds sans plus se soucier des jeux et s'en allèrent tous à grande joye saluer, embrasser et remercier leur bienfaiteur, et le protecteur et *affranchisseur* de la Grèce, Titus.

AMYOT, trad. de Plutarque, *Vies*, Flaminius, 20.

Ce mot subsiste encore dans certains idiomes provinciaux (voyez le *Glossaire du centre de la France* du comte Jaubert) au sens de châtreur de bestiaux, comme aussi *affranchir* avec un sens analogue.

AFFRE, s. f. (Mot auquel on a cherché des origines grecques, latines, germaniques, qui semblent conjecturales. Peut-être serait-il plus naturel de le regarder comme formé directement par onomatopée. « Tremula et stridula horroris hæc sunt indicia. » BOURGOING, *De origine usu et ratione vocum vulgarium*, 1583, f. 38, v°.)

Il s'est écrit *Afre, Haffre* (voyez les dictionnaires de Borel et de Cotgrave).

AFFRE est un synonyme expressif d'Effroi, de frayeur, de peur.

On l'a employé autrefois au singulier comme au pluriel :

Je lui ay donné unes mauvaises *affres*.
« Injeci scrupulum homini. » (Terentius, *Adelph.*, II, 3, 229.)

ROB. ESTIENNE, *Dict. fr.-lat.* 1549. (Voy. aussi J. Thierry, Nicot, Cotgrave.)

C'est au pluriel qu'il a été le plus usité, entre autres dans cette locution ironique : *De belles affres*, pour dire *une belle peur*.

Sainct-Auban et les autres capitaines avoient les plus *belles affres* que gens eurent jamais.

Monsieur d'Aumalle m'a depuis souvent faict le conte des *belles affres* que nous eusmes.

MONTLUC, *Commentaires*, liv. III et IV.

Vous continuastes vostre chemin, chacune d'elles loüant Dieu d'estre ainsi reschapées d'un tel péril, et ne s'entretenant d'autres choses que des *belles affres* qu'elles avoient eues.

SULLY, *Œconomies royales*, c. 62.

Je viendray faire à ce trompeur
Belles affres et belle peur.
« ... Hunc perterrebo sacrilegum. »

J.-A. DE BAÏF, *l'Eunuque*, V, 3.

Ce vieux mot, avec son acception générale, se rencontre encore chez Saint-Simon :

A la sécurité parfaite sur ces provinces éloignées succédèrent toutes les *affres* de voir prendre le royaume à revers.

Ces premiers moments du vide extrême que laissoit la mort de la Dauphine, la douleur, les *affres* dont elle étoit aiguisée, rendoient le roi pesant à la sienne.

SAINT-SIMON, *Mémoires*, 1707 et 1712.

Depuis longtemps *affres* n'est guère d'usage que dans cette locution : *les affres de la mort.*

Elle étoit (Mme de Montespan) de plus tellement tourmentée des *affres de la mort*, qu'elle payoit plusieurs femmes dont l'emploi unique étoit de la veiller.

SAINT-SIMON, *Mémoires*, 1707.

Du mot AFFRE s'était formé, selon Sainte-Palaye, qui en cite les exemples suivants, le vieux verbe AFFRÉER, AFRAIER, Effrayer.

Les Dames ont paor eue ;
Chascune en est toute esperdue...
Mès or seront asseurées
De ce dont èrent *affrées*.

Athis, ms., fol. 105, v°, col. 2.

Les batailles si *s'afraièrent*.

Ibid., fol. 76, r°, col. 2.

D'AFFRE s'était encore formé l'adverbe AFFRÉEMENT, avec frayeur.

Ilz commencièrent à crier aux Engloiz moult *affréement*, qu'ilz allassent à garant et que le Déable venoit.

MÉNARD, *Histoire de Bertrand du Guesclin*, p. 122. (Cité par Sainte-Palaye.)

AFFREUX, EUSE, adj. (Dérivé d'*Affre*.)

On l'a écrit *Hafreux* (voyez le *Dictionnaire de Cotgrave*).

AFFREUX se dit de ce qui cause ou qui est propre à causer de la frayeur, de l'effroi, quelque impression pénible.

Soit en parlant de choses sensibles,

Au propre :

Me revoilà dans ces rochers que vous craignez si fort et qui n'ont pourtant rien de si *affreux*.

Rien ne se passe si insensiblement qu'un hiver à la campagne; cela n'est *affreux* que de loin.

Mme DE SÉVIGNÉ, *Lettres*, 21 août et 4 décembre 1689.

Ce sont partout des forts élevés et des forêts abattues qui traversent des chemins *affreux*.

BOSSUET, *Oraison funèbre du prince de Condé*.

Bientôt des tonnerres *affreux* firent retentir de leurs éclats les bois, les plaines et les vallons.

BERNARDIN DE SAINT-PIERRE, *Paul et Virginie*.

Figurez-vous des plages sablonneuses, labourées par les pluies de l'hiver, brûlées par les feux de l'été, d'un aspect rougeâtre et d'une nudité *affreuse*.

CHATEAUBRIAND, *les Martyrs*, XI.

Je perdy la memoire avecques ses discours,
Et resveur, m'esgaray tout seul par les destours
Des antres et des bois *affreux* et solitaires,
Où la Muse, en dormant, m'enseignoit ses mystères.

REGNIER, *Satires*, IV.

Les cris que les rochers renvoyoient plus *affreux*.

RACINE, *Mithridate*, II, 3.

Des lambeaux pleins de sang et des membres *affreux*
Que des chiens dévorants se disputoient entre eux.

LE MÊME, *Athalie*, II, 5.

La nature marâtre en ces *affreux* climats,
N'y produit au lieu d'or que du fer, des soldats.

CRÉBILLON, *Rhadamiste et Zénobie*, II, 2.

Au figuré :

Le lieu du supplice, c'est l'intérieur de l'homme, c'est le plus profond de l'âme ; et là-dedans, il y a une solitude *affreuse* et terrible, qui est plus à craindre que les spectateurs et que l'échafaud, parce qu'elle n'a ni qui la console, ni qui la plaigne.

BALZAC, *Socrate chrétien*, disc. 9.

Cette haute élévation est un précipice *affreux* pour les chrétiens.

BOSSUET, *Oraison funèbre de la duchesse d'Orléans*.

Quoique penchante vers sa ruine, et sur le bord *affreux* du précipice où elle (la France) alloit tomber, la main toute-puissante du Seigneur la soutenoit.

BOURDALOUE, *Oraison funèbre du prince de Condé*.

A ces mots, elle (Psyché) regarda encore le précipice ; et

en même temps la mort se montra à elle sous la forme la plus *affreuse.*

LA FONTAINE, *Psyché,* liv. II.

Quoi qu'on en puisse dire, enfin, le cocuage
Sous des traits moins *affreux* aisément s'envisage.

MOLIÈRE, *l'École des femmes,* IV, 8.

Elle tâche à couvrir d'un faux voile de prude
Ce que chez elle on voit d'*affreuse* solitude.

LE MÊME, *le Misanthrope,* III, 3.

Ainsi, soit que bientôt, par une dure loi,
La mort d'un vol *affreux* vienne fondre sur moi...

BOILEAU, *Satires,* VII.

... Otez-lui son théâtre,
Ce n'est plus qu'un cœur bas, un coquin ténébreux;
Son visage essuyé n'a plus rien que d'*affreux.*

LE MÊME, *Épîtres,* IX.

Soit lorsqu'il est question de choses de l'ordre moral :

La mort ne lui parut pas plus *affreuse*, pâle et languissante, que lorsqu'elle se présente au milieu du feu, sous l'éclat de la victoire, qu'elle montre seule.

BOSSUET, *Oraison funèbre du prince de Condé.*

Pour moi, je le vois courir avec horreur (le temps) et m'apporter en passant l'*affreuse* vieillesse, les incommodités, et enfin la mort.

Mme DE SÉVIGNÉ, *Lettres,* 8 janvier 1674.

C'est un titre qui honore (celui d'impie); et souvent on se le donne à soi-même par une *affreuse* ostentation.

MASSILLON, *Petit Carême,* 2e dimanche.

Pendant le fort du Mississipi, le cardinal Dubois se piqua, je ne sais comment, de le tirer (le prince de Courtenay) de l'*affreuse* pauvreté où il avoit vécu.

SAINT-SIMON, *Mémoires,* 1715.

C'est pour accompagner leurs époux dans le ciel que tant de femmes se brûlèrent, et se brûlent encore sur le corps de leurs maris : piété ancienne autant qu'*affreuse,* qui nous montre à quel excès de faiblesse la superstition peut réduire l'esprit humain, et à quelle grandeur elle peut élever le courage.

VOLTAIRE, *Lettres chinoises,* IX.

Puis, que peut-il servir aux mortels ici-bas,
Marquis, d'être savant ou de ne l'être pas,
Si la science pauvre, *affreuse,* méprisée,
Sert au peuple de fable, aux plus grands de risée ?

REGNIER, *Satires,* III.

J'ajoute, en peu de mots, la peinture effroyable
De leur concorde impie, *affreuse,* inexorable.

CORNEILLE, *Cinna,* I, 2.

Et qu'un heureux hymen affranchisse mon sort
D'un supplice pour moi plus *affreux* que la mort.

MOLIÈRE, *l'École des Maris,* XI, 14.

... Je ne vois rien sous les cieux
D'*affreux*, d'horrible, d'odieux,
Qui ne me fût plus que vous supportable !

LE MÊME, *Amphitryon,* II, 6.

L'or même à la laideur donne un teint de beauté ;
Mais tout devient *affreux* avec la pauvreté.

BOILEAU, *Satires,* VIII.

... N'allez pas, goguenard dangereux,
Faire Dieu le sujet d'un badinage *affreux.*

LE MÊME, *Art poétique,* II.

Mais ce bonheur usé n'est qu'un dégoût *affreux.*

VOLTAIRE, *Discours sur l'homme,* IV.

AFFREUX reçoit quelquefois un complément formé de la préposition *à* et de son régime, lequel peut être un substantif.

O douleur ! ô supplice *affreux à* la pensée !

RACINE, *Esther,* III, 1.

Ou bien un verbe à l'infinitif : *affreux à voir, à regarder, à entendre,* etc.

Affreux et espouvantable *à regarder.*

ROB. ESTIENNE, *Dict. fr.-latin,* 1539.

Tout n'est qu'or et que pourpre dans votre armée ; celle des Macédoniens au contraire est *affreuse à voir.*

VAUGELAS, trad. de *Quinte-Curce,* III, 2.

Les disgrâces désespérées
Et de nul espoir tempérées,
Sont *affreuses à soutenir.*

J.-B. ROUSSEAU, *Odes,* II, 4, à M. d'Ussé.

AFFREUX se construit encore, au moyen de la préposition *de,* avec un verbe à l'infinitif dans ces manières de parler fort usitées :

Il est affreux de :

Sans doute il est *affreux d'*être privé d'un fils.

VOLTAIRE, *Mérope,* II, 2.

Il est affreux que :

Il est affreux qu'il ait manqué à ce réformateur des hommes (Pierre le Grand) la principale vertu, l'humanité.
VOLTAIRE, *Histoire de Charles XII*, liv. I.

AFFREUX ne se dit pas seulement des choses, mais quelquefois aussi des personnes.

Soit pour exprimer l'effroi, l'horreur, l'aversion, le dégoût, etc., que leur vue inspire :

Le blanc et le rouge les rendent *affreuses* et dégoûtantes (les femmes).
LA BRUYÈRE, *Caractères*, c. 3.

A ses genoux (de Socrate) sa femme désolée,
Les yeux troublez, *affreuse*, eschevelée.
THÉOPHILE, *De l'immortalité de l'âme.*

Pallas, la barbare Pallas,
Fut jalouse de mes appas,
Et me rendit *affreuse* autant que j'étois belle.
QUINAULT, *Persée*, III, 1.

De mille *affreux* soldats Junie environnée,
S'est vue en ce palais indignement traînée.
RACINE, *Britannicus*, I, 3.

Soit, par figure, pour marquer avec force leur laideur morale, ce que leur caractère, leurs actes ont d'odieux et de repoussant :

Cependant les Huns, peuple des Palus-Méotides, désolèrent tout l'univers avec une armée immense, sous la conduite d'Attila, leur roi, le plus *affreux* de tous les hommes.
BOSSUET, *Discours sur l'histoire universelle*, I, 10.

Ce clinquant de l'esprit, ces trompeuses surfaces
Cachent un homme *affreux*, qui veut vous égarer,
Et que l'on ne peut voir sans se déshonorer.
GRESSET, *le Méchant*, III, 6.

AFFREUSEMENT, adv.
D'une manière affreuse.

Regarder aucun *affreusement* et de travers.
ROB. ESTIENNE, *Dict. fr.-lat.*, 1539.

AFFREUX et AFFREUSEMENT donnent lieu, soit en parlant des choses, soit en parlant des personnes, à des hyperboles de grand usage dans le langage familier.

Elle étoit laide *affreusement* et de taille et de visage.
SAINT-SIMON, *Mémoires*, 1694.

Je n'essuie que des chicanes *affreuses* pour prix de mes bienfaits.
VOLTAIRE, *Lettres*, 21 mai 1761.

Je crains fort de vous voir comme un géant grandir
Et tout votre visage *affreusement* laidir.

D'abord leurs scoffions (coeffes) ont volé par la place,
Et laissant voir à nu deux têtes sans cheveux,
Ont rendu le combat risiblement *affreux*.
MOLIÈRE, *l'Étourdi*, II, 5, et V, 14.

L'étrange couple arrive à la chaumière
Que possédait l'*affreuse* aventurière.
VOLTAIRE, Contes en vers, *Ce qui plaît aux dames.*

Le voici : tout le corps me frissonne à l'approche
Du griffonnage *affreux* qu'il a toujours en poche.
PIRON, *la Métromanie*, I, 3.

Les anciens dictionnaires de Rob. Estienne, Jean Thierry, Nicot, Cotgrave, donnent le substantif AFFREUSETÉ qui ne s'est pas maintenu dans l'usage.

AFFRÉTER, v. a. (Du verbe simple *Fréter*, et, par ce mot, du substantif *Fret.*)

Fret, c'est, dans une des acceptions tirées de son sens général, le Louage d'un bâtiment, soit en totalité, soit en partie ; *Fréter*, c'est le donner, et AFFRÉTER le prendre à Louage. Voyez *Affrétement.*

Dans la Méditerranée, au lieu d'AFFRÉTER on dit *Noliser.*

AFFRÉTÉ, ÉE, participe.

AFFRÉTEUR, s. m.

Il est avec *Fréteur* dans le même rapport qu'*Affréter* avec *Fréter*. *Fréteur* désigne celui qui donne, AFFRÉTEUR celui qui prend un bâtiment à louage.

AFFRÈTEMENT, s. m.

Action d'Affréter, convention pour le louage d'un bâtiment.

Pendant la guerre, le roi afrète souvent des bâtiments des particuliers pour transporter aux colonies les troupes et les vivres qu'il y fait passer ; il doit alors l'*afrétement* à ceux qui lui ont frété leurs navires.

DE LA COUDRAIE, *Dictionnaire de marine,* art. *Afréter*.

Dans la Méditerranée, au lieu d'AFFRÈTEMENT on dit *Nolisement*.

AFFRIANDER, v. a. (De l'adjectif *Friand*.) Rendre friand.

C'est commencer de bonne heure à perdre les enfants, que de commencer à les *affriander*.

RICHELET, *Dictionnaire*.

Il signifie aussi Attirer par quelque chose d'agréable au goût.

Le millet frit dans du miel, y adjoustant un peu de l'eau pour le garder de brusler, *affriandit* les pigeons dans le colombier pour ne l'abandonner jamais.

OLIVIER DE SERRES, *Théâtre d'agriculture,* V° lieu, c. 8.

En termes de fauconnerie, *Affriander l'oiseau*, c'était, avec de bon pât, le Faire revenir sur le leurre.

AFFRIANDER signifie, figurément et familièrement, Attirer par quelque chose d'utile ou plutôt d'agréable.

Le gain l'a *affriandé*.

Dictionnaire de l'Académie, 1694.

AFFRIANDER reçoit souvent, au moyen de la préposition *à*, un régime indirect, *affriander à*.

Beaucoup d'esprits volages, après s'être amusés à la divination des astres, se fourrent encore plus avant, à savoir en toute espèce de divination ; car il n'y a nulle tromperie du diable où ils ne prennent goût, depuis qu'ils ont été *affriandés à* une.

CALVIN, *Avertissement contre l'astrologie judiciaire*.

Ma fortune, m'ayant duit et *affriandé* de jeunesse *à* une amitié seule et parfaite, m'a aucunement (en quelque façon) dégousté des autres.

MONTAIGNE, *Essais,* III, 3.

Si d'adventure il naissoit aujourd'huy quelques gens tous neufs, non accoustumez à la subjection, ny *affriandez à* la liberté, et qu'ils ne sceussent que c'est ny de l'un ny de l'autre, ny à grand'peine des noms ; si on leur présentoit ou d'estre subjects, ou vivre en liberté, à quoy s'accorderoient-ils ?

LA BOETIE, *Disc. de la servitude volontaire*.

Ces paysans à qui Henry d'Angleterre avoit fait prendre les armes, lesquels *affriandés à* l'oisiveté et au pillage couroient le pays.

MÉZERAY, *Abrégé de l'histoire de France*, Philippe-Auguste.

On a dit aussi *Affriander de:*

Le Roy de Navarre... amusé par un Albuquerque, qui l'*affrianda de* vaine espérance pour la Navarre.

Philippe Lascaris, Grec de grande maison, lequel ayant esté pris petit enfant au siège de Patras, fut mignardement nourri au serrail, et puis *affriandé de* tous honneurs.

AGR. D'AUBIGNÉ, *Histoire universelle,* liv. II, c. 14, et liv. IV, c. 19.

Enfin d'autres évènements m'ôtèrent les charmants souvenirs de madame Basile ; et dans peu je l'oubliai si bien, qu'aussi simple et aussi novice qu'auparavant, je ne restai pas même *affriandé de* jolies femmes.

Environné de petites choses valables que je ne regardais même pas, je m'avisai de convoiter un certain petit vin blanc d'Arbois très-joli, dont quelques verres, que par-ci par-là je buvais à table, m'avaient fort *affriandé*.

J.-J. ROUSSEAU, *les Confessions,* Ire part., liv. II et VI.

AFFRIANDER peut se construire avec le pronom personnel.

Mais je croy bien qu'il *s'affrianda* tant en ce lieu, qu'il fut surprins en un sermon couppant la bourse à un jeune homme de la ville.

BONAVENTURE DES PÉRIERS, nouvelle LXXXIII, *Du Coustelier à qui fut couppé la bourse*.

De même que *Friand* ne s'applique pas seulement aux personnes, mais quelquefois aussi aux choses d'une saveur délicate, qu'on dit un *mets friand*, un *morceau friand*, AFFRIANDER a pu recevoir, particulièrement au figuré, la même extension :

Affriandez (Nymphes) ma chanson
Des plus mieleuses douceurs.

LOYS LE CARON, *Poésies*, fol. 43, r°. (Cité par Sainte-Palaye.)

AFFRIANDÉ, ÉE, participe.

On trouve dans quelques anciens dictionnaires, par exemple dans ceux de Monet, de Cotgrave :

AFFRIANDEMENT, s. m.

Allèchement par friandise.

AFFRIOLER, v. a.

C'est un diminutif familier d'*Affriander,* qui s'emploie dans des sens analogues, au propre et au figuré ;

Au propre, pour Attirer par quelque chose d'agréable au goût :

On *affriole* les souris avec du lard ou des noix pour les prendre.

FURETIÈRE, *Dictionnaire.*

Au figuré, pour Attirer par quelque chose d'utile ou d'agréable :

On *affriole* aisément les femmes par la vue des spectacles et par les présents qu'on leur fait.

RICHELET, *Dictionnaire.*

Une fille de chambre qui estoit sa confidente lui apprit comme les entremetteurs partageoient le gain provenant de ce commerce ; en peu de temps, il y *fut* fort *affriolé.*

FURETIÈRE, *le Roman bourgeois.*

Au pronominal *s'affriander* répond S'AFFRIOLER.

A l'ancien substantif *Affriandement* répond aussi :

AFFRIOLEMENT.

AFFRONTER, v. a. (De l'inusité *Fronter,* dit Nicot, ou, directement, du substantif *Front,* et, par ce mot, du latin *Frons.*)

On l'a écrit AFRONTER. (Voyez le *Glossaire* de Sainte-Palaye et les exemples ci-après.)

AFFRONTER tenait de son étymologie un assez grand nombre d'acceptions diverses, dont une ou deux seulement se sont maintenues.

Ainsi on l'employait pour Atteindre au front, à la tête, et, généralement, Frapper, blesser, assommer ;

Tant en tuent, tant en *afrontent,*
Qu'à peines le sauroit nul dire.

G. GUIART, ms. fol. 19, r°. (Cité par Sainte-Palaye.)

et, avec le pronom personnel, au sens correspondant de Se blesser, se faire mal :

Qui de plus hault chiet (tombe), plus *s'afronte.*

EUST. DESCHAMPS, *Poésies manuscrites,* fol. 331, col. 2. (Cité par Sainte-Palaye.)

On l'employait au sens d'Opposer, en quelque sorte, front à front, face à face.

Soit à un combattant un adversaire et, par figure, quelque obstacle :

César de même sorte indomtable surmonte
Les hommes, les vaisseaux que Rome lui *affronte.*

GARNIER, *Cornélie,* act. III, v. 153.

Soit à un accusé, à une partie adverse, un témoin, et réciproquement le lui *confronter,* comme nous disons aujourd'hui, nous servant pour le même usage d'un verbe de même origine.

Ilz demanderent d'estre *affrontez* avecq ceulx qui estoient venuz pour la partie contraire.

Texte de 1563 cité dans le *Glossaire* de Du Cange.

Il (l'amiral Coligny) envoya prier la reyne de ne faire mourir ce malheureux (Poltrot) qu'il ne fust premièrement acaré *à* luy et *affronté,* pour le faire dédire des menteries qu'il disoit de luy.

BRANTÔME, *Grands Capitaines françois,* M. de Guyse.

Affronter un accusé *aux* témoins.

RICHELET, *Dictionnaire.*

De cette acception était voisine celle par laquelle *Affronter,* soit avec la valeur d'un verbe actif et un régime direct, soit devenu verbe neutre et lié par la préposition *à* à un régime indirect, signifiait Aborder une personne, se présenter à elle, devant sa face, son front, pour ainsi dire.

Les frères ne furent pas si tost arrivez au logis, que Sereine les *affronta* et les pria de luy octroyer encore une seule grâce.

LARIVEY, trad. de Straparole, *Facécieuses Nuicts,* IV, 3.

Aiant crié que chacun charge ce qui l'*affronte*, quelque grand que fût le péril, il s'en demesla.

AGR. D'AUBIGNÉ, *Histoire universelle*, liv. III, c. 24.

Tel s'est trouvé en une chaire publique, en un barreau, en un conseil, qui *affrontant aux* yeux d'un prince, et se présentant à la veuë d'une grande assemblée s'est rendu ridicule.

MATTHIEU, *Hist. des dern. troubles de France*, liv. IV.

Transporté par figure des personnes aux choses, ainsi que le mot *front* lui-même, AFFRONTER servait à exprimer la contiguïté de certains lieux, se touchant comme par leur front, par leur face principale, ou bien se faisant face. On disait, en employant AFFRONTER comme verbe neutre, qu'un lieu *affrontait à* un autre, ou bien, l'employant sous une forme pronominale, qu'il *s'affrontait à* un autre.

Tous les rivaiges ou dodasnes... à prendre au long de la riviere de Marne, entre ladite riviere et les prez et terres, estans *affrontans aus*dits dodasnes.

Texte de 1476 cité dans le *Glossaire* de Du Cange.

Le bout du champ qui *affronte au* chemin.

NICOT, *Trésor*.

Ils bastirent deux cavalliers retranchez de fossez à l'entour, par lesquels ils s'esleverent sur cette petite croupe qu'on appelle l'Ordre du Loup, et qui *s'affronte à* la motte de Sancerre comme de pareille hauteur.

AGR. D'AUBIGNÉ, *Histoire universelle*, liv. I, c. 10.

AFFRONTER a longtemps signifié Tromper, et ce sens est encore rappelé, mais comme vieilli, dans les dictionnaires. Le front étant le siège de l'effronterie ordinaire aux trompeurs, on avait été naturellement conduit à se servir d'AFFRONTER en parlant de l'acte d'un fourbe impudent et hardi, et, généralement, de toute tromperie.

Affronter aucung et abuser.
(Imponere alicui.)

ROB. ESTIENNE, *Dict. fr.-lat.*, 1539.

Il tendoit ses filets pour attraper ton argent. Et quand *tu eusses esté affronté*, tu n'eusses eu garde de t'en vanter.

BERNARD PALISSY, *Des Métaux et alchimie*.

Il m'*a affronté de* cent écus.

DANET, *Dict. fr.-lat.*

Que chascun prenne le sien et qu'on n'*affronte* personne.

CHAPELAIN, trad. de *Guzman d'Alpharache*, liv. I, c. 5.

Ce banqueroutier *a affronté* cent personnes sous l'apparence qu'il avoit d'être riche.

FURETIÈRE, *Dictionnaire*.

Je vous trouve bien hardy de venir encore céans, après nous avoir voulu *affronter*.

LE MÊME, *le Roman bourgeois*.

On ne peut pas *affronter* toujours les autres ; on *est* quelquefois *affronté* à son tour.

TALLEMANT DES RÉAUX, *Historiettes*, l'Archevêque de Reims.

Une courtisane... injurie Peltorano... elle crie plus fort qu'elle sera payéé, et qu'elle criera à tout le peuple qu'ils la veulent *affronter*.

SAINT-SIMON, *Mémoires*, 1722.

Ah ! vous me faites tort ! S'il faut qu'on vous *affronte*,
Croyez qu'il m'a trompé le premier à ce conte.

MOLIÈRE, *l'Étourdi*, IV, 7.

Courons le donc chercher, ce pendart qui m'*affronte*.

LE MÊME, *Sganarelle*, sc. 17.

Si j'y retombe plus, je veux bien qu'on m'*affronte*.

LE MÊME, *l'École des femmes*, II, 6.

Par votre foi le Mogor est-il homme
Que l'on osât de la sorte *affronter ?*

LA FONTAINE, *Contes*, III, 2.

Un usurier sur son grimoire,
Par son calcul tâchant de m'*affronter*,
Toute la nuit compte sans boire,
Moi je la passe à boire sans compter.

DUFRESNY, *Chanson*, sur les Usuriers.

AFFRONTER, toujours construit avec un nom de personne, est resté de grand usage au sens de Attaquer de front, avec hardiesse, avec intrépidité ; et, comme on dit, par une expression de même nature, Faire tête à.

Affronter hardiment ung homme et assaillir.
(*Adire aliquem.*)

ROB. ESTIENNE, *Dict. fr.-lat.*, 1539.

Ainsi Charles le Quint, tant de fois auguste, après avoir *affronté* les rois ses voisins..., se retira au service de Dieu.

BRANTÔME, *Grands Capitaines estrangers*. Charles-Quint.

Desquels nul ne fut veu ny fuyant, ny demandant mercy : au rebours, cherchant, qui çà, qui là, par les rues, à *affronter* les ennemis victorieux.

MONTAIGNE, *Essais*, I, 1.

Certes, sire, j'ay apprins des sages capitaines pour les avoir ouy discourir, qu'une armée composée de douze à quinze mil hommes, est bastante d'en *affronter* une de trente mille. Car ce n'est pas le grand nombre qui vainc, c'est le bon cœur.

MONTLUC, *Commentaires,* liv. II.

Le François *affronte* furieusement l'escadron de droit fil, et quand la lance est rompuë, il prend l'espée qui est l'arme plus asseurée des gens de guerre.

MATTHIEU, *Hist. des dern. troubles de France,* liv. II.

Il (Turenne) avoit fait faire halte aux Espagnols pour délibérer s'ils feroient leur retraite, ou s'ils viendroient *affronter* notre armée.

Mme DE MOTTEVILLE, *Mémoires,* 1650.

Il (Colbert) envoya La Haye aux Indes orientales avec six vaisseaux de guerre *affronter* les Hollandois qui en ont plus de cinquante.

L'ABBÉ DE CHOISY, *Mémoires,* liv. II.

Quand je demande six semaines pour achever ma besogne et pour *affronter* les siffleurs du parterre, ce n'est pas trop assurément.

VOLTAIRE, *Lettres,* 30 janvier 1778.

Se espées vos faillent, n'alez por ço muzer,
O peiz o crocs (avec pieux, avec crocs) les poëz *afronter.*

WACE, *Roman de Rou,* v. 4793.

Si le camp fuyard des Parthes infidelles
Vient pour nous *affronter* de sagettes mortelles.

GARNIER, *Porcie,* acte I, v. 623.

AFFRONTER, dans un sens analogue et plus général, a signifié Braver, insulter, s'exposer à :

Ledit colonel me répliqua que madite dame n'estoit point resoluë pour encores à se faire catholique, et que cependant si ledit prince ne l'espousoit bien tost, le Roy se tiendroit pour *affronté.*

LE CARD. D'OSSAT, *Lettres,* liv. IV, 170.

Est-ce courage à un homme mourant d'aller, dans la foiblesse de l'agonie, *affronter* un Dieu puissant et éternel ?

PASCAL, *Pensées.*

Ton audace est extrême
Jusques à m'*affronter* et prendre mon nom même ?

ROTROU, *les Sosies,* I.

Ce traître vit encore, il me voit, il respire,
Il m'*affronte,* il l'avoue, il rit quand je soupire.

P. CORNEILLE, *la Place Royale,* II, 2.

AFFRONTER, dans un sens analogue, celui de S'exposer à, se construit non moins fréquemment avec des noms de choses.

Un homme qui vingt fois dans sa vie, pour servir ses amis, a généreusement *affronté* les galères.

MOLIÈRE, *M. de Pourceaugnac,* I, 4.

Nous ne savons encore si nous ne fuirons les états (de Bretagne), ou si nous les *affronterons.*

Mme DE SÉVIGNÉ, *Lettres,* 21 juin 1671.

Je ne vis jamais un si beau chemin ni si effrayant en voiture. On *affronte* un mur de roc d'une effroyable hauteur par un chemin uni, mais étroit, qui va en zig-zag.

SAINT-SIMON, *Mémoires,* 1722.

On le condamna (Savonarole) lui et deux dominicains à mourir dans les flammes qu'ils s'étaient vantés d'*affronter.*

VOLTAIRE, *Essai sur les mœurs,* c. 108.

Il n'y a cheval que je ne crève ni rhume que je n'*affronte,* pour aller à La Neuville.

Il n'y a pas moyen qu'à soixante et quinze ans j'aille *affronter* les glaces de la mer Baltique.

LE MÊME, *Lettres,* janvier 1735 et 25 janvier 1769.

Si les jeunes gens élevés dans Paris ont peine à supporter le métier des armes, des femmes qui n'ont jamais *affronté* le soleil et qui savent à peine marcher, le supporteront-elles ?

J.-J. ROUSSEAU, *Émile,* liv. V.

Nous l'avons vu, dit l'une, *affronter* la tempête
De cent foudres d'airain tournés contre sa tête.

BOILEAU, *Épîtres,* IV.

Pour moi, menacé du naufrage
Je dois, en *affrontant* l'orage,
Penser, vivre et mourir en roi.

FRÉDÉRIC II, avant Rosbach, 1757.

Enfin, toujours au même sens, AFFRONTER reçoit souvent pour régimes des noms de nature abstraite.

Il (Caton) eust loisir d'*affronter* la mort et de la colleter, renforçant le courage au danger, au lieu de l'amollir

MONTAIGNE, *Essais,* II, 13.

Nul ne se peut dire résolu à la mort, qui craint de l'*affronter* et la soutenir les yeux ouverts.

CHARRON, *De la Sagesse,* liv. II, c. 2.

La seule posture du chrétien priant *affronte* tous vos supplices.

BOSSUET, Ier *Sermon* pour le jour de Pâques.

Mais, tout considéré, je crus qu'à la cour comme à la guerre, il falloit de l'honneur et du courage, et savoir avec discernement *affronter* les périls.

SAINT-SIMON, *Mémoires*, 1707.

Il (Achille) *affronte* à tout moment l'arrêt du destin, et se dévoue généreusement pour la gloire.

DE LA MOTTE, *Disc. sur Homère.*

Enfin elle (Marguerite d'Anjou) regagne le rivage de l'Angleterre; elle y assemble des forces; elle *affronte* encore le sort des batailles; elle ne craint plus alors d'exposer sa personne, et son mari et son fils.

VOLTAIRE, *Essai sur les mœurs*, c. 116.

Aussi intrépide que son maître, le cheval voit le péril et l'*affronte*.

BUFFON, *Histoire naturelle*, le Cheval.

Les hommes ont beau faire, ils ont des mœurs malgré eux; ils trouvent qu'il est beau d'*affronter* des mépris injustes.

MARIVAUX, *le Paysan parvenu*, Ire partie.

On voyait l'abattement peint dans les traits de ces guerriers qui avaient tant de fois *affronté* la mort dans les combats sans changer de visage.

BERNARDIN DE SAINT-PIERRE, *Paul et Virginie.*

Je veux que la raison voyant, pour ainsi dire, derrière elle un refuge assuré, en devienne plus hardie pour *affronter* les objections.

J. DE MAISTRE, trad. de Plutarque, *Sur les Délais de la justice divine*, § 5.

Et s'il faut *affronter* les plus cruels supplices...

P. CORNEILLE, *Polyeucte*, I, 1.

Ma prompte obéissance
Va d'un roi redoutable *affronter* la présence.

RACINE, *Esther*, I, 4.

AFFRONTER a été quelquefois employé comme verbe pronominal.

A la grande assemblée qui dura près de deux ans à Vandosme, à Saulmeur, à Loudun, à Chastellerault, Aubigné, tousjours choisi entre les trois ou quatre qui *s'affrontoient* sur les tapys aux députez du roy, fit plusieurs traits qui envenimèrent l'esprit de son maistre.

AGR. D'AUBIGNÉ, *Mémoires.*

Ore ce Scipion, qui fier d'estre venu
De ce grand Africain aux armes si cogneu,
S'est osé *affronter* à mes bandes guerrières.

GARNIER, *Cornélie*, acte IV, v. 299.

Là, sous un sein d'acier, tient son cœur en prison
La taciturne, froide et lasche trahison,
De qui l'œil esgaré *à* l'autre ne *s'affronte*.

AGR. D'AUBIGNÉ, *Tragiques*, Chambre dorée, liv. III.

Quelquefois aussi il est devenu verbe réciproque.

Les deux armées enfin *s'affrontent* à Renti assiégé par le Roy.

AGR. D'AUBIGNÉ, *Histoire universelle*, liv. I, c. 7.

Les deux armées *s'affrontèrent* terriblement et s'entrechoquèrent avec grand bruit.

PERROT D'ABLANCOURT, trad. de Lucien, *l'Histoire véritable*, liv. I.

Si vous voyez deux chiens qui s'aboient, qui *s'affrontent*, qui se mordent et se déchirent, vous dites : Voilà de sots animaux.

LA BRUYÈRE, *Caractères*, c. 12

AFFRONTÉ, ÉE, participe.

En termes de Blason, on dit que deux animaux sont *affrontés* l'un à l'autre lorsqu'ils sont placés, dans l'écu, se faisant face.

On dit aussi, en termes de numismatique, *têtes affrontées*, c'est-à-dire opposées face à face.

D'AFFRONTER se sont formés un certain nombre de substantifs, AFFRONTAILLES, AFFRONTEMENT, qui ne s'emploient plus; AFFRONTEUR, AFFRONTERIE, peu usités; AFFRONT (le seul qui soit encore aujourd'hui tout à fait en usage).

AFFRONTAILLES, s. f.

Ce mot, que Monet traduit par *fundorum frontes*, servait autrefois à désigner les confins de plusieurs fonds *affrontant* l'un à l'autre, ou *s'affrontant*, comme on a vu plus haut, p. 298, qu'il était d'usage de dire.

Quand ledit héritage de l'un des deux bouts affronte à plusieurs héritages appartenants à divers seigneurs... tel aboutissant est nommé *affrontailles*.

NICOT, *Trésor.*

AFFRONTEMENT, s. m.

On l'a employé dans un sens qui se rapporte à une des significations propres d'*Affronter*, s'en servant pour exprimer l'Action de se présenter de front à une personne, de lui faire face.

Elles vindrent après danser leur ballet si bizarrement inventé et par tant de tours, contours et destours, *affrontements* et arrets, qu'aulcune dame jamais ne faillit se trouver à son tour ny à son rang.

BRANTÔME, *Vie de Catherine de Médicis.*

AFFRONTEMENT a signifié en outre l'Action d'*Affronter,* de tromper, une Tromperie.

Faut laisser au magistrat à descouvrir et punir les *affrontemens* de ces belistres et maraux.

BOUCHET, *Serées,* liv. III, 30.

AFFRONTEUR, EUSE, s.

Celui, celle qui affronte, qui trompe, un menteur, un charlatan.

Ung *affronteur* et abuseur.
(*Impostor.*)

ROB. ESTIENNE, *Dict. fr.-lat.,* 1539.

Mais je vous dis, que si figurez ung *affronteur* effronté, et importun emprunteur, entrant de nouveau en une ville ja advertie de ses meurs, vous trouverez qu'à son entrée plus seront les citoyens en effroy et trepidation que si la peste y entroit.

RABELAIS, *Pantagruel,* liv. III, c. 5.

C'estoit (Tibère), me direz-vous un grand *affronteur.* Je le croy : ce n'est pas grand miracle à gens de sa profession.

MONTAIGNE, *Essais,* III, 1.

Le son des noms et de certains mots prononcés piteusement, voire des soupirs et des exclamations, nous pénètrent jusqu'au vif, comme savent et pratiquent bien les harangueurs, *affronteurs* et vendeurs de vent et de fumée.

Cet esprit... comme un *affronteur* et joueur de passe-passe, sous ombre de quelque gentil mouvement subtil et gaillard, forge, invente et cause tous les maux du monde.

CHARRON, *De la Sagesse,* liv. I, c. 3, et liv. XIV, c. 4.

C'est vous qui estes l'*affronteur,* et qui voulez faire passer entre vos mains les bapelourdes pour diamants.

BALZAC, *Lettres,* VII, 15.

Mais pour toy, qu'as-tu jamais fait que l'empirique, comme ces *affronteurs* qui vantent de vains secrets par où ils se font admirer?

PERROT D'ABLANCOURT, trad. de Lucien, *Dial. d'Hercule, d'Esculape et de Jupiter.*

Les médecins, même les plus savants, connoissant cette fantaisie des hommes, se trouvent obligés de parler comme les *affronteurs* et les ignorants.

MALEBRANCHE, *Recherche de la vérité,* liv. IV, c. 4, § 3.

Cela alla si mal pour la pauvre alchimiste, qu'au lieu d'en rapporter de grandes richesses, elle y perdit pour sept à huit mille livres de pierreries que le duc lui prit quand il vit que c'étoit une *affronteuse.*

TALLEMANT DES RÉAUX, *Historiettes,* la Montarbault.

Malgré sa figure imposante (le duc de Popoli), on sentoit le faux de loin et l'*affronteur* en tous ses propos.

SAINT-SIMON, *Mémoires,* 1721.

Pour l'œil d'un fat bigot, l'*affronteur* hypocrite
De chapelets s'enchaine en guise d'un hermite.

AGR. D'AUBIGNÉ, *Tragiques,* les Fers, liv. V.

Dis ton nom, *affronteur.*
— Je suis ce qui te plaît, je suis ton serviteur,
Car tes coups m'ont fait tien.

ROTROU, *les Sosies,* acte I.

Le jour s'en va paroître; *affronteur,* hâte-toi.

P. CORNEILLE, *Clitandre,* I, 1.

Car, pour peu que l'on mente en cas de mariage,
On est un *affronteur.*

DUFRESNY, *le Faux Sincère,* IV, 2.

AFFRONTERIE, s. f.

Il s'est maintenu, dans les dictionnaires plus que dans l'usage, avec le sens de Tromperie.

Il y a bien des gens aujourd'hui qui ne vivent que d'*affronterie.*

RICHELET, *Dictionnaire.*

AFFRONT, s. m

Selon Est. Pasquier, *Recherches de la France,* VIII, 3, ce mot n'était pas ancien de son temps. Il manque aux dictionnaires de Rob. Estienne, de J. Thierry, de Nicot, et paraît pour la première fois dans ceux de Cotgrave et de Monet; toutefois Sainte-Palaye en cite un exemple, tiré du *Roman du Brut.*

Monet lui donne les sens de Tromperie, analogue à un des sens d'*affronteur,* mais qu'il n'a pas conservé.

Partout ailleurs il est donné comme signifiant Injure, outrage, soit de parole, soit de fait.

Je m'en rapporte à une infinité de traverses et d'indignitez qu'elle (Marguerite de Valois) a receue à la court... jusques à en avoir esté envoyée, aveq certes ung grand *affront*, et pourtant innocente.

BRANTÔME, *Des Dames*. Discours sur la reine Marguerite.

Cette bravade irrita ces superbes nations; elles sentent plus l'*affront* que la perte, et la honte que la douleur.

PERROT D'ABLANCOURT, trad. de Tacite, *Annales*, liv. II, c. 2.

Écoutons donc le langage de votre école, et demandons à vos auteurs : Quand on nous donne un soufflet, doit-on l'endurer plutôt que de tuer celui qui le veut donner ? ou bien est-il permis de tuer pour éviter cet *affront ?*

PASCAL, *Provinciales*, XIV.

Ils ont si bien réprimé dans eux et fait mourir la nature, que toutes les insultes et tous les *affronts* n'étoient pas capables de troubler un moment la paix de leur âme.

BOURDALOUE, *Sermon sur le soufflet donné à Jésus-Christ*.

Le mari fuit d'un côté ; la femme et le fils de l'autre, sans domestiques, sans secours, exposés à tous les accidents et à tous les *affronts*.

VOLTAIRE, *Essai sur les mœurs*. D'Édouard et de Marguerite d'Anjou, c. 116.

De tous les maux de la vie humaine, l'opprobre et les *affronts* sont les seuls auxquels l'honnête homme n'est point préparé.

J.-J. ROUSSEAU, *Lettres*, 21 juillet 1762.

O dieux ! ô Jupiter, tu vis ce suborneur
D'un immortel *affront* diffamer mon honneur.

ROTROU, *les Sosies*, II.

Achève, et prends ma vie après un tel *affront*,
Le premier dont ma race ait vu rougir son front.

Dès que j'ai su l'*affront*, j'ai prévu la vengeance.

Viens baiser cette joue, et reconnois la place
Où fut empreint l'*affront* que ton courage efface.

P. CORNEILLE, *le Cid*, I, 3 ; II, 7, et III, 6.

Pleurez l'autre, pleurez l'irréparable *affront*
Que sa fuite honteuse imprime à notre front.

LE MÊME, *Horace*, III, 6.

Je l'aime, et lui dois trop, pour jeter sur son front
L'éternelle rougeur d'un si mortel *affront*.

LE MÊME, *Tite et Bérénice*, II, 2.

Je renvoie Hermione et je mets sur son front
Au lieu de ma couronne un éternel *affront*.

RACINE, *Andromaque*, III, 7.

Et la flamme à la main effaçons tous ces noms
Que Rome y consacroit à d'éternels *affronts*.

RACINE, *Mithridate*, III, 1

Faire, recevoir, essuyer, endurer, soutenir, venger, etc., un affront, sont des expressions fort usitées.

La principale cause de l'effronterie vient de ce qu'on a *reçu* plusieurs fois de grands *affronts*.

DESCARTES, *les Passions de l'âme*, part. III, art. 207.

L'après-dînée, on tint audience, où l'on plaida plusieurs petites affaires ; l'une de M. Déshéraux qu'on accuse d'avoir pendu de sa propre autorité un homme qui lui avoit *fait un affront* sanglant.

FLÉCHIER, *Mémoires sur les grands jours de* 1665.

Cet homme (Vatel) donc, que je connoissois, voyant que ce matin, à huit heures, la marée n'étoit pas arrivée, n'a pu *soutenir l'affront* dont il a cru qu'il alloit être accablé, et, en un mot, il s'est poignardé.

Mme DE SÉVIGNÉ, *Lettres*, 24 avril 1671.

Quoi ! vous laisser battre de la sorte... *Endurer un affront* comme celui-là en notre présence !

MOLIÈRE, *les Précieuses ridicules*, sc. 15.

Sachez que vous êtes dans une famille qui... ne souffrira point que l'on vous *fasse aucun affront*.

LE MÊME, *Georges Dandin*, I, 8.

Telle est la disposition d'esprit des véritables chrétiens, lorsqu'ils *ont reçu* les derniers *affronts* pour la défense de la vérité.

MALEBRANCHE, *Recherche de la vérité*, liv. V.

M. le duc d'Orléans protesta devant tous des malheurs qui en alloient arriver, déclara que, n'étant maître de rien, il n'étoit pas juste qu'il *essuyât l'affront* que la nation alloit recevoir.

SAINT-SIMON, *Mémoires*, 1706.

J'aime autant Coriolan... qui fait repentir chaque citoyen de *l'affront* que lui *a fait* chaque citoyen, que celui qui chassa les Gaulois du Capitole.

MONTESQUIEU, *Dialogue de Sylla et d'Eucrate*.

Il... chassa les gentilshommes avec esclandre et scandale, se fit partout des querelles, *reçut* des *affronts*, qu'un valet *n'endurerait* pas.

J.-J. ROUSSEAU, *les Confessions*, part. II, liv. VII.

Je l'avoue entre nous, quand je lui *fis l'affront*,
J'eus le sang un peu chaud et le bras un peu prompt.

P. CORNEILLE, *le Cid*, I, 11.

...Si vous m'aimiez autant que vous le dites,
Vous *sentiriez l'affront* que me font ses poursuites.
MOLIÈRE, *l'École des maris*, II, 11.

Me *faire* un tel *affront*, et par-devant notaire.
DUFRESNY, *Mariage fait et rompu*, II, 8.

On ne dit pas seulement *Faire un affront*, mais encore, d'une manière plus générale et plus rapide, *Faire affront*.

S'ils sont entrés (les jésuites) dans une intrigue contre vous, ce ne sont que quelques particuliers, et vous *faites affront* à tout le corps.
Mme DE MAINTENON, *Lettres*, CCXLIV, 9 octobre 1712, à M. le cardinal de Noailles.

On dit encore *Faire l'affront à* quelqu'un *d'*une chose, *Lui en faire l'affront*.

Tremblant que quelqu'un ne me reconnût et ne *lui en fît l'affront*... je sortis le plus tôt qu'il me fut possible.
J.-J. ROUSSEAU, *les Confessions*, part. II, liv. VIII.

Chut! je veux à vos yeux *leur en faire l'affront*.
MOLIÈRE, *l'Étourdi*, II, 7.

On dit figurément *Laver un affront*, en obtenir réparation l'épée à la main, en tirer vengeance.

Je viens, dit-il, *laver* dans le sang d'une infâme *l'affront* qu'elle fait à son père.
LE SAGE, *le Diable boiteux*, c. 4.

Laissez-moi m'assouvir dans mon courroux extrême,
Et *laver mon affront* au sang d'un scélérat.
MOLIÈRE, *Amphitryon*, III, 5.

On dit, dans un sens opposé, *Boire, avaler, digérer, dévorer un affront*.

Et cependant... il faut que je *boive l'affront*.
MOLIÈRE, *les Précieuses ridicules*, sc. 18.

Quiconque ne sait pas *dévorer un affront*
Et de fausses couleurs se déguiser le front,
Loin de l'aspect des rois qu'il s'écarte et qu'il fuie!
Il est des contre-temps qu'il faut qu'un sage essuie.
Souvent avec prudence un outrage enduré
Aux honneurs les plus grands a servi de degré.
RACINE, *Esther*, III, 1.

AFFRONT est quelquefois déterminé par un complément formé de la préposition *de* et de son régime, lequel fait connaître :

Soit qui a reçu l'*affront* :

Pour venger l'*affront de* la Perse et *de* Darius, Xerxès, son fils et son successeur... attaqua les Grecs.
BOSSUET, *Discours sur l'histoire universelle*, I, 8.

L'une et l'autre fortune a d'égales rigueurs,
Et l'*affront des* vaincus est un crime aux vainqueurs.
BRÉBEUF, *la Pharsale*.

Soit en quel lieu l'*affront* a été reçu :

Cependant le comte d'Enghien répare l'*affront de* Nice par la victoire qu'il remporte à Cérisoles, dans le Piémont, sur le marquis del Vasto.
VOLTAIRE, *Essai sur les mœurs*, c. 125.

La bataille d'Iéna a lavé l'*affront de* Rosbach.
NAPOLÉON, *Mémoires*.

J'ai *du* jour de Courtray réparé les *affronts*.
RAYNOUARD, *les Templiers*, I, 4.

Soit enfin en quoi l'*affront* consiste :

D'un autre côté je craignois, en me présentant à la table sacrée, de m'exposer à l'*affront d'*un refus.
J.-J. ROUSSEAU, *les Confessions*, part. II, liv. XII.

Aux *affronts d'*un refus craignant de vous commettre.
RACINE, *Iphigénie*, II, 4.

Ou que *d'*un bonnet vert le salutaire *affront*
Flétrisse les lauriers qui lui couvrent le front.
BOILEAU, *Satires*, I.

Et comptez-vous pour rien l'*affront du* pilori?
BOURSAULT, *le Mercure galant*, IV, 4.

Et l'aveu que j'ai fait, trop naïf et trop prompt,
De votre défiance a mérité l'*affront*.
PIRON, *la Métromanie*, IV, 8.

Quelquefois, dans cette dernière manière de parler, le régime de la préposition *de* est un verbe à l'infinitif.

Sauve-moi de l'*affront de* tomber à leurs pieds.
P. CORNEILLE, *Rodogune*, V, 4.

Vous? me faire l'*affront de* parler avant moi?
BOURSAULT, *le Mercure galant*, IV, 3.

Enfin la nature de l'Affront peut être exprimée par une proposition liée au substantif *affront* par la conjonction *que; avoir l'affront que.*

Je ne veux pas *avoir l'affront que* tu me quittes.
Th. Corneille, *Ariane*, III, 4.

Affront peut encore se construire, au moyen de la préposition *à*, avec un substantif qui fait connaître à qui s'adresse l'*affront.*

Le baron de Goërtz, arrêté immédiatement après la mort de Charles, fut condamné par le sénat de Stockholm à avoir la tête tranchée au pied de la potence de la ville; exemple de vengeance peut-être encore plus que de justice, et *affront* cruel *à* la mémoire d'un roi que la Suède admire encore.
Voltaire, *Histoire de Charles XII*, liv. VIII.

Les *affronts à* l'honneur ne se réparent point.
P. Corneille, *le Cid*, II, 3.

Affront a est dit, par ellipse, pour *affront fait à*, qui est aussi d'usage.

Que la nature est pleine d'injustice !
A qui va-t-elle accorder la beauté ?
C'est un *affront fait à* la qualité.
Voltaire, *Nanine*, I, 4.

AFFUBLER, v. a. (Venu, selon l'opinion la plus générale, celle de Ménage, Caseneuve, Sainte-Palaye, etc., ainsi que le mot de la basse latinité *Affibulare, affiblare*, du latin *fibula.* M. Raynouard (*Lexique roman*, t. VI, p. 24) assigne la même origine aux mots provençaux *fibla*, boucle, ardillon; *afublalh*, collier, fermoir, broche.)

On l'a écrit Afubler, affeubler, et, ce qui a donné lieu à Rob. Estienne, J. Thierry, Nicot, etc., de lui chercher une autre origine latine dans le substantif *infula*, affuler, afeuler. (Voyez le *Dictionnaire* de Borel, le *Glossaire* de Sainte-Palaye et les exemples ci-après.)

Selon Rob. Estienne (*Dict. fr.-lat.*, 1549), répété par J. Thierry et Nicot, Affuler était usité en Picardie. Il s'y dit encore, ainsi que son contraire *défuler*, et l'on y appelle *affulette* une pièce de drap noir dont les femmes s'enveloppent la tête et les épaules.

D'une autre part, l'observation de Furetière, qu'en Normandie on dit Affluber, s'applique encore au patois normand qui comprend avec ce verbe, employé, on le verra, dans le *Roman de Rou*, le substantif *afflubat*, manteau.

Si Affubler est venu, comme on le pense, ainsi qu'*Affibulare*, agrafer, de *fibula*, agrafe, il a dû se prendre primitivement, en parlant de certaines pièces du vêtement, pour Attacher, fixer. De là, probablement, l'emploi d'Affubler au sens de vêtir, revêtir, et avec un régime direct désignant le vêtement; bien souvent, un vêtement qui s'agrafe, ce qui est favorable à l'étymologie préférée *fibula;* mais aussi d'autre part, un vêtement qui couvre la tête et la partie supérieure du corps, ce qui est d'accord avec l'autre étymologie, *infula.*

Affeublant en teste son chapperon de martres.
Rabelais, *Pantagruel*, III, 37.

Il li tint le mantel devant,
Puis l'*afula.*
Marie de France, *Lai de Graelent*, v. 262.

Son mantel a au Danois *afulé.*
Raimbert de Paris, *la Chevalerie Ogier.* (Voyez *Hist. litt. de la France*, t. XX, p. 700.)

Trouvay Robin le Franc enchapelé ;
Chapeaux de flours avoit cilz *afublé*
Dessus son chief...
Eust. Deschamps, *Poés.*, mss., fol. 102, col. 4. (Cité par Sainte-Palaye.)

Affublant de fin or sa longue tresse blonde.
Amadis Jamyn, *Œuvres poét.*, p. 180. (Cité par Sainte-Palaye.)

Affubler, revêtir :

Philippe à ces paroles se leva moult tôt et *affubla* une gonne.
Froissart, *Chroniques*, II, c. 192.

Si avoit *affulé* (Loys de Luxembourg, comte de Saint-Pol) ung chapperon de satin découppé.
Matthieu d'Escouchy, *Cronique*, c. 37.

Selon l'usage coustumier, si à ce faire il avoit mantel *affublé*, il le doit rapporter avec tous ses autres biens en la main de justice et le laisser en l'ordonnance de ses créanciers... et la raison si est que sans mantèl bien se peut vivre.

BOUTEILLER, *Somme rurale,* liv. II, tit. XX. Du detteur avoir un mantel affublé.

Et... la prist par la main et luy fist *affubler* ung manteau.

Le Loyal Serviteur, c. 55.

Il ne faut estre loup, ny en *affubler* la peau.

COTGRAVE, *Dictionnaire.*

Une viés piax ot *affulées*
Que trop lungement ot portées.

MARIE DE FRANCE, *lai de Graelent,* v. 187.

Vestent bliaus et pelissons hermins
Et *afublerent* les mantiaus sebelins.

Garin le Loherain, t. II, p. 67.

Ele ot le jour un mantel *afublé*
Un pou fu cort, si li avint asseiz.

Girart de Viane. (Voyez *Hist. litt. de la France,* t. XXII, p. 454.)

Une esclavine vit Renars...
Si l'*afubla* sanz arester.

Roman de Renart, v. 19314.

Le régent pour l'eure *affula*
Un chaperon de la livrée
De Paris toute la journée,
Qui estoit de rouge et de pers
Parti au long.

EUST. DESCHAMPS, *Miroir de mariage.*

Il prend son chapeau et l'*affuble.*

COQUILLART, p. 149. (Cité par Sainte-Palaye.)

Dans une autre manière de parler, elle-même très-ancienne, et qui seule s'est maintenue, le régime direct d'AFFUBLER a désigné la personne, et un régime indirect, gouverné par la préposition *de,* le vêtement. On a dit *affubler* une personne *de.....* comme on dit La vêtir, la revêtir de....., pour Couvrir, envelopper sa tête, son corps de quelque habillement, de quelque voile.

Les deux damoyselles... le désarmerent et le firent laver ; puis l'*affulèrent d'*ung manteau.

Roman de Perceforêt, vol. V, fol. 24, r°, col. 2. (Cité par Sainte-Palaye.)

On l'a *affublé d'*un froc.

MAYNARD, *Lettres.* (Cité par Richelet.)

Ce fut elle (madame de Brissac) qui, sans y penser, *affubla* MM. de Brissac de ce bonnet qu'ils ont mis, et que à leur exemple, MM. de la Tremoille et de Luxembourg ont imité depuis, et avec autant de raison les uns que les autres.

SAINT-SIMON, *Mémoires,* 1693.

La fist d'un mantel *afluber*
Du plus riche qui pout trouver.

Roman de Rou. (Cité dans le *Glossaire* de Du Cange, au mot *affibulare.*)

AFFUBLER s'est quelquefois dit dans le même sens avec un nom de personne seulement, sans régime indirect.

Li *mantel* li tent la roine
Qui moult volentiers l'*afubla.*

Fabliau du Court Mantel. (Voyez *Fabl. ms. du R.,* n° 7615, t. I, fol. 113, v°, col. 2.)

AFFUBLER s'est naturellement et de bonne heure employé avec le pronom personnel. Comme on disait *Affubler de,* on a dit aussi *s'affubler de.*

Fay semblant de duleir et de plur ; si *t'affuble* de vestement de plur si cume femme qui lunges ait plurée pur mort.

Les Quatre Livres des Rois, I, XIV, 2.

Ceux qui ont esté deux ou trois fois à la Meque, osent bien *s'affubler du* turban verd, dont ilz sont plus honorez des autres.

PIERRE BELON, *Observations de plusieurs singularitez de divers pays estranges,* liv. III, c. 24.

L'infante... *s'affubla de* cette vilaine peau.

CH. PERRAULT, *Contes,* Peau d'âne.

La princesse *s'affubla de* la robe du prêtre et de toutes les marques *de* sa dignité.

VOLTAIRE, *Romans,* la Princesse de Babylone.

Surtout n'oubliez pas de *vous affubler d'*un bonnet à oreilles au mois de juin, *d'*une triple camisole et *d'*un manteau.

VOLTAIRE, *Lettres,* 26 mai 1753.

Les nuits quand la lune luseit,
E ses sires cuché esteit,
De juste li sovent levot,
E *de* sun mantel *s'affublot.*

MARIE DE FRANCE, *lai du Laustic,* 69.

Un misérable coq à point nommé chantoit :

Aussitôt notre vieille, encor plus misérable,
*S'affubloit d'*un jupon crasseux et détestable.
La Fontaine, *Fables*, V, 16.

Au lieu de *s'affubler de*, on a pu dire *affubler sa tête, son chef de.*

Il (Diogène) *affubla sa tête de* sa cape.
Amyot, trad. de Plutarque, *Œuvres morales*. S'il est loisible de manger chair, c. 10.

Qui sçauroit bien que c'est qu'un diadème,
Il choisiroit aussi tôt le tombeau,
Que d'*affeubler son chef de* ce bandeau ;
Car aussi bien il meurt lors à soy-même.
Pibrac, *Quatrains*, CII.

S'Affubler, comme *affubler*, s'est pris absolument. On dit de même absolument Se vêtir, et les deux expressions sont rapprochées et assimilées dans ce vers d'un vieux poète :

Il *s'afubla* maintenant et vesti.
Garin le Loherain, t. II, p. 23.

Li cevalier *se sont* levé,
Vestu, caucié et *asfublé*.
Cascuns al plus bel que il pot.
Partonopeus, v. 10597.

Dans les anciens temps de la langue, on disait *Se désaffubler de :*

De ses guarnemenz se desvesti et *se désafublad.*
Les Quatre Livres des Rois, I, xviii, 4.

Affubler de, s'affubler de, se sont dits au figuré ; Quelquefois avec des mots comme manteau, vêtement, etc., marquant et expliquant la métaphore.

C'est son fil...
Ki çà jus *se* vint *affubler*
Dou sac de nostre humanité
Sour l'or fin de sa déité.
Renart le Nouvel, v. 6702.

..... laborer ne me puet plaire,
De laborer n'ai-ge que faire :
Trop a grant paine en laborer ;
J'aim mieux devant les gens orer,
Et *affubler* ma renardie
Du mantel de papelardie.
Roman de la Rose, v. 1713.

Très-souvent aussi, sans cet intermédiaire, qui ne pourrait pas toujours être suppléé dans les exemples qui suivent, Saint-Simon et Voltaire, on va le voir, ont usé, jusqu'à l'abus, de cette figure, se servant d'*affubler* en parlant de choses trop en dehors de la personne, dont on ne pouvait avec justesse et naturel la dire, figurément, revêtue.

Généralement, toute superstition et faute en religion vient de ce que l'on n'estime pas assez Dieu ; nous le rappelons et ravalons à nous, nous jugeons de lui selon nous, nous l'*affublons de* nos humeurs. Quel blasphème !
Charron, *De la Sagesse*, l. II, c. 5, § 10.

Il (le duc du Maine) crut qu'il lui importoit de fixer les soupçons sur quelqu'un, et c'étoit pour lui coup double et centuple *d'en affubler* M. le duc d'Orléans.

Madame du Maine, appuyée de son sexe et de sa naissance, *s'affubla de* tout dans ses réponses aux interrogatoires qu'elle subit.
Saint-Simon, *Mémoires*, 1712 et 1720.

Mettez en usage ce talent que vous avez de persuader, pour réfuter les lâches calomnies *dont* on *m'affuble.*

Je me suis guéri, avec les eaux du Vezer, de l'Elbe, du Rhin et de la Meuse, de la plus abominable ophthalmie *dont* jamais deux yeux aient été *affublés.*

Je me suis *affublé d'*occupations si différentes, toute idée de poésie est tellement sortie de ma tête, que je ne pourrais pas actuellement faire un pauvre vers alexandrin.

Il (Dieu) m'a *affublé d'*un rhumatisme goutteux qui me tient perclus.

Les infamies et les persécutions *dont* on a *affublé* nos philosophes Diderot et d'Alembert me tiennent plus au cœur que les beaux vers de M. l'abbé Légier.

Je ne vous ennuie point de mes rêveries, car, vous qui êtes très-gai, vous *affubleriez* votre serviteur *de* quelque bonne plaisanterie qui dérangerait ma gravité.

Il a été *affublé de* plus de brocards (Le Franc de Pompignan) que n'en a jamais essuyé feu M. Chiant-pot-la-perruque.

Ce n'est pas ma faute, Monsieur, si, étant *affublé de* quatre-vingts ans et de tous les accompagnements de cet âge, je ne vous ai pas remercié plus tôt de votre jolie lettre.

VOLTAIRE, *Lettres*, 6 mai 1734 ; 20 février 1741 ; 3 octobre 1752 ; 3 décembre 1754 ; 3 février 1758 ; 25 octobre 1761 ; 30 mars 1763 ; 13 septembre 1774.

Il n'étoit stratagème
Panneau n'étoit, tant étrange semblât,
Où le pauvre homme à la fin ne donnât
De tout son cœur et ne *s'en affublât*.

LA FONTAINE, *Contes*.

... Il me prend une envie :
C'est *d'affubler* sa face de palais,
A poing fermé, *de* deux larges soufflets.

VOLTAIRE, *l'Enfant prodigue*, III, 6.

Mais sans approfondir ce qu'un Chinois doit croire,
Séguier *t'affublerait d'*un beau réquisitoire.

LE MÊME, *Épîtres*, au roi de la Chine.

S'affubler d'une personne, être affublé d'une personne, répond à d'autres expressions du style familier, S'entêter, se coiffer d'une personne.

Est-il possible qu'un homme soit tellement *affublé d'*une personne, qu'elle lui devienne plus chère que lui-même n'est à lui-même ?

DANET, *Dictionnaire fr.-latin* (trad. de Térence).

Dans le passage suivant, AFFUBLER, employé absolument, devient comme beaucoup d'autres verbes, dans des cas analogues, substantif, et désigne une coiffure.

Vostre *afubler* est comme un grand cabas.

EUST. DESCHAMPS, *Ballades*, 71. Sur l'étrangeté de l'atour et du chief que plusieurs dames font à présent.

AFFUBLÉ, ÉE, participe.

On l'a écrit, conformément aux orthographes du verbe, AFUBLÉ, AFFEUBLÉ, AFIBLÉ, AFULÉ, etc. (Voyez le *Glossaire* de Sainte-Palaye.)

AFFUBLÉ s'emploie dans les divers sens du verbe;

Soit construit avec la préposition *de*, au propre :

Tout deboutonné, en une simple cote et sa chemise, *affublé d'*un mantel, il s'en vint là et se assit.

FROISSART, *Chroniques*, liv. II, c. 30.

Ledit héraut... a comparu devant ledit seigneur, *affublé de* sa cotte d'armes.

Gage de bataille de François Ier *et de Charles V*, fol. 81, v°. (Cité par Sainte-Palaye.)

L'ail a plusieurs cottes et est entièrement *affublé de* plusieurs pellicules minces et subtiles.

DU PINET, trad. de Pline, liv. XIX, c. 6.

Ce pauvre charlatan se morfondoit fort, combien qu'il fust *affublé d'*un caban fourré tout pelé.

Satyre Menippée, la Vertu du Catholicon.

Cependant les courriers sont despechez çà et là pour porter les premiers advis de ces desseins, *affublez de* belles et brillantes couvertures, pour esblouyr les yeux et des grands et des petits.

MATTHIEU, *Hist. des dern. troubles de France*, liv. I.

Quelques personnes des plus accréditées du Parlement viennent parfois me voir sans flambeau, *affublées d'*un manteau pour n'être pas reconnues.

LE MARQUIS DE RUVIGNY, *Lettre à M. de Lyonne*, 26 septembre 1667. (Voyez MIGNET, *Négociations relatives à la succession d'Espagne*, t. II, p. 516.)

On a une différente manière d'argumenter, selon qu'on est *affublé d'*un manteau ou *d'*une chasuble.

VOLTAIRE, *Avis au public*, Causes étranges de l'intolérance.

Oh ! qu'il est indignement
*Affublé d'*une soutane !

MAYNARD, *le Théologien*, ode.

Le moindre de leurs valets
Est *affublé d'*écarlate.

LE MÊME, *Ode à Flote*.

Au figuré, presque toujours en mauvaise part :

Ce prestre curé, comme j'ay dit, avoit sa teste *affulée de* simplesse si parfaicte, qu'il ne sçavoit point anuncer les festes des saincts qui viennent chascun an, et en jour déterminé.

Les Cent Nouvelles nouvelles, 89.

Ce seroit chose bien longue de nommer et spécifier... toutes les opinions superstitieuses *dont* sont *affublez* les enfants, femmes et esprits faibles.

Affublez et coiffez *de* cette dévotion externe... pensoient estre quites de tous devoirs.

CHARRON, *De la Sagesse*, liv. I, c. 6.

Eut esté plus tolerable de dire lieutenant en l'Estat et couronne de France, que lieutenant de l'Estat... Quand vous fustes *affublé de* cette belle qualité, vous curastes si rudement nos bourses, qu'eustes moyen de mettre suz une grosse armée.

Satyre Menippée, Harangue de M. d'Aubray.

Voilà tout ce que je peux répondre, moi malingre et *affublé d'*une fluxion sur les yeux.

VOLTAIRE, *Lettres*, juin 1759.

Soit, comme une sorte d'adjectif, absolument :

Anaxagoras se trouva délaissé de tout le monde en sa vieillesse, et se coucha la tête *affublée*, en résolution de se laisser mourir de faim.

AMYOT, Trad. de Plutarque, *Vie de Périclès*, c. 36.

Martius s'en alla droit à la maison de Tullus, là où de primsault il entra jusques au foyer, et illec s'asseit sans dire mot à personne, ayant le visage couvert et la teste *affublée*.

LE MÊME, *Vie de Coriolan*, c. 35.

La maréchale de Rochefort, accoutumée au métier, fut choisie pour confidente. Elle donnoit les rendez-vous chez elle où Bontems les venoit avertir ; et toutes deux, bien seules et bien *affublées*, se rendoient par les derrières chez le roi.

SAINT-SIMON, *Mémoires*, 1698.

Quant fu vestus et *afublés*
Prodome sambla ; il l'estoit.

Partonopeus, v. 10638.

On trouve fréquemment chez nos vieux poètes *bien affublé, richement affublé.*

Un chevalier ad luing véu,
Bien afublé e bien vestu.

Une gent pucele ad truvée
Dedenz li bois, prez de l'orée ;
Bien ert vestue et bien chauciée,
Bien affublée et bien liée.

WACE, *Roman de Rou*, v. 5690 et 5730.

Aprés la roïne venoient
Altres dames qui la suivoient...
Mult estoient bien atornées,
Bien vestues, *bien affublées.*

LE MÊME, *Roman de Brut*, v. 10679.

Renaut Porquet manda, il li est amenés.
Richement fu vestus, cauchiés et *afublés.*

Chanson d'Antioche, c. 5, v. 172

On trouve, dans des textes anciens, employés de même absolument, DÉSAFUBLÉ, DÉFUBLÉ, DÉFLUBÉ.

Désafublée, chaucie d'escapins.

Garin le Loherain, t. II, p. 112,

Li dus l'entent, sus el pallais en vint,
Tout *défublés*, onques mantel n'i prist.

Garin le Loherain, t. II, p. 27.

Son mantel jus à terre mist,
Tout *deflubé* dessus s'assist.

WACE, *Roman de Rou*. (Cité dans le *Glossaire* de Du Cange.)

D'AFFUBLER s'étaient formés un certain nombre de substantifs exprimant soit l'Action de vêtir, soit le Vêtement lui-même ; AFFUBLEURE, AFFULEURE, AFFULOOIR, AFFUBLAIL, AFFEUBLAGE, AFFUBLAGE, enfin AFFUBLEMENT, qu'on trouve écrit, comme le verbe, soit avec deux *f*, soit avec une seule. (Voyez Du Cange et Sainte-Palaye, *Gloss.*)

A tant David vers le rei s'apreschad, e tut privéement un pan de sun *afublail* colpad.

Les Quatre Livres des Rois, I, XXIV, 5.

Le suppliant vesti sa chemise et sa robe, et tout piez nus sans chapperon, ne autre *affulure*...

Lettres de rémission, de 1455. (*Glossaire* de Du Cange, au mot *affibulare*.)

La mere....
S'*afuleure* a terre rue.

Miracles de la sainte Vierge, mss., liv. I. (*Glossaire* de Du Cange.)

Cil qui le deable dechoivent
Ki deffont lor *affuleures*
Et lor vilaines vesteures.

Paraphrase du Miserere. (*Glossaire* de Du Cange.)

Courroye, mantel, or, affiche
Et *afuleure* belle et riche.

EUST. DESCHAMPS, *Poés.*, mss., fol. 459, col. 1. (Cité par Sainte-Palaye.)

De ces substantifs un seul est resté :

AFFUBLEMENT, lui-même de peu d'usage, soit au propre, soit au figuré, et qui a fini, comme on a pu le remarquer d'*Affubler* et d'*Affublé*, par n'être employé que dans un sens ironique et satirique.

Affublement et couverture.
ROB. ESTIENNE, *Dict. fr.-lat.*, 1539. (Voyez aussi J. Thierry et Nicot.)

Les quarts de plaisanterie qui sont dans la relation du voyage de Fontainebleau, et les huitièmes de ridicule dont l'hymne est parsemée, seront pour lui (Le Franc de Pompignan) un *affublement* complet.
VOLTAIRE, *Lettres*, 25 mars 1763.

Onques ne fut si lourde *afublement*.
EUST. DESCHAMPS, *Ballades*, 71. Sur l'estrangeté de l'atour et du chief que plusieurs dames font à présent.

AFFÛTER, v. a. (de *fût, fust*, et, par ce mot, du latin *fustis*).

Autrefois AFFUSTER, et, sous l'une et l'autre forme, tantôt avec deux *f*, tantôt avec une seule.

AFFÛTER, en raison de son étymologie, a dû signifier primitivement Garnir de fût, de bois, Appliquer une garniture de bois à quelque chose, l'armer, la fortifier de pièces de bois.

C'est d'AFFÛTER, avec cette acception générale, qu'on a tiré le nom de la machine de bois servant à supporter ou à transporter une pièce d'artillerie, *affût*, dans l'origine *affust;* et ce mot, à son tour, a donné au verbe dont il était dérivé la signification particulière de Disposer une pièce d'artillerie sur son affût, pour tirer, et, par extension, de Pointer.

Et là *affuterent* grant nombre d'artillerie.
COMMINES, *Mémoires*, liv. I, c. 9.

Jectoit (Gargantua) le dart, la barre, la pierre, la javelone, l'espieu, la halebarde, enfonçoit l'arc, bandoit ès reins les fortes arbalestes de passe, visoit de l'arquebouse à l'œil, *affustoit* le canon.

Luy-mesme (Picrochole), cependant qu'on apprestoit son disner, alla faire *affuster* son artillerie.
RABELAIS, *Gargantua*, I, 23, 26.

Luy-mesme (Prospero Colonna) ayant *affusté* et bracqué une longue couleuvrine, fit donner le feu.
BRANTÔME, *Vies des grands capitaines estrangers.* Fabricio et Prospero Columne.

Il est fait, par figure, allusion à cette acception d'*Affûter* dans les passages suivants :

Diogènes... y roulla le tonneau fictil, qui pour maison luy estoit contre les injures du ciel ; et, en grande vehemence d'esprit, desployant les bras, le tournoit, viroit... *affustoit* (c'est-à-dire, probablement, l'étayait, le posait comme sur un affût).
RABELAIS, *Pantagruel*, III, Prologue.

Or, mouschez vos nez, petits enfans, et vous aultres vieulx resveurs, *affustez* vos bezicles.
LE MÊME, *Au liseur bénévole*, en tête de la *Pantagrueline Prognostication.*

Amour premier son arc turquois *affute*,
Et un traict d'or au milieu va ficher.
EST. PASQUIER, *Jeux poëtiques.* Ire partie. Loyauté.

Affûter s'est dit avec le pronom personnel, d'une manière analogue, en parlant des soldats eux-mêmes postés pour tirer.

Je croy que plus de cent arquebusiers se vindrent *affuster* pour nous tirer.
MONTLUC, *Commentaires*, liv. IV.

Quatre sentinelles qui estoient proches de là commencerent à crier, puis à tirer, et finalement à hausser leurs voix et appeller tous les soldats des corps de garde : mais avant que tout cela eust loisir de *s'affuster* vous eustes gaigné vos plus proches logemens.
SULLY, *Œconomies royales*, c. 96.

Il s'est dit enfin, absolument, pour Mirer, viser.

Plus on *affûte*
Près de la bute...
Blason des faulces amours, p. 276. Cité par Sainte-Palaye.

D'une autre acception d'*affût*, signifiant, en termes de chasse, l'endroit où l'on se poste pour attendre le gibier, et, par suite, cette manière de chasser, est venu l'emploi d'AFFÛTER et de S'AFFÛTER au sens de Mettre à l'affût, se mettre à l'affût.

Si les metz (les levriers) ès futoyes au lonc de tes rois et les *affuste* en telle maniere qu'ils puissent veoir li ungs l'autre. Et doivent estre *affustés* et couvers de branches moins veuz.

Quant on veut faire un buisson où on cuide que

bestes demeurent, on regarde de quelle part le vent vient; puis doyvent aler les archers au dessoubz du vent pour eulx *affuster*, et si le pays où ilz *se* doivent *affuster* est de clère fustaye, ilz doivent estre *affustez* plus loing les uns des autres qu'ilz ne doivent quant ilz *s'affustent* en pays couvert.

Le livre du roy Modus, Comment on doit faire les buissons aux arcs; comment on doit faire les buissons pour les bestes noires.

Affûter, en termes d'arts et métiers, signifie Aiguiser un outil pour le rendre plus perçant ou plus coupant, ou en un sens plus général, encore en usage dans certains idiomes populaires du Nord de la France, L'ajuster, le disposer, le préparer, etc.

Affûter s'est quelquefois employé au figuré pour Ajuster, disposer, préparer, etc.

Le médecin a besoin de trop de pièces, considérations et circonstances pour *affuster* justement son dessein.

Montaigne, *Essais,* II, 37.

Par ton motif ma barque j'*affutay*,
Pour faire voile en une et autre plage.

Est. Pasquier, *les Jeux poëtiques,* Ire partie. Loyauté.

On a dit, dans un sens analogue, S'affûter.

Ces écoliers *s'affûtent* pour nous jouer un tour.

Grand Vocabulaire.

Et soudain que je fus entré dans le basteau
Pour brosser contromont, je voy chaque manœuvre
S'affuter tout à coup diversement à l'œuvre,
Qui joüer de la rame, et qui du gouvernail.

Est. Pasquier, *les Jeux poëtiques,* Ire partie. Loyauté.

Affûté, ée, participe.

Autrefois affusté.

Il a eu les divers sens du verbe.

On l'a dit de charpentes construites avec solidité :

Gargantua... feit faire quatre grosses chaînes de fer pour le lyer et feit faire des arboutans à son berceau bien *afustez.*

Rabelais, *Pantagruel,* II, 4.

On l'a dit de pièces d'artillerie disposées sur leurs affûts, mises en batterie, pour tirer :

Votre artillerie *affutée*, vous devez commencer à battre.

Le Jouvencel, fol. 83, v°. (Cité par Sainte-Palaye.)

Monsieur de Biron... comme il vous vit résolu de recognoistre la citadelle... vous en dissuada autant qu'il put... néantmoins vous ne laissastes pas de vous en esclaircir le cœur, et de voir et de recognoistre tout, ce qui ne se fit pas sans extrêmes périls aussi bien la nuict que le jour, et sembloit qu'ils fussent advertis, car tout estoit *affusté* sur vous.

Sully, *Œconomies royales,* c. 95.

Ou bien encore des soldats eux-mêmes, postés pour tirer :

Ores que les gens à cheval viennent charger les gens de pied, ils se doivent resoudre à ne tirer que partie de leur arquebuzerie, et garder tousjours l'autre partie jusques à l'extrémité, ce que observant il sera difficile qu'ils soyent desfaicts sans tuer beaucoup des ennemis, lesquels n'ozent enfoncer, voyant les arquebuziers *afustés.*

Montluc, *Commentaires,* liv. I.

Affûté veut dire, en parlant d'outils, d'instruments, Aiguisé.

Peut-être s'est-il pris en ce sens, au moral, pour Fin, rusé, comme notre adjectif *Fûté,* qui est de même racine. On trouve chez Brantôme, avec une acception métaphorique pareille, un mot formé de *trancher,* le mot *trancard.*

Affûté veut dire aussi, en parlant de l'ouvrier ou de sa boutique, Muni des outils, des instruments nécessaires.

C'est l'un des menuisiers de Paris les mieux *affutés.* Sa boutique est bien *affutée.*

Richelet, *Dictionnaire.*

Enfin, il a reçu, par figure, le sens général de Disposé pour, Préparé à.

Ils étoient trois ou quatre juges *affutez* pour faire gagner le procès à cet homme-là.

Furetière, *Dictionnaire.*

D'Affûter se sont formés plusieurs substantifs, Affût, comme il a été dit plus haut, affûtage, affûtiau.

AFFÛT, s. m., autrefois *Affust*. Machine de bois ou de métal servant à supporter ou à transporter une pièce d'artillerie.

Il avoit cent six pièces d'artillerie sur roue, dont la moindre estoit ung faulcon, et six grosses bombardes de fonte qui ne se pouvoient tirer sur *affust*.

Le Loyal Serviteur, c. 32.

Et coucha le roy (François Ier) toute la nuict, armé de toutes ses pièces, sur l'*affust* d'un canon.

Martin du Bellay, *Mémoires*.

Quarante vaisseaux de transport, escortés de douze vaisseaux de guerre, apportèrent tous les secours possibles en hommes, en ustensiles, en équipages ; des ingénieurs, des canonniers, des bombardiers, deux cents maçons, des selles, des brides, des housses pour plus de vingt mille chevaux, des canons avec leurs *affûts*.

Voltaire, *Siècle de Louis XIV*, c. 15.

Charles ne balança pas à les attaquer (les Saxons) : il avait avec lui quinze mille hommes : Stenau et le duc de Courlande environ douze mille, n'ayant pour toute artillerie qu'un canon sans *affût*.

Le même, *Histoire de Charles XII*, liv. II.

Un de nos vieux écrivains semble avoir pris affût dans un sens analogue à certaines acceptions, indiquées plus haut, de *S'affuster, affusté*, lorsqu'il a dit d'un rempart qu'il était *de bon affût*, c'est-à-dire propre à *s'y* bien *affuster*, à y être bien *affusté*.

Se Dieu voulsist l'avoir permis, ce fust
Pour les François rempar de bon *affust*.

Guillaume Cretin, *Poësies*, l'apparition du mareschal de Chabannes.

Affût signifie, en termes de chasse, l'Endroit où l'on se poste pour attendre le gibier, et par suite cette manière de chasser. On dit, au premier sens, *Choisir un bon affût, aller à l'affût, se mettre à l'affût, sortir de son affût*, etc., et au second, *Chasser, tirer, tuer à l'affût, L'heure de l'affût*, etc.

Quelques soldats commençans à les tirer comme *à l'affust*, il en fut tué cinq ou six.

Sully, *Œconomies royales*, c. 39.

C'est, dit Paul, le chien de quelque chasseur, qui vient le soir tuer des cerfs *à l'affût*.

Bernardin de Saint-Pierre, *Paul et Virginie*.

A l'heure de l'*affût*, soit lorsque la lumière
Précipite ses traits dans l'humide séjour,
Soit lorsque le soleil rentre dans sa carrière
Et que n'étant plus nuit, il n'est pas encor jour.

La Fontaine, *Fables*, X, 15.

Affût a donné lieu à cette expression métaphorique, *Être à l'affût d'*une chose ou d'une personne, pour l'Épier, la guetter, l'attendre au passage.

J'avois été cependant comme *à l'affût de* ce qui arriveroit de cette entrée (du duc d'Harcourt au conseil) sans dire mot à personne.

Saint-Simon, *Mémoires*, 1707.

Ces flatteries-là pourroient me convenir en province, où je brille assez sans vanité. J'y *suis* toujours *à l'affût des* modes ; on me les envoye toutes dès le moment qu'elles sont inventées.

Le Sage, *Turcaret*, V, 7.

Coindet... hardi jusqu'à l'effronterie, et qui se tenoit continuellement *à l'affût de* tous mes amis...

J.-J. Rousseau, *les Confessions*, part. II, liv. X.

On dit encore *Être à l'affût, se mettre, se tenir à l'affût*, etc., d'un manière absolue.

Ils *se mettent à l'affût* près d'une cage, ils épient les oiseaux.

Buffon, *Histoire naturelle*, le Chat.

AFFÛTAGE, s. m.

Répondant par ses divers sens à ceux du verbe *Affûter*.

On s'en est servi pour exprimer l'Action d'*affûter* un canon.

Il est resté d'usage pour signifier, en termes d'arts et métiers :

L'Action d'*affûter*, de disposer, d'aiguiser des outils ; Un assortiment de tous les outils nécessaires à un ouvrier.

AFFÛTIAU, s. m.

Mot populaire signifiant Bagatelle, brimborion, affiquet.

Je ne saurois trouver dans tous vos *affûtiaux*.

Hauteroche, *Crispin médecin*, II, 11.

AFIN. conj. (De la préposition *à* et du substantif *fin*.)

L'origine de cette conjonction est sensible, soit, selon Bonaventure des Periers (*Discours* XVII, etc.), dans le latin *ad finem*, soit dans des locutions françaises dont elle semble la forme abrégée, *à la fin que*, ou, comme on dit plus volontiers aujourd'hui, *à cette fin que*.

Clochettes lui ôta...
A la fin qu'il ne fust repris.
G. DE LA BIGNE, *Poëme sur la Chasse.*

Aussi s'est-elle d'abord écrite en deux mots *ad fin, à fin*. Les deux mots réunis en un seul, on a longtemps redoublé la consonne *f*, AFFIN. (Voyez les Dictionnaires de Rob. Estienne, J. Thierry, Nicot, Monet, Cotgrave et les exemples ci-après.)

AFIN sert à marquer la fin pour laquelle on fait quelque chose. Il reçoit comme complément la conjonction *que* avec un subjonctif (on l'a pu voir plus haut), ou la préposition *de* avec un infinitif. On dit donc :

1° *Afin que :*

Et *ad fin que* de notre... ordenuance soit greigneur memoire, et soit diligenment gardée sanz enfraindre, nous avons ces presentes fait enregistrer en la chambre de noz comptes.
Ordonnance de Jean Ier, 5 octobre 1361. (Voyez *Ordonnances des rois de France*, t. III, p. 527.)

Les ratz et blattes ou (*affin que* je ne mente) aultres malignes bestes avoient brousté le commencement (du livre).
RABELAIS, *Gargantua*, I, 1.

A fin que l'œuvre, duquel le projet aura receu tant de faveur et d'honneur, puisse avoir d'autant meilleur recueil (accueil) par tout le royaume de Sa Majesté.
H. ESTIENNE, *la Précellence du langage françois*, épistre au roi.

Ils livreront le Fils de l'homme aux Gentils, *afin qu*'ils le traitent avec outrage et qu'ils le fouettent et le crucifient.
LE MAISTRE DE SACY, trad. de la Bible, *Nouv. Test.*, Saint Matthieu, XX.

Il (le sénat romain) ne jugeoit rien de plus efficace pour abattre un ennemi orgueilleux, que de lui ôter toute l'opinion qu'il pouvoit avoir de ses forces, *afin que*, vaincu jusque dans le cœur, il ne vît plus de salut que dans la clémence du vainqueur.
BOSSUET, *Discours sur l'histoire universelle*, III, c. 6.

Je vois d'un œil content trembler la terre entière,
Afin que par moi seul les mortels secourus,
S'ils sont libres, le soient de la main de Porus.
RACINE, *Alexandre*, II, 2.

2° *Afin de :*

Ses chausses... feurent deschicquetées en forme de colonnes striées et crenelées par le derrière, *affin de* n'eschauffer les reins.
RABELAIS, *Gargantua*, I, 8.

A fin de ne rien dissimuler, je confesse que ce qui m'a faict discourir plus succinctement... ç'a esté que je n'avois destiné que l'espace de quinze jours à ce traitté.
H. ESTIENNE, *la Précellence du langage françois*, préface.

Tous les hommes naissent d'un seul mariage, *afin d*'être à jamais, quelque dispersés et multipliés qu'ils soient, une seule et même famille.
BOSSUET, *Discours sur l'histoire universelle*, II, 1.

Comme en bataille, *affin de* ne faillir
Quand leur faudra deffendre ou assaillir.
CL. MAROT, *Épîtres*, III.

Mais plus on fait d'efforts *afin de* l'en bannir,
Plus j'en veux employer à le mieux retenir.
MOLIÈRE, *Tartuffe*, III, 6.

On a pu voir par les exemples qui précèdent que *Afin que, afin de*, se placent, à la volonté de l'écrivain, soit après le verbe principal de la phrase, soit avant, selon le besoin de la pensée et le mouvement du passage.

Afin que, afin de ne se confondent pas dans l'usage, *Afin de* étant toujours placé entre deux verbes dont le sujet est le même; *afin que*, au contraire, le plus souvent, entre deux verbes de sujets différents.

Néanmoins le verbe qui suit *afin que* peut avoir le même sujet que celui qui le précède, quand l'un ou l'autre est séparé de la conjonction par des propositions incidentes qui fassent oublier l'identité du sujet.

Les rois étoient obligés, par une loi expresse du Deutéronome, à recevoir des mains des prêtres un de ces exemplaires si religieusement corrigés, *afin qu'*ils le transcrivissent et le lussent toute leur vie.

BOSSUET, *Discours sur l'histoire universelle*, II, c. 3.

Il (Charles XII) projetait de passer l'hiver dans l'Ukraine, *afin que*, s'étant assuré de ce pays, il pût conquérir la Moscovie au printemps prochain.

VOLTAIRE, *Histoire de Charles XII*, liv. IV.

Après un impératif on ne dit guère *afin que;* mais par ellipse, *que :* Venez, *que* je vous parle.

Va te cacher, *que* le rat ne te voie.

CL. MAROT, *Épître à son ami Lyon Jamet.*

Dans le passage suivant, où la préposition *de* devrait être répétée, elle n'est exprimée qu'une fois.

Je n'avois destiné que l'espace de quinze jours à ce traitté, *à fin de* pouvoir m'acquitter de la promesse que j'en avois faicte au roy, et cependant ne faillir pas à une autre, faicte à quelques amis touchant un voyage.

H. ESTIENNE, *la Précellence du langage françois*, préface.

On s'est quelquefois servi tout ensemble dans une même période d'*afin de* et de *que*, et cette forme de style, que Vaugelas a défendue dans ses *Remarques*, a été depuis consacrée par les exemples de nos bons écrivains.

Ils ne veulent pas qu'on écrive : *afin de* faire voir mon innocence à mes juges, et *que* l'imposture ne triomphe pas de la vérité.

VAUGELAS, *Remarques, Afin*, avec deux constructions différentes, en une même période.

J'ai un parent un peu troublé d'esprit, que je veux vous donner chez vous *afin de* le guérir avec plus de commodité et *qu'*il soit vu de moins de monde.

MOLIÈRE, *M. de Pourceaugnac*, I, 6.

Le marchand fait des montres pour donner de sa marchandise ce qu'il y a de pire ; il a le cati et les faux jours *afin d'*en cacher les défauts et *qu'*elle paroisse bonne.

LA BRUYÈRE, *Caractères*, c. 6.

Afin que, afin de ne sont pas toujours des synonymès exacts de *Pour*. Ils indiquent, comme on en a fait l'observation (Voyez l'abbé Girard et M. Lafaye, *Synonymes français*), une vue, une intention moins prochaine et de plus d'importance.

Nous nous étions hâtés de venir attaquer Salente *pour* nous défaire du plus faible de nos ennemis... *afin de* tourner ensuite nos armes contre cet ennemi plus puissant.

FÉNELON, *Télémaque*, XII.

On se présente devant le prince, *pour* lui faire sa cour ; on lui fait sa cour, *afin d'*en obtenir des grâces.

On tire le canon sur une place assiégée *pour* y faire une brèche et *afin de* pouvoir la prendre par assaut ou de l'obliger à se rendre.

Les filles d'un certain âge font tout ce qu'elles peuvent *pour* plaire, *afin de* se procurer un mari.

GIRARD, *Synonymes françois.*

AGA, s. m. (D'un mot turc qui signifie Seigneur, chef, commandant.)

Titre que les Turcs donnent, en général, aux commandants ou chefs militaires.

Pour monstrer... à tout le monde que S. H. ne sauroit estre surprinse, et qu'elle a tousjours ses forces appareillées et prestes pour marcher la part où il sera besoing ; ils ont faict bandir et signifier publiquement que tous les beglierbeys et sangiacz tant d'Asie que d'Europe, et *agatz* de janissaires se tinssent en ordre et pretz pour se rendre et trouver auprès du pavillon de S. H. quand il leur sera commandé.

M. DE LA VIGNE à Henri II, 26 fév. 1559. (Voy. CHARRIÈRE, *Négociations de la France dans le Levant*, t. II, p. 550.)

Au lieu le plus éminent de la ville, il y a un chasteau où demeure le gouverneur, qui est un *Aga* et que quelques-uns appellent Bacha.

TAVERNIER, *Voyages de Perse*, liv. II, c. 4.

M. de Nointel partit de France au mois d'août 1670, avec l'ambassadeur turc Soliman-*aga*.

CHARDIN, *Voyages en Perse*, p. 14.

Le commandant de Bender, qui étoit en même temps sérasquier, titre qui répond à celui de général, et bacha de la province, qui signifie gouverneur et intendant, envoya en hâte un *aga* complimenter le roi, et lui offrir une tente magnifique.

VOLTAIRE, *Histoire de Charles XII*, liv. IV.

Les *agas* supérieurs tolèrent ces abus, parce qu'ils en partagent les fruits.

VOLNEY, *Voyage en Égypte et en Syrie*, c. 27.

Le père gardien envoya chercher un Turc, appelé Ali-*aga*, pour me conduire à Bethléem. Cet Ali-*aga* était fils d'un *aga* de Rama qui avait eu la tête tranchée sous la tyrannie de Djezzar.

CHATEAUBRIAND, *Itinéraire de Paris à Jérusalem*, IIIe part.

AGACE, s. f. (Ce mot dont se rapprochent, dans la basse latinité, *aigatia*, dans le provençal *gacha*, *guacha*, *agassa*, dans l'italien *gazza*, *gazzera*, dans l'espagnol *pigazza*, dans l'allemand *atzel*, et dont on explique l'origine de diverses manières, entre autres en le tirant d'*agu*, *aigu*, a peut-être été formé par onomatopée, à l'imitation du cri aigre et perçant de la pie.

On l'a écrit *agache*, *agasse*, et nos idiomes provinciaux l'ont conservé sous d'autres formes encore, *agasso* dans le Languedoc, *ajasse* dans le Poitou et le Berri, *ageasse*, *aguiasse*, *egeasse* dans cette dernière province. (Voyez les Dictionnaires de Nicot, de Cotgrave, de Borel, les *Origines* de Ménage, le *Glossaire du centre de la France* de M. le comte Jaubert.)

Agace, c'est l'oiseau qu'on nomme plus communément Pie.

A chascun son estat suffise :
L'*agache* ne veult estre canne.

EUST. DESCHAMPS, *Poés. mss.*, fol. 294, col. 1. (Cité par Sainte-Palaye.)

...les corbeaux croassans, ny les corneilles jazeresses,
Ny les criards chahuans, ny les *agasses* jangleresses
Ne touchent à la belle eau (de l'Hippocrène).

J.-A. DE BAÏF, Poés., fol. 41, v°. (Cité par Sainte-Palaye.)

Lorsqu'une pie, une causeuse *agace*...

VAUQUELIN DE LA FRESNAYE, *Satires*, liv. II.

L'aigle, reine des airs, avec Margot la pie,
Différentes d'humeur, de langage et d'esprit,
Et d'habit,
Traversoient un bout de prairie.
Le hasard les assemble en un coin détourné.
L'*agace* eut peur, mais l'aigle, ayant fort bien dîné,
La rassure...
Caquet Bon-bec alors de jaser au plus dru,
Sur ceci, sur cela, sur tout. L'homme d'Horace,
Disant le bien, le mal, à travers champs, n'eût su
Ce qu'en fait de babil y savoit notre *agace*.

LA FONTAINE, *Fables*, XII, 11.

Par allusion au plumage noir et blanc de la pie, de l'AGACE, on avait nommé *frères pyes*, *frères agachies*, certains moines dont l'habit était de ces deux couleurs.

En cest an assembla li Papes Greigoires au Concile à Lion sur le Rosne. Là furent abatu pluisseur ordenement par le conseil des Precheurs et des Freres Meneurs, si come li *Freres agachies* et li Freres aus sacs, et tuit li autre qui n'estoient renté.

Chron. de France, ms., ann. 1273. (Cité par Du Cange au mot *fratres pyes*.)

Encore aujourd'hui, dans le patois picard, un cheval de deux couleurs, dont l'une est le blanc, *un cheval pie*, comme on dit communément, s'appelle *cheval agachie*.

On a quelquefois (entre autres Huet, cité dans les *Origines* de Ménage) tiré d'AGACE le verbe *Agacer*, comme de Pie le verbe Piailler, et les vers suivants semblent favorables à cette opinion :

Et tout ainsi comme l'*agache*
Par son crier et *agacier*
Nul oisel ne laisse anichier
Pres de li, ains les fait fuir
. . . .
Pour son jangler et *agacier*.

GUILLAUME DE DEGUILLEVILLE, *Le Pèlerinage de vie humaine*.

D'autres, comme Borel et Caseneuve, font au contraire venir AGACE d'*Agacer*. Caseneuve le conclut, sans raison suffisante, de ce passage :

Que si il y a en un gagnage quelques cerfs ayant mué; que si les pies ou grailles les *agacent* ou decelent, ils retourneront tout incontinent.

DU FOUILLOUX, *la Vénerie*, c. 19.

AGACER, v. a. (Ce verbe, sur l'étymologie duquel on s'accorde peu, représente peut-être plusieurs verbes, divers d'origine comme de signification. Nous rapporterons les principales opinions émises à ce sujet à l'occasion des sens d'AGACER auxquels elles s'appliquent particulièrement.)

On l'a écrit très diversement : AGASSER, AGACIER, AGACHIER, AGATIER, AGAZER; AASSER, ACHER, ACIER ; EGASSER, ESGACER, ESGASSER, ESGUASSER. (Voyez le *Glossaire* de Sainte-Palaye et les exemples ci-après.)

AGACER signifie, dans un sens physique, Causer aux dents une sorte de sensation désagréable, incommode, telle que la sensation produite par les fruits verts et acides. C'est par une attention particulière à ce sens d'AGACER, qu'on l'a dérivé : Lancelot, du latin *acere;* le P. Labbe, d'*agria,* verjus; Ménage, d'*alligare,* qu'il rapproche du verbe italien *allegare,* signifiant *agacer;* Le Duchat, d'*exaciare,* mot fictif formé par lui de *ex* et *acies.*

On s'est servi de cette expression dans la traduction de ce verset célèbre de l'Écriture :

Quid est quod inter vos parabolam vertitis in proverbium istud in terra Israel dicentes : Patres comederunt uvam acerbam, et dentes filiorum *obstupescunt.*

EZECH., XVIII, 2.

D'où vient que vous vous servez parmi vous de cette parabole, et que vous l'avez tournée en proverbe dans Israël : Les pères, dites-vous, ont mangé des raisins verts et les dents des enfants en sont *agacées.*

LEMAITRE DE SACY, trad. de la Bible.

Plusieurs des exemples qui suivent y font allusion :

Les Israélites, ayans esté longuement affligez de diverses calamitez, avoyent un proverbe commun : que leurs peres avoyent mangé du ver-jus, et que les dens des enfants en estoyent *agacées.*

CALVIN, *Institution chrestienne,* liv. II, c. 8, § 20.

Que si vous avez les dents *agacées* (adjoustoit-il), que les Latins appellent dentium stuporem, et les Grecs, ainsi qu'on m'a dit, Ernodiam, il ne faut que manger du cresson.

BOUCHET, *Serées,* liv. III, 27.

Les autres (raisins) ne rendans le vin, quoy que façonné selon l'art, qu'aspre et rude, et tellement vert, qu'on n'en peut boire sans en avoir les dents *agassées.*

OLIVIER DE SERRES, *Théâtre d'agriculture,* 3e lieu, c. 12.

Ce sont ces raisins verds dont le prophète dit qu'*ils agacent* les dents de ceux qui les mangent.

NICOLE, *Essais de morale,* De la Comédie.

Pechiez lor *aace* les denz.

Hist. de Ste-Léocade, ms. de St-Germ., fol. 27, r°, col. 1. (Cité par Sainte-Palaye.)

L'aigre grappe d'aisil (de verjus)
Mangierent en ramenbrance
Les anciens, dont leur fil
Par la grape du curtil (du jardin)
Aassent leurs dents en pesance.

EUST. DESCHAMPS, *Poés. mss.,* fol. 84, col. 3. (Cité par Sainte-Palaye.)

AGACER se dit, dans un sens analogue, de ce qui cause une irritation dans certaines parties délicates du corps : *Agacer les houppes, les fibres nerveuses, agacer les nerfs.* Cette dernière expression est très-usitée, tant au propre qu'au figuré.

Par extension, on s'est servi autrefois d'AGACER, en parlant de l'altération causée par un acide à une lame de fer ou d'acier et qui la rend impropre à couper.

Agacer le trenchant d'un ferrement.

ROB. ESTIENNE, *Dict. fr.-lat.,* 1539.

Le jus des fruits *agace* le tranchant d'un couteau.

MONET, *Dictionnaire.*

AGACER, employé dans un sens physique, est quelquefois verbe pronominal.

Quand nous concevons en nostre esprit quelque chose aspre et forte, nos dents ne *s'agacent*-elles pas?

BOUCHET, *Serées,* liv. I, 10.

Il semble qu'AGACER, toujours dans un sens physique, ait signifié Pousser un cri aigu, comme celui de l'*agace,* de la pie, soit que le verbe ait été tiré du substantif, soit que le substantif l'ait été du verbe, comme il a été dit plus haut.

De là, en parlant des oiseaux, le sens moitié physique, moitié moral, de Poursuivre, menacer de ses cris, et, par suite, de Provoquer avec insistance, acharnement, de harceler, acception qui, dans sa généralité, a semblé aux étymologistes avoir pu être tirée de *acuere*, de *lacessere* (voyez L. Tripault, *Celt'-hellénisme;* Bourgoing, *De Origine et usu vocum vulgarium;* Sainte-Palaye, *Glossaire de l'ancien langage françois*, etc.).

Vray est qu'elle a d'oyseau receu la forme;
Mais du remors de son forfaict énorme
Craint qu'on la voye, et la lumière fuyt,
Cachant sa honte à l'umbre de la nuict:
Ou s'on la voit, tous les autres l'*agassent*.

Cl. Marot, liv. II, *De la Métamorphose*, v. 1116.

Le chat étoit souvent *agacé* par l'oiseau;
L'un s'escrimoit du bec, l'autre jouoit des pattes.

La Fontaine, *Fables*, XII, 2.

Agacer est d'un grand usage en ce sens, soit dans des récits militaires où il est question d'attaques réitérées propres à fatiguer l'ennemi, soit lorsqu'il s'agit, dans les relations de la société, de provocations, d'excitations par paroles ou par gestes.

En janvier 1574, Serbellon, gouverneur de Tunes, *estoit* vivement *agacé* par les Turcs, les Arabes et ceux du païs.

Les moines menerent les lacquais *agacer* cette troupe.

Agr. d'Aubigné, *Histoire universelle*, t. I, liv. II, c. 22, et liv. III, c. 1.

Je réponds aujourd'hui à votre lettre du 6 de ce mois, dans laquelle vous ne sauriez vous empêcher de m'*agacer* sans sujet.

Bussy-Rabutin, *Lettres*, à Mme de Sévigné, 1668.

Mademoiselle du Plessis *agaçoit* ma fille, ma fille la battoit; c'étoit la plus plaisante chose du monde.

Mme de Sévigné, *Lettres*, 26 juillet 1671.

L'autre (Sénante)... las de l'avoir inutilement *agacé* (Matta) sur d'autres sujets, crut qu'il en auroit quelque raison en le mettant sur l'amour et la galanterie.

Hamilton, *Mémoires du chevalier de Grammont*, c. 4.

Quantité de gens l'*agaçoient* (la Fontaine), dans l'espérance de lui entendre faire des contes semblables à ceux qu'il a rimés; il étoit sourd et muet sur ces matières.

D'Olivet, *Histoire de l'Académie françoise.*

Éloignez des enfants, avec le plus grand soin, les domestiques qui les *agacent*, les irritent, les impatientent.

J.-J. Rousseau, *Émile*, liv. I.

Mais oyez dans le bocage
Le flageolet du berger,
Qui *agace* le ramage
Du rossignol bocager.

J.-A. de Baif, *Passe-temps*, liv. I.

...Des laquais l'un l'autre *s'agaçants*
Font aboyer les chiens et jurer les passants.

Boileau, *Satires*, VI.

On se sert plus particulièrement d'Agacer en parlant du manège de quelqu'un qui cherche à provoquer par des regards, par des manières attrayantes une personne d'un autre sexe.

Le roi avoit *agacé* madame de Monaco, et madame de Monaco ne s'étoit pas éloignée de ce jargon.

L'abbé de Choisy, *Mémoires*, liv. VII.

J'*agace* toutes les femmes que je vois, jusqu'à ce que j'en rencontre une qui réponde à mes mines.

La dame m'*agaça* longtemps par des regards où son amour était peint.

Le Sage, *Gil Blas*, III, 5, et VII, 1.

Elle *agaça* mon maître; il répondit pour rire à ses minauderies.

Le même, *Turcaret*, I, 2.

On avoit *agacé* mon cœur de tant de manières; on m'avait tant fait l'amour ce jour-là, qu'on m'avait mis en humeur d'être amoureux à mon tour.

Marivaux, *le Paysan parvenu*, IVe part.

Il venait quelquefois chez maman, qui l'accueillait, le caressait, l'*agaçait* même.

J.-J. Rousseau, *les Confessions*, part. I, liv. III.

J'y prends le nom d'une Basse-Bretonne.
Sous ce voile étranger, je ris, je plais, j'étonne;
Et le masque femelle, *agaçant* le lecteur,
De tel qui m'a raillé fait mon adorateur.

Piron, *la Métromanie*, II, 1.

Agacé, ée, participe.

Du verbe agacer on a tiré, avec l'adjectif agaçant, les substantifs agaceur, donné par Monet et Cotgrave, agacement et agacerie.

AGAÇANT, ANTE, adj.

Cotgrave l'écrit AGACEANT.

Il ne se dit qu'au moral et dans un des sens seulement d'AGACER ;

Tantôt en parlant de regards, de propos et de manières par lesquelles une personne cherche à provoquer une personne d'un autre sexe.

Je pris les airs d'une femme de qualité ; et, devenant aussi avare de regards *agaçants* que j'en avois jusqu'alors été prodigue, je résolus de n'arrêter ma vue que sur des ducs, des comtes et des marquis.

LE SAGE, *Gil Blas*, VII, 7.

Je ne voyais pas dans madame de Vambures cette amitié *agaçante* de madame Ferval, ni cette façon ronde de madame de Fécour, qui nous disait si simplement : Me voilà.

MARIVAUX, *le Paysan parvenu*, VIe part.

Madame Dupin, tout aimable qu'elle était, était sérieuse et froide ; je ne trouvais rien dans ses manières d'assez *agaçant* pour m'enhardir.

J.-J. ROUSSEAU, *les Confessions*, IIe part., VIIe liv.

Tantôt de la personne elle-même : *une fille agaçante*. Cette manière de parler, moins ordinaire, a été blâmée par Féraud (*Dictionnaire critique*) chez Mme Riccoboni.

AGACEMENT, s. m.

Il ne s'emploie guère qu'au sens physique, dans ces locutions, *agacement des dents, agacement des nerfs*.

AGACERIE, s. f.

Terme familier par lequel on exprime les petites choses que dit et fait une personne, les petites manières dont elle se sert pour s'attirer l'attention d'une personne d'un autre sexe qui ne lui déplaît pas.

Je serai ravie que M. de Grignan réponde de sa propre main à votre belle-sœur : elle m'écrit mille douceurs et mille *agaceries* pour lui ; c'est, dit-elle, un penchant qu'elle combat inutilement ; enfin, il faut un peu badiner avec elle, c'est le tour de son esprit.

Mme DE SÉVIGNÉ, *Lettres*, 1er avril 1689.

Madame d'Ancezune, fort laide et avec beaucoup d'esprit, de grâces, d'intrigue, de manége, d'*agaceries*, eut un moment le don de plaire.

SAINT-SIMON, *Mémoires*, 1715.

Vous devez savoir que M. le duc de Richelieu est actuellement à Forges ; mais je ne crois pas qu'il vienne faire beaucoup d'*agaceries* aux dames de Rouen.

J'ai mandé à votre ami que vous êtes assez comme les personnes de votre sexe, qui font des *agaceries*, et qui plantent là les gens après les avoir subjugués.

VOLTAIRE, *Lettres*, 1723, à la présidente de Bernières ; 14 juillet 1760, à Mme du Deffand.

Après cela mon changement de décoration dans mes habits, car tout y fait ; ce titre de monsieur, dont je m'étais vu honoré, moi qu'on appelait Jacob dix ou douze jours auparavant ; les amoureuses *agaceries* de ces deux dames.

MARIVAUX, *le Paysan parvenu*, IVe part.

Pour mademoiselle Giraud, qui me faisait toutes sortes d'*agaceries*, on ne peut rien ajouter à l'aversion que j'avois pour elle.

J.-J. ROUSSEAU, *les Confessions*, part. I, liv. IV.

Reste-t-il dans l'inaction, de légers coups de bec le réveillent ; s'il se retire, on le poursuit ; s'il se défend, un petit vol de six pas l'attire encore ; l'innocence de la nature ménage les *agaceries* et la molle résistance avec un art qu'aurait à peine la plus habile coquette. Non, la folâtre Galatée ne faisait pas mieux et Virgile eût pu tirer d'un colombier l'une de ses plus charmantes images.

LE MÊME, *Lettre sur les spectacles*.

Elle reçoit les caresses du mâle avec complaisance, mais elle les lui rend avec ardeur et l'excite quelquefois par ses *agaceries*.

BUFFON, *Histoire naturelle*. Oiseaux, l'Hirondelle.

Il semble que ce soit son cri d'appel ou plutôt d'*agacerie* vis-à-vis son mâle.

LE MÊME, le Coucou.

On s'en sert aussi, par extension ou par allusion, dans des rapports d'une autre sorte, pour exprimer certaines avances de politesse.

Tant qu'elle a vécu (la duchesse de Berry), je ne m'en suis pas rapproché davantage, malgré force *agaceries* directes ou indirectes.

Toujours peiné de la prostitution de ses révérences, et de toutes les *agaceries* par lesquelles il (le duc du Maine) tâchoit sans cesse de me rapprocher et de me prévenir.

SAINT-SIMON, *Mémoires*, 1711 et 1716.

N'oubliez pas de lui dire (à Mlle Lecouvreur) combien je suis charmé d'espérer que je pourrai passer quelque temps avec elle. Faites les mêmes *agaceries* pour moi à M. l'abbé d'Amfreville... vous allez être bien étonné de me trouver tant de coquetterie dans l'esprit.

VOLTAIRE, *Lettres,* 1723, à Thiériot.

D'AGACER, AGASSER, on avait fait AGACIN, AGASSIN (voyez le Dictionnaire de Cotgrave et le Dictionnaire de Trévoux), mot par lequel on désignait les cors aux pieds.

Contre les cors ou cals, autrement appelés *agassins,* c'est-à-dire pour se délivrer de leur importunité empeschant le libre cheminer, avec douleur, lorsqu'ils se fourrent entre les doigts des pieds, ainsi sera procédé.

OLIVIER DE SERRES, *Théâtre d'agriculture,* VIIIe lieu, c. 5.

AGAPE, s. f. (Du latin *Agape,* en grec ἀγάπη, venu d'ἀγαπάω.)

Nom de certains repas que les premiers chrétiens faisaient en commun.

On célébroit ce mystère (l'Eucharistie)... dans les maisons particulières, entre les seuls fidèles ; et il étoit suivi, comme les sacrifices pacifiques, d'un repas dont l'usage continua longtemps entre les chrétiens, sous le nom d'*agape,* qui signifie charité.

L'*agape,* qui suivoit la communion dans les premiers temps, étoit un repas de viandes ordinaires, qu'ils faisoient tous en commun dans le même lieu. Depuis on le donna seulement aux veuves et aux pauvres.

FLEURY, *Mœurs des chrétiens,* III et X.

Saint Augustin voulut abolir les *agapes* dont on avoit abusé.

LE MÊME, *Discours,* 11.

Presque tous les rites de la communion romaine attestent encore par leurs noms mêmes leur origine grecque : église, baptême, paraclet, liturgie, litanie, symbole, eucharistie, *agape,* épiphanie, évêque, prêtre, diacre, pape même.

VOLTAIRE, *Fragments sur l'Histoire,* art. XXI.

Les lampes sont allumées, l'encens fume, les chrétiens élèvent leurs voix : le sacrifice s'accomplit, l'hostie est partagée aux élus, l'*agape* suit la communion sainte.

Cyrille invita ses frères à distribuer au peuple ce repas fastueux, afin de le remplacer par une simple *agape*, composée d'un peu de pain et de vin pur.

CHATEAUBRIAND, *les Martyrs,* 14 et 22.

Il est fait au mot *agape* des allusions de diverses sortes dans les passages suivants :

La dévotion est une chose si agréable dans vostre livre, que les prophanes mesmes y prennent goust, et vous avez trouvé l'invention de sauver les ames par la volupté. Je n'en receus jamais tant que depuis huict jours que vous me nourrissez des délices de l'ancienne Eglise, et que je fais festin dans les *agapes* de vostre S. Paul.

BALZAC, *Lettres,* à Godeau.

Je trempe avec les eaux du Léthé le bon vin que je bois à votre santé dans ces quartiers... Sur ce, je vous donne ma bénédiction et vous demande la vôtre, vous exhortant à faire vos *agapes.*

VOLTAIRE, *Lettres,* mars 1754, au marquis d'Argens.

AGAPÈTES, s. f. pl. (Du grec ἀγαπητός, et, par ce mot, d'ἀγαπάω.)

Nom qu'on donnait, dans la primitive Église, à des filles qui vivaient en communauté sans faire de vœu.

C'est aussi le nom d'une branche des gnostiques.

AGARIC, s. m. (Du latin *agaricum,* en grec ἀγαρικόν.)

T. de botanique.

Genre de champignon qui comprend un assez grand nombre d'espèces.

On nomme abusivement *agaric de chêne* une espèce de bolet très-coriace, qui croît sur les vieilles souches et dont on fait l'amadou.

L'*agaric*... croist en la region de Sarmatie nommée Agaria. Aucuns disent l'*agaric* estre la racine d'une plante ; les autres qu'il croist sur les troncs des arbres de certaine pourriture, comme champignons.

J. DES MOULINS, Passage de Dioscoride, III, 1, cité dans la traduction des *Commentaires sur Dioscoride* de Matthiole, 1572.

L'*agaric*... croist principalement en France sur les arbres qui portent gland. L'*agaric* est fait comme un boulet blanc.

DU PINET, trad. de Pline, *Hist. natur.,* XVI, 8.

Les anciens ont fort loué l'*agaric,* parce qu'il attire les humeurs de tous les membres, et a vertu approchante du theriaque.

A. Paré, *Œuvres*, liv. XXII, c. 27.

La terre... n'offre, au lieu d'une verdure florissante, qu'un espace encombré, traversé de vieux arbres chargés de plantes parasites, de lichens, d'*agarics*, fruits impurs de la corruption.

Buffon, *Histoire naturelle*, la Nature sauvage.

Le lichen parasite aux chênes attaché,
Le puissant *agaric* qui du sang épanché
Arrête les ruisseaux et dont le sein fidèle
Du caillou pétillant recueille l'étincelle.

Delille, *l'Homme des champs*, III.

AGATE, s. f. (Du latin *achates*, en grec ἀχάτης.) On l'a souvent écrit, à tort, agathe. Voyez les Dictionnaires de Rob. Estienne, de J. Thierry, de Nicot, de Cotgrave et les exemples ci-après.

Sorte de pierre précieuse.

Achates est une des XII pierres que Dieu commenda à mettre es vestemens pontifficaulx à Aaron et Moyses.

J. d'Outremeuse, *le Trésorier des pierres précieuses*, ms. n° 12,326, fonds français, Bibliothèque nationale.

Les *agathes* estoyent anciennement fort estimées : mais maintenant on n'en tient conte. Les premieres furent esventées en Sicile, le long du fleuve Achates, et du depuis on en trouva en plusieurs lieux. Cette pierre est des plus grosses de toutes celles qui portent le nom de pierres précieuses.

Du Pinet, trad. de Pline, *Hist. natur.*, XXXVII, 10.

Nos environs ne sont pas comme la Saxe, riches en *agathes* brillantes et susceptibles d'un beau poli.

De Saussure, *Voyages dans les Alpes*, Ire part., c. 4.

Avancez sous ces monts ; dans leur sein recélés,
Combien d'autres trésors y sont amoncelés !
Le succin, le jayet, l'*agate*, la turquoise.

Delille, *les Trois Règnes*, IV.

Les *agates* portent, selon leur nature ou leur provenance, des noms divers qu'il appartient aux dictionnaires et aux traités spéciaux de recueillir : *agate onyx, agate commune, agate d'Orient, agate de Bohême*, etc.

Les *agates arborisées* ou *herborisées* sont celles dans lesquelles on remarque des accidents semblables à des arbrisseaux, des buissons ou des rameaux.

Toutes ont surnoms et sobriquets divers, selon qu'elles sont faites, car il y a d'*agathes* dites.... dendrachates pour avoir leur madrure faite à mode d'arbres.

Du Pinet, trad. de Pline, *Hist. natur.*, XXXVII, 10.

On dit *un vase, une bague, un bracelet, un cachet d'agate; mettre une agate en cachet*, etc.

La sexte (colonne étoit) d'*agathe*, plus joyeuse et variante en distinction de macules et couleurs que ne feut celle que tant chiere tenoit Pyrrhus roy des Epirotes.

Rabelais, *Pantagruel*, V, 42.

Un bracelet d'agate que ma mère m'avoit mis au bras.

Molière, *l'Avare*, V, 5.

Dans le nombre des *vases* antiques (du trésor de l'abbaye de Saint-Denys) on en conserve trois d'*agate* orientale, qui sont dignes de toute notre attention.

Cte de Caylus, *Des Vases dont les anciens faisoient usage dans les festins*. (Voyez *Mémoires de l'Académie des inscriptions et belles-lettres*, t. XXIII, p. 353.)

Et cette *agate* à vous qu'on fit mettre *en cachet*.

Molière, *le Dépit amoureux*, IV, 3.

Agate se dit aussi de toute sorte d'ouvrages d'*agate* représentant quelque chose que ce soit. De là ces expressions : *un cabinet d'agates, les agates du cabinet du Roi, les agates du Roi*, etc.

Après cette bague, on fait grand estat d'un camahu, qui estoit à Pyrrhus Roy d'Albanie, qui fit si longuement guerre aux Romains. C'estoit une *agathe*, où les neuf Muses et Apollon jouant de la citre estoyent naturellement empreintes, sans que jamais homme y eust mis la main, et y estoyent les veines tellement digerées, qu'on pouvoit aisément remarquer chasque Muse à son instrument.

Du Pinet, trad. de Pline, *Hist. natur.*, XXXVII, 1.

Il m'est plus d'une fois passé par les mains des *agathes*, qui d'un côté présentoient un relief et de l'autre une gravure en creux.

Mariette, *Traité des Pierres gravées*.

La grande *agathe* de l'apothéose d'Auguste, qui est au thrésor de la Sainte Chapelle, passoit pour un triomphe de Joseph quand elle fut envoyée de Constantinople à saint Louis.

Histoire de l'Académie des inscriptions et belles-lettres, t. I, p. 274 : *Remarques sur une agathe du cabinet du roi.*

Une agate d'Alexandre, une agate d'Auguste, etc., c'est une représentation de la tête d'Alexandre, de la tête d'Auguste, en agate.

AGATE se dit encore d'un instrument dans lequel est enchâssée une agate et qui sert à brunir l'or.

ÂGE, s. m. (D'un mot bas-latin qui ne s'est pas conservé, mais qui était à ce qu'on croit, *ætaticum*, venant d'*ætas* pour *ævitas*, qui lui-même est tiré d'*ævum*.)

Dans les plus anciens temps de la langue, on trouve EDED, et AÉ, AEZ, plus usités; enfin EAGE, AAGE, autrement écrits EAIGE, AAIGE, quelquefois abrégés en AIGE, AIE. (Voyez le *Glossaire* de Sainte-Palaye.)

Ces diverses formes, et même, par anticipation, la forme moderne et définitive AGE, ont coexisté. Ainsi EDED et EAGE se lisent dans la même page d'un des plus anciens monuments littéraires de notre langue :

Samuel fud jà de grant *eage*...... Si li distrent : Sire, huem es de grant *eded*.

Les Quatre Livres des Rois, I, VIII, 1, 5.

AAGE s'est maintenu jusqu'à une époque avancée du dix-septième siècle. On le lit encore dans les éditions originales de quelques-uns de nos grands écrivains classiques, de Molière, de la Fontaine. La trace du redoublement de la voyelle *a* s'est conservée dans l'accent circonflexe dont on a marqué depuis la première syllabe d'AGE.

AGE, depuis longtemps masculin seulement, a été aussi employé comme féminin, particulièrement en vers, jusque dans la première moitié du XVIIe siècle. On le verra plus loin avec ce genre, dans des passages de Malherbe et de Corneille.

AGE, dans une acception générale, exprime la durée ordinaire de la vie.

Joinct aussi que nous sommes diminuez d'*aage*, et que la vie des hommes n'est si longue comme elle souloit, ny les corps si puissans.

COMMINES, *Mémoires*, liv. II, c. 6.

Le plus grand *aage* qu'on peut vivre.

ROB. ESTIENNE, *Dict. fr.-lat.*

Ce peu d'heures, saintement passées parmi les plus rudes épreuves, tiennent lieu toutes seules d'un *âge* accompli.

BOSSUET, *Oraison funèbre de la duchesse d'Orléans.*

De là ces expressions : *Un âge d'homme, l'âge d'un homme.*

Ce sage vieillard (Nestor) qui avoit vécu trois *âges d'homme*.

FÉNELON, *Télémaque*, XV.

Heureux qui peult sans mal vivre l'*âge d'un homme !*

JOACHIM DU BELLAY, *Sonnet.*

Ou encore, l'expression abrégée que donne le passage suivant :

Ce vieillard dans le chœur a déjà vu quatre *âges*.

BOILEAU, *le Lutrin*, IV.

Age d'homme signifie également l'âge où l'homme est arrivé à tout son développement et dans toute sa force.

S'il n'estoit en *aage* ou en force *d'homme*.

Il doubta que ce jeune enfant ne le deust mettre à mort, ains qu'il parvint en *aage d'homme*, considéré la grand force qu'il avoit veu en luy.

Perceforêt, vol. IV, fol. 36, r°, col. 1, et fol. 88, r°, col. 1. (Cités par Sainte-Palaye.)

L'enfant n'est jamais un moment sans croître jusqu'à ce qu'il ait l'*âge* et la taille *de l'homme* parfait.

FÉNELON, *Sermons*. Pour la fête de Sainte-Thérèse.

Cela a conduit à dire *Vivre aages* pour parvenir à l'âge d'homme.

Vieilz loups sauivaiges
. . . .
Serez fourbis,
Se tendez nous mettre en servaiges,
Car bien trouverons alibis
De garder moutons et brebis
Mais que ce bel enfant *vie aages*.

G. CRETIN, *Extrait du registre pastoral sur la nativité de Mgr François Daulphin*, en 1517.

On cite encore cette ancienne manière de parler, *Devant les ans d'aage,* pour avant l'âge d'homme.

Fut... esbahy quant il eut veu adouber le jeune Passelyon *devant les ans d'aage.*
Perceforêt, vol. IV, fol. 38, r°, col. 1. (Cité par Sainte-Palaye.)

Age se dit de tous les différents degrés de la vie de l'homme.

Un *aage* vient après l'autre.
Rob. Estienne, *Dict. fr.-lat.*, 1539.

L'*aage* donc est un cours ou espace de la vie, par lequel la constitution et température du corps se change évidemment de soy-mesme, et sans survenue d'aucun accident. Or nous nous diviserons les *aages* en quatre, à sçavoir, Puérilité, Adolescence, Jeunesse ou virilité, Vieillesse.
A. Paré, *Œuvres*, liv. I, c. 7.

N'est-ce pas, disoient-ils, le fils de ce vieillard qui est venu parler à Nestor? Sans doute, c'est la même sagesse dans les deux *âges* les plus opposés de la vie.
Fénelon, *Télémaque,* XI.

Nous ne songeons point à la mort, parce que nous ne savons où la placer dans les différents *âges* de notre vie.
Massillon, *Sermon sur la mort.*

Qui de vous n'a pas regretté cet *âge* où le rire est toujours sur les lèvres, et où l'âme est toujours en paix?
J.-J. Rousseau, *Émile.*

Chaque *âge* a ses humeurs, son goust et ses plaisirs.
Regnier, *Satires,* V.

Chaque *âge* a ses plaisirs, son esprit et ses mœurs.
Boileau, *Art poétique,* III.

Hé, mon Dieu, Cleanthis, ils sont encore amants,
Il est certain *âge* où tout passe.
Molière, *Amphitryon,* I, 4.

Age, exprimant les différents degrés de la vie de l'homme, reçoit un grand nombre d'épithètes qui se rapportent à l'enfance, à l'adolescence, à la jeunesse, à la virilité, à la vieillesse.

On dit donc *premier âge, bas âge, âge tendre,* etc.

L'homme est dans l'ignorance au *premier âge* de sa vie.
Pascal, *Pensées.*

Et distrent qu'avoient trouvé
Un enfant de *petit aé...*
Si avoit nom Partonopex.
Parthenopeus de Blois, ms. de St-Germ., fol. 129, r°, col. 1 et 2. (Cité par Sainte-Palaye.)

Or de tous les escritz qu'ay, en l'*âge premiere* [miere
Faits en assez grand nombre, aucun mettre en lu-
Oncques je n'essayé.
Jean le Masle, *Épître à Jean Daurat.*

Dans un *âge* si *tendre*
Quel éclaircissement en pouvez-vous attendre?
Racine, *Athalie,* II, 7.

On a dit *âge enfantil, enfantil âge.*

Qui n'esleiroit (ne choisirait) anzois cors fort et *aige* entendaule k'il ne fesist (plutôt qu'il ne ferait) *aige enfantil,* si ceu estoit en sa poosteit.
Saint-Bernard, *Serm. fr.-lat.*, mss., p. 145. (Cité par Sainte-Palaye.)

Il vus teneit à sages hum, ne mie d'*enfantil age.*
Jordan Fantosme, *poème sur la guerre d'Écosse,* p. 18.

On dit *jeune âge.*

Langueur me fait par ennui qui trop dure
En *jeune aage* vieillir malgré nature.
Alain Chartier, *l'Espérance.*

Chez les Vénitiens, dès un assez *jeune âge*
La guerre en quelque estime avoit mis mon courage.
Molière, *l'Étourdi,* V, 3.

On dit *âge adulte.*

Dans l'*âge adulte* les organes prépondérants sont ceux de reproduction.
Buffon, *Histoire naturelle.* Oiseaux. L'hirondelle au croupion blanc.

On dit *âge viril, âge mûr.*

La caducité qui suivra nous fera regretter l'*âge viril,* où nous sommes encore et que nous n'estimons pas assez.
La Bruyère, *Caractères,* c. 11.

Le public est, pour ainsi dire, toujours en *âge viril* par la solidité de sa raison.

DUFRESNY, *Amusements sérieux et comiques,* XII.

L'*âge viril,* plus mûr, inspire un air plus sage.

BOILEAU, *Art poétique,* III.

On dit *âge avancé*, *long âge*, *grand âge*, *vieil âge*, *âge décrépit*, *âge caduc*, etc.

Cist Hely fud huem de *grant eage.*

Les Quatre Livres des Rois, I, IV, 18.

Il estoit de *grant aage.*

Chroniques de Saint-Denys. (Voyez *Recueil des Historiens de France,* t. III, p. 203.)

Il est fort vieil, et si vieil que jamais il ne s'en est veu qui ait duré si *grand âge.*

DU VAIR, *De la Constance et Consolation es calamitez publiques,* I.

Les sages indiens tiennent qu'il y a de la honte d'attendre la mort à un *âge caduc.*

VAUGELAS, Trad. de Quinte-Curce, VIII, 9.

J'étois encore enfant, disoit le roi Salomon, mais je me trouvois déjà les lumières d'un *âge avancé.*

MASSILLON, *Petit Carême,* 2e dimanche.

Il faut convenir que la pluspart de ceux (des ouvrages) qu'il fit (Lamothe le Vayer) dans un *âge décrépit* devoient le faire trouver jeune dans sa façon de penser.

D'OLIVET, *Histoire de l'Académie.*

Mult ert li dux de *grant aé.*

Chronique des ducs de Normandie, v. 8116.

Que molt est viex, de *grant aage,*
Si a froncié tout le visage.

Fabliaux et contes publiés par Méon, I, 185.

Qu'on est digne d'envie
Lorsqu'en perdant la force on perd aussi la vie,
Et qu'un *long âge* apprête aux hommes généreux
Au bout de leur carrière un destin malheureux !

P. CORNEILLE, *le Cid,* II, 9.

Je les voyois tous trois se hâter sous un maître
Qui, chargé d'un *long âge,* a peu de temps à l'être.

LE MÊME, *Othon,* I, 1.

Age moyen ou encore *âge mitoyen*, *âge médiocre*, s'est dit de l'âge qui tient le milieu entre la jeunesse et la vieillesse.

Femme d'*aage médiocre* et comme de quarante ans.

L'Amant ressuscité, p. 43. (Cité par Sainte-Palaye.)

Pourquoi les vieillards ont-ils un souvenir plus présent de ce qui leur est arrivé dans le *moyen âge* que de ce qui leur arrive dans leur vieillesse ?

BUFFON, *De l'homme,* De la Mémoire.

Nous ne réussissons jamais mieux dans quelque carrière que ce puisse être, que dans l'*âge mitoyen,* qui est très court, et plutôt encore dans la jeunesse que dans un âge trop avancé.

DUCLOS, *Considérations sur les mœurs,* c. 2.

Un homme de *moyen âge*
Et tirant sur le grison,
Jugea qu'il étoit saison
De songer au mariage.

LA FONTAINE, *Fables,* I, 17.

Le bel âge, pour désigner la jeunesse, est une expression fort usitée.

Il est vrai, dit le président en badinant, que mademoiselle Habert rend *le bel âge* bien court, et que la vieillesse ne vient pas de si bonne heure ; mais laissons la discussion des âges.

MARIVAUX, *le Paysan parvenu,* IIIe partie.

Est-on sage
Dans *le bel âge,*
Est-on sage
De n'aimer pas ?

MOLIÈRE, *Psyché,* prologue.

Pendant une aimable jeunesse
On n'est bon qu'à se divertir ;
Et quand *le bel âge* nous laisse,
On n'est bon qu'à se convertir.

LA SABLIÈRE, *Poésies diverses,* I, 19.

Cette expression s'appliquait autrefois à un âge déjà avancé.

Ilz veirent passer une dame de *très bel aage ;* car elle estoit ainsy comme de quarante ans.

Perceforêt, vol. II, fol. 88, r°, col. 2. (Cité par Sainte-Palaye.)

Nus hom ne prendoit feme, s'avoit .XXX. ans passé,
Et la pucele encontre ausi de *bel aé.*

Aiol, chanson de geste, v. 1704.

Sainte-Palaye cite deux passages où *bon aage* semble employé dans un sens analogue.

Une femme assez de *bon aage*... crioit le nom de Jésus à l'oreille de ce mourant.

L'Amant ressuscité, p. 539.

Ces deux dames qui... se monstrent assez de *bon aage,* sont tes deux tantes.

J. Lemaire de Belges, *Illustrations des Gaules,* liv. I, p. 133.

C'est le bel âge pour faire ou *de faire telle chose,* se dit de l'âge qui y est propre.

Et que nous servira d'avoir du bien, s'il ne nous vient que dans le temps que nous ne serons plus dans *le bel âge* d'en jouir?

Molière, *l'Avare,* I, 2.

Et quel âge avez-vous? Vous avez bon visage.
— Hé! quelque soixante ans. — Comment! *C'est le bel âge*
Pour plaider.

Racine, *les Plaideurs,* I, 7.

Ici se placent certaines expressions techniques de même forme :

Age nubile, en parlant des femmes, âge propre au mariage.

Age critique, temps de crise dans le tempérament des femmes.

On exprime encore la diversité des âges, en ajoutant au mot age un complément formé de la préposition *de* et de son régime: *L'âge de raison, de discernement; L'âge de discrétion,* en parlant soit d'adolescents, soit, par plaisanterie, de vieillards, de personnes que les années ont rendues prudentes, discrètes; *L'âge de puberté, L'âge des plaisirs,* etc.

L'*age de discrétion* est dit l'age de XIIII ans.

Tenures de Littleton, fol. 22, v°. (Cité par Sainte-Palaye.)

L'*âge de la puberté* est le printemps de la nature, la saison des plaisirs.

Buffon, *De l'Homme.* De la Puberté.

La beauté passe,
Le temps l'efface,
L'*âge de glace*
Vient à sa place.

Molière, *le Malade imaginaire,* 2° intermède.

Dans le passage suivant, d'un tour peu usité, *L'âge de sénateur,* veut dire L'âge où l'on peut être sénateur.

Vipsanius Messala remporta ce jour-là beaucoup de gloire, pour avoir essayé, avant l'*âge de sénateur,* d'obtenir la grace de son frère Aquilius Regulus, qui avoit attiré sur soy la haine publique par la ruine de deux familles illustres.

Perrot d'Ablancourt, trad. de Tacite, *Histoires,* liv. IV, 5.

On dit de même, aujourd'hui, *L'âge de soldat* pour L'âge propre au service militaire.

Chez un écrivain facétieux de l'école de Rabelais, L'âge de dix-huit ans est exprimé par cette locution proverbiale: *L'âge d'un vieux bœuf.*

La belle, qui étoit de l'*age d'un vieil beuf,* désirable et fraîche, vint dans la salle faire la révérence à Monsieur qui dînoit et lui présenta ce fruit de par son père.

Le Moyen de parvenir, 8. Cérémonie.

Le régime de la préposition *de* est souvent un verbe à l'infinitif, de là la locution *être en âge de faire quelque chose.*

Au saillir de mon enfance et *en l'aage de* povoir monter à cheval, je fus amené à l'Isle devers le duc Charles de Bourgogne, lors appelé comte de Charolois.

Commines, *Mémoires,* I, 1.

N'*êtes*-vous pas *en âge d'être* mariée?

Molière, *l'Amour médecin,* I, 4.

On lui confia les secrets les plus importants, dès qu'elle *fut en âge de* les entendre.

Fléchier, *Oraison funèbre de Mme de Montausier.*

On dit de même, *être d'âge à, être dans un âge à,* Avoir l'âge requis pour faire quelque chose.

M. le duc (d'Enghien) *étoit d'un âge à* s'endormir aisément à l'ombre des lauriers.

Cardinal de Retz, *Mémoires,* liv. II.

Vous me faites bien de l'honneur de vous regarder comme mon fils. Il est vrai que je me sens pour vous la tendresse d'un père et que de plus j'*ai l'âge requis pour* l'être.

Voltaire, *Lettre au marquis Albergati.*

> On sait bien que le Prince *est dans un âge à* suivre
> Les premiers mouvements où son âme le livre.
>
> MOLIÈRE, *D. Garcie de Navarre*, IV, 1.

et par rapport à une expression antérieure, *être d'âge, être en âge*, ou, comme on a dit encore autrefois, *avoir âge*.

> Quand il *seroit en âge*.
>
> FROISSART, *Chroniques*, liv. I, part. I, c. 47.

> Roxane est grosse de six mois; les dieux veuillent qu'elle nous donne un prince, qui gouverne quand il *sera en age*.
>
> VAUGELAS, trad. de Quinte-Curce, liv. X.

> La Dieu mercy, j'ai cueur et encore *aaige*.
>
> G. CRETIN, *A Jaques de Bigue*.

Être d'âge à offre un autre sens dans le passage suivant. Il ne s'y agit pas, activement, de ce qu'un certain âge permet de faire; mais, passivement, de ce qu'il condamne à souffrir.

> ...Que cette femme... — Ah ! certes, c'est dommage
> Qu'elle ne vous ouït tenir un tel langage,
> Elle vous diroit bien qu'elle vous trouve bon,
> Et qu'*elle n'est point d'âge à* lui donner ce nom.
>
> MOLIÈRE, *Tartuffe*, I, 2.

On a dit dans les anciens temps de la langue, *être d'âge que*.....

> Il n'*estoit encore pas d'aage*, ne de force *que* il peust souffrir le chevaucher.
>
> *Chroniques de Saint-Denys.* (Voyez *Recueil des Historiens de France*, t. VI, p. 129.)

AGE se dit particulièrement de l'âge requis par les lois pour certains actes, pour certaines fonctions de la société civile. Ainsi on dit d'une fille qui n'est pas nubile, *Elle ne peut pas se marier, parce qu'elle n'est pas en âge;* et d'un jeune homme qui ne peut disposer de son bien, parce qu'il n'est pas majeur, *Il n'est pas en âge, il n'a pas encore l'âge, il n'a pas atteint l'âge.*

Lettres de bénéfice d'âge, de dispense d'âge, c'étaient des lettres par lesquelles le prince accordait à quelqu'un le privilège de posséder et d'exercer une charge avant l'âge prescrit par les lois; *Demander, obtenir, accorder une dispense d'âge,* sont encore des expressions fort en usage.

Président d'âge, c'est Celui qui, au moment où une assemblée se forme, la préside parce qu'il est le plus âgé.

Ici encore, au sujet de la valeur légale attachée au mot AGE, quelques vieilles expressions sont à rappeler :

La majorité se rendait par ces locutions *Age leal, aage légitime, aage plener* ou *plein aage, aage parfait, dreit aage, bon aage.* (Voyez, avec les autorités alléguées par Sainte-Palaye, le *Livre de Jostice et de Plet*, pp. 30 et 40.)

On disait: pour Devenir majeur, *Venir en aage;* pour Être majeur, *Avoir aage, être en aage;* pour N'être pas encore majeur, *être en non aage, dessous aage, dedans aage.*

> Des *aages* as enfans, et à quel temps *ils viennent en aage* en Biauvoisins.
>
> BEAUMANOIR, *Coutumes de Beauvoisis*, titre du c. 15.

> Qui tient en bail, s'il a edefices u bail, il les doit maintenir el point où il les prent, si *que* li oirs ne truist pas ses edifices empiriés quant il *vient à son aage*.
>
> LE MÊME, même ouvrage, c. 15, § 11.

> Il est aperte coze que li oirs malles n'*a aage* devant qu'il a quinze ans accomplis.
>
> LE MÊME, même ouvrage, c. 15, § 22.

> Aucun si dient qui li enfant de poeste *sont* tousjors *en aage*.
>
> LE MÊME, Ibidem.

> Se aucuns avoit son fils qui *fust en non aage*...
>
> *Établissements de S. Louis*, I, 124.

> Murmurations s'élevèrent en France entre les sages et coutumiers, que la comté d'Évreux qui sied en Normandie étoit, par droite hoirie de succession de leur mère, revenue aux enfans du roi de Navarre qui *étoient dessous âge*.
>
> FROISSART, *Chroniques*, liv. II, c. 19.

> Li eyné purra estre tutour et gardeyn del pusné, si le pusné *soit dedans aage* et le eyné *de plein âge*.
>
> BRITTON, *Des lois d'Angleterre*, fol. 92, r°. (Cité par Sainte-Palaye.)

On disait aussi pour n'avoir plus l'âge requis, l'âge légal, *Avoir passé aage.*

De meurdre et de homicide peut le plus prochain du lignaige faire la suyte ; et se le plus prochain est en non aage ou il *a passé aage*, le prochain après lui.

Cil a passé aage, qui a passé plus de soixante ans.
Anc. Cout. de Normandie, fol. 94, r°; 97, r°.

Les formes de la société féodale donnant une grande importance aux conditions d'âge, le grand nombre d'expressions qui s'y rapportaient à cette époque ne doit point étonner.

Age entre dans d'autres locutions qui servent à caractériser certaines époques de la vie, comme : *La fleur de l'âge, en fleur d'âge*, etc.

Les femmes ordinairement sont plus aigres et plus choleres que les hommes, et les malades que les sains, et les vieillards que ceux qui sont *en fleur d'aage*.
Amyot, trad. de Plutarque, *Œuvres morales*, De la mansuétude.

Vous devés penser s'il est à propos, vous vivant et *en fleur d'aage*, qu'un pape s'ingère au gouvernement de cest Estat.
Henri IV, *Lettres*, 1er déc. 1585.

Hé bien, qu'est-ce que cela, soixante ans ! Voilà bien de quoi ! c'est *la fleur de l'âge*, cela.
Molière, *l'Avare*, II, 5.

Cette première *fleur* que *l'âge* donne, la faisoit paroître encore plus charmante (la fille d'un président au présidial).
Fléchier, *Mémoires sur les Grands Jours de* 1665.

Il y a des endroits dans votre cœur qui font oublier votre jeunessse, sans qu'il y en ait aucun dans votre figure qui ne présente toute *la fleur de ce bel âge*.
Mme de Coulanges, *Lettres*, à Mme de Simiane, 8 juin 1696.

Voltaire a dit :

Mais il avoit reçu pour apanage
Les dons brillants de *la fleur du bel âge*.
Voltaire, *Contes en vers*, Ce qui plaît aux dames.

Le retour de l'âge, le penchant, de l'âge :

Bien qu'elle ait de l'esprit, elle a suivi le mauvais exemple de celles qui, étant sur *le retour de l'âge*, veulent remplacer de quelque chose ce qu'elles voyent qu'elles perdent.
Molière, *la Critique de l'École des femmes*, sc. 6.

Non point par charité, mais par un trait d'envie,
Qui ne sauroit souffrir qu'un autre ait les plaisirs
Dont *le penchant de l'âge* a sevré leurs désirs.
Molière, *Tartuffe*, I, 1.

Age signifie souvent la durée du temps qu'on a vécu.

Si devant ils avoient esté curieux et soigneux du faict du royaume, encores délibérèrent de l'estre plus, veu *l'aage* des deux enfans du roy.
Juvénal des Ursins, *Histoire de Charles VI.*

L'*aage* que j'ay par ci devant vescu.
Rob. Estienne, *Dict. fr.-lat.*

Une femme coquette..... oublie... que l'*âge* est écrit sur le visage.
La Bruyère, *Caractères*, c. 3.

Si quatre mille écus de rente bien venants,
Une grande tendresse et des soins complaisants,
Peuvent, à son avis, pour un tel mariage,
Réparer entre nous l'inégalité d'*âge*,
Elle peut m'épouser.
Molière, *l'École des Maris*, I, 2.

Un octogénaire plantoit.
Passe encor de bâtir ; mais planter à cet *âge !*
La Fontaine, *Fables*, I, 8.

De là ces expressions *Avoir un âge, être dans un âge*, etc.

Je voudrois bien savoir ce que vous pensez faire d'un maître à danser à l'*âge* que *vous avez*.
Molière, *le Bourgeois gentilhomme*, III, 3.

Selon l'*aie* que *il ont*.
Parthenopeus de Blois, ms. de St-Germ., fol. 168, r°, col. 1. (Cité par Sainte-Palaye.)

Moi-même j'en ai honte, et, dans l'*âge où je suis*,
Je ne veux point passer pour sotte si je puis.
Molière, *l'École des femmes*, V, 4.

Est-ce donc qu'à l'*âge où je me voi*
Je n'aurois pas l'esprit d'être maître chez moi ?
Le même, *les Femmes savantes*, V, 2.

Avoir tant d'années d'âge.

Et volontiers eût le roi d'Angleterre vu que le jeune comte Louis de Flandre, qui point n'*avoit quinze ans d'âge*, eût voulu sa fille Isabelle épouser.

FROISSART, *Chroniques*, liv. I, Ire part., c. 310.

Les trois états du royaume d'Angleterre... élurent à roi le seul fils d'icelui roi Henri défunt, lequel n'*avoit que seize mois d'âge*.

MONSTRELET, *Chronique*, liv. I, c. 275.

Avoir l'âge de, être en l'âge de, à l'âge de tant d'années, etc.

De ces nouvelles fut le roy anglois tout courroucé... et manda à toutes ses gens, chevaliers et écuyers, et autres gens dont il se pouvoit aider, *dessus l'âge de* quinze ans et par *dessous l'âge de* soixante ans, que nul ne s'excusât.

FROISSART, *Chroniques*, liv. I, part. I, c. 161.

Avoit les deux fils en ses mains du feu marquis et de ceste saige et belle dame qui estoit morte *en l'aage de* vingt et neuf ans, et grant partisanne des François.

COMMINES, *Mémoires*, liv. VIII, c. 16.

A l'aisné demanda, qui estoit *en l'aage de* dix huyt à vingt ans, qu'il vouloit devenir.

Le loyal serviteur, c. 1.

On dit qu'*à l'âge de* dix-huit ans il (Pic de la Mirandole) savait vingt-deux langues.

VOLTAIRE, *Essai sur les Mœurs*, c. 109.

J'ay veu pucelle tendre
Anthonias eut nom,
Toute science entendre,
Logicque et droit canon,
Saige comme Sibille,
En l'aage de dix ans,
Et de répondre habille
A tous contredisans.

J. MOLINET, *Récit des choses mémorables*.

De l'aage de vint et deux ans,
Jeune de jours, mais vieil de sens.

OCTAVIEN DE ST-GELAIS, *Séjour d'honneur*, Panégyrique de Charles VIII.

Avoir le même âge, être de même âge, tout d'un âge, comme on le voit dans le Dictionnaire fr.-lat. de Rob. Estienne, ou, comme on a dit autrefois, *d'un aé* (d'un même âge).

Nos nos poons bien entramer
Que assez somes d'*un aé*.

Rom. de Narcisse, ms. de St-Germ., fol. 119, r°, col. 2. (Cité par Sainte-Palaye.)

Rien de plus fréquent que l'emploi du mot AGE avec l'adjectif possessif.

Il ordonna que nourris fussent sur les champs en exercitation d'aucun labeur selon *leur* faculté et *aage*.

CHRISTINE DE PISAN, *Livre des faits du sage roi Charles V*.

Le cardinal (Richelieu) étoit d'ailleurs encore plus vieux par ses incommodités que par *son âge*.

CARDINAL DE RETZ, *Mémoires*, liv. I.

La garde de deux filles est une charge un peu trop pesante pour un homme de *mon âge*.

MOLIÈRE, *les Précieuses ridicules*, sc. 5.

« Mais qu'avez-vous à alléguer contre Stanislas Leczinsky ? » dit le conquérant (au Primat de Pologne). « Sire, dit le Primat, il est trop jeune. » Le roi répliqua sèchement : « Il est à peu près de *mon âge*. »

VOLTAIRE, *Histoire de Charles XII*, liv. III.

Onques feme de *vostre éage*
Ne fu tant bele né tant sage.

Romancero françois, p. 62.

Quoi ! vous iriez dire à la vieille Émilie
Qu'à *son âge* il sied mal de faire la jolie?

MOLIÈRE, *le Misanthrope*, I, 1.

Des grammairiens ont reproché, à tort, à Mme de Sévigné d'avoir écrit *à nos âges* au lieu de A notre âge.

Vous ai-je mandé que la bonne marquise d'Huxelles a la petite vérole? On espère qu'elle s'en tirera : c'est un beau miracle *à nos âges*.

Mme DE SÉVIGNÉ, *lettres*, 30 sept. 1676.

Employé avec l'adjectif possessif, *Age* est souvent accompagné de ces épithètes dont il a été question plus haut, qui servent à marquer les différents degrés de la vie.

Soit l'enfance :

Quant li hons muert en *son premier aé*,

Et en sa force et en sa poesté,
Adont est-il et plains et regrétés.
Chevalerie Vivien. (Voyez *Hist. litt. de la France,* t. XXII, p. 509. Chansons de geste.)

Et pardonra tous ceus qui feront ce voiage
Les péchiés qu'il ont fais dès *lor petit eage.*
Chanson d'Antioche, c. 1, v. 744.

Que d'hommes fortunés, en *leur âge première.*
Malherbe, Poésies, liv. Ier, *Les larmes de saint Pierre.*

Comme ils se connoissoient tous deux dès *leur bas âge,*
Une longue habitude en paix les maintenoit.
La Fontaine, *Fables,* XII, 2.

Soit la jeunesse :

Puys l'envoya à l'eschole pour apprendre et passer *son jeune eage.*
Rabelais, *Pantagruel,* II, 5.

Trouve-moi un faiseur de fagots qui sache comme moi raisonner des choses, qui ait servi six ans un fameux médecin et qui ait su dans *son jeune âge* son rudiment par cœur.
Molière, *le Médecin malgré lui,* I, 1.

Prince, chascun doit dans *son josne aé*
Prendre le temps qui lui est destiné.
Eust. Deschamps, *Poés. mss.,* fol. 61, col. 1. (Cité par Sainte-Palaye.)

Soit l'âge viril :

Grandgousier... en *son eage virile* espousa Gargamelle.
Rabelais, *Gargantua,* I, 3.

Soit la vieillesse :

Le duc Philippe se retira pour *son ancien aage.*
Commines, *Mémoires,* liv. II, c. 1.

Non cis qui muert dedans son *vieil aé.*
Chevalerie Vivien. (Voyez *Hist. litt. de France,* t. XXII, p. 509. Chansons de geste.)

Ne dites pas à ce zélé magistrat qu'il travaille plus que son *grand âge* ne le peut souffrir.
Bossuet, *Oraison funèbre de Michel Le Tellier.*

Comme on dit en général *La fleur de l'âge,* on dit aussi *La fleur de son âge, de mon âge,* etc.

Lors répondit le gentil chevalier messire Jean de Hainaut, qui étoit en *la fleur de son aage.*
Froissart, *Chroniques,* liv. I, part. Ire, c. 14.

Je l'ay congneu et ay esté son serviteur en *la fleur de son aage,* et en ses grans prospéritez ; mais je ne le veiz oncques sans peine et sans soucy.
Commines, *Mémoires,* liv, VI, c. 12.

Si je mourrois de mort naturelle, j'aurois sujet de me plaindre, mesme des dieux, de ce qu'en *la fleur de mon âge,* et au milieu de mes espérances, ils m'auroient ravi à mon prince et à mon pays.
Perrot d'Ablancourt, trad. de Tacite. *Annales,* liv. II, 23.

Mort me surprint à la *fleur de mon aage.*
Michel d'Amboise, *Épitaphe de sa femme.*

On dit aussi, en parlant d'une personne, *L'infirmité, la caducité de son âge.*

Afin que par un reste de force il pût garantir le public et sa propre conscience des maux dont les menaçoit *l'infirmité de son âge.*

Dans la même vivacité, on lui vit faire seulement de plus graves réflexions sur *la caducité de son âge* et sur le désordre extrême que causeroit dans l'État une si grande autorité dans des mains trop foibles.
Bossuet, *Oraison funèbre de Michel Le Tellier.*

On dit : *Il ne paraît point son âge,* Il ne paraît pas l'âge qu'il a en effet; *Sa figure n'a point d'âge,* Sa figure n'indique pas l'âge qu'il a.

On a dit : *Bas d'âge :*

Je veulx que son royaulme (de Picrochole) demeure entier à son filz, lequel, parce qu'est par trop *bas d'eage* (car il n'a encores cinq ans accomplyz), sera gouverné et instruict par les anciens princes et gens sçavans du royaume.
Rabelais, *Gargantua,* I, 50.

Grand d'âge :

Celuy dont nous parlons avoit un fils déjà *grand d'aage,* nommé Jean Doingé.
Bonav. des Périers, Nouvelle LXXVI, *de Jean Doingé qui tourna son nom par le commandement de son père.*

Plein d'âge :

Plein de vieillesse et *plein d'aé.*
Chronique des ducs de Normandie, V, 8180.

Hors d'âge :

Quand vous serez *hors d'aage*
Et que vos nerfs sembleront un cordage.
CL. MAROT, *Épîtres,* II, 4, Aux dames de Paris.

On dit souvent *Avancé en âge :*

Je me trouve un peu *avancé en âge* pour elle.
MOLIÈRE, *le Mariage forcé,* sc. 8.

Pour son âge est de grand usage quand on veut marquer chez une personne quelque qualité peu d'accord avec son âge.

Villon a dit : *Mon trentième âge,* pour mon âge de trente ans.

En l'an de *mon trentiesme eage.*
VILLON, *Grand Testament.*

AGE signifie assez souvent Avancement dans la vie, progrès de la vie.

En cest estat, par un temps me nourry
Et après ce, quant je fu enforcy,
Ung Messaigier qui *Aage* s'appella,
Une lettre de creance bailla
A l'Enfance de par dame Nature,
Et si lui dist que plus la nourriture
De moy n'auroit, et que dame Jeunesse
Me nourriroit et seroit ma maîtresse.
CHARLES D'ORLÉANS, *Au temps passé quand Nature me fit.*

Veu tel meschef me complaingnis de l'*aage,*
Qui me sembla trop soudain, et volage,
Et dis ainsi : Las, à peine sont nées
Ces belles fleurs qu'elles sont jà fennées.
BONAVENTURE DES PÉRIERS, *Œuvres.* Du voyage de Lyon à Notre-Dame de l'Isle.

L'*âge* insensiblement nous conduit vers la mort.
RACAN, *Stances.*

Je ne dis pas qu'un jour je ne suive vos traces,
L'*âge* amènera tout et ce n'est pas le temps,
Madame, comme on sait, d'être prude à vingt ans.
MOLIÈRE, *le Misanthrope,* III, 5.

L'*âge* la fit déchoir : adieu tous les amants.
LA FONTAINE, *Fables,* VII, 5,

De là l'expression fort employée : *Avec l'âge.*

Cependant la réputation de cette jeune princesse croissait *avec l'âge.*
FLÉCHIER, *Oraison funèbre de Mme la Dauphine.*

Toute chose en vivant *avec l'âge* s'altère.
REGNIER, *Satires,* V.

L'âge avance et le goût *avec l'âge* varie.
PIRON, *la Métromanie,* II, 1.

AGE pris ainsi absolument peut désigner tel ou tel âge, selon le sens général de la phrase : par exemple, La jeunesse :

Les faultes des jeunes gens ont esté plutost attribuées à l'*aage* qu'à malice.
DU BELLAY, *Mémoires.*

Je veux jouir, s'il vous plaît, de quelque nombre de beaux jours que m'offre la jeunesse, prendre les douces libertés que l'*âge* me permet.
MOLIÈRE, *Georges Dandin,* II, 4.

Sur le printemps de ma jeunesse folle,
Je ressemblois l'arondelle qui vole,
Puis çà, puis là : l'*aage* me conduisoit
Sans paour, ne soing, où le cueur me disoit.
CL. MAROT, *Églogue au roy.*

Ou bien encore, L'âge mûr, L'âge avancé, la vieillesse :

Ils en vouloient surtout à Lentulus, que l'*âge* et la gloire acquise dans les armes rendoient inflexible aux demandes des soldats.
PERROT D'ABLANCOURT, trad. de Tacite. *Annales,* liv. I, 4.

Une vigueur spirituelle, qui se renouvelle et se fortifie de jour en jour, ne permet pas à son âme de sentir la caducité de l'*âge.*
BOSSUET, *Panégyrique de saint François de Paule.*

C'étoit (le cardinal Bonzi) un petit homme trapu, qui avoit eu un très beau visage, à qui l'*âge* en avoit laissé de grands restes.

SAINT-SIMON, *Mémoires*, 1703.

Il n'est jovente, ne *aez*
Que de ton dart ne soit navrez.

Pyrame et Thisbé, ms. de Saint-Germain, fol. 98, r°, col. 2. (Cité par Sainte-Palaye.)

Adieu maisons nobles et les beaux lieulx
Où j'ay passé ma première jouvente,
Ores vous pers, car je suis venu vieulx
Aage a reçu de moy première rente.

OCTAVIEN DE SAINT-GELAIS, *Séjour d'honneur*.

Outre l'*âge* en tous deux un peu trop refroidie,
Cela sentiroit trop sa fin de comédie.

P. CORNEILLE, *la Galerie du Palais*, V, 8.

Ce discours d'apparence est si fort dépourvu...
— Il ne le croira pas encore en l'ayant vu :
J'enrage. Par ma foi, l'*âge* ne sert de guère
Quand on n'a pas cela.

MOLIÈRE, *l'École des Maris*, III, 6.

Il est vrai qu'elle vit en austère personne ;
Mais l'*âge* dans son âme a mis ce zèle ardent,
Et l'on sait qu'elle est prude à son corps défendant.

MOLIÈRE, *Tartuffe*, I, 1.

Tandis que votre bras dans son sein enfoncé
Cherche un reste de sang que l'*âge* avoit glacé.

RACINE, *Andromaque*, IV, 5.

Moi-même à qui l'*âge*
D'aucune ride encor n'a flétri le visage.

BOILEAU, *Épitres*, VI.

La vieillesse chagrine.....
Inhabile aux plaisirs dont la jeunesse abuse
Blâme en eux les douceurs que l'*âge* lui refuse.

LE MÊME, *Art poétique*, III.

Quand Sidrac, à qui l'*âge* allonge le chemin,
Arrive dans la chambre, un bâton à la main.

LE MÊME, *le Lutrin*, I.

L'espoir d'un doux tumulte échauffant son courage,
Il ne sent plus le poids ni les glaces de l'*âge*.

LE MÊME, même ouvrage, V.

On dit, en ce dernier sens, *un homme, une femme d'âge*.

Une dame d'aage qui estoit de cest régné.

Parise la Duchesse, p. 25.

Vous aimez *une femme* desja *d'aage*, et en mauvais point, et moins belle que moy, et j'aime un gentil homme plus jeune que vous, plus beau et plus amiable.

LA REINE DE NAVARRE, *Heptameron*, 15° nouv.

Il devient garson puis consequemment un jouvenceau, aprez un homme faict, puis *homme d'aage*, à la fin decrepite vieillard.

AMYOT, trad. de Plutarque, *Œuvres morales*. Que signifioit ce mot Eî.

Une autre fois il vint *une femme d'âge* qui se faisoit appeler madame la marquise de..... Elle fit bien des complimens à Mme Pilou sur sa réputation.

TALLEMANT DES RÉAUX, *Historiettes*, Mme Pilou.

Madame Aubert est femme d'un des intéressés aux gabelles, qui est *un homme d'âge*, mais fort riche.

LE MÊME, même ouvrage, Mme Aubert.

On dit aussi *Sur l'âge, Venir, Devenir sur l'âge, Être sur l'âge*, etc.

Quant son père *fut devenu* fort *sur aage*.

J. LE MAIRE DE BELGES, *Illustration des Gaules*, liv. III, p. 316. (Cité par Sainte-Palaye.)

Sur son aage ne vouloit estre oyseux.

Histoire de Loys III, duc de Bourbon, p. 369. (Cité par Sainte-Palaye.)

Si nous avions quelque femme un peu *sur l'âge*.

MOLIÈRE, *l'Avare*, IV, 1.

Ils disent.... qu'Euripide a fait deux époux surannés d'Admète et d'Alceste ; que l'un est un vieux mari et l'autre est une princesse déjà *sur l'âge*.

RACINE, *Iphigénie*, préface.

Un jour que j'étais assis auprès de ces cabanes... un homme déjà *sur l'âge* vint à passer aux environs.

BERNARDIN DE SAINT-PIERRE, *Paul et Virginie*.

Mon enfant, nos domestiques sont vieux ; Paul est bien jeune ; Marguerite vient *sur l'âge* ; je suis déjà infirme.

LE MÊME, même ouvrage.

Joignez à ces raisons qu'un père un peu *sur l'âge*,
Dont ma seule présence adoucit le veuvage,
Ne sauroit se résoudre à séparer de lui
De ses débiles ans l'espérance et l'appui.

P. CORNEILLE, *Médée*, II, 5.

Être d'un certain âge, N'être plus jeune.

Elle convient qu'il n'est pas permis à *un certain âge* de faire la jeune.

LA BRUYÈRE, *Caractères*, c. 3.

Être entre deux âges, N'être ni jeune ni vieux.

L'homme *entre deux âges* et ses deux maîtresses.
LA FONTAINE, *Fables*, I, 17.

On a dit *Avoir de l'âge :*

Il fera choses merveilleuses (Pantagruel), et s'il vit, *il aura de l'eage.*
RABELAIS, *Pantagruel*, II, 2.

On a pris *âge* au sens de vie, *Mon âge, Son âge.*

Aage tourné en oisiveté.
L'aage s'en va et se passe legerement.
Employer *son aage* à l'estude.
Passer *son aage* sans se mêler des affaires publiques.
ROB. ESTIENNE, *Dict. fr.-lat.*

J'ai passé une bonne partie de *mon âge* en une parfaite et entière santé ; je dy non seulement entière, mais encore allègre et bouillante.
MONTAIGNE, *Essais*, II, 6.

Bon compagnon orent esté
Et furent puis tout *leur aé.*
Athis, ms., fol. 16, v°, col. 1. (Cité par Sainte-Palaye.)

Il se tenoit à mon ami
Toute sa vie et *son aaige.*
Fabl. et cont. anc., Méon, IV, 321.

Ou vingtiesme an de *mon aage*,
Ou point qu'Amour prend le peage
Des jones gens.
Roman de la Rose, v. 21.

Elles pleurent fachées
Leurs âges mal passées.
GILLE DURANT, *Ode.*

Heureux qui comme Ulysse a fait un beau voyage,
Ou comme cestui-là qui conquit la toison,
Et puis est revenu, plein de sens et raison,
Vivre avec ses égaux le reste de *son âge.*
JOACHIM DU BELLAY, *les Regrets*, XXXI.

J'ai consumé *mon âge* au sein de l'Amérique.
VOLTAIRE, *Alzire*, I, 1.

De quoi viens-tu flatter le déclin de *mon âge?*
LE MÊME, *Dialogue de Pégase et du Vieillard.*

C'est à cet emploi du mot AGE, au sens de vie, qu'il semble qu'on doive rapporter cette expression d'un écrivain du XVIe siècle : *Être sur le haut de son âge.*

Il s'armoit de patience, songeant en soy-mesme qu'il falloit porter la pénitence de la folie qu'il avoit faicte d'avoir *sus le haut de son aage* prins une fille si jeune d'ans.
BONAVENTURE DES PÉRIERS, *Contes ou Nouvelles recreations*, VI.

On trouve par opposition, dans le Dictionnaire franç.-lat. de Rob. Estienne répété par J. Thierry, par Nicot, cette autre expression : *Le bas de son âge.*

L'AGE a quelquefois servi, comme cette autre expression, *Le sexe*, pour désigner les personnes.

Il fut suivi de *l'âge* et du sexe plus imbécille, et de deux encore qui préféroient la vie à la gloire.
PERROT D'ABLANCOURT, trad. de Tacite. *Annales*, liv. IV, 22.

Mme de Caylus... répandoit une joie si douce et si vive, un goût de volupté si noble et si élégant dans l'âme de ses convives, que tous les *âges* et tous les caractères paroissoient aimables et heureux.
RÉMOND, *Portrait ou plutôt ébauche*, à la suite du mémoire sur l'*Urbanité romaine*, dans les œuvres de Gédoyn.

Le fer ne connoîtra ni le sexe ni l'*âge.*
RACINE, *Esther*, I, 3.

AGE, dans la signification du temps et du cours de la vie, se dit aussi des animaux.

On dit d'un cheval qu'*il est hors d'âge*, qu'il n'a plus les marques par lesquelles on connaît l'âge des chevaux ; qu'*il est de bon âge*, qu'il est dans sa force, ni trop jeune ni trop vieux.

AGE se dit également Des années d'un arbre, d'une plante.

Mon frère est de l'*âge* du grand cocotier de la fontaine.
BERNARDIN DE SAINT-PIERRE, *Paul et Virginie.*

Il se dit de l'espace de temps qui s'est écoulé depuis qu'un bois a été coupé. L'ordonnance d'août 1609 exige qu'en exploitant les bois taillis, il soit laissé seize baliveaux par arpent, de *L'âge* du bois qu'on coupe, pour croître en futaie.

En astronomie, *L'âge de la lune* est le temps qui s'est écoulé depuis que la lune est renouvelée.

Faudra-t-il que monsieur le Marquis se tue à calculer une éclipse, quand il la trouve à point nommé dans l'almanach, qui lui enseigne de plus les fêtes mobiles, *l'âge de la lune*, et celui de toutes les princesses de l'Europe?

Voltaire, *Jeannot et Colin*.

En médecine, *L'âge du lait* d'une nourrice est le temps qui s'est écoulé depuis ses couches.

Je ne sais si l'on ne devrait pas faire un peu plus d'attention à *l'âge du lait*.

J.-J. Rousseau, *Émile*, liv. I.

On a pu quelquefois, par figure, se servir du mot *âge* pour exprimer la longue durée de certaines choses abstraites.

Selon mon humeur, ès affaires publiques, il n'est aucun si mauvais train, pourveu qu'il aye de l'*aage* et de la constance, qui ne vaille mieux que le changement et le rem̃uement.

Montaigne, *Essais*, II, 17.

Age se dit du temps auquel les choses dont on parle sont ou ont été ; et, en ce sens, il ne s'emploie qu'avec un adjectif possessif, *mon âge, notre âge*, ou bien encore de cette manière, *l'âge où nous sommes.*

Le nompareil en prouesse qui feust au monde pour *son âge* y mourut.

Le Loyal Serviteur, c. 55.

Par la bonté divine, la lumière et dignité ha esté de *mon eage* rendue ès lettres.

Rabelais, *Pantagruel*, II, 8.

Qui est-ce qui nous rendra certains que ceste doctrine soit sortie de Dieu? ou bien qui nous certifiera qu'elle est parvenue jusques à *nostre aage*, saine et entière?

Calvin, *Institution chrest.*, liv. I, c. 7, § 1.

Je croy fermement que si les philosophes qui ont fait la condition de l'homme tant grande et précieuse eussent eu la connoissance des erreurs et folies de *l'aage où nous sommes*, au lieu de le dire entre tous les animans seul participant de raison luy eussent donné toute autre définition.

Jacq. Tahureau, *Dialogues*.

Le marquis de Guast, qui a esté un des plus fins et rusez capitaines de *nostre aage*,.... fit contrefaire des lettres de monsieur de Botieres.

Montluc, *Commentaires*, liv. I.

En considérant l'abrégé chronologique vous sortez des bornes étroites de *votre âge*, et vous vous étendez dans tous les siècles.

Bossuet, *Discours sur l'Histoire universelle*, avant-propos.

Et je veux qu'il demeure (un arrêt) à la postérité,
Comme une marque insigne, un fameux témoignage
De la méchanceté des hommes de *notre âge*.

Molière, *le Misanthrope*, V, 2.

Age se prend, d'une manière générale, pour génération, siècle, suite de siècles, longue période de temps.

Pourtant ce que dit David, que l'homme juste médite jour et nuit en la Loy, ne doit estre rapporté à un siecle, mais convient à tous *aages*, jusques en la fin du monde.

Calvin, *Institution chrest.*, liv. II, c. 7, § 13.

C'est à mon advis chose encore plus sotte et digne de moquerie, si ceulx qui furent du temps de Phaëton ne se soucyoient point autrement de sa cheute, que ceulx qui sont venus depuis cinq ou dix *aages* après son accident aient commancé à en changer de robbes et en porter le deuil.

Amyot, trad. de Plutarque, *Œuvres morales*. Pourquoy la justice divine differe quelque fois la punition des malefices.

Celuy qui a tout créé a tout enfermé dans le cercle des *âges*.

Malherbe, *Lettre à la Princesse de Conti*.

Cependant un peuple qui n'estoit composé que d'hommes seulement, ne pouvoit durer au plus qu'un *âge*.

Coeffeteau, *Hist. rom. de L. Florus*, liv. I, c. 1.

Les sages lui (à Henri VIII) dénoncèrent qu'en remuant ce seul point, il mettoit tout en péril, et qu'il donnoit, contre son dessein, une licence effrénée aux *âges* suivants.

Bossuet, *Oraison funèbre de la Reine d'Angleterre*.

Ces quatre *âges* heureux sont ceux où les arts ont été perfectionnés.

Voltaire, *Siècle de Louis XIV*, c. 1.

Si dist c'onques en nul *aé*
Beauté n'ot paix avec chaté (chasteté).

Roman de la Rose, cité par Borel, au mot *Tenson*.

Cette grande roideur des vertus des vieux *âges*
Heurte trop notre siècle et les communs usages.

Molière, *le Misanthrope*, I, 1.

Que son nom soit béni; que son nom soit chanté.
Que l'on célèbre ses ouvrages
Au-delà des temps et des *âges*,
Au-delà de l'éternité.

RACINE, *Esther*, III, 9.

Bientôt, ressuscitant les héros des vieux *âges*,
Homère aux grands exploits anima les courages.

BOILEAU, *Art poétique*, IV.

Cette acception du mot AGE avait autrefois donné lieu à l'acclamation *Vivez par aage*.

D'une part li tint la couronne
Li Roys Henrys par son hommage,
Et crioit : *Vivés par aage*.

G. GUIART, *Royaux lignages*, ms., fol. 13, v°. (Cité par Sainte-Palaye.)

AGE, en termes de chronologie, signifie Un certain nombre de siècles. On divise en plusieurs *âges* la durée du monde :

On dit les *aages* du monde être six, et le premier d'iceux avoir duré depuis la creation d'iceluy jusqu'au déluge.

NICOT, *Thrésor*, au mot *Aage*.

Adam ou la création, *premier âge* du monde. Noé ou le déluge, *second âge* du monde, etc.

BOSSUET, *Discours sur l'histoire universelle*, Ire part., 1, 2, etc.

Ou bien encore la durée d'un peuple, d'un État comparée à la vie humaine.

Voilà le *premier aage* du peuple romain, et comme l'image de son enfance passée sous sept roys.

C'est là le *second aage* du peuple romain, et comme l'adolescence de l'empire.

COEFFETEAU, *Histoire romaine de L. Florus*, liv. I, c. 8 et 22.

Chez les poètes, Les *quatre âges du monde* sont quatre différents espaces de temps dont le premier est appelé L'*âge d'or*; le second, L'*âge d'argent*; le troisième, L'*âge d'airain*; et le quatrième, L'*âge de fer*, pour exprimer L'état de bonheur ou de misère, d'innocence ou de dépravation dans lequel on suppose que les hommes ont vécu pendant ces différents âges.

Quant aux Semidieux, Panes, Satyres, Sylvains, Folletz, Egipanes, Nymphes, Heroes et Dæmons, plusieurs ont, par la somme totale des *aages* divers supputez par Hesiodes, compté leurs vies estre de 9720 ans.

RABELAIS, *Pantagruel*, IV, 27.

Il (Moïse) nous fait voir... la perfection et la puissance de l'homme... son innocence tout ensemble et sa félicité dans le paradis, dont la mémoire s'est conservée dans l'*âge d'or* des poëtes.

BOSSUET, *Discours sur l'histoire universelle*, I, 1.

Vous avez montré dans un siècle de fer la bonté et l'innocence de l'*âge d'or*.

FÉNELON, *les Aventures d'Aristonoüs*.

Regrettera qui veut le bon vieux temps,
Et l'*âge d'or* et le règne d'Astrée.

VOLTAIRE, *le Mondain*.

Ces expressions, *âge d'or*, *âge de fer*, se sont dites, par figure, d'époques, de situations heureuses ou malheureuses, innocentes ou coupables, favorables ou contraires.

Ne faire sa cour à personne ni attendre de quelqu'un qu'il vous fasse la sienne, douce situation, *âge d'or*.

LA BRUYÈRE, *Caractères*, c. 12.

L'*âge d'or* de la morale, ou plutôt de la fable, n'était que l'*âge de fer* de la physique et de la vérité.

BUFFON, *Époques de la nature*.

Au lieu d'*âge d'or*, *âge de fer*, on a dit autrefois *âge doré*, *âge ferré*.

Platon, en sa peincture de l'*aage doré* soubs Saturne.

MONTAIGNE, *Essais*, II, 12.

Henry, de qui les yeux et l'image sacrée
Font un visage d'or à cette *âge ferrée*.

MALHERBE, *les Larmes de saint Pierre*.

Le Parnasse autrefois, dans la France adoré,
Faisoit pour ses mignons un autre *âge doré*.

P. CORNEILLE, *Épître à Ariste*.

On entend par L'*âge du monde* la durée du monde, le temps qui s'est écoulé depuis que le monde est créé. On dit que tel évènement est arrivé en telle année de L'*âge du monde*.

Le *moyen âge* désigne l'intervalle qui sépare les temps anciens et les temps modernes, Le temps qui s'est écoulé depuis la chute de l'empire romain, en 475, jusqu'à la prise de Constantinople par Mahomet II, en 1453.

C'est par allusion à ces dernières acceptions du mot AGE, qu'on a dit *Le bel âge* d'une science, L'*âge des lumières*, etc.

C'était alors *le bel âge* de la Géométrie.
VOLTAIRE, *Siècle de Louis XIV*, c. 34.

L'*âge des lumières* a son innocence aussi bien que l'âge d'or.
Mme DE STAEL, *De l'Allemagne*, IIe part., c. 10.

D'AGE EN AGE, locution adverbiale, qui signifie Successivement, de siècle en siècle, de génération en génération.

Les mœurs et l'état de tout le corps de la nation (française) ont changé *d'âge en âge*.
FÉNELON, *Lettre à l'Académie*, VIII.

Le nom de Paschal et mon livre
Puissent *d'âge en âge* revivre.
OLIVIER DE MAGNY, *Gayetés*.

Les enfans *d'âge en âge* apprendront de leurs pères.
RACAN, *Psaumes*, XLIII.

A cet instant commence et se suit *d'âge en âge*
De l'homme réparé l'auguste et grand ouvrage.
L. RACINE, *la Religion*.

ÂGÉ, ÉE. Adj.

L'orthographe de ce mot a suivi les variations de celle du mot *âge* : AAGÉ, AAGIÉ, EAGÉ, EAGIÉ, AIGÉ, etc. (Voyez le Glossaire de Sainte-Palaye.)

AGÉ a voulu dire, dans une acception particulière, depuis longtemps sortie de l'usage, « Qui attainct, comme le définit Nicot, ou Qui est réputé atteindre l'âge par le droit préfini, pour vallablement gérer, exercer et administrer ses affaires, *ætate legitima prædītus* ; » ou, comme nous disons maintenant, Qui a l'âge requis pour la majorité, qui est majeur.

Home coustumier (d'un pays de droit coutumier) si est bien *aagé* quand il a passé quinze ans.
Establ. de S. Louis, liv. I, c. 142.

Cil qui sont en bail ne poent demander fors que lor fiés quites et delivres, quant il sont *aagié*.
BEAUMANOIR, *Coutumes de Beauvoisis*, c. 15, *Des bans et des wardes et des aages as enfans, et à quel temps ils vienent en aaige en Bauvoisins*, § 10.

Sont les enfants nobles réputés *aagez*, c'est à sçavoir les enfans masles à vingt ans et un jour, et les filles à quinze ans et un jour.
Coutume de Valois. (Voir *Cout. gén.*, t. I, p. 395.)

Personne présente, *aigée* et non privilégiée.
Coutume de Pernes. (Voir *Nouv. Cout. gén.*, t. I, p. 283, col. 2.)

Au lieu de *agé*, on disait encore *en agé*.

Li plus prochains du lignage... doit deservir le bail dus qu'à tant que li uns des enfans soit *en aagiés*.
BEAUMANOIR, *Coutumes de Beauvoisis*, c. 15, § 2.

D'autre part, la qualité de mineur s'exprimait par ces locutions *sous agé, non agé*.

Quant li uns des enfans est en aagiés, il doit... tenir le bail de ses freres et de ses sereurs *sous aagiés*.
BEAUMANOIR, *Coutumes de Beauvoisis*, c. 15, § 2.

L'an n'a pas aucion de tricherie contre *non agé*.
Le Livre de Jostice et de Plet, liv. III, c. 8.

C'est sans doute par allusion au sens légal d'*agé* que l'on disait, comme on le voit dans les Glossaires de droit français, pour Bois bon à être coupé, *bois agé, aagié*.

De là s'était fait le verbe AAGER, AAGIER, AGÉER, EAGIER, voulant dire Déclarer majeur, émanciper.

Et aussi (l'Empereur, en 1377) l'*agéa* (le Dauphin, fils de Charles V), lui donnant la lieutenance et vicairerie du royaume de Naples, et supléa toutes choses que par défault d'age pouvoient donner empeschement audit Dauphin pour les graces et gouvernemens obtenir.
Chron. fr., *ms. de Nangis*. (Cité par Sainte-Palaye.)

Le derrain jour de fevrier l'an de grace mille quatre cens et un, le Roy (Charles VI)... émancipa et *aagea* nosseigneurs les ducs de Guienne, son ainsné fils et de Touraine son second filz.
Extraict d'un registre de la Chambre des Comptes. (Voyez GODEFROY, *Annot. sur l'histoire de Charles VI*, p. 729.)

AGÉ n'a conservé que les deux acceptions qui suivent :

Avec un complément formé de la préposition *de* et de son régime, il signifie : Qui a un certain âge, un certain nombre d'années.

Il (Alexandre)... entre triomphant dans Babylone et dans Suze, détruit Persépolis, ancien siége des rois de Perse, pousse ses conquêtes jusqu'aux Indes, et vient mourir à Babylone *âgé de* trente-trois ans.

BOSSUET, *Discours sur l'histoire universelle,* I, 8.

Pris absolument, il signifie Qui a beaucoup d'âge.

Le sang de Mingrelie est fort beau, les hommes sont bien faits, les femmes sont très-belles... les moins belles et les *âgées* se fardent grossièrement.

CHARDIN, *Voyage en Perse,* 1re part.

Puis elle découvre de loin deux hommes, dont l'un paraissoit *âgé;* et l'autre, quoique jeune, ressembloit à Ulysse.

FÉNELON, *Télémaque,* I.

L'Europe ne vit jamais un si long règne (celui de Louis XIV), ni la France un roi si *âgé.*

SAINT-SIMON, *Mémoires,* 1715.

Je viens de vous dire qu'elle étoit *âgée ;* mais on ne remarquoit pas cela tout d'un coup; c'étoit de ces visages qui ont l'air plus ancien que vieux.

MARIVAUX, *la Vie de Marianne,* VIe part.

...Aux vieulx serviteurs *aagiés.*

EUST. DESCHAMPS, *poés. mss.,* fol. 465, col. 4. (Cité par Sainte-Palaye.)

On se sert d'AGÉ, comme d'*âge*, en parlant des animaux :

Le plus *âgé* (des éléphants) conduit la troupe.

BUFFON, *Histoire naturelle.*

En parlant des végétaux :

Ainsi comme de l'osier que on ploye jeune autour de son doigt, et quand elle est *agée* on n'en fait pas la volonté, ainsi est-il du jeune roi de France.

FROISSART, *Chroniques,* liv. II, c. 161.

Plus un arbre est *âgé*, plus il produit de fruit ou de graine.

BUFFON, *Histoire naturelle.*

Plaisant séjour des ames affligées,
Vieilles forests, de trois siecles *âgées.*

RACAN, *Ode.*

Et même, quelquefois, en parlant des choses :

Encores que ce tiltre soit *agé de* huict vingt ans plus que ce mémorial.....

EST. PASQUIER, *Recherches de la France,* liv. VIII, c. 29.

AGENCER, v. a. (Probablement de notre adjectif *Gent.*)

Conformément à cette étymologie, Rob. Estienne, J. Thierry, Nicot, regardent comme la forme primitive du mot ADGENSER, ADGENCER, ADJANCER, d'où serait venu AGEANCER, qu'ils donnent également.

On a encore écrit AGANCER, AGENCIER, AGENSIR, AJANCER, etc. Voyez le *Glossaire* de Sainte-Palaye et les exemples ci-après.

Si AGENCER vient de *gent,* il aura signifié d'abord Rendre gent, c'est-à-dire Parer, orner ; et c'est par extension qu'il aura reçu le sens, regardé depuis comme son sens propre, de Joindre, ajuster, accommoder, arranger, disposer convenablement plusieurs choses ou les parties d'une chose.

AGENCER se dit des choses soit physiques, soit morales.

Des choses physiques :

Adjancer et accoustrer ses cheveux.

Prez ordonnez et *adjancez* pour produire foin.

ROB. ESTIENNE, J. THIERRY, NICOT, *Dictionnaires.*

En ont-ils besoin (de miroirs)? — Bien grand. — A quoy faire? — A voir si leurs cheveux ès endrets où ils les portent grands, sont bien *ajancez* et frisottés.

H. ESTIENNE, *Dialogues du nouveau langage françois italianisé,* I.

On conjectura anciennement à Athènes une aptitude à la mathematique en celuy à qui on voyoit ingenieusement *agencer* et fagotter une charge de brossailles.

MONTAIGNE, *Essais,* II, 17.

On dit que, frottant les paupieres des yeux des petis enfans avec la bave que rendent les escargots, cela les leur *agence* et les fait croistre.

DU PINET, Trad. de Pline l'Ancien, liv. XXX, c. 15.

Le lieu luy pleut..... il commença de l'*ageancer* au mieux qu'il luy fut possible.

La fontaine, que le pied ny la langue altérée, ne nul troupeau n'eust osé toucher, et ce petit taillis *agencé* en façon de tonne, ou plustost de temple, faisoient bien paroistre que ce lieu estoit dédié à quelque divinité.

D'Urfé, *l'Astrée,* Ire part., liv. XII, et IIe part., liv. V.

Qu'il ne craigne pas... que les lauriers lui manquent ici... de mon côté je lui promets de fournir le soin de les *agencer,* et l'art d'en faire des couronnes.

Voiture, *Lettres,* 56e, à Mlle de Rambouillet.

Cela dit, il (Bourgoing, supérieur de Jacques Clément) fit une longue et ardente prière à haute voix, et l'ayant achevée, il eut soin d'*agencer* lui-même son caleçon pour couvrir sa nudité, de peur qu'en sa mort on ne vît quelque chose de lui qui fût indécente.

Mezeray, *Histoire de France,* Henri IV.

Pouvez-vous voir toutes les inventions, dont la machine de l'homme est composée, sans admirer de quelle façon cela est *agencé* l'un dans l'autre?

Molière, *le Festin de Pierre,* III, 1.

J'ay *agencé* moy même le pulpitre.

Légende de Faifeu, p. 5.

L'œil triste et la face baissée,
La coifure mal *agencée,*
Couve bien une affection...

R. Belleau, *la Reconnue,* V, 2.

Tous les oiseaux vont, à l'eau non troublée
Des ruisselets, se mirer et baigner,
Et leur pennage *agencer* et peigner.

J.-A. de Baïf, *le Chucas.*

J'accommodois ma grâce, *agençois* mon visage;
Un jaloux soin de plaire excitoit mon courage.

Regnier, *Dialogue,* v. 117.

Des choses morales :

La science ne donne... pas ce qu'on n'a point, mais elle *agence* seulement ce qu'on a.

Perrot d'Ablancourt, trad. de Lucien. *Comment il faut écrire l'histoire.*

Telles furent les machines,... que mon amitié pour ceux à qui j'étois attaché,... mon attention sur ma situation présente et future, surent découvrir, *agencer.*

Saint-Simon, *Mémoires,* 1710.

Agencer est d'un assez grand usage en parlant des ouvrages d'esprit, des discours, des paroles.

Combien qu'ils (les Italiens) contraignent ainsi quelques povres mots d'estre monosyllabes, si est ce que, sans ceux-ci, ils en ont assez bon nombre : voire tant qu'ils s'en trouvent quelquesfois plus empeschez que nous des nostres, quand nous voulons un peu prendre la peine de les bien *agencer.*

H. Estienne, *la Précellence du langage françois.*

Si l'autheur de ceste comédie eust pensé qu'elle eust deu venir devant les yeux d'une si honneste et paisible compagnie,... il eust pris plus de peine à l'*agencer* et lui donner meilleure façon.

Larivey, *le Morfondu,* prologue.

Ces longues harangues, tant bien *agencées,* polies et pleines de toutes fleurs, semblent aux toiles des araignées, qui ont beaucoup d'artifice, toutefois sans utilité ni profit.

Bouchet, *Serées,* XII.

Si mes paroles ne sont si bien *agencées* qu'elles vous persuadent à mieux faire... au moins seront-elles des présages des maux infaillibles.

Sully, *Œconomies royales,* c. 74.

Mais rien ne fait qui ses termes n'*agence.*

Vergier d'honneur, p. 167.

Ce n'est le tout d'*agencer* des paroles.

J.-B. Rousseau, *Épître au baron de Breteuil.*

Agencer ne s'emploie pas seulement, comme dans les exemples qui précèdent, d'une manière absolue, mais quelquefois aussi avec un complément formé de la préposition *à* et de son régime.

Je ne m'attache... pas toujours aux paroles ni aux pensées de cet auteur; et, demeurant dans son but, j'*agence* les choses *à* nostre air et *à* nostre façon.

Perrot d'Ablancourt, trad. de Lucien. Préf.

On a dit encore *Agencer contre, sur,* etc.

C'est un village où les maisons sont faictes de rameaux de palmiers, *ageancés contre* les troncs des arbres.

Pierre Belon. *Observations de plusieurs singularitez de divers pays estranges,* liv. I, c. 76.

Le son demeure et la farine passe;
Puis *sur* un ais l'*agence* tout soudain.

Joach. du Bellay, trad. du *Moretum* de Virgile.

Agencer, au participe, a reçu quelquefois un

complément formé de la préposition *de* et de son régime.

Il y avoit près de sa chambre un escalier desrobé, qui descendoit en une gallerie basse, par où avec un pont levis on entroit dans le jardin, *agencé de* toutes les raretez que le lieu pouvoit permettre.

La maison estoit très belle et *ageancée de* plusieurs singularités.

D'Urfé, *l'Astrée*, Ire part., liv. II, et IIe part., liv. XI.

Agencer a eu quelquefois pour régime un nom de personne, et c'est alors qu'il a surtout signifié Parer, orner.

Allez donc pour vous *ajancer*
Et pour vous faire un peu jolie.

R. Belleau, *la Reconnue*, IV, 2.

De là l'emploi du pronominal S'agencer pour Se parer, se composer, se placer, se disposer d'une manière convenable.

Il se fait brave et mignon, il se peigne, se frisotte, se fraise, se mire et *s'agence* le plus soigneusement qu'amour lui pouvoit enseigner.

Jaques Yver, *le Printemps d'Yver*.

Il (Calanus) monta gayement sur le bucher, d'où il contempla quelque temps l'armée, puis se coucha tout de son long, *s'agençant* le plus honnestement qu'il luy fut possible, et enfin se couvrit le visage.

Vaugelas, trad. de Quinte Curce.

Je m'estois ce jour *agencée* le mieux que j'avois peu.

D'Urfé, *l'Astrée*, Ire part., liv. VI.

On a beau *s'agencer* et faire les doux yeux,
Quand on est bien parée, on en est toujours mieux.

Regnier, *Satires*, XIII.

Dans ce dernier exemple, *S'agencer*, comme l'indique la suite des idées, ne signifie point Se parer, mais est pris au sens où le même poète a dit, on l'a vu plus haut : « J'accommodois ma grâce, *agençois* mon visage. »

On a dit *S'agencer de :*

Dorinde, désireuse d'estre remarquée, ne faillit de *s'ageancer de* tous les meilleurs artifices avec lesquels elle pensa que sa beauté pouvoit estre accreuë.

D'Urfé, *l'Astrée*, IIe part., liv. IV.

... Je les compare à ces femmes jolies
Qui par les affiquets se rendent embellies,...
De rubans piolés *s'agencent* proprement,
Et toute leur beauté ne gît qu'en l'ornement.

Regnier, *Satires*, IX.

Des exemples anciens suivants, cités par Sainte-Palaye, on peut conclure qu'Agencer a eu, comme Arranger l'a encore, le sens de Accommoder, convenir, et qu'on a dit *Cela m'agence*, comme nous disons Cela m'arrange.

Las! de cou ki plus *m'agence*
Ainc n'en eu joie sans plour.

Certe jou aim miex assés k'ele me mence (mente)
C'une autre me desist voir, ki mains *m'agence*.

Anc. poët. fr. avant 1300, t. III, p. 1025 et 1045.

Agencer signifie particulièrement, en termes de Peinture, Arranger et combiner les groupes d'une composition, les figures d'un même groupe, ou les parties d'une même figure; Disposer les draperies, les accessoires, et en général tous les objets qui entrent dans la composition.

Cela est petitement fait, mal *agencé*, sec, dur.....

Diderot, *Salon de* 1767, Venevault.

Agencer se dit, dans un sens analogue, en parlant des ornements d'Architecture empruntés aux plantes et aux autres objets, surtout lorsqu'ils présentent dans leur disposition quelque chose d'inusité.

Agencé, ée, participe.

Il s'est écrit diversement, comme son verbe, et a, on l'a pu voir, les mêmes sens; particulièrement, en parlant des personnes, celui de Ajusté, paré.

Fus-je accoustré, fus-je *agencé*,
Bien pigné, miré, je me mouche,
Je sors, je pars, puis je m'approuche
Près son huys.

Roger de Collerye, *Œuvres*, le Monologue du Résolu.

On trouve dans des vers de Froissart que cite

Sainte-Palaye ces expressions, horloge *agensi*, maintien *agensi*, dame *agensie*.

Sainte-Palaye rapporte aussi des exemples d'un adjectif AGENCIS, AGENCIF.

AGENCEMENT, s. m.

On l'a écrit, conformément à certaines orthographes du verbe, ADJANCEMENT, AGEANCEMENT, etc. (Voyez les dictionnaires de Rob. Estienne, de J. Thierry, de Nicot, de Cotgrave, et le *Glossaire* de Sainte-Palaye.)

Ce mot, exprimant l'Action d'*Agencer*, et l'État de ce qui est *agencé*, est susceptible des mêmes applications que le verbe lui-même.

Il reçoit quelquefois un complément formé de la préposition *de* et de son régime.

Ailleurs, où la vie est questuaire, la pluralité et compagnie des enfans, c'est un *agencement de* ménage, ce sont autant de nouveaux outils et instrumens à s'enrichir.
MONTAIGNE, *Essais*, II, 8.

Tout ce qui est soubs le ciel employe les moyens et les outils que nature luy a mis en main pour l'*agencement* et commodité *de* son estre.
LE MÊME, *Lettres*, II.

La prudence est le sel de la vie; le lustre, l'*agencement* et l'assaisonnement *de* toutes actions.
CHARRON, *De la Sagesse*, liv. III, c. 1.

D'autres fois il est employé sans ce complément.

La structure du pavé estoit... comme si par dessus le pavé susdict on eust semé une jonchée de pampre sans trop curieux *agencement*.
RABELAIS, *Pantagruel*, V, 38.

Je voudrois premierement bien sçavoir ma langue et celle de mes voisins, où j'ay plus ordinaire commerce : c'est un bel et grand *agencement*, sans doute, que le grec et le latin, mais on l'achepte trop cher.
MONTAIGNE, *Essais*, I, 25.

Combien d'exemples du mespris de la douleur avons-nous en ce genre! Que ne peuvent-elles (les femmes)? Que craignent-elles pour peu qu'il y ait d'*agencement* à espérer en leur beauté ?
LE MÊME, même ouvrage, I, 40.

Il est tout certain, belle Nymphe, que la vertu despoüillée de tout autre *agencement* ne laisse pas d'estre d'elle mesme agreable.
D'URFÉ, *l'Astrée*, Ire part., liv. X.

Les maisons y sont (à Erzeroum) mal basties n'estant que de bois et de terre sans aucun *ageancement*.
TAVERNIER, *Voyages de Perse*, liv. I, c. 2.

Ils (les cheveux de Marie-Thérèse d'Autriche) étoient sans nul *agencement* que d'être renoués à la mode d'Espagne avec des rubans par le bout.
Mme DE MOTTEVILLE, *Mémoires*, Ve partie, année 1660.

On dit aussi, absolument, *L'Agencement*.

L'élégance de parler, l'ornement et contenance en propos, la splendeur, l'*agencement*, la gravité, tout cela ne peut être trouvé ni cogneu, si premièrement il n'est puisé à la fontaine et source des poëtes.
ANTOINE DU VERDIER, *les Diverses Leçons*, c. 17.

La bergere, atteinte de trop de déplaisir, ne s'estoit donné le loisir de l'*agencement* comme de coustume.
D'URFÉ, *l'Astrée*, Ire part., liv. I.

N'y a-t-il pas du choix et de l'*agencement* dans mes paroles, de la force et de la délicatesse dans mes pensées, de la vigueur dans mon expression, de l'ordre et de la conduite dans tout mon discours?
PERROT D'ABLANCOURT, trad. de Lucien. *Hermotime*.

Plusieurs, néanmoins, qui ne les sçavent pas apprester (les louanges), e n'ont pas la grace de l'*agencement*, se contentent d'assembler plusieurs choses incroyables, sans leur donner seulement la teinture de la vérité.
LE MÊME, même ouvrage, *Comment il faut écrire l'histoire*.

Il signifie particulièrement, en Peinture, L'arrangement et la combinaison des groupes dans une composition, des figures d'un même groupe, ou des parties d'une même figure ; L'ajustement des draperies, la disposition des accessoires, et en général de tous les objets qui entrent dans la composition.

Et puis, il faut voir les draperies, l'*agencement* de tout ce fatras.
DIDEROT, *Salon de* 1767, Valade.

De groupes contrastés un noble *agencement*.
MOLIÈRE, *la Gloire du Val-de-Grâce*.

AGENCEMENT se dit aussi en parlant de certains ornements d'Architecture.

AGENDA. Voyez AGIR.

AGENOUILLER (S'). V. pron. (Soit du verbe latin *Adgeniculor* employé par Tertullien, *de Pœn.* 9, soit simplement de *genouil, genoil,* anciennes formes de notre substantif *genou,* et, par ces mots, de *geniculum,* diminutif de *genu.*)

On l'a écrit ADGELOINGNER, AGELOIGNER, AGELOIGNIER, AGENOILLER, AGENOILLIER, AGENOULER, AGENOULLER, AGENOULLIER, etc. (Voyez les *Glossaires* de Sainte-Palaye et de Roquefort, et les exemples ci-après.)

AGENOUILLER a été quelquefois employé comme verbe actif avec le sens de Faire tomber sur les genoux, Faire mettre à genoux.

Et li troi serjant l'ont par les flans embracié
Si qu'il l'ont contre terre par force *agenouillié.*
Roman de Berte, p. 36.

Sor le cor feri le cheval,
Tot le porfent jusqu'el poitral,
Desoz lui l'a *ageloignié.*
Romanz de Floire et Blancheflor, v. 1157, éd. de la *Bibl. elzévir.*, p. 159.

On trouve dans quelques-uns de nos anciens lexiques, dans le Dictionnaire de Richelet, dans le Dictionnaire de Trévoux, la locution *Agenouiller un enfant,* c'est-à-dire Le faire mettre à genoux.

AGENOUILLER s'est dit aussi au sens neutre, pour *s'agenouiller,* par ellipse du pronom, comme dans beaucoup de cas analogues. (Voyez plus haut, *Abaisser, abâtardir, abattre, abîmer,* etc.)

Mahomés fu en l'air, si prist à tournoier
Dont véissiés les rois par terre *agenoillier.*
Chanson d'Antioche, c. V, v. 732.

Dans l'expression *faire agenouiller,* AGENOUILLER est dit également, par ellipse du pronom, pour *S'agenouiller.*

Le bon chevalier donna ung coup sur son adversaire à l'endroit de l'oreille, de sorte qu'il *le fist* tout chanceler, et qui pis est *agenouiller* des deux genoulx.
Le Loyal Serviteur, c. 10.

Forment navrèrent Broiefort le destrier,
Desous le duc le *font agenoillier.*
Ogier de Danemarche, v. 6320.

Mais il le fiert par te(l) ahir (violence)
Que il le *fist ageloignier.*
Romanz de Floire et Blancheflor, v. 3275, éd. de la *Bibl. elzévir.*, p. 221.

AGENOUILLER a été, dès l'origine, verbe pronominal et n'a presque jamais été employé autrement. On a toujours dit *S'agenouiller,* pour Tomber sur ses genoux, Se mettre à genoux.

Le comte de Foix... entra en la salle; et lorsqu'il vit les seigneurs de France, son frère et son oncle, pour honorer le roi et non autrui, il *s'agenouilla* tout bas d'un genouil.
FROISSART, *Chroniques,* liv. IV, c. 8.

Icy est à noter que les anciens *se agenoilloient* du pied dextre.
RABELAIS, *Pantagruel,* IV, 37.

Il se retire confus et va *s'agenouiller* ailleurs.
LA BRUYÈRE, *Caractères,* c. 11.

Trestout *s'agenollierent* sans noise et sans tenson.
Chanson d'Antioche, c. I, v. 858.

Plusieurs en leur sanc se moillent
Uns chient (tombent), autres *s'agenoillent.*
G. GUIART, *Royaux Lignages,* ms. fol. 315, v°. (Cité par Sainte-Palaye.)

A deux genoux *m'agenouillay*
Merciant amour humblement.
CHARLES D'ORLÉANS, *Ballade.*

S'AGENOUILLER est souvent accompagné d'un complément formé des prépositions *sur, devant, auprès,* etc., et de leur régime;

De la préposition *sur :*

Quant s'estoit arrestée, piteusement plouroit,
A nus genoux *sur* terre souvent *s'agenoilloit.*
Roman de Berte, p. 43.

De la préposition *devant :*

Quant li maistre oy ce, il *se agenouilla devant* l'evesque.
JOINVILLE, *Histoire de saint Louis,* § IX.

S'agenouiller devant aucun.
ROB. ESTIENNE, *Dict. fr.-latin;* et J. THIERRY, NICOT.

Lors le saint homme lui dist que par trois dimenches il *se agenoillast devant* les paroissiens et leur criast mercy.

Le Livre du chevalier de la Tour Landry pour l'enseignement de ses filles, c. 30.

Quelle impiété de *s'agenouiller devant* des dieux qu'on traine captifs en triomphe.

PERROT D'ABLANCOURT, trad. de l'*Octavius* de Minutius Félix.

Devant le roi Pepin Naimes *s'agenoilla*
Et tuit li autre ensemble, chascuns le salua.

Roman de Berte, p. 143.

Mesire Renart vint devant,
Le roi salue hautement,
Con cil qui fu bien enseigniez
S'est devant lui *agenoilliez.*

Roman du Renart, v. 13619.

Elle quitte soudain le fuseau, la quenouille,
Et *devant* les deux saints humblement *s'agenouille.*

MAUCROIX, *les Solitaires.*

De la préposition *auprès :*

Il (l'Amour) *s'agenouilla* d'abord *auprès de* Psyché; il lui souleva une main, laquelle il étendit sur la sienne.

LA FONTAINE, *Psyché*, II.

On a dit, en certains cas, *S'agenouiller à* au sens de *S'agenouiller devant :*

A la quenouille le fol *s'agenouille.*

COTGRAVE, *Dictionnaire.*

On dit *S'agenouiller à terre.*

Agenuillez se fud à terre e embes dous les mains ont tendues vers le ciel.

Les quatre Livres des Rois, III, VIII, 54.

Adonc la dame *s'agenouilla*, voulut ou non le roy, tout bas *à terre.*

FROISSART, liv. I, Ire part., c. 8.

S'agenouiller aux pieds de quelqu'un.

Maintenant li six message (les six messagers) *s'agenoillent à lor piez*, mult plorant.

VILLEHARDOUIN, *Conquête de Constantinople*, § 28.

La dame... *s'étoit* jà voulu *agenouiller* par trois ou quatre fois *au pied* du roi son frère.

FROISSART, *Chroniques*, liv. I, Ire part., c. 7.

A son pié s'agenoille, si a merci crié.

Chanson des Saxons, t. I, p. 261.

Tantost devant le roi sailli
Et *à ses piez s'agenoilla.*

Roman de Renart, v. 23588.

AGENOUILLÉ, ÉE, participe.
Qui est à genoux.

Raemplie de joye, en tressaillant tost me dreczay, et *agenoillié devant* elles, m'ofri à l'obéissance de leurs dignes vouloirs.

CHRISTINE DE PISAN, *le Livre des trois Vertus.*

A l'instant qu'il (Charron) se sentit mal, il se jeta à genoux pour prier Dieu; mais il ne fut pas sitôt *agenouillé* que, se tournant de l'autre côté, il rendit l'âme à son Créateur.

L'ESTOILE, *Journal*, 16 novembre 1603.

Artemise, placée devant le monument, est *agenouillée* sur un coussin.

DIDEROT, *Salon de* 1765, Deshays.

On voit à droite des charrettes, un tas de fumier; à gauche, des cavaliers qui font ferrer leurs chevaux, un maréchal *agenouillé* qui ferre.

LE MÊME, *Salon de* 1767, Robert.

On trouve dans un ouvrage du XIVe siècle, au sens d'*Agenouillé*, le participe présent AGENOUILLANT.

Elle et les autres femmes d'iceulx prisonniers estoient chascun jour devers les seigneurs plourans et *agenoillans* et les mains joinctes.

Le Ménagier de Paris, Ire distinction, 6e art.

Le mot suivant, qu'on peut traduire soit par *Agenouillé*, soit par *A genoux*, a été considéré tantôt comme un adjectif, tantôt comme un adverbe.

AGENOUILLONS, écrit encore AGENOILLON, AGENOUILLON, AGELOIGNONS. (Voyez, avec les *Glossaires* de Sainte-Palaye et de Roquefort, les dictionnaires de R. Estienne, J. Thierry, Nicot, Monet, Cotgrave.)

Nicot, qui écrit en deux mots, *a genoillon*, ou, selon l'usage du Languedoc, dit-il, *à genoillons*, semble par là le faire venir de la préposition *à*, et d'une forme ancienne du mot *genou, genoillon.*

Qui prie agenouillé, ou *agenouillon*, ou à genoulx.
ROB. ESTIENNE, *Dict. fr.-latin,* 1549.

Se mettre *agenoüillon, d'agenoüillon.*
MONET, *Dictionnaire.*

Tantost se met *agenoillons.*
Fabl. ms. du R., n° 7615, t. II, fol. 176, v°, c. 1. (Cité par Sainte-Palaye.)

... Il les fait estre *ageloignons*
Autresi com por oroisons.
Fabl. ms. de Saint-Germ., fol. 64, r°, col. 1. (Cité par Sainte-Palaye.)

Agenoillons ilec se mistrent.
Roman de la Rose, v. 17815.

On exprimait la même chose par un adverbe, depuis longtemps aussi sorti de l'usage :

AGENOIALLÉEMENT, en latin *geniculatim.* (Voyez les *Glossaires* de Sainte-Palaye et de Roquefort.)

AGENOUILLOIR, s. m.

Ce sur quoi on s'agenouille. *L'agenouilloir d'un prie-Dieu.*

Les femmes du monde ne savent se passer d'*agenouilloir.*
Grand Vocabulaire.

AGENT. Voyez AGIR.

AGGLOMÉRER, v. a. (Du verbe latin *Agglomerare,* et, par ce mot et le simple *glomerare,* de *glomus,* pelote, peloton.)

On l'a quelquefois écrit avec un seul *g*, AGLOMÉRER.

Ce mot, tardivement recueilli dans nos lexiques, ne semble pas très ancien, *agglomerare* étant encore traduit dans le *Dictionnaire latin-françois* de Rob. Estienne, en 1549, par Mettre du fil en peloton, entasser.

AGGLOMÉRER, en raison de son étymologie, signifie Assembler, réunir, entasser.

La richesse du sol *aggloméra* les hommes dans cette contrée.
Dictionnaire de l'Académie, édit. de 1835.

AGGLOMÉRER s'emploie surtout avec le pronom personnel.

Les sables *se sont agglomérés* de manière à former des masses solides.
Dictionnaire de l'Académie, édit. de 1799 et de 1835.

AGGLOMÉRÉ, ÉE, participe.

Une population *agglomérée.*
Dictionnaire de l'Académie, édit. de 1835.

AGGLOMÉRATION, s. f.

Action d'agglomérer ; État de ce qui est aggloméré.

L'*agglomération* des neiges, des sables.

Une grande *agglomération* d'hommes sur un territoire peu étendu.
Dictionnaire de l'Académie, édit. de 1799 et de 1835.

Une de mes grandes pensées a été l'*agglomération,* la concentration des mêmes peuples géographiques, qu'ont dissous, morcelés les révolutions et la politique.
NAPOLÉON, *Mémoires.*

Au lieu d'*Agglomération* on dit quelquefois aujourd'hui, en termes de géologie, AGGLOMÉRAT.

AGGLUTINER, v. a. (Du verbe latin *Agglutinare,* et, par ce mot et le simple *glutinare,* de *glutinum,* colle, gomme, glu.)

On l'a écrit quelquefois, ainsi que les mots de la même famille, par un seul *g*.

AGGLUTINER semble un mot de date peu ancienne. Rob. Estienne, dans son *Dictionnaire latin-françois,* en 1549, traduit encore *Agglutinare* par Coller ensemble, Aggluer. C'est AGGLUER qu'il donne dans son Dictionnaire français-latin, ainsi que les Lexicographes qui l'ont répété, J. Thierry, Nicot, Monet, Cotgrave.

AGGLUER est donné par Monet comme signifiant Enduire de glu.

Aggluer des buchettes à prendre oiseaux.
MONET, *Dictionnaire.*

Le même, et, avant lui, Rob. Estienne, lui attribuent encore le sens de Coller, attacher avec de la glu ou quelque autre matière analogue.

De là S'AGGLUER avec l'acception générale de Se prendre, S'attacher comme la glu.

Cela se prend et *s'aglue* aux doigts.
ROB. ESTIENNE, *Dict. fr.-latin.*

C'est dans le dictionnaire de Cotgrave que paraît, comme synonyme d'AGGLUER, AGGLUTINER.

On l'a quelquefois employé au sens général de Coller, joindre ensemble.

Dans divers endroits, les cailloux sont liés entre eux par un gluten calcaire et forment des poudingues assez solides, comme à Sousterre, à la Bâtie. Ordinairement c'est dans la partie la plus basse qu'ils sont ainsi *agglutinés*.
DE SAUSSURE, *Voyages dans les Alpes*, t. I, Ire part., ch. 3.

Il n'est, le plus ordinairement, que Terme de médecine et signifie Recoller, rejoindre les parties du corps séparées par quelque accident.

On l'emploie surtout avec le pronom personnel, soit dans son acception générale, soit avec son sens médical.

L'eau de mer ne vaut du tout rien à faire mortier, car elle ne le desseiche aucunement estant en œuvre, ains le laisse tousjours humide, et empesche qu'il ne *s'agglutine* ou lie avec les pierres.
PHILIBERT DE L'ORME, *Architecture*, liv. I, c. 17.

AGGLUTINÉ, ÉE, participe.

AGGLUTINANT, ANTE, adj. Il est également Terme de médecine et se dit des Remèdes propres à recoller, à rejoindre, réunir les parties divisées.

On dit aussi, substantivement, Un *agglutinant*, des *agglutinants*.

AGGLUTINATIF, IVE, adj.

Il est synonyme d'*Agglutinant*, avec cette différence qu'*agglutinant* marque plutôt l'action et AGGLUTINATIF la propriété.

AGGLUTINATIF se dit, en termes de médecine, des Emplâtres, des bandelettes qui s'attachent fortement à la peau.

Medicament collctique, c'est-à-dire *agglutinatif*, tient le moyen entre les sarcotiques et cicatrisatifs.
A. PARÉ, *Œuvres*, liv. XXVI, c. 17.

AGGLUTINATION, s. f.

Il exprime, en termes de médecine, l'Action d'agglutiner, de s'agglutiner.

La paupiere superieure se joint avec le cil de l'inferieure, quelques fois avec la tunique conjonctive, et quelques fois avec la cornée. Telle *agglutination* se fait quelques fois par nature.
A. PARÉ, *Œuvres*, liv. XVII, c. 9.

AGGLUTINATION a pu, en certains cas, être employé au figuré.

Le latin... laisse, pour ainsi dire, casser ses mots ; et de leurs fragments choisis et réunis par la voie de je ne sais quelle *agglutination* tout à fait singulière, naissent de nouveaux mots d'une beauté tout à fait surprenante.
JOSEPH DE MAISTRE, *Soirées de Saint-Pétersbourg*, 2e entretien.

On trouve, au même sens, dans le Dictionnaire de Cotgrave,

AGGLUTINEMENT, s. m.

AGGRAVER, v. a. (Soit du latin *Aggravare*, et, par ce mot et le simple *gravare*, de *gravis*, soit, directement, de notre adjectif *grave*.)

On l'a écrit quelquefois, comme les autres mots de la même famille, par un seul *g*.

Il ne faut pas le confondre avec un autre verbe, de forme identique, mais tiré, à ce qu'il semble, de *greve* ou *grave*, *gravier*, et ancien synonyme de notre verbe *engraver*, signifiant, comme ce verbe, Engager un petit bâtiment de mer ou de rivière dans le sable, dans un bas-fond, de sorte qu'il ne flotte plus.

Peut-être, cependant, selon la remarque de Sainte-Palaye, l'idée de pesanteur n'est-elle pas étrangère à la signification de ce mot, qui, comme d'autres, se trouverait par là appartenir à une double origine, venir à la fois de *grève* (*grave*) et de *grave*.

Notre bateau est *aggravé*.
« Navigium hæret in vado. »
ROB. ESTIENNE, *Dict. fr.-latin*, 1549; et J. THIERRY et NICOT.

On s'est servi autrefois, dans des sens analogues à ceux d'AGGRAVER, d'un verbe remontant de même, par son étymologie, au latin *gravis*, mais de forme un peu différente :

AGGRAVANTER, quelquefois écrit ACCRAVANTER.

Ce mot se lisait même seul, en 1539, dans le *Dictionnaire françois-latin* de Rob. Estienne, et AGGRAVER n'y a été ajouté que dans la seconde édition en 1549. Les deux mots sont encore donnés et dans cet ordre, AGGRAVANTER ou AGGRAVER, par Nicot, en 1606. Ils se retrouvent plus tard également associés chez Cotgrave, chez Richelet.

AGGRAVANTER, exprimant L'action d'un poids très lourd, s'employait au propre, en parlant soit de choses, soit de personnes, pour Accabler, écraser, abattre, ruiner, détruire.

Pur co la maidnée lu roi turnad cele part e asegierent la cited e apresterent lur enginz pur les murs *agraventer*.
Les quatre Livres des Rois, II, XX, 15.

Ledit mur chout sur ce vieil duc de Bretaigne et le *agravanta*, dont ce fut moult grant pitié à veoir.
Chroniques de Saint-Denys, t. II, fol. 136, v°. (Cité par Sainte-Palaye.)

Murs et moustiers *agravanterent*.
ROB. WACE, *Roman de Rou*, IIe part.

Diex les puist tous *agraventer*.
Chans. fr. du XIIIe siècle, mss. de Bouhier, fol. 311, v°, col. 1. (Cité par Sainte-Palaye.)

AGGRAVANTER se disait, au figuré, d'un accablement physique ou moral.

Soit à ton los mon cantique chanté,
Car par toy est l'aise doulx enfanté :
Par toy la vie en corps *aggravanté*
Est restaurée.
CL. MAROT, *Chants divers*, XI.

Si ne seront point ces peines
Egales au dur ennuy,
Qui par traces inhumaines
Me rentraisne avecques luy,
Et qui d'un faix inconstant
Me va tout *accravatant*.
JACQUES TAHUREAU, *Poésies*, p. 240. (Cité par Sainte-Palaye.)

De *grief*, venu, comme *grave*, de *gravis*, on avait fait AGRIEVER, AGGREVER, AGREVER.

On a encore écrit AGGREGER, AGGREGIER, etc. (Voyez le *Glossaire* de Sainte-Palaye et les exemples ci-après.)

AGGRAVER, conformément à son étymologie, signifie Rendre plus pesant, soit au sens physique, soit au sens moral ;

Au sens physique, dans des phrases d'ailleurs métaphoriques :

Dunc *agreva* Deus sa main sur cels de Azote e de la cuntrée.
Les quatre Livres des Rois, I, v, 6.

Et comment connoîtrions-nous nettement les substances spirituelles, ayant un corps qui nous *aggrave* et nous abaisse vers la terre ?
PASCAL, *Pensées*.

Le vengeur revient en Judée et le joug de Jérusalem est *aggravé*, mais elle n'est pas tout à fait détruite.
BOSSUET, *Discours sur l'histoire universelle*, II, 4.

Vous devriez me rendre le joug de mon épiscopat plus supportable, et cependant vous l'*aggravez*.
MASSILLON, *Discours à des Religieuses*.

Je ne puis faire aucune espèce de démarche sans *aggraver* sur ma tête le poids de mes malheurs.
J.-J. ROUSSEAU, *Lettres*, 12 sept. 1767.

Au sens moral :

Li corps ki corrompaules est, *agrievet* assi l'ainrme (l'âme).
SAINT BERNARD, *Sermons françois*, mss., p. 261. (Cité par Sainte-Palaye.)

Je sçay huy tant estre la malignité du monde *aggravée*, que bon droict a bien besoing d'aide.
RABELAIS, *Pantagruel*, III, 36.

Circonstances qui *aggravent* le péché.
PASCAL, *Provinciales*, X.

Filii hominum, usquequo gravi corde? (Psaume IV, 3.) Jusques à quand, ô enfants des hommes, laisserez-vous *aggraver* vos cœurs?

Bossuet, 4e *sermon pour le 1er dimanche de carême*, Sur la pénitence.

Sans répéter ce que j'ai déjà dit des causes qui le perdirent (Chamillart),... il faut parler d'une faute précédente qui l'*aggrava* sur la fin.

Saint-Simon, *Mémoires*, 1709.

Les Vaudois enfin s'attroupèrent; d'Oppède irrité *aggrava* leurs fautes auprès du roi.

Voltaire, *Essais sur les mœurs*, c. 138.

La victoire de Calish ne fit qu'*aggraver* les malheurs d'Auguste.

Le même, *Histoire de Pierre le Grand*, IIe part., c. 4.

Je compris alors qu'il ne faut souvent qu'*aggraver* la faute pour échapper au châtiment.

J.-J. Rousseau, *Émile*, Profession de foi du vicaire savoyard.

Vous reprochez à Pope et à Leibnitz d'insulter à nos maux en soutenant que tout est bien, et vous chargez tellement le tableau de nos misères, que vous en *aggravez* le sentiment.

Le même, *Lettres*, 18 août 1756.

Il ne me reste qu'un frère cruel, qui se plaît à *aggraver* sur moi la douleur.

Diderot, *le Père de famille*, V, 9.

C'est par les faits qu'on doit remonter aux intentions, et non en devinant les intentions qu'il est permis d'*aggraver* les faits.

Beaumarchais, *Mémoires*.

Tel vuet vengier sa honte qui l'a plus *agrevée*.
Chanson d'Antioche, c. VIII, v. 1071.

De mourir icy je m'atens;
Car je n'ai plus sang ne couleur.
Tu m'*agraves* bien ma douleur.
Farce du gouteux, Ancien Théâtre françois, t. II, p. 178.

La reine et son sénat
Ont *aggravé* mon trop piteux état.
Voltaire, *Contes en vers*, Ce qui plaît aux dames.

On a dit Aggraver au sens de Charger, accabler, opprimer, et alors il a pu s'employer même en parlant de personnes.

Plusieurs de ceux qui les dixmes requéroient,... les églises *aggravoient*, et pis qu'à autres gens leur faisoient.

Est. Pasquier, *Recherches de la France*, VI, 25.

Et quant Franchiez nes poient par force sermonter
Par plusors triceries les solent (ont coutume) *agraver*.
Robert Wace, *Chronique des ducs de Normandie*. (Voy. *Hist. litt. de la Fr.*, t. XVII, p. 628.)

Sainte-Palaye cite plusieurs exemples d'Olivier de la Marche où Aggraver a le sens de Rompre, briser.

Les chevaliers laisserent courre l'un contre l'autre; et de la premiere course ils rompirent tous deux leurs lances... de la tierce tous deux *agraverent* leurs fers.

Olivier de la Marche, *Mémoires*, liv. I, c. 8.

Le seigneur de Ternant rompit et *agreva* toute la pointe de sa lance : et Galiot rompit la siene par le milieu du fust.

Le même, même ouvrage, liv. I, c. 14.

Messire Jaques *agreva* le fer de sa lance, plus d'un doigt.

Le même, même ouvrage, liv. I, c. 16.

On a quelquefois employé Aggraver avec un complément formé de la préposition *de* et de son régime.

Le maréchal de Matignon prit occasion de faire entreprise à la ville (d'Agen) ainsi que le roy lui commanda, pour *agraver* sa sœur, qu'il n'aymoit, de plus en plus *de* déplaisirs.

Brantôme, *Vie de la reyne Marguerite*.

Aggraver s'emploie avec le pronom personnel et signifie Devenir plus grave, plus considérable, s'accroître, acquérir plus de poids.

Son crime *s'agrave* par la déposition des témoins.

Patru, *Plaidoyers*.

Tel fut longtemps le cri de tous les magistrats, de tous les chapitres, de toutes les universités. Ces plaintes *s'aggravèrent* encore, quand on vit la bulle.

Voltaire, *Essai sur les mœurs*, c. 138.

Dans le passage suivant, S'Aggraver, rapproché

de l'étymologie du mot, semble signifier S'Appesantir, s'alourdir.

Ainsi, de peur que je ne seiche, tarisse et *m'aggrave* de prudence, aux intervalles que mes maulx me donnent... je gauchis tout doulcement, et desrobbe ma veue de ce ciel orageux et nubileux que j'ay devant moy.
MONTAIGNE, *Essais*, III, 5.

AGGRAVER peut, comme la plupart des verbes actifs, être employé dans un sens neutre, par ellipse de son régime.

Mahius de Monmorenci... acoucha de maladie et *agrava* tant sa maladie que fu morz.
VILLEHARDOUIN, *Conquête de Constantinople*, § 200.

Pour couper court à une si étrange affaire, il ne fut pas question d'éclaircissement qui n'eût pas été possible, ni d'excuse qui n'eût fait qu'*aggraver*.
SAINT-SIMON, *Mémoires*, 1711.

On s'en est servi autrefois de cette manière pour dire : Devenir plus grave, pire, empirer.

La cuisse de la sœur enfla et *aggreva* si forment que l'on cuida que elle deust mourir.
Vie d'Isabelle, à la suite de Joinville, p. 180. (Cité par Sainte-Palaye.)

Le roi de France étoit en l'hostel de Savoye en Angleterre, acouché malade et *aggrevoit* tous les jours.
FROISSART, *Chroniques*, liv. I, part II, c. 161.

AGGRAVÉ, ÉE, participe.
On le construit fréquemment avec la préposition *par*, *aggravé par*.

Cette situation, *aggravée par* de longues maladies, ne devrait pas, je crois, être encore empoisonnée par l'abus cruel que ma nièce a fait de mes malheurs.
VOLTAIRE, *Lettres*, 10 mars 1754.

On l'a construit aussi avec la préposition *de*, *aggravé de :*

En icelle heure... mes yeulx seront si *aggravés de* l'obscurité de la mort que je ne pourrois veoir la clarté de ce siècle.
Le Ménagier de Paris, Ire distinction, art. 1er.

Gandalin... se meit à dormir, tant estoit *aggravé de* sommeil.
HERBERAY DES ESSARTS, *Amadis de Gaule*, liv. II, c. 4.

A travers un corps tout brouillé, saoul et *aggravé de* nourriture et *de* viandes estranges et qui ne lui sont point naturelles, il est force forcée que la lueur et la clarté de l'ame vienne à se ternir.
AMYOT, trad. de Plutarque, *Œuvres morales*, S'il est loisible de manger chair, XI.

L'ame est lors *aggravée de* profondes pensées.
MONTAIGNE, *Essais*, I, 2.

Ce fust pour estre si extrêmement *aggravé de* travail, et *de* faute de dormir que nature n'en pouvoit plus.
LE MÊME, même ouvrage, I, 44.

Ils disent que le philosophe Stilpon, *aggravé de* vieillesse, hasta sa fin à escient par le bruvage de vin pur.
LE MÊME, même ouvrage, II, 2.

A sa porte souvent venoit
Ung povre ladre qui estoit
Moult *aggravé de* maladie.
La Vie et histoire du maulvais Riche, Ancien Théâtre françois, t. III, p. 269.

AGGRAVÉ s'est pris quelquefois absolument pour Accablé.

Haro, a pou que je n'enraige,
Je me sens trop fort *agravé*.
La Vie et histoire du maulvais Riche, Ancien Théâtre françois, t. III, p. 287.

Vous y verriez vostre nom engravé
Avec le deuil, qui me tient *aggravé*
Pour ce départ.
CL. MAROT, *Élégies*, III.

... Si la douleur vivement engravée,
Pouvoit faire mourir la personne *aggravée*,
Je mourrois sur le champ.
JODELLE, *Didon*, III.

Là-dessus achevant son somme
Et les yeux encore *aggravés*...
LA FONTAINE, *Contes*, II, 12.

On a dit, substantivement, *les Aggravés* pour Les affligés.

Sainct Anthoine, comme vous sçavez,
Tient en sa main une potence,
C'est pour ayder aux *aggravez*,

Et à tous serviteurs grevez
Qui ont faict longtemps pénitence.
ROGER DE COLLERYE, *Complainctes*, I.

AGGRAVANT, ANTE, adj.

Qui aggrave, qui rend plus grave, plus grief.

Paul III... la fit imprimer (une bulle) dans le bullaire avec des additions *aggravantes*.
VOLTAIRE, *Précis du siècle de Louis XV*, c. 39.

AGGRAVANT est surtout usité, en termes de droit criminel, dans cette locution, *circonstances aggravantes*, à laquelle répond la locution contraire de *circonstances atténuantes*.

Les crimes sont plus ou moins grands selon qu'il y a plus ou moins de *circonstances agravantes*.
RICHELET, *Dictionnaire*.

Il est fait allusion à cette manière de parler dans des passages tels que le suivant :

Tu veux excuser ton péché, et bien loin d'écouter ces vaines excuses, Dieu t'ordonne d'en exposer toutes les *circonstances aggravantes*.
BOSSUET, *Sermons*, Sur l'intégrité de la pénitence.

AGGRAVATION, s. f.

Il s'est quelquefois dit, d'une manière générale, de ce qui rend une chose plus grave.

...Remonstrerent à leur roy l'*aggravation* de l'injure faite aux voisins.
J. LE MAIRE DE BELGES, *Illustrations des Gaules*, liv. II, p. 171. (Cité par Sainte-Palaye.)

Son emploi le plus ordinaire est, en termes de droit criminel, dans cette locution, *aggravation de peine*, augmentation de peine, ce qu'on ajoute à un châtiment pour le rendre plus rigoureux.

Outre AGGRAVATION, on a dit autrefois, au sens de Action d'aggraver, AGGRAVEMENT, encore écrit d'autres manières, AGREVEMENT, AGRIEVEMENT, AGREGEMENT. (Voyez le *Glossaire* de Sainte-Palaye.)

AGGRAVE, s. m. selon un grand nombre de dictionnaires; selon quelques autres, s. f.

C'est, dans le langage ecclésiastique, « une excommunication aggravante, qui augmente par degrés les peines de l'excommunié, lorsqu'il persiste dans sa désobéissance. » (*Dictionnaire* de Richelet.)

On s'est quelquefois servi, en ce sens, du mot *aggravation*.

Excommuniemens et *aggravations*.
ROB. ESTIENNE, *Dict. fr.-latin;* et J. THIERRY, NICOT, COTGRAVE.

D'AGGRAVE et aussi de RÉAGGRAVE est venu l'emploi, dans un sens analogue, des mots AGGRAVER, RÉAGGRAVER.

Excommunier, *aggraver* et *réaggraver*.
ROB. ESTIENNE, *Dict. fr.-latin;* et J. THIERRY, NICOT.

Le roy, estant à Estampes, reçut les nouvelles de son excommunication qui le faschoit fort; et le dit au roy de Navarre son beau frère, qui lui dit qu'il n'y avoit qu'un remède à cela qui estoit de vaincre, car il seroit incontinent absous, et qu'il n'en doutast point; mais s'ils estoient vaincus et battus, qu'ils demoureroient excommuniés, voire *aggravés* et *réaggravés* plus que jamais.
L'ESTOILE, *Journal du règne de Henri III*, Vendredi 7 juillet 1589.

On dit dans le langage de l'Église et dans les monitoires : Nous les excommunions, *aggravons* et *réaggravons*.
DANET, *Dict. fr.-latin*.

AGILE, AGILITÉ, AGILEMENT ; voyez AGIR.

AGIO, s. m. (de l'italien *Aggio*, et, par ce mot, d'*Agiare*, *adagiare*, aider; selon d'autres, d'*Aggiunto*, ajouté.)

On l'a quelquefois écrit (voyez le *Dictionnaire de l'Académie*, éditions de 1718 et de 1740) AGIOT, orthographe qui le rattachait davantage à ses dérivés *Agiotage*, *agioter*, *agioteur*.

AGIO est un terme de change et de banque, introduit chez nous par les Italiens, usité d'abord, selon le dictionnaire de Richelet, parmi les marchands de Lyon, et qui, de là, a passé dans l'usage général. Il se dit du Bénéfice qui résulte de l'échange d'une monnaie contre une autre, ou de l'argent contre les effets de commerce.

Leur manège, suivant la presse où étoient les porteurs de billets, de donner par exemple 3 ou 400 livres, et souvent la plupart en denrées, pour un billet de 1000 livres, ce manège, dis-je, s'appeloit *agiot*.
Saint-Simon, *Mémoires*, 1710.

Tous les gros payements se font en billets sur la banque d'Amsterdam;... je devais recevoir soixante-trois sous à cette banque pour un billet d'un écu. J'y vais, ou bien je négocie mon billet, et je ne reçois que soixante-deux sous et demi, ou soixante-deux sous pour mon patagon de banque; c'est pour la peine de ces messieurs, ou pour ceux qui m'escomptent mon billet; cela s'appelle l'*agio*, du mot italien *aider*; on m'aide donc à perdre un sou par écu, et mon banquier m'aide encore davantage en m'épargnant la peine d'aller aux changeurs; il me fait perdre deux sous en me disant que l'*agio* est fort haut, que l'argent est fort cher; il me vole, et je le remercie.
Voltaire, *Dictionnaire philosophique*, Art. Banque.

En province, on ne peut négocier qu'avec beaucoup de peine les lettres de change sur Paris : elles perdent considérablement par l'*agiot*.
Mirabeau, *Discours*, 6 novembre 1789.

AGIOTAGE, s. m.
Trafic qu'on fait des effets publics, en les achetant ou les vendant suivant l'opinion qu'on a qu'ils baisseront ou hausseront de valeur. Il se prend en mauvaise part.

Il se dit également Des manœuvres clandestines employées, soit pour faire hausser ou baisser les fonds publics, suivant qu'on joue à la hausse ou à la baisse, soit pour faire varier, suivant son intérêt particulier et secret, le prix de telle denrée, de telle marchandise sur laquelle on spécule.

On ôta l'*agiotage* qui se faisoit dans la rue Quincampoix, et on l'établit dans la place Vendôme.
Saint-Simon, *Mémoires*, 1720.

Au milieu de toutes ces lois, le public de Paris, occupé non plus des fortunes qu'on pouvait faire en actions, ou en payant ses dettes en billets, mais de celles que l'*agiotage* de ces billets faisait espérer, ne voyait encore qu'à demi l'illusion des projets de Lass.
Voltaire, *Précis du siècle de Louis XV*, c. 2, note.

Une telle disposition place au sein de la banque nationale un levain continuel d'*agiotage*.
Mirabeau, *Discours*, 20 novembre 1789.

AGIOTER, v. n.
Faire l'agiotage.

...Pendant quelque temps, *agiote*, grapille,
Contrôle, taille, rogne, en plain pille et repille.
Dufresny, *la Coquette de village*, I, 1.

AGIOTEUR, s. m.
Celui qui fait l'agiotage.

On fit aussi une taxe sur les usuriers, qui avoient gagné gros à trafiquer les papiers du roi, c'est-à-dire à profiter du besoin de ceux à qui le roi les donnoit en paiement. On appeloit ces gens-là *agioteurs*.
Saint-Simon, *Mémoires*, 1710.

Un *agioteur*, nommé Aubourg, trouve ce procès si bon qu'il l'achète.
Voltaire, *Précis du procès de M. le comte de Morangiès contre la famille Verron*, 1772.

Ils se seraient associés dans votre capitale avec des aventuriers *agioteurs*.
Mirabeau, *Projet d'adresse au roi*, 16 juillet 1789.

Six pour cent! c'est peu pour des *agioteurs*; c'est beaucoup pour la nation.
Le même, *Discours*, 20 novembre 1789.

Les gens du peuple, transformés en *agioteurs*, se dégoûtent du travail par un gain trop facile.
Mme de Staël, *Consid. sur la révolution française*, IIe part., c. 28.

Plus d'un Mathieu Garo s'érige en novateur,
Lucas est usurier, Colas *agioteur*.
Delille, *Malheur et Pitié*, I.

AGIR, v. n. (du latin *agere*).
Agir c'est, dans son acception la plus générale, N'être point passif, être actif, faire quelque chose; ou plutôt, agir et faire n'étant pas exactement synonymes, Être en voie de faire quelque chose.

Nous sommes nés pour *agir*... je veux qu'on *agisse* et qu'on allonge les offices de la vie tant qu'on peut.
Montaigne, *Essais*, I, 19.

L'esprit ne peut estre sans *agir;* il se forge plustost des subjects faux et fantastiques, se pipant à son escient et allant contre sa propre créance, que d'estre sans *agir.*

CHARRON, *De la Sagesse,* I, 14, 5.

Lorsqu'elle (l'irrésolution) dure plus qu'il ne faut, et qu'elle fait employer à délibérer le temps qui est requis pour *agir,* elle est fort mauvaise.

DESCARTES, *les Passions de l'âme,* part. III, art. 170.

Il y a deux grâces : l'une qu'on appelle suffisante, parce qu'elle suffit pour *agir;* et l'autre efficace, qui est absolument nécessaire pour *agir,* et que tout le monde n'a pas.

PASCAL, *Provinciales,* 2.

Les saintes vérités du ciel sont des instruments nécessaires qu'il faut avoir, pour ainsi dire, toujours sous la main,... parce qu'on en a toujours besoin pour *agir.*

BOSSUET, *Sermons,* Sur la Prédication évangélique.

Si j'avois, dites-vous, l'esprit religieux, j'*agirois;* mais pour l'avoir, *agissez.*

BOURDALOUE, *Pensées,* De l'État religieux. Esprit religieux.

L'esprit *agissant* par lui-même n'est pas si sujet à l'erreur (que les sens et l'imagination).

MALEBRANCHE, *Recherche de la vérité,* liv. III, part. I, c. 1, § 1.

Le nom du poëme dramatique vient d'un mot grec qui signifie *agir,* pour montrer que la nature de ce poëme consiste dans l'action.

MOLIÈRE, *Critique de l'École des femmes,* sc. 6.

Il faut un peu *agir,* afin que votre philosophie ne se tourne pas en paresse.

Mme DE SÉVIGNÉ, *Lettres,* 30 août 1671, à Mme de Grignan.

Ce fut alors que son esprit et son cœur *agirent* dans toute leur étendue.

FLÉCHIER, *Oraison funèbre de Turenne.*

Ce qui paroît le moins en lui (le sot), c'est son âme; elle n'*agit* point, elle ne s'exerce point, elle se repose.

LA BRUYÈRE, *Caractères,* c. 11.

N'est-ce pas en Dieu que nous sommes, que nous vivons, que nous *agissons.*

MASSILLON, *Carême,* Sermon sur la vérité d'un avenir.

Agir n'est autre chose que produire; chaque action est un nouvel être qui commence et qui n'étoit pas.

VAUVENARGUES, *Réflexions,* 594.

La nature n'est point un être, car cet être serait Dieu; mais on peut la considérer comme une puissance vive, immense, qui embrasse tout, qui anime tout, et qui, subordonnée à celle du premier être, n'a commencé d'*agir* que par son ordre et n'*agit* encore que par son concours ou son consentement.

BUFFON, *Première vue de la nature.*

Les premiers verbes n'ont été imaginés que pour exprimer l'état de l'âme quand elle *agit* ou pâtit.

CONDILLAC, *Essai sur l'origine des connaissances humaines,* IIe part., sect. I, c. 9, § 83.

Ma vertu tout entière *agit* sans m'émouvoir.

P. CORNEILLE, *Cinna,* IV, 6.

Ne feignez qu'un moment, laissez partir Sévère,
Et donnez lieu d'*agir* aux bontés de mon père.

LE MÊME, *Polyeucte,* IV, 3.

Ma colère à présent est en état d'*agir.*

MOLIÈRE, *Sganarelle,* sc. 21.

La foi qui n'*agit* point est-ce une foi sincère?

RACINE, *Athalie,* I, 1.

Il devient aussitôt pâle, froid, immobile,
Sa raison n'*agit* plus.

LA FONTAINE, *Adonis.*

Qui conçoit, veut, *agit,* est libre en *agissant.*
C'est l'attribut divin de l'être tout-puissant.

VOLTAIRE, *Discours en vers sur l'homme.*

La différence remarquée par les auteurs qui se sont occupés de la synonymie des mots entre AGIR et *Faire* est sensible dans cette locution fort usitée : *Faire agir.*

C'est parce que Dieu a *fait agir* toute sa bonté, que l'exercice de sa toute-puissance a été conforme aux lois de la sagesse.

LEIBNITZ, *Théodicée,* De la bonté de Dieu, IIIe part., § 359.

Dieu veut que nos prières soient le ressort qui remue sa miséricorde, et qui la *fasse agir.*

BOURDALOUE, *Sermons,* Sur la prière.

Ce parfait concert qui *fait agir* les armées comme un seul corps, ou, pour parler avec l'Écriture, comme un seul homme.

BOSSUET, *Oraison funèbre du prince de Condé.*

C'étoit lui (M. Talon) qui régloit tout, qui donnoit le tour aux affaires et qui étoit l'âme de la justice, dont il *faisoit agir* tous les ressorts.

FLÉCHIER, *Mémoires sur les grands jours de 1665.*

Deux principes le *firent agir*, la probité, la religion.
FLÉCHIER, *Oraison funèbre de M. de Montausier*.

Ce n'est pas l'argent qui me *fait agir*.
MOLIÈRE, *le Médecin malgré lui*, II, 8.

Je lis l'Arianisme; je n'en aime ni l'auteur (Maimbourg), ni le style; mais l'histoire est admirable, c'est celle de tout l'univers; elle tient à tout; elle a des ressorts qui *font agir* toutes les puissances.
Mme DE SÉVIGNÉ, *Lettres*, 14 juillet 1680.

Il assure qu'il n'y a aucune vertu dans le ciel et sur la terre qu'un magicien ne puisse *faire agir*.
VOLTAIRE, *Essais sur les mœurs*, De Pic de la Mirandole, c. 109.

Dis-nous donc quels ressorts il faut mettre en usage?
— Nous en *ferons agir* de toutes les façons.
MOLIÈRE, *Tartuffe*, II, 4.

Je conçois vos douleurs, mais un devoir austère,
Quand mon père a parlé, m'oblige de me taire;
C'est lui qui de Pyrrhus *fait agir* le courroux.
RACINE, *Andromaque*, III, 4.

On dit de même *laisser agir*.

L'un avoit une confiance aveugle en son médecin, l'autre a voulu *laisser agir* la nature; ils sont morts tous les deux.
LE SAGE, *le Diable boiteux*, c. 3.

Mazarin fut tenté de *laisser agir* l'amour du roi.
VOLTAIRE, *Siècle de Louis XIV*.

Rends-moi mon Curiace, ou *laisse agir* ma flamme.
P. CORNEILLE, *Horace*, V, 5.

Ah! tout doux! envers lui, comme envers votre père,
Laissez agir les soins de votre belle-mère.
MOLIÈRE, *Tartuffe*, III, 1.

Non, non, encore un coup, *laissons agir* Oreste.
RACINE, *Andromaque*, V, 1.

Laissez agir la faulx du temps.
LA FONTAINE, *Fables*, XII, 20.

AGIR se dit souvent par opposition aux paroles, aux discours.

Le cinquième acte doit plus *agir* que discourir.
P. CORNEILLE, *Examen d'Horace*.

Le vrai moyen de faire un portrait bien ressemblant est de peindre un homme tout entier; il faut le mettre devant les yeux des auditeurs, parlant et *agissant*.
FÉNELON, *Dialogue sur l'éloq.*, III.

Je sais que les grands ont pour maxime de laisser parler et de continuer d'*agir*.
LA BRUYÈRE, *Caractères*, c. 9.

Il (Corneille) entreprend de faire parler des héros, de les faire *agir*.
LE MÊME, même ouvrage, c. 12.

Pendant qu'Albéroni déclamoit à Madrid, Cadogan *agissoit* en Hollande.
SAINT-SIMON, *Mémoires*, 1718.

Les Français parlent vite, et *agissent* lentement.
VOLTAIRE, *Lettres*, 15 août 1761.

Qui sait bien ce que c'est qu'un prodigue, un avare,
Un honnête homme, un fat, un jaloux, un bizarre,
Sur une scène heureuse il peut les étaler,
Et les faire à nos yeux vivre, *agir* et parler.
BOILEAU, *Art poétique*, III.

AGIR, verbe neutre; ne peut avoir de passif.

Il est cependant employé passivement dans le passage suivant :

Certainement il se trouve toujours quelque motif secret et confus dans nos moindres actions; et c'est même ce qui porte quelques personnes à soupçonner et quelquefois à soutenir qu'ils ne sont pas libres... il est vrai qu'ils ont été *agis* pour ainsi dire, qu'ils ont été mus.
MALEBRANCHE, *Recherche de la vérité*, 1er éclaircissement sur le liv. Ier.

La signification générale d'AGIR peut être modifiée de manières très diverses :

Par des adverbes, *agir bien*, *mal*, etc.

On incorpore la cholere en la cachant. Il vaut mieux que sa pointe *agisse* un peu au dehors que de la replier contre soi
CHARRON, *De la Sagesse*, III, 32, 4.

Celui qui protège ou qui loue la vertu pour la vertu, qui corrige ou qui blâme le vice à cause du vice, *agit* simplement, naturellement, sans aucun tour, sans nulle singularité, sans faste, sans affectation.
LA BRUYÈRE, *Caractères*, c. 9.

Mets-toi là, continua-t-elle, en me montrant un fauteuil qui était auprès de son lit; *agissons* librement ensemble, je te l'ai dit, tu me plais.
MARIVAUX, *le Paysan parvenu*, VIe part.

Ainsi la tragédie *agit*, marche et s'explique.
BOILEAU, *Art poétique*, III.

Par des compléments formés au moyen de prépositions et de leur régime; par exemple :
De la préposition *par :*

Disons qu'elle (la véritable éloquence) *agit par* la parole plutôt qu'elle ne parle.
BALZAC, *Dissertations critiques*, II.

Mon cœur *n'a* point *agi par* les ressorts que vous pensez.
MOLIÈRE, *l'Avare*, V, 3.

Les animaux *agissent par* impulsion plutôt que *par* choix.
BOSSUET, *De la Connoissance de Dieu et de soi-même*, c. 5, n° 13.

Tous les Romains étaient nourris dans ces sentiments, et le peuple disputoit avec la noblesse à qui *agiroit* le plus *par* ces vigoureuses maximes.
LE MÊME, *Discours sur l'histoire universelle*, III, 6.

L'un paroît *agir par* des réflexions profondes, l'autre *par* de soudaines illuminations.
LE MÊME, *Oraison funèbre du prince de Condé*.

Les vents impétueux *agissent*, pour ainsi dire, *par* caprice.
BUFFON, *Théorie de la Terre*.

De la préposition *selon :*

Agir tout ensemble par l'autorité de Dieu et *selon* la justice de Dieu.
PASCAL, *Provinciales*.

De la préposition *avec :*
Soit pour exprimer la manière dont on agit :

La vie des hommes est trop importante, on y *agit avec* plus de respect.
PASCAL, *Provinciales*, XIV.

Qui peut douter que ce dessein ne soit tout extraordinaire, puisque Dieu y *agit avec* passion?
BOSSUET, 2e *sermon pour la fête de tous les saints*.

Ceux qui *agissent avec* violence sont en abomination devant le roi.
LE MÊME, *Politique tirée de l'Écriture*, liv. I, art. 3.

Soit pour faire connaître à l'égard de qui on agit :

Répondez, soit par écrit, soit de vive voix; sinon j'*agirai avec* vous comme avec un malfaiteur.
VOLTAIRE, *Histoire de Pierre le Grand*, IIe part., c. 10.

De la préposition *de :*

Le soleil n'*agit* pas *de* toute sa force comme il fit dès le mois d'avril de l'année passée.
BALZAC, *Lettres*, XIX, 26.

Il faut *agir de* force avec de tels esprits,
P. CORNEILLE, *Héraclius*, I, 1.

Agissez donc, Seigneur, *de* puissance absolue.
LE MÊME, *Pertharite*, IV, 3.

..... Tu vois comme elle *agit de* tête :
Ne la trouves-tu pas jolie, aimable, honnête?
BOURSAULT, *le Mercure galant*, II, 3.

De la préposition *en :*

Les Camisards *agirent en* bêtes féroces; mais on leur avait enlevé leurs femelles et leurs petits : ils déchirèrent les chasseurs qui couraient après eux.
VOLTAIRE, *Remarques de l'Essai sur les mœurs*, XVIe remarque.

Vous parlez en soldat, je dois *agir en* roi.
P. CORNEILLE, *le Cid*, II, 7.

... Ce n'est pas du tout *agir en* bon chrétien.
MOLIÈRE, *Sganarelle*, sc. 21.

... Votre amour *en* vrai tyran *agit*.
LE MÊME, *Tartuffe*, IV, 5.

... C'est *agir en* dieu qui n'est pas bête.
LE MÊME, *Amphitryon*, Prologue.

Il me seroit fâcheux d'*agir en* étourdi.
BOURSAULT, *Fables d'Ésope*, III, 5.

Quiconque est loup *agisse en* loup.
LA FONTAINE, *Fables*, III, 3.

De la préposition *pour :*

Qu'il est beau de voir par les yeux de la foi Darius et Cyrus, Alexandre, les Romains, Pompée et Hérode *agir*, sans le savoir, *pour* la gloire de l'Évangile!
PASCAL, *Pensées*.

De la préposition *contre* :

(Les Hollandais) *agissaient* directement *contre* les principes de cette liberté précieuse qui a attiré chez eux tant d'étrangers, et qui a été le fondement de leur grandeur.
VOLTAIRE, *Histoire de Charles XII*, liv. VIII.

On a dit quelquefois *en agir*, au sens de En user; cette locution a été condamnée peut-être un peu sévèrement dans le premier des passages qui suivent :

Vous voulez bien que je vous fasse une petite critique sur un mot de votre dernière lettre. « *Il en a agi* avec toute la politesse du monde; » il faut dire, *il en a usé*. On ne dit point, *il en a bien agi*, et c'est une mauvaise façon de parler.
RACINE, *Lettres à son fils*, 19 sept. 1698.

Je doutai quelques moments si je ne ferois pas semblant de ne pas le voir, ou si je l'aborderois pour lui demander pardon d'*en avoir* si mal *agi* avec lui.
LE SAGE, *Gil Blas*, liv. XI, c. III.

Ce qui joint, dis-je, à la façon dont j'*en agirai* avec vous quand j'irai vous voir, achèvera de vous rendre totalement la maîtresse chez eux.
MARIVAUX, *la Vie de Marianne*, IIIe part.

Je m'arrangeai sur la manière dont j'*en agirais* avec Valville, et dont je parlerais à madame de Miran dans cette occurrence.
LE MÊME, même ouvrage, VIIIe part.

Manière d'agir, *façon d'agir*, sont des locutions également en usage, quoi qu'en ait dit la Bruyère.

L'usage a préféré... *manières d'agir* à *façons d'agir*.
LA BRUYÈRE, *Caractères*, c. 14.

Il n'y a point de doute que, quand Dieu s'est déterminé à agir au dehors, il n'ait fait choix d'une *manière d'agir* qui fût digne de l'être souverainement parfait.
LEIBNITZ, *Théodicée*, De la bonté de Dieu, IIe part., § 204.

Ceux qui vivent à cent lieues de la capitale, en sont à un siècle par les *façons* de penser et *d'agir*.
DUCLOS, *Considérations sur les mœurs*, c. 1.

Vos *manières d'agir* lui donnent de l'amour.
MOLIÈRE, *l'École des maris*, I, 2.

Dans ses *façons d'agir* il est fort singulier.
LE MÊME, *le Misanthrope*, IV, 1.

Votre *façon d'agir*, ma mère, est effroyable!
BOURSAULT, *les Mots à la mode*, sc. 12.

AGIR a, en certains cas, la signification plus marquée de Agir avec efficacité, Opérer, produire quelque effet, faire quelque impression.

Il (M. Talon) commença par une maxime de philosophie : que toutes choses *agissent* avec plus de force ou plus de foiblesse, selon qu'elles sont ou plus proches ou plus éloignées.
FLÉCHIER, *Mémoires sur les grands jours de* 1665.

Nous ferons *agir* d'autres remèdes pour la guérir.
MOLIÈRE, *l'Amour médecin*, III, 6.

Il (le roi) avoue ses foiblesses, il reconnoît ses fautes; il faut attendre que la grâce *agisse*.
Mme DE MAINTENON, *Lettres à la comtesse de Saint-Géran*, 28 octobre, lettre 13.

La puissance souveraine sous Auguste *agit* insensiblement et renversa, sous Tibère, avec violence.
MONTESQUIEU, *Grandeur des Romains*, c. 14.

Cette espèce de vanité, dans laquelle entre l'ambition de commander, s'affermit dans un cœur par le sacrifice des autres passions et *agit* d'autant plus puissamment qu'elle se joint à des vertus.
VOLTAIRE, *Essai sur les mœurs*, c. 139.

AGIR reçoit alors, fort souvent, un complément formé de la préposition *sur* et de son régime

Il (le marquis de Sévigné) est malade des remèdes... il en a fait dont il n'avoit pas besoin; ils *ont agi sur* son sang.
Mme DE SÉVIGNÉ, *Lettres*, 15 septembre 1680.

De toutes ces combinaisons il trouve en quelle proportion la lumière *agit sur* les corps et les corps *agissent sur* elle.
VOLTAIRE, *Lettres philosophiques*, XVI.

Il n'y a que trois instruments pour *agir sur* les âmes humaines : la raison, le sentiment et la nécessité.
J.-J. ROUSSEAU, *Lettre* à M. l'a. M., 1770.

Il ne suffit pas de frapper l'oreille et d'occuper les yeux, il faut *agir sur* l'âme et toucher le cœur en parlant à l'esprit.
BUFFON, *Discours sur le style*.

Dans une de ces veines, j'ai vu des lames brillantes de fer spéculaire, qui *agissoient sur* l'aiguille aimantée.

SAUSSURE, *Voyage dans les Alpes,* c. 5, § 168.

Par une suite de ces considérations puisées dans le cœur humain et dans l'expérience, le roi doit avoir le droit d'*agir sur* l'assemblée nationale en la faisant réélire.

MIRABEAU, *Discours,* 1er septembre 1789.

Et le ciel qui pour moi fit pencher la balance,
Dans ce temps-là, sans doute, *agissoit sur* son cœur.

RACINE, *Esther,* I, 1.

On a dit aussi, en ce sens, *agir dans.*

Il n'est pas absolument nécessaire, pour *agir dans* l'imagination des autres, d'avoir quelque autorité sur eux.

MALEBRANCHE, *Recherche de la vérité,* liv. II, IIIe part., c. 2.

On entend encore par *agir,* Négocier, s'employer en quelque affaire.

Les députés des états (du Languedoc) ayant *agi* auprès de S. M., les états furent rétablis et convoqués à Pézénas.

Mémoire général de la province de Languedoc, dressé par ordre du Roy en 1698. (Voyez *Correspondance administrative sous Louis XIV,* t. I, p. 9.)

Ce ministre qui *agissait* pour le roi de Suède.

VOLTAIRE, *Histoire de Charles XII.*

Je te promets, mon cher, une ample récompense,
Agis toujours.....

DUFRESNY, *le Mariage fait et rompu,* II, 2.

Oui, ma femme, *agissez* seule, je vous l'ordonne.

LE MÊME, même ouvrage, II, 9.

AGIR, comme en latin *agere,* a l'acception particulière de Poursuivre en justice.

Agir criminellement, d'une chose civile, en matière d'injures; *agir* ou plaider pour la restitution du sien.

ROB. ESTIENNE, *Dict. fr.-latin;* et J. THIERRY, NICOT.

Ils (les officiers du parlement de Dijon) intimident tous ceux qui *agissent* ici, et détournent les assignés.

L'Intendant BOUCHER, à Colbert, 10 déc. 1664. (Voy. *Correspondance administrative sous Louis XIV,* t. II, p. 25.)

Pour et contre *agissant,* plaideur à deux envers,
En face il vous caresse, et vous bat en revers.

DUFRESNY, *la Réconciliation normande,* IV, 3.

AGIR, avec le pronom *se,* s'emploie impersonnellement, et alors il sert à marquer de quoi il est question.

Il s'agit de peut être accompagné soit d'un nom de personne, soit d'un nom de chose, soit d'un verbe à l'infinitif;

D'un nom de personne :

C'est à cela qu'il falloit répondre, et non pas dire simplement que Lessius, *dont il* ne *s'agit* pas, n'est pas de l'avis d'Escobar, *duquel* seul *il s'agit.*

PASCAL, *Provinciales, Réfutation de la réponse des jésuites à la 12e lettre.*

D'un nom de chose :

Faire croire qu'*il s'agit* dans vos disputes *des* erreurs les plus pernicieuses de Calvin, et des principes les plus importants de la foi.

PASCAL, *Provinciales.*

J'ai eu un crédit étonnant en fait de bagatelles et j'ai remporté des victoires signalées sur des choses où *il* ne *s'agissait de* rien du tout.

VOLTAIRE, *Lettres,* 29 octobre 1732.

On n'a pas plutôt vu *de* quoi *il s'agit* dans ce petit globe, qu'il faut le quitter.

LE MÊME, *Lettres,* 17 octobre 1754.

Maintenant qu'*il s'agit de* mon seul intérêt,
Vous demandez ma mort, j'en accepte l'arrêt.

P. CORNEILLE, *le Cid,* V, 1.

Si ma mère le veut, je résous mon esprit
A consentir pour vous à ce *dont il s'agit.*

MOLIÈRE, *les Femmes savantes,* IV, 2.

Monsieur le mort, laissez-nous faire
On vous en donnera de toutes les façons :
Il ne *s'agit* que *du* salaire.

LA FONTAINE, *Fables,* VII, 11.

D'un verbe à l'infinitif :

Il est bien question de savoir si ce cas-là est rare! *Il s'agit de* savoir si le duel y est permis.

PASCAL, *Provinciales,* XIV.

Dites un mot à cette bonne d'Escars, qui se met si bien en pièces quand *il s'agit de* vous servir.

Mme DE SÉVIGNÉ, *Lettres,* 23 juin 1677.

Il (Alberoni) déploroit le peu de courage que le chef de l'Église montroit lorsqu'*il s'agissoit de* défendre la religion.

SAINT-SIMON, *Mémoires,* 1718.

Il ne *s'était agi* dans la négociation que *de* faire sortir Charles XII des terres du grand seigneur.

VOLTAIRE, *Histoire de Charles XII.*

Il ne *s'agit* que *d'*être à l'abri des preuves; le crime est compté pour rien.

J.-J. ROUSSEAU, *la Nouvelle Héloïse,* Seconde préface.

S'*il s'agissoit* ici *de* le faire empereur,
Je pourrois lui laisser mon nom et son erreur.

P. CORNEILLE, *Héraclius*, IV, 1.

Mais comptez-moi pour rien, s'*il s'agit de* le battre.

MOLIÈRE, *le Dépit amoureux,* V, 1.

Mais *il* ne *s'agit* pas *de* vivre ; il faut régner.

RACINE, *Bérénice,* IV, 5.

On a dit, par ellipse, *il ne s'agit point si* pour *il ne s'agit point de* savoir *si.*

Il ne s'agit point si les langues sont anciennes ou nouvelles, mortes ou vivantes, mais *si* elles sont grossières ou polies, *si* les livres qu'elles ont formés sont d'un bon ou d'un mauvais goût.

LA BRUYÈRE, *Caractères*, c. 12.

On a dit aussi *il ne s'agit pas que :*

Il ne s'agit pas ici, pour que la mort vous surprenne, *que* vous soyez enseveli sous les ruines de votre palais, *qu'*un naufrage vous engloutisse sous les eaux, ni de tant d'autres malheurs que leur singularité rend plus terribles.

MASSILLON.

Au lieu de Comme il s'agit de, on disait autrefois *S'agissant de.*

Je vous dirai en premier lieu qu'il aurait été à désirer, *s'agissant d'*une affaire de si grand prix, que vous me l'eussiez renvoyée en son entier.

LOUIS XIV au comte d'Estrades, 6 avril 1663. (Voy. MIGNET, *Négociations relatives à la succession d'Espagne*, t. I, p. 189.)

Je fis tout ce qui me fut possible pour persuader au roi d'Angleterre de répondre en maître en cette occasion, et de ne prendre conseil que de lui-même, *s'agissant* purement *de* sa prérogative.

LE MARQUIS DE RUVIGNY à Louis XIV, 23 mai 1675. (Voy. MIGNET, *Négociations relatives à la succession d'Espagne,* t. IV, p. 351.)

AGIR s'est quelquefois employé substantivement.

J'ay un *agir* trepignant où la volonté me charrie.

MONTAIGNE, *Essais,* III, 10.

Il faut non-seulement ôter les mauvais désirs, mais ôter *le* trop *agir* qui se trouve trop souvent dans les bons.

BOSSUET, *Méditations sur l'Évangile*, 2e part., 4e journée.

Au verbe AGIR se rattachent, soit comme dérivés, soit par une étymologie commune, les mots AGISSANT, AGENT, AGENCE, AGENDA, AGILE, AGILITÉ, AGILEMENT.

AGISSANT, ANTE, adj.

Il répond à plusieurs des acceptions d'*agir* et paraît souvent l'équivalent d'*actif*, bien que de la différence des terminaisons paraisse devoir résulter, entre *Actif et* AGISSANT, une différence de sens, et que, comme on l'a remarqué, *Actif* doive exprimer plutôt la propriété d'agir, et AGISSANT l'action effective.

AGISSANT signifie donc, en premier lieu, Qui agit, qui se donne du mouvement.

Soit en parlant des personnes :

Y eut-il jamais homme plus sage et plus prévoyant, qui conduisît une guerre avec plus d'ordre et de jugement; qui eût plus de précautions et plus de ressources, qui fût plus *agissant* et plus retenu?

FLÉCHIER, *Oraison funèbre de Turenne.*

Tout le monde la plaignoit (Onésile) avec tendresse de ce que sa santé n'étoit pas toujours aussi bonne que tous ceux qui la connoissoient l'eussent désirée. Ce n'est pas qu'elle ne fût tout à la fois *agissante* et délicate.

Mlle DE SCUDÉRY, *le Grand Cyrus*, IXe part., liv. II.

Pisistrate est enjoué, et chagrin... il faut dire qu'encore qu'il soit d'humeur paresseuse, il ne laisse pas d'être le plus *agissant* de tous les hommes, quand la fantaisie lui en prend.

LA MÊME, même ouvrage, IXe part., liv. III.

Notre maître Simon, le courtier qu'on nous a donné, homme *agissant* et plein de zèle, dit qu'il a fait rage pour vous.

Molière, *l'Avare*, II, 1.

Le duc de Liria avoit de l'esprit et des vues; il étoit *agissant* et courtisan.

Saint-Simon, *Mémoires*, 1721.

J'étais aussi inquiet... mais je n'étais pas si *agissant*.

Voltaire, *Lettres*, 12 janvier 1754. (Recueil de 1856.)

Le czar aussi *agissant* que lui (Charles XII).

Le même, *Histoire de Charles XII*, liv. IV.

Les Franciscains étaient les plus nombreux et les plus *agissants*.

Le même, *Essais sur les mœurs*, c. 139.

Il a de la naissance; et, s'il est *agissant*,
S'il suit des favoris la pente trop commune,
Plautine hait en lui ces soins de sa fortune.

P. Corneille, *Othon*, I, 1.

Soit en parlant des choses :

Il faut avouer que ses affaires étoient lors gouvernées par des esprits plus rudes et plus *agissants* que ceux qui se mêlèrent de les retarder.

Mézeray, *Histoire de France*.

Je considérai que la connoissance de ces grands événements, que le monde a produits en divers siècles, étant digérée par un esprit solide et *agissant*, pouvoit servir à fortifier sa raison dans toutes les délibérations importantes.

Mémoires de Louis XIV, Ire part.

L'amour, ennemi du tumulte et occupé de soi-même, cherche des lieux retirés, dont le silence et la solitude entretiennent son oisiveté toujours *agissante*.

Bossuet, *Sermons*, Sur la véritable conversion.

Ne commencez pas par l'inapplication et par la paresse une vie qui doit être si occupée et si *agissante*.

Le même, à Mgr le Dauphin.

Le dernier caractère de la charité est d'être vive et *agissante*... c'est un feu céleste que rien ne peut empêcher d'agir et de produire.

Bourdaloue, *Sermons*, Sur la tiédeur.

Point d'appui pour moi que dans votre cœur? Que de simples souhaits? Point de pitié officieuse? Point de secourable bonté? Point d'affection *agissante?*

Molière, *l'Avare*, IV, 1.

Je ne manque pas d'occupations, Dieu merci! Il faut que j'aille chez le traiteur, de là chez l'agent de change, de chez l'agent de change au logis, et puis il faudra que je revienne ici joindre M. Turcaret. Cela s'appelle, ce me semble, une vie assez *agissante*.

Le Sage, *Turcaret*, II, 12.

Il aimoit à passer par le doute, pour arriver plus sûrement à la décision; mais ce n'étoit pas un doute oisif,... c'étoit, au contraire, un doute *agissant*, un doute d'examen, de recherches, de méditations.

D'Aguesseau, *Vie de son père*.

Soit qu'on jette les yeux sur ces armées nombreuses et disciplinées qui défendent vingt royaumes policés; soit qu'on perce cette politique toujours profonde, toujours *agissante*, qui tient la balance entre tant de nations.....

Voltaire, *Éloge funèbre des officiers morts dans la guerre de* 1741.

Il faut avouer que jusqu'ici la scène n'a pas été assez *agissante;* mais aussi gare les actions forcées et mal amenées!

Le même, *Lettres*, 27 juillet 1763.

La jeunesse est plus *agissante*, plus hardie dans ses espérances.

Vauvenargues, *Essai sur quelques caractères*, caract. 39.

La nature vivante est donc dans le nouveau monde beaucoup moins *agissante*, beaucoup moins variée.

Buffon, *des Animaux du nouveau monde*.

Tous les volcans actuellement *agissants* sont dans les îles ou près des côtes de la mer.

Le même, *Époques de la nature*, IVe époque.

Agissant reçoit quelquefois un complément formé d'une préposition, comme *dans, en, vers,* et de son régime.

Par cette pratique nous les faisons revivre en nous en quelque sorte (les morts), puisque ce sont leurs conseils qui sont encore vivants et *agissants* en nous.

Pascal, *Lettre sur la mort de son père*.

Rien ne marque plus combien la foi est éteinte, ou peu *agissante* dans les chrétiens, que le dépit qu'ils ont contre ceux qui n'ont pas pour eux de la reconnoissance.

Nicole, *Essais de morale*, I.

M. de Beauvilliers étoit vivant et *agissant* dans mon cœur, dans la dernière vivacité du sentiment le plus tendre et le plus rempli de vénération.

Saint-Simon, *Mémoires*, 1722.

L'abbé Tencin avoit un esprit entreprenant et hardi qui le fit prendre pour un esprit vaste et mâle. Sa patience étoit celle de plusieurs vies et toujours *agissante* vers le but qu'il se proposoit.

Saint-Simon, *Mémoires*, 1719.

Agissant signifie encore Qui opère avec force, avec efficacité.

De là ces expressions particulières, *remède agissant*, remède qui agit promptement et efficacement; *médecine agissante*, système de médecine qui emploie des remèdes énergiques et plus ou moins nombreux; par opposition à *médecine expectante*, celle qui emploie des moyens peu actifs et laisse faire beaucoup à la nature.

AGENT, s. m.

Terme dont on se sert, dans un sens général et philosophique, pour exprimer Tout ce qui agit, tout ce qui opère.

L'esprit est un *agent* perpétuel, il ne peut être sans agir.

Charron, *De la Sagesse*, I, 13.

Pour ces trois conditions d'*agent* perpétuel, sans repos, universel, l'esprit a été estimé immortel et avoir en soi quelques marques et étincelles de divinité.

Le même, même ouvrage, 16.

Le livre de la Recherche de la vérité est plein de Dieu. Dieu est le seul *agent*, et cela dans le sens le plus étroit, toute vertu d'agir, toute action lui appartient immédiatement.

Fontenelle, *Éloge de Malebranche*.

La pluie, la gelée et les autres *agents* extérieurs ont détaché et détachent encore tous les jours de petites parties.

Buffon, *Époques de la nature*, IIIe époque.

Jamais aucune institution importante n'a résulté d'une loi... elle se forme elle-même par la conspiration de mille *agents*, qui presque toujours ignorent ce qu'ils font.

J. de Maistre, *Du Pape*, liv. I, c. 14.

Agent s'emploie non seulement d'une manière absolue, mais aussi par opposition à Patient. *L'agent et le patient*, la cause qui opère et le sujet sur lequel elle opère.

Bien que l'*agent et le patient* soient souvent fort différents, l'action et la passion ne laissent pas d'être toujours une même chose qui a ces deux noms, à raison des deux divers sujets auxquels on la peut rapporter.

Descartes, *les Passions de l'âme*, part. I, art. 1.

Dans l'usage commun, Agent se dit de Celui qui fait les affaires d'autrui, qui est chargé d'une fonction, d'une mission, soit par un gouvernement ou par une administration, soit par un ou plusieurs particuliers.

Le roi, n'aiant gueres en qui se fier, se servit d'*agens* de peu de marque pour renouer avec la roine Élizabeth.

Agr. d'Aubigné, *Histoire universelle*, t. III, liv. I, c. 20.

Le rétablissement d'une charge d'*agent* supprimée et inutile chargeroit la province de mille écus tous les ans.

Le cardinal de Bonsy à Colbert, 15 novembre 1672. (Voy. Depping, *Correspondance administrative sous Louis XIV*, t. I, p. 281.)

Il (le père d'Aubenton) y servoit d'*agent* (en Espagne) non seulement au pape mais au cardinal de Bissy.

Saint-Simon, *Mémoires*, 1718.

J'étois bien éloigné d'avoir jamais trouvé dans tous ces petits *agents* subalternes, cette intrépidité généreuse qui, dans un poste semblable, avoit souvent fait bouillonner mon cœur.

J.-J. Rousseau, *les Confessions*, part. II, liv. XII.

Ils avoient des comptoirs, des facteurs, des *agents*
Non moins soigneux qu'intelligents.

La Fontaine, *Fables*, XII, 7.

Il se dit parfois de ceux qui servent d'intermédiaires dans des intrigues amoureuses.

Le duc ne repartit à mon intercesseur qu'en le regardant de travers et lui tournant le dos. C'est ainsi que ce ministre me traitoit, pour mieux cacher la part qu'il avoit eue à l'amoureuse intrigue du prince d'Espagne; et c'est à quoi doivent s'attendre tous les petits *agents* dont les grands seigneurs se servent dans leurs secrètes et périlleuses négociations.

Le Sage, *Gil Blas*, liv. IX, c. 8.

Secondez mes désirs, parlez en ma faveur...
— Par grâce, de ce soin, seigneur, dispensez-moi :
Je n'ai point les talents propres à cet emploi.

Je suis un foible *agent* auprès d'une maîtresse,
J'ignore le grand art qui surprend la tendresse.
REGNARD, *Démocrite*, III, 4.

L'usage met entre AGENT et Ambassadeur une différence marquée dans les passages suivants :

Il y a aussi un autre mot, nouvellement venu d'Italie, touchant celuy auquel on ne veut faire qu'à demi l'honneur d'ambassadeur. Car on l'appelle *agent*, et principalement quand il est envoyé à un prince qui est moins que roy.
H. ESTIENNE, *Dialogues du nouveau Langage françois italianizé*, I.

Cette dame (la marquise de Pisani), qui étoit une femme de sens, faisoit en quelque sorte avec M. le cardinal d'Ossat, qui n'étoit alors qu'*agent*, le métier d'ambassadeur.
TALLEMANT, *Historiettes*, Le marquis de Pisani.

A cet emploi particulier d'AGENT se rapporte une expression fort usitée : *agent diplomatique*.

AGENT reçoit souvent un complément formé de la préposition *de* et de son régime, ou bien encore, ce qui revient au même, se construit avec l'adjectif possessif.

Quand le comte de Bouquinghen et *ses agens* virent que les seigneurs de France, qui dedans Saint-Omer étoient, ne se mettoient point aux champs à l'encontre d'eux, si passerent oultre moult ordonnément.
FROISSART, *Chroniques*, II, 66.

Ils font traitter Anthoine Barbare *leur ageant* avec le Bacha Meehemet, leur ancien ami.
AGR. D'AUBIGNÉ, *Histoire universelle*, t. II, liv. I, c. 15.

On a descouvert que secretement vous envoyez *vos agents* à Rome... pour empescher que le pape ne lui donne absolution s'il la demande.
Satire Ménippée, Harangue de monsieur le recteur Roze.

Pour cela fut choisi Bellugeon, *agent du* maréchal de Lesdiguières, et propre à une telle commission pour être un excellent calomniateur, sans foi et sans honneur, et dont l'esprit fin et souple s'emploie à ce qui lui est utile.
LE DUC DE ROHAN, *Mémoires*, liv. I.

Il mande à *ses agents* dans la conférence qu'il n'est pas juste que la paix de la chrétienté soit retardée davantage à sa considération.
BOSSUET, *Oraison funèbre du prince de Condé*.

Il faut que le capital d'une affaire qui assemble dans une ville les plénipotentiaires ou les *agents des* couronnes et *des* républiques soit d'une longue et extraordinaire discussion, si elle leur coûte plus de temps... que le simple réglement des rangs.
LA BRUYÈRE, *Caractères*, c. 10.

L'affaire de M. de Cambrai s'examinoit fort sérieusement à Rome. Il y avoit *des agents* et ses antagonistes les leurs.
SAINT-SIMON, *Mémoires*, 1698.

Il fut auprès du roi Louis XIV et de son successeur, qui l'honoroient tous deux de leur bienveillance, l'interprète, et pour ainsi dire l'*agent de* la compagnie.
D'ALEMBERT, *Éloge du cardinal de Soubise*.

Ou Rome à *ses agents* donne un pouvoir bien large,
Ou vous êtes bien long à faire votre charge.
P. CORNEILLE, *Nicomède*, III, 3.

AGENT est employé de même, mais pris figurément dans des passages tels que le suivant :

Jésus-Christ est notre *agent* et notre avocat auprès de Dieu son père.
BOSSUET, *Sermons*, Sur la paix faite par Jésus-Christ.

... L'argent
Seroit dans notre affaire un sûr et fort *agent*.
MOLIÈRE, *l'Étourdi*, I, 5.

Il en est de même, au figuré, dans des passages où *de* a pour régime un mot abstrait.

L'ouïe est un sens spirituel; c'est l'entremetteur et l'*agent de* l'entendement.
CHARRON, *De la Sagesse*, liv. I, c. 13.

L'entêtement et la stupidité de ce pauvre homme me faisoient écrire et faire à tout moment des extravagances *dont* j'étois bien forcé d'être l'*agent*.
J.-J. ROUSSEAU, *les Confessions*, part. II, liv. VII.

Les propriétaires sont les *agents*, les économes *du* corps social.
MIRABEAU, *Discours*, 10 août 1789.

Tous les *agents du* pouvoir en appelaient, dans chaque détail, à la volonté du roi.
Mme DE STAEL, *Considérations sur la Révolution française*, Ire part., c. 6.

L'imprimerie devint l'*agent* principal *des* idées, jusqu'alors dépourvues d'organes intelligibles à la foule.
CHATEAUBRIAND, *Études historiques*, exposition.

Suis cet *agent* fatal *de* tes mauvais destins.
P. CORNEILLE, *Polyeucte*, I, 3.

Quelquefois le régime de la préposition *de* exprime le genre de services rendus par l'agent. De là des expressions comme *agent d'intrigues, agent de corruption,* etc.

Désirer du bien à une femme, est-ce vouloir du mal à son mari? — Non, dans vos affreux principes, *agent de corruption.*

BEAUMARCHAIS, *le Mariage de Figaro*, I, 9.

Le sieur Bertrand, très magnifique *agent d'audience.*

LE MÊME, *Mémoires.*

AGENT a donné lieu naturellement à un certain nombre de locutions d'un usage spécial.

Agents du clergé: on le disait autrefois de deux ecclésiastiques du second ordre choisis, pour avoir soin des affaires du clergé, par les deux provinces ecclésiastiques qui étaient en droit de les nommer.

M. de Valence écrivit à Messieurs les *agents du clergé* qui le vinrent trouver.

L'ABBÉ DE CHOISY, *Mémoires*, liv. VII.

Quatre évêques assis, en rochet et camail, à la ruelle droite (près du corps de la Dauphine), se relevoient comme les dames, avertis par les *agents du clergé.*

SAINT-SIMON, *Mémoires*, 1712.

Agent de change, anciennement Changeur; actuellement Celui qui est dûment autorisé à s'entremettre entre les négociants et banquiers, pour faciliter le commerce de l'argent et des lettres de change, et par l'intermédiaire duquel doit s'opérer la négociation des effets publics.

Je vais te charger du billet... Ne m'as-tu pas dit que tu connoissois un *agent de change*, qui te donneroit de l'argent à l'heure même?

LE SAGE, *Turcaret*, II, 11.

Le ministère imagina de nouveaux édits bursaux, dont l'énoncé seul couvrait de honte et de ridicule. C'était une création de conseillers du roi, contrôleurs de bois de chauffage, jurés-crieurs de vin, jurés-vendeurs de foin, *agents de change.*

VOLTAIRE, *Histoire du Parlement de Paris*, c. 54.

Agent d'affaires, Celui qui se charge, moyennant une rétribution, de diriger et de suivre les affaires d'intérêt des particuliers.

Les Agents d'une faillite, Les gérants provisoires d'une faillite qui l'administrent pendant quinze jours, et quelquefois jusqu'à la nomination des syndics provisoires.

Telles sont encore ces locutions qu'il n'est pas nécessaire de définir, *agent de l'autorité publique, de la force publique, agent de police, agent judiciaire du trésor, agent comptable,* etc.

AGENT, en certains cas, a pu devenir substantif féminin.

Il en eut tant de joie qu'il donna sur-le-champ à *son agente* cinq cents pistoles avec une bague de pareille valeur.

LE SAGE, *le Diable boiteux*, c. 4.

Ton agente est à moi, n'est-il pas vrai, nourrice?

P. CORNEILLE, *la Veuve*, I, 2.

AGENCE, s. f.

Il a des sens qui correspondent à ceux d'*agent* et se construit de même avec la préposition *de,* suivie de son régime.

On le dit d'un Emploi, d'une charge d'agent. De là, par exemple, cette expression : *agence du clergé.*

Il (Daquin) avoit un frère évêque de Fréjus, qui étoit un homme fort extraordinaire. Il demanda à se défaire de son évêché en faveur de son neveu. Tout fut bon au roi pourvu qu'il se démît, et l'abbé Daquin d'ailleurs avoit plu au roi dans l'exercice de son *agence du clergé.*

SAINT-SIMON, *Mémoires*, 1698.

Il (l'abbé de Maulevrier) avoit eu deux *agences du clergé* de suite.

LE MÊME, même ouvrage, 1710.

AGENCE sert encore à désigner une administration dirigée par un ou plusieurs agents.

AGENDA, s. m.

Mot latin et d'abord employé comme tel, en certaines circonstances, par l'Église, d'où il a passé dans l'usage commun et dans la langue.

On s'en sert pour désigner un livret destiné à inscrire les choses que l'on se propose de faire :

M. Servien lui montra son *agenda* quelques jours après : « Tenez, lui dit-il, je m'en souviens bien, vous êtes le premier sur mon *agenda*. — Oui, répondit l'abbé, mais j'ai bien peur d'en sortir le dernier.

TALLEMANT, *Historiettes*, Bois-Robert.

Il (Colbert) présentoit au roi tous les premiers jours de l'an un *agenda*, où ses revenus étoient marqués en détail.

L'ABBÉ DE CHOISY, *Mémoires*, liv. II.

Je mettois le matin sur mon *agenda* de bons mots que je donnois l'après-dînée pour des impromptus.

LE SAGE, *Gil Blas*, liv. V, c. 1.

Je prie M. Thiriot de mettre tout sur son *agenda*.

VOLTAIRE, *Lettres*, 27 février 1761.

Philis un jour me commanda
D'écrire dans son *agenda*
Quelques rimes bien ou mal faites.

SEGRAIS, *Madrigal*.

AGILE, adj. des deux genres (du latin *agilis*). Qui a une grande facilité à agir, à se mouvoir, léger, dispos.

On le dit, en ce sens, des hommes ou des animaux.

A l'heure ceulx du chasteau effrayez se meirent à fuyr pour eviter la fureur des bestes : mais les lyons *agiles* feirent si bonne diligence que aulcuns furent rencontrez et mis en pièces.

HERBERAY DES ESSARTS, *Amadis de Gaule*, liv. I, c. 22.

Ils semblent faits (les Lapons) pour leur pays montueux, *agiles*, ramassés, robustes, la peau dure, pour mieux résister au froid; les cuisses, les jambes déliées, les pieds menus, pour courir plus légèrement au milieu des rochers dont leur terre est toute couverte.

VOLTAIRE, *Histoire de Pierre le Grand*, Ire part., c. 1.

Ce cerf blâme ses pieds qui le rendent *agile*,
Il estime un bois qui lui nuit.

LA FONTAINE, *Fables*, VII, 9.

Légère et court vêtue, elle alloit à grands pas,
Ayant mis ce jour-là, pour être plus *agîle*,
Cotillon simple et souliers plats.

LE MÊME, même ouvrage, VII, 10.

De légères beautés troupe *agile* et dansante.

A. CHÉNIER, *le Jeune Malade*.

On le dit non seulement des personnes, mais, par figure, des choses.

La flotte des Romains, prompte, légère et *agile*, ressemblant à une armée de cavalerie, se laissoit mener avec les rames comme les chevaux par la bride.

COEFFETEAU, *Histoire romaine de Florus*, liv. II, c. 2.

Prenez vos plumes sacrées, vous qui composez les annales de l'Église, *agiles* instruments d'un prompt écrivain, et d'une main diligente hâtez-vous de mettre Louis avec les Constantin et les Théodose.

BOSSUET, *Oraison funèbre de Michel Le Tellier*.

Anciennement on avoit coutume d'oindre les corps de ceux qui devoient combattre dans les spectacles publics, afin que leurs membres fussent plus souples et plus *agiles* dans le combat.

FÉNELON, *Sur l'Extrême-Onction*, II.

Les hommes sayent qu'il vaut mieux être juste que d'être riche, être raisonnable que d'être savant, avoir l'esprit vif et pénétrant que d'avoir le corps prompt et *agile*.

MALEBRANCHE, *Recherche de la Vérité*, préface.

Ce prince (Condé) se retira à Chantilli... ce feu dévorant qui en avait fait dans sa jeunesse un héros impétueux et plein de passions, ayant consumé les forces de son corps, né plus *agile* que robuste, il éprouva la caducité avant le temps.

VOLTAIRE, *Siècle de Louis XIV*, c. 12.

Vous savez que j'étais bien mise; et quoiqu'elle ne me vît pas au visage, il y a je ne sais quoi d'*agile* et de léger qui est répandu dans une jeune et jolie figure, et qui lui fit aisément deviner mon âge.

MARIVAUX, *la Vie de Marianne*, IIIe part.

Le soleil *agile* et rayonnant monta dans les cieux.

CHATEAUBRIAND, *les Martyrs*, liv. I.

... Comme une roue *agille*
L'aage fuit, qui ne revient,
Et tost en cendre devient
Nostre corps jeune et habille.

JACQUES YVER, *le Printemps d'Yver*, 2e journée.

Au sortir d'un terrier deux chiens, aux pieds *agiles*,
L'étranglèrent du premier bond.

LA FONTAINE, *Fables*, IX, 14.

Ce vieillard qui d'un vol *agile*
Fuit sans jamais être arrêté,
Le Temps, cette image mobile
De l'immobile éternité.

J.-B. ROUSSEAU, Odes, III, 2, à *Eugène de Savoie*.

Voyez-vous pas ces *agiles* vaisseaux,
Qui du Texel, de Londres, de Bordeaux,
S'en vont chercher, par un heureux échange,
De nouveaux biens nés aux rives du Gange?

VOLTAIRE, *Satires*, le Mondain.

Planter la jeune vigne ou d'une *agile* main
Promener la navette errante sur le lin.

DELILLE, trad. des *Géorgiques*, I.

AGILE s'est même dit dans un sens moral.

Sur tout, des mouvements si *agiles* qu'on voit en l'ame, des facultez si nobles, des vertus si singulieres declarent ouvertement une divinité.

CALVIN, *Institution chrestienne*, liv. I, c. 5, § 4.

Avoir des saillies, c'est passer sans gradation d'une idée à une autre qui peut s'y allier : c'est saisir les rapports des choses les plus éloignées; ce qui demande sans doute de la vivacité et un esprit *agile*.

VAUVENARGUES, *Introduction à la connoissance de l'esprit humain*, liv. I, 11, Des Saillies.

AGILE a reçu quelquefois un complément formé de la préposition *à* et de son régime.

Aucuns ont l'esprit plus *agile à* inventer ou apprendre quelque art.

CALVIN, *Institution chrestienne*, liv. II, c. 2, § 17.

A quoy s'accorde sainct Bernard, introduisant l'Église avec ces mots, O Dieu, tire moy aucunement par force et maugré que j'en aye, pour me faire volontaire : tire moy estant paresseuse, afin de me rendre *agile à* courir.

LE MÊME, même ouvrage, c. 3, § 12.

L'amour est un grand maître...
D'un avare à l'instant il fait un libéral,
Un vaillant d'un poltron, un civil d'un brutal;
Il rend *agile à* tout l'âme la plus pesante,
Et donne de l'esprit à la plus innocente.

MOLIÈRE, *l'École des Femmes*, III, 4.

On a dit aussi *agile pour* :

Mon neveu est en âge *agille*
Pour gouverner telle noblesse.

Moralité nouvelle d'ung Empereur, qui tua son nepveu qui avoit prins une fille à force. (Ancien Théatre françois, t. III, p. 131.)

AGILITÉ, s. f. (du latin *agilitas*). Grande facilité à agir, à se mouvoir, Légèreté.

Lors par grande force et *agilité* feit en tournant à dextre la gambade, comme devant.

RABELAIS, *Gargantua*, I, 35.

Je trouve qu'il est bon de le réjouir par agréables conversations, chants et instruments de musique; à quoi il n'y a pas d'inconvénient de joindre des danseurs, afin que leurs mouvements, disposition et *agilité*, puissent exciter et réveiller la paresse de ses esprits engourdis.

MOLIÈRE, *M. de Pourceaugnac*, I, 2.

Cet homme, voyant son vaisseau prêt, étoit descendu de ces rochers avec autant de vitesse et d'*agilité* qu'Apollon, dans les forêts de Lycie... passe au travers des précipices pour aller percer de ses flèches les cerfs et les sangliers.

FÉNELON, *Télémaque*, XXIV.

Néanmoins, tout estropié que je suis, je ne laisse pas d'aller bon train, vous serez témoin de mon *agilité*.

LE SAGE, *le Diable boiteux*, c. 11.

Ces usages, toujours très rares, paraissent aujourd'hui incroyables, surtout depuis que l'artillerie ne laisse plus agir la valeur, l'adresse, l'*agilité* de chaque combattant.

VOLTAIRE, *Essai sur les mœurs*, c. 6.

Agilité a pu, comme agile, se prendre dans un sens moral en parlant de l'esprit et de ses opérations.

Certes une telle *agilité*, et si diverse que nous voyons en l'ame à circuir le ciel et la terre, conjoindre les choses passées avec celles qui sont à venir, avoir tousjours mémoire de ce qu'elle aura ouy de long temps, mesmes se figurer ce que bon lui semble, est une certaine marque de divinité en l'homme.

CALVIN, *Institution chrestienne*, liv. I, c. 5, § 5.

Cette grande soudaineté et vitesse, cette pointe et *agilité* est d'une part admirable et des plus grandes merveilles qui soient en l'esprit.

CHARRON, *De la Sagesse*, liv. I, c. 16.

La dévotion n'est autre chose qu'une certaine *agilité* et vivacité spirituelle, par laquelle ou la charité agit en nous, ou nous agissons par elle promptement et avec affection.

SAINT-FRANÇOIS DE SALES, *Introduction à la vie dévote*, I, 1.

L'extrême facilité de son appréhension (de Pontchartrain) et l'*agilité* ferme et forte de son élocution blessoient souvent le duc de Beauvilliers.

SAINT-SIMON, *Mémoires*, 1699.

Catinat avait dans l'esprit une application et une *agilité* qui le rendaient capable de tout, sans qu'il se piquât jamais de rien.

VOLTAIRE, *Siècle de Louis XIV*, c. 16.

AGILEMENT, adv. Avec agilité.

Ils (ceux qui dansent la goignade) tournent sur un pied, sur les genoux, fort *agilement*.

FLÉCHIER, *Mémoires sur les Grands-jours de* 1665.

A ces mots formés d'AGILE, il faut ajouter le verbe AGILITER, Rendre agile, exercer, former, instruire, recueilli par Oudin et par Sainte-Palaye.

AGITER, v. a. (Du latin *agitare*, fréquentatif d'*agere*.)

Des acceptions nombreuses d'*agitare*, AGITER a conservé les suivantes :

Au propre, Ébranler, secouer, remuer en sens divers.

Le navire *fut agité* avec telle impétuosité, que les mariniers et tous les aultres désesperez de salut n'attendoient que leur sépulture au ventre des poissons.

HERBERAY DES ESSARTS, *Amadis de Gaule*, liv. II, c. 10.

Il me paroît que dans ce grand mouvement où vous dites qu'est la matière céleste, elle devroit *agiter* les planètes irrégulièrement, tantôt les approcher, tantôt les éloigner les unes des autres.

FONTENELLE, *les Mondes*, 4e *soir*.

Je suis une paille que le vent *agite*, et madame Denis s'est engouffrée dans mon malheureux tourbillon.

VOLTAIRE, *Lettres*, 4 décembre 1754.

Nous pouvons nous dire l'un à l'autre ce que nous pensons du public, de cette mer orageuse que tous les vents *agitent*.

LE MÊME, *Lettres*, 16 mai 1758.

Dans le temps que le paon étale sa queue, il *agite* fièrement et constamment sa tête et son cou.

BUFFON, *Histoire naturelle*. Oiseaux, le Paon.

Les échos de la montagne répètent sans cesse le bruit des vents qui *agitent* les forêts voisines.

BERNARDIN DE SAINT-PIERRE, *Paul et Virginie*.

Par intervalle, des brises passagères troublaient dans la mer l'image du ciel, *agitaient* les constellations et venaient expirer parmi les colonnes du temple avec un faible murmure.

CHATEAUBRIAND, *Itinéraire de Paris à Jérusalem*, Voyage en Grèce.

Suis tout debout à Montfaulçon pendu,
Là où le vent, quand est fort et nuysible,
Mon corps *agite*.

CL. MAROT, *Élégies*, liv. II, 1.

Les oiseaux attentifs cessèrent leurs ramages,
Le zéphir oublia d'*agiter* les feuillages...

J.-B. ROUSSEAU, *Élise*, églogue.

On se sert d'AGITER, par une extension voisine du sens figuré, en parlant de certaines excitations physiques : par exemple, dans cette locution, *agiter les nerfs*.

AGITER se dit figurément, dans un sens moral, de tout ce qui produit en nous une impression, une émotion, mais, plus particulièrement, de ce qui nous affecte violemment, du trouble, de l'inquiétude pénible que nous causent les passions.

Il reçoit alors pour régimes :

Soit des noms abstraits comme âme, esprit, entendement, etc.

Ce n'est pas la vérité ni le naturel des choses qui nous remue et *agite* ainsi l'âme ; c'est l'opinion, selon un dire ancien.

CHARRON, *De la Sagesse*, I, 16.

De toutes les sortes de pensées qu'elle (l'âme) peut avoir, il n'y en a point d'autres qui l'*agitent* et l'ébranlent si fort que font ces passions.

DESCARTES, *les Passions de l'âme*, part. I, art. 28.

Leur volonté, étant inquiète et inconstante, *agite* sans cesse leur entendement.

MALEBRANCHE, *Recherche de la vérité*, liv. IV, c. 2, § 6.

L'âme, accoutumée à être émue par de grandes passions qui l'*agitent* vivement n'est plus touchée de ces impressions foibles et légères qu'elle reçoit dans la retraite.

FLÉCHIER, *Oraison funèbre de Mme de Montausier*.

Bacon, qui plus tard devait, entre les génies du premier ordre, occuper un rang si élevé, était à peine connu quand la philosophie de Descartes retentissait partout, *agitait* tous les esprits.

LAROMIGUIÈRE, *Leçons de philosophie*, *Discours d'ouverture*.

Mais un secret remords *agite* mes esprits.
RACINE, *Phèdre*, II, 5.

Soit des noms qui désignent la personne elle-même.

Il a un corps, il a une âme ; les sens le poussent, l'esprit l'*agite*.
MONTAIGNE, *Essais*, II, 12.

L'horreur de son crime l'*agitoit*.
VAUGELAS, trad. de *Quinte-Curce*, liv. VIII.

Les passions les plus violentes nous laissent quelquefois du relâche ; mais la vanité nous *agite* toujours.
LA ROCHEFOUCAULD, *Maximes*, 443.

Tout ce qui me resta pour madame de Ferval, ce fut ce qu'ordinairement on appelle un goût ; mais un goût tranquille, et qui ne m'*agita* plus.
MARIVAUX, *le Paysan parvenu*, V° partie.

J'ai des passions très ardentes ; et tandis qu'elles m'*agitent*, rien n'égale mon impétuosité ; je ne connais plus ni ménagement, ni respect, ni crainte, ni bienséance.
J.-J. ROUSSEAU, *les Confessions*, Ire partie.

Entre les deux partis Calchas s'est avancé,
L'œil farouche, l'air sombre, et le poil hérissé,
Terrible et plein du dieu qui l'*agitoit* sans doute.
RACINE, *Iphigénie*, V, 6.

Il (Cotin) met chez lui voisins, parents, amis en fuite ;
Car lorsque son démon commence à l'*agiter*,
Tout, jusqu'à sa servante, est prêt à déserter.
BOILEAU, *Satires*, VIII.

Des tourments de l'enfer la salutaire peur
N'est pas toujours l'effet d'une noire vapeur,
Qui de remords sans fruit *agitant* le coupable,
Aux yeux de Dieu le rend encor plus haïssable.
LE MÊME, *Épîtres*, XII.

Quelquefois le régime d'*agiter* est un mot qui désigne collectivement des personnes, un nom de pays, une expression comme Monde, société, église, empire, cour, cabinet, etc.

Nous ne voulons pas aller nous jeter dans la fureur qui *agite* notre Provence.
Mme DE SÉVIGNÉ, *Lettres*, 24 juillet 1675.

Que la tranquillité de son règne, ô mon Dieu, devienne celle de l'Église ; que les troubles qui l'*agitent* soient calmés avant qu'il puisse les connoître !
MASSILLON, *Petit Carême*, 2° dimanche.

Ils (les moines) ne cessèrent de faire du bruit partout, et d'*agiter* ce monde qu'ils avoient quitté.
MONTESQUIEU, *Grandeur des Romains*, c. 22.

Cependant le roi *agitoit* les cabinets de tous les princes par ses négociations.
VOLTAIRE, *Siècle de Louis XIV*, c. 11.

Une inquiétude vague se répand dans la société, le besoin de sa conservation l'*agite*.
NAPOLÉON, *Mémoires*, t. I, p. 52.

A cet emploi d'AGITER se rapporte l'expression *agiter le peuple*, chercher à exciter ses passions, le porter à quelque mouvement de violence.

Antoine... l'*agita* (le peuple) au point qu'il mit le feu aux maisons des conjurés.
MONTESQUIEU, *Grandeur des Romains*, c. 12.

On a dit *agiter les affaires, un gouvernement, un règne*, etc.

L'éloquence a fleuri le plus à Rome lorsque les affaires ont esté en plus mauvais estat, et que l'orage des guerres civiles les *agitoit* ; comme un champ libre et indompté porte les herbes plus gaillardes.
MONTAIGNE, *Essais*, I, 51.

Les histoires sont pleines des orages qui *agitèrent* le gouvernement de la reine mère de Charles II pendant sa minorité.
SAINT-SIMON, *Mémoires*, 1721.

AGITER a été quelquefois dit absolument, par ellipse de son régime.

Il (Sénèque) donne par la force de l'imagination un certain tour à ses paroles, qui touche, qui *agite*, et qui persuade par impression.
MALEBRANCHE, *Recherche de la vérité*, part. III, liv. II, c. 4.

AGITER, dans les diverses acceptions qui viennent d'être expliquées, peut recevoir des compléments formés au moyen des prépositions *par* et *de* ;

De la préposition *par :*

Michel Paléologue, dont le règne *fut* tant *agité par* des disputes sur la religion.

MONTESQUIEU, *Grandeur des Romains*, c. 22.

De la préposition *de :*

La populace est une bête sans raison, qui, selon les conjonctures et suivant le mouvement des passions *dont* on l'*agite*, donne quelquefois autant de croyance aux mensonges les plus absurdes qu'aux vérités évangéliques.

LOUIS XIV, au chevalier de Gremonville, 23 novembre 1668. (Voyez MIGNET, *Négociations relatives à la succession d'Espagne*, t. III, p. 390.)

Des chèvres qui erraient parmi les rochers du mont Parnasse, s'étant approchées d'un soupirail d'où sortaient des exhalaisons malignes, *furent*, dit-on, tout à coup *agitées de* mouvements extraordinaires et convulsifs.

BARTHÉLEMY, *Voyage d'Anacharsis*, c. 22.

Cependant, depuis quelque temps, Virginie se sentait *agitée d'*un mal inconnu.

BERNARDIN DE SAINT-PIERRE, *Paul et Virginie*.

Les vents *agitent* l'air *d'*heureux frémissements.

RACINE, *Iphigénie*, V, 6.

AGITER se dit encore figurément, en parlant de questions soumises à l'examen, pour Discuter.

Il est à remarquer que le mot *Discuter*, rapproché du mot latin dont on l'a tiré, *Discutere*, est lui-même, à l'égard de son radical, pris figurément, et tire son sens propre d'une métaphore absolument semblable.

M. de Bouillon dit que, n'y ayant que moi dans la compagnie qui connût bien le fond de la ville et du parlement, il croyoit qu'il étoit nécessaire que j'*agitasse* la matière, sur laquelle il seroit plus facile après de prendre une bonne résolution.

LE CARDINAL DE RETZ, *Mémoires*, liv. II.

Avant que de passer plus avant, je voudrois bien *agiter* à fond cette matière.

MOLIÈRE, *le Mariage forcé*, sc. 3.

Celle qui délibère sur le choix d'une abbaye ou d'un simple monastère pour s'y renfermer, *agite* l'ancienne question de l'état populaire et du despotique.

LA BRUYÈRE, *Caractères*, c. 41.

Je n'avois pas eu peine à reconnoître que la chose avoit été *agitée* entre eux, avant l'assemblée, et résolue.

SAINT-SIMON, *Mémoires*, 1711.

Cette grande affaire fut *agitée* pendant plusieurs séances devant le souverain pontife et tout le collége des cardinaux.

VERTOT, *Histoire de l'ordre de Malte*, I.

Ces raisons furent *agitées* entre le roi, Mullern son chancelier privé, et Grothusen son favori.

VOLTAIRE, *Histoire de Charles XII*, liv. VI.

Le moment n'est pas venu d'*agiter* cette question des garanties nationales.

MIRABEAU, *Discours*, 29 décembre 1789.

De là cette expression, *agiter une chose dans son esprit*, ou simplement, *agiter*.

Si tout ce que conçoit, *agite*, delibere et machine nostre entendement est tousjours mauvais, comment viendroit-il en pensée de deliberer chose qui plaise à Dieu, auquel il n'y a rien d'agreable que justice et sainсteté.

CALVIN, *Institution chrestienne*, liv. II, c. 2, § 25.

Après *avoir* longtemps *agité dans son esprit* les moyens de remédier à ces inconvénients, la prudence enfin lui en fournit qui lui réussirent.

SARAZIN, *Siége de Dunkerque*.

Voilà son amour augmenté par les difficultés. Il consulte dans sa tête, *agite*, raisonne, balance, prend sa résolution; le voilà marié avec elle depuis trois jours.

MOLIÈRE, *les Fourberies de Scapin*, I, 2.

De là aussi certaines manières de parler elliptiques :

Agiter où...

Après quelques propos sur cette résolution, on *agita où* on les gîteroit (le duc et la duchesse de Maine).

SAINT-SIMON, *Mémoires*, 1718.

Agiter si...

On *agita si* le pape devoit excommunier les ministres impériaux qui avoient mis les mains sur les revenus ecclésiastiques séquestrés par ordre de l'empereur dans le royaume de Naples.

SAINT-SIMON, *Mémoires*, 1718.

Au milieu de tant d'intérêts divers, une grande diète

se tient à Augsbourg. On y *agite si* Maximilien accordera la paix à Venise.

VOLTAIRE, *Annales de l'Empire :* Maximilien, 1510.

AGITER, employé avec le pronom personnel, se prend dans des sens analogues;

Au propre, en parlant de mouvements physiques, soit spontanés, soit reçus.

Il y a des hommes nés inaccessibles... mobiles comme le mercure, ils pirouettent, ils gesticulent, ils crient, ils *s'agitent.*

LA BRUYÈRE, *Caractères*, c. 9.

..... Là, sous de vastes monts,
Ce Dieu tient enchaînés dans leurs gouffres profonds
Les vents tumultueux, les tempêtes bruyantes,
S'agitant de fureur dans leurs prisons tremblantes.

DELILLE, trad. de *l'Énéide,* I.

Au figuré, en parlant d'émotions morales.

Si l'esprit humain est peu de chose, même lorsqu'il *s'agite* et qu'il cherche la vérité, que seroit-ce lorsqu'il s'abandonne au poids de son corps, et qu'il n'agit presque que par les sens?

NICOLE, *Essais de morale, traité de la foiblesse de l'homme,* ch. 10.

L'esprit se repose quand il trouve de l'évidence, et il *s'agite* quand il n'en trouve pas, parce que l'évidence est le caractère de la vérité.

MALEBRANCHE, *Recherche de la vérité,* liv. IV, c. 3, § 3.

S'AGITER est quelquefois pris, tout ensemble, dans un sens physique et dans un sens moral.

A quoi bon *s'agiter* si fort, et combattre avec tant de chaleur sur des questions si peu importantes ?

BALZAC, *Socrate chrétien,* disc. XI.

Il n'y a rien de moins agréable que certains prédicateurs qui s'écrient indifféremment sur tout, et qui ne *s'agitent* pas moins sur des raisonnements philosophiques que sur les vérités les plus étonnantes et les plus nécessaires pour le salut.

Logique de Port-Royal.

Vous *vous agitez*, vous vous donnez un grand mouvement.

LA BRUYÈRE, *Caractères*, c. 12.

Ainsi l'homme *s'agite*, mais Dieu le mène.

FÉNELON, *Sermons*. Pour la fête de l'Épiphanie.

Le sujet de S'AGITER, pris figurément, est quelquefois un autre nom qu'un nom de personne.

La Haye étoit devenue le centre de toutes les ligues qui *se sont* depuis *agitées* et qui *s'agitent* encore contre la France.

LE MARQUIS DE POMPONNE à Louis XIV, 19 août 1671. (Voy. *Négociations relatives à la succession d'Espagne,* t. III, p. 317.)

Il n'y avait alors que deux seuls moyens de satisfaire l'opinion, qui *s'agitait* déjà beaucoup sur les affaires en général.

Mme DE STAËL, *Considérations sur la révolution française,* Ire part., c. 6.

L'esprit prophétique est naturel à l'homme, et ne cessera de *s'agiter* dans le monde.

J. DE MAISTRE, *Soirées de Saint-Pétersbourg*, 11e entretien.

S'AGITER est quelquefois, comme AGITER, modifié par un complément formé de la préposition *de* et de son régime.

Nous vîmes sa poitrine s'enfler, et son visage rougir et pâlir : tous ses membres *s'agitaient de* mouvements involontaires.

BARTHÉLEMY, *Voyage d'Anacharsis,* c. 23.

Mais son esprit sujet aux révolutions
S'agite en même temps *de* plusieurs passions.

DUFRESNY, *le Dédit*, sc. 1.

S'AGITER peut être employé dans un sens passif, pour Être agité, discuté.

Il est informé de tout ce qui *s'agite* dans le conseil d'en haut du Prête-Jean et du grand Mogol.

MOLIÈRE, *la Comtesse d'Escarbagnas*, sc. 1.

AGITÉ, ÉE, participe.

Il s'emploie adjectivement.

Au sens physique :

Il me sembloit que j'étois dans un vaisseau sur une mer bien *agitée.*

MOLIÈRE, *le Mariage forcé,* sc. 3.

Je ne vous parle guère de madame de la Troche; c'est que les flots de la mer ne sont pas plus *agités* que son procédé avec moi ; elle est contente et mal contente dix fois par semaine.

Mme DE SÉVIGNÉ, *Lettres,* 15 avril 1672.

La rage des sectes a fini en Angleterre avec les guerres civiles, et ce n'était plus sous la reine Anne que les bruits sourds d'une mer encore *agitée* longtemps après la tempête.

VOLTAIRE, *Lettres philosophiques*, V.

Là sont ces contrées orageuses où les vents en fureur précipitent la tempête, où la mer et le ciel, également *agités*, se choquent et se confondent.

BUFFON, *Histoire naturelle*, la Mer.

Le reste est une mer orageuse, des eaux *agitées* et couvertes d'écume.

DIDEROT, *Salon de* 1767, Loutherbourg.

Quoique l'ouragan fît entendre ses terribles rugissements entremêlés des éclats de la foudre, la fumée qui sortait par le milieu du toit et la lumière de la lampe n'étaient pas même *agitées*.

BERNARDIN DE SAINT-PIERRE, *la Chaumière indienne*.

Je songeais à ces promenades que je faisais avec vous au milieu des bois, alors que nous croyions retrouver le bruit des mers dans la cime *agitée* des pins.

CHATEAUBRIAND, *René*.

Si l'onde est *agitée*, il (Dieu) la peut affermir.

ROTROU, *Saint-Genest*, act. III, sc. 2.

La rivière devint tout d'un coup *agitée*;
A toute peine il regagna les bords.

LA FONTAINE, *Fables*, VI, 17.

Au sens moral :

Son repos même étoit *agité*.

BALZAC, *Aristippe*, disc. IV.

C'étoit une vicissitude de murmure et de silence, et leurs esprits, diversement *agités*, tantôt témoignoient de la crainte, et tantôt donnoient de la terreur.

PERROT D'ABLANCOURT, trad. de Tacite. *Annales*, liv. I, 4.

Plus *agitée* en sa terre et dans ses ports mêmes que l'Océan qui l'environne (l'Angleterre).

BOSSUET, *Oraison funèbre de la reine d'Angleterre*.

J'aime autant la vie douce et tranquille que je mène depuis quelques années, qu'une plus *agitée*.

BUSSY-RABUTIN, *Lettres*, à Mme de Sévigné, 12 sept. 1680.

Que vous êtes heureux, mon pauvre cousin, d'être dans vos châteaux, et de reposer votre corps aussi bien que votre esprit, qui ont été si *agités* dans votre dernier voyage !

Mme DE SÉVIGNÉ, *Lettres*, 23 octobre 1683, au comte de Bussy.

Le lundi 19 août, la nuit fut également *agitée*, sans que Fagon voulût trouver que le roi eût la fièvre.

SAINT-SIMON, *Mémoires*, 1715.

Amoureux et jaloux, voilà de quoi être bien *agité*.

MARIVAUX, *la Vie de Marianne*, IIe partie.

Lorsque l'âme est *agitée*, la face humaine devient un tableau vivant.

BUFFON, *Histoire naturelle*, l'Homme.

Il se laissa emmener sans rien dire, et, après une nuit fort *agitée*, il se leva au point du jour et s'en retourna à son habitation.

BERNARDIN DE SAINT-PIERRE, *Paul et Virginie*.

Je respirois, Œnone, et, depuis son absence,
Mes jours moins *agités* couloient dans l'innocence.

RACINE, *Phèdre*, I, 2.

Jeunes et tendres fleurs par le sort *agitées*.

LE MÊME, *Esther*, I, 1.

A vos sens *agités* venez rendre la paix.

LE MÊME, *Athalie*, II, 3.

Illustre appui d'une Muse *agitée*.

J.-B. ROUSSEAU, *Épîtres*, liv. I, 6. A M. le baron de Breteuil.

AGITÉ reçoit, comme son verbe, des compléments formés au moyen des prépositions *par* et *de* et de leur régime ;

De la préposition *par* :

Si nous rêvions toutes les nuits que nous sommes poursuivis par des ennemis et *agités par* ces fantômes pénibles... on souffriroit presque autant que si cela étoit véritable.

PASCAL, *Pensées*.

Quand on a le cœur *agité par* les restes d'une passion, on est plus près d'en prendre une nouvelle que quand on est entièrement guéri.

LA ROCHEFOUCAULD, *Maximes*, 484.

Tout ce que vous m'écrivez sur l'ennui que vous avez de n'être plus *agitée par* la haine est extrêmement plaisant.

Mme DE SÉVIGNÉ, *Lettres*, jour de Noël 1673.

De la préposition *de* :

On dit de la mer, quand elle est *agitée de* vens, et qu'elle jette hors de l'algue et de la mousse, qu'elle se purge.

AMYOT, trad. de Plutarque, *Œuvres morales*, Comment il faut refrener la cholere.

Le trop ardant desir... rend le plaisir de la jouissance foible et mal assuré, ne plus ne moins qu'une flamme qui est *agitée du* vent.

AMYOT, trad. de Plutarque, *Œuvres morales*, De la tranquillité de l'âme.

Princesses aussi belles et aussi sages qu'il en fut jamais, et autant *agitées de* la fortune, qu'autres qui ayent esté de nostre temps.

D'URFÉ, *l'Astrée*, IIe part. liv. XI.

C'étoit assez pour lui de faire cesser les moindres prétextes des troubles *dont* la France étoit *agitée*.

FLÉCHIER, *Oraison funèbre de M. Le Tellier*.

De quels flots de pensées un esprit ne doit-il pas être *agité*?

BOURDALOUE, *Sermon sur la paix chrétienne*.

La quadrature du cercle et le mouvement perpétuel sont des choses aisées à trouver en comparaison du secret de calmer tout d'un coup une âme *agitée d'*une passion violente.

VOLTAIRE, *Lettres*, 1728, à M***.

C'est, répondit le boiteux, un habile licencié qui fait un songe *dont* il est terriblement *agité*.

LE SAGE, *le Diable boiteux*, c. 16.

Le malheureux est ainsi pourmené
Que le navire *agité des* orages.

CL. MAROT, liv. II *de la Métamorphose*, v. 335.

La Grèce en ma faveur est trop inquiétée,
De soins plus importants je l'ai crue *agitée*.

RACINE, *Andromaque*, I, 2.

Mais *de* quels mouvements, dans son cœur excités,
Sentira-t-elle alors tous ses sens *agités*!

BOILEAU, *Satires*, X.

Les cloches dans les airs, de leurs voix argentines,
Appeloient à grand bruit les chantres à matines,
Quand leur chef *agité d'*un sommeil effrayant,
Encor tout en sueur se réveille en criant.

LE MÊME, *le Lutrin*, IV.

AGITÉ se dit encore, adjectivement, pour Discuté.

Il y a eu dans le Consistoire de Rome une pareille question *agitée* plus de six mois.

AGR. D'AUBIGNÉ, *les Aventures du baron de Fœneste*, liv. II, c. 3.

Ces raisons, *agitées* de part et d'autre avec beaucoup de contention et d'éclat, eurent divers sectateurs.

PERROT D'ABLANCOURT, trad. de Tacite. *Histoires*, liv. IV, 2.

Si nos ancêtres ont mieux écrit que nous, ou si nous l'emportons sur eux par le choix des mots, par le tour et l'expression, par la clarté et la brièveté du discours, c'est une question souvent *agitée*, toujours indécise.

LA BRUYÈRE, *Caractères*, c. 14.

D'AGITER s'étaient formés deux adjectifs, AGITANT, rapporté par Cotgrave, et AGITABLE, dont s'est servi Montaigne.

Est-ce pas ce que nous disons, que la stupidité et faute d'apprehension du vulgaire luy donne cette patience aux maux presens, et cette profonde nonchalance des sinistres accidens futurs? que leur ame, pour estre plus crasse et obtuse, est moins penetrable et *agitable?*

MONTAIGNE, *Essais*, III, 12.

AGITATION, s. f. (du latin *Agitatio*).

Il signifie au propre, dans un sens physique, Ébranlement, mouvement en sens divers;

Soit employé absolument :

Selon les légistes, *agitation* et motion continuelle est cause d'attraction.

RABELAIS, *Pantagruel*, liv. II, c. 16.

En luy (le monde) sont d'aultres dieux, la terre, la mer, les astres, qui s'entretiennent d'une harmonieuse et perpétuelle *agitation* et danse divine.

MONTAIGNE, *Essais*, II, 12.

Aussi-tost, ses escuyers le chargent sur son bouclier, et l'emportent, souffrant à grand'peine l'*agitation* à cause de ses blessures.

VAUGELAS, trad. de *Quinte-Curce*, liv. VI.

Celui-ci, se trouvant mal de l'*agitation*, s'approche du bord du vaisseau, qui dans cet intervalle vint à pencher d'un coup de vent, et le renversa dans la mer.

PERROT D'ABLANCOURT, trad. de Lucien, *Toxaris*.

Le cardinal de Richelieu la traita (la France) comme un empirique, avec des remèdes violens, qui lui firent paroître de la force, mais une force d'*agitation* qui en épuisa le corps et les parties.

LE CARDINAL DE RETZ, *Mémoires*, liv. II.

Soit construit avec la préposition *de* suivie d'un régime exprimant ce qui éprouve l'AGITATION, ou ce qui la cause.

Timoléon leur faisoit tout le secours qui lui estoit possible, leur envoyant de Catane du bled sur de petits batteaux...... qui s'escartoyent les uns les autres à cause du vent et de l'*agitation des* ondes de la mer.

AMYOT, trad. de Plutarque, *Vie de Timoléon*, c. 7.

Le travail et l'*agitation du* chemin m'ont mis hors de crainte.

VOITURE, *Lettres*, 24e.

Il y a demain un bal chez Madame ; j'ai vu chez Mademoiselle l'*agitation des* pierreries.

Mme DE SÉVIGNÉ, *Lettres*, 20 janvier 1672.

Elle (Mme de Coulanges) est dans l'*agitation des* étrennes, qui est violente cette année.

LA MÊME, même ouvrage, 29 décembre 1679.

Comme on dit, par une sorte d'extension figurée, *agiter les nerfs*, on dit aussi l'*agitation des nerfs*.

AGITATION se dit particulièrement, en médecine, d'Un mouvement continuel et fatigant du corps, occasionné par un grand malaise, par une grande inquiétude d'esprit.

AGITATION, ainsi pris dans un sens physique, est aussi d'usage au pluriel.

Aussi n'y a il point en nostre pauvre chair de fruition de volupté qui soit unie et toute plaine, ains est toute raboteuse, entre-meslée de plusieurs *agitations* contraires à la nature et fiebvreuses.

AMYOT, trad. de Plutarque, *Œuvres morales*, Que l'on ne sçauroit vivre joyeusement selon la doctrine d'Epicurus.

Ceux qui tombent, eslancent ainsi les bras au devant de leur cheute, par une naturelle impulsion, qui fait que nos membres se prestent des offices, et ont des *agitations* à part de nostre discours.

MONTAIGNE, *Essais*, II, 6.

C'est cette attache immuable qu'il (Dieu) a à ses propres lois qui fait remarquer dans l'univers un esprit d'uniformité et d'égalité qui se soutient de soi-même au milieu des *agitations* et des variétés infinies de la nature muable.

BOSSUET, *Sermons*. Sur la justice.

Ici sont des *agitations* extraordinaires causées par des volcans dont la bouche submergée vomit le feu du sein des ondes.

BUFFON, *Théorie de la Terre*.

AGITATION, employé au figuré, ou absolument, ou avec un complément, se dit de divers mouvements qui ont lieu dans l'ordre moral ;

Soit qu'il s'agisse de l'homme, considéré individuellement, de son âme, de son esprit, de ses pensées, de sa condition, etc.

Ainsi est-il des esprits, si on ne les occupe à certain sujet qui les bride et contraigne, ils se jettent desreglez, par cy, par là, dans le vague champ des imaginations... Et n'est folie ny resverie, qu'ils ne produisent en cette *agitation*.

MONTAIGNE, *Essais*, I, 8.

La plus seure assiette de nostre entendement et la plus heureuse, ce seroit celle là où il se maintiendroit rassis, droit, inflexible, sans bransle et sans *agitation*.

LE MÊME, même ouvrage, II, 12.

L'*agitation* est vraiment la vie de l'esprit.

CHARRON, *De la Sagesse*, liv. I, c. 16.

Ils croient faire beaucoup de se garantir de l'*agitation* par la chute, et préfèrent une condition mauvaise à une condition incertaine.

BALZAC, *le Prince*, c. 22.

Entre l'état du plus sage homme du monde et celui d'un fou achevé, il n'y a de différence que de quelques degrés de chaleur et d'*agitation* d'esprit.

NICOLE, *Essais de morale*, Ier traité, c. 10.

La constance des sages n'est que l'art de renfermer leur *agitation* dans le cœur.

LA ROCHEFOUCAULD, *Maximes*, 20.

Priez, désirez, mais ne vous agitez point et ne vous donnez aucun mouvement pour procurer l'accomplissement de votre désir. Le désir vient de Dieu ; l'*agitation* viendrait de la tentation ; je vous la défends.

BOSSUET, *Lettres à la sœur Cornuau*, décembre 1702.

Allant à Dieu par la docilité de son cœur, non pas par l'*agitation* de son esprit.

FLÉCHIER, *Oraison funèbre de Mme la Dauphine*.

Il est certain que vous faites toujours, en quelque façon que ce puisse être, la seule *agitation* de mon âme.

Mme DE SÉVIGNÉ, *Lettres*, 18 sept. 1679.

Elle (madame la Dauphine) est fort bien quatre ou cinq heures toute seule dans sa chambre ; elle est étonnée de l'*agitation* qu'on se donne pour se divertir.

LA MÊME, même ouvrage, 20 mars 1680.

Vous êtes trop vive pour trouver du repos et des nuits tranquilles avec des sujets d'*agitation*.

LA MÊME, même ouvrage, 2 oct. 1680.

La prunelle par son feu et son mouvement fait bien voir l'*agitation* de l'âme, mais elle ne fait pas connoître de quelle nature est cette *agitation*.

CH. LEBRUN, *Conférence tenue en l'Académie royale de peinture et sculpture*.

Le repos leur (aux grands) est aussi insupportable que

l'*agitation,* ou plutôt ils sont partout à charge à eux-mêmes.

MASSILLON, *Petit Carême,* 3e dim.

Mesdames de Caylus, de Dangeau et de Lève, qui formoient la société intime du roi et de madame de Maintenon, remarquoient depuis quelque temps dans ce prince une inquiétude, une inégalité d'humeur, un air sombre qui déceloient une *agitation* intérieure.

DUCLOS, *Mémoires, Règne de Louis XIV,* liv. I.

M. de Turenne dînant chez M. de Lamoignon, celui-ci lui demanda si son intrépidité n'était pas ébranlée au commencement d'une bataille. Oui, dit M. de Turenne, j'éprouve une certaine *agitation;* mais il y a dans l'armée plusieurs officiers subalternes et un grand nombre de soldats qui n'en éprouvent aucune.

CHAMFORT, *Caractères et anecdotes.*

Soit qu'il s'agisse des hommes considérés collectivement, des choses humaines, des institutions, des sociétés, des états, des assemblées, etc.

Il n'est rien subject à plus continuelle *agitation* que les loix.

MONTAIGNE, *Essais,* II, 12.

Ce fracas effroyable vous fait sentir qu'il n'y a rien de solide parmi les hommes, et que l'inconstance et l'*agitation* est le propre partage des choses humaines.

BOSSUET, *Discours sur l'histoire universelle,* III, 1.

Chaville le vit tranquille durant plusieurs mois au milieu de l'*agitation* de toute la France.

LE MÊME, *Oraison funèbre de Michel Le Tellier.*

Il y avoit une sorte d'*agitation* sans désordre dans cette cour, qui la rendoit très-agréable.

Mme DE LA FAYETTE, *la Princesse de Clèves.*

AGITATION est fort usité au pluriel dans ces deux acceptions.

A la première se rapportent les exemples suivants :

Nous disons que Dieu craint, que Dieu se courrouce, que Dieu aime.... ce sont toutes *agitations* et esmotions qui ne peuvent loger en Dieu.

MONTAIGNE, *Essais,* II, 12.

Comme des grandes amitiez naissent de grandes inimitiez, des santez vigoureuses les mortelles maladies; ainsi des rares et vives *agitations* de nos âmes, les plus excellentes manies et plus détraquées; il n'y a qu'un demitour de cheville à passer de l'un à l'autre.

MONTAIGNE, *Essais,* II, 12.

Je me suis mis à considérer les diverses *agitations* des hommes.

PASCAL, *Pensées.*

Considérez la condition d'un homme qui a la meilleure part à la faveur et à la conduite des affaires, quelque sage et quelque absolu qu'il puisse être, que d'*agitations!* que de traverses!

FLÉCHIER, *Oraison funèbre de Mme d'Aiguillon.*

Les *agitations* de son petit ménage sont sans fin.

Mme DE SÉVIGNÉ, *Lettres,* 13 déc. 1679.

Les saintes *agitations* de la pénitence laissent l'âme dans la joie et dans la paix; et les *agitations* du crime la troublent et la dévorent.

MASSILLON, *Carême,* mercredi des Cendres.

Ma vie a toujours été pleine d'*agitations,* d'assujettissements, de fatigues, de contraintes.

LE MÊME, même ouvrage, mercredi de la Passion.

Quelle comparaison entre les assujettissements de l'ambition... les *agitations* pour s'élever, et les violences légères qui nous assurent le royaume de Dieu?

LE MÊME, *Avent,* le jour des Morts.

Il (le cardinal de Retz) mena longtemps une vie errante, qu'il finit enfin dans la retraite, où il acquit des vertus que son grand courage n'avait pu connaître dans les *agitations* de sa fortune.

VOLTAIRE, *Siècle de Louis XIV,* c. 5.

Enfin, ces *agitations,* tant agréables que pénibles, s'affaiblirent et se passèrent; l'âme s'accoutume à tout, sa sensibilité s'use.

MARIVAUX, *la Vie de Marianne,* IVe partie.

M. de Malesherbes, témoin et confident de mes *agitations,* se donna, pour les calmer, des soins qui prouvent son inépuisable bonté de cœur.

J.-J. ROUSSEAU, *les Confessions,* part. II, liv. XI.

Vous n'aviez point tantôt ces *agitations,*
Vous paroissiez plus ferme en vos intentions.

P. CORNEILLE, *Cinna,* III, 2.

A la seconde on peut rapporter ces autres exemples :

Les *agitations* et esmeuttes des assemblées du peuple.

ROB. ESTIENNE, *Dictionnaire franç.-lat.,* et THIERRY, NICOT.

Malgré les tempêtes de l'Océan et les *agitations* encore

plus violentes de la terre, Dieu, la prenant sur ses ailes, comme l'aigle prend ses petits, la porta lui-même dans ce royaume.

Bossuet, *Oraison funèbre de la duchesse d'Orléans.*

Nous soupons tous les soirs avec madame Scarron; elle a l'esprit aimable et merveilleusement droit; c'est un plaisir que de l'entendre raisonner sur les horribles *agitations* d'un pays qu'elle connoît bien.

Mme de Sévigné, *Lettres*, 13 janvier 1672.

Vous ne verrez dans ce discours ni ces digressions politiques... ni ces portraits ingénieux où l'imagination vive et hardie fait voir, comme en éloignement, les *agitations* présentes du monde, avec les intérêts et les passions des grands hommes qui le gouvernent.

Fléchier, *Oraison funèbre de Mme la Dauphine.*

Cette passion (l'ambition) qui est le grand ressort des intrigues et de toutes les *agitations* des cours.

Massillon, *Petit-Carême*, Tentations des grands.

L'Angleterre, malgré ses *agitations* domestiques, étoit considérée comme ayant beaucoup de part aux affaires générales de l'Europe.

Saint-Simon, *Mémoires*, 1716.

L'ordre des chartreux... était en petit nombre, trop riche, à la vérité, pour des hommes séparés du siècle, mais, malgré ces richesses... tranquilles sur la terre au milieu de tant d'*agitations* dont le bruit venait à peine jusqu'à eux.

Voltaire, *Essai sur les mœurs*, c. 139.

AGITATEUR, s. m. (du latin *agitator*).

C'est assez récemment qu'on s'est servi d'Agitateur dans son sens général, en parlant de Celui qui excite du trouble, de la fermentation dans le public ou dans une assemblée.

Il a traduit, chez nos historiens, le nom donné, en 1643, par l'armée d'Angleterre à des officiers qu'elle créa pour prendre contre le parlement la défense de ses intérêts.

Le roi était entre les mains de quelques commissaires du parlement, dans un château nommé Holmby. Des soldats du conseil des *Agitateurs* allèrent l'enlever au parlement dans ce château, et le conduisirent à New-market.

Voltaire, *Essai sur les mœurs*, c. 180. Des Malheurs et de la mort de Charles Ier.

AGLOMÉRER, AGLOMÉRATION. Voyez Agglomérer, Agglomération.

AGLUTINER, AGLUTINANT, etc. Voyez Agglutiner, Agglutinant, etc.

AGNAT, s. m. (du latin *agnatus*).

Dans ce mot et dans les deux suivants, on prononce le G dur.

Comme *agnatus*, dans le droit romain, *agnat*, dans notre ancien droit, se disait de Collatéraux descendant par mâles d'une même souche masculine.

Tous les biens qui appartiennent au prince de Salm et aux Rhaingrawes et Valgraves ses *agnats*.

Traité de Riswick, art. 26 et art. 43.

La loi de la division des terres (dans l'ancienne Rome) demanda que les biens d'une famille ne passassent point dans une autre : de là il suivit qu'il n'y eut que deux ordres d'héritiers établis par la loi: les enfants et tous les descendants qui vivoient sous la puissance du père, qu'on appela héritiers siens, et, à leur défaut, les plus proches parents par mâles, qu'on appela *agnats*. Il suivit encore que les parens par femmes, qu'on appela cognats, ne devoient point succéder.

Montesquieu, *Esprit des Lois*, XXVIII, ch. unique.

AGNATION, s. f. (du latin *agnatio*).

Qualité des *agnats*.

Les biens sont retournez à luy par droict d'*agnation*.

Rob. Estienne, *Dictionnaire franç.-lat.*, et Thierry, Nicot.

Parens qui se touchent par *agnation*.

Monet, *Dictionnaire*.

Dans la famille royale de France on suit l'*agnation* en n'admettant à la couronne que les mâles descendus des mâles de branche en branche.

Richelet, *Dictionnaire* (d'après Grotius).

AGNATIQUE, adj. des deux genres.

Qui appartient aux *agnats*. *Ligne agnatique, Terres agnatiques*, etc.

Le choix que les rois de Rome faisoient des sénateurs, prouve que cette dignité ne dépendoit point d'une succession linéale et *agnatique*.

Vertot, *Révolutions romaines*.

AGNEAU, s. m. (du latin *agnellus*, diminutif d'*agnus*, et, par ce mot, du grec ἁγνός, pur, innocent).

On l'a écrit de manières très diverses où paraît plus ou moins la trace de son origine : AGNELS, AGNIEL, AIGNEL, AIGNELES, AIGNIEL, AINGNEL, AINGNEZ, AINEL, ANEL, ENGNIEL, AIGNEAX, AINGNIAX, AINGNIAU, ANEAU. Voyez le *Glossaire* de Sainte-Palaye; voyez aussi les exemples suivants, et, dans le recueil de Marie de France, sa fable du Loup et de l'Agneau, où se trouvent, en quelques vers, sept de ces orthographes, savoir : *Aingnel*, *Aignel*, *Aigniaus*, *Aignez*, *Aigneles*, *Aigneax*, *Engniel*.

Dans AGNEAU, et dans les mots de la même famille, le *g* se prononce mouillé.

On voit chez Borel, Richelet et Furetière qu'on a prononcé AGNEAU et ANNEAU. Selon d'autres, AGNEAU se disait de l'Animal et ANNEAU de la Chair d'agneau.

On entend par AGNEAU le petit, mâle ou femelle, d'une brebis.

Un *aignel* laitant offri e sacrefia.
Les quatre livres des Rois, I, VII, 9.

Sevrer les *agneaulx*.
ROB. ESTIENNE, *Dictionnaire franç.-lat.*, et THIERRY, NICOT.

Presques partout voit-on des brebis faire deux *aigneaux* par chaque année, en deux ventrées.
OLIVIER DE SERRES, *Théâtre d'agriculture*, lieu IVe, c. 13.

Brebis trop apprivoisée, de trop d'*agneaux* est tettée.

De mal est venu l'*agneau* et à mal retourne la peau.
COTGRAVE, *Dictionnaire*.

Agneau de lait, qui tette encore. « Agnus lactens. »

Agneau de l'année. « Agnus hornus. »
DANET, *Dictionnaire fr.-latin*.

Malheur à vous.... qui mangez les *agneaux* les plus excellents et des veaux choisis de tout le troupeau.
LE MAITRE DE SACY, trad. de l'Ancien Testament, *Amos*, VI, 1, 4.

Le petit *agneau* sent de loin sa mère, et court au-devant d'elle.
FÉNELON, *De l'Existence de Dieu*, I, 2.

Ce qui dans les animaux paroît être le dernier degré de la timidité ou de l'insensibilité, elle (la brebis) se laisse enlever *son agneau* sans le défendre.
BUFFON, *Histoire naturelle*, Quadrupèdes, la Brebis.

Si comme lions orgillos
Qui de longes est famillos (affamé)

Ocit motons, ocit berbis,
Ocit *agniax*, grans et petis,
Altresi li Breton faisoient.
WACE, *Roman de Brut*, v. 8741.

Ce dist dou leu e dou *aignel*.
MARIE DE FRANCE.

France, mère des arts, des armes et des lois,
Tu m'as nourri long-temps du lait de ta mamelle,
Ores comme un *aigneau* que sa nourrice appelle,
Je remplis de ton nom les antres et les bois.
JOACHIM DU BELLAY, *Regrets*.

Soudain tout à l'entour les collines bondirent
Comme bondissent les *agneaux*.
P. CORNEILLE, *Psaumes*, CXIII.

Comment l'aurois-je fait si je n'étois pas né?
Reprit l'*agneau*, je tette encor ma mère.
LA FONTAINE, *Fables*, I, 10.

Disant ces mots, il vit des bergers, pour leur rôt,
Manger un *agneau* cuit en broche.
LE MÊME, même ouvrage, X, 6.

Des chantres désormais la brigade timide
S'écarte, et du Palais regagne les chemins.
Telle à l'aspect d'un loup, terreur des champs voisins,
Fuit d'*agneaux* effrayés une troupe bêlante.
BOILEAU, *le Lutrin*, V.

AGNEAU se dit (dans un sens particulier) des agneaux tués que l'on vend à la boucherie, ainsi que de la chair d'agneau. *Tête d'agneau. Quartier d'agneau. Cet agneau est fort tendre. Manger de l'agneau.*

Cette incommodité a été cause que les marchands forains et le peuple de notre dite ville ont ci-devant choisi diverses rues et endroits pour vendre et débiter leurs marchandises et denrées et particulièrement les volailles, gibier, *agneaux* et autres vivres.
Lettres patentes d'août 1665. (Voy. DELAMARRE, *Traité de la Police*, liv. V, tit. XXIII, t. II, p. 1425.)

On voit dans le *Dictionnaire* de Cotgrave qu'une fourrure de peau d'AGNEAU s'appelait une *blanche d'agneau*.

La douceur, la simplicité de l'AGNEAU a été de tout temps un terme de comparaison fort en usage en parlant de personnes d'une humeur facile et traitable.

J'avois parlé à ce pauvre M. le Cardinal, qui étoit doux comme un *agneau*.
LE CARDINAL DE RETZ, *Mémoires*, IIe partie, 1646.

Vous avez une traîtresse qui m'a rendu plus doux qu'un *agneau*.

MOLIÈRE, *la Princesse d'Élide*, II, 2.

Avec le seul Destin il étoit doux comme un *agneau* et se montroit raisonnable autant que son naturel pouvoit le permettre.

SCARRON, *Roman comique*, Ire part., c. 5.

Ses premiers docteurs (de l'Église) ne furent pas envoyés dans l'univers comme des lions pour porter partout le meurtre et le carnage, mais comme des *agneaux* pour être eux-mêmes égorgés.

MASSILLON, *Petit Carême*, 2e dimanche.

Et simple com *aignel* et fier comme liepart.
Chanson des Saxons, t. I, p. 51.

Meurent ileuc sanz eus deffendre
A guise d'*aingniaux* ou d'ouoilles;
Mès li courageus font mervoilles.
G. GUIART, *Royaux Lignages*, ms., fol. 47, r°. (Cité par Sainte-Palaye.)

Simple comme est un coulombel
Et debonere comme *aingnel*.
Fabl. ms. du R., n° 7218, fol. 204, v°, col. 1. (Cité par Sainte-Palaye.)

Et, lions au combat, ils meurent en *agneaux*.
P. CORNEILLE, *Polyeucte*, IV, 6.

De là, l'application métaphorique du mot AGNEAU aux personnes.

Lavez-vous d'eau de higuiero, vous voilà *agneau* immaculé et pilier de la foy.

Satire Ménippée, la Vertu du catholicon.

Ceux-là d'*agneaux* devenus lions, de marchans capitaines, de chiches liberaux, doivent la merveille de leur delivrance à l'extreme misere, et rien à la gaieté de cœur.

AGR. D'AUBIGNÉ, *Histoire universelle*, appendix aux deux premiers tomes.

Nous avons esté contraints de donner tout ce temps aux Genevois, convié à cela par les notables actions d'un peuple que les ennemis ont changé d'*aigneaux* en lions.

LE MÊME, même ouvrage, t. III, c. 24.

Il n'y a point de lecteur qui ne doive être indigné, quand cet abbé (Desfontaines) compare les stoïciens aux quakers. Il ne sait pas que les quakers sont des gens pacifiques, les *agneaux* de ce monde.

VOLTAIRE, *Lettres*, septembre 1735, à M. Berger.

..... Ce me va l'en disant
Qu'*anel* sont et coart, ne sont pas combatant.
Roman de Rou, ms., p. 60. (Cité par Sainte-Palaye.)

Car cil dedens ne lor sunt mie *agniel*;
Bien se defendent con gentil damoisiel.
Anseis, ms., fol. 50, v°, col. 1. (Cité par Sainte-Palaye.)

Ert simples con un innocenz
Et humbles et si souploianz
Et si *aigneaux* et si clignanz.
Partenopex de Blois, ms. de St-Germ., fol. 165, v° col. 3. (Cité par Sainte-Palaye.)

Dehors semblons *aigniaus* pitables;
Dedens sommes leus ravissables.
Roman de la Rose, v. 11921.

Ne criés sur l'*agneau*, quand vous criés au loup.
AGR. D'AUBIGNÉ, *Tragiques*, les Fers, liv. V.

Faibles *agneaux* livrés à des loups furieux,
Nos soupirs sont nos seules armes.
RACINE, *Esther*, I, 5.

Un moment a changé ce courage inflexible,
Le lion rugissant est un *agneau* paisible.
LE MÊME, même ouvrage, II, 9.

Quand Dieu viendra juger les vivants et les morts,
Et des humbles *agneaux*, objets de sa tendresse,
Séparera des boucs la troupe pécheresse.
BOILEAU, *Épîtres*, XII.

L'agneau pascal est L'agneau que les Juifs mangeaient à la fête de Pâques.

En langage mystique, Jésus-Christ, considéré comme Victime des péchés des hommes, est désigné par des expressions telles que *L'Agneau sans tache*, *l'Agneau qui efface les péchés du monde*, ou absolument *l'Agneau*.

J'entendis... la voix d'une multitude d'anges... qui disoient... : *L'Agneau* qui a été égorgé est digne de recevoir puissance, divinité, sagesse, force, honneur, gloire et bénédiction.

LE MAISTRE DE SACY, traduction du Nouveau Testament, *Apocalypse*, V, 11, 12.

Quelle assemblée l'apôtre saint Jean nous fait paroître! Ce grand prophète nous ouvre le ciel, et notre foi y découvre « sur la sainte montagne de Sion »..... l'*agneau* qui ôte le péché du monde..... Écoutez parler le Juste et le Saint : « Ils marchent, dit-il, avec moi, revêtus de blanc, parce qu'ils en sont dignes, dignes par leur innocence de porter dans l'éternité la livrée de l'*Agneau sans tache*.

BOSSUET, *Oraison funèbre de Marie-Thérèse d'Autriche*.

Elle souhaita mille fois d'être plongée au sang de l'*agneau.* C'étoit un nouveau langage que la grâce lui apprenoit.

BOSSUET, *Oraison funèbre de la duchesse d'Orléans.*

Le nom latin de l'*agneau,* AGNUS, est devenu un substantif dans notre langue.

On appelle *Agnus Dei, Agnus,* une Cire bénite par le pape, sur laquelle est imprimée la figure d'un agneau. On donne aussi le même nom à de petites images de piété ornées de broderies et faites pour les enfants.

Ce bon père (le pape Pie V) nous donna à tous des *agnus Dei* pour nous préserver des dangers.

BRANTÔME, *Des Couronnels françois.*

Le cardinal (de Bourbon) lui fit baiser le livre (à Henri IV), l'*agnus* et la paix.

AGR. D'AUBIGNÉ, *Histoire universelle*, t. III, liv. III, c. 22.

Tu es fâché que le pape Benoît XIV lui ait écrit des lettres agréables et lui ait envoyé des médailles d'or et des *agnus* par douzaines!

VOLTAIRE, *les Honnêtetés littéraires*, XXIIe honnêteté, nº 16.

...Il faict venir de Rome
Les cierges, les *agnus* que le pape fournit.

AGR. D'AUBIGNÉ, *Tragiques.* Princes, liv. II.

Mais c'est trop se flatter de chercher à la fois
Et les *agnus* de Rome et les faveurs des rois.

VOLTAIRE, *Lettres,* 27 juin 1743.

Il rapportait de son auguste enceinte,
Non des lauriers cueillis au champ de Mars,
Mais des *agnus* avec des indulgences.

LE MÊME, *Contes en vers,* Ce qui plaît aux dames.

Jusqu'au lever de l'astre de Vénus
Il reposait sur la boîte aux *agnus.*

GRESSET, *Vert-Vert,* I.

L'une découpe un *agnus* en losange,
Ou met du rouge à quelque bienheureux.

LE MÊME, *l'Ouvroir.*

AGNEL, s. m., écrit aussi AIGNEL.

Espèce de monnaie d'or qui a eu cours en France sous saint Louis et plusieurs de ses successeurs, et dont le type ordinaire était un agneau avec cette inscription, sur une banderole : « Agnus Dei, qui tollis peccata mundi, miserere nobis. »

On a dit *Agnel d'or, Denier d'or à l'agnel, Florin d'or à l'agnel.* Voyez ci-après *Agnelet,* pris en ce sens. Les mêmes monnaies se sont appelées *moutons d'or à la grande laine, moutons d'or à la petite laine.*

Nostre monnoie d'or qui est et sera apelée *à l'aignel,* laquele est du temps de saint Loys...

Ordonnance de Philippe le Bel du 27 janvier 1310 (voir *Recueil des Ordonnances,* t. I, p. 477).

Nous avons fait regarder en nos registres seur le fait de la monoie de l'or, et avons trouvé que il (saint Louis) fist faire le *denier d'or* que len appelle *à l'aignel.*

Ordonnance de Louis X du 15 janvier 1315 (voir *Recueil des Ordonnances,* t. I, p. 615).

Lors demora
L'*aingniau* d'or que l'on aoura.

Hist. de France en vers, à la suite de Fauvel, ms. du R. nº 6812, fol. 82, rº, col. 3. (Cité par Sainte-Palaye.)

AGNELET, s. m. (diminutif d'*agnel*), écrit quelquefois AIGNELET, AIGNELEZ, AINGNELET, ANGNELAIT, etc. Voyez le *Glossaire* de Sainte-Palaye.

Longtemps d'usage pour Petit agneau.

Ce que voyant le bon Janot mon pere
Voulut gager à Jacquet son compere
Contre un veau gras deux *agnelets* bessons
Que quelque jour je ferois des chansons.

CL. MAROT, *Églogue au Roy.*

Il faut donc renverser l'ordre de chaque chose...
Qu'à poursuivre les loups les *agnelets* s'ébattent;
Qu'un fou fasse les lois; que les femmes combattent.

MOLIÈRE, *le Dépit amoureux,* III, 8.

Thibaut l'*agnelet* passera
Sans qu'à la broche je le mette;
Et non seulement lui, mais la mère qu'il tette,
Et le père qui l'engendra.

LA FONTAINE, *Fables,* X, 6.

Il y a dans ce dernier passage un souvenir de *la farce de Pathelin,* où le berger a le nom significatif de *Thibault l'Aignelet.*

Comment est-ce que l'on t'appelle?
— Par sainct Maur, *Thibault l'Aignelet.*
— L'Aignelet! maint aigneau de laict
Tu as cabassé à ton maistre.

Agnelet a servi à désigner une monnaie qui valait moitié moins que l'*agnel*.

Avons voulu... que les deniers d'or fin à l'agnel... ayent cours... pour trente sols parisis la piece... et des petits *aignelez* d'or fin, pour quinze sols parisis la piece.

Ordonnance de Charles, fils aîné et Lieutenant de Jean I, du 23 janvier 1357 (voy. *Recueil des Ordonnances des Rois de France*, t. III, p. 196).

On a dit pour Petit agneau, ainsi qu'*agnelet*, Agnelin. Voyez les dictionnaires d'Oudin et de Cotgrave.

Les brebis portent depuis deux ans jusqu'à neuf, et d'aucunes jusqu'à dix. Les *agnelins* de la première portée sont petis.

Du Pinet, trad. de Pline, liv. VIII, c. 47.

Agnelin a encore signifié Laine d'agneau, fourrure de peau d'agneau. Voyez, avec le dictionnaire de Cotgrave, le *Glossaire* de Sainte-Palaye, qui renvoie au recueil des *Ordonnances des rois de France*, t. III, p. 464, et à l'ancienne coutume d'Orléans, p. 472.

On se sert encore d'*agnelin*, en termes de mégisserie, en parlant d'une peau d'agneau mégissée à laquelle on a laissé la laine.

Enfin Agnelin s'est conservé comme adjectif, dans cette expression, *Laine agneline*, c'est-à-dire qui vient des agneaux.

D'*agnel* se sont aussi formés :

Agneler, v. n.

Autrement *Aingneler*. Voyez le *Glossaire* de Sainte-Palaye.

Faire un agneau, en parlant de la brebis qui met bas.

Par sus tout autre se prendra-on curieusement garde des brebis portieres, qui sont pleines et de celles qui nouvellement *ont aignelé*, alaictantes leurs petits, pour les traiter et loger avec plus de soin que les autres.

Olivier de Serres, *Théâtre d'agriculture*, lieu IV, c. 13.

Agnelement, s. m.

Autrement, *Aignelement*. Voyez le Dictionnaire de Cotgrave.

Action d'*agneler*.

Encores que les meres aiment leurs petits, sera bon qu'ils demeurent ensemble les deux premiers jours de *l'aignellement*.

Olivier de Serres, *Théâtre d'agriculture*, lieu IV, c. 13.

AGNÈS, s. f. (On prononce l'S.)

L'emploi de ce nom propre de femme dans l'*École des femmes* de Molière, en 1662, a donné lieu d'en faire un nom commun par lequel on désigne familièrement Une jeune fille très innocente. *C'est une Agnès. Elle fait l'Agnès.*

Nous fûmes dîner l'autre jour à La Seilleraye... Mon *Agnès* fut ravie d'être de cette partie.... elle a dix-neuf ans, mon *Agnès*, et n'est pas si simple que je pensois.

Mme de Sévigné, *Lettres*, 25 mai 1680.

La Fausse Agnès est le titre d'une comédie de Destouches, représentée en 1759.

AGONIE, s. f. (du latin *agonia*, employé dans la Vulgate (*Luc*, XXII, 43) pour traduire le grec ἀγώνια, et, par ces mots, de ἀγών.)

Comme Ἀγών, Ἀγώνια avait le sens général d'Exercice, de lutte. Ce sens est attribué au mot *agonie* dans le passage suivant d'une date ancienne, où se trouve, en même temps, rappelée une des acceptions, plus particulières, qu'Agonie a reçues dans notre langue.

Agonie, agonization et *agonisement* sont une chose laquelle est exercitation pour faire les corps agiles et fors, et mesmement pour les disposer à faitz habilles et a faiz d'armes : si comme luctes et joustes et tournoys et telles choses... *Agonie* est pris aucunes fois pour labeur de pensée fort et angoisseux; mais ce n'est pas en cest livre.

Agonizer est faire *agonie*.

Nicole Oresme, trad. de la *Politique d'Aristote, table des expositions des fors mots de Politiques*.

A ce sens du mot Agonie répond celui des mots Agonistique, Agonothète, dont il sera question plus loin.

Agonie, c'est, au propre, La lutte de la vie contre la mort.

A force de crier et de se tourmenter, il feit crever l'aposthume qu'il avoit dedans le corps... au moyen de quoi lui estant toute force faillie, il passa la nuict en grande *agonie*, et puis mourut.

Amyot, *Trad. de Plutarque*, Vie de Sylla.

Ces rechutes, ces *agonies* fréquentes, ne lui servoient-elles pas comme d'apprentissage à bien mourir.

Fléchier, *Oraison funèbre de Mme de Montausier*.

Il s'emploie surtout en parlant de la dernière lutte.

On a dit en ce sens *L'agonie de la mort*, et plus ordinairement, par abréviation et d'une manière absolue, *L'agonie, une agonie*, etc.

J'ai des remèdes qui se moquent de tout et je l'attends à l'*agonie*.

Molière, *le Médecin malgré lui*, III, 5.

Voilà ce qu'il lui servit de méditer l'Évangile... C'est encore ce qui lui fit dire cette admirable parole : « Qu'elle aimoit mieux vivre et mourir sans consolation que d'en chercher hors de Dieu. » Elle a porté ces sentiments jusqu'à l'*agonie*.

Bossuet, *Oraison funèbre d'Anne de Gonzague*.

On dit que le cardinal Mazarin étant désespéré des médecins, ses courtisans crurent qu'il falloit honorer son *agonie* d'un prodige, et lui dirent qu'il paroissoit une grande comète qui leur faisoit peur. Il eut la force de se moquer d'eux, et il leur dit plaisamment que la comète lui faisoit trop d'honneur.

Mme de Sévigné, *Lettres*, 2 janvier 1681.

Triste condition de l'homme! et qui dégoûte de la vie! Il faut suer, veiller, fléchir, dépendre, pour avoir un peu de fortune, ou la devoir à l'*agonie* de nos proches.

La Bruyère, *Caractères*, c. 6.

Vous avez raison d'envier l'*agonie* des Carmélites; mais, pour mourir comme elles, il faut vivre de même.

Mme de Maintenon, *Lettres*, 21 mai 1709, à Mme de Villette.

Toute notre vie n'est qu'une longue et pénible *agonie*.

Massillon, *Sermon sur la mort*.

Cette pièce (Inès de Castro de La Motte) n'a pu réussir à la représentation, que parce qu'elle étoit relevée par le jeu de Baron, qui, comme le cygne du Méandre, chante son *agonie* très mélodieusement.

J.-B. Rousseau, *Lettres*, 23 août 1723.

J'interromps mon *agonie* pour vous dire que vous êtes une créature charmante.

Voltaire, *Lettres*, 25 novembre 1733, à l'abbé de Sade.

Je me regarde déjà comme un homme mort, quoique j'aye égayé mon *agonie* autant que je l'ai pu.

Le même, *Lettres*, 1er mars 1767.

Ces terribles *agonies* effraient plus les spectateurs qu'elles ne tourmentent le malade.

Buffon, *Histoire naturelle*, de la Mort.

De là des expressions fort usitées, *A l'agonie, être à l'agonie*, etc.

Ils croyent que... lorsque quelqu'un est *à l'agonie de la mort*, il vient un nombre infini de démons avec leurs chefs et capitaines.

Tavernier, *Voyages de Perse*, liv. II, c. 8.

Je voudrois, monsieur, que vous eussiez toutes les maladies que je viens de dire, que vous fussiez abandonné de tous les médecins, désespéré, *à l'agonie*, pour vous montrer l'excellence de mes remèdes et l'envie que j'aurois de vous rendre service.

Molière, *le Malade imaginaire*, III, 10.

Dire qu'un prince est arbitre de la vie des hommes, c'est dire seulement que les hommes par leurs crimes deviennent naturellement soumis aux lois et à la justice... ajouter qu'il est maître absolu de tous les biens de ses sujets... c'est le langage de la flatterie, c'est l'opinion d'un favori qui se dédira *à l'agonie*.

La Bruyère, *Caractères*, c. 10.

Les meilleurs remèdes et les plus habiles échouent à bien des maladies : à plus forte raison ces sortes de gens qui donnent le même remède, tout au plus déguisé, à toutes sortes de maux, et qui, à tout hasard, entreprennent les plus désespérés, et des gens *à l'agonie*.

Saint-Simon, *Mémoires*, 1698.

C'est cependant ce même homme pour qui je me traînai à Versailles *étant* presque *à l'agonie*.

Voltaire, *Lettres*, septembre 1735, à M. Berger.

Certes, vous autres Français, vous êtes étonnants. Vos héros gagnent des batailles ayant la mort sur les lèvres et vos poètes font des ouvrages immortels *à l'agonie*.

Frédéric II, *Lettres*, 18 décembre 1745, à Voltaire.

Je *serois* bien malade, et plus qu'*à l'agonie*
Si des yeux aussi beaux ne me rendoient la vie.

Regnard, *le Légataire universel*, 1, 5.

J'ai cru que votre amour *étoit à l'agonie*.

Dufresny, *le Faux sincère*, IV, 5.

On se sert quelquefois d'Agonie au pluriel, même en parlant d'une seule personne, pour exprimer les derniers moments de la vie.

Elle (madame de Brienne) s'en alla voir madame la Princesse (mère du Prince de Condé)... Quand elle fut dans les *agonies de la mort*, elle se tourna de son côté, et lui dit, en lui tendant la main : « Ma chère amie, mandez à cette pauvre misérable qui est à Stenay, voulant parler de madame de Longueville sa fille, l'état où vous me voyez, et qu'elle apprenne à mourir ».

Mme de Motteville, *Mémoires*, année 1650.

Quel spectacle que celui du trappiste mourant!... la cloche funèbre sonne ses dernières *agonies*...

Chateaubriand, *Génie du Christianisme*, IVe partie, liv. III, c. 6.

Agonie se dit, au figuré, d'une extrême angoisse, d'une grande peine d'esprit.

Entre lesquels vey a part une tourbe
D'hommes piteux, ayant la teste courbe,
L'œil vers la terre à grand' cérémonie,
Pleins (à les veoir) de deuil et *agonie*.

Cl. Marot, *Chants divers*, III, 41.

Il est quelquefois suivi de la préposition *de* et d'un nom qui indique la nature de la peine :

Dieu ne s'apaise envers le pécheur que lorsque l'excès de son repentir l'a jeté dans une *agonie de* tristesse.

Massillon, *Carême*. Vendredi saint.

Enfin, comme les mots crainte, inquiétude, dont il est synonyme en ce sens, il est quelquefois suivi d'un *que* :

Nous étions en une extrême *agonie qu'*ils n'eussent quelque suspicion de nostre entreprise.

Amyot, trad. de Plutarque, *Œuvres mêlées*, Du Démon de Socrate, c. 8.

Agonie, en ce sens encore, s'est dit au pluriel, même en parlant d'une seule personne.

Ces *agonies* mortelles du pécheur, convaincu qu'il est de ce qu'il a fait et de ce qu'il mérite, que nous présagent-elles, disons mieux, que nous démontrent-elles, sinon un jugement, mais un jugement redoutable?

Bourdaloue, *Carême*, Sermon sur le jugement de Dieu.

A cette acception figurée d'*agonie* se rapporte l'expression *L'agonie de Notre-Seigneur*, *de notre Sauveur*, etc., en parlant de l'état d'extrême angoisse où Jésus-Christ se trouva au jardin des Olives. Cette expression, empruntée à l'Écriture, semble avoir été, comme on l'a pu voir plus haut, le point de départ des diverses acceptions d'Agonie dans notre langue.

Alors il lui apparut un ange du ciel, qui vint le fortifier, Et étant (tombé) en *agonie*, il redoubloit ses prières.

Le Maistre de Sacy, trad. du *Nouveau Testament*, Luc, XXII, 43.

Encore réprima-t-elle ce foible désir, en disant aussitôt après, avec Jésus-Christ, la prière du sacré mystère du jardin : c'est ainsi qu'elle appeloit la prière de *l'agonie de notre Sauveur*.

Bossuet, *Oraison funèbre d'Anne de Gonzague*.

Agonie se dit encore, par figure, de la fin pénible et laborieuse, de la crise finale de certaines choses.

Lucinde vient de mettre son imagination à l'*agonie*.

Dufresny, *le Malade sans maladie*, III, 5.

Cette suite d'expédients qu'on embrasse n'ont d'autre but que de prolonger l'*agonie* de nos finances.

Mirabeau, *Discours*, 22 janvier 1790.

L'*agonie* de cette armée de Français fut affreuse.

Napoléon, *Mémoires*, t. VI, p. 287.

AGONISER, v. n. (du latin *agonisare*, et, par ce mot, d'ἀγωνίζεσθαι).

On l'a écrit, conformément à son étymologie, *agonizer*. Voyez le Dictionnaire français-latin de Danet, etc.

C'est avec cette dernière orthographe que le donne Nicole Oresme, dans un passage précédemment cité, lui attribuant sans doute un sens analogue à celui qu'a chez lui Agonie.

Agoniser ne paraît pas d'ailleurs avoir jamais signifié autre chose que *Être à l'agonie*.

Il *agonisoit*, il défailloit peu à peu, attirant l'air avec peine d'une bouche livide, et traînant lentement les derniers soupirs par une respiration languissante.

BOSSUET, 3e *Sermon sur la Passion de Jésus-Christ.*

L'abbé de Foix se meurt; il a reçu tous ses sacrements, il *agonise;* cela est pitoyable.

Mme DE SÉVIGNÉ, *Lettres,* 15 mai 1671.

Pour vous parler maintenant des affaires générales, je vous dirai que je vis *agoniser* la pauvre Madame la Dauphine.

BUSSY-RABUTIN, *Lettres,* 31 mai 1690, à Mme de Sévigné.

AGONISANT, ANTE, adj.

On l'a écrit, AGONIZANT. Voyez le Dictionnaire français-latin de Danet.

Qui est à l'agonie.

Il ne faut pas s'étonner que le roi laissât au cardinal mourant la distribution de tant de bénéfices, puisque nous avons vu arriver presque la même chose au père Ferrier *agonizant.*

L'ABBÉ DE CHOISY, *Mémoires,* liv. II.

L'extrême-onction fut administrée solennellement au malade *agonisant.*

VOLTAIRE, *Histoire de Pierre le Grand,* IIe part., c. 10.

On m'a empaqueté pour Commerci, et j'y suis *agonisant* comme à Paris.

LE MÊME, *Lettres,* 19 juillet 1748.

J'étais moi-même honteuse de l'affront que mon âge, mon innocence et ma santé feraient à ce vieux pécheur confondu et *agonisant.* Je me trouvais trop vengée, et j'en rougissais d'avance.

MARIVAUX, *la Vie de Marianne,* Ve partie.

AGONISANT a été quelquefois employé au figuré :

Une voix *agonisante.*

DANET, *Dictionnaire françois-latin.*

Laissez mourir en paix un mot *agonisant.*

BOURSAULT, *les Mots à la mode,* sc. 6.

AGONISANT est aussi substantif.

Je suis une espèce d'*agonisant* qui voit vendre sa garderobe avant d'avoir rendu le dernier soupir.

VOLTAIRE, *Lettres,* 12 mars 1772.

Un prêtre assis à son chevet le console. Ce ministre saint s'entretient avec l'*agonisant* de l'immortalité de son âme.

CHATEAUBRIAND, *Génie du Christianisme,* liv. I, c. 11.

...Quoi, ma pauvre Lisette!
Laisserons-nous crever un pauvre *agonisant?*

REGNARD, *le Bal,* sc. 3.

AGONISANT, substantif, est d'usage dans cette locution : *les prières des agonisants.*

Les saintes *prières des agonisants* réveillent sa foi.

BOSSUET, *Oraison funèbre de Michel Le Tellier.*

Que dirai-je des saintes *prières des agonisants,* où, dans les efforts que fait l'Église, on entend ses vœux les plus empressés et comme les derniers cris par où cette sainte mère achève de nous enfanter à la vie céleste?

LE MÊME, *Oraison funèbre du prince de Condé.*

Vers onze heures du soir on le trouva si mal (Louis XIV) qu'on lui dit *les prières des agonisants.*

SAINT-SIMON, *Mémoires,* 1715.

M. le grand prieur n'est pas mort. *Les prières des agonisants* lui ont fait beaucoup de bien.

VOLTAIRE, *Lettres,* 10 juin 1748.

Je devine qu'elle a été chargée, la pauvre malheureuse! de la fonction douloureuse de réciter *la prière des agonisants.*

DIDEROT, *Salon de* 1765. Greuze.

Il y a eu autrefois une *Confrérie des agonisants* dont la principale obligation était de prier et de faire prier pour les criminels condamnés à mort.

La *confrérie des agonisants* a été instituée par les Pères Augustins, sous le nom de Saint-Nicolas de Tolentin.

FURETIÈRE, *Dictionnaire.*

AGONISTIQUE, s. f. (du grec ἀγωνιστική, et, par ce mot, d'ἀγών).

Un des noms de la gymnastique des athlètes, chez les Grecs.

L'on désignoit la gymnastique des athlètes par différents noms : on l'appeloit... *agonistique,* à cause des jeux publics (ἀγῶνες) qui en étoient le principal objet.

BURETTE, *Mémoires pour servir à l'histoire des athlètes.*
(Voir *Mém. de l'Acad. des Inscript.,* t. I, p. 214.)

C'est encore le titre de certains traités sur la gymnastique.

Tout ce que le premier (Jérôme Mercurial) nous apprend

des athlètes, dans sa Gymnastique, se réduit à deux chapitres... L'*agonistique* de Du Faur peut y servir d'un ample supplément.

BURETTE, *Mémoires pour servir à l'histoire des athlètes.* (Voir *Mém. de l'Acad. des Inscript.*, t. I, p 212.)

On l'a aussi employé comme adjectif pour Qui concerne les exercices, les luttes des athlètes, les jeux.

Lorsque Néron, scrupuleux observateur des loix *agonistiques*, chanta devant le peuple romain, il ne manqua pas, dit Suétone, de se faire inscrire parmi les autres musiciens qui devoient entrer en concurrence avec lui.

BURETTE, *Mémoires pour servir à l'histoire des athlètes.* (Voir *Mém. de l'Acad. des Inscript.*, t. I, p. 244.)

Quelque déférence qu'eussent les Grecs pour le jugement des hellanodiques, il arrivoit quelquefois dans les jeux tel incident qui obligeoit les athlètes d'en appeler au sénat d'Olympie, lequel décidoit souverainement ces sortes d'affaires *agonistiques*.

LE MÊME, même ouvrage, ibid., 271.

AGONOTHÈTE, s. m. (du latin *Agonotheta, Agonothetes*, et, par ce mot, du grec ἀγωνοθέτης, formé d'ἀγών et de τίθημι).

C'était, chez les Grecs, un des noms par lesquels on désignait les présidents des jeux.

Une attention si exacte à la naissance, aux mœurs et à la condition des athlètes, étoit un des principaux soins de ceux qui présidoient aux jeux et qu'on appeloit *agonothètes*... C'étoit ordinairement l'*agonothète* qui distribuoit les couronnes.

BURETTE, *Mémoires pour servir à l'histoire des athlètes.* (Voir *Mém. de l'Acad. des Inscript.*, t. I, p. 242.)

On l'a autrefois appliqué dans nos collèges, sous sa forme latine, à la personne qui faisait la dépense des prix distribués aux écoliers. On a dit, par exemple : « Ex munificentia regis clarissimi, *agonothetæ* perpetui, » et cela a pu conduire à une application du même genre qu'on trouve du mot AGONOTHÈTE dans l'épigramme suivante :

La Motte présidant aux prix
Qu'on distribue aux beaux esprits,
Ceignit de couronnes civiques
Les vainqueurs des jeux olympiques.
Il fit un vrai pas d'écolier,
Et prit, aveugle *agonothète*,
Un chêne pour un olivier
Et Du Jarry pour un poëte.

VOLTAIRE, *Aux auteurs de la Bibliothèque française*, Cirey, 20 septembre 1736. Note.

AGRAFE, s. f. (de notre ancien mot AGRAPPE, AGRAPE, et, par ce mot, très probablement, de l'allemand *krapp, krapf*, croc, crochet.)

On l'a écrit AGRAPHE (voyez les Dictionnaires de Rob. Estienne, J. Thierry, Nicot, Cotgrave, Danet), AGGRAFFE, AGRAFFE.

Sainte-Palaye cite les exemples suivants de cette expression *agrappe de fer, agraffe de fer*, où paraît l'identité d'AGRAPPE et d'AGRAFE et le rapport de l'ancien sens du mot avec l'acception particulière qu'il a conservée :

Aucuns... en nageant allèrent attacher *agrappes de fer* par dedans l'eaue aux basteaux... ausquelles *agrappes* y avoit de bien longues cordelles, par lesquelles cordelles iceux navires furent... audit lieu d'Abbeville.

MONSTRELET, vol. II, fol. 137, 138.

...Ayant attaché une *agraffe de fer* qui y étoit (à une corde) à l'entredeux d'une canonière.

SULLY, *Mémoires*, t. II, p. 92.

On voit par d'autres exemples de date ancienne, rapportés encore dans le *Glossaire* de Sainte-Palaye, que le mot *agrappe* semble s'être dit d'une espèce d'armes, dont le fer était courbé en forme de croc.

AGRAFE ne se dit plus, depuis longtemps, dans l'usage ordinaire, que d'une sorte de crochet qui passe dans un anneau appelé Porte, et qui sert à attacher ensemble différentes choses.

Le roi, dans sa fureur, détache l'*agrafe* du manteau de la reine, ornement destiné à un autre usage : il s'en sert pour se priver cruellement de la lumière du jour.

BRUMOY, *Théâtre des Grecs*, trad. de l'*Œdipe roi*, v. 1857 et suiv.

Tout le monde connaît le roi de Boutan. C'est un des plus grands princes du monde. Il foule à ses pieds les trônes de la terre ; et ses souliers, s'il en a, ont des sceptres pour *agrafes*.

VOLTAIRE, *Jusqu'à quel point on doit tromper le peuple.*

Et dépouillant soudain la pourpre tyrienne
Que tient sur son épaule une *agrafe* d'argent,
Il l'attache lui-même à l'auguste indigent.

A. Chénier, *Idylles,* le Mendiant.

Une *agrafe de diamants* est une agrafe enrichie de diamants.

Agrafe, en termes d'architecture, se dit d'un Crampon de fer qui sert à retenir des pierres, des marbres, à empêcher qu'ils ne se désunissent.

Ce mot a encore, dans le vocabulaire de l'architecture et de certains arts et métiers, des acceptions particulières qu'il appartient aux dictionnaires spéciaux d'expliquer.

AGRAFER, v. a.

L'orthographe de ce mot a varié comme celle d'*agrafe.* On l'a écrit Aggraffer, Agraffer, Agrapher et, plus anciennement, Agrapper, Agraper, Acraper, etc. (Voyez le *Glossaire* de Sainte-Palaye.)

Agraper, c'était, au propre, Saisir avec un crochet, accrocher.

Si aucune gens viennent à ols por ols à soscorre, si plongent ensemble ols ceos k'il puyent *agrappeir,* ensi k'il à ols ne à ceos ne puyent faire nule ajue.

Sermons de S. Bernard, à la suite des *quatre livres des Rois*, édit. de L. de Lincy, p. 521.

Vous veissiez nos gens... *agrapper* contremont ces murs et dresser eschelles.

Histoire de J. de Boucicaut, in-4°, Paris, 1620, liv. II, p. 201. (Cité par Sainte-Palaye.)

C'était, au figuré, Prendre avec avidité.

Cest li porciaus qui tout *agrape.*

Anc. Poet. fr. mss. av. 1300, t. IV, p. 1311. (Cité par Sainte-Palaye.)

Comme rasine
Qui conglutine
Ce qu'elle attrape,
Femme est encline
A la rapine :
Toujours attrappe ;
Ce qu'elle *agrappe*
Jamais n'échappe,

Guillaume Alexis, *Blason des Faulses amours.*

Agrafer, sous sa forme pronominale, s'est employé d'une manière analogue.

On a dit *s'agrafer,* au propre et au figuré, pour S'accrocher, s'attacher, se prendre à quelque chose.

Les vaisseaux du roi étoient résolus, si l'armée angloise les venoit attaquer de *s'agraffer* chacun *au* sien.

Bassompierre, *Mémoires.*

Un homme qui se noye *s'agraffe à* tout ce qu'il peut.

Furetière, *Dictionnaire.*

Cette fille s'*agrafe à* tout ce qu'elle rencontre.

Grand vocabulaire.

Agrafer n'est actuellement employé qu'au sens usuel de Attacher avec une agrafe.

D'*agrafe* s'étaient encore formés d'autres mots qui n'ont jamais été de grand usage. Agraphiner, Saisir, prendre, que donne le dictionnaire de Cotgrave. Aggraffement, Action d'accrocher, d'agrafer, recueilli par le même lexicographe, par Oudin et par Sainte-Palaye.

AGRAIRE, adj. des deux genres (du latin *agrarius,* et, par ce mot, d'*ager*).

Nom que la jurisprudence et l'histoire romaine donnent aux Lois qui avaient pour objet la distribution des terres conquises entre les citoyens.

De là ces locutions : *Loi agraire, lois agraires.*

Il (Tiberius Gracchus) ne fut pas plutôt en possession de cette charge, l'écueil ordinaire de ceux qui vouloient la soutenir avec hauteur, que, suivant sa fermeté naturelle et le désir qu'il avoit d'éprouver ses forces, il proposa la *loi agraria,* le sujet éternel des divisions des pères et des plébéiens, du sénat et du peuple, des riches et des pauvres.

Saint-Réal, *Conjuration des Gracques.*

Ce fut alors, dit Tite-Live (*Decad.,* I, liv. II, c. 41) que la *loi agraire* fut proposée pour la première fois.

Vertot, *Révolution romaine,* liv. III.

C'est ici la première fois qu'il est fait mention de la *loi agraire,* c'est-à-dire de la loi qui ordonnoit des distributions de terre pour le peuple.

Rollin, *Histoire romaine*, liv. III, § 2. (Proposition de Sp. Cassius, an de Rome 268, avant J.-C. 484.)

Les tribuns remettent sur le tapis plus fortement que jamais l'affaire des *lois agraires,* dont on différoit l'exécution depuis trente ans.

ROLLIN, *Histoire romaine,* l. IV, § 2 (an de Rome 299, av. J.-C. 453).

Lorsqu'il y a une *loi agraire* et que les terres sont également partagées, le pays peut être très peuplé, quoiqu'il y ait peu d'arts, parce que chaque citoyen trouve dans le travail de sa terre précisément de quoi se nourrir.

MONTESQUIEU, *Esprit des Lois,* XXIV, 15.

Cicéron soutenoit que les *lois agraires* étoient funestes, parce que la cité n'étoit établie que pour que chacun conservât ses biens.

MONTESQUIEU, *Esprit des Lois,* XXVI, 15.

O Cicéron!... tu parles, et les tribus renoncent à la *loi agraire,* c'est-à-dire à leurs besoins.

P.-C.-B. GUEROULT, trad. de Pline l'Ancien, *Histoire naturelle des animaux,* liv. VII, c. 31.

AGRANDIR, v. a. (soit de notre verbe simple *grandir,* et, par ce mot, de *grand;* soit du verbe latin *grandire,* et, par ce mot, de *grandis*).

On l'a longtemps écrit AGGRANDIR. (Voyez les dictionnaires de Rob. Estienne, de J. Thierry, de Nicot, de Monet, de Cotgrave, de Danet, le Dictionnaire de l'Académie, éditions de 1694 et de 1718.)

AGRANDIR signifie au propre Rendre plus grand.

Tailler et *aggrandir* ung trou en taillant et ostant du bois.

ROB. ESTIENNE, *Dictionnaire fr.-latin;* et J. THIERRY, NICOT.

Albe fut vaincue et ruinée : ses citoyens, incorporés à la ville victorieuse, l'*agrandirent* et la fortifièrent.

BOSSUET, *Discours sur l'histoire universelle,* I, 7.

Servius Tullius, après *avoir agrandi* la ville de Rome, conçut le dessein de la mettre en république.

LE MÊME, même ouvrage, I, 8.

Le roi ayant quitté Saint-Germain pour Versailles et *agrandi* son parc, plusieurs maisons s'y trouvèrent renfermées.

Mme DE CAYLUS, *Souvenirs.*

Quel a pu être le dessein de la Providence en répandant sur vous les biens de la terre... seroit-ce d'*agrandir* vos possessions et vos héritages? Mais vous n'*agrandiriez* jamais que le lieu de votre exil.

MASSILLON, *Sermons.* Sur les œuvres de miséricorde.

Romulus et Tatius augmentèrent le nombre des citoyens et *agrandirent* la ville désormais trop étroite.

ROLLIN, *Histoire romaine.*

On se sert d'*agrandir* lorsqu'il est question d'étendue; et lorsqu'il s'agit de nombre, d'élévation ou d'abondance on se sert d'augmenter. On *agrandit* une ville, une cour, un jardin.

GIRARD, *Synonymes français.*

Ce temple *fut agrandi* et réparé par Hélène, mère de Constantin.

CHATEAUBRIAND, *Itinéraire de Paris à Jérusalem.*

. . . . De votre héritage
Vous avez beau vouloir élargir les confins,
Quand vous l'*agrandiriez* trente fois davantage
Vous aurez toujours des voisins.

J.-B. ROUSSEAU, *Odes* III, 7. Au comte de Zinzindorf.

Il n'*agrandit* point ses États,
Fut un voisin commode.

BÉRANGER, *le Roi d'Ivetot.*

AGRANDIR s'emploie figurément dans un sens moral et reçoit alors pour régimes des mots de nature abstraite.

Il y a des passions qui resserrent l'âme et qui la rendent immobile, et il y en a qui l'*agrandissent* et la font répandre au dehors.

PASCAL, *Discours sur les passions de l'amour.*

Rome encore pauvre et attachée à l'agriculture nourrissoit une milice admirable qui ne respiroit que la gloire et ne songeoit qu'à *agrandir* le nom romain.

BOSSUET, *Discours sur l'histoire universelle,* III, 6.

La sottise de l'esprit humain est telle, qu'il n'y a rien qui ne lui serve à *agrandir* l'idée qu'il a de lui-même.

Logique de Port-Royal, part. III, c. 19.

On dit aussi agrandir une personne, une famille, une nation, pour Les rendre plus grands en fortune, en dignité, en puissance.

Il (le roy) peult *agrandir* ceulx qu'il ayme.

COMMINES, *Mémoires,* V, 13.

La pauvreté de Lysander, qui vint à estre descouverte à sa mort, rendit sa vertu plus claire et plus illustre qu'elle n'estoit en son vivant... Jamais il n'en avoit *aggrandi* ni augmenté sa maison d'une seule maille.

AMYOT, trad. de Plutarque. *Vie de Lysander,* c. 11.

La sagesse que je dois louer dans ce discours n'est pas celle qui élève les hommes et qui *agrandit* les maisons...
BOSSUET, *Oraison funèbre de Michel Le Tellier.*

Rome ne m'aime pas : elle hait Nicomède ;
Et lorsqu'à mes désirs elle a feint d'applaudir,
Elle a voulu le perdre et non pas m'*agrandir*.
P. CORNEILLE, *Nicomède*, IV, 5.

AGRANDIR, pris au propre, signifie encore Faire paraître plus grand.

Ce vêtement *agrandit* la taille.
Dictionnaire de l'Académie.

Dans une acception analogue il signifie Donner un caractère de grandeur à ce qu'on dit, à ce qu'on écrit, à ce qu'on fait.

Cet écrivain *agrandit* les sujets qu'il traite.

Il a su *agrandir* son héros sans qu'il en coûtat rien à la vérité.
Dictionnaire de l'Académie.

Il est quelquefois, dans le langage familier, synonyme d'Exagérer.

Aggrandir une chose par paroles.
ROB. ESTIENNE, *Dictionnaire fr.-latin;* et J. THIERRY, NICOT

Cet homme est un peu sujet à *agrandir* le récit. Il *agrandit* volontiers.
Dictionnaire de l'Académie.

On a pu dire *Agrandir de*, comme on dit Augmenter de.

Le résultat de la première guerre a été d'*agrandir* la France *de* la Belgique et *du* Piémont.
NAPOLÉON, *Mémoires*

AGRANDIR s'emploie avec le pronom personnel; Soit au propre, en parlant des choses dont l'étendue s'accroît :

Ciel! quel vaste concours! *agrandissez-vous*, temples!
GILBERT, *Odes*, le Jubilé.

Soit au figuré, en parlant des choses de l'ordre moral qui reçoivent de l'accroissement :

Luy qui estoit tout dedié à l'avarice, et jour et nuit ne pensoit à autre chose que comme il *se* pourroit *agrandir*, ne se soucioit guères de la mort, ains reculoit bien loing ceux qui luy en parloient.
LOUVEAU et LARIVEY, traduct. de STRAPAROLE, *Facétieuses nuits*, X^e nuit, fable IV.

L'homme seul est quelque chose d'imparfait; il faut qu'il trouve un second pour être heureux. Il le cherche bien souvent dans l'égalité de la condition... néanmoins l'on va quelquefois bien au-dessus, et l'on sent le feu *s'agrandir*, quoiqu'on n'ose pas le dire à celle qui l'a causé.
PASCAL, *Discours sur les passions de l'amour.*

O homme, tu peux bien t'enfler, mais non pas *t'agrandir*.
BOSSUET, *Sermons*. Fragment sur la Nativité de Notre-Seigneur.

Lorsque le juge veut *s'agrandir*, et qu'il change en une souplesse de cour le rigide et inexorable ministère de la justice, il fait naufrage contre ces écueils.
LE MÊME, *Oraison funèbre de Michel Le Tellier.*

Il se dit, particulièrement, lorsqu'il est question des personnes, de celui qui augmente son héritage, sa terre, sa maison, etc.

On ne se pousse et l'on ne *s'agrandit* dans le monde que pour angmenter l'idée que chacun se forme de soi.
NICOLE, *Essais de morale.*

Dans les belles occasions de *s'agrandir*, il n'est presque point de fidélité qui soit à l'épreuve.
PATRU, VIIe *Plaidoyer.*

Cet homme croit *s'agrandir* avec son équipage qu'il augmente, avec ses appartements qu'il rehausse, avec son domaine qu'il étend.
BOSSUET, *Sermons*, Pour la profession de foi de Mme de la Vallière.

Vous regardez la terre comme votre patrie; vous ne cherchez plus qu'à *vous y agrandir*, qu'à y occuper une plus grande place.
MASSILLON, *Carême*, 2e dimanche. Dangers des prospérités.

Jamais pour *s'agrandir* vit-on, dans sa manie,
Un tigre en factions partager l'Hyrcanie?
BOILEAU, *Satires*, VIII.

On le dit, dans un sens analogue, en parlant des nations, des États.

Les Grecs avoient tort de s'imaginer, du temps de Polybe, que Rome *s'agrandissoit* plutôt par hasard que par conduite.

BOSSUET, *Discours sur l'histoire universelle*, III, 6.

Vous voyez, par la facilité avec laquelle nous faisons la paix, combien nous sommes éloignés de vouloir faire la guerre par une vaine gloire, ou par l'injuste avidité de *nous agrandir* au préjudice de nos voisins.

FÉNELON, *Télémaque*, XI.

Rome étoit faite pour *s'agrandir*, et ses lois étoient admirables pour cela.

MONTESQUIEU, *Grandeur des Romains*, c. 9.

Il y a dans tout corps politique un maximum de force qu'il ne saurait passer et duquel souvent il s'éloigne à force de *s'agrandir*.

J.-J. ROUSSEAU, *Contrat social*.

...Rome ignore encor comme on perd des batailles.
Loin de trembler pour elle, il lui faut applaudir,
Puisqu'elle va combattre, elle va *s'agrandir*.

P. CORNEILLE, *Horace*, I, 1.

AGRANDI, IE, participe.

Il s'emploie adjectivement soit au propre, soit au figuré.

...Mon âme *agrandie*
S'élançant d'une aile hardie,
De la terre a quitté les bords.

MALFILATRE, *Odes*, le soleil fixe au milieu des planètes.

AGRANDISSEMENT, s. m.

On l'a écrit, conformément à l'orthographe du verbe, AGGRANDISSEMENT. (Voyez les dictionnaires de Monet, de Cotgrave, de Danet; le Dictionnaire de l'Académie, éditions de 1694, 1718.)

Au propre, Accroissement en étendue.

Je me trouve, par la grâce de Dieu, assez bien partagé pour n'avoir à désirer aucun *agrandissement* d'États par la mort d'autrui.

LOUIS XIV à l'archevêque d'Embrun, 31 août 1661.
(Voy. MIGNET, *Succession d'Espagne*, t. I, p. 74.)

Au figuré, Accroissement en biens, en fortune, en dignités, etc.

Il travaille jour et nuit à *son agrandissement*.

DANET, *Dictionnaire françois-latin*.

C'est sur nous seuls que roule l'*agrandissement* ou la diminution *du* règne de J.-C.

MASSILLON, *Discours synodaux*. Du déréglement des pasteurs.

En parlant de choses de l'ordre moral, de choses abstraites :

L'affoiblissement et le changement des lois de l'État plaît toujours d'abord aux princes peu éclairés, parce qu'ils s'imaginent l'*agrandissement* de leur autorité.

LE CARDINAL DE RETZ, *Mémoires*.

La religion est la fin de tous les desseins de Dieu sur la terre : tout ce qu'il a fait ici-bas, il ne l'a fait que pour elle; tout doit servir à l'*agrandissement* de ce royaume de Jésus-Christ.

MASSILLON, *Petit Carême*, 2e dimanche.

On vit manifestement, pendant le peu de temps que dura la tyrannie des décemvirs, à quel point l'*agrandissement* de Rome dépendoit de sa liberté.

MONTESQUIEU, *Grandeur des Romains*, c. 1.

En parlant des personnes:

Ses plaisirs ne luy firent jamais desrober une seule minute d'heure, ny destourner un pas des occasions qui se presentoient pour son *aggrandissement*.

MONTAIGNE, *Essais*, II, 33.

S'il eust esté ambitieux, eust-il donné tout son bien, comme il a fait à sa patrie, au lieu de l'employer à son *agrandissement?*

PERROT D'ABLANCOURT. Trad. de Lucien. *La mort de Peregrinus*.

Les avantages offerts pour l'*agrandissement* de l'empereur ne suffisoient pas, si l'on en vouloit croire Stairs, pour borner les désirs de ce prince.

SAINT-SIMON, *Mémoires*, 1718.

Il suffit, pour l'intelligence des faits, de savoir qu'il sacrifiait tout pour l'*agrandissement* de Jérome Riario, l'un de ses prétendus neveux.

VOLTAIRE, *Essai sur les mœurs*. Suite de l'état de l'Europe au XVe siècle, c. 105.

On trouve mentionné dans le dictionnaire de Cotgrave,

AGRANDISSEUR, s. m.

AGRAVER, AGRAVANT, AGRAVATION. Voyez AGGRAVER, AGGRAVANT, AGGRAVATION.

AGRÉER, v. n. (de *gré*, et, par ce mot, du latin *gratum*). Entre *gré* et *agréer* se place comme intermédiaire le simple *gréer*, *graer*, dont on peut citer cet exemple :

Nous louons et greons.
(Voyez *Ordonnances des Rois de France*, t. XV, p. 63. Règne de Louis XI, et *Journal des savants*, 1822, p. 103.)

Cette ancienne formule a été remplacée par : « Nous louons et nous plaît. »

On a écrit AGGRÉER, AGRIER. (Voyez le *Glossaire* de Sainte-Palaye et les Dictionnaires de Rob. Estienne, de J. Thierry, de Nicot.) AGGRÉIER. (Voyez Burguy.)

Être à gré, plaire.

Il reçoit, le plus ordinairement, un complément formé de la préposition *à* et de son régime.

Périclès relaschant encore plus alors la bride au peuple, faisoit toutes choses pour *luy aggréer* et complaire.
AMYOT, trad. de Plutarque, *Vie de Périclès*, c. 22.

Ce sont les statues qui m'ont le plus *agréé à* Rome.
MONTAIGNE, *Voyages*, Tivoli.

Aveugle Phylis, ne voyez-vous point que cette douce parolle, qui *vous agrée* si fort, n'est qu'une pure flatterie?
D'URFÉ, *l'Astrée*, IIe part., liv. II.

Cette proposition n'*agréoit à* personne qu'à celui sur qui l'épreuve du remède se devoit faire.
VAUGELAS, trad, de Quinte-Curce, liv. III,

Pour moi, mon père, je ne refuserois pas même Momus pour juge, et j'accepte celui-ci, quel qu'il puisse être ; car que pourroit-il reprendre en la déesse de la Beauté? Mais il faut qu'il *agrée* aussi *à* mes rivales.
PERROT D'ABLANCOURT, trad. de LUCIEN, *Dialogue de Jupiter, Mercure, Pâris.*

N'ai-je pas obtenu de ma comédie tout ce que je voulois en obtenir, puisqu'elle a eu le bonheur d'*agréer aux* augustes personnes à qui particulièrement je m'efforce de plaire?
MOLIÈRE, *l'Impromptu de Versailles*, sc. 3.

Si l'on entre par malheur sans avoir une figure qui *lui agrée*, il ride son front, il détourne la vue.
LA BRUYÈRE, *Caractères*, c. 5.

S'il ne fet rien qui *à* moi *agret.*
Fabl. mss. du R., nº 7615, t. II, fol. 176, vº, col. 2.

Il ot à non Oitin, *à* qui proece *agrée.*
Anc. poës. fr. mss. avant 1300, t. IV, p. 1366.
(Cités par Sainte-Palaye.)

Quant Pepins l'entendi, moult *li* plaist et *agrée.*
Roman de Berte, p. 157.

Pour verdure ne pour prée,
Ne pour feuille ne pour flour,
Nulle chanson ne *m'agrée*
S'il ne vient de fine amour.
RAOUL, châtelain de Coucy. (Voyez *Hist. litt. de la France*, t. XIV, p. 583.)

Dy moy ta pensée
Enfant, s'il *t'aggrée.*
Moralité des enfans de maintenant. (Voyez *Ancien Théâtre françois*, t. III, p. 76, Bibl. Elzévirienne.)

Je n'ai chose qui tant *m'agrée.*
CHARLES D'ORLÉANS, *Ballades :* J'ay ou trésor de ma pensée.

..... Oyseaulx, je vous voy en chemin
De tout plaisir et joye désirée ;
Chascun de vous a per qui *lui agrée*,
Et point n'en ay....
LE MÊME, *Ballades :* le beau Soleil, le jour Saint-Valentin.

.... Si mon métier *vous agrée*,
De plume je vous serviray,
Car desir de vous servir ay.
OCTAVIEN DE SAINT-GELAIS, *Séjour d'honneur.*

...Or si ce peu *t'agrée*,
Heureux seray, que ton cueur s'y recrée.
CL. MAROT, *Épitres*, liv. I, 12.

La chapelle qui est bastie et consacrée
Pour le lieu d'oraison *à* Dieu plaist et *agrée.*
LE MÊME, *Épigrammes*, 115.

Priver de la clarté ce qu'elle aime le mieux
Ce n'est pas le moyen *d'agréer à* ses yeux.
P. CORNEILLE, *la Galerie du Palais*, V, I.

J'ai souhaité longtemps *d'agréer à* vos yeux;
Aujourd'hui je veux plaire à l'empereur des cieux.
ROTROU, *S. Genest*, IV, 6.

Si je ne *vous agrée*, il faut dire va-t-en.
BOURSAULT, *les Mots à la mode*, sc. 15.

Et si de *t'agréer* je n'emporte le prix,
J'aurai du moins l'honneur de l'avoir entrepris.
LA FONTAINE, *Fables*, I, à Monseigneur le Dauphin.

Quelquefois on l'emploie absolument:

L'art de persuader consiste autant en celui *d'agréer* qu'en celui de convaincre, tant les hommes se gouvernent plus par caprice que par raison.
PASCAL, *Pensées*.

Rien ne plaît, rien *n'agrée* de la part de quelqu'un qu'on n'aime pas.
J.-J. ROUSSEAU, *Lettres*, 1769.

Peu de gens que le ciel chérit et gratifie
Ont le don *d'agréer* infus avec la vie.
LA FONTAINE, *Fables*, IV, 5.

AGRÉER est aussi verbe actif et signifie Recevoir, accueillir favorablement.

Si tost que je pris ce qui me fu laissié el testament, il apert que je *agrée* le testament, et pour ce ne le puis je puis debatre.
BEAUMANOIR, *Coutume de Beauvoisis*, c. XII, 23.

Nous nous en retournâmes (Marguerite et Catherine de Médicis) à Paris trouver le roy, qui nous receust avec beaucoup de contentement d'avoir la paix; mais toutes fois *aggreant* peu les advantageuses conditions des huguenots.
MARGUERITE DE VALOIS, *Mémoires*.

Nous aimons la médisance tandis qu'elle s'attaque aux autres; que notre prochain en soit déchiré, nous le souffrons et nous *l'agréons*.
BOURDALOUE, *Sermons pour les Dim.*, Sur la médisance.

Pour ne point violenter votre parole ni mon scrupule, *agréez*, madame, un moyen que j'ose proposer.
MOLIÈRE, *les Amants magnifiques*, III, 1.

Agréez ces derniers efforts d'une voix qui vous fut connue.
BOSSUET, *Oraison funèbre du prince de Condé*.

Un mari n'a guère un rival qui ne soit de sa main... il *agrée* ses soins, il reçoit ses visites.
LA BRUYÈRE, *Caractères*, c. 3.

Tout conclu, le roi lui déclara bien sérieusement qu'il n'*agréoit* le mariage (de Jeannette) qu'à la condition que Jeannette demeureroit chez elle (Mme de Maintenon), après le mariage, tout comme elle y étoit devant.
SAINT-SIMON, *Mémoires*, 1711.

Comment pourrait-il *agréer* le retour tardif et forcé de leur estime, ne pouvant plus lui-même en avoir pour eux?
J.-J. ROUSSEAU, *Rousseau, juge de Jean-Jacques*, 3e dialogue.

Bier coste-de-fer *l'agrée*.
BENOÎT, *Chronique des ducs de Normandie*, I, v. 1219.

Vous m'assuriez par là d'*agréer* mon service.
MOLIÈRE, *Le Dépit amoureux*, IV, 3.

Agréez mes civilités, mes hommages, mon respect, etc, sont des formules de politesse qu'on emploie en écrivant à quelqu'un.

AGRÉER signifie encore, dans une acception très voisine de la précédente, Trouver bon, approuver, ratifier.

Don Fernand Carillo.... me proposa de donner fonte à Porto-Condé, qui est un port déshabité de la Sardaigne, ce que *j'agréai*.
LE CARDINAL DE RETZ, *Mémoires*, IIe partie, 1654.

AGRÉER peut avoir aussi pour régime un nom de personne.

Je ne permis plus que les abbés des Trois-Évêchés fussent élus sans ma nomination; mais je trouvai bon seulement qu'à chaque vacance l'on me proposât trois sujets, l'un desquels je promis *d'agréer*.
LOUIS XIV, *Mémoires*, 1re partie, année 1666.

L'Académie des sciences ayant été mise en 1692 sous l'inspection de M. l'abbé Bignon, un des premiers usages qu'il fit de son autorité, deux mois après qu'il en fut revêtu, fut de faire entrer dans cette compagnie M. de Tournefort et M. Homberg... après qu'ils eurent été *agréés* par le roi sur son témoignage, il les présenta tous deux ensemble à l'Académie.
FONTENELLE, *Éloge de Tournefort*.

On a vu aussi que cet abbé mourut fort promptement après, et que le roi *agréa* celui qui lui fut proposé par M. de la Trappe pour remplir la place.
SAINT-SIMON, *Mémoires*, 1698.

...Son retour aujourd'hui
M'empêche *d'agréer* un autre époux que lui.
MOLIÈRE, *Sganarelle*, sc. 24.

Agréer, avec un nom de personne pour régime, a eu, au moyen âge, la signification particulière de Satisfaire, Payer.

Les diz supplians compterent leur escot et *agreerent* le tavernier.

Lettres de rémission de 1347. (Voyez Du Cange, *Glossaire*, Agreare.)

Après ce que ledit suppliant et ceulx de sa compagnie eurent *agréé* leur hoste, ils se partirent d'icelle taverne.

Lettres de rémission de 1376. (Voyez *Ibidem.*)

Jusqu'à ce qu'il *soit* payé et *agréé* de son droit de quint denier.

Coutumier général, t. I, p. 362.

On dit proverbialement *quand on doit il faut payer ou agréer*, c'est-à-dire donner des sûretés dont le créancier soit content, des sûretés qui seront à son gré.

Sainte-Palaye, *Glossaire*.

Agréer se construit souvent avec la conjonction *que*.

Mesdames, *agréez que* je vous présente ce gentilhomme-ci.

Molière, *les Précieuses ridicules*, sc. 12.

Agréez, Monsieur, *que* je vous félicite de votre mariage.

Le même, *le Mariage forcé*, sc. 12.

Monsieur, *agréez que* je vienne vous rendre visite.

Le même, *le Malade imaginaire*, III, 10.

Agréez, Mesdames, *que* je m'arrête à ces dernières paroles.

Fléchier, *Oraison funèbre de Mme de Montausier*.

Il leur mandait que si le roi n'était pas leur souverain, il les priait *d'agréer qu*'il fût leur bienfaiteur.

Voltaire, *Siècle de Louis XIV*, c. xxv.

Vous, Madame, *agréez* pour notre grand héros,
Que ses mânes vengés goûtent un plein repos.

P. Corneille, *Sertorius*, V, 8.

...*Agréez*, s'il vous plaît,
Que mon cœur lui déclare ici notre mystère...

Molière, *les Femmes savantes*, I, 3.

On dit au même sens *faire agréer* une chose *à* une personne, *lui faire agréer que*.

Vous dirai-je que, s'étant engagé à ne donner jamais les rapporteurs qu'on lui demandoit, il *fit agréer* à un grand ministre et à une grande reine qu'il ne s'en dispensât pas en leur faveur?

Fléchier, *Oraison funèbre de M. de Lamoignon*.

Le baron *fit agréer* au roi la proposition; on envoya même l'année suivante deux gentilshommes suédois, l'un nommé Cromstrom, et l'autre Mendal, pour consommer la négociation avec les corsaires de Madagascar.

Voltaire, *Histoire de Charles* XII, livre VIII.

On trouve fréquemment chez Montaigne le pronominal *S'agréer*, soit pris absolument :

M. de Montaigne disoit *s'agréer* fort en ce détroit, pour la diversité des objects qui se presantoient.

Montaigne, *Voyages*, Hisprong.

Soit avec un complément formé de la préposition *de* et de son régime :

J'avois bien fort ma cholique, qui m'avoit tenu vingt-quatre heures, et étoit lors sur son dernier effort ; je ne lessai pourtant de *m'agréer de* la beauté de ce lieu-là.

Montaigne, *Voyages*, Narni.

J'accepte de bon cœur, et reconnoissant, ce que Nature a fait pour moy, et *m'en agrée* et m'en loue.

Le même, *Essais*, III, 13.

Agréé, ée, participe.

AGRÉÉ, s. m. Défenseur admis à plaider habituellement devant le tribunal de commerce avec l'agrément du tribunal.

AGRÉABLE, adj. des deux genres.

On l'a écrit Aggréable. (Voyez les Dictionnaires de Rob. Estienne, de J. Thierry, de Nicot, de Cotgrave.)

Qui est à gré, qui agrée, qui plaît.

Les choses pesantes et de grande autorité sont délectables et *agréables* à gens ou langage de leurs pays.

Nic. Oresme, trad. de la *Politique* d'Aristote, dédic.

Je leur veux maintenant rémunérer les grands et *agréables* services qu'ils m'ont faits.

Froissart, *Chroniques*, liv. I, IIe part., c. 48.

Je vous supplie que mon tardif partement vous soit plus *agréable* que sy j'eusse fait une diligence ayant lessé vos affaires en necessité de ma présence.

La reine de Navarre, *Lettres*, à François Ier, été de 1537, lettre 93.

Dieu luy doint grace de vous faire quelque service *agréable*.

Loyal Serviteur, c. 3.

Si vous semble que je vous aye faict et que puisse à l'advenir faire service *agreable*, oultroyez-moy de fonder une abbaye à mon devis.

Rabelais, *Gargantua*, I, 52.

Vostre idée est la chère compagne de ma solitude, et vostre réputation, l'*agreable* trouble de mon repos.

Balzac, *Lettres*, liv. V, 5.

En voyant souffrir, agir et mourir cette pieuse princesse (Anne d'Autriche), il sembloit que la mort en elle étoit belle et *agréable*.

Mme de Motteville, *Mémoires*.

Vous avez bien trouvé des expédients pour rendre la confession douce ; mais vous n'en avez point trouvé pour rendre la restitution *agréable*.

Pascal, *Provinciales*, XII.

L'espérance, toute trompeuse qu'elle est, sert au moins à nous mener à la fin de la vie par un chemin *agréable*.

La Rochefoucauld, *Maximes*, 168.

Elle alloit s'acquérir deux puissants royaumes par des moyens *agréables*.

Bossuet, *Oraison funèbre de la duchesse d'Orléans*.

Telle étoit l'*agréable* histoire que nous faisions pour Madame.

Le même, même ouvrage.

Le succès (de Nicomède) a montré que la fermeté des grands cœurs, qui n'excite que de l'admiration dans l'âme des spectateurs, est quelquefois aussi *agréable* que la compassion que notre art nous ordonne d'y produire par la représentation de leurs malheurs.

P. Corneille, *Examen de Nicomède*.

Les madrigaux sont *agréables* quand ils sont bien tournés.

Molière, *les Précieuses ridicules*, sc. 10.

Vous parez votre excuse du mieux que vous pouvez, afin de la rendre *agréable*, et faire qu'elle soit plus aisément reçue.

Le même, *la comtesse d'Escarbagnas*, sc. 1.

Je n'appelle pas gaieté ce qui excite le rire, mais un certain charme, un air *agréable* qu'on peut donner à toutes sortes de sujets, même sérieux.

La Fontaine, *Fables*, préface.

Le style fleuri, quelque doux et quelque *agréable* qu'il soit, ne peut jamais s'élever au-dessus du genre médiocre ; le vrai sublime ne se trouve que dans le simple.

Fénelon, *Discours à l'Académie*.

Il y a eu de tout temps de ces gens d'un bel esprit et d'une *agréable* littérature, esclaves des grands, dont ils ont épousé le libertinage et porté le joug toute leur vie.

La Bruyère, *Caractères*, c. 16.

Les conseils *agréables* sont rarement des conseils utiles.

Massillon, *Petit Carême*, Tentations des grands.

L'orateur exerçoit une tyrannie si douce et si *agréable*, qu'on la prenoit pour la domination légitime.

D'Aguesseau, *Discours*.

Il faut dans un ouvrage dont le but est de toucher..... soutenir toujours dans son lecteur une inquiétude *agréable* sur le sort des personnes qui l'intéressent.

La Motte, *Discours sur Homère*.

J'ai besoin d'un tombeau *agréable*. Il faut mourir entre les bras des êtres pensants.

Voltaire, *Lettres*, 6 oct. 1754.

Nos talents, nos écrits se sentent de nos frivoles occupations ; *agréables*, si l'on veut, mais petits et froids, comme nos sentiments, ils ont pour tout mérite ce tour facile qu'on n'a pas grand'peine à donner à des riens.

J.-J. Rousseau, *Lettre à d'Alembert*.

L'ordre et la précision avec laquelle on écrit maintenant ont rendu les sciences plus *agréables*.

Buffon, *Manière de traiter les sciences naturelles*, Discours, 1.

Gieus d'amors est, quant plus demore,
Plus *agréable* qu'à droite heure.

Roman de la Rose, v. 14,521.

Agréables déserts, séjour de l'innocence.

Racan, *Stances à Tyrsis*.

...*Agréable* colère,
Digne ressentiment à ma douleur bien doux !

P. Corneille, *le Cid*, I, 5.

La trop grande parleuse est d'*agréable* humeur.

Molière, *le Misanthrope*, II, 5.

D'un pinceau délicat l'artifice *agréable*
Du plus affreux objet fait un objet aimable.

Boileau, *Art poétique*, III.

Certaine fille un peu trop fière

Prétendoit trouver un mari
Jeune, bien fait et beau, d'*agréable* manière.

LA FONTAINE, *Fables*, VII, 5.

Il se dit des personnes :

Quelquefois avec le sens de Qui peut être agréé, accepté :

Après la mort de M. de Mouferran, je voulus donner la charge, qu'il avoit en l'armée, à M. de Duras, parce qu'il me sembloit qu'estant seigneur de si bonne maison, comme il est, il seroit *agréable*. Mais tout le monde ne le trouva pas bon.

MONTLUC, *Commentaires*, liv. VII.

Nous sommes nous-mêmes, comme dit saint Pierre, les sacrificateurs du Très-Haut offrant des victimes spirituelles, *agréables* par Jésus-Christ.

BOSSUET, *Sermons*, Sur le mystère de l'Ascension de Jésus-Christ.

Un fils uniquement *agréable* qui se met en la place des ennemis.

LE MÊME, même ouvrage, 2e *Sermon sur la Passion*.

Plus fréquemment dans le sens de Qui plaît, Gracieux :

Il étoit accompagné de sa nièce, une bonne et *agréable* fille avec qui j'avois fait une grande connoissance.

SCARRON, *Roman comique*, Ire partie, c. 3.

L'on a bien une règle pour devenir *agréable*.

PASCAL, *Discours sur les passions de l'amour*.

Il faut qu'un amant, pour être *agréable*, sache débiter les beaux sentiments.

MOLIÈRE, *les Précieuses ridicules*, sc. 5.

Au milieu de vingt jets d'eau naturels s'ouvrit cette coquille que tout le monde a vue et l'*agréable* naïade qui parut dedans s'avança au bord du théâtre.

LE MÊME, *les Fâcheux*, Avertissement.

Voilà ma maîtresse qui vient : ah ! qu'elle est *agréable !*

LE MÊME, *le Mariage forcé*, sc. 4.

On se rend *agréable* quand on écoute volontiers et sans jalousie et qu'on laisse paroître l'esprit des autres.

LA ROCHEFOUCAULD, *Maximes*.

Elle (Mademoiselle) m'embrassa fort. Cette conversation dura une heure ; il est impossible de la redire toute, mais j'avois été assurément fort *agréable* pendant ce temps, et je le puis dire sans vanité, car elle étoit aise de parler à quelqu'un ; son cœur étoit trop plein.

Mme DE SÉVIGNÉ, *Lettres*, 31 déc. 1670.

Douce, familière, *agréable*, autant que ferme et vigoureuse.

BOSSUET, *Oraison funèbre de la reine d'Angleterre*.

Les Athéniens étoient naturellement plus doux et plus *agréables* (que les Lacédémoniens).

LE MÊME, *Discours sur l'histoire universelle*, III, 5.

Quand on seroit utile, on cesse d'être *agréable ;* de nouveaux intérêts font chercher de nouveaux sujets.

FLÉCHIER, *Oraison funèbre de Le Tellier*.

Comme la reine lui demandoit des nouvelles de la reine de Suède, il dit qu'elle n'étoit pas laide, qu'elle pouvoit même passer pour *agréable*.

TALLEMANT DES RÉAUX, *Historiettes*, Bertaut.

A les voir si plaisants et si *agréables*, on ne croiroit point qu'ils fussent d'ailleurs si réguliers et si sévères.

LA BRUYÈRE, *Caractères*, c. 12.

Maximilien m'est venu voir à Auteuil, et m'a lu quelque chose de son Théophraste. C'est un fort honnête homme, et à qui il ne manqueroit rien si la nature l'avoit fait aussi *agréable* qu'il a envie de l'être.

BOILEAU, *Lettres*, à Racine.

Tous les jeunes gens qui vouloient devenir des hommes *agréables* se mettoient entre ses mains.

LE SAGE, *Gil Blas*, liv. III, c. 4.

Li plus preus, li plus *agréables*, li plus hardiz..

G. GUIART, *Royaus Lignages*, t. I, v. 865.

Chacun d'eux près de vous veut se rendre *agréable*.

MOLIÈRE, *l'École des Maris*, III, 9.

C'est ma meilleure amie, elle est fort *agréable*.

POISSON, *Poète basque*, sc. 2.

Ce n'est que pour toi seul qu'elle est fière et chagrine,
Aux autres elle est douce, *agréable*, badine.

BOILEAU, *Satires*, X.

AGRÉABLE, en cette acception, est souvent accompagné de la préposition *de* et d'un complément : *Agréable de sa personne*.

Ils disent que c'est un grand jeune garçon bien fait, *agréable de sa personne*.

MOLIÈRE, *le Malade imaginaire*, I, 5.

AGRÉABLE, appliqué à une personne, et suivi de la préposition *de*, a été employé anciennement au sens actif de qui agrée, complice.

Se il les rechuevent puis (les auteurs du crime) il sambleroit que il eussent esté *agréable* dou fet.

(Voyez DU CANGE, *Glossaire*, Agreabilis.)

Agréable peut être déterminé par un complément formé de la préposition *à* et de son régime.

Ce régime est souvent un nom qui fait connaître à qui agrée ce dont on parle.

Sembloit une de ces bruines espesses qui sont ennuyeuses aux bons bergiers des champs, et fort *aggréables aux* larrons nocturnes.

J. Le Maire de Belges, *Illustrations des Gaules*, liv. II, c. 16 (traduit d'Homère).

Vrayement, dit Amadis, vous avez choisi l'un des meilleurs chevaliers du monde, et puis que je voy que vous estes *agréable* l'un *à* l'aultre, je suis content que vous viviez ensemble.

Herberay des Essarts, *Amadis de Gaule*, liv. I, c. 28.

Auguste vouloit adopter Germanicus qui estoit son neveu et *agréable à* tout le monde.

Perrot d'Ablancourt, trad. de Tacite, *Annales*, liv. IV, 25.

Ah! ah! coquins, vous avez l'audace d'aller sur nos brisées! Vous irez chercher autre part de quoi vous rendre *agréables aux* yeux de vos belles, je vous en assure.

Molière, *les Précieuses ridicules*, sc. 16.

Dans les plaines de Lens, nom *agréable à* la France, l'archiduc... est contraint à prendre la fuite.

Bossuet, *Oraison funèbre de Louis de Bourbon.*

Quelle folie de ne mépriser dans les hommes que les seules qualités qui les rendent *agréables à* Dieu!

Massillon, *Carême*, Mercredi de la IXe semaine.

Et néantmoins par ce qu'il fust affable,
A tous estoit sa présence *agréable*.

Jean Bouchet, *Épitaphe de Pierre Blanchet.*

Pour ce te fault choisir matière convenable,
Qui rende son autheur *aux* lecteurs *aggréable*.

J. Du Bellay, *le Poète courtisan.*

La présence de l'un *m'est agréable* et chère.

Molière, *l'École des Maris*, II, 14.

Tout destin avec vous *me* peut être *agréable*.

Le même, *les Femmes savantes*, V, 5.

Souvent aussi ce régime est un verbe et indique la manière dont une chose agrée.

Vous avez reçu à présent.... une caisse d'eau de coladon que je ne vous ai présentée que comme un des meilleurs remèdes pour les maux d'estomac, aussi *agréable à* boire que l'eau des Barbades.

Voltaire, *Lettres*, 22 nov. 1759.

Avoir agréable une chose:

Nous vous prions et supplions par grâce que veuillez donner la sentence telle que voyrrez et... nous *l'avons agreable* et ratifions de noz pleins consentemens.

Rabelais, *Pantagruel*, II, 13.

Elle (Fosseuse) possedoit de sorte le roy (de Navarre) mon mary, qu'en peu de temps je le cogneus tout changé. Il s'estrangeoit de moy, il se cachoit, et n'*avoit* plus ma presence si *agreable* qu'il avoit eue.

Marguerite de Valois, *Mémoires.*

Tous monstrerent d'*avoir* fort *agreable* ce compliment, et m'en remercierent.

D'Ossat, *Lettres*, liv. II, 61.

Elle *eut* tellement *agreable* la bonne volonté qu'il luy faisoit paroistre, que si elle n'avoit pas tant d'amour que luy dans les yeux, elle en avoit bien autant pour le moins dans le cœur.

D'Urfé, *l'Astrée*, Ire part., liv. IX.

Ils (les soldats) massacrèrent Florian afin d'assurer l'empire à Probus. Le Sénat *eut* son élection fort *agréable.*

Coëffeteau, *Histoire romaine*, liv. XIX.

Je me promets que vous *aurez agréable* la prière que ce porteur vous fera de ma part.

Balzac, *Lettres*, liv. X, 27.

Après..... que M. de Boisrobert eut assuré l'Assemblée, que M. le Cardinal *avoit agréable* ce dessein, il fut ordonné que trois commissaires seroient nommés pour examiner le *Cid.*

Pellisson, *Histoire de l'Académie*, III.

Avoir agréable suivi d'un infinitif, ou lié à cet infinitif par la préposition *de:*

Il ne restoit plus qu'à sçavoir de luy de qui il *auroit* plus *agréable* recevoir l'honneur de chevalerie.

Herberay des Essarts, *Amadis de Gaule*, liv. I, c. 12.

Monsieur de Villars vous manda par le sieur de la Font que si vous *aviez agréable de* vous trouver au logis de madame de Simiers, sur les neuf heures, qu'il s'y rendroit aussi-tost.

Sully, *Œconomies royales*, c. 45.

Puis que vous le voulez ainsi, respondit Astrée, et que

vous *avez agréable de* participer à mes ennuis, je veux donc que par apres vous me fassiez part de vos contentements.

D'URFÉ, *l'Astrée*, Ire part., liv. IV.

Allons jusqu'à la rupture du silence qu'on avoit gardé jusqu'à l'heure. Ce fut une damoiselle masquée qui le rompit, en lui demandant s'il *auroit agréable de* voir la maîtresse du palais enchanté.

SCARRON, *Roman comique*, Ire part., c. 9.

Ayez, je vous prie, *agréable*
De venir honorer la table
Où vous a Sosie invités.

MOLIÈRE, *Amphitryon*, III, 1.

Avoir agréable que :

J'*auray agreable que* Vienne soit contenté de ce qui luy a esté promis pour la capitulation de ma ville de Troyes.

HENRI IV, dans les *Œconomies royales* de SULLY, c. 75.

Depuis que Dieu par le miracle d'une vision eut informé sainct Pierre au milieu de son ravissement, qu'il *avoit agreable qu*'on amenast toutes sortes de peuples à la connoissance de son nom, tous ces sacrez ouvriers entrerent en cette riche moisson des Gentils.

COEFFETEAU, *Histoire romaine*, liv. III.

Au sortir du jardin, il trouva une damoiselle démasquée, car on ne se masquoit plus dans le palais, qui lui venoit demander s'il *auroit agréable que* sa maîtresse mangeât ce jour-là avec lui.

SCARRON, *Roman comique*, Ire part., c. 9.

Ce dieu si délicat et si jaloux, qui défend à toute chair de se glorifier devant sa face, *a* néanmoins *agréable que* Néhémias et tous ses imitateurs se glorifient à ses yeux du bien qu'ils font à son peuple.

BOSSUET, *Sermons*, Sur la justice.

Avoir pour agréable, c'est-à-dire agréer, trouver bon, est aussi fort d'usage.

Et je vous supplierai d'*avoir pour agréable*
Que je me fasse un peu grâce sur votre arrêt.

MOLIÈRE, *le Misanthrope*, I, 1.

Nous l'avons pour agréable, *ayez-le pour agréable*, ont été, dans les actes de l'autorité publique, des formules de commandement.

AGRÉABLE s'emploie quelquefois substantivement au masculin en parlant, d'une manière générale, de ce qui agrée, de ce qui plaît.

En de semblables lieux l'éclatant et l'*agréable* ne sont pas incompatibles avec le solide et le salutaire.

BALZAC, *Socrate chrétien*, avant-propos.

Il faut de l'*agréable* et du réel ; mais il faut que cet *agréable* soit lui-même pris du vrai.

PASCAL, *Pensées*.

Les hommes ont pris plaisir à se former une idée de l'*agréable* si élevée, que personne n'y peut atteindre. Jugeons-en mieux, et disons que ce n'est que le naturel, avec une facilité et une vivacité qui surprennent.

LE MÊME, *Discours sur les passions de l'amour*.

Ne seriez-vous pas de l'avis de ces anciens Grecs qui ne séparoient jamais l'utile de l'*agréable?*

FÉNELON, *Dialogues sur l'éloquence*, I.

L'on voit peu d'esprits entièrement lourds et stupides; l'on en voit encore moins qui soient sublimes et transcendants... L'intervalle est rempli par un grand nombre de talents ordinaires, mais qui sont d'un grand usage... et renferment en soi l'utile et l'*agréable*.

LA BRUYÈRE, *Caractères*, c. 11.

Sa figure n'est peut-être pas des plus ragoûtantes; mais, comme vous savez, entre l'utile et l'*agréable*, il n'y a pas à balancer.

REGNARD, *la Sérénade*, sc. 1.

Chez lui (M. le prince de Conti) l'utile et le futile, l'*agréable* et le savant, tout étoit distinct et en sa place.

SAINT-SIMON, *Mémoires*, 1709.

Les sources du beau, du bon, de l'*agréable*... sont... dans nous-mêmes ; et en chercher les raisons, c'est chercher les causes des plaisirs de notre âme.

MONTESQUIEU, *Essai sur le goût*.

Il ne s'agissoit pas encore de chercher l'*agréable*, qui consiste dans l'élégance et dans l'harmonie.

D'OLIVET, *Histoire de l'Académie*.

Il faut des peintures naïves ; il faut de la variété ; il faut du simple, de l'élevé, de l'*agréable*.

VOLTAIRE, *Lettres*, septembre 1744.

N'allez pas croire que je n'aye sacrifié qu'à l'*agréable* :

j'y ai joint l'utile, et Ferney est devenu une terre de sept à huit mille livres de rente.

VOLTAIRE, *Lettres,* 5 nov. 1759.

Il (Molière) n'eût point fait souvent grimacer ses figures,
Quitté pour le bouffon l'*agréable* et le fin.

BOILEAU, *Art poétique,* III.

On l'emploie de même, en parlant des personnes, dans ces expressions : *un agréable, un homme qui fait l'agréable,* qui se croit tel et cherche à le paraître; *faire l'agréable auprès d'une femme,* s'attacher à lui faire sa cour, à lui plaire.

Des religieux... *font les agréables* et les bons compagnons dans les repas et les voyages.

FLEURY, *Discours sur l'histoire ecclésiastique,* VIII, § 12.

Le surintendant (Fouquet), picqué au vif, reprocha à l'abbé (Soufrète) les dépenses excessives qu'il avoit faites pour *faire l'agréable* auprès de madame de Châtillon, et fort inutilement.

CHOISY, *Mémoires,* liv. II.

Le cuisinier, nommé maître Joachim, étoit le principal de ces domestiques et portoit la parole, il *faisoit l'agréable.*

LE SAGE, *Gil-Blas,* liv. X, c. 3.

Ne vous trompez pas cependant sur sa contenance, et n'allez pas la comparer à celle de vos jeunes *agréables.*

J.-J. ROUSSEAU, *Émile,* liv. IV,

Je ne connois point de sort plus affreux que celui d'une jolie femme de Paris, après celui du petit *agréable* qui s'attache à elle.

LE MÊME, même ouvrage, *ibid.*

Non, milord, je n'ai pas besoin que les *agréables* de Motiers m'en chassent pour désirer d'habiter la tour carrée.

LE MÊME, *Lettres,* août 1762.

On les flatte sans les aimer; on les sert sans les honorer; elles sont entourées d'*agréables,* mais elles n'ont plus d'amants; et le pis est que les premiers, sans avoir les sentiments des autres, n'en usurpent pas moins tous les droits.

LE MÊME, *Lettre à d'Alembert.*

AGRÉABLEMENT, adv.
D'une manière agréable.

Parce qu'Alexandre ne pouvoit souffrir tant de frères qu'avec un déplaisir extrême, son père luy dit *agréablement,* que puisqu'il devoit avoir tant de compétiteurs à l'empire, il fit en sorte de les surpasser en courage et en vertu.

DU RYER, trad. des *Suppléments* de Freinshemius *sur Quinte-Curce,* liv. I, c. 10.

Il est bien plus aisé de se guinder sur de grands sentiments... que d'entrer comme il faut dans le ridicule des hommes et de rendre *agréablement* sur le théâtre les défauts de tout le monde.

MOLIÈRE, *la Critique de l'École des femmes,* sc. 7.

Cet art de donner *agréablement* qu'elle avoit si bien pratiqué durant sa vie, l'a suivie, je le sais, jusque entre les bras de la mort.

BOSSUET, *Oraison funèbre de la duchesse d'Orléans.*

Comme on se lasse d'entendre parler de procès et de crimes, on est bien aise de trouver des conversations plus douces et plus divertissantes, et l'on se sert de tous les moyens qu'on a de tourner le discours *agréablement.*

FLÉCHIER, *Mémoires sur les grands jours de 1665.*

Vous ne devez souhaiter personne pour faire des relations; on ne peut les faire plus *agréablement* que vous.

Mme DE SÉVIGNÉ, *Lettres,* 27 mai 1672, à Mme de Grignan.

On leur faisoit chanter les vers d'Homère (aux jeunes Grecs), pour leur inspirer *agréablement* le mépris de la mort, des richesses et des plaisirs qui amollissent l'âme.

FÉNELON, *Dialogues sur l'éloquence.*

Le roi (Louis XIV) est peut-être l'homme de son royaume qui pense le plus juste, et qui s'explique le plus *agréablement.*

CHOISY, *Mémoires,* liv. I.

Il (le marquis de Canillac) parloit beaucoup, et beaucoup trop, mais si *agréablement* qu'on le lui passoit.

SAINT-SIMON, *Mémoires,* 1715.

Vous qui... vivez aussi doucement, aussi *agréablement,* aussi mollement, que sais-je?...

MASSILLON, *Sermons,* Sur la Résurrection.

Nous sommes touchés de ce qu'une personne nous plaît plus qu'elle ne nous a paru d'abord devoir nous plaire, et nous sommes *agréablement* surpris de ce qu'elle a su vaincre des défauts que nos yeux nous montrent et que le cœur ne croit plus.

MONTESQUIEU, *Essai sur le goût,* Du je ne sais quoi.

L'argent dans notre bourse entre *agréablement,*
Mais le terme venu que nous devons le rendre,
C'est lors que les douleurs commencent à nous prendre.

MOLIÈRE, *l'Étourdi,* I, 6.

Il a été fait quelquefois d'*agréablement* un emploi plus particulier, par analogie avec certaines acceptions d'*agréer* qui ont été précédemment appliquées.

On a dit, faire une chose *agréablement*, pour De manière à agréer, à plaire.

Nous avons eu M. le Duc à Dijon quinze jours, où j'ai été pour lui faire ma cour; je l'ai faite *agréablement*.

BUSSY-RABUTIN, *Lettres*, à Mme de Sévigné, 4 août 1685.

Il me releva sur-le-champ, d'un air qui témoignait que mon action le surprenait *agréablement*, et l'attendrissait.

MARIVAUX, *la Vie de Marianne*, VIIe partie.

Faire une chose *agréablement* a encore signifié La faire en l'agréant, en l'ayant pour agréable, avec plaisir. De là cette expression du style officiel, *Recevoir agréablement*.

Lecture ayant été faite dudit octroi par M. Pierre de Guilleminot, greffier et secrétaire desdits États, S. M. l'auroit *agréablement* accepté et en auroit remercié lesdits États.

États de Languedoc. (Voy. DEPPING, *Correspondance administrative sous Louis XIV*, t. I, p. 43.)

Nous avons vu avec une indicible satisfaction l'ardent désir que vous témoignez du rétablissement du repos public; ce qui se trouve si conforme à nos propres sentiments que nous ne saurions vous en donner assez de louanges, non plus que vous exprimer combien *agréablement* nous avons reçu les offres que vous nous faites de votre efficace interposition, pour l'accommodement des différends que nous avons avec la couronne d'Espagne.

LOUIS XIV aux électeurs, 20 déc. 1667. (Voy. MIGNET, *Négociations relatives à la succession d'Espagne*, t. II, p. 273.)

AGRÉMENT, s. m.

Ce mot a des acceptions qui correspondent à celles d'*agréer*.

On le dit, d'une manière générale, en parlant du charme, de l'attrait qu'ont les choses et les personnes;

Tantôt absolument, et de là ces expressions : *de l'agrément; beaucoup, peu d'agrément; sans agrément*, etc.

Je ne vis jamais dans un style si sobre et si chaste tant d'embonpoint, ni tant d'*agrément*.

BALZAC, *Lettres*, VI, 12.

On sait bien quel est l'objet de la géométrie et qu'il consiste en preuves, et quel est l'objet de la médecine et qu'il consiste en la guérison ; mais on ne sait pas en quoi consiste l'*agrément*, qui est l'objet de la poésie.

PASCAL, *Pensées*.

Dites-nous des choses agréables, et nous vous écouterons, disoient les Juifs à Moïse ; comme si l'*agrément* devoit régler la croyance.

LE MÊME, même ouvrage.

Mademoiselle de Chevreuse, qui avoit plus de beauté que d'*agrément*, étoit sotte jusqu'au ridicule par son naturel.

LE CARDINAL DE RETZ, *Mémoires*, liv. II.

L'air de sa personne (de Mme de Longueville) avoit un *agrément* dont le pouvoir s'étendoit même sur notre sexe.

Mme DE MOTTEVILLE, *Mémoires*, 1647.

Enfin, tirant sa voix du fond du gosier, pour avoir quelque *agrément* en son parler, elle (Mlle de Beauveté) achève de se contrefaire tout entière.

FLÉCHIER, *Mémoires sur les grands jours de* 1665.

Il se fit ensuite une vertu sévère, éloignée de la politesse et de l'*agrément*, mais opposée à la moindre apparence de corruption.

SAINT-ÉVREMOND, *Réflexions sur les divers génies du peuple romain*, c. 5.

Ce qui le mettoit (le duc de Nemours) au-dessus des autres étoit une valeur incomparable et un *agrément* dans son esprit, dans son visage, et dans ses actions, que l'on n'a jamais vu qu'à lui seul.

Mme DE LA FAYETTE, *la Princesse de Clèves*, Ire part.

Aussitôt que cette princesse (Henriette d'Angleterre) commença à sortir de l'enfance, on lui trouva un *agrément* extraordinaire.

Mme DE LA FAYETTE, *Histoire d'Henriette d'Angleterre*.

Mais enfin, comme ils étoient tous deux infiniment aimables, et tous deux nés avec des dispositions galantes, qu'ils se voyoient tous les jours, au milieu des plaisirs et des divertissements, il parut aux yeux de tout le monde qu'ils avoient l'un pour l'autre cet *agrément* qui précède d'ordinaire les grandes passions.

LA MÊME, même ouvrage.

Il est vrai qu'il est surprenant de voir qu'ayant de

l'*agrément* l'un pour l'autre et un bon fonds, il arrive de temps en temps des riottes entre nous deux.

Mme DE SÉVIGNÉ, *Lettres*, à Bussy, 21 août 1670.

Il y a cinq ou six endroits dans votre dernière lettre qui sont d'un éclat et d'un *agrément* qui ouvrent le cœur.

LA MÊME, même ouvrage, à Mme de Grignan, 8 janvier 1674.

Qu'ils disent tous les maux du monde de mes pièces... qu'ils s'en saisissent... qu'ils tâchent à profiter de quelque *agrément* qu'on y trouve... j'y consens.

MOLIÈRE, *l'Impromptu de Versailles*, sc. 3.

Ainsi se passe la vie, parmi une infinité de vains projets et de folles imaginations : si bien que les plus sages, après que cette première ardeur qui donne l'*agrément* aux choses du monde est un peu tempérée par le temps, s'étonnent le plus souvent de s'être si fort travaillés pour rien.

BOSSUET, *Sermons*, Sur la loi de Dieu.

De là vient ce que dit Cicéron, qu'il a vu bien des gens diserts, c'est-à-dire qui parloient avec *agrément* et d'une manière élégante, mais qu'on ne voit presque jamais de vrai orateur.

FÉNELON, *Dialogues sur l'éloquence*, II.

Je ne sais si l'on pourra jamais mettre dans des lettres plus d'esprit, plus de tour, plus d'*agrément* et plus de style, que l'on en voit dans celles de Balzac et de Voiture.

LA BRUYÈRE, *Caractères*, c. 1.

L'*agrément* est arbitraire, la beauté a quelque chose de plus réel et de plus indépendant du goût et de l'opinion.

LE MÊME, même ouvrage, c. 3.

Un jour, étant au bal auprès de Madame d'Angoulême la jeune, qui seroit bien sa fille, elle lui disoit : « Il faut avouer que les blondes éclatent plus ici ; mais, nous autres brunes, nous avons l'*agrément.* »

TALLEMANT DES RÉAUX, *Historiettes*, Mme de Choisy.

Madame la duchesse d'Orléans disoit tout ce qu'elle vouloit, et comme elle vouloit, avec force délicatesse et *agrément.*

SAINT-SIMON, *Mémoires*, 1715.

La politesse est l'art de concilier avec *agrément* ce qu'on doit aux autres et ce qu'on se doit à soi-même.

Mme LA MARQUISE DE LAMBERT, *Avis d'une mère à sa fille.*

Je n'épargnerai rien pour adoucir votre sort, et vous contribuerez vous-même à me faire trouver quelque *agrément* dans ce lieu sauvage et désert.

PRÉVOST, *Manon Lescaut*, IIe part.

Les pas que j'en ai faits n'ont pas moins d'*agrément*,
Et surtout la figure a merveilleuse grâce.

MOLIÈRE, *les Fâcheux*, I, 5.

Vos moindres actions brillent d'un *agrément*,
Dont je me sens toucher l'âme...

LE MÊME, *Psyché*, I, 1.

Il nous montre à poser avec noblesse et grâce
La première figure à la première place,
Riche d'un *agrément*, d'un brillant de grandeur,
Qui s'empare d'abord des yeux du spectateur.

LE MÊME, *la Gloire du Val-de-Grâce.*

...Cet autre, abject en son langage,
Fait parler ses bergers comme on parle au village.
Ses vers plats et grossiers, dépouillés d'*agrément*,
Toujours baisent la terre, et rampent tristement.

BOILEAU, *Art poétique*, II.

D'empêcher que Caron dans la fatale barque,
Ainsi que le berger, ne passe le monarque;
C'est d'un scrupule vain s'alarmer sottement,
Et vouloir aux lecteurs plaire sans *agrément.*

LE MÊME, même ouvrage, III.

Tantôt avec un complément formé de la préposition *de* et de son régime.

On sait mieux en quoi consiste l'*agrément d'*une femme que l'*agrément des* vers.

PASCAL, *Pensées.*

J'ai voulu faire un essai de ce que pouvoit la majesté du raisonnement et la force des vers dénués de l'*agrément du* sujet.

P. CORNEILLE, Épître dédicatoire du *Menteur.*

Il n'avoit pas l'*agrément du* discours, ni la facilité de s'expliquer élégamment.

Mme DE MOTTEVILLE, *Mémoires.*

Sa faveur lui donnoit (au maréchal de Saint-André) un éclat qu'il soutenoit par son mérite et par l'*agrément de* sa personne.

Mme DE LA FAYETTE, *la Princesse de Clèves*, Ire part.

Votre souvenir m'a donné une joie sensible, et m'a réveillé tout l'*agrément de* notre ancienne amitié.

Mme DE SÉVIGNÉ, *Lettres*, à Ménage, 1668.

Mais si leur union (du roi de France et du roi d'Angleterre) ne perd rien de sa fermeté, nous déplorerons éternellement qu'elle ait perdu *son agrément* le plus doux.

BOSSUET, *Oraison funèbre de la duchesse d'Orléans.*

Dès que ces modes auront perdu ce qu'on appelle la fleur ou l'*agrément de* la nouveauté.

LA BRUYÈRE, *Caractères,* c. 13.

La raison générale de l'*agrément des* choses, prise du rapport qu'elles ont avec notre intelligence, est un principe aussi invariable que la nature même de notre esprit.

LA MOTTE, *Discours sur la fable.*

Il (Conrart) a été, pour ainsi dire, le père de l'Académie françoise... elle ne fut d'abord composée que de ses plus chers amis; sa probité, la douceur de ses mœurs, l'*agrément de* son esprit, les avoit rassemblés.

D'OLIVET, *Histoire de l'Académie.*

La robe de la fauvette des bois est une des plus variées, et Belon peint avec expression l'*agrément de* son plumage.

BUFFON, *Histoire naturelle,* Oiseaux.

J'étois résolu de m'en tenir désormais aux liaisons de simple bienveillance qui, sans gêner la liberté, font l'*agrément de* la vie.

J.-J. ROUSSEAU, *Confessions,* IIe part., liv. X.

La gloire et même l'*agrément de* chaque pays consistent toujours dans le caractère national.

Mme DE STAEL, *De l'Allemagne,* liv. I, c. 9, § 5.

A cet emploi du mot *agrément* se rapporte la locution usuelle *faire l'agrément de.*

Je dirai à l'estimable auteur de ce livre que lui-même n'a vu dans les corps dont il a été membre, dans les sociétés *dont il a fait l'agrément,* qu'une foule de gens de bien comme lui.

VOLTAIRE, *Supplément au Siècle de Louis XIV,* IIIe partie.

AGRÉMENT se dit, d'une manière plus particulière, des qualités par lesquelles plaît une chose ou une personne, *un agrément, des agréments.*

Bien loin de s'amuser au détail des bienséances et des *agréments* qui peuvent être divers, il (Aristote) a été droit aux mouvements de l'âme, dont la nature ne change point.

P. CORNEILLE, *le Cid,* Avertissement.

Les anges qui bercent l'enfant Jésus, et l'ombre de Marianne avec les furies qui agitent l'esprit d'Hérode, sont des *agréments* qu'il (Heinsius) n'a pas trouvés dans l'Évangile.

P. CORNEILLE, *Examen de Polyeucte.*

Ne cherchez point dans cette tragédie (Sertorius) les *agréments* qui sont en possession de faire réussir au théâtre les poèmes de cette nature.

LE MÊME, *Sertorius,* Préface.

Elle (la Vallière) étoit aimable, et sa beauté avoit de grands *agréments* par l'éclat de la blancheur et de l'incarnat de son teint, par le bleu de ses yeux, qui avoient beaucoup de douceur, et par la beauté de ses cheveux argentés, qui augmentoit celle de son visage.

Mme DE MOTTEVILLE, *Mémoires.*

La douceur, l'honnêteté, la bonne conduite sont les premiers *agréments* qu'il cherche.

FLÉCHIER, son *Portrait,* par lui-même.

Quoique le temps ne m'ait pas fait tout le mal qu'il fait aux autres, il ne laisse pas de m'avoir ôté mille petits *agréments,* qui ne laissent que trop de marques de son passage.

Mme DE SÉVIGNÉ, *Lettres,* 29 avril 1671.

Une autre auroit paru effroyable en l'état où elle étoit... et cependant, faite comme cela, elle brilloit de mille attraits et ce n'étoit qu'*agréments* et que charmes que toute sa personne.

MOLIÈRE, *les Fourberies de Scapin,* I, 2.

Je vous entends, vous n'aimez pas les traits d'esprit; mais, sans cet *agrément,* que deviendroit l'éloquence?

FÉNELON, *Dialogues sur l'éloquence,* I.

Durant son absence, cette fille devint grandelle. Elle n'eut jamais beaucoup de beauté, mais elle avoit dès-lors beaucoup d'*agréments.*

TALLEMANT, DES RÉAUX, *Historiettes,* Ninon.

Les femmes ne se plaisent point les unes aux autres par les mêmes *agréments* qu'elles plaisent aux hommes.

LA BRUYÈRE, *Caractères,* c. 3.

Ces *agréments* sont des mystères qu'Apollon n'enseigne qu'à ceux qui sont véritablement initiés dans son art.

BOILEAU, *Lettres,* 7 janvier 1709, à Brossette.

La considération personnelle nous fournit plus d'*agréments* que la naissance, que les richesses, que les places même sans mérite.

Mme DE LAMBERT, *Discours sur la différence qu'il y a de la réputation à la considération.*

Ce sont ici les poètes, c'est-à-dire ces auteurs dont le métier est de mettre des entraves au bon sens et d'accabler la raison sous les *agréments*, comme on ensevelissoit autrefois les femmes sous leurs ornements et leurs parures.

MONTESQUIEU, *Lettres persanes*, 137.

Nous n'avons plus une juste idée des exercices du corps; un homme qui s'y applique trop nous paraît méprisable, par la raison que la plupart de ces exercices n'ont plus d'autres objets que les *agréments*.

LE MÊME, *Grandeur des Romains*, c. 1.

Dans tous les genres, les petits *agréments* l'emportent sur le vrai mérite.

VOLTAIRE, *Dissertation sur la tragédie ancienne et moderne*, I, en tête de *Sémiramis*.

Le roi fit plus de progrès dans cette école d'*agréments*, depuis dix-huit ans jusqu'à vingt, qu'il n'en avait fait dans les sciences sous son précepteur.

LE MÊME, *Siècle de Louis XIV*, c. 25.

Ma naissance, le succès de mes études et quelques *agréments* extérieurs m'avoient fait connoître et estimer de tous les honnêtes gens.

PRÉVOST, *Manon Lescaut*, Ire part.

Hégémon ajouta un nouvel *agrément* au drame satirique, en parodiant de scène en scène des tragédies connues.

BARTHÉLEMY, *Voyage d'Anacharsis*, c. 69.

La fable offre à l'esprit mille *agréments* divers.

BOILEAU, *Art poétique*, III.

On diroit que, pour plaire instruit par la nature,
Homère ait à Vénus dérobé sa ceinture.
Son livre est d'*agréments* un fertile trésor.

LE MÊME, même ouvrage, *ibid.*

AGRÉMENT, ainsi employé, reçoit encore fort souvent un complément formé de la préposition *de* et de son régime.

La reine... n'avoit pu éviter, malgré la pureté de son âme, de se plaire aux *agréments de* cette passion.

Mme DE MOTTEVILLE, *Mémoires*.

Je vous ai mandé que *mes agréments* étoient changés en qualités solides et sérieuses.

NINON DE L'ENCLOS, *Lettres*, à Saint-Évremond.

Ce grand Dieu avoit préparé un charme innocent au roi d'Angleterre dans les *agréments* infinis *de* la reine son épouse.

BOSSUET, *Oraison funèbre de la reine d'Angleterre*.

Qu'a-t-il cherché dans sa retraite de Chaville que les pures délices de la campagne? Et quelles peines n'eut-on pas à lui persuader d'étendre un peu, en faveur de sa dignité, les limites de son patrimoine, et d'ajouter quelques politesses de l'art aux *agréments* rustiques *de* la nature!

FLÉCHIER, *Oraison funèbre de M. Le Tellier*.

Il n'est point ici question de belles paroles ni des *agrémens de* l'éloquence chrétienne.

BOURDALOUE, *Sermons*, Sur le pardon des injures.

La valeur, la réputation, la naissance, les *agréments du* corps et *de* l'esprit, nous les envions s'ils nous manquent.

MASSILLON, *Sermons*, le jour de la Pentecôte.

Plus persuadés par son exemple que par ses raisonnements (de Malebranche), nous ne laisserons pas de reconnoître l'imagination comme la première source des *agréments du* discours.

LE P. ANDRÉ, *Essai sur le beau*, VIIe discours, 2e partie.

Les imaginations tranquilles, et touchées des *agréments de* la vie champêtre, ont inventé la poésie pastorale.

LA MOTTE, *Discours sur la poésie*.

Les *agréments des* femmes se conservent mieux dans les pays tempérés que dans les pays chauds.

MONTESQUIEU, *Esprit des lois*.

Ce Georges Villiers est ce même Buckingham, fameux alors dans l'Europe par les *agréments de* sa figure.

VOLTAIRE, *Essai sur l'histoire*.

Ce philosophe, si célèbre par son esprit et si recherché par *ses agréments* (Fontenelle).

D'ALEMBERT, *Lettre à Condorcet*, sur Mme Geoffrin.

A cette heure que *mes agréments* sont passés, je vois qu'on me trouve un esprit assez ordinaire, et cependant je suis plus contente de moi que je ne l'ai jamais été.

MARIVAUX, *la Vie de Marianne*, Ire partie.

AGRÉMENT est employé de même, mais avec un sens ironique, dans des passages tels que les suivants:

L'approche de l'air de la cour a donné à son ridicule de nouveaux *agréments*, et sa sottise tous les jours ne fait que croître et embellir.

MOLIÈRE, *la Comtesse d'Escarbagnas*, sc. 1.

Il (M. de la Rochefoucauld) a un petit *agrément* de

goutte à la main, qui l'empêche de vous écrire dans cette lettre.

Mme DE SÉVIGNÉ, *Lettres,* à Mme de Grignan, 17 avril 1671.

AGRÉMENT s'est dit et se dit encore, au pluriel, de certains ornements, particulièrement lorsqu'il est question des meubles, des vêtements, etc.

J'ai fait graver exprès, avec des soins extrêmes,
De petits ornements de devises, d'emblèmes,
Pour égayer la vue, et servir d'*agréments*
Aux billets destinés pour les enterrements.

BOURSAULT, *le Mercure galant,* II, 7.

On a appelé AGRÉMENTS certains divertissements de musique ou de danse joints à des pièces de théâtre. On a dit d'une pièce qu'elle n'avait réussi que par les *agréments,* qu'on l'avait donnée avec tous ses *agréments.*

On le dit dans la musique, soit vocale, soit instrumentale, des sons accessoires ajoutés au chant pour le rendre plus agréable.

Comme une telle musique seroit dénuée de toute mélodie agréable, on tâcheroit d'y suppléer par des beautés factices et peu naturelles; on la chargeroit de modulations fréquentes et régulières, mais froides, sans grâce et sans expression; on inventeroit des fredons, des cadences, des ports-de-voix, et d'autres *agréments* postiches, qu'on prodigueroit dans le chant et qui ne feroient que le rendre plus ridicule sans le rendre moins plat.

J.-J. ROUSSEAU, *Lettre sur la musique françoise.*

AGRÉMENT signifie encore Avantage, plaisir, sujet de satisfaction, dans des locutions telles que *Avoir, trouver de l'agrément, de grands agréments; sans agrément, avec agrément;* etc.

Sais-tu bien que j'ai encore senti quelque peu d'émotion pour elle, que j'ai *trouvé de l'agrément* dans cette nouveauté bizarre?

MOLIÈRE, *le Festin de Pierre,* IV, 10.

Mademoiselle de Chartres parut en effet le jour suivant; elle fut reçue des reines avec tous les *agréments* qu'on peut s'imaginer, et avec une telle admiration de tout le monde qu'elle n'entendoit autour d'elle que des louanges.

Mme DE LA FAYETTE, *la Princesse de Clèves,* Ire part.

L'affaire de la présidence s'est passée d'un commun consentement et avec des *agréments* que j'aime mieux que d'autres vous mandent que moi.

L'ARCHEVÊQUE DE TOULOUSE, *à Colbert,* 24 novembre 1662. (Voy. DEPPING, *Correspondance administrative sous Louis XIV,* t. I, p. 85.)

Je vous ai écrit ce matin, ma fille, par le courrier qui vous porte toutes les douceurs et tous les *agréments* du monde pour ses affaires de Provence.

Mme DE SÉVIGNÉ, *Lettres,* à Mme de Grignan, 15 janvier 1672.

Le comte-duc envoya au duc de Bragance la commission de général, accompagnée de tant d'*agréments,* et revêtue d'une autorité si absolue, qu'il sembloit, par une confiance aveugle, lui livrer le royaume entier en sa puissance.

VERTOT, *Révolutions de Portugal.*

J'ai le bonheur d'être aimé du roi de Pologne; j'ai beaucoup d'*agréments* à sa cour.

LE SAGE, *Gil Blas,* III, 6.

J'imagine que Goldoni restera longtemps à Paris, où son mérite doit lui procurer chaque jour de nouveaux amis et de nouveaux *agréments.*

VOLTAIRE, *Lettres,* 5 mai 1763.

Ce n'est pas que cette vie bruyante et tumultueuse n'ait aussi quelque sorte d'attraits, et que la prodigieuse diversité d'objets n'offre de certains *agréments* à de nouveaux débarqués.

J.-J. ROUSSEAU, *la Nouvelle Héloïse,* IIe partie, lettre 17.

A cette acception D'AGRÉMENT se rattache l'expression usuelle *art d'agrément, livre d'agrément.*

Il s'occupait à lire des *livres d'agrément* dans ce loisir.

VOLTAIRE, *Siècle de Louis XIV,* c. 25.

Rien de plus bizarre en apparence que d'avoir ennobli les *arts d'agrément,* à l'exclusion des arts de première nécessité.

MARMONTEL, *Éléments de littérature,* Arts libéraux.

Enfin AGRÉMENT a le sens d'Approbation, de consentement, et aussi l'expression *Avoir l'agrément de,* suivi d'un infinitif.

Avant que partir, Philippe par le congé et l'*agréement de* tous ses barons donna la tutelle de son fils et la garde du royaume à la reyne.

MÉZERAY, *Abrégé de l'histoire de France,* Philippe-Auguste.

Mlle de Bouteville fit semblant de crier, afin de cacher à ses proches *l'agrément* qu'elle avoit donné à cette action.

Mme de Motteville, *Mémoires.*

Le maréchal lui servit (à Bertinières) à *avoir l'agrément de* la cour pour la charge de procureur général au parlement de Rouen.

Tallemant des Réaux, *Historiettes*, le Maréchal de Bassompierre.

Le duc d'Harcourt avoit voulu vendre la charge de lieutenant général de Normandie. Marché fait pour 300,000 liv. avec le Bailleul, capitaine aux gardes, le roi refusa l'*agrément.*

Saint-Simon, *Mémoires*, 1709.

Le Saint-Père refusa au légat l'*agrément* nécessaire pour être pourvu de la dignité d'archevêque d'Upsal.

Vertot, *Révolutions de Suède.*

Quoique je n'eusse pas besoin de la permission des seigneurs de Leyva pour me marier..... je ne pouvois honnêtement me dispenser de leur communiquer le dessein que j'avois d'épouser la fille de Basile, et de leur en demander même leur *agrément* par politesse.

Le Sage, *Gil Blas*, X, 9.

Les mesures que j'avois prises pour m'assurer de l'*agrément* tacite du souverain... tout me fit croire... qu'il y avoit quelque mal-entendu dans cet ordre (de sortir de l'île de Saint-Pierre).

J.-J. Rousseau, *les Confessions*, part. II, liv. XII.

Dans cette négociation, Poniatouski plut à Charles XII, et, avec l'*agrément* de ses premiers maitres, il s'attacha à leur protecteur.

Rulhières, *Histoire de l'anarchie de Pologne*, vol. I, liv. II.

Clitandre, prenez soin d'appuyer votre amour
De l'*agrément* de ceux dont j'ai reçu le jour.

Molière, *les Femmes savantes*, I, 2.

Oui, mais pour appuyer votre consentement,
Mon frère, il n'est pas mal d'avoir son *agrément.*

Le même, même ouvrage, II, 4.

On a dit non-seulement *l'agrément d'*une personne, pour son consentement, mais encore par ellipse, *L'agrément d'*une chose, pour le consentement relatif à cette chose. De là cette locution recueillie par Danet, dans son dictionnaire français-latin :

Il a *l'agrément de* sa charge pour son fils.
« Obtinuit (a rege) munus suum pro filio. »

Je n'ai pas jugé, en cette conjoncture de la maladie si périlleuse du prince d'Espagne... que je dusse présenter au roi catholique la lettre de Votre Majesté, contresignée de de M. de Lionne, du 20e du mois passé, pour *l'agrément du* mariage de l'infante avec l'empereur.

L'Archevêque d'Embrun, *à Louis XIV*, 6 juin 1663. (Voy. Mignet, *Succession d'Espagne*, t. I, p. 301.)

En y arrivant (à la cour), il (La Chastre) achetta cent mille écus une des deux charges de maistre de la garderobbe; il n'eut pas de peine à *en* avoir *l'agrément.*

Bussy-Rabutin, *Secours à ses enfants.*

Bullion eut en même temps 200,000 livres sur son gouvernement du Maine et du Perche. Il étoit déjà assez étrange que son frère eût eu *l'agrément de* l'acheter.

Saint-Simon, *Mémoires*, 1706.

La facilité du régent et l'extrême et pressant besoin de finances fit accorder à Crosat *l'agrément de* la charge de trésorier de l'ordre.

Le même, même ouvrage, 1715.

Agrément semble avoir été employé dans le sens analogue, mais plus général, de bonne volonté à l'égard d'une chose ou d'une personne.

La reine me témoigna beaucoup de bonté, et même beaucoup d'*agrément* sur ce que je lui disois.

Retz, *Mémoires*, liv. III.

La reine... se consoloit, en se moquant de la jalousie qu'elle (Mlle de Mancini) fit voir au roi, en lui reprochant l'*agrément* qu'il eut pour la princesse Margueritte.

Mme de Motteville, *Mémoires*, année 1659.

Il (le grand chambellan de l'empereur) s'échauffa terriblement sur la matière, me disant que, n'ayant donné aucune proposition par écrit, il lui sembloit que la réponse verbale qu'il avoit plu à l'empereur de me rendre suffisoit assez, par l'*agrément* et la joie qu'il m'avoit témoignés d'une si belle disposition à l'accommodement qu'il voyoit en Votre Majesté par la cessation des hostilités.

Le chevalier de Gremonville, *à Louis XIV*, 2 octobre 1667. (Voy. Mignet, *Succession d'Espagne*, t. II, p. 244.)

Si M. de Castrie n'estoit mon beau-frère, je dirois qu'il mérite quelque *agrément* de la part du roi, car assurément il n'a pas agi avec moins de zèle et de fruit qu'il a fait depuis trente ans, sans interruption.

De Bonsy, archevêque de Toulouse, *à Colbert*, 22 décembre 1671. (Voy. Depping, *Correspondance administrative sous Louis XIV*, t. I, p. 272.)

On trouve dans le Dictionnaire de Cotgrave et le Glossaire de Sainte-Palaye les mots :

Agréableté, avec le sens de Qualité par laquelle on est agréable :

> Par raison d'*agreableté*,
> Plaine avoir doivent fermetté.
> *Ancienne coutume de Normandie*, en vers, ms., fol. 93, r°. (Cité par Sainte-Palaye.)

Agréation, avec le sens de Consentement, approbation, ratification :

> Après de grands débats de part et d'autre tout fut accepté aux conditions de 17 articles, qui ne doivent point estre retenus. Le premier contenoit l'*agréation* de la donation et transports des païs.
> Agr. d'Aubigné, *Histoire universelle*, t. III, liv. IV, c. 27.

> Encor falut-il aller chercher l'*agréation* du roi, lors à Nantes, triomphant et se voïant sans ennemis.
> Le même, même ouvrage, t. III, liv. V, c. 1.

> Elle m'a quasi persuadé que vous aviez raison et moy tous les torts du monde, de vous vouloir establir en des affaires de telle importance et tant chatouilleuses que sont les finances, par l'intervention, *agréation* et obligation d'aucun autre que moy seul.
> Sully, *Œconomies royales*, c. 66.

AGRÉER, v. a. (Peut-être de notre vieux mot *arréer*.)

On l'a écrit Agreier (voyez l'exemple ci-après), et aussi, comme les autres mots de la même famille, par un double *g*, Aggréer.

Agréer signifiait, d'une manière générale, Mettre en ordre, disposer.

> Des uns en frad ses prévot e cunestables, des altres vileins pur sa terre arer, e pur ses blez séer, e pur ses armes forgier, et ses curres *agreier*.
> (Et constituet sibi tribunos et centuriones, et aratores agrorum suorum, et messores segetum, et fabros armorum et curruum suorum.)
> *Les quatre Livres des rois*, I, 8, 12. (Voy. Le Roux de Lincy, p. 27.)

On s'en est servi ensuite, comme on se sert aujourd'hui du simple *gréer* pour dire, en termes de marine :

Garnir un bâtiment de toutes les voiles, manœuvres, poulies, etc., dont il a besoin pour être en état de naviguer.

> *Agréer* et fournir un navire.
> Le P. René François, *les Merveilles de nature*, c. 12.

> Pour servir à appareiller et *aggréer* ladite galeace (le Saint-Pierre, en 1538, au Havre).
> Ms. de 1541, n° 9469, 3, fol. 30. Bibl. nat. (Cités par Jal, *Glossaire nautique*.)

On trouve mentionné dans le dictionnaire de Richelet le pronominal S'agréer, avec le sens de « S'équiper de tout pour un voyage de long cours. »

Agréement, s. m. Peut-être de notre vieux *arréement*, dans la basse latinité, *arraiamentum*, *arraiatio*, comme agréer d'arréer.

On désignait par agréement, comme on a fait depuis par *gréement*, l'action d'*agréer*, de *gréer* les bâtiments, l'ensemble de toutes les choses nécessaires pour les *agréer*, les *gréer*.

> Mais tout consiste au choix d'un homme qui ait une parfaite cognoissance et expérience de ce qui concerne la marine, spécialement de ce qui dépend des vaisseaux et de leurs *agréements*.
> *Mémoire* anonyme (commencement du xviie siècle). Ms., Bibl. nat., n° 9594, fol. 35. (Cité par Jal, *Glossaire nautique*.)

AGRÉEUR, s. m. (Peut-être de notre vieux mot *arrayeur* [voyez Roquefort, *Glossaire de la langue romane*], dans la basse latinité *arraiator*, *arraizus*.)

Il signifiait, comme depuis *gréeur*, celui qui fait métier d'*Agréer*, de *gréer* les bâtiments.

> *Arrayer*, old. fr. *arraiour*, sergent de compagnie, maréchal de camp, officiers qui anciennement avoient charge de veiller à ce que les soldats fussent en bon ordre et équipement.
> *Arrayer*, Johson, éd. Todd.

> Il faut savoir de l'*agréeur* de votre bord si toutes choses sont en état.
> Richelet, *Dictionnaire*.

De cette famille de mots il n'est resté dans l'usage que :

AGRÈS, s. m. pl. (Venu, à ce qu'il semble, d'*Arroi, Arrai.*)

L'introduction de la lettre *g* au milieu d'*Arroi, Arrai,* avait produit, vraisemblablement, dans notre ancienne langue, un mot bien voisin d'Agrès, par la forme, et aussi par le sens, *Agrei, agrai, agroi*, par lequel on paraît avoir désigné, d'une manière générale, « les choses utiles et nécessaires pour la défense et l'approvisionnement d'un château, pour l'équipement d'un chevalier et de son cheval. » Sainte-Palaye, qui le définit ainsi, en cite les exemples suivants :

Le chastel ferai tel et metrai tant d'*agrei*,
Bien vos porrez deffendre et de conte et de roy.
Wace, *Roman de Rou*, ms., p. 68.

Si li ameine un palefroi
Soef anblant, o tot l'*agroi*.
Partenopeus de Blois. Ms. de St-G., fol. 144, v°, col. 3.

Là porchai (achetai) hui cest *agroi*
Por aler à cest grant tornoi.
Même ouvrage, 152, v°, col. 3.

Comme *Arréer*, surtout sous sa forme *Agréer*, Agrès, qu'on a écrit très diversement, Agreils, Aggreils, Agrezils, Agrays, Agrets, Agrez, etc. (Voyez les dictionnaires de Richelet et de Furetière, le dictionnaire de Trévoux, le *Dictionnaire de l'Académie*, édit. de 1740 et de 1762), a été employé quelquefois dans un sens général.

A terre, au-dessous, un coffre, un oreiller, des bâtons de coteret, et autre *agrés* de chaumières et de sevreuses.
Diderot, *Salon de* 1765. Greuze.

Autour de la chaumière, différents outils et *agrés* champêtres.
Le même, *Salon de* 1765. Le Prince.

D'ordinaire c'est un terme de marine.

Il se dit de tous les objets qui tiennent à la mâture d'un bâtiment, qui servent à le garnir, tels que vergues, voiles, cordages, etc.

La valeur du radoub, *aggreils*, apparaux et victuailles, se prendront suivant l'estat de la despense raisonnable qui sera faite.
Guidon de la mer, c. 19, art. 6.

S'il n'a esté fait aucune diligence pour retirer les *agrays*, les hardes des officiers et des matelots (des sept vaisseaux qui avaient fait naufrage à la fin de juin 1678, à la pointe de l'île des Aves).
Seignelay, au comte d'Estrées, 8 août 1678. (Ordr. du Roy, vol. XLIV, p. 392, v°. Ms. Arch. de la mar.) (Cités par Jal, *Glossaire nautique*.)

Le czar admira cette multitude d'hommes toujours occupés, l'ordre, l'exactitude des travaux, la célérité prodigieuse à construire un vaisseau, et à le munir de tous ses *agrés*, et cette quantité incroyable de magasins et de machines qui rendent le travail plus facile et plus sûr.
Voltaire, *Histoire de Pierre le Grand*, Ire partie, c. 9.

Des hommes blessés ou tués, des mâts brisés, des voiles déchirées, des *agrés* rompus furent tout l'effet de cette bataille indécise.
Le même, *Fragments sur l'Inde*, art. 13. Arrivée du général Lalli.

Qu'il règle leur grandeur, leur forme, leurs *agrès*.
Delille, trad. de l'*Énéide*, XI.

Agrès entre dans cette locution : *Les agrès et apparaux*, par laquelle on entend Tout ce qui est nécessaire pour mettre un bâtiment en état de naviguer.

Lorsque l'assurance est faite sur le corps et la quille du vaisseau, ses *agrés et apparaux*, l'estimation en sera faite par police, sauf à l'assureur, en cas de fraude, à faire procéder à nouvelle estimation.
Ordonnance sur la marine de 1681, liv. III, tit. 4, art. 8.

AGRÉGER, v. a. (Du latin *Aggregare*, et, par ce mot, du simple *gregare* et de *grex*.)

On l'a écrit, comme les mots de la même famille, conformément à leur étymologie, par un double *g*, Aggréger. (Voyez les Dictionnaires de Rob. Estienne, J. Thierry, Nicot, Cotgrave, Monet, Danet, Furetière ; le *Dictionnaire de l'Académie*, édit. de 1694 et de 1718.)

Il paraît, d'après l'exemple suivant, qu'on l'a, fort anciennement, employé au sens d'Amasser.

Qui ne velt travailler,

Si ait petit loier :
Ce dit Salemon.
Ne soi ains *agreger*
N'au besoing travailler,
Marcoul li respont.

Marcoul et Salemon, ms. de St-G., fol. 116, v°, col. 3. (Cité par Sainte-Palaye.)

A cette exception près, il n'a jamais eu qu'un sens, analogue à ceux qu'*aggregare, gregare,* tenaient par une figure fort naturelle, du mot dont on les avait tirés, *Grex*, qui voulait dire Troupeau.

Associer quelqu'un à un corps, à une compagnie, pour le faire jouir des mêmes honneurs, des mêmes prérogatives que ceux qui en sont.

Agréger reçoit le plus souvent un complément formé de la préposition *à* et de son régime.

Nommer aucung pour estre *aggrégé au* college des Augures.
Rob. Estienne, *Dictionnaire fr.-latin.* Voyez aussi J. Thierry, Nicot.

Les gentils, *agrégés aux* juifs, deviennent dorénavant les vrais juifs, le vrai royaume de Juda.
Bossuet, *Discours sur l'histoire universelle,* II, 7.

Dieu ne s'étoit pas contenté de l'appeler au christianisme, de l'*agréger* par le baptême *au* corps de son Église, de lui révéler les vérités de son évangile.
Bourdaloue, *Pensées,* De l'État religieux, Jugement du religieux.

Ladite Raison n'ayant jamais été admise ni *aggrégée au* corps de ladite Faculté et ne pouvant par conséquent consulter avec les docteurs d'icelle...
Boileau, *Arrêt burlesque pour le maintien de la doctrine d'Aristote.*

Son fils (de Cassini) y remplit sa place (à l'Observatoire) avec presque autant de réputation en France et dans les pays étrangers, où ils furent l'un et l'autre *agrégés aux* plus célèbres académies.
Saint-Simon, *Mémoires,* 1712.

Nulle de ses actions (de Romulus), dit Tite-Live, ne démentit ni l'opinion qu'on avoit qu'il tiroit son origine des dieux, ni la croyance où l'on fut qu'après sa mort il avoit été *agrégé à* leur nombre.
Rollin, *Histoire romaine*, I, 2.

Tandis que j'aurai soin de la noblesse et du clergé, tu iras pour moi dans les maisons du tiers état où l'on m'appellera; et lorsque tu auras travaillé quelque temps je te ferai *agréger à* notre corps.
Le Sage, *Gil Blas,* II, 3.

Le roi vient d'octroyer un privilège particulier à une nouvelle compagnie; cette dame vous *y* a fait *agréger*, et je ne doute pas que les fonds n'en soient déjà fournis.
Marivaux, *le Paysan parvenu,* VII° partie.

Le simple titre de chevalier que les rois d'Angleterre donnent aux citoyens, sans les *agréger à* aucun ordre particulier, est une dérivation de la chevalerie ancienne et bien éloignée de sa source.
Voltaire, *Essai sur les mœurs,* c. 97. De la Chevalerie.

A quelle secte *agrégerons-nous* l'homme de la nature?
J.-J. Rousseau, *Émile.*

A Genève, les avocats, les notaires, les médecins, forment des corps *auxquels* on n'est *agrégé* qu'après des examens publics.
D'Alembert, *Encyclopédie.* Genève.

Quelquefois, au lieu de *agréger à*, on a dit *agréger dans.*

Des troupes de prosélytes vinrent en foule pour *être agrégés dans* l'école de Jésus-Christ.
Bourdaloue, *Sermons,* Sur l'incrédule convaincu par lui-même.

L'Université n'a pas voulu *agréger dans* son corps plusieurs ordres religieux.
Furetière, *Dictionnaire.*

On a prétendu que le Père Tellier avoit inspiré au roi long-temps avant sa mort de se faire *agréger* ainsi *dans* la Compagnie (de Jésus).
Saint-Simon, *Mémoires,* 1715.

Agréger est aussi verbe pronominal et se construit alors avec la préposition *à*, *s'agréger à.*

Je vois tant de gens, qui se font appeler don François, don Gabriel, don Pèdre, ou don comme tu voudras, qu'il faut convenir que la noblesse est une chose bien commune, et qu'un roturier qui a du mérite lui fait honneur quand il veut bien *s'y agréger.*
Le Sage, *Gil Blas,* VII, 14.

Il peut être employé absolument :

Plusieurs matières qui *sont agrégées* ensemble composent un corps.
Furetière, *Dictionnaire.*

AGRÉGÉ, ÉE, participe.

Il se dit, pris substantivement, d'Une personne associée à un corps, à une compagnie.

Ces *agrégés* (jésuites laïques) font les mêmes vœux que les jésuites en tout ce que leur état peut permettre.

SAINT-SIMON, *Mémoires*, 1715.

Il s'est dit d'Un docteur en droit dont la principale fonction était d'assister aux thèses et aux examens de droit.

On l'a ensuite employé dans un sens analogue, dans les écoles de médecine.

Enfin, de nos jours, l'application de ce titre s'est encore étendue : il a été conféré, par concours, dans les diverses facultés, à des fonctionnaires, adjoints ou suppléants des professeurs titulaires et aspirant eux-mêmes au professorat en titre. On a donc autrefois appelé *Agrégés en droit* ceux qu'on désigne aujourd'hui par le titre de professeurs suppléants à la faculté de droit; on a dit de notre temps : *Agrégé de la faculté de médecine, de la faculté des sciences, de la faculté des lettres; Agrégé pour les classes supérieures des lettres, pour les classes de grammaire; Agrégés de philosophie, d'histoire;* ou, d'une manière générale, *Agrégé, Agrégés;* titre d'*Agrégé,* traitement d'*Agrégé;* les *Agrégés,* etc.

AGRÉGÉ se dit, adjectivement, en botanique, Des parties d'une plante qui naissent plusieurs ensemble d'un même point et qui sont rassemblées en paquet.

Les fleurs de la scabieuse sont *agrégées.*

Dictionnaire de l'Académie.

AGRÉGÉ, substantif, a été terme de chimie. Il se disait d'Un corps solide dont les molécules sont adhérentes.

AGRÉGAT, s. m.

Est un autre terme didactique équivalent d'*Agrégé* dans ce dernier sens.

Les pierres à fusil ne sont que des *agrégats* de particules quartzeuses.

BUFFON, *De la Pierre à fusil.*

AGRÉGATION. s. f.

Admission dans un corps, dans une compagnie.

Il se construit, au moyen des prépositions *de* et *à*, avec le nom de la personne *agrégée* et celui du corps, de la compagnie où elle est admise : *L'agrégation d'*une personne *à; son agrégation à.*

On a fait l'*agrégation* de plusieurs docteurs *aux* écoles de droit.

FURETIÈRE, *Dictionnaire.*

On pourrait dire aussi, par analogie avec la locution remarquée plus haut, *Agréger dans, Agrégation d'*une personne *dans.*

AGRÉGATION, en ce sens, peut se prendre absolument ; on trouve dans les Dictionnaires la locution, *Lettres d'agrégation.*

On l'emploie aussi absolument pour désigner la fonction d'agrégé, *Concours pour l'agrégation.*

AGRÉGATION a servi à désigner certaines réunions de personnes, certains groupes de population.

Il se fait souvent en Italie des *aggrégations des* familles et des maisons, par le moyen desquelles ils portent tous les mêmes noms et les mêmes armes.

FURETIÈRE, *Dictionnaire.*

La représentation sera égale en nombre, si chaque *agrégation de* citoyens choisit autant de représentants qu'une autre moins importante.

MIRABEAU, *Discours,* 30 janvier 1789.

Ce n'est pas pour connaître la volonté des chefs, mais pour recueillir les voix des différentes *agrégations,* qu'une province entière se concentre dans des États.

LE MÊME, même ouvrage, *Ibid.*

Cet envoi n'est possible que de deux manières : ou en adressant la pétition à des *aggrégations* particulières, aux sociétés populaires, et, si je puis m'exprimer ainsi, à l'opinion publique.

VERGNIAUD, *Choix de rapports, opinions et discours,* tome XII, p. 34.

AGRÉGATION a reçu, en botanique, un sens correspondant à celui d'*Agrégé.*

Toute fleur où l'on ne voit aucune fleurette de cette espèce n'est point une fleur composée, et ne porte même au singulier qu'improprement le nom de fleur, puisqu'elle est réellement une *agrégation* de plusieurs fleurs.

J.-J. Rousseau, *Dictionnaire des termes d'usage en botanique,* Fleur.

Leurs formes (des épines) sont variées à l'infini, surtout dans les pays chauds... Il n'y a pas moins de variété dans leurs *agrégations.*

Bernardin de Saint-Pierre, *Études de la nature,* XI, Harmonies animales des plantes.

Agrégation désigne, en termes de Physique, l'Assemblage d'un certain nombre de parties homogènes ou hétérogènes qui tiennent assez fortement les unes aux autres pour opposer un certain obstacle à leur séparation.

La concrétion... n'est que l'*agrégation* de parties plus ou moins fines ou grossières.

Buffon, *Des Pétrifications et des fossiles.*

Il est fait allusion à ce sens du mot *Agrégation* dans le passage suivant :

La philosophie ayant rongé le ciment qui unissoit les hommes, il n'y a plus d'*agrégations* morales.

Joseph de Maistre, *Considérations sur la France,* c. 6.

Aux divers emplois d'Agrégation se rapporte la locution *par agrégation.*

Être d'un corps *par agrégation.*

Patru, XV° *Plaidoyer.*

On a remplacé quelquefois cette locution par L'adjectif Agrégatif, ive, mot technique dont on se sert en grammaire, en histoire naturelle, en médecine, pour dire Qui existe, qui se forme *par agrégation.*

Un être non *agrégatif* et qui soit rigoureusement un.

J.-J. Rousseau, *Lettres,* 15 janvier 1769.

AGRESSEUR, s. m. (Soit du mot latin inusité *Aggressor*, Ulpian. Dig., XXIX, v, 1, soit de notre vieux verbe *aggresser*, venu comme *aggressor*, d'*aggressum*, supin d'*aggredior,* et, par ce mot, de *ad* et de *gradior*.).

On l'a écrit longtemps, comme les mots de la même famille, par un double *g*.. (Voyez les Dictionnaires de J. Thierry, Nicot, Cotgrave, Monet, Furetière; le *Dictionnaire de l'Académie*, édit. de 1694 et de 1718.)

Aggresser, que donnent les Dictionnaires de Cotgrave et de Monet, voulait dire, comme en latin *Aggredi*, Attaquer, provoquer ; par suite, Presser, accabler ;

Soit au propre :

Ilz lui vindrent à secours, où ilz le trouvèrent entre dix Anglois qui fort l'*agressoient.*

Triomphe des neuf Preux, p. 503, col. 1. (Cité par Sainte-Palaye.)

Si la beste d'un voisin tue la beste de son voisin ou d'autre, s'il est trouvé que la beste tuée *ait aggressé* et assailly l'autre, sachez que lors n'y chet quelque restitution

Boutbiller, *Somme rurale,* tit. 40, p. 861. (Cité par Sainte-Palaye.)

Aggresser aucun à l'improveu.

Monet, *Dictionnaire.*

Soit au figuré :

Commença à parler en hault ce qu'il devisoit en ses pensées, qui trop luy *agressoient* le courage.

Perceforêt, vol. IV, fol. 49, r°, col. 2. (Cité par Sainte-Palaye.)

O ma très-chère maistresse,
Mon espoir, ma seulle adresse,
Voyez l'ennuy qui m'oppresse
Et *agresse.*

Molinet, p. 125. (Cité par Sainte-Palaye.)

Tu me viens par trop *agresser.*

Roger de Collerye, *Œuvres,* p. 91. Bibliothèque elzévirienne.

Agresseur, c'est, par conséquent, Celui qui attaque, qui provoque.

Peut-être que la chose en fût demeurée là, si son valet, qui avoit plus de colère que lui, ne se fût jeté sur l'*agresseur.*

Scarron, *Roman comique,* Ire part., c. 3.

Il avouoit qu'il avoit blessé d'Orsonnette, et qu'un des siens, dans la chaleur de la passion, avoit tué son fauconnier, supposant que c'étoit en se défendant contre son ennemi qui avoit été l'*agresseur*.

FLÉCHIER, *Mémoires sur les grands jours de* 1665.

Voyons seulement qui établira le premier son opinion. Comme Gélaste est l'*agresseur*, il seroit juste que ce fût lui.

LA FONTAINE, *Psyché*, I.

Avec quelle furie ils chargent les *agresseurs!* Mais ces derniers, qui les égalent en adresse et en valeur, les reçoivent de bonne grâce.

LE SAGE, *le Diable boiteux*, c. 10.

Je dois aussi vous dire que la guerre n'est pas de mon goût, mais on est quelquefois forcé à la faire. Les *agresseurs* en tout genre ont tort devant Dieu et devant les hommes.

VOLTAIRE, *Lettres*, à M. Palissot, octobre 1760.

Je crois qu'on peut juger, par quelques écrits polémiques faits de tems à autre pour ma défense, que si j'avois été d'humeur batailleuse, mes *agresseurs* n'auroient pas eu souvent les rieurs de leur côté.

J.-J. ROUSSEAU, *les Confessions*, part. I, liv. IV.

N'ayant plus d'*agresseur* à craindre, on n'a plus besoin de traité défensif.

LE MÊME, *Projet de paix perpétuelle.*

On a tué ton père, il étoit l'*agresseur*.

P. CORNEILLE, *le Cid*, IV, 5.

L'*agresseur*, quel qu'il soit, à combattre forcé,
Redescend par l'offense au rang de l'offensé.

C. DELAVIGNE, *l'École des vieillards*, IV, 6.

D'*Agresser* on avait fait encore :

AGRESSEMENT, s. m.

Action d'attaquer, de provoquer. (Voyez le *Dictionnaire* de Cotgrave.)

AGGRESSE, s. f.

Qui avait probablement le même sens (voyez ROQUEFORT, *Glossaire de la langue romane*). Sainte-Palaye le traduit par Gravité, énormité, dans le passage suivant :

Soient deuement puniz selon l'*aggresse* et grandeur du péché commis.

MONSTRELET, *Chroniques*, vol. II, fol. 23, v°.

Sainte-Palaye mentionne encore comme employé par Bouteiller, *Somme rurale*, tit. 40, p. 862:

AGGRESSURE, s. f.

Écrit par d'autres AGRESSURE.

Ces divers mots, de bonne heure sortis de l'usage, n'ont laissé subsister qu'*Agression*.

AGRESSION, s. f. (du latin *aggressio*).

On l'a écrit, non seulement AGGRESSION, comme il a été dit plus haut, mais ADGRESSION. (Voyez le *Dictionnaire* de COTGRAVE et le *Glossaire* de SAINTE-PALAYE.)

Action de celui qui attaque, qui provoque.

Si, sans *aggression*, l'une beste ait tué l'autre...

BOUTEILLER, *Somme rurale*, tit. 40, p. 861. (Cité par Sainte-Palaye.)

Il y a preuve d'*aggression*.

Dictionnaire de l'Académie, édition de 1694.

Nous serons toujours prêt à les défendre (les États du roi d'Espagne) contre toute *agression*, pour les lui conserver et à sa postérité.

LOUIS XIV à la reine d'Espagne, 8 mai 1667. (Voy. MIGNET, *Succession d'Espagne*, t. II, p. 60.)

Ces quatre décisions n'étaient à la vérité que quatre boucliers contre les *agressions* innombrables; et même quelques années après, Louis XIV, se croyant assez puissant pour négliger ces armes défensives, permit que le clergé les abandonnât.

VOLTAIRE, *Histoire du parlement de Paris*, c. 58.

Tous les États, aujourd'hui, se constituent pour l'attaque plutôt que pour la défense ; et il y a en Europe plus de force d'*agression* que de force de stabilité.

DE BONALD, *Pensées*, tom. I, p. 195.

L'Angleterre rentra naturellement... dans sa carrière de haine et d'*agression* contre la république.

NAPOLÉON, *Mémoires*, tom. VI, p. 12.

AGRESSIF, IVE, adj.

Défini suffisamment par son rapport avec *agression*, et qui est assez d'usage dans des expressions du langage ordinaire telles que celles-ci : Homme *agressif* dans ses paroles; paroles *agressives;* discours *agressifs;* armes *agressives*, etc. Ce mot est de création récente. Il a été admis dans le *Dictionnaire de l'Académie* de 1878.

On en a tiré :

Agressivement, adv.

D'une manière agressive.

AGRESTE, adj. des deux genres (du latin *Agrestis,* et, par ce mot, d'*ager*).

Il signifie, au propre, Champêtre, rustique, sauvage.

Toute campagne n'est pas *agreste*, toute ville n'est pas polie.

La Bruyère, *Caractères*, c. 12.

Ce sont des végétaux *agrestes,* des herbes dures, épineuses, entrelacées les unes dans les autres.

Buffon, *De la Nature*. Première vue.

On le dit au figuré de certaines choses morales, de L'humeur, des mœurs, des manières, etc., pour en marquer la rudesse, la grossièreté, le défaut de culture et de politesse.

Le vicieux qui deffaut en ceste matière est appellé aigre, *agreste* et dur.

Oresme, trad. d'Aristote, *Éthiques*.

Puis que telle simplicité rude et quasi *agreste* nous esmeut en plus grande reverence que tout le beau langage des rhétoriciens du monde, que pouvons-nous estimer, sinon que l'Escriture contient en soy telle vertu de verité, qu'elle n'a aucun besoin d'artifice de paroles?

Calvin, *Institution chrestienne,* liv. I, c. 8, § 1.

Les mêmes (les alliés d'Henri III) conseilloient aussi au roi de faire saisir la comté d'Avignon, et de défendre le transport de l'argent à Rome, afin de dompter l'humeur *agreste* de Sixte, qui ne se pouvoit gagner par aucune déférence ni civilité.

Mézeray, *Histoire de France*, Henri III, 1589.

Je n'impute toutes ces éditions qu'on s'empresse de faire (des *Scythes*), qu'à cet heureux contraste des mœurs républicaines et *agrestes*, avec les mœurs fardées des cours.

Voltaire, *Lettres*, 16 mai 1767, au comte d'Argental.

On l'a dit, au même sens, mais plus rarement, des personnes elles-mêmes.

N'écoutez (Philotée) nulle sorte de proposition, sous quelque prétexte que ce soit; en ce seul cas, il n'y a point de danger d'être incivile et *agreste*.

Saint François de Sales, *Introduction à la vie dévote*, III, 21.

Il est très-vraisemblable que l'homme a été *agreste* pendant des milliers de siècles, comme sont encore aujourd'hui une infinité de paysans.

Voltaire, *Essai sur les mœurs.*

Le peuple de cette île est le seul qui ait commencé à penser par lui-même; mais le nombre de ces philosophes *agrestes* est très-petit et le sera toujours; le travail des mains ne s'accorde point avec le raisonnement, et le commun peuple en général n'use ni n'abuse guère de son esprit.

Le même, même ouvrage. Suite de la religion d'Angleterre, c. 136.

Et néantmoins, par passe-temps honneste,
Lui qui n'étoit barbare ne *agreste*,
Il composoit bien souvent vers huytains
Noëls, dictez, de bonnes choses plains.

Jean Bouchet, *Épitaphe de Pierre Blanchet.*

Agreste se prend de même au sens moral en parlant de certaines localités, de certaines sociétés.

Dans ces pays autrefois si *agrestes*, on est parvenu en quelques endroits à joindre la politesse d'Athènes à la simplicité de Lacédémone.

Voltaire, *Essai sur les mœurs,* c. 95.

Au nord et à l'orient de l'Europe, toute cette partie du monde était encore *agreste.*

Le même, même ouvrage, c. 189. De la Pologne au XVIIe siècle.

Son grand mérite (de P. Corneille) est d'avoir trouvé la France *agreste*, grossière, ignorante, sans esprit, sans goût, vers le temps du Cid, et de l'avoir changée.

Le même, *Commentaire sur Corneille,* préface de Suréna.

En parlant de certaines époques :

L'excès commis par ce seigneur,... la sentence aussi barbare qu'absurde du consistoire, peignent parfaitement le caractère de ces temps *agrestes.*

Voltaire, *Essai sur les mœurs*, c. 39.

AGRICOLE, adj. des deux genres. (Du substantif latin *Agricola,* et, par ce mot, d'*ager* et de *colere.*)

Il signifie, comme le mot dont on l'a tiré, Qui s'adonne à l'agriculture, et a été d'abord, ainsi qu'en latin, substantif.

Ainsi en somme est-il de tous autres affaires du mesnage, ausquels le prudent *agricole* pourvoirra par son bon sens, selon les circonstances.

OLIVIER DE SERRES, *Théâtre d'agriculture,* Ier livre, c. 7.

On le trouve ainsi employé dans ces exemples de date assez récente :

La terre qu'ils s'étoient réservée offroit un champ vaste à d'utiles travaux; et Acélie, pour les diriger, imagina de se former un petit conseil d'*agricoles.* Ce conseil étoit composé de sept bons villageois.

MARMONTEL, *Contes moraux.* La Femme comme il y en a peu.

C'est en vain qu'on a dit, en pleine Académie :
« Choiseul est *agricole* et Voltaire est fermier. »
L'art qui nourrit le monde est un méchant métier.

VOLTAIRE, *Satires,* le Temps présent, 1775.

L'adjectif AGRICOLE est presque toujours joint à un nom collectif. On dit : Un peuple, une nation, un royaume, un pays *agricole.*

AGRICOLE signifie aussi Qui a rapport, qui appartient à l'agriculture. De là ces expressions : L'industrie *agricole,* les travaux *agricoles,* les produits *agricoles,* les ressources *agricoles* d'un pays, etc.

De nos jours, on a appelé *comices agricoles* des réunions dont le but est de constater et d'encourager les progrès de l'agriculture.

AGRICULTURE, s. f. (Du latin *agricultura,* et, par ce mot, d'*ager* et de *cultura,* formé lui-même de *colere.*)

L'art de cultiver la terre.

Je te dis qu'il n'est nul art au monde, auquel soit requis une plus grande philosophie qu'à l'*agriculture*, et te dis que si l'*agriculture* est conduite sans philosophie, c'est autant que journellement violer la terre, et les choses qu'elle produit.

BERNARD PALISSY, *Recepte véritable.*

Il semble à certains juvenceaux que s'ils avoient manié un outil d'*agriculture,* qu'ils en seroient deshonnorez, et un gentilhomme tant pauvre qu'il soit et endetté jusques aux aureilles, s'il avoit un peu manié un ferrement d'*agriculture,* il luy sembleroit estre vilain.

LE MÊME, même ouvrage.

Je suis d'opinion de suivre le dire de Cato : lequel interrogué du premier point requis en l'*agriculture,* respondit que c'estoit de bien cultiver la terre. Interrogué de rechef quel estoit le second, respondit que c'estoit de bien arer. Et pour la tierce fois, interrogué du tiers poinct de ce mestier, respondit qu'il consistoit à bien fumer la terre.

DU PINET, trad. de Pline l'Ancien, XVIII, 19.

Tu veux doncques maintenant, ô Socrates, que je t'enseigne la science mesme de l'*agriculture.* Ouy bien, dis-je, puisque c'est elle, sans doubte, qui fait riches ceux qui la sçavent.

LA BOETIE, *la Mesnagerie de Xenophon.*

Je n'entends pas seulement les noms des premiers outils du menage, ny les plus grossiers principes de l'*agriculture* et que les enfants savent.

MONTAIGNE, *Essais,* II, 17.

Est arrivée la saison de publier ces miennes observations sur l'*agriculture.*

OLIVIER DE SERRES, *Théâtre d'agriculture,* Dédicace au roi, 1er mars 1600.

L'*agriculture* est postérieure à la bergerie, et comme une dépendance et accessoire d'icelle.

MONET, *Dictionnaire* (trad. de Varron).

Il (Antonin) prenoit son plaisir à l'*agriculture* et à faire valoir ses terres.

COEFFETEAU, *Histoire romaine,* XI.

Les Romains ignoroient les arts de la Grèce, et se contentoient de savoir la guerre, la politique et l'*agriculture.*

BOSSUET, *Discours sur l'histoire universelle,* I, 9.

Si les Égyptiens n'ont pas inventé l'*agriculture,* ni les autres arts que nous voyons devant le déluge, ils les ont tellement perfectionnés... que leur gloire n'est guère moins grande que s'ils en avoient été les inventeurs.

LE MÊME, même ouvrage, III, 3.

Je ne connois pas de peuple qui se soit plus adonné à l'*agriculture* que les Israélites.

FLEURY, *Mœurs des Israélites,* III, 9.

Romulus ne permit que deux sortes d'exercice aux gens libres, l'*agriculture* et la guerre.

MONTESQUIEU, *Grandeur des Romains,* c. 10, note.

La chimère de l'*agriculture* est de croire obliger la nature à faire plus qu'elle ne peut.

VOLTAIRE, *Dictionnaire philosophique,* Agriculture.

Je ne suis plus à présent qu'un vieillard retiré du monde, occupé de l'*agriculture.*

LE MÊME, *Lettres,* 17 sept. 1758 (recueil de 1856).

Ils ne se moquent pas de lui comme d'un beau diseur d'*agriculture*; ils voient qu'il la sait en effet.

J.-J. ROUSSEAU, *Émile*, V.

L'*agriculture*, comme les autres arts, a ses amateurs.

DELILLE, *Discours préliminaire* de la traduction des *Géorgiques*.

L'*agriculture* alors nourrit un peuple immense,
Et des champs aux cités fit passer l'abondance.

SAINT-LAMBERT, *les Saisons*, l'Été.

Dans le passage suivant, AGRICULTURE est employé avec le sens d'Ouvrage sur l'Agriculture.

En beau pré ilz recoloient par cueur quelques plaisans vers : de l'*agriculture* de Virgile : de Hesiode : du Rusticque de Politian.

RABELAIS, *Gargantua*, I, 24.

AGRICULTURE entre dans plusieurs locutions de la langue administrative, comme : *Société d'agriculture, École d'agriculture*.

Pour faire sentir l'utilité réelle des *sociétés d'agriculture*, il suffit de faire attention que, quoique les principes fondamentaux de cette science soient vrais pour les terres de toute nature, il faut cependant varier les moyens de les appliquer aux différents terrains.

DUHAMEL DU MONCEAU, *Éléments d'agriculture*, Préface.

Dans toutes les parties du royaume je vois s'élever des *sociétés d'agriculture*.

DELILLE, *Discours préliminaire* de la traduction des *Géorgiques*.

AGRICULTEUR, s. m. (Du latin *agricultor* et, par ce mot, d'*ager* et de *cultor*, formé lui-même de *colere*.)

Celui qui cultive la terre.

Pardonnez à un malade, à un maçon, à un *agriculteur* accablé de petits maux et de petits détails, si je n'ai pas eu l'honneur de vous répondre plus tôt.

VOLTAIRE, *Lettres*, 20 mai 1761.

Alors tout malheureux *agriculteur* devint esclave dans la terre dont il était auparavant possesseur libre.

LE MÊME, *Diatribe à l'auteur des Éphémérides*, 10 mai 1775.

Les Romains n'étoient pas moins intelligents *agriculteurs* que braves guerriers.

GUÉNÉE, *Lettre de quelques Juifs à M. de Voltaire.*

Quand des *agriculteurs* j'enseigne l'art utile,
Je ne viens plus, marchant sur les pas de Virgile,
Répéter aux Français les leçons des Romains.

DELILLE, *l'Homme des champs*, II.

AGRICULTEUR n'est pas ancien dans la langue, et c'est moins anciennement encore qu'on a tiré des mots grecs ἀγρός et νόμος, les mots suivants :

AGRONOMIE, s. f.

Théorie de l'agriculture.

AGRONOME, s. m.

Celui qui est versé dans la théorie de l'agriculture.

Ces deux mots se trouvent transcrits du grec chez Nicole Oresme, mais avec leur sens primitif, différent de celui qu'ils ont reçu dans notre langue.

Agronomes sont officiers qui ordonnent d'aucunes choses hors la cité aux champs.

Agronomie est l'office des agronomes.

NIC. ORESME, trad. de la Politique d'Aristote. *Table des fors motz de politiques.*

AGRONOMIQUE, adj. des deux genres.

Qui appartient, qui a rapport à l'*agronomie*.

Je l'ai cité (un passage de Columelle)... pour prouver combien Virgile était estimé, pour la partie *agronomique*, par les auteurs qui ont écrit sur le même sujet.

DELILLE, trad. des *Géorgiques*, I, note 13.

Aucun des anciens écrivains *agronomiques* ne s'accorde avec Virgile sur le temps où il faut semer les fèves.

LE MÊME, même ouvrage, I, note 43.

A ces derniers mots on a, depuis quelque temps, ajouté les suivants :

AGROMANIE, s. f. (d'ἀγρός et de μανία).

Manie de l'agriculture.

Le ridicule de l'*agromanie*.

DELILLE, *Discours préliminaire* de la traduction des *Géorgiques*.

AGROMANE, s. m.

Qui a la manie de l'agriculture.

AGRIFFER (s') v. pronominal. (De *Griffe*. Voyez ce mot.)

S'attacher avec les griffes, avec les mains.

Il se construit au moyen de la préposition *à*, avec un régime indirect.

Un chat, qu'on effarouche, saute et *s'agriffe à* la tapisserie.

FURETIÈRE, *Dictionnaire*, 1690.

Cet homme en tombant *s'agriffa à* un endroit de la muraille, et se retint.

Dictionnaire de l'Académie, 1694.

Les chats, les écureils *s'agriffent aux* arbres.

Grand Vocabulaire.

AGRIPPER, v. a. (De *Gripper*. Voyez ce mot.)

Prendre, saisir avidement.

Elle *agrippe* tout ce qu'elle voit.

RICHELET, *Dictionnaire*.

Il (Bourgck) quitta l'Espagne peu après mon retour, et s'en vint à Paris, où je le vis assez souvent, et où il ne put *s'agripper à* rien.

SAINT-SIMON, *Mémoires*, 1721.

AGRIPPER a été longtemps négligé par nos dictionnaires (le *Dictionnaire de l'Académie* ne le donne qu'à dater de 1740). On a employé anciennement AGRAPPER dans un sens analogue à celui d'*agripper*. Voyez AGRAFER.

On en a tiré :

AGRIPPEUR, s. m., compris par Borel (*Trésor des recherches*) au nombre de nos vieux mots.

AGROUPER, v. a. (de *Grouper*, et, par ce mot, de *groupe*. Voyez ces mots).

AGROUPER a eu place dans quelques-uns de nos anciens dictionnaires, notamment dans ceux de Richelet et de Furetière, et dans le dictionnaire de Trévoux comme synonyme de *Grouper*. On l'a sans doute, depuis, omis comme inutile, malgré l'emploi qui en a été fait par un de nos grands écrivains dans le second des exemples qui suivent :

Il faut que les membres soient *agroupés* aussi bien que les corps.

FÉLIBIEN, cité dans le Dictionnaire de Trévoux.

Les contrastes savants des membres *agroupés*.

MOLIÈRE, *la Gloire du Val-de-grâce*.

AGUERRIR, v. a. (De *Guerre*. Voyez ce mot.)

On l'a écrit AGGUERRIR. Voyez les exemples ci-après.

Accoutumer à la guerre, aux fonctions, aux fatigues, aux dangers de la guerre.

Le temps, qui ruinera l'ennemy, renforcera, multipliera, *aguerrira* noz gens.

GUILLAUME DU BELLAY, *Mémoires*.

C'étoient là des exercices nobles (les tournois) qui pouvoient non-seulement divertir, mais encore *aguerrir* nos jeunes gens.

FLÉCHIER, *Mémoires sur les grands jours* de 1665

Il *aguerrit* ses troupes par de continuels exercices.

PELLISSON, *Éloge historique de Louis XIV*.

Les exécutions ne feront qu'en accroître le nombre (des faux-sauniers), les *aguerrir*, les discipliner.

SAINT-SIMON, *Mémoires*, 1718.

Voilà les occasions de cultiver le génie et les talents militaires, d'*aguerrir* et former les troupes.

J.-J. ROUSSEAU, *Projet de paix perpétuelle*.

Il ne s'emploie pas ainsi seulement d'une manière absolue, mais, comme on le verra plus loin quand il sera question du pronominal *S'aguerrir* et du participe *Aguerri*, avec un complément formé des prépositions *par*, *dans*, *à*, *contre* et de leur régime.

AGUERRIR signifie figurément Accoutumer une personne à quelque chose qui paraît pénible dans le commencement, lui donner de la confiance, de la hardiesse, l'enhardir.

L'estude des sciences amollit et effemine les courages, plus qu'il ne les fermit et *aguerrit*.

MONTAIGNE, *Essais*, I, 25.

Peut-être pour m'*aguerrir*, monsieur le comte prit la main de madame de Vambures, qu'il baisa en la quittant; je me hasardai en tremblant de prendre la même liberté.

MARIVAUX, *le Paysan parvenu*, 7e part.

AGUERRIR s'emploie aussi avec le pronom personnel au propre et au figuré;

Au propre :

Ilz (les alliés) s'accoustumerent petit à petit à flatter et à craindre iceulx Athéniens, lesquelz ils voyoient estre continuellement à la guerre, ayants toujours le harnois sur le dos et les armes à la main, *s'aguerrissants* à leurs dépens.

AMYOT, trad. de Plutarque, *Vie de Cimon;* c. 7.

Les meurtres des victoires s'exercent ordinairement par le peuple et par les officiers du bagage; et ce qui fait voir tant de cruautez inoüyes aux guerres populaires, c'est que cette canaille de vulgaire *s'aguerrit*, et se gendarme, à s'ensanglanter jusques aux coudes.

MONTAIGNE, *Essais*, II, 27.

Vous feriez mieux, à mon avis, de tâcher à *vous aguerrir* par l'exercice des armes, non pas en lançant quelque javelot sans pointe, mais en combattant tout de bon, avec l'épée et le bouclier, couverts de la cuirasse et de l'armet.

PERROT D'ABLANCOURT, trad. de Lucien, *Des Exercices du corps*.

Vous avez neuf légions qui n'ont point été affoiblies par des batailles, ni corrompues par des séditions, mais qui *se sont aguerries* dans les guerres estrangères.

LE MÊME, trad. de Tacite, *Histoire*, II, 20.

Un lièvre qui étoit honteux d'être poltron cherchoit quelque occasion de *s'aguerrir*.

FÉNELON, *Fables*, XVII.

Il y eut quelques petits combats cette année entre les Russes et les Suédois. Ceux-ci ne furent pas toujours supérieurs; et dans les rencontres même où ils avaient l'avantage, les Russes *s'aguerrissaient*.

VOLTAIRE, *Histoire de Russie sous Pierre le Grand*, c. 12.

Le moral des soldats français était excellent, ils *s'étaient* signalés et *aguerris* sur le sommet des Alpes et des Pyrénées.

NAPOLÉON, *Mémoires*, t. III, p. 177.

AGUERRI, IE, participe.

Il s'emploie adjectivement dans les divers sens du verbe;

Au propre, pour Accoutumé à la guerre.

Vous avez en ceste ville quatre ou cinq mille hommes de pied gentilz compagnons et gens *aguerriz* le possible.

Loyal Serviteur, c. 44.

Par telles escarmouches ils (les Thébains) en devindrent plus hardis, plus *agguerris*, et mieulx duicts aux armes qu'ils n'estoient auparavant.

AMYOT, trad. de Plutarque, *Vie de Pélopidas*.

Ce furent ceux qui, avec Fimbria, tuerent leur capitaine Flaccus... hommes mutins, traîtres et mechants, mais au demourant bons combattans, bien *aguerris* et exercitez à porter les travaux de la guerre.

LE MÊME, même ouvrage, *Vie de Lucullus*.

On n'eust sceu dire s'il les avoit rendus plus paisibles ou plus *aguerris*, plus vaillans ou plus justes.

LE MÊME, même ouvrage, *Vie de Cato d'Utique*, c. 3.

Autant en conseilla-t-il encores lors à Scipio, de ne hasarder rien contre un homme *aguerry* et trop entendu au faict des armes.

LE MÊME, même ouvrage, *Ibid.*, c. 16.

C'est le vray moyen d'avoir tousjours vne bonne armée sur pied, comme faisoyent les Romains, et de tenir son peuple *aguerry*.

MONTLUC, *Commentaires*, liv. I.

Je dressay ceste puissante et glorieuse armée de vieux soldats *aguerris*.

Satyre Ménippée. Discours de Mayenne.

Les Francs sont, entre tous les peuples septentrionaux, les plus belliqueux et les plus *aguerris*.

D'URFÉ, *l'Astrée*, IIe part., liv. XI.

Ils disoient que ces soldats, qui n'étoient point *aguerris*, fuiroient au premier aspect des troupes espagnoles.

VOITURE, *Lettres*, 24 décembre 1636.

Le roi en grand'peine, non pas pour soi, mais pour les siens, les assemble, et leur remontre que ces peuples qu'ils redoutoient tant, n'étoient point *aguerris*.

VAUGELAS, *Quinte-Curce*, liv. IX.

Il (Alexandre) trouva les Macédoniens non-seulement *aguerris*, mais encore triomphants.

BOSSUET, *Discours sur l'histoire universelle*, III, 5.

Ils avoient (le marquis de la Corzana et le prince de Hesse-Darmstadt) huit mille hommes d'infanterie de troupes réglées, quelque cavalerie et le reste somettans, qui sont des milices fort *aguerries*, et le tout ensemble faisoit vingt-cinq mille hommes.

SAINT-SIMON, *Mémoires*, 1697.

Chaque Romain, plus robuste et plus *aguerri* que son ennemi, comptoit toujours sur lui-même.

MONTESQUIEU, *Grandeur des Romains*, c. 2.

Songez comment doivent combattre des machines régulières, vigoureuses, *aguerries*, qui voient leur roi tous les jours, qui sont connues de lui, et qu'il exhorte, chapeau bas, à faire leur devoir.

VOLTAIRE, *Correspond. génér.*, à M. Darget, 8 janvier 1759.

Cette troupe que Dieu rendit partout heureuse
Dans ces fertiles champs qui lui furent promis,
En se rendant puissante, *aguerrie* et nombreuse,
Donna de la terreur à tous ses ennemis.

RACAN, *Psaume*, 104.

Vous n'aurez pas affaire, en ces nouveaux combats,
A l'orateur Ulysse, à ce beau Ménélas,
Mais aux durs rejetons d'une race *aguerrie*.

DELILLE, *l'Énéide*, IX.

Au figuré, pour Enhardi :

Vous avez desja *aguerri* mes oreilles par tant d'autres assauts que vous leur avez donnez. — Cela vient bien à propos que vos oreilles soyent *aguerries*, pour ouyr ces furieux mots de guerre.

H. ESTIENNE, *Dialogues du nouveau langage françois italianizé*, I.

La pièce était vendue aux sifflets *aguerris*
De tous les étourneaux des cafés de Paris.

PIRON, *la Métromanie*, V, 2.

On le construit dans ses divers sens, comme le verbe, avec plusieurs prépositions;

Avec la préposition *par* :

Un esclave nourri dans l'oisiveté et dans le silence du sérail, fait vizir par faveur, et général malgré lui, conduisait une armée levée à la hâte, sans expérience, sans discipline, contre des troupes moscovites *aguerries par* douze ans de guerre, et fières d'avoir vaincu les Suédois.

VOLTAIRE, *Histoire de Charles XII*, V.

Avec la préposition *dans* :

Les plus grands de ton temps *dans* le sang *aguerris*
Comme en Thrace seront brutalement nourris.

REGNIER, *Satires*, IV.

Avec la préposition *à* :

Je suis un peu *aguerri au* mal.

VOLTAIRE, *Lettres*, 2 novembre 1777.

Le roi, tout *aguerri* qu'il étoit *à* l'adulation, trouva ce coup d'encensoir assommant.

D'ALEMBERT, *Éloge de Clermont-Tonnerre*.

Je ne suis pas *aguerri aux* communions, comme je vois tant de gens l'être.

J.-J. ROUSSEAU, *Lettres*, 8 août 1765.

Est-ce ainsi que votre âme, *aux* périls *aguerrie*,
Soutient sur ces remparts l'honneur et la patrie?

BOILEAU, *Épîtres*, IV.

Démentez-moi, vous ses chers favoris,
Lâches flatteurs *au* mensonge *aguerris*,
Qui chez les grands étalant vos maximes,
Leur enseignez l'art de pécher sans crimes.

J.-B. ROUSSEAU, *Allégories*, II, 1. Torticolis.

Avec la préposition *contre* :

Ce sont des cœurs *aguerris*, si j'ose parler ainsi, *contre* Dieu même.

MASSILLON, *Carême*, Sermon sur l'inconstance.

Combien de lieux communs de morale et de figures pathétiques, qui ne manquent aujourd'hui leur effet que parce que nous sommes trop *aguerris contre* elle !

LA MOTTE, *Remercïement à l'Académie française*.

Je crains peu Corbulon, les Romains, la Syrie,
Contre ces noms fameux mon âme est *aguerrie*.

CRÉBILLON, *Rhadamiste et Zénobe*, I, 3.

... Sans force contre vos chagrins,
Contre le mal commun votre âme est *aguerrie*.

CAS. DELAVIGNE, *les Messéniennes*.

D'AGUERRIR s'étaient formés les mots suivants, recueillis par Cotgrave et Monet et depuis longtemps sortis de l'usage :

AGUERRIMENT, AGUÉRISSEMENT, s. m.

Action d'*aguerrir*, et, par suite, Discipline militaire, habitude de la guerre.

L'*aguerrissement* universel auquel s'entretiennent toutes les nations de l'Europe.

SULLY, *Œconomies royales*, t. III, p. 431.

AGUÉRISSEUR, s. m.

Celui qui *aguerrit*. Voyez MONET, *Dictionnaire*.

AGUETS, s. m. pl. (De nos vieux mots *Aguetter*, *aguette*, venus eux-mêmes des simples *Guetter*, *guette*, et ceux-ci de GUET. Voyez ce mot.)

C'est de l'allemand *Wacht*, veille, garde, sentinelle, etc., qu'est venu, au moyen de la substitution si fréquente du *g* au *w*, *Guet*, et par suite AGUETTE : aussi doit-on regarder comme les plus anciennes formes de ces deux mots, *Waite*, dans la basse latinité, *Wacta*, *Wagta*, et AWAIT.

On a encore écrit AGAIS, AGAIT, AGHAIS, AGET, AGUAIT, AGUAYT, AGUEIT, AGUEST, AGUECT ; ESGAY, ESGUET, etc. (Voyez les *Glossaires* de Du Cange, de Sainte-Palaye, de Roquefort, et les exemples ci-après.)

AGUETTER s'est lui-même écrit très-diversement : probablement AWAITIER, de WAITIER, ancienne forme de *guetter*, AGAITER, AGHAITER, AGAITIER, AGAISTER, AGUAITIER, AGUESTER, AGUETIER, ESGAITER, ESGUEITER, etc. (Voyez les mêmes *Glossaires*.)

AGUETTER signifiait, comme *guetter*, Aviser, regarder, épier, dresser des embûches. Nicot le traduit par « *Insidiari*. »

Miz fiz ad esleved mun serf encuntre mei, qui par mal m'*aguaite* jesque cest jor.
Les Quatre livres des Rois, I, 22, 8.

S'ils averunt ditz : vien ovecques nous, nous *aguaiterums* saunk.
« Si dixerint : veni nobiscum, *insidiemur* sanguini. »
Anc. trad. de la Bible; Prov. I, 11. (Cité par Roquefort, *Glossaire de la langue romane*.)

J'ay fait remonstrance à ces seigneurs (la république de Venise), affin de pourveoir à la seureté des passaiges de leurs terres,... et que les paquets envoyés par lesdits lieux pour les affaires de V. M. n'y *soient aguettez* ni surpris.
DE MORVILLIERS à François Ier, 21 et 26 octobre 1546. (Voy. CHARRIÈRE, *Négociations de la France dans le Levant*, t. I, p. 626.)

Car il ne pouvoit bonnement prendre la peine d'*aguetter* ses commoditez, comme font les jeunes gens.
BONAV. DES PERRIERS, *Contes ou Nouvelles*, X.

Les bestes par le bois *agaite*
Et les occit, puis si manjue
La vénison trestote crue.
CHRESTIENS DE TROYES, *Roman du Chevalier au lion*. (Voyez *Histoire littéraire de la France*, t XV, p. 240.)

Si *agueta* par le pertuis
Et vit les pelerins au feu.
Fabl. ms. du R., n° 7218, fol. 48, v°, col. 1.

Mesdisans toz jors *aguetent*
Comment amans au desous metent.
Fabl. ms. du R., n° 7218, fol. 362, r°, col. 2. (Cités par Sainte-Palaye.)

De toutes parz va *agaitant*.
Roman de Renart, I, 148.

Deable nos ont *aguetiez*.
Même ouvrage, I, 131.

Il s'estoit repost en ung angle
Par derriers et nous *aguetoit*,
Et mot à mot toutes mettoit
Nos paroles en son écrit.
Roman de la Rose, v. 15024.

Semble au brigand, qui sur les champs caché,
L'innocent tue en caverne secrette,
Et de qui l'œil povres passans *aguette*.
CL. MAROT, *Psaumes*, X.

Et rien surtout ne me desplait
Que la colere violente
D'une femme qui me tourmente,
Qu'un œil qui m'espie et *m'aguette*,
Qu'une langue qui me sagette.
R. BELLEAU, *la Reconnue*, III, 1.

Pour ce que sa mere estoit
Auprès de là, ce me semble,
Laquelle nous *aguetoit*,
De peur encore j'en tremble.
JOACHIM DU BELLAY, *Chansons*.

A la signification et aux acceptions de ce verbe répondaient celles de plusieurs substantifs.

AGAITEOUR, AGUETTEUR, s, m.
Celui qui *aguette*, qui *guette*.

Les Gandois... mirent embusches sur le passage, et trouva les *aguetteurs* des Gandois qui le prirent et luy coupèrent la gorge.
OLIVIER DE LA MARCHE, *Mémoires*, liv. I, p. 383. (Cité par Sainte-Palaye.)

AGAITEMENT, s. m.
Action d'aguetter, de guetter.

... Vilène gent,

Jà ne lairons à amer loiaument
Por vos mesdis, por vos *agaitements*.

Chans. fr. du XIIIe siècle, ms. de Bouhier, fol. 138, v°. (Cité par Sainte-Palaye.)

Aguette, aguet, etc., est enfin plus généralement employé et resté plus longtemps dans l'usage, avec les sens suivants :

1° Lieu d'où l'on *aguette*, d'où l'on *guette*:

Lors se mist en un *agait*, où cil devoient revenir, et les vit passer à totes lor proies.

Villehardouin, *Conqueste de Constantinople*, p. 91.

Ou plus hault lieu de ces montaignes (les Pyrénées) orent li Gascon basti un *agait*.

Chronique de Saint Denys. (Voyez *Recueil des historiens de France*, t. V, p. 235.)

Robiers qui fait sa destinée
Est saillis hors de son *agait*.

Roman de Robert le Diable. (Voyez Du Cange, *Glossaire*, Wactæ.)

2° Action d'*aguetter*, de *guetter* :

Quant l'*aguait* faisoit à son tour,
Tout ausi come en une tour
Estoit chacun asséureiz...

Rutebeuf, *Complainte au roi de Navarre*.

Por un pertuis fist son *aguet*.

Roman de Renart, t. I, p. 129.

Lievres couars venans de sa pasture,
Son giste quiert ès montagnes, ès vaulx.
Les yeulx ouvers, se dort soubz la verdure,
Et en dormant congnoist assez ses maulx.
S'il sent les chiens, lors s'enfuit sur les haulx,
Dont sa vie est par son *aguet* sauvée.

Eustache des Champs, *Poés., mss.*, fol. 292, col. 1. (Cité par Sainte-Palaye.)

3° Toute espèce d'adresse, de ruse, de piège, de surprise, etc., embûche, embuscade, etc.;

Soit au singulier :

E pur quei dunc me faiz *aguait*, que jo i muire?
(Quare ergo insidiaris animæ meæ, ut occidar?)

Les quatre Livres des Rois, I, 28.

Jeroboam mist *aguait* deriere se ost... enclost se ost (l'armée du roi-Abia).

Même ouvrage, III, 15.

Ses hommes mesmes li firent *aguait*, si l'ocistrent en sun palais.

Les quatre Livres des Rois, IV, 21.

Sos planters est proprement li *aguez* que l'en fet as piez de l'ome por lui fere cheeir.

Comment. sur le Sautier, ps. 36, v. 31. (Cité par Roquefort, *Glossaire de la langue romane*.)

Li Turc qui furent anuyez d'estre illuec en leur *agaist* si longuement, issirent hors.

Guillaume de Tyr, fol. 36, v°. (Cité par Roquefort, *Glossaire de la langue romane*.)

J'ai sor lor *agait* esté...

Martene, *Continuation de Guillaume de Tyr*, t. V, col. 670, 671.

Murtre si est... quant home est ocis... au *agait* de chemin.

Le Livre de Jostice et de plait, XIX, 4, 1.

Cette partie de l'ost... fut deceue par l'*aguait* et par la malice de leurs anciens.

Chroniques de Saint-Denys. (Voyez *Recueil des historiens de France*, t. V, p. 233.)

Pompeius et ses adhérants voyants qu'il estoit impossible de le forcer... alloyent espiants les moyens de le distraire et divertir qu'il n'assistast au Senat... Mais luy, s'estant apperceu de leur *aguet* et embusche, il denonça... qu'il ne vacqueroit jamais à autres affaires ès jours qu'on tiendroit le Sénat.

Amyot, trad. de Plutarque, *Vie de Cato d'Utique*, c. 6.

Et oultre ces vices là, la finesse encore, la tromperie, l'embusche, l'*aguet* et surprise, qui ne semblent pas estre mauvaises, ny injustes contre l'ennemy.

Le même, même ouvrage, *Œuvres morales*, De l'utilité à tirer de ses ennemis, XV.

Par ceste fable dou Peissun
Munstre l'essample del' Felun
Ki par *agait* è par engin
Mescunseille sun bun veisin.

Marie de France, *Fabl.*, XIII, 29.

Molt sçavoit d'engin et d'*aguet*.

Fabl. ms. de Saint-Germain, p. 358. (Cité par Sainte-Palaye.)

Plor de fame n'est fors *agait*.

Roman de la Rose, v. 13585.

De ces jeunes guerriers la flotte vagabonde
Alloit courre fortune aux orages du monde,

Et déjà pour voguer abandonnoit le bord,
Quand l'*aguet* d'un pirate arrêta leur voyage.

MALHERBE, *les Larmes de Saint-Pierre.*

Soit au pluriel :

Et se mirent et établirent en trois *aguets*, afin que cils ne leur pussent mie échapper.

FROISSART, *Chroniques*, liv. I, Ire part., c. 108.

Et devoient chevaucher en trois routes et trois *aguets* pour plus secrètement faire leur emprise.

LE MÊME, même ouvrage, liv. II, c. 41.

Guillaume le Bastarz, comment il eschiva les laz et les *agaiz* de ses anemiz.

Chroniques de Saint-Denys. (Voir *Recueil des historiens de France*, t. XI, p. 401.)

Ele li a tendu *aguez*, ou en repost, ou apertement.

Le Conseil de Pierre de Fontaines, p. 404.

Tu dois doncques doubter tous *agais* et toutes espies.

Le Ménagier de Paris, 1re distinction, 9e art.

Si estoit averti (le duc de Bourgogne) qu'on avoit fait aucuns *aguets* autour de son hôtel d'Artois.

MONSTRELET, *Chroniques*, liv. I.

Nicias, abusé par cette malice, ne faillyt pas de demourer toute cette nuict, comme s'il eust eu paour de ne tomber pas dedans les retz et les *aguets* des ennemis.

AMYOT, trad. de Plutarque, *Vie de Nicias*, c. 13.

Le seignr de Langey, lieutenant général du roy en Piémont, eut quelque vent que le marquis de Guast..... avoit mis *aguets* par les passages pour surprendre lesdits seignrs Frégose et Rincon.

MARTIN DU BELLAY, *Mémoires.*

... Les tendres pucelles
Qui des *aguets* pas ne se doutent.

Roman de la Rose, v. 21723.

Le frère ores ne craint rien
Que les *aguets* de son frère.

JACQUES YVER, *le Printemps d'Yver*, 1re journée, Sur les misères de la guerre civile.

Ores que la justice icy bas descendue,
Aux petits comme aux grands par tes mains est rendue,
Que, sans peur du larron trafique le marchand,
Que l'innocent ne tombe aux *aguets* du meschant.

REGNIER, *Satires*, I.

Il ne se trouble point d'aucun soupçon jaloux,
Se moque des *aguez* d'un impuissant époux.

THÉOPHILE, *Poésies*, Satyre.

Tout cela n'est parti que d'une âme innocente,
Et j'en dois accuser mon absence imprudente,
Qui sans guide a laissé cette bonté de mœurs
Exposée aux *aguets* des rusés séducteurs.

MOLIÈRE, *l'École des femmes*, II, 6.

AGUET, au sens d'Embûche, était quelquefois accompagné des mots *Appensé* ou *pourpensé*, *empensé*, c'est-à-dire Prémédité. C'est l'origine de la locution restée dans la langue *Guet-apens*. Voyez GUET.

Murdres, si est quant aucuns tue ou fet tuer autrui en *agait apensé*.

BEAUMANOIR, *Coutumes de Beauvoisis*, I, 412.

En trahison et en *aguet* de chemin *porpensé*...

LOUIS IX, *Establissements*, II, 11. (Voyez *Recueil des Ordonnances des rois de France*, t. I, p. 257.)

Omicides et maléfices, qui fait n'auroient esté par traïson, ou par *aguet appensé*.

Lettres concernant la jurisdiction du maire de Rouen, 1358. (Voyez *Recueil des Ordonnances des Rois de France*, t. III, p. 332.)

Un nommé Jaquemart le Olivers a tué et murtry de fait et d'*aguet appensé*... Jehan Lemaire.

Lettre de Charles VI, 8 oct. 1410. (Cité par Roquefort, *Glossaire de la langue romane*.)

Si mal leur servit leur *aguet appensé*, que des ennuis dont ils cuidoient fatiguer les gens d'armes, feurent pressez et atteints.

J. D'AUTUN, *Annales de Louis XII*, p. 37. (Cité par Sainte-Palaye.)

D'AGUET s'étaient formées un assez grand nombre de locutions autrefois fort usitées :

Mettre son aguet à, veiller à, s'occuper de, etc.

Quant les galants voient une belle jeune fille mariée à ung vieil homme ou à ung sotin, et qu'elle est jolie et gaye, ils y *mettent leur aguet*.

Les quinze Joies de mariage, 14e joye.

Aller d'aguet, se comporter prudemment, agir avec précaution.

Peu de mariages succèdent bien qui sont commencés et

acheminés par les beautez et desirs amoureux : il y faut des fondemens plus solides et plus constans, il y faut *aller d'aguet.*

CHARRON, *De la Sagesse,* liv. I, c. 46.

Agir d'aguet, surprendre :

La prospérité... par son rire et ses mignardes douceurs *agit d'aguet,* relasche, et r'amollit l'esprit, et luy desrobe insensiblement sa trempe, sa force et vigueur.

CHARRON, *De la Sagesse,* liv. II, c. 7.

Et adverbialement, dans des sens analogues *d'aguet :*

Aucunes fois avient que elle ne se lieve point, mès d'avant le jour el se plaint et mignote tout à escient et *d'aguet.*

Les quinze Joyes de mariage, 5e joye.

Je me tapis *d'aguet* derrière une muraille.

REGNIER, *Satires,* II.

En se jetant *d'aguet* dessus votre personne.

LE MÊME, même ouvrage, VI.

Par aguet :

Avec son mary l'en ne doit mie besongnier *par aguet* ou malice, mais plainement et rondement, cuer à cuer.

Le Ménagier de Paris, 1re distinction, 6e art.

Par agait u par suspriture
Fu retenu Reinald e pris.

Roman de Rou, t. I, v. 7300.

L'on a vu desconfire
Maint prodome *par agait.*

Anc. Poés. fr. mss. avant 1300, t. II, p. 1049. (Cité par Sainte-Palaye.)

A aguet :

Ainsi doit aprocher la beste à qui il veult tirer *à aguet.*

Modus et Racio, fol. 44, v°. (Cité par Sainte-Palaye.)

Dans la langue de l'ancienne jurisprudence, on entendait par *Marché à aghais,* un Marché à terme dont il faut *aghaiter, guetter* l'échéance.

Par l'usage de ladite ville et eschevinage, qui veut profiter d'aucun *marché à aghais,* est requis...

Coutume de Douai. (Voyez *Nouveau Coutumier général,* t. II, p. 985, col. 2; cf. p. 977, col. 2.)

Une ancienne manière de parler voisine de celles dans lesquelles le mot *aguets* est encore employé (*aux aguets,* Voyez plus bas), c'est *en aguet : être en aguet, se mettre en aguet.*

Commanda qu'ilz feissent armer tous leurs gens d'armes et *estre en agueet* et tous pretz à la minuit.

JOINVILLE, *Histoire de saint Louis.*

Il estoit tard : mais quant son escuyer, qui toujours *estoit en aget,* le voit venir, il saillit avant, et luy dist : Sire, bien soyez venu.

PERCEFORÊT, vol. II, r°, fol. 114, col. 1 et 2

A laquelle heure que ce fut du jour je *serois en aguet,* quand le châtelain viendroit à la porte.

FROISSART, *Chroniques,* liv. I, 2e part., c. 58.

Si *s'ordonnèrent* et *mirent en aguet* sur mer, et assez tôt rencontrèrent ces chevaliers d'Angleterre.

LE MÊME, même ouvrage, liv. I, 2e part., c. 268.

L'ennemy (le diable) qui toujours *est en aguet* de enflamber et tempter homme et femme...

Le Livre du chevalier de la Tour Landry, pour l'enseignement de ses filles, c. 34.

Et puis à l'heure qu'il veid ce singe *en aguet.*

BONAVENTURE DES PÉRIERS, *les Contes ou Nouvelles.*

Le murmure, comme naturel enfant de la haine et de l'envie, *est* toujours *en aguet,* pour tacher et ternir s'il peut la vie et l'honneur d'autruy.

CHAPELAIN, *le Gueux, ou la Vie de Guzman d'Alpharache,* liv. I, c. 8.

Quant ta femme irée
Te dit sa raponée,
N'en tieng jà nul plait.
Quant elē losenge é plore
Gar toi icele ore,
Kar dunc *est en aguait.*

EVERARD, traduction des *Distiques de Caton.* (Voyez *Histoire littéraire de la France,* t. XIII, p. 70.)

La Corneille *fust en aguait,*
Avant ala, le bec uvri,
Fiert l'Eschaille un po l'ovri.

MARIE DE FRANCE, *Fabl.,* XIII, 30.

Tout adès *sunt en agait*
Pour les fins amans grever.

Chans. fr. du XIIIe *siècle,* ms. de Bouhier, fol. 316, r°, col. 1. (Cité par Sainte-Palaye.)

Ele (la mort) *est* tout ainsi *en aguet*
Com cil qui à l'archiere tret.

La Bible Guiot. (Cité par Roquefort, *Glossaire de la langue romane.*)

La mort vient *en aguet.*

Fabl., ms. du roi, n° 7615, t. II, fol. 144, v°, col. 1. (Cité par Sainte-Palaye.)

Car maint pelerin avoit mort
Par poison, et donné la mort,
Et maint autre *en aguait* tué.

Eust. Deschamps, *Poésies,* mss., fol. 483, col. 2.

Tousjours eust fallu estre au guet
Vivre en crainte, soin et tourment,
En mangeant son pain *en esguet*
Sans oser dormir seurement.

Martial d'Auvergne, *Vigiles de Charles VII,* part. II.

Aguets, au pluriel, est depuis longtemps resté seul en usage et uniquement dans la locution *aux aguets,* qui se joint à différents verbes.

Être aux aguets, Se tenir aux aguets, Épier, observer le temps, l'occasion; être aux écoutes, soit pour surprendre quelqu'un, soit pour éviter d'être surpris.

Le doute, l'objection, la raison contraire ne nous attaquent pas toujours de front, ni à découvert; elles *sont* souvent *aux aguets* et aux embûches.

Balzac, *Aristippe,* discours IV.

Remarquez-vous, Monseigneur, dit le père Canaye, remarquez-vous comment Satan est toujours *aux aguets.*

Saint-Évremond, *Conversation du maréchal d'Hoquincourt avec le père Canaye.*

Elle (la duchesse du Maine) étoit là (à Paris) aux *aguets.*

Saint-Simon, *Mémoires,* 1718.

Les copies (de la Pucelle) se multiplient... tous les libraires de l'Europe *sont aux aguets.*

Voltaire, *Lettres,* 15 juin 1755.

Mettre aux aguets, Se mettre aux aguets.

Le prevost a *mis* des gens *aux aguets* pour se saisir d'un tel voleur.

Dictionnaire de l'Académie, 1718.

AH. Interjection.

On l'a d'abord écrite simplement a, et il en avait été de même dans la langue latine, selon le témoignage de quelques scoliastes et grammairiens anciens, et l'orthographe suivie dans quelques manuscrits.

Comme dans la langue latine encore, on y a ensuite marqué l'aspiration de double manière, par l'addition de l'*h*, soit au commencement du mot : ha, soit à la fin : ah.

Robert Estienne, qui, dans son *Dictionnaire latin-françois,* a donné sous sa double forme l'interjection latine, n'a, dans son *Dictionnaire françois-latin,* indiqué que *ha,* et il a été suivi en cela par les auteurs des dictionnaires subséquents J. Thierry, Nicot, Cotgrave.

Plus tard, nos dictionnaires ont mentionné ha et ah, et les ont distingués non seulement quant à la forme, mais même quant à l'acception. Il y a toutefois lieu de remarquer, et on le verra tout à l'heure par plus d'un exemple, qu'on les a souvent employés à peu près indifféremment.

Oudin et Cotgrave, répétés par Sainte-Palaye et Roquefort, ont recueilli une quatrième forme de cette interjection, ach, « le *c* devant l'*h*, dit Sainte-Palaye, rendait l'aspiration plus forte et l'exclamation plus énergique. »

On le fait suivre, le plus ordinairement, d'un point admiratif (!) que l'on répète à la fin de la phrase.

Il sert à marquer, selon la manière dont il est prononcé, l'accent qu'on lui donne, La douleur, la joie, la crainte, le dégoût, la surprise, l'admiration, l'amour, etc., presque tous les sentiments de l'âme.

Par exemple, la douleur :

Ha, pauvres gens. Quoy? (dirent ilz) Que boyrons nous par ces desers?

Rabelais, *Gargantua,* I, 33.

Ha Badebec, ma mignonne, mamye... jamais je ne te verray. *Ha* pauvre Pantagruel, tu as perdu ta bonne mere, ta doulce nourrisse, ta dame tresaymee... *Ha* faulce mort, tant tu me es malivole.

Le même, *Pantagruel,* II, 3.

A c'est de plainz; bien savez sans doutance,
Quant on dit *A,* l'on se plaint durement.

Thibaud roi de Navarre, *Chansons,* LXII.

Ah! falloit-il en croire une amante insensée?
RACINE, *Andromaque*, V, 3.

Au lieu de :
Ha! qu'un si rude coup...
Il faut :
Ah! qu'un si rude coup.
BOILEAU, *Lettres*, à Brossette.

La joie :

Ha! quel bonheur! ô toi qui me l'as apporté,
Je te dois regarder comme une déité!
MOLIÈRE, *le Dépit amoureux*, I, 2.

... *Ah* Doris! quelle joie!
Que d'encens brûleroit dans les temples de Troie!
RACINE, *Iphigénie*, IV, 1.

L'admiration :

J'ai vu des manches comme celles du chevalier; *ah!* qu'elles sont belles dans le potage et sur des salades!
Mme DE SÉVIGNÉ, *Lettres*, à Mme de Grignan, 30 août 1671.

Nous avons revu aussi M. et Mme de Rohan, *ha!* qu'ils sont maigres!
LA MÊME, même ouvrage, au président de Montceau, 22 mai 1682.

C'est un homme... qui... *ah!* un homme... un homme [enfin!
MOLIÈRE, *Tartuffe*, I, 6.

Ah ne sert quelquefois qu'à donner du mouvement à la phrase, à la rendre plus animée, plus expressive.

Ah! je commence à regretter les bornes étroites du lieu où je parle.
BOSSUET, *Oraison funèbre de la reine d'Angleterre*.

Ah! je ne veux plus tant admirer les braves, ni les conquérants.
LE MÊME, *Oraison funèbre de la duchesse d'Orléans*.

Ah! nous pouvons achever ce saint sacrifice pour le repos de Madame avec une pieuse confiance.
LE MÊME, même ouvrage.

Ah! Rodrigue, il est vrai, quoique ton ennemie,
Je ne puis te blâmer d'avoir fui l'infamie.
P. CORNEILLE, *le Cid*, III, 4.

Ah! n'attendrissez point ici mes sentiments.
LE MÊME, *Horace*, II, 8.

... *Ah!* que vous êtes prompt!
La mouche tout d'un coup à la tête vous monte.
MOLIÈRE, *l'Étourdi*, I, 8.

Ah! vous êtes dévot, et vous vous emportez?
LE MÊME, *Tartuffe*, II, 2.

La paix! *ah!* de sa main pourriez-vous l'accepter?
RACINE, *Alexandre*, I, 2.

Ah! si du fils d'Hector la perte étoit jurée,
Pourquoi d'un an entier l'avons-nous différée?
LE MÊME, *Andromaque*, I, 2.

Ah seigneur! qu'éloigné du malheur qui m'opprime,
Votre cœur aisément se montre magnanime!
LE MÊME, *Iphigénie*, I, 3.

Sa mère... *ah!* que l'amour inspire de courage!
Quel transport animait ses efforts et ses pas!
Sa mère... Elle s'élance au milieu des soldats.
VOLTAIRE, *Mérope*, V, 6.

De même qu'en latin, de l'interjection *ah*, on a quelquefois fait *aha*, notre AH se redouble pour marquer plus fortement le sentiment qu'on veut exprimer et, particulièrement, la surprise et l'ironie.

Ah! ha! coquins, vous avez l'audace d'aller sur nos brisées.
MOLIÈRE, *les Précieuses ridicules*, sc. 16.

Ah! ah! si jeune encor, vous jouez de ces tours!
LE MÊME, *l'École des femmes*, V, 5.

Ah! ah! l'homme de bien, vous m'en vouliez donner?
LE MÊME, *Tartuffe*, IV, 7.

On le répète un plus grand nombre de fois, pour rendre l'éclat du rire et de la gaieté.

Te voilà payé de ta raillerie. *Ah! ah! ah! ah!*
MOLIÈRE, *Critique de l'École des femmes*, sc. 6.

Souvent AH forme une exclamation avec certains mots auxquels on l'associe, *Ciel, Dieu, Diable*, etc.

...*Ah bons dieux* quelle rage!
P. CORNEILLE, *Rodogune*, v. 4.

A qui la bourse? — *Ah dieux!* elle m'étoit tombée.
Et j'aurois après cru qu'on me l'eût dérobée.
MOLIÈRE, *l'Étourdi*, I, 7.

... *Ah, bons dieux,* je frémis!
Pandolfe qui revient!
LE MÊME, même ouvrage, II, 5.

Ou avec des adjectifs, comme *malheureux, lâche, traître,* etc.

Ah lâche! fais l'amour et renonce à l'empire.
. . . .
Et de ce peu de jours, si longtemps attendus,
Ah malheureux! combien j'en ai déjà perdus!
RACINE, *Bérénice*, IV, 4.

Ah les traîtres! allons et courons le confondre.
LE MÊME, *Bajazet*, V, 7.

Ou enfin des adverbes, des expressions adverbiales, comme *vraiment, ma foi, certes, bon,* etc., comme *bien* et *oui,* dans cette locution : *Ah! bien oui.*

... Pour une bagatelle
Il me chasse et me bat d'une façon cruelle.
— *Ah, vraiment,* il a tort!
MOLIÈRE, *l'Étourdi*, II, 9.

Ah bon, bon, le voilà! venez çà, chien maudit.
LE MÊME, même ouvrage, III, 4.

Ah, ma foi! je devine à peu près ce que c'est.
LE MÊME, même ouvrage, V, 6.

... Il est jaloux jusques en un tel point.
— De Valère! *ha, vraiment,* la pensée est bien belle,
Elle peut seulement naître en votre cervelle.
LE MÊME, *le Dépit amoureux*, I, 2.

Ah certes, celui-là l'emporte, et vient à bout
De toute ma raison...
LE MÊME, même ouvrage, II, 1.

... *Ah! certes,* c'est dommage
Qu'elle ne vous ouït tenir un tel langage.
LE MÊME, *Tartuffe*, I, 2.

On a dit, substantivement, *un ah! des ah!* pour désigner certaines marques d'approbation, d'applaudissement.

Allez-vous-en réciter comme vous faites, vous verrez si vous ferez faire *aucun ah!*
MOLIÈRE, *Impromptu de Versailles*, sc. I.

Pour de l'esprit, j'en ai sans doute, et du bon goût,
A juger sans étude et raisonner de tout;
A faire aux nouveautés, dont je suis idolâtre,
Figure de savant sur les bancs du théâtre,
Y décider en chef, et faire du fracas
A tous les beaux endroits qui méritent *des has!*
MOLIÈRE, *le Misanthrope*, III, 1.

Ah! ah! a été lui-même employé comme substantif.

On lit dans le *Dictionnaire de Trévoux :*

Dans Paris, par raillerie, on appelle les culs-de-sac, rue de *ha ha,* parce que ceux qui entrent dans ces rues, n'y trouvant point d'issue, témoignent leur surprise en disant *ha ha!*

Par la même raison, on a appelé un *ah! ah!* un saut-de-loup, c'est-à-dire une ouverture de parc fermée par un simple fossé et pratiquée au niveau des allées devant un point de vue.

AHI, sorte d'interjection, très voisine par la forme de *ah,* et qui exprime de même la douleur.

On dit encore *Aïe.* Voyez ce mot.

Ahi, ahi, ahi, vous ne m'avez pas dit que les coups en seroient aussi.
MOLIÈRE, *les Précieuses ridicules*, sc. 14.

Ha! ha! le feu! *ahie! ahie!*
Roman de Renart, v. 1212.

Ahi, ahi, à l'aide, au secours, on m'assomme.
MOLIÈRE, *l'Étourdi*, II, 9.

Il faut que je t'embrasse et mille et mille fois,
Dans cette joie... — *Ahi, ahi,* doucement, je vous prie.
Il m'a presque étouffé.
LE MÊME, même ouvrage, V, 16.

AHAN, s. m. (Formé de l'exclamation *han,* par la même onomatopée de laquelle sont résultés le provençal et l'espagnol *affan,* l'italien *affanno,* et, dans les langues anciennes, des mots de signification analogue, comme ἀάζειν, *anhelare,* etc., auxquels on a quelquefois rattaché mal à propos, par une filiation étymologique, AHAN, AHANNER, et leurs nombreux composés.)

Robert Estienne et J. Thierry écrivent AHEN,

qu'ils font venir de *hen;* Nicot et Cotgrave donnent, à la fois, AHEN et AHAN.

On a encore écrit (voyez le *Glossaire* de Sainte-Palaye) HAHAN, AHAM, AAM, ANHAN, ENHAN.

On a dit aussi (voyez le dictionnaire de Cotgrave, le *Trésor des recherches* de Borel), comme dans le provençal, AFFAN, AFAN.

Ahan est une voix qui sort sans art du profond des bûcherons, ou autres manœuvres, quand avec toute force de bras et de corps ils emploient leurs coignées à couper quelques pièces de bois, montrant par cette voix qu'ils poussent de tout leur reste; mot que nous avons mis en usage pour dénoter une grande peine et travail de corps, et *ahanner*, pour travailler.

EST. PASQUIER, *Recherches de la France*, l. VIII, c. 6.

Proprement pris est la voix soupireuse qu'en l'effort du travail les gens de pénible besongne jettent hors et conséquemment se prend pour grand travail, et est *onomatopœa* de *Han*, son souspireux que rendent ceux qui ruent un grand coup de coignée ou autre outil, ou tirent et lèvent à force quelque grief et pesant fardeau, ou font quelque autre penible besongne.

NICOT, *Dictionnaire*.

AHAN a été autrefois fort employé au propre et au figuré.

Il signifiait, au propre, Peine de corps, effort pénible.

Nous estaignismes le feu à grant *ahan* et malaise.

JOINVILLE, *Histoire de saint Louis*.

Après ce que ledit Jehan fut deschaucié, entra audit gué et tant se y efforça pour mettre hors ladite charrette, que il y entra en fièvre en icellui gué, pour le grant *ahan* que il avoit eu et pour la froidure qu'il y print.

Lettres de rémission de 1375. (Voyez DU CANGE, *Glossaire*, Ahenagium).

Je qui estoie demouré après tant d'*ahan* comme esperdu et esvanouy, ne povoye ses parolles imprimer en ma pensée.

ALAIN CHARTIER, *le Curial*.

Il y en avoit beaucoup qui d'*anhan* et lasseté se jettoient par terre comme recreuz et demis-morts.

DU BELLAY, *Mémoires*, liv. VIII.

L'*ahan* qu'il a souffert luy a cousté la vie.

NICOT, *Dictionnaire*.

Mult ont oüt e peines e *ahans*.

Chanson de Roland, v. 267.

Grant *ahan* sueffrent et endurent.

Roman de la Violette, v. 5608.

Chescun jur vunt à grant dolurs,
En peine sunt et en *anhan*.

Roman de Rou, v. 5998.

Et dedans un coffret qui s'ouvre avec *ahan*
Je trouve des tisons du feu de la sainct Jean.

REGNIER, *Satires*, IX.

AHAN, toujours pris au propre, s'est dit, dans un sens plus particulier, du travail de la terre, du labourage; de là cette locution : *Mettre à ahan.*

Si comme en terre et place qui onques n'auroit esté labourée, et on le *mettoit* de nouvel *à ahan* et à semence.

BOUTEILLIER, *Somme rurale*, tit. X.

On l'a dit de la terre labourée elle-même :

Nuls ne facent en aoust ne autre temps autruy dommage en ses *ahans*, en ses curtillages.

Gloss. sur les Coutumes de Beauvoisis. (Voyez *Coutumier général*, t. I, p. 831.)

Tu n'as ne femme, ne enfans;
Tu n'as ne terres, ne *ahans*,
Qui ne soient tout mis à cense.

FROISSART, *Poésies*.

On l'a dit de la récolte :

Je pense de cueillir l'*ahan*
Des moissons où vous aurez part.

EUST. DESCHAMPS, *Poés. mss.*, fol. 422, col. 2.

On employait ainsi également, selon Borel, *Trésor des Recherches*, les mots AHAN et AFFAN.

AHAN, au figuré, avait le sens de Misère, de souffrance.

Le bon religieux, m'ayant entendu, me dit avec autant d'*ahan* que s'il lui eût cousté la vie : Vive Dieu!... je ne lairrois pas de te le donner...

CHAPELAIN, trad. de *le Gueux* ou *la Vie de Guzman d'Alpharache*, Ire part., liv. II.

A pais vesqui et sains *ahans*,
Si moru pleins de jors et d'ans.
Partonopeus de Blois, v. 411.

Loins de cités, loins de chastels
Orent lor loges et tranels;
Ileuc erent par les *ahans*
Par les ploies et par les vens.
MAITRE WACE, *la Vie de la vierge Marie*. (Voy. éd. V. Lusarche, p. 16.)

Pour ce m'envoys joyeusement
Le povre ladre conforter,
En vouldroye son âme porter
Au sein nostre pere Abraham,
Car il a souffert grand *ahan*.
La Vie et Histoire du mauvais Riche. (Voyez Ancien Théâtre françois, t. III, p. 280. *Bibliothèque elzevirienne*.)

D'AHAN, soit au propre, soit au figuré, on avait fait la locution *Suer d'ahan*, qui s'est perpétuée dans nos dictionnaires.

Je *sue* ici *de haan*, pour entendre la procedure de vostre different, et tu me viens encore tabuster.
RABELAIS, *Pantagruel*, II, 11.

Je *sue*, par la mort beuf, *d'ahan*.
LE MÊME, même ouvrage, III, 36.

O mes amys, un peu de vinaigre. Je *tressue de* grand *hahan*.
LE MÊME, même ouvrage, IV, 18.

A voir les efforts que Senèque se donne pour se preparer contre la mort, à le voir *suer d'ahan* pour se roidir et pour s'assurer... j'eusse esbranlé sa reputation s'il ne l'eust en mourant très vaillamment maintenue.
MONTAIGNE, *Essais*, III, 12.

Qu'est-ce que c'est que cette drogue sur le bonheur? n'est-ce pas quelque misérable qui babille sur la félicité, comme... d'autres pauvres diables qui *suent d'ahan* dans leurs greniers pour chanter dans la volupté et la paresse?
VOLTAIRE, *Lettres*, 22 mars 1738.

Tyois qui *de* grant *hahan suent*
Le cheval sous Guillaume tuent.
G. GUIART, *Royaux Lignages*, ms., fol. 130, r°. (Cité par Sainte-Palaye.)

Le vilain mot de concluer
M'a faict *d'ahan* le front *suer*.
CL. MAROT, *Épîtres*, LVI.

Fait en *suant* presque *d'ahan*
Le lendemain de la Saint-Jean.
LORET, *Muze historique*, 25 juin 1650.

AHANER, v. n. (d'*ahan*, comme d'*afan*, en espagnol *affanare*, en italien *affannare*.)

Robert Estienne, J. Thierry, Nicot, l'écrivent de plus, d'après *ahen*, AHENER.

On l'a encore écrit AHANNER, AHENNER, AHENNIER, ENHANNER, ENHENNER, etc.; et en le tirant d'*affan*, AFFANER, AFFANNER, AFANER, AFFENNER, etc. (Voyez le *Dictionnaire* de Cotgrave, celui d'Oudin, les *Glossaires* de Du Cange, de Sainte-Palaye, de Roquefort, etc.)

AHANER s'employait, comme *ahan*, au propre et au figuré.

Au propre, pour Soupirer péniblement, et, par suite, travailler avec effort, se fatiguer.

Il *ahanne* beaucoup tous les jours.
« Multum laborat quotidie. »
ROB. ESTIENNE, *Dictionnaire fr.-latin*, 1539.
Id. J. THIERRY, NICOT.

Voilà les stoïciens pères de l'humaine prudence, qui trouvent que l'ame d'un homme accablé sous une ruine, traîne et *ahanne* longtemps à sortir, ne se pouvant demesler de la charge, comme une souris prise à la trapelle.
MONTAIGNE, *Essais*, II, 12.

De vostre doulce haleine
Eventez ceste plaine,
Eventez ce sejour,
Ce pendant que j'*ahanne*
A mon blé que je vanne
A la chaleur du jour.
JOACHIM DU BELLAY, *D'un Vanneur de blé, aux vents*.

Pour monter au coupeau, je gravis mainte roche,
J'*ahanne*, je m'efforce et l'haleine me faut.
CLAUDE HOPIL, *Méditation*.

Mais cet autre poëte est bien plein de ferveur,
Il est blême, transi, solitaire, rêveur,
La barbe mal peignée, un œil branlant et cave,
Un front tout refrongné, tout le visage have,
Ahane dans son lict, et marmotte tout seul
Comme un esprit qu'on oit parler dans un linceul.
THÉOPHILE, *Élégie à une dame*.

Ou bien encore, dans un sens particulier, répondant à un sens analogue d'*ahan*, pour Travailler à la terre, labourer.

Qui est trouvé *ahanant* sur chemin publique, et à la dernière roye prent du chemin...

BOUTEILLIER, *Somme rurale*, tit. 40.

Lidit Bourgeois et Bourgeses paieront terrage de treze gerbes une de toutes les terres arables et labourables que on *ahennera*.

Ordonnance d'octobre 1361. (Voyez *Ordonnances des Rois de France*, t. IV, p. 371.)

On *ahane* tous les ans les terres.

RICHELET, *Dictionnaire*.

Formens et terres *ahanoit*.

Fabl., *ms. du R.*, n° 7218, fol. 242, v°, col. 2. (Cité par Sainte-Palaye.)

Au figuré, dans un sens analogue, en parlant de fatigues, de peines, de souffrances morales.

Je sais combien *ahane* la mienne (mon âme) en compagnie d'un corps si tendre, si sensible, qui se laisse si fort aller sur elle.

MONTAIGNE, *Essais*, I, 25.

Quels ils estoient au reste (mes songes), plus j'*ahane* à le trouver, plus je l'enfonce en l'oubliance.

LE MÊME, même ouvrage, III, 5.

On le trouve, dans de vieux textes, employé comme verbe pronominal.

Li Rossignous ses lais organne,
Qui de chanter forment *s'ahanne*.

Partonopeus de Blois, ms. de St. G., fol. 124, r°, col. 1.

Ge ne suis fox ne tremelerres
Ainz me sai molt bien *ahaner*
Et bien soier et bien vaner.

MÉON, *Fabl. et cont.*, t. IV, p. 42.

On trouve dans les anciens dictionnaires, notamment dans celui de Cotgrave, dans les *Glossaires* de Du Cange, de Sainte-Palaye, de Roquefort, dans les *Origines* de Ménage, etc., un assez grand nombre d'autres mots, tirés également d'*ahan*, avec des variations d'orthographe analogues.

Ce sont entre autres, outre le participe AHANÉ, travaillé, labouré, les adjectifs AHANNANT, ANTE, AHANNEUX, EUSE, fatigant,

AHANABLE, susceptible d'être travaillé, Labourable.

Si aucunes divisions sont entre bois et terres *ahanables*.

Coutume de Boulenois, rédigée sous Charles VIII, ch. des Usages, ordonnances et observations anciennes.

Les substantifs :

AHANNEUR OU AHANIER : travailleur, laboureur; Ruricola, *ahanier* (G. BRITON, *Vocabulaire latin-français*).

Se montoient les aucuns... des chevaux des *ahaniers* qu'ils trouvoient sur les champs.

FROISSART, *Chroniques*, liv. II, c. 287.

AHANAGE, peine, fatigue, labourage, et, par extension, terre en labour, récolte.

Gaainz, labors e noreture
N'*ahanages* n'anz plenteis
Ne les deffent d'estre chaitis.

Chronique de Normandie, v. 26,693.

AHEURTER (S'), v. pron. (du simple *heurter*, et, par ce mot, de *heurt*).

On a écrit s'AHURTER, de *hurter* et *hurt*.

Venant d'un mot qui signifie choc, s'AHEURTER a signifié, proprement, ainsi que le verbe latin *offendere*, Donner contre quelque obstacle matériel.

S'aheurter à une chose, au propre :

A mesme fins tient-on d'ordinaire dans le colombier, quelques gros grains de sel endurcis, contre lesquels les pigeons *s'aheurtent*, et pour en manger et pour y frotter leur bec.

OLIVIER DE SERRES, *Théâtre d'Agriculture*, V° lieu, c. 8.

S'aheurter à une personne, S'attaquer à cette personne, dans un sens voisin du sens propre.

Il se voulut *ahurter* et s'esprouver *à* ce brave chevalier.

BRANTÔME, *Vie des Capitaines illustres*, Discours, 6.

Il est employé, en ce sens, comme verbe réciproque, dans un vers d'une ancienne chronique :

> Cil qui ès frontieres *s'ahurtent*,
> G. Guiart, *Royaux Lignages*, ms., fol. 229, r°.

S'aheurter à une chose, c'est, dans l'acception du mot qui a prévalu et a seule subsisté, S'y arrêter, comme on ferait devant un obstacle insurmontable, S'y opiniâtrer, S'y obstiner.

Mieux vault cercher autruy conseil par humilité doubteuse, que *s'aheurter au* sien par outrecuidée arrogance.
A. Chartier, *l'Espérance*.

Ceulx qui *se aheurtent* obstineement *à* leurs opinions et ne se veulent jamais accommoder à autruy demeurent à la fin tous seuls.
Amyot, trad. de Plutarque, *Vie de Coriolan*, c. 20.

Je ne luitte point en gros ces vieux champions-là, et corps à corps : c'est par reprinses, menues et legeres attaintes. Je ne m'y *aheurte* pas; je ne fais que les taster.
Montaigne, *Essais*, I, 25.

Le sage considérant froidement et sans passion toutes choses... ne *s'aheurte*, ne jure, ne se lie, ou s'oblige *à* aucune.
Charron, *De la Sagesse*, II, 2, 5.

Comment serons-nous capables de sçavoir plus et mieux si *nous nous aheurtons*, arrestons et reposons *à* certaines choses, et de telle façon que nous ne cherchons rien plus, ni n'examinons davantage ce que nous pensons tenir.
Le même, même ouvrage, II, 2, 6.

Le roi fut conseillé d'éluder ces demandes, au lieu de *s'y ahurter*.
D'Aubigné, *Histoire*, t. II, liv. II, c. 2.

Toujours plus sage, (madame de Saint-Simon) m'exhorta à ne rien marquer, à vivre avec Pontchartrain à l'ordinaire, à laisser reposer cette fantaisie, à la laisser dissiper et ne pas croire qu'il pût *s'aheurter à* une prétention qui le devoit toucher si peu.
Saint-Simon, *Mémoires*, 1711.

> Mès tout certainement seust
> Que comme Roi le serviroient
> Ne contre son vouloir n'iroient ;
> *A* ce *s'estoient ahurté*.
> G. Guiart, *Royaux Lignages*, ms., fol. 250, r°.

On dit encore *s'aheurter à faire une chose*.

Ceulx du Conseil de Macédoine estoient d'avis qu'Alexandre abandonnast totalement les affaires de la Grece, et qu'il ne *s'ahurstast* point autrement *à* les vouloir avoir par force.
Amyot, trad. de Plutarque, *Vie d'Alexandre*, c. 5.

Il *s'ahurta à* combattre de pied ferme par trop témérairement.
Le même, même ouvrage, *Vie d'Antonius*, c. 11.

En ces dernieres necessitez... il seroit... plus sagement fait de baisser la teste et prester un peu au coup, que *s'aheurtant* outre la possibilité *à* ne rien relascher, donner occasion à la violence de fouler tout aux pieds.
Montaigne, *Essais*, I, 22.

Se aheurter à vouloir qu'il apparoisse que ce soit avec le consentement de la république (de Venise).
Henri IV, *Lettres*, 3 avril 1607.

Ils *s'étoient aheurtés à* vaincre ou à mourir.
« Obstinaverant vincere aut mori. »
Danet, *Dictionnaire françois-latin*.

Il (le ministre) ajouta qu'à la vérité il lui (à Julie) avait quelquefois trouvé sur certains points des sentiments qui ne s'accordaient pas entièrement avec la doctrine de l'Église... mais comme elle ne *s'était* jamais *aheurtée à* les défendre, il espérait qu'elle voulait mourir ainsi qu'elle avait vécu.
J.-J. Rousseau, *la Nouvelle Héloïse*.

> Mais ly myen (cœur) et ly autre sont de si grant durté
> Qu'en nul estat ne veulent venir à meurté ;
> Ains *se sont à* jeunesse si joinctz et *ahurté*,
> Com se do tousjours vivre ilz eussent seurté.
> J. de Meun, *Codicille*, v. 13.

> Et se de voulenté *s'ahurte*
> *A* faire mal et *à* pechier,
> On lui devroit plus reprouchier.
> Eust. Deschamps, *Poés. mss.*, fol. 562, col. 2.

Le complément de s'Aheurter a pu se former au moyen de l'adverbe *où*.

> Ainsi l'humanité, sottement abusée,
> Court à ses appetits qui l'aveuglent si bien
> Qu'encor qu'elle ait des yeux, si ne voit-elle rien.
> Nul chois hors de son goust ne regle son envie,
> Mais *s'aheurte où* sans plus quelque appas la convie.
> Regnier, *Satires*, IX.

Dans le passage suivant, S'AHEURTER offre un sens un peu différent, mais également justifié par l'étymologie et l'acception propre du mot. Il y est dit de gens de mauvais goût qu'arrêtent et choquent, dans un ouvrage, les meilleures choses :

Car je connois un peu nos petits rimailleurs,
Ils *s'aheurtent* toujours *aux* endroits les meilleurs ;
La raison n'est jamais de leur intelligence.

SAINT-AMANT, *Élégie au duc de Retz.*

AHEURTÉ, ÉE, participe.

Il se prend adjectivement dans un sens analogue à celui du verbe et reçoit de même un complément formé de la préposition *à* et de son régime, soit substantif, soit verbe.

Je suis marri que vous soyez si *aheurté à* ce langage courtisanesque.

H. ESTIENNE, *Dialogues du nouveau langage françois-italianizé*, II.

Voyez, je vous prie, combien chacun est aujourd'hui *aheurté à* sa propre ruine.

EST. PASQUIER, *Lettres*, IV, 18.

Fols... prevenus et *aheurtés à* certaines opinions, qui condamnent fierement toutes les autres.

CHARRON, *De la Sagesse*, liv. II, c. 11.

Ma femme, votre belle-mère, avoit envie que je vous fisse religieuse et votre petite sœur Louison aussi, et de tout temps elle a été *aheurtée à* cela.

MOLIÈRE, *le Malade imaginaire*, I, 5.

Son frère et lui (duc d'York) avoient été fort surpris de la proposition du prince d'Orange, qui étoit un homme fort *aheurté à* son sens et qui ne prenoit guère de conseils.

M. BARILLON à Louis XIV, 30 novembre 1677. (Voyez MIGNET, *Succession d'Espagne*, t. IV, p. 509.)

Au grant Seigneur soit no cuer *ahurté*.

EUST. DES CHAMPS, *Poés. mss.*, fol. 105, col. 3. (Cité par Sainte-Palaye.)

Aheurté à faire une chose.

En ce cas qu'on ne voulust séparer l'une de l'autre (l'absolution de la réhabilitation), j'avois pensé que vosdits Ambassadeurs apres auoir insisté sur la separation des deux, et trouvé le Pape resolu et *aheurté à* ne les separer point, pourroient dire qu'ils n'ont point charge de Vostre Majesté de demander rehabilitation.

D'OSSAT, liv. I, lettre 4.

Le régent étoit tellement *aheurté à* mettre l'Espagne en paix, malgré qu'elle en eût, que ni promesses ni menaces de la part du roi d'Espagne ne pouvoient détourner son Altesse Royale du projet qu'elle avoit formé.

SAINT-SIMON, *Mémoires*, 1718.

A souper tart trop estes *ahurté*,
Manger sanz faim, boire sanz soif vous nuit.

EUST. DESCHAMPS, 39e ballade.

On a pu le construire aussi, comme le verbe, avec la préposition *en*.

Et *en* ceste langoureuse vie fust *ahurtée* tellement qu'elle en laissoit le boire et le manger pour jeusner et le dormir pour le veiller.

ANT. DE LA SALE, *L'Hystoyre et plaisante cronicque du petit Jehan de Saintré*, c. 68.

Monseigneur qui la voit *aheurtée en* cette opinion.

Les Cent nouvelles nouvelles, XVII.

Aheurté de, au figuré, Choqué de :

Ne soit *ahurteiz de* nule chose li fraileteiz de l'umaine nature.

SAINT-BERNARD, *Sermons français*, p. 53. (Cité par Sainte-Palaye.)

Nule chose ke desplaiset al peire et *dont* sey oil poyent estre *ahurteit.*

LE MÊME, même ouvrage, p. 203.

Li estaules ne lor fut onkes encontre cuer ne n'onkes ne furent *ahurteit des* povres draz.

LE MÊME, même ouvrage. (Voyez LE ROUX DE LINCY, *Sermons...* à la suite de *les Quatre livres des Rois*, p. 550.)

Avec la préposition *sur :*

Les ministres hanovriens trouvèrent l'abbé Dubois trop *aheurté sur* cet article.

SAINT-SIMON, *Mémoires*, 1718.

AHEURTÉ s'est pris encore absolument.

Donnez... à votre serviteur un cœur docile, un cœur capable de conseil, point superbe, point prévenu, point *aheurté.*

BOSSUET, *Politique tirée de l'Écriture*, liv. V, art. 2.

Sang bieu, ce sont droictes dyablesses
Que femmes qui sont *aheurtées.*

Farce nouvelle et fort joyeuse du Pont aux asgnes. (Ancien Théâtre françois, tom. II, pag. 39. *Bibliothèque elzévirienne.)*

AHEURTEMENT, s. m. Action de *s'aheurter*, attachement opiniâtre à un sentiment, à un avis, obstination.

Comme *s'aheurter, aheurté*, il se construit avec la préposition *à* :

Il a rejetté tout cela non pas par un esprit d'ingratitude, mais par *aheurtement à* son opinion.

DANET, *Dictionnaire françois-latin.*

Ou bien se dit absolument :

L'empereur Constant fit supporter aux donatistes des aumônes abondantes, sans y ajouter autre chose qu'une exhortation pour retourner à l'unité, dont ils s'étoient séparés par un *aheurtement* et une insolence inouïe.

BOSSUET, *Politique tirée de l'Écriture*, liv. VII, art. 3.

Je doute fort qu'une simplicité accompagnée d'un tel *aheurtement* et de tant d'opiniâtreté, doive être traitée de bonne foi.

BOURDALOUE, *Pensées sur l'Église.*

C'est à qui s'entêtera davantage et qui marquera plus de zèle, c'est-à-dire plus d'*aheurtement.*

BOURDALOUE, *Sermons.* Sur la naissance et progrès des hérésies.

Le régent prétendit n'avoir trouvé que... *aheurtement* aveugle dans le chancelier, esclave de toutes formes.

SAINT-SIMON, *Mémoires*, 1718.

On trouve, dans les passages suivants, au sens d'*aheurté* et d'*aheurtement*, l'adjectif AHURT, le substantif AHURTERIE.

Te convient-il laisser *ahurtes* volontés et opinatives espérances ?

A. CHARTIER, *De l'Espérance.*

Tant les a conquis perverse *ahurterie* et opinative espérance.

LE MÊME, même ouvrage.

AHURIR, v. a. Quelquefois écrit AHEURIR. (Voyez le *Dictionnaire* de Monet et le *Dictionnaire* de Trévoux.)

On le fait venir, avec assez de vraisemblance, du vieux mot français *hurie*, qui, dans le *Roman de Renart*, paraît exprimer le cri de plusieurs personnes. *Hurie* et AHURIR ont sans doute été produits par la même onomatopée qui, de l'exclamation *hu*, a encore tiré, dans notre langue, *huée*, *huer*.

On trouve dans le passage suivant AHU au sens de Cri :

Li larrecins qui n'est pas apers, mais toutes voies il se prueve par presontions, si est de cix qui sunt pris par nuit, en autrui mesons, par force ou à cri ou *ahu.*

BEAUMANOIR, *Coutumes de Beauvoisis*, c. 31.

Si l'on admet que AHURIR vienne de *hurie*, ce verbe aura signifié primitivement Étourdir par des cris, et aura pris de là la signification générale de Troubler, étonner, abasourdir.

AHURIR un homme, disent J. Thierry et Nicot, les premiers qui aient fait mention de ce mot, en 1572, 1584, 1606, c'est « L'étonner tellement qu'il ne sache qu'il doibt faire ou dire, Le mettre à bout de son sens. »

Elle les *ahurissoit* tous, que cela faisoit pitié.

Mme DE GENLIS, *Théâtre d'éducation*, la Marchande de modes, sc. 2.

AHURI, IE, participe.

Sainte-Palaye croit le reconnaître dans AHURS, employé par G. Guiart, *Royaux lignages.*

On a dû l'écrire encore, conformément à une orthographe du verbe dont il a été question plus haut, AHEURI.

AHURI appartient, comme *ahurir*, au langage familier. Il se dit, adjectivement, pour Interdit, stupéfait.

Le lundi la trouppe royale
Fit gribouillette générale
Aux environs de Montlheri,
J'en suis encor tout *ahuri.*

Le Courrier burlesque de la guerre de Paris, p. 448.

On dit quelquefois, employant ce mot substantivement : *Un ahuri.*

AIDER, v. a. et n. (Venu, comme le provençal *ajutar*, l'espagnol *ajudar*, l'italien *aïtare*, du latin *adjutare*, fréquentatif d'*adjuvare*.) D'*adjuvare* on avait fait AJUER, AJUIER, AIDJEVER, AIEVER, AIVER, AYVER, etc.

Le passage d'*adjutare* à AIDER est sensible dans AÜTER, AÏTER, AYTER, AISTER, AÏER, AHIER, AYER, etc.

AIDER s'est encore écrit : AYDER ; AIDIER, AYDIER ; HAIDER, HAYDER, HAIDIER, HAYDIER, ADIER, etc. (Voyez sur ces orthographes, particulièrement les *glossaires* de Sainte-Palaye et de Roquefort.)

AIDER, on le voit par toutes ces manières de l'écrire, a toujours été d'un très grand usage dans notre langue ; il y a eu constamment L'acception générale de : Donner secours, prêter assistance, seconder, servir, avec des nuances nombreuses que la variété des exemples fera connaître.

On l'y a construit aussi, comme on l'y construit encore, très diversement :

1° Avec des noms de personnes pour sujet et pour régime :

Si li Syrien me metent en fuie, tu gueuchiras vers mei, si me *airas* ; e si li fiz Amon te cunquèrent, je t'*airai*.
Les quatre Livres des Rois, II, 10, 11.

Le conte d'Artois, oyant ceste nouvelle, conclud de servir et *aidier* celui à cuy le droit seroit.
Le Livre du chevalereux conte d'Artois, p. 34.

Tous chevaliers doivent *aider*, à leur loyal pouvoir, toutes dames et pucelles déchassées et déconfortées.
FROISSART, *Chroniques*, liv. I, part. 1, c. 16.

Si je ne le guary, je veulx perdre la teste, qui est le guaige d'ung fol, laissez ces pleurs et me *aydez*.
RABELAIS, *Pantagruel*, II, 30.

Rossez, battez comme il faut votre femme ; je vous *aiderai* si vous voulez.
MOLIÈRE, *le Médecin malgré lui*, I, 2.

Il faut... se donner la peine de s'accommoder à leur portée (des enfants) pour les *aider* doucement.
FLEURY, *Du Choix des études*, c. 16.

Peseu étoit fils d'une sœur du maréchal de Choiseul, dont je savois qu'il avoit fort aimé et *aidé* les enfans.
SAINT-SIMON, *Mémoires*, 1716.

Pendant qu'il (le czar Pierre) *aidait* ainsi son allié (Auguste), une flotte suédoise s'avançait pour détruire Pétersbourg et Cronstadt à peine bâtis.
VOLTAIRE, *Histoire de Pierre le Grand*, Ire part. c. 14.

Oh ! je vous prie, gagneriez-vous dans cet état de quoi subvenir à tous vos besoins ? et, belle comme vous êtes, manquant de mille choses nécessaires, comment ferez-vous, si vous ne consentez pas que les gens en question vous *aident* ? et si vous y consentez, quelle horrible situation !
MARIVAUX, *la Vie de Marianne*, IIIe partie.

Je voudrais bien me lever, dit alors la demoiselle en s'appuyant sur sa mère, qui l'*aida* du mieux qu'elle put.
LE MÊME, même ouvrage, VIIe partie.

Quant ele vit Arrabiz si cunfundre,
A voiz escriet : « *Aïez* nus, Mahume ! »
Chanson de Roland, v. 3640.

Mais anchois (avant) quinze jours auront encombre-[ment,
Et tel faim et tel soif par l'ost communément,
Que n'i porra *aidier* la mère son enfant.
Chanson d'Antioche, c. 4, v. 526.

Je ne vos puis secore ne *aidier*.
Raoul de Cambrai, p. 61.

Li lox li pramist grand loier
Pur tant ke la volsist *aidier*.
MARIE DE FRANCE, *Fables*, VII, 15.

Si m'ont-ils voulu *aydier*.
VILLON, *Grand Testament*, huit. 130.

Il a dit que l'aurore levée
L'on fit venir demain ses amis pour l'*aider*.
LA FONTAINE, *Fables*, IV, 22.

AIDER s'est dit fréquemment en parlant de l'assistance prêtée par Dieu à l'homme :

Se Deu nos veut *aidier*, de mort somes délivres.
Parise la duchesse, p. 15.

De là des formules d'affirmation, de serment, de souhait, de précaution oratoire, de correctif, d'excuse, telles que les suivantes :

Je lui dis qu'il sortit hors de mon logis, et que jamais, *ainsi m'aist Dieu*, il ne seroit de ma maison.
JOINVILLE, *Histoire de saint Louis*.

Si Dieu me veuille aider, j'en sais pire gré à messire Geffroy de Chargny que à toi.

Froissart, *Chroniques*, liv. I, Ire part., c. 326.

Ainsi les ayde Dieu!

Rabelais, *Gargantua*, I, 40.

Les bestes (*ce m'aid' Dieu*), si les hommes ne font trop les sourds, leur crient : Vive liberté!

La Boétie, *Discours de la servitude volontaire.*

Comme je prie à Dieu qu'il m'aide, s'il m'eust donné deux coups de dague, je croy que je n'eusse point saigné. Car le cœur me serra, et fist mal d'ouyr ces nouvelles.

Montluc, *Commentaires*, liv. II.

Mes *si m'aist sainz esperiz*,
Je te ferai male nuit traire.

De Sire haius et Dame anieuse, v. 180.

Se m'aist Diex et Sainte-Croix.

Les Braies au Cordelier, v. 170.

Tol-tei de ci, *si Dieu te ait.*

Tristan, vol. II, p. 109, v. 411.

Et s'il vient à rotter, il lui dit : *Dieu vous aide!*

Molière, *Tartuffe*, I, 2.

2° Avec un nom de personne, encore, pour sujet, mais avec un nom de chose pour régime :

Dieu veuille *aider* le droit!

Froissart, *Chroniques*, liv. I, part. II, c. 34.

Je veux *aider* sa recherche.

Molière, *le Bourgeois gentilhomme*, III, 7.

Ce grand pape (Grégoire le Grand)... sauve Rome et l'Italie, que les empereurs ne pouvoient *aider*.

Bossuet, *Discours sur l'histoire universelle*, I, 11.

Son visage m'est familier. Il l'est à bien d'autres; et je vais, s'il se peut, *aider* votre mémoire.

La Bruyère, *Caractères*, VII.

Son caractère doux, circonspect, modéré... le rendoit fort attentif à écouter la nature, et à ne l'*aider* qu'à propos, et autant qu'elle le demandoit.

Fontenelle, *Éloge de Geoffroy.*

Remettez à leurs bras les communs intérêts,
Et n'*aidez* leurs desseins que par des vœux secrets.

P. Corneille, *Cinna*, I, 2.

En quels lieux sommes-nous? *Aidez* mes faibles yeux.

Voltaire, *Zaïre*, II, 3.

3° Avec un nom de chose pour sujet et un nom de personne pour régime :

Aultres (herbes) sont nommées par leurs vertus et opérations, comme Aristolochia, qui *ayde* les femmes en mal d'enfant.

Rabelais, *Pantagruel*, III, 18.

Il y a long-temps que je serois mort, si j'avois pris les affaires à cœur; la raison m'a beaucoup *aidé*, le tempérament encore plus.

Bussy-Rabutin, *Lettres*, 5 mars 1690, à Mme de Sévigné.

Si rien ne peut *m'aider*, il faut donc que je meure?

Molière, *le Dépit amoureux*, IV, 1.

4° Avec des noms de chose pour sujet et pour régime :

Je veux estudier la maladie, quand je suis sain : quand elle y est, elle fait son impression assez réelle, sans que mon imagination l'*aide*.

Montaigne, *Essais*, III, 9.

L'imagination *aide* beaucoup l'intelligence.

Bossuet, *Connoissance de Dieu et de soi-même*, c. 1, n° 11.

On voit que le son des instruments *aidoit* l'esprit de Dieu qui agitoit les prophètes.

Fleury, *Mœurs des Israélites*, § 15.

Ces méthodes... abrègent le travail, *aident* la mémoire, et offrent à l'esprit une suite d'idées.

Buffon, *Manière de traiter l'histoire naturelle.* Discours 1.

Pour *aider* l'esprit en ces vers,
Le cœur est nécessaire.

La Fontaine, *Lettres*, à Racine, 6 juin 1686.

Aider, au lieu d'un régime direct, reçoit aussi, au moyen de la préposition *à*, un régime indirect. On dit, avec une différence d'acception quelquefois difficile à distinguer, *Aider* une personne et *aider* à une personne.

Dicitur vulgariter : « *Ki* Deus veut *aider*, nus ne puet nure. »

Nicolas de Biart ou Byard (de Bearn), *Sermon pour le jour de Sainte-Catherine*, fonds de l'ancienne Sorbonne, n° 809, pag. 563, col. 1.

Cui Diex voet *aidier*, nus ne li puet nuire.

Chronique de Rains, c. 25.

Dieu qui garde et deffend le droit d'ung chascun... *luy aidera* et pourverra bien de sa grace ainsi comme besoing sera.

Le Livre du chevalereux comte d'Artois, p. 66.

Fit tant en bref terme que le roi et tout son conseil furent aussi froids *d'aider à* la dame comme ils en avoient été en grand désir.

FROISSART, *Chroniques,* liv. I, Ire part. c. 10.

Tous les membres *aident à* leur souverain, c'est assavoir au cuer.

Le Ménagier de Paris, Ire distinction, 3e art.

Adonc le roy Perion son mary, qui tout ce avoit bien apperceu du lieu duquel il ne povoit promptement *ayder* ny *à* l'enfant ny *à* la mere, se trouva bien perplex.

HERBERAY DES ESSARTS, *Amadis de Gaule,* liv. I, c. 4.

Fortune *aide aux* audacieux.

LA REINE DE NAVARRE, *Heptameron,* 9e nouv.

Ses esprons *luy aiderent* bien, et le bon cheval sur quoy il estoit monté.

Le Loyal serviteur, c. 11.

La fortune doncques seule n'est pas ouvrière parfaicte de malheur et infélicité, si elle n'a la malice et le vice qui *luy aident.*

AMYOT, trad. de Plutarque, *Œuvres morales.* Que le vice seul rend l'homme malheureux.

Dieu *ayde aux* personnes, quand il luy plaist.

MONTLUC, *Commentaires,* liv. I.

Pour rendre cette mort tragique, on fit courir le bruit que Caligula luy avoit commandé de se tuer soy-mesme, et que mesme il avoit deffendu aux tribuns et aux centeniers de *luy aider* en cette tragique action.

COEFFETEAU, *Histoire romaine,* liv. III.

La Vieuville, mestre de camp du régiment de Picardie, *aidoit à* Miossans, sous lequel il estoit entré en garde.

SARAZIN, *Siège de Dunkerque.*

Je m'amuse ici à causer, j'ai mille affaires; je m'en vais *aider au* bon abbé, et signer quelques billets.

Mme DE SÉVIGNÉ, *Lettres,* 20 octobre 1680.

L'ogre, craignant que sa femme ne fût trop longtemps à faire la besogne dont il l'avoit chargée, monta en haut pour *lui aider.*

CH. PERRAULT, *Contes,* le Petit Poucet.

Ma mère étoit évanouie, ou du moins n'avoit encore donné aucun signe de connoissance depuis que je la tenois dans mes bras, et la femme de chambre *à qui* je *n'aidois* point, n'oublioit rien de ce qui pouvoit la faire revenir à elle.

MARIVAUX, *la Vie de Marianne,* IIe partie.

E *luy aidiez,* et pur seignur tenez.

Chanson de Roland, v. 364.

Jà n'iert (ne sera) honis *cui* (à qui) Diex veut bien *aidier.*

Garin le Loherain, t. I, p. 132.

Et *cui* Renars volsist *aidier.*

Roman de Renart, supp., p. 2.

En estant s'est dréciés el lit,
Celes *li ajuent* à peine.

MARIE DE FRANCE, *Lai de Gugemer,* v. 364.

Que peut faire un soul homme et que peut exploitier,
Si li homme li faillent qui *li* doivent *aidier.*

ROB. WACE, *Roman de Rou,* IIe partie. (Réponse de Charles le simple à ses sujets.)

Envers les povres te dois umelier,
Et si *lor* dois *aidier* et conseillier.

Couronnement du roy Looys. (Voyez *Histoire littéraire de la France,* t. XXII, p. 483.)

La fortune *aide aux* hommes courageux.

RONSARD, *la Franciade,* I.

Leur courage abbatu succombe à leur misère,
Rien ne *leur ayde,* et tout leur nuit.

GODEAU, *Psaumes,* 106.

Pour *leur aider,* Lisette, il faut monter là-haut.

LE GRAND, *Rue Mercière,* sc. 8.

On dit aussi *aider à une chose.*

Ces choses *aidèrent* moult *à* ce que le duc de Lancastre se partit.

FROISSART, *Chroniques,* IIe part., c. 375.

As-tu pas veu certains laboureurs, que quand ils veulent semer une terre deux annees suivantes, ils font brusler le gleu, ou paille restée du blé, qui aura esté couppé, et en la cendre de ladite paille, sera trouvé le sel que la paille avoit attiré de la terre, lequel sel demeurant dans le champ, *aidera* derechef *à* la terre.

BERNARD PALISSY, *Recepte véritable.*

Je ne sçay faire valoir les choses pour le plus, que ce qu'elles valent : ma façon n'*ayde* rien *à* la nature.

MONTAIGNE, *Essais,* II, 17.

Valère, *aide*-moi *à* ceci.

MOLIÈRE, *l'Avare,* III, 5.

Ce serait une grande douceur pour moi si je pouvais *aider à* votre consolation.

VOLTAIRE, *Lettres*, 3 mars 1754.

Ce prince, sans s'étonner, fit faire des retranchements réguliers par ses trois cents Suédois : il y travailla lui-même ; son chancelier, son trésorier, ses secrétaires, ses valets de chambre, tous ses domestiques, *aidaient à* l'ouvrage.

LE MÊME, *Histoire de Charles XII*, liv. VI.

Par mon commandement la garde en fait de même,
Et, se tenant cachée, *aide à* mon stratagème.

P. CORNEILLE, *le Cid*, IV, 3.

On dit *aider à faire une chose.*

Or ne vous souciés que tout à point, monseigneur, car Dieu vous aidera de sa grâce selon vostre bon droit, et moy avec les miens vous *aiderons à* le deffendre jusques au morir.

Le Livre du très chevalereux comte d'Artois, p. 36.

A cel termine, se parti Reniers de Trit de Costantinoble... Et la gens de la terre le reçurent... et il lor *aida* moult bien.

VILLEHARDOUIN, *Conquête de Constantinople*, § 311.

Après luy demanda ledict duc se il ne vouloit point venir avec luy au Liege pour *ayder à* revencher la trahyson que les Liegeois luy avoient faicte, à cause de luy et de sa venue.

COMMINES, *Mémoires*, liv. II, c. 9.

Mes bonnes gens, mes amys et féaulx serviteurs, faudra-t-il que je vous empesche à m'y *aider*.

RABELAIS, *Gargantua*, I, 28.

Le petit Coulanges vous *aidera à* manger vos perdreaux.

Mme DE SÉVIGNÉ, *Lettres*, 21 juillet 1680.

J'entrois alors dans ma quinzième année. Quel plaisir à cet âge d'être indépendant et maître de ses volontés ! J'eus bientôt fait connoissance avec des jeunes gens qui me dégourdirent et m'*aidèrent à* manger mes ducats.

LE SAGE, *Gil Blas*, V, 1.

Je croyois que votre présence me feroit du bien... que vous *m'aideriez à* supporter le coup dont vous veniez de me frapper.

Mlle DE LESPINASSE, *Lettres*, 25 septembre 1775.

Voyez de quel mépris vous traite son parjure,
Et *m'aidez à* venger cette commune injure.

P. CORNEILLE, *Médée*, I, 4.

Toujours un médecin doit l'*aider à* mourir.

BOURSAULT, *le Médecin volant*, sc. 7.

Et l'amour vous *aidoit à* bien tourner vos phrases.

LE MÊME, *Fables d'Ésope*, III, 3.

Et qui, d'un même joug souffrant l'oppression,
M'aidois à soupirer les malheurs de Sion.

J. RACINE, *Esther*, I, 1.

A le chercher la peur nous dispose et nous *aide*.

BOILEAU, *Épîtres*, XII.

Il me choisit pour l'*aider à* penser.

VOLTAIRE, *Satires*, le Pauvre Diable.

Dans cette manière de parler, le régime d'AIDER est le plus souvent un nom de personne, mais quelquefois aussi un nom de chose.

La grandeur qui vient par-dessus, loin d'affoiblir la bonté, n'est faite que pour l'*aider à* se communiquer davantage, comme une fontaine publique qu'on élève pour la répandre.

BOSSUET, *Oraison funèbre du prince de Condé.*

Pour *aider* seulement votre imagination *à* se la représenter (la distance de la terre au soleil), supposons, etc.

LA BRUYÈRE, *Caractères*, c. 16.

AIDER a souvent reçu, au moyen de la préposition *à*, un double régime indirect, le premier s'appliquant à la personne et le second au résultat.

Il *luy aida à* soy habiller et revestir.

RABELAIS, *Pantagruel*, II, 16.

Mettant donc un genouil en terre pour luy parler plus aysément, je faisois semblant de *luy ayder à* cueillir des fleurs.

D'URFÉ, *l'Astrée*, IIe part., liv. IV.

J'aidai au Rhodien confus *à* se relever.

FÉNELON, *Télémaque*, V.

Nourrice, allez *aider à* madame *à* s'évanouir.

DUFRESNY, *le Faux Instinct*, II, 4.

Si tout dresse des pièges à la jeunesse des rois, tout leur tend les mains aussi pour *leur aider à* les éviter.

MASSILLON, *Petit Carême*, 3e dimanche.

Ses autres enfants, qu'elle avait dotés, loin de *lui aider à* subsister, dévoraient encore sa subsistance et la mienne.

J.-J. ROUSSEAU, *les Confessions*, IIe part., liv. IX.

Vos savez bien qu'il sont vostre cosin,
Si *lor aidiez* la guerre *à* maintenir.
La Mort de Garin, v. 919.

Et si *li aideron* sa guerre *à* demener.
Parise la duchesse, 187.

Lui pourrez-vous *aider à* me perdre d'honneur?
P. Corneille, *Tite et Bérénice*, IV, 3.

Quelquefois, dans des phrases ainsi construites, le premier *à* n'a pas pour régime un nom de personne, mais un nom de chose.

Ils (les généraux ennemis) trouvèrent encore à propos d'équiper à Nieuport le plus grand nombre de frégates qu'ils pourroient, afin que si leur négociation d'Angleterre réussissoit, elles *aidassent aux* vaisseaux anglois *à* forcer ceux de nos alliez et les nostres.
Sarazin, *Siège de Dunkerque*.

A vos heureux destins *aidez à* s'accomplir.
P. Corneille, *Othon*, IV, 2.

N'*aide* point *à* l'envie *à* se jouer de moi.
Le même, *D. Sanche*, IV, 4.

Aider est encore modifié de diverses manières au moyen d'autres prépositions, telles que *de*, *dans*, etc.

De la préposition *de*, le régime faisant connaître en quoi consiste l'aide :

Il escripvit unes lettres au roy de France qui estoit encores à Milan que son plaisir feust *luy ayder de* cinq cens hommes d'armes pour trois moys.
Le Loyal Serviteur, c. 30.

Pour *aider de* leurs conseils les souverains qui les gouvernent.
Fléchier, *Oraison funèbre de M. Le Tellier*.

Nous l'*aidions* tous *de* nos conseils et *de* nos secours pour en venir à bout.
Bernardin de Saint-Pierre, *Paul et Virginie*.

N'*aidez* point mon projet *de* la moindre entreprise.
Molière, *l'Étourdi*, IV, 8.

De la préposition *dans*, le régime faisant connaître en quelle occasion a lieu l'aide :

Mais vous qui craignez les dieux, et qui aimez votre devoir, comptez-vous pour rien de servir votre roi, de l'*aider dans* tous les biens qu'il veut faire ?
Fénelon, *Télémaque*, XIV.

Tu l'*aideras* (ton prochain) *dans* ses besoins, pour mériter d'en être secouru à ton tour.
Voltaire, *Essai sur les mœurs*, c. 53.

Aider s'emploie avec le pronom personnel.

Li Vénicien s'acordèrent à ce qu'ils asausissent (assaillissent) par mer, et li François distrent qu'il ne *se* savoient mie si bien *aidier* par mer comme il faisoient par terre, mais quant il auroient lor chevaus et lor armes, si *se* sauroient mieus *aidier* à la terre.
Villehardouin, *Conqueste de Constantinoble*, 73.

Si ne pouvoient sentir nul confort pour *eux aider* ni garantir.
Froissart, *Chroniques*, liv. I, Ire part., c. 31.

Ceux qui portoient leurs hardes avec leurs armes, sur leurs espaules, passoient encore avec plus de peine et de danger, car ne *se* pouvant *aider* ils estoient emportez dans les gouffres, qu'ils n'évitoient qu'en abandonnant leurs fardeaux.
Vaugelas, trad. de Quinte-Curce, liv. IV.

Comment aidera les autres celui qui ne sait *s'aider* lui-même?
Bossuet, *Politique tirée de l'Écriture sainte*.

Elle tâcha de faire quelque chose pour lui à la cour; mais comme elle vit qu'il ne *s'aidoit* point : « Petite, dit-elle à sa fille, remène ton mari à la province; je n'en sais que faire ici. »
Tallemant des Réaux, *Historiettes*. Mme de Cavoye.

Mais, Frosine, as-tu entretenu la mère touchant le bien qu'elle peut donner à sa fille? Lui as-tu dit qu'il falloit qu'elle *s'aidât* un peu?
Molière, *l'Avare*, II, 5.

N'ai mais mestier de vivre, car ne *me* puis *aidier*.
Chanson d'Antioche, V, v. 383.

Mais li sans de ses plaies li est si fort courus,
Ne *se* puet mais *aidier*; s'est à terre chéus.
Même ouvrage, VIII, v. 711.

Uter, qui malades estoit
Et qui *aidier* ne *se* pooit.
Wace, *Roman de Brut*, v. 9083.

Ne me sai à cui conseillier
Ne *me* porré jamais *aidier*.
Roman de Renart, v. 7005.

Il n'est en tout le mond' nul meilleur chevalier
Ne qui si bien *se* sache en une guerre *aidier*.

CUVELIER, *Chroniques de Bertrand Du Guesclin*, v. 17,699.

Aydez-vous seulement, et Dieu vous *aydera*.

RÉGNIER, *Satires*, XIII.

Aide-toi, le ciel t'*aidera*.

LA FONTAINE. *Fables*. Le Chartier embourbé.

Écoute... nous avons le portrait d'Angélique.
Dans le temps difficile il faut un peu *s'aider*.

REGNARD, *le Joueur*, II, 10.

S'AIDER se construit fréquemment avec la préposition *de;* de là ces locutions :
*S'aider d'*une personne :

Or nous conseillez *des*quels seigneurs nostre sire *se* pourroit mieux *aider*.

FROISSART, *Chroniques*, liv. I, Ire part., c. 63.

Il ne craignoit point fort à mettre en péril un sien serviteur, pour *s'en ayder*, quand il en avoit besoing.

COMMINES, *Mémoires*, liv. III, c. 6.

On dit qu'il (Caton) se mit bien tard... à apprendre les lettres grecques et à lire les livres grecs, entre lesquels il *s'ayda* un peu *de* Thucydides, mais beaucoup plus de Démosthènes.

AMYOT, trad. de Plutarque, *Caton l'Ancien*.

Avec tous ces secours, je voulus encore *m'aider d'*un personnage qui, tout abattu qu'il fût auprès du roi, conservoit toute sa juste considération dans le monde.

SAINT-SIMON, *Mémoires*, 1710.

S'aider d'une chose, soit au sens physique :

Il y eut ung gentilhomme qui perdit ung pied, *dont* oncques puis *ne s'ayda*.

COMMINES, *Mémoires*, liv. II, c. 14.

Le pauvre malheureux ne *se* pouvoit quasi *ayder des* bras et des jambes, et à grand'peine se pouvoit-il soustenir sur les pieds.

LARIVEY, trad. de Straparole, *Facétieuses Nuits*, 2e nuit, fable 2.

Elle (la licorne), quand veult combattre ou aultrement *s'en ayder* (de sa corne) la lève roidde et droicte.

RABELAIS, *Pantagruel*, V, 3.

Demetrius fils d'Antigonus se feist ainsi appeler (Poliorcète), pour le nombre et grandeur des machines *dont* il *s'aidoit* à batre et forcer les villes.

AMYOT, *Projet de l'éloquence royale*.

Il fit rencontre de quatre vaisseaux espagnols, desquels deux *s'aidoient de* rames.

AGR. D'AUBIGNÉ, *Histoire universelle*, t. II, liv. I, c. 16.

Tant y a que le matin ne fut plustost venu, que Lindamor avec une besche à la main se met au jardin. Je voudrois que vous l'eussiez veu avec cet outil : vous eussiez bien cogneu qu'il n'y estoit guere accoustumé, et qu'il *se* sçavoit mieux *aider d'*une lance.

D'URFÉ, *l'Astrée*, Ire part., liv. IV.

N'y avoit quasi mestier mecanique *dont* il ne *s'aidast* fort bien.

SULLY, *Œconomies royales*, c. 22.

Alors il n'y avoit parmi les Romains aucun bon usage de la cavalerie; ils savoient si peu *s'en aider*, qu'on la faisoit mettre pied à terre au fort du combat.

SAINT-EVREMOND, *Réflexions sur les divers génies du peuple romain*, c. 4.

Uns Fevres fist une cuignée
Dure, et tranchant, et bien forgiée;
Mais ne *s'en* pooit pas *aidier*.

MARIE DE FRANCE, *Fables*, XXIII.

Soit au sens moral :

Crassus *s'aidoit de* la rigueur et Antonius de l'équité.

ROB. ESTIENNE, *Dict. françois-latin*.

Nulle vertu ne *s'ayde de* la fausseté.

MONTAIGNE, *Essais*, II, 7.

Jouissez de la grandeur de votre âme, pendant que je *m'aiderai*, comme je pourrai, *de* toute la tendresse de la mienne.

Mme DE SÉVIGNÉ, *Lettres*, 6 janvier 1672.

Un homme de bien est respectable par lui-même, et indépendamment de tous les dehors *dont* il voudroit *s'aider* pour rendre sa personne plus grave et sa vertu plus spécieuse.

LA BRUYÈRE, *Caractères*, c. 12.

La cour de Vienne, accoutumée à reprocher à ceux avec qui elle traite le peu de bonne foi *dont* elle-même ne sait que trop *s'aider*.

SAINT-SIMON, *Mémoires*, 1718.

La vanité *s'aide de* tout, et remplace ce qui lui manque avec ce qu'elle peut.

MARIVAUX, *la Vie de Marianne*, part. II.

Je ne veux point *m'aider de* mon mérite,
Pour excuser ma faute qui t'irrite.

THÉOPHILE, *Élégie*.

Montluc a dit *S'aider avec :*

Lors je dis aux sergens, *aydez vous avec* vos hallebardes à monter.

MONTLUC, *Commentaires*, liv. II.

S'AIDER est souvent verbe réciproque. De même qu'on dit : *L'un aide l'autre :*

Li uns doit *aidier l'autre* cou est drois et raisons.

Chanson d'Antioche, I, v. 937.

L'uns ne puet *aidier l'autre* ne en fais ne en dis.

Même ouvrage, IV, v. 548.

Aider l'un l'autre :

Aidés tous *l'un l'autre*, à faire que n'y perdions aulcun moment.

HENRI IV, *Lettres*, 11 août 1585.

De même on dit *s'aider l'un l'autre, s'aider mutuellement*.

Tous les ressorts de notre machine *s'aident les uns les autres* pour se conserver dans leur état naturel.

MALEBRANCHE, *Recherche de la vérité*, liv. II, c. 7, § 5.

Tous ces Berthelot, en *s'aidant les uns les autres*, étoient parvenus, les uns moins, les autres plus.

SAINT-SIMON, *Mémoires*, 1722.

Les agitations de sa vie ne lui permirent jamais de faire de ses vastes États un corps régulier et robuste dont toutes les parties *s'aidassent mutuellement* et lui fournissent de grandes armées entretenues. C'est ce que sut faire Charlemagne.

VOLTAIRE, *Essai sur les mœurs*, c. 126.

Il (Napoléon) menait deux affaires qui *s'aidaient mutuellement :* une révolution pour la nation envahie, et une guerre contre les oppresseurs de cette nation.

NAPOLÉON, *Mémoires*, t. IV, p. 156.

Aidons-nous l'un et l'autre à porter nos fardeaux.

VOLTAIRE, *Discours sur l'homme*.

Aidons-nous mutuellement,
La charge des malheurs en sera plus légère.

FLORIAN, *l'Aveugle et le paralytique*.

Au lieu de S'aider l'un l'autre, on a dit *S'aider l'un à l'autre*, par analogie avec la locution *Aider à une personne*.

Chacun a ses yeux et sa conscience. On *s'aide les uns aux autres*.

BOSSUET, *Relation du quiétisme*.

De là le mot composé S'ENTR'AIDER.

Tous ces différens secours, que je viens de nommer, sont disposés de telle sorte, que chacun d'eux pourroit manquer sans porter le moindre préjudice aux autres. Ils peuvent bien *s'entr'aider*; mais ils ne sauroient s'entre-nuire.

SAINT-RÉAL, *Conjuration des Espagnols contre Venise*.

Il ranima les citoyens par sa présence, les excitant à *s'entr'aider* par des offices mutels.

FLÉCHIER, *Oraison funèbre de M. de Montausier*.

Les plus habiles ouvriers de Genève étoient précisément ceux qui brilloient le plus dans ces sortes d'exercices, alors en honneur parmi nous. Preuve que ces diversions ne nuisent point l'une à l'autre, mais au contraire *s'entr'aident* mutuellement.

J.-J. ROUSSEAU, *Lettres*, 15 décembre 1758.

Il *se* faut *entr'aider*, c'est la loi de nature.

LA FONTAINE, *Fables*, VIII, 17.

S'AIDER peut avoir le sens passif de Être aidé.

Les inclinations naturelles *s'aident* et fortifient par institution; mais elles ne se changent ou surmontent guères.

MONTAIGNE, *Essais*, III, 2.

Aider se prend absolument.

Les hommes faillent tantost et se changent de legier, mais Jesu Christ tousjours demeure et *aide* fermement jusques à la fin.

Le Livre de l'internelle consolacion, liv. I, c. 1.

Ceste racine *aide* fort et donne remede à la colique.

ROB. ESTIENNE, *Dict. fr.-latin*.

E Franceis crient : Carlemagne, *aidiez !*

Chanson de Roland, v. 2546.

Tele chose *aide* al main ki *n'aide* mie al soir.

WACE, *Roman de Rou*, v. 3507.

Aider est encore pris absolument, c'est-à-dire sans régime direct, dans des phrases où il reçoit un complément formé de la préposition *à* et d'un infinitif son régime.

Chil qui sont semons pour... *aidier à* lor meson (de leur seigneur) deffendre...
Beaumanoir, *Coutumes de Beauvoisis*, c. 2, 9.

Il faut venir *aider* icy *à* ruiner et rompre la teste à mes ennemis.
Henri IV, *Lettre* du 16 décembre 1589.

Les extraordinaires et nouvelles dévotions qu'il (Henri III) pratiquoit *aiderent* beaucoup *à* le mettre dans le mépris.
Mézeray, *Histoire de France*, Henri III.

Est-il homme qui soit plus aisé à mener qu'un qui espère, parce qu'il *aide* lui-même *à* se tromper.
Bossuet, *Sermons*, Sur l'impénitence finale.

La nature ne manque pas de faire naître dans tous les pays des esprits et des courages élevés, mais il faut *aider à* les former.
Le même, *Discours sur l'histoire universelle*, III, 6.

Ceux qui devoient les secourir *aidoient* eux-mêmes *à* les opprimer.
Fléchier, *Oraison funèbre de M. de Lamoignon*.

Eu Rencesval irez as porz passant
Si *aiderez à* cunduire ma gent.
Chanson de Roland, v. 944.

Il *aide à* m'accabler d'un crime imaginaire.
Molière, *le Misanthrope*, V, 1.

Il falloit, en fuyant, ne pas abandonner
Ce fer qui dans ses mains *aide à* te condamner.
J. Racine, *Phèdre*, IV, 2.

A l'emploi absolu d'aider appartiennent ces locutions : *Dieu aidant*, avec l'aide de Dieu; *la grâce de Dieu aidant*, avec l'aide de la grâce de Dieu.

On a dit plus anciennement, *Aidant Dieu, aidant la grâce de Dieu*.

C'est la chose en ce monde dont j'ay le plus grant desir, et espere *aydant la grace de Dieu* ne vous faire point de déshonneur.
Le Loyal Serviteur, c. 1.

Mon cousin, après ce que, *aydans Dieu*, j'ay recouvert et réduit mon duché de Milan en mon obéissance, j'ay fait savoir à nostre sainct Père le Pape que mon désir estoit... veoir et visiter Sa Sainctété.
François Ier au roi de Navarre, 14 décembre 1515. (Voy. *Négociations de la France dans le Levant*, t. I, p. 129.)

Je m'en vais le trouver demain au matin, *Dieu aydant*.
Le cardinal d'Ossat, *Lettres*, liv. III, XC.

J'ai fait élever un théâtre sur lequel, *Dieu aidant*, je ferai représenter par mes disciples une pièce que j'ai composée.
Le Sage, *Gil Blas*, liv. II, c. 9.

Le participe présent aidant a été employé adjectivement, avec les mêmes constructions que le verbe lui-même,

On a dit *aidant à* une personne.

Dieu ne *me* soit jamais *aydant*, si je pensay de ma vie en ce, de quoy vous me blasmez et accusez.
Herberay des Essarts, *Amadis de Gaule*, liv. II, c. 17.

Et pourtant je vous supplie humblement *m'estre aydans* car je luy ay promis la soustenir jusques à la mort.
Le même, même ouvrage, liv. II, c. 21.

Le XXI may arriva à la Porte un varlet du roy Ferdinando avec lettres au G. S. pour luy persuader debvoir relascher ledit Laschi, mais elles *luy* ont été plus nuysibles que *aydantes*.
L'évêque de Montpellier à François Ier, 4 juillet 1541. (Voy. *Négociations de la France dans le Levant*, t. I, p. 499.)

J'ay... pris la hardiesse, sçachant que vous estes bon serviteur du roy... de vous prier de vouloir *m'estre aydant* en une affaire la plus juste qui fut jamais.
Sully, *Œconomies royales*, c. 49.

Aidant à une chose, ou à faire une chose.

Ces bonnes contenances et la réputation de la place... l'exemple du dernier siège, la difficulté des vivres du païs, et plus encor l'effroi de la peste, furent causes *aidantes au* desir gaillard d'aller porter la guerre où la personne du roi de Navarre se présentoit.
Agr. d'Aubigné, *Histoire universelle*, t. III, liv. I, c. 1.

Il a reçu comme *aider*, au moyen de la préposition *à*, un double régime indirect, le premier s'appliquant à la personne, le second au résultat.

Il se meist à genoulx devant l'autel faisant sa prière à Dieu que son plaisir feust *luy* estre *aydant,* non seulement *à* la victoire de ceulx à qui par armes il avoit affaire, mais aussi *à* l'espoir de celle qui luy causoit tant de mortelles affections.

HERBERAY DES ESSARTS, *Amadis de Gaule,* liv. I, c. 5.

Les anciens sur le soir présentoient à leur Dieu des langues en leurs sacrifices, afin de *leur* estre *aydans à* garder le silence.

BOUCHET, *Serées,* XII.

Cette manière d'employer AIDANT a conduit à le prendre substantivement. On a dit anciennement: *Les Aidants* d'une personne, pour ses auxiliaires, ses alliés.

Priez de mes hommes jusques à la somme que *vos aidans* d'Angleterre vous ont signifiée.

FROISSART, *Chroniques,* liv. I, Ire part., c. 9.

Depuis ce fait (en 1342), ce fut celui (Henry de Léon) qui plus se pénoit de gréver la comtesse de Montfort et *ses aidants.*

LE MÊME, même ouvrage, c. 170.

Li Louz l'a ensi otréié,
Pur *ses aidanz* a enveié.

MARIE DE FRANCE, *Fables,* LVI.

On a dit aussi Les *Aidants* d'un pays.

Consentons que les marchandises de nostre royaume puissent aler et venir paisiublement de nostre royaume en la conté de Haynnau à (pour) estre despendues de ceux de la conté et usées, et de *ses aidans.*

PHILIPPE-LE-BEL, *Ordonnance* de 1297. (Voyez *Ordonnances des rois de France,* t. I, p. 330.)

Malgré lui et malgré ses dents est, selon quelques grammairiens, une altération de *Malgré lui et malgré ses aidants.*

Cette nonchalance dans la prononciation, qui n'est pas incompatible avec l'impatience de s'exprimer, nous fait altérer jusqu'à la nature des mots, en les coupant de façon que le sens n'en est plus raisonnable. On dit, par exemple, aujourd'hui proverbialement, *en dépit de lui et de ses dents,* au lieu de ses *aidants.*

DUCLOS, Remarques sur la *Grammaire de Port-Royal,* c. 1.

Le substantif pluriel *Aidants* a été, au moyen âge, le nom d'une monnaie de peu de valeur.

Chacun florin de Liege compté à vingt *aydans,* sans avoir esgard à la valleur des pattars *aydans,* ou autres monnoyes du temps de la constitution des cens.

Ord. du Pays de Liège. (Voir au *Coutumier général,* t. II, p. 974.)

AIDÉ, ÉE. Participe.
On l'emploie absolument;
Soit en parlant des personnes :

(Le prince d'Orange assuroit à Charles II qu'il désiroit) terminer honnêtement une guerre dans laquelle il étoit si peu *aidé.*

BARILLON à Louis XIV, 23 décembre 1677. (Voir *Négociations relatives à la succession d'Espagne,* t. IV, p. 512.)

Soit en parlant des choses :

Donc toutes choses étant causées et causantes, *aidées* et aidantes... je tiens impossible de connoître les parties sans connoître le tout.

PASCAL, *Pensées.*

C'est pour cela, lui dit-il (saint Grégoire écrivant à l'empereur Maurice), que la puissance souveraine vous a été accordée d'en haut sur tous les hommes, afin que la vertu soit *aidée;* afin que la voie du ciel soit élargie.

BOSSUET, *Sermons,* sur les Devoirs des rois.

Le pays (l'Égypte) étoit sain naturellement; mais la philosophie leur avoit appris que la nature veut être *aidée.*

LE MÊME, *Discours sur l'histoire universelle,* III, 3.

D'autres fois on le construit avec la préposition *de,* suivie, Soit d'un nom de personne :

Le maréchal de camp, *aidé d'*un prêtre, fesait jurer les deux combattants sur un crucifix que leur droit était bon, et qu'ils n'avaient point d'armes enchantées.

VOLTAIRE, *Essai sur les mœurs,* Des duels, c. 100.

Sur-le-champ elle descendit l'escalier, *aidée de* son fils.

MARIVAUX, *la Vie de Marianne,* IVe part.

Voilà le sexe peint d'une noble manière ;
Et Théophraste même *aidé de* La Bruyère,
Ne m'en pourroit pas faire un plus riche tableau.
BOILEAU, *Satires*, X.

Soit d'un nom de chose :

Il..... délivre dix-huit mille captifs chrétiens qu'il ramène en triomphe en Europe, et qui, *aidés de* ses bienfaits et *de* ses dons, vont chacun dans leur patrie élever le nom de Charles-Quint jusqu'au ciel.
VOLTAIRE, *Essai sur les mœurs*, c. 124.

Des lectures rapides, *aidées d'*une mémoire heureuse lui (au duc d'Orléans) tenoient lieu d'une application suivie.
DUCLOS, *Mémoires secrets sur Louis XIV, la Régence.*

On le construit aussi avec la préposition *par*.

Du verbe AIDER s'étaient formés un assez grand nombre de mots, tels que AIDABLE, AIDEMENT, AIDANCE, ADJUVANCE, AIDEUR, dont un seul, par lequel nous finirons, le substantif AIDE, s'est, ainsi qu'AIDER, maintenu dans l'usage.

AIDABLE, adj. des deux genres.

On l'a écrit AYDABLE et, plus anciennement, AIABLE, HAIABLE.

Il signifiait, Soit Capable d'aider :

Genz *haiables*, ki bien se pourent defendre e combattre.
Les quatre Livres des rois. II, 24.

Dedans la forteresse avoit deux cents compagnons *aidables*.
FROISSART, *Chroniques*, liv. I, part. I, c. 176.

Si le deffendant est estropié de quelque membre, on doit occuper (lier, attacher) les mêmes membres deffensibles et *aidables* de l'appellant.
OLIVIER DE LA MARCHE, *Gage de bataille*, fol. 26, r°. (Cité par Sainte-Palaye.)

Soit Disposé à aider :

Je prie fortune qu'elle vous soit *aidable*.
Perceforest, vol. III, fol. 32, v°, col. 2. (Cité par Sainte-Palaye.)

Nos soit la vraie crois *aidable*.
Éracles, v. 6464.

Mais fortune est *aydable* et voluntaire
A cueur qui veult sa vertu demonstrer.
J. MAROT, p. 86. (Cité par Sainte-Palaye.)

Il ne serait pas impossible qu'AIDABLE ait eu aussi la signification passive de Susceptible d'être aidé.

AIDABLEMENT, adv.

En aidant, en secourant.

AIDEMENT, HAYDEMENT, s. m.

Sainte-Palaye ne cite de ce substantif que l'exemple suivant :

Alixandres nos a devancé prendre l'amisté des Juis, par son *haydement* (par le crédit de Jonathas).
Livres des Machabées, ms. des Cordel., fol. 170, r°, col. 1.

AIDANCE, s. f.

Action d'aider, secours.

Or cheminèrent les os (armées) de France ;
Richart est en leur *aidance*.
G. GUIART, *Royaux Lignages*, (Ms. fol. 28, r°, cité par Sainte-Palaye.)

Et vous li sarez en *aidance*.
Trad. d'*Ovide* ms. (Voyez BOREL, *Trésor des Recherches*, Aidance.)

On a tiré, plus directement, du verbe latin auquel remonte toute cette famille de mots, du verbe *adjuvare*, le substantif féminin ADJUVANCE.

Le duc lui requeroit
Confort, secour et *adjuvance*.
MARTIAL D'AUVERGNE, *Vigiles de Charles VII*, part. II, p. 4.

D'autres substantifs du genre masculin servaient à désigner Celui qui aide :

AJUERE, AIDIERRES, AIDEUR, AIDEUX, etc.

Sommeliers, barilliers, portebouts, *aideurs* et autres appartenant à l'eschançonnerie.
Testament de Louis le Hutin. (Voyez DU CANGE, *Glossaire*, Somarii.)

Molt est feolz *ajuères* cil ki lasseiz ne puet estre.
SAINT BERNARD, *Sermons français*, ms., p. 49.

Li Sains Esperis li *aidierres*
Qui avoec le Pere en son regne
Et o (avec) le fil Dieu vit et regne.
Fabl. ms. du roi, nº 7218, fol. 178, rº, col. 2.

Or soit donc Dieux à eulx et aux autres *aideux*.
J. DE MEUNG, *Testament*, v. 792.

Voyez le *Glossaire* de Sainte-Palaye, où il en est encore donné d'autres exemples.

Le Grand Vocabulaire y ajoute le féminin AIDERESSE.

Tous ces substantifs, par lesquels on exprimait soit l'Action d'aider, soit la Personne qui aide, ont été remplacés par un mot très ancien lui-même :

AIDE, s. tantôt féminin, tantôt masculin.

Il offre cette diversité de genre dans le *Dictionnaire françois-latin* de Rob. Estienne, en 1539, même avec la signification principale du mot Assistance, secours.

On y lit :

Aide fort et puissant, *Adjumentum*.

AIDE s'est produit sous des formes orthographiques très diverses, correspondant à celles du verbe lui-même. (Voyez plus haut, p. 419.)

On trouve, entre autres :

ADIUDHA (serment de Louis le Germanique), AIUDHA (serment des seigneurs français sujets de Charles le Chauve) ; AIUDE, AJUE, AIVE, AIWE, AIE, AYE, HAYE, AYDE, etc.

Voyez le *Vocabulaire latin-françois* de G. Briton (XIVᵉ siècle), les *Glossaires* de Sainte-Palaye et de Roquefort.

On a prononcé AÏDE, aussi bien que *aïder*, comme l'établissent des vers de Rutebeuf, dans la *Bataille des sept arts*, où il fait rimer AÏDE avec *Ovide*.

Cette prononciation est encore en usage dans certains idiomes provinciaux. (Voyez le *Glossaire du centre de la France* de M. le comte Jaubert.)

AIDE signifie Assistance, Secours.

E quant tuit li suen serrunt turné à fine, jo ocirai le rei cume celui ki ert senz *aïe*.
Les quatre Livres des Rois, II, XVII, 2.

Je veux faire mon salut : je vous en charge ; et je reconnois que personne au monde n'a autant besoin d'*aide* que j'en ai.
Mᵐᵉ DE MAINTENON, *Lettres*, 27 juillet 1686, à l'abbé Gobelin.

..... Force, conseil, ne *aïe*
N'aura par lui reis Alestans.
BENOÎT, *Chroniques des ducs de Normandie*, t. I, v. 4226.

Va en Norvege querre *aïe*.
WACE, *Roman de Brut*, t. I, v. 2436.

Jeo sui de tel amur espris
Bien me purrat turner à pis
S'or n'en ai sucurs è *aïe*?
MARIE DE FRANCE, *Lai de Gugemer*, v. 457.

Il faut une *ayde* en qui cet homme se repose ;
Les saincts n'auront besoin d'*aide* ny d'autre chose.
AGR. D'AUBIGNÉ, *Tragiques*, Jugement, liv. VII.

AIDE est pris ainsi, absolument, dans ces locutions *de l'aide, un peu d'aide*.

Alches (un peu) *de aïe* lur frai (ferai).
Les quatre Livres des rois, III, 14.

Laisse-moi désormais toute à mon désespoir.
C'est de lui que mon cœur empruntera *de l'aide*.
MOLIÈRE, *Tartufe*, II, 3.

Il nageoit quelque peu, mais il falloit *de l'aide*.
LA FONTAINE, *Fables*, IV, 11.

Dans cette autre locution, *A l'aide!* ou simplement *Aide!*

Entre les humains l'ung ne saulvera l'autre : il aura beau crier *à l'aide*, au feu, à l'eaue, au meurtre, personne n'ira au secours.
RABELAIS, *Pantagruel*, III, 3.

Puis s'escria : *Aïe! aïe!*
Douce dame Seinte Marie,
Aidiez et si me secorez!
Le Roman de Renart, v. 23417.

Ahi, *à l'aide*, au meurtre, au secours, on m'assomme.
MOLIÈRE, *l'Étourdi*, II, 9.

Vite, *à l'aide*, au secours du pauvre Nicodème!
BOURSAULT, *les Mots à la mode*, sc. 14.

A l'emploi absolu d'Aide se rapportent ces proverbes :

Un peu d'aide fait grand bien.

Cette monture me sembla une chaise à bras, une litière ou un carrosse suspendu, effet de la nécessité, en laquelle *peu d'aide fait grand bien.*

Chapelain, *le Gueux, ou la vie de Guzman d'Alparache*, liv. I, c. 4.

Bon droit a besoin d'aide :

Bon droict a bon mestier d'aide.

Cotgrave, *Dictionnaire.*

Vous n'avez pas besoin d'avocat, Monsieur, et votre cause est juste. — Ce néanmoins, Madame, *bon droit a besoin d'aide.*

Molière, *la Comtesse d'Escarbagnas*, sc. 16.

Aide reçoit, le plus souvent, un complément formé de la préposition *de* et de son régime.

On dit L'*aide d'*une personne.

E le liu Pierre de *aïe* Deu (de aide de Dieu) apela.

Les quatre Livres des rois, I, vii, 12.

(Et vocavit nomen loci illius lapis adjutorii.)

Furent mult près d'estre desconfiz, si que par vive force covint les chevaliers descendre à pié. Et par l'*aide* Dieu s'en ravindrent tote voie à l'ost; mais grant domage orent reçeu.

Villehardouin, *Conquête de Constantinople*, § 493.

L'empereur (Frédéric III) estoit de très-petit cœur..... Et de soy, sans *ayde des* aultres grands seigneurs d'Allemagne, ne pouvoit-il pas grand chose.

Comminès, *Mémoires*, liv, IV, c. 1.

Ne feust *l'ayde du* noble mardi-gras, ce grant lanternier quaresme prenant les eut ja exterminées de leur manoir.

Rabelais, *Pantagruel*, II, 29.

Tantost ils imploroient *l'aide des* dieux, tantost celle *de* l'empereur ou *de* Mucien.

Perrot d'Ablancourt, traduction de Tacite, *Histoires*, liv. IV, 6.

...Usez du peu que nous avons,
L'aide des dieux a fait que nous le conservons.

La Fontaine, *Philémon et Beaucis.*

Ou, ce qui revient au même, *Son aide.*

S'il ne tient qu'à vous prier bien fort pour obtenir *votre aide*, je vous conjure de prendre la conduite de notre barque.

Molière, *les Fourberies de Scapin*, I, 3.

Pompée a besoin d'*aide*, il vient chercher la *vôtre*.

P. Corneille, *Pompée*, I, 1.

Le ciel juste à punir, juste à récompenser,
Pour rendre aux actions leur peine ou leur salaire,
Doit nous offrir *son aide* et puis nous laisser faire.

Le même, *Œdipe*, III, 5.

Sans *leur aide* (des dieux), il ne peut entrer dans les [esprits
Que tout mal et toute injustice.

La Fontaine, *Fables*, XI, 7.

De là ces locutions :

A l'aide de:

Ains ferai tout mon pouvoir de vous et de monseigneur votre fils conduire, et de vous et lui remettre en votre état en Angleterre, *à l'aide de* vos amis qui delà la mer sont, ainsi que vous dites.

Froissart, *Chroniques*, liv. I, Ire part., c. 14.

A l'aide de son valet et de son apothicaire, il (l'évêque de Valence) se fit porter sur le petit lit de repos.

L'Abbé de Choisy, *Mémoires*, liv. VII.

Que tu sais bien, Racine, *à l'aide d'*un acteur,
Émouvoir, étonner, ravir un spectateur !

Boileau, *Épîtres*, VII.

A l'aide de se dit aussi avec le nom d'une chose et sert à marquer l'utilité, l'avantage qu'on en retire.

Entr'ouvert par devant *à l'aide d'*un lacet.

Boursault, *les Mots à la mode*, sc. 15.

La table où l'on servit le champêtre repas
Fut d'ais non façonnés *à l'aide du* compas.

La Fontaine, *Philémon et Beaucis.*

Et souvent sans rien craindre, *à l'aide d'*un bon mot,
(La satire) va venger la raison des attentats d'un sot.

Boileau, *Satires*, IX.

En mille écrits fameux la sagesse tracée
Fut, *à l'aide des* vers, aux mortels annoncée.

Le même, *l'Art poétique*, IV.

O toi qui follement fais ton dieu du hasard,
Viens me développer ce nid qu'avec tant d'art,
Au même ordre toujours architecte fidèle,
A l'aide de son bec maçonne l'hirondelle. .

L. Racine, *la Religion*, I.

Quelquefois, dans *aide de*, le régime de la préposition *de* désigne, non comme dans les exemples précédents, la personne qui aide, mais la personne aidée.

Et disoit que Dieu l'avoit envoyée *à l'aide du* gentil roy Charles ou (au) fait de sa guerre.

Chronique du xve *siècle sur la Pucelle*. (Voyez *Biblioth. de l'École des Chartes*, 2e série, t. II, p. 149.)

Les hommes sont nays pour *l'aide* et le secours *des* hommes.

Rabelais, *Pantagruel*, III, 3.

Le même rapport se marquait, dans notre ancienne langue, par le rapprochement des deux noms, sans intervention de la préposition *de*.

E li rei ki furent venuz en *l'aie le* rei Adadezer furent descunfiz.
(Reges qui erant in præsidio Adarezer...)

Les quatre Livres des rois, II, x, 19.

Avec l'aide de :

En tous cas, je veux bien vous dire que..... non seulement *avec l'aide de* Dieu je conserverai les avantages que j'ai acquis par les armes en cette campagne, mais que fort vraisemblablement rien ne m'empêchera de pousser mes progrès plus avant.

Louis XIV au chevalier de Gremonville, 22 septembre 1667. (Voy. *Négociations relatives à la succession d'Espagne*, t. II, p. 238.)

On peut rapprocher de cette locution la manière de parler un peu différente que donne le passage suivant :

Laquelle mienne conservation ha esté, *moyennant l'ayde et grace divine*, non sans péché, je le confesse..... mais sans reproche.

Rabelais, *Pantagruel*, II, 8.

Aide, construit avec différents verbes, a servi à former des locutions à peu près synonymes d'*Aider*.

Faire aide, depuis longtemps hors d'usage.

Si..... n'oserent pois *aie faire* as fiz Amon.

Les quatre Livres des rois, II, x, 19.

Commandons, sur la hart, à nos compagnons d'une part et d'autre, et à tous ceux qui nous regarderont, que nul ne *fasse* à homme combattant confort ni *aye*.

Froissart, *Chroniques*, liv. I, IIe partie, c. 7.

L'ayde donc que la bonne dame *vous fit*, n'estoit pas pour perdre son fils (Henri III), mais pour le ramener à humilité et recognoissance.

Satire Ménippée, harangue de M. d'Aubray.

Et Deus vos gart et *face aie*
Que la France ne soit honie.

Partonopeus de Blois, v. 2019.

Ce n'est mie ne d'ui ne d'ier
Que riches gens ont grant poissance
De *faire* ou *aide*, ou grevance.

Roman de la Rose, v. 1027.

Donner, bailler, prêter aide.

Les uns ont puissance de *donner ayde*, et les autres besoing d'en recevoir.

La Boetie, *Discours de la Servitude volontaire*.

Le bon vieillart n'ose pas
Bailler aide à sa lignée ;

Jean de la Péruse, *Ode*, Sur la peste.

Venir en aide, à l'aide.

Cil de Sirie et de Damasche *vindrent en aie* à Adadezer, le rei de Soba.

Les quatre Livres des rois, II, viii, 5.

A ses cris, ses injures et ses jurements, toute la maison fut en rumeur et tout le monde *vint à son aide* en même temps.

Scarron, *Roman comique*, I, 4.

O mon Dieu, venez à *mon aide*, hâtez-vous de me secourir. (Dernières paroles de Louis XIV.)

Saint-Simon, *Mémoires*, 1715.

Passer à l'aide.

Monsieur est assez fort, sans qu'*à son aide on passe.*
MOLIÈRE, *les Femmes savantes,* IV, 3.

Avoir en aide.

Encores qu'il y peust bien avoir d'aultres faultes, si croy je que Dieu *les a en ayde* (les Vénitiens) pour la reverence qu'ilz portent au service de l'Église.
COMMINES, *Mémoires,* liv. VII, c. 18.

Être en aide.

Or en *soit en* lor *aide* li Sires Dex, por qui li nostre se mettent en habandon.
HENRI DE VALENCIENNES, *Conqueste de Constantinoble,* VII.

S'il te plaist à cette heure m'*estre en ayde,* comme en toy seul est ma totale confiance.
RABELAIS, *Pantagruel,* liv. II, c. 29.

Pour ma pouvre seur je me hasteray, car elle a bien besoing que Dieu et vous luy *soyez en aide.*
LA REINE DE NAVARRE, *Lettres,* à François Ier, mars 1537.

Si j'en ments de mot, que jamais monsieur sainct Denys et madame saincte Geneviefve, patrons de France, ne me *soyent en ayde!*
Satyre Ménippée, harangue de M. d'Aubray.

Enfin il n'est rien tel que d'avoir un mari,
Ne fût-ce que pour l'heur d'avoir qui vous salue
D'un Dieu vous *soit en aide,* alors qu'on éternue.
MOLIÈRE, *Sganarelle,* sc. 2.

On dit *Appeler à son aide.*

Il fut contraint d'*appeler* ses compagnons *à son aide.*
SCARRON, *Roman comique,* II, 11.

N'appelez point des yeux le galant *à votre aide.*
MOLIÈRE, *l'École des femmes,* V, 4.

AIDE, toujours avec le sens d'Assistance, de secours, s'est quelquefois employé au pluriel.

La vérité est exempte de toute doute, puisque sans autres *aides* elle est de soy mesme suffisante pour se soustenir.
CALVIN, *Institution chrestienne,* liv. I, ch. VIII, § 1.

Appliquons en usage toutes les *aides* qui sont profitables à nourrir le service de Dieu.
CALVIN, *Institution chrestienne,* liv. II, ch. VIII, § 34.

Ce roi (Philippe) dénia à Don Jean les *aides* nécessaires pour le gouvernement de Flandre.
MEZERAY, *Histoire de France,* Henri III.

L'on croit que Dieu donne toujours les *aides* et les grâces qui suffiroient à ceux qui auroient une bonne volonté.
LEIBNIZ, *Théodicée,* De la bonté de Dieu, Réponse à la VIe objection.

Dans un ordre d'acceptions différent, AIDE s'emploie en parlant de la personne ou de l'être animé qui aide.
Il est alors quelquefois féminin :

Galathee en sousriant dit à Fleurial : Si vostre cousin est aussi bon jardinier que bon harangueur, vous avez trouvé une bonne *ayde.*
D'URFÉ, *l'Astrée,* Ire part., liv. IX.

Plus souvent masculin :

Outre les conseillers qui portoient tiltre et qualité de generaux de la justice, on leur bailla pour *aides* d'autres juges qui étoient seulement appelés conseillers et non generaux, à moindres gages que les autres.
E. PASQUIER, *Recherches de la France,* II, 7.

Ces menues actions ne servent de rien à la principale, il n'est pas besoin que le poète s'en embarrasse sur la scène... C'est ce qui m'a fait négliger, au troisième acte, de donner à don Diègue, pour *aide* à chercher son fils, aucun des cinq cents amis qu'il avoit chez lui.
P. CORNEILLE, *Examen du Cid.*

Ils (les animaux domestiques) se multiplièrent pour se multiplier encore ; servons-nous de ces nouveaux *aides* pour achever notre ouvrage.
BUFFON, *Histoire naturelle.*

Mon Dieu, mon rédempteur, mon *ayde* et mon sup-[pot.
RACAN, *Psaume,* 18.

AIDE, désignant une personne dont la fonction est d'en aider une autre, de travailler, opérer ou servir conjointement avec elle et sous elle, a formé avec des substantifs désignant aussi des personnes, soit au moyen de la préposition *à*, soit, plus communément, par l'apposition des deux noms, certaines expressions complexes.

Ainsi on a dit d'abord, en parlant du Manœuvre qui sert et aide le maçon et qui apporte les matériaux, *Aide à maçon*, et depuis, plus brièvement, *aide-maçon*

> Plustost serois *aide à maçon*
> Que de servir ce langoureux.
>
> R. Belleau, *la Reconnue*, II, 2.

> L'argent d'un cordon-bleu n'est pas d'autre façon
> Que celui d'un fripier ou d'un *aide-maçon*.
>
> Regnier, *Satires*, XIII.

A la même manière de parler appartient l'expression *aide-chirurgien* ou *aide-major*. On appelle ainsi un Chirurgien adjoint au chirurgien-major d'un régiment.

Aide-major, aide-major général, ont servi, dans notre ancienne organisation militaire, à qualifier des Officiers servant avec le major ou le major général, sous leur autorité et les remplaçant dans toutes leurs fonctions en leur absence.

> Vous le verrez par les lettres que je vous envoye, qui viennent de la part de M. de Brazac, *aide-major*, qui est à l'armée.
>
> Le comte de Ponchartrain à d'Argenson, 13 octobre 1706. (Voy. Depping, *Correspondance administrative sous Louis XIV*, t. II, p. 828.)

> Tout cela se seroit fort bien passé, Monsieur, sans ce brutal d'*aide-major* qui vous a fort vilainement appliqué une vingtaine de coups de canne en passant là.
>
> Dancourt, *les Curieux de Compiègne*, sc. 17.

> Le roi (Louis XV) envoya un *aide-major*, nommé M. de Latour, porter au roi de Prusse la nouvelle de la victoire (de Fontenoy).
>
> Voltaire, *Précis du siècle de Louis XV*, c. 16.

On a appelé *Aide-majorité* la place des *Aides-majors*.

Une autre classe d'expressions du même genre s'est formée au moyen de la préposition *de* et de son régime.

On appelle *Aides de cuisine, Aides d'office,* ceux qui servent sous un chef de cuisine ou d'office.

On a dit autrefois, de la même manière, *Aides de panneterie, d'échansonnerie, des queux de la cuisine du roi, de fourrière, de vénerie*, etc.; tous titres qui se trouvent dans les anciennes ordonnances.

Aide des cérémonies désigne un officier dont la fonction est de servir sous le grand maître des cérémonies.

Aide de camp est une expression d'un ancien usage; elle s'appliquait dans l'origine à ceux qui, dans les tournois, assistaient ou suppléaient le mestre ou maréchal de camp.

Depuis, on a ainsi appelé un Officier particulièrement attaché à un général et chargé surtout de porter ses ordres.

> Le roi fut averti de bonne heure que Monsieur étoit à la tranchée, et envoya un de ses *aydes de camp* sçavoir de ses nouvelles.
>
> L'abbé de Choisy, *Mémoires*, liv. VII.

> Il y avoit à Paris un baron d'Hohendorff attaché au prince Eugène, dont il avoit été *aide de camp* pendant la dernière guerre.
>
> Saint-Simon, *Mémoires*, 1716.

> Il ne tempérait le faste du trône qu'en fesant manger à sa table ses officiers généraux et ses *aides de camp*.
>
> Voltaire, *Siècle de Louis XIV*, c. 9.

> Comme un *aide de camp*, je viens en diligence.
>
> Regnard, *le Joueur*, IV, 11.

Un dernier mot composé d'*Aide* est *Sous-Aide*, celui qui est subordonné à l'aide dans les mêmes fonctions.

A la première des deux significations d'Aide, dont il a été question jusqu'ici, se rapportent plusieurs applications spéciales qui ont été faites de ce mot :

Aide, en matière ecclésiastique, se dit comme Succursale, d'une Église, d'une Chapelle qui supplée à l'insuffisance de la paroisse.

Au moyen âge, Aide s'est dit de certains dons, d'abord volontaires, puis obligés, que faisaient les vassaux à leur seigneur en plusieurs circonstances, lorsque son fils aîné devenait chevalier, qu'il mariait sa fille aînée, que pris par l'ennemi il avait à payer une rançon, quelquefois aussi lorsqu'il partait pour une croisade ou pour un voyage en terre sainte.

De là un grand nombre d'expressions consacrées :

Aides libres, *aides gracieuses;*

Loyaux aides, *aides coutumiers*, c'est-à-dire prescrits par la loi ou par la coutume;

Aides chevelz, lorsqu'on les considérait relativement au chef-seigneur à qui ils étaient dus;

Aide de chevalerie;

Aide de mariage;

Aide de rançon;

Aide de voyage d'outre-mer.

On appelait encore *Aide de l'ost*, une contribution levée pour aider à supporter les dépenses d'une guerre.

Aux expressions de la langue du droit féodal où entrait le mot Aide, il faut ajouter *Aide de relief*. On désignait ainsi un tribut payé par les vassaux à l'héritier de leur seigneur décédé, pour l'aider à relever son fief du chef-seigneur.

Ces *aides* étaient dus aux rois comme aux seigneurs.

Comme nagueres nous aions fait nostre ainé fils chevalier, et pour cause de celle chevalerie, les gens de nostre royaume soient tenus à nous faire certaine *aide*, nous vous commandons que vous ladite *aide*, en la maniere que il a esté fait autrefois en cas semblable, en toute vostre senechaucie faittes lever.

Ordonnance de Philippe le Bel. (Voir *Ordonnances des rois de France*, t. I, p. 534.)

On nommait encore Aides les subsides, soit volontaires, soit imposés, par lesquels les sujets *venaient en aide* au roi dans les nécessités de l'État.

Ces *aides*, d'abord temporaires, sont peu à peu devenues permanentes, et le nom d'Aides a fini par s'appliquer particulièrement, dans les derniers siècles de l'ancienne monarchie, aux impôts levés sur les denrées et marchandises qui se vendaient et se transportaient dans toute l'étendue du royaume, principalement sur le vin et les autres boissons; les droits perçus sur le sel portaient le nom de Gabelle, et celui qui se levait sur les terres et les personnes, le nom de Taille.

Aide, avec ces dernières acceptions, a été employé, dans l'origine, tantôt au singulier, tantôt au pluriel;

Au singulier :

Sera cueillie et levée ladite *ayde* par nos bonnes gens de Paris.

Ordonnance de Philippe de Valois, 1349. (Voir *Ordonnances des rois de France*, t. II, p. 20.)

Or avint que les consaus du roi Jean l'enhortèrent à ce que, pour avoir *aide* sur ses guerres, il mit aucune gabelle sur le sel où il trouveroit grand reprise pour payer ses soudoyers.

Froissart, *Chroniques*, liv. I, IIe part., c. 20.

Il avoit en Languedoc cueilli une *aide* si grande et si grosse qu'elle avoit bien monté à deux cent mille francs.

Le même, même ouvrage, liv. II, c. 28.

Quand ses Estats sont assemblés, il (le roi d'Angleterre) déclare son intention et demande *ayde* sur ses subjets.

Commines, *Mémoires*, liv. III, c. 1.

Vous ferez de ma part requeste à nostre Saint-Père de me octroyer et concéder les bulles de l'*ayde* que l'Église me donnera pour résister à l'entreprise du Turcq; et, en cas de refus ou délay, vous protesterez que je feray cottiser et lever sur les gens d'Église un *ayde* sans autre permission ny auctorité.

François Ier, *Lettres*, à l'évêque d'Auxerre, son ambassadeur à Rome. (Voir *Négociations de la France dans le Levant*, t. I, p. 200.)

L'*aide* générale de douze deniers pour livre dont nos aides actuelles sont une génération, ne fut établie qu'en 1360, après l'assemblée des états généraux de la nation.

Encyclopédie méthodique, Dict. des Finances, art. Aides.

Au pluriel :

Se il plaisoit à Dieu que..... nos dittes guerres fussent finies dedanz un an, les dittes *aides* cesseroient du tout.

Ordonnance du roi Jean, 1355. (Voir *Ordonnances des rois de France*, t. III, p. 25 et 26.)

Pour le relevement et allegement de nostre peuple, de nostre auctorité royal..... remettons et anullons, et mettons du tout au néant touz *aides* et subsides quelxconques qui pour le faict des guerres ont esté imposez, cuilliz et levez depuis nostre prédécesseur leRoi Philippe.

Ordonnance de Charles VI, 1380. (Voir *Ordonnances des rois de France,* t, VI, p. 527.)

Comme assez tost après le trespassement de nostre très chier Seigneur et Père..... les *aides* qui en son temps avoient cours en nostre Royaulme pour la deffence d'icelui, et mesmement en nostre ville de Paris, eussent esté abbatüe de fait et mis au néant par certaine commocion de peuple faicte à Paris, par plusieurs gens de male volenté.....

Ordonnance de Charles VI, 1382. (Voir *Ordonnances des rois de France,* t. VI, p. 685.)

De ces *aides* du royaume de France dont les povres gens sont tant travaillés et grevés, usez-en en vostre conscience et les ôtez au plus tôt que vous pourrez.

Froissart, *Chroniques,* liv. II, c. 70.

Il (le roi) n'y leve ni tailles, ny *aides*.....

Commines, *Mémoires,* liv. V, c. 17.

Le roy remet entièrement à la province (de Languedoc) le droit d'équivalent et toutes les autres impositions qui s'y faisoient sous le nom d'*aydes*, de préciput, crue de taillon, et généralement toutes les autres impositions.

(Voy. Depping, *Correspondance administrative sous Louis XIV,* t. I, p. 10, 11.)

Aïes querent et taillées
E achaisons de chevauchées.

Benoît, *Chronique des ducs de Normandie,* v. 26703.

Le Roy, par ce moyen là,
Les affranchit de toutes *aides*,
Pour vivre comme exemps çà et là
Sans paier tailles ne subsides.

Martial d'Auvergne, *Vigiles de Charles VII,* part. I, p. 231. (Cité par Sainte-Palaye.)

Lorsqu'on a désigné par Aide une classe d'impôts réguliers et permanents, ce mot n'a plus guère été d'usage qu'au pluriel.

Ny sous la premiere, ny sous la seconde, ny bien avant sous la troisiesme lignée de nos roys, nous ne reconnoissions en France l'usage des tailles, *aydes* et subsides, tels que nous les voyons aujourd'hui.

E. Pasquier, *Recherches de la France,* II, 7.

Ce qu'on appelle *aides* est un droit qui se perçoit tant sur le vin qui se vend en détail que sur celui qui entre en des lieux clos.

Boisguillebert, *Détail de la France.*

D'ici à l'époque de la paix on discutera de nouveau toutes les idées qui peuvent être relatives à la nature des droits d'*aides* en général.

Necker, *Compte rendu,* présenté au roi en 1781.

Il me fit entendre qu'il cachoit son vin à cause des *aides*, qu'il cachoit son pain à cause de la taille.

J.-J. Rousseau, *les Confessions,* Ire part., liv. IV.

Ce pluriel Aides est entré dans plusieurs expressions composées, telles que :

Généraux des aides, Commissaires préposés dans le xive siècle à la perception et à la régie des droits, et chargés de juger les contestations en cette matière. Ils se constituaient en *Cour des généraux des aides,* ce qui a conduit plus tard à l'établissement de la *Cour des aides.*

De ce que dessus, vous pouvez recueillir le premier plant des *généraux* et eslus : car les uns et les autres nommés par les Estats, les uns pour avoir l'œil sur l'*aide* particulier des provinces, et les autres généralement sur tout le royaume, le hazard du temps voulut qu'aux uns demeurât le nom de *général*, aux autres celui d'eslu..... Les *généraux des aydes* estoient nommez par les Estats et confirmez par le roy..... Depuis le roy seul, sans aucun controolle, y pourvut..... Lors (sous Charles VI) ceux qui estoient *généraux des aydes* l'estoient tant pour l'ordination des deniers à quoi ils devoient être employez, que pour la distribution de la justice en dernier ressort, quand l'on appelloit des Esleuz.

E. Pasquier, *Recherches de la France,* II, 7.

C'est à ces officiers (*les généraux des aides*) qui ne devoient subsister qu'autant que l'aide devoit avoir cours, que l'on peut rapporter l'origine des *Cours des aides* : celle de Paris fut érigée en titre de *Cour* en 1390, abolie par les ordonnances d'Orléans en 1560, et de Moulins en 1566, et rétablie enfin par l'édit de Charles IX en 1569.

Hénault, *Abrégé chronologique de l'Histoire de France,* Règne de Jean, années 1355-1356.

Cour des aides, Cour souveraine dans laquelle les affaires contentieuses relatives à tous les genres de contributions et d'impôts étaient jugées en dernier ressort. Elle exerçait aussi à l'égard des édits bursaux le droit d'enregistrement et de remontrances.

Cour des aides fixée à Montpellier (sous Louis XI, en 1477): François Ier y joignit une chambre des comptes.

HÉNAULT, *Abrégé chronologique de l'Histoire de France,* Règne de Louis XI, années 1477, 1478.

La *Cour des aides,* ayant fait difficulté d'enregistrer quelques édits, est interdite et on fait exercer la justice par une commission composée de maîtres des requêtes et de conseillers du grand Conseil.

LE MÊME, même ouvrage, Règne de Louis XIII, année 1631.

La *Cour des aides* avait obtenu, en 1756, que la publicité fut donnée à ces rôles : les ministres ont fait révoquer cette concession au feu roi..... La *Cour des aides* avait ordonné, en 1768, à chaque élection de lui envoyer un état annuel des tailles. Le Conseil a cassé l'arrêt de la Cour.

MALESHERBES, *Remontrances* de la Cour des aides en 1775.

Il a été fait à cette expression de *Cour des aides* certaines allusions facétieuses.

On fait d'aussi bons coups au Landy qu'à la foire Sainct-Germain, réplique l'autre; les jeunes gens font des parties avec leurs maistresses et sont bien ayses d'avancer la besongne devant le mariage, de peur d'estre renvoyez à la *Cour des aydes.*

Les Caquets de l'accouchée, II.

Si vous l'épousiez, les parens courent grand risque de n'avoir jamais la joie de voir naître d'elle de petits poupons..... et maintenant, que la *Cour des aides* est supprimée.....

AUTEROCHE, *Crispin médecin,* I, 1.

Président conseiller de la Cour des aides.

La dernière exécution qu'on fit, comme pour rendre la clôture des grands jours célèbre, fut celle des deux frères Combaliboeufs, qu'on accusait d'avoir assisté au meurtre de M. Dufour, père de la *première présidente de la Cour des aides* de Clermont.

FLÉCHIER, *Mémoires sur les grands jours de* 1665.

Une fortune éclatante et la première charge de l'État ne lui firent point oublier (à Michel le Tellier) que son grand-père avoit été *conseiller de la Cour des aydes.*

L'ABBÉ DE CHOISY, *Mémoires,* liv. II.

On fut surpris, lorsque le roi permit à Pontchartrain de vendre la sienne (sa charge) de prévôt et de grand-maître des cérémonies de l'ordre à Le Camus, *premier président de la Cour des aides.*

SAINT-SIMON, *Mémoires,* 1715.

Fermiers des aides, Ceux qui prenaient à ferme cette partie des revenus de l'État.

Receveur des aides.

(Charles V) supprima tous les *Receveurs généraux des aides,* voulant qu'il n'y en eût plus qu'un qui feroit sa résidence dans Paris, défendit aux Esleuz et *Receveurs* particuliers de nommer assesseurs et collecteurs.....

E. PASQUIER, *Recherches de la France,* II, 7.

Directeur des aides.

Que faut-il pour dissiper vos craintes? Éloigner d'ici cet homme-là; consentez-y, Madame, j'en sais les moyens. — Eh! quels sont-ils? — Je lui donnerai une direction en province. — Une direction? — C'est ma manière d'écarter les incommodes..... Ah! combien de cousins, d'oncles et de maris j'ai fait *directeurs* en ma vie!

LE SAGE, *Turcaret,* II, 5.

Je suis, dit l'inconnu, dans les fermes nouvelles,
Le royal *directeur des aides* et gabelles.
— Ah! pardon, Monseigneur! quoi! vous aidez le roi?
— Oui, l'ami. — Je révère un si sublime emploi :
Le mot d'*aide* s'entend; gabelle m'embarrasse.
D'où vient ce mot? — D'un juif appelé Gabelus.

VOLTAIRE, *Contes en vers,* les Finances.

AIDE est encore d'usage en termes de manège. Il s'y dit, surtout au pluriel, de Tous les moyens que le cavalier emploie pour bien manier un cheval, et, plus particulièrement, Des mains et des jambes dans leur action sur le cheval.

Leurs selles sont formées, à la manière anglaise, d'un seul cuir tendu sur un châssis de bois; elles sont rases, mais elles n'en sont pas moins incommodes, en ce qu'elles écartent le cavalier, au point de lui ôter l'usage des *aides.*

VOLNEY, *Voyage en Égypte et en Syrie;* Syrie, c. 27.

On dit, en ce sens, les *aides* de la voix, de la langue, de la main, du genou, des jambes, des talons, de l'éperon. On dit qu'un cheval connaît les *aides*, répond aux *aides*, est sensible aux *aides*, est confirmé dans les *aides*.

Donner les aides extrêmement fines, C'est manier le cheval à propos et lui faire marquer avec beaucoup de justesse ses temps et ses mouvements. Un cheval qui *a les aides fines* est un cheval très sensible aux aides.

Enfin Aides, en architecture, se dit Des petites pièces ménagées près des grandes pièces d'apparat ou de service qui ont besoin de dégagement.

AÏE. Interjection.

On l'a écrit (voyez le Glossaire de Sainte-Palaye) Ay, aye; ai, aie; hay, hai.

Le *Dictionnaire de l'Académie* donne Ay, aye en 1694 et 1718; ai, aie en 1740 et 1762.

On a quelquefois (voyez le *Dictionnaire des Origines* de Ménage, le *Dictionnaire de Trévoux*, le *Glossaire* de Sainte-Palaye, etc.) confondu l'interjection Aïe avec le substantif *aie*, vieille forme d'*aide*, employé lui-même, cela a été dit plus haut, comme exclamation.

Aïe est une exclamation naturelle qui exprime surtout la douleur, soit qu'on l'emploie seule, ce qui est le cas le plus ordinaire, soit qu'on la comprenne dans une proposition qui en détermine le sens.

Sophocle est bien loin de cette élégance si déplacée et si contraire à la vraisemblance; il ne fait dire à Œdipe que des mots entrecoupés; tout est douleur: Ἰοὺ, ἰοὺ, ἰὰ, ἰὰ, αἶ, αἶ..... C'est plutôt un gémissement ou un cri qu'un discours.

Fénelon, *Lettre à l'Académie française*, VI.

Il faudrait prendre un goutteux pour jouer le rôle de Philoctète; le roi de Prusse ferait bien votre affaire; mais, au lieu de crier *aïe, aïe*, comme fait le héros grec, admiré en cela par M. de Fénelon, il voudrait monter à cheval et exercer les soldats de Pyrrhus.

Voltaire, *Lettres*, 22 avril 1752.

En criant: *Hai! hai!*
Respont, non ferai.

Chansons du XIII*e siècle*, ms. de Bouhier, fol. 184, r°.

Lors dist: Amors *ai!*
Ai! j'en morrerai
Des douz max que j'ai.

Anc. Poés. fr. mss. avant 1300, t. IV, p. 1531. (Citées par Sainte-Palaye.)

Clarice (faisant un faux pas, et comme se laissant cheoir).
Ay.....
Dorante (lui donnant la main).
Ce malheur me rend un favorable office.

P. Corneille, *le Menteur*, I, 2.

La même interjection a servi quelquefois à des usages différents, comme on peut le voir par les exemples qui suivent:

Hay! cum plus saige sont cil ki endroit d'ols-mismes wardent lor tressor, et ki à altrui n'el comendent mies.

Saint Bernard, *Sermons français, mss.*, p. 34. (Cité par Sainte-Palaye.)

Vray est que plusieurs espions de fortune ne s'arrestent là, ains disent ordinairement qu'il en faut avoir en quelque façon que ce soit. Mais *aye, aye*, ne les en suyvez, car ils prennent le court en montant pour estre après citoyens de Montfaucon en belle apparence.

Satyre Ménippée, nouvelles des régions de la lune, c. 9.

Hai! Hai! dit le mercier; biaus freres,
Que vos soiez le bien venuz.

Fabl. ms. du R., n° 7615, t. II, fol. 151, v°, col. 1.

Aïe est encore un nom que les paysans et les charretiers disent à leurs chevaux pour les faire avancer.

AÏEUL, s. m. (Du latin *avus*. On a supposé entre *Avus* et Aïeul l'intermédiaire *Aviolus*.)

L'étymologie d'Aïeul est sensible dans les anciennes orthographes, Ave, Aviel; Aive, Aivel, Aiol; dans le pluriel Aviaus. (Voyez le *Glossaire* de Roquefort, les exemples ci-après, et le *Glossaire* de Du Cange au mot *Aviones*.)

On a écrit longtemps Ayeul (voyez les Dictionnaires de Rob. Estienne, J. Thierry, Nicot, Danet; le *Dictionnaire de l'Académie*, éditions de 1694, 1718, 1740, etc.)

Dans le pluriel Ayeuls, la terminaison *eus* ou *eux* s'étant à la fin substituée à *euls*, il en est résulté la forme Ayeux, restée seule d'usage pour le pluriel, sauf en un cas dont il sera question plus loin.

Aïeul signifie Grand-père.

Jo te frai merci pur Jonathan tun père e rendrai tei tute la plaine terre (de) Saül tun *aiol*.

Les quatre Livres des rois, II, IX, 7.

Se li pères met hors de sa main son fiz, de que il a un neveu qui est en son poer, et emprès le r'avoie (l'adopte de nouveau), li niés (le neveu) ne torne pas on poer à l'*aiol*.

Le Livre de Jostice et de Plet, I, x, § 9.

Feu Robert Boinebroque, jadis son *ave*.....

Titre de fondation d'une chapelle, le 3 janvier 1406. (Cité par Roquefort, *Glossaire*, suppl., art. *Ichiulx*.)

Le roi Édouard *ayeul* à celui dont nous parlons présentement.

Froissart, *Chroniques*, liv. I, Ire part., c. 59.

Que sert à un aveugle que ses parens ayent eu bonne vue, et à un begue l'éloquence de son *ayeul?*

Charron, *De la Sagesse*, I, 59, § 4.

M. de Montausier racontoit avec plaisir les services que son *aïeul* avoit rendus à Henri IV.

Fléchier, *Oraison funèbre de M. de Montausier*.

Tel abandonne son père qui est connu, et dont on cite le greffe ou la boutique, pour se retrancher sur son *aïeul* qui mort depuis longtemps, est inconnu et hors de prise.

La Bruyère, *Caractères*, c. 14.

Suis-je donc le maître de faire qu'Alexandre Lavallée, fermier de Champagne, ne soit pas mon père, et par conquent l'*aïeul* de mes enfants?

Marivaux, *le Paysan parvenu*, VIIIe part.

Uncle e nevo e frere e *aive*
Occierent sovent à glaive.

Benoît, *Chronique des ducs de Normandie*, I, v. 541.

Avec mon père et *ave*, je suis ici recluz.

Jean Molinet, *Épitaphe de Philippe le Bon, duc de Bourgogne*, 1477.

J'ai pour *aïeul* le père et le maître des dieux.

Racine, *Phèdre*, IV, 6.

Aïeul se joint quelquefois, selon la parenté qu'on veut indiquer par ce mot, avec les adjectifs *paternel* et *maternel*.

Aïeul se dit aussi d'un ancêtre sans degré précis.

Auguste votre *aïeul* soupiroit pour Livie.

Racine, *Britannicus*, II, 2.

Et si durant un jour notre premier *aïeul*,
Plus riche d'une côte, avoit vécu tout seul,
Je doute en sa demeure alors si fortunée,
S'il n'eût point prié Dieu d'abréger la journée.

Boileau, *Satires*, X.

Le pluriel Ayeuls, aïeuls, comme avant aviaus et autres, a servi longtemps à désigner, d'une manière générale :

1° Généalogiquement, les personnes dont on descend :

Il est certain que sa façon modeste, sa froideur, cette mine altière, et bref les honorables *ayeuls* dont elle estoit issüe, et plus encore les bons exemples qu'elle avoit de vous, m'ont tellement abusée, que j'eusse respondu avec autant d'assurance de sa pudicité que de la mienne propre.

D'Urfé, *l'Astrée*, IIe part., liv. VI.

Il ayma mieux ravir par violence le royaume de ses *ayeuls*, que d'attendre paisiblement la mort de Servius qui le luy detenoit.

Coeffeteau, *Histoire romaine*, de L. Florus, liv. I, c. 7.

Lépidus, à leur exemple, renouvella la magnificence de ses *ayeuls*, quoi que ses richesses fussent médiocres.

Perrot d'Ablancourt, trad. de Tacite. *Annales*, liv. III, 36.

Il apparoit de temps en temps sur la face de la terre des hommes rares..... ils n'ont ni *aïeuls* ni descendants: ils composent seuls toute leur race.

La Bruyère, *Caractères*, c. 2.

Pense c'as ver es nourreture,
Si priseras moins tes *aviaux*.

Le Despirement du corps, ms. (Voyez Du Cange, *Glossaire*, Aviones.)

2° Ceux qui ont vécu dans les siècles passés :

Ce que nous disons oiseau et nos *ayeuls* ou *bisayeuls* oisel, eux (les Italiens) le nomment uccello ou augello.

H. Estienne, *Precellence du langage françois*.

L'age moins corrompu de nos peres fut pire
Qüe celuy des *ayeuls*, le nostre en laissera
Quelque autre plus meschant qui le surpassera.

ROB. GARNIER, *Porcie*, act. III, v. 94.

A dater de la seconde moitié du XVIIe siècle, AYEULS, AÏEULS, a été généralement remplacé par AYEUX, AÏEUX, dans ces deux acceptions.

Au premier cas se rapportent les exemples suivants :

Vous descendez en vain des *aïeux* dont vous êtes né, ils vous désavouent pour leur sang.

MOLIÈRE, *le Festin de Pierre*, IV, 7.

On oppose sans cesse leur nom à leur personne : le souvenir de leurs *aïeux* devient leur opprobre.

MASSILLON, *Petit Carême*, Grandeur de Jésus-Christ.

De ce mariage naquit le roi Charles XII, l'homme le plus extraordinaire peut-être qui ait jamais été sur la terre, qui a réuni en lui toutes les grandes qualités de ses *aïeux*, et qui n'a eu d'autre défaut ni d'autre malheur que celui de les avoir toutes outrées.

VOLTAIRE, *Histoire de Charles XII*.

Les *aïeux*, voilà le grand article! la vanité se charge de les découvrir.

MARIVAUX, *le Paysan parvenu*, VIIIe part.

... Je vy si vivement peinte
La noblesse de tes *ayeux*,
Qu'aussitôt cette clarté sainte
Obscurcit celle de mes yeux.

OLIVIER DE MAGNY, *Odes*, A Jean Bertrandi.

Se pare qui voudra du nom de ses *ayeux*,
Moi, je ne veux porter que moi-même en tous lieux.

P. CORNEILLE, *Don Sanche d'Aragon*, I, 3.

Qu'il ait de ses *ayeux* un souvenir modeste.
Il est du sang d'Hector, mais il en est le reste.

RACINE, *Andromaque*, IV, 1.

Le ciel, tout l'univers est plein de mes *ayeux*.

LE MÊME, *Phèdre*, IV, 6.

Ce long amas d'*ayeux* que vous diffamez tous
Sont autant de témoins qui parlent contre vous.

BOILEAU, *Satires*, V.

Pourriez-vous, en payant, me faire des *ayeux*?

BOURSAULT, *le Mercure galant*, I, 2.

J'ai des *ayeux* nombreux autant que ceux des rois,
Mais moins nobles un peu, quoique du même bois.

DUFRESNY, *Le Faux Sincère*, II, 3.

Qui sert bien son pays n'a pas besoin *d'ayeux*.

VOLTAIRE, *Mérope*, I, 3.

Au second cas se rapportent ces autres exemples :

L'homme a commencé par recevoir de ses pères les connaissances qui leur avaient été transmises par ses *aïeux*.

BUFFON, *Histoire naturelle*.

Mœurs de nos *aïeux*, peinture des anciens jours, poésie, romans même..... nous avons tout fait servir à notre cause.

CHATEAUBRIAND, *Génie du christianisme*, I, I, Introduction.

Nos *ayeux* à leur gré faisoient leur dieu d'un homme.

P. CORNEILLE, *Polyeucte*, IV, 6.

Vous-même, d'un autre œil me verriez-vous, madame,
Si ces Grecs vos *ayeux* revivoient dans votre âme?

RACINE, *Mithridate*, II, 4.

Quand la nature était dans son enfance,
Nos bons *aïeux* vivaient dans l'ignorance.

VOLTAIRE, *Satires*, le Mondain.

Le pluriel *Aïeuls* n'a plus été d'usage que lorsqu'on voulait désigner précisément le grand-père paternel et le grand-père maternel.

Un homme de la cour qui n'a pas un assez beau nom, doit l'ensevelir sous un meilleur... Il doit faire entrer dans toutes les conversations ses *aïeuls* paternels et maternels.

LA BRUYÈRE, *Caractères*, c. 8.

Le mot AÏEUL n'a généralement point de composés qui soient usités au delà de BISAÏEUL; TRISAÏEUL, QUADRISAÏEUL, que donnent quelques Dictionnaires, sont de très peu d'usage.

A la journée de Poitiers le *terayeul* du bon chevalier sans paour et sans reprouche mourut aux pieds du roi de France Jehan. A la journée de Crécy, son *bysayeul*. A la journée de Montlehery demoura sur le champ son *ayeul* avec six playes mortelles sans les autres.

Le Loyal Serviteur, c. I.

Pour venir aux exemples, je di, à propos du mot « ancestres » dont je vien d'user, que comme ainsi soit qu'en *bisayeul* nous imitons la composition greque δίπαππος, non pas la latine *proavus*, nous serions trop peu hardis si..... nous n'osions faire *trisayeul* de τρίπαππος.

H. ESTIENNE, *Precellence du langage françois*.

La (ligne) directe des ascendans ce sont Pater, Avus, Proavus, Abavus, etc., lesquels mots nous rapportons en notre langue, Père, *Aïeul, Bisaïeul, Trisaïeul,* et du demeurant nous demeurons court.

E. PASQUIER, *l'Interprétation des Institutes de Justinian,* I, XXXVIII.

Il disoit à ceux qui le lui demandoient, leurs généalogies, les métiers de leurs Péres, *Ayeuls, Bisayeuls* et *Trisayeuls,* leurs mariages et le nombre des enfants qu'ils avoient eus.

AGR. D'AUBIGNÉ, *Mémoires,* t. I, p. 181.

Quand on parle des degrés plus éloignés, on dit : quatrième *Aïeul,* cinquième *Aïeul,* etc.

Dans les passages suivants, il est fait des mots *Bisaïeul* et *Trisaïeul* un emploi figuré.

Nous avons des rommans qui pourroyent estre les *bisayeulx,* voir *trisayeulx* du plus ancien auteur qu'ils (les Italiens) ayent.

H. ESTIENNE, *Precellence du langage françois, Préface.*

AÏEULE, s. f.

Ce mot a dû suivre *Aïeul* dans les variations de son orthographe.

Il signifie proprement Grand'mère.

Le quele tere li descendi de son père ou de sa mère ou de son aiol ou de *s'aiole.*

BEAUMANOIR, *Coutumes de Beauvoisis,* c. VI, 7.

Le seul Joas, fils d'Ochosias, enfant encore au berceau, fut dérobé à la fureur de son *aïeule.*

BOSSUET, *Discours sur l'histoire universelle,* I, 6.

Je me suis regardée tout ce matin, mais il ne m'a point semblé que j'eusse encore l'air d'une *aïeule.*

LA FONTAINE, *Psyché,* liv. II.

L'*aïeule* de Louis XII, fille d'un Visconti, duc de Milan, n'avait eu par son contrat de mariage que le comté d'Ast.

VOLTAIRE, *Essai sur les mœurs* c. 110.

Par une extension qu'a reçue, on l'a vu plus haut, le mot *Ayeuls, aïeuls, ayeux, aïeux,* le pluriel AÏEULES a pu désigner d'une manière générale les femmes dont on descend.

Mais qui m'assurera qu'en ce long cercle d'ans
A leurs fameux époux vos *aïeules* fidèles
Aux douceurs des galants furent toujours rebelles?

BOILEAU, *Satires,* X.

Le mot *aïeule* a pu aussi, comme les mots de même famille, être employé au figuré.

AIGLE, s. (Du latin *Aquila.*)

On l'a écrit AIGRE ; EGLE, EGGLE. (Voyez SAINTE-PALAYE, *Glossaire,* et BURGUY, *Grammaire de la langue d'oïl.*)

C'est le nom d'un très grand et très fort oiseau de proie.

S'appliquant à la fois au mâle et à la femelle, il a été naturellement un nom de deux genres, masculin et féminin ; on a dit : *Un aigle* et *une aigle ;* on trouve cependant au XIIIe siècle le substantif féminin AIGLESSE.

L'*aiglesse* et l'aigle l'ont ouï,
Qui ne furent pas esjoui.

Ysopet, II, fabl. 7. (Voir ROBERT, *Fables inédites des XIIe, XIIIe et XIVe siècles,* t. Ier, p. 179.)

De cette attribution des deux genres au mot AIGLE, il est résulté que ce mot a été employé, lorsqu'on a voulu désigner l'oiseau en général, sans distinction de sexe, et au masculin et au féminin.

Aigle est le mielz veanz oisiaus dou monde et vole si haut que il (Var. *qu'el,* que *elle,* ms de l'Arsenal), ne pert (paraît) pas à la vue des homes.

BRUNETTO LATINI, *li Tresors,* II, 137.

De ces deux manières de parler, la plus ancienne est probablement la seconde, le latin *Aquila,* devenu le français AIGLE, ayant dû passer dans notre langue avec le même genre. Au temps de Vaugelas (voyez ses *Remarques*), c'était au féminin qu'AIGLE était le plus usité.

Depuis, ce genre lui a été conservé, en certains cas, particulièrement dans le style soutenu et le langage poétique, par recherche d'élégance et de dignité.

Le masculin n'a pas laissé de prévaloir. On

avait dit de bonne heure, et on a fini par dire, exclusivement, *Un Aigle.*

Saül e Jonathas amiables e bels furent en leur vie, e à la mort ne se sunt partiz. Plus furent isnels ke *li egles* e plus fort que lions.

Les quatre livres des Rois, II, I, 23.

Je les ay admenés seurement comme sur les esles d'*un aigle.*

Anc. trad. de la Bible; Exode, XIX, 4, ms. de la Bibl. nationale, nº 153.

Voyez un peu ce bastelage des deïfications anciennes. Après la grande et superbe pompe de l'enterrement, comme le feu venoit à prendre au haut de la pyramide et saisir le lit du trespassé, ils laissoient en mesme temps eschapper *un aigle*, lequel s'envolant à mont signifioit que l'ame s'en alloit en paradis.

MONTAIGNE, *Essais*, II, 12.

Ils apperçurent *un aigle* qui volant à leur gauche jetoit la terreur dans les esprits.

Mme DACIER, trad. d'Homère, *Iliade*, XII.

L'aigle qui des oiseaulx fu sire
Et pour roy le doit on tenir;
Ses oiseaulx fist à court venir.

REGNART, *le Contrefait*. (Voir ROBERT, *Fables inédites des XIIe, XIIIe et XIVe siècles*, t. I, p. 249.)

Li aigles fu des oisiaus reis
Pur ce qu'il ert pruz e curteis.

MARIE DE FRANCE, *Fables*, LIII.

Tel qu'*un* petit *aigle* sort
Fier et fort
De dessous l'aile à sa mère,
Et d'ongles crochus et longs
Aux dragons
Fait guerre en sortant de l'aire.

RONSARD, *Hymnes*, I, 9.

Ainsi *l'aigle* volete autour de ses petits,
Il laisse quelques jours, sans les paistre, écouler.

DUBARTAS, *Semaine*, 7e journée.

A peine avoit-il dit que Jupiter transmet
Deux grands *aigles* volant du plus haut du sommet
D'un mont proche de là, qui d'ailes espanduës
Batoient d'un vol égal les vents dedans les nuës,
L'un contre l'autre joint : puis approchant du lieu
Où l'assemblée estoit, et fondant au milieu
Du peuple là séant, se prirent à combattre,
Donnant l'un contre l'autre, et des ailes se battre.

SALOMON CERTON, trad. d'Homère, *Odyssée*, II.

L'aigle et le chat-huant leurs querelles cessèrent
Et firent tant qu'ils s'embrassèrent,
L'un jura foi de roi, l'autre foi de hibou,
Qu'ils ne se goberoient leurs petits peu ni prou.

LA FONTAINE, *Fables*, V, 18.

Le vautour s'en alloit le lier, quand des nues
Fond à son tour *un aigle* aux ailes étendues.

LE MÊME, *Fables*, IX, 2.

Un aigle sur un champ prétendant droit d'aubaine,
Ne fait point appeler *un aigle* à la huitaine.

BOILEAU, *Satires*, VII.

Et *l'aigle* tout sanglant, fier et victorieux,
Le rejette en fureur et plane au haut des cieux.

VOLTAIRE, préface de *Rome sauvée.*

On a dit aussi, très communément, mais on ne dit plus guère que dans le style poétique, *Une Aigle.*

Ne se lievra pas *l'aigle* à ton commandement et par ton ordonnance; et metra son nyd en tel lieu que nulle beste n'y puist aler. *Elle* demeure en pierres et en montaignes et en roches où l'on ne puet pas aler... Et de là *elle* regarde et voit de loing la proie qu'*elle* puet donner à ses faons.

Anc. trad. de la Bible, Job, XXXIX, 27, ms. de la Bibl. nationale, nº 53.

Au desloger de l'armée il y eut deux *aigles* qui fondans de grande roideur s'allèrent ranger aux premières enseignes et suivirent tousjours les soudards, qui les nourrirent jusques auprès de la ville de Philippes, là où un jour seulement devant la bataille *elles* s'en envolèrent toutes deux.

AMYOT, trad. de Plutarque, *Vie de M. Brutus.*

Ceux qui disent qu'il y a de *grandes aigles*, des autres moindres, et des plus petites, faillent en la distinction, s'ils ne l'entendent en diverses espèces d'oyseaux et qui ont appellation diverse.

P. BELON, *De la Nature des oyseaux*, liv. II, c. 4.

Il se présenta deux *aigles* qui s'estans *mises* l'*une* du costé de Brutus, et l'autre du costé d'Auguste et d'Antoine, commencèrent entre *elles* un assez aspre combat, mais enfin *celle* de Brutus céda à *celle* d'Auguste et d'Antoine.

COEFFETEAU, *Histoire romaine*, liv. I.

Le prince Tiridate (le Grand Condé) avoit les yeux vifs, le nez aquilin, les joues creuses et décharnées, la forme du visage longue et la physionomie d'*une aigle*.

BUSSY-RABUTIN, *Histoire amoureuse des Gaules.*

Comme *une aigle* qu'on voit toujours, soit qu'elle vole au milieu des airs, soit qu'elle se pose sur le haut de quelque rocher, porter de tous côtés des regards perçants et tomber si sûrement sur sa proie qu'on ne peut éviter ses ongles non plus que ses yeux...

BOSSUET, *Oraison funèbre du prince de Condé.*

J'ai une fiction trouvée
En une escripture approuvée
De l'*aigle* où il fait mencion
Qu'*elle* tint en une contrée
Son aire...

EUSTACHE DES CHAMPS, *Poésies,* Introduction.

Elle rencontre un nid de deux *aigles* jumelles.

DUBARTAS, *Semaine,* 1re journée.

L'aigle fondant sur lui nonobstant cet asile,
L'escarbot intercède et dit :
Princesse des oiseaux, il vous est fort facile
D'enlever malgré moi ce pauvre malheureux.
. . . .
On fit entendre à *l'aigle* enfin qu'*elle* avoit tort.

LA FONTAINE, *Fables,* II, 8.

L'aigle, reine des airs, avec Margot la pie,
Différentes d'humeur, de langage et d'esprit
Et d'habit,
Traversoient un bout de prairie.

LE MÊME, *Fables,* XII, 11.

L'aigle fière et rapide aux ailes étendues
Suit l'objet de sa flamme élancé dans les nues.

VOLTAIRE, *Discours sur l'homme,* I.

Une aigle au bec tranchant dévore le vautour;
L'homme d'un plomb mortel atteint *cette aigle* altière.

LE MÊME, *Poème sur le désastre de Lisbonne.*

En bien des cas ,le genre d'*Aigle* reste indécis.

Le Vocabulaire de l'histoire naturelle et quelquefois le langage ordinaire joignent au mot AIGLE diverses épithètes pour distinguer la variété des espèces auxquelles s'applique cette dénomination générale.

La sixiesme *aigle*... c'est celle que nous nommons *l'aigle royal* qui est de plus grande corpulence que nulle des autres, aussi est plus rare à voir; car elle se nourrit sur les summités des haultes montagnes. C'est cesle-cy qu'on a nommée *l'aigle* de Juppiter.

P. BELON, *De la Nature des oyseaux,* liv. II, c. 3.

Il me paraît qu'on doit réduire à six les onze espèces d'*aigles* d'Europe mentionnées ci-dessus... 1° *L'aigle* doré, que j'appellerai le grand *aigle;* 2° *l'aigle* commun et moyen; 3° *l'aigle* tacheté, que j'appellerai le petit *aigle*... La première espèce est le grand *aigle,* que Belon, après Athénée, a nommé *l'aigle royal* ou le roi des oiseaux... C'était ce grand *aigle* cet *aigle,* doré, Aquila Fulva, qui était dédié à Jupiter.

BUFFON, *Histoire naturelle,* Oiseaux, les Aigles, le Grand Aigle.

Et de l'*aigle royal* la dévorante plume
De tous autres oiseaux le plumage consume.

DUBARTAS, *les Furies,* 2e partie du 1er jour de la seconde semaine.

On dit proverbialement : *Crier comme un aigle,* pour crier d'une voix aigre et perçante.

Hé bien, hé bien, ma belle, qu'avez-vous à *crier comme un aigle?*

Mme DE LA FAYETTE, *Lettres,* 30 juin 1673. A Mme de Sévigné.

De quoi parliez-vous donc tous si haut dans la chambre ? J'ai entendu quelqu'un qui *criait comme un aigle.* Eh ! tenez, écoutez le beau tintamarre qu'elles font encore.

MARIVAUX, *le Paysan parvenu,* IIe part.

On a emprunté des comparaisons du même genre au vol de l'aigle :

Sire, vous voyagez comme un *aigle,* et moi comme une tortue.

VOLTAIRE, *Lettres.* A Frédéric, 28 octobre, lettre 613.

Le mot AIGLE donne lieu aussi à plusieurs expressions figurées.

Avoir des yeux d'aigle, c'est avoir les yeux vifs et perçants d'un aigle.

Avoir l'œil de l'aigle, un regard d'aigle, c'est avoir une grande pénétration d'esprit.

Il (Gœthe) fait tomber son *regard d'aigle* sur les objets qu'il observe.

Mme DE STAEL, *De l'Allemagne,* c. 7.

A cette manière de parler se rapportent les exemples suivants :

M. de Bouillon qui, avec la physionomie d'un bœuf, avoit la perspicacité d'un *aigle,* ne me laissa pas achever.

CARDINAL DE RETZ, *Mémoires,* IIe part., 1649.

En ce rencontre (l'audience accordée par l'empereur au chevalier de Grémonville), j'exaltai la prudence dudit chevalier (Hoeher) et les louanges du prince Lobkowitz, que je comparai à un *aigle* perceant dans la politique.

LE CHEVALIER DE GRÉMONVILLE à Louis XIV, 12 nov. 1671. (Voyez MIGNET, *Négociations relatives à la succession d'Espagne*, t. III, p. 556.)

C'est un *Aigle*, se dit d'un homme de génie, d'un homme qui a un esprit, un talent supérieur : comme, *ce n'est pas un Aigle*, d'une personne de peu de mérite. De là bien des emplois analogues du mot, dont les exemples suivants pourront donner une idée.

Si Dangeau est de ce jeu, il prendra toutes les poules, c'est un *aigle*.

Mme DE SÉVIGNÉ, *Lettres*, 30 juin 1680.

Moi, que vous méprisez tant, je suis l'*aigle*, et on ne juge de rien sans avoir regardé la mine que je fais.

LA MÊME, même ouvrage, 25 février 1685.

Le plus plat habitué de paroisse aurait paru un *aigle* en comparaison de ce confesseur (Don Domingo Guerra, confesseur de la reine d'Espagne).

SAINT-SIMON, *Mémoires*, 1721.

Puisque vous êtes, monsieur, à portée de rendre service aux belles lettres, ne rognez pas de si près les ailes à nos écrivains, et ne faites pas des volailles de basse-cour de ceux qui, en prenant l'essor, pourraient devenir des *aigles*. Une liberté honnête élève l'esprit, et l'esclavage le fait ramper.

VOLTAIRE, *Lettres*, 20 juin 1733, à un premier commis.

Je vous dirai, en passant, que quelquefois ceux qu'on avait pris pour des *aigles* ne sont que des coqs d'Inde.

LE MÊME, même ouvrage, 1752, à Formey.

Il n'y a pas moyen de faire un *aigle* d'un papillon.

LE MÊME, même ouvrage, 15 oct. 1766.

Sa force déplacée le trahit (Montesquieu, dans le Temple de Gnide). C'est un *aigle* qui voltige dans des bocages ; on sent qu'il y est gêné, et qu'il resserre avec peine un vol fait pour les hauteurs des montagnes et l'immensité des cieux.

LA HARPE, *Cours de littérature*.

Aigle d'honneur, philosophe très digne.

OCTAVIEN DE SAINT-GELAIS, *Forest d'aventures*.

C'est en sçavoir une *aigle* volant hault,
Tres grand prescheur, frère Symon Nérault.

JEAN BOUCHET, *Épîtres*.

Aigle né dans le haut des plus superbes aires,
Ou bien œuf supposé, puisque tu degeneres,
Degenere Henri...

AGR. D'AUBIGNÉ, *Tragiques*, Princes, liv. II

Maître T..... se croit un petit *aigle*.

J.-B. ROUSSEAU, *Épigramme*, II, 3

On dit de même, dans un sens relatif, *L'Aigle d'*un pays, *d'*une société, *d'*une maison, etc.; on dit qu'un homme *est un aigle au prix d'*autres personnes :

J'en parle comme un moineau qui ne doit pas juger les *aigles de* son pays.

VOLTAIRE, *Lettres*, 11 mars 1771.

C'est li aigles des Chevaliers.

Cléomadès, ms. de Gaignat, fol. 34, r°, col. 3. (Cité par Sainte-Palaye.)

Le cygne de Cambray, *l'aigle* brillant de Meaux.

VOLTAIRE, *Satires*, le Russe à Paris.

L'aigle d'une maison n'est qu'un sot dans une autre.

GRESSET, *le Méchant*, IV, 7.

Dans l'exemple suivant, AIGLE est employé comme symbole de l'enthousiasme lyrique :

Aigle qui ravis les Pindares
Jusqu'au trône enflammé des cieux,
Enthousiasme, tu m'égares...

LEBRUN, *Odes*.

AIGLE, en termes d'emblèmes et d'armoiries, est toujours féminin.

Tous les peuples ont eu des symboles, figures ou enseignes nationales. Les Athéniens, une chouette ; les Thraces, une mort ; les Celtes, une épée ; les Romains, *une aigle*.

SAINT-FOIX, *Essais historiques sur Paris*, les Armoiries.

Les enseignes des légions romaines, qui étaient surmontées de la figure d'un aigle et qu'on appelait en latin *Aquila*, ont donné lieu dans notre langue à des expressions correspondantes : *L'aigle romaine, les aigles romaines*, ou simplement *l'aigle, les aigles, une aigle; l'aigle d'une légion,* etc.

Ces expressions sont tantôt prises au propre;

On voyoit les enseignes, les étendards, et *les aigles* romaines de part et d'autre.

COEFFETEAU, *Histoire romaine de L. Florus,* liv. III, c. 17.

Sur la fin de l'année, on dressa des arcs triomphaux auprès du temple de Saturne, pour *les aigles* de Varus reconquises sous la conduite de Germanicus et les auspices de Tibère.

PERROT D'ABLANCOURT, trad. de Tacite, *Annales,* II, 8.

L'aigle romaine étoit consacrée avec des cérémonies qui la faisoient adorer elle-même.

BOSSUET, *Méditations sur l'Évangile.*

Quand les Romains n'étaient que des paysans, ils avaient du foin pour enseignes; quand ils furent « populum late regem, » ils eurent *des aigles* d'or.

VOLTAIRE, *Lettres,* mars 1737.

Les anciens Perses avaient avant les Romains pris *l'aigle* pour leur enseigne de guerre.

BUFFON, *Histoire naturelle,* Oiseaux, le Grand Aigle.

Il nous prenait un tel désir de revoir notre terre natale, que nous étions près d'abandonner *les aigles.*

CHATEAUBRIAND, *les Martyrs,* VI.

Eudore revient à la lumière; les soldats étaient à ses genoux et lui disaient : « Compagnon, sacrifiez! Voilà nos *aigles* au défaut d'autels. »

LE MÊME, même ouvrage, XXII.

Puis serrés, flanc à flanc sous *les aigles* mouvantes,
Repoussez vaillamment les troupes menaçantes.

ROB. GARNIER, Porcie, act. I, 110.

Cet horrible débris *d'aigles,* d'armes, de chars
Sur ces champs empestés confusément épars.

P. CORNEILLE, *Pompée,* I, 1.

Guerre plus que cruelle où la fureur d'un homme
Fit voir *aigle* contre *aigle,* et Rome contre Rome.

BRÉBEUF, *la Pharsale,* I.

Et voyant pour surcroît de douleur et de haine
Parmi ses étendards porter *l'aigle romaine.*

RACINE, *Mithridate,* V, 4.

Tantôt dans un sens figuré, pour désigner les armées romaines, la puissance de Rome, Rome elle-même. Le mot semble alors quelquefois doublement figuré, étant rappelé par certaines images à son sens primitif et propre.

Je leur fais des tableaux de ces tristes batailles,
Où Rome par ses mains déchirait ses entrailles,
Où *l'aigle* abattoit *l'aigle* et de chaque côté
Nos légions s'armoient contre leur liberté.

P. CORNEILLE, *Cinna,* I, 2.

Mais sitôt qu'il parut, je vis en moins de rien
Tout mon camp déserté pour repeupler le sien.
Je vis par mes soldats *mes aigles* arrachées,
Pour se ranger sous lui, voler vers ses tranchées.
Encore une campagne et nos seuls escadrons
Aux *aigles* de Sylla font repasser les monts.

LE MÊME, *Sertorius,* I, 1; II, 2.

L'aigle des légions, que je retiens encore,
Demande à s'envoler vers les eaux du Bosphore.

VOLTAIRE, *la Mort de César,* I, 1.

Toi surtout, toi César, qui sur des bords lointains
Soumets l'Inde tremblante à *l'aigle* des Romains.

DELILLE, trad. des *Géorgiques,* II.

Dans les exemples suivants, *Aigle,* employé dans le même sens, est, par exception, substantif masculin.

Clair soleil, la terreur d'un injuste sénat,
Et dont *l'aigle romain* n'a pu souffrir l'éclat.

MAIRET, *Sophonisbe,* V, 9.

... Et portons dans leur fort
Avec *l'aigle romain,* la terreur et la mort.

MONTFLEURY, *la Mort d'Asdrubal,* I, 1.

L'usage fait de l'*Aigle,* dans les armes de quelques puissances modernes, a conduit à des manières de parler semblables.

On a appelé *Aigle germanique, Aigle impériale, Aigle des Césars,* L'aigle à deux têtes adopté pour armes de l'empire d'Allemagne autrefois, et aujourd'hui de l'empire d'Autriche, et ces expressions, ou par abréviation le mot *Aigle,* ont quelquefois, par figure, désigné ces empires eux-mêmes :

Déjà prenoit l'essor, pour se sauver dans les montagnes, cet *aigle* dont le vol hardi avoit d'abord effrayé nos provinces.

FLÉCHIER, *Oraison funèbre de Turenne.*

Voulez-vous des nouvelles? Le fort de Kehl vient d'être pris; la flotte d'Alicante est en Sicile; et, tandis qu'on coupe les deux ailes de *l'aigle impériale*, en Italie et en Allemagne, le roi Stanislas est plus empêché que jamais.

VOLTAIRE, *Lettres*, 13 novembre 1733, à l'abbé de Sade.

Quand je vois ta sagesse, en ses justes projets,
D'une heureuse abondance enrichir tes sujets,
. . . .
Et tes braves guerriers secondant ton grand cœur
Rendre à *l'aigle* éperdu sa première vigueur,
. . . .
Ma muse tout en feu me prévient et te loue.

BOILEAU, *Discours au Roi.*

En vain au lion Belgique
Il voit *l'aigle germanique*
Uni sous les léopards.

LE MÊME, *Ode sur la prise de Namur.*

Regardez dans Denain l'audacieux Villars
Disputant le tonnerre à *l'aigle* des Césars.

VOLTAIRE, *la Henriade*, VII.

AIGLE a été employé de même en parlant de la Prusse, de la Russie, de la Pologne.

Sire, chacun son lot : une aigle vigoureuse,
Non l'aigle de l'empire (elle a depuis un temps
Perdu son bec retors et ses ongles puissants),
Mais *l'aigle* de la Prusse, et jeune et valeureuse,
Réveille dans son vol, au bruit de ses exploits,
La gloire qui dormait loin des trônes des rois.

VOLTAIRE, *Lettres*, 29 juin 1741, à Frédéric.

En France, sous l'Empire, le mot *Aigle* a été, comme il est encore, synonyme de drapeau, enseigne.

En 1812, l'Autriche, la Prusse, l'Allemagne, la Suisse, l'Italie, marchaient sous les *aigles* françaises.

NAPOLÉON, *Mémoires*, t, II, p. 94.

La victoire marchera au pas de charge; *l'aigle*, avec les couleurs nationales, volera de clocher en clocher jusqu'aux tours de Notre-Dame.

LE MÊME, *Proclamation* du 1er mars 1815.

AIGLE sert à dénommer certains ordres de chevalerie, et en ce sens il est masculin : *L'Aigle blanc* de Pologne, *L'Aigle d'or* de Wurtemberg, *L'Aigle rouge*, l'*Aigle noir* de Prusse.

Ce fut dans le temps de cette entrevue que le roi Auguste renouvela l'ordre de *l'Aigle blanc*.

VOLTAIRE, *Hist. de Charles XII*, liv. III.

AIGLE est aussi d'usage en termes de blason.

Il portoit l'escu d'argent
A la noire *aigle* plaisant...
Qui à deux testes se dresse.

EUST. DESCHAMPS, *Lai de Duguesclin.*

On emploie le mot AIGLE, mais avec le genre masculin, pour désigner la représentation d'un aigle ayant les ailes étendues et servant de pupitre dans le chœur d'une église, ce qui a donné lieu à cette expression : *Chanter à l'aigle.*

AIGLE est aussi masculin dans cette expression *Grand aigle*, désignant le papier du plus grand format. On dit du papier *Grand aigle*, ou, simplement, du *Grand aigle*.

Enfin AIGLE est le nom d'une constellation très brillante de l'hémisphère septentrional.

AIGLON, s. m.

On a dit encore : AIGLAN, AIGLIAU, AIGLAT, AIGLET, AIGLETTE, AIGLERON. (Voyez les Dictionnaires de Cotgrave, d'Oudin, les *Glossaires* de Sainte-Palaye et de Roquefort.)

Le petit de l'Aigle.

Je vous ai portés comme l'aigle porte ses *aiglons* sur ses ailes.

LE MAISTRE DE SACY, trad. de l'Anc. Testament, *Exode*, XIX, 4.

Jamais les aigles ne s'adonneront à pondre, ni esclorre leurs œufs, sans avoir desdites pierres (pierres d'aigle) et pour raison de cela elles ne font jamais que deux *aiglats*.

DU PINET, trad. de Pline, liv. XXXVI, c. 19.

On voit une médaille (en l'honneur du Dauphin) où l'on fait parler les ennemis : il y a un *aiglon* armé de la foudre et pour légende ce vers d'Horace :

Cœlo tonantem credidimus Jovem.

Mme DE SÉVIGNÉ, *Lettres*, 15 déc. 1688.

Les *aiglons* n'ont pas les couleurs du plumage aussi fortes que quand ils sont adultes.

BUFFON, *Histoire naturelle*, Oiseaux, le Grand Aigle.

La fumée prist à monter
Jusque aus *aigliaus* qui ou ni furent,
A bien petit que mors ne furent.

Li aigles voit que ses *aigliaux*
Estaignent (étouffent).
Ysopet, I, fable 13. (Voir ROBERT, *Fables inédites des XIIe, XIIIe et XIVe siècles*, t. II, p. 451.)

Un ni d'aigle par aventure (le vautour)
Trouva à sa mésaventure;
Les *aiglons* a mangiés trestous,
Car il estoit trop fameillous (affamé).
Même ouvrage, II, fable 7. (Voir t. Ier, p. 178.)

Tel que d'une ardeur sanguinaire
Un jeune *aiglon*, loin de son aire
Emporté, plus prompt qu'un éclair...
J.-B. ROUSSEAU, *Odes*, III, au Prince de Vendôme.

Si quelque peintre osait associer
A tête d'homme oreilles de coursier,
Plumes d'*aiglon*, corps de nymphe jolie,
. . . .
Que diriez-vous d'une telle folie?
M.-J. CHÉNIER, trad. de l'*Art poétique*, d'Horace.

AIGLON, comme *Aigle*, a pu quelquefois être employé au figuré.

Le duc de Guise, tout jeune *aiglon* qu'il estoit, s'essayoit desja à faire des vols, outre ceux de son âge.
MATTHIEU, *Histoire des derniers troubles de France*, liv. IV.

Il m'est arrivé la mesme chose dans les loüanges du prince des poëtes (Homère) : et je faillis à tout quitter, pour ne les pouvoir bien comprendre. Mais, pour ne point passer pour un faux *aiglon* dans la poésie, j'y accoustumay peu à peu mes regards.
PERROT D'ABLANCOURT, trad. de Lucien, *la Louange de Démosthène*.

Honeur n'y a (tel pecude est trop coye),
L'*aiglet* laisser combatre à une oye.
EUSTACHE DES CHAMPS, *Poésies*, mss. fol. 107, col. 2.

Vois naitre, tour à tour, de nos feux triomphants
Des pièces de théâtre, et de rares enfants.
Les *aiglons* généreux voleront sur nos traces :
Ayons en trois. Léguons le comique au premier,
Le tragique au second, le lyrique au dernier.
PIRON, *la Métromanie*, I, 6.

AIGLON est terme de blason.

Dans le passage suivant, AIGLON est employé comme adjectif.

La faim détruisit tout; il ne resta personne
De la gent marcassine et de la gent *aiglonne*
Qui n'allât de vie à trépas.
LA FONTAINE, *Fables*, III, 6.

AIGRE, adj. des deux genres. (Du latin *acer*, et, par ce mot, du grec ἀκή, pointe.)

On l'a écrit EIGRE, EGRE (voyez Du Cange, *Glossaire français;* Burguy, *Grammaire de la langue d'oïl*); AEGRE (voyez *Histoire littéraire de la France*, t. XXII, p. 25).

AIGRE, comme d'autres mots de signification analogue qui se rapportent à la même origine, *âcre, acide, acerbe,* se dit au propre, dans un sens physique, de ce qui affecte le goût par une sensation d'acidité particulière.

Fort *aigre* et aspre comme ung fruict qui n'est pas meur.
ROB. ESTIENNE, *Dictionnaire françois-latin*.

L'abeille trouve naturellement es plus *aigres* fleurs, et parmi les plus aspres espines, le plus parfait miel et le plus utile.
AMYOT, trad. de Plutarque, *Œuvres morales*. Comment il faut lire les poëtes.

Est-il raisonnable que pour guérir les plaies de vos frères, vous n'employiez que le vin, tout pur et tout *aigre* qu'il peut être, et que votre délicatesse aille en même temps à vouloir, pour votre guérison, qu'on ne verse que de l'huile sur vos blessures?
BOURDALOUE, Carême, *Sermons*. Sur le zèle.

Plus ne paistrez le treffle fleurissant,
Ne l'*aigre* fueille, au saule verdissant.
CL. MAROT, 1re *Églogue* de Virgile.

AIGRE, toujours dans un sens physique, s'est étendu, par figure, aux impressions des autres sens.

A celles de l'odorat : on le dit de certaines odeurs désagréables qui sortent de substances altérées.

A celles de l'ouïe : on le dit de certains sons aigus et perçants.

N'est guere homme qui ne se trouble à ce bruit *aigre* et poignant que font les limes en raclant le fer.
MONTAIGNE, *Essais*, II, 12.

Tout iroit encor bien, n'estoit que la musique est un peu *aigre*.
AGR. D'AUBIGNÉ, *Histoire universelle*, t. III, liv. I, c. 19.

Ne me reprochez... point de détendre un peu les cordes de ma lyre; les sons en eussent paru *aigres,* si j'avais voulu les rendre forts en cette occasion.

VOLTAIRE, *Lettres*, 15 déc. 1732.

Il (Pope) a réduit les sifflements *aigres* de la trompette anglaise aux sons doux de la flûte.

LE MÊME, *Lettres philosophiques*, XXIX.

Un musicien, dont l'oreille est continuellement exercée à l'harmonie, sera vivement choqué d'une dissonance; une voix fausse, un son *aigre* l'offensera, le blessera.

BUFFON, *Histoire naturelle.*

On entend les hérons crier en l'air à toute heure et dans toutes les saisons : leur voix est un son unique, sec et *aigre.*

LE MÊME, même ouvrage, *Oiseaux.*

L'*aigre* sifflement de la scie (serræ stridentis acerbum horrorem).

LAGRANGE, trad. de Lucrèce, *De Nat. rer.*, II, 410.

A celles du toucher : on dit de l'air, du vent, du froid, lorsque leur contact a quelque chose de piquant, qu'ils sont *aigres.*

Le froit m'assault et m'est ung peu bien *aigre.*

ROGER DE COLLERYE, *Complaincte d'ung povre homme infortuné.*

Par suite de la même extension, AIGRE a pu s'appliquer aux douleurs du corps.

Le sage tombé en maladie bien souvent se rit et se resjouit au milieu des plus *aigres* et excessives douleurs de sa maladie corporelle.

AMYOT, trad. de Plutarque, *Œuvres morales.* Que l'on ne sçauroit vivre joyeusement.

Ou mes douleurs ne sont pas si excessives, ou j'y apporte plus de fermeté que le commun. Je me plains, je me despite, quand les *aigres* peintures me pressent, mais je n'en viens point au désespoir.

MONTAIGNE, *Essais*, II, 37.

C'est encore par figure qu'AIGRE se dit de certains objets physiques; qu'en termes de métallurgie on désigne par la même épithète les métaux cassants, ceux qui ne sont pas ductibles et malléables, dont les partiesne sont pas liées et se séparent facilement les unes des autres ; qu'on dit du fer, du cuivre, qu'ils sont *aigres.*

Cet emploi D'AIGRE s'est du reste étendu à d'autres choses qu'aux métaux.

Aigres sont choses qui se cassent aisément avec un marteau.

BERNARD PALISSY, *Explication des mots les plus difficiles.*

On l'a dit de la même manière des pierres.

Par ce que le pays est fort pluvieux les pierres sont fort dures, *aigres* et mal plaisantes.

BERNARD PALISSY, *Des pierres.*

Je n'aurois jamais faict si je voulois descrire bien au long la nature, différence et qualité des pierres : entre lesquelles s'en trouvent d'humides, seiches, spongieuses, caverneuses, frangibles, ou fragiles, *aigres* qui s'esclattent, qui se délictent.

PHILIBERT DE L'ORME, *Architecture*, liv. I, c. 14.

Par une autre figure, AIGRE se dit, au sens moral, de l'humeur, de l'esprit, des discours, lorsqu'ils ont quelque chose de désagréable, de fâcheux, de blessant :

Cicéron (dans le camp de Pompée) commença... mocquer maintenant les ungs, maintenant les aultres, avecques brocards *aigres* et piquants.

RABELAIS, *Pantagruel*, liv. IV, c. 39.

Luy conseillant et supliant que, nonobstant que laditte protestation fust par trop *aigre* et picquante, son bon plaisir fust toutesfois d'y repondre modestement.

G. DU BELLAY, *Mémoires.*

Un tel discours, trop libre pour ne pas dire impudent, offensa si grièvement le roi de Navarre, qu'après m'avoir fait plusieurs reparties très *aigres*, il se leva de table, outré de dépit et de colère contre moi.

AGR. D'AUBIGNÉ, *Mémoires.*

Il se plaignoit de l'humeur *aigre* et incompatible d'Olympias.

VAUGELAS, trad. de Quinte-Curce, liv. X.

Toutes ces manières fières et présomptueuses, *aigres,* opiniâtres, emportées, viennent toujours de quelque dérèglement d'esprit.

Logique de Port-Royal, IIIe partie, c. 20.

M. le cardinal de Richelieu aimoit la raillerie, mais il ne pouvoit la souffrir; et toutes les personnes de cette humeur ne l'ont jamais que fort *aigre.*

LE CARDINAL DE RETZ, *Mémoires*, liv. I.

Ce qui rend l'esprit *aigre*, c'est qu'on répand sur les autres le venin et l'amertume qu'on a en soi-même.

BOSSUET, *Méditations sur l'Évangile*, sermon sur la montagne, 3e jour.

Les jésuites firent une protestation contre la censure de la Sorbonne, laquelle publia une réponse fort vive à la protestation, de manière que les esprits de part et d'autre demeurèrent fort *aigres*.

SAINT-SIMON, *Mémoires*, 1700.

Le ton de ce discours fut un peu *aigre*, quoique prononcé en riant, de peur qu'on y vît de la jalousie.

MARIVAUX, *le Paysan parvenu*, 2e partie.

Je ne voyais dans ses *aigres* sarcasmes (de Delcyre) que le mot pour rire.

J.-J. ROUSSEAU, *les Confessions*, IIe partie, liv. IX.

Si que j'en ai les berbis grasses;
Et li pastour auront les maigres
Combien que ce mot lor soit *aigres*.

Roman de la Rose, v. 11404.

Vous mordez de morsures *aigres*,
Gens nouveaux à la bienvenue.

Farce nouvelle et moralisée de Gens nouveaux qui mangent le monde et le logent de mal en pis. (Voy. Ancien Théâtre français. *Bibl. elzév.*, t. III, p. 244.)

Et envieulx luy resteront nuisans
Qui en diront motz *aigres* et cuisans.

A. CHARTIER, *le Débat des deux fortunes d'amours*.

Des qu'il (Rhadamante) la veoit (une âme), il mitigue
[et pallie
Son parler *aigre*...

CL. MAROT, *l'Enfer*, v. 241.

Puisqu'il faut s'attaquer aux légions de Rome,
Aux monstres d'Italie, il faudra faire comme
Hannibal, qui par feux d'*aigre* humeur arrosez
Se fendit un passage aux Alpes embrasez.
Mon courage de feu, mon humeur *aigre* et forte
Au travers des sept monts faict breche au lieu de porte.

AGR. DAUBIGNÉ, *Tragiques*, Misères, liv. I.

Puis, m'approchant, me dit d'une voix *aigre* et forte :
Que cherches-tu, tygresse?...

THÉOPHILE, *Pyrame et Thisbé*, IV, 2.

Vos fréquentes leçons et vos *aigres* censures...
Tout cela, si je puis vous parler franchement,
Madame, fut blâmé d'un commun sentiment.

MOLIÈRE, *le Misanthrope*, III, 4.

Comme on a dit, au sens physique (voyez plus haut, p. 447), une douleur *aigre*, on a dit, au sens moral, une peine *aigre*.

Et ne doutez, sire, que l'amour ne luy face sentir de peines fort *aigres* et martyres insupportables.

ANTHOINE DU VERDIER, *les Diverses Leçons*. De l'Amour.

AIGRE se dit de même des personnes qui ont cette sorte d'humeur, cet esprit, qui tiennent de tels discours.

Le comte de Hainaut, qui trop durement avoit pris cette guerre en cœur, et qui étoit plus *aigre* que nul des autres, se départit encore du siége de Tournay.

FROISSART, *Chroniques*, liv. Ier, Ire partie, c. 138.

Entre les autres, il y eut un carme docteur en théologie, bien *aigre* homme qui lui dit que la saincte Escriture desfendoit d'adjouster foy à de telles paroles.

Chronique de la Pucelle.

Bien heureux ceux qui sont doux... doux même à ceux qui sont *aigres*.

BOSSUET, *Méditations sur l'Évangile*, sermon sur la montagne, 3e jour.

Ma chère cousine, ne craignez pas que mes lettres soient moins vives, quand vous ne serez pas *aigre*.

BUSSY-RABUTIN, *Lettres*, à Mme de Sévigné, 23 février 1671.

C'est (la Présidente Amelot) une assez *aigre* créature et assez sotte.

TALLEMANT DES RÉAUX, *Historiettes*, le Président Amelot.

C'estoit une créature suffisante (la fille de Mme de Miramion), *aigre*, altière, en un mot une franche dévote, et dont le maintien la découvroit pleinement.

SAINT-SIMON, *Mémoires*, 1696.

Il n'y a guère de gens plus *aigres* que ceux qui sont doux par intérêt.

VAUVENARGUES, *Réflexions et maximes*.

Chagrin, felon et rioteux, et *aigre*.
Chacun luy nuist, riens ne luy est alegre.

A. CHARTIER, *le Débat des deux fortunes d'amours*.

Dans vos discours chagrins plus *aigre* et plus mordant
Qu'une femme en furie, ou Gautier en plaidant.

BOILEAU, *Satires*, IX.

AIGRE s'applique de même à certaines abstractions personnifiées.

Des hommes en qui la piété n'a été ni présomptueuse, ni hautaine, ni *aigre*, ni critique, ni opiniâtre...

BOURDALOUE, *Sermons*. Sur la sainteté.

La jalousie, qui est *aigre* et violente en tous les autres, est douce et modérée en lui par l'extrême respect qu'il a pour sa maîtresse.

Mme de Lafayette, *la Princesse de Clèves*, I.

M. le duc, qui avoit un procès fort *aigre* avec Mme la princesse de Conti, sa tante, l'accommoda.

Saint-Simon, *Mémoires*, 1719.

On a autrefois construit aigre avec la proposition *de*, et entendu *aigre de* dans un sens qui n'est pas sans rapport avec la signification figurée d'*acer*, dans le sens de, Ardent à, vif à.

Quand le comte de Saint-Pol les vit fuir, il fut un petit trop *aigre d'*eux poursuivir.

Froissart, *Chroniques*, liv. Ier, IIe partie, c. 377.

Il semble que aigre, suivi de *à*, ait eu la même signification. On peut le conclure de la manière dont est employé, dans le passage suivant, le diminutif aigret.

Comme genz *à* mal faire *aigretes*
Embrasent maisons et viletes.

G. Guiart, *Royaux Lignages*.

Dans d'autres passages où aigre est encore construit avec la préposition *à*, il ne s'éloigne point de la signification ordinaire.

A ses serviteurs il (le flatteur) est fascheux à servir, *aigre à* reprendre les fautes de ses domestiques et parents.

Amyot, trad. de Plutarque, *Œuvres morales*. Comment on pourra discerner le flatteur d'avec l'ami.

Il ne fault pas demander si cela fut fort *aigre à* supporter à Jacques.

La Reine de Navarre, *Heptameron*, 44e nouv.

Aigre s'emploie substantivement au masculin en parlant du goût et de l'odeur *aigre*. On dit une odeur *d'aigre*, sentir l'*aigre*.

L'*aigre* et le doux extrêmes offensent le goût, que le seul mélange de l'un et de l'autre satisfait.

Bossuet, *de la Connoissance de Dieu et de soi-même*, c. 1, n° 17.

On dit qu'il y a encore de l'*aigre* dans l'air, quand le temps n'est pas encore tout à fait adouci.

Aigre, employé substantivement, peut être, en certains cas, pris au figuré, dans un sens moral.

Ne se void point d'âmes, ou fort rares, qui en vieillissant ne sentent l'*aigre* et le moisi.

Montaigne, *Essais*, II, 2.

Dans le passage suivant, aigre est employé de même, mais au pluriel.

Vous n'avez fait tout cela que pour en venir à votre ami le lait... c'est un baume qui adoucira tous les *aigres*, qui calmera le sang quelquefois agité.

Mme de Simiane, *Lettres* à M. d'Héricourt, 5 septembre 1736.

Aigre est substantif dans cette expression, autrefois usitée, *aigre de cèdre* ou *de cédrat*, *de limon*, *de bigarrade*.

Il demanda de l'*aigre de cèdre* à M. Conrart, qui étoit devenu son commissionnaire après M. Chapelain.

Tallemant des Réaux, *Historiettes*, Balzac.

D'aigre se sont formés plusieurs diminutifs de sens pareil, mais de valeur diverse :

AIGRET, ETTE. Employé comme *aigre* soit au propre, soit au figuré, et non seulement comme adjectif, mais substantivement.

Au propre :

Fruictz *aigretz*.

Rob. Estienne, *Dictionnaire françois-latin*.

Le malade pourra user des raisins desseichez et confits entre deux plats avec eau rose et sucre, pruneaux de Damats *aigrets*, figues, cerises *aigrettes*.

A. Paré, *Œuvres*, liv. XXII, c. 22.

L'appétit, en l'orifice de l'estomach, moyennant ung peu de melancholie *aigrette* qui luy est transmis de la ratelle, admoneste d'enfourner viande.

Rabelais, *Pantagruel*, III, 4.

Au figuré :

Cette seule action (l'obstination d'Épaminondas à la pauvreté), haulte pourtant et très digne d'admiration, je la sens un peu *aigrette*, pour... m'en désirer l'imitation.

MONTAIGNE, *Essais*, II, 36.

Si j'ay rien dit qui vous soit trop *aigret*,
Je vous supply qu'il me soit pardonné.

GUILL. CRETIN, *le Loyer des folles amours*.

Ce sont livres latins et grecz.
— J'entens bien, ilz vous sont *aigretz*.

CL. MAROT, 1er *colloque d'Érasme*.

Reçoy nos douleurs,
Et nos soupirs *aigrets*.
Enten nos regrets,
Porcie, enten nos pleurs.

ROB. GARNIER, *Porcie*, act. V, v. 76.

Pris substantivement :

Je m'enquis s'il vouloit troquer son citron contre mes dragées : il s'y accorda, aimant mieux le doux que l'*aigret*.

SOREL, *Francion*, III.

AIGRELET, ETTE, adj. diminutif d'*aigret*. Un peu aigre.

Susceptible des mêmes variétés d'emploi qu'*aigre* et *aigret*.

Pardonnez à cette petite digression un peu *aigrelette*.

VOLTAIRE, *Lettres*, 2 février 1761.

AIGRE est aussi entré dans la composition de certains mots comme :

AIGRE-DOUX, OUCE, adj.

Joachim du Bellay nous apprend que c'est à Lazare de Baïf qu'est due l'introduction de cet adjectif :

L'autre (Lazare de Baïf) n'a pas seulement traduict l'Électre de Sophocle, quasi vers pour vers, chose laborieuse... mais d'avantaige a donné à nostre langue le nom d'Épigrammes et d'Élégies, avec ce beau mot composé *aigre doux*.

J. DU BELLAY, *Illustration de la langue françoise*, liv. II, dernier chapitre.

AIGRE-DOUX, signifie, comme l'indiquent assez les éléments dont il est formé, Qui a un goût mêlé d'aigre et de doux.

De trois espèces de grenades : il y a des douces, des aigres, et d'autres participant des deux gousts, nommées *aigre-douces*.

OLIVIER DE SERRES, *Théâtre d'agriculture*, VIe lieu, c. 26.

AIGRE-DOUX, s'applique, dans un sens très voisin du sens propre, mais figurément, à certaines affections morales.

Tant est *aigre-doux* et malaisé à contenir le chatouillement de la curiosité.

AMYOT, trad. de Plutarque, *Œuvres morales*. De la curiosité.

En la jouissance des voluptez mesmes, ils (les rois) sont de pire condition que les privez, d'autant que l'aysance et la facilité leur oste l'*aigre-doulce* pointe que nous y trouvons.

MONTAIGNE, *Essais*, I, 43.

Au milieu de la compassion, nous sentons au dedans je ne sçais quelle *aigre-doulce* poincte de volupté maligne à veoir souffrir autrui.

LE MÊME, même ouvrage, III, 1.

Or sentoit ja ceste-cy les secousses
Et aiguillons des amours *aigres-douces*.

CLÉMENT MAROT, *Histoire de Léandre et Héro*.

Et des feux *aigredous* que ton bel arc desserre,
Faisant tout engendrer, le tout tu entretiens.

J.-A. DE BAÏF, *Poésies*, fol. 50, v°

AIGRE-DOUX se dit, figurément, du ton de la voix et des paroles, quand, sous une apparence de douceur, elles ont quelque chose d'aigre :

Il y avoit toujours eu quelques propos *aigre-doux* à l'entrée du conseil entre quelques-uns de nous et M. de Luxembourg.

SAINT-SIMON, *Mémoires*, 1694.

Ce conseil *aigre-doux* mérite une réplique.

DESTOUCHES, *le Philosophe marié*, I, 4.

AIGRE-DOUX peut, comme *aigre*, être pris substantivement.

Grande (Mme de Vaudemont), droite, un air qui vouloit imposer et néanmoins être doux, mais austère et tirant fort sur l'*aigre-doux*.

SAINT-SIMON, *Mémoires*, 1707.

Je vous dirai, monsieur, que j'ai vu le jaloux,
Qui m'a reçu d'un air qui tient de l'*aigre-doux*.

REGNARD, *les Folies amoureuses*, I, 7.

Suivant Falconnet, dans son *Dictionnaire français moderne*, ms., on appelait en Normandie AIGRE-DOUX de vieux cidre passé sur le marc du nouveau.

C'est encore de l'adjectif *aigre* que s'est formé le substantif AIGREVIN donné par quelques lexiques (voyez entre autres le *Glossaire français* de Du Cange, *le Glossaire de la langue romane* de Roquefort) et qu'a remplacé VINAIGRE. (Voyez ce mot.)

Tout d'*aigrevin* et verjus destremper.

EUSTACHE DES CHAMPS, poésies ms., fol. 308, col. 4. (Cité par Roquefort.)

D'*aigre* a encore été tiré :

AIGREMENT, adv.

D'une manière aigre.

On ne paraît pas l'avoir jamais employé autrement que dans un sens moral.

Quelques-unes de ses anciennes acceptions, correspondant à celles de l'adjectif *aigre*, ne sont point restées dans l'usage, et il a perdu par là de sa force et de son étendue.

Ainsi, il a signifié, Avec vivacité, vivement (*acriter*).

Ceste char... neie (née) de péchiet et en péchiet nurie... est molt plus corrompue par sa malvaise costume. De ceu vient ceu k'èle si *agrement* encuvist (convoite) encontre l'espirit.

SAINT BERNARD, *Sermons franc. ms.*, p. 329. (Cité par Sainte-Palaye.)

Le comte de Warvich, le comte de Kenfert et messire Regnault de Cobehen, qui sont de lez le prince votre fils, ont grandement à faire, et les combattent les François moult *aigrement*.

FROISSART, *Chroniques*, liv. Ier, Ire partie, c. 290.

Car moult desire en son cuer *aigrement*
Que Sarrazins voie prochainement.

Enfances d'Ogier le Danois, mss. de Gaignat, fol. 76, v°, col. 2. (Cité par Sainte-Palaye.)

Avec âpreté :

Les excès qu'ils (les janissaires) font entre eulx et tous autres gens de guerre sont pugniz *aigrement*, la pluspart de peine de mort.

Journal de la croisière du baron de Saint-Blancart, 1538. (Voy. *Négociations de la France dans le Levant*, t. Ier, p. 377.)

Si vous mandons... que... vous... punissiez en tèle manière et si *aygrement* que tous autres...

Ordonnance du comte d'Armagnac, lieutenant du Roy dans le Languedoc, 1356. (Voir *Ordonnances des Rois de France*, t. III, p. 153.)

Je considere que Moyse, le plus doulx homme qui de son temps feust sus la terre, *aigrement* punissoit les mutins et seditieux du peuple d'Israel.

RABELAIS, *Gargantua*, I, 50.

Silenus, chef de l'avant-garde, suoit à grosses gouttes, et son asne *aigrement* tourmentoit.

LE MÊME, *Pantagruel*, V, 40.

Euctus et Eudeus prindrent la hardiesse de luy dire qu'il avoit faict de grandes faustes, et à luy conseiller ce qu'il avoit à faire, dont il se courrouça si *aigrement*, qu'il les tua tous deux.

AMYOT, trad. de Plutarque, *Vie de Paulus Æmylius*, c. 11.

Le grand roy de Perse Artaxerces luy envoya (à Hippocrate) trente mille pièces d'or... pour raison de quoy il se courrouça fort *aigrement*.

ANTH. DU VERDIER, *les Diverses Leçons*. Mespris des richesses.

De ce s'est li rois aïriés
Si *aigrement* que de sa poe (pate)
Li douna tel cop en la joe
K'il l'aboti.

Renart le Nouvel, v. 1618.

Faulx juges ne soustenez
Ne souffrez
Sans les pugnir *aigrement*.

Moralité nouvelle d'ung empereur qui tua son nepveu, qui avoit prins une fille à force. (Voy. Ancien Théâtre français, *Bibl. elzév.*, t. III, p. 139.)

Avec peine, avec chagrin :

Ceste piteuse mort (de son oncle) porta le seigneur de Chaumont dedans son cœur *aigrement*, car il ne vesquit gueres après.

Le Loyal Serviteur, c. 40.

J'ay souvent considéré d'où pouvoit naistre ceste coustume... de nous sentir plus *aigrement* offensez du reproche de ce vice (le mensonge), qui nous est si ordinaire, que de nul autre.

MONTAIGNE, *Essais*, II, 18.

Il n'est guère resté d'usage qu'au sujet de la manière aigre dont on parle ou dont on écrit.

Reprendre *aigrement* le faict d'autruy.

ROB. ESTIENNE, *Dictionnaire françois-latin;* J. THIERRY et NICOT.

Un varlet de son mary l'aimoit si desesperement, qu'un jour il ne se peut tenir de luy en parler : mais elle qui estoit vraye femme de bien, le print si *aigrement* le menassant de le faire battre et chasser par son mary, que depuis il ne luy en osa tenir propos.

LA REINE DE NAVARRE, *Heptameron*, 2e nouv.

Les archiducs et leurs conseillers se plaignent maintenant plus haut et *aigrement* de vostre voyage qu'ils ne faisoient du commencement.

VILLEROY, *Lettre* au président Jeannin, 30 may 1607. (Voir *Négociations de M. Jeannin*, p. 51.)

Les officiers d'Ouverisel qui sont en ce lieu, nous estans venus voir, ont esté *aigrement* repris par nous de l'insolence commise par leurs soldats.

Lettre des ambassadeurs de France et d'Angleterre à M. le président Richardot, du 26e de juin 1609. (Voir *Négociations de M. Jeannin*, p. 680.)

Michol fut frappée de stérilité pour avoir trop *aigrement* censuré les saints excès de la joie et de la piété de David.

MASSILLON, *Carême*, lundi de la IVe semaine. Sur la médisance.

Il falloit avoir faim, être gaies, et manger avec appétit et de bonne grâce (les femmes en voyage avec le roi), autrement il ne le trouvoit pas bon, et le montroit même *aigrement*.

SAINT-SIMON, *Mémoires*, 1715.

L'empereur reprocha *aigrement* au roi d'Angleterre le divorce que ce roi méditait avec Catherine d'Aragon, dont Charles était le neveu.

VOLTAIRE, *Annales de l'Empire*, Charles-Quint, 1528.

Maint home sont qui autre assalent,
Par parole moult *aigrement*.

Roman de Renart, v. 16707.

Vertu saint Jean estoit son jurement,
La vertu Dieu parfois bien *aigrement*.

ROGER DE COLLERYE, *Épitaphe d'un chanoine d'Auxerre*.

Vous? Mon Dieu, mêlez-vous de boire, je vous prie,
A l'auteur sur-le-champ *aigrement* reparti.

BOILEAU, *Satires*, III.

Nous ne devons les vices caresser,
Mais d'autre part il ne faut les reprendre
Trop *aigrement;* les hommes, à tout prendre,
Ne sont méchants que parce qu'ils sont fous.

J.-B. ROUSSEAU, *Épîtres*, à Clément Marot.

AIGRE a produit aussi un assez grand nombre de substantifs, dont un seul est resté, AIGREUR, par lequel nous finirons.

AIGRAS, AIGRAT, AIGRET, AIGREST. (Voy. le *Dictionnaire* de Cotgrave, les *Glossaires* de Du Cange, de Sainte-Palaye.)

Raisin aigre, qui n'est pas dans sa maturité, verjus.

Le maire a... regart et puniment sur tous vivres... c'est assavoir personnes amblans *aigret*, raisin, foing et autres menues choses.

CHARLES V, *Ordonnance de juillet* 1331. (Voir *Ordonnances* des rois de France, t. V, p. 676.)

Se gardent les *aigrets* parmy la lie du verjus de raisins, dans laquelle on les noie.

OLIVIER DE SERRES, *Théâtre d'agriculture*, IIIe lieu, c. 12.

AIGRIN, AIGRUN, EGRUM, EGRUN, ESGRUN. (Voir les *Dictionnaires* de R. Estienne, J. Thierry, Nicot, Cotgrave, les *Glossaires* de Du Cange et de Roquefort.)

Herbe ou fruit aigre.

AIGRESSE, AIGRÈCE. (Voir les *Glossaires* de Du Cange et de Sainte-Palaye.)

Amertume, ardeur.

Aigreté, Aigresté. (Voir les *Glossaires* de Sainte-Palaye et de Roquefort.)

Mêmes significations.

Il le feri de si grant *aigreté*,
De tel vertu, de tel poesté
Que dou cheval l'a à terre versé.

Enfances d'Ogier le Danois, ms. de Gaignat, fol. 109, r°, col. 2. (Cité par Sainte-Palaye.)

... Du tout les desconfirons
Par prouèce et par *aigretés*.

G. Guiart, *Royaux Lignages*, ms., fol. 227, r°. (Cité par Sainte-Palaye.)

AIGREUR, s. f.

Il a les sens qui correspondent à ceux de l'adjectif *aigre*.

Au propre, c'est la Qualité de ce qui est aigre, de ce qui blesse le sens du goût par quelque acidité.

Les habitants... font provision de son fruict (du sumach) dont ils donnent goust d'*aigreur* à leurs mangeailles.

Pierre Belon, *Observations de plusieurs singularitez de divers pays estranges*, liv. II, c. 111.

Ayant mangé un morceau de pain, je me fis verser un verre de cette eau avec un peu de vin, ce qui luy donna une pointe d'*aigreur* telle que l'ont d'ordinaire les eaux minérales.

Tavernier, *Voyages de Perse*, liv. II, c. 4.

Aigreur s'est appliqué quelquefois, par extension, à d'autres sensations qu'à celles du goût.

A ceste cause se meit à faire tel debvoir, que bien souvent il leur faisoit sentir l'*aigreur* de son espée.

Herberay des Essarts, *Amadis de Gaule*, liv. Ier, c. 27.

Les grains de sable demeurent tousjours plus hauts, et les concavitez qui sont entre lesdits grains causent une *aigreur* et rudesse à la meule, d'où vient sa puissance et action d'aiguiser les outils.

Bernard Palissy, *Des Pierres*.

Aigreur se dit, dans un sens médical : *aigreurs* d'estomac.

On passe naturellement du sens physique au sens moral.

Par l'huile de douceur et le vinaigre d'*aigreur*... nous pouvons entendre la miséricorde de Dieu et sa justice.

H. Estienne, *Apologie pour Hérodote*, IIe part., c. 35.

Un levain d'*aigreur* et d'amertume commence à se former dans notre cœur.

Bourdaloue, *Sermons*. Sur l'amour et la crainte de la vérité.

Au reste, je mets si peu de fierté à cette résolution, que si, par quelque démarche respectueuse, je pouvois ôter une partie du levain d'*aigreur* qui fermente encore, je la ferois de tout mon cœur.

J.-J. Rousseau, *Lettres*, 23 février 1768.

Du nom de philosophe elle fait grand mystère,
Mais elle n'en est pas pour cela moins colère,
Et sa morale faite à mépriser le bien,
Sur l'*aigreur* de sa bile opère comme rien.

Molière, *les Femmes savantes*, II, 9.

Je ne sens plus l'*aigreur* de ma bile première,
Et laisse aux froids rimeurs une libre carrière.

Boileau, *Épitres*, V.

Aigreur se dit, figurément, comme amertume, de ce qui affecte désagréablement, péniblement, notre sensibilité.

Soit pris absolument :

Pour vous loger en cette modération, ny de fuir la vie, ny de fuir la mort, que je demande de vous, j'ay tempéré l'une et l'autre entre la douceur et l'*aigreur*.

Montaigne, *Essais*, I, 19.

L'effet mesme de la douleur n'a pas cette *aigreur* si aspre et si poignante, qu'un homme rassis en doive entrer en rage et en désespoir.

Le même, même ouvrage, II, 87.

Le plaisir n'est jamais pur, ains toujours détrempé et mêlé avec quelque *aigreur*.

Charron, *De la Sagesse*, I, 6.

Soit avec un complément formé de la préposition *de* et de son régime.

La douceur et bienveuillance du reprenant fortifie l'*aigreur* et l'austérité *de* la reprehension.

Amyot, trad. de Plutarque, *Œuvres morales*. Comment on pourra discerner le flatteur d'avec l'ami.

Quand la science feroit par effort ce qu'ils disent, d'émousser et rabattre l'*aigreur* des infortunes qui nous suivent, que fait-elle que ce que fait beaucoup plus purement l'ignorance et plus esvidemment?

MONTAIGNE, *Essais,* II, 12.

Commencer par louanges et finir par offres de service et secours, cela détrempe fort l'*aigreur* de la correction, et la fait avaler plus doucement.

CHARRON, *De la Sagesse,* III, 9.

. . . Mon épargne en sa faveur ouverte
Doit avoir adouci l'*aigreur* de cette perte.

P. CORNEILLE, *Cinna,* II, 1.

AIGREUR se dit encore de sentiments malveillants et hostiles.

Soit pris absolument :

Luy (le flatteur) se rend imitateur d'une intemperance, et d'une superstition, d'une soudaineté de cholere, d'une *aigreur* envers ses serviteurs et de deffiance envers ses domestiques et ses parents.

AMYOT, trad. de Plutarque, *Œuvres morales.* Comment on pourra discerner le flatteur d'avec l'ami.

Monsieur l'admiral, envenimé d'*aigreur* et de passion, est venu exprès pour remettre les défiances et animosités.

HENRI IV, *Lettres,* 21 décembre 1576.

L'*aigreur* passa donc si avant que leur alliance (d'Antoine et d'Auguste) si solennellement jurée se rompit à mesme temps.

COEFFETEAU, *Histoire romaine,* liv. Ier.

Il (le cardinal de Richelieu) menaça les députés de la Sorbonne de raser ce qu'il avoit commencé d'y bâtir, et fit mon éloge tout de nouveau avec une *aigreur* incroyable.

LE CARDINAL DE RETZ, *Mémoires,* liv. I.

Le traité de mariage du duc de Mercœur avec une des nièces du cardinal Mazarin... renouvela toute l'*aigreur* qui sembloit être assoupie.

LA ROCHEFOUCAULD, *Mémoires.*

Le traité de la quadruple alliance n'étoit pas le seul sujet d'*aigreur* qu'il y eût alors entre l'Espagne et l'Angleterre.

SAINT-SIMON, *Mémoires,* 1718.

Sus donc, ma plume, ores sois ententive
D'entrer en feu d'*aigreur* vindicative.

MAROT, *Élégies,* I, 2.

Pour agir sans *aigreur* je suis trop irrité.

BOURSAULT, *Ésope à la cour,* V, 3.

Aucune *aigreur*... nul fiel sur mon cœur ne demeure.

DUFRESNY, *le Faux sincère,* III, 8.

Soit avec un complément formé de la préposition *de* et de son régime.

Enfin ce courrier de Mons-en-Puele tant attendu arriva, et ne fit que renouveler les transes et l'*aigreur des* esprits.

SAINT-SIMON, *Mémoires,* 1708.

AIGREUR se dit encore, figurément, d'une certaine disposition d'esprit et d'humeur, qui porte à offenser les autres par des paroles piquantes;

Soit pris absolument :

Madame fut fort en colère contre le comte de Guiche, et, ayant un si juste sujet de rompre avec lui, et peut-être ayant d'ailleurs envie de le faire, elle lui écrivit une lettre pleine d'*aigreur.*

Mme DE LA FAYETTE, *Histoire d'Henriette d'Angleterre.*

L'auteur de ces remarques semble marquer un peu d'*aigreur.*

VOLTAIRE, *Lettres,* 19 mai 1763.

Elle avait... plus d'*aigreur* que de hauteur, plus de hauteur que de grandeur.

LE MÊME, *Histoire de l'empire de Russie sous Pierre le Grand,* Préface historique.

.... S'il y a rien qui picque ou mesdie,
A votre gré l'*aigreur* adoulcirons.

CL. MAROT, *Épîtres,* I, 33.

Ma liberté dit tout, sans toutefois nommer,
Par une vaine *aigreur,* ceux que je veux blâmer.

THÉOPHILE, *Satires,* II.

Je ne m'attendois pas à cette repartie,
Madame, et je vois bien par ce qu'elle a d'*aigreur,*
Que mon sincère avis vous a blessée au cœur.

MOLIÈRE, *le Misanthrope,* III, 4.

Si vous voulez parler, point d'*aigreur*, je vous prie.

BOURSAULT, *le Mercure galant*, V, 7.

Horace à cette *aigreur* mêla son enjouement.

BOILEAU, *Art poétique*, II.

Soit avec un complément formé de la préposition *de* et de son régime :

Ah! mon fils, vous m'ébranlez tout le cerveau! Adoucissez l'*aigreur de* votre ton, je vous en prie, ou je renonce à vous écouter.

DANCOURT, *les Bourgeoises à la mode*, IV, 5.

Ma résistance n'adoucit pas l'*aigreur de* notre commerce; nous nous parlions quelquefois, mais pour nous quereller.

MARIVAUX, *le Paysan parvenu*, IVe part.

Hausse du bas enfer l'*aigreur de* tes accents.

AGR. D'AUBIGNÉ, *Tragiques. Vengeances*, liv. VI.

De là ces locutions usitées :

Avec Aigreur.

Il (M. le Prince) parla dans la séance *avec* beaucoup d'*aigreur* contre les transports d'argent faits hors du royaume par Cantarini, banquier du Cardinal.

LE CARDINAL DE RETZ, *Mémoires*, IIe part., 1651.

Mais le respect que j'ai pour votre âge et pour la tante de ma maîtresse, m'empêchera de vous répondre *avec aigreur*.

REGNARD, *le Retour imprévu*, sc. I.

Il (le Roi) ajouta *avec aigreur* qu'il ne travailleroit plus à Marly qu'en amusements de bagatelles.

SAINT-SIMON, *Mémoires*, 1710.

Elle (Anne d'Autriche) lui répondit (à Mazarin)..... *avec l'aigreur* que lui inspirait depuis quelque temps un ministre qui affectait de ne plus dépendre d'elle.

VOLTAIRE, *Siècle de Louis XIV*, c. 6.

Sans aigreur.

On cherche le moyen de rompre cette affaire *sans aigreur*.

LA ROCHEFOUCAULD, *Mémoires*.

Bienheureux ceux qui sont doux..... *sans aigreur*....

BOSSUET, *Méditations sur l'Évangile*, Sermon sur la montagne, 3e jour.

Pesez ce que je dis *sans aigreur* ni rancune.

BOURSAULT, *les Fables d'Ésope*, III, 3.

...... Avec elle agissons *sans aigreur*.
Ça, dites-moi, quelqu'un vous tiendroit-il au cœur?

REGNARD, *le Distrait*, I, 4.

La comédie apprit à rire *sans aigreur*.

BOILEAU, *Art poétique*, III.

On a dit qu'il y a *de l'aigreur*, *quelque aigreur*, *un peu d'aigreur entre* deux personnes, pour dire qu'il y a entre elles un commencement de brouillerie.

Ils ont toujours vécu en frères, sans que jamais il y ait eu *entre* eux la moindre *aigreur*, ni le moindre refroidissement.

PATRU, *Vie de d'Ablancourt*.

Monsieur, dit-on, demeure à Saint-Cloud : on dit qu'il y a eu *quelque aigreur entre* le Roi et lui, où Madame la Dauphine et madame de Maintenon sont mêlées.

BUSSY-RABUTIN, *Lettres*, 6 juillet 1680, à Mme de Sévigné.

L'année finit dans une grande *aigreur* et fort marquée *entre* les princes du sang et légitimés.

SAINT-SIMON, *Mémoires*, 1716.

On dit l'*aigreur d'*une personne.

Il n'y eut rien qui peust adoucir l'*aigreur* et le courroux *de* sa mère (Agrippine).

COEFFETEAU, *Histoire romaine*, liv. V.

Ce qui me fait trembler.... est *l'aigreur* naturelle *de* la reine.

LE CARDINAL DE RETZ, *Mémoires*, IIe part., 1652.

S'étendant (les aumônes de la Reine) par leur abondance, même sur les ennemis de la foi, elles adoucissoient *leur aigreur* et les ramenoient à l'Église.

BOSSUET, *Oraison funèbre de la reine d'Angleterre*.

L'aigreur et l'orgueil *de* la comtesse de Roncy lui attiroient tous les jours des querelles.

SAINT-SIMON, *Mémoires*, 1715.

AIGREUR, au pluriel, dans ses divers sens :
Tantôt absolument.

Tant y a qu'après avoir emploié les mois d'avril, mai

et juin en envois des Estats à la Roine et d'elle vers eux, les *aigreurs* furent plustost dissimulées qu'appointées.

Agr. d'Aubigné, *Histoire universelle*, t. III, liv. I, c. 34.

Il y eut là-dessus des *aigreurs* et paroles libres.

Le duc de Rohan, *Mémoires*, liv. I.

Les *aigreurs* continuoient entre les successeurs de ceux qui avoient esté opprimez sous la tyrannie des empereurs passez, et ceux qui avoient esté cause de leur ruine.

Coeffeteau, *Histoire romaine*, liv. VI.

Je ne parle pas ici des vengeances implacables ni des inimitiés déclarées, ni des *aigreurs* invincibles.

Bossuet, *Sermons*, 3°, pour le jour de la Pentecôte.

Au milieu de mon repentir, et à l'heure que je vous parle, il vient encore des *aigreurs* au bout de ma plume; ce sont des tentations du diable que je renvoie d'où elles viennent.

Mme de Sévigné, *Lettres*, 1671. Au comte de Bussy.

Avec tout autre que vous j'essuierois de plus grandes *aigreurs*.

Mme de Maintenon, *Lettres*, 5 avril 1682, VIe, à M. de Villette.

Des compliments aux froideurs, des froideurs aux *aigreurs*, il y eut peu d'intervalle, et chacun se disposa vigoureusement à plaider.

Saint-Simon, *Mémoires*, 1710.

Des animosités, des *aigreurs* réciproques, de l'orgueil... ont brouillé tous les corps de l'État pour jamais.

Voltaire, *Lettres*, 1766, au duc de Choiseul.

Cela pourroit ranimer des *aigreurs* qui doivent rester à jamais éteintes.

J.-J. Rousseau, *Lettres*, 22 juin 1762.

Elle-même (l'Église) deux fois presque toute Arienne,
Sentit chez soi trembler la vérité chrétienne,
Lorsqu'attaquant le Verbe et sa divinité
D'une syllabe impie un saint mot augmenté
Remplit tous les esprits d'*aigreurs* si meurtrières,
Et fit du sang chrétien couler tant de rivières.

Boileau, *Satires*, XII.

Tantôt avec un complément formé de la préposition *de* et de son régime.

Les *aigreurs* comme les douceurs *du* mariage se tiennent secrettes par les sages.

Montaigne, *Essais*, III, 5.

Meilleures sont les *aigreurs* et pointures *de* l'amy que les baisers du flatteur.

Charron, *De la Sagesse*, III, X, 3.

Son équité et sa modération se conservent parmi les *aigreurs* et les animosités *des* partis.

Balzac, *Socrate chrétien*, discours V.

Ou, ce qui revient au même, construit avec l'adjectif possessif.

Les citoyens... commencèrent à maudire ouvertement l'opiniastreté d'Auguste et d'Antoine... Leur dépit et *leurs aigreurs* passèrent si avant, que.... leur aians refusé cet appointement... se mirent en devoir plusieurs fois de les outrager en leurs personnes.

Coeffeteau, *Histoire romaine*.

Pour le prince de Conti...., il falloit que le temps adoucît *ses aigreurs*.

La Rochefoucauld, *Mémoires*.

.... Nous formant de fausses consciences pour justifier *nos aigreurs*, pour persécuter plus impunément le juste et pour accabler le faible.

Bourdaloue, *Sermons*, Sur la Passion de Jésus-Christ.

Le pluriel *Aigreurs* se dit, en termes de gravure, des tailles où l'eau forte a trop mordu.

Enfin d'*Aigre* s'est formé :

AIGRIR, v. a.

On a écrit Egrir, Aigriier, Aigrier, Aigroier. (Voyez le *Vocabulaire latin-français* de G. Briton, et les *Glossaires* de Sainte-Palaye et de Roquefort.)

Aigrir au propre, en parlant de ce qui affecte le sens du goût, faire devenir *aigre*, rendre *aigre*.

Aigrir une sauce.

Monet, *Dictionnaire*.

Le levain *aigrit* la paste.

Danet, *Dictionnaire françois-latin*.

Les passages suivants, où *aigrir* est ainsi employé, mais dans des phrases métaphoriques, peuvent faire comprendre comment le mot a passé du sens propre au sens figuré.

Il est permis avec honneur et avec gloire de parler contre ces mauvais eschansons, qui ont versé au peuple le breuvage de rébellion, et l'ont nourry d'un pain très dangereux, en *aigrissant* la paste de la France du levain espagnol.

ANTOINE ARNAULD, *Plaidoyer pour l'Université*, 1594.

Ainsi le miel de sa douce beauté
Nourrit mon cœur, ainsi sa cruauté
D'un fiel amer *aigrit* toute ma vie.

RONSARD, *Amours*, I, 49.

AIGRIR a été de tout temps d'un grand usage au figuré avec l'acception générale d'Irriter, exciter, et les acceptions particulières qui peuvent s'y rapporter.

Quelques-unes, analogues à celles que les mots AIGRE, AIGREMENT, AIGREUR, tenaient de leur rapport avec *acer*, ont vieilli, sont sorties de l'usage.

On l'a dit, par exemple, fort anciennement, en parlant d'un cavalier qui fait sentir à son cheval les éperons.

Le destrier point, des esporons l'*aigrie*.

Anseis, ms., fol. 69, v°, col. 2. (Cité par Sainte-Palaye.)

On a dit *aigrir* un crime, c'est-à-dire, selon le sens du latin *crimen*, une accusation.

Aigrir ung crime.
(Exacerbare crimen.)

ROB. ESTIENNE, *Dictionnaire françois-latin*; J. THIERRY et NICOT.

Aigrir une punition.

Amarath, pour *aigrir la punition* contre ses subjects qui avoient donné support à la parricide rébellion de son fils, ordonna que leurs plus proches parants presteroient la main à cette exécution.

MONTAIGNE, *Essais*, III, 1.

On lui a donné pour régime des mots abstraits de nature générale et vague, par exemple, comme dans le passage suivant, le mot *matières*.

J'espérois de les voir un jour consolez tous, et remis en leur premier estat : cependant je loüois la modération dudit Père général et de ses religieux, le priant d'y persévérer, et se garder d'*aigrir les matières* auprès du pape et des seigneurs de ce collège.

LE CARDINAL D'OSSAT, *Lettres*, liv. III, lettre CXII.

AIGRIR est employé de même, mais d'une manière plus conforme aux acceptions du mot depuis longtemps reçues, dans ces autres passages :

Nous *n'aigrismes* rien, mais adoulcismes à nostre pouvoir.

PHILIPPE DE COMMINES, *Mémoires*, c. 8.

Il y a des affaires et des maladies que les remèdes *aigrissent* en certain temps.

LA ROCHEFOUCAULD, *Maximes*, CCLXXXVIII.

Ici l'expression *Aigrir des affaires* est expliquée et rendue naturelle par cette autre expression, *aigrir des maladies*. On dit, en effet, dans un sens physique, *Aigrir* un mal, une douleur, une souffrance.

Les remèdes ne font qu'*aigrir* le mal.

DANET, *Dictionnaire françois-latin*.

Ces sentiments tendres mêlés de larmes et de frayeur, *aigrissoient* son mal jusqu'à la dernière extrémité.

BOSSUET, *Oraison funèbre d'Anne de Gonzague*.

La mélancolie, *aigrissant* son vieux mal, lui causa une fièvre lente, qui le consuma peu à peu (François Ier).

BUSSY-RABUTIN, *Discours à ses enfants*. François Ier.

Je ne sais si cette traite à pied lui *aigrit* l'humeur de la goutte qu'il avoit quelquefois.

SAINT-SIMON, *Mémoires*, 1699.

Pierre sentait déjà sa santé très altérée, et un chagrin domestique, qui peut-être *aigrit* encore le mal dont il mourut, rendit ces derniers temps de sa vie peu convenables à la pompe des fêtes.

VOLTAIRE, *Histoire de Russie sous Pierre le Grand*, IIe part., c. 17.

On le dit aussi dans un sens moral.

En nous voulant escrimer ou disputer contre elle (la nécessité), nous ne faisons qu'*aigrir* et irriter le mal.

CHARRON, *De la Sagesse*, III, XX, 2.

Il n'y a qu'une affliction qui dure, qui est celle qui vient de la perte de biens : le temps, qui adoucit toutes les autres, *aigrit* celle-ci.

LA BRUYÈRE, *Caractères*, c. 6.

Tous nos projets les plus spécieux que l'imagination n'enfante et n'embellit que pour endormir nos peines, les réveillent et les *aigrissent*.

MASSILLON, *Sermons*, 1. Pour une profession religieuse.

Ces lettres, bien loin de me calmer, *aigrissoient* ma douleur.

MARIVAUX, *la Vie de Marianne*, IIe partie.

Laissons les réflexions, elles *aigrissent* mon chagrin et retardent mon ouvrage.

BEAUMARCHAIS, *Mémoires*, 11e.

Jamais esprit ne fut travaillé de la sorte.
Tout ce que je faisois *aigrissoit* mon tourment.

THÉOPHILE, *Sonnets*.

. . . Rougissez d'un silence
Qui de vos maux encore *aigrit* la violence.

RACINE, *Phèdre*, I, 3.

Allons, suivons ses pas, *aigrissons* ses ennuis.

VOLTAIRE, *Brutus*, II, 3.

AIGRIR est employé de la même manière, mais tout ensemble au sens physique et au sens moral, dans ce passage :

Cette plaie en mon cœur ne sauroit se guérir,
Et les soins qu'on en prend ne font rien que l'*aigrir*.

MOLIÈRE, *D. Garcie*, IV, 1.

AIGRIR se dit fréquemment en parlant des passions, comme la haine, la colère, etc.

Cette faveur faite à Tibère au lieu de servir à réprimer leur audace ayda à *aigrir* leur despit.

COEFFETEAU, *Histoire romaine*, liv. I.

Ma liaison intime avec M. et Mme la duchesse d'Orléans *aigrissoit* leur haine.

SAINT-SIMON, *Mémoires*, 1710.

. . . Mes œuvres imparfaites,
Au lieu de t'adoucir, *aigriront* ton courroux ;
Sois-moi donc pitoyable, ô Dieu, père de tous.

DESPORTES, *Sonnet*.

Pourquoi venir encore *aigrir* mon désespoir.

RACINE, *Bérénice*, V, 3.

Si le mot de bourgeoise *aigrit* votre courroux.

BOURSAULT, *le Mercure galant*, I, 3.

Aigrir le caractère, l'humeur, les esprits, les âmes, les cœurs, les mœurs, les discours, etc., sont encore des expressions fort usitées.

Tels accidents *agrissoient les humeurs* des François en différentes passions.

AGR. D'AUBIGNÉ, *Histoire universelle*, t. II, liv. III, c. 2.

Quintus Haterius et Mamercus Scaurus *aigrirent* encore cet *esprit* défiant.

PERROT D'ABLANCOURT, trad. de Tacite, *Annales*, liv. I, 3.

Telle étoit la manière d'instruire les rois. On croyoit que les reproches ne faisoient qu'*aigrir leurs esprits*.

BOSSUET, *Discours sur l'histoire universelle*, III, 3.

Une pédanterie sauvage, compagne de cette ignorance qui passait pour science, *aigrissait les mœurs* de tous les corps destinés à enseigner la jeunesse, et même de la magistrature.

VOLTAIRE, *Essai sur les mœurs*, c. 175.

La captivité *aigrit* encore *leur humeur* féroce.

BUFFON, *Histoire naturelle*. Oiseaux. Les Goëlands.

Des gens sensés ont présumé que la chaleur de ses reproches *avoit* plus *aigri* qu'adouci *les esprits*.

J.-J. ROUSSEAU, *les Confessions*, part. II, liv. XII.

Les mauvais traitements ne font qu'*aigrir les âmes*.

P. CORNEILLE, *la Galerie du Palais*, V, 4.

Vous dirai-je les noms de ces grands personnages
Dont j'ai dépeint les morts pour *aigrir les courages*.

LE MÊME, *Cinna*, I, 2.

Le reproche et l'injure *aigrissaient vos discours*.

PIRON, *la Métromanie*, IV, 8.

Gagnons, persuadons, *n'aigrissons* point *les cœurs*.

M.-J. CHÉNIER, *Fénelon*, III, 1.

AIGRIR a eu même souvent pour régime des noms de personnes.

En contredisant de certaines opinions qui ne regardent

que les choses humaines, nous choquons plusieurs personnes et nous les *aigrissons.*

NICOLE, *Essais de morale.*

Souvent la vérité qui nous reprend nous choque et nous *aigrit* bien plus vivement que la calomnie qui nous impose.

BOURDALOUE, *Carême.* Sermon sur le jugement de Dieu.

Vous moquez-vous, Valère, de lui parler de la sorte? — C'est pour ne point l'*aigrir.*

MOLIÈRE, *l'Avare*, I, 5.

Je vous prie de ne me point défendre, cela ne fait qu'*aigrir* mes ennemis.

Mme DE MAINTENON, *Lettres,* I, nov. 1682.

Nous sommes si délicats sur la fidélité de nos amis; le moindre refroidissement nous blesse; le plus léger défaut d'attention nous *aigrit.*

MASSILLON, *Carême.* Vendredi saint.

Le parti étoit pris, et on *aigrit* le roi de l'aigreur de mon père qui avoit éclaté contre Chavigny et parlé hautement au cardinal, qui le protégeoit.

SAINT-SIMON, *Mémoires,* 1693.

Sa conduite (du Maréchal de Villeroy) sur Chamillart, que j'ai aussi rapportée, *aigrit* le roi de plus en plus.

LE MÊME, même ouvrage, 1707.

De grâce, gardez-vous de lui rien découvrir
De mon engagement, qui le pourroit *aigrir.*

MOLIÈRE, *l'École des femmes,* V, 6.

Cependant laisse ici gronder quelques censeurs,
Qu'*aigrissent* de tes vers les charmantes douceurs.

BOILEAU, *Épîtres,* VII. A Racine.

Ou bien encore des noms qui désignent collectivement des personnes, comme peuple, assemblée, cour, etc.

Luy, voyant que le peuple en estoit fort indigné, l'*aigrit* et irrita encore davantage.

AMYOT, trad. de Plutarque, *Vie d'Alcibiade,* c. 6.

Soit qu'alors de nouveaux différents au sujet de la succession de Mantoue *aigrissent* la cour espagnole.

VOLTAIRE, *Essai sur les mœurs,* c. 176.

Il fallut bien cependant qu'il la convoquât pour ne point *aigrir* la nation sans retour.

LE MÊME, *Histoire de Charles XII.*

Le parlement ne se contenta pas de cette réponse; les murmures de presque tous les gens sensés contre Law l'*aigrissaient.*

VOLTAIRE, *Histoire du parlement de Paris,* c. 60.

AIGRIR peut être employé absolument, par ellipse de son régime.

L'impertinent est un fat outré : le fat lasse, ennuie, dégoûte, rebute; l'impertinent rebute, *aigrit,* irrite, offense.

LA BRUYÈRE, *Caractères,* c. 12.

La réprimande est assez fâcheuse par elle-même, sans y ajouter la confusion; votre but doit être de corriger et l'on ne corrige point en *aigrissant.*

Mme DE MAINTENON, *Lettres,* XXXII, 22 janvier 1708, à Mme de la Vieuxville.

AIGRIR s'emploie avec le pronom personnel, dans des sens analogues;

Au propre :

Les curieux... s'enquerront combien de bœufs seront morts à leur voisin, ou combien de muys de vin luy *seront aigris.*

AMYOT, trad. de Plutarque, *Œuvres morales,* De la curiosité.

Si un vaisseau n'est pas bien net, tout ce que vous y versez *s'aigrit.*

DACIER, trad. d'Horace, *Épîtres,* I, II, 54.

Au figuré, en parlant des choses :

Elle (l'âme) mesprise ce que l'on luy dit tout doucement et quoyement, et si on luy fait instance et qu'on la presse un peu plus asprement elle *s'aigrit* et s'indigne.

AMYOT, trad. de Plutarque, *Œuvres morales.*

Ainsy ayant esté ja tué grand nombre de gents, Cinna à la fin commencea à s'en souler et à appaiser son courroux, mais celui de Marius s'alloit tous les jours *aigrissant* et enflammant de plus en plus.

LE MÊME, même ouvrage, *Vie de Caïus Marius,* c. 13.

Madame fut douce envers la mort comme elle l'étoit envers tout le monde; son grand cœur ne *s'aigrit* ni ne s'emporta contre elle.

BOSSUET, *Oraison funèbre de la duchesse d'Orléans.*

Les passions tristes et sombres, du nombre desquelles sont la haine, la vengeance, la jalousie, *s'aigrissent* pendant la nuit, ainsi que les plaies, les fluxions, les maladies.

BOSSUET, *Méditations sur l'Évangile.*

L'amour a cela de commun avec les scrupules, qu'il *s'aigrit* par les réflexions et les retours que l'on fait pour s'en délivrer.

LA BRUYÈRE, *Caractères*, c. 4.

L'orgueil est toujours hautain, impatient, prêt à *s'aigrir*.

FÉNELON, *Méditations tirées de l'Écriture sainte*, XXIV.

Ces deux derniers parlèrent bientôt de leur procès avec civilités réciproques; mais, sur les significations réciproques, ils *s'aigrirent*, se picotèrent et enfin se querellèrent.

SAINT-SIMON, *Mémoires*, 1694.

Tout *s'aigrissait* de plus en plus entre les princes du sang et les bâtards.

LE MÊME, même ouvrage, 1717.

Les esprits des vainqueurs *s'aigrirent.*

VOLTAIRE, *Essai sur les mœurs*, c. 148.

Je crains que ma présence à vos yeux ne l'irrite,
Que son courroux ému ne *s'aigrisse* à me voir.

P. CORNEILLE, *Pompée*, IV, 2.

Et d'une raillerie a-t-on lieu de *s'aigrir?*

MOLIÈRE, *Amphitryon*, II, 6.

Au figuré, en parlant des personnes ou de certaines collections de personnes, peuple, assemblée, cour, etc.

L'homme est si porté à l'aigreur, qu'il *s'aigrit* très souvent contre ceux qui lui font du bien. Un malade, combien *s'aigrit-il* contre ceux qui le soulagent!....

BOSSUET, *Méditations sur l'Évangile.* Sermon sur la montagne, 3e jour.

Quand l'homme se venge, il s'emporte, il *s'aigrit*, il se passionne, il satisfait sa malignité.

BOURDALOUE, *Sur le Jugement dernier.*

Il revient à la compagnie et *s'aigrit* contre elle.

FÉNELON, *le Fantasque.*

Tort ou raison, c'est à celui qui a commencé la querelle de la finir. Si je reçois mal sa censure, si *je m'aigris* sans sujet, si je me mets en colère mal à propos, je ne veux point qu'il s'y mette à son tour.

J.-J. ROUSSEAU, *Lettres*, 1757, à Mme d'Épinay.

AIGRIR est quelquefois employé comme verbe neutre pour *s'aigrir*, dans cette locution : *Faire aigrir.*

Au sens propre :

En vendangeant l'on se prendra curieusement garde de ne mesler parmy les bons raisins, les verds, les pourris, les secs, ny aussi aucunes fueilles de vigne, de peur d'en *faire aigrir* le vin.

OLIVIER DE SERRES, *Théâtre d'Agriculture*, IIIe lieu, c. 7.

Au sens figuré :

Ce qui peut possible s'éviter en *faisant aigrir* ces gens (les Basques) les uns contre les autres.

LE COMTE DE GUICHE à Colbert, 18 février 1675. (Voy. *Corresp. admin. sous Louis XIV*, t. Ier, p. 832.)

AIGRI, IE. Participe.

Il s'emploie, adjectivement, dans les différents sens du verbe;

Au propre :

Si le vin est *aigri*....

Le Ménagier de Paris, IIe distinction, art. 3.

Un peu de vieille pâte *aigrie* fermente et enfle la nouvelle.

BOSSUET, *De la Connoissance de Dieu et de soi-même*, c. 2, no 9.

Au figuré, en parlant des choses :

S'il pense à y remédier, c'est lorsque le mal, *aigri* par le temps, est devenu incurable.

LA BRUYÈRE, *Caractères.* De Théophraste, XIX.

Enfin la querelle des princes du sang et des bâtards éclata après avoir été longtemps couvée, *aigrie*, suspendue.

SAINT-SIMON, *Mémoires*, 1716.

Les douceurs de la société ne sont jamais *aigries* par des querelles d'auteurs.

VOLTAIRE, *Lettres*, janvier 1760.

Cependant j'endure mes maux avec assez de patience, et je me félicite surtout de ce que mon naturel n'est point *aigri.*

J.-J. ROUSSEAU, *Lettres*, 10 mai 1766.

Au figuré, en parlant des personnes :

Lors de tous costez les esprits *aigris* commencerent à se remuer.

AGR. D'AUBIGNÉ, *Histoire universelle,* liv. IV, c. 6.

Il me renvoya à la reine : je la trouvai sifflée et *aigrie.*

CARDINAL DE RETZ, *Mémoires,* liv. II.

Se peut-il faire que, dans la misérable condition de cette vie humaine..... amollis par l'abondance, *aigris* par la nécessité...

MASSILLON, *Carême.* Jeudi de la 1re semaine, Sur la Prière.

Je me sentis plus *aigri* que touché de ses reproches; et je le laissai s'éloigner sans faire le moindre effort pour le retenir.

LE SAGE, *Gil Blas,* liv. VIII, c. 13.

Darnley, qui n'avait que le nom de roi, méprisé de sa femme, *aigri* et jaloux...

VOLTAIRE, *Essai sur les mœurs,* c. 169.

Oui, Monsieur, lui répondis-je les larmes aux yeux, confuse et même *aigrie* de la triste peinture qu'il venait de faire de mon état.

MARIVAUX, *la Vie de Marianne,* IIIe part.

Je parlerai; Thésée, *aigri* par mes avis,
Bornera sa vengeance à l'exil de son fils.

RACINE, *Phèdre,* III, 3.

AIGRI, on l'a pu voir par quelques-uns des exemples qui précèdent, est quelquefois déterminé par un complément formé au moyen des propositions *par* et *de* et de leur régime.

Il se construit aussi fort souvent, en parlant des personnes, avec la préposition *contre :*

Ces plaintes estans parvenues à la connoissance de Mucian, il vit bien qu'elles le regardoient particulièrement et qu'Antonius estoit *aigry contre* luy.

COEFFETEAU, *Histoire romaine,* liv. VI.

Si vous en croyez des personnes *aigries* l'une *contre* l'autre et que la passion domine, l'homme docte est un savantasse.

LA BRUYÈRE, *Caractères,* c. 12.

Vassé, qui, à cause de la terre de Lansac qu'il a eue de sa femme, étoit voisin de cette petite emportée, la trouvant *aigrie contre* son mari, s'en prévalut.

TALLEMANT DES REAUX, *Historiettes.* M. de Vassé.

La reine mère.... était toujours *aigrie contre* le cardinal de Richelieu, qui affectait de ne plus dépendre d'elle.

VOLTAIRE, *Essai sur les mœurs,* c. 176.

Ils savaient que Charles était *aigri contre* l'empire et contre l'empereur.

LE MÊME, *Histoire de Charles XII,* liv. III.

J'étois *aigri,* fâché, désespéré *contre* elle.

MOLIÈRE, *l'École des femmes,* IV, I.

D'AIGRIR on a tiré :

AIGRISSEMENT, s. m. Action d'aigrir.

Il se trouve dans le passage suivant et rappelle l'ancienne expression, citée plus haut, *aigrir* un crime, c'est-à-dire une accusation.

Aimoin.... prit un singulier plaisir au récit et *aigrissement* de cette accusation (de Brunehaut devant Clotaire).

EST. PASQUIER, *Recherches de la France,* X, 11.

On a quelquefois rattaché à *aigre* le mot suivant, dont on ignore l'origine :

AIGREFIN, s. m.

Dans les anciens dictionnaires de Robert Estienne, de J. Thierry, de Nicot, de Cotgrave, qui l'écrivent encore EGELFIN, EGELEFIN, EGREFIN, c'est le nom d'un poisson qu'ils nomment en latin *Jecorarius.*

Aigrefin appareillié comme le rouget, et le convient un pou laissier froidir en son eaue.

Le Ménagier de Paris, IIe distinction, art. 5.

L'*égrefin* est aussi nombreux que la morue dans les parages du Nord, mais d'un goût moins agréable. Quand il est salé, on le nomme hadou, d'après son nom anglais hadok.

CUVIER, *Règne animal.*

J'ay nostre marée comptée.
Nous avons que bars, que *esgrephins,*
Que saulmons, que gros marsouins,

Près de cent et cinquante mille.
Mystère de la Résurrection. (Voir PARFAIT, *Histoire du Théâtre françois,* t. I, p. 471.)

Dans le passage suivant de Rabelais, le même mot désigne une ancienne monnaie :

Ces vieux doubles ducatz, nobles à la rose, angelotz, *aigrefins*, royaux et moutons à la grand laine, retourneront en usance avecques planté de seraps et escuz au soleil.
RABELAIS, *Prognostication pantagrueline*, c. 6.

« Monnoie turque, » disent Oudin et Cotgrave, sans en donner de preuves;

Selon la conjecture de Le Duchat, Monnoie impériale primitivement appelée *aiglefin* , qui avait pris son nom de l'or *fin* dont elle était faite et de l'*aigle* dont elle était marquée.

Le Duchat ajoute qu'AIGREFIN ou EGREFIN a encore servi à désigner certains officiers subalternes de peu de considération.

Ils avont le caquet bien rabattu à l'heure qu'il est. — Comment donc? — Des *égrefins* de ce camp les avont fait jouer, et ils leur avont tout gagné, l'argent, les juste-au-corps et les montures.
DANCOURT, *les Curieux de Compiègne*, sc. 6.

L'épithète de mercantile ne convient pas plus au génie de ce ministre (Colbert) que celle d'*aigrefin* à un général d'armée.
VOLTAIRE, *Fragments sur l'histoire,* art. XX.

Dans le langage ordinaire, AIGREFIN est un terme de mépris par lequel on désigne familièrement un Homme vivant d'industrie.

Il faut observer que les gentilshommes dont il me citoit les noms étoient les *aigrefins* avec qui j'avois été faufilé à Tolède.
LE SAGE, *Gil Blas,* liv. V, c. 1.

Tant d'*aigrefins* sur le Parnasse errants
Et tant d'abbés doctement ignorants.
J.-B. ROUSSEAU, *Épîtres*, II, 4.

D'AIGRE on a encore tiré :

AIGRETTE, s. f.

Nom autrefois donné à l'oseille, selon Oudin et Cotgrave, répétés par Ménage et Sainte-Palaye, à cause de sa saveur aigre.

Peut-être aussi :

AIGRETTE, s. f.

Ou, comme on l'a encore écrit, EGRETTE, EGRESTE, EGRECTE. (Voyez le *Dictionnaire* de Cotgrave, les *Origines* de Ménage, le *Glossaire* de Sainte-Palaye.)

Nom d'une espèce de Héron blanc.

On l'avait ainsi appelé, selon Belon, et ceux qui l'ont suivi, comme Ménage, à cause du son aigre de son cri.

L'*aigrette* doit estre mise entre les espèces de hérons : car elle vit, fait son nid, et est de mesmes mœurs que les hérons. Les François l'ont ainsi appellée à cause de l'aigreur de sa voix, qui est beaucoup plus puissante que celle d'un héron. Les Italiens la nomment *agroti*. Nous donnons à sçavoir s'ils l'ont prinse de nous, ou que nous l'ayons prinse d'eux.
BELON, *Traité des Oiseaux,* liv. IV, c. 6.

Le P. Labbe l'a tiré du nom latin du Héron, *Ardea, Ardeola*, par ces intermédiaires, *Aire, airon, airette,* d'où *Aigrette*.

D'autres enfin, comme Chevalet (*Origine et formation de la langue française,* Ire partie, c. 3, section 2), rattachent ce mot à une origine germanique, l'oiseau dont il s'agit s'étant appelé dans l'ancien allemand *heigir, heigero, hraga*.

Plusieurs fauçons... se paissent de gros oiseaux, comme de hérons, de butoirs, de *egrestes*, d'oiseaux marins semblables à hérons.
Modus et Racio, ms., fol. 123, v°. (Cité par Sainte-Palaye.)

Il y a certaines plumes aux deux costez des œlles sur le dos de l'*aigrette*, qui sont deliées et blanches, et qui sont vendues bien chères es basefans de Turquie.
BELON, *Traité des Oiseaux,* t. IV, c. 6.

Entre les oiseaux de rivière et d'étangs.... il y a des *aigrettes* d'une blancheur du tout admirable, de la grosseur d'un pigeon.... Elles sont particulièrement recherchées à cause de ce précieux bouquet de plumes, fines et déliées comme de la soie, dont elles sont parées et qui leur donnent une grâce toute particulière.

Le P. Dutertre, *Histoire des Antilles,* t. II, p. 777.

Rien n'est plus agréable à voir que le grand nombre d'*aigrettes* dont les arbres sont couverts (à Siam); il semble de loin qu'elles en soient les fleurs : le mélange du blanc des aigrettes et du vert des feuilles fait le plus bel effet du monde.

Le P. Tachard, *Dernier Voyage de Siam,* p. 201.

On disait autrefois un *Panache de plumes d'aigrettes*, un *panache d'aigrettes.*

(Le bonnet des janissaires)..... au bout de la coiffe d'or, droict du front, a ung petit fourreau d'argent doré, aulcuns semez de pierres précieuses; dedans icelluy planté ung *penage de plumes d'aigrette.*

Journal de la Croisière du baron de Saint-Blancard, 1537. (Voir *Négociations de la France dans le Levant,* t. Ier, p. 348.)

Je suis sur le poinct de vous recouvrer un cheval qui va l'entrepas, le plus beau que vous vistes jamais et le meilleur, force *panache d'esgrette.*

Henri IV, *Lettres,* 25 mai 1586, à la comtesse de Grammont.

C'est de là que serait venue, d'après l'opinion la plus générale, un troisième substantif *Aigrette*, dont il va être question tout à l'heure. Selon d'autres, au contraire, de ce substantif on aurait tiré le nom de l'oiseau.

Belon est le premier qui ait donné le nom d'*aigrette* à cette petite espèce de héron blanc, et vraisemblablement à cause des longues plumes soyeuses qu'il porte sur le dos, parce que ces belles plumes servent à faire des *aigrettes* pour embellir et relever la coiffure des femmes, le casque des guerriers et le turban des sultans.

Buffon, *Histoire naturelle.* Oiseaux, l'Aigrette.

AIGRETTE, s. f.

Faisceau de plumes effilées et droites qui orne la tête de quelques oiseaux.

Une *aigrette* mobile et légère, peinte des plus riches couleurs, orne sa tête et l'élève sans la charger.

Buffon, *Histoire naturelle.* Oiseaux, le Paon.

Le caractère distinctif de ces deux genres, c'est que tous les hibous ont deux *aigrettes* de plumes en forme d'oreilles, droites de chaque côté de la tête, tandis que les chouettes ont la tête arrondie, sans *aigrettes* et sans aucune plume proéminente.

Buffon, même ouvrage, le Hibou.

Il se dit également d'un bouquet de plumes effilées et droites, qui sert d'ornement de tête pour les hommes et pour les chevaux, et dont on décore aussi les dais et les lits de parade :

Qu'importe-t-il, je vous prie, que l'enseigne du logis d'Adonis et de l'Amour prophane soit faite d'*aigrettes* blanches, perchées en guise de panache, ou d'un crespe estendu en guise de rets autour du visage?

Saint François de Sales, *Introduction à la Vie dévote,* part. III, c. 40.

Quand on prend des hérons, on leur ôte les plumes qu'ils ont sur la tête pour en faire des *aigrettes,* et on les laisse envoler.

Chardin, *Journal du Voyage en Perse,* Ire part., p. 76.

La magnificence des habits, des *aigrettes* de plumes, les perles et les diamants faisoient paroître encore davantage les grâces qu'elles (les princesses) avoient reçues de la nature.

L'abbé de Choisy, *Mémoires,* liv. V.

Quelle fierté imbécile dans cette tête coiffée d'un turban à *aigrette!*

Voltaire, *Lettres à l'impératrice de Russie,* février 1769.

J'aurais voulu qu'Apollon eût présenté à Votre Majesté Impériale l'étendard de Mahomet et l'*aigrette* de héron que le gros Moustapha porte à son gros turban.

Le même, même ouvrage, 22 janvier 1771.

Un héron glorieux de voir que de ses plumes
On faisoit pour les rois des *aigrettes* de prix.

Boursault, *Ésope à la Cour,* I, 4.

Il demandait des housses, des *aigrettes,*
Un beau harnois, de l'or sur les bossettes.

Voltaire, *Satires,* les Chevaux et les Anes.

Sainte-Palaye mentionne, comme employé au même sens, le diminutif :

Aigrelet, s. m.
Dont il cite cet exemple :

Riches bonnets de martres, et des agraffes d'or et de pierreries pour leurs *aigrelets* et leurs plumettes.

Le Laboureur, *Voyage de la reine de Pologne*, p. 134.

Aigrette se dit, par extension, d'une sorte de pompon de crin, en forme d'Aigrette, qui sert d'ornement à une coiffure militaire.

L'aigrette d'un shako.

Il se dit aussi d'un bouquet de diamants, de perles, etc., disposés en forme d'aigrette.

On appelle *Aigrette de verre* une sorte d'ornement composé de fils de verre droits et fins ;

Aigrette d'eau, un petit jet d'eau divergent qui affecte la forme d'une aigrette.

Deux parterres ensuite entretiennent la vüe.
. . . .
Tous deux ont un bassin qui lance ses trésors,
Dans le centre en *aigrette*, en arcs le long des bords.

La Fontaine, *Psyché*, liv. Ier.

En physique, on entend par *Aigrettes lumineuses* des faisceaux de rayons lumineux, divergents entre eux, qu'on aperçoit aux pointes et aux extrémités anguleuses des corps électrisés.

Aigrette, en termes de botanique, est un assemblage de poils ou de filets déliés, qui surmonte les graines de certaines plantes.

L'*aigrette*..... lorque la semence est mûre..... lui sert d'aile pour être portée et disséminée au loin par les vents.

J.-J. Rousseau, *Dictionnaire botanique*, art. Aigrette.

Vous avez dû souvent voir le pissenlit dans cet état, quand les enfants le cueillent pour souffler dans ses *aigrettes*, qui forment un globe autour du calice renversé.

Le même, *Lettres sur la Botanique*, VI.

Les semences des chardons, des bluets, des pissenlits, des chicorées, etc., ont des volants, des *aigrettes*, des panaches et plusieurs autres moyens de s'élever, qui les portent à des distances prodigieuses.

Bernardin de Saint-Pierre, *Études de la nature*, XI. Harmonies élémentaires des plantes avec l'eau et l'air, par leurs feuilles et leurs fruits.

De là s'est formé un autre terme de botanique:

AIGRETÉ, ÉE, adj.
Pourvu d'une *aigrette*.

AIGU, UË. (De l'adjectif latin *Acutus*.)

On l'a écrit Acut, Agu, Agus, Esgu.

(Voyez les *Dictionnaires* de Rob. Estienne, J. Thierry, Nicot, Cotgrave, les *Glossaires* de Sainte-Palaye et de Roquefort, et les exemples ci-après.)

Aigu se dit, au propre, de ce qui se termine en pointe ou en tranchant, et qui est propre à percer.

Et avoient courtes épées de Bordeaux roides et *agües*.

Froissart, *Chroniques*, liv. Ier, IIe part., c. 7.

Pour ceste heure, j'ay nécessité bien urgente de repaistre dens *agues*, ventre vuyde, guorge seiche, appetit strident, tout y est délibéré.

Rabelais, *Pantagruel*, II, 9.

Thearidas aiguisoit la pointe de son espée ; quelqu'un lui demanda si elle estoit bien *aiguë* : plus *aiguë*, dict-il, que n'est une calomnie.

Amyot, trad. de Plutarque, *les Dicts des notables Lacédémoniens*.

Brochet le bien des *aguz* esperuns.

Chanson de Roland, v. 1530.

Et lancent dars et peus *agus*.

Wace, *Roman de Brut*, t. I, v. 328.

Dunc lur lancent espiez *aguz*,
Et darz et glaives esmoluz.

Benoît, *Chron. des ducs de Normandie*, v. 5653.

Les denzs a un poi plus *agués*
Que Renart et plus esmolues.

Le même, même ouvrage, v. 14975.

Brichemers (le cerf) as cornes *agués*.

Roman de Renart, v. 19789.

Ennuit me sui el bois toute seule géue ;
Mainte ronce y trouvai, et mainte espine *aguë*,
Qui m'ont toute ma robe dépecie et rompue.

Roman de Berte, laisse 52.

Quatre broches ad fait forgier
D'acier, mut *aguës* devant,
Sor ciel n'ot rasoir plus tranchant.

MARIE DE FRANCE, *Lai d'Ywenec,* v. 290.

Espines tranchans et *agües.*

Roman de la Rose, v. 1685.

Elle (la flèche) iert *agüe* por percier,
Et tranchant cum rasoirs d'acier.

Même ouvrage, v. 1855.

Dans le passage suivant AIGU, toujours pris au propre, est toutefois construit avec un nom abstrait.

Il (l'hypocrite) sait colorer avec art
Le fiel que sa bouche distille,
Et la morsure du serpent
Est moins *aiguë* et moins subtile
Que le venin caché que sa bouche répand.

J.-B. ROUSSEAU, *Odes,* I, 7.

AIGU a le même sens dans des phrases métaphoriques, telles que les suivantes :

Monseigneur ne lui étoit pas une épine moins *aiguë*; (au Dauphin).

SAINT-SIMON, *Mémoires,* 1712.

On appelle, en termes de botanique, *feuilles aiguës* celles qui se terminent en pointe.

On appelle, en termes de géométrie, *angle aigu,* celui qui est moins ouvert que l'angle droit.

Celle (figure) que voyez observée par les grues en leur vol, telle que est en un *angle acut.*

RABELAIS, *Pantagruel,* liv. IV, c. 33.

AIGU se dit, au figuré, de ce dont on peut comparer l'effet à celui d'une pointe qui pénètre, qui perce.

La lune, dont la face alors resplendissoit,
De ses rayons *aigus* une vitre perçoit.

SAINT-AMANT, *les Visions.*

Il se dit aussi des sons clairs et perçants.

Comme en la musique il y a... des sons *agus* et d'autres graves...

AMYOT, trad. de Plutarque, *Œuvres morales,* De la tranquillité de l'âme.

Tout ainsi que la voix contrainte dans l'estroit canal d'une trompette sort plus *aiguë* et plus forte : ainsi me semble il que la sentence pressée aux pieds nombreux de la poësie, s'eslance bien plus brusquement.

MONTAIGNE, *Essais,* I, 25.

Diphile commence par un oiseau et finit par mille. Les vents d'automne et les eaux dans leurs plus grandes crues ne font pas un bruit si perçant et si *aigu.*

LA BRUYÈRE, *Caractères,* c. 13.

Ne vous a-t-il pas paru un grand comédien, un auteur original? Fort original, répondit le censeur; il a des tons qui lui sont particuliers, et il en a de bien *aigus.*

LE SAGE, *Gil Blas,* liv. III, c. 6.

Elles jettent continuellement des cris *aigus* et aigres exactement semblables à ceux de la fresaie.

BUFFON, *Histoire naturelle.* Oiseaux, l'Hirondelle de mer.

Les Tritons à l'envi, faisant bruire leurs trompes,
Comme devant Neptune en ses divines pompes,
D'un rang bien ordonné devant lui cheminoient,
Et de leurs sons *aigus* tous les cieux étonnoient.

SAINT-AMANT, *l'Arion.*

La triste Cornélie, à cet affreux spectacle,
Par de longs cris *aigus* tâche d'y mettre obstacle,
Défend ce cher époux de la voix et des yeux.

P. CORNEILLE, *la Mort de Pompée,* II, 2.

En termes de musique, *ton aigu* est opposé à *ton grave.*

On dit quelquefois en ce sens, substantivement, *L'aigu* et *le grave.*

D'abord il (le rossignol) frappe l'écho des brillants éclats du plaisir; le désordre est dans ses chants; il saute du grave à *l'aigu.*

CHATEAUBRIAND, *Génie du christianisme,* liv. V, c. 5.

Dans le passage suivant, AIGU est employé au même sens figuré, mais sous une forme adverbiale analogue à celle d'*Acutus* dans ces locutions, *Cernere acutum, sonare acutum.*

Il siffle *aigu,* l'escume enfle sa joue.

RONSARD, *La Franciade,* III.

Aux deux acceptions d'*aigu,* tant propre que figurée, dont il vient d'être question, peut se rapporter le terme de grammaire *accent aigu*. Il a pris son nom soit de la forme qu'on lui a donnée (´), soit de ce qu'il servait à marquer, chez les anciens, l'élévation de la voix sur une syllabe. On le place, chez nous, sur l'*é* fermé. De là cette expression dont on se sert quelquefois : un *é aigu*.

Par une figure du même genre, on a pu appeler *aigus* de certains aliments à cause de leur âcreté.

Généralement toutes choses *aiguës* comme saleures, épiceries, ails, oignons, moustardes, pois, fèves, navets, chastaignes, et leurs semblables.

A. PARÉ, *Œuvres*, liv. XVII, c. 20.

Une autre application de la même figure a conduit à se servir du mot AIGU en parlant du palais lui-même.

Laissons-le décider (un point de gastronomie) à ceux qui ont, comme disoit Caton, le palais plus *aigu* et plus sensitif que le cœur.

AMYOT, trad. de Plutarque, *Œuvres morales*, Comment il faut que les jeunes gens lisent les poëtes.

En parlant des yeux :

Les yeux d'amour et de la malice sont trop *aigus* pour ne percer tous les voiles qu'on veut leur opposer.

D'URFÉ, *l'Astrée*, IIe part., liv. IV.

Comme les yeux les plus *aigus* ne se peuvent voir eux-mêmes, aussi les jugements les plus vifs manquent de clarté en leurs propres intérêts.

BALZAC, *Aristippe*.

Or tout le chef avoit cestuy Argus,
Environné de cent yeulx bien *aigus*.

CL. MAROT, *la Métamorphose*, liv. Ier, v. 1236.

Et en général des sens :

Les sens sont aux uns plus obscurs et plus sombres, aux autres plus ouverts et plus *aigus*.

MONTAIGNE, *Essais*, II, 12.

AIGU se dit encore des douleurs vives et pénétrantes.

C'est la maladie du cardinal d'Armaignac, qui est une fièvre tierce, mais tant *aiguë*, que ceux qui ne le connoissent doubtent de sa vie.

LA REINE DE NAVARRE, *Lettres*, 1546, à François Ier.

Un peu après, parmi ses langueurs, et percé de douleurs *aiguës*, le courageux vieillard se lève.

BOSSUET, *Oraison funèbre de Michel Le Tellier*.

Cependant le Cardinal (Mazarin) se sentoit défaillir à vue d'œil. Ses douleurs qui étoient souvent fort *aiguës*, en ruinant son corps, n'attaquoient pas son esprit.

L'ABBÉ DE CHOISY, *Mémoires*, II.

Le sage... se trouve naturellement et par lui-même au-dessus de tous les événements et de tous les maux : ni la goutte la plus douloureuse, ni la colique la plus *aiguë*, ne sauroient lui arracher une plainte.

LA BRUYÈRE, *Caractères*, c. 11.

Quoique les douleurs soient quelquefois longues et *aiguës*, je suis très éloigné de me croire malheureux.

VOLTAIRE, *Lettres*, 20 mai 1738.

Au moment même où j'écris ceci, je viens encore d'éprouver combien la cessation subite d'une douleur *aiguë* est un plaisir vif et délicieux. M'oseroit-on dire que la cessation du plaisir le plus vif soit une douleur *aiguë*?

J.-J. ROUSSEAU, *Lettres*, 15 janvier 1769.

Dans le passage suivant, ce sens figuré du mot AIGU est opposé à son sens propre :

Si la tristesse est causée par quelque douleur corporelle, et que cette douleur soit *aiguë*, tous les mouvements du visage paroîtront *aigus*.

CH. LEBRUN, *Conférence tenue en l'Académie royale de peinture*, p. 38.

En médecine, *affection, maladie aiguë*, est une affection, une maladie grave dont la marche est rapide et qui se termine en peu de temps par la mort ou la guérison ; à la différence de celles qu'on appelle *chroniques* (voyez ce mot), parce que les symptômes s'en développent avec lenteur et qu'elles durent longtemps.

A l'exception d'un très petit nombre de maladies *aiguës*, où l'agitation causée par des mouvements convulsifs semble indiquer les souffrances du malade, dans toutes les autres on meurt tranquillement, doucement, et sans douleurs.

BUFFON, *Histoire naturelle*, De l'homme. De la vieillesse et de la mort.

Sur ces entrefaites, la plus ancienne des deux femmes de chambre....., tomba malade d'une fièvre *aiguë* qui l'emporta en six jours de temps.

Marivaux, *la Vie de Marianne,* Xe part.

Bien voi, vos avez fièvre *aguë;*
J'ai la poison (potion) qui bien la tue.

Roman de Renart, v. 19525.

Aigu, par un autre emploi figuré, a pu être dit de Douleurs morales.

Ce qui rend les douleurs de la honte et de la jalousie si *aiguës*, c'est que la vanité ne peut servir à les supporter.

La Rochefoucauld, *Maximes,* CCCCXLIX.

Je vous disois une vérité amère, c'est que vous me quittâtes dans un état où toutes mes pensées étoient autant de pointes *aiguës*.

Mme de Sévigné, *Lettres,* 1er octobre 1684.

Aigu s'est dit aussi figurément, au moral, de certaines manières de parler et d'écrire, de certains discours, de certaines questions, etc.

Ma traduction sera beaucoup plus aisée aux François, que l'original grec à ceulx mesmes qui sont les plus exercitez en la langue grecque, pour une façon d'escrire plus *aiguë*, plus docte et pressée, que claire, polie ou aisée, qui est propre à Plutarque.

Amyot, *Vies de Plutarque.* Avis aux lecteurs.

Celuy qui avoit fait ce conte regarda si un de nostre serée en avoit ri d'autant qu'il ne rioit de chacun propos, mais seulement de ceux qui venoient bien à la rencontre, et estoient *aigus* et subtils.

Bouchet, *Serées,* liv. Ier, IIe Serée.

Je veux mettre ici tout d'un temps les bons mots qu'il nous a laissez, et ses réponses promptes et *aiguës*.

Perrot d'Ablancourt, trad. de Lucien, *Demonax.*

Les épigrammes de Catulle..... ne sont pas si *aiguës* que celles de Martial.

Richelet, *Dictionnaire.*

Je forme après sur ces escriptz
Une question bien *ague,*
Subtille et digne de hault pris.

Coquillart, *Droits nouveaux.*

Regarder est très bon langaige;
Viser est plus *agu* du tierz.

Cl. Marot, *Épigrammes,* 80.

Le lecteur ne sait plus admirer dans Voiture
De ton froid jeu de mots l'insipide figure.
C'est à regret qu'on voit cet auteur si charmant
Chez toi toujours cherchant quelque finesse *aiguë*,
Présenter au lecteur sa pensée ambiguë.

Boileau, *Satires,* XII. Sur l'équivoque.

En parlant de certains esprits, de certaines qualités de l'esprit.

Je confesse aussi que ce n'est pas à tous, mais à un esprit merveilleusement *aigu* et subtil, de si bien déduire le bastiment, les liaisons, la proportion, la beauté et usage du corps humain avec ses membres, d'une telle dextérité et si haut et profond savoir que fait Galien.

Calvin, *Institution chrestienne,* liv. I, c. 5, § 2.

Nous voyons les mesmes personnes avoir un vif et *agu* esprit, voire beaucoup plus qu'on n'a veu ès siècles précédents, en telles meschancetés.

H. Estienne, *Apologie pour Hérodote,* I, Ire part., c. 15.

Tout ce que notre sagesse peut, ce n'est pas grande chose : plus elle est *aiguë* et vive, plus elle trouve en soy de faiblesse, et se défie d'autant plus d'elle-mesme.

Montaigne, *Essais,* I, 23.

Accoutumée (Mme de Torcy) à l'avoir vu (Fréjus) si longtemps commensal et complaisant de sa maison, l'entreprit sur cette croix à table... avec une finesse *aiguë*.

Saint-Simon, *Mémoires,* 1721.

Veulx-tu souffrir qu'en ma pensée *ague*
De droict et loix encontre toy argue?

Cl. Marot, *Oraison devant le Crucifix,* v. 105.

Enfin en parlant des personnes elles-mêmes :

A ce temps avoit en la ville de La Rochelle un maieur durement *aigu* et soubtil en toutes ses choses.

Froissart, *Chroniques,* liv. Ier, IIe part., c. 351.

Or si les plus subtils et *aigus* ont ainsi erré en ténèbres, que dira-on du commun peuple, qui est comme la lie ou la fange?

Calvin, *Institution chrestienne,* liv. Ier, c. 5, § 12, p. 19.

Je congnoy que son entendement participe de quelque divinité : tant je le voy *agu* subtil, profond et serain.

Rabelais, *Gargantua,* I, 14.

Aigu en dispute et transcendant en force d'éloquence.

Amyot, trad. de Plutarque, *Œuvres morales,* Comme il faut lire les poëtes.

Supportons doucement les risées des autres qui seront ou penseront estre plus vifs et plus *aigus* d'entendement.

AMYOT, trad. de Plutarque, *Œuvres morales,* Comment il faut ouïr.

Un *aigu* et excellent spectateur de vertu.

LE MÊME, *Œuvres meslées,* Du Démon de Socrate.

La commodité d'avoir l'appétit froid et mousse aux douleurs et aux maux tire aprés soy cette incommodité de nous rendre aussi par conséquent moins *aigus* et friants à la jouissance des biens et des plaisirs.

MONTAIGNE, *Essais,* II, 12.

D'AIGU se sont formés un assez grand nombre de mots, les uns depuis longtemps hors d'usage, comme l'adverbe et le substantif qui vont être d'abord rappelés, les autres de tout temps usités, AIGUISER, AIGUILLE, AIGUILLETTE, AIGUILLON, AIGUILLONNER, etc.

AIGUMENT, adv.

On l'a écrit conformément aux diverses orthographes d'AIGU, AGUEMENT, AGUMENT, AIGUEMENT. (Voyez le *dictionnaire* de Robert Estienne, J. Thierry, Nicot, Cotgrave.)

Sainte-Palaye en cite cet exemple d'un vieil auteur qui dit en parlant de certains oiseaux :

Et voient plus *aguement.*

GACE DE LA BIGUE, *Des Déduits,* ms., fol. 127, v°.

Il n'avait pas encore disparu de l'usage au XVIIe siècle, comme l'atteste cet autre passage que rapporte le dictionnaire de Trévoux :

Il y a des philosophes qui, à l'exemple de Chrysippe, affectent de parler *aigument* et sèchement, la frugalité leur plaisant en toutes choses, en paroles autant qu'au reste de la vie.

LA MOTHE LE VAYER.

AIGUISER, v. a.

On l'a écrit, conformément aux orthographes diverses de l'adjectif dont il est dérivé, ACUSSER, ACUCIER, AGUSSER, AGUISER, AIGUISIER, AGUIZER, EGUISER, ESGUISER, etc. (Voyez le *Vocabulaire latin-français* de G. Briton, XIVe siècle ; les *dictionnaires* de Rob. Estienne, J. Thierry, Nicot, les *Glossaires* de Sainte-Palaye et de Roquefort, et les exemples ci-après.)

Je vien à *aguzzar* (forgé sur nostre *aguizer* ou *aiguizer*), que nous avons aussi en Pétrarque.

H. ESTIENNE, *la Precellence du langage françois.*

AIGUISER signifie au propre Rendre aigu, plus pointu, plus tranchant.

E ces de Israël veneient as Philistiens pur *aguiser* e adrecier e le soc e le picois, e la cuignée, e la houe.

Les quatre Livres des Rois, I, XIII, 20.

Si quist-on grands bois de chênes ; et puis *furent* tantôt ouvrés et *aiguisés* devant.

FROISSART, *Chroniques,* liv. Ier, Ire part., c. 137.

Il y a eu une autre espèce de pierres desquelles on fait des meules pour *aiguiser* toutes espèces de tranchans.

BERNARD PALISSY, *Des Pierres.*

Nous voyons, par exemple, les coustelleurs leurs coz quelquesfois marteller pour mieulx *aguiser* les ferremens.

RABELAIS, *Pantagruel,* III, 12.

Si Blondeau *avoit aiguisé* son tranchet, ce singe l'*aiguisoit* après luy.

BONAVENTURE DES PERRIERS, *Contes ou Nouvelles.*

L'éléphant *aiguise* et esmout ses dents, desquelles il se sert à la guerre.

MONTAIGNE, *Essais,* II, 12.

Et quoy, Silvie, lui respondis-je, ne sçavez vous point que celuy qui *aiguise* un fer entre les mains d'un furieux, est en partie coulpable du mal qu'il en fait?

D'URFÉ, *l'Astrée,* Ire part., liv. III.

Au pied du trône étoit la Mort, pâle et dévorante, avec sa faux tranchante qu'elle *aiguisoit* sans cesse.

FÉNELON, *Télémaque,* XVIII.

Cette cause me paraît suffisante pour avoir déterminé le premier mouvement des eaux, et le perpétuer ensuite assez longtemps pour *avoir aiguisé* les pointes de tous les continents terrestres.

BUFFON, *Époques de la nature,* 3e époque.

Esmoldre haches et gisarmes.....
Saetes et dars *aiguiser.*

WACE, *Roman de Rou,* v. 258 et 261.

Et Renars li respont briément :
Tybert, lessiez le monacier
Et sor moi lor denz *aguisier*.

Roman de Renart, v. 10510.

Tyberz retorne, si s'areste,
Vers Renart a torné la teste,
Et va ses ongles *aguisant*.

Même ouvrage, v. 2141.

Jamais ne se puisse lasser
Ma muse de chanter la gloire
. . . .
D'un ver tapi sous les buissons,
Qui au laboureur prophetise
Qu'il faut que, pour faucher, *aguise*
Sa faux et face les moissons.

REMY BELLEAU, *le Ver luisant de nuict*.

Je suis comme la queux, qui les cousteaux *aiguise*,
Encore qu'à couper nullement elle duise.

H. ESTIENNE, *Precellence du langage françois*.

C'étoit peu que sa main, conduite par l'enfer,
Eût pétri le salpêtre, *eût aiguisé* le fer.

BOILEAU, *Satires*, VIII.

Il (le coq) *aiguisoit* son bec, battoit l'air et ses flancs.

LA FONTAINE, *Fables*, VII, 13.

AIGUISER est encore pris au propre dans des phrases métaphoriques telles que les suivantes :

Il semble que l'autre ait *esguisé* le fer dont il a voulu trancher le filet du peu d'amitié que je luy portois.

D'URFÉ, *l'Astrée*, Ire part., liv. IX.

Ils (les flatteurs des princes) *aiguisent* ce qui coupe.... ils encouragent les violents quand ils courent à la proie.

BALZAC, *Aristippe*, disc. VII.

Je ne dis rien de Despréaux. On ne sait que trop avec quelle vigueur il combattit. Il ne se contenta pas d'*aiguiser*, il empoisonna ses traits.

D'OLIVET, *Histoire de l'Académie*.

Le même esprit qui avait dicté les refus de Clément VIII *aiguisait* les poignards levés sur Henri IV.

VOLTAIRE, *Histoire du Parlement de Paris*, c. 36.

Ce méchant diable..... a toujours *aiguisé* ses griffes contre moi.

LE MÊME, *Lettres*, mars 1754, à d'Argens.

Est-il possible que ces armes *soient aiguisées* par le plus doux et le plus aimable des hommes.

VOLTAIRE, même ouvrage, 26 février 1768.

Si leur haine de Troie oubliant la querelle,
Tournoit contre eux le fer qu'ils *aiguisent* contre elle.

RACINE, *Iphigénie*, IV, 1.

Que d'une égale ardeur mille auteurs animés,
Aiguisent contre moi leurs traits envenimés.

BOILEAU, *Épîtres*, V.

Aiguiser ses couteaux est une expression proverbiale et figurée qui signifie Se préparer au combat.

C'est la pierre sur laquelle on va *aiguiser ses couteaux*.

VOLTAIRE, *Lettres*, 9 juin 1760.

AIGUISER a toujours été, comme *Aigu*, et de la même manière, d'un grand usage au figuré.

Ainsi, on s'en est servi, dans un sens physique, en parlant de certains sons :

Au seul souffler de ton haleine,
Les chiens, effroyez, par la plaine
Aiguisent leurs abois.

RONSARD, *Odes*, II, 14.

En parlant de la vue :

Je scay bien, répliqua un Drolle, qui *aiguise* et subtilie bien *la veuë*, et fait voir et de jour et de nuict; c'est l'envie.

BOUCHET, *Serées*, liv. II, 19e Serée.

Ceste herbe sert contre la douleur des costés, purge les vieilles ulcères, *aiguise la veuë*.

OLIVIER DE SERRES, *Théâtre d'agriculture*, VIe lieu, c. 15.

On dit de même, communément, *Aiguiser l'appétit*.

Les capres sont bonnes à cause qu'elles *aiguisent l'appétit*.

A. PARÉ, *Œuvres*, liv. XXII, c. 22.

Cette expression s'emploie aussi dans un sens moral.

En ceste doulceur ou saveur on ne se doit pas trop

appuyer ou fyer, car elle va et vient, et est une pregustacion de la gloire de Paradis, laquelle Dieu t'envoye pour toy attraire, et ton appetit et affection *aguyser* et enflammer à ycelle.

Le Livre de l'internelle consolacion, liv. II, c. 6.

Diverses brigues se découvrirent contre luy (le roy de Navarre) dont l'on faisoit auteur le vicomte de Thurenne, lequel ayant *aiguisé* son ancien appetit par la mort de M. le Prince, et voulant essayer de tenir la place qu'il avoit dans le party huguenot, y tramoit les mesmes choses que M. de Guyse faisoit dans le party catholique.

Sully, *Œconomies royales*, c. 26.

Un petit nombre d'hommes excellents et triez, ayant été douez d'une belle et particulière force naturelle, l'*ont* encore roidie et *aiguisée* par soing, par estude et par art, et l'ont montée au plus hault point de sagesse où elle puisse atteindre.

Montaigne, *Essais*, II, 12.

Les supplices *aiguisent* les vices plus tôt qu'ils ne les amortissent.

Le même, même ouvrage, II, 15.

Aiguiser se prête, dans un sens moral, à beaucoup d'applications figurées. C'est ainsi qu'on dit *Aiguiser la langue, le babil.*

La gaité du voyage et le babil de ces filles *aiguisérent* tellement le mien, que jusqu'au soir et tant que nous fûmes ensemble, nous ne déparlâmes pas un moment.

J.-J. Rousseau, *les Confessions*, part. I, liv. IV.

Et sa *langue aguise* est desnoue
Por bien parler.

Roman de Renart, v. 18000.

Aiguiser des pensées, des discours, une épigramme, un livre, etc.

Son gout excellent (de Racine) paroit encore dans la manière de tourner ses *pensées;* il ne les *aiguise* point en traits.

La Motte, IVe *Discours sur la Tragédie*.

Si on m'avait cru, on *aurait* plus étendu, plus poli, et plus *aiguisé cette critique*.

Voltaire, *Lettres*, 6 décembre 1738.

Si Montesquieu n'avait pas *aiguisé son livre d'épigrammes* contre le pouvoir despotique, les prêtres et les financiers, il était perdu.

Voltaire, même ouvrage, 5 avril 1769.

Je me pasme de joye, et sens de veine en veine,
Couler ce souvenir, qui me donne vigueur,
M'*aguise le penser*, me chasse la langueur,
Pour espérer un jour une fin à ma peine.

Ronsard, *Sonnets pour Hélène*, II.

Et n'allez pas toujours, d'une pointe frivole,
Aiguiser par la queue *une épigramme* folle.

Boileau, *Art poétique*, II.

On dit de même figurément Aiguiser en parlant des qualités de l'esprit, des sentiments.

Elles (les difficultés) anoblissent, *aiguisent* et rehaussent le plaisir divin et parfaict qu'elle (la vertu) nous moyenne.

Montaigne, *Essais*, I, 19.

Ce qui *aiguise* en nous la douleur et la volupté, c'est la pointe de nostre esprit.

Le même, même ouvrage, I, 40.

Il n'est rien naturellement si contraire à nostre goust que la satiété, qui vient de l'aisance; n'y rien qui l'*aiguise* tant que la rareté et difficulté.

Le même, même ouvrage, II, 15.

La solitude a ses affaires et ses difficultés..... C'est là que les fous machinent de mauvais desseins, *aiguisent* et affilent leurs passions et méchants désirs.

Charron, *De la Sagesse*, I, c. 50.

L'une et l'autre nation leur servoit comme de pierre pour *aiguiser* leur valeur.

Coeffeteau, *Histoire romaine de L. Florus*, c. 3.

Cela même *aiguisa* la curiosité de la princesse (la duchesse de Bourgogne).

Saint-Simon, *Mémoires*, 1707.

C'était (Turménies) un homme qui sentoit très-bien la force de ses paroles, mais qui ne retenoit pas aisément un bon mot. L'impunité avoit *aiguisé* sa hardiesse.

Saint-Simon, *Mémoires*, 1720.

La force de l'inclination, le besoin de parvenir, le peu de secours même, *aiguisent* le désir et l'industrie, et mettent en œuvre tout ce qui est en nous.

Fontenelle, *Éloge de M. Littre*.

Ces voyages..... ne faisoient qu'*aiguiser* en moi le goût des plaisirs rustiques.

J.-J. Rousseau, *Confessions,* II, IX.

Au lieu d'*aiguiser* contre les lois la subtilité des hommes et leur fatale industrie à les éluder, il faut asseoir leur observation sur des motifs qui, pénétrant au fond des cœurs, la rendent douce et facile.

Mirabeau, *Discours,* 10 décembre 1789.

Aiguiser l'esprit, les esprits; et, dans le même sens, *le courage, les courages.*

Nous fault considérer que ceste ignorance a esté pareillement cause d'*aguiser les esprits* de plusieurs docteurs pour leur faire trouver des étymologies fort plaisantes.

H. Estienne, *Apologie pour Hérodote,* part. IIe, c. 29.

J'*aiguise mon courage* vers la patience, je l'affoiblis vers le désir.

Montaigne, *Essais,* III, 7.

Or, maintenant que je suis d'accord avec cet homme, il ne reste plus sinon que *j'aguise mon esprit* et regarde comme je pourray contrefaire le diable.

P. Larrivey, *les Esprits,* III, 1.

Il (le maréchal de Villeroy) avoit cet *esprit* de cour et du monde que le grand usage donne, et que l'intrigue et les vues *aiguisent.*

Saint-Simon, *Mémoires,* 1715.

..... Le changement
Au jeu de l'amoureux tourment
Ne fait qu'*aiguiser le courage.*

Jacq. Grevin, *les Esbahis,* V, 4.

L'amour sait-il pas l'art d'*aiguiser les esprits?*

Molière, *l'École des femmes,* III, 4.

De même qu'*aigu* s'est quelquefois dit des personnes elles-mêmes, Aiguiser a pu, en certains cas, avoir pour régime un nom désignant des personnes.

Regardons aussi que cette grande et violente aspreté d'obligation que nous leur enjoignons (aux femmes) ne produise deux effets contraires à nostre fin : à scavoir qu'elle *aiguise les poursuivans*, et face les femmes plus faciles à se rendre.

Montaigne, *Essais,* III, 5.

Aiguiser, pris dans un sens moral, a été quelquefois modifié par un complément formé de la préposition *à* et de son régime.

La somme revient là, qu'estans injustement grevez par les hommes, nous laissions là leur malice, laquelle ne feroit qu'aigrir nostre courroux, et *aiguiser* nos affections *à* vengeance.

Calvin, *Institution chrestienne,* liv. I, c. 17, § 8.

Je reçois la santé les bras ouverts, libre, plaine et entière, et *aiguise* mon appétit *à* la jouir d'autant plus qu'elle m'est à présent moins ordinaire et plus rare..... A peine me pouvoy-je persuader, avant que je l'eusse veu, qu'il se fust trouvé des ames si farouches, que pour le seul plaisir du meurtre, elles le voulussent commettre..... *aiguiser* leur esprit *à* inventer des tourments inusitez...

Montaigne, *Essais,* II, 12.

Ce qui *aiguisa* les esprits et les plumes *à* dire contre et pour.

Agr. d'Aubigné, *Histoire universelle,* t. III, liv. III, c. 18.

Aiguiser, avec le pronom personnel, se prend dans le sens passif de Être aiguisé;

Au propre :

Le fer *s'aiguise* par le fer, et l'ami aiguise les vues de son ami.

Bossuet, *Politique tirée de l'Écriture sainte.*

Comme le fer émoussé *s'aiguise,* avec grand travail, ainsi la sagesse suit le travail et l'application.

Le même, même ouvrage.

Au figuré :

Il se sent évidemment, comme le feu se picque à l'assistance du froid, que nostre volonté *s'aiguise* aussi par le contraste.

Montaigne, *Essais,* II, 15.

La difficulté est la pierre où les désirs *s'aguisent.*

D'Urfé, *l'Astrée,* IIe part., liv. VII.

S'aiguiser est aussi, en certains cas, verbe réfléchi.

Son esprit (de Lyonne) naturellement vif et perçant *s'étoit* encore *aiguisé* dans les affaires où le cardinal Mazarin l'avoit mis de bonne heure.

L'abbé de Choisy, *Mémoires,* liv. II.

Dans ce panégyrique où votre esprit *s'aiguise*,
La femme, s'il vous plaît, n'est-elle pas comprise?

RÉGNARD, *Démocrite*, I, 3.

AIGUISER s'emploie absolument, par ellipse de son régime.

Mettez boulir dedens espices, et un petit de vinaigre pour *aiguiser*.

Le Ménagier de Paris, IIe distinction, 5e art.

Il est ainsi employé dans cette locution : *Pierre à aiguiser*.

Je me contenterai donc de ressembler à la *pierre à aiguiser*.

DACIER, trad. d'Horace, *Art poétique*, v. 305.

AIGUISER s'est employé comme verbe neutre dans cette locution :

Aller en *aiguisant*.

ROB. ESTIENNE, *Dictionnaire françois-latin*, et J. THIERRY, NICOT.

AIGUISÉ, ÉE, participe.

Il se prend, adjectivement, dans les sens du verbe ;

Au propre :

Jà sont *aguisiez* les glaives qui vous rendront veufves et desnuées d'enfants et de parens!

CHRISTINE DE PISAN, *Lamentation sur les maux de la guerre civile*.

Le glaive que je tiens en main, dit le Seigneur notre Dieu, est *aiguisé* et poli ; il est *aiguisé*, afin qu'il perce ; il est poli et limé, afin qu'il brille.

BOSSUET, *Oraison funèbre de Marie-Thérèse*.

Tout est prêt au premier signal ; et, comme dit le prophète : « toutes les flèches sont *aiguisées*, et tous les arcs sont tendus. »

LE MÊME, *Oraison funèbre du prince de Condé*.

Et, a saisi l'espié à la pointe *agusie*.

Chanson des Saxons, t. I, p. 176.

Au poing tenoit un arc riche tendu...
Prest de lascher une flesche *aguysée*.

CL. MAROT, *Temple de Cupido*.

Bellonne s'apaisa contre toute espérance,
Et le fer, *aiguisé* pour détruire la France,
Encore tout sanglant luy tomba de la main.

RACAN, *Odes*. Pour Monseigneur le duc de Bellegarde.

Au figuré, dans un sens physique :

De leurs cris *éguisez* elles remplissent l'air.

AMADIS JAMIN, *Poésies*.

Au figuré, dans un sens moral :

Son bien dire (du duc de Noailles) ici me parut tout autrement *aiguisé*.

SAINT-SIMON, *Mémoires*, 1711.

Les Girondins combattoient chaque jour et à chaque heure avec une éloquence intrépide contre des discours *aiguisés* comme des poignards, et qui renfermoient la mort dans chaque phrase.

Mme DE STAEL, *Considérations sur la Révolution française*, IIIe part., c. 16.

AIGUISÉ se construit quelquefois avec la préposition *par* :

De résolution et de vaillance non pas de celle qui est *esguisée par* ambition, mais de celle que la science et la raison peuvent planter en une âme bien réglée, il (Épaminondas) en avoit tout ce qui s'en peut imaginer.

MONTAIGNE, *Essais*, II, 36.

Je voulus éviter d'entrer dans cette matière, mais elle (la duchesse du Maine) m'y força par des interrogations sans fin, doucement *aiguisées par* le duc du Maine.

SAINT-SIMON, *Mémoires*, 1716.

D'AIGUISER se sont formés des mots qui ne semblent pas avoir jamais été de grand usage.

AIGUISEMENT, s. m., encore écrit AGUSEMENT.
Action d'AIGUISER.

Ce mesme chatouillement et *aiguisement*, qui se rencontre en certains plaisirs.....

MONTAIGNE, *Essais*, II, 12.

Aiguisoire, adj.

Autrefois employé dans cette expression : *Pierre aiguisoire,* pierre à aiguiser.

Il y avoit un cousteau... qui de luy mesme se voulut faire un manche... il se fit cinq ou six breches, et, qui pis est, se cuidant refaire et restablir, se frota à une *pierre aiguisoire,* où il se consomma de moitié.

Noel du Fail, *Contes d'Eutrapel,* c. 2.

AIGUILLE, s. f. (Du diminutif latin *acucula* ou *acicula.*)

On l'a écrit Aguille, Agueille, Esguille, Éguille, etc. (Voyez les dictionnaires de Rob. Estienne, J. Thierry, Nicot, Danet, Richelet, le *Glossaire* de Sainte-Palaye, et les exemples ci-après.)

Petite verge de fer ou d'autre métal, pointue par un bout, et percée par l'autre; pour y passer du fil, de la soie, de la laine, et dont on se sert pour coudre, pour broder, pour faire de la tapisserie, etc.

L'aultre souhaitoit le temple de Nostre-Dame tout plein d'*aguilles* asserées, depuis le pavé jusques au plus hault des voultes : et avoir aultant d'Escus au soleil, qu'il en pourroit entrer en aultant de sacs que l'on pourroit couldre de toutes et une chascune *aguille*, jusques à ce que toutes feussent crevées ou espoinctées.

Rabelais, *Pantagruel,* Nouv. prol. du quart livre.

Lorsque j'ai vu que les grands talents que l'on m'enseignoit ne me procuroient pas la facilité de faire le plus petit bien, j'ai eu recours à mon *aiguille,* dont heureusement vous m'avez appris à faire usage.

Bernardin de Saint-Pierre, *Paul et Virginie.*

La pointe françoise pique comme l'*aiguille* pour faire passer le fil.

J. de Maistre, *Soirées de Saint-Pétersbourg,* 6e entretien.

Pour bien scavoir avec l'*aiguille* peindre,
J'eusse entrepris la renommée éteindre
De celle là qui, plus docte que sage,
Avec Pallas comparoit son ouvrage.

Louise Labé, 3e *Élégie.*

Qui t'a, dy moy, faux garçon,
Blessé de telle façon?
Sont-ce mes Grâces riantes
De leurs *aiguilles* poignantes?

Ronsard, *Odes,* IV, 14.

L'*aiguille* sur sa robe artistement desploye
Tout ce qu'elle sçait faire avec l'or et la soye.

Godeau, *Psaumes,* XLIV.

Leurs ménages étoient tout leur docte entretien,
Et leurs livres, un dé, du fil et des *aiguilles,*
Dont elles travailloient au trousseau de leurs filles.

Molière, *les Femmes savantes,* II, 7.

Des Gobelins l'*aiguille* et la teinture
Dans ces tapis surpasse la peinture.

Voltaire, *Satires,* le Mondain.

On dit la pointe, la tête, le chas, le trou, etc., d'une *aiguille :*

Ils ont envie d'aller au royaume des cieux où il est aussi difficile qu'un riche entre qu'un câble dans le pertuis d'une *aiguille.*

Sorel, *Francion,* V.

Il est plus aisé à un chameau de passer par l'ouverture d'une *aiguille* qu'il ne l'est à un riche d'entrer dans le royaume de Dieu.

Bossuet, traduit du Nouveau Testament, saint Mathieu, XIX, 24; saint Marc, X, 25; saint Luc, XVIII, 25.

Ains sereit un Kamail en l'oil d'*agoille* entrez
Ke n'estroit riches hom là sus el ciel levez.

Horn, v. 4169.

Enfiler une *aiguille;* travailler *à l'aiguille,* faire quelque chose *à l'aiguille*, pour Avec une *aiguille.*

Face les oster *à l'agueille.*

Roman de la Rose, v. 13527.

L'autre *à l'aiguille* ouvroit choses nouvelles.

Cl. Marot, *Complaintes,* I, v. 89.

Un ouvrage fait *à l'aiguille :*

La cotte de tafetas d'argent, faicte à broderies de fin or, et *à l'aigueille.*

Rabelais, *Gargantua,* I, 56.

Tous leurs évêques et prêtres portent les cheveux longs, et une petite croix faite *à l'aiguille.*

Tavernier, *Voyages en Perse,* liv. II, c. 8.

Des *points d'aiguille* :

Mais (dist Gargantua) devinez combien y a de *poincts d'agueille* en la chemise de ma mère.
RABELAIS, *Gargantua*, I, 12.

Ce faict, luy feist à lentour quinze ou seze *poincts d'agueille*, affin que elle ne tombast de reschief.
LE MÊME, *Pantagruel*, liv. II, c. 30.

J'ai fait des *points d'aiguille* à la reconnaissance d'Oreste et d'Électre.
VOLTAIRE, *Lettres*, 1er avril 1761.

On distingue diverses sortes d'aiguilles.

D'après leur provenance :

Tirant de sa cuculle une petite *esguille* de Damas, laquelle y estoit attachée.
Nuits de Straparole, t. II, p. 32. (Cité par Sainte-Palaye.)

Or a *aguilles* d'Antioche.
EUSTACHE DES CHAMPS, *Poés. ms.*, fol. 514, col. 1. (Cité par Sainte-Palaye.)

D'après les métiers auxquels elles servent : *Aiguille* de peletier (Voir un passage de *Modus et Racio*, impr. fol. 71, v°. Cité par Sainte-Palaye) ; *aiguille* d'emballeur, etc.

D'après leur usage : *Aiguille* à voile ; *aiguille* à coudre, à travailler en tapisserie, etc. ;

Aiguille à passer, grande aiguille dont les femmes se servent pour passer un lacet, un cordonnet dans des œillets, dans une coulisse.

AIGUILLE a donné lieu à plusieurs expressions proverbiales et figurées.

N'avoir pas une aiguille, n'avoir rien.

Fors le Mans n'ot plus une *aguille*.
G. GUIART, *Royaux lignages*, ms., fol. 9, r°.

Ne priser une aiguille, ne faire aucun cas d'une chose.

Son païs *ne prise une agulle*.
PH. MOUSK, *Chroniques*, ms., p. 446. (Cité par Sainte-Palaye.)

Fournir de fil et d'aiguille, de toutes les choses nécessaires.

Ne savoir pas faire, ne pas faire un point d'aiguille, Être entièrement ignorant, malhabile, paresseux.

Sur la pointe d'une aiguille, sur une aiguille, sur un très léger sujet.

Cette lettre du vendredi est *sur la pointe d'une aiguille*, car il n'y a point de réponse à faire, et d'ailleurs je ne sais point de nouvelles.
Mme DE SÉVIGNÉ, *Lettres*, 17 avril 1671.

On n'avoit point de peur qu'un procureur fiscal
Formât *sur une aiguille* un long procès-verbal.
RÉGNIER, *Satires*, VI.

De fil en aiguille, De propos en propos, en passant d'une chose à une autre ; ou bien encore, en n'omettant aucune circonstance, aucun détail.

Sur le possible et sur ce qui se peut faire, il bastit son ouvrage, laissant la véritable narration aux historiographes, qui poursuivent *de fil en esguille*, comme on dit en proverbe, leur subject entrepris, du premier commencement jusques à la fin.
RONSARD, *Préface sur la Franciade*.

Lequel estant puis apres guary nous conta *de fil en aiguille* tout ce qui luy estoit arrivé.
A. PARÉ, *Œuvres*, liv. XXV, c. 31.

Vous orrez chanter merveilles du Plessis, qui fut bien grippé, et si vous conteray tout *de fil en aiguille*.
DU FAIL, *Contes d'Eutrapel*, 32. Tel refuse qui après muse.

Je veux vous dire *de fil en aiguille* ce que je sais de cette histoire.
MALHERBE, *Lettres*, XXX, 20 août 1608.

La Rappinière lui fit cent questions sur la comédie, et *de fil en aiguille* (il me semble que ce proverbe est ici fort bien appliqué) lui demanda depuis quand ils avoient le Destin dans leur troupe.
SCARRON, *Roman comique*, Ire part., c. 5.

Madame me pria de lui conter *de fil en aiguille* (ce fut son terme) le détail de cette célèbre matinée (le lit de justice).
SAINT-SIMON, *Mémoires*, 1718.

Li content *de fil en aiguille*.
Roman de la Rose, v. 15971.

De propos en propos, et *de fil en esguille.*
RÉGNIER, *Satires*, XIII.

Une aiguille dans une botte de foin, une chose imperceptible, une chose difficile à trouver, parmi beaucoup d'autres, à cause de sa petitesse.

Le prince d'Harcourt a perdu son frère, et M. de Grignan, un cousin germain; je ne sais si vous l'avez senti; cette perte a paru ici comme celle d'*une aiguille dans une botte de foin.*
Mme DE SÉVIGNÉ, *Lettres,* 22 août 1675.

AIGUILLE se dit aussi de différentes sortes de petites verges de fer ou d'autre métal qui servent à différents usages :

Aiguille à tricoter des bas; de là l'expression : *Bas faits à l'aiguille.*

Aiguille de teste, qui s'est dit longtemps (Voyez le *Dictionnaire de l'Académie,* édit. de 1694, 1718, 1762, 1799) d'un instrument servant à la coiffure des femmes.

Pymante, regardant une *aiguille* que Dorise avoit laissée par mégarde dans ses cheveux en se déguisant.

. . . .

Quelque revers d'amour vous conduit en ces lieux,
N'est-il pas vrai, Monsieur? et même cette *aiguille*
Sent assez les faveurs de quelque belle fille;
Elle est ou je me trompe un gage de sa foi.
— O malheureuse *aiguille!* Hélas! c'est fait de moi.
P. CORNEILLE, *Clitandre,* III, 5.

AIGUILLE de chirurgien; *aiguille à* cataracte, *à* ligature, *à* séton, etc.

Elle coupa au costé du dict maistre Alexandre une pièce de chair pourrie, puis avec un *aguille* et du fil de soie, *raccoustra* la plaie.
H. ESTIENNE, *Apologie pour Hérodote,* t. II, part. II, c. 34, § 13.

On appliqua quelques cataplasmes, et même l'on fit quelques *points d'aiguilles.*
SCARRON, *Roman comique,* I, 3.

AIGUILLE de cadran solaire, d'horloge, de montre; servant à marquer les heures, les minutes.

On distingue l'*aiguille des heures,* ou la *petite aiguille;* l'*aiguille des minutes,* ou la *grande aiguille.*

Les umbres des *aguilles* et horloges au soleil, toutes lesquelles se font par quelque cause et quelque manufacture, pour estre signe de quelque chose.
AMYOT, trad. des *Vies de Plutarque,* Périclès, c. 10.

L'*éguille* est droictement sur le point.
P. LARRIVEY, *le Morfondu,* I, 4.

Les mouvements d'une *aiguille* nous marquent les heures et règlent notre journée.
BOSSUET, *De la Connoissance de Dieu et de soi-même,* c. 5, n° 5.

La Providence nous conduit avec tant de bonté dans tous ces temps différents de notre vie, que nous ne les sentons quasi pas; cette perte va doucement, elle est imperceptible : c'est l'*aiguille* du cadran que nous ne voyons pas aller.
Mme DE SÉVIGNÉ, *Lettres,* 27 janvier 1687.

En ce sens, il est quelquefois pris figurément pour indiquer certains changements, ou même l'état variable des esprits.

Il faut vous donner quelque idée de Versailles à cette époque, et vous montrer à quelle heure se trouvoit l'*aiguille* du cadran du château.
LA DUCHESSE DE BRANCAS, *Fragments de ses mémoires.* (Voyez *Lettres de lord Haguet,* p. 190.)

Les roues, les ressorts, les mouvements sont cachés; rien ne paroit d'une montre que son *aiguille* qui insensiblement s'avance et achève son tour.
LA BRUYÈRE, *Caractères,* c. 18.

Aiguille aimantée, Aiguille de la boussole.

Comme l'*aiguille* frottée à l'aimant ne s'arreste jamais qu'elle ne voye son nort et par là se dresse et conduit la navigation, ainsi...
CHARRON, *De la Sagesse,* II, III, 12.

L'*aiguille* touchée de l'aimant cherche la direction du pôle; plus elle est fine, moins elle décline. Il y a des âmes privilégiées, si bien touchées du goût du vrai et du faux, que leurs premiers mouvements les tournent toujours infailliblement au point où l'un et l'autre se trouvent.
MASCARON, *Oraison funèbre d'Henriette d'Angleterre.*

Comme l'*aiguille* touchée de l'aimant, elle (l'âme) a beau être agitée, dès qu'elle rentre dans son repos, elle se tourne vers le pôle qui l'attire.

BERNARDIN DE SAINT-PIERRE, *Paul et Virginie.*

Aiguille de balance, Aiguille de fléau.

AIGUILLE s'est appliqué, par extension et par figure, à certains objets, en raison de leur forme, par exemple, à certains pics de montagne:

Ce rocher... est dominé par une cime inaccessible, qui, suivant l'usage du pays, est décorée du nom d'*aiguille*, et en prenant le nom du glacier le plus proche, s'appelle l'*aiguille* du Talèfre.

SAUSSURE, *Voyages dans les Alpes*, t. II, c. 15, § 630.

A certains promontoires :

Et puis ils descendent le long et au delà de cette rivière jusques à son entrée en Garonne, assiéger et prendre à composition Aiguillon, ainsi nommée pour ce que c'est une *aiguille* de terre en la conjonction de ces eaux.

AGR. D'AUBIGNÉ, *Histoire universelle*, t. I, liv. V, c. 20.

On a dit de certains cristaux qu'ils étaient *en aiguilles*.

Au bout de 12 à 15 heures, il se forme dans ce mélange une quantité assez considérable de cristaux *en aiguilles*.

SAUSSURE, *Voyages dans les Alpes*, t. I, c. 4, § 90.

On l'a dit aussi de certaines parties des plantes: pistils, semences, etc., se terminant en pointe.

Le nom d'*aiguilles* a été donné aux obélisques soit en raison de leur forme, soit par analogie avec le sens du mot grec dont obélisque était tiré.

Entre les choses singulières que nous avons veu en Alexandrie, sont deux *aiguilles*, autrement appellées obélisques, qui sont près le palais d'Alexandrie.

PIERRE BELON, *Observations de plusieurs singularitez de divers pays estranges*, liv. II, c. 21.

La fontaine qui y est, fut bastie par le grand maistre Lascariz: c'est une grande corbeille de pierre... Dans cette corbeille est posée une *aiguille* ou obélisque haute d'environ quatre pieds.

THÉVENOT, *Voyage du Levant*, c. 7.

Mes yeux erroient sur tant de monuments (à Alexandrie), le Phare, le Timonium, l'Hippodrome, le palais des Ptolémées, les *aiguilles* de Cléopâtre.

CHATEAUBRIAND, *les Martyrs*, XI.

Près cette église a une grande *eguille*,
De fin porphyre, et dessus une pomme.

OCTAVIEN DE SAINT-GELAIS, *Verger d'honneur.*

AIGUILLE se dit encore d'une espèce de clochers en pyramide extrêmement pointus, qu'on appelle autrement flèches.

On s'en sert également pour désigner Des ornements de pierre, en forme de petits obélisques, qui surmontent diverses parties des édifices gothiques.

Selon Oudin et Cotgrave, *Aiguille* s'est dit d'un timon de voiture.

AIGUILLE, par une même sorte d'application figurée, se dit de plusieurs espèces de poissons de mer, qui sont longs et menus et ont la tête pointue.

D'AIGUILLE, dans son sens propre, se sont formés plusieurs autres mots:

AIGUILLIER, s. m.

Écrit encore AGUILLIER, ESGUILLIER, EGUILLIER, etc. (Voyez les *Dictionnaires* de Rob. Estienne, J. Thierry, Nicot, Cotgrave, Borel, etc.

On s'en est longtemps servi pour désigner un Étui ou une pelote à mettre des aiguilles.

Un *aguillier* de drap de laine à couches de soye.

Lettres de rémission, 1391. (Voyez DU CANGE, *Glossaire*, Agullium.)

Une bourse et un *aguillier*.....

Lettres de rémission, 1398. (Voyez *ibidem.*)

Lors trais une aguille d'argent
D'ung *aguiller* mignot et gent.

Roman de la Rose, v. 86.

Donner lor doit-on par soulas
Manches et *aguilliers* et las.

Le Chastelain de Couci, v. 1361.

Le même mot se trouve chez Cotgrave avec le sens de Faiseur d'aiguilles.

Il y a eu un verbe de forme identique :

AIGUILLER.

Autrement écrit AGUILER, AGUILLIER, etc., et voulant dire coudre, piquer.

Il est usité de nouveau dans un sens différent par l'emploi technique qu'on en fait dans l'exploitation des chemins de fer, et a formé AIGUILLEUR. (Voyez le *Dictionnaire de l'Académie.*)

Le participe AIGUILLÉ, ÉE, s'employant adjectivement dans plusieurs sens, mentionnés par Cotgrave : Fourni d'aiguilles ; travaillé à l'aiguille ; piqué d'une aiguille ; fait comme une aiguille.

AIGUILLÉE, s. f.

Certaine étendue de fil, de soie, de laine, coupée de la longueur qu'il faut pour travailler à l'aiguille. On dit *une aiguillée de fil, de soie, de laine ; faire, couper, apprêter des aiguillées*, etc.

Mon Dieu ! qu'un petit gentilhomme à lièvre est heureux dans sa gentilhommière !..... il est sans passion et sans ennui ; il n'a besoin que de ses guêtres, elles font tout son équipage ; quand elles se rompent, une *aiguillée* de fil en fait l'affaire.

Mme DE SIMIANE, *Lettres*, 16 mars 1732, à M. d'Héricourt.

Grans *aiguillies de fil* blanches.

Roman de la Rose, v. 18199.

AIGUILLETTE, s. f.

On l'a écrit AGUILLETTE, ASGUILETTE, ESGUILLETTE, EGUILETTE, ESGULLETTE, etc. (Voyez les Dictionnaires de Rob. Estienne, J. Thierry, Nicot, Monet, Cotgrave, Furetière, etc., et le *Glossaire* de Sainte-Palaye.)

Il a été primitivement employé comme diminutif d'*Aiguille*.

Serons tous à butin jusques au pris d'une *esguillecte*.

Le Jouvencel, Ms., p. 254. (Cité par Sainte-Palaye.)

Tout autresi come l'aymant déçoit
L'*aguillette* par force et par vertu,
A ma Dame tout le mont retenu
Qui sa biauté conoist et aperçoit.

Anc. poes. fr. mss., av. 1300, t. II, p. 676. (Cité par Sainte-Palaye.)

Dans un sens plus restreint fort ancien lui-même, AIGUILLETTE se dit d'un cordon, d'un ruban, d'un tissu, etc., garni de métal, qui sert à attacher, et n'est aussi, quelquefois, qu'un simple ornement.

Les AIGUILLETTES ont été longtemps d'usage pour attacher les hauts-de-chausses au pourpoint.

Quand on les eut remplacées par des boutons, elles ne furent plus qu'une parure.

On en ornait aussi l'impériale des carrosses.

Aujourd'hui on appelle surtout AIGUILLETTES, les ganses d'or, d'argent ou de laine, garnies de nœuds et de bouts métalliques, qui ornent et distinguent certains corps et certains grades de l'armée.

Ces sortes d'AIGUILLETTES font quelquefois partie de la livrée portée par les valets des grandes maisons.

Et en avoit aucuns qui paravant avoient fait ferrer leurs *aiguillettes* de pièces d'or pour les porter plus secrètement.

MONSTRELET, *Chroniques*, liv. I, c. 209.

Pour son pourpoinct feurent levées huyt cens treize aulnes de satin blanc, et pour les *agueillettes* quinze cents neuf peaulx et demye de chiens.

RABELAIS, *Gargantua*, I, c. 8.

Les *aguillettes*, de soye de mesmes couleurs.

LE MÊME, même ouvrage, I, 56.

Ce fut l'an de la bonne vinée ; on donnoit la quarte de bon vin et friand pour une *aiguillette* borgne.

LE MÊME, *Pantagruel*, Ancien prologue du IVe livre.

L'autre, pour retribuer ce présent, lui envoya de longs fers d'*esguillettes* que l'Espaignol appelle Puntas.

BRANTÔME, *Marguerite, reine de France*.

Ces pé-deschaux avec leurs arquebuses nouées d'*aiguil-*

lettes donnent si follement dans le premier bataillon, qu'ils emportèrent deux drappeaux.

AGR. D'AUBIGNÉ, *Histoire universelle*, t. I, liv. V, c. 9.

Quand on lui montroit quelques vers où il y avoit des mots superflus et qui ne servoient qu'à la mesure ou à la rime, il disoit que c'étoit une bride de cheval attachée avec une *aiguillette*.

RACAN, *Vie de Malherbe*.

Les premières *Aiguillettes* étoient ferrées d'un long fer pointu; et il n'y a pas longtemps que les cavaliers portoient de ces sortes d'*aiguillettes* sur leurs épaules.

MÉNAGE, *Origines*.

Je voudrois bien savoir, sans parler du reste, à quoi servent tous ces rubans dont vous voilà lardé depuis les pieds jusqu'à la tête, et si une demi-douzaine d'*éguillettes* ne suffit pas pour attacher un haut-de-chausses.

MOLIÈRE, *l'Avare*, I, 4.

Surtout elle sera charmée de votre haut-de-chausses, attaché au pourpoint avec des *éguillettes*.

LE MÊME, même ouvrage, II, 5.

Un homme fat et ridicule porte un long chapeau... des chausses à *aiguillettes*.

LA BRUYÈRE, *Caractères*, c. 13.

Il habilla en bergers dix garçons des mieux faits et dix jeunes filles; il employa tous les rubans et toutes les *aiguillettes* de sa boutique à les parer.

LE SAGE, *Gil Blas*, liv. II, c. 9.

L'usage d'attacher les chausses au pourpoint par des *aiguillettes* a donné lieu à plusieurs expressions proverbiales.

Serrer les vieilles aiguillettes, Être avare.

Lâcher l'aiguillette, Satisfaire aux nécessités naturelles.

Nouer l'aiguillette, Faire un prétendu maléfice auquel le peuple attribuait le pouvoir d'empêcher la consommation du mariage.

Nouer l'esguillette ne signifie autre chose qu'un couard amant... aussi peu disposé que si l'*esguillette* de sa bragette estoit nouée.

DES ACCORDS, *Bigarrures*, liv. IV.

Je suis le grand diable Vauvert. C'est moi... qui *noue l'éguillette* aux nouveaux mariés.

CYRANO DE BERGERAC, *le Pédant joué*, IV, 1.

Ami lecteur, vous avez quelquefois
Ouï conter qu'on *nouait l'aiguillette*.

VOLTAIRE, *la Pucelle*.

De là l'expression : *Noueur d'aiguillette*.

Hincmar, archevêque de Reims, composa un livre, du temps de Charles le Chauve, contre les *noueurs d'aiguillette*, où il donne deux voies pour s'en délivrer.

FLÉCHIER, *Mémoires sur les grands jours de 1665*.

De là aussi cette autre expression : *Dénouer l'aiguillette*.

D'autres lui tâtaient le pouls trois ou quatre fois le jour, comme à un agonisant; à son lever, à son coucher, trente seigneurs accouraient l'un pour lui *dénouer l'aiguillette*, l'autre pour le déconstiper.

VOLTAIRE, *Fragments sur l'histoire*, art. XIX.

Courir l'aiguillette.

Selon quelques auteurs cités dans les *Origines* de Ménage, cette locution faisait allusion à l'Aiguillette, qu'à une certaine époque les femmes de mauvaise vie étaient tenues de porter sur l'épaule, ou bien encore aux aiguillettes qui leur étaient proposées pour prix d'une course autrefois d'usage à Beaucaire, la veille de la foire.

Si Nature ne leur eust arrosé le front d'ung peu de honte, vous les voyrriez, comme forcenées, *courir l'aiguillette*.

RABELAIS, *Pantagruel*, liv. III, c. 32.

Ceux qui succédèrent à ce sage roy (saint Louis) au royaume.... voulurent que telles femmes eussent quelque signal sur elles pour les distinguer et recognoistre d'avec le reste des prudes femmes, qui fut de porter une esguillette sur l'espaule... dont depuis est dérivé entre nous ce proverbe, par lequel nous disons qu'une femme *court l'esguillette*, lorsqu'elle prostitue son corps à l'abandon de chacun.

EST. PASQUIER, *Recherches de la France*, VIII, 35.

Il fit fortune dans l'extraordinaire de la guerre, et las de sa femme, qui étoit une vraie harangère et jalouse par-dessus tout cela, il *couroit* un peu *l'aiguillette*.

TALLEMANT DES RÉAUX, *Historiettes*, le Page.

C'est pourquoi je recherche une jeune fillette,
Experte dès longtemps à *courir l'éguillette*.

RÉGNIER, *Épîtres*, II.

La garce qui naquit de l'excrément de l'onde
Pour *courir l'esguillette* en tous les lieux du monde,
Vénus, la bonne cagne aux paillards appétits,
Sachant que ses pigeons avoient eu des petits,
En fit faire un pâté.

SAINT-AMAND, *le Melon*.

AIGUILLETTE est pris au figuré dans le passage suivant :

Non seulement il n'y a point de nerfs qui les joignent (les Essais de Montaigne). Il n'y a pas même de cordes ou d'*aiguillettes* qui les attachent ensemble.

BALZAC, *Dissertations critiques*, dissert. XIX.

AIGUILLETTE se dit figurément des morceaux de la peau ou de la chair arrachés ou coupés en long.

On lève les *aiguillettes* d'un oiseau de rivière, on le coupe par *aiguillettes*.
Les Barbares lui arrachèrent la peau du dos par *aiguillettes*.

Dictionnaire de Trévoux.

Mainte *aiguillette* arrachent de l'eschine.

JACQUES DU FOUILLOUX, *l'Adolescence*.

AIGUILLETTE, en termes de marine, est un petit cordage, d'une certaine longueur, servant à *aiguilleter* (voyez ce mot). On dit *Aiguillettes de bouée, d'amarrage, de culasse*, etc.

D'AIGUILLETTE se sont formés les mots suivants :

AIGUILLETIER, s. m.

On l'a écrit AGUILLETIER, EGUILLETIER.

Artisan dont le métier est de ferrer les aiguillettes et les lacets.

AIGUILLETER, v. a.

On l'a écrit AGUILLETTER.

Ferrer, en parlant des lacets.

Autrefois, attacher ses chausses à son pourpoint avec des aiguillettes.

Il était surtout d'usage avec le pronom personnel, *s'aiguilleter*.

AIGUILLETER, en termes de marine, signifie Joindre, lier ensemble, au moyen d'un petit cordage, deux objets qui ne se croisent pas et qui quelquefois même restent éloignés l'un de l'autre : *Aiguilleter une poulie à un piton, aiguilleter la volée d'un canon à la muraille d'un vaisseau*.

AIGUILLETÉ, ÉE, participe.

Il s'est employé adjectivement en parlant d'un homme dont les chausses sont attachées à son pourpoint par des aiguillettes.

C'est pour la rendre folle de vous, et un amant *éguilleté* sera pour elle un ragoût merveilleux.

MOLIÈRE, *l'Avare*, II, 5.

On disait autrefois d'un homme qui a l'air contraint et guindé, Un homme *aiguilleté*. D'aiguilleté est venu DESAIGUILLETER, DESAIGUILLETÉ.

Hannibal alloit toujours *des-aiguilleté* et l'estomac découvert.

BOUCHET, *Serées*.

AIGUILLETAGE, s. m.

Terme de marine.

L'action d'aiguilleter, ou le résultat de cette action : *faire un aiguilletage*.

AIGUILLON, s. m.

On l'a écrit AWILLON, AGULLON, AGUILLON, ESGUILLON, etc. (Voyez les *Dictionnaires* de Nicot, de Monet, de Cotgrave, le *Glossaire* de Sainte-Palaye.)

Il s'est dit fort anciennement d'une pointe de fer attachée à l'extrémité d'une lance, d'une pique, de toute arme de ce genre, etc.

Kar rebuchié furent lur hastilz de fer, les uns e les altres, josque al *aiguillon*.

Les quatre Livres des Rois, I, XIII, 21

Et furent gens qui faisoient penitences publiques et se battoient d'escourgies à bourdons et *aiguillons* de fer.

FROISSART, *Chroniques*, liv. Ier, IIe part., c. 5.

Il se dit communément d'une petite pointe de fer qui est au bout d'un grand bâton et dont on se sert pour piquer les bœufs ou autres bêtes de trait.

Terences dit : Soffrons o bon corage ce que fortune nos aporte, car folie est de regiber contre l'*aguillon*.

BRUNETTO LATINI, *li Tresors*, II, part. II, c. 74.

C'est chose dure, mes dames, je vous dis bien griefve et malaisee à regibber contre l'*aguillon*.

LARIVEY, *Facétieuses Nuits de Straparole*, fable 3.

D'*agullon* poindre et angoisser et braire.

Roncisvals. (Voir l'*Histoire littéraire de France*, t. XXII, p. 34.)

Un *aguillon* prist en sa main
Por ce que miex semblast vilain.

Fabl. ms. du Roi, n° 7218, fol. 66, v°, col. 2. (Cité par Sainte-Palaye.)

Cil point (celui-ci pique) l'asne de l'*aguillon*
Par derrière.

Roman de Renart, v. 221.

Le blé, pour se donner, sans peine ouvrant la terre,
N'attendoit point qu'un bœuf, pressé de l'*aiguillon*,
Traçât à pas tardifs un pénible sillon.

BOILEAU, *Épîtres*, III.

AIGUILLON, en ce sens, s'emploie aussi au pluriel.

La charrue escorche la plaine,
Le bouvier qui suit les scillons
Presse de voix et d'*aiguillons*,
Le couple de bœufs qu'il entraîne.

THÉOPHILE, *Odes*, le Matin.

On dit qu'on a vu même, en ce désordre affreux,
Un dieu qui d'*aiguillons* pressoit leurs flancs poudreux.

RACINE, *Phèdre*, V, 6.

Ce mot dans son sens propre, avait donné lieu, très anciennement à divers proverbes :

De petit *esguillon*, poinct-on bien grande anesse.

COTGRAVE, *Dictionnaire*.

De petit *aguillon*
Point on grant anesse,
Ce dit li vilains.

Prov. du Vilain, ms. de St.-Germain, fol. 75, r°, col. 1. (Cité par Sainte-Palaye.)

Qui contre *esguillon* recule deux fois se poind.

COTGRAVE, *Dictionnaire*.

On dist que deux fois se point
Ki contre *aguillon* eskaucire.

Anc. poes. fr. ms. du Vat., n° 1490, fol. 128, r°.

AIGUILLON se dit figurément de tout ce qui anime, excite.

Dans cette acception, ainsi qu'au sens propre, il est souvent mis au pluriel et s'emploie soit absolument, soit construit avec les prépositions *a*, *pour*, *de*.

Absolument :

Il pourroit donc sembler que ces divisions fussent nécessaires par le monde, et que ces *aiguillons* et choses opposites que Dieu a données à chascun estat et presque à chascune personne soient nécessaires.

COMMINES, *Mémoires*, liv. V, c. 18.

Estant ainsi Nérin tous les jours en ces amoureuses œillades, ne pouvant plus résister aux *aiguillons* ardens qui incessamment le picquoient et brusloient le cœur, délibéra de lui escrire une lettre, et la jecter en son logis par ceste fenestre.

LARIVEY, *Facétieuses Nuits de Straparole*, IVe nuit, fable 4.

Satan stimule par ses *aiguillons* venimeux, à commettre ceste iniquité, les cœurs des Chaldéens.

CALVIN, *Institution chrestienne*, liv. II, c. 4, § 2.

Gens liberes, bien nes, bien instruictz, conversans en compaignies honnestes ont par nature ung instinct et *aguillon* qui tousjours les poulse à faictz vertueux et retire de vice, leqnel ils nommoient honneur.

RABELAIS, *Gargantua*, liv. Ier, c. 57.

Si quelqu'un estime que la richesse soit le bien souverain de l'homme, cette faulseté d'opinion... le poingt de furieux *aiguillons*.

AMYOT, trad. de Plutarque, *Œuvres morales*, De la superstition.

Avec quelles pointes et quels *aiguillons* sçavent-ils (les flatteurs des princes) réveiller la convoitise endormie!

BALZAC, *Aristippe*, disc. VII.

Il sentit des *aiguillons* dans son âme, qui ne laissoient point ses opinions en repos.

LE MÊME, *Socrate chrétien*, disc. VI.

Notre zèle est animé par un *aiguillon* plus pressant que jamais, depuis que le roi, en fondant parmi nous l'instruction gratuite, s'est montré, par cette magnificence vraiment royale, le second fondateur de notre Université.

ROLLIN, *Traité des Études*, Dédicace à l'Université.

Racine, dans quelques-unes de ses préfaces, a fait sentir l'*aiguillon* à ses critiques.

VOLTAIRE, *Des Honnêtetés littéraires*.

Je ressemble, mon père, au prestre d'Apollon,
Qui n'est jamais atteint du poignant *aiguillon*,
Qui soit de prophétie, ou soit de poésie,
S'il ne sent de son Dieu son âme être saisie.

RONSARD, à Henri III.

C'est ce Monsieur, c'est ce brouillon
Qui me veut donner l'*aiguillon*,
Afin de me mettre en martel.

R. BELLEAU, *la Reconnue*, II, 3.

Nul *aiguillon* divin n'élève leur courage.

REGNIER, *Satires*, IX.

Ce qu'on a déjà vu n'a plus la douce amorce
Ni le vif *aiguillon* dont la nouveauté force,
Et ce qui surprendra nos esprits et nos yeux
Qoique moins achevé nous divertira mieux.

ROTROU, *S. Genest*, I.

On dit dans le même sens : *Coup d'aiguillon :*

J'espère leur faire bailler un *coup d'aiguillon* par le G. S. pour les disposer à penser à leurs affaires.

HENRI II à M. de Morvilliers, 30 décembre 1547.
(Voyez *Négociations de la France dans le Levant*, t. II, p. 39.)

J'ai prié M. de Formont de vous donner de temps en temps quelques petits *coups d'aiguillon*.

VOLTAIRE, *Lettres*, 13 août 1731.

Il est pris absolument dans ces locutions : *Être un aiguillon :*

La gloire de l'honneur *est un* poignant *esguillon*.

MONTLUC, *Mémoires*, IV.

Il (Monseigneur le duc de Bourgogne) n'avoit pu s'empêcher de répandre son cœur dans ses lettres à son épouse, qui, avec ce qui lui revint d'ailleurs, *furent* pour elle *de vifs aiguillons*.

SAINT-SIMON, *Mémoires*, 1708.

On dit fort souvent, *Être un aiguillon à, servir d'aiguillon à.*

Dans ces manières de parler, le régime de la préposition *à*, nom de personne, ou nom abstrait, sert quelquefois à désigner la personne, ou la passion qui est excitée.

Nous avons grand tort d'estimer que ces incommoditez *lui servent* (à la volupté) *d'aiguillon* et de condiment à sa doulceur.

MONTAIGNE, *Essais*, I, 19.

La colère *servoit d'aiguillon à* son ardeur naturelle.

VAUGELAS, trad. de Quinte-Curce, liv. V.

D'autres fois c'est l'objet de l'excitation que fait connaître ce régime, lequel peut être, Ou un substantif :

Le bonheur m'*est un* singulier *aiguillon à* la modération et modestie.

MONTAIGNE, *Essais*, III, 9.

Se sentir sorty des gens de bien, et qui ont mérité du public, *est une* obligation et puissant *aiguillon aux* beaux exploits de vertu.

CHARRON, *De la Sagesse*, I, 59, 4.

Nous ne laisserons pas de rapporter ces choses et autres semblables, toutes les fois que l'occasion s'en présentera, pour *servir d'aiguillon à* la vertu et de consolation dans le malheur.

PERROT D'ABLANCOURT, trad. de Tacite, *Histoires*, liv. III, 8.

Ou bien un verbe à l'infinitif :

Certes, le plus ardu et le plus vigoureux des humains devoirs, nous l'avons résigné aux dames, et leur en quittons la gloire. Cela leur doit *servir d'un* singulier *aiguillon à* s'y opiniâtrer.

MONTAIGNE, *Essais*, III, 5.

Cela vous *servira d'aiguillon à* continuer envers son nom et sa mémoire vostre bonne opinion et volonté.

MONTAIGNE, *Lettre Ire*.

Toutefois ce rang de petite fille de France, qui se bornoit à elle (la duchesse d'Orléans), ne lui *servoit* que *d'aiguillon à* usurper.....

SAINT-SIMON, *Mémoires*, 1710.

Ces locutions, *être un aiguillon, servir d'aiguillon*, se construisent encore avec la préposition *pour*.

Nous ne pouvons penser ni à nostre première origine, ni à la fin à laquelle nous sommes creez, que ceste cogitation ne nous *soit* come *un aiguillon pour* nous stimuler et poindre à méditer et désirer l'immortalité du royaume de Dieu.

CALVIN, *Institution chrestienne*, liv. II, c. 1, § 3.

Aussi *est-ce un* bien vif et poignant *aiguillon* aux hommes de gentil cueur et de nature généreuse, *pour* les inciter à entreprendre toutes hautes et grandes choses, que la louange et gloire immortelle, dont l'histoire remunere les bienfaisans.

AMYOT, *Vies des hommes illustres de Plutarque*. Aux lecteurs.

AIGUILLON est souvent construit avec la préposition *de;*

Soit que le régime de cette préposition désigne la cause de l'excitation :

L'*aguilhon de* félonie.

Commentaire sur Job, à la suite des *Quatre Livres des Rois*, p. 455.

L'*aguillion de* faim, et contraincte nécessité de quérir à vivre, faict saillir le loup du bois.

ALAIN CHARTIER, *l'Espérance*.

Je dy doncques, mes dames, que Loys, roy de Hongrie, eut un fils, nommé Rolin, lequel, encor qu'il fust bien jeune, ne laissoit toutefois de sentir les cuisans *esguillons de* l'amour.

LARIVEY, *Facétieuses Nuits de Straparole*, IXe nuit, fable II.

Ne plus ne moins que les abeilles, par *aiguillons d'*amour mutuelle, s'approchent toujours et s'attachent à leur roi.

AMYOT, trad. de Plutarque, *Œuvres morales*, De la fortune d'Alexandre.

Pour ce qu'ils veulent que leurs enfants, dès leur première jeunesse, commencent à sentir les *aiguillons de* la gloire.

AMYOT, trad. de Plutarque, *Lysander*, c. 1.

Et comme récite Dion, le désir et *aiguillon de* nature nous pousse à engendrer enfans, mais les nourrir et entretenir en bien les instruisant, c'est un franc témoignage de vraye amour et charité.

BOUCHET, *Serées*, liv. II, 14e Série.

Ses gens donnèrent comme assistez d'un nouveau renfort, et renversèrent les ennemis qui estoient sans chef, et qui n'avoient d'autre *aiguillon* que celuy *de* la rage ou *de* la crainte.

PERROT D'ABLANCOURT, trad. de Tacite, *Histoires*, liv. III, 4.

Les enfants de Port-Royal, auxquels on ne donne point cet *aiguillon d'*envie et *de* gloire, tombent dans la nonchalance.

PASCAL, *Pensées*.

L'*aiguillon de* la mort ne se fait pas encore sentir.

BOURDALOUE, *Carême*, Sermon sur le Jugement de Dieu.

..... Souffrir les temptations
Dou diable, et les *aguillons*.

Renart le nouvel, v. 4357.

Or quand de vous se souviendra
L'*aiguillon d'*honneur l'espoindra
Aux armes et vertueux faictz.

CL. MAROT, *Épîtres*, liv. I, 30.

L'autre, qui rien du tout que les grandeurs ne prise,
Et qu'un vif *aiguillon de* vanité maîtrise.

THÉOPHILE, *Satires*, I.

L'aiguillon, les aiguillons de la chair, expression fort employée dans le langage ecclésiastique.

Sentez-vous importunément en vostre corps *les aguillons de la chair*.

RABELAIS, *Pantagruel*, III, 30.

D'autres..... en la peinture du combat qu'ils soutiennent contre *les aiguillons de la chair*, les représentent si cuisans, si puissans et invincibles, que, etc.

MONTAIGNE, *Essais*, III, 12.

Paul, au milieu de tant de merveilles et de vertus héroïques, sent *l'aiguillon de la chair*.

MASSILLON, *Discours*. De la conduite des clercs dans le monde, 1.

Soit que le régime de la préposition *de* désigne l'effet de l'excitation.

Laissez là ces viandes fades, tastons de cest *éguillon de vin.*

La Reine de Navarre, *Heptameron*, 28e nouv. fol. 110, v°.

Ceci n'est que bon signe, ce sont *aiguillons de* vin.

Rabelais, *Pantagruel*, II, 2.

Ces petites noisettes, ces riottes qui par certain temps sourdent entre les amans, sont nouveaulx refraichissements et *aguillons d'*amour.

Le même, même ouvrage, III, 12.

Ceux-ci (les ministres anglais) étoient persuadés que la victoire du prince Eugène étoit un nouvel *aiguillon* à la France *de* presser la conclusion de ce traité (entre la France et l'Angleterre).

Saint-Simon, *Mémoires*, 1716.

Aiguillon se dit aussi d'un petit dard que portent les mouches à miel, les guêpes, les frelons et autres insectes.

Ly eys (l'abeille) est ausi la douçor del miel et la pointe de l'*awillon.*

Saint Bernard, *Sermons français*, mss., p. 18. (Cité par Sainte-Palaye.)

Mais celles (les bêtes) qui sont innocentes, doulces et privées, qui n'ont ny dent ny *aiguillon*, ce sont celles que nous prenons et tuons, combien qu'il semble que la nature les ait créées seulement pour beauté et pour plaisir.

Amyot, trad. de Plutarque, *Œuvres morales*. S'il est loisible de manger chair, IV.

Le peuple laissa le courroux qu'il avoit contre luy, ne plus ne moins que la mouche guespe laisse l'*aiguillon* en donnant le coup.

Le même, même ouvrage, *Vie de Périclès*, c. 12.

La mousche guespe picque et offense autruy, mais plus soy-mesme, car elle y perd son *aiguillon* et sa force pour jamais.

Montaigne, *Essais*, II, 5.

Scachez que ce que vous avez redouté jusqu'icy comme un prodige de valeur, n'est qu'une pure témérité, qui n'a pas si tost jetté son feu, que, semblable à ces animaux qui ont laissé leur *aiguillon*, elle ne fait que languir.

Vaugelas, trad. de Quinte-Curce, liv. IV.

Il n'y a si petit moucheron qui ne tasche à venger de son *aiguillon* l'offense faite à son créateur.

Théophile, *Apologie*.

... La nature, au moment qu'on l'offense (l'abeille),
Lui fit présent d'un dard pour sa défense;
D'un *aiguillon* qui prompt à la venger,
Cuit plus d'un jour, à qui l'ose outrager.

J.-B. Rousseau, *Épîtres*, I.

A cette acception d'Aiguillon se rapportent aussi certains emplois figurés de ce mot.

On l'a dit de la pointe d'une épigramme.

Si n'y a il bon juge qui... n'admire plus sans comparaison l'éguale polissure et cette perpetuelle doulceur et beauté fleurissante des épigrammes de Catulle, que tous les *aiguillons* de quoy Martial aiguise la queue des siens.

Montaigne, *Essais*, II, 10.

De la société véritables frelons,
Chacun les y méprise ou craint leurs *aiguillons.*

Piron, *la Métromanie*, V, 4.

En parlant d'une impression vive et durable : *Laisser un aiguillon dans l'âme, dans l'esprit.*

Ces furieuses reproches *laissérent un* poignant *aiguillon dans l'âme* de Néron.

Coeffeteau, *Histoire romaine*, liv. V.

Il n'est pas seulement présent à ma mémoire, mais il me semble que j'entends sa voix; car, comme Périclès, il *laisse un aiguillon dans l'esprit* de ceux qui l'écoutent.

Perrot d'Ablancourt, trad. de Lucien. *Nigrinus.*

Les épines de la vertu portent avec elles leur douceur et leur remède, et celles du vice *laissent* l'*aiguillon dans la conscience.*

Massillon, *Carême*, Motifs de conversion.

Il (l'auditeur) préfère, sans hésiter, une éloquence grossière et sauvage, mais convaincante et persuasive, à une politesse languissante, énervée et qui ne *laisse* aucun *aiguillon dans l'âme* des auditeurs.

D'Aguesseau, *Discours*, t. I, p. 17.

Tous les sages de l'antiquité ont pensé, ont parlé, ont agi pour lui (l'homme instruit)..... Quels *aiguillons* leurs paroles ne *laissent*-elles pas *dans son esprit?*

Le même, *Mercuriales*, t. I, p. 123.

On a appelé *aiguillons* les dards du hérisson.

Je trouvois sous les pommiers certains herissons, qui s'estoyent roulez en forme ronde, et avoyent fait piquer leurs poils, ou *aiguillons,* sur lesdites pommes et s'en alloyent ainsi chargés.

B. PALISSY, *Recepte veritable.*

On a aussi donné le nom d'AIGUILLON aux parties osseuses et pointues qui sont dans les nageoires et sur d'autres parties du corps de la plupart des poissons.

AIGUILLON, en botanique, se dit des piquants qui adhèrent seulement à l'écorce, tels que ceux de l'acacia, du rosier, de la ronce, etc., par opposition à *Épine,* lequel se dit proprement des piquants qui font corps avec les parties où ils naissent, telles que ceux du houx, de l'épine-vinette, des écailles de l'artichaut, etc.

...... Qui franc de crainte et d'envie,
Ceuille les roses de la vie,
Sans se piquer aux *aiguillons.*

BERTAUT, *Stances.*

On ne tient pas compte, dans l'usage ordinaire, de cette distinction, et en parlant du rosier on se sert plus volontiers du mot *épine* que du mot AIGUILLON.

AIGUILLONNER, v. a. On l'a écrit *Aguillonner, esguillonner, éguillonner,* etc. (Voyez les Dictionnaires de Nicot, de Cotgrave, etc., et le *Glossaire* de Sainte-Palaye.)

AIGUILLONNER signifie proprement, piquer un bœuf ou quelque autre animal avec l'*aiguillon* pour le faire marcher :

C'est sottise telle que du charretier, lequel, sa charrette versée..... à genoilz imploroit l'aide de Hercules ; et ne *aiguillonnoyt* ses bœufs et mettoyt la main pour soublever les roues.

RABELAIS, *Pantagruel,* IV, 21.

Tel s'élance Turnus ; de ses coursiers fumants
Ainsi sa main terrible *aiguillonne* les flancs.

DELILLE, *l'Énéide,* XII.

Il est employé de même dans un sens physique, mais, par métaphore, dans le passage suivant :

..... D'autres, de leur talon
Aiguillonnant en vain un paresseux *ânon,*
Maudissent de Sancho l'indocile monture.

DELILLE, *les Trois Règnes,* III.

AIGUILLONNER s'est dit encore pour Piquer, en parlant des insectes.

Si les mousches et puces mordent et picquent et *aiguillonnent* plus que de coutume, c'est signe de pluye !

A. PARÉ, *Œuvres,* liv. II, c. 2.

AIGUILLONNER est d'un grand usage au figuré, pour *Exciter ;*

Soit avec un nom de personne pour régime :

Ce avient quant li pere sont fauxement *aguillonné* contre lor filz, si que il les déshéritent.

Anc. trad. du Digeste, fol. 76, v°, c. 1.

Amour qui *esguillonne* souvent ses subjectz, ne les voulut plus entretenir en si grand ayse, mais leur donna un fort ennuy pour leur faire recevoir après plus de plaisir.

HERBERAY DES ESSARTS, *Amadis de Gaule,* liv. I, c. 41.

Tout ainsi que par louange, nourrice de vertu, sont les cœurs nobles *aiguillonez* et resveillez, ainsi n'est chose qui plus destourne de vice les fresles et tendres esprits que la reprochée mémoire des vicieux.

DU BELLAY, *Mémoires,* Prologue.

Le régent de plus en plus *aiguillonné* et importuné des entraves continuelles que le duc de Noailles mettoit aux opérations de Law et des points sur les i qu'y mettoit son ami le chancelier... voulut faire un dernier effort pour les rapprocher de Law.

SAINT-SIMON, *Mémoires,* 1718.

Mais ceux qui sont forcés de s'adonner au commerce maritime ont bientôt cette industrie, fille du besoin, qui n'*aiguillonne* point les autres nations.

VOLTAIRE, *Essai sur les mœurs,* c. 13. Des Phéniciens et de Sanchoniathon.

Celluy de qui la femme tant pour chasse
L'autre convie, *aguillonne,* et pourchasse.

CRETIN, *Poésies,* Debat entre deux Dames sur le passetemps des chiens et oyseaux.

. . . L'amour qui l'*éguillonne*
Ne souffre que le dormir

En proye à ses yeux se donne,
Elle ne fait que gémir.

RONSARD, *Odes*, IV, 10.

La curiosité l'*aiguillonne* à l'instant.

VOLTAIRE, *Contes en vers*, Gertrude.

Soit régissant un nom abstrait et qui désigne de même une personne :

Il (Villeroy) se figura que le Roi doutoit de son courage puisqu'il jugeoit nécessaire de l'*aiguillonner* si fort.

SAINT-SIMON, *Mémoires*, 1706.

Ces querelles, dont personne ne se soucie aujourd'hui ni dans Paris, ni à la cour, parce qu'elles sont anciennes, *aiguillonnaient* dans leur nouveauté tous les esprits.

VOLTAIRE, *Essai sur les mœurs*, c. 138.

Aiguillonnez un peu la paresse qu'il a d'écrire.

LE MÊME, *Lettres*, 24 avril 1735.

Toutefois le désir qui le cœur m'*éguilonne*
De te monstrer combien je suis ton serviteur
Me fait importuner ta royalle grandeur.

RONSARD, *Au roy Henry II.*

AIGUILLONNER a pu se construire, comme *aiguillon*, avec la préposition *à*, ayant pour régime soit un substantif, soit un verbe à l'infinitif ;

Un substantif :

L'amour empesche le jugement,... la passion l'*aiguillonne à* vengeance, et l'envie le meine et le rend plus hâtif qu'il n'est de besoin.

ANTHOINE DUVERDIER, *Diverses Leçons.*

L'exemple de nos ayeuls nous *aiguillonne à* la vertu.

FURETIÈRE, *Dictionnaire.*

Un verbe à l'infinitif :

La cognoissance de nous-mêmes... *aiguillonne* chacun *à* cognoistre Dieu.

CALVIN, *Institution chrestienne*, liv. Ier, c. 1, § 1.

Ce qui l'*aiguillonnoit à* le désirer estoit la gloire que Pompeius alloit tous les jours acquérant.

AMYOT, trad. de Plutarque, *Vie de Lucullus.*

AIGUILLONNÉ, ÉE, participe.

D'AIGUILLON et d'AIGUILLONNER s'étaient formés plusieurs mots qui ne sont point restés dans l'usage.

AGUILLONNEUSEMENT, adv. D'une façon piquante.

Luy furent apportées lettres de par le roy Daire, dont il se courrouça fort; car elles estoient fort *aguillonneusement* escriptes.

Le Triomphe des neuf Preux, p. 134, col. 1. (Cité par Sainte-Palaye.)

AGUILLONNEUR, s. m. Encore écrit AIGUILLONNEUR, ESGUILLONNEUR. (Voyez les dictionnaires de Nicot, d'Oudin.)

Celui qui *aiguillonne.*

AGUILLONNEMENT, s. m. Encore écrit ESGUILLONNEMENT. (Voyez les dictionnaires de Nicot et de Cotgrave.)

Action d'*aiguillonner.*

AIGUADE, s. f. (De notre ancien mot *Aigue*, et, par ce mot, du latin *Aqua.*)

On l'a écrit (voyez les exemples ci-après) :

AIGADE, ESGADE, d'une manière conforme à la prononciation qui, dans ce mot et les cinq suivants, ne tient pas compte de l'*u.*

AIGUADE est un terme de marine par lequel on désigne une provision d'eau douce que l'on va prendre à terre pour les bâtiments.

De là cette locution : *Faire aiguade.*

Adoncques descendit on havre, contemplant, ce pendent que les chormes des naufs *faisoient aiguade*, divers tableaulx, diverses tapisseries.

RABELAIS, *Pantagruel*, IV, 2.

Y est toutesfois vers ceste crouppe dextre la plus belle fontaine du monde, et autour une bien grande forest. Vos chormes y pourront *faire aiguade* et lignade.

LE MÊME, même ouvrage, IV, 66.

Je ne veux m'arrester plus longuement sur le desseing de ceste mal-heureuse entreprinse, en laquelle il perdit la vie, ayant esté emporté d'une mousquetade en l'isle de Madère, où il fit descente, pour *faire aiguade.*

MONTLUC, *Commentaires*, liv. V.

Le tout mit pied à terre près Zerbi en une conche nommée Rochelle où les galères ont accoustumé de *faire aigade.*

AGR. D'AUBIGNÉ, *Histoire universelle*, t. I, liv. II, c. 26.

Nous n'abordasmes nulle part, qu'à l'Estoile du jour pour *faire aiguade.*

PERROT D'ABLANCOURT, trad. de Lucien, *l'Histoire véritable,* liv. I.

AIGUADE se dit également d'un endroit où l'on peut *faire aiguade.*

AIGUAIL, s. m. (Même étymologie.)

On l'a écrit AIGAIL, ESGAIL. (Voyez l'exemple ci-après.)

Il n'est guère d'usage qu'en termes de chasse, et se dit de la rosée, des petites gouttes d'eau qui demeurent sur l'herbe et sur les feuilles.

Puis il s'en va (le cerf) tout le long du chemin
Faisant sa ruze à l'*esgail* du matin.

JACQUES DU FOUILLOUX, *l'Adolescence.*

AIGUAYER, v. a. (Même étymologie.)

On l'a écrit AIGAYER, ÉGAYER.

Baigner, laver dans l'eau.

On dit *aiguayer* un cheval, le faire entrer dans la rivière jusqu'au ventre et l'y promener pour le laver et le rafraîchir.

On dit *aiguayer* du linge, le laver et le remuer quelque temps dans l'eau avant de le tordre.

D'AIGUAYER on avait fait AIGUAYEUR, celui qui passe à l'eau les étoffes.

AIGUAYÉ, ÉE, participe.

AIGUE-MARINE, s. f. (Même étymologie.)

Pierre précieuse du même genre que l'émeraude, mais d'une couleur bleuâtre presque semblable à celle de l'eau de mer.

Arias Montanus remarque... que ce sont les Italiens qui l'ont appellée Aqua Marina, et nous *aygue-marine,* à cause de sa couleur, qui, proprement, est celle de la mer.

ROBERT DE BERQUEN, *Merveilles des Indes orientales et occidentales,* c. 6.

Encore cette pierre (le Berylle) est-elle plus connue sous le nom d'*aigue-marine,* que sa ressemblance de couleur avec celle que présente à l'œil la superficie de l'eau de la mer, lui a fait apparemment imposer par les modernes. Cette couleur tendre donne de la gaieté à cette pierre et la rend assez agréable.

MARIETTE, *Traité des Pierres gravées.* Pierres propres à la gravure, I.

AIGUIÈRE, s. f. (Même étymologie.)

On l'a écrit ÉGUIÈRE, ESGUIÈRE.

AIGUIÈRE a signifié, selon Cotgrave, *Évier,* conduit par où s'écoulent les eaux, les lavures d'une cuisine.

Il ne se dit plus que d'une sorte de vase qui a une anse et un bec, et dans lequel on met de l'eau pour le service ordinaire de la table et pour d'autres usages :

Il n'y a pas longtemps qu'on se sert des courges ès estuves et ès bains au lieu d'*aiguiere.*

DU PINET, trad. de Pline, liv. XVIII, c. 5.

Tous les matins en se levant, en toute saison, on lui versoit (au comte de Priego) doucement une *aiguière* d'eau à la glace sur la tête.

SAINT-SIMON, *Mémoires,* 1721.

Pour du vin blanc, je n'en tasteray guere;
Je crains toujours le sirop de l'*esguiere,*
Dont la couleur me pourroit attrayer.

SAINT-AMANT, *Orgie.*

Est-ce qu'elle a laissé, d'un esprit négligent,
Dérober quelque *aiguière,* ou quelque plat d'argent?

MOLIÈRE, *les Femmes savantes,* II, 6.

Dans les deux exemples suivants, *Être, demeurer maître de son aiguière,* est une locution proverbiale :

Tout cela agité, approfondi,..... nous laissa chacun dans sa persuasion : M. le duc d'Orléans, qu'il *demeureroit* très sûrement *maître* de son secret et *de son aiguière,*..... moi, au contraire, etc.....

SAINT-SIMON, *Mémoires,* 1718.

L'abbé (Dubois) craignoit le nerf de mes conversations et de *n'être pas le maître de son aiguière,* s'il venoit jusqu'à moi des découvertes dont je pusse battre le régent.

LE MÊME, même ouvrage, 1719.

On a autrefois employé, au lieu d'AIGUIÈRE, le substantif masculin AIGUIER ;

Au sens d'Égout :

Sicart chut embas à terre en un *aiguier* pavé de carreaulx ou pierres, ouquel lieu descendent et cheent les eaues et agouz de l'hostel.

Lettres de rémission de 1412. (Voy. Du Cange, *Glossaire*, Aiguerium.)

Au sens d'Évier, comme on peut le voir dans le dictionnaire de Cotgrave ;

Au sens de Vase à mettre de l'eau :

Pintes, pos, *aiguièrs*, chopines.

Eust. Deschamps, *Miroir de mariage.*

AIGUIÉRÉE, s. f. (d'*Aiguière*).

On l'a écrit Éguiérée. (Voyez les dictionnaires de Richelet, de Furetière, le dictionnaire de Trévoux.)

Ce que contient une *aiguière* pleine.

Ce n'a été qu'en ma dernière maladie que je luy ay pu pardonner (à Mlle de Rambouillet) le tour qu'elle me fit une fois en votre présence, lorsqu'elle pensa me tuer avec une *aiguiérée* d'eau

Voiture, *Lettres*, XXIII, à Mlle Paulet.

Le radical Aigue subsiste encore dans les noms de plusieurs localités, comme Aigue-Perse, Aigues-Mortes, etc.

D'Aigue s'étaient formés encore un assez grand nombre de mots qui ne sont pas restés dans l'usage.

Par exemple, le verbe actif Aiguer, signifiant fournir d'eau, arroser.

Duquel ruisseau icellui Bernard a accoustumé *aiguer* ou riguer ses prez.

Lettres de rémission de 1447. (Voyez Du Cange, *Glossaire*, Aiguerium.)

Mêler d'eau.

Du vin *aisgué* separoient l'eaué, comme l'enseigne Caton, De re rust., et Pline, avecques un guobelet de lyerre.

Rabelais, *Gargantua*, I, 24.

Aiguet, s. m.

Petit canal.

Pour l'eaue dudit *aiguet*, venir et tourner oudit fossé pour aroer.

Charte de 1340. (Voyez Du Cange, *Glossaire*, Aiguerium.)

Aiguosité, s. f.

Humeur aqueuse.

Les roignons par les venes emulgentes en tirent (du sang) l'*aiguosité*, que vous nommez urine.

Rabelais, *Pantagruel*, III, 4.

Aiguage, s. m. (Dans la basse latinité, *aquagium.*)

Espèce de droit seigneurial payé pour avoir l'usage d'un canal.

Aigueux, adj. (Voyez le dictionnaire de Cotgrave.)

Aqueux, aquatique.

AIL, s. m. (Du latin *Allium.*)

Autrefois Al, aul. (Voyez les dictionnaires de Rob. Estienne, de J. Thierry, de Nicot.)

Espèce d'oignon d'une odeur et d'un goût très forts, composé de plusieurs petites gousses réunies sous une enveloppe commune.

La même comtesse de Fiesques disoit un jour, devant elle, qu'elle ne savoit pourquoi l'on trouvoit Combourg fou, et qu'assurément il parloit comme un autre. « La comtesse a mangé de l'*ail*, » reprit-elle.

Tallemant, *Historiettes*, Reparties de Mme Cornuel.

Il (Horace) admire les moissonneurs à qui l'*ail* ne fait point de mal..... Virgile, dans la seconde églogue :

« Thestylis pile de l'*ail* et du serpolet pour les moissonneurs fatiguez de la chaleur du jour. »

Dacier, *Remarques sur les odes d'Horace*, V, 3.

Peu ou point de légumes (en Castille), si ce n'est de l'*ail*, des oignons, des cardons, quelques herbes.

Saint-Simon, *Mémoires*, 1722.

J'observai ici que l'*ail*, dont l'odeur est si redoutée de nos petites maîtresses, est peut-être le remède le plus puissant qu'il y ait contre les vapeurs et les maux de nerfs auxquels elles sont si sujettes.

Bernardin de Saint-Pierre, *Études de la nature*, XI Harmonies alimentaires des plantes ; note.

Onc n'i ot savor de cuisine ;
Ne vert sauce, ne *ail*, ne poivre,
Ne cervoise, ne vin par boivre.

Román de Renart, v. 13016.

J'avois mangé de l'*ail*, et fis en homme sage
De détourner un peu mon haleine de toi.

MOLIÈRE, *Amphitryon*, II, 3.

On dit *une tête d'ail*, *une gousse d'ail*, etc.

Ce grand vieillard sec et avide, voyant d'autres vivres que le *cap d'ail*, se mit à escrimer des mains et des dents furieusement, non sans le sous-ris de la compagnie.

AGR. D'AUBIGNÉ, *les Aventures du baron de Fœneste*, liv. IV, c. 4.

On dit *à l'ail* pour Apprêté à l'ail.

Diane au front cornu, de qui l'humeur sauvage
Ne se plaist qu'aux forests à faire du ravage,
Fit mettre sur la table un fan de daim rosty,
Que d'une sauce *à l'ail* on avoit assorty.

SAINT-AMANT, *le Melon*.

Un dindon tout *à l'ail*, un seigneur tout à l'ambre,
A souper vous sont destinés.

VOLTAIRE, *Impromptu à Mme la duchesse de Luxembourg*.

On a dit proverbialement, *Ne pas valoir un ail*.

Fay que le fait s'accorde au dit
Ou tout ce *ne vaudroit un ail*.

JEAN BRUYANT, *Chemin de povreté et de richesse*. (Voyez *Ménagier de Paris*, t. II, p. 37.)

Ne lor lessasse demorer
Vaillant ung ail, se ge péusse,
Que tout en ma bourse n'éussse.

Roman de la Rose, v. 13122.

Ne pas priser un ail.

Tout leur mathon et toute leur potée
Ne prise ung ail, je te dy sans noysier.

VILLON, *Grand Testament*.

Le passage suivant rappelle un proverbe auquel l'AIL a donné lieu :

Un d'eux s'approcha de moy, et me dit : *Plus on pile l'ail, plus il sent mauvais*. Cela vouloit dire : Plus on tarde à accommoder une affaire, plus elle se rend difficile.

CHARDIN, *Journal du voyage en Perse*, Ire part.

De l'ancienne forme AL, AUL est venu le plurie. AULX, écrit encore ALS, AUS, AUZ.

Aulx nouveaux.

Le Ménagier de Paris, 2e distinction, 4e art.

Il n'y aura point de mal de planter des *aulx* et des oignons parmi les rangs de cytisus ; car ils y croissent merveilleusement.

DU PINET, trad. de Pline l'Ancien, liv. XIII, c. 24.

Ne rougissant non plus d'estre rencontré en cela, que si on l'eust trouvé plantant des *aulx*.

MONTAIGNE, *Essais*, II, 12.

Encore s'il advenoit, comme disent aucuns jardiniers, que les roses et violettes naissent plus odoriférantes près des *aulx* et des oignons ; d'autant qu'ils succent et tirent à eux ce qu'il y a de mauvais odeur sur la terre.

LE MÊME, même ouvrage, III, 9.

Je luy dis : Monsieur, voulez-vous venir disner à mes tentes ?..... Je vous donnerey de fort bon vin françois et gascon et force perdriaux. Alors il me dit : Ouy, Monsseigne, les perdriaux seront de vostre pays, des *aux* et des oignons.

MONTLUC, *Commentaires*, liv. IV, c. 146.

Dans le bas Poitou... on cultive une quantité prodigieuse d'*aulx* et d'oignons, et ils sont monstrueux par leur grosseur.

L'ABBÉ ROZIER, *Dictionnaire universel d'agriculture*, Ail.

N'y ot si grant et si petit
Qui ne préist grant appetit
En pain sec, en *aux* et en sel.

JEAN BRUYANT, *Chemin de povreté et de richesse*, (Voyez *Ménagier de Paris*, II, p. 38.)

Se Franc-Gontier et sa compaigne Helaine
Eussent cette doulce vie hantée,
D'*aulx* et civots, qui causent forte alaine,
N'en mangeassent bise crouste frottée.

VILLON, *Grand Testament*.

Aulx et oignons aymoit mieulx que le sucre.

ROGER DE COLLERYE, *Épitaphe d'un chanoine d'Auxerre*.

De l'autre main il va pillant ses *aulx*
Dont la senteur offense les naseaux.

JOACHIM DU BELLAY, imitation du *Moretum*.

Tu peux choisir ou de manger trente *aulx*...
Ou de souffrir trente bons coups de gaule.

LA FONTAINE, *Contes*, le Villageois qui avoit offensé son seigneur.

Le pluriel AULX avait cours dans cet ancien proverbe mentionné par Cotgrave : *Le mortier sent toujours les aulx*.

Tozjors sent le mortier les aulx,
Et le feu monstre sa fumée.

GODEFROY DE PARIS, *Chron. métr.*, v. 2337.

Femme qui en ses jeunes saulx
A aymé le jeu ung petit,
Le mortier sent tousjours les aulx.
Encore y prent elle appetit.

COQUILLART, *Droits nouveaux*.

On a dit encore autrefois *Ails*.

Il feit une tartre borbonoyse compousée de force de *ailz*, de galbanum, de assa fœtida, etc.

RABELAIS, *Pantagruel*, II, 16.

Luy mesme feit les nopces à belles testes de mouton, bonnes hastilles à la moutarde et beaulx tribars aux *ails*.

LE MÊME, même ouvrage, II, 31.

D'AIL, on avait fait le diminutif AILLET :

Grosse anguille cuite en l'eaue et au percil se mengue aux *aillets* blancs.

Le Ménagier de Paris, 2e distinction, 5e art.

On avait fait aussi :

AILLADE, s. f.

Sauce composée d'*aulx* broyés.

C'estoit une puante haleine qui estoit venuë de l'estomach de Pantagruel, alors qu'il mangea tant d'*aillade*.

RABELAIS, *Pantagruel*, II, 32.

Il vous faudra choisir après cela
Des cent écus ou de la bastonnade,
Pour suppléer au défaut de l'*aillade*.

LA FONTAINE, *Contes*, le Villageois qui avoit offensé son seigneur.

AILE, s. f. (Du latin *Ala*.)

On l'a écrit très diversement : ALE, ALLE, AILLE, AISLE, AELLE, AELE, AESLE, ÆLLE, ÆLSE, ELLE, ESLE, HALLÉ, HELLE, HESLE. (Voyez le *Glossaire* de Sainte-Palaye et les exemples ci-après.)

Partie du corps des oiseaux, du plus grand nombre des insectes et de quelques mammifères, qui leur sert à voler et à se soutenir en l'air.

Se il avient que aucunes d'eles (les grues) soit lasse ele que ele n'a pooir d'aler avec ses compaignes, lors se metent toutes desouz li, et la portent sor lor *eles* tant que elle recuevre sa première force.

BRUNETTO LATINI, *li Tresors*, part. II, liv. I, c. 155, des Grues.

(L'arondele) si fait son nif de boe et de festuz; porce que ele ne puet pas porter la boe à ses piez, si baigne ses *eles* en tel maniere que la poudre se joint as *eles* baignies et devient boe, dont ele ferme sa maison et ses ædifices.

LE MÊME, même ouvrage, part. II, liv. I, c. 157, de l'Arondele.

Le brillant Phénicoptère aux *ailes* de pourpre fut choisi pour aller rendre l'hommage au Phénix.

PERROT D'ABLANCOURT, trad. de Lucien. *Supplément à l'histoire véritable*, III.

Tantôt Dieu se compare à un aigle qui excite ses petits à voler, tantôt à une poule qui ramasse ses petits poussins sous ses *ailes*.

BOSSUET, *Deuxième sermon* pour la fête de tous les Saints.

Admirons encore, s'il le faut, le héron, qui met, dit-on, sa tête sous son *aile* pour cacher dans ses plumes son bec, dont il veut percer l'estomac de l'oiseau de proie qui fond sur lui.

FÉNELON, *Existence de Dieu*, part. I, c. 2.

En même temps que les puissances qui font mouvoir les *ailes* sont plus grandes, le volume des *ailes* est aussi plus étendu et la masse plus légère, relativement à la grandeur et au poids du corps de l'oiseau.

BUFFON, *Histoire naturelle, Oiseaux*, sur la nature des oiseaux.

La queue (du cygne) est un vrai gouvernail, les pieds sont de larges rames, et ses grandes *ailes*, demi-ouvertes au vent et doucement enflées, sont les voiles qui poussent le vaisseau vivant, navire et pilote à la fois.

BUFFON, même ouvrage, *Oiseaux*, le Cygne.

C'est avec leurs *ailes* que les oiseaux, en frappant l'air, se soutiennent comme sur un corps solide et nagent dans ce fluide beaucoup plus léger qu'eux.

BERNARDIN DE SAINT-PIERRE, *Harmonies de la nature*, liv. II, Harmonies aériennes des animaux.

Heureux le favori des muses, qui, comme le cygne, a quitté la terre sans y laisser d'autres débris et d'autres souvenirs que quelques plumes de ses *ailes*.

CHATEAUBRIAND, *Génie du Christianisme*, Ire part., liv. V, c. 7.

Aussitôt que la vapeur du soir enveloppe la vallée, le cou tendu et l'*aile* sifflante, ils (les canards sauvages) s'abattent tout à coup sur les eaux qui retentissent.

LE MÊME, même ouvrage, ibid.

Ne peut faire haute volée
Oisiaux qui à une *éle* vole.

Miserere du Reclus de Moliens, ms. de Gaignat, fol. 204, r°, col. 2. (Cité par Sainte-Palaye.)

Eles et plumes entour soi
A (l'autruche), et toutes voies voler
Ne puet en l'air soi lever.

GUILLEVILLE, *Pèlerinage de la vie humaine.*

Semblable à ces oyseaux, qui d'*ailes* passagères
Arrivent au printemps des terres étrangères.

ROB. GARNIER, *Antoine*, II, 34.

L'*aisle* d'un papillon m'eust plus fourny de vers
Qu'aujourd'hui ne feroit le bruit de l'univers.

THÉOPHILE.

Que ne puis-je imiter ces chastes tourterelles
Qui pleurent dans ces bois la mort de leur époux ?
Mais, pour suivre leur vol et pour gémir comme elles,
Il faut avoir leur cœur, il faut avoir leurs *ailes*,
Et je ne puis, Seigneur, les tenir que de vous.

GOMBERVILLE, Sur le Désir qu'avoit M. de Pontchateau de se retirer à Port-Royal des Champs.

Le gentil papillon la suit
D'une *aisle* tremoussante.

SAINT-AMANT, *le Soleil levant.*

Je suis oiseau, voyez mes *ailes* :
Vive la gent qui fend les airs.

LA FONTAINE, *Fables*, II, 5.

... Quand des nues
Fond à son tour un aigle aux *ailes* étendues.

LE MÊME, même ouvrage, IX, 2.

Même quand l'oiseau marche, on sent qu'il a des *ailes*.

LEMIERRE, *les Fastes*, ch. 1.

AILE entre dans un grand nombre d'expressions fort usitées, comme

Tirer de l'aile, *voler à tire-d'aile.*

Voyant la proye guagner *à tire d'aesle.*

RABELAIS, *Pantagruel*, II, 1.

Battre des ailes :

Là, *battant des ailes* et poussant des cris par intervalles, au milieu du murmure des vents et des pluies, ils saluent l'habitation de l'homme.

CHATEAUBRIAND, *Génie du christianisme*, Ire partie, liv. V, c. 7.

Traîner l'aile, traîner de l'aile :

Traînant l'aile et tirant le pié.

LA FONTAINE, *Fables*, IX, 2.

Elle fait la blessée et va *traînant de l'aile.*

LE MÊME, même ouvrage, X, 1.

Les anges étant représentés avec des *ailes*, on a dit les *ailes* des anges.

Un ange du Seigneur, sous son *aile* sacrée,
A donc conduit vos pas et caché votre entrée.

J. RACINE, *Esther*, I, 3.

On prête aussi, d'après l'usage ou l'exemple des anciens, des *ailes* à quelques divinités de la fable, comme Mercure, l'Amour ; à certains êtres fantastiques, comme Pégase, l'hippogriffe, etc.

Après ces mots, ses *esles* esbranla
Et vers les cours célestes s'en alla
L'éloquent Dieu...

CL. MAROT, *Épîtres*, II.

Ainsi Amour parloit : et en parlant
M'asseura fort : adonc en esbranlant
Ses *aesles* d'or en l'air s'en est volé.

CL. MAROT, *Élégies,* liv. I, 2.

Ruisseaux, enseignez-moi l'objet de mon amour.
. . . .
Il s'envole avec l'ombre, et me laisse appeler.
Hélas ! j'use au hasard de ce mot d'envoler,
Car je ne sais pas même encor s'il a des *ailes.*

LA FONTAINE, *Psyché,* liv. Ier.

Le Dieu dont l'*aile* est légère
Et la langue a des douceurs.

LE MÊME, *Fables,* VIII, 20.

Des *ailes* sont encore attribuées, par figure, à des abstractions personnifiées, telles que le Temps, la Mort, la Renommée, la Gloire, la Victoire, etc.

Mauléon, tu te peux vanter,
Puisque Ronsard te veut chanter,
Que tu devanceras les *aisles*
Du temps, qui vole et qui conduit
Volontiers une obscure nuict
Aux vertus qui sont les plus belles.

RONSARD, *Odes retranchées,* à Michel Pierre de Mauléon.

Seulement je me deuls des *ailes* de mon âge,
Qui me laissent le chef semé de cheveux gris.

LE MÊME, *Sonnets pour Hélène,* XIV.

La mort, déployant ses *ailes,*
Couvroit d'ombres éternelles
La clarté dont je jouis.

J.-B. ROUSSEAU, *Odes,* I, 15.

Pour vous seul, à ce que je vois,
Le temps et l'amour n'ont point d'*ailes.*

VOLTAIRE, *Épitres.*

Sans doute, en ce moment, le couvrant de ses *ailes,*
La vertu du Très-Haut, qui nous sauve aujourd'hui,
Aplanissait sa route et marchait devant lui.

LE MÊME, *Zaïre,* II, 1.

Et vous, gloire, vertu, déesses immortelles,
Que vos brillantes *ailes*
Sur mes cheveux blanchis se reposent un jour.

THOMAS, *le Temps,* Ode.

Il en est de même à l'égard de l'âme, de la pensée, de la parole, de nos passions, de nos affections diverses, etc.

Estant portée (la reine Catherine de Médicis) des *aisles* du désir et de l'affection maternelle, elle fait le chemin de Paris à Tours en trois jours et demy.

MARGUERITE DE VALOIS, *Mémoires.*

Cæsar donna la faveur du peuple à des tribuns, pour *aisle* de son ambition.

MATHIEU, *Histoire des derniers troubles de France,* liv. IV.

Les paroles ont des *ailes* et s'envolent en mesme temps qu'on les prononce.

PERROT D'ABLANCOURT, trad. de Lucien, *Louange d'une maison.*

Tout mal arrive avec des *ailes* et s'en retourne en boitant.

VOLTAIRE, *Lettres,* 14 octobre 1754.

Les vertus religieuses ont des *ailes.*

CHATEAUBRIAND, *Génie du christianisme,* IIe partie, liv. II, c. 12.

La raison a perdu ses *ailes.*

J. DE MAISTRE, *Soirées de Saint-Pétersbourg,* IIe entretien.

Qui renforcera ma voix,
Et qui fera que je vole
Jusqu'au ciel à ceste fois
Sur l'*aile* de ma parole.

RONSARD, *Odes,* V, 5.

Il faut monter aux cieux sur l'*aisle* du penser.

VAUQUELIN DE LA FRESNAIE, *Art poétique françois,* III.

Et si jamais ces vers peuvent d'une *aile* agile,
Franchissant l'Océan, voler jusqu'à ton isle.

DU BARTAS, IIe semaine, 2e partie, Babylone.

Alcandre cessa de parler ;
La nuit assiégea ses prunelles ;
Et son âme étendant ses *ailes*
Fut toute prête à s'envoler.

MALHERBE, *pour Alcandre,* stances.

Les murs d'une prison sur moi pèsent en vain :
J'ai les *ailes* de l'espérance.

A. CHÉNIER, *la Jeune captive.*

Ce n'est point pour ramper qu'il (le génie) a reçu des *ailes.*

MILLEVOYE, *l'Indépendance de l'homme de lettres.*

L'imagination, sur tes *ailes* magiques,
Le reporte aussitôt aux siècles romantiques,
Au temps des troubadours.

LE MÊME, *les Plaisirs du poète.*

On se sert de la même figure en parlant de certains objets de la nature physique, tels que les vents, la nuit.

A vous, troupe légère,
Qui d'*aile* passagère
Par le monde volez.

JOACHIM DU BELLAY, *le Vanneur*.

Mais la nuit aussitôt, de ses *ailes* affreuses,
Couvre des Bourguignons les campagnes vineuses.

BOILEAU, *le Lutrin*, II.

Cette figure est très fréquente dans cette manière de parler : *Sur l'aile de.....*; Soit dans un sens physique :

Ce qu'il y eut encor de plus prodigieux en cela, ce fut que cette cendre, *sur les aisles des* vents, vola par dessus les mers, et passa jusques en Afrique, en Syrie et en Égypte.

COEFFETEAU, *Histoire romaine*, liv. VII.

Sur les ailes de ces vents volent les nuées d'un bout de l'horizon à l'autre.

FÉNELON, *Existence de Dieu*, part. I, c. 2.

Ceux-ci (certains oiseaux) arrivent *sur les ailes du* printemps, et bientôt disparaissant avec les Zéphirs, suivent de climats en climats leur mobile patrie.

CHATEAUBRIAND, *Génie du Christianisme*, Ire partie, liv. V, c. 7.

Or maintenant il est temps de s'esbattre
Et de jeter dedans l'air bien avant
Tous vos ennuis *sur les ailes du* vent.

RONSARD, *le Bocage royal*.

Dissipe les brouillards, qui, craignant ton retour,
Vont *sur l'aisle des* vents te déclarer la guerre.

RACAN, *Cantique des trois enfants*.

Dieu que la lumière environne,
Qui voles *sur l'aile des* vents.

J.-B. ROUSSEAU, *Odes*.

Son corps majestueux, maître des éléments,
Descendait vers Bourbon *sur les ailes des* vents.

VOLTAIRE, *la Henriade*.

Soit dans un sens moral :

Quand ceste année... m'aura monstré son dessein, je vous iray voir et passerai *sur les ailes d'*Amour, hors de la cognoissance de ces misérables terriens.

HENRI IV, *Lettres*, 7 décembre 1585.

Il vola à son cheval *sur les ailes de* son amour, une grande épée à son côté et une carabine en bandoulière.

SCARRON, *Roman comique*, Ire partie, c. 19.

Son mari (le duc de Saint-Aignan) est revenu du Havre *sur les* vieilles *ailes de* son vieil amour.

Mme DE SÉVIGNÉ, *Lettres*, 24 janvier 1680.

O sainte solitude ! ô sainte virginité ! heureuses les chastes colombes qui, *sur les ailes du* divin amour, vont chercher vos délices dans le désert.

BOSSUET, *Sermon sur les obligations de l'état religieux*.

On a beau monter et être porté *sur les ailes de* la fortune au-dessus de tous les autres, la félicité se trouve toujours placée plus haut que nous-mêmes.

MASSILLON, *Petit carême*, 3e dimanche.

Quelquefois mes rêveries finissent par la méditation, mais plus souvent mes méditations finissent par la rêverie; et durant ces égarements, mon âme erre et plane dans l'univers, *sur les ailes de* l'imagination, dans des extases qui passent toute autre jouissance.

J.-J. ROUSSEAU, *les Rêveries du promeneur solitaire*, 7e promenade.

O Muse..... porté *sur ton aile*, j'ai découvert au milieu des nuages les montagnes désolées de Morvan.....

CHATEAUBRIAND, *les Martyrs*, XXIV.

Son renom porté par la gloire
Sur l'aile des siècles futurs.

ROB. GARNIER, *Cornélie*, IV, v. 187.

Je veux vivre si bien que mourant je ne meure,
Ains que laissant la tombe à mon terrestre faix,
Je vole dans le ciel *sur l'aile de* mes faicts.

LE MÊME, même ouvrage, v. 427.

Beaux esprits dont le nom *sur l'aile de* vos vers
Fait, comme le soleil, le tour de l'univers.

RACAN, *Psaumes*, XCV.

Alors en ton nom mes pensées,
Dessus les aisles de la foy
Seront jusqu'au ciel élancées.

LE MÊME, même ouvrage, CIX.

J'ay vu, j'ay contemplé d'un œil propice et dous,
Mon fidelle Jacob languir dessous les coups;
Ses pleurs m'ont attendri, ses prieres zélées,
Perçant le ferme azur des voûtes étoilées
Sur l'aile des souspirs ont monté jusqu'à moy.

S. AMANT, *Moyse*, 4e part.

Sur les ailes du Temps la tristesse s'envole.

LA FONTAINE, *Fables*, VI, 21.

Dans d'autres manières de parler, ces choses, soit de l'ordre physique, soit de l'ordre moral, auxquelles on attribue des *ailes*, par figure, sont assimilées à des *ailes*.

Dous *ales* ait donkes nostre oroisons, lo despeitement del monde et l'affliction de la char.

SAINT BERNARD, *Sermons.*

La personne a deux *aelles* par lesquelles elle se eslieve à Dieu et delaisse le monde, c'est assavoir simplesse et purité.

Le Livre de l'internelle consolacion, liv. I, c. 4.

En l'usage de nostre esprit nous avons, pour la pluspart, plus besoin de plomb que d'*ailes;* de froideur et de repos, que d'ardeur et d'agitation.

MONTAIGNE, *Essais,* III, 3.

Appren à ton courage
Voler ainsi qu'il faut;
Par ceste *aisle* le sage
S'en-vole aux Dieux là haut.

RONSARD, *Odes retranchées,* à Maclou de la Haye.

Pour t'élever de terre, homme, il te faut deux *ailes,*
La pureté de cœur et la simplicité.
Elles te porteront avec facilité
Jusqu'à l'abîme heureux des clartés éternelles.

P. CORNEILLE, *l'Imitation,* II, 4.

... Ces traits de vive flamme,
Et ces *ailes* de feu qui ravissent une âme
Au céleste séjour.

J.-B. ROUSSEAU, *Odes,* III, 1.

Dans des manières de parler toutes semblables, on se sert du mot AILE ou AILES au sujet des personnes, des écrivains, des poètes, par exemple, pour exprimer l'essor de leur esprit.

Descartes se trouvoit enfermé dans le labyrinthe avec tous les autres philosophes ; mais il se fit lui-même des *ailes* et s'envola, frayant ainsi de nouvelles routes à la raison captive.

LE P. GUENARD, *Discours sur l'esprit philosophique.*

Vous avez pris un vol d'aigle dans Warvick, et vos *ailes* sont bonnes.

VOLTAIRE, *Lettres,* 19 octobre 1765.

Je façonne un vers dont la grâce
Maugré les tristes Sœurs vivra,
Et suivra
Le long vol des *ailes* d'Horace.

RONSARD, *Odes retranchées,* Des roses plantées prez un blé.

Il faut faire de mesme un œuvre entreprenant,
Juger comme au subject l'esprit est convenant,
Et, quand on se sent ferme, et d'une *aisle* assez forte,
Laisser aller la plume où la verve l'emporte.

REGNIER, *Satires,* I.

Je sus, prenant l'essor par des routes nouvelles,
Élever assez haut mes poétiques *ailes.*

BOILEAU, *Épîtres,* X.

Ne va point d'une *aile* orgueilleuse
Chercher ta perte dans les airs.

J.-B. ROUSSEAU, *Odes,* II, 1.

Des badinages de Catulle
Aux pleurs du sensible Tibulle
On m'a vu passer tour à tour,
Et sur les *ailes* de Pindare,
Sans craindre le destin d'Icare,
Voler jusqu'à l'astre du jour.

LEBRUN, *Odes.*

Il est très ordinaire de s'en servir au sujet de Dieu, pour rendre l'idée de sa providence protectrice.

Un autre, voyant des petits poussins ramassez sous leur mère : O Seigneur, dit-il, conservez-nous l'ombre de vos *ailes.*

SAINT FRANÇOIS DE SALES, *Introduction à la Vie dévote,* IIe partie, c. 13.

Jérusalem, Jérusalem, qui fais mourir les prophètes, et qui lapides ceux qui te sont envoyés, combien de fois ai-je voulu rassembler tes enfants sous mes *ailes,* comme la poule renferme son nid sous les siennes ; et tu ne l'as pas voulu !

BOSSUET, *Méditations sur l'Évangile.*

Malgré les tempêtes de l'Océan et les agitations encore plus violentes de la terre, Dieu, la prenant sur ses *ailes,* comme l'aigle prend ses petits, la porta lui-même dans ce royaume.

LE MÊME, *Oraison funèbre de la duchesse d'Orléans.*

O Dieu des armées... couvrez de votre *aile* cette troupe illustre.

MASSILLON, *Discours pour la bénédiction des drapeaux du régiment de Catinat.*

Dieu, étendez les *ailes* de votre protection sur l'enfant précieux...

LE MÊME, *Oraison funèbre de Louis le Grand.*

Délivre-moi, Seigneur, de la mort éternelle,
Et regarde en pitié mon âme criminelle,
Languissante, étonnée, et tremblante d'effroi.
Cache-la sous ton *aile* au jour épouvantable,
Quand la terre et les cieux s'enfuiront devant toi.

DESPORTES, *Paraphrase du Libera me, Domine.*

Ils conjuroient ce Dieu de veiller sur vos jours,
De rompre des méchants les trames criminelles,
De mettre votre trône à l'ombre de ses *ailes*.

J. RACINE, *Esther*, III, 4.

Montrons ce jeune roi que vos mains ont sauvé!
Sous l'*aile* du Seigneur dans le temple élevé.

LE MÊME, *Athalie*, I, 2.

On dit de même, figurément et proverbialement, d'un jeune enfant, d'une jeune fille, qu'*ils sont encore sous l'aile de leur mère,* c'est-à-dire sous sa conduite, sous sa surveillance.

Après donc que les enfants sont sortis de *dessous l'aisle de leurs mères*, et qu'ils commencent à avoir le corps au travail, et l'esprit capable de raison et de discipline, nous les prenons sous nostre conduite, et exerçons l'un et l'autre.

PERROT D'ABLANCOURT, trad. de Lucien, *Des exercices du corps.*

Mademoiselle de Rohan s'ennuyoit cependant d'un célibat auquel elle ne voyoit point de fin, *sous l'aile d'une mère* jalouse et sévère.

SAINT-SIMON, *Mémoires*, 1706.

On exprime de même d'autres sortes de protection.

Ce duc tenoit communément à Paris, et supportoit *dessous ses aelles* ceux de Paris, pour la cause de ce que ils avoient grand'finance.

FROISSART, *Chroniques*, II, c. 135.

Les douceurs célestes qu'elle avoit goûtées *sous les ailes de* sainte Fare étoient revenues dans son esprit.

BOSSUET, *Oraison funèbre d'Anne de Gonzague.*

Il y a un M. Gérard, dont la physionomie plaît... c'est celui-là que je voudrois mettre *sous votre aile.*

Mme DE SIMIANE, *Lettres*. A M. d'Héricourt, 28 février 1736.

Li hom qu'ele a *desouz s'èle.*

ALARS DE CAMBRAY, *Moral.*, ms. de Gaignat, fol. 165, r°, col. 3. (Cité par Sainte-Palaye.)

Dans les passages suivants, *Sous l'aile de* remplace les locutions : Sous la protection de, A la faveur de.

La force ne pouvant rien à leur faveur, ils s'advisent des surprinses, et *sous l'æsle d'*une bien obscure nuict passent la rivière sans tambour, trompette, ni fallot.

MATHIEU, *Histoire des derniers troubles de France.*

Le duc de Bouillon vouloit, *sous l'aisle de* ceste armée, ravitailler ces places qui estoient mal fournies.

LE MÊME, même ouvrage, liv. II.

La plupart des locutions fort nombreuses où entre le mot AILE, pris au propre, sont susceptibles d'un emploi figuré et proverbial. Telles sont les suivantes et autres analogues :

Avoir des ailes.

Car, comme dit le poète, « les paroles *ont des ailes.* »

AMYOT, trad. de Plutarque, *Œuvres morales*, Du trop parler, 15.

Votre ordonnance de M. Barbeyrac et votre lettre *ont eu des ailes*, comme vous le souhaitiez.

Mme DE SÉVIGNÉ, *Lettres*, 4 février 1696.

Ils (les ducs de la Rocheguyon et de Villeroy) n'*avoient* pas auprès de lui (Monseigneur) les mêmes *ailes* que M. de Luxembourg.

SAINT-SIMON, *Mémoires*, 1711.

Quand *j'aurois eu des ailes*, j'aurois eu peine à pouvoir obéir.

J.-J. ROUSSEAU, *les Confessions*, liv. XII.

Comment (demanda frere Jan) dict on doncques
Depuys que decretz *eurent ales*,
Et gendarmes porterent males,
Moines allerent à cheval
En ce monde abonda tout mal.

RABELAIS, *Pantagruel*, IV, 52.

On quitte tout, on court, on *a des ailes.*
GRESSET, *Vert-Vert*, c. 3.

Tu n'*as* point d'*aile* et tu veux voler, rampe.
VOLTAIRE, *Satires en vers*, le pauvre Diable.

A tire d'aile :

Celui-ci (Virgile) on le voit aller *à tire-d'aile*, d'un vol haut et ferme, suivant toujours sa pointe.
MONTAIGNE, *Essais*, III, 10.

Montesquiou, avec cette tête de l'armée, arriva devant Denain *à tire d'aile.*
SAINT-SIMON, *Mémoires*, 1712.

Je sais que le bien qu'on dit d'un homme ne passe guère la porte de la chambre où on en parle, et que la calomnie va *à tire-d'aile* jusqu'aux ministres.
VOLTAIRE, *Lettres*, 27 janvier 1737.

Coigny eût profité de ses victoires pour s'y porter *à tire d'aile.*
NAPOLÉON, *Mémoires*, t. III, p. 199.

Donner, prêter des ailes, et par souvenir de l'expression ancienne : *Pedibus timor addidit alas, mettre des ailes aux talons,* etc.

C'est ce qui *met les aisles aux talons* et le cœur au ventre, quand l'un et l'autre est nécessaire.
MONTLUC, *Commentaires*, liv. IV.

Mets des ailes à ta meilleure bête ; j'ai dit à Montespan de crever la sienne.
HENRI IV, *Lettres*, 12 mars 1586.

Les naturalistes ont bien dict qu'il n'y a passion qui face plus tost tresbucher la vivacité de nostre jugement que la peur et l'effroy ; elle troubla en telle sorte l'armée des Reistres, qu'elle luy cloüa les pieds pour passer outre, et luy *donna des aisles aux talons* pour rebrousser chemin.
MATTHIEU, *Histoire des derniers troubles de France*, liv. II.

Si la peur vous *donne des ailes* pour vous sauver, l'espérance lui *en donnera* de plus fortes pour vous atteindre.
VAUGELAS, trad. de Quinte-Curce, *Histoire d'Alexandre*, VII, 4.

Il faut que la mauvaise foi, pour ne pas dire la fourberie, soit venue au secours, et qu'elle ait *donné des ailes à* la cupidité, pour lui faire prendre un vol si prompt et si rapide.
BOURDALOUE, Carême, *Sermon sur les richesses.*

La crainte *me prêta des ailes* pour fuir les prêtres de l'hôpital des orphelins.
LE SAGE, *Gil Blas*, X, 10.

Lisons les anciens : nous trouverons... des tours hardis et véhéments qui *donnent aux* pensées *des ailes* de feu.
LE P. GUÉNARD, *Discours sur l'esprit philosophique.*

Penchée sur les chevaux, une femme échevelée excite leur ardeur et semble vouloir leur *donner des ailes.*
CHATEAUBRIAND, *les Martyrs*, X.

Lors que la paour *aux talons met des aesles*,
L'homme ne sçait où s'enfuyr, ne courre.
CL. MAROT, *Épigrammes*, liv. I, 33.

Ferveur qui me *donne des aesles*
Pour voler par tout l'univers,
Aesles qui seront immortelles,
Comme immortels seront mes vers.
CHARLES FONTAINE, *Passetemps des amis.*

L'amour pour le trouver me *fournira des ailes.*
P. CORNEILLE, *l'Illusion comique*, I, 4.

Voler de ses ailes, de ses propres ailes.

Ce Dieu fait affin que eulx ainsi humiliés et apovris apreignent à *ne voler pas de leurs asles*, c'est-à-dire ne se attribuent pas leurs dons et graces.
Le Livre de l'internelle consolacion, liv. II, c. 7.

Voler sans ailes.

Je luy dis... que Monsieur de Strossi estoit plein de bonne volonté, mais qu'on ne peut *voler sans aisles.*
MONTLUC, *Commentaires*, liv. III.

Ne battre que d'une aile.

Les nécessitez croissent en telle extremité en ceste armée qu'elle *ne bat plus que d'une aile.*
MATTHIEU, *Histoire des derniers troubles de France*, liv. II.

Son esprit menace ruine plus il va en avant ; sa raison

ne bat plus que d'une aile, et je désespère tout à fait de son bon sens.

MONTCHESNAY, *la Cause des femmes.* (Voyez GHERARDI, *Théâtre italien,* t. II, p. 12.)

Les aigles voyagent dans toutes les saisons ; mais un pauvre petit pinson qui *ne bat plus que d'une aile,* se niche dans un trou de muraille.

VOLTAIRE, *Lettres,* 26 janvier 1749.

En avoir dans l'aile, expression employée en deux sens divers :

Éprouver quelque altération dans sa fortune.

Ma foy, la France *en a dans l'aisle,*
Voilà bien du malheur pour elle.

LORET, *Muse historique,* 29 mai 1650.

Être devenu amoureux.

Ma princesse, vous voyez un seigneur qui *en a dans l'aile.*

LE SAGE, *Gil Blas,* III, 5.

Angélique, c'est fait, mon frère *en a dans l'aile.*

P. CORNEILLE, *la Place royale,* IV, 4.

Mon cher ami, j'*en ai dans l'aile,*
Je suis perdu, j'ai regardé Chloris.

SCARRON, *Poésies.*

Parbieu ! j'en tiens, c'est tout de bon,
Ma libre humeur *en a dans l'aile,*
Puis que je préfère au jambon
Le visage d'une donzelle.

SAINT-AMANT, *l'Enamouré.*

Rabaisser les ailes.

La sagesse contre la prospérité nous fournit de bride et apprend à *rabaisser les ailes* et à se tenir en modestie.

CHARRON, *de la Sagesse,* II, c. 7.

Couper les ailes.

La prévention où l'on est aujourd'hui ôte toute espérance à l'esprit, elle l'abaisse ; et si j'ose me servir de cette figure de Platon, elle *coupe ses ailes.*

Mme DACIER, trad. d'Aristophane, préface.

Je ne suis point surpris que cet ouvrage trouve des contradicteurs dans un temps où il semble qu'on ait envie de *couper les ailes à* l'esprit.

J.-B. ROUSSEAU, *Lettres,* 15 mai 1739.

Briser, rompre les ailes.

Il se vouloit faire roy des Romains, et *eut* bien *brisé les ailes aux* papes et taillé leurs morceaux courts.

BRANTÔME, *Vies des capitaines illustres,* Disc. XX.

Ils ajoutoient que pour se fortifier désormais contre l'ambition des Guises, et pour *rompre* tout d'un coup *les ailes à* ces vaines prétentions qu'ils avoient sur la couronne, il étoit besoin que Sa Majesté appelât auprès d'elle le roi de Navarre, son présomptif héritier.

MÉZERAY, *Histoire de France,* Henri III.

Rogner les ailes.

Les plus foibles de ses voisins (de Romulus) ployoient soubz luy : mais les puissans en avoient peur estimans... qu'il falloit de bonne heure empescher son accroissement, et *lui rongner les ailes.*

AMYOT, trad. de Plut., *Vie de Romulus,* c. 39.

J'*avois* si bien *rongné les ailes aux* huguenots, qu'ils ne pouvoient faire grand cas en la Guyenne, n'y faire que de bien légères entreprises.

MONTLUC, *Commentaires,* liv. VII.

Il faut *rogner les ailes* et raccourcir les grands moyens de quelqu'un qui s'élève et se fortifie trop en l'État.

CHARRON, *de la Sagesse,* III, 2.

Le prince Maurice, pour faire perdre l'opinion qu'on avoit donné dans le païs qu'on lui devoit *rongner les ailes* l'esté prochain, à la fin de mars, voulant assiéger Geertruidembergue, vint attaquer le fort de Stelhof.

AGR. D'AUBIGNÉ, *Histoire universelle,* t. III, liv. III, c. 28.

Si je ne vous fais pas aussi bonne chère que je voudrois, c'est la faute de monsieur votre intendant, qui *m'a rogné les ailes* avec les ciseaux de son économie.

MOLIÈRE, l'*Avare,* V, 2.

Puisque vous êtes, Monsieur, à portée de rendre service aux belles-lettres, ne *rognez* pas de si près *les ailes à* nos écrivains, et ne faites pas des volailles de basse-cour de ceux qui, en prenant l'essor, pourrraient devenir des aigles.

VOLTAIRE, *Lettres,* 20 juin 1733, à un 1er commis.

J'entends dire en tous lieux que le monde est instruit;
Qu'avec saint Loyola le mensonge s'enfuit;

Qu'Aranda dans l'Espagne, éclairant les fidèles,
A l'Inquisition vient de *rogner les ailes*.

VOLTAIRE, *Poésies*, Le Père Nicodème et Jeannot.

Tirer, ôter, arracher une plume de l'aile.

Incontinent renvoyai à tous les gentilshommes les prier d'advertir toute la noblesse, bien joyeux pourtant de leur *avoir osté une si belle plume de l'aisle*.

MONTLUC, *Commentaires*, liv. VI.

Autre *plume* qu'on *me tira de l'aile*.

LE SAGE, *Gil Blas*, VII, 6.

Lors ne pourront (les Anglais) par deçà repasser,
Se telle plume *leur est de l'éle ostée*.

EUSTACHE DES CHAMPS, ms., p. 120, col. 1.
(Cité par Sainte-Palaye.)

On trouve dans les anciens dictionnaires cette autre expression figurée et proverbiale : *Autant qu'en couvriroit l'aile d'une mouche*.

Les *ailes* d'Icare sont un emblème fort usité de la présomption, de l'imprudence.

C'est assez que cinq ans ton audace effrontée,
Sur des *ailes* de cire aux étoiles montée,
Princes et Rois ait osé défier.

MALHERBE, *Prophétie du Dieu de Seine* (au maréchal d'Ancre).

Mais dussiez-vous en l'air voir vos *ailes* fondues,
Ne valoit-il pas mieux vous perdre dans les nues,
Que d'aller sans raison, d'un style peu chrétien,
Faire insulte en rimant à qui ne vous dit rien.

BOILEAU, *Satires*, IX.

AILE, se dit, en parlant des oiseaux préparés pour être mangés, de cette partie charnue de l'oiseau qui prend depuis le haut de l'estomac jusque sous la cuisse.

Prenez l'*aesle* de la perdrix.

RABELAIS, *Gargantua*, I, 39.

Je jetai quelques regards nonchalants sur un poulet d'assez bonne mine, dont je levai nonchalamment aussi les deux *ailes* qui se trouvèrent insensiblement mangées.

MARIVAUX, *le Paysan parvenu*, IIIe partie.

Et sans dire un seul mot, j'avalois au hasard
Quelque *ailè* de poulet dont j'arrachois le lard.

BOILEAU, *Satires*, III

C'est sans doute à cette acception d'AILE que se rapporte l'expression : *Tirer pied ou aile, cuisse ou aile de quelque chose ou de quelqu'un.*

Je ne le puis si peu racointer (Plutarque) que je n'en *tire cuisse ou aile*.

MONTAIGNE, *Essais*, III, 5.

Je reçois une lettre de notre marquis, c'est *pied ou aile* de vous; cela me fait plaisir.

Mme DE SÉVIGNÉ, *Lettres*, 28 août 1689.

L'analogie a conduit à dire : *Perdre pied ou aile*.

Qui veut rompre la paix ou trefve, qu'il fasse son esclat tout à coup : car, s'il y va pièce à pièce, il *perdra pied ou aisle*.

MONTLUC, *Commentaires*, liv. II.

On appelle *Bouts d'aile*, les plumes du bout de l'aile des oies, servant à écrire.

Il est fait par analogie des applications fort diverses du mot AILE.

Ainsi on a quelquefois appelé *ailes* les nageoires des poissons.

Pinnæ, *ailes* de quoy les poissons nagent, et leur servent de piedz.

ROB. ESTIENNE, J. THIERRY, NICOT, *Dictionnaires françois-latin*, DANET et COTGRAVE, *Dictionnaires*.

Elle (la baleine) a deux grandes *aisles* aux costez, desquelles elle nage.

A. PARÉ, *Œuvres*, liv. XXV, c. 34.

On a, par métaphore, appelé *ailes* les voiles des vaisseaux.

L'autre, tirant le chanvre à toute force,
Pli dessous pli, entorse sus entorse,
Menant la main ores haut, ores bas,
Fait le cordage, et l'autre pend au mat
A double ranc des *aisles* bien venteuses,
Pour mieux voguer sur les vagues douteuses.

RONSARD, *la Franciade*, I.

Les *ailes* d'un moulin à vent sont de grands châssis, garnis de toile, qui sont mis en mouvement par le vent et qui font tourner la meule.

Ayant *aesles* longues et amples, comme sont les *aesles* d'ung moulin à vent.

RABELAIS, *Pantagruel,* IV, 41.

Il y a plusieurs moulins à vent... et meulent à huict *æsles* ou bras, comme aussi tous autres moulins à vent en Turquie, et non à quatre comme les nostres.

PIERRE BELON, *Observations de plusieurs singularitez de divers pays étranges,* liv. I, c. 69.

Les hommes sont des machines que la coutume pousse comme le vent fait tourner les *ailes* d'un moulin.

VOLTAIRE, *Lettres,* 28 avril 1760.

Mais, Monsieur, prenez-y garde ; ce sont des moulins à vent; et ce qui vous semble des bras n'est autre chose que leurs *ailes.*

FLORIAN, *Don Quichotte,* part. I, c. 8.

On appelle *ailes* les deux parties d'un édifice qui sont jointes de chaque côté du principal corps de bâtiment.

... Pour ne pas rompre la communication des deux *ailes* qui n'est que par ce grand appartement.

SAINT-SIMON, *Mémoires,* 1700.

Au sortir de table, le roi alla dans l'*aile* neuve à l'appartement des mariés.

LE MÊME, même ouvrage, 1710.

Nous entrâmes dans une assez belle maison dont il occupait une *aile.*

LE SAGE, *Gil Blas,* liv. III, c. 1.

Du mur refont hautes les *éles*
Tresbien garnies de tourelles.

G. GUIART, *Royaux lignages,* ms., fol. 68, r°.
(Cité par Sainte-Palaye.)

Souffrez qu'à mon logis j'ajoute encore une *aile.*

LA FONTAINE, *Fables,* VIII, 1.

Il est fait à cet emploi du mot *aile,* en termes d'architecture, une allusion métaphorique dans le passage suivant :

Voici un petit pavillon d'un bâtiment immense (3e vol. de l'*Essai sur les mœurs*), dont les deux premières *ailes* qu'on a données très indignement, ne sont certainement pas de mon architecture.

VOLTAIRE, *Lettres,* 13 août 1754.

Les anciens appelaient *ailes* d'un temple les murs latéraux d'un temple avec ou sans péristyle; ce qui a fait donner par quelques auteurs modernes le nom d'*ailes* aux bas-côtés ou nefs latérales d'une église. (Voyez G. GUIART, *Royaux lignages,* v. 10229, 19211, t. II, p. 314.)

On paraît avoir même donné le nom d'*ailes* à des rideaux dont on parait les ailes ou les côtés de l'autel.

Item une paire d'*elles* pour les solennez doubles, cascun de deux draps, etc.

Inventaire de l'église de Cambray, en 1371. (Voyez DU CANGE, *Glossaire,* Alæ.)

On a appelé *ailes* les deux côtés de la scène dans un théâtre :

On voit... descendre Éole avec huit vents, dont quatre sont à ses deux côtés... Les quatre autres paroissent deux à deux au milieu de l'air sur les *ailes* du théâtre.

P. CORNEILLE, *Andromède,* mise en scène de la scène IV, acte II.

On trouve chez Cotgrave, *les Ailes d'une forêt,* expression qui peut s'autoriser des exemples suivants :

Il (le renard) s'en alla coucher en un champ, près et joignant l'*aile* d'un bois.

B. PALISSY, *Recepte véritable.*

Pour voir des levriers les tours,
Et par *les esles* de ces bois
L'emblure de ces palafrois.

GACE DE LA BIGNE, *Des Ded.,* ms., fol. 131, v°.
(Cité par Sainte-Palaye.)

On s'est servi de même du mot AILE en parlant des deux côtés d'une montagne, d'un chemin, etc.

Antonius ayant bien préveu ce qui arriveroit de sa témérité, avoit desja commandé à ses trouppes de se tenir prestes pour le combat, et craignant le désordre, les avoit jettées dans un champ sur les *ailes du* chemin.

COEFFETEAU, *Histoire romaine,* liv. VI.

Ès *éles* de Mongieu entra.

WACE, *Roman de Brut*, ms., fol. 23, r°, col. 2. (Cité par Sainte-Palaye.)

En termes d'art militaire, AILE se dit des deux parties de droite et de gauche d'une armée, d'une troupe rangée en ordre de bataille :

Le soudan... devisa son ost en dous *ales*.

Roman du comte de Ponthieu. (Voyez DU CANGE, *Glossaire*, Alæ.)

Chacune bataille avoit deux *ailes* de cinq cents armures qui devoient demeurer à cheval.

FROISSART, *Chroniques*, liv. I, Ire part., c. 35.

Sur les *aesles* (les andouilles) estoient flancquegées d'ung grand nombre de boudins sylvaticques.

RABELAIS, *Pantagruel*, IV, 36.

Excellent officier général (le maréchal de Joyeuse), surtout de cavalerie, très bon à mener une *aile*.

SAINT-SIMON, *Mémoires*, 1710.

Il (le maréchal Rosen) ne commanda jamais d'armée, et il n'en étoit pas capable ; mais souvent des *ailes*, de gros détachements.

LE MÊME, même ouvrage, 1715.

De là les expressions *Aile de cavalerie, aile droite, aile gauche*, et, par ellipse, *droite, gauche*.

On le vit presque en même temps pousser l'*aile droite* des ennemis, soutenir la nôtre ébranlée...

BOSSUET, *Oraison funèbre du prince de Condé*.

Bientôt après il se mit quelque désordre dans notre *aile droite*, qui souffrit un furieux feu.

SAINT-SIMON, *Mémoires*, 1707.

Il (le maréchal de Besons) étoit bon officier général, entendoit bien à mener une *aile de cavalerie*.

LE MÊME, même ouvrage, 1715.

Le roi poursuivit la *droite* jusqu'à la rivière de Narva avec son *aile gauche*, si l'on peut appeler de ce nom environ quatre mille hommes qui en poursuivaient près de quarante mille.

VOLTAIRE, *Histoire de Charles XII*, liv. II.

On appelle *Aile en l'air*, une aile susceptible d'être tournée et enveloppée faute d'appui.

On trouve chez Froissart cette expression, *Être sur aile*, c'est-à-dire sur un des côtés.

Adoncques prit messire Hue de Cavrelée cette bataille qui s'appeloit arrière-garde, et se trait sur les champs arrière des autres *sur aile*.

FROISSART, *Chroniques*, liv. Ier, IIe part., c. 185.

Messire Hue de Cavrelée qui *étoit sur aile* et qui avoit une belle bataille et de bonne gent, venoit à cet endroit où il véoit ses gens branler.

LE MÊME, même ouvrage, c. 188.

AILE s'emploie de même en parlant d'une armée navale.

Le mot AILE s'applique en anatomie à certaines parties du corps : ainsi on dit les *ailes du nez*, des deux parties du nez qui forment le côté extérieur des narines.

Il s'applique également, en botanique, à certaines parties des plantes.

Le bouleau a sa graine accolée à deux *ailes* qui lui donnent l'apparence d'une petite coquille.

BERNARDIN DE SAINT-PIERRE, *Études de la nature*, XI.

On ne peut toutefois rapporter à cette acception technique l'emploi figuré qui est fait du mot AILE dans ce passage :

Les beaulx bouttons étoient jà sur le poinct
D'eulx espanir, et leurs *aesles* estendre.

BONAVENTURE DES PERIERS, *Œuvres*.

AILE donne lieu, dans la langue des arts et des métiers, à un certain nombre de manières de parler qu'il appartient aux dictionnaires spéciaux d'expliquer.

Il paraît avoir eu cours dans le langage ordinaire en parlant des bords d'un chapeau :

Celadon avoit apiécé au droit du cordon de son chapeau, par le dedans, un peu de feutre si proprement, qu'à peine se voyoit-il, et cela se serroit avec une gance à un bouton par dehors, où il faignoit de retrousser l'*aile* du chapeau : il mettoit là dedans sa lettre.

D'URFÉ, *l'Astrée*, Ire part., liv. IV.

Il avoit un vieux chapeau qui battoit de l'*aile* et qui avoit les bords une fois trop grands.

TALLEMANT DES RÉAUX, *Historiettes*, Autres avares.

Du mot AILE se sont formés les diminutifs AILETTE, AILERETTE, AILERON.

AILETTE, s. f. Petite aile, Aileron, Nageoire. (Voyez les Dictionnaires de Cotgrave, Nicot et Monet.)

AILERETTE, s. f.

Petite aile.

Nenny, c'est un serpenteau
Qui vole, au printemps nouveau,
Avecque deux *ailerettes*
Çà et là sur les fleurettes.

RONSARD, *Odes*, IV, 14.

AILERON, s. m.

L'extrémité de l'aile d'un oiseau, à laquelle tiennent les grandes plumes de l'aile.

Il a été employé comme le mot précédent, au sens plus général de Petite aile.

L'un a des *ailerons* au flanc,
L'autre de duvet est tout blanc,
Et l'autre ne fait que d'éclore.

RONSARD, *Odes*, V, 20.

AILERON s'est dit, comme AILE, des Nageoires des poissons.

C'est un poisson qu'on voit le dos appuié contre sa coquille, qui lui sert comme de proue, la tête qu'il élève lui tient lieu de voile et ses *ailerons* sont ses rames.

PERROT D'ABLANCOURT, trad. de Lucien, *Supplément de l'Histoire véritable*, liv. III.

Il y a un estang fort poissonneux près du temple, où il y a de grands poissons qui ont chacun leur nom, et qui viennent quand on les appelle. J'en ai vu un plusieurs fois qui avoit sur l'*aileron* de l'épine du dos un petit ouvrage d'or qu'on y avoit appliqué.

LE MÊME, même ouvrage, *la Déesse de Syrie*.

En vain, dans sa douleur, la baleine bouleverse la mer de sa large queue et de ses grands *ailerons*.

BERNARDIN DE SAINT-PIERRE, *Harmonies de la nature*, liv. I. Tableau général des harmonies de la nature.

Ou bien encore de certaines parties des plantes :

Celle (la graine) de l'érable a deux *ailerons* membraneux semblables aux ailes d'une mouche.

BERNARDIN DE SAINT-PIERRE, *Études de la nature*, XI.

AILERON s'est prêté à plusieurs applications faites par analogie du mot *Aile*:

L'armée allemande ayant fait reconnoître ce bois plein d'infanterie qui favorisoit 8 cornettes, présenta de ce costé 3000 lansquenets en gros, et tous leurs arquebusiers françois à divers *ailerons*.

AGR. D'AUBIGNÉ, *Histoire universelle*, liv. V, c. 10.

Un homme fat et ridicule porte un long chapeau, un pourpoint à *ailerons*.

LA BRUYÈRE, *Caractères*, c. 13.

C'est ainsi qu'on le dit de petites planches qui garnissent les roues des moulins à eau, et qui servent à les faire tourner en recevant le choc de l'eau.

Quelques dictionnaires donnent encore, comme formés d'AILE,

AILASSE, s. f.

Grande vilaine aile.

AILEURES, s. f. plur.

Solives placées sur les côtés d'un vaisseau.

Du mot AILE s'est fait encore :

AILÉE, s. f.

Encore écrit ELÉE, ELLÉE. (Voyez les Dictionnaires de Rob. Estienne, J. Thierry, Nicot, Monet, Cotgrave.)

Et autrefois employé dans un sens analogue à l'expression *Donner des ailes*, pour désigner l'excitation, l'impulsion donnée à un cheval.

Ailées qu'on baille à un cheval, *cursus infrænus*.

ROB. ESTIENNE, J. THIERRY, NICOT, *Dictionnaires français-latin*.

Ailées. Abandon *à* courir, *admissio ad infrænum cursum*.

MONET, Dictionnaire.

Selon Sainte-Palaye, ce mot pourrait être rapporté à une autre origine, et l'on aurait dit *Courir à eslais, eslés, ellés*, pour Avec élan.

AILER, v.
Donner des ailes.

Car ce vieil faucheur, ce Temps,
Qui dévore ses enfans,
Ayant ailé nos années...
OL. DE MAGNY, *Odes*, liv. III.

Jamais le nepveu d'Atlas
Ne fut las
D'*ailer* sa plante legere
Pour annoncer çà et là
Ce qu'il a
En mandement de son pere.
JOACHIM DU BELLAY, *Au seigneur de Lansac.*

De là l'emploi du verbe pronominal S'AILER, Prendre, recevoir des ailes.

Par lui mon cœur premièrement *s'aila*,
Et loin du peuple à l'écart s'envola
Jusqu'au giron des plus belles idées.
RONSARD, *Amours*, I, 74.

AILÉ, ÉE, adj.
Qui a des ailes.
Il se prend comme le mot *Aile*, soit au propre, soit au figuré ;
Au propre, en parlant de certains animaux :

Il renversa six ruches de mouches à miel... Ces petits éléphants *ailés* pourvus de proboscides et armés d'aiguillons s'acharnèrent sur ce petit corps nu.
SCARRON, *Roman comique*, II, 16.

On entendait un rossignol dans un étroit vallon... le long sifflement que chacun connaît, et qui précède les brillantes batteries du musicien *ailé*, n'était pas perçant comme celui de nos rossignols.
CHATEAUBRIAND, *Mémoires d'outre-tombe*, t. IX, p. 112.

Les témoins déposoient qu'autour de ces rayons
Des animaux *ailés*, bourdonnants, un peu longs,
De couleur fort tannée, et tels que les abeilles,
Avoient longtemps paru...
LA FONTAINE, *Fables*, I, 21.

Tu mourras, maudite abeille,
Tu mourras, serpent *ailé*.
LEBRUN, *l'Amour et l'Abeille.*

Mais des monstres *ailés* la troupe redoutable
Soudain d'un vol bruyant s'abat sur notre table.
DELILLE, trad. de l'*Énéide*, III.

Au propre encore, en parlant de certaines divinités fabuleuses, de certaines abstractions personnifiées :

Je sais qu'Amour, en ses jeux inconstants,
Est, pour s'enfuir, *ailé* comme le Temps.
GENTIL BERNARD, *Art d'aimer*, II.

Au figuré :
Soit dans un sens physique, comme lorsque les voiles des vaisseaux sont comparées à des ailes.

Je montrai le premier au peuple du Mexique
L'appareil inouï, pour ces mortels nouveaux,
De nos châteaux *ailés* qui volaient sur les eaux.
VOLTAIRE, *Alzire*, I, 1.

Soit dans un sens moral :

Ses dards (de l'Hercule gaulois) sont la force de ses raisons, qui sont empennez, à cause que les paroles sont *ailées*, comme Homère les appelle.
PERROT D'ABLANCOURT, trad. de Lucien, *l'Hercule gaulois.*

On a dit un *foudre ailé*, en parlant d'un symbole de la puissance et de la vitesse.
En botanique, l'adjectif AILÉ s'applique, comme le substantif *aile*, à certaines parties de la plante.

AILLEURS, adv. de lieu. (De l'adverbe latin *aliorsum.*)
On l'a écrit AILLORS, AILLURS, AYLURS, AILLOURS, ALLIEURS, ALIEUR, etc. (Voyez le *Trésor des recherches* de Borel, le *Glossaire* de Sainte-Palaye, et les exemples ci-après.)
AILLEURS signifie, au propre, En un autre lieu.

En Angleterre et *aylures*.
Titre de 1270. (Voyez RYMER, t. I, part. II, p. 115, col. 1.)

Je ne désire pas seulement d'estre *ailleurs*.

MONTAIGNE, *Essais*, II, 6.

Ce petit gravier, qui n'étoit rien *ailleurs*, mis en cet endroit, le voilà mort (Cromwell).

PASCAL, *Pensées*.

Démétrius envahit la Macédoine, Pyrrhus étoit occupé *ailleurs*.

BOSSUET, *Discours sur l'histoire universelle*.

Nous sommes donc seuls, nous lisons beaucoup, et l'on trouve le soir et le lendemain comme *ailleurs*.

Mme DE SÉVIGNÉ, *Lettres*, 4 novembre 1671.

La Cour ne rend pas content, elle empêche qu'on ne le soit *ailleurs*.

LA BRUYÈRE, *Caractères*, De la Cour.

Il est surprenant jusqu'où il (le duc de Beauvilliers) imposoit chez le roi, et partout *ailleurs*, dès qu'il paroissoit quelque part.

SAINT-SIMON, *Mémoires*, 1714.

Venez, ce n'est pas là que je vous logerai,
Et votre gîte *ailleurs* est par moi préparé.

MOLIÈRE, *l'École des femmes*, V, 4.

Pourquoi chercher *ailleurs* ce que l'on a chez soi?

BOURSAULT, *Ésope à la cour*, II, 2.

... Notre ennemi trompé
Tandis que je vous parle est *ailleurs* occupé.

J. RACINE, *Britannicus*, II, 6.

L'on ne vit qu'à Paris et l'on végète *ailleurs*.

GRESSET, *le Méchant*, III, 9.

AILLEURS, en ce sens, est quelquefois joint à d'autres mots :

Toutes manières de genz, soient de la dite ville de Troies ou de *ailleurs dehors*.

Règlement pour le mestier de draperie de la ville de Troyes, Jean Ier, août 1361. (Voir le *Recueil des Ordonnances des Rois de France*, t. III, p. 518.)

Ailleurs en aucune part du royaume.

Titre de 1259. (Voyez RYMER, t. I, part. II, p. 45, col. 2.)

Ailleurs autre part :

Gauffriers et pastissiers seront contrainctz à aller cuyre et faire leurs gauffres aux carrefours et *allieurs autre part*, où bon leur semblera, sans eulx approcher des dictes églises.

Arresta amorum, p. 374 et 375. (Cité par Sainte-Palaye.)

Partout ailleurs est une locution très-usitée :

Je souhaite qu'on se souvienne de moi dans votre temple des Muses. Je veux être oublié *partout ailleurs*.

VOLTAIRE, *Lettres*, 3 novembre 1737.

On dit aussi *nulle part ailleurs*.

AILLEURS s'emploie encore au propre, en parlant d'un auteur ou d'un livre, pour Dans un autre endroit.

On a vu *ailleurs* le peu qu'étoit et que valoit ce petit duc d'Estrées.

SAINT-SIMON, *Mémoires*, 1713.

AILLEURS est aussi d'usage au figuré pour marquer les différences autres que celles du lieu, et se rapportant soit à des choses, soit à des personnes ;

A des choses :

Quelle asseurance estoit-ce, et quelle fierté de courage, de vouloir que sa mort (de Canius Julius) lui servist de leçon, et avoir loisir de penser *ailleurs* en une si grande affaire.

MONTAIGNE, *Essais*, II, 6.

Moi qui m'espie de plus près, qui ay les yeux incessamment tendus sur moy, comme celuy qui n'a pas fort affaire *ailleurs*.

LE MÊME, même ouvrage, II, 12.

Si nous apportons à la tragédie quelque sujet de tristesse qui nous soit propre, la compassion en détourne l'effet *ailleurs*, et nous sommes heureux de répandre pour les maux d'autrui les larmes que nous gardions pour les nôtres.

LA FONTAINE, *Psyché*, liv. Ier.

Puisqu'on peut mettre le plaisir dans les choses solides, il ne faut point le chercher *ailleurs*.

FÉNÉLON, *Dialogue sur l'éloquence*, I.

Vous me menez *ailleurs*, je voulois achever de vous montrer combien ce sermon est mal conçu.

LE MÊME, même ouvrage.

Les jours jolis de ma joesnece
S'en vont, si crey jeo, à la veilesce;

Si es bien dreit ke me repente,
Aillors metterai mon entente.

DENIS PYRAM. (Voir *Histoire littéraire de la France*, t. XIX, p. 631.)

Et se princes sevent de letre
Ne s'en puéent-il entremetre
De tant lire et de tant aprendre,
Qu'il ont trop *aillors* à entendre.

Roman de la Rose, v. 18869.

Ailleurs n'avoys pensement, ne fiance,
For d'appliquer mes occupations
Aux ouvraiges d'humaines passions.

OCTAVIEN DE SAINT-GELAIS, *Séjour d'honneur*.

A des personnes :

Si vous nous faillez de faire droit, nous nous pourchasserons *ailleurs*.

FROISSART, *Chroniques*, liv. I, IIe part, c. 254.

Au moins si la guerre retourne,
Qu'entre nous elle ne séjourne,
Pour nous occire mutinez
De glaives *ailleurs* destinez.

ROB. GARNIER, *Antoine*, IV, 425.

Mon âme, c'est en Dieu, par-dessus toutes choses,
Qu'il faut qu'en tout, partout, toujours tu te reposes :
Il n'est point de repos *ailleurs* que criminel,
Et lui seul est des saints le repos éternel.

P. CORNEILLE, *l'Imitation*, liv. III, c. 21.

Des actions d'autrui, teintes de leurs couleurs,
Ils pensent dans le monde autoriser les leurs,
Et, sous le faux espoir de quelque ressemblance,
Aux intrigues qu'ils ont donner de l'innocence,
Ou faire *ailleurs* tomber quelques traits partagés
De ce blâme public dont ils sont trop chargés.

MOLIÈRE, *Tartufe*, I, 1.

De là un grand nombre d'expressions par lesquelles on a rendu, à l'égard des personnes, des rapports de sentiment.

Plaire, agréer ailleurs, c'est-à-dire à une autre personne.

Pour *agréer ailleurs*, il taschoit à me plaire.

P. CORNEILLE, *la Suivante*, V, 9.

Avoir le cœur ailleurs, c'est-à-dire occupé d'une autre personne, et, dans un sens analogue, *mettre son cœur ailleurs* :

On disoit qu'il avoit pris quelque jalousie de M. d'Enghien, qui pourtant ne s'est jamais attaché à elle quoiqu'elle fût bien faite, et qu'elle ne manquât point d'esprit ; il *avoit le cœur ailleurs*.

TALLEMANT DES RÉAUX, *Historiettes*, M. de Roquelaure.

Hé quoi! vous voudriez qu'à jamais, dans mon âme,
Je gardasse pour vous les ardeurs de ma flamme,
Et vous visse, à mes yeux, passer en d'autres bras,
Sans *mettre ailleurs un cœur* dont vous ne voulez pas?

MOLIÈRE, *Tartufe*, II, 4.

Avoir dessein ailleurs, c'est-à-dire sur une autre personne.

Je voy bien que c'est, Lycidas, vous voulez faire une honneste retraitte, vous *avez dessein ailleurs*.

D'URFÉ, *l'Astrée*, Ire part., liv. VIII.

Prendre visée ailleurs, c'est-à-dire s'adresser à une autre personne.

Elle est sage, elle m'aime, et votre amour l'outrage ;
Prenez visée ailleurs...

MOLIÈRE, *l'École des maris*, II, 9.

Se jeter ailleurs, c'est-à-dire du côté d'une autre personne :

... Gros-René sait qu'*ailleurs je me jette*.

MOLIÈRE, *le Dépit amoureux*, I, 4.

Aspirer ailleurs, c'est-à-dire à une autre personne :

Ainsi j'*aspire ailleurs* pour vaincre mon malheur.

P. CORNEILLE, *l'Illusion comique*, III, 5.

Admirer ailleurs, c'est-à-dire une autre personne ; *être sensible ailleurs*, c'est-à-dire pour une autre personne :

... Plein de votre idée, il ne m'est pas possible
Ny d'*admirer ailleurs*, ni d'*être ailleurs sensible*.

P. CORNEILLE, *la Veuve*, I, 5.

Enfin, *Aimer ailleurs*, c'est-à-dire une autre personne, expression familière longtemps usitée au théâtre, même dans la tragédie :

Que peut voir Théodore en moi de méprisable?
Sans doute elle *aime ailleurs*...

P. Corneille, *Théodore*, I, 1.

J'*aime ailleurs*, à mon âge il sied si mal d'aimer
Que je le cache même à qui m'a su charmer.

Le même, *Sertorius*, I, 2.

A plus forte raison dans le drame et dans la comédie :

Il *aimeroit ailleurs!* — Oui, si je ne m'abuse,
Il aime en lieu plus haut que n'est ce qu'il refuse.

P. Corneille, *D. Sanche*, III, 6.

J'*aime ailleurs*, c'est en vain qu'un faux espoir vous [flatte.

Le même, *la Suite du Menteur*, V, 5.

Elle s'y montre même au XVIIIe siècle :

En eût-elle vingt fois davantage, je ne l'épouserois pas. Nous ne serions heureux ni l'un ni l'autre ; j'ai le cœur pris, *j'aime ailleurs*.

Marivaux, *les fausses Confidences*, II, 2.

On a dit de même, en parlant de mariage, *Ailleurs* pour Avec une autre personne.

Et lui dit le roi que il le marieroit bien *ailleurs* à son plus grand honneur et profit.

Froissart, *Chroniques*, liv. I, part. II, c. 2.

Cil premier traité ne se put tenir, car l'infant de Castille étoit obligé *ailleurs* par mariage.

Le même, même ouvrage, liv. II, c. 42.

... Si sans votre congé
Valère votre fils *ailleurs* s'est engagé,
Je ne puis vous cacher que ma fille Célie
Dès longtems par moi-même est promise à Lélie.

Molière, *Sganarelle*, sc. 24.

Elle peut m'épouser; sinon choisir *ailleurs*.

Le même, *l'École des maris*, I, 2.

Ailleurs reçoit quelquefois un complément au moyen de la conjonction *que;*
Au propre, en parlant des lieux :

Ils (les arrêts du parlement) ont défendu en tous les temps également aux boulangers, etc., d'acheter des grains *ailleurs que* dans les marchés de Paris.

La Reynie, à M. de Harlay, 28 décembre 1692.
(Voyez *Correspondance administrative sous Louis XIV*, t. II, p. 636.)

Au figuré, en parlant des choses :

Dans un siècle aussi corrompu que le nôtre, nous ne devons chercher *ailleurs que* dans le dérèglement de nos mœurs toutes les causes de nos misères.

Fléchier, *Oraison funèbre de Turenne*.

Une perte si complète (celle de Mme de Sévigné) et si irréparable, ne porte pas à chercher des consolations *ailleurs que* dans l'amertume des larmes et des gémissements.

Mme de Grignan, *Lettre au président de Moulceau*, 28 avril 1696.

Au figuré, en parlant des personnes :

... Je n'ose penser que le fils d'un grand roi,
Un si fameux héros, aime *ailleurs que* chez moi,
Et qu'il veuille en ma cour, au mépris de mes filles,
Honorer de sa main de communes familles.

P. Corneille, *Œdipe*, I, 2.

Ailleurs est quelquefois le régime des prépositions *par* et *de;*
De la préposition *par;*
Au propre :

Qui vous conseillera de passer *par ailleurs* n'est pas un bon guide.

Henri IV, *Lettres*, 7 juin 1589.

Si on eust laissé cela à mon choix, je fusse passé par la France... néantmoins on me commande d'aller *par ailleurs*.

Voiture, *Lettres*, 37, à M. de Chaudebonne.

Ils pouvoient difficilement (les Huns et les Alains) pénétrer dans la Perse *par ailleurs*.

Montesquieu, *Grandeur des Romains*, XVII.

Au figuré :

C'étoient le chevalier de Bouillon et d'Entragues, plus connu par son jeu et par être cousin germain de madame la Princesse de Conti que *par ailleurs*.

Saint-Simon, *Mémoires*, 1706.

De la préposition *de;*
Au propre :

Hermippe tire le jour de son appartement *d'ailleurs* que de la fenêtre.

LA BRUYÈRE, *Caractères,* De quelques usages.

Toutes les grandes vérités et les grandes inventions viennent *d'ailleurs.*

VOLTAIRE, *Siècle de Louis XIV*, c. 32.

Toutes les grandes inventions nous viennent *d'ailleurs;* nous les combattons d'ordinaire pendant cinquante ans, et puis nous disons que nous les perfectionnons.

LE MÊME, *Lettres,* 24 novembre 1753.

Au figuré :

Prendre *d'ailleurs* et s'en servir comme du sien (mutuari).

ROB. ESTIENNE, *Dictionnaire françois-latin.* Voyez aussi J. THIERRY et NICOT.

Tout ce qu'il put avoir de cette charge et tout ce qu'il pouvoit attraper *d'ailleurs,* car ç'a toujours été un homme de bien, tout cela s'en alloit en braverie.

TALLEMANT DES RÉAUX, *Historiettes,* Beaulieu-Picart.

Les dames qui venoient nous rendre visite n'ayant pas grand entretien *d'ailleurs,* prenoient plaisir de nous raconter les histoires de leur ville.

FLÉCHIER, *Mémoires sur les grands jours de* 1665.

Je souhaite, ma très chère, que vous me disiez vrai sur votre santé... Mais quand je songe comme vous me trompez bien quand vous voulez, je prends ma confiance *d'ailleurs* que de vos paroles.

Mme DE SÉVIGNÉ, *Lettres,* 19 septembre 1677.

C'est un malheur étrange que ce qui vous est bon pour un mal vous en fasse un autre ; cela modère les joies que l'on peut avoir *d'ailleurs.*

LA MÊME, même ouvrage, 15 septembre 1680.

Une égratignure avec du chagrin fait plus de mal que la fièvre quarte avec un esprit content *d'ailleurs.*

BUSSY-RABUTIN, *Lettres,* 5 janvier 1678.

Et jamais, quelque appui qu'on puisse avoir *d'ailleurs,*
On ne doit se brouiller avec ces grands brailleurs.

MOLIÈRE, *le Misanthrope,* II, 8.

D'ailleurs est devenu un mot à part de grand usage en divers sens, signifiant D'un autre côté, d'autre part, dans toutes les autres circonstances, de plus, outre cela, etc.

Ce qui soutient les hommes dans les grandes charges *d'ailleurs* si pénibles, c'est qu'ils sont sans cesse détournés de penser à eux.

PASCAL, *Pensées.*

Quand je considère en moi-même les périls extrêmes et continuels qu'a courus cette princesse sur la mer et sur la terre durant l'espace de près de dix ans, et que *d'ailleurs* je vois que toutes les entreprises sont inutiles contre sa personne, pendant que tout réussit d'une manière surprenante contre l'État, que puis-je penser autre chose sinon que la Providence... a voulu qu'elle survéquît à ses grandeurs?

BOSSUET, *Oraison funèbre de la reine d'Angleterre.*

L'histoire de Xénophon... a... cet avantage qu'elle est plus conforme à l'Écriture, qui, par son antiquité et par le rapport des affaires du peuple juif avec celles de l'Orient, mériteroit d'être préférée à toutes les histoires grecques, quand *d'ailleurs* on ne sauroit pas qu'elle a été dictée par le Saint-Esprit.

LE MÊME, *Discours sur l'histoire universelle,* I, 7.

A quelque cause que les hommes puissent devoir cette ignorance des femmes, ils sont heureux que les femmes, qui les dominent *d'ailleurs* par tant d'endroits, aient sur eux cet avantage de moins.

LA BRUYÈRE, *Caractères,* Des femmes.

L'on se plaint de son peu de mémoire, content *d'ailleurs* de son grand sens et de son bon jugement.

LE MÊME, même ouvrage, De l'homme.

Ayez le plaisir de voir que vous n'êtes arrêté dans la lecture que par les difficultés qui sont invincibles, où les commentateurs et les scholiastes eux-mêmes demeurent courts, si fertiles *d'ailleurs* et si abondants.

LE MÊME, même ouvrage, De quelques usages.

Votre naufrage même ne vous garantiroit pas de mon indignation, si *d'ailleurs* je ne vous aimois.

FÉNELON, *Télémaque,* I.

Il (la Haye, écuyer de M. le duc de Berry) étoit bien fait, mais avec... un visage écorché qui *d'ailleurs* n'avoit rien de beau.

SAINT-SIMON, *Mémoires,* 1710.

Brancas, pauvre de lui-même et panier percé *d'ailleurs,* étoit un famélique qu'on ne pouvoit rassasier

LE MÊME, même ouvrage, 1715.

Décie excusera l'amitié d'un beau-père,
Et *d'ailleurs* Polyeucte est d'un sang qu'on révère.
P. Corneille, *Polyeucte,* III, 5.

Et s'il perdoit la vie, il gagneroit *d'ailleurs.*
Boursault, *le Mercure galant,* II, 7.

D'ailleurs mille desseins partagent mes esprits.
J. Racine, *Mithridate,* III, 5.

AIMANT, s. m. (Voyez plus loin après Aimer et les mots de la même famille.)

AIMER, v. a. (Du latin *Amare.*)

La forme Aimer, aymer est très ancienne et se rencontre dès l'origine avec la forme la plus voisine du latin Amer, ameir. (Voyez les exemples ci-après.)

On cite, au sujet de ces deux orthographes, des vers où d'Urfé les a opposées l'une à l'autre :

Que nos sages Gaulois savoient bien la coustume,
Lorsque pour dire *aimer,* ils prononçoient *amer!*
Amers sont bien tes fruits, et pleines d'amertume
Sont toutes les douceurs qu'on a pour bien aimer.
D'Urfé, *l'Astrée,* IVe partie, liv. IX, stances sur le desplaisir d'un départ.

Aimer, c'est avoir un sentiment plus ou moins vif, plus ou moins profond d'affection, d'attachement.

On le dit en parlant de la Divinité et des personnes :

De la Divinité :

Avec le temps toutes choses se passent fors Dieu *aymer.*
Le Loyal Serviteur, c. 65.

Il faut avoir un désir insatiable d'*aimer* Dieu, pour joindre toujours dilection à dilection.
Saint François de Sales, *Traité de l'amour de Dieu,* liv. XII, c. 2.

On passe encore au delà... on dit que l'amour de Dieu n'est pas nécessaire au salut, et on va même jusqu'à prétendre « que cette dispense d'*aimer* Dieu est l'avantage que Jésus-Christ a apporté au monde. » C'est le comble de l'impiété. Le prix du sang de Jésus-Christ sera de nous obtenir la dispense de l'*aimer!* Avant l'incarnation, on étoit obligé d'*aimer* Dieu; mais depuis que Dieu « a tant aimé le monde qu'il lui a donné son fils unique, » le monde racheté par lui sera déchargé de l'*aimer.* Étrange théologie de nos jours! On ose lever « l'anathème » que saint Paul prononce « contre ceux qui n'*aiment* pas le Seigneur Jésus! » On ruine... ce que dit Jésus-Christ même, que « qui ne l'*aime* point, ne garde point ses préceptes. » Ainsi on rend dignes de jouir de Dieu dans l'éternité ceux qui n'*ont* jamais *aimé* Dieu en toute leur vie!
Pascal, *Provinciales,* X.

Dieu me fasse la grâce de l'*aimer* quelque jour comme je vous aime.
Mme de Sévigné, *Lettres,* 5 octobre 1673.

Vous ne serez jamais contente, ma chère fille, que lorsque vous *aimerez* Dieu de tout votre cœur.
Mme de Maintenon, à Mme de la Maisonfort, lettre 6.

Bien devons Diu *amer*
Et comme pere reclamer.
Roman de Mahomet, p. 61.

Cil *aime* Deu qui s'umilie.
Benoît, *Chronique des ducs de Normandie,* III, 282.

La hais-tu plus, dis-moi, que cette bilieuse,
Qui follement outrée en sa sévérité,
Baptisant son chagrin du nom de piété,
Dans sa charité fausse, où l'amour-propre abonde,
Croit que c'est *aimer* Dieu que haïr tout le monde.
Boileau, *Satires,* X.

Si j'allois consulter chez eux le moins sévère,
Et lui disois : Un fils doit-il aimer son père?
Ah! peut-on en douter? diroit-il brusquement.
Et quand je leur demande, en ce même moment,
L'homme, ouvrage d'un Dieu seul bon et seul aimable,
Doit-il *aimer* ce Dieu, son père véritable?
Leur plus rigide auteur n'ose le décider,
Et craint, en l'affirmant, de se trop hasarder!
Le même, *Épîtres,* XII, sur l'amour de Dieu.

Des personnes :

Soit qu'il s'agisse d'un simple sentiment d'affection, d'attachement :

Cume David à Saül parled, Jonathas le fiz Saül cume sun quer le cumenchad à *amer.*
Les quatre livres des Rois, I, xviii, 1.

Mais Jonathas tendrement l'*amad.*
Même ouvrage, I, xix, 2.

Tu *aimes* ces ki te heent, e hedz ces ki te *aiment.*
Les quatre livres des Rois, II, XIX, 6.

Li peres *ainmet* lo fil par une divine affection.
SAINT BERNARD, *Sermons français,* à la suite des *Quatre livres des Rois,* p. 563.

Cet évêque, qui moult *aimoit* le roi de France et qui petit *aimoit* ses voisins, manda au jeune comte de Namur qu'il mît son oncle messire Robert d'Artois hors de son pays et de sa terre.
FROISSART, *Chroniques,* liv. I, part. I, c. 54.

Il (le Roy) *ayme* plus naturellement ceulx qui lui sont tenuz, qu'il ne fait ceulx à qui il est tenu.
COMMINES, *Mémoires,* liv. III, c. 12.

Celuy qui vous donne la pacience vous donne la guérison..., et, qui plus est, nous donne espoir de vostre liberté, qui est la deslivrance de tous ceux qui vous *aiment.*
MARGUERITE DE NAVARRE, *Lettres à François Ier,* 20 novembre 1525.

Si on me presse de dire pourquoi je l'*aimoys* (la Boëtie), je sens que cela ne se peult exprimer qu'en respondant : « Parce que c'estoit lui ; parce que c'estoit moy. »
MONTAIGNE, *Essais,* I, 27.

Je lui donnay (à la comtesse de Lalain) un carquan de pierreries, et à son mary un cordon et enseigne de pierreries, qui furent estimez de grande valeur, mais beaucoup chéris d'eux, pour partir de la main d'une personne qu'ils *aimoient* comme moy.
MARGUERITE DE VALOIS, *Mémoires.*

On *aimeroit* de tout son cœur le ministre d'une si grande vengeance !
PASCAL, *Pensées.*

Ce qu'on ne conçoit pas, c'est qu'une loi qui nous ordonne d'*aimer* nos ennemis et de nous haïr nous-mêmes ait trouvé tant de partisans.
BOURDALOUE, *Carême,* serm. du mercredi de la 1re semaine.

J'aime nos Bretons ; ils sentent un peu le vin ; mais votre fleur d'orange ne cache pas de si bons cœurs.
Mme DE SÉVIGNÉ, *Lettres,* 13 septembre 1671.

Ceux qui vous *aiment* plus que moi vous *aiment* trop.
LA MÊME, même ouvrage, 6 décembre 1671.

Je ne vous *aime* pas plus que je ne vous *aimois* hier matin, Madame ; mais la conversation d'hier au soir me fait plus sentir ma tendresse.
BUSSY-RABUTIN, *Lettres,* à Mme de Sévigné, 20 mars 1674.

Il (Théophraste) avoit coutume de dire qu'il ne faut pas *aimer* ses amis pour les éprouver, mais les éprouver pour les *aimer.*
LA BRUYÈRE, *Disc. sur Théophraste.*

Quoiqu'elle (la maréchale d'Estrées) *aimât* peu de gens, elle fut regrettée.
SAINT-SIMON, *Mémoires,* 1714.

Le duc du Maine avoit peu de disposition, intérêt à part, à *aimer* personne.
LE MÊME, même ouvrage, 1715.

Ce ne fut sans doute que dans une nation déjà corrompue qu'on osa prononcer ces paroles : *Aimez* vos amis comme si vous deviez les haïr un jour.
BARTHÉLEMY, *Voyage d'Anacharsis,* c. 78.

E dit al cunte : Jo ne vus *aim* nient.
Chanson de Roland, v. 306.

Moi deves-vos et cierir et *amer.*
Ogier de Danemarche, v. 3591.

Li rois les *aime,* en grant chierté les tint.
Garin le Loherain, t. I, p. 64.

Amez les vos (vôtres); haez vos anemis.
La Mort de Garin, v. 1759.

Ele dist que tant m'*aimeroit*
Comme son père *amer* devoit ;
Que lui dui-jo plus demander ?
WACE, *Roman de Brut,* v. 2015.

Je les *ayme* tous d'un tenant
Ainsi que Dieu fait le Lombard.
VILLON, *Petit Testament.*

Il l'appelle son frère et l'*aime* dans son âme
Cent fois plus qu'il ne fait mère, fils, fille et femme.
MOLIÈRE, *Tartufe,* I, 2.

Partout en ce moment on me bénit, on m'*aime.*
J. RACINE, *Britannicus,* IV, 3.

C'est mon père, Seigneur, je vous le dis encore,
Mais un père que j'*aime,* un père que j'adore,
Qui me chérit lui-même, et dont jusqu'à ce jour
Je n'ai jamais reçu que des marques d'amour.
LE MÊME, *Iphigénie,* III, 6.

Aimez assez vos rois pour oser leur déplaire.
LE MIERRE, *les Fastes,* 6.

On dit souvent *aimer d'amour.* On a dit de même *aimer par amour.*

Elles s'imaginent que ce n'est point blesser la pureté que d'*aimer d'un amour* qui leur semble si sage.
PASCAL, *Pensées.*

Mais el *amoit de* grant *amor*
Dam Guillaume son bon Seignor.
Du Segretain, moine. (Voyez MÉON, *Fabliaux et contes anciens,* t. I, p. 246.)

Je connois tant li et ses mors
Qu'ele vous *aime par amors.*
De Cortois d'Arras. (Voyez MÉON, *Fabliaux,* t. I, p. 364.

S'il fault sçavoir si je le dois *aymer*
D'amour amère ou *d'amour* sans amer.
OLIVIER DE LA MARCHE, *Triomphe des dames d'honneur.*

Son mari l'*aimoit d'amour* folle.
LA FONTAINE, *la Matrone d'Éphèse.*

Aimer s'emploie fort souvent seul en ce sens :

Que peut-on celer à celuy que l'on *aime?*
MARGUERITE DE VALOIS, *Mémoires.*

Une femme insensible est celle qui n'a pas encore vu celui qu'elle doit *aimer.*
LA BRUYÈRE, *Caractères,* c. 3.

Il (Mentor) avoit remarqué que Calypso *aimoit* éperdument Télémaque, et que Télémaque n'*aimoit* pas moins la jeune nymphe Eucharis; car le cruel Amour, pour tourmenter les mortels, fait qu'on n'*aime* guère la personne dont on *est aimé.*
FÉNELON, *Télémaque,* liv. VII.

Vous voulez me persuader que vous m'*aimez,* et je crois que vous dites vrai; mais quel dessein pouvez-vous avoir en m'*aimant?*
MARIVAUX, *la Vie de Marianne,* IVe part.

Oliver l'esgardet et la pris à *amor.*
Charlemagne, v. 404.

Biaus ostes, il m'est souvenne
De m'amie que je tant *aime.*
Roman de la Violette, p. 202.

C'est par la mort qui fait à tous rudesse,
Qui m'a tollu celle que tant *amoye.*
CHARLES D'ORLÉANS, *Ballades.*

Aimer en trop haut lieu une dame hautaine,
C'est *aimer* en souci le travail et la peine.
REGNIER, *Épîtres,* II.

. . . . Ces vers sont tesmoins
Que je ne l'*aime* plus, puisque je l'*aime* moins.
THÉOPHILE, *Élégie,* à M. de Pesé.

Hélas! elle *aime* un autre, un autre est son époux.
P. CORNEILLE, *Polyeucte,* II, 1.

La veuve de Thésée ose *aimer* Hippolyte.
J. RACINE, *Phèdre,* II, 5.

Et la vertu des grands n'est pas d'*aimer* leurs femmes.
BOURSAULT, *Ésope à la cour,* II, 2.

Selon ceux qu'elle *aimoit,* en changeant de pays,
Elle changeoit d'état, de nom, comme d'habits.
DUFRESNY, *le Mariage fait et rompu,* III, 3.

Aimer un mari mort! fi donc, quelle folie!
On a bien de la peine à les *aimer* en vie.
LE GRAND, *la Famille extravagante,* scène 11.

Je me croirais haï d'être *aimé* faiblement.
VOLTAIRE, *Zaïre,* I, 2.

Quelquefois, dans des phrases telles que les suivantes, le nom de la personne aimée soit d'amitié, soit d'amour, est remplacé par cette expression abstraite, *ce que l'on aime.*

Cette personne (Mme de Sévigné), si tendre et si foible pour tout *ce qu'elle aimoit,* n'a trouvé que du courage et de la religion, quand elle a cru ne devoir songer qu'à elle.
M. DE GRIGNAN, *Lettres,* à M. de Coulanges, 28 mai 1696.

Mme de Longueville disoit que les beaux jours que donne le soleil n'étoient que pour le peuple ; mais que la présence de *ce qu'on aimoit* faisoit les beaux jours des honnêtes gens.
Mme DE LAMBERT, *Réflexions sur les femmes.*

Tout est beau dans *ce que l'on aime,*
Tout *ce qu'on aime* a de l'esprit.
CH. PERRAULT, *Contes,* Riquet à la houppe.

Voir mourir *ce qu'on aime* est un sort si fatal!
BOURSAULT, *le Mercure galant,* IV, 2.

J'aurais su, dans l'horreur de la captivité,
Conserver mon courage et ma tranquillité;
Mais me voir à ce point trompé par *ce que j'aime!*
VOLTAIRE, *Zaïre,* V, 8.

AIMER se dit aussi en parlant des animaux :

Se uns vaquiers ou uns porquiers ou uns berquiers maine les bestes son segneur ou eles soient prises en ferfet, il convient que li sires des bestes en face l'amende et qu'il le pait, s'il *aimme* tant les bestes qu'il les volle ravoir.
BEAUMANOIR, *Coutumes de Beauvoisis,* c. XXIX, 4.

J'*aime* mes bœufs, je les caresse, ils me font des mines.

VOLTAIRE, *Lettres*, 19 mars 1761.

AIMER se dit enfin en parlant des choses physiques ou morales.

Des choses physiques :

Or poez savoir, seignor, que si Diex ne *amast* ceste ost, qu'ele ne peust mie tenir ensemble.

VILLEHARDOUIN, *Conquête de Constantinople*, § 104.

Par ma foi, on doit bien *aimer* la terre où on trouve un tel baron qui peut suir son seigneur à mille lances.

FROISSART, *Chroniques*, liv. I, IIe part., c. 207.

Georges, puisque tu *aymes* la maison, tu demoureras icy à combattre les ours.

Le Loyal Serviteur, c. 1.

D'Hacqueville est enrhumé avec la fièvre; j'en suis en peine, car je n'*aime* la fièvre à rien.

Mme DE SÉVIGNÉ, *Lettres*, 8 décembre 1675.

Je ne puis trop vous recommander votre santé, si vous *aimez* la mienne, qui est toujours parfaite.

LA MÊME, même ouvrage, à Mme de Grignan, 18 décembre 1689.

M. de Chaulnes *aime* son château comme sa vie, et ne le peut quitter.

Mme DE COULANGES, *Lettres*, à Mme de Sévigné, 28 octobre 1675.

Des choses morales :

Aussi le Roy avoit bonne congnoissance de la personne du Roy d'Angleterre, lequel *aymoit* fort ses ayses et ses plaisirs.

COMMINES, *Mémoires*, liv. IV, c. 8.

J'*ayme* la vie et la cultive, telle qu'il a pleu à Dieu nous l'octroyer.

MONTAIGNE, *Essais*, III, 13.

La véritable science pour nous rendre heureux, c'est d'*aimer* son devoir et d'y chercher son plaisir.

Mme DE MOTTEVILLE, *Mémoires*.

J'*aime* la pauvreté parce que Jésus-Christ l'a *aimée*.

PASCAL, *Pensées*.

Le fond d'un Romain, pour ainsi parler, étoit l'amour de sa liberté et de sa patrie. Une de ces choses lui faisoit *aimer* l'autre!

BOSSUET, *Discours sur l'histoire universelle*, III, 6.

Quoiqu'il n'y ait rien de si naturel à l'homme que d'*aimer* et de connoître la vérité, il n'y a rien qu'il *aime* moins, et qu'il cherche moins à connoître.

FLÉCHIER, *Oraison funèbre de M. de Montausier*.

Je vous embrasse mille fois, et je vous aime comme il faudroit *aimer* son salut.

Mme DE SÉVIGNÉ, *Lettres*, à Mme de Grignan, 17 mai 1676.

Je vous écris en détail, car nous *aimons* ce style, qui est celui de l'amitié.

LA MÊME, même ouvrage, à M. de Coulanges, 1er décembre 1690.

Les jésuites nous déclarent la guerre hautement de tous côtés, et ceux qui *aiment* la paix sont à plaindre.

Mme DE MAINTENON, *Lettres*, au cardinal de Noailles, 1676.

J'*aimerai* toujours votre commerce.

LA MÊME, même ouvrage, à Mme de Brinon, VIII.

Celui qui *aime* le travail a assez de soi-même.

LA BRUYÈRE, *Caractères*, c. 11.

J'*aimerois* l'amour, mais j'abhorre les amans.

DUFRESNY, *le Dédit*, sc. 1.

Il (Louis XIV) *aima* en tout la splendeur, la magnificence, la profusion.

SAINT-SIMON, *Mémoires*, 1715.

Il (don Michel d'Almeïda) faisoit gloire d'*aimer* sa patrie plus que sa fortune.

VERTOT, *Révolutions de Portugal*.

L'homme... ne peut jouir que par l'action, et n'*aime* qu'elle.

VAUVENARGUES, *Réflexions et Maximes*, CXCIX.

Mais je suis trop vieux, j'*aime* le repos, la campagne, la charrue et le semoir.

VOLTAIRE, *Lettres*, 16 juillet 1760.

Je connais mon devoir, je l'*aime* et l'aimerai toujours.

J.-J. ROUSSEAU, *Lettres*, à M. Hume, 1766.

Les beneiçons sor ceus vienent
Qui paiz *aiment* et qui pais tienent.

BENOÎT, *Chron. des ducs de Normandie*, v. 20673.

Tout ce qu'elle *aime* faut *amer*,
Comment qu'il soit doulx et amer,
Et hayr ce qu'elle déprise.

GREILÉ ALEXIS, *Passetemps*.

Haïssons le mensonge, *aimons* la vérité.

RACAN, *Psaumes*, XXXIII.

C'est que vous n'*aimez* rien des choses de la terre.
MOLIÈRE, *Tartufe*, III, 3.

Sur ton chagrin déjà contente d'elle-même,
Ce n'est point tous ses droits, c'est le procès qu'elle *aime*.
BOILEAU, *Satires*, X.

Qui ne hait point assez le vice
N'*aime* point assez la vertu.
J.-B. ROUSSEAU, *Odes*.

Romains, j'*aime* la gloire, et ne veux point m'en taire.
VOLTAIRE *Rome sauvée*, V, 2.

AIMER s'emploie de même lorsqu'il n'est question que d'un goût plus ou moins vif pour certaines sortes de personnes, pour certains animaux, pour certaines choses, pour certains amusements. De là ces expressions : *Aimer les femmes; aimer les enfants; aimer les oiseaux, les chevaux, les chiens; aimer les tableaux, les livres; aimer la musique; aimer la chasse*, etc.

Pour tout plaisir, il *aymoit* la chasse, et les oyseaulx en leurs saisons.
COMMINES, *Mémoires*, liv. VI, c. 12.

Elle n'*aime* point les superbes habits, ni les riches bijoux.
MOLIÈRE, *l'Avare*, II, 6.

Pendant ce même Marly, Monseigneur le duc de Bourgogne cessa d'aller à la musique, quoiqu'il l'*aimât* fort.
SAINT-SIMON, *Mémoires*, 1706.

Il (Louis XIV) se plaisoit qu'on l'*aimât* (la chasse), mais il ne vouloit pas qu'on y allât sans l'*aimer*.
LE MÊME, même ouvrage, 1715.

Le prestre est né de Normandie
De quatre costés de lignée,
Qui moult *ont aymez* les oyseaulx.
GASTON PHŒBUS, *Traité de la chasse*.

Et de ma nature introduit
D'amer par amours tous ceaulx
Qui *aiment* et chiens et oiseaulx.
FROISSART, *Espinette amoureuse*.

AIMER se dit encore, simplement, en parlant de ce qu'on trouve agréable, de ce qui plaît : une odeur, un tableau, un morceau de musique, une parure, un procédé, une manière de s'exprimer, etc. Ainsi employé, il n'est plus qu'une forme d'approbation.

Il est particulièrement d'usage pour marquer une préférence à l'égard des aliments, des boissons : on dit qu'on *aime* telle ou telle viande, tel ou tel fruit, tel ou tel vin, etc.

J'*aime* fort un faisan qu'à propos on rôtit;
De ces perdreaux maillés le fumet seul m'attire,
Mais je voudrais encore avoir de l'appétit.
VOLTAIRE, *Stances*, les Agréments de la vieillesse.

AIMER s'emploie absolument et sans régime, particulièrement lorsqu'il s'agit de la passion de l'amour.

Quand nous sentons en nous le désir de l'amour sacré, nous sçavons que nous commençons d'*aimer*.
SAINT FRANÇOIS DE SALES, *Traité de l'amour de Dieu*, liv. XII, c. 2.

On ruine ce que dit saint Jean, que « qui n'*aime* point demeure en la mort. »
PASCAL, *Provinciales*, X.

Qu'avez-vous à me dire? — Bien des choses, ma sœur, enveloppées dans un mot : J'*aime*. — Vous *aimez*? — Oui, j'*aime*.
MOLIÈRE, *l'Avare*, I, 2.

L'on n'est pas plus maître de toujours *aimer*, qu'on l'a été de ne pas *aimer*.
LA BRUYÈRE, *Caractères*, Du cœur.

L'aîné des enfants du roi et de Mme de Montespan mourut à l'âge de trois ans. Mme de Maintenon en fut touchée comme une mère tendre, et beaucoup plus que la véritable; sur quoi le roi dit, en parlant de Mme de Maintenon : Elle sait bien *aimer*, il y auroit du plaisir à être aimé d'elle.
Mme DE CAYLUS, *Souvenirs*.

Comment se pouvait-il qu'avec une âme naturellement expansive, pour qui vivre c'était *aimer*, je n'eusse pas trouvé jusqu'alors un ami tout à moi?
J.-J. ROUSSEAU, *Confessions*, II, 9.

Aimes-tu donc? — Oïl, par fei.
Chastoiement d'un père à son fils, VIII, 16.

Tous jors *aime* qui est amis.
Roman de la Rose, v. 4946.

Contre vouloir nul n'est contraint d'*amer*.
CHARLES D'ORLÉANS, *Ballades*.

En ces deux lieux, Cupidon, dieu d'*aymer*,
Tira de l'arc une même sagette,
Rendant d'un coup à ses flambes subjecte
Une pucelle et un adolescent.

CL. MAROT, *Leander et Hero*, v. 34.

Si ce n'étoit le mal qu'on dit *aimer*.

RONSARD, *la Franciade*, III.

Ce n'est donc chose estrange, estant si naturelle,
Que cette passion me trouble la cervelle,
M'empoisonne l'esprit, et me charme si fort,
Que j'*aymeray*, je croiz, encore aprez ma mort.

RÉGNIER, *Satire* VII.

Je ne saurois *aimer* si je ne vois qu'on m'aime.

THÉOPHILE, *Élégie*.

Je ne cherche en *aimant* que le seul bien d'*aimer*.

P. CORNEILLE, *la Veuve*, II, 4.

Non, vous ne m'*aimez* point comme il faut que l'on *aime*.

MOLIÈRE, *le Misanthrope*, IV, 3.

Rien d'impur ne se mêle au but qu'on se propose,
On *aime* pour *aimer*, et non pour autre chose.

LE MÊME, *les Femmes savantes*, IV, 2.

On n'*aime* point, Seigneur, si l'on ne veut *aimer*.

J. RACINE, *Britannicus*, III, 1.

Aimez-vous? — De l'amour j'ai toutes les fureurs.

LE MÊME, *Phèdre*, I, 3.

Songez qu'une barbare en son sein l'a formé (Hyppolyte).
— Quoique Scythe et barbare, elle *a* pourtant *aimé*.

LE MÊME, même ouvrage, III, 1.

Ne sentirai-je plus de charme qui m'arrête?
Ai-je passé le temps d'*aimer?*

LA FONTAINE, *Fables*, IX, 2.

Tel craint de n'*aimer* pas qui sincèrement *aime*.

BOILEAU, *Épitres*, XII.

Ah! j'*aime* avec transport; je hais avec furie.

VOLTAIRE, *Brutus*, II.

AIMER, toujours employé d'une manière absolue, se dit encore, comme en latin *amare*, d'un simple commerce de galanterie, pour Faire l'amour.

S'ils n'*ayment* fors que pour argent,
On ne les *ayme* que pour l'heure.
Rondement *ayment* toute gent,
Et rient lors quant bourse pleure.

VILLON, *Grand testament*, XLIX.

Vous pouvez tout : *aimez*, cessez d'être amoureux,
La cour sera toujours du côté de vos vœux.

J. RACINE, *Bérénice*, II, 2.

Les dames, le jeu, ni le vin
Ne m'arrachent point à moi-même,
Et cependant je bois, je joue et j'*aime*.

REGNARD, *le Mariage de la folie*, sc. 1.

AIMER est verbe pronominal très souvent réciproque :

La cour est toute réjouie du mariage de M. le prince de Conti et de Mlle de Blois, ils *s'aiment* comme dans les romans.

Mme DE SÉVIGNÉ, *Lettres*, 27 décembre 1679.

Oui, nous sommes ensemble, *nous aimant*, nous embrassant de tout notre cœur.

Mme DE GRIGNAN, *Lettres*, à M. de Coulanges, 17 décembre 1690.

En amour, il n'y a guère d'autre raison de ne *s'aimer* plus que de *s'être* trop *aimé*.

LA BRUYÈRE, *Caractères*, Du cœur.

Ils ne se verront plus. — Ils *s'aimeront* toujours.

RACINE, *Phèdre*, IV, 6.

Oui, tout en disputant, *aimons-nous*, ma commère.

DUFRESNY, *le Faux sincère*, V, 10.

Souvent aussi réfléchi :

Puisque les hommes, de leur naturel, sont trop plus enclins à *s'aimer* qu'il ne seroit de mestier, il ne faloit jà leur donner commandement pour les enflamber à ceste amour, qui de soy mesme excédoit mesure.

CALVIN, *Institutions chrestiennes*, liv. II, c. 8, § 54.

Dieu aime mieux les hommes qu'ils ne *s'aiment* eux-mêmes.

PASCAL, *Pensées*.

Il (Mazarin) *s'aimoit* trop, ce qui est le naturel des âmes lâches.

CARDINAL DE RETZ, *Mémoires*.

Songez mieux ce qu'est Rome et ce qu'elle peut faire;
Et, si *vous vous aimez*, craignez de lui déplaire.

CORNEILLE, *Nicodème*, III, 2.

Trop souvent un esprit qui se flatte et qui *s'aime,*
Méconnoît son génie et s'ignore soi-même.

BOILEAU, *Art poétique,* I.

Un homme qui *s'aimoit* sans avoir de rivaux
Passoit dans son esprit pour le plus beau du monde.

LA FONTAINE, *Fables,* I, 11.

S'aimer dans un lieu, s'est dit pour s'y plaire, prendre plaisir à y être.

Il *s'aime* bien *à* la cour, il s'y plaît fort.

DANET, *Dictionnaire françois-latin.*

On trouve dans le passage suivant, *s'aimer* en une chose.

Elle (Marie de Bourgogne) mourut d'une cheutte de cheval, *où* elle *s'aymoit* fort.

BRANTÔME, *Grands Capitaines estrangers,* l'Empereur Maximilian.

AIMER est souvent précédé du verbe *faire* dans ces locutions, *faire aimer, se faire aimer.*

Faire aimer, peut avoir seulement un régime direct.

Vous l'*avez fait aimer,* c'est déjà quelque chose.

DUFRESNY, *la Coquette de village,* I, 3.

Il peut recevoir aussi, au moyen des prépositions *à* ou *de,* un régime indirect.

Le bon goût des Égyptiens *leur fit aimer*... la solidité et la régularité toute nue.

BOSSUET, *Discours sur l'histoire universelle,* III, 3.

J'ai *fait aimer* l'ancien gouvernement *à* des peuples qui n'attendoient que l'occasion de brouiller.

DANET, *Dictionnaire françois-latin.*

Se faire aimer peut se dire absolument.

Elle (Catherine de Médicis) avoit beaucoup de beautés en soy pour *se faire* fort *aymer.*

BRANTÔME, *Vie des Dames illustres,* Catherine de Médicis.

Elle n'a plus des empressements profanes pour *se faire aimer,* mais elle n'est pas fâchée de plaire.

MASSILLON, *Sermons,* la Visitation.

J'ai beau voir ses défauts, et j'ai beau l'en blâmer,
En dépit qu'on en ait, elle *se fait aimer.*

MOLIÈRE, *le Misanthrope,* I, 1.

Las de *se faire aimer,* il veut se faire craindre.

J. RACINE, *Britannicus,* I, 1.

On dit aussi *se faire aimer de :*

Se faire aimer des gens, par les ouyr patiemment et doulcement.

ROB. ESTIENNE, *Dict. françois-latin.*

Laurent (de Médicis), vengé par ses concitoyens, *s'en fit aimer* le reste de sa vie.

VOLTAIRE, *Essai sur les mœurs,* c. 105.

C'est pour plaire au baron comme vous m'avez dit,
Je *m'en suis fait aimer,* je suis obéissante.

DUFRESNY, *la Coquette de village,* I, 3.

On a dit plus anciennement, *se faire aimer à.*

Biaus fiz... je te pri que tu *te faces amer au* peuple de ton royaume.

JOINVILLE, *Histoire de saint Louis,* 3.

Phyllis, qui entendoit bien que ce berger vouloit parler de la gageure qu'ils avoient faicte, à qui se *feroit* mieux *aymer à* Diane, recevoit ces paroles comme elles devoient être entendues.

D'URFÉ, *l'Astrée,* IIe part., liv. I.

AIMER peut être modifié de diverses manières au moyen de certaines prépositions ;

De la préposition *dans :*

Ils en appellent à l'autre siècle, ils attendent la fin de quelques vieillards qui, touchés indifféremment de tout ce qui rappelle leurs premières années, n'*aiment* peut-être *dans* Œdipe que le souvenir de leur jeunesse.

LA BRUYÈRE, *Discours de réception à l'Académie française.*

De la préposition *par :*

Une mère qu'il *aimoit* autant *par* reconnoissance et *par* raison que *par* tendresse de naturel.

FLÉCHIER.

De la préposition *pour :*

Vous y verrez du moins un homme que les persécutions

ne découragent point, et qui *aime* assurément les belles-lettres *pour* elles-mêmes.

VOLTAIRE, *Lettres*, 9 janvier 1740.

Pour bien ferir, l'Emperere nos *aimet*.

Chanson de Roland, v. 1092.

Por sa largesse fu *amez*,
Et por sa proesce dotez.

WACE, *Roman de Rou*, v. 10257.

De vains docteurs encor, ô prodige honteux!
Oseront nous en faire un problème douteux,
Viendront traiter d'erreur, digne de l'anathème,
L'indispensable loi d'*aimer* Dieu *pour* lui-même.

BOILEAU, *Épîtres*, XII.

Le rapport qu'indique, dans les passages qui précèdent, la préposition *pour*, est quelquefois marqué au moyen de la préposition *de* suivie d'un infinitif.

J'*aime* vos Grignans *de* se déranger un peu pour moi.

Mme DE SÉVIGNÉ, *Lettres*, à Mme de Grignan, 15 août 1685.

Cette bonne duchesse (de Chaulnes) a quitté son cercle infini pour me venir voir, si fort comme une amie, que vous l'*en aimeriez*.

LA MÊME, même ouvrage, à Mme de Grignan, 15 mai 1689.

Aimer à se construit fréquemment, au moyen de la préposition *à* avec un infinitif, et signifie alors prendre plaisir à quelque état, à quelque acte.

Ils *aimoient* plus cher *à* mourir confesseurs que martirs.

FROISSART, *Chroniques*, liv. II, c. 21.

Il estoit assez lettré, il *aymoit à* demander de toutes choses.

COMMINES, *Mémoires*, liv. II, c. 6.

Nostre roy parloit fort privément à ceux qui estoient plus prouchains de lui, comme j'estois lors, et *aimoit à* parler en l'oreille.

LE MÊME, même ouvrage, IV, 7.

Qu'il (l'enfant) puisse faire toutes choses, et n'*ayme à* faire que les bonnes.

MONTAIGNE, *Essais*, I, 25.

Les vieillards *aiment à* donner de bons préceptes, pour se consoler de n'être plus en état de donner de mauvais exemples.

LA ROCHEFOUCAULD, *Maximes*, 93.

Afin... qu'il ne fût jamais permis de douter qu'il (Dieu) n'*aimât à* gouverner ce qu'il avoit tant *aimé à* faire.

BOSSUET, *Sermons*, sur la Providence.

Qu'il *eût aimé à* jouir en repos du fruit de ses travaux dans une heureuse vieillesse!

FLÉCHIER, *Oraison funèbre de Le Tellier*.

Si vous *aimez à* être parfaitement aimée, vous devez aimer mon amitié.

Mme DE SÉVIGNÉ, *Lettres*, 15 mai 1671.

Si on m'avoit demandé mon avis, j'*aurois* bien *aimé à* mourir entre les bras de ma nourrice.

LA MÊME, même ouvrage, 16 mars 1672.

Je plains ceux qui n'*aiment* point *à* lire.

LA MÊME, même ouvrage, 17 juillet 1689.

Nous *aimons à* connoître nos faiblesses; mais nous ne pouvons souffrir que les autres nous les montrent.

Mme DE MAINTENON, *Lettres*, 8 juin 1710.

Tel autre fait la satire de ces gens... qui *aiment à* être absents, qui veulent un jour être revenus de loin, et ce satirique parle juste, et se fait écouter.

LA BRUYÈRE, *Caractères*, De la mode.

L'homme n'*aime* pas *à* s'occuper de son néant et de sa bassesse.

MASSILLON, *Carême*, jeudi de la IVe semaine, sur la mort.

Le roi de Sicile, *aimant* toujours *à* négocier, avoit eu à Madrid des ministres avec caractère public et plusieurs agents secrets.

SAINT-SIMON, *Mémoires*, 1718.

J'*aime à* remporter des victoires, *à* fonder ou détruire des États, *à* faire des ligues, *à* punir un usurpateur.

MONTESQUIEU, *Dialogue de Sylla et d'Eucrate*.

Je ne suis chicaneur, et n'*ayme à* disputer.

REGNIER, *Satires*, XIV.

Elle *aime à* dépenser en habits, linge et nœuds.

MOLIÈRE, *l'École des Maris*, I, 2.

J'*aime* quand je le puis *à* conclure une affaire.

BOURSAULT, *le Mercure galant*, II, 4.

... J'*aime à* voir comme vous l'instruisez.
J. Racine, *Athalie*, II, 7.

On a dit de même *aimer de :*

Ce que je suis m'arrache à ce que j'*aimois d'*être.
P. Corneille, *Héraclius*, III, 1.

Aimer peut encore, en certains cas, se construire avec un infinitif sans préposition intermédiaire, cet infinitif n'étant pas le régime indirect, mais bien le régime direct du verbe :

Il n'*aime* point ramper dans les cours.
J.-J. Rousseau.

Aimer se construit encore, au moyen de la conjonction *que*, avec un verbe au subjonctif, et signifie Trouver bon, avoir pour agréable.

Elle étudioit ses défauts, elle *aimoit qu'*on lui en fît des leçons.
Bossuet, *Oraison funèbre de la duchesse d'Orléans*.

Je n'avois rien trouvé en son absence qui me pût consoler de lui (de Corbinelli) ; il m'aime comme j'*aime qu'*on m'aime.
Mme de Sévigné, *Lettres*, à Bussy-Rabutin, 1670.

L'on *aimeroit qu'*un bien qui n'est plus pour nous, ne fût plus aussi pour le reste du monde.
La Bruyère, *Caractères*, De l'homme.

J'*aime que* mon péril m'ait jotée en ses mains.
Molière, *D. Garcie de Navarre*, I, 1.

*Aimez qu'*on vous conseille, et non pas *qu'*on vous loue.
Boileau, *Art poétique*, I.

Aimer se joint enfin avec l'adverbe *mieux*, et signifie alors Aimer une chose par préférence à une autre, la préférer.

Dans cette manière de parler se retrouvent les différentes constructions rappelées précédemment et qui donnent pour régime à aimer,

Tantôt un nom de personne ou de chose :

Je suis fort aise que M. de Montausier soit gouverneur de M. le dauphin ; il n'y a que moi en France que j'*aimasse mieux* en cette place *que* lui.
Bussy-Rabutin, *Lettres*, à Mme de Sévigné, 1668.

J'*aimerois mieux* un peu de malheur fixe *que* beaucoup de bonheur sans consistance.
Mme de Maintenon, à la comtesse de Saint-Géran, lettre 3.

Il y a telle femme qui *aime mieux* son argent *que* ses amis, et ses amants *que* son argent.
La Bruyère, *Caractères*, Des femmes.

J'*aime mieux* un ruisseau qui, sur la molle arène,
Par un pré plein de fleurs lentement se promène,
*Qu'*un torrent débordé...
Boileau, *Art poétique*, I.

Tantôt un verbe à l'infinitif :

Je ne veux pas dire que cette belle, trouvant à tout des expédients, fût de l'humeur de beaucoup de filles qui *aiment mieux* avoir un méchant mari *que* de n'en point avoir du tout.
La Fontaine, *Psyché*, liv. I.

Lucile *aime mieux* user sa vie à se faire supporter de quelques grands, *que* de vivre familièrement avec ses égaux.
La Bruyère, *Caractères*, Des grands.

Car *miex aiment* perdre la vie
U occirre lor anemis,
Ke estre en lor servage mis.
Roman de Mahomet, p. 66.

Car j'*ayme mieux* prouchainement
Mourir, *que* languir en tourment.
Charles d'Orléans, *Ballade à la Mort*.

Souvent le verbe à l'infinitif, régime d'*aimer* devant être répété dans la proposition corrélative amenée par *que*, y est sous-entendu.

Plutarque *ayme mieux*... nous laisser desir de soi, *que* satiété.
Montaigne, *Essais*, I, c. 25.

J'*aimerois* bien *mieux* avoir fait votre lettre à Mlle Descartes, je ne dis pas *qu'*un poëme épique, mais *que* la moitié des œuvres de son oncle.
Mme de Sévigné, *Lettres*, à Mme de Grignan, 12 janvier 1687.

J'*aime* bien *mieux* être occupé de cet ombrage et de ce ruisseau *que* d'un bel esprit importun qui ne me laisse point respirer.
Fénelon, *Lettre à l'Académie*, V.

Les paysans *aimaient mieux* vendre leurs denrées aux Suédois, leurs ennemis, *qu'*aux Danois qui ne les payaient pas si bien.

VOLTAIRE, *Histoire de Charles XII*, liv. II.

On a pu remarquer aussi que le verbe qui suit *que* est quelquefois précédé de la préposition *de*.

Vous luy direz, de ma part, que j'*aymeroye mieux* mourir prisonnier *que d'*accorder ses demandes.

MARTIN DU BELLAY, *Mémoires*.

Le duc de Sulli dit dans ses Mémoires que si la sagesse descendait sur la terre, elle *aimerait mieux* se loger dans une seule tête *que* dans celles *d'*une compagnie.

VOLTAIRE, *Essais sur les mœurs*, c. 121.

Puisque vous voulez que j'écrive mon histoire, et que c'est une chose que vous demandez à mon amitié, soyez satisfaite, j'*aime* encore *mieux* vous ennuyer *que* de vous refuser.

MARIVAUX, *la Vie de Marianne*, Ire partie.

Quelquefois dans l'emploi de l'expression *aimer mieux* suivie d'un verbe à l'infinitif, on a fait usage de la construction *aimer à*.

Mieux aimerois à mourir.

FROISSART, *Chroniques*, liv. I, Ire part., c. 14.

Il n'y a rien que les hommes *aiment mieux à* conserver et qu'ils ménagent moins, que leur propre vie.

LA BRUYÈRE, *Caractères*, De l'homme.

Enfin *aimer mieux* se construit avec la conjonction *que*.

J'*aymasse mieux* mon amy *qu'*y envoyassiez un valet.

Les Quinze Joyes de mariage.

J'*ayme* beaucoup *mieulx que* mes chevaulx tumbent entre nos mains que ailleurs.

Le Loyal Serviteur, c. 8.

Plutarque *ayme mieux que* nous le vantions de son jugement que de son savoir.

MONTAIGNE, *Essais*, I, 25.

J'*aimerois mieux* encore *qu'*il déclinât son nom
Et dit : Je suis Oreste ou bien Agamemnon.

BOILEAU, *Art poétique*, III.

La place de l'adverbe *mieux* est ordinairement après le verbe. Quelquefois cependant il l'a précédé, comme le montre un passage de Froissart cité tout à l'heure, et ces vers attribués à Thibault de Champagne :

Mais las! comment, comment oublier
Son parler, son bien dire
Et son tant doux, tant doux regarder?
Mieux aime mon martyre.

Cette inversion se remarque dans des manières de parler qui appartiennent au langage familier et au style du palais : *Si mieux n'aimez...*, *si mieux n'aime le dit sieur...*

Il faut que chaque sœur se charge par traité
Du tiers, payable à volonté;
Si mieux n'aime la mère en créer une rente
Dès le décès du mort courante.

LA FONTAINE, *Fables*, II, 20.

Si *aimer* est employé à l'un de ses temps composés, c'est entre le verbe auxiliaire et le participe que se met le plus ordinairement l'adverbe *mieux*. Ce n'est cependant pas une règle.

Ma vie (de Coligny) est peu de chose et je vous l'abandonne.
J'eusse aimé mieux la perdre en combattant pour vous.

VOLTAIRE, *Henriade*, II.

AIMER ne se dit pas seulement des personnes; On dit encore d'un chien qu'il *aime* son maître. On dit qu'un animal *aime* sa femelle, qu'il *aime* la chair, qu'il *aime* tel ou tel bien.

Il en est de même de l'expression *aimer à* suivie d'un infinitif.

La chèvre... *aime à* s'écarter dans les solitudes, *à* grimper sur les lieux escarpés, *à* se placer et même *à* dormir sur la pointe des rochers et sur le bord des précipices.

BUFFON, *Histoire naturelle*. La chèvre.

S'aimer, verbe pronominal réciproque, se dit aussi en parlant des animaux.

Deux pigeons *s'aimoient* d'amour tendre.

LA FONTAINE, *Fables*, IX, 2.

S'aimer dans un lieu s'est dit particulièrement

des animaux, pour signifier qu'ils y profitent et qu'ils s'y trouvent mieux qu'ailleurs.

Les serpents *s'aiment* fort *en* l'isle Formentera.
Du Pinet, trad. de Pline l'Ancien, l. III, c. 6.

Les éléphants ne *s'aiment* que *dans* les pays chauds.
Danet, *Dictionnaire françois-latin.*

On s'est servi de la même expression au sujet des plantes.

L'amomum ni le spica nardi ne *s'aiment* point *en* Arabie, encores qu'on les y apporte par mer.
Du Pinet, trad. de Pline l'Ancien, liv. XVI, c. 32.

Aimer peut s'employer ainsi par figure en parlant des plantes.

Les abricotiers entés sur amandiers ne rendent fruits tant gros que sur pruniers, ceriziers et coigners, à cause que les amandiers haïssent l'eau et l'abondance de fumiers, et les abricots *aiment* l'un et l'autre.
Olivier de Serres, *Théâtre d'agriculture*, lieu VI, c. 26.

Tout sol enfin n'est pas propice à toute plante :
Le saule *aime* une eau vive et l'aune une eau dormante.
Delille, trad. des *Géorgiques*, II.

Aimer peut même, par une figure plus forte, avoir pour sujet un nom de chose, un nom abstrait.

Une temerité desesperee estoit reputee vaillance *aimant* ses amis.
Amyot, trad. de Plutarque, *Œuvres morales*. Comment on pourra discerner le flatteur d'avec l'amy.

Charles-Quint disait que la fortune *aimoit* les jeunes gens.
Mme de Lambert, *Avis d'une mère à sa fille.*

Aimer, employé de cette manière, sert quelquefois à exprimer une convenance entre deux choses.

Le dialogue *aime* à s'entretenir en particulier de discours graves et sérieux ; et la comédie se plaist à bouffonner sur un théâtre.
Perrot d'Ablancourt, trad. de Lucien, *contre un homme qui l'avoit appelé Prométhée.*

Le style des ouvrages didactiques n'*aime* point les passages brusques, à moins que les idées intermédiaires ne se suppléent facilement.
Condillac, *Art d'écrire*, IV, 11.

Son ton simple et naïf n'a rien de fastueux,
Et n'*aime* point l'orgueil d'un vers présomptueux.
Boileau, *Art poétique*, II.

Le verbe Aimer a donné lieu autrefois à des proverbes recueillis en grand nombre par Cotgrave, qui en donne la liste suivante :

Aimer et sçavoir n'ont mesme manoir.
C'est trop *aimer* quand on en meurt.
Les folles femmes n'*aiment* que pour pasture.
Onques n'*aima* bien que pour si peu haït.
Qui bien *aime* bien chastie.
Qui bien *aime* tard oublie.
Tel cuide *aimer* qui muse.
Jamais grasse geline n'*aima* chapon.
Jamais tigneux n'*aima* le pigne.
Le paresseux *aime* bien besongne faitte.
Onques mastin n'*aima* levrier.
Qui *aime* Bertrand *aime* son chien.
Qui mieux *aime* autruy que soy, au moulin il meurt de soif.
Cotgrave, *Dictionnaire.*

Plusieurs sont encore cités dans les dictionnaires sous une forme un peu différente : Qui *aime* bien, châtie bien ; qui m'*aime, aime* mon chien.

Il faut y joindre cette expression proverbiale fort ancienne : Qui m'*aime* me suive.

Qui m'*aime* si me suive ; car je m'en irai combattre.
Froissart, *Chroniques*, liv. II, c. 32.

Au seizième siècle, on avait formé, à l'exemple des anciens, un assez grand nombre de mots de la troisième personne du présent de l'indicatif du verbe Aimer, *aime* pour *qui aime*, et d'un substantif.

Cotgrave en donne cette longue liste, qui n'est pas complète, comme le feront voir les exemples suivants : *Aime-bal, aime-carnage, aime-esbats, aime-humains, aime-loix, aime-lyre, aime-mais-*

tre, aime-mars, aime-noise, aime-nouveauté, aime-paix, aime-pleurs, aime-silence, aime-tout.

En parlant de ce mesme (Mercure), je trouve meilleur *aimelyre* ou portelyre que *aimelut* ou portelut.

HENRI ESTIENNE, *la Precellence du langage françois.*

Le roy employe pour remede du desordre la royne sa mere, un esprit *ayme-trouble* et cherche-noise.

MATTHIEU, *Histoire des derniers troubles de France*, liv. III.

O montagneuse, ô bocagère,
Ayme-fonteines, porte-rets,
Guide nos pas en tes forêts,
Après quelque biche légère.

ROB. GARNIER, *Hippolyte*, act. I, v. 297.

On avait aussi tiré du verbe AIMER quelques verbes composés, tels que :

ENAMER, CONTRAMER, DESAMER, MALAMER, etc.

Estre aimé et rendre la pareille en *contr'aimant.*

ROBERT ESTIENNE, *Dictionnaire françois-latin.*

Aimer est doux, non pas amer
Quand est suivi de *contre-aimer.*

GRUTHER, *Recueil de proverbes.*

Il n'est resté que le pronominal *s'entr'aimer*.

Li doi enfant moult *s'entramoient.*

Flore et Blanceflor, v. 223.

Tristans, tant com fu en cest monde,
N'ama autant Ysoue la blonde,
Com si dui amans *s'entraimerent.*

C'est de la dame qui aveine demandoit. (Voyez MÉON, *Fabliaux et contes anciens*, IV, 277.)

AIMÉ, ÉE, participe.

Autrefois AMÉ, ÉE.

On l'a dit, à peu près adjectivement, des personnes et des choses.

Des personnes, soit construit avec la préposition *de :*

Moult fu bons chevaliers et de tous fus *amés.*

Chanson d'Antioche, c. IV, v. 1006.

Par sa chevalerie et par ses grans bontés
Est de l'empereor tenu chier et *amé.*

Même ouvrage, c. VII, v 357.

Vous croyez être donc *aimé* d'elle? — Oui, parbleu.

MOLIÈRE, *le Misanthrope*, I, 1.

Il (le riche) est *aimé des* grands, il est chéri des belles.

BOILEAU, *Satires*, VIII.

Je vais citer un prince *aimé de* la victoire.

LA FONTAINE, *Fables*, X, 1.

Soit pris absolument :

Lors lor avint une mult granz mesaventure en l'ost; que Mahius de Montmorenci, qui ere uns des meillors chevaliers del roiaume de France, et des plus prisiez et des plus *amez* acoucha de maladie, et agrava tant sa maladie que fu mors.

VILLEHARDOUIN, *Conquête de Constantinople*, § 200.

Je ne faudrai mie à mon cher et *amé* fils le roi d'Angleterre.

FROISSART, *Chroniques*, liv. I, Ire part., c. 3.

De quoy je me sceu bien garder par le bon exemple de mon cousin de Nemours, et de mes *amez* et féaux aussi cousins, les duc et chevalier d'Aumale.

La Satyre Ménippée, harangue de M. le lieutenant.

Très-haute, très-excellente et très-puissante princesse, ma très-chère et très-*aimée* bonne sœur; il seroit malaisé que nous puissions avec aucunes paroles exprimer à Votre Majesté combien nous avons vivement ressenti la perte commune que nous venons de faire du roi notre très-cher et très-*aimé* frère, oncle et beau-père.

LOUIS XIV à la reine d'Espagne, 20 octobre 1665. (Voy. MIGNET, *Négociations relatives à la succession d'Espagne*, t. I, p. 394.)

Miron, sage, retenu, judicieux, *aimé* dans sa chambre (la cinquième des enquestes du Parlement de Paris)...

Notes secrètes des intendants de province à Colbert, fin de 1663. (Voy. DEPPING, *Correspondance administrative sous Louis XIV*, t. II, p. 60.)

M. le duc de Berry étoit fort *aimé* et fut généralement regretté.

SAINT-SIMON, *Mémoires*, 1714.

Quelque soin qu'il se donne, et quelque bien qu'il fasse,
Quel ministre est *aimé* pendant qu'il est en place?

BOURSAULT, *Ésope à la cour*, V, 3.

AIMÉ et AMÉ, on l'a pu voir par quelques-uns des exemples qui précèdent, étaient des qualifications d'usage dans le langage officiel et le style de la chancellerie; AMÉ s'y est même maintenu jusque dans ce siècle.

Sy donnons en mandement à nos *amez* et féaux les conmissaires, présidans pour nous aux estats généraux de la dite province la présente année, qu'ils ayent à faire lire et publier le présent édict en l'assemblée générale desdits estats.

Édit de révocation de celui de Béziers, en 1649. (Voy. DEPPING, *Correspondance administrative sous Louis XIV*, t. I, p. 18.)

AIMÉ, appliqué aux personnes, a été quelquefois pris substantivement.

Ah! notre *amé*, vous faites bien.

RABELAIS, *Pantagruel*, IV, 2.

Mais tous les jouvenceaux des pays d'alentour,
Touchez au fond du cœur de la flèche d'amour,
Ayant d'un gentil feu les âmes allumées,
S'assembleroient au temple avecques leurs *aimées*.

RONSARD, *Amours*, II, élégie à Marie.

Vous doncques, ô vous, *chers aimés*,
Glorifiez ce que j'honore.

PAPILLON, *Chansons*.

Qui des deux est l'*aimé?* — Qu'importe lequel j'aime?

P. CORNEILLE, *Agésilas*, IV, 4.

AIMÉ se dit encore des choses, soit construit avec la préposition *de* :

O rives du Jourdain, ô champs *aimés* des cieux!

J. RACINE, *Esther*, I, 2.

Soit pris absolument :

L'abeille, pour boire des pleurs,
Sort de sa ruche *aymée*,
Et va sucer l'âme des fleurs
Dont la plaine est semée.

SAINT-AMANT, *le Soleil levant*.

AIMÉ se joint naturellement à d'autres mots, et donne lieu à des expressions telles que *très aimé*, on l'a vu plus haut, *tant aimé*, *mieux aimé*, *bien-aimé* enfin, devenu un adjectif à part.

Les deux roys sembloyent dolens d'avoir perdu leurs dames roynes *tant aymées*.

RABELAIS, *Pantagruel*, V, 25.

Sœur Thoinette estant advertie par ses *mieux aymées* de l'intention de l'abbesse.

BONAVENTURE DES PERIERS, *Contes ou nouvelles*, LXIV, Du garçon qui se nomma Thoinette, pour estre reçu en religion de Nonnains.

Ce fut pour cette action que le peuple de Paris... donna à Louis XV le surnom de *bien-aimé!*

VOLTAIRE, *Mémoires pour servir à la vie de M. de Voltaire*.

Elle fuyait ses jeux innocents, ses doux travaux et la société de sa fille *bien-aimée*.

BERNARDIN DE SAINT-PIERRE, *Paul et Virginie*.

On voit mourir toute chose animée,
Lorsque du corps l'âme subtile part :
Je suis le corps, toy la meilleure part,
Où vas-tu donc, mon âme *bien-aymée?*

LOUISE LABBÉ, *Sonnet*.

... Enfin je vous raccroche,
Mon argent *bien-aimé*, rentrez dedans ma poche.

MOLIÈRE, *l'Étourdi*, II, 6.

AIMANT, ANTE, adj.

Porté à aimer.

On le dit des personnes :

M'estant trouvé si heureux que de rencontrer en vous un maistre si *aymant*.

THÉOPHILE, *Lettre* XXXIX.

Je n'ai pas eu de vous grand avantage,
Un moins *aimant* aura peut-être mieux.

CL. MAROT, *Chanson*.

On le dit surtout du caractère, de l'âme des personnes :

Les âmes *aimantes* ont une double part de souffrances, celles qui leur sont personnelles et celles que leur apporte la douleur d'autrui.

J.-J. ROUSSEAU.

Dans le passage suivant, l'expression *objet aimant*, analogue à une autre plus usitée, *objet aimable*, est appliquée à une personne :

Qui voit avec dédain l'*objet* le plus *aimant*.

DUFRESNY, *le Dédit*, sc. 6.

AIMABLE, adj. des deux genres (de l'adjectif latin *amabilis*).

Qui est digne, qui mérite d'être aimé.

On le dit des personnes, avec des nuances diverses;

1° De celles qui méritent en général l'affection :

Il (Louis XII) estoit fort bon prince et fort *aimable*, et pour ce, elle ne l'hayssoit pas.

BRANTÔME, *Vie des Dames illustres*, Anne de Bretagne.

Le roi, abandonnant tout à ce cardinal..., lui sacrifia cet *aimable* criminel (Cinq-Mars) qu'il combloit de caresses deux jours auparavant.

Mme DE MOTTEVILLE, *Mémoires*.

Qu'il étoit grand, et qu'il lui paroissoit *aimable*, quand, par la sévérité des lois, il arrêtoit la licence et l'impiété !

FLÉCHIER, *Oraison funèbre de Marie-Thérèse*.

Vous serez toujours *aimable*, mon cousin, c'est-à-dire en même temps que vous serez toujours aimé.

Mme DE SÉVIGNÉ, *Lettres*, 16 juin 1686.

C'est une femme *aimable*, estimable (Mme de Lafayette), et que vous aimiez dès que vous aviez le temps d'être avec elle.

LA MÊME, même ouvrage, 4 janvier 1690.

Le roi a passé deux heures dans mon cabinet : c'est l'homme le plus *aimable* de son royaume.

Mme DE MAINTENON, lettre à la comtesse de Saint-Géran, 19 avril 1679.

Mme la comtesse de Grammont avoit pour elle le goût et l'habitude du roi ; car Mme de Maintenon la trouvoit plus agréable qu'*aimable*. Il faut avouer aussi qu'elle étoit souvent Angloise insupportable.

Mme DE CAYLUS, *Souvenirs*.

2° De celles qui peuvent être l'objet d'une passion amoureuse :

Le plus dangereux ridicule des vieilles personnes qui ont été *aimables*, c'est d'oublier qu'elles ne le sont plus.

LA ROCHEFOUCAULD, *Maximes*, 408.

En ce temps heureux qu'elle commençoit d'être bien *aimable*, elle commença d'être bien aimée... (la fille d'un président au présidial).

FLÉCHIER, *Mémoires sur les grands jours de* 1665.

Je leur prêtai donc l'Art d'aimer ; je leur eusse bien voulu donner encore celui de se rendre *aimables*.

LE MÊME, même ouvrage.

Ne soyez point mon frère ou soyez moins *aimable*.

RACAN, *Bergeries*, II, 2.

Je ne le verrai point. — Rassure un peu ton âme.
— Il est toujours *aimable* et je suis toujours femme.

P. CORNEILLE, *Polyeucte*, I, 4.

Seule, dans son palais, la modeste Junie
. . . .
Fuit, et ne daigne pas peut-être s'informer
Si César est *aimable* ou bien s'il sait aimer.

RACINE, *Britannicus*, II, 2.

3° De celles dont l'abord et le commerce sont bienveillants et gracieux :

Mais trouvèrent le roi moult *aimable* et moult courtois.

FROISSART, *Chroniques*, liv. I, part. II, c. 139.

Si avoit trouvé le pape assez *aimable* et descendant à ses prières.

LE MÊME, même ouvrage, liv. I, part. II, c. 260.

Philosophe *aimable*, à qui il est permis d'être paresseux, sortez un moment de votre douce mollesse.

VOLTAIRE, *Lettres*, à M. de Formont, avril 1733.

A quelque chose nos défauts sont bons ; on voudroit bien que nous ne les eussions pas, mais on les supporte, et on nous trouve plus *aimables* de nous en corriger quelquefois, que nous ne le paraîtrions avec les qualités contraires.

MARIVAUX, *la Vie de Marianne*, IVe part.

AIMABLE se dit dans un sens analogue, en parlant des écrivains qui plaisent à leurs lecteurs :

Saint Paul, parlant un grec demi-barbare, ne laisse pas de prouver, de convaincre, d'émouvoir, d'être terrible, *aimable*, tendre, véhément.

FLEURY, *IIe Discours sur l'histoire ecclésiastique*, § 16.

Je demande un poète *aimable*, proportionné au commun des hommes, qui fasse tout pour eux et rien pour lui.

FÉNELON, *Lettre sur l'éloquence*, V.

AIMABLE, avec le temps, a perdu de sa force primitive ; au dix-huitième siècle surtout et depuis, il s'est dit particulièrement, dans le langage de la société, des personnes qui plaisent par leurs agréments.

Une femme galante veut qu'on l'aime : il suffit à une coquette d'être trouvée *aimable* et de passer pour belle.

La Bruyère, *Caractères*, c. 3.

Ce tribunal (de l'inquisition) vient d'être détruit en Sicile par M. Caracioli, vice-roi de cette île, l'un des hommes d'État de l'Europe les plus savants et les plus éclairés, et que nous avons vu longtemps à Paris un des hommes les plus *aimables* de la société.

Voltaire, *Essai sur les mœurs*, c. 140, De l'inquisition.

Le baron Fabrice, gentilhomme du duc de Holstein, jeune homme *aimable*, qui avait dans l'esprit cette gaieté et ce tour aisé qui plaisaient au prince, fut celui qui l'engagea à lire.

Le même, *Histoire de Charles XII*, liv. V.

Tout me réussissoit, et je vous assure que, dans la bouche d'une laide, mes folies auroient paru dignes des Petites-Maisons, et peut-être que j'avois besoin d'être *aimable* dans tout ce que je disois de mieux.

Marivaux, *la Vie de Marianne*, Ire partie.

Êtes-vous bien aise de savoir, mon cher ami, ce que bien des femmes appellent quelquefois un homme *aimable?* C'est un homme que personne n'aime et qui lui-même n'aime que soi et son plaisir et en fait profession avec impudence.

Vauvenargues, *Conseils à un jeune homme*, 2.

L'homme *aimable*, du moins celui à qui l'on donne aujourd'hui ce titre..., n'aime personne, n'est aimé de qui que ce soit, plaît à tous, et souvent est méprisé et recherché par les mêmes gens... L'homme sociable inspire le désir de vivre avec lui ; on n'aime qu'à rencontrer l'homme *aimable*...

Duclos, *Considérations sur les mœurs*, c. 7.

Vif, enjoué, badin ; c'est un jeune homme *aimable*.

Dufresny, *le Dédit*, sc. 10.

L'*aimable* discoureur jamais ne nous occupe
De ses talents, de son emploi...

Delille, *la Conversation*, III.

On vous dira : Savait-il être *aimable?*
Et sans rougir vous direz : Je l'aimais.

Béranger, *Chansons*, la Bonne Vieille.

De là l'expression ironique *faire l'aimable*.

L'écuyer sourit à ce discours qui flattoit agréablement sa vanité, et répondit en *faisant l'aimable*.

Le Sage, *le Diable boiteux*, c. 7.

Vous êtes trop aimable, vous êtes bien aimable de, sont des formules de remerciement.

Vous êtes trop *aimable de* préférer tous les riens et tous les discours de Pilois, que je vais vous mander, à toutes les nouvelles du monde.

Mme de Sévigné, *Lettres*, à Mme de Grignan, 25 mai 1680.

Mon aimable, ma tout aimable, ma très aimable, ont été quelquefois employés comme termes d'affection.

Pauline m'a aidée à faire chorus de vos aimables couplets ; elle vous aime de tout son cœur ; et le moyen, *mon aimable*, de ne vous aimer pas !

Mme de Sévigné, *Lettres*, à Coulanges, 14 octobre 1694.

Revenez, ma *très-aimable*, tout Paris vous en prie.

Mme de Maintenon, *Lettres*, à Mlle de Lenclos, 1653.

Aimable se dit souvent du caractère, de l'esprit, des qualités, des discours, etc., des personnes

Et se pourroit-on émerveiller des douces et *aimables* paroles qu'ils escripvoient et rescripvoient au roi de France.

Froissart, *Chroniques*, liv. I, IIe partie, c. 141

Une simple et *aimable* conversation.

Saint François de Sales, *Introduction à la vie dévote*.

Il n'y a rien de si *aimable* que l'enfance des princes destinés à l'empire, lorsqu'ils donnent les marques d'un naturel heureux.

Fléchier, *Oraison funèbre de Mme de Montausier*.

Cet amour de la clémence rendoit l'Église *aimable*, même aux payens.

Fleury, *Mœurs des chrétiens*, § 49.

Il (Achille de Harlay) cache sous sa gravité un esprit *aimable* et très poli.

Mlle DE SÉVIGNÉ, *Lettres,* 5 août 1676.

Non seulement je lis vos lettres avec plaisir, mais je les relis avec une tendresse qui m'occupe... Ces lettres sont bien plus *aimables* et mieux écrites que vous ne pensez; vous ne sentez pas vous-même le tour et l'agrément que vous y donnez.

LA MÊME, même ouvrage, 21 septembre 1689.

L'homme de bien ne cherche à plaire que pour inspirer la justice et les autres vertus en les rendant *aimables.*

FÉNELON, *Dialogues sur l'éloquence,* I.

Nous apprenons de Pline que Trajan vivoit encore en bon et sociable citoyen dans une *aimable* familiarité.

LE MÊME, *Lettre à l'Académie.*

Elle (Mlle de Saint-Germain) avoit la bouche agréable, les dents belles... et la plus *aimable* taille du monde.

HAMILTON, *Mémoires du chevalier de Grammont,* c. 4.

J'ai dit ailleurs un mot de Mme de Jussac, qui étoit une femme du premier mérite en tous genres et du plus *aimable.*

SAINT-SIMON, *Mémoires,* 1715.

Une négligence *aimable* est le mérite du style épistolaire.

D'ALEMBERT, *Éloge de Fléchier.*

Que le Seigneur est bon! que son joug est *aimable!*

RACINE, *Esther,* III, 9.

Voilà ce qui s'appelle un caractère *aimable.*

DUFRESNY, *le Faux sincère,* V, 8.

Mets-toi devant les yeux sa grâce, ses exploits;
Songe à ce bras puissant, vainqueur de tant de rois;
A cet *aimable* front que la gloire environne.

VOLTAIRE, *Zaïre,* I, 1.

Qu'*aimable* est la vertu que la grâce environne!

A. CHÉNIER, *Idylles,* l'Aveugle.

AIMABLE se dit aussi des lieux :

Êtes-vous à Chaseu, mon cher cousin, dans cet *aimable* lieu? J'en ai le paysage dans la tête et je l'y conserverai soigneusement; mais encore plus l'*aimable* père et l'*aimable* fille, qui ont leur place dans mon cœur. Voilà bien des *aimables.* Mais ce sont des négligences dont je ne puis me corriger.

Mme DE SÉVIGNÉ, *Lettres,* à Bussy-Rabutin, 20 juillet 1678.

Me voici bien arrivé et bien rendu dans mon *aimable* appartement, d'où je vous écris.

COULANGES, *Lettres,* à Mme de Sévigné, 17 nov. 1694.

Je vous écris, monsieur, du séjour du monde le plus *aimable* (de Sulli), si je n'y étais point exilé.

VOLTAIRE, *Lettres,* à l'abbé de Chaulieu, 15 juillet 1716.

Quand le festin fut prêt, il fallut les chercher.
Ils étoient enchantés dans ces belles retraites.
On eut peine à les arracher
Des *aimables* lieux où vous êtes.

QUINAULT, *Roland,* IV, 5.

AIMABLE se dit en général des choses, et peut se construire avec beaucoup de noms abstraits.

L'utile est de beaucoup moins *aimable* que l'honneste.

MONTAIGNE, *Essais,* II, 8.

La vie dévote est une vie douce, heureuse et *aimable.*

SAINT FRANÇOIS DE SALES, *Introduction à la vie dévote,* 1, 2.

Il y a longtemps qu'on dit qu'il n'y a rien de si doux que la patrie, il faut ajouter, ni de si *aimable.*

PERROT D'ABLANCOURT, trad. de Lucien. *Louange de la patrie.*

Folie, simplicité, imbécillité, continue Antisthène, de mettre l'enseigne d'auteur ou de philosophe! Avoir, s'il se peut, un office lucratif, qui rende la vie *aimable.*

LA BRUYÈRE, *Caractères,* Des jugements.

La persuasion a donc au-dessus de la simple conviction que non seulement elle fait voir la vérité, mais qu'elle la dépeint *aimable.*

FÉNELON, *Dialogues sur l'éloquence,* II.

Ce n'est ni le difficile, ni le rare, ni le merveilleux que je cherche; c'est le beau simple, *aimable* et commode que je goûte.

LE MÊME, *Lettre à l'Académie.*

C'est l'usage de la prière tout seul qui peut nous rendre la prière *aimable.*

MASSILLON, *Carême,* sermon sur la prière.

Pisistrate,... étoit un fort galant homme, et le seul qui auroit pu rendre la tyrannie *aimable.*

Mme DACIER, trad. de l'*Iliade,* préface.

Que ceux qui méprisent ces travaux *aimables* (les travaux de la littérature), que ceux qui mettent je ne sais quelle misérable grandeur à se renfermer dans le cercle étroit de leurs emplois sont à plaindre!

VOLTAIRE, *Discours de réception à l'Académie.*

La naïveté et la candeur peuvent se trouver dans le plus beau génie, et alors elles en sont l'ornement le plus précieux et le plus *aimable*.

DUCLOS, *Considérations sur les mœurs*, c. 12.

Je puis dire qu'elle (Mme de Vercellis) me rendit la religion catholique *aimable* par la sérénité d'âme avec laquelle elle en remplit les devoirs, sans négligence et sans affectation.

J.-J. ROUSSEAU, *les Confessions*, I, 2.

Ils croyaient que le monde finissait où finissait leur île, et ils n'imaginaient rien d'*aimable* où ils n'étaient pas.

BERNARDIN DE SAINT-PIERRE, *Paul et Virginie*.

Sachez qui donne aux fleurs cette *aimable* peinture.

RÉGNIER, *Satires*, IX.

Il donne aux fleurs leur *aimable* peinture;
Il fait naître et mûrir les fruits.

J. RACINE, *Athalie*, I, 4.

J'adorai donc Philis.....
Mais, toute mon amour en elle consommée,
Je ne vois rien d'*aimable* après l'avoir aimée.

P. CORNEILLE, *Excuse à Ariste*.

Jamais la liberté ne cesse d'être *aimable*.

LE MÊME, *Cinna*, II, 2.

Et dans l'objet aimé tout leur paroît *aimable*.

MOLIÈRE, *le Misanthrope*, II, 4.

Henriette me tient sous son *aimable* empire.

LE MÊME, *les Femmes savantes*, I, 4.

Rien n'est beau que le vrai, le vrai seul est *aimable*.

BOILEAU, *Épîtres*, IX.

D'un pinceau délicat l'artifice agréable
Du plus affreux objet fait un objet *aimable*.

LE MÊME, *Art poétique*, III.

AIMABLE s'est quelquefois construit avec la préposition *à*.

Jésus-Christ a été tué, disent-ils (les Juifs); il a succombé; il n'a pas dompté les payens par sa force; il ne nous a pas donné leurs dépouilles; il ne donne point les richesses. N'ont-ils que cela à dire? C'est en cela qu'il *m'*est *aimable*. Je ne voudrois pas celui qu'ils se figurent.

PASCAL, *Pensées*.

N'est-ce pas en effet la sagesse et la crainte de Dieu toute seule qui peut rendre les princes et les grands plus *aimables aux* peuples?

MASSILLON, *Petit Carême*, 2e dimanche.

Jusques à cet hymen Rodrigue *m'*est *aimable*.

P. CORNEILLE, *le Cid*, I, 2.

Ce fils si vertueux d'un père si coupable,
S'il ne devoit régner, *me* pourroit être *aimable*.

LE MÊME, *Héraclius*, I, 2.

On a dit substantivement *l'aimable*.

Je préfère *l'aimable* au surprenant et au merveilleux.

FÉNELON, *Lettre à l'Académie*.

D'AIMABLE on a fait

AIMABLEMENT, adv.

D'une manière aimable.

Vous me répondez trop *aimablement*, il faut que je fasse ce mot exprès pour l'article de votre lettre où vous me paroissez persuadée de tout ce que je vous ai dit sur le retour sincère de mon cœur.

Mme DE SÉVIGNÉ, *Lettres*, à Mme de Grignan, 4 octobre 1679.

Un mot si naturellement composé ne pouvait être aussi nouveau que le pensait Mme de Sévigné. Avant elle, il avait dû s'offrir à d'autres.

J'ay veu les beaux tresors de ses deux monts de lait
S'enfler *aimablement* sous un jaloux collet.

SAINT-AMANT, *l'Amarante*.

Il existait très anciennement, sous une forme un peu différente, dans l'adverbe AMIABLEMENT, formé de l'adjectif *amiable*. Voyez plus loin ces deux mots, qui tiennent au mot *ami* par la dérivation, par l'orthographe, par le sens, et qu'on n'en peut séparer.

Mme de Sévigné a encore tiré de l'adjectif *aimable* le substantif *aimabilité*.

Je suis persuadée de toute l'*aimabilité* de la belle Rochebonne.

Mme DE SÉVIGNÉ, *Lettres*, 7 octobre 1676.

On serait tenté d'en conclure qu'on ne connaissait pas alors ou qu'on employait peu le mot AMABILITÉ, que ne donnent point nos anciens lexiques; que Danet recueille, à ce qu'il semble, le premier, en disant toutefois, comme après lui Richelet et Furetière, qu'il a vieilli; qui ne paraît enfin qu'en 1762 dans le *Dictionnaire de l'Académie*.

AMABILITÉ, s. f. (du latin *Amabilitas*).

Qualité qui rend une personne aimable. On dit l'*amabilité d'*une personne; l'*amabilité de* son esprit.

> Dans sa douce *amabilité*
> Et sa tendresse héreditaire,
> L'honnête homme écoutant sa sensibilité,
> N'ordonne point à son cœur de se taire.
>
> DELILLE, *la Conversation*, III.

C'est ici le lieu de déroger à l'ordre alphabétique, pour rapprocher du mot AIMER et de ses dérivés d'autres mots, de sens analogue, venus aussi plus ou moins directement d'*Amare*, et qui en sont plus voisins par l'orthographe: AMANT; AMATEUR; AMI, etc.; AMOUR, etc.

AMANT, ANTE, s. (du participe latin *Amans*).

Il se dit, soit absolument, soit construit avec la préposition *de*, avec l'adjectif possessif, de celui, de celle qui ressent et témoigne de l'amour pour une personne d'un autre sexe.

Il semble, à t'ouïr parler, que tu sois l'*amante* plutost que l'aimée.

PERROT D'ABLANCOURT, trad. de Lucien. *Dial. de Doris et de Galatée.*

Il n'y a guère que vous dans le royaume qui puissiez réduire un *amant* à se contenter d'amitié.

BUSSY-RABUTIN, *Lettres*, à Mme de Sévigné, 1654.

La princesse de Montpensier, continuant toujours son procédé avec lui, ne répondoit pas à ce qu'il lui disoit de sa passion et ne considéroit toujours en lui que la qualité du meilleur ami du monde, sans lui vouloir faire l'honneur de prendre garde à celle d'*amant*.

Mme DE LA FAYETTE, *la Princesse de Montpensier*.

Peut-être vous réjouirez-vous bientôt du retour de votre mari, ou pour mieux dire de votre *amant*, car à son dépit je le juge tel.

LA FONTAINE, *Psyché*, liv. II.

Il suffit d'aimer pour être amoureux. Il faut témoigner qu'on aime pour être *amant*. On est souvent très amoureux sans oser paraître *amant*. Quelquefois on se déclare *amant* sans être amoureux.

GIRARD, *Synonymes français*.

On ne peut guère empêcher un homme d'être amoureux; il ne prend guère le titre d'*amant* qu'on ne le lui permette.

Encyclopédie, Amant.

> Vous avez trop d'*amants* qu'on voit vous obséder.
>
> MOLIÈRE, *le Misanthrope*, II, 1.

> Seigneur, je n'ai pas cru que dans une journée
> Qui doit avec César unir ma destinée,
> Il fût quelque mortel qui pût impunément
> Se venir à mes yeux déclarer mon *amant*.
>
> J. RACINE, *Bérénice*, I, 4.

> Le nom d'*amant* peut-être offense son courage,
> Mais il en a les yeux, s'il n'en a le langage.
>
> LE MÊME, *Phèdre*, II, 1.

> Un fil n'eût pas assez rassuré votre *amante*.
> Compagne du péril qu'il vous falloit chercher,
> Moi-même devant vous j'aurois voulu marcher.
>
> LE MÊME, même ouvrage, II, 5.

> Notre nymphe a banni de ces lieux si charmants
> Le peuple d'importuns que l'on appelle *amants*.
>
> LA FONTAINE, *Daphné*, I, 1.

> J'aimerois l'amour, mais j'abhorre les *amants*.
>
> DUFRESNY, *le Dédit*, sc. 1.

> Vous, dans les bras d'un Dieu, votre éternel appui...
> — Eh! pourquoi mon *amant* n'est-il pas né pour lui?
>
> VOLTAIRE, *Zaïre*, IV, 1.

> Calme des sens, paisible indifférence,
> Léger sommeil d'un cœur tranquillisé,
> Descends du ciel, éprouve ta puissance
> Sur un *amant* trop longtemps abusé.
>
> PARNY, *Élégies*, liv. IV, 12.

A l'acception générale d'AMANT s'ajoute souvent l'idée d'une passion soufferte et partagée par la personne qui l'inspire, d'une affection mutuelle.

Dans les premières passions, les femmes aiment l'*amant*; et dans les autres, elles aiment l'amour.

La Rochefoucauld, *Maximes*, 471.

Prenez garde à quoi vous vous engagez, car enfin quand je me serai une fois bien résolu à souffrir, je voudrai avoir les douceurs des *amants* aussi bien que les rudesses.

Bussy-Rabutin, *Lettres*, à Mme de Sévigné, 1647.

Je lui demandai si les amis étoient aussi fidèles que les *amants*; que si cela étoit, comme il ne me falloit que des amitiés, j'en ferois le plus que je pourrois pendant mon séjour en Auvergne.

Fléchier, *Mémoires sur les grands jours de* 1665.

Cela fit aussi que, pour être son mari, il ne laissa pas d'être son *amant*, parce qu'il avoit toujours quelque chose à souhaiter au delà de sa possession.

Mme de la Fayette, *la Princesse de Clèves*, Ire part.

Enfin, elle (Mlle de la Vallière) vouloit toujours voir son *amant*, ou songer à lui, sans être distraite par des compagnies indifférentes.

L'abbé de Choisy, *Mémoires*, liv. III.

Les femmes se préparent pour leurs *amants*; mais si elles en sont surprises, elles oublient à leur arrivée l'état où elles se trouvent; elles ne se voyent plus; elles ont plus de loisir avec les indifférents.

La Bruyère, *Caractères*, Des femmes.

Elle crut que Dieu pouvait succéder dans son cœur à son *amant*; sa conversion fut aussi célèbre que sa tendresse, elle se fit carmélite à Paris et persévéra.

Voltaire, *Siècle de Louis XIV*, c. 26.

Mais ces jeunes bergers, si beaux et si chéris,
Sont meilleurs pour *amants* qu'ils ne sont pour maris.

Racan, *Bergeries*, I, 3.

Rome, à qui vient ton bras d'immoler mon *amant*.

P. Corneille, *Horace*, IV, 5.

Un *amant* obtient tout quand il est libéral.

Le même, *le Menteur*, IV, 1.

Non, c'est pour un *amant* que ma main l'a formé (un billet),
Et j'ajoute de plus, pour un *amant* aimé.

Molière, *Don Garcie de Navarre*, II, 5.

Amant s'applique naturellement à celui qui recherche une femme en mariage.

Mais le ciel où se font les mariages l'avoit destinée (Mlle Ribeyre) à un autre *amant*.

Fléchier, *Mémoires sur les grands jours de* 1665.

J'étois un assez mauvais parti, quoique je fusse fille unique. Je ne manquai pas toutefois d'*amants* malgré la médiocrité de ma fortune.

Le Sage, *Gil Blas*, I, 2.

Je viens de quérir la popine (sorte de vêtement)
Que maistre Mimin, mon *amant*,
Me donna...

Farce de maistre Mimin. (Voyez *Ancien Théâtre français, Bibliothèque elzévirienne*, 1854, tome II, p. 344.)

Peut-on se marier quand on n'a plus d'*amant?*

Boursault, *le Mercure galant*, III, 3.

Amant, dans une acception familière qu'a aussi le mot *maîtresse*, s'applique à un commerce de galanterie.

Ne connoissons-nous pas une princesse qui se dépêcha de marier son *amant*, afin qu'elle n'eût plus envie de l'épouser, et qu'il n'en fût plus aucune question?

Mme de Sévigné, *Lettres*, 30 juin 1680.

Il y a peu de galanteries secrètes; bien des femmes ne sont pas mieux désignées par le nom de leurs maris que par celui de leurs *amants*.

La Bruyère, *Caractères*, Des femmes.

Quelques femmes donnent aux couvents et à leurs *amants*.

Le même, même ouvrage, *ibid.*

Le roi don Henry IV passait ses jours avec les *amants* de sa femme, ceux-ci avec les maîtresses du roi. Tous ensemble donnaient aux Espagnols l'exemple de la plus grande mollesse et de la plus effrénée débauche.

Voltaire, *Essai sur les mœurs*, c. 102.

Tu dois, sans t'arrêter à la fidélité,
Te servir des *amants* comme des fleurs d'été,
Qui ne plaisent aux yeux qu'étant toutes nouvelles.

Régnier, *Dialogue.*

En moi, belle et charmante Alcmène,
Vous voyez un mari, vous voyez un *amant*;
Mais l'*amant* seul me touche, à parler franchement,
Et je sens près de vous que le mari le gêne.

Molière, *Amphitryon*, I, 3.

Pour un *amant* perdu l'on en retrouve cent.

Le Grand, *la Famille extravagante*, sc. 28.

Elle vous compte encore au rang de ses *amants*.
LE GRAND, *la Foire Saint-Laurent*, sc. 4.

Elles n'allument point de véritables feux,
Et l'on est leur *amant* sans en être amoureux.
LA CHAUSSÉE, *l'École des mères*, II, 3.

De là surtout ces expressions : *Faire, prendre, garder, quitter un amant; changer d'amant; avoir des amants, etc.*

On *garde* longtemps son premier *amant*, quand on n'en *prend* pas un second.
LA ROCHEFOUCAULD, *Maximes*, 418.

Il marioit ou faisoit religieuses des filles qui, faute de bien, *n'eussent trouvé* que des *amants* et pas même des monastères.
FONTENELLE, *Éloge de Montmort*.

Sa princesse n'a pas sitôt su qu'il étoit captif en Barbarie, qu'elle *s'est pourvue d'un* autre *amant*.
LE SAGE, *le Diable boiteux*, c. 18.

Pourquoi différez-vous de *faire un* autre *amant*.
RACAN, *les Bergeries*, IV, 3.

Des *amants* que je *fais* me rendez-vous coupable?
MOLIÈRE, *le Misanthrope*, II, 1.

Je pense qu'on pourroit faire comme les autres,
Ne se point ménager, et vous faire bien voir
Que l'on *a* des *amants* quand on en veut *avoir*.
— Ayez-en donc, madame, et voyons cette affaire.
LE MÊME, même ouvrage, III, 5.

Ah! que j'*aurai d'amants*, qu'on me respectera!
DUFRESNY, *la Coquette du village*, III, 5.

En parlant de deux personnes de différent sexe qui s'aiment, on oppose quelquefois les mots AMANT et AMANTE :

Et le sultan l'avoit chargé secrètement
De lui sacrifier l'*amante* après l'*amant*.
J. RACINE, *Bajazet*, V, 2.

...Quel *amant* pour une belle *amante*?
BOURSAULT, *le Mercure galant*, III, 5.

Et, ordinairement, les mots *amant* et *maîtresse*.

Ce qui fait que les *amants* et les *maîtresses* ne s'ennuient point d'être ensemble, c'est qu'ils parlent toujours d'eux-mêmes.
LA ROCHEFOUCAULD, *Maximes*, 312.

Les beaux yeux de ma cassette! Il parle d'elle comme un *amant* d'une *maîtresse*.
MOLIÈRE, *l'Avare*, V, 3.

Rome l'alla chercher (Antoine) jusques à ses genoux (de Cléopâtre),
Et ne désarma point sa fureur vengeresse,
Qu'elle n'eût accablé l'*amant* et la *maîtresse*.
RACINE, *Bérénice*, II, 2.

On les désigne aussi fort souvent par le pluriel AMANTS.

Enfin ce jubilé dont je veux parler, arriva. Ces deux *amants* pressés par leur conscience se séparèrent de bonne foi.
Mme DE CAYLUS, *Souvenirs*.

Car enfin j'en avois vu des *amants* dans mon village, j'avois entendu parler d'amour, j'avois même déjà lu quelques romans à la dérobée; et tout cela, joint aux leçons que la nature nous donne, m'avoit du moins fait sentir qu'un amant étoit bien différent d'un ami.
MARIVAUX, *la Vie de Marianne*, Ire partie.

Où sont ces deux *amants*? Pour couronner ma joie,
Dans leur sang, dans le mien, il faut que je me noie.
J. RACINE, *Andromaque*, V, 5.

Amants, heureux *amants*, voulez-vous voyager?
Que ce soit aux rives prochaines.
LA FONTAINE, *Fables*, IX, 2.

Nos *amants* sont contens; il faut nous divertir.
DUFRESNY, *le Dédit*, sc. 12.

Ne vous aimez pas trop, c'est moi qui vous en prie;
C'est le plus sûr moyen de vous aimer toujours :
Il vaut mieux être amis tout le temps de sa vie
Que d'être *amants* pour quelques jours.
VOLTAIRE, *Poésies mêlées*, liv. II, à Mlle de Guise, dans le temps qu'elle devait épouser M. le duc de Richelieu.

Les *amants* seuls chuchotent à l'oreille
Et s'entendent à demi-mot.
DELILLE, *la Conversation*, I.

AMANT et AMANTE, dans le langage de la spiritualité, ont été quelquefois appliqués par figure à l'amour de Dieu.

Magdeleine, l'une des plus belles illustres pénitentes de l'Église de Dieu, et, si j'ose user de cette expression, l'une des plus saintes *amantes* de Jésus-Christ.

BOURDALOUE, *Exhortations*, I.

Les poètes sont aussi appelés, par figure, les *amants* des Muses.

Quand j'aurois en naissant reçu de Calliope
Les dons qu'à ses *amants* cette Muse a promis,
Je les consacrerois aux mensonges d'Ésope.

LA FONTAINE, *Fables*, II, 1.

AMANT et AMANTE se disent, figurément, en parlant de toute passion vive que l'on éprouve pour quelque chose.

Ils se joignent surtout, en ce sens, à des noms abstraits tels que la patrie, la liberté, la vertu, la gloire, etc.

La gloire veut que ses *amants* souffrent pour elle.

VOITURE, *Lettres*, à M. le marquis de Montausier, 22 décembre 1633.

La vertu sincère n'abandonne pas ses *amants*.

VAUVENARGUES, *Introduction à la connaissance de l'esprit humain*.

Pour moi, *amant* solitaire de la nature et simple confesseur de la Divinité, je me suis assis sur ces ruines.

CHATEAUBRIAND, *Génie du Christianisme*.

AMANT et AMANTE, dans cet emploi figuré, ne se disent pas seulement des personnes, mais en certains cas des choses.

Jusqu'en quels climats la boussole,
Cette aiguille *amante* du pôle,
A-t-elle guidé nos vaisseaux?

LA MOTTE, *Odes*, l'Émulation.

On trouve dans de vieux textes un substantif qui répond par le sens à AMANT :

AMEOR.

Ahi! fait-il, ma douce amie,
Hui perderés vostre *ameor*;
Departie est la nostre amor.

Roman de Blanchandin et Orgueilleuse d'amor, ms. 6987, fol. 265, v°, c. 4.

AMATEUR, s. m. (du latin *Amator*).

Celui qui a beaucoup d'attachement, de goût pour quelque chose, qui fait profession de l'aimer : *Amateur de*.

De laquelle race peu feurent qui aymassent les ptisanes, mais tous feurent *amateurs de* purée septembrale.

RABELAIS, *Pantagruel*, II, 1.

Seulement le bruit d'icelle (science et sapience), espandu par l'aer, s'il est reçeu ès aureilles des studieux et *amateurs d'*icelle, qu'on nomme philosophes, ne les laisse dormir ny reposer à leur aise.

LE MÊME, même ouvrage, II, 18.

Je vous ay de longtemps connu *amateur de* perigrinité et désirant toujours veoir et toujours apprendre.

LE MÊME, même ouvrage, III, 47.

Il seroit à la verité estrange... que nous qui voulons estre tenus pour gens de bien, *amateurs du* devoir et *de* la justice, ne peussions estre maistres de nous mesmes.

AMYOT, trad. de Plutarque, *Œuvres morales*, De la mauvaise honte.

L'entendement des hommes lasches et paresseux se contente de sçavoir et entendre seulement le sommaire et l'issue du faict : mais au contraire celuy des hommes diligents, *amateurs des* choses belles et honnestes... prend plus de plaisir à ouïr les particularitez par le menu.

LE MÊME, même ouvrage, *Œuvres mêlées*, du Démon de Socrate, I.

Ceulx qu'il savoit estre remuants, séditieux et *amateurs de* nouvelletez, il les enguardoit de pouvoir parvenir à office quelconque.

LE MÊME, même ouvrage, Vie de Phocion, c. 0.

Je ne laisse pas d'avoir faict le devoir d'un personnage vrayment *amateur de* sa patrie.

H. ESTIENNE, *Précellence du langage françois*, Préface.

Je ne m'adresseray point à ces Narcisses (j'enten à ceux qui par telle vanterie se sont montrez aussi estrangement admirateurs et *amateurs de* la beauté de leur langage, que fut Narcisse *de* la beauté de sa face).

LE MÊME, même ouvrage.

Lors estoit ambassadeur du Roi S. Goart, depuis marquis de Pisani, catholique fort passionné, *amateur des* mœurs, langage et vestemens de l'Espagne.

AGR. D'AUBIGNÉ, *Histoire universelle*, t. III, liv. I, c. 20.

Vous n'avez amy en ceste compagnie qui soit plus *amateur de* votre vertu que moy.

HENRI IV, *Lettres*, 3 octobre 1572.

A ceste heure... périssoit ceste grande armade d'Espagne sur mer... laquelle disoyent les bons catholiques, principalement les plus zelez, et *amateurs de* doublons, devoir bientôt faire un tour sur mer.

Satyre Ménippée, Nouvelles des régions de la lune, c. 6.

Imaginez-vous ces braves et vénérables vieillards... consommez ès affaires, *amateurs de* leur patrie et vraiment dignes de telles charges si le ciel n'eust esté indigne d'eux.

DU VAIR, *De la constance et consolation ès calamitez publiques.*

Les traits de son visage faisoient bien cognoistre qu'il estoit *amateur de* gloire.

D'URFÉ, *l'Astrée*, IIe part., liv. XII.

Les Juifs, grands *amateurs de* choses prédites et grands ennemis de l'accomplissement.

PASCAL, *Pensées.*

Noirmoutier... étoit grand *amateur de* l'Astrée.

LE CARDINAL DE RETZ, *Mémoires*, liv. II.

On continua les délibérations commencées, et le rapport s'en faisoit à la grand'chambre, où se donna un arrêt... qui révoquoit les intendants des provinces... et les maîtres des requêtes y signèrent les premiers, comme *amateurs de* la chose publique, ainsi que de véritables Romains.

Mme DE MOTTEVILLE, *Mémoires*, 1648.

Un *amateur des* richesses, *des* grandeurs et *de* l'éclat n'estime, ni ne révère, ni n'aime la pauvreté et l'abaissement.

NICOLE, *Essais de morale*, sur l'Évangile du jour de l'Épiphanie, IX.

Horace nous apprend... que les gens graves et sérieux, les vieillards et les *amateurs de* la vertu s'y ennuieront (aux pièces de théâtre), s'ils n'y trouvent rien à profiter.

P. CORNEILLE, 1er *discours sur le poème dramatique.*

Tout cela, Sire, sont bruits du peuple, qui change aisément et qui est *amateur des* nouveautés.

LE COMTE D'AVAUX, à Louis XIV, 6 octobre 1678. (Voyez MIGNET, *Négociations relatives à la succession d'Espagne*, t. IV, p. 670.)

Le supplice des *amateurs du* monde, c'est d'être sans cesse exposés aux jugements..., à la censure, à la dérision, à la malignité les uns des autres.

MASSILLON, *Avent*, Bonheur des justes.

Il (Racine) alla montrer ces nouvelles productions à Boileau, qui, toujours *amateur de* la vérité..., lui représenta que cet ouvrage feroit honneur à son esprit, mais n'en feroit pas à son cœur.

L. RACINE, *Mémoires sur J. Racine*, Ire partie.

Il me semble qu'on se sent toujours plus vertueux, ou du moins plus *amateur de* la vertu..., quand on sort de la lecture des vies d'Aristide, de Dion, de Phocion, de Caton d'Utique.

D'AGUESSEAU, *Instruction à son fils.*

Il (Périclès) les avoit (les Athéniens) rendus paresseux, moux, causeurs..., *amateurs des* folles dépenses.

ROLLIN, *Traité des Études, Discours préliminaire.*

Il (Sénèque) étoit trop *amateur de* son génie; il ne pouvoit se résoudre à perdre ni à sacrifier aucune de ses productions.

LE MÊME, même ouvrage, III, 3.

Comme *amateur des* arts et *de* la vérité..., vous avez... mille droits à mon amitié et à mon estime.

VOLTAIRE, *Lettres*, 11 novembre 1738.

Nous avons ouy dire
Que le prince qui tient maintenant vostre empire,
Et qui d'un double sceptre honore sa grandeur,
Est dessus tous les rois *des* lettres *amateur.*

RONSARD, *le Bocage royal.*

Un *amateur de* jardinage,
Demi-bourgeois, demi-manant,
Possédoit en certain village
Un jardin assez propre, et le clos attenant.

LA FONTAINE, *Fables*, IV, 4.

Vous jugez bien, Monsieur, qu'embellis de la sorte,
Ils (les billets d'enterrement) feront plus d'honneur à [la personne morte,
Et que les curieux, *amateurs des* beaux arts,
Au convoi de son corps viendront de toutes parts.

BOURSAULT, *le Mercure galant*, II, 7.

Amateur de a été quelquefois suivi d'un nom de personne.

Je veulx estre dict studieux et *amateur* non seulement *des* lettres, mais aussi *des* gens lettrés.

RABELAIS, *Pantagruel*, II, 18.

Ce que vous faites m'enchante et fait sur moi la même impression que le succès d'Armide sur les *amateurs de* Lulli.

VOLTAIRE, *Lettres*, 17 février 1746, au marquis d'Argenson.

J'allai d'un pas hardi, par moi-même guidé,
Et de mon seul génie en marchant secondé,
Studieux *amateur* et de Perse et d'Horace,
Assez près de Regnier m'asseoir sur le Parnasse.

BOILEAU, *Épîtres*, X.

Ce peuple dont un voile obscurcissoit les yeux,
Murmurateur, volage, *amateur des* faux dieux.

L. RACINE, *la Religion*.

C'est ainsi qu'on dit : *Amateur de soi, de soi-même*.

Je vois ici des mondains occupés du monde, possédés du monde, enchantés du monde. Je les vois enivrés de leur grandeur, idolâtres de leur fortune, *amateurs d'eux-mêmes*, et esclaves de leurs sens.

BOURDALOUE, *Carême*, Sermon sur l'aumône.

Amateur de a eu aussi quelquefois pour complément un verbe à l'infinitif.

Il y a deux causes qui rendront les oiseaux *amateurs de* dire leurs chansonnettes en ce lieu.

B. PALISSY, *Recepte veritable*.

AMATEUR s'est quelquefois dit, dans le même sens, absolument.

Je sais que dans Harlem plus d'un triste *amateur*
Au fond de ses jardins s'enferme avec sa fleur.

DELILLE, *les Jardins*, III.

AMATEUR, employé de cette manière, se dit particulièrement de celui qui aime les beaux-arts sans les exercer ou sans en faire profession.

Je suis un homme de lettres et vous un *amateur*; j'ai de la réputation par mes travaux et vous par votre goût.

VOLTAIRE, *Lettres*, à Thiériot, 19 janvier 1739.

Les artistes modernes se sont révoltés contre l'étude de l'antique, parce qu'elle leur a été prêchée par des *amateurs*.

DIDEROT, *Salon de* 1765, Sculpture.

Au reste, n'oubliez pas que je ne garantis ni mes descriptions, ni mon jugement sur rien; mes descriptions, parce qu'il n'y a aucune mémoire sous le ciel qui puisse rapporter fidèlement autant de compositions diverses; mon jugement, parce que je ne suis ni artiste ni *amateur*.

LE MÊME, *Salon de* 1767, Loutherbourg.

Tel fut le fruit de ses voyages (de Watelet) en Italie, en Hollande : parti *amateur*, il revint artiste.

LEMIERRE, *Réponse au discours de réception de Sedaine*.

Ceux qui n'osent se dire connoisseurs s'appellent *amateurs*.

FERAUD, *Dictionnaire critique de la langue française*, Amateur.

L'ancienne Académie de peinture et de sculpture avait des académiciens qui ont porté le titre de *conseiller amateur*, de *conseiller honoraire amateur*, de *honoraire amateur*; enfin, jusqu'en 1782, d'*amateur*. (Voyez *la Liste des Académiciens* que donnent *les Archives de l'art français*, t. I, p. 365.)

A la gauche du dit Président seront les places destinées pour les personnes de condition et *amateurs* des sciences et des beaux-arts, qui seront conviez par la dite Académie et par les conseillers d'icelle...

Dans toutes les assemblées et délibérations pour la réception de ceux qui se présenteront, il n'y aura que le directeur, chancelier, les recteurs, professeurs, conseillers, officiers et adjoints, les personnes de condition et *amateurs*, auxquels l'Académie voudra rendre cet honneur, qui pourront avoir voix délibérative...

Statuts et Règlements de l'Académie Royale de peinture et de sculpture, 24 décembre 1663, art. 21, 22.

Reçu en 1731 dans l'Académie Royale de peinture et de sculpture, en qualité d'*honoraire amateur*, M. le comte de Caylus... n'épargna ni son travail, ni son crédit, ni sa fortune, pour éclairer, aider, mettre en mouvement les artistes.

LEBEAU, *Eloge du comte de Caylus*. (Voir *Histoire de l'Académie des Inscriptions et belles-lettres*, t. XXXIV.)

Caylus, connaisseur profond, *conseiller honoraire amateur*.

Liste des Académiciens citée plus haut.

Le féminin AMATRICE n'est pas, comme on l'a dit, un néologisme, puisqu'on le trouve chez d'anciens auteurs, et que J. Thierry et Nicot l'ont recueilli dans leurs dictionnaires. Seulement il a de bonne heure disparu de l'usage, et on n'a tenté que tardivement de l'y rétablir.

J'avois répondu qu'il n'y avoit en notre Cour qu'une noblesse généreuse et *amatrice de* la vertu.

AGR. D'AUBIGNÉ, *Mémoires*, t. I, p. 103.

Philotée veut dire *amatrice* ou amoureuse *de* Dieu.

SAINT-FRANÇOIS DE SALES, *Introduction à la vie dévote,* Préface.

Un grand écrivain du dix-huitième siècle n'a pas fait difficulté de s'en servir dans les passages suivants, l'employant soit absolument :

Cette capitale est pleine d'amateurs et surtout d'*amatrices,* qui font leurs ouvrages comme M. Guillaume inventoit ses couleurs.

J.-J. ROUSSEAU, *Émile,* III.

Voici une grande occupation qui se prépare pour notre petite *amatrice.*

LE MÊME, *Lettres sur la botanique,* 6.

Soit construit avec la préposition *de :*

Quoique je n'aie pas toujours su mettre mes descriptions à la portée de notre petite botanophile, *amatrice de* la botanique.

J.-J. ROUSSEAU, *Lettres sur la botanique,* 8.

AMI, IE, s. (du latin *Amicus, amica*).

On l'a écrit autrefois AMIC, AMIG, AMIS, AMY, AMMI, AMIN; et au féminin, AMMIE, AMILE. (Voyez le *Glossaire* de SAINTE-PALAYE et les exemples ci-après.)

Celui, celle avec qui on est lié d'une affection réciproque :

En tout temps aime qui est *amis*...

SAINT BERNARD, *Lettres.* (Voyez *Biblioth. du P. Montfaucon,* t. II, p. 1391, col. 1.)

Après cela, faist grand bien de parler a quelque *amy,* se povez, et devant luy hardyment plaindre ses douleurs, et n'avoir point de honte de monstrer sa douleur devant l'espécial *amy,* car cela allége le cœur et le reconforte.

COMMINES, *Mémoires,* liv. V, c. 5.

La reine veuve, ainsi que je l'ai dit, étoit demeurée riche d'argent et d'*amis.*

Mme DE MOTTEVILLE, *Mémoires.*

Il y a l'*ami,* compagnon de table. Il ne cherche que son plaisir, et vous quitte dans l'adversité.

BOSSUET, *Politique tirée de l'Écriture sainte.*

On sait bien que l'humiliation d'un riche, s'il vouloit se rendre justice, seroit de penser quels sont ces serviteurs et ces *amis* prétendus dont il se glorifie; *amis,* serviteurs, que le seul intérêt conduit, et qui, s'attachant à sa fortune, n'ont souvent qu'un fonds de mépris et qu'une secrète haine pour sa personne.

BOURDALOUE, *Carême,* Sermon sur les richesses.

Êtes-vous bien sûr de vous ressouvenir dans dix ans du nom de tous vos *amis?*

LA BRUYÈRE, *Caractères.*

Je perdis le 15 mars un *ami* que je regretterai toute ma vie, et de ces amis qui ne se retrouvent plus... ce fut le maréchal de Choiseul.

SAINT-SIMON, *Mémoires,* 1711.

Le charme le plus touchant de ses ouvrages est ce sentiment de quiétude et de paix qu'il fait goûter à son lecteur; c'est un *ami* qui s'approche de vous et dont l'âme se répand dans la vôtre.

D'ALEMBERT, *Éloge de Fénelon.*

Je suis bien déterminé à ne jamais garder d'*amis* par bienséance, je n'en veux avoir que pour les aimer.

J.-J. ROUSSEAU, *Lettres,* à David Hume.

Il faut pour des *amis* des lettres moins civiles,
Et tous ces compliments sont choses inutiles.

MOLIÈRE, *l'École des femmes,* I, 6.

Faites-vous des *amis* prompts à vous censurer,
Qu'ils soient de vos écrits les confidents sincères,
Et de tous vos défauts les zélés adversaires.
Dépouillez devant eux l'arrogance d'auteur,
Mais sachez de l'*ami* discerner le flatteur.

BOILEAU, *Art poétique,* I.

Chacun se dit *ami;* mais fou qui s'y repose.

LA FONTAINE, *Fables,* IV, 17.

D'*amis* avec *amis* on fait la différence.

DESTOUCHES, *le Glorieux,* II, 14.

... A quoi bon tant d'*amis?*
Un seul suffit quand il nous aime.

FLORIAN, *Fables,* III, 7.

AMI et AMIE peuvent être modifiés par des adjectifs de toutes sortes.

Amin loyaul est la médecine de la vie.

SAINT BERNARD, *Lettres.* (Voyez *Biblioth. du P. Montfaucon,* t. II, p. 1391, col. 1.)

Notre conscience, témoin véritable, *ami* fidèle et incorruptible, n'a jamais le loisir de nous parler.

BOSSUET, *Sermons,* sur la véritable conversion.

Comment se pouvoit-il qu'avec une âme naturellement expansive, pour qui vivre c'étoit aimer, je n'eusse pas trouvé jusqu'alors un *ami* tout à moi, un véritable *ami*, moi qui me sentois si bien fait pour l'être!

J.-J. ROUSSEAU, *les Confessions*, II, 9.

Oui, puisque je retrouve un *ami* si fidèle,
Ma fortune va prendre une face nouvelle.

J. RACINE, *Andromaque*, I, 1.

Que vois-je autour de moi, que des *amis* vendus?

LE MÊME, *Britannicus*, I, 4.

Un roi ne sait jamais s'il a de vrais *amis*.

BOURSAULT, *Ésope à la cour*, I, 3.

Un sage *ami*, toujours rigoureux, inflexible,
Sur nos fautes jamais ne nous laisse paisible.

BOILEAU, *Art poétique*, I.

Deux vrais *amis* vivoient au Monomotapa.
. . . .
Qu'un *ami* véritable est une douce chose!

LA FONTAINE, *Fables*, VIII, 11.

Mes ennemis ne me font point de peur,
Je ne crains rien que mon *ami* trompeur.

J.-B. ROUSSEAU, *Épîtres*, au comte du Luc.

AMI forme avec certains adjectifs des locutions de grand usage, telles que *Ami intime, bon ami*.

Celluy qui vient en heur et prospérité a tant d'amis que chascum veult estre son parent et *bon ami*.

Le Livre du chevaleureux comte d'Artois.

Les pauvres, *bons amis* du Christ, apprirent les premiers sa venue, parce que c'étoit pour eux qu'il venoit.

BOSSUET, *Sermons*, sur Jésus-Christ comme objet de scandale.

Les voisines et les *bonnes amies* n'attendirent pas qu'on les envoyât quérir pour aller chez la jeune mariée, tant elles avoient d'impatience de voir toutes les richesses de sa maison.

CH. PERRAULT, *Contes*, la Barbe-Bleue.

Quand li baron (Roland et Olivier) orent ovré ainsi,
Ils s'entrebaisent; puis se sont départi
A tos jors mais furent puis *boin ami*.

GIRARD DE VIANE, publié par M. Tarbé, p. 150.

Ils conversaient, vivaient avec les hommes
En *bons amis*, surtout avec les rois.

VOLTAIRE, *Contes en vers*, Sésostris.

Jadis l'Olympe et le Parnasse
Étoient frères et *bons amis*.

LA FONTAINE, *Fables*, I, 14.

Les voilà *bons amis* avant que d'arriver.

LE MÊME, même ouvrage, VIII, 10.

Dans la phrase suivante, cette expression est employée au figuré :

Je le laissai (le régent) dans sa *bonne amie* l'irrésolution et l'indécision.

SAINT-SIMON, *Mémoires*, 1715.

Ou encore *grand ami* :

Ce n'est pas parce que nous sommes *grands amis* que j'en parle.

MOLIÈRE, *M. de Pourceaugnac*, I, 5.

Comme nous sommes *grands amis*, il me fit aussi confidence de son retour.

LE MÊME, *les Fourberies de Scapin*, I, 2.

Dans cet autre passage, *Petit ami* est dit, par plaisanterie, d'une simple connaissance peu relevée :

J'ai si bien fait que j'ai retrouvé un *petit ami* à la poste, qui prend soin de nos lettres.

Mme DE SÉVIGNÉ, *Lettres*, 4 mai 1672.

AMI reçoit, au moyen de la préposition *de*, diverses sortes de compléments.

Souvent le régime de la préposition *de* fait connaître la personne aimée.

Il estoit naturellement *amy des* gens de moyen estat, et ennemy de tous grans qui se povoient passer de luy.

COMMINES, *Mémoires*, liv. I, c. 10.

Le vulgaire est *ami de* ceux qui le flattent.

MONET, *Dictionnaire*.

Les ennemis ont incontinent pour suspect l'*amy de* leurs ennemis et le haïssent.

AMYOT, trad. de Plutarque, *Œuvres morales*, De la pluralité d'amis, IX.

Ami de Socrate, *ami de* Platon, mais encore plus *de* la vérité.

DANET, *Dictionnaire françois-latin*.

Élisabeth, cette reine si fameuse, étoit personnellement *amie de* Henri IV.

SAINT-SIMON, *Mémoires*, 1718.

A cette manière de parler se rapportent les expressions *Ami du genre humain, ami de tout le monde.*

L'*ami du genre humain* n'est point du tout mon fait.

MOLIÈRE, *le Misanthrope*, I, 1.

Messieurs, *ami de tout le monde.*

LE MÊME, *Amphitryon*, I, 1.

On a dit, par un latinisme, au lieu de *Ami de*, *Ami à*, et cette tournure, qui n'est plus en usage, s'est conservée dans le langage vulgaire.

Et pria (le roi de France) après souper à tous les seigneurs qu'ils fussent l'un *à* l'autre *amis* et courtois, sans envie, sans haine et sans orgueil.

FROISSART, *Chroniques*, liv. I, Ire part., c. 283.

Autant *ami à* l'ung qu'*à* l'autre.

ROB. ESTIENNE, *Dictionnaire franç.-lat.* Voyez aussi J. THIERRY et NICOT.

Je la suppliay de ne pas croire celles qui *m*'estoient *amies* et familières, mais madame de Montigny, qui ne me hantoit point.

MARGUERITE DE VALOIS, *Mémoires.*

Vous *m*'estes *amy.*

MONTLUC, *Commentaires*, liv. VII.

Depuis qu'il me souvient d'avoir vescu parmy les hommes, je n'en ay jamais pratiqué qui ne *me* soient encore *amis.*

THÉOPHILE, *Epistre au lecteur.*

Quelque *ami* que vous *lui* soyez, j'ose espérer que vous n'approuverez pas son action.

MOLIÈRE, *le Festin de Pierre*, III, 3.

Le consul hollandois, qui *m*'estoit *ami*, vint m'accompagner chez le nazar pour nous plaindre de l'insolence de ses valets.

TAVERNIER, *Voyages de Perse*, liv. I, c. 9.

Il at toujours estei *amis*
A sainte Église et *à* gens d'ordre.

RUTEBEUF, *Complainte au roi de Navarre.*

Le même rapport se marque très fréquemment au moyen de l'adjectif possessif.

Les vrays amin qui aime, point ne delaisse *son amin*, ne en povreté, ne en maladie, ne en tribulation.

SAINT BERNARD, *Lettre.* (Voyez *Biblioth. du P. Montfaucon*, t. II, p. 1391, col. 1.)

Et sachiez que mainte lerme fu plorée de pitié al departir de lor païs, de lor genz et de *lor amis.*

VILLEHARDOUIN, *Conquête de Constantinople*, § 47.

Je conseilleroye à ung *mien amy*, si je l'avoye, qu'il mist peine que son maistre l'aymast, mais non pas qu'il le craignist.

COMMINES, *Mémoires*, c. 12.

Nous supportons bien quelques imperfections de *noz amis*, trouverons-nous estrange de supporter celles de noz enfans?

AMYOT, trad. de Plutarque, *Œuvres morales*, Comment il faut nourrir les enfants, X.

Il est plus honteux de se défier de *ses amis* que d'en être trompé.

LA ROCHEFOUCAULD, *Maximes*, 84.

La dernière fois que je vous écrivis, j'avois toute ma tristesse et toute celle de *mes amis.*

Mme DE SÉVIGNÉ, *Lettres*, à M. de Pomponne. 1667.

Sa société (de Turenne) communiquoit une horreur pour la friponnerie et pour la duplicité, qui mettoit tous *ses amis* au-dessus des autres hommes.

LA MÊME, même ouvrage, 28 août 1675.

J'ai ici un ancien de *mes amis* avec lequel je serai bien aise de consulter sa maladie.

MOLIÈRE, *M. de Pourceaugnac*, I, 6.

Il ne faut pas aimer *ses amis* pour les éprouver, mais les éprouver pour les aimer.

LA BRUYÈRE, *Caractères.*

Il faut se respecter assez soi-même pour ne se jamais brouiller ouvertement avec *ses* anciens *amis.*

VOLTAIRE, *Lettres*, à Mme de Champbonin, 1740.

Ce qui plus que tout le reste lui attachoit (à Mme de Bussy) *ses amis*, c'est qu'on trouvoit en elle la vraie et la parfaite amitié, si souvent soupçonnée de n'être qu'une vaine idée.

Mme DE STAEL, *Mémoires.*

Or veit Rollans que mort est *son ami*,
. . . .
Mult dulcement, à regreter le prit.

Chanson de Rolland, st. 149.

Qui vous a mors il n'est pas *mes amins*...
Garin le Loherain, ch. III, p. 254.

Quant ai perdu mon signor; *mon ami*
Se nel vengeois; dont serois-jou honis.
LE MÊME, même ouvrage, p. 270.

Mais en disant cela, songez-vous, je vous prie,
Que cette personne est, madame, *votre amie*.
MOLIÈRE, *le Misanthrope*, III, 5.

De tous *ses amis* morts (d'un médecin) un seul ami resté,
Le mène en sa maison de superbe structure.
BOILEAU, *Art poétique*, IV.

Amis, au pluriel, est quelquefois accompagné de l'adverbe *ensemble*.

Fort grands *amis ensemble*.
ROB. ESTIENNE, *Dict. fr.-lat.* (Voyez aussi J. THIERRY et NICOT.)

Dans cette manière de parler, *Ami de*, le régime de la préposition *de* indique quelquefois la nature de l'amitié.

De là des expressions telles que : *Ami de cœur, ami du cœur, ami d'enfance, ami de collège, ami de cour, ami de table*, etc.

Il pouvoit dire plus véritablement qu'entre les flatteurs les privez sont ces poursuivants de repeuës franches et ces *amis de table* et *d'estuve*.
AMYOT, trad. de Plutarque, *Œuvres morales*, Comment discerner le flatteur d'avec l'amy, XXXVII.

Les *amis de la grâce* sont bien plus sûrs que ceux *de la nature*.
MASSILLON, *Carême*, vendredi après les Cendres. Pardon des offenses.

Vous êtes de l'humeur de ces *amis d'épée*,
Que l'on trouve toujours plus prompts à dégaigner
Qu'à tirer un teston, s'il falloit le donner.
MOLIÈRE, *l'Étourdi*, I, 4.

Allons, ferme, poussez, mes bons *amis de cour*,
Vous n'en épargnez point, et chacun a son tour.
LE MÊME, *le Misanthrope*, II, 5.

Je fus pendant deux ans son *ami de voyage*.
DUFRESNY, *le Mariage fait et rompu*, II.

La préposition *à* entre aussi dans ces locutions qui servent à marquer la nature de l'amitié, par exemple dans ce proverbe :

Ami au prêter, ennemi au rendre.

Par exemple encore dans cette expression proverbiale :

Ami à pendre et à dépendre, ou *à vendre et à dépendre* (c'est-à-dire à dépenser).

Ami absolument dévoué.

AMI peut servir de régime à un très grand nombre de verbes.

On dit entre autres, *Faire, se faire des amis.*

Faire amis nouveaux.
ROB. ESTIENNE, *Dict. françois-latin.* (Voyez aussi J. THIERRY et NICOT.)

Il (le cardinal Gualterio) *s'étoit fait* beaucoup *d'amis*.
SAINT-SIMON, *Mémoires*, 1713.

Cosme de Médicis,... s'en servit (de ses richesses) pour secourir les pauvres, pour *se faire des amis* parmi les riches en leur prêtant son bien.
VOLTAIRE, *Essai sur les mœurs*, c. 105.

AMI peut être aussi régi par diverses prépositions. De là ces locutions :

En ami, entre amis.

Obeir *en ami* et en homme qui veult faire plaisir.
ROB. ESTIENNE, *Dictionnaire françois-latin.* (Voyez aussi J. THIERRY et NICOT.)

Je vous demande de ne me traiter qu'*en ami*.
MOLIÈRE, *M. de Pourceaugnac*, I, 7.

Ma foi, monsieur, voulez-vous qu'*en amie* je vous donne un conseil?
LE MÊME, *le Malade imaginaire*, I, 5.

J'en use sans scrupule, et ce n'est pas merveille
Qu'on se puisse, *entre amis*, servir à la pareille.
LE MÊME, *l'École des femmes*, III, 4.

Charitable monsieur, c'est agir *en ami*.
BOURSAULT, *le Médecin volant*, sc. 11.

A l'ami, vieille expression proverbiale, appliquée d'abord aux femmes, dont on disait qu'elles se faisaient belles *à l'ami,* qu'elles faisaient leurs cheveux *à l'ami,* c'est-à-dire avec un soin particulier, comme attendant leur ami.

Une beauté faicte *à l'ami*... Cheveux frisotez *à l'ami.* Dauntely, quaintly, curiously.

COTGRAVE, *Dictionnaire.*

Dans le passage suivant, *A l'ami* semble signifier A la mode.

Les autres, pour estre plus fiers,
Pour estre fringans *à l'amy,*
Pour monstrer qu'ilz sont grans ouvriers,
Ne font leur barbe que à demy.

COQUILLART, *Droits nouveaux.*

AMI se dit aussi de celui qui a beaucoup d'attachement pour une chose, qui en a le goût, la passion.

Ami rigide *de* la discipline, *de* l'ordre et *des* vertus les plus nécessaires au maintien de la société, il (le maréchal Serrurier) dédaigne l'intrigue.

NAPOLÉON, *Mémoires,* t. IV, p. 158.

Dites, que harcelé par les plus vils rimeurs,
Jamais, blessant leurs vers, il n'effleura leurs mœurs
. . . .
Ni petit, ni trop grand, très-peu voluptueux,
Ami de la vertu plutôt que vertueux.

BOILEAU, *Épitres,* X.

On appelle *Ami de la faveur, ami de la fortune,* celui qui ne s'attache qu'aux personnes en faveur ou dans l'opulence;

Ami de la maison, celui qui fréquente une famille, qui vit dans l'intimité de ceux qui la composent.

AMI se dit encore des personnes qui sont liées entr'elles par une cause commune, par quelque intérêt de parti et de coterie.

Nul n'aura de l'esprit hors *nous et nos amis.*

MOLIÈRE, *les Femmes savantes,* III, 2.

Il se dit également des nations, des puissances, des maisons, qui sont unies entr'elles par des traités, par des alliances.

Et pour conclusion, me semble que les grands princes ne se doibvent jamais veoir, s'ilz veultent demourer *amys.*

COMMINES, *Mémoires,* c. 8.

J'ay si bien pourveu dedans et dehors mon royaulme, que l'on me trouvera de tous coustez préparé, non seulement à me défendre, mais pour offendre qui me viendra rechercher aultrement que en *amy.*

HENRY II, *Lettre* à Morvilliers, 1547. (Voir *Négociations de la France dans le Levant,* t. II, p. 18.)

L'envoi de ce corps (de troupes), sans aucune nécessité réelle ni apparente, donneroit de grands ombrages et à cette couronne et dans l'empire même à tous mes *amis.*

LOUIS XIV, à l'archevêque d'Embrun, 19 février 1665. (Voyez *Négociations relatives à la succession d'Espagne,* t. I, p. 335.)

On dit adjectivement, *Des peuples amis, des nations amies.*

Entrons dans ce port; voici un peuple *ami.*

FÉNELON, *Télémaque,* IX.

Ami, cher ami, sont des termes d'affection par lesquels on s'adresse aux personnes.

N'est-ce pas une chose qui m'est tout à fait honorable que l'on voye venir chez moi une personne de cette qualité qui m'appelle *son cher ami,* et me traite comme si j'étais son égal?

MOLIÈRE, *le Bourgeois gentilhomme,* III, 3.

Ami, calme-toi, dit-elle d'une voix tendre...

J.-J. ROUSSEAU, *la Nouvelle Héloïse,* Ve part., lettre 9.

Un peu se teut, et puis m'arraisonna
Disant : *Amy,* n'avez-vous de moi cure?

CHARLES D'ORLÉANS, *Songe en complainte.*

J'abuse, *cher ami,* de ton trop d'amitié.

J. RACINE, *Andromaque,* III, 1.

Aimeriez-vous, seigneur? — *Ami,* qu'oses-tu dire?

LE MÊME, *Phèdre,* I, 1.

Ami, depuis trois jours tu n'es d'aucune fête,
Dit-elle, que fais-tu? Pourquoi veux-tu mourir?

A. CHÉNIER, *Idylles,* le Malade.

AMI s'ajoute par apposition à *lecteur* dans cette expression, *Ami lecteur,* formule qu'on employait jadis dans les préfaces, les avant-propos, etc., mais qui n'est usitée aujourd'hui que dans le style badin et familier.

Ami lecteur, vous voilà bien en peine,
Rendons-les courts en ne les lisant point.

J.-B. ROUSSEAU, *Épigrammes*, I, 20.

AMI est souvent un terme de familiarité dont on se sert en parlant à des personnes de condition inférieure.

Par exemple, lorsqu'un prince s'adresse à un sujet :

Il li demande : « Com as-tu nom, *amins?*
— Sire, dist-il, Guillaume de Monclin. »

Garin le Loherain, t. I, p. 250,

Un maître à son serviteur :

Alez avant, forestiers, biaus *amins*,
Coilliez les couples por les chiens detenir.

Garin le Loherain, t. II, p. 236

Un général à ses soldats :

J'ai entendu dire plus d'une fois au maréchal de Villars que la bataille étant gagnée, comme il marchait à la tête de son infanterie, une voix cria : Nous sommes coupés. A ce mot tous ses régiments s'enfuirent. Il court à eux et leur crie : Allons, mes *amis*, la victoire est à nous !

VOLTAIRE, *Siècle de Louis XIV*, c. 18. Guerre pour la succession d'Espagne.

AMI est aussi parfois un terme de hauteur, de mépris.

Quand elle appeloit quelqu'un mon *amy*, c'estoit qu'elle l'estimoit sot, ou qu'elle estoit en colère.

BRANTÔME, *Vies des Dames illustres*. Catherine de Médicis.

Vous êtes un petit impertinent, mon *ami*.

MOLIÈRE, *la Comtesse d'Escarbagnas*, sc. 2.

Non, parbleu ! non parbleu ! petit sot mon *ami*.

LE MÊME, *l'École des femmes*, IV, 1.

Apprenez, mon *ami*, que c'est une sottise
De se venir jeter au travers d'un discours ;
Et qu'aux gens du logis il faut avoir recours,
Afin de s'introduire en valet qui sait vivre.

LE MÊME, *les Femmes savantes*, IV, 4.

Le juge, instruit de leur malice,
Leur dit : Je vous connois de longtemps, mes *amis;*
Et tous deux vous paîrez l'amende.

LA FONTAINE, *Fables*, II, 3.

Telle est encore cette expression, *Mon petit ami*.

On dit de cette manière, *L'ami*.

Tudieu, *l'ami*, sans vous déplaire,
Comme vous baillez des soufflets !

MOLIÈRE, *Amphitryon*, I, 1.

Hé *l'ami*, tire-moi mes bottines fourrées.

LE GRAND, *l'Aveugle clairvoyant*, sc. 8.

Ami est quelquefois une réponse à ces questions : Qui frappe? qui va là?

Qui va là? — *Ami*.

MOLIÈRE, *le Sicilien*, sc. 4.

Qui frappe? — *Amis*. — Ho! ho! qui te peut amener, Mascarille?

LE MÊME, *le Dépit amoureux*, III, 2.

AMI se dit en outre des animaux qui ont de l'affection pour les hommes.

Le chien est *ami* de l'homme.

RICHELET, *Dictionnaire*.

Comme un dogue d'Épire, ou comme un chien de Laconie, *ami* fidèle des bergers.

DACIER, trad. d'Horace, *Épod.*, VI, 6.

Il se dit également de certaines choses qui paraissent avoir quelque sympathie les unes avec les autres.

Notre terre et notre air sont propres à recevoir les mûriers blancs et nourrir les vers à soye, étant ces choses tant *amyes* par ensemble que là où l'une est l'autre y peut être.

OLIVIER DE SERRES, *Théâtre d'agriculture*.

Le sec et l'humide, le chaud et le froid, ne sont pas *amis* et ne peuvent vivre en concorde.

MONET, *Dictionnaire*.

Le fresne est *ami* de l'eau.

DANET, *Dictionnaire françois-latin*.

Le fer est *ami* de l'aimant,
La vigne est *amie* de l'ormeau.

FURETIÈRE, *Dictionnaire*.

Jamais la faim et la honte n'ont pu durer ensemble *amis*.

CHAPELAIN, *le Gueux, ou la vie de Guzman d'Alpharache*, Ire part., liv. II.

Le mensonge et les vers de tout temps sont *amis*.

LA FONTAINE, *Fables*, II, 1.

On appelle *couleurs amies* des couleurs qui s'accordent bien ensemble, dont l'union produit un agréable effet.

Le blanc et l'incarnat sont des couleurs *amies*.

Dictionnaire de Trévoux.

AMI se dit pareillement de certaines liqueurs, de certaines odeurs, de certaines couleurs, qui confortent, qui réjouissent.

Le vin est *ami* de l'estomach.

DANET, *Dictionnaire françois-latin*.

La lune réfléchit les rayons du soleil par une lueur plus *amie* des yeux.

BERNARDIN DE SAINT-PIERRE, *Harmonies de la nature*, liv. VIII, harmonies conjugales.

AMI, employé adjectivement, signifie quelquefois Propice, favorable, acception qui est surtout usitée en poésie.

Si fault cognoistre par expérience ce qui est *amy* et propre *à* sa nature, en user et s'en contenter.

AMYOT, trad. de Plutarque, *Œuvres mêlées*, les Propos de table, IV.

L'amour fut toujours *ami* des poètes.

DUFRESNY, *Amusements sérieux et comiques*, X.

Il s'enveloppe dans un manteau filé par sa diligente épouse, et doublé d'une laine *amie* des vieillards.

CHATEAUBRIAND, *les Martyrs*, l. IV.

Ces grands arbres de Coppet... me semblent encore des témoins *amis* de ses nobles pensées.

Mme DE STAEL, *Considération sur la révolution française*, part. II, c. 2, § 5.

Pur sa beltet dames li sunt *amies*.

Chanson de Roland, v. 957.

Seigneur, or escoutez, que Diex vous soit *amis!*

RUTEBŒUF, *li Dis des Cordeliers*. (Voir *Œuvres*, t. I, p. 180.)

Le marinier qui prend terre, et s'arreste
Pour la fureur de l'orage et tempeste,
Desancre alors que les cieulx sont *amys*.

CL. MAROT, *Épîtres*, I, 27.

O si ces vers . . . .
Obtiennent de mon roi quelques regards *amis*.

GILBERT, *le dix-huitième siècle*, satire.

Voyez l'eau caressante embrasser le gazon,
Ces arbres s'enlacer, ces vignes tortueuses
Embrasser les ormeaux de leurs mains amoureuses,
Et refusant les sucs d'un terrain ennemi,
Ces racines courir vers un sol plus *ami*.

DELILLE, *l'Homme des champs*, IV.

Moi, l'espérance *amie* est bien loin de mon cœur.

A. CHÉNIER, *Élégies*, XV.

AMI s'est dit autrefois pour Parent.

Se aucuns aparaille la mort à son père, ou à son fis, ou à aucun de ses autres *amis*.

BEAUMANOIR, *Coutume d'Orléans*, p. 470. (Cité par Sainte-Palaye.)

Et manderai de mes riches *amins*,
Aubri mon frère, et l'allemant Ouri,
Gautier d'Hanau, Huon de Cambresis,
Mes cousins sont . . . .

GARIN LE LOHERAIN, t. II, p. 250.

En ce sens, on le déterminait quelquefois par les mots *de chair* ou *charnel*.

Se il est ses *amis de char*, ou se il i a grande affinité d'amour.

BEAUMANOIR, *Coutumes du Beauvoisis*, p. 35.

Tuit si *ami charnel*, père, seror et frere.

Fabl. ms. d. R., n° 7218, fol. 345, v°, col. 2. (Cité par Sainte-Palaye.)

AMI a été souvent employé pour Amant.

Ung *ami* par amours, amasius.

ROB. ESTIENNE, *Dictionnaire françois-latin*.
Voyez aussi J. THIERRY et NICOT.

Il faut que vous sachiez, lui dit-elle, que comme je ne puis vivre sans *ami,* aussi ne puis-je en avoir plus d'un à la fois.

TALLEMANT DES RÉAUX, *Historiettes,* la Liquière.

Vous faites une de ces femmes qui... croyent que le péché n'est que dans le scandale, qui veulent conduire doucement les affaires qu'elles ont sur le pied d'attachement honnête, et appellent *amis* ce que les autres nomment galants.

MOLIÈRE, *l'impromptu de Versailles,* sc. 1.

Amelot ainsi ot Garin
Son dous *amin.*

Bele Amelot. (Voyez PAULIN PARIS, *le Romancero françois,* p. 75.)

Sainte-Marie, Dame, dist Aude la Sénée,
Je voi combattre mon frère en cele prée
Et mon *ami* qui m'avoit enamée;
Liquels que muire, je serai forsenée :
Departez-les, Roïne coronée!

Girard de Viane, publié par M. Tarbé, p. 141.

Ce fut en mai qu'il fait chaut et seri,
Foilli sont bois et pré sont ranverdi;
Pucele est liée, qui est lès son *ami.*

Même ouvrage, p. 177.

Ne pers l'*amy,* qui ne t'a point forfait,
Donne remède au mal que tu as fait.

CL. MAROT, *Élégies,* II.

AMIE a de même signifié Maîtresse.

Mais li reis Saül avoit une *amie*... (Fuerat autem Saüli concubina...)

Les quatre Livres des Rois, II, III, 7.

Jamais ne sois-je salué de ma chère *amie,* si je rentre en châtel ni en forteresse jusques à ce que j'aurai l'un de ces venans versé à terre, ou je y serai versé.

FROISSART, *Chroniques,* liv. I, Ire part., c. 177.

Quand nous sommes à part, où l'amour seul est juge de noz contenances, nous sçavons très-bien qu'elles sont femmes, et nous hommes, et à l'heure le nom de maîtresse est converty en *amye;* et le nom de serviteur en amy.

MARGUERITE DE NAVARRE, *Heptameron,* 10.

Sage ami et sotte *amie* : car d'une *amie* trop fine, vous n'en avez jamais bon conte.

BONAVENTURE DES PERIERS, *Contes,* t. I, p. 65. (Cité par Sainte-Palaye.)

La raison enseigne (ce que les femmes doivent entendre) que Femme est un nom d'honneur, et *Amie* un nom de plaisir.

BOUCHET, *Serées,* liv. I, 8.

On n'a gueres veu d'*amies* de nos Rois qui n'aient attirez sur elles les haines des grands, ou en leur faisant perdre ce qu'elles desiroient, ou en faisant defavoriser ceux qui ne les adoroient pas, ou en espousant les interests de leurs proches, leurs debtes, leurs recompences et leurs vengeances.

AGR. D'AUBIGNÉ, *Histoire universelle,* t. III, liv. V, c. 3.

Molt est pensis *amans* qui at *amie*
Sovent sospire, quant ne l'a en baillie.

Girard de Viane, publié par M. Tarbé, p. 160.

N'est lais *amis,* ne laide *amie.*

Anc. poet. fr., mss. av. 1300, t. IV, p. 1818. (Cité par Sainte-Palaye.)

Belle que je tiens pour *amye*
Pensez quelque part que je soye
Que jamais je ne vous oublie.

CHARLES D'ORLÉANS, *Balade.*

Si, pour haïr le change et vivre sans *amie*
Un homme tel que lui tombe dans l'infamie,
Je le tiens glorieux d'être infâme à ce prix.

P. CORNEILLE, *l'Illusion comique,* V, 2.

Bon ami, Bonne amie, se disent quelquefois familièrement pour Amant, Maîtresse.

On a dit, par élision, *M'amie* pour Mon amie.

Ne scais tu pas bien qu'il y a
Plus d'un an qu'Amour me lia
Dedans les prisons de *m'amye?*

CL. MAROT, *Dialogue de deux amoureux.*

On a dit de même *t'amie* pour ta, ton amie, *s'amie* pour sa, son amie.

M'amie, ou par suppression de l'apostrophe, *Mamie* (les deux formes ont été employées indifféremment comme en font foi par exemple les éditions originales de Molière), est un terme d'affection des maris parlant à leurs femmes, ou des amants parlant à leurs maîtresses :

Oh! *mamie,* que je vous suis obligé de tous les soins que vous prenez de moi.

MOLIÈRE, *le Malade imaginaire,* I, 6.

. . . . . . Maintesfoix m'est advis
Que je vous tiens entre mes bras, *m'amye.*

CHARLES D'ORLÉANS, *Balade :* Puisqu'ainsi est que loingtain de vous suis.

Adieu, *m'amie,* la dernière,
En vertus et beauté première.

CL. MAROT, *Épitres,* XLI.

Esveillez-vous, dist-il, esveillez-vous, *ma mie,*
Repoussez le sommeil de vostre ame endormie.

ROB. GARNIER, *la Troade,* acte II, v. 91.

On le dit aussi, en s'adressant familièrement à une femme, avec des nuances très diverses.

Cela m'induict facilement à croyre ce que dictes, Madame Lanterne *m'amye.*

RABELAIS, *Pantagruel,* V, 34.

Que Celadon ne soit nay d'aussi bon sang que Pâris, *m'amie,* vous n'avez point d'esprit si vous le dites.

D'URFÉ, *l'Astrée,* Ire partie, liv. II.

...Vous êtes, *mamie,* une fille suivante
Un peu trop forte en gueule et fort impertinente.

MOLIÈRE, *Tartufe,* I, 1.

On pourroit bien punir ces paroles infâmes,
Mamie, et l'on décrète aussi contre les femmes.

LE MÊME, même ouvrage, V, 4.

De ces anciennes formes, *M'amie, t'amie, s'amie,* est venue MIE, abréviation d'*Amie,* souvent employée dans le vieux langage pour Maîtresse et, en général, comme terme d'affection.

Là, ma pauvre *mie,* dis, dis, dis tes petites pensées à ton petit papa mignon.

MOLIÈRE, *l'Amour médecin,* I, 2.

Ma petite femme ma *mie,* votre peau vous démange, à votre ordinaire.

LE MÊME, *le Médecin malgré lui,* I, 2.

Ouais! nourrice, ma *mie,* vous vous mêlez de bien des choses!

LE MÊME, même ouvrage, II, 1.

Et moi, ma petite fille, ma *mie,* je veux que vous vous mariez, s'il vous plait.

LE MÊME, *l'Avare,* I, 4.

Seignor, ne vos mentirai mie,
Li doiens avoit une *mie :*

Fabliaux et Contes, Méon, II, 4.

Je dirois au roi Henri
Reprenez votre Paris,
J'aime mieux ma *mie,* ô gué!
J'aime mieux ma *mie.*

MOLIÈRE, *le Misanthrope,* I, 2.

Ah! bouteille, ma *mie,*
Pourquoi vous videz-vous?

LE MÊME, *le Médecin malgré lui,* I, 5.

Et cependant, malgré toute sa diablerie,
Il faut que je l'appelle et mon cœur et ma *mie.*

LE MÊME, *les Femmes savantes,* II, 9.

AMI, dans ses divers sens, a donné lieu à un fort grand nombre de proverbes. On en trouve des listes étendues dans les anciens dictionnaires.

A riche homme n'en chaut qui *ami* luy soit.
Bien part de sa place qui son *ami* y laisse.
Il n'y a meilleur miroir que le vieil *ami.*
Le mort n'a point d'*ami,* le malade n'a qu'un demi.
Longue demeure fait changer *ami.*
On ne peut avoir trop d'*amis.*
Parens sans *amis,*
Amis sans pouvoir,
Pouvoir sans vouloir,
Vouloir sans effect,
Effect sans profit,
Profit sans vertu,
Ne vaut ung festu.
Qui preste à l'*ami* perd au double.
Qui veut entretenir son *ami*
N'ait nul affaire avec lui.
Tenir ne faut pour bon voisin
Un *ami* de table et de vin.
Viande d'*ami* est bien tost preste.

COTGRAVE, *Dictionnaire,* Ami.

Il n'y a rien tel que les vieux écus et les vieux *amis.*

RICHELET, *Dictionnaire.*

Les bons comptes font les bons *amis.*
Quitte à quitte et bons *amis.*
Ami au prêter, ennemi au rendre.
On connoit les *amis* au besoin.
Un honteux n'a point belle *amie.*

FURETIÈRE, *Dictionnaire.*

Il n'y a de si bons *amis* qui ne se quittent.
Pour un *ami* endormi l'autre veille.

Dictionnaire de Trévoux.

En voici quelques autres :

Ami jusqu'aux autels.

Ami à tout faire, excepté ce qui est contraire à la religion.

Ami jusqu'à la bourse.

Ami à rendre toutes sortes de services, excepté d'aider de son argent.

A cette expression se rapporte le passage suivant :

Et à la borce, se m'est vis,
Peut-on savoir qui est *amis*.
Art d'aimer, ms. de N. D. nº 2, fol. 166, rº, col. 1.
(Cité par Sainte-Palaye.)

Tousjours vault mieulx *amis* en voye
Que ne font deniers en courroye.
Roman de la Rose, v. 5165.

Plusieurs de ces proverbes ont été rapportés et expliqués par Henri Estienne :

Entre les proverbes lesquels nous servent d'exhortations, sont ceux qui nous monstrent les *amis* estre chose plus prétieuse que les richesses. Je commenceray par un fort beau, et qui sent bien son antiquité :
Mieux vaut *ami* en voye que argent en corroye.
Cestuy-ci pareillement appartient à cela :
Nul n'est si riche qu'il n'ait mestier d'*amis*.
En voici un autre :
Amis valent mieux qu'argent.
Auquel il faut adjouster cestuy-ci :
On ne peut avoir trop d'*amis*.
Outre tous ces proverbes, ils avoyent encore cestuy-ci, pour monstrer combien on devoit priser un ami :
Bien de sa place part qui son *ami* y laisse.
Encore n'est-ce pas tout, car nous trouvons là mesme :
Il n'est nuls petits *amis*.
Or, comme ils monstroyent par les proverbes susdicts qu'ils estimoyent les amis estre une si grande richesse, aussi en avoyent par lesquels ils se plaignoyent de la rareté d'iceux, car nous lisons :
Il n'est guère de loyaux *amis*.
Item :
Le mort n'ha point d'*ami*,
Le malade n'en ha qu'un demi,
Et quant au povre point du tout.
Povre homs n'ha point d'*ami*.
Au besoin cognoist-on l'*ami*.
Ou :
Au besoin voit-on quel est l'*ami*.
H. Estienne, *la Précellence du language françois*.

Ce dernier proverbe fréquemment allégué dans les ouvrage du moyen âge, se trouve notamment dans le *Jeu de saint Nicolas*, par Jean Bodel (Voyez *Théâtre françois du moyen âge*, publié par MM. de Monmerqué et Fr. Michel en 1842, p. 198), sous cette forme :

Au besoin voit-on son *ami*.

D'Ami, Amie s'étaient formés plusieurs diminutifs :

Amiot, iote.

(Voyez les *Dictionnaires* de Rob. Estienne, J. Thierry, Nicot, et le *Glossaire* de Sainte-Palaye.)

Ne vos iriés;
Mais devenés m'*amiote*.
Anc. poët. fr. mss. av. 1300, t. III, p. 1252.
(Cité par Sainte-Palaye.)

Amiete.

Voyez les mêmes dictionnaires.

On trouve dans un vieux texte un verbe formé d'*Ami* :

Amissier.

Au sens de Rendre amis :

Oez comé jo voil mei e Rou *amissier*.
Roman de Rou, t. I, v. 1844.

Au sens de Devenir amis :

Pernez parole o li par semlant d'*amissier*.
Même ouvrage, t. I, v. 4434.

Ami a aussi donné lieu à plusieurs adjectifs, desquels sont venus à leur tour certains adverbes, certains substantifs :

AMIABLE, adj. des deux genres.

On l'a écrit Amiaule, Amistable. (Voyez le *Glossaire* de Sainte-Palaye.)

Amiable a été de grand usage, soit au sens d'Aimable, soit dans des acceptions qui s'y rapportent, pour Doux, gracieux, favorable, accommodant, etc.

En parlant des personnes :

Saül et Jonathas *amiables* e bels furent en lur vie, et à la mort ne se sunt partiz.

Les quatre Livres des Rois, II, 1, 23.

Jo duil sur tei, chier frère Jonathas, bels et *amiables*, que jo amoné si cume la mère sun fiz qui n'ad mais un.

Même ouvrage, II, 1, 26.

Rien ne se doutoit d'eux, qu'ils ne lui fussent courtois, loyaux et *amiables* en tous cas.

FROISSART, *Chroniques*, I, IIe part., c. 159.

Et l'ay trouvé (Agostino Barbarigo, doge de Venise) homme de bien, saige, et bien expérimenté aux choses d'Italie, et doulce et *amyable* personne.

COMMINES, *Mémoires*, liv. VII, c. 18.

Voy donc, *amiable* lecteur, cet ouvrage de bon œil.

Les Caquets de l'Accouchée, au lecteur curieux.

Un chascun se mettoit à leur mercy, les supplians estre traictés plus humainement en considération de ce qu'ilz avoyent de tous temps esté bons et *amiables* voisins.

RABELAIS, *Gargantua*, I, 26.

Il seroit bon de prendre une nourrice bonne, belle, advenante, sage, douce, discrette, chaste, courtoise, *amiable*, saine, de bonne complexion, bien parlante, et ayant la parole nette.

BOUCHET, *Serées*, liv. II, 24.

Escoutez qu'elle est *amyable*.

Farce moralisée à quatre personnaiges. (Voyez *Anc. Théâtre franç.*, bibl. Elzévirienne, t. I, p. 168.)

On m'a dict qu'elle est *amyable*
Comme un mouton.

CL. MAROT, *Dialogue de deux amoureux*.

Elle est à chacun charitable,
Et, envers moy, tant *amiable*
Que le monde en est estonné.

JODELLE, *l'Eugène*, comédie, I, 3.

En parlant des choses :

Il leur bailla certains articles assez *amiables* par escript.

COMMINES, *Mémoires*, liv. I, c. 3.

Toutes fois il avoit bon sens, et la parolle douce et *amiable*.

LE MÊME, même ouvrage, liv. IV, c. 7.

Et laisse ce tres desplaisant pechié d'avarice, et se acompaigne avec celle très doulce et très *amiable* vertu de largesse qui est amye de Dieu, et honorée du monde.

ANT. DE LA SALE, *le Petit Jehan de Saintré*, c. 5.

Ayant reçu de V. H. tant *amyables*, courtoyses et gratieuses lettres que vous nous avez escriptes.

HENRI II, lettre à Soliman II, 30 décembre 1557. (Voyez *Nég. de la France dans le Levant*, t. II, p. 423.)

Je vous supplirai de me donner responce à mes requestes précédantes, ou bien me fayre entendre comme je me doubray gouverner pour obtenir plus *amiable* traitement de vous.

MARIE STUART à Élisabeth. Lettre autographe, collect. Donnadieu.

Il y en a à qui il suffit... de leur monstrer un bon œil, un visage ouvert... une disposition et contenance *amiable* et non point fascheuse ni chagrine.

AMYOT, trad. de Plutarque, *Œuvres morales*, Comment il faut ouïr, 20.

L'un des principaux bienfaits de la vertu, c'est le mespris de la mort, moyen qui fournit nostre vie d'une molle tranquillité et nous en donne le goust pur et *amiable*, sans qui toute autre volupté est esteinte.

MONTAIGNE, *Essais*, I, 19.

Alors voyant ses paroles si douces et son visage si *amiable*, tous d'un commun accord se mirent à genoux devant lui.

H. ESTIENNE, *Apologie pour Hérodote*, part. II, c. 31.

Il ne prist point de temps pour en délibérer, ny pour en parler à Sa Saincteté, ains me fist sur le champ une, à mon avis, belle, sage et *amiable* response.

LE CARDINAL D'OSSAT, liv. II, lettre 59.

Le duc de Guise estoit des plus beaux princes de la cour, grand, haut à proportion, une face *amiable*, un œil si vif qu'il perçoit tout pour recognoistre et choisir ses serviteurs.

MATTHIEU, *Histoire des derniers troubles de France*, liv. IV.

J'aymerois mieux que vos lettres fussent un peu moins éloquentes et qu'elles fussent plus *amiables*.

VOITURE, *Lettres*; à Mlle de Rambouillet.

Ce zele estoit une grande vertu; mais vertu neantmoins qui ne laissoit pas d'estre reprehensible. Aussi Dieu mesme par une sacrée apparition l'en corrigea, repandant en son ame un esprit doux, suave, *amiable* et tendre.

SAINT FRANÇOIS DE SALES, *Introduction à la vie dévote*, III, 2.

Ils (Richelieu et l'abbé de La Rivière) rentrèrent en conférence douce et *amiable*, et tout fut oublié.

Mme DE MOTTEVILLE, *Mémoires*.

Il ne sera pas mauvais de vous faire quelque petite saignée *amiable*.

MOLIÈRE, *le Médecin malgré lui*, II, 4.

Il vient comme pluie agréable
Tombant sur prez fauchez,
Et comme rosée *amiable*
Sur les terroirs séchez.

CL. MAROT, *Traduction des Psaumes*.

Si tes envois lui fussent agréables,
Elle t'eût fait des réponses *amyables*.

LE MÊME, *Élégies*, I.

Dedans le temple où se faisoit la feste
Hero marchoit en gravité honneste,
Rendant partout de sa face *amiable*
Une splendeur à tous yeux agréable.

LE MÊME, *Histoire de Leander et Hero*.

Ayez parolles *amyables*.

ANDRÉ DE LA VIGNE, *Vergier d'honneur*.

N'est-ce pas Dieu qui embrasse
Les membres de ce grand corps,
Agitant toute la masse
Par *amiables* discors?

JOACHIM DU BELLAY, *Odes*, XVII.

On a dit *Amiable à*;
En parlant des personnes :

Ceux qui veulent monstrer leur subtilité cavillent que cela ne se doit pas entendre de la derniere resurrection : mais du temps auquel Job esperoit le Seigneur *lui* devoir estre plus doux et *amiable*.

CALVIN, *Institution chrestienne*, liv. II, c. 10, § 19.

Il s'en est allé de trop bonne heure... aimant ses parents, aimant les lettres, et pour dire tout en un mot, *amiable à* tout le monde.

AMYOT, trad. de Plutarque, *Œuvres morales*, Consolation à Apollonius sur la mort de son fils.

En parlant des choses :

O naissance plaine de sainteit, honoraule al munde, *amiaule as* hommes, por lo grant benefice qu'il receut en ont.

SAINT BERNARD, *Choix de sermons* (à la suite des *Quatre Livres des rois*; voir LEROUX DE LINCY, p. 530).

Dès le temps de Ménage, qui en fait la remarque, AMIABLE était considéré comme ayant vieilli; on ne l'employait plus guère, et on ne l'emploie aujourd'hui que dans quelques locutions particulières :

Amiable compositeur, celui qui est chargé d'accommoder un différent, un procès, par les voies de la douceur et de la conciliation, sans être tenu de prendre la loi pour base de sa décision.

Amiable compositeur ou appaiseur, si est celuy qui du consentement des parties les met d'accord.

BOUTEILLER, *Somme rurale*.

Amiables compositeurs sont ceux qui aussi comme de l'assentiment des parties mettent tous les discors en claire concordance pour le bien des parties.

Grand Coutumier de France, liv. IV, c. 2. Des Juges arbitres.

Pluviant que la chasse avoit amené près des fauxbourgs, oiant la ville en guerre, vint pour mettre la paix, et s'en fit dépositaire, n'estant au commencement qu'*amiable compositeur*.

AGR. D'AUBIGNÉ, *Histoire universelle*, t. III, liv. I, c. 4.

Amiable composition.

Le roy se préparoit pour demander par armes au duc de Savoye ce qu'il n'avoit sceu obtenir par doulce et *amiable composition*.

MARTIN DU BELLAY, *Mémoires*.

Médiateur amiable.

S'il (un roi) convient de quelque arbitre pour terminer le différent, il montre son équité, sa bonne foi, sa modération. Il publie les solides raisons sur lesquelles sa cause est fondée. L'arbitre choisi est un *médiateur amiable*, et non un juge de rigueur.

FÉNELON, *Télémaque*, XVII.

Accommodement, solution, voie, etc., amiables.

... La proposition d'une composition et d'un *accommodement amiable* par des députés...

L'ARCHEVÊQUE D'EMBRUN à Louis XIV, 22 mai 1667.
(Voy. MIGNET, *Négociations relatives à la succession d'Espagne*, t. II, p. 3.)

Il a ordonné dans son Évangile que les *voies* douces et *amiables* précédassent toujours les voies du Seigneur.

BOSSUET, *Sermons*. Sur la prédication de l'Évangile.

A l'amiable.

Sa Majesté n'a non plus changé de résolution en ce qui est du fait de Cleves, mais désire toujours que les princes qui prétendront à cette succession, en traitent *à l'amiable*.

JEANNIN, *Négociations*. Lettre au président Richardot, 27 juillet 1609.

Le Persan, enflé du succez de son entreprise, renvoya les ambassadeurs de Valerian sans rien faire, et luy fit dire que s'il vouloit traitter avec luy, il pouvoit le venir trouver, et qu'ils adviseroient ensemble *à l'amiable* ce qui se pourroit faire pour le repos et pour le bien des deux empires.

COEFFETEAU, *Histoire romaine*, liv. XVII.

Sortir d'une affaire *à l'amiable*.

PATRU, *Plaidoyers*, VI.

... Le différend concernant vostre entrée aux estats, qui vient d'estre terminé *à l'amiable*...

LE CHANCELIER DE PONTCHARTRAIN à Saint-Aurans, conseiller en la cour des aydes et finances de Montpellier, 16 janvier 1714. (Voy. DEPPING, *Correspondance administrative sous Louis XIV*, t. I, p. 318-319.)

L'on est assez informé que Votre Majesté a été jusqu'ici autant disposée à traiter *à l'amiable* que le conseil d'Espagne s'en est éloigné.

M. DE GRAVEL à Louis XIV, 9 juin 1667. (Voy. MIGNET, *Négociations relatives à la succession d'Espagne*, t. II, p. 173.)

Pourquoi haïr ceux qui nous plaident? Ne peut-on pas plaider *à l'amiable?*

DUFRESNY, *le Malade sans maladie*, III, 1.

Nos plus tendres entretiens étoient toujours mêlés de querelles; il n'y eut pas moyen d'y résister, la patience nous échappa de part et d'autre, et nous rompîmes *à l'amiable*.

LE SAGE, *Gil Blas*, liv. VII, c. 7.

Vous savez que l'aventure de Gênes s'est terminée *à l'amiable* par la pendaison de quelques citoyens et de quelques soldats.

VOLTAIRE, *Lettres*, 24 décembre 1746.

Vous seriez en droit d'envoyer un jour, *à l'amiable*, une bonne garnison pour maintenir la paix.

LE MÊME, *Lettres*, 1766; à M. de Choiseul.

Une *vente à l'amiable* est celle qui se fait de gré à gré, par opposition à celles qui se font aux enchères ou par autorité de justice.

D'AMIABLE s'est formé :

AMIABLEMENT, adv.

On l'a écrit, par conformité à certaines orthographes de l'adjectif, AMIAULEMENT, AMEIAULEMENT. (Voyez le *Glossaire* de SAINTE-PALAYE et les exemples ci-après.)

Il a reçu des sens analogues à ceux d'*Amiable*.

Dans le passage suivant il signifie Agréablement.

Il est nécessité que dores-en-avant ladicte bonne ville de Paris soit plus nettement tenue et gardée... affin que les habitans en ycelle puissent plus seurement et *amiablement* aller par ycelle.

Ordonnance de Jean Ier, janvier 1356, pour la propreté des rues de la ville de Paris. (Voy. *Ordonnances des rois de France*, t. III, p, 97.)

Dans d'autres, il veut dire En ami, Avec douceur, bienveillance.

Jo frai dreiture a tuz *amiablement* e dulcement.

Les Quatre Livres des Rois, II, XV, 4.

En monstrant *ameiaulement*, commes sires, les raisons pourquoi et comment il le voloit faire, pooit et devoit.

Texte de 1293. (Voyez Martenne, t. I, *Anecdot.*, c. 1257.)

Nous a prié et requis *amiaulement* que nous vausissions monstrer et faire scavoir tout ce que nous tenons de lui.

Texte de 1300. Cartulaire de Corbie. (Voyez DU CANGE, *Glossaire*, Amicalis.)

Et reçurent le comte Louis leur seigneur *amiablement* adonc et paisiblement.

FROISSART, *Chroniques*, I, Ire part., c. 49.

Quand ils furent venus à ladite chapelle, ils se saluerent moult *amiablement*.

LE MÊME, même ouvrage, liv. I, Ire part., c. 144.

Par plusieurs fois ay envoyé *amiablement* devers luy, pour entendre, en quoy, par qui, et comment il se sentoit oultraigé.

RABELAIS, *Gargantua*, I, 29.

Plus *amiablement* l'appelloient, plus rudement s'escarmouchoit-il.

LE MÊME, *Pantagruel*, V, 7.

... Affin que chascun peust naviguer seurement là où bon lui sembleroit, que tous vescussent *amiablement* en bonne paix les uns avecques les autres.

AMYOT, trad. de Plutarque, *Vie de Périclès*, c. 6.

Par exemple, si j'ay résolu de gagner par la douceur l'esprit de ceux qui m'offensent, je chercheray ce jour-là de les rencontrer pour les saluer *amiablement*.

SAINT FRANÇOIS DE SALES, *Introduction à la vie dévote*, VIII, 2.

Leurs compagnons, qui les avoient veu parler si *amiablement* aux ennemis, les soupçonnèrent d'estre traîtres à leur empereur.

COEFFÉTEAU, *Histoire romaine*, liv. VI.

Elle (Anne d'Autriche) affecta de me faire bon visage et de me parler *amiablement*.

Mme DE MOTTEVILLE, *Mémoires*, 1646.

Au surplus, les capitaines, commandants, officiers, matelots et soldats de l'une et de l'autre nation se comporteront entre eux *amiablement*, suivant le concert qui sera fait ci-après.

Traité entre Louis XIV et Charles II, 22 mai, 1er juin 1670. (Voy. MIGNET, *Négociations relatives à la succession d'Espagne*, t. III, p. 194.)

Dans l'entretien que nous eûmes ensemble, il me témoigna qu'il auroit bien voulu voir quelque religieux françois, pour converser *amiablement* avec luy, parce qu'il sçavoit que la nation françoise est douce et civile, et qu'au contraire l'italiene veut tout emporter de haute lute.

TAVERNIER, *Voyages de Perse*, liv. I, c. 3.

Il avait fait exprès le voyage de Berlin pour conférer *amiablement* avec lui sur une méprise dans laquelle Maupertuis pouvait être tombé.

VOLTAIRE, *Supplément au Siècle de Louis XIV*, lettre à M. Roques.

Homes (de) son filz devindrent mult *amiablement*.

Roman de Rou, t. II, v. 2146.

AMIABLEMENT est quelquefois l'équivalent de la locution *A l'amiable*.

Et se doibt personne esbahyr, si le roy travailloit et despendoit à les (les Anglais) mettre hors *amyablement*, affin qu'il les peust encores tenir amys pour le temps advenir, ou au moins qu'ilz ne lui fissent point de guerre.

COMMINES, *Mémoires*, liv. IV, c. 10.

Après les avoir ouïes (les parties), il faisoit son possible pour les faire convenir *amiablement* et les réconcilier avant de prononcer son jugement.

FLEURY, *Mœurs des Chrétiens*, § 32.

On avait fait encore d'*Amiable*, ou tiré du latin *amabilitas*, un mot qui n'est pas resté dans la langue et qui, après Monet et Cotgrave, a cessé d'être recueilli par les dictionnaires :

AMIABLETÉ, s. f.

Tout aussitost qu'il me souvient de la grande beaulté, genteté, humilité et *amyableté* qui sont en elle, le cueur me tressue de peine et de desir.

Parceforest, vol. II, fol. 94, r°, col. 1. (Cité par Sainte-Palaye.)

L'*amiableté* que Sa Sainteté monstroit en son visage et en ses gestes ne se peut représenter.

LE CARDINAL D'OSSAT, *Lettres*, liv. I, 13.

Les simples gens asseurées,
De toutes cures escurées,
Fors de mener jolivetés
Par loiaus *amiabletés*.

Roman de la Rose, v. 8479.

Aux mots AMIABLE, AMIABLEMENT, se sont substitués, en bien des cas, les deux mots suivants :

AMICAL, ALE, adj. (du latin *Amicabilis, Amicalis*).

Qui part de l'amitié, qui annonce l'amitié.

Il ne paraît pas dans nos dictionnaires avant la seconde moitié du dix-huitième siècle.

Va-t'en, me dit-elle alors d'un ton brusque, mais *amical*, je crois que tu m'en conterois si tu l'osois.

MARIVAUX, *le Paysan parvenu*, Ire partie.

Dans la conversation, cette demoiselle se tournoit souvent de mon côté, d'un air *amical* et familier.

LE MÊME, même ouvrage, IIe partie.

Conseil *amical*. Exhortations *amicales*.

Dictionnaire de l'Académie, 1762.

AMICALEMENT, adv.

Elle nous fit entrer dans une chambre où étoit sa fille, nous fit asseoir *amicalement*.

MARIVAUX, *le Paysan parvenu*, IIe partie.

Marianne, me dit-elle *amicalement*, il vous souvient sans doute, etc.

MARIVAUX, *la Vie de Marianne*, XIIe partie.

M. le shérif, pour mieux s'instruire de la vérité du fait, commence par faire venir chez lui *amicalement* une jeune servante de Mme Web, et l'engage par de douces paroles à dire tout ce qu'elle sait.

VOLTAIRE, *Histoire d'Élisabeth*, Canning.

Il était (M. de Montmollin) malade : il me vint voir *amicalement* quand il fut rétabli.

J.-J. ROUSSEAU, *Confessions*, II, 12.

Je le crois mon ami ; sa franchise intéresse ;
Mais, *amicalement*, soufflons-lui sa maîtresse.

BARTHE, *les fausses infidélités*, sc. 3.

AMITIÉ, s. f. (du latin *Amicitia*).

Autrefois AMISTIÉ, AMISTÉ (voyez le *Glossaire* de SAINTE-PALAYE et les exemples ci-après), AMISTIET, AMISTED, AMISTE (voyez BURGUY, *Grammaire de la langue d'oïl*, t. III, p. 13).

Sainte-Palaye donne des exemples d'une autre forme ancienne de ce mot, AMISTANCE, AMITANCE.

Affection que l'on a pour quelqu'un et qui ordinairement est mutuelle.

Il se construit souvent, au moyen de la préposition *de*, avec le nom de la personne qui ressent cette affection ; au moyen de la préposition *pour*, avec le nom de la personne qui en est l'objet ; on dit : L'*amitié d'*une personne ; l'*amitié d'*une personne *pour* quelqu'un ; *son amitié*, etc.

Qui auroit eu l'*amitié du* roi d'Angleterre, *du* roi de Pologne et *de* la reine de Suède, auroit-il cru pouvoir manquer d'asile sur la terre?

PASCAL, *Pensées*.

Ah ! que l'*amitié de* la créature est trompeuse dans ses apparences, amère dans ses changements, accablante dans ses secours à contre-temps et dans ses commencements de constance qui rendent l'infidélité plus insupportable !

BOSSUET, 3e *Sermon* sur la Passion de Jésus-Christ.

Je n'oublierai jamais *votre* véritable et solide *amitié*.

Mme DE SÉVIGNÉ, *Lettres*; à Ménage, 1668.

Je meurs fidèle à *notre amitié*.

FÉNELON, *Télémaque*, XV.

Puisque vous voulez que j'écrive mon histoire, et que c'est une chose que vous demandez à *mon amitié*, soyez satisfaite, j'aime encore mieux vous ennuyer que de vous refuser.

MARIVAUX, *la Vie de Marianne*, Ire partie.

Pardonnez-moi ce mot, c'est *amitié pour* vous.

DUFRESNY, *la Coquette de village*, III, 1.

L'*amitié d'*un grand homme est un bienfait des dieux.

VOLTAIRE, *Œdipe*, I, 1.

Dans le passage suivant, de date très ancienne, le régime du mot amitié marque la personne qui est l'objet de l'amitié : *Pour l'amisté* (de) *Nostre Seigneur*, y est dit au sens de : *Pour l'amour de Dieu*.

Iluec soufri mainte doulour (saint Jean-Baptiste)
Pour l'amisté Nostre Seignour.

Vie de Jésus-Christ, mss. (Voyez DU CANGE, *Glossaire*, Amicitia.)

Quelquefois le régime de la préposition *de* sert à indiquer la nature de l'AMITIÉ.

Une *amitié de* chair et *de* sang.

JACQUELINE PASCAL. (Voyez COUSIN, p. 295.)

Amitié de cours, foi de renards, et société de loups.

CHAMFORT, *De la Société des grands, des riches, des gens du monde*, c. 8.

AMITIÉ peut encore être déterminé, au moyen de l'adjectif conjonctif, par une proposition : *l'amitié qui* nous lie, *que* je vous porte, etc.

Acheminant ainsi cette *amitié que* nous avons nourrie, tant que Dieu a voulu, entre nous si entière et si parfaite...

MONTAIGNE, *Essais*, I, 27.

J'ai sceu les pilleries et butins que font les soldats. Vive Dieu ! donnez-y ordre ; vous m'en répondés sur l'*amitié que* je vous porte.

HENRI IV, *Lettres*, 5 février 1580.

Quand même je ne serois pas touché de la gloire de votre père, de ses malheurs et des vôtres, l'*amitié que* j'ai *pour* Mentor m'engageroit à prendre soin de vous.

FÉNELON, *Télémaque*, IV.

AMITIÉ, sans être déterminé comme il vient

d'être dit, est cependant pris en un sens relatif dans des phrases telles que les suivantes :

Il y a *amitié* entre nous deux.

ROB. ESTIENNE, *Dictionnaire françois-latin*. (Voyez aussi J. THIERRY et NICOT.)

Et vous et moy ferons un nouveau pair d'*amitié*, telle que feut entre Énée et Achates.

RABELAIS, *Pantagruel*, II, c. 9.

AMITIÉ se dit très souvent d'une manière absolue, soit sans article, soit précédé de l'adjectif *une*;

Sans article :

Il ne s'y sçauroit coudre *amitié* où il y a si peu de relation et de correspondance.

MONTAIGNE, *Essais*, I, 42.

Ce que les hommes ont nommé *amitié* n'est..... qu'un commerce où l'amour-propre se propose toujours quelque chose à gagner.

LA ROCHEFOUCAULD, *Maximes*, 83.

Les Sainte-Marie et les Ursules (de Montferrand) ont leur monastère assez voisin; et le voisinage, qui, selon Térence, est un commencement d'*amitié* parmi les hommes, est souvent un sujet de division et d'inimitié entre les communautés religieuses.

FLÉCHIER, *Mémoires sur les grands jours de* 1665.

Plus je vis, plus tout ce qui n'est pas liberté et *amitié* me paraît un supplice.

VOLTAIRE, *Lettres;* au marquis d'Argenson, 8 janvier 1741.

Nel' me devez nient céler,
Ne de nule rien duter :
Ne semblereit pas *amisté*.

MARIE DE FRANCE, *Lai du bisclaveret*.

Précédé de l'adjectif *une :*

S'il y a quelque chose parmi les hommes qui demande une fidélité éternelle, c'est *une amitié* réconciliée.

BOSSUET, *Sermons*, Sur la Pénitence.

Rien ne ressemble mieux à *une* vive *amitié* que ces liaisons que l'intérêt de notre amour nous fait cultiver.

LA BRUYÈRE, *Caractères*, c. 4.

On dit encore, très souvent d'une manière absolue, L'AMITIÉ.

Il n'est rien à quoy il semble que nature nous aye plus acheminez qu'à la société, et dict Aristote que les bons législateurs ont eu plus de soing de *l'amitié* que de la justice.

MONTAIGNE, *Essais*, I, 27.

Vous remplissez toute la capacité de ce cœur que vous trouvez si savant dans *l'amitié*.

Mme DE SÉVIGNÉ, *Lettres*, 13 octobre 1679.

Le temps, qui détruit si rapidement les monuments des empires, semble respecter dans ces déserts ceux de *l'amitié*, pour perpétuer mes regrets jusqu'à la fin de ma vie.

BERNARDIN DE SAINT-PIERRE, *Paul et Virginie*.

... Je pense bien
Que tu cognois que le souverain bien
De *l'amitié* ne gist en longues lettres...

CL. MAROT, *Épîtres*, XXXII, à Vignas thoulousain.

AMITIÉ, ainsi employé absolument, est souvent rattaché, comme complément, au moyen de la préposition *de*, à d'autres noms; on dit : Les nœuds, les liens, les lois, les devoirs, les sentiments, le commerce, les tendresses, les douceurs, les plaisirs, les semblants, etc., *de l'amitié*.

Il le traicta courtoisement, amiablement, le logea avecque soy en son palais, et, par incroyable debonnaireté, le renvoya en sauf conduict, chargé de dons, chargé de graces, chargé de toutes offices *d'amitié*.

RABELAIS, *Gargantua*, I, c. 50.

Sauf le droit *d'amitié*.

ROB. ESTIENNE, *Dictionnaire françois-latin*. (Voyez aussi J. THIERRY et NICOT.)

Les advertissements et corrections, qui est un des premiers offices *d'amitié*, ne se pourroient exercer des enfants aux pères.

MONTAIGNE, *Essais*, I, 27.

Il s'employe pour eux avec des marques de courtoisie et *d'amitié*.

SARAZIN, *Conspiration de Valstein*.

Il attacha par les nœuds de respect et *d'amitié* ceux qu'on ne retient ordinairement que par la crainte des supplices.

FLÉCHIER, *Oraison funèbre de Turenne*.

Je ne recevrai, ni de vous, ni de personne, des leçons pour la confiance et la sincérité dans le commerce *de l'amitié.*

Mme DE SÉVIGNÉ, *Lettres*, à Mme de Grignan, 16 octobre 1680.

Ceux qu'il (l'injuste) veut opprimer, il les attire dans ses filets par des paroles douces et par tous les semblants *de l'amitié.*

MASSILLON, *Paraphrases*, ps. IX.

Il vint m'embrasser avec des démonstrations *d'amitié* qui me surprirent.

LE SAGE, *Gil Blas*, liv. IX, c. 2.

Il est vrai que les choses écrites à M. Darget avec la liberté *de l'amitié* ne devraient pas être publiques.

VOLTAIRE, *Lettres*, 24 août 1758.

L'un à l'autre fait faussété,
En faingnant signe *d'amisté.*

EUST. DESCHAMPS, 78e *Ballade.*

AMITIÉ s'emploie diversement au pluriel;
Soit dans un sens relatif :

Une fidélité inviolable dans ses *amitiés* et ses paroles.

FLÉCHIER, *Oraison funèbre de Mme la Dauphine.*

Soit dans un sens absolu :

Vertu assemble et unist les *amitiez.*

ROB. ESTIENNE, *Dictionnaire françois-latin.* (Voyez aussi J. THIERRY et NICOT.)

La pluspart des hommes ne regarde seulement qu'à ce que la pluralité des *amitiez* leur peuvent apporter commodité du dehors.

AMYOT, trad. de Plutarque, *Œuvres morales.* De la pluralité d'amis.

L'absence n'est pas la mort des belles *amitiés*, c'en est au contraire l'eschole où elles s'apprennent le mieulx.

HENRI IV, *Lettres*, 28 décembre 1592.

Les semblables naturels lient aisément les *amitiés*, et les dissemblables les délient encore plus facilement.

MONET, *Dictionnaire.*

Il ne se plaisoit pas à faire de nouvelles *amitiez;* mais il estoit constant et religieux à conserver celles qu'il avoit contractées.

COEFFETEAU, *Histoire romaine*, liv. I.

Les *amitiés* renouées demandent plus de soins que celles qui n'ont jamais été rompues.

LA ROCHEFOUCAULD, *Maximes*, 560.

Que lui servirent ses rares talents... Quel fruit lui en revint-il, sinon de connoître par expérience... l'illusion des *amitiés* de la terre qui s'en vont avec les années et les intérêts?

BOSSUET, *Oraison funèbre d'Anne de Gonzague.*

Les bienfaits s'oublient, les *amitiés* cessent, la confiance s'éloigne, les services mêmes sont comptés pour des récompenses.

FLÉCHIER, *Oraison funèbre de Le Tellier.*

Ces *amitiés* extérieures, que l'intérêt et l'ambition concilient, ne sont bonnes que pour paroître en public avec honneur et ne sont d'aucun usage dans la vie domestique.

MONGAULT, trad. des *Lettres* de Cicéron à Atticus, I, 18.

Là sans tache on verra les *amitiés* fleurir.

AGR. D'AUBIGNÉ, *Tragiques.* Jugement, liv. VII.

Choisis tes *amitiés*, et n'en fais que de bonnes.

P. CORNEILLE, *Imitation de Jésus-Christ*, I, 8.

A l'emploi absolu d'AMITIÉ se rapporte la locution *Par amitié.*

Tenez m'espée, meillur n'en ad nuls hom,
. . . .
Par amistiet, bels sire, la vus duins.

Chanson de Roland, v. 620.

Je me moque, pour moi, des maîtres baladins.
— On le voit. — Les pas donc? — N'ont rien qui ne surprenne.
— Veux-tu, *par amitié*, que je te les apprenne?

MOLIÈRE, *les Fâcheux*, I, 5.

C'est moins *par amitié* que ce n'est par contrainte.

BOURSAULT, *le Médecin volant*, sc. 24.

Par amitié tâchons de le désabuser.

DUFRESNY, *la Coquette de village*, I, 2.

AMITIÉ peut être le régime d'un grand nombre de verbes, entre autres du verbe *contracter*, lequel reçoit alors un complément formé de la préposition *avec* et de son régime.

Il (Jean de Witt) avait contracté *avec* le chevalier Temple une *amitié* bien rare entre des ministres.

VOLTAIRE, *Siècle de Louis XIV*, c. 9.

Dans certaines locutions où AMITIÉ est le régime d'un verbe, on l'emploie sans article. On dit, par exemple : *Promettre amitié à* quelqu'un ; *faire, avoir amitié avec* quelqu'un ; *prendre amitié pour* quelqu'un, etc.

J'*ai* grande *amitié* d'ancienneté *avec* eux.

ROB. ESTIENNE, *Dictionnaire françois-latin*. (Voyez aussi J. THIERRY et NICOT.)

Je veux *faire amitié avec* vous.

MOLIÈRE, *le Mariage forcé*, sc. 7.

Le maître de ce vaisseau, touché de ma fortune, *prist amitié pour* moi.

LE MÊME, *l'Avare*, V, 5.

Dès le collège, il commença à faire du bruit; ce fut là qu'il *fit amitié avec* M. d'Avaux.

TALLEMANT DES RÉAUX, *Historiettes*. Voiture.

Et tant li *promet amistiés*.

Parthenopeus de Blois, v. 3724.

On a dit : *Avoir amitié en, prendre amitié en.*

Cette fille, nommée Catherine, vint à croistre jusques à l'aage de douze ou treize ans, et se feit tant belle et honneste que la royne de Navarre *y print grande amitié.*

MARGUERITE DE NAVARRE, *l'Heptameron*, XXX.

Il ne falloit point laisser à des jeunes princesses des filles *en* qui elles *eussent* si particulière *amitié.*

MARGUERITE DE VALOIS, *Mémoires*, 1575.

Dans certaines locutions, AMITIÉ est le régime indirect d'un verbe; on a dit : *Recevoir, remettre en amitié.* (Voyez les *Dict. fr.-latin* de ROB. ESTIENNE, J. THIERRY, NICOT.)

Rechercher d'amitié.

Durant ce voyage il *rechercha d'amitié* tous les princes étrangers.

COEFFETEAU, *Histoire romaine*, liv. X.

On dit : *Se lier d'amitié.*

Il se trouve qu'il est prisonnier (M. de la Trousse); de qui? Du marquis de Grana, qu'il a vu pendant six mois à Cologne, et qui *s'étoit lié d'amitié* avec lui.

Mme DE SÉVIGNÉ, *Lettres*, 16 août 1675.

Prendre en amitié.

Vous êtes Télémaque, que Narbal *prit en amitié* lorsque nous revînmes d'Égypte.

FÉNELON, *Télémaque*, VIII.

Avoir de l'amitié.

Que s'il n'étoit vindicatif, il ne s'obligeoit aussi de rien, pour ce qu'il n'*avoit* point *d'amitié.*

LE DUC DE ROHAN, *Mémoires*, I, 1.

Elle *avait* (Mme de Maintenon) beaucoup *d'amitié* pour Racine ; mais cette amitié ne fut pas assez courageuse pour le protéger contre un léger ressentiment du roi.

VOLTAIRE, *Siècle de Louis XIV*, c. 27.

AMITIÉ s'applique quelquefois, particulièrement, aux affections de famille, à celle d'un père pour ses enfants, des enfants pour leur père, etc.:

Il m'a montré aussi grande *amitié* que fait le père à ses enfants.

ROBERT ESTIENNE, *Dictionnaire françois-latin*. (Voyez aussi J. THIERRY, NICOT.)

L'*amitié* du mariage est une vraie et sainte amitié.

SAINT FRANÇOIS DE SALES, *Introduction à la vie dévote*, III, 17.

De tout ce qu'elle étoit, il ne vous reste donc que cette funeste pensée, qu'elle n'est plus. Cette *amitié* même et ce nom de sœur, que la chair et le sang vous rendoient si doux, sont retournés dans leur principe et se sont perdus dans le sein de la charité de Dieu.

FLÉCHIER, *Oraison funèbre de Madame de Montausier.*

Comment... remplacer jamais cette affection née avec nous, cette intelligence, cette sympathie du sang, cette *amitié* préparée par le ciel entre un enfant et son père?

Mme DE STAEL, *Corinne*, liv. I, c. 4.

Et baisent et acollent l'anfant por *amisté.*

Parise la duchesse, p. 121.

Vous qui aymez *amytié* nuptiale...
Arrestez-vous...

Cl. Marot, *Cimetière,* XXVII.

Il vous reste de quoi consoler vos douleurs;
Et cette loi du ciel, que vous nommez cruelle,
Dans les deux princesses mes sœurs,
Laisse à l'*amitié* paternelle
Où placer toutes ses douceurs.

Molière, *Psyché,* II, 1.

Son *amitié* pour moi le rend ingénieux.

Racine, *Esther,* I, 1.

Et moi, reine sans cœur, fille sans *amitié*...
Je n'aurois pas du moins à cette aveugle rage
Rendu meurtre pour meurtre, outrage pour outrage!

Le même, *Athalie,* II, 7.

En bien des cas, on distingue entre *amour* et amitié.

Qui dira, s'il n'est hors du sens, que je n'aye bien fait de trahir plustost une *amitié* qu'un *amour.*

D'Urfé, *l'Astrée,* IIe part., liv. IV.

Ce qui fait que la plupart des femmes sont peu touchées de l'*amitié,* c'est qu'elle est fade quand on a senti de l'*amour.*

La Rochefoucauld, *Maximes,* 440.

L'*amour* naît brusquement... l'*amitié* au contraire se forme peu à peu, avec le temps, par la pratique, par un long commerce.

La Bruyère, *Caractères,* Du cœur.

Le temps qui fortifie les *amitiés* affoiblit l'*amour.*

Le même, même ouvrage, *Ibid.*

Qu'aisément l'*amitié* jusqu'à l'*amour* nous mène!
C'est un penchant si doux qu'on y tombe sans peine;
Mais quand il faut changer l'*amour* en *amitié,*
Que l'âme qui s'y force est digne de pitié!

P. Corneille, *Héraclius,* III, 1.

Que ne peut l'*amitié* conduite par l'*amour?*

Racine, *Andromaque,* III, 1.

... L'*amitié* sans *amour!*
C'est ce qui nous convient pour un bon mariage.

Dufresny, *la Coquette du village,* III, 5.

Souvent aussi on fait d'amitié le synonyme d'*amour.*

Le Roy cogneut bien par ces parolles qu'il sçavoit bien quelque chose de son affaire, mais jamais n'eust soupçonné l'*amitié* de la Royne et de luy.

Marguerite de Navarre, *Heptameron,* III.

Ce n'est pas un effet de la coutume, c'est une obligation de la nature que les hommes fassent les avances pour gagner l'*amitié* des dames.

Pascal, *Discours sur les passions de l'amour.*

Pour contenter votre inclination, vous entretenez des sociétés libertines et des *amitiés* pleines de scandale.

Bourdaloue, *Carême,* Sur les tentations.

Bels douz amis, or vos voil envoier
Une robe, par mout grant *amistié.*

Romancero français, p. 39.

Il li baisa les mains par moult grant *amisté.*

Parise la duchesse, p. 208.

Mais qui a meu du monde la plus belle
A me laisser? Est-ce *amytié* nouvelle?
Je croy que non.

Cl. Marot, *Élégies,* liv. I, 10.

Je garde à Curiace une *amitié* trop pure
Pour souffrir plus longtemps qu'on m'estime parjure.

P. Corneille, *Horace,* I, 2.

Ce trait de son esprit et de son *amitié*
Accroît pour elle encor mon amour de moitié.

Molière, *l'École des maris,* II, 8.

... Il me fait grand'pitié,
Ce pauvre malheureux tout rempli d'*amitié.*

Le même, même ouvrage, II, 10.

Cette tendre *amitié* que je vous ai portée.

Le même, même ouvrage, III, 9.

... Isabelle et Valère,
Ma sœur, ont l'un pour l'autre une tendre *amitié.*

Dufresny, *le Dédit,* sc. 11.

Sous le nom d'*amitié,* fruit d'arrière-saison,
Il faut masquer l'amour, en jouir et se taire.

Le même, *le Mariage fait et rompu,* I, 7.

Dans le passage suivant, de date fort ancienne, Amitié est dit de la protection, de la faveur accordée à l'homme par Dieu.

Par l'*amistié* de Dieu somes en cest païs,
Il ne soffrira jà ses peuples soit honis.

Chanson d'Antioche, c. IV, v. 570.

Dans cet autre passage on a prêté à la nature de l'*amitié* pour l'homme :

En approchant de Naples, vous éprouvez un bien-être si parfait, une si grande *amitié* de la nature pour vous, que rien n'altère les sensations agréables qu'elle vous cause.

Mme DE STAEL, *Corinne*, liv. XI, c. 1.

AMITIÉ s'emploie aussi :

En parlant de l'union, de la concorde des citoyens entre eux.

Mon intention n'est pas... d'innover à ses privilèges (de Melun), mais seulement de remettre les habitants dans l'union et l'*amitié* qui doibvent estre entre de bons citoyens, en leur ostant... tout prétexte de brigue et de division.

LOUIS XIV, à M. de Breteuil, sept. 1656. (Voyez DEPPING, *Corresp. administr. sous Louis XIV*, t. I, p. 633.)

En parlant de l'affection des sujets pour leur souverain.

On peut dire qu'un règne est plus assuré sur l'*amitié* que sur la force.

LE DUC DE ROHAN, *Discours sur le temps présent*, 1617.

Le feu roi son mari (Louis XIII)... l'avoit déclarée régente et elle avoit l'*amitié* des peuples.

Mme DE MOTTEVILLE, *Mémoires*, 1643.

En parlant du bon accord des peuples, des souverains.

Cette nouvelle ouverture fut que le roy et eulx retournassent en leur première et ancienne *amytié*.

COMMINES, *Mémoires*, VIII, 23.

Croyez que Sa Majesté très-chrestienne n'obmettra rien de l'*amitié* qu'il vous a jurée.

MONTLUC, *Commentaires*, liv. III.

Au demeurant je ne veux pas dire que le pape et le grand-duc s'entre-ayment comme deux frères gemeaux, et vous sçavez ce que c'est que des *amitiez* de princes.

LE CARDINAL D'OSSAT, *Lettres*, liv. II, 74.

Ayant plu à Dieu de bénir les bonnes intentions que nous avons eues de donner le repos à la chrétienté, et de rétablir par ce moyen entre nous l'*amitié* et l'union à laquelle nous porte naturellement la proximité de notre sang.

LOUIS XIV, à Philippe IV, 21 septembre 1659. (Voyez MIGNET, *Négociations relatives à la succession d'Espagne*, t. I, p. 47.)

La générosité avec laquelle le roi avait reçu l'empereur en France, tant de fêtes somptueuses, tant de témoignages de confiance et d'*amitié* réciproques, n'aboutirent donc qu'à de nouvelles guerres.

VOLTAIRE, *Essai sur les mœurs*, c. 125.

Il savait que les négociations, les intérêts des princes, leurs ligues, leurs *amitiés*, leurs défiances, leurs inimitiés éprouvent presque tous les ans des vicissitudes, et que souvent il ne reste aucune trace de tant d'efforts de politique.

LE MÊME, *Histoire de Pierre le Grand*, IIe partie, c. 9.

Amitié dangereuse et redoutable zèle,
Que règle la fortune et qui change avec elle.

P. CORNEILLE, *la Mort de Pompée*, III, 1.

... Ou lassés, ou soumis,
Ma funeste *amitié* pèse à tous mes amis.

RACINE, *Mithridate*, III, 1.

De là des expressions très-diverses :

Prendre alliance et amitié ensemble.

... Il estoit vray que ledict duc de Bretagne et luy *avoient prins alliance et amytié ensemble*, et qu'ils s'estoient faictz frères d'armes...

COMMINES, *Mémoires*, I, 1.

Traiter amitié avec :

Le roy qui auparavant estoit sur le poinct de *traitter amitié avec* l'Anglois...

AGR. D'AUBIGNÉ, *Histoire*, t. I, liv. I, c. 4.

Faire amitié avec :

Le prince de Balsara *a fait amitié avec* plusieurs nations étrangères, et de quelque part qu'on y vienne on y est bien venu.

TAVERNIER, *Voyages de Perse*, liv. II, c. 7.

Avoir amitié avec :

Sa créance estoit fondée sur le desir que le roy (d'Angleterre) avoit dès longtemps d'*avoir* bonne *amitié avec* lui.

COMMINES, *Mémoires*, IV, 7.

Être en amitié :

Mon frère, vous scavez que *nous sommes en* grosse *amytié* avecques le duc Charles de Savoye.

Le loyal Serviteur, c. 2.

Au même emploi d'AMITIÉ se rapporte encore l'expression *tenir en amitié* que donne le passage suivant :

Toujours avoit le dit roi grand imagination de *tenir* les communautés de Flandre *en amitié*.

FROISSART, *Chroniques*, liv. I, part. I, c. 310.

« Le mot AMISTIÉ ou AMISTÉ, dit Sainte-Palaye, désignoit une commune, un corps municipal, parce que les habitants des villes qui se formèrent en commune, juroient une confédération, et que cette confédération étoit le caractère essentiel des communes. »

Nos B. rewars del *amisté* de Lisle, eskevin, et tous li comuns, etc.

Charte de 1243. (Voyez DU CANGE, *Glossaire*, Amicitia.)

AMITIÉ a pu s'employer, par figure, en parlant du penchant, de l'attachement que l'on a pour une chose.

Je ne veux pas dissimuler que cette pièce est une de celles pour qui j'ai le plus d'*amitié*.

P. CORNEILLE, *Examen de Nicomède*.

On a dit, par réciprocité, que telle chose est *l'amitié de* telle personne.

La musique est *son amitié*; c'est *son amitié* que les livres, les tableaux.

Dictionnaire de l'Académie, édit. de 1694.

Dans certains cas on a pu se servir du mot AMITIÉ en parlant du goût, de l'attachement d'une personne pour un animal.

L'autre songe qu'elle chasse de sa maison des lévriers et des chiens danois dont elle a fait longtemps ses délices, et qu'elle ne veut plus avoir qu'un petit roquet des plus gentils qu'elle a pris en *amitié*.

LE SAGE, *le Diable boiteux*, c. 16.

D'autre part, on a appelé *amitié* l'affection que certains animaux ont pour les hommes.

Ce chien a beaucoup d'*amitié* pour son maître.

Dictionnaire de Trévoux.

Buffon semble ne pas admettre cette expression :

L'*amitié* n'appartient qu'à l'homme, et l'attachement peut appartenir aux animaux.

BUFFON, *Discours sur la nature des animaux*.

AMITIÉ s'est dit, par une figure plus forte, en parlant de certaines choses qui sympathisent.

Il y a de l'*amitié* entre la vigne et l'ormeau, entre le fer et l'aimant.

Dictionnaire de l'Académie, édit. de 1694.

AMITIÉ signifie quelquefois, dans le langage familier, Bon office, plaisir : *Faites-moi l'amitié de..., cette amitié*.

Eh! mon Dieu! nous vous serons obligées de la dernière obligation, si vous *nous faites cette amitié*.

MOLIÈRE, *les Précieuses ridicules*, sc. 10.

AMITIÉ se dit encore, soit au singulier, soit au pluriel, de caresses, de paroles obligeantes, qui marquent de l'affection.

Et renvoya sa navire chargée d'or et d'avoir conquis, et bons prisonniers dont il y avoit jà plus de soixante chevaliers et trois cents riches bourgeois, avec ce grand' foison de saluts et d'*amitiés* à sa femme, la gentille roine d'Angleterre.

FROISSART, *Chroniques*, liv. I, part. I, c. 278.

Par nos vos a mandé salus et *amitiez*.

Parise la duchesse, p. 110.

On dit, en ce sens, communément, *Faire amitié à quelqu'un;* on dit aussi, *Faire, dire, témoigner,* etc., *des amitiés* à quelqu'un.

N'a-t-il (Molière) pas encore vingt caractères de gens où il n'a point touché? N'a-t-il pas, par exemple, ceux qui se *font* les plus grandes *amitiés* du monde et qui, le dos tourné, font galanterie de se déchirer l'un l'autre?

MOLIÈRE, *l'Impromptu de Versailles,* sc. 3.

Écrivez-lui une petite *amitié* (à Corbinelli) pour l'amour de moi.

Mme DE SÉVIGNÉ, *Lettres;* à Mme de Grignan, 5 août 1675.

Je n'ai jamais vu tant de soins et tant d'*amitiés* que tous ses amis lui en *ont témoigné.*

LA MÊME, même ouvrage, 16 août 1684.

Il faut, je crois, Monsieur, parcourir un peu l'hôtel de Carnavalet, et vous *faire* les *amitiés* de tous les appartements.

LA MÊME, même ouvrage, 1er mars 1684.

La petite personne m'accable d'*amitiés* dont je ne suis pas la dupe, et dont je ne prends pour moi que ce qui m'en revient.

J.-J. ROUSSEAU, *Émile,* liv. V.

... Sur elles vous comptiez,
Car elles *vous ont fait* hier cent *amitiés.*

DUFRESNY, *le Dédit,* sc. 1.

AMITIÉ, pris dans son sens propre, avait naturellement donné lieu à divers sortes de proverbes recueillis dans les anciens dictionnaires. Tel est celui-ci que donne le Dictionnaire de Cotgrave :

Bonne *amitié,* seconde parenté.

On dit fréquemment :

Les petits présents entretiennent l'*amitié.*

On disait autrefois :

L'*amitié* passe le gant, façon de parler proverbiale pour s'excuser lorsqu'on ne se dégante pas en touchant la main à la personne qui la présente, ou pour dire que la personne à qui on la présente ne doit pas prendre la peine de se déganter.

Dictionnaire de l'Académie, édit. de 1694.

Vous l'aurez aussitôt pour votre *amitié,* manière de parler des marchands à ceux qui leur mesoffrent.

Ibid.

AMOUR, s. m. (Du latin *Amor.*)

Autrefois, AMOURS; AMOR, AMORS; AMUR, AMURS, etc. (Voyez le *Glossaire* de SAINTE-PALAYE et les exemples ci-après.)

AMOUR, comme on le verra par bien des exemples, a été primitivement féminin, puis des deux genres, mais plus souvent féminin que masculin. Aujourd'hui, ce n'est que dans un sens particulier, lorsqu'il exprime la passion d'un sexe pour l'autre, qu'il est féminin, quelquefois au singulier, en poésie, et presque toujours au pluriel, même dans la prose.

A quelles époques ont eu lieu ces changements? On ne peut guère l'indiquer que d'une manière approximative, d'après le témoignage de quelques-uns des historiens de notre langue.

En 1647, Vaugelas, dans ses *Remarques,* après avoir dit que hors le cas où AMOUR signifie Cupidon, et celui où il désigne l'Amour divin, il est indifféremment masculin ou féminin, se prononçait cependant, « selon l'inclination de notre langue, » et l'exemple des plus élégants écrivains du temps, pour l'usage du féminin.

En 1672, Ménage, dans ses *Observations,* constatait qu'AMOUR, dans la prose, n'était plus que masculin, qu'il fût question de l'amour divin ou de l'amour profane; qu'en poésie il était toujours des deux genres, mais plutôt masculin que féminin.

On a remarqué que P. Corneille, revoyant ses œuvres en 1660, y avait changé plusieurs vers de manière à faire passer le mot AMOUR du féminin au masculin, et que dans des cas où ce changement n'était pas possible, il avait substitué au mot AMOUR le mot *Ardeur.*

AMOUR, pris dans son acception la plus générale, désigne le sentiment par lequel le cœur se porte vers ce qui lui paraît aimable et en fait l'objet de ses affections et de ses désirs.

Il n'est pas besoin..... de distinguer autant d'espèces d'*amour* qu'il y a de divers objets qu'on peut aimer; car, par exemple, encore que les passions qu'un ambitieux a pour la gloire, un avaricieux pour l'argent, un ivrogne pour le vin... un homme d'honneur pour son ami ou pour sa maîtresse, et un bon père pour ses enfants, soient bien différentes entre elles, toutefois, en ce qu'elles participent de l'*amour*, elles sont semblables.

DESCARTES, *les Passions de l'âme*, part. II, art. 82.

Nous naissons avec un caractère d'*amour* dans nos cœurs, qui se développe à mesure que l'esprit se perfectionne et qui nous porte à aimer ce qui nous paroît beau sans que l'on nous ait jamais dit ce que c'est.

PASCAL, *Discours sur les passions de l'amour*.

Ce que nous lui avons vu quitter sans peine n'étoit pas l'objet de son *amour*.

BOSSUET, *Oraison funèbre de Michel Le Tellier*.

L'*amour* qui nous attache aux beautés éternelles
N'étouffe pas en nous l'*amour* des temporelles.

MOLIÈRE, *Tartufe*, III, 3.

AMOUR, dans cette acception générale, est le contraire de *haine*, et les deux mots se trouvent quelquefois opposés l'un à l'autre.

Li baillis qui veut droite justice maintenir... il est sans *amor* et sans *haine*; c'est-à-dire qu'il ne doit fere tort ne soufrir que tort soit fes, puisqu'il le puist amender, ne por *haine* ne por *amor*.

BEAUMANOIR, *Coutumes de Beauvoisis*, c. I, 19.

Et ceulx-là sont incontinent muez d'*amour* en *hayne*, et de *hayne* en *amour*.

COMMINES, *Mémoires*, c. 16.

Lorsqu'une chose nous est présentée comme bonne à notre égard, c'est-à-dire comme nous étant convenable, cela nous fait avoir pour elle de l'*amour*; et lorsqu'elle nous est représentée comme mauvaise ou nuisible, cela nous excite à la *haine*.

DESCARTES, *les Passions de l'âme*, part. II, art. 56.

Lorsque cette connoissance est vraie, c'est-à-dire que les choses qu'elle nous porte à aimer sont véritablement bonnes, et celles qu'elle nous porte à haïr sont véritablement mauvaises, l'*amour* est incomparablement meilleure que la *haine*.

LE MÊME, même ouvrage, part. II, art. 139.

AMOUR étant susceptible d'applications fort diverses, soit en parlant des personnes, soit en parlant des choses, on détermine ce mot de bien des manières, dont on trouvera plus loin de nombreux exemples, tantôt par des adjectifs, tantôt par des propositions explicatives, tantôt enfin au moyen de la préposition *de* et de son régime, lequel fait connaître, soit le sujet dans lequel l'*amour* réside, soit l'objet vers lequel l'*amour* se porte.

Quelquefois, dans cette dernière manière de parler, le régime de la préposition *de* fait connaître de quelle nature est l'*amour* dont on parle :

Il ne faut donc pas trouver estrange que la passion ait pris le nom de la vertu et que l'*amour de* bienveillance et celuy *de* concupiscence s'apellent du même nom.

PERROT D'ABLANCOURT, trad. de Lucien, *les Amours*, dial. de Lycinus et de Théomneste.

La qualité la plus essentielle d'un maître chrétien est d'avoir pour ses disciples cet *amour de* jalousie dont parle saint Paul, qui allume en lui un zèle ardent pour leur salut.

ROLLIN, *Traité des études*, Discours préliminaire.

AMOUR (on le verra fréquemment dans la suite de cet article) se joint encore à un autre mot par la préposition *pour*, dont le régime désigne ce qui est l'objet de l'*Amour*.

A la signification générale d'AMOUR se rapporte la locution *par amour*.

Si receverai la chrestiene lei,
Serai sis hum *par amur* e par feid.

Chanson de Roland, v. 85.

Elle est quelquefois opposée à *par force*.

Il eut conseil d'aller conquérir *par force* ou *par amour* tout le pays, et détruire tous rebelles à son pouvoir.

FROISSART, *Chroniques*, liv. I, part. I, c. 149.

Résolument, *par force* ou *par amour*,
Je veux savoir de toi, traître,
Ce que tu fais, d'où tu viens avant jour,
Où tu vas, à qui tu peux être.

MOLIÈRE, *Amphitryon*, I, 2.

De là le proverbe : *Tout par amour et rien par force*.

On a dit autrefois *En amour*, dans des sens

analogues, pour, Avec des dispositions amicales, ou bien encore, De bonne volonté.

Viens-tu ci *en amur* e en pais?
Les quatre Livres des Rois, I, XVI, 4.

Si s'avisèrent, tout considéré, que mieux leur valoit rendre leur cité *en amour*, puisque requis de leur seigneur en étoient que de demeurer en péril.
FROISSART, *Chroniques*, liv. II, c. 27.

« On appeloit, en termes de procédure, dit Sainte-Palaye (*Glossaire,* art. AMOUR), *Jour d'amour,* le jour dont les parties convenaient à l'amiable pour ester en justice. »

Jour de amour doné par assent des parties.
BRITTON, *des lois d'Angleterre*, fol. 285, r°.

On dit, d'une manière générale, *avec amour*, pour Avec zèle.

Cette fermeté d'âme, à vous si singulière,
Mérite qu'on lui donne une illustre matière,
Est digne de trouver qui prenne *avec amour*
Les soins continuels de la mettre en son jour.
MOLIÈRE, *les Femmes savantes,* V, 1.

AMOUR, dans la plus ordinaire de ses acceptions particulières, se dit de la passion d'un sexe pour l'autre.

Si le férit tantôt une étincelle de fine *amour* au cœur que madame Vénus lui envoya par Cupido, le dieu d'amour.
FROISSART, *Chroniques,* liv. I, part. I, c. 165 ou 163.

Luy qui n'avoit *amour* que bestial, et qui eust mieux entendu le langage des mulets, que ces honnestes raisons, se monstra plus bestial que les bestes, avec lesquelles il avoit esté longtemps.
MARGUERITE DE NAVARRE, *l'Heptameron,* II.

Il me semble qu'il est temps que la vérité vous oste la sotte *amour* que vous portez à celuy qui ne vous aime point.
LA MÊME, même ouvrage, III.

L'*amour* des Espaignols et des Italiens, plus respectueuse et craintifve, plus... couverte, me plaist.
MONTAIGNE, *Essais,* III, 5.

J'ay demeuré toujours fixe en l'*amour* et service que je vous ay voué.
HENRI IV, *Lettres,* 1er mars 1588.

Ceste preuve de l'affection que vous me portez me sera agréable, cognoissant que cet *amour* outrepassant toutes les limites des plus violentes *amours* s'arreste toutesfois à celle de mon honnesteté.
D'URFÉ, *l'Astrée,* II° part., liv. XII.

Quoy, fille injuste! luy dit le Roy, une *amour* sincère comme la mienne vous peut-elle offenser? Elle honoreroit une grande Reine, luy répondit Irène.
SCARRON, *Nouvelles tragi-comiques,* Plus d'effets que de paroles.

L'on se fait... une conscience fondée sur l'honnêteté des sentiments qu'on y voit, qui éteint la crainte des âmes pures, lesquelles s'imaginent que ce n'est pas blesser la pureté, d'aimer d'un *amour* qui leur semble si sage.
PASCAL, *Pensées.*

Le ciel a banni de mon âme toutes ces indignes ardeurs que je sentois pour vous, tous ces transports tumultueux d'un attachement criminel, tous ces honteux emportements d'un *amour* terrestre et grossier.
MOLIÈRE, *le Festin de Pierre,* IV, 6.

Je pense que l'*amour* qu'il eut pour la reine Anne d'Autriche fut sa dernière *amour.*
TALLEMANT DES RÉAUX, *Historiettes,* M. de Bellegarde.

L'*amour* qui naît subitement est le plus long à guérir.
LA BRUYÈRE, *Caractères,* Du cœur.

Il me semble qu'on pourroit donner aux tragédies une merveilleuse force, suivant les idées très-philosophiques de l'antiquité, sans y mêler cet *amour* volage et déréglé qui fait tant de ravages.
FÉNELON, *Lettre à l'Académie,* V.

Son tempérament est si fort affaibli par les remèdes, qu'elle n'est capable que d'un demi-*amour.*
DUFRESNY, *la Malade sans maladie,* I, 5.

Il n'y a qu'un *amour* marié qui puisse être délicieux pour une âme bien faite.
LADY MONTAGUE, *Essais en français.*

L'Amasis de la Grange, qui est le sujet de Mérope, est enjolivé d'un *amour* très-bien tourné.
VOLTAIRE, *Lettres,* 5 février 1738.

Le véritable *amour* a cet avantage aussi bien que la vertu, qu'il dédommage de tout ce qu'on lui sacrifie.
J.-J. ROUSSEAU, *Nouvelle Héloïse,* III° part., lettre VII.

A vus ai-jo turnet ma amistet e ma *amur*.
Voyage de Charlemagne à Jérusalem, v. 854.

Andui lor cuer esprenent d'une commune *amor*.
Chanson des Saxons, t. I, p. 222.

Tele *amor*
A vostre fix, à Blanceflour.
Floire et Blanchefleur, p. 11.

L'*amors*, que Dieu m'a commandée.
Fabliaux et Contes, Barbazan, t. II, p. 206.

Et mon impatiente *amour*,
Par tant de larmes témoignée,
N'obtiendra jamais son retour.
MALHERBE, *Poésies*, Stances pour Henri le Grand, I.

Il faut quitter Philis, Amaranthe et Silvie,
A qui ta folle *amour* élève des autels.
MAINARD, *Ode*.

Mais, toute mon *amour* en elle consommée,
Je ne vois rien d'aimable après l'avoir aimée.
P. CORNEILLE, *Excuse à Ariste*.

Vous ne pouvez aimer que d'une *amour* grossière.
MOLIÈRE, *les Femmes savantes*, IV, 2.

J'ai fait l'indigne aveu d'un *amour* qui l'outrage.
RACINE, *Phèdre*, III, 3.

...Il prend un autre ton,
Un *amour* mitigé, mélangé de raison
Et d'autant plus suspect.
DUFRESNY, *le faux Sincère*, I, 5.

Non, non, d' ces signeurs-là l'*amour* sans épousaille
Ote aux filles toujours pu d'honneur qu'il n'en baille.
LE MÊME, *la Coquette du village*, I, 4.

Si d'un égal *amour* votre cœur est épris,
Je viens vous épouser, mais c'est à ce seul prix.
VOLTAIRE, *Zaïre*, I, 2.

Autrefois, du mot AMOUR employé au féminin, et précédé de l'adjectif possessif *Ma, ta, sa,* se formaient les élisions *m'amour, t'amour, s'amour.*

Le livre Ovide ù il ensegne,
Coment cascuns *s'amour* tesmegne.
MARIE DE FRANCE, *lai de Gugemer*, v. 241.

M'amour li metrai à bandon.
Fabliaux et Contes, Méon, t. II, p. 66.

. . . . . qui ne scait avecques moy danser,
Je ne le puis en *m'amour* avancer.
CL. MAROT, *Balladin*.

AMOUR, en ce sens, s'emploie très souvent absolument, tantôt sans article qui le précède :

D'autre part, *amour* li contraignoit si fort qu'elle vainquoit et surmontoit honneur et loyauté.
FROISSART, *Chroniques*, liv. I, part. I, c. 168.

Disent les clercs chose merveilleusement craintive estre *amour*, et jamais le bon amour ne estre sans crainte.
RABELAIS, *Pantagruel*, III, 18.

Il (Agamemnon) ne fit rien indigne de luy, ne qui sentist son homme passionné d'*amour*.
AMYOT, trad. de Plutarque, *Œuvres morales*, Comment il faut lire les poëtes.

Il y a des comparaisons fort belles, au nombre desquelles on peut mettre ceste-ci : *Amour* en cuer, feu en estouppes.
H. ESTIENNE, *la Précellence du langage françois*.

Amour naist de voir.
BOUCHET, *Serées*, liv. III.

Amour est un animal qui n'a rien de rude que le nom, estant d'ailleurs tant agréable qu'il n'y a personne à qui il déplaise.
D'URFÉ, *l'Astrée*, Ire part., liv. VI.

Ses discours furent mal rangés ; ils en plurent davantage : peu d'éloquence, beaucoup d'*amour*.
CH. PERRAULT, *Contes*, la Belle au bois dormant.

Il prit à cet homme une grande amitié pour Madame de Rambouillet, mais celle qu'il avoit pour mademoiselle Paulet se pouvoit appeler *amour*.
TALLEMANT DES RÉAUX, *Historiettes*, Mlle Paulet.

Il (M. le prince de Conti) avoit aussi des amies indépendamment d'*amour*.
SAINT-SIMON, *Mémoires*, 1709.

Tant ay *amors* servie longuement,
Que désormais ne m'en doibt nus reprendre,
Si je m'en part...
THIBAUT DE CHAMPAGNE, *Chanson*, 60.

Amours me het, ne sai de quoi...
Ancoiz la serf si com je dois.
Raoul de Ferrières, Manuscrit de la Bibl. nat, 7222, fol. 85.

Amors est à l'un douce et tendre,
Et à l'autre amere et dure.

Roman de la Manekine, p. 50.

Bien savoient cele parole
Qui n'est mençongière ne fole :
Qu'onques *amor* et seignorie
Ne s'entrefirent compaignie.

Roman de la Rose, v. 8487.

Amour tolt sens et avoir.

Même ouvrage, v. 21842.

Qui pert *amour*, tout a perdu.

EUST. DESCHAMPS, *Poésies mss.*, p. 73, col. 4. (Cité par Sainte-Palaye.)

Environ la fin de septembre
Que faillent violettes et flours,
Je me trouvai en la grand chambre
Du noble parlement d'*amours*.

MARTIAL D'AUVERGNE, *Arrêts d'amour*.

Car j'ay oy à plusieurs raconter
Les maulx qu'*amour* leur a fait endurer.

CHARLES D'ORLÉANS, *Poésies*, Au temps passé quand nature me fist.

Prisonnier suis, d'*amours* martir.

LE MÊME, *Balade*, Fortune, veuillez moy laissier.

Un faicts d'*amours* sont œuvres de féerie,
Un jour croissans, l'autre foys en decours.

GUILL. CRÉTIN, *Épître à Christophe de refuge*.

Mais si en moy rien y a d'imparfait
Qu'on blâme *amour*, c'est luy seul qui l'a fait.
Sur mon verd age en ses laqs il me prit.

LOUISE LABÉ, *Élégies*, III.

Et les oiseaux perchés en leur feuilleux séjour
Commençoient, s'éveillant, à se plaindre d'*amour*.

REGNIER, *Épîtres*, I.

Des chevaliers d'*amour* j'étais le plus prisé.

LE MÊME, *Élégies*, IV.

...Jouyssez des plaisirs
Qu'*amour* et la jeunesse offrent à vos désirs.

RACAN, *les Bergeries*, IV, 5.

Sans te nommer celui qu'*amour* m'a fait choisir
Je puis facilement contenter ton désir.

MOLIÈRE, *Mélicerte*, I, 2.

Enfin tout ce qu'*amour* a de nœuds plus puissants,
Doux reproches, transports sans cesse renaissants,
Soin de plaire sans art, crainte toujours nouvelle,
Beauté, gloire, vertu, je trouve tout en elle.

RACINE, *Bérénice*, II, 2.

Plus d'*amour*, partant plus de joie.

LA FONTAINE, *Fables*, VII, 1.

...*Amour* tu perdis Troie!

LE MÊME, même ouvrage, VII, 13.

Ce n'étoit pas jadis sur ce ton ridicule
Qu'*amour* dictoit les vers que soupiroit Tibulle.

BOILEAU, *Art poétique*, II.

...L'amitié sans *amour*
C'est ce qui nous convient pour un bon mariage.

DUFRESNY, *la Coquette du village*, III, 5.

Sont-ce soupirs d'*amour*, de crainte ou de courroux?

LE GRAND, *l'Aveugle clairvoyant*, sc. 8.

...Le fiel d'*amour* s'adoucit par la plainte.

A. CHÉNIER, *Fragments*.

Ainsi, que mes écrits, enfants de ma jeunesse,
Soient un Code d'*amour*, de plaisir, de tendresse!

LE MÊME, *Élégies*, XXXII.

Tantôt précédé de l'article :

Cratez disoit que *l'amour* se guérissoit par la faim, sinon par le temps; et, à qui ces deux moyens ne plairoient, par le hart.

MONTAIGNE, *Essais*, II, 12.

Leurs gouvernantes ne leur impriment autre chose que le visage de *l'amour*, ne feust qu'en le leur représentant continuellement pour les en degouter.

LE MÊME, même ouvrage, III, 5.

Laissez *l'amour* aux crochets lorsque Mars sera en campagne.

MONTLUC, *Commentaires*, liv. I.

Croyez-vous, continua Léonyde, que Diane n'ait rien aimé, ou qu'elle n'aime rien encores? Je ne scay, répondit Lycidas, ce qui est du passé, mais pour cette heure je croy qu'elle laisse toute *l'amour* aux autres.

D'URFÉ, *l'Astrée*, IIe part., liv. XI.

Qui voudra connoître à plein la vanité de l'homme n'a qu'à considérer les causes et les effets de *l'amour*.

PASCAL, *Pensées*.

Les passions qui sont le plus convenables à l'homme, et qui en renferment beaucoup d'autres, sont *l'amour* et l'ambition.

LE MÊME, *Discours sur les passions de l'amour*.

Ce qui se trouve le moins dans la galanterie, c'est de *l'amour*.

La Rochefoucauld, *Maximes*, 402.

On passe souvent de *l'amour* à l'ambition; mais on ne revient guère de l'ambition à *l'amour*.

Le même, même ouvrage, 490.

Je ne pensois pas que vous vous mêlassiez, vous autres belles, d'avoir de la cruauté sur d'autres chapitres que celui de *l'amour*.

Bussy-Rabutin, *Lettres*, à Mme de Sévigné, 1668.

Cessez, princes et potentats, de troubler par vos prétentions le projet de ce mariage; que l'*amour*, qui semble aussi vouloir le troubler, cède lui-même.

Bossuet, *Oraison funèbre de Marie-Thérèse d'Autriche*.

J'aimerois *l'amour*, mais j'abhorre les amants.

Dufresny, *le Dédit*, sc. 1.

Il (le cardinal de Rohan) étoit assez grand, un peu trop gros, le visage du fils de *l'amour*.

Saint-Simon, *Mémoires*, 1718.

Vouloir de *l'amour* dans toutes les tragédies me parait un goût efféminé; l'en proscrire toujours est une mauvaise humeur bien déraisonnable.

Voltaire, *Discours sur la tragédie*.

Il le faut avouer, *l'amour* est un grand maître.

Molière, *l'École des femmes*, III, 4.

...La raison n'est pas ce qui règle *l'amour*.

Le même, *le Misanthrope*, I, 1.

Bientôt *l'amour*, fertile en tendres sentiments,
S'empara du théâtre ainsi que des romans.

Boileau, *Art poétique*, III.

Comment l'appelez-vous, ce mal? quel est son nom?
— *L'amour*. — Ce mot est beau...

La Fontaine, *Fables*, VIII, 18.

L'amour est inquiet et s'ennuye en ménage.

Dufresny, *la Coquette du village*, III, 5.

Et *l'amour* n'est puissant que par notre faiblesse.

Voltaire, *Brutus*, II, 1.

Au sang de ses enfants, de vengeance égarée,
Une mère plongea sa main dénaturée,
Et *l'amour*, *l'amour* seul avait conduit sa main.
Mère, tu fus impie, et *l'amour* inhumain.

A. Chénier, *Idylle*, traduit d'Euripide.

Il est donc vrai, *l'amour* n'est qu'un délire.

Parny, *Élégies*, liv. IV, 12.

De ces manières absolues d'employer le mot Amour sont venues de nombreuses locutions, qui ne sont pas toutes restées dans l'usage :

En amour :

En amour un silence vaut mieux qu'un langage. Il est bon d'être interdit.

Pascal, *Discours sur les passions de l'amour*.

Quand un homme est délicat en quelque endroit de son esprit, il l'est *en amour*.

Le même, même ouvrage.

Il n'y a, *en amour*, que les honteux qui perdent.

Molière, *les Amants magnifiques*, I, 1.

En amor commençay, en *amor* vueil finer.

Dits et moral., mss. de Gaignat, fol. 299, v°, col. 1. (Cité par Sainte-Palaye.)

Avec vous, *en amour*, je cours même fortune.

Molière, *le Dépit amoureux*, I, 1.

...Témoigner de l'ombrage,
C'est jouer, *en amour*, un mauvais personnage.

Le même, même ouvrage, I, 2.

Princes et rois vont très-vite *en amour*.

Voltaire, *la Pucelle*, I.

Ou bien encore : *En Amours* :

Ainsi aviennent souvent les fortunes en armes et *en amours* plus heureuses et plus merveilleuses que on ne les pourroit ni oseroit penser et souhaiter.

Froissart, *Chroniques*, liv. II, part. II, c. 44.

En aprenant tous les gracieux tours
A son pouvoir, qui servent *en amours*.

Charles d'Orléans, *Poésies*, Au temps passé quand nature me fist.

Mais quant Venus deux jeunes cœurs surmonte,
Un bergier vault *en amours* une royne.

André de la Vigne, *la grant mer des histoires*.

En amours les moments sont chers pour un vieillard.

Dufresny, *la Coquette du village*, III, 5.

Par Amour :

Le roi donna, à la recommandation de la reine mère,

la capitainerie de Saint-Germain-en-Laye au marquis de Richelieu, qui avoit épousé *par amour* une fille de la Beauvais.

L'ABBÉ DE CHOISY, *Mémoires*, liv. III.

Elle (Mlle de Grignan) avoit épousé Simiane *par amour* réciproque.

SAINT-SIMON, *Mémoires*, 1715

Avoir amour en une personne :

L'amour que *j'ai en* toy.
L'amour qu'il *ha en* ceste estrangière.

ROB. ESTIENNE, *Dictionnaire françois-latin*.
Voyez aussi J. THIERRY et NICOT.

Se prendre en amour :

Ainsi, comme jeunes gens frequentent voulentiers ensemble, *se prisrent en amour* lung lautre.

Le loyal Serviteur, c. 13.

Se laisser prendre d'amour :

Tu *te laisses prendre d'amour* pour un voleur infâme.

MOLIÈRE, *l'Avare*, V, 4.

Parler d'amour :

A force de *parler d'amour* on devient amoureux.

PASCAL, *Discours sur les passions de l'amour*.

Vous savez si je vous *ai parlé d'amour*.

MOLIÈRE, *Georges Dandin*, I, 6.

Peut-être aussi n'avoit-il (Lauzun) plû à Mademoiselle que par ce même caractère audacieux, et pour avoir été le seul homme qui eût osé lui *parler d'amour*.

Mme DE CAYLUS, *Souvenirs*.

Avoir de l'amour :

Vous *avez de l'amour* pour moi.

MOLIÈRE, *Georges Dandin*, II, 10.

Ayant beaucoup *d'amour*, j'ay beaucoup de courage.

RACAN, *les Bergeries*, II, 2.

Moi, *j'aurois de l'amour* pour ta chienne de face?

MOLIÈRE, *le Dépit amoureux*, IV, 4.

Elle *n'a* point *d'amour* pour vous, je vous le jure.

DUFRESNY, *la Coquette du village*, II, 5.

Mais *n'ayons* point *d'amour*, il est trop dangereux.

FONTENELLE, *Églogues*, X, Ismène.

Donner, prendre de l'amour :

La statue donc d'une femme... est capable de *donner de l'amour*... que ne fera point l'original?

PERROT D'ABLANCOURT, trad. de Lucien, *les Amours*, Dial. de Lycinus et de Théomneste.

Ce visage, si propre à *donner de l'amour*.

MOLIÈRE, *Sganarelle*, sc. 6.

Ne rougissez-vous point d'*avoir pris* tant *d'amour*
Pour ces sortes de gens qui changent chaque jour?

LE MÊME, *l'École des maris*, III, 2.

Elle a su lui *donner de l'amour* sans en *prendre*.

DUFRESNY, *la Coquette du village*, III, 1.

Faire l'amour, absolument, se livrer à la galanterie, le plus souvent dans un sens un peu vulgaire

Est-il croyable que le même Auguste ne *faisoit l'amour* que par maxime d'État, et ne voyoit les dames de Rome que pour apprendre le secret de leurs maris?

BALZAC, *Aristippe*, disc. III.

Le moindre défaut des femmes qui se sont abandonnées à *faire l'amour*, c'est de *faire l'amour*.

LA ROCHEFOUCAULD, *Maximes*, 131.

Cette madame d'Estrées étoit de La Bourdaisière, la race la plus fertile en femmes galantes qui ait jamais été en France; on en compte jusqu'à vingt cinq ou vingt-six, soit religieuses, soit mariées, qui toutes *ont fait l'amour* hautement.

TALLEMANT DES RÉAUX, *Historiettes*, Henri IV.

En venir de but en blanc à l'union conjugale, ne *faire l'amour* qu'en faisant le contrat de mariage... il ne se peut rien de plus marchand que ce procédé.

MOLIÈRE, *les Précieuses ridicules*, sc. 4.

Vous, vous représentez une de ces femmes, qui, pourvu qu'elles ne *fassent* point *l'amour*, croyent que tout le reste leur est permis.

LE MÊME, *l'Impromptu de Versailles*, sc. 1.

En matière d'*amour* je suis fort inégal :
J'en écris assez bien et *le fais* assez mal.

P. CORNEILLE, *Lettres*, à Pellisson.

Aussi que vous cherchiez de ces sages coquettes
Où peuvent tous venants débiter leurs fleurettes,
Mais qui ne *font l'amour* que de babil et d'yeux,
Vous êtes d'encolure à vouloir un peu mieux.

P. Corneille, *le Menteur*, I, 1.

Ah! Lâche, *fais l'amour* et renonce à l'empire.

J. Racine, *Bérénice*, IV, 4.

Faire l'amour à une femme, Se montrer galant auprès d'elle.

Comment, Mesdames, nous endurerons que nos laquais soient mieux reçus que nous, qu'ils viennent *vous faire l'amour* à nos dépens!

Molière, *les Précieuses ridicules*, sc. 15.

Le mari, à ce qu'ils disent, est un jaloux, qui ne veut pas qu'on *fasse l'amour à* sa femme.

Le même, *Georges Dandin*, I, 2.

Si on *vous fait l'amour*, c'est pour me faire enrager, car il n'y a grain de beauté en vous.

Tallemant des Réaux, *Historiettes*, M. Tallemant.

Elle (Madame d'Orléans, princesse de Toscane) avoit cru épouser le prince Charles de Lorraine qui lui avoit *fait l'amour*.

L'abbé de Choisy, *Mémoires*, liv. III.

Faire l'amour a été quelquefois employé figurément dans des passages tels que les suivants :

Monsieur, je vois que l'un de vos gens *faict l'amour à* ceste bouteille; je vous supplie bien fort qu'il n'y soyt touché car c'est pour Messieurs.

Rabelais, *Pantagruel*, V, 18.

Le prince de Lobkowitz lui protesta (au chevalier de Gremonville) que l'empereur ne consentiroit jamais à la démangeaison que l'électeur et les princes de Brunswick avoient, depuis longtemps, d'envahir quelques évêchés catholiques et surtout le pays de Munster avec l'évêché d'Hildesheim, auxquels ils *faisoient l'amour* depuis tant d'années.

Le chevalier de Gremonville, à Louis XIV, 14 septembre 1672. (Voyez Mignet, *Négociations relatives à la succession d'Espagne*, t. IV, p. 105.)

Filer le parfait amour, Avoir un amour respectueux et timide; S'aimer longtemps et constamment avec une chaste réserve.

Vous allez vous borner ici, et vous amuser à *filer le parfait amour* dans un moulin.

Dancourt, *le Mari retrouvé*, sc. 1.

Proverbialement et figurément, *Vrai remède d'amour*, se dit d'une femme très laide.

Oui, je sçaurai vous peindre en *remède d'amour*.

Le Grand, *l'Aveugle clairvoyant*, sc. 4.

Être en amour, se dit des femelles des animaux et a le même sens que Être en chaleur.

Ce mot rut ou (comme aucuns prononcent) *ruit*, se dit (selon aucuns) non seulement du cerf et des autres bestes rousses, mais aussi des bestes noires, quand elles *sont en amour*.

H. Estienne, *la Précellence du langage françois*.

On dit aussi *Entrer en amour :*

En ces mois-là, naturellement les juments *entrent* en rut ou *en amour*, demandans le masle.

Olivier de Serres, *Théâtre d'agriculture*, IVe lieu, c. 10.

Les quadrupèdes *entrent en amour* et mettent bas leurs petits à certaines périodes lunaires.

Bernardin de Saint-Pierre, *Harmonies de la nature*, I, Tableau des harmonies générales de la nature.

Figurément, en termes de laboureur, de jardinier, *La terre est en amour*, veut dire qu'elle est dans un état de fermentation propre à la végétation.

On dit aussi qu'une terre *n'a point d'amour*, *est sans amour*.

C'est par la même figure qu'on a appelé *Amour* la sève des arbres.

L'arbre sera couppé quatre doigts ou demi-pieds par dessus l'enture, ensemble tous rejects et rameaux du pied d'icelui, à ce qu'il n'y aie rien qui en desrobe l'*amour*.

Olivier de Serres, *Théâtre d'agriculture*, VIe lieu, c. 23.

Souventes fois, par dedans l'arbre, s'accroist une ou deux branches plus fertilement que les autres, qui engloutissent toute l'*amour* de l'arbre comme à cela, par dessus tous, sont sujets les oliviers et pruniers.

Olivier de Serres, *Théâtre d'agriculture*, VIe lieu, c. 27.

Dans le langage des Arts, un ouvrage *fait avec amour* est celui que l'artiste s'est complu à faire, auquel il a donné avec prédilection tous ses soins.

Amour se dit au pluriel, non seulement en parlant de plusieurs passions :

Tu conterois plutost, Lycinus, les flots de la mer, et les petits flocons de neige qui tombent en hyver sur les campagnes, que le nombre de mes *amours*.

Perrot d'Ablancourt, trad. de Lucien, *les Amours*, Dialogue de Lycinus et de Théomneste.

M. de Marcillac, que je nommerai désormais duc de la Rochefoucauld, étoit le seul confident des *amours* du roi.

Saint-Simon, *Mémoires*, 1714.

Le scandale de ses *amours* (d'Alexandre VI) et les horreurs de sa conduite ne lui ôtaient rien de son autorité.

Voltaire, *Essai sur les mœurs*, c. 110.

Jadis au tens des premiers pères
Et de noz premeraines meres...
Furent *amors* loiaus et fines,
Sans convoitise et sans rapines.

Roman de la Rose, v. 8395.

Folles *amours* font les gens bestes :
Salmon en idolatrya;
Samson en perdit ses lunettes...
Bien heureux est qui rien n'y a!

Villon, *Grand testament*, double ballade.

Et courant çà et là, je trouve tous les jours,
En des sujets nouveaux de nouvelles *amours*.

Regnier, *Satires*, 7.

Mais même en parlant d'une seule :

Je crois qu'il ne faut pas faire changer de place aux vieilles *amours*, non plus qu'aux vieilles gens. La routine fait quelquefois la plus forte raison de leur attachement.

Mme de Sévigné, *Lettres*, 30 juillet 1677.

Nous interrogeâmes notre Lapon sur quantité de choses... il nous dit qu'il lui avoit bien coûté, pendant ses *amours*, deux livres de tabac et quatre ou cinq pintes de brandevin.

Regnard, *Voyage de Laponie*.

Elle tomboit ensuite sur le chapitre de défunt son mari, en prenoit l'histoire du temps qu'il étoit garçon, et puis venoit à leurs *amours*, disoit ce qu'ils avoient duré...

Marivaux, *le Paysan parvenu*, IIe partie.

Quelles nouvelles, ma maistresse,
Comment se portent nos *amours*?

Charles d'Orléans, *Poésies*, Ballade.

Je le trouvois bien fait, et j'aimois vos *amours*.

Molière, *les Femmes savantes*, IV, 1.

Il te manquoit encore ces perfides *amours*
Pour être le supplice et l'horreur de mes jours.

J. Racine, *Mithridate*, III, 1.

Une pourtant de ces dernières (des alouettes)
Avoit laissé passer la moitié du printemps
Sans goûter le plaisir des *amours* printanières.

La Fontaine, *Fables*, IV, 22.

A l'entendre parler, les *amours* d'un seigneur
Aux filles comme moi font encor trop d'honneur.

Dufresny, *la Coquette du village*, I, 4.

Amours, comme il a été dit plus haut, est alors presque toujours féminin; on le fait cependant quelquefois masculin, particulièrement lorsqu'il est suivi et non précédé de son adjectif.

Mais ces *amours* pour moi sont trop subtilisés.

Molière, *les Femmes savantes*, IV, 2.

Il fallut oublier dans ses embrassements
Et mes premiers *amours* et mes premiers serments.

Voltaire, *Œdipe*, II, 2.

Froides mains, chaudes amours, est un dicton par lequel on fait entendre que la fraîcheur des mains annonce d'ordinaire un tempérament ardent.

Amour se dit quelquefois de la personne même qu'on aime avec passion, soit au singulier, soit au pluriel;

Au singulier :

La plus grande *amour de* M. le Grand en ce temps-là, c'étoit Chemerault, aujourd'hui Madame de La Bazinière.

Tallemant des Réaux, *Historiettes*, Louis XIII.

De là cette expression tendre, *Mon amour :*

Hélas! pardon *mon* cher *amour!*
POISSON, *le Sot vengé,* sc. 2.

Et, par une élision autrefois commune dans notre langue (il en a été question plus haut), au lieu de *ma amour, m'amour,* qui a fini par s'écrire sans apostrophe, *Mamour.*

C'en est assez, *m'amour,* laissons cela.
MOLIÈRE, *Georges Dandin,* I, 4.

Adieu *m'amour,* ma joye, m'espérance.
EUST. DESCHAMPS, Refrain des *Adieux à sa dame,* virelai.

Au pluriel :

Ce fait, convint aller prendre congé de ses premières *amours* la dame de Fluxas.
Le loyal Serviteur, c. 13.

Oncques n'y eut laides *amours* ny belle prison.
COTGRAVE, *Dictionnaire.*

Tu sçais qu'il n'y a point de laides *amours.*
PERROT D'ABLANCOURT, trad. de Lucien, Dial. de Vénus et de la Lune.

Le Cogneux n'osoit plus aller chez ses *amours* qu'en cachette.
TALLEMANT DES RÉAUX, *Historiettes,* le président le Cogneux.

Je demandai qui étoient ces dames. Comment, me dit mon père, le cœur ne te le dit pas? Ce sont tes anciennes *amours.*
J.-J. ROUSSEAU, *les Confessions.*

Tous trois, ainsi qu'Enée,
En trompant leurs *amours,*
Ont fait mainte journée
Marquer d'horribles tours.
JODELLE, *Didon,* acte IV.

...Le vaincu disparut.
Il alla se cacher au fond de sa retraite,
Pleura sa gloire et *ses amours;*
Ses *amours* qu'un rival tout fier de sa défaite
Possédoit à ses yeux.
LA FONTAINE, *Fables,* VII, 12.

Le pluriel AMOURS s'emploie par figure au sujet d'affections d'autre sorte.

C'est ainsi qu'on peut dire d'un auteur qu'il *mérite les amours* du public :

Voulez-vous du public *mériter les amours?*
Sans cesse, en écrivant, variez vos discours.
BOILEAU, *Art poétique,* I.

Qu'on dit d'une chose qu'elle *a les amours* de quelqu'un :

Votre esprit à l'hymen renonce pour toujours
Et la philosophie *a* toutes vos *amours.*
MOLIÈRE, *les Femmes savantes,* I, 1.

Qu'on appelle une personne *l'Amour* ou *les amours* d'une autre personne, ou, par figure, de quelque chose :

Malherbe, l'honneur de son siècle, les délices des rois, *l'amour* des Muses, et l'un des plus accomplis chefs-d'œuvre, est l'auteur de ce volume.
GODEAU, *Discours sur les œuvres de Malherbe.*

A cette manière de parler se rapportent des passages tels que les suivants :

Il sembloit que toutes les *amours* du peuple romain fussent courtes et malheureuses.
PERROT D'ABLANCOURT, trad. de Tacite. *Annales,* liv. II, 9.

Cette Esther, l'innocence et la sagesse même,
Que je croyois du Ciel les plus chères *amours.*
RACINE, *Esther,* III, 4.

Puissiez-vous, contentes,
Et sans mon secours,
Passer d'heureux jours,
Brebis innocentes,
Brebis mes *amours.*
Mme DESHOULIÈRES, *Idylles,* les Moutons.

La même figure est d'usage en parlant des choses :

Albe, mon cher pays et mon premier *amour.*
P. CORNEILLE, *Horace,* I, 1.

Quand on a passé l'onde noire,
Adieu le bon vin, nos *amours.*
MOLIÈRE, *le Bourgeois gentilhomme,* IV, 1.

Tel en un secret vallon,
Sur le bord d'une onde pure,
Croît à l'abri de l'aquilon
Un jeune lis, *l'amour de* la nature.

J. Racine, *Athalie*, II, 9.

L'expression tendre *M'amour,* dont il a été question plus haut, a pu, en certains cas, être adressée à une chose.

Mais à quoi despends-je le temps, que je ne prens ma bourse, puisque je ne voy personne qui me regarde? O *m'amour!* t'es-tu bien portée? Jésus, qu'elle est légère!

P. Larivey, *les Épitres*, III, 6.

Amour est aussi le nom de la divinité fabuleuse à laquelle les anciens païens attribuaient le pouvoir de faire aimer.

L'*Amour* n'a point d'âge; il est toujours naissant. Les poëtes nous l'ont dit, c'est pour cela qu'ils nous le représentent comme un enfant.

Pascal, *Discours sur les passions de l'amour*.

N'excluons... point la raison de l'amour..., les poëtes n'ont... pas eu raison de nous dépeindre l'*Amour* comme un aveugle; il faut lui ôter son bandeau et lui rendre désormais la jouissance de ses yeux.

Le même, même ouvrage.

S'il falloit adorer l'*Amour*, ce devoit être du moins l'amour honnête

Bossuet, *Discours sur l'histoire universelle*, II, 5.

L'*Amour* qui vit changer son triomphe en une honteuse défaite, s'éleva au milieu de l'air en secouant ses ailes, et s'envola dans le bocage d'Idalie, où sa cruelle mère l'attendoit.

Fénelon, *Télémaque*, VII.

Quand ce beau printemps je voy,
J'apercoy
Rajeunir la terre et l'onde
Et me semble que le Jour
Et l'*Amour*
Comme enfans naissent au monde.

Ronsard, *Amours*, II, chanson.

La belle Vénus un jour
M'amena son fils *Amour*...

Ronsard, *Odes*, V, 23

Un enfant oiseleur, jadis en un bocage
Giboyant aux oiseaux, vit, dessus le branchage
D'un houx, *Amour* assis...

J.-A. de Baïf, *Poésies*, Amour oiseau.

Celui n'avoit d'*Amour* essayé la puissance
Qui le fit un enfant privé de connoissance,
Ouvert, sans fiction, sans yeux, sans jugement,
Aussi nu de conseil comme d'accoustrement.

Desportes, *Élégies*, liv. Ier, 17.

Revenez ma raison, revenez pour jamais...
Réparez, s'il se peut, les maux qu'*Amour* m'a faits.

Quinault, *Atys*, IV, 1.

Le dieu qu'on nomme *Amour* n'est pas exempt d'aimer,
A son flambeau quelquefois il se brûle...

La Fontaine, *Psyché*; liv. Ier.

Tout est mystère dans l'*Amour*,
Ses flèches, son carquois, son flambeau, son enfance.

Le même, *Fables*, XII, 14.

L'*Amour* est un enfant aussi vieux que le monde,
Il est le plus petit et le plus grand des dieux;
De ses feux il remplit le ciel, la terre et l'onde,
Et toutefois Iris le loge dans ses yeux.

Ch. Perrault, *Poésies*.

Descendez, mère d'*Amour*,
Venez embellir la fête
Du dieu qui fit la conquête
Des climats où naît le jour;
Descendez, mère d'*Amour*,
Mars trop longtemps vous arrête.

J.-B. Rousseau, *Cantates*, IX, Bacchus.

Qui sent le joug le porte avec murmure,
L'*Amour* tyran est un Dieu que j'abjure.

Voltaire, *Nanine*, I, 1.

Prends notre *Amour* d'ivoire, honneur de ces hameaux.

A. Chénier, *Idylles*, le Malade.

On a donné des frères à l'*Amour*, et l'on a dit non seulement l'*Amour*, mais les *Amours*.

S'il te souvient... encore de quelques-unes de tes avantures, je te conjure, par la mère des *Amours*, de m'en faire part.

Perrot d'Ablancourt, trad. de Lucien, *les Amours*, dial. de Lycinus et de Théomneste.

Cythérée se voyoit réduite aux seules îles de son domaine : encore une bonne partie des *Amours*, anciens habitants de ces îles bien heureuses, la quittoient-ils pour se mettre au service de sa rivale (Psyché).

La Fontaine, *Psyché*, liv. Ier.

Vénus accompagnée de quatre petits *amours* dans une machine.

MOLIÈRE, *les Amants magnifiques*, IV, 2.

Entre les fleurs, entre les lis,
Doucement dormoit ma Philis,
Et tout autour de son visage,
Les petits *Amours*, comme enfants,
Jouoient, folatroient...

VAUQUELIN DE LA FRESNAIE, *Idillies*.

Partez, allez, volez, redoutable Bellone;
Laissez en paix ici les *Amours* et les Jeux.

QUINAULT, *Thésée*, prologue.

Volez, tendres *Amours*, Amadis va renaître.

LE MÊME, *Amadis*, prologue.

Pour moi Palès encore a des asiles verts,
Les *Amours* des baisers, les Muses des concerts;
Je ne veux pas mourir encore.

A. CHÉNIER, *la jeune Captive*.

Le mot AMOUR s'applique aux affections de famille.

Le cinquième jour de juin 1515, mon fils (François Ier), venant de Chaumont à Amboise, se mit une épine en la jambe, dont il eut moult douleur, et moi aussi, car vrai *amour* me contraignoit de souffrir semblable peine.

LOUISE DE SAVOYE, *Journal*.

La vraye *amour* que je vous porte lye si fort mon cœur au vostre, que je ne puis vouloir que vostre vouloir.

LA REINE DE NAVARRE, *Lettres*, 1547 à 1549, à Henri II.

Les nourrices et gouvernantes n'ont qu'une *amour* supposée et non naturelle, comme celles qui aiment pour un loyer mercenaire.

AMYOT, *Œuvres morales*, Comment il faut nourrir les enfants.

Quand il mourut ce fils, l'objet de tant d'*amour*.

MOLIÈRE, *le Dépit amoureux*, II, 1.

Ma fille... ce nom seul, dont les droits sont si saints,
Sa jeunesse, mon sang, n'est pas ce que je plains.
Je plains mille vertus, une *amour* mutuelle,
Sa piété pour moi, ma tendresse pour elle...

J. RACINE, *Iphigénie*, I, 1.

Électre peut te perdre et ne peut te servir...
Renfermez cette *amour* et si sainte et si pure.

VOLTAIRE, *Oreste*, IV, 1.

On dit *Amour de père, Amour de mère*.

La povre dame de mere estoit en une tour du chasteau qui tendrement ploroit : car combien quelle feust joyeuse dont son fils estoit en voye de parvenir, *amour de mère* l'admounestoit de larmoyer.

Le loyal Serviteur, c. 2.

... Je n'ose résoudre rien,
Quand je trouve un *amour de père*
En celui qui m'ôta le mien.

P. CORNEILLE, *Héraclius*, V, 1.

Je suis fort redevable à cet *amour de père*.

MOLIÈRE, *Tartuffe*, II, 1.

Surtout, si vous m'aimez, par cet *amour de mère*,
Ne reprochez jamais mon trépas à mon père.

RACINE, *Iphigénie*, V, 3.

Amour paternel, maternel, fraternel, conjugal.

Voilà ce qui m'est nécessaire, pour me consoler de votre absence, dont je sens l'amertume au travers de toute l'*amour maternelle*.

Mme DE SÉVIGNÉ, *Lettres*, 11 décembre 1672.

Du côté de l'Asie (dans l'Iliade) étoit Vénus, c'est-à-dire les plaisirs, les folles amours et la mollesse : du côté de la Grèce étoit Junon, c'est-à-dire la gravité avec l'*amour conjugal*.

BOSSUET, *Discours sur l'histoire universelle*, III, 5.

Combien que ce berger soit toujours avec elle,
Je sçay que leur amour n'est qu'*amour fraternelle*.

RACAN, *les Bergeries*, II, 3.

Rompre les nœuds sacrés d'une *amour fraternelle*.

P. CORNEILLE, *Pompée*, I, 2.

Quand vous ferez agir toute l'autorité
De l'*amour conjugale* et de la *paternelle*.

LE MÊME, *Agésilas*, III, 1.

Il n'est ni vin ni temps qui puisse être fatal
A remplir les devoirs de l'*amour conjugal*.

MOLIÈRE, *Amphitryon*, II, 3.

Je crus les dieux, seigneur, et, saintement cruelle,
J'étouffai pour mon fils mon *amour maternelle*.

VOLTAIRE, *Œdipe*, IV, 1.

On se sert encore du mot AMOUR, aussi bien

que du mot *Amitié,* pour exprimer toutes sortes d'attachements, par exemple des princes pour les sujets, des sujets pour leurs princes, des princes les uns à l'égard des autres, etc.; en général des hommes entre eux.

Sire, je trouve en vous plus de confort et d'*amour* qu'en tout le monde.

FROISSART, *Chroniques,* liv. I, part. Ire, c. 14.

Certes vous..... nous montrez grand' *amour* et grand' volonté, dont nous vous regracions de par notre seigneur le roi.

LE MÊME, même ouvrage, c. 63.

Là fut pourvu à grand' joye messire Bertran du Guesclin de l'office de connétable de France; le Roy l'assit de lez lui à sa table et lui montra tous les signes d'*amour* qu'il put.

LE MÊME, part. II, c. 323.

Pour lors le cueur lui estoit creu, et ne se trouvoit pas humble envers le dict duc, comme aultresfois : et pour ceste cause n'y avoit nulle *amour* entre les deux.

COMMINES, *Mémoires,* liv. II, c. 5.

M'envoya devers le dict seigneur de Waneloc et luy donna mil escuz de pension, luy priant vouloir continuer en l'*amour* qu'il avoit montrée au roy d'Angleterre.

LE MÊME, même ouvrage, liv. III, c. 4.

Sus la poincte du jour se rendirent (Gargantua et ses gens) à Grandgousier... et les voyant tous saulfz et entiers, les embrassa de bon *amour*.

RABELAIS, *Gargantua,* I, 45.

Son bon maistre le print en aussi grande *amour* que s'il eust esté son filz.

Le loyal Serviteur, c. 4.

Porté d'un grand courage et d'une *amour* extrême pour son Roy, il donna des preuves extraordinaires de l'un et de l'autre en cette occasion.

VAUGELAS, trad. de *Quinte-Curce,* liv. III.

Sire, l'*amour* ne peut se payer que par l'*amour,* et vous ne seriez pas digne de la tendresse de vos sujets, si vous leur refusiez la vôtre.

MASSILLON, *Petit Carême,* Grandeur de Jésus-Christ.

Henri IV pouvait tout risquer en fait d'autorité puisqu'il était certain de tout regagner par l'*amour*.

Mme DE STAEL, *Considérations sur la Révolution française,* Ire part., c. 9, § 9.

L'Empereur qui lui montre une *amour* infinie
Après ce grand succès l'envoie en Arménie.

P. CORNEILLE, *Polyeucte,* I, 4.

On a dit, par allusion à ces expressions, Esprit de sédition, de révolte, etc., *esprit d'amour.*

Ces mutins... se mirent tous auprès du lit du Roi, dont on avoit ouvert les rideaux, et, reprenant alors un *esprit d'amour,* lui donnèrent mille bénédictions.

Mme DE MOTTEVILLE, *Mémoires.*

A cet emploi du mot AMOUR se rapporte cet ancien proverbe :

Ammors de segnor n'est pas héritage.

Proverbes ruraux et vulgaires, ms. de N. D. no 2, fol. 13, ro, col. 2. (Cité par Sainte-Palaye.)

On peut y rapporter aussi le vers suivant :

Deux pigeons s'aimoient d'*amour* tendre.

LA FONTAINE, *Fables,* IX, 2.

On a dit autrefois *Avoir amour à* quelqu'un.

Et vint le jeune comte Guillaume de Namur servir le comte de Hainaut, sans prière qui lui en eust été faite, mais seulement par le grand *amour* qu'il *avoit à* lui.

FROISSART, *Chroniques,* liv. I, Ire part., c. 83.

Vray est que aucuns vieulx (Suisses) *avoient amour au* roy Loys unziesme.

COMMINES, *Mémoires,* liv. VIII, c. 17.

Et plus tard *Porter amour à* quelqu'un.

Et Lucile depuis fait encor moins paroître
La violente *amour* qu'elle *porte à* mon maître.

MOLIÈRE, *le Dépit amoureux,* I,

Je hais de tout mon cœur les esprits colériques,
Et *porte* grand *amour aux* hommes pacifiques.

LE MÊME, *Sganarelle,* sc. 17.

La même expression est employée dans le passage suivant au sujet d'un animal :

> Depuis ce malheur advenu,
> Martin malade est devenu,
> Tant il *portoit une amour* forte
> A cette pauvre bête morte.
>
> GILLES DURANT, *à Mademoiselle ma commère sur le trépas de son asne.*

C'est à cette acception d'amour que se rapporte la locution si usitée *Amour du prochain* et autres analogues.

> Ah! si pour son *prochain* il avoit quelque *amour*,
> M'auroit-il fait partir par une nuit si noire?
>
> MOLIÈRE, *Amphitryon*, I, 1.

Dans le sens absolu et philosophique, *Amour de soi* ou quelquefois *amour-propre*, est le sentiment légitime et nécessaire qui attache chaque homme à son existence et lui fait rechercher son bien-être.

Le Seigneur, afin de mieux exprimer quelle affection d'amour nous devons à nostre prochain, nous renvoye à l'*amour de nous-mesmes* et nous la propose pour règle et patron

CALVIN, *Institution chrestienne*, liv. II, c. 8, § 54.

Ce qui est désiré par l'*amour de soi-même* et à cause de sa propre bonté, s'appelle fin... et ce qui sert pour y arriver s'appelle moyen.

BOSSUET, *de la connoissance de Dieu et de soi-même*, I, 1. De l'âme.

L'amour des hommes dérivé de l'*amour de soi* est le principe de la justice humaine.

J.-J. ROUSSEAU, *Émile*, note du livre 4.

Dans le sens le plus ordinaire, *Amour de soi* ou plus souvent *amour-propre*, signifie le trop grand attachement d'un homme à ce qui lui est personnel, l'opinion trop avantageuse qu'il a de lui-même.

Sur toutes passions se faut très-soigneusement garder... de cette... folle *amour de soy mesmes*... par laquelle nous nous adorons et demeurons tant contens de nous.

CHARRON, *de la Sagesse*, II, I, 2.

L'*amour-propre* nous persuade toujours assez que c'est avec injustice qu'on nous attaque.

PASCAL, *Provinciales*, XV.

Nous avons une source d'*amour-propre* qui nous représente à nous-mêmes comme pouvant remplir plusieurs places au dehors; c'est ce qui est cause que nous sommes bien aises d'être aimés.

LE MÊME, *Discours sur les passions de l'amour.*

Il y a dans la jalousie plus d'*amour-propre* que d'amour.

LA ROCHEFOUCAULD, *Maximes*, CCXXIV.

Le vice qui nous empêche de connoître nos défauts s'appelle *amour-propre*, et c'est lui qui donne tant de crédit aux flatteurs.

BOSSUET, *De la connoissance de Dieu et de soi-même*, I, 1, De l'âme.

Ne nous emportons pas contre les hommes en voyant leur dureté, leur ingratitude, leur injustice, l'*amour d'eux-mêmes* et l'oubli des autres : ils sont ainsi faits, c'est leur nature.

LA BRUYÈRE, *les Caractères*, De l'homme.

Sur ce point là (les honneurs) l'*amour-propre* est bien mort; mais Monseigneur, celui qui fait aimer le repos, sa liberté, est encore bien avant. Je voudrois fort le tuer à son tour.

Mme DE MAINTENON, *Lettres*, 9 septembre; à M. le cardinal de Noailles.

Nous n'avons pas assez d'*amour-propre* pour dédaigner le mépris d'autrui.

VAUVENARGUES, *Réflexions et Maximes.*

Il paraît clair qu'on peut aimer un objet sans aucun retour sur soi-même, sans aucun mélange d'*amour-propre* intéressé.

VOLTAIRE, *Dictionnaire philosophique*, Amour de Dieu.

> L'*amour* désordonné qu'on se porte en secret.
>
> P. CORNEILLE, *l'Imitation*, III, 53.

> C'est un homme gonflé de l'*amour de soi-même.*
>
> MOLIÈRE, *le Misanthrope*, II, 4.

> ...L'*amour-propre* engage à se tromper soi-même.
>
> LE MÊME, *Tartuffe*, IV, 3.

La mouche et la fourmi contestoient de leur prix :
O Jupiter, dit la première,
Faut-il que l'*amour-propre* aveugle les esprits
D'une si terrible manière?...

La Fontaine, *Fables*, IV, 3.

Il résulte des exemples qui précèdent, que les expressions *amour de soi* et *amour-propre* ont été quelquefois employées indifféremment; on les a aussi quelquefois distinguées.

On peut dire la même chose d'un homme qui, volontairement et de sang froid, meurt pour la gloire; la vie imaginaire qu'il achète au prix de son être réel est une préférence incontestable de la gloire et qui justifie la distinction que quelques écrivains ont mise avec sagesse entre l'*amour-propre et* l'*amour de nous-mêmes*. Ceux-ci conviennent bien que l'*amour de nous-mêmes* entre dans toutes nos passions; mais ils distinguent cet *amour* de l'autre. Avec l'*amour de nous-mêmes,* disent-ils, on peut chercher hors de soi son bonheur... On n'est pas à soi-même son unique objet. L'*amour-propre*, au contraire, surbordonne tout à ses commodités et à son bien-être, il est à lui-même son seul objet et sa seule fin; de sorte qu'au lieu que les passions qui viennent de l'*amour de nous-mêmes* nous donnent aux choses, l'*amour-propre* veut que les choses se donnent à nous, et se fait le centre de tout.

Vauvenargues, *Introduction à la connaissance de l'esprit humain,* liv. II, 24. De l'amour-propre et de l'amour de nous-mêmes.

Les passions primitives, qui toutes tendent directement à notre bonheur, ne nous occupent que des objets qui s'y rapportent; et, n'ayant que l'*amour de soi* pour principe, sont toutes aimantes et douces par leur essence, mais quand, détournées de leur objet par des obstacles, elles s'occupent plus de l'obstacle pour l'écarter que de l'objet pour l'atteindre, alors elles changent de nature et deviennent irascibles et haineuses; et voilà comment l'*amour de soi*, qui est un sentiment bon et absolu, devient *amour-propre,* c'est-à-dire un sentiment relatif par lequel on se compare, qui demande des préférences, dont la jouissance est purement négative, et qui ne cherche plus à se satisfaire par notre propre bien, mais seulement par le mal d'autrui.

J.-J. Rousseau, *Rousseau, juge de Jean-Jacques,* Ier dialogue.

On dit *L'amour-propre de* quelqu'un, *son amour-propre*.

Notre amour-propre souffre plus impatiemment la condamnation de nos goûts que de nos opinions.

La Rochefoucauld, *Maximes,* XIII.

Ah! Chrétiens, *notre amour-propre,* tout ingénieux qu'il est, n'a plus de quoi se défendre.

Bourdaloue, *Sermon,* Sur la pensée de la mort. Carême.

Ils (les ducs de Chevreuse et de Beauvilliers) n'avoient chez eux que la meilleure compagnie et la plus triée, et *mon amour-propre* n'étoit pas content de n'avoir jamais reçu la moindre avance de leur part.

Saint-Simon, *Mémoires,* 1715.

L'amour-propre de deux ou trois personnes suffit pour désoler toute l'Europe.

Voltaire, *Précis du siècle de Louis XV,* c. 35.

Qu'est-ce qu'une charité qui n'a point de pudeur avec le misérable, et qui, avant de le soulager, commence par écraser *son amour-propre?*

Marivaux, *la Vie de Marianne,* Ire partie.

On a pu dire *un amour-propre, des amours-propres,* etc.

L'art agréable de se plaisanter mutuellement, ne réussirait point parmi eux; on froisserait bien vite *quelque amour-propre* accoutumé à vivre en paix.

Mme de Staël, *De l'Allemagne,* IIe partie, c. 26, § 3.

La foule des spectateurs qu'on admettait dans les galeries animait les orateurs, tellement que chacun voulait obtenir pour son compte ce bruit des applaudissements, dont la jouissance nouvelle séduisait *les amours-propres.*

La même, *Considérations sur la Révolution française,* IIe partie, c. 2, § 5.

Amour de Dieu, Amour divin, se disent en divers sens;

Tantôt de l'affection des hommes pour Dieu.

Toutes coses trespassent fors que li *amours de Dieu.*

Li Mireoirs dou monde, ms. 7363, f° 228, v°, c. 1.

Dieu a créé l'homme avec deux *amours,* l'un *pour Dieu,* l'autre pour soi-même; mais avec cette loi que l'*amour pour Dieu* seroit infini, c'est-à-dire sans aucune autre fin que Dieu même; et que l'amour pour soi-même seroit fini et rapportant à Dieu.

Pascal, *Lettre sur la mort de son père.*

L'*amour de Dieu* fait naître toutes les vertus.

BOSSUET, *Discours pour la profession de Mme de la Vallière.*

Ange saint, qui présidiez à l'oraison de cette sainte princesse... racontez-nous les ardeurs de ce cœur blessé de l'*amour divin.*

LE MÊME, *Oraison funèbre de Marie-Thérèse d'Autriche.*

Amour de Saint-Pierre, *amour* humble : et de plus *amour* généreux ; autre qualité bien remarquable.

BOURDALOUE, *Sermon pour la fête de saint Pierre.*

Loyal *amor* fait à Diex force.

Roman de la Rose, éd. de Méon, t. II, p. 21, note.

Tu les mettras en un séjour
Où l'on ne brûle d'autres flammes
Que de celles de ton *amour*.

RACAN, *Psaumes,* CII.

... Il (Dieu) venoit à ce peuple heureux
Ordonner de l'aimer d'une *amour* éternelle.

J. RACINE, *Athalie,* I, 4.

David, pour le Seigneur plein d'un *amour* fidèle,
Me paroit des grands rois le plus parfait modèle.

LE MÊME, même ouvrage, IV, 2.

Qui fait exactement ce que ma loi commande,
A pour moi, dit ce Dieu, l'*amour* que je demande.

BOILEAU, *Épîtres,* XII.

Tantôt de l'affection de Dieu pour les hommes.

On doit plus eslire de avoir tout le monde contraire ou adversaire à soy que seullement Jésus courroucer tant soit pou à soy, car qui n'a s'*amour* il n'a rien.

Le Livre de l'internelle consolacion, liv. I, c. 8.

Pour nous il a souvent des sentiments humains
D'*amour* et de clémence.

RACAN, *Psaumes,* CII.

Un Dieu qui, nous aimant d'une *amour* infinie,
Voulut mourir pour nous avec ignominie.

P. CORNEILLE, *Polyeucte,* V, 3.

AMOUR se dit aussi du penchant qu'on a pour les choses ; on dit très fréquemment *L'Amour* d'une chose.

Cela fait voir que ce fut une pure *amour de* la République... qui lui fit (à Auguste) conseiller à Tibère et au Sénat de se contenter de l'estendue de leur Empire.

COEFFETEAU, *Histoire romaine,* liv. I.

L'amour de l'honneur et *de* la vertu le transporta (Démosthène) de la maison de Phrynée à l'école de Platon, d'Aristote, de Théophraste et de Xénocrate.

PERROT D'ABLANCOURT, trad. de Lucien, *la Louange de Démosthène.*

N'est-ce pas quelque chose de réel que de vous apporter en mariage une grande sobriété, l'héritage d'un grand *amour de* simplicité de parure.

MOLIÈRE, *l'Avare,* II, 5.

Le fond d'un Romain, pour ainsi parler, étoit *l'amour de* sa liberté et *de* sa patrie.

BOSSUET, *Discours sur l'histoire universelle,* III, 6.

L'amour de la France lui sortoit de partout (Philippe V).

SAINT-SIMON, *Mémoires,* 1731.

Sire, n'estimez dans les hommes que *l'amour du* devoir, et vos bienfaits ne tomberont que sur le mérite.

MASSILLON, *Sermons,* la Purification.

Si ces vers m'ont paru défectueux, c'est *l'amour de* l'art, et non l'amour-propre, qui s'est révolté en moi.

VOLTAIRE, *Lettres,* 18 octobre 1760.

De tous les sentiments dont mon cœur étoit pénétré pour vous, il n'y reste que l'admiration qu'on ne peut refuser à votre beau génie et *l'amour de* vos écrits.

J.-J. ROUSSEAU, *Lettres,* à Voltaire.

Aspirez aux clartés qui sont dans la famille,
Et vous rendez sensible aux charmantes douceurs
Que *l'amour de* l'étude épanche dans les cœurs.

MOLIÈRE, *les Femmes savantes,* I, 1.

Si *l'amour des* grandeurs, la soif de commander
Avec son joug étroit pouvoient s'accommoder.

RACINE, *Athalie,* III, 3.

L'amour du vrai me fit, lui seul, auteur.

J.-B. ROUSSEAU, *Épîtres,* 5.

Dans cette manière de parler, la préposition *de* a quelquefois pour régime un verbe à l'infinitif.

N'allez pas sur des vers sans fruit vous consumer,
Ni prendre pour génie un *amour de* rimer.

BOILEAU, *Art poétique,*

On dit aussi *Amour pour* une chose.

La plupart sont aveuglés d'une certaine *amour* naturelle qu'on a *pour* ses sentiments.

VAUGELAS, trad. de Quinte-Curce, *Histoire d'Alexandre,* liv. VII.

Le premier être est le bien unique, source de tous les autres, le bien sans bornes, le bien indépendant. Notre *amour pour* ce bien doit être aussi en nous un amour unique, source de tout autre amour.

FÉNELON, *Lettres sur la religion,* II, c. 1.

Je croyois que vous aviez de l'ambition, mais aucun *amour pour* la gloire.

MONTESQUIEU, *Dialogue de Sylla et d'Eucrate.*

Je n'eus jamais cet *amour* dominant *pour* la patrie, dont nous trouvons tant d'exemples dans les premiers temps de la République.

LE MÊME, même ouvrage.

La corruption désormais est partout la même : il n'existe plus ni mœurs, ni vertus en Europe, mais s'il existe encore quelque *amour pour* elles, c'est à Paris qu'on doit le chercher.

J.-J. ROUSSEAU, *les Confessions,* II, 11.

Mais ce que nous avons d'*amour* désordonnée,
Pour cette ingrate chair à nous perdre obstinée,
Nous-mêmes nous séduit et l'arme contre nous.

P. CORNEILLE, *l'Imitation,* I, 24.

On a dit autrefois *Avoir amour à* une chose.

Amour et volonté qu'il *avoit à* la République.

ROB. ESTIENNE, *Dictionnaire françois-latin.* (Voyez aussi J. THIERRY et NICOT.)

AMOUR a encore le même sens général dans d'autres manières de parler.

Je me sens de même épris d'*amour* à la vue d'un palais si beau et si magnifique.

PERROT D'ABLANCOURT, trad. de Lucien, *Louange d'une maison.*

Elle a mis son *amour* à la dévotion.

REGNIER, *Satires,* XIII.

Pour l'amour de est une locution fort usitée, variant selon le régime de la préposition *de.*

On dit en divers sens, *Pour l'amour de Dieu.*

Quelquefois cette locution signifie Dans la vue de plaire à Dieu.

Pro deo amur.

Serments de 842.

Quelquefois aussi, dans le discours familier, Sans aucun intérêt.

C'est aussi une locution ordinaire aux mendiants qui demandent qu'on leur fasse l'aumône pour l'amour de Dieu. Il y est fait allusion dans la phrase suivante :

Je te veux donner un louis d'or, et je te le donne *pour l'amour de* l'humanité.

MOLIÈRE, *le Festin de Pierre,* acte III, scène du Pauvre.

On dit ironiquement *Comme pour l'amour de Dieu,* quand on veut faire entendre qu'Une chose est faite ou donnée à contre-cœur, ou qu'un don est fait avec lésinerie.

Pour l'amour de quelqu'un se dit aussi très souvent et signifie Par la considération, par l'estime, par l'affection qu'on a pour quelqu'un.

Pur le amur sun père David.

Les quatre Livres des Rois, III, XI, 12.

Si en y eut grand plenté d'un pays et d'autres qui y allèrent *pour l'amour de* lui.

FROISSART, *Chroniques,* liv. I, Ire part., c. 16.

Ne pensez pas que ceulx qui pousuyvent des dames, prennent tant de peine *pour l'amour d'*elles, non, non : car c'est seulement *pour l'amour d'*eulx et de leur plaisir.

LA REINE DE NAVARRE, *Heptameron,* 14e nouv.

La bonne duchesse de Berry Jehanne de France a toute sa vie vescu en saincteté, et a lon voulu dire depuis son trespas que Dieu a fait des miracles *pour l'amour d'*elle.

Le loyal Serviteur, c. 12.

Voilà ce que mon cœur a voulu vous dire de ma chère Pauline, que j'aime et que je vous prie d'embrasser *pour l'amour de* moi.

Mme DE SÉVIGNÉ, *Lettres,* 25 février 1689.

Je l'ai fait, ce matin, mort *pour l'amour de* vous.

MOLIÈRE, *l'Étourdi,* III,4.

Monsieur, je suis fâché d'être si difficile;
Et, *pour l'amour de* vous, je voudrois de bon cœur,
Avoir trouvé tantôt votre sonnet meilleur.

MOLIÈRE, *le Misanthrope*, IV, 1.

Pour l'amour de est ainsi employé, mais avec ironie, dans le passage suivant :

... O l'étrange martire!
Que tous ces jeunes fous me paroissent facheux!
Je me suis dérobée au bal *pour l'amour d'*eux.

MOLIÈRE, *l'École des Maris*, III, 8.

On a pu dire, en certains cas, *Pour l'amour d'*une chose.

Si vous le voulez, je me dédirai, pour l'amour de vous, de tout ce que j'ai dit. — Je ne veux pas que ce soit pour l'amour de moi, mais *pour l'amour de* la raison.

LE MÊME, *la Critique de l'École des femmes*, sc. 5.

D'AMOUR se sont formés un assez grand nombre de mots, et d'abord le diminutif :

AMOURETTE, s. f.;

Quelquefois écrit AMORETTE. Voyez les exemples ci-après.

On le dit, dans le langage familier, d'un amour sans véritable passion, de pur amusement.

Je vois bien qu'il y a quelque *amourette* là-dessous.

MOLIÈRE, *le Malade imaginaire*, III, 2.

Nous avons laissé à Ronsard, à Marot, à Dubartas, les diminutifs badins en otte et en ette, et nous n'avons guère conservé que fleurette, *amourette*, fillette, etc.

VOLTAIRE, *Lettres*, 21 janvier 1761.

Son père, qui avoit d'autres vues..., traita sa passion d'*amourette* frivole, de fantaisie de jeunesse.

MARIVAUX, *la Vie de Marianne*, IXe partie.

Madame est fort généreuse. J'imagine donc ce qu'elle seroit, s'il y avoit quelque *amourette* en campagne.

SÉDAINE, *la Gageure imprévue*, sc. 18.

Li nouviaus tanz et mais et violete
Et Lousseignolz me semont de chanter
Et mes fins cuers me fait d'une *amourete*
Si douz present que je ne l'os refuser.

Le Chatelain de Coucy, ms. du Roi, 7222, fol. 53.

Rarement, à votre âge, on est sans *amourette;*
Vous avez le cœur pris.

BOURSAULT, *les Fables d'Ésope*, I, 3.

On dit *Avoir une amourette :*

Sa mère... ne douta plus qu'il *eût* quelque *amourette.*

PERRAULT, *Contes*, la Belle au bois dormant.

Léandre aime ma fille, et ma fille fera,
Lorsque j'aurai parlé, tout ce qui me plaira :
C'est une fille simple, à mes désirs sujette;
Et je voudrois bien voir qu'elle *eût* quelque *amourette.*

REGNARD, *le Distrait*, I, 1.

Avoir une amourette avec une personne.

Il (M. d'Espinchal), *avoit eu* dans la province, quelque *amourette avec* une fille d'une condition médiocre.

FLÉCHIER, *Mémoires sur les grands jour de 1665.*

On dit *Se marier par amourette,* en parlant d'un mariage fait trop à la légère.

Faire une folie et *se marier par amourette,* c'est épouser Mélite, qui est jeune, belle, sage, économe.

LA BRUYÈRE, *Caractères*, De quelques usages.

AMOURETTE, comme *Amour,* se rencontre souvent au pluriel.

Qui regarderoit bien le contenement de tous les mariages, on trouveroit qu'il y en a pour le moins autant de ceux qui se sont faicts par *amourettes,* dont les yssues en sont mauvaises, que de ceux qui ont été faicts forcément.

MARGUERITE DE NAVARRE, *Heptameron*, 44e nouvelle.

En vous mesme entendez que furt, en ce passaige . . signifie le doulx fruict d'*amourettes;* lequel veult Venus estre secretement et furtivement cueilly.

RABELAIS, *Pantagruel*, III, 18.

Théophraste, quelquesfoys interrogé quelle beste, quelle chose il pensoit estre *amourettes,* respondit que c'estoient passions des espritz ocieux.

LE MÊME, même ouvrage, III, 31.

Aussi faut-il bien prendre garde ès flatteurs là où l'on

verra qu'ils appelleront..... un qui sera subjet à folles *amourettes*, gracieux et homme de bonne compagnie.

AMYOT, trad. de Plutarque, *Œuvres morales*, Comment discerner le flatteur d'avec l'ami, XXIII.

Quant au mariage de Roxane, il feut bien faict par *amourettes*, pour ce qu'il en devint amoureux en un festin où il la veit et la trouva belle à son gré et de bonne prise.

LE MÊME, trad. de Plutarque, *Vie d'Alexandre*, c. 13.

Platon et Solon ont écrit livres d'*amourettes*, avec eux je consens à être mis au rang des fols.

EST. PASQUIER, *Lettres*, VIII, 1.

On faisoit des connoissances et des *amourettes* qui se terminoient à une pure débauche ou à quelque mariage contre la loi.

FLEURY, *Mœurs des Israélites*, § 22.

Richement assis au quart lieu
Fut Cupido roy d'*amourettes*;
Bien ressembloit un puissant dieu
Sur son trosne paint à fleurettes.

Fontaine amoureuse, auteur anonyme (1440).

Car d'*amourettes* les services
Sont faits en termes si très-clairs,
Que les apprentifs et novices
En sçavent plus que les grands clercs.

CL. MAROT, *le Temple de Cupido*.

Je résigne aux mignons, aveuglés en ce jeu,
Les boutons du printemps et les autres fleurettes,
Que l'on cueille au jardin des douces *amourettes*.

REGNIER, *Épîtres*, II.

On ne voit affichés que recueils d'*amourettes*,
De vers, de contes bleus, de frivoles sornettes.

BOILEAU, *Satires*, XII.

On dit *Les amourettes* de quelqu'un, *ses amourettes*.

...Hé bien, *vos amourettes*,
Puis-je, seigneur Horace, apprendre où vous en êtes?

MOLIÈRE, *l'École des femmes*, III, 4.

Le pluriel AMOURETTES a donné lieu au proverbe rapporté dans les passages suivants :

Aucuns proverbes aussi ont bonne grace pour une simplicité de langage, conjointe toutesfois avec une grande propriété : ce qu'il semble qu'on pourroit dire de cestuy-ci : aussi bien sont *amourettes* sous bureaux que sous brunettes.

H. ESTIENNE, *la Précellence du langage français*.

...Ausinc bien sunt *amoretes*
Sous buriaus comme sous brunetes.

Roman de la Rose, v. 4347.

AMOURETTE, comme *amour*, s'est dit soit au singulier, soit au pluriel, de la personne aimée :

Où estes vous allez, mes belles *amourettes*?
Changerez vous de lieu tous les jours?

FRANÇOIS Ier, *Poésies*.

J'aurois été moi-même assez extravagant
Pour épouser aussi ma première *amourette*,
Si l'on n'eût retenu ma jeunesse indiscrète.

LA CHAUSSÉE, *l'École des mères*, I, 1.

AMOURETTES, au pluriel, signifie aussi :

La moëlle qui se trouve dans les reins du veau ou du mouton, quand elle est cuite et qu'elle peut être détachée des os.

AMOURETTES est encore un nom donné à certaines plantes.

La nature a donc formé plusieurs sortes de farines dans les grains de blé et des autres graminées, depuis ceux du froment jusqu'à ceux des *amourettes* destinés aux plus petits oiseaux.

BERNARDIN DE SAINT-PIERRE, *Harmonies de la nature*, liv. I. Tableau général.

AMOUREUX, EUSE, adj.

On l'a écrit AMOUREULX, AMOUREUS, AMOREUS, AMOUROUS, AMOROS, etc. (Voyez le GLOSSAIRE de Sainte-Palaye et les exemples ci-après.)

Qui aime par amour;

Soit employé absolument :

Il y a des gens qui n'auroient jamais été *amoureux* s'ils n'avoient jamais entendu parler de l'amour.

LA ROCHEFOUCAULD, *Maximes*, 136

Un honnête homme peut être *amoureux* comme un fou mais non comme un sot.

LE MÊME, même ouvrage, 360.

Je n'ai point bonne opinion de mon mariage; moi, qui n'ai jamais rien aimé, je m'avise de devenir *amoureux* à mon âge.

REGNARD, *la Sérénade*, sc. 19.

Il se démasquoit petit à petit, l'homme *amoureux* se montroit.

MARIVAUX, *la Vie de Marianne*, Ire partie.

Homs devient à force *amorox*
Tot ensement comme fievrox.

Parthenopeus de Blois, ms. de Saint-Germain, fol. 158, r°, col. 2.

Sire, dit dunc li chevaler,
Saveret me vus enseigner
Le Castel Tristan l'*amerus?*

Tristan, vol. II, p. 44, v. 927.

Car, quant à moy, les raisons sont patentes
Qu'ardentement plus ne suis *amoureux*.

CL. MAROT, *Épîtres*, XXIII.

Je croy que tu es plus heureux
Cent foys que tu n'es *amoureux*.

LE MÊME, *Dialogue de deux amoureux*.

... Je ne trouve point d'état plus malheureux
Que d'avoir un patron jeune et fort *amoureux*.

MOLIÈRE, *le Dépit amoureux*, I, 4.

Si Titus est jaloux, Titus est *amoureux*.

J. RACINE, *Bérénice*, II, 5.

Dans la seconde (pièce) un Cyclope *amoureux*,
Pour plaire aux yeux d'une nymphe jolie,
Se démêloit la barbe et les cheveux;
Ce qu'il n'avoit encor fait de sa vie.

LA FONTAINE, *Psyché*, liv. Ier.

Mais pour bien exprimer ces caprices heureux,
C'est peu d'être poëte, il faut être *amoureux*.

BOILEAU, *Art poétique*, II.

Peignez donc, j'y consens, les héros *amoureux*;
Mais ne m'en formez pas des bergers doucereux.

LE MÊME, même ouvrage, III.

Qu'une fille a d'esprit quand elle est *amoureuse!*

BOURSAULT, *les Fables d'Ésope*, III, 3.

Mais en revanche aussi, quand il n'a pas un sou,
Tu m'avoueras qu'il est *amoureux* comme un fou.

REGNARD, *le Joueur*, I, 2.

Je suis de taille à rendre une vieille *amoureuse*.

DUFRESNY, *le Dédit*, sc. 3.

Soyez moins *amoureux*,
Devenez plus aimables.

J.-B. ROUSSEAU, *Cantates*, II, Adonis.

Soit avec un complément formé de la préposition *de* et de son régime.

Vray est, mon doulx amys Philippot, que longtemps a que je suis *amoureulx de* la fille du roy de Castille.

Le Livre du chevalereux comté d'Artois, p. 151.

Un peu de hardiesse réussit toujours aux amants..... Je dirois ma passion à une déesse, si j'en devenois *amoureux*.

MOLIÈRE, *les Amants magnifiques*, I, 1.

Le pauvre guidon (le baron de Sévigné) croyoit fermement être *amoureux de* Mme de Pont, quand il est parti.

Mme DE SÉVIGNÉ, *Lettres*, 22 avril 1676.

Je suis donc ici très-seule; j'ai pourtant pris, pour voir une créature, cette petite jolie femme *dont* M. de Grignan fut *amoureux* tout un soir.

LA MÊME, *Lettres*, 14 février 1685.

Il n'y a qu'un jour que j'étois la plus heureuse femme du monde. Mon mari étoit *amoureux de* moi. Il me trouvoit belle, et ce mari c'est l'Amour.

LA FONTAINE, *Psyché*, liv. II.

..... Et alla (le comte de Grammont) se promener après en Angleterre, où il épousa Mademoiselle Hamilton *dont* il étoit *amoureux* avec quelque éclat.

SAINT-SIMON, *Mémoires*, 1707.

Galant avec toutes les femmes, *amoureux de* plusieurs, bien traité de beaucoup, il (M. le prince de Conti) étoit encore coquet avec tous les hommes.

LE MÊME, même ouvrage, 1709.

Rendre le Misanthrope amoureux n'étoit rien; le coup de génie est de l'avoir fait *amoureux d'*une coquette.

J.-J. ROUSSEAU, *Lettre à d'Alembert*.

*D'*elles on ne me voit *amoureux* qu'en poëte.

MOLIÈRE, *les Femmes savantes*, V, 1.

Un mari fort amoureux,
Fort *amoureux de* sa femme,
Bien qu'il fut jouissant, se croyoit malheureux.

LA FONTAINE, *Fables*, IX, 15.

Elles n'allument point de véritables feux,
Et l'on est leur amant, sans *en* être *amoureux*.

LA CHAUSSÉE, *l'École des Mères*, II, 3.

Amoureux, soit pris absolument, soit construit avec la préposition *de,* est quelquefois accompagné d'autres mots qui en augmentent la signification. C'est ainsi que l'on dit :

Amoureux fou.

Il (le duc de Berry) étoit *amoureux fou de* Madame la duchesse de Berry, et en admiration perpétuelle de son esprit et de son bien dire.

Saint-Simon, *Mémoires,* 1711.

Amoureux à la rage :

J'en rendrai mille gens *à la rage amoureux.*

Le Grand, *l'Amour Diable,* sc. 8.

Amoureux des onze mille vierges, Amoureux d'une chèvre coiffée, se disent proverbialement D'un homme qui s'éprend de toutes les femmes qu'il voit.

Amoureux s'est dit pour Enclin à l'amour.

Je sais bien que vous êtes gai et *amoureux,* et que volontiers vous vous trouvez entre dames et damoiselles.

Froissart, *Chroniques,* liv. I, Ire part., c. 329.

On a dit, dans un sens analogue, *Manière amoureuse.* On dit souvent *Complexion amoureuse, tempérament amoureux,* etc.

Fontenay étoit de fort *amoureuse manière;* il a cajolé une infinité de personnes.

Tallemant des Réaux, *Historiettes,* Fontenay-coup-d'épée.

Il n'étoit pas *de complexion* fort *amoureuse,* et son humeur un peu brusque n'étoit pas bien propre à l'amour.

Patru, *Vie de d'Ablancourt.*

Amoureux, Amoureux de, se rapportant à des noms de choses, à des noms abstraits, se prennent dans des sens divers :

On le dit du cœur de la personne qui aime :

Cueur *amoureux* ne scet faire joye.

Le Livre du chevalereux comte d'Artois, p. 144.

Et le cœur le plus *amoureux*
Devient tranquille, ou passe à des amours nouvelles.

Mme Deshoulières, *le Ruisseau.*

On le dit de la passion de l'amour elle-même, ainsi que des modifications, des nuances diverses de cette passion.

Puisque le plaisir *amoureux* ne peut pas toujours durer, pour le moins le souvenir du vieil passé contente encore.

Brantôme, *Vie des dames illustres,* Catherine de Médicis.

Ce prince estoit lors au plus chaud de ses passions *amoureuses* vers la comtesse de Guichen.

Sully, *Œconomies royales,* c. 18.

Je me sens un cœur à aimer toute la terre, et, comme Alexandre, je souhaiterois qu'il y eût d'autres mondes, pour y pouvoir étendre mes conquêtes *amoureuses.*

Molière, *le Festin de Pierre,* I, 2.

Je vous prie de me faire part de tout ce que vous aprendrez de l'affaire du nommé de Lorrin, qui a donné de si belles marques de son désespoir *amoureux.*

Le comte de Pontchartrain, à d'Argenson, 4 novembre 1705. (Voy. Depping, *Correspondance administrative sous Louis XIV,* t. II, p. 820.)

Les hommes ont beau se ruiner pour elles, ils n'en sont pas plus aimés; au contraire, tout payeur est traité comme un mari : c'est une règle que j'ai établie dans les intrigues *amoureuses.*

Le Sage, *le Diable boiteux,* c. 3.

Dancier et chanter feras,
Et autre heure chaceras,
Et menrras vie *amoureuse,*
Belle, honneste et gracieuse.

Eust. Deschamps, *Lai du Roi.*

Adieu Monsieur qui se retire
Navré de l'*amoureux* martire.

Cl. Marot, *Épîtres,* XLI.

Ne vous offensez point, Sire, si devant vous
Un respect *amoureux* me jette à ses genoux.

P. Corneille, *le Cid,* V, 7.

On voit d'un œil plus doux une offense *amoureuse.*

Molière, *le Dépit amoureux,* IV, 3.

Je servis à regret ses desseins *amoureux.*

Racine, *Phèdre,* III, 5.

L'un peut tracer en vers une *amoureuse* flamme,
L'autre d'un trait plaisant aiguiser l'épigramme.

Boileau, *Art poétique,* I.

Nul simple n'adoucit un objet rigoureux ;
Il n'est bois, ni fleur, ni racine

Qui dans les tourments *amoureux*
Puisse servir de médecine.

La Fontaine, *Poème du Quinquina*, II.

Et d'Angélique enfin l'*amoureuse* foiblesse
Peut te servir ici de lettres de noblesse.

Dufresny, *le Faux sincère*, V, 8.

Amoureux se dit encore de ce qui exprime la passion de l'amour, paroles, écrits, etc.

La dite dame lui envoya haquenées et coursiers plusieurs, et lettres *amoureuses* et grands signifiances d'amours.

Froissart, *Chroniques*, liv. I, IIe part., c. 91.

J'aurois de quoy vous faire un poulet le plus *amoureux* du monde, si je voulois vous écrire la moindre partie de ce que j'ay pour vous dans le cœur.

Voiture, *Lettres amoureuses*, lettre 49.

Vint arriver à tout sa barbe grise,
Un bon vieillard portant chere joyeuse,
Confortatif, de parolle *amoureuse*,
Bien ressemblant homme de grand renom,
Et s'appelloit Bon Espoir par son nom.

Cl. Marot, *Épîtres*, II.

Enverrez-vous encor, Monsieur aux blonds cheveux,
Avec des boîtes d'or des billets *amoureux*?

Molière, *l'École des Maris*, II, 6.

Écoute seulement ce soupir *amoureux*.

Le même, *l'École des Femmes*, V, 4.

Il s'emploie en parlant de ce qui est aimable, de ce qui charme :

La chute en est jolie, *amoureuse*, admirable.

Molière, *le Misanthrope*, I, 2.

Est-il rien d'*amoureux* comme vos chansonnettes.

Le même, *les Femmes savantes*, III, 5.

On le dit, en certains cas, de ce qui est propre à produire la passion de l'amour :

Lucrèce, ce grand poëte, a beau philosopher et se bander, le voilà rendu insensé par un breuvage *amoureux*.

Montaigne, *Essais*, II, 2.

Cette bouche en la voyant inspire des désirs, est la plus attrayante, la plus *amoureuse* du monde.

Molière, *le Bourgeois gentilhomme*, III, 9.

En mai estoie, ce songeoie,
El temps *amoreus* plain de joie,
El temps ou tote riens s'esgaie.

Roman de la Rose, 47.

Moys *amoureux*, moys vestu de verdure,
Moys qui tant bien les cueurs fais esjouyr.

Cl. Marot, *Épigrammes*, liv. III, XXX.

On le dit de discours, d'ouvrages qui concernent l'amour.

Tu m'as réjoui, Théomneste, par tes discours *amoureux*.

Perrot d'Ablancourt, trad. de Lucien, *les Amours*, Dialogue de Lycinus et de Théomneste.

Le même emploi du mot *amoureux* se remarque dans des expressions allégoriques telles que les suivantes :

Le joug amoureux :

J'aime, je l'avoûrai, cet orgueil généreux
Qui n'a jamais fléchi sous *le joug amoureux*.

Racine, *Phèdre*, II, 1.

L'empire amoureux :

Tout *l'empire amoureux* est rempli d'histoires tragiques.

Mme de Sévigné, *Lettres*; à Mme de Grignan, 8 avril 1671.

Qui ne sait que tout change en *l'empire amoureux*,
Et qui peut être absent et s'estimer heureux?

Segrais, 3e *Églogue*.

Amoureux s'emploie afin de marquer une grande passion pour quelqu'un ou pour quelque chose.

Frère Jean avoit donné une œillade *amoureuse* sus une bouteille qui estoit pres d'ung buffet.

Rabelais, *Pantagruel*, liv. V, c. 16.

Or vy, enfant, vy enfant bien heureux,
Donne à ta mère un doulx rys *amoureux*.

Cl. Marot, *Sur la naissance du fils du Dauphin*, V, 95.

Il a été pris par figure dans un sens mystique.

Ame dévote, créée de Dieu à sa semblance, et de son précieux sanc *amoureux* rachetée...

Gerson, *Sermons français*, pour la fête de la Purification, en 1394 ou 1395. (Voy. thèse de l'abbé Bourret, 1858, p. 181.)

Le Sage n'a voulu mettre au-dessus de toute grandeur humaine que cette crainte *amoureuse* qui regarde Dieu plutôt comme un père que comme un maître.

LA MOTTE, *Discours sur la crainte de Dieu.*

On a pu, par métaphore, prêtant de l'amour à certains objets, par exemple à la Terre, la dire *Amoureuse*.

C'est donc principalement parce qu'il y a peu d'hommes en Amérique, et parce que la plupart de ces hommes menant la vie des animaux, laissoient la nature brute, et négligeoient la terre, qu'elle est demeurée froide, impuissante à produire les principes actifs, à développer les germes des plus grands quadrupèdes auxquels il faut pour croître et se multiplier toute la chaleur, toute l'activité que le soleil peut donner à la terre *amoureuse*.

BUFFON, *Des animaux communs aux deux continents.*

AMOUREUX DE se dit de gens qui éprouvent un vif attachement, un goût prononcé, une ardente préférence, une grande passion pour quelqu'un.

Il fut reçu d'abord avec allegresse, comme les peuples sont ordinairement *amoureux de* leurs nouveaux maistres.

PERROT D'ABLANCOURT, trad. de Tacite, liv. II, 1.

L'opérateur étant homme d'esprit, qui devenoit aisément *amoureux de* ceux qui en avoient.

SCARRON, *Roman comique*, IIe part., c. 18.

C'est par l'orgueil que les hommes méprisant l'autorité légitime, et devenus *amoureux d'*eux-mêmes, se sont fait des divinités à leur mode.

BOSSUET, *Sermons*, Sur la vertu de la Croix de Jésus-Christ.

Je ne rejette que celles (les grâces du discours) où l'auteur, *amoureux de* lui-même, a voulu se peindre et amuser l'auditeur par son bel esprit, au lieu de le remplir uniquement de son sujet.

FÉNELON, *Dialogues sur l'éloquence*, II.

Plus souvent, Qui a une grande passion pour quelque chose.

Homme ne peult estre *amoureux de* vertu, qui n'est songneux et curieux de sa renommée.

MARTIN DU BELLAY, *Mémoires.*

Selon Aristote, de tous ouvriers le poëte est nommement le plus *amoureux de* son ouvrage.

MONTAIGNE, *Essais*, II, 8.

J'estimois fort l'éloquence et j'étois *amoureux de* la poésie.

DESCARTES, *Discours de la méthode*, I.

Les beaux visages pleurent de si bonne grâce qu'il s'est trouvé des *amoureux de* leurs larmes.

BALZAC, *Lettres*, III, 3.

Je serois trop ingrat si pour une personne qui fait des choses si extraordinaires pour moi, je n'avois qu'une amitié ordinaire; et tout au moins je dois être *amoureux de* votre générosité.

VOITURE, *Lettres;* à Mlle Paulet.

Personne n'est si peu *amoureux de* son païs qu'il ne s'en souvienne quelquefois, et qu'il n'en demande des nouvelles lorsqu'il est absent.

PERROT D'ABLANCOURT, trad. de Lucien, *Louange de la patrie.*

Celui dont je me suis le plus servi a été le poëte Lucain, dont la lecture m'a rendu si *amoureux de* la force de ses pensées et de la majesté de son raisonnement, qu'afin d'en enrichir notre langue, j'ai fait cet effort pour réduire en poëme dramatique ce qu'il a traité en épique.

P. CORNEILLE, *Pompée*, Avertissement au lecteur.

Le petit d'Auvergne est *amoureux de* la lecture : il n'avoit pas un moment de repos à l'armée qu'il n'eût un livre à la main.

Mme DE SÉVIGNÉ, *Lettres;* à Mme de Grignan, 10 décembre 1688.

Quoi! le dispensateur des mystères de Dieu sera-t-il un déclamateur oisif, jaloux de sa réputation, et *amoureux d'*une vaine pompe?

FÉNELON, *Dialogue sur l'éloquence*, III.

Il vous aime, mais il est encore plus *amoureux de* la succession de sa femme.

DUFRESNY, *le double veuvage.*

Amoureux du bien de l'État et de la gloire personnelle du Roi (Chamillart).

SAINT-SIMON, *Mémoires*, 1708.

Amoureux par nature *des* voies obliques en matière de raisonnement (le duc de Chevreuse).

LE MÊME, même ouvrage, 1712.

Charles étoit un jeune prince, non pas seulement ennemi de toutes mollesses, mais *amoureux des* plus violentes fatigues et *de* la vie la plus dure.

Fontenelle, *Éloge du czar Pierre.*

Le maître, passionnément *amoureux du* bien public, ne demandoit qu'à faire des élèves qui l'égalassent.

Le même, *Éloge de Renau.*

Il (Boileau) redevint même *amoureux de* plusieurs vers qu'il avoit retranchés de ses ouvrages par le conseil de mon père ; il les y fit rentrer, lorsqu'il donna sa dernière édition.

L. Racine, *Mémoires sur la vie de J. Racine.*

Ce Romain (Cicéron), *amoureux de* sa langue jusqu'à la jalousie, s'efforce... de la relever au-dessus de la grecque.

Rollin, *Traité des études,* c. II, art. 2.

Un ambassadeur jeune, *amoureux de* son plaisir, inappliqué, et qui se dégoûtera aisément d'un travail journalier.

Voltaire, *Lettres,* octobre 1724 ; à Thiriot.

Et nous autres vieillards, *amoureux du* repos,
Allons vuider en rond les verres et les pots.

Racan, *les Bergeries,* V, 5.

... Si l'on m'obéit, ce n'est qu'autant qu'on m'aime.
— Et votre empire en est d'autant plus dangereux,
Qu'il rend *de* vos vertus les peuples *amoureux.*

P. Corneille, *Sertorius,* III, 1.

Mon peuple est *amoureux de* mon autorité.

Du Ryer, *Saül,* I, 1.

Votre grâce et votre air sont les biens, les richesses,
Qui vous ont attiré mes vœux et mes tendresses ;
C'est *de* ces seuls trésors que je suis *amoureux.*

Molière, *les Femmes savantes,* V, 1.

Un sot en écrivant fait tout avec plaisir :
Il n'a point en ses vers l'embarras de choisir,
Et toujours *amoureux de* ce qu'il vient d'écrire,
Ravi d'étonnement en soi-même il s'admire.

Boileau, *Satires,* II.

Tel fut cet empereur (Titus), sous qui Rome adorée
Vit renaître les jours de Saturne et de Rhée :
Qui rendit *de* son joug l'univers *amoureux.*

Le même, *Épîtres,* I.

Tous ces pompeux amas d'expressions frivoles
Sont d'un déclamateur *amoureux de* paroles.

Le même, *Art poétique,* III.

Le poëte, d'un mot, d'un seul geste est heureux,
De l'amour seulement nous sommes *amoureux.*

Piron, *la Métromanie.*

Amoureux de a pu se dire par figure en parlant de choses inanimées, pour exprimer leur affinité :

L'or et l'argent sont tant *amoureux du* plomb, que quand il est question de les fondre, on les met pesle-mesle avec le plomb.

A. Paré, *Œuvres,* liv. XI, c. 16.

Amoureux de est quelquefois suivi d'un infinitif.

Dieu ne veut plus de sang : *amoureux de* souffrir,
Les saints s'arment contre eux de rigueurs salutaires.

L. Racine, *la Religion,* VI.

On a dit autrefois Amoureux, soit des personnes, soit des choses, au sens de favorable, agréable, etc., etc.

Aucuns bons marchans, hommes d'honneur qui avoient été prisonniers..... juroient et affirmoient que plus *amoureux* leur avoyent esté les Engloys que les Bourguignons, et les Bourguignons plus *amoureux* cent fois que ceulx de Paris, et de pitance, et de rançon, et de paine de corps et de prison.

Journal de Paris, sous Charles VI et Charles VII, p. 94.

Respondit à quelques uns, qui luy demandoient quel goust il y pouvoit trouver, que jamais il n'avoit mangé si *amoureux* ne si plaisant morceau que cestuy là.

Marguerite de Navarre, *Heptameron,* II.

Voylà ung vin tant *amoureux,*
Vous diriés c'est succre à le boire.

Farce nouvelle et fort joyeuse à troys personnaiges. (Voyez *Ancien Théâtre françois.* Bibliothèque elzévirienne, t. II, p. 119)

En termes de peinture, Un *pinceau amoureux* est celui dont la touche est moelleuse, douce, légère et délicate.

Amoureux se prend substantivement dans le sens d'Amant :

Elle (Læna, l'amie d'Harmodius et d'Aristogiton) participoit d'esperance, autant que pouvoit une femme, à la conspiration que ces deux *amoureux* avoient conjurée à l'encontre des tyrans d'Athènes.

Amyot, trad. de Plutarque, *Œuvres morales,* Du trop parler, XII.

C'est un poinct décidé en théologie, que cent faux serments d'un *amoureux* ne font pas la moitié d'un péché mortel.

BALZAC, *Lettres,* III, 23.

Il (Alexandre) avoit pour luy (Homère) une si grande passion, qu'on l'appelloit l'*amoureux* d'Homère.

DU RYER, *Supplément de Freinshemius sur Quinte-Curce,* liv. I, c. 4.

J'avois cent fois juré de ne jamais revoir
(O serment d'*amoureux !*) l'angélique visage,
Qui depuis quinze mois en pénible servage
Emprisonne mon cœur, que je ne puis r'avoir.

RONSARD, *Amours,* II, 54.

Je hais ces vains auteurs, dont la muse forcée
M'entretient de ses feux, toujours froide et glacée;
Qui s'affligent par art, et fous de sens rassis,
S'érigent, pour rimer, en *amoureux* transis.

BOILEAU, *Art poétique,* II.

Ah ! que vois-je ? voici votre vieille *amoureuse.*

LE GRAND, *Plutus,* II, 4.

Au théâtre, particulièrement lorsqu'il est question de la Comédie, on dit : *Jouer les rôles d'amoureux, d'amoureuses; jouer les amoureux, les amoureuses; faire les amoureux, les amoureuses; l'emploi des amoureux, des amoureuses,* etc.

Je ne laisse pas de jouer les premiers rôles ; je *fais les amoureux.*

GIL BLAS, liv. II, c. 8.

Travestir les citoyens en beaux esprits, les mères de famille en petites maîtresses, les filles en *amoureuses* de comédie.

J.-J. ROUSSEAU, *Lettre à d'Alembert.*

Je *fais les amoureux,* les affiches, j'annonce.

POISSON, *le Baron de la Crasse,* sc. 5.

Ces mots AMOUREUX, AMOUREUSE, s'appliquent même aux acteurs et aux actrices. On dit d'un acteur qu'il est *L'Amoureux* de la troupe ; d'une actrice, qu'elle est la première, la seconde *Amoureuse.*

J'ai demandé là-bas Monsieur de Floridor, le premier *amoureux.*

POISSON, *le Poëte basque,* sc. 4.

De la réception l'effroyable tracas...
Des *amoureux,* des *amoureuses,*
Pour les premiers emplois les terribles débats.

DELILLE, *la Conversation,* I.

On a dit autrefois pour AMOUREUX, AMOURET :

... Je voy bien souvent passer
Maints *amourets* que trespasser
Elle fait en les regardant.

JODELLE, *l'Eugène,* I, 3.

Sainte-Palaye donne des exemples des diminutifs AMOUREUSET, AMOUROUSET.

AMOUREUSEMENT, adv.

Avec Amour.

Soit lorsqu'il s'agit de la passion amoureuse :

Mais que dites-vous de M. d'Albret, qui alloit voir *amoureusement* et nocturnement Madame de Lameth à la campagne.

Mme DE SÉVIGNÉ, *Lettres,* 9 août 1678.

Soit, par extension, dans d'autres cas :

Si se tint là le roi de France une partie de l'hiver liement et *amoureusement.*

FROISSART, *Chroniques,* liv. I, IIe part., c. 160.

Il faut qu'elle fasse comme un enfant qui est tiré par des voleurs d'entre les bras de sa mère qui ne veut pas l'abandonner; car il ne doit pas accuser de la violence qu'il souffre la mère qui le retient *amoureusement,* mais ses injustes ravisseurs.

PASCAL, *Lettres;* à Mlle de Roannez. (Voyez *Études sur Pascal,* de M. V. Cousin, 5e édition, p. 448.)

Le maréchal m'entraîna, et tous les gardes du corps me portoient *amoureusement* sur leurs bras.

LE CARDINAL DE RETZ, *Mémoires,* liv. II.

M. d'Arles m'a écrit *amoureusement.*

Mme DE SÉVIGNÉ, *Lettres,* 14 septembre 1689.

Elle faisoit fondre chacun en larmes, en se jetant *amoureusement* sur le corps de cette mourante qu'elle appeloit sa chère mère.

MOLIÈRE, *les Fourberies de Scapin,* I, 2.

Si ta promesse *amoureusement* faite
Estoit venue à fin vraye et parfaicte.

CL. MAROT, *Élégies*, V.

Voyant son maître en joie, il s'en vient lourdement,
Lève une corne tout usée,
La lui porte au menton fort *amoureusement.*

LA FONTAINE, *Fables*, IV, 5.

AMOUREUSEMENT a été, comme *Amoureux*, employé dans un sens mystique.

Et surtout obéissez *amoureusement* pour l'amour de celuy qui, pour l'amour de nous, s'est fait obéissant jusques à la mort de la croix.

SAINT FRANÇOIS DE SALES, *Introduction à la vie dévote*, part. III, c. 11.

L'homme se laisse *amoureusement* emporter au torrent de la Providence.

NICOLE, *De la soumission à la volonté de Dieu*, IIe part., c. 6.

Ils se sont attachés *amoureusement* à un Dieu pauvre.

BOURDALOUE, *Sermon sur la sagesse et la douceur de la loi chrétienne.*

D'AMOUR se sont formés plusieurs verbes : AMOURER, autrement AMORER, Rendre amoureux.

. . . . . Cil qu'Amors *a amoré.*

Fabl. ms. du R., nº 7218, fº 202, vº, col. 1.

On l'a employé avec la forme pronominale : *S'amorer de.*

Elle lui sembla moult belle, pourquoy il *s'en amoura* en son cueur.

Gerard de Nevers, part. II.

ENAMOURER, verbe composé, de même signification;

Quelquefois encore employé au participe dans la poésie marotique.

AMOURACHER, resté plus d'usage dans le langage familier;

Soit comme verbe actif avec le sens, Engager dans de folles amours;

Amouracher une personne, *l'amouracher de.*

Avez-vous cogneu que je fusse un imposteur du nombre de ceux qui *amourachent* les filles opulentes et de maison.

L'Amant ressuscité, p. 849.

Soit surtout comme verbe pronominal signifiant, Prendre une passion folle; *S'amouracher.*

Cela me paroit bien avancé : eh! qui est cette petite personne qui *s'amourache* si promptement?

DANCOURT, *le Verd-Galant*, sc. 3.

S'amouracher de :

Si vous ne trouvez pas cette tête-là assez renversée, vous n'avez qu'à le dire, et je vous donnerai celle de Madame Paul, qui est devenue éperdue, et *s'est amourachée d'*un grand benêt de vingt-cinq ou de vingt-six ans, qu'elle avoit pris pour faire le jardin.

Mme DE SÉVIGNÉ, *Lettres*, 30 mai 1672.

Je ne le cache point, je suis ravie que votre mère soit défunte. La vieille folle!... Au lieu de vous faire part du bien qu'elle avoit acquis, *s'amouracher d'*un jeune godelureau, le faire en mourant son légataire universel, et vous déshériter par son testament.

DESTOUCHES, *l'Obstacle imprévu*, I, 7.

C'est un gentilhomme gueux, reprit le frère, qui *s'est amouraché d'*un joli visage, et voilà tout leur patrimoine.

MARIVAUX, *le Paysan parvenu*, VIe part.

Mon cœur aura bâti sur ses attraits naissants
Et cru la mitonner pour moi durant treize ans,
Afin qu'un jeune fou, *dont* elle *s'amourache,*
Me la vienne enlever jusque sur la moustache.

MOLIÈRE, *l'École des Femmes*, IV, 1.

AMOURACHÉ, ÉE, participe.

Après sa mort (du maréchal de la Meilleraye), *amourachée*, devant ou après, de Saint-Ruth, qu'elle (la maréchale) avoit vu page de son mari, elle l'épousa.

SAINT-SIMON, *Mémoires*, 1710.

D'AMOURACHER s'était formé un mot qui n'est pas resté dans l'usage :

AMOURACHEMENT, s. m.

Avoit-il (Froissart) raconté auparavant l'*amourachement du* Roy?

H. ESTIENNE, *Dialogue 2e du nouveau langage françois italianizé.*

Advint que le roy, père de Rolin, s'apperceut un jour de l'*amourachement de* son fils, dont il fut fort marri, craignant ce qui légèrement luy en pourroit advenir à son grand scandale et vitupère.

LARIVEY, trad. des *Faceticuses nuits de Straparole,* IXe nuit, fable II.

Ces *amourachements* sont honteux, et pour ceux qui en sont atteints et pour ceux qui les favorisent.

D'URFÉ, *l'Astrée,* Ire part., liv. X.

AIMANT, s. m.

(Du mot latin et grec *Adamas,*
Ou du français *Aimer;*
Étymologies sur lesquelles il y aura lieu de revenir plus loin, la définition du mot et l'indication des propriétés de ce qu'il exprime étant indispensables pour les faire comprendre.)

On a écrit AIMAN, AYMANT, AYMAN, etc. Voyez les exemples ci-après.

L'AIMANT est une variété d'oxyde de fer, composée de protoxyde et de peroxyde, qui, retirée de la mine, possède la propriété d'attirer la limaille de fer, et de l'accumuler principalement autour de certains points de sa masse qu'on appelle *ses pôles.*

J'ay une pierre philosophale qui m'attire l'argent des bourses comme l'*aymant* attire le fer.

RABELAIS, *Pantagruel,* II, 17.

Il (Gaster) suspendoit sus une potence de bois à une chorde en l'air une bien grosse pierre siderite, c'est-à-dire ferrière, aultrement appellée Herculiane, jadis trouvée en Ide au païs de Phrygie par un nommé Magnes, comme atteste Nicander. Nous vulgairement l'appelons *aymant.*

LE MÊME, même ouvrage, IV, 62.

Par doncques la rapacité violente de l'*aimant* les lames d'assier, par occulte et admirable institution de nature, patissoyent cestuy mouvement.

LE MÊME, même ouvrage, V, 37.

L'*aimant* par une vertu singuliere attire à soy le fer.

B. PALISSY, *Traité des métaux et alchimie.*

Les proprietez que nous appellons occultes en plusieurs choses, comme à l'*aymant* d'attirer le fer.

MONTAIGNE, *Essais,* II, 12.

Je ne veux omettre l'invention de Dinocrates, architecte et ingeniaire d'Alexandre, lequel avoit commencé de faire les voutes du temple d'Arsinoé d'*aimant,* pour y faire tenir en l'air la statue de la dite princesse qui étoit de fer.

DU PINET, trad. de Pline l'Ancien, XXXIII, 14.

Ce que l'on a premièrement admiré dans l'*ayman.....* est que, quand il se rencontre placé à certaine distance d'un morceau de fer, ce fer quitte le lieu où il est pour s'aller joindre à l'*ayman,* en telle sorte qu'on sent quelque résistance, lorsqu'étant joint ensemble, on les veut séparer l'un de l'autre; et c'est ce qui a fait dire que l'*ayman* attire le fer.

ROHAULT, *Traité de physique,* IIIe partie, c. 8.

L'*aimant* attire le fer, c'est-à-dire que ces deux matières se portent l'une vers l'autre ou tendent à se joindre; et que lorsqu'elles se touchent, on ne peut les séparer sans effort.

NOLLET, *Leçons de physique expérimentale,* tome VI, p. 165.

Ruffin... nous apprend entre autre chose qu'il y avoit à l'orient du temple (de Sérapis) une petite fenêtre par où entroit à certain jour un rayon du soleil qui alloit donner sur la bouche de Sérapis. Dans le même temps on apportoit un simulacre du soleil qui étoit de fer, et qui, étant attiré par de l'*aimant* caché dans la voûte, s'élevoit vers Sérapis. Alors on disoit que le soleil saluoit ce dieu.

FONTENELLE, *Histoire des Oracles,* Dissertation II, c. 4.

A. linsiel de fer forgier font,
Le cors Mahom couchier i font;
Une maisonnette voltée
Font d'*aymant* si compassée
K'en mi lui ont le cors laissié,
Ni à rien l'ont atachié,
En l'air sans nul loien se tient,
Mais li *aymans* le soustient.

Le Roman de Mahomet, V, 1901.

Il n'est fors Dieu nus vrais amanz;
Si com le fer li *aimanz*
Ensaiche à lui tret et atache
Ausi s'amors à lui me saiche.

GAUTIER DE COINSI, *De l'Empereri qui garda sa chastée.* (Voyez *Fabliaux et Contes anciens,* t. II, p. 3, édition Méon.)

Tout en autre tel maniere
Cum la pierre de l'*aïment*
Trait à soi le fer soutilment,
Ainsinc atrait les cuers des gens,
Li ors qu'on donne et li argens.

Roman de la Rose, v. 1164.

Et la vertu se joint à un amant
Comme le fer s'accointe de l'*aimant*.

PASSERAT, *Œuvres*, p. 17.

Vous m'attirez à vous ainsi que fait l'*aimant*.

CORNEILLE, *la Veuve*, I, 3.

Descartes pour l'*aimant* donne fort dans mon sens.

MOLIÈRE, *les Femmes savantes*, III, 2.

On dit *Pierre d'aimant :*

... Qui n'en set la vérité preigne une *pierre d'aimant*.

BRUNETTO LATINI, *li Tresors*, II, 3.

J'ai vu du fer de Samothrace et de la limaille s'agiter et tressaillir dans un vase d'airain sous lequel on présentoit une *pierre d'aimant*.

LAGRANGE, trad. de Lucrèce, liv. VI.

L'*aimant* a été regardé pendant longtemps comme une simple pierre qui a la propriété d'attirer le fer; et la trace de cette opinion s'est conservée dans le langage vulgaire, qui désigne encore par le nom de *pierre d'aimant* le minerai de fer naturellement pourvu de la propriété dont il s'agit. On aura jugé de sa substance par les particules pierreuses dont elle est souvent mêlée, et qui lui sont purement accidentelles.

HAÜY, *Traité de physique*, tome II, p. 56, 2e édition.

On dit, comme on l'a pu voir dans la définition, Les *pôles de l'aimant*.

Les physiciens modernes ont démontré que cette attraction et cette répulsion entre deux aimants sont égales, et que la plus forte attraction se fait lorsqu'on présente directement les *pôles* de différents noms, c'est-à-dire le *pôle* austral *d'un aimant* au *pôle* boréal *d'un autre aimant;* et que de même la répulsion est la plus forte, quand on présente l'un à l'autre les *pôles* de même nom.

BUFFON, *Histoire naturelle*, Des minéraux, Traité de l'aimant, art. 3.

On a dit encore, en ce sens, les *parties pôlaires* d'un aimant.

L'on reconnait aisément les *parties pôlaires d'*un *aimant* en ce qu'elles retiennent le fer avec une grande énergie, et l'attirent avec plus de puissance que toutes les autres parties de la surface de ce même *aimant* ne peuvent le retenir ou l'attirer.

BUFFON, *Histoire naturelle*. Des minéraux, Traité de l'aimant, art. 3.

Armer un aimant, c'est l'envelopper en partie d'une plaque de fer doux, qui rassemble ses forces attractives et en dirige les résultats de manière à en rendre plus énergique l'effort simultané. Cette enveloppe s'appelle l'*armure de l'aimant*.

Les pierres d'aimant ont beaucoup moins de force quand elles sont nues que quand elles sont *armées*..... La position de l'*armure* et la figure de *l'aimant* doivent également influer sur sa force.

BUFFON, *Histoire naturelle*, Des minéraux. Traité de l'aimant, art. III.

Alors il nous montre sa machine, et nous voyons avec la dernière surprise qu'elle ne consiste qu'en un *aimant* fort et bien *armé*, qu'un enfant caché sous la table faisoit mouvoir sans qu'on s'en aperçût.

J.-J. ROUSSEAU, *Émile*, III.

AIMANT se dit quelquefois figurément de ce qui attire et attache.

La bonté et la libéralité sont les deux *aymants* qui attirent le plus l'amitié de chacun.

D'URFÉ, *l'Astrée*, Ire part., liv. II, 9.

Quand on luy demande pourquoy il n'est point amoureux, il respond qu'il n'a pas encor trouvé son *aimant*.

LE MÊME, même ouvrage, 10.

Le plus fort lien qui unisse les âmes, c'est la religion ; c'est un *aymant* qui emporte un autre anneau, et cest anneau en ravit un autre jusques à ce que la chaîne soit accomplie.

MATTHIEU, *Histoire des derniers troubles de France*, liv. III.

Sire... je n'y puis plus tenir; le côté de votre *aimant* m'attire trop fort, tandis que le côté de l'*aimant* de la France me repousse.

VOLTAIRE, *Lettres*, juin 1743, au Roi de Prusse.

Vous attirez les cœurs avec un tel *aimant*.

Racan, *Bergeries*, II, 3.

Mon esprit est forcé de suivre
L'*aymant* de son divin pouvoir,
Et tout ce que j'appelle vivre,
C'est de luy parler et la voir.

Théophile, A. Cloris, Stances.

O douce volupté, sans qui dès notre enfance
Le vivre et le mourir nous deviendroient égaux,
Aimant universel de tous les animaux.

La Fontaine, *Psyché*, liv. II.

Dans tous les exemples qui précèdent il n'est question, soit au propre, soit au figuré, que de la propriété attractive de l'Aimant. En voici d'autres qui ont trait à ses autres propriétés :

1° A celle qu'il a de communiquer par le frottement sa force attractive.

Frottant d'*aimant* un fer il attirera l'autre fer.

Du Pinet, trad. de Pline l'ancien, XXXIII, 14.

De là ces expressions *Aimant naturel*, *Aimant artificiel*.

On peut faire avec de l'acier des *aimants artificiels* aussi puissants, aussi durables que les meilleurs *aimants naturels*.

Buffon, *Histoire naturelle*, Des minéraux, Traité de l'aimant, art. 3.

2° A sa propriété de diriger vers le nord la pointe d'une aiguille aimantée; ce qui a donné lieu à l'invention de l'instrument appelé Boussole. Voyez ce mot.

Chaque animal se trouve attaché à son objet aussi sûrement que l'*aimant* l'est à son pôle.

Bossuet, *De la connoissance de Dieu et de soi-même*, c. 5.

Tout altresi comme l'*aymant* deçoit
L'aguilette par force de vertu...

Gautier d'Épinal, xiiie siècle, chanson. (Voir *l'Histoire littéraire de la France*, t. XIII, p. 576.)

L'*aymant* a teus dignités
K'il fait le fier à lui tenir;
Cascun jour le puet-on véir
As maronniers ki vont par mer
K'il en font l'eswille torner,
Par quoi en mer vont droit chemin.

Renart le Novel, v. 4680.

Si toujours le pilote a l'œil sur son *aymant*,
Toujours le médecin s'attache au battement,
C'est sa guide; ce poinct l'assure et le console
En cette mer d'obscurités
Que son art dans nos corps trouve de tous côtés.

La Fontaine, *Poème du Quinquina*, I.

Revenons maintenant aux deux étymologies données au commencement du mot Aimant.

D'*Adamas* on avait fait *Adamant*, *Aimant*, signifiant, comme le mot latin, Diamant. Or, dans le moyen âge, on attribuait au diamant la propriété d'attirer le fer.

Tutes cestes tel natures unt
De fer traire là ù els sont.

Marbodus, *De Gemmis*, art. I, col. 1640.

De là, selon Sainte-Palaye, l'extension du mot Aimant au minéral appelé par les anciens *Magnes* et chez nous *Magnete*, *pierre magnétique*.

Fer ressemble et si le trait
Altresi cum l'*aimant* fait.

Marbodus, *De Gemmis*, art. XIX, col. 1656.

Divers passages d'ouvrages anciennement écrits en latin, où *Adamas* désigne ce que nous appelons Aimant, avaient conduit Ménage à se prononcer en faveur de la même étymologie.

Elle lui paraissait, avec raison, préférable à celle qu'on a souvent tirée métaphoriquement du mot *Aimer*, à cause de l'amour de l'Aimant ou pour le fer ou pour le Nord.

Avec cette étymologie métaphorique semble s'accorder la phrase de Pline que du Pinet traduit ainsi :

Touchant l'*aimant*... et l'amitié qu'il a avec le fer, nous en parlerons plus amplement ci-après.

Du Pinet, trad. de Pline l'Ancien, XXXIII, 14.

AIMANTER, v. a.

Communiquer la propriété de l'AIMANT à un autre corps, ce qui s'opère par frottement.

AIMANTER est aussi verbe pronominal, *S'aimanter*.

AIMANTÉ, ÉE, participe.

Qui possède les vertus attractives et répulsives de l'*aimant*.

La muse attire et meut les poëtes; les poëtes communiquant à leur tour aux autres l'impression et le mouvement qu'ils reçoivent, il se forme une chaîne d'enthousiastes, c'est-à-dire d'hommes suspendus les uns aux autres comme autant d'anneaux *aimantés*.

L'ABBÉ ARNAUD, trad. de *l'Ion* de Platon. (Voir *Mémoires de l'Académie des Inscriptions et belles-lettres*, t. XXXIX, p. 262.)

Un aimant ou, ce qui revient au même, une aiguille *aimantée*, se dirige toujours vers les pôles du globe, soit directement, soit obliquement, en déclinant à l'est et à l'ouest selon les temps et les lieux.

BUFFON, *Histoire naturelle*, Des minéraux, Traité de l'aimant, art. 4.

Si l'on porte une aiguille *aimantée* successivement à divers points du globe, il y en aura quelques-uns où sa direction coïncidera exactement avec le méridien du lieu. Mais dans d'autres points elle s'écartera du plan de ce cercle, tantôt vers l'orient, tantôt vers l'occident, et la quantité de l'écartement variera suivant les lieux. On a donné à cette déviation le nom de déclinaison.

HAÜY, *Traité de minéralogie*, t. III, p. 578.

On se sert particulièrement de cette expression *l'aiguille aimantée*, ou, simplement, *l'aiguille*, en parlant de la boussole.

Dès le commencement du douzième siècle, ils (les Français) naviguoient sur la Méditerrannée, guidés par *l'aiguille aimantée*, qu'ils appeloient la Marinette.

BUFFON, *Histoire naturelle*, Des minéraux, Traité de l'aimant, art. 4.

Quant la mers est obscure et brune,
C'on ne voit estoile ni lune,
Dont font à *l'aiguille* alumer
Puis n'ont-il garde d'esgarer.

La Bible Guiot, v. 646. (Voir *Fabliaux et Contes*, édit. Méon, t. II, p. 328.)

Voyez ci-dessus, p. 475, 476, au mot AIGUILLE.

AIMANTATION, s. f.

Communication de la force magnétique de l'Aimant au fer.

Buffon intitule l'article III de son *Traité de l'Aimant et de ses usages* :

« Divers procédés pour produire et compléter *l'Aimantation* du fer. »

On lit plus loin :

Changement qui ne peut provenir que de *l'aimantation* des mines ferrugineuses.

BUFFON, *Histoire naturelle*, Des minéraux, Traité de l'aimant, art. 2.

AIMANTIN, INE, adj. Du grec et du latin.

Il a participé aux deux acceptions successives du mot *aimant*.

On a dit *Aimantin* ou *Adamantin* de ce qui appartient à la classe des diamants, de ce qui en a les propriétés.

Les meilleures de ces gemmes *adamantines* viennent d'Inde, et ont aucune convenance avecques le crystal, à cause qu'elles ont plusieurs costez et faces.

J. LEMAIRE DE BELGES, *Illustration des Gaules*, vol. I, p. 76.

Vous avez bien les cœurs *adamantins*.

Légende de P. Faifeu, p. 3.

Lié d'une *aimantine* chaisne.

AMADIS JAMYN, *Œuvres*, f° 47, v°.

Heureux, cent fois heureux, si le destin
N'eust emmuré d'un rempart *aimantin*
Si chaste cœur dessous si belle face!

RONSARD, *Amours*, I, 5.

AIMANTIN a depuis signifié Qui appartient à l'*aimant*, qui est propre à l'*aimant*.

Androdamas a été pris par les anciens pour une sorte de pierre *aimantine*.

MÉNAGE, *Origines*, art. *Aimant*.

C'est un fer qui a une vertu *aimantine*.

RICHELET, *Dictionnaire*.

Plusieurs philosophes attribuent à la terre une vertu *aimantine*, qui lui fait attirer les corps graves.

FURETIÈRE, *Dictionnaire*.

Cette aiguille a perdu sa vertu *aimantine*.

Grand Vocabulaire.

En ce sens, aussi, Aimantin a pu être employé figurément.

Aimantine foy, aussi forte que l'aimant qui attire le fer.

J. Thierry, *Dictionnaire françois-latin.* (Voyez aussi Nicot.)

Cette expression *foi Aimantine* est mentionnée par Sainte-Palaye, qui la rapporte à la première acception du mot *aimantin,* et entend par conséquent foi solide comme le diamant.

Aimantin a vieilli et a été depuis longtemps remplacé par l'adjectif *magnétique,* tiré du nom latin et grec l'*aimant.*

AINE, s. f. (Du latin *inguen.*)

On a écrit Aigne.

La partie du corps humain qui est entre le haut de la cuisse et le bas-ventre :

Si tu veux faire mourir sur le champ quelque capitaine ou soldat, il le faut navrer au plus mortel lieu du corps, comme le cerveau, le cœur, la gorge, les *aines,* le diaphragme ; et les autres que tu veux seulement blesser, ès parties qui sont les moins mortelles; et en cela tu dois être bon anatomiste.

Ronsard, *la Franciade*, Préface.

N'onc por Adonis n'ot tel paine,
Quant li sanglers l'ot mors en l'*aine*.

Roman de la Rose, v. 10540.

L'escorce verte leur croist autour des *aynes,*
Des *aynes* monte au ventre bellement.

Cl. Marot, *Métamorphose,* liv. II.

Et sa lance luy cacha
Droit en ceste part où l'*aine*
Se joint avecque le flanc.

Ronsard, *Odes,* V, 5.

Le bon Troyen, larmoyant sans confort,
Fait apprester les obsèques du mort
Qui d'un sanglier avoit l'*aisne* tranchée.

Le même, *la Franciade,* III.

AINÉ, ÉE, adj. (De l'ancien adverbe *Ains,* signifiant Avant, et du participe *Né.*)

On l'a écrit très diversement :

Ainsné, ainzné, ainsnet, ainsned, ainsnes, aisné, ainné; einsné, einzné; esné, einné, enné, eyné, etc. (Voyez le *Glossaire* de Sainte-Palaye, la *Grammaire de la langue d'oïl* de Burguy, et les exemples ci-après.)

Rob. Estienne, J. Thierry, Nicot, Monet, donnent Ainsné et Aisné; Cotgrave Aisné, reproduit dans tous les dictionnaires, jusqu'à l'édition de 1762 du Dictionnaire de l'Académie où on ne lit plus que Ainé.

Ainé sert à désigner le premier-né des enfants du même père et de la même mère, ou de l'un des deux.

Après le deceps le roi Pepin, si dui fil Challes et Challemaines departirent le roiaume... Challes qui *ainznez* estoit, fu couronnez en la cité de Noion et Challemaines, li mainznez, fu couronnez à Soissons.

Chronique de Saint-Denis. (Voir *Recueil des historiens de France,* t. V, p. 220.)

Il se joint à ces mots : Fils, fille, frère, sœur; branche, etc.

E ses treis *ainznez fiz* furent alez, od le rei, en l'ost.

Les quatre Livres des Rois, I, XVII, 13.

Un jor quant sei filh et ses filles mangieuent et bevoient vin en la maison de lur *aneit frère.*

Le Livre de Job. (A la suite des *quatre Livres des Rois,* p. 499.)

... Se li *frères ainznez* est mort.

Le Livre de justice et de plet, liv. X, c. 23.

Quant ele est morte, revient li manoir à l'*oir malle* du mort *ains né,* hors part des autres.

Beaumanoir, *Coutumes du Beauvoisis,* c. 13.

Li *hoirs malles ains nés* emporte le cief manoir hors part.

Le même, même ouvrage, c. 14.

L'*ainée fille* eut nom Isabelle, et fu mariée au jeune roi David, roi d'Écosse.

Froissart, *Chroniques,* liv. I, Ire part, c. 3.

Et puis retournerons à une grosse chevauchée que le duc de Normandie, Jean, *ainsné fils* du Roi de France, fit en cette saison en Languedoc.

Le même, même ouvrage, liv. I, Ire part., c. 245.

Quant aux fiefs, les partages... se font en ligne directe ou bien en ligne collatérale. Si en ligne directe, il n'y a coustume qui n'advantage particulièrement d'un préciput le *fils aisné*, par dessus tous les autres frères.

EST. PASQUIER, *L'interprétation des Instituts de Justinian*, liv. III, c. 5.

Isaac bénit Jacob au préjudice d'Esaü son *frère aîné*.

BOSSUET, *Discours sur l'histoire universelle*, I, 3.

Il (Sainctot) avoit un *fils aîné* qui se tourna au plus mal.

SAINT-SIMON, *Mémoires*, 1713.

Le roi, à la vérité, n'était point mineur par la loi de Charles V, mais il l'était par celle de la nature. Sa *sœur aînée*, Anne, femme du duc de Bourbon-Beaujeu, eut le gouvernement par le testament de son père.

VOLTAIRE, *Essai sur les mœurs*, c. 101.

Allez, mon *frère aîné*, cela vous sied fort bien.

MOLIÈRE, *l'École des Maris*, III, 6.

C'est à vous, non à moi, que sa main est donnée.
— Je vous le cède tout, comme à ma *sœur aînée*.

LE MÊME, *les Femmes savantes*, III, 7.

Ces expressions *Fils aîné, fille aînée*, ont été employées au figuré.

. . . . Avarisse venés
A moi, et od vous amenés
Convoitise vo *fille ainsnée*.

Renart le Nouvel, v. 1369.

On a appelé les rois de France *Fils aînés de l'Église*.

C'est dans cette pensée, si digne de la piété du *fils aîné de l'Église*, qu'avant que de faire éclater son droit, il en a voulu avoir le sentiment de toutes les fameuses universités de l'Europe.

Traité des droits de la Reine, 1667. (Voyez *Négociations relatives à la succession d'Espagne*, t. II, p. 62.)

Fils aîné de l'Église, en vous l'Église espère;
Éveillez-vous, frappez et vengez votre mère.

M.-J. CHÉNIER, *Charles IX*, II, 2.

On a appelé l'Université de Paris *Fille aînée des rois de France*.

Tout de cette même façon veux-je dire l'Université de Paris estre un corps mixte, grandement redevable à l'Église, mais non moins à nos rois, qui en ont été non seulement tuteurs, fauteurs et protecteurs, mais aussi l'ont intitulée de ce mot de fille, comme ayant été par eux créée..... Le roi François, premier de ce nom, par son édit du mois d'avril 1515, l'appelle non seulement sa très-chère et très-amée, mais aussi sa *fille première aînée*; et fait encore le semblable par un autre édit du 5 juin 1543.

EST. PASQUIER, *Recherches de la France*, IX, 26.

Nos rois, à qui doit sa naissance l'Université de Paris, dont le plus glorieux titre est celui de *fille aînée des rois*, nos rois ont voulu que l'on trouvât dans votre sein une école publique pour toutes les sciences.

ROLLIN, Dédicace du *Traité des Études à Mr le Recteur et à l'Université mère des sciences*.

AINÉ se dit également du second enfant à l'égard d'un troisième, et ainsi des autres.

AINÉ peut recevoir un complément au moyen de la préposition *de* et de son régime, lequel fait connaître en quoi consiste la différence d'âge.

Une sienne seur, *aisnée* de luy *de* plus de quinze ans.

HERBERAY DES ESSARTS, *Amadis*, liv. III.

Monsieur mon frère *aîné*, car, dieu merci, vous l'êtes
D'une vingtaine d'ans, à ne vous rien céler,
Et cela ne vaut pas la peine d'en parler.

MOLIÈRE, *l'École des maris*, I, 1.

AINÉ est souvent pris substantivement.

Li *einnez* out num Johel, li puisnez Abia.

Les quatre Livres des Rois, I, VIII, 2.

De ce enarst Esaü à la persécution de son frère, car il ki *anneiz* eret, soi doloit estre menor de son frère par la beneizon del *anzneit* cui il avoit perdue.

Commentaire sur Job, p. 517.

La dignité remaint à l'*ainzné* ou à l'*ainznée*.

Li Livres de jostice et de plet, liv. XII, c. 6.

Sil i a plus, il vient en partie as autres frères et à l'*enné*.

Même ouvrage, *ibid.*

Cette pieuse femme (Rebecca), troublée du combat qu'elle sentoit entre ses enfants (Esaü et Jacob) dans ses entrailles, consulta Dieu, de qui elle reçut cette réponse :

Vous portez deux peuples dans votre sein, et l'*aîné* sera assujetti au plus jeune.

BOSSUET, *Discours sur l'histoire universelle*, II, 2.

La princesse Palatine joignit au respect qu'elle avoit pour une *aînée* de ce rang (Louise Marie, reine de Pologne) et de ce mérite une éternelle reconnoissance.

LE MÊME, *Oraison funèbre d'Anne de Gonzague.*

Cil Cloovis fu rois et prouz et poustéiz ;
De sa franche moilleir ot .IIII. fiz gantis.
Li *ainez* ot an non Floovain li marchis.

Floovant, v. 4.

Deus beaus fiz out de son seignur,
Joufrei Martel fu li *ainznez*,
E Helyes l'autre puisnez.

BENOÎT, *Chronique des ducs de Normandie*, v. 42144.

S'ot d'une autre feme y fuis :
Theobiers ot non li *ainsnes*
Et Theodoris li mainsnes.

PHILIPPE MOUSKES, *Chronique*, v. 691.

Rendez grâces aux dieux qui vous ont fait l'*aîné*.

P. CORNEILLE, *Rodogune*, IV, 3.

Je lui prête mon bras (à Attale), et veux dès main-
S'il daigne s'en servir, être son lieutenant. [nant,
L'exemple des Romains m'autorise à le faire ;
Le fameux Scipion le fut bien de son frère ;
Et lorsqu'Antiochus fut par eux détrôné,
Sous les lois du plus jeune on vit marcher l'*aîné*.

LE MÊME, *Nicomède*, II, 3.

Je serai le cadet et tu seras *l'aîné*.

MOLIÈRE, *Amphitryon*, III, 6.

Je voudrois là-dessus qu'on réformât la loi ;
Que chacun fut l'*aîné* par quartier, par semestre.

DUFRESNY, *le Faux Sincère*, V, 2.

On lit dans un vieux texte l'*eynesse*.

Cel remeyne entèrement al eyné ou à la *eynésse*.

BRITTON, *des loix d'Angleterre*, f° 187, r°.

AINÉ, pris substantivement, se construit avec la préposition *de*. On dit l'*aîné d'*une ou *de* plusieurs personnes, *d'*une famille, *d'*une branche, *d'*une maison, etc.

Fiz et filles ont plusurs Saül : ses fiz furent apeled Jonathas, e Jesui, e Melchisua. La *einznée de* ses filles, Merob, la puisnée, Micol.

Les quatre Livres des Rois, I, XIV, 49.

Li *ainsnez des* frères... a les deux parz de la terre.

Li Livres de jostice et de plet, liv. XII, c. 6.

On fit des habits pour lui et pour son train, qui fut fort magnifique (car il étoit *aîné de* sa maison et fort riche).

SCARRON, *Roman comique*, I, 22.

C'est à ce jeune seigneur et aux enfants qu'il aura de ma fille que je prétends laisser tous mes biens et les annexer au titre du comté d'Olivarès, auquel je joindrai la grandesse ; de manière que mes petits-fils et leurs descendants sortis de la branche d'Abrados et de celle d'Olivarès, passeront pour les *aînés de* la maison de Guzman.

LE SAGE, *Gil-Blas*, liv. XI, c. 9.

J'ai résolu, mon cher Zéphyre,
De demeurer ainsi toujours
Et l'on ne peut le trouver à redire
A l'*aîné de* tous les Amours.

MOLIÈRE, *Psyché*, III, 1.

Dans mes états, comme *aîné de* ma race,
Saturne aura la plus illustre place.

J.-B. ROUSSEAU, *Allégories*, II, 5. Minerve.

Il se construit aussi avec l'adjectif possessif.

On le rétablit (l'enfant prodigue) dans tous les droits dont il étoit déchu..... on lui donne même la préférence sur *son aîné*.

MASSILLON, *Carême*, Vendredi de la 2e semaine, *l'Enfant prodigue*.

Et si votre parole à Clitandre est donnée,
Offrez-lui le parti d'épouser *son aînée*.

MOLIÈRE, *les Femmes savantes*, V, 3.

A *votre aîné* parlez plus décemment

AUTREAU, *Démocrite prétendu fou*, I, 4.

AINÉ ne se dit pas seulement des frères et des sœurs, mais, dans un sens analogue, des branches d'une famille ; de là l'expression de *branche aînée*.

AINÉ se dit, dans un sens qu'on ne peut appeler proprement sens d'extension, puisqu'il est le plus conforme à l'étymologie, de toute personne née avant une autre, plus âgée qu'une autre.

Ainsi que j'ay ouy dire à mes *aisnez*.

JOINVILLE, *Histoire de saint Louis*.

Peu estes *aisné* de moy, ainsi que je puis appercevoir.

Roman de Perceforest, vol. II, f° 152, r°, col. 2.

La plus *aisnée* des deux commença à dire.

Le loyal Serviteur, c. 51.

Cela a conduit à dire *Les Aînés* pour Les Anciens.

Li maistre et li *einznez* de la cited... lur message li trasmitrent.

Les quatre Livres des Rois. IV, x, 5.

On a été aussi amené naturellement à se servir de ce mot dans un sens figuré pour exprimer, en certains cas, une idée de priorité :

Par exemple, en fait de sagesse ;

Sire, dist Lizeus, vous direz premier; car vous estes *aisné* de moy en toutes choses.

Roman de Perceforest, vol. VI, f° 86, r°, col. 1.

En fait de droits plus ou moins anciens dans un ordre de créanciers :

Parquoy l'en ne peult procéder à faire les estats et distributions d'iceulx decrets, ne cognoistre ceulx (des créanciers) qui sont *ainsnez* ou puisnez.

Ord. Royaux, à la suite de *l'anc. cout. de Normandie*, f° 33, r°, col. 1 et 2.

A cet emploi d'*aîné* se rapportent d'autres expressions figurées, usitées dans les anciennes coutumes : Charge, rente, dette *aînée;* droit *aîné*.

Aîné, on le voit par ces expressions, et par une autre rappelée précédemment, *branche aînée*, peut se dire figurément des choses.

Il faut que la science ait des ménagements pour l'ignorance qui est son *aînée*, et qu'elle trouve toujours en possession.

Fontenelle, *Éloge de Lahire*.

Vous croyez, sur les pas de vos heureux *aînés*,
Voir bientôt vos bons mots, passant du peuple aux [princes,
Charmer également la ville et les provinces.

Boileau, *Épîtres*, X, à mes vers

AINESSE, s. f.

On l'a écrit : Ainsneece, ainsnesse, aisnéesse, aisnesse; ennece, etc. (Voyez les mêmes dictionnaires que pour *Aîné*, et les exemples ci-après.)

Primogéniture, priorité d'âge entre frères et sœurs, droit qui en résulte.

Se vilenages vient a enfans en deschendant ou en esqueance, il n'y a point d'*ainsnéece*, ains emporte autant li mains nés comme les ains nés.

Beaumanoir, *Coutume de Beauvoisis*, c. 14.

S'il avient que une feme a deux enfans marles jumax et li ains nés en veut porter l'*ains neece :* on ne porroit savoir li quix seroit li ains nés, se n'estoit pas le tesmoignage des femes.

Le même, même ouvrage, c. 39.

En quanquez manière que li einz nez emporte l'*ennéece*.

Li Livres de jostice et de plet, liv. XII, c. 6.

Le cas arrivoit, et il étoit clair que l'intention du roi concesseur étoit : Que tout mâle sorti par mâle du maréchal de Brissac recueillît à son rang d'*aînesse* la dignité de duc et pair.

Saint-Simon, *Mémoires*, 1699.

Ce fut donc une chose bien dure, à des gens si absolus dans leur famille, de trouver une résistance invincible dans leur aîné d'entrer dans les ordres et de renoncer à son *aînesse*.

Le même, *Mémoires*, 1712.

Est-ce un crime pour moi que l'*aînesse* d'un frère?

P. Corneille, *Tite et Bérénice*, III, 2.

Aînesse s'est aussi appliqué à la portion de l'héritage attribué par le droit de primogéniture :

Ne peut le dit fils aisné avoir ne prendre qu'une *aisnéesse* en la succession de son père ou de sa mère.

(Voir *Coutumier général*, t. II, p. 275.)

Aînesse est surtout d'usage dans la locution *droit d'aînesse*.

Après que le fils aisné a esté apportionné de son *droict d'aisnesse*, tous les puisnés masles et femelles succèdent égallement en tout le demeurant du fief.

Est. Pasquier, *Interprétation des Institutes de Justinien*.

Jacob lui dit : Vendez-moi donc votre *droit d'aînesse.*

LE MAISTRE DE SACI, trad. de *l'Ancien Testament*, Genèse, XXV, 31.

En exécution de cet oracle, Jacob avoit reçu de son frère la cession de son *droit d'aînesse*, confirmée par serment, et Isaac en le bénissant ne fit que le mettre en possession de ce droit, que le ciel même lui avoit donné.

BOSSUET, *Discours sur l'histoire universelle*, II, 2.

Je n'aime point la branche qui a usurpé sur celle d'Abrados le *droit d'aînesse* et les titres qui y sont attachés.

LE SAGE, *Gil-Blas*, liv. XI, c. 9.

Il suivit, de la perpétuité des fiefs, que le *droit d'aînesse* et de primogéniture s'établit parmi les Français. On ne le connoissoit point dans la première race.

MONTESQUIEU, *Esprit des loix*, XXXI, 33.

Un *droit d'aînesse* obscur, sur la foi d'une mère,
Va combler l'un de gloire et l'autre de misère.

P. CORNEILLE, *Rodogune*, I, 3.

De même qu'*Aîné* se dit quelquefois d'une personne plus âgée qu'une autre, *Aînesse* et *Droit d'aînesse* ont pu servir à exprimer cette priorité d'âge.

Je vous cède de bien des manières, monsieur, et je vous respecte sans envier votre *aînesse*.

LE R. P. BRULART, à Bussy, 16 avril 1687. (Voyez *Correspondance de Bussy Rabutin*.)

Je ne croyais pas que M. de Foncemagne fût mon aîné. Je le respectais assez déjà, sans y joindre encore ce *droit d'aînesse*.

VOLTAIRE, *Lettres*, 2 novembre 1777.

Elle a quelques attraits, quelque éclat de jeunesse :
On en tombe d'accord, je n'en disconviens pas :
Mais lui cède-t-on fort pour quelque peu *d'aînesse*,
Et se voit-on sans appas ?

MOLIÈRE, *Psyché*, I, 1.

Il a été fait quelquefois de cette expression, *Droit d'aînesse*, un emploi figuré.

En matière de beauté dix ans de plus font un *droit d'aînesse* bien importun.

BAYLE, *Dictionnaire*, article Drusille, note B.

Entre deux fils que j'aime avec même tendresse,
Embrasser ma querelle est le seul *droit d'aînesse*.

P. CORNEILLE, *Rodogune*, II, 3.

L'invention des arts étant un *droit d'aînesse*
Nous devons l'apologue à l'ancienne Grèce.

LA FONTAINE, *Fables*, III, 1.

Outre AINESSE on a dit encore autrefois : ENNEANCE, ENNEENCE, ENEANCE, ENNANCE. (Voir le *Glossaire* du *Livre de jostice et de plet*.)

Si li ennez mort ainz que il ait terre que li soit avenue, li einnez après aura l'*ennéence*... Entre femeles n'a point de *ennéence*..... Se aucuns a eu l'*ennéence* de la terre son père.....

Li Livres de jostice et de plet, liv. XII.

AINSNEAGE, AINZNEAGE, AINSNAGE, AISNEAGE, AISNAGE, etc. (Voyez le *Glossaire* de Sainte-Palaye.)

... Le dit fils aisné sera tenu de prendre pour son droit d'*aisneage* la dite maison.

Coutume de saint Mihiel. (Voir *Nouveau Coutumier général*, t. II, p. 1053, col. 1.)

Par *ainzneage*, ço diseit,
Reis d'Engleterre estre debveit.

WACE, *Roman de Rou*, t. II, v. 15446.

AINSNÉETÉ, AISNETÉ ; EENNETÉ, ENNÉE, etc. (Voir le *Glossaire* de Sainte-Palaye et le *Glossaire* du *Livres de jostice et de plet*.)

Se li pères ainznez est morz, et ai eu l'*eenneté*.

Li Livres de jostice et de plet, liv. X, c. 23.

Si ne sont que dui, li einznez à l'*ennée* et emportera les deus parz.

Même ouvrage, liv. XII, c. 6.

AINS (venu du latin *Ante*).

On l'a écrit très diversement : ANS, ANZ ; AINS, HAINS ; AINC, AINQUES, HAINC ; EINS, EINZ ; ENS, ENZ, etc. (Voyez le *Glossaire* de Sainte-Palaye et les exemples ci-après.)

La signification primitive d'AINS, conforme à son étymologie, est Avant, et, comme ce mot, il a fait fonction d'adverbe, de conjonction, de préposition.

Il a fait fonction d'adverbe, dans des phrases où il était employé absolument :

Je vous diroie tel merveille
C'*ains* ne fu oïe d'oreille..
Le Roman de Mahomet, p. 53.

Une bèle loge en fist;
Ainques tant gente ne vi.
Fabl. ms. du R., n° 7989², fol. 77, v°, col. 2.
(Cité par Sainte-Palaye.)

Il a fait fonction de conjonction, construit avec le mot *que, ainsque,* et suivi d'un verbe soit au subjonctif, soit à l'infinitif;

Au subjonctif :

Ainsque viij jors passés eust
Mahons à sa dame revient.
Le Roman de Mahomet, p. 19.

Morroient *ains qu'*ils ne mentissent.
Dits de Baudoin de Condé, ms. de Gaignat, f° 317, r°, col. 2. (Cité par Saite-Palaye.)

Mais *ainz que* levast le soleil.
BENOÎT, *Chronique des ducs de Normandie,* I, v. 1276.

*Ainc qu'*il fust à sa gent venus.
PHIL. MOUSKES, *Chronique,* v. 3393.

Il y aura beu et gallé
Chez moi, *ains que* vous en aillez.
Farce de Pathelin.

S'il m'en croyt, *ains qu'*il soit plus tard.
VILLON, *Grand Testament,* Ballade XV.

A l'infinitif :

Eins que li dire autre parole,
Les ex li baise, si l'acole.
Fabl. ms. du R., n° 7989², f° 61, v°, col. 1. (Cité par Sainte-Palaye.)

Ains que cessez, vous porterez
Tout aux tavernes et aux filles.
VILLON, *Grand Testament,* Ballade de bonne doctrine, à ceux de mauvaise vie.

Te promettant tout l'empire du monde
Ains que mourir.
CL. MAROT, à François Ier.

De ce Troyen conte-moy les travaux,
Guerres, desseings, et combien sur les eaux
Il a de fois (en despit de Neptune
Et de Junon) surmonté la fortune
Et sur la terre eschappé de peris,
Ains que bastir les remparts de Paris.
RONSARD, *la Franciade,* I.

Quelquefois, dans cette seconde manière de parler, il y a eu ellipse de *que.*

Attens un peu que ceste epistre seule
J'aye achevée, *ains* me mettre en ta gueulle.
J. LEMAIRE DE BELGES, *Épître de l'amant verd,* à la suite de *l'Illustration des Gaules.*

Enfin, il a fait fonction de préposition, avec un substantif pour régime, entre autres dans cette ancienne locution : *Ainz jour,* avant le jour.

Et vait bien *ains jors* al mostier.
Partonopeus de Blois, v. 7994.

Au matin t'en voudras aler
Ainz jour, pour ce c'on ne te voie.
Fabl. ms. du R., n° 7615, t. II, f° 124, v°, col. 2. (Cité par Sainte-Palaye.)

Ainz un an trespasse.
WACE, *Roman de Rou,* v. 3263.

Tant l'unt sa gent bien secoru
Qu'*einz* midi fu le champ veneu.
BENOÎT, *Chronique des ducs de Normandie,* II, v. 2263.

On trouve AINS suivi de la préposition *de.* Ainsi, dans le passage suivant, *Ains de lui* signifie Avant lui.

Ains de lui mot ne parleres.
Roman du chatelain de Coucy, v. 4330.

On a dit, en redoublant l'adverbe AINS, lorsqu'il était question d'une sorte de lutte pour se devancer, se surpasser, *Ains, ains.*

La descunfiture turna sur Israel; et fuirent tuit ki *einz einz,* chascuns à sun tabernacle.
Les quatre Livres des Rois, I, IV, 10.

Cil des granz nés entrent es barges et vont à la terre, qui *ainz ainz,* qui mielz mielz.
VILLEHARDOUIN, *Conquête de Constantinoble,* § 174.

Et s'en alorent qui *ains ains.*
Cléomades, ms. de Gaignat, f° 5, v°, col. 2. (Cité par Sainte-Palaye.)

C'est à la feste de tous sains,
Chascuns i vient qui *ains, ains,*
Grans pas et longues ajambées.

Fabl. de la Court de Paradis. (Cité par Roquefort.)

On a répété Ains d'une autre manière, dans des phrases telles que la suivante, où il faut entendre : Le plus tôt... plus tôt.

Com *ainz* l'arez tolli, *ainz* sarez a repos.

Wace, *Roman de Rou,* v. 2601.

On a dit aussi *Al ains que, com ains,* pour : Le plus tôt que.

Et *al ainz que* il pout revint.

Le chastoiement d'un père à son fils, XIII, v. 36.

El chastel vint *cum* il *ains* pot.

Wace, *Roman de Rou,* v. 8476.

Par un passage naturel de l'idée de priorité à l'idée de préférence, Ains a pu recevoir de même le sens de *plutôt.* De là cette expression recueillie par Sainte-Palaye : « Donner *ains* mainz que plus, » c'est-à-dire, Donner plutôt moins que plus.

On a joint l'adverbe Ains à *mais, mès.*

Ferai qu'*ainques mais* ne fist rois.

Roman de la Manekine, v. 4328.

Ains-mès Dame tel duel ne fit
Comme la Duchoise fit la nuit.

Estrabert, fabl. ms. du R., n° 7396, p. 3. (Cité par Sainte-Palaye.)

Ainc ne vi *mais* si gent oisel.

Marie de France, *Fables,* II, 6.

On l'a fait aussi précéder de *al.*

Alains, écrit encore Alainz, Aleins, Aleinz (voyez le *Glossaire* de Sainte-Palaye), signifiait, suivi de *que,* Le plus tôt que.

*Aleins qu'*ele pot se despeuille.

Fabl. ms. de saint Gerin, f° 56, r°, col. 1. (Cité par Sainte-Palaye.)

A la locution *Ains jour,* dont il a été question plus haut, répondait *Alains jornée.*

Jamais nul mal n'eust,
Ne morir ne deust,
Qui entre vos bras geust
Jusques *alainz journée.*

Anc. poët. fr. mss. av. 1300, t. II, p. 614. (Cité par Sainte-Palaye.)

De Ains, signifiant Avant, se sont formés plusieurs mots composés.

Ans-garde, répondant exactement à Avant-garde.

E ki serat devant mei en l'*ans-guarde?*

La Chanson de Roland, v. 748.

Ainsné, d'où **AINÉ**. (Voyez plus haut, p. 580, ce mot.)

On a pu voir, par quelques-uns des exemples qui précèdent, que Ains équivalait quelquefois à Plutôt ; qu'il pouvait exprimer, non seulement une idée de priorité, mais une idée de préférence. Cela avait conduit à en faire, ce qu'il est resté, une particule adversative ayant le sens de Mais, avec une nuance de signification légèrement différente. Ains voulait dire Mais au contraire.

Les dessus dits évêque, chevaliers bannerets et clercs ne voulurent mie refuser la requête du roi, *ains* lui octroyèrent volontiers.

Froissart, *Chroniques,* liv. I, Ire part., c. 62.

Toutefoys pas demourer là ne fault : *ains* a plus hault sens interpreter ce que par adventure cuidiez dict en guayté de cueur.

Rabelais, *Gargantua,* I, Prologue.

Après en tel train d'estude le mist, qu'il ne perdoit heures quelconques du jour, *ains* tout son tems consommoit en lettres et honneste sçavoir.

Le même, même ouvrage, I, 23.

Pan n'y estoit point oublié, *ains* estoit assis sur une roche, jouant de sa flute.

Amyot, trad. de Longus, *Daphnis et Chloé.*

Elle (la mère qui vient d'enfanter avec douleur) n'abandonne pas son enfant, ny ne le refuit pas, *ains* se retourne vers luy, luy rit, le recueille et l'embrasse.

Le même, trad. de Plutarque, *Œuvres morales,* De l'amour naturelle envers ses enfants, c. 14.

Si tu n'es devenu Macédonien d'affection, *ains* recognois encore Darius pour ton maître, je te prie que tu me dies la vérité.

Le même, même ouvrage, Vie d'Alexandre.

Il est certain que ceux qui sçavent mieux faire cela (parler) n'ont seulement cest avantage général, *ains* sont aussi avantagez par dessus les autres hommes.

H. Estienne, *la Précellence du langage français,* Préface.

Parmy les philosophes, ceux qui ont voulu atteindre à quelque plus grande excellence, ne se sont pas contentez d'attendre à couvert et en repos les rigueurs de la fortune... *ains* ils luy sont allez au devant.

Montaigne, *Essais,* II, 6.

Ny en son tout, ny en ses parties, il n'est pas tousiours mesmes, *ains* en perpetuel flux et reflux.

Charron, *De la Sagesse,* II, II, 6.

Pour tout cela ils ne se remuerent point *ains* seulement renforcèrent le front de leurs vaisseaux.

Coeffeteau, *Histoire romaine,* liv. I.

... Le souverain bien
De l'amytié ne gist en longues lettres,
En motz exquis, en grand numbre de mètres,
En riche rithme, ou belle invention :
Ains en bon cueur et vraye intention.

Cl. Marot, *Épîtres,* I, 18.

Toutes, au fait d'amour, se chaussent en un point;
Et Jeanne que tu vois, dont on ne parle point,
Qui fait si doucement la simple et la discrète,
Elle n'est pas plus sage, *ains* elle est plus secrète.

Régnier, *Satires,* XIII.

Dans le passage suivant, Ains précédant *encore que,* sert seulement à en augmenter la force.

Cette opinion fut la plus forte, *ains encore que* le logis du casteau en Cambresis soit assez mal aisé pour loger une armée.

Martin du Bellay, *Mémoires,* liv. X.

Ains n'était plus guère d'usage du temps de Vaugelas, « si ce n'est, dit-il, en raillant et avec cette queue, *Ains au contraire.* »

Il remarque toutefois que Ains « a toute autre force que *Mais* à dénoter les choses opposées. »

Ains est au nombre des mots de la vieille langue dont on a quelquefois regretté l'abandon.

Ains a péri : la voyelle qui le commence, si propre pour l'élision, n'a pu le sauver ; il a cédé à un autre monosyllabe, *mais,* et qui n'est au plus que son anagramme.

La Bruyère, *Caractères,* c. 14.

Disent, que depuis trente années
On a par diverses menées
Banni des romans, des poulets,
Des lettres douces, des billets,
Des madrigaux, des élégies,
Des sonnets et des comédies,
Ces nobles mots : moult, *ains,* jaçoit,
. . . .
Comme étant de mauvais françois.

Ménage, *Requête des Dictionnaires*

Il est resté d'usage dans le style marotique.

On a autrefois employé, dans les sens divers de Ains :

Ainçois, écrit lui-même très diversement : Ainsois, ainchois ; Aincoins ; ancois, anchois, ancoi ; anceos ; anchié ; anchiez ; einçois, encois, incois, etc., etc. (Voyez le *Glossaire* de Sainte-Palaye et les exemples ci-après.)

Ainçois, pris absolument, était, comme *Ains,* un adverbe signifiant Avant.

Il ne demandent mie chascuns qui doit aler devant, mais qui *ainçois* peut, *ainçois* arrive :

Villehardouin, *Conqueste de Constantinoble.*

La bataille est merveilluse et pesant;
Ne fut si forz *enceis* ne pois cel tens.

La Chanson de Roland, v. 3381.

Construit avec *que,* c'était une sorte de conjonction signifiant Avant que, et par extension Plutôt.

A luy deussions nos voirement *ançois* aleir, *qu'*il venir à nos.

Saint Bernard, *Sermons français,* à la suite des *quatre Livres des Rois,* p. 526.

Anzois ke li humaniteiz fust apparue...

Le même, même ouvrage, p. 546.

Encois que cil assaut commencast.

Villehardouin, *Conqueste de Constantinoble.*

Un poi *ainceis que* jorz parust.

Benoît, *Chronique des ducs de Normandie,* II, v. 704.

Ainçois a eu aussi, comme *Ains,* le sens de Mais.

Vous ne m'abbandonnerez pas, *ainçois* tiendrez bon avecques moy.

Nicot, *Thrésor.*

Il ne dort pas, *ançois* somelle.

Partonopeus de Blois, v. 721.

Li clerc ne doivent mie amer,
Ençois doivent les seins soner,
Et doivent proier pour les âmes.

Méon, *Fabliaux et contes anciens,* IV, 363.

AINSI, adv. Des mots latins *in sic,* de même, a-t-on dit (voir Chevallet, *Origine et formation de la langue française,* t. III, p. 289) que *ensemble* s'est formé de *in simul; envers,* de *in versus,* etc.

Cette origine semble plus particulièrement marquée dans les anciennes orthographes du mot insi, issi.

On l'a d'ailleurs écrit très diversement : Ensi, ansi, einsi, insi, ensinc, ensinques, ansinc, einsinc, ainsainc, ainsaint, einsint; eissi, issi, isi, issiques, issinc, issint, etc. (Voir surtout Burguy, *Grammaire de la langue d'oïl,* t. II, p. 273, et les exemples ci-après.)

Au xvie siècle, et même au commencement du xviie, Ainsin n'était pas tout à fait hors d'usage.

Quelques courtisans... ont si bien appris de dire *ainsin* à Paris, au lieu de *ainsi,* qu'il ne s'en peuvent garder.

H. Estienne, *Dialogue IIe du nouveau langage françois italianisé.*

Il étoit d'une maison de Basque. Ce bonhomme disoit toujours *ainsin* comme cela.

Tallemant des Réaux, *Historiettes,* Le connétable de Luynes.

Qui t'a fait *ainsin* abiller?

J.-A. de Baïf, *l'Eunuque,* III, 5.

Ainsi a le sens du latin *sic* et signifie, En cette manière, de cette façon.

On le place souvent avant le verbe :

Ensi perissent li chaitif en ceste grant mer ke si est large.

Saint Bernard, *Sermons français,* à la suite des *quatre Livres des Rois,* p. 521.

Ensi s'atornerent parmi totes les terres li pelerin.

Villehardouin, *Conquête de Constantinople,* § 46.

Ainsi fut conclud que le Roy viendroit à Péronne.

Commines, *Mémoires,* c. 5.

Voilà les enseignements que Dieu donne aux Rois : *ainsi* fait-il voir au monde le néant de ses pompes et de ses grandeurs.

Bossuet, *Oraison funèbre de la Reine d'Angleterre.*

Ainsi commençoit une vie dont les suites devoient être si glorieuses.

Fléchier, *Oraison funèbre de Turenne.*

Tout *eisi* a Rou conseil pris.

Benoît, *Chronique des ducs de Normandie,* v. 3897.

Cuidiez vos toz jors *einsi* faire.

Rutebeuf, *Œuvres,* t. I, p. 119.

Toutefois plustôt que d'*ainsi*
Estre en ta hayne j'en feray
Comme tu voudras.

J.-A. de Baïf, *l'Eunuque,* I, 2.

Enfants, *ainsi* toujours puissiez-vous être unis!

J. Racine, *Athalie,* IV, 4.

Ainsi parle un esprit qu'irrite la satire.

Boileau, *Satires,* I.

A cette construction appartiennent diverses locutions, dont plusieurs tombées en désuétude : *Puisqu'ainsi est* :

Puisqu'ainsi est, je protesteray ne vouloir m'aider de ce mien traitté. *Puisqu'ainsi est,* on ne peut nier qu'on ce discours je ne sois non pas assaillant, mais défendant.

H. Estienne, *la Précellence du langage françois.*

Qu'ainsi soit; qu'ainsi ne soit; Ainsi soit-il, formule par laquelle se terminent ordinairement les prières, les sermons :

J'ay tout beu, dit Socrate; mais si est-il permis au moins de prier les dieux qu'ils me rendent ma mort favorable et ceste séparation heureuse. Je le prie de bon cœur, et *ainsi soit-il!*

THÉOPHILE, *Immortalité de l'âme.*

Vous n'accuserez point mon caquet désormais.
— *Ainsi soit-il!*

MOLIÈRE, *le Dépit amoureux,* II, 7.

L'immortel auteur d'Athalie
Dans sa femme que chercha-t-il?
Une très-simple ménagère,
Qui fit avec lui sa prière
Et répondit : *Ainsi soit-il.*

DUCIS, *le Ménage des deux Corneille.*

Telle est encore la forme du souhait suivante :

Ainsi me face Dieu.

R. ESTIENNE, *Dictionnaire françois-latin.*

Placé simplement au commencement de la phrase, AINSI, comme *sic* en latin, contribue à lui donner une valeur optative.

Mon dieu, mon saulveur... Je proteste, je jure devant toy, *ainsi* me sois tu favorable, si jamais à lui deplaisir, ne à ses gens dommage, ne en ses terres faits pillerie.

RABELAIS, *Gargantua,* I, 28.

Ainsi me veuille Dieu aimer.

R. ESTIENNE, *Dictionnaire françois-latin.*

Ainsi puisse-t-il toujours vous être un cher entretien; *ainsi* puissiez-vous profiter de ses vertus.

BOSSUET, *Oraison funèbre du Prince de Condé.*

Ainsi puisse sous toi trembler la terre entière.

RACINE, *Esther,* III, 3.

Qu'ainsi soit était encore autre chose qu'une formule de souhait; c'était un tour elliptique, fréquemment employé par Henri Estienne et qu'il explique lui-même, dans le premier des passages suivants, par l'addition des mots *il appert. Qu'ainsi soit..... il appert,* c'est-à-dire : Il est évident qu'il en est ainsi.

Je confesse que ceste terminaison (*ole*) est belle; mais je di qu'une chose belle perd sa grace quand on en abuse. Or *qu'ainsi soit que* quelques uns en abusent, *il appert* par la controverse qui est entr'eux touchant le mot capevole, et quelques autres... Quant à capevole, je sçay bien que leur Bembo en use au premier livre du Traitté intitulé Le Prose : mais on peut dire qu'il ne s'en faut pas fier à luy, pour ce qu'il usoit tant des mots ayans ceste terminaison, qu'il s'en rendoit ridicule. *Qu'ainsi soit,* au commencement de ce premier livre nous lisons agevole et malagevole.

H. ESTIENNE, *la Précellence du langage françois.*

Au temps de Vaugelas, qui en a fait le sujet d'une de ses *Remarques,* la locution négative *qu'ainsi ne soit,* s'était, depuis plus de cinquante ans, substituée dans l'usage à *qu'ainsi soit.* On s'en servait dans le même sens, « lorsqu'il étoit question, dit Vaugelas, d'entrer en preuve d'une proposition. » L'annotateur de Vaugelas, Th. Corneille, traduit *qu'ainsi soit* par : Pour faire voir qu'il en est ainsi, voyez telle ou telle chose; et *qu'ainsi ne soit* par : Si vous dites qu'il n'est pas ainsi, voyez telle ou telle chose.

J'ai joué une pièce moi seul, dit la Rancune, et ai fait en même temps le Roi, la Reine et l'Ambassadeur. Je parlois en fausset quand je faisois la Reine; je parlois du nez pour l'ambassadeur, et me tournois vers ma couronne que je posois sur une chaise; et, pour le Roi, je reprenois mon siége, ma couronne et ma gravité et grossissois un peu ma voix; et *qu'ainsi ne soit,* si vous voulez contenter notre charretier et payer notre dépense et l'hôtellerie, fournissez vos habits, et nous jouerons devant que la nuit vienne.

SCARRON, *Roman comique,* I, 2.

C'est le cœur seul qui peut rendre tranquille;
Le cœur fait tout, le reste est inutile.
Qu'ainsi ne soit, voyons d'autres états.

LA FONTAINE, *Contes,* Belphégor.

Qu'ainsi ne soit, un fat apprivoisé
Parle de tout, sûr de sa réussite.

J.-B. ROUSSEAU, *Épîtres.*

Pour ainsi parler, pour ainsi dire.

Le fonds d'un Romain, *pour ainsi parler,* étoit l'amour de sa liberté et de sa patrie.

BOSSUET, *Discours sur l'histoire universelle,* III, 6.

Il n'a qu'un langage, parce qu'il n'a, *pour ainsi dire,* qu'un mal-être.

J.-J. ROUSSEAU, *Émile.*

On ne place pas moins souvent Ainsi après le verbe.

Si chevaucha le roi *ainsi* parmi Bourgogne.
Froissart, *Chroniques*, liv. I, part. Ire, c. 60.

Mais, se Dieu plait, il n'ira mie *ensi*.
Garin le Loherain, t. I, p. 185.

Heureux, pour vous servir, de perdre *ainsi* la vie.
P. Corneille, *Cinna*, I, 2.

Je vous dis que Lucile agit par honte *ainsi*.
Molière, *le Dépit amoureux*, III, 10.

Poursuivez : il est beau de m'insulter *ainsi*.
J. Racine, *Andromaque*, II, 2.

On a dit souvent : *Il est, il n'est pas ainsi; il en est, il n'en est pas ainsi de*.

Ah Dieu! *s'il en est ainsi*, qu'est-ce donc que je fais?
Molière, *Sganarelle*, sc. 22.

La gloire des méchants en un moment s'éteint,
L'affreux tombeau pour jamais les dévore.
Il *n'en est pas ainsi de* celui qui te craint,
Il renaîtra, mon Dieu, plus brillant que l'aurore.
J. Racine, *Esther*, II, 9.

Et par ellipse du verbe, *Ainsi de; Ainsi des autres choses, ainsi du reste*.

Quelquefois Ainsi se trouve placé entre le verbe et l'attribut.

Or à la dame *ainsinc* vescu.
Rutebeuf, *Œuvres*, t. II, p. 185.

Seez vous, beau sire :
Il est bien temps de vous le dire,
Mais je suis *ainsi* gracieulx.
La Farce de Pathelin.

S'être *ainsi* marié sans qu'on en ait su rien.
Molière, *le Dépit amoureux*, III, 4.

... Son sang-froid me pique.
Quand on le calomnie être *ainsi* flegmatique!
Dufresny, *le faux Sincère*, IV, 9.

Ainsi comme ainsi est une façon de parler proverbiale qui signifie, De manière ou d'autre, tant bien que mal.

Monsieur de Strossi avoit mandé le sieur Robert son père au sortir de table en diligence, pour faire avancer les François et Allemands, ce qu'il fit : et les trouva, qui commençoient à boire, lesquels il ne peut tirer promptement des tables : car le dict sieur Strossi avoit faict mettre à manger dans le grand chemin : et si l'on ne leur eust rien apresté là, *ainsi comme ainsi*, ils fussent passez outre et à poinct nommé fussent arrivez sur la chaude du combat.
Montluc, *Commentaires*, liv. III.

Ainsi est conjonction, quand on le place en tête de la phrase comme formule de conclusion.

Ainsi l'homme propose et Dieu dispose.
Commines, *Mémoires*, c. 9.

Ainsi tousjours se trouvent quelques personnes qui ont pitié de ceux qui sont foullez et opprimez.
Martin du Bellay, *Mémoires*.

Ainsi la pieuse Reine consoloit la captivité des fidèles, et relevoit leur espérance.
Bossuet, *Oraison funèbre de la Reine d'Angleterre*.

Ainsi le torrent du monde s'écoule, quelque soin qu'on prenne à le retenir.
Fléchier, *Oraison funèbre de Mme d'Aiguillon*.

La liberté de commerce étoit entière : bien loin de le gêner par des impôts, on promettoit une récompense à tous les marchands qui pourroient attirer à Salente le commerce de quelque nouvelle nation. *Ainsi* les peuples y accoururent bientôt en foule de toutes parts.
Fénelon, *Télémaque*, XII.

Les religieuses de Port-Royal étoient fort serrées dans ce monastère, situé dans un lieu fort humide et dont les bâtiments étoient extrêmement bas et enfoncés. *Ainsi* les maladies y devinrent fort fréquentes.
J. Racine, *Histoire de Port-Royal*.

J'établis ma nièce, la chose est faite; *ainsi* dépêchez-vous, il me faut vite un compliment.
Mme de Maintenon, *Lettres*; à la comtesse de Saint-Géran, 4 mars 1698.

Ainsi tout change. L'histoire des usages, des lois, des privilèges, n'est en beaucoup de pays, et surtout en France, qu'un tableau mouvant.
Voltaire, *Essai sur les mœurs*, c. 85.

Le prince de Condé était dans cette armée, mais il ne commandait pas; *ainsi* il ne fut pas difficile à Turenne de vaincre.

VOLTAIRE, *Siècle de Louis XIV.*

Ainsi Néron commence à ne se plus forcer.

J. RACINE, *Britannicus,* III, 8.

Dans cet emploi d'AINSI, on en augmente quelquefois la force par l'addition du mot *donc.*

Ainsi donc au besoin ton courage s'abat.

P. CORNEILLE, *le Cid,* V, 1.

... *Ainsi donc* il ne faut rien prétendre,
Ascagne, à des bontés que vous auriez pour nous.

MOLIÈRE, *le Dépit amoureux,* II, 2.

Ainsi donc la discorde a pour vous tant de charmes?

J. RACINE, *la Thébaïde,* II, 3.

On l'a fait autrefois précéder par le mot *par :*

Par ainsi, serons-nous absous et dispensés.

FROISSART, *Chroniques,* liv. I, part. I, c. 95.

Par ainsy mon voyage estoit inutile.

LEJEUNE, commissaire général à la conduite des forçats, à Colbert, 19 novembre 1661. (Voyez *Correspondance administrative sous Louis XIV,* t. II, p, 873.)

Par ainsi j'ay donc tort, et ne doy pas me plaindre.

RÉGNIER, *Satires;* II.

AINSI, employé d'une manière analogue, est quelquefois placé dans le courant de la phrase.

La bonne foy, la modestie, la recognoissance cordiale et serieuse de son peu, est un grand tesmoignage de bon et sain jugement, et *ainsi* une belle disposition à la sagesse.

CHARRON, *De la Sagesse,* II, 1, 11.

AINSI sert encore à former certaines locutions conjonctives;

Construit avec *comme, Ainsi comme.*

Insi com dessus devisé l'avons.

Histoire de Bourgogne par un Bénédictin, preuves, t. II, p. 27.

Et avoit les aureilles *ainsi* pendantes *comme* les chievres de Languegoth.

RABELAIS, *Gargantua,* I, 16.

Ainsi comme il est maintenant, il n'a pas où mettre son pied.

R. ESTIENNE, *Dictionnaire françois-latin.*

Il (Boccace) use aussi de pezza, et dit buona pezza, *ainsi comme* nous disons bonne pièce pour grand'pièce.

H. ESTIENNE, *la Précellence du langage françois.*

Les arts et sciences ont leurs révolutions *ainsi comme* toutes autres choses.

EST. PASQUIER, *Recherches de la France,* VII, 3.

Et, selon l'usage qui a prévalu, construit avec *que : Ainsi que, tout ainsi que.*

Ainsi qu'il le pensa, il le fit.

FROISSART, *Chroniques,* liv. I, Ire part., c. 28.

L'on voyoit dedans la chambre *ainsi qu*'en plein jour.

HERBERAY DES ESSARTS, *Amadis,* liv. II.

Les lansquenets baisèrent la terre, *ainsi qu*'ils ont de coustume quand ils marchent au combat.

M. DU BELLAY, *Mémoires.*

En disant une chose et taisant une autre, et tournoyant *ainsi qu*'un chien qui ne sçait où trouver le chevet à se reposer la teste.

G. DU BELLAY, *Mémoires.*

Il reçut quantité de coups, et *ainsi* blessé *qu*'il étoit, se vint présenter au Sénat.

VAUGELAS, *Remarques,* CXL.

Sur les morceaux touchés de sa main délicate,
Ou mordus de ses dents, vous étendiez la patte
Plus brusquement qu'un chat dessus une souris,
Et les avaliez *tout ainsi que* des pois gris.

MOLIÈRE, *l'Étourdi,* IV, 4.

Et de ces grands canons où, comme en des entraves,
On met, tous les matins, ses deux jambes esclaves,
Et par qui nous voyons ces messieurs les galants
Marcher écarquillés *ainsi que* des volants.
. . . .
Des souliers où mes pieds ne soient point au supplice,
Ainsi qu'en ont usé sagement nos ayeux.

LE MÊME, *l'École des Maris,* I, 1.

Et qu'on parle de nous *ainsi que* de nos pères.
J. Racine, *Andromaque*, IV, III.

La guerre a ses faveurs *ainsi que* ses disgrâces
Le même, *Mithridate*, III,

Ainsi que la vertu, le crime a ses degrés.
Le même, *Phèdre*, IV, 2.

Les sages quelquefois *ainsi que* l'écrevisse
Marchent à reculons, tournent le dos au port.
La Fontaine, *Fables*, XII, 10.

Ainsi que ses chagrins, l'hymen a ses plaisirs.
Boileau, *Satires*, X.

Gardez-vous de donner, *ainsi que* dans Clélie,
L'air ni l'esprit françois à l'antique Italie.
Le même, *Art poétique*, III.

On ne sort pas du greffe *ainsi que* l'on y vient.
Le Grand, *Plutus*, I, IV.

Et qui dans vos deserts a semé la lumière
Ainsi que dans nos champs il sème la poussière.
L. Racine, *la Religion*, I.

Le nourrisson du Pinde, *ainsi que* le guerrier
A tout l'or du Pérou préfère un beau laurier.
Piron, *la Métromanie*, III, 7.

De là encore plusieurs locutions de grand usage : *C'est ainsi que*.

C'est ainsi que parloit autrefois un roi selon le cœur de Dieu, quand ses jours défaillants et ses infirmités mortelles l'approchoient du tombeau.
Fléchier, *Oraison funèbre de Mme la Dauphine.*

*C'est ainsi qu'*elle se nomme elle-même au commencement de son histoire.
Marivaux, *Vie de Marianne*, Ire partie.

Oui, traitre, *c'est ainsi que* tu me rends service!
Molière, *l'Étourdi*, I, 10.

Est-ce ainsi que.

Est-ce ainsi que vous soutenez Télémaque contre le vice auquel il succombe?
Fénelon, *Télémaque.*

*Est-ce ainsi qu'*au parjure on ajoute l'outrage?
J. Racine, *Iphigénie*, IV, 6.

Est-ce ainsi que votre âme aux périls aguerrie
Soutient sur ces remparts l'honneur et la patrie?
Boileau, *Épîtres*, IV.

Ainsi est que, il est ainsi que, servent à exprimer une idée un peu différente et équivalant à : La chose est de telle sorte que.

Puisque *ainsi est que* le corps n'y peut aller.
Froissart, *Chroniques*, liv. I, part. I, c. 47.

S'il est ainsi que nous ne soyons créés que pour servir Dieu.
Dictionnaire de Trévoux.

Ainsi que équivaut encore à De telle sorte que, dans cette phrase :

Dieu voulut *ainsi* disposer des choses, *que* ceste nuit sourdit une grande tourmente, et telle qu'il fallut que l'armée dudict duc de Bourgogne fuyst.
Commines, *Mémoires*, liv. III, c. 5.

On a dit *Comme ainsi fut que*, pour Comme il arrive que.

Comme ainsi fut que tombant sur ces discours...
Est. Pasquier, *Recherches de la France*, Préface.

Comme ainsi soit que, pour Vu que, attendu que.

Comme ainsi soit que le sérénissime et très-puissant prince et seigneur Léopold, empereur élu des Romains... et le sérénissime et très-puissant prince et seigneur Louis XIV... auroient jugé qu'il leur seroit avantageux qu'ils pussent avoir une confiance plus entière dans l'amitié l'un de l'autre, les députés de Leurs Majestés ont fait et conclu le dit traité.
Traité entre l'empereur Léopold et Louis XIV, 1er novembre 1671. (Voyez *Négociations relatives à la succession d'Espagne*, tome III, p. 548.)

Ou bien encore pour En admettant que.

Et *comme ainsi soit qu'*il (Adrien) donnast une grande

puissance à ses favoris, si est-ce qu'il fut si heureux qu'ils n'abusèrent jamais de leur crédit.

COEFFETEAU, *Histoire romaine*, liv. X.

AINSI est de grand usage dans les comparaisons.

Quelquefois il suffit pour la marquer.

Ainsi le glaive fidèle
De l'ange exterminateur
Plongea dans l'ombre éternelle
Un peuple profanateur.

J.-B. ROUSSEAU, *Odes*, III, 10. Sur la bataille de Peterwaradin.

D'autres fois il marque seulement un des deux termes, et a pour corrélatif, *De même*.

Tout ainsi que les pensées sont les portraits des choses, *de même* nos paroles sont-elles les portraits de nos pensées.

MOLIÈRE, *le Mariage forcé*, sc. 4.

La même corrélation s'est rendue aussi par la répétition du mot AINSI : *Ainsi que... ainsi; tout ainsi que... ainsi.*

Tot ensi cum il visibles vint une fieie en char, por faire la salveteit, enmi la terre, *ensi* vient-il en espérit et nient visibles, chascun jor, por saneir l'airme d'un chascun.

SAINT BERNARD, *Sermons français*. (Voyez LEROUX DE LINCY, à la suite des *quatre Livres des Rois*, p. 527.)

Tout ainsi que quand une dame auroit acquis la réputation d'estre perfaicte et accomplie en tout ce qu'on appelle bonne grace, celle qui approcheroit le plus pres de ses façons auroit le second lieu; *ainsi* ayant tenu pour confessé que la langue greque est la plus gentile et de meilleure grace qu'aucune autre, et puis ayant monstré que le langage françois ensuit les jolies, gentiles et gaillardes façons greques de plus pres qu'aucun autre, il me sembloit que je pouvois faire seurement ma conclusion, qu'il meritoit de tenir le second lieu entre tous les langages.

H. ESTIENNE, *la Précellence du langage françois*.

Ainsi que les poetes grecs s'aidoyent au besoin de mots peculiers à certains pays de la Grece, *ainsi* nos poetes françois peuvent faire leur proufit de plusieurs vocables qui toutesfois ne sont en usage qu'en certains endroits de la France.

LE MÊME, même ouvrage.

Quelquefois AINSI marque le second terme de la comparaison, et a pour corrélatif dans le premier, *comme*.

E ewe versèrent et espandirent devant Deu. (Pur enseignes que si *cume* l'ewe ki est à terre versée ne repaire, *issi* li poples Deu a service de deable ne returnereit.)

Les quatre Livres des Rois, I, VII, 6 et note.

Si cum li liz est entre les espines, *ensi* est m'amie entre les filhes.

Le Livre de Job. (Voyez LEROUX DE LINCY, à la suite des *quatre Livres des Rois*, p. 441.)

Comme une colonne dont la masse solide paroît le plus ferme appui d'un temple ruineux, lorsque ce grand édifice qu'elle soutenoit fond sur elle sans l'abattre, *ainsi* la reine se montre le ferme soutien de l'État.

BOSSUET, *Oraison funèbre de la Reine d'Angleterre*.

Enfin, dans plus d'un cas, le second terme de la comparaison n'a été amené ni par *de même*, ni par *ainsi*.

Tout ainsi que ç'a esté une chose belle et glorieuse de subjuguer les riches et puissantes provinces des Gaules, de la Thrace, de la Cilicie et de la Cappadoce avec l'Armenie et la Bretagne, aussi a-ce esté un grand opprobre et une grande misère d'avoir à mesme temps combatu contre ses citoyens, contre ses alliez, contre des esclaves, et contre des gladiateurs, et outre cela d'avoir honteusement démembré et déchiré le Sénat, ornement de la République.

COEFFETEAU, *Histoire romaine de L. Florus*, liv. III, c. 12.

Tout ainsi que l'argent peut rendre un nom illustre,
L'argent peut par hasard aux noms ôter du lustre.

DUFRESNY, *le Faux sincère*, IV, 8.

Ainsi que s'est dit autrefois pour, Pendant que, dans le temps que.

*Ainsi qu'*on levoit les nappes, entra un gentilhomme très-ancien.

HERBERAY DES ESSARTS *Amadis*, liv. II.

Les Espagnols et les marquis de Pescayre... furent si opportuns à chasser les François qu'*ainsy que* M. de Bayard les faisoit retirer tousjours peu à peu, voicy une grande mousquetade qui donna à M. de Bayard.

Brantôme, *Grands capitaines françois,* M. de Bayard.

Or, *ainsi que* j'estois au pied de la montaigne, je ne pouvois voir ce que faisoit nostre gendarmerie.

Montluc, *Mémoires,* liv. I.

Cette acception a disparu du Dictionnaire de l'Académie en 1740.

AIR, s. m. (Du latin *aer,* et, par ce mot, du grec ἀήρ.)

On l'a écrit, Aer, comme en latin, plus particulièrement au temps de la renaissance, où l'on affectait de se rapprocher des formes latines. On l'a écrit encore, très diversement, Aeir, aier; aire, ayre, airs; ars. (Voyez le *Glossaire* de Sainte-Palaye et les exemples ci-après.) Mais la forme qui a seule subsisté, Air, se trouve déjà dans des textes très anciens.

On désigne par Air un fluide élastique, pesant, dont la masse totale forme l'atmosphère qui enveloppe la terre de toutes parts.

Sire, el ciel est ta misericorde et ta veritez enjosk'à nués, appressanz par ton jugement tote la terre et les poosteiz de l'*aire.*

Saint Bernard, *Sermons français.* (Voyez Leroux de Lincy, à la suite des *quatre Livres des Rois,* p. 536.)

Non, non, dy-je, par sainct Adauras, car tu seras une foys pendu; et toy, dist-il, tu seras une foys enterré. Lequel est plus honnorable ou l'*aer* ou la terre, très grosse pécore?

Rabelais, *Pantagruel,* II, 17.

Les arbres des forests qui sont entourez d'autres arbres, ne pouvant jouir du soleil et de l'*aër* és parties dextre et senestre, sont contrains monter en haut pour chercher l'*aër* et le soleil, lequel ils désirent pour leur nourriture et accroissement.

B. Palissy, *Discours admirables,* de la Marne.

Néantmoins aussi-tost qu'Alexandre fut arrivé en cet endroit, le vent du septentrion s'esleva inopinément qui nettoya l'*air.*

Du Ryer, trad. des Suppléments de Freinshemius sur Quinte-Curce, liv. III.

C'est une chose admirable que les transports amoureux du grand maître. Il est, dit-on, jaloux de l'*air* qui environne sa femme; jamais on n'a vu des gens si contents.

Mme de Scudéry, *Lettres;* à Bussy, 12 février 1681.

Nous vivons plongés dans des abîmes d'*air,* comme les poissons dans des abîmes d'eau.

Fénelon, *Existence de Dieu,* part. I, c. 2.

Ce fut dans ce temps-là et à l'âge de vingt-trois ans qu'ayant vu l'expérience de Torricelli, il inventa ensuite et exécuta les autres expériences qu'on nomme ses expériences : celle du vide, qui prouvoit si clairement que tous les effets qu'on avoit attribués jusque-là à l'horreur du vide sont causés par la pesanteur de l'*air.*

Mme Périer, *Vie de Blaise Pascal.*

Torricelli commençait à connoître la pesanteur de l'*air* qui nous environne.

Voltaire, *Siècle de Louis XIV,* c. 31.

Un mur pour vue, un cul-de-sac pour rue, peu d'*air,* peu de jour, peu d'espace.

J.-J. Rousseau, *les Confessions,* part. I, liv. V.

Les plantes cherchent à la fois l'*air* et la lumière : celles que l'on cultive dans les appartements se tournent toujours vers les fenêtres; les plantes privées d'*air* et de lumière, telles que celles qui végètent dans les souterrains, s'étiolent, c'est-à-dire blanchissent.

Bernardin de Saint-Pierre, *Harmonies de la nature,* liv. II, Harmonies aériennes des végétaux.

Ayant appliqué la chaleur d'un verre ardent à des chaux de mercure, Priestley eut le bonheur d'obtenir pure et isolée cette portion respirable de l'*air* atmosphérique que les animaux consomment, que les végétaux restituent, que les combustions altèrent. Il la nomma l'*air* déphlogistiqué.

G. Cuvier, *Éloge historique de Priestley.*

Seit ciel, seit *aer,* terre u mer.

Wace, *Roman de Rou,* t. I, v. 5218.

Li ciels torbla, li *airs* noirci
Et la mers enfla et fermi.
WACE, *Roman de Brut*, v. 6184.

Et si commence li *airs* à obscurer.
Ogier de Danemarche, v. 6191.

Et cil des murs traioient et font arbalester,
Plus menu que la pluie ne sot par l'*air* voler.
Chanson d'Antioche, c. 4, v. 925.

L'*air* entour eus atenebrist
De la fumée et des alaines.
G. GUIART, *Royaus lignages*, t. I, v. 6873.

Jupiter qui l'iaue vous donne,
Ce est li *airs* qui pluet et tonne.
Roman de la Rose, v. 6567.

Si tost qu'en l'*air* sa voix fut espandue,
De peu de gens elle fut entendue,
Et toutes foys tout le monde l'ouyt.
CL. MAROT, *Balladin*, v. 160.

Avril, c'est ta douce main
Qui, du sein
De la Nature, desserre
Une moisson de senteurs
Et de fleurs
Embasmant l'*air* et la terre.
R. BELLEAU, *Avril*.

Les vents agitent l'*air* d'heureux frémissements.
J. RACINE, *Iphigénie*, V, 6.

La terre s'en émeut, l'*air* en est infecté.
LE MÊME, *Phèdre*, V, 6.

Écho n'est plus un son qui dans l'*air* retentisse,
C'est une nymphe en pleurs qui se plaint de Narcisse.
BOILEAU, *Art poétique*, III.

Progné me vient enlever les morceaux :
Caracolant, frisant l'*air* et les eaux,
Elle me prend mes mouches à ma porte.
LA FONTAINE, *Fables*, X, 7.

Il vendroit, s'il pouvoit, l'*air* dont nous jouissons.
BOURSAULT, *les Fables d'Ésope*, V, 3.

Dans la langue poétique, et même quelquefois dans la prose, AIR s'emploie au pluriel.

Quand une fois le fils de l'homme paroissant du haut des *airs* sur une nuée de gloire, vainqueur de ses ennemis...
MASSILLON, *Carême*, Mardi de la 2e semaine. Respect humain.

Les mots uniquement réservés pour la poésie, j'entends la poésie noble, sont en petit nombre; par exemple, on ne dira pas en prose... les *airs* pour l'air.
VOLTAIRE, *Lettres*, 19 novembre 1737.

Aussitôt le vent qui jusqu'alors avait été favorable au vaisseau de Cymodocée, expire, et un calme profond règne dans les *airs*.
CHATEAUBRIAND, *les Martyrs*.

Or, toy qui es nourry par la mesme prudence,
Aux affaires rompu dès ta première enfance,
Ne seras Phaëton, volant, ainsi qu'il faut,
Moyen entre deux *airs*, ny trop bas ny trop haut.
RONSARD, *le Bocage royal*.

L'oyselet de son nid à peu de temps s'eschappe
Et ne craint point les *airs* que de son aisle il frappe.
THÉOPHILE, *Satires*, I.

Avez-vous dans les *airs* entendu quelque bruit?
J. RACINE, *Iphigénie*, I, 1.

Adonis voit un char descendre de la nue :
Cythérée y montant, disparoist à sa vue.
C'est en vain que des yeux il la suit dans les *airs*;
Rien ne s'offre à ses sens, que l'horreur des déserts.
LA FONTAINE, *Adonis*.

Alors j'aperçus dans les *airs*
Le Dieu maître de l'Univers.
LA FARE, Vers sur Mme de Caylus.

La flèche dans les *airs* chercha l'oiseau rapide.
L. RACINE, *la Religion*.

On dit poétiquement, *les plaines, les campagnes de l'air, le vague de l'air*, etc.

Par elle (la pensée) franchissant *les campagnes de l'air*,
J'ose de ce fluide approfondir l'essence,
Décrire ses effets et chanter sa puissance.
DELILLE, *Les trois règnes*, II.

Les oiseaux sont souvent appelés en poésie *les habitants de l'air*.

Ou d'un plomb qui suit l'œil, et part avec l'éclair,
Je vais faire la guerre aux *habitants de l'air*.
BOILEAU, *Épîtres*, VI.

Les habitants de l'air vont pour nous à la chasse.
LE GRAND, *le Roi de Cocagne*, I, 2.

On a appelé les insectes qui volent, *les enfants de l'air*; la Mouche, *la fille de l'air*.

Il est sans doute plus intéressant d'étudier les jeux de ces *enfants de l'air* au sein de l'atmosphère, que les convulsions de leurs poumons dans la machine pneumatique.

Bernardin de Saint-Pierre, *Harmonies de la nature*, II, harmonies aériennes des animaux.

Qu'un vil et rampant animal
A *la Fille de l'air* ose se dire égal.

La Fontaine, *Fables*, IV, 3, la Mouche et la Fourmi.

Somaize, dans le *Grand Dictionnaire des pretieuses*, a recueilli dans le langage affecté du temps l'expression *les enfants de l'air*. On entendait par là les soupirs.

Les injures de l'air, autre expression figurée, est devenue d'un usage fort ordinaire.

Ils (les Perses) étoient légèrement vêtus; ils vivoient de peu, se nourrissoient de racines et de légumes, ne buvoient que de l'eau, dormoient sur la terre, exposés aux *injures de l'air*.

Fénelon, *Fables*, VII.

Rivage où tant de fois j'ai souffert *les injures de l'air*.

Le même, *Télémaque*, XV.

Cette montagne présente du côté de Genève de grandes assises, à peu près horizontales, de rochers nuds et escarpés, d'une pierre calcaire blanche, sur laquelle *les injures de l'air* ne font que peu d'impression.

Saussure, *Voyages dans les Alpes*, t. I, c. 7, p. 163, § 220.

Du mot Air, entendu dans son sens physique, s'est formée la locution proverbiale *en l'air*, prise tantôt au propre, tantôt au figuré.

Au propre :

Prendre vol *en l'aer*.

Rabelais, *Pantagruel*, V.

Il (le duc du Maine) le voyoit un jour (le duc de Montausier) passer sous ses fenêtres avec une petite baguette qu'il tenoit *en l'air*; il lui cria : « Monsieur de Montausier, toujours le bâton haut! »

Mme de Sévigné, *Lettres*, 7 août 1676.

Je l'examinai fort (l'épée de Gonzalve de Cordoue) et je ne la pus lever *en l'air* d'une main et encore moins la manier avec les deux que fort difficilement.

Saint-Simon, *Mémoires*, 1722.

De longs tourbillons de poussière s'élevaient sur les chemins et restèrent suspendus *en l'air*.

Bernardin de Saint-Pierre, *Paul et Virginie*.

De là, cette manière de parler, *tirer un coup en l'air, tirer en l'air*, tirer un coup de fusil, de pistolet en relevant l'arme.

Cette manière de parler est susceptible d'un sens figuré. On s'en sert familièrement pour dire, Faire une démarche inutile qui ne conduit pas au but.

Coups en l'air, dans le passage suivant, est dit, d'une manière analogue, de coups de fusil tirés sans atteindre ce que l'on visait.

Mais zeste! le coquin, de branchage en branchage,
De son maudit coucou redoubla le ramage,
Et quatre *coups en l'air*, loin de l'épouvanter,
Lui servirent d'appât à le faire chanter.

Boursault, *le Mercure galant*, III, 4.

Tirer en l'air avait encore un sens figuré que mentionne le dictionnaire de Danet: elle y est traduite par Hâbler, craquer.

La locution proverbiale *en l'air* se prend au figuré dans un grand nombre de cas.

En parlant de choses de l'ordre physique qui ne paraissent presque soutenues par rien :

Par exemple, d'un bâtiment, d'une partie de bâtiment sans support suffisant; on dit alors qu'ils sont, qu'ils paraissent *en l'air, tout en l'air;*

Par exemple encore, c'est une ancienne manière de parler, d'un corps d'armée trop isolé, trop peu soutenu, on dit une *aile en l'air*. (Voyez Aile.)

En parlant de choses de l'ordre moral, sans fondement, sans réalité, sans vérité, projets, craintes, menaces, paroles, raisonnements, contes, etc.

Ce sont des peintures *en l'air* comme les républiques de Platon et de Morus.

CHARRON, *De la Sagesse*, I, 51.

Ceste proposition n'ayant rencontré des volontez disposées pour la recevoir, demeura *en l'air.*

MATTHIEU, *Histoire des guerres entre les maisons de France et d'Espagne.*

Tout cela n'estoit que paroles jettées *en l'air* avec plus de pompe que de vérité.

VAUGELAS, trad. de Quinte-Curce, *Histoire d'Alexandre,* liv. III.

Ne croyez pas que je fasse ici des discours *en l'air.*

BOSSUET, *Sermons*, Sur la véritable conversion.

Ce grand nom de Concile œcuménique, si vénérable parmi les chrétiens, n'étoit plus pour les Calvinistes qu'un nom *en l'air*, auquel ne répondoit aucune idée dans leur esprit.

LE MÊME, *Histoire des Variations des églises protestantes,* liv. XIV, nº 78.

Il est temps de finir cette lettre tout *en l'air,* et qui ne signifie rien.

Mme DE SÉVIGNÉ, *Lettres,* 5 janvier 1689.

Pourquoi, si vous m'aimez, feindre un hymen *en l'air,*
Quand un père pour vous est venu me parler?

P. CORNEILLE, *le Menteur,* V, 6.

Sur des soupçons *en l'air* je m'irois alarmer!

MOLIÈRE, *le Dépit amoureux,* I, 1.

Si je vous faisois voir qu'on vous dit vérité?
— Voir! — Oui. — Chansons. — Mais quoi! si je trouvois manière
De vous le faire voir avec pleine lumière?
— Contes *en l'air.*

LE MÊME, *Tartufe,* IV, 3.

Fortune mal assise, biens imaginaires.

Un bien acquis sans peine est un trésor *en l'air.*

P. CORNEILLE, *Suite du Menteur,* V, 3.

De ceux qui m'ont haï les langues mensongères
Par des contes *en l'air* chaque jour m'ont noirci.

LE MÊME, *Psaumes,* XXXVII.

Mais quoi, vous citerois-je ici comme un bien clair
Quelques successions qui sont peut-être *en l'air?*

DUFRESNY, *le Faux Sincère,* IV, II.

Cent mille francs *en l'air;* cent mille francs pour rire.

LE MÊME, *la Coquette du village,* III, 5.

Enfin, même en certains cas, en parlant non point de choses, mais de personnes.

Le throne éternel n'est point promis à un homme forgé *en l'air,* mais au fils de David.

CALVIN, *Institution chrestienne,* liv. II, c. 12, § 7.

Tous les personnages qu'il représente sont des personnages *en l'air.*

MOLIÈRE, *l'Impromptu de Versailles,* sc. 4.

Faudra-t-il de sang-froid, et sans être amoureux,
Pour quelque Iris *en l'air* faire le langoureux?

BOILEAU, *Satires,* IX.

En l'air se construit de même avec des verbes : dire quelque chose *en l'air,* parler, raisonner, etc., *en l'air.*

Vous l'accusez seulement *en l'air* de quatre faussetés.

PASCAL, *Provinciales.*

Ce n'est point une illusion, ni une de ces choses qu'on dit *en l'air.*

Mme DE SÉVIGNÉ, *Lettres,* 17 janvier 1680.

Le prêtre Aërius paroîtra, mais seul et sans suite, Arien de plus : c'est tout ce qu'on trouvera de positif; tout ce qu'on alléguera au-dessus sera visiblement allégué *en l'air.*

BOSSUET, *Histoire des variations des églises protestantes,* liv. XI, nº 208.

Dans la nouvelle Réforme, pourvu qu'on ait nommé la parole de Dieu avec emphase, et qu'ensuite on ait jeté un passage *en l'air,* on croit avoir satisfait à la profession qu'on a faite de n'en croire que l'Écriture en termes exprès.

LE MÊME, même ouvrage, liv. XII, nº 36.

Je lui demandai de ses nouvelles avec le Roi, Monseigneur et les personnes royales. Il (le duc d'Orléans) me répondit assez *en l'air,* ni bien ni mal.

SAINT-SIMON, *Mémoires,* 1710.

Je ne vous dis pas cela *en l'air;* il y a du temps que j'ai de très-bonnes raisons de penser ainsi.

VOLTAIRE, *Lettres,* 24 juin 1765.

On dit de personnes affairées, inquiètes, qu'elles ont *l'esprit en l'air.*

Sur les moindres soupçons toujours *l'esprit en l'air.*

LE GRAND, *l'Aveugle clairvoyant,* sc. 1.

De quelqu'un toujours prêt à partir, à courir, à s'agiter, qu'il *est toujours en l'air*, qu'il *a toujours le pied en l'air, un pied en l'air*.

Celui que j'aime est jeune et pourtant respectable,
Sage, grave, posé. — Le mien *toujours en l'air*.

DUFRESNY, *le Dédit*, sc. 10.

Tout le *monde est en l'air*, toute la *ville est en l'air*, sont des expressions du même genre qui veulent dire : Tout le monde, toute la ville s'agitent, sont en mouvement.

Nous *sommes en l'air*, tous mes gens occupés à déménager; j'ai campé dans ma chambre.

Mme DE SÉVIGNÉ, *Lettres*, 15 octobre 1677.

On se sert du mot AIR dans un sens particulier par rapport à la température et à la qualité de l'air : *Air sain, malsain, bon, mauvais*, etc.

Il fit moult obscur sur la vesprée; et se couvrit l'*air* trop *espés*; si que à peine pouvoient eux reconnoître l'un l'autre.

FROISSART, *Chroniques*, liv. I, part. I, c. 195.

L'armée de France qui s'en alloit en Escosse avoit vent à volonté; car il étoit le mois de mai que les eaues sont en leur douceur, et si est l'*air serein* et *coi*.

LE MÊME, même ouvrage, liv. II, c. 228.

Durant ce temps, le Roy d'Espaigne se retira à Madric, pour éviter le *mauvais air*, qui estoit en plusieurs lieux.

MARGUERITE DE NAVARRE, *l'Heptameron*, X.

C'est chose véritable que les hommes qui vivent en *air serain* et *salubre*, sont de beaucoup meilleur esprit que ceux qui croupissent sous un *gros air* n'estant esventé, et bien peu agité.

PHILIBERT DE L'ORME, *Architecture*, liv. I, c. 2.

Au mois de mars, ou plus tard, selon le païs, l'on sort des bergeries le menu bestail lanu et caprin, pour commencer à le faire coucher en la campaigne : changement auquel il se plaist, comme il hait et le froid et le chaud, au contraire il aime l'*aer tempéré*.

OLIVIER DE SERRES, *Théâtre d'agriculture*, 4e lieu, c. 13.

Quelle raison pourroit obliger ceux qui vous aiment à vous laisser dans un *air* qui vous fait périr visiblement?

Mme DE SÉVIGNÉ, *Lettres*, 17 janvier 1680.

Je ne sais pas pourquoi mon frère de Toulongeon n'a point mené sa femme à Paris, car c'est un *air bien fertile*.

BUSSY-RABUTIN, *Lettres*; à Mme de Sévigné, 20 février 1687.

En arrivant dans l'île (de Chypre), je sentis un *air doux* qui rendoit les corps lâches et paresseux, mais qui inspiroit une humeur enjouée et folâtre.

FÉNELON, *Télémaque*, IV.

L'*air froid* resserre les extrémités des fibres extérieures de notre corps; cela augmente leur ressort, et favorise le retour du sang des extrémités vers le cœur. Il diminue la longueur de ces mêmes fibres; il augmente donc encore par là leur force. L'*air chaud*, au contraire, relâche les extrémités des fibres et les alonge; il diminue donc leur force et leur ressort.

MONTESQUIEU, *Esprit des lois*, XIV, 2.

Aler volt à un sien manoir
Hors vile, si fu pour avoir
Millor air qu'ens el bourc n'avoit.

Renart le Nouvel, v. 5505.

En ce sens il peut être pris métaphoriquement :

Il me semble que l'*air* et la vie de Grignan devroient redonner la santé à M. le Chevalier : il est entouré de la meilleure compagnie qu'il puisse souhaiter.

Mme DE SÉVIGNÉ, *Lettres*, 17 juillet 1689.

Une pauvre servante au moins m'étoit restée,
Qui de ce *mauvais air* n'étoit point infectée.

MOLIÈRE, *les Femmes savantes*, II, 7.

On dit *l'air du matin, l'air du soir;*
On dit *l'air d'un pays;*
Soit au propre :

Encores que l'*air* chault *de ce pays* devoit aider au Roy de Navarre, il ne laisse de se ressentir bien fort de la cheute qu'il prist.

MARGUERITE DE NAVARRE, à François Ier, *Lettres*, Mont-de-Marsan, 1541, lettre II.

Ce qu'on nous dit de ceux du Bresil, qu'ils ne mouroient que de vieillesse, on l'attribue à la sérénité et tranquillité de *leur air*.

MONTAIGNE, *Essais*, II, 12.

Soit au figuré :

Toute ceste sentine des seize et de leurs adhérens ne sont-ils pas maintenant sur le chemin d'Espagne, bannis pour jamais de *l'air de la France,* qu'ils ont empestiféré si longtemps?

ANTOINE ARNAULD, *Plaidoyer pour l'Université.*

J'ai vu son fils (de Mme de la Fayette) qui m'a dit beaucoup de bien du vôtre, et même de M. du Plessis, dont j'ai été fort aise; car je craignois qu'il n'eût pas bien pris *l'air de ce pays-là* : mais il m'a assuré qu'il y avoit fait des merveilles.

Mme DE SÉVIGNÉ, *Lettres;* à Mme de Grignan, 1er décembre 1688.

De là, au figuré, des expressions comme celles-ci : *L'air du monde, de la cour; de la liberté, de la servitude,* etc.

L'approche de *l'air de la cour* a donné à son ridicule de nouveaux agréments.

MOLIÈRE, *la Comtesse d'Escarbagnas,* I, 1.

L'air de cour est contagieux.

LA BRUYÈRE, *Caractères;* De la Cour.

Mon frère, m'ayant tenu quelque temps près de lui pour me dégourdir, me lâcha par la ville pour perdre *l'air de* la campagne et trouver *celui du monde.* Je l'attrapai si bien que je ne voulus plus m'en défaire quand il fut question de me présenter à la cour en équipage d'abbé.

HAMILTON, *Mémoires du comte de Grammont,* c. 3.

Le ciel ne m'a point fait, en me donnant le jour,
Une âme compatible avec *l'air de la cour.*

MOLIÈRE, *le Misanthrope,* III, 7.

L'air de la servitude est trop pesant pour moi.

M.-J. CHENIER, *la Promenade.*

L'air natal est l'Air du pays où l'on est né.

Point de froid, une bise qui prend le nom d'*air natal* pour ne le point effrayer (le chevalier de Grignan).

Mme DE SÉVIGNÉ, *Lettres,* 17 juillet 1689.

L'équivalent de cette expression se trouve dans le passage suivant :

Me voiant exilé de France, j'ai pris à deux mains les occasions qui se sont présentées pour me faire respirer *l'air* auquel je suis nai.

AGR. D'AUBIGNÉ, *Histoire universelle,* t. II, liv. II, c. 8.

Prendre l'air du feu, un air de feu, c'est s'approcher un moment du feu, pour se chauffer.

Le mot AIR entre encore dans un grand nombre de locutions où il est pris, tantôt seulement au propre, tantôt également au figuré.

Respirer l'air (on en a déjà vu, dans ce qui précède, quelques exemples).

Au propre :

Qui est-ce qui a purifié avec tant de justesse cet *air* que nous *respirons?*

FÉNELON, *Existence de Dieu,* part. I, c. 2.

Le peuple, qui s'intéresse toujours pour les malheureux, disoit hautement qu'on devoit se contenter de lui avoir ôté sa couronne et sa femme, sans le priver encore de *respirer l'air* de sa patrie.

VERTOT, *Révolutions de Portugal.*

L'air était doux comme le lait et le miel, et l'on sentait à le *respirer* un charme inexprimable.

CHATEAUBRIAND, *les Martyrs,* I.

... *L'air* même que vous *respirez*
Avec trop de plaisir passe par votre bouche.

P. CORNEILLE, *Psyché,* III, 3.

Vos fleurs (de l'oranger) ont embaumé tout *l'air* que [*je respire.*

LA FONTAINE, *Psyché,* liv. Ier.

Les plus aimables fleurs et le plus doux zéphire
Parfument *l'air* qu'on y *respire.*

QUINAULT, *Armide,* II, 3.

Au figuré :

Les peuples vouloient partout *respirer* le doux *air* de liberté.

Mme DE MOTTEVILLE, *Mémoires.*

Je souhaite, ma petite, que vous m'aimiez toujours; c'est ma vie, c'est *l'air* que *je respire.*

Mme DE SÉVIGNÉ, *Lettres;* à Mme de Grignan, 7 avril 1671.

Je vous aime toujours, priez pour moi, et faites prier que je me sauve malgré le mauvais *air* que *je respire.*

Mme DE MAINTENON, *Lettres,* XXV; à Mme de Brinon.

Il (Cellamare) confioit à ses amis que *l'air* que la cour de Madrid *respiroit* n'étoit que de guerre.

SAINT-SIMON, *Mémoires*, 1718.

Un jeune auteur qui cherche à plaire à la cour d'un jeune roi où l'on respire l'amour et la galanterie fait *respirer* le même *air* à ses héros et héroïnes.

L. RACINE, *Mémoires sur J. Racine*, Ire part.

Que veut-il? De quel front cet ennemi de Dieu
Vient-il infecter *l'air* qu'on *respire* en ce lieu?

J. RACINE, *Athalie*, III, 5

Prendre l'air, respirer l'air, être dans un lieu où l'on respire un air plus pur, plus léger; *aller prendre l'air*, aller se promener.

Au propre :

Quand il eut soppé, voulenté luy prist d'*aler prendre l'aer*..., car la saison estoit plaisante qui rendoit les champs et prez couvers de fleurs.

Le Livre du très-chevaleureux comte d'Artois, p. 65.

Eulx deux de compaignie estoient saillis de la place pour *prendre l'air* jusques à une demye lieue.

Le loyal Serviteur, c. 23.

Outre ces deux audiences, nous en eusmes encores une troisiesme depuis l'absolution, le 6 d'octobre à Frascati, où le Pape alla dès le 28 septembre pour *prendre l'air*.

LE CARDINAL D'OSSAT, *Lettres*, liv. I, 27.

Comme j'estois allé hier au fauxbourg pour *prendre l'air*, et travailler en repos à quelque chose que j'avois dans l'esprit, je rencontray Proxène, et lui demandai selon la coustume d'où il venoit, et où il alloit.

PERROT D'ABLANCOURT, trad. de Lucien, *Charidème*.

C'est une chose agréable que la conversation; mais il faut un peu de promenade au bout, et je ne trouve rien de plus doux que de *prendre* un peu *l'air* de la campagne, après avoir passé quelques heures d'entretien dans la chambre.

FLÉCHIER, *Mémoires sur les grands jours de* 1665.

Comment vous portez-vous, mon R. P.? Vous étiez à Auteuil pour *prendre l'air* la dernière fois que je fus chez vous pour vous dire adieu.

BUSSY-RABUTIN, *Lettres*; au P. Rapin, 31 août 1680.

Il faut que l'on défende le beau tems, si l'on veut que je ne *prenne* pas *l'air*.

Mme DE SÉVIGNÉ, *Lettres*, 20 octobre 1677.

Il me paraît que je suis un malade qui peut *prendre l'air* partout, sans ordonnance des médecins.

VOLTAIRE, *Lettres*, 4 mai 1774.

Vous n'avez pas été plus tôt hors du logis
Qu'ayant, pour *prendre l'air*, la tête à ma fenêtre,
J'ai vu dans ce détour un jeune homme paroître.

MOLIÈRE, *l'École des Maris*, II, 3.

...Je vais *prendre l'air* pour me rassoir un peu.

LE MÊME, *Tartufe*, II, 2.

Au figuré :

Si tost que les deux compagnons ouïrent parler de cette rumeur, ils *prirent l'air*, sous couleur d'aler à la guerre.

AGR. D'AUBIGNÉ, *Histoire universelle*, t. III, liv. I, c. 15.

Changer d'air, changer de séjour afin de respirer un autre air.

Au propre :

Ledict capitaine la Molle estoit malade, et par ordonnance des médecins pour *changer d'air* s'estoit faict porter au Montdovi.

MONTLUC, *Commentaires*, liv. II.

Parmy tant de divers soins des uns et des autres, Claudius se trouvant mal, voulut *changer d'air*, et alla prendre les eaux de Sinuessa.

COEFFETEAU, *Histoire romaine*, liv. IV.

Votre nièce va à Toulongeon *changer d'air*.

BUSSY-RABUTIN, *Lettres*; à Mme de Sévigné, 18 mai 1687.

Au figuré :

Ennuyé de ce que son père luy retenoit trop longtemps son bien, par une longue vieillesse, il l'étouffa comme vous avez pu entendre et fut contraint de s'enfuir, *changeant* à tous momens *d'air* et de païs.

PERROT D'ABLANCOURT, trad. de Lucien, *la Mort de Pérégrinus*.

Il (l'ambassadeur d'Espagne) a fait mettre dans les papiers publics que le prince Lobkowitz, m'ayant rencontré dans l'antichambre de l'empereur, me dit, sur le mauvais visage que j'avois, qu'il falloit *changer d'air*, celui-ci ne m'étant plus bon.

LE CHEVALIER DE GRÉMONVILLE, à Louis XIV, 15 septembre 1667. (Voyez *Négociations relatives à la succession d'Espagne*, t. II, p. 231.)

Polonius : Voudriez-vous *changer d'air*, Monseigneur, et venir ailleurs? — Hamlet : Dans mon tombeau? — Polonius : Ce seroit assurément *changer d'air* tout à fait.

Le Tourneur, trad. de Shakspeare, *Hamlet*, II, 2.

Se tenir à l'air, se placer en un lieu où l'on soit exposé à l'action de l'air.

Mettre, exposer quelque chose à l'air.

Au propre :

Il fait déplier sa robe et la *mettre à l'air*.

La Bruyère, *Caractères*, c. 10.

Au figuré :

Il n'est rien tel que de *mettre* son crime ou son innocence *au grand air*.

Mme de Sévigné, *Lettres*, 2 février 1680.

Donner de l'air à une chambre, En ouvrir les fenêtres, afin que l'air entre et sorte plus librement; et, dans un sens analogue, *Renouveler l'air d'une chambre, d'une salle.*

Donner de l'air aux arbres, en termes de culture, Les élaguer. (Voyez le Dictionnaire de Danet.)

Donner de l'air à un muid de vin, En ôter le bondon, de peur que le vin ne fasse éclater les douves.

Donner de l'air à une personne qui s'évanouit, La mettre à même de mieux respirer, pour la faire revenir. (Voyez le Dictionnaire de Danet.)

Selon Danet, *Se donner de l'air* se disait familièrement au figuré pour Se divertir comme il faut et avec pleine liberté.

Donner Air recevait aussi quelques sens figurés.

Donner air à une entreprise, c'était, dit Cotgrave, Lui donner de la publicité.

Donner air à un sentiment, à une passion, c'était Leur donner cours.

Il falloit que je *donnasse air* à ma juste douleur par ce discours.

Est. Pasquier, *Recherches de la France*, I, 1.

Donnons air au beau feu dont notre âme est pressée.
En cette illustre ardeur mille m'ont devancée.

Rotrou, *Saint Genest*, III.

Fendre l'air, en parlant d'un son qui éclate, d'un oiseau qui vole rapidement, d'un cheval lancé à la course, d'une personne qui court très vite.

Souvent de grands cris *ont* tellement *fendu l'air*, que les oiseaux en sont tombés.

Bossuet, *Connoissance de Dieu et de soi-même*, c. 3.

L'agile Émile *fend l'air* et se trouve au bout de la carrière, qu'à peine mes trois lourdauds sont partis.

J.-J. Rousseau, *Émile*, liv. V.

Je suis oiseau; voyez mes ailes :
Vive la gent qui *fend les airs*.

La Fontaine, *Fables*, II, 10.

Loin ces anges pesants qui, dans un air épais,
Semblent au haut du ciel nager sur des marais,
Qui de leurs membres lourds surchargent *l'air* qu'ils *fendent*
Et qui tombent des cieux plutôt qu'ils n'en descendent.

Lemierre, *la Peinture*, II.

Frapper l'air, en parlant des sons :

Qui *frappe l'air*, bon Dieu! de ces lugubres cris?

Boileau, *Satires*, VI.

Battre l'air.

Au propre, agiter vivement quelque chose dans l'air.

Le malheureux lion se déchire lui-même,
Fait résonner sa queue à l'entour de ses flancs,
Bat l'air, qui n'en peut mais...

La Fontaine, *Fables*, II, 9.

Au figuré, se donner inutilement de la peine pour quelque chose.

Prendre, gagner le mauvais air.

Être atteint de la contagion, gagner le mal contagieux.

Je suis dans la chambre, dans le jardin; je vais, je viens, je cause avec mille gens, je me promène, je ne *prends* pas *l'air* de la fièvre; enfin, ma fille, n'ayez point d'inquiétude sur ma santé,

Mme DE SÉVIGNÉ, *Lettres*, 30 septembre 1676.

Craindre de gagner le mauvais air, est dit par figure dans le passage suivant :

Une femme n'est pas plustôt maîtresse du coffre fort, qu'*elle craint de gagner le mauvais air* auprès de son mari. Elle ne mange plus avec lui qu'une fois la semaine.

DELOSME DE MONCHENAI, *La cause des femmes*. Scène de l'exposition du sujet. (Voyez GHERARDI, *Théâtre italien*, t. II, p. 16.)

Porter le mauvais air en quelque endroit, y porter la contagion.

Cela est dans l'air, se dit au propre et au figuré en parlant de certaines dispositions physiques ou morales, provenant les unes de la température particulière d'un pays, les autres de l'état général de la société.

En termes de peinture, on dit qu'*il n'y a pas d'air* dans un tableau, quand les figures n'y sont pas assez détachées du fond et que les plans se confondent. Dans le cas contraire on dit qu'*il y a de l'air*, que *l'air y circule*, etc.

Comme *il n'y a* ni *air*, ni vapeur, qui fasse sentir un espace, de la profondeur au-delà des têtes, ce sont des images collées sur le ciel.

DIDEROT, *Salon de* 1765, Vien.

Où est le morceau de Chardin, et même de Roland de la Porte, où *l'air ne circule pas* entre les verres, les fruits et les bouteilles?

LE MÊME, *Essai sur la peinture*, c. 3.

AIR se dit quelquefois par extension de Tout fluide élastique et invisible. Dans cette acception il est synonyme de Gaz. *Air fixe ou Gaz acide carbonique. Air inflammable ou Gaz hydrogène. Air vital ou Gaz oxygène*, etc.

D'ailleurs la nature calcaire et nullement neutralisée des marbres et des autres pierres composées de ces corps, prouve qu'aucun acide, si ce n'est peut-être *l'air fixe*, n'est intervenu dans leur formation.

SAUSSURE, *Voyages dans les Alpes*, t. I, c. 15, § 359.

Depuis longtemps on savait que plusieurs corps laissent échapper de l'air, et que d'autres en absorbent dans certaines circonstances. On avait remarqué que l'air des fosses d'aisances, du fond des puits, celui qui s'élève des liqueurs en fermentation, éteint les lumières et fait périr les animaux; on connaissait encore, dans l'intérieur des mines, un air léger qui s'élève le plus souvent vers les voûtes des souterrains, et qui s'enflamme quelquefois avec de grandes explosions : le premier avait reçu le nom d'*air fixe*, et l'autre celui d'*air inflammable*. Ce sont les mêmes que nous appelons aujourd'hui *gaz acide carbonique* et *gaz hydrogène*.

G. CUVIER, *Éloge historique de Joseph Priestley*.

AIR se dit aussi de L'air en mouvement, du vent.

O bouche! ô belle bouche! ô quand on vous entend,
Quand on vous oit chanter, dieux! que l'on est content!
Un doux *air* qui murmure et passe entre des roses
Ne nous fait point sentir de si divines choses.

SAINT-AMANT, *l'Amarante*.

Un *coup d'air* est une fluxion ou douleur, qui vient de ce qu'on s'est exposé à un courant d'air.

On dit, figurément et familièrement, *l'air du bureau*, de ce qui paraît en bien ou en mal des dispositions de ceux qui doivent juger un procès, décider une affaire; de là ces expressions, *Voir, prendre l'air du bureau*.

La considération du père du premier et les agréments de sa femme aident fort son mérite et son bon droit, et *l'air du bureau* est pour ce côté-là.

LE MARQUIS DE TRICHATEAU, *Lettres*, 19 mars 1679 (Voyez *Correspondance* de BUSSY-RABUTIN.)

On ne sauroit juger de loin si c'est un bon signe pour le marquis de Montrevel qu'on lui ait défendu de se défaire de sa charge; il faudroit *voir l'air du bureau*.

LE MÊME, même ouvrage, 3 mars 1680.

Entre vingt prétendants, on vous le donne beau,
Et vous avez pour vous, monsieur, *l'air du bureau*.

PIRON, *la Métromanie*, II, 8.

On dit encore, familièrement, *Être libre comme l'air*, n'avoir aucune sujétion, pouvoir disposer de tous ses moments.

On dit en termes de marine, mais abusivement, *Air de vent*, pour *aire de vent*. (Voyez *Aire*.)

Air a encore des significations si distantes des premières, qu'on les a attribuées à un second substantif, de forme identique (Voyez le *Dictionnaire de l'Académie,* édition de 1694), et d'origine différente : soit qu'on l'ait rapporté au vieux mot français, tiré du latin *Adire, Aïr, Aire, Aire, Aerre, erre,* etc., et signifiant Mouvement impétueux, marche, allure; et, par suite, conduite, façon d'agir et d'être (Voyez *Dictionnaire étymologique* de Ménage, art. Air, note de Le Duchat; Sainte-Palaye, *Glossaire de l'ancienne langue française,* aux mots Aïr et Aire); soit qu'on l'ait tiré d'un mot de la langue germanique, *Art,* ayant, entre autres sens, ceux de Genre, nature, qualité, caractère, manière, façon. (Voyez Ménage, *ibid.;* Chevallet, *Origine et formation de la langue française,* t. I, p. 269.)

D'autres ont pensé qu'Air, venu d'*aer,* avait pu arriver aux significations figurées dont il s'agit, par la même voie que le mot latin *spiritus* à des significations analogues. (Voyez Burguy, *Grammaire de la langue d'oïl,* t. III, p. 8.)

N'est-il pas plus vraisemblable qu'un mot par lequel est désigné le milieu dans lequel nous vivons et agissons, ait été employé par figure pour exprimer notre apparence, notre habitude extérieure, et prendre le sens général de Manière, de façon?

Air se dit, en effet, de la manière d'être, de parler et d'agir, de marcher, de se tenir, de s'habiller, de se conduire dans le monde, et généralement de tout ce qui regarde le maintien, la contenance, la mine, le port et toutes les façons de faire.

On l'emploie, en ce sens, fort diversement.

On dit *l'air de* quelqu'un, *son air :*

Les personnes de votre qualité ont toujours des esclaves auprès d'elles; mais il me semble qu'ils ne sont point de l'âge et de *l'air de* celui que je vois auprès de vous.
Mme de Lafayette, *Zayde.*

Leur air et leur manière est un langage naturel si fort et si convaincant..... qu'ils répandent, pour ainsi dire, la conviction et la certitude dans tous ceux qui les regardent
Malebranche, *Recherche de la vérité,* liv. II, IIIe part., 9e éclaircissement.

Mais les gens de *mon air,* marquis, ne sont pas faits
Pour aimer à crédit, et faire tous les frais.
Molière, *le Misanthrope,* III, 1.

Je sais que vous avez trop de bénignité,
Et que vous ferez grâce à ma témérité,
. . . .
Et considérerez, en regardant *votre air,*
Que l'on n'est plus aveugle et qu'un homme est de [chair.
Le même, *Tartufe,* III, 3.

Chacun pris dans *son air* est agréable en soi;
Ce n'est que *l'air d'*autrui qui peut déplaire en moi.
Boileau, *Épîtres,* IX.

Ses manières, *son air,* sa pudeur naturelle,
Ce sont des cautions qui vous répondent d'elle.
Boursault, *le Mercure galant,* III, 4.

A cette manière d'employer le mot Air se rapporte l'emploi qui en est fait dans la phrase suivante :

La fortune, qui m'a fait du pis qu'elle a pu, n'a pu m'abattre ni *l'air* ni le courage.
Bussy-Rabutin, *Lettres;* 4 juin 1687, à Mme de Sévigné.

Air se construit encore, au moyen de la préposition *de,* avec un nom de personne, dans une occasion différente, lorsqu'il s'agit de faire connaître non pas de qui est l'Air, mais quelle est sa nature.

Tout ce que je souhaiterois, seroit de savoir cinq ou six grands mots de médecine pour parer mon discours et me donner *l'air d'*habile homme.
Molière, *le Médecin malgré lui,* III, 1.

*Ai-je l'air d'*un exilé.
Voltaire, *Lettres,* 17 septembre 1760.

Malgré tout cela, je lui trouvois *l'air d'*un homme de qualité, sans doute parce que je savois qu'il en étoit un.
Le Sage, *Gil Blas,* VII, 2.

Hé, mon Dieu! nos François, si souvent redressés,
Ne prendront-ils jamais un *air de* gens sensés.
Molière, *les Fâcheux,* I, 1.

Quoi, se peut-il, Monsieur, qu'avec *l'air d'*homme sage
Et cette large barbe au milieu du visage,
Vous soyez assez fou pour vouloir...?

Molière, *Tartufe*, II, 2.

Par certain *air d'*enfant qu'elle donne au visage.

Boursault, *les Mots à la mode*, sc. 15.

Elle a d'Hébé le souris gracieux,
La taille libre et *l'air d'*une déesse.

J.-B. Rousseau, *Épigrammes*, I, 12.

On le détermine souvent de la même manière; mais en donnant à la préposition *de* pour régime un nom de chose, un nom abstrait.

Vos paroles, le ton de votre voix, vos regards, vos pas, votre action et votre ajustement ont je ne sais quel *air de* qualité qui enchante les gens.

Molière, *Critique de l'École des femmes*, sc. 3.

Sous cet *air de* jeunesse qui sembloit ne promettre que des jeux, elle cachoit un sens et un sérieux dont ceux qui traitoient avec elle étoient surpris.

Bossuet, *Oraison funèbre de la duchesse d'Orléans.*

Dans une si grande élévation, qui vit jamais paroître en cette princesse ou le moindre sentiment d'orgueil, ou le moindre *air de* mépris?

Le même, *Oraison funèbre de Marie-Thérèse d'Autriche.*

Un *air de* sagesse et *de* vérité répandu dans toutes les actions de sa vie marquoit la pureté de ses intentions.

Fléchier, *Oraison funèbre de Marie-Thérèse.*

Il y a toujours un tour fin et un *air du* monde dans tout ce que vous faites, qui fait valoir tout ce que vous maniez. Tous vos couplets sont jolis.

Bussy-Rabutin, *Lettres;* à Benserade, 20 septembre 1667.

Il y a un petit *air de* dimanche gras répandu sur cette lettre qui la rend d'un goût non pareil.

Mme de Sévigné, *Lettres*, 9 mars 1672.

Les principaux officiers des deux partis prirent donc dans une conférence un *air de* paix et convinrent de faire entrer du secours dans Mons.

La même, même ouvrage, 23 août 1678.

Voilà un *air d'*établissement.

La même, même ouvrage, 16 novembre 1689.

Que de dons du ciel ne faut-il pas pour bien régner! Une naissance auguste, un *air d'*empire et d'autorité, un visage qui remplisse la curiosité des peuples empressés de voir le prince.

La Bruyère, *Caractères*, Du Souverain.

Elle (Mlle Steward, fille d'honneur de la reine d'Angleterre) étoit polie, possédoit cet *air de* parure après lequel on court, et qu'on n'attrape guère à moins de l'avoir pris en France dès sa jeunesse.

Hamilton, *Mémoires du comte de Grammont*, c. 2.

Aujourd'hui, hélas! l'impiété est presque devenue un *air de* distinction et *de* gloire.

Massillon, *Petit Carême*, 2e dimanche.

Il (Caumartin) étoit beau parleur et avec de l'esprit, un *air de* fatuité imposante, de grands airs.

Saint-Simon, *Mémoires*, 1710.

L'*air de* la Cour consiste à quitter sa grandeur propre pour une grandeur empruntée. Celle-ci flatte plus un courtisan que la sienne même.

Montesquieu, *Esprit des lois*, IV, 2.

Cet *air de* grandeur dont Louis XIV relevait toutes ses actions.

Voltaire, *Siècle de Louis XIV.*

La bergère... l'aperçoit entre les arbres (le pigeon messager); il fixe ses regards, elle a tout à fait *l'air de* l'impatience et *du* désir.

Diderot, *Salon de* 1765, Boucher.

Enfin cet *air de* haine entre mon frère et moi va disparaître.

Dufresny, *la Réconciliation normande*, I, 4.

Il n'est pas moins ordinaire de joindre au mot Air quelque adjectif, ou, par apposition, quelque substantif, qui en détermine le sens.

Tout ce que je fais a *l'air* cavalier.

Molière, *les Précieuses ridicules*, sc. 10.

Un *air* triste et lugubre se répand sur tous les visages.

Fléchier, *Oraison funèbre de Mme d'Aiguillon.*

S'il découvre de loin un homme devant qui il est nécessaire qu'il soit dévot, les yeux baissés, la démarche lente et modeste, l'*air* recueilli, lui sont familiers.

La Bruyère, *Caractères*, c. 13.

Est-ce là un *air* sérieux et grave, propre à vous faire espérer quelque chose d'utile et d'important?

Fénelon, *Dialogues sur l'éloquence*, I.

On voit dans tout ce que dit un écrivain qui a l'esprit grand et élevé un certain *air* aisé et naturel.

ROLLIN, *Traité des Études*, Discours préliminaire, IIe part.

Ce monsieur Loyal porte un *air* bien déloyal.

MOLIÈRE, *Tartufe*, V, 4.

Ce monsieur le commis a l'*air* patibulaire.

BOURSAULT, *le Mercure galant*, II, 4.

Mais lorsque, revenant de mon trouble funeste,
J'admirois sa douceur, son *air* noble et modeste.

J. RACINE, *Athalie*, II, 5.

Tout charme en un enfant dont la langue sans fard,
A peine du filet encore débarrassée,
Sait d'un *air* innocent bégayer sa pensée.

BOILEAU, *Épîtres*, IX.

Quand l'ennemi divin des Scribes et des prêtres,
Chez Pilate autrefois fut traîné par des traîtres;
De cet *air* insolent, qu'on nomme dignité,
Le Romain demanda qu'est-ce que vérité?
L'homme Dieu qui pouvait l'instruire ou le confondre,
A ce juge orgueilleux dédaigna de répondre.

VOLTAIRE, 3e discours.

...Le fripon, pour être
Moins bon garçon, n'en étoit pas moins beau;
Cet œil guerrier et cet *air* petit-maître
Lui prêtoient même un agrément nouveau.

GRESSET, *Vert-Vert*, c. IV.

Dans le passage suivant se trouvent réunies les diverses constructions dont il vient d'être parlé.

L'*air de* fierté et *de* brutalité est *l'air d'*un homme qui s'estime beaucoup, et qui néglige assez l'estime des autres. L'*air* modeste est l'*air d'*un homme qui s'estime peu et qui estime assez les autres. L'*air* grave est l'*air d'*un homme qui s'estime beaucoup, et qui désire fort d'être estimé; et l'*air* simple, celui *d'*un homme qui ne s'occupe guère de soi ni des autres.

MALEBRANCHE, *Recherche de la vérité*, liv. II, IIe part., c. 4.

On dit *Avoir bon air :*

Vous *avez* tout à fait *bon air* avec cet habit.

MOLIÈRE, *le Bourgeois Gentilhomme*, III, 4.

Elle *a un bon air* dans sa personne et dans tout ce qu'elle dit.

Mme DE SÉVIGNÉ, *Lettres*, 29 mai 1677.

Je suis assez adroit, j'*ai bon air*, bonne mine.

MOLIÈRE, *le Misanthrope*, III, 1.

Avoir bon air à faire quelque chose.

Il n'y a que ma fluxion qui me prend de temps en temps. — Cela n'est rien. Votre fluxion ne vous sied point mal, et vous *avez bon air à* tousser.

MOLIÈRE, *l'Avare*, II, 6.

Enfin, c'est quelquefois par une proposition conjonctive que la signification particulière du mot AIR est déterminée.

Elle parut au milieu d'une cour pompeuse avec un *air qui* n'avait rien ni d'étranger ni de contraint.

FLÉCHIER, *Oraison funèbre de Mme la Dauphine*.

Il (le duc de Saint-Aignan) avoit un *air* et une manière *qui* paroit la Cour.

Mme DE SÉVIGNÉ, *Lettres*, 17 juin 1687.

D'un air, modifié de diverses manières, sert souvent de complément à un verbe.

M. le cardinal..... me parla *de l'air* du monde le plus haut.

LE CARDINAL DE RETZ, *Mémoires*, IIe part., 1646.

Pour sa figure, je ne veux point vous en parler : vous verrez *de quel air* la nature l'a dessinée.

MOLIÈRE, *M. de Pourceaugnac*, I, 4.

Parlez, Don Juan, et voyons *de quel air* vous saurez vous justifier.

LE MÊME, *le Festin de Pierre;* I, 3.

Venez seulement, et nous politiquerons *d'un air* à faire trembler tout ce qui nous hait.

Mme DE SÉVIGNÉ, *Lettres*, 19 janvier 1674.

Je vois bien, disoit-il, qu'un gouverneur n'a que faire ici; et tout cela *d'un bon air*.

LA MÊME, même ouvrage, 1er décembre 1688.

Elle (la connétable Colonne) ne déplait point; elle s'habille à l'espagnole, *d'un air* plus agréable que ne font toutes les autres femmes de cette Cour.

Mme DE VILLARS, *Lettres*, 15 août 1680.

Protésilas écoutoit toutes ces louanges *d'un air* sec et dédaigneux.

FÉNELON, *Télémaque*.

Voilà *d'un air* galant faire une raillerie.
MOLIÈRE, *l'Étourdi*, V, 8.

Vous voyez *de quel air* on reçoit vos joyaux.
LE MÊME, *l'École des Maris*, II, 6.

Ces obligeants diseurs d'inutiles paroles,
Qui de civilités avec tous font combat,
Et traitent *du même air* l'honnête homme et le fat.
LE MÊME, *le Misanthrope*, I, 1.

Et je me vis contrainte à demeurer d'accord
Que *l'air dont* vous viviez vous faisoit un peu tort.
LE MÊME, même ouvrage, III, 5.

Contemplez *de quel air* un père, dans Térence,
Vient d'un fils amoureux gourmander l'imprudence,
De quel air cet amant écoute ses leçons
Et court chez sa maîtresse oublier ces chansons.
BOILEAU, *Art poétique*, III.

La Dangeville est plaisante et moqueuse,
Elle riait : Granval me regardait
D'un air de prince, et Sarrazin dormait.
VOLTAIRE, *Satires*, le pauvre Diable.

Venez voir *de quel air* nous vivons à la ville.
ANDRIEUX, *le Rat de ville et le Rat des champs.*

On a dit *être fait d'un* certain *air*.

Jusques à sa figure encor la chose alla,
Et je vis par les vers qu'à la tête il nous jette,
De quel air il falloit que fût fait le poëte.
MOLIÈRE, *les Femmes savantes*, I, 3.

On est *faite d'un air*, je pense, à pouvoir dire
Qu'on n'a pas pour un cœur soumis à son empire.
LE MÊME, même ouvrage, II, 3.

Bien des phrases commencent par ces mots : *A l'air de, de l'air de; à l'air de... on voit*, etc., *de l'air de... on peut juger*, etc.

De l'air dont nous nous y prenons, il est mal-aisé de faire cheminer l'amour plus vite.
La précaution inutile, II, 2. (Voyez GHÉRARDI, *Théâtre italien*, t. I, p. 443.)

De l'air dont elle parle en ma propre présence,
Dieu sait comme en secret je suis sur le tapis.
BOURSAULT, *les Fables d'Ésope*, II, 3.

AIR se dit souvent pour exprimer la simple apparence. On dit *Prendre, affecter, se donner*, etc., *un air*.

Je *prends l'air* composé, ton grave, froid visage.
DUFRESNY, *le Dédit*, sc. 3.

Avec ses égaux même il *prend l'air* important.
DESTOUCHES, *le Glorieux*, I, 4.

C'est dans ce sens que l'on se sert d'AIR au pluriel pour exprimer de certaines démonstrations plus ou moins conformes aux qualités, aux dispositions réelles.

Ce pluriel AIRS s'emploie, du reste, aussi diversement que le singulier;

Construit, au moyen de la préposition *de* avec un nom de personne, ou, ce qui revient au même, avec l'adjectif possessif :

Un autre poëte croira fort beau de mépriser l'homme dans ses vanités et dans *ses airs*.
BOSSUET, *Traité de concupiscence*, c. 18.

Ma fille, à *vos airs* et à vos manières, j'ai toujours remarqué que le sang des Persillets étoit destiné à quelque chose de grand.
Le Banqueroutier, scène de la Cassette. (Voyez GHERARDI, *Théâtre italien*, t. I, p. 391.)

Par les *airs du* valet on peut juger du maître.
DESTOUCHES, *le Glorieux*, IV, 5.

Construit avec un nom de chose :

La religion, j'en conviens, ne vous défend pas de leur faire prendre certains *airs du* monde.
BOURDALOUE, *Sermons*. Sur les divertissements du monde.

Je les voyois tantôt se baisser, s'appuyer, se redresser; puis sourire, puis saluer à droite et à gauche, moins par politesse ou par devoir, que pour varier les *airs de* bonne mine et d'importance, et se montrer sous différents aspects.
MARIVAUX, *la Vie de Marianne*, IIe part.

Modifié par un adjectif :

Ces *airs* mystérieux qu'on se donne pour couvrir son

ambition ou pour relever son crédit; tout cet esprit de dissimulation et d'imposture ne convint pas à sa vertu.

FLÉCHIER, *Oraison funèbre de Montausier.*

Monseigneur acquiert bien de la gloire et bien des cœurs cette campagne : on ne parle que de sa valeur, de sa conduite, de ses *airs* gracieux à tout le monde.

BUSSY-RABUTIN, *Lettres,* 29 octobre 1688.

Si sa gaieté naturelle (de Mlle de Murcé) lui eût permis de retrancher certains petits *airs* un peu coquets que toute son innocence ne pouvoit pas justifier, c'eût été une personne accomplie.

L'ABBÉ DE CHOISY, *Mémoires,* liv. V.

La prude méprisante avec ses *airs* hautains
Prend un ton doucereux....

DUFRESNY, *le Dédit,* sc. 1.

.... Des jeunes courtisans
Que n'ai-je le babil et les *airs* suffisans !

DESTOUCHES, *le Glorieux,* II, 6.

De là certaines locutions consacrées, *Grands airs :*

Si vous aimez tant la dépense, ce mariage au moins vous donnera quelque titre qui rendra vos *grands airs* plus supportables.

DANCOURT, *le Chevalier à la mode,* II, 2.

Airs penchés : Avoir, prendre, se donner des airs penchés, c'est, dans le langage familier, prendre avec affectation certaines attitudes.

Il est vray, reprit la dame, qui en vouloit fort à la bourgeoisie, qu'il n'y a rien de plus plaisant que ces bourgeois révoltez, et ces gens à manteau qui veulent à toute force contrefaire les gens de qualité; j'en connois qui se renversent comme eux dans nos fauteuils, qui mettent leurs pieds sur d'autres siéges, qui font les beaux et les gracieux, qui *prennent les airs penchés* des jeunes courtisans.

DE CALLIÈRES, *les Mots à la mode.*

Holà! l'ami, holà! est-ce que vous voudriez faire comparaison avec moi? Avez-vous la taille aussi dégagée que la mienne? Vous sauriez-vous *donner des airs penchés* comme moi?

DELOSME DE MONCHENAI, *la Critique de la cause des femmes.* (Voyez GHERARDI, *Théâtre italien,* t. II, p. 79.)

On dit aussi, absolument, *Prendre, se donner des airs.*

Je supplie madame la duchesse de me pardonner si je demande..... ce que c'est que *se donner des airs?* Je sais qu'on dit : Voilà un homme qui a bon ou mauvais air, qui a l'air d'un homme de qualité, ou qui a l'air d'un bourgeois; mais *se donner des airs,* c'est parler pour ne rien dire. Je demeure d'accord, reprit la dame, qui étoit piquée contre la duchesse, que *se donner des airs* quand on ne met rien au bout est usé à la Cour, et qu'il n'y a plus que les femmes de la ville qui le disent.

DE CALLIÈRES, *des Mots à la mode,* 1692.

Sa blessure (du maréchal de Villars) ou les *airs qu'il en prenoit,* lui faisoit souvent tenir sa jambe sur le cou de son cheval, à peu près comme les dames.

SAINT-SIMON, *Mémoires,* 1710.

J'ajoutai que je ne craignois pas..... d'être accusé de manquer de politesse avec qui que ce fût, mais que je n'étois pas accoutumé aussi que qui ce fût s'avisât de *prendre des airs* avec moi.

LE MÊME, même ouvrage, 1713.

C'est un petit esprit que cette marquise, qui *se donne des airs,* qui fait la jolie femme, qui n'a ni sentiment, ni passion.

Mme DU DEFFAND, *Lettres,* CCLXX, 31 mai 1777; à H. Walpole.

AIR et AIRS sont opposés dans les passages suivants :

Ses *airs* éventés (du jeune marquis de Villeroy) me le rendirent insupportable, et mon *air* froid m'attira son aversion.

J.-J. ROUSSEAU, *les Confessions,* II, 11.

Mon oncle, allons, gai, gai; vous avez l'*air* sauvage.
— Vous, n'aurez-vous jamais celui d'un homme sage?
Faudra-t-il qu'en tous lieux vos *airs* extravagants,
Vos ris immodérés donnent à rire aux gens?

REGNARD, *le Distrait,* I, 6.

Un grand air, le grand air, se disent de l'air qui appartient aux grands. De là ces expressions : *Avoir un grand air, avoir grand air,* un homme, une femme *de grand air.*

Il ne m'est pas permis de vous mander son nom....., ce que je puis vous en mander, c'est qu'il y a peu de femmes en France qui *aient un* plus *grand air* qu'elle l'*a*, avec la plus belle taille du monde.

Le comte de Grammont, *Lettres;* à Bussy, 13 août 1667. (Voyez *Correspondance de Bussy-Rabutin.*)

Mlle de Laval *avoit un grand air,* une belle taille, un visage agréable, et dansoit parfaitement bien.

Mme de Caylus, *Souvenirs.*

Jamais on ne vit un plus beau couple ni *de si grand air* que M. et Mme de Châtillon.

Saint-Simon, *Mémoires,* 1706.

Mme de Ventadour avoit été charmante, elle conserva toujours *un grand air.*

Le même, même ouvrage, 1715.

Une dame paroît dont j'admire la mine,
Elle a *grand air*...

Boursault, *le Mercure galant,* III, 2.

Dans le passage suivant est marquée la différence du *grand air* et de *l'air grand.*

Ce sont deux choses bien différentes, *avoir le grand air* et *avoir l'air grand.* On dit d'un homme qui vit en grand seigneur, et à la manière du grand monde, qu'*il a le grand air*. On dit d'un homme qui a la physionomie noble et la mine haute, qu'*il a l'air grand*.

Bouhours, *Remarques nouvelles sur la langue françoise.*

Les usages de la société ont fait distinguer à certaines époques, *le bon air, le bel air, le grand air.*

Souvenez-vous bien, vous, de venir, comme je vous ai dit, là, avec cet air qu'on nomme *le bel air*, peignant votre perruque, et grondant une petite chanson entre vos dents.

Molière, *l'Impromptu de Versailles,* sc. 3.

Il (Charles de Sévigné) est dans *le bel air* par dessus les yeux : point de Pâques, point de Jubilé.

Mme de Sévigné, *Lettres,* 15 avril 1671.

Je me mets quelquefois dans la tête qu'il est d'*un bon air* d'avoir dans sa poche des lettres de M. le comte de Bussy.

Mme de Maisons, *Lettres;* à Bussy, 25 juillet 1689. (Voyez *Correspondance de Bussy-Rabutin.*)

Ils regardent l'incrédulité comme *un bon air.*

Massillon, *Carême,* mardi de la 4e semaine. Doutes sur la religion.

Je reste dans mon tonneau..... jusqu'à présent il n'est pas de *mauvais air* de m'y venir chercher.

Mme du Deffand, *Lettres,* CI, 27 décembre 1770.

L'empressement qu'on a pour elle est extrême ; rien n'*a meilleur air* que de la voir, que de lui donner à souper.

La même, même ouvrage, CLXXXI, 26 février 1774 ; à H. Walpole.

La vanité, *le bon air*, tout m'engage
Dans les filets de certaine Laïs.

Voltaire, *Satires,* le Pauvre Diable.

Je remarque aujourd'hui qu'il n'est plus du *bon air*
D'aimer une compagne à qui l'on s'associe.

La Chaussée, *le Préjugé à la mode,* I, 4.

On a dit en raillerie, *Les gens du bel air, les gens du grand air,* etc., de ceux qui veulent se distinguer des autres par des manières plus recherchées.

Tu es donc, marquis, de ces *messieurs du bel air* qui ne veulent pas que le parterre ait du sens commun.

Molière, *la Critique de l'École des Femmes,* sc. 5.

Étudiez-vous..... à prendre le langage et toutes les manières d'une personne de qualité. — Laissez-moi faire. J'ai vu les *personnes du bel air.*

Le même, *M. de Pourceaugnac,* III, 2.

Premier *homme du bel air.*
Second *homme du bel air.*
Première *femme du bel air.*
Seconde *femme du bel air.*

Le même, *le Bourgeois Gentilhomme,* V, ballet des Nations, Liste des acteurs.

Quant à ma sœur, il ne vous déplaira pas que je la fasse observer de près jusqu'au moment de ses noces, qui sera tout au plus tard demain soir. Mes mesures sont si bien prises, que je défie *messieurs du grand air* d'en approcher.

La Précaution inutile, I, 1. (Voyez Gherardi, *Théâtre italien,* t. I, p. 408.)

La bonté de son caractère m'a enhardi quelquefois à observer avec lui combien les liaisons avec les jeunes *gens du bel air* sont souvent dangereuses.

Voltaire, *Lettres,* 16 avril 1765.

Le soir, un souper somptueux et délicat pour toutes les jolies femmes et les *hommes du bel air.*

Duclos, *Mémoires secrets sur Louis XIV,* la Régence.

Car les gens du *bel air*, pour agir galament,
Se gardent bien surtout d'ouïr le dénouement.

MOLIÈRE, *les Fâcheux*, I, 1.

Mme de Sévigné a appliqué l'expression *grand air* à une assemblée :

Je ne crois pas qu'il y ait une province rassemblée qui ait un aussi *grand air* que celle-ci (les États de Bretagne).

Mme DE SÉVIGNÉ, *Lettres*, 5 août 1671.

On a dit, absolument, *C'est un air*.

Quand je vous ai demandé si vous n'aviez point jeté mes dernières lettres, *c'étoit un air*.

Mme DE SÉVIGNÉ, *Lettres*, 15 novembre 1671.

Par air.

Le goût des lettres, des sciences et des arts a gagné insensiblement, et il est venu à un point que ceux qui ne l'ont point d'inclination, l'affectent *par air*.

DUCLOS, *Considérations sur les mœurs*, c. 10.

Faire des soupers fins où l'on périt d'ennui,
Veiller *par air*, enfin se tuer pour autrui.

GRESSET, *le Méchant*, II, 3.

Avoir l'air à la danse, c'est, dans le langage familier, Avoir l'air vif, éveillé, et annoncer des dispositions pour réussir dans ce qu'on fait.

C'est à vous à danser, Sire. Voiture vous dirait que vous *avez l'air à la danse*.

VOLTAIRE, *Lettres*, 15 mai 1742; à Frédéric.

AIR s'est dit, par extension, des animaux aussi bien que des hommes.

Quelques moments après, leur corps et leur visage
Prennent l'*air* et les traits d'animaux différents.

LA FONTAINE, *Fables*, XII, 1.

Il s'est dit souvent, avec les diversités d'emploi qui ont été remarquées, en parlant des choses elles-mêmes, soit de l'ordre physique, soit de l'ordre moral.

Par exemple, des habits, des ajustements :

Que dites-vous de mes canons? — Ils ont tout à fait *bon air*.

MOLIÈRE, *les Précieuses ridicules*, sc. 9.

Ou bien des édifices, des maisons et de leur train:

Le bon goût des Égyptiens leur fit aimer dès lors la solidité et la régularité toute nue. N'est-ce point que la nature porte d'elle-même à cet *air* simple, auquel on a tant de peine à revenir quand le goût a été gâté par des nouveautés et des hardiesses bizarres.

BOSSUET, *Discours sur l'histoire universelle*, III, 3.

Nous vînmes chez Mme de Marbeuf, qui a fait ajuster sa maison et meubler si proprement, et tout cela d'un si *bon air* et d'un si bon cœur, qu'elle mérite toutes sortes de louanges.

Mme DE SÉVIGNÉ, *Lettres*, 6 août 1680.

Il est vrai que j'aime la réputation de notre cousin d'Allemagne, le marquis de Villars nous en a dit des merveilles à son retour de Vienne, et de sa valeur, et de son mérite de tous les jours, et de sa femme, et du *bon air* de sa maison.

LA MÊME, même ouvrage, 22 septembre 1688.

Je trouve le meilleur *air* du monde à votre château.

LA MÊME, même ouvrage, 31 août 1689.

Ce n'est pas une chose indifférente pour la dépense que le *bel air* et le *bon air* dans une maison comme la vôtre; je viens d'en voir la représentation.

LA MÊME, *ibid.*

Par exemple encore, de certains sentiments, de certaines idées, de certains discours, de certains ouvrages, etc.:

Notre extrême volupté a quelque *air* de gémissement et de plainte.

MONTAIGNE, *Essais*, II, 20.

Ce grand Bartole avait un *air* général de tout le droit civil en sa tête.

EST. PASQUIER, *Recherches de la France*, VIII, 14.

La beauté des paroles et le grand *air* qui paroît dans leur poésie (des Hébreux) peut faire juger que le reste y répondoit.

FLEURY, *Discours sur l'histoire ecclésiastique*, IXe discours, § 8.

Je n'appelle pas gaieté ce qui excite le rire; mais un certain charme, un *air* agréable qu'on peut donner à toutes sortes de sujets, même les plus sérieux.

LA FONTAINE, *Fables*, Préface.

Vous pourrez vous divertir à les aller voir (les médailles) dans les cabinets des curieux, parce que la vue des originaux affecte davantage, et qu'on y respire un *air* d'antiquité qui fait plaisir à ceux qui aiment à voir le vrai dans toute sa pureté.

D'Aguesseau, *Instruction à son fils.*

Il crut (Démétrius) devoir égayer l'éloquence, et la tirer de cet *air* sombre et austère qui, selon lui, la rendoit trop sérieuse.

Rollin, *Traité des Études,* IV, I, art. 1.

Il (le cardinal de Retz) s'est peint lui-même dans ses Mémoires, écrits avec un *air* de grandeur, une impétuosité de génie, et une inégalité qui sont l'image de sa conduite.

Voltaire, *Siècle de Louis XIV,* c. 4.

Je vous prêcherai donc éternellement cet art d'écrire que Despréaux a si bien connu et si bien enseigné, ce respect pour la langue, cette liaison, cette suite d'idées, cet *air* aisé avec lequel il conduit son lecteur.

Le même, *Lettres;* à Helvétius, 20 juin 1741.

J'ai pensé qu'il fallait un peu adoucir quelquefois le style sévère qu'imposent les grands objets de la politique et de la guerre; varier son sujet, l'égayer même avec discrétion et avec mesure, lui ôter l'*air* insipide d'annales, l'*air* rebutant de la compilation, l'*air* sec que donnent les petits faits rangés scrupuleusement suivant leurs dates.

Le même, même ouvrage, 1er juin 1761.

En donnant l'*air* géométrique à ces idées, je leur eusse en même temps donné du poids.

Buffon, *Théorie de la terre,* de la formation des planètes.

Vos odes ont un *air* noble, touchant et doux
Qui laisse de bien loin votre Horace après vous.

Molière, *les Femmes savantes,* III, 5.

Gardez donc de donner, ainsi que dans Clélie,
L'*air* ni l'esprit françois à l'antique Italie.

Boileau, *Art poétique,* III.

Et de vos fictions le mélange coupable
Même à la vérité donne l'*air* de la fable.

Le même, même ouvrage, *ibid.*

Si pourtant quelque endroit chez eux plein d'excellence
Peut entrer dans mes vers sans nulle violence,
Je l'y transporte et veux qu'il n'ait rien d'affecté,
Tâchant de rendre mien cet *air* d'antiquité.

La Fontaine, *Épître à Huet.*

Avoir l'air est une locution qui signifie Sembler, paraître;

Tantôt construite au moyen de la préposition *de* avec un verbe à l'infinitif :

Elle a eu deux garçons qui sont grands et forts et qui *ont* bien *l'air de* vivre.

Le marquis de Montataire, *Lettres;* à Bussy, 13 décembre 1686. (Voyez *Correspondance de Bussy-Rabutin.*)

Ne savoir point ce qui se passe dans le monde, *a* bien *l'air d'*être mort.

Bussy-Rabutin, *Lettres,* 18 août 1690.

Notre ami Formont ne serait peut-être pas des nôtres; il *a* bien *l'air de* rester longtemps à Paris.

Voltaire, *Lettres,* 21 avril 1733.

La plupart des livres d'à présent *ont l'air d'*avoir été faits en un jour, avec des livres lus de la veille.

Chamfort, *des Savants et des Gens de lettres,* c. 7.

Ou avec un substantif :

Une grande amitié *a* bien *l'air de* l'amour.

Bussy-Rabutin, *Lettres;* à Mme de Sévigné, 10 juin 1672.

Dans cette manière de parler, *Avoir de l'air de* était fort usité au XVIIe siècle, au sens de Avoir quelque chose de, ressembler à :

Je suis tellement persuadé que Mlle de Sévigné sera bien et bientôt mariée, que cette opinion *a de l'air d'*un pressentiment.

Bussy-Rabutin, *Lettres;* à Mme de Sévigné, 7 septembre 1668.

J'ai un parc où il y a des endroits qui *ont de l'air du* bout du monde.

Le même, même ouvrage; au P. Bouhours, 31 mai 1677.

N'avez-vous pas peur que je vous appelle ingrate? Je le ferois si cela n'*avoit* trop *d'air de* la vérité.

Le même, même ouvrage; à Mme de Montmorency, 28 octobre 1683.

Vous ne devez pas trouver étrange que, vous aimant comme je fais, je sois si facile à m'alarmer sur toutes les choses qui *ont de l'air d'*une faute.

J. Racine, *Lettres;* à Jean-Baptiste Racine. A Marly, le 5 [février 1698].

Et ses effets soudains (de l'amour) *ont de l'air des* miracles.

MOLIÈRE, *l'École des Femmes,* III, 4.

Tantôt construite avec un adjectif :

Je ne suis point d'avis qu'on vous peigne en amazone ; vous *avez l'air* trop doux.

FONTENELLE, *Lettres,* XIXe.

Elle *a l'air* bien furibond.

VOLTAIRE, *l'Écossaise,* I, 5.

Les femmes des Caraïbes *ont l'air* plus gai, plus riant que les hommes. Les femmes de Java *ont l'air* doux.

BUFFON, *Histoire naturelle de l'homme.*

Mon Dieu ! qu'elle est jolie et qu'elle *a l'air* mignon !

MOLIÈRE, *l'Étourdi,* III, 8.

Qu'elle est laide à présent, et qu'elle *a l'air* mauvais !

REGNARD, *Démocrite,* IV, 7.

De grâce, dites-moi, parlant sincèrement,
Sous l'habit de Vénus *avois-je l'air* charmant?

LE MÊME, *les Ménechmes,* I, 3.

Elle *avait l'air* timide, embarrassé.

VOLTAIRE, *l'Enfant prodigue,* IV, 7.

... Elle *a l'air* doux,
Et semble assez docile.

COLIN D'HARLEVILLE, *le Vieux Célibataire,* III, 10.

On se sert aussi de cette expression en parlant des choses, mais des choses personnifiées, animées par l'expression.

En voilà une (statue) qui *a l'air* bien grossier.

FÉNELON, *Fables,* XXV.

Quoiqu'une couverture de chaume soit en toute saison la meilleure, je préférerois magnifiquement, non la triste ardoise, mais la tuile, parce qu'elle *a l'air* plus propre et plus gai que le chaume.

J.-J. ROUSSEAU, *Émile,* liv. IV.

La vertu toute nue *a l'air* trop indigent,
Et c'est n'en point avoir que n'avoir point d'argent.

BOURSAULT, *Ésope à la Cour,* IV, 5.

Dans certains cas qu'il est difficile de déterminer d'une manière absolue, on fait accorder l'adjectif, non pas avec le mot AIR, mais avec le sujet de la proposition.

Par exemple :

Lorsque c'est la personne elle-même, et non son *air* que l'on veut qualifier. On dit alors d'une personne qu'elle *a l'air* contente, fâchée, polie, gaie, etc. ; ou d'une chose, par exemple, qu'elle *a* ou *n'a pas l'air* sérieuse. Les grammairiens considèrent cette locution comme une ellipse, pour *Avoir l'air d'être,* au sens de Paraître, sembler.

Cette proposition *n'a pas l'air* sérieuse.

VOLTAIRE, *Remarques sur les Horaces,* acte II, sc. 7.

Lorsqu'il s'agit de certaines qualités physiques, l'accord avec le sujet est non seulement permis, mais rigoureusement nécessaire ; on dit qu'une femme *a l'air* bien faite, *a l'air* bossue, *a l'air* enceinte, etc.

AIR se dit aussi d'une certaine ressemblance qui résulte de toute la personne, et particulièrement des traits du visage ; de là ces locutions : *Avoir de l'air de quelqu'un, avoir un faux air de quelqu'un, avoir même air,* etc.

Dites-moi plutôt... quel étoit le port et l'âge de Laïus. — Sa taille étoit grande et majestueuse ; sa tête commençoit à blanchir : du reste, *il avoit* beaucoup *de votre air.*

BRUMOY, trad. de *l'Œdipe Roi de Sophocle,* acte III, sc. 4.

AIR peut se dire de la même manière au figuré, en parlant de choses qui se ressemblent.

La république d'Athènes n'a pas la majesté de celle de Rome, quoy qu'elle *ait* beaucoup *de son air,* et en soit comme un abrégé.

PERROT D'ABLANCOURT, trad. de Lucien, *les Images ou les Portraits.*

On entend par *air de famille* cette conformité de traits, de physionomie qui existe ou qu'on croit reconnaître entre les personnes d'une même famille.

En termes de peinture et de sculpture, on dit de l'attitude, du mouvement d'une tête, *un air de tête, des airs de tête.*

Air, en termes de manège, se dit des allures d'un cheval. *Airs bas,* Ceux où le cheval manie près de terre. *Airs relevés,* Ceux où le cheval s'enlève davantage en maniant. Un cheval qui *va à tous airs* est celui qu'on manie comme on veut.

Les vibrations de l'air produites par les instruments ou par l'organe de la voix ont fait donner le nom d'*air,* en termes de musique, à une suite de tons, de notes, qui composent un chant, suivant les règles de l'art.

Cela me fait honte de vous ouïr parler de la sorte, et vous devriez un peu vous faire apprendre le bel air des choses. — Je n'ai que faire ni d'*air* ni de chanson.

Molière, *les Précieuses ridicules,* sc. 4.

Je n'entends pas trop ce qu'on veut dire par une Dalila intéressante. Je veux que ma Dalila chante de beaux *airs,* où le goût français soit fondu dans le goût italien. Voilà tout l'intérêt que je connais dans un opéra.

Voltaire, *Lettres,* 25 décembre 1735.

J'ai l'oreille dure, je suis un peu sourd ; cependant je vous avoue qu'il y a des *airs* de Pandore qui m'ont fait beaucoup de plaisir.

Le même, même ouvrage, 18 décembre 1767.

La musique était sur un char conduit par des ours qu'on piquait avec des pointes de fer, et qui par leurs mugissements formaient une basse digne des *airs* qu'on jouait sur le chariot.

Le même, *Histoire de Pierre le Grand,* IIe part., c. 14.

L'homme exerce sur l'air une puissance qui suffit à tous ses besoins. Il le force d'allumer son feu dans un poêle, de lui apporter de l'eau dans une pompe, de moudre son blé avec les ailes d'un moulin, de lui chanter des *airs* dans une flûte, de le voiturer sur l'Océan avec les voiles d'un vaisseau, et même au haut de l'atmosphère avec le globe aérostat.

Bernardin de Saint-Pierre, *Harmonies de la Nature,* II ; Harmonies aériennes de l'homme et des enfants.

...Adieu. Baptiste (Lulli) le très cher
N'a point vu ma courante, et je le vais chercher.
Nous avons pour les *airs* de grandes sympathies,
Et je veux le prier d'y faire des parties.

Molière, *les Fâcheux,* I, 5.

Messieurs, jouez un *air* qui divertisse un peu.

Poisson, *le Poète basque,* sc. 9.

Si vous vouliez, monsieur, chanter un petit *air,*
Votre maître à chanter est ici...

Regnard, *le Joueur,* IV, 10.

...Touchez là, touchez là.
L'*air* que vous entendez est fait en a mi la ;
C'est mon ton favori : la musique en est vive,
Bizarre, pétulante, et fort récréative.

Le même, *les Folies amoureuses,* II, 7.

On dit *N'être pas dans l'air,* Ne pas chanter exactement un *air.*

On dit *Faire composer un air* sur des paroles, ou, réciproquement des paroles sur un *air.*

Une telle *a fait* des paroles sur *un* tel *air.*

Molière, *les Précieuses ridicules,* sc. 9.

Il faut avouer que cela a un tour spirituel et galant. Je veux vous dire *l'air* que j'*ai fait* dessus.

Le même, même ouvrage, sc. 10.

...J'ai dessein de lui *faire*
Quelques vers sur *un air* où je la vois se plaire.

Le même, *les Fâcheux,* II, 3.

Je connais des paroles sur cet air-là est une expression figurée et proverbiale, qui signifie : J'ai entendu, en pareille occasion, les mêmes choses que vous venez de dire pour vous excuser, pour soutenir cette opinion.

Air se dit quelquefois du chant et des paroles tout ensemble.

J'ai fait un *air* nouveau sur la saison nouvelle.

Boursault, *le Mercure galant,* V, 4.

Votre *air* n'a point ce tour tendre, agréable, aisé,
Et le chant, entre nous, m'en paroît trop usé.

Regnard, *le Distrait,* II, 6

A cette manière de parler se rapporte la locution *Air à boire.*

Allons ! qu'on donne du vin à M. Jourdain et à ces messieurs, qui nous feront la grâce de chanter un *air à boire.*

Molière, *le Bourgeois Gentilhomme,* IV, 1.

Un *Air de danse* est un air fait pour accompagner des danses.

Air se dit, par extension, en parlant du chant des oiseaux.

Mais son sort (du rossigol) fut si cruel
Par son imprudence extrême,
Que dans ses plus beaux *airs* rien n'étant naturel,
Dès qu'il vouloit sifler, on le sifloit lui-même.

Boursault, *Les fables d'Ésope*, I, 6.

AIRAIN, s. m. (Du latin *Æramen*, et, par ce mot, de *æs, æris.*)

Il s'est écrit : Araim, aerain, arain, ærin, erain, etc. (Voyez les Dictionnaires de R. Estienne, J. Thierry, Nicot, Cotgrave, le *Glossaire* de Sainte-Palaye, et les exemples ci-après.)

On appelle Airain un métal composé en grande partie de cuivre, mêlé avec du zinc, de l'étain et une petite quantité d'antimoine.

Afaited ad mes mains à bataille e mes bras ad esforcied cum are de *araim*.

Les Quatre Livres des Rois, II, XXII, 35.

Cume venuz fud al rei Salomum ; dous columpnes fist de *araim*.

Le même, même ouvrage, III, VII, 15.

A clouer les aiz de nefz valent mieulx les clous d'*arain* que de fer.

Le Jouvencel, fol. 88, v°.

Ce noble Vulcan avoit d'*ærain*... faict ung chien.

Rabelais, *Pantagruel*, IV, nouveau Prologue.

Il est temps de venir aux mines d'*erain* qui est le plus estimé métal, après l'or et l'argent... L'*erain* aussi retient encores sa majesté au camp ; car les assignations ordonnées pour payer les soldats, sont encores aujourd'hui appelées en latin *æra militum*. On voit pareillement comme le titre des receveurs généraux prend son crédit de ce metail ; car ils sont appelés à Rome Tribuns de la chambre de l'*erain*, qui estoit la chambre du thresor. Finalement ceux qui sont endebtez... sont dits *obærati*, en latin, c'est-à-dire pressez et chargez d'*airain*. Aussi on demeura longtemps à Rome sans user d'autre monnoye que d'*airain* ; de sorte que selon qu'on peut voir ès histoires antiques, l'autorité et crédit de l'*airain* prit racine dès que Rome est Rome.

Du Pinet, traduction de Pline l'Ancien, *Histoire naturelle*, liv. XXXIV.

Vous ferez aussi un bassin d'*airain* élevé sur une base pour s'y laver.

Lemaître de Sacy, trad. de l'*Ancien Testament, Exode*, XXX, 18.

Le fer et l'*airain*, n'étant plus polis par les Cyclopes, commençoient à se rouiller.

Fénelon, *Télémaque*, II.

Fils d'Atrée, sauvez-moi la vie, et recevez une riche rançon. Mon père a dans son palais de grandes richesses, il a beaucoup d'or, d'*airain* et de fer.

Mme Dacier, trad. d'Homère, *Iliade*, VI.

Enfin le Conseil proscrivit la religion romaine ; et l'on voit encore aujourd'hui dans l'hôtel de ville cette inscription gravée sur une plaque d'*airain* : En mémoire de la grâce que Dieu nous a faite, etc.

Voltaire, *Essai sur les mœurs*, De Genève et de Calvin, c. 133.

Hésiode dit qu'avant l'âge des héros, les armes d'*airain* étoient seules en usage... Homère, dans le récit des combats de Troie, parle d'armes d'*airain* et d'armes de fer. Pausanias n'y voit que le premier des deux métaux ; Eustathe et Didyme n'admettent que le second. Prolonger les armes d'*airain* jusqu'à la guerre de Troie et y joindre les armes de fer, qui devoient s'être introduites peu avant ce temps-là, c'est prendre le tempérament le plus raisonnable.

Barthélemy, *Mémoires de l'Académie des Inscriptions et belles-lettres*, t. XXV, 1751.

Ce ne fut que longtemps après qu'on connut les propriétés du fer et de l'*airain*. Mais l'usage de l'*airain* précéda celui du fer, parce qu'il était plus aisé à travailler et plus commun. C'était avec l'*airain* qu'on labourait la terre ; c'était avec l'*airain* qu'on livrait les combats.

La Grange, trad. de Lucrèce, V.

Du ciel d'*airain* les fondements tremblèrent
Dessous le pied des dieux qui s'assemblèrent.

Ronsard, *la Franciade*, I.

Quelle chaisne de fer, quelle porte d'*airain*
Ne se brise ou ne s'ouvre à sa seule menace?

Racan, *Psaumes*, CVI.

Dieu fit choix de Cyrus, avant qu'il vît le jour,
L'appela par son nom, le promit à la terre,
Le fit naître, et soudain l'arma de son tonnerre,
Brisa les fiers remparts et les portes d'*airain*.

J. Racine, *Esther*, III, 4.

De cent chaînes d'*airain* son bras va m'enchaîner.

Voltaire, *la Henriade*, IX.

Reçois donc mon tribut, ô toi, de qui la main
Sur leur roc plus solide et plus dur que l'*airain*
Gravas mes faibles vers...

Delille, *l'Imagination*, III.

Il est fini ce monument...
Plus hardi que les Pyramides
Et plus durable que l'*airain*.

LEBRUN, *Odes.* (Imitée d'Horace, III, 30.)

On a appelé *Airain de Corinthe* un métal particulier composé de plusieurs métaux fondus ensemble.

Anciennement on ne faisoit cas que de l'*airain de Corinthe*, et toutesfois l'invention en vint par cas fortuit, au sac de Corinthe, quand on brusla la dite ville.

DU PINET, trad. de Pline l'Ancien, XXXIV, 2.

Les chapiteaux de ces colonnes étoient d'*airain de Corinthe* pour la plupart.

LA FONTAINE, *Psyché,* liv. Ier.

Le fameux *airain de Corinthe,* si fort estimé des Grecs, étoit un mélange de cuivre, d'argent et d'or, dont ils ne nous ont pas indiqué les proportions, mais qui faisoit un alliage plus beau que l'or par la couleur, plus sonore, plus élastique, et en même temps aussi peu susceptible de rouille et d'altération.

BUFFON, *Histoire naturelle des minéraux,* du Cuivre.

L'*Airain de Corinthe* a plus d'une fois donné lieu à des comparaisons.

La vanité, l'orgueil, l'espérance, la crainte,
Le regret, le désir, c'est l'*airain de Corinthe*
Où, par un feu brûlant, l'un dans l'autre fondus,
Tous les métaux roulaient et brillaient confondus.

DELILLE, *l'Imagination,* II.

AIRAIN entre dans des périphrases exprimant, quelquefois d'une manière figurée, des objets fabriqués avec ce métal.

Nous l'avons vu, dit l'une, affronter la tempête
De cent foudres d'*airain* tournés contre sa tête.

BOILEAU, *Épître* IV, au Roi.

Et le fer et le feu, volant de toutes parts,
De cent bouches d'*airain* foudroyaient leurs remparts.

VOLTAIRE, *la Henriade,* V.

Dans ces globes d'*airain* le salpêtre enflammé
Vole avec la prison qui le tient enfermé.

LE MÊME, même ouvrage, VI.

Vauban, sur un rempart, un compas à la main,
Rit du bruit impuissant de cent foudres d'*airain*.

VOLTAIRE, *La Henriade,* VII.

Ces angles, ces fossés, ces hardis boulevards,
Ces tonnerres d'*airain* grondant sur les remparts.

LE MÊME, *Alzire,* II, 6.

AIRAIN, par une métonymie fort ordinaire, se dit de ces objets eux-mêmes.

Par exemple, Des tables de ce métal où étaient gravées, dans l'antiquité, les lois et certaines inscriptions.

Que le Roy, que Monsieur, que le roy Navarrois
Soyent nommés aujourd'hui d'une commune voix
Pères de la patrie, et qu'on grave leur gloire
Dans l'*airain* éternel du temple de mémoire.

DU BARTAS, *les Artifices,* IVe partie du 1er jour de la seconde semaine.

Ces vers de J. Racine, où AIRAIN est employé au propre :

Et gravant en *airain* ses frêles avantages
De mes États conquis enchaînoit les images.

Mithridate, III, 1.

ont fait dire par figure, dans les vers suivants :

La honte que sur lui répandent mes exploits
D'un *airain* orgueilleux a bien vengé les rois.

CRÉBILLON, *Rhadamiste et Zénobie,* II, 2.

De certaines statues :

L'*airain* même parut sensible à nos malheurs ;
Sur le marbre amolli l'on vit couler des pleurs.

DELILLE, trad. des *Géorgiques,* I.

De certains instruments de musique, des cymbales, des clairons, des trompettes :

Si vous vous dissipez en instruisant, vos instructions deviennent inutiles ; vous n'êtes plus qu'un *airain* sonnant, comme dit l'apôtre, qu'une timbale qui retentit vainement.

BOSSUET, *Sermons,* Sur les obligations de l'état religieux.

Avec les talents les plus éclatants, sans cette charité tendre et le zèle sacerdotal, nous ne sommes qu'un *airain* sonnant et une cymbale retentissante.

MASSILLON, *Conférences.*

Mais l'*airain* menaçant frémit de toutes parts.
J. Racine, *Athalie*, IV, 5.

A cet emploi figuré d'Airain se rapporte le vieux mot Araine, Arainne, Areine, Arene, par lequel on désignait une espèce particulière de trompette.

Rommans ont trouvé encore un autre expédient pour imiter la langue latine... Or, en avons-nous un exemple en ce mot *araines*, duquel use Huom de Meri, pour signifier une certaine espèce de trompette... En luy donnant cette signification, il s'aide du langage latin, non pas en lui prenant son mot, mais en l'imitant, c'est-à-dire en donnant le mesme usage à un françois, lequel déjà, quant à sa première signification, correspondoit au latin. Car nous sçavons que *aes*, qui proprement signifie *arain* (ou *airain*, comme aucuns prononcent), se prend aussi pour une trompe ou trompette.
H. Estienne, *la Précellence du langage françois.*

Sainte-Palaye cite de ce mot, entre autres exemples, les suivants :

Firent... huier trompes et *arenes* sonner.
Chroniques de Saint-Denys. (Voyez *Recueil des historiens de France*, t. III, p. 311.)

Firent sonner maintes trompettes et maint *araines* et assemblèrent pour combattre.
Ménard, *Histoire de Bertrand du Guesclin*, p. 357.

...Lors oist tentir *araines*.
G. Guiart, *Royaux lignages*, ms. f° 313, v°.

Ses *arainnes* fist haut sonner.
Ph. Mouskes, *Chronique*, ms., p. 586.

Airain se dit encore, par la même figure, des canons :

J'entends l'*airain* tonnant de ce peuple barbare :
Quelle fête, ou quel crime est-ce donc qu'il prépare ?
Voltaire, *Alzire*, II, 6.

Des cloches :

La peur, l'*airain* sonnant, dans les temples sacrés
Font entrer à grands flots les peuples égarés.
Saint-Lambert, *les Saisons.*

Mais quel lugubre son, du haut de cette tour,
Descend et fait frémir les dortoirs d'alentour?
C'est l'*airain* qui, du temps formidable interprète,
Dans chaque heure qui fuit, à l'humble anachorète,
Redit en longs échos : Songe au dernier moment.
Fontanes, *la Chartreuse de Paris.*

Mais du lugubre *airain* lorsque la voix sacrée
Annonça qu'un mortel avait quitté le jour,
Chaque son retentit dans mon âme navrée,
Et je crus mourir à mon tour.
Millevoye, *Élégies*, l'Anniversaire.

Des horloges :

Quand l'*airain* frémissant autour de vos demeures,
Mortels, vous avertit de la fuite des heures.
Thomas, *Ode sur le temps.*

L'*airain* frappe minuit ; dans nos folles demeures,
Ce n'est qu'en les perdant que l'on compte les heures.
Baour-Lormian, Imitations d'Young.

On le trouve dans le passage suivant, d'une date très ancienne, au sens de Somme, et traduisant le latin *æs*.

E *Areim* mult (æs multum) de grant manière prit (David) de dous citez (d') Aladezer Bethe et Beroth.
Les quatre Livres des Rois, II, VIII, 8.

Airain est de grand usage dans des métaphores par lesquelles on veut exprimer des idées de Dureté, d'insensibilité, de force, de durée, etc.

Certes il n'avoit pas le corps de fer ni d'*airain* ; il étoit sensible aux douleurs et d'une complexion délicate.
Bossuet, *Panégyrique de saint Bernard.*

Le ciel sera de fer sur vos têtes, et la terre d'*airain* sous vos pieds : votre rosée sera la poussière.
Le même, *Méditations sur l'Évangile.*

Nous croirons que les entrailles d'un Dieu toujours miséricordieux sont d'*airain* comme les nôtres, pour les hommes simples et grossiers qui mènent une vie pénible, pauvre, laborieuse.
Massillon, *Conférences.*

A cette époque, les frontières de l'Empire eussent été des frontières d'*airain* qu'aucune puissance humaine n'eût pu franchir impunément.
Napoléon, *Mémoires*, t. II, p. 282.

La mère de la mort, la vieillesse pesante
A de son bras d'*airain* courbé mon faible corps.

VOLTAIRE, *Stances*, XV.

De là certaines expressions consacrées.

Un *ciel d'airain*, c'est-à-dire, dans un sens physique, Sans rosée et sans pluie :

Le *ciel* qui est au-dessus de vous sera *d'airain* et la terre sur laquelle vous marchez sera de fer.

LE MAÎTRE DE SACY, trad. de l'*Ancien Testament*, Deutéronome, XXVIII, 23.

Ceux qui sont inflexibles, insensibles, sans tendresse, sans pitié, sont dignes de trouver sur eux un *ciel d'airain*, qui n'ait ni pluie ni rosée.

BOSSUET, *Méditations sur l'Évangile*.

Souvenez-vous de ces années stériles où, selon le langage du Prophète, le *ciel* fut *d'airain* et la terre de fer.

FLÉCHIER, *Oraison funèbre de Mme d'Aiguillon*.

Élie aux éléments parlant en souverain,
Les *cieux* par lui fermés et devenus *d'airain*,
Et la terre trois ans sans pluie et sans rosée.

J. RACINE, *Athalie*, I, 1.

La terre est sans rosée et le *ciel* est *d'airain*.

DELILLE, *Les trois règnes*, II.

Et, dans un sens moral, Insensible à nos vœux et à nos prières :

Le *ciel* est *d'airain*

PATRU, 3e *Plaidoyer*.

La main du Seigneur est étendue sur nos peuples, dans les villes et dans les campagnes, vous le savez, et vous vous en plaignez : le *ciel* est *d'airain* pour ce royaume affligé.

MASSILLON, *Carême*, 11e dimanche, Sur l'aumône.

Un *front d'airain*, c'est-à-dire annonçant une extrême impudence, une extrême dureté :

Bientôt ils défendront de peindre la Prudence,
De donner à Thémis ni bandeau ni balance,
De figurer aux yeux la Guerre au *front d'airain*.

BOILEAU, *Art poétique*, III.

Je voudrois qu'un instant vous fussiez à ma place,
En butte à mille affronts pires que le trépas ;
Un *front* à triple *airain* ne les soutiendroit pas.

DESTOUCHES, *le Philosophe marié*.

Il faut un *front d'airain* pour donner ce scandale.

LA CHAUSSÉE, *La fausse antipathie*, III.

Je suis las de jouer pour vous la comédie,
De vous celer, d'oser remettre au lendemain,
Pour emprunter encore, avec un *front d'airain*.

PIRON, *la Métromanie*, I, 6.

Une *âme d'airain*, un *cœur d'airain*, c'est-à-dire Dur et impitoyable, ou ferme :

Damilaville était le plus intrépide soutien de cette raison persécutée ; c'était une *âme d'airain*.

VOLTAIRE, *Lettres*, 21 décembre 1768.

Il (Assuérus) sait qu'il me doit tout, et que pour sa [grandeur
J'ai foulé sous les pieds remords, crainte, pudeur ;
Qu'avec un *cœur d'airain* exerçant sa puissance,
J'ai fait taire les lois et gémir l'innocence.

J. RACINE, *Esther*, III, 1.

Vois-tu parmi ces grands leurs compagnes hardies
. . . .
Dans un corps délicat porter un *cœur d'airain*,
Opposer au mépris un front toujours serein.

GILBERT, *Satires*, I.

Un siècle d'airain, c'est-à-dire Un temps malheureux et dur.

Les traditions de la fable placent entre le siècle ou l'âge d'argent, et le siècle ou l'âge de fer, une époque appelée *Le siècle ou l'âge d'airain*.

Nostre joyeux destin n'est jamais en disgrace,
Et chez nous le soleil ne void aucune trace
Du *siècle* de fer ny *d'airain*.

THÉOPHILE, *Les princes de Cypre*.

L'âge d'airain vit naître une race nouvelle,
Farouche, belliqueuse, et non pas criminelle.

SAINT-ANGE, trad. des *Métamorphoses* d'Ovide, I.

Enfin, par allusion au stylus dont les anciens se servaient pour écrire, un *Style d'airain*, c'est-à-dire d'une grande énergie :

Il paroît une nouvelle satire écrite contre les vices en général, qui, d'un vers fort et d'un *style d'airain*, enfonce ses traits.

LA BRUYÈRE, *Discours à l'Académie*.

Et vous osez noircir celui dont la franchise
Fait aux pédants du siècle une guerre permise,
Qui, d'un *style d'airain* flétrit ces corrupteurs,
Et signe hardiment ses vers accusateurs.

GILBERT, *Satires*, II.

On dit figurément et proverbialement : *Les injures s'écrivent sur l'airain et les bienfaits sur le sable.*

On trouve dans le passage suivant l'adjectif AINEUX, formé d'*Æneus* et signifiant d'*Airain*, de cuivre.

Les matières terrestres *aineuses* et salsitives sont si bien jointes ensemble, qu'elles ne se peuvent dissoudre, sinon par industrie pratique.

B. PALISSY, *Recepte véritable.*

AIRE, s. f. (Du latin *Area.*)

On l'a écrit, AÏRE, AIRIE, AREIE, etc. (Voyez les *Glossaires* de Sainte-Palaye et de Roquefort, et les exemples ci-après.)

AIRE pouvant désigner, comme *Area*, toute surface plane, s'est prêté, comme ce mot, à des applications fort diverses.

On l'a dit, par exemple, pour Terre, champ.

Les fruits estants croissans sur héritages....., attendu qu'ils ne sont ameublés ne séparés de l'*aire*, seroient et appartiendroient à l'héritier.

Coutumier général, t. I, p. 665.

Les *aires* où se font les lins...

Même ouvrage, t. II, p. 370.

Dans le passage suivant, AIRE est ramené à cette ancienne acception.

Qui sait si Dieu n'a point planté dans une *aire* inconnue le grain de sénevé qui doit multiplier dans nos champs?

CHATEAUBRIAND, *Itinéraire de Paris à Jérusalem*, IVe partie, Voyage de Jérusalem.

On a dit AIRE, Des carreaux, des planches, des plates bandes d'un jardin.

Accoustrer les *aires* d'ung jardin.

ROB. ESTIENNE, *Dictionnaire françois-latin.* (Voyez aussi THIERRY, NICOT.)

Il se dit, le plus ordinairement, d'une place qu'on a unie et préparée pour y battre les grains.

Li Angeles esteit après le *aire* Areuma ki fud de ces de Jebus.

Les quatre Livres des Rois, II, XXIV, 16.

Le sens d'AIRE, qui, dans ce passage, traduit le latin *Area*, est déterminé par ce que le traducteur ajoute d'après les *Paralipomènes*, I, XXI, 18, 20 :

Mais Areuma e ses quatre fiz od lui, cume il virent l'angèle, erranment se muscèrent, car à cel ure, en cele place, a bués et à herce deverèrent furment de la paille, sulunc l'usage del païs.

Ibid.

Le laboureur battit son bled en l'*aire*.

RABELAIS, *Pantagruel*, IV, 46.

Les entrepreneurs cachent leurs armes sous la paille de seigle qu'on battoit en l'*aire* devant la porte.

AGR. D'AUBIGNÉ, *Histoire universelle*, t. II, liv. III, c. 12.

Seulement, diray-je de l'*aire* à recueillir le bled, que soit ou à couvert ou à descouvert, est nécessaire d'en affermir si bien le plan, que la violence du battre ne du fouler n'en puisse enlever la terre pour empouldrer le bled, ains qu'on l'en retire pur et net.

OLIVIER DE SERRES, *Théâtre d'agriculture*, IIe liv., c. 6.

Il a son van en sa main, et il nettoiera parfaitement son *aire* et amassera son blé dans le grenier; mais il brûlera la paille dans un feu qui ne s'éteindra jamais.

LE MAÎTRE DE SACY, trad. du *Nouveau Testament*, Saint Mathieu, III, 12.

Si les princes d'Israel, dans Samarie affligée, ne trouvent plus de ressources dans leur *aire*, ni dans leur pressoir, quelle sera l'extrémité d'une populace obscure?

MASSILLON, *Carême*, 4e dimanche, Sur l'aumône.

Il faut que l'*aire* où vous devez battre le grain soit aplanie sous un pesant cylindre.

MALFILATRE, *Génie de Virgile*, traduit du Ier livre des *Géorgiques*, v. 178.

Prestres, tu es batère en *aire*
Pour le grain de la paille traire.

Dit de Charité, ms. de Gaignat, fo 218, ro, col. 2. (Cité par Sainte-Palaye.)

On a dit *L'aire* d'une ville en parlant de l'espace compris dans son enceinte.

Joseph Mède compare sérieusement *l'aire* de l'ancienne Rome avec celle de la nouvelle, et par une belle figure il démontre que la première est dix fois plus grande que l'autre.

Bossuet, *Histoire des variations des églises protestantes,* liv. XIII, nº 36.

En termes d'architecture, *L'aire* d'un plancher est l'enduit de maçonnerie sur lequel on pose le parquet ou le carrelage; *L'aire* d'un bassin, le massif de ciment ou de terre glaise dont on fait le fond d'un bassin.

Si vous voulez faire une chose bien convenable et belle, faites que tout l'ornement de la porte ne soit point plus haut depuis le dessus de la corniche jusques à *l'aire,* que toute la largeur de la porte avec ses ornements.

Philibert de l'Orme, *Architecture,* liv. VIII, c. 2.

Leurs *aires* sont pavés de carreau.

Montaigne, *Voyages,* Foligni.

L'Aire d'un pont, la partie supérieure sur laquelle on marche; L'Aire d'une maison, l'espace compris entre les murs d'une maison.

Dans l'ancien français on disait, *En mi l'aire,* pour Sur la place, au milieu de la place, à terre, par terre, sur le plancher. Sainte-Palaye, qui le remarque, en cite les exemples suivants :

Le moine virent *en mi l'aire.*

Fabl. ms. du R., nº 7615, t. II, fº 129, vº, col. 2.

Droit *en mi l'aire* de la sale pavée.

Auseis, ms., fº 54, rº, col. 1.

On entend par Aire, en termes de géométrie, l'espace superficiel embrassé par une figure plane. On dit l'*aire* d'un triangle, d'un carré, d'un cercle.

Cet édifice si hardi est même fondé sur des idées simples; il s'agit de mesurer la diagonale d'un carré, d'avoir l'*aire* d'une courbe, de trouver une racine carrée à un nombre qui n'en a point dans l'arithmétique ordinaire.

Voltaire, *Lettres philosophiques,* XVIIº lettre.

On dit *Décrire une aire.*

Tous ces astres dont les routes sont si différentes, *décrivent* autour du soleil *des aires* proportionnelles au temps.

Buffon, *Histoire naturelle,* Théorie de la terre. De la formation des planètes.

Aire se dit aussi du nid des oiseaux de proie, parce que le fond en est plat.

L'en doit espier les *aires* des espreviers, lesquels l'en peut trouver et aparcevoir tant par leurs *aires* comme par leurs charniers.

Le Ménagier de Paris, 3º distinction, 2º art.

Le vaultour est chose bien rare et mal aisée à veoir, et ne trouve lon facilement leurs *aires.*

Amyot, trad. de Plutarque, *Vie de Romulus,* 14.

Estant encores fort jeune, et demeurant aux champs, il recueillit dedans un pan de sa robbe l'*aire* d'une aigle.

Le même, même ouvrage, *Vie de Caius Marius,* c. 2.

Après disner, nous suivîmes par les montagnes, où on nous monstra, entre autres choses, sur des rochers inaccessibles, les *aires* où se prennent les autours.

Montaigne, *Voyages,* Bossan.

Les aigles font volontiers leurs *aires* dans des arbres ou dans quelques trous de roc.

Du Pinet, trad. de Pline l'Ancien, *Histoire naturelle,* X, 3.

Lorsqu'il attaque les faons et les veaux, c'est pour se rassasier sur le lieu de leur sang et de leur chair, et en emporter ensuite les lambeaux dans son *aire;* c'est ainsi qu'on appelle son nid, qui est en effet tout plat et non pas creux comme celui des autres oiseaux.

Buffon, *Histoire naturelle,* Oiseaux, le grand Aigle.

En chascune isle a un rochier :
Illeuc seulent aigle jouchier
Faire leurs nis et tenir *aire.*

Wace, *Roman de Brut,* ms., fº 92, rº, col. 1. (Cité par Sainte-Palaye.)

Tel qu'un petit aigle sort
Fier et fort
De dessous l'aile à sa mère,
Et d'ongles crochus et longs
Aux dragons
Fait guerre en sortant de l'*aire.*

Ronsard, *Hymne,* IX, liv. I.

Un jeune aigle qui depuis peu
Hors de l'*aire* a fait sa sortie.

SAINT-AMANT, *le passage de Gibraltar.*

Un jeune aiglon loin de son *aire*
Emporté plus prompt qu'un éclair...

J.-B. ROUSSEAU, *Odes*, III, 7.

Dans le passage suivant, de date fort ancienne, *Aire*, écrit *eire*, est dit, par extension, du repaire d'un lion.

Et l'enfez se dormi, puis ne demoura gueire
C'un lion grant et fort de sa proie repeire
Et passoit par ileuc pour aller à son *eire.*

Doon de Maience, V. 1503.

A cette signification du mot AIRE se rapporte la locution *De bonne aire*, c'est-à-dire De bon nid, de bonne race, de bonne nature.

L'aire d'oiseau de proie, Nidus, dont on dit : *De bonne aire* et sans malice.

R. ESTIENNE, *Dictionnaire françois-latin*. (Voyez aussi J. THIERRY et NICOT.)

Pière ke chelonites a num...
Mult est bel et *de bonne aire;*
Si est tote porpre et vaire.

Traduction de MARBODUS, *de Gemmis*, art. XXXIX, col. 1668.

Car votre argent *de très bonn' aire*, Prince,
Sans point de faulte est sujet à la pince.

CL. MAROT, *Épître au Roi.*

De cette locution, H. Estienne a fait venir le mot *Débonnaire.*

On dit *debonnaire* au lieu de dire *de bonne aire*, estant, par ce mot *aire*, signifié le nid de l'oiseau de proye. Or faut-il bien que *debonnaire* ait une grande emphase, veu que nos ancestres, pour monstrer la bonne nature du roy Louys Ier, l'appelerent (par forme de surnom) *Debonnaire* ou *le Debonnaire*, choisissans ce mot entre plusieurs comme le plus convenable.

H. ESTIENNE, *de la Précellence du langage françois.*

De bonne aire et *débonnaire* sont rapprochés dans les vers suivants, de date très-ancienne :

Soies courtois et *débonnaire*
Comme uns homs estrait *de bonne aire.*

JEAN BRUYANT, *Chemin de povreté et de richesse dans le Ménagier de Paris*, t. II, p. 11.

On trouve dans d'autres passages les locutions opposées *De mal aire, de pute aire.*

Vilain, fait ele, *de mal aire.*

BENOÎT, *Chronique des ducs de Normandie*, t. I, v. 7203.

Maint jaiant de *put aire* ont ochis et tué.

Gaufrey, v. 8162.

Kar estes fel e de *put aire.*

MARIE DE FRANCE, *Fables*, XCIV.

En termes de marine, *Aire de vent* se dit de toute direction selon laquelle souffle le vent.

Les *aires de vent* se prennent et nomment d'un vent à son opposite, nord-sud, sud-est, nord-ouest, nord-est, sud-ouest.

NICOT, *Dictionnaire.*

Quand la brise se leva vers le soir, ce fut un autre embarras. Quelle *aire de vent* devions-nous tenir?

CHATEAUBRIAND, *Itinéraire de Paris à Jérusalem*, IIIe part., Voyage de Rhodes.

De là ces locutions : *Avoir de l'aire*, avoir de la vitesse; *prendre aire*, entrer en mouvement, acquérir de la vitesse; *amortir l'aire*, faire perdre au vaisseau la vitesse.

Les marins font quelquefois AIRE du masculin, et l'écrivent sans *e*, *air de vent.*

AIRE, dans deux de ses acceptions, a donné lieu à la formation d'autres mots.

AIRÉE, s. f.

La quantité de froment, de seigle, etc., qu'on met en une fois sur l'aire : *Une airée de froment, de seigle*, etc.

AIRER, v. n.

Faire son nid, en parlant de certains oiseaux de proie.

Les oiseaux de proie *airent* volontiers es rochers hauts et deserts.

MONET, *Dictionnaire.*

On a dit AIRER pour Accoupler, par une analogie naturelle que remarque Ménage, et, d'après lui, Sainte-Palaye.

En Normandie on dit « une aire de pigeons, » pour dire une couple ; et « les perdrix *sont airées,* » pour dire qu'elles sont accouplées.

MÉNAGE, *Origines.*

AIS, s. m. (Du latin *Assis.*)

On l'a écrit, très diversement, AISSE, AAIZ, IX, AES, HAYS, HAIZ, AYE, ES, etc. (Voyez les *Glossaires* de Sainte-Palaye et de Roquefort, et quelques-uns des exemples ci-après.)

Il signifie proprement Planche :

Nous avons huy pourvu des *ais* et du bois plus qu'il ne nous besogne.

FROISSART, *Chroniques*, liv. II, c. 183.

Le dessus (du pont de Pecquigny) estoit couvert d'*ais* seulement pour la pluye.

COMMINES, *Mémoires*, liv. X, c. 9.

Si tu as regardé autrefois des *ais*, ou du plancher et autres pièces, et que le bois soit verd, et qu'ils soyent fraischement siez, s'il vient à pleuvoir dessus tu verras que l'eau qui desgoutte vers la partie pendante sera jaune.

BERNARD PALISSY, *Des pierres.*

Vous n'avez plus affaire de grands arbres pour faire des panes, chevrons, jambes de force et autres grosses pièces, mais seulement d'*aix*, desquels on se sert à faire portes et fenêtres.

PHILIBERT DE L'ORME, *Architecture*, liv. X. Inventions de bien bastir, liv. I.

Suivant lesquelles délices, quand il estoit en gualere, il faisoit ouvrir et fendre le plancher de la pouppe, affin qu'il couchast plus mollement, parce que son lict estoit estendu, non sur les *ais* durs, mais suspendu en l'air avecques des sangles.

AMYOT, trad. de Plutarque, *Vie d'Alcibiade*, c. 9.

Sur les neuf heures vos pièces furent au plus haut des rochers où l'on avoit desja fait des gabions et scié des madriers, trepans et *aisses* pour les plattes-formes.

SULLY, *Œconomies royales*, c. 95.

Il avoit fait à la hâte des navires d'*ais* qui s'emboîtoient l'un dans l'autre, sans ferrement ny attache.

PERROT D'ABLANCOURT, trad. de Tacite, *Histoires*, liv. III.

Le siége du pauvre petit étoit justement posé sur l'*ais* qui couvre l'égout du tripot.

SCARRON, *Roman comique.*

Nous avons mangé du potage et du bouilli tout chaud (dans un bateau sur la Loire) : on a un petit fourneau, on mange sur un *ais* dans le carrosse, comme le roi et la reine.

Mme DE SÉVIGNÉ, *Lettres*, 9 mai 1680.

Qui donc suggéra à l'habitant des rives de l'Orénoque l'usage de ces *ais* qu'il applique sur les tempes de ses enfants ?

J.-J. ROUSSEAU, *Émile.*

Six douves de poinçon servoient d'*ais* et de barre,
Qui bâillant grimaçoient d'une façon bizarre.

REGNIER, *Satires*, IX.

Pour traverser la rue, au milieu de l'orage,
Un *ais* sur deux pavés forme un étroit passage.

BOILEAU, *Satires*, VI.

Ses *ais* demi-pourris que l'âge a relâchés
Sont à coups de maillet unis et rapprochés.

LE MÊME, *le Lutrin*, III.

Inutile ramas de gothique écriture
Dont quatre *ais* mal unis formoient la couverture.

LE MÊME, même ouvrage, V.

La table où l'on servit le champêtre repas
Fut d'*ais* non façonnés à l'aide du compas.

LA FONTAINE, *Philémon et Baucis.*

Deux *ais* pourris sur trois pieds inégaux
Formaient la table où les époux soupèrent.

VOLTAIRE, Contes en vers, *Ce qui plaît aux dames.*

AIS a été employé comme substantif féminin.

Mes deux sœurs, Catherine et Renée, avoient mis dedans ce beau sixiesme, comme en presse (car il estoit couvert de grosses *aisses* et serré à glaz) leurs guimples, manchons et collerettes savonnées de frais.

RABELAIS, *Pantagruel*, liv. IV, c. 52.

Pour les *haiz* qui sont toutes seches.

G. GUIART, *Royaux lignages*, ms., f° 71, 1°. (Cité par Sainte-Palaye.)

On a dit *Ais de bois.*

Il feit meiner les capitaines de gualères, et les souldards

mesmes Samiens, sur la place de la ville de Milet, où il les feit attacher sur des *aix de bois*.

AMYOT, trad. de Plutarque, *Vie de Périclès*, c. 9.

AIS est souvent joint par la préposition *de* à un nom d'arbre.

Broüage n'est plus cette biquoque murée d'*ais de* sapin, et de masts, mais une villette bien fossoiée, avec flancs et parapets relevez autant que l'assiette du lieu le peut permettre:

AGR. D'AUBIGNÉ, *Histoire universelle*, liv. II, t. III, c. 14.

Je savois seulement qu'il y avoit quelques papiers, avec cinq ou six volumes, sur deux petits *ais de* sapin dans le cabinet de mon maître, c'étoit là mon legs.

LE SAGE, *Gil Blas*, liv. II, c. 2.

AIS reçoit encore, au moyen de la préposition *de*, d'autres sortes de complément indiquant l'usage qui est fait des ais.

A clouer les *hays de* nefs vallent mieulx cloux d'airain que de fer.

Le Jouvencel, ms., p. 301. (Cité par Sainte-Palaye.)

De quante espaisseur sont les *ais de* coste nauf? Elles sont (respondit le pilot) de deux bons doigtz espesses, n'ayez paour.

RABELAIS, *Pantagruel*, liv. IV, c. 23.

Se réveillant il se trouve ou devant un limon de charrette, ou derrière un long *ais de* menuiserie que porte un ouvrier sur ses épaules.

LA BRUYÈRE, *Caractères*, c. 11.

Sur les *ais d'*un théâtre en public exhaussé
Fit paroître l'acteur d'un brodequin chaussé.

BOILEAU, *Art poétique*, III.

On appelle *Ais de bateau* des planches qui ont servi à la construction d'un bateau.

AIS s'est dit autrefois du bois qui formait le corps des boucliers.

Le fiert de sa lance en l'escu ung si grant coup qu'il fit les *ayes* voller.

Roman de Perceforest, t. I, f° 81, v°, col. 1.

De l'escu fondent les *aés*.

Même ouvrage, t. II, f° 8, r°, col. 2.

Escus percent, et cuir et *es*.

G. GUIART, *Royaux lignages*, f° 46, v°, col. 2. (Cités par Sainte-Palaye.)

Ysengrin truevent . . . .
Ferir le vont de grans esclais
Que des escus fendent les *ais*.

Renart le Nouvel, v. 642.

On désigne quelquefois une bière par les *ais* dont elle est faite.

Je vois bien qu'il faut que je renonce à la littérature, et que je me borne à bâtir des maisons en attendant que je forme les quatre *ais* de ma bière.

VOLTAIRE, *Lettres*, 19 avril 1776.

Mais quand pour les méchants le jour s'éclipsera,
De leur richesse altière
Ils ne remporteront que les *ais* d'une bière,
Et leur gloire au tombeau ne les assistera.

JEAN CHASSIGNET, *Traduction des psaumes*.

Mon oncle, soyez sûr que je ne partirai
Qu'après vous avoir vu bien cloué, bien muré,
Dans quatre *ais* de sapin reposer à votre aise.

REGNARD, *le Légataire universel*, III, 2.

On a dit proverbialement, et on dit encore en certains départements (voyez le *Glossaire du centre de la France*, par M. le comte Jaubert) : *Avoir du pain sur l'Ais*, sur la planche, pour Être dans l'abondance, n'être pas au dépourvu.

Au jeu de paume, *un coup d'ais* est le coup que la balle donne de volée dans un *ais* qui est du côté du service.

AIS a pu, dans certains cas, par extension, se dire d'autre chose que d'une planche de bois.

Il a été question, dans plusieurs des exemples qui précèdent, des *Ais* de bois qui servaient de couverture aux livres (voyez page 620, deux passages de Rabelais et de Boileau). De là, par extension, dans le passage suivant : *Ais de papier*.

Il m'a commandé que je luy fisse relier ce livre tout à neuf; mais je ne say s'il le demande en *aix de* bois ou en *aix de papier*.

BONAVENTURE DES PÉRIERS, *Cymbalum mundi*.

D'AIS s'étaient formés un assez grand nombre d'autres mots, ses diminutifs et ses synonymes, écrits eux-mêmes très diversement (voyez le *Glossaire* de Sainte-Palaye) : AISCEAU, AISCELLE, AISCETTE, AISSEL, AISSER, AISSIS, AISSIL, ASSELIN.

Ceux qu'on rencontre le plus fréquemment sont AISSIS et AISSELLE.

Faisant preparer un grand parquaige... très bien clos de bonnes bailles et *aisselles*.

MONSTRELET, *Chronique*, vol. I, f° 276. (Cité par Sainte-Palaye.)

Se..... les ras dommagent vos blés, lars, fromages et autres garnisons, dictes à maistre Jehan, qu'il les puet destruire en six manières : 1° Par avoir garnison de bons chats; 2° Par ratières et soricières; 3° Par engins d'*aisselles* appuiées sur buchettes que les bons serviteurs font.

Le Ménagier de Paris, 2° distinction, 3e art.

Les *aissis* du rouvre sont fort bons : aussi sont ceux de fau et des autres arbres qui portent gland. Mais les *aisselles* qu'on fait des arbres portans resine, sont fort aisées à faire; toutesfois elles ne sont de durée, hormis celles de pin. Cornelius Nepos dit qu'à Rome il n'y avoit autre couvert que d'*aisselles*, avant la guerre de Pyrrhus.

DU PINET, trad. de Pline l'Ancien, *Histoire naturelle*, liv. XV, c. 10.

Rome fut longtemps toute couverte d'*aisselles*.

R. ESTIENNE, *Dictionnaire françois-latin*. (Voyez aussi NICOT.)

Mais il font une couverture
D'*essiz*, pour leur fait achever.

G. GUIART, *Royaux Lignages*, ms., f° 78, r°. (Cité par Sainte-Palaye.)

D'un mantel (palissade) d'*essis* afublé.

Ibid., f° 295, v°.

...Entre la vie et la mort
Ni a qu'une *aisselle* de bort.

FROISSART, *Poésies mss.*, p. 277, col. 1. (Cité par Sainte-Palaye.)

Un buscher je dressay de petites *aisselles*
Esparses çà et là, demeurant de nasselles.

ROB. GARNIER, *Cornélie*, acte III, v. 221.

Le passage suivant, de date très ancienne, donne *Aiseler* :

Entur le temple, de quatre parz fud uns murs de treis estruiz de *aiselers* ki bien furent polis, e asis, e afermez.

Les quatre Livres des Rois, ms., f° 87, v°, col. 2.

AISE, s. f., quelquefois aussi masculin, comme on le verra par plusieurs des exemples ci-après.

Il a été rapporté sans vraisemblance à des mots de la langue grecque. On s'accorde assez généralement aujourd'hui à le faire venir des mots de la langue gothique : *Azets*, facile, commode; *Azeti*, agrément. (Voyez Chevallet, *Origine et formation de la langue française*, t. I, p. 269; Burguy, *Grammaire de la langue d'Oïl*, t. III, p. 8, etc.)

Il s'est écrit très diversement, AAISE; AHAISE; AYSE, HAISE; AIS, AIZ; ESE, etc. (Voyez le *Glossaire* de Sainte-Palaye et quelques-uns des exemples ci-après.)

AISE s'emploie dans des sens très voisins l'un de l'autre; il signifie Contentement, et aussi ce qui cause le contentement, commodité, état commode et agréable.

Le substantif AISE, signifiant Contentement, est souvent employé soit d'une manière absolue, soit avec une proposition qui le modifie.

Je croy que, si tous les bons jours qu'il (Louis XI) a euz en sa vie... estoient bien nombrez... et s'y en trouveroit bien vingt de peine et de travail contre ung de plaisir et d'*ayse*.

COMMINES, *Mémoires*, liv. VI, c. 12.

Monseigneur, je me remettrois sur la suffisance de ce porteur, si ce n'estoit la peur que j'ay que l'*aise* qu'il aura de vous voir le mettra hors de son rôle.

MARGUERITE DE NAVARRE, *Lettres*; à François Ier, juillet 1525.

Alors le Roy et tous se leverent, et moy je tressaillois d'*aise*.

MONTLUC, *Commentaires*, liv. II, année 1544.

Un conte qui est inventé à plaisir se glisse facilement, et se destourne habilement de ce qui ennuye à ce qui chatouille d'*aise* et de plaisir.

AMYOT, trad. de Plutarque, *Œuvres morales*, Comment il faut lire les poètes, IV.

Je croy, pour moy, que c'est d'*ayse* que les cygnes chantent.

THÉOPHILE, *Immortalité de l'âme*.

Nous trouvions qu'une mauvaise compagnie étoit bien meilleure qu'une bonne qui vous laisse affligée quand elle part; au lieu que l'autre vous rafraîchit le sang, et vous fait respirer d'*aise!*

Mme DE SÉVIGNÉ, *Lettres*, 31 mai 1680.

Timide et contraint devant mon père, je ne trouvais l'*aise* et le contentement qu'auprès de ma sœur Amélie.

CHATEAUBRIAND, *René.*

Ais et soulas et joie m'ont bien clamée quitte.

Berte aux grands pieds, ms. de Gaignat, f° 126, r°, col. 1. (Cité par Sainte-Palaye.)

On sue bien par trop grant *aise.*

Prov. rur. et vulg., ms. de N. D. n° 2, f° 2, r°, col. 2. (Cité par Sainte-Palaye.)

Soit à ton los mon cantique chanté,
Car est par toi l'*aise* doux enfanté.

CL. MAROT, *Chants divers*, IV, Cantique à la déesse Santé.

Ne pleurons plus, si ce n'est de grand *aise*,
Puisqu'envers nous l'ire de Dieu s'appaise.

LE MÊME, même ouvrage, V, Cantique de la Royne (Éléonor) sur la maladie et convalescence du Roy.

Vous sauroi-je payer avec assez d'encens
L'*aise* que je ressens.

MALHERBE, *Stances*, liv. III.

Il (l'enfant) fuit, il vient, il parle, il pleure, il saute d'*aise*,
Sans raison d'heure en heure il s'émeut et s'apaise.

REGNIER, *Satires*, V

Elle me comble d'*aise* et m'accable de honte.

P. CORNEILLE, *la Veuve*, V, 7.

Je ne puis t'exprimer l'*aise* que j'en reçois.

MOLIÈRE, *le Dépit amoureux*, III, 7.

... Que vous me comblez d'*aise*.

LE MÊME, *Tartufe*, II, 4.

Je sens d'*aise* mon cœur tressaillir par avance.

LE MÊME, *les Femmes savantes*, III, 1.

Ah! que vous m'obligez, je ne me sens pas d'*aise*.

J. RACINE, *les Plaideurs*, I, 7.

D'*aise* on entend sauter les pesantes baleines.

BOILEAU, trad. de Longin.

On dit *l'Aise de* quelqu'un, *son aise.*

O douce paix, repos des affligés, tu es finablement venue et as amené avec toi *mon aise*, mon bien et mon contentement.

P. LARIVEY, *les Esprits*, III, 5.

Le ciel, comme envieux de *mon aise*, m'a caché la plus grande partie de mon bonheur.

D'URFÉ, *l'Astrée*, IIe part., liv. VIII.

Pourquoy l'Égypte iray-je saccager,
Pourquoy iray-je aux Indes voyager,
Changeant *mon aise* aux richesses lointaines
De l'Orient quises à si grands peines.

RONSARD, *Odes*, II, IV.

J'apprehende le mal que le lict me prépare,
Alors que mes pensers, de *mon aise* envieux
Deffendent au sommeil d'approcher de mes yeux.

RACAN, *les Bergeries*, II, 2.

Mais je ne songe point que *mon aise* imprudente
Laisse en perplexité ma chère confidente.

P. CORNEILLE, *la Veuve*, V, 3.

Ce texte est celui de 1634; en 1660, Corneille a remplacé par *joie* le mot *aise* qu'il a effacé encore en d'autres passages, sans doute parce qu'il avait vieilli.

AISE se joint encore, au moyen de la préposition *de*, à d'autres noms que des noms de personnes; on a dit *l'Aise du* corps, *des* yeux, *de* l'âme, *de* la vie, etc.

Ceux qui ne considèrent point ce conseil de Dieu pensent que le peuple ancien n'ait jamais monté plus haut, que d'attendre ce qui appartenoit à *l'aise du* corps.

CALVIN, *Institution chrestienne*, liv. II, c. 11.

La grandeur de sa naissance (d'Anne d'Autriche) l'avoit accoutumée à l'usage des choses délicieuses qui peuvent contribuer à *l'aise du* corps.

Mme DE MOTTEVILLE, *Mémoires.*

Prince, *l'aise* et l'amour *des* âmes et *des* yeux...

RACAN, *Sonnes*, au Roy

Et tout le soin de mon esprit
Ne tend qu'à *l'aise de* ma vie.

THÉOPHILE, à M. de Losières.

Quelquefois le nom régime de la préposition *de* fait connaître la nature de *l'Aise*, du contentement.

Quoique cette princesse (Mlle de Longueville) ait porté le nom de frondeuse, la Reine, qui savoit le peu de liaison qui étoit entre elle et Mme sa belle-mère, trouva qu'il étoit juste de la laisser en repos jouir de ses plus grands plaisirs, qui étoient renfermés dans les livres et dans *l'aise d'*une innocente paresse.

Mme DE MOTTEVILLE, *Mémoires.*

Et que doit mieux sentir un véritable amour
Ou l'ennui de l'absence, ou *l'aise du* retour?

SEGRAIS, *Églogues,* III.

Enfin, *Aise de* peut être suivi d'un verbe à l'infinitif :

Jamais n'aurons tel *aise de* nos hontes vangier.

Chanson des Saxons, t. I, p. 12.

*L'aise d'*estre vetu de soye,
De voir l'or et les diamants
Esclater sur ses vêtements
Est-ce une véritable joye?

THÉOPHILE, *l'Immortalité de l'âme.*

L'aise de voir la terre à son pouvoir soumise
Chatouilloit malgré lui son cœur avec surprise.

P. CORNEILLE, *la Mort de Pompée,* III, 1.

J'ai rompu vos discours d'assez mauvaise grâce,
Vous le pardonnerez à *l'aise de* vous voir.

LE MÊME, *le Menteur,* I, 5.

Et *l'aise de* vous voir est à mon cœur blessé
Ce qu'une eau claire et vive est au cerf relancé.

SEGRAIS, *Églogues,* I.

Votre cœur, avec véhémence,
M'étala de ses feux toute la violence...
L'aise de me revoir, les tourments de l'absence.

MOLIÈRE, *Amphitryon,* II, 2.

AISE, comme il a été dit plus haut, signifie encore Commodité :

Dune-mei ta vigne, si en frai curtil, kar près e à *aise* me est, e jo te durrai une altre vigne ki plus valdra.

Les quatre Livres des Rois, III, XXI, 2.

Il a ce sens dans la locution *Lieu* (occasion) *et aise* que donnent les deux exemples suivants :

Saciés que il les vengeront
Dès que *liu et aise* en aront.

WACE, *Roman de Brut,* v. 535.

Bien se sot taire et bien parler,
Bien respondre et bien oposer
Quant il en a et *leu et aise.*

Roman de Renart, v. 14125.

A cette acception peut se rapporter le passage suivant, où *Aise de* est dit de L'usage commode et facile *d'*une chose.

Et se logèrent à l'environ, au plus près de la rivière qu'ils purent, pour avoir l'*aise de* eux et *de* leurs chevaux.

FROISSART, *Chroniques,* liv. II, c. 3.

Il signifie encore État commode et agréable, prospérité, abondance, richesse, etc.

Mais pour ceste heure que y entra (dans la ville) ledict maître Olivier, elle ne payoit riens, et estoit en grande *ayse* et repos.

COMMINES, *Mémoires,* liv. V, c. 14.

Du souverain dépend le repos ou travail, l'*aise* ou misère de tous ceulx qui vivent soubs son empire.

AMYOT, *Épître déd.* de la trad. des Vies de Plutarque.

Il advint que jonnesse et la grant *aaise* où elles estoient nourries leur fist amer deux chevaliers frères.

Le livre du Chevalier de la Tour Landry, c. 3.

Or, il faut entendre que les sœurs de Pernette estoient jalouses de son *ayse,* et de ce qu'elle marchoit la première.

BONAVENTURE DES PÉRIERS, *les Contes ou Nouvelles.* Nouvelle CXXIX, D'une jeune fille surnommée Peau d'Ane.

Les ennemis de cest Estat, impatients de notre *ayse* et repos, se sont incontinent saisis de ce que nous avons délaissé.

HENRI IV, *Lettres,* 15 avril 1580.

Insolent en *son aise.*

FR. DE SALES, *Introduction à la vie dévote,* III, 23.

De là, avec des acceptions diverses, les locutions si ordinaires et jointes à tant de verbes, *A l'aise,* ou comme on a dit anciennement, *à aise, à son aise,* etc.

A l'aise, à Aise :

Apercaut se David qu'il ne poust *à ahaise* les armes porter.
Les quatre Livres des Rois, I, XVII, 39.

Je parlay à l'un d'eulx fort longtemps... Sur ce que je luy demanday... si hors la guerre toute son auctorité estoit expirée? Il dict qu'il luy en restoit cela que quand il visitoit les villages qui despendoient de luy, on luy dressoit des sentiers au travers des hayes de leurs bois, par où il pust passer bien *à l'ayse.*
MONTAIGNE, *Essais,* I, 30. Des cannibales.

Je crains que tout en un coup ils n'entrent en la maison..... — On n'entre pas ainsi *à l'ayse* aux maisons des gens de bien.
P. LARIVEY, *les Escoliers,* II, 1.

Ah! mettons-nous ici pour écouter *à l'aise*
Ces vers que mot à mot il est besoin qu'on pèse.
MOLIÈRE, *les Femmes savantes,* III, 1.

Alors, cher Cynéas, victorieux, contents,
Nous pourrons rire *à l'aise,* et prendre du bon temps.
BOILEAU, *Épîtres,* I.

A son aise :

Si se tirèrent à part contre les maisons, pour le mieulx regarder *à leur aise.*
Le Livre du chevalereux comte d'Artois, p. 134.

Quand la roine et tous les barons et autres furent herbergés *à leur aise,* ils assiégerent le château au plus près qu'ils purent.
FROISSART, *Chroniques,* liv. I, Ire part., c. 21.

Dites luy que désormays il ne soyt si hardi (ne nul de ses amys) d'entrer... en mes pays; car si je les y puis faire prandre, je les mettray en lieu duquel ilz ne sortiront pas *à leur ayse.*
HERBERAY DES ESSARTS, *Amadis de Gaule,* liv. III, c. 1.

Bien joyeulx furent les François quant par leurs journées eurent gaigné Bayonne, car ils mangèrent *à leur aise.*
Le Loyal Serviteur, c. 56.

Ung vieil macrobe vouloyt mener Pantagruel en la maison commune de la ville pour soy refreschir *à son ayse.*
RABELAIS, *Pantagruel,* II, 25.

Et eulx... se vont seoir là, tout ne plus ne moins que s'ils estoient venus pour soupper *à leur aise,* pendant que les autres travailleroient.
AMYOT, trad. de Plutarque, *Œuvres morales,* Coment il faut ouïr, XXI.

Il (Juan d'Austrie) eut moyen et loisir de la voir *à son aise* danser, mener par le roi son frère.
BRANTÔME, Marguerite de Navarre.

De vray, ou la raison se mocque, ou elle ne doit viser qu'à notre contentement, et tout son travail tendre en somme à nous faire bien vivre et *à notre aise,* comme dit la saincte escriture.
MONTAIGNE, *Essais,* I, 19.

Scavoir regner, c'est tenir les peuples *à leur aise* et en repos.
DU VAIR, *Actions et Traités oratoires.*

Bénissons leurs veilles, qui sont si nécessaires au repos public, et sous la protection desquelles nous dormons sûrement et *à notre aise.*
BALZAC, *Aristippe,* discours 1.

La conversation dans un beau lieu, et *à son aise,* avec cinq ou six personnes bien spirituelles, bonnes, et qui sont du beau monde, c'est ma véritable joie.
Mlle DE MONTPENSIER, *Portraits,* XXI. Portrait de Mme la marquise de Mauny fait par elle-même.

Les dieux seuls sont exempts de mal, et vivent là haut *à leur aise,* sans rien souffrir.
LA FONTAINE, *Psyché,* I.

C'est sur ce fondement... que les délateurs purent faire leur métier tout *à leur aise.*
MONTESQUIEU, *Grandeur des Romains,* c. 14.

Parlons en (d'Alexandre) tout *à notre aise.*
LE MÊME, *l'Esprit des Lois,* X, 13.

On le laissoit dire (l'abbé de Saint-Pierre) tout *à son aise,* parce qu'on voyoit bien que personne ne l'écoutoit.
J.-J. ROUSSEAU, *les Confessions,* partie II, liv. IX.

Il (Crébillon) ne se trouvoit dans toute sa force, et pour ainsi dire, *à son aise,* que sur une scène ensanglantée.
D'ALEMBERT, *Éloge de Crébillon.*

Les conteurs, se fiant à la patience des auditeurs, s'établissent trop *à leur aise* dans les récits.
Mme DE STAEL, *de l'Allemagne,* liv. I, c. 3, § 23.

Il n'est trésor que de vivre *à son aise.*
VILLON, *les Contredits de François Gontier.*

Je n'aurois qu'à chanter, rire, boire d'autant,
Et comme un gras chanoine, *à mon aise* et content,
Passer tranquillement, sans souci, sans affaire,
La nuit à bien dormir, et le jour à rien faire.
BOILEAU, *Satires,* II.

Un éloge ennuyeux, un froid panégyrique
Peut pourrir *à son aise* au fond d'une boutique.
LE MÊME, même ouvrage, VII.

Tout prêt à la laisser, pourvu qu'elle s'apaise,
Dans ton coffre à pleins sacs puiser tout *à son aise*.
BOILEAU, *Satires*, X.

Jour de Dieu! je prétends quereller *à mon aise*.
BOURSAULT, *les Mots à la mode*, sc. 12.

On dit, par ellipse, *A votre aise*, pour A votre commodité, quand ou comme vous voudrez.

A votre aise, demain, si ce n'est aujourd'hui.
BOURSAULT, *Ésope à la ville*, II, 6

Être à son aise est particulièrement d'un grand usage.

Quand ceux de Pampelune, qui étoient moult astreints, virent ce délogement, si en furent tous réjouis; car ils n'*avoient* pas toujours *été à leur aise*.
FROISSART, *Chroniques*, liv. II, c. 40.

Pleust à Dieu... que maintenant, je dis tout à ceste heure, *je feusse* en terre ferme bien *à mon ayse*.
RABELAIS, *Pantagruel*, IV, 18.

Nous voilà dans la retraite de Potsdam; le tumulte des fêtes est passé, mon âme en *est* plus *à son aise*.
VOLTAIRE, *Lettres*, 13 octobre 1750.

Vous *êtes à votre aise* avec tout le monde, hors avec moi.
J.-J. ROUSSEAU, *Lettres*; à M. Rousseau, 1769.

Enfin, je ne *suis* point *à mon aise* avec vous : Je vous crains.
Mme DU DEFFAND, *Lettres*; à H. Walpole, 27 juillet 1777.

Le bon sens *est* toujours *à son aise* en tes vers.
REGNARD, dédicace des *Ménechmes* à Boileau.

On *est à son aise* chez moi;
Et vivre comme on veut, c'est notre unique loi.
DESTOUCHES, *le Glorieux*, II, 14.

On dit dans un sens contraire, *Être mal à l'aise*, *mal à son aise*.

Il me semble, ma chère enfant, que je vous écrivis une sotte lettre la derniere fois. J'*étois mal à mon aise*.
Mme DE SÉVIGNÉ, *Lettres*, 19 septembre 1677.

Quand l'enfant pleure, il *est mal à son aise*.
J.-J. ROUSSEAU, *Émile*.

Être à son aise, vivre à son aise, être fort à l'aise, se disent particulièrement en parlant du bien, de la fortune.

Lors *furent* mult *à aise* et mult riche.
VILLEHARDOUIN, *Conquête de Constantinople*, § 323.

Quand serez-vous saoul de nous manger et de nous veoir entretuer, pour vous faire vivre *à votre ayse?*
Satyre Menippée, Épistre du sieur d'Engoulevent à un sien ami.

Parce qu'il *est à son aise*, et qu'il a du bien, il ne parle qu'avec hauteur.
BOURDALOUE, *Sermon sur les richesses*.

Les grands seigneurs et tous ceux qui *sont à leur aise*, se mènent fort par le plaisir.
FLEURY, *Du choix des études*, c. 13.

Il (le cardinal d'Estrées) donnoit beaucoup aux pauvres, à pleines mains à son frère le maréchal et à ses enfans qui lors n'*étoient* pas *à leur aise*.
SAINT-SIMON, *Mémoires*, 1714.

Il est d'assez grand revenu
Pour l'y faire *vivre à son aise*.
AUTREAU, *Démocrite prétendu fou*, I, 3.

On dit par abréviation : Un homme *à son aise*.

Virgile *à son aise* fut l'objet des calomnies de Mévius.
VOLTAIRE, *Supplément au Siècle de Louis XIV*, IIe partie.

Mettre à l'aise, se mettre à l'aise, à son aise, sont encore des manières de parler fort usitées.

Que mon cœur vous a d'obligation et que vous l'*avez mis à son aise*, en lui donnant la liberté de vous espérer cet hiver!
Mme DE SÉVIGNÉ, *Lettres*, 15 septembre 1680.

Il y a longtemps que j'ai mis les hommes au pis; et puis je vois très bien que cela ne fera que démasquer des haines qui couvent; autant vaut les *mettre à leur aise*.
J.-J. ROUSSEAU, *Lettres*, 25 avril 1762.

Elles m'*avoient mis* si bien *à mon aise*, que ma langue parloit autant que mes yeux, quoiqu'elle ne dît pas les mêmes choses.
LE MÊME, *les Confessions*, I, 4.

Se mettre à l'aise, c'est quelquefois Manquer

aux convenances, en user avec trop de liberté, de familiarité.

Mettre à l'aise, se mettre à l'aise, se disent aussi en parlant du bien, de la fortune.

Il s'étoit mêlé de loger en chambre garnie et de prendre des pensionnaires, et par là *s'étoit mis à son aise.*

SCARRON, *Roman comique,* I, 18.

J'ai embrassé cette occasion de *me mettre à mon aise.*

MOLIÈRE, *le Mariage forcé,* sc. 7.

Des louanges toutes pures ne *mettent* point un homme *à son aise.*

LE MÊME, *le Bourgeois Gentilhomme,* I, 1.

Il *mit* toute sa famille *à l'aise.*

CH. PERRAULT, *Contes,* le Petit Poucet.

Tu seras mon mari, mais il faut nous enrichir auparavant, la prudence demande que nous commencions par là. Je veux avoir encore trois ou quatre galanteries pour te *mettre à ton aise.*

LE SAGE, *Gil Blas,* VII, 10.

N'en prendre qu'à son aise, c'est Faire ce qui plaît, sans se gêner, sans se fatiguer.

Vous en parlez bien à l'aise, à votre aise, se dit à un homme qui donne quelque conseil difficile à pratiquer et qu'il n'est pas obligé de suivre, ou qui parle avec sang-froid de misères ou de difficultés qu'il n'éprouve point :

Vous en parlez bien à votre aise.

Mystère de Sainte-Barbe. (Voyez *Histoire du Théâtre françois* des frères Parfait, t. II, p. 10.)

A votre aise vous en parlez.

MOLIÈRE, *Amphitryon,* Prologue.

Mon Dieu! *vous en parlez,* mon frère, *bien à l'aise,*
Et vous ne savez pas combien le bruit me pèse.

LE MÊME, *les Femmes savantes,* II, 9.

A cette manière de parler peut se rapporter le passage suivant :

Peult-estre qu'il y en aura qui diront qu'aux charges que j'ay euës du Roy j'ay faictz de grandz proffictz, et que *j'en peux parler à mon aize.*

MONTLUC, *Commentaires,* liv. I.

Au lieu de *A l'aise* on a dit autrefois, par abréviation, *Aise,* devenu ainsi une sorte d'adverbe, synonyme de *Aisément,* facilement.

Si le meschief de la mésaventure et le péril n'eust été, ils séjournoient assez *aise.*

FROISSART, *Chroniques,* liv. I, part. I, c. 32.

La rivière demeure là en droit si petite que on y passe bien *aise* à pied et à cheval.

LE MÊME, même ouvrage, liv. I, part. I, c. 278.

AISE se dit au pluriel, quelquefois au sens de Contentement.

Je croy que ce fust un des grands *aises* que j'eus jamais.

MONTLUC, *Commentaires,* liv. II.

Plus ordinairement au sens de Commodité; état commode et agréable.

Sont cè fatales destinées ou influence des astres qui voulent mettre fin à tes *ayses* et repous?

RABELAIS, *Gargantua,* I, 31.

Voyant le premier du monde se bannir volontairement des *ayses* et plaisirs de son propre pays.

AMYOT, trad. de Plutarque, *Vie de Trajan.*

Les *aises* de la vie, l'abondance, le calme d'une grande prospérité, font que les princes ont de la joie de reste pour rire d'un nain, d'un singe, d'un imbécile et d'un mauvais conte : les gens moins heureux ne rient qu'à propos.

LA BRUYÈRE, *Caractères,* c. 9.

Philippe déjà vieux, raffine sur la propreté et sur la mollesse, il passe aux petites délicatesses; il s'est prescrit de petites règles qui tendent toutes aux *aises* de sa personne.

LE MÊME, même ouvrage.

Particulièrement dans ces locutions : *Aimer, chercher, prendre, avoir,* etc., *ses aises.*

Quant li reis out enquis des nuveles de Urie, cumandad lui qu'il returnast à sa maisun, qu'il i *oust ses aises.*

Les quatre Livres des Rois, II, XI.

Il (Edouard IV) *avoit* ja *accoutumé ses aises* et ses plaisirs douze ou treize ans, plus que Prince qui ait vescu de son temps.

COMMINES, *Mémoires.*

Ung preux, ung concquerant, ung prétendant, et aspirant à l'Empire univers, ne peult tousjours *avoir ses aises.*

RABELAIS, *Garguantua,* I, 33.

Ce seigneur (d'Imbercourt)..... n'aymoit point aller aux matinées ny serées, ny *prendre tant ses aises* aux frescheurs, ayant opinion que telles accoutumances nuisoient fort à un homme de guerre.

BRANTÔME, *Grands capitaines françois,* M. d'Imbercourt.

Elle aimoit autrefois les plaisirs plus que toutes choses, elle *aime* aujourd'hui *ses aises* plus que les plaisirs, et se couchera fort bien à dix heures plutôt que de voir une grande fête où il faudra passer la nuit.

Mlle DE MONTPENSIER, *Portraits,* VII. Portrait de Mme la comtesse D. M. G.

Pourvu que votre corps *ait* toutes ses commodités et toutes *ses aises,* vous êtes contents.

BOURDALOUE, *Carême,* Sermon sur l'aumône.

Le chat est joli, léger, adroit, propre et voluptueux; il aime *ses aises,* il cherche les meubles les plus mollets pour s'y reposer et s'ébattre.

BUFFON, *Histoire naturelle,* le Chat.

Nous sommes gens qui n'*avons* pas
Toutes nos *aises* ici-bas.

LA FONTAINE, *Contes,* II, 3.

On a dit *A vos aises,* en parlant de plusieurs personnes, comme *A votre aise,* en parlant d'une seule.

J'ay telle compassion de vous deux, que je suis délibérée de vous donner lieu et loisir de parler longuement ensemble *à vos aises.*

MARGUERITE DE NAVARRE, *l'Heptameron,* XVIII.

La locution *Être mal à l'aise* a donné lieu au mot composé *Malaise;* on a dit aussi, au même sens, pour exprimer un état incommode, *Mésaise :*

N'onc nul ne sceust quel chose est *ayse,*
S'il n'a devant apris *mesaise.*

Roman de la Rose, v. 22491.

Om cognoist le bien par le mal,
Et la douceur qu'on appelle *aise,*
Par la durté d'avoir *mesaise.*

EUSTACHE DES CHAMPS, *poës. ms.,* p. 561, col. 4. (Cité par Sainte-Palaye.)

Voyez *Malaise, Mésaise.*

AISE, adj. des deux genres.
Qui est content, qui a de la joie.
On le dit quelquefois absolument.

Là repaissent, *ayses* comme à nopces.

RABELAIS, *Pantagruel,* IV, 43.

Et croy que s'il eust gagné la ville de Lyon n'eust pas este si *aise.*

Le loyal Serviteur, c. 5.

Chacun n'est pas *aise* qui danse.

COTGRAVE, *Dictionnaire.*

Nous ne sçaurions souffrir à Paris que vous soyez si *ayse* à Mets, et ne pouvant pas empêcher vos joyes, nous voulons au moins les interrompre.

VOITURE, *Lettres;* au cardinal de la Valette.

Don Carlos se jeta à ses pieds, embrassa ses genoux, et lui pensa manger les mains à force de les baiser, s'exemptant par là de lui dire toutes les impertinences que l'on dit quand l'on est trop *aise.*

SCARRON, *Roman comique,* I, 9.

Or est-ele moult *aise,* mais tost sera dolente.

Roman de Berte, p. 17.

. . . . Moult fui *aese*
Jamès niert riens qui tant me plese
Cum estre illecques à séjor.

Roman de la Rose, v. 1823.

Il est ce jour et plus riche et plus *aise*
Que s'il gaignoit tout l'or d'Aufrique ou d'Aise (d'Asie).

ALAIN CHARTIER, *le Débat des deux fortunes d'amour.*

Sa science n'estoit point vile,
Mais bonne : car en ceste ville
Des tristes tristeur destournoit,
Et l'homme *aise* en aise tenoit.

CL. MAROT, *Épigrammes,* liv. VI, 8.

. . . Pour vous marier, on me revoit ici.
— Est-il possible? — Oui. — Que vous me ferez *aise.*

MOLIÈRE, *l'École des Femmes,* II, 6.

Vous chantiez, j'en suis fort *aise.*

LA FONTAINE, *Fables,* I, 1.

Quelquefois aussi on le modifie par un complément formé de la préposition *de* et de son régime, lequel peut être soit un nom, soit un verbe à l'infinitif.

Aise de, suivi d'un nom :

C'est mon ami, et je suis fort *aise de* son élévation.
LA BRUYÈRE, *Caractères,* De la Cour.

Comme les cœurs se plaisent à l'amour,
Comme les yeux sont *aises d'*un beau jour,
Comme un printemps tout l'univers recrée,
Ainsi l'esclat de ta beauté m'agrée.
THÉOPHILE, *Élégie.*

Aise de suivi d'un verbe à l'infinitif.

Il y en a qui ne sont pas si *aises d'*être à couvert quand il pleut, que *de* voir mouiller les autres.
BALZAC, *Relation à Ménandre,* part. III.

Que je suis *aise de* te rencontrer!
MOLIÈRE, *les Précieuses,* sc. II.

Aise de plaire et ne pouvant aimer.
VOLTAIRE, *Contes en vers,* la Bégueule.

On dit encore *Aise que,* etc.

Il y a des princes qu'il faut nécessairement tromper pour les bien servir, et qui sont beaucoup plus *aises qu'*on les entretienne d'un mensonge agréable, que si on leur donnoit avis d'une vérité importante.
BALZAC, *Lettres,* II, 7.

Dans l'un et dans l'autre cas, il est fort ordinaire, on l'a vu déjà par quelques exemples, d'en augmenter la signification en le faisant précéder de certains mots, tels que : Fort, très, etc. De là, particulièrement, deux locutions de grand usage : *Tout aise.*

Et la reçut adonc le chevalier et sa femme moult liement; et la tint *toute aise* selon son état.
FROISSART, *Chroniques,* liv. I, part. I, c. 12.

Et le sire de Mucident et le sire de Langurant demeurèrent en l'ost avecques le duc d'Anjou, qui les tenoit *tout aises.*
LE MÊME, même ouvrage, liv. II, c. 8.

Dans les deux passages précédents, *Aise* semble vouloir dire, Qui a ses aises, qui est reçu, traité libéralement.

La faim le prit : il fut tout heureux et *tout aise*
De rencontrer un limaçon.
LA FONTAINE, *Fables,* VII, 4.

Se trouvant à la fin *tout aise* et tout heureuse
De rencontrer un malotru.
LE MÊME, même ouvrage, VII, 5.

Bien aise, soit employé absolument, soit suivi de la préposition *de* ou de la conjonction *que.*

Bayar feit entendre aux autres soldats qu'il estoit *bien aise de* la ditte fuitte, par-ce qu'estans tant de gens à la garde de la dite ville, ils ne eussent point eu d'honneur ny de réputation de soustenir l'effort de l'ennemy.
M. DU BELLAY, *Mémoires.*

Je ne me fie pas assez en mes forces pour entreprendre de commander ny guider. Je suis *bien aise de* trouver mes pas tracez par les autres.
MONTAIGNE, *Essais,* II, 17.

Il n'est vie que d'estre *bien aise.*
COTGRAVE, *Dictionnaire.*

Je serai *bien aise de* faire voir en ce discours quels sont les chemins que j'ai suivis.
DESCARTES, *Discours de la Méthode,* I.

Vous ne serez pas *bien aise que* je vous dise la vérité.
VAUGELAS, trad. de Quinte-Curce, *Histoire d'Alexandre,* III, 2

Quiconque a dessein de piper le monde est assuré de trouver des personnes qui seront *bien aises d'*être pipées.
ARNAULD, *Logique de Port Royal,* Ier discours.

N'êtes-vous pas *bien aise de* ce mariage, mon aimable pouponne? — Tout à fait aise, je vous jure.
MOLIÈRE, *le Mariage forcé,* sc. 2.

A mon retour de Forléans, de Bussy et de Dijon, j'ai trouvé ici votre lettre, Madame, qui m'a fait *bien aise.*
BUSSY-RABUTIN, *Lettres;* à Mme de Sévigné, 4 juin 1687.

Nous avons eu du monde, nous en aurons encore, nous n'en souhaitons point; quand il y en a, on est *bien aise.*
Mme DE SÉVIGNÉ, *Lettres,* 18 septembre 1689

Écrivez-moi : je suis *bien aise d'*avoir à montrer à propos de ces lettres courageuses qui excitent à bien faire.

Mme DE MAINTENON, *Lettres;* à l'abbé Gobelin, 26 septembre 1684.

Ma foy, mais que je puisse vivre
Bien ayse en ce monde et rien faire,
Je n'ay d'or ni d'argent que faire.

Farce des cris de Paris. (Voyez *Ancien Théâtre françois, Bibliothèque elzévirienne,* tome II, p. 305.)

... Et moi, pour l'arrêter,
Je serois, ai-je dit, *bien aise d'*écouter.

MOLIÈRE, *les Fâcheux,* I, 1.

J'ai voulu vous parler en secret d'une affaire,
Et suis *bien aise* ici *qu'*aucun ne nous éclaire.

LE MÊME, *Tartufe,* III, 3.

C'est un homme qui vient, avec douce manière,
De la part de monsieur Tartuffe, pour affaire
Dont vous serez, dit-il, *bien aise...*

LE MÊME, même ouvrage, V, 4.

Tout de bon? — Oui, Monsieur. — J'en suis vraiment [*bien aise.*

BOURSAULT, *le Mercure galant,* III, 4.

D'AISE, soit substantif, soit adjectif, sont provenus un assez grand nombre de mots dont plusieurs ne sont pas restés en usage : le verbe AISER, l'adjectif AISÉ, l'adverbe AISÉMENT, les substantifs AISEMENT et AISANCE, etc.

AISER, v. a.

On l'a écrit AYSER ; AISIER, AYSIER ; AAISER, AAISIER ; AESIER, AEISSER ; ASIER, etc. (Voyez le *Glossaire* de Sainte-Palaye, la *Grammaire de la langue d'oïl* de Burguy, et quelques-uns des exemples ci-après.)

Mettre une personne à l'aise, lui donner ses aises, lui procurer abondamment ce qui lui est nécessaire ou utile, par conséquent, L'aider, la secourir, la servir, etc.

Comme les frères et suers... aient volonté de acquerre un lieu à faire un hospital pour herbergier et *aisier* les pauvres.

Texte de 1341. (Voyez DUCANGE, *Glossaire,* Aisamenta.)

Après qu'il eut séjourné... trois jours pour refreschir et *aiser* ses gens.

MONSTRELET, *Chroniques.*

Aler a Domas por sei et por son ost *aisier* et reposer.

Recueil des historiens des croisades, Historiens occidentaux, t. II, var. D, p. 122.

Furent une pièce tuit *aeissé.*

Même ouvrage, t. II, p. 536.

Ils le feirent chaufer et *aisier.*

Le Ménagier de Paris, Ire distinction, 6e art.

Et l'*a* grandement *aaiset.*

Le Chatelain de Coucy, v. 3131.

Ainsi princes doit ses hommes *aisier ;*
Et si leur doit toute seureté querre.

EUST. DESCHAMPS, 42e *Ballade.*

AISER, en ce sens, recevait un complément formé de la préposition *de* et de son régime.

Maine-moy cest pelerin en ta chambre et le tiens bien sécretement, et l'*aise de* tout ce qu'il lui faudra.

Modus et Racio, ms. fo 277, vo. (Cité par Sainte-Palaye.)

Et que nostre bon et loyal peuple d'icelle (ville de Paris) se acroisse toujours et *soit aisié de* ce qui lui est nécessaire à la sustentacion de leurs vies.

Lettres de Charles VI, 1392. (Voyez *Ordonnances des Rois de France,* t. VII, p. 510.)

Par une conséquence naturelle, AISER a voulu dire aussi, Rendre bien aise, content, contenter Il est aussi employé dans un certain nombre de passages avec un sens particulier.

Quant la lune sera couchie,
Adonc venez sans demorée ;
Et je vous serai aprestée
De vous recoivre *et aaisier.*

Fabl. ms. du R., no 7218, fo 144, ro, c. 2. (Cité par Sainte-Palaye.)

Par vous soffri-ge le baisier
Por le ribaudel *aaisier.*

JEHAN DE MEUNG, *le Roman de la Rose,* v. 15577.

De là ces locutions : *Aiser son corps, aiser de son corps.*

Mes maris a ce qu'il luy fault
En son hostel, sanz querir hors,
S'il voulsist : mais riens ne luy vault,
Car ailleurs va *aisier son corps.*

EUST. DESCHAMPS, *Poésies mss.* p. 448, col. 4.

Feme ne doit nul homme acoler, ne baiser,
Se ele ne le velt de *son cors aesier*.

Chastie-Musart, ms. de Saint-Germain, f° 107, r°, col. 1. (Cité par Sainte-Palaye.)

Aiser se disait, non seulement en parlant des personnes, mais en parlant des choses, pour les Accommoder.

Feray... *aiser* le lieu *de* toutes choses dont il est mestier.

Roman de Lancelot du Lac, t. III, f° 63, v°, col. 1. (Cité par Sainte-Palaye.)

Aiser se construisait avec le pronom personnel. On disait *S'aiser*, pour Se mettre à l'aise, prendre ses aises, se reposer, se refaire, etc.

David e ses compaignons vindrent tut las, là ù il volstrent lores demurer, si se *aisèrent* al mielz qu'il pourent.

Les quatre Livres des Rois, II, XVI, 14.

Adonc se logea l'ost en un bois sur une petite rivière pour *eux aiser* et pour attendre le charroi et les pourvéances.

Froissart, *Chroniques*, liv. I, part. I, c. 35.

Iceux gendarmes arrivèrent à Calais... pour *eux* refaire et *aisier* comme bien mestier en avoient.

Jean Le Fevre de Saint-Remy, *Histoire de Charles VI*, p. 95.

Jamais en autre lit que en cestuy ne *vous ayserez-vous*.

Roman de Lancelot du Lac, t. II, f° 4, r°, col. 2. (Cité par Sainte-Palaye.)

Saillons tous hors, et laissons Madame chauffer et *soy* un peu *ayser* en son privé... Et quant Madame et toutes les dames et damoyselles de sa compagnie *se furent* très-bien chauffées et *aysées*, Madame fist demander se les chariotz estoient pretz.

Ant. de la Sale, *Le petit Jehan de Saintré*, c. 19.

Ore se refont et si *s'aisent*,
De tous leurs meschiés se rapaisent.

Le Chatelain de Coucy, v. 6690.

On a dit *S'aiser de*, pour S'accommoder de :

Ce vendredi, si comme je vous ai dit, se logea le roi d'Angleterre à pleins champs à tout son ost, et *se aisérent de* ce qu'ils avoient.

Froissart, *Chroniques*, liv. I, part. I, c. 284.

Pour Se reposer de.

Pour *vous aisier de* la peine et du mal que vous souffrez.

Monstrelet, *Chronique*, vol. I, f° 2, v°. (Cité par Sainte-Palaye.)

S'aiser se prenait particulièrement dans une acception qui a passé, on le verra plus loin, aux substantifs *aisément* et *aisance*.

Truvad i une cave grande ù il entrad, pur *sei aiser* (ut purgaret ventrem).

Les quatre Livres des Rois, I, XXIV, 4.

Un pot à quoy le suppliant *se aisoit* aucunes foiz de nuit.

Lettres de rémission de 1408. (Voyez Ducange, *Glossaire*, Aisamenta.)

S'aiser avait un sens analogue à celui que recevait quelquefois, on l'a vu plus haut, Aiser.

Et nud à nud pour mieux des corps *s'ayser*.

Villon, *Ballade* XI.

S'aiser, en parlant des choses, a signifié Devenir facile. C'est le sens que lui donnent Nicot et Monet.

Je voyois..... les difficultez de mon entreprise *s'ayser* et se planir.

Montaigne, *Essais*, II, 12.

Aiser se disait absolument pour Vivre à son aise.

Ceus est beaus et preus assés
S'il est riches et assasés
Et s'eust de coi *aaisier*
Partant lairoit le tornoier.

Anc. poes. fr. mss. av. 1300, t. III, p. 1271. (Cité par Sainte-Palaye.)

De là, dans le passage suivant, son emploi comme substantif.

Plus lour plaist li *aaisiers*
K'atendre d'amers confort.

Thibaut de Champagne, *Chanson mss.*, p 65. (Cité par Sainte-Palaye.)

Dans les passages suivants on trouve les participes *Aised, aisié,* qui ont conduit à l'adjectif Aisé.

Sire, Sire, vielz hum sui de quatre-vinz ans, ne sui *aised* dès ore à ester à curt.

Les quatre Livres des Rois, II, XIX, 35.

Si furent moult *aysiez* enmy le chemin de parler ensemble, car ilz y entendoient bien plus que à dire leurs heures.

Le Livre du chevalier de la Tour Landry, c. 33.

Aisé, ée, adj.

Il s'est écrit autrefois, conformément aux diversités d'orthographe du verbe dont on l'a tiré : Aysé; Aisié, Aysié; Aaisié; Aesié, etc. (Voyez le *Glossaire* de Sainte-Palaye et quelques-uns des exemples ci-après.)

Aisé est, avec certaines nuances difficiles à déterminer, synonyme de Facile.

On le dit, absolument, des choses de L'ordre physique et de l'ordre moral;

Des choses de L'ordre physique, comme des lieux d'un accès, d'un parcours facile, comme des mouvements qui s'exécutent facilement, etc. :

Nous avons la clef de ce jardin, par lequel le chemin luy sera *aisé* et couvert.

Herberay des Essarts, *Amadis de Gaule,* liv. II, c. 10.

Après disner, nous suivismes un païs commun, tranchant tantost des pleines et aucunes rivières, et puis aucunes collines *aisées.*

Montaigne, *Voyages,* Macerata.

Après disner, nous suivismes la rive de la mer qui est plus douce et *aisée* que la nôtre de l'Océan, et cultivée jusques tout jouignant de l'eau.

Le même, même ouvrage, Ancona.

Alexandre qui ne craignoit rien davantage que le retardement, faisoit passer son armée, et par les lieux *aisez* et par les lieux difficiles, avec la mesme ardeur et la mesme promptitude.

Du Ryer, trad. du *Supplément de Freinshemius sur Quinte-Curce,* liv. II, c. 11.

Sa cavalerie, ayant tourné la montagne par l'endroit où elle estoit plus *aisée,* prit les principaux officiers avec le général.

Perrot d'Ablancourt, trad. de Tacite, *Histoires,* liv. IV, 9.

Le Danube tombe du mont Abnobe, dont la pente est plus douce et plus *aisée.*

Perrot d'Ablancourt, trad. de Tacite, *La Germanie.*

On monte dans cette gallerie d'en haut par un degré très-*aysé.*

Thévenot, *Voyage du Levant,* c. 16.

On ne peut assez admirer cette prodigieuse quantité de muscles qui se voient dans le corps humain, ni leur jeu si *aisé* et si commode.

Bossuet, *De la connoissance de Dieu et de soi-même,* c. 1, nº 2.

Des choses de L'ordre moral :

De ma partie me suis deliberé de ne rien croire de ce que tu dis, si tu ne me donnes preuves *aisées* et intelligibles.

Bernard Palissy, *De la Marne.*

Cette telle preud'hommie naturelle et *aysée,* et comme née avec nous, s'appelle proprement bonté.

Charron, *De la Sagesse,* II, III, 12.

Toutes choses ont deux anses par lesquelles l'on les peut prendre : par l'une, elles nous semblent griefves et pesantes, par l'autre *aysées* et légères.

Le même, même ouvrage, III, XXXII, 1.

Le mal est *aisé,* il y en a une infinité; le bien presque unique.

Pascal, *Pensées.*

L'accès étoit tout à fait libre, les audiences étoient *aisées.*

Cardinal de Retz, *Mémoires.*

Par quelle raison lui faire un mystère de votre amour? — Pour lui donner moins de soupçon et me conserver au besoin des ouvertures plus *aisées* pour détourner ce mariage.

Molière, *l'Avare,* II, 1.

Annibal, enflé de ses grands succès, crut la prise de Rome trop *aisée,* et se relâcha.

Bossuet, *Discours sur l'histoire universelle,* III, 6.

Quinault, dans un genre tout nouveau, et d'autant plus difficile qu'il paraît plus *aisé,* fut digne d'être placé avec tous ses illustres contemporains.

Voltaire, *Siècle de Louis XIV,* c. 8.

Cet état (celui de graveur), assez lucratif pour donner une subsistance *aisée,* et pas assez pour mener à la fortune, eût borné mon ambition.

J.-J. Rousseau, *les Confessions,* part. I, liv. I.

Que vous êtes heureuse et qu'un peu de soupirs
Fait un *aisé* remède à tous vos déplaisirs!

P. Corneille, *Polyeucte*, II, 2.

L'oubli de cette injure est une chose *aisée*.

Molière, *le Dépit amoureux*, V, 9.

C'est toi, qui me flattant d'une vengeance *aisée*,
M'as, vingt fois en un jour, à moi-même opposée.

J. Racine, *Athalie*, V, 6.

Mais de ce style enfin, la cour désabusée,
Dédaigna de ces vers l'extravagance *aisée*.

Boileau, *Art poétique*, I.

La critique est *aisée* et l'art est difficile.

Destouches, *le Glorieux*, II, 5.

Souvent aussi on le modifie par un complément formé de la préposition *à* et d'un verbe à l'infinitif, son régime.

Il n'y a peine ni travail qui ne soit si *aisé à* porter que le temps et le chemin passé pour l'amour de vous.

Marguerite de Navarre, *Lettres;* à François Ier, décembre 1525.

La poësie prenant les raisons et arguments de la philosophie, en les meslant parmy des fables, en rend la science plus *aisée* et plus agréable *à* apprendre aux jeunes gens.

Amyot, trad. de Plutarque, *Œuvres morales*, Comment il faut lire les poëtes, 3.

Les passions me sont autant *aysées à* éviter, comme elles me sont difficiles *à* modérer.

Montaigne, *Essais*, III, 10.

Les conditions les plus *aisées à* vivre selon le monde, sont les plus difficiles *à* vivre selon Dieu.

Pascal, *Pensées*.

Je n'ai rien vu de si *aisé à* trouver que la tendresse que j'ai pour vous.

Mme de Sévigné, *Lettres;* à Mme de Grignan, 15 avril 1671.

C'est notre vanité qui étend nos besoins; la nature ne nous en donne que d'*aisés à* satisfaire.

Mme de Maintenon, *Lettres;* au comte d'Aubigné, 28 février 1678.

Alors ce prince... eût pu parvenir à cette monarchie universelle, plus *aisée à* imaginer qu'*à* saisir.

Voltaire, *Essai sur les mœurs*, c. 126.

D'agréables objets sont *aisés à* louer.

Boursault, *le Mercure galant*, IV, 3.

Cela vous est bien aisé à dire, est une réponse à quelqu'un qui donne un conseil difficile à pratiquer et qu'il n'est pas disposé à prendre pour lui-même.

Dans cette construction, *Aisé à*, le régime de la préposition a pu quelquefois être un nom.

Pourquoi est-ce que nostre langage commun, si *aisé à* tout autre usage, devient obscur et non intelligible en contract et testament?

Montaigne, *Essais*, III, 13.

Aisé à se dit aussi des personnes.

Car bien mal *aysez* estoient *à* tuer, tant estoient fort armez.

Commines, *Mémoires*, VIII, 11.

Si le chirurgien entend son art, il te dira soudain que celuy qui a eu le bras couppé nettement par le glaive tranchant, est beaucoup plus *aisé à* guérir que l'autre.

B. Palissy, *Recepte veritable*.

Ung jour fut le dit bon chevalier adverty que dedans Binaz y avoit trois cens chevaulx qui seroient bien *aysez à* deffaire.

Le Loyal Serviteur, c. 14.

Néron... sortoit alors pour voir les jeux, et estoit plus *aisé à* aborder à cause de l'allégresse publique.

Perrot d'Ablancourt, trad. de Tacite, *Annales*, liv. XV, 12.

Le prince (Condé) n'étoit pas *aisé à* étonner.

Mme de Motteville, *Mémoires*.

Elle est fière, mutine et assez *aisée à* fâcher.

Mlle de Montpensier, *Portraits*, CXL. Mme la duchesse d'Espernon.

Je suis seule comme une violette *aisée à* cacher.

Mme de Sévigné, *Lettres;* 14 décembre 1689.

Une femme est *aisée à* gouverner, pourvu que ce soit un homme qui s'en donne la peine.

La Bruyère, *Caractères*, c. 3.

Tous deux d'un esprit au-dessous du médiocre, et parfaitement ignorants de ce qui leur étoit dû, très *aisés à* mener, *à* contenter, *à* amuser.

Saint-Simon, *Mémoires*, 1696.

J'en demande pardon à la nation, elle est trop *aisée à* tirer du sérieux.

La Motte, *Discours sur la Tragédie*, I.

Mais les dévots de cœur sont *aisés à* connoître.

MOLIÈRE, *Tartufe*, I, 6.

Dans les exemples qui précèdent, le verbe à l'infinitif, régime de la préposition *à*, a un sens passif. Il n'en est pas de même dans les passages suivants, où le verbe a, au contraire, un sens actif.

Si quelcun en desire plus ample déclaration, qu'il lise le traitté qu'il a fait, De l'utilité de croire : où il trouvera qu'il ne nous commande pas d'estre credules, ou *aisez à* recevoir ce qui nous est enseigné des hommes.

CALVIN, *Institution chrestienne*, liv. I, VII, § 3.

Elle scavoit bien que le duc n'estoit pas si *aisé à* pardonner, comme il en faisoit la mine.

MARGUERITE DE NAVARRE, *l'Heptameron*, LI.

Une personne *aisée à vivre* est une personne avec laquelle il est facile de vivre, d'un commerce facile et doux.

Madame de Montjeu est une bonne femme et très-*aisée à vivre*.

BUSSY-RABUTIN, *Lettres ;* à Mme de Sévigné, 13 mai 1689.

Aisé de se trouve au même sens dans un assez grand nombre de passages anciens auxquels renvoie Sainte-Palaye. On peut y joindre le suivant, d'une date plus rapprochée, qui montre cette manière de parler comme encore d'usage au XVIe siècle.

La femme ayant la chair molle et fluide, elle est bien *aisée d'*estre esprisse et enflammée par tout le corps.

BOUCHET, *Serées*, liv. I, 3e serée.

Aisé de n'est plus en usage que dans la locution, *Il est aisé de*.

Il est donc maintenant *aisé de* concilier toutes choses.

BOSSUET, *Oraison funèbre de la duchesse d'Orléans*.

Pour Beaujeu, elle a été en vérité morte, et l'émétique l'a ressuscitée : il n'est pas si *aisé de* mourir que l'on pense.

Mme DE SÉVIGNÉ, *Lettres ;* 30 septembre 1676.

Il n'est pas si *aisé de* se faire un nom par un ouvrage parfait, que d'en faire valoir un médiocre par le nom qu'on s'est déjà acquis.

LA BRUYÈRE, *Caractères*, Des ouvrages de l'esprit.

Il peut *être* encore *aisé de* se perdre, mais du moins il n'est pas honteux de se sauver.

MASSILLON, *Petit Carême*, Sur les exemples des Grands.

Mon Dieu, qu'il *t'est aisé de* condamner des choses
Dont tu ne ressens point les agréables causes.

MOLIÈRE, *l'Étourdi*, IV, 4.

Je suis possesseur d'une somme avec laquelle *il est aisé d'*être honnête homme.

LE GRAND, *Plutus*, III, 2.

On a dit, au même sens, *Il est aisé à*.

Il est maintenant *aisé à voir* qu'il (le mot latinier) se prend pour ce que nous appelons *trucheman*.

H. ESTIENNE, *la Précellence du langage françois*.

Par tout cecy *est aisé à* voir combien est lasche et vilain vice la mescognoissance et ingratitude.

CHARRON, *De la Sagesse*, III, XI, 17.

Il est assez *aisé à* juger que, sans la conjonction des forces de Sa Majesté (le roi de France), il (l'empereur) auroit bien de la peine, le cas advenant, à soumettre à sa domination la nation espagnole.

LOUIS XIV, au chevalier de Gremonville, 13 décembre 1667. (Voyez MIGNET, *Négociations relatives à la succession d'Espagne*, t. II, p. 376.)

AISÉ exprime souvent l'absence de la contrainte, de la gêne, du travail.

C'est ainsi qu'on dit une taille *aisée*, d'une taille libre et dégagée ; un air *aisé*, des manières *aisées*, etc.

Le beau Ténébreux la chantoit (une chanson) d'une voix piteuse et *aisée*.

HERBERAY DES ESSARTS, *Amadis de Gaule*, liv. II, c. 9.

Pour sa taille, elle n'est pas grande. — Non ; mais elle est *aisée* et bien prise.

MOLIÈRE, *le Bourgeois Gentilhomme*, III, 9.

Les manières de la duchesse de Bragance étoient nobles, grandes, *aisées* et pleines d'une certaine douceur majestueuse qui inspiroit de l'amour et du respect à tous ceux qui l'approchoient.

VERTOT, *Histoire des Révolutions de Portugal.*

M. le duc d'Orléans étoit de taille médiocre au plus, fort plein sans être gros, l'air et le port *aisé* et fort noble.

SAINT-SIMON, *Mémoires,* 1715.

J'admirois leur air libre et *aisé.*

LE SAGE, *Gil Blas,* liv. III, c. 4.

Il y avoit aussi nombre de jeunes cavaliers bien faits, gens de robe et d'épée, dont la contenance témoignoit qu'ils étoient contents d'eux, et qui prenoient sur le dos de leurs chaises de ces postures *aisées* et galantes qui marquent qu'on est au fait des bons airs du monde.

MARIVAUX, *la Vie de Marianne,* IIe partie.

... Je tiens qu'une fille avisée
Doit avoir un air libre, une manière *aisée.*

BOURSAULT, *Ésope à la Cour,* II, 1.

On le dit du caractère, du commerce.

Il (le cardinal de Retz) étoit d'un commerce *aisé* plus que personne du monde.

Mme DE SÉVIGNÉ, *Lettres ;* 25 août 1679.

Il (le cardinal del Giudice) parut d'une conversation aimable, d'une société *aisée.*

SAINT-SIMON, *Mémoires,* 1714.

C'étoit (Arcemboldi, légat du pape Léon X) un homme d'un caractère *aisé,* souple, plein de politesse, complaisant, et qui ne montroit de passion que dans l'application qu'il faisoit paraître d'amasser de l'argent.

VERTOT, *Révolutions de Suède.*

On le dit aussi de l'esprit, de la conversation, du style, de la prose, des vers, etc.

Sa voix estoit doulce, sa langue diserte, et sa parole *aisée.*

AMYOT, trad. de Plutarque, *Vie de Périclès,* c. 11.

Cette princesse (Anne d'Autriche) avoit l'esprit *aisé,* commode et agréable.

Mme DE MOTTEVILLE, *Mémoires.*

Amaryllis a l'esprit vif ; jamais il n'y en a eu de si *aisé* que le sien, elle rit avec les gens gais, elle pleure avec les tristes : enfin elle hurle avec les loups.

Mlle DE MONTPENSIER, *Portraits,* XXV.
Mme la comtesse de Fiesque.

La guerre demande une présence d'esprit et une parole *aisée* pour les commandements, et un corps robuste et infatigable pour l'exécution, qui sont des qualitez qui ne sont point en moy.

RACAN, *Lettres ;* IX.

Il (de Lionne) connaissoit les diverses cours de l'Europe, parloit et écrivoit facilement plusieurs langues, avoit des belles-lettres, l'esprit *aisé,* souple et adroit, propre à cette sorte de traités avec les étrangers.

LOUIS XIV, *Mémoires.*

On le vit, dans des conversations *aisées* et familières, engageant les uns à l'écouter avec plaisir, les autres à lui répondre avec confiance.

FLÉCHIER, *Oraison funèbre de M. de Lamoignon.*

Vos vers sont jolis et *aisés* et font souvenir agréablement de vous.

Mme DE SÉVIGNÉ, *Lettres ;* au comte de Bussy, 5 janvier 1687.

Boileau se vanta toute sa vie d'avoir appris à mon père à rimer difficilement. A quoi il ajoutoit que des vers *aisés* n'étoient pas des vers aisément faits.

L. RACINE, *Mémoires sur la vie de J. Racine,* partie I.

Amoureux de singularités et plus flattés d'une bizarrerie difficile que d'une justesse *aisée,* ils (certains poëtes) ne songeoient pas à peindre, mais à donner des preuves de subtilité d'esprit.

LA MOTTE, *Discours sur la Tragédie,* I.

Il (le nonce) parle un espagnol tout-à-fait *aisé.*

Mme DE VILLARS, *Lettres ;* 15 décembre 1679.

Je ferois avouer que sa prose (de Cotin) a je ne sais quoi d'*aisé,* de naïf et de noble, qui sent son Parisien élevé avec soin.

D'OLIVET, *Histoire de l'Académie.*

Quoi qu'il en soit, la conversation, de ma part, devint dès ce moment-là plus *aisée.*

MARIVAUX, *la Vie de Marianne.*

Lui seul des vers *aisés* possède le talent.

MOLIÈRE, *les Femmes savantes,* III, 1.

Les Grecs furent charmés de sa voix douce et vive,
Du naturel *aisé,* de la grâce naïve
Dont la jeune Théone anima son récit.

VOLTAIRE, *Contes en vers,* Les trois manières.

On l'applique aussi aux personnes ;

Dans un sens moral :

M. Colbert, de facile et *aisé* qu'il étoit, devint difficile et difficultueux, en sorte qu'on n'expédioit pas alors tant d'affaires, à beaucoup près, que dans les premières années de sa surintendance des bâtiments.

CH. PERRAULT, *Mémoires*, liv. IV.

Aisé, accueillant, propre à toute conversation, sachant de tout, parlant de tout (le duc de Noailles).

SAINT-SIMON, *Mémoires*, 1711.

Dans un sens littéraire :

(Les historiens sont) plaisants et *aisés*.

MONTAIGNE, *Essais*, I, 25.

Voyons qui de nous deux, plus *aisé* dans ses vers,
Aura plus tôt rempli la page et le revers.

BOILEAU, *Épîtres*, II.

Qu'il soit *aisé*, solide, agréable, profond.

LE MÊME, *Art poétique*, III.

Il y fait rire, il badine avec grâce,
Il est *aisé*.

PALAPRAT, *Rondeau* sur une comédie de Regnard.

AISÉ exprime, comme *Aise*, l'idée de ce qui est commode.

On le dit, au sens physique, des vêtements, chaussures, etc. :

Ces pays où ils se couvrent d'un seul et simple couvert, assez léger, *aysé*, sans façon ny despense...

CHARRON, *De la Sagesse*, II, II, 3.

Les lieux plus asseurez luy estoient des hazards,
Les fueilles, les rameaux et les fleurs des poignards,
Les plumes de son lict des esguilles piquantes,
Ses habits plus *aisez* des tenailles serrantes.

D'AUBIGNÉ, *Tragiques*, Vengeances, liv. VI.

Au sens moral, de ce qui est commode à pratiquer :

Eh quoi! mon père, chacune de ces dévotions *aisées* suffit pour ouvrir le ciel?

PASCAL, *Provinciales*, IX.

Ils (les philosophes charlatans) me font la vertu si belle et si *aisée*, ils la dorent de telle sorte par leurs artificieuses inventions, que je m'imagine souvent que je puis être vertueux de moi-même.

BOSSUET, *Sermons*, Sur la Conception de la sainte Vierge, I.

Le P. Lemoyne a fait paraître en 1652 un livre intitulé : *La dévotion aisée*.

AISÉ correspond encore à *Aise* dans un dernier sens, en parlant du bien, de la fortune. Une personne *aisée* est une personne qui est à son aise.

Ne mettrons-nous pas aussi au premier rang le mulet et la mule pour seurement et doucement porter les hommes, puis que par sur tous autres animaux, ils sont choisis pour servir de monture aux Papes, Cardinaux, Évesques et autres grands et *aisez* personnages.

OLIVIER DE SERRES, *Théâtre d'Agriculture*, 4e lieu, c. 12.

... Qu'au travers de mon habillement il démêloit en moi quelque chose de noble, et qu'enfin il ne doutoit pas que je ne fusse un gentilhomme fort *aisé*.

LE SAGE, *Gil Blas*, I, 14.

Il faut que vous soyez un gentilhomme *aisé*.

BOURSAULT, *Fables d'Ésope*, IV, 5.

AISÉ, en ce sens, s'est employé autrefois substantivement. On a dit *les Aisés*, de ceux qui étaient soumis à ce qu'on appelait *La taxe des aisés*.

Le bruit est qu'on recherche M. de Luxembourg sur les concussions aussi bien que sur les empoisonnements et sur la magie. On parle d'une taxe qu'il fit, il y a quelques années, sur les *aisés* de Ligny, laquelle ils payèrent tous à la réserve d'un seul.

BUSSY-RABUTIN, *Lettres*; à Jeannin de Castille, 22 février 1680.

Il n'avoit jamais voulu faire de registre, de peur qu'en s'en saisissant on ne sût son bien, et qu'on ne le mît aux *aisés*.

TALLEMANT DES RÉAUX, *Historiettes*, Basin de Limeville.

On a dit autrefois, au même sens, *Aisé de*. Sainte-Palaye cite de Froissart (vol. I, p. 384) cette expression, *Aisé de* vaisselle et trésor; et cette autre du Roman *Lancelot du Lac* (t. I, f° 58, r°, col. 1), où une terre est dite *Aysiée de* rivières et *de* forêts.

Comme d'*Aise* s'est fait *malaise*, d'*aisé* s'est fait *malaisé*.

On le dit, au sens physique, de lieux d'un accès, d'un parcours difficile.

Dans un chemin montant, sabloneux, *malaisé*.
LA FONTAINE, *Fables*, VII, 9.

On le dit, au sens moral, de ce qui est difficile à faire.

La guerre entre deux grans princes est bien aysée à commencer, mais très-*mal aysée* à appaiser.
COMMINES, *Mémoires*, II, 5.

C'est doncques chose bien fort *mal-aisée*, dira quelqu'un, que de discerner un flatteur d'avec un amy.
AMYOT, trad. de Plutarque, *Œuvres morales*, Comment discerner le flatteur d'avec l'amy, c. 7.

Il (d'Ablancourt) entreprit Lucien sur les instances de M. Conrart, auquel on a l'obligation d'un si bel ouvrage. Car M. d'Ablancourt eut d'abord de la peine à s'y résoudre à cause de la difficulté, et que les railleries grecques sont *mal-aisées* à mettre en français.
PATRU, *Vie de d'Ablancourt*.

Lorsque sur cette mer on vogue à pleines voiles,
Qu'on croit avoir pour soi les vents et les étoiles,
Il est bien *mal-aisé* de régler ses désirs.
Le plus sage s'endort sur la foi des zéphirs.
LA FONTAINE, *Élégie pour M. Fouquet*, aux Nymphes de Vaux.

On l'a dit aussi, en parlant des choses et des personnes, de ce qui n'est pas libre, dégagé, dispos.

Ventru quelque peu, branlant de teste et aulcunement *mal-aysé* de sa personne.
RABELAIS, *Pantagruel*, III, 28.

Il est d'usage en parlant du bien, de la fortune, surtout dans cette locution, *Riche malaisé*.

Le duc de Croy, grand seigneur de Flandres, riche, mais un *riche malaisé*, et qui étoit grand d'Espagne, vint à la Cour.
TALLEMANT DES RÉAUX, *Historiettes*, la Duchesse de Croy.

Le père (M. de Chalais) était fort *mal aisé*, et le fils, qui n'avoit rien, fut trop heureux de cette ressource (un bâton d'exempt des gardes du corps).
SAINT-SIMON, *Mémoires*, 1711.

A l'adjectif AISÉ il faut joindre quelques autres adjectifs de même famille et de même sens recueillis par Sainte-Palaye : AISABLE, AISIBLE, AISIEUS.

AISÉMENT, adv.

On l'a écrit *Aysément*, et, comme tous les adverbes formés de même, *Aiséement*, *Ayséement*.

D'une manière Aisée, c'est-à-dire, conformément aux deux principales acceptions de l'adjectif Facilement, Commodément;

Et d'abord, Facilement :

Il sembla bien lors au Roy... que *aysément* il gagneroit ledict duc à semblablement habandonner les deux dessus nommés.
COMMINES, *Mémoires*, II, 5.

Il estoit si a couvert entre ses deux roches qu'on feust *aiséement* passé sans l'appercevoir.
Le loyal Serviteur, c. 24.

Les lansquenets mirent la main à l'œuvre, de telle façon qu'ils montèrent deux canons aussi *aisément* que si ce n'eust esté qu'un fauconneau.
M. DU BELLAY, *Mémoires*.

Gardons-nous de ces gens qui tournent leur robe si *aysément* et suivent le vent de fortune, quand ils voyent que leur party va mal.
Satyre Ménippée, Harangue de M. le Recteur Roze.

La philosophie triomphe *aisément* des maux passés.
LA ROCHEFOUCAULD, *Maximes*, XXII.

Que la tendresse d'un père est *aisément* rappelée!
MOLIÈRE, *le Festin de Pierre*, V, 1

L'orgueil se tourne *aisément* en cruauté.
BOSSUET, *Discours sur l'histoire universelle*, III, 4.

On pardonne plus *aisément* tous les autres vices, on les tolère; mais l'orgueil est insupportable.
BOURDALOUE, *Caractère de l'orgueil et ses effets*.

Le sage revient *aisément* à soi.
FLÉCHIER, *Oraison funèbre de Turenne*.

Mon visage n'est quasi pas changé; vous trouveriez fort

aisément que vous avez vu ce chien de visage-là quelque part.

Mme DE SÉVIGNÉ, *Lettres;* à M. de Grignan, 15 avril 1676.

Ils virent l'ogre qui alloit de montagne en montagne, et qui traversoit des rivières aussi *aisément* qu'il aurait fait le moindre ruisseau.

CH. PERRAULT, *Contes*, le Petit Poucet.

Je crois pouvoir dire d'un poste éminent et délicat, qu'on y monte plus *aisément* qu'on ne s'y conserve.

LA BRUYÈRE, *Caractères*, De la Cour.

Aisément engouée, elle (Mme de Maintenon) l'étoit à l'excès; aussi facilement déprise, elle se dégoûtoit de même.

SAINT-SIMON, *Mémoires*, 1715.

C'étoit l'homme du monde (le régent) qui convenoit le plus *aisément* de ce qu'on lui disoit de vrai, mais qui en convenoit le plus inutilement.

LE MÊME, même ouvrage, 1719.

Je n'ai pas seulement corrigé l'ouvrage, je l'ai refondu et augmenté d'un volume que les sottises humaines m'ont *aisément* fourni.

LE SAGE, *le Diable boiteux*, Préface.

Car tu scays qu'une maladie
Est trop plus *aysement* guérie
La moitié quand elle commence
Que n'est en sa persévérance.

Moralité des Enfants de maintenant. (Voyez *Ancien Théâtre françois*, Bibliothèque elzévirienne, t. III, p. 82.)

Si apperceu clerement et a l'œil
Mon feu patron et très-honoré maistre.
Las! bien le sceu *aiséement* cognoistre.

OCTAVIEN DE SAINT-GELAIS, *Séjour d'honneur.*

Qui pardonne *aisément* invite à l'offenser.

P. CORNEILLE, *Cinna*, IV, 2.

... Son esprit est rusé,
Et peut-être à surprendre il sera malaisé.
— Non; on est *aisément* dupé par ce qu'on aime.

MOLIÈRE, *Tartufe*, IV, 3.

Ce que l'on conçoit bien s'énonce clairement
Et les mots pour le dire arrivent *aisément.*

BOILEAU, *Art poétique*, I.

Dans un roman frivole *aisément* tout s'excuse,
C'est assez qu'en courant la fiction amuse.

LE MÊME, même ouvrage III.

Dans certains cas, *Aisément*, marquant la disposition, l'inclination d'une personne, a le sens de Volontiers.

Je ne suis propre qu'à suivre et me laisse *aysement* emporter à la foule.

MONTAIGNE, *Essais*, II, 17.

Je crois qu'il eût *aisément* laissé conclure qu'il avoit été le seul comédien sans défaut.

SCARRON, *Roman comique*, I, 5.

La cupidité ne se prescrit pas *aisément* des bornes.

MASSILLON, *Discours*, De l'ambition des clercs.

AISÉMENT, comme *Aisé*, s'applique à la facilité, à la grâce naturelle de la parole, du style.

M. de Chevreuse écrivoit *aisément*, agréablement.

SAINT-SIMON, *Mémoires*, 1712.

Il (lord Stair) parloit *aisément*, éloquemment et démesurément sur tous les chapitres avec la dernière liberté.

LE MÊME, même ouvrage, 1715.

Les idées se succéderont *aisément* et le style sera naturel et facile.

BUFFON, *Discours de réception à l'Académie française.*

Jamais un bon esprit ne fait rien qu'*aisément.*

THÉOPHILE, *Élégie à une dame.*

AISÉMENT, dans certains cas, signifiait Commodément. Ainsi on disait : Ce cheval va *aisément*, il a les allures aisées, commodes, douces.

On a pu voir précédemment que, dans certains passages de Froissart, *Tenir tout aise* signifiait Recevoir un hôte avec somptuosité, de manière qu'il ait en abondance toutes ses aises. De là, chez le même écrivain, un emploi analogue de l'adverbe AISÉMENT.

La comtesse fit à liée chère appareiller salles et chambres et hôtels pour herberger *aisément* ces seigneurs d'Angleterre qui là venoient.

FROISSART, *Chroniques*, liv. I, Ire part., c. 177.

Là le reçut l'archevêque de Rouen, messire Jean d'Alençon, son cousin, moult grandement, et le tint de-lez lui moult *aisément* trois jours.

LE MÊME, même ouvrage, *ibid.*

Dans le passage suivant, AISÉMENT a le sens de Sans effort, sans fatigue.

J'aime à vivre *aisément*, et dans tout ce qu'on dit,
Il faut se trop peiner pour avoir de l'esprit.

MOLIÈRE, *les Femmes savantes*, III, 4.

D'AISÉMENT on a fait MALAISÉMENT, comme d'*Aisé, Malaisé*.

Je me fie aisément à la foy d'autruy; mais *mal aisément* le ferois-je, lorsque je donnerois à juger l'avoir plustost fait par désespoir et faute de cœur que par franchise et loyauté.

MONTAIGNE, *Essais*, I, 5.

Cest Estat qui, tellement ébranlé par sy fréquentes recheutes, *mal-aisément* se pourra relever.

HENRI IV, *Lettres;* 15 avril 1580.

Un désir de gloire si passionné se distingue *mal aisément* de l'ambition qui fait aspirer à la puissance.

SAINT-EVREMOND, *Réflexions sur les divers génies du peuple romain*, c. 8.

Un grand contentement *mal-aisément* se celle.

REGNIER, *Satires*, XII.

AISÉMENT, AYSEMENT, s. m.

Ce mot, longtemps d'usage, qui n'a disparu du Dictionnaire de l'Académie qu'en 1760, correspondait, par ses emplois fort divers, aux deux principales acceptions de l'adjectif *Aisé*, et exprimait soit l'idée de facilité, soit l'idée de commodité.

Il a le sens de Facilité dans le passage suivant :

Elle n'avoit lieu ne *aisement* par quoi elle s'en peust fuir.

Recueil des historiens de France, t. III, p. 214.

Il a le sens de Commodité, de Convenance, dans d'autres passages.

Si y eut en chacune des dites batailles sa droite portion de gens d'armes et d'archers selon leur *aisement*.

FROISSART, *Chroniques*, liv. I, part. I, c. 306.

Manda au roy Loys par ses messages, qu'il venist al encontre de luy, là où il pourroit mieulx à son *aysement*.

Chronique de Saint-Denis, t. I, f° 196. (Cité par Sainte-Palaye.)

Mon couronnement... sera entre Sidrac et Tantalon, pour l'*aisement* des loingtains princes.

Roman de Perceforest, vol. I, f° 117, v°, col. 2. (Cité par Sainte-Palaye.)

On l'employait aussi, en ce sens, au pluriel.

Ne nus de tex manieres d'abitans ne se pot oster de compaignie, s'il ne va manoir hors du lieu et renonce as *aisemens*.

BEAUMANOIR, *Coutumes de Beauvoisis*, XXI, 27.

Tous temps vivras en tel conroy
Com se tu fusses duc ou roy,
Car tous auras tes *aisemens*.

JEAN BRUYANT, *Chemin de povreté et de richesse*. (Voyez *Ménagier de Paris*, t. II, p. 25.)

On disait *À vos bons points et aisements*, pour À votre commodité.

Je ne veux point passer auprès de vous pour un petit homme épineux, et vous pouvez fort bien écrire *à vos bons points et aisements*, comme on dit.

COULANGES, *Lettres;* à Mme de Simiane, 27 février 1696.

On le disait aussi au pluriel de tout ce qui rend une chose d'un usage commode.

Maison bâtie avec tous *aisemens* désirables.

MONET, *Dictionnaire*.

Là hors en la chité, en .I. palès moult grant,
Où il a grant deduit et bel *aeisement*,
Vous hebergera on moult honourablement.

Doon de Maience, v. 7764

Certaines choses étaient appelées des *Aisements*.

Que nulle personne... n'ait poüair de prendre chevaux, bestes, chariots, batiaus, ne autres *aisemens* ou voitures par terre ou par yau, fers seulement, etc.

Ordonnances des Rois de France, t. I, p. 459.

AISEMENT, comme il a été annoncé plus haut, participait à un sens particulier du verbe *Aiser*.

Le prisonnier demanda pour Dieu au dit sergent qu'il le defferrast pour aller faire son *aisement*.

Lettres de Rémission de 1389. (Voyez DU CANGE, *Glossaire*, Aisamenta.)

Un conseiller de la Cour des aides, nommé Brigallier, qui cherchoit à se mettre en sûreté..., entra dans la chambre... Il avoit trouvé une corde avec laquelle il s'étoit devalé à l'entrée d'un *aisement,* à dessein d'y attendre que la furie du peuple fût passée.

Conrart, *Mémoires,* Ire part., 1652.

Ils l'accompagnent partout, si ce n'est aux *aisements,* où ils le laissent entrer seul, l'attendant à la porte.

Thévenot, *Voyage du Levant,* c. 30.

Aisement signifiant Distraction, agrément :

Uses ta vie en tourment
Et scès bien que l'homme est beste
Ce il n'a un peu d'*aisement.*

Farce moralisée à quatre personnages. (Voyez *Ancien Théâtre français,* Bibliothèque elzévirienne, tome I, p. 176.)

Signifiant Usage, jouissance, et alors recevant quelquefois un complément formé de la préposition *de* et de son régime.

Se li murs est entre deus teres cascuns a l'*aisement du* mur et pot mesonner dessus.

Beaumanoir, *Coutumes de Beauvoisis,* c. 24.

Règlement au regard des *aysemens*... et autres droits appartenant aux villes et communautés.

Nouveau Coutumier général, t. II, p. 94, col. 2.

Les autres *aisemens* et communes pastures, tant en eau qu'en prets, en champs et en bois.

Même ouvrage, t. II, p. 265, col. 2.

AISANCE, s. f.

Il est à peu près synonyme de Facilité; soit employé absolument :

Or l'*aisance* et facilité que l'on prend envers les choses enseigne à être facile envers ses serviteurs.

Amyot, traduit de Plutarque, *Œuvres nouvelles.*

L'homme pense guérir le mal par un autre mal. Cela vient d'une opinion qui tient le monde enchanté et misérable, qu'il n'y a rien d'utile s'il n'est pénible ; rien ne vaut, s'il ne coûte, l'*aisance* lui est suspecte.

Charron, *De la Sagesse,* I, 6.

Je me réjouis, mon cher cousin, de la douceur que vous trouvez dans les bienfaits du roi ; cela donne une *aisance* à votre vie qui vous fait philosopher plus agréablement.

Mme de Sévigné, *Lettres ;* à Bussy, 12 avril 1692.

Soit construit avec les prépositions *à* et *de;* Avec la préposition *à :*

Les discours de Machiavel, pour exemple, estoient assez solides pour le sujet, si y a-il en grande *aisance à* les combattre ; et ceux qui l'ont fait n'ont pas laissé moins de facilité à combattre les leurs.

Montaigne, *Essais,* II, 17.

Vous avez une aptitude et une *aisance à* toutes les bonnes et belles choses qui ne se peut assez estimer.

Balzac, *Lettres ;* XXIII, 7, à Conrart.

Avec la préposition *de :*

Cette *aisance* et lasche facilité *de* faire tout baisser sous soy, est ennemie de toute sorte de plaisir.

Montaigne, *Essais,* III, 7.

Aisance signifie particulièrement Liberté d'esprit et de corps dans le travail, dans les mouvements, dans les manières, dans le commerce de la vie.

Ma taille n'est ni grande ni petite ; elle est déliée avec beaucoup d'*aisance.*

Mlle de Montpensier, *Portraits,* XXXI. Mademoiselle D. S. C. D., pour la marquise du Chatelet.

Madame de Sévigny... par son *aisance,* ses grâces naturelles, la douceur de son esprit, en donnoit par sa conversation à qui n'en avoit pas.

Saint-Simon, *Mémoires,* 1696.

Elle (la duchesse de Berry) parloit avec une grâce singulière, une éloquence naturelle qui lui étoit particulière, et qui couloit avec *aisance* et de source.

Le même, même ouvrage, 1717.

Quoi qu'il en soit, la conversation, de ma part, devint dès ce moment-là plus aisée ; mon *aisance* me donna des grâces qu'il ne me connoissoit pas encore.

Marivaux, *la Vie de Marianne,* Ire part.

A sa noble *aisance,* à la facilité, la liberté de ses mouvements sur l'eau, on doit le reconnoître non seulement comme le premier des navigateurs ailés, mais comme le plus beau modèle que la nature nous ait offert pour l'art de la navigation.

Buffon, *Histoire naturelle.* Oiseaux, le Cygne.

Dans les disputes sur ce que je savois mieux, je n'osois ouvrir la bouche... Adieu l'*aisance*, la gaîté, les mots heureux qui jadis souvent dans mes fautes m'avoient fait échapper au châtiment.

J.-J. Rousseau, *les Confessions*, I, 1.

Aisance s'applique aussi, comme *Aisé*, *Aisément*, au caractère de facilité que présente la parole, le style.

Vous avez dans vos vers une *aisance* qu'on ne peut pas assez estimer.

Balzac, *Lettres*, I, 7, à Conrart.

Né (le duc de Chevreuse) avec beaucoup d'esprit naturel..., une abondance de pensées, une *aisance* à les rendre et à expliquer les choses les plus abstraites... il reçut la plus parfaite éducation des plus grands maîtres en ce genre.

Saint-Simon, *Mémoires*, 1712.

On trouve dans l'abbé d'Olivet cette heureuse *aisance*, ce choix et cette noblesse d'expression jointe à la plus aimable simplicité.

D'Alembert, *Éloge de l'abbé d'Olivet*.

On trouve dans mes vers une certaine *aisance*.

Boisrobert, *Épîtres*, I, 28.

Avec Aisance est une manière de parler fort usitée.

Je rumine souvent... si, sans cette pièce (la mémoire), il me restera assez pour me soustenir avec quelque *aisance*.

Montaigne, *Essais*, II, 17.

Aisance a eu aussi quelquefois le sens de commodité.

Nous... y trouvâmes à dire, non sulemant la neteté des chambres et meubles d'Allemaigne et leurs vitres, mais encore leurs poiles, à quoi M. de Montaigne trouvoit beaucoup plus d'*aisance* qu'aux cheminées.

Montaigne, *Voyages*, Rovere.

Tout le tour des barrieres par le dehors estoit large de six à sept pieds, pour l'*aisance* du passage, et pour appuyer le peuple.

Mathieu, *Histoire des derniers troubles de France*, liv. IV.

Aisance, au sens de commodité, a remplacé *Aisément* dans une acception dont il a été question plus haut et qui est venue à l'un et à l'autre mot du verbe *aiser;* de là ces locutions : les *Aisances* d'une maison; *Lieux d'aisances, cabinet d'aisances, fosses d'aisances.*

Aisance signifie encore état de fortune suffisant pour se procurer les commodités de la vie.

L'*aisance* et l'indigence despent de l'opinion d'un chacun.

Montaigne, *Essais*, I, 40.

Le peuple trouvoit dans les occupations utiles qui se succédoient sans l'accabler, l'*aisance* et la paix.

Fénelon, *Fables*, XXXII.

Il (Pierre Corneille) vécut et mourut pauvre... Les rétributions des spectacles et une pension modique n'enrichissent pas. Louis XIV lui envoya une gratification dans sa dernière maladie, mais jamais il ne fut récompensé selon son mérite, si ce mérite doit l'être par l'*aisance*.

Voltaire, *Supplément au Siècle de Louis XIV*, IIe partie.

Un peuple policé qui vit dans une certaine *aisance*,.. qui, par les soins d'un bon gouvernement, est à l'abri d'une certaine misère... sera... composé d'hommes plus forts, plus beaux et mieux faits qu'une nation sauvage et indépendante.

Buffon, *Histoire naturelle*. De l'homme, Variétés dans l'espèce humaine.

Je payai bien l'*aisance* pécuniaire où me mit cette pièce, par les chagrins infinis qu'elle m'attira.

J.-J. Rousseau, *les Confessions*, II, 8.

L'heureux effet que ces changements ont produit sur l'*aisance* de la nation, a fait connoître la vérité de ce que M. Necker a constamment proclamé dans ses écrits sur les richesses naturelles de la France.

Mme de Staël, *Considérations sur la révolution française*, Ire part., c. 9.

Il leur manquait l'industrie et l'*aisance*.

Voltaire, *Satires*, le Mondain.

Aisance a signifié, comme *Aisément*, jouissance, usage. On a dit un *droit d'aisance, des Aisances*.

Les habitans d'aucunes villes ou villages qui ont *droict d'aisance*, usage et pasturage des bois et forests d'autruy, pourront jouyr selon leurs tiltres et privilèges de leurs dittes *aisances* et usages.

Coutumier général, t. II, p. 1029.

Certains bois où les vassaux avaient la commodité de prendre leur chauffage, de faire pâturer leurs bestiaux, s'appelaient *bois d'aisance.* (Voyez *Nouveau Coutumier général,* t. II, p. 857, col. 2.)

AISSELLE, s. f. (Comme le mot de la basse latinité *Ascella,* du latin *Axilla,* diminutif d'*Ala.*)

On l'a écrit AISCELLE, ASSELLE, AXELLE, ESSELLE, etc., etc. (Voyez le *Glossaire* de Sainte-Palaye et les exemples ci-après.)

Le dessous du bras, à l'endroit où il se joint à l'épaule.

Aucunes fois il fait tant que el vient, et la maine par dessoubz l'*esselle,* comme une espousée, et s'en vont disner.
Lés quinze joyes de Mariage, VI.

Poltrot, duquel nous avons parlé, l'attend dans le chemin qui traverse auprès d'Olivet, et lui tire un coup de pistolet de vingt pas, dont il lui donne un peu plus haut que l'*aisselle.*
AGR. D'AUBIGNÉ, *Histoire universelle,* t. I, liv. III, c. 21.

Le paresseux cache sa main sous son *aisselle,* et il a peine à la porter jusqu'à sa bouche.
LE MAÎTRE DE SACY, trad. de l'*Ancien Testament,* Proverbes, XXVI, 15.

Tout ce qu'un chevalier avait à craindre était d'être blessé au visage, quand il levait la visière de son casque; ou dans le flanc, au défaut de la cuirasse, quand il était abattu et qu'on avait levé sa chemise de mailles; enfin sous les *aisselles,* quand il levait le bras.
VOLTAIRE, *Essais sur les mœurs,* c. 51

Tel duel en ot la cortoise pucelle,
A poc li cuers ne li part souz l'*axele.*
Gérard de Viane, v. 2416.

Mais molt séoit bien en la sele
Sa lance met desos l'*aiscele.*
GAUTIER DE BELLEPERCHE, *Roman de Judas Machabée,* ms. 283, f° 241, r°, c. 1. (Cité par Sainte-Palaye.)

J'ay sous l'*esselle* un carquois
Gros de fleches nompareilles.
RONSARD, *Odes,* I, 4.

Ses sœurs, ces aymables pucelles,
Sortant de l'eau jusqu'aux *aisselles,*
Chantant nostre futur bonheur.
SAINT-AMANT, *le Passage de Gibraltar.*

Sous l'aisselle s'est appliqué quelquefois, par plaisanterie, en parlant de voleurs cachant leur larcin sous leur bras.

Quand mon drap fust *sous son essele.*
Farce de Pathelin.

Il se leva plus tôt que de coutume
Et me va prendre en tapinois icelle (bourse)
Et vous la met très-bien *sous son aisselle,*
Argent et tout...
CLÉMENT MAROT, *Épîtres,* XXVIII.

Ils ont pris nostre vaisselle
Faitte de beaux patagons
Et, forçant portes et gons,
L'ont mise *sous leur aisselle.*
SAINT-AMANT, *l'Albion.*

Par une extension naturelle, *sous l'aisselle* a été employé proverbialement, comme nous disons *sous main,* pour dire En cachette.

Voyez le singe, il n'est pas propre à garder la maison... ainsi est-il du flatteur, qui n'est bon ny à plaider... ny à mettre la main à la bourse... mais aux affaires qui se font *soubs l'aixelle,* c'est-à-dire en cachette.
AMYOT, trad. de Plutarque, *Œuvres morales.* Comment on pourra distinguer le flatteur d'avec l'amy.

AISSELLE, on le voit par les exemples cités, presque tous d'époques anciennes, et les derniers pris d'œuvres comiques et même burlesques, a fini par disparaître de l'usage commun, sans doute à cause de l'idée désagréable qui s'y joint, et n'a plus été employé que lorsqu'il y avait nécessité de se servir du mot propre.

On le dit, par analogie et par figure, en termes de botanique, de l'insertion que forme dans la tige un rameau ou une feuille.

Représentez-vous une longue tige assez droite, garnie alternativement de feuilles pour l'ordinaire découpées assez menu, lesquelles embrassent par leur base des branches qui sortent de leurs *aisselles.*
J.-J. ROUSSEAU, *Lettres sur la botanique,* V.

Les larges feuilles du silphium de nos jardins sont opposées à leur base, et leurs *aisselles* qui s'unissent forment un godet ovale où l'eau des pluies se ramasse.
BERNARDIN DE SAINT-PIERRE, *Études de la Nature,* Étude Ire.

On a vu plus haut (pages 621-622) que AISSELLE, encore écrit ASSELLE, ASSEILLE, etc., était un diminutif du mot AIS.

AISSIEU, s. m. Voyez ESSIEU.

AJONC, s. m. (Dans la basse latinité *adjotum, adjoudum,* par lesquelles d'anciennes chartes de 1252, 1253, 1268, désignent des terres à ajoncs. Voyez le *Glossaire* de Du Cange.)

Plante épineuse.

Pour ce que le dit Pierre Sarre... en icelle terre... avoit cueilli et emblé certains biens et choses du dit chevalier appelez *ajoous,* selon le langage du pays (diocèse de Luçon)..., *ajous* sont défendus de cueillir et prendre sanz licence de celui à qui il appartient.

Lettres de rémission de 1385. (Voyez DU CANGE, *Glossaire,* Adjotum, Adjoudum.)

Quelquefois, quand je me suis proposé d'aller le long de mes ruisseaux cueillir quelque fleurette champestre... ma resverie m'emporte au travers des landes où je ne trouve que des *ajoncs* et des bruyères.

RACAN, *Lettres,* XI, à Chapelain.

AJOURNER, v. a. (Soit du français *jour,* soit du mot de la basse latinité *adjornare.*)

Autrefois AJORNER, AUJOURNER, ENJOURNER. (Voyez le *Glossaire* de Sainte-Palaye.)

On l'a d'abord écrit ADJOURNER, orthographe qui n'a disparu du Dictionnaire de l'Académie qu'en 1740.

ADJOURNER a été très usité dans notre vieille langue, sous diverses formes, neutre, passive, impersonnelle, au sens de Faire jour. Les anciens dictionnaires, celui de G. Briton, au XIVe siècle, celui de Nicot, en 1606, le traduisent par *Diescere, Lucescere.*

Lores levad David et tuit li poples ki od lui estoit; e passerent le flum Jurdan jesqu'il *ajurnad.*

Les quatre Livres des Rois, II, XVII, 22.

Lors commença à *ajorner* et l'ost se commença à armer.

VILLEHARDOUIN, *Conqueste de Constantinoble,* XCVI.

Il disoient que puisque les rentes n'estoient deues à certaine hore, si tost comme li jours du paiement *ajorna,* jors de paiement estoit venus, aussi bien au matin comme au vespre.

BEAUMANOIR, *Coutumes de Beauvoisis,* XXII, 10.

Tantost après ces deviz, la nuit *adjourna,* et fut incontinent haute matinée.

FROISSART, *Chroniques,* liv. I, c. 277.

Chele nuit ont dormi tant qu'il fu *ajourné,*
Puis se sunt mis à voie et sunt acheminé.

Gaufrey, v. 4882.

Au matin se leva, quant il fu *ajornez.*

Gui de Bourgogne, v. 165.

Au matin se leva, quant jour fu *ajournans.*

Roman d'Alexandre, part. II.

Landemain quant il *ajourna*
Icelui songe revela.

Trad. *de la Consolation* de Boëce, ms., liv. II.

Biau frère chier, or vous hastez,
Délivrement vus en alez,
Que vous ne seïez ci surpris,
Il *adjorne* en vostre pays.

MARIE DE FRANCE, *Purgatoire,* 1891.

Diex! quant sera-il *ajorné?*
Trop ai en ce lit séjorné.

Roman de la Rose, v. 2503.

On le trouve opposé à des verbes de formation pareille : *Avesprer, anuiter.*

...Aussi pouvons nous dire que *adjourner* ha une signification du tout différente de celle qu'il avoit, quand il s'opposoit à *avesprer.*

H. ESTIENNE, *la Précellence du langage français.*

D'une entresuivante fuite
Il *ajourne* et puis *anuite.*

J. DU BELLAY, *Complainte du désespéré.*

On disait, substantivement, *l'adjourner,* pour Le point du jour.

Tionis de Teuremonde... chevaucha toté nuit... Et quant vint à *l'enjourner,* si vint à un casal...

VILLEHARDOUIN, *Conqueste de Constantinoble,* CCXI.

Et que l'endemain prendroient terre à *l'ajorner.*

Recueil des histoires des Croisades. Historiens occidentaux, t. II, p. 326.

Ces compagnons... chevauchèrent un jour et une nuit et vinrent sur *l'ajourner* à Belleperche.

FROISSART, *Chroniques,* liv. I, IIe part., c. 278.

Si n'oserent plus sejourner,
Pour la paour de *l'adjourner*.

Eust. des Champs, *Poésies mss.*, f° 484, col. 2.

Sainte-Palaye, qui rapporte ce dernier exemple, en cite aussi d'une locution analogue, *à l'ajornant.*

Sire, chen dist Tierri, or n'en soiés doutant,
Que les Francheis arez ains demain *l'ajournant.*

Gaufrey, v. 4195.

On se servait aussi, pour exprimer la même chose, de plusieurs substantifs, formés du verbe, dont il sera question plus loin.

Une autre acception d'Ajourner a prévalu, elle-même fort ancienne; on la trouve sous la forme latine *adjornare, adjurnare,* dans les Capitulaires de Charlemagne, liv. V, c. 151.

Est. Pasquier a semblé regretter ce changement d'acception :

Nous usons du mot *adjourner* quand nous faisons appeler un homme en justice par la semonce d'un sergent; le Roman de Pépin en a usé pour dire que le jour estoit venu, qui n'estoit pas trop mal propre : nous en avons perdu la naïfveté, pour la tourner en chicanerie.

Est. Pasquier, *Recherches de la France*, VIII, 3.

Ajourner, en cet autre sens, c'est ce qu'on entendait en latin par *dicere diem.* Fixer un jour à quelqu'un pour se présenter en justice.

De là, bien des locutions d'usage à diverses époques.

Ajourner à comparaître, à comparaître en personne, à comparaître en tel tribunal.

Fut conclud, selon l'intention du Roy, que ledict duc (de Bourgogne) seroit *adjourné à comparoir en personne* en parlement, à Paris.

Commines, *Mémoires*, III, 1.

Pendant toute cette contestation, le 27 juillet 1525, le parlement pria par lettres la régente (duchesse d'Angoulême, mère de François Ier) d'envoyer le chancelier au parlement pour conférer, et... ordonna que si le dit chancelier ne comparoissoit pas dès le 15 novembre 1525, qu'il *seroit adjourné à comparoir en personne.*

Colbert, *Considérations sur l'arrêt du parlement de Paris, du* 18 *août* 1656. (Voyez Depping, *Correspondance administrative sous Louis XIV*, t. II, p. 8.)

Ajourner devant, par devant tel juge, *Ajourner à* un certain jour.

L'assignation qu'on doit regarder comme le fondement de toute procédure, est un exploit par lequel un sergent *ajourne* un ou plusieurs particuliers par devant un certain juge, pour se voir condamner à exécuter ce qu'on demande par cet acte.

Domat, *les Lois civiles*, Supplément au droit public, liv. IV, tit. II, 1.

Ajourner sur tel point en litige.

Or veons quant aucuns *est ajornés sor* propriété d'eritage et il ne vient, ançois se met en defaute, par quans jors on le doit atendre.

Beaumanoir, *Coutumes de Beauvoisis*, II, 8.

Ajourner pour dire ses causes d'opposition, expression encore en usage.

Les dictionnaires spéciaux mentionnent encore d'autres compléments qu'a reçus le verbe Ajourner : *Ajourner à son de trompe; ajourner par affiche; ajourner par exploit libellé,* etc.

Ajourner s'employait aussi et s'emploie encore avec un régime direct seul.

Sans appeler ni *ajourner* partie adverse.

Froissart, *Chroniques*, liv. I, Ire part., c. 62.

A ces mots prindrent articles contre luy : luy de l'aultre costé les feit *adjourner.*

Rabelais, *Gargantua*, I, 20.

Chicquanous le citera, l'*adjournera,* l'oultraigera, l'injuriera impudentement suivant son record et instruction.

Le même, *Pantagruel*, IV, 12.

Il ne fault point de sergeant en Turquie pour *adjourner* un homme.

Pierre Belon, *Observations de plusieurs singularitez et choses mémorables de divers pays estranges*, liv. II, c. 91.

N'y a sergent ny prevost des mareschaux qui m'osast *adjourner.*

Satyre Ménippée, Harangue du sieur de Rieux.

Anciennement il y avoit certaine forme et solennité pour *adjourner* un Pair de France, un Prince, un Prélat, un Seigneur, un gentilhomme, à cause de leur reverence et autorité.

Laurière, *Glossaire du droit français.* Adjournement.

Le parlement de Paris fait *ajourner* l'empereur.

VOLTAIRE, *Annales de l'Empire*, Charles-Quint, 1537.

Le parlement de Normandie imita celui de Paris sur les sacrements, il *ajourna* l'évêque d'Évreux.

LE MÊME, *Précis du siècle de Louis XV*, c. 36.

Que maudit soit il qui *adjourne*
Tels folz ne ne fait *adjourner!*

Farce de Pathelin, v. 1401.

AJOURNER est employé de même, mais par métaphore, dans les passages suivants :

Si une comète est apparue, et que tantôt après un prince meure, on dira qu'elle l'est venue *ajourner*.

CALVIN, *Traité ou avertissement contre l'astrologie*.

On prétend que les Templiers, protestant de leur innocence, *ajournèrent* le pape Clément V et le roi Philippe le Bel au tribunal de Dieu ; et qu'en effet ils moururent au temps prédit. On remarque aussi que, quelque temps auparavant, Ferdinand IV de Castille *fut ajourné* de même par deux gentilhommes qu'il fit mourir sans avoir voulu entendre leur justification, et qu'il mourut dans les trente jours de l'ajournement, d'où le nom de Ferdinand l'Ajourné lui est resté.

HÉNAULT, *Abrégé chronologique de l'histoire de France*, Philippe IV.

Viellesse vient tantôt l'homme *adjourner*.

MESCHINOT, f° 59, v°.

D'AJOURNER, en ce sens, s'est fait le composé RÉADJOURNER, RÉAJOURNER, Ajourner de nouveau. (Voyez ce mot.)

AJOURNER se dit encore en parlant d'une assemblée dont on renvoie les réunions à un autre temps.

Nous croyons qu'ils (Buckingham et Arlington) auront beaucoup de peine à porter le roi leur maître à casser ou à *ajourner* son parlement.

COLBERT DE CROISSY, à Louis XIV, 27 novembre 1673. (Voyez MIGNET, *Négociations relatives à la succession d'Espagne*, t. IV, p. 240.)

Il se dit, en matière de délibération, d'une affaire, d'une question, d'une discussion que l'on renvoie à un certain jour ou à un temps indéterminé.

Ajournons, citoyens, ce dangereux procès.

ANDRIEUX, *Procès du Sénat de Capoue*.

Par une extension naturelle, AJOURNER, dans le langage ordinaire, est devenu un synonyme de Différer. On dit *ajourner* un projet, une partie de plaisir, etc.

AJOURNER se construit quelquefois avec le pronom personnel.

On dit, dans un sens passif, *s'ajourner*, pour Être ajourné.

On dit encore *S'ajourner*, dans un sens actif, en parlant d'une assemblée qui se sépare pour se réunir plus tard, soit à une époque fixe, soit à une époque indéterminée.

Il faut, pour cette prorogation (du parlement), que les deux Chambres soient assemblées, et celle des pairs ne le peut être aujourd'hui, à cause qu'elle *s'est ajournee* jusqu'à demain.

COLBERT DE CROISSY, à Louis XIV. (Voyez MIGNET, *Négociations relatives à la succession d'Espagne*, t. IV, p. 231.)

L'ancien usage étoit d'assembler, pour entendre la proposition et la demande du prince par ses commissaires, de se séparer ensuite en *s'adjournant à* un mois ou six semaines pour délibérer tant sur la demande du don gratuit que sur les affaires de la province.

Extrait du Mémoire sur l'Artois, 1698. (Voyez DEPPING, *Correspondance administrative sous Louis XIV*, t. I, p. 560.)

AJOURNÉ, ÉE, participe.

Un homme, patiemment endormi pendant un siècle et demi dans la poussière, vient de ressusciter pour réclamer sa gloire *ajournée*... Je veux parler de Vico.

CHATEAUBRIAND, *Études historiques*, Préface.

AJOURNEMENT, s. m. (Peut-être, directement, du verbe *ajourner ;* peut-être du mot de la basse latinité *adjornamentum*, employé dans une charte de 1296, que cite le *Glossaire* de Du Cange.)

Autrefois, d'après l'orthographe du verbe, AJORNEMENT, ADJORNEMENT.

Il a de même suivi le verbe dans ses différentes acceptions.

Ainsi il a signifié le Point du jour.

Bien est vérité que aucuns preux chevaliers et bacheliers d'Escosse chevauchoient à la fois et venoient par vesprées et par *ajournements* reveiller l'ost des Anglois.

FROISSART, *Chroniques,* liv. I, Ire part., c. 58.

Ainsi exilloient-ils et embloient les châteaux et les forteresses parmi le royaume de France, et prenoient à la fois sur l'*ajournement* les chevaliers et les dames en leur lit.

LE MÊME, même ouvrage, liv. I, IIe part., c. 74.

Conseillé fut que la nuit ils chevaucheroient et viendroient à l'*ajournement* du jour de Noël écheller la cité du val de Sorie.

LE MÊME, même ouvrage, liv. II, c. 41.

Nostre ost gaitierent Borgoings et Alemant,
La nuit se jut Karles séuremant,
Et Sarrasin guetierent ensemant,
Cornent et crient jusqu'à l'*ajornemant.*

Otinel, v. 1318.

Quand je gis en mon lit endroit l'*ajornement.*

Fabl. ms. du R., n° 7218, f° 270, v°, col. 2. (Cité par Sainte-Palaye.)

On a dit en ce sens, au lieu d'*ajournement :* ADJOURNÉE, AJOURNÉE, ENJOURNÉE, ENJORNÉE. (Voyez le *Glossaire* de Sainte-Palaye.)

Ils vindrent escheler sur une *adjournée* la ville de Chastelleraut.

FROISSART, *Chroniques,* 279.

El demain à la matinée,
Li sires liève à l'*ajurnée,*
E dit qu'il veut aler chacier.

MARIE DE FRANCE, *Lai d'Ywenec,* 301.

Devenu, exclusivement, un mot de la langue judiciaire, AJOURNEMENT n'a plus signifié que l'avertissement, l'assignation donnée officiellement à une personne pour se présenter à un jour désigné, devant un juge, devant un tribunal.

On l'a employé absolument.

Il ne se parlera plus d'*ajournements* ny de saisies.

Satyre Ménippée, Harangue du sieur de Rieux.

Quand il y auroit information, *ajournement,* décret et jugement obtenu par surprise, défaut et contumace, j'ai la voie de conflit de juridiction.

MOLIÈRE, *M. de Pourceaugnac,* II, 10.

Ce sénéchal fit porter l'*ajournement* par un chevalier nommé Jean de Chaponval, assisté d'un juge.

VOLTAIRE, *Histoire du parlement de Paris,* c. 9.

De là des expressions telles que *Exploit d'ajournement, délai des ajournements.* (Voyez le Code de procédure, titre II, *Des ajournements,* art. 61, 72.)

On en a aussi déterminé de diverses manières la signification ;

Au moyen de la préposition *de* et de son régime.

Vibius somma Pison de venir rendre compte à Rome de ses actions ; mais il répondit en souriant, qu'il viendroit à l'*ajournement du* préteur, qui connoissoit des crimes dont on l'accusoit.

PERROT D'ABLANCOURT, trad. de Tacite, *Annales,* II, 23.

Au moyen de certains adjectifs, particulièrement de l'adjectif *personnel ;* comme on disait *Ajourner à comparaître en personne,* on a été conduit à dire *Ajournement personnel.*

Je n'ay pas cru, puisqu'ils estoient allé se jeter aux pieds du roy, que je pusse convertir l'*adjournement personnel* en décret de prise de corps, que je n'eusse auparavant reçu vos ordres.

D'HERBIGNY, intendant, à Colbert, 7 septembre 1667. (Voyez DEPPING, *Correspondance administrative sous Louis XIV,* t. I, p. 764.)

Par mon moyen, on parlera dorénavant au Palais comme on parle à la Cour..., les exploits, les *ajournements personnels,* les décrets et les sentences de mort, seront écrits de ce petit style gai, coupé, enjoué et fleuri, dont on écrit les historiettes et les romans.

DANCOURT, *la Femme d'intrigues,* I, 7.

De là quelques expressions autrefois en usage : *Décret d'ajournement personnel.*

Le jour même que ce magistrat éprouve un second *décret d'ajournement personnel,* il s'avise de choisir pour épigraphe à son supplément (de mémoire) un verset du psaume finissant par ces mots : Comprehensus est peccator ; Enfin le coupable est pris.

BEAUMARCHAIS, *Mémoires.*

L'unique objet de cette requête est d'obtenir aujourd'hui la conversion du *décret d'ajournement personnel* subsistant contre moi, en un décret d'assigné pour être ouï.

LE MÊME, même ouvrage.

Décréter un ajournement personnel contre quelqu'un.

On *décréta un ajournement personnel contre* les accusez, et le procès veu, les coupables furent punis.

PERROT D'ABLANCOURT, trad. de Tacite, IV, *Histoires.*

Décréter quelqu'un d'ajournement personnel.

Il intervient un arrêt, *qui décrète* le sieur Le Jay de prise de corps, *le sieur Dairolles et moi d'ajournement personnel,* et Mme Goezman seulement d'assignée pour être ouïe.

BEAUMARCHAIS, *Mémoires.*

Signifier un ajournement personnel à quelqu'un.

Les gens du Roi, après la lecture des informations, *signifièrent ajournement personnel au* coadjuteur, au duc de Beaufort et au conseiller Broussel.

Mme DE MOTTEVILLE, *Mémoires.*

Avoir ajournement personnel.

Rebenac, cadet de Feuquières, *a eu ajournement personnel* à la chambre ardente.

BUSSY-RABUTIN, *Lettres;* à Mme de Rabutin, 28 janvier 1680.

AJOURNEMENT a dû recevoir les mêmes compléments qu'Ajourner; on a dit : *Ajournement par exploit libellé, par affiche, à son de trompe, fait à domicile, fait à personne, à comparaître à trois briefs jours, à huitaine, à quinzaine, au parlement, au conseil, en présence de témoins, en reprise de procès, pour venir témoigner,* etc.

On trouve dans de vieux textes, au lieu d'AJOURNEMENT, AJOUR, JOURNÉE, et, par plaisanterie, AJOURNERIE.

Nous irons volontiers à notre *ajour* à Paris, puisque mandé nous est du roi de France.

FROISSART, *Chroniques,* liv. I, Ire part., c. 257.

On me piquera en défaut
Si je ne vois à ma *journée.*

La Farce de Patelin.

Il m'a parlé de vous, mon maistre,
Et ne sçay quelle *adjournerie.*

Même ouvrage.

Beaumanoir appelle celui qui ajourne, *li ajorneres,* et Oudin mentionne le mot ADJOURNEUR.

Et par ce est-il bon que *li ajorneres* ne soit pas négligens de nommer le cause por quoi il ajorne, por quel cause que ce soit.

BEAUMANOIR, *Coutumes de Beauvoisis,* X, 4.

Comme d'*Adjourner, ajourner,* on a fait le composé *Réadjourner, réajourner,* d'ADJOURNEMENT, AJOURNEMENT, on a fait aussi RÉADJOURNEMENT, RÉAJOURNEMENT, Ajournement réitéré (Voyez ces mots.)

AJOURNEMENT a pu en certains cas, comme *Ajourner,* être employé métaphoriquement. On a vu plus haut (page 645) un exemple de ce sens du verbe dans un passage du président Hénault. Nos orateurs chrétiens se sont quelquefois servis de même du substantif en parlant de la justice divine.

Sentence sur sentence, *ajournement* sur *ajournement,* pour vous appeler devant Dieu et devant sa chambre de justice.

BOSSUET, *Sermons,* Sur l'impénitence finale.

AJOURNEMENT a reçu de l'emploi d'*ajourner* dans la langue de la politique et des affaires quelques autres sens.

L'*Ajournement* d'une assemblée, c'est le renvoi de ses réunions à un autre temps, soit fixe, soit indéterminé.

AJOURNEMENT s'entend d'un renvoi de même sorte en parlant d'une affaire. On dit l'*ajournement d'*une délibération, *d'*un procès, etc

Enfin, AJOURNEMENT peut, par extension, dans le langage ordinaire, être pris pour délai.

AJOUTER, v. a. (Peut-être du mot de basse latinité *Adjoustare, adjustare;* peut-être du simple *jouster,* venu par *jouste, joste,* proche de, près de, le long de, du latin *juxta.*)

Autrefois ADJOUXTER, ADJOUSTER, ADJUSTER, ADJOUTER, AJOUSTER, AJOSTER, et même AJUSTER, AJUTER. (Voyez le *Glossaire* de Sainte-Palaye.)

Les orthographes ADJOUSTER, ADJOUTER, se sont maintenues très longtemps. (Voyez les *dictionnaires* de ROB. ESTIENNE, de J. THIERRY, de NICOT, de COTGRAVE, de DANET, de FURETIÈRE, et le *Dictionnaire de l'Académie,* éditions de 1694 et de 1718.)

Ajouter, d'après son étymologie, exprime l'idée de juxtaposition ; c'est Mettre une chose auprès d'une autre, joindre une chose à une autre.

Il se construit, le plus ordinairement, avec un nom, son régime direct ; et, au moyen de la préposition *à*, avec un autre nom, son régime indirect.

Ces deux noms sont souvent des noms de chose :

Si on *ajoute* une province *à* un royaume, la province prend, au moment de l'union, toutes les lois et tous les privilèges du royaume.

Patru, *Plaidoyers*, IV.

Ne faites poinst de vœux pour moi : ils *ajouteroient* peut-être quelques jours *à* ma vie.

Mme de Maintenon, *Lettres;* au duc de Noailles, 30 juillet 1709.

Pierre était satisfait d'avoir la Livonie, l'Estonie, la Carelie, l'Ingrie, qu'il regardait comme des provinces de ses États, et d'y avoir *ajouté* encore presque toute la Finlande.

Voltaire, *Histoire de Pierre-le-Grand*, IIe part., c. 6.

Ils sont très souvent aussi des noms abstraits :

Pur quei volez *ajuster* pecehied *à* altre e acreistre les anciens mesfaiz?

Les quatre Livres des Rois, Paralipomènes.

Je serai bien aise de faire voir en ce discours quels sont les chemins que j'ai suivis... afin que chacun en puisse juger, et qu'apprenant... les opinions qu'on en aura, ce soit un nouveau moyen de m'instruire, que *j'ajouterai à* ceux dont j'ai coutume de me servir.

Descartes, *Discours sur la Méthode*, I.

Ne craignez point que j'empire ses mauvaises nuicts, ni que *j'adjouste* le soin d'un procès *à* ses veilles ordinaires.

Balzac, *Lettres*, V, 7.

Le comte (de Fiesque)... *adjousta à* sa vie ordinaire une profonde dissimulation.

Le Cardinal de Retz, *Conjuration de Fiesque*.

Le président de Thou mourut aussi avec beaucoup de fermeté, mais il *ajouta* la dévotion *à* la constance.

Mme de Motteville, *Mémoires*.

Ce je ne sais quoi d'achevé que les malheurs *ajoutent aux* grandes vertus.

Bossuet, *Oraison funèbre de la reine d'Angleterre*.

N'ajoutons pas, a-t-il dit souvent, *au* malheur qu'ils ont d'avoir des procès, celui d'être mal reçus par leurs juges.

Fléchier, *Oraison funèbre de M. de Lamoignon*.

Un air réformé, une modestie outrée, la singularité de l'habit, une ample calotte, *n'ajoutent* rien *à* la probité, ne relèvent pas le mérite.

La Bruyère, *Caractères*, c. 12.

L'homme judicieux, et d'un goût exquis, désespère d'*ajouter* rien de beau *à* cette nudité si noble et si majestueuse.

Fénelon, *Lettre à l'Académie*.

Ores la proue, ores la poupe il tourne
Et vigilant en un lieu ne séjourne,
Ains, *adjoustant* la vigilance *à* l'art,
D'un œil prudent évite le hazard.

Ronsard, *la Franciade*, II.

Ce que j'ôte à mes nuits, je l'*ajoute à* mes jours.

Rotrou, *Venceslas*, IV, 5.

Quelquefois on fait précéder le verbe par le régime indirect.

A ces saintes institutions il (Moïse) *ajouta* des cérémonies majestueuses.

Bossuet, *Discours sur l'histoire universelle*, II, 3.

A la lecture des anciens, et surtout des commentaires de César..., il *ajouta* la recherche et la conversation des hommes les plus consommés dans la science de la guerre.

Massillon, *Oraison funèbre du prince de Conti*.

Juste ciel ! Puis-je entendre et souffrir ce langage?
Est-ce ainsi qu'*au* parjure on *ajoute* l'outrage?

J. Racine, *Iphigénie*, IV, 6.

On peut joindre à ces exemples les suivants, où, selon une manière de parler très ordinaire, le nom, régime indirect d'Ajouter, est remplacé par l'adverbe *y*.

Il *y* faudra *adjouxter* ce qu'il (Euripide) dit trop mieulx, et plus véritablement en un autre passage.

Amyot, trad. de Plutarque, *Œuvres morales*, Comment il fault lire les poëtes, XVI.

Je l'ai veue aussi (Marguerite de Navarre) s'habiller quelquefois avec ses cheveux naturels, sans *y adjouster* aucun artifice de perruque.

BRANTÔME, *Vies des Dames illustres.*

Il y a aucuns de nos parlemens, quand ils ont à recevoir des officiers, qui les examinent seulement sur la science; les autres *y adjoustent* encore l'essay du sens, en leur présentant le jugement de quelque cause.

MONTAIGNE, *Essais*, I, 24.

Elle (la marquise de Montausier) m'a commandé de vous dire qu'elle est extrêmement ayse que vous approuviez son mariage, qu'elle ne l'eust pas tenu bien fait, si vous n'*y eussiez adjousté* votre consentement.

VOITURE, *Lettres*; CLXXXII, à Mgr d'Avaux.

Le plus mauvais effet des mauvaises études est de croire savoir ce que l'on ne sait point. C'est pis que la pure ignorance, puisque c'est *y ajouter* l'erreur et souvent la présomption.

FLEURY, *Discours III sur l'histoire ecclésiastique*, § 6.

C'est rusticité que de donner de mauvaise grâce : le plus fort et le plus pénible est de donner; que coûte-t-il *d'y ajouter* un sourire?

LA BRUYÈRE, *Caractères*, De la Cour.

Nous naissons dans les ténèbres de l'ignorance, et la mauvaise éducation *y ajoute* beaucoup de faux préjugés.

ROLLIN, *Traité des Études*, Discours préliminaire, Ire partie.

Les papes avaient érigé ces tribunaux par politique, et les inquisiteurs espagnols *y ajoutèrent* la barbarie.

VOLTAIRE, *Essai sur les mœurs*, c. 140.

Le régime direct d'AJOUTER peut en certains cas être un nom de personne. On trouve dans le dictionnaire de Rob. Estienne ces locutions, reproduites dans les lexiques qui l'ont suivi : *Ajouter* quelqu'un *à* une compagnie, *à* un testament.

Selon Sainte-Palaye, dans les anciens temps de la langue, AJOUTER se disait plus souvent en parlant des personnes qu'en parlant des choses, particulièrement sous sa forme pronominale *s'ajouter*. On en verra plus loin des exemples.

AJOUTER, dans un vieux texte récemment publié, a le sens d'Assembler.

Or ferai don mes homes *ajoter* et venir.

Floovant, v. 615.

.LX. mile furent, quant il *sont ajosté.*

Même ouvrage, v. 2361.

L'autre nuit *furent ajusté*
Li Diable, ici assemblé;
Et contèrent à lur seignur
Ço k'il aveient fait l'onur.

MARIE DE FRANCE, *Purgatoire*, v. 2149.

Le régime indirect d'AJOUTER peut être lui-même un nom de personne.

Cæsar fut le premier qui loua publiquement sa femme décédée, ce qui *lui adjousta* encore quelque bienveillance.

AMYOT, trad. de Plutarque, *Vie de Jules César.*

De quels yeux regardèrent-ils le jeune prince, dont la victoire avoit relevé la haute contenance, *à qui* la clémence *ajoutoit* de nouvelles grâces!

BOSSUET, *Oraison funèbre du prince de Condé.*

Mais j'espère qu'enfin le ciel, las de tes crimes.
Ajoutera ta perte *à* tant d'autres victimes.

J. RACINE, *Britannicus*, V, 6.

. . . . chargé des titres souverains
Qu'ajoute encore *aux* rois l'amitié des Romains.

LE MÊME, *Bérénice*, I, 3.

Dans le passage suivant et d'autres de même sorte, les deux régimes, direct et indirect, sont également des noms de personnes.

Fuis : et, si tu ne veux qu'un châtiment soudain
T'ajoute aux scélérats qu'a punis cette main,
Prends garde que jamais l'astre qui nous éclaire
Ne te voie en ces lieux mettre un pied téméraire.

J. RACINE, *Phèdre*, IV, 2.

Souvent on n'exprime que le régime indirect.

Si mis pères vus mist ju dur e pesant as cols, jo endreit mei *i ajusterai* e plus pesant le vus frai.

Les quatre Livres des Rois, III, XII, 11.

Par ce, donnez vous garde de *adjouster* ny diminuer au narré de vostre cas.

RABELAIS, *Pantagruel*, II, 10.

Elle estoit fort belle, et sa pudeur *ajoustoit* encore beaucoup *à* sa beauté.

VAUGELAS, trad. de Quinte-Curce, *Histoire d'Alexandre*, liv. VI.

Ce Lucien est naïf, il fait penser ses lecteurs et on est toujours tenté d'*ajouter à* ses dialogues.

VOLTAIRE, *Lettres*; à Frédéric, 5 juin 1751.

Votre esprit et votre cœur sont faits pour *ajouter au*

bonheur de ma vie quand je suis heureux et pour être ma consolation dans mes traverses.

VOLTAIRE, *Lettres;* à Cideville, 8 mai 1734.

Chaque jour *ajoutant à* sa gloire (de Henri IV), l'amour des Français pour lui est devenue une passion.

LE MÊME, *Essai sur les mœurs*, c. 174.

Si vous le voulez prendre aux usages du mot,
L'alliance est plus forte entre pédant et sot.
— La sottise, dans l'un, se fait voir toute pure.
— Et l'étude, dans l'autre, *ajoute à* la nature.

MOLIÈRE, *les Femmes savantes*, IV, 3.

Ajouter au conte, ajouter à la lettre, C'est aller dans un récit, dans un discours, au delà de la vérité.

Souvent aussi c'est le régime direct qui seul est exprimé:

J'adjousteray encore quelques petits advertissements, et puis mettray fin à mes préceptes.

AMYOT, trad. de Plutarque, *Œuvres morales*, Comment il faut nourrir les enfants, XLI.

Les herbes ont chascune leur propriété et leur singularité; mais toutefois le gel, le terroir ou la main du jardinier, ou *adjoustent*, ou diminuent beaucoup de leur vertu.

LA BOETIE, *De la Servitude volontaire*.

Je veux ici *adjouster* un mot, selon que j'ay promis.

CHARRON, *De la Sagesse*, II, III, 15.

Quelque content que je fusse de ces ressorts, j'estimois qu'il en falloit encore *ajouter* d'autres.

SAINT-SIMON, *Mémoires*, 1710.

Elle ne m'avoit pas chargée de lui faire cette menace, mais je crus pouvoir l'*ajouter* de mon chef.

MARIVAUX, *la Vie de Marianne*, IXe partie.

Il est temps d'*ajouter* par les droits de la guerre
Ce qui manque aux Romains des trois parts de la terre.

VOLTAIRE, *la Mort de César*, I, 3.

Quelquefois le régime indirect d'AJOUTER se forme au moyen de la préposition *sur* :

Accombler et *adjouster* offences *sur* offences.

DU BELLAY, *Mémoires*.

Le public, enrichi du tribut de nos veilles,
Croit qu'on doit *ajouter* merveilles *sur* merveilles.

BOILEAU, *Épîtres*, VI.

On a dit *Ajouter avec*.

En celle propre semaine jeta son avis, le duc de Bourgogne à faire traiter devers son cousin messire Guillaume de Namur, pour avoir l'Escluse en héritage et *ajouter avecques* la comté de Flandres.

FROISSART, *Chroniques*, liv. II, c. 231.

Adjoustant l'art *avecques* la prouesse.

RONSARD, *la Franciade*, II

AJOUTER est ainsi employé en parlant de personnes et avec le sens de Placer auprès, dans ce vers cité par Sainte-Palaye :

Dieu veust *qu'ajousté soit* le saint *avec* la sainte.

Gérard de Roussillon, ms., p. 199.

Ajouter que est une manière de parler fort en usage.

A la fin conseilloit... qu'on feist appoinctement avecques Grandgousier... *adjoustant que* ce n'estoit ni preu ni raison molester ainsi ses voisins.

RABELAIS, *Gargantua*, I, 47.

Je pourrois encore *ajouter que* les plus sages et les plus expérimentés admiroient cet esprit vif et perçant.

BOSSUET, *Oraison funèbre de la duchesse d'Orléans*.

Les médisants disent que Blanche d'Adhémar ne sera pas d'une beauté surprenante, et les mêmes gens *ajoutent qu'*elle vous ressemble.

Mme DE SÉVIGNÉ, *Lettres;* à Mme de Grignan, 1670.

Ajoutez que la plupart des honnêtes gens sont peuple à cet égard-là.

FÉNELON, *Dialogues sur l'éloquence*, III.

J'ajoutai que puisqu'il (le régent) donnoit tout indifféremment à tout le monde, je voulois aussi la survivance de mes deux gouvernements pour mes deux fils.

SAINT-SIMON, *Mémoires*, 1715.

Pierre le Grand abolit le patriarchat, Hubner *ajoute qu'*il se déclara patriarche lui-même.

VOLTAIRE, *Histoire de Pierre le Grand*, Préface historique, § 8.

Ne seroit-il pas à propos, pour achever de lui ôter toute espérance, que ma fille feignît de vouloir être religieuse, et *ajoutât* même *qu'*à cause de sa situation elle n'a point d'autre parti à prendre?

MARIVAUX, *la Vie de Marianne*, IVe partie.

Ajoute, tu le peux, *que* des froideurs d'Achille
On accuse en secret cette jeune Eriphile.

J. RACINE, *Iphigénie*, I, 1.

Dans les passages suivants AJOUTER est construit avec *vous, me,* pour à vous, à moi. Il l'est de plus dans le second avec la préposition *de*.

A ce que j'escrivis hier au Roy de l'affaire de Monsieur le Connestable, je *vous adjouste* maintenant *que* le Pape en a signé la supplication ce jourd'huy.

LE CARDINAL D'OSSAT, liv. V, lettre 35.

D'où vient aussi... qu'en badinant il m'a appelée friponne dans son carrosse, en *m'ajoutant* à l'oreille *d'*avoir le cœur plus facile, et qu'il me laisseroit le sien pour m'y encourager?

MARIVAUX, *la Vie de Marianne,* IIe partie.

S'ajouter se dit, en parlant des choses dans un sens passif, pour Être ajouté.

Lors la peste *s'ajousta aux* autres maux de l'armée, surtout dans les navires.

AGR. D'AUBIGNÉ, *Histoire universelle,* t. II, liv. I, c. 9.

Il ne *se* pouvoit rien retrancher de l'éloquence de Brutus, ni rien *ajouter à* celle de Cicéron.

BALZAC, *Socrate chrétien,* Avant-propos.

Il ne *se* peut rien *ajouter à* ces excès contre la piété.

PASCAL, *Provinciales,* XI.

S'ajouter s'est dit autrefois en parlant des personnes, dans un sens actif, fort diversement, par exemple,

Pour S'approcher :

Vint à l'ostel, la dame de lès li *s'ajousta.*

Vies des Saints, ms. de Sorbonne, chiffre XXVII, col. 3. (Cité par Sainte-Palaye.)

Pour S'assembler, se réunir :

Tutes les terres de Israel et Sud venuz en une cited Abelmacha, e l'eslitare de Israel *se furent* à lui *ajusted.*

Les quatre Livres des Rois, II, XX, 14.

L'un des jeunes bastards nommé Mistor, avec l'un des maistres d'hostel de la Reyne... *se* vindrent *adjouster* en leur bande.

J. LE MAIRE DE BELGES, *Illustration des Gaules,* liv. I.

Adonc *se adjoustérent* ensemble eulx et leurs gens.

MÉNARD, *Histoire de Bertrand du Guesclin,* p. 358.

Devant Marsilie as altres si *s'ajustet.*

Chanson de Roland, v. 219.

Pour S'attacher à :

Les choses de ce monde... passent et deviennent toutes à néant, et tu aussy comme elles. Et pource ne *te* tiens pas ou *adjouste* si fort *à* elles que tu soyes prins et perisses avec elles.

Le Livre de l'internelle consolacion, liv. I, c. 1.

Qui *se adjouste* ou appuye *à* la créature, il fault qu'il tombe quant elle luy fauldra.

Même ouvrage, liv. I, c. 7.

AJOUTER s'emploie absolument, comme, par exemple, dans cette locution : *Ajouter du sien.*

Ses pensées (du comte de Charolois) et conclusions estoient grandes ; mais nul homme ne les sçavoit mettre à fin, si Dieu n'y eut *adjouté* de sa puissance.

COMMINES, *Mémoires.*

Je voudrois que non-seulement il sceust les quatre parties vulgaires d'arithmétique, qui sont *adjouster,* soustraire, multiplier et diviser, ains aussi la règle de proportion.

PHILIBERT DE L'ORME, *Architecture,* liv. II, c. 1.

Nous avons un esprit brouillon, qui s'ingère de maistriser et gouverner partout... desguise, change et brouille tout, veut *adjouster,* inventer, changer, et ne se peut arrester à la simplicité et naïfveté.

CHARRON, *De la Sagesse,* II, III, 4.

Ceux qui, après avoir peint, *ajoutent* encore, font un tableau au lieu d'un portrait.

PASCAL, *Pensées.*

Le plaisir de dire des choses extraordinaires, la crainte qu'un conte où vous serez embarqué ne soit pas trouvé bon, en disant les choses comme elles sont, fait qu'on *ajoute* et qu'on invente.

BUSSY-RABUTIN, *Discours à ses enfants,* Instruction pour se conduire dans le monde.

Ajoutez quelquefois et souvent effacez.

BOILEAU, *Art poétique,* I.

Cet emploi absolu d'AJOUTER est très fréquent, lorsqu'il s'agit de paroles, de discours par lesquels on continue, on complète ce qu'on a dit.

On les sait bien connoître (les sages conseils), quand on fait sérieusement l'étude qui plaisoit tant à cette princesse : nouveau genre d'étude, et presque inconnu aux personnes de son âge et de son rang ; *ajoutons,* si vous voulez, de son sexe. Elle étudioit ses défauts.

BOSSUET, *Oraison funèbre de la duchesse d'Orléans.*

Pour vous, *ajoutoit* ce divin maître, parlant dans la personne de ses disciples à tous les fidèles, quand ces choses arriveront ne craignez point.

BOURDALOUE, *Passion de Jésus-Christ.*

Pour nous apprendre, *ajoute* ce père, que la véritable gloire parmi les hommes consiste à être puissants et à être utiles.

FLÉCHIER, *Panégyrique de saint François de Paule.*

Puisque vous êtes le fils de Dieu, *ajoute-t-il,* il enverra ses anges pour vous garder.

MASSILLON, *Petit Carême,* Tentations des grands.

Il *ajoute :* Dis lui que je me fais justice.

P. CORNEILLE, *Cinna,* IV, 1.

Rassure, *ajouta*-t-il, nos tribus alarmées.

J. RACINE, *Esther,* I. 1.

Ajouter foi s'est dit de bonne heure, comme en latin *fidem adjungere,* au sens d'Accorder créance, croire.

On dit *Ajouter foi à quelqu'un :*

Il avoit quatre bons médecins, mais il n'*adjoustoit foy* que *au* plus fol.

COMMINES, *Mémoires,* VII, 27.

Ne croyez poinct que Amadis eust peu estre vaincu d'ung seul et tel chevalier, et n'est raisonnable de *adjouster foi à* ung qui se loue, et porte tel tesmoignage de luy mesme.

HERBERAY DES ESSARTS, *Amadis de Gaule,* liv. I, c. 22.

Qui pourra donques *adjouter foy à* Idoménéus, lequel met sus à Périclès qu'il avoit fait occire en trahison l'orateur Ephialtes qui estoit son amy?

AMYOT, trad. de Plutarque, *Vie de Périclès,* c. 20.

Je ne vous parle pas de *nous ajouter foi.*

MOLIÈRE, *Tartufe,* IV, 3.

On dit *Ajouter foi à* quelque chose.

Et fut compté tout cecy audict duc, qui soubdainement *y adjousta foy.*

COMMINES, *Mémoires,* II, 7.

Le maistre d'ostel et tous les autres de ses gens commencèrent à rire, et firent semblant de *adjouster foy à* la bourde de leur maistre.

Les Cent nouvelles Nouvelles, XCIX.

Outre ce que j'ay desja touché, l'ancienneté de l'Escriture n'est pas de petite importance pour nous *y* faire *adjouster foy.*

CALVIN, *Institution chrestienne,* liv. I, c. 8, § 3.

Si mon cueur estoit véritaible et que je deusse *adjouster foy à* mon sentiment, l'empereur n'aura ne le vouloir ne le pouvoir de vous donner bataille.

MARGUERITE DE NAVARRE, *Lettres;* à François Ier, novembre 1543.

Vous pecheriez grandement contre Dieu, d'*adjouster foy à* une telle opinion.

LA MÊME, *Heptameron,* LVI

Ne conseillerois-je facillement *adjouster foy à* leurs responses.

RABELAIS, *Pantagruel,* III, 24.

Il n'est à l'adventure pas raisonnable d'*adjouster foy à* tout ce que dict un qui confesse l'injurier pour inimitié qu'il avoit encontre luy.

AMYOT, trad. de Plutarque, *Vie d'Alcibiade,* c. 2.

Encore que ceux qui approchoyent le plus près de sa personne (du roi) taschassent luy dissuader et divertir d'*adjouster foy aux* rapports qu'on luy en faisoit.

Satyre Ménippée, Harangue de M. d'Aubray

Pour persuader qu'on *n'ajoutoit point foi aux* compliments, on accumuloit exagérations sur exagérations, qui tendoient toutes à prouver que l'on n'étoit point dupe de la politesse.

MARIVAUX, *le Paysan parvenu,* VIe partie.

A vos discours, Orphise, *ajouterai-je foi?*

MOLIÈRE, *les Fâcheux,* I, 8.

AJOUTÉ, ÉE, participe.

On l'a pris substantivement, en termes de géométrie, en parlant d'une ligne prolongée à laquelle on ajoute quelque chose.

D'AJOUTER se sont formés les mots suivants :

AJOUTEMENT, s. m.

Autrefois ADJOUSTEMENT.

Ce mot, déjà presque hors d'usage au dix-septième siècle, signifiait Action d'ajouter, chose ajoutée.

Lors mismes tous les *adjoustements* pour accroistre la voile.

PIERRE BELON, *Observation de plusieurs singularitez et choses mémorables de divers pays estranges,* liv. II, c. 12.

Et ne craindrois-tu point de dire aussi que si un est adjousté à un, que cest *adjoustement* est la cause qu'il s'en faict deux, et, si un se divise, cette division est la cause qu'ils sont deux?

THÉOPHILE, *Immortalité de l'âme.*

Je croy que vous n'y trouverez...
Nuls mots contraints diminuez...
Nulles syllabes racoursées,
De nulle lettre *adjoustement*...

BLAISE D'AURIOL, *Sur les poëtes de son temps.*

AJOUTAGE, AJOUTOIR, s. m.

Qui se confondent avec *ajustage, ajutage, ajutoir, ajoutoir*. (Voyez ces mots.)

Ils signifient, comme autrefois *Ajoutement,* Chose ajoutée, et appartiennent au vocabulaire de quelques arts mécaniques.

AJUSTER, v. a. (Selon les uns, comme *Ajouter, adjouster,* venu par *Jouste, juxte,* Proche de, près de, le long de, du latin *juxta* (voyez Sainte-Palaye, *Glossaire;* Burguy, *Grammaire de la langue d'oïl;* etc.) Selon d'autres, en plus grand nombre et avec plus de vraisemblance, par *Juste,* du latin *Justus.*

Autrefois ADJUSTER.

Accommoder une chose de manière qu'elle convienne à une autre, qu'elle s'y adapte bien.

On dit *ajuster à* dans un sens physique.

Adjuster une cheville *à* son trou.

MONET, *Dictionnaire.*

On le dit aussi, très communément. dans un sens moral.

Il n'y a pas moyen qu'ils *adjustent* leurs opinions *à* notre commune capacité.

BALZAC, *Aristippe,* disc. III.

Ce sera *à* vos oreilles que j'*adjusterai* les cadences de mes périodes.

LE MÊME, *Lettres,* VII, 23.

Il ne fut pas nécessaire de violenter les choses, pour les *adjuster à* la vraisemblance.

LE MÊME. *Dissertations critiques,* disc. V.

Il arrive rarement qu'il s'en tire sans donner quelque contorsion à la vérité, pour l'*ajuster à* la figure.

Logique de Port-Royal, IIIe part., c. 20.

Il (Platon) peint admirablement les différents caractères des hommes; *il ajuste* l'expression non seulement *à* la pensée, mais *au* tour de la pensée.

FLEURY, *Discours sur Platon.*

Une providence industrieuse voulut *ajuster* les divers génies de ses rois *aux* différens besoins de son peuple.

SAINT-EVREMONT, *Réflexions sur divers génies du peuple romain,* c. 1.

Silly, au nom de Vipart, étoit un gentilhomme de Normandie des plus minces qu'il y eût... *ajustant* tous ses commerces, et jusqu'à ses plaisirs, *à* ses vues de fortune.

SAINT-SIMON, *Mémoires,* 1704.

L'opéra (Pandore) était entre les mains de M. d'Argental. Il me l'a renvoyé pour y faire des coupures nécessaires et pour *ajuster* ma tragique muse *aux* usages de l'opéra.

VOLTAIRE, *Lettres;* à M. Berger, 1740.

Il sait bien *ajuster* ses yeux *à* ses paroles.

P. CORNEILLE, *la Galerie du Palais,* IV. 1.

Là toujours on *ajuste à* l'ordre des douleurs
Et le temps de la plainte et la saison des pleurs.

SAINT-EVREMONT, *Satire sur les Précieuses.*

A cette manière de parler se rapporte la locution, employée soit au propre, soit au figuré, *Ajuster au niveau*

Je me persuadai que, pour toutes les opinions que j'avois reçues jusques alors en ma créance, je ne pouvois mieux faire que d'entreprendre une bonne fois de les en ôter, afin d'y en mettre par après ou d'autres meilleures, ou bien les mêmes lorsque je les *aurois ajustées au niveau* de la raison.

DESCARTES, *Discours de la Méthode.*

En voilà treize (vers) *ajustés au niveau :*
Ma foi, c'est fait.

VOITURE, *Poésies.*

On dit de même *ajuster avec :*

Ajuster les temps de l'histoire sainte *avec* ceux de la profane.

BOSSUET, *Discours sur l'histoire universelle,* I, 6.

Cette réputation de valeur, si essentielle à votre état,

comment l'*ajuster*, me direz-vous, *avec* l'humilité chrétienne?

Massillon, *Discours prononcé à une bénédiction de drapeaux du régiment de Catinat.*

Ces gens, dis-je, qu'on voit, d'une ardeur peu com- [mune,
Par le chemin du ciel courir à leur fortune;
. . . .
Qui savent *ajuster* leur zèle *avec* leurs vices,
Sont prompts, vindicatifs, sans foi, pleins d'artifices.

Molière, *Tartufe*, I, 6.

Mais enfin je connus, ô beauté tout aimable,
Que cette passion peut n'être point coupable,
Que je puis l'*ajuster avecque* la pudeur.

Le même, même ouvrage, III, 3.

On a dit *ajuster sur* :

Quoi qu'il en soit, sans sortir de ma simplicité, mais *ajustant* mes réponses *sur* mes légères réflexions, il me parut qu'on m'écoutoit sans peine, et par là je gagnois beaucoup.

Marivaux, *le Paysan parvenu*, VIe partie.

Il faut *sur* son orgueil *ajuster* vos égards.

Delille, *la Conversation*, II.

A cette manière de parler appartiennent ces locutions techniques *Ajuster* un poids, une mesure, un boisseau, un litre, etc., *sur* l'étalon.

Ajuster, construit seulement avec un régime direct, est aussi de grand usage, et s'emploie dans des cas fort divers pour, Disposer, apprêter, mettre dans un état convenable, soit au sens physique, soit au sens moral.

Au sens physique :

Puis icelluy basteau, tournoit, gouvernoit... *adjustoit* la boussole...

Rabelais, *Gargantua*, I, 23.

Il (Ragotin) allongea les étriers, *ajusta* la bride.

Scarron, *Roman comique*, I, 20.

C'est sans raisonner qu'un enfant qui tette *ajuste* ses lèvres et sa langue de la manière la plus propre à tirer le lait qui est dans la mamelle.

Bossuet, *De la connoissance de Dieu et de soi-même*, c. 5, art. 3.

L'eau se facilite son passage, et, à force de couler, elle *ajuste* elle-même son lit, de la manière la plus convenable à sa nature.

Bossuet, *De la connoissance de Dieu et de soi-même*, c. 5, art. 4.

On disoit qu'il achetoit les vieilles soutanes de son fils, et qu'il les faisoit *ajuster* pour s'en servir.

Tallemant des Réaux, *Historiettes*. Le président Nicolaï.

Théognis est recherché dans son ajustement, et il sort paré comme une femme; il n'est pas hors de la maison qu'il *a* déjà *ajusté* ses yeux et son visage, afin que ce soit une chose faite quand il sera dans le public.

La Bruyère, *Caractères*. Des Grands.

Quand cette demoiselle me regardoit, je prenois garde à moi, *j'ajustois* mes yeux, tous mes regards étoient presque autant de compliments.

Marivaux, *le Paysan parvenu*, IIe partie.

Il réclame en son cœur toutes les deïtez
Dont ces gouffres marins sont par tout habitez,
Accorde bien son luth, en *ajuste* les touches.

Saint-Amant, *Orion.*

Il prend des mains du fidèle écuyer
Les rênes d'or, les *ajuste* avec grâce.

Millevoye, *Charlemagne*.

On l'a dit souvent de cette manière en parlant de l'arrangement, de l'embellissement d'une maison, d'un appartement, d'un jardin, etc.

J'ai deux aussi agréables maisons qui soient en France : lesquelles *j'ajuste* encore tous les jours.

Bussy-Rabutin, *Lettres;* à Mme de Scudéry, 10 décembre 1760.

Madame de Maintenon est allée à Maintenon pour trois semaines. Le roi lui a envoyé Le Nôtre pour *ajuster* cette belle et laide terre.

Mme de Sévigné, *Lettres*, 21 août 1676.

Rien n'occupe plus doucement que de faire *ajuster* sa maison et ses jardins.

La même, *Lettres;* au comte de Bussy, 28 juillet 1680.

J'allai passer une journée à Vaucresson, ce qui m'arrivoit souvent, où le duc de Beauvillier *s'étoit ajusté* la plus jolie retraite du monde.

Saint-Simon, *Mémoires*, 1710.

Nous verrons comment vous aurez *ajusté* les appartements de votre aile.

Voltaire, *Lettres*, 5 mai 1759.

Figurez-vous ce que c'est que..... d'*ajuster* un théâtre pour des gens qui se portent bien, dans le temps qu'on n'en peut plus.

VOLTAIRE, *Lettres;* 1er mai 1761.

A cette manière de parler se rapporte l'emploi absolu d'AJUSTER dans le passage suivant :

J'ai des ouvriers qui m'amusent : le bon abbé a les siens tout séparés. Le goût qu'il a pour bâtir et pour *ajuster* va au-delà de sa prudence.

Mme DE SÉVIGNÉ, *Lettres;* à Mme de Grignan, 15 juin 1680.

On l'a dit aussi très souvent en parlant de la toilette, de l'habillement, de la parure.

Ajustons un peu nos cheveux, au moins...

MOLIÈRE, *les Précieuses ridicules,* sc. 7.

Monsieur, votre rabat par devant se sépare;
— N'importe! — Laissez-moi l'*ajuster*, s'il vous plaît.

LE MÊME, *les Fâcheux,* I, 1.

Ces deux veuves en badinant,
En riant, en lui faisant fête,
L'alloient quelquefois testonnant
C'est-à-dire *ajustant* sa tête.

LA FONTAINE, *Fables,* I, 17.

C'est par allusion à cette manière de parler qu'on dit ironiquement et familièrement AJUSTER, comme *accommoder, arranger, habiller,* etc., en parlant d'accidents fâcheux ou de mauvais traitements éprouvés par des personnes ou dont on les menace.

... C'est ainsi
Que les fourbes... — Bourreau! — *sont ajustés* ici.

MOLIÈRE, *l'Étourdi,* IV, 8.

Arrête. Quoi! tu viens ici mettre ton nez,
Impudent flaireur de cuisine!
—Ah! de grâce, toux doux!—Ah! vous y retournez ?
Je vous *ajusterai* l'échine.

LE MÊME, *Amphitryon,* III, 7.

Ajuster son coup, ou, absolument, *ajuster.* C'est disposer son arme et viser de manière à atteindre le but.

Par une extension naturelle, on dit *ajuster* une personne, une pièce de gibier.

On a tout autant de temps pour *ajuster* un canard qui part à soixante pas de distance qu'une perdrix qui partiroit à trente.

BUFFON, *Histoire naturelle.* Oiseaux, le Canard.

En termes de manège, *ajuster un cheval,* c'est lui enseigner ses exercices. On dit *ajuster un cheval sur les voltes, l'ajuster à toutes sortes d'airs de manège.*

Ajuster une pièce de monnaie, c'est faire qu'elle ait exactement le poids légal.

L'emploi, au sens moral, d'AJUSTER, construit seulement avec un régime direct, est aussi fort divers ; il répond alors au verbe Régler, ordonner, arranger, approprier, etc.

On a dit, d'une manière générale, *Ajuster* des choses, *ajuster* les choses, tout *ajuster*, etc.

Vous avez cet avantage au moins, que vous savez de qui vous êtes né, et que l'appui de vos parents que vous pouvez faire connoître est capable d'*ajuster* tout.

MOLIÈRE, *les Fourberies de Scapin,* III, 1.

Ce n'est pas notre raison qui a si bien *ajusté* ces choses, c'est une raison plus haute et plus profonde.

BOSSUET, *De la connoissance de Dieu et de soi-même,* c. 5.

Je suis fâchée que vous soyez si opiniâtrement résolu à ne nous pas faire voir vos Mémoires ; car je persiste à vous dire que j'*aurois ajusté* les choses avec notre ami, de telle sorte qu'on les eût fait lire au Roi.

Mme DE SCUDÉRY, *Lettres;* à Bussy, 20 novembre 1670.

Si vous saviez... ce que c'est que de marier son fils, vous m'excuseriez d'avoir été si longtemps sans vous écrire... Il y a eu beaucoup de choses à *ajuster*, avant que d'en venir à signer les articles comme nous avons fait il y a quatre jours.

Mme DE SÉVIGNÉ, *Lettres;* à Bussy, 4 décembre 1683.

J'avois pris cinq bateaux pour mieux tout *ajuster.*
Les quatre contenoient quatre chœurs de musique,
Capables de charmer le plus mélancolique.

P. CORNEILLE, *le Menteur,* I, 5.

Ajuster sa conduite, sa démarche, etc.

J'ai oublié de vous recommander d'être fort exact aux heures de leurs repas (de M. et Mme Vigan), et de ne jamais faire attendre après vous. Ainsi *ajustez* si bien vos promenades et vos récréations, que vous ne leur soyez jamais à charge.

J. RACINE, *Lettres à son fils*, 3 juin 1695.

J'ai voulu, je l'avoue, *ajuster* ma conduite,
Et voir d'un œil égal l'un et l'autre mérite.

MOLIÈRE, *D. Garcie de Navarre*, I, 1.

Ajuster des conditions.

Il me dit que je n'avois qu'à lui déclarer les prétentions de Votre Majesté pour *ajuster* les conditions.

L'ARCHEVÊQUE D'EMBRUN, à Louis XIV, 2 mars 1662. (Voyez MIGNET, *Négociations relatives à la succession d'Espagne*, t. I, p. 14.)

Ajuster une affaire, des affaires, etc.

Je vous conjure de ne le point mener en prison. — Non; il m'est impossible. — Vous êtes homme d'accommodement. N'y a-t-il pas moyen d'*ajuster* cela avec quelques pistoles?

MOLIÈRE, *M. de Pourceaugnac*, III, 6.

Te voilà grand et gros comme père et mère, et tu ne saurois trouver dans ta tête, forger dans ton esprit... quelque honnête petit stratagème, pour *ajuster* nos affaires !

LE MÊME, *les Fourberies de Scapin*, I, 2.

Et je vous ai toujours souhaité pour époux,
Lorsqu'en satisfaisant à mes vœux les plus doux,
J'ai vu que mon hymen *ajustoit* vos affaires.

LE MÊME, *les Femmes savantes*, V, 5.

Une telle menace alarme votre père
Qui ne sait de quel biais *ajuster* cette affaire.

DESTOUCHES, *le Philosophe marié*, V, 5

Ajuster, en parlant d'un ouvrage, d'un discours, d'une histoire, etc.

Il n'est pas nécessaire d'*ajuster* davantage cette comparaison; car vous voyez bien que c'est une raillerie que je fais contre moi-même.

PERROT D'ABLANCOURT, trad. de Lucien, *Bacchus*.

Vous verrez quelque chose de galant dans le petit ballet que nous avons *ajusté* pour vous.

MOLIÈRE, *le Bourgeois Gentilhomme*, II, 2.

Un homme (Isocrate) qui a employé, selon les uns, dix ans, selon les autres, quinze, à *ajuster* les périodes de son Panégyrique, qui est un discours sur les besoins de la Grèce, étoit d'un secours bien foible et bien lent pour la république contre les entreprises du roi de Perse.

FÉNELON, *Dialogues sur l'éloquence*, I.

L'art de bien parler ne seroit pas fort estimable s'il falloit être condamné toute sa vie à l'ennuyeuse occupation de chercher, de peser, d'*ajuster* des mots.

ROLLIN, *Traité des Études*, liv. IV, c. 3, art. 2, § 3.

Quand vous voudrez écrire, *ajustez* mieux vos contes.

BOURSAULT, *le Mercure galant*, I, 3.

Bien qu'au moins mal qu'il pût il *ajustât* l'histoire,
Le loup fut un sot de le croire.

LA FONTAINE, *Fables*, XI, 6.

On dit *Ajuster* une chose et une autre chose, des choses entre elles

Le roi étoit trop habile pour souffrir qu'il s'allumât une guerre dans laquelle il n'eût pas pu accorder ensemble la religion et la politique, et *ajuster* l'honneur et les intérêts de la France.

HARDOUIN DE PÉRÉFIXE, *Histoire de Louis le Grand*, IIIe part.

Calvin prit quelque chose de Bucer et de l'accord de Vittemberg, qu'il *ajusta* à sa mode.

BOSSUET, *Histoire des variations des églises protestantes*, liv. IX, no 30.

On dit de cette manière *Ajuster* des intérêts, des principes, des systèmes, des passages, etc.

J'aime à vous écrire, c'est donc signe que j'aime votre absence. Voilà qui est épouvantable : *Ajustez* tout cela, et faites si bien que vous soyez persuadée que je vous aime de tout mon cœur.

Mme DE SÉVIGNÉ, *Lettres*; à Mme de Grignan, 20 octobre 1677.

La paix générale est bien longue à se faire, Monsieur; mais ces longueurs ne me surprennent point, il y a tant d'intérêts différents à *ajuster* que cela ne peut pas se conclure promptement.

BUSSY-RABUTIN, *Lettres*; à Jalon, 19 novembre 1678.

Conciliez un auteur original, *ajustez* ses principes, tirez vous-même les conclusions.

LA BRUYÈRE, *Caractères*, c. 14.

On donne sérieusement à un homme le nom de Dieu... Cet homme le reçoit : il le reçoit si bien qu'il s'accoutume lui-même à se le donner; et cependant ce même homme avoit une idée saine de ce que c'est que Dieu : *ajustez*-moi tout cela d'une manière qui sauve l'honneur de la nature humaine.

FONTENELLE, *Histoire des Oracles*, IIe dissertation, c. 4.

Un Jésuite, nommé Achille Gaillard, assura le pape qu'il avait un moyen sûr de rendre la paix à l'Eglise ; il proposa gravement d'accepter la prédestination gratuite, à condition que les Dominicains admettraient la science moyenne, et qu'on *ajusterait* ces deux systèmes comme on pourrait.

VOLTAIRE, *Siècle de Louis XIV*, c. 37. Du Jansénisme.

Oh çà, veux-tu, marquis, pour *ajuster* nos vœux,
Que nous tombions d'accord d'une chose tous deux?

MOLIÈRE, *le Misanthrope*, III, 1.

A cette manière de parler se rapporte l'expression proverbiale et figurée *Ajustez vos flûtes,* qui se dit soit en parlant à un homme qui ne paraît pas bien d'accord avec lui-même dans ce qu'il dit; soit en parlant à plusieurs personnes qui ne conviennent pas des moyens de faire réussir une chose.

AJUSTER s'emploie de même en parlant des personnes pour les faire rencontrer ensemble, ou bien pour les accorder :

Il n'est pas aisé de nous *adjuster* ensemble ; il est chartreux dans sa garnison et je suis hermite à la campagne.

BALZAC, *Lettres*, VII, 7.

Le prince et toute la cour firent mille efforts pour les *ajuster*, mais cela ne s'estant pu faire, on leur permit de vuider leur différent par les armes.

CHARDIN, *Journal du Voyage en Perse*, Ire part.

Faites-nous confidence du fait et nous vous *ajusterons*.

DESTOUCHES, *la Fausse Agnès*, II.

AJUSTER, avec le pronom personnel, se prend dans des sens analogues à ceux qui viennent d'être expliqués.

On dit *S'ajuster à*, pour S'adapter à, S'accommoder à;

En parlant des choses :

Il est venu depuis une autre théologie, plus douce et plus agréable, qui *se* sait mieux *ajuster à* l'humeur des grands.

BALZAC, *le Prince*, c. 8.

Son âme (d'Alexandre) trop élevée *s'ajustoit* mal aisément *au* train commun de la vie.

SAINT-ÉVREMONT, *Jugement sur César et sur Alexandre*.

Je ne sais pas quel plaisir vous prenez à me réveiller si matin. Cela *s'ajuste* assez mal... *au* dessein que vous avez pris de me faire peindre aujourd'hui.

MOLIÈRE, *le Sicilien*, sc. 7.

Tout ce qui ne *s'ajuste* pas *à* nos vues et *à* nos lumières... trouve auprès de nous sa condamnation et sa censure.

MASSILLON, *Sermons*. Pour le jour de la Purification.

Le compliment n'étoit pas doux, mais il *s'ajustoit* merveilleusement *à* l'air de la personne qui le prononçoit.

MARIVAUX, *le Paysan parvenu*, Ve part.

Je demande..., si ce n'est pas vouloir que les ouvrages de la nature *s'ajustent à* nos idées abstraites.

BUFFON, *Théorie de la terre*.

En parlant des personnes :

Quand on a besoin des hommes, il faut bien *s'ajuster à* eux.

MOLIÈRE, *l'Avare*, I, 1.

Ne voyez-vous pas bien que tout ceci n'est fait que pour *nous ajuster aux* visions de votre mari?...

LE MÊME, *le Bourgeois Gentilhomme*, V, 7.

Il est souvent plus court et plus utile de cadrer aux autres, que de faire que les autres *s'ajustent à* nous.

LA BRUYÈRE, *Caractères*, c. 5.

Suivons, suivons l'exemple, *ajustons-nous au* temps,
Abaissons-nous, ma sœur, à faire des avances.

MOLIÈRE, *Psyché*, I, 1.

On dit *S'ajuster avec;*

En parlant des choses :

La règle est une mesure qui doit *s'ajuster avec* la chose.

BOSSUET, *Sermons*, Sur les vaines excuses des pécheurs.

Tous ces tourbillons *s'ajustent* les uns *avec* les autres le mieux qu'il est possible.

FONTENELLE, *les Mondes.*

Un rien *s'ajuste mal avec* un autre rien.

P. CORNEILLE, *l'Illusion comique*, III, 5.

En parlant des personnes :

Quand en tombant nous éloignons naturellement la tête, et que nous parons le coup avec la main; quand sans y penser *nous nous ajustons avec* les corps qui nous environnent, de la manière la plus commode pour nous empêcher d'en être blessés, tout cela se fait convenablement et ne se fait pas sans raison.

BOSSUET, *De la connoissance de Dieu et de soi-même*, c. 5, art. 3.

Il faut avouer que vous êtes une honnête femme, de *vous ajuster* comme vous faites en Provence *avec* votre mari.

Mme DE SÉVIGNÉ, *Lettres*, 1er novembre 1671.

L'expression *Ajuster sur* (voyez plus haut, p. 654) a conduit aussi à dire *S'ajuster sur;* mais cette manière de parler ne paraît pas avoir été approuvée.

Quand *sur* une personne on prétend *s'ajuster*,
C'est par les beaux côtés qu'il la faut imiter.

On lit dans le *Commentaire* de Bret *sur les œuvres de Molière* (1773), que ces vers de la première scène des *Femmes savantes* ont été remplacés par les suivants par le conseil de Boileau :

Quand sur une personne on prétend se régler,
C'est par les beaux côtés qu'il lui faut ressembler.

On dit de deux choses qu'elles *S'ajustent* bien ou mal ensemble.

Toute la nature est pleine de convenances et de disconvenances, de proportions et de disproportions, selon lesquelles les choses ou *s'ajustent* ensemble, ou se repoussent l'une l'autre.

BOSSUET, *De la connoissance de Dieu et de soi-même*, c. 5, art. 2.

Toutes les parties de ce grand corps (l'empire), depuis longtemps ensemble, s'étoient pour ainsi dire *ajustées* pour y rester, et dépendre les unes des autres.

MONTESQUIEU, *Grandeur des Romains*, c. 17.

S'AJUSTER se prend absolument pour Faire sa toilette, s'habiller, se costumer, se parer.

Il y a une faiseuse de bouquets, et une tourneuse de périodes, je ne l'ose nommer éloquence, qui est toute peinte et toute dorée, qui semble toujours sortir d'une boëte, qui n'a soin que de *s'ajuster*.

BALZAC, *Paraphrase, ou de la grande éloquence.*

Victoria, le plus diligemment qu'il lui fut possible, se fit extrêmement leste, et *s'ajusta* autant que le peu de temps qu'elle avoit le put permettre.

SCARRON, *Roman comique*, I, 22

J'ai pris peu de soin à *m'ajuster*, et en mes habillements j'ai toujours également plaint le temps et la dépense.

Mlle DE MONTPENSIER, *Portraits;* XII, portrait de Mme la duchesse de la Trémoille, par elle-même.

Quand on part de Constantinople, de Smyrne ou d'Alep pour se mettre en caravane, il faut *s'ajuster* selon la mode des pays où l'on doit passer, en Turquie à la Turque, en Perse à la Persienne.

TAVERNIER, *Voyage de Perse*, I, 10.

Toutes les femmes y sont éclatantes (à Uzès) et s'y *ajustent* d'une façon qui leur est la plus naturelle du monde.

J. RACINE, *Lettres;* à La Fontaine, 11 novembre 1661.

Le maréchal de Villeroi prêta hier le serment, et prit le bâton ensuite; il fit attendre beaucoup le roi, parce qu'il *s'ajustoit.*

COULANGES, *Lettres;* à Mme de Sévigné, 14 février 1695.

J'aime à voir Junon *s'ajuster* elle-même, sans cet attirail de toilette, sans coiffeuse, sans dame d'atours.

Mme DACIER, *Traduction de l'Iliade*, Préface.

L'envie que j'avois de paroître agréable à cette dame me fit employer trois bonnes heures pour le moins à *m'ajuster.*

LE SAGE, *Gil Blas*, XII, 14.

Les coquettes ne savent pas mieux *s'ajuster* pour donner de l'amour.

LE MÊME, *le Diable boiteux*, c. 17.

Mais il faudroit du moins un peu *nous ajuster.*

LE GRAND, *Plutus*, III, 1.

On a dit, au même sens, *S'ajuster de.*

Un ruban de mon goût, ou un habit galant, quand j'en rencontrois, m'arrêtoit tout court, je n'étois plus de sang-froid, je m'en ressentois pour une heure, et je ne manquois pas de *m'ajuster de* tout cela en idée.

MARIVAUX, *la Vie de Marianne*, Ire partie.

S'AJUSTER se prend encore absolument pour S'accommoder, en parlant d'une affaire, d'un différend, d'un traité, etc.

J'advoue qu'il auroit esté à souhaiter que l'affaire de M. d'Alby eût pu *s'ajuster.*

DE BESONS à Colbert, 4 décembre 1662. (Voyez DEPPING, *Correspondance administrative sous Louis XIV,* t. I, p. 93.)

Le traité de commerce entre l'Angleterre et la France *s'ajustera* dans deux mois de temps après la signature du présent traité.

DE RUVIGNY à Louis XIV, 23 décembre 1667. (Voyez *Négociations relatives à la succession d'Espagne,* t. II, p. 537.)

Il se prend de même en parlant de personnes qui se mettent d'accord.

Mais quel gage, dis-moi, veux-tu que je lui donne?
Elle viendra tantôt elle-même en personne,
Vous vous ajusterez ensemble en quatre mots.

REGNARD, *le Joueur,* I, 6.

...., Nous verrons
De quel biais en ceci nous nous *ajusterons.*

DESTOUCHES, *le Médisant,* V, 10.

Enfin S'AJUSTER, pris absolument, c'est Se préparer à faire quelque chose, se mettre en état de faire quelque chose.

L'on remarque dans les cours des hommes avides qui se revêtent de toutes les conditions pour en avoir les avantages... Ils *se sont* si bien *ajustés* que, par leur état, ils deviennent capables de toutes les grâces.

LA BRUYÈRE, *Caractères,* De la Cour.

AJUSTÉ, ÉE, participe.

Il se prend adjectivement dans des sens analogues à ceux du verbe.

On l'a dit, par exemple, de cartes préparées pour tromper au jeu :

Le roi a commandé à M. de S. de se défaire de sa charge, et tout de suite de sortir de Paris. Savez-vous pourquoi? Pour avoir trompé au jeu et avoir gagné cinq cent mille écus avec des cartes *ajustées.*

Mme DE SÉVIGNÉ, *Lettres,* 18 mars 1671.

De fortifications disposées pour la défense :

Là se trouvoit une commanderie ruinée, qui fut très bien accommodée, où on jeta quatre bataillons avec Cadrieu, très bon brigadier d'infanterie; de là jusqu'au bois des demi-lunes bien *ajustées,* toutes flanquées de deux pièces de canon de chaque côté.

SAINT-SIMON, *Mémoires,* 1696.

Il est de grand usage quand il s'agit des embellissements, des agréments d'une maison, d'un appartement, d'un jardin, etc. :

Monsieur le cardinal agit d'une manière fort galante : il pria à souper Leurs Majestés, Monsieur, la reine d'Angleterre, la princesse sa fille, et moi. Nous trouvâmes son appartement fort *ajusté.*

Mlle DE MONTPENSIER, *Mémoires.*

Je sens la joie du bon abbé de se voir dans le château de ses pères, qui ne fait que devenir tous les jours plus beau et plus *ajusté.*

Mme DE SÉVIGNÉ, *Lettres;* à Mme de Grignan, 4 août 1677.

Il y a un appartement de quatre pièces *ajusté* et dans la politesse de ceux de Paris qui en ont le plus.

Mme DE MONTATAIRE, *Lettres;* à Bussy, 2 octobre 1682. (Voyez *Correspondance de Bussy.*)

Quand il s'agit de l'habillement, de la toilette, de la parure :

Elles (nos Muses) veulent estre toujours belles..., mais elles ne sont pas toujours *ajustées.*

BALZAC, *Dissertations critiques,* I.

Ah, ah! Covielle, qui t'auroit reconnu? Comme te voilà *ajusté!*

MOLIÈRE, *le Bourgeois Gentilhomme,* IV, 8.

Une fois elle alla fort *ajustée* chez la maréchale de Guébriant.

TALLEMANT DES RÉAUX, *Historiettes,* le président Tambonneau.

Sa sœur, malicieusement, ne manquoit pas de lui faire remarquer que je n'étois jamais si *ajusté* que quand j'allois voir Mme du Candal.

LE MÊME, même ouvrage. Les Amours de l'auteur.

Ce n'est pas qu'elle eût songé à me dire, Ne vous ajustez point; mais je suis sûre que dès qu'elle m'auroit vue *ajustée*, elle auroit tout d'un coup songé que je ne devois pas l'être.

MARIVAUX, *la Vie de Marianne*, IIe partie.

Je m'étois attendu de trouver Sophie un peu plus *ajustée* aussi de son côté, je me suis trompé.

J.-J. ROUSSEAU, *Émile*, liv. V.

Plus de goût dans la manière de se mettre et de s'exprimer, une robe plus fine et mieux faite, une chaussure plus mignonne, des rubans, de la dentelle, des cheveux mieux *ajustés*; je préférerois toujours la moins jolie ayant plus de tout cela.

LE MÊME, *les Confessions*, I, 4.

Quand il s'agit des ornements de style, du tour qu'on donne aux choses :

Victorius n'est pas à la vérité si agréable, ni si *ajusté* que ceux que vous me nommez, mais il a une certaine simplicité romaine qui me plaist infiniment.

BALZAC, *Lettres*, XIX, 20; à Chapelain.

Il arrive qu'un historien qui veut suivre exactement tous ces mouvements déréglés, semble quelquefois être contraire à soi-même, et que faisant une histoire plus véritable, il la fait moins *ajustée* et moins agréable à lire.

MÉZERAY, *Histoire de France*, Henri III, 1586.

Vous savez que je n'ai qu'un trait de plume : ainsi mes lettres sont fort négligées, mais c'est mon style, et peut-être qu'il fera autant d'effet qu'un autre plus *ajusté*.

Mme DE SÉVIGNÉ, *Lettres*, 23 septembre 1671.

Le discours est comme le visage de l'esprit : s'il est peigné, *ajusté*, fardé, c'est un signe qu'il y a quelque chose de gâté dans l'esprit, et qu'il n'est pas sain.

ROLLIN, *Traité des Études*, Discours préliminaire.

Après la préface la plus polie, elle lui conta toute l'affaire, mais rhabillée et *ajustée* pour la rendre moins intolérable.

SAINT-SIMON, *Mémoires*, 1710

Enfin, quand il s'agit de la disposition des figures dans un ouvrage de l'art :

Les parques sont *ajustées* à ravir.

DIDEROT, *Salon de* 1765. C. Vanloo.

Et pour vous en convaincre, voyez la vérité, la vertu, la justice, la religion *ajustées* par La Grénée, pour le boudoir d'un financier.

DIDEROT, *Salon de* 1767.

Il s'est employé aussi au figuré d'une manière ironique :

Parbleu! chevalier, te voilà mal *ajusté*.

MOLIÈRE, *la Critique de l'École des Femmes*, sc. 7.

Vous l'avez voulu, Georges Dandin..... et vous voilà *ajusté* comme il faut.

LE MÊME, *Georges Dandin*, I, 9.

Un petit valet de maquignon... couvrit de boue le carrosse, le marquis et la demoiselle... Lucrèce, honteuse de se voir ainsi *ajustée*... se contenta de lui offrir civilement la salle pour se venir nettoyer.

FURETIÈRE, *le Roman bourgeois*, liv. I.

D'AJUSTER s'est formé le verbe composé RAJUSTER, *Ajuster* de nouveau, raccommoder, remettre en bon état. (Voyez ce mot.)

AJUSTEMENT, s. m.

Autrefois *Adjustement*.

Il se prend dans des sens analogues à ceux d'*Ajuster*,

Pour Action de disposer, disposition :

La dépense trop considérable qu'exigeoit cet *ajustement* me fit abandonner cette idée.

BUFFON, *Minéraux*. Partie expérimentale, art. 1.

Pour Accord, Harmonie :

Un amant suit sans doute une utile méthode,
S'il fait qu'à notre humeur la sienne s'accommode;
Et cent devoirs font moins que ces *ajustements*,
Qui font croire en deux cœurs les mêmes sentiments.

MOLIÈRE, *D. Garcie de Navarre*, IV, 6.

Pour Accommodement :

Dans les affaires, ils ne connoissent point ces tempéraments de si grand usage..., ces relâchements, ces *ajustements*, comme on parle aujourd'hui en Italie.

BALZAC, *Aristippe*, disc. VI.

Pour Arrangement régulier, agréable; ornement, parure, élégance :

J'en reçois (d'un ami) très souvent des choses qu'il n'a point imitées, qui sont purement siennes, et que vous jugerez, comme moi, dans la dernière perfection de bonté et d'*ajustement*.

BALZAC, *Dissertations critiques*, XVII.

Nous avons reçu vos lettres de Thezé, vous nous en faites une aimable peinture. On ne croiroit pas trouver tant de politesse et d'*ajustement* sur le haut d'une montagne.

Mme DE SÉVIGNÉ, *Lettres*, 20 octobre 1688.

En cela, dit Brutus, il (César, dans ses Commentaires) peut avoir fait plaisir à des petits esprits, qui ne craindront point d'en défigurer les grâces naturelles par le fard et l'*ajustement* qu'ils y ajouteront.

ROLLIN, *Traité des Études*, De l'étude de la langue françoise, art. 3.

En parlant d'une maison, d'un appartement, d'un jardin, etc. :

Mandez-moi un peu des nouvelles de votre vie, quelles sortes de choses vous peuvent amuser, et si l'*ajustement* de votre maison n'y contribue pas beaucoup.

Mme DE SÉVIGNÉ, *Lettres*; à M. de Bussy, 20 mai 1667.

Le bien bon est entré d'abord dans vos desseins pour l'*ajustement* de votre appartement.

LA MÊME, même ouvrage; à Mme de Grignan, 18 octobre 1679.

Je suis encore à Bussy, où je fais des *ajustements* qui finissent la maison.

BUSSY-RABUTIN, *Lettres*; à Mme de Sévigné, 4 septembre 1680.

Sa dépense (de M. le duc) a toujours été plus que royale en tous genres....., en bâtiments et en *ajustements* immenses.

SAINT-SIMON, *Mémoires*, 1709.

En parlant de l'habillement, de la Toilette. Soit, dit absolument, *L'ajustement* :

La faveur avec le grand *ajustement* donnèrent du brillant à cette médiocre beauté.

Mme DE MOTTEVILLE, *Mémoires*.

Quelle frugalité d'*ajustement* et quelle sécheresse de conversation.

MOLIÈRE, *les Précieuses ridicules*, sc. 6.

Pour moi, je tiens que la braverie et l'*ajustement* est la chose qui réjouit le plus les filles.

MOLIÈRE, *l'Amour médecin*, I, 1.

Il faut demeurer d'accord que le rabat est la plus difficile et la plus importante pièce de l'*ajustement*.

FURETIÈRE, *le Roman bourgeois*, I.

J'oubliois de vous dire que rien n'est plus naturel que sa beauté (de Mlle de Fontanges); ses hardes étoient fort magnifiques, mais elle n'avoit aucun *ajustement*.

Mme DE MONTMORENCY, *Lettres*; à Bussy, 28 août 1680. (Voyez *Correspondance de Bussy*.)

De la manière qu'elle en use, il semble qu'elle donne plutôt cette force d'*ajustement* à la bienséance et à sa condition qu'à elle-même.

Mlle DE MONTPENSIER, *Portraits*, XC. Mme la comtesse de ***.

Enfin il ne se passa presque point de jour que Psyché ne changeât d'*ajustement*.

LA FONTAINE, *Psyché*, I.

Une belle femme... ne perd rien à être négligée..., il y auroit moins de péril à la voir avec tout l'attirail de l'*ajustement* et de la mode.

LA BRUYÈRE, *Caractères*, c. 12.

C'étoit (la comtesse de Grammont) une grande femme qui avoit encore une beauté naturelle sans aucun *ajustement*.

SAINT-SIMON, *Mémoires*, 1708.

Croyez-moi, quand on est gentille et à votre âge, pauvreté et bravoure n'ont pas bon air ensemble, on ne sait qu'en dire. Ainsi point d'*ajustement*, c'est mon avis.

MARIVAUX, *la Vie de Marianne*, IIIe part.

C'est un étrange fait du soin que vous prenez
A me venir toujours jeter mon âge au nez,
Et qu'il faille qu'en moi sans cesse je vous voie
Blâmer l'*ajustement* aussi bien que la joie.

MOLIÈRE, *l'École des Maris*, I, 1.

Quiconque à son mari veut plaire seulement,
Ma bru, n'a pas besoin de tant d'*ajustement*.

LE MÊME, *Tartufe*, I, 1.

Soit, construit avec la préposition *de* ou l'adjectif possessif, *L'ajustement d'*une personne, *son ajustement* :

L'habitude, et non la vanité, fait *son ajustement* (d'Anne d'Autriche).

Mme DE MOTTEVILLE, *Mémoires*.

Vos actions et *votre ajustement* ont un air de qualité qui enchante.

MOLIÈRE, *Critique de l'École des Femmes*, sc. 3.

Quittons *notre ajustement de* Flamand, pour songer à d'autres machines.

LE MÊME, *M. de Pourceaugnac*, II, 3.

Je voudrois que vous vissiez jusqu'à quel excès la présence de Termes et de Flamarens fait monter la coiffure et l'*ajustement de* deux ou trois belles de ce pays (Vichy).

Mme DE SÉVIGNÉ, *Lettres*; à Mme de Grignan, 6 septembre 1677.

Mes yeux ne pouvoient, pour ainsi dire, se rassasier de *mon ajustement*.

LE SAGE, *Gil Blas*, I, 15.

Une femme qui croit se bien mettre ne soupçonne pas, dit un auteur, que *son ajustement* deviendra un jour aussi ridicule que la coiffure de Catherine de Médicis.

VAUVENARGUES, *Réflexions et Maximes*, CCCLXI.

M. Simon étoit galant, grand conteur de fleurettes, et poussoit jusqu'à la coquetterie le soin de *son ajustement*.

J.-J. ROUSSEAU, *les Confessions*, I, 4.

On dit, dans un sens plus particulier, des parties de l'habillement qui servent à parer, *Un ajustement, des ajustements :*

Si vous n'êtes guère obligée à la peinture, vous l'êtes encore moins à la curiosité des *ajustements*.

Mlle DE MONTPENSIER, *Portraits*, XLI. La comtesse d'Olonne, par M. DE SAINT-EVREMONT.

J'appelle superflu, femme mondaine, ce que vous dépensez, disons mieux, ce que vous prodiguez en mille *ajustements* frivoles.

BOURDALOUE, *Carême*, Sermon sur l'aumône.

Elle (Mme de Valentinois) paroissoit elle-même avec tous les *ajustements* que pouvoit avoir Mlle de la Marck, sa petite fille, qui étoit alors à marier.

Mme DE LA FAYETTE, *la Princesse de Clèves*, Ire partie.

Je vous charge, Monseigneur, d'empêcher qu'on ne la gâte par trop de caresses, par trop d'*ajustements*, par trop de plaisirs, par trop de magnificence.

Mme DE MAINTENON, *Lettres*; à M. le cardinal de Noailles, 3 avril 1698.

Lise entend dire d'une autre coquette qu'elle se moque de se piquer de jeunesse et de vouloir user d'*ajustements* qui ne conviennent plus à une femme de quarante ans.

LA BRUYÈRE, *Caractères*, c. 3.

Ne promettez jamais aux enfants pour récompense des *ajustements* ou des friandises.

FÉNELON, *de l'Éducation des filles*, c. 5.

Je m'aperçus peu après que notre table étoit mieux servie, et qu'elle (Manon) s'étoit donné quelques *ajustements* d'un prix considérable.

PRÉVOST, *Manon Lescaut*, Ire part.

Et la dernière main que met à sa beauté
Une femme allant en conquête,
C'est un *ajustement* des mouches emprunté...

Certain *ajustement*, dites-vous, rend jolie.

LA FONTAINE, *Fables*, IV, 3.

Donnez...
De plus honnêtes noms à vos *ajustements*.

BOURSAULT, *les Mots à la mode*, sc. 15.

Philis, qu'est devenu ce temps
Où dans un fiacre promenée,
Sans laquais, sans *ajustemens*,
De tes grâces seules ornée...

VOLTAIRE, *les Vous et les Tu*.

Habits, *ajustements*, rien ne te manquera.

DESTOUCHES, *le Glorieux*, I, 6.

AJUSTEMENT, en ce sens, a été pris quelquefois figurément :

La sévérité des femmes est un *ajustement* et un fard qu'elles ajoutent à leur beauté.

LA ROCHEFOUCAULD, *Maximes*, CCIV.

Les femmes n'ont pas moins de penchant à être vaines par leur esprit que par leur corps. Souvent les lectures qu'elles font avec tant d'empressement se tournent en parures vaines et en *ajustements* immodestes de leur esprit. Souvent elles lisent par vanité comme elles se coiffent.

BOSSUET, *Sermon*, Sur les obligations de l'état religieux.

Le pluriel AJUSTEMENTS semble employé d'une manière très générale dans le passage suivant :

Enfin c'est se ruiner, que de faire tant de dépenses de louage de maisons, d'*ajustements* et de ballots pour trois mois.

Mme DE SÉVIGNÉ, *Lettres*, 8 novembre 1680.

ALAMBIC, s. m. (De l'article arabe *al* et du substantif grec ἄμβιξ.)

D'autres prouveraient que nous sommes des Arabes comme le témoignent les mots d'almanach, d'*alambic*, d'algèbre, d'amiral.

VOLTAIRE, *Histoire de l'empire de Russie sous Pierre le Grand,* Préface historique, § 3.

On l'a écrit ALEMBIC, ALEMBICQUE, etc. (Voyez les *dictionnaires* de ROB. ESTIENNE, J. THIERRY, NICOT, FURETIÈRE, les *Origines* de MÉNAGE, et quelques-uns des exemples ci-après.)

Sorte de vaisseau d'une construction plus ou moins compliquée, de formes très variées, qui sert à distiller, et dont les pièces essentielles sont une cucurbite et un chapiteau.

Pour distiller toutes sortes d'eaux, deux vaisseaux sont principalement nécessaires, qu'on nomme en un mot *Alembic :* l'un d'iceux est appelé cucurbite, ou vaisseau contenant. L'autre est dit chapiteau ou chape, auquel sont amassées les vapeurs converties en eau, pour ce qu'il représente quelque certaine forme et figure de chef ou de teste, au regard du dessous qui est plus grand, large et long.

A. PARÉ, *Œuvres,* liv. XXVII, c. 5.

Le baume n'est baume que tel qu'il coule de l'arbre qui le produit : ce qui passe par la main des distillateurs, par l'*alambic* des apothicaires, est quelque autre chose.

BALZAC, *Socrate chrétien,* disc. VII.

Il (Boudin) quittoit les parties et les meilleures compagnies pour les *alambics.*

SAINT-SIMON, *Mémoires,* 1710.

Je passois mon temps le plus agréablement du monde, occupé des choses qui me plaisoient le moins. C'étoient des projets à rédiger, des mémoires à mettre au net, des recettes à transcrire; c'étoient des herbes à trier, des drogues à piler, des *alambics* à gouverner.

J.-J. ROUSSEAU, *les Confessions,* part. I, liv. III.

D'autres botanistes étudient les principes des plantes, et, pour en venir à bout, ils les pilent dans des mortiers, ou les décomposent dans des *alambics.*

BERNARDIN DE SAINT-PIERRE, *Études de la Nature,* IX.

Por quoi donc en tristor demores !
Je vois maintes fois que tu plores
Cum *alambic* sus alutel.

Roman de la Rose, v. 6405.

L'eau se croise, se joint, s'écarte, se rencontre,
Se rompt, se précipite à travers les rochers,
Et fait comme *alambics* distiller leurs planchers.

LA FONTAINE, *Psyché,* liv. Ier.

On dit *Le bec, le col d'un alambic.*

On dit *Distiller à l'alambic, mettre à l'alambic, tirer à l'alambic, par l'alambic; passer, repasser par l'alambic,* etc.

Voici un élixir que j'ai composé ce matin des sucs de certaines plantes *distillées à l'alambic.*

LE SAGE, *Gil Blas,* liv. VII, c. 9.

Ces expressions, et d'autres analogues, s'emploient au figuré, en parlant des choses que l'on examine avec un grand soin, avec une grande exactitude, qu'on discute, qu'on approfondit :

Si on veut croire ces bavards, l'essence de Dieu ne conviendra qu'au Père seul, d'autant que lui seul a estre, et qu'il est essenciateur de son Fils : par ainsi l'essence du Fils ne seroit qu'un extrait, je ne say quel, tiré comme par un *alambic* de l'essence de Dieu, ou bien une partie découlante du total.

CALVIN, *Institution chrestienne,* liv. I, c. 13, § 23.

(Les Institutes) cet *alambicque* de tout de ce qui est au droict.

EST. PASQUIER, *Interprétation des Instituts de Justinian,* Préface.

Les raisonnements en étoient tellement *tirés à l'alambic* qu'ils l'impatientèrent (le chancelier).

SAINT-SIMON, *Mémoires,* 1711.

J'en ai lu ce matin trois chapitres; ils m'ont impatientée et ennuyée; tout est à l'*alambic,* rien n'y est sous sa face naturelle; c'est une abondance d'idées fausses, rendues brillantes par des recherches de mots et d'expressions.

Mme DU DEFFAND, *Lettres;* à H. Walpole, 23 mai 1773.

ALAMBIQUER, v. a.

On l'a écrit ALLAMBIQUER, ALAMBICQUER (voyez le *Glossaire* de SAINTE-PALAYE); ALEMBIQUER (voyez les *Dictionnaires* de ROB. ESTIENNE, J. THIERRY, FURETIÈRE, et les *Origines* de MÉNAGE); ELAMBIQUER (voyez le *Dictionnaire* de COTGRAVE).

On l'a employé autrefois, au propre, pour Distiller :

Alambiquer herbes, fleurs et semblables.
MONET, *Dictionnaire*.

Il est fort voisin du sens propre dans le passage suivant :

La quint'essence du meurier se rapportant à la fueille, est de là *alambiquée* par le ver, qui la convertit en soie.
OLIVIER DE SERRES, *Théâtre d'agriculture*, V° lieu, c. 16.

Dans le XVIe siècle, il s'est pris souvent au figuré d'une manière analogue à l'emploi figuré du mot *Alambic* :

Ce n'est pas assez de compter les expériences ; il les faut poiser et assortir, et les faut *avoir* digerées et *alambiquées*, pour en tirer les raisons et conclusions qu'elles portent.
MONTAIGNE, *Essais*, III, 8.

Ces excroqueurs sont fort à blasmer d'aller ainsi *alambiquer* et tirer toute la substance de ces pauvres diablesses.
BRANTÔME, *Dames galantes*.

Ceux qui par cy-devant nous avoient enseigné d'escrire histoires, *alambiquèrent* de l'ancienneté tout ce qu'il leur avoit pleu.
EST. PASQUIER, *Recherches de la France*, Préface.

Honorons grandement la pragmatique sanction que nous *avons alambiquée* des conciles de Constance et de Basle.
LE MÊME, même ouvrage, III.

Mes filles, soupirez et lamentez sans cesse,
Alambiquez en pleurs vostre belle jeunesse.
ROB. GARNIER, *les Juifves*, acte V, v. 183.

On en trouve quelques exemples dans les siècles suivants :

Fuyez surtout ces esprits téméraires,
Ces écumeurs de dogmes arbitraires,
Qu'on voit, tout fiers de leur corruption,
Alambiquer toute religion.
J.-B. ROUSSEAU, *Épîtres*, II, 6 ; à M. de Bonneval.

Rarement ALAMBIQUER a eu pour régime un nom de personne.

.... Oui, tout est expliqué.
Ces paraphrases-là m'ont trop *alambiqué*.
DUFRÉSNY, *le Faux Sincère*, V, 10.

ALAMBIQUER est surtout d'usage avec le pronom personnel ;

Soit en parlant des choses :

... Sans honneur, la muse consommée
De long travail, *s'alambique* en fumée.
RONSARD, *le Bocage royal*, au Roy Charles IX.

Soit en parlant des personnes :

Ceux dont l'ambition, la nuit, tire l'oreille,
De qui l'esprit avare en repos ne sommeille,
Toujours *s'alambiquant* après nouveaux partis,
Qui pour Dieu, ni pour lois, n'ont que leurs appétits.
REGNIER, *Satires*, XII.

Pour moi, j'ai vu déjà cent contes de la sorte.
Sans *nous alambiquer*, servons-nous-en ; qu'importe ?
MOLIÈRE, *l'Étourdi*, IV, 1.

Loin qu'en systèmes vains son esprit *s'alambique*,
Être vrai, juste, bon, c'est mon système unique.
DESTOUCHES, *le Philosophe marié*, IV, 3.

S'alambiquer le cerveau, s'alambiquer l'esprit, sont des expressions fort usitées et qui se joignent à diverses sortes de compléments.

On a dit *S'alambiquer le cerveau, l'esprit après* une chose :

Ces gens *s'alambiquent* tellement *le cerveau après* le grec et le latin, qu'ils en deviennent tous fous.
SULLY, *Œconomies royales*, c. 88.

A faire une chose :

Suis-je pas bon poëte ! Oy par Dieu, et si jamais je ne *me suis alambiqué le cerveau à* lire en Ronsard, Baïf, et autres qui composent à leur mode, et moy à la mienne.
P. LARIVEY, *le Laquais*, II, 1.

Le traducteur, comme un esclave, *s'alambique tous les esprits à* suivre à la trace les pas de l'autheur qu'il translate, il y consomme son aage.
EST. PASQUIER, *Lettres*, II, 6.

D'une chose :

Il prend plaisir à *s'alambiquer l'esprit de* mille chimères.

SCARRON, *Roman comique.*

Cette stupidité que je reconnoissois de moy me fit résoudre à me tenir aveuglement en la créance que j'avois apprise de ma mère et de ma nourrice, sans *m'alambiquer l'esprit de* toutes les opinions nouvelles qui sont contestées entre les Jansénistes et les Molinistes.

RACAN, *lettres;* à Chapelain, nov. 1656.

Sur une chose :

C'est grande folie de *s'alambiquer le cerveau sur* les livres.

EST. PASQUIER, *Lettres,* X, 7.

Il faut prendre le temps comme il vient et ne *se* point *alambiquer l'esprit sur* la considération des succès d'aucune chose.

SOREL, *Francion,* III.

Pour une chose, *pour* faire une chose :

Voilà des gens qui monstrent bien ne sçavoir à quoy s'occuper de bon, puisqu'ils se tourmentent tant et *s'alembiquent* ainsi *l'esprit pour* des choses frivoles.

SULLY, *Œconomies royales,* c. 11.

Quand une chose me plaît, je ne vais point *m'alembiquer l'esprit pour* savoir pourquoi elle me plaît.

REGNARD, *Critique du Légataire universel,* I, 4.

On dit aussi, sans autre complément, *S'alambiquer l'esprit, le cerveau.*

Sans *m'alambiquer* tant *l'esprit.*

DIDEROT, *Salon de* 1767.

ALAMBIQUER se prend quelquefois d'une manière absolue, et signifie Raffiner, subtiliser.

C'est ainsi qu'on dit, par exemple : Il ne s'agit pas d'*alambiquer;* allez au fait sans *alambiquer* plus longtemps.

Au lieu d'ALAMBIQUER on a dit LAMBIQUER, sans doute d'après l'italien *Lambicare.*

J'estime, veu l'abondance de ses larmes, que son pauvre cœur soit desjà *lambiqué* et distillé par les yeulx.

HERBERAY DES ESSARTS, *Amadis de Gaule,* liv. I, c. 13.

L'estude qui leur va *lambiquer le cerveau.*

CHAPUIS, *le Monde des Cornus,* p. 37.

ALAMBIQUÉ, ÉE, participe.

Il ne se dit que des questions, des pensées, des réflexions, etc., trop raffinées, trop subtiles.

Les bohémiens n'ont pas plustôt parlé nettement, qu'ils s'égarent dans des discours *alambiqués,* où ils jettent la confusion et l'incertitude de leur esprit et de leurs pensées.

BOSSUET, *Histoire des variations des Églises protestantes,* liv. XI, n° 187.

Il y en a (des allégories) de confuses, de chimériques, et, si j'ose le dire, d'*alambiquées.*

BOIVIN, *Apologie d'Homère,* p. 43.

Il est bien incompréhensible comment il (Le Tasse) a pu faire un si bel ouvrage avec des idées si *alambiquées.*

VOLTAIRE, *Essai sur la poésie épique,* c. 7.

Vous savez combien les froids raisonnements *alambiqués,* écrits en style bourgeois, sont impertinents dans une tragédie.

LE MÊME, *Lettres ;* 16 avril 1775.

On le dit, en certains cas, des personnes :

Il (le lecteur) remarquera que tout ce qui est bien pensé dans ces chefs-d'œuvre est presque toujours bien exprimé... et qu'il (P. Corneille) n'est obscur, guindé, *alembiqué,* incorrect, faible et froid, que quand il n'est pas soutenu par la force du sujet.

VOLTAIRE, éd. de P. Corneille, préface de *Suréna.*

D'ALAMBIQUER on a tiré le substantif ALAMBIQUEMENT.

I'ay veu une vieille vefve qui mit sur les dentz... son troisiesme mary et un jeune gentilhomme... et les envoya dans terre, non par assassinat, ny poison, mais par atténuation et *alambiquement* de la substance.

BRANTÔME, *Des Dames,* IIe Partie. Discours sur les femmes mariées, les vefves et les filles.

ALANGUIR, v. a. (Du verbe neutre Languir, et, par ce mot, du latin *Languere.*)

Quelquefois écrit, comme aussi ses dérivés, par deux L, ALLANGUIR. (Voyez le Dictionnaire de Cotgrave.)

On a dit aussi ÉLANGUIR. (Voyez le *Glossaire* de Sainte-Palaye.)

ALANGUIR, tardivement recueilli par les dictionnaires, bien qu'ancien, signifie Rendre languissant.

J'irois facilement couchant et *allanguissant* mon esprit sur les traces d'autrui.

MONTAIGNE, *Essais*, I, 9.

ALANGUIR est aussi verbe pronominal.

ALANGUI, IE, participe.

C'est pitié d'être *alangui* et affoibli jusques au souhaiter.

MONTAIGNE, *Essais*, III, 13.

D'ALANGUIR se sont formés :

ALANGUISSANT, adj. verbal.
Qui alanguit, qui rend languissant.

ALANGUISSEMENT, s. m.
État d'une personne alanguie, alanguissante :

Un tiède *allanguissement* énerve toutes mes facultés; l'esprit de vie s'éteint en moi par degrés.

J.-J. ROUSSEAU, *les Rêveries du Promeneur solitaire*, 2e promenade.

On employait autrefois, au même sens qu'ALANGUIR, un mot de même origine,

ALANGOURIR, v. a. (Du simple *langourir*, verbe neutre.)

Écrit encore ALLANGOURIR, ELANGOURIR. (Voyez les *dictionnaires* de J. THIERRY, de NICOT, de MONET, de COTGRAVE, etc., et le *Glossaire* de SAINTE-PALAYE.)

Cette maladie *l'a alangouri*.

MONET, *Dictionnaire*.

ALANGOURIR s'employait comme *Alanguir*, avec le pronom personnel, *S'alangourir*.

Au lieu de S'ALANGOURIR on disait quelquefois, dans un sens neutre, *alangourir*.

ALANGOURI, IE, participe.

En la république d'Athènes..... il estoit loisible à la femme choisir quelque personnage de mise, qui suppliast au deffaut du povre *allangouri* mary.

MARTIAL D'AUVERGNE, *Arresta amorum*. (Cité par Sainte-Palaye.)

Peut-on se souvenir de toutes ces choses, sans larme et sans horreur? et ceux qui en leur conscience savent bien qu'ils en sont cause, peuvent-ils en ouyr parler sans rougir... mesmement, quand ils se représenteront... les petits enfants mourir à la mamelle de leurs mères *allangouries*.

Satyre Ménippée, Harangue du sieur d'Aubray.

Il est impossible que nous puissions longuement durer ainsy, estant desjà si abattus et *alangouris* de longue maladie.

Même ouvrage, *Ibid.*

On a dit aussi ALANGOURER, ALANGOURÉ, ÉE.

Les pauvres gens *alangourés*,
Mesgres, chétifs et esplourés
Tant palles et decoulourés
Que mieux ils sembloient morts que vifs.

Fontaine merveilleuse, 1430.

L'âme d'amour *alangourée*.

TAHUREAU, *Dialogues*.

ALARME, s. f.

Il est masculin dans un assez grand nombre de passages antérieurs au XVIIe siècle. (Voyez les exemples ci-après.)

Il a été quelquefois écrit, mais à tort, ALLARME, (Voyez les exemples ci-après.)

On a dit primitivement, en trois mots, *à l'arme!* C'était un cri par lequel, comme depuis par le cri *aux armes!* on avertissait, en cas de surprise, d'attaque soudaine, de se mettre en défense.

Les aultres allerent au logis du duc de Bourgogne, très fort criant *à l'arme!* et disant que les ennemis venoient en grande puissance.

MONSTRELET, *Chroniques*, c. 185.

Y avoit une trompette faisant le guet à la haute plommée, qui sonna très fort *à l'arme!*

LE MÊME, même ouvrage, c. 210.

Si crièrent ceulx qui premiers les veirent venir, *à l'arme, à l'arme!*

Lancelot du Lac, t. III, fo 140, vo, col. 2. (Cité par Sainte-Palaye.)

Le prince de Castellongue, qui bien avoit oy crier *à l'arme!* se mist en armes, monta à cheval et assembla ses hommes aux champs.

Le Livre du chevalereux comte d'Artois, p. 38.

Et puis elle court à la fenestre crier *à l'arme, arme, arme!* Elle voit que les autres avoient laissé l'échelle; elle avance le bras pour la renverser, et n'y pouvant toucher, se mit à crier *arme!* plus que jamais.

AGR. D'AUBIGNÉ, *Aventures du baron de Fœneste*, liv. II, c. 18.

Cil qui serrez venir les voient...
Crient partout : *à l'arme! à l'arme!*
Hauberjons saisissent et cotes.

G. GUIART, *Royaux lignages*, t. I, v. 2650.

Il est de même fait usage de cette locution *à l'arme*, mais, par figure, dans le passage suivant :

A l'arme! gentilz amoureux
A l'arme! saulvez corps et biens.

MOLINET, p. 119. (Cité par Sainte-Palaye.)

De bonne heure, comme il est arrivé pour d'autres locutions de ce genre (voyez A DIEU), les trois mots n'en ont plus fait qu'un, ayant au propre le même sens.

Au bout de deux heures, j'ouys une *grand alarme* à l'endroict par lequel il failloict qu'ils entrassent, et grandz harcquebuzades.

MONTLUC, *Commentaires*, II.

M. de Rochebonne s'en va dans ses terres pour donner ordre à ses affaires; il veut être tout prêt pour la guerre en cas d'*alarme*.

Mme DE SÉVIGNÉ, *Lettres*; 10 octobre 1673.

De là un certain nombre d'expressions telles que les suivantes.

Crier alarme.

Elle commence à *crier alarme*, tant que les voisins s'y assemblèrent.

Les Cent Nouvelles nouvelles, XCVII.

Se voyant pris (La Tiguerette), craignant que le camp fust surpris, soudain *cria alarme*.

MARTIN DU BELLAY, *Mémoires*, 1523.

C'est par une sorte d'abus, à ce qu'il semble, qu'on en est venu à dire, *Crier à l'alarme*.

Il (Démophile) entend déjà sonner le beffroi des villes et *crier à l'alarme*.

LA BRUYÈRE, *Du souverain*.

Cri d'alarme, Signal d'alarme.

Il y a toujours une oie qui fait sentinelle, et qui, au moindre danger, donne à la troupe le *signal d'alarme*.

BUFFON, *Histoire naturelle*, Oiseaux.

Poste d'alarme, Canon d'alarme, Cloche d'alarme, Sonner l'alarme, une alarme, des alarmes.

Vous vous resveillastes au bruit de plusieurs cris de peuples, et des *allarmes* que l'on *sonnoit* dans tous les clochers.

SULLY, *Œconomies royales*, c. 5.

Aussitôt les grosses timbales de cuivre et les karnas, ou grands hautbois de la garde, *sonnèrent l'alarme* avec un bruit épouvantable.

BERNARDIN DE SAINT-PIERRE, *la Chaumière indienne*.

Le guet est au haut de nos tours,
Et ne vient piéton ni gendarme
Qui ne fasse *sonner l'alarme*.

MAUCROIX, *Épîtres*, II.

Donner l'alarme, une alarme, des alarmes.

Quant il (M. de Burci) demeure en ce païs, vous pouvez dormir en seureté, combien que l'on luy *donne* assez d'*alarmes*.

MARGUERITE DE NAVARRE, *Lettres*; à François Ier, 1537.

Il rencontra quarante ou cinquante soldats à pied ennemis, qui luy *donnèrent l'alarme*.

MONTLUC, *Commentaires*, liv. III.

Je leur manday... que je voulois essayer de passer la rivière de Garonne, et s'ils entendoient que les ennemis me vinssent empescher le passage, qu'ils leur *donnassent des alarmes* par derrière.

LE MÊME, même ouvrage, liv. VII.

Ce Tilly étoit ivre, cela lui arrivoit souvent; il alla *donner l'alarme* en je ne sais quel village, et un paysan, à l'étourdie, donna un coup de carabine à la Tabarière dont il mourut.

TALLEMANT DES RÉAUX, *Historiettes*, le Maréchal de la Force.

Faire une alarme :

Ung jour s'advisa le dit Pedro de Pas de *faire ung alarme* aux François.

Le Loyal Serviteur, c. 25.

Chaude alarme :

Et allèrent jusques à un petit village, qui est auprès du passage appelé le Rozie, où ils tuarent quinze ou seze hommes, et y gaignarent douze ou treze chevaux, leur donnant une *alarme bien chaude*.

MONTLUC, *Commentaires*, liv. VII.

Fausse alarme :

Le seigneur Berthelome fut mené prisonnier au logis du roy, lequel après disner fist *faire ung faulx alarme* pour cognoistre si ses gens seroient diligens si ung affaire venoit.

Le Loyal Serviteur, c. 29.

Ceux qui faisoient la sentinelle avec moy, sentirent bien une nuict qu'on nous bailla un *faux alarme*, que j'estois des plus timides.

BOUCHET, *Sérées*, III, 25.

Plusieurs des expressions qui précèdent ont pu être employées figurément, entre autres *Sonner, donner l'alarme*.

Cette adresse avec laquelle on entre finement dans l'âme, sans y *donner l'alarme* par des arguments en forme, n'est pas, comme vous scavez, une invention de ce siècle.

BALZAC, *Socrate chrétien*, Avant-propos.

Si vous étiez encore dans les gardes, n'est-il pas vrai que vous auriez arrêté ce père Chapelain qui prêche comme l'autre Chapelain faisait des vers?... Ces marauds-là ont peut-être raison de crier contre la vérité, et de *sonner l'alarme* quand leur ennemi est aux portes; mais on n'a pas raison de souffrir leurs impertinentes et punissables clameurs.

VOLTAIRE, *Lettres;* 13 février 1758, au comte de Tressan.

ALARME s'est dit aussi, par une extension naturelle, d'une émotion causée dans une armée, dans un camp, dans une ville de guerre, etc., à l'approche ou sur le bruit de l'approche de l'ennemi, à la nouvelle de ses succès, etc.

L'*alarme* vint tost en nostre ost.

COMMINES, *Mémoires*, c. 2.

Comme nous estions à l'entrée de l'*alarme*, arrivèrent les Espagnols crians Espagne, Espagne!

MONTLUC, *Commentaires*.

Un homme non expérimenté prendra bien tost l'*alarme* et s'imaginera que les buissons sont des bataillons ennemis.

LE MÊME, même ouvrage, liv. II.

Cette triste nouvelle (de la defaite de Trasimène), quand on l'eut apprise à Rome, y jeta une grande *alarme*.

ROLLIN, *Histoire romaine*.

On le perdit tout d'un coup de vue (Charles XII), quelques officiers s'avancèrent à bride abattue pour savoir où il pouvait être : on courut de tous côtés, on ne le trouva point : l'*alarme* est en un moment dans toute l'armée.

VOLTAIRE, *Histoire de Charles XII*, liv. III.

L'*alarme* se communiqua rapidement dans toute l'armée, et reflua sur ses derrières.

NAPOLÉON, *Mémoires*, t. I, p. 262.

...Le gendarme,
Eschappé d'une forte *alarme*,
Conte ses plaies rapportées.

JAQ. GREVIN, *les Esbahis*, II, 2.

Tel vêtu des armes d'Achille,
Patrocle mit l'*alarme* au camp et dans la ville.

LA FONTAINE, *Fables*, XII, 9.

Figurément et proverbialement, *l'Alarme est au camp*, se dit en parlant de quelque chose qui met tout d'un coup plusieurs personnes dans une grande inquiétude.

ALARME se dit figurément de toute espèce de frayeur subite, et, dans cette acception, donne lieu à un nouvel emploi de la plupart des expressions dont il a déjà été question.

Donner une alarme :

Il (Auguste) croyoit..... que la disgrace d'un honnête homme... étoit ressentie de tous les honnêtes gens, par la pitié qu'elle fait aux uns, et *l'allarme* qu'elle *donne* aux autres.

SAINT-EVREMONT, *Réflexions sur les divers génies du peuple romain*, c. 16.

Jetter l'alarme, mettre l'alarme, mettre dans une alarme.

Un accident si subit *jetta* ou *mit l'alarme* partout.

DANET, *Dictionnaire*.

Cette rupture, qui *mit* Paris *dans une alarme* continuelle, fut suivie d'une réconciliation apparente.

BAYLE, *Dictionnaire*, Jean sans Peur.

Prendre l'alarme :

Il fit réponse aux députés du parlement, et ceux-ci la firent à la conférence d'une manière qui marqua que le cardinal en *avoit pris l'alarme*.

CARDINAL DE RETZ, *Mémoires*, liv. III.

Vous devez juger si je fais cas de votre amitié par *l'alarme* que *j'avois prise* de la perdre.

Mme DE MONTMORENCY, *Lettres;* 3 juin 1667, à Bussy-Rabutin. (Voyez *Correspondance de Bussy*.)

Vous *avez pris l'alarme* avec trop de chaleur.

BOURSAULT, *les Mots à la Mode*, sc. 15.

Chaude alarme :

Deux choses donnerent une *chaude alarme* à la ligue, l'assemblée de Montauban et le voyage du duc d'Espernon vers le roy de Navarre.

MATTHIEU, *Histoire des derniers troubles de France*, liv. I.

Vous luy donniez, dit Silvye, l'*alarme* bien *chaude*, et ne m'estonne plus qu'il ait changé de couleur.

D'URFÉ, *l'Astrée*, IIe part., liv. X.

Estant donc aux environs de Milan, Marcian et Ceronius luy donnèrent l'*alarme* bien *chaude* et luy firent dire qu'Aureole estoit desja sur ses bras, et qu'il falloit penser à se défendre et à le combattre.

COEFFETAU, *Histoire romaine*, liv. XVI.

Nous eûmes une *chaude alarme* au palais épiscopal: l'archevêque tomba en apoplexie.

LE SAGE, *Gil Blas*, liv. VII, c. 4.

Enfin il est parti. — Je respire. — Nous avons eu une *alarme chaude*.

LE MÊME, *Crispin rival de son maître*, sc. 18.

Remettez-vous, Monsieur, d'une *alarme* si *chaude*.

MOLIÈRE, *Tartufe*, V.

On trouve dans le passage suivant le mot *alarme* accompagné d'une autre épithète tout aussi vive.

Il nous vint, environ mynuict, une *alarme* bien *aspre*.

COMMINES, *Mémoires*, II, 11.

Fausse alarme :

Comment, dit Oriane, n'ay-je pas entendu qu'il avoit ses armes et son cheval? Ce n'est rien, dit Mabile; ne les peult-il pas bien avoir empruntées ou desrobées, et puis nous estre venu donner ce *faulx alarme* pour esprouver nostre constance?

HERBERAY DES ESSARTS, *Amadis de Gaule*, I, 21.

Ce ne fut pourtant qu'une *fausse alarme :* le vieillard cessa de tousser, et sa gouvernante de le tourmenter.

LE SAGE, *Gil Blas*, II, 1.

Le prince a cru l'avis, et son amour séduit
Sur une *fausse alarme* a fait tout ce grand bruit.

MOLIÈRE, *Don Garcie de Navarre*, I, 5.

Enfin, ALARME se dit, dans un sens plus général encore, pour Inquiétude, souci.

En alarme :

Ainsi mettrez-vous en crainte l'ennemi de vous attaquer; il est plus *en alarme* de vous assaillir, que vous n'êtes de vous défendre.

MONTLUC, *Commentaires*, liv. II.

Une pièce qui tient la pudeur *en alarme*.

MOLIÈRE, *Critique de l'École des Femmes*, sc. 3.

Je fus surpris, en entrant dans ce bourg, d'y voir tous les habitants *en alarme*.

PRÉVOST, *Manon Lescaut*, Ire part.

Notre alouette de retour,
Trouve *en alarme* sa couvée.

LA FONTAINE, *Fables*, IV, 22.

Jeter, prendre l'alarme :

Jeter....., par un bel enthousiasme, la persuasion dans les esprits et *l'alarme* dans le cœur.

LA BRUYÈRE, *Caractères*, c. 15.

Des projets de mon cœur ne *prenez* point d'*alarme*.

MOLIÈRE, *les Femmes savantes*, I, 4.

ALARME, en ce sens, s'emploie surtout au pluriel.

La majesté de Dieu, en se faisant sentir, leur dresse nouveaux *alarmes*.

CALVIN, *Institution chrestienne*, liv. I, c. 3, § 2.

Le voyant desja paslir et fremir des *alarmes* de sa conscience.

MONTAIGNE, *Essais,* I, 23.

Nous lisons dans l'histoire sainte que le roi de Samarie, ayant voulu bâtir une place forte qui tenoit en crainte et en *alarmes* toutes les places du roi de Judée...

BOSSUET, *Sermons,* Sur la providence.

Nous vîmes alors dans cette princesse, au milieu des *alarmes* d'une mère, la foi d'une chrétienne.

LE MÊME, *Oraison funèbre de Marie-Thérèse.*

C'étoit de son vivant une personne si aimable que son père avoit de continuelles *alarmes* que quelque amant ne la lui enlevât.

LE SAGE, *le Diable boiteux,* c. 12.

Il trouva, en rejoignant son armée, tous ses généraux encore en *alarmes;* ils lui dirent qu'ils comptaient assiéger Dresde, en cas qu'on eût retenu Sa Majesté prisonnière.

VOLTAIRE, *Histoire de Charles XII,* liv. III.

Cette intelligence (du roi et de Madame) jeta des *alarmes* dans la famille royale.

LE MÊME, *Siècle de Louis XIV,* c. 25.

On ne croit pas les jugements des autres, on les regarde comme des *alarmes* peu fondées.

BUFFON, *Histoire naturelle,* De l'homme.

La cour est en désordre et le peuple en *alarmes.*

P. CORNEILLE, *le Cid,* III, 6.

La victoire attachée au progrès de ses armes
Sur nos fiers ennemis rejeta nos *alarmes.*

LE MÊME, *Rodogune,* I, 1

Si j'avois su qu'en main il a de telles armes,
Je n'aurois pas donné matière à tant d'*alarmes.*

MOLIÈRE, *Tartufe,* V, 3.

Ah! Madame! les Grecs, si j'en crois leurs *alarmes,*
Nous donneront bientôt d'autres sujets de larmes.

J. RACINE, *Andromaque,* I, 4.

Déjà Priam pâlit, déjà Troie en *alarmes*
Redoute mon bûcher et frémit de vos larmes.

LE MÊME, *Iphigénie,* V, 2.

Tout au monde est mêlé d'amertume et de charmes;
La guerre a ses douceurs, l'hymen a ses *alarmes.*

LA FONTAINE, *Fables,* III, 1.

Le sommeil quitta son logis,
Il eut pour hôtes les soucis,
Les soupçons, les *alarmes* vaines.

LE MÊME, même ouvrage, VIII, 2.

Il se voit vingt rivaux sans en prendre d'*alarmes.*

PIRON, *la Métromanie,* II, 2.

Dans les alarmes, parmi les alarmes, au milieu des alarmes, se disent poétiquement, en parlant des combats, des dangers de la guerre.

Envers les guerroyans je vay de nouveau percer mon tonneau..., et m'auront (puisque compagnon ne puis estre) pour architriclin loyal, refraischissant à mon petit pouvoir leur retour des *alarmes.*

RABELAIS, *Pantagruel,* III, Prologue.

Et la mort qu'on reçoit au milieu des *alarmes,*
Est le moindre des maux qu'il nous ont préparez.

RACAN, *Psaumes,* 78.

Je vous croirai, Burrhus, lorsque, dans les *alarmes,*
Il faudra soutenir la gloire de nos armes.

J. RACINE, *Britannicus,* III, 1.

Dans les nobles douceurs d'un séjour plein de charmes,
Tu n'es pas moins heros qu'au milieu des *alarmes.*

BOILEAU, *Épîtres,* VIII.

Dans certains passages, *Alarme,* pris en quelque sorte activement, se rapporte non à la personne qui éprouve la crainte, mais à celle qui la cause.

Las, et tandis nous souffrons largement,
N'ayant recours qu'au ciel, et à noz larmes,
Pour nous venger de tes soudains *alarmes.*

CL. MAROT, *Complaintes,* V, v. 234.

Les *alarmes* des faux tesmoins
Ne me donnent plus tant de crainte.

THÉOPHILE, *Très humble requeste à Monseigneur le premier président.*

ALARMER, v. a.

Il a été pris, dans un sens analogue au sens d'*Alarme,* pour Donner l'alarme.

De ceux-là les uns, après leurs harquebusades tirées, coururent *alarmer* le corps de garde de la maison de ville.

D'AUBIGNÉ, *Histoire universelle,* t. III, liv. V, c. 12.

Plus ordinairement il répond aux autres acceptions d'*Alarme,* et signifie causer de l'émotion, de l'épouvante, de l'inquiétude.

Soit pris absolument :

Vous pouvez servir l'État sans l'*alarmer*, comme vous avez fait tant de fois en exposant, au milieu des plus grands hasards de la guerre, une vie aussi précieuse et aussi nécessaire que la vôtre.

BOSSUET, *Oraison funèbre de la Reine d'Angleterre.*

Les différents et les disputes des théologiens *alarmoient* sa piété, d'autant plus craintive qu'elle étoit constante et solide.

FLÉCHIER, *Oraison funèbre de Mme la Dauphine.*

Il m'importe de me souvenir qu'en mille occasions cette censure des hommes m'*alarme*, me déconcerte.

BOURDALOUE, *Sermons*, Sur le Jugement de Dieu.

Il pense que ce remède (la douche) est trop violent, et plutôt capable d'*alarmer* les nerfs que de les guérir.

Mme DE SÉVIGNÉ, *Lettres;* 22 septembre 1687.

Déjà le son des guitares causoit de l'inquiétude aux pères et *alarmoit* les maris jaloux.

LE SAGE, *le Diable boiteux*, c. 1.

Le Portugal était occupé de ses grandes navigations et de ses succès en Afrique; il ne prenait aucune part aux événements de l'Italie, qui *alarmaient* le reste de l'Europe.

VOLTAIRE, *Essai sur les mœurs*, c. 102.

Soit avec un complément formé au moyen des prépositions *par, de, pour,* etc.

Au moyen de la préposition *par* .

Par de semblables propos, ils (les favoris d'Henri III) *alarmèrent* tellement un esprit timide, et par conséquent soupçonneux, qu'il croyoit que tout ce que les Guises faisoient n'étoient que des attentats sur sa personne.

MÉZERAY, *Histoire de France*, Henri III.

Il ne faut point troubler les âmes paisibles, ni *alarmer* la foi des simples, *par* des difficultés qu'ils ne peuvent résoudre.

J.-J. ROUSSEAU, *Émile.*

Au moyen de la préposition *de :*

De l'hymen de Célie on *alarme* mon âme.

MOLIÈRE, *Sganarelle*, sc. 7.

Heureux si ses discours (de Regnier) craints du chaste [lecteur,
Ne se sentoient des lieux où fréquentoit l'auteur;
Et si, *du* son hardi de ses rimes cyniques
Il n'*alarmoit* souvent les oreilles pudiques.

BOILEAU, *Art poétique*, II.

Au moyen de la préposition *pour :*

Cette humeur-là m'*alarme pour* mon fils, reprit-elle en me quittant.

MARIVAUX, *la Vie de Marianne*, Xe partie.

Au moyen de la préposition *sur :*

Votre imagination, ma fille, vous a trop *alarmée sur* vos vœux.

CHATEAUBRIAND, *Atala.*

Avec le pronom personnel, il signifie S'émouvoir, s'effrayer, s'inquiéter.

Soit pris absolument :

Attendez pourtant, ne *vous alarmez* pas.

MARIVAUX, *la Vie de Marianne*, IIe part.

Je l'aimois avec trop de simplicité *pour m'alarmer* facilement.

PRÉVOST, *Manon Lescaut*, Ire part.

Soit avec un complément formé au moyen des prépositions *de, sur, à,* etc.

Au moyen de la préposition *de :*

C'est bien là *de* quoi *se* tant *alarmer.*

MOLIÈRE, *les Fourberies de Scapin*, I, 2.

Le seul nom de passion alarme sa vertu, mais peut-être n'est-ce que *du* nom dont elle *s'alarme.*

MASSILLON, *Sermons*, la Visitation.

Et ce cœur, tant de fois dans la guerre éprouvé,
*S'alarme d'*un péril qu'une femme a rêvé.

P. CORNEILLE, *Polyeucte*, I, 1.

C'est *d'*un scrupule vain *s'alarmer* sottement.

BOILEAU, *Art poétique*, III.

Au moyen de la préposition *sur :*

Sur des soupçons en l'air je *m'irois alarmer!*

MOLIÈRE, *le Dépit amoureux*, I, 1.

Sur cet article-là ne *vous alarmez* pas.

DESTOUCHES, *le Philosophe marié*, IV, 6.

Au moyen de la préposition *à :*

On ne voit point le peuple *à* mon nom *s'alarmer.*

J. RACINE, *Britannicus*, IV, 2.

Alarmé, ée, participe.

Il se prend adjectivement pour Effrayé, inquiet;

Soit absolument :

Verville les pria instamment de retourner dans ma chambre, leur représentant la difficulté qu'il y auroit de faire ouvrir chez M. de Saldagne, la maison étant *alarmée* comme elle étoit.

Scarron, *Roman comique*, I, 15.

Contre des périls si terribles (ceux de la cour) vous ne sauriez, je ne crains pas de le dire, être trop sauvages, trop *alarmées*, trop enfoncées dans votre solitude.

Bossuet, *Sermons*, Sur les obligations de l'état religieux.

Son honneur *alarmé* l'obligeant à se lever, il prit son épée.

Le Sage, *Gil Blas*, IV, 4.

Que n'en croyois-je alors ma tendresse *alarmée!*

J. Racine, *Iphigénie*, I, 1.

Rassure, ajouta-t-il, nos tribus *alarmées*.

Le même, *Esther*, I, 1.

Irai-je dans une ode, en phrase de Malherbe,
Troubler dans ses roseaux le Danube superbe
. . . .
Et passant du Jourdain les ondes *alarmées*
Cueillir mal à propos les palmes Idumées.

Boileau, *Satires*, IX.

Tel aux premiers accès d'une sainte manie,
Mon esprit *alarmé* redoute du génie
L'assaut victorieux.

J.-B. Rousseau, *Odes*, III, 1.

... Votre orgueil *alarmé*
Rougit de ma présence. Il se sent au supplice.

Destouches, *le Glorieux*, IV, 7.

Soit avec un complément formé au moyen des prépositions dont il a été question plus haut.

Au moyen de la préposition *de :*

L'homme se sentant pécheur, de la justice *dont* il est *alarmé*, se retourne vers la divine miséricorde qui relève son espérance.

Bossuet, *Histoire des Variations des Églises protestantes*, liv. III, n° 44.

Il chasse les démons; et tout un peuple *alarmé de* cette puissance qui pouvoit les protéger, mais qui pouvoit aussi les perdre, le prie de s'éloigner de la contrée.

Fléchier, *Panégyrique de saint François de Paule*.

Si vous êtes *alarmé de* l'apparence de mon oubli, croyez, Monsieur, que c'est une fausse alarme.

Mme de Sévigné, *Lettres*; 17 avril 1682.

Homère ne peint point un jeune homme qui va périr dans les combats sans lui donner des graces touchantes..... il vous intéresse pour lui, il vous montre son père accablé de vieillesse et *alarmé des* périls de ce cher enfant.

Fénelon, *Lettre à l'Académie*, V.

Le tyran, *alarmé du* bruit qui le surprend,
Rend ma crainte trop juste, et le péril trop grand.

P. Corneille, *Héraclius*, II, 2.

De ce spectacle affreux votre fille *alarmée*
Voyoit pour elle Achille, et contre elle l'armée.

J. Racine, *Iphigénie*, V, 6.

Au moyen de la préposition *par :*

Ce parti, que prenait le roi... rassura les provinces *alarmées par* le passage du Rhin.

Voltaire, *Précis du siècle de Louis XV*, c. 11. Première campagne de Louis XV.

Le participe présent Alarmant est devenu un adjectif verbal qui répond à Effrayant, inquiétant.

Le lomb de Norwége se perche sur la pointe de leurs rochers, et fait entendre ses cris *alarmants* semblables à ceux d'un homme qui se noie.

Bernardin de Saint-Pierre, *Études de la Nature*.

ALARMISTE, adjectif des deux genres, est un mot de création assez récente.

On le dit de celui ou de celle qui se plaît à répandre des bruits alarmants.

ALBATRE, s. m. (Du latin *Alabaster, alabastrum*, en grec ἀλάβαστρος, ἀλάβαστρον, vase d'albâtre où l'on conservait les parfums.

Autrefois Alebastre, Alabastre, Albastre.

(Voyez les *Dictionnaires* de Rob. Estienne, J. Thierry, Nicot, Monet, Cotgrave, Danet, Richelet; le *Dictionnaire de l'Académie*, éditions de 1694 et de 1718.)

Pierre d'une pâte homogène, d'un grain fin, demi-transparente, susceptible d'un beau poli, et qui souvent est remplie de veines colorées.

Au milieu de la basse-cour estoit une fontaine magnifique de bel *alabastre*.

RABELAIS, *Gargantua*, I, 55.

Aucuns appellent la cassidoine *alabastre*, pour ce qu'on en fait des vases fort propres à garder parfums et senteurs, sans se gaster aucunement.

DU PINET, trad. de Pline l'Ancien, *Histoire naturelle*, XXXVI, 8.

Les colonnes et l'entablement (du temple de Vénus) étoient d'un marbre plus blanc qu'*albâtre*.

LA FONTAINE, *Psyché*, II.

Il est vrai que plusieurs critiques lui reprochent (à Milton) la bizarrerie dans ses peintures, son paradis des sots, ses murailles d'*albâtre* qui entourent le paradis terrestre.

VOLTAIRE, *Siècle de Louis XIV*, c. 34.

Cet *albâtre*, auquel les poëtes ont si souvent comparé la blancheur de nos belles, est tout une autre matière que l'*albâtre* dont nous allons parler; ce n'est qu'une substance gypseuse, une espèce de plâtre très-blanc, au lieu que le véritable *albâtre* est une matière purement calcaire, plus souvent colorée que blanche, et qui est plus dure que le plâtre, mais en même temps plus tendre que le marbre.

BUFFON, *Histoire naturelle*, Minéraux, de l'Albâtre.

On distingue plusieurs sortes d'ALBATRE : *Albâtre oriental, albâtre naturel, albâtre artificiel.*

Dans le passage suivant, ALBATRE est pris au figuré en parlant des éléments que certains auteurs ont fait entrer dans la formation de notre langue.

A l'éternelle fabrique de nostre vulgaire ils ne portent que marbre parien, *alebastre*, porphyre et bon ciment royal.

RABELAIS, *Pantagruel*, liv. V. Prologue.

L'albâtre servant naturellement de terme de comparaison, lorsqu'il s'agit d'objets d'une grande blancheur, le mot ALBATRE a été fréquemment employé d'une manière figurée dans des expressions telles que celles-ci : *Un sein d'albâtre, l'albâtre de son sein*, etc.

Sa gorge est un *albâtre* vivant, et pour être en sa perfection il ne lui manque rien que de n'avoir pas encore assez vécu.

Mlle DE MONTPENSIER, *Portraits*, VIII. Mlle d'Orléans, par M. DE BOUILLON.

(Vénus à Psyché.) Ma beauté ne sauroit périr, et la vôtre dépend de moi, je la détruirai quand il me plaira; commençons par ce corps d'*albâtre* dont mon fils a publié les merveilles.

LA FONTAINE, *Psyché*, II.

Elle a très-bien ceste gorge d'*albastre*,
Ce doulx parler, ce clair tainct, ces beaulx yeulx;
Mais en effect, ce petit rys folastre,
C'est à mon gré ce qui luy sied le mieulx.

CL. MAROT, *Épigrammes*, II, 23.

Pourquoy ce bel *albastre* arrousez vous de pleurs?
Pourquoy tant de beautez navrez vous de douleurs?

ROB. GARNIER, *Antoine*, acte II, v. 184.

Quand vos appas seront ostez
Que les rides de tous costez
Auront coupé ce front d'*albastre*,
Taschez lors d'excroquer l'amour,
Et, si vous pouvez, chaque jour
Faictes vous de cire ou de plastre.

THÉOPHILE, *Ode*.

Son écharpe qui vole au gré de leurs soupirs
Laisse voir les trésors de sa gorge d'*albâtre*.

LA FONTAINE, *Adonis*.

D'ALABASTRE, ALEBASTRE, ALBASTRE, s'était formé l'adjectif

ALABASTRIN, ALEBASTRIN, ALBASTRIN.

(Voyez les *Dictionnaires* de ROB. ESTIENNE, J. THIERRY, NICOT, COTGRAVE.)

Blanc comme l'*albâtre*.

Vos espaules *albastrines*
Despoüillez, et vos bras blancs,
Et vos honnestes poitrines
Découvrez jusques aux flancs.

ROB. GARNIER, *Troade*, I, v. 165.

ALBATROS (on fait sentir l'S), s. m.

Terme d'histoire naturelle. Genre d'oiseaux palmipèdes, qui habitent les terres australes et qui sont très voraces.

C'est au-delà du cap de Bonne-Espérance, vers le Sud, qu'on a vu les premiers *albatros*..... La très-forte corpulence de l'*albatros* lui a fait donner le nom de mouton du cap, parce qu'en effet, il est presque de la grosseur d'un mouton.

BUFFON, *Histoire naturelle.* Oiseaux, l'Albatros.

ALBERGE, s. f.

On l'a écrit AUBERGE. (Voyez l'exemple ci-après.)

Il y a diverses qualités d'*auberges*, toutes symbolisans avec les abricots.

OLIVIER DE SERRES, *Théâtre d'agriculture,* VI, 26.

De là le nom de l'arbre qui porte les *alberges* ou *auberges*.

ALBERGER, ALBERGIER (voyez les *Dictionnaires* de ROB. ESTIENNE, J. THIERRY, NICOT, COTGRAVE, RICHELET; le *Dictionnaire de l'Académie,* édition de 1762), AUBERGER.

De ce nombre, ceux qui le moins durent, sont les abricotiers et *aubergers,* ne pouvant leur tendreur souffrir grandes froidures.

OLIVIER DE SERRES, *Théâtre d'agriculture,* VIe lieu, 26.

ALBINOS (on fait sentir l'S), s. m. (De l'espagnol *albinos,* et, par ce mot, du latin *albinus, albus.*)

Homme qui a la peau blafarde, les cheveux et le poil presque blancs, et les yeux d'un gris pâle ou rougeâtre.

Ces hommes blafards..... qui sont différents des blancs, des noirs nègres, des noirs cafres, des basanés, des rouges...... on les connaît à Ceylan sous le nom de Bedas, à Java sous celui de Chacrelas ou Kacrelas, à l'isthme d'Amérique sous le nom d'*Albinos*, dans d'autres endroits sous celui de Doudos; on les a aussi appelés Nègres-blancs.

BUFFON, *Histoire naturelle,* de l'Homme.

ALBRAN, s. m. Voyez HALBRAN.

ALBRÉNÉ, ÉE, adj. Voyez HALBRENÉ, ÉE.

ALBUM (on prononce *Albome*), s. m. (Du latin *album.*)

Album se disait, chez les Romains, d'une surface blanchie destinée à certains usages publics. Par exemple, le grand pontife y inscrivait les principaux événements, le préteur ses décisions, etc. *Album* désignait encore un tableau, un rôle, une liste, comprenant une série de noms. *Album senatorium*, c'était la liste des sénateurs.

Transporté dans notre langue, ce mot s'est dit d'un cahier que portent les voyageurs, et sur lequel ils engagent des personnes célèbres à écrire leur nom, quelquefois accompagné d'une réflexion, d'une sentence. C'est encore le livret où ils consignent leurs observations personnelles

M. de Sorbière m'a raconté qu'ayant présenté son *album amicorum* à M. Vossius, afin qu'il y écrivît quelques sentences, M. Vossius le prit, et le feuilletant suivant la coutume qu'il avoit de feuilleter tous ceux qu'on lui présentoit, par la curiosité de voir les différentes sentences des savants, il rencontra celle-ci de M. Grotius qui lui plut fort :

Γράμματα μαθεῖν δεῖ μαθόντα καὶ νοῦν ἔχειν.

Il faut apprendre les belles-lettres, mais il faut que celui qui les apprend ait du jugement.

MÉNAGE, *Ménagiana.*

Ils ressemblent à cet Allemand qui, ayant eu une petite difficulté à Blois avec son hôtesse, laquelle avait les cheveux un peu trop blonds, mit sur son *album :* Nota benè. Toutes les dames de Blois sont rousses et acariâtres.

VOLTAIRE, *Des Mensonges imprimés,* art. 33. A l'occasion du testament du Cardinal de Richelieu.

Tandis qu'un François court chez les artistes d'un pays, qu'un Anglois en fait dessiner quelque antique, et qu'un Allemand porte son *album* chez tous les savants, l'Espagnol étudie en silence le gouvernement, les mœurs, la police; et il est le seul des quatre qui, de retour chez lui, rapporte de ce qu'il a vu quelque remarque utile à son pays.

J.-J. ROUSSEAU, *Émile,* liv. X. Des Voyages.

ALBUM se dit des Cahiers sur lesquels certaines personnes invitent les gens de lettres, les artistes, à écrire de la prose ou des vers, à faire quelque dessin, à noter quelque air de musique.

Enfin on l'applique, par extension, à certains recueils de prose ou de vers, de dessins ou de musique, publiés par des éditeurs.

ALBUMINE, s. f. (Du latin *albumen, inis,* et, par ce mot, d'*albus.*)

Terme de chimie. Il se dit du Blanc d'œuf et d'une substance de même nature qu'on trouve dans diverses matières végétales et animales.

ALBUMINEUX, EUSE, adj.

Qui contient de l'Albumine : *Liquide albumineux, substance albumineuse.*

ALCADE, s. m. (De l'espagnol *alcalde*, et, par ce mot, de l'arabe *al Cadi*, le Juge.)

Nom qu'on donne en Espagne à certains juges ou magistrats.

En Espagne, certains villages ont le droit de nommer leur *alcade*, c'est-à-dire le magistrat qui juge leurs procès, prend connaissance des délits, fait arrêter les coupables, les interroge, et les livre ensuite aux justices supérieures, qui d'ordinaire confirment les sentences de ces paysans magistrats.

FLORIAN, *Célestine*, Nouvelle espagnole.

C'est une belle place que celle d'*alcade* de Molorido..... Grâce à mes soins, la police y est aussi bien faite qu'à Madrid.

PICARD, *l'Alcade de Molorido*, I, 1.

ALCAÏQUE, adj. des deux genres. (Du latin *alcaïcus*.)

Il se dit d'une sorte de vers grec inventé par Alcée et adopté par les latins : *Vers alcaïque.*

On a expliqué ces deux vers comme si Horace disoit qu'il ne s'est pas contenté de faire des poèmes en vers ïambiques, comme Archiloque, qu'il en a fait encore d'autres en vers saphiques, et d'autres en *vers alcaïques*. Mais ce n'est pas le sens.

DACIER, *Remarques sur Horace*, Épîtres, I, 19, v. 28 et 29.

Sa patrie (d'Alcée) étoit Mytilène, ville de Lesbos : c'est de lui que le *vers alcaïque* a tiré son nom.

ROLLIN, *Histoire ancienne*, liv. XXVII, § 5.

Il se prend substantivement. On dit par ellipse un *alcaïque*.

On nomme encore *alcaïque* une espèce d'ode grecque ou latine dans chaque strophe de laquelle entre un nombre déterminé de vers *alcaïques* : *Ode alcaïque, strophe alcaïque.*

Horace..... a placé partout un spondée à la troisième mesure du vers ïambe, qui est le troisième dans les *strophes alcaïques*.

SANADON, *Remarques sur Horace*, Épîtres, I, 19, v. 27.

ALCALI, s. m.

Encore écrit ALKALI.

Alkali est un mot arabe composé de la particule arabe *al*, et de *kali*, soude, comme qui dirait la soude.

LEMERY, *Cours de Chimie*, Explication de plusieurs termes.

Le nom d'*Alcali* a été donné primitivement à la plante marine qui fournit la soude du commerce, et ensuite au produit salin de l'incinération de ce végétal.

Il s'applique, par extension, à toutes les substances qui ont des propriétés chimiques analogues à celle de la soude.

Ces *alcalis* féconds, ces acides, ces sels
Des trois règnes rivaux agents universels.

DELILLE, *les Trois Règnes*, c. 7.

Les anciens chimistes ne connaissaient que trois ALCALIS : l'ammoniaque, la potasse et la soude. Ils nommèrent le premier *Alcali volatil*, et les deux autres *Alcalis fixes*.

La facilité avec laquelle ce sel s'élève par l'action du feu, lui a fait donner le nom d'*alkali volatil*, pour le discerner de l'*alkali fixe*.

LEMERY, *Cours de Chimie*, Remarques sur les principes.

ALCALIN, INE, adj.

Encore écrit ALKALIN.

Terme de chimie qui a rapport aux alcalis. On dit : *Caractère alcalin ; propriété, réaction alcaline.*

Il signifie aussi : Qui appartient à la classe des alcalis ; et, plus généralement, Qui jouit des propriétés alcalines, qui se rapproche des alcalis par ses propriétés.

C'est par ce foie de soufre naturel, c'est-à-dire par le mélange de la décomposition des pyrites et des matières *alcalines*, que s'opère souvent la minéralisation des métaux.

BUFFON, *Histoire naturelle*, Minéraux, du Soufre.

Je versai de ma liqueur *alkaline* successivement dans les deux verres.

J.-J. ROUSSEAU, *Émile*.

ALCALISER, v. a.

Encore écrit ALKALISER.

Terme de chimie. Faire développer dans une substance les propriétés *alcalines* qui étaient masquées par une autre substance, ou Rendre *alcaline* une substance en y ajoutant un *alcali*.

ALCALISÉ, ÉE, participe.

ALCALESCENT, ENTE, adjectif.

Encore écrit ALKALESCENT.

Terme de chimie. Il se dit d'une substance dans laquelle les propriétés *alcalines* commencent à se développer, ou même prédominent déjà.

ALCALESCENCE, s. f.

Encore écrit ALKALESCENCE.

Terme de chimie. État d'un corps *alcalescent*.

ALCANTARA, s. m.

Ordre militaire d'Espagne institué en 1170.

ALCARAZAS (on fait sentir l'S), s. m. Mot tiré de l'espagnol.

Il se dit d'un vase que l'espèce de terre dont il est fait rend très poreux, et dans lequel l'eau se rafraîchit lorsqu'il est exposé à un courant d'air.

ALCÉE, s. f.

Terme de botanique. Genre de plante de la famille des Malvacées qui comprend trois espèces : l'Alcée rose, appelée aussi Rose trémière et Passe-Rose; l'Alcée à feuilles de figuier; et l'Alcée de la Chine.

ALCHIMIE, s. f. (De l'article arabe *al*, et du mot grec χημεία, probablement pour χυμεία, Chimie ou plutôt Alchimie.)

On a écrit ALQUEMIE, ALQUIMIE, ALKEMIE, etc.; ARKEMIE; ALCHYMIE. (Voyez sur cette dernière orthographe le *Dictionnaire de l'Académie*, éditions de 1694, 1718, 1740.)

L'ALCHIMIE a été primitivement confondue avec la chimie, c'est-à-dire avec la science qui a pour objet la connaissance de l'action réciproque et moléculaire de tous les corps de la nature les uns sur les autres. Le nom d'ALCHIMIE s'est ensuite appliqué uniquement à un art chimérique consistant dans la recherche d'un remède universel, et d'un moyen propre à opérer la transmutation des métaux.

Je sçay qu'il y a un grand nombre d'hommes en France, qui se travaillent tous les jours à l'œuvre de l'*alchimie*, et plusieurs y font de grands proufits, ayant trouvé de beaux secrets, tant pour augmenter l'or et l'argent, qu'autres effects.

B. PALISSY, *Discours admirable*.

Les chymistes ont ajouté la particule arabe *al* au mot de chymie, quand ils ont voulu exprimer la plus sublime, comme celle qui enseigne la transmutation des métaux, quoiqu'*alchymie* ne signifie autre chose que la chymie.

LEMERY, *Cours de Chymie*, De la Chymie en général.

Penote..... mourut âgé de quatre-vingt-dix-huit ans à l'hôpital d'Iverdun en Suisse, et dit à la fin de sa vie qu'il avoit passée à la recherche du prétendu grand œuvre, que s'il avoit quelque ennemi puissant qu'il n'osât attaquer ouvertement, il lui conseilleroit de s'adonner tout entier à l'étude et à la pratique de l'*alchymie*.

LE MÊME, même ouvrage, 1re part., c. 1. De l'Or.

Il n'est point parlé du remède universel, qui est l'objet principal de l'*alchimie*, avant Geber, auteur arabe, qui vivoit dans le septième siècle.

Encyclopédie, art. Alchimie.

Il faut avouer qu'on ne peut rien tirer des livres d'*alchimie;* ni la *Table hermétique*, ni la *Tourbe des Philosophes*, ni *Philaléthe* et quelques autres que j'ai pris la peine de lire et même d'étudier, ne m'ont présenté que des obscurités, des procédés inintelligibles.

BUFFON, *Théorie de la terre*, Minéraux, de l'Or.

Quoiqu'elle eût quelques principes de philosophie et de physique, elle ne laissa pas de prendre le goût que son père avoit pour la médecine empirique et pour l'*alchimie*.

J.-J. ROUSSEAU, *les Confessions*, I, 2.

Neporquant c'est chose notable,
Alquemie est ars véritable :
Qui sagement en ovreroit,
Grands merveilles i troveroit.

Roman de la Rose, v. 16285.

Que ce borgne a bien plus Fortune pour amie
Qu'un de ces curieux qui, soufflant l'*alchimie*,
De sage devient fol, et de riche indigent.

SAINT-AMANT, *Sonnet*.

On a appelé ALCHIMIE (ALQUÉMIE, etc.) certains mélanges de métaux opérés par la chimie. On a dit de l'argent, de l'or d'*alquemie*.

Deux cueillères jaunes et une d'*arquemie*.

AGR. D'AUBIGNÉ, *les Aventures du baron de Fœneste*, II, 6.

En certains cas, le mot ALCHIMIE a pu être employé figurément.

Les professeurs publics qui étoient tous royaux et politiques, ne nous viennent plus rompre la tête de leurs harangues..... ils se sont mis à faire l'*alquemie* chacun chez soi.

Satyre Menippée, Harangue de M. le recteur Roze.

Il est particulièrement en usage dans cette ancienne locution proverbiale : *Faire de l'alchimie avec les dents, aux dents*, c'est-à-dire, « Remplir sa bourse par l'épargne de la bouche. » (Furetière).

En cherchant le dit art j'ay apprins *à faire l'alchimie avec les dents*, ce qu'il te fascheroit beaucoup de faire.

BERNARD PALISSY, *De l'Art de terre*.

Aultres *faisoient alchymie avecques les dents*.

RABELAIS, *Pantagruel*, V, 22.

On fera la guerre pour l'Eglise, et les ecclésiastiques garderont leur temporel, tandis que le pauvre peuple *fera l'alchimie aux dents*; ils donneront les alarmes et ne viendront jamais au combat.

MATTHIEU, *Histoire des derniers troubles de France*, liv. II.

ALCHIMIQUE, adj. des deux genres. Qui a rapport à l'alchimie.

Toutes les prétendues transformations *alchimiques* ont été faites à peu près de cette manière.

VOLTAIRE, *Dictionnaire philosophique*, Alchimiste.

On trouve au même sens l'adjectif ALCHIMISTAL.

Si tu me donnes des raisons apparentes, et que tu puisses attirer de la terre par ton art *alchimistal* les couleurs diverses..... je te confesseray que tu peux aussi attirer les matières métalliques, et les rassembler, pour faire l'or et l'argent.

B. PALISSY, *Des Métaux et Alchimie*.

ALCHIMISTE, s. m.

D'après les diverses orthographes d'*Alchimie*, on l'a écrit ALQUEMISTE, ALQUIMISTE, ALKEMISTE, ARQUEMISTE; enfin (voyez le *Dictionnaire de l'Académie*, éditions de 1694, 1718, 1740) ALCHYMISTE.

Qui s'occupe d'*alchimie*. Primitivement il a été pris souvent, comme *Alchimie*, dans un sens favorable.

Je separay ainsi toutes ses parties comme un bon *alchimiste* sépare les matières des métaux.

B. PALISSY, *Recepte véritable*.

Je scay que plusieurs font de belles choses, et quasi des miracles en la médecine, par le moyen d'icelle (l'alchimie), tesmoing l'or potable que les *alchimistes* ont inventé..... il fait quasi resusciter les morts; il guarist toutes maladies, il entretient la beauté, il prolonge la vie et tient l'homme joyeux.

LE MÊME, *Discours admirable*.

(Gargantua et son précepteur) alloyent veoir les lapidaires, orfebvres, et tailleurs de pierreries, ou les *alchemistes* et monnoyeurs

RABELAIS, *Gargantua*, I, 24.

Plus grande n'est la joie des *alchimistes*, quand, après longs travaulx, grand soing et despense, ils voyent les métaulx transmuez dedans leurs fourneaulx.

LE MÊME, *Pantagruel*, III, 4.

Les *alquemistes* ont mis le mercure en crédit.

H. ESTIENNE, Ier *Dialogue du nouveau Langage françois italianisé*.

Les riches devenoyent pauvres et les pauvres riches par transsubstantiation de substance, que les *alquemistes* appellent.

Satyre Menippée, Nouvelles des régions de la lune, c. 1.

Pour les mauvaises doctrines, je pensois déjà connoître assez ce qu'elles valoient pour n'être plus sujet à être trompé ni par les promesses d'un *alchimiste*, ni par les prédictions d'un astrologue, ni par les impostures d'un magicien, ni par les artifices ou la vanterie d'aucun de ceux qui font profession de savoir plus qu'ils ne savent.

DESCARTES, *Discours de la Méthode*, I.

C'est un *alchimiste* qui, par les illusions de son art, entretient les espérances trompeuses des curieux.

SAINT-EVREMONT, *Discours de la Comédie angloise.*

Les *alchimistes* tâchent à profiter de la passion que l'on a pour les richesses, en promettant des montagnes d'or à ceux qui les écoutent.

MOLIÈRE, *l'Amour médecin,* III, 1.

Cet *al* emphatique met l'*alchimiste* autant au-dessus du chimiste ordinaire que l'or qu'il compose est au-dessus des autres métaux.

VOLTAIRE, *Dictionnaire philosophique,* Alchimiste.

ALCHIMISTE a pu, comme *Alchimie,* être pris au figuré.

Il obéissait aux ordres du roi en demandant la condamnation de quelques maximes pieusement ridicules des mystiques, qui sont les *alchimistes* de la religion.

VOLTAIRE, *Siècle de Louis XIV,* c. 38, Du Quiétisme.

ALCOOL, s. m. (Emprunté de l'arabe.)
Écrit aussi ALCOHOL (voyez le *Dictionnaire de l'Académie,* édition de 1760), ALKOOL (voyez le *Dictionnaire de Trévoux).*

Terme de chimie. Liquide qui est le principal résultat de la fermentation du sucre, et que, par des manipulations diverses, on dégage des substances étrangères auxquelles il est mêlé. C'est l'esprit-de-vin dégagé de la plus grande partie ou de la totalité de l'eau qu'il contient.

ALCOOLIQUE, adj. des deux genres. Mêmes variétés d'orthographe.
Qui contient de l'alcool.

ALCOOLISER, v. a. Mêmes variétés d'orthographe.
Terme de chimie, dégager de l'esprit-de-vin de sa partie aqueuse; ou mêler de l'alcool à un autre liquide.
Il est peu usité, surtout dans la première acception.
ALCOOLISÉ, ÉE, participe.

ALCORAN, s. m. (Emprunté de l'arabe.)
Le livre qui contient la loi de Mahomet.

Ces diables de Turcqs.... sont bien malheureux de ne boire goutte de vin. Si aultre mal n'estoit en l'*Alcoran* de Mahomet, encore ne me metrois-je mie de sa loy.

RABELAIS, *Pantagruel,* II, 14.

Toutes les superstitions et foles cérimonies des Turcs proviennent des enseignements de l'*Alcoran.* Et ceste diction *Alcoran* ne signifie autre chose que recueil de chapitres, ou amas de pseaumes. On le nomme aussi par autre nom *Alforcan.*

PIERRE BELON, *Observations de plusieurs singularitez et choses mémorables de divers pays estranges,* III, 3.

La religion mahométane a pour fondement l'*Alcoran* et Mahomet.

PASCAL, *Pensées.*

Il convient (dans les pays soumis à un gouvernement despotique) qu'il y ait quelque livre sacré qui serve de règle, comme l'*Alcoran* chez les Arabes, le livre de Zoroastre chez les Perses, le Vedam chez les Indiens, les livres classiques chez les Chinois. Le Code religieux supplée au Code civil, et fixe l'arbitraire.

MONTESQUIEU, *Esprit des Lois,* XII, 29.

Ce n'est pas l'*Alcoran* qui fit réussir Mahomet, ce fut Mahomet qui fit le succès de l'*Alcoran.*

VOLTAIRE, *Dictionnaire philosophique,* Liberté d'imprimer.

Le glaive et l'*Alcoran* dans mes sanglantes mains
Imposeraient silence au reste des humains.

LE MÊME, *Mahomet,* II, 5.

Il avait transcrit l'*Alcoran*
Et par cœur il allait l'apprendre.

LE MÊME, *Contes en vers,* Azolan.

On dit aussi, et mieux, pour éviter le pléonasme produit par la répétition de l'article, *le Coran.*

Très-peu de littérateurs parmi nous connaissent *le Coran.*

VOLTAIRE, *Dictionnaire philosophique,* art. Alcoran.

ALCORAN signifie également la loi de Mahomet contenue dans l'Alcoran.
On dit proverbialement qu'on ne *S'entend pas plus à une chose qu'à l'Alcoran,* pour dire qu'on n'y entend rien.

Qu'est-ce qu'une Araminte, un objet qui m'adore,
Une amie, un dîner et cent discours encore,
Tous plus sots l'un que l'autre, à quoi l'on ne comprend
Non plus qu'à de l'algèbre, ou bien à l'*Alcoran?*.

RÉGNARD, *les Ménechmes*, II, 3.

L'ALCORAN sert encore de terme de comparaison dans d'autres façons de parler proverbiales par lesquelles on veut faire entendre qu'on est étranger à une chose, qu'on ne s'en soucie point, etc.

Pour M. Campistron, il avoit aussi peu de part au Grondeur et à ces autres ouvrages qu'à l'*Alcoran*.

BRUEYS, *Discours sur le Grondeur*.

Pour moi, je lis la Bible autant que l'*Alcoran*.

BOILEAU, *le Lutrin*, IV.

Nos ayeux qui tenoient jadis un si haut rang
Faisoient cas de Platon comme de l'*Alcoran*.

DESTOUCHES, *les Philosophes amoureux*.

ALCOVE, s. m. et f., plus ordinairement féminin. (De l'espagnol *alcoba*, venu lui-même d'un mot arabe.)

Enfoncement pratiqué dans une chambre pour y placer un lit.

Un homme n'est point heureux s'il a la goutte dans une magnifique *alcôve*.

BALZAC, *Entretiens*, XXVIII.

Elle pria don Diègue de se cacher dans son *alcôve*.

SCARRON, *Roman comique*, I, 22.

Où est le comte? — Dans votre chambre à *alcôve*, Madame.

MOLIÈRE, *la Comtesse d'Escarbagnas*, sc. VI.

Je veux vous mettre entre les mains vingt mille francs en or que j'ai dans le lambris de mon *alcôve*.

LE MÊME, *le Malade imaginaire*, I, 7.

On voyoit une grande variété dans ces choses, et dans l'ordonnance de chaque chambre : colonnes de porphire aux *alcôves*.

LA FONTAINE, *Psyché*, liv. I.

Nous nous retirâmes, don Louis d'Oganguren et moi, dans une *alcôve* où il prit mon papier, et il voulut le lire tout au long.

L'ARCHEVÊQUE D'EMBRUN à Louis XIV, 8 février 1665. (Voyez *Négociations relatives à la succession d'Espagne*, t. I, p. 343.)

Notre bien bon est enrhumé de ces gros rhumes que vous connoissez; il est dans sa petite *alcôve*; nous le conservons mieux qu'à Paris.

Mme DE SÉVIGNÉ, *Lettres*; 26 novembre 1684.

La nécessité lui fit emprunter des Espagnols l'invention des *alcôves*, qui sont aujourd'hui si fort en vogue à Paris.

TALLEMANT DES RÉAUX, *Historiettes*, la Marquise de Rambouillet.

Madame a besoin de ces dix pistoles, pour payer cet ingénieur qui a pratiqué cette trape dans son *alcôve*.

DANCOURT, *la Femme d'intrigues*, V, 1.

Je suis de ces dévots qui veulent avoir leur saint dans leur *alcôve*.

VOLTAIRE, *Lettres*; 29 novembre 1766.

Pas un plus hardiment
Ne donne dans le fort des *alcôves* dorées.

BENSERADE, Ballet de la nuit, Ire part.

Dans le réduit obscur d'une *alcôve* enfoncée
S'élève un lit de plume à grands frais amassée.

BOILEAU, *le Lutrin*, I.

Très-rarement les antiques Discrettes
Logeoient l'oiseau; des Novices proprettes
L'*alcôve* simple étoit plus de son goût.

GRESSET, *Vert-Vert*, I.

C'est par une extension figurée qu'on s'est servi du mot ALCÔVE dans les passages suivants :

Ève suit son époux; sur leurs pas mille fleurs
Diverses de parfums, de formes, de couleurs,
L'iris, la violette et la sombre hyacinthe
De l'*alcôve* amoureuse ont tapissé l'enceinte.

DELILLE, trad. du *Paradis perdu*.

Au XVIIe siècle, les usages de la société avaient fait de la ruelle, de l'*alcôve* des dames un lieu où elles recevaient leurs visites et tenaient leurs cercle. De là cette expression : *Tenir alcôve*.

Cesonie (Mme de Comminges) est une prétieuse de cour. Elle aime la comédie et ne tient pas d'*alcôve* réglée, parce que les femmes de cour n'observent point de règles en cette rencontre.

SOMAIZE, *Dictionnaire des Prétieuses*.

De là aussi le mot ALCOVISTE, dont on se servait, à la même époque, en parlant d'Un homme assidu à visiter une femme dans sa ruelle, son *alcôve*.

En l'an mil six cent quarante-quatre, il naistra une héroïne (voir le roman de Cassandre) qui apprendra aux prétieuses et à leurs *alcovistes* à bien faire l'amour.

SOMAIZE, *Dictionnaire des Prétieuses,* au mot Prédiction.

ALCYON, s. m. (Du latin *alcyon,* en grec ἀλκυῶν, de ἅλς, mer, et κύω, être pleine ou enceinte.)

On l'a encore écrit ALCION.

Oiseau de mer.

Le petit oiseau vivant par les arbrisseaux, que les François nomment un Terco ou Turcot, qui fut nommé en latin Torquilla, en grec Lynx, y est aussi commun, nommé de l'appellation d'un *alcion.*

PIERRE BELON, *Observations de plusieurs singularitez et choses mémorables de divers pays estranges,* I, 41.

C'est l'*alcyon* tant vanté, dont on conte cette fable, que la fille d'Éole (Alcyone) ayant perdu le beau Ceïx son mari, fils de l'étoile du jour, se consumoit en des regrets superflus, lorsque les dieux, touchés de compassion, la changèrent en oiseau, qui cherche encore sur les eaux celui qu'elle n'a pu rencontrer sur la terre..... pour récompense de son amour, lorsqu'il fait son nid et qu'il couve ses petits, les vents retiennent leur haleine, et la mer est tranquille dans la plus grande rigueur de l'hiver.

PERROT D'ABLANCOURT, trad. de Lucien, *l'Alcyon ou la Métamorphose.*

Le nom de Martin-Pêcheur vient de Martinet-Pêcheur qui étoit l'ancienne dénomination française de cet oiseau, dont le vol ressemble à celui de l'hirondelle-martinet, lorsqu'elle file près de terre ou sur les eaux; son nom ancien, *Alcyon,* étoit bien plus noble, et on auroit dû le lui conserver, car il n'y eut pas de nom plus célèbre chez les Grecs.

BUFFON, *Histoire naturelle,* Oiseaux.

Les *alcyons,* chers à Thétys, n'étendent plus sur le rivage leurs ailes au soleil.

MALFILATRE, *Génie de Virgile,* Géorg., I, v. 399.

Desja ces montagnes s'abaissent,
Tous les sentiers sont aplanis,
Et sur ces flots si bien unis
Je vois les *alcyons* qui naissent.

THÉOPHILE, *Contre une Tempête.*

Tantost comme un petit batteau
Dans la bonace non suspecte,
J'apperçoy voguer sur cette eau
Le nid que l'orage respecte :
Pour luy le flot amer est doux,
Aquilon retient son couroux,
Saturne a l'influence heureuse,
Et Phebus, plein de passion,
Aide en sa chaleur vigoureuse,
A faire éclore l'*alcyon.*

SAINT-AMANT, *le Contemplateur.*

Mes appas sont les *alcyons*
Par qui l'on voit cesser l'orage
Que le souffle des passions
A fait naître dans un courage.

LA FONTAINE, *le Songe de Vaux.*

Dans les champs que l'hiver désole
Flore vient rétablir sa cour :
L'*alcyon* fuit devant Éole,
Éole le fuit à son tour.

J.-B. ROUSSEAU, *Circé,* Cantate.

Pleurez, doux *alcyons!* O vous, oiseaux sacrés,
Oiseaux chers à Thétis, doux *alcyons,* pleurez.

A. CHENIER, *Élégies,* XX.

Ce couple dans un nid suspendu sur les mers
Couve ses tendres fruits dans une paix profonde;
Pendant sept jours entiers les vents respectent l'onde.
Éole les retient au fond de leurs cachots,
Et veut que l'*alcyon* donne la paix aux flots.

SAINT-ANGE, trad. d'Ovide, *Métamorphoses.*

Il a été fait, dans le passage suivant, un emploi figuré du mot ALCYON.

Le capitaine entreprit de resserrer ces nymphes; mais il était bien difficile d'empêcher tant d'*alcyons* de faire leurs nids sur les flots.

LE SAGE, *Aventures du chevalier de Beauchêne.*

ALCYONIEN, adj. m.

Appartenant à l'Alcyon.

Il n'est usité que dans cette locution, les jours *alcyoniens,* qui sont sept jours avant le solstice d'hiver, et sept jours après, pendant lesquels on dit que l'alcyon fait son nid et que la mer est ordinairement calme.

C'est aujourd'hui un de ces beaux jours qu'on nomme de son nom (de l'alcyon), *Alcyoniens.*

PERROT D'ABLANCOURT, trad. de Lucien, *l'Alcyon ou la Métamorphose.*

ALÉATOIRE, adj. des deux genres. (Du latin *aleatorius,* et, par ce mot, d'*alea.*)

Il se dit d'une convention dont les effets, quant aux avantages et aux pertes, soit pour toutes les parties, soit pour l'une ou plusieurs d'entre elles, dépendent d'un événement incertain; de là des expressions telles que *Contrat aléatoire, Vente aléatoire*, etc.

ALÈGRE, adj. Voyez ALLÈGRE.

ALÉGREMENT, adv. Voyez ALLÉGREMENT.

ALÉGRESSE, s. f. Voyez ALLÉGRESSE.

ALEGRETTO, adv. Voyez ALLEGRETTO.

ALEGRO, adv. Voyez ALLEGRO.

A L'ENCONTRE. Voyez ENCONTRE.

ALÈNE, s. f. (Même mot, selon Ménage, que l'espagnol *alesna*, l'italien *lesina*.)

M. de Chevalet (*Origine et formation de la langue française*, t. I, p. 269) le rapporte, par divers intermédiaires germaniques, au gothique *al*, signifiant Aiguille.

On l'a écrit ALESNE. (Voyez les *Dictionnaires* de BRITON au XIVe siècle, de ROB. ESTIENNE, de J. THIERRY, de NICOT, etc.)

ALAINE, ALANE, ALOISNE, ALERNE, etc. (Voyez le *Glossaire* de SAINTE-PALAYE.)

Espèce de poinçon de fer, emmanché dans un morceau de bois rond.

> ... Ainz ne fu faus plus esmolue,
> Ne nule *alesne* plus aguë.
>
> *Nouveau Recueil de Contes*, publiés par Ach. Jubinal, t. II, p. 116.

ALÈNE désigne dans quelques anciens textes un instrument de chirurgie, un instrument de supplice, une arme, etc.

> Elle tira son bras et se fit frapper en une vaine d'une petite *alesne* aguë et tranchant comme ung rasoir et le sang en saillit.
>
> *Lancelot du Lac*, t. III, f° 109. (Cité par Sainte-Palaye.)

> Chascun se aydera du corps que Dieu lui a presté, armé comme bon luy semblera..... aians..... lance, hache, espée et dague.,... sans avoir *alenes*, broches, crocqs.
>
> MONSTRELET, *Chronique*, 1402, c. 7.

> Quand nous oyons en Josephe cet enfant tout deschiré de tenailles mordantes, et percé des *alesnes* d'Antiochus, le deffier encore.
>
> MONTAIGNE, *Essais*, II, 2.

> Deus bons cotiaus d'acier on a o lui portés,
> Et poinçons et *alesnes*... •
>
> *Chanson d'Antioche*, VI, v. 357.

Il n'est resté dans l'usage ordinaire que comme le nom d'un outil dont on se sert pour percer le cuir et pour le coudre, et qu'emploient les bourreliers, les cordonniers.

> Ah, mes vieux souliers! Je ne vous verrai plus..... Qui est-ce qui héritera de ma poix et de mes *alesnes?*
>
> PERROT D'ABLANCOURT, trad. de Lucien, *le Tyran ou le Passage de la barque*.

> J'ai fers d'*alernes* à suors.
>
> *Fabliaux ms. de Saint-Germain*, f° 42, v°, col. 3. (Cité par Sainte-Palaye.)

ALENIER, s. m.

Celui qui fait et vend des alènes.

ALENOIS, adj. m.

On l'a écrit ALLENOIS, ALNOIS, ORLENOIS. (Voyez le *Glossaire* de SAINTE-PALAYE.)

Sainte-Palaye regarde comme une corruption cette dernière orthographe rapportée par Fauchet (voyez les exemples ci-après), et pense qu'ALENOIS, formé d'*alène*, a le sens figuré de Piquant comme une alène.

ALÉNOIS ne s'emploie que dans cette dénomination: *Cresson alénois*, Plante crucifère, qui a, comme le cresson, une saveur piquante.

> Le principal de leur disner sont olives salées, et febves trempées en l'eau, et finissent par Roquette et *cresson alenois*.
>
> PIERRE BELON, *Observations de plusieurs singularitez et choses mémorables de divers pays estranges*, I, 48.

> Guillaume de la Villenueve a faict les cris qui de son temps se crioyent dans les rues de Paris en bien plus petit nombre qu'aujourd'hui et divers : entre autres il dit, Veez ci *cresson orlenois* etc., que l'on appelle communement *alenois*.
>
> FAUCHET, *Origine de la langue et poésie française*, II, 117.

. . . . Quelquefois
Il se paissoit de cresson *alenois.*

JOACH. DUBELLAY, *Imitation du Moretum de Virgile.*

ALENTIR, v. a. (De *lent,* et, par ce mot, du latin *lentus.*)

On l'a écrit ALLENTIR, ALANTIR. (Voyez les *Dictionnaires* de NICOT et de COTGRAVE, et le *Glossaire* de Sainte-Palaye.)

Ce mot, usité jusque dans le XVIIe siècle, et qui n'a laissé de trace dans l'usage ordinaire que par le composé RALENTIR (voyez ce mot), signifie Rendre lent, et, par suite, Diminuer, calmer, retarder, etc.

Je dis qu'il ne falloit point douter que le Roy d'Espagne ne fit démonstration de prester l'oreille à une telle proposition, non peut-estre pour desir qu'il eust de la practiquer, ny pour l'estimer possible, mais pour *alentir* vos secours.

SULLY, *Œconomies royales,* c. 18.

Je me plaindray bien avec sujet de l'Amour, qui ayant mis tant de feux dans mon âme pour vous, vous a laissée si gelée pour moy : puisque s'il eust esté juste, il *eust* en quelque sorte *alenty* ma trop ardante affection.

D'URFÉ, *l'Astrée,* IIe partie, livre IV.

Je veux de son rival *alentir* les transports.

MOLIÈRE, *l'Étourdi,* III, 5.

Mais ces félicités ne sont guères durables,
Et, notre passion *alentissant* son cours,
Après ces bonnes nuits, donne de mauvais jours.

LE MÊME, même ouvrage, IV, 4.

On a dit *S'alentir,* comme on dit *Se ralentir.*

L'escarmouche *s'alentissant,* tout ce qui estoit sur le pont entra à la file.

SULLY, *Œconomies royales,* c. 27.

Pouvant user de la victoire, il ayma mieux en jouir, et laissant là Rome, il marcha devers Tarente et Capoue, où tout aussi-tost son ardeur et celle de son armée commença à *s'allentir.*

COEFFETEAU, *Histoire romaine de L. Florus,* II, 6.

La chaleur des esprits suffit pour faire cet effet au commencement. Quand elle *s'allentit,* il faut que la force y supplée.

CARDINAL DE RETZ, *Mémoires,* IIe part., 1649.

N'onques por ce ne *s'alenti.*

Roman de Renart, t. I, p. 311.

J'avois vu, par l'espoir d'un proche repentir,
De César irrité le courroux *s'alentir.*

ROTROU, *Saint-Genest,* IV, 2.

Le zèle cependant chaque jour devroit croître,
Profiter de l'exemple et de l'emploi du cloître,
Au lieu que sa vigueur chaque jour *s'alentit.*

P. CORNEILLE, *l'Imitation,* I, 2.

Au lieu de *S'alentir,* on a dit, dans un sens neutre, *Alentir.*

Pompée au contraire usoit de delay et de remises, et ne vouloit point venir à la bataille, mais s'efforçoit de consumer l'ennemy en luy coupant les vivres de tous costez, et laissoit ainsi comme *alentir* l'ardeur de César, bouillant et actif capitaine.

COEFFETEAU, *Histoire romaine de L. Florus,* IV, 2.

ALENTI, IE, participe.
Quelquefois pris adjectivement.

Or ne soion couart, mauvez ne *alenti.*

Doon de Maience, v, 4994.

Son sens fut mat et *alenty*
Comme gisant en léthargie.

Fontaine Merveilleuse. (Anonyme du XVe siècle.)

Non que ma passion s'en soit vue *alentie.*

P. CORNEILLE, *Sertorius,* II, 58.

Sainte-Palaye mentionne l'ancien adjectif ALENTIS, ALENTIZ, et on cite cet exemple :

Ils montent ès chevax ; n'i a nul *alentiz.*

Partenopeus de Blois, ms. de Saint-Germ., fol. 174, v°, col. 2.

On avait fait d'ALENTIR le substantif ALENTISSEMENT, que donnent Monet, Cotgrave, Oudin, et, d'après eux, Sainte-Palaye.

La terminaison seule distingue, par une légère variété, d'*Alentir, s'Alentir,* ces formes dont on trouve aussi des exemples : *Alenter, s'Alenter.*

. . . . . La fièvre d'amours
Qui me tourmente
Demeure en moy toujours
Et ne *s'alente.*

RONSARD, *Odes,* III, 16.

Pourtant ne mesprise ma foy,
Car l'aspre soin qui m'enchevestre,
Seul *m'alente*, et m'engarde d'estre
Prompt à voler avecque toy.

RONSARD, *Odes*, V, 9.

ALENTOUR, adv. (De la préposition *à* et du substantif ENTOUR. Voyez ce mot.)

Quelquefois écrit *à l'entour*, quand il n'est pas précédé de la préposition *de*.

Il signifie Aux environs.

Ce petit livre a esté composé
En la Cité de Tulle limosine.....
Qui est Cité clouse comme une tinne,
Tout *alentour*, de très haultes montaignes.

SYMPHORIEN CHAMPIER, *Testament d'un vieil prince*.

L'air, qui gémit du cri de l'horrible déesse (la Discorde),
Va jusque dans Cîteaux réveiller la Mollesse.
C'est là qu'en un dortoir elle fait son séjour.
Les plaisirs nonchalants folâtrent *alentour*.

BOILEAU, *le Lutrin*, II.

Il est fréquemment lié à des substantifs qui le précèdent par la préposition *de*.

Les Dames de la ville et plusieurs autres *de alentour* qui estoient venues pour estre au tournoy luy donnoient le los sur tous les autres.

Le Loyal Serviteur, c. 10.

Les apôtres assemblés autour de leur maître, lui montroient le temple et les bâtiments *d'alentour*.

BOSSUET, *Discours sur l'histoire universelle*, II, 9.

Il fut aisé de vaincre la première (difficulté pour le canal de Briare) en ramassant des montagnes *d'alentour* des eaux inutiles, qui se perdoient dans la campagne.

FLÉCHIER, *Mémoires sur les grands jours de* 1665.

Tous ces bois si sombres retentirent de plaintes amères. Écho les répétoit tristement à tous les vallons *d'alentour*.

FÉNELON, *Fables*, XXV.

Pendant ces quatre mois de séjour il (l'ambassadeur turc) vit avec goût et discernement tout ce que Paris lui put offrir de curieux et les maisons royales *d'alentour*.

SAINT-SIMON, *Mémoires*, 1721.

Les Nymphes *d'alentour* lui donnèrent des larmes.

LA FONTAINE, *les Filles de Minée*.

Les chagrins dévorants et l'infâme ruine...
Troublent l'air *d'alentour* de longs gémissements.

BOILEAU, *le Lutrin*, V.

La locution *A l'entour* s'employait autrefois comme préposition, en y ajoutant *de*, *A l'entour de*. Mais cet emploi a vieilli; on dit plutôt aujourd'hui *Autour de*.

A l'heure il meit sa cappe *alentour de* son bras, et l'espée au poing.

MARGUERITE DE NAVARRE, *Heptameron*, XVI.

...... D'autant que les larrons y prenoient sans cesse, pour y remedier, fit faire des laqs, lesquels il mit *alentour des* vaisseaux où estoit l'argent.

H. ESTIENNE, *Apologie pour Hérodote*, II, 15.

Quand les hommes avoient pu trouver du gland ou de la foyne, ils en dansoient de joye *à l'entour d'*un chesne ou *d'*un fousteau, au son de quelque chanson rustique, en laquelle ils appeloient la terre leur mère, leur nourrice qui leur donnoit à vivre.

AMYOT, trad. de Plutarque, *Œuvres morales*. S'il est loisible de manger chair, I, 5.

Et qui ne préférera de si nobles et de si honnêtes artifices (d'éloquence) aux moyens grossiers et matériels qu'on employe, pour resveiller les esprits *alentour du* cœur, et reschauffer le sang dans les veines?

BALZAC, *Dissertations critiques*, disc. II.

Henri avoit entrepris le siège de Rouen, seulement afin de divertir les forces du duc de Mayenne *d'alentour de* Paris.

MÉZERAY, *Histoire de France*, Henri IV.

Les voilà tous *à l'entour de* lui; courage! ferme!

MOLIÈRE, *la Princesse d'Élide*, intermède I, sc. 4.

Comme les montagnes sont *à l'entour de* Jérusalem, ainsi Dieu est *à l'entour de* son peuple pour le protéger.

BOSSUET, *Méditations sur l'Évangile*.

Les autres se précipitent en foule *à l'entour de* leur compagne blessée.

BUFFON, *Histoire naturelle*. Oiseaux. Les Hirondelles de mer.

La mère ne les réchauffe pas sous ses ailes; ils couchent sous les joncs *à l'entour d'*elle.

LE MÊME, même ouvrage, la Foulque.

Ses fils *à lentour de* sa table
Font une couronne agréable.

GODEAU, *Poésies*, IIe partie.

Le malheureux lion se déchire lui-même,
Fait résonner sa queue *à l'entour de* ses flancs.

LA FONTAINE, *Fables,* II, 9.

Dans l'exemple suivant, A L'ENTOUR, employé comme préposition, est suivi immédiatement de son régime.

Là, là, demeure, et developpe ce manteau d'*alentour* ton visage.

P. LARIVEY, *le Laquais,* III, 6.

On s'est servi au lieu d'ALENTOUR d'un mot composé de même, ALENVIRON.

Ce Vercingétorix divisant ses forces en plusieurs parties..... avoit si bien pratiqué qu'il avoit tiré à sa ligue tous les peuples d'*alenviron.*

AMYOT, trad. de Plutarque, *Vie de Jules César.*

ALENTOURS, s. m. pl.

Il signifie, comme *entours,* les lieux circonvoisins.

Notre Ferney est devenu charmant tout d'un coup : tous les *alentours* se sont embellis.

VOLTAIRE, *Lettres;* 2 mai 1766.

Il se dit de plus, comme *entours* encore, des gens qui vivent familièrement, qui sont en liaison avec quelqu'un.

Dès les premiers jours de l'avènement de Bonaparte au consulat, ses *alentours* savoient déjà de quelle façon servile il falloit s'y prendre pour lui plaire.

Mme DE STAEL, *Considérations sur la Révolution française,* IVe partie, c. 5.

ALÉRION, s. m.

ALÉRION a désigné primitivement une sorte d'aigle.

Si avons autres oissiaus que on apelle *alerions.*

Lettres attribuées à Prêtre-Jean avant 1250. (Voyez *Œuvres* de Rutebœuf, éd. de Jubinal, t. II, p. 454-470.)

Et fait le destrier corre com un *alerion.*

Chanson des Saxons, t. I, p. 142.

Vint plus tost que uns *alerions.*

Tournoiement de l'Antechrist, p. 128.

Chuite de dum (duvet) d'*alerion.*

Partonopeus de Blois, t. II, p. 181.

Tout ainsi le redoubtent com bestes le lyon,
Et com font tuit oiseaux le fort *alerion.*

Gérard de Roussillon, ms., p. 127. (Cité par Sainte-Palaye.)

Ses yaux deust toziours avoir
Vers Dieu, qui li feist savoir
La droite voye, que faucons
Ne aigles, ne *alerions*
Ne peussent voir si clair.

GUYOT DE PROVINS, *Bible.* (Cité par Ménage et Sainte-Palaye.)

Plus tard ALÉRION, terme de blason, s'est dit d'un petit aigle représenté avec les ailes étendues, et sans bec ni pieds.

Si est (la foi) par métaphore comparable à l'oysel, qui s'appelle *alerion,* lequel n'a point de pieds pour errer sur terre, mais est tout son mouvement par esles qui l'exaucent en l'air.

ALAIN CHARTIER, *De l'Espérance.*

ALERTE, adv. (De la préposition *a,* et de *erte,* fait de l'italien *erta.*)

Erta signifie en italien un chemin qui va en montant; par suite, un lieu d'où l'on peut observer, guetter; enfin l'action de se tenir sur ses gardes; significations qui ont passé au mot *erte.* De là ces anciennes locutions :

Tenir en erte, se tenir à l'erte :

L'évènement de cette si saincte et juste entreprise tient l'Italie et la plus grande partie de l'Allemagne *en erte.*

DU FERRIER, *Lettre* à Charles IX, 7 février 1573. (Voyez *Négociations de la France dans le Levant,* t. III, p. 356, note, col. 2.)

Æschylus, menacé de la cheute d'une maison, a beau se tenir *à l'airte;* le voilà assommé d'un toict de tortue, qui eschappa des pattes d'un aigle en l'air.

MONTAIGNE, *Essais,* I, 19.

De là aussi l'exclamation ALERTE, écrite primitivement *à l'erte,* comme ALARME (voyez ce mot), s'écrivait *à l'arme.* Cette exclamation signifie : Soyez sur vos gardes, prenez garde à vous.

Je remarquai ces paroles et je les dis le soir au Président

de Bellièvre, qui me répondit : *Alerte!* Cet homme peut nous échapper à tous les moments.

CARDINAL DE RETZ, *Mémoires.*

Nous entendîmes un cri de mauvais augure qui partoit du rempart et qui répéta deux ou trois fois : *Alerte!* à la muraille.

HAMILTON, *Mémoires du comte de Grammont.*

Il crie *alerte!* il croit qu'on le trahit.

VOLTAIRE, *la Pucelle,* II.

ALERTE s'emploie encore substantivement : *Une alerte.*

Timide par nature, familière par nécessité.... elle ne sort de son trou que pour chercher à vivre, elle ne s'en écarte guère, y rentre à la première *alerte.*

BUFFON, *Histoire naturelle,* la Souris.

ALERTE, adj. des deux genres. Qui est sur ses gardes, vigilant, attentif.

Miron, que j'avois prié d'être *alerte,* eut peine à contenir le peuple dans la rue Saint-Honoré, à l'entrée des députés.

CARDINAL DE RETZ, *Mémoires,* IIe partie, 1649.

Soyez *alerte* ; je gage que l'on se voudra bientôt se servir de Mademoiselle de Chevreuse pour nous brouiller.

LE MÊME, même ouvrage, IIe partie, 1650.

Il (Fouquet) s'est allé embrouiller sur certaines dates, sur lesquelles on l'auroit bien embarrassé si on avoit été bien habile et bien éveillé ; mais, au lieu d'être *alerte,* M. le Chancelier sommeilloit doucement.

Mme DE SÉVIGNÉ, *Lettres ;* à M. de Pomponne, 1664.

Je ne doute pas que le retour du Roi ne tienne des gens bien *alertes;* les uns craignent et les autres espèrent.

BUSSY-RABUTIN, *Lettres;* au marquis de Montperioux, 1er juin 1677.

Il faut être *alerte* et avoir de bons amis, afin de demander des premiers.

Mme DE RABUTIN, *Lettres;* à Bussy, 14 novembre 1678. (Voyez *Correspondance de Bussy-Rabutin.*)

Ce retour enfin ne pourroit être ignoré... du cardinal Dubois, trop *alerte* pour n'être pas informé avec précision de tous les mouvements de M. le duc d'Orléans dans une telle crise.

SAINT-SIMON, *Mémoires,* minorité de Louis XV.

Voilà une soubrette qui me paroît bien *alerte;* et elle pourroit bien, si je ne me trompe, avoir quelque part à la visite que je viens rendre à Monsieur le notaire.

DANCOURT, *les Bourgeoises à la mode,* V, 8.

Célie, faites la sentinelle du côté de M. le Gouverneur, et vous, Nise.... tenez-vous à la porte de l'appartement de Lisarde : soyez toutes deux bien *alertes.*

LE SAGE, *Don César Ursin,* IV, 9.

Mais chut.... N'avez-vous pas entendu remuer quelque chose dans ce cabinet? Non, folle, me dit-elle, vos frayeurs vous rendent toujours *alerte.*

PRÉVOST, *Paméla,* lettre XXV.

Combien j'ai sans cesse l'oreille *alerte!* Au moindre bruit dont je ne puis discerner la cause, l'intérêt de ma conservation me fait d'abord supposer tout ce qui doit le plus m'engager à me tenir sur mes gardes.

J.-J. ROUSSEAU, *Émile.*

Pour moi, j'ai toujours vu les honnêtes gens assez tranquilles, mais les fripons toujours *alertes.*

BERNARDIN DE SAINT-PIERRE, *Études de la nature,* XIV.

A quelque temps de là notre chat vit de loin
Son rat qui se tenoit *alerte* et sur ses gardes.

LA FONTAINE, *Fables,* VIII, 22.

Toujours *alerte* et toujours m'épiant.

VOLTAIRE, *la Pucelle,* VII.

ALERTE se dit aussi en parlant de l'activité, de la promptitude d'une personne, soit au moral, soit au physique.

Au moral :

On ôte de Calais le vieux Courtebonne, craignant qu'à son âge il ne soit pas assez éveillé. Le roi le met dans Hesdin, le gouvernement de son fils ; et met à Calais Laubanie, bon officier et *alerte.*

Mme DE SÉVIGNÉ, *Lettres ;* 31 janvier 1689.

Vive Dieu ! dit Don Cléophas, la sainte inquisition est bien *alerte,* sitôt qu'elle voit le moindre jour à tirer quelque profit.

LE SAGE, *le Diable boiteux,* c. 7.

Malepeste, Monsieur l'inquisiteur, lui dit don Raphaël en se réveillant en sursaut, que vous êtes *alerte!*

LE MÊME, *Gil Blas,* VI, 1

Autrefois nous avions trop d'affaires : présentement il faut en aller quêter ; encore à moins qu'un procureur ne soit *allerte,* il a bien de la peine à trouver de bonnes pratiques.

La Matrone d'Ephèse ou Arlequin Grapignan. (Voyez GHERARDI, *Théâtre italien,* t. I, p. 24.)

Le jésuite Menou n'est point un sot comme vous le soupçonnez, c'est tout le contraire... Au reste, il est grand cabaleur, grand intrigant, *alerte*, serviable, ennemi dangereux, et grand convertisseur.

VOLTAIRE, *Lettres*; 8 décembre 1759.

Au physique :

Il (M. de Vendôme) étoit d'une taille ordinaire pour la hauteur, un peu gros, mais vigoureux, fort et *alerte*.

SAINT-SIMON, *Mémoires*, 1706.

Si j'étais moins vieux et plus *alerte*, je crois que j'irais passer la fin de mes jours en Grèce.

VOLTAIRE, *Lettres*; 8 mai 1770.

Ils sont aussi *alertes* que les perdreaux.

BUFFON, *Histoire naturelle*. Oiseaux. Le Vanneau.

ALERTE est quelquefois déterminé par un complément formé d'une préposition et de son régime.

De la préposition *sur* :

Je suis plus *alerte sur* vos affaires que *sur* les miennes, Monsieur, car je suis résolue à voir aller mal les miennes, et je n'ai pas encore pris ce parti-là sur les vôtres.

Mme DE SCUDÉRY, *Lettres*; à Bussy, 17 octobre 1673. (Voyez *Correspondance de Bussy-Rabutin*.)

Eh! que veut-on faire de recommencer tous les jours des visites, se troubler d'événements qui ne nous regardent point, *alerte sur* les voyages de Marly, les traiter solidement.

Mme DE SÉVIGNÉ, *Lettres*; 23 juillet 1691.

On est fort *alerte* ici *sur* le grand événement du siége de Namur.

Mme DE COULANGES, *Lettres*; à Mme de Sévigné, 6 juillet 1695.

Une nation commerçante est toujours fort *alerte sur* ses intérêts, et ne néglige rien des connaissances qui peuvent être utiles à son négoce.

VOLTAIRE, *Lettres philosophiques*, XIe lettre.

Le fanatisme est bien *alerte* en France *sur* tout ce qui peut l'égratigner. Ce monstre craint la raison comme les serpents craignent les cigognes.

LE MÊME, *Lettres*; 13 de juin 1763.

De la préposition *pour* :

Il (le prince de Lobkowitz) me dit..., que dans peu de jours on apprendroit leurs résolutions (des Espagnols), me marmottant entre les dents que je dusse être *alerte pour* savoir ce qu'elles contiendroient.

LE CHEVALIER DE GREMONVILLE à Louis XIV, 15 juin 1666. (Voyez MIGNET, *Négociations relatives à la succession d'Espagne*, t. II, p. 162.)

Il y a des gens fort *alertes pour* s'éclaircir des soupçons qu'ils ont sur certaines gens.

Mme DE SÉVIGNÉ, *Lettres*; 16 juin 1672.

Nous attendons le roi, et les beautés sont *alertes pour* savoir de quel côté il tournera.

LA MÊME, même ouvrage; 19 mai 1677.

Or vous saurez que mon très-cher cousin est en secret l'âme damnée du bon David, *alerte pour* saisir et pour ouvrir toutes les lettres et paquets qui m'arrivent à Londres.

J.-J. ROUSSEAU, *Lettres*; 8 avril 1767.

On a dit de même *Alerte du côté de* :

Il n'y a point de nouvelle importante. On est toujours *alerte du côté de* M. de Turenne.

Mme DE SÉVIGNÉ, *Lettres*; 5 juillet 1675.

ALEU. Voyez ALLEU.

ALEVIN, s. m.

Menu poisson qui sert à peupler les étangs. On dit : Jeter de l'*alevin* dans un étang.

ALEVINAGE, s. m.

Menu poisson que les pêcheurs rejettent dans l'eau.

ALEVINER, v. a.

Jeter de l'alevin dans un étang : *Aleviner* un étang.

Si faut deduire les fraiz qu'il a convenu mettre à *alleviner* (il y a *allenniver*) le dit estang.

Coutume de Vitry. (Voir *le Coutumier général*, t. I, p. 454.)

ALEVINÉ, ÉE, participe.

ALEXANDRIN, adj.

Il se dit d'une sorte de vers employé dans le vieux poème d'Alexandre et qui a pris son nom soit de ce poème, soit d'Alexandre de Paris, un de ses auteurs.

Il n'est guère usité qu'au masculin et dans

cette locution, *Vers alexandrins,* vers français de douze syllabes quand la rime est masculine, et de treize syllabes quand elle est féminine.

Qui se voldroit en ce bien fonder, à mon avis, porroit user des œuvres de Pierre de Saint-Cloot et des œuvres de Jehan li Nevelois, qui ont descrit la vie d'Alexandre le Grand en longue ligne que l'autheur qui a composé en prose le jeu des eschets, dit estre de douze syllabes et appelée rithme *alexandrine*, pour ce que, comme dit est, la vie d'Alexandre en est descrite.

GEOFFROY TORY, *Champ Fleury,* Epistre aux lecteurs.

Le dodecasyllabe, autrement vers *alexandrin*, estoit fort rare jusques à cet âge : lequel nous avons ouï avoir esté ainsi dit, parce qu'en ce vers furent premièrement écrits les gestes d'Alexandre par un de nos anciens poëtes francois.

JACQUES PELETIER, du Mans, *Art poétique,* II, 2.

Si je n'ai commencé ma Franciade en vers *alexandrins*, lesquels j'ai mis, comme tu scais, en vogue et en honneur, il s'en faut prendre à ceux qui ont puissance de me commander et non à ma volonté : car cela s'est fait contre ma volonté, espérant un jour la faire marcher à la cadence *alexandrine*.

RONSARD, *Art poétique.*

Il ne faut s'emerveiller, lecteur, de quoy je n'ai composé ma Franciade en vers *alexandrins,* qu'autrefois, en ma jeunesse, par ignorance, je pensois tenir en nostre langue le rang des Carmes héroïques, encore qu'ils respondent plus aux senaires des tragiques qu'aux magnanimes vers d'Homère et de Virgile.

LE MÊME, *Discours du Poëme héroïque* servant de préface à *la Franciade.*

Le genre des vers (vers *alexandrins*) de ces autheurs (Lambert li Cors, Alexandre de Paris, Pierre de Saint-Cloot, Jehan li Nevelois) est de douze et treize syllabes, et l'on pense que les autres qui leur ressemblent ont pris leur nom, ou pour ce que les faits du roy Alexandre furent composez en ces vers, ou pour ce que Alexandre de Paris a usé de telle ryme.

FAUCHET, *Origine de la langue et poésie française,* liv. II, c. 5.

Quant aux vers de douze syllabes, que nous appelons *alexandrins*, combien qu'ils proviennent d'une longue ancienneté, toutefois nous en avions perdu l'usage : car lorsque Marot en insere quelques uns dedans ses Epigrammes ou Tombeaux, c'est avec cette suscription, *Vers alexandrins*, comme si c'eût été chose nouvelle et inaccoutumée d'en user.

EST. PASQUIER, *Recherches de la France,* VII, 7.

Leur poésie (de Pierre de Saint-Cloot et de Jean li Nevelois) fut trouvée si agréable, qu'ayant esté inventeurs des vers de douze syllabes, par lesquels ils avoient escrit la vie d'Alexandre, la postérité les nomma vers *alexandrins* : mot qui est demeuré jusques à lui en usage.

LE MÊME, *Recherches de la France*, VIII, 3.

Ceux qui réussissoient le mieux en notre poésie, s'aperçurent que les vers *alexandrins* étoient plus propres que les autres pour les poèmes épiques et pour les autres poésies relevées.

MÉNAGE, *Origines,* Alexandrins (vers).

L'abbé Linant me mande qu'il reviendra bientôt à Paris. Il m'a envoyé de beaux vers *alexandrins.*

VOLTAIRE, *Lettres,* 21 mai 1733.

ALEXANDRIN s'emploie quelquefois substantivement : *Un alexandrin, des alexandrins.*

Les *alexandrins* tiennent la place en nostre langue telle que les tiennent les vers héroïques entre les Grecs et les Latins.... la composition des *alexandrins* doit estre grave, hautaine..... Comme les *alexandrins* sont propres pour les sujets héroïques, ceux-ci (les vers communs) sont proprement nez pour les amours, bien que les *alexandrins* reçoivent quelquefois un sujet amoureux, et mesmement en élégies, en éclogues.

RONSARD, *Art poétique.*

On dit absolument et collectivement, l'*alexandrin* pour les vers *alexandrins.*

ALEZAN, ANE, adj. (De l'espagnol *alazan*, venu lui-même d'un mot arabe. Voyez Pougens, *Trésor des origines de la langue française,* p. 18.) — Jac. Bourgoing (*De origine vocum vulgarium,* p. 59) le faisait venir d'*ala*, profitant de la forme *alleran, aleran*, que donnent d'aucuns textes.

On l'a écrit ALESAN, ALZAN, ALERAN, ALLERAN. (Voyez le *Dictionnaire* de COTGRAVE et le *Glossaire* de SAINTE-PALAYE.)

De couleur fauve, tirant sur le roux. Il ne se dit qu'en parlant de chevaux.

Une damoyselle estrange, montée sur un palleiroy *alleran.*

D. Florès de Grèce, fol. 88, v°. (Cité par Sainte-Palaye.)

Puis affin que toute sa vie feust bon chevaulcheur, l'on luy feit ung beau grand cheval de boys.... et luy faisoit changer de poil.... selon les festes : de bailbrun, d'*alezan*, de gris pommelé......

RABELAIS, *Gargantua*, I, 12.

L'*alezan* est une sorte de bai roux ou cannelle. Il y en a plusieurs nuances qui sont : l'*alezan* clair, comme la couleur du poil de vache; *alezan* commun, qui n'est ni brun, ni clair; l'*alezan* bai, qui tire sur le roux; l'*alezan* obscur; et l'*alezan* brûlé, qui est foncé et fort brun. Il se trouve des chevaux *alezans* qui ont les crins et la queue blancs, et d'autres qui les ont noirs.

DAUBENTON, Additions à l'histoire naturelle de Buffon.

... Moi je prends en diligence
Mon cheval *alezan*. Tu l'as vu?—Non, je pense.

MOLIÈRE, *les Fâcheux*, II, 7.

ALEZAN est aussi substantif, et signifie un cheval de poil alezan; l'*alezan*, *un alezan*.

Des gris et des bais bruns on estime le cœur;
Le blanc, l'*alezan* clair languissent sans vigueur.

DELILLE, trad. des *Géorgiques*, III, v. 82.

ALÈZE, s. f. (Selon Oudin, de l'ancien mot *lès* ou *lez*, qui signifiait côté, bord, lisière, les *alèzes* étant ordinairement d'un *lé*, de la largeur d'une étoffe entre ses deux lisières.)

On l'a écrit ALÈSE, ALAISE, ÉLAISE, ÉLÈZE, ÉLESE. (Voyez le *Dictionnaire* d'OUDIN et le *Glossaire* de SAINTE-PALAYE.)

Drap ou lé de toile plié en plusieurs doubles, dont on se sert pour soulever les malades et les tenir propres.

ALGARADE, s. f. (De l'espagnol *algarada*, lequel venait de l'arabe, comme certains mots de la basse latinité, *Algara*, *Algaru*, *Algarum*, pris dans un sens analogue, et dont le *Glossaire* de Du Cange cite des exemples datés du XIIe et du XIIIe siècle. Quelques auteurs, Fleury de Bellingen (*Étymologie des proverbes françois*), Oudin, Nicot (*Dictionnaires*), Borel (*Trésor des recherches*), etc., tirent ALGARADE du nom de la ville d'*Alger*.)

Le commerce de la Barbarie avec les Marseillois nous a aussi donné quelques termes, et entr'autres celuy d'*algarade*, qui vient d'Alger, d'où les pyrates viennent faire des courses sur la Méditerranée.

BOREL, *Trésor des recherches*, etc. Préface.

ALGARADE a signifié primitivement Course, invasion, attaque soudaine, insulte à main armée; de là ces expressions *Donner*, *faire*, *recevoir*, etc., *une algarade*.

Les François se firent universels possesseurs de cette Gaule, ayant premièrement par diverses courses *donné* mille *algarades aux* Romains.

EST. PASQUIER, *Recherches de la France*, I,

Exercer l'ennemi par des *algarades*.

LE MÊME, *Lettres*, II, 15.

Jamais province ne *reçut* plus d'*algarades* de la fortune.

LE MÊME, même ouvrage, XIII, 16.

Et après s'estre *donnez* mille *algarades*, sans aucune remission... viendrent enfin à une paix et composition.

JACQUES YVER, *le Printemps d'Yver*.

Cette-ci *avoit fait* plusieurs *algarades à* Montal, lieutenant de Roi en la basse Auvergne, mesme lui aiant de nouveau deffait deux compagnies de gens de pied.

AGR. D'AUBIGNÉ, *Histoire universelle*, t. II, liv. II, c. 13.

Il y avoit dans Jamets un gouverneur nommé Schelandre. Les Lorrains, le sachant foible d'hommes, *lui* alloient tous les jours *faire algarade*.

MÉZERAY, *Histoire de France*, Henri III, 1587.

Saint-Jean-de-Luz va son mesme train, excepté que depuis deux ou trois jours les fréquentes *algarades* qu'on *faisoit* la nuit ont tout à fait cessé.

LE COMTE DE GUICHE à Colbert, 7 mars 1671. (Voyez *Correspondance administrative sous Louis XIV*, t. I, p. 336.)

Il semble avoir été fait une allusion figurée à cette acception dans le passage suivant :

Le chastrer des asnes est presques nécessaire : d'autant que la plus-part de ces bestes entrent comme en fureur au printemps, lorsque par nouvelle et abondante nourriture, provenante des nouveaux herbages de la saison, leur vigueur se renforce : et de telle sorte que, presque enragez, à la veuë et approche des asnesses, *font* mille *algarades*.

OLIVIER DE SERRES, *Théâtre d'agriculture*, 4e lieu c. 11.

Algarade a eu quelquefois le sens de mauvais procédé.

Sa mère... ayant appris du messager toutes les traverses et *algarades* qu'elle avoit jouées à son mari.
Bonaventure des Periers, *Nouvelles*, c. XXVII.

Je vous prie de me dire ce que vous pensez touchant les procédures de M. de Bouillon... Tant plus je l'ai obligé, tant plus il m'a fait d'*algarades*.
Sully, *Œconomies royales*, t. II, p. 247.

Je vous prie vous souvenir de l'*algarade* qu'ils (les huguenots) donnèrent au Roy après la perte et pendant le siège d'Amiens.
Le cardinal d'Ossat, liv. IV, lettre CXXII, t. L, p. 350.

Depuis longtemps Algarade ne signifie plus que sortie contre quelqu'un, incartade faite brusquement, avec un certain éclat, sans sujet, ou pour un sujet très léger.

Elles ne s'en retournèrent pas.... si paisiblement comme elles étoient venues. Mon Basque les suivit avec les laquais de Clerante, qui leur firent une infinité d'*algarades* pendant les chemins.
Sorel, *Francion*, VI.

Il (Henri III) souffroit chaque jour que ses favoris luy fissent mille *algarades*.
Hardouin de Péréfixe, *Histoire de Henri le Grand*, année 1576.

M. le duc d'Orléans, lassé à la fin de la hauteur et de l'opposition du maréchal (de Villeroi), et poussé à bout par une *algarade* qu'il fit au cardinal Dubois, son ministre et son favori, résolut de l'ôter d'auprès du roi.
Saint-Simon, *Mémoires*. (Régence du duc d'Orléans.)

M. Dorat... m'a galvaudé deux fois, sans que je lui en aie donne le moindre sujet : je lui ai pardonné deux fois... s'il me fait une troisième *algarade*, je lui pardonnerai pour la troisième.
Voltaire, *Lettres;* à M. le comte de La Touraille, 15 septembre 1770.

Qu'alliez-vous faire dans ces jolis soupers? me dit d'Alembert. Mais je vous gronde, reprit-il. Pardon, revenez dans trois jours, et oubliez mon *algarade*.
Marmontel, *Mémoires*.

Et puisque l'on gaigne sa vie
Avec ces payeurs en gambades,
Qui le plus souvent d'*algarades*
Vous saluront toutes les nuicts.
Jaq. Grévin, *les Esbahis*, comédie, III, 1.

Mais croyez-m'en ; s'il y reva,
Quelque *algarade* il vous fera.
J. A. de Baïf, *l'Eunuque*, V, 2.

Mais qu'est-ce cy, mes camarades ?
Voicy d'estranges *algarades* !
Saint-Amand, *la Berne*.

. . . . Oui, ventre bleu, c'est moi,
Vous venez de me faire une rude *algarade*.
Regnard, *le Légataire*, III, 9.

Je voudrais bien savoir aussi pourquoi
Vous recevez ces visites chez moi?
Vous m'attirez toujours des *algarades*.
Voltaire, *l'Enfant prodigue*, II, 5.

ALGÈBRE, s. f. (Mot d'origine arabe.)

D'autres (antiquaires) prouveraient que nous sommes des Arabes, comme le témoignent les mots d'almanach, d'alambic, d'*algèbre*, d'amiral.
Voltaire, *Histoire de l'empire de Russie sous Pierre le Grand*, préface historique, § III.

L'Algèbre est une partie des mathématiques qui, considérant les grandeurs d'une même nature sous la seule acception abstraite de leur inégalité, les exprime par des caractères communs à toutes leurs valeurs particulières et développe ainsi leurs relations de quantité les plus générales.

Pour l'analyse des anciens et l'*algèbre* des modernes.... on s'est tellement assujetti en la dernière à certaines règles et à certains chiffres, qu'on en a fait un art confus et obscur qui embarrasse l'esprit, au lieu d'une science qui le cultive.
Descartes, *Discours de la Méthode*, II.

Les autres suent dans leur cabinet pour montrer aux savants qu'ils ont résolu une question d'*algèbre* qu'on n'auroit pu trouver jusqu'ici.
Pascal, *Pensées*.

L'*Algèbre* exprime les grandeurs, de quelque espèce qu'elles puissent être, et tous les rapports qu'elles peuvent avoir, par les lettres de l'alphabet, qui sont les caractères les plus simples et les plus familiers.
Malebranche, *Recherche de la vérité*, liv. VI, part. 1, c. 5.

Quoique l'Italie ait été, du moins en Europe, le berceau

de l'*Algèbre*, cette science n'y avoit pas encore beaucoup prospéré du temps de M. Guglielmini.

FONTENELLE, *Éloge de Guglielmini.*

Elle (la marquise du Châtelet) lit Virgile, Pope et l'*Algèbre*, comme on lit un roman.

VOLTAIRE, *Lettres;* 11 septembre 1735.

L'*Algèbre* est une langue bien faite; c'est la seule : rien n'y paroît arbitraire.

CONDILLAC, *De la Langue des calculs.*

L'*Algèbre* ayant été inventée pour faciliter les calculs, est devenue une science qui ne calcule que des grandeurs imaginaires et qui ne propose que des théorèmes inapplicables aux besoins de la vie.

BERNARDIN DE SAINT-PIERRE, *Études de la nature*, IX.

L'on s'est flatté de résoudre mathématiquement toutes les difficultés que présentoient les questions les plus délicates, et de faire ainsi régner l'*algèbre* sur l'univers.

Mme DE STAEL, *De l'Allemagne*, IIIe partie, c. XV, § 1.

Il croit que Varignon fut seul utile en France,
Et s'étonne surtout qu'inspiré par l'amour,
Sans *algèbre*, autrefois, Quinault charmât la cour.

VOLTAIRE, *Épîtres;* à M. de Maurepas.

ALGÈBRE se dit par comparaison des choses difficiles à comprendre ou que l'on ne comprend pas.

Le chirurgien discourut de la cause et de l'effet du mal, qu'il connoissoit aussi peu que l'*algèbre*.

SCARRON, *Roman comique*, II, 9.

Une amie, un dîner, et cent discours encore
Tous plus sots l'un que l'autre, à quoi l'on ne comprend
Non plus qu'à de l'*algèbre* ou bien à l'Alcoran.

REGNARD, *les Ménechmes*, II, 3.

C'est de l'Algèbre pour lui, se dit en parlant d'un homme qui n'entend rien du tout à la chose dont il est question.

ALGÉBRIQUE, adj. des deux genres.

On a dit ALGÉBRAÏQUE. (Voyez les dictionnaires de Richelet et de Furetière.)

Qui appartient à l'Algèbre.

M. de Dangeau, avec une tête naturellement *algébrique*, eut beaucoup d'avantage au jeu des reines.

FONTENELLE, *Éloge de Dangeau.*

Des équations *algébriques* ne donnent de prise ni à l'épigramme, ni à la chanson, ni à l'envie.

VOLTAIRE, *Lettres*, 1732; à M. Lefebvre.

C'est cette méthode de soumettre partout l'infini au calcul *algébrique*, que l'on appelle calcul différentiel ou des fluxions, et calcul intégral. C'est l'art de nombrer et de mesurer avec exactitude ce dont on ne peut pas même concevoir l'existence.

LE MÊME, *Lettres philosophiques*, XVII.

J.-J. Rousseau me communiqua un jour des espèces de caractères *algébriques* qu'il avait imaginés, pour exprimer très-brièvement les couleurs et les formes des végétaux.

BERNARDIN DE SAINT-PIERRE, *Études de la nature*, XI.

ALGÉBRISTE, s. m.

Celui qui sait l'Algèbre, qui fait des opérations d'Algèbre.

Si tous ceux qui jouent étoient de bons joueurs, ils seroient ou grands *algébristes* ou nés pour l'être.

FONTENELLE, *Éloge de Dangeau.*

Ainsi, quand la métaphysique ou l'algèbre sont à la mode, ce sont des métaphysiciens ou des *algébristes* qui font la réputation des poëtes et des musiciens.

VAUVENARGUES, *Réflexions et maximes*, CCLXXXI.

Un homme, avec les quatre règles d'arithmétique et du bon sens, devient un grand négociant, un Jacques Cœur, un Dolinet, un Bernard, tandis qu'un pauvre *algébriste* passe sa vie à chercher dans les nombres des rapports et des propriétés étonnantes, mais sans usage, et qui ne lui apprendront pas ce que c'est que le change.

VOLTAIRE, *Lettres philosophiques*, XXIV.

Parce que chacun d'eux faisoit un mystère de sa méthode, il est arrivé que l'algèbre a paru récente, quoique les *algébristes* fussent anciens.

CONDILLAC, *De la Langue des calculs.*

Entends-tu murmurer ce sauvage *algébriste*
A la démarche lente, au teint blême, à l'œil triste,
Qui, d'un calcul aride à peine encore instruit,
Sait que quatre est à deux comme seize est à huit.

VOLTAIRE, *Épîtres;* à M. de Maurepas.

Maudit soit à jamais le pointilleux sophiste,
Qui le premier nous dit en prose d'*algébriste* :
Vains rimeurs, écoutez mes ordres absolus,
Pour plaire à ma raison, pensez, ne peignez plus.

GILBERT, *Satires*, le Dix-huitième Siècle.

ALGUAZIL (on prononce ALGOUAZIL), s. m. Mot qui a passé de l'arabe dans l'espagnol et qui désigne, en Espagne, un officier de justice chargé d'exécuter les ordres d'un magistrat, ce que l'on a nommé chez nous sergent, exempt, commissaire, etc

Les officiers de justice estoient d'un auditeur général avec un lieutenant, d'un *algasil* du Roi avec son lieutenant, de quatre autres *algasils*, quatre secrétaires, six huissiers et un geolier.

AGR. D'AUBIGNÉ, *Histoire universelle,* t. III, liv. I, c. 23.

Santillane, de plus, avertit don Pedro de ne venir point sans un *alguazil,* que nous appelons à Paris un commissaire.

SCARRON, *le Roman comique,* Ire partie, c. 22.

Seigneur don Pablos, prenez garde à vous; je vous avertis qu'il y a un *alguazil* et des archers à vos trousses.

LE SAGE, *le Diable boiteux,* c. 20.

Il étoit accompagné de deux bourgeois et d'un *alguazil* aussi respectable par sa moustache et sa mine brune que par sa charge.

LE MÊME, *Gil Blas,* liv. V, c. 1.

Ah! monsieur l'*alguazil,* vous faites le discret.

MONTFLEURY, *la Femme juge et partie,* III, 8.

ALGUAZIL se dit en français, par plaisanterie ou par mépris, des gens que la police ou la justice chargent de faire des arrestations.

Si vous voyez M. le marquis (de Lézeau), dites-lui qu'avec sa permission je pourrais bien aller passer un mois dans ses terres pour dépayser les *alguazils.*

VOLTAIRE, *Lettres,* mai 1734; à Cideville.

ALGUAZIL est quelquefois pris métaphoriquement.

Puissent les *alguazils* de la littérature et les commis à la douane des pensées laisser arriver mon petit ballot en sûreté!

VOLTAIRE, *Lettres;* 29 mars 1773.

ALGUE, s. f. (Du latin *Alga.*)

On l'a écrit ALGE. (Voyez le *Dictionnaire* de COTGRAVE et le *Glossaire* de ROQUEFORT.)

Terme de botanique qui comprend tout un genre de plantes marines. Il y a aussi des algues d'eau douce.

Les plantes qui croissent dans le sein de la mer... sont encore si peu connues, qu'elles manquent même de nomenclature. On leur donne, en général les noms de fucus, d'*algues,* ou de varechs.

BERNARDIN DE SAINT-PIERRE, *Harmonies de la nature,* l. III, Harmonies aquatiques des végétaux.

Tous les fleuves du monde y roulent leurs destins
Tous ceints d'*algue* et de jonc s'inclinant sur leurs [urnes.

LEBRUN, *Odes.*

L'osier souple, le jonc, l'*algue* marécageuse.

SAINT-ANGE, trad. des *Métamorphoses* d'Ovide, VIII.

Là sont de leur métier les instruments divers:
Des nasses, des filets encor d'*algue* couverts,
Quelque vieil hameçon et quelque ligne usée.

FIRMIN-DIDOT, trad. de Théocrite, *Idylles,* les Pêcheurs.

ALIBI, s. m. (De l'adverbe latin *Alibi.*)

Il semble avoir été pris autrefois, au propre et au figuré, dans des acceptions générales en rapport avec le sens de l'adverbe latin *ailleurs,* dont il était tiré.

Faire un alibi signifie, dans le passage suivant, Aller ailleurs, passer dans un autre lieu.

Quant Scalles et Wilibry
Eurent au siège ces nouvelles,
Tantost *firent ung aliby.....*
De rechief au Mayne reviendrent.

MARTIAL D'AUVERGNE, *Vigiles de Charles VII,* part. I.

De là, au figuré, l'emploi de ALIBI au sens de Détour, subterfuge.

Quand il (Louis XI) convia le roy d'Angleterre de venir à Paris faire bonne chère et qu'il fut pris au mot, il s'en repentit tout aussitost et trouva un *alibi* pour rompre le coup.

BRANTÔME, *Des Dames,* IIe part. Discours sur ce qu'il ne faut jamais parler mal des dames.

En termes de jurisprudence criminelle et, par extension, dans le langage ordinaire, *Alibi* est la présence d'une personne dans un lieu autre que celui où a été commis le crime ou le délit dont on l'accuse. On dit *alléguer, prouver,* etc., *un alibi.*

Se saisirent du sire fradre, lequel, pour la peur conceuë n'avoit pu regaigner sa chambre pour forger *un alibi.*

NOEL DU FAIL, *Contes d'Eutrapel,* XX.

Moy pouvant prouver mon *alibi* de cent lieues loing.

H. Estienne, *la Précellence du langage françois*, préface.

Ils le déchargèrent du crime par leur sentence, et reçurent la preuve d'un *alibi* qu'il leur présenta.

Fléchier, *Mémoires sur les grands jours de* 1665.

Ce qui parut le plus injuste de toutes ces conclusions, ce fut quand il dit que les actes authentiques qui prouvoient l'*alibi* de ma fille de Coligny avoient été passés par des notaires de village qui avoient pu être gagnés.

Bussy-Rabutin, *Lettres;* aux RR. PP. Rapin et Bouhours, 27 juin 1684.

Beaulieu consulte avec ses sœurs, et ils prenoient de fichues résolutions quand Patru y arriva, à qui il dit qu'il étoit résolu de l'enlever (Mlle de la Haute-Maison). « Il faut donc, lui dit cet ami, avoir vos *alibi* bien prouvés. »

Tallemant des Réaux, *Historiettes, Beaulieu-Picart.*

L'*alibi* est prouvé invinciblement.

Voltaire, *Lettres;* 4 septembre 1769.

Halifax, Bentin et Dombi
N'ont qu'à chercher un *alibi*
Pour justifier leur conduite.

La Fontaine, *Lettres*, XXI; au prince de Conti.

Alibi a pu, en certains cas, recevoir, par figure, un autre sens qu'un sens judiciaire.

C'est un bon *alibi* qu'une tragédie.

Voltaire, *Lettres;* 20 novembre 1766.

Alibi ne prend plus d'*s* au pluriel.

Nos anciens disaient *alibis* au pluriel : nous disons aujourd'hui des *alibi*.

Ménage, *Origines*.

ALIBIFORAIN, s. m. (Du précédent substantif et de l'adjectif *forain*, venu lui-même soit du substantif *forum*, soit de l'adverbe *foras*.

On l'a primitivement écrit en deux mots : *Alibi forain*.)

Ce mot du langage familier, aujourd'hui peu usité, a été d'abord, comme *alibi*, une expression employée dans un sens judiciaire; ce qui s'accorde avec l'étymologie qui le rattache au mot *forum*. « Chercher des *Alibi forains*, » disent Rob. Estienne, J. Thierry, Nicot, c'est « faire des incidents frustratoires, interjecter plusieurs frivoles appellations. » Monet le traduit par « Fuite, tergiversation au fait de procez; » Danet : « Fuite échappatoire dans un procès. »

Il a pris, par extension, le sens plus général d'Excuse frivole, de Vaine défaite, de Propos en l'air, sans rapport à la chose dont il est question.

Pour ce que vous m'avez forclos et reclus de telles manières de respondre, disant que les femmes sont coustumières d'en user pour trouver les eschappatoires et *alibis forains*...

Les Cent nouvelles nouvelles. C.

ALIBORON, s. m.

Aussi écrit autrefois *Aliborum*.

On en ignore l'origine. Au rapport de Ménage, Huet supposait qu'il pouvait venir d'un génitif pluriel, *alibōrum*, prêté au mot *alibi* par quelque avocat ridicule, qualifié, en conséquence, du sobriquet *Maître aliborum, aliboron*.

Le mot d'ailleurs est fort ancien.

Dans *le mystère de la Passion* d'Arnoul Greban (v. 22931), Jésus-Christ est apostrophé en ces termes :

Sire roi, *maistre Aliboron*.

On ne l'a employé que joint à ce mot *Maître* pour désigner :

Soit un homme qui veut se mêler de tout, qui fait le connaisseur en toutes choses et ne se connaît à rien :

La reyne mère, quand elle avoit quelque grand'affaire sur les bras, l'envoyoit querir toujours (le mareschal de Biron)... et avoit son grand recours en luy. Luy mesme en goguenardant il disoit qu'il estoit un *maistre Aliboron*, qu'on employoit à tout faire.

Brantôme, *Grands capitaines françois*, M. le mareschal de Biron,

Soit, dans une acception plus générale, un homme ignorant, stupide, ridicule :

Que diable veut ce *maître aliborum?*

Rabelais, *Pantagruel*, III, 20.

Le Duchat a expliqué le surnom d'un médecin de Henri IV, dans les Mémoires de Sully, t. I, c. 58, *alibour*, pour *aliborum*, *aliboron*.

Maître aliboron est, chez la Fontaine, une qualification de l'âne.

Arrive un troisième larron
Qui saisit *maître aliboron*.
LA FONTAINE, *Fables*, I, 13.

ALIÉNER, v. a. (Du verbe latin *Alienare*, et, par ce mot, d'*alienus* et d'*alius*.)

C'est, au propre, un terme de jurisprudence qui signifie : Transférer à un autre la propriété d'un fonds, ou de ce qui tient lieu de fonds : « l'estranger, » a dit Rob. Estienne.

Ils ne pouvoient l'héritage du roi d'Angleterre donner, *aliéner* ni élever aucunement aux François sans son gré.
FROISSART, *Chroniques*, liv. I, IIe part., c. 353.

La vraie possession d'un bien consiste dans la puissance de l'*aliéner*.
LE MAITRE, VIIe *plaidoyer*.

Je répondis à M. le duc de Medina que les rois ne pouvoient ni vendre, ni *aliéner* leurs états, ni même s'en dépouiller au préjudice de leurs héritiers nécessaires.
L'ARCHEVÊQUE D'EMBRUN à Louis XIV, 28 février 1665. (Voyez MIGNET, *Négociations relatives à la Succession d'Espagne*, t. I, p. 345.)

Mlle de Beauvesé..... sollicitoit les juges pour entrer dans la possession d'un bien que son père avoit autrefois *aliéné* à son préjudice.
FLÉCHIER, *Mémoires sur les grands jours de* 1665.

On dit qu'il est venu à la cour pour conférer avec le duc de Lerme, sur des biens royaux que ce ministre a dessein d'*aliéner* en Sicile.
LE SAGE, *Gil Blas*, liv. VII, c. 13.

Les États Généraux sont assemblés à Blois; mais on lui refuse les subsides qu'il demande pour cette guerre à laquelle les États mêmes le forçaient. Il n'obtient pas seulement la permission de se ruiner en *aliénant* son domaine,
VOLTAIRE, *Essai sur les mœurs*, c. 173. De la France sous Henry III.

Aliéner, c'est donner ou vendre.
J.-J. ROUSSEAU, *Contrat social*, II, 11.

ALIÉNER est pris au même sens, mais par figure, dans le passage suivant :

Les pauvres s'élèveront contre vous.... pour vous demander compte de leur revenu dissipé. Vous *avez aliéné* le fonds sur lequel la Providence divine leur avoit assigné leur vie ; ce fonds, c'étoit votre superflu.
BOSSUET, *Sermons* sur nos dispositions à l'égard des nécessités de la vie.

On le dit par extension en parlant de choses abstraites auxquelles on renonce. De là des expressions telles que *Aliéner* ses droits, sa liberté, son cœur, etc.

Mais quand on pourroit *aliéner* sa liberté comme ses biens, la différence seroit très grande pour les enfants, qui ne jouissent des biens du père que par transmission de son droit, au lieu que la liberté étant un don qu'ils tiennent de la nature en qualité d'hommes, leurs parents n'ont aucun droit de les en dépouiller.
J.-J. ROUSSEAU, *Discours sur l'origine et les fondements de l'inégalité parmi les hommes*.

De cet avantage résulte un inconvénient, qui seul devroit ôter à toute femme sensible le courage de faire nourrir son enfant par une autre ; c'est celui de partager le droit de mère ou plutôt de l'*aliéner*.
LE MÊME, *Émile*, l. I.

Je veux que mes amis soient mes amis et non pas mes maîtres, qu'ils me conseillent et non pas qu'ils me gouvernent. Je veux bien leur *aliéner* mon cœur, mais non pas ma liberté.
LE MÊME, *Lettres*, 1757.

Un ordre de la nation ne peut pas plus que la nation elle-même *aliéner* sa liberté.
MIRABEAU, *Discours*, 30 janvier 1789.

Figurément, Aliéner les affections, les cœurs, les esprits, etc., c'est les Détourner de quelqu'un, lui faire perdre la bienveillance, l'attachement, l'estime, etc.

On s'en sert ainsi, en bien des cas, avec un régime direct seulement :

Mœsa luy montra que ces ornemens estrangers le feroient hayr à ces citoyens, à la façon de vivre desquels il devoit s'accommoder de peur que ceste diversité d'habits n'*alienast* leurs volontez, et ne leur fist secouer le joug de son Empire.
COEFFETEAU, *Histoire romaine*, liv. XIV.

Des injures continuelles *avoient* donc *aliéné* les esprits de la multitude; mais, sans avoir encore de méchantes intentions, elle souffroit avec douleur la tyrannie.

SAINT-EVREMOND, *Réflexions sur les divers génies du peuple romain*, c. 8.

Peut-on laisser *aliéner* des cœurs qu'on peut gager à si bas prix?

MASSILLON, *Petit Carême*, 4e dimanche.

La diversité des opinions ne doit jamais *aliéner* les cœurs.

DE LA MOTTE, *Réflexions sur la critique*, 18e partie.

Les impôts *aliénaient* l'affection et tous les parlements étaient mécontents.

VOLTAIRE, *Histoire du Parlement de Paris*, c. XX, Des Parlements sous Henri II.

Un éclat indiscret ne fait qu'*aliéner*
Un cœur que la douceur auroit pu ramener.

LA CHAUSSÉE, *le Préjugé à la mode*, I, 3.

Dans le passage suivant, *Aliéner les cœurs*, par une autre nuance, signifie les Priver de leur liberté.

Ilz vous diront que vostre doulx langaige
Les cueurs humains *aliène* et engaige.

CL. MAROT, *Élégies*, liv. II, 6.

On dit encore *Aliéner* une personne, pour la Rendre contraire, hostile.

Enfin elle (Mme de Maintenon) vint à bout d'*aliéner* fort le roi et de le mettre de mauvaise humeur contre Louvois.

SAINT-SIMON, *Mémoires*, 1715.

Les Athéniens, oubliant que la modération et la douceur leur avoit d'abord attaché beaucoup d'alliés, les *avoient* ensuite presque tous *aliénés* par la fierté et la dureté de leur gouvernement.

ROLLIN, *Histoire ancienne*, VII, 3.

Le commencement de son règne fit des mécontents, ses premières démarches irritèrent le parti qui s'étoit opposé à son élection, et *aliénèrent* presque tout le reste.

VOLTAIRE, *Histoire de Charles XII*, liv. II.

Le duc d'Orléans rejeta un parti qui auroit indigné ou *aliéné* toute la nation.

DUCLOS, *Mémoires secrets sur Louis XIV*, la Régence.

On diroit que cette lettre qui a ramené tant de catholiques, n'a fait qu'achever d'*aliéner* les protestants.

J.-J. ROUSSEAU, *Lettres*; 23 mai 1764.

Aliéner plusieurs personnes, c'est quelquefois les mal disposer les unes à l'égard des autres.

Cette fierté réciproque, qui *aliène* toujours tous les hommes en place, n'avança pas les affaires du roi de Suède.

VOLTAIRE, *Histoire de Pierre le Grand*, IIe part., c. 1.

ALIÉNER, dans cette manière de parler, reçoit souvent un complément formé au moyen de la préposition *de* et de son régime.

On dit *Aliéner* l'esprit, le cœur *de* quelque chose ou *de* quelque personne.

Le Roy... vous donna sujet de croire par ses dernières paroles, que vos raisons et remontrances *luy avoient aliéné* l'esprit *de* ce mariage.

SULLY, *Œconomies royales*, c. 79.

Le grand schisme de trente-huit à quarante ans, et les misérables exactions qu'il produisit, *aliéna* du tout le cœur des bohémiens *de* la papauté.

EST. PASQUIER, *Recherches de la France*, III, 29.

Le caractère des Lacédémoniens avoit quelque chose de dur, d'austère, souvent même de féroce, défaut qui venoit en partie de leur éducation et qui *aliéna d'*eux l'esprit de tous les alliés.

ROLLIN, *Histoire ancienne*, V, 7.

Toutes ces réflexions *aliénèrent* enfin mon cœur *de* cette femme au point de ne pouvoir plus la voir sans dédain.

J.-J. ROUSSEAU, *les Confessions*, II, 9.

ALIÉNER une personne *de* quelque chose.

Lothaire régnant, Charles son frère, par une ambition sotte et précipitée, se fit vassal de l'Empereur Othon : ce qui *aliéna* tant Charles *du* cœur des François, qu'après la mort de Louys, son neveu, il fut aisé à Hugues Capet de se faire couronner Roy par le commun vœu et suffrage des prélats et seigneurs de la France.

EST. PASQUIER, *Recherches de la France*, II, 10.

Le démon prenoit les simples d'une autre manière, et, par une fausse horreur des méchants, il les *aliénoit de* l'Eglise.

BOSSUET, *Histoire des variations des Églises protestantes*, liv. XI, n° 144.

Votre Majesté a-t-elle bien réfléchi sur l'opprobre éternel dont elle couvre ma famille, et sur les suites d'un emprisonnement qui peut *aliéner de* votre service les personnes qui remplissent les postes de l'État les plus importants?

LE SAGE, *Gil-Blas*, liv. IV, c. 4.

Aliéner une personne *d'*une autre personne.

Une des charges de Villequier estoit de se servir du luthéranisme de ce prince pour l'*alliéner des* Refformez.

AGR. D'AUBIGNÉ, *Histoire universelle*, t. II, liv. III, c. 18.

Là dessus Antoine, pour se fortifier de l'assistance du peuple, et pour l'*aliéner d'*Auguste, porta son frère qui estoit tribun à publier un décret de la distribution de force terres pour la commune.

COEFFETEAU, *Histoire romaine*, liv. I.

Le parlement *avait* encore *aliené de* lui les princes du sang et les pairs.

VOLTAIRE, *Histoire du Parlement de Paris*, c. 54.

Ainsi quand M. Hume tâche aujourd'hui d'*aliéner de* moi cet honnête homme, il cherche à m'ôter ce qu'il ne m'a pas donné.

J.-J. ROUSSEAU, *Lettres;* 10 juillet 1766.

ALIÉNER plusieurs personnes les unes *des* autres.

Je n'ai trouvé aucun sujet considérable et capable de désunir les esprits, et de les *aliéner* les uns *des* autres.

BOSSUET, *Exhortation sur la nécessité du silence.*

Les liens des mariages de finance, en rapprochant deux citoyens de classes différentes, *aliènent* souvent leurs familles.

BERNARDIN DE SAINT-PIERRE, *Études de la nature*, XIII.

Quelquefois c'est au moyen de la préposition *à* qu'ALIÉNER reçoit un régime indirect. On dit *Aliéner à* une personne, *lui aliéner* l'esprit d'une autre personne ou cette personne elle-même.

Cela *lui aliénoit* les esprits de la province.

PERROT D'ABLANCOURT, trad. des *Commentaires* de César.

N'est-ce pas une grande épine hors du pied, que le départ d'un homme que vous soupçonniez de mettre le désordre chez vous, et de vous *aliéner* le cœur de Madame votre mère?

Mme DE SIMIANE, *Lettres;* à M. d'Héricourt, 24 octobre 1736.

Ces façons *lui aliénérent* beaucoup de gens.

SAINT-SIMON, *Mémoires*, 1720.

Le même esprit... souleva contre lui (Henri IV) la faction catholique, et son changement nécessaire de religion *lui aliéna* les réformés.

VOLTAIRE, *Essai sur les mœurs*, c. 174.

Fontenelle s'était déclaré contre l'adoration aveugle de Pindare et d'Homère, avec une franchise et une liberté qui *lui aliéna* Despréaux.

D'ALEMBERT, *Éloge de Despréaux.*

Dans un sens particulier, *Aliéner* l'esprit, l'entendement, la raison, etc., c'est les Faire perdre, faire devenir fou, rendre fou.

Jugez si, quand les sens enflammés *aliènent* l'entendement et tyrannisent la volonté, c'est le temps d'écouter les graves leçons de la Sagesse.

J.-J. ROUSSEAU, *Émile.*

L'excès du vin dégrade l'homme, *aliène* au moins sa raison pour un temps et l'abrutit à la longue.

LE MÊME, *Lettre à d'Alembert.*

Qu'est-ce qu'amour, sinon double amertume,
Tournant bon droict en maulvaise coustume,
Aliénant le sens et la raison...

CL. MAROT, *Épîtres*, liv. I, 35.

A ces acceptions diverses d'ALIÉNER, correspondent divers emplois de ce verbe sous sa forme pronominale, *S'aliéner*.

S'aliéner a le sens passif de Être aliéné.

Une nièce, Monsieur, ne peut *s'aliéner;*
C'est comme un propre. Enfin on va vous chicaner

DUFRESNY, *la Réconciliation normande*, IV, 5.

Il a le sens de Se donner :

Je pense que chacun doit sa vie et son sang à la patrie, qu'il n'est pas permis de *s'aliéner à* des princes auxquels on ne doit rien, moins encore de se vendre et de faire du plus noble métier du monde celui d'un vil mercenaire.

J.-J. ROUSSEAU, *la Nouvelle Héloïse*, 1re partie.

Si donc un esclave ne peut *s'aliéner* sans réserve à son maître, comment un peuple peut-il *s'aliéner* sans réserve à son chef?

LE MÊME, *Émile*, liv. V.

Quand chacun pourroit *s'aliéner* lui-même, il ne peut aliéner ses enfants; ils naissent hommes libres.

LE MÊME, *le Contrat social*, liv. I, c. 4.

Le sens de Devenir étranger, contraire, hostile :

Les esprits *s'aliénèrent* de part et d'autre à l'occasion des prérogatives que l'Espagne avoit accordées à l'Angleterre pour son commerce aux Indes.

SAINT-SIMON, *Mémoires*, 1718.

Comme les meilleurs amis disputent tous les jours sans *s'aliéner*, j'espère que Mme Dacier ne trouvera pas mauvais que je me défende, et qu'elle souffrira même que j'aie raison en bien des choses.

LA MOTTE, *Réflexion sur la critique*.

L'esprit public *s'aliénait* tous les jours davantage.

NAPOLÉON, *Mémoires*, t. IV, p. 243.

On dit, en ce sens, *S'aliéner de, de* quelque chose :

Le diable par sa cheute *s'est* tellement *aliéné de* toute communication de bien, qu'il ne peut autre chose que mal faire.

CALVIN, *Institution chrestienne*, liv. II, c. 3.

Toute société partielle, quand elle est étroite et bien unie, *s'aliène de* la grande.

J.-J. ROUSSEAU, *Émile*.

De quelqu'un :

Il n'y a doute qu'Adam estant decheu de son degré, par telle apostasie ne *se soit aliéné de* Dieu.

CALVIN, *Institution chrestienne*, liv. I, c. 15.

Étant à nous, non seulement ils *s'en sont aliénés* de tout temps, mais ils nous font la guerre.

PERROT D'ABLANCOURT, trad. de Tacite, l. I, c. 2.

Qu'ils s'étendent (les prédicateurs) tant qu'ils voudront sur les défauts d'autrui, nous les écoutons avec joie et nous n'avons que des louanges à leur donner; mais qu'ils poussent l'induction jusqu'à nous, dès lors *nous nous aliénons* d'eux.

BOURDALOUE, *Sermons*, pour le 4e dimanche après Pâques.

S'aliéner c'est quelquefois Aliéner à soi; se rendre contraire, hostile. On dit *S'aliéner* les esprits, les personnes.

Ces messieurs, enchantés par les grâces et par la spiritualité du prélat, *s'alienerent* entièrement Madame de Maintenon par ces démarches.

SAINT SIMON, *Mémoires*, 1697.

Il sentit quel besoin il avoit de ramener à lui des hommes qu'on ne *s'aliène* pas impunément.

D'ALEMBERT, *Éloge du maréchal de Belle-Isle*.

ALIÉNÉ, ÉE, participe.

Il se prend, adjectivement, dans les divers sens du verbe ;

En parlant d'une propriété transférée à un autre :

La noblesse de cette province est fort allarmée de l'arrest rendu au conseil du roy, au sujet des anciens domaines *alliénez* par les comtes de Provence avant la réunion à la couronne.

D'OPPÈDE à Colbert, 24 octobre 1666. (Voyez DEPPING, *Correspondance administrative sous Louis XIV*, t. I, p. 365.)

D'une personne qui ne s'appartient plus :

Aller, venir, complimenter, s'épuiser, devenir toute *aliénée* comme une dame d'honneur, c'est ce que nous fîmes hier.

Mme DE SÉVIGNÉ, *Lettres*; 9 août 1680.

D'une personne devenue étrangère à quelque chose; défavorable, contraire, etc. :

Cimon ne contraignoit personne... estant bien aise de les laisser devenir... laboureurs, marchands et mesnagers, du tout *aliénés des* armes par leur bestise.

AMYOT, trad. de Plutarque, *Vie de Cimon*.

Le peuple de son costé se montra si esloigné et si *aliéné de* l'affection qu'il luy avoit portée, qu'il se mit à combattre toutes ses volontez et à luy resister en toutes choses.

COEFFETEAU, *Histoire romaine*, liv. III.

Le peuple, la regardant passer (Anne d'Autriche), lui donnoit mille bénédictions, quoique déjà il parût un peu *aliéné de* l'amour qu'il avoit pour elle.

Mme DE MOTTEVILLE, *Mémoires*.

Mme la Palatine avoit cru devoir parler ainsi d'abord, parce qu'il lui importoit, pour le service des Princes, d'effacer de l'esprit de beaucoup de gens de son parti, l'opinion qu'ils avoient qu'elle ne fût trop *aliénée de* la Cour.

CARDINAL DE RETZ, *Mémoires*.

Je représentai le schisme radical de la Cour,... le danger extrême d'attendre un mariage étranger (pour la fille du duc d'Orléans) *dont* le roi étoit tout à fait *aliéné*.

SAINT-SIMON, *Mémoires*, 1710.

D'une personne qui s'est détachée d'une autre personne, qui lui est devenue contraire, hostile :

Je ne serai jamais tant... *aliéné de* vous que particulièrement pour votre empire et communément pour la défense de la république chrestienne, je n'entreprenne ce qui appartient au titre de roy très chrestien.

FRANÇOIS Ier, *Lettre* à la Diète de Nuremberg, janvier 1543. (Voyez les *Négociations de la France dans le Levant*, t. I, p. 561.)

Nos historiographes racontent qu'il (Louis le Bègue) gaigna grandement le cœur de ses subjects à demy *aliénez*, pour avoir esté telles assemblées mises sous pied, et à nonchaloir du vivant de son devancier.

EST. PASQUIER, *Recherches de la France*, II, 2.

Salcède, quoiqu'*aliéné des* refformez, pour ses querelles avec le cardinal de Lorraine, passa le pas.

AGR. D'AUBIGNÉ, *Histoire universelle*, t. II, liv. I, c. 4.

Il ne faut pas douter qu'on ne commette un péché mortel, lorsqu'on demeure volontairement *aliéné de* son frère, ce qui arrive lorsqu'on demeure fâché contre lui.

BOSSUET, *Méditations sur l'Évangile*.

Par même raison Charost étoit infatué à l'excès de M. de Cambrai et fort *aliéné de* M. de la Trappe.

SAINT-SIMON, *Mémoires*, 1698.

ALIÉNÉ, dans des sens analogues, se dit de l'âme, du cœur, de l'esprit, etc.

Un prêtre de ce caractère... réconcilie les cœurs aigris et *aliénés*.

MASSILLON, *Discours*, De l'Excellence du Sacerdoce.

Il faudra qu'il ait le cœur bien *aliéné*, si je ne le ramène pas à elle.

J.-J. ROUSSEAU, *Émile*, liv. V.

Je voudrois vous parler de mon état moral dans ma retraite, mais je sens qu'il est bien tard; mon âme *aliénée* d'elle-même est toute à mon corps.

LE MÊME, *Lettres*; à M. de Malesherbes.

Enfin, pour rendre la distraction, l'égarement, la folie qui nous sépare en quelque sorte de nous-même, nous rend étranger à nous-même, on se sert de cette expression, *Aliéné de* sens, *d'*entendement, *d'*esprit, ou d'autres équivalentes :

Et vaincue de ceste tristesse, tomba en tel désespoir qu'elle fut non seulement divertie de l'espoir que tout chrétien doit avoir en Dieu, mais fut du tout *aliénée du* sens commun.

MARGUERITE DE NAVARRE, *Heptameron*, XXIII.

Il croist une herbe en ce fleuve appelée Cenchristis, qui représente une goffre de ruche, de laquelle les médecins font une décoction pour faire prendre à ceux qui sont *alienez d'*esprit, et les deslibvrent ainsy de folie et manie.

AMYOT, trad. de Plutarque, *le fleuve d'Alphée*.

Ou bien encore, seulement, du mot ALIÉNÉ, l'appliquant à l'esprit, à l'air du visage, etc. :

Sages Bergères, je ne sçaurois particulariser ce combat, car j'avois l'esprit tant *aliéné* qu'à peine le voyois-je.

D'URFÉ, *l'Astrée*, IIe part., liv. VI.

Vous leur adressez la parole, ils ne vous répondent point, ils ne vous connoissent point, ils ont les yeux égarés et l'esprit *aliéné :* c'est à leurs parents à en prendre soin et à les renfermer, de peur que leur folie ne devienne fureur.

LA BRUYÈRE, *Caractères*, c. 8.

Il a l'air distrait, *aliéné*, et une contenance dédaigneuse.

VAUVENARGUES, *Essai de quelques caractères*, XXI.

ALIÉNÉ s'emploie substantivement et absolument pour désigner ceux qui sont fous, qui ont perdu l'esprit. On dit un *aliéné*, *les aliénés*, etc.

ALIENE, adj. des deux genres. (Du latin *Alienus*).

Encore écrit ALIEN, ALLIEN. (Voyez le *Glossaire* de Sainte-Palaye.)

Cet ancien adjectif avait le sens d'*alienus*, sur lequel on l'avait formé.

Il voulait dire, au propre, D'un autre pays, étranger. On trouve dans le *Roman de Brut* (ms. fol. 49, r°, col. 1, cité par Sainte-Palaye) *gent aliène*, pour nation étrangère.

Au figuré, il voulait dire : Sans rapport avec l'objet dont il s'agit, étranger à cet objet.

Lequel abregé recit, pour ce qu'il sembloit... estre *aliène* en cest endroit et non servant à mon propos...

DU BELLAY, *Mémoires*, liv. V, prologue.

On disait, en ce sens, *Aliène de*, pour Étranger à.

La vertu de l'éloquence git es mots propres, non *aliènes du* commun usage de parler.

JOACHIM DU BELLAY, *Illustration de la langue françoise.*

Vous voyez ceste petite lettre en laquelle j'ay accoustumé d'escrire, combien elle est *aliene des* caractères de chifre, à chacune desquelles il me faudroit délibérer.

LE CARDINAL D'OSSAT, *Lettres,* liv. I, lettre VI.

On disait, substantivement, *un aliène,* pour un étranger.

Est un *alien* que est née hors de la legeance nostre Seignior le Roy.

Tenures de Littelon, fol. 43, v°. (Cité par Sainte-Palaye.)

Et pour ne scais quel *aliène*
Lais ma fille Gumdoliène.

Roman de Brut, ms., fol. 11, r°, vol. 1. (Cité par Sainte-Palaye.)

ALIÉNABLE, adj. des deux genres.

Il ne se rapporte qu'au sens propre d'*aliéner*. C'est un terme de jurisprudence signifiant, au sujet de biens, de domaines, de droits, etc. :

Qui peut être aliéné.

Bellièvre maintenoit que pour les necessitez du royaume le domaine estoit *aliénable;* mais le contraire fut emporté par la plupart des députez.

AGR. D'AUBIGNÉ, *Histoire universelle,* t. II, liv. III, c. 6.

Cette terre n'est point *aliénable,* parce qu'elle appartient à un mineur.

RICHELET, *Dictionnaire.*

On en a fait INALIÉNABLE (voyez ce mot), employé dans un sens contraire.

ALIÉNATION, s. f. (Du latin *Alienatio.*)

Il a, comme *aliéné*, des sens qui correspondent aux sens d'*aliéner*.

On dit l'*aliénation* d'un domaine, d'une terre, etc.

Si lesdites *aliénations* ont été faites aux rois de France.

FROISSART, *Chroniques,* l. I, 2e part., c. 127.

Baillant un de nos héritages à emphytéose, ou à perpétuité, ou à longues années, ou à vie, nous ne revoquons en doubte que ce ne soit une *aliénation,* tout ainsi que si nous le vendions.

EST. PASQUIER, *Interprétation des Institutes de Justinian,* III, 59.

Il faut savoir que par une déclaration à part Monsieur se fit donner, par appanage, les duchez d'Anjou, Tourenne et Berri, deschargées de touttes *aliénations* et dons faits de ce règne, de tous dots et douaires.

AGR. D'AUBIGNÉ, *Histoire universelle,* t. II, liv. II, c. 35.

L'*aliénation* de toutes les dignités est défendue.

PATRU, VIIe *plaidoyer.*

Ces dernières *aliénations* (par renonciation) étant plus universelles et comprenant des droits indéfinis, elles sont aussi plus dangereuses que les autres, et par conséquent plus réprouvées dans le droit.

Traité des droits de la Reine, 1667. (Voyez MIGNET, *Négociations relatives à la succession d'Espagne,* t. II, p. 72.)

La prescription est une espèce d'*aliénation,* et c'est ce qui fait que comme le domaine de nos rois est inaliénable, il a été aussi avec raison déclaré imprescriptible.

D'AGUESSEAU, XIIIe *Requête.*

L'*aliénation* d'un domaine de la couronne a toujours été réputée contraire aux lois du royaume par tous les parlemens, et particulièrement par celui de Provence.

VOLTAIRE, *Précis du siècle de Louis XV,* c. 39.

ALIÉNATION exprime au figuré un éloignement moral;

Soit absolument :

Je tiens pour certain que toute cette *aliénation* qu'elle (l'impératrice douairière) me montre n'est pas tant au regard du public, que pour satisfaire ce comte (de Canossa).

LE CHEVALIER DE GREMONVILLE, à Louis XIV, 21 mai 1671. (Voyez MIGNET, *Négociations relatives à la succession d'Espagne,* t. III, p. 519.)

Ce fut... un nouveau sujet d'*aliénation* entre Monsieur et le Roi de Navarre.

MÉZERAY, *Histoire de France.*

Soit avec un complément formé de la préposition *de* et de son régime : l'*aliénation des* volontés, *des* esprits, etc

Il y a quelquefois de petites nargnes et riottes, souvent répétées... lesquelles par succession de temps engendrent de si grandes *alienations de* volontez entre les personnes, qu'elles ne peuvent plus vivre ny habiter ensemble.

AMYOT, trad. de Plutarque, *Vie de Paulus Æmylius,* c. 7.

Héliogabale, indigné de cette vie si reformée et si esloignée de la sienne, prit cela pour une *aliénation de* volonté.

COEFFETEAU, *Histoire romaine,* liv. XIV.

Les États de Bretagne, qui se tenoient alors, étoient fort orageux, et l'*aliénation des* esprits y avoit commencé dès l'année précédente.

DUCLOS, *Mémoires secrets sur Louis XIV, la Régence, etc.*

On dit de même, l'*aliénation des* personnes, *leur aliénation,* en parlant de l'éloignement qu'elles ont les unes pour les autres.

Leur aliénation avoit pris son origine de l'étroite communication qu'ils avoient eue ensemble.

LA ROCHEFOUCAULD, *Memoires*

Dans cette manière de parler, le régime de la préposition *de* peut désigner ce dont on s'éloigne, ce dont on se sépare, que ce soient des personnes ou des choses.

Toutes ces bravades et menaces, et tant de malicieuses et importunes inventions, ne peuvent engendrer en un bon cœur, sinon qu'une grande *aliénation d'*eux.

CARDINAL D'OSSAT, *Lettres,* liv, I, 17.

L'indifférence pour la cause de Dieu est communément prise et interprétée comme une *aliénation* secrète *des* intérêts de Dieu.

BOURDALOUE, *Sermons,* Sur le zèle pour la défense des intérêts de Dieu.

Dans le passage suivant, l'*aliénation,* c'est-à-dire la séparation de l'âme et du corps, est opposée à leur union.

O inconcevable union et *aliénation* non moins étonnante!

BOSSUET, *Sermons,* Sur la résurrection dernière.

On dit *aliénation d'*entendement, *de* sens, *d'*esprit, etc., pour Égarement d'esprit, folie.

Ils sont subjects aux fièvres tierces, et aux ardantes, et resveries, et *aliénations d'*entendement.

A. PARÉ, *Œuvres,* I, 9.

Ce n'étoit plus amour ni constance; c'étoit une *aliénation de* sens, une maladie surnaturelle, une sainte, une divine fureur.

BALZAC, *Socrate chrétien,* disc. III.

J'ai vu en elle de l'*aliénation* d'esprit.

MOLIÈRE, *l'Amour médecin,* III, 6.

L'*aliénation* d'esprit de Charles VI avait perdu la France; la faiblesse d'esprit de Henri VI désola l'Angleterre.

VOLTAIRE, *Essai sur les mœurs,* c. 115.

D'où peut procéder, je te prie,
Ce galimatias maudit?
Est-ce songe? est-ce ivrognerie,
Aliénation d'esprit,
Ou méchante plaisanterie?

MOLIÈRE, *Amphitryon,* II, 1.

On dit encore, en ce sens, *aliénation* mentale, ou simplement *aliénation*

Voyez un heureux, contemplez-le dans le jour même où il a été nommé à un nouveau poste... Il se déconcerte, il s'étourdit; c'est une courte *aliénation.*

LA BRUYÈRE, *Caractères,* De la Cour.

ALIGNER, v. a. (De notre substantif *ligne,* et, par ce mot, du latin *linea.*)

On l'a écrit ALINER, ALIGNIER, etc. (Voyez le *Glossaire* de Sainte-Palaye et les exemples ci-après.)

ALIGNER se trouve au sens de niveler dans un texte fort ancien, où il est question d'un rempart que l'on abat et avec les débris duquel on comble le fossé.

Cil desors sunt al mur monté,
Ens pleusors lius l'ont esfondré,
Après *ont* tot aplanoié
Et fossé et mur *alignié.*

WACE, *Roman de Brut,* v. 6427

Conformément à son étymologie, ALIGNER a le sens général de Ranger, dresser sur une même ligne droite.

On le dit ordinairement des bâtiments, des vergers, des jardins.

En telle manière estant dressée, vostre nouvelle vigne se treuvera proprement ageancée, droictement *alignée* en tous sens et de tous costez.

OLIVIER DE SERRES, *Théâtre d'agriculture,* 5e lieu, c. 4.

Les maisons, au lieu d'être *alignées,* sont dispersées sans symétrie et sans ordre.

J.-J. Rousseau, *Lettres;* 20 janvier 1763.

De tant d'objets divers les regards sont surpris.
Par sentiers *alignés* l'œil va de part et d'autre :
Tout chemin est allée aux royaumes du Nostre.

La Fontaine, *Psyché.*

Il savait *aligner* pour le plaisir des yeux,
Des poiriers déjà forts, des ormes déjà vieux.

Delille, trad. des *Géorgiques,* IV.

Il est fait allusion à cet emploi d'Aligner dans le passage suivant :

Quand la nature a voulu creuser des bassins aux mers, elle n'en a ni arrondi ni *aligné* les bords ; mais elle y a ménagé des baies profondes et abritées des courants généraux de l'Océan.

Bernardin de Saint-Pierre, *Études de la Nature,* IV.

Aligner a le même sens, mais est pris absolument, dans cet autre passage :

Tout ce qu'on peut faire dans les villes anciennes, c'est d'*aligner* petit à petit.

Voltaire, *Lettres;* 27 mars 1769.

Aligner est aussi d'un fréquent usage en parlant d'une troupe que l'on dispose.

Le peuple, qui du Louvre avait atteint la galerie du Musée, commença de tirer du milieu des chefs-d'œuvre sur les lanciers *alignés* au Carrousel.

Chateaubriand, *Mémoires d'outre-tombe.*

Le passage suivant semble offrir une allusion à cet emploi d'*aligner.*

On prend l'enchaînement des idées pour leur preuve, on *aligne* avec exactitude des chimères, et l'on se figure que c'est une armée.

Mme de Stael, *De l'Allemagne,* IIIe partie.

On dit *Aligner* un compte pour le Régler, mettre en équilibre le doit et l'avoir.

Aligner est susceptible de quelques applications figurées.

Aligner ses phrases, ses mots, c'est Soigner jusqu'à l'affectation ce qu'on écrit ou ce qu'on dit.

Aligner se construit avec le pronom personnel, *s'aligner,* et, sous cette forme, se dit, le plus ordinairement, des troupes qui se rangent.

S'aligner, dans le langage populaire, c'est s'apprêter à vider par les armes une querelle, à se mesurer l'un contre l'autre.

Aligné, ée, participe.

On voit, par d'anciens exemples que rapporte Sainte-Palaye, qu'il a été pris adjectivement pour Droit, proportionné, bien fait.

On le disait particulièrement, en ce sens, d'un homme et surtout d'une femme.

Droite et *alignée* et plaisans.

Anc. poët. fr. mss. avant 1300, t. III, p. 1073
(Cité par Sainte-Palaye.)

Elle estoit gresle et *alignée.*

Roman de la Rose, v. 1018.

ALIGNEMENT, s. m.

Ligne qu'on tire, afin qu'une muraille, une rue, une allée, un chemin, soient dirigés en ligne droite.

Prendre les mesures et *alignements* d'une ville, sortir hors les *alignements.*

Rob. Estienne, J. Thierry, Nicot, *Dictionnaires.*

Saillies de maisons, hors d'*alignements,* soient démolies. Le pavement des rues se refera, sans changer, hausser, ni baisser l'*alignement* du viel pavé.

Monet, *Dictionnaire.*

L'on a fait des *alignements* pour l'agrandissement (des hôpitaux) où l'on va travailler avec diligence.

L'Évêque de Marseille, à Colbert, 27 novembre 1669.
(Voyez Depping, *Correspondance administrative sous Louis XIV,* t. I, p. 810.)

Je me suis mise dans la rosée jusqu'à mi-jambes, pour prendre des *alignements,* je fais des allées de retour tout autour de mon parc.

Mme de Sévigné, *Lettres,* 28 octobre 1671

Il se dit particulièrement de la ligne indiquée

par la voirie pour la direction d'une rue, ligne qui n'est pas toujours entièrement droite.

Les officiers de justice assistent les voyers dans les *alignements* qu'ils donnent pour les maisons des coins des rues.

FURETIÈRE, *Dictionnaire*, 1690.

ALIGNEMENT se dit aussi de l'Action d'aligner ou de s'aligner, et s'emploie surtout en parlant d'une troupe.

On dit, en termes de commandement militaire, A droite ou A gauche, *alignement;* Sur le centre, *alignement,* etc.

ALIGNEMENT a pu, comme ALIGNER, recevoir un sens figuré, particulièrement en parlant du style.

Fléchier n'a de commun avec Racine qu'une qualité qu'ils partagent avec plusieurs écrivains, l'élégance et la pureté du style; encore l'élégance n'a-t-elle pas le même caractère dans l'un et dans l'autre: celle du poète, toujours facile, paroît naïve et couler de source; celle de l'orateur, toujours soignée, laisse voir si on peut parler ainsi, l'*alignement* et le compas.

D'ALEMBERT, *Éloge de Fléchier*.

ALIMENT, s. m. (Du latin *Alimentum,* et, par ce mot, d'*Alere*.)

Nourriture, ce qui se mange, se digère et entretient la vie.

La mouëlle est *aliment* elabouré à perfection de nature.

RABELAIS, *Gargantua,* Prologue.

Médicament est la chose qui peut altérer nature en une qualité, ou plusieurs, et n'est point convertie en sa substance : au contraire d'*aliment,* lequel n'altère point ou peu nature, et se convertit en la substance de notre corps.

A. PARÉ, *Œuvres,* XXVI, 1.

Ils parlèrent de vous : Fagon dit que votre grand régime devoit être dans les *aliments;* que c'étoit un remède que la nourriture.

Mme DE SÉVIGNÉ, *Lettres ;* à Mme de Grignan, 8 décembre 1679.

La digestion n'est autre chose que l'altération que souffre l'*aliment* dans l'estomac, pour être disposé à s'incorporer à l'animal.

BOSSUET, *De la Connoissance de Dieu et de soi-même,* c. 2, n° 10.

L'*aliment,* qui étoit un corps inanimé, entretient la vie de l'animal et devient l'animal même.

FÉNELON, *Traité de l'existence de Dieu,* Ire partie, c. 3.

Il croyoit en bon bramin la métempsycose, et ne mangeoit d'aucun *aliment* qui eût eu vie.

LE MÊME, *Fables,* XVI.

Il y a des misères sur la terre qui saisissent le cœur; il manque à quelques-uns jusqu'aux *aliments,* ils redoutent l'hiver, ils appréhendent de vivre.

LA BRUYÈRE, *Caractères,* c. 6.

Les vapeurs lui firent (à Chamillart) traîner une vie languissante qui ressembloit à une longue mort. Une petite fièvre fréquente, un abattement universel, presque aucuns *aliments* indifférents... en un mot, un homme à bout, et qui se consumoit peu à peu.

SAINT-SIMON, *Mémoires,* 1708.

C'est vers la pointe du jour que les songes sont plus vrais, parce que dans ce temps-là l'âme est dégagée des vapeurs des *aliments.*

LE SAGE, *le Diable boiteux,* c. 16.

Le chyle, que je regarde comme l'*aliment* divisé, et dont la dépuration est commencée, entre dans les veines lactées, et de là est porté dans le sang avec lequel il se mêle.

BUFFON, *Histoire des animaux,* c. 4.

Ce sang pur s'est formé d'un *aliment* grossier.

L. RACINE, *la Religion,* I.

Je veux savoir de lui par quels secrets mystères
Ce pain, cet *aliment* dans mon corps digéré,
Se transforme en un lait doucement préparé.

VOLTAIRE, *Discours sur l'homme,* IV.

ALIMENT se prend quelquefois dans une acception plus générale pour l'ensemble des choses destinées à nourrir, ou pour l'action de nourrir.

Le commun train de la guérison se conduit aux despens de la vie; on nous incise, on nous cautérise, on nous détranche les membres, on nous soustrait l'*aliment* et le sang; un pas plus outre, nous voilà guéris tout à fait.

MONTAIGNE, *Essais,* II, 3.

Un maître, selon les règles, doit à ses domestiques l'*aliment* et la demeure.

BOURDALOUE, *Sermon sur le soin des domestiques.*

Une grande partie des biens qu'on a donnez aux Églises, c'estoit pour l'*aliment* des pauvres.

Dictionnaire de l'Academie, 1694.

Aliment, au pluriel, se dit généralement de tout ce qu'il faut pour nourrir et entretenir une personne, et s'emploie surtout en jurisprudence. Rob. Estienne traduit ainsi le latin *alimentarius :*

A qui un laiz d'*alimens* et nourriture a été laissé.

Rob. Estienne, *Dictionnaire françois-latin.*

Cent ans de guerre ont coûté la vie à trois cent mille hommes, dont quarante mille, massacrés en une nuit, ont multiplié cette religion jusques à deux millions d'ames en France; en vingt de retranchements de grâces, d'exclusions de charges publiques, en un mot de soustractions d'*aliments,* sans aucune violence, le roi a déraciné cette hérésie de son État.

Bussy-Rabutin, *Lettres;* à Mme de Scudéry, 18 novembre 1685.

Il n'est pas croyable que vous ôtiez les *aliments* à celle qui vous a donné la vie (paroles de Marie de Médicis à Louis XIII).

Voltaire, *Essai sur les mœurs.*

Seront insaisissables....... les sommes et pensions pour *aliments.*

Code de procédure, art. 581.

Aliment s'emploie, au sens physique, d'une manière plus générale en parlant de tout ce qui sert à nourrir, à entretenir quelque chose :

Les montagnes ardentes qu'on appelle volcans, renferment dans leurs seins le soufre, le bitume et les matières qui servent d'*aliments* à un feu souterrain, dont l'effet plus violent que celui de la poudre ou du tonnerre, a, de tout temps, étonné, effrayé les hommes et désolé la terre.

Buffon, *des Volcans.*

Aliment se dit souvent au figuré.

Nuls accidens ne font tourner le dos à la vive vertu; elle cherche les maux et la douleur comme son *aliment.*

Montaigne, *Essais,* II, 3.

L'eau et le bois suivent nécessairement le logis; car comment peut-on vivre sans ces deux *alimens?*

Olivier de Serres, *Théâtre d'agriculture,* Ier lieu, c. 5.

Après avoir parlé aux autres, je veux parler à moi; la compagnie me fournit les *aliments,* et quand je suis seul, je rumine.

Bussy-Rabutin, *Lettres;* à Charpentier, 6 mai 1688.

Il nous faut un *aliment* solide pour nous soutenir dans le chemin de la perfection, et pour nous aider à y faire continuellement de nouveaux progrès, cet *aliment* c'est l'adorable Eucharistie.

Bourdaloue, *Retraite spirituelle.*

L'*aliment* de l'âme est la vérité et la justice.

Fénelon, *Réflexions pour tous les jours du mois,* XVIe jour.

L'esprit s'use comme toutes choses; les sciences sont ses *aliments,* elles le nourrissent et le consument.

La Bruyère, *Caractères,* c. 11.

Ces matières..... auront formé le premier fonds de l'*aliment* des volcans à venir.

Buffon, *Époque de la nature,* IVe époque.

Je pense, avec l'abbé Conti, qu'à l'exception d'une quarantaine de théorèmes principaux qui sont utiles, les recherches profondes de la géométrie ne sont que l'*aliment* d'une curiosité ingénieuse

Voltaire, *Lettres;* à M. Kœnig, 17 novembre 1752.

Le goût de la solitude et de la contemplation naquit dans mon cœur avec les sentiments expansifs et tendres faits pour être son *aliment.*

J.-J. Rousseau, *les Rêveries d'un promeneur solitaire,* Xe promenade.

La liberté est un *aliment* de bon suc, mais de forte digestion : il faut des estomachs bien sains pour le supporter.

Le même, *Gouvernement de Pologne,* c. 6.

Une religion pure, aidée par des mœurs chastes, les dirigeoit vers une autre vie, comme la flamme qui s'envole vers le ciel, lorsqu'elle n'a plus d'*aliment* sur la terre.

Bernardin de Saint-Pierre, *Paul et Virginie.*

Le blé, riche présent de la blonde Cérès,
Trop touffu bien souvent, épuise les guérets;
En superfluités s'épandant d'ordinaire
Et poussant trop abondamment,
Il ôte à son fruit l'*aliment.*

La Fontaine, *Fables,* IX, 11.

Servir d'aliment à est une expression fort usitée.

C'est (la jalousie), des maladies d'esprit, celle *à* qui plus de choses *servent d'aliment* et moins de choses de remède.

Montaigne, *Essais,* III, 5.

Les inquisitions et contemplations philosophiques ne *servent* que d'*aliment à* notre curiosité.

Le même, même ouvrage, III, 13.

Ces indignes impostures prennent crédit dans plusieurs provinces de l'Europe et *servent d'aliment à* la haine des nations.

VOLTAIRE, *Des Mensonges imprimés et du Testament du cardinal de Richelieu,* art. XII.

Quelques essais dramatiques et plusieurs querelles d'éclat m'ont trop fait *servir d'aliment à* la curiosité publique.

BEAUMARCHAIS, *Mémoires.*

Le pain que je vous propose
Sert aux anges *d'aliment;*
Dieu lui-même le compose
De la fleur de son froment.

J. RACINE, *Cantiques,* IV.

ALIMENTER, v. a.
Fournir les aliments nécessaires, nourrir.

Puisqu'il a différé de créer l'homme jusques à ce qu'il eust disposé le cours du Soleil et des estoilles pour nostre usage, qu'il eust rempli les eaux et l'air de toutes sortes de bestail, qu'il eust fait produire toutes sortes de fruicts pour nous *alimenter:* en prenant tel soin d'un bon Père de famille et pourvoyable il a monstré une merveilleuse bonté envers nous.

CALVIN, *Institution chrestienne,* liv. I, c. 14.

De trouver nourrice suffisante n'estoit possible en tout le pays, considéré la grande quantité de laict requis pour icelluy *alimenter.*

RABELAIS, *Gargantua,* I, 7.

Cimon faisoit de sa propre maison un hospital, où tous les pauvres citoyens *estoyent* nourris et *alimentez.*

AMYOT, trad. de Plutarque, *Vie de Cimon,* c. 6.

Il ensuit après de parler touchant la maniere de les *alimenter* et nourrir après qu'ils sont nez.

LE MÊME, même ouvrage, *Œuvres morales,* Comment il faut nourrir les enfants, VII.

Ces diacres, lecteurs, acolites, exorcistes et huissier residoient en la grande église pour aider à l'évesque au service divin, dependant en tout de sa volonté, et *estoient* nourris et *alimentez* du revenu de l'évesché.

EST. PASQUIER, *Recherches,* III, 37.

Tant aux Athéniens que Milesiens, les enfants mesmes de ceux qui estoient morts pour la République, *estoient alimentez* du public.

LE MÊME, même ouvrage, III, 39.

Cependant vous *n'aviez* point hébergé, *alimenté,* rasé, désaltéré, porté M. le duc de Choiseul.

VOLTAIRE, *Lettres;* 15 juin 1759.

..... Plus il doit à maints particuliers....
Pour *l'avoir* sans relâche un an, sur sa parole,
Habillé, voituré, coiffé, chaussé, ganté,
Alimenté, rasé, désaltéré, porté.

REGNARD, *le Joueur,* III, 3.

Il s'emploie au sens physique en parlant de ce qui sert à nourrir, à entretenir quelque chose.

Tout donne, et tout reçoit : les feuillages flétris
Alimentent le sol dont ils furent nourris.

DELILLE, *les Trois Règnes,* IV.

ALIMENTER est, comme *Aliment,* d'un grand usage au figuré.

La terre desisteroit leur prester nourrissement par vapeurs et exhalations : desquelles disoit Heraclitus, prouvoient les stoïciens, Ciceron maintenoit *estre* les estoiles *alimentées.*

RABELAIS, *Pantagruel,* III, 3.

Ce que nostre esprit tire de la science, ne laisse pas d'estre voluptueux, encore qu'il ne soit ny *alimentant,* ni salutaire.

MONTAIGNE, *Essais,* II, 12.

Moncrif ne se contentoit pas d'*alimenter,* si l'on peut s'exprimer ainsi, par des cantiques spirituels la tendre piété de la reine.

D'ALEMBERT, *Éloge de Moncrif.*

Souvent aux rayons de cet astre qui *alimente* les rêveries, j'ai cru voir le génie des souvenirs assis tout pensif à mes côtés.

CHATEAUBRIAND, *René.*

ALIMENTER, particulièrement au figuré, se construit avec le pronom personnel, *S'alimenter.*

Bizarres effets de cette disposition si misanthrope et si sombre en apparence, mais qui vient en effet d'un cœur trop affectueux, trop aimant, trop tendre, qui, faute d'en trouver d'existants qui lui ressemblent, est forcé de s'*alimenter* de fictions.

J.-J. ROUSSEAU, *les Confessions,* liv. I.

ALIMENTÉ, ÉE, participe.

A mesure que le globe se refroidissoit, les mers des pôles toujours *alimentées* et fournies par la chute des eaux de l'atmosphère se répandoient plus loin.

BUFFON, *Époques de la nature.*

ALIMENTEUX, EUSE, adj.
Terme de médecine, Qui nourrit.

On dit aussi que Paracelse, médecin allemand, a guery un grand nombre de ladres par le moyen de l'or potable, combien qu'il soit facheux à croire que l'or soit médicamenteux ou *alimenteux*.

BOUCHET, *Serées*, liv. III, 36.

ALIMENTAIRE, adj. des deux genres. (Du latin *Alimentarius*.)
Qui est propre à servir d'aliment.

Je dis encores que la saveur de toutes choses est par le sel, lequel mesme a causé la végétation, perfection, maturité, et la totale bonté de la chose *alimentaire*.

BERNARD PALISSY, *Des Sels divers*.

C'est par l'odorat et le goût que l'homme a acquis les premières connaissances des qualités vénéneuses, médicinales ou *alimentaires* des plantes.

BERNARDIN DE SAINT-PIERRE, *Études de la nature*, I.

Qui montra à l'homme, dans l'origine du monde, les premiers fruits des vergers dispersés dans les forêts, et les racines *alimentaires* cachées dans le sein de la terre?

LE MÊME, même ouvrage, VIII.

En médecine, *Régime alimentaire*, Régime que l'on suit à l'égard des aliments.

En jurisprudence, *Pension alimentaire*, pension réglée par autorité de justice, ou par convention entre les parties; et *Provision alimentaire*, somme accordée par provision à l'une des parties pour vivre en attendant le jugement du fond de l'affaire.

Loi alimentaire, chez les Romains, *lex alimentaria*, étoit une loi qui obligeoit les enfans de fournir les aliments à leurs pères et mères, ou à les entretenir.

Dictionnaire de Trévoux.

C'est une vieille veuve qui, par un excès de tendresse pour ses enfans, a eu la bonté de leur faire une donation de tous ses biens, moyennant une petite *pension alimentaire* que lesdits enfans sont obligés de lui faire, et que, par reconnoissance, ils ont grand soin de ne lui pas payer.

LE SAGE, *le Diable boiteux*, c. 10.

Si c'est le mari qui demande la séparation, il s'expose à rendre la dot à sa femme, ou du moins à lui payer une *pension alimentaire* fixée par la loi.

BARTHÉLEMY, *Voyage d'Anacharsis*. Introduction, part. II.

Seront insaisissables... les *provisions alimentaires* adjugées par justice.

Code de procédure, art. 581.

ALIMENTATION, s. f.
Action de nourrir ou de se nourrir.

Veû aussi la cherté et petite abondance des vivres, denrées et marchandises dont nostre dite ville a mestier d'estre garnie pour l'*alimentation* et gouvernement des manans et habitans en icelle...

Ordonnance du roy Charles VI sur une ayde levée à Paris, 1418. (Voir FÉLIBIEN, *Histoire de la ville de Paris*, t. III, p. 546, col. 1.)

Il ne s'emploie guère qu'en termes d'hygiène; on dit Un mode d'*alimentation*.

ALINÉA, loc. adv. empruntée du latin; soit de *A linea*, soit de *Ad lineam*, à la ligne. Quand on dicte à quelqu'un on dit : *Alinéa*, c'est-à-dire : Quittez la ligne où vous en êtes et commencez-en une autre au-dessous.

Il s'emploie plus ordinairement comme substantif masculin : Lisez jusqu'au premier *alinéa*; Observez les *alinéas*.

L'usage était autrefois de ne pas mettre d'*s* au pluriel à ce mot, et cet usage a été suivi dans le dictionnaire de l'Académie jusqu'à l'édition de 1878.

Vous voyez par là que dans le discours écrit, les *alinéa* contribuent à distinguer d'une manière plus sensible les différentes parties d'une pensée.

Dans le discours prononcé, les repos de la voix tiennent lieu d'*alinéa* et de points.

CONDILLAC, *Grammaire*.

Il se dit souvent, par extension, d'Un passage, d'un paragraphe compris entre deux *alinéas* : Le premier *alinéa* d'un chapitre; un petit, un court *alinéa*.

S'il faut distribuer dans plusieurs *alinéa* les différentes parties d'une pensée, il faut, à plus forte raison, séparer de la même manière plusieurs pensées différentes.

CONDILLAC, *Grammaire*.

ALIQUANTE, adj. des deux genres. (Du latin *Aliquantus.*)

Terme de mathématiques. Il se dit des parties qui ne sont pas exactement contenues dans un tout, par opposition aux parties aliquotes, qui y sont contenues exactement. Le nombre trois est une partie aliquote de neuf, et le nombre deux en est une partie *aliquante*. (Voyez l'article suivant.)

ALIQUOTE, adj. f. (Du latin *Aliquot.*)

Il n'est usité que dans cette locution : *Partie aliquote,* partie contenue un certain nombre de fois juste dans un tout.

Trois est la partie *aliquote* de douze.

Dictionnaire de l'Académie, 1694.

J'estois réduit, après avoir brouillé deux ou trois feuilles de papier, à faire par cœur mes divisions et mes multiplications en me servant, pour soulager ma mémoire, de certaines règles brèves que j'avois inventées par les *parties aliquotes* et aliquantes.

RACAN, *Lettres;* à Chapelain, novembre 1656.

ALIQUOTE se prend quelquefois substantivement.

Deux est *aliquote* de six.

Dictionnaire de l'Académie, 1694.

ALITER, v. a. (De *lit,* autrefois *lict,* et, par ce mot, du latin *lectus.*)

On l'a écrit ALICTER, ALLICTER, etc. (Voyez les *Dictionnaires* de ROB. ESTIENNE, J. THIERRY, NICOT, MONET, COTGRAVE.)

Forcer à garder le lit, à se mettre au lit.

Le travail immodéré l'*a* enfin *alité.*

MONET, *Dictionnaire.*

Cette blessure l'*a alité.*

DANET, *Dictionnaire françois-latin.*

ALITER s'emploie plus ordinairement avec le pronom personnel et signifie : Se mettre au lit pour cause de maladie.

Et avoit la dite Rolant ses actions animales, vitales et naturelles libres (peu s'en falloit) comme en pleine santé, hors mis deux mois avant que mourir, qu'elle *s'allita* pour cause d'une fièvre continue.

A. PARÉ, liv. VII, c. 21.

Les maladies... sont bien griefves, quand elles rompent leur travail ordinaire (des pauvres gens) : ils ne *s'allitent* que pour mourir.

MONTAIGNE, *Essais,* III, 12.

Depuis que le roi *s'étoit alité,* la Cour se rapprochoit sensiblement du duc d'Orléans.

DUCLOS, *Mémoires secrets sur Louis XIV, la Régence,* etc.

ALITER a été employé autrefois comme un verbe neutre pour *S'aliter.*

Le premier varlet de chambre du conte fut féru d'une maladie, qu'il *alita* au lit de mort et trespassa.

Le Livre du chevaleureux Comte d'Artois, p. 139.

Une maladie le prit (le duc de Bretagne) sur le chemin dont il le convint *aliter* et mourir dont ce fut dommage.

FROISSART, *Chroniques,* liv. I, part. I, c. 147.

Un grief mal qui m'afébloie
Si qu'il m'a fait *alitier*
Las ! je n'en quier jà lever.

Anc. Poés. fr. mss. avant 1300, t. I, p. 530. (Cité par Sainte-Palaye.)

L'enfant feseient *alietier*
Cucher de nuvel, é baignier.

MARIE DE FRANCE, *Lai de Milon,* III.

Le passif ÊTRE ALITÉ est d'un très fréquent usage.

Le lendemain que le médecin retourna à l'hospital, il n'en trouva pas un, et si en y avoit beaucoup qui *estoient alitez,* et n'avoient bougé du lict il y avoit plus d'un an.

BOUCHET, *Serées,* III, 30.

Je n'ai jamais fait de grandes maladies à la campagne ; j'y ai beaucoup souffert, mais je n'y *ai* jamais *été alité.*

J.-J. ROUSSEAU, *les Confessions,* I, 6.

ALITÉ, ÉE, participe.

...... Dans cette autre maison, vous voyez la mort qui frappe un vieillard *alité.*

LE SAGE, *le Diable boiteux,* c. 12.

Les témoins de cette tendre scène... poussèrent des cris perçants qui... attirèrent madame Dorsin, occupée à consoler madame de Miran, que la douleur de me perdre tenoit *alitée*.

MARIVAUX, *la Vie de Marianne,* XIIe partie.

Un pauvre vieillard de quatre-vingt-trois ans, *alité* depuis deux mois, mourant, et ne devant écrire que son testament, ayant eu la faiblesse et la hardiesse de répondre aux vers charmants de M. le marquis de Villette... ne devait pas être puni, et être condamné au Mercure.

VOLTAIRE, *Lettres;* au marquis de Villette, 24 septembre 1777.

Dans le passage suivant du style burlesque, ALITÉ a un autre sens, et est rapporté à l'usage des anciens de prendre leurs repas couchés sur des lits.

Lors chacun étant *alité*,
Didon dit Benedicite,
Puis on joua de la mâchoire.

SCARRON, *Virgile travesti,* liv. I.

On avait fait d'*Alicter :*

ALICTEMENT, s. m. (Voyez les *Dictionnaires* de ROB. ESTIENNE, J. THIERRY, NICOT, COTGRAVE, OUDIN.)

État d'un malade alité.

ALIZE, s. f. (De l'allemand *Else-beere*, baie de l'*else,* par un retranchement du second mot, selon DE CHEVALLET, *Origine et formation de la langue française,* t. III, p, 270; BURGUY, *Grammaire de la langue d'Oïl*, t. III, p. 11.)

Autrefois écrit ALISE. (Voyez le *Dictionnaire* de COTGRAVE.) On a dit aussi ALIE. Voyez les deux derniers exemples de l'article suivant.

Sorte de fruit aigrelet, de la grosseur d'une petite cerise.

Il a beaucoup de mémoire; il sait tous les simples par cœur : A propos de cela, Brunier, son premier médecin, un jour que dans le Jardin des simples il lui contoit je ne sais quoi qu'il avoit fait, qui n'étoit pas trop raisonnable, lui dit naïvement : « Monsieur, les aliziers font les *alizes*, et les sottisiers font les sottises. »

TALLEMANT DES RÉAUX, *Historiettes,* Monseigneur d'Orléans (Gaston).

ALIZIER, s. m.

Autrefois écrit ALISIER. (Voyez les *Dictionnaires* de ROB. ESTIENNE, J. THIERRY, NICOT, COTGRAVE.)

Arbre de la famille des Rosacées qui porte des *Alizes*, et croît naturellement dans les bois.

Le long des rivages de la mer de Pont... nous trouvasmes... Sorbus terminalis que les François nomment un *alisier.*

BELON, *Observations de plusieurs Singularitez de divers pays estranges,* liv. III, c. 51.

Ces *aliziers* tesmoins de nos plaisirs passez.

RACAN, *les Bergeries,* III, 4.

Que j'aime ce marets paisible !
Il est tout bordé d'*aliziers,*
D'aulnes, de saules et d'oziers.

SAINT-AMANT, *la Solitude.*

Pour nos jeunes chevreaux les *aliziers* fleurissent.

DELILLE, trad. de Virgile, *Géorgiques,* II.

On a dit autrefois ALIER, ALIIER.

En mi cèle forest... ot un *alier* qui fu grant et merveilleux et bien chargiez d'alies meures.

Rom. de Dolopathos, ms, de N. D. n° 2, fol. 51, v°. col. 2. (Cité par Sainte-Palaye.)

Dans l'exemple suivant que cite BURGUY, le nom du fruit est pris pour le nom de l'arbre.

Un baron prent un grant baston d'*alie.*

Roncisvals, p. 116.

ALIZÉ, s. m.

Quelquefois écrit ALISÉ.

Terme de marine. Il se dit de certains Vents réguliers, spécialement de ceux qui règnent entre les tropiques et qui soufflent de l'Est à l'Ouest.

Les anciens ne quittèrent les côtes que quand ils se servirent des moussons et des vents *alizés,* qui étoient une espèce de boussole pour eux.

MONTESQUIEU, *Esprit des lois,* XXI, 9.

On découvrit des vents *alizés* qui ouvroient au Mexique un chemin plus court.

RAYNAL, *Histoire philosophique des deux Indes.*

Sur le soir la pluie cessa, le vent *alizé* du Sud-Est reprit son cours ordinaire, les vents orageux furent jetés vers le Nord-Est.

BERNARDIN DE SAINT-PIERRE, *Paul et Virginie.*

L'air arrive sous ces latitudes, y forme un grand courant connu sous le nom de *vent alizé* d'est, lequel règne, comme l'on sait, des Canaries à l'Amérique.

VOLNEY, *Voyage en Syrie et en Égypte,* Syrie, c. 21.

ALKALI et dérivés. *Voyez Alcali*, etc.

ALLAH, s. m.

Encore écrit *Alla.*

Nom que les Mahométans donnent à Dieu, et qui est leur exclamation ordinaire de joie, de surprise, de crainte, etc.

Sa définition de Dieu est d'un genre plus véritablement sublime. On lui demandait ce qu'était cet *Alla* qu'il annonçait : C'est celui, répondit-il, qui tient l'être de lui-même et de qui les autres le tiennent, qui n'engendre point et qui n'est point engendré, et à qui rien n'est semblable dans toute l'étendue des êtres.

VOLTAIRE, *Essai sur les mœurs*, c. 6, De l'Alcoran.

Ce mot el, qui désignait Dieu chez les premiers Phéniciens, a quelque rapport à l'*Alla* des Arabes.

LE MÊME, même ouvrage, c. 13, Des Phéniciens.

ALLAITER, v. a. (Du latin *Allactare,* venu lui-même, par *lactare*, de *lac, lactis.*)

On l'a écrit ALLAICTER (voyez les *Dictionnaires* de ROB. ESTIENNE, J. THIERRY, NICOT, etc.; le *Dictionnaire de l'Académie*, édition de 1694); ALAITIER, ALAITER, etc.

ALLAITER a voulu dire Tirer le lait de la mamelle de sa mère; la teter, teter sa mamelle, soit avec un régime, soit pris absolument.

Avec un régime :

Se c'estoit voirs, donques porroit un enfes qui *alaiteroit* encore sa mere, dessaisir se de son heritage.

BEAUMANOIR, *Coutume du Beauvoisis*, c. XXV, 22.

Quant les meres sont mortes, si crient li enfant,
Sur les pis lor montoient, les mameles querant,
La mere morte *alaitent;* ce fu dolor moult grant.

Chanson d'Antioche, III, v. 39.

Biax fils, dist-ele, entend à moi,
Ramenbre-toi, ramenbre-toi
De ces mameles que tu vois,
Que tu *alaitas* mainte fois.

WACE, *Roman de Brut,* v. 2775.

Mais me rapporte et me compère
Au parler que m'aprist ma mère
A Méun, quant je l'*alaitoie.*

J. DE MEUNG, cité par M. P. Paris, *Manuscrits françois de la bibliothèque du Roi,* t. V, p. 45.

Venez ycy *allaicter* ma mamelle.
Et en prenez vostre refection.

Moralité ou histoire romaine d'une femme qui avoit voulu trahir la Cité de Romme. (Voyez *Ancien Théâtre françois, Bibliothèque elzévirienne,* t. III, p. 183.)

Pris absolument :

Cil qui ensonie (s'excuse en justice) par la mort de ses enfans qui moèrent de bone mort ou d'autre el tans qu'il *alaitent* pot jurer loial ensonie, car tel enfant si couroucent les cuers de lor peres.

BEAUMANOIR, *Coutumes de Beauvoisis,* c. III, 26.

Toutes les bêtes qui *alètent* ne doivent de tonlieu.

EST. BOILEAU, *le Livre de Métiers,* p. 317.

Des deux enfans, l'un est sauvage et velu comme le père; l'autre plus doux et plus humain, et tous deux regardent, en *alaitant,* le lionceau, que leur père élève par dessus sa teste, comme pour leur faire peur.

PERROT D'ABLANCOURT, trad. de Lucien, *Hermotime.*

J'en amenai Loeys et Loihier
Ces deux enfans petits à *alaitier.*

Ogier de Danemarche, v. 4425

ALLAITER, dans un autre sens, le seul qui ait subsisté, se dit en parlant de la mère ou de sa mamelle, et signifie Nourrir de son lait.

Et lui (à Gargantua) furent ordonnées dix et sept mille neuf cens treize vaches... pour l'*alaicter* ordinairement..... Combien qu'aulcuns Docteurs Scotistes ayent affermé que sa mère l'*alaicta*, et qu'elle pouvoit traire de ses mammelles quatorze cens deux pipes neuf potées de laict pour chascune fois. Ce que n'est vraysemblable.

RABELAIS, *Gargantua,* I, 7.

La nature même nous monstre que les mères sont tenues d'*allaicter* et nourrir elles-mêmes ce qu'elles ont enfanté.

AMYOT, trad. de Plutarque, *Œuvres morales.* Comment il faut nourrir les enfants.

Pour un fort léger profit, nous arrachons tous les jours leurs propres enfants d'entre les bras des mères, et leur faisons prendre les nostres en charge; nous leur faisons abandonner les leurs à quelque chétive nourrisse à qui nous ne voulons pas commettre les nostres, ou à quelque chèvre, leur deffendant non seulement de les *allaiter*, mais encore d'en avoir aucun soing, pour s'employer du tout au service des nostres.

MONTAIGNE, *Essais*, II, 8.

Madame d'Espagne luy servoit (à Lutèce) de sage-femme et de nourrice, pour recevoir et *allaicter* son fruict.

Satyre Menippée, Les pièces de tapisserie dont la sale des Estats fut tendue.

Mais on laissa au peuple fanatique et barbare le soin de choisir ses victimes : le frère pouvoit assassiner son frère, le fils plonger le couteau dans les mamelles qui l'*avaient allaité*.

VOLTAIRE, *Fragments sur l'histoire*, art. XV.

Les Sauvages du Canada les *allaitent* (les enfants) jusqu'à l'âge de quatre ou cinq ans, et quelquefois jusqu'à six ou sept ans.

BUFFON, *Histoire naturelle*, de l'Homme.

Elle est penchée sur le vieillard qui est étendu à ses pieds, la tête posée sur ses genoux, et qu'elle *allaite*, on ne sait pas trop comment.

DIDEROT, *Salon de* 1765, Bachelier.

Madame de la Tour, suivie de sa négresse, trouva en ce lieu Marguerite qui *allaitoit* son enfant.

BERNARDIN DE SAINT-PIERRE, *Paul et Virginie*.

Là ou la mère vuet son enfant *alaitier*
Ne trove-ele en son pis qu'il en puisse sucier.
Les ieus clot, si se meurt por le grand desirier.

Chanson d'Antioche, VII, v. 271.

Un enfaunt ai ci aporté...
De vostre lait le *alaitez*.

MARIE DE FRANCE, *Lai del Freisne*.

Mais dessus tout accroist ma passion,
Le dur regret que j'ay de Marion,
Qui est, à Pau, ton humble bergerette,
Et du petit bergeret qu'elle *alaicte*.

CL. MAROT, *Complaincte d'un Pastoureau chrétien*.

ALLAITER se dit également, en ce sens, en parlant des femelles des animaux.

Si c'est pour rendre grâces à la louve qui *allaicta* et garda de périr Romulus, que les Romains solennisent ceste feste, ce n'est pas sans propos que l'on y sacrifie un chien, pour ce que c'est l'ennemy des loups.

AMYOT, trad. de Plutarque, *Romulus*, c. 33.

Ces chèvres sont incontinent duites à venir *allaicter* ces petits enfants, recognoissent leur voix quand ils crient et y accourent.

MONTAIGNE, *Essais*, II, 8.

Remarquez..., avec Cicéron, que les femelles de chaque espèce ont des mamelles dont le nombre est proportionné à celui des petits qu'elles portent ordinairement. Plus elles portent de petits, plus la nature leur a fourni de sources de lait pour les *allaiter*.

FÉNELON, *Existence de Dieu*, Ire part., c. 2.

La louve *allaite* ses petits pendant quelques semaines, et leur apprend bientôt à manger de la chair.

BUFFON, *Histoire naturelle*, le Loup.

Les mères (des Castors) y demeurent occupées à *allaiter*, à soigner, à élever leurs petits.

LE MÊME, *même ouvrage*, le Castor

Tout enfant s'attache à sa nourrice, Romulus devoit s'attacher à la louve qui l'avoit *allaité*.

J.-J. ROUSSEAU, *Émile*, IV.

Li enfes le truie *alaita*.

Renart le nouvel, v. 5212.

Je m'en vais, Paschal, loin de toy,
Avec l'ambassadeur du roy,
En cette antique cité libre,
Que ceulx que Cybelle enfanta,
Que ceulx qu'une louve *allaita*
Bâtirent jadis sur le Tybre.

OLIVIER DE MAGNY, à Pierre de Paschal, historiographe du roy

ALLAITER, en ce sens, se prend aussi absolument :

Qui est-ce qui annoncera aux fils de Ruben que Anne *allaite?*

VOLTAIRE, *Protévangile de Jacques*, art. V.

ALLAITER, comme Nourrir et autres verbes de signification analogue, s'emploie souvent au figuré :

Si la mer *alaictoit* de ses tetines les fontaines de l'univers, elles ne pourroyent jamais tarir ès mois de juillet, aoûst et septembre.

BERNARD PALISSY, *Des Eaux et Fontaines*.

Comme enfant nouvellement nay, les fault (les peuples nouvellement conquis) *allaiter*, bercer, esjouir.

RABELAIS, *Pantagruel*, III, 1.

Il n'y avoit un grain de bled dans la ville et estoient à la faim, à cause que les ennemis tenoient toute la rivière de Garonne et celle de Dordoigne, qui sont les deux mamelles qui *allaitent* Bourdeaus.

MONTLUC, *Commentaires*, liv. V.

L'espérance nous *allaite*, nous nourrit, nous fortifie.

BOSSUET, *Sermons*, 4e sermon pour la fête de tous lés Saints.

Du mesme nom deux espritz rencontrèrent,
L'un Bissipat, que neuf sœurs *allectèrent;*
L'autre Budé, qui la palme conquit
Sur les scavans du siècle où il vesquit.

CL. MAROT, *Complaintes*, II.

Et de son propre lait Euterpe m'*allaita*.

RONSARD, *Élégie sur la coupe d'une forêt.*

O terre, en qui j'ay pris naissance,
Terre qui ma première enfance
Allaittas de ton cher tetin!

REMY BELLEAU, *Ode*, en tête des *Coustumes des pays Comté et Bailliage du grand Perche.*

Comment à ses côtés deux feuilles protectrices
De l'arbrisseau naissant défendant les prémices,
Allaitent d'un doux suc le jeune nourrisson.

DELILLE, *les Trois Règnes*, VI.

De là ces expressions figurées : *Allaiter d'*espérance, *de* peine, etc.

Combien que les affaires de la Ligue fussent en grand désordre, si ne laissoyent les chefs de faire beaucoup de bruit devant le peuple, *alaictans* les plus curieux *d'*une assurance qu'en brief l'on pourvoyeroit à tout par l'assemblée des Estats à Paris pour l'élection d'un nouveau Roy.

MATTHIEU, *Histoire des derniers troubles de France*, liv. V.

Laquelle reservation je croy avoir esté par luy faite, non tant pour priver de ladite pension son dit neveu, que pour *allaiter de* cette espérance un bon nombre de cardinaux de ceste cour.

LE CARDINAL D'OSSAT, *Lettres;* liv. I, 2.

Elle *allaicte* un chacun *d'*espérance et pourtant,
Sans être contenté, chacun s'en va content.

RONSARD, *Poèmes*, liv. II. Promesse.

Comme si, dans ce temps, la fortune inhumaine
Eût voulu m'*allaiter de* tristesse et *de* peine.

MONCHRESTIEN, *l'Écossoise* (Marie Stuart).

ALLAITER se construit avec le pronom personnel; on dit *s'allaiter* au propre et au figuré.

Ceux qui bruslent toujours du désir de vengeance
Qui *s'allaictent de* sang.....

DUBARTAS, *les Furies*, 2e partie du 1er jour de la seconde semaine.

ALLAITÉ, ÉE, participe.

On a dit, au propre, *Allaité de :*

Aussi disent les aultres qu'il feust *alaicté d'*une chèvre Amalthée.

RABELAIS, *Pantagruel*, III, 12.

Ne dit-on pas aujourd'huy, quand on veut depeindre un homme cruel, il a été *alaicté d'*une lyonne?

BOUCHET, *Serées*, liv. II, 24.

Lycurgue, le policeur de Sparte, avoit nourry (ce dit-on) deux chiens tous deux frères, tous deux *allaictez* de mesme laict, l'un engraissé à la cuisine, l'autre accoustumé par les champs au son de la trompe et du huchet.

LA BOETIE, *Discours sur la servitude volontaire.*

On dit plus ordinairement *Allaité par :*

Or, y avoit-il auprès de ce lieu-là un figuier sauvage qu'on nommoit Ruminalis du nom de Romulus,... à cause que les deux enfants y feurent *allaictez par* la louve.

AMYOT, trad. de Plutarque, *Vie de Romulus*, c. 1.

On dit aussi, absolument, *Allaité :*

On dit que nous avons esté engendrez miraculeusement, et nourris et *allaictez* plus estrangement.

AMYOT, trad. de Plutarque, *Vie de Romulus*, c. 9.

ALLAITÉ est quelquefois, comme son verbe, employé figurément :

. . . . . . et puis sa muse
Parmy les princes *allaictée*
Ne veult point estre valetée.

CL. MAROT, *Épitres*, II, 12.

Le participe présent ALLAITANT a été employé

adjectivement, et même substantivement, dans les divers sens du verbe.

Pour Tettant :

E Nobe la cité as pruveires fist destruire les humes, les femmes, les petiz, *les alaitanz*, les bués, les adnes, les oueilles, tut fist ocire.

Les quatre Livres des Rois; I, XXII, 19.

Ke faites-vos, Signor roi, ke faites-vos? Aoriez-vos dans un *alaitant* enfant en une vil bordele et envelopeit en vil dras! Est dons cist enfès Deus?

SAINT BERNARD, *Sermons*. (Voyez LEROUX DE LINCY, à la suite des *quatre Livres des Rois*, p. 550.)

Truye suivie de ses petits *alaictans*.

Arrest pour le peage d'Oisy, 9 mai 1730, § 17. (Cité par FALCONNET, *Dict. français moderne*, ms.)

Une fille ot qui vedve esteit,
Sis sires fut mort, enfant aveit,
Petit en berz è *aleitant*.

MARIE DE FRANCE, *lai du Frêne*, v, 193.

Pour Donnant à teter :

Il est certain aussi que les femmes *alaictantes*, estant loing de leurs enfans endormis, sentent à leurs mammelles quand ils crient estant esveillez.

B. PALISSY, *Des Métaux et Alchimie*.

D'ALLAITER on a fait :

ALLAITEMENT, s. m.

Autrefois écrit ALLAICTEMENT. (Voyez les *Dictionnaires* de ROB. ESTIENNE, J. THIERRY, NICOT, etc.)

Action d'Allaiter.

ALLANT, s. m. (Voyez ALLER.)

ALLANT, ANTE, adj. (Voyez ALLER.)

ALLÉCHER, v, a. (Du latin *Allicere*.)

On l'a écrit avec deux L, ou un seul; ALLICIER, ALLICHER, ALLECHIER. ALESCHER, etc. (Voyez le *Glossaire* de SAINTE-PALAYE et les exemples ci-après.)

Il signifie, au propre, Attirer par quelque appât; « appaster », dit Monet.

Les pescheurs usent d'appats puans pour *allicher* les poissons.

A. PARÉ, *Œuvres*, liv. XII, c. 14

Quant l'oysel est en bien grant fain,
On le doit souvent *alescher*;
Avec chaulde chair abescher.

GACE DE LA BIGUE, *Des Déduits*, ms. fol. 91, r°. (Cité par Sainte-Palaye.)

On peut dire en ce sens, *Allécher avec* :

On *allèche* les enfants *avec* des friandises.

Dictionnaire de l'Académie, édit. de 1694.

ALLÉCHER est plus en usage au figuré, et. alors, il signifie Attirer par le plaisir, par l'espérance, par la séduction, etc.

Une Egyptienne... sceust tant *alicier* et amolir le cueur du saige Salomon...

Histoire de la Toison d'Or, t. I, f° 8, v°. (Cité par Sainte-Palaye.)

La cour *alleche* friandement ceux qui y viennent en leur usant de fauces promesses.

A. CHARTIER, *le Curial*.

Ce qui amorce et *alleche* les hommes de servile nature ne doit point aggréer à ceulx qui sont de courage franc et libre.

AMYOT, trad. de Plutarque, *les Dicts notables des Lacedemoniens*.

Cato... disoit qu'il ne craignoit pas tant ceste distribution de terres, comme il redoubtoit la recompense qu'en demanderoyent ceulx qui par tels moyens alloyent *allechants* et appastants le commun populaire.

LE MÊME, même ouvrage, *Vie de Cato d'Utique*, c. 10.

Il n'y a rien tel que d'*allecher* l'appetit et l'affection, autrement on ne fait que des asnes chargez de livres.

MONTAIGNE, *Essais*, I, 25.

(Les femmes) s'aiment le mieux là où elles ont le plus de tort; l'injustice les *alleche*.

LE MÊME, même ouvrage, II, 8.

Si nous voulons estre aimez, il n'y a rien meilleur que d'aimer le premier : parce qu'il n'y a chose qui plus *alleche* et attire amour qu'amour mesme.

BOUCHET, *Serées*, II, 19.

Vous ne m'esbloirez plus les yeux de l'entendement par vostre babil comme par cy-devant m'*avez alleché* les oreilles, escoutant vos déloyalles promesses.

P. LARIVEY, *les Jaloux*, II, 4

Ces bons vieux pères (les Apôtres), voyant quelques nations plus farouches et les autres plus traitables, furent contraints d'apporter quelques observances diverses pour *allecher* ce pauvre peuple.

EST. PASQUIER, *Recherches de la France*, III, 31.

Voyant donc que le public étoit *alléché* par ce premier volume, que l'enseigne étoit achalandée, il en donne bien vite un second.

LA HARPE, *Cours de littérature.*

Puis souspirerent un chant
De leurs gorges nompareilles,
Par douce force *alléchant*
Les plus gaillardes aureilles.

RONSARD, *Odes*, V, 3.

..... Je fuis ceux qui sont chiches,
Et cherche les plus sots, quand ils sont les plus riches.
Je les repais de vent que je mets à haut prix;
Prends garde à ce qui peut *allécher* leurs esprits.

LA FONTAINE, *l'Eunuque*, II, 1.

On l'a construit autrefois avec la préposition *de* :

Je lui répliquay que V. M. ne Monseigneur vostre frère n'estiez pas princes lesquels il fallust *allécher d'*incertaines espérances.

L'ÉVÊQUE D'ACQS à Charles IX, août 1572. (Voir *Négociations de la France dans le Levant*, t. III, p. 297.)

O! combien m'eust-il esté meilleur qu'il m'eust dict, dès le commencement, qu'il ne vouloit prendre ceste peine pour moy, que, *m'alechant* et paissant *d'*une vaine espérance, me mettre au désespoir.

P. LARIVEY, *les Jaloux*, II, 2.

Leur roy (Mithridate) *estant* comme *alleché des* richesses de l'Asie et de l'Europe, il y vouloit r'entrer par le droict des armes.

COEFFETEAU, *Histoire romaine de L. Florus*, III, 5.

On a dit ALLÉCHER A, comme on dit Attirer à :

Il faut donc confesser qu'en chacune œuvre de Dieu, et surtout en la masse universelle, ses vertus sont peintes comme en des tableaux, par lesquelles tout le genre humain *est* convié et *alleiché à* la cognoissance de ce grand ouvrier, et d'icelle *à* une pleine et vraye félicité.

CALVIN, *Institution chrestienne*, liv, I, c. 5, § 10.

Si je n'y suis *alleché* par quelque plaisir et si j'ay autre guide que ma pure et libre volonté, je n'y vauls rien.

MONTAIGNE, *Essais*, II, 17.

Sembloyent ces diables nous *allecher à* la visitation de leurs cuisines.

Satyre Menippée, Nouvelles des régions de la lune, c. 4.

Un avare se laisse facilement *allecher au* lucre.

Dictionnaire de l'Académie, édit. de 1694.

Comme un crieur les acheteurs *alliche*
Aux biens à vendre...

PELETIER DU MANS, trad. de *l'Art poétique d'Horace.*

On trouve, dans un sens analogue, *Allécher pour* :

Le duc d'Alençon fut *alleché pour* se faire chef.

AGR. D'AUBIGNÉ, *Histoire universelle*, t. II, liv. I.

Dans le passage suivant, ALLÉCHER est employé comme verbe pronominal :

Puis donne voile, et, sans plus *t'allécher*,
Va-t'en ailleurs ta fortune chercher.

RONSARD, *Franciade*, III.

ALLÉCHÉ, ÉE, participe.

Les hommes quasi tous, et de tout temps, se sont adonnés à la lecture des poésies, *alléchés* et amorsés *par* leurs plaisantes menteries.

H. ESTIENNE, *Apologie pour Hérodote*. Préface de la Ire partie.

Tout le reste de la multitude, *alléché du* guain qu'ils faisoyent à aller piller et saccager ville, s'écartoit plusieurs journées loing du camp.

AMYOT, trad. de Plutarque, *Vie de Sylla*, c. 35.

Les historiographes latins, pour obscurcir quelque peu la louange qu'ils ne nous pouvoient bonnement desrober, disent que les Gaulois, *allechez de* la douceur des vins d'Italie dont ils avoient eu certaine information par espions, se donnèrent de plus grande ardeur ce pays en proye.

EST. PASQUIER, *Recherches de la France*, I, 3.

Les Anglois et Saxons,... favorisez du roy breton et *allechez de* la fertilité du pays... commencèrent sous main à se fortifier contre les advenues des Bretons mesmes.

LE MÊME, même ouvrage, I, 10.

Les soldats *allechez* et séduits *par* tant de bienfacts se rangèrent à son party (de Caracalla).

COEFFETEAU, *Histoire romaine*, liv. XIII.

Enfant encore, et livré à moi-même, *alléché par* des caresses, séduit par la vanité, leurré par l'espérance, forcé par la nécessité, je me fis catholique, mais je demeurai toujours chrétien.

J.-J. ROUSSEAU, *les Rêveries du promeneur solitaire*, 3e promenade.

A l'environ de luy les bois
Allèchez du son de sa voix,
S'assemblèrent tous pesle mesle,
Pour ouyr tant douce querelle.

OLIVIER DE MAGNY, *Ode à Hugues Salel.*

L'un *alleché d'*espoir de gaigner vingt pour cent,
Ferme l'œil à sa perte, et librement consent
Que l'autre le despouille et ses meubles engage.

REGNIER, *Satires*, XIV.

Maître Renard, *par* l'odeur *alléché.*

LA FONTAINE, *Fables*, I, 2.

Le participe présent ALLÉCHANT a été, autrefois, employé adjectivement :

On ne sauroit faire chose plus *allichante*.

ROB. ESTIENNE, *Dictionnaire françois-latin.*

. . . . Tous ces motz *alleschans*
Font souvenir de l'oyselleur des champs.

CL. MAROT, *l'Enfer*, v. 266.

Rome, hélas! que te sert d'assujetir le monde...
Puisque ce grand Empire à tes enfans ne sert
Que d'*allechante* amorce *à* l'orgueil qui les perd.

ROB. GARNIER, *Cornélie*, acte I, v. 65.

ALLÈCHEMENT, s. m.

On l'a écrit ALLICHEMENT.

Il n'a guère été employé que dans un sens moral, et le plus souvent au pluriel, en parlant de ce qui Attire, de ce qui séduit.

Soit pris absolument :

Puis qu'ainsi est que l'homme estant enclin de soy-mesme à se flatter, il n'y a rien qui lui puisse estre plus plaisant que quand on chatouille l'orgueil qui est en lui par vains *allechemens.*

CALVIN, *Institution chrestienne*, liv. II, c. 1, § 2.

Aucuns pensent que ce n'est qu'un *alleschement* pour asseurer le gibier et attraper son frère.

L'ÉVÊQUE D'ACQS, à Charles IX, août 1572. (Voir *Négociations de la France dans le Levant*, t. III, p. 297.)

La poésie n'étoit au premier âge qu'une théologie allégorique... Orphée, Homère, Hésiode, inventèrent un si doux *allèchement.*

RONSARD, *Abrégé de l'Art poëtique.*

Je ne veux pas qu'on s'employe à me rendre attentif... il ne me faut point d'*alèchement* ny de saulce, je mange bien la viande toute cruë.

MONTAIGNE, *Essais*, II, 10.

Soit, plus ordinairement, suivi de la préposition *de :*

La lecture qui profite sans faire aimer le profit qu'elle apporte, et addoucir la peine que l'on prend à la recueillir par quelque *allechement de* plaisir, semble un peu trop austère au goust de plusieurs délicats entendemens.

AMYOT, trad. de Plutarque, *Avis aux lecteurs.*

Mais le plus fort du péril vous menace, qui possédez l'or et autres richesses, motifs et *allèchements* principaux *de* toutes les guerres.

BLAISE DE VIGENÈRE trad. de Tacite, *Discours de Cérêalis.*

Plusieurs d'entr'elles qui avoient de jeunesse esté nourries en leurs maisons, les unes entre les commoditez d'une aimable mère, les autres entre les *allechements des* soupirs et des services des amants...

D'URFÉ, *l'Astrée*, Ire partie, liv. I.

Les *allèchemens* mesme *des* voluptez n'ont pas esté si grands, ni en si grand nombre, tandis que nostre Empire ne s'est pas étendu au delà de l'Italie.

PERROT D'ABLANCOURT, trad. de Tacite, *Annales*, liv. III, 18.

Et qui *de* court l'*alichement* désire
Il n'est qu'un foul.

JEAN BOUCHET, *Ballade.*

On a pu dire les *allèchements d'*une personne, ses *allèchements.*

Si n'approuva-il pas simplement toutes sortes de donations... ains seulement celles qui ne seroyent point procedées ny de sens aliéné... ny par attraits ni *allechemens de* femmes.

AMYOT, trad. de Plutarque, *Vie de Solon*, c. 9.

Quelquefois aussy se laissant aller aux *allechemens des* flatteurs,... il eschappoit à Socrate, et falloit qu'il courust après pour le reprendre.

AMYOT, trad. de Plutarque, *Vie d'Alcibiade,* c. 3.

Une simple damoiselle qui, par *ses* doux *allechemens,* s'estoit du commencement faicte maitresse du roi Chilpéric...

EST. PASQUIER, *Recherches de la France,* X, 6.

Ains (Salomon) devint idolâtre... par les *allechemens* et douces persuasions *des* femmes ses concubines.

ANTHOINE DU VERDIER, *les Diverses Leçons,* c. 8, Exposition du troisième chapitre de Genèse.

Comme on a dit *Allécher à,* on a dit aussi *Allèchement à.*

Il faut que ceux qui y (à la cour) sont gens de bien, le soyent plus qu'on ne l'est ailleurs, tant pour ce qu'il y a plus de vices qu'aussi plus d'amorces, plus d'appats, plus d'*allèchemens à* iceux.

H. ESTIENNE, *Dialogues du nouveau langage françois italianizé,* II.

On trouve dans les *Dictionnaires* de ROB. ESTIENNE, J THIERRY, NICOT, COTGRAVE, MONET, avec le sens d'*Allèchement :*

ALLECHOIR, ALLICHOIR, s. m.

ALLÉE. (Voyez ALLER.)

ALLÉGATION. (Voyez ALLÉGUER.)

ALLÉGER, v. a. (Soit de l'adjectif *léger,* formé, par transmutation de lettres, de *levis,* soit du latin *Allevare, Alleviare.*)

On a dit aussi ALLEVER, ALIEVER, ALÉGÉRER, ALÉGÉRIR. (Voyez les *Dictionnaires* de COTGRAVE et d'OUDIN, et le *Glossaire* de SAINTE-PALAYE.)

ALLÉGER s'est encore écrit, avec deux L ou un seul, ALLEGIER, ALIEGER, etc. (Voyez le *Glossaire* de SAINTE-PALAYE.)

ALLÉGER c'est, au propre, Rendre une chose plus légère, diminuer un poids, un fardeau.

Bateaulx et mariniers pour descharger et *alléger* les dites nefs et vaisseaulx.

Recueil des Ordonnances des Rois de France, t. III, p. 577.

Ce seront les fumiers, les sablons et les cendres qui engraisseront la terre trop maigre, emmaigriront la trop grasse, *allegeront* et emmenuiseront la trop pesante et grosse.

OLIVIER DE SERRES, *Théâtre d'agriculture,* 3e lieu, c. 2.

La longueur du chemin à me venir trouver leur a un peu faict *alléger* la bourse.

HENRI IV, *Lettres;* 1er février 1589.

C'est encore, toujours au propre, Soulager d'une partie d'un fardeau la personne ou la chose qui le porte. De là cette façon de parler *Alléger de :*

Dans les mains de la justice, nous sommes à l'égard l'un de l'autre comme les plateaux de la balance, dont l'un doit remonter doublement vite *allégé de* son poids, si l'on en surcharge encore son voisin.

BEAUMARCHAIS, *Mémoires.*

Et Ysengrins mist hors le pié,
Et *de* son cors la nef *aliége.*

Roman de Renart, v. 23022.

ALLÉGER s'emploie figurément dans les deux acceptions.

Dans la première, en parlant du poids, du fardeau :

Se li tot-poanz Deus *aligieuet* les fais cui nos soffrons...

Commentaire sur Job, à la suite des *Quatre Livres des Rois.* (Voyez LEROUX DE LINCY, p. 490.)

L'on dit que le plaindre *alleige* la douleur.

COMMINES, *Mémoires,* liv. VI, c. 10.

Soys asseuré, sans l'estime que j'ay que tu n'as dit tel propos, sinon pour cuyder *alleger* ma douleur, que je t'osteroys présentement la teste de dessus les espaules, pour l'offense que tu m'as faite.

HERBERAY DES ESSARTS, *Amadis de Gaule,* liv. II, c. 6.

Elle cuida *allegier* son pechié, pour charger autruy.

Le livre du chevalier de la Tour Landry, c. 46.

En moy, la proximité n'*allege* pas les défauts, elle les aggrave plustost.

MONTAIGNE, *Essais,* III, 9.

Il nous servira de médicament pour *alleger* et soulager nos cœurs ès maladies spirituelles.

SAINT FRANÇOIS DE SALES, *Introduction à la vie dévote,* Ire partie, c. 4.

C'est ainsi que, loin d'*alléger* le poids de l'opinion qui vous rend malheureuse, vous voulez en aggraver le joug.

J.-J. ROUSSEAU, *Lettres;* 7 mai 1764.

La plaisanterie *allège* pour un moment le poids de la vie.

Mme DE STAEL, *De l'Allemagne*, liv. I, c. 2, § 24.

Et por vos dolors *alegier*
Sui ci venue en cest vergier.
Roman de la Rose, v. 4080.

Son mal luy sera *allegé*.
La Vie et l'histoire du maulvais Riche. (Voyez *Ancien Théâtre françois, Bibliothèque elzévirienne*, t. III, p. 289.)

Pour *alegier* mes griefs maux douloureux.
CHARLES D'ORLÉANS, *Balade*, « Puisqu'ainsi est que loingtain de vous suis. »

Nul remède ne scay querir
Dont ma douleur soit *allegée*.
LE MÊME, *Balade*, « Pour Dieu, gardez bien souvenir. »

Fors seulement l'attente que je meure,
Rien ne m'en peult *alleger* ma douleur.
CL. MAROT, *Complaintes*, IV, v. 56.

Des bons amis le parler gracieux
Allège fort les ennuis soucieux.
AMYOT, trad. de Plutarque, Œuvres morales, *Consolation à Apollonius.*

Si tu ne veux, cruel, *alleger* ma langueur,
Si tu es, comme on dit, un prince inexorable,
Je veux mourir ici sur ce bord misérable.
RONSARD, *le Bocage royal.*

Voilà comment sa douleur il *allege.*
PASSERAT, *la Métamorphose d'un homme au coucou.*

Son retour *allegeoit* les plus vives douleurs.
RACAN, *Bergeries.*

Dans la seconde, en parlant de la personne ou de la chose sur laquelle le fardeau pèse.

Soit pris absolument :

Li sires y doit metre conseil, car autrement porroient il carquier autres por eus *alegier*.
BEAUMANOIR, *Coutumes de Beauvoisis*, c. 25, 16.

Pour vivre donc il me faut *alleger* mon pauvre cueur.
LA REINE DE NAVARRE, *Heptameron*, XIII.

J'ay l'esprit tout *allegé*, depuis que j'ay mis ma bourse en seureté.
LARRIVEY, *les Esprits*, II, 4.

Vous en serez *allegée* et fortifiée en vos afflictions, modérée et réglée en vos consolations.
FR. DE SALES, *Introduction à la vie devote*, I, 4.

La charité donne libéralement, parce qu'elle sent la misère, parce qu'elle s'afflige avec l'affligé, et que soulageant le nécessiteux, elle-même se sent *allégée*.
BOSSUET, *Sermons*, Sur le véritable esprit du Christianisme.

Je sis voute prochain autant qu'un autre, et ne faut pas peser sur sti-ci, pour *alléger* sti-là.
MARIVAUX, *l'Épreuve*, sc. II.

Li homs qui son ami griève
Et qui son anemi *aliéve*
Est fouls...
Cleomadès, ms. de Gaignat, f° 44, v°, col. 3 et 45. (Cité par Sainte-Palaye.)

De la grant joie qu'il li firent,
Quant ces noveles entendirent
Ains voil ma parole abregier
Por vos oreilles *alegier*.
Roman de la Rose, v. 19669.

Mère Dieu vous veuille *alléger*
Dans sa très-bénigne puissance.
Moralité ou histoire romaine d'une femme qui avoit voulu trahir la cité de Romme. (Voyez *Ancien Théâtre françois, Bibliothèque elzévirienne*, t. III, p. 182.)

... Remede je n'appercoy
A ma douleur secrette,
Fors de crier, *allegez* moy
Douce plaisant brunette.
CL. MAROT, *Chansons*, XXII.

C'est bien, je le confesse, une juste coutume
Que le cœur affligé
Par le canal des yeux vuidant son amertume
Cherche d'être *allegé*.
MALHERBE, *Consolation à M. Du Périer.*

Soit construit avec la préposition *de* :

S'il est ainsi que par vostre moyen je soye *allegié de* ma douloureuse maladie, je vous prometz en parole de prince que de chose ne me sarés requérir que pour vous je ne face.
Le livre du chevaleureux comte d'Artois, p. 151.

Je te supplie m'*aleger de* ceste grande challeur et faire requeste à Dieu pour moy, ou que bientost il me oste de ce miserable monde, ou qu'il me donne santé.
Le Loyal Serviteur, c. 55.

Je n'avois plus de souci sur moi-même; d'autres s'étoient chargés de ce soin : ainsi je marchois légèrement, *allégé de* ce poids.
J.-J. ROUSSEAU, *les Confessions*, I, 2.

L'Eveskes li voleit doner
Solum co k'il l'oït parler
Pénitence de ses péchiez
Dunt il pust estre *alégiez.*

MARIE DE FRANCE, *Purgatoire,* v. 525.

En confession vous di, Sire,
Que cil à qui ge fui confés,
M'a *alegié de* tout mon fés.

Roman de la Rose, v. 11306.

Souvent a mon esprit nommé
Ceste très lourde fantasie.
Vous me feriez grant courtoysie,
Si vous m'en povyez *alléger.*

Farce d'un mary jaloux qui veut esprouver sa femme. (Voyez Ancien *Théâtre françois, Bibliothèque elzévirienne,* t. I, p. 136.)

Quiconques meurt, meurt à douleur.
. . . .
Et n'est qui *de* ses maulx *l'allège,*
Car enfans n'a, frère, ne sœur.
Qui lors voulsist estre son pleige.

VILLON, *Grant testament,* XL.

Si recevez un plaisir, je le sens,
Si vous souffrez aucun mal, je consens
Qu'incontinent mon cueur en soit chargé
De la moytié, et le vostre *allegé.*

CL. MAROT, *Douleur et Volupté.*

On a dit absolument, *Alléger* pour Soulager, en parlant d'une personne malade ou d'une maladie.

Philippe, ce misérable Arabe qui depuis parvint à l'empire par le massacre de Gordian, l'appréhendoit (Misithée)... Il corrompit les médecins qui le traittoient en une dyssenterie dont il fut accueilly en ce voyage, et fit tant qu'au lieu d'un bon remède pour *l'alleger,* ils luy baillerent du poison pour le faire mourir.

COEFFETEAU, *Histoire romaine,* liv. XVI.

Li Mires qui s'en fu lassez
A li garir et *alégier.*
Estoit venuz de Montpellier.

Roman de Renart, v. 25842.

ALLÉGER s'emploie quelquefois avec le pronom personnel.

Une grande douleur de l'âme *s'allege* et s'emousse, par manière de dire, quand le corps se sent gaillard.

AMYOT, trad. de Plutarque, Œuvres morales, *Consolation à sa femme,* c. 10.

Et des souliers aux semelles plombées, pour *s'alléger* au courir et à sauter.

MONTAIGNE, *Essais,* I, 2.

S'alléger et récréer entre les affaires extérieures.

SAINT FRANÇOIS DE SALES, *Introduction de la vie dévote,* II, 12.

ALLÉGER peut être aussi employé absolument.

Un petit secours *allége* infiniment.

CHAPELAIN, trad. de *le Gueux ou la vie de Guzman d'Alpharache,* liv. I, c. 4.

On le trouve employé comme verbe neutre, avec un sens passif.

Dans le passage suivant, en parlant d'une maladie, pour Relever de :

Fut si très durement malade que l'on cuida bien qu'il deust mourir; mais... il *alegea de* cette maladie.

Chroniques de Saint-Denys, t. I, f° 195, v°. (Cité par Sainte-Palaye.)

Dans cet autre passage, pour s'*Alléger* :

Mors fait toute joie *alegier.*

Poème de la Mort, ms. de Noailles, str. 46. (Cité par Sainte-Palaye.)

ALLÉGÉ, ÉE, participe.

ALLÈGE, s. f.

Encore écrit par Monet ALLECHE, a signifié autrefois Soulagement.

Mesmes en la tristesse il y a quelque *allège de* plaisir.

BOUCHET, *Serées,* III, 30.

Il n'est plus, depuis longtemps, que terme de marine. On appelle ainsi une embarcation qui sert à alléger un bâtiment, à le décharger de ce qu'il a de trop, ainsi qu'à le charger.

Que l'on ajoute à ces objets, qui devaient le flatter, une marine de près de deux cents vaisseaux, en comptant les *allèges.*

VOLTAIRE, *Fragments sur l'Histoire,* art. XXVII, à l'occasion du *Siècle de Louis XIV.*

ALLÈGE est aussi terme d'Architecture et désigne le mur d'appui d'une fenêtre, moins épais que l'embrasure.

ALLÉGEANCE, s. f.

Encore écrit Alligeance, etc. (Voyez le *Glossaire* de Sainte-Palaye.)

Il a été fort usité, au même sens qu'*Allège*, pour Soulagement.

Pris absolument :

Cil dam Diex qui le fist nestre,
Li doinst chevance,
Et li envoit sa soustenance,
Et me doinst encore *alejance*.

Rutebeuf (parlant de son fils), *Complainte*.

Au revenir plains et soupire,
Car ma dolor croist et empire
Si que ge n'ai mès espérance
De garison ni d'*alejance*.

Roman de la Rose, v. 1840.

Si qu'à present ne prend autre *allegeance*
Qu'en passe-temps de sa juste vengeance.

Cl. Marot, *Élégies*, XIV.

Le temps à mes douleurs promet une *allégeance*.

Malherbe, *Poésies*, II, Stances.

Où dois-je désormais chercher quelque *allégeance?*

P. Corneille, *Médée*, V, 7.

Porte à ses déplaisirs cette foible *allégeance*,
Et lui dis que je vais achever sa vengeance.

Le même, *Pompée*, V, 1.

Mais, Brutus, ma douleur n'est pas sans *allégeance;*
Un extrême plaisir se trouve en la vengeance.

Scudéry, *la Mort de César*, I, 2.

Donnez-lui le loisir de se désattrister:
Et quand ses déplaisirs prendront quelque *allégeance*,
J'aurai soin d'en tirer d'abord votre assurance.

Molière, *l'Étourdi*, II, 3.

Souffrez sans plus que cette triste mère,
. . . .
S'en vienne au moins s'acquitter du devoir
De la nature, et pour toute *allégeance*
En votre sein décharger sa douleur.

La Fontaine, *Contes*, le Faucon.

Son bon destin, par un très grand hasard,
Lui fit trouver une petite avance
Qu'avoit un toit, et ce toit faisoit part
D'une maison voisine du rempart.
Renaud ravi de ce peu d'*allégeance*,
Se met dessous...

Le même, Même ouvrage, l'Oraison de saint Julien.

Construit avec la préposition *de* ayant pour régime un nom de chose et même un nom de personne :

Mon intention n'est mie que monseigneur ait *allégence de* sa maladie par aultre que par moy, et Dieu l'en garde!

Le livre du chevaleureux comte d'Artois, p. 158.

Ceste manière de bannissement à temps qui s'appelle ostracisme, n'estoit point punition d'aucune forfaiture, ains estoit comme un contentement et une *allégeance de* l'envie commune.

Amyot, trad. des Vies de Plutarque, *Thémistocle*, c. 43.

.... *De* son mal tantost eust *alligence*.

Martial d'Auvergne, *Vigiles de Charles VII*, part. II, p. 196. (Cité par Sainte-Palaye.)

Ou avec l'adjectif possessif :

Enfin mon père est mort, j'en demande vengeance
Plus par votre intérêt que pour *mon allégeance*.

P. Corneille, *le Cid*, II, 8.

Construit avec la préposition *à* avec les verbes *donner* et *apporter*.

Le suc de ceste herbe (peucedane) sert à la guerison de la douleur des nerfs... *donne allegeances aux* duretés de la ratele.

Olivier de Serres, *Théâtre d'agriculture*, 6e lieu, c. XV, n° 622.

Il ne doutoit nullement qu'il n'en receust toute sorte de satisfaction et qu'elle ne luy *apportast* une grande *allegeance à* sa maladie.

Sully, *Œconomies royales*, c. 51.

Dans la locution Serment d'Allégeance, *Allégeance* a une autre étymologie et se rattache à la locution *homme lige*. C'est une expression particulière au peuple anglais. Elle désigne un acte de soumission et d'obéissance au roi, qui regardait uniquement la souveraineté temporelle du monarque, et son indépendance à l'égard du pape.

Le serment d'allégeance fut ordonné par Jacques Ier en 1606.

Dictionnaire de Trévoux.

ALLÉGEMENT, s. m.

On l'a écrit Alligement, Aleigement, Aliege-

MENT, etc. (Voyez le *Glossaire* de SAINTE-PALAYE.)

Autre synonyme du vieux substantif *allège,* mais plus usité, au propre et surtout au figuré.

Pris absolument :

Mais que diray-je des pauvres... goutteux?... en avons veu qui se donnoient à cent pipes de vieux diables, en cas qu'ils n'eussent senti *allegement* manifeste à la lecture du dict livre.

RABELAIS, *Pantagruel,* II, Prologue.

Mes peines sont des roses en comparaison de ceux qui, sans secours, sans assistance, sans *allegement,* vivent en une mort continuelle.

SAINT FRANÇOIS DE SALES, *Introduction à la vie dévote,* III, 3.

J'ayme, mais, hélas! j'ayme en tel lieu, qu'il vaut mieux le taire pour n'estre estimé insensé, que le dire pour espérer tant soit peu d'*allegement.*

D'URFÉ, *l'Astrée,* II° part., liv. VI.

Les chaisnes qui me faisoient mal aux pieds n'ont pas esté si-tost laschées, que j'en ay eu de la joye et de l'*allegement.*

THÉOPHILE, *Traduction de Phédon.*

La providence de Dieu en étant l'unique et véritable cause (de nos maux), l'arbitre et la souveraine, il est indubitable qu'il faut recourir directement à la source et remonter jusqu'à l'origine pour trouver un solide *allégement.*

PASCAL, *Lettres;* Sur la mort de son père.

Ce poids (d'une mauvaise action) est donc resté jusqu'à ce jour sans *allégement* sur ma conscience, et je puis dire que le désir de m'en délivrer en quelque sorte a beaucoup contribué à la résolution que j'ai prise d'écrire mes Confessions.

J.-J. ROUSSEAU, *les Confessions,* Ire part., liv. II.

Voulez-vous sans *allegement*
En douleur finir vostre vie?

CHARLES D'ORLÉANS, *Balade,* « N'a pas longtemps qu'alay parler. »

Si te supply, cher seigneur, qu'il te plaise
D'ouyr mes dictz, les lisant à ton ayse :
Et me pourveoir de trois motz seulement,
Qui me pourront donner *allegement.*

CL. MAROT, *Épîtres,* liv. I, 32.

Mon âme auroit trouvé dans le bien de te voir
L'unique *allégement* qu'elle pût recevoir.

P. CORNEILLE, *le Cid,* III, 4.

..... Tout l'*allégement* qu'il en faut espérer
C'est de pleurer plus tard ceux qu'il faudra pleurer.

LE MÊME, *Horace,* III, 3.

Construit avec la préposition *de* ayant pour régime un nom de chose et même un nom de personne :

Conforteir le travilhant, ce est esteir avec lui en travailh, car *aligemenz* est *del* travail la veue des travilhant companion

Commentaire sur Job, à la suite des *quatre Livres des Rois.*

Là renversé dessus la terre dure,
Hors de mon sein je tire une peinture,
De tous mes maux le seul *allegement.*

RONSARD, *Amours,* I, IX.

Ou bien avec l'adjectif possessif :

Or vous suppli, doulces dames de France,
De prier dévotement
Nostre Seigneur pour *mon alegement*

EUST. DESCHAMPS, 50° *Ballade.* (Édit. Crapelet.)

Je veux bien que mon fils y trempe grandement,
Même, si cela fait à *votre allégement,*
J'avourai qu'à lui seul en est toute la faute.

MOLIÈRE, *le Dépit amoureux,* III, 4.

Construit avec la préposition *à,* dans des locutions telles que celles-ci : *Espérer, chercher, trouver,* etc., *un allégement à :*

Je te prie, dit-il en pleurant, fais ce qu'il te semblera pour le mieulx; car aussi bien je *n'espère* nul *alegement à* mon mal pour demourer, ou pour cheminer.

HERBERAY DES ESSARTS, *Amadis de Gaule,* liv. II, c. 6.

Il doit bien estre permis de plaindre ce *à* quoy on ne peut *trouver* aucun autre *allegement.*

D'URFÉ, *l'Astrée,* Ire part., liv. VII.

ALLÉGEMENT paraît avoir été encore synonyme d'*Allège,* dans le sens de ce mot comme terme de marine

Nul ne doit rien de l'*alégement* de sa nef, ne par grant eau, ne par petit.

Reg. des Péages de Paris. (Voyez DU CANGE, *Glossaire,* Alegium.)

On trouve chez Oudin :

ALLÉGEUR, s. m.

Qui Allège, qui Soulage.

ALLÉGIR, v. a.

Terme d'Arts et métiers. Diminuer en tous sens le volume, l'épaisseur d'un corps. On dit *allégir* une partie, une planche.

ALLÉGI, IE, participe.

ALLÉGORIE, s. f. (Du latin *Allegoria,* en grec ἀλληγορία, dont se servent encore Cicéron et Quintilien; et, par ce mot d'ἄλλος et ἀγορεύω.)

Espèce de fiction dont l'artifice consiste à présenter un objet à l'esprit de manière à lui donner l'idée d'un autre.

Croyez-vous en vostre foy, qu'oncques Homere escrivant l'Iliade et Odyssée, pensast ès *allegories* lesquelles de lui ont calfreté Plutarche, Heraclides Ponticq, Eustatie, Phornute.

RABELAIS, *Gargantua,* Prologue.

Celle devise (de Catherine de Médicis) prenant son *allégorie* sur le naturel de la chaux vive, laquelle estant arrousée d'eau brûle estrangement.

BRANTÔME, *Vie des Dames illustres,* Catherine de Médicis.

Quand le sens littéral de nos paroles seroit innocent, on pourroit chercher l'*allégorie* et pointiller sur une équivoque, pour nous rendre coupables de la subtilité d'autrui.

BALZAC, *Lettres;* 6.

Quand ensuite il falloit venir aux histoires impures des dieux, à leurs infâmes généalogies, à leurs fêtes et à leurs mystères... toute la religion se tournoit en *allégories;* c'étoit le monde ou le soleil qui se trouvoient être ce Dieu unique; c'étoit les étoiles, c'étoit l'air, et le feu, et l'eau, et la terre, et leurs divers assemblages, qui étoient cachés sous les noms des dieux et dans leurs amours.

BOSSUET, *Discours sur l'histoire universelle,* II, 26.

En vain les Platoniciens du Bas-Empire, qui imposoient à Julien, ont imaginé des *allégories* et de profonds mystères dans les divinités qu'Homère dépeint.

FÉNELON, *Lettre à l'Académie française.*

Comme il n'est rien tel que de prophétiser des choses éloignées en attendant l'événement, il n'est rien tel aussi que de débiter des fables en attendant l'*allégorie.*

FONTENELLE, *Dialogues des morts.*

L'un et l'autre (Homère et Platon) ne se proposent que d'instruire les hommes, et de réformer les villes et les États par des instructions déguisées sous les *allégories* d'une action et rendues par là plus agréables.

Mme DACIER, trad. d'Homère, Préface.

Il y a deux sortes d'*allégories :* la première dit une chose et en signifie une autre, comme cette ode d'Horace, où par un vaisseau il entend la république, par des tempêtes les guerres civiles, par un port la paix ou la concorde...

GÉDOYN trad. de Quintilien, liv. VIII, c. 6.

D'autres fables sont des *allégories* ingénieuses. Ainsi Janus a un double visage qui représente l'année passée et l'année commençante. Saturne, qui dévore ses enfants, est le temps qui détruit tout ce qu'il a fait naître. Les Muses, filles de la Mémoire, nous enseignent que, sans la mémoire, on n'a point d'esprit, et que, pour combiner des idées, il faut commencer par retenir des idées. Minerve formée dans le cerveau du maître des dieux n'a pas besoin d'explication. Vénus, la déesse de la beauté, accompagnée des Grâces et mère de l'Amour, la ceinture de la mère, les flèches et le bandeau du fils, tout cela parle assez de soi-même.

VOLTAIRE, *Mélanges historiques.*

Une *allégorie* fine, et qui n'est que pour l'esprit, ne peut être exprimée ni par le sculpteur, ni par le peintre.

LE MÊME, *Lettres;* 1739, au comte de Caylus.

Thétis, pour rendre son fils invulnérable, le plongea, dit la fable, dans l'eau du Styx. Cette *allégorie* est belle et claire.

J.-J. ROUSSEAU, *Émile.*

La chasse endurcit le cœur aussi bien que le corps, elle accoutume au sang, à la cruauté. On a fait Diane ennemie de l'amour et l'*allégorie* est très-juste.

LE MÊME, même ouvrage.

Ce n'est pas que dans les poëmes épiques, et particulièrement dans ceux d'Homère, il n'y ait bien des détails où l'*allégorie* est sensible, et alors la vérité voilée y perce de façon à frapper tous les yeux : telle est l'image des prières, tel est l'ingénieux épisode de la ceinture de Vénus. Mais regarder l'Iliade comme une *allégorie* continue, c'est attribuer à Homère des rêves qu'il n'a jamais faits.

MARMONTEL, *Éléments de littérature,* Allégorie.

Sachez qu'une *allégorie* commune, quoique neuve, est mauvaise, et qu'une *allégorie* sublime n'est bonne qu'une fois. C'est un bon mot usé dès qu'il est redit.

DIDEROT, *Salon de* 1767, Lagrenée.

Les grands veulent être à l'église après leur mort, afin que le peuple admire leurs mausolées et leurs vertus de marbre et de bronze. Mais, grâces aux *allégories* de nos artistes, et aux inscriptions latines de nos savants, le peuple n'y entend rien.

BERNARDIN DE SAINT-PIERRE. *Études de la nature,* XIII

Bientôt ils défendront de peindre la Prudence,
. . . .
Et partout des discours, comme une idolâtrie,
Dans leur faux zèle iront chasser l'*allégorie*.

BOILEAU, *Art poetique*, III.

Telle est, dit-on, la belle *allégorie*,
Le vrai portrait de l'homme et de la vie.

VOLTAIRE, Contes en vers, *les Filles de Minée*.

L'*allégorie* habite un palais diaphane.

LEMIERRE, *la Peinture*, III.

Heureuse fiction, aimable *allégorie*
Du peintre et du poète également chérie.

DELILLE, *l'Homme des champs*, II.

On a fait du mot ALLÉGORIE une application particulière à certaines explications des écritures.

Les *allégories* ne doivent estre receues, sinon d'autant qu'elles sont fondées en l'Escriture : tant s'en faut qu'elles puissent approuver aucune doctrine.

CALVIN, *Institution chrestienne*, liv. II, c. 5, § 19.

C'est dans la même ville d'Alexandrie que les *allégories* ont commencé à avoir quelque éclat parmi les chrétiens.

FÉNELON, *Dialogues sur l'Éloquence*, III.

ALLÉGORIE se dit également, en rhétorique, d'une figure qui n'est autre chose qu'une métaphore continuée

Quand la métaphore est continuée et qu'elle ne consiste pas en un seul mot, on l'appelle *allégorie*.

ROLLIN, *Traité des Études*, liv. III, c. 3, art. 2.

ALLÉGORIE se dit aussi, particulièrement, d'un ouvrage dont le fond est cette espèce de fiction où l'on représente un objet pour donner l'idée d'un autre.

Les fictions que l'on débite comme des histoires pour en tirer quelque moralité, sont des *allégories* qu'on appelle apologues, paraboles ou fables morales.

DUMARSAIS, *les Tropes*, c. 12, l'Allégorie.

Les *Allégories* de Rousseau sont d'un style moins inégal et moins incorrect que ses Épîtres.

LA HARPE, *Cours de littérature*.

ALLÉGORIE a le sens d'Allusion dans certaines manières de parler, telles que :
Faire allégorie d'une chose à une autre

Il fait dans la préface une *allégorie de* ce livre *à* celui de l'Apocalypse.

PASCAL, *Provinciales*, V.

ALLÉGORIQUE, adj. des deux genres.
Qui tient de l'Allégorie, qui appartient à l'Allégorie.

Il est escrit : « Ne donnez point aux chiens ce qui est sanctifié, » lequel passage estant par les docteurs pris en sens *allégorique*, j'estimerois donner aux chiens si je donnois à celuy qui suit la guerre temporelle, un monastère qui est dédié pour les religieux.

EST. PASQUIER, *Recherches de la France*, III, 12.

L'éloge de M. de Novion consistoit en une application *allégorique* de ses habits de palais : son mortier marquoit la grandeur de son âme.

FLÉCHIER, *Mémoires sur les grands jours de* 1665.

Les personnages *allégoriques* sont des êtres qui n'existent point, mais que l'imagination des peintres a conçus et qu'elle a enfantés en leur donnant un nom, un corps, des attributs.

DUBOS, *Réflexions critiques sur la poésie et sur la peinture*, Ire part., sect. 18.

C'étoit (Ésope) un censeur *allégorique*, qui, présentant à chacun l'image de sa situation, lui donnoit lieu de penser ce que lui-même ne disoit pas expressément.

DE LA MOTTE, *Discours sur la fable*.

Ce Philon était une tête toute métaphysique, toute *allégorique*, toute mystique.

VOLTAIRE, *Dictionnaire philosophique*, art. Trinité.

L'histoire n'est point altérée dans les principaux faits (dans la Henriade), les fictions y sont toutes *allégoriques*.

LE MÊME, *Lettres*; 23 janvier 1722, à J.-B. Rousseau.

Nos anciens poètes ont porté à l'excès l'abus des personnages *allégoriques*. Le Roman de la Rose les avoit mis en vogue. Dans ce roman, l'on voit en scène Jalousie, Bel Accueil, Faux Semblant, etc. ; et d'après cet exemple on mettoit sur le théâtre, dans les Sottises et les Mystères, le Tien, le Mien, le Bien, le Mal, l'Esprit, la Chair, le Péché, la Honte... etc... Non seulement on faisoit des personnages, mais encore des mondes *allégoriques*, et l'on traçoit sur des cartes de poste en poste, la route du bonheur, le chemin de l'amour...

MARMONTEL, *Éléments de littérature*, Allégorique.

Tous les mots d'une phrase ou d'un discours *allégorique*

formant d'abord un sens littéral qui n'est pas celui qu'on a dessein de faire entendre.

DUMARSAIS, *les Tropes*, c. 12, l'Allégorie.

L'adresse et l'intérêt de ce magnifique exorde (de l'oraison funèbre de Turenne par Fléchier) consistent à présenter d'abord, sous le nom d'un héros de l'Écriture sainte, le tableau *allégorique* et fidèle du héros de ce discours, à le faire reconnaître, avant de l'avoir nommé, dans chacun des traits de cette peinture.

LA HARPE, *Cours de littérature*.

Je doute que le flot des vulgaires humains
A ce discours pourtant donne aisément les mains;
Et pour t'en dire ici la raison historique,
Souffre que je l'habille en fable *allégorique*.

BOILEAU, *Satires*, XI.

ALLÉGORIQUEMENT, adv.

D'une manière allégorique.

Le suzeau croist plus canore et plus apte au jeu des flustes en pays on quel le chant des coqs ne seront ouy... Aultres l'ont entendu plus haultement, non selon la lettre, mais *allégoricquement* selon l'usage des pythagoriens.

RABELAIS, *Pantagruel*, IV, 62.

Rabelais a cela de commun avec Homère, qu'on a cru voir *allégoriquement* dans son livre des systèmes entiers d'astronomie, de physique, etc.

DUFRESNY, *Parallèle d'Homère et de Rabelais*.

Cette parabole est fort longue, il a plu aux commentateurs d'entendre littéralement cette allégorie, comme il leur a plu d'expliquer *allégoriquement* le sens littéral de cent autres passages.

VOLTAIRE, *Lettres chinoises*, IXe lettre.

ALLÉGORISER, v. a.

Expliquer allégoriquement, donner un sens allégorique.

Les Pères *ont allégorisé* tout l'Ancien Testament.

Dictionnaire de Trévoux.

L'auteur se trouve conduit à un paradoxe plus surprenant, c'est que l'Iliade n'est qu'une pure histoire *allégorisée* dans le goût oriental.

FONTENELLE, *Éloge de Bianchini*.

ALLÉGORISER s'emploie aussi absolument :

Les Levantins se plaisent à *allégoriser*.

FURETIÈRE, *Dictionnaire*.

Jésus, en réponse à leurs questions, se contente d'*allégoriser* sur le pain du ciel.

J.-J. ROUSSEAU, *Lettres écrites de la Montagne*.

ALLÉGORISÉ, ÉE, participe.

On a dit au même sens :

ALLÉGORIER, ALLÉGORIÉ, ÉE.

Toute l'histoire fabuleuse n'est pas propre à *être allégoriée*.

J.-B. ROUSSEAU, *Préface* de ses œuvres.

ALLÉGORISEUR, s. m.

Celui qui allégorise. Il ne se prend guère qu'en mauvaise part, en parlant d'un homme qui s'attache à chercher dans tout un sens allégorique.

ALLÉGORISTE, s. m.

Celui qui explique un texte, un auteur dans un sens allégorique.

Vous triomphez d'allégoriser, monsieur Celtophile. Je ne vous estime pas si bon *allégoriste*.

H. ESTIENNE, Ier *Dialogue du nouveau langage français italianizé*.

Il se forma dans le sein du paganisme deux sectes, les *allégoristes* et les évhéméristes.

GOGUET, *De l'Origine des lois, des arts et des sciences*.

Les honnêtes gens doivent rembarrer avec vigueur les méchants *allégoristes* qui trouvent partout des allusions odieuses.

VOLTAIRE, *Lettres*; 9 août 1769, à Thiriot, à l'occasion des Guèbres.

ALLÈGRE adj. des deux genres. (Du latin *Alacer*.)

On l'a écrit ALAIGRE (voyez les *Dictionnaires* de ROB. ESTIENNE, de J. THIERRY, de NICOT, de MONET, de COTGRAVE, de DANET, de FURETIÈRE, le *Dictionnaire de Trévoux*, le *Dictionnaire de l'Académie*, édition de 1694); ALLAIGRE (voyez le *Glossaire* de SAINTE-PALAYE); ALEGRE (voyez le *Dictionnaire de l'Académie*, éditions de 1718, 1740, 1762, 1799); etc.

ALLÈGRE, aujourd'hui vieilli et de peu d'usage, s'est pris, comme *alacer*, dans un sens physique et dans un sens moral.

Dans un sens physique, on l'a dit en parlant d'une taille fine et svelte :

Apparoit par dessoubz le mantel le corps d'elle *allègre* et bien taillé.

Perceforest, V, f° 80, v°, col. 2.

En parlant de l'activité qui résulte d'un bon état de santé :

L'homme quelque sain et *allegre* qu'il soit ne peut vivre sans air.

BERNARD PALISSY, *les Abus des médecins,* p. 423.

A-t-il le corps propre à ses fonctions, sain et *alaigre?*

MONTAIGNE, *Essais,* I, 41.

J'ai passé une bonne partie de mon aage en une parfaite et entière santé. Je dy non seulement entière, mais encore *alaigre* et bouillante.

LE MÊME, même ouvrage, II, 6.

Vo compaignon sont tous *haliegre* et en santés.

Chanson d'Antioche, VI, v. 847.

On l'a dit généralement d'un corps ou d'une personne aux mouvements agiles et vifs :

Je... y entreray par à travers si les oiseaulx y entrent; car j'ai le corps tant *allaigre* que j'auray saulté leurs tranchées et percé oultre tout leur camp, devant qu'ils m'ayent apperçeu.

RABELAIS, *Pantagruel,* II, 24.

Je suis guay comme ung Papeguay, joyeulx comme ung Esmerillon, *alegre* comme ung Papillon.

LE MÊME, même ouvrage, IV, 64.

Ne se présentent jamais à des hommes qu'ils voyent *alaigres,* gaillards et armez pour leur nuire ou mal faire.

DE FOUILLOUX, *la Vénerie,* fol. 110, v°.

J'aimerois aussi cher que mon escolier eust passé le temps à jouer à la paume; au moins le corps en seroit plus *alaigre.*

MONTAIGNE, *Essais,* I, 24.

Les voyant tous passés, je me sentis *allègre,*
Lors dispos du talon, je vais comme un chat maigre.

REGNIER, *Satires,* II.

Pour s'échapper de nous, Dieu sait s'il est *allaigre.*
Pour moi je ne dors plus; aussi je deviens maigre.

J. RACINE, *les Plaideurs,* I, 1.

Pour courir à la proye il est le plus *alaigre.*

BOURSAULT, *les Fables d'Ésope,* II, 5.

ALLÈGRE s'est joint aussi dans des acceptions analogues à des mots abstraits :

L'âme qui loge la philosophie... doit former à son moule le port extérieur, et l'armer par conséquent d'une gracieuse fierté, d'un maintien actif et *alaigre...*

MONTAIGNE, *Essais,* I, 25.

C'est l'ordinaire des naturels *allegres* et sanguins d'estre plus chauds et bouillans que les autres.

SULLY, *Œconomies royales,* c. 60.

Dans un sens moral, ALLÈGRE s'est dit de la promptitude, de la vivacité de l'Esprit :

La facilité subtile, et *allègre* promptitude à faire toutes ces choses et pénétrer avant en icelles, s'appelle esprit.

CHARRON, *De la Sagesse,* I, XIV.

Il s'est employé surtout au sens de Gai, Content :

Nous sommes moult *alègres* de votre gloire.

Livres des Machabées, ms. des Cordeliers, f° 173, v°, col. 2. (Cité par Sainte-Palaye.)

Les enfans et serviteurs, chacun selon son degré, en obéissant d'une franche et *alaigre* volonté, monstrent par là qu'ils sont touchez de la mesme affection.

DE LA NOUE, *Discours polititiques et militaires,* II° discours.

Autant qu'il y eut d'estonnement, de tristesse et de lamentations en l'armée royale pour la mort de Henri III, d'autant vid on d'assurance, de joye et de contenance *alaigre* ès Ligueurs, surtout dedans Paris.

MATTHIEU, *Histoire des derniers troubles de la France,* liv. V.

Sus, mes brebis, trouppeau petit et maigre,
Autour de moy saultez de cueur *allaigre.*

CL. MAROT, *Églogues au roy.*

... Quel homme est-ce? Un bon vivant, *alaigre.*

BOURSAULT, *le Mercure galant,* IV, 6.

ALLÉGREMENT, adv.

Il a suivi, comme les autres mots formés d'*Allègre*, les diversités d'orthographe de cet adjectif.

D'une manière Allègre.

Au sens physique :

J'alai fort *alegrement* voir le bein de Corsena, qui est à un bon demi-mille de là.

MONTAIGNE, *Voyages,* Bein della villa.

Ainsi me revins-je, et mes jambes, lasses peu devant de porter mon ventre tout vuide et leger qu'il estoit, se portoient lors *allegrement,* sentant mon ventre plein et chargé.

CHAPELAIN, *le Gueux ou la vie de Guzman d'Alpharache,* liv. I, c. 3.

Puis en arrière il saute *allègrement,*
Toujours en garde....,.

VOLTAIRE, *la Pucelle,* VIII.

Au sens moral :

Athlas pour plus *alaigrement* festoyer Hercules son hoste......

RABELAIS, *Pantagruel;* IV, 65.

Afin que les Juifs s'adonnassent plus *alaigrement* à servir Dieu.

CALVIN, *Institution chrestienne,* liv. II, c. 8, § 15.

Nous avons beau nous hazarder et obstiner, il semble que les coups fuyent ceux qui s'y présentent trop *alaigrement.*

MONTAIGNE, *Essais,* II, 21.

Je festoye et caresse la vérité en quelque main que je la treuve, et m'y rends *alaigrement.*

LE MÊME, même ouvrage, III, 8.

Fussé-je mort moins *alaigrement* avant d'avoir lû les Tusculanes?

LE MÊME, même ouvrage, III, 12.

Que si ceste seule occasion ne vous semond d'aller de bon cœur et *allegrement* au combat, il n'y a rien au monde qui vous doive enfler le cœur.

MONTLUC, *Commentaires,* liv. V.

Montluc avec braves discours eschauffa ses Gascons à l'envi des Espagnols, attira tous les capitaines à son opinion, et Burie mesmes à y marcher *allaigrement.*

AGR. D'AUBIGNÉ, *Histoire universelle,* t. I, liv. III, c. 11.

Il faut recognoistre que madame ma sœur cy presente, et monsieur le cardinal Cayetan ont faict de signalez services à la foy, par subtiles nouvelles et Tedeums chantez à propos, et drapeaux contrefaicts en la rue des Lombards qui ont donné occasion à plusieurs de mourir *alegrement* de male rage de faim, plutost que parler de paix.

Satyre Ménippée, Harangue de M. le Lieutenant.

Monsieur de Villars a très *allègrement* signé les articles dont j'ay cy-devant envoyé coppie à Vostre Majesté.

SULLY, *Œconomies royales,* c. 46.

Vous souvenez-vous... que vous avez une Pucelle d'une vieille copie, et que cette Jeanne, négligée et ridée doit faire place à une Jeanne un peu mieux atournée que j'aurai l'honneur de vous apporter pour faire passer vos eaux plus *allégrement?*

VOLTAIRE, *Lettres;* 29 mai 1754, au comte d'Argental.

Nous continuâmes notre voyage aussi *allégrement* que nous l'avions commencé.

J.-J. ROUSSEAU, *les Confessions,* liv. III.

ALLÉGRESSE, s. f.

Il s'est pris dans le sens physique des mots ALLÈGRE, ALLÉGREMENT, pour Promptitude :

Quant Carpalim l'apperceut, il courut après en telle hastiveté et *allaigresse* qu'il le attrapa en moins de cent pas.

RABELAIS, *Pantagruel,* II, 26.

Pour Bon état du corps, Santé :

L'*alaigresse* où je suis, le plaisir et la force, me font paroistre l'autre estat si disproportionné à celuy-là, que par imagination je grossis ces incommoditez de la moitié.

MONTAIGNE, *Essais,* I, 19.

Suis fils d'un père dispost, et d'une *allegresse* qui luy dura jusques à son extresme vieillesse.

LE MÊME, même ouvrage, II, 17.

Il a eu aussi quelquefois le sens d'Empressement, d'Ardeur :

Voulez-vous choisir... un bon capitaine... qui bien sçaiche... mener ses gens à l'assault et au combat en *allaigresse*... prenez moy... un decretaliste.

RABELAIS, *Pantagruel,* IV, 53.

Les gens subjects n'ont point d'*alegresse* au combat ny d'aspreté. Ils vont au danger comme attachez, et tous engourdis, et par manière d'acquit.

LA BOETIE, *Discours de la Servitude volontaire.*

Pour augmenter la dignité du sacerdoce et inciter les personnes à s'y porter avec plus d'*allégresse,* on honora la Vestale Cornelia d'un présent de deux mille grands sesterces.

PERROT D'ABLANCOURT, trad. de Tacite, *Annales,* IV, 9.

Il se dit généralement de la joie, de celle surtout qui éclate au dehors :

Frère Jean luy respondit en *allaigresse* d'esprit, disant : Marye toy de par le diable.

RABELAIS, *Pantagruel*, III, 26.

Ne nous laissons pas si fort emporter au plaisir, que parfois il ne nous repasse en la mémoire, en combien de sortes cette nostre *alaigresse* est en butte à la mort.

MONTAIGNE, *Essais*, I, 19.

Du bien passé vient le regret, qui est une espèce de tristesse; et du mal passé vient l'*allégresse*, qui est une espèce de joie.

DESCARTES, *les Passions de l'âme*, IIe part., art. 67.

Ce que je nomme *allégresse* est une espèce de joie en laquelle il y a cela de particulier, que sa douceur est augmentée par la souvenance des maux qu'on a soufferts, et desquels on se sent allegé.

LE MÊME, même ouvrage, IIIe part., art. 210.

La foule brillante y étoit déjà (à Saint-Cloud); tout s'empressa de me témoigner son *allégresse*.

SAINT-SIMON, *Mémoires*, 1710.

On sent qu'à leur place on seroit trop heureux de répandre la joie et l'*allégresse* dans les cœurs en y répandant des bienfaits.

MASSILLON, *Petit Carême*, 4e dimanche.

Jamais nous ne goûtons de parfaite *allégresse*;
Nos plus heureux succès sont mêlés de tristesse.

P. CORNEILLE, *le Cid*, III, 5.

Avec une *allégresse* aussi pleine et sincère
Que j'épousai la sœur, je combattrai le frère.

LE MÊME, *Horace*, II, 3.

Quand pourra mon amour baigner avec tendresse
Ton front victorieux de larmes d'*allégresse*.

LE MÊME, même ouvrage, IV, 2.

Sa frayeur a paru sous sa fausse *allégresse*.

LE MÊME, *Pompée*, III, 1.

Cependant on vous voit une morne tristesse,
Alors que dans vos yeux doit briller l'*allégresse*.

MOLIÈRE, *l'Étourdi*, V, 2.

Que si quelqu'un, mes vers, alors vous importune,
Pour savoir mes parents, ma vie et ma fortune,
Contez-lui...
Que ma vue à Colbert inspiroit l'*allégresse*.

BOILEAU, *Épîtres*, X.

Dans le cœur inquiet de ma jeune maîtresse
Je vais diligemment reporter l'*allégresse*.

BOURSAULT, *le Mercure galant*, II, 2.

... Oui, sans doute, vous-même :
Nous avions de vous voir une *allégresse* extrême.

REGNARD, *les Ménechmes*, III, 7.

Il se dit plus ordinairement d'une joie publique :

Toutesfois je vous prie, avant que partir, nous faire entendre par un petit bruit d'*allégresse*, que nostre labeur vous est agréable.

LARIVEY, *le Morfondu*, V, sc. dernière.

Vous eustes grand tort de faire demonstration de tant d'*allegresse*, ayant sçeu la nouvelle du cruel accident de celuy par la mort duquel vous entriez au chemin de la royauté.

Satyre Ménippée, Epistre du sieur d'Engoulevent à un sien ami.

Ils montèrent sur leurs vaisseaux, les ayant couronnez de chapeaux de fleurs et de guirlandes, comme si par cette *alaigresse* anticipée ils eussent célébré non seulement l'augure, mais le triomphe mesme de la victoire.

VAUGELAS, trad. de Quinte-Curce, *Histoire d'Alexandre*, liv. IV.

On entendoit l'armée pousser en l'air des cris d'*alaigresse* et de victoire.

LE MÊME, même ouvrage, liv. VII, c. 2.

Sa flotte arrive sans l'*allegresse* ordinaire des matelots, mais dans une profonde image de tristesse.

PERROT D'ABLANCOURT, trad. de Tacite, *Annales*, III, 1.

Nous sommes ici dans une grande *allégresse* : Philisbourg est pris.

Mme DE MAINTENON, *Lettres*; 4 novembre 1688.

L'*allégresse* y fut poussée aux transports.

SAINT-SIMON, *Mémoires*, 1710.

N'entendez-vous pas ces chants d'*allégresse* ?...

MASSILLON, *Sermons*, la Résurrection.

Les peuples prêtèrent avec *allégresse* un nouveau serment au roi, qu'on appela le serment de suprématie.

VOLTAIRE, *Essai sur les mœurs*. Du roi Henri VIII, c. 135.

Rapport vraiment funeste et sort vraiment tragique,
Qui va changer en pleurs l'*allégresse* publique.

P. CORNEILLE, *Rodogune*, V, 4.

Il veut que d'un festin la pompe et l'*allégresse*
Confirment à leurs yeux la foi de nos serments.

J. Racine, *Britannicus*, V, i.

Allégresse s'est dit, en ses divers sens, au pluriel :

Au sens d'Empressement, d'Ardeur :

Il survient (aux gens de guerre) des *allegresses* fortuites, et des fureurs estrangeres parmy leurs deliberations, qui les poussent le plus souvent à prendre le party le moins fondé en apparence, et qui grossissent leur courage au-dessus de la raison.

Montaigne, *Essais*, I, 23.

Au sens de Joie, de Réjouissances :

Ne fut parlé que de la proesse, courtoisie et bonne façon du chevalier verd, qui quand ce vint aux dances et autres *allegresses* ne diminua en rien la bonne reputation qu'il avoit acquise.

Jaques Yver, *le Printemps d'Yver*.

Et, non content de ces communes *allegresses* qui témoignoyent combien vous approuviez ce malheureux acte (l'assassinat de Henri III), vous fistes faire l'effigie du meurtrier.

Satyre Ménippée, Epistre du sieur d'Engoulevent à un sien ami.

Parmy les *allegresses* de ceste paix, les ducs d'Orléans et de Bourgogne furent veus sur un mesme cheval se pourmener avec les autres princes, pour tesmoigner leur amitié et reconciliation.

Matthieu, *Histoire des derniers troubles de France*, liv. III.

Dans les *allégresses* publiques,
Mesme en célébrant vos vertus,
Nos visages sont abatus
Et nos ames mélancoliques.

Théophile, *au Roy sur son retour de Languedoc*.

Le pluriel *allégresses* n'est plus d'usage que dans cette expression : *les Sept Allégresses*, prières à la Vierge, dans lesquelles on exprime les sept différents sujets de joie qu'elle a eus durant sa vie.

L'*allégresse* est personnifiée dans le passage suivant :

J'y feroy pourtraire (dans les classes) la Joye, l'*Allegresse*, et Flora, et les Grâces, comme fit en son eschole le philosophe Speusippus.

Montaigne, *Essais*, I, 25.

On a dit autrefois Alaigreté :

Alaigreté et gayeté de cœur.

Rob. Estienne, J. Thierry, Nicot, *Dictionnaires*.

On a dit aussi Alegrance :

Rou e li soen s'en sunt torné joios, haitié, plein d'*alegrance*.

Benoît, *Chronique des ducs de Normandie*, t. I, v. 3547.

Enfin d'Allègre on avait fait le verbe Allégrer, Allégrir, Rendre allègre.

...... *Alegroit* Jacob en ses oueres.

Livre des Machabées, ms. des Cordeliers, f° 158, v°, col. 2. (Cité par Sainte-Palaye.)

Comme les oyseaulx par aide de leurs aesles volent hault en l'aer legierement; ainsi, par l'ordre de Bacchus, c'est le bon vin friant et delicieux, sont hault elevez les esperits des humains, leurs corps evidentement *alaigris*, et assouply ce qu'en eulx estoit terrestre.

Rabelais, *Pantagruel*, IV, 65.

Ce verbe pouvait se construire avec le pronom personnel :

..... Pour *se allégrer* et congratuller avecques eulx de la paix et accord faictz ensemble...

L'Évêque de Montpellier, à François Ier, 29 novembre 1540. (Voyez *Négociations de la France dans le Levant*, t. I, p. 454.)

ALLEGRO, adv. Terme de musique, emprunté de l'italien. On le met au commencement d'un air, pour indiquer que cet air doit être joué vivement et gaiement.

Allegro signifie gai, et c'est aussi l'indication d'un mouvement gai, le plus vif de tous après le presto. Mais il ne faut pas croire pour cela que ce mouvement ne soit propre qu'à des sujets gais; il s'applique souvent à des transports de fureur, d'emportement et de désespoir, qui n'ont rien moins que de la gaîté.

J.-J. Rousseau, *Dictionnaire de musique*, Allegro.

Allégro se dit substantivement de l'Air même :

J'aurois traité l'air qui suit, Ombre, Larve, ses deux mouvements contrastés, savoir : un *allegro* sombre et terrible jusqu'à ces mots : Non voglio pieta, et un adagio ou largo plein de tristesse et de douceur sur ceux-ci : Se vi tolgo l'amato consorte...

J.-J. Rousseau, *Observations sur l'Alceste de M. Gluck.*

ALLEGRETTO, adv. Terme de musique. Diminutif d'*Allegro*.

ALLÉGUER, v. a. (Du latin *Allegare*.)

On l'a écrit Aleger, Alliguer, Aliger, etc. (Voyez le *Glossaire* de Sainte-Palaye.)

Citer une autorité, un passage, un fait, etc.

Il *allegua* plusieurs beaux faictz des rois d'Angleterre.

Commines, *Mémoires*, IV, 8.

Croy que jamais hommes n'endurerent plus de fain, je n'y voudroye *alleguer* le siege de Jérusalem.

Le même, même ouvrage, VIII, 17.

Voyez le Cratyle du divin Platon. Par ma foy, dit Rhisotome, je le veulx lire, je vous oy souvent le *alleguant*.

Rabelais, *Pantagruel*, IV, 31.

Ce grand précepte est souvent *allegué* en Platon : Fai ton faict et te cognoy.

Montaigne, *Essais*, I, 3.

Ils sont tousjours après à lui faire apprendre par cueur (à la jeunesse)... ce que les livres disent, afin de les pouvoir *alleguer*.

Charron, *De la Sagesse*, I, xiii, 8.

Dans ce livre j'espère et veux *alléguer* des exemples de plusieurs bons et grands capitaines.

Brantôme, *Vies des Capitaines illustres*, disc. I.

Je suis assuré qu'il n'agit point de bonne foi et qu'il falsifie les passages qu'il *allègue*.

Balzac, *Entretiens*, X.

Je ne fus pas plus estonné quand j'entendis les Religieuses de Loudun parler latin, que je l'ay été de vous voir dire tant d'italien. En vérité, vous l'*alléguez* comme si vous l'entendiez,

Voiture, *Lettres*; à M. Costar.

Il (le P. Garasse) nous *allègue* mille beaux passages de divers autheurs et touche tous les bons endroicts des escrivains anciens et modernes, et n'en entend pas un, comme le Jaquemar qui se tient à tous les mouvements de l'horloge, et ne sçait jamais quelle heure il est.

Théophile, *Apologie*.

Vous vous contentez de nommer beaucoup de Pères, sans *alléguer* aucune de leurs paroles.

Arnauld, *De la fréquente communion*, IIe partie, c. 2.

Je ferois une histoire, au lieu d'*alléguer* un exemple, si je m'étendois davantage.

Saint-Evremond, *Réflexions sur les divers génies du peuple romain*, c. 4.

Comme Rome révéroit les lois de Romulus et de Numa et des XII tables, comme Athènes recouroit à celles de Solon, comme Lacédémone conservoit et respectoit celles de Lycurgue, le peuple hébreu *alléguoit* sans cesse celles de Moïse.

Bossuet, *Discours sur l'Histoire universelle*, II, 3.

Il (saint Augustin) trouve même que c'est un crime à une dame de se tuer pour éviter le déshonneur, et ne peut point souffrir qu'on *allègue* l'exemple de Lucrèce.

Fléchier, *Mémoires sur les grands jours de* 1665.

Je n'*allègue* point tous ces jugements comme des autorités; c'est seulement pour faire voir que mon opinion n'est pas aussi hasardée qu'on le pense.

De la Motte, *Réflexions sur la Critique*.

Sur un fait qui n'est fondé sur rien, l'autorité de celui qui le nie est égale à l'autorité qui l'*allègue*.

Montesquieu, *Esprit des Lois*, XXX, 24.

. . . . Il est tout manifeste
Que là dedans contre ton vueil celeste
Est deffendu, qu'on ne voyse *allegant*
Hebrieu, ny Grec, ny Latin elegant,
Disant que c'est langage d'heretiques.

Cl. Marot, *Épitres*, liv. I, 24.

Alleguant maint exemple en ce siècle où nous sommes,
Qu'il n'est rien si facile à prendre que les hommes.

Régnier, *Satires*, III.

Mais je vous dirai, moi, sans *alléguer* la fable,
Que si sous Adam même, et loin avant Noé,
Le vice audacieux, des hommes avoué,
A la triste innocence en tous lieux fit la guerre,
Il demeura pourtant des hommes sur la terre.

Boileau, *Satires*, X.

Du fait simple *allégué* les gens vrais se contentent.

Dufresny, *le Faux sincère*, IV, 9.

On dit, de même, *Alléguer* un auteur, un témoin, une personne :

Vrayement (respondit Panurge) vous m'*alleguez* de gentils veaulx. Ils feurent fols comme poëtes et resveurs comme philosophes.

RABELAIS, *Pantagruel*, III, 18.

Mais qu'est-il besoing de vous *alleguer* ces Romains?

P. DE LA RAMÉE, *Grammaire*, dédicace à la Royne mère du Roy.

Et peu de gens faillent, notamment aux choses malaisées à persuader, d'affirmer qu'ils l'ont veu; ou d'*alleguer* des tesmoins, desquels l'authorité arreste notre contradiction.

MONTAIGNE, *Essais*, III, 11.

J'*allegue* don Juan d'Autriche.

BRANTÔME, *Vie de Marguerite de France*.

Tous ceux qui ont escrit depuis luy (Est. Pasquier) l'ont, avec préfaces d'honneur, *allegué* et suivy en ses opinions.

NIC. PASQUIER, *Lettres*.

Je parlerai d'une manière nouvelle, sans *alleguer* Homère ni Lycophron.

BALZAC, *Entretiens*, XXXIX.

Puisque vous m'*alleguez*, il ne m'est plus permis de douter du succès de mes écrits, et je prétends après cela rang dans les plus nobles bibliothèques.

LE MÊME, *Lettres*, liv. IX.

Calvin, qui méprise tant les saints pères, ne laisse pas de les *alléguer* comme des témoins dont il n'est pas permis de rejeter l'autorité.

BOSSUET, *Histoire des Variations des Églises protestantes*, liv. IX, n. 84.

ALLÉGUER signifie aussi Mettre en avant, avancer :

Alliguier force, ou peur, ou manaces.

BEAUMANOIR, *Coutumes de Beauvoisis*, ch. VII, 5.

Et *alléguoit* à ce assez de raisons.

FROISSART, *Chroniques*, liv. I, IIe part., c. 279.

Nous *allegues-tu* innocence... comme chose digne d'eschapper nos tortures.

RABELAIS, *Pantagruel*, V, 13.

Les bergers... prirent au corps Remus, lequel ils menerent aussitost devant Numitor, et *alleguèrent* plusieurs plaintes et charges à l'encontre de luy.

AMYOT, trad. de Plutarque, *Vie de Romulus*, 8.

Vous m'avez dit des choses en vostre enfance que j'*allègue* à présent en ma vieillesse.

BALZAC, *Lettres*, V, 5.

Sans qu'ils puissent *alleguer* aucune raison de tous ces jugemens, que la passion même qui les possède.

Logique de Port-Royal, IIIe part., c. 20.

N'*alléguez* plus votre malheureuse incrédulité, et ne faites pas une excuse de votre crime.

BOSSUET, *Oraison funèbre d'Anne de Gonzague*.

Justice... qui tombe et disparoit tout à coup, lorsqu'on *allègue* sans ordre même et mal à propos le nom de César.

LE MÊME, *Oraison funèbre de Michel Le Tellier*.

Il (le roi) manda au comte de Montgomery, qui étoit extrêmement adroit, qu'il se mît sur la lice. Le comte supplia le roi de l'en dispenser et *allégua* toutes les excuses dont il put s'aviser.

Mme DE LA FAYETTE, *la Princesse de Clèves*, IIIe part.

Ils *alleguérent* la pauvreté de leur maison professe et les besoins de leurs collèges. Ils ne parloient pas de leurs ressources.

SAINT-SIMON, *Mémoires*, 1700.

Peut-on *alléguer* là-dessus les moments d'humeur et de chagrin que les soins de la grandeur et de l'autorité traînent après soi?

MASSILLON, *Petit Carême*, 4e dimanche.

De tous les ennemis qui allaient fondre sur ce petit État, il n'y en eut pas un qui pût *alléguer* un prétexte de guerre.

VOLTAIRE, *Siècle de Louis XIV*, c. 10.

On ne peut avoir l'audace d'*alléguer* une telle raison, que quand on est sûr que ceux à qui on la donne auront la lâcheté de la trouver bonne.

LE MÊME, *Essai sur les mœurs*, c. 135.

Ceux qui m'étoient venus voir jusque alors étoient des gens qui, ayant avec moi des rapports de talent, de goûts, de maximes, les *alléguoient* pour cause de leurs visites.

J.-J. ROUSSEAU, *les Confessions*, II, 12.

Pourquoy m'*alleguez* vous l'usage
Et la coustume qui s'oppose
Toujours à faire bonne chose?

CL. MAROT, Ier *Colloque d'Érasme*.

N'*alléguez* point des droits que je veux oublier.

J. RACINE, *Andromaque*, IV, 3.

Jean Lapin *allégua* la coutume et l'usage.

LA FONTAINE, *Fables*, VII, 16.

Alléguez la beauté, la vertu, la jeunesse,
La mort ravit tout sans pudeur.

LE MÊME, *Fables*, VIII, 1.

Dans cette acception aussi, ALLÉGUER peut avoir pour régime un nom de personne :

La Rancune... s'étoit instruit amplement de ce qu'il étoit, pour sçavoir si les évêques et grands seigneurs de son pays qu'il *alléguoit* à tous moments étoient véritablement des branches d'un arbre généalogique.

SCARRON, *Roman comique*.

Jà ne m'orriez *alleguer* en mes plainctes
Le mien amant, comme Sapho, et maintes.

CL. MAROT, *Élégies*, I, 20.

Le régime d'ALLÉGUER peut être encore un verbe à l'infinitif :

La cour de parlement eut quelque picque de presséance avec la noblesse de l'Église, d'autant qu'elle *alléguoit* tenir la place du roy.

BRANTÔME, *Vie d'Anne de Bretagne*.

ALLÉGUER *que* est une manière de parler fort usitée :

Ledit connestable estoit bien content de venir, pourvu que le roy fist serment... de ne faire nul mal à sa personne, et *alléguoit qu'*aussi bien luy pourroit-il faire ledit serment comme il avoit fait autrefois au seigneur de Lescun.

COMMINES, *Mémoires*, IV, 6.

Nonobstant la remonstrance d'aulcuns de l'Université, qui *alleguoient que* ceste charge mieulx competoit à un orateur qu'à ung sophiste, feut à cest affaire esleu nostre maistre Jonatus de Bragmardo.

RABELAIS, *Gargantua*, I, 17.

*Alleguant qu'*en sa tresve il n'avoit pas esté question des nuicts.

MONTAIGNE, *Essais*, I, 7.

Ceux qui parmi les réformés veulent brouiller, *allèguent qu'*on ne s'arrêtera pas à la ruine des princes qu'on attaque maintenant.

LE DUC DE ROHAN, *Discours sur le temps présent*, 1617.

De là ces jalousies furieuses entre le Sénat et le peuple, entre les patriciens et les plébéiens : les uns *alléguant* toujours *que* la liberté excessive se détruit enfin elle-même ; et les autres craignant, au contraire, que l'autorité... ne dégénérât enfin en tyrannie.

BOSSUET, *Discours sur l'histoire universelle*, III, 6.

Harcourt, plus sage et plus mesuré, avoit refusé l'armée de Flandre ; il avoit modestement *allégué qu'*il n'étoit plus depuis long-temps dans l'habitude de la guerre.

SAINT-SIMON, *Mémoires*, 1709.

ALLÉGUER reçoit quelquefois des compléments formés au moyen des prépositions *pour* et *à* et de leur régime.

De la préposition *pour* :

Il *allègue pour* témoins de ce qu'il avance des hommes obscurs, qu'on ne peut trouver pour les convaincre de fausseté.

LA BRUYÈRE, *Caractère de Théophraste*, c. 8.

Il *alléguait pour* raison de la guerre qu'on ne lui avait pas rendu assez d'honneurs lorsqu'il avait passé incognito à Riga, et qu'on avait vendu les vivres trop chers à ses ambassadeurs.

VOLTAIRE, *Histoire de Charles XII*, liv. II.

Il n'étoit bruit que d'elle et de sa chasteté,
On l'alloit voir par rareté,
C'étoit l'honneur du sexe : heureuse sa patrie !
Chaque mère à sa bru l'*alléguoit pour* patron.

LA FONTAINE, *Contes*, la Matrone d'Éphèse.

De la préposition *à* :

Je ne *vous allegueray*... les histoires anticques.

RABELAIS, *Pantagrvel*, III, 1.

Il (Henri III) envoya à la reyne d'Angleterre M. de Bellièvre... qui ne faillit d'y apporter toutes ses raisons, prières de son roy et menaces, et tout ce qu'il peut, entre autres de *luy alleguer qu'*il n'appartenoit à un roy et à un souverain de faire mourir un autre roy ou un autre souverain.

BRANTÔME, *Dames illustres*, Marie Stuart.

Il seroit bien mal-aise, sages bergères, de vous redire toutes les raisons que Damon *m'allégua*.

D'URFÉ, *l'Astrée*, IIe partie, livre VI.

S'il ose *m'alléguer* une odieuse loi,
. . . .
J'abandonne l'ingrat et le laisse rentrer
Dans l'état malheureux d'où je l'ai su tirer.

J. Racine, *Bajazet*, I, 3.

Alléguer l'impossible *aux* rois, c'est un abus.

La Fontaine, *Fables*, VIII, 3.

Meurs ou cède, obéis, et garde désormais
De *m'alléguer* ton Dieu, que je ne crus jamais.

Le même, *la Captivité de saint Malc*.

Je pourrais *t'alléguer*, pour affaiblir mon crime,
De mon père sur moi le pouvoir légitime.

Voltaire, *Alzire*, III, 4.

On trouve *S'alléguer* au sens passif de Être allégué :

N'est guere de seigneurie au monde, où elle ne *s'allègue* comme ici par une vraisanblance de raison qui l'authorise (la loi qui exclut les femmes de la succession de la Couronne).

Montaigne, *Essais*, II, 8.

Et *se* peut-il dire ou *alleguer* rien de si horrible et espouvantable que ce que vous fistes faire à Bussy le Clerc.

Satyre Menippée, harangue de M. Daubray.

Alléguer s'est pris quelquefois comme verbe neutre :

D'ordinaire, il appeloit à témoin la reine mère du roi, et presque toujours la douairière de Guise et Madame la princesse de Conti.... il n'*alléguoit* jamais à moins d'un duc ou d'une duchesse.

Balzac, *Dissertations critiques*, I.

Il a de quoi *alleguer* mal à propos cinquante ans durant.

Le même, *le Barbon*.

Allégué, ée, participe.
Il est pris substantivement dans le passage suivant :

Quelque étrange qu'un semblable *allégué* doive paroître à qui n'a pas connu le duc de Chevreuse, je suis convaincu qu'il se trompoit lui-même.

Saint-Simon, *Mémoires*, 1711.

On trouve, dans cette autre phrase, le composé *préallégué* :

Passage par moy non entièrement *préallégué*.

Est. Pasquier, *Recherches de la France*, IX, 5.

Rabelais s'est servi de l'adjectif Alléguable :

Entre lesquelles (femmes) une extraicte du sang de France, non *alleguable* sans une insigne profanation.

Rabelais, *Pantagruel*, V, Prologue.

ALLÉGATION, s. f. (Du latin *Allegatio.*)
Citation d'une autorité, d'un passage, d'un fait :

Lors font leur conseil et dit chacune son avis, et comment il leur en est prins en cas semblable, qui est une belle *allegacion*, que alléguer le cas que l'on a veu avenir, et pratiquer par expérience.

Les Quinze Joyes de mariage, XV.

Le tout avecques... tant de belles *allegations* d'aultres autheurs...

Amyot, trad. des Vies de Plutarque. Préface

Epicurus, au rebours (contrairement à Chrysippe, plein de citations d'Euripide), en trois cens volumes qu'il laissa, n'avoit pas mis une seule *allegation*.

Montaigne, *Essais*, I, 25.

Il ne faut que l'épistre liminaire d'un Allemand pour me farcir d'*allegations*.

Le même, même ouvrage, III, 12.

Il semble appartenir à foiblesse et estre une grande sottise populaire, de courir après les exemples estrangers et scholastiques, après les *allegations*, ne faire estat que des temoignages imprimez.

Charron, *De la Sagesse*, I, xxxvii, 15.

Les juges ne purent prononcer que suivant les *allégations*, ils condamnèrent le lieutenant général Lally.

Voltaire, *Précis du siècle de Louis XV*, c. 34.

Allégation se dit aussi de la simple proposition d'une chose qu'on met en avant :

Plusieurs se rendirent au consistoire, pour ouyr ce nouveau procès qui beaucoup pleust aux seigneurs dudit parlement, tant pour la nouvelleté du cas que pour les *allegacions* et argumens des parties devant eulx débatans, qui non accoustumées, mais plaisantes estoyent.

Les Cent Nouvelles nouvelles, II.

Je ne m'esmeus pas une fois l'an des fautes de ceux sur lesquels j'ay puissance; mais sur le poinct de la bestise et opiniastreté de leurs *allegations*, excuses et défenses, asnières et brutales, nous sommes tous les jours à nous en prendre à la gorge.

Montaigne, *Essais*, III, 8.

Nous serions trop longs, Monseigneur, s'il nous faloit icy reciter par le menu toutes vos raisons et *allegations* pour improuver ce dessein.

SULLY, *Œconomies royales*, c. 62.

Jamais on n'a reçu pour moien de faux contre un acte l'*allégation* que ce qui est contenu n'est pas véritable.

LE CHANCELIER DE PONTCHARTRAIN, au Parlement de Rennes, 17 juin 1707. (Voyez DEPPING, *Correspondance administrative sous Louis XIV*, t. II, p. 452.)

Trouvez bon, Monsieur, que je me serve encore d'une de vos *allégations* pour me prouver invinciblement à moi-même que ce célèbre ministre n'a point fait le Testament qu'on lui reproche.

VOLTAIRE, *Doutes sur le Testament politique du cardinal de Richelieu.*

J'ai répondu à tout; j'ai confondu Robespierre dans chacune de ses *allégations*.

VERGNIAUD. (Voyez *Choix de rapports, opinions et discours*, t. XI, p. 402.)

D'ALLÉGUER s'est formé un autre mot dont on trouve des exemples dans Balzac.

ALLÉGATEUR, s. m.

Faiseur d'Allégations.

Les sçavants, copistes, récitateurs, *allégateurs* perpétuels, ne disent rien ; ils ne font que redire : à peu près comme ces messagers d'Homère, qui rapportent toujours, en mêmes termes, le commandement qu'on leur a fait.

BALZAC, *Dissertations critiques*, IX.

ALLÉLUIA, s. m.

On l'a écrit ALLELUYA, ALLELUIE, ALLELUYE, ALLELUE, etc. (Voyez le *Glossaire* de SAINTE-PALAYE.)

Terme emprunté de l'hébreu, qui signifie Louez le Seigneur, et que l'Église chante au temps de Pâques à la fin des traits ou versets.

Faisons nos or cest Settuagesisme en plor de penitence, et por ceu ne chantet om mie les *allelues*.

SAINT BERNARD, *Sermons français*, ms., p. 276. (Cité par Sainte-Palaye.)

Après ce chante l'en le grée ou l'*alléluye*.

Le Ménagier de Paris, Ire distinction, 3e art.

Si vous écriviez un petit mot à Monsieur l'archevêque d'Arles sur sa résurrection, d'un style d'*alleluia*, il me semble que vous lui feriez plaisir.

Mme DE SÉVIGNÉ, *Lettres*; à Coulanges, 19 juin 1695.

C'est, selon eux, un très-grand péché de dire *alleluia* trois fois; il ne faut le dire que deux, et ne donner jamais la bénédiction qu'avec trois doigts.

VOLTAIRE, *Histoire de Pierre le Grand*, Ire part., c. 11.

Et dimanche unis à l'église,
Sans plus craindre aucune méprise,
Nous chanterons l'*alleluia*.

GRESSET, *le Carême impromptu.*

ALLEMAND, s. m.

Ce mot n'est placé ici que parce qu'il se trouve dans quelques phrases proverbiales.

On a dit par allusion à la difficulté de la langue allemande : *Il n'entend non plus cela que le haut allemand; c'est du haut allemand, c'est de l'allemand pour lui*, etc.

Atant sceut d'icelle (science numerale) théorique et praticque, si bien que Tunstal, Angloys, qui en avoit amplement escript, confessa que vrayment, en comparaison de luy, *il n'y entendoit que le haut alemand.*

RABELAIS, *Gargantua*, I, 23.

Desquels la controverse estoit si haulte et difficile en droict que la Court du Parlement *n'y entendoit que le hault allemant.*

LE MÊME, *Pantagruel*, II, 10.

Le paillard respondit en langage de Lanternois, et *où l'on n'entendoit que le haut Aleman.*

NOEL DU FAIL, *Contes d'Eutrapel*, XV. De l'Amour de soy mesme.

Tel jugera des vers absolument
Qui s'y connoit comme au haut allemand.

BOIS-ROBERT, *Épîtres*, XXXVIII.

Mon père, quoiqu'il eût la tête des meilleures,
Ne m'a jamais rien fait apprendre que mes Heures,
Qui, depuis cinquante ans, dites journellement,
Ne sont encor pour moi que du haut allemand.

MOLIÈRE, *le Dépit amoureux*, II, 7.

On a dit : *Vous me prenez pour un Allemand*, c'est-à-dire, Pour un étranger qui ne sait pas le prix des choses, pour une dupe.

On a dit *A l'allemande* en un sens que fera entendre l'exemple suivant :

Ces dispositions (de guerre) suffisoient, disoit le cardinal, pour faire voir au roi d'Angleterre qu'il se trompoit s'il croyoit traiter un roi d'Espagne *à l'allemande.*

SAINT-SIMON, *Mémoires,* 1718.

On a dit surtout, une *querelle d'Allemand,* d'une querelle suscitée sans sujet.

Quand il (Ferdinand) eut pris une *querelle d'Allemand* avec Jean d'Albret, roy de Navarre, sur le refus du passage en France pour emporter Pampelone et ce qui en dependoit, il renvoya les Anglois pour n'avoir ces fascheux compagnons de conqueste.

AGR. D'AUBIGNÉ, *Histoire universelle,* liv. 1, c. 5,

Il y en a... qui s'arment d'injures, et qui feront une *querelle d'Allemand,* pour se défaire de la conférence d'un esprit qui presse le leur.

Logique de Port-Royal, IIIe part., c. 20.

Ensuite la *querelle d'Allemand* se forma sur ce que vous trouvâtes qu'on pouvoit faire sur moi une fort jolie satire.

Mme DE SÉVIGNÉ, *Lettres;* à Bussy, 17 juin 1670.

Je veux lui faire une *querelle d'Allemand* dès que je le verrai; pour peu qu'il ait d'intelligence, il entendra bien ce que cela veut dire.

DANCOURT, *le Chevalier à la mode,* I, 3.

Tant que j'eus de l'argent, mon hôte me fit bonne mine et eut de grands égards pour moi; mais du moment qu'il s'aperçut que je n'en avois plus guère, il me battit froid, me fit une *querelle d'Allemand* et me pria un beau matin de sortir de sa maison.

LE SAGE, *Gil Blas,* X, 10.

Au lieu de *querelle d'Allemand,* on a dit quelquefois *querelle d'Allemagne.*

Amurath prit occasion de ce changement à se plaindre des Tartares, comme lui aians manqué de promesse, et sur cette *querelle d'Allemagne,* lui vint séjourner en Amazie, en despeschant Osman à ses entreprises de conqueste.

AGR. D'AUBIGNÉ, *Histoire universelle,* t. II, liv. V, c. 17.

Il me semble que le temps et l'opportunité n'est point maintenant de s'amuser à dresser des *querelles d'Allemaigne.*

HENRI IV, *Lettres;* 10 avril 1585.

ALLEMANDE, s. f.

Espèce de danse dont l'usage a passé de l'Allemagne dans d'autres pays.

Il se dit aussi des airs qui conviennent à cette sorte de danse.

L'*allemande* en sonate est partout vieillie, et à peine les musiciens s'en servent-ils aujourd'hui; ceux qui s'en servent encore lui donnent un mouvement plus gai.

J.-J. ROUSSEAU, *Dictionnaire de musique,* Allemande.

ALLER, v. n. (Venu, selon l'opinion la plus générale, du verbe latin *Ambulare,* dont on a tiré, plus directement, notre vieux verbe *Ambler,* notre substantif *Amble* (voyez ces mots), et auquel on a cru pouvoir aussi rapporter le provençal *Anar,* l'italien et l'espagnol *Andare.*) ALLER, dont la conjugaison est irrégulière, a emprunté une partie de son indicatif présent, *Je vais* ou *Je vas,* comme on a dit aussi, *tu vas, il va, ils vont,* à *Vadere;* son futur *j'irai,* etc., son conditionnel *j'irais,* etc., à *Ire.* Quelques-uns des temps d'ALLER se sont formés au moyen du verbe auxiliaire Être; *je suis allé, j'étais allé, je serais allé.* Dans les anciens temps de la langue, on s'est quelquefois servi pour la formation de ces temps du verbe *Avoir;* il y a, on le verra plus loin, d'anciens exemples de *j'ai allé.*

ALLER s'est écrit ALER, ALEIR, ALIER, etc.

Les formes orthographiques de ses divers modes et temps ont fort varié. Des listes étendues qu'en ont données, entre autres, SAINTE-PALAYE, *Glossaire de l'ancienne langue française,* art. ALLER; BURGUY, *Grammaire de la langue d'oil,* t. I, p. 280, nous extrairons les suivantes :

Au présent de l'indicatif : *Je vai, tu vais, il vait, il veit, il vet, il vat; je vois,* qui se trouve encore chez Rabelais, Amyot et Montaigne.

A l'impératif : *Vai.*

Au subjonctif : *Que j'alle, que tu alles, qu'il alt, qu'il aut, qu'ils allent, que j'alge* ou *que j'auge,* etc., *que je voise,* correspondant à l'indicatif *vois, que tu voises, qu'il voise* ou *qu'il voist, que nous voisions ou voissions,* etc., formes dont quelques-unes se sont aussi perpétuées jusque dans le XVIe siècle.

ALLER, qui exprime au propre l'idée de mouvement, de déplacement, de progrès, s'est prêté à un très grand nombre d'applications diverses, soit pris dans un sens physique, soit pris figurément et dans un sens moral.

Dans un sens physique, en parlant des personnes et des choses.

Quelquefois employé absolument :

Et nous commanda partir incontinent, et que nous ouvrissions toutes les lettres des postes et messagiers que nous rencontrerions en *allant*.

COMMINES, *Mémoires*, c. 10.

Lors flacons d'*aller*, jambons de trotter, goubeletz de voler.

RABELAIS, *Gargantua*, I, 5.

De jour à autre je recouvrois ma santé en *allant :* de sorte que quand je fus à Marseille, je me trouvay sans comparaison mieux que quand j'estois party de ma maison.

MONTLUC, *Commentaires*, liv. III,

Vous fustes trouvez si las et si hors d'haleine, vous et vos chevaux, que vous ne pouviez quasi plus *aller* ny respirer.

SULLY, *Œconomies royales*, c. 9.

Dieu permit que le roi *allât*, vit et vainquit.

LE DUC DE ROHAN, *Discours sur les derniers troubles.*

Peut-être que la chose en fût demeurée là, si son valet, qui avoit plus de colère que lui, ne se fût jeté sur l'agresseur, en lui donnant un coup de poing avec toutes ses circonstances dans le beau milieu du visage, ensuite une grande quantité d'autres où ils purent *aller*.

SCARRON, *Roman comique*, I, 3.

Ils sont en apparence prompts à obéir ; ils ne disent pas : J'*irai;* mais Je *vais*. Vous diriez qu'il va marcher, et que tout est fait ; cependant il n'obéit pas, il ne bouge pas de sa place.

BOSSUET, *Méditations sur l'Évangile.*

Je ne saurois vous dire ce que je sentis en voyant cette grande ville, et son fracas, et son peuple, et ses rues... J'*allois*, j'ouvrois les yeux, j'étois étonnée, et voilà tout.

MARIVAUX, *Vie de Marianne*, Ire part.

J'*irois* pour *aller*, c'est toujours quelque chose. L'ennui commence par la vie trop sédentaire ; quand on *va* beaucoup, on s'ennuie peu.

J.-J. ROUSSEAU, *Émile.*

Au lieu qu'auparavant dans mes voyages je ne sentois que le plaisir d'*aller*, je n'ai plus senti que le besoin d'arriver.

J.-J. ROUSSEAU, *les Confessions*, I, 2.

A ses compaignons dist : Assés *avons allé.*

Gui de Bourgogne, v. 3910.

Comment vous estre ainsi de nous tous éloignée?
Osez-vous bien *aller* sans estre accompagnée?

THÉOPHILE, *Pyrame et Thisbé*, I, 1.

J'*allois*... J'étois... l'amour a sur moi tant d'empire...

ROTROU, *Venceslas*, IV, 3.

Mais *allez*, sauvez-vous,...

BOURSAULT, *le Mercure galant*, II, 4.

Très souvent modifié par quelque adverbe de lieu :

Remain ici. Tu n'i porteras pas bone nuvele si tu *i vas*. — Cil respundi : Et cument, si jo *i vois?*

Les quatre Livres des Rois, II, XVIII, 22.

D'icy me convient partir et *aler là où* Dieu me conduira.

Le Livre du chevaleureux comte d'Artois, p. 61.

Il ne voulut mie souffrir ni consentir qu'elle *allât hors* ni se montrât nulle part.

FROISSART, *Chroniques*, liv. I, Ire part., c. 50.

C'est un beau thresor pour pouvoir *aller partout* la teste levée, et parler franchement, que d'estre né de gens de bien.

AMYOT, trad. de Plutarque, *Œuvres morales.* Comment il faut nourrir les enfants, II.

N'a si povre jusqu'à Senliz,
Sire ; si ne sai *quel part aille*.

RUTEBŒUF, *De la Pauvreté.*

Quand il faut que j'*aille dehors*.

CL. MAROT, *Dialogue de deux amoureux.*

Je n'ai pas eu le loisir d'*y aller*.

LE MÊME, *Épître au roi, pour le deslivrer de prison.*

Par d'autres adverbes encore ou des compléments analogues :

Estroite est li voie, et cil qui esteir welt est à encombrement à ceos qui welent *aleir avant*.

SAINT BERNARD, *Sermons*, à la suite des *quatre Livres des Rois*, p. 567.

Ledit messire Guillaume et messire Simon Fresel *allèrent devant.*

FROISSART, *Chroniques*, liv. I, Ire part., c. 131.

Parce qu'à l'heure que cette troupe vint en ce lieu l'une des Bergères chantoit, Astrée et Tyrcis s'arrestèrent tout court et, se tournant vers ceux qui venoient après eux, leur firent signe d'*aller doucement.*

D'URFÉ, *l'Astrée*, IIe part., liv. III.

Tant *a alé* mons et valées
Que par Arras vint jusqu'à Lens.

PHILIPPE DE REIMES, *Romance de la Manekine*, v. 3350, I.

Ainz que j'*aille* outremer.

Chansons du châtelain de Coucy, VI.

Por *aler plus légièrement*
Et por fuir delivrement
Avoient lor armes jetées,

WACE, *Roman de Brut*, v. 9618.

Mal peut *aller*, qui charge trop grand foix.

CL. MAROT, *Épitres*, II.

N'*allons* point *plus avant*; demeurons, chère Œnone.

J. RACINE, *Phèdre*, I, 3.

D'ALLER joint à l'adverbe *là* s'est formée cette phrase interrogative de grand usage : *Qui va là?*

Qui va là? Hé! ma peur à chaque pas s'accroît.

MOLIÈRE, *Amphitryon*, I, 1.

Un jour, l'Hymen en embuscade
Près de ses terres rencontra
Les Amours qui battoient l'estrade
Il fait d'abord un *Qui va là?*

LE GRAND, *Cartouche*, Comédie-divertissement, acte 3.

Très souvent encore ALLER est modifié par des compléments formés d'une préposition et de son régime.

On a dit *Aller de*, comme plus tard *S'en aller de*, pour s'éloigner d'un lieu :

Ne laissad-il les fiz Israel... *de* la terre tuz franz *aler.*

Les quatre Livres des Rois, I, VI, 6.

Eles *en sont alées* droit
Là ù li chevaliers gisoit.

MARIE DE FRANCE, *Lai de Lanval.*

On dit communément *aller à*, dans des sens très divers, le régime de la préposition marquant :

Soit le terme, le but où tend le mouvement; c'est alors ou un nom de lieu, ou un nom de personne.

Un nom de lieu :

Que il *alt* (aille) *à* Ramot Galaath e là seit ocis.

Les quatre Livres des Rois, III, XVIII, 20.

Le chevalier de Lorraine est *allé à* une abbaye qu'il a en Picardie.

Mme DE SÉVIGNÉ, *Lettres*; 12 août 1675.

Ils (les conjurés) firent choix de ce seigneur, parce qu'étant gouverneur d'une place proche Villaviciosa, le prétexte d'*aller à* son gouvernement cachoit aux Espagnols l'intention secrète de son voyage.

VERTOT, *Révolutions de Portugal.*

Puis *vait* cascuns *à* son repaire.

Roman de Mahomet, p. 64.

Or ne lairoi por tot l'or que Diex fit
Que je ne *voise à* icestui païs.

Roman de Raoul de Cambrai, p. 296.

Cil est en un batel entrés,
Al plus proçain mont est *alés;*
N'i pooit altrement *aler*,
Car plains estoit li flos de mer.

WACE, *Roman de Brut*, v. 11630

C'est fort bien fait, *allez aux* petites maisons.

POISSON, *Mégère amoureuse*, II, 4

Je *vais*, lui dit ce prince, *à* Rome où l'on m'appelle.

BOILEAU, *Épitres*, I

... Tu diras à ma chère compagne
Qu'il faut que dès ce soir elle *aille à* la campagne.

DESTOUCHES, *le Glorieux*, I, 5

Un nom de personne :

Mais li riche gent n'en ont mie acostume qu'il *aillent as* povres.

SAINT BERNARD, *Sermons français.* (Voir à la suite des *Quatre livres des Rois*, p. 526.)

Et bien leur dit qu'ils étoient en grand péril, puisque on *leur alloit* par ce tour.

FROISSART, *Chroniques*, liv. I, part. I, c. 242.

A l'âge de soixante-dix ans ou peu s'en falloit, il alla

voir madame Cornuel, qui pour *aller à* quelqu'un le laissa avec feu mademoiselle de Belesbat.

TALLEMANT DES RÉAUX, *Historiettes*, le président de Chévry.

Ils *allèrent à* lui cette fois et n'attendirent pas qu'il vînt chez eux.

MONTESQUIEU, *Lettres persanes.*

Donc firent pes, si s'accorderent
Et ensemble *al* saint *alierent.*

WACE, *saint Nicholas*, v. 1140, I.

Soit marquant le motif de l'action :

Quant il *alloit*, en la saison, *à* ses chasses, il faisoit mener plusieurs pavillons pour les dames.

COMMINES, *Mémoires*, III, 5.

Sans *avoir été à* la guerre j'ai versé une bonne partie de mon sang.

BALZAC, *Entretiens*, 2.

Qu'il ne craigne ni le fer ni le feu, qu'il *aille* d'aussi bonne grâce *à* l'ennemi que Bayard.

LA BRUYÈRE, *Caractères.*

Il *alloit* (le maréchal de Villars) *à* la charge avec la férocité d'un lion (à la bataille de Malplaquet).

Mme DE MAINTENON, *Lettres;* au duc de Noailles, 14 septembre 1709.

M. le duc d'Orléans *alla* quelquefois aussi *au* conseil de guerre, mais fort rarement.

SAINT-SIMON, *Mémoires*, 1715.

Je vins chez moi, et *allai à* la messe aux Jacobins où j'entrois de mon jardin.

LE MÊME, même ouvrage, 1718.

Ces dames, me dit-elle ensuite, souhaitoient que nous *allassions* demain *à* une partie de pêche qui se fera chez elles.

MARIVAUX, *la Vie de Marianne*, Xe partie.

Dont *sont* tous no baron *à* un conseil *alé.*

Chanson d'Antioche, IV, v. 299.

L'Ours *alloit à* la chasse, apportoit du gibier.

LA FONTAINE, *Fables*, VIII, 10.

Aller au bois, à l'eau, etc., c'est Aller en quelque endroit pour s'y pourvoir de bois, d'eau, etc. On dit même *aller à la provision.*

ALLER marquant soit l'espace parcouru ou à parcourir : *Aller à* deux pas, *à* trois lieues, etc.

Soit la direction, la nature du mouvement ou du moteur : Aller *à* droite, *à* gauche, *au* trot, *au* galop, terre *à* terre, *à* pleines voiles, etc.

Tu ne *vaiz* ne *a* destre ne *a* senestre.

Les quatre Livres des Rois, II, XIV, 19.

Soit le moyen de transport *à* pied, *à* cheval, etc.

Ce sont gens de mer qui n'ont nuls de leurs chevaux et qui mie ne sont usés de *aller à* pied de trop loin.

FROISSART, *Chroniques*, liv. I, IIe part., c. 365.

Car j'ay veu ung duc de Cestre *aller à pied* sans chausses, près le train dudit duc, pourchassant sa vie de maison en maison sans se nommer.

COMMINES, *Mémoires*, III, 4.

Il n'y avoit sous François Ier que deux coches dans Paris, l'un pour la reine, l'autre pour Diane de Poitiers; hommes et femmes *allaient à* cheval.

VOLTAIRE, *Essais sur les mœurs*, c. 121.

Je ne conçois qu'une manière de voyager plus agréable que d'*aller à* cheval, c'est d'*aller à* pied.

J.-J. ROUSSEAU, *Émile.*

Soit l'ordre des personnes entre elles, comme dans cette locution : *Aller à* la file.

Aller à entre dans un certain nombre de locutions fort usitées :

Aller à reculons.

L'Écrevisse une fois s'étant mis dans la tête
Que sa fille avoit tort d'*aller à reculons.*

BOURSAULT, *Ésope à la Cour*, III, 5.

Aller à la rencontre de, ou, comme on a dit anciennement, *aller à l'encontre à.*

La nouvelle estant venue à Constantinople, que l'armée vénitienne estoit devant les Dardanelles, on se hasta de mettre en estat celle des Turcs, pour *leur aller à l'encontre.*

THÉVENOT, *Voyage du Levant*, c. 53.

Aller au-devant à quelqu'un, de quelqu'un.

Monseigneur de Charolais et tous les plus grands de sa compagnie les (Charles de France, duc de Berry, le duc de Bretagne, etc.) recueillirent et *leur allèrent au-devant.*

COMMINES, *Mémoires.*

On ne dit point *aller au-devant*, que lorsqu'il s'agit de faire honneur ou amitié à quelqu'un. Les sujets *vont au-devant* de leur prince ; un fils *va au-devant* de son père ; un ami *au-devant* de son ami. On dit encore *aller au-devant* dans une occasion qui ne marque ni honneur, ni amitié, et c'est *aller au-devant de* l'ennemi : César *alla au-devant de* Pompée.

Bouhours, *Remarques nouvelles sur la langue françoise*.

Je souhaite que vous ayez mandé à mon fils la route de M. de Chaulnes, afin qu'il *aille au-devant de* lui à Fougères.

Mme de Sévigné, *Lettres;* à Mme de Grignan, 20 septembre 1687.

A grant procession *sont au-devant alés*.

Parise la Duchesse, p. 208.

Aller après à quelqu'un.

Les Bretons *leur alèrent après* et les poursuirent jusques à lendemain soleil levant qu'ilz se arrangèrent ensemble par bataille, qui dura trois heures.

Monstrelet, *Chronique*, c. 12.

De la locution *Aller à* est fort voisine cette autre locution *Aller jusqu'à*.

Tout le monde ne peut *aller jusqu'à* Corinthe.

Le Grand, *Plutus*, I, 4.

On dit aussi, communément, *Aller en*, dans des sens analogues à ceux de *Aller à*, le régime de la préposition marquant de même :

Soit le terme, le but où tend le mouvement. Ce régime est alors le plus souvent, à la différence de ce qui a lieu pour *Aller à*, un nom de lieu, désignant non pas une ville, mais un pays.

Et est bien une praticque que ces roys d'Angleterre font, quand ilz veullent amasser argent, que faire semblant d'*aller en* Écosse ou *en* France, et faire armée.

Commines, *Mémoires*, IV, 1.

J'ay aussy parlé à des personnes de gros estoffe, qui désirent que l'Empereur *allast en* Italie et vous laissast où vous estes, m'asseurant que bientost seriez mis hors.

La Reine de Navarre, *Lettres;* à François Ier, décembre 1525.

Je suis toujours résolue d'*aller en* Bretagne, malgré mon cœur qui voudroit fort aller avec vous.

Mme de Sévigné, *Lettres;* à Mme de Grignan, 25 février 1689.

M. de Louvois veut qu'on *aille en* Allemagne, et qu'on ravage sans pitié le Palatinat.

Mme de Maintenon, *Lettres;* 4 novembre 1688.

Mais il me mandet que *en* France *m'en alge*.

Chanson de Roland, v. 187.

Vos *alastes en* Normandie.

Benoit, *Chroniques des ducs de Normandie*, v. 33145.

Il a fait les chevaux tot de nuvel ferrer
De coi il porront bien *an* lor païs *aler*.

Parise la Duchesse, p. 212.

U ala ma dame saves?
Il respondent : Ele *est alée*
En ses cambres toute effraée.

Roman de Mahomet, p. 36.

Dans le passage suivant, de date fort ancienne, *Aller en* est suivi d'un nom de Ville, contrairement à l'usage qui a prévalu. (Voyez t. I, p. 7.)

Je vos cumant qu'*en* Sarraguce *algiez*.

Chanson de Roland, v. 2673.

C'est par une allusion volontaire et plaisante à l'usage que, dans le passage suivant, *Aller en* est construit avec un nom de personne.

J'ai dîné aujourd'hui chez Mme de Lavardin, après *avoir été en* Bourdaloue.

Mme de Sévigné, *Lettres;* 13 mars 1671.

A ces diverses manières de parler il faut ajouter une locution analogue, *Aller en public*, que donne le passage suivant :

Pour le bien cognoistre, il le faut voir en son privé... sortant de la maison pour *aller en public*, il va jouer une farce : ne vous arrestez pas là, ce n'est pas luy, c'est tout un autre.

Charron, *De la Sagesse*, liv. I, préface 6.

Soit le motif, la fin de l'action, *Aller en* vacances, *en* vendange, *en* pèlerinage, *en* ambassade, etc. :

Por Deu vus pri, qui nos fist à s'image
Que vos sans moi n'*alliés en* la bataille !

Ogier de Danemarche, v. 4991.

Alad en prédicaciun.

MARIE DE FRANCE, *Purgatoire de saint Patrice*, v. 193.

Soit le moyen de transport, *Aller en* bateau, *en* voiture, *en* poste :

J'*allois en* une lictière faite à pilliers doublez de velours incarnadin d'Espaigne.

MARGUERITE DE VALOIS, *Mémoires*.

Tais-toi, te dis-je, j'ai fait ta fortune, et c'est hazard si nous n'*allons en* carosse de cette affaire-ci. — Dieu nous préserve seulement d'*aller en* charette, ce ne sera pas mal gagné.

La Précaution inutile, I, 2. (Voyez GHERARDI, *Théâtre italien*, t. I, p. 410.)

Soit l'ordre des personnes entre elles, *Aller en* troupe.

Une manière de parler dont les emplois sont moins divers, c'est *Aller dans*, le régime de la préposition marquant seulement le terme où tend le mouvement, l'endroit où il a lieu : *Aller dans* une maison, *dans* la rue, *dans* l'eau, etc.

Imaginez-vous que des dames m'ont proposé d'*aller dans* une maison qui regarde droit dans l'Arsenal, pour voir revenir notre pauvre ami (Fouquet).

Mme DE SÉVIGNÉ, *Lettres ;* à M. de Pomponne, 1664.

Aller dans une direction se rapporte à cette manière de parler.

On peut y rapporter aussi l'ancienne locution *aller ès...* dans les...

Respundi Jonathas : *Allum*-ent *es* champs. Cume i furent venuz, fist Jonathas à David.

Les quatre Livres des Rois, I, xx, 11.

Aller par s'emploie d'une manière analogue : On dit *aller par* la ville, *par* monts et *par* vaux, etc.

Il faut qu'il trote et *aille par* païs pour gouverner sa terre ou pour sa marchandise, selon l'estat dont il est.

Les quinze Joyes de mariage, VI.

Je le priay de *aller par* la ville recognoistre quelque huguenot amy du senechal.

MONTLUC, *Commentaires*, liv. IV.

Quand je *vays par* la rue où tant de peuple abonde.

JOACHIM DU BELLAY, *les Regrets*, XCIX.

On dit *aller par* terre, *par* eau, etc.

Au lieu d'*aller par* on a quelquefois dit *aller parmi*.

Tant ont *parmi* le bois et cherquié et *alé*
Que la nuit les sousprent ; si s'en sont retourné.

Doon de Maience, v. 111.

ALLER se construit encore avec d'autres prépositions.

Avec la préposition *sur : Aller sur* la terre, *sur* la chaussée, etc.

De là l'expression *Aller sur le pré*, pour Se battre en duel.

Des capitaines des gardes et autres gens de guerre qui estoient là se sourioient de le voir, à cet âge, parler d'*aller sur le pré*.

RACAN, *Vie de Malherbe*.

Sans *aller sur le pré*, nous nous pouvons combattre,
Nous monstrant seulement de la plume ennemis.
En ce cas-là, du Roy les duëls sont permis.

REGNIER, *Satires*, XII.

Aller sur un pied.

Avec la préposition *vers :*

... *Allez* Septime, *allez vers* votre maître.

P. CORNEILLE, *Pompée*, III, 4.

Avec la préposition *chez :*

L'un devoit *aller chez* sa tante, l'autre à une visite pressée.

Mme DE SÉVIGNÉ, *Lettres ;* 14 décembre 1689.

Hors M. de Bouillon et les maréchaux de Duras et de Lorge, il (M. de la Rochefoucault) n'*alloit chez* qui que ce fût.

SAINT-SIMON, *Mémoires*, 1714.

Allez. Et nous, Madame, *allons chez* Octavie.

J. RACINE, *Britannicus*, V, 2.

Quelquefois ALLER se trouve construit avec deux prépositions.

Avec la préposition *de* et la préposition *à :*

Allans de là *au* festin de la grande salle, nous disnames luy et moy (Marguerite de Valois et Don Juan d'Autriche) seuls en une table.

MARGUERITE DE VALOIS, *Mémoires*.

On *allait* autrefois *de* plus loin *au* temple d'Apollon, et sûrement on n'en revenait point si content que je le serai de votre commerce.

VOLTAIRE, *Lettres;* à J.-B. Rousseau, 23 janvier 1722.

De ci *à* Vauvenice *sont* li fuiant *alé*.

Parise la Duchesse, p. 185.

Avec la préposition *de* et la préposition *en :*

Trouvez bon que je me promène dans ce royal château de Grignan, et qu'*allant d'*appartement *en* appartement, je rende tous mes honneurs et mes devoirs à ceux qui les occupent.

COULANGES, *Lettres;* à Mme de Sévigné, 3 octobre 1674.

Il *allait de* Suède *en* France, *en* Angleterre, *en* Hollande, essayer lui-même les ressorts qu'il vouloit faire jouer.

VOLTAIRE, *Histoire de Charles XII,* liv. VIII.

Il prouve qu'il n'y a point de matière céleste qui *aille d'*occident *en* orient, puisque les comètes traversent ces espaces tantôt de l'orient à l'occident, du septentrion au midi.

LE MÊME, *Lettres philosophiques,* XVe lettre.

ALLER est souvent opposé aux verbes *revenir* et *venir*.

Au verbe *revenir :*

L'esprit de Dieu est cet esprit dont parle le prophète, qui *va* et qui ne *revient* plus, et tout dépend de savoir entendre sa voix et de l'arrêter, lorsqu'il y passe et qu'il nous visite.

MASSILLON, *Panégyrique de sainte Madelaine*.

Ainsi le grand seigneur, comme le plus subalterne de tous États, parloit librement au roi en *allant* ou *revenant* de la messe.

SAINT-SIMON, *Mémoires,* 1715.

Nous *étions allés*, nous *sommes revenus*. Voilà tout ce que je sais, bon soir.

MARIVAUX, *le Paysan parvenu,* IIe part.

Fol m'en *revins,* fol i *alai*.
Fol i *alai,* fol m'en *revins*.

WACE, *Roman de Rou,* v. 11537.

N'imitez pas ce fou, qui décrivant les mers...
Peint le petit enfant qui *va*, saute, *revient,*
Et joyeux à sa mère offre un caillou qu'il tient.

BOILEAU, *Art poétique*, III.

Au verbe *venir :*

Ki entre tute ta gent est si fedeil, cume David ki vostre gendre est, e *vait* e *vient* à votre commandement.

Les quatre Livres des Rois, I, XXII, 14.

Encore avec toutes ces choses le roi d'Angleterre défraya le roi de Chypre de tout ce que il et ses gens dépendirent en *allant* et en *venant* en son royaume.

FROISSART, *Chroniques,* liv. I, IIe part, c. 158.

Je hais bien les affaires; je trouve qu'elles nous gourmandent beaucoup, et nous font *aller* et *venir* et tourner à leur fantaisie.

Mme DE SÉVIGNÉ, *Lettres;* 1er mai 1680.

On n'a point de nouvelles certaines des mouvements du prince d'Orange, car il ne fait qu'*aller* et *venir*, et l'on croit qu'il ne peut rassembler au plus que quarante mille hommes.

LE MARQUIS DE BUSSY, *Lettres;* à Bussy, 4 avril 1691. (Voyez la *Correspondance de Bussy-Rabutin.*)

En paiz *augent* (vont) et en paiz *viengent.*

Roman de Renart, v. 16508.

Tant *ont* par lor jornées et *venu* et *alé,*
A Vauvenice furent, une bone cité.

Parise la Duchesse, p. 215.

Mult véissiés par ces mostiers
Aler et *venir* chevaliers,
Tant por oïr les clers canter,
Tant par les dames agarder.

WACE, *Roman de Brut,* v. 10703.

De terre *vint,* en terre *ala*.

LE MÊME, *Roman de Rou,* v. 10434.

Les Tritons empressés sur les flots *vont* et *viennent*.

LA FONTAINE, *Psyché*.

Au lieu d'*Aller et revenir,* on a dit *Aller et retourner :*

Et luy escripvit le dict duc une lettre de sa main, portant seureté d'*aller* et *retourner* bien ample.

COMMINES, *Mémoires,* II, 5.

A ces emplois si divers d'Aller, pris au propre et dans un sens physique, correspondent ceux qu'on fait de ce mot quand on le prend figurément et dans un sens moral.

C'est ainsi que, dans ce nouvel ordre d'acceptions, on l'emploie aussi absolument, soit en parlant des personnes, soit en parlant des choses.

En parlant des personnes :

Il ne peut plus aller, il va encore, et autres phrases de ce genre, se disent familièrement des personnes, au sujet de leur force, de leur santé, ou de l'état de leurs affaires.

En parlant des choses :

On dit, familièrement, qu'elles *vont* ou ne *vont* point.

Par exemple, au sujet de choses matérielles, que le feu *va* ou ne *va* point, c'est-à-dire qu'il brûle ou ne brûle point; qu'un habit *va* ou ne *va* point, c'est-à-dire qu'il s'adapte bien ou mal à la personne pour qui il est fait.

On dit, au sujet d'un autre ordre de choses, que le commerce, les affaires, une entreprise *vont* ou ne *vont* point, quand on en veut marquer le mouvement, le progrès; on dit que rien ne *va*.

> La guerre fait que rien ne *va*.
>
> Richelet, *Dictionnaire.*

Comment va la santé? ou bien encore, en usant de la forme impersonnelle : Comment *vous va?* c'est-à-dire, *Comment cela va-t-il pour vous? Comment allez-vous?* sont des questions fort usitées dans le langage ordinaire.

Dans certains cas Aller, employer absolument, a servi à marquer la continuité de certains mouvements :

> Tout le monde rioit, et bientôt tout haut, et les épaules en *alloient* au roi et à la reine qui en étoient aux larmes.
>
> Saint-Simon, *Mémoires,* 1722.

Au moral, *Aller,* employé absolument, marque quelquefois la convenance d'une chose :

> Renoncez-y, mon ami, ce mot ne *va* pas dans votre bouche, il est plus déshonorant pour l'homme dur qui s'en sert que pour le malheureux qui le porte.
>
> J.-J. Rousseau, *Nouvelle Héloïse,* V[e] part.

Plus ordinairement, l'acception figurée du verbe Aller est marquée au moyen de certains adverbes, ou de compléments analogues.

Par exemple, des adverbes *là* et *où,* au moyen desquels il fait entendre la fin à laquelle tendent les choses :

> Nous ne sommes pas les seuls, comme vous savez, qui tâchons à nous prévaloir de la foiblesse humaine. C'est *là* que *va* l'étude de la plupart du monde.
>
> Molière, *l'Amour médecin,* III, 1.

> A vue de païs, je connois à peu près le train des choses, et, sans qu'il m'ait encore rien dit, je gagerois presque que l'affaire *va là.*
>
> Le même, *le Festin de Pierre,* I, 1.

> J'entends à demi-mot *où va* la raillerie.
>
> Le même, *Sganarelle,* sc. 6.

Par exemple encore, des adverbes *bien* et *mal :*

Aller bien, aller mal, se disent familièrement en parlant des personnes, quand il est question d'amélioration ou d'aggravation dans l'état de leur santé, d'augmentation ou de perte dans leur fortune, de bon ou de mauvais succès dans leurs travaux, dans leurs affaires, etc.

Bien aller, en parlant d'une personne, c'est quelquefois Se bien conduire, agir convenablement :

> Pour M. d'Alby, je dois dire qu'il *est allé* fort *bien* jusques ici.
>
> L'Évêque de Saint-Papoul à Colbert, 23 janvier 1662. (Voyez Depping, *Correspondance administrative sous Louis XIV,* t. I, p. 75.)

Les mêmes expressions s'appliquent fréquemment aux choses pour faire entendre qu'elles sont ou ne sont pas en voie de réussite, de succès :

> Si la besogne *alloit bien* pour luy, il se trouvoit à la meslée, et si elle *alloit mal,* il se deslogeoit de bonne heure.
>
> Commines, *Mémoires,* III, 7.

> La chose *alloit très-bien* et s'advançoit.
>
> Rob. Estienne, *Dictionnaire françois-latin.*

> Le parasite qui croit que tout *va bien,* et qu'il ne sauroit *mieux aller,* boit, mange et se réjouit.
>
> Perrot d'Ablancourt, trad. de Lucien, *le Parasite.*

Le roi de Prusse vient de m'écrire une lettre tendre; il faut que ses affaires *aillent mal.*

VOLTAIRE, *Lettres;* au maréchal de Richelieu, 4 février 1757.

Le bon Dieu soit loué! Nos affaires *vont bien.*

MOLIÈRE, *le Dépit amoureux,* I, 2.

Il disoit qu'un plaideur dont l'affaire *alloit mal*
Avoit graissé la patte à ce pauvre animal.

J. RACINE, *les Plaideurs,* I, 1.

Pour vous dédommager d'un livre qui *va mal,*
Que suis-je?

BOURSAULT, *le Mercure galant,* II, 7.

Devers le Rhin tout *va bien* pour la France,
Turenne est là; l'on n'y doit craindre rien.

LA FONTAINE, *Épître à M. de Turenne.*

Sa cuisine *alloit bien,* mais lorsque le long âge
Eut glacé le pauvre animal,
La même cuisine *alloit mal.*

LE MÊME, *Fables,* X, 4.

Nos affaires *vont mal* et la noce est rompue.

GRESSET, *le Méchant,* I, 1.

Les expressions *Aller bien, aller mal,* sont d'un usage très ordinaire en parlant de machines, d'instruments, comme moulins, horloges, roues, ressorts, etc., dont le mouvement est ou n'est pas régulier, qui sont d'un bon ou d'un mauvais service.

Je ne vous demande point, après cela, si votre montre *va bien,* vous me diriez qu'elle est rompue.

Mme DE SÉVIGNÉ, *Lettres;* à Mme de Grignan, 27 octobre 1677.

On dit aussi, absolument, que ces choses *vont* ou ne *vont point,* qu'elles ne peuvent *aller,* etc.

Vouloir que la chose soit faite avant que de l'être, c'est vouloir que la montre *aille* avant que d'être montée.

MIRABEAU, *Discours,* 23 février 1798.

On dit, dans un sens analogue, son pouls *va bien,* pour Le mouvement de son pouls est régulier.

Aux locutions *Aller bien, aller mal,* on peut en rapporter d'autres, telles que *Aller mieux, aller pis, le mieux du monde,* etc.

Le commerce *va mieux* aujourd'hui qu'il n'alloit autrefois. La besogne ne *va* pas comme les autres années.

RICHELET, *Dictionnaire.*

Je m'installai donc dans mon poste, et tout *alla le mieux du monde* au commencement.

LE SAGE, *le Bachelier de Salamanque,* Ire part., c. 6.

Soldatesque inquiète et mutine... ne voulant que remuer, et se souciant peu que les choses *allassent mieux,* pourvu qu'elles *allassent* autrement.

J.-J. ROUSSEAU, *Émile.*

Et cil ont tot raconté
Comment la chose *avoit allé.*

Fables et cont. anc. Méon., t. II, p. 62.

...... Mais tout n'*iroit* que *mieux,*
Quand de ces médisants l'engeance tout entière
Iroit la tête en bas, rimer dans la rivière.

BOILEAU, *Satires,* IX.

La signification figurée et morale d'ALLER se marque au moyen de beaucoup d'autres adverbes, qui font comprendre de quelle manière les personnes ou les choses se comportent. Nous citerons quelques-unes de ces manières de parler, que les exemples expliqueront pour la plupart.

Aller vite ou *doucement :*

Hé! cela ne *va* pas si *vite* que ta tête.

J. RACINE, *les Plaideurs,* I, 5.

Aller mûrement, dans ce vieux texte :

Je conseillerois que nous y *allassions* un petit plus *mûrement.*

FROISSART, *Chroniques,* liv. I, IIe part., c. 36.

Aller toujours :

Il ne reste à désirer dans une si belle machine (le corps humain) sinon qu'elle *aille toujours,* sans être jamais troublée et sans finir.

BOSSUET, *De la Connoissance de Dieu et de soi-même,* c. 4, art. 2.

Aller droit, expression surtout d'usage en parlant des personnes, de leur façon d'agir franche et loyale.

Allons droit, ma chère fille, en tout et partout, mais encore plus dans les grandes choses.

Mme DE MAINTENON, *Lettres;* à Mme de la Vieux-Ville, 5 novembre 1705.

Il n'y a que toujours *aller droit,* avec les gens rusés : tôt ou tard ils se décèlent par leurs ruses mêmes.

J.-J. ROUSSEAU, *Lettres;* à David Hume, 10 juillet 1766.

Aller loin, expression fort usitée en parlant des personnes et des choses.

Des personnes, au sujet de leurs progrès en toutes choses, de leurs idées, de leurs démarches, de leurs succès, etc.

Rendons-nous volontairement et de bonne grâce à la pensée qui nous a surpris; suivons-la, quand elle nous mèneroit plus *loin* que nous n'aurions résolu d'*aller* aujourd'hui.

BALZAC, *Socrate chrétien*, disc. I.

Les hommes sont capables d'*aller* assez *loin* dans les sciences.

NICOLE, *Essais de morale*, I.

Chacun ne pourra pas *aller* dans la pratique aussi *loin* que nos pensées vont, lorsque rien ne les arrête sur le papier.

FÉNELON, *De l'Éducation des filles*, c. 13.

On tâche présentement à *aller* plus *loin* sur la théorie des comètes, et ce ne sont plus des générations fortuites.

FONTENELLE, *Éloge de M. Hartsocker*.

Si on avait dit alors à Luther qu'il détruirait la religion romaine dans la moitié de l'Europe, il ne l'aurait pas cru; il *alla* plus *loin* qu'il ne pensait, comme il arrive dans toutes les disputes, et dans presque toutes les affaires.

VOLTAIRE, *Essai sur les mœurs*, c. 128.

Narcisse, c'est assez, je reconnois ce soin,
Et ne souhaite pas que vous *alliez* plus *loin*.

J. RACINE, *Britannicus*, IV, 4.

Des choses, par exemple, d'une affaire, par rapport à ses suites; d'une dépense, par rapport à son élévation; des affections, des sentiments, des pensées, par rapport à leur degré, à leur portée, à leur excès.

Je crois qu'effectivement vous avez poussé les sentiments de la véritable amitié aussi *loin* qu'ils peuvent *aller*.

BUSSY, *Lettres;* à Mme de Scudéry, 10 juin 1672.

Comme il ne lui put enseigner que les premières règles de l'arithmétique et que l'enfant ne s'en contentoit pas, il fallut lui donner quelques livres qui *allassent* plus *loin*.

FONTENELLE, *Éloge de M. Parent*.

Bien qu'il eût d'extrêmes souffrances,
On voit *aller* des patiences
Plus *loin* que la sienne n'alla.

BENSERADE, *Sonnet* sur Job.

Amant avec transport, mais jaloux sans retour,
Sa haine *va* toujours plus *loin* que son amour.

RACINE, *Mithridate*, I, 5.

Franchement, l'insolence *alloit* un peu trop *loin*.

BOURSAULT, *les Mots à la mode*, sc. XII.

Ma fureur peut *aller* plus *loin* que ma faiblesse.

VOLTAIRE, *l'Orphelin de la Chine*, IV, 4.

Dans le passage suivant, de date fort ancienne, *Tant est la chose allée que...*, correspond à *La chose a été si loin que...*

Et que je vous diroie? *tant est la chose allée*
Que plus de C paiens ont lor vie finée.

Gaufrey, v. 8996.

Cela va trop loin, *cela pourrait aller trop loin*, se dit lorsque des personnes qui discutent ensemble commencent à s'échauffer un peu trop. On dit aussi : *C'est aller trop loin que de...*

C'est faire ou dire trop, c'est passer les bornes raisonnables que de...

Aller plus avant, analogue, en certains cas, à *Aller plus loin.*

En parlant des personnes :

Il (Henri VIII) fit lire l'Écriture en langue vulgaire; mais il ne voulut pas qu'on *allât plus avant*.

VOLTAIRE, *Essai sur les mœurs*, c. 135.

En parlant des choses :

Pleust à Dieu que les choses n'*allassent* point *plus avant!*

ROB. ESTIENNE, *Dictionnaire françois-latin.*

Mlle de la Caverne ne voulut pas que ce discours *allât plus avant*.

SCARRON, *le Roman comique*, I, 18.

Aller au-delà de...

Aller haut, aussi haut que...

Combien s'en faut-il que l'invention des Italiens et des Espagnols ait pu *aller* aussi *haut* que vostre vertu!

VOITURE, *Lettres;* au duc de Bellegarde.

Dans un sens particulier, en parlant du taux d'une dépense, d'une créance :

Quand les soldats mercenaires furent tous assemblés à Sicca, comme ils avoient beaucoup de loisir, ils commencèrent à compter les payes que leur devoient les Carthaginois, les faisant monter beaucoup plus *haut* qu'elles ne devoient *aller*.

ROLLIN, *Histoire ancienne,* liv. II, IIe part., c. 2, art. 2.

Aller ainsi :

Ainsi alla ledit royaume hors de la droite ligne, ce semble à moult de gens.

FROISSART, *Chroniques,* liv. I, Ire part., c. 4.

Dieu soit loué du tout, puisqu'il luy a pleu, que les choses *allassent ainsi.*

MONTLUC, *Commentaires,* liv. VII.

Puisqu'*ainsi* est la chose et venue et *alée,*
Diex en soit gracié et sa mère aourée!

Roman de Berthe, p. 156.

Aller ainsi que...

C'est un enfès : on lui doit pardonner: il ne scet qu'il fait, il *va ainsi que* on le mène.

FROISSART, *Chroniques* liv. II, c. 191.

Aller de la sorte :

T'a-t-il fait parler à celui qui doit prêter l'argent? — Ah! vraiment, cela ne *va* pas *de la sorte.*

MOLIÈRE, *l'Avare,* II, 1.

Aller de même :

Et tu prétends, ivrogne, que les choses *aillent* toujours *de même.*

MOLIÈRE, *le Médecin malgré lui,* I, 1.

Aller de suite, être la conséquence nécessaire d'une autre chose : Cette chose *va de suite,* doit *aller de suite :*

Aller ensemble, aller bien ensemble, Se convenir, s'accorder.

Soit en parlant de choses matérielles, comme les couleurs, les étoffes,

Soit en parlant de choses morales :

Aller ensemble se dit encore de certaines choses qui sont appréciées, et qui ne se vendent point ou ne s'emploient point séparément.

Une locution qu'on peut rapprocher des précédentes, où la signification figurée et morale d'*Aller* est indiquée par un adverbe, est celle-ci : *Aller toute seule,* en parlant d'une chose qui ne présente pas de difficultés.

Ces locutions, formées du verbe ALLER et d'un adverbe ou de quelque complément analogue, sont quelquefois précédées de la particule *y : Y aller,* c'est-à-dire, Agir de telle ou telle manière.

Ils (les avocats italiens) n'*y vont* pas à fer esmoulu comme les nostres.

H. ESTIENNE, *la Précellence du langage françois,* préface.

Mais au moins, Monsieur, ne m'allez pas tromper, je vous prie, il y aurait de la conscience à vous, et vous voyez comme j'*y vais* à la bonne foi.

MOLIÈRE, *le Festin de Pierre,* II, 2.

Non, non, la médisance *y va* plus doucement.

BOILEAU, *Satires,* IX.

Le sens figuré et moral d'ALLER se marque encore, comme on l'a vu de son sens propre et physique, au moyen des prépositions avec lesquelles on le construit.

De la préposition *à* particulièrement; de là des manières de parler qui regardent les personnes.

Aller à une chose, S'y laisser entraîner, s'y porter :

Mais savez-vous.....
Qu'il ne fait pas bien sûr, à vous le trancher net,
D'épouser une fille en dépit qu'elle en ait;
Et qu'elle peut *aller,* en se voyant contraindre,
A des ressentiments que le mari doit craindre?

MOLIÈRE, *les Femmes savantes,* V, 1.

Aller à une chose, Étendre jusqu'à elle ses attaques, s'attaquer même à elle :

Tout beau, que votre haine en son sang assouvie
N'*aille* point *à* sa gloire, il suffit de sa vie.

P. CORNEILLE, *Pompée,* II 2.

Aller aux grands desseins, *aux* grands emplois, *à* la fortune, *à* la gloire, *à* la vertu, Y tendre.

M. le Cardinal l'entend bien mieux qu'eux (les seigneurs romains) et *va* bien plus droit *à* l'éternité.

BALZAC, *Lettres;* VI, 9.

Ils s'imaginoient qu'il n'y avoit point de plus court chemin pour *aller à* la réputation... que d'entreprendre une personne connue.

LE MÊME, *Dissertations critiques,* XIV.

Ce qui paroît générosité n'est souvent qu'une ambition déguisée qui méprise de petits intérêts pour *aller à* de plus grands.

LA ROCHEFOUCAULD, *Maximes,* CCLIV.

Ceux-ci, occupés du premier objet qui les avoit transportés, *alloient* toujours, sans regarder qu'ils *alloient à* la servitude.

BOSSUET, *Oraison funèbre de la reine d'Angleterre.*

Allant à Dieu par la docilité de son cœur, non pas par l'agitation de son esprit.

FLÉCHIER, *Oraison funèbre de Mme la Dauphine.*

Un magistrat *alloit* par son mérite *à* la première dignité... il a fait imprimer un ouvrage moral qui est rare par le ridicule.

LA BRUYÈRE, *Caractères,* c. 1.

Toutes les voies furent bonnes pour parvenir à l'empire : on *y alla* par les soldats, par le clergé, par le sénat, par les paysans, par le peuple de Constantinople, par celui des autres villes.

MONTESQUIEU, *Grandeur des Romains,* c. 21.

Peu, même des grands cœurs, tireroient vanité
D'*aller* par ce chemin *à* l'immortalité.

P. CORNEILLE, *Horace,* II, 3.

Pour *aller à* la gloire il suffit d'être juste.

BOURSAULT, *Ésope à la cour,* I, 3.

C'est un homme fait pour aller à tout, C'est un homme qui, par son mérite, par ses talents, est fait pour parvenir aux plus grandes places.

A ces manières de parler se rapporte celle que donne l'exemple suivant, où *à* a pour régime non point un nom, mais un verbe :

..... Je vous avoue que je fus bien étonné de le trouver (Platon) très solide... *allant* toujours *à* prouver quelque vérité...

FLEURY, *Discours sur Platon,* p. 2.

Aller au roi, *au* ministre, *à* l'évêque, etc., S'adresser à eux :

Aller à une personne, S'en rapprocher par condescendance :

Les hommes sont aujourd'hui tellement corrompus que, ne pouvant les faire venir à nous, il faut bien que nous *allions à* eux.

PASCAL, *Provinciales,* VI,

Aller à une personne, Lui convenir.

On dit qu'un vêtement *va* ou ne *va* point, *va* bien ou ne *va* pas bien *à* une personne, c'est-à-dire lui sied ou ne lui sied pas; est ou n'est pas à sa mesure.

On dit qu'une personne *va* ou ne *va* point *à* une autre, c'est-à-dire qu'elle lui plaît ou lui déplaît.

Elle ne lui *allait* point du tout.

VOLTAIRE, *Lettres;* 27 février 1771.

Aller à exprime encore divers rapports de convenance des choses avec les personnes, ou des choses entre elles.

Des choses avec les personnes :

Mais la sévérité ne *me va* point du tout.

VOLTAIRE, *le Dépositaire,* I

Des choses entre elles :

Le même genre de chant *va*-t-il *à* toutes les voix? La même méthode *va*-t-elle *à* tous les esprits?

J.-J. ROUSSEAU, *Émile.*

Si l'esprit des Fontenelle et des Lamotte lui offroit plus d'agrément et plus de ressources, elle trouvoit dans M. de Sacy une sensibilité qui *alloit* plus *à* son cœur, et une âme qui répondoit mieux à la sienne.

D'ALEMBERT, *Éloge de de Sacy.*

Cette manière de s'exprimer est d'un usage habituel en parlant des vêtements, des ajustements. On dit qu'une garniture *va bien à* une robe, un ruban *à* un chapeau, etc., c'est-à-dire y produisent un effet agréable; en parlant d'autres choses encore qui s'adaptent ou ne s'adaptent pas l'une à l'autre. On dit ainsi qu'une clef *va* ou ne *va* point *à* une serrure.

Aller à l'école, Prendre des leçons :

En cheveux blancs il me faut donc *aller*
Comme un enfant tous les jours *à* l'école,
Que je suis fou d'apprendre à bien parler,
Lorsque la mort va m'ôter la parole !
MAYNARD, *Épigrammes.*

Aller aux informations, *aux* renseignements, S'adresser à qui les peut donner.

Aller aux opinions, *aux* voix, etc., Les donner, les recueillir.

Aller au plus pressé, S'occuper d'abord de l'affaire qui souffrirait le plus d'un retardement.

Aller au fait, aller droit au fait, Ne point s'écarter de ce dont il est question :

A soupirer gratis on perd plus qu'on ne gagne ;
Il faut *aller au fait,* sans battre la campagne.
BOURSAULT, *Ésope à la cour,* II, 2.

Aller au cœur, Chercher à toucher le cœur de préférence :

De cette passion la sensible peinture
Est, pour *aller au, cœur* la route la plus sûre.
BOILEAU, *Art poétique,* III.

On a dit *Aller au change,* pour Changer.

Ainsi par cette laideur et mescheance, il ne la peut depuis si parfaictement amer comme il souloit devant, et *ala au change.*
Le livre du Chevalier de La Tour-Landry, c. 17.

On a dit *Aller à sa fin,* pour Mourir.

Alde la bele *est à sa fin alée.*
Chanson de Roland, v. 3723.

Ou, dans le même sens, *Aller au port.*

Plus je sens approcher le terme,
Plus je désire *aller au port.*
THÉOPHILE, *à feu M. de Losières.*

Allez au diable, à tous les diables, est une expression d'impatience, de colère, une sorte d'imprécation.

Je voudroie, par m'ame, qu'ele fust décolée
Ou en aigue noiée ou *au diable alée.*
Roman de Berthe, p. 29.

Allez au diable, vous et votre nouveauté.
LE GRAND, *la Foire de Saint-Laurent,* sc. 25.

On a dit de même, *Allez à la malheure :*

Allez à la malheure, allez, âmes tragiques,
Qui fondez votre gloire aux misères publiques.
MALHERBE, *Fragment au sujet de la Guerre des princes,* 1614.

De là aussi des manières de parler qui regardent les choses.

Leur destination, leur propriété. On dit qu'un *vase va au* feu, qu'une *étoffe va à* la lessive.

Leur direction, leur terme.

En parlant d'une chose à l'égard d'une autre chose :

Dans un sens physique, on dit qu'un fleuve *va à* la mer, qu'un sentier *va à* la ville, etc.

Quant uns quemins est si durment empiriés en aucuns liex, c'on ne le pot refere sans trop grant coust, il loist au souvrain qu'il le face *aler au* plus près du lieu où il estoit.
BEAUMANOIR, *Coutumes de Beauvoisis,* XXV, 13.

Dans un sens moral :

Ces sons vainqueurs *allaient au* fond des âmes.
VOLTAIRE, *Contes en vers,* la Bégueule.

En parlant d'une chose à l'égard d'une personne :

Vous me parlez si peu de vous, que vos lettres pourroient presque *aller à* toutes les femmes que vous connoissez ; il n'en est pas de même des miennes, elles ne peuvent avoir qu'une adresse.
Mlle DE LESPINASSE, *Lettre* XVI.

A Symon le Voier *est* la nouvele *alée.*
Roman de Berthe, p. 140.

Mais si c'est une femme *à* qui *va* ce billet,
En quoi vous blesse-t-il, et qu'a-t-il de coupable?
MOLIÈRE, *le Misanthrope,* IV, 3.

Leur tendance, leur fin, leur résultat.

A est alors suivi soit d'un nom, soit d'un verbe à l'infinitif.

Suivi d'un nom.

D'un nom de personne, ce qui est le cas le moins ordinaire :

Toutes ces pensées n'*allant* qu'*à* Darius, il prit sa marche du costé de l'Euphrate.

VAUGELAS, trad. de Quinte-Curce, *Histoire d'Alexandre*, liv. IV.

Aussi, madame, n'ai-je rien dit qui *aille à* vous.

MOLIÈRE, *la Critique de l'École des femmes*, sc. 7.

D'un nom de chose :

La façon ne m'en peut plaire, craignant qu'avecques le temps ces places n'*aillent au* mespris.

EST. PASQUIER, *Recherches de la France*, IX, 20.

Il n'a passé jour que n'ayons veu quelqu'un de ceux qui ont authorité et pouvoir en ce païs, pour reconnoistre si l'inclination du général *alloit à* la paix.

JEANNIN, *Négociations*, lettre au Roy, 2 juin 1607.

Toutes ces opinions *vont à* la grandeur et *à* la gloire de son maître.

BALZAC, *Aristippe*, disc. V.

Nous vous demandons que vous ne preniez point des conseils qui *aillent à* votre perte.

PERROT D'ABLANCOURT, trad. de Tacite, liv. I, c. 12.

Il avoit étudié toute sa vie; et quoique l'étude *aille à* la connoissance de la vérité, il étoit menteur comme un valet.

SCARRON, *Roman comique*, I, 8.

Après la bataille de Cannes, où tout autre État eût succombé à sa mauvaise fortune, il n'y eut pas un mouvement de foiblesse parmi le peuple, pas une pensée qui n'*allât au* bien de la République.

SAINT-EVREMOND, *Réflexions sur les divers génies du peuple romain*, c. 7.

Les conclusions de M. Talon *alloient au* bannissement perpétuel et *à* la confiscation de ses biens.

FLÉCHIER, *Mémoires sur les grands jours de 1665*.

Toutes les sciences et tous les arts qui ne *vont* qu'*au* plaisir, *à* l'amusement et *à* la curiosité, les souffririez-vous?

FÉNELON, *Dialogues sur l'Éloquence*, I.

Elle est trop lie en son corage
Quant el voit aucun grant lignage
Décheoir et *aler à* honte.

Roman de la Rose, 245.

Il ne faut mettre ici nulle force en usage,
Messieurs, et si vos vœux ne *vont* qu'*au* mariage,
Vos transports en ces lieux se peuvent apaiser.

MOLIÈRE, *l'École des Maris*, III, 6.

On sait qu'Orante mène une vie exemplaire,
Tous ses soins *vont au* ciel...

LE MÊME, *Tartufe*, I, 1.

Il n'est rien de plus beau, comme vous avez dit,
Que ces vœux épurés qui ne *vont* qu'*à* l'esprit.

LE MÊME, *les Femmes savantes*, IV, 2.

A cette manière de parler appartiennent certaines locutions telles que : *Aller à bien, Aller à rien, Aller au vent, Aller aux nues*, etc.

Aucunes entreprises qu'il fit, M. de Lude les fit évanouir et *aller au vent*.

BRANTÔME, *Vies des Capitaines illustres*, disc. XVII.

L'homme fut donc laissé à lui-même; ses inclinations se corrompirent, ses débordements *allèrent à l'excès*, et l'iniquité couvrit toute la face de la terre.

BOSSUET, *Discours sur l'histoire universelle*, II, 1

La chose *alloit à bien* par son soin diligent.

LA FONTAINE, *Fables*, VII, 10.

Jamais extravagance *alla*-t-elle *à ce point?*

BOURSAULT, *le Mercure galant*, IV, 4

Suivi d'un verbe :

J'eusse peut-être réussy à la géométrie, sinon que j'avois la main trop maladroite à manier la règle et le compas..., et toute ma suffisance n'*alloit* point plus avant qu'*à* démontrer une proposition d'Euclide, après l'avoir bien conçue.

RACAN, *Lettres*; à Chapelain, novembre 1656.

La mesure étoit comble, les esprits étoient échauffés, et tout *alloit à* rejetter l'édit.

CARDINAL DE RETZ, *Mémoires*, liv. II.

Sa politique (de Mazarin) *alloit à* ne rien hasarder, pour pour ne pas se hasarder lui-même.

Mme DE MOTTEVILLE, *Mémoires*.

Il parut que leur intention *alloit à* favoriser la retraite de l'infanterie.

SARAZIN, *Siège de Dunkerque*.

Ses premières actions *vont à* le faire coupable, et les dernières *à* le justifier.

P. CORNEILLE, *Examen de Clitandre.*

Il me semble que le sens commun d'un gentilhomme peut bien *aller à* concevoir ce qui est du droit et de l'ordre de la justice.

MOLIÈRE, *M. de Pourceaugnac,* II, 10.

Les hommes presque de tout temps ont été troublés par un sophisme, que les anciens appeloient la raison paresseuse parce qu'il *alloit à* ne rien faire, ou du moins à n'avoir soin de rien.

LEIBNITZ, *Théodicée,* préface.

La chose *alloit à* se battre et *à* renverser la nacelle, si Charon n'eût mis le holà à coups d'aviron.

LA FONTAINE, *Psyché.*

Depuis cette aventure, le chagrin de M. Despréaux lui fit faire plusieurs épigrammes qui n'*alloient* qu'*à* m'offenser, mais nullement *à* ruiner mon sentiment touchant les anciens.

CH. PERRAULT, *Mémoires,* liv. IV.

C'est une sorte d'esprit bien méprisable, que celui qui ne *va* qu'*à* bien parler.

FÉNELON, *De l'Éducation des filles,* c. 11.

... Léger de peu de fonds, de peu de jugement, de peu de capacité, dont tout l'art et le mérite *alloit à* plaire.

SAINT-SIMON, *Mémoires,* 1706.

Attentifs à leurs plus pressants besoins, les écrivains de ce temps-là n'*alloient* pas tant *à* polir notre langue qu'*à* l'enrichir.

D'OLIVET, *Histoire de l'Académie.*

Tous mes soins depuis peu ne *vont* qu'*à* te trahir.

P. CORNEILLE, *Mélite,* I, 4.

Et mon ambition ne *va* qu'*à* les forcer,
Ayant dompté leur haine, à vivre et m'embrasser.

LE MÊME, *Pompée,* III, 2.

Quand l'amour est bien fort, rien ne peut l'arrêter;
Ses projets seulement *vont à* se contenter.

MOLIÈRE, *le Dépit amoureux,* II, 1.

Ces manières de parler indiquent encore, dans les choses,

La nature de leur mouvement: On a dit, par exemple, qu'un bâtiment *va à* la rame, *à* la voile, *à* pleines voiles.

Leur succession : On dit qu'une chose *va à* la suite d'une autre.

Jamais nous n'inventerons rien par les sensations, qui *vont* toujours *à* la suite des mouvements corporels et ne sortent jamais de cette ligne.

BOSSUET, *De la connoissance de Dieu et de soi-même,* c. 5, art. 8.

Leur quantité: On dit qu'un calcul, une somme *vont à tant.*

Les septante semaines de Daniel sont équivoques pour le terme du commencement, à cause des termes de la fin, à cause des diversités des chronologistes; mais toute cette différence ne *va* qu'*à* deux cents ans.

PASCAL, *Pensées.*

Leur durée : On dit, par exemple, qu'un discours *va à* une demi-heure, *à* une heure.

Je prévoy que la dernière conclusion de ceste affaire pourra bien *aller à* plus de quinze ou vingt jours.

LE MARQUIS DE CASTRIES, à Colbert, 11 décembre 1662. (Voyez DEPPING, *Correspondance administrative sous Louis XIV,* t. I, p. 99.)

Le sens figuré et moral d'ALLER se marque encore au moyen de locutions formées de la préposition *à.*

De là la locution *jusqu'à* lorsqu'il s'agit, en parlant des personnes ou des choses, de la durée de leur existence :

Un jour nous disons, l'abbé et moi : Allons-nous-en, ma tante *ira jusqu'à* l'automne; voilà qui est résolu; le jour d'après, nous la trouvons si extrêmement bas que nous disons : Il ne faut pas songer à partir.

Mme DE SÉVIGNÉ, *Lettres;* 23 mai 1672.

Nous pouvons avancer que les chiens *vont* pour l'ordinaire *jusqu'à* quatorze ou quinze ans, et quelquefois *jusqu'à* vingt.

BARTHÉLEMY, *Voyages d'Anacharsis,* c. 64.

On oit quelqu'un qui dit tout bas :
Mourra-t-il? ne mourra-t-il pas?
Ira-t-il jusqu'au quatorzième?

VOITURE, *Épître à M. le Prince, sur son retour d'Allemagne.*

... La bonne foi dans l'amour conjugal
N'*alla* point *jusqu'au* temps du troisième métal.

BOILEAU, *Satires,* X.

Et ce grand connoisseur dont le goût est si fin?
— Ne croit pas que la pièce *aille jusqu'à* la fin.

PIRON, *la Métromanie,* IV, 6.

Ou bien, comme cela se voit souvent, dans un sens moral, pour marquer le point extrême où les personnes peuvent porter leurs sentiments et leurs actes, où les choses de toutes sortes peuvent arriver.

Avec un nom pour régime :

Il ne faut pas s'étonner que l'amour de Dieu *aille jusqu'au* mépris de soi-même.

BOSSUET, *Traité de la concupiscence*, c. 12.

D'autres, moins attachés à Aristote, *alloient jusqu'à* une âme universelle qui fût l'océan de toutes les âmes particulières.

LEIBNITZ, *Théodicée*. De la conformité de la foi, § 8.

Vous n'avez pas besoin de précaution avec moi : *allons jusqu'au* bout sans nous arrêter.

FÉNELON, *Dialogues sur l'éloquence*, II.

A peine le jeune roi Joas eut-il perdu le fidèle pontife Joïada, ce sage tuteur de son enfance, et le seul homme par qui la vérité *alloit* encore *jusqu'au* pied de son trône, que, séduit par les flatteries des courtisans... il se livra à leurs mauvais conseils.

MASSILLON, *Petit Carême*. Tentations des grands.

Il (Louis XIV) vouloit régner par lui-même. Sa jalousie là-dessus *alla* sans cesse *jusqu'à* la foiblesse.

SAINT-SIMON, *Mémoires*, 1715.

Les habitants de Paris sont d'une curiosité qui *va jusqu'à* l'extravagance.

MONTESQUIEU, *Lettres persanes*.

Quoi, seigneur, vous *iriez jusques à* la contrainte !

J. RACINE, *Iphigénie*, V, 2.

Aller jusqu'à l'insulte, et peut-être plus loin.

BOURSAULT, *Ésope à la cour*, IV, 1.

Avec un verbe à l'infinitif pour régime :

C'est une chose étrange que votre haine contre vos adversaires *ayant été jusqu'à* souhaiter leur perte éternelle, votre aveuglement *ait été jusqu'à* découvrir un souhait si abominable.

PASCAL, *Provinciales*.

Il *va jusqu'à* vouloir que je sois toujours voilée.

MOLIÈRE, *le Sicilien*, sc. 14.

Quelquefois avec un adverbe comme *là* et *où* :

... Les choses n'*iront* que *jusqu'où* vous voudrez.

MOLIÈRE, *Tartuffe*, IV, 4.

De la locution *Au delà, par delà :*

Et le vrai m'est suspect quand on *va par delà*.

DUFRESNY, *le Faux sincère*, I, 3.

De la locution *Au-devant : Aller au-devant* d'une chose, La prévenir :

Admirez... la sagesse de nos pères, qui, dans un siècle plein d'innocence, n'ont pas laissé d'*aller au-devant de* la moindre corruption.

MAUCROIX, trad. de Cicéron, *Verrines*, IV.

La vue des Perses dans tous leurs sages établissements pour l'éducation de la jeunesse, étoit d'*aller au-devant* du mal, persuadés qu'il vaut bien mieux s'appliquer à prévenir les fautes qu'à les punir.

ROLLIN, *Histoire ancienne*, liv. IV, c. 1, art. 1.

De la locution *A rebours :*

Le seigneur de Velly faisoit ses remontrances comme celuy auquel il grevoit jusques au cueur avoir si avant asseuré son maistre de chose qu'il voyoit lors *aller à rebours*.

M. DU BELLAY, *Mémoires*.

De la locution *A l'aventure :*

Dans une action tout *alloit* comme *à l'aventure* sans que personne fût en état de pourvoir à ce désordre.

BOSSUET, *Discours sur l'Histoire universelle*.

De la locution *Au gré de :*

La foi *alloit au gré des* rois.

BOSSUET, *Histoire des variations des Églises protestantes*, liv. X, n° 7.

La diversité des prépositions avec lesquelles se construit ALLER pris dans un sens figuré, dans un sens moral, n'est pas moindre que lorsqu'on le prend au propre, dans un sens physique ; à la préposition *à* on peut encore joindre ici,

La préposition *en :*

Aller en, construit diversement, sert à marquer la manière dont une chose est figurée, ou située, sa forme, son mouvement, sa direction : *Aller en pointe*, *en rond*; *en montant*, *en descendant*, *en serpentant*.

L'expression *Aller en besogne,* accompagnée d'un adverbe, est fort ancienne :

Les Anglois ne sont pas si subtilz en traictez et en appoinctemens comme sont les François, et, quelque chose que l'on en die, ilz *vont* assez grossement *en besogne*.

COMMINES, *Mémoires,* liv. IV, c. 9.

La préposition *dans :*

Corneille a dit : *Aller dans l'excès.*

... Lorsque la valeur ne *va* point *dans l'excès*,
Elle ne produit pas de si rares succès.

P. CORNEILLE, *le Cid,* IV, 3.

La préposition *après :*

Aller après une chose, La rechercher.

Heureux qui n'*alla* pas *après* les richesses! Plus heureux qui les refusa quand elles allèrent à lui!

FLÉCHIER, *Oraison funèbre de M. de Lamoignon.*

La préposition *sur :*

Aller sur sert à marquer la proximité d'un certain âge : on dit, par exemple, qu'une personne *va sur* quinze ans, vingt ans, etc.

Aller sur un même pied, est une locution qui signifie, Persister dans le même état.

N'étant point encore dans l'étroite confidence de ses affaires, je les supposois en état d'*aller* toujours *sur le même pied.*

J.-J. ROUSSEAU, *les Confessions,* I, 3.

Aller sur les brisées de quelqu'un. (Voyez BRISÉES.)

Aller par-dessus le marché, se dit d'une chose donnée gratuitement, en considération d'un marché conclu, d'une vente faite.

La préposition *contre :*

Aller contre, locution fort usitée, sert à marquer l'opposition que l'on fait à quelque chose.

Les grammairiens... disent que... la définition du mot mentir en latin, d'où nostre françois est party, porte autant comme *aller contre* sa conscience.

MONTAIGNE, *Essais,* I, 9.

N'allez point *contre* deux vertus qui vous sont si naturelles.

VOITURE, *Lettres;* 17.

Mais *contre* jugement ne veus-je mie *aler.*

Roman de Berte, p. 131.

On dit aussi : *Aller à l'encontre de :*

Se aucun est si hardi d'*aler à l'encontre,* il sache lui encourir et encheoir en l'indignacion de Dieu tout-puissant,

MONSTRELET, *Chronique,* I, c. 40.

La préposition *de,* dans des manières de parler qui marquent la direction des choses, *Aller de biais;* leur succession, leur dépendance nécessaire, *Aller de suite;* la parité des personnes et des choses, *Aller de pair;* une disposition morale, *Aller de bonne foi,* etc.

La préposition *avec*, servant à marquer ou la façon d'agir d'une personne :

Quoi! Vous voulez *aller avec* cette vitesse!

MOLIÈRE, *Tartuffe,* IV, 5.

Ou, au sujet de certaines choses, le rapport qu'on a vu plus haut marqué par la locution *Aller ensemble*, c'est-à-dire être appariées, ne pouvoir se vendre ou s'employer séparément.

La préposition *sans,* dans cette locution : *Ne pas aller sans* une chose, Être ordinairement accompagné, suivi de cette chose.

Nos plaisirs les plus doux *ne vont point sans* tristesse

P. CORNEILLE, *Horace,* V, 1.

De pareils changements *ne vont pas sans* miracle.

LE MÊME, *Polyeucte,* V, 6.

Dans cette autre locution, *Cela va sans dire :*

Trouvez bon que nous ne finissions plus nos lettres par des assurances rebattues tant de fois des sentiments que nous avons l'un pour l'autre : *cela va sans dire.*

BUSSY-RABUTIN, *Lettres;* à l'évêque d'Autun, 24 novembre 1686.

Ici encore se retrouve cette construction par laquelle ALLER se joint à deux prépositions;

Aux prépositions *de* et *à* : On dit *Aller d'*une chose *à* une autre, par progression naturelle ou logique, par inconstance d'esprit, etc.

Une des plus triumphantes et glorieuses dames qui puis mille ans ait este sur terre *alla de* vie *à* trespas.

Le Loyal Serviteur, c. 26.

Voilà l'homme en effet : il *va du* blanc *au* noir.

Boileau, *Satires*, VIII.

La faim détruisit tout, il ne resta personne
De la gent marcassine et de la gent aiglone
Qui n'*allât de* vie *à* trépas.

La Fontaine, *Fables*, III, 6.

Et le riche et le pauvre, et le foible et le fort.
Vont tous également *des* douleurs *à* la mort.

Voltaire, *Discours en vers sur l'homme*, I.

Aux prépositions *de* et *en*, le plus souvent avec le même régime pour toutes deux, comme dans cette expression usuelle : *Aller de mieux en mieux*.

On *va de* définitions *en* définitions dans les sciences abstraites ; on marche d'observations en observations dans les sciences réelles : dans les premières on arrive à l'évidence, dans les dernières à la certitude.

Buffon, *Histoire naturelle*.

Songez que vous n'*irez de* connaissance *en* connaissance avec facilité qu'autant que vous saurez comment vous y allez.

Condillac, *la Langue des Calculs*.

De ses pareils la guerre est l'unique élément ;
Accoutumés d'*aller de* victoire *en* victoire
Ils cherchent en tous lieux les dangers de la gloire.

P. Corneille, *Don Sanche d'Aragon*, I, 1.

Quelquefois avec des régimes différents comme dans cette locution fort usitée : *Aller de mal en pis*.

Par ce que les malices des hommes croissent, nous voions le monde *aler de mal en pis*.

Monstrelet, *Chroniques*, I, c. 40.

Si ne luy cela guères ce qu'il avoit sur le cueur, et sans *aler de* deux *en* trois, il demanda l'aumosne amoureuse.

Les Cent Nouvelles nouvelles, XVIII.

Aux prépositions *à* et *par* :

Tel a été de tout temps le destin de ceux que Dieu a livrés à la vanité de leurs pensées, d'*aller à* l'erreur *par* la vérité

Massillon, *Conférences*.

Toutes les voies furent bonnes pour parvenir à l'empire : on *y alla par* les soldats, *par* le clergé, *par* le sénat, *par* les paysans, *par* le peuple de Constantinople, *par* celui des autres villes.

Montesquieu, *Grandeur et décadence des Romains*, c. 21.

Louis XIV, qui *allait à* la gloire et *à* l'avantage de sa nation *par* toutes les routes.

Voltaire, *Fragments historiques sur l'Inde*.

Ne descendons jamais dans ces lâches intrigues,
N'*allons* pas *à* l'honneur *par* des honteuses brigues.

Boileau, *Art poétique*, IV.

Aller a pu être opposé à *venir*, non seulement pris dans un sens physique, comme on l'a vu plus haut, mais pris dans un sens moral.

Je ne fais qu'*aller et venir* : mon jugement ne tire pas toujours avant, il flotte, il vague.

Montaigne, *Essais*, XI, 12.

Aller se prête encore à beaucoup d'autres constructions et acceptions, gouvernant un infinitif, précédé des mots *laisser* ou *faire*, employé comme verbe impersonnel, comme verbe pronominal, pris substantivement, etc.

Aller est quelquefois suivi d'un infinitif exprimant le motif ou la fin de l'action.

E nus le *irrums* assaillir fierement ù qu'il seit.

Les quatre Livres des Rois, II, xxii, 12.

Le roi et tous ses barons se trairent hors et *allèrent* loger six lieues loin... de la cité.

Froissart, *Chroniques*, liv. I, Ire part., c. 33.

Il *alla* mettre le siége devant ung meschant petit chasteau, appelé le Tronquoy.

Commines, *Mémoires*, IV, 3.

Mon frère (le duc d'Alençon) estant lors de son partement de Flandre, la Royne ma mère le voulust *aller* voir à Alençon avant qu'il partist.

Marguerite de Valois, *Mémoires*.

Un petit rayon de soleil qui parut ce jour-là, nous obligea d'*aller* prendre l'air des champs et de faire fort subitement une partie de promenade.

FLÉCHIER, *Mémoires sur les grands jours de* 1665.

Brancas versa, il y a trois ou quatre jours, dans un fossé; il s'y établit si bien, qu'il demandoit à ceux qui *allèrent* le secourir, ce qu'ils désiroient de son service.

Mme DE SÉVIGNÉ, *Lettres;* 10 avril 1671.

Ils (les cardinaux) *allèrent* représenter au pape que la constitution (la bulle *Unigenitus*) renversoit la doctrine de l'Église reçue de tous les siècles.

SAINT-SIMON, *Mémoires,* 1713.

Depuis Annibal on n'avait point encore vu de général qui, ne pouvant se soutenir chez lui-même contre ses ennemis, fût *allé* leur faire la guerre au cœur de leurs États.

VOLTAIRE, *Histoire de Charles XII,* liv. VIII.

Elle embrassoit son fils, elle nous accabloit de caresses, madame Dorfrainville et moi; elle *alloit* se jeter au cou de son mari.

MARIVAUX, *la Vie de Marianne,* Xe part.

. . . . Jo voel
Aler abatre son orgoel.

WACE, *Roman de Brut,* v. 14995.

Lors, bien peu s'en fallut, sans plus longtemps attendre,
Que de rage au gibet je ne m'*allasse* pendre.

RÉGNIER, *Satires,* VIII.

Un clerc, pour quinze sols, sans craindre le holà,
Peut *aller* au parterre attaquer Attila.

BOILEAU, *Satires,* IX.

Quelquefois, dans cette manière de parler, ALLER n'a guère qu'une valeur explétive et élégante :

Allez moy trouver roy de France qui ayt faict de ces coups, fors que Charlemagne.

BRANTÔME, *Charles VIII* (entrant dans Rome.)

Leurs passions, ou conservées dans les monuments publics, ou immortalisées dans nos histoires, *iront* préparer des pièges à la postérité.

MASSILLON, *Petit Carême.* Tentations des grands.

Comme on voit au printemps la diligente abeille,
Qui du butin des fleurs *va* composer son miel,
Des sottises du temps, je compose mon fiel.

BOILEAU, *Discours au roi.*

Dans l'exemple suivant, de date fort ancienne, *Alla mourir* a été dit pour mourut :

Sur ce, le roi Charles *alla mourir* environ la Chandeleur, l'an de grâce mil trois cent vingt-sept.

FROISSART, *Chroniques,* liv. I, Ire part., c. 49.

Allez vous promener, qu'il aille se promener, se dit lorsqu'on s'impatiente, lorsqu'on se met en colère contre quelqu'un.

ALLER, suivi d'un infinitif, sert aussi à marquer qu'une chose est sur le point d'être faite, d'avoir lieu :

Je vous *allois* écrire quand j'ai reçu votre billet du dix de ce mois, ma chère cousine.

BUSSY-RABUTIN, *Lettres;* à Mme de Sévigné, 15 avril 1676.

Vous *allez* me demander si personne ne pourroit agir ici pour moi.

Mme DE SÉVIGNÉ, *Lettres;* 25 mai 1680.

Elle eut de quoi satisfaire à sa noble fierté, quand elle vit qu'elle *alloit* unir la maison de France à la royale famille des Stuarts.

BOSSUET, *Oraison funèbre de la reine d'Angleterre.*

Elle *alloit* s'acquérir deux puissants royaumes par des moyens agréables.

LE MÊME, *Oraison funèbre de la duchesse d'Orléans.*

Tout ce que nous pouvions gagner ne valoit pas ce que nous *allions* perdre.

FLÉCHIER, *Oraison funèbre de Turenne.*

Les conseils spécieux et iniques d'un flatteur *alloient* souiller toute la gloire de son empire (d'Assuérus).

MASSILLON, *Petit Carême.* Tentations des grands.

C'est lui (le président de Maisons) qui, lorsqu'on lui ôta les finances, dit tout haut : « Ils ont tort; car j'ai fait mes affaires, et j'*allois* faire les leurs. »

SAINT-SIMON, *Mémoires,* 1714.

Vous m'*allez* dire que je deviens bien hardi et un peu méchant sur mes vieux jours.

VOLTAIRE, *Lettres;* 14 janvier 1761.

Souffrez-le d'un esprit jaloux de votre gloire,
Que vous *allez* souiller d'une tache trop noire.

P. CORNEILLE, *Cinna,* II, 1.

Je sentis que ma haine *alloit* finir son cours.
J. Racine, *Andromaque*, I, 1.

Je ne condamne plus un courroux légitime,
Et l'on vous *va*, seigneur, livrer votre victime.
Le même, même ouvrage, II, 4.

Aller se joint quelquefois au participe présent pour exprimer, avec l'idée d'un mouvement, celle d'une prolongation, d'une certaine durée de l'action que le participe indique.

Ainsi dit Bembo en ses Asolains : *Et udironlami tra esse cantare, siccome io l'andava tessendo,* parlant d'une chanson. Il est certain que ceste façon de parler est prise de nostre langage, auquel elle est aussi frequente, qu'elle y a bonne grace ; comme en ce vers, pris d'une elegie de Philippe Des Portes :

Mais durant qu'en regrets tu te *vas* consumant;

et en ce passage pris d'une sienne chanson :

Le plus souvent en vous voyant
La peur *va* mes sens effroyant.

Cette façon de parler nous est fort ancienne.
H Estienne, *la Précellence du langage françois.*

Autrefois, du bas de cette place, ils (les Romains dans les jeux) faisoient eslancer des surgeons et filets d'eau, qui rejaillissoient contre-mont, et, à cette hauteur infinie, *alloient* arrosant et embaumant cette infinie multitude.
Montaigne, *Essais*, III, 6.

Il les *alloit* chassant comme des troupeaux de moutons.
Vaugelas, trad. de *Quinte-Curce*.

La connoissance de Dieu et la mémoire de la création s'y conserva (dans les terres toujours habitées); mais elle *alloit* s'affoiblissant peu à peu; les anciennes traditions s'oublioient et s'obscurcissoient.
Bossuet, *Discours sur l'histoire universelle*, I, 2.

Depuis ce temps, on *alla* toujours séparant de plus en plus l'agrément du discours d'avec le raisonnement et les études solides.
Fleury, *Du Choix des études*, c. 9.

Ce fut à sa curiosité (de Louis XIV) que les dangereuses fonctions du lieutenant de police furent redevables de leur établissement. Elles *allèrent* depuis toujours croissant.
Saint-Simon, *Mémoires*, 1715.

Qui estes vous, segnors, et qu'*alès* vous querant?
Doon de Maience, v. 7532.

Une singesse *aleit* mustrant
A toutes bestes son enfant.
Marie de France, *Fables*, LXXIV, 1.

Mes malheurs *vont* sans fin l'un l'autre se suivant.
Théophile, *Pyrame et Thisbé*, III, 2.

Sire, répond l'agneau, que Votre Majesté
Ne se mette pas en colère,
Mais plutôt qu'elle considère
Que je me *vas* désaltérant
Dans le courant,
Plus de vingt pas au-dessous d'elle.
La Fontaine, *Fables*, X, 1.

Plus le vase versoit, moins il s'*alloit* vidant.
Le même, *Philémon et Baucis.*

On a pu remarquer, dans un assez grand nombre des exemples qui précèdent, que, quand le verbe à l'infinitif ou au participe est un verbe pronominal, Aller sépare quelquefois le pronom et le verbe.

De cette manière de parler se rapproche l'expression que donnent les passages suivants :

... Qu'au faict de la Religion, le Roy devoit *aller* plus retenu que les autres Roys...
Cardinal d'Ossat, *Lettres ;* liv. IV, 153.

Vous devez *aller* fort retenu dans cette cour, se dit, en langage prétieux, pour : Vous devez penser deux fois à vos actions dans cette cour.
Somaize, *Dictionnaire des Prétieuses.*

Aller, *s'en aller*, se joint à des substantifs exprimant en quelle qualité la personne fait l'action indiquée par le verbe.

Le Pape a donné la croix à Monsieur le cardinal de Florence, qui *s'en va* légat en France vers le Roy.
Cardinal d'Ossat, *Lettres*, liv. II, 52.

Le duc de Chaulnes, qui *va* ambassadeur *à* Rome, mène cinq carrosses.
La comtesse de la Roche, *Lettres ;* à Bussy, 8 avril 1673.
(Voyez *Correspondance de Bussy-Rabutin.*)

M. de Croissi *alla* ambassadeur en Angleterre, et M. du Hamel l'accompagna.
Fontenelle, *Éloge de du Hamel.*

Aller est souvent précédé du verbe *laisser*. Il signifie alors, Ne pas empêcher d'aller, ou, simplement, Ne plus retenir, lâcher.

Lais m'aler, u jo t'ocirai.

Les quatre Livres des Rois, I, XIX, 17.

Li tans fu biaus et clers et li vens bons et soués ; si *laissièrent* leurs voiles *aler* au vent.

VILLEHARDOUIN, *Conqueste de Constantinoble*, LXI.

Il fit tant que parmi les fentes des barrières il vint jusques au bras du dit messire Henri, qui ne vouloit mie son glaive *laisser aller* pour son honneur.

FROISSART, *Chroniques*, liv. I, Ire part., c. 86.

Il expira en un instant, sans *laisser aller* aucune parole de foiblesse ou de compassion.

PERROT D'ABLANCOURT, trad. de Tacite, *Annales*, liv. XV, 12.

Or il y avoit un jeune homme qui le suivoit couvert seulement d'un linceul, et comme on voulut se saisir de lui... il *laissa aller* son linceul, et s'enfuit tout nu des mains de ceux qui le tenoient.

LEMAITRE DE SACY, trad. du *Nouveau Testament*, saint Marc, c. 14.

Prenez garde, disoit Moïse, de ne point *laisser aller* vos yeux et vos pensées, en vous souillant dans les objets qui vous environnent.

BOSSUET, *Méditations sur les Évangiles*.

Elle *laisseroit* plutôt *aller* tout le dîner au feu que de tacher sa manchette.

J.-J. ROUSSEAU, *Émile*.

Prime, complies ont-ils *laissié aler*,
Ne lor sovint des matines chanter,
Fors de la guerre dont Hervis a parlé.

Hervie de Metz, ms. de l'Arsen., f° 43, col. 2. (Voyez *Histoire littéraire de la France*, t. XXII, p. 597.)

En pais les *ont laissiés* et venir et *aler*.

Chanson d'Antioche, VI, v. 1073.

Huguez de Vavenice *laist* son cheval *aler*.

Parise la duchesse, p. 149.

Laisse aller tes soupirs, laisse couler tes larmes.

P. CORNEILLE, *Héraclius*, III, 3.

Figurément, *Laisser tout aller*, Négliger entièrement ses affaires, ou la gestion, l'administration dont on est chargé.

J'étois peu soigneux, fort timide ; tout en grondant à part moi, je *laissois tout aller* comme il alloit.

J.-J. ROUSSEAU, *les Confessions*, liv. V.

Se laisser aller, Ne plus faire toute la résistance qu'on pourrait ou qu'on devrait faire.

On dit *Se laisser aller à*.

Se laisser aller à une chose, *à* une chose que l'on fait :

Nous ne sommes point d'avis *de nous y laisser aller*.

CARDINAL D'OSSAT, *Lettres*; liv. V, 22.

Que faites-vous donc, *à* quoi *vous laissez-vous aller?* Savez-vous bien que vous me louez comme si vous aviez à me plaire.

Mlle DE LESPINASSE, *Lettres*; LXVII.

A une chose à laquelle on cède :

Il (Auguste) se *laissa* doucement *aller aux* prières que le Sénat, qui sçavoit le fonds de ses pensées, luy fit de vouloir encor continuer sa charge les dix autres années que le peuple luy offrit.

COEFFETEAU, *Histoire romaine*, liv. I.

Ne *vous laissez pas aller à* ses discours, et n'y prêtez point l'oreille.

LEMAITRE DE SACY, trad. de l'*Ancien Testament*, Deutéronome, c. 13, v. 8.

Laissons-nous aller de bonne foi *aux* choses qui nous prennent par les entrailles.

MOLIÈRE, *la Critique de l'École des femmes*, sc. 6.

Il ne faut pas qu'elle *se laisse* trop *aller à* son chagrin.

BUSSY-RABUTIN, *Lettres*; à Mme de Sévigné, 7 avril 1675.

Se laisser aller à une personne, Lui céder :

Elle dit à M. de Bouillon : Je vous l'avois bien dit que *vous vous laissiez aller à* M. le Coadjuteur.

CARDINAL DE RETZ, *Mémoires*.

Se laisser aller à faire une chose :

Il (Auguste) les advertissoit (Tibère et le Sénat)... qu'ils ne *se laissassent* non plus *aller à* octroyer indifféremment les droits et les privilèges des citoyens Romains à toutes sortes de personnes.

COEFFETEAU, *Histoire romaine*, liv. I.

Elvire, qui aimoit véritablement dom Diègue, et qui ne *s'étoit laissée aller à* épouser dom Fernand que par la déférence qu'elle avoit aux volontés de son père, n'eut point de répugnance à ce que lui proposa Victoria.

SCARRON, *le Roman comique*, Ire part., c. 22.

Comme vous me le dites aussi, je *me laisse aller à* le croire.

Mme Du Deffand, *Lettres;* à l'abbé Barthélemy, 2 février 1774.

On dit aussi, absolument, *Se laisser aller* :

Aujourd'hui la complaisance, demain une occasion, une autre fois le penchant, *vous vous laisserez aller*.

Massillon, *Conférences*.

Je sens l'épuisement de ma machine, et il me semble que je n'ai qu'à *me laisser aller* pour mourir.

Mlle de Lespinasse, *Lettres*, XCVIII.

Je n'ai ni amour-propre, ni prétention avec vous; il m'est commode d'être bête, et je *me laisse aller*.

La même, même ouvrage, CXV.

Cet homme *se laisse aller*, se dit d'un homme facile et dont on fait tout ce qu'on veut.

Cela se dit aussi d'un homme qui se néglige, qui ne prend aucun soin de sa personne.

Laisser-aller s'emploie substantivement :

Montaigne aussi s'abandonnait... au cours naturel de ses pensées. Il faut, il est vrai, pour un tel *laisser-aller*, la supériorité la plus décidée.

Mme de Staël, *De l'Allemagne*, IIe part., c. 30, § 4.

Aller est souvent aussi précédé du verbe *faire*.

Faire aller s'emploie dans des sens très divers, au propre et au figuré, comme on peut le voir par les exemples suivants :

Si on dit que la rivière *fait aller* la roue (du moulin), c'est qu'on regarde par où la matière commence à s'ébranler, et par où le mouvement se communique.

Bossuet, *Traité du libre arbitre*, c. 9.

Comme mon intention principale est de vous faire observer, dans cette suite des temps, celle de la religion et celle des grands empires; après avoir *fait aller* ensemble, selon le cours des années, les faits qui regardent ces deux choses, je reprendrai en particulier... ceux qui nous font entendre la durée perpétuelle de la religion, et enfin ceux qui nous découvrent les causes des grands changements arrivés dans les empires.

Le même, *Discours sur l'histoire universelle*, Avant-propos.

Plus on entre dans les secrets de la nature, plus on la trouve pleine de proportions cachées qui *font* tout *aller* par ordre, et sont la marque certaine d'un ouvrage bien entendu et d'un artifice profond.

Bossuet, *De la connoissance de Dieu et de soi-même*, c. 4.

Sur ces 41,000 livres j'en prenais 36,000 pour *faire aller* la maison de Ferney.

Voltaire, *Lettres*.

Pour *faire aller* le peuple il faut être plus dur.

Boursault, *Ésope à la cour*, IV, 5.

Aller, à l'impératif, s'emploie comme une sorte d'interjection dans les souhaits, les exhortations, les encouragements, et parfois les menaces :

Allez, je veux m'employer pour vous.

Molière, *les Fourberies de Scapin*, I, 3.

Allons, que l'on détale de chez moi, maître juré filou, vrai gibier de potence!

Le même, *l'Avare*, I, 1.

Allons, je le veux, recommençons notre commerce, mon cousin.

Mme de Sévigné, *Lettres;* à Bussy-Rabutin, 19 mai 1677.

Il disait quelquefois au comte de Croisi : « Veni, maledicamus de rege : *Allons*, disons un peu de mal de Charles XII. » C'est ce que cet ambassadeur m'a raconté.

Voltaire, *Histoire de Charles XII*, liv. VIII.

Allons, ce n'est rien que cela, dit le chirurgien.

Marivaux, *la Vie de Marianne*, IIe part.

Va, je ne te hais point...

P. Corneille, *le Cid*, III, 4.

Allons, ferme, mon cœur! point de faiblesse humaine!

Molière, *Tartufe*, IV, 3.

... *Allons*, seigneur, enlevons Hermione.

Racine, *Andromaque*, III, 1.

Va, perds ces malheureux, leur dépouille est à toi.

Le même, *Esther*, II, 1.

C'est bien dit, *va*, tu sais tout ce qu'il faut savoir.

Boileau, *Satires*, VII.

A cette manière de parler se rapporte la locution *N'allez pas*, suivie d'un verbe à l'infinitif; elle sert à donner plus de force à un conseil, à une recommandation :

J'ai la plus grande impatience du monde de vous voir, n'*allez pas* croire que Paris ait aucune part à cela.

BUSSY-RABUTIN, *Lettres;* à Mme de Sévigné, 1669.

N'allez pas conter ma vie à M. le chevalier de Grignan; car ma vie offense tellement tous les goutteux, qu'il n'y a malheur qu'ils ne me souhaitent.

M. DE COULANGES, *Lettres;* à Mme de Simiane, 27 février 1696.

N'allez pas sur des vers sans fruit vous consumer.

BOILEAU, *Art poétique*, I.

ALLER, joint à la particule *y* et employé comme verbe impersonnel dans cette locution, *Il y va de,* sert à marquer de quoi il s'agit, de quelle importance est la chose dont on parle :

Un vieil gentilhomme l'avoit chargé d'une lettre pour lui, et il avoit promis de la lui donner en main propre, quoiqu'*il y allât de* la vie s'il étoit découvert.

SCARRON, *Roman comique*, I, 9.

Encore que je ne sois pas docteur, je vois bien qu'*il n'y va pas de* la foi.

PASCAL, *Provinciales.*

Pendant que notre ministre travailloit à ce glorieux ouvrage, où *il y alloit de* la royauté et du salut de l'État, il fut seul en butte aux factieux.

BOSSUET, *Oraison funèbre de Le Tellier.*

Y *va-t-il* de l'honneur? Y *va-t-il* de la vie?
— *Il y va de* bien plus...

CORNEILLE, *Polyeucte*, I, 2.

Non, vous demeurerez, *il y va de* ma vie.

MOLIÈRE, *Tartufe*, III, 7.

Si je le hais, Cléone! *Il y va de* ma gloire.

RACINE, *Andromaque*, II, 1.

Il y va de... est quelquefois complété par des propositions formées au moyen des prépositions *à* et *de*.

De la préposition *à :*

Il y va autant *de* ton honneur que *du* sien *à* le laisser dans cette erreur.

PERROT D'ABLANCOURT, trad. de *Minutius Félix.*

Il y alloit de la vie, non seulement *à* fuir, *à* quitter ses armes, mais encore *à* se remuer, pour ainsi dire, et *à* branler tant soit peu sans les ordres du général.

BOSSUET, *Discours sur l'histoire universelle*, III, 6.

De la préposition *de :*

Sous Décius et Dioclétien, *y alloit-il* moins que *de* la vie, non-seulement *de* convertir des payens, mais simplement d'être chrétien?

FLEURY, VIe *Discours sur l'histoire ecclésiastique.*

Lorsque, dans cette manière de parler, on se sert du temps *irait,* on supprime, pour l'euphonie, la particule *y;* on ne dit point *Il y irait de,* mais *Il irait de.*

En général, dans tous les sens du verbe ALLER, la particule *y* se supprime devant les temps *irais* et *irai.* On dit *J'irai* pour *j'y irai, il ira* pour *il y ira.*

ALLER s'emploie aussi comme impersonnel, étant précédé de la particule *en.*

Il en va ainsi, il en va autrement, etc., répondent à *il en est ainsi, il en est autrement,* etc., et servent à marquer l'état, la situation des choses, le tour qu'elles prennent :

Je ne sais de vérité comment *il en alla...*

FROISSART, *Chroniques*, liv. I, IIe part., c. 19.

Quant au langage de nostre France, *il en va* bien autrement.

H. ESTIENNE, *la Précellence du langage françois.*

Sans le désir que le Roy aura eu de luy complaire, *il en seroit allé* autrement.

CARDINAL D'OSSAT, *Lettres;* liv. IV, 156.

En ce temps-là *il n'en alloit pas* en France comme à présent.

HAMILTON, *Mémoires de Grammont.*

Il en va ainsi, de même, autrement, etc., *de, comme de :*

Il en va de même des vérités géométriques.

FONTENELLE, *Éloge de Varignon.*

Il en va, ce me semble, *des* églogues, *comme des* habits que l'on prend dans des ballets, pour représenter des paysans.

LE MÊME, *Discours sur la nature de l'Églogue.*

ALLER s'est employé de même sans l'addition de la particule *en :*

Finablement il (Jean de Mornay) fut pris, et dis hommes d'armes en sa compagnie; et soupèrent celle nuit dedans les logis des compagnons à Fonsome, à deux lieues de Saint-Quentin; et ils cuidoient au dîner souper à Saint-Quentin. *Ainsi va des* aventures.

FROISSART, *Chroniques*, II, 66.

On a dit absolument, *Ainsi va :*

Puisqu'*ainsi va*, monte tout doucement dans ma chambre, et m'apporte ma pertuisane.

La précaution inutile. (Voyez GHERARDI, *Théâtre italien*, t. I, p. 469.)

On a même dit *Va,* comme on dit *Soit,* en Signe de contentement :

C'est à condition que Lucindre viendra
Voir avec moi la comédie.
— *Va.*

BOISSY, *les Talents à la mode.*

ALLER, joint avec le pronom personnel et la particule *en,* signifie Partir, sortir d'un lieu.

On a dit absolument, *S'en aller :*

Notre bonne et commode compagnie *s'en est allée.*

Mme DE SÉVIGNÉ, *Lettres;* 14 décembre 1689.

En voilà assez, il faut que je *m'en aille.*

FÉNELON, *Dialogues sur l'Éloquence*, II.

Alez-vos-en, vuidez-moi cest païs.

Garin le Loherain, t. I. p. 210.

Quel charme a-t-elle qui t'attire?
Qu'ai-je qui *te* fait *en aller?*

QUINAULT, *Cadmus*, I.

S'en aller se construit aussi avec diverses prépositions :

Avec la préposition *à :*

Je m'*en vais* présentement *aux* rochers.

Mme DE SÉVIGNÉ, *Lettres;* 25 mai 1680.

Tot droit *à* Vauvenice s'an veut li rois *aler.*

Parise la duchesse, p. 214.

Avec la préposition *en :*

Æschylus, à ce que l'on dit, fut si dolent et si marry, qu'il ne demoura guères depuis à Athènes, ains *s'en alla* par despit *en* Sicile, là où il mourut.

AMYOT, *Vie de Cimon.*

Avec les propositions *par, parmi :*

Parmi le bois *s'en va* tout seul sans compaignie.

Roman de Berte, p. 147.

On dit encore, *S'en aller ensemble :*

Je ne sais ce que c'est, monsieur, mais il me semble
Qu'Agnès et le corps mort *s'en sont allés ensemble.*

MOLIÈRE, *l'École des femmes*, V, 5.

S'en aller se dit de même, au sujet des personnes, en parlant du déclin de la vie, des approches de la mort, de la mort elle-même.

Ma tante est bien plus mal que jamais, elle *s'en va* tous les jours.

Mme DE SÉVIGNÉ, *Lettres;* 20 mai 1672.

M. de la Vallière est mort; on lui a fait plusieurs opérations, et enfin *il s'en est allé.*

LA MÊME, *Lettres;* 16 octobre 1676.

Je ne suis plus de ce monde, je *m'en vas* ou je *m'en vais*

VOLTAIRE, *Lettres;* à d'Alembert.

S'en aller s'emploie aussi en parlant des choses de toutes sortes, pour faire entendre qu'elles passent, qu'elles s'usent, qu'elles se dissipent, etc.

Le vent a soufflé, et la paille *s'en est allée.*

BOSSUET, *Sermons*, 4e dimanche après la Pentecôte.

Le temps *s'en va*, le temps *s'en va*, madame,
Las! le temps non, mais *nous nous en allons.*

RONSARD, *Sonnet.*

S'en aller a quelquefois un complément formé de la préposition *en* et de son régime: *S'en aller en* fumée, *en* ruine.

Au bout de huict jours, tous les fruits esperez d'une si grande et signalée victoire, *s'en allérent en* vent et *en* fumée.

SULLY, *Œconomies royales*, c. 24.

Ce logis... *s'en alloit* tout *en* ruine, et personne n'y osoit entrer.

PERROT D'ABLANCOURT, trad. de Lucien, *le Menteur.*

Si nous pouvions *nous en aller en* fumée, ce genre de

distraction ne me déplairoit pas, mais je n'aime pas l'enterrement.

Mme DU DEFFAND, *Lettres;* à la duchesse de Choiseul, 19 janvier 1774.

Dans ces diverses acceptions, *S'en aller,* comme *aller,* peut être joint à un infinitif, à un participe présent, à un participe passé, à un adjectif :

Puisqu'il savoit qu'il *s'en alloit* rendre l'âme : quel salut eust-il attendu, s'il n'eust veu en la mort un commencement de nouvelle vie?

CALVIN, *Institution chrestienne,* liv. II, c. 10, § 14.

La pièce *s'en alloit* être conduite à bonne fin, quand le diable qui ne dort jamais s'en mêla.

SCARRON, *Roman comique,* I, 2.

Avec la liberté Rome *s'en va* renaître.

P. CORNEILLE, *Cinna,* I, 2.

Et lui, désespéré, *s'en alla* dans l'armée
Chercher d'un beau trépas l'illustre renommée.

LE MÊME, *Polyeucte,* I, 3.

D'autre côté l'enfant *s'en va* mourir.

LA FONTAINE, *Contes,* le Faucon.

M'en irai-je moi seul, rebut de la fortune,
Essuyer l'inconstance au Parthe si commune?

J. RACINE, *Mithridate,* III, 1.

Et ce triomphe heureux qui *s'en va* devenir
L'éternel entretien des siècles à venir.

RACINE, *Iphigénie en Aulide,* I, 5.

A un participe présent :

Un de ces jours derniers, par des lieux destournés
Je *m'en allois* resvant, le manteau sur le nez.

RÉGNIER, *Satires,* X.

A un participe passé ; autrefois cette manière de s'exprimer a été fort en usage, pour faire entendre qu'une personne était sur le point de se trouver en telle ou telle situation, une chose d'avoir lieu ou de ne pas avoir lieu :

Peu après on m'advertist que la ville d'Agen estoit entrée en peur, et que tout le monde commençoit à plier bagage, et que la ville *s'en alloit* abandonnée.

MONTLUC, *Commentaires,* liv. VII.

Ceux de la religion *s'en alloient* réduits en beaucoup pire condition qu'ils n'estoient du temps des plus furieuses guerres de la ligue.

SULLY, *Œconomies royales,* c. 54.

Encor que l'année *s'en allast* presque achevée, ils (Auguste et Antoine) cassèrent les consuls et les préteurs.

COEFFETEAU, *Histoire romaine,* liv. I.

Bussy, nostre printemps *s'en va* presque expiré,
Il est temps de jouir du repos asseuré
Où l'âge nous convie.

RACAN, *Ode,* à M. le comte de Bussy de Bourgogne.

La conjuration *s'en alloit* dissipée,
Vos desseins avortés, votre haine trompée.

P. CORNEILLE, *Cinna,* III, 4.

On a dit familièrement : Cette chose *s'en va faite,* Est sur le point d'être achevée ; la messe *s'en va dite,* le carême *s'en va fini,* etc.

On a même joint *s'en aller* à un adjectif :

Il demandoit deux fois autant à un prodigue, et qui *s'en alloit* pauvre, qu'à un bon mesnager et riche.

BOUCHET, *Serées,* III, 30.

On l'a construit avec des expressions telles que *Au-dessus de,* dans le passage suivant :

Voyant que le Roy *s'en alloit au-dessus de* ses affaires et qu'il rangeoit ses ennemis à la raison.

BONAVENTURE, DES PERIERS, *les Contes ou Nouvelles,* LIII, Du Clerc des finances qui laissa cheoir deux detz de son escritoire devant le roy.

S'en aller est employé d'une manière impersonnelle dans ces manières de parler : *Il s'en va onze heures, il s'en va midi,* Il est bien près de onze heures, de midi.

On a dit, par le même tour : *Il s'en va temps de... Il s'en va temps que,* Il est bientôt temps de ou que...

Il me dit qu'il *s'en alloit temps* de souper et *de* m'aller reposer.

SULLY, *Œconomies royales,* c. 18.

Mon âme, il *s'en va temps de* penser à la mort.

RACAN, *Psaumes,* 145.

Il s'en va temps que je reprenne
Un peu de forces et d'haleine.
La Fontaine, *Fables*, VI, Épilogue.

Dans les anciens temps de la langue, au lieu de *S'en aller*, on a dit *En aller*.

Le matin *en alad* vers le rei.
Livres des Rois, I, xv, 12.

A icele parole *an est* li rois *alés*.
Gui de Bourgogne, v. 4128.

Ou, plus simplement encore, *Aller*.

Chascun jor est baignie et estifiée ;
Mais ne li vaut, sa biauté *est allée*.
Auberi, ms., 7227 ², f° 105. (Voyez *Histoire littéraire de la France*, t. XXII, p. 330.)

Qui il ataint a coup tost *est* sa vie *alée*.
Doon de Maience, v. 8536.

Les roses overtes et lées
Sunt en ung jor toutes *alées*.
Roman de la Rose, v. 1653.

Mon tens jolis *est* tous *alez*,
Et li vostres est à venir.
Même ouvrage, v. 12946.

Le pronom personnel est de même supprimé par ellipse dans la locution usuelle, *Faire en aller*, Faire que quelqu'un ou quelque chose s'en aille.

Car maintes fois cis qui préesche,
Quant briefment ne se despéesche
En fait les auditeurs *aler*,
Par trop prolixement parler.
Roman de la Rose, v. 19672.

Aller est quelquefois employé comme verbe actif: *Aller son chemin, son train, le pas, l'amble*, etc.

Messeigneurs, nous ne pouvons nullement passer *le chemin que nous allons* sans nous mettre en grand danger et péril de ceux de Lille.
Froissart, *Chroniques*, liv. I, Ire part., c. 108.

Ils ne pouvoient mie *aller le droit chemin* qu'ils ne fussent vus ou aperçus.
Le même, même ouvrage, liv. I, IIe part., c. 348.

Après icellui duc Loys defendi de par le Roy à tous ceulx qui là estoient, que nul ne mist la main à la litière, ne baillast empeschement audit duc d'Aquistaine qu'il *n'alast son chemin* où ordonné lui estoit.
Monstrelet, *Chronique*, I, 25.

L'âne *alloit son pas* doucement.
Trad. de *Phèdre* (fabl. I, 15), par MM. de Port-Royal.

Vous, de votre côté, et moi du mien, avec des pensées différentes, nous *allons le même chemin*.
Mme de Sévigné, *Lettres*; à Bussy, 24 janvier 1675.

Allez seulement *votre train* et ne discontinuez aucun de vos exercices ordinaires.
Bossuet, *Lettre*; à la sœur Cornuau, 31 octobre 1695.

A la fin il (le cheval) est dompté ; il ne fait que ce qu'on lui demande ; il sait *aller le pas*, il sait courir.
Le même, *Méditations sur l'Évangile*. La Cène.

Vos folies et vos caprices, qui vous mettent au-dessous de la taupe et de la tortue, qui *vont* sagement *leur petit train*, et suivent sans varier l'instinct de leur nature.
La Bruyère, *Caractères*, c. 12.

Il faut que les affaires aillent et qu'elles *aillent un certain mouvement* qui ne soit ni trop lent ni trop vite ; mais le peuple a toujours trop d'action ou trop peu.
Montesquieu, *Esprit des lois*, II, 2.

Les connoisseurs assurent que les chevaux qui naturellement *vont l'amble*, ne trottent jamais, et qu'ils sont beaucoup plus foibles que les autres.
Buffon, *Histoire naturelle*, le Cheval.

Les libelles pouvoient *aller leur train* sans m'émouvoir.
J.-J. Rousseau, *Lettres*; à David Hume, 1766.

Le grant pas et le trot comença à *aler*.
Chanson d'Antioche, VI, v. 233.

Et quant ils *ont grant voie alée*.
Fabliaux et Contes anciens, Méon, t. III, p. 412.

... Nos ans s'en vont au galop,
Jamais à petites journées.
Hélas! les belles destinées
Ne devroient *aller* que *le pas*.
La Fontaine, *à M. le Surintendant*, Épitre.

Aller, avec les diverses constructions dont il vient d'être question, est d'usage dans certaines manières de parler particulières.

On s'en sert, par une sorte d'euphémisme, quand il s'agit de la satisfaction de certains besoins, de l'effet de certains remèdes. On dit : *Aller à la garde-robe, faire aller, aller par haut et par bas, laisser tout aller sous soi,* etc.

Elle se trouva devers le dit médecin auquel... conta tout au long la façon et manière de sa maladie, comme de son dormir, d'*aler à chambre*, de boire et de manger.
Les Cent Nouvelles nouvelles, XXI.

Une bonne médecine composée pour hâter d'*aller*, et chasser les mauvaises humeurs de monsieur, trois livres.
Molière, *le Malade imaginaire*, I, 1.

Ce qu'on appelle un fâcheux est celui... qui choisit le temps du repas... pour dire qu'ayant pris médecine depuis deux jours, il est *allé par haut et par bas*.
La Bruyère, *Caractères de Théophraste*, D'un homme incommode.

On se sert d'Aller, à quelques jeux de cartes, en parlant de ce que l'on hasarde au jeu. On dit : *De combien allez-vous? J'y vais de tout. Il y va de son reste. Va mon reste. Va tout,* etc.

S'en aller, au jeu de trictac, c'est Annoncer que le coup est fini, et qu'on va en commencer un autre.

Aller s'emploie aussi, en termes de marine, dans des locutions telles que : *Aller à voile et à rame; aller à toutes voiles; aller contre vent et marée,* etc. Quelquefois on se sert de ces expressions d'une façon métaphorique.

Aller entre dans beaucoup de phrases proverbiales et familières, dont plusieurs ont été déjà rappelées.

C'est un las d'aller, en parlant d'un homme mou, paresseux et lâche.

Là feurent reconfortez de leur malheur (les pelerins) par les bonnes paroles d'un de leur compaignie nommé *Las d'aller*.
Rabelais, *Gargantua*, I, 38.

Aller son chemin, Poursuivre son entreprise, ne se pas détourner de la conduite qu'on a commencé à tenir. *Aller son petit bonhomme de chemin,* Faire ses affaires tout doucement et sans éclat. *Aller son grand chemin,* N'entendre point de finesse à ce qu'on fait, à ce qu'on dit. *Aller le droit chemin,* Procéder avec sincérité, sans nulle tromperie.

Il ne faut pas aller par quatre chemins, Il faut s'expliquer franchement, il ne faut pas chercher tant de détours.

Aller vite en besogne, Agir avec précipitation.

Aller aux nues, Avoir un succès éclatant.

A force de mal aller, tout ira bien, Il faut espérer qu'après beaucoup de malheurs et de disgrâces, il arrivera quelque changement heureux.

Tant va la cruche à l'eau qu'enfin elle se casse, Une action hasardeuse, souvent répétée, finit par devenir funeste.

Les premiers vont devant, Les plus diligents ont toujours de l'avantage.

Il va comme on le mène, Il n'est pas capable de prendre une résolution de lui-même.

Il s'en est allé comme il est venu, Il n'a rien fait de ce qu'il voulait ou devait faire.

Jean *s'en alla comme il étoit venu.*
La Fontaine, *Épitaphe d'un paresseux*.

Cela va tout seul, La chose est aisée, elle n'offre point, elle ne souffre point de difficulté.

Cela va comme il plaît à Dieu, C'est une affaire négligée, mal menée, dont on ne prend aucun soin. *Tout va à la débandade,* Tout va en désordre.

Cela va sans dire, C'est une chose tellement certaine, ou tellement claire, qu'il est inutile d'en parler, de l'expliquer.

Tout s'en est allé en fumée, On n'a pas réussi.

Tout y va, la paille et le blé, On n'y a rien épargné.

N'y pas aller de main morte, Frapper rudement, mettre de la rudesse, de la violence dans une discussion.

Y aller rondement, y aller de franc jeu, Parler, agir sans détour, franchement, loyalement.

Aller est quelquefois employé comme substantif;

Dans un sens physique :

Ensi fu respoitiez *li allers* d'Andrenople à cèle foiz.
Villehardouin, *Conqueste de Constantinoble*.

La demoiselle... se partit du champ à son honneur; si fut accompagnée à son retour mieux qu'elle ne fut à l'*aller*.
Le livre du chevaleureux comte d'Artois, p. 77.

Li fier des armes grant tintin
Rent et grant son, et li destrier
Al *aler* font si grant perrier
Que merveilles...
Renart le nouvel, v. 2228.

Hélas! où est ce doux parler,
Ce voir, cet ouyr, cet *aller*,
Ce ris qui me faisoit apprendre
Que c'est qu'aimer...
RONSARD, *Amours*, II, IIe part., Stances.

A l'*aller*, au parler, au flamber de tes yeux,
Je sens bien, je voy bien, que tu es immortelle.
LE MÊME, *Sonnets pour Hélène*, II.

Tousjours au cœur Francus lui revenoit...
Ses doux regards, sa taille et son *aller*.
LE MÊME, *la Franciade*, III.

Dans un sens moral :

L'*aller* légitime (des États) est un *aller* froid, poisant et contraint, et n'est pas pour tenir bon à un *aller* licentieux et effrené.
MONTAIGNE, *Essais*, I, 22.

Aux amitiez communes je suis aucunement stérile et froid, car mon *aller* n'est pas naturel, s'il n'est à pleines voiles.
LE MÊME, même ouvrage, III, 3.

L'opposition remarquée plus haut, dans de nombreux passages, d'*aller* et de *venir*, d'*aller* et de *revenir* ou de *retourner*, se retrouve dans d'autres passages, entre *aller* pris substantivement et *venir* employé de même, ou le substantif *retour*.

Tuit cil qui sunt el marcié, ou en alant ou venant du marcié,... doivent avoir sauf *aler* et sauf *venir*.
BEAUMANOIR, *Coutumes de Beauvoisis*, c. 30, 16.

Et donnoit à tous chevaliers et écuyers, de quel pays qu'ils fussent, sauf *aller* et sauf *venir*.
FROISSART, *Chroniques*, liv. I, Ire part., c. 191.

L'*aller* ne me coûte rien, il n'y a que le *retour*.
FURETIÈRE, *Dictionnaire*.

Il revient sur ses pas, retourne, revient encore, et lorsqu'il a confondu, par ses mouvements opposés, la direction de l'*aller* avec celle du *retour*, lorsqu'il a mêlé les émanations présentes avec les émanations passées, il se sépare de la terre par un bond.
BUFFON, *Histoire naturelle*, le Chevreuil.

Icis *venirs*, icis *alers*,
Icis veilliers, içis parlers.
Roman de la Rose, v. 2555.

De là ce proverbe : *Cet homme a eu l'aller pour le venir*, Il n'a rien fait de ce qu'il prétendait faire, il a fait un voyage inutile.

D'ALLER, pris substantivement, s'était formée la locution *Au long aller*, autrefois fort en usage au sens rendu depuis par A la longue :

Les bourgeois de la ville, qui doutèrent le leur à perdre, leurs femmes et leurs enfants, regardèrent que, *au long aller*, ils ne se pourroient tenir.
FROISSART, *Chroniques*, liv. I, Ire part., c. 2241.

Mais en les maniant et repassant (certaines idées fâcheuses), *au long aller*, on les apprivoise sans doute.
MONTAIGNE, *Essais*, I, 19.

Les choses étant *au long aller* réduites sous la puissance de Charles VII.
EST. PASQUIER, *Recherches de la France*, II, 4.

Salemon dist que de .XX. femmes une qui seroit yvrogne ne pourroit mie estre preude femme *au long aler*.
Le livre du chevalier de la Tour Landry, c. 329.

Nous ne savons quel pays est Poictiers,
Tant il est loin de nous et nos cartiers,
Fors qu'on nous dit que bien grande est la ville,
Mal populée, et en plusieurs pars vile,
Et que le peuple est lourd en son parler,
Et toutes fois béning *au long aller*.
JEAN BOUCHET, *Épîtres*, LXXV.

De là ce proverbe : *Au long aller petit fardeau pèse*, Il n'y a point de charge si légère qui ne devienne pénible à la longue.

D'ALLER, pris substantivement, s'est formé le substantif PIS-ALLER.

On voit bien des changements, mais quand il n'en arriveroit point en notre faveur, le *pis-aller*, c'est qu'on vit.
BUSSY-RABUTIN, *Lettres*; à Mme de Fiesque, 25 juin 1667.

J'envisageois ce seigneur comme mon *pis-aller* et je résolus, avant d'avoir recours à lui, de dépenser une partie de mon argent à voyager dans le royaume de Murcie.

LE SAGE, *Gil Blas*.

Pour être un *pis-aller* je ne fus jamais faite.

DESTOUCHES, *le Philosophe marié*, IV, 8.

De là aussi la locution *Au pis-aller* :

Il se faut servir et prévaloir du monde tel qu'on le trouve; cependant le considérer comme chose estrangère de soy, scavoir bien de soy joüyr à part, et le communiquer à un sien bien confidant, *au pis-aller* à soy mesme.

CHARRON, *De la Sagesse*, II, II, 13.

Je vous assure que, malgré tous les obstacles, je retournerai à la Cour. Ce n'est pas qu'*au pis-aller* je m'en souciasse beaucoup.

BUSSY-RABUTIN, *Lettres;* 28 mai 1675,

Je passerai la première et amuserai les deux jeunes faunes qui ne manqueront pas de me poursuivre, sans autre dessein que de folâtrer; car ils me connoissent et savent que j'appartiens à Vénus. *Au pis-aller*, j'en serai quitte pour deux baisers : vous passerez cependant.

LA FONTAINE, *Psyché*.

Au pis-aller, je ne saurois sentir
En l'essayant que honte et repentir.

RONSARD, *la Franciade*, III.

On a fait autrefois, par un procédé de composition alors fort usité, du simple ALLER le verbe composé :

R'ALLER, Aller de nouveau.

Ensi pristrent congié por *r'aler* en lor païs.

VILLEHARDOUIN, *Conqueste de Constantinoble*.

La roine i *reva* courant.

Flor et Blanceflor, v. 699.

On a dit *S'en r'aller*, S'en aller de nouveau, S'en retourner.

Vostre terme est près, que *vos vos en* devez *r'aler*.

VILLEHARDOUIN, *Conquesté de Constantinoble*.

Ensi s'en parti l'emperéres Alexis d'els, et *s'en r'alla* en Constantinoble ariérs.

LE MÊME, même ouvrage.

Si *s'en r'allèrent* les dits trois seigneurs.

MONSTRELET, *Chronique*, 1440.

R'aluns nus en, si feruns bien.

MARIE DE FRANCE, *Fables*, XXX, 300.

Et quant les avoit consillies
Si *s'en r'aloit* chascuns toz lies.

Roman de Mahomet, p. 8.

Il y a des exemples d'autres composés d'ALLER :

MESALER, Aller mal, S'égarer.

TRESALER, S'en aller, Passer.

PARALER, Parvenir.

PORALER, Parcourir; *Se poraler*, Se donner beaucoup de peine.

S'ENTRALER, Aller ensemble.

(Voyez BURGUY, *Grammaire de la langue d'oïl*, t. I, p. 289, 290; t. III, p. 10.)

ALLÉ, ÉE, participe.

ALLANT, ANTE, adj.

Qui aime à aller, à marcher, à courir; alerte, actif.

Elle (la maréchale de Noailles) vit encore pleine de sens... fort riche et fort donnante, dévote tant qu'elle peut, toujours *allante*, et faisant les délices de ses amis.

SAINT-SIMON, *Mémoires*, 1708.

C'est à celui qui est le plus agissant, le plus *allant*, qui voit le plus d'objet; c'est à celui qui a le plus de force, et qui l'exerce davantage, à juger des rapports des êtres sensibles et des loix de la nature.

J.-J. ROUSSEAU, *Émile*.

Après le dîner, elle voulut se promener; elle savoit que le marquis n'étoit pas *allant* : c'étoit le moyen de se ménager un tête-à-tête dont elle avoit bien résolu de tirer parti.

LE MÊME, *les Confessions*, liv. VI.

Comme on dit : *Aller et venir*, on a dit : *Allant et venant*.

La bonne Troche... est toujours la bonté même, et *allante* et *venante* : on dit qu'elle est la femelle de Hacqueville.

Mme DE SÉVIGNÉ, *Lettres;* 22 avril 1676.

Allants et venants, pris substantivement, est une locution de fort ancien et fort commun usage.

As *alanz et venanz* parole de salu mûstrat.

Les quatre livres des Rois, I, I, 9.

Lequel estoit un petit homme trop grand seigneur pour luy, et tenoit grand train d'*allants et venants* et de valets.

BONAVENTURE DESPÉRIERS, *Nouvelles*, XX.

On a dit : *Un allant, une allante.*

Allant, allante, subst. Qui s'intrigue fort, qui se fourre partout. C'est *un allant, une allante.*

Dictionnaire de l'Académie, 1694 et 1740.

ALLÉE, s. f.

On a dit, dans des sens analogues à ceux d'*Allée :* ALEMENT, ALEOR, ALEOIR, ALOIR. (Voyez le *Glossaire* de SAINTE-PALAYE et la *Grammaire de la langue d'oïl* de BURGUY, t. III, p. 10.)

ALLÉE s'est employé autrefois pour Action d'aller, voyage, départ, etc.

Se mistrent au chemin par devers le chastel, où il y avoit grant *allée* de dames et de chevaliers.

Perceforest, vol. VI. f° 41, v°, col. 1. (Cité par Sainte-Palaye.)

Et entre aultres choses, fort luy reprochoit qu'il avoit par malice conclut ceste faincte *alée* pour l'esprouver.

Les Cent Nouvelles nouvelles, I.

Toutes fois le cœur faillit audict général, voyant que tout homme saige et raisonnable blasmoit l'*allée* de par delà par plusieurs raisons.

COMMINES, *Mémoires*, VII, 5.

Je me remettrois sur la suffisance de ce porteur, si ce n'estoit la peur que j'ay que l'aise qu'il aura de vous voir le mettra hors de son rôle ; car je ne vis jamais homme tant presser et advancer son *allée*.

LA REINE DE NAVARRE, *Lettres ;* à François Ier, 7 juillet 1525.

Avant les trois sepmaines qu'il devoit estre de retour, fut si amoureuse du Roy, qu'elle estoit aussi ennuyée du retour de son mary, qu'elle avoit esté de son *allée.*

LA MÊME, *Heptameron*, 3e nouvelle.

Je voy bien, seigneurs, que vous estes assemblez icy pour la sortie des Allemands, et que vous estes entrés en crainte et en soupçon que pour leur départ la cité se perde... Or, seigneurs, si vous vous esbahissez à présent pour leur *allée*, on diroit que votre hardiesse ni la nôtre ne dépendoit que de la leur.

MONTLUC, *Commentaires*, liv. III.

Dieu, tout au long de ton *allée* entière,
Soit en ta voyè, et dedans ta litière,
Voyre en ton cueur, à celle fin (Madame)
Que tout d'un train te garde corps et âme.

CL. MAROT, *Épîtres*, I, 25.

On disait : *Bien-allée*, comme on dit Bienvenue : *Payer la bien-allée*.

A un souper, où il (le comte de Foix) paya sa *bien-allée* à tous chevaliers françois qui là voulurent estre.

FROISSART, *Chroniques*, vol. III, p. 46. (Cité par Sainte-Palaye.)

Payer *la bien-allée* (Cœnam profectitiam dare.)

ROB. ESTIENNE, *Dictionnaire françois-latin.*

... L'appelans Monsieur plus menu que sel, faisans semblant payer leur despense et *bien-allée*.

DUFAIL, *Contes d'Eutrapel*, II. Desbats et accords entre plusieurs honnestes gens.

ALLÉE a été quelquefois opposé à *Venue*, comme *Aller*, on l'a vu plus haut, à *Venir*.

Vous prie... que vous aïez continuellement l'œil.... pour la conservacion de mon païs de Provence, en sorte que durant ces *allées et venues* des dits Barberousse et autres, il n'y puisse parvenir aucune surprinse.

FRANÇOIS Ier, à Dupuy Saint-Martin, juillet 1530. (Voyez *Négociations de la France dans le Levant*, t. I, p. CXXXIII.)

Le séjour dudit sieur Cardinal en ceste coste là, et les *allées et venues* de plusieurs galéres sous son occasion, sont suspectes à plusieurs.

CARDINAL D'OSSAT, *Lettres*, liv. I, 27.

M. Purgon m'a dit de me promener le matin dans ma chambre douze *allées* et douze *venues ;* mais j'ai oublié de lui demander si c'est en long ou en large.

MOLIÈRE, *le Malade imaginaire*, II, 2.

C'est une terrible affaire que de faire huit cents lieues d'*allée et de venue*, à mon âge, avec les maladies dont je suis lutiné sans relâche.

VOLTAIRE, *Lettres ;* 19 mai 1750.

Presque toutes les scènes ne sont que des *allées et venues* sans motif et sans objet.

LA HARPE, *Cours de littérature.*

Allées et venues est pris figurément dans le passage suivant :

Ses regards, par leurs *allées et venues*, me parlèrent si

souvent, qu'enfin je recognus qu'il avoit envie de m'en dire davantage.

D'Urfé, *l'Astrée*, Ire part., liv. IV.

Allées et venues est depuis longtemps fort usité dans le sens de Démarches.

Il y eut plusieurs *allées et venues* par gens qui se mesloient de faire la paix, de façon qu'enfin se traicta quelque appoinctement.

Le Loyal Serviteur, c. 11.

Qu'ont donc servy tant de voyages d'*allées et* de *venues*, qu'avez faict faire à M. de Villeroy, et à d'autres, sous prétexte de parler d'accord?

Satyre Ménippée. Épître du sieur d'Engoulevent à un sien amy.

Il ne sert à rien que je vous aille racontant les *allées et venues* de ceste femme.

D'Urfé, *l'Astrée*, IIe part., liv. IV.

Les deux armées commencèrent à parler de la réconciliation de leurs chefs, qui après quelques *allées et venues* en passèrent par où voulurent leurs communs amis.

Coeffeteau, *Histoire romaine*, liv. I.

Il perdit en paroles le temps qu'il faloit employer aux effets, jusqu'à ce que, par diverses *allées et venues*, il eust conclu son accord.

Perrot d'Ablancourt, trad. de Tacite, *Histoires*, III, 2.

On négocia sur l'heure même; le roi d'Angleterre qui, sur l'assurance d'une bataille, avoit joint M. de Turenne, fit lui-même des *allées et venues*.

Cardinal de Retz, *Mémoires*, IV, 21.

Chamarande fait encore des *allées et* des *venues*; mais ce n'est que pour consoler la désespérée. On dit qu'on lui offre quatre cent mille francs, qu'elle refuse.

Mme de Scudéry, *Lettres*; à Bussy, 16 juin 1677. (Voyez *Correspondance de Bussy-Rabutin*.)

C'est un homme né pour des *allées et venues*, pour écouter des propositions et les rapporter.

La Bruyère, *Caractères*, c. 2.

Son procureur étoit là... je l'ai prié de chercher un biais pour accommoder cette affaire... Il a été lui proposer; il est venu me parler; il est retourné à elle; il est revenu à moi; enfin, après bien des *allées et venues*, on est tombé d'accord.

Dancourt, *les Fonds perdus*, II, 5.

Il y avoit de petites *allées et venues* dont on tâchoit de lui faire mystère, et dont elle ignoroit absolument le motif.

J.-J. Rousseau, *les Confessions*, II, 9.

Allée, dans un autre ordre d'acceptions, en parlant de la disposition des lieux, s'est dit d'Une galerie, d'un corridor.

Alées de fust, signifie Galerie de bois, dans le passage suivant :

Li empereres issi de l'eglise pour aler ou palais par unes *alées de fust* où il li convenoit passer. Si estoient viez et porries de l'umor de l'iaue qui sus chaoit. Quant li empereres fust desus et grant torbe de ses princes et de sa gent, ces *alées* fondirent tout à un fais... ovec lui chairent à terre plus de XX que contes, que barons.

(Voir *Recueil des historiens de France*, t. VI, p. 141.)

Deçà et delà de l'*alée* du pavillon où nous estions, allant à la porte, de la porte au pavillon du grand seigneur, avoit un grand nombre de Turcz tout de ranc que l'ung ne passoit l'aultre.

Journal de la croisière du baron de Saint-Blancard, 1537. (Voyez *Négociations de la France dans le Levant*, t. I, p. 348.)

En termes de fortifications, on a désigné par *Allée* certains passages désignés depuis par le mot Chemin : Un chemin couvert, un chemin de ronde, etc.

Estoit sur l'*allée* des murs, et n'attendoit autre chose que il ouist des nouvelles. Il regarde tout bas et voit... ombre d'hommes qui alloient sur les fossés.

Froissart, *Chroniques*, vol. III, p. 284. (Cité par Sainte-Palaye.)

Les contrescarpes servent... et en doit estre l'*allée* couverte assez large. Autre *allée* aussi me semble estre utile, laquelle seroit derrière et au-devant de la première, ayant six pieds de largeur et de hauteur.

De La Noue, *Discours politiques et militaires*, p. 405. (Cité par Sainte-Palaye.)

La muraille estoit sans gallerie et sans *allée*, et n'y pouvoit arrester le guet de la ville.

Olivier de la Marche, *Mémoires*, liv. I. p. 226. (Cité par Sainte-Palaye.)

Allée, dans l'usage ordinaire, se dit d'un passage entre deux murs, qui conduit de l'entrée d'une maison dans l'intérieur.

Ces deux hommes levèrent une grande trappe couverte de terre et de broussailles, qui cachoit l'entrée d'une longue *allée* et pente souterraine.

LE SAGE, *Gil Blas.*

Par hasard, hier, avec notre voisine, nous parlions d'un enfant trouvé qu'on avoit pris dans une *allée.*

MARIVAUX, *la Vie de Marianne,* IIe partie.

ALLÉE se dit enfin d'un lieu propre à se promener, qui s'étend en longueur et qui est bordé d'arbres ou de verdure.

Allez-vous-en dedans mon jardin, et m'attendez en un cabinet qui est au bout de l'*allée.*

LA REINE DE NAVARRE, *Heptaméron,* XXVI.

De l'Académie qui paravant estoit séche et nüe, il en fict un plaisant verger... et y feit dresser de belles *allées* couvertes pour se promener.

AMYOT, trad. de Plutarque, *Vie de Cimon.*

La pluspart des grans jardins d'Italie nourrissent l'herbe aus maistresses *allées* et la fauchent.

MONTAIGNE, *Voyages.*

Lorsque nous regardons une longue *allée,* quoique tous les arbres décroissent à nos yeux à mesure qu'ils s'en éloignent, nous les jugeons tous égaux.

BOSSUET, *De la Connoissance de Dieu et de soi-même,* c. 1, art. 8.

Qu'il marchât avec une armée parmi les périls, ou qu'il conduisît ses amis dans ces superbes *allées* au bruit de tant de jets d'eau qui ne se taisoient ni jour ni nuit (à Chantilly), c'étoit toujours le même homme, et sa gloire le suivoit partout.

LE MÊME, *Oraison funèbre du prince de Condé.*

Plus content de lui-même, et peut-être plus grand aux yeux de Dieu, lorsque dans le fond d'une sombre *allée,* et sur un tribunal de gazon, il avoit assuré le repos d'une famille, que lorsqu'il décidoit des fortunes les plus éclatantes sur le premier trône de la justice.

FLÉCHIER, *Oraison funèbre de M. de Lamoignon.*

Je me suis mise à vous écrire au bout de cette petite *allée* sombre que vous aimez.

Mme DE SÉVIGNÉ, *Lettres;* à Mme de Grignan, 1671.

Il (Louis XIV) fit après entrer d'Antin chez madame de Maintenon avec lui, qui lui montra le plan de tout Petit-Bourg. Tout en fut approuvé, excepté une *allée* de marronniers qui faisoit merveilles au jardin et à tout le reste, mais qui ôtoit la vue de la chambre du Roi. D'Antin ne dit mot, mais le lendemain matin le Roi, à son réveil... trouva la plus belle vue du monde, et non plus d'*allée* ni de traces que s'il n'y en eût jamais eu.

SAINT-SIMON, *Mémoires,* 1707.

C'est lui (le Père Sébastien) qui a inventé la machine à transporter de gros arbres tout entiers sans les endommager; de sorte que du jour au lendemain, Marly changeoit de face et étoit orné de longues *allées* arrivées de la veille.

FONTENELLE, *Éloge du Père Sébastien.*

As-tu bêché ce grand carré du jardin où je veux planter des choux? As-tu arrosé mes laitues? As-tu nettoyé les *allées* du parterre?

DESTOUCHES, *la Fausse Agnès,* I.

Quand il fut auprès de l'église, dans l'*allée* des bambous, il s'en fut droit au lieu où il vit de la terre fraîchement remuée; là il s'agenouilla, et, levant les yeux au ciel, il fit une longue prière.

BERNARDIN DE SAINT-PIERRE, *Paul et Virginie.*

Si vous venez, vous verrez vos *allées*
Dessous vos pas d'herbes renouvellées
Et vos jardins plus verts et plus plaisans
Se rajeunir en la fleur de leurs ans.

RONSARD, *le Bocage royal.*

Quelquefois de fâcheux arrivent trois volées,
Qui du parc à l'instant assiègent les *allées.*

BOILEAU, *Épîtres,* VI.

De là cette locution : *Tour d'allée.*

Allons dans le jardin faire deux *tours d'allée.*

P. CORNEILLE, *la Suivante,* V, 8.

Il faut que nous fassions seules deux *tours d'allée.*

LE MÊME, *le Menteur,* I, 3.

On a dit, par extension figurée, une *Allée d'eau.*

Était-ce un spectacle si déplaisant pour les nations qui peuplaient les bords de l'Amazone et de l'Orénoque, de voir leurs profondes forêts couvertes de longues *allées d'eau* qu'elles pouvaient parcourir sans peine, en tous sens, dans leurs pirogues?

BERNARDIN DE SAINT-PIERRE, *Études de la Nature,* V.

D'ALLÉE s'est formé le composé *Contre-allée,* par lequel on désigne une petite allée parallèle à une plus grande.

ALLURE, s. f.

On l'a écrit Alleure. (Voyez le *Dictionnaire françois-latin* de Danet, le *Dictionnaire de l'Académie,* édition de 1694, et les exemples ci-après.)

Allure paraît s'être pris, fort anciennement, au sens d'*Allée,* pour Galerie.

Il a été remarqué plus haut, p. 759, qu'on a dit, au même sens Alement, Aleor, Aleoir.

Allure signifie proprement, employé soit au singulier, soit au pluriel, Façon d'aller, démarche, mouvement.

Elle (Melusine) toutes foys (son corps se terminant en serpent) avoyt *alleures* braves et guallantes.

Rabelais, *Pantagruel,* IV, 38.

Il faut le peindre : Comme je l'ai déjà dit, un gros homme, d'une taille au-dessous de la médiocre, d'une *allure* assez pesante.

Marivaux, *le Paysan parvenu,* IVe partie.

.... Regarde comme ils vont
Effeminez, et d'une *allure* lente,
Monstrent au front une ame nonchalante.

Ronsard, *la Franciade,* IV.

Mais qui est cestuy-cy qui haletant arrive
Et s'approche, marchant d'une *allure* hastive?

Rob. Garnier, *Antoine,* act. IV, v. 189.

Presse-moi donc cette tardive *allure;*
Dégourdis-toi...

Voltaire, *l'Enfant prodigue,* II.

Allure se dit, au même sens et dans des sens analogues, en parlant des animaux :

Les éléphants, les castors, les singes et plusieurs autres espèces d'animaux se cherchent, se rassemblent, vont par troupes, se secourent, se défendent, s'avertissent, et se soumettent à des *allures* communes.

Buffon, *Histoire naturelle.*

Le pied du cerf est mieux fait que celui de la biche, sa jambe est plus grosse et plus près du talon; ses voies sont mieux tournées et ses *allures* plus grandes.

Le même, même ouvrage. Le Cerf.

La démarche gauche de l'oie et son *allure* de mauvaise grâce nous font appliquer ce nom aux gens sots et niais.

Le même, même ouvrage. *Oiseaux,* l'Oie.

Tous ceux qui ont bien observé les *allures* de l'orfraie, ont bien remarqué qu'elle voyoit assez pendant la nuit pour prendre du gibier et même du poisson.

Le même, même ouvrage. *Oiseaux,* l'Orfraie.

J'aime à m'occuper sans cesse à faire des riens... à suivre une mouche dans ses *allures*...

J.-J. Rousseau, *les Confessions,* IIe partie, XIIe livre,

Les mouches que j'avais observées étaient toutes distinguées les unes des autres par leurs couleurs, leurs formes et leurs *allures.*

Bernardin de Saint-Pierre, *Études de la nature,* Étude Ire.

Il sçavoit for-huer et bien parler aux chiens,
Faisoit bien la brisée, et le premier des siens
Cognoissoit bien le pied, la sole et les *alleures.*

Ronsard, *les vers d'Eurymedon et de Callirée.*

Il se dit plus spécialement en parlant du Cheval et de l'Ane :

Et de la grant *alleure* des destriers, l'ung heurta à l'aultre.

Jehan de Saintré, c. 38.

Les indices de la vieillesse du cheval sont : la mine mélancholique, la pesanteur du corps, l'*alleure* lente.

Olivier de Serres, *Théâtre d'agriculture,* IVe lieu, c. 10.

Le pas, le trot et le galop sont les *allures* naturelles les plus ordinaires; mais il y a quelques chevaux qui ont naturellement une autre *allure* qu'on appelle l'amble, qui est très différente des trois autres.

Buffon, *Histoire naturelle,* le Cheval.

Quelque *allure* qu'il prenne, si on le presse, il est bientôt rendu.

Le même, même ouvrage, l'Ane.

C'est le fier cavalier qui, distrait en marchant,
Du coursier dont sa main abandonnait l'*allure,*
A l'aspect du passant, relève l'encolure.

Delille, *les Jardins,* II.

De là, autrefois, soit au propre, soit au figuré, ces expressions adverbiales : *Grant alleure, bonne alleure, belle allure,* etc.

Dont chevaucha à toute sa bataille vers les fuians *grant aleure,* et li fuiant se ralièrent tuit à li.

Villehardouin, *Conqueste de Constantinoble,* CXLIV.

Tendirent leurs voiles en haut, et singlèrent *grant aleure* vers l'escluse.

Chroniques de Saint-Denys, t. II, fo 196, ro.
(Cité par Sainte-Palaye.)

Alors ledit chevalier commença sa harengue *bonne aleure,* sans regarder à autre chose.

Les Cent Nouvelles nouvelles, LXXI.

Puis s'entorna *grant aléure*
Plus que galop ne ambléure,
Mais tant come cevax puet rendre.

Blancandin, Bibliothèque nationale, ms. 6987, f° 256, col. 2. (Voyez *Histoire littéraire de la France,* t. XXII, p. 768.)

Vint à Paris *grant aléure,*
Ne s'osa aillors arester.

WACE, *Roman de Brut,* v. 10213.

Grant aléure et granz galos
S'en va li leus fuiant au bos.

Roman de Renart, v. 65.

Et la dame s'est devestue
De son mantel, *grant aleure,*
Et de sa propre chauceure.

Fabl. ms. du R., n° 7218, f° 291, v°, col. 1. (Cité par Sainte-Palaye.)

A moy s'en vint *grant aléure*
Une femme qui pou séure
Et enragée sembloit estre.

JEAN BRUYANT, *Chemin de povreté et de richesse, dans le Ménagier de Paris,* t. II, p. 7.

Et ce jour-là, à grand peine on scavoit,
Lequel des deux gaigné le prix avoit,
Ou de Merlin, ou de moy, dont à l'heure
Thouy s'en vint sur le pré *grand'alleure*
Nous accorder.

CL. MAROT, *Églogue au Roy.*

ALLURE s'est dit par extension du mouvement plus ou moins doux d'une litière, d'une voiture, d'un bateau, et de ces différents moyens de transport.

Madame de la Fayette arriva avant-hier de Chantilly en litière, c'est une *belle allure;* mais son côté ne peut souffrir le carrosse.

Mme DE SÉVIGNÉ, *Lettres;* 8 juillet 1676.

Toujours ce bateau, c'est toujours là que je vous vois, et presque point dans l'hôtellerie. Je crois qu'après cette *allure* si lente, vous souhaiterez des cahots comme vous vouliez du fumier après la fleur d'orange.

LA MÊME, même ouvrage; 15 septembre 1679.

Et je ne puis vouloir, dans mon destin fatal,
Aux poëtes assez de mal
De leur impertinence extrême,
D'avoir par une injuste loi,
Dont on veut maintenir l'usage,
A chaque dieu, dans son emploi,
Donné quelque *allure* en partage,
Et de me laisser à pied, moi,
Comme un messager de village.

MOLIÈRE, *Amphitryon,* Prologue. (Paroles de Mercure.)

ALLURE est pris en un sens physique, bien qu'employé figurément, dans les passages suivants :

Toutes ces differences... puet apertement veoir et entendre cil qui diligemment consire l'*aleure* du soleil.

BRUNETTO LATINI, *Li tresors,* liv. I, IIIe part., c. 95.

Elle me fit répondre qu'elle étoit déjà accoutumée à cette *allure* de la terre.

FONTENELLE, *les Mondes,* II,

ALLURE se dit au figuré, et quelquefois en mauvaise part, de la manière d'être et d'agir, de la conduite; des habitudes, etc.

On nous a tant assujettis aux cordes, que nous n'avons plus de franches *alleures;* notre vigueur et liberté est esteinte.

MONTAIGNE, *Essais,* I, 25.

J'ayme l'*alleure* poétique à sauts et à gambades.

LE MÊME, même ouvrage, III, 9.

Ils tournent si court (les hommes faibles) quand ils changent de sentiment, qu'ils ne mesurent plus leurs *allures;* ils sautent au lieu de marcher.

CARDINAL DE RETZ, *Mémoires.*

C'est lui (votre cœur) qui ne manque jamais, et quoi que vous ayez voulu dire autrefois à la louange de l'esprit qui veut le contrefaire, il manque, il se trompe, il bronche à tout moment : ses *allures* ne sont point égales.

Mme DE SÉVIGNÉ, *Lettres;* à Mme de Grignan, 17 juin 1685.

Elle (la dauphine)... craignoit fort les ducs de Chevreuse et de Beauvilliers, dont les *allures* graves et sérieuses n'étoient pas les siennes.

SAINT-SIMON, *Mémoires,* 1711.

... Si sordidement intéressés, si ambitieux, si étrangement personnels, si profonds en leurs vues et leurs *allures* (Dubois et Chavigny).

SAINT-SIMON, *Mémoires*, 1722.

Il n'eût pas été trop extraordinaire que le grand monde dans lequel il étoit né,... l'oisiveté, une liberté entière, eussent changé fort sensiblement ses premières *allures*.

FONTENELLE, *Éloge de l'abbé de Louvois.*

Il dit qu'il n'a jamais fait de plus grands progrès dans les sciences, qu'il n'a jamais senti son *allure* plus vigoureuse et plus rapide que quand il a observé toutes ces pratiques avec le plus de régularité.

LE MÊME, *Éloge de Tschiernhaus.*

Il affectoit en vain de prendre l'*allure* des petits maîtres.

LE SAGE, *Gil Blas*, III, 4.

Je pris l'*allure* singulière qu'on ne m'a pas permis de suivre.

J.-J. ROUSSEAU, *Confessions*, II, IX.

Vous nous offrez des gens d'une agréable *allure!*

BOURSAULT, *les Mots à la mode*, sc. 4.

Hé! tu suis son *allure* avec assez d'adresse.

DESTOUCHES, *le Dissipateur*, I, 1.

Il se dit d'une manière analogue, au sujet d'abstraction telles que la Liberté, la Pensée, le Style, etc.

Son mestier (de la Science) est, non de luy fournir de veue (à l'ame), mais de la luy dresser, de luy regler ses *alleures* pourvu qu'elle aye de soy les pieds et les jambes droites et capables.

MONTAIGNE, *Essais*, I, 24.

C'est une espineuse entreprinse de suivre une *alleure* si vagabonde que celle de nostre esprit.

LE MÊME, même ouvrage, II, 6.

Les moins tendues et plus naturelles *alleures* de notre âme sont les plus belles.

LE MÊME, même ouvrage, III, 3.

La vraye preudhomie... marche d'un pas ferme, fier et hautain, allant tousiours son train, sans regarder de costé ny derriere, sans s'arrester et alterer son pas et ses *alleures* pour le vent, le temps, les occasions.

CHARRON, *De la Sagesse*, II, III, 4.

Leur monarchie (des rois de Macédoine) n'était pas du nombre de celles qui vont par une espèce d'*allure* donnée dans le commencement.

MONTESQUIEU, *Grandeur des Romains*, c. 5.

Le vers de cinq pieds qui a, pour ainsi dire, une *allure* familière, semble se prêter, plus que tout autre, au style marotique.

LA HARPE, *Cours de littérature.*

Le génie ne se traîne guère appuyé sur des syllogismes. Son *allure* est libre; sa manière tient de l'inspiration.

JOSEPH DE MAISTRE, *Soirées de Saint-Pétersbourg*, X.

Enchaîné dans la sociabilité, l'esprit s'effraie d'une expression indépendante, et dépouille sa fière et libre *allure*.

CHATEAUBRIAND, *Études historiques*, VIe discours, Ire partie.

Ah! cette liberté qui régnait dans ton cœur
Ne sait pas d'un coup d'œil attendre la faveur;
Et du palais des rois hôtesse passagère,
N'y peut gêner longtemps son *allure* étrangère.

M.-J. CHÉNIER, *Épître à Voltaire.*

ALLEU, s. m. (Du mot de la basse latinité *Allodium*, dont on ignore l'origine.)

On l'a écrit très diversement : ALLOD, ALOD, etc.; ALLOY, ALOY; ALLEUD, ALEUD, ALEU; ALU, ALUES, etc. (Voyez le *Glossaire* de SAINTE-PALAYE.)

Terme de jurisprudence féodale : Fonds de terre, soit noble, soit roturier, exempt de tous droits seigneuriaux.

On appelle *alues* ce que on tient sans fere nule redevance à nullui.

BEAUMANOIR, *Coutumes de Beauvoisis*, c. 24.

Cette diction d'*alleud* prit, selon mon jugement, sa première source d'un ancien mot français, *leud*, qui signifioit un subject.

EST. PASQUIER, *Recherches de la France*, II, 15.

La manière de changer un *aleu* en fief se trouve dans une formule de Marculfe... On imagina l'usage de donner son *aleu* au roi, de le recevoir de lui en fief, et de lui désigner ses héritiers.

MONTESQUIEU, *Esprit des lois*, XXXI, 8.

Il a été surtout usité dans la locution *franc-alleu.*

On employa le mot de *franc-alleud* à toutes terres indifféremment que, par possession immémoriale, on maintenoit estre exemptes de cens et rentes.

EST. PASQUIER, *Recherches de la France*, II, 15.

On disait : *Tenir, posséder une terre en franc-alleu :*

Tenir en franc-alleu, si est tenir terre de Dieu tant seulement. Et ne doivent cens, rentes, ne dettes, ne servage, relief, n'autre nulle quelconque redevance à vie, n'à mort.
BOUTEILLER, *Somme rurale*, LXXXIV.

Je luy cede la mestayrie de la Pomardiere à perpetuité pour luy et les siens, *possedable en franc alloy.*
RABELAIS, *Gargantua*, I, 32.

Champ *tenu en franc-aleu*, immunis.
ROB. ESTIENNE, *Dictionnaire françois-latin.*

Si qu'en *franc-aleu* le *tenroient*
Cil ki le service feroient.
PH. MOUSK, *Chronigne*. (Cité par BOREL.)

D'ALLEU s'était fait :

ALLEUTIER, s. m.

Encore écrit ALLOETIER, ALOER, ALOHER. (Voyez le *Glossaire* de SAINTE-PALAYE.)

Terme de jurisprudence féodale, Possesseur d'un héritage, exempt de tous droits seigneuriaux.

On disait aussi *franc-alleutier*.

A la même origine qu'ALLEU, se rapporte aussi :

ALLODIAL, ALE, adj.

On l'a écrit : ALODIAL, ALAUDIAL, ALLOEDIAL. (Voyez le *Glossaire* de SAINTE-PALAYE.)

Terme de jurisprudence féodale, Qui est tenu en franc-alleu : Terre *allodiale;* biens *allodiaux.*

Lors de la première distribution de ces terres tant bénéficiales qu'*allodiales*, il n'estoit point mention de tailles.
EST. PASQUIER, *Recherches de la France*, II, 15.

On appeloit hommes libres ceux qui, d'un côté, n'avoient point de bénéfices ou fiefs, et qui, de l'autre, n'étoient point soumis à la servitude de la glèbe; les terres qu'ils possédoient étoient ce qu'on appeloit des terres *allodiales.*
MONTESQUIEU, *Esprit des lois*, XXX, 17.

De là :

ALLODIALITÉ, s. f.

Qualité de ce qui est ALLODIAL : L'*Allodialité* d'une terre.

ALLIER, v. a. (Du latin *Alligare.*)

On l'a écrit très diversement : ALIGEER ; ALIER, ALIIER, ALLIIER ; ALLAYER, ALLAIER ; ALLOIER, ALLOIIER, ALLOYER, ALOIER, ALOYER. (Voyez le *Glossaire* de SAINTE-PALAYE.)

ALLIER signifie au propre, Mêler, combiner, incorporer ensemble, particulièrement en parlant des métaux.

On peut l'*allier* (l'or) avec tous les autres métaux.
BUFFON, *Histoire naturelle*, Minéraux, de l'Or.

ALLIER se joint en ce sens, comme dans tous les autres, avec le pronom personnel :

On ne pourroit pas fondre ensemble tous les historiens ou tous les chronologistes, ou même tous les physiciens. Ils sont trop contraires, trop hétérogènes les uns aux autres. Ce sont des métaux qui ne *s'allient* point; mais tous les géomètres sont homogènes, et leurs idées ne peuvent refuser de s'unir.
FONTENELLE, *Éloge du P. Reyneau.*

M. Geller, et la plupart des chimistes après lui, ont dit que le fer *s'allioit* aussi très-bien à l'argent.
BUFFON, *Histoire naturelle*, Minéraux, de l'argent.

Ni le fer ni le plomb ne *s'allient* avec l'or.
J.-J. ROUSSEAU, *Lettres;* à Voltaire, 10 septembre 1755.

ALLIER, ainsi employé, a pu en certains cas se dire absolument :

Quant à ceste manifacture (le monnoyage), il faut commencer par *allier* (qui est mesler ensemble les métaux, selon la loy donnée par le roy).
H. ESTIENNE, *la Précellence du langage françois.*

ALLIER s'emploie figurément et signifie Unir, joindre ensemble des choses différentes, opposées, disparates.

Soit avec un régime direct seulement, ou accompagné du mot ensemble :

En ti sunt ajoint et *aliiet* ensemble li chars et li airme.
SAINT BERNARD, *Sermons fr. mss.*, p. 135. (Cité par SAINTE-PALAYE.)

On a de lui (l'abbé de Montmorel) plusieurs ouvrages de

piété pleins d'érudition et d'onction, deux choses qu'on *allie* rarement.

SAINT-SIMON, *Mémoires*, 1719.

Je conviens avec vous que le plaisant et le tendre sont difficiles à *allier*. Cet amalgame est le grand œuvre; mais enfin cela n'est pas impossible, surtout dans une fête.

VOLTAIRE, *Lettres*; 5 juin 1744.

Ce n'est pas d'aujourd'hui que les champs et les bois
Ont produit des objets dignes des plus grands rois;
Et le sort prend plaisir, d'une chaîne secrette,
D'*allier* quelquefois le sceptre et la houlette.

REGNARD, *Démocrite*, III, 1.

Soit suivi des prépositions *à*, *avec*, constructions qui servent quelquefois à marquer, dans la signification du verbe, de certaines nuances indiquées par les traités sur les synonymes;
De la préposition *à* :

Il est facile d'*allier* les maximes de l'Évangile *à* celles des stoïciens.

J.-J. ROUSSEAU, *Nouvelle Héloïse*, IVe part., lettre 6.

Elles voudroient *allier* la paix du despotisme *aux* douceurs de la liberté.

LE MÊME, *Gouvernement de Pologne*, c. 1.

Vous dont l'esprit né pour la vérité
Sait *allier à* des vertus austères
Le goût, les ris, l'aimable liberté.

GRESSET, *Vert-Vert*, I.

De la préposition *avec* :

Vous *alliez* les lois humaines *avec* les divines.

PASCAL, *Provinciales*, VI.

L'usage raffine l'oreille, parce qu'il *allie* plus vite *avec* les sons qui la frappent le jugement que porte l'esprit sur la beauté des accords.

BOSSUET, *De la Connoissance de Dieu et de soi-même*, c. 1.

Il n'y a que les infortunés qui sentent combien, dans l'excès d'une affliction de cette espèce, il est difficile d'*allier* la douceur *avec* la douleur.

J.-J. ROUSSEAU, *Lettres*; 30 août 1766.

On comprendra sans peine une de mes prétendues contradictions: celle d'*allier* une avarice presque sordide *avec* le plus grand mépris pour l'argent.

LE MÊME, *les Confessions*, I, 1.

ALLIER a le même sens dans les passages suivants, où le verbe et la préposition ont pour régimes des noms de personne :

Et sans honte *à* Térence *allier* Tabarin.

BOILEAU, *Art poétique*, III.

Élève du second Racine,
Ami de l'immortel Buffon,
J'osai, sur la double colline,
Allier Lucrèce *à* Newton.

LEBRUN, *Odes*.

On dit de même : *S'allier*, *S'allier ensemble*, *S'allier à*, *S'allier avec* :

L'esprit de Sénèque ne peut être l'esprit de l'Évangile, ni sa morale *s'allier avec* celle de Jésus-Christ.

MALEBRANCHE, *De la Recherche de la vérité*, liv. II, part. III, c. 4.

C'est une opinion bien anciennement établie parmi beaucoup de personnes, et que le christianisme même n'a pas entièrement détruite, que la justice et la politique ne peuvent guère *s'allier ensemble*.

ROLLIN, *Traité des Études*, liv. VI, IIIe partie, c. 2, art. 2.

La valeur et la présomption, la justice et la dureté, la sagesse et la volupté *se sont* mille fois confondues, succédé ou *alliées*.

VAUVENARGUES, *Conseils à un jeune homme*.

Proposez quelque bien qui *s'allie avec* le mal existant.

J.-J. ROUSSEAU, *Émile*, Préface.

On y trouvoit la propreté, la décence, et une abondance patriarcale *avec* laquelle le faste ne *s'allie* jamais.

LE MÊME, *les Confessions*, II, 3.

On dit qu'il y a des couleurs amies et des couleurs ennemies, et l'on a raison si l'on entend qu'il y en a qui *s'allient* si difficilement, qui tranchent tellement les unes à côté des autres, que l'air et la lumière, ces deux harmonistes universels, peuvent à peine nous en rendre le voisinage immédiat supportable.

DIDEROT, *Salon de* 1765, Essai sur la peinture, c. 2.

ALLIER signifie particulièrement Joindre par mariage :

Une secrète jalousie qui fait qu'on ne peut voir sans peine ses proches au-dessus de soi, fit regretter à la jeune Fabia d'être *alliée* comme elle l'étoit.

ROLLIN, *Traité des Études*, liv. VI, IIIe partie, c. 2, art. 2.

Dans cette acception, il est plus ordinairement employé avec le pronom personnel.

On dit de cette manière : *S'allier, S'allier ensemble, S'allier à, S'allier avec;*

S'allier :

Conrart est fils d'un homme qui étoit d'une honnête famille de Valenciennes, et qui avoit du bien ; il *s'étoit* assez bien *allié* à Paris.

TALLEMANT DES RÉAUX, *Historiettes,* Conrart.

S'allier ensemble :

Ils s'en faisaient d'autant moins de scrupule que, depuis longtemps, les Maures et les chrétiens *s'alliaient* souvent *ensemble.*

VOLTAIRE, *Essai sur les mœurs,* c. 102.

S'allier à :

Il (Tallard) ne *s'était allié aux* Rohan que pour en profiter.

SAINT-SIMON, *Mémoires,* 1713.

Beaucoup de grands seigneurs auxquels il ne restait que des titres, *s'alliaient à* des familles juives et réparaient, par ces mariages, ce que leur prodigalité leur avait coûté.

VOLTAIRE, *Essai sur les mœurs,* c. 102.

Ne serez-vous pas fâché de ne *vous être allié à* aucune famille, et de n'avoir pas augmenté votre bien par celui de votre épouse?

MARIVAUX, *la Vie de Marianne,* VIIIe partie.

Il ne s'était trouvé personne qui eût voulu *s'allier à* une fille aussi laide et *à* un cœur aussi dur.

BERNARDIN DE SAINT-PIERRE, *Paul et Virginie.*

Henri de Bar-le-Duc le conte
Par mariage *à* lui *s'alie.*

G. GUIART, *Royaux lignages,* t. II, v. 3846.

Pausanias et moi nous avons des parentes;
Et jamais un vrai roi ne fait un digne choix
S'il ne *s'allie au* sang des rois.

P. CORNEILLE, *Agésilas,* III, 3.

..... Le sang de César ne *se* doit *allier*
Qu'*à* ceux à qui César le veut bien confier.

J. RACINE, *Britannicus,* I, 2.

Le déshonneur d'un nom *à* qui le mien *s'allie.*

LE MÊME, *Iphigénie,* III, 3.

Il lui donne sa fille, et croiroit aujourd'hui
S'allier à la gloire en *s'alliant* à lui.

PIRON, *la Métromanie,* IV, 9.

S'allier avec :

Elle (Mlle de Beauvesé) étoit fille d'un gentilhomme de Provence qui, *s'étant allié avec* une personne qui n'étoit pas de sa qualité et ayant fort mal conduit ses affaires, avoit réduit sa maison à un état assez misérable.

FLÉCHIER, *Mémoires sur les grands jours de 1665.*

Vous avez raison, a repris le manchot : Oh çà, je suis donc un de vos confrères, et je voudrois *m'allier avec* vous.

LE SAGE, *le Diable boiteux,* c. 8.

Mais pouvez-vous souffrir qu'il songe à *s'allier*
Avec Madame Argante? Elle est folle à lier.

DESTOUCHES, *l'Irrésolu,* I, 2.

S'allier est encore déterminé au moyen de la préposition *dans* et de son régime, dans ces manières de parler : *S'allier dans sa famille, S'allier dans un rang bas,* etc. :

Cette nécessité que les rois d'Espagne se sont imposée de *s'allier* presque toujours *dans* leur propre famille.

Mme DE MOTTEVILLE, *Mémoires.*

C'est l'état de ce chef qui règle celui de la famille entière. Quand il *s'allie dans* un rang plus bas, il ne descend point, il élève son épouse; au contraire, en prenant une femme au-dessus de lui, il l'abaisse sans s'élever.

J.-J. ROUSSEAU, *Émile.*

S'allier se dit aussi en parlant des princes, des États, des partis, etc., qui se liguent ensemble pour de communs intérêts.

Ici se retrouvent ces locutions : *S'allier, S'allier ensemble, S'allier à, S'allier avec :*

Tut issi parlèrent à David, si *se alierent à* lui.

Les quatre Livres des Rois, II, v, 3.

Li reis Salomun fud afermez en sun règne, si *se aliad* par amur e par priveted *à* Pharaün le roi d'Égypte, et prist sa fille.

Même ouvrage, III, III, 1.

Pour toujours mais je *me* vueil tenir et *allier avecques* les Anglois.

FROISSART, *Chroniques,* liv. II, c. 24.

L'Europe était troublée par les armes et par les négociations de Louis. Enfin, il ne put empêcher que l'empereur, l'empire et l'Espagne ne *s'alliassent avec* la Hollande et ne lui déclarassent solennellement la guerre.

VOLTAIRE, *Siècle de Louis XIV,* c. 11

Que l'Orient contre elle *à* l'Occident *s'allie*.

P. Corneille, *Horace,* IV, 5.

Jupiter consent-il qu'oubliant l'Italie,
Le Troyen dans Carthage *au* Tyrien *s'allie?*

Delille, trad. de *l'Énéide,* IV.

On a dit, fort anciennement : *S'allier*, *S'allier à,* au sens où nous disons Se rallier, Se rallier à :

E cels de Israel partout *s'alièrent as* lur.

Les quatre Livres des Rois, I, xiv, 24.

Sun dragun portet, *à* quei sa gent *s'alient.*

Chanson de Roland, v. 1641.

Sarrasin et Paien s'alèrent *allier,*
Bien furent trente mil à l'estour (au combat) comen-
[cier.

Chanson d'Antioche, VI, v. 899.

On trouve, dans des sens pareils ou analogues à ceux de *S'allier à,* la locution *S'allier de :*

Premièrement (Ludovic Sforza) *s'allya des* Venissiens, à la préservation de leurs estatz, desquelz il estoit grant amy.

Commines, *Mémoires,* liv. VII, c. 3.

Quand il *s'est allié de* notre humanité,
N'a-t-il pas de son sang signé cette alliance?

Racan, *Psaumes,* c. 10.

Allié, ée, participe.
Uni, confédéré.

Peu d'années après que nostre Roy fust couronné, et avant le bien public, se feit une vue du roy de France et du roy de Castille, qui sont les plus *allyés* princes qui soient en la crestienté; car ilz sont *allyés* de roy à roy, et de royaulme à royaulme, et d'homme à homme.

Commines, *Mémoires,* liv. II, c. 8.

Ils vivaient ensemble, non comme deux époux dont les biens sont communs sous les ordres du mari, mais comme deux monarques étroitement *alliés.*

Voltaire, *Essai sur les mœurs,* c. 102.

On eût mieux fait de tolérer leurs fautes; mais la cour de Louis XIV ne pouvait prévoir alors que la Russie et la France compteraient un jour parmi leurs avantages celui d'être étroitement *alliés.*

Le même, *Histoire de Pierre le Grand,* Ire part., c. 5.

Il se prend adjectivement dans ces locutions : *Bien allié, Mal allié,* en parlant d'alliances contractées par une personne, par une famille :

La maison de la Tour, originaire de la province d'Auvergne, bonne, ancienne, *bien alliée.*

Saint-Simon, *Mémoires,* 1706.

On dit *Allié à,* soit qu'il s'agisse d'alliance de famille ou de ligue, de confédération :

Ces nouvelles vinrent en Castille au roi Henry et aux barons dudit royaume, qui ahers et *alliés à* lui étoient de foi et de hommage.

Froissart, *Chroniques,* liv. I, IIe part., c. 335.

Il fit du bien à beaucoup d'autres personnes qui ne *lui* estoient *alliez* ny de sang, ny d'amitié.

Coeffeteau, *Histoire romaine,* liv. I.

En parlant des métaux, *Allié*, *Allié à, Allié avec, Allié de :*

Vous mandons que vous faciez donner, par toutes nos monnoyes, de chacun marc d'argent qui sera apporté en icelles *allayé* à quatre deniers douze grains et au-dessus, huit livres quinze sols tournois.

(*Ordonnances des Rois de France,* t. II, p. 444.)

Ce qui semble prouver encore la grande affinité de l'or avec le fer, c'est que quand ces deux métaux se trouvent *alliés,* on ne peut les séparer en entier par le moyen du plomb.

Buffon, *Histoire naturelle,* Minéraux.

Il en est de même de l'argent *allié au* fer.

Le même, même ouvrage, *ibid.*

On trouve rarement le cuivre *allié avec* l'étain dans le sein de la terre.

Le même, même ouvrage, *ibid.*

L'or se trouve... *allié d'*argent même dans sa mine la plus riche.

Le même, même ouvrage, *ibid.*

Toutes ces monnaies sont d'argent tellement *allié de* cuivre que l'Abou Kelb a la grandeur d'un écu de six livres, quoiqu'il ne vaille que trois livres quinze sous.

Volney, *Voyage en Égypte et en Syrie.* Syrie, c. 30.

Allié est aussi substantif, et alors il signifie : Celui qui est joint à un autre par une affinité.

On dit, absolument, *Allié :*

Je ne veux plus vivre que pour moi; arrière tous ces noms d'amis, de parens, d'*alliés*.

Perrot d'Ablancourt, trad. de Lucien, *Timon, ou le Misanthrope.*

Aimez-la, madame, aimez-la; qui est-ce qui vous en empêche? dit-elle en secouant la tête; mais n'oubliez pas que vous avez des parents et des *alliés* qui ne doivent point en souffrir.

Marivaux, *la Vie de Marianne,* VIIe partie.

*Allié d'*une personne, *d'*une famille, *d'*une maison, *Son allié :*

Il luy déclara qu'il estoit un pauvre gentilhomme qui, pour parvenir à richesse et honneur, avoit oublié sa conscience, et espousé une femme tout proche *son alliée.*

La reine de Navarre, *Heptaméron,* XIII.

Il estoit de la famille des Calpurniens et *allié,* du costé de son père, *des* meilleures maisons de Rome, célèbre d'ailleurs pour ses vertus, soit véritables ou apparentes.

Perrot d'Ablancourt, trad. de Tacite, *Annales,* liv. XV, 12.

Un homme de la cour... doit... avoir des salles parées... de tableaux de ses ancêtres et des *alliés* de ses ancêtres.

La Bruyère, *Caractères,* c. 8.

Le duc de Savoie pouvait aussi revendiquer l'île de Chypre, parce qu'il était *allié de* la maison de Chypre qui n'existait plus.

Voltaire, *Essai sur les mœurs,* c. 113.

Le premier me reçut avec un froid qui surprit tout le monde, car c'étoit lui qui, au nom de Madame de Vambures *dont* il étoit *allié,* avoit le premier souscrit à ma nomination.

Marivaux, *le Paysan parvenu,* VIIe part.

..... *Allié d'*assez hauts magistrats,
Fils d'un père greffier, né d'aïeux avocats.

Boileau, *Épîtres,* X.

Allié signifie également : Celui qui est confédéré, ligué avec un autre,

Soit pris absolument :

Dissiper les craintes et les jalousies des *alliés* par la prudence.

Fléchier, *Oraison funèbre de Turenne.*

Il (le ministre ou le plénipotentiaire) prend directement ou indirectement l'intérêt d'un *allié,* s'il y trouve son utilité et l'avancement de ses prétentions.

La Bruyère, *Caractères,* c. 10.

Le roi d'Espagne, dénué d'*alliés*, persista cependant dans la résolution qu'il avoit fortement prise d'essayer une campagne.

Saint-Simon, *Mémoires,* 1718.

Venise était aussi riche qu'eux tous ensemble; elle se confia dans cette ressource, et surtout dans la désunion qui se mit bientôt entre tant d'*alliés.*

Voltaire, *Essai sur les mœurs,* c. 113.

Soit construit avec la préposition *de* ou l'adjectif possessif, *Allié de, Son allié :*

Sitôt que le roi Philippe se sentit défié du roi anglois et de tous *ses alliés,* il vit bien que c'étoit certes, et qu'il auroit la guerre.

Froissart, *Chroniques,* liv. I, Ire part., c. 80.

Phocion, adoncques se tirant en avant, leur remonstra que ce n'estoit pas à *leurs alliez* et confederez se deffiants qu'il falloit se courroucer.

Amyot, trad. de Plutarque, *Vie de Phocion,* c. 3.

Leur conduite inégale (des Athéniens) déplaisoit à *leurs alliés* et étoit encore plus insupportable à leurs sujets.

Bossuet, *Discours sur l'histoire universelle,* III.

Quoique le titre de *leur allié* (des Romains) fût une espèce de servitude, il étoit néanmoins très-recherché.

Montesquieu, *Grandeur des Romains,* c. 6.

L'Écosse entrait un peu plus que le reste dans le système de l'Europe, parce que cette nation, ennemie des Anglais qui voulaient la dominer, était *alliée de* la France depuis longtemps.

Voltaire, *Essai sur les mœurs,* c. 117.

Alliable, adj. des deux genres.

Qui peut être allié, qui peut s'allier.

On dit, absolument, *Alliable,* ou *Alliable avec.*

Dans un sens physique :

Tels corps doivent estre liquides, ou mols, ou friables, et aisez à mettre en petites portions, afin que facilement de toutes parts elles se puissent rencontrer, joindre et unir. Selon la forme, elles doivent estre *alliables* et compatibles les unes avec les autres.

A. Paré, *Œuvres,* liv. XI, c. 16.

Dans un sens moral :

Excepté certains défauts certainement *alliables avec* la charité, et d'autres qui sont certainement inalliables avec elle, il y a dans le reste une grande obscurité.

NICOLE, *Essais de morale,* sur l'épître du dimanche de la Quinquagésime, III.

Il (d'Antin) ne vouloit pas, d'autre part, avoir le démérite de l'affliction devant l'insensibilité du roi, ni devant l'ennemie de sa mère. La difficulté d'ajuster deux choses si peu *alliables* le trahit.

SAINT-SIMON, *Mémoires,* 1707.

ALLIAGE, s. m.

On l'a écrit ALIAGE et anciennement ALLEAGE. (Voyez le *Glossaire* de SAINTE-PALAYE.)

Combinaison d'un métal avec un ou plusieurs autres métaux.

On dit absolument l'*Alliage* :

Sous les empereurs on procéda par voie d'*alliage.* Ces princes, réduits au désespoir par leurs libéralités mêmes, se virent obligés d'altérer les monnoies.

MONTESQUIEU, *Esprit des lois,* XXII, 13.

On peut se rappeler que l'*alliage* aigrit tous les métaux.

BUFFON, *Histoire naturelle,* Minéraux, Introduction, mém. III.

On dit l'*Alliage de* deux métaux :

Le platine ne me paroît pas être un nouveau métal différent de tous les autres, mais un mélange, un *alliage de* fer et d'or.

BUFFON, *Histoire naturelle,* Minéraux, Introduction, mém. III.

Dans l'*alliage de* l'argent et *du* cuivre, le volume diminue et la masse se resserre, au lieu que le volume augmente par l'extension de la masse dans celui *de* l'or et *du* cuivre.

LE MÊME, même ouvrage, de l'Argent.

On dit aussi l'*Alliage d'*un métal *avec* un autre :

Les *alliages de* l'or *avec* l'argent et le cuivre sont fort en usage pour les monnoies et pour les ouvrages d'orfèvrerie.

BUFFON, *Histoire naturelle,* Minéraux, de l'Or.

ALLIAGE se dit quelquefois des métaux mêmes que l'on combine avec un métal plus précieux.

Archimède trouve la manière de supputer au juste combien on avait mêlé d'*alliage* à de l'or.

VOLTAIRE, *Dictionnaire philosophique.* Antiquités.

Philippe le Bel avait non-seulement haussé le prix fictif et idéal des espèces; il en fit fabriquer de bas aloi, il y fit mêler trop d'*alliage;* en un mot, c'était de la fausse monnaie.

LE MÊME, *Essai sur les mœurs.*

Vingt-quatre livres de pain blanc coûtèrent un denier sous le règne de Charlemagne; ce denier était d'argent fin sans *alliage.*

SAINTE-FOIX, *Essais sur Paris.*

Sans l'*alliage,* le poids total de la pièce exprimeroit la quantité de matière précieuse qu'elle contient : avec l'*alliage,* après avoir connu le poids total, il faut connoître quelle portion de ce poids total est fournie par le métal précieux, et quelle par le métal vil.

MORELLET, *Prospectus du Dictionnaire de commerce.*

ALLIAGE s'emploie figurément :

Metrodorus disoit qu'en la tristesse il y a quelque *alliage* de plaisir.

MONTAIGNE, *Essais,* II, 20.

Cet *alliage* de dévotion et de retraite d'une part, de tout l'opposé de l'autre, mais avec jugement et prudence, étoit quelque chose de fort étrange dans ce couple si uni si concerté.

SAINT-SIMON, *Mémoires,* 1696

Je vous abandonne tout l'*alliage* qu'on a mêlé à la bonne philosophie.

VOLTAIRE, *Lettres;* 29 juillet 1771.

La religion chrétienne fut d'ailleurs soutenue par des raisons si solides, que tout cet amas d'erreurs ne put l'ébranler : on dégagea l'or pur de tout cet *alliage,* et l'église parvint par degrés à l'état où nous la voyons aujourd'hui.

LE MÊME, *Essai sur les mœurs,* c. 32.

On accusoit les jésuites de faire dans ce pays-là un monstrueux *alliage* de christianisme et d'idolâtrie.

DUCLOS, *Mémoires secrets sur Louis XIV, la Régence,* etc.

Il (Destouches) a su, en effet, allier et fondre si heureusement dans sa pièce le pathétique et le comique, que le Glorieux est tout à la fois et l'époque de ce nouveau genre, et le modèle de l'art et de la mesure que demande l'*alliage* dangereux de deux sentiments si disparates.

D'ALEMBERT, *Éloge de Destouches.*

Dans cet *alliage* le bien se gâte, et le mal ne se guérit pas.

J.-J. ROUSSEAU, *Émile*.

Mais, dira-t-on, comment accorder ce relâchement avec cet ardent amour pour la vérité dont je le glorifie? Cet amour est donc faux, puisqu'il souffre tant d'*alliage*.

LE MÊME, *les Rêveries d'un promeneur solitaire*, IVe promenade.

Gardez-vous de croire que l'amour-propre y soit pour rien. Mon sentiment pour vous est purgé de ce vilain *alliage* qui corrompt et affaiblit toutes les affections,

Mlle DE LESPINASSE, *Lettres*, IV.

Les grands et les petits viennent par même voie :
Et souvent la naissance est comme la monnoie;
On ne peut l'altérer sans y faire du mal :
Et le moindre *alliage* en corrompt le métal.

BOURSAULT, *Ésope à la cour*, IV, 4.

Joindre... par un noble *alliage*
Aux vertus des vieux temps les vertus de notre âge.

BOISSY, *l'Apologie du siècle*, sc. 2.

ALLIANCE, s. f.

Quelquefois écrit *Aliance;* ALLIANCHE; ALLOIANCE, ALOIANCE. (Voyez le *Glossaire* de SAINTE-PALAYE et quelques-uns des exemples ci-après.)

Union par mariage de deux personnnes, de deux familles.

On a dit, conséquemment, *alliance de mariage:*

Cato adoncques remonstra aux femmes de sa maison, que s'il se feust obligé par *alliance de mariage* à Pompéius, eust esté contrainct d'avoir tous les jours part à l'infamie de tels actes.

AMYOT, trad. de Plutarque, *Vie de Cato d'Utique*, c. 10.

On dit l'*Alliance d'*une personne, *d'*une famille, *son alliance*.

J'ay ouy dire à M. de Pibrac que ceste *allliance* de Navarre a esté fatale en cela, pour avoir veu en discordance le mary et la femme.

BRANTÔME, *Vies des Dames illustres*, Marguerite, reine de France.

Qui rompt la teste à tout le monde du registre de *ses* genealogies et *alliances*, plus de moitié fausses.

MONTAIGNE, *Essais*, III, 8.

M. le cardinal de Richelieu s'étoit trouvé autrefois honoré en quelque façon de *son alliance*.

CARDINAL DE RETZ, *Mémoires*, I.

Cette dame (Mme la comtesse d'Apchier) est fort impérieuse, et, en plusieurs rencontres, elle avoit méprisé les Ribeyres qui sont dans l'*alliance de* M. de Nouvion, qu'elle traitoit de petites bourgeoisies.

FLÉCHIER, *Mémoires sur les grands jours de* 1665.

Elle épousa le marquis de Thyanges de la maison de Damas, et elle lui apporta en dot le dénigrement qu'elle avoit pour tout ce qui n'étoit pas de son sang ni de *son alliance*.

Mme DE CAYLUS, *Souvenirs*.

Un Pamphile est plein de lui-même, ne se perd pas de vue, ne sort point de l'idée de sa grandeur, de *ses alliances*, de sa charge, de sa dignité.

LA BRUYÈRE, *Caractères*, c. 9.

J'eus le bonheur de plaire à tous les parents; il n'y en eut pas un qui ne me parût s'applaudir de *mon alliance*.

LE SAGE, *Gil Blas*, liv. IX, c. 3.

Auguste hésita, mais il signa, et partit pour la Saxe dans la vaine espérance que sa présence pourrait fléchir le roi de Suède, et que son ennemi se souviendrait peut-être des anciennes *alliances de* leurs maisons, et du sang qui les unissait.

VOLTAIRE, *Histoire de Charles XII*, liv. III.

Mais excusez, Monsieur, le transport d'un amant;
Et souffrez qu'un rival, confus de son offense,
Pour en perdre le nom, entre en *votre alliance*.

P. CORNEILLE, *la Place Royale*, V, 6.

Quand je ne serai plus, vous ne vous serez rien.
Brisez *votre alliance* et rompez-en la chaîne.

LE MÊME, *Horace*, II, 6.

Alors le noble altier, pressé de l'indigence,
Humblement *du* faquin rechercha l'*alliance*.

BOILEAU, *Satires*, V.

Du temps que les bêtes parloient,
Les lions entre autres vouloient
Être admis dans *notre alliance :*
Pourquoi non? puisque leur engeance
Valoit la nôtre en ce temps-là.

LA FONTAINE, *Fables*, IV, 1. Le Lion amoureux.

On dit aussi *Une alliance, des alliances avec* une personne, *avec* une famille :

Je ne lui mande qu'en gros que je suis dans son *alliance*, cependant je vous dirai que j'en ai une *avec* lui du côté de ma femme.

BUSSY-RABUTIN, *Lettres;* au P. Bouhours, 16 février 1675.

Ces Bonzi sont des premières familles de Florence; ils ont eu souvent les premières charges de cette république et des *alliances* directes *avec* les Médicis.

SAINT-SIMON, *Mémoires*, 1703.

Je souhaite de faire *avec* vous *alliance*.

DESTOUCHES, *le Glorieux*, IV, 9.

Une *Alliance entre* deux personnes, *entre* deux familles.

Peut-être nous avons *entre* nous *alliance*.

DUFRESNY, *le Faux sincère*, III, 7.

On dit absolument, *Une alliance, des alliances*, etc.

Vous ne voyez pas les espices d'un homme de parlement: vous voyez *les alliances* qu'il a gaignées, et honneurs à ses enfans.

MONTAIGNE, *Essais*, I, 25.

Ils (les rois de France) se sont servis de ce droit et pouvoir (d'évocation) sans aucune restriction jusqu'à François Ier, qui a ordonné quelques formes de procédure pour les évocations ordinaires fondées sur consanguinitez, *alliances* et autres cas.

COLBERT, *Considérations sur l'arrêt du Parlement de Paris du 18 août 1656*. (Voyez DEPPING, *Correspondance administrative sous Louis XIV*, t. II, p. 4.)

On voyoit avec joie avancer le jour heureux de cette auguste *alliance*.

FLÉCHIER, *Oraison funèbre de Marie-Thérèse*.

Il (le cardinal Mazarin) déclara au roi qu'il ne consentiroit jamais à lui laisser faire une *alliance* si disproportionnée.

Mlle DE LA FAYETTE, *Histoire d'Henriette d'Angleterre*.

Il montre ensuite un gros revenu, une grande charge, de belles *alliances*, et pour être noble il ne lui manque que des titres.

LA BRUYÈRE, *Caractères*, c. 14.

Il (le comte de Prade) n'avoit qu'un seul fils qu'il avoit perdu depuis quelques mois sans *alliance*.

SAINT-SIMON, *Mémoires*, 1713.

Il crut que sa personne ne leur déplaisoit pas, et qu'assurément ils avoient fait réflexion que tous les jours des gentilshommes, pour soutenir leur noblesse, étoient obligés d'avoir recours à *des alliances* roturières.

LE SAGE, *le Diable boiteux*, c. 19.

Vous n'avez pas vingt mille livres de rentes; on ne feroit aucune *alliance* en vous épousant; on ne connoît point vos parents qui nous feroient peut-être beaucoup d'honneur.

MARIVAUX, *la Vie de Marianne*, IVe part.

Songez...
Que Rome vous permet cette haute *alliance*
Dont vous auroit exclus le défaut de naissance.

P. CORNEILLE, *Nicomède*, I, 2.

Ah! seigneur, songez-vous que toute autre *alliance*
Feroit honte aux Césars, auteurs de ma naissance?

J. RACINE, *Britannicus*, II, 3.

Si Monsieur vous est joint de sang ou d'*alliance*.

BOURSAULT, *le Mercure galant*, II, 7.

Belle *alliance*, avoir pour gendre son seigneur!

DUFRESNY, *la Coquette de village*, III, 3.

Il sent qu'il a besoin de se donner du lustre,
Et d'acheter l'éclat d'une *alliance* illustre.

DESTOUCHES, *le Glorieux*, III, 1.

Et, plus absolument, d'une manière abstraite, *l'Alliance*.

Le duc de Beaufort, qui avoit de l'amitié pour Mme de Nemours sa sœur, dit, les larmes aux yeux, au duc de Nemours son beau-frère, tout ce que *l'alliance* et la bonté lui pouvoient faire dire.

Mme DE MOTTEVILLE, *Mémoires*.

Madame de Choisy est sœur de Belesbat. Choisy, maître des requêtes, aujourd'hui chancelier de M. d'Orléans, l'épousa pour avoir de *l'alliance*.

TALLEMANT DES RÉAUX, *Historiettes*, Mme de Choisy.

Il se trouve des juges auprès de qui la faveur, l'autorité, les droits de l'amitié et de *l'alliance* nuisent à une bonne cause.

LA BRUYÈRE, *Caractères*, XIV.

Dis-lui que l'amitié, *l'alliance* et l'amour
Ne pourront empêcher que les trois Curiaces
Ne servent leur pays contre les trois Horaces.

P. CORNEILLE, *Horace*, II, 2.

ALLIANCE se dit, dans un sens analogue, d'une affinité spirituelle (voyez AFFINITÉ); celle qui se contracte, dans la cérémonie du baptême, entre les parrains et les marraines et les personnes dont ils ont tenu les enfants; et encore, entre les parrains et les marraines et leurs filleuls ou filleules.

ALLIANCE a pu se dire, par une extension badine, de simples rapports de galanterie :

Dedans Paris ville jolye,
Un jour passant melancolye,
Je prins *alliance* nouvelle
A la plus gaye damoyselle
Qui soit d'icy en Italie.

CL. MAROT, *Rondeaux*, III, 8.

On s'en est aussi servi, fort anciennement, en parlant de rapports d'amitié.

Jonathas e David firent *aliance* entre soi, e Jonathas si cume sun quer le amad.

Les quatre Livres des Rois, II, VIII, 3.

L'*aliance* Deu est entre mei et tei.

Même ouvrage, I, XX, 8.

Il a eu le sens général de Ligue :

Aliances fetes contre le seigneur ou contre le quemun profit.

BEAUMANOIR, *Coutumes de Beauvoisis*, p. 154. (Cité par Sainte-Palaye.)

Il est de grand usage au sens de Confédération entre deux et plusieurs États, deux ou plusieurs princes, pour des intérêts communs.

Il s'emploie en ce sens, diversement, comme lorsqu'il signifie Union par mariage.

On dit l'*Alliance d'*un État, *d'*un prince; *son alliance, ses alliances.*

La force d'un royaume consiste en un roi et en *ses alliances,* non de sang, mais d'intérêt.

LE DUC DE ROHAN, *Discours sur le temps présent,* 1617.

Il (Abraham) traitoit d'égal avec les rois qui recherchoient *son alliance.*

BOSSUET, *Discours sur l'histoire universelle,* II, 2.

Il (Louis XIV) marcha en Flandres, ses conquêtes y furent rapides: le passage du Rhin fut signalé; la triple *alliance de* l'Angleterre, la Suède et la Hollande, ne fit que l'animer.

SAINT-SIMON, *Mémoires,* 1715.

Mais ces mêmes Suisses vainqueurs, assistés de ceux de Fribourg et de Soleure, dignes par là d'entrer dans *leur alliance,* défirent encore l'usurpateur, qui paya de son sang le nom de téméraire que la postérité lui donne.

VOLTAIRE, *Essai sur les mœurs,* c. 95.

La révolution fut si prompte, que cinquante jours après son arrivée en Sicile, Timoléon vit les peuples de cette île briguer *son alliance.*

BARTHÉLEMY, *Voyage d'Anacharsis,* c. 3.

ALLIANCE *avec* un État, *avec* un prince :

Il ne pouvoit penser qui pourroit avoir meu ledit conte de prendre ceste *allyance avec* ledict duc de Bretagne.

COMMINES, *Mémoires,* I, 1.

Mais après que Phocion eut parlé, il leur feit response que les Athéniens auroyent paix, *alliance* et amitié *avecques* luy, pourveu qu'ils lui livrassent Démosthènes et Hyperides.

AMYOT, trad. de Plutarque, *Vie de Phocion,* c. 8.

J'ai tâché, Sire, de comprendre les intentions de Votre Majesté sur l'affaire d'une *alliance* plus étroite *avec* l'Espagne.

L'ARCHEVÊQUE D'EMBRUN, à Louis XIV, 18 janvier 1662. (Voyez MIGNET, *Négociations relatives à la succession d'Espagne,* t. I, p. 91.)

Ils juroient à Idomenée qu'ils garderoient *avec* lui une éternelle *alliance.*

FÉNELON, *Télémaque.*

Il (Calvin) se réfugia à Strasbourg; car il ne pouvait retourner en France où les bûchers étaient alors allumés, et où François Ier laissait brûler les protestants, tandis qu'il faisait *alliance avec* ceux de l'Espagne.

VOLTAIRE, *Essai sur les mœurs,* c. 133.

Doutez-vous......
Que du Scythe *avec* moi l'*alliance* jurée
De l'Europe en ces lieux ne me livre l'entrée?

J. RACINE, *Mithridate,* III, 1.

ALLIANCE *entre* deux ou plusieurs États, deux ou plusieurs princes :

Romp l'*aliance,* romp la foi
Qui est *entre* Belin et toi,
Qui te torne à grant désonor.

WACE, *Roman de Brut,* v. 2407.

Enfin de votre Dieu l'implacable vengeance
Entre nos deux maisons rompit toute *alliance.*

J. RACINE, *Athalie,* II, 7.

Une *Alliance*, des *Alliances,* etc. :

A ces traités, accords et *alliances* faire rendit grand peine messire Bertran du Guesclin, qui moult aimoit le roi Henry.

FROISSART, *Chroniques,* liv. I, IIe part., c. 335.

Il (le ministre ou le plénipotentiaire) ne parle que de paix, que d'*alliances,* que de tranquillité publique, que d'intérêt public.

LA BRUYÈRE, *Caractères,* c. 10.

Une querelle de femme chez la reine d'Angleterre pour des riens; de là une intrigue, puis un désir vague et informe en faveur de son sang, détachèrent l'Angleterre de la grande *alliance.*

SAINT-SIMON, *Mémoires,* 1715.

Depuis que Massinissa, sous le premier Scipion, eut embrassé le parti des Romains, il étoit toujours demeuré dans cette honorable *alliance,* avec un zèle et une fidélité qui ont peu d'exemples.

ROLLIN, *Histoire ancienne,* liv. II, IIe part.

Les grands princes, non contents d'acheter les troupes des plus petits, cherchent de tous côtés à payer des *alliances,* c'est-à-dire, presque toujours à perdre leur argent.

MONTESQUIEU, *Esprit des lois,* XIII, 17.

Enfin, absolument, *Alliance :*

Les anciens Latins... envoyèrent devers luy, et travaillèrent amitié et *alliance* avec luy.

AMYOT, trad. de Plutarque, *Vie de Romulus,* c. 37.

Ceulx de dedans... sortirent au-devant avec humbles prières, et le requirent de paix et d'*alliance.*

LE MÊME, même ouvrage, c. 40.

Pichrocole, mon amy ancien de tout temps, de toute race et *alliance.*

RABELAIS, *Gargantua,* I, 27.

Les peuples qui ne connoissent pas les lois de sociétés sont des peuples inhumains, barbares, ennemis de toute justice, et du genre humain, que l'Écriture appelle du nom odieux de gens sans foi et sans *alliance.*

BOSSUET, *Politique tirée de l'Écriture sainte,*

A cette acception se rapportent certaines expressions en usage dans le langage théologique :

Ancienne alliance, l'Alliance que Dieu contracta avec Abraham et ses descendants;

Nouvelle alliance, l'alliance que Dieu a contractée, par la rédemption, avec tous ceux qui croiraient en Jésus-Christ :

Le temps vient, dit le Seigneur, où je ferai une *nouvelle alliance* avec la maison d'Israël et avec la maison de Juda.

LE MAISTRE DE SACI, trad. de l'Ancien Testament, *Jérémie,* XXXI, 31.

Cette dernière semaine étoit la plus importante et la plus marquée. Daniel l'avoit séparée des autres, comme la semaine où l'*alliance* devoit être confirmée, et au milieu de laquelle les anciens sacrifices devoient perdre leur vertu.

BOSSUET, *Discours sur l'histoire universelle,* I, 10.

Les enfants de Juda, fidèles à Dieu et à David qu'il avoit choisi, demeurent dans l'*alliance* et dans la foi d'Abraham... Dieu se souvient de son *aliance* avec Abraham, Isaac et Jacob.

LE MÊME, même ouvrage, II, 4.

Ainsi le Père, le Fils et le Saint-Esprit, un seul Dieu en trois personnes, montré plus obscurément à nos pères, est clairement révélé dans la nouvelle *alliance.*

LE MÊME, même ouvrage, II, 6.

Mon père mille fois m'a dit dans mon enfance,
Qu'avec nous tu juras une sainte *alliance.*

J. RACINE, *Esther,* I, 4.

Il vient de ses divines mains
Sceller l'*alliance* éternelle
Qu'il a faite avec les humains.

J.-B. ROUSSEAU, *Odes.*

L'*Arche d'alliance* (voyez ARCHE), appelée aussi l'*Arche sainte,* l'*Arche du Seigneur,* Espèce de coffre fait par le commandement de Dieu et dans lequel les Tables de la Loi étaient gardées.

Après donc que Moïse eut achevé d'écrire dans un livre les ordonnances de cette loi, il donna ordre aux Lévites qui portoient l'*Arche d'alliance* du Seigneur et leur dit...

LE MAISTRE DE SACI, trad. de l'Ancien Testament, *Deutéronome,* XXXI, 26, 24.

ALLIANCE s'est dit, par figure, des personnes mêmes alliées par suite de mariage :

Jule et le grand Auguste ont choisi dans leur sang
Ou dans leur *alliance,* à qui laisser ce rang.

P. CORNEILLE, *Othon,* III, 8

Il est fait, aux deux acceptions principales d'*Alliance* qui ont été expliquées, une allusion figurée dans des passages tels que les suivants :

L'homme a rapport à tout ce qu'il connoît; il a besoin de lieu pour le contenir, de temps pour durer, de mouvement pour vivre, d'éléments pour le composer, de chaleur et d'aliments pour le nourrir, d'air pour respirer. Il voit la lumière, il sent les corps; enfin tout tombe sous son *alliance*.

PASCAL, *Pensées*, art. 1.

Entre Bacchus et le sacré vallon
Toujours on vit une étroite *alliance*.

LA FONTAINE, *Poème du Quinquina*, II.

Par une figure fort usitée, *Alliance* se dit de l'Union et du mélange de plusieurs choses différentes, opposées, disparates :

Lorsque Socrates, après qu'on l'eut deschargé de ses fers, sentit la friandise de ceste demangeaison, que leur pesanteur avoit causée en ses jambes, il se resjouit à considerer l'estroite *alliance de* la douleur *à* la volupté : comme elles sont associées d'une liaison nécessaire, de façon qu'à tours elles se suivent et entregendrent.

MONTAIGNE, *Essais*, III, 13.

Qu'est-ce qui nous tient ainsi captifs de nos sens, sinon la malheureuse *alliance du* plaisir *avec* l'habitude?

BOSSUET, *Sermon*, sur l'Amour des plaisirs.

Il est difficile de déterminer positivement si ce rapport, ou cette *alliance des* pensées de l'esprit de l'homme *avec* les mouvements de son corps est une peine de son péché.

MALEBRANCHE, *Recherche de la Vérité*, liv. V. c. 1.

Voyez comment sont gouvernés les diocèses et les États de ces prélats si puissants d'Allemagne et de Pologne. Vous verrez par cette expérience que les anciens étoient bien sages, et que l'*alliance de* la puissance temporelle et spirituelle n'étoit avantageuse ni à la religion ni à l'Etat.

FLEURY, *Histoire ecclésiastique*, IVe discours.

ALLIANCE s'est dit, particulièrement, de cette manière figurée, soit en parlant des couleurs :

Nous trouvons dans nos moissons cette charmante nuance de vert, qui naît de l'*alliance* de deux couleurs primordiales opposées, qui sont le jaune et le bleu.

BERNARDIN DE SAINT-PIERRE, *Études de la nature*, X.

Soit en parlant des sons :

Il est bien plus facile aux écrivains latins de faire des *alliances* agréables *entre* les sons, de placer tous les mots d'une phrase auprès d'autres mots qui se plaisent dans leur voisinage.

DUBOS, *Réflexions critiques*.

Soit en parlant des mots :

L'*alliance des mots*, pour dire la liaison, quelle afféterie! parler de deux mots comme d'un mari et d'une femme, dire sérieusement et répéter plusieurs fois que des mots ont de la proportion entre eux, qu'ils sont faits l'un pour l'autre, que leur *alliance* est autorisée, ne semble-t-il pas que le P. B. (Bouhours) fasse leur généalogie et ensuite leur mariage.

BARBIER D'AUCOURT, *Sentiments de Cléanthe sur les Entretiens d'Ariste et d'Eugène*.

On voit des gens qui, dans les conversations, vous dégoûtent par leurs ridicules expressions, par la nouveauté, et j'ose dire par l'impropriété des termes dont ils se servent, comme par l'*alliance* de certains mots qui ne se rencontrent ensemble que dans leur bouche.

LA BRUYÈRE, *Caractères*, c. 5.

De là l'expression *Alliance de mots*, admise dans le langage de la critique et dont les passages suivants donneront la définition et l'exemple :

Cet emploi du langage, ces *alliances de mots* quelquefois si hardies et si brillantes, ces créations de nouveaux sens figurés, qui étonnent par leur nouveauté et charment par leur justesse.

THOMAS, *Réflexions sur les langues*.

On a affecté de répéter sans cesse que le vrai génie poétique consistoit dans ce que Racine le fils appelle fort bien des *alliances de mots*.

LA HARPE, *Cours de littérature*.

Ce qu'on appelle *alliance de mots*... consiste dans le rapprochement de deux idées, de deux mots qui semblent s'exclure, comme dans ce vers de Corneille :

Et monté sur le faîte il aspire à descendre.

LE MÊME, même ouvrage.

ALLIANCE, dans une acception particulière, se dit d'une bague composée de deux cercles réunis, que, dans la cérémonie du mariage, les deux époux échangent entre eux.

L'origine de cette expression est expliquée par ces anciens vers :

Anneaulx, ou verges d'*alliance*
Où fust escript : Mon cueur avez.
L'Amant rendu Cordelier.

Les exemples suivants, de date fort ancienne, donnent, avec le sens d'ALLIANCE, les mots de même famille ALIEMENT, ALIESON.

D'amor facent *aliement*
Et vienge à lui al parlement...
BENOIT, *Chronique des ducs de Normandie*, t. I, v. 10091.

Ensemble unt fait *alieson*
E si certaine emprision.
LE MÊME, même ouvrage, t. II, v. 17930.

ALLITÉRATION, s. f. (Du latin *Alliteratio.*) Terme de Rhétorique, figure de mots qui consiste dans la répétition recherchée des mêmes lettres ou des mêmes syllabes.

ALLOBROGE, s. m. (Du latin *Allobrox, ogis.*) Ce nom d'un peuple ancien était déjà, chez les Romains, une épithète injurieuse :

Rufus qui toties Ciceronem *Allobroga* dixit.
JUVÉNAL, *Satires*, VII, 213.

Il sert quelquefois, chez nous, dans le langage familier, à désigner un homme grossier dans ses idées, dans ses manières, dans son langage. On dit : C'est un franc *Allobroge;* traiter quelqu'un d'*Allobroge;* parler français comme un *Allobroge,* etc.

Il s'applique quelquefois aussi, adjectivement, au langage lui-même, au style, aux écrits :

On écrit à peu près en prose comme en vers, en style *allobroge* et inintelligible.
VOLTAIRE, *Lettres;* 25 février 1772.

Je prends surtout parti contre les vers *allobroges* dont nous sommes inondés depuis si longtemps.
LE MÊME, même ouvrage, 23 octobre 1772.

ALLOCATION, s. f. (Voyez ALLOUER.)

ALLOCUTION, s. f. (Du latin *Allocutio.*) Terme d'Antiquité, par lequel on désigne les harangues que les généraux et les empereurs romains faisaient à leurs troupes :

L'abbé Tilladet donna, en 1705, une histoire chronologique de ces *allocutions* marquées sur les médailles des Empereurs Romains.
Dictionnaire de Trévoux.

Il se dit, par extension, des Médailles au revers desquelles ces généraux sont représentés, sur un gradin, parlant à des soldats :

Une *allocution* de Probus qui a douze figures.
Dictionnaire de Trévoux.

Dans l'usage moderne, on le dit des discours adressés par le pape aux cardinaux assemblés, et, généralement, par un chef à ceux qu'il commande.

Par un emploi du mot plus général encore, et qui n'est pas fort ancien, on le dit d'un petit discours quelconque.

ALLODIAL, ALE. (Voyez ALLEU.)

ALLODIALITÉ. (Voyez ALLEU.)

ALLONGER, v. a. (De notre adjectif *Long.*)

On l'a écrit ALONGER (Voyez entre autres le *Dictionnaire de l'Académie,* éditions de 1740 et 1762) ; ALONGIER, ALONGNER, et même ALONGUIR, ALONGIR. (Voyez le *Glossaire* de Sainte-Palaye.)

ALLONGER, à une époque fort ancienne, a été employé, au sens, qui ne s'est pas maintenu, de Éloigner, S'éloigner. Sainte-Palaye l'établit par les exemples suivants :

Le très grand désir et vouloir que j'ay à m'en délivrer, m'a fait par deux fois venir et *allongier* de mon pays par deux cent cinquante lieues.
MONSTRELET, *Chroniques.*

Cil qui pour moi vous enhacièrent
Et son païs vous *alongerent.*
Athis, ms., fol. 57, v°, col. 2.

ALLONGER signifie proprement, Rendre une chose plus longue :

Alonger des peaulx avec les dens.
ROB. ESTIENNE, *Dictionnaire françois-latin.* (Voyez aussi J. THIERRY, NICOT.)

Trois ans en feront la raison, au bout desquels la vigne aura attaint la hauteur du treillage, en l'*allongeant* chacun an.

Olivier de Serres, *Théâtre d'agriculture,* 3e lieu, c. 4

Il *allongea* les étriers.

Scarron, *Roman comique,* I, 20.

Les Crispins se cottisent et rassemblent dans leur famille jusqu'à six chevaux pour *allonger* un équipage, qui, avec un essaim de gens de livrée où ils ont fourni chacun leur part, les fait triompher au cours.

La Bruyère, *Caractères,* c. 7.

Il est fort usité, en ce sens, au sujet des discours, des écrits, etc. :

Mais *allongeons* ce chapitre, et le bigarrons d'une autre pièce, à propos de la cécité.

Montaigne, *Essais,* II, 25.

Le seul inconvénient que je trouve aux extraits en général, c'est qu'ils *allongent* mon ouvrage que je souhaitois extrêmement faire court, pour le rendre utile.

Fleury, *Discours sur l'histoire ecclésiastique,* I.

Une mauvaise préface *allonge* considérablement un mauvais livre.

Vauvenargues, *Réflexions et maximes,* 351.

Que vous iroie-je contant
Ne les paroles *alongant.*

Méon, *Fabliaux et Contes anciens,* IV, 277.

Pour un vers *allonger,* ses ongles il ne ronge.

Joachim du Bellay, *le Poëte courtisan.*

Dois-je, las d'Appollon, recourir à Bartole,
Et feuilletant Louet *allongé* par Brodeau,
D'une robe à longs plis balayer le barreau.

Boileau, *Satires,* I.

On dit aussi, fort souvent, *Allonger son chemin,* pour Ajouter au chemin qu'on avait à faire.

Sytoust que j'eus receu la lectre qu'i vous pleust m'escripre à Tours, m'en partis sans aller devers la Royne pour ne *allonger* mon chemin.

La Reine de Navarre, *Lettres;* à François Ier, C, 1527.

Le guide qui les conduisait est tué d'un coup de fusil d'une fenêtre ; les cuirassiers prennent une rue pour une autre ; ils *allongent* leur chemin.

Voltaire, *Siècle de Louis XIV,* c. 18.

Dans le passage suivant, *Allonger* signifie non pas rendre une chose plus longue, mais la supposer telle.

Que deux hommes du peuple se battent, armés chacun de son couteau, ce sont deux coquins ; *allongez* seulement les armes, et attachez au crime une idée de noblesse et d'indépendance, ce sera l'action d'un gentilhomme.

Joseph de Maistre, *Soirées de Saint-Pétersbourg.*

Il ne s'agit pas de raccourcir les habits, mais d'*allonger* les vestes.

Béranger, *Correspondance.*

Allonger reçoit quelquefois un complément formé de la préposition *de* et de son régime, lequel fait connaître en quoi la longueur de la chose est augmentée.

Il s'en trouve... qui... *alongent* leurs noms françois *d'*une terminaison étrangère, et croient que venir de bon lieu, c'est venir de loin.

La Bruyère, *Caractères,* c. 14.

Je n'*alonge* mon récit *de* cette réflexion que pour justifier ce que je vous disois.

Marivaux, *la Vie de Marianne,* IIIe part.

Le traducteur qui rima l'Iliade,
De douze chants prétendit l'abréger ;
Mais, par son style aussi triste que fade,
De douze en sus il a su l'*allonger.*

J.-B. Rousseau, *Épigramme,* II, 12.

Et toujours en l'honneur des tyrans du Parnasse
De madrigaux en prose *allonge* une préface.

Gilbert, *Satires,* le Dix-huitième siècle.

On dit aussi *Allonger en :*

O ciel ! ô dieux ! ne suffisoit-il pas
Qu'on eust ouvert le chemin du trespas
Avec l'acier qu'*en* lames on *alonge !*

Saint Amant, *Épistre héroï-comique au duc d'Orléans.*

D'Allonger, au sens propre, se sont formées plusieurs locutions qui ne sont pas toutes restées dans l'usage. Telles sont, par exemple, *Allonger la toile, Allonger la voie,* que donnent et expliquent les passages suivants :

Voyant que le peuple françois tient pour chose très-assurée... selon les annales, que Francion, fils d'Hector, suivy d'une compaignie de Troyens, après le sac de Troye, aborda aux palus Mœotides, et de là plus avant en Hongrie, j'ay *allongé la toille*, et l'ay faict venir en Franconie, à laquelle il donna le nom.

RONSARD, *la Franciade*, Au lecteur.

Leur plus propre et mesnageable pasture, sont les millets communs, les vanneures et criblures des bleds qu'on serre à part à cest usage, auxquelles, pour *alonger la toile*, ajouste-on quelquesfois du gland pilé.

OLIVIER DE SERRES, *Théâtre d'agriculture*, 5e lieu.

Seigneurs, tant differez justice,
Que ce tourne à grand préjudice
Des parties; trop leur coustés,
Car vous mangez des deux costés,
En *allongeant* toujours *la voye*.

GUILLAUME ALEXIS, *Passe-temps*.

La locution *Allonger le parchemin* a elle-même vieilli; on l'employait figurément et familièrement pour Faire de longues écritures, dans le dessein d'en tirer plus de profit; Tirer un procès en longueur par des formalités et des chicanes.

On dit toujours et fréquemment, dans le langage familier : *Allonger la courroie, allonger la sauce*. *Allonger le pas* est très usité pour Hâter sa marche.

Voyez-vous ces cinq chevaux, qui estoient sous l'arbre? Ils sont courus faire advancer de cheminer leurs gens. Voyez comme ils *allongent le pas*.

MONTLUC, *Commentaires*, liv. V.

ALLONGER c'est quelquefois, non pas rendre plus long, mais faire paraître plus long.

Quand Sidrac, à qui l'âge *allonge* le chemin,
Arrive dans la chambre un bâton à la main.

BOILEAU, *le Lutrin*, I.

ALLONGER signifie quelquefois Déployer, étendre, et, dans ce sens, on ne le dit guère qu'en parlant des membres, de certaines parties du corps, de l'homme ou des animaux :

L'usage du diaphragme est d'*allonger* la concavité de la poitrine en se bandant, et d'accourcir la même cavité en se relâchant et se voûtant de bas en haut.

BOSSUET, *De la connoissance de Dieu et de soi-même*, c. 2, art. 2.

Quelques renards dispersés par l'orage *allongeaient* leurs museaux noirs au bord des précipices.

CHATEAUBRIAND, *Atala*.

L'eschine j'*alongeois* comme un asne restif.

RÉGNIER, *Satires*, VIII.

Nous vîmes dedans la nuë
La tour de Mont-le-Héris,
Qui pour regarder Paris
Allongeoit son col de gruë.

VOITURE, *Poésies*, Chanson sur l'air du Branle de Mets.

Et là mainte tortue aportant sa maison
Allonge en vain le col pour sortir de prison.

LA FONTAINE, *Psyché*, I.

Allonger un coup de pied :

Luy se voyant en ce danger dist à ce Turc qu'il ne le pouvoit pas sauver en cette posture, mais qu'il se mist sur son dos, et qu'alors il y tascheroit; ce que le Turc trop credule ayant voulu faire, à peine luy eut-il quitté le pied, qu'il luy en *allongea* un coup dans l'estomach et gagna vistement la terre.

THÉVENOT, *Voyage du Levant*, c. 53.

Allonger un coup d'épée, une botte, etc., Porter un coup d'épée, une botte, etc., en allongeant le bras :

En badinant, je lui ai *allongé* une douzaine de bottes qui ont fait rebrousser chemin à sa doctrine.

Le Marchand dupé, sc. 8. (Voyez GHERARDI, *Théâtre italien*, t. II, p. 185.)

Voyant avec quelle ardeur j'y allois, il poussa à son tour ces misérables, sur qui j'*alongeois* à tout instant et à bras raccourci des bottes qu'ils ne parèrent qu'en lâchant.

MARIVAUX, *le Paysan parvenu*, Ve partie.

De cette manière de parler se rapproche, dans un ancien texte, *Alonger la lance*, la porter en avant :

Raimbaus Cretons *alonge la lance* au fer burnis.

Chanson d'Antioche, IV, v. 948.

On a dit absolument, en ce sens, *Allonger :*

Les gens de grande taille ont bien de l'avantage à *allonger*.

FURETIÈRE, *Dictionnaire*.

Allonger le visage se prend dans des sens plus ou moins voisins du sens propre; on dit que la maladie *allonge le visage*, c'est-à-dire que, le maigrissant, elle le fait paraître plus long; on dit qu'une chose *allonge le visage* quand elle cause un étonnement, un déplaisir visible.

J'*allonge* les visages de ceux qui attristaient le mien.
VOLTAIRE, *Lettres;* à Catherine.

ALLONGER, en termes de chimie, c'est Étendre une substance, une liqueur, un acide pour en diminuer la force.

ALLONGER, signifiant Étendre, a été pris souvent dans un sens moral. Il y en a de très nombreux exemples chez Montaigne :

Je veux qu'on agisse et qu'on *allonge* les offices de la vie, tant qu'on peut.
MONTAIGNE, *Essais*, I, 19.

Je me contente d'estre en prise de la fortune par les circonstances proprement nécessaires à mon estre, sans lui *allonger* par ailleurs sa juridiction sur moy.
LE MÊME, même ouvrage, III, 9.

Ceux qui *allongent* leur colère et leur haine au delà des affaires... montrent qu'elle leur part d'ailleurs et de cause particulière.
LE MÊME, même ouvrage, III, 10.

Ils ont cru que la vérité étoit quelquefois trop courte et trop maigre, et qu'en ce cas là il n'y avoit point de mal de l'*allonger* ou de la grossir par leurs inventions.
BALZAC, *Socrate chrétien*, disc. XI.

ALLONGER se dit encore par rapport à la durée, et signifie quelquefois Différer, retarder, ajourner une chose :

Baillix qui est pareceux... *alonge* et met en delay moult de cozes par se parece, lesqueles il deust haster.
BEAUMANOIR, *Coutume de Beauvoisis*, c. 1.

Le créancier voudroit bien *alongier* le terme de payement.
Recueil des ordonnances, t. I, p. 69.

Il signifie plus souvent Faire durer une chose davantage :

Alonger ou retarder ung procez.
ROB. ESTIENNE, *Dictionnaire françois-latin*. (Voyez aussi J. THIERRY et NICOT.)

Jamais je ne me assubjectis à heures : les heures sont faictes pour l'homme, et non l'homme pour les heures. Pourtant je foys des miennes à guyse d'estrivieres je les acourcis ou *allonge* quand bon me semble.
RABELAIS, *Gargantua*, I, 41.

Vostre nouveau successeur (son petit-fils) vous *allonge* la jouissance de vostre possession.
LA REINE DE NAVARRE, *Lettres;* à François Ier, fin de janvier 1543.

Un soin extrême tient l'homme d'*allonger* son être.
MONTAIGNE, *Essais*, II, 12.

Les tyrans, pour faire tous les deux ensemble, et tuer, et faire sentir leur colère, ont employé toute leur suffisance à trouver moyen d'*allonger* la mort.
LE MÊME, même ouvrage, II, 27.

Hypocras et les rosties *allongèrent* un peu ceste serée.
BOUCHET, *Serées*, I, 1.

Cinq jours après Monsieur gagna la bataille à Jarnac, ou Monsieur le prince de Condé fut tué. Plusieurs pensent que sa mort a *allongé* nos guerres; mais je croy que s'il eust vescu, nous eussions veu nos affaires en pire estat.
MONTLUC, *Commentaires*, liv. VI.

Des six pièces de théâtre qui me sont échappées, en ayant réduit trois dans la conduite qu'elle (l'antiquité) nous a prescrite, je n'ai point fait de conscience d'*allonger* un peu les vingt et quatre heures aux trois autres.
P. CORNEILLE, *la Veuve*. Au lecteur.

Quoique les histoires semblent *allonger* l'instruction, elles l'abrègent beaucoup et lui ôtent la sécheresse des catéchismes.
FÉNELON, *De l'Éducation des filles*, c. 6.

Enfin le procès, tant et plus *allongé*, prit fin au conseil.
SAINT-SIMON, *Mémoires*, 1707.

Au sortir de son cabinet il (Fénelon) alloit faire des visites ou se promener à pied hors la ville. Il aimoit fort cet exercice et l'*allongeoit* volontiers.
LE MÊME, même ouvrage, 1715.

C'est la sensibilité de l'âme qui *alonge* les malheurs et les éternise.
Mme DE LAMBERT, *Lettres;* à la supérieure de la Magdeleine de Tresnel.

Pendant qu'elle parloit, j'essayois la plume que j'avois taillée; elle n'alloit pas à ma fantaisie, et j'y retouchois pour *alonger* un entretien qui m'amusoit beaucoup, et dont je voulois voir la fin.
MARIVAUX, *le Paysan parvenu*, IIIe part.

Je devois mourir lors sans plus tarder une heure;
Le temps que j'ay vescu depuis telle blesseure
Aussi bien n'a servi qu'à m'*allonger* la mort.

RONSARD, *Amours*, II, 38

Flatter un créditeur pour son terme *allonger*,
Courtiser un banquier, donner bonne espérance,
. . . .
Voilà mon cher Morel (dont je rougis de honte)
Tout le bien qu'en trois ans à Rome j'ay appris.

J. DU BELLAY, *les Regrets*, sonnet LXXXV.

Tu seras bien venu entre les grands seigneurs,
Desquels tu recevras les biens et les honneurs
Et non la pauvreté, des Muses l'héritage,
Laquelle est à ceux-là réservée en partage
Qui, desdaignant la cour, fâcheux et malplaisans,
Pour *allonger* leur gloire accourcissent leurs ans.

LE MÊME, *le Poète courtisan.*

Allonger la vie, allonger les années, allonger les jours, ont été, de tout temps, des expressions fort usitées :

Tousjours avoit espérance en ce bon hermite qui estoit au Plessis... qu'il avoit faict venir de Calabre, incessamment envoyoit devers luy, disant que, s'il vouloit, il lui *allongeroit* bien la vie.

COMMINES, *Mémoires*, VI, 11.

Si ma vie *allongée* pour cette fin n'est emploiée, je l'estimoray pire que dix mille morts.

LA REINE DE NAVARRE, *Lettres*, XXVI, à François Ier, décembre 1525.

Il se trouva une mère qui, forcée d'une faim enragée, eut bien le courage de manger de la chair de son propre enfant,... afin d'*alonger* sa vie par un si barbare repas.

COEFFETEAU, *Histoire romaine*, liv. VII.

Garsions s'enfoï por sa vie *alonger*.

Chanson d'Antioche, VI, v. 1017.

... Ja soit ce que nus ne puisse...
La vie du corps *alongier*.

Roman de la Rose, v. 17187.

Et s'il en est besoin, retranchez de mes jours,
Pour *allonger* sa vie.

DESPORTES, *Œuvres*.

Et pense que cet aliment
Est moins pour *alonger* ma vie
Que pour *alonger* mon tourment.

RACAN, *Psaumes*, 101.

Cette belle âme *allongeoit* mes années;
Son entretien chassoit mes déplaisirs.

MAYNARD, *Ode*.

Tout ce que la grandeur a de vains équipages,
. . . .
Quand le terme est échu, n'*allonge* point nos jours.

MATTHIEU, *Sentences*, liv. I.

ALLONGER reçoit aussi, dans cette acception, un complément formé de la préposition *de* et de son régime, lequel fait connaître en quoi la durée est augmentée.

La trêve qu'il avoit avec le roy *avoit été alongée de* six mois.

COMMINES, *Mémoires*, liv. III.

Il toutesfois nous respondit que d'icelle sacrée distillation abreuvoit les roys et grands princes, et par icelle leur *allongeoit* la vie d'une bonne toise ou deux.

RABELAIS, *Pantagruel*, V, 22.

Il fit très sagement, et selon luy, de ne corrompre point une teneur de vie incorruptible, et une si saincte image de l'humaine forme, pour *allonger d'*un an sa decrepitude.

MONTAIGNE, *Essais*, III, 12.

Ha! si l'or pouvoit *allonger*
D'un quart d'heure la vie aux hommes,
De soin on devroit se ronger
Pour l'entasser à grandes sommes.

RONSARD, *Odes*, IV, 28.

On a dit absolument, *Allonger*, pour Différer, temporiser, tirer en longueur, gagner du temps :

Si S. A. (le prince de Conti) parle promptement d'augmenter le don gratuit, les députés qui ne cherchent qu'à *allonger* diront asseurément qu'ils passeroient pour des prodigues, si, sans attendre la response de S. M., ils passoient plus avant.

L'ÉVÊQUE DE SAINT-PAPOUL à Colbert, 20 janvier 1662. (Voyez DEPPING, *Correspondance administrative sous Louis XIV*, t. I, p. 73.)

Une lettre de M. de Cambrai qui ne sert qu'à *allonger*.

BOSSUET, *Relation sur le Quiétisme*.

Le coup manqué de la sorte, nous nous tournâmes à d'autres moyens. Ce fut d'*allonger* par celui des ducs d'Uzès et de Lesdiguières.

SAINT-SIMON, *Mémoires*, 1694.

Allonger s'emploie avec le pronom personnel dans des sens analogues.

Ainsi *S'allonger*, c'est Augmenter en longueur :

Nos liens *s'alongent* quelquefois, mais ils ne se rompent jamais.

Mme de Sévigné, *Lettres;* 6 juillet 1670.

Ma lettre *s'allonge* beaucoup, Monsieur, mais il le faut.

J.-J. Rousseau, *Lettres;* 8 août 1765.

C'est aussi Se déployer, s'étendre.

Par exemple, en parlant des membres, de certaines parties du corps de l'homme et des animaux :

La seule cause de tous les mouvements des membres est que quelques muscles s'accourcissent et que leurs opposés *s'alongent*.

Descartes, *les Passions de l'âme*, part. I, art. 2.

Il (le livre) passa en cinq ou six mains différentes, auxquelles Ragotin ne put atteindre, parce qu'il étoit le plus petit de la compagnie. Enfin, *s'étant allongé* cinq ou six fois fort inutilement,... le pauvre Ragotin se jeta tout furieux sur le premier auteur de sa confusion.

Scarron, *Roman comique*, I, 10.

Vos deux lèvres *s'alongent* comme si vous faisiez la moue.

Molière, *le Bourgeois gentilhomme*, II, 6.

Les membres *s'allongèrent* et ne se séparèrent pas.

Voltaire, *Histoire du Parlement de Paris*, Attentat de Damiens.

Quand deux affreux serpents, sortis de Ténédos,
(J'en tremble encor d'horreur), *s'allongent* sur les flots.

Delille, trad. de l'*Énéide*, II.

En parlant de la configuration des lieux, de la disposition de certains objets :

Les caps de l'ancien continent, en partant de l'orient, *s'allongent* d'autant plus vers le midi, qu'ils s'avancent vers l'occident.

Bernardin de Saint-Pierre, *Études de la nature*, X.

Je vis *s'allonger* devant moi des galeries souterraines, qu'à peine éclairaient de loin à loin quelques lampes suspendues.

Chateaubriand, *les Martyrs*, liv. V.

Dieppe, de l'autre part, sur la mer *s'allongeoit*.

Regnier, *Épitres*, I.

Ses murs (de la tour de Montlhéry) dont le sommet se [dérobe à la vue,
Sur la cime d'un roc *s'allongent* dans la nue.

Boileau, *le Lutrin*, III.

En parlant du progrès de l'ombre, du mouvement des flots, etc. :

La nuit viendra bientôt mettre fin à leurs peines;
Les ombres des cousteaux *s'allongent* dans les plaines.

Racan, *les Bergeries*, V, 5.

Tel, par un pli léger ridant le sein de l'onde,
Un flot de loin blanchit, *s'allonge*, s'enfle et gronde.

Delille, trad. des *Géorgiques*, III.

En parlant de la marche d'une armée, etc. :

Le général Schwartz, avec mille huit cents hommes de contingent de Hesse, de Munster et de Luxembourg, parut sur la hauteur de Weisloch, et s'y *allongea* comme pour joindre l'armée du prince Louis de Bade.

Saint-Simon, *Mémoires*, 1695.

Comme on dit : *Allonger de, allonger en*, on dit aussi : *S'allonger de, s'allonger en.*

Son corps se couvrit de plumes, son nez se courba en bec et ses bras *s'allongérent en* ailes.

Perrot d'Ablancourt, trad. de Lucien, *l'Ane*.

Dans le langage populaire, *S'allonger*, c'est se mesurer sur le terrain, se battre à l'épée, au sabre, etc. :

Ils se parlent, se querellent, et entrent dans un bois pour se battre. Comme ils *s'alongeoient*, une espèce de petite hermine qu'on appelle bavole, leur passa trois ou quatre fois entre les jambes.

Tallemant des Réaux, *Historiettes*, Mlle de Sallenauve.

S'allonger se dit aussi d'un liquide que l'on étend :

Ce breuvage *s'allonge* tous les jours par le moyen de l'eau fraische qu'en petite quantité on jette dans le tonneau, toutes les fois qu'on en tire pour boire.

Olivier de Serres, *Théâtre d'agriculture*, 3e lieu, c. 9.

Il se dit, par figure, d'une certaine expression du visage :

A cet effroyable prodige
D'un pied ma face *s'allongea*
Et dans mon corps mon sang figea.

SCARRON, *Virgile travesti*, III.

Car, selon la pensée où son esprit se plonge,
Sa face, à chaque instant, s'élargit ou *s'allonge*.

PIRON, *la Métromanie*, I, 1.

Dans un autre ordre d'acceptions, *S'allonger* c'est Augmenter en durée :

Madame Guyon alla à Saint-Cyr deux ou trois fois. Ensuite Madame de Maintenon, qui la goûtoit de plus en plus, l'y fit coucher, et de l'un à l'autre, mais près à près, les séjours s'y *allongèrent*.

SAINT-SIMON, *Mémoires*, 1695.

Il (Monseigneur) étoit fort peu à Versailles, et rompoit souvent par des Meudon de plusieurs jours les Marly, quand ils *s'allongeoient* trop.

LE MÊME, même ouvrage, 1711.

On dit aussi, en ce sens, *S'allonger de :*

S'il perd la vie pour moy, la mienne ne *s'en allonge* pas d'une minute.

CHAPELAIN, *le Gueux, ou la vie de Guzman d'Alpharache*, liv. I, c. 4.

ALLONGÉ, ÉE, participe.

On dit, figurément et familièrement, Avoir le visage *allongé*, la mine *allongée*, Avoir un air qui dénote le déplaisir qu'on éprouve de quelque disgrâce, de quelque contrariété :

Les uns ont le visage *allongé* d'un demi-pied, d'autres l'ont raccourci d'autant. On dit que celui du chevalier de Beuvron est infini.

Mme DE SÉVIGNÉ, *Lettres*; 12 février 1672.

On m'écrit que M. de Vardes épouse Mademoiselle de Toiras, et que M. de Rohan en a le visage un peu *allongé*.

LE MARQUIS DE TRICHATEAU, *Lettres*; à Bussy, 22 décembre 1678. (Voyez *Correspondance* de Bussy.)

Jamais visages si universellement *allongés*, ni d'embarras plus général ni plus marqué.

SAINT-SIMON, *Mémoires*, 1715.

Dans la tristesse... les autres muscles de la face sont relâchés, de sorte que l'intervalle qui est entre la bouche et les yeux est plus grand qu'à l'ordinaire, et par conséquent le visage paroît *allongé*.

BUFFON, *Histoire naturelle*, De l'homme.

Je veux à tout prix épargner à mes amis le chagrin de me voir souffrir, et à moi le spectacle du visage *allongé* de la consolation.

Mme DE STAEL, *Corinne*, liv. XII, c. 2.

Non, je ne comprends pas de plus charmant plaisir
Que de voir d'héritiers une troupe affligée,
Le maintien interdit, et la mine *allongée*,
Lire un long testament, où pâles, étonnés,
On leur laisse un bon-soir avec un pied de nez.

REGNARD, *le Légataire universel*, I, 3.

ALLONGÉ se dit quelquefois adjectivement, surtout dans les sciences naturelles, De ce qui est long, par opposition Aux choses de même espèce, qui ont une forme plus ramassée :

Je ne sçay qui, anciennement, désiroit le gosier *allongé* comme le col d'une grüe pour savourer plus longtemps ce qu'il avaloit.

MONTAIGNE, *Essais*, III, 5.

Quoique les mâchoires du cheval soient fort *allongées*, il n'a pas, comme l'âne, un air d'imbécillité, ou de stupidité comme le bœuf.

BUFFON, *Histoire naturelle*, le Cheval.

L'ovale du visage *allongé* dans l'homme, large par le haut, se rétrécissant par le bas, caractère de la noblesse.

DIDEROT, *Salon de* 1765, Essai sur la peinture, c. 4.

Nous lisions, le siècle dernier, que la terre était *allongée* sur ses pôles, et nous assurons aujourd'hui qu'elle y est aplatie.

BERNARDIN DE SAINT-PIERRE, *Études de la nature*, IX.

On trouve fréquemment dans nos jardins, au pied des arbres qui dépérissent, une espèce de punaise *allongée* qui porte, sur son corps rouge marbré de noir, le masque d'une tête de mort.

LE MÊME, même ouvrage, X.

Quelquefois j'allais chercher parmi les roseaux une plante, dont la fleur *allongée* en cornet contenait un verre de la plus pure rosée.

CHATEAUBRIAND, *Atala*.

En anatomie, on nomme *Moelle allongée* la moelle qui remplit la cavité de toutes les vertèbres, depuis le cerveau jusqu'à l'os sacrum.

ALLONGÉ est assez d'usage, au sens de Long, en parlant des écrits :

La Pucelle, Clovis, saint Louis, etc., poëmes *allongés*, dont on ne sauroit achever la lecture qu'en se roidissant contre l'ennui.

DE LA MOTTE, *Discours sur Homère*.

Cela est à la glace, *allongé*, ennuyeux.

VOLTAIRE, *Lettres*; 3 août 1754.

A l'égard de votre style, je ne le trouve point mauvais; seulement il a quelquefois des phrases *alongées*, lâches et par là confuses, embarrassées.

MARIVAUX, *le Paysan parvenu*, IVe partie.

Quand même l'expression figurée seroit plus *allongée*, elle doit être préférée, si l'image est belle.

CONDILLAC, *Art d'écrire*.

Théone souriant conte son aventure
En vers moins *alongés* et d'une autre mesure,
Qui courent avec grâce et vont à quatre pieds,
Comme en fit Hamilton, comme en fait la nature.

VOLTAIRE, *Contes en vers*, les Trois Manières.

On trouve, dans le passage suivant, l'adjectif des deux genres,

ALLONGEABLE :

La raison est un instrument de plomb et de cire *alongeable*, ployable, et accommodable à tout biais et à toutes mesures.

MONTAIGNE, *Essais*, II, 12.

ALLONGE, s. f.

On l'a écrit ALONGE.

Ce que l'on ajoute à quelque chose pour l'*allonger* :

Sovamente est un mot pris du françois, ayant une *alonge* italienne; je di *alonge* convenable à leurs adverbes.

H. ESTIENNE, *la Précellence du langage françois*.

Tous les hommes qui sont marqués pour danser, seront en cheveux longs avec des *allonges* ou en perruques naturelles.

E.-J.-F. BARBIER, *Journal du règne de Louis XV*.

ALLONGE est surtout d'usage en parlant des meubles, des vêtements : on dit Mettre une *allonge* à une table, à des rideaux, à une jupe, etc.; une *allonge* de table.

On dit aujourd'hui, plus généralement, *rallonge*.

Il y a d'anciens exemples (voyez SAINTE-PALAYE, *Glossaire*) d'ALLONGE pris dans le sens moral de Lenteur, retard, comme *Allongement*.

ALLONGEMENT, s. m.

On l'a écrit ALONGEMENT.

Augmentation de longueur, ce qui est ajouté à la longueur de quelque chose.

Et dans l'*allongement* de son cours ennuyeux
La triste ligne droite importune les yeux.

DELILLE, *l'Imagination*, III.

Il est ordinairement déterminé par un complément formé de la préposition *de* et de son régime, lequel fait connaître la chose allongée :

La trêve faillit entre le roy et le duc de Bourgogne, pourquoy le roy eust très-grand regret, car il eust mieux aymé un *allongement de* trêve.

COMMINES, *Mémoires*, IV, 3.

Le dict du Douhet contendoit que Pantagruel avoyt dit que ces registres, enquestes, replicques et aultres telles dyableries n'estoyent qu'*allongement de* procès.

RABELAIS, *Pantagruel*, II, 10.

De quoi ai-je profité,... que d'un *allongement de* nom, et au lieu de Georges Dandin, d'avoir reçu par vous le titre de Monsieur de la Dandinière?

MOLIÈRE, *Georges Dandin*, I, 4.

L'interruption du courant des affaires, souvent importantes et pressées, ne fit qu'augmenter par l'*allongement* et la fréquence *de* ces voyages.

SAINT-SIMON, *Mémoires*, 1710.

Je ne compte pour le plaisir tragique que la terreur ou la pitié, et tout acte qui n'en excite pas n'est qu'un *allongement de* l'action.

DE LA MOTTE, 3e *Discours sur la tragédie*.

Le grand *allongement des* mâchoires est la principale cause de la différence entre la tête des quadrupèdes et celle de l'homme.

BUFFON, *Histoire naturelle*, le Cheval.

Allongement, rapporté au temps, a signifié Délai :

N'auront puissance d'exécuter lettres ou mandemens, de donner termes, respits, *allongemens*, ne autres graces,
Grand Coutumier de France, t. I, p. 55.

Le Roy d'Angleterre envoya
Requerir un *alongement*
Que le feu Roy si ottroya.
Brief les tresves furent criées.
Martial d'Auvergne, *Vigiles de Charles VII*.

Allongement se dit, figurément, Des lenteurs affectées que l'on met dans les affaires; mais en ce sens il est peu usité :

N'orent onques respons, fors tous jors *alongement*.
Recueil des historiens des Croisades, Historiens occidentaux, t. II, p. 479.

A toutes ces demandes l'Empereur trouva excuses, des pretextes et des *alongements*.
Agr. d'Aubigné, *Histoire universelle*, liv. IV, c. 27.

On trouve, dans le passage suivant, recueilli par Cotgrave, le substantif :
Allongissement.

Le racourcissement ou *allongissement* du nombril.
Bouchet, *Serées*, III, 26.

On a dit, en termes d'arts et métiers, au sens d'*allonge* (voyez *Nouveau Coutumier général*, t. I, p. 1269),
Allongeoir.
On trouve dans le passage suivant,
Allongeail.

Laisse, lecteur, courir encore ce coup d'essay, et ce troisiesme *alongeail* du reste des pièces de ma peinture.
Montaigne, *Essais*, III, 9.

ALLOUER, v. a. (Dans la basse latinité, *Allocare;* venu comme le verbe simple *Louer* du latin *locare*, et, par ce mot, de *locus*.)

On l'a écrit fort diversement : Alouer ; Alloer, Aloer; Alieuer, Aliuer, Aluer, Alluer, etc. (Voyez le *Glossaire* de Sainte-Palaye.)

Allouer signifiant Approuver, ainsi qu'on le voit dans quelques passages anciens, est un mot d'origine différente, qui vient, comme aussi un autre verbe simple, *louer*, de *Laudare*.

Allouer, venant de *Locare*, tenait de son origine diverses acceptions depuis longtemps hors d'usage; il signifiait :

Mettre dans un lieu, placer :

Le boef par pieces devisad, e sur l'altel la busche e les pieces ordenéement *aluad*.
Les Quatre livres des Rois, III, xvii, 33.

Maçons quist les meillors qu'il pot...
Cil ont commencié à ouvrer,
Pierre et mortier à *alouer*.
Wace, *Roman de Brut*, ms., fol. 56, v°, col. 2. (Cité par Sainte-Palaye.)

De là *S'allouer* au sens de Se placer :

De son mantel s'est deffublée ;
Lez son ami *s'est aloée*.
Parthenopeus de Blois, ms. de Saint-Germain, fol. 141, v°. (Cité par Sainte-Palaye.)

Prendre ou donner à loyer; par exemple, un serviteur, un ouvrier :

Un fevre manoit à Creeil,
Qui, por batre le fer vermeil,
Quant l'avoit tret du feu ardant,
Avoit *aloué* un serjant.
Fabl. ms. du R., n° 7218, f° 230, v°, col. 1. (Cité par Sainte-Palaye.)

Par exemple encore des bestiaux, une maison, etc. :

Le seigneur peut saisir pour sa vente les bestes pasturantes sur son fonds, encore qu'elles n'appartiennent à son vassal; ains à ceux qui tiennent l'héritage à louage, ou qui *ont alloué* les dites bestes.
Coutume de Normandie, art. LXVII.

Donner en mariage :

Ne me poez miez *aloer*,
Si vous plait, pères, moi donner.
Athis, ms., fol. 33, v°, col. 1. (Cité par Sainte-Palaye.)

De là aussi *S'allouer* au sens de Se louer, se placer au service de quelqu'un et à ses gages :

Toutes manières d'ouvriers qui n'auront tasches, ou propres vignes... seront tenus les jours ouvrables, d'*eux* aller *allouer* ès lieux et ès places accoustumés.

Recueil des Ordonnances, t. II, p. 367, 368.

Céens a un serjant qui l'autr'ier *s'aloua*.

Fabl. ms. du R., nº 7218, fº 347, vº, col. 1. (Cité par Sainte-Palaye.)

De là d'anciennes acceptions du participe ALLOUÉ.

Soit voulant dire Serviteur :

Serviteurs, mercenaires ou *aloez* qui ne vivent que de leur service.

Recueil des Ordonnances, t. III, p. 24, Notes.

Aussi suis-je votre *alloué*
Deux ans sans loyer.

LE JUGE, *Farce nouvelle à quatre personnages.* (Ancien *Théâtre français*, t. II, p. 158, Bibliothèque elzévirienne.)

Estoit-il point vostre *aloué?*
— Voire : car, s'il s'estoit joué
A le tenir sans *alouer*...

Patelin, v. 1250.

Soit voulant dire Représentant, fondé de pouvoir :

E ge l'eusse requis ou fet requerre lui ou ses *aloez*.

Charte de 1265, citée par DU CANGE, *Glossaire*, Allocatus.

Soit désignant le Substitut, le second de certains officiers publics :

Ordonnons que desorenavant homme ne soit juge ordinaire, c'est assavoir seneschal, *alloué*, baillif, ou autre juge ordinaire, que tout premier il n'ait juré l'assise.

Ordonnances des ducs de Bretagne, fº 197, vº. (Cité par Sainte-Palaye.)

... Son corps a été aussytost enlevé par plusieurs gentilshommes qui ont empesché l'*alloué* de Rennes de s'en emparer.

LE CHANCELIER DE PONTCHARTRAIN, à La Bédoyère, procureur général au parlement de Bretagne, 24 mai 1702. (Voyez *Correspondance administrative sous Louis XIV*, t. II, p. 367.)

Donner cours, et, au passif, Avoir cours, en parlant des monnaies :

La quinte manière de faus monniers, si sunt cil qui acatent à essient fausse monnoie et l'*alouent* por bone.

BEAUMANOIR, *Coutumes de Beauvoisis*, c. 30, 13, t. I, p. 414.

Ordonnent et establissent que leurs monnoies et de l'un d'iceulx ou de leurs successeurs ducs ou contes dessus diz, duchez ou contez, ès diz pays et seigneuries, auront leurs cours et *seront aloués* comme en leur pays, ou de leurs successeurs ou de l'un d'iceulx.

MONSTRELET, *Chroniques*, liv. I, c. 48.

Employer :

Le roi d'Angleterre... passa outre par de lez la cité de Beauvais, et n'y voulut point assaillir, arrêter, ni assiéger, car il ne vouloit mie travailler ses gens ni *allouer* son artillerie sans raison.

FROISSART, *Chroniques*, liv. I, part. I, c. 275.

Cette guerre que vous tenez au royaume de France est moult merveilleuse et trop fretable pour vous; vos gens y gagnent, et vous y perdez et *allouez* le temps.

LE MÊME, même ouvrage, liv. I, part. II, c. 126.

Les arbalestriers... *avoient* le jour devant *aloué* la plus grand'partie de leur traict à l'assaut.

MONSTRELET, *Chronique*, vol. I, fº 19, vº. (Cité par Sainte-Palaye.)

Partie out du trésor son père,
Et grant partie out de sa mère;
Et il le sout bien *aloer*,
Bien employer et bien garder.

WACE, *Roman de Rou*, ms., p. 397. (Cité par Sainte-Palaye.)

Le tans que Dieu m'avoit por lui servir presté,
Tout l'ai en males œuvres perdu et *aloé*.

Vie de sainte Thaysies, ms. de Sorbonne, chiffre XXVII, col. 6. (Cité par Sainte-Palaye.)

Approuver, accorder :

Les frères Prescheurs, que l'on appelle Jacobins, voulurent anciennement se donner loy de lire en toutes chaires. Le recteur et supposts de l'Université s'y opposèrent, et fut leur opinion *alouée* par arrest de ceste cour, et enjoinct à ces religieux de lire seulement dedans leurs cloistres.

EST. PASQUIER, *Recherches de la France*, III, 43.

Le roy Louys unziesme, estant à Bourdeaux, approuva et *alloua* l'érection de ceste Université.

LE MÊME, même ouvrage, IX, 37.

Pour bien louer, et pour estre loué,
De tous espritz tu dois estre *alloué*
Fors que du mien, car tu me plus que loues.

CL. MAROT, *Rondeaux*, I, 31.

A cette dernière signification semblent se rapporter les seules acceptions qu'ALLOUER ait conservées;

Approuver l'emploi d'une somme, une dépense, la passer dans un compte :

Comme Périclès en la reddition des comptes de cette charge là eust couché un article de dépense de dix talents qu'il disoit avoir employez où il falloit, le peuple l'*alloua*, sans vouloir enquérir comment ny en quoy, ni adverer s'il estoit vray.

AMYOT, trad. de Plutarque, *Vie de Périclès*, c. 43.

Le 8 jour d'aoust 1344, il fut ordonné que... s'ils (les sergens) faisoient quelque mise nécessaire, elle leur *seroit allouée.*

EST. PASQUIER, *Recherches de la France*, II, 5.

Il est difficile d'accorder des comptes et de les *allouer.*

VOLTAIRE, *Remarque de l'essai sur les mœurs*, XIXe Remarque.

Accorder à quelqu'un une somme par un emploi déterminé, un traitement :

S'aucuns atent tant à demander ce qui li est deu par le reson du testament, que li bien du testament *soient aloué*, li executeur ne sont tenu de riens à respondre.

BEAUMANOIR, *Coutumes de Beauvoisis*, c. 12, 31.

Il a été fait d'ALLOUER un usage figuré;
Au sens ancien de Placer :

Pourtant si j'ay fasché la court romaine,
Entre meschans ne *fuz* onc *alloué.*

CL. MAROT, *Rondeaux*, I, 11.

Au sens actuel du mot, lorsqu'il s'agit de comptes :

Quoy qu'ils brassent puis après pour l'honorer et servir (Dieu) ne *sera* point *alloué* en ses contes (comptes), pour ce que ce n'est pas lui qu'ils honorent, mais en son lieu leurs songes et resveries.

CALVIN, *Institution chrestienne*, liv. I, c. 4, § I.

Elles (les Muses) ne doivent point user de réserve, ni craindre de se trop engager : les avances qu'elles feront pour sa gloire leur *seront* toutes *allouées.*

BALZAC, *Lettres*; V, 24.

Que formellement nous soyons faits justes, parce que J.-C. l'a été, et que sa justice nous *soit allouée* comme s'il avoit accompli la loi à notre décharge : ni l'Écriture ne le dit, ni aucun homme de bon sens ne le peut entendre.

BOSSUET, *Histoire des variations des églises protestantes*, liv. XII, n° 35.

ALLOUÉ, ÉE, participe.

ALLOUABLE, adjectif des deux genres. Qui se peut allouer, accorder.

ALLOUANCE, s. f.
Quelquefois employé, dans les anciens temps de la langue, au sens d'Approbation, de ratification.

ALLOCATION, s. f. (Venu comme ALLOUER, mais plus évidemment, de *Locare, locus.*)
Action d'allouer, en matière de comptes.

ALLUMER, v. a. (Du latin *Lumen, luminis.*)
On a dit, très anciennement, ALLUMINER, encore écrit ALUMINER, ALUMNER, etc. (Voyez le *Glossaire* de SAINTE-PALAYE.)
Au lieu d'ALLUMER on lit souvent ALUMER. (Voyez les exemples ci-après.)
Mettre le feu à quelque chose de combustible :

Nous preferons l'art à la nature; nous fermons en plein midy les fenestres, et *allumons* les chandelles.

CHARRON, *De la Sagesse*, II, III, 9.

Je voy bien Clorinde, que je perds mon temps et qu'il seroit plus aisé d'*allumer* de la glace que de vous donner de l'amour.

BALZAC, *Lettres*; III, 20.

Allumez deux bougies dans mes flambeaux d'argent.

MOLIÈRE, *la Comtesse d'Escarbagnas*, sc. 6.

Aussi ce prince (François Ier) laissa-t-il plutôt persécuter les hérétiques qu'il ne les poursuivit. Les évêques, les parlements *allumèrent* des bûchers; il ne les éteignit pas.

VOLTAIRE, *Essai sur les mœurs*, c. 138.

Le solitaire avait *allumé* un flambeau de pin, qu'il tenait d'une main tremblante au-dessus de la couche d'Atala.

CHATEAUBRIAND, *Atala.*

La mere Martinet s'esveille,
Saut sus, s'*alume* la chandelle.
Roman de Renart, v. 10585.

On trouve dans de vieux textes ALLUMER une ville, pour Y mettre le feu.

Sicelech *alumames* e arsimes.
Les quatre Livres des Rois, I, XXX, 14.

La vile firent *alumer*,
D'ostel en altre li feus prent,
Par la vile flambe s'estent.
WACE, *Roman de Rou*, v. 10022. (Voyez encore v. 384, 397, 411, etc.)

Allumer le feu, Allumer du feu, se disent, par une sorte d'abus d'expression fort ancien, et de grand usage, pour Allumer le bois qui est dans le foyer, faire du feu.

Les Athéniens ont les premiers enseigné aux hommes par toute la Grèce... comment il falloit *allumer* et entretenir *le feu*.
AMYOT, trad. de Plutarque, *Vie de Cimon*, c. 6.

Comme on eut mis le fer à la forge, et que les soufflets *allumoient le feu*, on dit que l'on vit couler des ruisseaux de sang du milieu des flammes.
VAUGELAS, trad. de Quinte-Curce, *Histoire d'Alexandre*, liv. IV.

Vous n'*allumerez* point *de feu* dans vos maisons au jour du Sabbat.
LE MAISTRE DE SACI, trad. de l'Ancien Testament, *Exode*, XXXV, 3.

J'*allumois du feu* avec des cailloux.
FÉNELON, *Télémaque*, XV.

Une ancienne superstition ne permettait pas qu'on *allumât du feu* le jour d'un mariage pendant le froid le plus rigoureux.
VOLTAIRE, *Histoire de Pierre le Grand*, Ire partie, c. 13.

Tex *alume le feu* n'a pooir q'il l'estaigne.
Chanson des Saxons, t. I, p. 63.

Il a fait un grant *feu* d'espines *alumer*.
Parise la duchesse, p. 219.

On dit aussi, par métonymie,

Allumer une pipe, Mettre le feu au tabac qui est dans la pipe.

ALLUMER *un fanal, une lanterne, une lampe, un bougeoir*, etc., en Allumer la mèche, la chandelle, la bougie, etc.

A donc *allumèrent*-ils en leur ost grand'foison de *fallots* et de *tortis*, pour ce qu'il faisoit moult brun.
FROISSART, *Chroniques*, liv. I, Ire part., c. 293.

Les *lampes furent allumées*.
Roman de Renart, v. 21287.

Aussitôt notre vieille, encore plus misérable,
S'affubloit d'un jupon crasseux et détestable,
Allumoit une *lampe* et couroit droit au lit.
LA FONTAINE, *Fables*, V, 6.

On s'est quelquefois servi d'*Allumer* en parlant de la création des astres :

Lorsqu'il a créé toutes choses, il n'a fait qu'*allumer le soleil* dans le ciel pour éclairer toute la terre.
ARNAULD, *De la fréquente communion*, Préface.

La physique considère ce grand et universel mouvement qui a arrangé toute la nature, qui a suspendu les corps célestes en différentes sphères, qui *allume* et qui éteint *les étoiles*.
FONTENELLE, *Entretiens sur la pluralité des mondes*. Préface.

Quand de l'immensité Dieu peupla les déserts,
Alluma des soleils et souleva des mers...
VOLTAIRE, *la Loi naturelle*.

On a dit *Allumer le jour* :

Et quoy! je voy tes yeux
Moites d'un pleur amer;
Soit quand Phébus aux cieux
Vient *le jour allumer*,
Ou quand dedans la mer
Ses chevaux il abreuve.
RONSARD, *Odes retranchées*, à Maclou de la Haye.

Alors sur l'horizon les cieux impitoyables
N'*allumeront le jour* que d'éclairs effroyables.
RACAN, *Psaumes*, 96.

Allumer l'atmosphère :

Les rayons solaires... *allument* en quelque sorte notre *atmosphère*, dès qu'ils se montrent sur notre horizon.
BERNARDIN DE SAINT-PIERRE, *Harmonies de la nature*, liv. I. Leçon de botanique.

Allumer la vue :

Et dit encore ce même personnage (Platon) que la nature a *allumé la veue* en nous, à fin que par la contemplation et admiration des corps célestes qui se meuvent au ciel, nostre âme apprit à le chérir.

AMYOT, trad. de Plutarque, *Œuvres morales*. Sur les délais de la justice divine.

Quelques-unes des expressions qui précèdent sont susceptibles d'être employées figurément, notamment *Allumer le feu :*

C'est *allumer* ung *grand feu* en sa maison.

COMMINES, *Mémoires*, VI, 12.

En la batant il ne fera que *alumer le feu* de folle amour d'elle et de son amy.

Les Quinze Joyes de mariage, II.

En Arcadie... demeuroit jadis un musnier, homme bestial, cruel, et de si mauvaise nature, qu'il falloit peu de bois pour *allumer son feu*.

Facétieuses Nuits de Straparole, X, 2.

... Ils n'ont faict conscience, au reste, d'*allumer le feu* aux quatre coins de ce royaume...

HENRI IV, *Lettres;* 1er janvier 1586.

Cosme commença par l'interrègne de quatre mois, et *alluma* tant *de feux* partout, qu'il faillit à s'en mettre sous le ventre par une grande conspiration contre luy.

AGR. D'AUBIGNÉ, *Histoire universelle*, liv. II, c. 26.

Ceste fumée si noire et si espaisse est entretenue par *un feu* qui est bien vif et bien *allumé*. Le parlement le souffle.

CARDINAL DE RETZ, *Mémoires*.

Heureuse d'avoir conservé si soigneusement l'étincelle de ce *feu* divin que Jésus est venu *allumer* au monde.

BOSSUET, *Oraison funèbre de la reine d'Angleterre*.

Ce sont nos péchés qui *allument le feu* de la vengeance divine.

LE MÊME, *Traité de la Concupiscence*, c. 2.

Nous voulons que dans des lieux où *le feu* de l'impureté *a été allumé* de toutes parts, Dieu, par une grâce spéciale, nous mette en état de n'en point ressentir les atteintes.

BOURDALOUE, *Carême*. Sermon sur les tentations.

Il (Louis XIV) lui fit des présents magnifiques (à Marie Mancini), et la vit partir sans émotion, ne se souvenant plus *du feu* passager qu'autrefois elle *avoit allumé* dans son cœur.

L'ABBÉ DE CHOISY, *Mémoires*, III.

Et comme tous *mes feux* n'avoient rien que de saint,
L'honneur les *alluma*, le devoir les éteint.

P. CORNEILLE, *Pulchérie*, III, 1.

Vous *allumez un feu* qui ne pourra s'éteindre;
Craint de tout l'univers, il vous faudra tout craindre.

J. RACINE, *Britannicus*, IV, 3.

Depuis ce temps, seigneur, Caligula, Néron,
. . . .
Ont craint cette loi seule et n'*ont* point à nos yeux
Allumé le flambeau d'un hymen odieux.

LE MÊME, *Bérénice*, II, 2.

Les dieux m'en sont témoins, ces dieux qui dans mon [flanc
Ont allumé le feu fatal à tout mon sang,

LE MÊME, *Phèdre*, II, 5.

On peut joindre à ces exemples des passages où, au lieu du mot *feu*, se trouvent des expressions analogues: *Flamme*, *brasier*, *embrasement*, etc. :

Guères n'eust escouté que vecy maistre curé qui vient pour *alumer sa chandelle*, ou pour mieulx dire l'estaindre.

Les Cent Nouvelles nouvelles, LXXIII.

Les Jésuites qui, dès leur premier abord, sont en possession de croistre par les ruines d'autruy... voyans le grand *brasier* qui s'alloit *allumer* par la France, estiment qu'il estoit adonc temps d'interrompre leur long silence.

EST. PASQUIER, *Recherches de la France*, III, 43.

On se souvient qu'ils ont toujours *allumé* les *embrasements* que nous avons vus.

BALZAC, *le Prince*, c. 3.

Par de dangereux entretiens et des chants remplis de mollesse, l'on *allume* ou l'on entretient *les flammes* de l'amour impur.

BOSSUET, *Traité de la concupiscence*, c. 5.

Elle (la reine mère) périt elle-mesme dans *l'embrasement* qu'elle avoit tenu si longtemps *allumé*.

HARDOUIN DE PÉREFIXE, *Histoire de Henri le Grand*, Ire part., année 1554.

C'est toi qui as *allumé la chandelle*
Par qui maint œil voit mainte vérité.

CL. MAROT, *Épîtres*, I, 21.

Ma *flamme* par Hector *fut* jadis *allumée*;
Avec lui dans la tombe elle s'est enfermée.

J. RACINE, *Andromaque*, III, 4.

Achille, à qui le ciel promet tant de miracles,
Recherche votre fille, et d'un hymen si beau
Veut dans Troie embrasée *allumer le flambeau.*

J. Racine, *Iphigénie*, I, 1.

Tandis que tout s'apprête et que ta main hardie
Va de Rome et du monde *allumer l'incendie.*

Voltaire, *Rome sauvée*, II, 1.

Allumer est d'un grand usage, au figuré, pour Exciter.

On dit dans un sens physique, auquel se joint quelquefois un sens moral, *Allumer le sang, la bile, les humeurs*, etc. :

Il vous flatte pour un temps (le chocolat), et puis vous *allume* tout d'un coup *une fièvre* continue, qui vous conduit à la mort.

Mme de Sévigné, *Lettres;* 15 avril 1671.

De certains mots *allument le sang.*

Mme de Staël, *Considérations sur la Révolution française*, IIe part., c. 19.

Quel accident étrange en *allumant ta bile*
A sur ton large front répandu la rougeur?

Boileau, *Épîtres*, XIX.

Par le sel irritant *la soif est allumée.*

Le même, *le Lutrin*, V.

Allumer le visage :

Vous avez vu quelle ardente colère
Allumoit de ce roi *le visage* sévère.

J. Racine, *Esther*, II, 9.

On dit, dans un sens moral, *Allumer les esprits, le cœur, les passions, le désir, la haine, la colère*, etc. :

Le philosophe Hegesias desployant son éloquence à raconter et mettre devant les yeuz toutes les misères ausquelles est subjecte notre vie, *allumoit* un tel *desir* de la mort dans les espritz de ses auditeurs, que plusieurs se faisoient mourir.

Amyot, *De l'Éloquence royale.*

Un riche voisin *allume notre convoitise.*

Charron, *De la Sagesse*, II, I, 2.

Mademoiselle, ce ne vous est pas peu de gloire d'avoir pu *allumer le cœur* d'un homme aussi froid que je suis.

Voiture, *Lettres;* XXIV, à Mlle Paulet.

L'activité naturelle à M. le Prince fut encore merveilleusement *allumée* par *la colère.*

Cardinal de Retz, *Mémoires.*

Oui, je ne pus souffrir d'abord de les voir si bien ensemble, le dépit *alluma mes désirs.*

Molière, *le Festin de Pierre*, I, 2.

Je vous aimerai, ô mon Dieu, qui êtes ma force; *allumez* en moi *cet amour.*

Bossuet, *Traité de la concupiscence*, c. 32.

Ce ne fut ni l'envie de vaincre, ni le désir de se venger qui *allumèrent* ce jeune *courage*, ce fut le désir de la paix et de la sûreté publique.

Fléchier, *Panégyrique de saint Louis.*

Il y a de quoi *allumer* tout *le zèle* des ministres de Jésus-Christ.

Bourdaloue, *Sermon sur le sacrifice de la messe.*

Je ne souhaite point qu'on perfectionne les spectacles, où l'on ne représente *les passions* corrompues que pour les *allumer.*

Fénelon, *Lettre à l'Académie.*

Les efforts que l'on fait pour se délivrer de *l'amour* ne servent bien souvent qu'à l'*allumer.*

La Bruyère, *Caractères.*

Voilà ce qui devrait *allumer* en vous une sainte et courageuse *haine.*

Voltaire, *Lettres;* 16 février 1762.

Ces lâches courtisans qui se font une étude d'*allumer le vice* et d'éteindre la vertu.

Chateaubriand, *les Martyrs*, I.

Qui ce qu'il aime plus regarde,
Plus *alume san cuer* et l'arde.

Roman de la Rose, v. 2357.

Moi ! j'aurois *allumé* cet insolent *amour!*

P. Corneille, *Rodogune*, IV, 1

Votre amour contre nous *allume* trop *de haine.*

J. Racine, *Andromaque*, I, 4.

Toutefois si jamais quelque ardeur bilieuse
Allumoit dans ton cœur *l'humeur litigieuse.*

Boileau, *Épîtres*, II.

Que ces retardements *allument mon courroux!*

Voltaire, *Œdipe*, III, 4.

Allumer la guerre :

Voilà quelle fut la fin de *cette guerre*, qui, s'*estant allumée* tout-à-coup, s'acheva de mesme.

VAUGELAS, trad. de Quinte-Curce, *Histoire d'Alexandre*, liv. VI.

Puissiez-vous... reconnoître la justice de nos armes... et dans l'abondance de vos larmes, éteindre les feux d'*une guerre* que vous *avez* malheureusement *allumée*.

FLÉCHIER, *Oraison funèbre de Turenne*.

Quelle guerre intestine *avons*-nous *allumée?*

J. RACINE, *Esther*, III, 4.

Cette expression est souvent accompagnée d'un complément formé des prépositions *en*, *entre*, *contre*, etc., et de leur régime :

Stanhope n'oublia rien pour intimider Montéléon, et par lui le roi d'Espagne, en lui représentant les suites funestes de la guerre que ce prince vouloit *allumer en* Italie.

SAINT-SIMON, *Mémoires*, 1718.

Les magistrats de Messine venaient d'*allumer* une guerre civile *contre* leurs gouverneurs et d'appeler la France à leur secours.

VOLTAIRE, *Siècle de Louis XIV*, c. 13.

Tu seras exécrable entre tous animaux ;
Contre terre rampant tu mangeras la terre :
Entre la femme et toy j'*allumerai* la guerre.

DU BARTAS, *l'Imposture*, IIe partie du 1er jour de la 2e semaine.

On peut rapprocher de ces exemples les suivants, de sens analogue :

J'ai prévu ce tumulte et n'en vois rien à craindre :
Comme un moment l'*allume*, un autre peut l'éteindre.

P. CORNEILLE, *Nicomède*, V, 1.

Par le droit de la guerre il fut toujours permis
D'*allumer* la révolte entre ses ennemis.

LE MÊME, même ouvrage, V, 7.

Il y a des exemples qui remontent très haut, d'*Allumer* avec un nom de personne pour régime :

Et maintenant, las ! une damoyselle,
Qui n'a sus moy affection, ne zele,
Me faict pour elle employer encre et plume
Et sans m'aymer, d'un feu nouveau m'*allume*.

CL. MAROT, *Élégies*, I, 2.

Plus que devant une rage l'*allume*.

RONSARD, *la Franciade*, IV.

Le ciel est couvert de saphirs,
Les doux et gracieux Zéphirs
Soupirent mieux que de coutume ;
L'Aurore a le teint plus vermeil
Et semble que le jour l'*allume*
D'un plus beau feu que celuy du soleil.

VOITURE, *Poésies*, Stances.

Cette manière de parler se rencontre dans le passage suivant, de date peu ancienne :

Je leur semblois extraordinaire, inspiré, divin... C'étoit comme un feu qui brûloit au fond de mon âme, dont ma poitrine étoit embrasée, qui se répandoit sur eux et qui les *allumoit*.

DIDEROT, *Lettres* ; à Mlle Voland, 9 octobre 1759.

ALLUMER est quelquefois déterminé par un complément formé de la préposition *à* et de son régime, lequel fait connaître à quoi le feu est emprunté :

Peut-être n'écoutant qu'une jeune manie,
J'eusse *aux* rayons d'Homère *allumé* mon génie.

A. CHÉNIER, *Élégies*, XXXI.

Que gonflé du poison dont tout son sang bouillonne,
L'affreux dragon s'y dresse, et de son corps vermeil
Allume les couleurs *aux* rayons du soleil.

DELILLE, *l'Homme des champs*, IV.

D'autres fois *Allumer à* s'est dit, en parlant non plus du point de départ, mais du terme de l'action, pour Exciter à ; le régime de la préposition étant soit un substantif, soit un verbe à l'infinitif.

Un substantif, ou ce qui en tient lieu :

Souvenez-vous que ce qui vous *allume* davantage *à* ceste frénésie, ce n'est qu'une difficulté industrieuse qu'on vous propose pour irriter votre désir.

THÉOPHILE, *Lettres*, VII.

. . . . *à* ce désir m'*allume*
Joyeusement ce qu'aux amans bon semble.

VILLON, *Grand Testament*, Ballade que Villon donna à un gentilhomme nouvellement marié.

Un verbe à l'infinitif :

Je confesse que ceste mauvaise et perverse façon a esté fort ancienne, et ne nie pas que ce n'ait esté comme un flambeau, pour *allumer* tousjours plus la rage des hommes *à* se desborder en idolatrie.

CALVIN, *Institution chrestienne*, liv. I, c. 11, § 8.

Pleurez l'amy Perreal qui est mort,
Vous ses amys : chascun prenne la plume,
La mienne est preste, et bon desir l'*alume*
A déplorer (de sa part) telle mort.

CL. MAROT, *Rondeaux,* liv. I, XXXIV.

ALLUMER s'est pris aussi absolument :

Il e sa fame se leverent,
Au feu vinrent et *allumèrent*.

Fabl. ms. du R., n° 7615, t. II, f° 129, v°, col. 2. (Cité par Sainte-Palaye.)

ALLUMER a été employé autrefois, soit avec un régime, soit absolument, pour Éclairer, sens le plus voisin du latin *Lumen, luminis,* d'où est venu ALLUMER :

Envoyés, Sire, vostre lumière et vostre vérité pour *alumer* sur la terre de mon cueur, car je suys terre vaine et obscure se vous ne me enluminez.

Le livre de l'internelle consolacion, liv. II, c. 23.

Le soleil qui est bel et cler
. . . .
Et si ne puet il *alumer*
Fons de terre, ne fons de mer.

J. DE MEUNG, *Boece*.

Il fist premiers le firmament...
Et la lune pour *alumer*,
Par nuit, lair, la terre et la mer.

G. MACHAUT, ms., fol. 280, v°, col. 1. (Cité par Sainte-Palaye.)

ALLUMER est verbe pronominal, soit au propre, soit au figuré ;
Au propre :

Il fit bouter le feu en la rue encontre le chateau qui tantôt *s'*emprit et *alluma*.

FROISSART, *Chroniques,* liv. I, Ire part., c. 79.

Il estoit grandement à craindre... que d'une petite étincelle *s'allumast* un grand feu.

MARTIN DU BELLAY, *Mémoires*.

Il y a quelques exemples de mines de charbon qui brûlent de temps immémorial, et qui *se sont allumées* par la foudre souterraine, ou par le feu tranquille d'un volcan dont les éruptions ont cessé.

BUFFON, *Époques de la nature*.

Non que ce soit de picquer ma coustume,
Mais il n'est boys si vert qui ne *s'allume*.

CL. MAROT, *Épîtres,* II. 4

Paris tient ses portes décloses,
Recevant son roy belliqueur,
Une grande nue de roses
Pleut à l'entour du chef vainqueur;
Les feux de joye icy et là *s'allument*
Et jusqu'au ciel les autels des dieux fument.

RONSARD, *Odes retranchées.* Les peintures d'un paysage.

Le forgeron est au fourneau,
Et comme le charbon *s'alume!*
Le fer rouge dessus l'enclume
Estincelle sous le marteau.

THÉOPHILE, *le Matin,* Ode.

La flamme du bûcher d'elle-même *s'allume.*

J. RACINE, *Iphigénie,* V, 6

Quelques restes de feu sous la cendre épandus
D'un souffle haletant par Baucis *s'allumèrent.*

LA FONTAINE, *Philémon et Baucis.*

Sur un autel sanglant l'affreux bûcher *s'allume.*

J.-B. ROUSSEAU, *Cantates,* Circé.

Dans un sens voisin du sens propre, en parlant du jour, des éclairs, de l'air, etc. :

La zone bruslée du ciel et de la terre, là où se rendent les foudres et *s'allument* les esclairs.

ANTHOINE DU VERDIER, *les Diverses leçons.*

Du salpêtre en fureur l'air s'échauffe et *s'allume.*

BOILEAU, *Épîtres,* IV.

Au figuré ;
En parlant du sang, des yeux, etc. :

Son sang est trop aisé à émouvoir, il *s'allume* et circule violemment.

Mme DE SÉVIGNÉ, *Lettres;* 6 juillet 1689.

Il (Marlborough) lui prononça le nom du czar, et vit que les yeux du roi *s'allumaient* toujours à ce nom.

VOLTAIRE, *Histoire de Charles XII,* III.

Si pourtant il (La Fontaine) se trouvoit entre amis, et que le discours vint à s'animer par quelque agréable dispute, surtout à table, alors il s'échauffoit véritablement, ses yeux *s'allumoient :* c'étoit La Fontaine en personne.

D'OLIVET, *Histoire de l'Académie.*

Mon sang *s'allume* et pétille, la tête me tourne malgré ses cheveux grisonnants.

J.-J. ROUSSEAU, *les Confessions,* II, 9.

Au seul nom de César, d'Auguste, d'empereur,
Vous eussiez vu leurs yeux *s'allumer* de fureur.

P. CORNEILLE, *Cinna,* I, 3 (première édition; à dater de 1648, remplacé par *s'enflammer*).

D'une fatale ardeur déjà son front *s'allume.*

LA FONTAINE, *Adonis.*

En parlant des passions :

Nos âmes eschauffées de vin sont faciles à *s'allumer* de cholère.

AMYOT, trad. de Plutarque, *Œuvres morales.* Comment on pourra discerner le flatteur d'avec l'ami.

Il sentoit son esprit s'élever comme de lui-même, et le feu de l'amour divin *s'allumer* avec tant d'ardeur, que ne pouvant se soutenir, il tomboit accablé sous le poids et la violence de sa charité.

FLÉCHIER, *Panégyrique de saint Philippe de Néri.*

C'est un feu secret, mais qui croît, et plus il *s'allume,* plus la flamme éclate.

BOURDALOUE, *Sermon,* Sur la naissance et progrès des hérésies.

Le zèle des Allemands *s'alluma.*

VOLTAIRE, *Annales de l'Empire,* 1188, Frédéric Barberousse.

J'étois dans la position la plus insupportable pour un homme dont l'imagination *s'allumoit* aisément.

J.-J. ROUSSEAU, *les Confessions,* II, 10.

Vieilles amours et vieux tisons
S'allument en toutes saisons.

COTGRAVE, *Dictionnaire.*

Je n'avois pas douze ans quand la première flamme
Des beaux yeux d'Alcidor *s'alluma* dans mon âme.

RACAN, *les Bergeries,* II, 2.

Croyez-vous que l'amour *s'allume* dans une âme
Par le rouge et le blanc qu'on mêle sur le teint!

Mme DESHOULIÈRES, *Épître chagrine,* à Mme ***.

Et dans un faible corps *s'allume* un grand courage.

DELILLE, trad. des *Géorgiques,* IV.

En parlant de la guerre :

La mesme année *s'alluma* la guerre d'Afrique sous la conduite de Tacfarinas.

PERROT D'ABLANCOURT, trad. de Tacite. *Annales,* II, 16.

La guerre civile *s'allume.*

BOSSUET, *Discours sur l'histoire universelle,* III, 7.

Voilà une plaisante guerre qui va *s'allumer.*

VOLTAIRE, *Lettres;* 16 août 1749.

La guerre *s'allumoit,* lorsque pour mon supplice,
Hémon m'abandonna pour servir Polynice.

RACINE, *la Thébaïde,* III, 6.

En parlant de disputes, de séditions, de révoltes, etc. :

Cependant la sédition *s'alluma* en l'armée d'Antonius.

COEFFETEAU, *Histoire romaine,* liv. VI.

Lorsque le feu de la rébellion *s'alluma* dans la capitale d'une province voisine.

FLÉCHIER, *Oraison funèbre de Le Tellier.*

Enfin ce grand débat qui *s'allume* entre nous
Est de savoir s'il faut qu'un amant soit jaloux.

MOLIÈRE, *les Fâcheux,* II, 4.

Enfin, de même qu'ALLUMER, comme on l'a pu voir, a eu quelquefois pour régime un nom de personne, on a quelquefois fait, d'un nom de personne, le sujet du verbe *S'allumer :*

Et tant *s'alluma* à cette mutination que, etc.

AMYOT, trad. de Plutarque, *Vie de Lucullus,* XXXI.

Il *s'alluma* de telle colère que c'estoit pitié.

P. LARIVEY, *le Morfondu,* V, 8.

Je remarque dans vos œuvres la langue de ces temps héroïques, et le courage de ces héros : quoyque je sois de glace, je *m'allume* en les lisant.

BALZAC, *Lettres;* à Godeau.

Tu crains qu'envers toy je *m'allume,*
Tu crains la fureur de ma plume.

CL. MAROT, *Épîtres,* II, 13.

Voilà mon beau Thesé qui suyvant sa coustume
D'estre instable en amours, d'un nouveau feu *s'allume!*

ROB. GARNIER, *Hippolyte,* II, v. 51.

On trouve dans de vieux textes, au lieu de *s'allumer,* ALLUMER, pris dans un sens neutre :

Une nuit endroit mienuit, il mistrent le feu en ces nés et

laissièrent les voiles aler au vent, et li feus *aluma* mout haut, si qu'il sembloit que toute la terre ardist.

VILLEHARDOUIN, *Conqueste de Constantinoble,* XCV.

ALLUMÉ, ÉE, participe.

Il se prend adjectivement, dans les divers sens du verbe;

Au propre :

Et n'eurent toute la nuit ni feu ni lumière, et ne le savoient de quoi faire, hormis aucuns seigneurs qui avoient tortis *allumés.*

FROISSART, *Chroniques,* liv. I, part. I, c. 38.

Autres portoyent longs tizons *allumés.*

RABELAIS, *Pantagruel,* IV, 13.

Le soir feirent une merveilleuse feste de feux, sur les clochiers, force fallotz *allumés* sur les maisons de ces ambassadeurs, et artillerie qui tiroit.

COMMINES, *Mémoires,* I, 22.

Vous n'aurez que deux mots de moi cet ordinaire, pour vous dire que Bonn capitula le 12 de ce mois et que la garnison sortit le 13, tambour battant, mèche *allumée.*

LE MARQUIS DE LA RONGÈRE, *Lettres;* à Bussy, 19 octobre 1689. (Voyez *Correspondance de* BUSSY-RABUTIN,)

Déjà on nous menoit sur le tombeau d'Anchise. On y avoit dressé deux autels où le feu sacré étoit *allumé.*

FÉNELON, *Télémaque,* I.

Ses yeux qui paroissoient très-petits, ressembloient à deux charbons *allumés.*

LE SAGE, *le Diable boiteux,* c. 1.

Il (Calvin) se réfugia à Strasbourg; car il ne pouvoit retourner en France où les bûchers étaient *allumés.*

VOLTAIRE, *Essai sur les mœurs,* c. 133.

Les cierges é li chandelier,
Qui nuit é jur sunt *alumé,*
Valent tut l'or d'une cité.

MARIE DE FRANCE, *Lai d'Ywenec,* v. 394.

Il fait sortir un feu qui pétille en sortant,
Et bientôt au brasier d'une mèche enflammée
Montre, à l'aide du soufre, une cire *allumée.*

BOILEAU, *le Lutrin,* III.

Au figuré :

Il vit devant luy un grant monstre... ayant les yeulx plus *alumés* que flambe de fournaise.

Les cent Nouvelles nouvelles, LXX.

La fureur du peuple estant telle et si fort *allumée* contre eux que c'estoit une belle escapade de pouvoir retourner de l'hostel de Guise jusques au Louvre.

MATTHIEU, *Histoire des derniers troubles de France,* liv. III.

Cette grande guerre qui estoit *allumée* entre les deux plus puissans roys de l'Europe et de l'Asie, pour sçavoir qui demeureroit le maistre de l'Univers.

VAUGELAS, trad. de Quinte-Curce, *Histoire d'Alexandre,* liv. IV.

Il ne prend pas de ces feux subits qui s'éteignent presque aussitôt qu'ils sont *allumés.* Il va pied à pied et laisse mûrir l'amitié.

FLÉCHIER, *Son portrait,* par lui-même.

Si les femmes étoient telles naturellement qu'elles le deviennent par artifice... qu'elles eussent le visage aussi *allumé* et aussi plombé qu'elles se le font par le rouge et par la peinture dont elles se fardent, elles seroient inconsolables.

LA BRUYÈRE, *Caractères,* c. 3.

Eugène en prit occasion de dire à Biron que c'étoit une belle charge en France que d'en être colonel général (des Suisses) : « Mon père l'avoit, » ajouta-t-il d'un air *allumé.*

SAINT-SIMON, *Mémoires,* 1708.

Par degrés, et avec le secours d'une imagination *allumée,* qui est le partage des Arabes, il (Mahomet) se crut en effet destiné à réformer le monde.

VOLTAIRE, *Remarques de l'Essai sur les mœurs,* IXe remarque.

De chaudes vapeurs consumée
Toute la terre est *allumée.*

VOITURE, *Poésies.*

La gloire des mortels n'est qu'ombre et que fumée :
C'est une flamme éteinte aussitôt qu'*allumée.*

RACAN, *Bergeries,* III, 1.

L'air qu'il y respiroit lui sembloit *allumé.*

SEGRAIS, *Uranie,* VIe églogue.

Deux coqs vivoient en paix : une poule survint,
Et voilà la guerre *allumée.*

LA FONTAINE, *Fables,* VII, 13.

Les flambeaux de la haine entre nous *allumés.*

VOLTAIRE, *Mahomet,* I, 1.

ALLUMÉ est quelquefois modifié au moyen de certaines prépositions et de leur régime;

De la préposition *de :*

Doit avoir la lampe de vraye foi *alumée du* feu de charité.

GERSON, *Sermons français*, Pour la fête de la Purification, en 1394 ou 1395. (Voyez L'ABBÉ BOURRET, Thèse 1858, p. 173.)

Quand on void que la maison d'un amy ou d'un voisin brusle, chascun y court tant qu'il peut pour aider à l'estaindre; mais quand on voit les âmes *allumées de* douleur, au contraire, on y porte encore de la matière à augmenter ou entretenir le feu.

AMYOT, trad. de Plutarque, *Œuvres morales*, Consolation envoyée à sa femme.

Chascune ost est *d'ire allumée*.

G. GUIART, *Royaux lignages*, t. I, v. 690.

Il porte le gand parfumé
Maintenant qu'il est *allumé*
D'un feu qu'il ne sçauroit éteindre.

REMY BELLEAU, *la Reconnue*, I, 4.

Ainsi parle à sa sœur cette vierge enflammée;
La grâce est dans ses yeux *d'*un feu pur *allumée*.

BOILEAU, *le Lutrin*, VI.

De la préposition *par* :

Il estoit devenu fort riche de pauvre qu'il estoit d'abord, et ne pouvoit cacher ses convoitises *allumées par* une longue indigence, quoyque d'avare il fût devenu prodigue.

PERROT D'ABLANCOURT, trad. de Tacite, *Histoire*, livre I, 9.

Que le courroux du ciel, *allumé par* mes vœux,
Fasse pleuvoir sur elle un déluge de feux.

P. CORNEILLE, *Horace*, IV, 5.

ALLUMÉ s'est dit autrefois, comme le verbe, en parlant d'une personne :

... Lesquels juges virent Suzanne très-belle et tant qu'ils furent espris et *alumés* de fol amour.

Le Ménagier de Paris, Ire distinction, art. 4.

Le bon mary orfèvre estoit tant *alumé* et ardant en convoitise d'argent, qu'il ne dormoit une seule heure de bon somme.

Les cent Nouvelles nouvelles, LXXXV.

Alors le chevalier incogneu... se sentit tellement *allumé* par la faveur qu'il receut de son regard piteux...

JACQUES YVER, *le Printemps d'Yver*, p. 64.

ALLUMEUR, s. m.

Celui qui est chargé d'allumer régulièrement des chandelles, des lampes, des réverbères, etc. :

Ceux qui ne sortent point de dessus le théâtre, et ceux qui n'y montent jamais, les premiers personnages, et les *allumeurs de chandelles*, tout cela sera égal à la fin de la comédie.

BUSSY-RABUTIN. (Cité dans le Dictionnaire de Trévoux.)

Cet homme est *allumeur de bougies* à l'Opéra.

Grand Vocabulaire.

ALLUMETTE, s. f.

Brin de bois soufré servant d'ordinaire à allumer des chandelles, des bougies. Des préparations analogues, servant au même usage, sont encore appelées de ce nom.

La nature, en couronnant le sommet des montagnes froides et ferrugineuses de ces grandes torches végétales (les arbres résineux), en a mis les *allumettes* dans leurs branches, l'amadou à leurs pieds, et le briquet à leurs racines.

BERNARDIN DE SAINT-PIERRE, *Études de la nature*, XI.

Je luy envoye ces sornettes,
Pour soy desennuyer; combien,
Si veult, face-en des *alumettes*.

VILLON, *Grand Testament*, CLVII.

Me voyant comme une *allumette*,
Et le corps fait comme un squelette,
Ne sais si je suis cuit d'amour
Ou bien si je suis cuit au four.

VOITURE, *Réponse à une lettre de M. Arnaud*.

Heurtant contre le fer la pierre estincelante;
Après m'estre donné maint coup dessus les dois,
Après qu'entre les dents j'ay juré mille fois,
Une pointe de feu tombe et court dans la meiche,
Ravivant aussi-tost cette matière seiche,
J'y porte l'*allumette*.....

SAINT-AMANT, *les Visions*.

On a fait autrefois, du mot ALLUMETTE, un emploi métaphorique :

Quelque temps après meurt Isabelle, veuve du roy Charles sixième, en son jeune âge l'une des premières *allumettes* des guerres civiles.

EST. PASQUIER, *Recherches de la France*, VI, 4.

A l'un les yeux apprennent l'adultère, à l'autre l'inceste, à l'autre la convoitise : les yeux estans les *allumettes* de tous vices.

BOUCHET, *Serées*, II, 19.

Et jaçoit que le feu (de l'enfer) ayt esté préparé de Dieu, nul toutes fois n'en souffrira tourment, s'il ne s'allume des *allumettes* des peschez.

Anthoine du Verdier, *les Diverses Leçons.*

La honte sert d'aiguillon et d'*allumette.*

Charron, *De la Sagesse,* I, 24

Leurs aigres complaintes servirent d'entrée aux semences de la Ligue, à laquelle les Jésuites s'emploians, trouvèrent des cœurs bien préparez, surtout en Picardie, qui fut l'*allumette* de l'embrazement que nous verrons ci-après.

Agr. d'Aubigné, *Histoire universelle,* t. II, c. 2.

D'Allumette s'était fait Allumetier, faiseur ou vendeur d'allumettes :

Geoffroy à la grand dent estoit *allumetier.*

Rabelais, *Pantagruel,* II, 30.

Allumer avait encore produit quelques mots qui ne sont pas restés dans l'usage :

Allumement, s. m. Recueilli par Cotgrave. Action d'allumer ou d'éclairer.

Allumail, s. m., ou Allumaille, s. f. Flambeau, torche, etc.

La délicieuse viande et les bons vins et les deliz du corps sont *alumail* et tison du feu de luxure.

Le Livre du chevalier de Latour-Landry, c. 38.

Portent brandons et *allumailles.*

Athis, ms., fol. 89, r°, col. 2. (Cité par Sainte-Palaye.)

Allumerie, s. f.

Illumination en signe de réjouissance.

Si estoient les rues... si plaines de jeux, de mystères et d'*allumeries* tant riches et tant bien faictes que l'on veoit aussi clair comme à plain jour..

Monstrelet, *Chroniques,* vol. III, fol. 95, v°, et 96, r°. (Cité par Sainte-Palaye.)

ALLUSION, s. f. (Du latin *Allusio,* et, par ce mot, d'*Alludere.*)

Figure de rhétorique par laquelle on dit une chose qui a du rapport avec une autre dont on ne parle pas, mais à laquelle on veut faire penser.

J'ay desdain de ces menues poinctes et *allusions* verbales qui nasquirent depuis.

Montaigne, *Essais,* III, 5.

Les devises, ce reste de l'ancienne chevalerie, peuvent convenir à des fêtes et ont de l'agrément quand les *allusions* sont justes, nouvelles et piquantes.

Voltaire, *Siècle de Louis XIV,* c. 25.

Benserade avait un talent singulier pour les pièces galantes, dans lesquelles il faisait toujours des *allusions* délicates aux personnages de l'antiquité ou de la fable qu'on représentait, et aux passions qui animaient la cour.

Le même, même ouvrage.

Il avoit... ce petit jargon de Paris, tout en petits mots, tout en petites *allusions* fines.

J.-J. Rousseau, *les Confessions,* II, 7.

ALLUVION, s. f. (Du latin *Alluvio,* et, par ce mot, d'*Alluere.*)

Il se dit proprement du mouvement des eaux :

On n'estime pas la grandeur, grosseur, roideur d'une rivière, de l'eau qui luy est advenue par une subite *alluvion* et desbordement des prochains torrens et ruisseaux.

Charron, *De la Sagesse.*

Il est bon de remarquer que les plaines faites par *alluvion* sont plus hautes vers les bords des rivières qui les ont produites et toujours ensuite plus basses.

Fontenelle, *Éloge de Guglielmini.*

Il se détachoit du sommet des montagnes primitives et autres parties découvertes du globe une grande quantité de substances vitrescibles, lesquelles sont venues par *alluvion,* c'est-à-dire par le transport des eaux, remplir les fentes et les autres intervalles que les masses calcaires laissoient entre elles.

Buffon, *Époques de la nature.*

De là cette expression usitée en géologie, *Terrain d'alluvion.*

Il est fait au sens propre d'*Alluvion* une allusion figurée dans le passage suivant :

Les coustumes ne sont pas jettées en moule, ains prennent leur accroissement par un taisible progrez et *alluvion*.

EST. PASQUIER, *Recherches de la France*, III, 2.

Combien qu'en un pays il n'y ait transmigration de nouvelles peuplées, toutesfois successivement, en mesme ordre que toute autre chose se changent les langues par une taisible *alluvion*.

LE MÊME, même ouvrage, VIII, 1.

ALLUVION se dit, par extension, de ce que produit le mouvement des eaux, d'un accroissement de terrain :

Si on trouve quelque part des plages abandonnées, ce n'est point la mer qui se retire, c'est la terre qui s'avance. Ce sont des *alluvions* occasionnées souvent par les dégorgements des fleuves et quelquefois par les travaux imprudents des hommes.

BERNARDIN DE SAINT-PIERRE, *Études de la nature*, IV.

FIN DU TOME PREMIER.

TABLE ALPHABÉTIQUE

DES

ARTICLES CONTENUS DANS CE VOLUME.

(Les mots précédés d'un astérisque ne figurent pas dans le *Dictionnaire de l'Académie* de 1877.)

FIN DE LA TABLE ALPHABÉTIQUE DU TOME

www.ingramcontent.com/pod-product-compliance
Lightning Source LLC
Chambersburg PA
CBHW060537280326
41932CB00011B/1324

* 9 7 8 2 0 1 1 8 6 4 1 3 0 *